装备科技译著出版基金

# 全球卫星导航系统手册
Handbook of Global Navigation Satellite Systems

## （上册）

〔澳〕彼得·陶尼森
〔德〕奥利弗·蒙腾布鲁克　　主编

卫星导航系统与装备技术国家重点实验室　译

国防工业出版社
·北京·

著作权合同登记　图字军-2021-037号

**图书在版编目(CIP)数据**

全球卫星导航系统手册/(澳)彼得·陶尼森,(德)奥利弗·蒙腾布鲁克主编;卫星导航系统与装备技术国家重点实验室译.—北京:国防工业出版社,2024.3

书名原文:Handbook of Global Navigation Satellite Systems

ISBN 978-7-118-13038-6

Ⅰ.①全… Ⅱ.①彼… ②奥… ③卫… Ⅲ.①卫星导航-全球定位系统-手册 Ⅳ.①P228.4-62

中国国家版本馆 CIP 数据核字(2024)第 065276 号

First published in English under the title
Handbook of Global Navigation Satellite Systems
edited by Peter J. G. Teunissen and Oliver Montenbruck
Copyright © Springer International Publishing Switzerland, 2017
This edition has been translated and published under licence from Springer Nature Switzerland AG.
本书简体中文版由 Springer 授权国防工业出版社独家出版。
版权所有,侵权必究。

※

国防工业出版社出版发行
(北京市海淀区紫竹院南路23号　邮政编码100048)
北京虎彩文化传播有限公司印刷
新华书店经销

*

开本 787×1092　1/16　印张 59¾　插页 10　字数 1360 千字
2024 年 3 月第 1 版第 1 次印刷　印数 1—1700 册　定价 886.00 元(上下册)

(本书如有印装错误,我社负责调换)

| 国防书店:(010)88540777 | 书店传真:(010)88540776 |
| 发行业务:(010)88540717 | 发行传真:(010)88540762 |

# 序

卫星导航系统的起源可以追溯至20世纪60年代末，随着信息技术的快速发展，全球定位系统从最初的服务军事演化为服务各行各业，成为人们日常生活中不可或缺的重要支撑工具。现代卫星导航系统具有全天候、全球覆盖、高精度定位导航定时（PNT）服务能力，甚至短报文通信、国际搜救服务保障能力等优点，对全球各领域产生了深刻影响。

本书是国际上第一部全球卫星导航系统手册，向读者展示了卫星导航系统演进和技术发展的全貌。内容覆盖了卫星导航基础理论和应用技术整个谱系，内容翔实而全面，是对卫星导航技术发展最新成果的系统归纳和梳理，代表了目前国际GNSS领域科技发展的整体水平。

本书作者有60多位，他们都是卫星导航领域享有国际声誉的专家，来自欧洲航天局（ESA）、中国北斗卫星导航系统管理办公室、俄罗斯联邦航天局（Roscosmos）、美国海军研究实验室（NRL）、德国航天中心（DLR）、印度空间研究组织（IRSO）、斯坦福大学、加州理工学院、慕尼黑技术大学、MITRE公司、空中客车公司等多家卫星导航领域的权威研究机构，在1300多页的篇幅中汇集了这一领域最新的专业知识。主编彼得·陶尼森是澳大利亚科廷大学和荷兰代尔夫特理工大学的大地测量与卫星导航专业教授。他在卫星导航高精度定位的整周模糊度解算理论与方法、各种GNSS精确参数估计以及卫星导航系统应用研究方面做出了多项开创性贡献。先后获得国际大地测量学会荣誉会员、澳大利亚科学院院士、荷兰科学院院士、英国皇家导航学院院士等荣誉，在业内具有较高的学术影响。

作为本书第十章的作者，我在英文版面世后就积极推动本书的中文翻译工作，最终促成中国电子科技集团公司第五十四研究所卫星导航系统与装备技术国家重点实验室与国防工业出版社的翻译出版工作。中国电子科技集团公司第五十四研究所是我国卫星导航系统建设领域的主力军和国家队，全程参加了我国北斗一号、北斗二号、北斗三号系统的建设与应用推广，以及中欧Galileo科技合作计划，拥有国内唯一的卫星导航系统与装备技术国家重点实验室，长期从事北斗卫星导航系统建设、关键技术研究、装备研制与应用推广，学术产出和导航装备研制产出都很丰富。译者团队来源于从事北斗全球卫星导航系统建设与应用的一线科研人员和导航科技情报人员，具有全面扎实的卫星导航专业知识储备和国际化视野，并具有全面坚实的卫星导航专业储备和科技文献翻译经验，对原著有深刻的理解和精确的译注。

对于想了解全球卫星导航系统及各类应用的读者而言，本书堪称一本卫星导航科学与工程关键技术的"万宝全书"。相信本书的出版将为我国卫星导航研究领域提供最为全面和权威的最新技术资料。

# 《全球卫星导航手册》译审委员会

| 主 任 委 员 | 蔚保国 | | | | |
|---|---|---|---|---|---|
| 副主任委员 | 伍蔡伦 | 杨 滕 | 盛传贞 | 易卿武 | 王 煜 |
| 委员(翻译) | 杨 轩 | 金炜桐 | 杨红雷 | 杨梦焕 | 陈永昌 | 杜世通 |
| | 崔宋祚 | 李建佳 | 赵 茜 | 龙 腾 | 王彬彬 | 孙洪驰 |
| | 曹士龙 | 黄小军 | 丁雪丽 | 张 悦 | 应俊俊 | 黄 璐 |
| | 鲍亚川 | 刘 亮 | 张京奎 | 贾浩男 | 谢 松 | 何成龙 |
| | 李雅宁 | 杨建雷 | 肖 瑶 | 郝 硕 | 赵精博 | 刘天豪 |
| | 陈秀德 | 祝瑞辉 | 程建强 | 王星星 | 刘晓旭 | 武子谦 |
| | 王 卿 | 王 婧 | 罗 益 | 秦明峰 | | |
| 委员(审校) | 陈俊平 | 陈 亮 | 陈起金 | 陈锐志 | 崔晓伟 | 党亚民 |
| | 董绪荣 | 耿长江 | 郭 斐 | 韩春好 | 韩 帅 | 黄观文 |
| | 贾小林 | 金双根 | 金 天 | 寇艳红 | 李博峰 | 李建文 |
| | 李 锐 | 李孝辉 | 李星星 | 刘 晖 | 刘 利 | 刘瑞华 |
| | 柳景斌 | 牛小骥 | 裴 凌 | 秦 智 | 帅 涛 | 唐小妹 |
| | 汤新华 | 王 坚 | 王 磊 | 王潜心 | 王 威 | 王文益 |
| | 翁多杰 | 许国昌 | 徐天河 | 杨东凯 | 姚 铮 | 袁运斌 |
| | 翟 浩 | 张爱敏 | 张宝成 | 张克非 | 周鸿伟 | 朱柏承 |
| 总 策 划 | 许西安 | 王京涛 | | | | |
| 委员(编辑) | 欧阳黎明 | 程邦仁 | 徐 辉 | 田秀岩 | | |

# 译 者 序

自1957年苏联第一颗人造地球卫星上天后,在观测卫星的过程中,美国霍普金斯应用物理实验室科学家发现利用卫星运动引起的多普勒频移效应可以实现定位,从此拉开了卫星导航定位的序幕。20世纪60年代美国建成了基于24颗定位卫星的子午仪(Transit)卫星导航系统,经过不断迭代发展,1993年诞生了世界上首个卫星导航系统——全球卫星导航定位系统(Global Positionning System,GPS)。经过三十多年的发展,卫星导航已渗透到国防安全、国民经济、大众生活的方方面面,成为现代社会不可或缺的组成部分,是世界上最成功的航天卫星系统之一,是人类科学技术和工程建设应用的非凡结晶。

鉴于卫星导航的极其重要性,我国需要发展自己的卫星导航系统。两弹一星元勋陈芳允院士提出了"双星定位"体制构想,在此体制牵引下我国于2003年成功建设完成北斗一号卫星导航系统。之后20年的时间,我国先后建设完成北斗二号区域卫星导航系统和北斗三号全球卫星导航系统,并开启了北斗规模化和国际化应用进程。如何发展好、应用好北斗系统,真正实现孙家栋院士所提的"天上好用、地上用好"的目标,需要科技界和产业界的共同努力,需要深入理解、认识、掌握、发展好卫星导航理论和技术,特别需要加强国内卫星导航理论技术体系的完善以及国际前沿学术著作的引进。为此,在北斗三号工程副总设计师杨元喜院士的倡议下,国防工业出版社和中国电科54所卫星导航系统与装备技术国家重点实验室携手引进翻译出版《全球卫星导航系统手册》。这是国际学术交流的重要举措,更是向国内读者呈现国际卫星导航领域前沿成果的绝佳机会。

Teunissen和Montenbruck所编著的《全球卫星导航系统手册》是一本全面而严谨的系统参考书,涵盖了全球和区域卫星导航系统的各个方面,包括GPS、GLONASS、Galileo、BeiDou、QZSS、IRNSS/NAVIC和SBAS等。本书旨在为科学家、技术专家和机构提供一份详尽的参考资料,也是学生和研究人员的必备工具。本书堪称卫星导航领域的鸿篇巨著和权威之作,其深度的学术研究和广泛的国际影响,使本书成为卫星导航领域的经典之作。

**翻译本书的背景和意义**

近年来,卫星导航技术快速发展,推动了全球和区域卫星导航系统的不断现代化。这些系统的建设和应用对于促进全球经济发展、提高国家安全和国防能力等方面都具有重要意义。然而,由于卫星导航技术的复杂性和专业性,相关的技术资料和参考书籍相对较少,全面完整描述卫星导航的权威书籍更是寥寥无几,这给卫星导航技术的研究和应用带来了一定的困难。归纳原因:一方面卫星导航系统涵盖技术领域繁杂,作者们往往只能介绍卫星导航的总体理论和基础知识等内容,或者侧重介绍卫星导航接收机、定轨、增强、导航应用等某一细分领域;另一方面很多系统仍在建设中,最新的技术发展情况很多作者并不能全面掌握。因此,卫星导航领域存在理论相对滞后实践的现象,市场迫切需要全面、深入、专业、前沿、权威的领域巨著来支撑卫星导航专业发展和广泛的应用实践。

为了填补这一空白,我们翻译了《全球卫星导航系统手册》。本书由 60 余位卫星导航领域享有国际声誉的专家共同撰写,他们来自欧洲航天局(ESA)、中国北斗卫星导航系统管理办公室、俄罗斯联邦航天局(Roscosmos)、美国海军研究实验室(NRL)、德国航天中心(DLR)、印度空间研究组织(IRSO)、斯坦福大学、加州理工学院、慕尼黑技术大学、MITRE 公司、空中客车公司等多家卫星导航领域的权威研究机构。本书是国际上首部全面覆盖卫星导航知识谱系与最新技术发展成果的全球卫星导航系统手册,汇集了这一领域最新的专业知识。与国内外同类书籍不同,本书的每一章节都由专门的专家完成,这些专家的选择充分考虑了他们的经验与背景。每一章节都自成体系地介绍了 GNSS 领域某一特定主题,因此也适合独立阅读。同时各自章节仍通过相互参照而保持了良好的关联性。

对于想了解全球卫星导航系统及各类应用的读者而言,本书着眼于对卫星导航研究领域关键核心技术最新发展成果的全面梳理,主要为当前和未来的卫星导航系统工程师、研究人员、技术人员以及其他专业人员和从业人员提供实用、简明但关键的卫星导航系统原理、方法与设计参考。本书提供了详尽的一站式参考工具书和 GNSS 系统发展的最新描述,堪称一本关于未来科学与工程关键技术的"万宝全书"。本书的翻译将有助于我国提高卫星导航技术的研究水平和应用水平,推广卫星导航技术在各行业的发展,促进卫星导航的国际交流和合作。

**本书主要内容**

本书分为 7 部分,共 41 章,涵盖了全球和区域卫星导航系统的所有方面,包括 GPS、GLONASS、Galileo、BeiDou、QZSS、IRNSS/NAVIC 和 SBAS 等。本书的架构清晰,内容详尽,既包括卫星导航系统的基本原理和组成,也包括卫星导航系统的应用和未来发展方向。本书 7 部分内容如下:

- Part A:GNSS 原理(第 1 章~第 6 章)
- Part B:卫星导航系统(第 7 章~第 12 章)
- Part C:GNSS 接收机与天线(第 13 章~第 18 章)
- Part D:GNSS 算法与模型(第 19 章~第 24 章)
- Part E:定位与导航(第 25 章~第 32 章)
- Part F:测量学、大地测量学和地球动力学(第 33 章~第 37 章)
- Part G:GNSS 遥感与授时(第 38 章~第 41 章)

**翻译的过程与挑战**

出于对卫星导航事业的热爱和推动我国卫星导航领域技术创新发展的责任感,我们第一时间了解此书后就和国防工业出版社达成了携手将此书译为中文在国内出版的共同意愿,国防工业出版社王京涛主任和我一起策划了将此书引进立项翻译出版,这是一项对领域发展非常重要而且难度很大的任务,此书所呈现的卫星导航知识丰富而深奥,我们深信将这一宝贵的知识资源呈现给国内读者是一项值得追求的目标。回顾本书的翻译过程,从刚开始着手翻译到最终译著完成,我们经历了一场既富挑战性又意义深远的征程。这不仅是一项翻译工作,更是一次跨越语言边界,将国际前沿科技成果引入国内卫星导航领域的有意义尝试。我们的翻译团队汇聚了卫星导航系统与装备技术国家重点实验室的一批中青年骨干，同时也包括卫星导航、地球科学、通信技术等领域的专家和资深翻译人员。通过组建这样的多元化团队，确保了对原著尽量深刻的理解和准确的表达。

在翻译过程中，我们诚惶诚恐，深感责任重大。我们努力保持对原文的忠实，同时注重更贴近中文读者理解的表达方式，追求的不仅是翻译，更是对知识的传递和对领域的深入理解。翻译过程中，不仅面对技术术语的精准翻译，更面对着如何让读者能够更好理解。有趣的是，在一次翻译中，我们发现某个专有名词在中文中并无完全对应的表达，于是我们便创造性地采用了一种更具本土化的表述方式，以便读者更易理解。我们还遇到了语境和文化的差异，某些例子或案例在西方国家更为常见，但在中国读者中可能不具备同等熟悉度，为了更具可读性，我们进行了一些微调和注释，以确保读者能够真正融入其中感受到本书魅力。

翻译一本技术类书籍，尤其是像全球卫星导航系统手册这样的学术巨著，充满了挑战。技术术语的准确翻译、理论内容的正确传达，都需要翻译团队具备深厚的专业背景。在本书翻译过程中，一方面我们采取了集中研讨的方式，大家在工作之余以例会的形式讨论翻译工作中遇到的难点，互相学习中提高翻译水平，集思广益中寻求最优的翻译方式；另一方面我们采取了团队协作的方式，通过与国内领域顶尖专家的紧密合作，帮我们校对和审定，专家们对翻译稿件提出了细致的审阅意见，对我们的翻译工作起到极大的帮助，也让翻译团队更好地理解原著的细微之处，确保翻译结果既符合原意，又能够在中文环境中通畅传达。参与翻译校对工作的专家有：中国测绘科学研究院党亚民；中国计量科学研究院张爱敏；北京航天工程研究所王威；北京卫星导航中心韩春好和刘利；西安测绘研究所贾小林；信息工程大学李建文；航天工程大学董绪荣和国防科技大学唐小妹；武汉大学陈锐志、陈亮、陈起金、郭斐、李星星、刘晖、柳景斌、牛小骥和王磊；北京航空航天大学金天、寇艳红、李锐和杨东凯；清华大学崔晓伟和姚铮；哈尔滨工业大学韩帅和许国昌；中国矿业大学王潜心和张克非；长安大学黄观文；河南理工大学金双根；同济大学李博峰；上海交通大学裴凌；东南大学汤新华；北京建筑大学王坚；香港理工大学翁多杰；山东大学徐天河；北京大学朱柏承；中国民航大学刘瑞华和王文益；民航局空管局技术中心秦智；中国科学院上海天文台陈俊平和帅涛；中国科学院精密测量科学与技术创新研究院袁运斌和张宝成；中国科学院国家授时中心李孝辉；中国航天科技集团有限公司510所翟浩；第五研究院周鸿伟、第九研究院耿长江等。在此特别向以上各位专家对本书翻译和审校所给予的支持、所做的工作和提供的帮助表示真诚的感谢和深深的敬意。

我们每一位翻译团队成员都为本书的最终出版发行付出了极大努力，大家都为能够参与本书的翻译感到荣幸和受益良多。我们相信，通过这份努力，能够呈现给读者一本既专业又富有阅读愉悦感的卫星导航系统手册。通过这本书，希望让更多国内读者能够畅游在卫星导航的知识海洋，探寻其中的奥秘与发展动态。

《全球卫星导航系统手册》不仅是一本关于卫星导航技术的书籍，更是一次对现代社会中卫星导航重要性的全景式呈现。透过这本书，向读者展示了卫星导航的基础理论以及实际应用中的丰富案例研究，让读者能够直观感受卫星导航技术的实际价值。这本书将成为读者学习的桥梁,了解导航系统的演进历程,深入研究卫星轨道、信号传播、接收机等关键技术,拓展对卫星导航系统工作原理的深层次理解。通过阅读本书将激发读者的好奇心,培养读者对卫星导航领域的兴趣,使其不仅能够应对实际问题,更能够在科技创新的道路上独辟蹊径。

《全球卫星导航系统手册》中文版是卫星导航系统与装备技术国家重点实验室成立以来完成的第一部国外卫星导航译著。所有参加翻译工作的专家和研究生无不竭尽全力,精益求精,力求准确传达原书的内容。本书涉及内容广泛,立意精深,虽然在翻译本书的过程中我们力求既忠实原文,又尽量符合中文习惯,同时尽可能准确的使用各种专业术语,但受限于团队专业知识和水平,在有限的时间内翻译和校对如此专业的著作,难免存在遗漏和不恰当之处,恳请读者批评指正和不吝赐教。后续我们还将继续不断的完善提升,以期更接近原著水平。

随着我国从卫星导航迈入综合时空体系,导航领域正迎来更多的机遇和挑战。我们期待读者通过本书的阅读,具备解决实际问题的实力,更能在卫星导航的发展浪潮中留下自己的足迹,能够成为这一领域的推动者和创新者。我们相信,本书的出版发行,将有助于更多科研和工程技术人员共同走向卫星导航技术与应用的广阔领域,探索科技的无限可能。这是一场知识探索之旅,也是对卫星导航未来的期许。愿每一位读者都能在这片知识的海洋中发现属于自己的精彩。

中国电子科技集团公司首席科学家
卫星导航系统与装备技术国家重点实验室主任

2023.12.30 于河北石家庄

# 序

卫星导航已经成为当今现代社会不可分割的一部分,全世界都从中受益。2000年前,仅有一个全球卫星导航系统实际具备完全运行和提供服务的能力,那就是美国的全球定位系统(GPS)。它的竞争对手——俄罗斯的GLONASS,一直在卫星寿命方面存在问题。GLONASS开发于冷战时期的20世纪70年代到80年代,20世纪90年代曾一度只剩下5颗卫星。2002年,欧洲决定研制自己的全球卫星导航系统——伽利略(Galileo)系统,一轮新的全球竞赛拉开帷幕。到2020年,很快将有4大全球卫星导航系统(美国的GPS、俄罗斯的GLONASS、中国的北斗(BeiDou)、欧洲的伽利略),以及两个区域性系统(印度的IRNSS/NavIC与日本的QZSS)和超过6个增强系统提供服务。此外,将来可能还会出现更多新的导航系统。

**君特 W. 海因**
(Guenter W. Hein)
前欧洲航天局EGNOS
与Galileo计划推进部
门主管,欧洲航天局
科学顾问

人们也许会问,我们真的需要那么多导航系统吗?然而,谁又甘心对这个高科技领域保持观望态度呢?能提供精确定位、导航与授时(PNT)信息的卫星导航技术已经成为影响新经济的重要技术和关键因素。精确的卫星导航时间信息已被广泛用于多个国家的关键基础设施(电信、电力等),受管制和加密的PNT服务也已成为政府工作和军事应用的主要元素。

卫星导航系统与其他空间任务不同,没有所谓的生命期。那些专用太空任务用于实现社会中有限的科学或技术目标,一般有特定的生命周期,比如10年。卫星导航系统建设需要10~20年,并且可以持续运行几十年。它们的影响已经深入到了每个人的生活——空间技术服务于每个人。

近年来,完整描述卫星导航的新教科书寥寥无几。原因很简单:很多系统仍在建设中,作者们往往只能介绍卫星导航的一般理论和基础知识,以免出现写好的书出版时就已过时的尴尬情况。一些新书则更侧重介绍卫星导航接收机、定轨或者导航应用等细分领域。

本书为我们提供了第一部全球卫星导航系统手册,致力于向读者展示卫星导航的全貌。全书分为7个部分,从基础开始,覆盖卫星导航知识与应用的整个谱系。尽管一些全球卫星导航系统尚未完全建成,但主编和作者还是尽其所能为读者提供了许多最新的相关信息。

本书作者超过60位——他们都是各自领域享有国际声誉的专家,在近1400页(英文原版页数,译者注)的篇幅中汇集了这一领域最新的专业知识。看着这些作者的名字,就仿佛浏览一份卫星导航领域的名人录。对于想了解更多卫星导航应用背景的读者而言，本书堪称一本关于一项未来科学工程关键技术的"万宝全书"。这无疑是一项繁重的工作，主编殚精竭虑，为每一个细分领域邀请到合适的专家，并说服他们参与本书的撰写工作，把各个章节完美串联起来，避免章节内容重复，流畅地汇聚成书，并在全书每一部分都采用了一致的术语。主编们的卓越工作产出了这一部巨作。本书还提供了大量的图和照片，图文并茂，让这本手册成为卫星导航领域公认的参考书和宝贵资源。

本书的优点还在于不仅提供了精装的纸质版书籍，同时也提供了电子版本，从而有助于读者在这样一部大部头著作中实现快速搜索。本书的41个章节均提供了完整的参考文献，供感兴趣的读者进行深度挖掘，完美无缺。书后的两个附录还列出了不同接收机与数据格式，以及各种GNSS参数。

本书七大部分分别涵盖了全球卫星导航系统的不同领域。

在A部分，第1章为总体论述，这对于首次接触卫星导航的读者大有裨益。第2章给出了关于坐标参照系的清晰描述和定义。关于时钟以及对GNSS相对论效应的章节也非常棒，覆盖了关于空中时钟数据从理论到实例的方方面面。第一部分以介绍信号在大气中传播的章节为结尾。

在B部分，介绍了所有全球、区域以及增强系统。主编做了大量工作，提供了卫星导航系统发展的最新状态信息。

在C部分，介绍了信号处理、接收机、天线，以及多径和干扰等主要影响，还介绍了信号产生器这个目前在公开文献中尚无充分介绍的领域。

在D部分，介绍了现代GNSS算法成果，同时也包含载波相位模糊度解算的LAMBDA算法，这一算法是本书的一位作者在过去15年时间研发的成果。

在E部分，标题是定位与导航，介绍了GNSS的经典测量模式（绝对与差分定位）。所有精密单点定位的最新成果都囊括其中，也包括GNSS与惯性导航系统的集成。这里还介绍了基于星基增强的GNSS航空应用和姿态确定，以及其他GNSS应用，包括陆地与海洋、航空与航天等领域的应用。

在F部分，介绍了测绘、大地测量以及地球动力学，这些领域是GNSS最早的用户，也是精度要求最高的用户。

在G部分，介绍了GNSS遥感与授时，涉及一些高度专业化的GNSS应用：层析成像、GNSS测高以及时频传递等。

本书的缩略语与术语表也很有价值。

毫无疑问，这一巨作将迅速成为卫星导航这一领域的圣经宝典。它涵盖了卫星导航这一高科技领域的方方面面。主编和作者们齐力奉献这一详尽巨著——你很难发现有什么遗漏。我本人必须对此书的面世致以衷心的祝贺！

君特W. 海因

# 前　　言

在20世纪70年代中期,以Brad Parkinson为首的一群充满激情的工程师们设计了一种全新的导航系统,该系统最终演变为众所周知的卫星导航定时和测距系统(NAVSTAR),后称为全球定位系统,简称GPS。不论这位令人尊敬的"GPS之父"当时是多么有创意或远见,他都很难想象这一系统会如此真真切切地改变了世界。要知道,GPS最初仅仅是想为美国军方提供一种全球即时定位与授时服务,但很快人们就认识到,GPS同样能为广泛的民用导航应用带来巨大利益,同时也为各种科学研究提供了机会。GPS最终为俄罗斯、中国、欧洲以及日本等国家后续开发的天基导航系统提供了设计蓝图,它们都采用了相同的关键原理和技术。

鉴于GPS的广泛应用与巨大影响,它在大众生活、教育以及学术文献中也受到了高度关注,历年来已出版了大量教科书与专著。但自从上一本全面总结全球定位系统(GPS)技术与使用的著作出版以来,迄今已过去二十多年了。这些年间,卫星导航领域取得了显著进步,全球卫星导航系统(GNSS)这一领域也发生了巨大变化:GNSS系统数量明显增加,用户有了更多信号和服务可用,与此同时,GNSS信号与数据处理概念也不断成熟。这不仅把GNSS的性能(精度和时间)提升到新的高度,还催生出了各种新的GNSS应用领域。

在此背景下,我们接受了出版方的邀请(和挑战),编写了一部专门的《全球卫星导航系统手册》,以今天的视角对GNSS的基本原理、方法与应用进行了全面而严谨的综述。经过4年多的努力,我们欣慰地完成了这本超过40个章节、近1400页的重磅之作。这本全新的手册既是一本无所不涵、一站式的参考书,更有将GNSS作为当前科技与社会发展关键技术的最新描述。来自GNSS各个领域的众多专家为本书奉献了丰富多彩的内容并提供了独到见解,既包括基本原理与技术,也讨论了该领域的最新发展。本书通篇特别关注新兴卫星导航系统以及它们对GNSS数据处理与应用的影响。

总体上,本书分为7个部分,每一部分都包含4~8个同一方向的章节。

A部分从全球卫星导航系统(GNSS)的入门谈起,之后各章节主要介绍GNSS的基础知识,既讨论构成导航定位骨干的参考系,也讲述GNSS卫星轨道与姿态的基本知识。后面则论述GNSS的无线信号与调制,以及高性能空间与地面时钟——这也是另一项GNSS核心技术。最后,介绍了大气信号传播的物理机理以及GNSS信号通过电离层与对流层时出现的种种变化。

B部分对当前运行或者在建的全球或区域卫星导航系统进行详细介绍。除了GPS,还包括俄罗斯的GLONASS系统、欧洲的伽利略系统(GALILEO)、中国的北斗系统(BDS)、日本的准天顶卫星系统(QZSS),以及印度区域卫星导航系统(IRNSS/NavIC)。这部分描述了各个系统的架构、导航信号、空间与控制段、服务、系统性能以及演进计划,也介绍了星基增强系统(SBAS)的原理和运行。

C 部分聚焦于 GNSS 用户设备,以及信号多径与干扰问题。这一部分讨论硬件与软件接收机的基本架构及其数字信号处理原理。其中还有一个章节专门介绍 GNSS 天线的设计选项、性能以及标校。本部分还介绍了多径环境及其对码与相位测量的影响,以及相关误差消弱技术;研究分析了 GNSS 信号干扰源,并提供了关于干扰与欺骗的系统处理方式,以及对当前干扰探测与消弱技术的评述;最后给出了关于各种 GNSS 模拟器的综述,以及各自的关键特性介绍。

D 部分涵盖 GNSS 观测方程的基本原理,包括 GNSS 参数估算与模型验证的通用算法。首先介绍伪距、载波相位与多普勒测量的基本观测方程,随后探讨这些测量的线性组合及其应用,接着给出一种零差 GNSS 模型,并用其整体描述了各种绝对和相对定位概念。随后介绍了基本 GNSS 估算、滤波器、模糊解算法等基本知识,以及用于 GNSS 模型验证的批处理与递归方法。

E 部分介绍 GNSS 定位与导航的不同方法及其各种应用。首先讨论单接收机精准单点定位概念,重点说明其平差过程以及各种系统模型改正。然后介绍差分定位方法的理论基础,包括 DGNSS、RTK 以及网络 RTK 定位技术。接着介绍 GNSS 姿态确定的方法并讨论了 GNSS 与惯性导航的集成。最后有专门的章节介绍 GNSS 在陆地、海洋、航空,以及空间环境的应用,还讨论了地基增强系统(GBAS)。

F 部分介绍 GNSS 在测绘、大地测量以及地球动力学领域的应用。首先给出关于国际 GNSS 服务(IGS)的综述并介绍它所提供的各种 GNSS 产品。关于测绘部分,介绍 GNSS 作为一种工具为陆地、工程以及水文测量人员所使用。关于大地测量部分,重点介绍 GNSS 在全球测地观测系统(GGOS)中所扮演的角色,包括基于 GNSS 的参考框架实现、地球自转、海平面监测等。关于地球动力学部分,介绍了将地球内部的活跃过程与 GNSS 观测到的地球表面形变关联起来的概念和模型。

G 部分论述 GNSS 遥感与授时。此部分介绍如何利用从地面与空间获得的 GNSS 对流层感知信息进行短期天气预测以及长期气候研究;也介绍 GNSS 电离层感知如何用于空间气象研究及其如何帮助缓解 GNSS 性能下降;还描述了 GNSS 反射信号遥感技术原理以及从地球表面散射或反射的 GNSS 信号中提取地理信息的方法;最后介绍 GNSS 如何用于精确时间与频率分发以及远距离时钟比对。

本书在主体部分的最后补充了附录,详细介绍那些最为广泛应用的 GNSS 数据与产品格式,还总结了有关的物理常数、GNSS 星座关键参数,以及各种 GNSS 信号的汇编。本书最后提供了 GNSS 专用术语表,为各章节提供通用术语的定义。

我们相信,本书将成为科研人员、工程师、学生必备的重要参考书,无论是那些想了解 GNSS 全貌或某一细分领域的读者,还是具有一定经验并有意深入研究某些领域的读者,都可以从本书中得到启发。与传统教科书不同,本书的每一章节都由专门的专家作者完成,选择这些专家时,对他们的经验和背景都经过了充分考虑。每一章节都自成体系,介绍 GNSS 领域某一特定主题,因此每一章节也适合单独阅读。同时,各章节仍通过相互参照而保持了良好的关联性，提供了完整的定义和透明的路径，方便读者一步步学习研究所有 GNSS 内容。尽管本书堪称规模宏大，但留给每一主题的篇幅仍然有限。为此，我们尽量做到为每一章都提供详尽的参考文献目录，这些参考文献既有背景知识内容，也包括该领域的最新发展。对于读者而言，一本书终究无法提供众多 GNSS 技术的全部信息，但这些参考文献可以成为读者独立研究和全面深入了解 GNSS 技术的一个起点。

在这里，我们要对帮助将这本新 GNSS 百科全书付诸实现的每一个人表示感谢，包括 60 多位同事和作者，它们为本书自愿贡献了自己的专业知识。尽管有很多其他工作，他们还都花费了大量时间编辑相关信息，准备插图资料，并要面对我们源源不断的建议与更改请求。他们的努力与耐心成就了本书，让我们能够在一本书中简明展示 GNSS 最新发展的全貌。我们也要感谢科廷大学的 Safoora Zaminpardaz 女士，她协助将各种原稿转换为 LaTeX 格式并为本书准备了大量插图，大大减轻了我们的工作量。我们还要特别感谢海德堡市斯普林格出版社的 J. Hinterberg 女士与 J. Schwarz 女士，以及来自莱比锡的 Le-tex 出版机构的 A. Strohbach 女士及其团队，感谢他（她）们在此项工作各个阶段的出色合作以及对本书的不断支持。和他们一起工作是我们的荣幸！最后要感谢我们的家人，感谢他们对我们在过去的几年里挪用了大量家庭时间而表现出的宽容、理解、耐心与支持，才激励着我们完成了这项工作。

彼得·陶尼森

澳大利亚，珀斯

奥利弗·蒙腾布鲁克

德国，慕尼黑

# 主编简介

彼得·陶尼森（Peter J. G. Teunissen）是澳大利亚科廷大学（Curtin University, CU）和荷兰代尔夫特理工大学（Delft University of Technology, TU Delft）的大地测量和卫星导航教授。他于1985年在代尔夫特理工大学获得博士学位，其后获得了荷兰科学研究组织（NWO）的康斯坦丁和克里斯蒂安·惠更斯学院助学金。1988年，他成为代尔夫特理工大学的正教授，并担任过多个学术职位，包括土木工程与地球科学学院副院长、航空航天工程系系主任以及地球观测与空间系统研究所的科学总监。他目前是科廷大学GNSS研究中心的负责人，他的研究重点是新的全球和区域卫星导航系统的高精度地理空间应用开发理论、模型和算法。他在研究领域撰写了大量的期刊论文和教科书。他的开创性贡献包括整数推断理论的统计和数值方法，用于多种GNSS精确参数估计的创新算法，以及中国北斗、印度IRNSS和俄罗斯GLONASS CDMA系统的早期特性和应用。他的科学贡献为他赢得了各种奖项，包括Bomford奖、Steven Hoogendijk奖和Alexander von Humboldt奖。他是多家期刊的编委会成员，曾担任《大地测量学杂志》（Journal of Geodesy）的主编。他拥有中国科学院荣誉学位，并且是国际大地测量学协会（IAG）、英国皇家航海学会（RIN）、美国导航学会（ION）和荷兰皇家科学院（KNAW）的会士（Fellow）。

奥利弗·蒙腾布鲁克（Oliver Montenbruck）是位于Oberpfaffenhofen的DLR德国宇航中心全球卫星导航定位与导航组的负责人。他专攻物理学和天文学，并于1987年获得路德维希－马克西米利安－慕尼黑大学的硕士学位。加入DLR后，他曾担任对地静止轨道航天器以及其他近地和深空任务的飞行动力学分析师。他于1991年在慕尼黑工业大学获得博士学位。2004年，他留校任教，并于2006年获得了特许任教资格（第二个博士学位），并担任副讲师。他的研究活动包括星载GNSS接收机技术、自主导航系统、航天器编队飞行和精密定轨。近几年，他一直致力于新一代卫星导航系统的特性和多GNSS系统特性分析。他在该领域的开拓性贡献包括基于高增益天线测量的GIOVE和GPS信号研究，GNSS协同观测网络（CONGO）的建立，三频信号评估以及中国北斗导航系统的早期特性分析和应用研究。Oliver Montenbruck担任国际GNSS服务（IGS）的Multi-GNSS系统工作组主席，并协调MGEX Multi-GNSS项目（MGEX）的执行。他在其研究领域，撰写了多部教科书和大量科研论文。鉴于他的科学贡献，他被授予多个奖项，包括DLR高级工程师奖、美国导航协会（ION）Tycho Brahe奖和GPS World Leadership奖。

# 目 录

## A 部分　全球卫星导航系统原理

### 第 1 章　全球卫星导航系统导论 ⋯⋯⋯⋯⋯⋯⋯⋯⋯⋯⋯⋯⋯⋯⋯⋯⋯⋯⋯⋯⋯⋯⋯ 3
1.1　早期的卫星导航 ⋯⋯⋯⋯⋯⋯⋯⋯⋯⋯⋯⋯⋯⋯⋯⋯⋯⋯⋯⋯⋯⋯⋯⋯⋯⋯⋯ 3
1.2　GNSS 定位的概念 ⋯⋯⋯⋯⋯⋯⋯⋯⋯⋯⋯⋯⋯⋯⋯⋯⋯⋯⋯⋯⋯⋯⋯⋯⋯⋯ 5
 1.2.1　距离测量 ⋯⋯⋯⋯⋯⋯⋯⋯⋯⋯⋯⋯⋯⋯⋯⋯⋯⋯⋯⋯⋯⋯⋯⋯⋯⋯ 5
 1.2.2　基于测距的定位 ⋯⋯⋯⋯⋯⋯⋯⋯⋯⋯⋯⋯⋯⋯⋯⋯⋯⋯⋯⋯⋯⋯⋯ 6
 1.2.3　伪距定位 ⋯⋯⋯⋯⋯⋯⋯⋯⋯⋯⋯⋯⋯⋯⋯⋯⋯⋯⋯⋯⋯⋯⋯⋯⋯⋯ 8
 1.2.4　位置解算的精度 ⋯⋯⋯⋯⋯⋯⋯⋯⋯⋯⋯⋯⋯⋯⋯⋯⋯⋯⋯⋯⋯⋯⋯ 10
 1.2.5　GNSS 观测方程 ⋯⋯⋯⋯⋯⋯⋯⋯⋯⋯⋯⋯⋯⋯⋯⋯⋯⋯⋯⋯⋯⋯⋯ 12
1.3　观测量建模 ⋯⋯⋯⋯⋯⋯⋯⋯⋯⋯⋯⋯⋯⋯⋯⋯⋯⋯⋯⋯⋯⋯⋯⋯⋯⋯⋯⋯ 12
 1.3.1　卫星轨道和钟差信息 ⋯⋯⋯⋯⋯⋯⋯⋯⋯⋯⋯⋯⋯⋯⋯⋯⋯⋯⋯⋯⋯ 13
 1.3.2　大气传播延迟 ⋯⋯⋯⋯⋯⋯⋯⋯⋯⋯⋯⋯⋯⋯⋯⋯⋯⋯⋯⋯⋯⋯⋯⋯ 13
1.4　定位模式 ⋯⋯⋯⋯⋯⋯⋯⋯⋯⋯⋯⋯⋯⋯⋯⋯⋯⋯⋯⋯⋯⋯⋯⋯⋯⋯⋯⋯⋯ 15
 1.4.1　精密单点定位 ⋯⋯⋯⋯⋯⋯⋯⋯⋯⋯⋯⋯⋯⋯⋯⋯⋯⋯⋯⋯⋯⋯⋯⋯ 15
 1.4.2　伪距差分定位 ⋯⋯⋯⋯⋯⋯⋯⋯⋯⋯⋯⋯⋯⋯⋯⋯⋯⋯⋯⋯⋯⋯⋯⋯ 16
 1.4.3　载波相位差分 ⋯⋯⋯⋯⋯⋯⋯⋯⋯⋯⋯⋯⋯⋯⋯⋯⋯⋯⋯⋯⋯⋯⋯⋯ 17
1.5　当前和建设中的全球卫星导航系统 ⋯⋯⋯⋯⋯⋯⋯⋯⋯⋯⋯⋯⋯⋯⋯⋯⋯⋯⋯ 19
 1.5.1　全球卫星导航系统 ⋯⋯⋯⋯⋯⋯⋯⋯⋯⋯⋯⋯⋯⋯⋯⋯⋯⋯⋯⋯⋯⋯ 20
 1.5.2　区域卫星导航系统 ⋯⋯⋯⋯⋯⋯⋯⋯⋯⋯⋯⋯⋯⋯⋯⋯⋯⋯⋯⋯⋯⋯ 22
 1.5.3　星基增强系统 ⋯⋯⋯⋯⋯⋯⋯⋯⋯⋯⋯⋯⋯⋯⋯⋯⋯⋯⋯⋯⋯⋯⋯⋯ 23
1.6　GNSS 在科学与社会领域的广泛应用 ⋯⋯⋯⋯⋯⋯⋯⋯⋯⋯⋯⋯⋯⋯⋯⋯⋯⋯ 24
参考文献 ⋯⋯⋯⋯⋯⋯⋯⋯⋯⋯⋯⋯⋯⋯⋯⋯⋯⋯⋯⋯⋯⋯⋯⋯⋯⋯⋯⋯⋯⋯⋯⋯ 27

### 第 2 章　时间和参考系 ⋯⋯⋯⋯⋯⋯⋯⋯⋯⋯⋯⋯⋯⋯⋯⋯⋯⋯⋯⋯⋯⋯⋯⋯⋯⋯⋯ 29
2.1　时间 ⋯⋯⋯⋯⋯⋯⋯⋯⋯⋯⋯⋯⋯⋯⋯⋯⋯⋯⋯⋯⋯⋯⋯⋯⋯⋯⋯⋯⋯⋯⋯ 29
 2.1.1　力学时 ⋯⋯⋯⋯⋯⋯⋯⋯⋯⋯⋯⋯⋯⋯⋯⋯⋯⋯⋯⋯⋯⋯⋯⋯⋯⋯⋯ 30
 2.1.2　原子时标 ⋯⋯⋯⋯⋯⋯⋯⋯⋯⋯⋯⋯⋯⋯⋯⋯⋯⋯⋯⋯⋯⋯⋯⋯⋯⋯ 31
 2.1.3　恒星时、世界时与地球自转 ⋯⋯⋯⋯⋯⋯⋯⋯⋯⋯⋯⋯⋯⋯⋯⋯⋯⋯ 32
 2.1.4　GNSS 系统时 ⋯⋯⋯⋯⋯⋯⋯⋯⋯⋯⋯⋯⋯⋯⋯⋯⋯⋯⋯⋯⋯⋯⋯⋯ 35
2.2　空间参考系 ⋯⋯⋯⋯⋯⋯⋯⋯⋯⋯⋯⋯⋯⋯⋯⋯⋯⋯⋯⋯⋯⋯⋯⋯⋯⋯⋯⋯ 36

2.2.1　坐标系 ·································································································· 36
　　　2.2.2　参考系和参考框架 ···················································································· 40
　2.3　地球参考系 ········································································································ 40
　　　2.3.1　传统大地测量基准 ···················································································· 41
　　　2.3.2　全球参考系 ······························································································· 43
　　　2.3.3　针对GNSS用户的地球参考系 ···································································· 46
　　　2.3.4　框架转换 ·································································································· 47
　　　2.3.5　固体潮 ······································································································ 50
　2.4　天球参考系 ········································································································ 52
　2.5　ICRF和ITRF之间的转换 ·················································································· 54
　　　2.5.1　地球在太空中的方向 ················································································ 55
　　　2.5.2　新协议 ······································································································ 61
　　　2.5.3　极移 ·········································································································· 63
　　　2.5.4　转换 ·········································································································· 65
　2.6　观点 ···················································································································· 66
　参考文献 ···················································································································· 67

# 第3章　卫星轨道与姿态 ······························································································ 72
　3.1　开普勒运动 ········································································································ 72
　　　3.1.1　基本原理 ·································································································· 72
　　　3.1.2　开普勒轨道模型 ······················································································ 75
　　　3.1.3　卫星可见性及星下点轨迹 ········································································ 77
　3.2　轨道摄动 ············································································································ 80
　　　3.2.1　轨道描述 ·································································································· 81
　　　3.2.2　摄动加速度 ······························································································· 82
　　　3.2.3　GNSS卫星在轨摄动力 ·············································································· 85
　　　3.2.4　太阳辐射压 ······························································································· 87
　　　3.2.5　轨道长期演化 ··························································································· 90
　　　3.2.6　轨道精度 ·································································································· 94
　3.3　广播轨道模型 ···································································································· 96
　　　3.3.1　历书模型 ·································································································· 97
　　　3.3.2　开普勒星历模型 ······················································································ 98
　　　3.3.3　笛卡儿星历模型 ······················································································ 101
　　　3.3.4　广播星历拟合及性能分析 ······································································ 102
　3.4　姿态 ·················································································································· 103
　参考文献 ·················································································································· 106

# 第4章　信号与调制 ···································································································· 112
　4.1　无线信号 ·········································································································· 112

  4.1.1 麦克斯韦电磁理论 ……………………………………………… 112
  4.1.2 调制与复基带信号 ……………………………………………… 115
  4.1.3 频段与极化 ……………………………………………………… 118
 4.2 扩频技术和伪随机码 ………………………………………………… 119
  4.2.1 扩频测距信号 …………………………………………………… 119
  4.2.2 伪随机二进制序列 ……………………………………………… 122
  4.2.3 相关和时延估计 ………………………………………………… 126
 4.3 调制方式 ……………………………………………………………… 133
  4.3.1 二进制相移键控 ………………………………………………… 134
  4.3.2 二进制偏移载波调制及其衍生技术 …………………………… 136
 4.4 信号复用 ……………………………………………………………… 143
  4.4.1 互复用 …………………………………………………………… 143
  4.4.2 交替二进制偏移载波 …………………………………………… 146
 4.5 导航电文与无数据通道 ……………………………………………… 149
 参考文献 …………………………………………………………………… 149

## 第 5 章 时钟 ……………………………………………………………… 153
 5.1 频率和时间稳定度 …………………………………………………… 154
  5.1.1 概念 ……………………………………………………………… 154
  5.1.2 时钟稳定度的表征 ……………………………………………… 155
 5.2 时钟技术 ……………………………………………………………… 160
  5.2.1 石英晶体振荡器 ………………………………………………… 160
  5.2.2 传统原子频标 …………………………………………………… 162
  5.2.3 原子时标 ………………………………………………………… 169
  5.2.4 小型原子钟技术 ………………………………………………… 171
  5.2.5 时钟技术的发展 ………………………………………………… 172
 5.3 空间级原子频标 ……………………………………………………… 173
  5.3.1 空间铷原子钟 …………………………………………………… 174
  5.3.2 空间级铯原子钟 ………………………………………………… 176
  5.3.3 空间级氢原子钟 ………………………………………………… 177
  5.3.4 空间线性离子阱系统 …………………………………………… 178
  5.3.5 星载定时子系统 ………………………………………………… 178
  5.3.6 空间级原子钟在轨性能 ………………………………………… 181
 5.4 时钟的相对论效应 …………………………………………………… 185
  5.4.1 相对论术语 ……………………………………………………… 185
  5.4.2 坐标系时标 ……………………………………………………… 186
  5.4.3 地心坐标系 ……………………………………………………… 187

| | | |
|---|---|---|
| 5.4.4 | 信号传播 | 190 |
| 5.4.5 | GNSS 卫星钟的相对论偏移 | 192 |

5.5 国际时标 193
    5.5.1 国际原子时 194
    5.5.2 协调世界时 195
5.6 GNSS 时标 197
参考文献 199

## 第 6 章 大气信号传播 206

6.1 电磁波传播 206
    6.1.1 麦克斯韦方程 206
    6.1.2 对流层中的电磁波传播 207
    6.1.3 电离层中电磁波的传播 208
6.2 对流层 210
    6.2.1 对流层特征 210
    6.2.2 对流层折射 212
    6.2.3 对流层的经验模型 214
    6.2.4 对流层延迟估计 217
6.3 电离层对 GNSS 信号传播的影响 221
    6.3.1 电离层 221
    6.3.2 电离层对无线电波的折射 223
    6.3.3 信号的衍射与散射 229
    6.3.4 电离层模型 231
    6.3.5 基于测量的电离层校正 235
参考文献 238

# B 部分　卫星导航系统

## 第 7 章 全球定位系统 247

7.1 空间段 247
    7.1.1 星座设计与管理 247
    7.1.2 GPS 卫星 249
7.2 控制段 254
    7.2.1 概览 254
    7.2.2 能力演进 255
    7.2.3 运行 256
7.3 导航信号 257
    7.3.1 传统信号 257

7.3.2　现代化信号 ……………………………………………………………… 258
　　7.3.3　功率电平 ………………………………………………………………… 262
7.4　导航数据和算法 …………………………………………………………………… 262
　　7.4.1　传统导航电文（LNAV）数据概览 ……………………………………… 262
　　7.4.2　LNAV 检错编码 ………………………………………………………… 264
　　7.4.3　LNAV 数据内容和相关算法 …………………………………………… 264
　　7.4.4　民用导航电文（CNAV）和民用导航-2（CNAV-2）数据 …………… 269
7.5　时间系统和大地测量学 …………………………………………………………… 270
7.6　服务和性能 ………………………………………………………………………… 271
参考文献 …………………………………………………………………………………… 271

# 第 8 章　格洛纳斯系统 ……………………………………………………………… 275

8.1　GLONASS 概述 …………………………………………………………………… 275
　　8.1.1　发展历程 …………………………………………………………………… 275
　　8.1.2　GLONASS 星座 …………………………………………………………… 277
　　8.1.3　GLONASS 大地测量参考系统 PZ-90 ………………………………… 279
　　8.1.4　GLONASS 时 ……………………………………………………………… 280
8.2　导航信号和服务 …………………………………………………………………… 282
　　8.2.1　GLONASS 服务 …………………………………………………………… 282
　　8.2.2　FDMA 信号 ………………………………………………………………… 284
　　8.2.3　CDMA 信号 ………………………………………………………………… 289
8.3　卫星类型 …………………………………………………………………………… 291
　　8.3.1　GLONASS Ⅰ/Ⅱ …………………………………………………………… 292
　　8.3.2　GLONASS-M ……………………………………………………………… 294
　　8.3.3　GLONASS-K ……………………………………………………………… 295
8.4　运载火箭 …………………………………………………………………………… 296
8.5　地面段 ……………………………………………………………………………… 298
8.6　GLONASS 公开服务性能 ………………………………………………………… 301
参考文献 …………………………………………………………………………………… 303

# 第 9 章　伽利略系统 ………………………………………………………………… 308

9.1　星座 ………………………………………………………………………………… 309
9.2　信号和服务 ………………………………………………………………………… 311
　　9.2.1　信号分量和调制 …………………………………………………………… 312
　　9.2.2　导航电文和服务 …………………………………………………………… 318
　　9.2.3　测距性能 …………………………………………………………………… 322
　　9.2.4　授时精度 …………………………………………………………………… 327
9.3　航天器 ……………………………………………………………………………… 330

| | | |
|---|---|---|
| 9.3.1 | 卫星平台 | 330 |
| 9.3.2 | 卫星有效载荷描述 | 332 |
| 9.3.3 | 运载火箭 | 333 |

9.4 地面段 334

9.5 总结 336

参考文献 337

## 第10章 中国卫星导航系统 340

10.1 北斗卫星导航试验系统（BDS-1） 342

| | | |
|---|---|---|
| 10.1.1 | 系统架构与基本特征 | 342 |
| 10.1.2 | 导航原理 | 345 |
| 10.1.3 | 轨道确定 | 346 |
| 10.1.4 | 授时 | 347 |

10.2 北斗（区域）卫星导航系统（BDS-2） 348

| | | |
|---|---|---|
| 10.2.1 | 星座 | 348 |
| 10.2.2 | 信号和服务 | 350 |
| 10.2.3 | 导航电文 | 353 |
| 10.2.4 | 空间段 | 356 |
| 10.2.5 | 运行控制系统 | 358 |
| 10.2.6 | 北斗卫星增强系统 | 360 |
| 10.2.7 | 坐标参考系统 | 361 |
| 10.2.8 | 时间系统 | 362 |

10.3 BDS-2的性能 365

| | | |
|---|---|---|
| 10.3.1 | 服务区域 | 365 |
| 10.3.2 | 卫星时钟的性能 | 365 |
| 10.3.3 | 定位性能 | 369 |
| 10.3.4 | 应用实例 | 370 |

10.4 北斗（全球）卫星导航系统 371

10.5 CAPS简介 372

| | | |
|---|---|---|
| 10.5.1 | CAPS概念和系统架构 | 372 |
| 10.5.2 | CAPS定位原理 | 374 |
| 10.5.3 | 试验CAPS系统 | 375 |

参考文献 376

## 第11章 区域系统 382

11.1 区域卫星导航系统概念 382

11.2 准天顶卫星系统 383

| | | |
|---|---|---|
| 11.2.1 | 概述 | 383 |

| | | |
|---|---|---|
| 11.2.2 | 星座 | 384 |
| 11.2.3 | 信号与服务 | 386 |
| 11.2.4 | 卫星 | 392 |
| 11.2.5 | 控制段 | 396 |
| 11.2.6 | 运行原理概述 | 399 |
| 11.2.7 | 当前性能 | 400 |

11.3 印度区域卫星导航系统（IRNSS/NavIC） 402
    11.3.1 星座 404
    11.3.2 信号和数据结构 405
    11.3.3 航天器 410
    11.3.4 地面段 414
    11.3.5 系统性能 418

参考文献 419

# 第12章 星基增强系统 425

12.1 飞机引导 425
    12.1.1 航空需求 426
    12.1.2 传统导航辅助手段 427
    12.1.3 接收机自主完好性监测 428
    12.1.4 星基增强系统 428

12.2 GPS 误差源 430
    12.2.1 卫星时钟与星历 430
    12.2.2 电离层 431
    12.2.3 对流层 431
    12.2.4 多径 431
    12.2.5 其他误差源 432

12.3 SBAS 架构 432
    12.3.1 监测站 432
    12.3.2 主控站 433
    12.3.3 地面上行链路站与地球静止轨道卫星 435
    12.3.4 运行控制中心 437

12.4 SBAS 完好性 437
    12.4.1 完好性认证 438
    12.4.2 威胁模型 438
    12.4.3 包络 439

12.5 SBAS 用户算法 439
    12.5.1 电文结构 440

| 12.5.2 电文应用 | 442 |
| 12.5.3 保护级 | 442 |

12.6 运行中与规划中的 SBAS 系统 · 443
 12.6.1 广域增强系统 · 443
 12.6.2 多功能卫星增强系统 · 446
 12.6.3 欧洲地球静止导航覆盖服务 · 447
 12.6.4 GPS 辅助 GEO 增强导航 · 447
 12.6.5 差分校正和监控系统 · 449
 12.6.6 北斗星基增强系统 · 449
 12.6.7 韩国增强卫星系统 · 449

12.7 SBAS 的演进 · 450
 12.7.1 多频 · 450
 12.7.2 多星座 · 451

参考文献 · 451

# C 部分　GNSS 接收机和天线

## 第 13 章　接收机架构 · 457

13.1 背景和历史 · 457
 13.1.1 模拟与数字接收机 · 458
 13.1.2 早期军用发展 · 459
 13.1.3 早期民用发展 · 460
 13.1.4 其他卫星导航系统早期接收机的发展 · 462
 13.1.5 早期北斗接收机的发展 · 464

13.2 接收机组成模块 · 465
 13.2.1 天线 · 466
 13.2.2 射频前端 · 471
 13.2.3 模数转换器 · 476
 13.2.4 振荡器 · 480
 13.2.5 芯片技术 · 484
 13.2.6 实现问题 · 490

13.3 多频和多系统接收机 · 491
 13.3.1 GPS 现代化的民用接收机 · 491
 13.3.2 伽利略接收机 · 494
 13.3.3 GLONASS 接收机 · 495
 13.3.4 北斗接收机 · 495
 13.3.5 军用 GPS 接收机 · 496

13.4　技术趋势 …… 497
　　13.4.1　民用低端趋势 …… 497
　　13.4.2　民用高端趋势 …… 498
　　13.4.3　军事和/或政府型接收机的趋势 …… 498
13.5　接收机类型 …… 498
　　13.5.1　手持导航接收机 …… 498
　　13.5.2　非手持导航接收机 …… 499
　　13.5.3　引擎、OEM模块、芯片和裸片 …… 499
　　13.5.4　时间传递接收机 …… 499
　　13.5.5　大地测量接收机 …… 499
　　13.5.6　空间接收机 …… 500
　　13.5.7　定姿接收机 …… 500
参考文献 …… 501

# 第14章　信号处理 …… 504

14.1　概述和适用范围 …… 504
14.2　接收信号模型 …… 506
　　14.2.1　通用GNSS信号 …… 506
　　14.2.2　射频和中频信号模型 …… 506
　　14.2.3　相关器模型 …… 507
14.3　信号搜索与捕获 …… 510
　　14.3.1　检验统计量 …… 510
　　14.3.2　捕获模块结构 …… 512
　　14.3.3　相干积分方法 …… 513
　　14.3.4　搜索空间 …… 515
　　14.3.5　捕获性能 …… 517
　　14.3.6　数据比特处理和二级码 …… 518
14.4　信号跟踪 …… 518
　　14.4.1　架构 …… 519
　　14.4.2　跟踪环路模型 …… 520
　　14.4.3　相关器 …… 522
　　14.4.4　鉴相器 …… 522
　　14.4.5　环路滤波器 …… 526
　　14.4.6　NCO和码/载波发生器 …… 528
　　14.4.7　辅助跟踪 …… 528
　　14.4.8　切换准则 …… 529
　　14.4.9　BOC跟踪 …… 530

14.4.10　跟踪性能 ······ 531
14.5　时间同步和数据解调 ······ 533
　　14.5.1　比特/符号同步 ······ 534
　　14.5.2　数据位/符号解调 ······ 535
　　14.5.3　帧同步 ······ 536
　　14.5.4　比特错误校正 ······ 537
　　14.5.5　数据提取 ······ 538
14.6　全球卫星导航系统测量值 ······ 538
　　14.6.1　码伪距 ······ 538
　　14.6.2　载波相位 ······ 543
　　14.6.3　多普勒 ······ 545
　　14.6.4　信号功率 ······ 546
14.7　前沿主题 ······ 546
　　14.7.1　GPS P(Y)码跟踪 ······ 547
　　14.7.2　通用数据/导频复用方法 ······ 547
　　14.7.3　数据和导频信号的联合处理 ······ 548
　　14.7.4　码和载波的联合处理 ······ 549
　　14.7.5　基于卡尔曼滤波的载波跟踪方法 ······ 550
　　14.7.6　矢量跟踪 ······ 551
参考文献 ······ 554

# 第15章　多径效应 ······ 558

15.1　多径的影响 ······ 558
15.2　多径环境特征 ······ 559
15.3　多径信号模型 ······ 564
15.4　伪距与载波相位误差 ······ 567
15.5　多径误差包络 ······ 568
15.6　时变误差、偏置特性和快衰落分析 ······ 571
15.7　多径抑制 ······ 576
　　15.7.1　天线位置与多径抑制 ······ 576
　　15.7.2　天线类型 ······ 576
　　15.7.3　接收机类型 ······ 578
　　15.7.4　观测量处理 ······ 580
15.8　多径测量 ······ 581
　　15.8.1　伪距多径分离 ······ 581
　　15.8.2　短时延多径 ······ 583
　　15.8.3　周期性多径 ······ 584

15.8.4　载波相位多径测量 ·················· 587
15.9　多径对多普勒测量的影响 ·················· 590
15.10　结论 ·················· 591
参考文献 ·················· 591

## 第16章　干扰 ·················· 594

16.1　统计独立干扰的分析技术 ·················· 595
　　16.1.1　接收信号模型 ·················· 596
　　16.1.2　热噪声等效近似 ·················· 597
　　16.1.3　应用限制 ·················· 600
　　16.1.4　干扰对载波相位跟踪的影响概述 ·················· 600

16.2　典型干扰模型 ·················· 602
　　16.2.1　宽带干扰 ·················· 602
　　16.2.2　窄带干扰 ·················· 603
　　16.2.3　匹配谱干扰 ·················· 605

16.3　量化效应 ·················· 607
　　16.3.1　单比特量化 ·················· 607
　　16.3.2　多比特量化 ·················· 608

16.4　特定干扰波形和干扰源 ·················· 610
　　16.4.1　太阳射电爆发 ·················· 610
　　16.4.2　闪烁 ·················· 611
　　16.4.3　无意干扰 ·················· 614
　　16.4.4　有意干扰 ·················· 615

16.5　欺骗 ·················· 615
　　16.5.1　增强安全性 GNSS 信号通用模型 ·················· 616
　　16.5.2　针对增强安全性 GNSS 信号的攻击 ·················· 617

16.6　干扰检测 ·················· 622
　　16.6.1　$C/N_0$ 检测 ·················· 622
　　16.6.2　接收功率检测 ·················· 623
　　16.6.3　增强的接收功率检测 ·················· 625
　　16.6.4　谱分析 ·················· 628
　　16.6.5　加密欺骗检测 ·················· 628
　　16.6.6　基于天线的技术 ·················· 631
　　16.6.7　新型技术 ·················· 631

16.7　干扰抑制 ·················· 632
　　16.7.1　频域或时域的稀疏干扰 ·················· 632
　　16.7.2　频域和时域的密集干扰 ·················· 634

16.7.3　基于天线的技术 ································································· 635
参考文献 ······································································································ 635

# 第17章　天线 ································································································ 641

## 17.1　GNSS 天线特性 ············································································· 641
　　17.1.1　中心频率 ··························································································· 642
　　17.1.2　带宽 ································································································· 643
　　17.1.3　辐射方向图 ······················································································· 643
　　17.1.4　天线增益 ··························································································· 643
　　17.1.5　3dB 波束宽度 ··················································································· 643
　　17.1.6　极化 ································································································· 644
　　17.1.7　轴比 ································································································· 644
　　17.1.8　阻抗匹配和回波损耗 ········································································ 644
　　17.1.9　前后比和多径抑制比 ········································································ 645
　　17.1.10　相位中心稳定度 ············································································· 645

## 17.2　GNSS 天线基本类型 ····································································· 645
　　17.2.1　微带贴片天线 ··················································································· 646
　　17.2.2　螺旋天线 ··························································································· 647
　　17.2.3　四臂螺旋天线 ··················································································· 648
　　17.2.4　平面螺旋天线 ··················································································· 650
　　17.2.5　宽带蝶形结绕杆式天线 ····································································· 650
　　17.2.6　宽带风火轮天线 ··············································································· 651

## 17.3　特定应用的 GNSS 天线 ································································· 651
　　17.3.1　手持终端 ··························································································· 652
　　17.3.2　测绘与大地测量 ··············································································· 653
　　17.3.3　航空 ································································································· 654
　　17.3.4　空间应用 ··························································································· 655
　　17.3.5　抗干扰天线 ······················································································· 656
　　17.3.6　GNSS 遥感 ······················································································· 657

## 17.4　多径抑制 ······················································································· 659
　　17.4.1　金属反射器天线接地平面 ································································· 659
　　17.4.2　扼流圈天线接地平面 ········································································ 660
　　17.4.3　非截止波纹天线接地平面 ································································· 660
　　17.4.4　凸阻抗天线接地平面 ········································································ 661
　　17.4.5　三维扼流圈天线接地平面 ································································· 661
　　17.4.6　交叉板反射器天线接地平面 ····························································· 662
　　17.4.7　电磁带隙（EBG）基片 ····································································· 663

17.5 GNSS 卫星天线 ·················································· 663
　　17.5.1 同心螺旋天线阵 ········································ 664
　　17.5.2 贴片天线阵列 ············································ 666
　　17.5.3 反射背板单线天线 ····································· 668
17.6 天线测量和校准 ················································· 669
　　17.6.1 天线基本测试 ············································ 669
　　17.6.2 相位中心校准 ············································ 671
参考文献 ································································· 675

# 第 18 章　模拟器和测试设备 ········································· 681
18.1 背景 ································································ 682
　　18.1.1 接收的射频信号 ········································· 683
　　18.1.2 GNSS 接收机 ············································ 686
　　18.1.3 GNSS 模拟器 ············································ 687
　　18.1.4 采集回放系统 ············································ 688
　　18.1.5 小节 ························································ 689
18.2 射频模拟器 ······················································· 690
　　18.2.1 实现 ························································ 691
　　18.2.2 重要事项 ·················································· 692
18.3 中频模拟器 ······················································· 694
　　18.3.1 实现 ························································ 695
　　18.3.2 重要事项 ·················································· 696
18.4 采集回放系统 ···················································· 697
　　18.4.1 实现 ························································ 698
　　18.4.2 重要事项 ·················································· 699
18.5 观测量模拟器 ···················································· 701
　　18.5.1 实现 ························································ 701
　　18.5.2 重要事项 ·················································· 702
18.6 真实和模拟数据结合 ··········································· 703
　　18.6.1 实现 ························································ 704
　　18.6.2 重要事项 ·················································· 704
18.7 其他注意事项 ···················································· 705
　　18.7.1 支持的 GNSS 系统 ····································· 705
　　18.7.2 干扰和欺骗 ··············································· 705
　　18.7.3 其他数据 ·················································· 706
　　18.7.4 可配置性 ·················································· 706
　　18.7.5 可扩展性 ·················································· 706

18.8　总结 ·················································································· 706

参考文献 ···················································································· 707

# D 部分　全球卫星导航系统算法和模型

## 第 19 章　基本观测方程 ·································································· 713

19.1　观测方程 ············································································ 713

19.1.1　伪距测量 ···································································· 713

19.1.2　载波相位测量 ······························································ 715

19.1.3　多普勒测量 ································································· 716

19.2　相对论效应 ········································································· 716

19.3　大气信号延迟 ······································································ 718

19.3.1　电离层 ······································································· 719

19.3.2　对流层 ······································································· 721

19.4　载波相位缠绕 ······································································ 723

19.4.1　无线电波缠绕效应 ······················································· 723

19.4.2　GNSS 卫星姿态建模 ··················································· 724

19.5　天线相位中心偏差与变化 ······················································ 727

19.5.1　概述 ·········································································· 727

19.5.2　校准技术 ···································································· 728

19.5.3　相位中心变化示例 ······················································· 730

19.6　信号偏差 ············································································ 731

19.6.1　伪距偏差 ···································································· 731

19.6.2　载波相位偏差 ······························································ 733

19.7　接收机噪声和多径误差 ·························································· 733

19.7.1　接收机噪声 ································································· 734

19.7.2　多径误差 ···································································· 734

参考文献 ···················································································· 735

## 第 20 章　观测值组合 ····································································· 740

20.1　基础方程 ············································································ 740

20.2　单星单站观测值组合 ····························································· 743

20.2.1　窄巷宽巷组合 ······························································ 743

20.2.2　电离层组合 ································································· 747

20.2.3　无电离层组合 ······························································ 749

20.2.4　多径组合 ···································································· 751

20.3　多星多站观测值组合 ····························································· 754

20.3.1　站间单差 ···································································· 754

20.3.2 星间单差 ································································· 756
20.3.3 双差 ····································································· 758
20.3.4 三差 ····································································· 759
20.3.5 零基线单差与双差 ························································· 760
20.4 伪距滤波 ········································································· 762
参考文献 ················································································ 764

# 第21章 定位模型 ······································································· 767
21.1 非线性观测方程 ·································································· 767
21.1.1 单 GNSS 观测方程 ························································· 767
21.1.2 多 GNSS 观测方程 ························································· 769
21.2 观测方程线性化 ·································································· 771
21.2.1 接收机—卫星距离线性化 ·················································· 771
21.2.2 观测方程线性化 ···························································· 775
21.3 单点定位模型 ····································································· 776
21.3.1 卫星时钟和硬件码(群)延迟的计算 ······································ 776
21.3.2 关于 TGD/DCB 的一些其他考虑 ········································· 779
21.3.3 大气误差的计算/估计 ······················································ 779
21.3.4 单星座 SPP 模型 ···························································· 779
21.3.5 多星座 SPP 模型 ···························································· 782
21.3.6 精度和 DOP ································································· 783
21.3.7 PPP 模型 ····································································· 784
21.4 相对定位模型 ····································································· 789
21.4.1 DGNSS 及(PPP-)RTK 原理 ············································· 789
21.4.2 轨道误差的影响 ···························································· 791
21.4.3 电离层固定解/加权/浮点解模型 ·········································· 792
21.4.4 非差相对定位模型 ························································· 793
21.4.5 PPP-RTK 模型 ····························································· 795
21.4.6 PPP-RTK 与 PPP 之间的联系 ············································ 798
21.5 差分定位模型 ····································································· 799
21.5.1 单差 ········································································· 799
21.5.2 双差和三差 ································································· 801
21.5.3 差分模型的冗余度 ························································· 801
21.6 定位相关概念 ····································································· 802
21.6.1 全球定位:SPP/PPP ······················································· 803
21.6.2 区域定位:网络 DGNSS/RTK ············································ 803
21.6.3 局部定位:单基线 DGNSS/RTK ·········································· 803

  21.6.4 全球/区域定位:PPP-RTK ········· 803
  21.6.5 定位精度概念 ········· 804
 参考文献 ········· 804

## 第 22 章 最小二乘估计和卡尔曼滤波 ········· 810

 22.1 线性最小二乘估计 ········· 810
  22.1.1 最小二乘原理 ········· 810
  22.1.2 加权最小二乘法 ········· 811
  22.1.3 最小二乘解的计算 ········· 811
  22.1.4 统计特性 ········· 812
 22.2 最优估计 ········· 812
  22.2.1 最优线性无偏估计 ········· 812
  22.2.2 极大似然估计 ········· 813
  22.2.3 置信域 ········· 814
 22.3 最小二乘法的特殊形式 ········· 816
  22.3.1 递归估计 ········· 816
  22.3.2 分块参数向量估计 ········· 819
  22.3.3 块估计 ········· 820
  22.3.4 约束最小二乘法 ········· 821
  22.3.5 秩亏最小二乘法 ········· 821
  22.3.6 非线性最小二乘法 ········· 822
 22.4 预测和滤波 ········· 824
  22.4.1 预测问题 ········· 825
  22.4.2 最小均方误差预测 ········· 826
  22.4.3 最小均方误差预测特性 ········· 829
 22.5 卡尔曼滤波 ········· 830
  22.5.1 模型假设 ········· 830
  22.5.2 卡尔曼滤波递归算法 ········· 831
  22.5.3 卡尔曼滤波的信息形式 ········· 834
  22.5.4 扩展卡尔曼滤波 ········· 834
  22.5.5 平滑 ········· 834
 参考文献 ········· 837

## 第 23 章 载波相位整周模糊度固定 ········· 840

 23.1 GNSS 模糊度固定 ········· 841
  23.1.1 GNSS 模型 ········· 841
  23.1.2 模糊度固定步骤 ········· 841
  23.1.3 模糊度解算质量 ········· 842

- 23.2 舍入和序贯取整 ............................................. 845
  - 23.2.1 整数舍入 ............................................. 845
  - 23.2.2 矢量舍入 ............................................. 846
  - 23.2.3 整数序贯取整 ......................................... 847
  - 23.2.4 序贯取整成功率 ....................................... 847
- 23.3 线性组合 ................................................. 848
  - 23.3.1 Z 变换 ................................................ 848
  - 23.3.2 (超)宽巷 .............................................. 850
  - 23.3.3 去相关变换 ........................................... 851
  - 23.3.4 数值示例 ............................................. 853
- 23.4 整数最小二乘法 ........................................... 854
  - 23.4.1 混合整数最小二乘法 ................................... 854
  - 23.4.2 ILS 计算 ............................................. 856
  - 23.4.3 最小二乘成功率 ....................................... 858
- 23.5 部分模糊度解算 ........................................... 860
- 23.6 何时接受整数解? .......................................... 861
  - 23.6.1 模型驱动和数据驱动规则 ............................... 861
  - 23.6.2 模糊度固定四步骤 ..................................... 862
  - 23.6.3 接受整数解的质量 ..................................... 862
  - 23.6.4 固定失败率比率测试 ................................... 864
  - 23.6.5 最佳整周模糊度检验 ................................... 866
- 参考文献 ...................................................... 867

# 第24章 批处理和递推模型验证 .................................. 872
- 24.1 模型与验证 ............................................... 872
- 24.2 批处理模型验证 ........................................... 873
  - 24.2.1 原假设与备择假设 ..................................... 873
  - 24.2.2 无偏解与有偏解 ....................................... 875
  - 24.2.3 不可测偏差(Influential bias)对参数估计的影响 ......... 876
- 24.3 偏差检验 ................................................. 879
  - 24.3.1 最大功效检验统计量 ................................... 879
  - 24.3.2 检验统计量 $T_q$ 的其他表达式 ........................ 882
  - 24.3.3 基于最小二乘残差表示的检验统计量 $T_q$ ............... 883
  - 24.3.4 $w$-检验统计量的最优性 .............................. 885
  - 24.3.5 最小可探测偏差 ....................................... 885
  - 24.3.6 危险漏检 ............................................. 889
- 24.4 检验流程 ................................................. 894

24.4.1　探测、识别与自适应 ………………………………………………… 894
24.4.2　数据探测法（Data snooping） …………………………………… 896
24.4.3　随机模型中的未知量 ………………………………………………… 899
24.5　递推模型验证 …………………………………………………………………… 900
24.5.1　模型与滤波 ……………………………………………………………… 900
24.5.2　模型与 UMPI 检验统计量 …………………………………………… 902
24.5.3　局部与全局检验 ………………………………………………………… 902
24.5.4　递推探测 ………………………………………………………………… 903
24.5.5　递推识别 ………………………………………………………………… 905
24.5.6　递推自适应：一般情况 ………………………………………………… 907
24.5.7　递推自适应：针对 GNSS 的特定情况 ……………………………… 908
参考文献 …………………………………………………………………………………… 909

# 缩 略 语

## A

| | | |
|---|---|---|
| A-GNSS | assisted GNSS | 辅助 GNSS |
| A-PNT | alternative positioning navigation and timing | 可选定位导航和授时（A-PNT） |
| ABAS | aircraft based augmentation system | 机载增强系统 |
| AC | analysis center | 分析中心 |
| ACES | atom clock ensemble in space | 空间原子钟组 |
| ADC | analog-to-digital converter | 模数转换器 |
| ADEV | Allan deviation | 阿伦偏差 |
| ADF | automatic direction finding | 自动测向 |
| ADOP | ambiguity dilution of precision | 模糊度精度因子 |
| ADS | automatic dependent surveillance | 自动相关监视 |
| AEP | architecture evolution plan | 体系架构演进计划 |
| AFS | atomic frequency standard | 原子频率标准 |
| AFSCN | air force satellite control network | 空军卫星控制网 |
| AGC | automatic gain control | 自动增益控制 |
| AGGA | advanced GPS/GLONASS ASIC | 先进的 GPS/GLONASS 专用集成电路 |
| AIUB | astronomical institute of the university of Bern | 伯尔尼大学天文研究所 |
| AKM | apogee kick motor | 加速发动机 |
| AltBOC | alternative BOC | 交替二进制偏移载波 |
| AM | amplitude modulation | 调幅 |
| ANTEX | antenna exchange(format) | 天线交换格式 |
| AOCS | attitude and orbit control system | 姿轨控制系统 |
| APL | airport pseudolite | 机场伪卫星 |
| APV | approach with vertical guidance | 垂直引导进近 |

| | | |
|---|---|---|
| ARP | antenna reference point | 天线参考点 |
| ARW | angular random walk | 角随机游走 |
| ASIC | application specific integrated circuit | 专用集成电路 |
| ATV | automated transfer vehicle | 自动运载飞船 |
| AUT | antenna under test | 待测天线 |
| AWGN | additive white Gaussian noise | 加性高斯白噪声 |

## B

| | | |
|---|---|---|
| BAW | bulk acoustic wave | 腔体声波 |
| BC | Barker code | Barker 码 |
| BCH | Bose-Chaudhuri-Hocquenghem(code) | BCH 码 |
| BCRS | barycentric celestial reference system | 质心天球参考系 |
| BDS | BeiDou navigation satellite system | 北斗卫星导航系统 |
| BDT | BeiDou time | 北斗时 |
| BGD | broadcast group delay | 广播群延迟 |
| BIH | bureau international de l'heure | 国际时间局 |
| BIPM | bureau international des poids et mesures | 国际计量局 |
| BLUE | best linear unbiased estimation | 最优线性无偏估计 |
| BLUP | best linear unbiased prediction | 最优线性无偏预测 |
| BNR | bias-to-noise ratio | 偏差-噪声比 |
| BOC | binary offset carrier | 二进制偏移载波 |
| BPSK | binary phase-shift keying | 二进制相移键控 |

## C

| | | |
|---|---|---|
| CAPS | Chinese area positioning system | 中国区域定位系统 |
| CASM | coherent adaptive sub-carrier modulation | 相干自适应子载波调制 |
| CBOC | composite binary offset carrier | 复合二进制偏移载波 |
| CCD | code-carrier divergence | 码载波分离 |
| CCIR | comité consultatif international des radiocommunications | 国际无线电通信委员会 |
| CDGNSS | carrier-phase differential GNSS | 载波相位差分 GNSS |
| CDMA | code division multiple access | 码分多址 |
| CEP | circular error probable | 圆概率误差 |

| | | | |
|---|---|---|---|
| CFIT | controlled flight into terrain | | 可控飞行撞地 |
| CGCS | China geodetic coordinate system | | 中国大地坐标系 |
| CIO | celestial intermediate origin | | 天球中间原点 |
| CL | long code | | 长码 |
| CM | moderate-length code | | 中长码 |
| CMC | code-minus-carrier | | 码减载波 |
| CMCU | clock monitoring and comparison unit | | 时钟监测和比较单元 |
| CMOS | complementary metal oxide semiconductor | | 互补金属氧化物半导体 |
| CMS | constrained maximum success-rate | | 约束最大成功率 |
| CNAV | civil navigation message | | 民用导航电文 |
| CODE | center for orbit determination in europe | | 欧洲定轨中心 |
| COG | center-of-gravity | | 重心 |
| CoM | center-of-mass | | 质心 |
| CoN | center-of-network | | 网络中心 |
| CONUS | conterminous United States | | 美国本土大陆 |
| COO | cell-of-origin | | 蜂窝中心点 |
| CORS | continuously operating reference station | | 连续运行参考站 |
| COSPAS | cosmicheskaya sistema poiska avariynyh sudo (space system for search of distress vessels and airplanes) | | 遇难船只空间搜寻系统 |
| COTS | commercial-off-the-shelf | | 商用货架产品 |
| CPT | coherent population trapping | | 相干布居囚禁 |
| CPU | central processing unit | | 中央处理器 |
| CRC | cyclic redundancy check | | 循环冗余校验 |
| CRF | celestial reference frame | | 天球参考框架 |
| CRPA | controlled radiation pattern antenna | | 可控辐射方向图天线 |
| CRS | celestial reference system | | 天球参考系 |
| CS | commercial service | | 商业服务 |
| CS | control segment | | 控制段 |
| CSAC | chip scale atomic clock | | 芯片级原子钟 |
| CSK | code shift keying | | 码移键控 |

| | | |
|---|---|---|
| CTP | conventional terrestrial pole | 协议地面极 |

## D

| | | |
|---|---|---|
| DAB | digital audio broadcast | 数字音频广播 |
| DC | data center | 数据中心 |
| DCB | differential code bias | 差分码偏差 |
| DCFBS | digital cesium beam frequency standard | 数字式铯束频率标准 |
| DD | double-difference | 双差分 |
| DDM | delay-Doppler-map | 延迟多普勒图 |
| DEM | digital elevation model | 数字高程模型 |
| DGNSS | differential GNSS | 差分全球卫星导航系统 |
| DH | decision height | 决断高度 |
| DIODE | DORIS immediate orbit on-board determination | DORIS星上实时定轨系统 |
| DLL | delay lock loop | 延迟锁定环 |
| DLR | Deutsches Zentrum für Luft-und Raumfahrt | 德国航空航天中心 |
| DMA | defense mapping agency | 国防测绘局 |
| DME | distance measuring equipment | 测距设备(仪) |
| DOP | dilution of precision | 精度因子 |
| DORIS | Doppler orbitography and radiopositioning integrated by satellite | 卫星集成的多普勒轨道成像与卫星定位 |
| DQM | data quality monitoring | 数据质量监测 |
| DSP | digital signal processor | 数字信号处理器 |
| DVB | digital video broadcasting | 数字视频广播 |

## E

| | | |
|---|---|---|
| EAL | echelle atomique libre(free atomic scale) | 自由原子尺度 |
| ECEF | earth-centered earth-fixed | 地心地固 |
| ECI | earth-centered inertial | 地心惯性 |
| ECMWF | European centre for medium-range weather forecasts | 欧洲中期天气预报中心 |
| ECOM | Empirical CODE orbit model | 经验CODE轨道模型 |

| | | |
|---|---|---|
| EELV | evolved expendable launch vehicles | 改进型消耗性运载火箭 |
| EGNOS | European geostationary navigation overlay service | 欧洲地球静止导航覆盖服务 |
| EIRP | effective isotropic radiated power | 等效全向辐射功率 |
| EKF | extended Kalman filter | 扩展卡尔曼滤波器 |
| EO | Earth observation | 地球观测 |
| EPB | equatorial plasma bubble | 赤道等离子体泡 |
| ESA | European space agency | 欧洲航天局 |
| EUV | extreme ultraviolet | 极紫外 |

**F**

| | | |
|---|---|---|
| FAA | US federal aviation administration | 美国联邦航空管理局 |
| FAR | full ambiguity resolution | 全模糊度解算 |
| FBR | front-to-back ratio | 前后比 |
| FCC | federal communications commission | 联邦通信委员会 |
| FDMA | frequency division multiple access | 频分多址 |
| FE | front end | 前端 |
| FEC | forward error correction | 前向纠错 |
| FFT | fast Fourier transform | 快速傅里叶变换 |
| FK5 | Fundamental Katalog 5 | 第五基本星表 |
| FLDR | flicker drift | 闪烁漂移 |
| FLFR | flicker frequency (noise) | 闪烁频率（噪声） |
| FLL | frequency lock loop | 锁频环 |
| FLPH | flicker phase (noise) | 闪烁相位（噪声） |
| FMS | flight management system | 飞行管理系统 |
| FNBW | first-null beam width | 第一零点波束宽度 |
| FOC | full operational capability | 完全运行能力 |
| FOG | fiber optic gyroscope | 光纤陀螺仪 |
| FPGA | field programmable gate array | 现场可编辑门阵列 |
| FRPA | fixed radiation pattern antenna | 固定辐射方向图天线 |

| | | |
|---|---|---|
| FTE | flight technical error | 飞行技术误差 |

## G

| | | |
|---|---|---|
| GAGAN | GPS-aided GEO augmented navigation | 印度区域导航增强系统 |
| GAST | Greenwich apparent sidereal time | 视恒星时 |
| GBAS | ground-based augmentation system | 地基增强系统 |
| GCC | Galileo control centre | 伽利略控制中心 |
| GCRS | geocentric celestial reference system | 地心天球参考系统 |
| GDGPS | global differential GPS | 全球差分 GPS |
| GEO | geostationary Earth orbit | 地球静止轨道 |
| GFZ | Deutsches GeoForschungsZentrum | 德国地理研究中心 |
| GGTO | GPS-to-Galileo time offset | GPS 与伽利略时间偏移 |
| GIM | global ionospheric map | 电离层云图 |
| GIOVE | Galileo in-orbit validation element | 伽利略在轨验证部件 |
| GIS | geographic information system | 地理信息系统 |
| GIVE | grid ionospheric vertical error | 格网点电离层垂直误差 |
| GLONASS | global'naya navigatsionnaya sputnikova sistema (Russian Global Navigation Satellite System) | （俄罗斯）全球卫星导航系统 |
| GLST | GLONASS system time | GLONASS 时 |
| GMS | ground mission segment | 地面任务段 |
| GNSS | global navigation satellite system | 全球卫星导航系统 |
| GPS | global positioning system | 全球定位系统 |
| GPST | GPS Time | GPS 时 |
| GPT | global pressure and temperature (model) | 压力和温度（模型） |
| GRAM | GPS receiver application module | GPS 接收机应用模块 |
| GRAS | ground-based regional augmentation system | 地基区域增强系统 |
| GRAS | GNSS receiver for atmospheric sounding | GNSS 大气探测接收机 |
| GST | Galileo System Time | 伽利略时 |
| GTRS | geocentric terrestrial reference system | 地心地面参考系 |

## H

| | | |
|---|---|---|
| HDOP | horizontal dilution of precision | 水平精度因子 |

| | | |
|---|---|---|
| HEO | highly elliptical orbit | 高椭圆轨道 |
| HOW | hand-over word | 转换字 |
| HPBW | half-power beam width | 半功率波束宽度 |

## I

| | | |
|---|---|---|
| I/Q | in-phase/quadrature | 同相/正交(I/Q) |
| IAU | International Astronomical Union | 国际天文学联合会 |
| IB | integer bootstrapping | 整数自举 |
| IBLS | integrity beacon landing system | 完整性信标着陆系统 |
| ICAO | international civil aviation organization | 国际民用航空组织 |
| ICD | interface control document | 接口控制文件 |
| ICRF | international celestial reference frame | 国际天球参考框架 |
| ICRS | International celestial reference system | 国际天球参考系 |
| IEEE | Institute of electrical and electronics engineers | 电气电子工程师学会 |
| IERS | International earth rotation and reference systems service | 国际地球自转服务(机构) |
| IF | intermediate frequency | 中频 |
| IFA | inverted-F antenna | 倒F天线 |
| IGP | ionospheric grid point | 电离层格网点 |
| IGS | International GNSS Service | 国际GNSS服务(组织) |
| IGSO | inclined geo-synchronous orbit | 倾斜地球同步轨道 |
| IIP | instantaneous impact point | 瞬时冲击点 |
| ILS | integer least-squares | 最小二乘 |
| ILS | instrument landing system | 仪表着陆系统 |
| ILS | International Latitude Service | 国际纬度服务 |
| IMU | inertial measurement unit | 惯性测量单元 |
| INS | inertial navigation system | 惯性导航系统 |
| InSAR | interferometric synthetic aperture radar | 合成孔径雷达干涉测量 |
| IOD | issue-of-data | 数据发布 |
| IODC | issue-of-data clock | 时钟数据期号 |
| IODE | issue-of-data ephemeris | 星历数据期号 |

| | | |
|---|---|---|
| IONEX | ionosphere exchange (format) | 空间电离层数据交换格式 |
| IOP | intensity optical pumping | 强度光泵 |
| IOT | in-orbit test | 在轨测试 |
| IOV | in-orbit validation | 在轨验证 |
| IPP | ionospheric pierce point | 电离层穿刺点 |
| IR | integer rounding | 整数舍入 |
| IRI | international reference ionosphere | 国际参考电离层 |
| IRM | IERS reference meridian | IERS 参考子午线 |
| IRNSS | Indian regional navigation satellite system | 印度区域卫星导航系统 |
| IRP | international reference pole | 国际参考极 |
| ISB | intersystem bias | 系统间偏差 |
| ISC | intersignal correction | 信号间校正 |
| ISS | International Space Station | 国际空间站 |
| ITRF | international terrestrial reference frame | 国际大地参考框架 |
| ITRS | international terrestrial reference system | 国际大地参考系统 |
| ITS | intelligent transport system | 智能运输系统 |
| ITU | international telecommunication union | 国际电信联盟 |
| IUGG | international union of geodesy and geophysics | 国际大地测量学和地球物理学联合会 |

## J

| | | |
|---|---|---|
| JAXA | Japan aerospace exploration agency | 日本宇宙航空研究开发机构 |
| JD | julian day/date | 儒略日/日期 |
| JPL | jet propulsion laboratory | 喷气推进实验室 |

## K

| | | |
|---|---|---|
| KASS | Korean augmentation satellite system | 韩国增强卫星系统 |
| KF | Kalman filter | 卡尔曼滤波器 |

## L

| | | |
|---|---|---|
| L-AII | legacy accuracy improvement initiative | 传统精度改进计划 |
| LADGNSS | local area differential GNSS | 局域差分 GNSS |
| LAMBDA | least-squares ambiguity decorrelation adjustment | 最小二乘模糊度降相关平差 |

| | | |
|---|---|---|
| LEO | low earth orbit | 低地球轨道 |
| LEOP | launch and early orbit phase | 发射和早期轨道阶段 |
| LHCP | left-hand circular polarized | 左旋圆极化 |
| LIDAR | light detection and ranging | 光检测和测距 |
| LNA | low-noise amplifier | 低噪声放大器 |
| LNAV | legacy navigation message | 传统导航电文 |
| LOS | line-of-sight | 视线,视距 |
| LQG | linear quadratic Gaussian | 线性二次高斯 |
| LRA | laser retro-reflector array | 激光后向反射器阵列 |
| LTT | laser time transfer | 激光时间传输 |

## M

| | | |
|---|---|---|
| MAP | maximum a posteriori | 最大后验(估计) |
| MC | master clock | 主钟 |
| MCS | master control station | 主控站 |
| MDB | minimal detectable bias | 最小可检测偏差 |
| MEMS | micro-electromechanical system | 微机电系统 |
| MEO | medium earth orbit | 中圆地球轨道 |
| MJD | modified Julian day/date | 修正的儒略日/日期 |
| MLE | maximum likelihood estimation | 最大似然估计 |
| MLS | microwave landing system | 微波着陆系统 |
| MMP | minimum mean penalty | 最低平均惩罚 |
| MMS | magnetosphere multiscale mission | 磁层多尺度任务 |
| MOT | magneto-optical trap | 磁光阱 |
| MPR | multipath rejection ratio | 多径抑制比 |
| MQM | measurements quality monitoring | 测量质量监控 |
| MS | monitoring station | 监控站 |
| MSAS | multi-function satellite augmentation system | 多功能卫星增强系统 |
| MSS | mean squared slope | 均方斜度 |

## N

| | | |
|---|---|---|
| NAD | north American datum | 北美基准 |
| NANU | notice advisory to NAVSTAR users | 导航用户通告 |

| | | |
|---|---|---|
| NAQU | notice advisory to QZSS users | QZSS用户通告 |
| NASA | national aeronautics and space administration | 美国国家航空航天局 |
| NCO | numerically controlled oscillator | 数控振荡器 |
| NCP | north celestial pole | 北天极 |
| NDB | nondirectional beacon | 无方向性信标 |
| NEP | north ecliptic pole | 北黄道极 |
| NGA | national geospatial-intelligence agency | 美国国家地理空间情报局 |
| NH | Neuman-Hofman(code) | 纽曼-霍夫曼(NH)编码 |
| NIST | national institute of standards and technology | 美国国家标准与技术研究院 |
| NMCT | navigation message correction table | 导航电文改正表 |
| NMEA | national marine electronics association | 美国国家海洋电子协会 |
| NMF | Niell mapping function | Niell投影函数 |
| NOTAM | notice to airmen | 飞行员通告 |
| NPA | nonprecision approach | 非精密进近 |
| NRL | naval research lab | 海军研究实验室 |
| NSE | navigation system error | 导航系统误差 |
| NUDET | nuclear detection(payload) | 核检测(载荷) |
| NWM | numerical weather model | 数值天气模型 |
| NWP | numerical weather prediction | 数值天气预报 |

## O

| | | |
|---|---|---|
| OCS | operational control system | 运行控制系统 |
| OCX | next generation operational control segment of GPS | GPS下一代运行控制段 |
| OCXO | oven controlled crystal oscillator | 恒温晶体振荡器 |
| OEM | original equipment manufacturer | 原始设备制造商 |
| OS | open service | 公开服务 |
| OSPF | orbitography and synchronization processing facility | 轨道图与同步处理设备 |
| OWCP | one-way carrier-phase technique | 单向载波相位技术 |

## P

| | | |
|---|---|---|
| PAR | partial ambiguity resolution | 部分模糊度解算 |
| PBN | performance based navigation | 基于性能导航 |
| PBO | plate boundary observatory | 板块边界观测台 |
| PCB | printed circuit board | 印制电路板 |
| PCO | phase center offset | 相位中心（校正）偏移 |
| PCV | phase center variation | 相位中心变化 |
| PDA | personal digital assistant | 个人数字助理 |
| PDF | probability density function | 概率密度函数 |
| PDOP | position dilution of precision | 位置精度因子 |
| PF | particle filter | 粒子滤波 |
| PHM | passive hydrogen maser | 被动型氢钟 |
| PLL | phase lock loop | 锁相环 |
| PM | phase modulation | 调相 |
| PMF | probability mass function | 概率质量函数 |
| PNT | positioning, navigation and timing | 定位、导航与授时 |
| POD | precise orbit determination | 精密定轨 |
| PPD | personal privacy device | 个人保密装置 |
| PPP | precise point positioning | 精密单点定位 |
| PPS | precise positioning service | 精密定位服务 |
| PPS | pulse per second | 秒脉冲 |
| PRC | pseudorange correction | 伪距校正 |
| PRN | pseudo-random noise | 伪随机噪声 |
| PSD | power spectral density | 功率谱密度 |
| PVT | position, velocity and time | 位置、速度和时间 |

## Q

| | | |
|---|---|---|
| QHA | quadrifilar helix antenna | 四臂螺旋天线 |
| QPSK | quadrature phase-shift keying | 正交相移键控 |
| QZSS | Quasi-Zenith Satellite System | 准天顶卫星系统 |

## R

| | | |
|---|---|---|
| RAAN | right ascension of ascending node | 升交点赤经 |
| RAFS | rubidium atomic frequency standard | 铷原子频率标准 |
| RAIM | receiver autonomous integrity monitoring | 接收机自主完好性监测 |
| RDSS | radio determination satellite service | 卫星无线电测定业务 |
| RF | radio frequency | 射频 |
| RFI | radio frequency interference | RF 干扰 |
| RFSA | Russian federal space agency | 俄罗斯联邦航天局 |
| RHCP | right-hand circular polarized | 右旋圆极化 |
| RINEX | receiver independent exchange(format) | 接收机独立交换(格式) |
| RLG | ring laser gyroscope | 环形激光陀螺仪 |
| RMS | root mean square | 均方根 |
| RNAV | area navigation | 区域导航 |
| RNP | required navigation performance | 所需的导航性能 |
| RNSS | radio navigation satellite service | 卫星无线电导航业务 |
| RNSS | regional navigation satellite system | 区域卫星导航系统 |
| RO | radio occultation | 无线电掩星 |
| RRC | range-rate correction | 距离变化率校正 |
| RSS | root-sum-square | 均方根 |
| RTAC | real-time analysis center | 实时分析中心 |
| RTCA | radio technical commission for aeronautics | 航空无线电技术委员会 |
| RTCM | radio technical commission for maritime services | 海事无线电技术委员会 |
| RTI | Rayleigh-Taylor instability | 瑞利-泰勒不稳定性 |
| RTK | real-time kinematic | 实时动态 |
| RTS | real-time service | 实时服务 |
| RWDR | random walk drift | 随机游走漂移 |
| RWFR | random walk frequency(noise) | 随机游走频率(噪声) |
| RWPH | random walk phase(noise) | 随机游走相位(噪声) |

# S

| | | |
|---|---|---|
| SA | selective availability | 选择可用性 |
| SAASM | selective availability anti-spoofing module | 选择可用性反欺骗模块 |
| SAR | synthetic aperture radar | 合成孔径雷达 |
| SAR | search and rescue | 搜救 |
| SARPS | standards and recommended practices | 标准与建议措施 |
| SAW | surface acoustic wave | 声表面波 |
| SBAS | satellite-based augmentation system | 星基增强系统 |
| SD | single-difference | 单差 |
| SDA | strapdown algorithm | 捷联算法 |
| SDCM | system for differential corrections and monitoring | 差分校正和监测系统 |
| SDM | signal deformation monitoring | 信号变形监测 |
| SDR | software defined radio | 软件定义无线电 |
| SEL | single event latch-up | 单事件锁存 |
| SEU | single event update | 单一事件更新 |
| SIGI | space integrated GPS/inertial navigation system | 空间组合GPS/惯性导航系统 |
| SINEX | solution independent exchange(format) | 与解算无关的交换(格式) |
| SISO | single-input-single-output | 单输入单输出 |
| SISRAD | signal-in-space receive and decode | 空间信号接收与解码 |
| SISRE | signal-in-space range error | 空间信号测距误差 |
| SLAM | simultaneous location and mapping | 同步定位与建图 |
| SLR | satellite laser ranging | 卫星激光测距 |
| SLTA | straight line tangent point altitude | 直线切点高度 |
| SNR | signal-to-noise ratio | 信噪比 |
| SoC | system-on-a-chip | 片上系统 |
| SOFA | standards of fundamental astronomy | 基础天文标准库 |
| SP3 | standard product 3(format) | 标准产品3(格式) |

| | | |
|---|---|---|
| SPAD | single photon avalanche diode | 单光子雪崩二极管 |
| SPP | single point positioning | 单点定位 |
| SPS | standard positioning service | 标准定位服务 |
| SRP | solar radiation pressure | 太阳辐射压力 |
| ST | system time | 系统时间 |
| STEC | slant total electron content | 斜向电子总含量 |
| SV | space vehicle | 空间飞行器 |
| SVN | space vehicle number | 空间飞行器编号 |

**T**

| | | |
|---|---|---|
| TACAN | tactical air navigation(system) | 战术空中导航(系统) |
| TAI | international atomic time | 国际原子时 |
| TASS | TDRSS augmentation service for satellites | 卫星TDRSS增强服务 |
| TCB | barycentric coordinate time | 质心坐标时 |
| TCG | geocentric coordinate time | 地心坐标时 |
| TCXO | temperature compensated crystal oscillator | 温度补偿晶体振荡器 |
| TDB | barycentric dynamic time | 质心力学时 |
| TDRSS | tracking and data relay satellite system | 跟踪和数据中继卫星系统 |
| TDT | terrestrial dynamic time | 地球动力学时 |
| TEC | total electron content | 电子总含量 |
| TGD | timing group delay | 时间群延迟 |
| TID | total ionization dose | 总电离剂量 |
| TID | traveling ionospheric disturbance | 电离层行波扰动 |
| TIO | terrestrial intermediate origin | 地球中间原点 |
| TKS | time keeping system | 守时系统 |
| TLM | telemetry(word) | 遥测(字) |
| TMBOC | time multiplexed binary offset carrier | 时分复用二进制偏移载波 |
| TOA | time-of-arrival | 到达时间 |
| TRF | terrestrial reference frame | 地球参考框架 |
| TT | terrestrial time | 地球时 |

| | | |
|---|---|---|
| TTA | time-to-alert | 告警时间 |
| TTFF | time-to-first-fix | 首次定位时间 |
| TWSTFT | two-way satellite time and frequency transfer | 卫星双向时间频率传递 |
| TWTA | traveling wave tube amplifier | 行波管放大器 |

## U

| | | |
|---|---|---|
| UAV | unmanned aerial vehicle | 无人机 |
| UDRE | user differential range error | 用户差分距离误差 |
| UERE | user equivalent range error | 用户等效测距误差 |
| UHF | ultra-high frequency | 特高频 |
| UMPI | uniformly most powerful invariant | 一致最大功效不变检验 |
| UNAVCO | university NAVSTAR consortium | 大学 NAVSTAR 联盟 |
| UNB | university of New Brunswick | 新布伦瑞克大学 |
| URSI | international union of radio science | 国际无线电科学联盟 |
| USGS | United States geological survey | 美国地质调查局 |
| USNO | United States naval observatory | 美国海军天文台 |
| UT | universal time | 世界时 |
| UTC | coordinated universal time | 协调世界时 |
| UWB | ultra-wideband | 超宽带 |

## V

| | | |
|---|---|---|
| VDB | VHF data broadcast | 甚高频数据广播 |
| VDOP | vertical dilution of precision | 垂直精度因子 |
| VHF | very high frequency | 甚高频 |
| VLBI | very long baseline interferometry | 甚长基线干涉法 |
| VMF | Vienna mapping function | 维也纳投影函数 |
| VNA | vector network analyzer | 矢量网络分析仪 |
| VOR | VHF omnidirectional range | 甚高频全向信标 |
| VPL | vertical protection level | 垂直保护级 |
| VRE | vibration rectification error | 振动校正误差 |
| VRW | velocity random walk | 速度随机游走 |

| | | |
|---|---|---|
| VSWR | voltage standing wave ratio | 电压驻波比 |
| VTEC | vertical total electron content | 垂直电子总含量 |

## W

| | | |
|---|---|---|
| WAAS | wide area augmentation system | 广域增强系统 |
| WAGE | wide area GPS enhancement | 广域 GPS 增强 |
| WGS | world geodetic system | 世界大地坐标系 |
| WHPH | white phase (noise) | 白相位(噪声) |
| WLS | weighted least-squares | 加权最小二乘 |

## Z

| | | |
|---|---|---|
| ZHD | zenith hydrostatic delay | 天顶静力延迟 |
| ZTD | zenith troposphere delay | 天顶对流层延迟 |
| ZWD | zenith wet delay | 天顶湿延迟 |

# A 部分

# 全球卫星导航系统原理

# 第1章 全球卫星导航系统导论

Richard B. Langley, Peter J. G. Teunissen, Oliver Montenbruck

对于没有一定卫星导航知识背景的读者来说，本章可作为全球卫星导航系统（global navigation satellite system，GNSS）的入门读物。本章介绍卫星定位、导航与授时（positioning，navigation，and timing，PNT）涉及的主要概念，并给出了相对应的章节索引，这些概念均会在后续的相应章节中进行详细讨论。

本章首先介绍卫星定位导航授时的历史，介绍利用接收机和卫星之间的距离观测值进行定位的基本原理，然后描述 GNSS 的基本观测方程以及相关误差，接着简要介绍目前运行和建设中的各 GNSS 系统，最后讨论 GNSS 对科学和整个社会的重要性和意义。

## 1.1 早期的卫星导航

本节介绍 Navstar① 全球定位系统（GPS）以及其他正在运行和建设中的全球卫星导航系统的基本概念。首先，我们从历史的角度对卫星导航系统的发展进行回顾。通过观测遥远物体来确定地表某点的位置已有数百年的历史，安装在山顶上的反光镜也早已被高空飞行器和火箭所取代。尽管基于自然天体观测（对太阳、恒星和行星进行观测）的天文导航已经延续了几个世纪，但只有随着空间探索时代的到来，建设一个全球高精度定位和导航系统才成为可能。

我们通常称这些系统为天基系统。天基系统可大致分为光学技术系统和无线电技术系统两类，两类系统均开创于 20 世纪 50 年代末至 60 年代。

光学技术是利用电磁频谱可见光部分进行观测的技术，除了使用经纬仪或六分仪进行天文定位外，还包括卫星地面成像和卫星激光测距（SLR）。利用卫星对背景星成像用于大地测量定位，尽管仍然是卫星轨道测定和监视的重要资料来源，但已被其他技术所取代。然而，SLR 仍然在大地测量定位和天体力学中发挥着重要作用。

人们开发了多种无线电系统解决卫星轨道跟踪和确定问题，如雷达、美国戈达德航天中心距离与距离变化率（goddard space flight center range and range rate，GRARR）系统，以及美国国家航空航天局（NASA）开发的 Minitrack 系统[1.1]。这些系统除了用于定轨外，还可用于跟踪相机的参数标定和大地测量定位。此外，为实现定位功能，美国陆军专门开发了连续校准测距（sequential collation of range，SECOR）系统。

---

① Navstar 与 NAVSTAR 意思相同，均代表 GPS 导航系统的早期名称。 ——译者

最成功的早期卫星定位系统是子午仪卫星定位系统(Transit)[1.2-1.3]，其发展时段与 GPS 的发展有重叠。Transit 也称为美国海军卫星导航系统，它是世界上第一个全球卫星定位系统，由对第一颗地球轨道人造卫星——苏联的斯普特尼克 1 号(Sputnik-Ⅰ)的跟踪工作发展而来，即在一个位置已知的地面固定点上测量卫星信号的多普勒频移(该卫星的信号发射频率为 20 MHz)，根据多普勒频移测量值可以推算出卫星的运行轨道。此后不久，研究人员认识到，若卫星轨道已知，就可以通过信号的多普勒频移确定地面接收机的位置。这一认识促成了 Transit 的研制，并于 1959 年发射了第一颗 Transit 实验卫星。该系统最初具有保密性质，1967 年才向公众开放，并广泛用于导航和精确定位，直到 1996 年系统关闭。苏联开发了与之类似的契卡达(Tsikada)系统，以及专门用于军事用途的 Parus 系统[1.4-1.5]，尽管尚无确切资料表明两者已经彻底关闭，但至少在导航领域，这两个系统早已不再使用。

图 1.1　美国海军 Oscar 系列 Transit 导航卫星(以字母 O 音标单词命名，或表示 Operational)(由美国海军提供)

1959 年至 1964 年间，美国发射了一系列 Transit 原型卫星和科研卫星。其中第一颗工作卫星(Transit 5-BN-2)于 1963 年 12 月 5 日发射。第一颗 Oscar 系列的 Transit 卫星(NNS O-1，如图 1.1 所示)于 1964 年 10 月 6 日进入轨道，随后美国继续发射了 24 颗工作卫星，最后两颗 Transit 卫星——NNS O-25 和 NNS O-31 于 1988 年 8 月 25 日发射。

Transit 导航需要测量卫星过境期间(约 18min)信号的多普勒频移，在卫星过境结束时即可对接收机经纬度进行确定。在 5 颗运行卫星的情况下，中纬度地区每次定位的时间间隔平均约为 1h。随着卫星定轨精度提升，仅利用单颗卫星的一次过境观测即可达到几十米量级的二维定位精度。通过在地面某一固定站记录几天内卫星多次过境数据，可获得优于 1m 的三维定位精度。许多国家建立了测图使用的多普勒测量控制点，特别是加拿大北部，Transit 广泛应用于大地测量领域。

Transit 卫星使用两个不同频率(150/400MHz)信号来消除电离层延迟，后来 GPS 和其他 GNSS 沿用了这一思想。除了主要用作导航系统外，Transit 还为早期的大地测量做出了贡献，并协助建立了新的全球参考框架(如图 1.2 所示)。

随着 GPS 的出现，加之其表现出的卓越性能，Transit 于 1996 年年底停止服务。与此同时，和 Transit 类似的俄罗斯卫星多普勒系统也基本上被第二个全面运营的 GNSS——俄罗斯全球卫星导航系统(global navigation satellite system, GLONASS)所取代。GPS、GLONASS 等新系统的原理是基于距离测量而非多普勒观测，采用了不同星座设计以提供连续覆盖，显著提高了在全球范围内定位的精度和实时性。

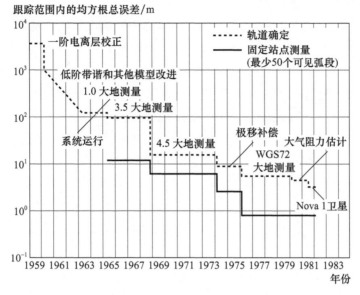

图1.2 美国海军Transit卫星的精度随时间逐步提高(引自文献[1.3])

## 1.2 GNSS定位的概念

### 1.2.1 距离测量

GNSS信号是以光速传播的电磁波,其信号频率位于无线电频谱中1.2~1.6GHz之间(L波段的一部分),波长约为19~25cm。该频率信号能够提供足够的测量精度,用户设备简单,并且在一般天气条件下不受大气衰减的影响。与早期无线电导航系统(如Transit系统)类似,GNSS可提供至少两种不同频率的信号,用于补偿观测值中的电离层延迟。

GNSS信号的一个显著特征是将特定的伪随机噪声(PRN)码调制到无线电信号谐波上(称为载波)。PRN码本质上是一个由0和1组成且无明显规律的二进制序列,该序列的发射频率通常为1~10MHz。码速率越高意味着信号处理的工作量越大,但测量精度也越高。PRN码以几毫秒到几秒的间隔不断重复,以便于测量信号传输时间。在大多数GNSS中,PRN序列也可作为每颗卫星唯一的特征码,使得接收机可以区分以相同频率发送信号的不同卫星。

在测距码上还调制了低速率(如50b/s)的导航数据流(称为广播导航电文),该导航数据流提供了卫星的轨道信息以及卫星时钟相对于GNSS系统时间的偏差。

GNSS接收机通过跟踪信号的PRN码,测量GNSS信号从卫星传播到接收机所需的时间$\tau$。如图1.3所示,接收机内部会生成一个相同的PRN序列,与接收到的卫星信号进行连续比较和对准。这一跟踪环路提供了瞬时码相位连续测量,从而可以得到与接收信号相对应的发射时间(详见第13章),然后将此时间与接收机本地时间进行比较,即可得到信号的传播时间,用其乘以光速,就可以得到从接收机到卫星的距离。

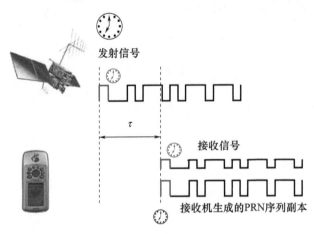

图 1.3 伪距测量的基本原理

总的来说,GNSS 信号提供下面三种基本测量值。

(1) 伪距:接收信号时刻的接收机时钟与发射信号时刻的卫星时钟之间的差值(以光速计量)。除两时钟的不同步和一些其他延迟之外,伪距测量的是卫星与接收机间的距离,其精度在分米量级。

(2) 载波相位:与具有标称频率的参考信号进行差频后获得的瞬时相位值以及该差频信号累积过零次数的测量值。载波相位随时间的变化反映了伪距的变化,但精度通常比伪距高2个数量级。在跟踪产生中断的情况下,累积整周计数会丢失,引起载波相位观测量产生周跳。

(3) 多普勒:由多普勒效应引起的接收频率变化,相当于量测距离变化率或视向速度。

伪距、载波相位和多普勒观测量为计算接收机位置、速度以及接收机钟差的基本观测量。

此外,各 GNSS 卫星的轨道和钟差信息也属于广播导航电文的一部分,接收机能够据此计算出卫星发射信号时的位置和速度。为保证信息足够精确,GNSS 运营商必须提前确定和预报卫星轨道(详见第3章),以便将信息上传到卫星后向用户播发。同样,GNSS 依赖于高稳定星载时钟,以确保能够对卫星钟差进行精确预报。GNSS 卫星上使用的是铷原子钟或铯原子钟甚至是氢原子钟(详见第5章),它们在一天内仅偏离标称频率 $10^{-13} \sim 10^{-14}$。

在详细阐述基于伪距和载波相位的定位之前,本章首先讨论基于测距的定位技术基本原理。

## 1.2.2 基于测距的定位

如上所述,GNSS 接收机测量 GNSS 信号从卫星天线 s 传播到接收机天线 r 所需的时

间 $\tau_r^s$。由于信号以光速 $c$ 传播,因此可通过信号传播时间乘以 $c$ 得到距离,即

$$\rho_r^s(t) = c\tau_r^s \qquad (1.1)$$

假设一种理想情况:接收机时钟与卫星时钟同步、不考虑大气(电离层和对流层)的影响(大气对信号延迟影响的相关内容将在后面讨论),并且假设不存在测量噪声,即没有对测量的随机扰动。在此情况下,距离观测方程为

$$\rho_r^s(t) = \| \boldsymbol{r}_r(t) - \boldsymbol{r}^s(t-\tau) \|$$
$$= [(x_r(t) - x^s(t-\tau))^2 + (y_r(t) - y^s(t-\tau))^2 + (z_r(t) - z^s(t-\tau))^2]^{-\frac{1}{2}} \qquad (1.2)$$

式中:$\boldsymbol{r}_r = (x_r, y_r, z_r)^T$ 表示接收机天线的未知位置向量(由于接收机可能处于运动状态,因此它是时间相关的函数);$\boldsymbol{r}^s = (x^s, y^s, z^s)^T$ 是卫星的位置向量(从卫星播发的导航电文中获得)。通常来说,这两个位置向量均在地心地固(ECEF)坐标框架下表示,如世界大地坐标系(WGS)84 和国际大地参考框架(ITRF)(详见第 2 章和第 36 章)。

通过单一距离测量式(1.2)可知接收机天线位置一定位于以卫星为中心的球体上的某个位置,该球体的半径等于测量距离 $\rho_r^1$。若同时对第二颗卫星进行距离测量,那么接收机天线也必然位于以该卫星为中心、半径为 $\rho_r^2$ 的球体上。两个球体相交的轨迹形成一个圆(该圆称为位置线),接收机必然位于该圆上的某个位置。若同时再对第三颗卫星进行距离测量,接收机天线也必然位于以该卫星为中心、半径为 $\rho_r^3$ 的球体上,它与另外两球体相交于两个点,其中一个点因为远在空间而非地表,所以可将其排除。因此,同时对三颗卫星进行距离测量至少在原理上足以确定接收机的三维位置,如图 1.4 所示。

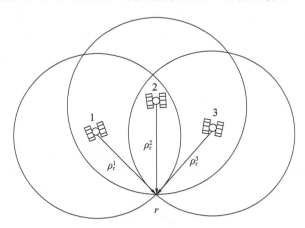

图 1.4 基于相交球体进行定位

从实际计算的角度,解算接收机位置需同时求解 3 个距离方程,即

$$\begin{cases} \rho_r^1 = \sqrt{(x_r - x^1)^2 + (y_r - y^1)^2 + (z_r - z^1)^2} \\ \rho_r^2 = \sqrt{(x_r - x^2)^2 + (y_r - y^2)^2 + (z_r - z^2)^2} \\ \rho_r^3 = \sqrt{(x_r - x^3)^2 + (y_r - y^3)^2 + (z_r - z^3)^2} \end{cases} \qquad (1.3)$$

此方程组通常使用线性迭代方法求解。将 $\rho$ 写成向量形式 $\boldsymbol{p} =[\rho_r^1,\rho_r^2,\rho_r^3]^T$ 并去掉上下角标，这 3 个非线性距离方程组成的方程组(1.3)可近似展开至一阶为

$$\boldsymbol{p} = \boldsymbol{p}_0 + \boldsymbol{A}\Delta \boldsymbol{x} \tag{1.4}$$

$$\boldsymbol{A} = \begin{pmatrix} \dfrac{\partial \rho_r^1}{\partial x_r} & \dfrac{\partial \rho_r^1}{\partial y_r} & \dfrac{\partial \rho_r^1}{\partial z_r} \\ \dfrac{\partial \rho_r^2}{\partial x_r} & \dfrac{\partial \rho_r^2}{\partial y_r} & \dfrac{\partial \rho_r^2}{\partial z_r} \\ \dfrac{\partial \rho_r^3}{\partial x_r} & \dfrac{\partial \rho_r^3}{\partial y_r} & \dfrac{\partial \rho_r^3}{\partial z_r} \end{pmatrix} \tag{1.5}$$

式中：$\boldsymbol{p}_0$ 为根据卫星坐标 $(x^i,y^i,z^i)$ $(i=1,2,3)$ 和接收机初始位置 $\boldsymbol{x}_r=(x_{r,0},y_{r,0},z_{r,0})^T$ 计算得到的距离向量；$\boldsymbol{A}$ 为设计矩阵，其中 $\partial \rho_r^i/\partial x_r = (x_{r,0}-x^i)/\rho_{r,0}^i (i=1,2,3)$；$\Delta \boldsymbol{x} = \boldsymbol{x} - \boldsymbol{x}_0$ 为待估参数，即相对于接收机初始坐标向量的增量。矩阵 $\boldsymbol{A}$ 反映了卫星与接收机的相对几何构型。接下来，我们对 $\Delta \boldsymbol{x}$ 进行求解，有

$$\Delta \boldsymbol{x} = \boldsymbol{A}^{-1}(\boldsymbol{p}-\boldsymbol{p}_0) = \boldsymbol{A}^{-1}\Delta \boldsymbol{p} \tag{1.6}$$

因此，有

$$\boldsymbol{x} = \boldsymbol{x}_0 + \Delta \boldsymbol{x} \tag{1.7}$$

根据近似值 $\boldsymbol{p}_0$ 与测量值 $\boldsymbol{p}$ 的接近程度，通常需要多次迭代才能得出 $\boldsymbol{x}$ 的最终解。

### 1.2.3 伪距定位

到目前为止，我们一直假设 GNSS 接收机时钟与卫星时钟处于同步状态。但实际上，这个假设并不成立。当 GNSS 接收机开机的时候，接收机的时钟通常与卫星时钟之间会产生一个大小未知的偏差。此外，各个卫星钟之间互相同步并且与主时间尺度(称为系统时间)同步，其同步误差在大约 1ms 之内。因此接收机的距离观测值同时受接收机和卫星时钟误差($dt_r$ 和 $dt^s$)的影响，所以也称为伪距，即

$$p_r^s = \rho_r^s + c(dt_r - dt^s) \tag{1.8}$$

1ms 的定时误差会导致大约 300km 的定位误差，这显然是不可接受的。实际上，卫星钟的同步误差问题可以通过频繁从地面向卫星发送修正指令来解决。但是人们发现，倘若不对时钟进行操作，仅对时钟读数进行修正，那么时钟的授时性能会更加出色。GNSS 运控方会监测卫星时钟并确定其相对于系统时间的偏差和漂移，这些参数随后上传至卫星，并作为卫星导航电文的一部分播发给用户，GNSS 接收机则采用这些卫星钟差值来修正其测量的伪距。

但是，接收机钟差 $dt_r$ 的问题尚未解决，该偏差会造成以伪距观测量(已经过卫星钟差修正)为半径的三个球体无法相交于公共点。若接收机钟误差 $dt_r$ 可以确定，那么伪距可以得到改正，接收机位置也可以确定，如图 1.5 所示。

此时，伪距观测方程中实际上有 4 个未知量或参数，可表示为

$$p_r^s = \rho_r^s + cdt_r \tag{1.9}$$

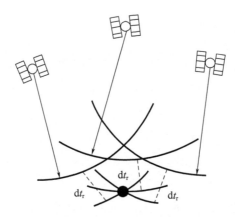

图 1.5 利用以卫星为中心的球体交汇、确定的接收机钟差 $dt_r$
和用户真实位置,伪距由黑色弧线表示

它们分别是接收机天线位置的 3 个坐标 $(x_r, y_r, z_r)$ 和接收机钟差 $dt_r$。

因此,估计接收机的 3 个坐标和钟差(用距离表示)时需要至少 4 个伪距同时观测量。设 $\boldsymbol{x} = (x_r, y_r, z_r, dt_r)^T$,其相应的 4×4 设计矩阵可表示为

$$\boldsymbol{A} = \begin{pmatrix} \dfrac{\partial \rho_r^1}{\partial x_r} & \dfrac{\partial \rho_r^1}{\partial y_r} & \dfrac{\partial \rho_r^1}{\partial z_r} & 1 \\ \dfrac{\partial \rho_r^2}{\partial x_r} & \dfrac{\partial \rho_r^2}{\partial y_r} & \dfrac{\partial \rho_r^2}{\partial z_r} & 1 \\ \dfrac{\partial \rho_r^3}{\partial x_r} & \dfrac{\partial \rho_r^3}{\partial y_r} & \dfrac{\partial \rho_r^3}{\partial z_r} & 1 \\ \dfrac{\partial \rho_r^4}{\partial x_r} & \dfrac{\partial \rho_r^4}{\partial y_r} & \dfrac{\partial \rho_r^4}{\partial z_r} & 1 \end{pmatrix} \qquad (1.10)$$

然后采用如前所述的迭代过程即可计算得到最终的 $\boldsymbol{x}$。

如果有超过 4 颗卫星的信号会怎样?实际上,观测方程中还存在未建模的误差项(如大气延迟)以及建模的残差。因此在估计接收机坐标和钟差时利用所有 $m$ 颗可用卫星的伪距观测量是很有好处的,这需要用到非线性最小二乘(或卡尔曼滤波)估计方法(详见第 22 章),即

$$\Delta \boldsymbol{x} = (\boldsymbol{A}^T \boldsymbol{W} \boldsymbol{A})^{-1} \boldsymbol{A}^T \boldsymbol{W} \Delta \boldsymbol{p} \qquad (1.11)$$

式中:$\boldsymbol{A}$ 的维度为 $m \times 4$;$\boldsymbol{W}$ 为一个权矩阵,反映了观测量的不确定度以及各观测量之间的相关性。该权矩阵可以表示为

$$\boldsymbol{W} = \boldsymbol{Q}_{PP}^{-1} \qquad (1.12)$$

式中:$\boldsymbol{Q}_{PP}$ 为伪距误差的协方差矩阵。通常来说,非线性问题的解必须通过迭代来计算。但若线性化的点足够接近真值,则仅需一次迭代即可(详见第 21 章和第 22 章)。对观测值的处理既可以在接收机内进行实时处理,也可以将原始观测值存储起来由独立计算机进行后处理。

## 1.2.4 位置解算的精度

接收机坐标和钟差的解算精度由 $\Delta x$ 的协方差矩阵进行描述,该协方差矩阵表示为 $Q_{xx}$,结合误差传播定律(也称为方差传播定律)将式(1.12)代入式(1.11),可得

$$Q_{xx} = [(A^TWA)^{-1}A^TW] \cdot Q_{PP} \cdot [(A^TWA)^{-1}A^TW]^T \tag{1.13}$$
$$= (A^T Q_{PP}^{-1} A)^{-1}$$

该矩阵的对角线元素是接收机坐标和钟差估值的方差,非对角线元素(协方差)表示这些估值的相关程度。实际上,式(1.13)表征了待估参数间的基本关系,被广泛应用于实测数据分析、实验以及系统设计研究中。利用式(1.13),我们可以在不进行任何实际测量的情况下,定量衡量特定设计结构(通过设计矩阵 $A$)以及观测能力(通过测量协方差矩阵 $Q_{PP}$)对待估参数的影响。

在 GNSS 相关研究中,我们可以利用该式解答一系列问题,例如:

(1) 随着特定卫星构型的不同,估计参数协方差矩阵的变化是什么?

(2) 随着卫星构型的不同,各项模型误差是如何传播到接收机坐标中的?

(3) 为了达到所需定位精度,某个特定的模型误差限是多少?

**1. 用户等效距离误差**

如果我们假设测量值和残差模型误差互不相关,且观测值之间互不相关(具有相同的标准差为 $\sigma$),则 $Q_{PP} = \sigma^2 I_m$($I_m$ 是 $m$ 阶单位矩阵),$x$ 的协方差矩阵简化为

$$Q_{xx} = \sigma^2 (A^T A)^{-1} \tag{1.14}$$

当综合考虑卫星钟差、星历误差、大气误差、接收机噪声和多路径(简称"多径",均以距离表示)时,我们就可以得到总用户等效测距误差(UERE),记作 $\sigma$。UERE 可进一步分为两部分[1.6],即

(1) 空间信号(用户)测距误差(SISRE 或 SISURE),包括空间段和控制段有关误差(主要是卫星广播轨道误差和钟差);

(2) 用户设备误差(UEE),特指用户接收机和环境引起的其他误差。

此时,总 UERE 可以写为

$$UERE = \sqrt{SISRE^2 + UEE^2} \tag{1.15}$$

表1.1 概述了主要误差源对 UERE 的影响。由于确定适用于大多数场景的误差限较为困难,因此表中仅给出了大概范围。其中,UEE 对不同的接收机和测站来说可能存在很大差异。在 GPS 单频定位的情况下,总体 UERE 通常在几米左右,主要受电离层和多路径的影响[1.7]。双频定位基本上能够消除伪距观测中的全部电离层延迟,因此 UERE 值更小。

表1.1 各项误差对 GNSS 用户等效距离误差(文献[1.8-1.10])的贡献

| 误差源 | 贡献 $1\sigma$/m |
|---|---|
| SISRE ||
| 广播卫星轨道 | 0.2~1.0 |

续表

| 误差源 | 贡献 $1\sigma$/m |
|---|---|
| 广播卫星时钟 | 0.3~1.9 |
| 广播群延迟 | 0.0~0.2 |
| UEE | |
| 未建模的电离层延迟 | 0~5 |
| 未建模的对流层延迟 | 0.2 |
| 多路径 | 0.2~1 |
| 接收机噪声 | 0.1~1 |
| UERE | 0.5~6 |

**2. 精度衰减因子**

所估计参数的方差之和的平方根可以简单表征最小二乘解的总体质量，即

$$\sigma_G = \sqrt{\sigma_E^2 + \sigma_N^2 + \sigma_U^2 + \sigma_{dt}^2} \qquad (1.16)$$
$$= \sigma \text{tr}\{(A^T A)^{-1}\}$$

式中：$\sigma_E^2$、$\sigma_N^2$ 和 $\sigma_U^2$ 分别为接收机位置在东、北、天方向的方差分量；$\sigma_{dt}^2$ 为接收机钟差估值的方差。若接收机的位置解算结果采用地心直角坐标（笛卡儿坐标）表示，直接将解算的方差矩阵转换到站心坐标系，即可得到在东、北、天方向上的分量。

矩阵 $A^T A$ 表征了接收机与卫星之间的相对几何关系，由于其逆矩阵的迹通常大于 1，因此会对定位误差 $\sigma$ 产生放大效果，或者说对定位精度造成衰减，因此 $\text{tr}\{(A^T A)^{-1}\}$ 通常被称为几何精度（衰减）因子（GDOP）。若忽略接收机钟差的影响，则 GDOP 变为位置精度（衰减）因子（position-DOP，PDOP）；若进一步忽略高程分量的影响，则可进一步简化为水平精度（衰减）因子（horizontal-DOP，HDOP）。同样，与垂向位置相关的垂直精度（衰减）因子为 VDOP（vertical-DOP）。

DOP 值取决于由"接收机-卫星"向量的顶点形成的多面体体积，体积越大，DOP 值越小。若顶点均位于一个平面上，DOP 值则无限大。此时矩阵 $A^T A$ 为奇异矩阵，无法进行位置解算，即无法分离接收机钟误差和接收机位置误差。当用于定位解算的卫星在天空中较为分散时，DOP 值较小，此时解算误差也较小。

即使在中纬度地区使用的全通道接收机，有时也会出现 DOP 值较大的情况。在某些环境中，如森林茂密地区或城市峡谷，由于存在障碍物会导致 GNSS 接收机天线无法看到整个上空的卫星。若它仅能收到接收小部分卫星的 GNSS 信号，那么 DOP 值将会很大，定位精度也会变差。此时，若能跟踪更多卫星和使用多模 GNSS 接收机则有助于提高定位精度。另外，采用能够接收 GPS 弱信号甚至室内信号的新型接收机技术，也有助于提高定位精度。

虽然 DOP 和 UERE 能够有助于我们理解 GNSS 定位误差及所跟踪卫星的几何分布和各个单项伪距误差源对定位误差的影响，但同时也建议读者记住以下普遍经验法则，即

$$\text{导航误差} = \text{DOP} \times \text{UERE} \qquad (1.17)$$

式(1.17)表示的导航误差仅是一种粗略的近似估计,并且仅适用于只有随机误差传播的情况。文献[1.11]对系统误差和随机误差进行了更为详细的解释,并对两者综合产生的真实定位误差进行了更实际的描述。

### 1.2.5 GNSS 观测方程

式(1.8)和式(1.9)是伪距观测方程的简化版。实际上,在观测方程中还须考虑其他误差源的影响并对其进行建模,这里对上述伪距观测方程进行修正,有

$$p_r^s = \rho_r^s + c(dt_r - dt^s) + T_r^s + I_r^s + e_r^s \tag{1.18}$$

式中:$dt_r$ 和 $dt^s$ 为接收机和卫星时钟相对 GNSS 系统时间的偏差;$T_r^s$ 为中性大气(对流层)传播延迟;$I_r^s$ 为电离层传播延迟;$e_r^s$ 为未建模的误差,包括接收机噪声、多路径和其他量级较小的误差(详见第 13~15 章)。本书在第 19 章对基本伪距观测方程进行了更为详细的讨论。

载波相位观测方程与伪距方程类似,即

$$\varphi_r^s = \rho_r^s + c(dt_r - dt^s) + T_r^s - I_r^s + \lambda M_r^s + \epsilon_r^s \tag{1.19}$$

式中:$\lambda$ 为载波波长;$M_r^s = N_r^s + \delta_r - \delta^s$,是载波相位整周模糊度 $N_r^s$(用周数表示)以及接收机和卫星天线相位延迟 $\delta_r - \delta^s$(用周数表示)的总和;$\epsilon_r^s$ 为未建模的相位误差,包括接收机噪声、多路径和其他量级较小的误差。

对于几何距离、接收机和卫星钟差以及对流层传播延迟项,载波相位观测方程与伪距观测方程相同。而电离层传播延迟项在这两个方程中大小相同,符号相反。这是因为信号在穿过电离层时,载波相位提前而伪距却产生延迟,两者均与信号频率有关。本书在第 19 章对基本载波相位观测方程进行了更为详细的讨论。

接收机或后处理软件使用上述观测方程计算接收机坐标或其他相关 GNSS 参数。其中,中性大气传播延迟可用模型进行修正,电离层传播延迟可采用广播导航电文中包含的模型系数进行修正,或通过两个不同发射频率上伪距或载波相位观测值的组合来修正(详见第 38 章和第 39 章)。

## 1.3 观测量建模

为精确确定接收机坐标或其他相关 GNSS 参数,必须对观测方程式(1.18)和式(1.19)右侧进行建模,使之与接收机对卫星的观测量模型(方程右侧)和观测数据(方程左侧)尽可能准确匹配。这需要了解卫星在信号发射时的位置、卫星钟差、大气传播延迟、载波相位观测量的模糊度以及一些量级较小的误差,如硬件延迟。若可用模型和误差信息不够准确,则可以利用观测量本身来估计残差的影响,从而更好地匹配观测方程数据(方程右侧)与观测模型(方程左侧)。

在接下来的几节中,本书将对接收机或外部软件处理 GNSS 观测量所需的信息进行

简要描述,后续章节将提供更详细说明。

## 1.3.1 卫星轨道和钟差信息

预报的卫星天线相位中心位置和卫星时钟与系统时间之间的偏差,可从导航电文中计算得出。对于当前的全球和区域卫星导航系统,这些项的组合误差,即 SISRE,通常为 0.5~2m。全球定位系统理事会(global positioning systems directorate)的报告显示:所有 GPS 健康卫星的年均方根空间信号测距误差(SISRE)从 2001 年的 1.6m 下降到 2014 年的 0.7m[1,12],并且在 2016 年初用最新一代的 Block ⅡF 卫星取代 Block ⅡA 卫星后得到了进一步改善。从 2015/2016 年试运行星座的性能来看,Galileo 系统的 SISRE 值预计可达到约 0.5m。作为第二个具备完全运行能力的全球卫星导航系统,GLONASS 的性能目前较 Galileo 系统差三倍左右,但随着空间和地面段现代化的逐步实施,其性能也有望得到改善。

对于实时和后处理应用,可以从多种来源获取更为精确的卫星轨道和钟差信息,如星基增强系统、国际 GNSS 服务、以及私营服务提供商(详见第 3 章,第 33 章和第 34 章)。

## 1.3.2 大气传播延迟

当位于地面或近地面的接收机接收到的 GNSS 信号穿过地球大气时(第 6 章)会在大气中发生折射,其速度(包括速率和方向)会发生改变,从而导致伪距和载波相位测量偏差达到几米到几十米的量级。该偏差取决于折射率的综合影响,这里折射率指电磁波在真空中的速度与介质中的速度之比。通常来说,折射率是介质特性(包括介质成分、介质密度等)、信号频率以及外部因素(如环境磁场等)的函数。

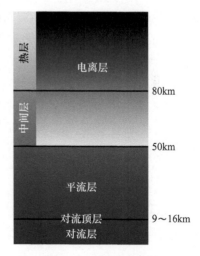

图 1.6 地球大气结构

如图 1.6 所示,大气传播延迟可分为两种,一种由中性大气引起,另一种由电离层引起。

1. 中性大气

中性大气是具有电中性性质的一部分大气,从地平面向上一直延伸到 50km 及以上高度(第 6 章),即我们通常所说的空气。空气由氮气、氧气、二氧化碳以及包括水蒸气在内的其他一些原子和分子组成。由于含有水蒸气,该介质一般称为湿空气。湿空气的折射率 $n$ 是温度、干空气(氮气、氧气等)分压 $P_d$ 以及水蒸气分压 $e$ 的函数。

$$n = n(T, P_d, e) \tag{1.20}$$

空气本质上是一种非弥散介质,其折射率 $n$ 与无线电频谱的大部分频率(包括所有 GNSS 使用的频率)无关,因此中性大气对伪距的影响与对载波相位测量的影响相同。

空气折射率在海平面处接近 1.0003,并随高度增加而减小。通常使用折射指数 $N =$

$10^6(n-1)$，其在海平面的数值接近300。由于中性大气的影响大部分发生在最底部的对流层，因此该影响通常也称为对流层传播延迟。

中性大气对GNSS信号的延迟量级取决于接收机的位置、高度、天气状况和信号到达接收机的仰角(以及影响程度较小的方位角)。信号经历的总延迟称为斜延迟，可使用映射函数(也称为倾斜度因子)将天顶方向的延迟映射到实际信号的倾斜路径来建模。通常来说，海平面上的天顶延迟约为2.4m，当仰角为5°时量级可达24m以上。

目前存在多种中性大气延迟模型，其中多数接收机采用的是航空无线电技术委员会(RTCA)的最小运行性能标准模型(minimum operational performance standards model，MOPS)[1.13]（新布伦瑞克大学UNB3模型的简化版本，UNB3m模型的前身[1.14-1.15]）。该模型在星基增强系统用户设备中强制使用。此外，本书第6章还描述了几种更复杂的模型。尽管目前的中性大气延迟模型均不完美，但复杂模型在估计延迟残差方面仍有一定优势。

2. 电离层

电离层是地球大气中的一个区域。此区域中发生的电离辐射主要来自太阳极紫外辐射(extreme ultraviolet，EUV)和X射线辐射，导致自由电子数量较多，从而影响电磁波传播(6.3节)。电离层区域从距地面50km延伸至1000km甚至更远，在其上方为等离子体层(也称为质子层)。

电离层对于无线电波来说是弥散介质，即折射率是频率的函数。由于相位折射率和伪距(群延迟)折射率不同，伪距和载波相位观测值受到的影响也不同。伪距折射率的影响体现为伪距的增大量，即电离层延迟增加量，而相位折射率的影响体现为载波相位的提前，即电离层延迟减小量。除信号频率外，折射率也是电子密度的函数，地球磁场也对折射率有微小影响。

实际上，无论是伪距还是载波相位，其电离层延迟是由传播路径上每一处电离层折射率的综合影响决定的。若仅考虑电离层的一阶影响，伪距延迟和载波相位提前的量级相同，符号相反。其量级$I$(单位:m)的一阶近似为

$$I = 40.3 \frac{\text{TEC}}{f^2} \qquad (1.21)$$

式中：TEC为电子总含量，即以信号路径为中心，底面积为$1m^2$，从接收机贯穿延伸到卫星的整个电离层柱体内所含总电子数。在该等式中，TEC单位为电子数$(-e)/m^2$，频率$f$单位为Hz。一般而言，在近地表测量的TEC数值范围大约为$10^{16} \sim 10^{19}$，其实际值取决于地理位置、地方时、季节、太阳极紫外辐射通量和地磁活动。与中性大气延迟中的斜延迟和天顶延迟一样，TEC也存在斜TEC和天顶TEC概念。

由于电离层延迟与频率的平方呈现近似反比的关系，因此在两个频率上(如GPS L1和L2频率)同时测量伪距或载波相位并对其进行线性组合，可以构造出几乎不受电离层影响的组合观测值并用于定位(详见20.2.3节)。该方法需要双频或多频接收机。

若仅有单频观测值，则可采用伪距和相位测量之和来消除电离层延迟，或者用模型消除电离层延迟。其中一个较为简单的电离层延迟模型为Klobuchar模型[1.17]，该模型以其提出者Jack Klobuchar的名字命名，也被称为广播模型。GPS导航电文中即包含该模型的

参数,它与近期太阳活动情况有关,并由 GPS 控制段负责生成。Klobuchar 模型假设电离层中的自由电子均集中到距地表 350km 的一个薄壳上,并用该薄壳代替整个电离层(图1.7)计算出一天特定时刻接收机处的天顶电离层延迟,然后再利用映射函数将天顶延迟映射为斜延迟。

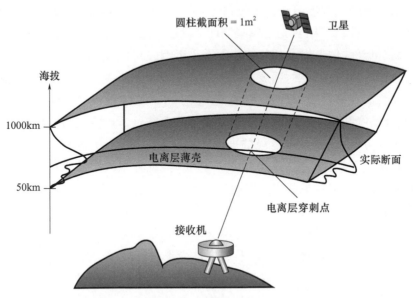

图 1.7 用薄壳近似电离层(引自文献[1.16])

北斗系统也采用类似 Klobuchar 的模型,而伽利略系统则采用了 NeQuick 模型[1.18]。该模型首先描述三维电子密度分布函数。该函数的参数由两部分组成,包括导航电文提供的与电离层活动相关的动态参数和一组扩展的静态季节性参数;然后通过对卫星与接收机之间信号传播路径上的电子密度进行积分即可得到电离层斜延迟。虽然 NeQuick 模型的计算量较大,但与 GPS Klobuchar 模型[1.10]相比,导航电文中 NeQuick 模型参数集所占的比特数更小,并可实现电离层整体修正性能的提升。

## 1.4 定位模式

GNSS 定位(和导航)模式多种多样,其复杂程度、精度和准确度各不相同。这些定位模式包括用于手机等大众消费类接收机的标准单频伪距定位技术、用于生命安全应用领域的高完好性技术,以及用于机器控制、科学研究等高要求应用的厘米级甚至毫米级精度的多频载波相位定位技术。本节简要介绍其中一些方法,其详细内容将在后续章节中进行更深入讨论(第 21 章、第 23 章、第 26 章和第 35 章)。

### 1.4.1 精密单点定位

精密单点定位(precise point positing,PPP)是标准单点定位(single-point positioning,

SPP)技术的升级版。PPP(详见第25章)主要使用载波相位观测量作为观测量,伪距观测量则起辅助作用。PPP处理算法与伪距定位算法相似,只是必须对厘米级及更小的误差进行建模或估计,因此必须使用精确卫星轨道和钟差(详见第34章),如国际GNSS服务(IGS)提供的轨道和钟差。一般而言,PPP需要使用双频GNSS接收机的伪距和相位观测量的线性组合消除一阶电离层影响,然后估计载波相位的模糊度(条件允许的话,将模糊度参数恢复为整数),并结合先验模型估计对流层延迟。此外,也需要对固体潮、海潮负荷、卫星和接收机天线偏差以及相位缠绕等微小影响建立模型。

PPP的性能可以从准确度、精度、收敛时间(位置解算收敛到某个精度阈值以下所需的时间)、可用性和完好性等方面来衡量。理想的PPP通常是没有偏差的,因此从统计意义上而言,其准确度和精度几乎没有差别。对于静态站点,PPP可以在收敛后的每个坐标分量(北、东和天方向)上提供厘米级的准确度($1\sigma$)。而对于移动平台或动态站点,则可以通过在动态模式下处理数据(逐历元独立定位)实现分米级定位准确度。尽管PPP在准确度方面表现出色,但对某些应用来说仅保证准确度仍不够。在正常条件下,实现分米级定位解算的收敛时间通常长达约30min,而多频多星座条件下,收敛时间为20min或更短。PPP定位的连续可用性取决于环境,树木和建筑物对信号的遮挡会降低可用性,但多星座观测可以大大提高可用性。对PPP完好性措施,目前还较为有限。

PPP可用于处理静态(静止)站点或动态(移动)平台的数据,其用途涵盖为地壳变形监测建立和更新参考站坐标(见图1.8)、低轨卫星精密定轨、海啸监测中的海洋浮标定位以及在精准农业、海底测绘、海洋建设和航空测绘方面的主要商业应用。除此之外,PPP的应用正扩展到大气遥感、精密时间传递、土地测量、工程建设以及军事用途等领域。

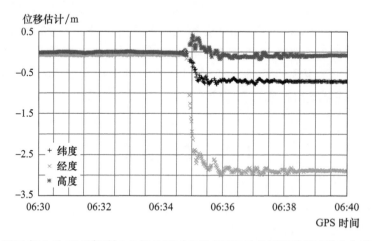

图1.8　2010年2月27日智利8.8级地震后IGS CONZ站的同震位移(引自文献[1.19])

## 1.4.2　伪距差分定位

差分定位(详见第26章)相对于SPP的优势在于,通过差分技术可以消除或大大削弱某些误差的影响,例如具有空间相关性的轨道误差和大气延迟。伪距差分定位有两种基本类型:一种是观测域差分,通常覆盖一个局部区域/地区,称为差分GPS/GNSS或

DGPS/DGNSS；另一种是状态空间域差分，通常覆盖一个广阔地区，称为广域 GPS/GNSS 或 WADGPS/WADGNSS。其中观测域 DGPS 的一个最佳范例是世界各地海岸警卫机构在实现的海上导航（详见29.4节），状态空间域 DGPS 的最佳范例则是各类 SBAS，其中第一个 SBAS 是美国联邦航空管理局（FAA）的广域增强系统（WAAS）。SBAS 将在1.5节中进行讨论，并在第12章中对其进行详细描述。

测量域差分技术向用户提供综合测量改正，而非估计单项误差。而状态空间域差分技术则提供单项误差改正，如卫星轨道、钟差以及电离层传播延迟误差改正。这些改正值由参考站确定并通过无线电信标发送给用户。

综合改正信息考虑了导航电文中的卫星轨道和钟差、对流层延迟、电离层延迟以及 GPS 选择可用性（SA）。除 GNSS 接收机外，用户还需要信标接收机。其中信标接收机可集成于 GNSS 接收机中，或者作为单独部分通过串行通信链路（如 RS-232）与 GNSS 接收机相连接。需要注意的是，综合改正信息与所选用的基准有关。例如，在北美地区，用户位置解算在北美基准（NAD）83系统中进行，而非 WGS 84。

一般而言，定位准确度会随距信标发射机距离的增加而降低。官方给出的覆盖区域内准确度为10m（水平，95%置信度），但 DGPS 位置误差往往可达到1~3m。定位准确度还受用户多路径和 DOP 的影响。该类误差通常被视为定位偏差，导致定位坐标产生偏移。该偏移量可能分布在一个常数附近。从一般经验来看，大约每100km，误差会增加1m。但在电离层梯度变化引起的强电离层扰动期间，定位准确度更差。

### 1.4.3 载波相位差分

载波相位差分定位是一项经典技术，可追溯到20世纪80年代初期。该技术将一个或多个参考站的数据与用户数据进行联合处理（第26章）。其中，将不同接收机对同一颗卫星在同一历元上的观测值之间做差分可得到单差，然后对两颗不同卫星的单差做差分即可得到双差。这个过程消除了残余的卫星和接收机误差，并降低了卫星轨道误差和大气传播延迟误差（详见第20章），可获得分米级甚至更高精度。理论上也可以单独对伪距观测值采用类似的方法，但精度要低得多。本书第26章给出了更详细描述。

1. 单差

下面从单差开始详细介绍差分算法。对两部接收机（1 和 2）观测同一颗卫星 s 得到的载波相位观测值进行差分，可得

$$\varphi_{12}^s = \rho_{12}^s + cdt_{12} + T_{12}^s - I_{12}^s + \lambda M_{12}^s + \varepsilon_{12}^s \tag{1.22}$$

式中：$\varphi_{12}^s = \varphi_2^s - \varphi_1^s$ 为接收机之间的单差载波相位观测量，右侧上下标符号的定义与之类似。由于同一颗卫星的钟差对两个接收机都相同，因此可以消除卫星钟差项。同样，由于 $M_{12}^s = \delta_{12} + N_{12}^s$，也可消除卫星相位偏差。

接收机 1 对两颗不同卫星 s 和 t 的观测量进行差分，可得

$$\varphi_1^{st} = \rho_1^{st} + cdt^{st} + T_1^{st} - I_1^{st} + \lambda M_1^{st} + \varepsilon_1^{st} \tag{1.23}$$

式中：$\varphi_1^{st} = \varphi_1^t - \varphi_1^s$ 为卫星间单差载波相位观测量。由于同一接收机的钟差在同一历元对

所有卫星均相同,因此可消除接收机钟差项。同样,由于 $M_1^{st} = \delta^{st} + N_1^{st}$,可消除接收机相位偏差项。

2. 双差

如果对接收机之间的载波相位测量值进行差分,然后进一步对卫星之间的结果再进行差分,就得到了双差观测值,即

$$\varphi_{12}^{st} = \rho_{12}^{st} + T_{12}^{st} - I_{12}^{st} + \lambda N_{12}^{st} + \varepsilon_{12}^{st} \tag{1.24}$$

式中:$\varphi_{12}^{st} = \varphi_2^{st} - \varphi_1^{st} = \varphi_{12}^{t} - \varphi_{12}^{s}$。接收机和卫星钟差项以及相应的设备相位偏差项均可消除。因此,式(1.24)中可用整数参数 $N_{12}^{st}$ 代替式(1.22)中的实数参数 $M_{12}^{s}$ 和式(1.23)中的 $M_1^{st}$。

在处理双差(针对 2 台接收机和 2 颗卫星进行差分)时,必须对几何距离双差、对流层延迟双差、电离层延迟双差(在基线足够短的情况下可以忽略)和相位模糊度双差进行建模。此时相位模糊度双差为整数。与处理非差伪距或载波相位观测量的方法类似,处理双差观测数据也可采用最小二乘法或卡尔曼滤波法估计用户接收机的坐标以及其他参数(多余参数)。观测方程组中的冗余用于检验假设模型的有效性(详见第 22 章和第 24 章)。

对于一组观测数据,整数模糊度 $N_{12}^{st}$ 与用户接收机的坐标以及对流层延迟残差(可选)一起估计。可首先将模糊度估计为浮点数(即所谓的浮点解),经过处理可将部分或全部模糊度恢复为整数值(即所谓的固定解)(详见第 23 章)。模糊度固定的成功率取决于几个因素:基线长度(越短越好)、可见卫星数量(越多越好)、卫星跟踪连续性(连续性越强越好)、DOP 值(越小越好)、多路径程度(越低越好)、观测频率数量(两个比一个更好)以及观测时间(越长越好)。利用现代接收机及其相关技术,即使用户接收机处于运动状态(比如在飞行中),也可以在短短几十秒的观测时间内完成模糊度解算。固定解通常提供了更准确的定位结果。一种常见的模糊度固定技术是最小二乘模糊度降相关平差(least-squares ambiguity decorrelation adjustment,LAMBDA)[1.20](详见第 23 章)。

3. 实时动态定位

在实时动态(real-time kinematic,RTK)定位中,GNSS 参考站通过无线电链路将载波相位和伪距信息发送给流动站。该方法可使用单频或双频 GNSS 接收机,但双频系统往往能在较长距离内提供更快模糊度解算和更高定位精度。接收机还必须具有无线电数据收发功能(或连接到外部无线电),该功能通常工作在无线电频谱的甚高频(VHF,30~300MHz)或特高频(UHF,300MHz~3GHz)。参考站发送伪距和载波相位测量值以及辅助数据,其数据格式通常遵循海事服务无线电技术委员会(RTCM)SC-104 2.x 或 3.x 格式的数据协议[1.21]。除此之外,也存在一些不常使用的专有数据格式。

参考站的传输模式多种多样,包括带频移键控的窄带调频(FM)和分组数据传输。对于参考站发射机,既可以使用需要许可证的 2W 和 35W 两种常用发射机,也可使用免许可证的低功率发射机。无论如何,VHF/UHF 数据链路仅限于视距范围,发射和接收天线高度越高越好,其最大理论范围为[1.22-1.23]

$$d(\text{km}) = 3.57\sqrt{k}\left[\sqrt{h_t(m)} + \sqrt{h_r(m)}\right] \tag{1.25}$$

式中：$h_t$ 和 $h_r$ 分别为发射机和接收机高度；$k$ 随折射率变化而变化（通常在 1.2 到 1.6 之间）。例如，对于高出地面 30m 的发射天线和 2m 的接收天线，最大传输距离为 28km。传播路径上的任何障碍物都会影响信号传输距离，能否成功接收到信号取决于接收机灵敏度等各方面因素。

参考站数据也可以通过互联网传输。例如，使用基于互联网协议的 RTCM 网络传输协议（NTRIP）[1.24]进行传输，并通过有线链路或手机等无线链路进行访问。

为降低传输延迟，传输协议中通常使用差分数据，并在流动站处对参考站数据进行重建。即使接收机处于运动中（飞行中），也必须实时检测并修复周跳，并且必须迅速解算出模糊度，目前已存在数种技术可解决这一问题。同时使用 GPS 和 GLONASS 数据，可提高可用性、加快模糊度固定并提高定位准确度。

PPP-RTK 是 PPP 与状态空间 RTK 的组合或融合，在模糊度解算、收敛时间、定位准确性方面都有显著优势，工业界和研究机构都已有实际系统应用（详见第 25 和 26 章）。从 RTK 监测网络中获取的所有单项 GNSS 误差均使用状态空间表达式（state-space representation，SSR）确定和传递，包括轨道、时钟、码（伪距）偏差、电离层（用于单频接收机）、对流层和载波相位偏差。理论上，此概念在小型、区域和全球网络均可应用。RTCM 和 IGS 设有执行委员会为 PPP-RTK 和实时 PPP 制定标准，以用于原型研究和商业服务。

## 1.5　当前和建设中的全球卫星导航系统

全球卫星导航系统（GNSS）和区域卫星导航系统（regional navigation satellite systems，RNSS）通常由三部分组成。

（1）空间段：由一组卫星组成的星座构成，这些卫星在地球表面上方轨道运行，以至少两个频率发射测距信号。

（2）控制段：负责通过监测广播信号、计算并上注所需导航数据来维护系统健康状态，由一组分布在全球（或本地）的监测站、用于与卫星通信的地面天线、一个主控站和异地备份的主控站等组成。

（3）用户段：由民用和军用 GNSS 接收设备组成，包括地面、海上、空中甚至太空接收机。

GNSS 星座通常采用特定轨道配置：MEO（中高度地球轨道）卫星用于全球覆盖；IGSO（倾斜地球同步轨道）和 GEO（地球静止轨道）作为区域系统的补充。

MEO 卫星通常均匀分布在倾斜近圆轨道上，轨道平面等间隔均匀分布，形成 Walker 星座[1.25]。Walker 星座的具体几何形状由 3 个元素 $t/p/f$ 描述，其中 $t$ 表示卫星总数，$p$ 表示等间隔分布平面数量，$f$ 表示相邻轨道平面之间的相位差。为了确定相邻平面中卫星之间的角度，应将参数 $f$ 乘以 $360°/t$。如图 1.9 所示，这是一个简单的 Walker 星座，它由 2 个轨道平面上的 8 颗卫星组成。

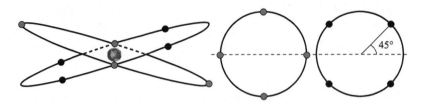

图 1.9　8/2/1 Walker 星座示意图

当前,有 6 个正在运行的 GNSS/RNSS。其中,4 个 GNSS 分别是 GPS(美国)、GLONASS(俄罗斯)、北斗(BeiDou,中国)和 Galileo(欧盟);两个 RNSS 分别是 QZSS(日本)和 IRNSS/NavIC(印度)。相关概述请参见表 1.2。

表 1.2　全球和区域卫星导航系统总览

| 系统 | GPS | GLONASS | BeiDou | Galileo | QZSS | IRNSS/NavIC |
|---|---|---|---|---|---|---|
| 轨道 | MEO | MEO | MEO,IGSO,GEO | MEO | IGSO,GEO | IGSO,GEO |
| 卫星数 | 24 | 24 | 27,3,5 | 30 | 3,1 | 4,3 |
| 星座 | 6 个平面,倾角 56° | Walker(24/3/1) 倾角 64.8° | Walker(24/3/1) 倾角 55° | Walker(24/3/1) 倾角 56° | IGSO 卫星 平面倾角 43° | IGSO 卫星 倾角 29° |
| 服务 | SPS,PPS | SPS,PPS | OS,AS, WADS,SMS | OS,CS,PRS | GCS,GAS, PRS,EWS,MCS | SPS,RS |
| 初始服务 | 1993 年 12 月 | 1993 年 9 月 | 2012 年 12 月 | 2016/2017(计划) | 2018(计划) | 2016(计划) |
| 起源 | 美国 | 俄罗斯 | 中国 | 欧洲 | 日本 | 印度 |
| 覆盖 | 全球 | 全球 | 全球 | 全球 | 东亚地区 大洋洲地区 | $-30°<\phi<50°$ $30°<\lambda<130°$ |
| 频率/MHz | L1 1575.42 L2 1227.60 L5 1176.45 | L1 1602.00 L2 1246.00 L3 1202.025 | B1 1561.098 B2 1207.14 B3 1268.52 | E1 1575.42 E5a 1176.45 E5b 1207.14 E6 1278.75 | L1 1575.42 L2 1227.60 L5 1176.45 E6 1278.75 | L5 1176.45 S 2492.028 |

SPS:标准定位服务;PPS:精确定位服务;OS:开放服务;AS:授权服务;WADS:广域差分服务;SMS:短消息服务;CS:商业服务;PRS:公共管制服务;GCS:GPS 补充服务;GAS:GPS 增强服务;EWS:预警服务;MCS:消息通信服务;PS:精密服务;RS:受限制服务

## 1.5.1　全球卫星导航系统

### 1. 全球定位系统(GPS)

GPS(详见第 7 章)是由美国建设的全球卫星导航系统,在全球范围内提供免费定位和授时服务,其最初是为美国军方开发,但在实验阶段初期就免费开放用于民用。1978

年2月22日,第一颗GPS卫星Navstar Block Ⅰ发射;到1993年12月宣布初始运行,具有24颗在轨运行卫星;1995年6月,GPS具备完全运行能力。GPS由美国政府维护,任何配备GPS接收机的用户均可免费使用。GPS提供两种不同的定位服务:精确定位服务(PPS)和标准定位服务(SPS)。前者在GPS L1(1575.42MHz)和L2(1227.6MHz)频率调制了用于授权用户的加密精码(P码)测距信号(称为Y码)以及导航电文;后者仅在GPS L1频率上调制了用于民用用户的粗/捕获码(C/A码)以及导航电文。随着2005年第一颗ⅡR-M卫星的发射,GPS现代化拉开了序幕。自此GPS启用了两种新信号:用于民用用户的L2C和L1/L2频率上具备比Y码更强抗干扰能力的新型军用信号(M码)。此外,GPS还引入了一种新型民用信号L5(1176.45 MHz),该信号自Block ⅡF卫星发射起(2010年5月)投入使用,并具备与伽利略、QZSS和IRNSS/NAVIC信号的互操作能力。

2. 格洛纳斯(GLONASS)

苏联建设了全球卫星导航系统GLONASS(详见第8章)。第一颗GLONASS卫星于1982年10月12日发射,到1996年初,由24颗在轨卫星组成的星座全面投入运行。但不幸的是,由24颗卫星组成的完整星座仅维持了很短一段时间。苏联解体后,俄罗斯的经济困难也使GLONASS受到了影响。到2002年,GLONASS星座减少到只有7颗卫星,而在维护运行期间只有6颗卫星可用。2011年12月8日,在俄罗斯政府的支持下GLONASS重获新生,再次具备完全运行能力(FOC),并随后得以维持。

GLONASS卫星分为三代:第一代GLONASS Ⅰ/Ⅱ始于1982年;第二代GLONASS-M始于2003年;第三代GLONASS-K始于2011年。除2011年2月26日和2014年11月30日发射的两颗GLONASS-K1卫星外,2005年12月以来发射的所有GLONASS卫星均为GLONASS-M卫星。GLONASS信号采用频分多址(FDMA)技术。最初,GLONASS系统仅在L1和L2两个频段内发送信号。其中,L1频段的范围为1602~1615.5MHz,频率间隔为0.5625MHz;L2的频段范围为1246~1256.5MHz,频率间隔为0.4375MHz。GLONASS-K卫星首次包括了传统的FDMA信号和码分多址(CDMA)信号,其中CDMA信号由GLONASS-K1和最新GLONASS-M卫星在L3频率(1202.025MHz)上发送。

3. 伽利略(Galileo)

伽利略系统(详见第9章)由欧洲委员会(EC)和欧洲航天局(ESA)联合建设。2011年10月21日,首次发射了两颗在轨验证(IOV)卫星,2012年10月12日发射了第三颗和第四颗IOV卫星。2014年8月22日,发射了两颗全面运行能力(FOC)卫星,但由于火箭上面级在飞行阶段出现异常,导致两颗卫星进入错误轨道。截止到2015年底,伽利略系统又有6颗卫星发射。当伽利略星座建成后,总计将有30颗卫星,其中24颗被指定为主用卫星,另6颗为备用卫星。

伽利略卫星使用CDMA技术在3个频段发送3种等级的服务。开放服务(OS)和公共监管服务(PRS)信号在E1频段中传输,该频段的中心频点为1575.46MHz(与GPS L1频率相同),使用二进制偏移载波(BOC)技术将PRN测距码调制到载波上,并像GPS一样,为每颗卫星分配单独的PRN码。商业服务(CS)信号和PRS信号在E6频段中传输,该频段的中心频点为1278.75MHz,分别使用二进制相移键控(BPSK)和BOC调制。数据信号和无数据(导频)信号在 E5 频段中传输,该频段的中心频点为 1191.795MHz,使用 BOC 调制。在 E1 和 E6 频段上,也可传输数据信号和导频信号。在 E5 频段传输的信号被分离成 E5a 和 E5b 分量,每个分量既可单独跟踪,也可一起跟踪。此外,各种信号中还包含导航电文,它们提供捕获伽利略信号以及接收机定位授时所需的必要信息。

4. 北斗

从 20 世纪 80 年代开始,中国逐步建立了区域卫星导航系统,称为北斗(详见第 10 章)。2003 年,北斗建成了系统的由 3 颗地球同步轨道卫星(GEO)组成的初始星座;2007 年,第 4 颗 GEO 卫星发射。如今,最初的区域北斗系统(北斗一号)已被北斗二号全球系统所取代。据官方信息,北斗卫星导航系统(BDS)最终将包括 5 颗 GEO 卫星、27 颗 MEO 卫星和 5 颗 IGSO 卫星。2011 年 12 月 27 日,官方宣布北斗二号在中国及周边区域投入使用,2012 年 12 月 27 日在该地区达到完全运营能力。北斗系统将在 2020 年实现全球覆盖。截至 2016 年 2 月,已有 21 颗北斗卫星成功发射。从 2015 年 3 月 30 日起发射的北斗卫星中,部分卫星是新卫星,称为北斗三号(BeiDou-3)卫星。

北斗卫星使用 3 个频段提供两种级别的服务:开放服务和军事与政府授权服务。目前,对于投入使用的北斗二号卫星,其频段和中心频率分别为 B1(1561.098MHz)、B2(1207.14MHz)和 B3(1268.52MHz)。北斗三号将在 L1/E1 和 L5/E5 以及北斗 B3 频段中发送现代化信号。为实现兼容性,预计还将发送北斗二号系统的 B1 频段开放服务信号。

## 1.5.2 区域卫星导航系统

1. 准天顶卫星系统(QZSS)

准天顶卫星系统(QZSS;详见第 11 章)使用多颗倾斜轨道卫星,以保证总有一颗卫星出现在日本上空的天顶附近。日本的城市大多高楼林立,GPS 卫星信号很容易受到阻挡。QZSS 提供的高精度卫星定位服务几乎覆盖了全日本,包括城市峡谷和山区。一颗 GEO 卫星将作为 IGSO 卫星的补充。2018 年 QZSS 计划开始提供全面服务,第一阶段是使用第一颗 QZSS 卫星——Michibiki,验证对 GPS 的增强能力。Michibiki 于 2010 年 9 月 11 日发射升空,目前正在运行。第二阶段将使用至少 3 颗 QZSS 卫星(包括 Michibiki)展示全系统能力。未来计划建成包含 7 颗卫星的星座。

准天顶卫星产生并发射自己的信号,并与现代化 GPS 信号兼容。QZSS 还发送 GPS 改正和可用性数据——L1-SAIF(具有完好性功能的亚米级增强)信号,因此也被视为星基增强系统卫星。Michibiki 总共发射 6 种信号,其结构与 GPS 和 Galileo 信号相似并兼容:L1-C/A(1575.42MHz)、L1C(1575.42MHz)、L2C(1227.6MHz)、L5(1176.45MHz)、L1-SAIF(1575.42MHz)和一个用于高精度(3cm 级)服务的 QZSS 实验信号 LEX(L 波段实验,1278.75MHz),其中 LEX 信号与伽利略 E6 信号共用频率。

2. 印度区域卫星导航系统(IRNSS)/NavIC

印度政府开发了印度区域卫星导航系统(IRNSS),它是一个为印度和周边地区服务的独立系统(第11章)。2016年4月,IRNSS更名为NavIC,这是一个印地语单词,表示水手或导航员,也是"印度星座导航"的首字母缩写,其覆盖范围为:南纬30°～北纬50°,东经30°～130°。IRNSS提供标准定位服务(SPS)和加密服务(RS)两种服务,前者是对所有用户开放的服务,后者是仅对授权用户可用的加密服务。从预期来看,IRNSS在主要服务区域提供的实时伪距定位服务精度将优于20m。

IRNSS星座由3颗GEO卫星以及4颗IGSO卫星组成。2013年7月1日,第一颗IGSO卫星IRNSS-1A发射。2014年4月4日,第二颗IGSO卫星IRNSS-1B发射。2014年10月15日,第一颗GEO卫星IRNSS-1C发射。2015年3月28日,第三颗IGSO卫星IRNSS-1D发射升空。2016年IRNSS-1E、1F和1G相继发射,完成了卫星星座组网。IRNSS卫星发射导航信号的频率为L波段(1176.45MHz)和S波段(2492.028MHz),其中用于SPS和RS的信号同时在两个频率上发射,前者使用BPSK调制,后者使用带有数据和导频信道的BOC调制。

## 1.5.3 星基增强系统

除了GNSS与RNSS,卫星导航系统还包括多个星基增强系统(SBAS),这些系统利用地球静止卫星向GNSS用户实时提供差分改正数据和完好性信息(实际上这些信息的播发途径为地面站—地球静止卫星—GNSS用户)。SBAS采用状态空间域方法,提供GNSS卫星轨道和钟差数据以及电离层传播延迟改正。

目前已有4个SBAS处于全面运行阶段:美国联邦航空管理局(FAA)的WAAS、欧洲地球静止导航覆盖服务(EGNOS)、日本的多功能传输卫星(MTSAT)星基增强系统(MASA)以及印度辅助GPS的GEO增强导航系统(GAGAN)。另外,上面已经提到,日本的准天顶卫星系统(QZSS)也具备增强能力。俄罗斯的差分改正和监测系统(SDCM)目前正在开发。表1.3是各SBAS的概览,其详细描述参见第12章。

表1.3 SBAS概览

| SBAS系统 | WAAS | SDCM | EGNOS | MSAS | GAGAN |
|---|---|---|---|---|---|
| 轨道 | GEO | GEO | GEO | GEO | GEO |
| 标称卫星数 | 3 | 3 | 4 | 1 | 3 |
| 经度 | 133°W,107°W,98°W | 16°W,95°E,167°E | 15.5°W,5°E,25°E,31.5°E | 145°E | 55°W,83°E,93.5°E |
| 开始运行日期 | 2003年7月 | — | 2009年10月 | 2007年9月 | 2014年2月 |
| 隶属国 | 美国 | 俄罗斯 | 欧洲 | 日本 | 印度 |
| 服务区域 | 美国大陆本土、阿拉斯加、加拿大、墨西哥 | 俄罗斯 | 欧洲 | 日本 | 印度 |
| 频率/MHz | L1 1575.42, L5 1176.45 | L1 1575.42 | L1 1575.42, L5 1176.45 | L1 1575.42 | L1 1575.42, L5 1176.45 |

## 1.6 GNSS在科学与社会领域的广泛应用

GNSS应用日益广泛,涵盖了大众市场、专业和安全攸关应用以及一系列科学应用(详见第29章、30章和32章)。就目前而言,GNSS的应用领域已数以百计,涵盖了从日常生活到特殊领域的各个方面。随着下一代GNSS的发展,将会涌现出更多领域的应用。

最近的市场研究表明,如果仅考虑核心收入,即芯片组的销售价值,全球GNSS市场预计将从2013年的约500亿欧元增长到2023年的逾1000亿欧元[1.26]。在同一时期,覆盖整个终端用户设备的收入预计将从2000亿欧元增长至近3000亿欧元。如图1.10所示,GNSS市场由个人导航设备(属于位置服务(LBS)领域)和车载导航系统所主导,两者占全球核心收入的90%以上。相比之下,用于测绘、农业、海事和航空用途的高精度专用GNSS设备占芯片组总销售额的比例不到10%。

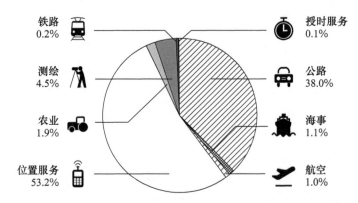

图1.10 预计2013~2023年期间GNSS芯片组销售的累积全球总收入分布
(引自文献[1.26],由欧洲GNSS机构提供)

到目前为止,GNSS最普遍的用途是导航,包括行人导航、车辆导航、海上导航以及机场进近和着陆(图1.11),其中一些高精度应用需使用载波相位观测量。除此之外,GNSS还用于跟踪人员、车辆、船只、飞机和物资等。在这些情况下,GNSS定位结果通过其他通信渠道(如手机)进行报告。

最早的GNSS高精度应用之一是工程测量和大地测量(第35和36章)(图1.12)——使用载波相位观测量确定地块边界和大地测量标志的准确坐标。后来,该类基于载波相位测量的技术也应用于机器控制、姿态确定和精准农业领域[1.27]。由于GNSS还提供精确的时间(第41章),因此也可用于在全球范围内授时同步系统。例如对金融交易进行非常精确的时间标记。此外,GNSS授时已广泛应用于电信行业,包括移动电话网络同步,也可用于电网中交流电的相位同步和电力线故障隔离[1.28]。

GNSS对地球系统研究和全球环境观测也至关重要(图1.13)。在重要监测点部署连续或定期运行的高精度GNSS接收机(详见第37章),可对地壳构造板块的长期运动进行

图 1.11 日常 GNSS 应用示例——从汽车导航到飞机降落,再到电网维护
((a)~(d)和(f)~(i)由 pixabay.com 提供,(e)由 ESA,J. Huart 提供)

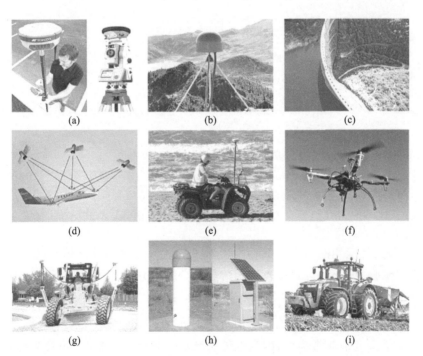

图 1.12 高精度 GNSS 应用示例——从大地测量到机器引导和精准农业
((a)左由 Position Partners 提供;(a)右由徕卡地理系统公司提供;(b)由 M. Gottlieb,NAVSTAR
大学联盟(UNAVCO)提供;(c)、(f)由 pixabay.com 提供;(d)由 TU Delft 提供;
(e)由 B. Morris 提供;(g)由 Trimble 提供;(h)由 V. Janssen 提供;(i)由 Deere & Co. 提供)

量测[1.29]，其形成的 GNSS 接收机网络可用于评估地表活动情况，以监测滑坡和火山运动或研究间冰期的陆地隆升。除此之外，研究人员利用连续运行跟踪站组成的大型 GNSS 网对地壳运动进行监测，希望能够实现地震预测，从而挽救更多的生命。

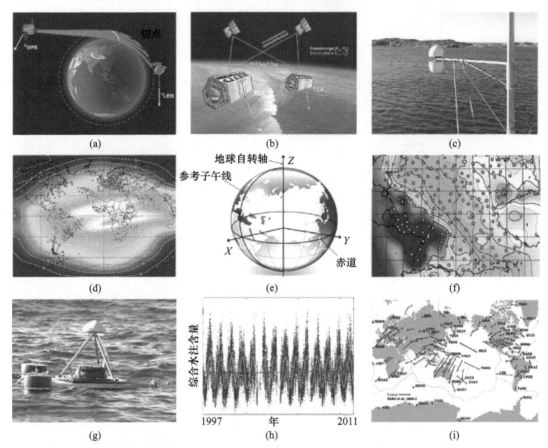

图 1.13　全球卫星导航系统科学应用实例。从大气传感和参考框架研究到地壳构造监测
((a)由 UCAR 2007 提供；(b)由 P. Kuss，DLR，NASA 提供；(c)由 J. Löfgren 提供；(d)由 N. Jakowski，DLR 提供；(e)由 J. Legrand&C. Bruyninx，ROB 提供；(f)由 G. Dick，GFZ 提供；
(g)由 IMOS 提供；(h)由 G. Elgered，Chalmers 提供；(i)由 NASA，JPL-Caltech 提供)

GNSS 也是大气探测的有力工具（第 38 和 39 章）。由于 GNSS 信号通过电离层和低层大气时会受影响，因此通过对接收到的信号进行适当分析，可绘制电离层的电子含量变化[1.30]和对流层中的水汽含量[1.31]，部分国家的气象服务机构已使用 GNSS 确定的水汽含量来提高天气预报能力。GNSS 还有助于我们了解信号在电离层中发生的各种物理过程，这在电离层异常天气中非常重要，因为电离层异常会严重破坏通信、导航和电力系统。此外，通过观测地震和海啸对电离层电子密度的影响[1.32-1.33]，GNSS 电离层监测也将成为海啸预警系统的重要组成部分。

在过去的几年间，GNSS 也显示出了在气候监测方面的潜在优势。一些研究试验表明：地基和无线电掩星 GNSS 数据在精确测量大气水汽含量和温度结构方面具有较大潜力[1.34-1.35]。对于全球变暖问题,确定全球温度趋势至关重要。GNSS 为研究冰川如何移动和变化提供了精确定位工具,因此也有助于加深了解冰川融化、北极冰盖缩小与全球变暖之间的联系。

## 致谢

本章部分材料主要来源于作者多年来关于 GNSS 的讲座内容,部分材料还摘自本章第一作者在《GPS World》杂志的"Innovation"专栏的内容。感谢过去和现在的学生、科研助理和其他同事们提供的各类有用的资料。

# 参考文献

1.1　J. R. Vetter:Fifty years of orbit determination:Development of modern astrodynamics methods,Johns Hopkins APL Tech. Dig. **27**(3),239-252(2007)

1.2　T. A. Stansell:The Navy Navigation Satellite System: Description and status,Navigation **15**(3),229-243 (1968)

1.3　R. J. Danchik:An overview of Transit development,Johns Hopkins APL Tech. Dig. **19**(1),18-26(1998)

1.4　P. Daly,G. E. Perry:Recent developments with the Soviet Union's VHF satellite navigation system,Space Commun. Broadcast. **4**,51-61(1986)

1.5　P. Daly,G. E. Perry:Update on the behaviour of the Soviet Union's VHF satellite navigation system,Space Commun. Broadcast. **5**,379-384(1987)

1.6　G. Seeber:*Satellite Geodesy:Foundations*,*Methods and Aplications* (Walter de Gruyter,Berlin 2003)

1.7　K. Kovach:New user equivalent range error(UERE) budget for the modernized Navstar Global Positioning System(GPS),Proc. ION NTM,Anaheim(2000) pp. 550-573

1.8　Global Positioning System Standard Positioning Service Performance Standard(US Department of Defense,Washington DC 2008)

1.9　O. Montenbruck,P. Steigenberger,A. Hauschild: Broadcast versus precise ephemerides:A multi-GNSS perspective,GPS Solutions **19**(2),321-333(2015)

1.10　R. Prieto-Cerdeira,R. Orus-Peres,E. Breeuwer,R. Lucas-Rodriguez,M. Falcone:The European way: Performance of the Galileo single-frequency ionospheric correction during in-orbit validation,GPS World **25**(6),53-58(2014)

1.11　D. Milbert:Dilution of precision revisited,Navigation **55**(1),67-81(2008)

1.12　S. Whitney:Global Positioning System status,Proc. ION GNSS+,Tampa(2015) pp. 1193-1206

1.13　Minimum Operational Performance Standards for Global Positioning/Wide Area Augmentation System Airborne Equipment(RTCA,Washington DC 2006)

1.14　R. Leandro,M. Santos,R. B. Langley:UNB neutral atmosphere models:Development and performance,Proc. ION NTM 2006,Monterey(ION,Virginia 2006) pp. 564-573

1.15　R. F. Leandro,R. B. Langley,M. C. Santos:UNB3m_pack:A neutral atmosphere delay package for radiometric space techniques,GPS Solutions **12**(1),65-70(2008)

1.16  A. Komjathy: Global Ionospheric Total Electron Content Mapping Using the Global Positioning System, Ph. D. Thesis (Univ. New Brunswick, Fredericton 1997)

1.17  J. A. Klobuchar: Ionospheric time-delay algorithm for single-frequency GPS users, IEEE Trans. Aerosp. Electron. Sys. **23**(3), 325–331(1987)

1.18  European GNSS(Galileo) Open Service Ionospheric Correction Algorithm for Galileo Single Frequency Users, Iss. 1.2 (European Commission, 2016)

1.19  S. Banville, R. B. Langley: Instantaneous cycle-slip correction for real-time PPP applications, Navigation **57**(4), 325–334(2010)

1.20  P. J. G. Teunissen: The Least-squares Ambiguity Decorrelation Adjustment: A method for fast GPS integer ambiguity estimation, J. Geod. **70**(1), 65–82 (1995)

1.21  RTCM Standard 10403.2 Differential GNSS Services, Version 3 with Ammendment 2 (RTCM, Arlington 2013)

1.22  C. Haslett: *Essentials of Radio Wave Propagation* (Cambridge Univ. Press, Cambridge 2008)

1.23  A. W. Doerry: *Earth Curvature and Atmospheric Refraction Effects on Radar Signal Propagation* (Sandia National Laboratories, Albuquerque NM 2013), Sandia Report SAND2012-10690

1.24  G. Weber, D. Dettmering, H. Gebhard, R. Kalafus: Networked transport of RTCM via internet protocol (Ntrip)-IP-streaming for real-time GNSS applications, Proc. ION GPS, Long Beach (ION, Virginia 2005) pp. 2243–2247

1.25  J. G. Walker: Satellite constellations, J. Br. Interplanet. Soc. **37**, 559–572(1984)

1.26  European GNSS Agency: *GNSS Market Report*, 4th edn. (Publications Office of the European Union, Luxembourg 2015)

1.27  J. V. Stafford: Implementing precision agriculture in the 21st century, J. Agric. Eng. Res. **76**(3), 267–275 (2000)

1.28  A. Carta, N. Locci, C. Muscas, S. Sulis: A flexible GPSbased system for synchronized phasor measurement in electric distribution networks, IEEE Trans. Instrum. Meas. **57**(11), 2450–2456(2008)

1.29  K. M. Larson, J. T. Freymueller, S. Philipsen: Global plate velocities from the Global Positioning System, J. Geophys. Res. Solid Earth **102**(B5), 9961–9981(1997)

1.30  M. Hernandez-Pajares, J. M. Juan, J. Sanz: New approaches in global ionospheric determination using ground GPS data, J. Atmos. Sol.-Terr. Phys. **61**(16), 1237–1247(1999)

1.31  M. Bevis, S. Chiswell, T. A. Herring, R. A. Anthes, C. Rocken, R. H. Ware: GPS meteorology: Mapping zenith wet delays onto precipitable water, J. Appl. Meteorol. **33**(3), 379–386(1994)

1.32  E. Calais, J. B. Minster: GPS detection of ionospheric perturbations following the January 17, 1994, Northridge earthquake, Geophys. Res. Letts. **22**(9), 1045–1048(1995)

1.33  A. Komjathy, Y.-M. Yang, X. Meng, O. Verkhoglyadova, A. J. Mannucci, R. B. Langley: Review and perspectives: Understanding naturalhazards-generated ionospheric perturbations using GPS measurements and coupled modeling, Radio Sci. **51**(7), 951–961(2016)

1.34  T. Nilsson, G. Elgered: Long-term trends in the atmospheric water vapour content estimated from ground-based GPS data, J. Geophys. Res. **113**(D19101), 1–12(2008)

1.35  R. A. Anthes: Exploring earth's atmosphere with radio occultation: Contributions to weather, climate and space weather, Atmos. Meas. Tech. **4**, 1077–1103 (2011)

# 第 2 章 时间和参考系

**Christopher Jekeli, Oliver Montenbruck**

大地测量学是一门对地球表面进行测量和投影的科学,也是定义坐标及相关坐标系的科学。因此,大地测量学是全球卫星导航系统(GNSS)应用的基础。本章介绍用于描述地球表面或近地空间点坐标所需的参考系,坐标参考系之间的关系,以及参考系与绝对系统(天体系统)之间的关系。虽然参考系主要涉及几何学,但考虑到地球是太阳系中的旋转体,因此将地球动力学作为坐标系定义和转换的理论基础。同时,时间作为动力学理论的第四坐标分量,在现代大地测量系统中也因此显得尤为重要。本章重点以文字、分析和说明的方式描述地球动力学和天体力学中相应的现象,以便大地测量学者和地球科学工作者进一步了解精确坐标参考系所涉及的任务范畴。

## 2.1 时 间

时间与人类活动息息相关,但没人能对其做出确切解释。数学层面,它被定义为第四维度的坐标(爱因斯坦是这样定义的),或者更传统地讲,时间是运动学理论中的独立变量。事实上,我们感知时间的唯一原因是事物发生了变化。因为许多观测到的变化都是周期性的,所以可以相对容易地定义时间的单位。如果用作描述时间的现象具有均匀的周期,则相应的时间尺度也是均匀的。显然,描述和实现时间的一个理想特性是,时间尺度至少在局部框架内是一致的。但是动力学系统很少有严格一致的时间单位。过去,地球自转提供了最合适和最直观的现象来表示时间尺度,单位是(太阳)日[2.1]。但是,人类早已认识到地球的自转并不均匀,它在每天、每两周、每月等多种尺度上都存在变化,甚至随着地质时间的推移而变慢等(参见文献[2.2])。除了尺度或单位外,时间系统必须定义一个原点,即指定时间值的零点或历元。无论如何定义,时间系统都应该是可重复和可实现的,从而建立时间框架。系统和框架之间的区别,将在 2.2.2 节空间坐标内容中详细说明。

1960 年以前,1s 被定义为平太阳日的 1/86400(参见 2.1.3 节)。自 1960 年以来,基本时间尺度由铯原子的自然振荡定义,并且所有时间系统都可以参考或转换到该尺度。具体而言,SI(国际单位制)秒的定义如下:

1s 是铯 133 原子在基态的两个超精细能级之间跃迁 9192631770 个辐射周期持续的时间[2.3-2.4]。

现今,该定义已被细化到原子应位于平均海平面,且处于静止状态(温度为0K),因此不受环境辐射效应和相对论引力变化的影响。为满足定义要求,实际测量值应进行相应修正。根据地球绕日运动的纽康(Newcomb)理论[2.5],SI秒值采用1956年的历书时(ET)秒,即定义历元1900年1月1日平太阳年的1/31556925.9747为历书时秒(见2.1.1节)。

尽管SI秒定义了时间单位,但在实际应用中,仍然可以区分不同来源甚至不同尺度的时间系统。在完整的太阳系动力学理论中,力学时作为自变量在定义上是统一的。平太阳时或世界时(UT)是地球自转(以太阳为参考点)的时间尺度,用于一般的民用计时。恒星时则由地球相对于天球的自转运动定义。本节将详细描述力学时、原子时和恒星时的时间尺度。

## 2.1.1 力学时

牛顿体系的历书时,以及相对论体系的质心时和地球时(TT)等力学时,通常是指太阳系大质量天体运动(动力学行为)方程中的时间变量。因此,就广义相对论而言,力学时间尺度与坐标系有关,可表示为坐标时(见第5章)。常见的坐标系有质心参考系(原点位于太阳系质心)或地心参考系。因此,相应的时间尺度称为太阳系质心坐标时(TCB)和地心坐标时(TCG)。需要注意的是,时间系统的首字母缩写通常遵循相应的法语名称,例如太阳系质心坐标时TCB是temps-coordonnée barycentrique的缩写。根据广义相对论,力学时定义为从时空中的一个点到另一个点的第四维坐标。

此外,力学时也被定义为原时。原时与观测者所处的框架相关联,并用一个匀速运行的时钟描述观测到的运动。根据观测者所处的框架不同,原时被定义为地球动力学时(TDT)或太阳系质心力学时(TDB)。1991年,国际天文学联合会(IAU)将TDT重命名并简化为TT,指的是在大地水准面(近似平均海平面)处的原时。但是,由于大地水准面实现的不确定性,2000年IAU进一步建议重新定义TT,并用规定的恒定速率与TCG区分。因此,TT与原时的精确关系取决于观测者时钟在引力场中的位置和速度。有关坐标时、TCB和TCG以及与TDB的数学关系,请参见本书第5章以及10.2.6节。TT是原子时的具体实现(见2.1.2节),时间尺度为SI秒。计算地球定向参数(见2.5.1节)时,通常忽略TT和TDB之间的差异。

1977年以前,力学时称为历书时。ET是太阳相对于地球运动的理论——纽康太阳历表中的时间变量。该理论忽略了相对论影响,而依赖所采用的天文学常数。而事实上,这些天文学常数对时间有着一定的依赖性(例如光行差常数)。这一理论还忽略了其他行星对地球轨道的影响。上面提到的力学时间与ET在其边界处强制对齐,即

$$TT(1977年1月1.0003725日,更精确地说是1日0时0分32.184秒) = ET \quad (2.1)$$

为了使两个系统间的连续点恰好在国际原子时(TAI)(见2.1.2节)的1977年1月1日,这个历元包含了一个额外的32.184s偏差。

力学时的基本单位是儒略日,等于86400 SI秒,与我们通常使用的基于地球自转定义的日相近,且在定义上是一致的。力学时的原点,由儒略日期或儒略历元J0.0定义,即公

元前4713年1月1日格林尼治正午。按照约定,儒略日的开始和结束时间是英格兰格林尼治的正午(力学时),也就是通常意义上一天(午夜开始到午夜结束)的中间时刻。此外,一个儒略年有365.25个儒略日,一个儒略世纪有36525个儒略日。根据上述原点,儒略日期J1900.0对应的儒略日数是2415021.0,为1900年1月1日格林尼治正午;儒略日期J2000.0对应的儒略日数是2451545.0,为2000年1月1日格林尼治正午(图2.1)。因此,儒略日数2451545.0的日期也是2000年1月1.5日。注意,2000年1月0.5日实际上是1999年12月31日(或1999年12月31.5日)的格林尼治正午。出于实际考虑,修正后的儒略日(简化儒略日)数为

$$MJD = JD - 2400000.5 \tag{2.2}$$

它又定义了一个新的原点,并从格林尼治午夜开始计算天数。

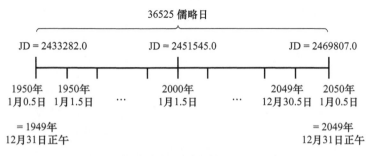

图2.1 儒略日数及其与传统日历的关系

## 2.1.2 原子时标

原子时是指由铯133原子的能态振荡所定义和实现的时间尺度。因此,SI秒是定义原子时间尺度的单位[2.3,2.7]。直到1955年,随着标准化原子钟(第5章)的发展,原子时才得以实现。从1958年到1968年,由位于巴黎的国际时间局(BIH)保持原子时标。原子时的原点,即零点,被正式确定为1958年1月1日0时0分0秒。

国际原子时(TAI)于1972年1月正式引入,并确定1977年1月1日0时0分0秒(TAI)的ET历元为1977年1月1日0时0分32.184秒(ET),与式(2.1)中描述相符合,即

$$TAI = TT - 32.814s \tag{2.3}$$

如今,TAI由国际计量局(BIPM)负责保持,该机构将来自全球400多个高精度原子钟的数据综合,以尽可能精确地保持SI秒。BIPM发布TAI相对于每个时间实验室时钟的校正量,但是以协调世界时(UTC,2.1.3节)为参考。UTC是根据地球自转调整为接近某个时间尺度的民用原子时。

美国的官方原子钟由位于美国华盛顿特区的美国海军天文台(USNO)和位于科罗拉多州博尔德的美国国家标准与技术研究院(NIST)保持。在这些中心内,若干个铯钟同时运行并取平均值。参与实现TAI的其他中心包括位于巴黎、格林尼治、莫斯科、东京、渥太华、韦特塞尔、北京和悉尼等70多个天文台。通过罗兰C、卫星传递(GNSS发挥主要作用;第41章)以及搬运钟等手段实现全球守时实验室的时钟比对和融合。各实验室的时

间偏差及其不确定度在每月发行的 BIPM Circular T[2.8]中报告。许多国家实验室的全球同步水平可达几十纳秒或更优[2.9]。由于原子时是根据许多时钟计算的,因此也称为纸面时或统计时。

## 2.1.3 恒星时、世界时与地球自转

恒星时表示地球相对于天球的自转,反映了地球的实际自转速度以及地球自转轴微小运动(岁差和章动,2.5.1 节)的影响。它是地球赤道上特定子午线和春分点 $\gamma$ 之间的夹角。春分点定义为,从北半球看,天球上太阳在春分日从赤道南面向北面移动所经过的点。由于赤道与自转轴遵循相同的动力学,因此可以区分视恒星时(或真恒星时)和平恒星时,后者消除了章动的影响。该影响量约为 15.8″,参照 $15° = 1h$ 的转换规则,相当于约 1s。格林尼治视恒星时(GAST)是从真(或瞬时)春分点到格林尼治子午线的角度(图 2.2)。

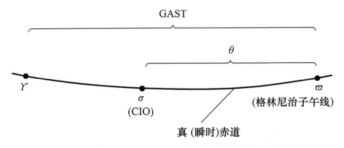

图 2.2 相对于真春分点 $\gamma$,GAST 与地球自转角 $\theta$ 之间的关系

受自转轴岁差以及赤道上春分点变化的影响,恒星时包含一个小的旋转速率(大约 $7.1 \times 10^{-12}$ rad/s),该旋转速率不是由地球自转引起的。因此,在 20 世纪 90 年代后期引入并采用了一个新的原点 $\sigma$,用之可更好地确定地球自转速度。如 2.5.2 节所述,这种无旋转原点也称为天球中间原点(CIO)。现今,一个被命名为地球自转角(ERA)的 $\theta$ 被用来描述真实的地球自转(图 2.2)。自 J2000 以来至今(2015 年),角 $\alpha(\gamma) = \theta - $ GAST(也称为原点方程(EO))的累积岁差值已达约 $-12'$。文献[2.6,2.10]提供了用于确定任意历元处 EO 的表达式。

UT 是用于维持一般民用时间的时间尺度,近似于太阳的日运动。但是,从地面观测者的角度看,太阳在天球上的运动并不均匀。为建立统一的时间尺度,需要一个假想或平太阳的概念,相应的时间称为平太阳时(MT)。UT 定义为格林尼治子午线上的平太阳时。UT 的基本单位是平太阳日,即平太阳连续两次经过子午线之间的时间间隔。平太阳日有 24 个平太阳小时和 86400 个平太阳秒。

与恒星时相比,以下近似关系成立,即

$$1 \text{ 平太阳日} = 24h03min56.5554s \text{ 恒星时} \tag{2.4}$$

$$1 \text{ 平恒星日} = 23h56min04.0905s \text{ 太阳时} \tag{2.5}$$

式中:平太阳日长于恒星日,这是由于为使太阳返回到观测者所在子午线,地球必须绕其轨道向前旋转一个额外的量(图 2.3)。因此,如果 s 是太阳秒,地球的自转速率不等于

$\frac{2\pi}{86400}$ rad/s,根据式(2.5),地球自转速率应为

$$\omega_\oplus = 7.292115 \times 10^{-5} \text{rad/s} \tag{2.6}$$

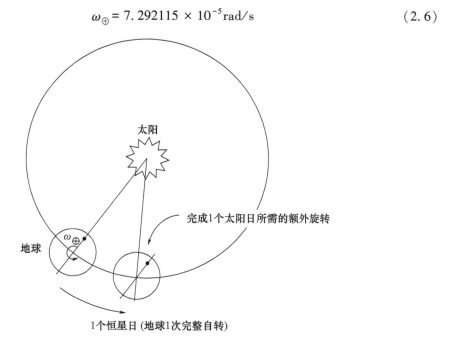

图 2.3 恒星日和太阳日的几何原理

地面观测者利用测量结果确定 $\omega_\oplus$ 及其变化率时,必须考虑:观测者的参考子午线与固定极点相关,地球自转轴相对于该极点运动(极移,2.5.3 节)。此外,地球自转还受被归入日长变化的其他周期性和长期性不规则因素的影响(如季节性效应和地球与月球之间角动量交换)。因此,基于地球自转的世界时被分为:

(1) UT0:根据相对于固定参考子午线的观测值确定的世界时。
(2) UT1:对地球自转轴进行极移修正后的世界时。
(3) UT2:在 UT1 基础上对季节性变化进行了修正的世界时。

尽管 UT2 仍然受轻微长期变化的影响,但其是 UT 对统一时间的最佳近似。然而,在实际应用中,UT2 已被原子时标 UTC 所取代。就 SI 秒而言,平太阳日为

$$1^d(\text{MT}) = 86400\text{s} - \frac{\Delta\tau}{n} \tag{2.7}$$

$$\Delta\tau = \text{UT1} - \text{TT} \tag{2.8}$$

式中:$\Delta\tau$ 为 UT1 和力学时在 $n$ 天内的时间差。日时长变化是 $\Delta\tau$ 的时间导数。从几个世纪以来的观测记录中可以发现,一天(地球自转速度)的长期变化大约是每个世纪 +1.4ms[2.2, p.607]。

现今,世界上所有民用时钟都是按照原子时标准设置的,因为原子时比太阳时更均匀,并且更容易通过卫星信号实现时间传递。但是,我们仍然希望(特别是在天文学界)民用时能够与太阳时对应。因此,一个新的近似 UT 的原子时应运而生,该原子时称为协

调世界时(coordinated universal time, UTC),并根据国际电信联盟(international telecommunication union, ITU)的 TF.460 建议[2.11]执行:"UTC 是 BIPM 在 IERS 的协助下保持的时间尺度,是协调分发标准频率和时间信号的基础。它与 TAI 在速率上完全对应,但相差整数秒。通过插入或删除秒(正或负闰秒)来调整 UTC 尺度,以确保与 UT1 近似一致。"

最初,通过对 UTC 进行调整,使|UT2-UTC|<0.1s。从 1972 年开始,对 UTC 和 UT 之间一致性的要求已放宽到

$$|UT1-UTC|<0.9s \tag{2.9}$$

闰秒的调整是在某个特定年 UTC 时的 1 月 1 日或 7 月 1 日引入。

截至 2015 年,大约每 1.5 年引入一次闰秒(见表 2.1)。距离 2015 年年中最近的一次调整在 2012 年 7 月,UTC-TAI 接近-36s。根据文献[2.12]中美国海军天文台(USNO)的列表数据,UTC 相对于 TAI 和其他时间尺度的历史变化如图 2.4 所示。国际地球自转服务(IERS)机构决定是否引入新闰秒,并在 IERS 公告 C 中宣布。

表 2.1 自 1972 年以来引入的 UTC 闰秒。该表提供 UTC 和 TAI 之间的整数秒差以及适用的开始日期[2.12]

| 开始时间 | UTC-TAI/s | 开始时间 | UTC-TAI/s |
| --- | --- | --- | --- |
| 1972 年 1 月 1 日 | -10 | 1988 年 1 月 1 日 | -24 |
| 1972 年 7 月 1 日 | -11 | 1990 年 1 月 1 日 | -25 |
| 1973 年 1 月 1 日 | -12 | 1991 年 1 月 1 日 | -26 |
| 1974 年 1 月 1 日 | -13 | 1992 年 7 月 1 日 | -27 |
| 1975 年 1 月 1 日 | -14 | 1993 年 7 月 1 日 | -28 |
| 1976 年 1 月 1 日 | -15 | 1994 年 7 月 1 日 | -29 |
| 1977 年 1 月 1 日 | -16 | 1996 年 1 月 1 日 | -30 |
| 1978 年 1 月 1 日 | -17 | 1997 年 7 月 1 日 | -31 |
| 1979 年 1 月 1 日 | -18 | 1999 年 1 月 1 日 | -32 |
| 1980 年 1 月 1 日 | -19 | 2006 年 1 月 1 日 | -33 |
| 1981 年 7 月 1 日 | -20 | 2009 年 1 月 1 日 | -34 |
| 1982 年 7 月 1 日 | -21 | 2012 年 7 月 1 日 | -35 |
| 1983 年 7 月 1 日 | -22 | 2015 年 7 月 1 日 | -36 |
| 1985 年 7 月 1 日 | -23 | 2017 年 1 月 1 日 | -37 |

根据地球自转速度在减慢这一特征,一天的长度大约每个世纪延长 1.4ms,这意味着 UT1 时钟越来越滞后于 TAI 时钟。可以确定的是,截至 2015 年平太阳日实际上大约是 86400.0027 SI 秒。这是因为 SI 秒最初是用 ET 秒定义的,而 ET 秒是根据 Newcomb 记录的平太阳在 19 世纪的运动获得的。实际上,1820 年的 86400 SI 秒正好等于一个平太阳日。SI 秒的定义尺度与当前平太阳日尺度之间的差异会产生累积效应。UT1 时间每年平均增加约 1.4ms/d/世纪×1.95 世纪,即一年内约 1s,这也是引入闰秒的原因。差值 DUT1=UT1-UTC 与 UTC 一起广播,以便用户确定 UT1。

各种原子时标以及力学时之间的关系如图 2.4 所示。考虑到保持 UTC 和 UT1 之间

的微小差异给许多现代民用电信系统和其他依赖精确时间尺度的网络带来技术上的不便和低效,目前对是否有必要保持二者之间的微小差异存在争论[2.13-2.15]。

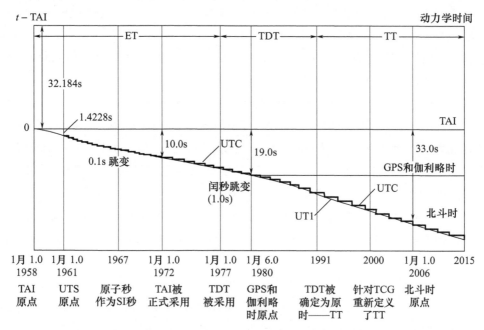

图 2.4 原子时标和力学时之间的关系

## 2.1.4 GNSS 系统时

卫星导航系统利用信号传播时延计算接收机与卫星之间的距离,进而确定用户位置坐标。因此,所有卫星导航系统都依赖于非常准确的时钟和时间标准。各 GNSS 系统都保持着特定的系统时以满足内部时间同步和发播需求。4 个全球卫星导航系统,即 GPS、GLONASS、Galileo 和北斗,其时间系统都基于 SI 秒和类似于 TAI 的原子时。但它们是通过不同的时钟组实现的,并且相对于 TAI 的原点和偏移量不同[2.16]。

GPS 时(GPST)是美国 GPS 系统使用的系统时间。自 1990 年以来,GPS 时由地面控制段(包括主控站和监测站)内的原子钟以及卫星上的原子频标组成的复合钟确定[2.17-2.18]。各个时钟基于各自的观测方差,以特定的权重对最终时标做出贡献[2.19]。通过共视时间传递技术,GPS 时与 UTC 时(USNO)(即由美国海军天文台维护并实现的 UTC)的驾驭偏差最多为 1ms[2.20]。实际上,偏移量 GPS-UTC(USNO)比规定值小得多,达到了 20ns 水平[2.21]。为向 GPS 用户提供 UTC 时,两个时间尺度之间偏移量的预测值作为导航电文的一部分。

如图 2.4 所示,GPS 时的原点是 UTC(USNO)1980 年 1 月 6.0 日。但是,GPS 时并不通过闰秒来缩小与 UT 的差异,因此它相对 TAI 始终延迟一个常量,即

$$t(\text{GPS}) = \text{TAI} - 19\text{s} \tag{2.10}$$

同时,它相对 UTC 的偏移(提前)是一个变量,大小取决于引入的闰秒数。需注意的是,

式(2.10)仅描述了 GPS 时与 TAI 之间的标称(整数秒)偏移,而忽略了两个时标不同实现方式带来的小数偏移(通常在数十纳秒水平)。

GLONASS 时(GLST)是唯一一个遵循 ITU 建议[2.11]与 UTC 保持一致的 GNSS 时标。它的原点选择 UTC(SU)时间系统的 1996 年 1 月 1.0 日,也就是由位于莫斯科的时空计量研究所维护的俄罗斯(苏联,SU)UTC 实现。除了包含闰秒,格林尼治和莫斯科之间的时差使得 GLST 始终比 UTC 早 3h。因此,有

$$t(\text{GLONASS}) = \text{UTC} + 3\text{h} \tag{2.11}$$

同样,这种关系不用考虑两个时标的独立实现所导致的小数秒偏差。GLST 是从 GLONASS 地面段的一个主氢钟组获得的,并使用指定公差为 1ms 的双向时间传递与 UTC(SU)同步[2.22]。经过不断努力,GLST 与 UTC 的一致性在持续提升。截至 2014 年下半年,两个时间尺度的差异已从几百纳秒[2.23]提升至几十纳秒[2.24]。

伽利略时(GST)[2.25-2.26]和北斗时(BDT)[2.27]相对于 TAI 都有恒定的偏移量。为保持一致性,伽利略与 GPS 时的原点相同,而北斗时的原点选择在 UTC 时 2006 年 1 月 1.0 日。这样,有

$$t(\text{Galileo}) = \text{TAI} - 19\text{s} \tag{2.12}$$

$$t(\text{BeiDou}) = \text{TAI} - 33\text{s} \tag{2.13}$$

这两个时标都是由各自控制段的原子钟生成的,并通过时间传递以及与其他 UTC 实验室的时钟进行比较并调整到 UTC。GST 与 UTC 的差异小于 50ns($2\sigma$)[2.25,2.28],而北斗时的最大偏移量为 100ns[2.23,2.29]。与伽利略类似,日本准天顶卫星系统(QZSS)和印度区域卫星导航系统(IRNSS/NAVIC)也采用了与 TAI 有固定-19s 偏差的连续时标。

## 2.2 空间参考系

为表示点的坐标,需要建立坐标系并包含原点、方向和尺度项。在 GNSS 系统建立之前,从全球角度来看,最容易获得的坐标参考是天球,它不仅用于制图和导航,而且还是其他地球坐标系定向的基准。时至今日,天球参考系仍用于这一目的,并可认为是所有参考系的基础系统。下一个层面定义依附于地球,且具有不同的原点(也可能有不同的方向和尺度)的坐标系。

为此需要解决两个问题:

(1) 建立一个本地空间的外部坐标系,假定该坐标系固定不旋转;

(2) 建立一个随地球旋转并沿地球轨道运行的坐标系,并确定两个坐标系之间的关系。

### 2.2.1 坐标系

从数学角度看,笛卡儿坐标系 $x$、$y$、$z$ 无疑是最简单的,它在定义现代参考系中起着关

键作用。然而,考虑到地球近乎球形,并且从天空看的地心视角也呈现球形特征,再加上许多大地测量概念都依赖于方向和距离,因此球坐标必不可少。事实上,经纬度概念对于地球应用(测量、近地表导航、定位和制图)是一种最有效的方式。图 2.5 显示了笛卡儿坐标和由纬度 $\varphi$、经度 $\lambda$ 和半径 $r$ 组成的球坐标之间的关系,即

$$\begin{cases} x = r\cos\varphi\cos\lambda \\ y = r\cos\varphi\sin\lambda \\ z = r\sin\varphi \end{cases} \quad (2.14)$$

逆变换是

$$\varphi = \arctan\left(\frac{z}{\sqrt{x^2+y^2}}\right)$$
$$\lambda = \arctan\left(\frac{y}{x}\right) \quad (2.15)$$
$$r = \sqrt{x^2+y^2+z^2}$$

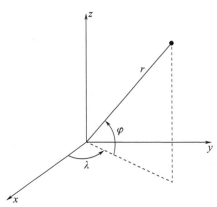

图 2.5　球坐标

早在 18 世纪中叶,就有学者通过测量得出地球是两极扁平并呈椭球形的结论[2.30]。具体而言,地球是一个旋转椭球体,定义为一个椭圆围绕其短轴旋转形成的表面。它也称为回转椭球体(以区别于三轴椭球)。椭球体的大小和形状可由基本参数长半轴 $a$ 和短半轴 $b$ 定义(图 2.6)。其他参数包括

扁率

$$f = \frac{a-b}{a} \quad (2.16)$$

第一偏心率和第二偏心率

$$e^2 = \frac{a^2-b^2}{a^2}, e'^2 = \frac{a^2-b^2}{b^2} \quad (2.17)$$

以及线性偏心距 $E=ae$。

对于给定参数的椭球体,大地坐标定义如图 2.6 所示,包括大地纬度 $\varphi$,大地经度 $\lambda$(未显示,但与球面经度相同)和大地高 $h$(沿着垂直于椭球的直线)。大地坐标与全球笛

卡儿坐标之间的关系为

$$\begin{cases} x = (N+h)\cos\varphi\cos\lambda \\ y = (N+h)\cos\varphi\sin\lambda \\ z = [N(1-e^2)+h]\sin\varphi \end{cases} \quad (2.18)$$

$$N = \frac{a}{\sqrt{1-e^2\sin^2\varphi}} \quad (2.19)$$

式中:$N$为卯酉圈曲率半径。

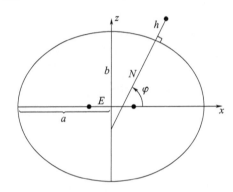

图 2.6 椭圆的几何和大地坐标,$x$轴上的圆点表示椭圆的焦点,该椭圆代表子午面

当$z \neq 0$,需要对大地纬度进行数值迭代时,可以建立一个逆变换方程,即

$$\varphi = \arctan\left[\frac{z}{\sqrt{x^2+y^2}}\left(1+\frac{e^2 N\sin\varphi}{z}\right)\right] \quad (2.20)$$

假设该点的初始纬度在椭球上($h=0$),有

$$\varphi^{(0)} = \arctan\left[\frac{z}{\sqrt{x^2+y^2}}\left(1+\frac{e^2}{1-e^2}\right)\right] \quad (2.21)$$

高度小于20km时,三次迭代即可收敛到微角秒精度。此时,高度可表示为

$$h = \left(\sqrt{x^2+y^2}\right)\cos\varphi + z\sin\varphi - a\sqrt{1-e^2\sin^2\varphi} \quad (2.22)$$

经度由式(2.15)中的第二个等式给出。

文献[2.31]基于4次方程导出了非迭代解,推导过程也可参见文献[2.32]。此外,文献[2.33]分析了笛卡儿直角坐标转换为大地坐标的不同方法,并比较了迭代法的性能和计算效率。

从古至今,基于大地测量学的测量值已经建立了许多椭球体。这些测量值有沿子午线测量的椭球弧长,也有现代使用卫星测高仪拟合平均海平面得到的椭球曲线。最早的椭球体之一是由艾里(Airy)在1830年计算得出的,其长半轴$a=6377563.396$m,扁率$f=1/299.324964$。当前国际上采用的椭球体是1980年大地参考系(GRS80)的一部分,其参数值可表示为

$$\begin{cases} a_{GRS80} = 6378137\text{m} \\ f_{GRS80} = \dfrac{1}{298.257222101} \end{cases} \quad (2.23)$$

赤道半径是利用卫星测高法确定的,扁率由地球引力势的二阶带谐系数(动力形状因子,J2)推导出[2.34]。历史上确定和使用过的其他椭球的参数值可查询文献[2.30]。平均潮汐系统中最佳拟合或平均地球椭球(MEE)[2.35]的参数估值为

$$\begin{cases} a_{MEE} = 6378136.72 \pm 0.1\text{m} \\ f_{MEE} = \dfrac{1}{298.25231 \pm 0.00001} \end{cases} \tag{2.24}$$

GRS80 的参数值是常数,而 MEE 的参数值是带有标准偏差的估计值,无法构成可用的参考椭球。发布大地坐标 $\varphi, \lambda, h$ 时,指定坐标关联的椭球体非常重要。

如图 2.7 所示,点 P 附近的局部坐标为笛卡儿坐标,其第三轴沿椭圆法线。对于右手坐标系,第一个轴指向东,第二个轴指向北。此外,像"北-东-高"这样的左手坐标系也很常见。以 P 为中心的坐标系中 Q 点的局部坐标 $(u,v,w)^T$ 与 Q 相对于 P 的全局笛卡儿坐标差 $(\Delta x, \Delta y, \Delta z)^T$ 之间的关系为

$$\begin{pmatrix} u \\ v \\ w \end{pmatrix} = E \begin{pmatrix} \Delta x \\ \Delta y \\ \Delta z \end{pmatrix} \tag{2.25}$$

$$E = \begin{pmatrix} -\sin\lambda & +\cos\lambda & 0 \\ -\sin\varphi\cos\lambda & -\sin\varphi\sin\lambda & +\cos\varphi \\ +\cos\varphi\cos\lambda & +\cos\varphi\sin\lambda & +\sin\varphi \end{pmatrix} \tag{2.26}$$

这里,纬度 $\varphi$ 和经度 $\lambda$ 是参考点 P 处的值。由于旋转矩阵 E 是正交矩阵,所以通过在式(2.25)两边乘以 E 的转置,可获得逆变换式。

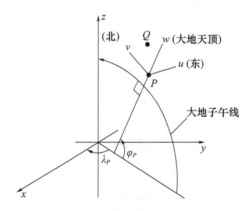

图 2.7 本地笛卡儿坐标

Q 相对于 P 的仰角 E 和相应的方位角 A(从北向东顺时针测量)可表示为

$$\begin{cases} \tan A = \dfrac{u}{v} \\ \sin E = \dfrac{w}{\sqrt{u^2+v^2+w^2}} \end{cases} \tag{2.27}$$

这些公式将全局笛卡儿坐标差(可从 GNSS 获得)与本地测量的角度和距离值相关联。如

果角度参考的是本地铅垂线而非椭球体法线,则需要考虑垂线偏差。1km 的距离和 30″的垂线偏差,给全局笛卡儿坐标差带来的影响约为几厘米或几分米量级。

天球坐标是指天体(如恒星)在天球上的投影位置。根据定义,因为坐标仅定义了方向,所以天球没有特定半径。球体的中心定义为笛卡儿坐标系的原点,天球坐标称为赤纬($\delta$)和赤经($\alpha$),类似于纬度和经度。因此,天球坐标和笛卡儿坐标之间的关系,与式(2.14)和式(2.15)中采用单位半径($r=1$)时相同。赤纬和赤经的原点需要通过参考系定义。这将在 2.4 节中进一步讨论。

### 2.2.2 参考系和参考框架

坐标参考系和参考框架在概念上存在重要差异,贯穿于整个大地测量中坐标系的学说。过去定义和创建的大地基准得到了广泛认可,在文献[2.36]中给出了正式规范(另请参阅文献[2.37]和文献[2.6]):

(1)参考系是按照规定和惯例在任意时刻定义的三维坐标轴。

(2)参考框架通过一些确定点的坐标来实现参考系,这些点可通过已知或观测的方式获得。

参考系的一个简单示例是一组三个相互正交的轴,三轴分别为地球的自转轴、本初(格林尼治)子午线以及在右手系上正交于以上两个轴的第三方向。也就是说,参考系定义了如何建立轴(如正交性),使用什么理论或模型(例如,什么是旋转轴)以及使用哪些协议(例如,如何选择本初子午线)来建立参考系。参考框架的一个简单示例是一组全局分布的点,其坐标在参考系中被赋予相互统一的数字。也就是说,参考框架是由任何人都可以获取的真实空间点坐标值定义的参考系的物理实现。没有参考系,参考框架就不存在,没有参考框架,参考系就没有实用价值。

尽管参考框架和参考系之间的确切区别最近才在大地测量学中得到阐述,但这些概念早已在 18 世纪及更早的大地测量基准术语中有所体现[2.30]。事实上,如今对一个基准的定义具体指的是如何将坐标系与地球相关联——原点、方向和尺度。从这一意义上说,基准的定义没有改变。2.3.2 节中更详细地探讨了参考框架和参考系中基准的含义。

## 2.3 地球参考系

随着卫星系统特别是 GNSS 的出现,地方、区域、国家和国际各级大地测量控制发生了革命性变化。卫星系统为各种规模的地面观测者提供了精确定位的能力,而 GPS 曾在其中发挥了最重要的作用。在过去的几十年中,用于大地测量的地球参考系和框架也有相应发展。世界各国和大洲都在修订、重新定义和更新其基本网络,以利用 GNSS 高精度、易建设和密集控制的优势。而更为重要的是,在全球系统中能够做到精度一致性与控制连通性。

## 2.3.1 传统大地测量基准

传统的大地测量基准被定义为用于确定大地测量控制坐标系的一组常数和规定[2.38]。根据测量技术的本质区别,将控制基准分为平面基准和高程基准。

平面基准(图 2.8)需要定义一个原点(地球表面上具备确定大地纬度和经度的一个标记;或者等效地,通过对站点网施加约束固定一个相对原点)和一个投影面,以及一个具有特定参数的椭球体。椭球方向与天球的天文系统平行(2.4 节),可通过精确测量相对于北天极的方位角,以及在天文坐标测定中结合垂直方向偏角来实现。高程基准(图 2.9)同样由原点高度和通过该点的参考面以及相对该表面的高度来定义。

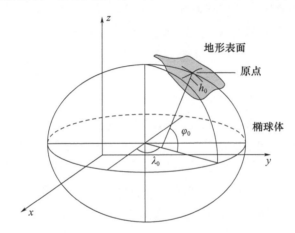

图 2.8 传统平面大地基准。地形表面相对于原点的大地测量数据被归算到一个投影面,即参考椭球,并适当保留其相对于天文系统的方向

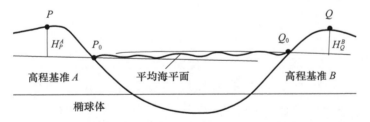

图 2.9 传统高程基准面,表示地球重力场中的一个等位面或水平面。由于平均海平面不是真正水平,因此与平均海平面相关的不同高程基准面并不一致

美国于 19 世纪下半叶为东部地区建立了平面控制,并随着向西的经济扩张而不断推进,建立了 1927 北美基准(NAD27)。该基准的原点位于美国中部堪萨斯州的米德斯牧场。1983 年,平面基准被重新定义为地心系(原点位于通过跟踪地球轨道卫星确定的地球质心),称为 GRS80 椭球,并利用卫星多普勒观测、甚长基线干涉法(VLBI)[2.39-2.40] 以及其他空间技术对其进行了调整。通过包含连续运行参考站(CORS)[2.41] 对每个新的实现进行校正,新的 1983 北美基准(NAD83,已经包含了三维坐标)假定每个新的实现都具有完全的三维特征。CORS 网是美国国家大地测量局与学术机构和私人机构之间的合作项

目,它使用美国以及全球范围内若干个站点的 GNSS 数据建立了精确的大地测量控制。随着 CORS 网的扩展,NAD83 被校正为 NAD83(CORS93)、NAD83(CORS94)和 NAD83(CORS96)。另外,在包含其他区域已经过校正以适应 NAD83(CORS96)框架)的高精度 GPS 网后,新的实现成为国家空间参考系的一部分,被命名为 NAD83(NSRS2007)。2011 年,对此重新校正,定义了包含历元 $t_0$ = 2010.0 坐标和速度(2.3.4 节)的 NAD83(2011)。目前(2015 年),参考系正在修订中,以更接近国际大地参考框架(ITRF)(2.3.2 节)。

类似的,美国高程基准是从海岸水准网演变而来的。海岸水准网在平均海平面上将不同验潮站的高度设定为零。美国在 1988 年替换了 1929 国家大地高程基准(NGVD29),并对现有和新的水准测量数据重新平差,使之与 1985 国际大湖基准(IGLD85)建立联系,从而建立了 1988 北美高程基准(NAVD88)。IGLD85 的原点是加拿大魁北克省圣劳伦斯河上的一个点。现今,美国和加拿大的高程控制正在进行颠覆性的重新定义。与以往利用特定原点定义参考不同的是,这次重新定义利用了地球重力势模型,以消除整个北美大陆的误差趋势。加拿大在 2013 年已经建立了这一新的地球重力势参考系统,并计划在 21 世纪 20 年代初期取代美国的系统。

世界其他地区也在大地测量控制方面取得了类似进展,如欧洲和南美。这些地区在之前没有卫星的条件下建立的基准差异大、不均匀,所以在某些情况下取得进展更为困难。

虽然大地测量控制如今使用的参考系和参考框架基本上都是三维的,如 NAD83(NSRS2007),但是高程基准仍然至关重要。因为高程基准定义了基于重力势的高度,而不是纯几何的高度。水文学的相关应用为表示水的自然流动,需要用到基于地球重力势的高度。

现代大地测量参考系中坐标对应的椭球高 $h$ 与高程基准中的高程 $H$ 之间的转换需要一个大地水准面差距模型,或称大地水准面高度 $N$,其定义为大地水准面和椭球面间的垂直距离(图 2.10),即

$$N = h - H - N_0 \tag{2.28}$$

大地水准面是最接近全球平均海平面的等位面,而大地水准面差距由重力测量确定[2.42]。高阶球谐重力场模型,如 EGM2008,可以提供精度优于 10cm 的全球大地水准面差距[2.43]。此外,必须确定大地水准面和高程基准面之间的恒定偏移量 $N_0$,以及最优拟合的 MEE 和参考椭球之间可能存在的差异。此偏移量的值可以达到几分米。

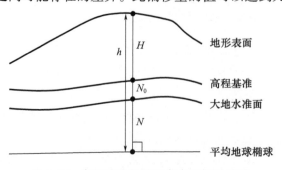

图 2.10 高程基准与椭球高度之间的关系

大地水准面差距的范围大约为±100m,在北大西洋和印度尼西亚地区最大,在印度南端附近达到最小(图2.11)。GNSS无法直接获取与大地水准面相关的平均海平面高度,只能从导航解中获得相对于参考椭球的高度。为了将椭球高度转换到平均海平面,可以在GNSS接收机中加入预先计算的大地水准面差距数据库。例如,文献[2.44]提供了10°×10°经度/纬度格网的大地水准面高度表。任意位置的大地水准面高度都可以用最近的4个网格点进行加权平均内插,内插值的均方根精度优于4m。如果需要更高精度的大地水准面高度,则需要更精细的格网和更精确的大地水准面模型,如EGM2008。

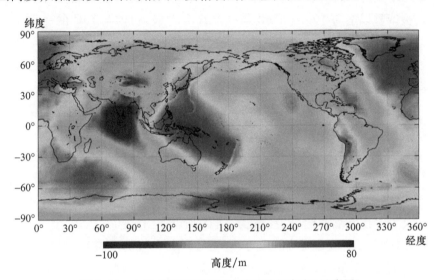

图2.11 大地水准面相对于地球椭球的高度(见彩图)

## 2.3.2 全球参考系

全球地面参考系(或地球参考系,TRS)的定义始于人造地球卫星的出现,促使地球质心成为坐标系的自然原点。TRS还被称作协议地球参考系和地心地球参考系。但是,尝试定义全球系统可以追溯到20世纪初。1899年,国际大地测量协会(IAG)成立了国际纬度服务(ILS),进行天文纬度观测,监测地球自转轴相对于地球的运动(极移,2.5.3节)。极移可以用于校正观测恒星所获得的纬度和经度,使其指向一个固定的全球地面参考系。1960年,国际大地测量学与地球物理学联合会(IUGG)决定采用1900—1905年期间(周期6年,在此期间重复5次1.2年的钱德勒周期;2.5.3节)地球上真天极位置的平均值作为地极,该平均值称为国际协议原点(CIO)。

全球参考子午线,即经度原点,最初在天文上被定义为通过英国伦敦附近格林尼治天文台的子午线,同世界上许多天文台定义的经度一样,是一个根据极移和日长变化进行校正的平均值。

早期地球参考系的定义和实现仅涉及天文学。尽管可以隐含地认为这些参考系是地心的,但并未定义准确的原点。1984年,长期负责监测地极和格林尼治子午线的BIH,利用卫星激光测距(SLR)、VLBI和其他空间技术定义了BIH协议地球坐标系(CTS)(也即

BTS)。卫星的诞生,使得现今可以间接定义该系统的地心原点。随着时间推移,更准确的卫星和VLBI观测数据越来越多。BIH发布了新版本的坐标系实现:BTS84、BTS85、BTS86和BTS87。TRS的方位(大地经度原点)是基于几何卫星的空间观测量确定的,且为了保持时间的连续性,使其与天文对应物保持一致。如今,这一对应物位于格林尼治天文台以东约102m处,考虑了当地的垂线偏差[2.45]。

1988年,监测极点和参考子午线的业务移交至新成立的国际地球自转服务(IERS)机构。最初由BIH负责的时间服务现也归于BIPM。由IERS实现的新参考极——国际参考极(IRP),被调整以适应1967—1968年的BIH参考极,目前与CIO的一致性在±0.03″(1m)以内。

IERS在2003年更名为国际地球自转和参考系服务(缩写不变),负责定义和实现国际大地参考系(ITRS)和国际天球参考系(ICRS)。各种参考系的协议都需要定义原点、方向和尺度。然后基于这些基准参数和全球各点的坐标,将该参考系实现为参考框架。由于各种观测系统(分析中心(AC)和相关技术)有助于参考系的实现,并且随着观测技术和仪器的不断改进,催生出新的参考系实现,因此参考系各种实现之间的转换至关重要。特别需要注意,如果要合并不同参考系或同一参考系但不同的实现下的数据,则需要准确理解坐标之间的关系,以便将数据合并到统一的坐标系中。

ITRS定义为等比例缩放的右手正交系,并附加以下约定:

(1)原点是地心,即地球质量的中心(包括海洋和大气的质量)。目前的测量精度已经可以探测由于地球质量分布的变化而引起的质心变化。因此,原点被定义为参考到某一个历元的质心平均位置。

(2)尺度由SI米定义,SI米基于真空光速,并与SI秒相关(2.1节)。

(3)方向由IRP的方向和BIH给出的1984年参考子午线定义。由于地壳(观测站所在地)由多个构造板块组成,且板块每年活动约几厘米,因此进一步规定,参考系方向不随时间发生相对于地壳的整体旋转(无净旋转条件)。也就是说,即使地壳上用于定义参考系的点相对于彼此移动,参考系相对于其初始定义的整体旋转也应为零。

ITRS定义了国际地球参考框架(ITRF),它定义了3个原点参数、3个方向参数和1个尺度参数。每个新的ITRF均以参考系中所使用的最近数据的年份命名。在撰写本书时(2015年),最新框架是ITRF2008[2.46],而ITRF2013正在准备中。这7个参数在没有约定的情况下是不可测量的,由IERS根据观测坐标解的约束条件制定。此外,从先验框架到框架实现,用7个参数相似性变换(通常称为Helmert变换)的形式进行约束。这7个参数包括实现原点的3个转换参数 $T_i$,实现定向的3个角度参数 $R_i$ 以及尺度变化参数 $D$,即

$$\begin{pmatrix} x \\ y \\ z \end{pmatrix}_{to} = \begin{pmatrix} x \\ y \\ z \end{pmatrix}_{from} + \begin{pmatrix} T_1 \\ T_2 \\ T_3 \end{pmatrix} + D \begin{pmatrix} x \\ y \\ z \end{pmatrix}_{from} + \begin{pmatrix} 0 & -R_3 & +R_2 \\ +R_3 & 0 & -R_1 \\ -R_2 & +R_1 & 0 \end{pmatrix} \begin{pmatrix} x \\ y \\ z \end{pmatrix}_{from} \quad (2.29)$$

式中:平移和旋转参数如图2.12所示。例如,如果已知现有框架的原点是地心,则基于新

观测量实现新框架与前一框架相关联的平移约束为零。由式(2.29)给出的变换是线性近似的,由于变换参数的值较小,所以可忽略二阶和更高阶项对亚纳米级坐标的影响。

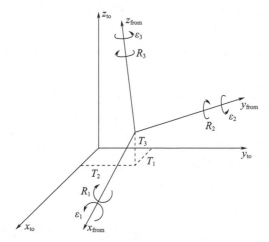

图 2.12 坐标系之间的转换参数。相似性变换式(2.29)产生新框架 $R_{to}$ 中一个点的坐标,该坐标源于旧框架 $R_{from}$,通过将原点平移 $-T_i(i=1,2,3)$ 并绕第 $i$ 个轴旋转(左手)角度 $R_i$ 得到。旋转角 $R_i$ 符合 IERS 协议,而美国国家大地测量局使用的旋转角为 $\varepsilon_i = -R_i$(对应右手旋转)

由于基准(转换)参数是基于地壳(地壳框架)上的点确定的,而地球整体是一个动态实体,因此这些参数与历元 $t_0$ 有关。所以,参考系中补充了变化率参数,使参数总数为 14。因此,第 $i$ 个变换参数 $\beta_i$ 是时间的函数,即

$$\beta_i(t) = \beta_{0,i} + \dot{\beta}_{0,i}(t - t_0) \tag{2.30}$$

14 个参数是 $\beta_{0,i}$ 和 $\dot{\beta}_{0,i}$, $i = 1, 2, \cdots, 7$。

无论坐标系的原点是地球表面的一个标志,还是利用地球轨道卫星的距离测量值获得,它与该坐标系的其他部分一样,均按约定定义。因此,它与距离或角度这种先验可观测量不同。这在测量中是众所周知的经典基准秩亏问题,其中距离和角度观测量必须与固定的点和方向相关,或与约定定义的点和方向相关。

另一方面,卫星测量技术的优点在于所得质心是所有轨道的质心。因此,地球的质心是一个自然原点,从理论上讲是可以确定的。也就是说,如果轨道已知,则根据定义,从地球表面上的点到轨道上的点的距离观测值在统一的地心系统中。然而,由于观测误差的存在,并且分析中心处理的卫星数据不同,例如卫星和月球激光测距[2.47-2.48]、GNSS[2.49] 和多普勒数据[2.50],因此,由不同分析中心解算的原点并非完全一致。通常,SLR 技术是最精确的。

20 世纪 90 年代初建立的第一批 ITRF,习惯上将特定分析中心和卫星技术实现的所有框架与得克萨斯州奥斯汀太空研究中心(CSR)的某个 SLR 解相关联。这种方式被认为是获取质心以及原点的最佳方案。IERS 通过使用 CSR 和其他方案共有的站点确定转换关系,将来自多普勒和 GPS 等其他技术实现的坐标系原点与 ITRF 原点相关联。对于后续的 ITRF,使用 SLR 和 GPS 解的加权平均值来获得原点。ITRF2000 的原点是通过加权

平均 IERS 收到的最优 SLR 解得到的。对于 ITRF2005 和 ITRF2008，IERS 对选定的全球分布站点的 SLR 数据进行再处理，并分别使用 13 年和 26 年的时间序列获得原点。

同样，CSR 分析中心的 SLR 解实现了早期 ITRF 的尺度标定，其他方案的尺度也相应进行了转换。对于后来的尺度实现，使用了 SLR 与 VLBI 结合的方式，后者通过观测类星体的方向能够准确确定相距较远（几千千米）台站的坐标差异[2.6,第4.2.2节]。

卫星和太空观测技术不能确定坐标系的绝对经线方向，因为此方向没有明显的自然参照，完全是任意的（格林尼治子午线）。有人指出，赤道面方向（或等价的极轴方向）像质心一样，是一种自然参考，可以从天文观测、VLBI 和卫星跟踪中间接获得。但是，极轴方向很复杂，它是相对于地壳的极移（2.5.3 节）以及相对于天球的岁差和章动（2.5.1 节）合成的结果。除此之外，板块构造导致地壳上 ITRS 的台站处于不断运动的状态。因此，为实现 ITRS 的方向，采用的协议是确保 1984 年之后的参考系与 1984 年 BIH 定义的方向保持一致（对早期不同的地球方向参数解进行了一些调整（2.5.1 节）。

随着处理数据的日益增长，以及分析中心采用多样化的加权方案来诠释观测精度，综合不同解和解决基准秩亏而引入约束的方法（例如指定原点、尺度和方向）变得越来越复杂。详细信息，请参见 2003 年和 2010 年的 IERS 协议及其参考文献，特别是文献[2.51-2.52]。

参与实现 ITRS 的任一观测站的坐标模型为

$$x(t) = x_0 + (t - t_0)v_0 + \sum_i \Delta x_i(t) \tag{2.31}$$

式中：$x_0$ 和 $v_0$ 为观测站坐标及其速度向量，对应历元 $t_0$，这是基于时刻 $t$ 的观测坐标 $x(t)$ 和某种观测量（例如 SLR）求解实现的；$\Delta x_i$ 是分析中心使用的改正量，用于纠正各种短波长、局部地球动力学效应，如固体潮、海潮负荷和大气负荷（2.3.5 节），目的是解释非恒定速度。一些推荐模型的详细信息由 IERS 协议 2010[2.6,第7章] 提供。每个参与站的坐标向量 $x_0$ 和线速度 $v_0$ 由 IERS 综合所有数据后提供，这些参数表示 $t_0$ 历元的 ITRS 实现。

过去，线速度模型主要基于 NNR-NUVEL1A 构造板块运动模型构建[2.32,2.53-2.54]，即

$$v_0 = v_{\text{NUVEL1A}} + \delta v_0 \tag{2.32}$$

式中：$v_{\text{NUVEL1A}}$ 是主要构造板块的速度（一组旋转速率）；$\delta v_0$ 是测站的残余速度。根据板块运动模型预测的主要构造板块和测站速度如图 2.13 所示。最新的 ITRF（自 ITRF2000 起）似乎表明站速度 $v_0$ 明显偏离 NNR-NUVEL1A 模型[2.55]，但这并不影响 ITRF 的完整性。

### 2.3.3 针对 GNSS 用户的地球参考系

各卫星导航系统都采用了特定参考系，以向用户提供轨道信息。不同参考系之间可能存在很小的偏差，但各 GNSS 管理部门仍在提升各自参考系与当前 ITRF 的一致性。

以美国 GPS 为例，1984 世界大地坐标系（WGS84）是 GPS 控制段实施定轨和生成广播星历的基准[2.56]。WGS84 包含了全球重力模型，相当于美国国防部的 ITRS。它是 WGS60、WGS66 和 WGS72 的发展版[2.57]。最初的 WGS84 参考框架于 1987 年实现，主要

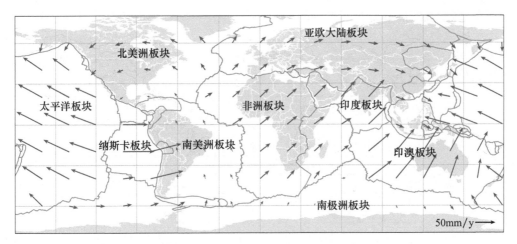

图 2.13 构造板块和预测的测站速度

基于卫星多普勒观测实现,与 NAD83 大体一致。随后的 WGS84(G730)利用了全球 12 个 GPS 站的观测结果,并与 ITRF92 对准到所有坐标的精度约 20cm。G730 表示 GPS 730 周(1994 年 1 月)是 WGS84 实现的参考历元。随后的版本不断进行改进,称为 WGS84(G873)、WGS84(G1150)[2.58]和 WGS84(G1674)[2.57],分别在 10cm、2cm 和 1cm 精度水平上与 ITRF94、ITRF2000 和 ITRF2008 保持一致。

俄罗斯全球卫星导航系统(GLONASS)使用 PZ-90(parametry zemli-90)参考系。PZ-90 与 ITRS 和 WGS84 遵循的原则一致,但是通过不同的参考站和观测量实现。虽然最初发布的 PZ-90 与 WGS84 之间存在米级偏差,但在 2007 年引入 PZ-90.2[2.60]后,一致性有了显著提升。2014 年初,GLONASS 控制段切换到 PZ-90.11[2.61,2.62],与 ITRF 最新版本的一致性达到厘米级。

继 WGS84 和 PZ-90 之后,北斗(2000 国家大地坐标系,CGCS2000[2.63])和欧洲伽利略导航系统(伽利略地球参考框架,GTRF[2.64])也采用了独立的参考系/框架。

## 2.3.4 框架转换

式(2.29)中,Helmert 变换参数是基于两个框架中相同点之间的坐标差,对转换模型进行加权最小二乘平差的方式确定的。表 2.2 列出了自 1984 年以来各种 IERS(和 BIH)地球参考框架之间的转换参数。由于转换的线性特征,只需简单地改变参数的符号即可获得反向转换参数。此外,用于非连续框架之间转换的参数值也仅是框架之间的累积值。然而,特别是对于后期的框架,必须考虑历元的有效性。自 1993 年起,给出了转换参数的变化率,并且在式(2.30)中增加了所列历元以外的转换参数。以表 2.2 的最后一行为例,历元 $t=2000.0$ 处 ITRF2005 与 ITRF2008 之间的 $x$ 转换可表示为

$$
\begin{aligned}
T_1(t) &= T_1(t_0) + \dot{T}_1 \cdot (t - t_0) \\
&= 0.05\text{cm} - 0.03\text{cm/y} \cdot (-5\text{y}) \\
&= 0.20\text{cm}
\end{aligned}
\tag{2.33}
$$

另一方面,每个确定的参数也有相应的不确定度(由 IERS 给出,但表 2.2 中未列出,此类计算中应适当包含该值)。

表 2.2 基于 7/14 参数 Helmert 模型的 ITRF 和 BTS 框架之间的转换参数。从 ITRF 93 开始提供与时间相关的转换参数。数据来源于参考文献[2.6,2.65-2.66]

| 从 | 到 | $T_1\|\dot{T}_1$ (cm) (cm/年) | $T_2\|\dot{T}_2$ (cm) (cm/年) | $T_3\|\dot{T}_3$ (cm) (cm/年) | $R_1\|\dot{R}_1$ (0.001″) (0.001″/年) | $R_2\|\dot{R}_2$ (0.001″) (0.001″/年) | $R_3\|\dot{R}_3$ (0.001″) (0.001″/年) | $D\|\dot{D}$ ($10^{-8}$) ($10^{-8}$/年) | $t_0$ |
|---|---|---|---|---|---|---|---|---|---|
| BTS84 | BTS85 | +5.4 | +2.1 | +4.2 | -0.9 | -2.5 | -3.1 | -0.5 | 1984 |
| BTS85 | BTS86 | +3.1 | -6.0 | -5.0 | -1.8 | -1.8 | -5.81 | -1.7 | 1984 |
| BTS86 | BTS87 | -3.8 | +0.3 | -1.3 | -0.4 | +2.5 | +7.5 | -0.2 | 1984 |
| BTS87 | ITRF0 | +0.4 | -0.1 | +0.2 | 0.0 | 0.0 | -0.2 | -0.1 | 1984 |
| ITRF0 | ITRF88 | +0.7 | -0.3 | -0.7 | -0.3 | -0.2 | -0.1 | +0.1 | 1988 |
| ITRF88 | ITRF89 | +0.5 | +3.6 | +2.4 | -0.1 | 0.0 | 0.0 | -0.31 | 1988 |
| ITRF89 | ITRF90 | -0.5 | -2.4 | +3.8 | 0.0 | 0.0 | 0.0 | -0.3 | 1988 |
| ITRF90 | ITRF91 | +0.2 | +0.4 | +1.6 | 0.0 | 0.0 | 0.0 | -0.03 | 1988 |
| ITRF91 | ITRF92 | -1.1 | -1.4 | +0.6 | 0.0 | 0.0 | 0.0 | -0.14 | 1988 |
| ITRF92 | ITRF93 | -0.2 / -0.29 | -0.7 / +0.04 | -0.7 / +0.08 | -0.39 / -0.11 | +0.80 / -0.19 | -0.96 / +0.05 | +0.12 / 0.0 | 1988 |
| ITRF93 | ITRF94 | -0.6 / -0.29 | +0.5 / -0.04 | +1.5 / -0.08 | +0.39 / +0.11 | -0.80 / +0.19 | +0.96 / -0.05 | -0.04 / 0.0 | 1998 |
| ITRF94 | ITRF96 | 0.0 / 0.0 | 0.0 / 0.0 | 0.0 / 0.0 | 0.0 / 0.0 | 0.0 / 0.0 | 0.0 / 0.0 | 0.0 / 0.0 | 1997 |
| ITRF96 | ITRF97 | 0.0 / 0.0 | 0.0 / 0.0 | 0.0 / 0.0 | 0.0 / 0.0 | 0.0 / 0.0 | 0.0 / 0.0 | 0.0 / 0.0 | 1997 |
| ITRF2000 | ITRF2005 | -0.01 / +0.02 | +0.08 / -0.01 | +0.58 / -0.18 | 0.0 / 0.0 | 0.0 / 0.0 | 0.0 / 0.0 | -0.040 / -0.008 | 2000 |
| ITRF2005 | ITRF2008 | +0.05 / -0.03 | +0.09 / 0.00 | +0.47 / 0.00 | 0.0 / 0.0 | 0.0 / 0.0 | 0.0 / 0.0 | -0.094 / 0.0 | 2005 |

表 2.3 列出了 IERS 发布的从最初的 WGS84 到 ITRF90 的转换参数[2.65],以及由国家大地测量局(NGS)发布的从最新的 ITRF 到 NAD83(CORS96)的转换参数[2.67]。NAD83(2011)和 NAD83(CORS96)的原点、尺度和方向没有变化。此外,表中未列出参数的不确定度,而且最新的 WGS84 实质上等效于同代的 ITRF(2.3.3 节)。

1991 年 IAG 大会的第 1 号和第 4 号决议建议将区域高精度参考框架与 ITRF 关联在一起[2.68]。这些与大构造板块相关联的框架,只需在某个历元与 ITRF 重合,就可以随这些板块一起旋转。NAD83 采用了这一建议,并覆盖了北美板块上美国和加拿大的大部分区域。根据 NNR-NUVEL1A 模型[2.54],可估计该板块的整体旋转运动,其速率为

$$\begin{cases} \Omega_x = +0.000258 \times 10^{-6} \text{rad/y} = +0.053 \text{mas/y} \\ \Omega_y = -0.003599 \times 10^{-6} \text{rad/y} = -0.742 \text{mas/y} \\ \Omega_z = -0.000153 \times 10^{-6} \text{rad/y} = -0.032 \text{mas/y} \end{cases} \quad (2.34)$$

可用于说明表 2.3 中 NAD83 和 ITRF 之间旋转参数的变化率。

表 2.3 基于 7/14 参数 Helmert 模型的其他地球参考系间的转换参数。
注：$\varepsilon_1 = -R_1, \varepsilon_2 = -R_2, \varepsilon_3 = -R_3$（参考文献[2.62,2.65,2.67]）

| 从 | 到 | $T_1\|\dot{T}_1$ (cm) (cm/年) | $T_2\|\dot{T}_2$ (cm) (cm/年) | $T_3\|\dot{T}_3$ (cm) (cm/年) | $\varepsilon_1/0.001''\|$ $\dot{\varepsilon}_1(0.001''/年)$ | $\varepsilon_2\|\dot{\varepsilon}_2$ (0.001'') (0.001''/年) | $\varepsilon_3\|\dot{\varepsilon}_3$ (0.001'') (0.001''/年) | $D\|\dot{D}$ ($10^{-8}$) ($10^{-8}$/年) | $t_0$ |
|---|---|---|---|---|---|---|---|---|---|
| WGS72 | ITRF90 | -6.0 | +51.7 | +472.3 | +18.3 | -0.3 | -547.0 | +23.1 | 1984 |
| WGS84[①] | ITRF90 | -6.0 | +51.7 | +22.3 | +18.3 | -0.3 | +7.0 | +1.1 | 1984 |
| PZ-90 | PZ-90.02 | -107 | -3 | +2 | 0 | 0 | -130 | -22 | 2002 |
| PZ-90.02 | WGS-84 (1150) | -36 | +8 | +18 | 0 | 0 | 0 | 0 | 2002 |
| PZ-90.11 | ITRF2008 | -0.3 | -0.1 | 0.0 | +0.019 | -0.042 | +0.002 | 0.0 | 2010 |
| ITRF96 | NAD83 (CORS96) | +99.1 0.0 | -190.7 0.0 | -51.3 0.0 | +25.8 +0.053 | +9.7 -0.742 | +11.7 -0.032 | 0.0 0.0 | 1997 |
| ITRF97 | NAD83 (CORS96) | +98.9 +0.07 | -190.7 -0.01 | -50.3 +0.19 | +25.9 +0.067 | +9.4 -0.757 | +11.6 -0.031 | -0.09 -0.02 | 1997 |
| ITFR2000 | NAD83 (CORS96) | +99.6 +0.07 | -190.7 -0.07 | -52.2 +0.05 | +25.9 +0.067 | +9.4 -0.757 | +11.6 -0.051 | +0.06 -0.02 | 1997 |

①最初实现的版本；最新版本，请参见正文

任何框架中的控制点坐标在给定的历元 $t_0$ 处，都以笛卡儿向量 $x_0$ 和速度 $\dot{x}_0$ 的形式列出。因此在任意历元，该框架内的坐标为

$$x(t) = x_0 + v_0(t - t_0) \tag{2.35}$$

框架和历元之间的转换需要同时考虑框架内的点速度和转换参数的速度。因此，有

$$x_{\text{from}}(t_0) \xrightarrow{\beta_0} x_{\text{to}}(t_0) \xrightarrow{\dot{x}_0} x_{\text{to}}(t) \tag{2.36}$$

或者

$$\boldsymbol{x}_{\text{from}}(t_0) \xrightarrow{\dot{x}_{\text{from}}(t_0)} \boldsymbol{x}_{\text{from}}(t) \xrightarrow{\beta(t)} \boldsymbol{x}_{\text{to}}(t) \tag{2.37}$$

如果点和框架速度基于式(2.38)关联，则转换式(2.36)和式(2.37)等价。

$$\dot{x}_{\text{to}} = \dot{x}_{\text{from}} + \dot{T} + \dot{D}x_{\text{from}} + \dot{\Omega}x_{\text{from}} \tag{2.38}$$

式中

$$\boldsymbol{\Omega} = \begin{pmatrix} 0 & -R_3 & +R_2 \\ +R_3 & 0 & -R_1 \\ -R_2 & +R_1 & 0 \end{pmatrix} \tag{2.39}$$

它是式(2.29)的时间导数(忽略二阶和高阶项)。

对于区域框架内的大多数点，例如 NAD83，框架内某一个点的速度与 ITRF 中同一点的速度相比较小。因为此例中，ITRF 内大部分点的速度表征的是北美板块的运动，而 NAD83 随该板块一起运动。但是，NAD83 框架内另一个板块上的点，例如太平洋板块上西海岸的点，会在框架内呈现出显著运动。

## 2.3.5 固体潮

由于地球不是刚体,所以地球表面上点的坐标会随着地壳形变而变化。其中最重要的影响因素是日月引力,它们不仅会产生周期性的海潮运动,还会使地球上(或地表下)的任意点发生变形。这种周期性运动称为固体潮。此外,海潮的二次负荷效应会导致地壳发生变形,特别是在沿海地区附近。这些潮汐形变是式(2.31)中改正项 $\Delta x_i(t)$ 的部分内容。

除了潮汐引起的改正外,还有其他环境影响,如自然地球物理效应(地震、后冰河时期反弹)、人类活动(地下矿物质和水的开采)以及局部水文效应(季节性、长期和间歇性变化)引起的沉降或抬升。这些影响都是针对具体站点的,取决于当地模型。

计算潮汐效应首要考虑的是潮汐势,它反映了太阳和月球相对引力的影响(其他物体的影响可忽略不计),定义为去除重力加速度相关势能后的剩余势能,其中重力加速度在地球的所有实质点处都是恒定的。假设天体 $B$(例如,太阳☉或月亮☾)可以近似为在地球参考系 $(r_B, \varphi_B, \lambda_B)$ 处的一个质点,其引力效应在 $(r, \varphi, \lambda)$ 和时间 $t$ 处的潮汐势可参考文献[2.2]计算,有

$$V^{(B)}(r,\varphi,\lambda,t) = \frac{GM_B}{5r_B}\left(\frac{r}{r_B}\right)^2 \times \sum_{m=0}^{2} \bar{P}_{2,m}(\sin\varphi)\bar{P}_{2,m}(\sin\varphi_B)\cos(mt_B) \quad (2.40)$$

$$t_B = t_\gamma^G + \lambda - \alpha_B \quad (2.41)$$

式中:$G$ 为牛顿万有引力常数;$M_B$ 为物体的质量;$\bar{P}_{2,m}$ 为一个二阶 $m$ 次完全规格化的缔合勒让德函数[2.42];$t_B$ 为物体的时角,包含 $\lambda$、格林尼治恒星时 $t_\gamma^G$ 和天体的赤经 $\alpha_B = t_\gamma^G + \lambda_B$(图2.16);坐标 $r_B, \varphi_B, \lambda_B$ 和 $t_\gamma^G$ 为描述天体绕地球运行的轨道和地球自转的时间函数。

式(2.40)分离了由于地球和月球的轨道运动而引起的周期为一年、半年、一个月或两周的长周期潮汐($m=0$),以及由于地球自转而产生的日潮($m=1$)和半日潮($m=2$)。实际上,式(2.40)是一个仅包含势能二次谐波的近似值。如果引入三次谐波,将包含更小的因子 $(r/r_B)^3$ 和勒让德函数 $\bar{P}_{3,m}$($m=0,1,2,3$),如此会引入 1/3 日周期。

潮汐势包含一个永久潮汐势,是一段时间内的平均值。只有 $m=0$ 项对此有贡献,其计算方式为:假设 $r_B$ 为常数[2.69],对一个轨道上的 $\varphi_B(t)$ 求平均,有

$$V_{\text{perm}}^{(B)}(r,\varphi) = \frac{3}{8}\frac{GM_B r^2}{r_B^2}(3\sin^2\varphi - 1)\cdot\left(\sin^2\varepsilon - \frac{2}{3}\right) \quad (2.42)$$

式中:$\varepsilon$ 为黄赤交角(2.4节)。由于势是一个标量函数,地层层序律(law of superposition)认为,所有物体引起的潮汐势是单个潮汐势的总和。因此,有 $V = V^{☾} + V^{☉}$。

地球上各点的潮汐形变是受地球的弹性特征和胡克定律启发而来的。胡克定律指出,弹簧(在这种情况下的地球表面)末端的位移与所施加的力(天体引力)成正比。每单位质量的引力是势的梯度。作为向量,其在径向和局部水平方向上产生三维形变(图2.7),即

$$\begin{pmatrix} \Delta u \\ \Delta v \\ \Delta w \end{pmatrix} = \begin{pmatrix} \ell_2 \dfrac{a}{g_0} \dfrac{\partial V}{r\cos\varphi \partial \lambda} \\ \ell_2 \dfrac{a}{g_0} \dfrac{\partial V}{r\partial \varphi} \\ \dfrac{h_2}{2} \dfrac{a}{g_0} \dfrac{\partial V}{\partial r} \end{pmatrix} \qquad (2.43)$$

其中引入了地球赤道半径 $a$ 和地球重力的平均值 $g_0$,从而使弹性系数 $h_2$、$\ell_2$ 成为无量纲常数(下标是指潮汐势的二阶模型)。$h_2$ 是由勒夫在 1909 年假设的,被称为勒夫数。因为勒夫最初假定形变与潮汐势之间是简单的比例关系,所以勒夫数在此处纳入了下标因子 2。实际上,对于球形地球上的点,$\partial v/\partial r = 2V/a$;关于 IERS 采用的向量球谐函数的定义,请参见文献[2.70]。同样,$\ell_2$ 称为志田数,但现在二者都统称为勒夫数。

式(2.43)计算的位移包括式(2.42)中永久潮汐引起的分量,但是这种位移是非时变的,且无法观测。尽管 IAG 在 1984 年不建议对站坐标进行永久潮汐形变改正,但一直以来的做法是通过应用全潮汐效应,将坐标置于无潮汐系统中,而不建议采用只去除时变分量的平均潮汐系统[2.6, p.108]。

勒夫数的标称值[2.6]为

$$h_2 = 0.61, \ell_2 = 0.085 \qquad (2.44)$$

结合月球和太阳天文常数,在赤道处分别产生了永久形变 $\Delta w_{☾}^{(0)} = 5.5\text{cm}$ 和 $\Delta w_{☉}^{(0)} = 2.5\text{cm}$。相对于这些平均值和上述简单模型的周日变化,月球和太阳引起的形变分别小于 20cm 和小于 10cm。

勒夫数在很大程度上取决于地球的密度和弹性,包括其液态地核,在较小程度上与地球的椭圆率和方向变化(章动和极移)有关。尤其是与近周日晃动(自由核章动,2.5.3节)的共振非常显著,这说明勒夫数也与频率有关。这一简单模型现已扩展得越发复杂,以解释利用 VLBI 观测到的变形。请参见文献[2.70-2.72]及其参考文献,以及文献[2.6](对推荐公式的总结)。

海潮负荷对台站位置的次要影响取决于海潮模型,并使用海潮高与格林函数的卷积计算[2.73]。这种影响是固体潮作用的百分之几(大陆内)或百分之几十(海岸附近)[2.30]。可变负荷的另一个来源是太阳日间加热产生的大气潮。这样产生的毫米到厘米级影响可以根据相应的大气潮模型(基于全球大气数据)计算得出。

与地球自转相关的离心加速度会随着自转轴相对于地壳(地球参考系)方向变化而变化。这意味着具有极移周期的弹性地球会进一步发生变形(2.5.3节)。尽管这一变形不是源于外部引力场,但其被称为极潮。离心加速度 $a_c = \nabla V_c$ 可能与离心势 $V_c$ 相关。$V_c$ 相对于 $V_c^{(0)} = 0.5\omega_\oplus^2(x^2+y^2)$ 的残差在参考文献[2.71]中用一阶近似式给出,即

$$\delta V_c = -\frac{\omega_\oplus^2}{2} r^2 \sin 2\varphi (x_P \cos\lambda - y_P \sin\lambda) \qquad (2.45)$$

式中:$x_p$,$y_p$ 为 TRS 中极点的坐标(2.5.3节),单位为 rad。这与地外星体引起的二阶潮汐势(2.42节)形式相同,相应的地壳形变由式(2.43)计算。相对于当前平均位置的 $|x_p|$,

$|y_p| \approx 0.2''$，对应垂向变化的量级约为 0.6cm。极潮引起的海潮负荷效应量级为 1mm[2.6,第7章]，同样取决于站点和海盆模型。

## 2.4 天球参考系

纵观历史，直到今天，地球附近、近地空间以及太阳系的导航定位所依赖的终极参考系均为天文系，其现代表现是天球参考系(CRS)。依照定义，该系统为惯性系，在宇宙重力场中处于自由落体且不自转的状态。该系统遵循广义相对论，系统内适用的物理定律无须进行旋转修正。针对大地测量应用，CRS 由于无动力学特征，被选作定位的基本参考系。正因如此，它是研究地球旋转与动力学特性的参照系。同理，该系统同样也是天体测量的参考系统。

天球参考框架(CRF)作为 CRS 的具体实现，主要依据天球上天体的坐标来维持。为此，天球和 CRS 的原点定义为太阳系的质心，该质心由行星轨道维系。在使用过程中，宜区分 CRS 与地心天球参考系(GCRS)的差别。

1998 年，围绕 CRS 进行了根本性的重新定义，天体坐标、赤纬和赤经的原点(零点)的定义发生了改变。此前，天球参考系定义与地球动力学直接相关，而如今，天球参考系的定义几乎与地球完全无关，但是为了保障其连续性，定义时尽量保障两者差异最小。传统系统涉及两个自然方向，即地球的自转轴平均方向或北天极(NCP)，和北黄极(NEP)方向，该方向垂直于地球绕太阳轨道所定义的平均黄道平面(图 2.14)。

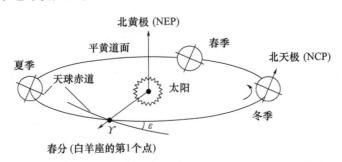

图 2.14 平黄道面(北半球的季节)和天球参考系自然方向

天球黄道面与天球赤道面相交的点称为春分点。从地球上看，在春分点 $\gamma$，太阳从南向北穿过天球赤道。它是北半球春天开始时地球轨道上一点。天球赤道与黄道之间的夹角是黄赤交角，大约为 $\varepsilon = 23.44°$。

春分点的指向定义了赤经的传统原点，而天球赤道是赤纬的原点，如图 2.15 所示。天球坐标系也称为赤道赤经系，该坐标系的第一轴和第三轴分别是春分点和 NCP 的方向，因为春分点位于赤道平面内，所以第一轴和第三轴垂直。第二轴垂直于另外两个轴，构成右手坐标系。穿过第三轴的任一平面和天体的相交曲线称为该天体的时圈(图 2.16)。赤经系统是天球参考系的基础。在该系统中，因为春分点和 NCP 都是动态方向,会受地球自转方向和轨道上的引力影响而随时间发生变化,所以必须固定坐标轴。

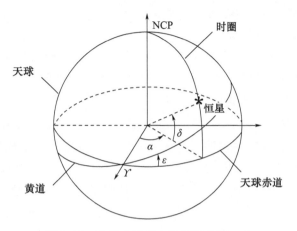

图 2.15　赤道赤经系中的天球坐标 $\alpha,\delta$

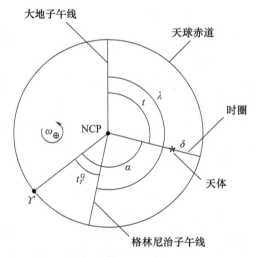

图 2.16　赤经与经度的关系(理想化的,无极移)。由于地球的自转,
某一地球点的子午线和格林尼治子午线相对于春分点旋转 $\omega_\oplus$,时角 $t_\Upsilon^G$ 也是格林尼治恒星时间

假设地球极点和 NCP 方向相同(2.5.1 节),赤经和地球上经度之间的关系如图 2.16 所示。时圈是指天体的赤经,该名称是根据恒星时间间隔(2.1.3 节)提出的,其中赤经 15°相当于 1 个恒星小时。

为定义参考系,有必要建立 NCP 与春分点的运动理论,即章动和岁差理论(2.5 节)。此外,参考系的实现需要有一个有效的历元标记。为反映参考系动态变化及运动理论层面的更新[2.5,p.167],通常每 25 年重新确定一个新实现。最近的实现是 FK5(基本星表第 5 号)。FK5 恒星以 J2000 历元的春分点和 NCP 的最优估值为参考。赤经和赤纬的原点并非直接观测得到的(换句话说,春分点不是直接观测到的),而是通过对观测的天体坐标进行平差而间接获得的(考虑天体的固有运动)。

20 世纪 90 年代,基于甚长基线干涉法(VLBI[2.39,11.1节])对类星体(准恒星射电源)进行精确观测,国际天文学联合会(IAU)修改了 CRS 的定义。由于这些信标点距离太远而无法探测其固有运动,也就是说,天球上无法感知信标的旋转,因此,这些信标可用于定义惯性系统。

CRS 这一新定义所体现的根本性变化主要在于它将区域地球参考系(即平面大地基准)的原点从地球表面的地标转移到地心。通过严格依靠天球上几何定义的点,CRS 的定义已从动力系转变为运动(或几何)系。天球参考系的轴仍为(或接近)NCP 和春分点,但不是与地球运动相关的动态定义。相反,这些轴与类星体的定义集相关,并确定了类星体的坐标。此外,因为这些方向在惯性空间中可能永远不会改变(至少在人类可预见的未来是这样),因此无须定义一个参考历元。

IERS 最早于 1998 年,根据 212 个定义源正式创建了国际天球参考系(ICRS),随后构造了该系统的具体实现,即国际天球参考框架(ICRF)。另外 396 个候选源或其他未被很好观测的源被用作参考框架的备选项。ICRS 的原点定义为太阳系(质心系)的质心,在广义相对论的框架内通过观测太阳系中的行星和其他星体(如 NASA 喷气推进实验室(JPL)星历中的星体)来实现,这些行星星历与 ICRF 保持高度对齐[2.6]。

根据 1991 年 IAU 大会的第 7 号建议,假定 ICRS 的 NCP 和春分点接近 J2000.0 的平动态极点和春分点。此外,ICRS 极点和春分点应与实现 FK5 的方向一致。具体来说,FK5 的赤经原点最初是根据 23 个不同的射电源的平均赤经定义的,其中一个特定源的赤经被固定为 FK4 值,并转换到 J2000.0。同样,FK5 的极点采用 J2000.0 定义的方向,该方向的定义使用了 1976 年岁差和 1980 年章动序列(2.5 节)。FK5 极点方向的估计精度可达±50mas(毫角秒),春分点精确到±80mas。随着观测值和动力学模型的不断发展,ICRS 极点和春分点均接近 J2000.0 的平均力学春分点和极点,并且都在容差范围内。天球参考框架和地球参考框架之间的精确转换存在参考架偏差(2.5 节),这个偏差是确定的,大约为 10mas 量级[2.6,2.74]。

随着类星体 VLBI 测量技术的进步,ICRF 的指向将会在无整网旋转约束条件下被重新调整,这与 ITRF 的实现方式类似。最初的 ICRF 被命名为 ICRF1,并且在 1999 年和 2002 年对其进行了扩展,分别包含了 VLBI 观测到的 667 和 717 个额外的星体。ICRF 的下一个重要版本命名为 ICRF2,始于 2009 年,目前由 295 个类星体定义了该系统(这些星体比 ICRF1 的更稳定,并且在天空中有更好的分布),并且还包括 3119 个次级银河系外观测源。

除了 VLBI 技术,ICRS 的实现主要是通过依巴谷(Hipparcos,高精视差测量卫星)星表,该星表由 Hipparcos 光学轨道望远镜近期观测的 120000 颗定义明确的恒星组成。Hipparcos 的星表与 ICRF 相关联,单轴的对齐精度约为 0.6mas。此外,还有大约 1 亿颗恒星星表在 2.6 节中介绍。

## 2.5　ICRF 和 ITRF 之间的转换

从 CRF 到地球参考框架的转换需要了解地球自转及其轨道运动的动力学信息,以及在诸如地球这类处于运动和旋转状态的星体上进行观测的影响。尽管新的天球参考系定义(2.4 节)不再依赖地球极点和春分点的动力学模型,但是由于地球参考系与地球固连,天球和地球框架之间的转换仍然明确依赖于这些动力学信息。

随着系统新定义的采用,包括地球定向参数在内的转换关系也发生了变化。本节对传统转换方式和现代转换方式都进行了介绍。从物理直觉上来说,传统转换方式更容易理解。此外,现代转换方式明确定义了关于地球自转的细节。因此,以下内容将从传统方法开始,然后逐渐演进到现代转换公式。

力学时是理论上最均匀的时间尺度(2.1 节),因此,力学时被选作描述地球在惯性空间中动力学理论的时间系统。由于许多动态变化以多年或更长时间的尺度变化,时间变量 $\tau$ 通常表示为儒略世纪相对于一个固定历元的分数(无单位),即

$$\tau = \frac{t - t_0}{36525} \tag{2.46}$$

式中:$t_0$ = 2451545.0 是 J2000.0 的儒略日;$t$ 为对应日期的儒略日。

## 2.5.1 地球在太空中的方向

地球与包括月亮和太阳在内的太阳系其他天体以及行星之间的引力相互作用,导致地球的轨道运动不再严格遵循两质点在空间简单的开普勒运动。同样,由于地球不是匀质球体,它的自转同样受到太阳系中天体引力的影响。如果没有其他行星(只有地球/月球系统),那么地球/月球系统围绕太阳的轨道将是太空中的一个固定平面。该平面定义为黄道(2.4 节)。但是其他行星的引力使黄道面表现为动态形式,称为行星岁差。

如果黄道倾角为 0(或者地球的两极没有扁平化),那么就不会有太阳、月亮和其他行星作用在地球隆起的赤道上的引力矩。但是由于 $\varepsilon \neq 0$ 和 $f \neq 0$,这些天体(主要是太阳和月亮)引起了赤道和极点的进动,即我们所说的日月岁差和章动,具体取决于太阳和月亮的运动周期[2.75]。也就是说,地球的赤道隆起及其相对于黄道的倾斜使地球受到太阳、月亮和其他行星的引力矩的影响,这是因为它们都大致位于黄道面上。此外,行星岁差与日月岁差统称为总岁差。

岁差和章动的复杂动力学是许多周期运动的叠加,这些周期运动源于天体轨道动力学相关的大量周期。按照惯例,与月球相关的最长周期为 18.6 年,可用于区分章动与岁差,而岁差实际上可描述为极点和春分点的长期运动,这是因为它们的基础周期分别为 25800 年和 28100 年。章动的周期主要取决于月球相对于地球的运动轨道。由于行星的相对运动,最新的章动模型还包含由此产生的短周期效应。就转换而言,岁差被认为是极点和春分点一段时间间隔内平均运动的累积,而章动则被认为是在某一特定时刻从均值转换到极点和春分点真实位置的改正或残差。

确定坐标参考方向运动的理论是西蒙·纽康(Simon Newcomb)在 20 世纪初提出的。其基础是天体力学,涉及行星运动的 $n$ 体问题,该问题不存在解析解。取而代之的是,数值解已经有公式表达,并可通过计算程序迭代求出[2.76]。

## 1. 岁差

行星岁差可以用两个角度 $\pi_A$ 和 $\Pi_A$ 来描述,其中下标 $A$ 表示从某个固定历元 $t_0$ 到历元 $t$ 的累积角度。图 2.17 显示了从 $t_0$ 到 $t$ 的行星岁差引发的黄道运动。图中的黄道和赤道在某种意义上是虚构的,称为平黄道和平赤道,它们仅受岁差的影响,而不受章动的影响。角度 $\pi_A$ 是 $t_0$ 到 $t$ 的平黄道间的角度,$\Pi_A$ 是天球上点 $M$ 所在黄经,它标识了由于行星岁差而引起黄道旋转的轴。$t_0$ 处的春分点用 $\gamma_0$ 表示。$\pi_A$ 和 $\Pi_A$ 的表达式是基于行星天体动力学截断的时间序列。

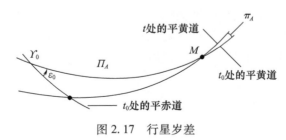

图 2.17 行星岁差

另一方面,日月岁差也取决于地球的物理参数。由于地球形状和内部构造的复杂性,关于地球的这部分岁差模型不存在基于理论分析的解析式。Newcomb 根据观测到的岁差速率给出了一个经验参数,称为纽康(Newcomb)岁差常数。由于测地线岁差(广义相对论)的存在,这个常数速率在严格意义上并不是恒定的,与时间略有联系[2.77]。纽康岁差常数取决于地球的转动惯量,并且由于太阳和月球的引力力矩的存在而被纳入天球赤道运动的动力学方程。

图 2.18 显示了在春分点附近行星岁差和日月岁差的累积角度。岁差角 $\psi_A$ 和 $\chi_A$ 分别表示平均春分点沿平黄道(日月岁差)和平赤道(行星岁差)的运动。

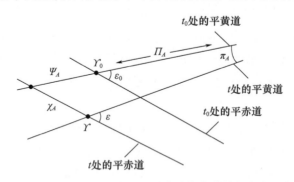

图 2.18 春分点的总岁差。角 $\chi_A$ 和 $\psi_A$ 分别表示沿平均赤道的行星岁差和平黄道的日月岁差

由于行星岁差和日月岁差角在几千年内是长期变化的,这些角度可以基于一组常数和动力学理论表示为时间的多项式。基于 IAU 的常数,文献[2.77]发展了 Newcomb 等同代人的理论,并在精度方面进行了提升。IAU 在文献[2.58,2.78]工作的基础上进一步提高了精度,并在 2000 年和 2006 年再次进行了更新,生成 IAU2006 岁差模型,包括角度 $\psi_A$ 和 $\chi_A$ 的表达式,即

$$\begin{cases} \psi_A = 5038.481507''\tau - 1.0790069''\tau^2 - 0.00114045''\tau^3 + \cdots \\ \chi_A = 10.556403''\tau - 2.3814292''\tau^2 - 0.00121197''\tau^3 + \cdots \end{cases} \quad (2.47)$$

式中：$\tau$ 由式(2.46)给出，为简洁起见，这里省略了四阶和五阶项。然后，线性部分给出了 $t_0$ 时的瞬时岁差速率。沿平黄道的春分点日月岁差速率约为

$$\frac{\mathrm{d}}{\mathrm{d}\tau}\psi_A\Big|_{\tau=0} \approx 50.4''/\mathrm{y} \quad (2.48)$$

$\gamma$ 沿着平赤道的行星岁差速率大约是

$$\frac{\mathrm{d}}{\mathrm{d}\tau}\chi_A\Big|_{\tau=0} \approx 0.106''/\mathrm{y} \quad (2.49)$$

合并后的春分点在平赤道上的速率约为 $(50.4''/\mathrm{y} \cdot \cos\varepsilon_0) - 0.016''/\mathrm{y} = 46.1''/\mathrm{y}$，这促使最近修订的地球自转角的定义中，将其从瞬时天球坐标系中赤经的定义原点中删除，从而表示了纯地球自转速率(2.1.3节)。

迄今为止，日月岁差是总岁差的最大组成部分，它使地球自转轴相对于天球围绕黄道极点运动，周期约为 25800 年。对于其他角度(例如，黄赤交角 $\varepsilon$)，文献[2.78]给出类似于式(2.47)的表达式。

一种用于确定由于坐标框架的总岁差效应导致的天体坐标变化的方法是使用图 2.19 中定义的岁差元素 $\zeta_A, Z_A, \theta_A$。令天球上一点的坐标在 $t_0$ 时为 $\alpha_0, \delta_0$，由于框架的岁差，它们在历元 $t$ 变为 $\alpha_m, \delta_m$。用单位向量定义这些点，有

$$\boldsymbol{r}_0 = \begin{pmatrix} \cos\alpha_0\cos\delta_0 \\ \sin\alpha_0\cos\delta_0 \\ \sin\delta_0 \end{pmatrix} \quad (2.50)$$

$\boldsymbol{r}_m$ 与此类似。然后，通过旋转来实现两个框架之间的变换，即

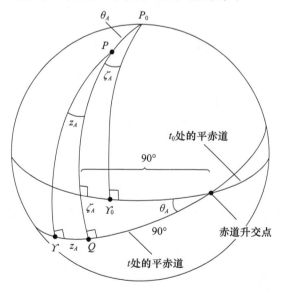

图 2.19　用于历元 $t$ 到历元 $t_0$ 天球框架转换的岁差元素 $\zeta_A, Z_A, \theta_A$

$$r_m = R_3(-z_A) R_2(+\theta_A) R_3(-\zeta_A) r_0 \tag{2.51}$$
$$= P r_0$$

式中：大圆弧 $\widehat{P_0PQ}$ 与 $t_0$ 和 $t$ 的平赤道成直角相交关系，因为它是相对于两个极点 $P_0$ 和 $P$ 的时圈；$R_j(\alpha_j)$ 表示常用的正交旋转矩阵，它绕右手笛卡儿坐标系的第 $j$ 轴旋转角度 $\alpha_j$（表2.4）；$P$ 称为岁差变换矩阵。

表 2.4 基本旋转矩阵。将参考框架 $R_{from}$ 的坐标向量与矩阵 $R_i$ 相乘，可得到框架 $R_{to}$ 中的坐标向量，该框架是从 $R_{from}$ 绕第 $i$ 个轴右旋角度 $\alpha$ 获得的（引自文献[2.79-2.80]）

| 绕 $x$ 轴旋转 | 绕 $y$ 轴旋转 | 绕 $z$ 轴旋转 |
| --- | --- | --- |
| $R_1(\alpha) = \begin{pmatrix} 1 & 0 & 0 \\ 0 & +\cos\alpha & +\sin\alpha \\ 0 & -\sin\alpha & +\cos\alpha \end{pmatrix}$ | $R_2(\alpha) = \begin{pmatrix} +\cos\alpha & 0 & -\sin\alpha \\ 0 & 1 & 0 \\ +\sin\alpha & 0 & +\cos\alpha \end{pmatrix}$ | $R_3(\alpha) = \begin{pmatrix} +\cos\alpha & +\sin\alpha & 0 \\ -\sin\alpha & +\cos\alpha & 0 \\ 0 & 0 & 1 \end{pmatrix}$ |

IAU 2006 模型[2.78-2.81]的岁差元素为

$$\begin{aligned}
\zeta_A &= 2.650545'' + 2306.083227''\tau + 0.2988499''\tau^2 + \\
&\quad 0.01801828''\tau^3 - 0.5971'' \times 10^{-6}\tau^4 - 3.173'' \times 10^{-7}\tau^5 \\
z_A &= 2.6505453'' + 2306.0771813''\tau + 1.09273483''\tau^2 + \\
&\quad 0.018268373''\tau^3 - 28.596'' \times 10^{-6}\tau^4 - 2.904'' \times 10^{-7}\tau^5 \\
\theta_A &= 2004.191903''\tau - 0.4294934''\tau^2 - 0.041822''\tau^3 - \\
&\quad 7.089'' \times 10^{-6}\tau^4 - 1.274'' \times 10^{-7}\tau^5
\end{aligned} \tag{2.52}$$

上述表达式不包括随天球参考系定义变化而引起的框架偏差（2.4节）。

2. 章动

章动也称为天文章动，描述了较短时期内的动力学模型，被建模为一系列正弦和余弦函数。章动作为 $t$ 时刻对平均框架的修正，对其转换会产生真坐标框架或瞬时坐标框架内的坐标。这个真框架称为天球坐标系转换到地球坐标系的中间框架，2.5.4节中将进行详细讨论。

由于章动现象主要是由日月引力引起的，因此首先根据太阳和月球的黄道坐标对其进行建模。一般而言，章动由两个角度 $\Delta\varepsilon$ 和 $\Delta\psi$ 表示，它们分别描述了赤道相对于平黄道的倾斜变化（均值到真值），以及春分点沿平黄道的变化（均值到真值）（图2.20）。由于我们只关注真赤道的动力学模型，因此无须从平黄道转换为真黄道。真春分点 $\gamma_T$ 总是被定义在平黄道上。

黄经章动 $\Delta\psi$ 主要是由地球和月球轨道的椭圆率引起的。交角章动 $\Delta\varepsilon$ 主要由月球轨道平面偏离黄道（约5.145°）引起。章动角模型可表示为

$$\begin{aligned}
\Delta\psi &= \sum_{i=1}^{n}(a_i \sin A_i + a_i' \cos A_i) \\
\Delta\varepsilon &= \sum_{i=1}^{n}(b_i \cos A_i + b_i' \sin A_i)
\end{aligned} \tag{2.53}$$

式中：振幅 $a_i, a_i', b_i, b_i'$ 是 $\tau$ 的线性函数，角度表示为

$$A_i = n_{\ell,i}\ell + n_{\ell',i}\ell' + n_{F,i}F + n_{D,i}D + n_{\Omega,i}\Omega \tag{2.54}$$

上式表示太阳和月球轨道基本参数（Delaunay 变量[2.82]）的线性组合，其中：$\ell$ 为月球的平近点角；$\ell'$ 为太阳的平近点角；$F$ 为月球的平黄经减去月球升交点平黄经；$D$ 为月球距太阳的平均角距；$\Omega$ 为月球升交点平黄经。

在扩展理论中，相应的参数被应用于行星轨道。整数 $n_{\ell,i}, \cdots, n_{\Omega,i}$ 确定了参数 $A_i$ 中变量的组合关系。

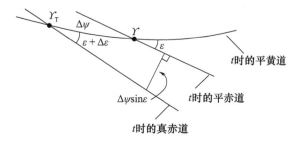

图 2.20　章动角度 $\Delta\varepsilon$ 和 $\Delta\psi$

文献[2.76]提出的理论中，所使用的 $\Delta\psi$ 有 $n = 69$ 项，$\Delta\varepsilon$ 的有 $n = 40$ 项。随后，文献[2.71]提出了一个 $n = 106$ 的非刚性地球模型，该理论被 IAU 在 1980 年采用[2.83]。IAU1980 的章动模型在 2003 年被新的章动模型取代[2.58]，命名为 IAU2000A，(IAU2000B 是一个简化的、精度较低的版本)。该模型考虑了地幔滞弹性、海潮的影响，地幔、流体外核和固体内核之间的电磁耦合，以及先前未考虑的各种非线性项。

新的 IAU2006 岁差模型得到进一步修正，并命名为 IAU2000A$_{R06}$ 章动模型，该模型中 $\Delta\psi$ 有 1320 项，$\Delta\varepsilon$ 有 1037 项[2.6,2.84]。表 2.5 中总结了该模型的最大章动幅度以及相关变量和参数。文献[2.6]中也给出了 Delaunay 变量作为 $\tau$ 中低阶多项式的表达式。章动周期可以根据角度 $A_i$ 表达式中的线性系数来计算。高指数角 $A_i$ 还包括行星的黄经。框架偏差（2.4 节）如表 2.5 所列。

图 2.21 描绘了产生主要影响的日月岁差与最大章动项组合引起的极移。该图还定义了章动椭圆，用于描述真实运动相对于平均运动的变化程度。与平均运动正交的椭圆半轴是交角章动的主要项，也被称为章动常数，它和另一轴的值由 $\Delta\psi \cdot \sin\varepsilon$ 计算（图 2.20），可由表 2.5 推算。极移在天球上的总运动是总岁差和所有章动的叠加。

表 2.5　IAU2000A$_{R06}$ 序列中黄经章动和交角章动的主要项（参考当日的平黄道）。

如式(2.46)定义所示，$\tau$ 表示自 2000 年 1 月 1.5 日以来的儒略日数。

注意 $i$ 与 IAU $\Delta\varepsilon$ 分量的顺序不对应

| $i$ | 周期/d | $a_i/10^{-6}{''}$ | | $b_i/10^{-6}{''}$ | | $n_{l,i}$ | $n_{l',i}$ | $n_{F,i}$ | $n_{D,i}$ | $n_{\Omega,i}$ |
|---|---|---|---|---|---|---|---|---|---|---|
| 1 | 6798.4 | −17206424.18 | −17418.82$\tau$ | +9205233.10 | +883.03$\tau$ | 0 | 0 | 0 | 0 | +1 |
| 2 | 182.6 | −1317091.22 | −1369.60$\tau$ | +573033.60 | −458.70$\tau$ | 0 | 0 | +2 | −2 | +2 |
| 3 | 13.7 | −227641.81 | +279.60$\tau$ | +97846.10 | +137.40$\tau$ | 0 | 0 | +2 | 0 | +2 |

续表

| $i$ | 周期/d | $a_i/10^{-6}''$ | | $b_i/10^{-6}''$ | | $n_{l,i}$ | $n_{l',i}$ | $n_{F,i}$ | $n_{D,i}$ | $n_{\Omega,i}$ |
|---|---|---|---|---|---|---|---|---|---|---|
| 4 | 3399.2 | +207455.40 | −69.80$\tau$ | −89749.20 | −29.10$\tau$ | 0 | 0 | 0 | 0 | +2 |
| 5 | 365.3 | +147587.70 | +1181.70$\tau$ | +7387.10 | −192.40$\tau$ | 0 | +1 | 0 | 0 | 0 |
| 6 | 27.6 | +71115.90 | −87.20$\tau$ | −675.00 | +35.80$\tau$ | +1 | 0 | 0 | 0 | 0 |
| 7 | 121.7 | −51682.10 | −52.40$\tau$ | +22438.60 | −17.40$\tau$ | 0 | +1 | +2 | −2 | +2 |
| 8 | 13.6 | −38730.20 | +38.00$\tau$ | +20073.00 | +31.80$\tau$ | 0 | 0 | +2 | 0 | +1 |
| 9 | 9.1 | −30146.40 | +81.60$\tau$ | +12902.60 | +36.70$\tau$ | +1 | 0 | +2 | 0 | +2 |

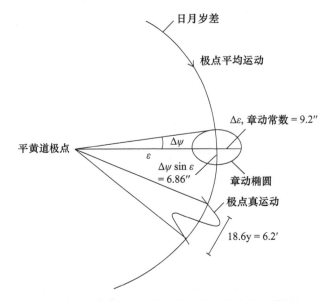

图 2.21 天球极点的总岁差和章动组合的主分量

参照图 2.20,在历元 $t$ 处,从平均框架到真实框架的转换是通过以下旋转完成的。

$$r = R_1(-\varepsilon - \Delta\varepsilon) R_3(-\Delta\psi) R_1(\varepsilon) r_m \quad (2.55)$$
$$= N r_m$$

式中:$\varepsilon$ 是历元 $t$ 时的平均倾角,而赤经和赤纬与 $r$ 相关,见式(2.50)。

从历元 $t_0$ 到当前历元 $t$,岁差和章动引起的组合变换可由式(2.51)和式(2.55)合并给出,即

$$r = NPr_0 \quad (2.56)$$

IAU2006/2000A 的岁差-章动模型精确到约 0.3mas。为寻求更高精度和时间分辨率,可以将由 VLBI 连续观测获得的微小修正(称为天极偏差)应用于章动序列。例如,最新模型不包括由自由核章动(FCN)引起的周日运动,其中,自由核章动是由于地幔与旋转流体外核相互作用而引起的(参见文献[2.75],以及 2.5.3 节)。IERS 发布了经度和倾角的微分元素 $\delta\psi$、$\delta\varepsilon$,可以将它们添加到隐含的章动序列中。

$$\begin{cases} \Delta\psi = \Delta\psi(\text{model}) + \delta\psi \\ \Delta\varepsilon = \Delta\varepsilon(\text{model}) + \delta\varepsilon \end{cases} \quad (2.57)$$

## 2.5.2 新协议

天球参考系（CRS,2.4节）新定义的促成，不仅是由于能够利用准确的 VLBI 观测值实现一个几何学上的系统，而且还由于相关学者对赤经原点的系统协议进行了关键分析[2.85-2.86]。具体来说，由于避免了 CRS 轴的动态定义，因而没有特别的理由使用平黄道上的春分点作为赤经的起点，这特别是因为即使在平黄道上它也是天球上的一个动态点。也就是说，由于黄道的岁差旋转，平黄道上的春分点如果作为原点，则会绕着 NCP 旋转。当考虑地球相对于惯性空间旋转（格林尼治恒星时，或格林尼治春分点时角，2.1.3节）时，必须对此进行校正。

2000年，国际天文学联合会通过了一系列决议，将遵循一种新的、更准确和简化的方法来处理天球参考系和地球参考系之间的转换。IERS 在 2003 年采用了基于这些决议的新方法[2.87]，并在 2006 年通过 IAU 决议以得到加强，而且被采纳为 IERS2010 新协议的一部分。真 NCP 被确定为天球与地球参考框架之间的过渡，根据 1979 年 IAU 的一项决议，它曾称为天球历书极（CEP），现在称为天球中间极（CIP）。新协议还修订了中间框架的赤经原点，以消除与地球自转无关的残余量，同时还确保了与先前定义原点的连续性。这些全新的定义巩固了天球参考系所采用的运动学（非动力学）模型。另外，岁差和章动的描述目前被合并到一个从历元 $t_0$ 到历元 $t$ 的框架转换中。

假设天球上的瞬时极点 $P$ 在某个历元 $t_0$ 与参考极点 $P_0$ 重合。在历元 $t$，位置 $P$ 的天球坐标如图 2.22 所示。这些坐标是相对于参考原点 $\Sigma_0$ 的余赤纬 $d$ 和赤经 $E$。在 $t$ 处，真实或瞬时赤道（垂直于通过 $P$ 的轴线的平面）在相距 $180°$ 的两个节点处与参考赤道（与 $P_0$ 相关）相交。节点的时圈 $N$ 与大圆弧 $\widehat{P_0P}$ 正交。因此，赤道升交点赤经为 $90°$ 加上瞬时极点 $P$ 的赤经。在岁差和章动不引起瞬时坐标框架绕极点转动的情况下，历元 $t$ 的赤经原点以运动学方式定义。这就是无旋转原点（NRO）的概念，它作为瞬时赤道上赤经的原点，现在称为 CIO，在图 2.22 中以 $\sigma$ 表示。

与涉及岁差元素和章动角的连续变换不同，以坐标、角度 $d$ 和 $E$ 的方式进行转换更为直接。附加参数 $s$ 将赤经的瞬时原点定义为一个 NRO。类似于式(2.51)和式(2.55)。

$$\begin{aligned} r &= R_3(-s)\,R_3(-E)\,R_2(d)\,R_3(E)\,r_0 \\ &= Q^T r_0 \end{aligned} \tag{2.58}$$

将连续旋转视为从参考原点 $\Sigma_0$ 转换为瞬时原点 $\sigma$（图 2.22），可以很容易地推导得出式(2.58)。该式(2.58)不仅代替了式(2.56)，而且还引入了用于定义赤经中间原点（不再是真春分点）的新协议。IERS2003 及以后的协议将转换矩阵 $Q$ 定义为从瞬时参考系到该参考系的旋转。

极点 $P$ 在惯性空间中的总旋转速率取决于坐标、角度 $d, E$ 和参数 $s$ 的速率。定义三个非共线单位向量 $n_0, m, n$，如图 2.22 所示，总旋转速率可以表示为

$$\Theta = n_0 \dot{E} + m\dot{d} - n(\dot{E} + \dot{s}) \tag{2.59}$$

式中：点表示对时间的导数。

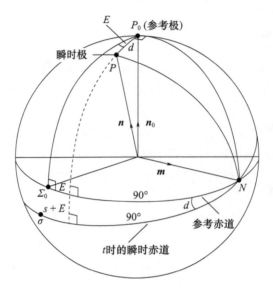

图 2.22 天球参考系中瞬时极的坐标

在 $s$ 确定的情况下,使得总旋转速率 $\Theta$ 没有沿 $n$ 轴的分量。也就是说, $s$ 定义了瞬时赤道的原点,该赤道没有绕相应极轴的旋转速率(因此它是一个无旋转原点)。这个条件被公式化为 $\Theta \cdot n = 0$,说明瞬时极轴上没有总旋转速率的分量。由于 $n \cdot m = 0$ 和 $n \cdot n_0 = \cos d$,式(2.59)中有

$$\dot{s} = (\cos d - 1)\dot{E} \tag{2.60}$$

定义坐标

$$\begin{pmatrix} X \\ Y \\ Z \end{pmatrix} = \begin{pmatrix} \sin d \cos E \\ \sin d \sin E \\ \cos d \end{pmatrix} \tag{2.61}$$

容易证明

$$\boldsymbol{Q} = \begin{pmatrix} 1 - aX^2 & -aXY & X \\ -aXY & 1 - aY^2 & Y \\ -X & -Y & 1 - a(X^2 + Y^2) \end{pmatrix} \boldsymbol{R}_3(s) \tag{2.62}$$

式中: $a = 1/(1+\cos d)$。

此外,由于

$$X\dot{Y} - Y\dot{X} = -\dot{E}(Z^2 - 1) \tag{2.63}$$

式(2.60)积分为

$$s = s_0 - \int_{t_0}^{t} \frac{X\dot{Y} - Y\dot{X}}{1 + Z} dt \tag{2.64}$$

式中:选择 $s_0 = s(t_0)$ 是为了确保与 2003 年 1 月 1 日之前定义原点的连续性。

$X$ 和 $Y$ 的表达式可以直接从岁差和章动方程中获得[2.86]。对于最新的 IAU2006/2000A 岁差-章动模型[2.6],有

$$X = -0.016617'' + 2004.191898''\tau - 0.4297829''\tau^2 -$$
$$0.1961834''\tau^3 - 0.000007578''\tau^4 - 0.0000059285''\tau^5 +$$
$$\sum_{i=1}^{n}(e_i\sin A_i + e_i'\cos A_i) \quad (2.65)$$
$$Y = -0.006951'' - 0.025896''\tau - 22.4072747''\tau^2 +$$
$$0.00190059''\tau^3 + 0.001112526''\tau^4 - 0.0000001358''\tau^5 +$$
$$\sum_{i=1}^{n}(f_i\sin A_i + f_i'\cos A_i)$$

式中：$\tau$ 由式(2.46)计算；系数 $e_i, e_i', f_i, f_i'$ 是 $\tau$ 中的多项式；角度 $A_i$ 由式(2.54)计算，较高的阶数 $i$ 表示行星黄经[2.84]（见表 5.2a，b，IERS2010 规范中的电子版补充材料[2.6]）。

参数 $s$ 的级数表达式中，所有大于 $0.5\mu as$（微角秒）的项以及常数 $s_0$ 项，表示为

$$s = -\frac{1}{2}XY + 94 + 3808.65\tau - 122.68\tau^2 - 72574.11\tau^3 + \quad (2.66)$$
$$\sum_k C_k\sin\alpha_k + \sum_k D_k\sin\beta_k + \sum_k E_k\tau\cos\gamma_k + \sum_k F_k\tau^2\sin\theta_k(\mu as)$$

系数 $C_k, D_k, E_k, F_k$ 和参数 $\alpha_k, \beta_k, \gamma_k, \theta_k$ 在文献[2.6]中阐述。在 21 世纪 30 年代之前，$s$ 的值小于 $0.01''$，对于该精度级别的转换，可以忽略不计。

转换式(2.65)和式(2.66)在极点位置的精度约为 $0.3 \times 10^{-3}$，并包含了 2.4 节中描述的框架偏差。

### 2.5.3 极移

之前的章节从天球的角度描述了地球的指向，即在天球上轴的方向（如自转轴）是如何在岁差和章动影响下随着时间推移而变化的。从地球的角度来看，由于受自转的动力学影响，地球自转轴以及其他与地球自转相关的各种轴也存在相对于地壳的运动变化。欧拉方程描述了刚体主轴（几何轴）的运动，但是由于地球的一部分是流体且有弹性，因此欧拉方程无法准确预测这些轴的运动。

弹性旋转体动力学方程的理论和数学发展详情参见文献[2.37]，此动力学方程受到地球内部组成和流体特性（非受力或自由运动）以及使地球变形（受力运动）的外部重力扭矩的影响。例如，与地球极轴相对应的对称主轴（也称为地球质心轴），相对于一个平均固定位置（平均 Tisserand 轴）进行圆周日运动，其半径约为 60m。另一方面，由于自转和角动量轴的稳定性更高，因此它们的运动幅度量级较小，也可以说对地球变形相对不敏感。

地球的轴（例如瞬时自转轴）相对于地球表面的方向变化，称为极移（也称为摆动）。极移用相对于地球坐标系中参考极的局部坐标 $x_p, y_p$ 来描述。图 2.23 显示了 CIP 的极移坐标。注意，$y$ 的定义方向与图 2.7 右手系的 $y$ 轴相反。从笛卡儿平面坐标来看，它们的值在几年内仅变化了几米。通常，它们由所对应的圆心角给出，其中 $1''$ 对应于地球表面约 30m。

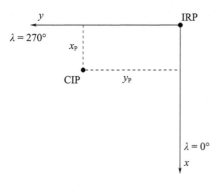

图 2.23 极移坐标

极移的主要组成部分是钱德勒摆动。如果地球是刚体,则钱德勒摆动基本上遵循自由欧拉运动。根据地球的转动惯量,该运动的周期约为 304 天。由于地球是弹性球体,导致最大惯性矩发生位移,该运动的周期较长,达到 430 天。钱德勒(S. C. Chandler)于 1891 年观测并分析了这种周期差异。纽康(Newcomb)给出了动力学解释[2.79],也证明了地球实际上不是刚体。极移的主要组成周期称为钱德勒周期,其幅度约为 0.2as。此外,极移包含一个近年周期标志,由气象和地球物理过程而引起的质量重新分布造成,幅度约为 $0.05''\sim0.1''$,还包括一个周日自由摆动,由地幔和流体外核的旋转轴轻微错位引起,也称为自由核章动,相对于天球的大小约为 $0.1\times10^{-3}{''}\sim0.3\times10^{-3}{''}$,周期约为 430 天。最后,还包括所谓的极点漫游,即极点的长期运动。在 1900~2000 年期间,地球的自转轴每年沿 280°经线方向漂移约 $0.004''$。图 2.24 显示了 2000~2010 年期间的极移,以及最近 110 年的总体漂移。

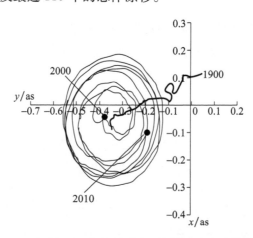

图 2.24 2000 年至 2010 年的极移,以及 1900 年以来的极点漫游。
极移坐标从 IERS 获得,并经过平滑处理以获得趋势

假定 $r_e$ 是一个单位向量,它用球坐标定义了地球参考系中一个点的地心方向,即

$$r_e = \begin{pmatrix} \cos\lambda\cos\varphi \\ \sin\lambda\cos\varphi \\ \sin\varphi \end{pmatrix} \tag{2.67}$$

则从地球参考极到瞬时或中间极(CIP)的转换,可通过适当的旋转给出,即

$$r_i = R_1(y_P)\,R_2(x_P)\,r_e = W r_e \tag{2.68}$$

由于瞬时天球系统的赤经原点是无旋转的,可以定义一个具有无旋转经度原点的瞬时地球系统,称为地球中间原点(TIO)。这样,瞬时天球和地球系统之间的唯一区别是地球自转,而极轴相同。

与岁差-章动矩阵 $Q$ 的推导完全类似,极移矩阵为

$$W = R_3(-s') \times \begin{pmatrix} 1-a'x_P^2 & a'x_P y_P & -x_P \\ a'x_P y_P & 1-a'y_P^2 & y_P \\ x_P & -y_P & 1-a'(x_P^2+y_P^2) \end{pmatrix} \qquad (2.69)$$

式中: $a' = 1/2 + (x_P^2 + y_P^2)/8$。

参数 $s'$ 通过类似于式(2.66)的表达式定义 TIO 在瞬时赤道上的位置。忽略二阶和高阶项,式(2.69)近似等于

$$W = R_3(-s') R_1(y_P) R_2(x_P) \qquad (2.70)$$

此外,$s'$ 的重要性在于它是极移的最大组成部分,其近似模型为

$$s' = -0.0015'' \left( \frac{a_c^2}{1.2} + a_a^2 \right) \tau \qquad (2.71)$$

式中:$a_c$ 和 $a_a$ 为钱德勒摆动 $\mathcal{O}(0.2'')$ 幅度和年度摆动 $\mathcal{O}(0.05'')$ 幅度,单位为 as。因此,$s'$ 的大小约为 $0.1 \times 10^{-3}$as。

极移坐标由 IERS 制成表格,作为地球定向参数(EOP)的一部分,并根据 VLBI 和卫星测距等观测结果进行预测。式(2.70)中的 $W$ 是时间的函数,但没有像岁差和章动那样的极移解析模型。为了获得更高精度,需要对极移坐标进行修正,包括 GCRS 中章动和周期少于 2 天的潮汐效应[2.6,第5和8章]所对应的位移,从而符合中间极的定义。

## 2.5.4 转换

当前的惯例是通过一个中间系统来确定天球和地球参考系之间的转换关系。这个真实的、与日期历元相关的中间系统,描述了从天球参考系进行转换时的岁差和章动,以及从地球参考系进行转换时的极移和地球自转。中间系统属于动力学系统,其中坐标随时间变化很大,无法用作参考系,所以,中间系统也被称为星历系统。IAU 在 2000 年至 2006 年间通过多项决议采用了更新的中间名称,以更好地描述系统功能。

中间系统的最佳选择很大程度上取决于极轴的选择,因为中间赤经原点此时由无旋转原点固定。1979 年,该极点被定义为相对于天球或地面参考系的那些周期不小于 2 天的运动。2 天的周期限制符合当时的观测能力。因此,这样定义的天球历书极(CEP)能够将可观测的极移和可预测的岁差/章动分开。

通过改进的 VLBI 观测技术和数据处理方法,可以识别更短的运动周期。因此,IAU 在 2000 年决定重新定义中间极点。新命名的天球中间极(CIP)像 CEP 一样,在天球上以大于 2 天的周期移动,频率小于 ±0.5 周/恒星日。新极点不仅包括地球上外部引力矩产生的所有可预测的岁差和章动,还包括观测到的极移,该极移的日自转频率(周日逆行带)在 ±0.5 周/恒星日范围内,因为可以证明它们等同于周期大于 2 天的章动。另一方面,CIP 的地面运动被定义为频率超出周日逆行带的运动,不仅包括钱德勒摆动等常规极移,还包括高频章动,其等效于该频带外的极移。更多详细信息请参见文献[2.78]和文献[2.75]。

在文献[2.89]中提到在地球和天球框架间的转换中,中间极并非必不可少。坐标框

架转换时结合模型和观测值，能够避免因CIP定义而产生的混淆和争议。然而，根据目前的惯例，天球和地球参考系之间的实际转换将式(2.58)和式(2.68)与地球自转结合在一起，即

$$r_{\mathrm{TRS}} = W^T R_3(\theta) Q^T r_{\mathrm{CRS}} \qquad (2.72)$$

式中：$\theta$是地球自转角(2.1.3节)。式(2.72)称为CIO转换法，这是由无旋转原点定义中间天球系赤经原点的新协议。或者，春分法使用格林尼治恒星时作为地球自转角，传统的岁差和章动序列由式(2.56)给出，即

$$r_{\mathrm{TRS}} = W^T R_3(\mathrm{GAST}) NPB r_{\mathrm{CRS}} \qquad (2.73)$$

式(2.73)中包含一个较小的旋转矩阵$B$，用于表示框架偏差。

将式(2.72)和式(2.73)反转，可以获得从地球参考框架到天球参考框架的转换公式。注意其中每个旋转矩阵都是正交的，矩阵逆也是其转置，有

$$r_{\mathrm{CRS}} = Q R_3^T(\theta) W r_{\mathrm{TRS}} \qquad (2.74)$$

和

$$r_{\mathrm{CRS}} = B^T P^T N^T R_3^T(\mathrm{GAST}) W r_{\mathrm{TRS}} \qquad (2.75)$$

将转换式(2.72)或式(2.73)应用于天球上的观测点时，需要考虑任何影响天体坐标的观测，例如在实际或固有运动(如恒星的运动)中，由观测者相对于质心位置发生变化而产生的视差，以及由观测者与质心之间的相对速度引起的异常。这些效应是对天体定向观测(如光学或VLBI)的主要关注点，但与GNSS数据处理的相关性较小。有关详细描述，感兴趣的读者可以参考文献[2.5]。

无论是采用春分法还是CIO法，在CRF到TRF转换中，旋转角的级数展开项都较长。为了促进转换过程的正确性和一致性，IERS以电子表单的形式提供了所有相关的系数[2.84]。此外，IAU、IERS和个人工作者提供了各种转换的计算程序或者模块。这些软件可用于相互验证，或者更好地理解框架转换的底层概念。常见示例包括IAU的基本天文学标准软件(SOFA)[2.90]和AstroRef软件包[2.74]。文献[2.91-2.92]中讨论了转换中的计算和实现问题。除此之外，作者还强调了在评估转换结果时，如果附近有一组密集历元对应的值，则从预先计算的值中进行格网插值能够提升坐标框架转换效果。

## 2.6 观　　点

本章介绍了由天文学家和大地测量学家共同发展的现代时空参考系和框架的基本概念，用以明确描述地球在太空中的运动以及物体在地球上或地球附近的位置。GNSS用户在测量位置时，不可避免地要面对坐标和参考系问题。GNSS本质上提供了四维观测，而时间是导航解的第四个分量，因此，时间测量的基本概念和协议与GNSS导航同样重要。

GPS、GLONASS、北斗和Galileo等卫星导航系统采用不同的时间框架(通过独立原子钟实现)和空间参考框架(通过不同基本参考站和不完全相同的技术实现)。这会影响提供给用户的卫星轨道和时钟信息，以及基于多GNSS观测的导航解的一致性。幸运的是，

相关技术在过去十年中已经取得了很大进步。如今，各种导航系统使用的框架实现之间的差异为厘米级，远低于广播导航星历的米级误差。但是，仍然需要在定位中仔细考虑各卫星导航系统之间的系统时间偏差（在 10~100ns 级），并在所采用的算法中加以考虑（第 21 章）。

如今，基于载波相位的 GNSS 技术能够实现非常高精度的定位，用户所面临的问题是地壳远非固体，而且其自身也会发生永久性变化。这不仅包括板块运动等的长期变化（2.3.2 节），还包括由于固体潮和海潮引起的周期性站点偏离（2.3.5 节）。尽管差分 GNSS 定位技术（第 26 章）可以提供高达毫米级的相对精度，但它们在很大程度上不受此类复杂因素的影响。相反，非差精密单点定位（PPP）技术旨在全球参考框架中提供绝对位置。因此，正确理解坐标框架定义，以及 PPP 软件中各项改正（例如，框架运动或潮汐）的一致性处理已成为 GNSS 数据处理的重要问题（第 25 章）。不同区域和全球框架之间的相似变换（2.3.4 节）或椭球和大地水准面高度之间的转变（2.3.1 节）也是 GNSS 测量（第 35 章）和大地测量（第 36 章）的重要内容。

大部分高精度 GNSS 用户只需要简单了解地球参考系和框架，如第 2.5 节所述的天球和地球框架之间的关系，这与 GNSS 数据处理的具体细节相关。同样，还包括 GNSS 卫星精确轨道产品的产生（第 34 章）和基于 GNSS 的低轨卫星精确轨道确定（第 32 章）。卫星轨道及其运动方程需要在天球框架中表达，而 GNSS 监测站位置最好用地球框架来描述。CRF 到 TRF 的转换关系对于各个分析中心获得一致性产品至关重要。另一方面，卫星轨道、站点位置和地球定向参数的联合估计已成为空间大地测量学的重要组成部分（第 36 章），并有助于不断改善我们对参考框架和地球自转的认识。

# 参考文献

2.1　D. D. McCarthy, K. P. Seidelmann: *Time: From Earth Rotation to Atomic Physics* (Wiley-VCH, Weinheim 2009)

2.2　K. Lambeck: *Geophysical Geodesy, The Slow Deformations of the Earth* (Clarendon, Oxford 1988)

2.3　B. N. Taylor, A. Thompson (Eds.): *The International System of Units (SI)*, NIST SP 330 (National Institute of Standards and Technology, Gaithersburg 2008)

2.4　SI Brochure: The International System of Units (SI), 8th edn. (Bureau International des Poids et Mesures, Paris 2006)

2.5　P. K. Seidelmann: *Explanatory Supplement to the Astronomical Almanac* (Univ. Science Books, Mill Valley 1992)

2.6　G. Petit, B. Luzum: *IERS Conventions*, IERS Technical Note No. 36 (Verlag des Bundesamts fur Kartographie und Geodasie, Frankfurt 2010)

2.7　C. Audoin, B. Guinot: *The Measurement of Time: Time, Frequency and the Atomic Clock* (Cambridge Univ. Press, Cambridge 2001)

2.8　Bureau International des Poids et Mesures: BIPM Circular T, ftp://ftp2.bipm.org/pub/tai/publication/cirt

2.9 SI Brochure: Practical realization of the definition of the unit of time. In: *The International System of Units* (*SI*), 8th edn. (Bureau International des Poids et Mesures, Paris, 2006) App. 2

2.10 D. D. McCarthy: Using UTC to determine the Earth's rotation angle, Proc. Coll. Explor. Implic. Redefining Coord. Univers. Time (UTC), Exton, ed. by S. L. Allen, J. H. Seago, R. L. Seaman (Univelt, San Diego 2011) pp. 105–116

2.11 Standard-Frequency and Time-Signal Emissions, ITU-R Recommendation TF. 460-6 (International Telecommunication Union, Radio-communication Bureau, Geneva, Feb. 2002)

2.12 USNO: TAI minus UTC time difference ftp://maia.usno.navy.mil/ser7/tai-utc.dat

2.13 R. A. Nelson, D. D. McCarthy, S. N. Malys, J. Levine, B. Guinot, H. F. Fliegel, R. L. Beard, T. R. Bartholomew: The leap second: its history and possible future, Metrologia **38**(6), 509 (2001)

2.14 D. Finkleman, J. H. Seago, P. K. Seidelmann: The debate over UTC and leap seconds, Proc. AIAA Guid. Navig. Control Conf. Toronto (AIAA, Reston 2010), AAIA 2010-8391

2.15 P. K. Seidelmann, J. H. Seago: Time scales, their users, and leap seconds, Metrologia **48**(4), S186–S194 (2011)

2.16 W. Lewandowski, E. F. Arias: GNSS Times and UTC, Metrologia **48**(4), S219–S224 (2011)

2.17 K. R. Brown Jr.: The theory of the GPS composite clock, Proc. ION GPS 91, Albuquerque (ION, Virginia 1991) pp. 223–241

2.18 A. L. Satin, W. A. Feess, H. F. Fliegel, C. H. Yinger: GPS composite clock software performance, Proc. 22rd Annu. PTTI Meet. Vienna (JPL, Pasadena 1991) pp. 529–546

2.19 H. S. Mobbs, S. T. Hutsell: Refining monitor station weighting in the GPS composite clock, Proc. 29th Annu. PTTI Meet. Long Beach (JPL, Pasadena 1997)

2.20 Navstar GPS Space Segment/Navigation User Segment Interfaces, Interface Specification, IS-GPS-200H, 24 Sep. 2013 (Global Positioning Systems Directorate, Los Angeles Air Force Base, El Segundo 2013)

2.21 T. E. Parker, D. Matsakis: Time and frequency dissemination: Advances in GPS transfer techniques, GPS World **15**(11), 32–38 (2004)

2.22 Global Navigation Satellite System GLONASS-Interface Control Document, v5.1, (Russian Institute of Space Device Engineering, Moscow 2008)

2.23 P. Zhang, C. Xu, C. Hu, Y. Chen, J. Zhao: Time scales and time transformations among satellite navigation systems, Proc. CSNC 2012, Guanzhou, Vol. II, ed. by J. Sun, J. Liu, Y. Yang, S. Fan (Springer, Berlin 2012) pp. 491–502

2.24 A. V. Druzhin, V. Palchikov: Current state and perspectives of UTC (SU) broadcast by GLONASS, 9th Meet. Int. Comm. GNSS (ICG), Prague (UNOOSA, Vienna 2014) pp. 1–9

2.25 R. Zanello, M. Mascarello, L. Galleani, P. Tavella, E. Detoma, A. Bellotti: The Galileo precise timing facility, Proc. IEEE FCS 2007 21st EFTF, Geneva (2007) pp. 458–462

2.26 X. Stehlin, Q. Wang, F. Jeanneret, P. Rochat, E. Detoma: Galileo system time physical generation, Proc. 38th Annu. PTTI Meet. Washington, DC (JPL, Pasadena 2006) pp. 395–406

2.27 C. Han, Y. Yang, Z. Cai: BeiDou navigation satellite system and its time scales, Metrologia **48**(4), S213–S218 (2011)

2.28 R. Hlavač, M. Losch, F. Luongo, J. Hahn: Timing infrastructure for Galileo system, Proc. 20th EFTF, Braunschweig (2006) pp. 391–398

2.29　BeiDou Navigation Satellite System Signal In Space Interface Control Document-Open Service Signal, Version 2.0(China Satellite Navigation Office,2013)

2.30　W. Torge, J. Muller: *Geodesy* (Walter de Gruyter, Berlin 2012)

2.31　K. M. Borkowski: Accurate algorithms to transform geocentric to geodetic coordinates, Bull. Géodésique **63**(1),50–56(1989)

2.32　D. D. McCarthy: *IERS Conventions* (1996), IERS Technical Note No. 21 (Observatoire de Paris, Paris 1996)

2.33　T. Fukushima: Transformation from Cartesian to geodetic coordinates accelerated by Halley's method, J. Geod. **79**(12),689–693(2006)

2.34　H. Moritz: Geodetic reference system 1980, Bull. Geodesique **54**(3),395–405(1980)

2.35　E. Groten: Fundamental arameters and current (2004) best estimates of the parameters of common relevance to astronomy, geodesy, and geodynamics, J. Geod. **77**,724–731(2004)

2.36　J. Kovalevsky, I. I. Mueller: Comments on conventional terrestrial and quasi-inertial reference systems. In: *Reference Coordinate Systems for Earth Dynamics*, ed. by E. M. Gaposchkin, B. Kołczek (D. Reidel, Dordrecht 1981) pp. 375–384

2.37　H. Moritz, I. I. Mueller: *Earth Rotation: Theory and Observation* (Unger, New York 1987)

2.38　Geodetic Glossary (National Geodetic Survey, National Oceanic and Atmospheric Administration, Rockville 1986)

2.39　G. Seeber: *Satellite Geodesy: Foundations, Methods, and Applications* (Walter de Gruyter, Berlin 2003)

2.40　H. Schuh, D. Behrend: VLBI: A fascinating technique for geodesy and astrometry, J. Geodyn. **61**,68–80 (2012)

2.41　R. A. Snay, T. Soler: Continuously operating reference station(CORS): History, applications, and future enhancements, J. Surv. Eng. **134**(4),95–104(2008)

2.42　B. Hofmann-Wellenhof, H. Moritz: *Physical Geodesy* (Springer, Berlin 2005)

2.43　N. K. Pavlis, S. A. Holmes, S. C. Kenyon, J. K. Factor: The development and evaluation of the Earth Gravitational Model 2008(EGM2008), J. Geophys. Res. Solid Earth **117**(B4),2156–2202(2012)

2.44　Standardization Agreement Navstar Global Positioning System(GPS) System Characteristics, STANAG 4294, 1st edn. (North Atlantic Treaty Organization, 1993)

2.45　S. Malys, J. H. Seago, N. K. Pavlis, P. K. Seidelmann, G. H. Kaplan: Why the Greenwich meridian moved, J. Geod. **89**(12),1263–1272(2015)

2.46　Z. Altamimi, X. Collilieux, L. Metivier: ITRF2008: An improved solution of the International Terrestrial Reference Frame, J. Geod. **85**(8),457–473(2011)

2.47　M. R. Pearlman, J. J. Degnan, J. M. Bosworth: The international laser ranging service, Adv. Space Res. **30**(2),135–143(2002)

2.48　L. Combrinck: Satellite laser ranging. In: *Sciences of Geodesy*, Vol. I, ed. by G. Xu (Springer, Berlin 2010) pp. 301–338

2.49　M. Meindl, G. Beutler, D. Thaller, R. Dach, A. Jäggi: Geocenter coordinates estimated from GNSS data as viewed by perturbation theory, Adv. Space Res. **51**(7),1047–1064(2013)

2.50　S. P. Kuzin, S. K. Tatevian, S. G. Valeev, V. A. Fashutdinova: Studies of the geocenter motion using 16-years DORIS data, Adv. Space Res. **46**(10),1292–1298 (2010)

2.51　Z. Altamimi, C. Boucher, P. Sillard: New trends for the realization of the international terrestrial reference system, Adv. Space Res. **30**(2), 175–184(2002)

2.52　Z. Altamimi, P. Sillard, C. Boucher: ITRF2000: A new release of the International Terrestrial Reference Frame for Earth science applications, J. Geophys. Res. **107**(B10), 2214(2002)

2.53　D. F. Argus, R. G. Gordon: No-net-rotation model of current plate velocities incorporating plate motion model NUVEL-1, Geophys. Res. Lett. **18**(11), 2039–2042(1991)

2.54　C. DeMets, R. G. Gordon, D. F. Argus, S. Stein: Effect of recent revisions to the geomagnetic reversal time scale on estimates of current plate motions, Geophys. Res. Lett. **21**(20), 2191–2194(1994)

2.55　Z. Altamimi, L. Metivier, X. Collilieux: ITRF2008 plate motion model, J. Geophys. Res. **117**(B07402), 1–14 (2012)

2.56　Department of Defense World Geodetic System 1984 (WGS84): Its definition and relationships with local geodetic systems, Publication NIMA TR8350.2, 3rd edn., amendm. 1(National Imagery and Mapping Agency, 2000)

2.57　Supplement to Department of Defense World Geodetic System 1984 Technical Report, Part I, DMA TR 8350.2-A(Defense Mapping Agency, Washington 1987)

2.58　M. J. Merrigan, E. R. Swift, R. F. Wong, J. T. Saffel: A refinement to the World Geodetic System 1984 reference frame, Proc. ION GPS 2002, Portland(IOM, Virginia 2002) pp. 1519–1529

2.59　R. F. Wong, C. M. Rollins, C. F. Minter: Recent Updates to the WGS 84 Reference Frame, Proc. ION GNSS 2012, Nashv. (ION, Virginia 2012) pp. 1164–1172

2.60　S. G. Revnivykh: GLONASS status and progress, 47th CGSIC Meet. Fort Worth(2007)

2.61　Parametry Zemli 1990(PZ-90.11) Reference document (Military Topographic Department of the General Staff of Armed Forces of the Russian Federation, Moscow 2014)

2.62　A. N. Zueva, E. V. Novikov, D. I. Pleshakov, I. V. Gusev: System of geodetic parameters "Parametry Zemli 1990" PZ-90.11, 9th Meet. Int. Comm. GNSS (ICG), Work. Group D, Prague (UNOOSA, Vienna 2014)

2.63　Y. Yang: Chinese Geodetic Coordinate System 2000, Chin. Sci. Bull. **54**(15), 2714–2721(2009)

2.64　G. Gendt, Z. Altamimi, R. Dach, W. Sohne, T. Springer, GGSP Prototype Team: GGSP: Realisation and maintenance of the Galileo terrestrial reference frame, Adv. Space Res. **47**(2), 174–185(2011)

2.65　D. D. McCarthy: *IERS Conventions* (1992), IERS Technical Note No. 13 (Observatoire de Paris, Paris 1992)

2.66　International Terrestrial Reference Frame: ITRF Transformation Parameters, ITRF Website http://itrf.ensg.ign.fr/trans_para.php

2.67　T. Soler, R. A. Snay: Transforming positions and velocities between the International Terrestrial Reference Frame of 2000 and North American Datum of 1983, J. Surv. Eng. **130**(2), 49–55(2004)

2.68　IAG: IAG resolutions adopted at the XXth IUGG General Assembly in Vienna, Bulletin Geodesique **66**(2), 132–133(1992)

2.69　M. Poutanen, M. Vermeer, J. Makinen: The permanent tide in GPS positioning, J. Geod. **70**(8), 499–504(1996)

2.70　P. M. Mathews, B. A. Buffett, I. I. Shapiro: Love numbers for a rotating spheroidal Earth: New definitions and numerical values, Geophys. Res. Lett. **22**(5), 579–582(1995)

2.71　J. M. Wahr: Deformation induced by polar motion, J. Geophys. Res. Solid Earth **90**(B11), 9363-9368 (1985)

2.72　P. M. Mathews, B. A. Buffett, I. I. Shapiro: Love numbers for diurnal tides: Relation to wobble admittances and resonance expansions, J. Geophys. Res. **100**(B6), 9935-9948(1995)

2.73　W. E. Farrell: Deformation of the Earth by surface loads, Rev. Geophys. **10**(3), 761-797(1972)

2.74　M. Soffel, R. Langhans: *Space-Time Reference Systems* (Springer, Berlin 2012)

2.75　V. Dehant, P. M. Mathews: *Precession, Nutation and Wobble of the Earth* (Cambridge Univ. Press, Cambridge 2015)

2.76　E. W. Woolard: Theory of the Rotation of the Earth Around its Center of Mass, Astronomical Papers Vol. XV Part 1(U. S. Naval Observatory, Washington, D. C. 1953)

2.77　J. H. Lieske, T. Lederle, W. Fricke, B. Morando: Expressions for the precession quantities based upon the IAU/1976/system of astronomical constants, Astron. Astrophys. **58**, 1-16(1977)

2.78　N. Capitaine, P. T. Wallace, J. Chapront: Expressions for IAU 2000 precession quantities, Astron. & Astrophys. **412**(2), 567-586(2003)

2.79　I. I. Mueller: *Spherical and Practical Astronomy as Applied to Geodesy* (F. Ungar, New York 1969)

2.80　H. Goldstein, C. P. Poole, J. L. Safko: *ClassicalMechanics* (Addison Wesley, San Francisco 2000)

2.81　N. Capitaine, P. T. Wallace, J. Chapront: Improvement of the IAU 2000 precession model, Astron. & Astrophys. **432**(1), 355-367(2005)

2.82　J. P. Vinti: *Orbital and Celestial Mechanics* (AIAA, Reston 1998)

2.83　H. Kinoshita: Theory of the rotation of the rigid Earth, Celest. Mech. **15**(3), 277-326(1977)

2.84　International Earth Rotation and Reference Systems Service: IERS Conventions 2010, electronic supplement http://62.161.69.134/iers/conv2010/conv2010_c5.html

2.85　N. Capitaine, B. Guinot, J. Souchay: A non-rotating origin on the instantaneous equator: Definition, properties and use, Celest. Mech. **39**(3), 283-307 (1986)

2.86　N. Capitaine: The celestial pole coordinates, Celest. Mech. Dyn. Astron. **48**(2), 127-143(1990)

2.87　D. D. McCarthy, G. Petit: *IERS Conventions*(2003), IERS Technical Note No. 36(Verlag des Bundesamts fur Kartographie und Geodasie, Frankfurt 2004)

2.88　P. M. Mathews, P. Bretagnon: Polar motions equivalent to high frequency nutations for a nonrigid Earth with anelastic mantle, Astron. & Astrophys. **400**(3), 1113-1128(2003)

2.89　P. Mathews, T. Herring: On the reference pole for Earth orientation and UT1, Proc. IAU Colloq. 180: Towards Models Constants Sub-Microarcsecond Astrom. Washington DC, ed. by K. J. Johnston, D. D. McCarthy, B. J. Luzum, G. H. Kaplan(US Naval Observatory, Washington, DC 2000) pp. 164-170

2.90　IAU SOFA Board: IAU SOFA Software Collection(International Astronomical Union), IAU SOFA Center http:// www. iausofa. org

2.91　D. A. Vallado, J. H. Seago, P. K. Seidelmann: Implementation issues surrounding the new IAU reference systems for astrodynamics, Proc. 16th AAS/AIAA Space Flight Mech. Conf. Tampa(AAS, San Diego 2006), pp. 1-22, AAS 06-134

2.92　V. Coppola, J. H. Seago, D. A. Vallado: The IAU 2000A and IAU 2006 precession-nutation theories and their implementation, Proc. 19th AAS/AIAA Space Flight Mech. Meet. Savannah (AAS, San Diego 2009), pp. 1-20, AAS 09-159

# 第 3 章 卫星轨道与姿态

Urs Hugentobler,Oliver Montenbruck

本章探讨了轨道动力学基础,阐述了影响 GNSS 卫星及其在轨的主要摄动力,内容涵盖地球重力场、三体摄动、表面力和相对论效应改正等。其中,重点描述了太阳辐射压的经验和半经验模型,讨论了 GNSS 轨道的长期演变及卫星轨道机动。同时,本章介绍了当前广播星历模型,概括了其基本算法及性能,如历书模型、解析星历模型以及数值星历模型。此外,作为对 GNSS 卫星轨道讨论的补充,本章还介绍了 GNSS 卫星姿态的基本概念,例如天线相对于质心的位置需要通过 GNSS 卫星姿态来描述。

## 3.1 开普勒运动

早在人类首颗人造卫星发射前,人们已对太阳系行星及其自然卫星的运动有着广泛研究。在引力作用下,围绕中心天体的物体轨道运动特性可通过天体力学[3.1-3.2]第一定律进行描述。基于此,人们可以精确预测行星和月球的运行轨迹,这不仅有利于人类科学探索,也与日常生活中的授时与导航等都息息相关。

### 3.1.1 基本原理

基于对第谷·布拉赫(Tycho Brahe)有关火星观测数据的深入分析,约翰尼斯·开普勒(Johannes Kepler)定义了行星轨道的基本原理,并将其应用到地球轨道卫星中。开普勒关于行星运动的三大定律描述如下。

(1) 椭圆定律:所有卫星绕地球的轨道都是椭圆,地球在椭圆的一个焦点上。

(2) 面积定律:半径向量在相等的时间间隔内扫过的面积相等。

(3) 调和定律:轨道周期的平方与其对应轨道距地心距离均值的立方成正比。

一般而言,卫星轨道通过抛物线或双曲线轨迹的圆锥曲线来描述,并且往返于太阳系的航天器轨道都是圆锥曲线。然而,椭圆轨道是唯一一种围绕中心天体的闭合周期性轨道,如图 3.1 所示。

椭圆的形状由沿主轴线的半长轴半径 $a$ 和半短轴半径 $b$ 决定,即椭圆的偏心率 $e$ 有

$$e = \frac{\sqrt{a^2 - b^2}}{a} \tag{3.1}$$

卫星与焦点之间的距离在 $r_{min} = a(1-e)$(近心点 $P$)和 $r_{max} = a(1+e)$(远心点 $A$)之

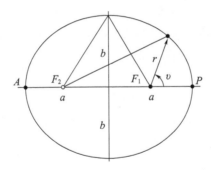

图 3.1　在平面内与给定两个焦点($F_1,F_2$)的距离之和为常量且大于两个焦点直线距离的动点轨迹即为椭圆。在行星卫星轨道中，中心天体位于两个焦点之一。假设中心天体位于焦点 $F_1$ 处，穿过 $F_1F_2$ 两焦点的直线 $AP$ 与椭圆的交点分别为轨道的远心点 $A$ 和近心点 $P$

间变化。设位置向量 $r$ 与近心点向量的夹角为 $v$，则 $r$ 可描述为圆锥曲线方程，即

$$r = \frac{a(1-e^2)}{1+e\cos v} \tag{3.2}$$

该方程在椭圆、抛物线和双曲线中均适用(参见文献[3.3])。

严格意义上讲，开普勒定律适用于二体问题，用于解决两个质点间相互引力作用下的运动问题。至于额外附加的摄动力，如三体摄动、重力场非球形摄动、$N$ 体摄动以及各种非保守力摄动等将在 3.2 节进一步阐述，许多天体动力学的常用教科书中也已有详尽探讨[3.4,3.5]。无论如何，开普勒运动都是理解和描述卫星环绕地球运行轨道的一个重要的基本概念。

众所周知，牛顿万有引力定律可以充分解释开普勒定律[3.2,3.5]。事实证明，万有引力的方向总是在两天体的连线上，并且其量级大小与距离的平方成反比。

设 $r$ 和 $r=\|r\|$ 分别表示卫星相对于地心的位置向量和距离，则相应的加速度为

$$\ddot{r} = -\frac{GM_\oplus}{r^2}\frac{r}{r} \tag{3.3}$$

式中：万有引力常数 $G \approx 6.674 \times 10^{-11} \mathrm{m}^3\mathrm{kg}^{-1}\mathrm{s}^{-2}$(参见文献[3.6])；地球质量 $M_\oplus \approx 5.973 \times 10^{24}\mathrm{kg}$。由于地球质量 $M_\oplus$ 大约比卫星质量 $m$ 大 20 个数量级，故式(3.3)中忽略 $m$。可以看到，引力加速度式(3.3)仅取决于引力常数与地球质量的乘积。尽管引力常数 $G$ 和地球质量 $M_\oplus$ 都只保留了 4 位有效数字，但是实际中通过对卫星轨道的分析，二者的乘积 $GM_\oplus$ 可以达到非常高的精度[3.7]，即

$$GM_\oplus = 3.986004415 \times 10^{14}\mathrm{m}^3\mathrm{s}^{-2} \tag{3.4}$$

需要指出，式(3.4)中给出的数值与大地水准面上时钟频率所定义的地心尺度一致。

根据式(3.3)中的单位向量 $r/r$ 可以看出，引力加速度方向始终朝向地心，因而卫星速度的变化被约束在其瞬时位置和速度向量形成的平面上。由此可以推断，倘若没有其他垂直于 $r$ 和 $\dot{r}$ 的摄动加速度的影响，卫星将始终在该轨道平面上运动。

物理学中，角动量向量 $h = r \times \dot{r}$ 不会随时间改变，因为

$$\dot{h} = r \cdot \ddot{r} + \dot{r} \cdot r \doteq 0 \tag{3.5}$$

故无论何时,加速度方向均沿着半径的向量方向,角动量向量的模是卫星半径向量在 $\Delta t$ 时间段内掠过面积 $\Delta S$ 的两倍,如图 3.2 所示,即

$$h = \|r \times \dot{r}\| = 2\frac{\Delta S}{\Delta t} \tag{3.6}$$

因此,单位时间内半径向量掠过的面积恒定,开普勒第二定律的正确性得以印证。

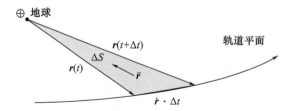

图 3.2 中心加速度 $\ddot{r}$ 在卫星轨道平面内沿着半径向量方向不变,且半径向量的面积速度 $\Delta S/\Delta t$ 恒定

面积定律对所有类型的中心引力均适用,而专门针对椭圆运动的是引力与距离平方成反比。在这种情况下,引入龙格-楞次(Runge-Lenz)向量,也称拉普拉斯(Laplace)向量,即

$$A = -h \times \dot{r} - GM_\oplus \frac{r}{r} \tag{3.7}$$

该向量在整个轨道运动过程中保持恒定(参见文献[3.8])。将其与半径向量做点积,即可得圆锥截面方程式(3.2)中的角度 $v = \angle(A,r)$、偏心率 $e = \|A\|/GM_\oplus$ 以及参数 $a(1-e^2) = h^2/GM_\oplus$。

开普勒第三定律对于各种偏心率的轨道均适用,而对圆形轨道(偏心率为0)最易证明。设卫星轨道半径为 $r = a$,轨道周期为 $T$,角速度为 $n = 2\pi/T$,则可通过离心加速度与重力加速度相等这一关系求得

$$a^3 n^2 = GM_\oplus \tag{3.8}$$

假设排除其他复杂因素,当轨道运行周期确定,则根据开普勒第三定律很容易获得轨道长半轴。相对地球而言,导航卫星轨道运行都存在一个确切的重复率,而轨道周期通常约为地球的一个恒星日 23h 56min 的合理倍数,如表 3.1 所列。

表 3.1 全球和区域 GNSS 卫星的代表性轨道参数
(轨道周期、半长轴 $a$、轨道高度 $h$、偏心率 $e$、倾角 $i$)

| 系统 | 周期/(圈/恒星日) | 周期 | 半长轴 $a$/km | 轨道高度/km | 偏心率 $e$ | 轨道倾角 $i$/(°) |
|---|---|---|---|---|---|---|
| GLONASS | 17/8 | 11h16min | 25510 | 19130 | 0.0 | 64.8 |
| GPS | 2/1 | 11h58min | 26560 | 20180 | 0.0 | 55 |
| 北斗(MEO) | 13/7 | 12h53min | 27910 | 21530 | 0.0 | 55 |
| Galileo | 17/10 | 14h05min | 29600 | 23220 | 0.0 | 56 |
| QZSS | 1/1 | 23h56min | 42160 | 35790 | 0.1 | 43 |

续表

| 系统 | 周期/(圈/恒星日) | 周期 | 半长轴 $a$/km | 轨道高度/km | 偏心率 $e$ | 轨道倾角 $i$/(°) |
|---|---|---|---|---|---|---|
| 北斗 IGSO | 1/1 | 23h56min | 42160 | 35790 | 0.0 | 55 |
| NavIC(IGSO) | 1/1 | 23h56min | 42160 | 35790 | 0.0 | 27 |
| 北斗/NavIC/QZSS GEO;SBAS | 1/1 | 23h56min | 42160 | 35790 | 0.0 | ≤2 |

注:GLONASS—俄罗斯全球卫星导航系统;GPS—全球定位系统;MEO—中圆地球轨道;QZSS—准天顶卫星系统;IGSO—倾斜地球同步轨道;NavIC—印度区域卫星导航系统;GEO—地球静止轨道;SBAS—星基增强系统

### 3.1.2 开普勒轨道模型

轨道运动的时间依赖性完全由面积定律决定,并可由椭圆的几何性质导出。运动的角速度和轨道速度(线速度)在近地点处(距地球的最近点)达到最快,在远地点处(轨道上的最远点)变得最慢。为方便进行数学描述,通常引入一个辅助量,称为偏近点角 $E$,如图 3.3 所示。

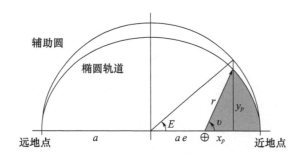

图 3.3 椭圆轨道上的偏近点角 $E$ 与真近点角 $v$ 的几何关系

利用偏近点角 $E$,可以得到近心点方向的卫星相对于中心天体的位置极坐标和直角坐标间的关系,即

$$\begin{cases} x_p = r\cos v = a(\cos E - e) \\ y_p = r\sin v = a\sqrt{1-e^2}\sin E \end{cases} \quad (3.9)$$

由半径向量、轨道弧段、近地点与远地点连线所围成的阴影面积(图 3.3)为

$$S(E) = \frac{1}{2}a^2\sqrt{1-e^2}(E - e\sin E) \quad (3.10)$$

那么,利用式(3.6)计算卫星经过近地点时刻 $t_0$ 到当前卫星位置时刻 $t$ 之间径向量扫过的面积,最终可得

$$E - e\sin E = M = n(t - t_0) \quad (3.11)$$

式中:$M$ 为平近点角,其与时间呈线性关系。式(3.11)将几何量与时间联立起来,所得方程即为开普勒方程。由于开普勒方程不能直接用于计算给定时刻 $t$ 的偏近点角 $E(t)$,因而必须以迭代的方式求解。在迭代开始前,通常设偏近点角的初始值等于平近点角,即 $E_0 = M$。然后利用牛顿迭代法即可得到偏近点角的精确值,即

$$E_{i+1} = E_i - \frac{E_i - e\sin E_i - M}{1 - e\cos E_i} \tag{3.12}$$

除了 QZSS 特意采用了 $e \approx 0.1$ 的偏心率外,大多数导航卫星的轨道都为圆轨道,其偏心率 $e \approx 0.01$ 甚至更小。由于牛顿迭代法具有二次收敛的特性,因此经过几次迭代就足以使偏近点角 $E$ 的计算精度达到 10 位有效数字,获得亚厘米级位置精度。

航天器在极坐标系中的速度可通过式(3.9)两侧同时取微分再结合式(3.11)得到,即

$$\begin{cases} \dot{x}_p = -\dfrac{\sqrt{GM_\oplus\, a}}{r}\sin E \\ \dot{y}_p = +\dfrac{\sqrt{GM_\oplus\, a}}{r}\sqrt{1-e^2}\cos E \end{cases} \tag{3.13}$$

以上仅涉及卫星轨道平面、近地点和远地点的描述。为了在全球参考框架中表示轨道运动,如国际天球参考框架(ICRF;第 2 章),轨道面在空间中的指向通常用 3 个角来描述,如图 3.4 所示。

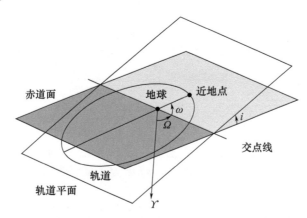

图 3.4　确定轨道平面指向的轨道根数及远、近地点连线

(1) 升交点赤经(RAAN),$\Omega$:天球坐标系的 $x$ 方向(与春分点方向基本一致)与升交点之间的夹角。其中升交点为卫星沿轨道从南向北运动时与赤道平面的交点。

(2) 轨道倾角 $i$:轨道平面与参考平面(天球赤道面)之间的夹角,其定义为轨道北方向与轨道角动量向量之间的夹角。与地球自转同向(从轨道北方向看为逆时针方向)绕地卫星的轨道倾角范围在 $0° \leqslant i \leqslant 90°$,与地球自转反向(逆行)绕地卫星的轨道倾角范围在 $90° \leqslant i \leqslant 180°$。

(3) 近地点角距 $\omega$:升交点径向量和轨道近地点径向量之间沿卫星运动方向的夹角。

从实现良好的可见性、适度的轨道摄动量级和可接受的发射成本等多方面综合考虑,GNSS 中圆地球轨道(MEO)卫星的轨道倾角通常约 55°。不过,GLONASS 和各种 GNSS 区域系统卫星的轨道倾角有所不同(表 3.1)。另外,第 12 章研究星基增强系统(SBAS)中的地球静止轨道卫星,其采用接近零的轨道倾角以及对应 24h 左右的轨道周期。这类卫星相对地面用户而言,在空中位置几乎保持恒定。

总的来说，3 个角度 $(\Omega, i, \omega)$ 定义了轨道空间指向的唯一性，而通过 3 次连续旋转即可实现从轨道的平面坐标 $(x_p, y_p)$ 到天体坐标 $r_{\text{ICRF}} = (x, y, z)_{\text{ICRF}}$ 的转换，即

$$r_{\text{ICRF}} = \mathbf{R}_3(-\Omega)\mathbf{R}_1(-i)\mathbf{R}_3(-\omega)\begin{pmatrix} x_p \\ y_p \\ 0 \end{pmatrix} \tag{3.14}$$

在开普勒轨道模型中，由于轨道面方向是保持恒定的，相应的速度转换公式为

$$\dot{r}_{\text{ICRF}} = \mathbf{R}_3(-\Omega)\mathbf{R}_1(-i)\mathbf{R}_3(-\omega)\begin{pmatrix} \dot{x}_p \\ \dot{y}_p \\ 0 \end{pmatrix} \tag{3.15}$$

式(3.14)和式(3.15)中的矩阵 $\mathbf{R}_1(\phi)$ 和 $\mathbf{R}_3(\phi)$ 分别描述了绕 $x$ 和 $z$ 轴的旋转，其定义为

$$\mathbf{R}_1(\phi) = \begin{pmatrix} 1 & 0 & 0 \\ 0 & +\cos\phi & +\sin\phi \\ 0 & -\sin\phi & +\cos\phi \end{pmatrix} \tag{3.16}$$

$$\mathbf{R}_3(\phi) = \begin{pmatrix} +\cos\phi & +\sin\phi & 0 \\ -\sin\phi & +\cos\phi & 0 \\ 0 & 0 & 1 \end{pmatrix} \tag{3.17}$$

结合式(3.9)、式(3.14)和绕轴旋转矩阵，卫星位置可最终表示为

$$r_{\text{ICRF}} = r\begin{pmatrix} \cos u\cos\Omega - \sin u\cos i\sin\Omega \\ \cos u\cos\Omega + \sin u\cos i\sin\Omega \\ \sin u\sin i \end{pmatrix} \tag{3.18}$$

式中

$$u = \omega + v \tag{3.19}$$

$u$ 表示径向量和升交点之间的瞬时角，也称为升交角距。

总之，根据开普勒轨道模型表达的 6 个参数 $(a, e, i, \Omega, \omega, M)$，可唯一确定卫星在给定时刻下的位置和速度，这 6 个参数通常称为开普勒轨道根数。

## 3.1.3 卫星可见性及星下点轨迹

卫星在其轨道平面内围绕地球运动的同时，地球还在卫星下方持续自转。本章首先不考虑地球自转轴的指向变化（如岁差、章动和极移；见第 2 章），国际天球参考框架（如 ICRF）与国际大地参考框架（如 ITRF）之间的转换可统一到一个共同围绕 $Z$ 轴上的旋转描述，该角速度为

$$\omega_\oplus \approx 7.292 \times 10^{-5} \text{rad/s} \tag{3.20}$$

地球自转角度（或平恒星时）$\Theta$ 近似为

$$\Theta \approx 280.46° + (360.985653°/d)d \tag{3.21}$$

式中：$d$ 为自世界时 2000 年 1 月 1 日起算的天数。

假设地球不进行自转，卫星投影在地球表面上的星下点轨迹会覆盖地球表面 $-i \leqslant$

$\varphi \leq +i$ 纬度范围的一个大圆,并在每个周期后进行重复(图3.5)。由于地球自转,因而重复的赤道交点轨道面与赤道面的交点将不再重复投影在同一地理经度上,而是以角度 $\Delta\lambda = \omega_\oplus T$ 向西移动。

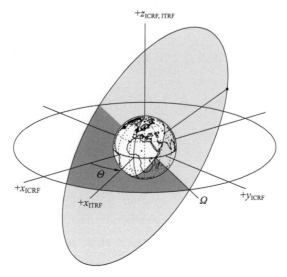

图3.5 相对于地球的 GPS 卫星轨道

图3.6展现了各 GNSS 系统典型卫星的星下点轨迹。图中给出了 GPS、GLONASS、北斗和 Galileo MEO 卫星星下点轨迹经纬度的周期性变化。基于这些卫星各自的轨道周期,升交点以148°(Galileo 卫星)和191°(GLONASS 卫星)的角度持续向东偏移。然而,GPS 卫星的偏移为180°,因而仅仅两圈后 GPS 卫星图就会再次重复其地面轨迹。如前所述,GLONASS、北斗(MEO)和 Galileo 卫星的轨道周期也是地球自转周期的有理分式(见表3.1第2列),因此它们的地面轨迹在几圈之后也会重复,只是重复周期要比 GPS 的重复周期长,分别为8天、7天和10天。

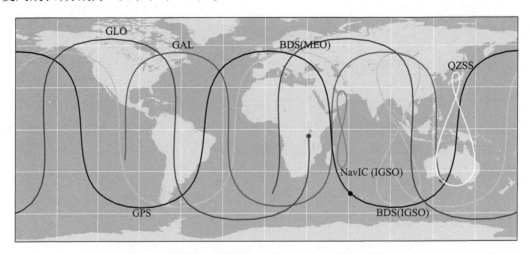

图3.6 GNSS MEO 和 IGSO 卫星的24h 地面轨迹。其中,MEO 卫星的星下点轨迹从西(左)到东(右),终点被标记为实心圆;IGSO 地面轨迹为"8"字形,其在北半球沿顺时针方向,在南半球沿逆时针方向运行

对于 QZSS、北斗和 NavIC 等系统中倾斜地球同步轨道(IGSO)卫星,其星下点轨迹呈现一个明显的"8"字形。由于 IGSO 卫星的轨道周期与地球自转一致,因此 IGSO 卫星轨道与赤道的交点始终投影在某一固定的经度上。不同的是,投影的角速度会随着卫星纬度而变化,在升、降交点处小于地球的角速度。因此,星下点轨迹自东向西穿过赤道,在北半球部分以顺时针的方向穿越,而在南半部分则以逆时针的方向穿越。

地球静止轨道(GEO)卫星的轨道倾角接近零度,且轨道周期与恒星日紧密匹配。因此,GEO 卫星的星下点轨迹几乎固定在赤道的某一点上,且一整天基本静止不变。实际上,由于条件限制及轨道摄动的影响,GEO 卫星的星下点会产生微小变化,其在经纬度上的变化不超过 1°。

总之,GEO 和 IGSO 卫星只能从地球的某个区域观测到,而 MEO 卫星可以从地球的任何位置观测到,即使不能观测到完整的 MEO 轨道,也至少可以观测到其轨道的一部分。

为了描述某颗 GNSS 卫星相对于地球表面某个观测站的运动,通常采用以测站为原点,东(E)向、北(N)向和天(U)向为坐标轴建立测站坐标系。令测站的地理经度和纬度分别为 $\lambda$ 和 $\varphi$,则有从地面参考框架到 ENU 坐标框架转换关系的旋转矩阵 $E$,即

$$E = \begin{pmatrix} -\sin\lambda & +\cos\lambda & 0 \\ -\sin\varphi\cos\lambda & -\sin\varphi\sin\lambda & +\cos\varphi \\ +\cos\varphi\cos\lambda & +\cos\varphi\sin\lambda & +\sin\varphi \end{pmatrix} \quad (3.22)$$

给定某个测站位置 $r_{\text{sta}}$ 和某颗 GNSS 卫星位置 $r_{\text{sat}}$(均在地球框架中),则在 ENU 坐标框架视线(LOS)方向上的单位向量有

$$e = E \cdot \frac{r_{\text{sat}} - r_{\text{sta}}}{\|r_{\text{sat}} - r_{\text{sta}}\|} \quad (3.23)$$

卫星方位角是指卫星在局部地平面上北向和视线方向投影之间的夹角,卫星高度角则是视线方向与地平线之间的夹角,如图 3.7 所示。

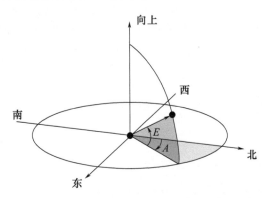

图 3.7 GNSS 卫星在站心坐标系下的方位角和高度角

图 3.8 描述了北半球某个测站可视 GPS 和 GLONASS 卫星一天运动轨迹的星空图,图中卫星保持在视线中的停留时间大概可达 6h。可以看出,卫星在东、西部半球的轨迹状况大致对称,但在南、北半球的轨迹分布明显不对称,尤其是在围绕天极周围一个约 40°半径的圆锥体范围内观测不到 GPS 卫星。由于 GLONASS 卫星轨道倾角较高,因而提供

了更大的天空覆盖范围,在该区域内无法观测到卫星的圆锥体半径范围缩小至约30°。

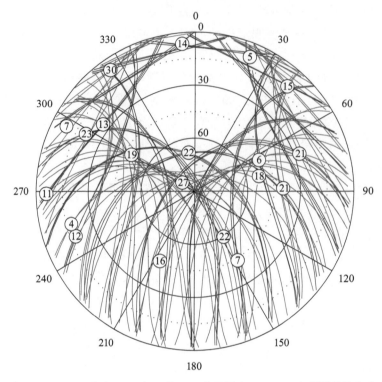

图 3.8　GPS 和 GLONASS 卫星在 2015 年 4 月 1 日慕尼黑($\varphi$=48.8°N)观测到的方位角和高度角,在 24h 内截止高度角为 5°以上范围内共有 11 颗 GPS 卫星和 9 颗 GLONASS 卫星可见

对于极地观测站,GPS、Galileo 和北斗 MEO 星座的 GNSS 卫星高度角的最大值约为 45°,这使得观测站垂直精度因子(VDOP;参见第 1 章)较大,从而导致观测站垂直方向的定位性能较差。GLONASS 卫星情况略优,其高度角的最大值约为 57°。相比之下,赤道附近的观测站则可获得对称的可见卫星分布和良好的全天空覆盖,而此时的不可见区分别由以地平线上的南、北两点为中心的两个半圆组成。

## 3.2　轨道摄动

3.1 节描述了仅在中心天体引力影响下的开普勒运动。假设中心天体是一个质点或具有质量对称分布的球形,开普勒定律和描述卫星运动的方程严格有效。实际情况下,中心天体(地球)质量分布较为复杂,并在潮汐形变的影响下时刻发生着变化。同时,太阳、月球等其他天体的引力、辐射压、大气阻力等摄动力,也都会以一种复杂的方式影响卫星运动。

为了描述卫星在较为实际情况下的运动,式(3.3)中给出的二体运动方程需扩展为包括其他摄动加速度的形式,可表述为

$$\ddot{r} = -\frac{GM_\oplus}{r^2}\frac{r}{r} + a(r,\dot{r},t) \qquad (3.24)$$

一般来说，摄动加速度 $a$ 是卫星位置、速度（考虑大气阻力的情况））和时间的函数。由于最大的摄动力量级仅为中心引力的 1/1000 左右，因此我们可以把附加的加速度 $a$ 称为摄动加速度，可参见式（3.24）描述的近似解析解（参见文献[3.9-3.11]）。为达到最高的计算精度，可采用数值积分的方法求解卫星摄动运动方程。

### 3.2.1 轨道描述

当摄动存在时，卫星轨道不再是上一节描述的椭圆（或者更普适地说，是圆锥曲线）。由于摄动力相比于中心引力项很小，因此卫星轨道仍然可以被认为是一个参数不断变化的椭圆。摄动的存在使卫星轨道面在空间的指向不稳定（轨道角动量不再守恒），且不断发生着改变。

沿卫星受摄轨道上的每一个点，都可以定义一个最优拟合椭圆，即密切椭圆。该椭圆与在位置 $r(t)$ 处的卫星轨迹相切，在这一点上两种轨道表征都有相同的速度向量 $\dot{r}$。卫星的受摄轨道可以认为是与每个轨道位置 $r(t)$ 相关密切椭圆的包络线，如图 3.9 所示。因此，受摄轨道可以由这些密切椭圆的轨道根数来唯一描述，即一边是位置和速度，另一边是与时间相关的所谓密切根数，即 $\{r(t),\dot{r}(t)\} \leftrightarrow \{a(t),e(t),i(t),\Omega(t),\omega(t),t(t_0)\}$。

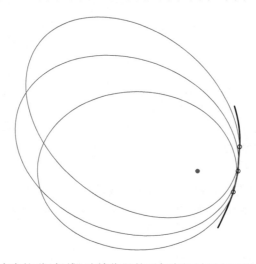

图 3.9 真实轨道（粗线）连续位置的近似密切椭圆表现形式（细线）

为了评估摄动力的影响，需要研究密切轨道根数随时间的变化。摄动导致密切轨道根数的典型变化可以划分为短周期、长周期和长期变化。在密切轨道根数中，短周期摄动的周期是卫星的轨道周期或轨道周期的整数倍或不足一个轨道周期，而长周期摄动的周期则会长达数周乃至数年。长期摄动则没有周期性的模式，其表现为某一密切轨道根数的持续增加或减少，这通常在升交点赤经 $\Omega$ 和近地点角距 $\omega$ 中被观测到。由于短周期和长周期的摄动受其振幅限制，在时间足够长的情况下，长期摄动相对于其他摄动而言则会占据主导地位。因此，在评估摄动加速度对卫星轨道的影响时，这些情况特别值得注意。

图 3.10 展示了某颗伽利略卫星 4 个密切轨道根数历时 10 天的变化。这 4 个轨道根数的摄动源为 GNSS 卫星高度的地球扁率摄动,其摄动加速度的量级最大。如图 3.10(a)所示,密切半长轴的短周期为每圈震荡两次(7h),振幅约为 1.5km。如图 3.10(b)所示,偏心率的变化表现为每圈一次和每圈三次周期叠加的短周期变化,以及太阳和月球引起的长周期摄动。如图 3.10(c)所示,轨道倾角的变化叠加了长周期摄动和短周期摄动。如图 3.10(d)所示,RAAN 最终显示为一种长期摄动,该长期摄动是由 -1.7arcmin/d 的逆行进动与一个短周期摄动叠加构成。其余的轨道根数也可以观测到类似的摄动。同样,对于其他 MEO 轨道高度的 GNSS 卫星,也可用相似的方法分析轨道摄动。

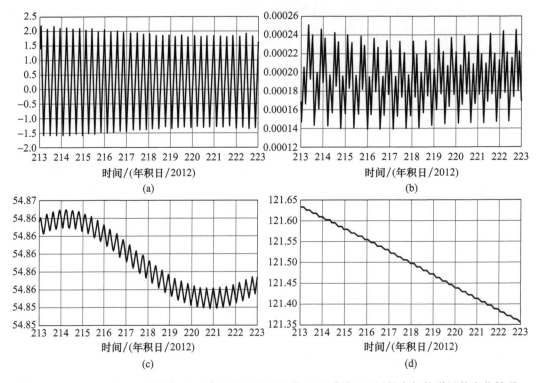

图 3.10 Galileo IOV-1 卫星在 2012 年 7 月 7 日至 8 月 10 日期间 10 天的密切轨道根数变化情况
(a)半长轴偏移量为 29600km;(b)偏心率;(c)轨道倾角;(d)升交点赤经。

## 3.2.2 摄动加速度

地球内非均匀质量分布引起的摄动加速度对卫星轨道影响量级最大。地球的重力加速度可通过重力位 $V(r)$ 的梯度函数 $\nabla V$ 来描述。利用球谐函数将地球周围的空间重力位展开,可表示为

$$V(r) = \frac{GM_\oplus}{r} \sum_{n=0}^{\infty} \sum_{m=0}^{n} \left(\frac{R_\oplus}{r}\right)^n \times P_{nm}(\sin\varphi)(C_{nm}\cos m\lambda + S_{nm}\sin m\lambda)$$

(3.25)

式中:位置向量 $r$、$\lambda$ 和 $\varphi$ 分别为位置 $r$ 在地固参考坐标框架中球坐标的半径、地心经度和

纬度；$R_\oplus$ 为地球的赤道半径；$P_{nm}$ 为 $n$ 阶 $m$ 次连带勒让德多项式；$C_{nm}$ 和 $S_{nm}$ 为斯托克斯系数（参见文献［3.12］）。当前重力场反演任务获得的重力场已扩展到足够高的阶次。例如，基于 GOCE 卫星数据的静态重力场可确定至 280×280 阶次，基于联合卫星信息与地面重力测量的重力场 EGM2008 模型的已高达 2190×2190 阶次（参见文献［3.14］）。需要指出，$n$ 阶重力场引起的摄动加速度随地心距离的 $n+2$ 次方递减。低轨卫星的重力场可能会考虑到 100 阶次，但对于 GNSS 卫星而言，8 阶以上摄动项导致的摄动加速度已小于 $10^{-11}$ m/s$^2$，这引起的轨道误差仅在亚毫米级，相对于其他摄动可忽略不计。

式（3.25）的球谐展开第一项 $n=0$ 时，表示一个质量均匀分布对称球的万有引力，即式（3.24）右边的第一项。当在地心坐标框架中表示重力场时，$n=1$ 项消失，而二阶带谐项系数 $C_{20}=-J_2=-1.082\times10^{-3}$ 反映了地球扁率。由地球扁平质量分布特征引起的摄动加速度所产生的净力矩会导致轨道面在空间中的进动，以及轨道面中密切椭圆的旋转。对于 RAAN 升交点赤经 $\Omega$ 和近地点角距 $\omega$，此种进动的长期部分可以描述为

$$\dot{\Omega}|_{\text{secular}} \approx -\frac{10.0°/d\cos i}{\left(\dfrac{a}{R_\oplus}\right)^{\frac{7}{2}}(1-e^2)^2} \tag{3.26}$$

$$\dot{\omega}|_{\text{secular}} \approx +\frac{5.0°\text{day}(5\cos^2 i - 1)}{\left(\dfrac{a}{R_\oplus}\right)^{\frac{7}{2}}(1-e^2)^2} \tag{3.27}$$

我们知道，当轨道倾角小于 90° 时，升交点进动是逆行的（与地球自转的方向相反）。当轨道倾角大于 90°（卫星逆行运动）时，升交点进动则是顺行的；而当选择恰好大于 90° 的某轨道倾角时，可利用扁率摄动来建立与太阳平均运动速度相同的太阳同步轨道。太阳同步轨道特别适用于近地轨道的地球观测卫星，但不适用于 GNSS 卫星。

近地点的长期进动方程式（3.27）表明，轨道倾角的临界值为 $i_{\text{crit}}=63.4°$。当轨道倾角小于临界值时，近地点进动正向运行；当轨道倾角大于临界值时，近地点进动反向运行；当倾角等于临界值时，近地点不存在扁率引起的长期漂移。值得注意，轨道倾角的临界值可根据函数关系——$5\cos(i_{\text{crit}})=1$ 计算而来，不依赖于带谐系数 $J_2$ 的值。例如，俄罗斯的 Molnyia 通信卫星充分利用了临界倾角的这一典型特征。由于 GNSS 轨道的偏心率通常较小，因此轨道倾角并非由近地点摄动决定，而是由其他需求决定。

除地球以外，还有其他天体如太阳和月球等都会引起绕地卫星的轨道摄动。在对三体摄动进行建模时，假设摄动体为质点。将摄动加速度在地心坐标框架中表示，那么第三体摄动加速度会出现在摄动方程的附加项中，即

$$\boldsymbol{a}_i = -GM_i\left(\frac{\boldsymbol{r}-\boldsymbol{r}_i}{\|\boldsymbol{r}-\boldsymbol{r}_i\|^3} + \frac{\boldsymbol{r}_i}{\|\boldsymbol{r}_i\|^3}\right) \tag{3.28}$$

式中：$M_i$ 为摄动天体 $i$ 的质量；$\boldsymbol{r}_i$ 为摄动天体 $i$ 的地心位置向量；$\boldsymbol{r}$ 为摄动卫星的地心位置向量。

事实上，地心参考框架是非惯性的。式（3.28）右侧第二项为其他天体作用于地球的负向摄动加速度，是在摄动天体的作用下具有的摄动加速度。在地心参考框架中，三体摄

动加速度即所谓的潮汐加速度，也称为直接潮汐项。它与摄动中心体距离的三次方成反比，而随卫星距地心的距离线性增大。

为了对地球卫星运动进行准确建模，也必须考虑间接潮汐项。事实上，日、月引力导致了潮汐产生，从而使地球发生形变。这些地球固体潮导致地球质量的分布随时间变化，从而引起卫星轨道摄动。海洋潮汐质量变化对卫星轨道的影响也同样需要考虑。在计算式(3.25)中固体潮引起的斯托克斯系数的时空变化时，可利用常规模型[3.7]，而海潮引起的重力场时空变化则是通过基于流体力学有限元模型（如FES2004[3.15]）或基于测高观测（EOT11a[3.16]）的复杂海洋潮汐模型计算获得。

考虑到时空曲率问题，式(3.24)所示的运动方程包含在欧几里得空间下相对论修正的摄动加速度，主要的修正项为史瓦西项，它描述了地球质量造成的空间曲率[3.7,3.17]。史瓦西项与地球的质量成正比，与卫星到地球中心距离的三次方成反比。低轨卫星史瓦西项的量级约为$2\times10^{-8}\text{m/s}^2$，地球同步轨道卫星的为$7\times10^{-11}\text{m/s}^2$。同时，GNSS卫星史瓦西修正引起的近地点进动约为1mas/d，可以忽略不计。由于史瓦西修正是轨道平面内的改正，因此不影响轨道面的空间指向。

Lense-Thirring效应——也称为重磁效应或参考框架拖曳效应——是由地球的旋转质量引起的广义相对论效应改正，它使参考框架进动，该进动可由科里奥利加速度建模。摄动加速度与地球的角动量成正比，与卫星到地球中心距离的7/2次方成反比。该效应对低轨卫星的影响为$2\times10^{-10}\text{m/s}^2$，对地球同步轨道卫星的影响为$4\times10^{-13}\text{m/s}^2$，相应的轨道进动在$500\mu\text{as/d}$和$2\mu\text{as/d}$之间变化。

岁差或德西特进动是由沿地球公转轨道的太阳质量变化引起的时空曲率导致，其引起的地心参考框架的进动量级大约在19.2mas/y或53uas/d。相应的科里奥利加速度与太阳的质量成正比，其量级从低轨卫星的$5\times10^{-11}\text{m/s}^2$降低到高轨卫星的$2\times10^{-11}\text{m/s}^2$。

除了之前讨论过的引力加速度，卫星的运动也受到了非保守力的影响，也被称为表面压力。与引力相反，表面压力不作用在卫星质量本体上，而是作用在卫星表面上。这种力由粒子或辐射作用在卫星外表面而产生。例如，由高层大气中原子和离子引起的阻力，或来自太阳的光子反射并被卫星表面吸收后将动量转移到卫星上而导致的摄动力等。表面压力加速度的特征是它们直接依赖于卫星截面积$A$，并与卫星质量$m$成反比，这在文献[3.5,3.18]中有详细讨论。

大气阻力加速度是由卫星轨道高度处的大气粒子引起，与空气质量密度成正比。由于空气密度随着卫星高度呈指数级降低，一般在2000km高度以下的卫星才会受大气阻力影响，因此GNSS卫星的大气阻力可以忽略不计。大气阻力加速度的最简单模型为

$$\boldsymbol{a}_{\text{drag}} = -\frac{1}{2}C_\text{D}\frac{A}{m}\rho(\boldsymbol{r})v_{\text{rel}}^2\frac{\boldsymbol{v}_{\text{rel}}}{v_{\text{rel}}} \tag{3.29}$$

大气阻力加速度与卫星相对于大气的速度向量$\boldsymbol{v}_{\text{rel}}$方向相反，且与卫星高度处大气层流速度的平方成正比。大气阻力系数$C_\text{D}$取决于卫星体的大气动力性能，以及卫星表面和大气粒子相互作用的具体过程，其典型的数值在2和3之间。大气密度$\rho(\boldsymbol{r})$很难建模，它取决于热层温度，因此反向依赖于太阳和地磁活动。在450km高度处卫星大气阻力加

速度的量级在 $1\mu m/s^2$,在 250km 高度处则增加至约 $100\mu m/s^2$。在给定高度上的大气阻力加速度受太阳活动引起的变化可能超过一个数量级。

太阳辐射压是由光与卫星表面的相互作用引起的动量转移导致的。设某颗卫星在位置 $r$ 处,则该卫星由太阳直射引起的辐射压可用最简单的球模型表达为

$$\boldsymbol{a}_{\rm rpr} = -\gamma C_{\rm R} \frac{A}{m} \frac{S_0}{c} \left(\frac{1{\rm AU}}{r_\odot}\right)^2 \frac{\boldsymbol{r}_\odot - \boldsymbol{r}}{\|\boldsymbol{r}_\odot - \boldsymbol{r}\|} \tag{3.30}$$

式中:$r_\odot$ 为太阳的地心位置向量;$S_0$ 为一个天文单位距离处的太阳辐射通量,数值为 $1361{\rm Wm}^{-2}$(参见文献[3.19]),将其除以光速 $c$ 即可得标准辐射压强度 $4.539\times10^{-6}{\rm Nm}^{-2}$;因子 $(1{\rm AU}/r_\odot)^2$ 将一个天文单位距离处的通量密度转换到太阳至卫星的当前距离上。辐射压力系数 $C_{\rm R}$ 取决于卫星的形状和表面特性,如反射率和吸收率;$\gamma$ 表示阴影系数,在直射光线下的值为 1,在地影或月影下的值为 0。在更复杂的模型中,卫星结构被分解成单独的表面,每个表面有指定的大小、方向和光学特性(box-wing 模型)。因此,通过单独计算每个表面的辐射压力,最后相加形成合力。太阳辐射压模型的准确性取决于卫星制造商提供的信息以及卫星相对于太阳的姿态。太阳辐射压典型加速度的量级为 $1\times10^{-7}{\rm ms}^{-2}$。

除直接的太阳辐射压外,低轨卫星间接辐射也是总辐射摄动加速度的一个重要部分,包括反照辐射(太阳光经地球表面反射)和地球表面发出的红外辐射等反照辐射模型,该模型将地球表面分解成不同的区域,计算出每个区域对卫星辐射的影响(参见文献[3.20-3.21])。与此同时,被卫星吸收的辐射会以热辐射的形式再次反辐射,其加速度方向与辐射方向相反。为了对该影响进行彻底建模,必须考虑卫星的热辐射模型。

如果卫星处于自旋状态,卫星热辐射延迟则会引起额外影响。例如,由地球辐射引起的 Yarkovsky-Rubincam 效应(参见文献[3.22]),以及由太阳直接辐射导致卫星温度升高引起的 Yarkovsky-Schach 效应等(参见文献[3.23])。这些效应会对如 LAGEOS 等卫星沿迹方向的加速度产生近 $10^{-12}{\rm ms}^{-2}$ 量级的影响。此外,卫星的无线电发射广播也会引起 $L/c$ 量级的反冲力。其中,$L$ 为发射的无线电功率,$c$ 为光速。100W 的发射功率所产生的力约为 $3\times10^{-7}{\rm N}$。

太阳风的影响可以由磁通量、太阳喷射出来并被地球磁层捕获的高能粒子的质量和速度来计算。即使在典型的太阳活跃期,太阳风产生的摄动加速度也比太阳辐射引起的加速度低 4 个数量级,因此可忽略不计。

## 3.2.3 GNSS 卫星在轨摄动力

3.2.2 节对轨道摄动进行了总体介绍,本节重点讨论 GNSS 卫星轨道高度处的摄动。表 3.2 概括了 GPS、Galileo 以及 BDS IGSO 卫星所受摄动加速度的大小及其影响。此处,BDS IGSO 为近圆轨道,轨道半长轴为 42164km,轨道倾角 55°。该表给出了这三类卫星摄动平均加速度以及摄动对轨道的影响。需要指出,表中列出的值是基于计算单个卫星均方根所获得的均值。

表 3.2 不同轨道类型和摄动运行两个周期后的平均加速度和轨道误差

| 摄动项 | GPS 平均加速度/ (m/s²) | 2 圈后轨道误差初始条件 固定/m | 2 圈后轨道误差初始条件 调整/m | Galileo 平均加速度/ (m/s²) | 2 圈后轨道误差初始条件 固定/m | 2 圈后轨道误差初始条件 调整/m | IGSO 平均加速度/ (m/s²) | 2 圈后轨道误差初始条件 固定/m | 2 圈后轨道误差初始条件 调整/m |
|---|---|---|---|---|---|---|---|---|---|
| 地球扁率摄动 | $5.7 \times 10^{-5}$ | 23000 | 3000 | $3.8 \times 10^{-5}$ | 22000 | 2700 | $9.1 \times 10^{-6}$ | 16000 | 1900 |
| 月球直接潮汐摄动 | $3.0 \times 10^{-6}$ | 1900 | 170 | $3.3 \times 10^{-6}$ | 2700 | 270 | $4.7 \times 10^{-6}$ | 12000 | 1100 |
| 太阳直接潮汐摄动 | $1.6 \times 10^{-6}$ | 930 | 90 | $1.7 \times 10^{-6}$ | 1700 | 110 | $2.5 \times 10^{-6}$ | 6900 | 480 |
| 高阶重力位 | $3.7 \times 10^{-7}$ | 360 | 32 | $2.4 \times 10^{-7}$ | 340 | 30 | $5.6 \times 10^{-8}$ | 1100 | 85 |
| 直接太阳光压 | $1.0 \times 10^{-7}$ | 220 | 32 | $1.0 \times 10^{-7}$ | 290 | 44 | $1.0 \times 10^{-7}$ | 860 | 130 |
| 地球反照辐射 | $9.8 \times 10^{-10}$ | 1.1 | 0.050 | $1.4 \times 10^{-9}$ | 2.2 | 0.11 | $7.0 \times 10^{-10}$ | 3.1 | 0.15 |
| 固体潮 | $1.1 \times 10^{-9}$ | 0.70 | 0.044 | $7.4 \times 10^{-10}$ | 0.67 | 0.034 | $1.8 \times 10^{-10}$ | 0.47 | 0.024 |
| 天线推力(100 W) | $3.1 \times 10^{-10}$ | 0.37 | 0.005 | $4.9 \times 10^{-10}$ | 0.79 | 0.010 | $4.9 \times 10^{-10}$ | 2.3 | 0.030 |
| 广义相对论 | $2.8 \times 10^{-10}$ | 0.33 | 0.004 | $2.1 \times 10^{-10}$ | 0.33 | 0.004 | $7.1 \times 10^{-11}$ | 0.33 | 0.004 |
| 金星摄动 | $1.7 \times 10^{-10}$ | 0.11 | 0.010 | $1.9 \times 10^{-10}$ | 0.20 | 0.011 | $2.8 \times 10^{-10}$ | 0.83 | 0.046 |
| 海洋潮汐 | $1.2 \times 10^{-10}$ | 0.10 | 0.009 | $7.5 \times 10^{-11}$ | 0.09 | 0.010 | $1.8 \times 10^{-10}$ | 0.13 | 0.009 |
| 木星摄动 | $2.3 \times 10^{-11}$ | 0.014 | 0.0014 | $2.5 \times 10^{-11}$ | 0.024 | 0.0018 | $3.6 \times 10^{-11}$ | 0.099 | 0.007 |
| 大于 8 阶的动重力位摄动 | $9.1 \times 10^{-12}$ | 0.0054 | 0.0006 | $2.8 \times 10^{-12}$ | 0.0022 | 0.0004 | $5.5 \times 10^{-14}$ | 0.0009 | 0.0003 |
| 火星摄动 | $1.6 \times 10^{-12}$ | 0.0011 | 0.0004 | $1.7 \times 10^{-12}$ | 0.0016 | 0.0004 | $2.5 \times 10^{-12}$ | 0.0067 | 0.0008 |

首先,通过对一组卫星轨道摄动项分别进行数值积分,得到摄动加速度对卫星轨道的影响。然后,计算两个卫星周期(GPS 为 1 天,IGSO 为 2 天)的轨道差,并取其平均值。在此,采用了两种不同的方法进行数值积分。其中,第一列的值给出在相同初始条件下轨道积分所得到的差值,该轨道差异单纯表现出摄动对轨道的影响。

通过调整初始条件,分别计算在有、无摄动条件下的轨道最优拟合值,从而获得第二列的值。两个周期后,调整初始条件的轨道差明显小于固定初始条件下的轨道差。由于初始条件必须作为定轨过程的一部分加以估计,所以这些值能更实际地反映出摄动对轨道的影响。一般情况下,由于需要调整其他参数,例如辐射压力模型的经验参数(详见 3.2.4 节),因此即使是表中调整后的初始条件,实际上也属于保守估计。

从表 3.2 中可看出,地球扁率对 GNSS 卫星的影响最大,它会导致千米级的轨道拟合误差。太阳和月球是影响轨道摄动加速度的第二大因素,它们对轨道的影响量级大约在几百米。尽管太阳质量更大,它对卫星的引力比月球大,但由于卫星距月球更近,因此月球引起的潮汐加速度(地心坐标框架中表示的重力加速度)更大。高阶次(高于扁率项)重力势项对 GNSS 轨道的影响程度与辐射压相当。由于 8 阶以上的项的影响可以忽略不计,因此 8 × 8 阶次的球谐地球重力场模型足以对 GNSS 卫星轨道进行建模。

地球固体潮对 GNSS 轨道的影响在厘米量级,海洋潮汐的影响几乎要小一个数量级。其他行星的三体摄动会对轨道产生厘米或亚厘米级的影响。由于金星、火星和木星是离地球最近的行星,因此它们的摄动量级也在表 3.2 中给出。

不同于重力加速度,卫星、太阳和地球辐射相互作用的影响很难建模。由于其轨道摄动的量级可达数十米,因此对获取厘米级高精度轨道而言,辐射压建模是一个巨大的挑战。

## 3.2.4 太阳辐射压

太阳辐射压是作用于 GNSS 卫星的最大非保守力摄动。与地球引力摄动相比,它建模难度要大得多,因为它取决于卫星结构、尺寸、光学表面特性和姿态,这些关于 GNSS 卫星的信息通常无法公开获得。因此,研究人员开发了不同类型的辐射压模型来表示这种摄动,该类型的摄动在一天内会造成数百米量级的轨道误差。

GNSS 卫星的名义指向要求导航天线指向地球中心,太阳能电池板垂直于太阳的方向(见 3.4 节)。因此,当卫星绕地球运行时,太阳在卫星星固坐标系的 $xz$ 平面上运行,只能照亮卫星本体的 3 个表面。这 3 个表面分别为安装导航天线的前面板(+z panel)、卫星背面的面板(-z panel)和顶部面板(+x 或-x panel,具体取决于卫星星固坐标框架的定义),而安装太阳能电池板的面板(+y 和-y 面板)以及底部面板不会受到光照的影响。因此,卫星相对于太阳的方向只能由太阳距角 $\varepsilon$(从卫星观测到的太阳与地球中心之间的角度)来参数化。虽然作用在太阳能电池板上的辐射压力保持不变,并且加速度指向远离太阳的方向,但是由于卫星会随太阳距角(或者说升交角距 $u$,即卫星沿轨道运行的位置角度)的变化而变化,这就导致摄动加速度的大小和方向也发生了变化。

由于受到太阳光照的卫星平均横截面和卫星偏航运动(振幅取决于太阳与卫星轨道平面的夹角 $\beta$),因此光压摄动会随着太阳相对轨道平面的运动而产生周期,称为交点年周期。由于地球扁率摄动导致了轨道平面逆行,因此这个周期比 1 年短几天。在忽略太阳不是沿天球赤道而是沿黄道运动的事实,使用式(3.26)中的岁差率,可得到不同 GNSS 星座的交点年周期,见表 3.3。表中显示了不同的 GNSS 星座对应着不同的交点年周期。如果考虑太阳沿黄道运行,则可以发现周期还取决于轨道的升交点赤经 $\Omega$。这样单个轨道面的重复周期可能与表 3.3 中的数值差异最大达±30 天。

表 3.3 不同 GNSS 星座的进动速度、平均交点年周期

| 系统 | 轨道进动/((°)/年) | 交点年周期/天 |
| --- | --- | --- |
| GPS | −15.16 | 351.4 |
| GLONASS | −12.10 | 353.4 |
| BeiDou(MEO) | −11.90 | 353.6 |
| Galileo | −9.69 | 355.7 |
| QZSS | −3.65 | 361.6 |
| BeiDou(IGSO) | −2.81 | 362.4 |
| NavIC(IGSO) | −4.36 | 360.9 |

GNSS 卫星的太阳辐射压模型可分为两类:基于卫星表面性质的物理模型和基于轨道分析的经验模型。第一类模型通常利用给定的卫星姿态,采用数学函数表示摄动加速度向量,通过详细的空间飞行器物理模型推导近似加速度。基于 GPS 卫星物理特性的第一

个模型是 ROCK4 和 ROCK42 模型,它应用于罗克韦尔国际公司和 IBM 联合研制的 Block Ⅰ和 Block Ⅱ/ⅡA 卫星。Rock-S 模型考虑了太阳辐射,ROCK-T 模型包括了卫星的热辐射。这些模型可近似展开为太阳距角 $\varepsilon$ 的傅里叶级数[3.25],称为 T10 和 T20 模型[3.26]。采用相同的方法,利用制造商马丁·玛丽埃塔公司的详细卫星参数,研究人员开发了适用于 Block ⅡR 卫星的 T30 模型。文献[3.27]提出了一种改进的辐射压力模型,考虑了卫星阴影、地球反照辐射、热辐射和天线辐射推力的影响等。

GNSS 卫星完善的物理模型在英国伦敦大学学院(UCL)得到了发展。Ziebart 和 Dare[3.28]提出了一种基于射线跟踪的适用于早期 GLONASS Ⅱv 卫星的辐射压力模型。该模型考虑了卫星的复杂形状,还考虑了阴影效应和反照辐射对卫星另一面的影响[3.29]。最近,UCL 又开发出适用于 Block ⅡR 卫星的类似模型[3.30,3.31]。

辐射压经验模型主要用精密定轨来估计光压参数。国际 GNSS 服务中最流行的经验模型之一(IGS[3.32];第 33 章)是瑞士伯尔尼大学开发的经验 CODE(欧洲定轨中心)轨道模型(ECOM)[3.33]。该模型使用一个太阳定向参考框架来表示太阳辐射压加速度,其中第一轴的单位向量 $e_D$ 从卫星指向太阳,第二轴的单位向量 $e_Y$ 沿着太阳能电池帆板轴,第三轴 $e_B$ 与前两轴形成右手坐标系。用公式表达具体为

$$\begin{cases} \boldsymbol{e}_D = \dfrac{\boldsymbol{r}_\odot - \boldsymbol{r}}{\|\boldsymbol{r}_\odot - \boldsymbol{r}\|} \\ \boldsymbol{e}_Y = \dfrac{\boldsymbol{e}_D \times \boldsymbol{r}}{\|\boldsymbol{e}_D \times \boldsymbol{r}\|} \\ \boldsymbol{e}_B = \boldsymbol{e}_D \times \boldsymbol{e}_Y \end{cases} \quad (3.31)$$

式中:$r$ 和 $r_\odot$ 分别为卫星和太阳的地心位置向量。这种坐标系称为 DYB 参考框架,在卫星绕地球运行进行偏航运动的同时,沿指向太阳的方向旋转。在此坐标框架下,太阳辐射压加速度的三个分量均可由一个常数项和一个由卫星升交角距 $u$ 作为参数的正弦函数来表示,即

$$\begin{cases} D(u) = D_0 + D_c \cos u + D_s \sin u \\ Y(u) = Y_0 + Y_c \cos u + Y_s \sin u \\ B(u) = B_0 + B_c \cos u + B_s \sin u \end{cases} \quad (3.32)$$

太阳辐射压加速度的一阶傅里叶级数包含 9 个在定轨过程中估计的经验参数。由于 $D$、$Y$ 方向轨道周期项与轨道平面的指向强相关[3.34],导致轨道定向参数解的不稳定性,因此在定轨过程中,一般只估计 9 个参数中的 5 个。此时 ECOM 模型简化为

$$\begin{cases} D(u) = D_0 \\ Y(u) = Y_0 \\ B(u) = B_0 + B_c \cos u + B_s \sin u \end{cases} \quad (3.33)$$

除了这 5 个经验参数,为应对残余轨道建模的不足,还为每个 GNSS 卫星在轨道正午点和午夜点引入了小量级和受约束的速度变化(随机脉冲)。

文献[3.35]中描述了一种在卫星体固系下表示的先验模型,在 $x$ 和 $z$ 方向添加了额

外的加速度项,即

$$\begin{cases} D = D_0 \\ Y = Y_0 \\ B = B_0 \\ Z(\Delta u) = Z_1 \sin\Delta u \\ X(\Delta u) = X_1 \sin\Delta u + X_3 \sin3\Delta u \end{cases} \quad (3.34)$$

式中:$\Delta u = u - u_s$ 表示太阳升交角距。该角度与卫星从午夜点的位置角度 $\mu$ 有关(图 3.19),其公式为 $\Delta u = \mu + \pi$。模型中的 6 个参数又被参数化为太阳高度角 $\beta$ 的函数。因此,模型总共包括 18 个参数,使用数年 CODE 的最终轨道估计计算。随后,研究人员又为新 GPS Block 卫星以及 GLONASS 卫星研制了类似的模型。这些模型被多个国际 GNSS 服务(IGS)分析中心作为一种先验模型,与 ECOM5 参数模型式(3.32)结合在一起使用。

采用类似的方法,喷气推进实验室(JPL)开发了 GPS 太阳压力经验模型(GSPM),其中 GSPM.97 模型[3.36]应用于 GPS Block ⅡA 卫星。基于超过 4 年的卫星轨道的监测数据,JPL 对 GSPM.97 模型进行了改进,并将其扩展到 GPS Block ⅡR 卫星上[3.37]。GSPM.04 模型在卫星体固坐标框架下表示太阳辐射压加速度,以太阳距角 $\varepsilon$ 为参数,展开为一个截断的谐波序列,即

$$\begin{cases} X(\varepsilon) = X_1 \sin\varepsilon + X_2 \sin2\varepsilon + X_3 \sin3\varepsilon + X_5 \sin5\varepsilon + X_7 \sin7\varepsilon \\ Y(\varepsilon) = Y_1 \cos\varepsilon + Y_2 \cos2\varepsilon \\ Z(\varepsilon) = Z_1 \cos\varepsilon + Z_3 \cos3\varepsilon + Z_5 \cos5\varepsilon \end{cases} \quad (3.35)$$

这 10 个系数中的一些系数($Y_1$ 和 $X_2$)是太阳高度角 $\beta$ 的函数。GPS Block ⅡA 和 ⅡR 卫星具有不同的独立模型参数。该模型作为先验模型,在定轨过程中可以估计 $Y$ 方向的恒定加速度偏差和太阳方向的恒定比例参数以及卫星星固坐标轴的随机比例变化[3.38]。

文献[3.39]给出了另一种模型——盒-翼(box-wing)模型。该模型将卫星看作一个简单的卫星箱体和太阳能电池面板两部分,这两部分均有明确的几何尺寸。在定轨过程中,可以估计被照亮表面的光学特性参数,特别是太阳能帆板的综合光学特性参数,以及卫星的+$x$ 面、+$z$ 面和-$z$ 面的吸收系数与漫反射系数之和以及镜面反射系数。为处理参数间的相关性,在估计镜面反射系数过程中会给予极强的先验约束。除这些参数外,定轨过程中还估计了沿太阳能电池面板轴方向的加速度偏差以及太阳能面板旋转滞后角。此模型共有 9 个参数,可以认为是一个经验辐射压力模型,但可利用表面特性对待估参数进行物理解释。结合改进后的卫星姿态模型,盒-翼模型可以大大降低在交点年频率处轨道建模缺陷对测站坐标或地心视运动等大地测量时间序列的影响[3.40-3.41]。

由于经典的经验 CODE 轨道模型式(3.32)在 GLONASS 卫星上的应用存在缺陷[3.42],文献[3.43]对 ECOM 模型进行了改进,即

$$\begin{cases} D(u) = D_0 + D_{2c}\cos2\Delta u + D_{2s}\sin2\Delta u + \\ \qquad\qquad D_{4c}\cos4\Delta u + D_{4s}\sin4\Delta u \\ Y(u) = Y_0 \\ B(u) = B_0 + B_c\cos\Delta u + B_s\sin\Delta u \end{cases} \quad (3.36)$$

该模型包含额外的经验系数对太阳直接辐射加速度的高频率变化进行参数化,这是因为 GLONASS 卫星呈现细长的形状,导致卫星在绕地球运行时暴露在太阳下的截面变化更为显著。此处,参数 $\Delta u$ 的意义与式(3.34)相同。

将经典 ECOM 轨道模型式(3.32)应用于 Galileo 卫星轨道建模也存在缺陷。卫星激光测距(SLR)的残差显示了显著的轨道周期变化,它的振幅取决于太阳高度角 $\beta$,最大达到了 20cm[3.44]。这是因为 Galileo 在轨验证(IOV)卫星的主体为矩形,其主体轴比例约为 2∶1。文献[3.45]提出了一种辐射压模型的改进版本,使用简单的盒-翼模型作为先验模型,其光学表面参数利用半年的 Galileo 跟踪数据计算得到,是对 ECOM 5 参数①经验模型式(3.32)的有效补充。

文献[3.20]提出了早期的地球辐射模型,这些模型考虑了地球反照辐射以及地球红外辐射的摄动影响,显著降低了 GPS 卫星的轨道预报误差[3.30]。考虑地球辐射和天线推力的影响使 GPS 的轨道误差在径向降低了 2cm,从而减小了 SLR 残差中的系统偏差[3.21,3.46]。

此外,卫星星体和太阳能电池板会出现散热不均衡的情况,会以二次热辐射的方式引起轨道摄动。文献[3.47-3.49]给出了适用于 GPS 卫星的二次热辐射模型。对于 GPS 卫星来说,二次热辐射对轨道预报的影响在 1 周后可以达到 10m[3.47]。文献[3.48]提出的热辐射模型可将 GPS Block ⅡR 卫星 12h 轨道预报的沿迹方向误差由 2.7~3.0m 减少到 0.6m。

## 3.2.5 轨道长期演化

由于操作上的原因,所有 GNSS 星座的地面轨道都会在一个时间段后重复,这个时间段对每个系统都是特定的(表3.1)。例如,GPS 卫星在一个恒星日内转两圈,而 Galileo 卫星在 10 天内转 17 圈。对于一个固定在地球上的观测者而言,GPS 星座每隔一个恒星日重复一次,Galileo 星座则每隔 10 天重复一次。一般来说,如果卫星的公转周期与地球的自转周期相等,那么卫星的地面星下点轨迹是完全重复的。这意味着公转周期 $U$ 与恒星日 $T$ 长度之比,或地球自转速率 $\omega_\oplus$ 与卫星平均运动之比可表示为两个不可约分的整数 $N$ 和 $K$ 之比,即

$$\frac{U}{T} = \frac{\omega_\oplus}{n} = \frac{K}{N} \qquad (3.37)$$

式(3.37)表示卫星在 $K$ 个恒星日运行 $N$ 圈,其中 $K$ 也被称为轨道重复周期。

当卫星在具有重复性的轨道上运行时,其星下点轨迹在运行 $N$ 圈后会再次出现在地表上方的同一位置,此时卫星会受到先前相同的地球不规则重力场摄动,这种周期性的摄动会导致共振效应,在轨道半长轴上体现得最为明显,从而改变卫星的平均运动,导致卫星逐渐偏离轨道标称位置。

这种共振摄动是由地球重力势式(3.26)的特定阶次所引起,其阶数 $n$ 和次数 $m$ 依赖

---

① 原著有误,译者已更正。——译者

于重复轨道的 $N$ 和 $K^{[3.11]}$。整数 $N$ 的值越大,引起该摄动的对应的阶数 $n$ 越大。由于摄动加速度随着卫星地心距离的 $n+2$ 次幂减小,因此当每循环 $K$ 个恒星日的圈数 $N$ 较大时,卫星的共振摄动要小得多。

地球静止卫星的共振效应较为强烈,这是由于卫星在地球赤道某点上方固定,受到恒定地球重力场摄动的影响。理论表明,地球重力场 $(n,m)=(2,2)$ 项,即地球的扁率,是造成摄动的最主要原因。实际情况下,卫星半长轴的变化可能达到 150m/d,从而引起在相应经度上产生额外的加速度(参见文献[3.50]),因此需要频繁地执行轨道机动,以将它们保持在所需的 0.1°经度范围内。

以北斗星座的 GEO 卫星为例,为了补偿半长轴漂移和经度的相关变化,卫星每隔 3 周进行一次轨道校正机动。图 3.11 显示了卫星 C01 的地理经度。在短周期摄动影响下,卫星会受到向西方向的恒定加速度,通过周期性地轨道机动抵消向西漂移现象。在 200d 的时间间隔内,总共可以观测到 8 次机动。IGSO 卫星执行常规机动的频率大概为每年 2 次。

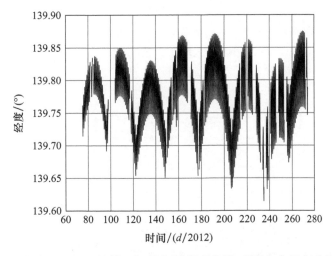

图 3.11　北斗 GEO C01 卫星的经度,除短周期变化外,向西方向具有共振加速度。
平均经度漂移由负责卫星机动的监测站定期校正

GEO 卫星的三体摄动加速度(太阳和月球)与地球扁率摄动加速度的量级相当,两类摄动的综合效应导致轨道平面围绕"拉普拉斯平面"进动。"拉普拉斯平面"是赤道面向黄道平面倾斜 7.5°左右的平面。由此导致 GEO 卫星的轨道倾角从 0°增加到 15°,周期大约为 50 年$^{[3.51]}$。为了补偿轨道倾角的偏移,GEO 卫星通常进行倾角机动,但尚未观测到北斗 GEO 和 IGSO 卫星执行该类型的机动。因此,北斗 GEO 卫星的轨道倾角会略微增加几度。

地球自转周期与 GPS 卫星的轨道周期之比为 2∶1。图 3.12 给出了 GPS 卫星的星下点轨迹和引起最大共振摄动的重力场 $(n,m)=(3,2)$ 项,该项在卫星每运行半圈后重复出现。如图 3.12 所示,该项在南纬和北纬的最大值处引起沿轨方向的加速度(红色箭头),半长轴漂移速率可达 6m/d。根据不同卫星的轨道偏心率,由地球重力势各项引起的半长轴漂移可达 10m/d。图 3.13 给出了所有 GPS 卫星半长轴的漂移以及各自可能的最大值。

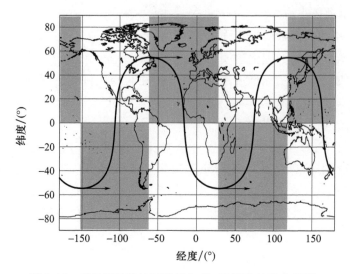

图 3.12　GPS 卫星的地面轨迹与(3,2)阶次的重力势项。
箭头表示在最小和最大纬度的轨道位置处的加速度方向

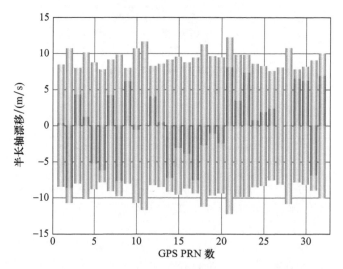

图 3.13　所有 GPS 卫星的半长轴漂移(2015 年 7 月 PRN)
其中:浅色表示最大可能漂移;深色表示实际总漂移。

因此,GPS 卫星需要执行常规的轨道保持机动以应对共振摄动的影响。图 3.14 给出了 GPS 卫星 G04 平均半长轴在共振摄动下的连续增长变化,可以看到平均长半轴在每年呈现一次突然下降的趋势。实际上,GPS 卫星执行轨道机动的频率平均约为 0.6 次/年(图 3.15)。

如果卫星不执行轨道机动,相应的轨道根数将呈现出 8 年甚至更长的长周期变化,其中平均半长轴变化可达 10km,偏离名义点位可达±180°。如图 3.16 所示,在不考虑轨道

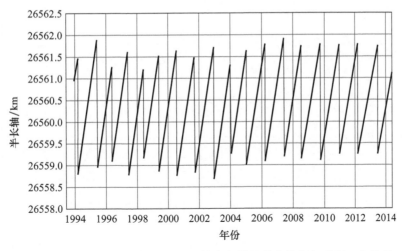

图 3.14 GPS 卫星 PRN04(SVN 34)的半长轴显示大约每年进行一次机动

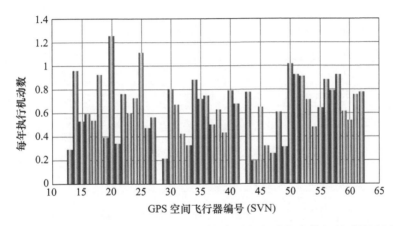

图 3.15 1994 年 1 月至 2015 年 7 月间 GPS 卫星每年执行机动的次数(不包括重新定位机动)

机动的情况下对 PRN G04 卫星轨道进行数值积分,可以得到 PRN G04 平均半长轴的变化趋势和名义位置与实际位置的偏差。可以看出,平均半长轴的变化范围在 ±4km 左右,标称点位的偏差达到 210°。如果不进行机动,将会对星座内 GPS 卫星的规律性分布产生显著影响。

虽然 GPS 卫星需要定期执行机动,但其他星座的 MEO 卫星不需要机动,这是因为其他卫星每周期的 N 值较大,共振摄动可以忽略不计。在实际情况中,GLONASS 和 Galileo 卫星引起共振摄动的重力场项最小阶为 17,而对北斗 MEO 卫星的最小阶为 13。

从长期来看,MEO 卫星还必须考虑由日、月引力摄动和地球重力场带谐项导致的偏心率共振摄动[3.52-3.54]。当升降交点的连线、远近地点的连线两者的长期运动与太阳和月球的运动成比例时,就会产生共振现象。根据初始轨道面的指向,这些与倾角有关的共振可能会导致偏心率的准长期增长,使得轨道远地点上升,近地点下降,轨道机动直至卫星的服役期结束。

退役的 GNSS 卫星仍在轨道上运行,但它们会进入正常运行轨道的上方或下方的"废

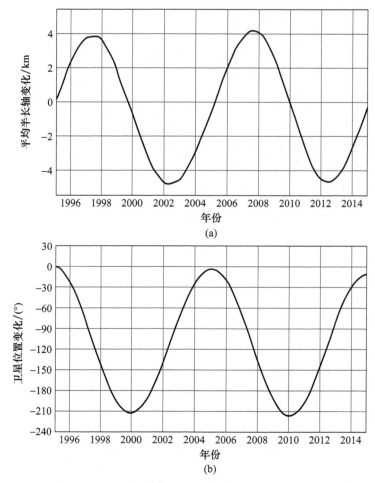

图 3.16 在 20 年时间范围内,不执行轨道机动情况下对
GPS 卫星 PRN04(SVN 34)的轨道进行数值积分
(a)平均半长轴变化;(b)卫星名义点位置偏离。

弃"轨道,以尽量减小与正常运行的卫星产生碰撞的风险。退役 GPS 卫星的轨道的近地点相比正常运行轨道提高了约 1000km,而伽利略卫星在服役期结束时,会将轨道高度提高 300km[3.56]。

服役期结束的 GNSS 卫星轨道偏心率也会呈现共振增长,因此仅在数十年内会穿过附近正常运行的 GNSS 卫星轨道面[3.57-3.58]。一些研究人员也讨论过利用轨道偏心率的共振累积降低服役期结束的 GNSS 卫星的近地点,从而使其再入大气层[3.58-3.60]。

### 3.2.6 轨道精度

轨道的精度和准确度可以用不同的方法来评估,每种方法都有各自的优势和劣势[3.44,3.61]。

精密轨道产品通常按天生成相应的文件(见第 33 和 34 章),轨道的内部一致性可以通过分析每天临界处的不连续性来评估,其质量取决于最初用来定轨的弧段长度。例如,如果使用三天弧段的观测量生成第二天的精密轨道产品,那么就会在临界处产生比较小的轨道不连续间断。

与上述方法类似,轨道产品的精度也可以通过一个长弧段轨道估计一天弧段的轨道参数来评估,使用轨道残差的均方根(RMS)作为质量指标,但该指标可能会偏向长弧段轨道计算的模型。这种方法也可以通过较长的弧段获得日弧段的最优解。

另一种方法是比较不同机构提供的同一颗卫星的轨道。这种方法可以评估使用不同的软件、不同解算策略和不同跟踪站所计算轨道的一致性,可以对不同机构之间的建模差异进行评价,但无法发现共同偏差。

国际激光测距服务的地面站对卫星实施 SLR 测量[3.62]。这种独立观测量减去利用轨道计算的距离得到的残差,就可以对轨道精度进行评估。由于 GNSS 卫星轨道高度较高,因此主要评估轨道的径向分量。但前提是,GNSS 卫星必须配备激光后向反射器,并且需要明确反射器相对于卫星质心的位置以及卫星姿态。

GPS 星座只有两颗(已结束服役)Block ⅡA 卫星——SVN 35 和 SVN 36 配备了激光后反射器,而所有其他 GNSS 星座的卫星都装载了激光后向反射器。新一代的 GPS 卫星从 GPS Ⅲ SV-9 开始将再次配备激光后向反射器[3.63]。

IGS 提供的 GPS 卫星轨道具有高度的一致性和准确性(见第 33 和 34 章)。尽管各个分析中心使用不同的软件、分析策略以及不同的跟踪站对卫星轨道进行解算,但每个 IGS 分析中心提供的 GPS 轨道与 IGS 最终轨道产品之间差值的加权均方根仍可小于 2cm[3.61],将该误差对应至无地影卫星的临界点处,不连续的轨道误差为 21mm[3.61]。对 IGS 每日轨道的重叠部分进行频谱分析,结果表明:重复弧段差异的振幅为厘米级,呈现出交点年、双周以及单周的周期,引起这种误差的原因可能源于轨道建模不完善以及半周日地球自转模型的不精确性[3.64]。

配备了激光反射器的两颗 GPS 卫星的 SLR 残差分别为 19mm(SVN35)和 25mm (SVN36)[3.65],如图 3.17 所示。文献[3.66]重新处理了 CODE 后处理轨道,结果显示两颗卫星的 SLR 残差的标准偏差为 19mm。SLR 观测量的系统差从最初的 -5~-6cm(负偏差表明 SLR 测量距离更短))[3.34]减小到 3cm[3.65],利用改进的轨道模型和更准确的反射器校正值,可以将其最终减少至 13mm[3.65]。

IGS 分析中心给出的 GLONASS 卫星的精密轨道比 GPS 卫星轨道精度稍差。这是由于 GLONASS 的跟踪站比 IGS 的 GPS 跟踪站少、模糊度固定困难以及轨道建模问题等造成。GLONASS-M 卫星的 SLR RMS 值在 30~40mm 之间,平均值为 35mm,无系统偏差[3.66]。

新一代 GNSS 的轨道尚未达到类似精度。伽利略 IOV 卫星的 SLR 残差高达 20cm,标准偏差约为 8~9cm,平均偏差约为 4~5cm[3.44]。通过改进太阳辐射压模型,SLR 残差的标准差和偏差可分别减小到约 5cm 和 -3cm(参见文献[3.45],3.2.4 节)。北斗 MEO 和 IGSO 的轨道精度目前约为 2dm,而北斗 GEO 卫星轨道的精度低了大约 1 个数量级[3.67-3.68],尤其是沿迹方向,这是因为地球静止卫星相对于地面站运动幅度较小,导致卫星经度与伪距偏差和相位模糊度间具有很强的相关性。

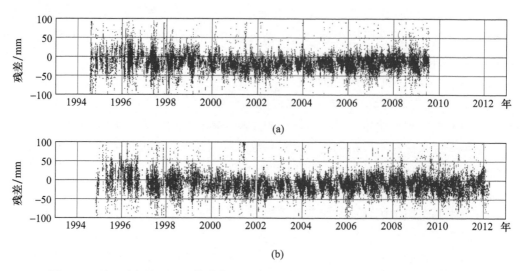

图 3.17 基于重新处理 IGS 轨道的 GPS 卫星(装有后向反射器阵列)激光测距残差
(a) SVN 35;(b) SVN 36。

## 3.3 广播轨道模型

广播轨道可以用于接收机计算 GNSS 卫星的位置和速度,是每个卫星导航系统的关键组成部分。在分配跟踪信道时,这些信息可用于评估卫星可见性和跟踪条件,从而加速接收机初始化。另一方面,精确的轨道信息可以计算伪距和伪距变化率,为进一步得到导航定位解提供前提条件。通常将星历参数集分为两类:

(1)历书,提供粗略的轨道信息,其典型精度为 1km[3.69],可用于信号捕获。每颗卫星发送星座内所有卫星的轨道参数以及辅助的健康状况信息。

(2)星历,提供(亚)米级轨道信息,用于计算卫星的位置和速度。每颗卫星只发送自己的星历数据,因此总信息长度较短、重复率较高。

历书和星历数据中均含有卫星时钟信息(偏移、漂移和漂移率;见第 5 章),这些信息只用于导航解的计算。GPS[3.69]、GLONASS[3.70]、Galileo[3.71]、北斗[3.72] 和 QZSS[3.73] 系统的接口控制文件(ICD)给出了详细的规范,这些文件全面描述了导航消息的格式和内容,以及所有数据的使用说明。

本章讨论当前 GNSS 系统中使用的历书和星历模型,并给出统一的基本算法。尽管各个系统间的共性较大,但个别星座采用了不同的坐标系统实现方式以及不同的物理常数,考虑到目前使用的最新参考框架,星座之间的差异会导致厘米级的位置偏移,因此与广播星历的固有精度相比可以忽略不计[3.74]。另一方面,如表 3.4 所列,应注意正确使用接口控制文件中规定的对应于不同星座的物理常数,尤其是地球重力场系数。即使是微小的 $GM_\oplus$ 差异也会影响计算出的卫星平均运动速度,从而引入随时间线性增长的位置误差。

表 3.4　GNSS 历书和星历模型的物理参数

| 系统 | $GM_\oplus/(\mathrm{m}^3/\mathrm{s}^2)$ | $\omega_\oplus/(\mathrm{rad/s})$ |
| --- | --- | --- |
| BeiDou | $398600.4418\times10^9$ | $7.2921150\times10^{-5}$ |
| Galileo | $398600.4418\times10^9$ | $7.2921151467\times10^{-5}$ |
| GLONASS | $398600.4418\times10^9$ | $7.292115\times10^{-5}$ |
| GPS | $398600.5\times10^9$ | $7.2921151467\times10^{-5}$ |
| QZSS | $3986005\times10^9$ | $7.2921151467\times10^{-5}$ |

## 3.3.1　历书模型

历书模型旨在利用具有 6 个独立轨道要素的开普勒轨道模型来描述 GPS、Galileo、北斗、QZSS 等卫星导航信息中的星座状态。除了地球扁率引起的长期轨道面旋转外,相应的历书模型不考虑其他轨道摄动。

如表 3.5 所列,除了参考历元 $t_a$ 外,还包括 7 个轨道参数。这些参数最初由 GPS 使用,后来被大多数其他 GNSS 系统继承,以增加系统间的共同性。在求解平均运动时,通过使用半长轴的平方根代替半长轴 $a$ 的方式,以避免对超越函数的估值,即

$$n_0 = \frac{\sqrt{GM_\oplus}}{\sqrt{a}^3} \tag{3.38}$$

在 $t$ 时刻的平近点角为

$$M = M_0 + n_0(t - t_a) \tag{3.39}$$

倾角 $i = i_{\mathrm{ref}} + \delta_i$($i_{\mathrm{ref}}$ 为轨道倾角参考值,不同星座具有不同值),为了减少传输历书所需的比特数,只播发与参考值的差异。

表 3.5　GNSS 历书参数

| 参数 | 描述 |
| --- | --- |
| $\sqrt{a}$ | 半长轴平方根 |
| $e$ | 偏心率 |
| $\delta_i$ | 参考时刻的轨道倾角相对于参考值的改正量<br>$i_{\mathrm{ref}} = 54°$(GPS)<br>$63°$(GLONASS)<br>$56°$(Galileo)<br>$0°$(BeiDou GEO)<br>$45°$(QZSS) |
| $\Omega_0$ | 周起始时刻的升交点经度 |
| $\dot{\Omega}$ | 升交点赤经变化率 |
| $\omega$ | 近地点角距 |
| $M_0$ | 参考时刻的平近点角 |

GPS/GNSS 历书模型的特点是在地固参考框架中直接计算轨道位置。在历书数据中,采用 $\Omega_0$(相对于周起始时刻 $t_w$ 格林尼治子午线角)代替升交点赤经 $\Omega$,二者的关系为

$$\Omega_0 = \Omega(t_a) - \Theta(t_w) \tag{3.40}$$

式中:$\Theta$ 为格林尼治平恒星时。由于地球扁率的存在,惯性空间的升交点赤经并非为一个常数,而是在逆行方向上有一个均值漂移率 $\dot{\Omega}$,随倾角和轨道半径而变化,最小约为 -0.01/d(高轨地球同步轨道),最大约为 -0.04/d(GPS MEO 星座),如表3.3所列。

利用历书参数中所提供的升交点速率,在 $t$ 时刻升交点的经度 $\lambda_\Omega$ 可以表示为

$$\begin{aligned}\lambda_\Omega(t) &= \Omega(t) - \Theta(t) \\ &\approx \Omega(t_a) + \dot{\Omega}(t - t_a) - \Theta(t_w) - \omega_\oplus(t - t_w) \\ &= \Omega_0 + \dot{\Omega}(t - t_a) - \omega_\oplus(t - t_w)\end{aligned} \tag{3.41}$$

利用开普勒方程式(3.11)求解偏近点角 $E$ 后,利用式(3.9)计算轨道平面坐标 $(x_p, y_p)$,GNSS 卫星在 ITRF 框架下(或各自的星座特定的地固坐标框架)的位置可以表示为

$$\boldsymbol{r}_{\text{ITRF}} = \boldsymbol{R}_3(-\lambda_\Omega)\boldsymbol{R}_1(-i)\boldsymbol{R}_3(-\omega) \cdot \begin{pmatrix} x_p \\ y_p \\ 0 \end{pmatrix} \tag{3.42}$$

对时间 $t$ 的微分可以得到速度表达式,即

$$\dot{\boldsymbol{r}}_{\text{ITRF}} = \boldsymbol{R}_3(-\lambda_\Omega)\boldsymbol{R}_1(-i)\boldsymbol{R}_3(-\omega) \cdot \begin{pmatrix} \dot{x}_p \\ \dot{y}_p \\ 0 \end{pmatrix} - \begin{pmatrix} 0 \\ 0 \\ \omega_\oplus - \dot{\Omega} \end{pmatrix} \times \boldsymbol{r}_{\text{ITRF}} \tag{3.43}$$

$(\dot{x}_p, \dot{y}_p)$ 是在式(3.13)中得到的轨道平面坐标速度。

上述历书模型的一般公式在数学上与 GPS、Galileo、北斗和 QZSS 的接口控制文件中指定的算法等价,但对某个方程采用了稍微不同的符号和排列方式。其中,接口控制文件的公式涉及的所有时间均为相对于周起始时刻,在计算时使用真近点角而非偏近点角,并且避免显式矩阵旋转。此外,接口控制文件中均缺乏卫星速度的计算方法。

除了上述星座外,GLONASS 系统采用分析历书模型,考虑了长周期和短周期摄动,使用一组6个轨道参数计算位置和速度。虽然 GLONASS 模型可能比 GPS 历书更精确,但其计算起来更为复杂,这里不给出具体细节,感兴趣的读者可参考 GLONASS 卫星的接口控制文件[3.70],文献[3.75]则给出了精度足够的简化版公式。

## 3.3.2 开普勒星历模型

GPS、Galileo、北斗和 QZSS 星座的广播星历使用受摄开普勒轨道模型,而 GLONASS

星历建立在数值轨道积分基础上,任意时刻航天器的位置和速度可以直接通过在整个有效区间内采用给定的轨道参数进行计算。

GPSLNAV 广播星历采用这种最通用的星历模型,后来也被大多数其他星座继承。该模型是上述历书模型的扩展版本,引入了一些附加参数来精化轨道的表达。如表 3.6 所列,这些物理参数分别表示平均运动相对于开普勒根数的差异、轨道倾角漂移以及在径向、沿迹和法向方向上半轨道周期的摄动特性。为了达到更高的精度,GPS L2C 和 L5 信号播发的新的 CNAV 电文,进一步考虑了轨道的半长轴漂移和平均运动[3.69,3.76]。此外,CNAV 电文不采用升交点赤经,而采用相对于参考值的升交点经度,占用的数据位更小以及精度更高。所有轨道根数和参数在广播电文中都参考共同的时刻 $t_e$,但 LNAV 和 CNAV 电文采用了不同的历元(和参数)。

表 3.6 开普勒广播星历模型的参数

| 参数 | 描述 |
| --- | --- |
| $\sqrt{a}, \Delta a$ | LNAV 电文中半长轴平方根,相对于参考值的半长轴偏差(在 GPS CNAV 电文中 $a_{ref}$ = 26559710m,在 QZSS CNAV 电文中 $a_{ref}$ = 42164200m) |
| $\dot{a}$ | 半长轴变化率(CNAV) |
| $\Delta n$ | 卫星平均运动角速度与计算值之差 |
| $\dot{n}_0$ | 卫星平均角速度变化率(CNAV) |
| $e$ | 偏心率 |
| $i_0$ | 参考时刻的轨道倾角 |
| $di/dt$ | 倾角变化率 |
| $\Omega_0$ | 周起始时刻的升交点经度 |
| $\dot{\Omega}$ | 升交点赤经变化率(LNAV) |
| $\Delta\dot{\Omega}$ | 相对于参考值 $\Omega_{ref} = (4.68 \times 10^{-7})°/s$ 的升交点赤经变化率(GPS/QZSS CNAV) |
| $\omega$ | 近地点角距 |
| $M_0$ | 参考时刻的平近点角 |
| $C_{rc}, C_{rs}$ | 轨道半径的余弦,正弦调和改正项的振幅 |
| $C_{uc}, C_{us}$ | 纬度幅角的余弦,正弦调和改正项的振幅 |
| $C_{ic}, C_{is}$ | 轨道倾角的余弦,正弦调和改正项的振幅 |

开普勒星历模型首先需要计算该时刻的平近点角,即

$$M = M_0 + n(t - t_e) \tag{3.44}$$

然后计算该时刻的半长轴以及(摄动的)平均角速度,即

$$a = \begin{cases} (\sqrt{a})^2 & \text{(LNAV)} \\ a_{ref} + \Delta a & \text{(CNAV)} \end{cases} \tag{3.45}$$

$$n = \sqrt{\frac{GM_\oplus}{a^3}} + \begin{cases} \Delta n & \text{(LNAV)} \\ \Delta n + \Delta\dot{n}(t - t_e) & \text{(CNAV)} \end{cases} \tag{3.46}$$

根据开普勒方程式(3.11),计算真近点角,有

$$v = 2\arctan\left(\sqrt{\frac{1+e}{1-e}}\tan\frac{E}{2}\right) \quad (3.47)$$

非摄动的升交角距通过 $\bar{u} = \omega + v$ 计算,随后计算周期性改正,有

$$\begin{cases} \delta r = C_{rs}\sin(2\bar{u}) + C_{rc}\cos(2\bar{u}) \\ \delta u = C_{us}\sin(2\bar{u}) + C_{uc}\cos(2\bar{u}) \\ \delta i = C_{is}\sin(2\bar{u}) + C_{ic}\cos(2\bar{u}) \end{cases} \quad (3.48)$$

轨道半径、纬度幅角和轨道倾角的摄动解,可表示为

$$\begin{cases} r = a(1 - e\cos E) + \delta r \\ u = \bar{u} + \delta u \\ i = i_0 + \frac{\mathrm{d}i}{\mathrm{d}t}(t - t_e) + \delta i \end{cases} \quad (3.49)$$

在历书模型中,升交点的格林尼治经度为

$$\lambda_\Omega = \Omega_0 + \dot{\Omega}(t - t_e) - \omega_\oplus(t - t_w) \quad (3.50)$$

式中:$\dot{\Omega}$ 为升交点变化率,可以直接从星历数据(LNAV)或者参考值(CNAV)获取。基于上述结果,卫星在地固坐标系中的位置为

$$\dot{\Omega} = \dot{\Omega}_{\mathrm{ref}} + \Delta\dot{\Omega} \quad (3.51)$$

$$\boldsymbol{r}_{\mathrm{ITRF}} = \boldsymbol{R}_3(-\lambda_\Omega)\,\boldsymbol{R}_1(-i)\begin{pmatrix} r\cos u \\ r\sin u \\ 0 \end{pmatrix} \quad (3.52)$$

除计算 GNSS 卫星的位置外,当使用距离变化率或多普勒观测值计算用户速度时,需要获取卫星速度(第 21 章)。虽然在接口控制文件中没有列出相应的计算公式,但可以利用位置对时间 $t$ 求微分得到速度公式。该公式较为复杂,由于篇幅有限,本章不再描述,感兴趣的读者可参考文献[3.77-3.78]和文献[3.79],这些文献中的公式基于标准 LNAV 星历模型,可用于计算卫星在地固坐标参考框架下的位置、速度和加速度。

Galileo 和北斗也同样采用了基本的 GPS LNAV 星历模型,各个系统间的差异仅限于时间、参考系统以及个别参数占用的比特数[3.71,-3.72]。此外,由于北斗系统地球同步卫星相对于赤道存在一个小倾角[3.72,3.80],在卫星广播星历中提供的倾角 $i$ 是指相对于地球赤道倾斜 5°的辅助平面,并且升交点赤经也采用了不同的约定和原点,因此形成了另一个表达式,即

$$r = R_3(\omega_\oplus(t - t_w))\,R_1(-5°) \times \\ R_3(-\Omega)\,R_1(-i)\begin{pmatrix} r\cos u \\ r\sin u \\ 0 \end{pmatrix} \quad (3.53)$$

其中

$$\Omega(t) = \Omega_0 + \dot{\Omega}(t - t_e) - \omega_\oplus(t_e - t_w) \quad (3.54)$$

利用辅助平面,可以很容易地避免潜在的奇异点。由于北斗 GEO 卫星的轨道面通常控制在距

离赤道面不到2°的范围内,因此其辅助面的倾角永远不可能为零。需要强调的是,修改后的模型仅适用于北斗星座 GEO 卫星,北斗 MEO 和 IGSO 卫星则采用了标准模型和参数化方法。

### 3.3.3 笛卡儿星历模型

俄罗斯 GLONASS 系统采用另一种方法表示 GNSS 轨道。其形式为星历参考时刻 $t_e$ 直角坐标系状态向量(位置 $r$ 和速度 $v$)。通过对一阶运动方程的数值积分,可以得到该时刻附近的轨道,即

$$\frac{\mathrm{d}}{\mathrm{d}t}\begin{pmatrix} r \\ v \end{pmatrix} = \begin{pmatrix} v \\ a \end{pmatrix} \tag{3.55}$$

为了避免参考系统显式转换,上述运动方程采用地心地固坐标参考框架。因此,除了考虑地球点质量中心引力和地球扁率[3.70,3.81]外,模型还需考虑离心力和科里奥利项,即

$$a = -GM_\oplus \frac{r}{r^3} - \frac{3}{2} J_2 GM_\oplus \frac{R_\oplus^2}{r^5} \begin{pmatrix} \frac{x - 5xz^2}{r^2} \\ \frac{y - 5yz^2}{r^2} \\ \frac{3z - 5z^3}{r^2} \end{pmatrix} + \omega_\oplus^2 \begin{pmatrix} x \\ y \\ 0 \end{pmatrix} + 2\omega_\oplus \begin{pmatrix} +\dot{y} \\ -\dot{x} \\ 0 \end{pmatrix} + a_{\odot\mathbb{C}} \tag{3.56}$$

式中:卫星位置 $r = (x, y, z)^\mathrm{T}$ 和加速度 $a$ 表示在地固参考系下,与瞬时赤道面以及自转轴对齐。加速度 $a_{\odot\mathbb{C}}$ 为太阳和月球引起的三体摄动,在星历积分间隔内(通常为±15min)可当作常数。为了简化用户算法,$a_{\odot\mathbb{C}}$ 和参考历元的位置和速度作为导航电文的一部分同时播发。

根据运动方程和给定的初始条件,通过数值积分可以得到有效区间内任意时刻的位置和速度。虽然在 GLONASS 的接口控制文件中没有指定特定的积分方法,但通常推荐使用四阶龙格-库塔方法来近似,有

$$y(t+h) \approx y(t) + \frac{h}{6}(k_1 + 2y_2 + 2y_3 + y_4) \tag{3.57}$$

其中

$$\begin{cases} k_1 = f(t, y(t)) \\ k_2 = f\left(t + \frac{h}{2}, y(t) + \frac{hk_1}{2}\right) \\ k_3 = f\left(t + \frac{h}{2}, y(t) + \frac{hk_2}{2}\right) \\ k_4 = f(t + h, y(t) + hk_3) \end{cases} \tag{3.58}$$

此外，各种星基增强系统还进一步采用了简化模型。给定参考历元的一组位置、速度和加速度，那么较短时间间隔内的卫星位置可用泰勒级数近似展开为[3.82,3.83]

$$r(t) = r(t_e) + v(t_e)(t-t_e) + \frac{1}{2}a(t_e)(t-t_e)^2 \qquad (3.59)$$

GLONASS 卫星星历模型中的所有参数均表示在地固坐标系下，相比之下星基增强系统中的星历模型则较为简单——主要通过频繁的星历更新和持续的上注来实现，其更新周期一般约为 4min，与星基增强系统中地球静止卫星的轨道周期(24h)相比，只占不到一个完整轨道运行周期的 1/300。因此，泰勒展开的高阶项可以忽略，展开至二阶便可足以满足所需的精度要求。

### 3.3.4 广播星历拟合及性能分析

广播星历参数的更新间隔从 10min 到 3h 不等(表 3.7)，它由预报轨道拟合生成，并在某次星地通信时上注至 GPS 卫星。GPS 正常运行期间，至少每天上注一次星历[3.84]。虽然这一系列的星历集都来源于同一轨道，但由于近似误差的存在，两星历集之间仍然会存在小量级的不连续性。该误差在 GPS LNAV 电文中可达 0.5m，而在 CNAV 电文中可降低至厘米级别[3.84-3.85]。比较图 3.18 所示的 LNAV 和 CNAV 星历误差，也可以看出 CNAV 星历更为平滑。虽然对 CNAV 的早期测试显示这两种星历总体误差相似，但每日上传的更新数据(3h)显示其轨道跳变可以忽略不计。

表 3.7 各 GNSS 广播星历典型更新间隔及导航消息类型

| 系统 | 类型 | 间隔 |
| --- | --- | --- |
| GPS | LNAV | 2h |
|  | CNAV | 3h |
| GLONASS |  | 30min |
| BeiDou |  | 1h |
| Galileo | INAV,FNAV | 10~180min |
| QZSS | LNAV,CNAV | 15min |

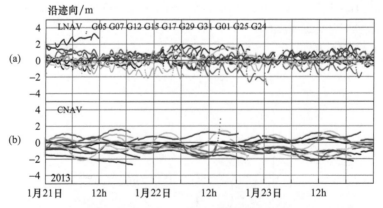

图 3.18 在 2013 年 6 月第一次 CNAV 传输期间 GPSLNAV(a)和 CNAV(b)导航消息沿迹向位置误差[3.74]（见彩图）

由于 GLONASS 导航电文中的速度分辨率有限(1mm/s)，所以 GLONASS 星历也存在 1 m 量级的不连续性。尽管目前近似误差仍小于星历总误差，但未来可能会限制定位性能的提升。

GPS 和 GLONASS 广播星历的质量已在各种研究中进行了评估[3.86-3.88]，结果显示随着时间的推移，广播星历数据的质量不断提高。表 3.8 给出了一年时间间隔内，GPS、GLONASS 与北斗、Galileo 和 QZSS 广播星历与精密星历的比较结果。虽然 GPS 沿迹方向（T 方向）分量与所有其他系统相比误差最小，但沿迹方向误差对用户距离误差（URE）的影响与轨道高度有关，平均贡献仅为 9%～15%。径向误差可直接影响 URE，其误差量级通常在 0.5m 以下。表 3.8 给出的值不包括广播星历钟差的不确定性。广播星历的钟差误差依赖于星钟的类型（铯、铷或氢原子钟；第五章）和质量，其量级通常会大于轨道误差，因此对总体误差的贡献最大。空间信号测距误差（SISRE）用于衡量广播星历轨道和钟差误差对伪距计算精度的影响。目前 GPS 系统的 SISRE 约为 0.7 m，而其他系统的 SISRE 高达 2m[3.74]。

表 3.8 在 2013/14 年广播星历径向($R$)、切向($T$)和法向($N$)位置误差 RMS 值[3.74]

| 系统 | 类型 | $R$/m | $T$/m | $N$/m |
| --- | --- | --- | --- | --- |
| GPS | LNAV | 0.18 | 1.05 | 0.44 |
| GLONASS |  | 0.35 | 2.41 | 1.33 |
| BeiDou(MEO+IGSO) |  | 0.50 | 2.42 | 1.31 |
| Galileo | INAV | 0.63 | 2.65 | 2.29 |
| QZSS | LNAV | 0.48 | 1.42 | 0.92 |

## 3.4 姿 态

本章前几节对轨道动力学的讨论旨在描述卫星质心在各种外力作用下的运动。然而，仅了解卫星的质心位置信息不足以对 GNSS 的观测量进行精确建模，这是因为 GNSS 卫星从天线的相位中心而非卫星质心发射无线电信号。天线相位中心相对于质心的偏移量在卫星星固坐标系中为常向量，但在惯性系中随卫星体的瞬时定向或姿态而变化。除天线相位中心偏移外，探测器相对于观测者的方向改变会引起相位缠绕效应，从而对测量载波相位产生影响。本书第 19 章对观测量进行建模时，将对这两方面的影响进行全面讨论。最后，太阳辐射压模型(3.2.4 节)也需要了解卫星本体和太阳能帆板相对于轨道和太阳的定向信息。

GNSS 卫星的标称指向实际上由些许需求驱动，在很大程度上独立于特定的系统或卫星制造商。为了保持最佳的覆盖范围和适当的导航信号强度，卫星天线的视轴必须始终指向地球中心。太阳能电池板应与太阳方向垂直，以最大限度地扩大投影面积，增加接收到的太阳能量。因此太阳能电池板的旋转轴必须垂直于由指向太阳的单位向量和指向地球的单位向量构成的平面。卫星的某个面应垂直于天线视轴,并且太阳能电池板旋转轴应始终与背离太阳的方向重合,从而保证原子钟(安装在冷却板附近)的热力学稳定性。

通常将该姿态控制模式称为偏航模式,GPS、GLONASS、Galileo、北斗和QZSS卫星均将其应用于MEO和IGSO轨道。如图3.19所示,根据国际GNSS服务(IGS)的既定惯例对卫星坐标系主轴进行介绍[3.89]:

(1) $+x,y,z$ 轴形成一个与卫星体固连的右手坐标系统。

(2) $+z$ 轴与天线视轴方向重合。

(3) $y$ 轴平行于太阳能电池板的旋转轴。$+y$ 轴的指向根据以下情况确定:在名义偏航姿态模式期间,$+x$ 方向的面板被太阳照射,而 $-x$ 方向的面板指向深空。

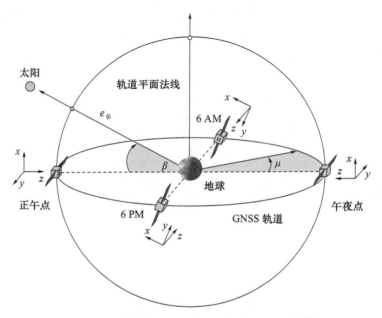

图 3.19 偏航姿态模式时的 GNSS 卫星定向[3.89]

若要保持理想姿态,需要卫星 $+z$ 轴始终指向地球方向,而且保证太阳能电池板 $+y$ 轴始终垂直于太阳。

在轨道的坐标参考框架中更容易表示卫星定向,该坐标系由径向、沿迹和法向(图3.20)的单位向量定义,即

$$\begin{cases} \boldsymbol{e}_R = \dfrac{\boldsymbol{r}}{\|\boldsymbol{r}\|} \\ \boldsymbol{e}_T = \boldsymbol{e}_N \times \boldsymbol{e}_R \\ \boldsymbol{e}_N = \dfrac{\boldsymbol{r} \times \boldsymbol{v}}{\|\boldsymbol{r} \times \boldsymbol{v}\|} \end{cases} \quad (3.60)$$

式中: $\boldsymbol{r}$ 和 $\boldsymbol{v}$ 分别为 GNSS 卫星的瞬时位置和速度; $\psi$ 为偏航角,是指绕 $+z$ 轴右旋的 $\boldsymbol{e}_T$ 和 $\boldsymbol{e}_X$ 轴之间的角度。当 $\psi = 0°$ 时,卫星 $+x$ 轴与沿迹方向一致。$+y$ 轴与轨道角动量的方向相反。根据文献[3.36],偏航姿态模式的标称偏航角可以表示为

$$\psi = \text{atn2}(-\tan\beta, \sin\mu) \tag{3.61}$$

式中：$\beta$ 为太阳相对于轨道平面的高度角；$\mu$ 为相对于午夜点的轨道角度（图 3.19）。因此，GNSS 卫星的标称姿态完全由其轨道位置和太阳的方向决定。

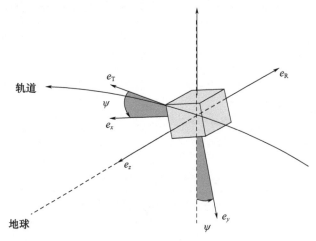

图 3.20　偏航角的定义[3.89]

根据定义，当太阳高度角为正时，偏航角为负，反之亦然。不同的太阳高度角对应的偏航角随轨道角度的变化如图 3.21 所示。当 $\beta$ 角较大时，$\psi$ 接近于 $\pm 90°$；而当太阳接近轨道平面时，$\psi$ 大约在 $0°$ 和 $\pm 180°$ 之间变化。如果卫星进入地影区，GNSS 需要在轨道角 $\mu = 0°$ 和 $\mu = 180°$ 时执行快速偏航姿态调整。由姿态控制系统（ACS）决定的卫星最大偏航速率可能会受到限制，导致卫星在正午和子夜变换时无法实施完美的偏航姿态转向。此外，星蚀期间由于缺乏太阳定向，可能会导致一段时间内偏航角偏离名义值。针对 GPS Block ⅡA/ⅡR/ⅡF 卫星以及 GLONASS-M 卫星在 $\beta$ 角较小和星蚀期间的情况，许多研究学者[3.36,3.90-3.92],[3.93] 对此建立了偏航角变化模型，更进一步的讨论可见本书第 19 章。

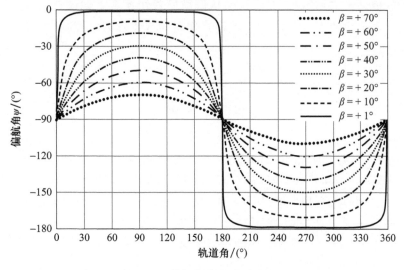

图 3.21　偏航角变化（$\beta$ 角为正）

为了避免偏航姿态的快速调整，QZSS[3.94]和北斗 MEO/IGSO 卫星[3.95]在 $\beta$ 角较小时采用了零偏（或固定偏航）模式。在该种模式下，无论是+$x$ 轴（$\psi=0°$）还是-$x$ 轴（$\psi=180°$）均与轨道坐标框架的沿迹方向保持一致（图 3.22），并且太阳能板旋转轴垂直于轨道平面。此时太阳能电池板的有效截面略有下降，接收太阳能功率有所减小，但减小程度仍在可接受的范围内。

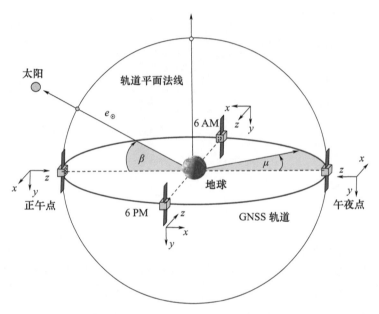

图 3.22 在零偏模式下伴随固定偏航角 $\psi=0°$ 的 GNSS 卫星定向[3.89]

在零偏模式下，-$x$ 方向的面板不再保持无光照，而是与+$z$、+$x$ 和-$z$ 方向的面板共同依次受到光照影响，+$y$ 或-$y$ 方向的面板则会永久受到光照。这两种影响都需要在辐射压力模型中适当考虑，因此对精密定轨也是一项较大的挑战[3.96]。

当 $\|\beta\|$ 的值低于临界值时，卫星将会从偏航模式切换至零偏模式，其中 QZS-1 的临界值是 20°，北斗卫星的临界值是 4°。但模式切换的具体时刻由控制中心确定，因而可能与理论值略有偏差[3.97-3.99]。

# 参考文献

3.1　G. Beutler: *Methods of Celestial Mechanics*（Springer，Berlin 2005）

3.2　R. Fitzpatrick: *An Introduction to Celestial Mechanics*（Cambridge Univ. Press，Cambridge 2012）

3.3　W. Gellert, S. Gottwald, M. Hellwich, H. Kastner, H. Kustner: *The VNR Concise Encyclopedia of Mathematics*, 2nd edn.（Van Nostrand Reinhold，New York 1989）

3.4　D. A. Vallado: *Fundamentals of Astrodynamics and Applications*, 2nd edn.（Kluwer Academic，Dordrecht 2001）

3.5　O. Montenbruck, E. Gill: *Satellite Orbits—Models, Methods and Applications*（Springer，Berlin 2000）

3.6 P. J. Mohr, B. N. Taylor, D. B. Newell: CODATA recommended values of the fundamental physical constants: 2010, J. Phys. Chem. Ref. Data **41**(4), 043109 (2012)

3.7 G. Petit, B. Luzum: *IERS Conventions* (Verlag des Bundesamts fur Kartographie und Geodasie, Frankfurt 2010), IERS Technical Note No. 36

3.8 R. H. Battin: *An Introduction to the Mathematics and Methods of Astrodynamics* (AIAA, New York 1999)

3.9 D. Brouwer: Solution of the problem of artificial satellite theory without drag, Astron. J. **64**, 378–396 (1959)

3.10 I. Kozai: Second-order analytical solution of artificial satellite theory without air drag, Astron. J. **67**(7), 446–461 (1962)

3.11 W. M. Kaula: *Theory of Satellite Geodesy* (Blaisdell, Waltham 1966)

3.12 L. E. Cunningham: On the computation of the spherical harmonic terms needed during the numerical integration of the orbital motion of an artificial satellite, Celest. Mech. **2**(2), 207–216 (1970)

3.13 R. Pail, S. Bruinsma, F. Migliaccio, C. Forste, H. Goiginger, W.-D. Schuh, E. Hock, M. Reguzzoni, J. M. Brockmann, O. Abrikosov, M. Veicherts, T. Fecher, R. Mayrhofer, I. Krasbutter, F. Sanso, C. C. Tscherning: First GOCE gravity field models derived by three different approaches, J. Geod. **85**(11), 819–843 (2011)

3.14 N. K. Pavlis, S. A. Holmes, S. C. Kenyon, J. K. Factor: The development and evaluation of the Earth gravitational model 2008 (EGM2008), J. Geophys. Res. Solid Earth **117**(B4), 1978–2012 (2012)

3.15 F. Lyard, F. Lefevre, T. Letellier, O. Francis: Modelling the global ocean tides: A modern insight from FES2004, Ocean Dyn. **56**, 394–415 (2006)

3.16 R. Savcenko, W. Bosch: *EOT11a – Empirical Ocean Tide Model from Multi-Mission Satellite Altimetry*, Vol. 89 (Deutsches Geodatisches Forschungsinstitut, Munich 2010) p. 49

3.17 M. Soffel: Report of the working group relativity for celestial mechanics and astrometry. In: *IAU Colloquium* 180, ed. by K. Johnston, D. D. McCarthy, B. J. Luzum, G. H. Kaplan (US Naval Observatory, Washington 2000) pp. 283–292

3.18 A. Milani, A. M. Nobili, P. Farinella: *Non-Gravitational Perturbations and Satellite Geodesy* (Adam Hilger, Bristol 1987)

3.19 G. Kopp, A. Fehlmann, W. Finsterle, D. Harber, K. Heuerman: Total solar irradiance data record accuracy and consistency improvements, Metrologia **49**, 29–33 (2012), S29–S33

3.20 P. C. Knocke, J. C. Ries, B. D. Tapley: Earth radiation pressure effects on satellites, Proc. AIAA/AAS Astrodyn. Conf. Minneapolis (AIAA, Reston 1988) pp. 577–587

3.21 C. J. Rodriguez-Solano, U. Hugentobler, P. Steigenberger, S. Lutz: Impact of earth radiation pressure on GPS position estimates, J. Geod. **86**(5), 309–317 (2012)

3.22 D. Rubincam: LAGEOS orbit decay due to infrared radiation from earth, J. Geophys. Res. **92**, 1287–1294 (1987)

3.23 R. Scharroo, K. F. Wakker, B. A. C. Ambrosius, R. Noomen: On the along-track acceleration of the LAGEOS satellite, J. Geophys. Res. **81**, 729–740 (1991)

3.24 K. J. Sośnica: *Determination of Precise Satellite Orbits and Geodetic Parameters Using Satellite Laser Ranging*, Vol. 93 (Geodatisch-geophysikalische Arbeiten in der Schweiz, Schweizerische Geodatische Kommission, Zurich 2015)

3.25　H. F. Fliegel, T. E. Gallini, E. R. Swift: Global positioning system radiation force model for geodetic applications, J. Geophys. Res. **97**(B1), 559–568(1992)

3.26　H. F. Fliegel, T. E. Gallini: Solar forcemodeling of block IIR global positioning system satellites, J. Spacecr. Rockets **33**(6), 863–866(1996)

3.27　W. Marquis, C. Krier: Examination of the GPS block IIR solar pressure model, Proc. ION GPS 2000, Salt Lake City, 2000(Institute of Navigation, Virginia 2000) pp. 407–415

3.28　M. Ziebart, P. Dare: Analytical solar radiation pressure modelling for GLONASS using a pixel array, J. Geod. **57**(11), 587–599(2001)

3.29　M. Ziebart: Generalized analytical solar radiation pressure modeling algorithm for spacecraft of complex shape, J. Spacecr. Rockets **41**(5), 840–848(2004)

3.30　M. Ziebart, S. Edwards, S. Adhya, A. Sibthorpe, P. Arrowsmith, P. Cross: High precision GPS IIR orbit prediction using analytical non-conservative force models, Proc. ION GNSS 2004, Long Beach, 2004 (ION, Virginia 2004) pp. 1764–1770

3.31　M. Ziebart, S. Adhya, A. Sibthorpe, S. Edwards, P. Cross: Combined radiation pressure and thermal modelling of complex satellites: Algorithms and onorbit tests, Adv. Space Res. **36**(3), 424–430(2005)

3.32　J. M. Dow, R. E. Neilan, C. Rizos: The international GNSS service in a changing landscape of global navigation satellite systems, J. Geod. **83**(3/4), 191–198 (2009)

3.33　G. Beutler, E. Brockmann, W. Gurtner, U. Hugentobler, L. Mervart, M. Rothacher, A. Verdun: Extended orbit modeling techniques at the CODE processing center of the international GPS service for geodynamics (IGS): Theory and initial results, Manuscr. Geod. **19**, 367–386(1994)

3.34　A. Springer: *Modeling and Validating Orbits and Clocks Using the Global Positioning System*, Vol. 60 (Geodatisch-geophysikalische Arbeiten in der Schweiz, Schweizerische Geodatische Kommission, Zurich 1999)

3.35　T. Springer, G. Beutler, M. Rothacher: A new solar radiation pressure model for GPS satellites, GPS Solutions **2**(3), 50–62(1999)

3.36　Y. E. Bar-Sever, K. M. Russ: *New and Improved Solar Radiation Models for GPS Satellites Based on Flight Data*, Final Report Task Plan 80-4193(Jet Propulsion Laboratory, Pasadena 1997)

3.37　Y. E. Bar-Sever, D. Kuang: *New Empirically Derived Solar Radiation Pressure Model for Global Positioning System Satellites*, IPN Progress Report 42-159(Jet Propulsion Laboratory, Pasadena 2004)

3.38　A. Sibthorpe, W. Bertiger, S. D. Desai, B. Haines, N. Harvey, J. P. Weiss: An evaluation of solar radiation pressure strategies for the GPS constellation, J. Geod. **85**(8), 505–517(2011)

3.39　C. J. Rodriguez-Solano, U. Hugentobler, P. Steigenberger: Adjustable box-wing model for solar radiation pressure impacting GPS satellites, Adv. Space Res. **49**(7), 1113–1128(2012)

3.40　C. J. Rodriguez-Solano, U. Hugentobler, P. Steigenberger, G. Allende-Alba: Improving the orbits of GPS block IIA satellites during eclipse seasons, Adv. Space Res. **52**(8), 1511–1529(2013)

3.41　C. J. Rodriguez-Solano, U. Hugentobler, P. Steigenberger, M. Blosfeld, M. Fritsche: Reducing the draconitic errors in GNSS geodetic products, J. Geod. **88**, 559–574(2014)

3.42　M. Meindl, G. Beutler, D. Thaller, R. Dach, A. Jaggi: Geocenter coordinates estimated from GNSS data as viewed by perturbartion theory, Adv. Space Res. **51**(7), 1047–1064(2013)

3.43　D. Arnold, M. Meindl, G. Beutler, R. Dach, S. Schaer, S. Lutz, L. Prange, K. Sosnica, L. Mervart, A. Jaggi:

CODE's new solar radiation pressure model for GNSS orbit determination, J. Geod. **89**(8), 775-791 (2015)

3.44　P. Steigenberger, U. Hugentobler, S. Loyer, F. Perosanz, L. Prange, R. Dach, M. Uhlemann, G. Gendt, O. Montenbruck: Galileo orbit and clock quality of the IGS multi-GNSS experiment, Adv. Space Res. **55**(1), 269-281(2014)

3.45　O. Montenbruck, P. Steigenberger, U. Hugentobler: Enhanced solar radiation pressure modeling for galileo satellites, J. Geod. **89**(3), 283-297(2015)

3.46　M. Ziebart, A. Sibthorpe, P. Cross, Y. Bar-Sever, B. Haines: Cracking the GPS-SLR orbit anomaly, Proc. ION GNSS 2007, Fort Worth(ION, Virginia 2007) pp. 2033-2038

3.47　Y. Vigue, B. E. Schutz, P. A. M. Abusali: Thermal force modeling for global positioning system satellites using the finite element method, J. Spacecr. Rockets **31**(5), 855-859(1994)

3.48　S. Adhya, M. Ziebart, A. Sibthorpe, P. Arrowsmith, P. Cross: Thermal force modeling for precise prediction and determination of spacecraft orbits, Navigation **52**(3), 131-144(2005)

3.49　J. Duha, G. B. Afonso, L. D. Damasceno Ferreira: Thermal re-emission effects on GPS satellites, J. Geod. **80**(12), 665-674(2006)

3.50　U. Hugentobler: *Astrometry and Satellite Orbits: Theoretical Consideration and Typical Applications*, Vol. 57(Geodatisch-geophysikalische Arbeiten in der Schweiz, Schweizerische Geodätische Kommission, Zürich 1998)

3.51　R. R. Allan, G. E. Cook: The long-period motion of the plane of a distant circular orbit, Proc. R. Soc. Lond. A **280**, 97-109(1964)

3.52　A. Rossi: Resonant dynamics of medium earth orbits: Space debris issues, Celest. Mech. Dyn. Astron. **100**(4), 267-286(2008)

3.53　B. Schutz, G. Giacaglia: Decade-scale gps orbit evolution and third body perturbations, Proc. AIAA/AAS Astrodyn. Specialist Conf. Exhib. Honoloulu(AIAA, Reston 2008), AIAA 2008-7070

3.54　F. Deleflie, A. Rossi, C. Portmann, G. Metris, F. Barlier: Semi-analytical investigations of the long-term evolution of the eccentricity of Galileo and GPS-like orbits, Adv. Space Res. **47**(5), 811-821(2011)

3.55　M. Fritsche, K. Sośnica, C. J. Rodriguez-Solano, P. Steigenberger, K. Wang, R. Dietrich, R. Dach, U. Hugentobler, M. Rothacher: Homogeneous reprocessing of GPS, GLONASS and SLR observations, J. Geod. **88**(7), 625-642(2014)

3.56　R. Jehn, A. Rossi, T. Flohrer, D. Navarro-Reyes: Reorbiting of satellites in high altitudes, Proc. 5th Eur. Conf. Space Debris, Darmstadt(ESA, Noordwijk 2009)

3.57　C. C. Chao, R. A. Gick: Long-term evolution of navigation satellite orbits: GPS/GLONASS/GALILEO, Adv. Space Res. **34**(5), 1221-1226(2004)

3.58　A. B. Jenkin, J. P. McVey: Constellation and *graveyeard* collision risk for several MEO disposal strategies, Proc. 5th Eur. Conf. Space Debris, Darmstadt(ESA, Noordwijk 2009)

3.59　A. Rossi, I. Anselmo, C. Pardini, R. Jehn: Effectiveness of the de-orbiting practices in the meo region, Proc. 5th Eur. Conf. Space Debris, Darmstadt(ESA, Noordwijk 2009)

3.60　J. Radtke, R. Domínguez-Gonzalez, S. Flegel, N. Sánchez-Ortiz, K. Merz: Impact of eccentricity build-up and graveyard disposal strategies on MEO navigation constellations, Adv. Space Res. **56**(11), 2626-2644(2015)

3.61　J. Griffiths, J. Ray: On the precision and accuracy of IGS orbits, J. Geod. **83**, 277-287(2009)

3.62　M. Pearlman, J. Degnan, J. Bosworth: The international laser ranging service, Adv. Space Res. **30**(2), 125–143(2002)

3.63　J. J. Miller, J. LaBreque, A. J. Oria: Laser reflectors to ride on board GPS III, GPS World **24**(9), 12–17 (2013)

3.64　J. Griffiths, J. R. Ray: Sub-daily alias and draconitic errors in the IGS orbits, GPS Solutions **17**, 413–422 (2013)

3.65　C. Urschl, G. Beutler, W. Gurtner, U. Hugentobler, S. Schaer: Contribution of SLR tracking data to GNSS orbit determination, Adv. Space Res. **39**(10), 1515–1523(2007)

3.66　K. Sośnica, D. Thaller, R. Dach, P. Steigenberger, G. Beutler, D. Arnold: Satellite laser ranging to GPS and GLONASS, J. Geod. **89**(7), 725–743(2015)

3.67　P. Steigenberger, U. Hugentobler, A. Hauschild, O. Montenbruck: Orbit and clock analysis of compass GEO and IGSO satellites, J. Geod. **87**(6), 515–526(2013)

3.68　K. Chen, T. Xu, G. Chen, J. Li, S. Yu: The orbit and clock combination of iGMAS analysis centers and the analysis of their precision, Proc. China Satell. Navig. Conf. (CSNC), Xi'an, Vol. 2, ed. by J. Sun, W. Jiao, H. Wu, C. Shi(Springer, Berlin, Heidelberg 2015) pp. 421–438

3.69　Navstar GPS Space Segment/Navigation User Segment Interfaces, Interface Specification, IS-GPS-200H (Global Positioning Systems Directorate, Los Angeles Air Force Base, El Segundo 2013)

3.70　Global Navigation Satellite System GLONASS-Interface Control Document, v5.1 (Russian Institute of Space Device Engineering, Moscow 2008)

3.71　European GNSS(Galileo) Open Service Signal In Space Interface Control Document, OS SIS ICD, Iss. 1.2, Nov. 2015(European Union 2015)

3.72　BeiDou Navigation Satellite System Signal in Space Interface Control Document-Open Service Signal (China Satellite Navigation Office, Beijing 2013)

3.73　Quasi-Zenith Satellite System Navigation Service Interface Specification for QZSS, IS-QZSS, v1.6, 28 Nov. 2014(JAXA, Chofu 2014)

3.74　O. Montenbruck, P. Steigenberger, A. Hauschild: Broadcast versus precise ephemerides: A multi-GNSS perspective, GPS Solutions **19**(2), 321–333(2015)

3.75　U. Rossbach: Positioning and Navigation Using the Russian Satellite System GLONASS, Ph. D. Thesis (Univ. d. Bundeswehr München, Neubiberg 2001)

3.76　H. Yin, Y. Morton, M. Carroll, E. Vinande: Performance analysis of L2 and L5 CNAV broadcast ephemeris for orbit calculation, Proc. ION ITM 2014, San Diego(ION, Virginia 2014) pp. 761–768

3.77　B. W. Remondi: Computing satellite velocity using the broadcast ephemeris, GPS Solutions **8**(3), 181–183 (2004)

3.78　J. Zhang, K. Zhang, R. Grenfell, R. Deakin: GPS satellite velocity and acceleration determination using the broadcast ephemeris, J. Navig. **59**(2), 293–305 (2006)

3.79　R. Marson, S. Lagrasta, F. Malvolti, T. S. V. Tiburtina: Fast generation of precision orbit ephemeris, Proc. ION ITM 2011, San Diego(ION, Virginia 2011) pp. 565–576

3.80　O. Montenbruck, P. Steigenberger: The BeiDou Navigation Message, J. Glob. Position. Syst. **12**(1), 1–12 (2013)

3.81　M. Stewart, M. Tsakiri: GLONASS broadcast orbit computation, GPS Solutions **2**(2), 16–27(1998)

3.82　Minimum Operational Performance Standards for GPS/WAAS Airborne Equipment, RTCA DO-229D (RTCA, Washington DC 2006)

3.83　T. Reid, T. Walter, P. Enge: L1/L5 SBAS MOPS ephemeris message to support multiple orbit classes, Proc. ION ITM, San Diego(ION, Virginia 2013) pp. 78-92

3.84　A. J. Dorsey, W. A. Marquis, P. M. Fyfe, E. D. Kaplan, L. F. Wiederholt: GPS system segments. In: *Understanding GPS: Principles and Applications*, ed. by E. D. Kaplan, C. J. Hegarty (Artech House, Norwood 2006) pp. 67-112

3.85　R. DiEsposti, J. DiLellio, C. Kelley, A. Dorsey, H. Fliegel, J. Berg, C. Edgar, T. McKendree, P. Shome: The proposed state vector representation of broadcast navigation message for user equipment implementation of GPS satellite ephemeris propagation, Proc. ION NTM, San Diego(ION, Virginia 2004) pp. 294-312

3.86　D. L. Warren, J. F. Raquet: Broadcast versus precise GPS ephemerides: A historical perspective, GPS Solutions **7**(3), 151-156(2003)

3.87　L. Heng, G. X. Gao, T. Walter, P. Enge: Statistical characterization of GPS signal-in-spaceerrors, Proc. ION ITM, San Diego(ION, Virginia 2011) pp. 312-319

3.88　L. Heng, G. X. Gao, T. Walter, P. Enge: Statistical characterization of GLONASS broadcast ephemeris errors, Proc. ION GNSS 2011, Portland(ION, Virginia 2011) pp. 3109-3117

3.89　O. Montenbruck, R. Schmid, F. Mercier, P. Steigenberger, C. Noll, R. Fatkulin, S. Kogure, S. Ganeshan: GNSS Satellite Geometry and Attitude Models, Adv. Space Res. **56**(6), 1015-1029(2015)

3.90　J. Kouba: A simplified yaw-attitude model for eclipsing GPS satellites, GPS Solutions **13**(1), 1-12 (2009)

3.91　F. Dilssner: GPS IIF-1 satellite, antenna phase center and attitude modeling, Inside GNSS **5**(6), 59-64 (2010)

3.92　F. Dilssner, T. Springer, W. Enderle: GPS IIF yaw attitude control during eclipse season, Proc. Am. Geophys. Union Fall Meet., San Francisco(AGU, Washington 2011)

3.93　F. Dilssner, T. Springer, G. Gienger, J. Dow: The GLONASS-M satellite yaw-attitude model, Adv. Space Res. **47**(1), 160-171(2011)

3.94　Y. Ishijima, N. Inaba, A. Matsumoto, K. Terada, H. Yonechi, H. Ebisutani, S. Ukava, T. Okamoto: Design and developement of the first quasi-zenith satellite attitude and orbit control system, Proc. IEEE Aerosp. Conf. (2009) pp. 1-8

3.95　W. Wang, G. Chen, S. Guo, X. Song, Q. Zhao: A study on the Beidou IGSO/MEO satellite orbit determination and prediction of the different yaw control mode, Proc. China Satell. Navig. Conf. (CSNC) 2013, Wuhan, Vol. III, ed. by J. Sun, W. Jiao, H. Wu, C. Shi(Springer, Berlin Heidelberg 2013) pp. 31-40

3.96　J. Guo, Q. Zhao, T. Geng, X. Su, J. Liu: Precise orbit determination for COMPASS IGSO satellites during Yaw maneuvers, Proc. CSNC, Wuhan, ed. by J. Sun, W. Jiao, H. Wu, C. Shi(Springer, Berlin, Heidelberg 2013) pp. 41-53, Vol. III

3.97　A. Hauschild, P. Steigenberger, C. Rodriguez-Solano: QZS-1 yaw attitude estimation based on measurements from the CONGO network, Navigation **59**(3), 237-248(2012)

3.98　J. Guo, Q. Zhao: Analysis of precise orbit determination for BeiDou satellites during yaw maneuvers, Proc. CSNC, Wuhan(2014)

3.99　X. Dai, M. Ge, Y. Lou, C. Shi, J. Wickert, H. Schuh: Estimating the yaw-attitude of BDS IGSO and MEO satellites, J. Geod. **89**(10), 1005-1018(2015)

# 第4章 信号与调制

## Michael Meurer, Felix Antreich

卫星导航依赖于接收机接收在轨卫星发射的导航信号。本章首先阐述此类导航信号的基本原理,并介绍了最重要的基本概念,包括电磁波基本理论、信号的载波频率、极化方式、群速度与相速度等。介绍电磁波的功率和频谱,以及电磁波在传输信号方面的应用,阐述包含信息的信号如何通过二进制相移键控、二进制偏移载波、交替二进制偏移载波等多种方式调制到电磁波上。从国际频谱资源分配角度,介绍 GNSS 使用的频段。最后,介绍典型 GNSS 信号的伪随机码结构,以及基于相关原理的接收处理过程。

## 4.1 无线信号

### 4.1.1 麦克斯韦电磁理论

导航信号在空间以电磁波形式传播。根据本书所涉及的技术范畴,本节对电磁传播原理进行简要介绍,如需进一步了解请读者参阅文献[4.1]。

麦克斯韦电磁理论是所有电磁现象的基础理论(详述参见文献[4.1-4.6]),表述方程为

$$\nabla \times \boldsymbol{E} = -\mu \frac{\partial \boldsymbol{H}}{\partial t} \tag{4.1}$$

$$\nabla \times \boldsymbol{H} = \varepsilon \frac{\partial \boldsymbol{E}}{\partial t} \tag{4.2}$$

$$\nabla \cdot \boldsymbol{E} = 0 \tag{4.3}$$

$$\nabla \cdot \boldsymbol{H} = 0 \tag{4.4}$$

式中:$\boldsymbol{E}$ 和 $\boldsymbol{H}$ 为三维空间向量,分别表示电场强度和磁场强度;变量 $t$ 为时间;常数 $\varepsilon$ 和 $\mu$ 分别为介电常数和磁导率;符号 $\nabla \times$ 和 $\nabla \cdot$ 分别为向量场的旋度和散度[4.7]算子。对式(4.1)进行进一步旋度计算可得

$$\begin{aligned} \nabla \times (\nabla \times \boldsymbol{E}) &= \nabla(\nabla \cdot \boldsymbol{E}) - \nabla^2 \boldsymbol{E} \\ &= -\mu \frac{\partial}{\partial t} \nabla \times \boldsymbol{H} \end{aligned} \tag{4.5}$$

式中:$\nabla$ 和 $\nabla^2$ 分别为梯度和向量拉普拉斯算子。将式(4.2)和式(4.3)代入式(4.5)可得

电磁波基本方程,即

$$\nabla^2 \boldsymbol{E} = \varepsilon\mu \frac{\partial^2}{\partial t^2}\boldsymbol{E} \tag{4.6}$$

$$\nabla^2 \boldsymbol{H} = \varepsilon\mu \frac{\partial^2}{\partial t^2}\boldsymbol{H} \tag{4.7}$$

式(4.6)和式(4.7)描述了电磁信号空间传播关系。

为了进一步讨论,考虑笛卡儿坐标系下的一点 $x,y,z$,其位置向量为 $\boldsymbol{r}=(x,y,z)^{\mathrm{T}}$,相应的电场强度向量 $\boldsymbol{E}=(E_x,E_y,E_z)^{\mathrm{T}}$,并且假设电场 $\boldsymbol{E}$ 并非是 $x$ 和 $y$ 的函数,由此,式(4.6)关于 $x$ 和 $y$ 的偏导数为0,即

$$\frac{\partial \boldsymbol{E}}{\partial x} = \frac{\partial \boldsymbol{E}}{\partial y} = 0 \tag{4.8}$$

将其代入式(4.6)可得电磁波基本构成的公式,即

$$\boldsymbol{E}(z,t) = \boldsymbol{E}_0 \cos\left[2\pi f_c\left(\frac{z}{v_p} - t\right)\right] \tag{4.9}$$

$$v_p = \frac{1}{\sqrt{\varepsilon\mu}} \tag{4.10}$$

式中:$v_p$ 为波的传播速度或相速度;$f_c$ 为其载波频率。在自由空间内电磁波的传播速度 $v_p$ 等同于光速 $c$。式(4.9)表示电磁波是一个沿 $Z$ 轴传播的正弦波,$\boldsymbol{E}(z,t)$ 是一个关于 $z$ 和 $t$ 的周期函数,其中空间周期由波长确定,即

$$\lambda = \frac{v_p}{f_c} \tag{4.11}$$

波长 $\lambda$ 表示电磁波在时间 $1/f_c$ 内传播的距离。将式(4.11)代入式(4.9)可得

$$\boldsymbol{E}(z,t) = \boldsymbol{E}_0 \cos\left[\underbrace{\frac{2\pi}{\lambda}}_{=k}(z-ct)\right] \tag{4.12}$$

式中:$k$ 为波数。

式(4.12)的结果可以很容易地推广到以波矢量来表示任何方向上传播的电磁波,即

$$\boldsymbol{k} = \frac{2\pi}{\lambda}\boldsymbol{n}_0 \tag{4.13}$$

式中:$\boldsymbol{n}_0$ 为沿传播方向的单位向量。由式(4.13)可得

$$\boldsymbol{E}(\boldsymbol{r},t) = \boldsymbol{E}_0 \cos\left(\boldsymbol{k}^{\mathrm{T}}\boldsymbol{r} - \frac{2\pi}{\lambda}ct + \varphi_0\right) \tag{4.14}$$

式中:$\varphi_0$ 为额外附加自由度,它是相对于零相位的偏移量。对于垂直于 $\boldsymbol{k}$ 的平面中的任意位置,也就是对于 $\boldsymbol{k}^{\mathrm{T}}\boldsymbol{r}$ 是一个常量的位置,其电场强度是一致的。因此,式(4.14)定义的电磁波是一种平面波。进一步,若 $\boldsymbol{E}_0$ 正交于 $\boldsymbol{k}$ 则是横向平面波。通常,卫星导航用到的电磁波即为此类。

目前我们仅对电场强度 $\boldsymbol{E}$ 进行了介绍,磁场强度 $\boldsymbol{H}$ 原理与其相似。另外,在均匀介质中,电场强度 $\boldsymbol{E}$ 和磁场强度 $\boldsymbol{H}$ 总是正交的,并且均正交于波矢量 $\boldsymbol{k}$ 代表的传播方向,电

磁波特性如图 4.1 所示。

在式(4.14)定义的电磁波电场强度 $E$ 的分量之比为常数,定义为 $E_0$。这种电磁波可称为线性极化波(图 4.1)。若两个线性极化波波矢量 $k$ 相同但正交量 $E_{0,1}$ 和 $E_{0,2}$ 间存在叠加,则在某个特定位置 $r$ 上的电场强度 $E(r,t)$ 通常随时间呈椭圆形变化。进一步若 $E_{0,1}$ 和 $E_{0,2}$ 的绝对值相同并且相位偏移量 $\varphi_{0,1}$ 和 $\varphi_{0,2}$ 间相差 $\pi/2$ 时,信号椭圆变为正圆,这种波形被称为圆极化(图 4.1,右)。当从信号传播方向看电场强度是顺时针旋转时,电磁波是右旋极化的,反之则为左旋极化的。

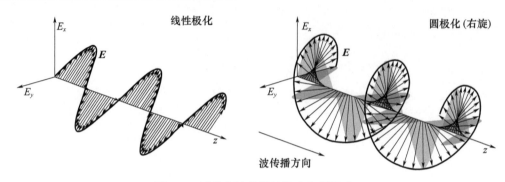

图 4.1　无线电波的线性极化和圆极化

当电磁波在电离子气体或地磁场中传输时会改变其极化方式,导致线性极化波变为椭圆或圆极化波[4.8]。当前所有的卫星导航系统均采用了右旋圆极化(RHCP)信号来规避这一影响。

1842 年,奥地利物理学家 Christian Doppler 提出假设:当发射机和接收机存在相对运动时会导致信号存在频率偏移,也就是如今所称的多普勒频移或多普勒效应[4.8](图 4.2)。让我们简短回顾此前的简化式(4.9),假设发射机以速度 $v$ 沿 $z$ 轴方向运动,并且将发射机的运动位置视作坐标原点,则静态接收机的实时坐标可表示为

$$r_{\text{rx}}(t) = \begin{pmatrix} 0 \\ 0 \\ r_{\text{rx},0} \end{pmatrix} - \begin{pmatrix} 0 \\ 0 \\ v \end{pmatrix} t \tag{4.15}$$

将式(4.15)中坐标向量代入电磁波公式(4.9),可得到接收机端的电场强度振荡为

$$\begin{aligned} & \boldsymbol{E}(\underbrace{r_{\text{rx},0} - vt}_{=z}, t) \\ & = \boldsymbol{E}_0 \cos\left[2\pi f_c\left(\frac{r_{\text{rx},0} - vt}{c} - t\right)\right] \\ & = \boldsymbol{E}_0 \cos\left(2\pi\left[f_c \frac{r_{\text{rx},0}}{c} - \underbrace{\left(1 + \frac{v}{c}\right)f_c}_{=f_c + f_D} t\right]\right) \end{aligned} \tag{4.16}$$

$$f_D = \frac{v}{c} f_c \tag{4.17}$$

式中:$f_D$ 为多普勒频移或多普勒频率,代表接收端的频率变化。引入接收端至发射端的单位向量 $n$ 以及发射机相对接收机的速度向量 $v$,式(4.17)可变化为

$$f_D = \frac{v^T n}{c} f_c \qquad (4.18)$$

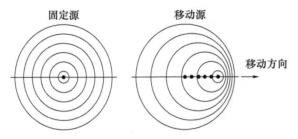

图 4.2 移动无线电波的多普勒效应

## 4.1.2 调制与复基带信号

接下来将在时域角度对信号进行分析。由此,信号是关于时间 $t$ 的函数,用小写斜体字母表示,如 $x(t)$。图 4.3(a)展现了一个信号示例。信号也可以用频率 $f$ 的函数来表示,如 $X(f)$。$X(f)$ 是 $x(t)$ 经过傅里叶变换得到的频域形式,即

$$X(f) = \mathcal{F}\{x(t)\} = \int_{-\infty}^{\infty} x(t) e^{-j2\pi f t} dt \qquad (4.19)$$

图 4.3(b)展现了关于 $X(f)$ 的一个示例。

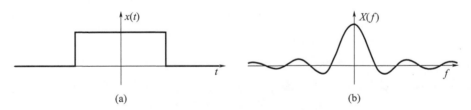

图 4.3 信号在(a)时域和(b)频域的例子

假设接收机接收到的电磁波表示为

$$x_{RF}(t) = d_c(t) \cos[2\pi f_c(t) t + \varphi_c(t)] \qquad (4.20)$$

式中:$d_c(t)$,$f_c(t)$,$\varphi_c(t)$ 分别为谐波信号的幅值、频率和相位。当 $d_c(t)$,$f_c(t)$,$\varphi_c(t)$ 均为常数时,信号 $x_{RF}(t)$ 是一个不携带信息的正弦波。然而在卫星导航及通信应用中需要通过信号传输信息,例如,用来在发射机和接收机间传递导航数据或仅用来区分不同信号。通过实时调整上述一个或多个参数来将信息放置在信号中,这一过程称为调制。$d_c(t)$,$f_c(t)$,$\varphi_c(t)$ 参数随时间变化的情况分别称为调幅、调频和调相。现在先考虑只有 $d_c(t)$,$\varphi_c(t)$ 随时间变化,参量 $f_c(t)$ 维持不变的情况,即

$$x_{RF}(t) = d_c(t) \cos(2\pi f_c + \varphi_c(t)) \qquad (4.21)$$

式中:$d_c(t)$ 被称为包络或基带信号。在 4.2 节将描述如何用基带信号 $d_c(t)$ 承载数据及

结构信息(称为扩频码,用以区分卫星导航信号)。三角恒等式为

$$\cos(\alpha + \beta) = \cos(\alpha)\cos(\beta) - \sin(\alpha)\sin(\beta) \tag{4.22}$$

通过式(4.22),则式(4.21)中的射频信号可重新写为

$$\begin{aligned}x_{\mathrm{RF}}(t) &= \underbrace{d_{\mathrm{c}}(t)\cos(\varphi_{\mathrm{c}}(t))}_{\sqrt{2}x_{\mathrm{I}}(t)}\cos(2\pi f_{\mathrm{c}}t) - \\ &\quad \underbrace{d_{\mathrm{c}}(t)\sin(\varphi_{\mathrm{c}}(t))}_{\sqrt{2}x_{\mathrm{Q}}(t)}\sin(2\pi f_{\mathrm{c}}t) \\ &= \sqrt{2}x_{\mathrm{I}}(t)\cos(2\pi f_{\mathrm{c}}t) - \sqrt{2}x_{\mathrm{Q}}(t)\sin(2\pi f_{\mathrm{c}}t)\end{aligned} \tag{4.23}$$

式中:基带信号 $x_{\mathrm{I}}(t)$ 和 $x_{\mathrm{Q}}(t)$ 分别为射频信号 $x_{\mathrm{RF}}(t)$ 的同相分量和正交分量,引入参数 $\sqrt{2}$ 是为了使信号功率归一化[4.9]。同相分量和正交分量调制在载波的处理过程称为正交幅度调制(quadrature amplitude modulation,QAM),如图4.4所示。

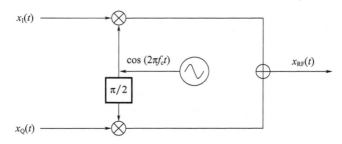

图4.4 相位和正交分量的正交调制

可以将 QAM 调制表达形式简化为

$$x_{\mathrm{RF}}(t) = \sqrt{2}\,\mathrm{Re}\{\tilde{x}(t)\mathrm{e}^{\mathrm{j}2\pi f_{\mathrm{c}}t}\} \tag{4.24}$$

$$\tilde{x}(t) = x_{\mathrm{I}}(t) + \mathrm{j}x_{\mathrm{Q}}(t) \tag{4.25}$$

式中: $\tilde{x}(t)$ 为复基带信号或复包络。复基带信号的表示法为后续各节奠定了基础。

将式(4.12)中表述的沿 $z$ 轴传播的正弦波用一种更直观的方式表达为

$$\boldsymbol{E}(z,t) = \boldsymbol{E}_0\cos(kz - 2\pi f_{\mathrm{c}}t) \tag{4.26}$$

当 $z$ 或 $t$ 变化时,信号相位 $kz-2\pi f_{\mathrm{c}}t$ 也随之变化,当 $kz-2\pi f_{\mathrm{c}}t$ 为常数时,相位也是个常数,即满足

$$z = \frac{2\pi f_{\mathrm{c}}}{k}t = v_{\mathrm{p}}t \tag{4.27}$$

式中: $v_{\mathrm{p}}$ 为式(4.10)中介绍的相速度。随着电磁波的传播,信号波形以速度 $v_{\mathrm{p}}$ 沿 $z$ 轴正向移动。

接下来考虑纯调幅信号,即

$$x_{\mathrm{RF}}(t) = \cos(2\pi f_{\mathrm{d}}t)\cos(2\pi f_{\mathrm{c}}t) \tag{4.28}$$

式中: $\cos(2\pi f_{\mathrm{d}}t)$ 为基带信息,以频率 $f_{\mathrm{d}}\ll f_{\mathrm{c}}$ 调制在载波上,整个信号如图4.5(a)所示。通过三角恒等式,式(4.28)可写为

$$x_{\mathrm{RF}}(t) = \frac{1}{2}(\cos[2\pi(f_{\mathrm{c}}+f_{\mathrm{d}})t] + \cos[2\pi(f_{\mathrm{c}}-f_{\mathrm{d}})t]) \tag{4.29}$$

显然，调制信号 $x_{RF}(t)$ 可表示为 $f_c+f_d$ 和 $f_c-f_d$ 两个频率信号的叠加。

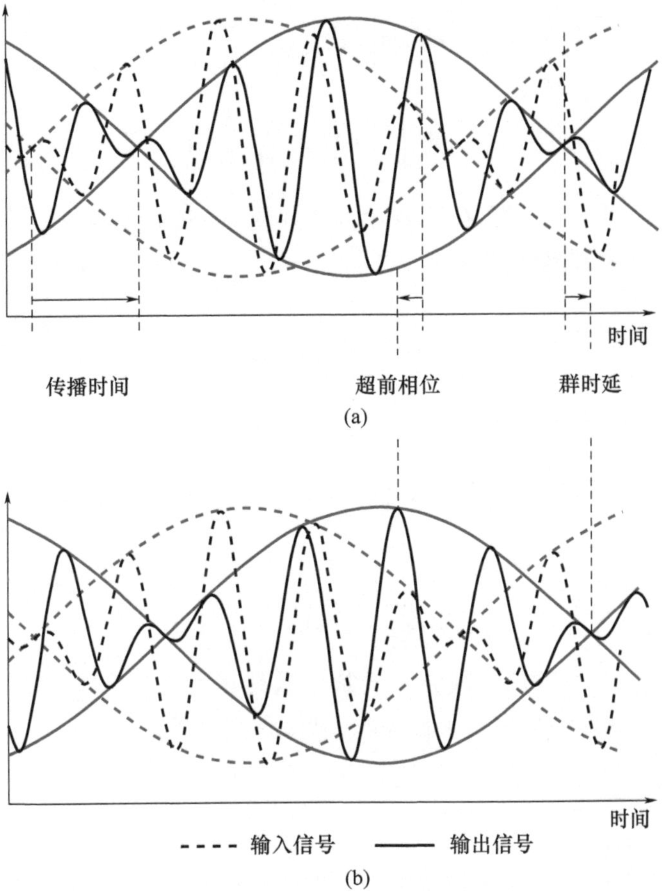

传播时间　　　　　超前相位　　　群时延

(a)

---- 输入信号　—— 输出信号

(b)

图 4.5　调制信号在(a)非色散介质和(b)色散介质中的传播

进一步假设式(4.26)的信号在色散介质中传输，得到式(4.29)中的信号。色散介质的特征由介电常数 $\varepsilon$ 和磁导率 $\mu$ 决定，因此相速度 $v_p$ 是与频率有关的。通常，式(4.29)中的两个正弦支路在传播过程中的相速度、波长 $\lambda$ 和波数 $k$ 具有微小的差异。

设频率为 $f_c$ 的信号的波数为 $k$，相应地，小偏差频率 $f_c+f_d$ 和 $f_c-f_d$ 的波数分别为 $k+\Delta k$ 和 $k-\Delta k$，因此沿 $z$ 轴移动距离 $z$ 后的信号可表示为

$$E(z,t) = \frac{1}{2}E_0\cos[(k+\Delta k)z - 2\pi(f_c+f_d)t] + \cos[(k-\Delta k)z - 2\pi(f_c-f_d)t] \quad (4.30)$$

通过同样的三角函数变换可得

$$E(z,t) = E_0\cos(\Delta kz - 2\pi f_d t)\cos(kz - 2\pi f_c t)$$
$$= E_0\cos\left[2\pi f_d\left(t - \frac{1}{2\pi}\frac{\Delta k}{f_d}z\right)\right] \times \cos\left[2\pi f_c\left(t - \frac{1}{2\pi}\frac{k}{f_c}z\right)\right] \quad (4.31)$$

由于 $f_d$ 很小，$\Delta k/f_d$ 约等于 $\mathrm{d}k/\mathrm{d}f^{[4.10]}$，电磁波可表示为

$$E(z,t) = E_0 \cos\left[2\pi f_d\left(t - \frac{1}{2\pi}\frac{\mathrm{d}k}{\mathrm{d}f}z\right)\right] \times \cos\left[2\pi f_c\left(t - \frac{1}{2\pi}\frac{k}{f_c}z\right)\right] \quad (4.32)$$

这一结果意味着载波和调制参量在色散介质中具有不同的传播速度。载波的传输速度为式(4.10)中的 $v_p$，而调制基带信号的群速度为

$$v_g = 2\pi\left.\frac{\mathrm{d}f}{\mathrm{d}k}\right|_{f=f_c} \quad (4.33)$$

基于式(4.10)和式(4.33)，可将式(4.32)改写为

$$E(z,t) = E_0 \cos\left[2\pi f_d\left(t - \frac{z}{v_g}\right)\right] \times \cos\left[2\pi f_c\left(t - \frac{z}{v_p}\right)\right] \quad (4.34)$$

相速度和群速度的差异导致信号载波和调制参量具有不同的传播速度。图 4.5(b)展现了这种现象，这一现象在卫星导航中称为码-载波偏离[4.10]。

### 4.1.3 频段与极化

　　载波频率影响到卫星导航信号的很多方面，涉及包括干扰环境中多普勒效应在内的信号传播特性，以及必要的硬件组件和相关缺陷。当前卫星导航信号均设在 L 频段(1~2GHz)，并且经过了国际电信联盟(ITU)的许可。L 频段为卫星导航应用带来了诸多益处：传播条件好，在大气、雨雪环境中的衰减适中；天线尺寸小，利于接收机的小型化和移动应用；成本低，可大规模采用成熟器件。

　　全球卫星导航广泛应用高频 L(1559~1610MHz)和低频 L(1164~1300MHz)频段，这两个频段也被称为卫星无线电导航业务(radio navigation satellite service，RNSS)频段。民航等生命安全保障服务则需要一个抗干扰的频段，为此指定了 ARNS(航空无线电导航服务)频段用于避免潜在的威胁(见第 16 章)。图 4.6 展现了 ITU 规定的频谱使用范围及 RNSS 和 ARNS 的频段位置，附录 B 详细介绍了不同频段的使用方式。在同一个卫星导航系统中卫星播发 2 个或多个不同载波频率的导航信号能够带来诸多技术益处，并提升接收机性能，包括提高稳健性、降低电离层误差等。

　　全球卫星导航系统通常采用右旋圆极化信号(4.1.1 节)。选用圆极化而非线极化信号是为了避免由于入射电磁场和接收天线间相位不匹配而可能产生的信号衰减；现有的 GNSS 系统均沿用了 GPS 的右旋圆极化方法，旨在提高多系统间的互操作能力，使得接收机能够通过同一个天线接收和利用不同的卫星导航系统信号。

# 第 4 章 信号与调制

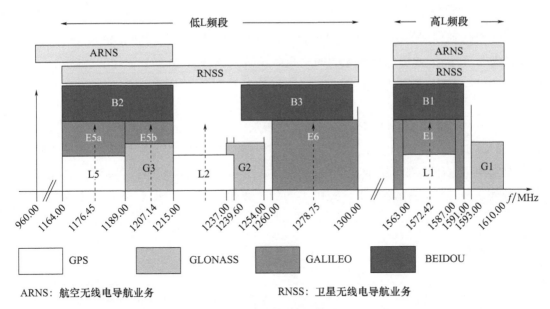

图 4.6 全球卫星导航系统使用的频带-ITU 频率分配

## 4.2 扩频技术和伪随机码

本节将介绍扩频信号的主要特性,探讨 GNSS 中为什么使用扩频信号,以及如何使用伪随机(PR)二进制序列作为扩频码来扩展 GNSS 信号的频带。

GNSS 信号的设计涉及两个方面,即 PR 二进制序列设计和码相关特性设计。PR 二进制序列和相应的码片脉冲波形决定了时延、载波相位和多普勒频率等同步参数估计的性能,从而决定了伪距和位置估计的性能。

本节介绍了相关和时延估计的基本概念,以及典型 GNSS 接收机进行时延估计的方法,并在此基础上讨论了 PR 二进制序列和码片脉冲波形的重要特性,证明了其对同步参数估计性能的影响。

### 4.2.1 扩频测距信号

在 GNSS 系统中,多颗卫星通过相同的传输介质广播导航信号来实现用户定位,为了让用户能够准确分离不同卫星的信号以便完成测距和导航数据接收,卫星需要利用传播信道接入或多址(multiple access,MA)技术来共享可用带宽。通常有三种基本的 MA 技术:

(1)时分多址(time division multiple access,TDMA);

(2)频分多址(frequency division multiple access,FDMA);

(3)码分多址(code division multiple access,CDMA)。

这三种多址技术分别在时域、频域或码域上确保不同信号可分离甚至正交。理论上，这些技术可达到相同的信道用户（卫星）数量、相同的总带宽，以及每个信道用户（卫星）相同的符号速率，因此可以达到相同的总频谱效率，但每种方案都有各自的优缺点。这些基本的多址技术还可以相互组合，如频分/时分多址（FD/TDMA）、频分/码分多址（FD/CDMA）等[4.11]。

TDMA、FDMA 和 CDMA 的原理如图 4.7 所示，其中不同的阴影块表征不同的信道用户（卫星）。TDMA 模式如图 4.7(a) 所示，不同信道用户通过指定时隙依次发射信号，在相应时隙中可占用全部可用带宽；FDMA 模式如图 4.7(b) 所示，不同信道用户均同时发射信号，但它们分别占用总可用带宽中不同的子频带。CDMA 模式如图 4.7(c) 所示，所有信道用户同时发射并使用全部可用带宽，通过码序列区分不同的信道用户。

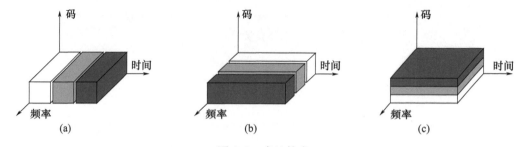

图 4.7 多址技术
(a)时分多址；(b)频分多址；(c)码分多址。

GNSS 用户可见卫星的数量非常少（每个系统最多大约 12 颗），并且数据传输需求并不是主要影响要素，因此在设计多址技术时，需要重点考虑那些与测量相关的性能指标，如同步精度、系统间多址干扰（MAI-R）、频谱分离、系统内多址干扰（MAI-A）、干扰条件下的稳健性、多径性能、信号灵活性、带宽效率、工程实现问题等。

GNSS 系统采用 CDMA 或者 FDMA 多址方式。如果考虑多个 GNSS 系统间的频谱分离，则使用的是 FD/CDMA 或者 CD/FDMA 多址方式，使得不同全球卫星导航系统的不同卫星之间能够共享时频资源。大多数 GNSS 以直接序列 CDMA（DS-CDMA）技术为主[4.11]，每颗卫星的信号能量在整个时频面上连续分布，不同的卫星在同一频段同时发射信号，每颗卫星使用不同的码序列来传输其信号。利用不同的调制方式可以实现不同 GNSS 的信号在同一频带内的频谱分离。GLONASS 系统使用了 FDMA 方式，每颗可见卫星使用不同的频带，同时还使用码序列进行同步和信道参数估计。

无论是基于相同载波频率的 DS-CDMA 系统（如 GPS、伽利略和北斗；见第 7、9、10 章）还是具有不同子载波频率的 CD/FDMA 系统（如 GLONASS；第 8 章），假设接收到的射频信号在下变频到基带信号的过程中，载波相位估计没有误差、多普勒频移被完全补偿、基带信号中心频率为 0Hz，此时某一卫星的 DS-CDMA 或 CD/FDMA 基带信号可以表示为

$$y(t) = \sqrt{P}m(t)c(t-\tau) + n(t) \tag{4.35}$$

式中：$P$ 为信号功率；$c(t)$ 为伪随机扩频序列；$\tau$ 为时延；$\{m(t)\} \in \{-1,1\}$ 为二进制导航电文信息；$n(t)$ 为功率谱密度为 $N_0/2$ 的高斯白噪声。此时，PR 序列可以卷积形式表

示为

$$c(t) = \sum_{k=-\infty}^{\infty} d_k \sqrt{T_c} p(t - kT_c) \qquad (4.36)$$

式中：$p(t)$为码片的脉冲波形，其在时域上并不受1个码片间隔$T_c$的限制，即伪随机序列$c(t)$中可以包含重叠脉冲，因此存在码间干扰。伪随机序列可以假定为$\{d_k\} \in \{-1,1\}$的二元零均值广义循环平稳序列（WSCS）[4.12]，其周期$T = N_d T_c$。$N_d \in \mathbb{N}$表示PR序列$c(t)$的码片数。导航数据序列$m(t)$与更高速率的PR序列$c(t)$相乘，会引入一个导航信号的扩频因子，即

$$G = \frac{B}{B_m} \qquad (4.37)$$

式中：$B$为PR序列$c(t)$的单边带宽；$B_m$为导航电文数据信号$m(t)$的单边带宽；$G$通常称为扩频增益或处理增益。信号$y(t)$与接收机中的$c(t-\tau)$相关，即解扩后的信噪比（SNR）可表示为

$$\mathrm{SNR}_d = \frac{P}{\tilde{\sigma}_n^2} = \mathrm{SNR}_s G = \frac{P}{\sigma_n^2} G \qquad (4.38)$$

式中：$\mathrm{SNR}_s$为解扩前的信噪比；$P$为信号功率；$\sigma_n^2 = BN_0$为解扩前的噪声功率；$\tilde{\sigma}_n^2 = B_m N_0$为解扩后的噪声功率。一般情况下，$B_m \ll B$。此外，假设

$$\frac{1}{T} \int_{-\frac{T}{2}}^{\frac{T}{2}} c(t) c^*(t) \mathrm{d}t = 1 \qquad (4.39)$$

上标表示复共轭。对于使用方波$p(t)$的DS-CDMA系统，处理增益也可以表示为

$$G = \frac{T}{T_c} \qquad (4.40)$$

图4.8展示了基于方波$p(t)$的DS-CDMA信号处理增益$G$和带宽的变化关系。

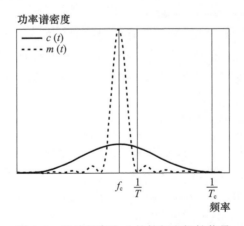

图4.8 载波频率为$f_c$的扩频和解扩信号

扩频系统具有抗干扰能力（第16章）。假设相关器（匹配滤波器）输入端的干扰功率为$J$，并假设其均匀分布在扩频带宽$B$（宽带干扰）上，干扰的平均功率谱密度（PSD）为$J/$

$2B$。此时解扩前的信干噪比(SINR)可以表示为

$$\text{SINR}_s = \frac{P}{BN_0 + J} \quad (4.41)$$

对于宽带干扰,解扩后的 SINR 可以表示为

$$\text{SINR}_d = \frac{P}{B_m N_0 + (B_m/B)J} = \frac{P}{B_m N_0 + J/G} \quad (4.42)$$

对于宽带干扰信号,解扩后 SINR 增量与处理增益 $G$ 有关,这种系统设计在干扰条件下具备一定的稳健性。对于窄带或者部分频带干扰信号,与本地码序列 $c(t-\tau)$ 相关后,相关器的输出为扩频后的宽带高斯噪声。

$c(t)$ 的自相关过程可表示为

$$\begin{aligned}
R_c(\varepsilon) &= \frac{1}{T}\int_{-\frac{T}{2}}^{\frac{T}{2}} c(t)c^*(t+\varepsilon)\mathrm{d}t \\
&= \int_{-\infty}^{\infty} |P(f)|^2 \Phi_d(f) e^{j2\pi f\varepsilon}\mathrm{d}f \\
&= \int_{-\infty}^{\infty} |P(f)|^2 e^{j2\pi f\varepsilon}\mathrm{d}f
\end{aligned} \quad (4.43)$$

式中:$P(f)$ 表示脉冲波形 $p(t)$ 的傅里叶变换,即

$$\int_{-\infty}^{\infty} |P(f)|^2 \mathrm{d}f = 1 \quad (4.44)$$

这意味着 WSCS 序列 $\{d_k\}$ 不仅是伪随机的,而且是纯随机的,因此序列 $\{d_k\}$ 的 PSD 为

$$\Phi_d(f) = 1 \quad (4.45)$$

一般来说,任何确定性生成的序列都不是真正的随机序列,但序列设计的目标是实现我们将在 4.2.2 节中看到的随机序列。良好的伪随机序列需要满足 $\Phi_d(f)=1$,同时可以将 PR 序列 $c(t)$ 的互相关和自相关特性优化问题看作为两个不同的问题:WSCS 序列 $\{d_k\}$ 的性能优化问题;脉冲波形 $p(t)$ 的性能优化问题。对于 GNSS 信号设计,以及分析和理解脉冲波形以及 PR 序列特性,这都是一个方便的假设。关于式(4.43)的证明见文献[4.12,473 页]。

## 4.2.2 伪随机二进制序列

如前面所述,DS-CDMA 系统通过码序列扩频方式实现了在可用传输带宽内同时传输不同信道用户(卫星)的信号,这些 GNSS 系统中的扩频序列即 PR 二进制序列。虽然这种以确定性方式生成的序列永远不可能是真正的随机序列,但通过特定设计使其具备了随机特性,因此这些序列被称为伪随机序列[4.13]。

PR 二进制序列是一个 $K$ 个码位(也称为码片)组成的序列 $a_0, a_1, \cdots, a_{K-1}, \{a_k\} \in \{-1,1\}$;其中二进制状态用 $-1$ 和 $1$ 表示。我们可以利用映射关系 $\tilde{a}_k = (1-a_k)/2$ 得到 $\{\tilde{a}_k\} \in \{0,1\}$,此时可以用 $1$ 和 $0$ 表示二进制状态。这种映射关系保留数字 $\pm 1$ 的乘法属

性,并将其映射为 0 和 1 的模 2 加法。在讨论序列的特性时,通常用 0 和 1 表示二进制状态;表示波形生成时,通常用 $-1$ 和 1 表示二进制状态。

序列 $\{a_k\}$ 或 $\{\tilde{a}_k\}$ 的自相关函数可以表示为

$$R_a[\ell] = R_{\tilde{a}}[\ell] = \sum_{k=0}^{K-1} a_k a_{k+\ell} = \sum_{k=0}^{K-1} (-1)^{\tilde{a}_k + \tilde{a}_{k+\ell}} \quad (4.46)$$

因此,当所有码片对齐时 $R_a[0] = R_{\tilde{a}}[0] = K$。为了实现良好的自相关特性,在任意其他 $l$ 下都应保证 $R_a[\ell]$ 和 $R_{\tilde{a}}[\ell]$ 尽量小。在实际系统中,信号每 $K$ 个码片循环一次。Solomon Golomb 与 Guang Gon 提出了以下三个随机性公设来评估二进制循环序列的随机性[4.13]:

(1) 在每个周期中,0 和 1 的个数几乎相同。更准确地说,差异不超过 1,即

$$\left| \sum_{k=0}^{K-1} (-1)^{\tilde{a}_k} \right| \leq 1$$

(2) 在每个周期中,长度为 1 的游程占总数的 1/2,长度为 2 的游程占总数的 1/4,长度为 3 的游程占总数的 1/8,依此类推。在等长的游程中,0 游程和 1 游程的个数相等。对于具有周期 $K$ 的二进制序列 $\{\tilde{a}_k\}$,$l$ 个连续的 0(1) 的前面是 1(或 0),后面是 1(或 0),这被称为长度 $l$ 的 0(或 1) 游程。

(3) 自相关函数 $R_a[\ell]$ 和 $R_{\tilde{a}}[\ell]$ 是二值函数,它可以表示为

$$R_a[\ell] = \begin{cases} K & \ell = 0 (\bmod K) \\ \tilde{K} & \ell \neq 0 (\bmod K) \end{cases} \quad (4.47)$$

式中: $\tilde{K}$ 是常数。如果 $K$ 为奇数时 $\tilde{K} = 1$,$K$ 为偶数时 $\tilde{K} = 0$,则该序列具有(理想的)两级自相关函数。

对于 $K = 2^n - 1$ 的特殊情况,所得序列称为最大长度序列或 m 序列,其具有下列性质[4.13]:

(1) 在每个周期中,0 出现 $2^{n-1} - 1$(或 $2^{n-1}$)次,1 出现 $2^{n-1}$(或 $2^{n-1} - 1$)次。此属性称为平衡属性[4.13]。

(2) 在每个周期中,长度为 $1 \leq l \leq n - 2$ 的 0(或 1)游程出现 $2^{n-2-l}$ 次,长度为 $n-1$ 的 0 游程出现一次,长度为 $n$ 的 1 游程出现一次。这称为游程特性。

(3) 自相关函数 $R_a[\ell]$ 和 $R_{\tilde{a}}[\ell]$ 是二值函数,它可以表示为

$$R_a[\ell] = \begin{cases} K & \ell = 0 (\bmod K) \\ -1 & \ell \neq 0 (\bmod K) \end{cases} \quad (4.48)$$

m 序列可以由线性反馈移位寄存器(LFSR)产生。LFSR 是一种移位寄存器,其输入的二进制状态(0 或 1)是其先前状态的线性函数。一个 $Q$ 级移位寄存器由一个时钟驱动的 $Q$ 个连续的双稳态触发器组成。在时钟的每一个脉冲处,每一级的寄存器状态转移到其右边下一级寄存器。为了将 $Q$ 级移位寄存器转换成序列发生器引入了一个反馈回路,该回路根据 $Q$ 级移位寄存器先前状态的状态,为最左边的寄存器计算一个新值。在寄存器的最右边,输出生成的序列。LFSR 的框图如图 4.9 所示。LFSR 的布尔反馈函数可以表示为 $Q$ 级移位寄存器 $z_q \in \{0,1\}$ 和反馈系数 $C_q \in \{0,1\}$ 对应相乘的模 2 和,即

$$f(z_0,\cdots,z_q,\cdots,z_{Q-1}) = c_0 z_0 \oplus \cdots \oplus c_q z_q \oplus \cdots \oplus c_{Q-1} z_{Q-1} \quad (4.49)$$

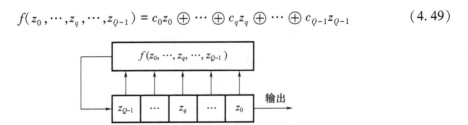

图 4.9 线性反馈移位寄存器框图

模 2 和(异或)和乘法的定义如图 4.10 所示。

| $\oplus$ | 0 | 1 |
|---|---|---|
| 0 | 0 | 1 |
| 1 | 1 | 0 |

| $\cdot$ | 0 | 1 |
|---|---|---|
| 0 | 0 | 0 |
| 1 | 0 | 1 |

图 4.10 模 2 和(异或)和乘法定义

LFSR 的 $Q$ 级寄存器状态,可以看作长度为 $Q$ 的二进制数或二进制向量,也称为移位寄存器的状态。$\tilde{a}_0,\cdots,\tilde{a}_q,\cdots,\tilde{a}_{Q-1}$ 为生成序列 $\{\tilde{a}_k\}$ 的移位寄存器的初始状态。

目前广泛使用 LFSR 来生成序列,其生成复杂度极低,同时无须内存(由于芯片设计对存储器的成本和面积要求很高,故由 LFSR 生成序列仍然是首选)。伽利略的开放服务(OS)中(第 9 章)采用的存储码则是一个特例,这些存储码是专门设计的,目的是实现良好的自相关特性和互相关特性。

PR 二进制序列除自相关特性外,其互相关特性对 DS-CDMA 系统的性能,尤其是对于降低多址干扰也有重要影响。由于不同卫星的不同信号是异步接收的,它们的序列受到二进制导航电文数据 $m(t) \in \{-1,1\}$ 的调制,因此必须通过评估以选择具有良好互相关特性的二进制序列。实际上,只有从同一颗卫星接收到的信号是同步接收的。

如 4.2.3 节所述,将接收信号与某一卫星使用的二进制 PR 序列的本地复制伪码进行相关,可实现时延估计和测距。在执行初始相关进行信号捕获时,本地复制伪码 $\{a_k\} \in \{-1,1\}$ 序列通常与干扰信号 $\{b_k\} = b_0, b_1, b_2, \cdots, b_K$ 或期望信号 $\{a_k\}$ 序列不同步。此外,干扰信号的周期序列或期望信号的周期序列可能在相关时间内经历导航电文数据位的跳变。因此,需要考虑本地复制的伪码 $\{a_k\}$ 与具有不同电文 $m_0/m_1$ 调制的序列 $\{b_k\}$ 相关时的 情况。

定义 $m_1=1$ 和 $m_0=1$ 条件下的偶互相关函数,即

$$R_{a,b}^e[\ell] = m_0 \sum_{k=0}^{K-\ell-1} a_k b_{k+\ell} + m_1 \sum_{k=K-\ell}^{K-1} a_k b_{k+\ell} \quad (4.50)$$

$$= \sum_{k=0}^{K-\ell-1} a_k b_{k+\ell} + \sum_{k=K-\ell}^{K-1} a_k b_{k+\ell}$$

以及 $m_1=-1$ 和 $m_0=1$ 条件下的奇互相关函数,即

$$R_{a,b}^o[\ell] = m_0 \sum_{k=0}^{K-\ell-1} a_k b_{k+\ell} + m_1 \sum_{k=K-\ell}^{K-1} a_k b_{k+\ell}$$

$$= \sum_{k=0}^{K-\ell-1} a_k b_{k+\ell} + \sum_{k=K-\ell}^{K-1} a_k b_{k+\ell}$$

奇偶互相关函数都是 DS-CDMA 系统特别是 GNSS 扩频序列选择或设计中的重要性能指标,迄今为止如文献[4.14-4.15]中讨论的多址干扰抑制方案一直没有得到应用。Lloyd-Welch 推算了偶互相关下界,即 Welch 限。考虑一组 $|S|$ 个长度为 $K$ 的序列,然后对于任何两个序列 $\{a_k\} \in S$ 和 $\{b_k\} \in S$,若 $\{a_k\} \neq \{b_k\}$,则有

$$\max_{\substack{\{a_k\},\{b_k\} \in S \\ \{a_k\} \neq \{b_k\}}} \frac{1}{K} R_{a,b}^e[\ell] \geq \sqrt{\frac{|S|-1}{|S|K-1}} \quad (4.51)$$

由于 $|S|$ 和 $|S|K$ 通常较大,Welch 限可近似为 $1/\sqrt{K}$。Welch 限可以用来辅助设计具有良好自相关甚至互相关性质的序列。

基于 m 序列并可由 LFSR 生成的一个著名的码族是以 Robert Gold 命名的 Gold 序列[4.17]。Gold 码是一类具有接近 Welch 限的互相关性以及良好的自相关特性的码族。与 m 序列相比,Gold 码有更好的互相关特性、自相关特性则要差一些。Gold 序列是由两个长度为 $K=2^n-1$ 的 m 序列在不同相位模 2 和产生的,并继承了前面所描述的 m 序列的平衡特性和游程特性。其长度为 $K=2^n-1$,可产生 $|S|=2^n+1$ 个不同的序列。由于随机选择 m 序列的相位来模 2 产生 Gold 序列时,得到的 Gold 序列的互相关可能非常差,因此需要使用成对的优选 m 序列来生成 Gold 码。Robert Gold 给出了一种优选 m 序列对的选择方法[4.17]。通过选择优选序列 $\{g_k\}$ 和 $\{g'_k\}$ 使得到的 Gold 码具有三值偶互相关特征,即

$$R_{a,b}^e[\ell] = \begin{cases} -1 \\ -\vartheta \\ \vartheta - 2 \end{cases} \quad (4.52)$$

当

$$\vartheta = \begin{cases} 2^{(n+1)/2} + 1 & n \text{ 为偶数} \\ 2^{(n+2)/2} + 1 & n \text{ 为奇数} \end{cases} \quad (4.53)$$

时,自相关函数具有四值特征,即

$$R_a[\ell] = \begin{cases} -1 & \ell \neq 0 \\ -\vartheta & \ell \neq 0 \\ \vartheta - 2 & \ell \neq 0 \\ K & \ell = 0 \end{cases} \quad (4.54)$$

GPS C/A L1 信号采用长度 $K=1023$、$n=10$ 的 Gold 码(第 7 章)。它们由两个 $Q=10$ 级的 LFSR 产生。两个 LFSR 的反馈函数为

$$f_1(z_0,\cdots,z_9) = z_0 \oplus z_7 \quad (4.55)$$

$$f_2(z_0,\cdots,z_9) = z_0 \oplus z_1 \oplus z_2 \oplus z_4 \oplus z_7 \oplus z_8 \quad (4.56)$$

GPS 和所有其他 GNSS(包括大多数 Galileo 服务)使用的基于 m 序列的伪码,均可以由 LFSR 生成,其具有良好的自相关和互相关特性。Galileo E1 OS 使用存储码,这些存储码是专门设计的,目的是实现先前定义的随机性特性,以便在 GNSS 应用中获得良好的自相关和互相关特性(第 9 章)。

部分 GNSS 信号采用分层码结构，即每个完整周期的主码序列与副码的每个码比特相乘。通常副码比主码短得多，并且也按照周期重复。这种结构使 GNSS 接收机在捕获期间使用主码，在信号跟踪期间通过副码来进一步降低奇偶互相关(第 14 章)。

### 4.2.3 相关和时延估计

GNSS 接收机使用最大似然估计(MLE)器来进行时延估计。接收机以间隔 $T_s = 1/(2B)$ 进行 $N$ 次采样 $y[n] = y(nT_s)$，$n = 1,2,3,\cdots,N$。如图 4.11 所示，信号的滤波可用带宽为 $B$ 的低通滤波器，其频域表示为

$$H(f) = \begin{cases} 1 & |f| \leq B \\ 0 & \text{其他} \end{cases} \tag{4.57}$$

时域表示为

$$h(t) = 2B \frac{\sin(2\pi Bt)}{2\pi Bt} \tag{4.58}$$

经过滤波、采样后则可得

$$\boldsymbol{y} = \sqrt{P}\boldsymbol{c}(\tau) + \boldsymbol{n}, \boldsymbol{y} \in \mathbb{R}^{N \times 1} \tag{4.59}$$

$$\begin{cases} \boldsymbol{y} = [y(T_s),\cdots,y(nT_s),\cdots,y(NT_s)]^T \\ \boldsymbol{n} = [n(T_s),\cdots,n(nT_s),\cdots,n(NT_s)]^T \\ \boldsymbol{c}(\tau) = [c(T_s - \tau),\cdots,c(nT_s - \tau),\cdots,c(NT_s - \tau)]^T \end{cases} \tag{4.60}$$

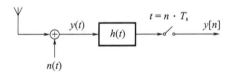

图 4.11 接收信号的采样和低通滤波

假设一个随机变量 $\boldsymbol{y}$，服从具有参数 $\tau$ 的多元高斯概率密度函数(PDF)分布，表示为 $p_y(\boldsymbol{y};\tau)$。这里，$\boldsymbol{y}$ 代表用于估计 $\tau$ 的观测量。经过 $h(t)$ 滤波后噪声不再是高斯白噪声，其功率谱密度 PSD 可表示为

$$\Phi_n^B(f) = \begin{cases} \dfrac{N_0}{2} & |f| \leq B \\ 0 & \text{其他} \end{cases} \tag{4.61}$$

其自相关为

$$R_n^B(\varepsilon) = N_0 B \frac{\sin(2\pi Bt)}{2\pi Bt} \tag{4.62}$$

由于 $R_n^B(\varepsilon = k/2B) = 0, k \in \mathbb{Z} \setminus \{0\}$，噪声在 $T_s = 1/2B$ 采样后变为 $N(0,\sigma_n^2)$ 的高斯白噪声，其功率为 $\sigma_n^2 = 2BN_0/2 = BN_0$。注意，如果采样持续时间 $T_s < 1/2B$，或者采样频率 $f_s > 2B$，则采样后的噪声不是高斯白噪声，而是具有式(4.62)给出的显著时间相关性的有色高斯噪声。

如果考虑式(4.58)中的低通滤波器,则选择 $T_s = 1/2B$ 可得

$$p_y(\boldsymbol{y};\boldsymbol{\tau}) = \frac{1}{(2\pi\sigma_n^2)^{N/2}} \exp\left(-\frac{\|\boldsymbol{y} - \sqrt{P}\boldsymbol{c}(\boldsymbol{\tau})\|_2^2}{2\sigma_n^2}\right) \qquad (4.63)$$

关于参数向量 $\boldsymbol{\tau}$ 的似然函数可以表示为

$$L(\boldsymbol{y};\boldsymbol{\tau}) = p_y(\boldsymbol{y};\boldsymbol{\tau}) \qquad (4.64)$$

似然函数 $L(\boldsymbol{y};\boldsymbol{\tau})$ 是参数 $\boldsymbol{\tau}$ 的函数,是以目标函数 $\boldsymbol{y}$ 作为随机变量值估计得到的,其中向量 $\boldsymbol{y}$ 由天线端接收的基带信号采样获得。另一方面,概率密度函数 $p_y(\boldsymbol{y};\boldsymbol{\tau})$ 是参数 $\boldsymbol{\tau}$ 为常值时,以目标函数 $\boldsymbol{y}$ 为随机变量的函数。最大似然估计(MLE)表示为

$$\hat{\boldsymbol{\tau}} = \arg\max_{\boldsymbol{\tau}} \{L(\boldsymbol{y};\boldsymbol{\tau})\} \qquad (4.65)$$
$$= \arg\max_{\boldsymbol{\tau}} \{\log(L(\boldsymbol{y};\boldsymbol{\tau}))\}$$

MLE 是渐近($N$ 具有大值)无偏且有效的。当进一步推导估计量时,得到

$$\begin{aligned}\hat{\boldsymbol{\tau}} &= \arg\max_{\boldsymbol{\tau}} \{\log(L(\boldsymbol{y};\boldsymbol{\tau}))\} \\ &= \arg\max_{\boldsymbol{\tau}} \left\{\log(1) - \log((2\pi\sigma_n^2)^{N/2}) - \frac{1}{2\sigma_n^2}\|\boldsymbol{y} - \boldsymbol{c}(\boldsymbol{\tau})\|_2^2\right\} \\ &= \arg\max_{\boldsymbol{\tau}} \{-\|\boldsymbol{y}\|_2^2 + 2\sqrt{P}\boldsymbol{y}^T\boldsymbol{c}(\boldsymbol{\tau}) - P\|\boldsymbol{c}(\boldsymbol{\tau})\|_2^2\}\end{aligned} \qquad (4.66)$$

第一项与 $\boldsymbol{\tau}$ 无关。对于任意 $\boldsymbol{\tau}$,第三项是常数 $\|\boldsymbol{c}(\boldsymbol{\tau})\|_2^2 \approx N$。去掉常数因子 $2\sqrt{P}$,可得

$$\hat{\boldsymbol{\tau}} = \arg\max_{\boldsymbol{\tau}} \{\boldsymbol{y}^T\boldsymbol{c}(\boldsymbol{\tau})\} \qquad (4.67)$$

$\boldsymbol{\tau}$ 的最大似然估计是指与信号匹配相关器输出功率最大化的值。代价函数是

$$J(\boldsymbol{\tau}) = \boldsymbol{y}^T\boldsymbol{c}(\boldsymbol{\tau}) \qquad (4.68)$$

在实际应用中,采用梯度上升法,可通过延迟锁定环(delay locked loop,DLL)来逼近式(4.67)的最大值(第 14 章)。在梯度上升法下第 $k+1$ 次迭代为

$$\hat{\boldsymbol{\tau}}^{k+1} = \hat{\boldsymbol{\tau}}^k + \mu\frac{\partial J(\hat{\boldsymbol{\tau}}^k)}{\partial \boldsymbol{\tau}} \qquad (4.69)$$

而对于第 $k$ 次迭代,极大值的逼近是 $\hat{\boldsymbol{\tau}}^k$。这里,$\mu$ 用以调整梯度法的步长($\mu>0$)。在 DLL 中,每个迭代中的导数使用长度为 $2\Delta$ 的中心差商来近似,即

$$\begin{aligned}\hat{\boldsymbol{\tau}}^{k+1} &= \hat{\boldsymbol{\tau}}^k + \frac{\mu}{2\Delta}[J(\hat{\boldsymbol{\tau}}^k + \Delta) - J(\hat{\boldsymbol{\tau}}^k - \Delta)] \\ &= \hat{\boldsymbol{\tau}}^k + \frac{\mu}{2\Delta}[\boldsymbol{y}^T\boldsymbol{c}(\hat{\boldsymbol{\tau}}^k + \Delta) - \boldsymbol{y}^T\boldsymbol{c}(\hat{\boldsymbol{\tau}}^k - \Delta)]\end{aligned} \qquad (4.70)$$

为了得到中心差商,通用的 DLL 使用了一对相关器:其中一个相关器被提前 $\Delta$,另一个被延迟 $\Delta$,这两个相关器分别称为超前相关器和滞后相关器。为了采用随机梯度法,观测值是按区间连续收集的,$\boldsymbol{y}[k]$ 为第 $k$ 个区间观测向量。因此,可得

$$\hat{\boldsymbol{\tau}}^{k+1} = \hat{\boldsymbol{\tau}}^k + \frac{\mu}{2\Delta}[\boldsymbol{y}^T(k+1)\boldsymbol{c}(\hat{\boldsymbol{\tau}}^k + \Delta) - \boldsymbol{y}^T(k+1)\boldsymbol{c}(\hat{\boldsymbol{\tau}}^k - \Delta)] \qquad (4.71)$$

DLL 通过时延估计为伪距计算提供信息。通过信号捕获流程,为 DLL 提供时延估计与多

普勒频率估计的初始值(第 14 章)。在 GNSS 接收机中,通过相关器实现了先前描述的中心差商。在没有噪声和假设接收机使用匹配相关器的情况下,可以根据信号 $R_c(\varepsilon)$ 的自相关函数给出超前—滞后 DLL 的鉴别器 S 曲线,即

$$S(\varepsilon, \Delta) = R_c(\varepsilon - \Delta) - R_c(\varepsilon + \Delta) \tag{4.72}$$

式中:$\mu/2\Delta$ 项类似于所谓的环路滤波器系数,可减少噪声。在这种情况下,DLL 由一阶无限脉冲响应(IIR)滤波器驱动(第 14 章)。在式(4.72)中 $\varepsilon = \tau - \hat{\tau}$ 表示 DLL 的跟踪误差。DLL 的基本功能如图 4.12 所示。

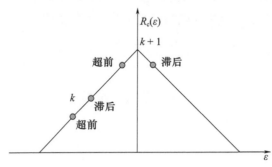

图 4.12　延迟锁定环路的基本功能

为了实现精确的同步和定位,需要对时延进行高精度估计。若

$$E\left(\frac{\partial \lg(L(\boldsymbol{y};\boldsymbol{\tau}))}{\partial \tau}\right) = 0 \tag{4.73}$$

那么对于任何无偏估计器,时延估计误差方差 $\sigma_{\hat{\tau}}^2$ 的下界可由 Cramer-Rao 界(CRLB)[4.18]确定,即

$$\mathrm{var}(\hat{\boldsymbol{\tau}}) = \sigma_{\hat{\tau}}^2 \geqslant \frac{1}{-E\left(\frac{\partial^2 \log(L(\boldsymbol{y};\boldsymbol{\tau}))}{\partial \tau^2}\right)} = \frac{\frac{\sigma_n^2}{P}}{\frac{\partial \boldsymbol{c}^{\mathrm{T}}(\boldsymbol{\tau})}{\partial \tau}\frac{\partial \boldsymbol{c}(\boldsymbol{\tau})}{\partial \tau}} \tag{4.74}$$

$$\sigma_{\hat{\tau}}^2 \geqslant \frac{B_n}{\frac{P}{N_0}4\pi^2 \int_{-\infty}^{\infty} f^2 |P(f)|^2 \mathrm{d}f}$$

式中:$B_n$ 表示通用估计器的等效噪声带宽[4.19-4.20],即

$$\int_{-\infty}^{\infty} |P(f)|^2 \mathrm{d}f = 1 \tag{4.75}$$

考虑量化效应的 CRLB 界公式可参考文献[4.21]。$\int_{-\infty}^{\infty} f^2 |P(f)|^2 \mathrm{d}f$ 项是功率谱的二阶矩,即均方根(RMS)或 Gabor 带宽[4.22]。根据傅里叶变换的基本原理[4.23]和式(4.43),其等于自相关函数 $R_c(\varepsilon)$ 在 $\varepsilon = 0$ 处的曲率,即

$$\int_{-\infty}^{\infty} f^2 |P(f)|^2 \mathrm{d}f = -\frac{1}{4\pi^2}\frac{\mathrm{d}^2 R_c(\varepsilon)}{\mathrm{d}\varepsilon^2}\bigg|_{\varepsilon=0} \tag{4.76}$$

由此,GNSS 信号的同步精度可以根据 CRLB 界得出,CRLB 界随着信号功率谱二阶矩的增

加而增加。可以证明,带宽为 $B$ 的信号功率谱的二阶矩上界为 $B^{2[4.24]}$。这意味着更高的可用信号带宽可以实现更好的同步精度。

通常,信号 $R_c(\varepsilon)$ 自相关函数的旁瓣越大,脉冲波形的旁瓣也越大、时域集中度越低[4.24-4.25]。为了量化旁瓣大小对时延估计的影响,使用 $\kappa \in (0,1)$ 来表示除 $\varepsilon = 0$ 外 $R_c(\varepsilon)$ 的最大绝对值。

$\kappa$ 值越大,时延估计过程的稳健性越差[4.24-4.25]。在对时延 $\tau$ 进行最大似然估计时,$R_c(\varepsilon)$ 可被视为损失函数。在 GNSS 接收机中,时延估计可通过捕获过程或 DLL 时延跟踪过程获得。为了保证时延估计的可靠性,需要使 $R_c(\varepsilon)$ 的旁瓣尽可能小,这对于信号设计及接收机滤波器 $h(t)$ 的选择是很重要的。

为了实现不同系统之间的互操作性,部分 GNSS 需要共享频率带宽来传输导航信号。不同的系统通常使用 PR 二进制序列以将信道用户(卫星)彼此分离。GNSS 国际委员会(international committee on global navigation satellite systems,ICG)将 GNSS 的互操作性定义为:用户可利用多个卫星导航系统及增强系统的服务,获取相对于单一系统开放信号更优的服务能力[4.26]。互操作性通常包括系统互操作和信号互操作两个层面。在信号互操作设计过程中采用 PR 二进制序列的同时也会导致 MAI-A 之外的 MAI-R,进而对时延估计和定位产生影响。

文献[4.27]分析了不同 GNSS 间的 MAI-R 和 MAI-A。随着越来越多的 GNSS 共享同一频带,系统传输的信号(以及服务)越来越多,并且信号功率越来越强,GNSS 受到的多址干扰愈加严重,如文献[4.14-4.15]所述。这可能使得在 GNSS 接收机中需要采用相应的干扰抑制方法。

根据文献[4.28,23页]、文献[4.29]和其他有关脉冲波形设计的研究[4.30-4.32],MAI-A 和 MAI-R 可被视为具有零均值的附加干扰分量。通常,MAI-A 和 MAI-R 均取决于发送信号的传播特性。假设存在 $U$ 个功率分别为 $P_u$ 的信源 $u = 1, \cdots, U$(例如 GNSS 的可见卫星)产生 MAI-A,以及 $V$ 个功率分别为 $P_v$ 的信源 $v = 1, \cdots, V$(例如其他 GNSS 的可见卫星)产生 MAI-R,同频带其他 GNSS 信号的接收功率谱密度为 $\Phi_R(f)$。

假设本地复现的 PR 序列与接收到的功率为 $P$ 的信号完全同步,即所需的信号时延是精确已知的,此时接收机能够完成下变频转换、码相关、$P^*(f)$ 匹配滤波以及在码片周期内的采样。这样,可以得到周期为 $T = N_d T_c$ 的 WSCS 序列 $\{d_k\} \in \{-1, 1\}$ 经过匹配滤波器输出的统计信息。信干噪比可表示为

$$\mathrm{SINR} = \frac{P}{P_N + P_A + P_R} \tag{4.77}$$

式中:噪声为

$$P_N = \frac{1}{N_d T_c} \frac{N_0}{2} \int_{-\infty}^{\infty} |P(f)|^2 df = \frac{N_0}{2 N_d T_c} \tag{4.78}$$

MAI-A 干扰项为

$$P_A = \frac{1}{2 N_d T_c} \sum_{u=1}^{U} P_u \int_{-\infty}^{\infty} |P(f)|^4 df \tag{4.79}$$

MAI-R 干扰项为

$$P_R = \frac{1}{2N_d T_c} \sum_{v=1}^{V} P_v \int_{-\infty}^{\infty} |P(f)|^2 \Phi_R(f) df \quad (4.80)$$

假设背景噪声是功率谱密度为 $N_0/2$ 的高斯白噪声，背景噪声引起的方差可视为谱密度 $N_0/2$ 的白噪声经过 $P^*(f)$ 匹配滤波（与信号匹配参考码相关）的结果，因此背景白噪声的功率可由式(4.78)给出。

假定所有 $U$ 个用户（例如可见的 GNSS 卫星）均是独立的且与所需的信号不同步，并假设它们的时延相互独立并在 $[0, T_c]$ 区间内均匀分布，相位相互独立并在 $[0, 2\pi]$ 区间均匀分布。根据文献[4.28,28 页]、文献[4.11,772 页]和文献[4.29]，对所需信号的匹配滤波器输出，第 $u$ 个用户（如 GNSS 卫星）的影响相当于白噪声通过传递函数为 $|P(f)|^2$ 的两个滤波器串联组合共同作用的结果。MAI-A 分量可由式(4.79)给出。在 GNSS 中，$\int_{-\infty}^{\infty} |P(f)|^2 \Phi_R(f) df$ 通常称为谱分离系数（spectral separation coefficient，SSC），$\int_{-\infty}^{\infty} |P(f)|^4 df$ 通常称为自谱分离系数[4.29]。

对于 $V$ 个用户，可以采用与上述 $U$ 个用户类似的假设方式，MAI-R 由式(4.80)表示。信号信噪比与信干噪比的比值为

$$\Delta SNR = \frac{SNR}{SINR} \quad (4.81)$$

为了比较不同 $\kappa$ 值对应的最终脉冲波形 $p(t)$ 以及其他常见的脉冲波形的性能，采用式(4.74)的 CRLB 限进行时延估计，并将 CRLB-I 定义为考虑噪声加干扰（MAI-A,MAI-R）的 CRLB，即

$$\tilde{\sigma}_\tau^2 \geq \sigma_\tau^2 \Delta SNR \quad (4.82)$$

式(4.79)给出的 MAI-A 部分的下限可以写为

$$\int_{-B}^{B} |P(f)|^4 df \geq \frac{1}{2B} \quad (4.83)$$

$$\int_{-B}^{B} |P(f)|^2 df = 1 \quad (4.84)$$

关于此下限的证明可见文献[4.28]。

为了展现前面讨论的信号及脉冲波形的特性，考虑三个示例脉冲波形 $p(t)$，分别取 $\kappa = 0.1, 0.5, 0.7$，并且 $B = 1.023$MHz，$BT_c = 1$。这种脉冲波形可以按照文献[4.24-4.25]中描述的 GNSS 信号设计方法生成。图 4.13、图 4.14 和图 4.15 中分别描绘了 $\kappa = 0.1$，0.5，0.7 条件下的脉冲波形 $p(t)$、相应的 $|P(f)|^2$ 及其自相关函数 $R_c(\varepsilon)$。

在图 4.16 中展现了这些脉冲波形对应的 CRLB-I 值，其中 $P_u$ 采用伽利略公开服务（OS）中定义的 $-154$dBW[4.27,4.33]，伽利略系统最大可见卫星数 $U = 11$（影响 MAI-A），以及 $N_0 = -204$dBW/Hz[4.27,4.33]。在本例中我们假设不存在 MAI-R，得到的 MAI-A 和 $\Delta SNR$ 结果如表 4.1 所列。

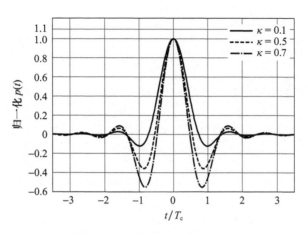

图 4.13 示例脉冲波形的时域

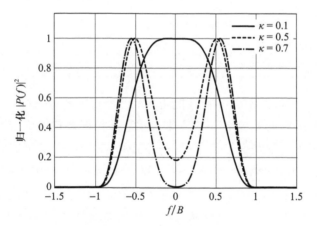

图 4.14 示例脉冲波形的频域

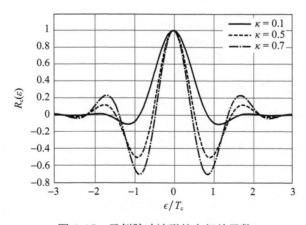

图 4.15 示例脉冲波形的自相关函数

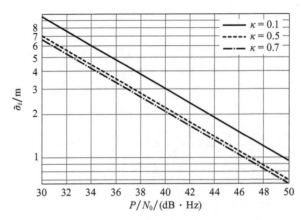

图 4.16 示例脉冲波形的 CRLB-I,图中显示了时延估计误差与功率-噪声密度之间的函数关系,DLL 带宽为 1Hz

表 4.1 不同示例脉冲波形及式(4.83)规定下限的 MAI-A 和 $\Delta$SNR 结果

| $p(t)$ | $\kappa=0.1$ | $\kappa=0.5$ | $\kappa=0.7$ | 下限(4.83) |
| --- | --- | --- | --- | --- |
| MAI-A | 0.79 | 0.80 | 0.99 | 0.54 |
| $\Delta$SNR | 1.79(2.53dB) | 1.80(2.55dB) | 1.99(3.0dB) | 1.54(1.87dB) |

我们对这些示例脉冲波形的多径性能也进行了评估(第 15 章)。在 GNSS 信号设计中,多径性能可以用多径误差包络[4.34,4.35]来表示。多径误差包络给出了标称 DLL 的最大偏差,其假设条件为除了视距信号外,存在一条视距-多径信号功率比为 6dB 的单反射多径信号。包络被定义为多径信号相对于视距(LOS)信号的相对相位为 0 或 $\pi$ 时的多径误差。多径误差包络取决于 DLL 中使用的鉴别器的类型[4.36-4.37],同时很明显也取决于自相关函数 $R_c(\varepsilon)$。在给定 $R_c(\varepsilon)$ 下可通过设计鉴别器来优化跟踪性能。接下来,考虑一个超前滞后相干器间距为 $2\Delta=0.1T_c$ 的窄距相干 DLL[4.38]。图 4.17 展现了 $\kappa=0.1,0.5,0.7$ 时示例脉冲波形的多径误差包络。

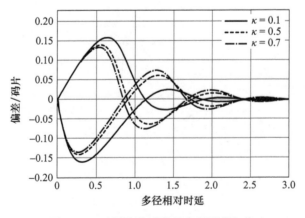

图 4.17 示例脉冲波形的多径误差包络

最后，在图4.18中给出了窄相关器相干超前滞后DLL的环路S曲线。环路S曲线清晰展现了DLL特征，以及主锁定点周围的线性区域。$S(\varepsilon, \Delta)$在$\varepsilon=0$处的负斜率等于自相关函数$R_c(\varepsilon)$在$\varepsilon=0$处的曲率。

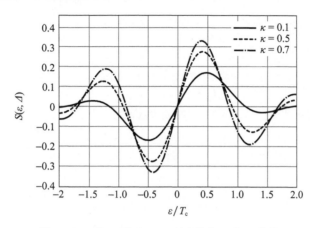

图4.18 延迟-滞后DLL环路的归一化S曲线

至此，本节评估了GNSS信号的两个重要特性：时延估计精度，以及由$R_c(\varepsilon)$的旁瓣绝对值（也就是$\kappa$值）决定的时域集中度和时延估计稳健性。在评估不同GNSS信号的测距性能时，需要综合考虑抗多径、MAI-A、MAI-R、信号灵活性、带宽效率、应用实现等因素。在GNSS信号设计，以及未来信号的接收机带宽$B$与$h(t)$的选择时，需要深入考虑上述因素。

下面回顾一下前几节中关于扩频信号测距特性的重要论点：

（1）信号的Gabor带宽越高，就CRLB而言，可实现的同步精度就越高。
（2）最小化$\tau$的CRLB和最大化时域集中度是相互矛盾的。
（3）处理增益$G$越高（带宽$B$越大），同步精度越高，抗干扰能力越强。
（4）$\tau$的CRLB越低，$p(t)$的时域集中度越低。
（5）$R_c(\varepsilon)$的旁瓣越高，$p(t)$的旁瓣越高，$p(t)$的时域集中度越低。
（6）$R_c(\varepsilon)$的旁瓣越高，$\kappa$越高，$\tau$的估计的稳健性就越小（似然估计除了全局最大值之外，还会出现局部极大值）。
（7）在信号（码片脉冲波形）设计中必须考虑MAI-A和MAI-R因素，并可在接收机中进行处理（多用户检测和抑制）。

## 4.3 调制方式

本节将对主要的调制方式进行介绍。不同的调制方式可由其各自的脉冲波形来表示。不同GNSS系统对不同常用脉冲波形的选择，不仅要考虑前述特性及其与时延估计性能的关系，还要考虑在卫星上是否相对容易实现。

## 4.3.1 二进制相移键控

矩形码片脉冲波形 $p(t)$ 可视作经典码片脉冲波形,最初用于早期的扩频信号[4.11]。采用矩形码片脉冲波形的信号称为二进制相移键控(binary phase shift keying,BPSK)信号,可表示为

$$p_\sqcap(t) = \frac{1}{\sqrt{T_c}} \left[ U\left(t + \frac{T_c}{2}\right) - U\left(t - \frac{T_c}{2}\right) \right] \quad (4.85)$$

式中:$U(t)$ 表示单位阶跃或 Heaviside 单位阶跃函数

$$U(t) = \begin{cases} 0 & t < 0 \\ 1 & t \geq 0 \end{cases} \quad (4.86)$$

$$\int_{-\infty}^{\infty} |p_\sqcap(t)|^2 dt = 1 \quad (4.87)$$

图 4.19 展现了 $p_\sqcap(t)$。

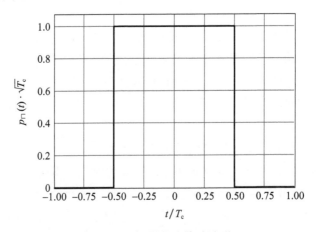

图 4.19 矩形码片脉冲波形

对 $p_\sqcap(t)$ 进行傅里叶变换可得

$$p_\sqcap(f) = \frac{1}{\sqrt{T_c}} \left[ \frac{1}{2}\delta(f) + \frac{1}{j2\pi f} \right] e^{j2\pi f \frac{T_c}{2}} -$$

$$\frac{1}{\sqrt{T_c}} \left[ \frac{1}{2}\delta(f) + \frac{1}{j2\pi f} \right] e^{-j2\pi f \frac{T_c}{2}}$$

$$= \frac{\sqrt{T_c} \sin(\pi f T_c)}{\pi f T_c}$$

$$= \sqrt{T_c} \, \text{sinc}(f T_c) \quad (4.88)$$

$$\text{sinc}(t) = \frac{\sin(\pi t)}{\pi t} \quad (4.89)$$

式中:$\delta(f)$ 为狄拉克 $\delta$ 函数;sinc 函数的定义见文献[4.23,62 页]。

在图 4.20 中展现了矩形码片脉冲波形的自相关函数 $R_\sqcap(\varepsilon)$,其具有三角形波形并且可表达为

$$R_\sqcap(\varepsilon) = \begin{cases} 1 - \dfrac{|\varepsilon|}{T_c} & |\varepsilon| \leq T_c \\ 0 & \text{其他} \end{cases} \quad (4.90)$$

图 4.21 中展现了矩形脉冲波形的 PSD $|p_\sqcap(f)|^2 = T_c \text{sinc}^2(fT_c)$,其在 $-fT_c = -1$ 和 $fT_c = 1$ 之间具有一个主瓣,而在此范围外具有许多迅速衰减的副瓣。

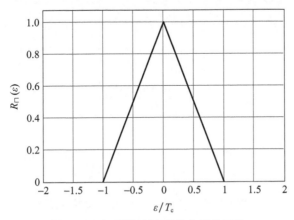

图 4.20 矩形脉冲波形的自相关函数

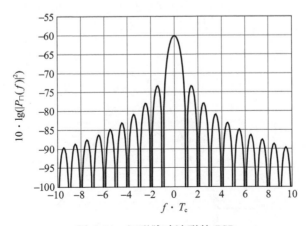

图 4.21 矩形脉冲波形的 PSD

由于 GNSS 信号无论在发射端还是接收端均是带宽受限的,因此有必要推导严格带限归一化矩形脉冲波形的公式。假设信号受到如式(4.58)所示的理想的低通滤波器 $h(t)$ 限制,那么可表述为

$$p_\sqcap^B(t) = \frac{1}{\xi \pi \sqrt{T_c}} \left( \text{Si}\left[2\pi B\left(t + \frac{T_c}{2}\right)\right] - \text{Si}\left[2\pi B\left(t - \frac{T_c}{2}\right)\right] \right) \quad (4.91)$$

$$\text{Si}(t) = \int_0^t \frac{\sin(\tilde{t})}{\tilde{t}} d\tilde{t} \quad (4.92)$$

$$\xi = \sqrt{\frac{\int_{-B}^{B} |P_\sqcap(f)|^2 \mathrm{d}f}{\int_{-\infty}^{\infty} |P_\sqcap(f)|^2 \mathrm{d}f}} \tag{4.93}$$

式中:$\mathrm{Si}(t)$ 为正弦积分函数[4.23,62页];$\xi$ 为归一化系数。

图 4.22 展现了与码片持续时间 $T_c$ 相关的不同带宽 $B$ 下的 $p_\sqcap^B(t)$。带限矩形脉冲波形在经过理想低通滤波器时,在非带限矩形码片波形的不连续点处出现过冲或振铃,称为吉布斯现象[4.39,30页]。还可以观察到,由于带宽限制,矩形码片脉冲波形不再是时域受限的,因此出现了码间串扰。归一化带限矩形码片脉冲波形的自相关函数 $R_\sqcap^B(\varepsilon)$ 如图 4.23 所示。

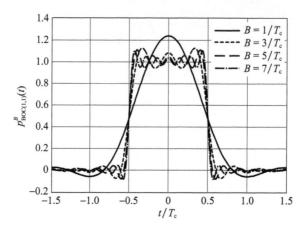

图 4.22 归一化带限矩形码片脉冲波形

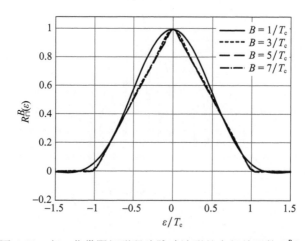

图 4.23 归一化带限矩形码片脉冲波形的自相关函数 $R_\sqcap^B(\varepsilon)$

与图 4.20 相比,由于信号的带宽限制,带限信号自相关函数 $R_\sqcap^B(\varepsilon)$ 的峰值处变圆了。因此,$R_\sqcap^B(\varepsilon)$ 在 $\varepsilon = 0$ 处的曲率变小,其 CRLB 界高于非带限信号。

## 4.3.2 二进制偏移载波调制及其衍生技术

二进制偏移载波(binary offset carrier,BOC)已成为 GNSS 中的一种不同于矩形码片脉

冲形状的标准设计方式[4.40-4.41]。其脉冲波形由矩形波

$$p_{n_c}(t) = \sqrt{n_c f_r} \left[ U\left(t + \frac{1}{2n_c f_r}\right) - U\left(t - \frac{1}{2n_c f_r}\right) \right] \quad (4.94)$$

和正弦或余弦子载波

$$g_{n_s}(t) = \begin{cases} \text{sgn}[-\sin(2\pi n_s f_r t)] \\ \text{sgn}[-\cos(2\pi n_s f_r t)] \end{cases} \quad (4.95)$$

相乘形成,式中:$n_c$ 和 $n_s$ 分别为码片速率和子载波速率;$f_r$ 为参考频率。通常,BOC 信号根据其正弦或余弦载波形式分别表示为 $\text{BOC}(n_s, n_c)$ 或 $\text{BOC}_{\cos}(n_s, n_c)$,其脉冲波形表示为

$$p_{\text{BOC}(n_s, n_c)}(t) = \begin{cases} h_{n_c}(t) g_{n_s}(t) & |t| \leq \dfrac{1}{2n_c f_r} \\ 0 & \text{其他} \end{cases} \quad (4.96)$$

对于 GNSS 信号,如 GPS[4.42-4.44] 或欧洲伽利略系统[4.33]中,$f_r = 1.023\text{MHz}$。基于正弦载波的 BOC(1,1) 也称为双相曼彻斯特脉冲[4.45,66页]。

在图 4.24 和图 4.25 中分别展现了 BOC(1,1) 和 $\text{BOC}_{\cos}(1,1)$ 信号的脉冲波形。当子载波速率增大时,多个周期的二进制子载波包含在一个码片中。图 4.26 和图 4.27 分别展现了当 $n_s = 4$ 时的 BOC(4,1) 和 $\text{BOC}_{\cos}(4,1)$,它们均包含 4 个周期二进制子载波。

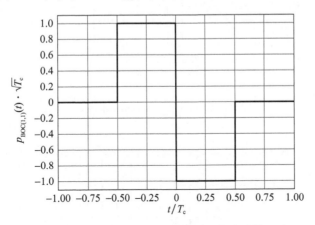

图 4.24 BOC(1,1)信号的码片脉冲波形

GNSS 采用 BOC 信号的目的是实现不同 GNSS 非互操作信号间的频谱分离以及提高同步性能[4.33,4.40,4.42]。有关 BOC 信号的傅里叶变换形式和 PSD 的综合推导参照文献[4.40,4.41,4.46]。根据文献[4.40-4.41],定义 $n = 2n_s/n_c$ 为单个码片内子载波半周期的数量,正弦子载波且 $n$ 为偶数的 BOC 信号可表示为

$$P_{\text{BOC}(n_s, n_c)}(f) = \text{j}\sqrt{n_c f_r}\, \frac{\sin\left(\pi \dfrac{f}{n_c f_r}\right)}{\pi f} \tan\left(\pi \dfrac{f}{2n_s f_r}\right) \quad (4.97)$$

正弦子载波且 $n$ 为奇数的 BOC 信号可表示为

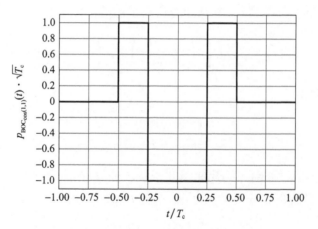

图 4.25 $BOC_{cos}(1,1)$ 信号的码片脉冲波形

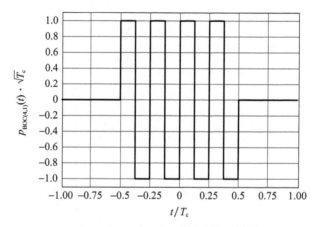

图 4.26 $BOC(4,1)$ 信号的码片脉冲波形

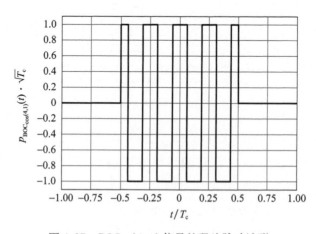

图 4.27 $BOC_{cos}(4,1)$ 信号的码片脉冲波形

$$P_{\text{BOC}_{\cos}(n_s,n_c)}(f) = \sqrt{n_c f_r} \frac{\cos\left(\pi \dfrac{f}{n_c f_r}\right)}{\pi f} \tan\left(\pi \dfrac{f}{2n_s f_r}\right) \tag{4.98}$$

余弦子载波且 $n$ 为偶数的 BOC 信号可表示为

$$P_{\text{BOC}(n_s,n_c)}(f) = \sqrt{n_c f_r} \frac{\sin\left(\pi \dfrac{f}{n_c f_r}\right)}{\pi f} \frac{1-\cos\left(\pi \dfrac{f}{2n_s f_r}\right)}{\cos\left(\pi \dfrac{f}{2n_s f_r}\right)} \tag{4.99}$$

余弦子载波且 $n$ 为奇数的 BOC 信号可表示为

$$P_{\text{BOC}_{\cos}(n_s,n_c)}(f) = \text{j}\sqrt{n_c f_r} \frac{\cos\left(\pi \dfrac{f}{n_c f_r}\right)}{\pi f} \frac{1-\cos\left(\pi \dfrac{f}{2n_s f_r}\right)}{\cos\left(\pi \dfrac{f}{2n_s f_r}\right)} \tag{4.100}$$

$$\int_{-\infty}^{\infty} |p_{\text{BOC}(n_s,n_c)}(t)|^2 dt = \int_{-\infty}^{\infty} |P_{\text{BOC}(n_s,n_c)}(f)|^2 df = 1 \tag{4.101}$$

$$\int_{-\infty}^{\infty} |p_{\text{BOC}_{\cos}(n_s,n_c)}(t)|^2 dt = \int_{-\infty}^{\infty} |P_{\text{BOC}_{\cos}(n_s,n_c)}(f)|^2 df = 1 \tag{4.102}$$

根据式(4.98)和式(4.99),如果脉冲波形在时域内是偶对称的,则傅里叶变换表现为实数;根据式(4.97)和式(4.100),如果脉冲波形在时域内是奇对称的,则傅里叶变换为虚数。

如上所述,BOC 信号用于满足不同 GNSS 非互操作信号间的频谱分离需求。通过正弦或余弦形式的二进制子载波调制,频谱分离成两个部分,因此 BOC 调制又称为频谱分离调制。

图 4.28 展现了 BOC(1,1) 和 $\text{BOC}_{\cos}(1,1)$ 信号的 PSD。图 4.29 展现了 BOC(4,1) 和 $\text{BOC}_{\cos}(4,1)$ 信号的 PSD。可以看出,子载波速率 $n_s$ 越大,两个主瓣的频谱分离距离越大。

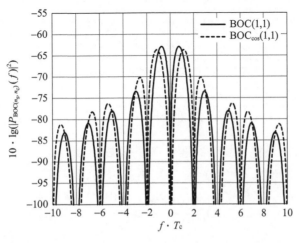

图 4.28　BOC(1,1) 和 $\text{BOC}_{\cos}(1,1)$ 信号的 PSD

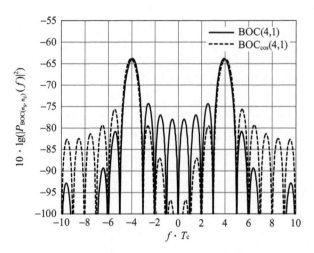

图 4.29 BOC(4,1)和 BOC$_{cos}$(4,1)信号的 PSD

BOC 信号的自相关函数具有较高的旁瓣,如图 4.30 所示,BOC(1,1)和 BOC$_{cos}$(1,1)信号的旁瓣幅值达到了 $\kappa \approx 0.5$。

对于较大的子载波速率 $n_s$,频谱分离信号的自相关函数具有更高的旁瓣。图 4.31 描绘了 BOC(4,1)和 BOC$_{cos}$(4,1)信号的自相关函数,其中 $\kappa \approx 0.9$。如 4.2.3 节所述,自相关函数的高旁瓣(即高 $\kappa$ 值)导致时延估计稳健性不足。因此,应避免高 $\kappa$ 值以实现强稳健性的时延估计和信号捕获。

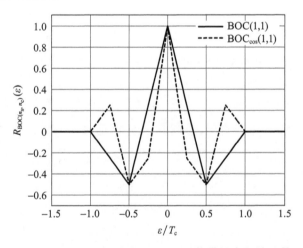

图 4.30 BOC(1,1)和 BOC$_{cos}$(1,1)信号的自相关函数

除了 BOC 信号外,还存在复合二进制偏移载波(composite BOC,CBOC)、复用二进制偏移载波(multiplexed BOC,MBOC)、时分复用二进制偏移载波(time-multiplexed BOC,TMBOC)和交替二进制偏移载波(alternate BOC,AltBOC)等几种扩展形式,并应用于伽利略、GPS 和北斗信号[4.33,4.42,4.47]。AltBOC 调制被认为是一种复用/映射方案,能够在一个公共载频上映射并复用多个二进制信号分量来形成一个相移键控(PSK)的复合信号。PSK 是一种数字调制方案,通过载波相位调制来传输数据。CBOC 信号是多个 BOC 信号

# 第 4 章 信号与调制

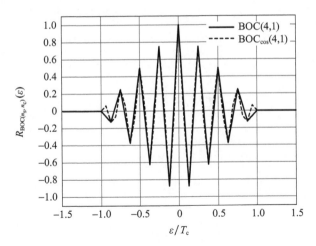

图 4.31 BOC(4,1) 和 BOC$_{\cos}$(4,1) 信号的自相关函数

的线性组合,例如具有两个 BOC 信号的 CBOC 信号可以表示为

$$p_{\text{CBOC}}(t) = [\sqrt{\omega} p_{\text{BOC}(a,b)}(t) \pm \sqrt{1-\omega} p_{\text{BOC}(c,d)}(t)] \tag{4.103}$$

式中:$\omega \in \mathbb{R}_0^+$,其傅里叶变换为

$$p_{\text{CBOC}}(f) = [\sqrt{\omega} p_{\text{BOC}(a,b)}(f) \pm \sqrt{1-\omega} p_{\text{BOC}(c,d)}(f)] \tag{4.104}$$

PSD 为

$$|p_{\text{CBOC}}(f)|^2 = [\omega |p_{\text{BOC}(a,b)}(f)|^2 + (1-\omega) |p_{\text{BOC}(c,d)}(f)|^2 \pm \\ 2\sqrt{\omega - \omega^2} \text{Re}\{p_{\text{BOC}(a,b)}(f) p^*_{\text{BOC}(c,d)}(f)\}] \tag{4.105}$$

对于 TMBOC 来说,PR 序列的不同码片使用不同形状的码片脉冲波形。TMBOC 码片脉冲波形具有两个不同的 BOC 码片脉冲波形,每个 $T_c$ 发出一个脉冲,即

$$p_{\text{TMBOC}}(t) = \begin{cases} p_{\text{BOC}(a,b)}(t) & \text{概率为 } p \\ p_{\text{BOC}(c,d)}(t) & \text{概率为 } 1-p \end{cases} \tag{4.106}$$

如果信源(二进制 PR 序列码片脉冲波形)为正负等概的(Negative Equally Probable, NEP),则它具有以下属性[4.45,64页]:

(1)对于构成信源的一组码片脉冲波形中的每个码片脉冲波形 $p_i(t)$,其负值 $-p_i(t)$ 也必须在该集合中(PR 二进制序列 $\{d_k\} \in \{-1,1\}$)。

(2)每个码片脉冲波形 $p_i(t)$ 及其负值 $-p_i(t)$ 的平稳概率相等。

(3)对于任意 $p_i(t) = \pm p_r(t)$ 和 $p_k(t) = \pm p_s(t)$,转移概率 $p_{ik}$ 与 $p_{rs}$ 相等,其中转移概率 $p_{ik}$ 表示前一个码片脉冲波形为 $p_i(t)$ 而后一个码片脉冲波形为 $p_k(t)$ 的概率。

对于这样的信源,频谱的特征在于没有线谱,并且与转移概率无关。因此,对于不等概率的时分复用二进制偏移载波 NEP TMBOC 信号,PSD 可以写为

$$|P_{\text{TMBOC}}(f)|^2 = p |P_{\text{BOC}(a,b)}(f)|^2 + (1-p) |P_{\text{BOC}(c,d)}(f)|^2 \tag{4.107}$$

自相关函数为

$$R_{\text{TMBOC}}(\varepsilon) = p R_{\text{BOC}(a,b)}(\varepsilon) + (1-p) R_{\text{BOC}(c,d)}(\varepsilon) \tag{4.108}$$

采用与矩形脉冲波形相同的方式,也可以推导出严格带限的 BOC 脉冲波形。

下边给出 $T_c = 1/f_r$ 时正弦方波子载波 BOC(1,1)的例子。归一化的严格带限 BOC(1,1)脉冲波形可以表示为

$$p_{BOC(1,1)}^B(t) = \frac{1}{\xi \pi \sqrt{T_c}} \left( 2\text{Si}(2\pi Bt) \text{Si}\left[2\pi B\left(t + \frac{T_c}{2}\right)\right] - \text{Si}\left[2\pi B\left(t - \frac{T_c}{2}\right)\right] \right)$$

(4.109)

归一化因子为

$$\xi = \sqrt{\frac{\int_{-B}^{B} |P_{BOC(a,b)}(f)|^2 df}{\int_{-\infty}^{\infty} |P_{BOC(a,b)}(f)|^2 df}}$$

(4.110)

图 4.32 显示了带限 BOC(1,1)码片脉冲波形。类似于图 4.22 中的带限矩形脉冲,带限 BOC(1,1)脉冲波形显然不再是时域受限的。归一化带限 BOC(1,1)码片脉冲波形的自相关函数 $R_{BOC(1,1)}^B(\varepsilon)$ 如图 4.33 所示。由于频带限制,自相关函数 $R_{BOC(1,1)}^B(\varepsilon)$ 的峰值处变圆,并且其曲率与非带限信号相比更小,因此其 CRLB 界高于非带限信号。

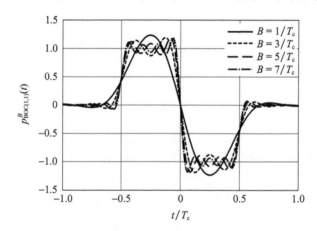

图 4.32 带限 BOC(1,1)信号的码片脉冲波形

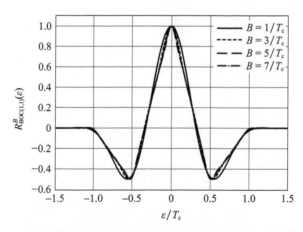

图 4.33 归一化带限 BOC(1,1)码片脉冲波形的自相关函数 $R_{BOC(1,1)}^B(\varepsilon)$

## 4.4 信号复用

过去几年里,已经开发和评估了多种用于GNSS的信号复用/映射方案,其总体目标是将多个信号映射到同一个载波上,最大程度降低信号间串扰、提升功率和带宽效率。此外,维持信号的包络恒定或准恒定有助于星上载荷在使用高功率放大器对信号进行放大时,尽可能降低带外泄露和功率损失。当信号的峰均功率比(PAPR)满足下式时信号包络恒定。

$$\text{PAPR} = \frac{\max |x(t)|^2}{\text{E}(|x(t)|^2)} = 1 \tag{4.111}$$

式中:$x(t)$为映射后的复用信号。因此,为取得最大功率效率需要尽可能降低PAPR。

通常,实现恒定包络存在两种主要途径:时域复用及频率复用。文献[4.48]中定义的互复用方式同时属于上述两种方式[4.49]。互复用是相移键控/相位调制(phase-shift-keyed/phase-modulated, PSK/PM)多通道系统的一种特例,它能在功率效率最大化的前提下将不超过5个信号分量进行融合[4.48]。这种方法提高功率效率的方式是抑制载波参考功率和引入一些交调项。互复用方法等效于相干自适应子载波调制(coherent adaptive subcarrier modulation, CASM)[4.50]。多个信号的时域复用可通过逐码或逐码片的方式实现,如当前GPS的L2C信号。此外,多数表决[4.51-4.52]及其不同改进(相互表决[4.53]等)均可视为实现时分-码分复用的方法。

从功率效率角度来说,互复用技术将不超过5个信号分量复用或映射到同一载波上时很有用,而且将一个高功率信号和数个低功率信号进行结合时效率更高[4.48]。然而为了建立"准恒包络"星座需要引入交调分量。这里使用"准恒包络"的术语是由于在真实环境下无法产生非带限信号,即各信号分量并不是严格的二进制。因此,信号的复用/映射结构需要适用于这种非带限的准恒包络信号。在当前伽利略系统的E1信号的功率分配上,约11%的总功率消耗在交调上。即使是具有极高效率、包含4个信号分量的Alt-BOC调制,功率效率也仅为85%。

下面将对GNSS中的互复用、AltBOC两种复用方式进行介绍。

### 4.4.1 互复用

在相移键控/相位调制(PSK/PM)系统中,相位调制的无线电信号可定义为

$$x(t) = \sqrt{2P}\sin[2\pi f_c t + \Theta(t)] \tag{4.112}$$

式中:$P$为总平均功率;$f_c$为载波频率;$\Theta(t)$为相位调制。在$N$通道复用中相位调制表示为

$$\Theta(t) = \left(\beta_1 + \sum_{n=2}^{N}\beta_n y_n(t)\right) y_1(t) \tag{4.113}$$

式中:$N$ 为通道数量;$\beta_n$ 为调制角度;$y_n(t) = \in \{-1,1\}$ 为 GNSS 信号中的二进制数据流。

1. $N=2$ 时的双通道信号互复用

双通道信号互复用表示形式为

$$x(t) = \sqrt{2P}\sin[2\pi f_c t + \beta_1 y_1(t) + \beta_2 y_1(t) y_2(t)] \tag{4.114}$$

在推导过程中将用到三角恒等式,即

$$\begin{cases} \sin(\alpha \pm \beta) = \sin(\alpha)\cos(\beta) \pm \cos(\alpha)\sin(\beta) \\ \cos(\alpha \pm \beta) = \cos(\alpha)\cos(\beta) \mp \sin(\alpha)\sin(\beta) \end{cases} \tag{4.115}$$

以及对于二进制信号 $y_n(t) \in \{-1,1\}$ 的有效特性,即

$$\begin{cases} \cos[\beta_n y_n(t)] = \cos(\beta_n) \\ \sin[\beta_n y_n(t)] = y_n(t)\sin(\beta_n) \end{cases} \tag{4.116}$$

基于以上表达式,将式(4.114)改写为

$$\begin{aligned} x(t) = &\sqrt{2P}\sin(2\pi f_c t)[\cos(\beta_1)\cos(\beta_2) - \\ & y_2(t)\sin(\beta_1)\sin(\beta_2)] + \\ & \sqrt{2P}\cos(2\pi f_c t)[y_1(t)\sin(\beta_1)\sin(\beta_2) + \\ & y_1(t)y_2(t)\cos(\beta_1)\sin(\beta_2)] \end{aligned} \tag{4.117}$$

此外,各分量的功率表示为

$$\begin{cases} P_c = P\cos^2(\beta_1)\cos^2(\beta_2) \\ P_1 = P\sin^2(\beta_1)\cos^2(\beta_2) \\ P_2 = P\sin^2(\beta_1)\sin^2(\beta_2) \\ P_{im} = P\cos^2(\beta_1)\cos^2(\beta_2) \end{cases} \tag{4.118}$$

式中:$P_c$ 为载波功率;$P_1$ 和 $P_2$ 分别为通道 1 和通道 2 的信号功率;$P_{im}$ 为交调分量的功率。

当 $\beta_1 = \pi/2$,$\beta_2 = \pi/4$ 时可得

$$\begin{cases} P_c = 0 \\ P_1 = P/2 \\ P_2 = P/2 \\ P_{im} = 0 \end{cases} \tag{4.119}$$

其等效于正交相移键控(quadrature phase shift keying,QPSK)调制。图 4.34 中,这样的双通道互复用信号等效为

$$\tilde{x}(t) = \sqrt{P_1} y_1(t) + j\sqrt{P_2} y_2(t) \tag{4.120}$$

当 $\sqrt{P_1} = \sqrt{P_2}$ 时,存在

$$x(t) = \sqrt{2}\text{Re}\{\tilde{x}(t) e^{j2\pi f_c t}\} \tag{4.121}$$

对于 GNSS,不需要实部和虚部间的功率平衡,通常使用 $\sqrt{P_1} \neq \sqrt{P_2}$ 的 QPSK 调制。图 4.35 展现了标准 QPSK 可能出现的相位跳变。

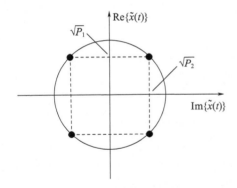
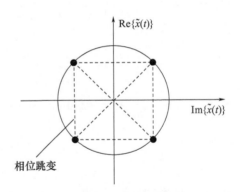

图 4.34　双信号互复用　　　　图 4.35　标准 QPSK 可能出现的相位跳变

为了降低信号 PAPR(特别是在星上放大器前信号带宽有限时),避免信号出现相位跳变导致穿过原点,需要将信号分量进行交错处理。此时,QPSK 需要在两个信号分量间引入时延 $\tau_s$。通常需要根据码片脉冲波形 $y_1(t)$ 和 $y_2(t)$ 来选择时延 $\tau_s$。这种双通道互复用信号通常也被称为偏移 QPSK(OQPSK)。图 4.36 展现了 $y_1(t)$ 和 $y_2(t)$ 在时延为 $\tau_s = T_c/2$ 下矩形脉冲波形的相位形式。由此形成的等效基带信号可表示为

$$\tilde{x}_0(t) = \sqrt{P_1}y_1(t) + j\sqrt{P_2}y_2(t - \tau_s) \tag{4.122}$$

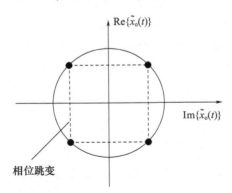

图 4.36　OQPSK 相位跳变

**2. $N=3$ 时的三通道信号互复用**

三通道信号互复用可表示为

$$x(t) = \sqrt{2P}\sin[2\pi f_c t + \beta_1 y_1(t) + \beta_2 y_1(t)y_2(t) + \beta_3 y_1(t)y_3(t)]$$

也可以表示为

$$x(t) = \sqrt{2P}\sin(2\pi f_c t)\underbrace{\cos[\beta_1 y_1(t) + \beta_2 y_1(t)y_2(t) + \beta_3 y_1(t)y_3(t)]}_{=A_1} +$$

$$\sqrt{2P}\cos(2\pi f_c t)\underbrace{\sin[\beta_1 y_1(t) + \beta_2 y_1(t)y_2(t) + \beta_3 y_1(t)y_3(t)]}_{=A_2}$$

$$\tag{4.123}$$

从而可得

$$\begin{aligned}
A_1 = {} & \cos(\beta_1)\cos(\beta_2)\cos(\beta_3) - \\
& y_2(t)y_3(t)\cos(\beta_1)\sin(\beta_2)\sin(\beta_3) - \\
& y_2(t)\sin(\beta_1)\sin(\beta_2)\sin(\beta_3) - \\
& y_3(t)\sin(\beta_1)\cos(\beta_2)\sin(\beta_3)
\end{aligned} \quad (4.124)$$

$$\begin{aligned}
A_2 = {} & y_1(t)\sin(\beta_1)\cos(\beta_2)\cos(\beta_3) - \\
& y_1(t)y_2(t)y_3(t)\sin(\beta_1)\sin(\beta_2)\sin(\beta_3) + \\
& y_1(t)y_2(t)\cos(\beta_1)\sin(\beta_2)\cos(\beta_3) + \\
& y_1(t)y_3(t)\cos(\beta_1)\cos(\beta_2)\sin(\beta_3)
\end{aligned} \quad (4.125)$$

为了消除大部分交调分量,设置 $\beta_1 = \pi/2$,将三信号分量的功率表示为

$$\begin{cases} P_1 = P\cos^2(\beta_2)\cos^2(\beta_3) \\ P_2 = P\sin^2(\beta_2)\cos^2(\beta_3) \\ P_3 = P\cos^2(\beta_2)\sin^2(\beta_3) \\ P_{\text{im}} = P\sin^2(\beta_2)\sin^2(\beta_3) \end{cases} \quad (4.126)$$

由此,三通道信号的互复用基带信号可表示为

$$\begin{aligned}
\tilde{x}(t) = {} & \sqrt{P_1}\,y_1(t) - \sqrt{P_{\text{im}}}\,y_1(t)y_2(t)y_3(t) + \\
& \text{j}[\sqrt{P_2}\,y_2(t) + \sqrt{P_3}\,y_3(t)]
\end{aligned} \quad (4.127)$$

在图 4.37 中用灰色点表示了这种互复用基带信号,黑色点表示了无交调项的非恒包络互复用信号,黑色箭头(用 im 标注)表示交调分量的影响。由功率相近的信号分量 $y_n(t)$ 构成的高阶($N>3$)互复用信号会导致较高的交调功率 $P_{\text{im}}$,并因此带来较低的功率效率。

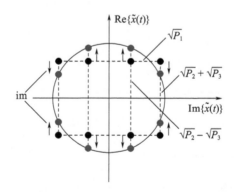

图 4.37 三通道互复用信号(也展示了交调分量的影响)

为了提升信号的功率效率,可对全部信号分量采用交错处理技术[4.54]或可缩放互复用技术[4.55],可缩放互复用通过对交调项进行加权的方式调整信号星座图上的相位状态。这些技术能够显著提升功率效率,并为根据信号放大器的特性定制互复用信号 $x(t)$ 提供了可能。

## 4.4.2 交替二进制偏移载波

为了实现具有 4 路信号的恒定包络,可采用 AltBOC 复用/调制的方式。4 路二进制信号调制到同一路载波上可表示为

$$\tilde{x}(t) = \frac{1}{2\sqrt{2}}[(y_1(t) + \mathrm{j}y_2(t))\Psi'_\mathrm{M}(t) +$$
$$(y_3(t) + \mathrm{j}y_4(t))\Psi_\mathrm{M}(t) +$$
$$(\bar{y}_1(t) + \mathrm{j}\bar{y}_2(t))\overline{\Psi}'_\mathrm{M}(t) +$$
$$(\bar{y}_3(t) + \mathrm{j}\bar{y}_4(t))\overline{\Psi}_\mathrm{M}(t)]$$

其中交调分量为

$$\begin{cases} \bar{y}_1(t) = y_2(t)y_3(t)y_4(t) \\ \bar{y}_2(t) = y_1(t)y_3(t)y_4(t) \\ \bar{y}_3(t) = y_1(t)y_2(t)y_4(t) \\ \bar{y}_4(t) = y_1(t)y_2(t)y_3(t) \end{cases} \tag{4.128}$$

以及多级复数子载波

$$\begin{cases} \Psi_\mathrm{M}(t) = \Psi(t) + \mathrm{j}\Psi\left(t - \frac{1}{4f_\mathrm{s}}\right) \\ \Psi'_\mathrm{M}(t) = \Psi(t) - \mathrm{j}\Psi\left(t - \frac{1}{4f_\mathrm{s}}\right) \\ \overline{\Psi}_\mathrm{M}(t) = \overline{\Psi}(t) + \mathrm{j}\overline{\Psi}\left(t - \frac{1}{4f_\mathrm{s}}\right) \\ \overline{\Psi}'_\mathrm{M}(t) = \overline{\Psi}(t) - \mathrm{j}\overline{\Psi}\left(t - \frac{1}{4f_\mathrm{s}}\right) \end{cases} \tag{4.129}$$

两路四值子载波如图 4.38 所示,可表示为

$$\Psi(t) = \frac{\sqrt{2}}{4}\mathrm{sgn}\left[\cos\left(2\pi f_\mathrm{s}t - \frac{\pi}{4}\right)\right] +$$
$$\frac{1}{2}\mathrm{sgn}[\cos(2\pi f_\mathrm{s}t)] +$$
$$\frac{\sqrt{2}}{4}\mathrm{sgn}\left[\cos\left(2\pi f_\mathrm{s}t + \frac{\pi}{4}\right)\right] \tag{4.130}$$

$$\overline{\Psi}(t) = -\frac{\sqrt{2}}{4}\mathrm{sgn}\left[\cos\left(2\pi f_\mathrm{s}t - \frac{\pi}{4}\right)\right] +$$
$$\frac{1}{2}\mathrm{sgn}[\cos(2\pi f_\mathrm{s}t)] -$$
$$\frac{\sqrt{2}}{4}\mathrm{sgn}\left[\cos\left(2\pi f_\mathrm{s}t + \frac{\pi}{4}\right)\right] \tag{4.131}$$

最终实现的等效基带信号如图 4.39 所示。

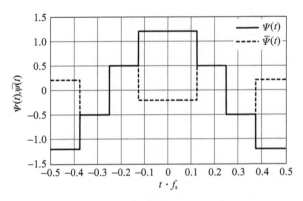

图 4.38 AltBOC 信号的子载波

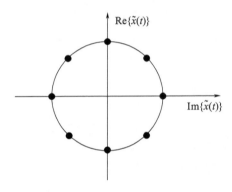

图 4.39 AltBoc 的等效基带信号($f_s = 15 \times 1.023\text{MHz}$)

图 4.40 中展现了伪随机码速率为 1.023Mchip/s、子载波为 15×1.023MHz 方波(Galileo E5 的设计参数)条件下的 4 路信号分量(E5a 和 E5b)与交调分量的频谱,这些频谱的累加结果与伽利略 E5 AltBOC 恒定包络信号的完整频谱基本一致。值得注意的是,卫星载荷中设计了面向互复用或 AltBOC 信号的输出滤波器,因此地面接收信号的频谱是带限的,其特性受滤波器参数的影响。

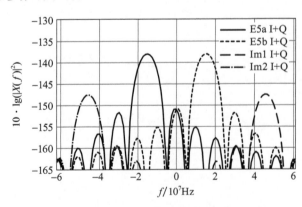

图 4.40 Galileo E5 AltBOC 信号不同分量的频谱

## 4.5 导航电文与无数据通道

通常,信号中包括数据和导频两个通道。对数据通道来说,调制到 PR 二进制序列上的符号对接收机来说是事先未知的,这些符号用来向用户传输导航电文数据 $m(t)$。导航电文包含用户定位所需的所有信息:用于计算卫星坐标的星历数据、用于获取卫星钟差、时间转换的时间参数和星上时钟改正数、用于表征卫星健康状态的服务参数、用于单频接收机修正的电离层延迟参数,以及用于表征整个星座卫星轨道和时钟参数的历书数据。

同数据通道不同,导频通道调制的符号对于用户是可预知的,因此接收机的码环可采用长相干积分时间来获得高精度的码相位估计,同时通过导频通道分层码来降低互相关干扰(详见 4.2.2 节)。

数据和导频通道在同一卫星上作为复用信号(互复用、AltBOC 等)的两个不同分量同步播发,并采用不同的伪码序列以确保接收机能够区分,因此同一颗卫星发射的数据和导频通道间具有极低的多址干扰,在接收机中可利用其相干性实现联合捕获跟踪。

对于部分 GNSS,为了控制信号电文传输过程中产生的误码采用了前向纠错(forward error correction,FEC)编码技术或信道编码[4.56],导航电文通过纠错码进行冗余编码。当信道受损导致误码时,这种冗余使得卫星无须重发电文数据,GNSS 接收机即可发现电文中有限的误码并进行修正。电文的提取和误码修正过程将在本书 14.5 节中进行详细论述。

## 参考文献

4.1　J. D. Jackson:*Classical Electrodynamics*(John Wiley,New York 1998)

4.2　J. C. Maxwell:*A Treatise on Electricity and Magnetism*(Dover,New York 1979),originally(Oxford Univ. Press 1908)

4.3　H. Krim,M. Viberg:Two decades of array signal processing research,IEEE Signal Process. Mag. **13**(4),67-94(1996)

4.4　J. Jeans:*The Mathematical Theory of Electricity and Magnetism*(Cambridge Univ. Press,Cambridge 1908)

4.5　J. A. Stratton:*Electromagnetic Theory*(McGraw-Hill,New York 1941)

4.6　J. C. Maxwell,P. M. Harman:*The Scientific Letters and Papers of James Clerk Maxwell*:1874-1879(Cambridge Univ. Press,Cambridge 2002)

4.7　D. Zwillinger:*Handbook of Differential Equations*(Academic,San Diego 1997)

4.8　B. Hofmann-Wellenhof, H. Lichtenegger, E. Wasle:*GNSS-Global Navigation Satelllite Systems-GPS,GLONASS,Galileo and more*(Springer,Vienna 2008)

4.9　S. Stein,J. J. Jones:*Modern Communication Principles*:*With Application to Digital Signaling*(McGraw-

Hill, New York 1967)

4.10　P. Misra, P. Enge: *Global Positioning System, Signals, Measurements, and Performance* (Ganga-Jamuna, Lincoln 2006)

4.11　J. S. Lee, L. E. Miller: *CDMA Systems Engineering Handbook* (Artech House, Norwood 1998)

4.12　A. Papoulis, S. U. Pillai: *Probability, Random Variables, and Stochastic Processes* (McGraw-Hill, New York 2002), 4th edn.

4.13　S. W. Golomb, G. Gong: *Signal Design for Good Correlation* (Cambridge Univ. Press, Cambridge 2005)

4.14　C. Enneking, M. Stein, M. Castaneda, F. Antreich, J. A. Nossek: Multi-satellite time-delay estimation for reliable high-resolution GNSS receivers, Proc. IEEE/ION PLANS 2012, Myrtle Beach (ION, Virginia 2012) pp. 488–494

4.15　E. P. Glennon, A. G. Dempster: Delayed PIC for postcorrelation mitigation of continuous wave and multiple access interference in GPS receivers, IEEE Trans. Aerosp. Electron. Syst. **47**(4), 2544–2557 (2011)

4.16　L. Welch: Lower bounds on the maximum cross correlation of signals, IEEE Trans. Inf. Theory **20**(3), 397–399 (1974)

4.17　R. Gold: Optimal binary sequences for spread spectrum multiplexing, IEEE Trans. Inf. Theory **13**(4), 619–621 (1967)

4.18　S. M. Kay: *Fundamentals of Statistical Signal Processing: Estimation Theory* (Prentice Hall, New Jersey 1993)

4.19　R. D. Shelton, A. F. Adkins: Noise bandwidth of common filters, IEEE Trans. Commun. Technol. **6**(18), 828–830 (1970)

4.20　D. R. White: The noise bandwidth of sampled data systems, IEEE Trans. Instrum. Meas. **38**(6), 1036–1043 (1989)

4.21　A. Mezghani, F. Antreich, J. A. Nossek: Multiple parameter estimation with quantized channel output, Proc. Int. ITG/IEEE Workshop Smart Antennas, Bremen (2010) pp. 143–150

4.22　F. Amoroso: The bandwidth of digital data signals, IEEE Commun. Mag. **18**(6), 13–24 (1980)

4.23　R. N. Barcewell: *The Fourier Transform and its Applications* (McGraw-Hill, New York 1986)

4.24　F. Antreich: Array Processing and Signal Design for Timing Synchronization, Ph. D. Thesis (Department Electrical Engineering, Munich 2011)

4.25　F. Antreich, J. A. Nossek: Optimum chip pulse shape design for timing synchronization, Proc. IEEE Int. Conf. Acoust. Speech Signal Process., ICASSP, Prague (2011) pp. 3524–3527

4.26　Report of Working Group A: Compatibility and interoperability, ICG/WGA/DEC2008, 3rd Meet. Int. Comm. Glob. Navig. Satell. Syst. (ICG), Pasadena 2008 (2008)

4.27　J. V. Perell Gisbert: Interference assessment using up to date public information of operating and under development RNSS systems, Fourth Eur. Work. GNSS Signals Signal Process. (DLR, Oberpfaffenhofen 2009)

4.28　A. J. Viterbi: *CDMA: Principles of Spread Spectrum Communication* (Addison-Wesley, Reedwood City 1995)

4.29　A coordination methodology for RNSS inter-system interference estimation, Recommendation M. 1831-1, Sep. 2015 (ITU, Geneva 2015)

4.30　M. A. Landolsi, W. E. Stark: DS-CDMA chip waveform design for minimal interference under bandwidth, phase, and envelope constraints, IEEE Trans. Commun. **47**(11),1737-1746(1999)

4.31 T. Luo, S. Pasupathy, E. S. Sousa: Interference control and chip waveform design in multirate DS-CDMA communication systems, IEEE Trans. Wirel. Commun. **1**(1),56-66(2002)

4.32 M. A. Landolsi: Performance limits in DS-CDMA timing acquisition, IEEE Trans. Wirel. Commun. **6**(9), 3248-3255(2007)

4.33 European GNSS(Galileo) Open Service Signal In Space Interface Control Document, OS SIS ICD, Iss. 1.2, Nov. 2015(EU 2015)

4.34 M. S. Braasch: Multipath effects. In: *Global Positioning System: Theory and Applications*, Vol. 1, ed. by B. W. Parkinson, J. J. Spilker Jr. (AIAA, Washington 1996), pp 547-568, Chap. 14,

4.35 M. S. Braasch, A. J. van Dierendonck: GPS receiver architecture and measurements, Proc. IEEE **87**(1), 48-64(1999)

4.36 M. Vergara, F. Antreich, G. Artaud, M. Meurer, J. -L. Issler: On performance bounds for GNSS receivers, Proc. ION GNSS 2009, Savannah(ION, Virginia 2009) p. 1974

4.37 M. Vergara, F. Antreich, M. Meurer: Effect of multipath on code-tracking error jitter of a delay locked loop, Proc. 4th Eur. Workshop GNSS Signals Signal Process. , Oberpfaffenhofen(2009)

4.38 A. J. van Dierendonck, A. J. Fenton: Theory and performance of narrow correlator spacing in a GPS receiver, Navigation **39**(3),265-284(1992)

4.39 A. Papoulis: *The Fourier Integral and its Applications* (McGraw-Hill, New York 1962)

4.40 J. W. Betz: Binary offset carrier modulations for radionavigation, Navigation **48**(4),227-246(2002)

4.41 E. Rebeyrol: Galileo Signals and Payload Optimization, Ph. D. Thesis(l'Ecole Superieure des Telecommunications de Paris, Paris 2007)

4.42 Navstar GPS Space Segment/User Segment L1C Interfaces, Interface Specification IS-GPS-800D, 24 Sep. 2013(Global Positioning Systems Directorate, Los Angels 2013)

4.43 Navstar GPS Space Segment/Navigation User Segment Interfaces, Interface Specification IS-GPS-200H, 24 Sep. 2013(Global Positioning Systems Directorate, Los Angeles 2013)

4.44 Navstar GPS Space Segment/User Segment L5 Interfaces, Interface Specification IS GPS-705D, 24 Sep. 2013(Global Positioning Systems Directorate, Los Angeles 2013)

4.45 M. K. Simon, S. M. Hinedi, W. C. Lindsey: *Digital Communication Techniques*, *Signal Design and Detection* (Prentice-Hall, New Jersey 1995)

4.46 J. A. Avila-Rodriguez: On Generalized Signal Waveforms for Satellite Navigation, Ph. D. Thesis(Department of Aerospace Engineering, University FAF, Munich 2008)

4.47 J. -A. Avila-Rodriguez, S. Wallner, G. Hein, E. Rebeyrol, O. Julien, Ch. Macabiau, L. Ries, A. Delatour, L. Lestarquit, J. -L. Issler: CBOC: An implementation of MBOC, Proc. 1st CNES-ESA Workshop GALILEO Signals Signal Process. , Toulouse(2006), hal-01021795

4.48 S. Butman, U. Timor: Interplex-An efficient multichannel PSK/PM telemetry system, IEEE Trans. Commun. **20**(8),415-419(1972)

4.49 U. Timor: Equivalence of time-multiplexed and frequency-multiplexed signals in digital communications, IEEE Trans. Commun. **20**(8),435-438(1972)

4.50 P. A. Dafesh, S. Lazar, T. Nguyen: Coherent Adaptive Subcarrier Modulation(CASM) for GPS modernization, Proc. ION NTM 1999, San Diego(ION, Virginia 1999) pp. 649-660

4.51　G. H. Wang, V. S. Lin, T. Fan, K. P. Maine, P. A. Dafesh: Study of signal combining methodologies for GPS III's flexible navigation payload, Proc. ION GNSS 2004, Long Beach (ION, Virginia 2004) pp. 2207-2218

4.52　T. Fan, V. S. Lin, G. H. Wang, P. A. Dafesh: Study of signal combining methodologies for future GPS flexible navigation payload (Part II), Proc. IEEE/ION PLANS 2008, Monterey (2008) pp. 1079-1108, doi: 10.1109/PLANS.2008.4570115

4.53　J. J. Spilker Jr., R. S. Orr: Code multiplexing via majority logic for GPS modernization, Proc. ION GPS 1998, Nashville (ION, Virginia 1998) pp. 265-273

4.54　M. Vergara, F. Antreich: Staggered Interplex, Proc. IEEE/ION PLANS, Myrtle Beach 2012 (ION, Virginia 2012) pp. 913-918

4.55　M. Vergara, F. Antreich: Evolution of interplex scheme with variable signal constellation, Proc. ION ITM 2013, San Diego (ION, Virginia 2013) pp. 651-770

4.56　G. Albertazzi, M. Chiani, G. E. Corazza, A. Duverdier, H. Ernst, W. Gappmair, G. Liva, S. Papaharalabos: Forward error correction. In: *Digital Satellite Communications*, ed. by G. Corazza (Springer, New York 2007) pp. 117-174, Chap. 4

# 第 5 章 时　　钟

## Ron Beard, Ken Senior

　　本章首先概述了当今应用于星载和地面系统中的时钟技术和一些典型时钟（铯、铷、氢脉泽），并指明了其未来发展趋势（如喷泉钟等）；然后介绍时钟漂移、趋势、随机变化及其表征的统计方法阿伦方差（ADEV）等，以及全球卫星导航系统（GNSS）星载时钟的性能特点，讨论了狭义相对论和广义相对论对定时测量的影响和处理；最后描述了由地面钟组生成 GNSS 时间的过程。

　　当今的时间和频率标准范围涵盖了从最复杂的高性能时钟到最小的手持无线电设备的晶振。尽管它们的技术需求和支撑技术不同，但都源自相似的物理概念。这些不同的技术应用可大致划分为四大领域：参考标准、移动系统、手持设备和空间系统。这些领域是时间和频率标准应用的核心领域，需要采用不同领域的技术来解决相关问题。

　　对国际时标有贡献的参考时间尺度中心需要配备时钟和振荡器来生成国际时标，如协调世界时（UTC）。这类机构需要在控制良好的条件下保持最高稳定度和准确度的时间标准，钟组的输出使用特殊的组合算法进行处理，最终为所有系统提供绝对参考。例如，美国海军天文台（USNO）目前使用的时钟包括多个商用铯束频率标准和氢脉泽，以及特殊研制的铷喷泉标准。这些时钟在物理上是分开的，并在严格控制的环境中运行。对于这些时钟来说，尺寸、重量和功率都不是最重要的，最重要的是稳定度，尤其是间隔几天或更长时间的稳定度。

　　移动系统中使用的时钟通常采用晶体振荡器和用于定位、通信或其他遥感系统内部的小型原子钟或振荡器。由于移动系统通常强调尺寸、重量和功率，而非时间和频率精度，因此它们对时钟的性能要求不是特别苛刻。

　　手持设备中使用的设备在尺寸、重量和功率方面要求最高，它们通常采用小型石英晶体振荡器。然而，近年来人们为开发极小的原子标准进行了很多努力，这些小型原子标准比采用极小封装的晶体振荡器具有更好的准确度和稳定度。尽管这些小型原子标准的性能指标超过了晶体振荡器，并且还在不断提高性能，但仍不能像大型移动或授时中心设备表现的那样出色。为这些原子钟开发的技术得益于原子探询技术的发展，不同于传统商业标准，后续将进一步介绍两者之间的区别。

　　与地面或机载标准相比，空间级的原子频率标准是一个独特的类别。它们对于全球卫星导航系统（GNSS）的发展和部署至关重要，该系统是目前高度精确和稳定的空间级原子标准的主要使用者。这些类型的标准为导航性能提供了高稳定性，这些空间设备发展的很大一部分是为了可靠地提供高稳定性。GNSS 用户接收设备及其在 GNSS 卫星中使用原子标准而具备的定时能力,为高精度原子钟提供了廉价的替代品。通过替代更高的成本、更高性能的原子钟,GNSS用户接收设备或具有低质量时钟的定时接收器正广泛部署在各种系统中。例如,海军战术和战略系统目前正在使用数百个全球定位系统(GPS)单元,这些单元正在取代以前可能使用过多个铯束标准的大型舰艇上的系统。二级标准如铷蒸汽泡和晶体振荡器被广泛应用于飞机、舰船和便携式应用,因为几乎每个系统都包含一个具有一定质量的时钟或振荡器。

## 5.1 频率和时间稳定度

振荡器是建立时钟、时间保持和时标的基础单元。频率和时间的基本关系可表示为

$$f = \frac{1}{\tau} \tag{5.1}$$

式中:$f$为振荡器的频率;周期$\tau$为时钟用于计时的时间间隔。钟机构通过记录振荡器累计的时间间隔个数以测量经历过的时间,从而产生一个时钟。有时会因称时钟为频率标准而混淆振荡器与时钟之间的密切联系,反之亦然。通用时钟系统如图5.1所示。

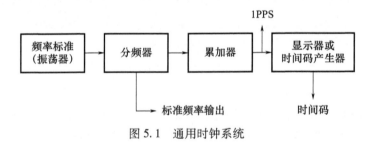

图5.1 通用时钟系统

然而,振荡器并不完美,人们针对不同需求和应用开发了各种类型的振荡器。从理想的实验室条件到恶劣的野外环境,不同条件下的振荡器或时钟性能的测定,是一个需要特别关注的领域。

振荡器或频率源产生的噪声是信号噪声和随机噪声的叠加。随机噪声包括白噪声、散粒噪声和未确定来源的噪声,如闪烁噪声,最终表现为相位和幅度的时域波动。通过测量调幅(AM)噪声和调相(PM)噪声来描述振荡器的特性,二者通常合称为频率稳定度。本节主要介绍精密时钟的频率和时间稳定度的基本概念和测量方法。

### 5.1.1 概念

影响频率稳定度的因素包括随机噪声、预期噪声和偶然噪声,以及与信号输出设备有关的噪声。一般来说,频率稳定度用于表征振荡器在特定时间段内产生相同频率时的变化程度。这个定义也隐含地表明,如果给定的频率信号不是理想正弦波,则其频率稳定度都会有所降低。

振荡器产生一个频率信号,其电压输出信号为

$$V(t) = [V_0 + \varepsilon(t)] \sin[2\pi\nu_0 t + \phi(t)]$$

式中：$V_0$ 为标称峰值电压的幅值；$\nu_0$ 为标称基准频率；$\varepsilon(t)$ 和 $\phi(t)$ 分别表示振幅波动和相位波动；$t$ 为经过的时间。振荡器的瞬时角频率定义为其总相位值的时间导数,即

$$\omega(t) = \frac{d}{dt}[2\pi\nu_0 t + \phi(t)]$$

因此,它的瞬时频率为 $\nu(t) = \omega(t)/(2\pi)$,或

$$\nu(t) = \nu_0 + \frac{1}{2\pi}\frac{d\phi}{dt} \tag{5.2}$$

对于精密振荡器,振幅波动 $\varepsilon$ 通常比标称振幅小很多,对频率或相位没有实质性影响,因此可以忽略不计。此外,式(5.2)的第二项与标称频率 $\nu_0$ 相比非常小,因此可以更方便地定义归一化频率(相对频率偏差)为

$$y(t) = \frac{\nu(t) - \nu_0}{\nu_0} + \frac{1}{2\pi\nu_0}\frac{d\phi}{dt} \tag{5.3}$$

相对频率偏差是无量纲的,也可以作为比较振荡器在不同标称频率下工作性能的依据。相位可以用时间为单位表示为

$$x(t) = \frac{\phi(t)}{2\pi\nu_0} \tag{5.4}$$

也就是说,有

$$y(t) = x'(t)$$

在与另一个更高精度的时钟同步后,在时间 $t$ 内,一个普遍适用的时钟的时间误差模型 $T(t)$ 可以表示为

$$T(t) = x_0 + y_0 t + \frac{1}{2}D_0 t^2 + \int_0^t E(t)dt + \varepsilon(t) \tag{5.5}$$

式中：$x_0$ 为 $t=0$ 时的同步误差或偏移量；$y_0$ 为时钟的钟速或频率偏移量；$D_0$ 为恒定频率漂移；$\varepsilon(t)$ 为钟差随机偏差；$E(t)$ 为由于环境影响(温度、辐射、加速度等)导致系统残余的非恒定速率偏差。

尽管环境影响通常无法明确建模,但这种影响可能很大,尤其是在现场或实际运行系统中更不能忽略。人们通常会关注随机误差,因为从钟差数据中去除系统分量 $x_0$、$y_0$ 和 $D_0$ 后,可以通过统计方法测量随机误差。描述时钟的随机误差对其总时间或频率误差的贡献是下一节关于稳定度的主题。

## 5.1.2 时钟稳定度的表征

稳定度虽然没有单一的正式定义,但时钟稳定度的表征通常可以用设备输出的时间和频率信号来量化。当前已有多种不同的稳定度测量方法用于表征时钟特性,并且已经有很多更详细的文献资料。需要特别指出的是,这里提供的信息不包括测量时钟和振荡器的所有方法和特殊设计。关于表征方法的更全面的处理,请参考文献[5.1]中的论文

集和更多最近的文献[5.2-5.5]。

为了规范时钟稳定度的测量方法,电气电子工程师学会(IEEE)在20世纪70年代提出了几个推荐的方法,大致分为两类:样本平均时间法(时域方法)和傅里叶频谱法(频域方法)(参见文献[5.6])。正如下文所示,这两种方法在数学上是相关的,只是因为测量时钟误差的特定方法而选择其中的一种。自20世纪60年代以来,随着数字处理技术的进步,如今这两种方法都被应用于时钟测量中(参见文献[5.7])。

IEEE建议将时钟分频频率的单边谱密度$s_y(f)$或相位谱密度$s_x(f)$(或$s_\phi(f)$)作为时钟主要频域稳定度测量方法,二者可以通过导数和傅里叶变换相互转换,即

$$\begin{cases} s_y(f) = \left(\dfrac{f}{\nu_0}\right)^2 \\ s_\phi(f) = (2\pi f)^2 s_x(f) \end{cases} \tag{5.6}$$

这里请注意,$f$表示傅里叶频率,需区别于时钟输出的频率$\nu$或者$y$。

相位谱密度$S_x(f)$可通过傅里叶变换根据其相应相位或时间信号$x(t)$的观测值计算,信号的傅里叶变换$X(f)$与信号本身之间的关系可表示为

$$X(f) = \int_{-\infty}^{\infty} x(t) e^{-2\pi i f t} dt \tag{5.7}$$

并非所有的$x(t)$测量值在时间$t$内都是连续的。假定$x$的等间距离散测量值为$x(k\tau_0)$,其中$\tau_0$是最小的采样间隔,$k$是整数,用无穷和代替积分后连续傅里叶变换转换为离散傅里叶变换,即

$$X(f) = \sum_{k=-\infty}^{+\infty} x(k\tau_0) e^{-2\pi i f} \tag{5.8}$$

假设定时信号是周期性的,即对于任意时刻$t$和某个周期$T$,有$x(t+T) = x(t)$,则其傅里叶级数也是离散的。

假设信号$x$的周期是$T$,并且存在$N$个均匀分布的相位测量值$x(k\tau_0)$,使得$N\tau_0 = T$,则有限个傅里叶频率的傅里叶级数可以用$x(k\tau_0)$的有限和来计算,即

$$X\left(\dfrac{n}{N\tau_0}\right) = \sum_{k=0}^{N-1} x(k\tau_0) e^{-2\pi i (kn/N)} \tag{5.9}$$

式中:$n = 0, 1, \cdots, N-1$。换言之,所有傅里叶频率成分完全处在精确有限数量的频率$f_n = n/(N\tau_0)$处,其中最小的非零傅里叶频率为$f_1$,最大的频率为$f_{N-1}$。任何大于奈奎斯特频率($1/(2\tau_0)$或采样频率的一半)的傅里叶频率分量或违反周期性假设的伪信号将被包含在式(5.9)计算的频谱中。

相位(时间)的谱密度可由式(5.9)计算,方法是将实部和虚部的平方相加,除以总时间间隔$T$,即

$$s_x(f_n) = \dfrac{\text{Re}\{X(f_n)\}^2 + \text{Im}\{X(f_n)\}^2}{T} \tag{5.10}$$

一个普遍适用于大多数时钟的随机波动模型将相位的谱密度描述为7个独立的纯幂律的总和,即

$$s_x(f) = \begin{cases} \sum_{\beta=-6}^{0} g_\beta f^\beta & 0 < f < f_h \\ 0 & f_h < f \end{cases} \quad (5.11)$$

式中:$\beta$ 为整数;$g_\beta$ 表示噪声的频谱水平的常数;$f_h$ 是低通滤波器的高频截止频率。因为积分值 $s_x(f)$ 的方差会产生不现实的无限能量,所以高频截止是必要的。此外,由于模型大多是经验推导的,因此假设只存在 $\beta$ 的整数值。连续 $\beta$ 的优秀处理案例参见文献[5.4]。

图 5.2 给出了 5 个不同相位谱密度的模拟时钟的相位波动 $s_x(f) \sim f^\beta, \beta = 0, -1, -2, -3$ 和 $-4$。$\beta = -5$ 和 $-6$ 不包括在内,因为它们的变化会超出图中的其他序列。需要指出的是,尽管图中的序列独立地显示了相应幂次的变化,但一个时钟可以根据式(5.11)中的和同时包含其中任何一种或所有过程。这些常见的时钟纯幂律噪声通常包含调相白噪声(WHPH, $f^0$)、调相闪烁相位噪声(FLPH, $f^{-1}$)、调相随机游走噪声(RWPH, $f^{-2}$)、闪烁频率噪声(FLFR, $f^{-3}$)、闪烁随机游走噪声(RWFR, $f^{-4}$)、闪烁漂移(FLDR, $f^{-5}$)噪声和随机游走漂移(RWDR, $f^{-6}$)噪声。在通常情况下,在给定的傅里叶频率下,其中某一个噪声过程占主导地位,因此傅里叶频率 $f$ 与相位谱密度 $s_x(f)$ 的关系图将表征占主导地位的 $\beta$ 噪声类型。

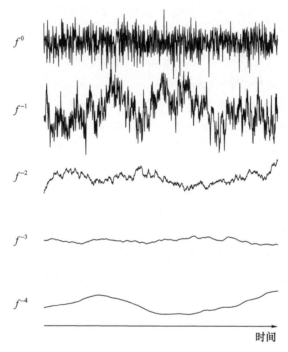

图 5.2 5 个随机过程的相位(时间)波动的仿真实例,
每个过程分别有从上到下的相位谱密度 $s_x(f) \sim f^\beta$ 分别对应 $\beta = 0, \cdots, -4$

IEEE 推荐了几种时域法或平均时间测量法来表征稳定度,最著名的测量方法是双采样方差法(阿伦方差法)量化频率稳定度。其定义为

$$\sigma_y^2(\tau) = \left\langle \frac{(\bar{y}_{k+1} - \bar{y}_k)^2}{2} \right\rangle \quad (5.12)$$

式中：<·> 表示无限时间平均值（或期望值）；

$$\bar{y}_k = \frac{1}{\tau}\int_{t_k}^{t_k+\tau} y(t)\,\mathrm{d}t = \frac{x_{k+1}-x_k}{\tau}$$

$\bar{y}_k$ 为间隔 $\tau = t_{k+1} - t_k$ 上的平均分数频率。在此定义中，假设平均频率值是相邻的，即在相位测量样本 $x_k$ 之间不存在停滞时间。如果样本之间存在停滞时间，则计算结果是有偏的，使得结果不再被认为是阿伦（Allan）偏差。阿伦方差对频率或速率的系统偏移量 $y_0$ 不敏感，因为分数频率的平均值与式（5.12）中不同。

阿伦方差实际上是更一般的经典 N 样本方差的一个特例（N=2），即

$$\sigma_y^2(N,\tau) = \left\langle \frac{1}{N-1}\sum_{i=1}^{N}\left(\bar{y}_i - \sum_{j=1}^{N}\bar{y}_j\right)^2 \right\rangle \tag{5.13}$$

它是分数频率平均值的 $N$ 个样本均值方差的无限时间平均值。与 N 样本方差相比，双样本方差的一个优点是式（5.12）对于式（5.11）中的大多数幂律谱项（$\beta \geq -4$）是一个定义良好的（有限）值。相反，式（5.13）因 $\beta < 0$ 依赖于样本区间长度 $T$ 而在 $N\to\infty$ 时发散。

阿伦方差的另一个优点是对于式（5.11）中的幂律谱项 $\beta = 0, -1, \cdots, -4$，阿伦方差 $\sigma_y^2(\tau)$ 与 $\tau$ 的关系类似于 $f$ 与 $s_x(f)$。特别是 $\sigma_y^2(\tau) \sim |\tau|^u$，其中当 $\beta = -2, -3, -4$ 时 $u = -3 - \beta$，而当 $\beta = 0$ 和 $\beta = -1$ 时 $u = -2$。因此，在 $\tau$ 对 $\sigma_y^2(\tau)$ 的对数曲线图上，可以使用阿伦方差曲线的斜率来表示在该 $\tau$ 区间上占主导地位的噪声类型，但调相白噪声 WHPH 和调相闪烁噪声（FLPH）除外，因为它们具有相同的阿伦方差曲线斜率。

虽然阿伦方差的定义是基于无限时间平均的，但现实中确实需要这样一种仅利用有限数据就能评估时钟的方法。用 $N$ 个平均分数频率的离散样本（或 $M = N+1$ 个相位样本）来估计式（5.12）的常用公式是

$$\sigma_y^2(\tau) \approx \frac{1}{2(N-1)}\sum_{i=1}^{N-1}(\bar{y}_{i+1}-\bar{y}_i)^2 \tag{5.14}$$

$$= \frac{1}{2(M-2)\tau^2}\sum_{i=1}^{M-2}(x_{i+2}-2x_{i+1}+x_i)^2 \tag{5.15}$$

图 5.3 给出了一个相位抖动的时钟实测数据示例，其中 $N+1$ 个相位测量样本被标记并用于计算给定间隔 $\tau$ 的 $N$ 个平均频率值，并考虑了式（5.14）和式（5.12）方差估计的置信区间。与频谱计算方法一样，估计结果将高度依赖于测量系统的带宽，包括低通滤波器在内的这类方法可能不具有尖锐的截止频率 $f_h$，如在上述定义中所假设的，参见文献[5.3]。

通过在阿伦方差计算中使用重叠样本可以提高置信区间，但是，在分数频率样本重叠时，个体样本不再保持独立，置信区间的确定更为复杂。使用所有可能重叠的 $\bar{y}$ 样本计算的阿伦偏差的估计可表示为

$$\sigma_y^2(\tau) \approx \frac{1}{2m^2(N-2m+1)} \times \sum_{j=1}^{N-2m+1}\left[\left(\sum_{i=j}^{j+m-1}\bar{y}_{i+1}-\bar{y}_i\right)\right]^2 \tag{5.16}$$

如今大多数精密时钟或振荡器的制造商以及授时实验室通常使用阿伦方差 $\sigma^2$（或其平方根 $\sigma$，阿伦偏差）定期公布其时钟稳定度指标或性能。虽然阿伦方差是表征频率稳

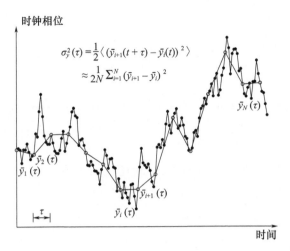

图 5.3 给定离散时钟相位测量序列的双样本(阿伦)方差估计示例

定性最常用的量度方法,但在某些情况下也可能会首选频谱测量法。以下公式给出了阿伦方差与相位谱密度之间的关系(参见文献[5.4]),即

$$\sigma_y^2(\tau) = \int_0^\infty 2s_x(f)\sin^4(\pi\tau f)\,\mathrm{d}f \tag{5.17}$$

式(5.17)对所有(连续的)$\beta > -5$ 都是有效的,并且阿伦方差对纯谐波能量具有非常宽的傅里叶响应。在这种情况下,频谱方法比阿伦方差更好,因为超高频变化用频域技术更容易识别。

稳定度度量的其他时域方法包括修正的阿伦方差 $\mathrm{Mod}\sigma_y^2(\tau)$ 和哈达玛方差 $\mathrm{H}\sigma_y^2(\tau)$。为了解决阿伦方差在区分调相白噪声(WHPH)和调相闪烁相位噪声(FLPH)方面的不足,引入了修正阿伦方差 $\mathrm{Mod}\sigma_y^2(\tau)$。它通过有效地改变方差计算的(软件)带宽来建立附加的 $\tau$ 灵敏度。哈达玛方差 $\mathrm{H}\sigma_y^2(\tau)$ 为式(5.11)中的所有幂律谱项提供了另一个收敛的时域度量,并且对整个速率 $y_0$ 和漂移 $D_0$ 的系统偏差都不敏感。这些方差以及近似公式可以在文献[5.1]和文献[5.5]中找到。频率稳定度通常用阿伦偏差 $\sigma_y^2(\tau)$ 或哈达玛方差 $\mathrm{H}\sigma_y^2(\tau)$ 表示,相位谱密度 $s_x(f)$ 与这些统计量之间的关系如表 5.1 所列。

表 5.1 几种常见幂律噪声的相位谱密度 $s_x(f)$、阿伦方差 $\sigma_y^2(\tau)$ 和哈达玛方差 $\mathrm{H}\sigma_y^2(\tau)$ 之间的关系

| 噪声名称 | 相位谱密度 | 阿伦方差 | 哈达玛方差 |
|---|---|---|---|
| WHPH | $g_0$ | $\tau^2\sigma_y^2(\tau)/(3f_h)$ | $3\tau^2\mathrm{H}\sigma_y^2(\tau)/(10f_h)$ |
| RWPH | $g_{-2}f^{-2}$ | $\tau^2\sigma_y^2(\tau)$ | $\tau\mathrm{H}\sigma_y^2(\tau)$ |
| RWFR | $g_{-4}f^{-4}$ | $3\sigma_y^2(\tau)/\tau$ | $6\mathrm{H}\sigma_y^2(\tau)/\tau$ |
| RWDR | $g_{-6}f^{-6}$ | $20\sigma_y^2(\tau)/\tau^3$ | $120\mathrm{H}\sigma_y^2(\tau)/(11\tau^3)$ |

## 5.2 时钟技术

如前一节所述,时钟是产生给定频率的周期信号的振荡器。这个频率的稳定度和由此产生的时间计数取决于其基本物理原理和设计特性,不同种类的振荡器之间存在较大的差异。

本节介绍的振荡器,除石英晶体振荡器外,还包括铯原子钟、铷原子钟、氢脉泽,它们构成了当今的传统原子钟技术。图5.4中比较了不同类型时钟的稳定度。

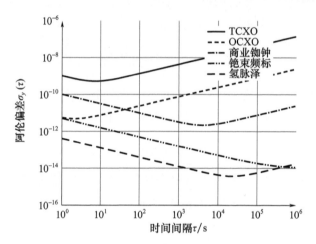

图 5.4 原子钟与温补晶振及恒温晶振的性能比较

### 5.2.1 石英晶体振荡器

最常见和最普遍的振荡器是石英晶体振荡器(参见文献[5.8]),它们是一种基本的谐波振荡器。其性能优于基于电阻电容(RC)和电感电容(LC)电路的简单电子振荡器。晶体振荡器用于多种形式的电子设备,并且几乎所有的 GNSS 接收机都会采用晶振为射频(RF)信号处理提供所需的频率,并形成本地时钟。

石英是一种压电晶体材料,可以通过材料的机械变形产生电信号。反过来,电信号也可以产生机械变形(参见文献[5.9])。晶体振荡器比简单的 RC 和 LC 电路具有更高的品质因子(共振频率和共振带宽之比)。晶体振荡器具有更好的温度稳定性,但使用了一些与 LC 振荡器相同的电路设计,并用石英谐振器取代了调谐电路部分。一种类型的压电谐振器采用了信号沿着晶体材料表面传播的声表面波(SAW)机制,而不是传统的信号通过晶体传播的腔体声波(BAW)机制。另外类型的物理机械振荡器采用微机电系统(MEMS)技术实现,即利用微电子制造技术加工的硅制造的器件。MEMS 器件的优点是制造简单,与现代微电子电路更加兼容。

晶体谐振器可以覆盖 1kHz~200MHz 的频率。在低频端,腕表和实时时钟应用的工作频率为 32.768kHz，功率为该频率的两倍。传统 BAW 谐振器的频率范围为 80kHz～200MHz。SAW 器件的频率范围为 50MHz 到几个 GHz。

石英晶体材料由二氧化硅组成，可以自然产生，也可以人工合成，从这些晶体中切割出各种形状的振荡器。晶体结构的形状、尺寸和切割方向决定了振动的模式、谐振频率和振荡器的特性。施加在晶体上的电压导致晶体振动并产生稳定信号，信号的具体特性取决于晶体的切割方式(参见文献[5.10])。石英振荡器的制作过程非常复杂，需要选材、切割、抛光、安装电触点和真空密封等环节。图 5.5 中给出了没有真空密封时的频率为 5MHz 的 5 次泛音振荡器示例。这些晶体安装在触点上，触点通过真空外壳延伸到晶体电极上。

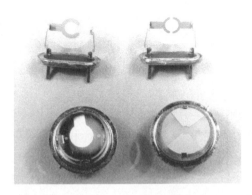

图 5.5　装有不同电极的晶体振荡器(照片由美国海军研究实验室(NRL)提供)

晶体振荡器的品质取决于其频率准确度、频率稳定度、老化效应和环境效应。考虑到温度、机械冲击和老化等环境效应，晶体振荡器的绝对频率准确度一般介于 $10^{-6}$ 和 $10^{-7}$ 之间。根据晶体受环境变化影响的程度不同，振荡器的稳定度在 $10^{-10}$ 到 $10^{-12}$ 之间。老化是指在一段时间内频率的缓慢变化，这除了与晶体本身的长期变化有关，还与主导效应有关，如真空外壳内污染物重新分布、真空缓慢泄露、安装和电极应力随时间的推移而减弱以及大气压力的变化等。环境效应通常对晶体有直接影响，如热瞬变、机械振动、冲击、辐射、晶体翻转、磁场变化、电压变化和晶体中耗散功率的变化等。

晶体切割的方式和抑制环境影响的方法决定了振荡器的类别，最常用的三种类型是室温晶体振荡器(RTXO)、温度补偿晶体振荡器(TCXO)和恒温晶体振荡器(OCXO)。RTXO 通常使用密封晶体和单个元件作为振荡器电路；TCXO 将晶体、温度补偿元件和振荡器电路封装在一个容器中；OCXO 将加热元件和控制装置添加到振荡电路中，并将所有温度敏感部件装在热绝缘容器中(参见文献[5.10])。

手机、便携式电子娱乐产品和小型便携式计算机对小型电子产品的需求不断增加，刺激了小型石英振荡器、音叉和 MEMS 振荡器的发展。MEMS 谐振器的振动是基于静电动力学而非压电特性，MEMS 器件是由硅微加工而成。它们被配置成不同的复杂形状，如梳子、束网、圆盘等，这些形状被电极包围，电极之间的转换间隙小于 $1\mu m$。所有的硅制 MEMS 谐振器都可以做得很小且坚固，以便应用于更高频的集成电路中(参见文献[5.11])。

## 5.2.2 传统原子频标

传统的原子频率标准设计采用被动模式,如图 5.6 所示。其基本原理是相干激励并检测所选原子的两个能级之间的跃迁。原子跃迁的频率为

$$v = \frac{E_2 - E_1}{h} \tag{5.18}$$

式中:$E_1$ 和 $E_2$ 为原子的能级;$h$ 为普朗克常数。所选跃迁的一个重要特征是谱线品质因子,即

$$Q_1 = \frac{v}{\Delta v} \tag{5.19}$$

式中:$\Delta v$ 为跃迁的线宽。产生精确时钟信号的物理单元包含一个本地振荡器,以产生激励原子跃迁的原子检测信号,并产生锁定于原子跃迁响应的稳定输出信号。这些装置通常被称为被动装置,因为原子共振本身并不产生振荡信号,而是由探询信号进行激励并产生原子跃迁,探询信号又锁定于原子跃迁信号从而实现了其高精度和高稳定度。探询信号由本地振荡器产生,本地振荡器通常是锁定在探询信号上的石英晶体振荡器。本地振荡器本身可能是混合配置中的原子钟,本振器的选择和开发本身也是一个重要项目。

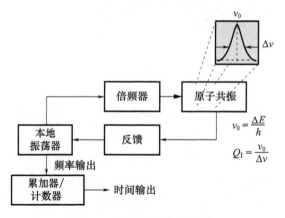

图 5.6 通用原子频标框图

1. 铷原子频标

铷原子气室频标是最常生产的商用原子钟。它们体积小,功耗低,价格低廉,在电信行业中广泛用作移动蜂窝电话系统的频率参考。它们也常被用作在实验室仪器中的内部频率参考,如频率计数器、信号发生器和信号分析仪等。铷原子钟是最早被用于轨道航天器的原子钟,已成为 GPS 卫星中采用的主要时钟技术。

铷原子钟的铷跃迁使用了 Rb87 的超精细基态。超精细结构如图 5.7 所示。$F$ 是 Rb87 原子的总角动量量子数,$m_F$ 是总角动量 $F$ 沿磁场方向的量子化投影。$F$ 的两个允许的特定能级之间的跃迁(反转价电子的自旋)所释放或吸收的能量差,称为基态超精细跃迁频率。

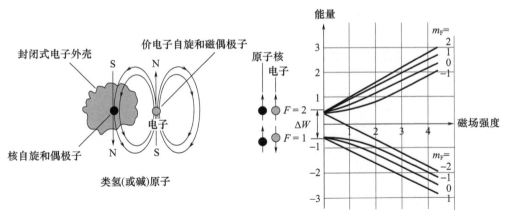

图 5.7 Rb87 超精细结构的塞曼分裂

图 5.8 所示的原子谐振器是一种光抽运设备,由一组含有少量气态悬浮铷的玻璃泡组成。含有 Rb87 的铷光谱灯发出的抽运光经过含有 Rb85 的滤光泡进行滤光,之后对吸收泡中铷原子进行光抽运和态制备。吸收泡中充有缓冲气体,通常是氮气、氩气或氙气,是为了使铷原子保持悬浮状态,并尽量减少与泡壁的相互作用。Rb87 被激发到等离子态从而产生完整的 Rb87 谱线。其中只有一条谱线用来探询吸收泡中的 Rb87 原子。Rb85 滤光泡消除了大部分不需要的光谱,使得光电探测器具有更高的信噪比(SNR)。吸收泡中的 Rb87 原子处于受控的温度和磁场中,以尽量减少环境效应。吸收泡放置于微波腔中,微波腔产生均匀的射频场。微波腔的标称频率约为 6.834682611GHz(参见文献[5.12])。

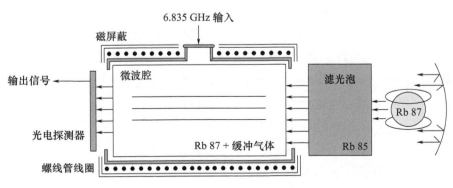

图 5.8 铷原子气室谐振器

典型铷钟的整体设计如图 5.9 所示。当 6.834682611GHz 信号施加到原子振荡器中的微波腔时,穿过吸收泡的光强会受到影响,影响程度取决于信号与 Rb87 原子固有的振荡频率的接近程度。由于光谱的吸收,谐振信号将降低通过吸收泡的光强,随后微波腔信号以原子谐振频率为中心进行约 127Hz 的频率调制。这样,光电探测器输出一个与到光强成比例的信号。该输出信号用作反馈回路的误差信号,反馈回路通过调整晶体振荡器的频率来减小误差,实际输出信号由本地振荡器产生。

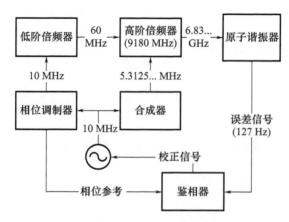

图5.9 通用铷原子频标框图

这种原子探询技术被称为光强抽运（IOP）。另一种基于激光相关技术的相干布局囚禁（CPT）技术被应用于更小物理封装的 Rb 和 Cs 泡原子钟中，从而产生所谓的微型原子钟。这项技术及其在微型时钟上的应用将在后面讨论（5.2.4节）。

基于经典 IOP 原理设计的铷钟只能用作二级频率标准，因为其固有精确度易受环境和气室性质的影响，这些效应会产生环境敏感性和频率漂移。虽然铷钟可以非常精确地设定频率初值，但频率漂移率如果超过 $10^{-11}$/月，就会导致绝对精度降低至 $10^{-9}$。类似设计的气室钟也可以用铯或其他碱金属制造。但是使用其他原子并不会改变时钟的基本性质，也不会使它们成为基准型频率标准，这在下一节中会解释原因。

2. 铯束频标

铯束频标作为商用时钟，已广泛应用于授时和精确频率生成领域，特别是在电信行业，常用作高速数据流的计时。铯束频标的频率准确度比铷原子频标高得多，准确度高达 $5\times 10^{-13}$。尽管单元中的相关电子元件可能会受到环境条件（主要是温度）的一定影响，但铯束频标环境敏感度低，且具有非常低的频率漂移。为高精度应用场景设计的带有加长束管的特制铯钟也被用作实验室基准。考虑到铯束频标所能保持的较小的频率漂移和高频率准确度，它是目前商业可用的最精确的设备。

铯束频标所使用的原子跃迁是铯原子基态的超精细频率。基态 Cs133 在 $F=3$ 和 $F=4$ 的超精细能级之间进行原子跃迁。当施加磁场时，能级被划分为由其磁量子数 $m_F$ 确定的子能级。从 $F=3, m_F=0$ 到 $F=4, m_F=0$ 之间跃迁频率是铯原子的超精细频率，$\nu_{hf} = 9.192631770 \text{GHz}$。

由于从广泛应用的商业设备和专门的实验室基准频标中都能获得越来越高的精度，1967 年，在国际单位制中决定采用原子秒作为时间基础[5.13]。为了与之前的时间尺度保持一致，国际单位制秒定义为[5.14]：

与铯 133 原子基态的两个超精细能级之间的跃迁对应的辐射持续 9192631770 个周期的时间，这相当于认定铯原子基态的超精细跃迁频率为 9192631770Hz。

商用铯束管（图5.10）是一种热原子束装置（参见文献[5.15-5.16]）。超精细跃迁

的频率 $v$ 与外加磁场 $B$(单位为 T)具有二阶相关关系,即

$$v = v_{hf} + 4.27 \cdot 10^{10} \text{Hz} \cdot B^2$$

工作时,将密封真空管一端的铯炉加热至约 100℃,以产生一小股铯原子流,并将其准直成束。为了将铯束中的原子限制在有效的能级,用磁场选出所需能级的原子,偏转出无效能级的原子。选出的原子通过一个称为拉姆齐腔的两臂探询微波腔,其中原子两次暴露在微波场中。这里,如果探询频率与铯原子的超精细频率匹配,原子便会改变能级状态。在离开微波腔后,铯原子束通过另一个磁选态器,在该选态器中,处于能级状态的原子被送到检测器。当存在的探测微波信号与原子共振跃迁信号匹配时,电子倍增管的原子束电流呈现最大化。

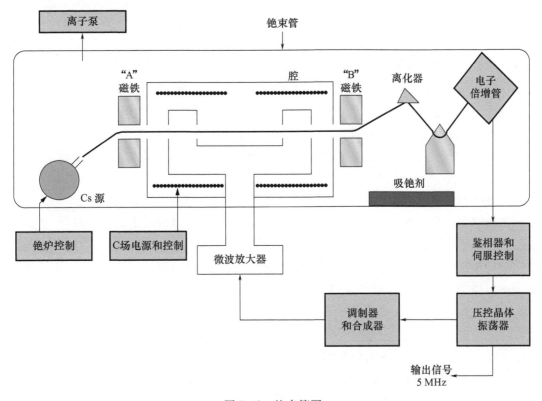

图 5.10 铯束管图

当探询频率在标称值附近变化时,会得到一个线宽与腔长成反比的共振图案。这种拉姆齐条纹的结构如图 5.11 所示。由于频率变化的斜率在峰值处为零,直接从拉姆齐条纹中精确测量共振频率并不适合。因此,微波频率采用相位或频率调制,这样可以通过对检测器响应进行同步解调来产生误差信号。铯束频标的频率稳定度取决于微波探询腔中使用的调制方式和频率锁定方案等因素。铯束标准框图如图 5.12 所示。

频率稳定度近似为

$$\sigma_y(\tau) = \frac{K_{\text{Cs}}}{Q_1 \cdot \left(\dfrac{S}{N}\right) \cdot \tau^{1/2}} \tag{5.20}$$

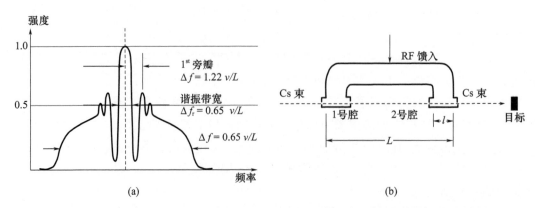

图 5.11 拉姆齐花样(a)与腔(b)的尺寸 $L$ 和 $l$ 之间的关系。$v$ 表示铯束管中的原子速度

式中：$Q_1 = v/\Delta v$ 为谱线品质因子；$S/N$ 为检测信号的信噪比(噪声主要是探询器处的散粒噪声)；$K_{Cs}$ 为一个依赖于所用调制方式但接近 1 的因子。对一个典型的、建造良好的实验室基准频率标准，超过 40 天测量可得到 $5\times10^{-12}s^{1/2}/\tau^{1/2}$ 的稳定度。

如今，商用铯束装置广泛使用。然而，同样广泛用于精确传递时间的 GNSS 授时接收机凭借其优越的性能(尤其是与铷钟耦合)以及显著的低成本已经影响了铯频标市场。与此同时，实验室基准和精密授时设备已经开始转向使用所谓喷泉钟的冷原子技术，这将在 5.2.3 节讨论。

3. 氢原子频标

氢原子频标是实验室和地面站使用的最稳定的商用频率标准，主要是为科学、授时和 GNSS 应用而开发的。现行的氢原子钟有两种基本设计：一种是主动型，其微波腔会振荡并主动产生一个信号(参见文献[5.17-5.18])；另一种是被动型，其微波腔以与铷原子和铯原子钟类似的方式被动探询(参见文献[5.19])。氢原子钟的第三种设计是 Q 增强型(参见文献[5.20])，可以在任何一种模式下工作，见 5.3.3 节。

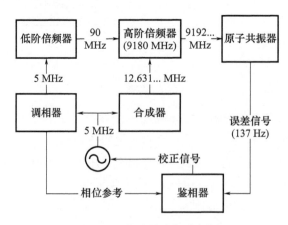

图 5.12 普通铯束标准框图

氢原子钟在氢原子的基态两个超精细能级($F=1, m_F=0$ 至 $F=0, m_F=0$)之间运行，$v_{hf}$ 为 1420.405752MHz。氢原子能级如图 5.13 所示。跃迁频率取决于磁场 $B(T)$，量值为

$$v = v_{hf} + 1399.08 \times 10^7 \text{Hz} \cdot B^2 \qquad (5.21)$$

在室温下,氢原子的数量几乎均匀地分布在 $F=1$、$m_F=1$、$0$、$-1$ 和 $F=0$、$m_F=0$ 这 4 个超精细能级中。这些能级取决于原子处于磁场中时与质子和电子相关的磁偶极子的相对取向。在上能级 $F=1$ 处,质子和电子的角动量一致并叠加,磁偶极子也对齐。在这种状态下,总角动量的方向由三个不同方向的磁场确定,$F=1$ 能级分成三个子能级。$F=0$ 的能级源于质子和电子的排列,它们的总角动量和磁偶极子相互抵消。

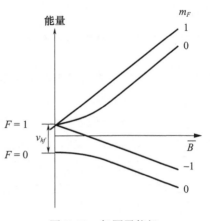

图 5.13　氢原子能级

图 5.14 展示了一个主动型氢原子钟的示意图。在约 0.1Torr(1Torr≈133Pa)的压强下,氢分子通过射频等离子体放电分解成氢原子,并准直成束。穿过由多极永久磁铁产生的高度不均匀选态磁场,使它们向选态磁场轴线附近的弱磁场区域运动,从而将处于两个上层超精细能级($F=1$,$m_F=1$ 和 0)的原子筛选出来。这些原子被聚焦到位于谐振微波腔中的储存泡里,该微波腔已调谐至氢原子超精细跃迁频率。储存泡将原子限定在与振荡磁场处于同一相位的状态。

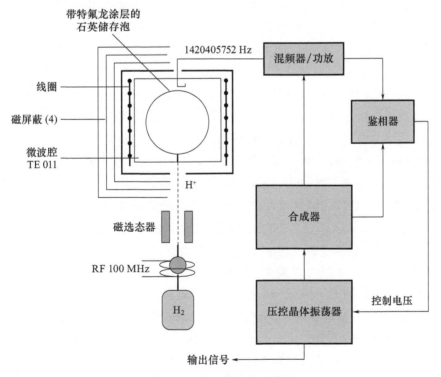

图 5.14　主动型氢钟示意图

当原子从多极选态磁场进入储存泡时,磁场沿原子束的轴方向从约 9kG(1G = $10^{-4}$T)

变化到约1G。在此漂移区内原子的飞行过程中,如果磁场降低过程没有突然中断或改变方向,那么原子将沿着漂移区继续保持能级状态。

主动型氢原子钟的一个非常重要的特点是在储存泡中形成单分子特氟龙(Teflon)表面涂层,使其能够作为窄线宽的振荡器工作。这是通过存储原子而实现的,且不会因与壁表面或彼此发生碰撞而损失明显的相干性。

驱动振荡器的跃迁频率($F=1, m_F=0$ 到 $F=0, m_F=0$)取决于磁场。为避免磁场变化引起频率偏移,氢钟设置在低磁场下工作。为了在空间内维持均匀的低磁场,并在整个储存泡内保持微高斯水平变化,在谐振器周围放置磁屏蔽罩以衰减外部磁场,并在屏蔽罩内部放置螺线管以提供均匀可控的场。

当入射原子在微波腔的微波场内受激跃迁时,如果释放的能量超过微波腔损失的能量,则原子钟能够持续振荡。能量损失包括微波腔中的耦合环传送到接收器的信号,该信号与本地振荡器的信号进行混合和比较后,产生最终输出的信号。

微波激射器的基本稳定度极限与其他振荡器类似,可表示为

$$\sigma_y(\tau) = \frac{1}{Q_1}\sqrt{\frac{kT}{2P\tau}} \tag{5.22}$$

式中:$Q_1$ 为在功率水平 $P$ 下工作的激射器的品质因子;$k$ 为玻耳兹曼常数;$T$ 为热力学温度。从式(5.22)中可得,高稳定性的微波激射器对应较高的 $Q_1$ 值和功率值。然而,高功率也势必增加原子间的碰撞。因此,激射器通常以低功率工作,其中激射器信号接收器的信噪比对短期($\tau<100s$)稳定度有显著影响。

典型的主动型氢原子钟使用工作在 $TE_{011}$ 模式的微波谐振腔。在没有明显的储存泡介电填充的情况下,谐振器为直径和高度均为 28cm 的圆柱体。如此大的尺寸导致储存泡的大小为 2~3L,并且对于整个激射器而言,包含了磁屏蔽和真空外壳后,其尺寸变得相当大。为此,可利用介质加载腔减小谐振器的尺寸。在主动模式下,由于加载腔体的介电材料特性,这些较小的谐振器往往会在谐振频率上具有更大的温度系数,因此比空载谐振器需要更多的热控制。但是,在被动模式下使用时,可以大大缩减激射器的尺寸。在这种情况下,磁控管腔已经实现了线 $Q(Q_1)$ 够用的小型谐振器。

在被动型氢钟和 Q 增强氢钟设计中,采用了集总容型负载以减小尺寸。除此之外,俄罗斯 Ch-176 氢钟、Sigma-Tau 公司制造的氢钟以及 Hughes 公司为美国海军研究实验室开发的小型 Q 增强星载氢钟都使用了这种类型的谐振器。

使用填充介电材料的腔可以减小腔谐振器的尺寸,因此这是减小氢钟总体尺寸的重要手段。然而,代价是腔 $Q_1$ 将更低,并且可能低于自持振荡极限。因此,微波激射器可以在具有两个耦合环路的被动模式下工作,其中一个环路以原子跃迁频率向腔中注入微波信号,另一个环路用于检测放大信号。来自注入信号的能量促使腔中原子受激发射。值得一提的是,以上小型化氢钟通常是在被动模式下运行的。

图 5.15 是采用两个调制频率作为探询信号的被动型氢原子钟原理图。图中,两个不同的频率对探询信号进行相位调制,用以注入原子钟的微波腔内,其中 $f_1$ 对应于微波腔的谐振宽度,$f_2$ 对应于氢原子共振跃迁谱线的宽度。然后,该相位调制的探询信号被耦合到

含有完成状态制备的氢原子的微波腔中。在得到的信号频谱中，$f_2$ 边带主要与较窄的氢原子共振谱线相互作用，而 $f_1$ 边带主要与较宽的微波腔谐振相互作用。腔体输出的信号在频率 $f_1$ 和 $f_2$ 处进行幅度调制。相对于输入微波信号的相位调制，$f_2$ 处的幅度调制信号的大小和正负与输入微波频率和氢原子共振跃迁频率中心之间的频率偏移成正比。微波信号被包络检测以恢复 $f_2$ 调幅，然后参照 $f_2$ 调相在同步或相敏检测器中进行处理。由此产生的误差信号被用来校正输入探测微波信号，使其精确地位于氢原子共振跃迁谱线中心。

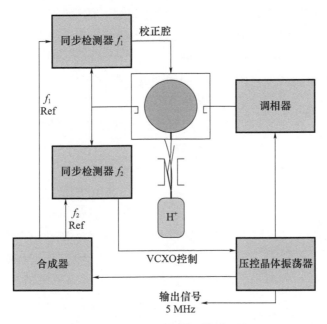

图 5.15 被动型氢原子钟原理图

类似地，$f_1$ 相位调制同时探询腔谐振，使得在 $f_1$ 处对发射的微波信号进行幅度调制，这与微波腔探询频率信号与腔谐振频率中心的频偏成正比。同步检波器中 $f_1$ 调幅产生的误差信号用于将微波腔调谐到探询频率。这种微波腔伺服技术可以有效地稳定微波腔的谐振频率，以减少环境（主要是温度）的影响。因此，微波激射器的微波腔受环境影响较小，所以微波腔得以稳定，且本地压控晶体振荡器（VCXO）产生的探测信号能够锁定在氢原子共振跃迁频率上。由于控制伺服系统的原因，这种原子钟在短期内的稳定度不如主动型氢原子钟，但它们的长期性能接近主动型氢原子钟。

## 5.2.3 原子时标

当前，除国家授时中心外，商用铯钟是最普遍的授时标准，其次是主动型氢原子钟，其商业可用性有限。这两种商用设备都很昂贵，氢钟比铯钟贵一个数量级。GNSS 定时接收机的时间传递能力正在增强，许多系统正在使用它们作为授时应用的参考频标，从而取代精确的频率和时间标准（第 41 章）。

在美国国家标准与技术研究院（NIST）等国家授时中心（参见文献[5.21]），激光冷却铯喷泉已在很大程度上取代了大型热束标准,后者是用作确定 SI 秒和参与国际原子时标守时的主要标准。与其他频标不同的是,铯原子喷泉钟无法商业化,因此每个中心都建立了自己的装置。目前,世界各地使用了许多不同的铯原子喷泉钟(参见文献[5.22,5.23])。2012 年,约有 21 个授时中心使用铯原子喷泉钟作为基准频率标准。这些基准频标用于计量参考,因此其性能是通过与国际计量局(BIPM)进行比较和协调来确定的[5.24]。

原子喷泉钟由杰罗尔德·扎卡赖亚斯首次提出并尝试(参见文献[5.23])。最初的目标是通过重力的作用,使原子钟跃迁的探询时间超过热束装置中可能的时间。如果原子通过同一个相互作用区向上发射两次,则会产生拉姆齐条纹,其分辨率取决于两次相互作用之间的时间。两次相互作用发生在同一个腔体中可以显著减少误差。通过使用激光冷却的方式囚禁在微波段发生原子跃迁的中性碱金属,喷泉钟的设计得以实现。

磁光阱(MOT)的发展为囚禁中性原子并用激光辐射将其冷却到绝对零度以上几百微开尔文以内提供了理想的方法(参见文献[5.25])。收集囚禁在 MOT 中的冷原子团,可以吸收激光能量被发射出去而不会产生明显的加热和光频移,如图 5.16 所示。MOT 中的原子被激光场和梯度磁场联合约束,这样可以从背景蒸气或原子束中采集大量冷中性原子样本。陷阱的几何结形状包含三对正交的反向传播激光束,刚好调谐在碱土原子和类碱土原子钟的强循环跃迁下。囚禁区域产生三维光学粘胶,之所以这么说,是因为陷阱总是提供一个与原子传播方向相反的净力。一对反亥姆霍兹线圈产生的四极磁场驱使原子朝向陷阱中心。在原子温度大约为 1mK 的情况下,可以在几分之一秒内收集几百万个原子。

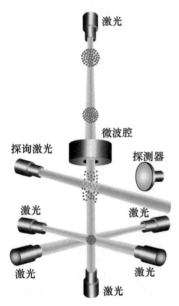

图 5.16 铯喷泉概念图[5.26]
(图片由 NIST 提供)

原子喷泉钟是将一批原子激光冷却至接近绝对零度,这些处于几乎未受到扰动的中性原子状态的原子就可以在基态超精细频率下被探询[5.27]。尽管从 MOT 发射的原子团中对信号有贡献的原子数相对较少,在 $10^3 \sim 10^6$ 数量级,但线性品质因子 $Q_1$ 非常大,比传统的热束方法可以获得更大的频率稳定度增益。频率稳定度由阿伦偏差给出,即

$$\sigma_y(\tau) = \frac{1}{\pi Q_1} \frac{\sigma(\Delta N)}{N} \sqrt{\frac{T}{\tau}} \tag{5.23}$$

式中:$\sigma(\Delta N)$ 为原子团之间原子数波动的方差;$N$ 为原子团中原子的平均数;$T$ 为循环持续时间。实践中发现,$\sigma_y(\tau)$ 约为 $3 \times 10^{-13} S^{1/2}/\tau^{1/2}$,与上述表达式一致。

这项技术发展的关键在于为 MOT 和探询激光器选择合适的激光器。二极管激光器是喷泉钟的首选激光器,可以预见,原子冷却技术的发展与空间技术之间将会产生巨大的协同效应。将一台冷原子铯钟与一台无源氢钟组合的空间原子钟组(ACES)项目启动和

在轨实验,将展示这种激光冷却原子频标在太空的潜力[5.28]。

## 5.2.4 小型原子钟技术

相干布居数囚禁(CPT)技术的发展,极大地提高了制造迷你或微型原子钟的能力[5.29]。该技术利用激光器对原子钟跃迁进行光抽运,并成功应用于在 Rb 和 Cs 上。与经典的铷频标气室设计概念类似,用二极管代替光谱灯所需的 $D_1$ 和 $D_2$ 波长,铷为 780nm 和 794nm,或者铯为 852nm 和 894nm。使用二极管激光器产生的光谱比光谱灯产生的光谱窄得多,从而提高了光抽运效率。在使用铷的情况下,如果激光信号被调制在 $F=2$ 和 $F=1$ 对应的光跃迁波长处,从而产生两个相干信号,则会发生新的现象。相干布居数光抽运在光跃迁的精确谐振处会产生干涉,从而导致没有吸收的辐射。

跃迁能级如图 5.17 所示。原子被囚禁在基态,并处于两个超精细基态的非吸收相干叠加。然后,原子介质在光跃迁的精确谐振下变得透明。谐振时吸收泡的传输能力增强,如果缓慢扫描激光信号的频率,则在光电探测器上能观察到谐振信号。信号的形状与上述经典被动型铷频标中观察到的信号相似。

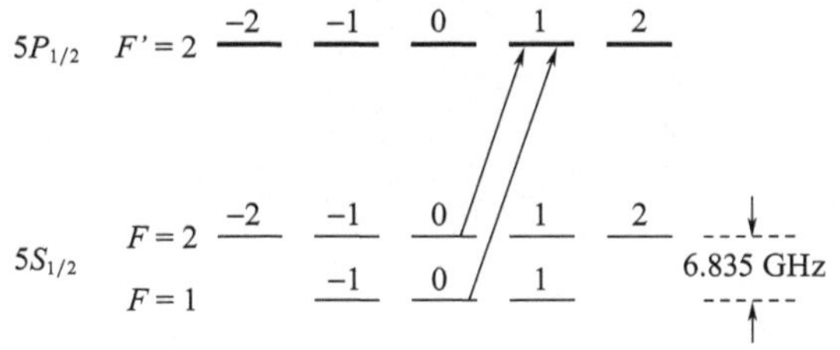

图 5.17　铷 CPT 跃迁能级

事实上,两个激光信号可以由以超精细频率的谐波频率调制的单个激光获得,受调激光产生的高相关边带被用来提供谐振信号。该技术可通过透射(亮线)或荧光(暗线)任意一种方式实现被动型频标。因为不需要微波信号来激发基态内的跃迁,所以无须微波腔。被动型 CPT 原子钟的设计如图 5.18 所示。

被动型 CPT 频标的频率稳定度与光强抽运频标大致相同[5.29],即

$$\sigma_y(\tau) = \frac{K}{4v_{hf}q}\sqrt{\frac{e}{I_{bg}\tau}} \tag{5.24}$$

式中:$K$ 为一个与调制类型有关的常数,大约为 0.2;$e$ 为电子电荷;$I_{bg}$ 为由剩余投射光到达光电探测器产生的背景电流;$\tau$ 为平均时间;$q$ 为一种质量因子,定义为对比度 $C$ 与线宽的比值,而对比度 $C$ 定义为 CPT 信号强度与背景强度的比值。

原子钟的大小受限于激光器及其性能,而无微波腔的设计有助于实现原子钟小型化。使用铯作为工作原子的 CPT 技术已经产生了一种称为芯片级原子钟(CSAC)的商业产品[5.30]。CSAC 原理样机在 $1\sim100\mathrm{s}^{[5.30]}$ 的时间尺度上展示了 $3\times10^{-10}s^{\frac{1}{2}}/\tau^{1/2}$ 的稳定度[5.30]。GNSS 接收机使用这种芯片级原子钟所带来的高稳定性,有助于降低相位噪声,允许接收机时钟在卫星可见性较差时进行自由运行,并支持减少首次定位时间(第 13

章)。此外,在 GNSS 接收机中使用稳定的原子钟如 CSAC,被证实可以有效降低 GNSS 干扰设备产生的宽带射频干扰[5.31]。

### 5.2.5 时钟技术的发展

微波频率标准是一项成熟的技术,目前仍有良好的进一步改进的潜力。例如,一个犹如杂耍的快速连续发射多个原子团的铷原子喷泉钟可以极大地提高信噪比,并具有优异的短期频率稳定度,秒稳达到大系数 $10^{-15}$ 水平,同时保持长期稳定度低于 $10^{-16}$ 的水平,这种稳定度需要性能比 OCXO 更好的本地振荡器。帕萨迪纳喷气推进实验室(JPL)的时间和频率小组建立了低温冷却蓝宝石负载红宝石振荡器,该振荡器在 1~1000s 内可达到 $3 \times 10^{-15}$ 的稳定度,能够满足先进喷泉钟对本地振荡器的需求[5.32]。进一步对喷泉概念的改进可能会获得小系数 $10^{-15}$ 秒稳。

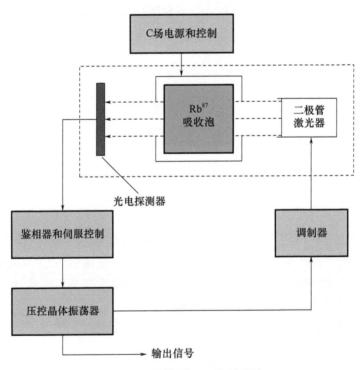

图 5.18 被动型 CPT 铷原子钟

基于激光冷却微波离子频标有望具有出色的长期系统性噪声本底。这项技术的主要限制可能在于磁场敏感度,这主要是个工程问题,即同时具备良好的屏蔽同时保持良好的光通路。然而,由于只有少量的离子,该装置具有较低信噪比,系统基底噪声可能低到 $10^{-17}$ 量级,但短期稳定度可能限制在小系数 $10^{-13}$ 量级。因此,激光冷却微波离子阱装置不太可能达到既定目的。

缓冲气体冷却离子频标已经展示了 1s 稳定度为 $3 \times 10^{-14}$ [5.33]。这些设备有较大的信号(许多离子),但由于背景信号较大,因此只有中等的信噪比。采用更好的检测方案降低背景信号,可以使信噪比提高 3~10 倍。这几乎肯定意味着使用激光代替目前使用的谱灯。离子频标与先进的本地振荡器（如已讨论过的低温冷却振荡器）结合,可以接近短期稳定度目标,但系统的本底不太可能低于$10^{-16}$（大量的离子处在更高的温度意味着暴露在更高的射频场和更大的多普勒频移之中）。尽管如此,也不能过早放弃这种方法,因为这种频率稳定度仍然能将授时稳定度保持在一天几皮秒的精度。激光探询缓冲气体冷却离子频标对先进技术的需要最少,而且是最简单的实现方法。

原子钟演化的下一步是从微波时钟频率转向光学频率[5.34-5.36]。由于测量频率在$10^{15}$Hz范围,而不是像微波钟那样在$10^{10}$Hz范围,因此光钟的线性质量因子$Q$有潜力巨大的增益。由于短期频率稳定度反比于$Q$值,所以短稳也有改善。基于光频跃迁的离子阱时钟,兼顾了光频跃迁的高$Q$值带来的优异短期稳定度和极低的系统本底。光钟框图如图5.19所示。

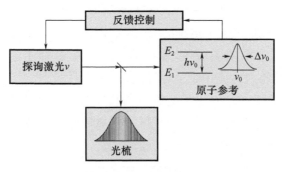

图5.19 光钟框图

光钟的两项关键技术是光梳和激光稳频。光梳（也称频率梳）可实现光学频率到微波频率的相干转换,其中定时信息被使用、转换和分析。这对光钟来说是一个巨大的进步,因为以前连接光学与微波频率的连接链需要高技能科研人员多年努力工作和大量的设备来建造和维护。第二个关键技术是激光稳频技术。为充分利用光频的谱线品质因子,时钟激光器（作为该时钟的本地振荡器）必须具有1Hz或更小的频率不确定性。虽然这很难实现,但为时钟技术的未来发展提供了巨大的潜力。

## 5.3 空间级原子频标

空间级原子钟的发展起源于20世纪60年代末至70年代初的导航卫星概念。"子午线"多普勒导航系统[5.37]首次展示了利用卫星实现全球高精度导航的潜力。这些早期的导航卫星轨道高度较低,为用户提供了足够强的信号,用户可以根据观测到的多普勒频移来计算自身位置。接收机的晶体振荡器或时钟必须足够稳定,以便在卫星可见的时间段内进行良好的频率测量。如果振荡器在该时间段内发生频率变化,则频率测量也会产生误差,进而引起位置偏差。

先进的卫星导航系统设计,如海军研究实验室（NRL）的TIMATION（时间导航）概念和最终的全球定位系统（GPS）,都是基于被动测距为用户提供连续、精确的导航服务[5.38]。GPS 的空间级时钟开发主要聚焦于一天内的可预测稳定度。GPS 项目第一阶段（Block Ⅰ）的 NRL 工作中制定了一个旨在为 NAVSTAR 卫星开发空间级时钟的时钟开发计划[5.39]。为满足系统误差要求，启动了铷、铯和氢脉泽单元项目。Block Ⅰ示范卫星星座中使用的铷钟和铯钟需进行改进，以满足运营卫星（Block Ⅱ/ⅡA）的可生产性、可靠性和性能需求，并为这些原子钟开发可选择的工业资源。Block Ⅱ/ⅡA GPS 卫星包含两台铯钟和两台铷钟。随后，替换的 Block ⅡR 卫星和改进的 Bloc ⅡR-M 卫星包含 3 台铷钟，Block ⅡF 包含 2 台铷钟和 1 台铯钟。下一代的 Block Ⅲ卫星预计将包含 3 台铷钟。

俄罗斯联邦 GLONASS（全球卫星导航系统）、欧洲伽利略系统和中国北斗卫星导航系统也开发了空间级原子钟。每颗 GLONASS 和 GLONASS-M 卫星均搭载了三台俄罗斯自研的铯原子钟[5.40]，而最新一代 GLONASS-K1 卫星同时配备了铯钟和铷钟（参见文献[5.41]）。伽利略卫星除采用了传统的 Rb 气室频标外[5.42]，还使用了被动型氢原子钟作为其主时钟。自北斗系统首次部署以来，中国终于有了空间级铷钟的开发项目[5.43-5.44]，并正在研究将氢钟应用于全球导航系统中[5.45]。

文献[5.46]和文献[5.47]概述了星载原子频标及其在个别全球和区域卫星导航系统中的应用。文献[5.48]中进一步讨论了区分星载时钟和地面时钟各自的具体设计问题（如环境稳健性和极限可靠性）。

## 5.3.1 空间铷原子钟

第一个运行于轨道卫星上的原子钟是在导航技术卫星一号（NTS-1）上首飞[5.49]。这颗卫星包含两个在 TIMATION 项目下开发的石英晶体时钟，以及两个慕尼黑 Efratom 公司制造的基于 FRK 单元的实验铷钟[5.50]。这些铷钟是为在发射和空间热环境中维持正常工作的实验而改进的商业时钟。这两个铷钟被封闭在一个大的辐射屏蔽层中，以减少辐射对时钟电子学系统的影响。NTS-1 铷钟的性能如图 5.20 所示，该图对 NTS-1 铷钟、NTS-1 石英振荡器和之后在 NTS-2 上飞行的铯钟进行了比较。尽管 NTS-1 铷钟在几个小时后出现了明显的频率漂移，但这些设备为将铷钟用作第一批 NAVSTAR 研制阶段卫星的主要时钟提供了必要的概念验证。

早期 Block Ⅰ GPS 卫星使用的铷原子钟是由 Rockwell 国际公司基于 Efratom 公司的 FRK 设计制造的[5.51]。这些单元是由 Rockwell 国际公司 Anaheim 分部为空间应用而

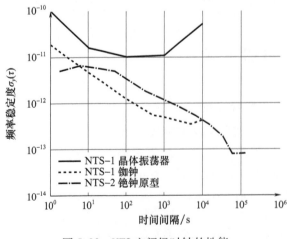

图 5.20 NTS 空间级时钟的性能

重新设计的电路部分和 Efratom 公司制造的物理部分结合而成。该设计的鉴定件如图 5.21 所示。

GPS 时钟单元的早期性能存在一些困难，但其提供的性能足够支撑其持续发展。然而，最终选择的原子钟——以及被认为是最终运营系统的最佳原子钟（GPS Block Ⅱ）看起来是空间级铯束原子钟（5.3.2 节）。因为它是一个基准频标，而且没有表现出像铷原子钟那样显著的漂移特性。在 20 世纪 80 年代 GPS 运营系统开发过程中，作为部署运营计划的一部分，GPS 系统已开发出候选的空间级原子钟[5.39]。候选的空间级铷原子钟源自最初由 EG&G 公司（即后来的 Perkin Elmer 光电公司）设计，目前改名为 Excelitas[5.52]。该公司生产了两个原型单元，并在 Block ⅡR 卫星部署期间成为 GPS 系统的首选原子钟。GPS 卫星的开发重点在于性能、改进时钟的健康状态诊断、地面可测试性以及降低环境敏感性。

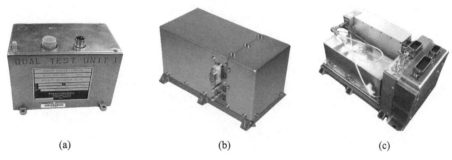

图 5.21　GNSS 卫星的空间级铷钟[5.44]
(a)早期 GPS 卫星的鉴定样机（图片由 NRL 提供）；
(b)TEMEX/Spectratime 伽利略系统开发的 RAFS（图片由 Spectratime 提供）；(c)第二代北斗铷钟的内部视图。

GPS Block ⅡF 卫星[5.53]和日本准天顶卫星系统（QZSS）"引路者"卫星上使用的最新版本的 Excelitas 铷频标在噪声水平上提供了大约两倍的改进以及约 $\sigma_y(\tau) = 1 \times 10^{-12}$ $s^{1/2}/\tau^{1/2}$ 的稳定度。这些性能的提高主要是通过使用氙缓冲气体和先进的铷谱线滤光片得到的[5.54]。Block ⅡR 和 Block ⅡF 上配备的铷钟均展现出了出色的飞行性能，这一点将在 5.3.6 节进一步讨论。

俄罗斯的 GLONASS 系统 30 多年来始终专注于使用铯原子频率标准（见 5.3.2 节），仅有几颗绿柱石铷钟（参见文献[5.55]）用在前期卫星上[5.46]。直到最近，铷原子钟才被引入作为 GLONASS-K 系列的替代原子频率标准（参见文献[5.41]）。然而截至 2015 年底，还没有在轨运行结果。

欧洲伽利略计划的铷原子频率标准（RAFS）最初由瑞士管理，瑞士 Spectratime（前身为 Temex Neuchatel Time）和承担空间级电学子系统的德国 Astrium 公司联合开发[5.56]。他们研制出的铷原子钟稳定度为 $\sigma_y(\tau) = 2 \times 10^{-12} s^{1/2}/\tau^{1/2} \sim 4 \times 10^{-12} s^{1/2}/\tau^{1/2}$。在集成到伽利略的运营卫星之前，先在 GIOVE-A 和-B 卫星上进行了飞行测试（参见文献[5.57]）。伽利略 RAFS 的样机如图 5.21 所示。除用作伽利略计划外，中国北斗星座内的备用时钟采用了上述铷钟的电路部分的改进版本（参见文献[5.47,5.56]）。此外，印度区域卫星导航系统(IRNSS;现称为 NavIc,用于印度导航服务)把 Specatratime 铷钟设定为基准频标。

随着本国卫星导航系统的建设,中国也开发出了各种类型的空间级铷钟。据报道,这些本地 RAFS 稳定度的典型值为 $5 \times 10^{-12} s^{1/2}/\tau^{1/2}$,目前用作区域北斗卫星导航系统的星载时钟。北京无线电计量测量研究所最近开发的 RAFS 模型如图 5.21 所示。

## 5.3.2 空间级铯原子钟

全球卫星导航系统在轨评估的第一个原型铯钟搭载在 NTS-2(NAVSTAR Block Ⅰ 卫星的前身)上(参见文献[5.38,5.39,5.58])。NTS-2 中有两台原型铯装置,为继续开发提供所需的铯束管空间鉴定。频率和时间系统公司(FTS)开发的经 NTS-2 鉴定的铯束管如图 5.22 所示,该铯束管与运营中的 GPS Block Ⅱ/ⅡA 卫星所用的铯束管相同。NTS-2 卫星配置的铯钟的在轨性能如图 5.20 所示。

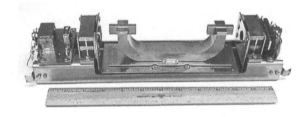

图 5.22 去除外部屏蔽和真空外壳壳的铯束管(图片由 NRL 提供,图中展示了拉姆齐腔,右侧为铯炉,左侧为探测器组件)

在下个开发阶段中,构建并测试了一个精细设计的工程模型,在与美国国防核安全局合作下,进行了完整的辐射测试,以确定辐射加固单元所需的设计参数。FTS 铯钟的设计和开发持续到预生产模型(PPM)阶段。美国建造了 6 个 PPM 并提供给主要卫星承包商洛克威尔国际公司(Rockwell International,RI),用于早期导航卫星。其中第一个 PPM 在 NAVSTAR 4 中发射,最后一个 PPM 在 NAVSTAR 7 中发射。GPS Block Ⅱ 和 ⅡA 运营卫星采用了这种铯钟设计,每颗卫星上配备两台铯钟和两台铷钟。

下一代空间级铯钟被开发并部署在 GPS Block ⅡF 卫星上(参见文献[5.53])。这些铯钟采用了与早期 GPS 卫星相似的热铯束管,但使用的是数字电路而不是先前的模拟电路。GPS Block ⅡF 的数字式铯束频率标准(DCFBS)的完整单元如图 5.23 所示(经 MicroSemi 许可重新制造)。它的稳定度达到了 $1 \times 10^{-12} s^{1/2}/\tau^{1/2}$,主要用于卫星上的备份时钟,其飞行性能将在 5.3.6 节中进一步描述。

除 GPS 外,铯原子钟在俄罗斯的 GLONASS 星座上也被大量使用,它们是 GLONASS 星座迄今为止发射的大部分卫星的主要时间和频率源。第一代 GLONASS 卫星配备了 3 个 GEM 时钟(参见文献[5.55]),由位于圣彼得堡的俄罗斯无线电导航与时间研究所(RIRT)制造,其前身为列宁格勒科学研究无线电技术研究所(LSRRI)。每颗卫星只有一个时钟处于工作状态,而其他时钟保持冷备份状态(参见文献[5.40])。尽管 GLONASS

第5章 时 钟

图 5.23 Symmetricom 的 GPS Block ⅡF 数字铯束频率标准(DCFBS)[5.59]

卫星上的原子钟在一定环境压力和温度的密封舱中运行,其有限的生存能力严重限制了卫星的总寿命(参见文献[5.60])。

后续研发的 GLONASS-M 系列卫星仍然占当前星座的大部分,配置同样由 RIRT 生产的 MALAKHIT 钟。由文献[5.55,5.61]可知,这两种铯原子钟在 100s 到一天的时段内表现阿伦方差大约 $1.5 \times 10^{-10} s^{1/2}/\tau^{1/2}$ 和 $3 \times 10^{-11} s^{1/2}/\tau^{1/2}$。最近的开发已经使其性能提高了 2~3 倍,并显著降低了 GLONASS 在轨频率标准的重量(参见文献[5.62])。

## 5.3.3 空间级氢原子钟

在 GPS 项目开始之前,氢原子钟应用于 GPS 的最初设想是先用于地面站然后最终应用到航天器中。当时的努力主要是基于由史密森天体物理天文台(SAO)开发的主动型氢原子钟设计。SAO 为甚长基线干涉测量项目开发的一系列主动型氢钟,能够在偏远地区的地面站运行。根据这一设计,SAO 为美国国家航空航天局(NASA)的重力探测器一号制造了空间级氢钟,以精密时钟去研究引力相对论效应。该探测器于 20 世纪 70 年代中期用垂直弹道轨道发射,以获得最大的原子钟相对效应(参见文献[5.63])。2.5h 发射剖面的成功飞行验证和运行证明了在轨道航天器中运行这样一个时钟的潜力。然而,这种特殊设计的主动型氢原子钟的体积过大,很难应用于在轨卫星。

减小这种空间钟的体积是必要的,NRL 研究了可用于 GPS 的紧凑型被动氢钟物理部分设计(参见文献[5.64]),开展了各种被动氢钟的设计,研究内容包括物理部分以及用于腔体稳定和探询的电子学系统设计。此外,NRL 还建立了多个实验单元,并选择相应的设计方案进行评估,其中最成功的方法是采用小型磁控管腔的 Hughes Q 增强设计[5.65-5.66]。这种紧凑被动型氢原子钟将整机的总体尺寸缩小到大致与 GPS 空间级铯钟大小相当。图 5.24 为休斯公司设计的最终版本的物理部分。

图 5.24 休斯公司 Q 增强氢原子钟物理部分
(图片由 NRL 提供)

伽利略计划还为运营中的卫星开发了小型被动氢钟（PHM）（参见文献[5.67 - 5.69]）。这项开发工作由瑞士的Spectratime公司和意大利的Galileo Avionica公司共同完成，它们分别负责物理部分和电路部分。这些设备使用的微波腔的设计与前述的Q增强型微波腔的设计类似。它们是一种磁控管腔设计，该设计使用加工的金属腔中的三个悬臂将储存泡固定，并为微波腔提供电容负载。微波腔受良好的热控制，当基板温度变化约±5K时，腔温仅变化几毫开尔文。伽利略PHM在1~10000s内的典型稳定度可达 $1\times 10^{-12}s^{\frac{1}{2}}/\tau^{1/2}$，与伽利略RAFS相比有显著提高，这使其成为导航卫星中使用的性能最佳的时钟之一，但其近乎18kg的质量明显大于铷钟。准备进行热真空测试的星载被动型氢原子钟飞行试验件如图5.25所示。伽利略计划中的PHM已在GIOVE-B飞行试验卫星上进行了飞行测试[5.57]，现已在在轨运行中的伽利略卫星上配置使用。

图5.25 伽利略空间被动型氢原子钟
（图片由Spectratime公司提供）

与伽利略PHM发展同步，Neuchatel天文台和Spectratime公司致力于开发一种用于空间原子钟组（ACES）[5.28]的空间级主动型氢原子钟。空间级氢原子钟（SHM）使用蓝宝石加载的微波腔，在100s内的阿伦偏差能够达到 $5\times 10^{-15}$（参见文献[5.70,5.71]）。该主动型氢钟的质量（35kg）和功耗（77W）不允许考虑它在当前伽利略系统中的应用。然而，它在ACES上的应用将为高性能原子钟在未来导航系统中的潜力提供进一步的证据。

## 5.3.4 空间线性离子阱系统

喷气推进实验室（JPL）时间和频率组开发了一种新频标——线性离子阱频标（LITS）（参见文献[5.72]）。这些设备的运行版本部署于美国国家航空航天局（NASA）深空网络（DSN）中，以替代目前使用的大型主动型氢钟。美国已经开展了这类设备的星载版的研究，提供了一个潜在超小尺寸和功率的时钟与潜在高稳定度。此设备的物理部分较小，但因为它们属于被动型的器件，因此需要高质量的本地振荡器来充分发挥这些原子钟的潜能。选用中等性能的本地振荡器的潜在性能增益和对电子设备数字化的适应性，是航天器时钟发展的重要一步[5.73]。NASA目前正在研制该设备的空间级版本，以便在太空环境中进行演示验证[5.74]。

## 5.3.5 星载定时子系统

除原子频率标准外，卫星导航系统通常采用某种形式的频率分配单元作为其定时子系统的一部分。依据文献[5.75]，频率分配单元最多可有三个用途：

（1）从多个时钟中选择一个作为时间和频率产生的主要来源；
（2）将固有时钟频率转换为基频，用于导航信号的生成；

（3）执行精细频率调整，以保持星上时间与 GNSS 时间尺度的偏差在规定范围内。

在高级定时系统实现中，上述功能与监视器相结合，该监视器将工作时钟与参考进行比较，以识别潜在异常，例如偶发的坏点或异常点、相位跳变和频率阶跃。所有这些异常可能单独发生、同时发生、突然发生或在一段时间内发生。与卫星时钟异常相关的严重情况可通过在轨检测这些异常来避免，而不是通过地面跟踪数据探测。时钟状态可在轨实时监测，这种方式不会因通信链路而增加额外的噪声或误差。然而，要实现这一目标，卫星上必须有多个原子频标。

实现上述功能的定时子系统的一个经典范例是 GPS Block Ⅱ 卫星的守时系统（TKS）[5.76-5.78]。TKS 最初设计的目的是为不同类型的原子钟提供共用接口，并确定星载原子钟和输出压控晶体振荡器（VCXO）之间的差异。该系统为三个原子钟提供一个接口，其中任何一个原子钟在运行时都通过运行在 600 MHz 的相位比较器与冗余 VCXO 进行比较（图 5.26）。VCXO 产生最终信号，但会根据原子钟的输出进行调整或驯服。通过这种相互比较可以度量星载原子钟的性能，但它究竟是在原子钟中还是在 VCXO 中发生的却是模糊的，因为两者都可能影响比较结果。这种方式至少应该对三个时钟进行相互比较，以便明确哪个时钟产生了不可接受的性能。

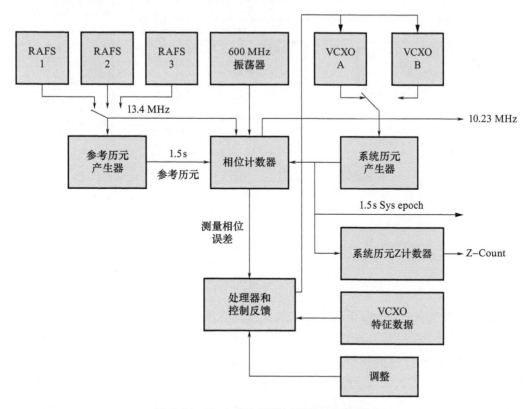

图 5.26　Block Ⅱ R 卫星时间保持系统框图

与 GPS 类似,伽利略卫星利用一种称为时钟监测和比较单元(CMCU)的星载系统[5.79-5.81]来监测由时钟驱动卫星发射机的备份时钟(图 5.27)。每颗伽利略卫星都配备了两台铷原子钟和两台被动型氢原子钟。4 个时钟中,在任何时候都有两个处于工作状态,另外两个作为冷备份。通过使用开关矩阵,把两个工作钟的信号连接到两个合成器上,该合成器可以将 RAFS 的 10MHz 本地时钟频率和 PHM 的 10.0028MHz 本地时钟频率下变频约 230kHz,以获得 10.23MHz 的导航信号的核心频率。该合成器可以进行数字控制,并允许以小于 $10^{-15}$ 的步进调整输出频率[5.81]。即使只选择一台合成器作为主时间参考,两个输出都能通过相位计连续监测。通过连续比较主钟和备份钟,可在需要时立即切换时钟,避免切换瞬变和丢失卫星时间存储信息。

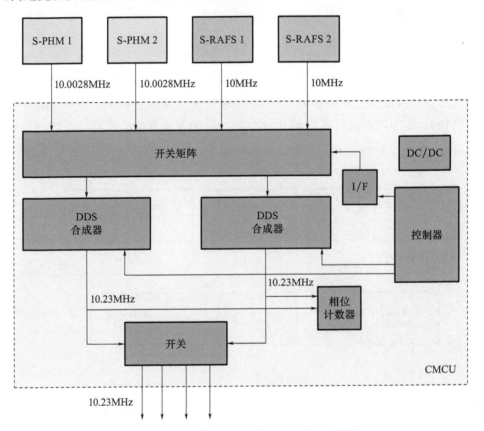

图 5.27 伽利略时钟监测和比较单元示意图

目前,星载系统主要依赖于单个钟的性能来产生所期望的性能。如果时钟可以在星上或与来自邻近卫星的信号进行比较,就可以提供卫星交联或来自其他卫星的信号,它们的输出可以被监测,产生的信号就不容易发生中断或异常,并能够生成更稳定准确的信号。这种星上比较方式可以立即检测工作时钟的异常情况,甚至可以检测导航有效载荷,可以将生成的状态信息插入导航信息中,以便在异常情况下直接广播给用户和地面监测站,从而为系统提供实时报警服务。与比较指标关联的数据也可以遥测到控制段,以便采取诊断和补救措施。当前,GNSS 不能对星载钟进行完全的比对以判断钟是否异常。相反,GNSS 系统依靠地面监测来探测和纠正这种异常现象。为支持星上自动检测和校正技术,需要更复杂的测量系统。

## 5.3.6 空间级原子钟在轨性能

GNSS 星载原子钟的性能决定着系统能够达到的最终服务精度。如今的卫星导航系统主要以被动模式运行,由地面监测站跟踪卫星并接收数据。由观测数据解得卫星星历和钟差值,并进行钟差预报。然后,系统主站解算出的导航信息被上传到卫星,以便传送至用户[5.82]。因此,需要具有评估轨道上的时钟性能和准确预测系统参数的能力。为保证观测和预测的卫星时钟信息尽可能准确,还必须仔细建模或消除时钟观测受到的影响[5.83,5.84]。

与 GNSS 定位过程类似,GNSS 卫星钟的监测充分利用了伪距和载波相位观测值。这两类观测值都反映了本地接收机和发射机时钟的信号接收和发送时间之差的测量结果。如术语所示,伪距(和类似的载波相位观测)不代表距离 $\rho$ 的纯测量,而是包含相对于公共系统时间尺度的各自时钟偏差。如第 19 章中详细介绍的,第 $i$ 频率($i=1,2\cdots$)上的伪距 $p_i$ 和载波相位观测 $\varphi_i$ 可以建模为

$$\begin{cases} p_i = \rho + c(\mathrm{d}t_r - \mathrm{d}t^s) + I_i + T + e_i \\ \varphi_i = \rho + c(\mathrm{d}t_r - \mathrm{d}t^s) - I_i + T + A + \varepsilon_i \end{cases} \quad (5.25)$$

式中:$c$ 为真空中的光速;$\rho$ 为卫星天线与用户接收机天线之间的几何距离;$\mathrm{d}t_r$ 为用户接收机的时钟同步偏差;$\mathrm{d}t^s$ 为卫星发射时刻的时钟同步偏移;$I_i$ 为电离层引起的与频率相关的传播延迟;$T$ 为中性大气(主要是对流层)引起的延迟。对于伪距和载波相位观测,测量误差 $e_i$ 和 $\varepsilon_i$ 分别表现出分米和毫米级的标准偏差。虽然载波相位测量的观测噪声极低,但其却包含模糊度 $A$。其中模糊度由整数倍波长和小数相位偏差组成。在卫星信号连续跟踪过程中,模糊度是恒定的,因此可以对距离变化和时钟偏移变化进行高精度测量。

与观测值相关的各种延迟和误差将在第 19 章中深入讨论。但是,一旦对观测值进行了仪器校正,设备误差(天线偏移等)、传播效应、几何效应或延迟以及卫星相对于接收设备的位置都得到了补偿校正,那么测量值和模型值之间的残差基本上就是两个时钟的比较,就像在实验室中评估两个时钟一样。图 5.28 给出了不同 GNSS 卫星相对于地面基准的卫星时钟偏移示例。时间序列清晰地揭示了不同类型原子频率标准的短期和长期稳定度,即

$$\begin{cases} c\mathrm{d}t^s - c\mathrm{d}t_r = (\rho + I_i + T) - p_i + e_i \\ c\mathrm{d}t^s - c\mathrm{d}t_r - A = (\rho + I_i + T) - \varphi_i + \varepsilon_i \end{cases} \quad (5.26)$$

图 5.28 为选定 GNSS 星载频率标准的观测时钟偏移($c\mathrm{d}t^s - c\mathrm{d}t_r$)的时间序列。其中,图 5.28(a)对应 GLONASS 铯钟,图 5.28(b)对应 GPS Block ⅡR 铷钟,图 5.28(c)对应伽利略被动型氢钟。所有的值都是与一个高度稳定的地面时钟(主动型氢钟)进行比较,并通过二阶多项式进行拟合。括号内的数值表示各 GNSS 卫星的空间飞行器编号。

图中数据来源于德国地理研究中心(GFZ)的多 GNSS 轨道和时钟解算数据[5.85]。

图 5.29 中,单个卫星通过空间飞行器编号(SVN)/伪随机噪声(PRN)号识别。图中还标示了 Block 类型和工作钟。

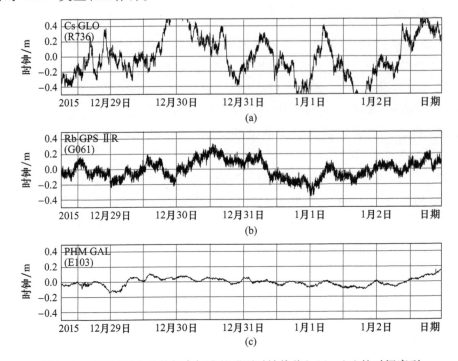

图 5.28　选定 GNSS 星载频率标准的观测时钟偏移($cdt^s-cdt_r$)的时间序列

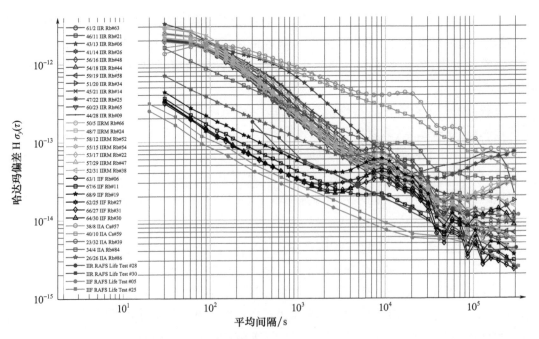

图 5.29　GPS 卫星星载钟在轨性能(2014 年 10 月至 12 月)

卫星钟的性能及其可预测性取决于从时钟误差中分离出其他误差的能力，从而只剩下时钟误差。GNSS 系统依靠其各自的跟踪网络执行以支持其运行。对 GPS 而言，该网络由 GPS 地面段跟踪站(第 7 章)和美国国家地理空间情报局(NGA)运营的附加站组成。该网络不仅支持 GPS 的实时运行，而且能够为所有 GPS 卫星提供生成精密星历的数据。为支持科学发展，国际 GNSS 服务组织(IGS，见第 33 章)实现了类似的功能并提供高精度的 GNSS 在轨产品。IGS 的数据产品大大降低了普通导航用户预期的误差。第 34 章中详细介绍了 IGS 产品以及利用全球分布的监测站网估计卫星轨道、大气参数、站坐标和地球自转参数的过程。

利用全球监测网络估计钟差是精密定轨和精确钟差估计过程的一部分，也是原子频标飞行性能评估的主要手段。与平差过程使用的数据速率和数据弧段相一致，它们一般能够提供 5min 到 1 天的时钟稳定度信息。对于短时间尺度上的高速率时钟解决方案而言，由于计算量巨大，所以该方法不太适合。文献[5.86]提出了单向载波相位技术(OWCP)作为替代方案，该方案利用一个与高稳参考钟(通常是主动型氢钟)相连的单个监测站进行载波相位观测。基于式(5.26)，星载和地面时钟的差异可通过广播星历等粗略轨道模型进行评估。随后，使用低阶多项式对得到的时间序列进行去趋势处理，以消除载波相位模糊度和残余轨道误差以及未补偿的大气延迟的影响。在较短的数据弧段(长达几百秒)和电离层变化平缓的情况下，该方法甚至可以应用于单频观测而无须组成具有更高噪声的双频组合。

例如，文献[5.87,5.89]中报道了 OWCP 方法与其他时钟估计方法的实际结果和比较。这种方法使用数据速率为 50 Hz 及以上的 GNSS 接收机，在研究亚秒时间尺度上的星载时钟稳定度的独特潜力已在文献[5.90]中得到证明。此外，文献[5.91]还研究了一个 OWCP 方法的特殊变型，其利用三角测量概念[5.92]同时处理来自三颗卫星的数据，对时钟噪声进行统计表征。这种方法不需要高度稳定的地面时钟，但依赖于所有相关卫星时钟具有等噪特性。

GPS 运行卫星的星载原子钟对铯钟的稳定度要求为 $2 \times 10^{-13}/d$，对后续铷钟的稳定度要求为 $1 \times 10^{-14}/d$。如图 5.29 所示，在轨卫星时钟的稳定度优于预期值。该图提供了 2013 年 11 月用国际 GNSS 服务(IGS)组织最终钟差产品计算的哈达玛偏差表征的 GPS 时钟的频率稳定度。为了和在轨时钟性能进行比较，图 5.29 还展示了两个 Block ⅡF 铷原子钟在 NRL 长期测试中的数据。如图 5.29 所示，至少在短期内 Block ⅡF 的在轨性能与环境控制的地面钟的性能接近。

相比之下，较长平均时间间隔的性能会下降，是由于卫星定时信号会引起明显的固定周期谐波变化[5.93-5.94]。这些谐波变化中的最大值通常发生在每个太阳日的 2.003 和 4.006 个周期，对于某些 GPS 卫星，其幅度超过 2ns。哈达玛偏差统计对纯谐波具有广泛的频率响应，因此使用频域技术可以更清晰地看到谐波变化，如图 5.30 所示[5.93]。

这些数据采用了单独的卫星数据频谱，计算方法是应用 Blackman-Harris 窗口的标准周期图，为每颗卫星参考 IGS 时间的大约 150 天的 IGS 最终时钟数据。在计算其周期图以前，每颗卫星的时钟数据通过拟合和去除二次多项式进行了去趋势化处理。然后，对每个傅里叶频率的单个卫星频谱进行平均，得到平均频谱。诸多证据表明，这些性能变化的根源可能来自是相关电子学或设备本身的热敏感性。

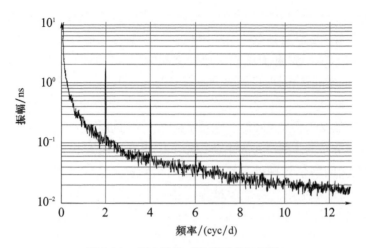

图 5.30 GPS 星座时钟的平均振幅谱

GPS 原子频标与其他卫星导航系统的原子频标的性能比较如图 5.31 所示，时间尺度从 1s 到大于 1 天。不同类型时钟的稳定度相差高达 10 倍，铷钟和氢钟比当前使用的铯钟性能更好。尤其是 GPS-ⅡF 的 RAFS 和伽利略的 PHM 的性能十分优越，它们在很大范围的时间尺度上表现出接近观测极限的稳定度值。尽管多数卫星钟的阿伦偏差遵循双对数表示法中的预期线性趋势，但在接近轨道周期一半的时间尺度上，经常可以识别出不同振幅的碰撞。如前所述，也可能与由太阳辐射压力的不完全建模引起的径向轨道误差有关[5.95]。另一方面，某类 GNSS 卫星在小于 1000s 的时间尺度上观测到的短期稳定度凸起通常可以归因于各自的守时系统的功能（参见文献[5.78]）。

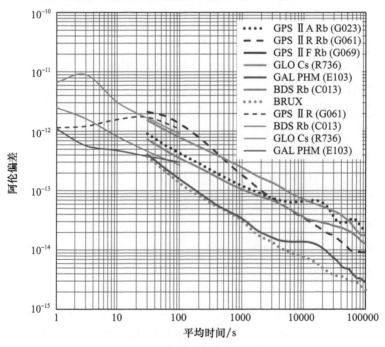

图 5.31 GNSS 星载原子钟性能比较

图 5.31 中粗体线条表示 $30\sim10^5$ s 阿伦方差,钟差数据为波茨坦地理学研究中心(geoforschungs zentrum,GFZ)2016 年 1 月一周的运行数据[5.85]。灰色虚线为位于布鲁塞尔的 IGS 跟踪站的氢原子钟提供的数据。为方便比较,细线表示文献[5.90]中由 OWCP 推导出的短期稳定度($1\sim100$s)。

## 5.4 时钟的相对论效应

时钟、守时和 GNSS 技术历经长期发展,在精度方面已达到纳秒级,这种性能对全球卫星导航而言非常必要。为达到这种精度和准确度,除测量系统误差、星载设备误差和大气传播延迟之外,还必须考虑相对论效应施加的改正。GPS 系统首次将狭义相对论和广义相对论应用到实际中,使其从科学问题上升至工程需要。

为理解协调世界时(UTC)参考时间尺度与其依赖的国际原子时(TAI)之间的关系,它们与地球自转的关系、各个 GNSS 系统维持和使用的时间,以及围绕地球的授时系统的相对论关系是必要的[5.96]。在相对论公式中,还有必要清晰理解该框架中时空参考系之间的关系。而这些关系主要由各个国际科学组织的决议确定,其中最重要的是:

(1) 国际天文学联合会(IAU)A4 号决议(1991)定义了地心天球参考系(GCRS)、质心天球参考系(BCRS)及其时间坐标。IAU B1 号决议(2000)进一步重新确定了 BCRS 的定义。

(2) 国际大地测量学和地球物理学联合会(IUGG)第 2 号决议(2007 年;见[文献 5.96,附件 C])对地心地球参考系(GTRS)和国际地球参考系(ITRS)进行了定义。

这里使用的命名法遵循 IAU/IUGG 框架,其中 GCRS 被称为地心惯性(ECI)坐标系,GTRS(实际上,ITRS)被称为地心地固(ECEF)坐标系,BCRS 是质心坐标系。

### 5.4.1 相对论术语

GPS 为 GNSS 的开发和运营提供了相对论同步和时间比对的初步理论模型,同时也为相对论算法的验证提供了实验场所。然而,应在全球守时的背景下理解相对论对精确轨道时钟和运行系统的影响。相对论公式化和关系式是基于在不同参照系之间的观测和测量结果,因此,需要了解不同参考框架以及如何在实际使用中实现。本节将讨论相对论对在轨时钟和地面时钟的影响,以及对 GNSS 和其他基于卫星的时间和定位系统的影响。这些讨论是理解直接类似的全球守时和 GNSS 守时系统问题的前奏。

GNSS 系统内部的时间尺度为维持系统内各部分之间的同步和精确测量提供了基础。GNSS 时间是基于高性能原子钟组维护的时间,有效地生成原子时间版本。这些原子钟与授时中心相连,因此可以提供最通用和最有效的方法来传播精确可靠的全球时间。

以下为一些关键的相对论术语定义及其含义如下:

(1) 原时 $\tau_p$ 是时钟的实际读数或时钟自身参考框架中的本地时间。

(2) 坐标时 $t$ 是物质运动方程和电磁波传播方程中的自变量。它是坐标系四维时空中的数学坐标。对于给定事件，坐标时在任何位置处都具有相同值。坐标时根据原时计算得到而非测量获得。

(3) 时空间隔。坐标时与原时的关系取决于时钟在其重力环境中的位置和运动状态，并且通过时空间隔的积分得出。在比较两个时钟的原时时，坐标时最终会被消除。因此，时钟间的相对论性时间传递与坐标系无关，所以坐标系可根据方便程度任意选择。

一般来说，时空间隔 $ds$ 为

$$ds^2 = g_{\mu\nu} dx^u dx^v \\ = g_{00} c^2 dt^2 + 2g_{0j} c dt dx^j + g_{ij} dx^i dx^j \tag{5.27}$$

式中：$g_{\mu\nu}$ 为度规分量。在这里使用的符号中，假设希腊字符下标取值范围为 0、1、2、3，拉丁字符取值范围为 1、2、3。重复下标意味着对该下标值求和。度规取决于参考系的重力势、角速度和线加速度。在进行坐标变换后，时空间隔保持不变，因此度规 $g_{\mu\nu}$ 变换为二阶协变张量。

原时 $\tau_p$ 与所选坐标系之间关系的一般表达式，由坐标时间 $x^0 \equiv ct$ 和空间坐标 $x^i$ 组成，即

$$ds^2 = g_{00} c^2 dt^2 + 2g_{0j} c dt dx^j + g_{ij} dx^i dx^j = -c^2 d\tau_p^2 \tag{5.28}$$

因此，对于静止在惯性参考系中的时钟，有 $dt = d\tau_p$，其中 $dx^i = 0$，$-g_{00} = 1$，$g_{0j} = 0$，$g_{ij} = \delta_{ij}$。时钟沿 $A$ 点运动到 $B$ 点之间的路径所记录的原时对应的经过的坐标时是

$$\Delta t = \pm \int_A^B \frac{1}{\sqrt{-g_{00}}} \sqrt{1 + \frac{1}{c^2}\left(g_{ij} + \frac{g_{0i} g_{0j}}{-g_{00}}\right) \frac{dx^i}{d\tau_p} \frac{dx^j}{d\tau_p}} d\tau_p + \frac{1}{c} \int_A^B \frac{g_{0j}}{-g_{00}} \frac{dx^j}{d\tau_p} d\tau_p \tag{5.29}$$

对于电磁信号，其时空间隔是

$$ds^2 = g_{00} c^2 dt^2 + 2g_{0j} c dt dx^j + g_{ij} dx^i dx^j = 0 \tag{5.30}$$

在每个惯性参考系中光速均为 $c$。沿点 $A$ 到 $B$ 之间的路径传播，所经过的坐标时为

$$\Delta t = \pm \int_A^B \frac{1}{\sqrt{-g_{00}}} \sqrt{1 + \frac{1}{c^2}\left(g_{ij} + \frac{g_{0i} g_{0j}}{-g_{00}}\right) dx^i dx^j} + \frac{1}{c} \int_A^B \frac{g_{0j}}{-g_{00}} dx^j \tag{5.31}$$

式中：括号中的表达式为

$$\gamma_{ij} \equiv g_{ij} + \frac{g_{0i} g_{0j}}{-g_{00}}$$

表示三维空间的度量；以及

$$d_\rho = \sqrt{\gamma_{ij} dx^i dx^j}$$

表示三维距离的增量。

## 5.4.2 坐标系时标

为了实际目的，不同类型的坐标时区分如下：

(1) 地心坐标时(TCG)是以地球中心为原点的坐标系(ECI 或 ECEF)中的坐标时。

(2) 地球时(TT)是基于 TCG 重新调整的坐标时，它与大地水准面上静止时钟的原时

具有大致相同的速率。大地水准面是恒定重力势的表面,它与平均海平面非常接近。

TCG 和 TT 之间的关系为

$$\frac{d(\text{TT})}{d(\text{TCG})} \equiv 1 - L_G$$

式中

$$L_G = 6.969290134 \times 10^{-10} \approx 60.2 \mu s/d$$

$L_G$ 的值是一个常数。因此有

$$\text{TCG} - \text{TT} = L_G(\text{TCG} - \text{TCG}_0) = \frac{L_G}{1 - L_G}(\text{TT} - \text{TT}_0)$$

式中:$\text{TCG}_0$ 和 $\text{TT}_0$ 对应 JD 2443144.5 TAI(1977 年 1 月 1 日,0h)。TT 的实际计算是

$$\text{TT} = \text{TAI} + 32.184s \tag{5.32}$$

(3) 太阳系质心坐标时(TCB)是以太阳系质心为原点的坐标系中的坐标时。TCB 和 TCG 之间的坐标时转换关系同时与时间和位置相关。当卫星位于地球轨道之外并且需要考虑太阳系的影响时,使用这个时间尺度很重要。

## 5.4.3 地心坐标系

地心坐标系是以地心为中心的惯性坐标系。这节将讨论理想时钟(精确实现 SI 标准秒的时钟)的原时与地心坐标系坐标时之间的转换。

1. 地心惯性坐标系

与地心惯性(ECI)坐标系相关的坐标时为 TCG。展开到 $1/c^2$ 项时,该坐标系中度规张量的分量为

$$\begin{cases} -g_{00} = 1 - \dfrac{2U}{c^2} \\ g_{0j} = 0 \\ g_{ij} = \left(1 - \dfrac{2U}{c^2}\right)\delta_{ij} \end{cases} \tag{5.33}$$

式中:$U$ 为引力势。当时钟从 $A$ 点以速度 $v$ 移动至 $B$ 点时,对应 ECI 坐标系下经过的 TCG 时间可表示为

$$\Delta t = \int_A^B \left(1 + \frac{1}{c^2}U + \frac{1}{2c^2}v^2\right)d\tau_p \tag{5.34}$$

径向距离 $r$、地心纬度 $\varphi$、经度 $\lambda$ 处的地球引力势 $U$ 可用具有系数 $C_{nm}$ 和 $S_{nm}$ 的球谐函数表示为

$$U(r,\varphi,\lambda) = \frac{GM_\oplus}{r}\left[1 + \sum_{n=2}^{\infty}\sum_{m=0}^{n}\left(\frac{R_\oplus}{r}\right)^n \times P_{nm}(\sin\varphi)(C_{nm}\cos m\lambda + S_{nm}\sin m\lambda)\right] \tag{5.35}$$

式中:$GM_\oplus$ 为地球引力系数;$R_\oplus$ 为地球的赤道半径;$P_{nm}$ 为 $n$ 次 $m$ 阶连带勒让德函数。

在实际应用中,只需对地球扁率校正即可,此时地球引力势可以近似为

$$U = \frac{GM_\oplus}{r} + J_2 \frac{GM_\oplus}{r}\left(\frac{R_\oplus}{r}\right)^2 \frac{1}{2}(1 - 3\sin^2\varphi) \tag{5.36}$$

式中：$J_2 = -C_{2,0} \approx 1.08 \times 10^{-3}$ 为最主要的带谐项系数。

即使是静止在旋转地球表面上的时钟，也需要在 ECI 坐标系中考虑其速度 $v = \omega \times r$，其中 $\omega$ 是地球的角速度，$r$ 是时钟的位置。因此，当时钟记录的原时为 $\Delta\tau_p$ 时，经过的 TCG 时间为

$$\Delta t = \int_A^B \left(1 + \frac{1}{c^2}U + \frac{1}{2c^2}\|\omega \times r\|^2\right) = \int_A^B \left(1 + \frac{1}{c^2}W\right) d\tau_p \tag{5.37}$$

$$W = U + \frac{1}{2}\|\omega \times r\|^2 = U + \frac{1}{2}\omega^2 r^2 \cos^2\phi \tag{5.38}$$

式中：$W$ 为地球重力势。

大地水准面上的重力势 $W_0$ 是恒定的，可以在赤道上测得，其近似表达式为

$$W_0 \approx \frac{GM_\oplus}{R_\oplus}\left(1 + \frac{1}{2}J_2\right) + \frac{1}{2}\omega^2 R_\oplus^2 \tag{5.39}$$

目前 $W_0$ 的最优估计值为 $6.2636856 \times 10^7 \, \text{m}^2/\text{s}^2$。

根据式(5.37)，ECI 坐标系中的 TCG 对应大地水准面上静止时钟测量的原时 $\Delta\tau_{p0}$ 为

$$\Delta t \equiv \text{TCG} = \left(1 + \frac{W_0}{c^2}\right)\Delta\tau_{p0} \approx (1 + L_G)\Delta\tau_{p0} \tag{5.40}$$

式中：$L_G \equiv 6.969290134 \times 10^{-10}$。按照惯例，$L_G$ 的值是一个常数，代表 2000 年定义 $W_0/c^2$ 时的最优值(参见文献[5.96])。

TT 是通过调整 TCG 的比例系数 $1 - L_G$ 得到的。因此，有

$$\Delta t' \equiv \text{TT} = (1 - L_G)\text{TCG} \tag{5.41}$$

也可以表示为

$$\text{TT} = (1 - L_G)(1 + L_G)\Delta\tau_{p0} \approx \Delta\tau_{p0}$$

其量级可以达到 $10^{-18}$。

对于地球轨道卫星上的时钟，其轨道可一阶近似为开普勒轨道(未扰动)(第 3 章)。距离地球中心距离为 $r$ 的点的引力势可近似为 $U = GM_\oplus/r$，因此 TCG 的增量为

$$\Delta t = \int_A^B \left(1 + \frac{1}{c^2}\frac{GM_\oplus}{r} + \frac{1}{2c^2}v^2\right) d\tau_p \tag{5.42}$$

卫星速度 $v$ 随距离 $r$ 的变化由比能守恒确定，即

$$\varepsilon = \frac{1}{2}v^2 - U = \frac{1}{2}v^2 - \frac{GM_\oplus}{r} \tag{5.43}$$

对于半长轴为 $a$ 的轨道，有

$$\varepsilon = -\frac{GM_\oplus}{2a} \tag{5.44}$$

因此，在一阶近似下，坐标时增量可表示为

$$\Delta t = \int_A^B \left(1 - \frac{1}{c^2}\frac{GM_\oplus}{2a} + \frac{1}{c^2}\frac{2GM_\oplus}{r}\right) d\tau_p = \left(1 - \frac{1}{c^2}\frac{GM_\oplus}{2a}\right)\Delta\tau_p + \frac{2GM_\oplus}{c^2}\int_{t_0}^t \frac{1}{r} dt \tag{5.45}$$

在最后一个积分中，$d\tau_p$ 被 $dt$ 所代替，因为这个项是 $\frac{1}{c^2}$ 阶的相对论效应下的修正。

对于开普勒轨道，径向距离为

$$r = a(1 - e\cos E)$$

式中：$e$ 为轨道偏心距；$E$ 为偏近点角。偏近点角与平近点角的关系由开普勒方程确定，其表达式为

$$M \equiv n\Delta t = E - e\sin E$$

式中：

$$n \equiv \frac{2\pi}{T} = \sqrt{\frac{GM_\oplus}{a^3}}$$

$n$ 表示平均转动速度；$T$ 为轨道周期(第 3 章)。当时钟记录的原时为 $\Delta\tau_p$ 时，TCG 时间增量可近似为

$$\Delta t = \int_A^B \left(1 - \frac{1}{c^2}\frac{GM_\oplus}{2a} + \frac{1}{c^2}\frac{2GM_\oplus}{r}\right) d\tau_p = \left(1 - \frac{3}{2}\frac{1}{c^2}\frac{GM_\oplus}{a}\right)\Delta\tau_p + \frac{2}{c^2}\sqrt{GM_\oplus a} \cdot e\sin E$$

式中：第二项是针对轨道偏心率引起的距离和速度的额外变化进行周期性校正，表达式为

$$\Delta t_{ecc} = \frac{2}{c^2}\sqrt{GM_\oplus a} \cdot e\sin E = \frac{2}{c^2}(v \cdot r) \tag{5.46}$$

为了比较星载时钟的原时和大地水准面上时钟的原时，有必要将 TCG 转换为 TT。通过式(5.41)和式(5.42)，结果(TT)可表示为

$$\Delta t' = (1 - L_G)\Delta t = \int_A^B \left(1 + \frac{1}{c^2}(U - W_0) + \frac{1}{2}\frac{1}{c^2}v^2\right) d\tau_p$$

由于 $\Delta t' \approx \Delta\tau_{p0}$，因此大地水准面上静止时钟记录的原时与卫星上时钟记录的原时相对应，有

$$\Delta\tau_{p0} = \left(1 + \frac{3}{2}\frac{1}{c^2}\frac{GM_\oplus}{a} - \frac{1}{c^2}W_0\right)\Delta\tau_p + \frac{2}{c^2}\sqrt{GM_\oplus a} \cdot e\sin E \tag{5.47}$$

对于一般 GNSS 卫星，$\Delta\tau_{p0}$ 包括一个大小为 $10^{-10}$ 左右的率差，以及由偏心率引起的幅度在 10~100ns 左右的周期项。这两个项的作用及其对卫星导航系统的实际意义将在 5.4.5 节中进一步讨论。

在亚纳秒精度水平上，有必要考虑由地球引力势的带谐项、月球和太阳的潮汐效应以及太阳光压引起的轨道扰动。当然，主要的影响来自于卫星位置和速度的 $J_2$ 项摄动，根据文献[5.97]，对这些内容在式(5.47)的基础上加以考虑做了补充更正，即

$$\delta\Delta\tau_{p0} = \frac{7}{2}\frac{GM_\oplus R_\oplus^2}{a^3 c^2}J_2\left(1 - \frac{3}{2}\sin^2 i\right)\Delta\tau_p - \frac{3}{2}\frac{R_\oplus^2}{a^2 c^2}J_2\sqrt{GM_\oplus a}\sin^2 i\sin 2u \tag{5.48}$$

式中：$i$ 为卫星轨道倾角；$u$ 为升交点角距。除漂移校正之外，$J_2$ 还导致了约 0.1ns 振幅的带谐项，其每转两次为一周期。

为充分考虑引力势式(5.36)的 $J_2$ 摄动，需要对轨道进行数值积分，同时对式(5.42)进行数值积分。还应考虑月球和太阳的潮汐效应以及太阳光压。对于低轨卫星来说，带谐和田谐项系数都需要考虑，而此时偏心率校正式(5.46)已经不再准确。这种情况下，同样可对轨道进行积分，并对式(5.42)进行数值积分，包括地球引力势的高次带谐项。

2. 地心地固坐标系

旋转地心地固(ECEF)坐标系中的度规张量分量展开到 $1/c^2$ 项后的表达式为

$$-g_{00} = 1 - \frac{2U}{c^2} - \frac{\|\boldsymbol{\omega} \times \boldsymbol{r}\|^2}{c^2} = 1 - \frac{2W}{c^2}$$

$$g_{0j} = \frac{(\boldsymbol{\omega} \times \boldsymbol{r})_j}{c}, \quad g_{ij} = \delta_{ij} \tag{5.49}$$

使用 TT 坐标时，坐标时增量为

$$\Delta t' = \int_A^B \left(1 - \frac{1}{c^2}gh + \frac{1}{2}\frac{1}{c^2}(v')^2\right) \mathrm{d}\tau_p + \frac{1}{c^2}\int_A^B (\boldsymbol{\omega} \times \boldsymbol{r}) \cdot \boldsymbol{v}' \mathrm{d}\tau_p \tag{5.50}$$

式中：$h$ 为时钟高于大地水准面的高度；$g$ 为局部重力的加速度；$v'$ 为时钟相对于大地水准面的速度；$\boldsymbol{r}$ 和 $\boldsymbol{v}'$ 为时钟在 ECEF 中的位置和速度向量。假设 $h$ 很小。为提高精度，还应考虑 $g$ 随纬度和高程的变化。

式(5.50)的第二个积分是时钟的萨格纳克效应。这种影响可以表示为

$$\Delta t_{\text{Sagnac}} = \frac{1}{c^2}\int_A^B (\boldsymbol{\omega} \times \boldsymbol{r}) \cdot \boldsymbol{v}' \mathrm{d}\tau_p = \frac{1}{c^2}\int_A^B (\omega R_\oplus \cos\varphi)(v'\cos\theta)\mathrm{d}\tau_p$$

$$= \frac{\omega R_\oplus^2}{c^2}\int_A^B \cos^2\varphi \mathrm{d}\lambda = \frac{2\omega A}{c^2} \tag{5.51}$$

式中：$\varphi$ 为纬度；$\lambda$ 为经度；$v'\cos\theta$ 为速度的东向分量；$A$ 为位置向量相对于地心扫过的区域在赤道面上的投影(向东为正，向西为负)。

### 5.4.4 信号传播

本节讨论当发射机和接收机位置都以 ECI、ECEF 和质心坐标系表示时信号传播的坐标时间计算。

这些方程式适用于所有情况。特别是在设置那些受地面时钟控制的星载时钟时，必须使用这些参数。

1. ECI 坐标系中的传播

当在 ECI 坐标系中进行计算时，坐标传播时间(TCG)可看作几何部分和引力部分的总和。几何部分是

$$\Delta t \approx \frac{1}{c} \approx \int_{\text{path}} \sqrt{g_{ij}\mathrm{d}x^i\mathrm{d}x^j} = \frac{\rho}{c} \tag{5.52}$$

式中：$g_{ij} \approx \delta_{ij}$；$\rho$ 为信号路径的几何长度。

如果在坐标时 $t_T$ 发送信号,并在坐标时 $t_R$ 接收信号,则路径上传播的 TCG 为

$$\Delta t = \frac{\rho}{c} = \frac{1}{c}|r_R(t_R) - r_T(t_T)| \approx \frac{1}{c}|\Delta r + v_R(t_R - t_T)| \approx \frac{1}{c}|\Delta r| + \frac{1}{c^2}(r \cdot v_R) \quad (5.53)$$

式中:$r_T$ 为发射机的位置;$r_R$ 为接收机的位置;$v_R$ 为速度;$\Delta r \equiv r_R(t_T) - r_T(t_T)$ 为在信号发射时刻 $t_T$ 时接收机和发射器的位置差。由接收机速度变化引起的坐标时校正项为

$$\Delta t_{vel} \approx \frac{\Delta r \cdot v_R}{c^2} \quad (5.54)$$

需注意的是,$1/c^3$ 附加项可能等于几皮秒,具体取决于配置。

考虑到引力势对电磁信号的影响,有必要在度规张量的空间和时间分量部分都加入引力势。度规张量的分量为

$$\begin{cases} -g_{00} = 1 - \dfrac{2U}{c^2} \\ g_{0j} = 0 \\ g_{ij} = \left(1 + \dfrac{2U}{c^2}\right)\delta_{ij} \end{cases} \quad (5.55)$$

因此,TCG 时间增量为

$$\Delta t \approx \frac{1}{c}\int_{path}\sqrt{\frac{g_{ij}}{-g_{00}}dx^i dx^j} \approx \frac{1}{c}\left(1 + \frac{2U}{c^2}\right)\sqrt{\delta_{ij}dx^i dx^j} = \frac{\rho}{c} + \frac{1}{c^3}\int_{path}2Ud\rho \quad (5.56)$$

引力时间延迟为

$$\Delta t_{delay} = \frac{2GM_\oplus}{c^3}\ln\left(\frac{R + r + \rho}{R + r - \rho}\right) \quad (5.57)$$

式中:$R$ 和 $r$ 分别为地球中心到发射机和接收机的距离。

卫星和地球之间的距离引起的引力延迟通常为几十皮秒。总 TCG 是式(5.53)和式(5.57)之和。

信号传播坐标时(TT)为

$$\Delta t' = (1 - L_G)\Delta t = \frac{\rho}{c} - L_G\frac{\rho}{c} + \frac{2GM_\oplus}{c^3}\ln\left(\frac{R + r + \rho}{R + r - \rho}\right) \quad (5.58)$$

这是由大地水准面上的时钟测量的时间间隔。例如,从轨道半径为 42164km 的地球静止卫星发送信号到赤道上同一经度的时钟,信号的路径延迟为 -27ps。对于高度角为 40° 的 GPS 卫星,第二和第三项几乎抵消,因此路径延迟为 -3ps。

2. ECEF 坐标系中的传播

当信号在 ECEF 坐标系中传播时,TCG 的几何部分为

$$\Delta t = \frac{1}{c}\int_{path}\sqrt{g_{ij}dx^i dx^j} + \frac{1}{c}\int_{path}g_{0j}dx^i \quad (5.59)$$

度规张量分量为

$$\begin{cases} -g_{00} \approx 1 \\ g_{0j} = \dfrac{(\boldsymbol{\omega} \times \boldsymbol{r})_j}{c} \\ g_{ij} \approx \delta_{ij} \end{cases} \tag{5.60}$$

式中：$r$ 为信号路径上某个点的位置向量。坐标时（TT）为 $\Delta t' = (1 - L_G) \Delta t$。

式(5.59)的第一项是 $\rho'/c$，其中 $\rho'$ 是 ECEF 坐标系中的欧几里得路径长度。如果发射机位置为 $r_T$，接收机的位置和速度为 $r_R$ 和 $v'_R$，则有

$$\rho'/c = \frac{1}{c}|\boldsymbol{r}_R(t_R) - \boldsymbol{r}_T(t_T)| \approx \frac{1}{c}|\Delta \boldsymbol{r} + v'_R(t_R - t_T)| \approx \frac{1}{c}|\Delta \boldsymbol{r}| + \frac{1}{c^2}\Delta \boldsymbol{r} \cdot v'_R \tag{5.61}$$

$$\Delta \boldsymbol{r} \equiv \boldsymbol{r}_R(t_T) - \boldsymbol{r}_T(t_T)$$

式(5.59)的第二项是萨格纳克效应。因此，有

$$\begin{aligned} \Delta t_{\text{Sagnac}} &= \frac{1}{c^2}\int_A^B (\boldsymbol{\omega} \times \boldsymbol{r}) \cdot v' \mathrm{d}\tau_p = \frac{1}{c^2}\int_A^B (\boldsymbol{\omega} \times \boldsymbol{r}) \cdot \mathrm{d}\boldsymbol{r} = \frac{1}{c^2}\int_A^B \boldsymbol{\omega} \cdot (\boldsymbol{r} \times \mathrm{d}\boldsymbol{r}) \\ &= 2\frac{1}{c^2}\int_A^B \boldsymbol{\omega} \cdot \mathrm{d}A = \frac{2\omega A}{c^2} \end{aligned} \tag{5.62}$$

式中：$A$ 为旋转中心和信号路径端点扫过的区域在赤道面上的投影。此外，计算总传播时间还必须考虑引力延迟。

## 5.4.5 GNSS 卫星钟的相对论偏移

如前所述，GPS 及其他 GNSS 系统在工作中必须考虑相对论效应。其提供了一种在实际中利用卫星钟进行时间和位置测量的方法，并在广泛的测量领域中对算法的准确性和一致性进行了验证。

对于纳秒级精度的测量，必须考虑三种相对论效应。首先，时间膨胀的影响，移动时钟的速度使它看起来比地球上的时钟慢。GPS 卫星绕地球旋转，轨道周期为 11.967h，速度为 3.874km/s，因此 GPS 卫星钟的运行速度似乎慢了 $7\mu s/d$。其次，存在引力红移的影响。在 20184km 的高度上，引力势的差异使卫星钟看起来快了 $45\mu s/d$。另外，旋转大地水准面的旋转速度和引力势的影响也必须包括在内。与地球表面上的类似时钟相比，时间膨胀和引力红移效应会导致卫星时钟的运行速度快约 $38\mu s/d$，这对于精度为几纳秒的时钟来说是一个巨大的速率差。为了补偿这种长期效应，GPS 时钟在发射之前将其 10.23MHz 的标称频率偏移了 $-4.465\times10^{-10}$，使得它的运行速率与地面时钟近乎相同。因此，发射前卫星时钟的实际频率为 10.22999999543MHz。对于其他卫星导航系统，尽管卫星的轨道高度和速度以及每个星座的频率不同，也应当进行此操作。

虽然 GPS 轨道名义上是圆的，但实际总存在偏心率的影响使轨道略为椭圆。因此，速度和引力势在转动过程中略有变化，尽管长期速率偏移已得到补偿，但仍存在与偏心率成比例的微小残余偏差。例如，当轨道偏心率为 0.02 时，在轨道周期内，时钟时间存在振幅为 46ns 的相对论正弦变化。依惯例（参见文献[5.98]），在 IGS 和其他供应商生产的所有 GNSS 精密钟差产品中都消除了与偏心率有关的周期性相对论效应，从而获得了线性

变化的钟差结果。除了 GLONASS(参见文献[5.99])外,其他 GNSS 系统发送的广播钟差也进行了相同的操作(参见文献[5.100-5.104])。因此,用户接收机必须对这种校正进行计算。

第三个相对论效应与光速的普遍性有关。因此,信号传输期间接收机相对于惯性框架的位移必须被考虑在内。在旋转地球参照系中,这种性质被称为地球自转校正或萨格纳克效应。对于静止在旋转地球水准面上的 GPS 接收机,最大校正可达 133ns。

全球定位系统(GPS)已成为一个能够开展 1~10ns 级别物理研究的实验室。相对论在 GPS 时间和位置测量中的应用一致性和准确性已经在大量的实验中得到独立验证。

未来下一代 GNSS 系统需要对时钟进行建模和对轨道计算中的相对论效应进行更稳健的处理来达到更高的精度。亚纳秒级的设计需求必须包含目前系统中未建模的相对论效应。其中最重要的是地球扁率引起的引力势带谐项对红移的影响(参见文献[5.97])。这将引起约 0.5 ns/d 的长期漂移,并在半个轨道周期中,产生 0.04ns(对应于约 1cm)的周期性变化。虽然一部分影响被受温度影响的噪声或零偏变化所掩盖,但这种影响已经在新一代高精度的铷钟或氢钟中显现出来(参见文献[5.88])。对于皮秒级的设计,还需考虑太阳和月亮的潮汐势,而且地球引力也会影响光的传播速度。也就是说,引力势使传播速度与光速略有偏离。

## 5.5 国际时标

原子钟的发展及其在 GNSS 中的应用,为全球范围内提供了既精确又准确的时钟测量和比对基准。这项技术最早的应用之一是比较和生成全球时间标准。现今,GNSS 系统使用的原子时与全球授时系统的原子时联系在一起,为获得准确的时间就不得不考虑相对论效应。

原子时已经成为物理中时标的基础。尽管直到 1971 年原子时才正式作为国际时标,但早在 1955 年,诸多实验室就已经开始维护原子时了。在 1920 年巴黎天文台成立国际时间局(BIH)之前,时间尺度完全基于天文观测,并不能得到很好的国际认同。当时使用的时标单位是秒,同样是基于一天长度的天文观测。

随着铯原子标准在 20 世纪 50 年代出现,以及能通过远程导航(LORAN)等广播系统对这些标准进行准确比较,原子时(AT)也初现雏形。1967 年国际天文学联合会(IAU)、1969 年国际无线电科学联合会(URSI)、1970 年国际电信联盟(ITU)和国际无线电通信委员会(CCIR)先后建议成立国际原子时(TAI)。

第十四届度量衡大会(CGPM)于 1971 年批准设立 TAI 作为相对论坐标时标,其单位是旋转大地水准面上的国际单位制(SI)标准秒,国际单位制(SI)标准秒以铯 133 的超精细频率为基准(参见文献[5.105-5.106])。

## 5.5.1 国际原子时

国际原子时(TAI)的授时工作最初由 BIH 进行维护,在 1988 年移交至国际计量局(BIPM)(参见文献[5.24,5.107])。TAI 由特定的 ALGOS 算法生成,数据来自各授时中心和实验室向 BIPM 提供的原子钟数据(参见文献[5.108])。

TAI 是地心坐标系中的坐标时标,而 SI 秒是旋转大地水准面上的标度单位。TAI 作为坐标时标,由 1980 年"秒"定义咨询委员会(CCDS)确定。用于建立 TAI 的相对论术语及一些必备框架已在 5.4 节中介绍。

TAI 的准确性是维持 SI 秒精度并提供一个长期可靠参考基准的最主要因素(参见文献[5.109])。提升长期稳定度的代价是牺牲其短期性能,TAI 的计算使用了较长时期的数据。时钟比较数据每 10 天向 BIPM 发送一次,修正后的儒略日(MJD)以 9 结尾,在计算 TAI 时使用了 60 天的时钟数据。

选择一个 60 天的时间段,将有效积分时间设置在铯钟闪烁噪声本底和随机游动频率调制之间的过渡处。因此,较长时间的积分不会改善稳定度。60 天的周期足以消除时间链路(GNSS 和其他技术)噪声和时钟的调频白噪声。然后,每月 BIPM 发布的时间公报 Circular T 在仅基于 30 天数据的临时数据和基于 60 天数据的完整数据之间交替。

TAI(参见文献[5.110])的测定分三步进行:

(1)使用时钟比较数据和 ALGOS 算法计算(使用后处理、迭代计算)中间时标,称为自由原子尺度(EAL)。

(2)使用基本频率标准和最优滤波器的数据评估 EAL 标度单位的持续时间。

(3)如有必要,通过对 EAL 的标度区间进行校正,使其值尽可能接近 SI 秒,从而从 EAL 中产生 TAI。这种时标的校正方式也称为驾驭,但实际应用中并不经常采用。

在 $t$ 时刻,自由原子时标 EAL 是根据 $N$ 个时钟组的读数 $h_i(t)$ 来定义的,$H_i$ 由不同的计时中心得到,其表达式为

$$\text{EAL}(t) = \frac{\sum_{i=1}^{N} p_i [h_i(t) + h'_i(t)]}{\sum_{i=1}^{N} p_i} \tag{5.63}$$

式中:$p_i$ 为分配给时钟 $H_i$ 的统计权重;$h'_i(t)$ 为一种时间校正,在单个时钟的权重或时钟总数改变时,$h'_i(t)$ 能够确保时间和频率的连续性(参见文献[5.108,5.111])。

这个公式不能直接使用,因为基本的测量数据不是单个时钟的读数而是多对时钟之间的差值。这是由计时和时钟测量的本质决定的。在 $t$ 时刻,$H_i$ 和 $H_j$ 之间的慢变差 $\xi_{ij}(t)$ 记为 $\xi_{ij}(t) = h_i(t) - h_j(t)$。

EAL 的输出是 $N$ 个 $x_i(t)$,定义为 $x_i(t) = \text{EAL}(t) - h_i(t)$。其中 $x_i$ 是单个时钟和 EAL 定义的时间之差。然后,差值可表示为 $x_i(t) - x_j(t) = -\xi_{ij}(t)$,并且式(5.63)可以转换为

$$\sum_{i=1}^{N} p_i x_i(t) = \sum_{i=1}^{N} p_i h'_i(t) \tag{5.64}$$

在实际应用中,$N$ 个计时中心之间共有 $N-1$ 个不重复的时间链路,使用这些链路中

的时间差数据来求解最后两个表达式。

给不同时钟分配不同的权重有利于维持时标的长期稳定性。这种方法也能使商业频率标准相对于主时标频率标准的年度波动和频率漂移降至最低。ALGOS 算法虽然是基于全年的数据进行计算的,但在分配时钟权重时也考虑了 60 天的 EAL 数据。因此,可以在 EAL 的时间间隔内根据时钟的实际性能来评估时钟。也可以根据需要,调整出现异常的时钟的权重,必要时可将权重调整到 0。事实证明,这种策略在许多场合都很实用。

权重通常基于相对于 EAL 的平均变化率的方差 $\sigma_i^2(6,\tau)$ 来确定,并使用两个月的样本数据(参见文献[5.108])。之所以选择变化率的方差而不是 EAL 的方差,是因为这样能更大程度地降低发生频率漂移的时钟的权重。权重为

$$p_i = \frac{1000}{\sigma_i^2(6,\tau)} \quad (5.65)$$

如果在 60 天内没有明显的异常行为,则 $\sigma_i$ 以 ns/d 表示。在异常情况下将权重设置为 0。对 15%左右的时钟或 $\sigma_i(6,\tau) \leq 3.16\text{ns/d}$ 的时钟权重设置为最大权重 100。设置最大权重是为了确保时标偏重于所有时钟的最优估计,而不允许任何时钟占主导地位,保证每个时钟的贡献均低于 2%。

时间修正项为

$$h_i'(t) = a_i(t_0) + B_{ip}(t)(t-t_0) \quad (5.66)$$

式中:$t_0$ 为 60 天周期的起始时刻;$a_i(t_0)$ 为 $t_0$ 时刻时钟 $H_i$ 和 EAL 之间的时差;$B_{ip}(t)$ 为 $t_0 \sim t$ 期间 $H_i$ 和 EAL 之间的预测速率差。例如,时钟 $H_i$ 的速率定义为

$$\text{rate} = \frac{a_i(t_0-t) - a_i(t_0)}{t-t_0} \quad (5.67)$$

基于先验值的单步线性预测,可获得 $B_{ip}(t)$ 的预测值。实际上 60 天内时钟的主要噪声是随机游走噪声,对于随机游走噪声来说,下一周期的最优估计恰好就是当前周期的估计值。确定 EAL 的最佳估计值后,判断 EAL 的速率与基本标准速率之间的差值是否超限,以决定是否要对 TAI 进行转换。从 1984 年到 1989 年开始无须对时钟进行调整,因此在此期间 TAI 与 EAL 实际上只相差一个常值偏差。从那以后,需要增加一个 $5 \times 10^{-15}$ 量级的频率修正。

最后,这些计算结果将在 BIPM 发布的月度通告中给出,并分发给参与授时的授时中心。通告的临时性和最终性取决于它是在 60 天计算期内发布还是结束时发布的。

## 5.5.2 协调世界时

在 1972 年以前,最初的原子时是通过调整原子时的频率偏移并采用分段修正的方式使天文时间与地球自转保持同步的。与地球自转紧密耦合的原子时有助于天文导航,但这种调整方式很难在广播站之间进行协调,也很难提供统一准确的参考时间。对协调世界时(UTC)系统进行调整,使其近似于世界时(UT1)。UTC 是世界时(有时称为平太阳时)的一种形式,是以校正季节变化后的恒星运动为基准,以 SI 秒为基本单位的时间系

统。文献[5.112]讨论了这些时间尺度的历史和发展。

UTC 的当前定义是由国际无线电通信委员会(CCIR;现称为国际电信联盟无线电通信部门,ITUR)制定的[5.110],是 TAI 和基于地球自转的国际时间标准之间的折中解决方案。它是一个基于 TAI 速率的步进原子时标,TAI 速率通过增加或删除整数秒(称为闰秒)进行调整,以将时间保持在世界时(UT1)的 0.9s 内,UTC 用于协调由守时中心维持的参考时间。具体定义由 ITU-R 建议 TF.460.6(参见文献[5.110,5.113])维护。自 UTC 被建立以来,它已经广泛地应用于无线电和电信领域。

UTC 被具体定义为 TAI-UTC = $n$,$n$ 取整数秒,并且满足 | UT1-UTC | <0.9s。2014年,UTC 滞后于 TAI 35s。整数秒的差异通过使用闰秒(正数或负数)进行调整,以保持 UTC 与 UT1 的关系。对于与地球方向相关的误差,可通过附加 DUT1 方式进一步修正,其中 DUT1 可以用来调整 UTC 误差。DUT1 是偏差的预测值,UT1-UTC 以 0.1s 的整数倍表示。UT1 的用户可以将精度调整到<0.1s。插入闰秒的时刻取决于地球自转速率的变化。国际地球自转服务(IERS)机构监测地球自转速率以及其他地球定向参数,包括 DUT1 的预测值,决定是否需要调整 UTC,并建议 BIPM 何时插入或删除秒。

根据 GNSS 运行需求,广播和授时服务需要生成和传输实时或即时时间标准,而 UTC 本身是基于 TAI 的速率(后处理计量时间标度),故还需要一个实时时间标准。这个实时的时间标准也需要由产生 TAI 计时数据的时钟和振荡器产生。为提供实时时标,授时中心会生成 UTC 的实时表示,并命名为 UTC($k$),其中 $k$ 是授时中心标识。UTC 如果没有采用($k$)命名法,则会被识别为 BIPM 确定的最终国际值。图 5.32 显示了 GNSS 所用 UTC 值和授时中心维护的 UTC($k$)值。

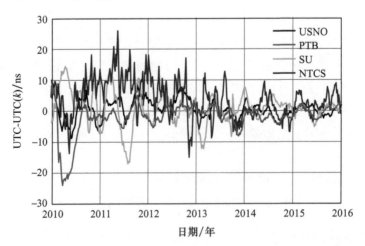

图 5.32 由相关 GNSS 授时中心维护的 UTC($k$)值[5.114]

这些标准出自 ITU-R 时标表示法中 TF.536 建议书(参见文献[5.115])。UTC 的数据形式是相对于实验室维护时间的偏差,其最终确定值需要延迟 2~4 周后才能获得,因此没有物理输出。其 TAI 和 UTC 的值由 BIPM 通过每月发布的 T 号通告进行传播。TAI 和 UTC 相对于天文台或实验室数据的偏移量以 TAI 或 UTC 减去 UTC($k$)的形式给出。

例如，UTC(USNO)是由美国海军天文台提供的对 UTC 的实时预测。

UTC 被公认为全球计时和电信应用的基础，是唯一实现并传播的时间标准。1978 年的 CCIR 和 1979 年的世界无线电管理会议（日内瓦）建议在所有国际电信活动中使用 UTC 来指定时间。国际电联无线电条例将 UTC 定义为基于国际标准秒的时标（具体见建议 ITU-R TF.460），并指出 UTC 可被视为格林尼治子午线平太阳时的一般等效值。UTC 作为 GNSS 和其他卫星的时间、频率基准，它在 GNSS 中的应用以及对其不连续性的管理将在以下章节中讨论。

## 5.6 GNSS 时标

为在 GNSS 中实现时间同步，必须在全球范围内为地面段提供稳定的公共时间基准，以便为地面运控系统和众多用户提供精确的观测值。现今 GNSS 系统中，一般通过各系统生成自己的实时内部时标来实现。传统的系统参考时间是通过建立特定的主时钟来提供的，该主时钟的信号作为所有系统测量的参考时间进行传输或分发。对于全球系统，这种主时钟方法实施困难。实际上，这与全球计时是同一个问题，区别仅在实时性方面。

解决这个问题的方法是根据系统内时钟的测量结果实时生成内部时标（实际上是一种虚拟系统的时标）。因此，系统时标不能通过系统内的实际时钟输出。这种虚拟时间参考在现实中是可能实现的，因为 GNSS 必须基于全球跟踪站网，实现实时跟踪和向集中站点提供数据。在这里实时意味着在收集观测数据的同时，系统中的数据是以增量的形式更新的。卫星星历和其他导航相关数据的计算，包括卫星和地面站网的时钟参数，可以根据时钟观测值的加权平均来确定。

这种方式能够产生系统内部时间基准，如 GPS 时(GPST)。该过程类似于国际时标的计算过程，即对系统内所有可用物理时钟进行加权平均。国际时标的数据形式是事后的时间中心偏移量，而 GNSS 系统作为定位和授时的基础，必须实时地确定系统内的时间。因此，所采用的技术是利用系统内部时钟的实时加权集成，仅利用系统用户接收器的时钟输出来确定时间基准。国际时标和内部时标之间的区别不仅在于实时条件，还在于系统时标必须处理不同特性的时钟。经典的时间尺度算法通常处理相同或相似的时钟。对于不同类型的时钟，其随机特性的组合更加复杂、计算更加困难。

生成内部系统时的另一种方法是将时间基准独立于系统。通过计算，系统的参数将把时间视为独立值。卫星和地面时钟可以独立于内部系统进行监测和维护，通过使用卫星双向时间频率传递(TWSTFT)等技术直接测量每个卫星或地面的时钟。这种双向技术通常用于通信卫星，以比较地面站点的时钟，也可用于 GNSS（参见文献[5.116]）。然而，这种将时钟独立考虑的做法将导致时标与其他系统参数（如卫星星历）之间失去相关性，因此采用这种方法的话，系统测量的精密度和精确度仍需提升。

因此，在内部时间基准内，被动收集的观测数据通过模型、环境测量值和其他观测效应补偿手段进行处理，以使时钟相互关联。然后，将钟差模型和时标算法应用于时钟差分,计算出各卫星相对于虚拟系统时标的钟差估计值。基于卫星时钟相对于系统时间(ST)的种差预测结果,在卫星发送的导航信息中集成含历元的钟差改正值,以便接收机软件确定钟差。

所有主流 GNSS,包括 GPS、Galileo、GLONASS 和北斗,都使用类似的方法。卫星发送的系统信息中还包括了其他改正信息,可以将 GNSS 时标和其他系统的时标以及授时中心维护的 UTC 时联系起来。需强调的是,GNSS 地面段上传导航信息的间隔主要由卫星钟的稳定度决定。卫星钟越稳定,需要上传钟差信息的频率就越低。例如,2015 年,GPS 平均每天上传一次星历和钟差。

表 5.2 总结了当前 4 个主流 GNSS 系统的系统时与 UTC 之间的关系、系统维护时间的策略。除 GLONASS 时以外,所有系统时都是连续的时标,不必像 UTC 那样使用闰秒。

现今,能够接收多种 GNSS 卫星信号的接收机越来越多。由于每个系统提供的钟差信息都是相对于其自身的系统时,因此采用多种 GNSS 系统进行导航的用户在估计各 GNSS ST 之间偏差时,需要额外的数据,或者使用导航消息中可能包含的系统时偏差数据。

对于 GPS 时(GPST),每颗 GPS 卫星都搭载了多个原子钟,但是用来生成卫星信号的原子钟只使用其中之一。卫星钟和监测站钟有助于维护连续的 GPST[5.117-5.118],该系统时和 UTC(USNO)相差 1μs 以内,其中 UTC 需要经闰秒修正而 GPS 时不需要。GPST 提供的时间基准精度通常大于 25ns。但是,根据实际使用的接收设备,精度可能优于 20ns 或更好。

GPST 的起始时刻是 UTC 时 1980 年 1 月 5 日至 6 日的午夜。因此,GPST 落后于 TAI 19s。截至 2016 年初,GPST 领先于 UTC 17s,其数值在每次对 UTC 进行闰秒修正时都会发生变化。GPST 是针对导航业务进行优化的,它要求短期稳定和全球分布均匀。对于需要 UTC 时间的用户,可从 GPS 广播星历中获取 GPS 时与 UTC 时偏差的实时预测值(在 USNO 中实现)[5.100]。

表 5.2 4 大 GNSS 系统的系统时与 UTC 之间的关系。每个偏移量被分成整数秒及其子秒分量 $C_i$。此外,$n$ = TAI−UTC 表示国际原子时和协调世界时之间的整数秒偏移量(例如,从 2015 年 7 月 1 日开始 $n$ = 36s)

| | | |
|---|---|---|
| UTC−GPST | 0h−$n$+19s+$C_0$ | GPS 时(GPST)转换成 UTC(USNO),要求 $C_0$ 小于 1s,但通常都小于 20ns |
| UTC−GLST | −3h+0s+$C_1$ | GLST(GLONASS 时)转换到 UTC 时间(SU)需要考虑闰秒,$C_1$ 必须小于 1ms。注意,GLST 与 UTC 的偏移为−3h,同莫斯科当地时间与格林尼治子午线时间的偏差相对应 |
| UTC−GST | 0h−$n$+19s+$C_2$ | 伽利略时(GST)转换为一组欧盟 UTC($k$)时,并且 $C_2$ 名义上小于 50ns |
| UTC−BDT | 0h−$n$+33s+$C_3$ | 北斗时(BDT)转换为 UTC(NTSC)时,并且 $C_3$ 须持续小于 100ns |

与 GPS 一样,伽利略也采用了不包含闰秒的统一系统时(GST)[5.101]。GST 的起始时间为 UTC 时 1999 年 8 月 22 日 00:00(1999 年 8 月 21 日至 22 日午夜)。GST 的初始历元设置为超前 UTC 13s,以便与 GPST 一致。中国北斗卫星导航系统时间(北斗时)的历元为 UTC

时2006年1月1日00:00,并通过UTC(NTSC)与UTC建立联系(参见文献[5.102])。

卫星导航系统的关键是精确统一时间系统,以便导航服务不因调整时钟而中断。俄罗斯GLONASS的情况并非如此,它的系统时间与UTC(SU)相差3h(参见文献[5.99])。

大地测量学界建立的国际GNSS服务(IGS,第33章)组织也确定了自己的观测时标,称作GNSS时(IGS Time),以保证在全球范围收集的测量数据具有一致性。它的定义与GPST类似(参见文献[5.119-5.120])。2011年实施的第二版IGST中使用的时钟模型为基本的四态模型[5.121],如图5.33所示。

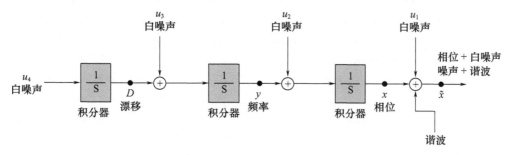

图5.33 IGS v2.0时钟模型

基本模型包含相位$x$、相位导数(频率)$y$和相位二阶导数(漂移)$D$,每个相位都有一个独立的随机游走分量。另外还包括一个附加的相位状态$\tilde{x}$来模拟相位白噪声并将其耦合到谐波状态中。根据5.3.6节中讨论的时钟特点,采用4个附加的状态参数($a_{w1},b_{w1},a_{w2}$和$b_{w2}$)来模拟卫星观测中可能出现的两种(每转一次和每转两次)谐波。

## 致谢

感谢美国海军研究实验室的同事约瑟夫·怀特博士和鲍勃·纳尔逊博士。尽管他们在原子频率标准和相对论等章节做出了很大贡献,但受出版限制他们不能作为本书作者。

# 参考文献

5.1　D. B. Sullivan, D. W. Allan, D. A. Howe, F. L. Walls: *Characterization of Clocks and Oscillators*, TN-1337 (US National Institute of Standards and Technology, Gaithersburg 1990)

5.2　D. A. Howe, D. W. Allan, J. A. Barnes: Properties of signal sources and measurement methods, Proc. 35th Annu. Symp. Freq. Contr., Ft. Monmouth (IEEE, Piscataway 1981) pp. 669-716

5.3　J. Rutman, F. L. Walls: Characterization of frequency stability in precision frequency sources, Proc. IEEE 79(7), 952-960(1991)

5.4　T. Walter: Characterizing frequency stability: A continuous power-law model with discrete sampling, IEEE Trans. Instrum. Meas. 43(1), 69-79(1994)

5.5　W. J. Riley: *Handbook of Frequency Stability Analysis*, NIST Special Publication, Vol. 1065 (US National Institute of Standards and Technology, Gaithersburg 2008)

5.6 J. A. Barnes, A. R. Chi, L. S. Cutler, D. J. Healey, D. B. Leeson, T. E. McGunigal, J. A. Mullen Jr., W. L. Smith, R. L. Sydnor, R. F. C. Vessot, G. M. R. Winkler: Characterization of frequency stability, IEEE Trans. Instrum. Meas. IM-**20**(2), 105-120(1971)

5.7 S. R. Stein: Frequency and time-Their measurement and characterization. In: *Precision Frequency Control*, Vol. 2, ed. by E. A. Gerber, A. Ballato (Academic Press, New York 1985) pp. 191-232

5.8 M. E. Frerking: Fifty years of progress in quartz crystal frequency standards, Proc. 50th IEEE Freq. Contr. Symp., Honolulu (1996) pp. 33-46

5.9 W. L. Smith: Quartz frequency standards and clocks -Frequency standards in general. In: *Precision Frequency Control*, Vol. 2, ed. by E. A. Gerber, A. Ballato (Academic Press, New York 1985) pp. 79-89

5.10 Hewlett-Packard: Fundamentals of Quartz Oscillators, Application Note 200-2 Electronic Counter Series (Hewlett-Packard Company, Palo Alto 1997)

5.11 C. S. Lam: A review of the recent development of MEMS and crystal oscillators and their impacts on the frequency control products industry, IEEE Ultrason. Symp., Beijing (IEEE, New Jersey 2008) pp. 694-704

5.12 J. Vanier, C. Audoin: Rubidium frequency standards. In: *The Quantum Physics of Atomic Frequency Standards*, Vol. 2, (Adam Hilger, Bristol 1989) pp. 1259-1350

5.13 S. Leschiutta: The definition of the 'atomic' second, Metrologia **42**, S10-S19(2005)

5.14 *The International System of Units (SI)*, 8th edn. (Bureau International des Poids et Mesures, Paris 2006)

5.15 J. Vanier, C. Audoin: Cesium beam frequency standard, Part 1: Basic principles, frequency stability. In: *The Quantum Physics of Atomic Frequency Standards*, Vol. 2, ed. by EDITOR (Adam Hilger, Bristol 1989) pp. 613-781

5.16 A. Bauch: Caesium atomic clocks: Function, performance and applications, Meas. Sci. Technol. **14**(8), 1159-1173(2003)

5.17 D. Kleppner, H. M. Goldenbergand, N. F. Ramsey: Theory of the hydrogen maser, Phys. Rev. **126**(2), 603-615(1962)

5.18 D. Kleppner, H. C. Berg, S. B. Crampton, N. F. Ramsey, R. F. C. Vessot, H. E. Peters, J. Vanier: Hydrogen-maser principles and techniques, Phys. Rev. **138**(4A), A972-A983(1965)

5.19 D. A. Howe, F. L. Walls, H. E. Bell, H. Hellwig: A small, passively operated hydrogen maser, Proc. 33rd Annu. Symp. Freq. Contr., Atlantic City(1979) pp. 554-562

5.20 H. T. M. Wang: An oscillating compact hydrogen maser, Proc. 34th Annu. Symp. Freq. Contr., Philadelphia(1980) pp. 364-369

5.21 W. M. Golding, R. Drullinger, A. De Marchi, W. Phillips: An atomic fountain frequency standard at NIST, Proc. 5th Symp. Freq. Stand. Metrol., Woods Hole, ed. by J. C. Bergquist (World Scientific, Singapore 1995) pp. 5-10

5.22 S. R. Jefferts, J. Shirley, T. E. Parker, T. P. Heavner, D. M. Meekhof, C. Nelson, F. Levi, G. Costanzo, A. De Marchi, R. Drullinger, L. Hollberg, W. D. Lee, F. L. Walls: Accuracy evaluation of NIST-F1, Metrologia **39**, 321-326(2002)

5.23 R. Wynands, S. Weyers: Atomic fountain clocks, Metrologia **42**, s64-s79(2005)

5.24 E. F. Arias: The metrology of time, Phil. Trans. R. Soc. A **363**, 2289-2305(2005)

5.25 H. J. Metcalf, P. van de Straten: *Laser Cooling and Trapping* (Springer, New York 1999) pp. 156-164

5.26 M. A. Lombardi, T. P. Heavner, S. R. Jefferts: NIST primary frequency standards and the realization of the second, NCSL Int. Meas. **2**(4), 74-89(2007)

5.27　S. L. Rolston, W. D. Phillips: Laser cooled neutral atom frequency standards, Proc. IEEE **79**(7), 943-951(1991)

5.28　L. Cacciapuoti, C. Salomon: Atomic clock ensemble in space, J. Phys. Conf. Ser. **327**(012049), 1-13 (2011)

5.29　J. Vanier, A. Godone, F. Levi, S. Micalizio: Atomic clocks based on coherent population trapping: Basic theoreticalmodels and frequency stability, Proc. IEEE FCS 17th EFTF 2003, Tampa(2003) pp. 2-15

5.30　R. Lutwak, A. Rushed, M. Varghese, G. Tepolt, J. Lablanc, M. Mescher, D. K. Serkland, G. M. Peake: The miniature atomic clock-Preproduction results, Proc. IEEE FCS 21st EFTF 2007, Geneva(2007) pp. 1327-1333

5.31　F.-C. Chan, M. Joerger, S. Khanafseh, B. Pervan, O. Jakubov: Reducing the jitters-How a chip-scale atomic clock can helpmitigate broadband interference, GPS World **5**(25), 44-51(2014)

5.32　V. Giordano, S. Grop, B. Dubois, P.-Y. Bourgeois, Y. Kersale, G. Haye, V. Dolgovskiy, N. Bucalovic, G. Di Domenico, S. Schilt, J. Chauvin, D. Valat, E. Rubiola: New generation of cryogenic sapphire microwave oscillators for space, metrology and scientific applications, Rev. Sci. Instrum. **83**(085113), 1-6(2012)

5.33　E. A. Burt, S. Taghavi-Larigani, J. D. Prestage, R. L. Tjoelker: Compensated multi-pole mercury trapped ion frequency standard and stability evaluation of systematic effects, Proc. 7th Symp. Freq. Stand. Metrol., Pacific Grove, ed. by L. Maleki (World Scientific, Singapore 2009) pp. 321-328

5.34　N. Poli, C. W. Oates, P. Gill, G. M. Tino: Optical atomic clocks, Riv. Nuovo Cimento **36**(12), 555-624 (2013)

5.35　A. G. Smart: Optical-lattice clock sets new standard for timekeeping, Phys. Today **63**(3), 12-14(2014)

5.36　J. Ye, H. Schnatz, L. Hollberg: Optical frequency combs: From frequency metrology to optical phase control, IEEE J. Quantum Electron. **9**(4), 1041-1058 (2003)

5.37　T. A. Stansell: The navy navigation satellite system: Description and status, Navigation **15**(3), 229-243 (1968)

5.38　B. W. Parkinson, T. A. Stansell, R. L. Beard, K. Gromov: A history of satellite navigation, Navigation **42**(1), 109-164(1995)

5.39　R. L. Beard, J. A. Murray, J. D. White: GPS clock technology and navy PTTI programs at the US Naval research laboratory, Proc. 18th Annu. PTTI Meet., Reston(1987) pp. 37-53

5.40　A. B. Bassevich, P. Bogdanov, A. G. Gevorkyan, A. Tyulyakov: Glonass onboard time/frequency standards: Ten years of operation, Proc. 28th Annu. PTTI Meet., Reston(1997) pp. 455-462

5.41　R. Fatkulin, V. Kossenko, S. Storozhev, V. Zvonar, V. Chebotarev: GLONASS space segment: Satellite constellation, GLONASS-M and GLONASS-K spacecraft, main features, ION GNSS 2012, Nashville(2012) pp. 3912-3930

5.42　P. Rochat, F. Droz, P. Mosset, G. Barmaverain, Q. Wang, D. Boving, L. Mattioni, M. Belloni, M. Gioia, U. Schmidt, T. Pike, F. Emma: The onboard galileo rubidium and passive maser, status and performance, Proc. IEEE FCS 2005, Vancouver (2005) pp. 26-32

5.43　J. Xie: Study to spaceborne rubidium atomic clocks characteristics and ground test requirements, Proc. CSNC 2014, Nanjing, Vol. III, ed. by J. Sun, W. Jiao, H. Wu, M. Lu(Springer, Berlin 2014) pp. 451-461

5.44　C. Li, T. Yang, L. Zhai, L. Ma: Development of newgeneration space-borne rubidium clock, Proc. CSNC 2013, Wuhan, Vol. III, ed. by J. Sun, W. Jiao, H. Wu, C. Shi(Springer, Berlin 2013) pp. 379-386

5.45　Y. Xie, P. Chen, S. Liu, T. Pei, Y. Shuai, C. Lin: Development of space mini passive hydrogen maser, Proc. CSNC 2015, Xi'an, Vol. III, ed. by J. Sun, J. Liu, S. Fan, X. Lu (Springer, Berlin 2015) pp. 343–349

5.46　N. D. Bhaskar, J. White, L. Mallette, T. McClelland, J. Hardy: A historical review of atomic frequency standards used in space systems, Proc. 50th IEEE FCS, Honolulu (1996) pp. 24–32

5.47　L. Mallette, J. White, P. Rochat: Space qualified frequency sources (clocks) for current and future GNSS applications, IEEE/ION PLANS 2010, Indian Wells (2010) pp. 903–908

5.48　J. White, R. Beard: Space clocks–Why they're different, Proc. 33rd PTTI Meet., Long Beach, ed. by L. A. Breakiron (USNO, Washington, DC 2001) pp. 7–18

5.49　S. Nichols, J. D. White, F. Danzy: *Design and Ground Test of the NTS1 Frequency Standard System*, Naval Research Laboratory Report 7904, (Naval Research Laboratory, Washington 1975)

5.50　C. O. Alley, R. Williams, G. Singh, J. Mullendore: Performance of the new Efratom optically pumped rubidium frequency standards and their possible application in space relativity experiments, Proc. 4th PTTI Plan. Meet., Greenbelt (1972) pp. 29–40

5.51　M. J. Van Melle: Cesium and rubidium frequency standards status and performance on the GPS program, Proc. 27th Annu. PTTI Meet., San Diego (1996) pp. 167–180

5.52　W. J. Riley: A rubidium clock for GPS, Proc. 13th Annu. PTTI Meet., Washington (1982) pp. 609–630

5.53　F. Vannicola, R. L. Beard, J. D. White, K. Senior, M. Largay, J. A. Buisson: GPS block IIF atomic frequency standard analysis, Proc. 42nd Annu. PTTI Meet., Reston (2011) pp. 181–196

5.54　R. T. Dupuis, T. J. Lynch, J. R. Vaccaro, E. T. Watts: Rubidium frequency standard for the GPS IIF program and modifications for the RAFSMOD program, Proc. ION GNSS 2010, Portland (2010) pp. 781–788

5.55　Y. G. Gouzhva, A. G. Gevorkyan, V. V. Korniyenko: Atomic frequency standards for satellite radio navigation systems, Proc. 45th IEEE FCS, Los Angeles (1991) pp. 591–593

5.56　F. Droz, P. Rochat, Q. Wang: Performance overview of space rubidium standards, Proc. 24th EFTF, Noordwijk (2010) pp. 1–6

5.57　P. Waller, F. Gonzalez, S. Binds, I. Sesia, I. Hidalgo, G. Tobias, P. Tavella: The in-orbit performance of GIOVE clocks, IEEE Trans. Ultrason. Ferroelectr. Freq. Contr. **57**(3), 738–745 (2010)

5.58　J. D. White, F. Danzy, S. Falvey, A. Frank, J. Marshall: NTS-2 cesium beam frequency standard for GPS, Proc. 8th Annu. PTTI Meet., Washington (1977) pp. 637–664

5.59　Symmetricom: *Datasheet* 4415 *Digital Cesium Frequency Standard* (Symmetricom, San Jose 2003)

5.60　S. Feairheller, J. Purvis, R. Clark: The Russian GLONASS system. In: *Understanding GPS–Principles and Applications*, ed. by E. D. Kaplan (Arctech House, Boston, London 1996) pp. 439–465

5.61　Y. G. Gouzhva, A. G. Gevorkyan, A. B. Bassevich, P. P. Bogdanov, A. Y. Tyulyakov: Comparative analysis of parameters of GLONASS spaceborne frequency standards when used onboard and on service life tests, Proc. 47th IEEE FCS, Salt Lake City (1993) pp. 65–70

5.62　A. Bassevich, B. Shebshaevich, A. Tyulyakov, V. Zholnerov: Onboard atomic clocks GLONASS: Current status and future plans, Proc. ION GNSS 2007, Sess. F6a, Fort Worth (2007) pp. 1–11

5.63　R. F. C. Vessot, M. W. Levine: A test of the equivalence principle using a space-borne clock, Gen. Relat. Gravit. **10**, 181–204 (1979)

5.64　R. L. Easton: The hydrogen maser program for NAVSTAR GPS, Proc. 8th Annu. PTTI Meet., Washington (1976) pp. 3–12

5.65 J. D. White, A. F. Frank, V. J. Folen: Passive maser development at NRL, Proc. 12th Annu. PTTI Meet., Greenbelt(1981) pp. 495-514

5.66 H. T. M. Wang: Subcompact hydrogen maser atomic clocks, Proc. IEEE **77**(7), 982-992(1989)

5.67 L. Mattioni, M. Belloni, P. Berthoud, I. Pavlenko, H. Scheda, Q. Wang, P. Rochat, F. Droz, P. Mosset, H. Ruedin: The development of a passive hydrogen maser clock for the galileo navigation system, Proc. 34th Annu. PTTI Meet., Reston(2003) pp. 161-170

5.68 P. Berthoud, I. Pavlenko, Q. Wang, H. Schweda: The engineering model of the space passive hydrogen maser for the European global navigation satellite system Galileo, Proc. IEEE FCS 17th EFTF 2003, Tampa (2003) pp. 90-94

5.69 Q. Wang, P. Mosset, F. Droz, P. Rochat, G. Busca: Verification and optimization of the physics parameters of the onboard Galileo passive hydrogen maser, Proc. 38th Annu. PTTI Meet., Reston(2007) pp. 81-94

5.70 A. Jornod, D. Goujon, D. Gritti, L. G. Bernier: The 35 kg space active hydrogen maser(SHM-35) for ACES, Proc. IEEE FCS 17th EFTF 2003, Tampa(2003) pp. 82-85

5.71 D. Goujon, P. Rochat, P. Mosset, D. Boving, A. Perri, J. Rochat, N. Ramanan, D. Simonet, X. Vernez, S. Froidevaux, G. Perruchoud: Development of the space active hydrogen maser for the ACES mission, Proc. 24th EFTF, Noordwijk(2010) pp. 1-6

5.72 J. D. Prestage, S. Chung, T. Le, M. Beach, L. Maleki, R. L. Tjoelker: One-liter Hg ion clock for space and ground applications, Proc. IEEE FCS 17th EFTF 2003, Tampa(2003) pp. 1089-1091

5.73 R. L. Tjoelker, J. D. Prestage, L. Maleki: The JPL Hg+ extended linear ion trap frequency standard: Status, stability, and accuracy prospects, Proc. 28th Annu. PTTI Meet., Reston(1997) pp. 245-254

5.74 T. Ely, J. Seubert, J. Bell: Advancing navigation timing, and science with the deep space atomic clock, SpaceOps 2014 Conf., Pasadena(AIAA, Reston 2014) pp. 1-19

5.75 F. J. Gonzalez Martinez: Performance of New GNSS Satellite Clocks, Ph. D. Thesis(Karlsruher Institut fur Technologie, Karlsruhe 2013)

5.76 A. Baker: GPS Block IIR time standard assembly architecture, Proc. 22rd Annu. PTTI Meet., Vienna (1991) pp. 317-324

5.77 H. Rawicz, M. Epstein, J. Rajan: The time keeping system for GPS block IIR, Proc. 24th Annu. PTTI Meet., McLean(1993) pp. 5-16

5.78 A. Wu: Performance evaluation of the GPS block IIR timekeeping system, Proc. 28th Annu. PTTI Meet., Reston, ed. by L. Breakiron(USNO, Washington 1997) pp. 441-453

5.79 F. J. M. Carrillo, A. A. Sanchez, L. B. Alonso: Hybrid synthesizers in space: Galileo's CMCU, Proc. 2nd Int. Conf. Recent Adv. Space Technol., Istanbul(2005) pp. 361-368

5.80 D. Felbach, D. Heimbuerger, P. Herre, P. Rastetter: Galileo payload 10.23 MHz master clock generation with a clock monitoring and control unit(CMCU), Proc. IEEE FCS 17th EFTF 2003, Tampa(2003) pp. 583-586

5.81 D. Felbach, F. Soualle, L. Stopfkuchen, A. Zenzinger: Clock monitoring and control units for navigation satellites, Proc. IEEE FCS 2010, Newport Beach(2010) pp. 474-479

5.82 K. Kovach: New user equivalent range error(UERE) budget for the modernized Navstar Global Positioning System(GPS), Proc. ION NTM 2000, Anaheim (ION, Virginia 2000) pp. 550-573

5.83 J. Oaks, M. Largay, J. Buisson, W. Reid: Comparative analysis of GPS clock performance using both code phase and carrier derived pseudorange observations, Proc. 36th Annu. PTTI Syst. Appl. Meet. , Washington(2004) pp. 431-440

5.84 J. Ray, K. Senior: Geodetic techniques for time and frequency comparisons using GPS phase and code measurements, Metrologia **42**, 215-232(2005)

5.85 Z. Deng: Reprocessing of GFZ Multi-GNSS product GBM, IGS Workshop 2016, Sydney(IGS, Pasadena 2016)

5.86 F. Gonzalez, P. Waller: GNSS clock performance analysis using one-way carrier phase and network methods, Proc. 39th Annu. PTTI Meet. , Long Beach (ION, Virginia 2007) pp. 403-414

5.87 J. Delporte, C. Boulanger, F. Mercier: Simple methods for the estimation of the short-term stability of GNSS on-board clocks, Proc. 42nd Annu. PTTI Appl. Plan. Meet. , Reston(ION, Virginia 2010) pp. 215-223

5.88 O. Montenbruck, P. Steigenberger, E. Schonemann, A. Hauschild, U. Hugentobler, R. Dach, M. Becker: Flight characterization of new generation GNSS satellite clocks, Navigation **59**(4), 291-302(2012)

5.89 A. Hauschild, O. Montenbruck, P. Steigenberger: Short-term analysis of GNSS clocks, GPS Solut. **17**(3), 295-307(2013)

5.90 E. Griggs, E. R. Kursinski, D. Akos: Short-term GNSS satellite clock stability, Radio Sci. **50**(8), 813-826 (2015)

5.91 E. Griggs, E. R. Kursinski, D. Akos: An investigation of GNSS atomic clock behavior at short time intervals, GPS Solut. **18**(3), 443-452(2014)

5.92 J. E. Gray, D. W. Allan: A method for estimating the frequency stability of an individual oscillator, Proc 8th Annu. Symp. Freq. Contr. , Fort Monmouth (Electronic Industries Association, Washington 1974) pp. 277-287

5.93 K. Senior, J. Ray, R. L. Beard: Characterization of periodic variations in the GPS satellite clocks, GPS Solut. **12**(3), 211-225(2008)

5.94 O. Montenbruck, U. Hugentobler, R. Dach, P. Steigenberger, A. Hauschild: Apparent clock variations of the block IIF-1(SVN-62) GPS satellite, GPS Solut. **16**(3), 303-313(2012)

5.95 O. Montenbruck, P. Steigenberger, U. Hugentobler: Enhanced solar radiation pressure modeling for Galileo satellites, J. Geod. **89**(3), 283-297(2015)

5.96 G. Petit, B. Luzum: *IERS Conventions* (2010), IERS Technical Note No. 36(Verlag des Bundesamts fur Kartographie und Geodasie, Frankfurt 2010)

5.97 J. Kouba: Improved relativistic transformations in GPS, GPS Solut. **8**(3), 170-180(2004)

5.98 J. Kouba: *A Guide to Using International GNSS Service (IGS) Products* (IGS, Pasadena 2015), http://kb.igs.org/

5.99 Russian Institute of Space Device Engineering: *Global Navigation Satellite System GLONASS-Interface Control Document*, Vol. 5.1 (Russian Institute of Space Device Engineering, Moscow 2008)

5.100 Global Positioning Systems Directorate: *Navstar GPS Space Segment/Navigation User Segment Interfaces, Interface Specification*, IS-GPS-200H, 24 Sep. 2013(Global Positioning Systems Directorate, Los Angeles Air Force Base, El Segundo 2013)

5.101 European GNSS(Galileo) Open Service Signal In Space Interface Control Document, OS SIS ICD, Iss. 1.1, Sep. 2010(EU 2010)

5.102 China Satellite Navigation Office: *BeiDou Navigation Satellite System Signal In Space Interface Control*

Document-Open Service Signal, v2.0, Dec. 2013 (China Satellite Navigation Office, Bejing 2013)

5.103 JAXA: Quasi-Zenith Satellite System Navigation Service Interface Specification for QZSS, IS-QZSS, V1.4, 28 Feb. 2012 (JAXA, Chofu 2012)

5.104 Indian Space Research Organization: *Indian Regional Navigation Satellite System-Signal In Space ICD for Standard Positioning Service*, version 1.0, June 2014 (Indian Space Research Organization, Bangalore, 2014)

5.105 H. M. Smith: International time and frequency coordination, Proc. IEEE **60**(5), 479–487 (1972)

5.106 H. M. Smith: International coordination and atomic time, Vistas Astron. **28**(1), 123–128 (1985)

5.107 T. J. Quinn: The BIPM and the accurate measurement of time, Proc. IEEE **79**(7), 894–905 (1991)

5.108 P. Tavella, C. Thomas: Comparative study of time scale algorithms, Metrologia **28**, 57–63 (1991)

5.109 C. Audoin, B. Guinot: *The Measurement of Time* (Cambridge Univ. Press, Cambridge 2001)

5.110 ITU: Time scales. In: *Handbook Satellite Time and Frequency Transfer and Dissemination* (ITU, Geneva 2010) pp. 78–91

5.111 B. Guinot: Some properties of algorithms for atomic time scales, Metrologia **24**(4), 195 (1987)

5.112 R. A. Nelson, D. D. McCarthy, S. Malys, J. Levine, B. Guinot, H. F. Fliegel, R. L. Beard, T. R. Bartholomew: The leap second: Its history and possible future, Metrologia **38**, 509–529 (2001)

5.113 ITU: *Standard-Frequency and Time-Signal Emissions*, ITU-R Recommendation TF.460-6 (ITU, Geneva 2002)

5.114 BIPM: Values of the differences between UTC and its local representations by individual time laboratories (Bureau International des Poids et Measure, Sevres 2016) ftp://ftp2.bipm.org/pub/tai/publication/utclab/

5.115 ITU: *Time-Scale Notation*, ITU-R Recommendation TF.536-2 (ITU, Geneva 2003)

5.116 C. Han, Z. Cai, Y. Lin, L. Liu, S. Xiao, L. Zhu, X. Wang: Time synchronization and performance of BeiDou satellite clocks in orbit, Int. J. Navig. Obs. **371450**, 1–5 (2013)

5.117 K. R. Brown: The theory of the GPS composite clock, Proc. ION GPS 1991, Albuquerque (1991) pp. 223–241

5.118 A. L. Satin, C. T. Leondes: Ensembling clocks of the Global Positioning System (GPS), IEEE Trans. Aerosp. Electron. Syst. **26**(1), 84–87 (1990)

5.119 K. Senior, P. Koppang, J. Ray: Developing an IGS time scale, IEEE Trans. Ultrason. Ferroelectr. Freq. Contr. **50**, 585–593 (2003)

5.120 J. Ray, K. Senior: IGS/BIPM pilot project: GPS carrier phase for time/frequency transfer and timescale formation, Metrologia **40**, S270–S288 (2003)

5.121 K. Senior: Report of the IGS working group on clock products, 19th Meet. Consult. Comm. Time Freq. Sevres (BIPM, Sevres 2012) pp. 219–236

# 第6章 大气信号传播

Thomas Hobiger，Norbert Jakowski

全球卫星导航系统（GNSS）以电磁波的方式向地表、近地表或星载的接收机发射信号。由于传播介质的折射率不为1，电磁波穿过电离层和中性大气层（对流层）时，会发生信号延迟、衰减和折射。本章主要研究了GNSS信号在对流层和电离层中传播的性质和受到的影响。首先，简要回顾了电磁波在折射介质中传播的基本原理，讨论了中性大气对电磁波的影响，提出了经验校正模型以及最新的大气延迟估计方法。然后，通过描述折射率指数和射线路径弯曲对电离层延迟一阶至三阶项的误差贡献，专门讨论了信号在电离层中传播时受到的影响。最后讨论了电离层不规则性引起的衍射和散射现象，并提出了针对不同类型应用的抑制方法。

## 6.1 电磁波传播

在自然科学史上很长时间内，人们认为光是电磁光谱的唯一组成部分。人类在古代就开始研究光，并持续到16、17世纪，直至开始讨论光的本质是波还是粒子。经过一个世纪发展，开始研究光以外的电磁波。1800年，威廉·赫歇尔（William Herschel）发现了红外光，不久约翰·里特（Johann Ritter）注意到一种后来被称作紫外线辐射的效应。1845年，法拉第基于磁场强度发现了光的极化现象。19世纪60年代，詹姆斯·麦克斯韦（James Maxwell）为电磁场开发了4个偏微分方程。麦克斯韦很快意识到，他提出的两个方程式可以预测磁场中波的存在和行为。此外，他注意到这种波的传播速度接近光速。麦克斯韦理论在随后两个世纪的开创性发展中站稳脚跟，他提出的方程式一直是表达电和磁基本原理的最简方法之一。根据这些数学公式，可以得出对电磁光谱内所有波长均有效的波传播特性。

### 6.1.1 麦克斯韦方程

麦克斯韦方程的经典形式[6.1]可以表示为

$$\nabla \times \boldsymbol{E} = -\frac{\partial \boldsymbol{B}}{\partial t} \tag{6.1}$$

$$\nabla \times \boldsymbol{H} = \boldsymbol{J} + \frac{\partial \boldsymbol{D}}{\partial t} \tag{6.2}$$

$$\nabla \cdot \boldsymbol{D} = \rho \tag{6.3}$$

$$\nabla \cdot \boldsymbol{B} = 0 \tag{6.4}$$

式中：$\boldsymbol{E}$ 和 $\boldsymbol{H}$ 分别为电场向量和磁场向量；$\boldsymbol{D}$ 和 $\boldsymbol{B}$ 分别为电通密度和磁通密度；$\boldsymbol{J}$ 为电流密度；$\rho$ 为体电荷密度。在三维笛卡儿坐标系 $\mathbb{R}^3$ 中定义 $\nabla$ 算子，该三维笛卡儿坐标系正交单位向量 $\{\boldsymbol{e}_x; \boldsymbol{e}_y; \boldsymbol{e}_z\}$ 为

$$\nabla = \boldsymbol{e}_x \frac{\partial}{\partial x} + \boldsymbol{e}_y \frac{\partial}{\partial y} + \boldsymbol{e}_z \frac{\partial}{\partial z} \tag{6.5}$$

此外，$\cdot$ 和 $\times$ 分别表示内部和外部向量积。经过计算，可得

$$D = \varepsilon E \tag{6.6}$$

$$B = \mu H \tag{6.7}$$

式(6.6)和式(6.7)可以理解电场和磁场是如何通过相互作用，以及电荷和电流而产生和改变的。介电常数 $\varepsilon$ 和磁导率 $\mu$ 与材料的电磁化率 $\chi$ 和磁化率 $\chi_m$ 有关，即

$$\varepsilon = \varepsilon_0 (1 + \chi) \tag{6.8}$$

$$\mu = \mu_0 (1 + \chi_m) \tag{6.9}$$

式中：$\varepsilon_0$ 和 $\mu_0$ 为真空中的值。求解经典的麦克斯韦方程非常复杂，并且在许多情况下会产生耦合偏导数方程的数值解。如果电磁介质具有某些性质并已知波传播特性，即可简化上述方程式并很容易推导出传播特性。以上方式尤其适用于对流层和电离层中电磁波的传播。

## 6.1.2 对流层中的电磁波传播

GNSS 卫星发射的电磁波首先进入电离层，然后进入中性大气，特别是对流层。电磁波信号在这两种介质中都存在延迟和折射，这将产生额外的传播路径延迟。为实现精确的定位和定时应用，必须对上述延迟进行校正。为找到电磁波在对流层中传播的解决方案(6.2节)，可以假定对流层是一种各向同性、非导电和中性的介质。因此，$J = 0$ 和 $\rho = 0$ 可以分别应用于式(6.2)和式(6.3)。推导电场和磁场的波动方程为[6.2]

$$\nabla^2 \boldsymbol{E} = \mu\varepsilon \frac{\partial^2 \boldsymbol{E}}{\partial t^2} = \frac{n^2}{c^2} \frac{\partial^2 \boldsymbol{E}}{\partial t^2} \tag{6.10}$$

$$\nabla^2 \boldsymbol{B} = \mu\varepsilon \frac{\partial^2 \boldsymbol{B}}{\partial t^2} = \frac{n^2}{c^2} \frac{\partial^2 \boldsymbol{B}}{\partial t^2} \tag{6.11}$$

$$c = \frac{1}{\sqrt{\varepsilon_0 \mu_0}} \tag{6.12}$$

$$n = \sqrt{\frac{\varepsilon \mu}{\varepsilon_0 \mu_0}} \tag{6.13}$$

式中：$c$ 为真空中的光速；$n$ 为折射率指数。已知电磁波传播路径任何给定位置处的折射率，即可得出电磁波的传播特性，特别是电磁波的延迟和衰减。在解释电磁波产生的这两种现象之前，需要明确折射率指数 $n$ 接近于 1。因此，大量参考文献引入了所谓的折射率，即

$$N = (n - 1) \times 10^6 \tag{6.14}$$

式(6.14)避免了使用差别很小的数字。因为折射率指数 $n$ 是复数,所以折射率 $N$ 由实部和虚部组成。$N$ 可以表示为[6.3]

$$N = N_0 + N'(f) + jN''(f) \tag{6.15}$$

式中:第二项和第三项反映了折射率的频率依赖性;$j = \sqrt{-1}$ 表示虚部。对于对流层传播的任何 GNSS 波段信号,$N$ 在一个波长上的变化都可以忽略不计。因此,可以分别处理 $N$ 的实部和虚部的传播效应。折射率的实部即 $N_0 + N'(f)$,导致电磁波被折射和延迟。因此,针对这种传播行为的良好模型估计后处理中的延迟可能性,对于高精度定位应用而言是至关重要的问题。对折射率实部进行建模[6.4],有

$$N = \sum_i \left( A_i(f)\rho_i + B_i(f)\frac{\rho_i}{T} \right) \tag{6.16}$$

式中:$\rho_i$ 为第 $i$ 个大气的密度;$T$ 为绝对温度;常数 $A_i$ 和 $B_i$ 通常由实验确定。如果已知大气气体成分和分布足够精确,则能够得出 $N$ 的经验模型。该模型可用于 GNSS 数据后处理中的对流层延迟估计。这种方法将在 6.2.2 节中介绍和讨论。

式(6.15)中的第三项即 $N''(f)$,属于复折射率的虚部,它是导致信号衰减的原因,也称为衰减或吸收。通常,$N''(f)$ 与所谓的吸收系数 $a(f)$ 关系为

$$a(f) = 1 \times 10^6 \frac{4\pi f N''(f)}{c} \tag{6.17}$$

基于该关系,可以计算从发射机 Tr 开始,沿路径 $S$ 在大气中传播并在接收机 Rcv 处信号的接收功率 $P$。这样,推导可得

$$P = P_0 \exp\Big( \underbrace{- \int_{\text{Tr}}^{\text{Rcv}} \alpha(f) ds}_{\kappa(S,f)} \Big) \tag{6.18}$$

式中:$P_0$ 为无损介质中的接收信号功率。尽管吸收不会直接影响相位和群时延测量,但会影响 GNSS 观测数据质量。低高度角卫星信号穿过大气路径更长,这会导致增加不透明度 $k(S,f)$,即式(6.18)中的积分,因此比天顶方向上观测到的信号衰减更强。

## 6.1.3 电离层中电磁波的传播

当 $J$ 不等于 0 时,为了求解电离层中电磁波的麦克斯韦方程,有必要提供有关介质物理特性的更多信息。通常等离子体像电离层一样是一种各向异性的双折射介质,需要使用张量表示法来表示电导率 $\tilde{\sigma}$ 和介电系数 $\tilde{\varepsilon}$。根据文献[6.5]的推导,可以定义:

(1)电子的等离子体频率

$$f_p^2 = \frac{e^2 n_e}{4\pi^2 m_e \varepsilon_0} \tag{6.19}$$

(2)电子陀螺(或同步加速器)频率

$$f_g = \frac{e}{2\pi m_e} \boldsymbol{B}_\oplus \tag{6.20}$$

(3) 电子的碰撞频率 $\nu$。

式(6.19)和式(6.20)中，$e$ 和 $m_e$ 分别为电子的电荷和质量；$n_e$ 为自由电子密度；$\boldsymbol{B}_\oplus$ 为地球磁场向量；$\varepsilon_0$ 为上一节中已经定义的真空介电常数。可进一步缩写为

$$X = \frac{f_p^2}{f^2}, Y = \frac{f_g}{f}, Z = \frac{\nu}{f} \tag{6.21}$$

或

$$\tilde{X} = \frac{X}{1+jZ}, \tilde{Y} = \frac{Y}{1+jZ} \tag{6.22}$$

它们产生电导率张量 $\tilde{\boldsymbol{\sigma}}$（在将 $z$ 轴假定为 $\boldsymbol{B}_\oplus$ 方向的直角坐标系中），即

$$\tilde{\boldsymbol{\sigma}} = 2\pi f \varepsilon_0 j \begin{pmatrix} \dfrac{\tilde{X}}{1-\tilde{Y}^2} & \dfrac{j\tilde{X}\tilde{Y}}{1-\tilde{Y}^2} & 0 \\ -\dfrac{j\tilde{X}\tilde{Y}}{1-\tilde{Y}^2} & \dfrac{\tilde{X}}{1-\tilde{Y}^2} & 0 \\ 0 & 0 & \tilde{X} \end{pmatrix} \tag{6.23}$$

此外，如果标度长度大于德拜长度，等离子体视为中性[6.6]，则加上欧姆定律可表示为

$$\boldsymbol{i} = \tilde{\boldsymbol{\sigma}} \boldsymbol{E} \tag{6.24}$$

式中：$i$ 为电流密度，是介电张量。这可以表示为

$$\tilde{\boldsymbol{\varepsilon}} = \begin{pmatrix} 1-\dfrac{\tilde{X}}{1-\tilde{Y}^2} & \dfrac{j\tilde{X}\tilde{Y}}{1-\tilde{Y}^2} & 0 \\ -\dfrac{j\tilde{X}\tilde{Y}}{1-\tilde{Y}^2} & 1-\dfrac{\tilde{X}}{1-\tilde{Y}^2} & 0 \\ 0 & 0 & 1-\tilde{X} \end{pmatrix} \tag{6.25}$$

将介电张量应用于麦克斯韦方程并进行数学转换，可得

$$\boldsymbol{n} \times (\boldsymbol{n} \times \boldsymbol{E}) = -\tilde{\boldsymbol{\varepsilon}} \boldsymbol{E} \tag{6.26}$$

其中折射率指数矢量 $\boldsymbol{n} = (c/f)\boldsymbol{k}$ 已指定使用波矢量 $\boldsymbol{k}$。阿普尔顿-哈特里方程为[6.6]

$$\boldsymbol{n}^2 = 1 - \frac{\tilde{X}(1-\tilde{X})}{1-\tilde{X}-\dfrac{\tilde{Y}_T^2}{2} \pm \sqrt{\dfrac{\tilde{Y}_T^4}{4} + \tilde{Y}_L^2(1-\tilde{X})^2}} \tag{6.27}$$

正如文献[6.6]所讨论的，式(6.27)是式(6.26)的解。在式(6.27)中，通过将 $\tilde{Y}$ 分解为两个分量引入了两个新的表达式。纵向分量 $\tilde{Y}_L = \tilde{Y}\cos\Theta$ 和横向分量 $\tilde{Y}_T = \tilde{Y}\sin\Theta$ 代表了传播方向与地球磁场的夹角。同样，折射率指数是一个复杂量，可以发现磁等离子体（如电离层）的以下特性：

(1) 色散。折射率取决于使用频率，可以看出群速度与相速度不同。

(2) 吸收。折射率是复数，虚部称为消光系数，描述能量吸收。这个过程是耗散的，因为电磁波能通过碰撞过程转化为热量。

(3) 双折射。折射率有两个不同的值，这表明可能有两条射线路径；每一条都具有不

同的相速度和群速度。

（4）各向异性。两个折射率中的每一个折射率都是相对于背景（均匀）磁场的恒定波相表面法向的独立函数。

对于任何在射频段工作的系统来说，最大的挑战就是确定信号的传播速度。如果这种电磁波通过真空传播，则传播距离就是真空中光速与发送者和接收者之间传播时间的乘积。当信号通过电离层这样的等离子体时，相位传播速度加快，群速度减慢。

## 6.2 对流层

虽然"大气"和"对流层"这两个词似乎可以互换使用，但有一个明确的定义（6.2.1节）表明在处理 GNSS 信号传播效应时，使用"对流层"更合适。一般来说，对流层是地球大气层的最低部分，大约有 80% 的大气层质量、99% 的水汽和气溶胶。由于这些成分及其分布对 GNSS 信号的传播非常重要，因此在大多数情况下，对流层一词被用来描述信号延迟、衰减和闪烁效应。另外，大约 25% 的对流层延迟是由位于对流层之上的气体特别是对流层顶和平流层中的气体造成的。

## 6.2.1 对流层特征

"对流层"一词起源于希腊语中的 tropos，可以译为"变化"。这反映了湍流混合在对流层的结构和行为中起着重要的作用。与日常天气有关的大多数现象都发生在对流层。一般来说，对流层从地球表面开始，最大可达海平面以上 20km。在世界上的大多数地区，对流层只达到大约 10km（如图 6.1 所示）。该区域的显著特征是，温度通常随着海拔高度增加而降低，以每公里 $-7K$ 至 $-5K$ 的恒定速率递减。在夜间或高纬度地区的冬季，高度 $0.5\sim2km$ 可能存在逆温层（对流层中温度的垂直递减率为恒定值之前）。对流层的顶部和平流层之间的边界称为对流层顶，它是一个高度在 $8\sim12km$，温度近似不变或变化较小的区域（如图 6.1 所示）。

世界气象组织给出的对流层顶定义为：气温递减率降至 2K/km 或以下的最低水平，前提是该水平与 2km 内所有较高水平之间的平均气温递减率不超过 2K/km。对流层顶的高度取决于纬度、季节以及白天和夜晚。在赤道附近，对流层顶高出海平面约 20km。冬季两极附近对流层顶高度低得多，只有约 7km。在平流层下部，温度变化率逐渐恢复到大约 $1\sim2K/km$ 的正温度递减率。这种平缓的非均匀增长在平流层的整个高度范围都存在，直到大约 50km 的高度。在平流层顶的高度，递减率再次逆转，温度将在 0℃ 左右。在平流层顶以上的区域称为中间层，其特征是负温度递减率，导致温度在 90km 高度下降到大约 $-90$℃，其中中间层顶标志着这个大气域的末端（如图 6.1 所示）。中间层的大气压相对较小（$0.02\sim1hPa$），并且其行为严格遵循大气压公式（6.2.3 节）。中间层引起的微小传播延迟可以忽略，如果需要也可以很好地建模。

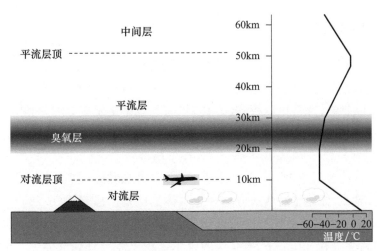

图 6.1 对流层是地球大气层的最底层,天气在此发生且大部分云层都可以找到。上层是平流层,其次是中层。根据 6.2.1 节中讨论的温度垂直递减率(见右侧曲线)对各层进行区分

如下一节所述,大气的干湿成分以不同方式影响 GNSS 信号的传播延迟。水汽压力的分布与干压力有很大的不同,干压力行为更为确定。此外,水汽仅限于对流层 10km 以下,其中大部分在 4km 以下。除干空气成分外,水汽的时空分布极具变化特性,这使得用经验或气候学模型解释与水汽成分有关的现象变得困难。如 6.2.4 节所述,GNSS 后处理允许通过估计权重和其他未知参数来测量综合水汽。

另一方面,在时间和空间尺度(小时和公里)上,干燥的大气成分变化很小。表 6.1 列出了最显著的干空气成分的摩尔质量和占总体积的百分比。因此,利用经验模型可以很好地模拟和补偿干空气成分的传播效应。除了干湿空气外,大气中还含有气溶胶(水滴、冰晶、盐粒和尘埃颗粒)。由于它们不影响 GNSS 信号的传播,这里不再进一步讨论这些成分。

表 6.1 美国标准模式对流层干燥空气的组成。$N_2$、$O_2$ 和 Ar 占总体积的 99.96%,其组成相当均匀和恒定。二氧化碳是唯一在地面上昼夜变化高达 2 倍的成分

| 成分 | 分子质量/(kg/kmol) | 占总体积的百分比 |
| --- | --- | --- |
| $N_2$ | 28.013 | 78.084 |
| $O_2$ | 32.000 | 20.946 |
| Ar | 39.948 | 0.934 |
| $CO_2$ | 44.010 | 0.033 |
| Ne | 20.183 | 0.0018 |
| He | 4.003 | 0.0005 |
| Kr | 83.8 | 0.0001 |
| $CH_4$ | 16.043 | 0.0002 |
| $H_2$ | 2.016 | 0.00005 |
| $N_2O$ | 44.013 | 0.00005 |

## 6.2.2 对流层折射

如前节所述,干燥大气成分的丰度非常均匀且恒定。大气的湿部,即水汽,是唯一具有显著偶极矩的成分,它会影响电磁波的传播。由于水汽的影响不超过毫米量级,在GNSS 测量中可以忽略,并且可以将式(6.16)重写为三个主要成分的总和[6.7],即

$$N(f) = k_1(f) \frac{p_d}{T} Z_d^{-1} + k_2(f) \frac{p_w}{T} Z_w^{-1} + k_3(f) \frac{p_w}{T^2} Z_w^{-1} \tag{6.28}$$

因此,干空气压力 $p_d$ 决定首项,湿空气压力 $p_w$ 决定第二和第三项。在此过程中,空气压缩系数干 $Z_d$ 和湿 $Z_w$ 描述了这些成分与理想气体的区别。尽管式(6.28)仍与频率有关,但由于忽略了液态水汽,其对较低微波频谱的电磁波传播的适用性受到限制。压缩因子 $Z_i$ 是在相同的温度 $T$ 和气压 $p$ 下,气体 $i$ 的摩尔体积 $V_{m,i}$ 与理想气体 $\hat{V}_{m,i}$ 的摩尔体积之比。这个关系可以表示为

$$Z_i = \frac{V_{m,i}}{\hat{V}_{m,i}} = \frac{pV_{m,i}}{RT} = \frac{pM_i}{\rho_i RT} \tag{6.29}$$

式中:$R$ 为通用气体常数;$M_i$ 为第 $i$ 组分的摩尔质量;$\rho_i$ 为相应的密度。采用经验值可以导出简化模型,它只取决于温度和气压。通过这种方法,可得[6.8]

$$Z_d^{-1} = 1 + p_d \left[ 57.97 \times 10^{-8} \left(1 + \frac{0.52}{T}\right) - 9.4611 \times 10^{-4} \frac{T_c}{T^2} \right] \tag{6.30}$$

$$Z_w^{-1} = 1 + 1650 \times \frac{p_w}{T^3}(1 - 0.0131 T_c + 1.75 \times 10^{-4} T_c^2 + 1.44 \times 10^{-6} T_c^3) \tag{6.31}$$

式中:温度 $T_c$ 的单位为摄氏度;绝对温度 $T$ 的单位为开尔文。如果系数 $k_i(f)$ 有足够精度,即可导出仅依赖温度、大气压和水汽含量的干湿折射率模型。

下面仅考虑频率范围低于 40GHz 的电磁波传播效应,包括 GNSS 在内的所有空间大地测量技术都在这个频率域内工作。如果没有明确的频率依赖性,一组由 $k_1$、$k_2$ 和 $k_3$ 组成的系数就足以将温度、大气压、水汽压和总折射率联系起来。因此,式(6.28)简化为

$$N = k_1 \frac{p_d}{T} Z_d^{-1} + k_2 \frac{p_w}{T} Z_w^{-1} + k_3 \frac{p_w}{T^2} Z_w^{-1} \tag{6.32}$$

为了确定系数 $k_i$ 的准确值,诸多实验室对此进行了测量和研究。文献[6.10]包含了这些历史测量值及其最佳平均值(基于文献[6.9]计算)。表 6.2 列出了应用于 GNSS 处理和湿延迟与水汽总量之间的转换值。

表 6.2 折射率系数及其不确定度建议值(参考文献[6.9])

| 系数 | 数值 | 单位 |
|---|---|---|
| $k_1$ | 77.6890±0.015 | K/hPa |
| $k_2$ | 71.2952±10 | K/hPa |
| $k_3$ | 375463±3000 | $K^2$/hPa |

式(6.32)中的第一项被称为干折射率,而第二项和第三项被称为湿折射率。在大多数文献中,考虑到式(6.29),式(6.32)表示为

$$N = \underbrace{k_1 \frac{R}{M_d}\rho}_{N_h} + \underbrace{k_2' \frac{p_w}{T}Z_w^{-1} + k_3 \frac{p_w}{T^2}Z_w^{-1}}_{N_w} \quad (6.33)$$

$$k_2' = k_2 - k_1 \frac{M_w}{M_d} \quad (6.34)$$

这里 $N_h$ 称为干折射率,式(6.33)后两项之和称为非流体静力折射率或湿折射率。引入干空气的平均摩尔质量 $M_d$ 和湿空气的平均摩尔质量 $M_w$,可以使用系数 $k_2'$ 更好地表示式(6.33)。这种折射率表示方法的优点是,干折射率仅取决于空气总密度,而空气总密度很容易地从地表气压测量值中推断出来(6.2.3节)。另一方面,非流体静力(或湿)部分与温度和水汽压相关,可以利用 GNSS 手段通过水汽随高度变化而改变的规律来确定,如第38章所述。

虽然在理论上存在折射率的微小频率依赖性,但是仿真实验表明,这种对流层延迟的影响对于所有高度角都小于0.2mm。因此,对流层可以被视为非色散介质,即 $dN/df=0$。这一特性简化了对流层传播模型的推导,对流层延迟效应对于群延迟和相位延迟观测是相同的。这也意味着对流层延迟不能像电离层延迟一样通过双频或多频测量来消除(6.3.5节)。在参数估计过程中,有必要通过一个复杂函数模型来估计对流层延迟。由此可见,了解折射率 $N$、折射率指数 $n$ 与对流层信号延迟之间的关系是非常重要的。根据费马原理,电磁波传播的路径是发射器 $T$ 和接收机 $R$ 之间总延迟最小的路径。传播时间和光速(在真空中)之间的比率称为电路径长度 $L$,可以表示为

$$L = \int_R^T n(s) \, ds \quad (6.35)$$

式中:$ds$ 为沿真实射线路径的无穷小距离。在真空传输情况下,折射率指数等于1,连接 $T$ 和 $R$ 的直线成为射线路径。直线长度 $\overline{TR}$ 称为几何距离 $G$。在对流层中,$n>1$ 导致电磁波传播比在真空中慢,根据费马原理,连续折射导致射线路径弯曲。因此,可以确定对流层延迟 $\Delta L$ 为

$$\Delta L = \int_R^T n(s) \, ds - G \quad (6.36)$$

回顾折射率的定义式(6.14),这个方程可以重新表述为

$$\Delta L = 10^{-6} \int_R^T N(s) \, ds + S - G \quad (6.37)$$

式中:$S = \int_R^T ds$ 为真实(弯曲)传播路径的几何长度。加上式(6.33),可以写为

$$\Delta L = 10^{-6} \left( \int_R^T N_h(s) \, ds + \int_R^T N_w(s) \, ds \right) + \underbrace{S - G}_{\Delta g} \quad (6.38)$$

这表明对流层总延迟可以描述为三种延迟的总和。第一部分称为静力延迟

$$\Delta L_h = 10^{-6} \int_R^T N_h(s) \mathrm{d}s \tag{6.39}$$

第二部分称为湿延迟

$$\Delta L_w = 10^{-6} \int_R^T N_w(s) \mathrm{d}s \tag{6.40}$$

除 $\Delta L_h$ 和 $\Delta L_w$ 会使电磁波在大气中的传播速度减慢外,最后一个因素 $\Delta g$ 来自弯曲效应。弯曲效应导致信号传播的路径比直线连接 $T$ 和 $R$ 的路径长。出于实际考虑,在处理投影函数时(6.2.3 节),$\Delta g$ 包含在干分量部分。

由于 GNSS 观测是在任意方位角和高度角上进行的,因此需要知道这些观测方向上静力延迟和湿延迟的影响,以便能够消除对流层延迟,避免使观测产生偏差。如 6.2.4 节所述,当假定天顶对流层延迟与在任意高度和方位角上观测到的延迟之间存在关系时,可以估算出对流层参数。因此,引入天顶静力延迟(ZHD)是有意义的,有

$$\mathrm{ZHD} = 10^{-6} \int_{h_0}^{h_\infty} N_h(z) \mathrm{d}z \tag{6.41}$$

天顶湿延迟(ZWD)为

$$\mathrm{ZWD} = 10^{-6} \int_{h_0}^{h_\infty} N_w(z) \mathrm{d}z \tag{6.42}$$

在这种情况下需要从高度 $h_0$ 到大气高度 $h_\infty$ 进行垂直积分。如下节所示,由于大气的强垂直排列,天顶延迟经验模型很容易建立。

## 6.2.3 对流层的经验模型

根据式(6.33),静力延迟仅取决于空气的总密度。根据流体静力平衡的思想,静止流体所受的合力为零,因此,给定方向上的合力必须与相反方向上的合力相等。这种流体静力平衡可以用一维(垂直)形式表示为

$$\frac{\partial p}{\partial z} + \rho(z)g(z) = 0 \tag{6.43}$$

式中:$g(z)$ 为给定高度 $z$ 处的总重力加速度。垂直积分提供了给定高度 $h_0$ 处的大气压 $p_0$,即

$$p_0 = \int_{h_0}^{\infty} \rho(z)g(z)\mathrm{d}z = g_{\mathrm{eff}} \int_{h_0}^{\infty} \rho(z)\mathrm{d}z \tag{6.44}$$

$$g_{\mathrm{eff}} = \frac{\int_{h_0}^{\infty} \rho(z)g(z)\mathrm{d}z}{\int_{h_0}^{\infty} \rho(z)\mathrm{d}z} \tag{6.45}$$

式中:$g_{\mathrm{eff}}$ 为重力加速度,它代表了大气的密度变化 $\rho(z)$。由于重力随高度单调递减,可

以将 $g_{eff}$ 解释为大气柱质心高度 $h_c$ 处的重力加速度，即

$$h_c = \frac{\int_{h_0}^{\infty} \rho(z) z \mathrm{d}z}{\int_{h_0}^{\infty} \rho(z) \mathrm{d}z} \tag{6.46}$$

可近似为[6.11]

$$h_c = 0.9 h_0 + 7300 \mathrm{m} \tag{6.47}$$

该公式适用于所有纬度和季节，不确定度约为±400m。因此，可以计算 $h_c$ 并使用该值导出任何给定位置的有效重力加速度 $g_{eff}$。

1. 大气压和温度信息

几乎所有 GNSS 数据分析的经验对流层延迟模型都要求用户在观测点输入大气压值。因此，除非在现场安装大气压传感器，否则用户将面临如何获取准确大气压信息的问题，这些信息可用于静力延迟和湿延迟模型的计算。导出简单的经验模型[6.12]，即

$$p = 1013.25 \mathrm{hPa}(1 - 2.25 \times 10^{-5} \mathrm{m}^{-1} h)^{5.225} \tag{6.48}$$

它为给定的正高 $h$[6.13] 提供了大气压值。霍普菲尔德提出了另一个更复杂的模型[6.14]，用于计算给定高度 $h$ 的经验大气压值。该方法考虑了温度衰减率 $\alpha = 4.5 \mathrm{K/m}$，表示为

$$p = 1013.25 \mathrm{hPa} \left( \frac{T_k - \alpha h}{T_k} \right)^{\frac{g}{R_d \alpha}} \tag{6.49}$$

式中：$T_k = 293.16\mathrm{K}$，即20℃，假定为海平面温度，平均重力加速度 $g = 9.7867 \mathrm{ms}^{-2}$，干空气常数 $R_d = 0.287 \mathrm{kJ/K/kg}$，结合以上给定值，用户就能够在没有现场测量的情况下获得大气压值。但在毫米级精度的 GNSS 观测中，这种模型不足以进行后处理。用户要么从数值天气模型(NWM)中提取准确大气压值，要么依赖更复杂的经验模型来计算这些值。对于后一种选择，近几年提出了多种模型，这些模型能够提供准确的大气压信息，而不会偏移或降低 GNSS 结果。UNB3m[6.15]、GPT[6.16] 和 GPT2[6.17] 是三个最著名的模型。国际地球自转服务(IERS)现行公约[6.18]也建议采用后者。

UNB3m 是第一个经验模型，在 GNSS 监测站没有气象传感器的情况下，可以用来获得气象参数的良好估值。该模型不仅提供了气压、温度和相对湿度，而且还给出了可能对 GNSS 处理有用的其他气象信息。由于 UNB3m 主要来源于美国标准大气数据[6.19]，该模型除了周年信号外并不反映时间变化。GPT 克服了这一缺陷，GPT 以 9 阶球谐系数的形式表示气象量。虽然时间变化仍然局限于一个年度，但 GPT 的主要优势在于拟合系数的数据源。与 UNB3m 不同的是，GPT 使用数值天气模型数据来确定经验模型系数。因此，在 IERS 公约中已建议使用 GPT 处理空间大地数据[6.18]，然后再用 GPT2 进行处理。与 GPT 一样，GPT2 也是基于数值天气模型数据导出的。球谐函数被包含半年项的网格化系数代替，并且使用更复杂的上下延拓算法来获得用户站温度和大气压。模型大气压值与三种不同大气压模型预测值进行了比较，如图 6.2 所示。

2. 萨斯塔莫宁静力延迟模型

由于静力延迟仅取决于大气压，因此可以很容易地导出这部分大气延迟的精确模型。

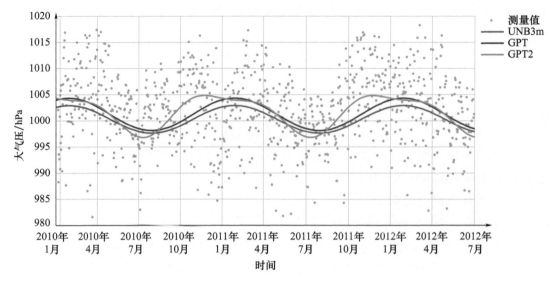

图 6.2 日本东京小金井当地时间 12 时(UT 3 时)的日大气压值(点)与 UNB3m(蓝色)、GPT(红色)和 GPT2(绿色)模型的大气压预测值(见彩图)

考虑式(6.44)并替换式(6.33)中总空气密度的垂直积分,有

$$\text{ZHD} = 10^{-6} k_1 \frac{R p_0}{M_d g_{\text{eff}}} \quad (6.50)$$

其中,天顶静力延迟与地面大气压 $p_0$ 直接相关,且需要精确的 $g_{\text{eff}}$ 经验模型,如式(6.45)所定义。如何根据标准重力模型计算该值,建议使用[6.11,6.20]

$$g_{\text{eff}} = 9.7840 \text{m/s}^2 \kappa(\varphi, h_0) \quad (6.51)$$

$$\kappa(\varphi, h_0) = 1 - 0.00266\cos(2\varphi) - 0.28 \times 10^{-6} \text{m}^{-1} h_0 \quad (6.52)$$

式中:$\varphi$ 为测站的纬度;$h_0$ 为接收机的大地高[6.44]。

3. 湿延迟模型

与静力延迟不同,利用地基传感器数据预测湿延迟的精度较差。由于水汽的高时空变异性,只能在指定地点导出一个预测 ZWD 能力有限的模型,即

$$\text{ZWD} = 10^{-6} \left( \int_{z_0}^{z_\infty} \left( k_2' \frac{p_w}{T} Z_w^{-1} \right) dz + \int_{z_0}^{z_\infty} \left( k_3 \frac{p_w}{T^2} Z_w^{-1} \right) dz \right) \quad (6.53)$$

式(6.53)中的第二项约是第一项的 60 倍[6.10]。针对空间大地测量应用,提出了各种 ZWD 模型。例如,萨斯塔莫宁遵循理想气体定律[6.11]提出了简化公式,即

$$\text{ZWD} = 0.0022768 \times (1255 + 0.05 T_s) \frac{p_{ws}}{T_s} \quad (6.54)$$

上式为利用现场测量温度 $T_s$ 和水汽压 $p_{ws}$ 计算湿延迟提供了合理的方法。霍普菲尔德采用了另一种方法得出了基本关系[6.14],即

$$\text{ZWD} = \frac{10^{-6}}{5} N_w(h_s) h_w \quad (6.55)$$

式中:$N_w(h_s)h_w$是站点(高度$h_s$)处的湿空气折射率,$h_w = 11000$ m是可以找到水汽的对流层顶的指定高度。除了以上模型外,文献[6.21]的建议给出了更为简单的线性关系,即

$$\text{ZWD} \approx 0.217 \frac{p_w}{T} \tag{6.56}$$

上式可以作为先验ZWD的一个良好近似。如在文献[6.10]中所讨论的,可以从该模型导出基于地面大气数据的近似式,即

$$\text{ZWD} \approx 748 \frac{p_{ws}}{T_s^2} \tag{6.57}$$

对于在ZWD上精度要求更低的应用,可以使用经验法则估算(地表水汽压力$p_{ws}$的单位为hPa时)有

$$\text{ZWD} \approx \frac{p_{ws}}{100} \tag{6.58}$$

所有湿延迟的经验模型式(6.91)~式(6.96)的共同点是,它们仅取决于地表或站点相关数据。这些模型给出了标准气象条件下ZWD的合理估计值。对于偏离这种假设的天气情况,则无法以厘米级精度预测ZWD。由于这种模型的精度较低,通常跟踪足够数量的卫星来对ZWD进行估计,以便将这种延迟因素从站点坐标和时钟参数中分离。对于目标精度较低的应用,湿延迟因素可以被忽略或由上面所列出模型进行估计。

## 6.2.4 对流层延迟估计

前一节讨论的对流层经验模型只定义了天顶方向模型。为将天顶对流层延迟和给定高度角下的实际延迟联系起来,还需要有一个很好的数学模型。此外,如果应用对流层延迟经验值不能满足GNSS应用的精度要求,则需要将这些额外延迟与其他未知参数一起估计。引入投影函数的概念可以处理这两个问题,本节将对此进行讨论。

1. 参数分离

GNSS观测,即伪距和载波相位测量,也以相同方式受到对流层延迟的影响。除了电离层延迟可以通过双频测量抵消(一阶)(6.3.5节)之外,通过中性大气(对流层)的传播不会对GNSS测量造成分散性延迟。尽管在前面部分已经讨论了对流层延迟建模的各种方法,所有这些模型在天顶方向都是可用的。如果仅通过此类模型来校正对流层过大的延迟,就需要有一个数学方法,将天顶方向的延迟$\tau(E = 90°)$与给定高度角观测到的延迟$\tau(E)$联系起来。定义投影函数(6.2.4节),即

$$M(E) \approx \frac{\tau(E)}{\tau(E = 90°)} \tag{6.59}$$

用式(6.59)以足够精度近似估算右侧分数,即可在任意高度角上对GNSS观测值应用先验天顶对流层改正。由于这些模型特别是湿对流层延迟模型的精度有限,利用GNSS实现高精度应用时需要选择另一种方法来消除对流层延迟。可以利用投影函数方法来估计对流层的残余延迟,而不是仅用先验模型来校正对流层延迟。假设提供静力延迟$M_h(E)$

和湿延迟 $M_w(E)$ 的投影函数,则可以应用以下两步处理策略:

(1) 由于利用模型计算的静力天顶对流层延迟精度较高,因此可以使用如 Saastamoinen 模型(6.2.3节)来推导给定 GNSS 站点处的 ZHD。通过适当的投影函数 $M_h(E)$ 可以将该信息转换为任意高度角的对流层倾斜延迟。在参数平差过程中,这类延迟可分别在后处理中进行校正。由于干延迟是对流层延迟误差的主要因素,该方法可以解得超过 85% 的对流层总延迟。

(2) 需要在参数平差过程中估算残余对流层延迟,主要与湿延迟有关。通常是将 ZWD 的时变量作为附加参数与其他未知参数联合估计实现。将湿对流层延迟与其他参数分离主要利用投影函数的方法。该方法为每个观测量引入了一个与高度相关的比例系数,即 $M_w(E)$。

投影函数 $M(E)$ 的一阶项约等于 $1/\sin E$,为最小二乘扩展卡尔曼滤波或其他方法提供唯一的偏导数。图 6.3 讨论了测站位置、时钟和对流层等参数。由于这些参数与高度角相关性不同,因此可以通过解算将其分离。在估计对流层参数和其他未知数时,应确保不同高度角有足够数量的观测值,以便正确分离不同的物理信号。

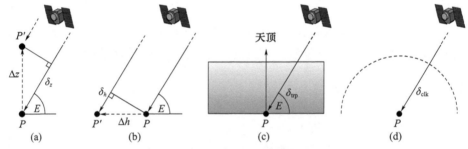

图 6.3 不同目标参数的高程依赖关系

(a) 垂直分量 $\Delta z$ 的变化导致额外的延迟路径,可以表示为 $\delta_z(E) = \Delta z \sin E$;(b) 水平分量 $\Delta h$ 的变化导致延迟 $\delta_h(E) = \Delta h \cos \varepsilon$(注意:这里的二维情况是水平位移朝向卫星,对于三维(3-D)情况需要为两个分量添加方位角);(c) 对流层延迟取决于投影函数,其一阶可以近似为 $\delta_{trp}(E) \sim \delta_{trp}(E=90°) 1/\sin E$;(d) 时钟偏移通常是各向同性的,即与高度角无关。

**2. 投影函数**

任何投影函数的最简形式都可以通过对平面地球以及水平分层大气(其中层内折射率没有变化)的粗略假设来获得。忽略弯曲效应,路径延迟将与每层中的传播路径长度成正比,投影函数将与余割函数相等,即

$$M(E) = \csc E = \frac{1}{\sin E} \tag{6.60}$$

这一简单近似的效果相当好,高度角为 20° 时误差约为 1%(对应于海平面位置的总延迟天顶分量,大约为 2cm)。如果用低高度角的观测值来改善定位结果,简单的投影函数将不再适用于高精度的需求。用球形地面模型代替平面模型可以改进余割投影函数的不足。为了对干分量和湿分量分别进行更好的处理,文献[6.22]推导出了仅取决于高度角的表达式,即

$$M_h(E) = \cfrac{1}{\sin E + \left(\cfrac{0.00143}{\tan E + 0.0445}\right)} \tag{6.61}$$

$$M_w(E) = \cfrac{1}{\sin E + \left(\cfrac{0.00035}{\tan E + 0.017}\right)} \tag{6.62}$$

建议高度角低于 15°时使用这些投影函数。文献[6.22-6.24]还提出了其他具有类似精度的模型。通过使用大气压、温度和湿度分布模型可以对其进一步改进。文献[6.14, 6.25-6.28]中发布了这种投影函数的几个不同版本。这种类型的投影函数的优点是，输入参数为地面气象学和描述大气压、温度和湿度分布特征的信息，计算结果是一个固定形式的解。

通常，干分量投影函数不仅模型化了 ZHD 和倾斜方向延迟的比值，而且还可以解释由大气中信号弯曲引起的额外延迟。这确保在将湿映射函数应用于参数平差时，仅提供对流层延迟的湿分量部分。

3. 连分式形式的投影函数

文献[6.29]建议对投影函数使用连分式形式，表示为

$$M(E) = \cfrac{1}{\sin E + \cfrac{a}{\sin E + \cfrac{b}{\sin E + \cfrac{c}{\sin E + \cdots}}}} \tag{6.63}$$

通过标准大气模型进行射线追踪，多位研究人员确定了系数 $a$、$b$ 和 $c$ 作为地球表面大气压、水汽压力和温度的函数，或者根据温度梯度和对流层高度确定。MTT(mapping temperature test)投影函数可以看作是这种数学方法的扩展[6.30]，经过校正后，投影函数的值在天顶方向为 1。公式为

$$M(E) = \cfrac{1 + \left[\cfrac{a}{(1 + b/(1 + c))}\right]}{\sin E + \left[\cfrac{a}{\sin E + (b/(\sin E + c))}\right]} \tag{6.64}$$

参数 $a$、$b$ 和 $c$ 分别取决于地面温度、台站纬度和台站的正高。其中，唯一需要测量的参数是地面温度。经验参数值也是通过射线追踪得到，使用的是一组无线电探空仪的数据，而不是标准大气模型。哈佛-史密森天体物理中心[6.20] Ifadis 和 MTT 投影函数的一个潜在问题(或困难)是，它们都使用气象参数的地面观测值。温度反演通常会在这些投影函数中引入误差，其中过低的地表温度意味着低估了高海拔地区的温度。另外，较差的仪器质量也有可能导致测量误差过大。为了比较不同投影函数的准确性，这些潜在测量误差常被忽略。这也是 Niell 制定 Niell 投影函数(NMF)的主要目的，参见文献[6.31]。NMF 的优点是其参数不需要地面气象学的观测值，只需要确定一年之中的时间、纬度和站点高度即可。部分研究者会质疑 NMF 在一些特殊地点的准确性较低，因为它无法通过地面观测

来适应当地的天气状况。但到目前为止，还没有任何此类报道。例如，利用Chajnantor(位于智利)一个海拔5km高的非常干燥地点的数据对NMF模型进行测试，结果显示该模型给出的数值良好，具体可参见文献[6.32]。

4. 基于NWP模型结果的投影函数

最终的投影函数只有在完全了解实际GNSS站点上方大气中的三维折射率场的情况下才能获得。Rocken等人提出了一种利用气候模式或数值天气预报(NWP)分析数据的方法，参见文献[6.33]。将此方法称为直接投影，因为其在任何高度角的值是通过基于大气压、温度和湿度垂直剖面的射线跟踪分析获得的。在该研究中，每天计算一个投影函数，并将其与同位置探空仪发射的射线追踪结果进行比较。考虑到方位可能存在不对称性，可以利用全三维场进一步优化这种方法，但这也意味着射线跟踪的数量大大增加。文献[6.34]开发了基于NWM的(6h)数据的第一投影函数。根据三项连分式，建立了静力延迟的方位对称投影函数，附加参数为NWM分析得到的200hPa位势高度。由于干分量投影函数是基于200hPa大气压水平高度，所以它被称为等压投影函数(IMF)。与文献[6.34,6.35]相比，IMF提升了大约2倍。维也纳投影函数(VMF)[6.36]和VMF1[6.37]的开发思路与IMF相同，但侧重于欧洲中期天气预报中心(ECMWF)的NWP再分析的直接射线追踪。格网和站点投影函数系数可下载[6.38]。高度角为3°的射线跟踪结果用于确定NMF类型公式中参数$a$的值。计算时建议使用直接投影函数，而不是使用中间参数，例如200hPa大气压水平的位势高度。新不伦瑞克大学(UNB)[6.39]也在利用美国国家环境预测中心(NCEP)的NWM和加拿大气象中心(CMC)的NVM数据计算VMF1系数，即UNB-VMF1，具体参数可以依据文献[6.40]检索。此外，德国地理研究中心(GFZ)正在研究VMF1的实现以及与射线跟踪和投影函数相关的其他研究。

全球投影函数(GMF)[6.41]是补充VMF1的盲点或气候学的对应产物。最近，GMF进行了更新，称为GPT2[6.17]，也为位于盲点的测站提供了改进的大气压值。GMF和GPT2是传统的投影函数[6.31]。

近年来，人们对投影函数进行了大量研究，如文献[6.42]中描述的自适应投影函数。随着投影函数的发展，投影函数和射线跟踪已不再可能明确分开。对于任何观测值，倾斜和相应的天顶延迟都可以通过射线跟踪来确定，这个比率被称为倾斜因子或投影函数。例如，文献[6.43-6.45]中研究了射线追踪在对流层延迟校正中的应用。

5. 梯度

如前一节所述，投影函数适用于GNSS站点周围的大气呈方位对称的假设条件。但是，由于当地和区域的气候和天气条件，大气在恒定高度角下的延迟会随着方位角的方向略有变化。为了解决这一问题，在高精度的定位应用中，需要与对流层湿延迟一起估算梯度。当前，已经提出两个梯度投影函数来建模对方位角$A$的依赖性。文献[6.46]给出简单形式，即

$$M_{gr}(A,E) = M_h(E)\cot E(G_N \cos A + G_E \sin A) \tag{6.65}$$

式(6.65)用于估计两个水平梯度，即南北方向的$G_N$和东西方向的$G_E$。如文献[6.35]中所述，上式必须使用干分量投影函数$M_h(E)$。文献[6.47]中提出了梯度投影函数，即

$$M_{gr}(A,E) = \frac{1}{\sin E \tan E + C}(G_N \cos A + G_E \sin A) \tag{6.66}$$

上式不依赖(干)投影函数,而是通过自己的模型顾及函数与高程的关系。文献[6.47]建议如果分别估计干梯度和湿梯度,则使用 $C = 0.0031$ 和 $C = 0.0007$。这种分离方法目前很少被使用,而且在后处理过程中只估计总梯度。目前,通常使用文献[6.30]给出的 $C = 0.0032$。

## 6.3 电离层对 GNSS 信号传播的影响

为了解电离层内无线电波传播及其对 GNSS 信号的影响,本节将简要介绍电离层的主要特征,以供后续讨论。

### 6.3.1 电离层

电离层是地球大气的电离部分,高度范围大约为 50~1000km。在约 1000km 的高度处所谓的过渡区上方,电离且同向旋转的大气层通常称为等离子层或质子层,在赤道面约 3~5 个地球半径高处达到等离子层高度。等离子体层描述了外磁层的边界。电离层等离子体主要由太阳辐射分解并电离中性分子和原子产生。由于可见光(V)和红外(IR)波长范围内的太阳辐射能量太低,无法电离中性气体,因此它们可以到达地球表面(图6.4)。

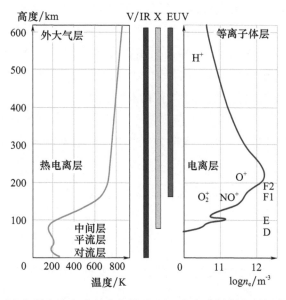

图 6.4　电离层(右)电子密度与中性大气温度(左)和太阳辐射穿透深度(中)的垂直结构

高层大气的主要成分($O, O_2, N, N_2, NO$)被远紫外和极紫外(EUV)(波长范围 $\lambda <$ 130nm)的太阳辐射以及太阳高能 X 射线电离。一定程度上,太阳风产生的宇宙射线和高能粒子也可能导致电离层电离。因此,等离子体是由多种不同的原子和分子离子通过复

杂的光化学反应方式相互作用而形成的。考虑到离子总数等于电离层等离子体中的电子数(表明电离层的准中性特征)，可以用单个带电粒子的连续方程、能量方程和运动方程来描述基本过程。电子的基本连续方程表示为

$$\frac{\partial n_e}{\partial t} = Q_e - L_e - \nabla(n_e v_e) \tag{6.67}$$

式中：$n_e$ 为电子密度；$t$ 为时间；$Q_e$ 为电子产生比率；$L_e$ 为电子损失比率；$v_e$ 为电子平均速度[6.6]。偏离项表示传输过程中等离子体的净损失/增益。通过上式可知，中性气体的密度、组成和温度对等离子体生产、损耗和传输项有显著影响。

电离层与热层之间的强耦合特征是基于以下事实：等离子体是中性气体中的微量气体，在 F2 层高处的电离度约为 $10^{-3}$。显然，热层密度会影响连续性方程式(6.67)中的所有项。举例如下：原子氧密度越高——光产生量越高；分子密度越高——损耗项越高。由扩散和中性风引起的传输过程也取决于热层条件。因此，中性粒子和带电粒子之间的碰撞，如离子和电子之间的碰撞，会通过离子阻力影响中性风。另外，中性风可以沿地磁线上下抬升电离层等离子体。中性风将电子和离子分离可能产生能够驱动电流的电场。磁层起源的电导率可能在较低的电离层中产生强电流，其电导率在 100km 高度附近达到最大值(图6.4)。电流可以显著加热热层，从而改变组成和温度，最后改变连续性方程的所有组成部分。改变分子和原子成分之间的比率的成分变化，会对电离层风暴期间的电离产生重要影响。

电离层等离子体产生、损耗和运动的复杂动力学，特别是与热层和磁层的强耦合，导致了电离层电子密度的典型垂直结构如图6.4所示。

不同电离层(按海拔高度依次命名为 D、E、F1 和 F2)代表了特定过程占主导地位的区域。E 层是由 E. V. Appleton(1947 年诺贝尔物理学奖获得者)命名，并指定了导电率和电流峰值区域。高能粒子和辐射(例如伴随太阳耀斑爆发的 X 射线)显著影响 100km 左右高度的电离程度，这对地面无线电波的传播有重大影响。

垂直电子密度分布基本上可以用查普曼理论来描述[6.48]。考虑到单组分气体的水平分层等温层，该层被入射角 $\chi$ 的单色太阳辐射束电离，电子密度 $n_e$ 的高度取决于查普曼层函数，即

$$n_e = N_0 \exp\left(\frac{1}{2}[1 - z - \sec\chi\exp(-z)]\right) \tag{6.68}$$

$$z = \frac{h - h_0}{H} \tag{6.69}$$

式中：$N_0$ 为该层的峰值电子密度；$h$ 为地球海拔高度；$h_0$ 为峰值电子密度高度；$H$ 为中性气体的大气压标度高度。尽管上述假设简化了式(6.68)中的物理过程，但查普曼层公式很好地描述了电离层电子密度垂直结构的基本特征。

如 6.1 节所述，电子密度是表征电离层无线电波折射率的最重要参数。这对于垂直电子密度的积分也是有效的，该积分称为电子总含量(TEC)，对单位面积的柱形圆柱体内所有电子进行计数，垂直电子总含量(VTEC)定义为

$$\text{VTEC} = \int n_e \mathrm{d}h \tag{6.70}$$

通常使用的斜路径 $s$ 测量的倾斜总电子含量(STEC)定义为

$$\text{STEC} = \int n_e \mathrm{d}s \tag{6.71}$$

TEC 通常以 TEC 单位(1 TECU = $10^{16}$ e/m²)测量。

由于太阳辐射电离在典型的 11 年太阳周期内变化超过 50%,特别是在较短波长情况下,电离层电离总量与太阳周期密切相关,如图 6.5 所示。在渥太华,10.7cm 波长测得的太阳辐射通量与 EUV 范围内的电离太阳辐射高度相关,是公认的太阳活动指数($F_{10.7}$)。

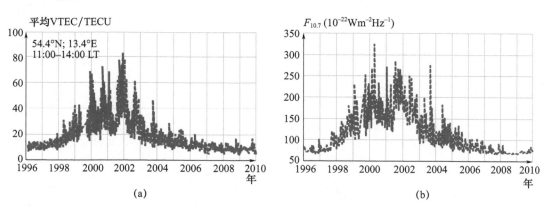

图 6.5  11:00—14:00 LT(a)之间在 54.4°N 和 13.4°E 基于 GNSS 获得的 TEC 测量值,与太阳射电通量指数 $F_{10.7}$(b)相比的结果

## 6.3.2 电离层对无线电波的折射

GNSS 信号必须穿过电离层才能到达地面用户。无线电波的电磁场与带电粒子相互作用,而带电粒子的运动受地磁场控制。相互作用程度由折射率指数 $n$ 来描述。折射率指数 $n$ 是由阿普尔顿、拉森和哈特雷在 20 世纪 20 年代末和 30 年代初通过将麦克斯韦理论应用于电离层等离子体而导出的(详见 6.1 节),详细内容参见文献[6.5,6.49]。

由于地磁场的存在,真实的电离层是各向异性介质,并且允许中性粒子和带电粒子(离子和电子)之间发生碰撞,则折射率指数 $n$ 由阿普尔顿-哈特里公式[6.5,6.49]给出。由于 GNSS 频率(L 波段)远高于碰撞频率(约为几千赫兹),可以通过忽略碰撞项来简化公式。折射率指数 $n$ 可表示为

$$n^2 = 1 - \frac{2X(1-X)}{2(1-X) - Y^2\sin^2\Theta \pm [Y^4\sin^4\Theta + 4(1-X)^2 Y^2 \cos^2\Theta]^{\frac{1}{2}}} \tag{6.72}$$

$$X = \frac{f_p^2}{f^2} \tag{6.73}$$

$$Y = \frac{f_g}{f} \tag{6.74}$$

式中：$\Theta$ 为射线路径与地磁场 $B$ 之间的夹角（如图 6.6 所示）；$f$ 为无线电波频率；$f_p$ 为等离子体频率；$f_g$ 为沿着磁场方向围绕磁场线顺时针旋转的电子的回旋频率。

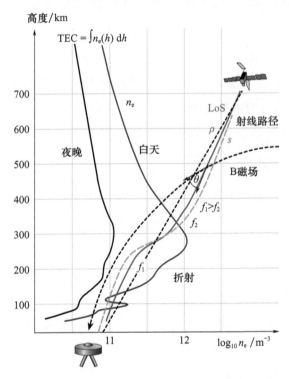

图 6.6　在地磁场 $B$ 存在下，两个频率 $f_1$ 和 $f_2$ 的电离层无线电波传播方案（见彩图）

等离子体频率 $f_p$ 是由无线电波激发的密度为 $n_e$ 的电子气体的共振频率，表示为

$$f_p^2 = \frac{n_e e^2}{4\pi^2 \varepsilon_0 m_e} \tag{6.75}$$

式中：$e$ 为电子电荷；$m_e$ 为电子质量；$\varepsilon_0$ 为真空介电常数。

回旋频率 $f_g$ 表示电子绕电离层磁力线旋转的频率（沿磁场方向顺时针旋转），是地磁场感应系数 $B$ 的函数，即

$$f_g = \frac{eB}{2\pi m_e} \tag{6.76}$$

回旋频率在地球表面附近约 $\leqslant 1.4\mathrm{MHz}$，并且随着与地心的径向距离 $r$ 减小 $1/r^3$。根据式(6.72)，电离层属于色散和各向异性的传播介质。由于忽略了碰撞项，因此在这种高频方法中忽略了电离层的吸收能力。吸收现象在地面无线电通信中非常重要，在此完全忽略不计。

由于 $X$ 和 $Y$ 项的数值较小（$X \approx 10^{-5}$ 和 $Y \approx 10^{-3}$），折射率指数 $n$ 可以以频率的反幂展开。扩展到频率的四次幂可得

$$n = 1 - \frac{1}{2}X \pm \frac{1}{2}XY\cos\Theta - \frac{1}{4}X\left[\frac{1}{2}X + Y^2(1+\cos^2\Theta)\right] \tag{6.77}$$

就等离子体、回旋和波的频率而言，该方程可以写为

$$n = 1 - \left(\frac{f_p^2}{2f^2}\right) \pm \left(\frac{f_p^2 f_g}{2f^3}\cos\Theta\right) - \left(\frac{f_p^2}{8f^4}\left[\frac{f_p^2}{2} + f_g^2(1+\cos^2\Theta)\right]\right) \quad (6.78)$$

其中括号内的项表示一阶、二阶和三阶折射效果。

式(6.72)、式(6.77)和式(6.78)中的双重符号(±)表示无线电波通过电离层非各向同性等离子体时的双折射。各向异性是由于地磁场的存在导致了双折射的产生，它取决于地磁场沿射线路径的方向和强度。正号表示常波(左侧圆极化)，而负号表示非常波(右侧圆极化)[6.50-6.52]。式(6.77)和式(6.78)表示 $n<1$ 时，相速度 $v=c/n$ 大于真空中的光速，并产生了相位提前。

如果穿过电离层的无线电波的波长 $\lambda = c/f$ 远小于电离层 $S_I(\lambda \ll S_I)$ 的特征空间尺度，则可以应用几何光学原理。

电离层传播遵循费马的最快到达定律，即相位积分或光程函数 $L=\int n\mathrm{d}s$ 为最小值[6.5]。

光路径长度基于图 6.6 所示的射线路径 $s$ 和视线(LOS)$\rho$，可以重写为

$$s = \underbrace{\int \mathrm{d}s_0}_{\rho} + \underbrace{\int (n-1)\mathrm{d}s}_{\Delta s_\varphi} + \underbrace{\int \mathrm{d}s - \int \mathrm{d}s_0}_{\Delta s_B} \quad (6.79)$$

式中：$\rho$ 为在沿视线上卫星和地面接收机之间的真实距离(图 6.6)；$\Delta s_\varphi$ 为通过相位变化测量的距离误差项；$\Delta s_B$ 为由于弯曲而产生的光路过剩[6.53]。

真实距离 $\rho$ 是在定位时确定的，但电离层探测技术利用 $\Delta s_\varphi$ 中相位测量的残差项，其中包含沿射线路径的电子密度。综合电离层距离误差 $\Delta s_\varphi$ 和 $\Delta s_B$，电离层时间延迟定义为

$$t_{\mathrm{DI}} = \frac{(\Delta s_\varphi + \Delta s_B)}{c} \quad (6.80)$$

式中：$c$ 为真空中的光速。

在 GNSS 实际测量伪距、相位的传播时间时，必须考虑无线电信号的群折射率指数[6.5-6.6]。群折射率指数定义为

$$n_{\mathrm{gr}} = n + f\left(\frac{\mathrm{d}n}{\mathrm{d}f}\right) \quad (6.81)$$

将式(6.78)中的 $n$ 代入，可得

$$n_{\mathrm{gr}} = 1 + \left(\frac{f_p^2}{2f^2}\right) \mp \left(\frac{f_p^2 f_g}{f^3}\cos\Theta\right) + \left(\frac{3f_p^2}{4f^4}\left[\frac{f_p^2}{2} + f_g^2(1+\cos^2\Theta)\right]\right) \quad (6.82)$$

其中括号内的项表示一阶、二阶和三阶群折射效果。

为了简化后续对高阶效应的讨论，定义载波相位测量 $d_I$ 和码测量 $d_{Igr}$ 的电离层距离误差为

$$d_I = \int (1-n)\mathrm{d}s \quad (6.83)$$

$$d_{Igr} = \int (n-1)\mathrm{d}s \quad (6.84)$$

如第19章所述这些项表示电离层距离误差,必须用于码 $d_{Igr}$ 和载波 $d_I$ 相位测量的 GNSS 观测方程中。GNSS 应用通常使用由式(6.76)和式(6.81)(或式(6.77)和式(6.82))定义的一阶项,即

$$d_I^{(1)} = \int \frac{f_p^2}{2f^2} ds = \frac{K}{f^2} \int n_e ds \qquad (6.85)$$

$$K = \frac{e^2}{8\pi^2 \varepsilon_0 m_e} \approx 40.309 \text{m}^3 \text{s}^{-2} \qquad (6.86)$$

忽略式(6.78)和式(6.82)中的高阶项,通过双频测量的线性组合可以有效地消除电离层的一阶效应(详见第20章)。对于需要厘米级及以下精度的 GNSS 精密测量,需要考虑高阶效应和路径弯曲。

由于 GPS 信号是一种右旋极化波[6.54],因此在随后讨论中,只考虑这种非常波(对应于式(6.78)和式(6.82)中的负号)。按照文献[6.53],可得

$$d_I = d_I^{(1)} + d_I^{(2)} + d_I^{(3)} = \frac{p}{f^2} + \frac{q}{2f^3} + \frac{u}{3f^4} \qquad (6.87)$$

$$d_{Igr} = d_{Igr}^{(1)} + d_{Igr}^{(2)} + d_{Igr}^{(3)} = \frac{p}{f^2} + \frac{q}{f^3} + \frac{u}{f^4} \qquad (6.88)$$

其中:参数 $p$、$q$ 和 $u$ 以国际单位制定义为

$$p = K \int n_e ds = 40.309 \int n_e ds \qquad (6.89)$$

$$q = 2.2566 \times 10^{12} \int n_e B \cos\Theta ds \qquad (6.90)$$

$$u = 2437 \int n_e^2 ds + 4.74 \times 10^{22} \int n_e B^2 (1 + \cos^2\Theta) ds \qquad (6.91)$$

图6.7展示了不同类型误差的最大值。考虑到导航信号 L1 频率在极高电离水平(此处为250 TECU)和低海拔情况下,电离层一阶距离误差可能超过100m。假设式(6.76)定义的回旋频率 $f_g$ 小于 1.4MHz($B = 50\mu T$),并且传播沿磁场线($\Theta = 0$,最大距离误差条件),则二阶误差应满足条件

$$d_I^{(2)} \leq \frac{5.6 \times 10^7}{f^3} \text{STEC} \qquad (6.92)$$

对于 $L1$($L2$ 为25cm,$L5$ 为29cm)频率的二阶误差 $d_I^{(2)}$,即使在低海拔和高太阳活动条件下也小于12cm。

不对称性可在选定的 GPS 接收机站点处观察到,特别是在南北方向,如文献[6.52-6.53,6.55-6.56]所示。由于其系统特性,该效应在要求毫米级精度的双频精密大地测量和卫星定轨中具有重要意义[6.56]。

式(6.93)中定义的三阶影响更难估计,因为它取决于垂直电子密度分布形状[6.50,6.57,6.58]。依据文献[6.53]有

$$d_I^{(3)} \leq \frac{812.3}{f^4} \int n_e^2 ds \approx \frac{534.2}{f^4} N_m F_2 \text{STEC} \qquad (6.93)$$

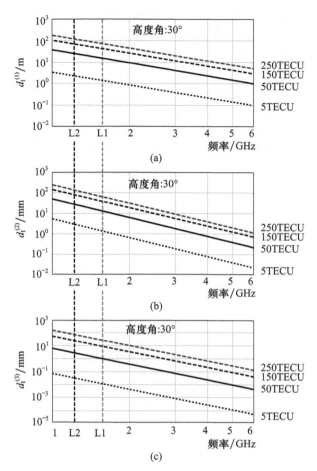

图6.7 在30°高度角不同垂直TEC下1~6GHz无线电波的电离层距离误差的频率依赖性。GPS频率L1和L2用虚线标记

(a) 一阶项;(b) 二阶项(纵向传播,即 $\Theta=0$);(c) 三阶项。

式中:$N_mF_2$ 为电子密度分布的峰值电子密度(图6.4)。考虑到 $N_mF_2$ 和STEC的极值,说明L1频率的三阶误差通常小于6mm(L2频率16mm和L5频率19mm),即在大多数情况下可以忽略。注意,根据式(6.87)和式(6.88),相应的群延迟必须乘以系数2(第二项)和系数3(第三项)。因此,对于二阶和三阶影响,L1信号处的群延迟通常应分别小于24cm和18mm。对于二阶和三阶影响,新L5信号对应的最差值分别为58cm和57mm。

为讨论高阶影响,需要考虑式(6.79)中介绍的弯曲效应 $\Delta s_B$,如图6.6所示。迄今为止,弯曲效应已通过分析法[6.58]或射线追踪数值计算法[6.53,6.59-6.61]进行估算。

基于射线追踪数值计算法,文献[6.59]已经建立了由于GNSS信号弯曲而产生的额外路径长度的近似关系(以下称为JPM94模型),即

$$\Delta s_B = \frac{b_1}{f^4}\left(\frac{1}{\sqrt{1-b_2\cos^2 E}}-1\right)STEC^2 \tag{6.94}$$

式中:$b_1=2.495\times 10^8$;$b_2=0.859$;$E$ 为高度角(弧度)。用TECU测量STEC时,式(6.94)中额

外路径长度 $\Delta s_B$ 的单位为 mm，频率 $f$ 的单位为 MHz。该模型仅取决于 STEC，因此易于应用。

更精确的近似关系包含电子密度分布参数，如大气尺度高度 $H$ 和峰值密度高度 $h_mF_2$，用 H&J08 模型表示为[6.53]

$$\Delta s_B = \frac{7.5\exp(-2.13E)\,\text{STEC}^2}{10^5 f^4 H (h_mF_2)^{1/8}} \tag{6.95}$$

式中：$\Delta s_B$ 的单位为 m；STEC 的单位为 TECU；频率 $f$ 的单位为 GHz；标度高度 $H$ 和峰值密度高度 $h_mF_2$ 的单位为 km；高程 $E$ 的单位为 rad。与射线追踪计算法相比，该方法具有最优性能（如图 6.8 所示）。

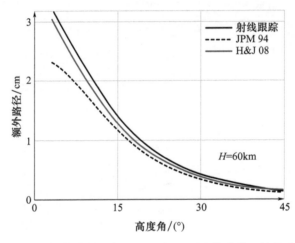

图 6.8　用 L2 频率的额外路径进行 JPM49 和 H&J08 的比较，123 TeCu 的 VTEC 值和电子密度分布形状参数 $N_mF_2=4.96\times10^{12}\times\text{m}^{-3}$，$H=60\text{km}$ 和 $H_mF_2=350\text{km}$（见彩图）

如图 6.9 所示，高度角大于 60°时，弯曲误差实际上可以忽略。在高度角小于 30°时，弯曲误差超过 1cm。即使在高太阳活动条件下，L1 频率对应的弯曲误差一般也应小于 5cm（L2<14cm，L5<17cm）。

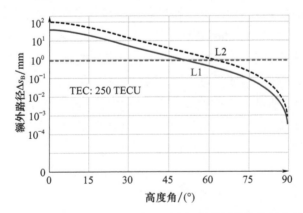

图 6.9　VTEC=250TECU 时，GNSS 频率下额外路径长度的高度角依赖关系（1mm 的水平面用虚线标记）

## 6.3.3 信号的衍射与散射

如果电离层电子密度变化的尺度与波长相当,几何光学原理将不再有效。此时必须用衍射和散射理论来描述无线电波在电离层中的传播过程[6.62-6.63]。本小节将重点描述小规模电离层不规则体对无线电信号的影响。以上不规则体会导致无线电信号的振幅和相位快速变化,通常称为电波闪烁[6.64]。闪烁叠加信号会降低无线电系统的精度和可靠性,甚至可能导致信号完全失锁。闪烁效应对卫星信号的影响范围为30MHz～10GHz,而强闪烁通常可以持续几个小时。

为了估计引起闪烁的电离层不规则空间的大小(对于波长 $\lambda$),需要考虑第一菲涅耳区。相应的半径 $F_1$ 定义为

$$F_1 = \sqrt{\frac{\lambda d_1 d_2}{d_1 + d_2}} \tag{6.96}$$

式中:$d_1$ 和 $d_2$ 分别为第一菲涅耳区到发射器和接收机的距离(图6.10)。

GNSS应用中,第一菲涅耳区的半径约为300m。该尺寸或更小尺寸的不规则体,在产生干扰接收机天线的多种衍射和散射无线电波方面最为有效。

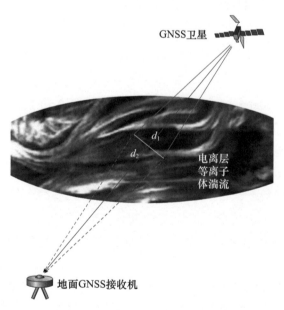

图6.10 等离子体密度湍流在接收机天线处的衍射和散射无线电信号的叠加

小尺度电子密度的不规则(图6.10)将主信号路径分成多个不同的路径,从而在接收端引起强烈而迅速的信号波动。如果衰落深度足够大,则接收机会产生信号跟踪失锁,同时导航信号可用性也会大大降低。

电离层不规则性与等离子体不稳定性密切相关。其中一种是瑞利-泰勒不稳定性(RTI)[6.65]。RTI描述了两种流体或等离子体在相反方向运动的行为。这种现象在低纬度电离层中经常发生,特别是在日落时分。由于等离子体冷却而等离子体向下扩散,同

时,由于东向电场而使等离子体向上扩散。尽管真实的地球物理条件对 RTI 有所改变,但在低纬度地区,日落到午夜之间增强的闪烁活动是众所周知的。沿着强电离梯度也可以观察到更强的闪烁活动,这很可能是由梯度漂移的不稳定性引起的[6.66]。此外,来自太阳风的高能粒子不规则沉淀也可能产生混沌等离子体结构,从而在高纬度地区产生电波闪烁[6.67]。

在低纬度区域,通过与 RTI 密切相关的非线性等离子体运动形成所谓的赤道等离子体泡(EPB)。在等离子体泡中,电子密度极低(小于本底密度的 10%)。因此,当穿过 EPB 表面时,电子密度存在急剧的梯度变化。在 TEC 数据中,当射线路径进入 EPB 时会迅速下降,而当射线路径离开 EPB 时会恢复。尽管 EPB 是沿着 1000km 以上的磁力线形成的,但它们在垂直于磁力线(约 100km)的方向上相当薄。当 RTI 建立在日落附近时,产生的 EPB 以大约 100~200m/s 的速度向东漂移[6.68]。发生概率取决于太阳活动和季节,在非洲的春分点附近和在美国区域的夏(冬)至点附近具有最高值[6.69]。

低水平的地磁活动与 EPB 的产生是负相关的,而强烈的磁暴可能导致 EPB 的产生增强。

接收信号的闪烁强度通常用闪烁指数 $S_4$ 来描述。用于描述闪烁的其他参数是相位标准差 $\sigma_\varphi$、衰减概率和持续时间以及它们在信号强度中的深度。

$S_4$ 指数通常通过信号强度 SI 定义为

$$S_4 = \left( \frac{\langle \mathrm{SI}^2 \rangle - \langle \mathrm{SI} \rangle^2}{\langle \mathrm{SI} \rangle^2} \right)^{1/2} \tag{6.97}$$

式中:$\langle \cdot \rangle$ 为 1min 间隔内的平均值。$S_4$ 索引值通常介于 0 和 1 之间,低于 0.2 的数值表示较低,0.5 左右的数值为中等,大于 0.7 的数值表示闪烁活动严重。

广泛使用的相位闪烁指数定义为

$$\sigma_\varphi = \sqrt{\frac{1}{N-1} \sum_{i=1}^{N} (\varphi_i - \langle \varphi \rangle)^2} \tag{6.98}$$

式中:$\varphi$ 为信号相位;$N$ 为观测次数。参数 $S_4$ 和 $\sigma_\varphi$ 通常在 1min 内定义。

闪烁活动取决于无线电频率。在第一次近似中,闪烁水平随频率在 1.7GHz<$f$<4GHz 范围内发生变化。

严重的闪烁可能导致信号失锁,从而降低信号可用性,即位置精度因子(PDOP)变差。综上所述,最严重的闪烁效应是在赤道地区和近赤道地区以及高纬度地区观察到的。在帽状极光和极冠纬度地区,任何重大的磁暴活动都会产生闪烁效应。通常,高纬度闪烁不如近赤道带那么严重,但可能会持续数小时,甚至数天,并且由于近赤道的闪烁效应,它们并不局限于当地的深夜。北极冠区域 GPS L1 C/A 码信号的最大衰落深度约为 10dB,而赤道异常区则高达 25dB[6.70]。闪烁模型(如宽带模型(WBMOD)[6.71]和全球电离层闪烁模型(GISM)[6.72-6.73])描述了选定地点闪烁发生概率的规律。强闪烁的发生与太阳活动密切相关,在太阳活动最大的几年中,在赤道和低纬度地区观测到对 GPS 产生强烈影响的闪烁效应。闪烁特性的更多细节,如季节依赖性等,将在第 39 章讨论。研究表明,高频 GNSS 测量适用于监测闪烁,可用于开展电离层闪烁研究和建模。

## 6.3.4 电离层模型

如 6.3.2 节式(6.85)所示,电离层一阶传播误差仅取决于沿射线路径的电子密度分布,因此通过描述地球周围三维电子密度分布随时间变化的电离层模型可以估算与链路有关的电离层传播误差。

由于校正项仅取决于沿射线路径(STEC)的电子密度积分,因此简单的垂直 TEC(VTEC)二维模型足够支持诸多应用。如前节所述,垂直 TEC 必须转换到所需的斜射线路径才能得到 STEC。

一般来说,当使用电离层模型来校正单频测量的电离层传播误差时,校正结果的优劣取决于所用模型的好坏。在使用 TEC 模型时,校正质量还取决于所用投影函数的准确性。GPS 用户依赖广播给单频用户的简单 TEC 模型(GPS 或 Klobuchar 模型),而欧洲卫星导航系统 Galileo 提供了用于单频改正的三维模型(NeQuick)。下面将这两个模型与目前可用于一阶电离层校正的其他两个模型进行比较。高阶和弯曲误差的校正方法已在 6.3.2 节中讨论过。

1. 投影函数

电离层校正模型提供了垂直延迟或 VTEC 的归一化信息。以提供垂直 TEC 作为参考,任何与链路相关的倾斜 TEC(STEC),都可通过使用仅取决于高度角 $E$ 的倾角因子或投影函数 $M(E)$ 来计算(图 6.11)。由于这种转换需要明确电离层的空间结构,而这些信息通常无法获得,因此会产生投影误差。

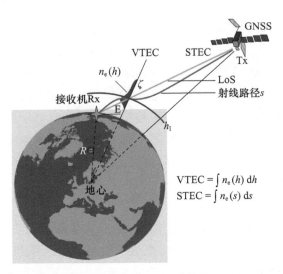

图 6.11 从垂直 TEC(VTEC)推导出的斜向 GNSS 测量值电离层改正的薄壳投影函数法以及 STEC 测量推导的垂直 TEC 的电离层校正的薄壳投影函数法

图 6.11 中将电离层简化为一个薄壳,展示了 VTEC 与 STEC 之间相互转换的关系。这种简化定义了从卫星发射器 Tx 到接收机 Rx 沿视线方向的传播路径 $s$ 与高度为 $h_1$ 的薄

壳的穿刺点对应的地理坐标（通常称为电离层下点），可有效用于 TEC 转换。薄壳投影函数在大多数 GNSS 单频应用中都得到了应用，如星基增强系统（SBAS）。

假设电离层为薄壳，应用简单的几何关系如图 6.11 所示，投影函数 $M(E)$ 将电离层壳在高度 $h_I$ 处和射线路径 $s$ 的穿刺点上的 VTEC 转换为相应的 STEC 的方法为

$$M(E) = \frac{STEC}{VTEC} = \frac{1}{\cos\zeta} = \left[1 - \left(\frac{R_\oplus \cos E}{R_\oplus + h_I}\right)^2\right]^{-1/2} \quad (6.99)$$

式中：$R_\oplus$ 为地球半径；$h_I$ 为代表电离层的薄壳高度；$E$ 为高度角。电离层薄壳高度通常在 350~450km 的高度范围内。在 SBAS 中，如广域增强系统（WAAS）和欧洲地球静止导航覆盖服务（EGNOS），薄壳高度固定为 350km[6.74]。在将薄壳高度 $h_I$ 固定后，薄壳投影函数仅取决于射线路径的高度角。因此，这种方式忽略了电离层的空间结构，特别是水平梯度。

根据文献[6.74]，薄壳投影函数可引入高达 10m 的垂直距离误差，在低海拔时，该误差增加 2~3 倍。如此大的投影误差是由于与电离层平衡条件的强烈偏差以及 2003 年 10 月底万圣节风暴期间发生的电离层电离的强水平梯度所致。由于 15m 或以上的倾斜距离误差超出了 SBAS 的保护级，因此在这种情况下导航服务将不可用。

为了改进单频应用中的 TEC 投影，在两个方向上都做了一些尝试，即用给定的 VTEC 校正倾斜的 GNSS 测量值，以及在监测系统中将测量的 STEC 转换成 VTEC。从图 6.11 可以看出，当式（6.99）中使用的薄壳高度 $h_I$ 适应电离层电离中心的高度变化时，即当 $h_I$ 遵循 Sakai 等提出的密度峰值高度 $h_mF_2$ 变化时，投影结果能够得到改善。但这种具体的信息并不是定期提供的。为了利用 STEC 测量改进 TEC 投影，一种选择是将电离层分离成不同的球层，并使用式（6.99）类型的特定投影函数[6.75-6.76]。另一种选择是应用层析成像方法对电离层电子密度进行三维估计[6.77]，而层析成像方法只有在有足够数据覆盖时才适用。上述多层壳模型和层析成象方法是专门为精确生成 VTEC 地图而开发的。如果没有其他信息，这些方法不适用于校正源自垂直延迟或 VTEC 的倾斜 GNSS 测量。为在不提供额外信息的情况下，利用 VTEC 改进对倾斜 GNSS 测量的校正，文献[6.78]中提出了一种新的投影函数，它利用了式（6.68）中查普曼层所描述的电离层经典垂直结构。该方法在考虑相关 VTEC 值的情况下，沿着射线路径通过许多电离层厚度递增的壳层，因此，在投影过程中可以包括水平电离梯度。与单薄壳算法相比，在高太阳活动和低太阳活动条件下，投影函数误差均减小 50% 以上。

2. GPS Klobuchar 模型

GPS 提供了一个简单的电离层 TEC 模型，可以对单频测量进行 50% 的校正。文献[6.79]为该模型或电离层校正算法（ICA）提供了给定地磁位置和本地时间在 L1 频率处的平均垂直延迟。该垂直电离层延迟的日变化简单地用振幅和周期随时间和地磁纬度变化的半余弦函数来模拟（图 6.12）。在夜间，电离层的垂直延迟固定为 5ns 的恒定值（L1 频率为 1.5m）。

半余弦形式的振幅和周期以当地时间 14:00 为中心。因此，L1 频率对应的时延可表示为

$$T_{\text{ion}} = A_1 + A_2 \cos\left[\frac{2\pi(t_{\text{GPS}} - A_3)}{A_4}\right] \tag{6.100}$$

式中:$A_1$ 为恒定的夜间值(5ns);$A_2$ 为振幅;$A_3$ 为固定在当地时间 14:00 的恒定相移;$A_4$ 为余弦函数周期。

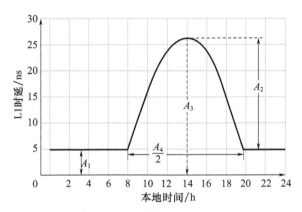

图 6.12　Klobuchar GPS 校正模型示意图

通过对振幅 $A_2$ 和周期 $A_4$ 的三阶多项式进行模型求解。这 8 个系数由 GPS 主控站每日更新并上传至 GPS 卫星,最后通过导航信息传回用户。振幅和周期可表示为

$$A_2 = \sum_{n=0}^{3} \alpha_n \varphi_m \tag{6.101}$$

$$A_4 = \sum_{n=0}^{3} \beta_n \varphi_m \tag{6.102}$$

式中:$\alpha_n$ 和 $\beta_n$ 为垂直延迟振幅和模型周期卫星传输的三次多项式系数;$\varphi_m$ 为电离层穿刺点对应地球投影处的地磁纬度。电离层平均高度假定为 350km。

假设接收机和卫星位置已知,电离层穿刺点即可确定,使用式(6.100)~式(6.102)即可计算相关的垂直电离层延迟。

将垂直延迟转换为所需的倾斜延迟的倾斜系数 $M(E)$ 可表示为

$$M(E)_{\text{GPS}} = 1 + 16 \times (0.53 - E)^3 \tag{6.103}$$

式中:高度角 $E$ 以半圆表示,模型的详细描述见文献[6.79]。

特别说明的是,中国北斗卫星导航系统(BDS,也称 COMPASS)的电离层改正模型与 GPS 模型非常相似[6.80]。只需对上述公式稍作修改,即在 COMPASS 电离层模型(CIM)中使用大地坐标系代替地磁坐标系。此外,用标准的薄壳投影函数式(6.99)代替 GPS 的 $M(E)_{\text{GPS}}$ 投影函数。公式中的 8 个系数每 2h 更新一次。CIM 的初步评估表明,该模型与 Klobuchar 模型获得的总体性能相似,北半球稍好,南半球稍差[6.80]。

3. NeQuick 模型

NeQuick 模型是意大利的里雅斯特的国际理论物理中心(ICTP)和奥地利格拉茨大学开发的电离层/等离子体层系统的三维电子密度模型[6.81-6.83]。与国际参考电离层(IRI)模型[6.84]相比,该模型计算耗时更短,而且只对电子密度进行建模。因此,该模型适用于

在全球范围对任何 GNSS 卫星到接收机射线路径的电子密度进行数值积分计算 TEC。

垂直电子密度分布由电离层 E、$F_1$ 和 $F_2$ 不同层的特定函数之和给出。上层电离层由一个单独函数来描述，其尺度随高度增加而增加。不同层的电子密度峰值高度也由不同函数来描述。从国际无线电通信委员会（CCIR）系数[6.85]可推导出 $N_mF_2$ 等关键参数的时空特性。这些特性除系数在横向和纵向的相关性外，还包括由修改后的偶极子参数 modip $\mu$ 表示的地磁场相关性（CCIR 1967）。该参数由 Rawer 于 1963 年引入[6.86]，即

$$\tan(\mu) = \frac{I}{\sqrt{\cos\varphi}} \tag{6.104}$$

式中：$I$ 为 300km 处的磁倾角；$\varphi$ 为穿刺点位置的地理纬度。CCIR 系数是针对低太阳活动和高太阳活动给出的，特征是太阳黑子数 $R$ 分别在 $R_{12}=0$ 和 $R_{12}=100$ 水平处运行 12 个月的平均值。为得到任何太阳活动条件下的系数，可将这些系数进行线性插值。因此，该模型能够提供一个完整太阳周期内的全球三维电子密度分布。太阳黑子数指数 $R_{12}$ 也可由射电辐射流量指数 $F_{10.7}$ 取代，可表示为

$$F_{10.7} = 63.7 + 0.728R_{12} + 0.00089R_{12}^2 \tag{6.105}$$

欧洲卫星导航系统伽利略（Galileo）采用了一种称为 NeQuick-G 的特定版本用作单频改正模型[6.87]。其中外部太阳活动指数 $R_{12}$ 被 Galileo 运营中心计算的有效电离因子 Az 取代，以便用该模型得到当前电离级的最佳表示。Az 在全球范围内 24h 有效，定义为

$$Az(\mu) = a_0 + a_1\mu + a_2\mu^2 \tag{6.106}$$

式中：系数 $a_0$、$a_1$ 和 $a_2$ 每 24h 优化一次，并向用户广播以计算 TEC。文献[6.88]报告了在轨验证（IOV）阶段获得的初始性能结果。

4. NTCM 模型

德国航空航天中心（DLR）启动了全球 TEC 模型的研发项目，以辅助 TEC 监测程序的校准、投影和预测[6.89-6.91]。

Jakowski 等人[6.89]所描述的 TEC 模型 NTCM-GL（Neustrelitz-TEC Model-GLobal）提供了完整太阳周期内全球 TEC 时空变化的乘法表示。太阳活动与当地时间、季节、地磁场之间的基本依赖关系，在处理时类似于为 TEC 投影开发区域模型的方式[6.91]，并增加了新的方法来有效描述低纬度特征。为使系数数量尽可能少，采用乘法组合的方式来描述上述依赖关系，如式（6.107）所示。系数和数据间的关系用非线性方程式计算，即

$$VTEC_{NTCM-GL} = F_{LT}F_{seas}F_{mag}F_{crest}F_{sol} \tag{6.107}$$

以上 12 个系数由迭代非线性最小二乘法确定。不同项描述了 TEC 与当地时间（$F_{LT}$）、季节（$F_{seas}$）和地磁场（$F_{mag}$）变化相关的具体方法。$F_{crest}$ 和 $F_{sol}$ 这两项分别描述了低纬度波峰参数的纵向相关性和太阳活动相关性。地方时的变化主要由日、半日和三分之一日调和函数来描述。季节变化包括年调和函数和半年调和函数。纬度相关性用地磁纬度的偶极子方法和地磁赤道两侧波峰的特殊表达式来描述。

太阳活动水平通过波长为 10.7cm 的太阳辐射通量来量化，它代表了太阳在 EUV 波长范围内的电离辐射。模型方法的更多细节见文献[6.89]。

模型系数由迭代非线性最小二乘法确定，并采用伯尔尼大学欧洲定轨中心（CODE）

的长期 VTEC 数据。CODE 将垂直 TEC 以 15°和 15 阶的球谐展开进行建模,参考太阳——地磁参考系[6.92-6.93]。每2h更新的 VTEC 地图来源于国际 GNSS 服务(IGS)全球网络的 GPS 数据[6.94]。第一个 NTCM-GL 方法的高质量 TEC 数据集包含 1998—2007 年超过半个太阳周期的 130 多个 IGS 站的数据。非线性方法仅需要 12 个系数和太阳活动指数 F10.7 作为外部参数即可描述在整个太阳活动周期中所有太阳活动水平下的全球 TEC 变化。由于模型方法简单,该模型运行速度非常快,在操作系统中也易于实现。

5. IRI 模型

IRI 是一种广泛用于不同应用的经验模型[6.84]。IRI 模型于 1968 年由空间研究委员会(COSPAR)和国际无线电科学联盟(URSI)共同发起。

IRI 是一个复杂模型,它描述了在给定的地点、时间和日期内电子浓度、电子温度、离子温度和离子组成在 50~2000km 高度内的变化。由于上边界的限制,垂直电子总含量只能计算到 2000km。太阳辐射通量 $F_{10.7}$ 或太阳黑子数 $R_{12}$ 引入了太阳活动依赖性。关于 $f_0F_2$ 之类的关键参数,IRI 可以使用 NeQuick 模型用到的 CCIR 系数(1967 年),也可以使用 URSI 在 1989 年提出的一组系数。除使用这些系数外,IRI 还可以包括关键参数的当前观测值,如 $NmF_2$。顶部电离层的电子密度分布由 NeQuick 模型计算。

较新版本的 IRI 还包含了风暴模型,与经典气候学法相比,该模型改进了电离层风暴期间的建模结果[6.96]。风暴模型由行星地磁 $K_p$ 指数驱动。IRI 模型在定期更新,并且随国际科学界的工作已经发展了许多年。IRI 的最新版本可参考文献[6.97]。

就电子密度表示而言,IRI 先前版本主要受限于其在 F2 区域峰值上方的电子分布。由于 IRI 的复杂性,其非常适合于案例研究。但是,计算 TEC 时不需要考虑各种参数(例如离子组成和电子温度)的内部耗时。此外,基于 IRI 模型和 GNSS 技术进行 TEC 监测的一大阻碍是 IRI 模型的高度被限制在 2000km 以内。

6. 模型比较

基于三维模型能够沿射线路径对电子密度分布积分来估计 TEC,而二维 TEC 模型需要结合投影函数,这是误差的主要来源,特别是在低高度角情况下。即使对峰值电子密度进行很好的建模,IRI 或 NeQuick 的三维电子密度模型也可能无法估计 TEC[6.98]。

对比分析三种电离层修正模型对应单频跨电离层的距离误差,结果表明 NeQuick 和 NTCM-GL 的 TEC 估算值非常相似(图 6.13)。这证实了先前 NTCM GL 与 NeQuick 的性能对比,表明 12 系数的 NTCM-GL TEC 模型与更复杂的 NeQuick 电子密度模型的性能几乎相同[6.83]。尽管系数在定期更新,但 Klobuchar 或 GPS 模型的性能与 NeQuick 和 NTCM-GL 明显不同。Klobuchar 模型中,当 TEC 固定在 9.22 TECU(L1 频率对应值 5ns)时,夜间的对比结果非常糟糕。

## 6.3.5 基于测量的电离层校正

1. 单频测量

单频应用中,电离层距离误差可以利用模型值[6.79]、外部 TEC 监测数据[6.99]或码-载

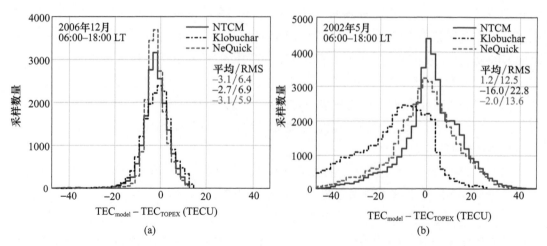

图6.13 比较了以下模型的日间电离层 VTEC 估计值:Klobuchar ICA-GPS,NeQuick 和 NTCM-GL 模型的 VTEC 估计值,利用 TOPEX/Poseidon 的双频卫星测高数据。选取 2006 年 12 月低太阳活动(a) 和 2002 年 5 月高太阳活动(b)的数据样本。平均偏差和均方根值在 TECU 中给出[6.95]

波散度[6.100]进行估计。后一种解理论上是基于载波和群相折射率的一阶项中符号相反实现的,如式(6.78)和式(6.82)所示。文献[6.100]利用这种特定关系,于 1993 年提出了群相位电离层校准(GRAPHIC),以减小单频 GNSS 信号中的一阶电离层距离误差。通过计算码和载波相位的算术平均值,电离层一阶项的抵消方式与双频解类似。与双频码测量相比,GRAPHIC 方法将噪声水平降低了 50%。尽管 GRAPHIC 很少应用于地面定位[6.101],但该方法在星载导航[6.102]中得到了广泛应用。当码噪声较小时,码和载波相位的线性组合甚至可用于电离层监测[6.103]。

2. 双频测量

为了从根本上减少精密应用中的电离层误差,需要进行双频测量。利用电离层的色散特性,可以由两个频率的相位测量值的线性组合来削弱一阶电离层误差,即

$$\varphi_{\mathrm{IF}} = \frac{f_1^2}{f_1^2 - f_2^2}\varphi_1 - \frac{f_2^2}{f_1^2 - f_2^2}\varphi_2 \tag{6.108}$$

一阶误差 $d_\mathrm{I}^{(1)}$ 被消除时,包括弯曲在内的一些高阶项仍保留在误差中。Hoque 和 Jakowski[6.53]给出 $\varphi_\mathrm{IF}$ 的线性组合,即

$$\varphi_{\mathrm{IF}} = \rho + \Delta d_\mathrm{I}^{(2)} + \Delta d_\mathrm{I}^{(3)} - \Delta\Delta s_\mathrm{B} + \Delta s_{\varphi_\mathrm{B}} \tag{6.109}$$

除了高阶误差 $d_\mathrm{I}^{(2)}$ 和 $d_\mathrm{I}^{(3)}$ 的差异外,还考虑了两种频率对应弯曲效应的差异。

除上述讨论外,线性组合式(6.108)还需要考虑不同射线路径(如图 6.5 所示)对应相位误差效应的差异,该项称为 $\Delta S_{\varphi_\mathrm{B}}$。根据 Hoque 和 Jakowski 的理论[6.53],沿着不同射线路径的不同 STEC 值会产生高达 6cm 的残余误差,如图 6.14 所示。

Hoque 和 Jakowski 提出一种模型,该模型用于估计与 L1 和 L2 测量无关的电离层线性组合中与 TEC 相关的弯曲误差[6.53]。电离层的垂直结构由 6.3.1 节中的查普曼层函数建模。估计的最大误差统计值为高度角 1° 对应约 5cm。

模型计算还减弱了双频定位中的法拉第效应[6.53,6.105]。图 6.15 显示了 L1 和 L2 相位测量值中消电离层线性组合二阶残余的距离误差的不对称性。由于地磁场在德国或中欧等地区变化平稳,文献[6.53,6.106]提出了固定地磁场几何形状的模型,用于估计 GPS L1/L2 频率载波的二阶残余相位误差,其中为了表征电离层,仅将 TEC 用作输入参数。对于德国和中欧地区,该模型方法的精度约为 2~3 mm。这种值有利于提高高精度定位中载波相位模糊度固定的成功率。

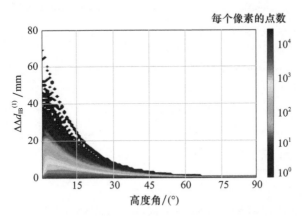

图 6.14 由于在 L1 和 L2 射线路径上的 STEC 不同而产生 L1 和 L2 频率的电离层线性组合中残余的距离误差。使用 2002 年 CHAMP 无线电掩星数据得出的电子密度剖面[6.104]进行了一次估算(见彩图)

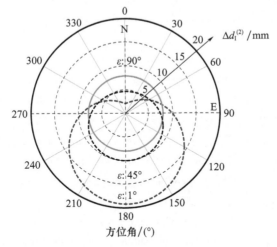

图 6.15 假定垂直 TEC 为 100 TECU[6.53],在欧洲 48°N,15°E 处,不同高度角的相位二阶残余误差的方位角依赖特性

文献[6.53]对消电离层线性组合存在的特征残差进行了更详细的讨论。

# 致谢

诺伯特·贾科夫斯基(Norbert Jakowski)向他在德国航空航天中心工作多年的同事表示感谢。特别感谢他的同事 Mohammed Mainul Hoque 博士十多年来的密切合作。

## 参考文献

6.1　D. J. Griffiths: *Introduction to Electrodynamics*, 4th edn. (Addison-Wesley, Boston 2012)

6.2　J. D. Jackson: *Classical Electrodynamics*, 3rd edn. (John Wiley, New York 1998)

6.3　H. J. Liebe: MPM-An atmospheric millimeter-wave propagation model, Int. J. Infrared Millim. Wave **10**(6), 631-650(1989)

6.4　P. Debye: *Polar Molecules* (Dover, New York 1929)

6.5　K. G. Budden: *The Propagation of Radio Waves: The Theory of Radio Waves of Low Power in the Ionosphere and Magnetosphere*, 1st edn. (Cambridge Univ. Press, Cambridge 1985)

6.6　K. Davies: *Ionospheric Radio* (Peter Peregrinus, London 1990)

6.7　L. Essen, K. D. Froome: Dielectric constant and refractive index of air and its principal constituents at 24,0000 Mc/s, Nature **167**, 512-513(1951)

6.8　J. C. Owens: Optical refractive index of air: Dependence on pressure, temperature and composition, Appl. Opt. **6**(1), 51-59(1967)

6.9　J. M. Rueger: Refractive index formula for radio waves, Proc. XXII FIG Int. Congr., Washington (FIG, Copenhagen 2002) pp. 1-13

6.10　J. Bohm, H. Schuh: *Atmospheric Effects in Space Geodesy* (Springer, Berlin 2013)

6.11　J. Saastamoinen: Atmospheric correction for the troposphere and stratosphere in radio ranging satellites. In: *The Use of Artificial Satellites for Geodesy*, ed. by S. W. Henriksen, A. Mancini, B. H. Chovitz (AGU, Washington 1972) pp. 247-251

6.12　H. Berg: *Allgemeine Meteorologie* (Dummler, Berlin 1948)

6.13　B. Hofmann-Wellenhof, H. Moritz: *Physical Geodesy* (Springer, Berlin 2006)

6.14　H. S. Hopfield: Two-quartic tropospheric refractivity profile for correcting satellite data, J. Geophys. Res. **74**(18), 4487-4499(1969)

6.15　R. F. Leandro, M. C. Santos, R. B. Langley: UNB neutral atmosphere models: Development and performance, Proc. ION NTM 2006, Monterey (ION, Virginia 2006) pp. 564-573

6.16　J. Boehm, R. Heinkelmann, H. Schuh: Short note: A global model of pressure and temperature for geodetic applications, J. Geodesy **81**(10), 679-683 (2007)

6.17　K. Lagler, M. Schindelegger, J. Boehm, H. Krasna, T. Nilsson: GPT2: Empirical slant delaymodel for radio space geodetic techniques, Geophys. Res. Lett. **40**(6), 1069-1073(2013)

6.18　G. Petit, B. Luzum: *IERS Conventions* (2010) (Verlag des Bundesamts fur Kartographie und Geodasie, Frankfurt 2010), IERS Technical Note No. 36

6.19　United States Committee on Extension to the Standard Atmosphere: *US Standard Atmosphere Supplements 1966* (US Govt. Print. Off., Washington 1966)

6.20　J. L. Davis, T. A. Herring, I. I. Shapiro, A. E. E. Rogers, G. Elgered: Geodesy by radio interferometry: Effects of atmospheric modeling errors on estimates of baseline length, Radio Sci. **20**, 1593-1607(1985)

6.21　V. B. Mendes: Modeling the Neutral-Atmosphere Propagation Delay in Radiometric Space Techniques, Ph. D. Thesis (Univ. New Brunswick, Fredericton 1999)

6.22　C. C. Chao: *A Model for Tropospheric Calibration from Daily Surface and Radiosonde Balloon Measurement*, Tech. Mem. 391-350(Jet Propulsion Laboratory, Pasadena 1972) pp. 67-73

6.23　C. C. Chao: *New Tropospheric Range Corrections with Seasonal Adjustment*, DSN Progr. Rep., JPL Report No. 32-1526, Vol. (Jet Propulsion Laboratory, Pasadena 1971) pp. 67-73

6.24　C. C. Chao: *A New Method to Predict Wet Zenith Range Refraction from Surface Measurements of Meteorological Parameters*, DSN Progr. Rep. No. 32-1526(Jet Propulsion Laboratory, Pasadena 1973) pp. 33-41

6.25　H. S. Hopfield: The effect of tropospheric refraction on the Doppler shift of a satellite signal, J. Geophys. Res. **68**(18), 5157-5168(1961)

6.26　H. S. Hopfield: Tropospheric effect on electromagnetically measured range: Prediction from surface weather data, Radio Sci. **6**(3), 357-367(1972)

6.27　H. S. Hopfield: *Tropospheric Effects on Signals at Very Low Elevation Angles* (Appl. Phys. Lab., John Hopkins Univ., Laurel 1976), Tech. Memo. TG1291

6.28　H. S. Hopfield: Improvements in the tropospheric refraction correction for range measurement, Philos. Trans. R. Soc. Lond. **294**(1410), 341-352(1979)

6.29　J. W. Marini: Correction of satellite tracking data for an arbitrary tropospheric profile, Radio Sci. **7**(2), 223-231(1972)

6.30　T. A. Herring: Modelling atmospheric delay in the analysis of space geodetic data. In: *Symposium on Refraction of Transatmospheric Signals in Geodesy*, Publications on Geodesy, No. 36, ed. by J. C. de Munck, T. A. T. Spoelstra(Netherlands Geodetic Commission, Delft 1992) pp. 157-164

6.31　A. E. Niell: Global mapping functions for the atmosphere delay at radio wavelengths, J. Geophys. Res. **101**(B2), 3227-3246(1996)

6.32　L. P. Gradinarsky, J. M. Johansson, G. Elgered, P. Jarlemark: GPS site testing at Chajnantor in Chile, Phys. Chem. Earth **26**(6-8), 421-426(2001)

6.33　C. Rocken, S. Sokolovskiy, J. M. Johnson, D. Hunt: Improved mapping of tropospheric delays, J. Atmos. Ocean. Technol. **18**, 1205-1213(2001)

6.34　A. E. Niell: Improved atmospheric mapping functions for VLBI and GPS, Earth Planets Space **52**, 699-702(2000)

6.35　A. E. Niell: Global mapping functions for the atmosphere delay at radio wavelengths, Phys. Chem. Earth **26**(6-8), 475-480(2001)

6.36　J. Boehm, H. Schuh: Vienna mapping functions in VLBI analyses, Geophys. Res. Lett. **31**(L01603), 1-4 (2004)

6.37　J. Boehm, B. Werl, H. Schuh: Troposphere mapping functions for GPS and very long baseline interferometry from European centre for mediumrange weather forecasts operational analysis data, J. Geophys. Res. **111**(B02406), 1-9(2006)

6.38　Vienna University of Technology, GGOS Atmosphere: Atmosphere Delays(Vienna Univ. Technology, Vienna 2014) http://ggosatm.hg.tuwien.ac.at/delay.html

6.39　L. Urquhart, M. Santos, F. Nievinski, J. Bohm: Generation and assessment of VMF1-type grids using North-American numerical weather models. In: *Earth on the Edge: Science for a Sustainable Planet*, ed. by C. Rizos, P. Willis(Springer, Berlin 2014) pp. 3-9

6.40　*University of NewBrunswick Vienna Mapping Function Service* (Univ. New-Brunswick, Frederiction) http://unb-vmf1.gge.unb.ca/

6.41　J. Bohm, A. Niell, P. Tregoning, H. Schuh: Global mapping function (GMF): A new empirical mapping function based on data from numerical weather model data, Geophys. Res. Lett. **33** (L07304), 1-4 (2006)

6.42　P. Gegout, R. Biancale, L. Soudarin: Adaptive mapping functions to the azimuthal anisotropy of the neutral atmosphere, J. Geodesy **85** (6-8), 661-677 (2011)

6.43　Th. Hobiger, R. Ichikawa, T. Takasu, Y. Koyama, T. Kondo: Ray-traced troposphere slant delays for precise point positioning, Earth Planets Space **60** (5), 1-4 (2008)

6.44　F. G. Nievinski: Ray-Tracing Options to Mitigate the Neutral Atmosphere Delay in GPS, Ph. D. Thesis (Univ. New Brunswick, Fredericton 2008)

6.45　V. Nafisi, M. Madzak, J. Bohm, A. A. Ardalan, H. Schuh: Ray-traced tropospheric delays in VLBI analysis, Radio Sci. **47** (RS2020), 1-17 (2012)

6.46　D. S. MacMillan: Atmospheric gradients from very long baseline interferometry observations, Geophys. Res. Lett. **22** (9), 1041-1044 (1995)

6.47　G. Chen, T. A. Herring: Effects of atmospheric azimuthal asymmetry on the analysis of space geodetic data, J. Geophys. Res. Solid Earth **102** (B9), 20489-20502 (1997)

6.48　S. Chapman: The absorption and dissociative or ionizing effect of monochromatic radiation in an atmosphere on a rotating earth, Proc. Phys. Soc. **43**, 1047-1055 (1931)

6.49　K. Rawer: *Wave Propagation in the Ionosphere* (Kluwer, Dordrecht 1993)

6.50　G. K. Hartmann, R. Leitinger: Range errors due to ionospheric and tropospheric effects for signal frequencies above 100 MHz, Bull. Geodesique **58** (2), 109-136 (1984)

6.51　S. Bassiri, G. A. Hajj: Higher-order ionospheric effects on the global positioning system observables and means of modeling them, Manuscripta Geodaetica **18** (6), 280-289 (1993)

6.52　M. M. Hoque, N. Jakowski: Higher-order ionospheric effects in precise GNSS positioning, J. Geodesy **81** (4), 280-289 (2006)

6.53　M. M. Hoque, N. Jakowsi: Estimate of higher order ionospheric errors in GNSS positioning, Radio Sci. **43** (RS5008), 1-15 (2008)

6.54　B. W. Parkinson, S. W. Gilbert: NAVSTAR: Global positioning system-Ten years later, Proc. IEEE **71** (10), 1177-1186 (1983)

6.55　S. Kedar, G. Hajj, B. Wilson, M. Heflin: The effect of the second order GPS ionospheric correction on receiver position, Geophys. Res. Lett. **30** (16), 1829 (2003)

6.56　M. Hernandez-Pajares, J. M. Jaun, J. M. Sanz, R. Orus: Second order ionospheric term in GPS: Implementation and impact on geodetic estimates, J. Geophys. Res. **112** (B08417), 1-16 (2007)

6.57　R. Leitinger, E. Putz: Ionospheric refraction errors and observables. In: *Atmospheric Effects on the Geodetic Space Measurements*, Monograph 12, ed. by F. K. Brunner (School of Surveying, UNSW, Kensington 1988) pp. 81-102

6.58　F. K. Brunner, M. Gu: An improved model for the dual frequency ionospheric correction of GPS observations, Manuscripta Geodaetica **16** (3), 205-214 (1991)

6.59　N. Jakowski, F. Porsch, G. Mayer: Ionosphere-induced-ray-path bending effects in precise satellite positioning systems, Z. Satell. Position. Navig. Kommun. **3** (1), 6-13 (1994)

6.60 M. M. Hoque, N. Jakowski: Higher order ionospheric propagation effects on GPS radio occultation signals, Adv. Space Res. **460**(2), 162–173(2010)

6.61 M. M. Hoque, N. Jakowski: Ionospheric bending correction for GNSS radio occultation signals, Radio Sci. **46**(RS0D06), 1–9(2011)

6.62 R. D. Hunsucker: *Radio Techniques for Probing the Terrestrial Ionosphere* (Springer, Berlin 1991)

6.63 L. Barclay(Ed.): *Propagation of Radio Waves*, 2nd edn. (IET, London 2003)

6.64 P. M. Kintner, B. M. Ledvina: The ionosphere, radio navigation, and global navigation satellite systems, Adv. Space Res. **32**(5), 788–811(2005)

6.65 M. C. Kelley: *The Earth's Ionosphere-Plasma Physics and Electrodynamics*, 2nd edn. (Elsevier, Amsterdam 2009)

6.66 L. Alfonsi, G. De Franceschi, V. Romano, A. Bourdillon, M. Le Huy: GPS scintillations and TEC gradients at equatorial latitudes on April 2006, Adv. Space Res. **47**(10), 1750–1757(2011)

6.67 A. M. Smith, C. N. Mitchell, R. J. Watson, R. W. Meggs, P. M. Kintner, K. Kauristie, F. Honary: GPS scintillation in the high arctic associated with an auroral arc, Space Weather **6**(S03D01), 1–7(2008)

6.68 S. Fukao, T. Yokoyama, T. Tayama, M. Yamamoto, T. Maruyama, S. Saito: Eastward traverse of equatorial plasma plumes observed with the equatorial atmosphere radar in Indonesia, Ann. Geophysicae. **24**(5), 1411–1418(2006)

6.69 M. Nishioka, A. Saito, T. Tsugawa: Occurrence characteristics of plasma bubble derived from global ground-based GPS receiver networks, J. Geophys. Res. **113**(A05301), 1–12(2008)

6.70 S. Basu, E. MacKenzie, S. Basu: Ionospheric constraints on VHF/UHF communication links during solar maximum and minimum period, Radio Sci. **23**(3), 363–378(1988)

6.71 J. A. Secan, R. M. Bussey, E. J. Fremouw, S. Basu: High-latitude upgrade to the wideband ionospheric scintillation model, Radio Sci. **32**(4), 1567–1574(1997)

6.72 Y. Beniguel: Global ionospheric propagation model (GIM): A propagation model for scintillations of transmitted signals, Radio Sci. **32**(3), 1–13(2002)

6.73 Y. Beniguel, P. Hamel: A global ionosphere scintillation propagation model for equatorial regions, J. Space Weather Space Clim. **1**(A04), 1–8(2011)

6.74 A. Komjathy, L. Sparks, A. J. Mannucci, A. Coster: The ionospheric impact of the October 2003 stormevent on WAAS, Proc. ION GNSS 2004, Long Beach(ION, Virginia 2004) pp. 1298–1307

6.75 T. Sakai, T. Yoshihara, S. Saito, K. Matsunaga, K. Hoshinoo, T. Walter: Modeling vertical structure of ionosphere for SBAS, Proc. ION GNSS 2009, Savannah (ION, Virginia 2009) pp. 1257–1267

6.76 A. J. Mannucci, B. Iijima, L. Sparks, X. Pi, B. Wilson, B. U. Lindqwister: Assessment of global TEC mapping using a three-dimensional electron density model, J. Atmos. Sol. Terr. Phys. **61**, 1227–1236(1999)

6.77 M. Hernandez-Pajares, J. M. Juan, J. Sanz, M. Garcia-Fernandez: Towards a more realistic ionospheric mapping function, Proc. XXVIII URSI Gen. Assembly, Delhi(URSI, Ghent 2005) pp. 1–4

6.78 M. M. Hoque-Pajares, N. Jakowski: Mitigation of ionospheric mapping function error, Proc. ION GNSS 2013, Nashville(ION, Virginia 2013) pp. 1848–1855

6.79 J. A. Klobuchar: Ionospheric time-delay algorithm for single-frequency GPS users, IEEE Trans. Aerosp. Electron. Syst. **23**(3), 325–331(1987)

6.80 X. Wu, X. Hu, G. Wang, H. Zhong, C. Tang: Evaluation of COMPASS ionospheric model in GNSS positioning, Adv. Space Res. **51**(6), 959-968(2013)

6.81 G. Hochegger, B. Nava, S. Radicella, R. Leitinger: A family of ionospheric models for different uses, Phys. Chem. Earth **25**(4), 307-310(2000), Part C

6.82 S. M. Radicella, R. Leitinger: The evolution of the DGR approach to model electron density profiles, Adv. Space Res. **27**(1), 35-40(2001)

6.83 B. Nava, P. Coisson, S. M. Radicella: A new version of the NeQuick ionosphere electron density model, J. Atmos. Sol. -Terr. Phys. **70**(15), 1856-1862(2008)

6.84 D. Bilitza: International reference ionosphere, Radio Sci. **36**(2), 261-275(2001)

6.85 W. B. Jones, R. M. Gallet: The representation of diurnal and geographical variations of ionospheric data by numerical methods, ITU Telecomm. J. **29**(5), 129-149(1962)

6.86 K. Rawer: *Meteorological and Astronomical Influences on Radio Wave Propagation* (Academic, New York 1963) pp. 221-250

6.87 European GNSS(Galileo) Open Service: Ionospheric correction algorithm for Galileo single frequency users, Iss. 1.1, Feb. 2015(EU 2015), doi: 10.2873/723786

6.88 R. Orus-Perez, R. Prieto-Cerdeira, B. Arbesser-Rastburg: The Galileo single-frequency ionospheric correction and positioning observed near the solar cycle 24 maximum, Proc. 4th Int. Coll. Sci. Fundam. Asp. the Galileo Prog., Prague(ESA, Noordwijk 2013)

6.89 N. Jakowski, M. M. Hoque, C. Mayer: A new global TEC model for estimating transionospheric radio wave propagation errors, J. Geodesy **85**(12), 965-974(2011)

6.90 N. Jakowski, C. Mayer, M. M. Hoque, V. Wilken: TEC models and their use in ionosphere monitoring, Radio Sci. **46**(RS0D18), 1-11(2011)

6.91 N. Jakowski, E. Sardon, S. Schlueter: GPS-based TEC observations in comparison with IRI95 and the European TEC model NTCM2, Adv. Space Res. **22**(6), 803-806(1998)

6.92 S. Schaer: Mapping and Predicting the Earth's Ionosphere Using the Global Positioning System, Ph. D. Thesis(Astronomical Institute, Univ. Bern, Berne 1999)

6.93 M. Hernandez-Pajares, J. M. Juan, J. Sanz, R. Orus, A. Garcia-Rigo, J. Feltens, A. Komjathy, S. C. Schaer, A. Krankowski: The IGS VTEC maps: A reliable source of ionospheric information since 1998, J. Geodesy **83**(3/4), 263-275(2009)

6.94 J. M. Dow, R. E. Neilan, C. Rizos: The international GNSS service in a changing landscape of global navigation satellite systems, J. Geodesy **83**(3/4), 191-198(2009)

6.95 N. Jakowski, M. M. Hoque: Ionospheric range error correction models, Proc. Int. Conf. Localiz. GNSS (ICL-GNSS), Starnberg(2012) pp. 1-6

6.96 E. A. Araujo-Pradere, T. J. Fuller-Rowell, D. Bilitza: Validation of the STORMresponse in IRI2000, J. Geophys. Res. Space Phys. **108**(A3), 1-10(2003)

6.97 D. Bilitza: *International Reference Ionosphere* (NASA GSFC, Greenbelt) http://iri.gsfc.nasa.gov/

6.98 P. Coisson, S. M. Radicella, R. Leitinger, B. Nava: Topside electron density in IRI and NeQuick: Features and limitations, Adv. Space Res. **37**(5), 937-942(2006)

6.99 A. Q. Le, C. C. J. M. Tiberius, H. van der Marel, N. Jakowski: Use of global and regional ionosphere maps for single-frequency precise point positioning. In: *Observing our Changing Earth*, ed. by M. G. Sideris (Springer, Berlin 2008) pp. 759-769

6.100　T. P. Yunck: Coping with the atmosphere and ionosphere in precise satellite and ground positioning. In: *Environmental Effects on Spacecraft Positioning and Trajectories*, ed. by A. V. Jones (AGU, Washington 1992) pp. 1–16

6.101　T. Schuler, H. Diessongo, Y. Poku-Gyamfi: Precise ionosphere-free single-frequency GNSS positioning, GPS Solutions **15**(2), 139–147(2011)

6.102　O. Montenbruck, T. V. Helleputte, R. Kroes, E. Gill: Reduced dynamic orbit determination using GPS code and carrier measurements, Aerosp. Sci. Technol. **9**(3), 261–271(2005)

6.103　T. Schuler, O. Abel Oladipo: Single-frequency GNSS retrieval of vertical total electron content (VTEC) with GPS L1 and Galileo E5 measurements, J. Space Weather Space Clim. **3**(A11), 1–8(2013)

6.104　N. Jakowski: Ionospheric GPS radio occultation measurements on board CHAMP, GPS Solutions **9**(2), 88–95(2005)

6.105　S. Datta-Barua, T. Walter, J. Blanch, P. Enge: Bounding higher-order ionosphere errors for the dual-frequency GPS user, Radio Sci. **43**(RS5010), 1–15(2008)

6.106　M. Hoque, N. Jakowski: Mitigation of higher order ionospheric effects on GNSS users in Europe, GPS Solutions **12**(2), 87–97(2007)

# B 部分

# 卫星导航系统

# 第7章 全球定位系统

**Christopher J. Hegarty**

本章对美国的全球定位系统(GPS)进行了全面综述。GPS 于 1995 年宣布全面运行,成为第一个运行的全球卫星导航系统(GNSS)核心星座。本章首先描述了其空间段,对不同类型卫星的关键特征进行介绍。然后,概述了控制段的运行和能力演进。之后描述了当前和未来的 GPS 信号,并介绍了导航数据内容。紧接着描述了 GPS 所使用的时间系统和坐标系统。最后简要介绍 GPS 的服务和性能。

全球定位系统(GPS)[7.1-7.4]是由美国运营的卫星导航系统。该系统包括一个由中圆地球轨道(MEO)的 24 颗标称卫星组成的星座以及监控这些卫星的全球地面网络。GPS 计划始于 20 世纪 70 年代初,于 1995 年宣布完全(全面)运行。在国际上,GPS 星座仅被认为是全球卫星导航系统(GNSS)的一个组成部分。本章将对 GPS 进行概述,包括其空间、控制段(CS)、信号、服务和性能。

## 7.1 空间段

### 7.1.1 星座设计与管理

GPS 星座由轨道半径为 26559km[7.5](表 7.1)的圆轨道上的 24 颗卫星组成。卫星轨道相对赤道平面的倾角为 55°。24 颗卫星处于 6 个轨道面中,每个轨道面包含 4 颗卫星,它们在绕地球自转轴的方向上均匀分布。6 个轨道面分别用一个字母标识,从 A 到 F。在某个指定历元的 24 个卫星的位置称为轨道位置(slot),用字母-数字组合命名。例如,A1 为 A 轨道面中第一颗卫星的轨位。表 7.1[7.5]中给出了 1993 年 7 月 1 日协调世界时(UTC)00 时 00 分 00 秒的标称轨位。该历元的格林尼治时角为 18 时 36 分 14.4 秒。

表 7.1 标称 GPS 星座参数

| 参数 | 值 |
| --- | --- |
| 运行卫星数量 | 24 |
| 轨道平面数量 | 6 |
| 一个轨道面中的卫星数量 | 4 |
| 轨道类型 | 近圆轨道 |
| 偏心率 | $e<0.02$ |

续表

| 参数 | 值 |
| --- | --- |
| 倾角 | $i=55°$ |
| 标称轨道高度 | $h=20180km$ |
| 卫星运行周期 | $T=11h58min$ |
| 轨道面升交点赤经差 | $\Delta\Omega=60°$ |
| 地面轨迹重复周期 | 2 轨道/1 个恒星日 |

如图 7.1 所示,每个轨道面中的 4 个轨位间隔是不对称的。这一设计是为了应对可能发生的卫星失效[7.6]。选择这一轨道高度部分原因是为了在只有部分 GPS 星座卫星在轨时,支撑早期系统测试。标称高度提供 0.5 个恒星日(约 11h58min)的轨道运行周期,因此卫星地面轨迹每天重复(图 7.2)。虽然重复的地面轨迹便于规划特定的 GPS 应用,

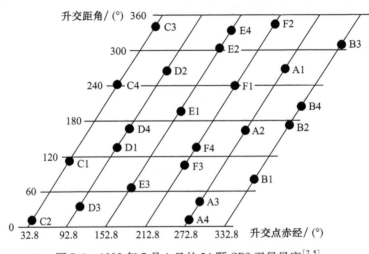

图 7.1 1993 年 7 月 1 日的 24 颗 GPS 卫星星座[7.5]

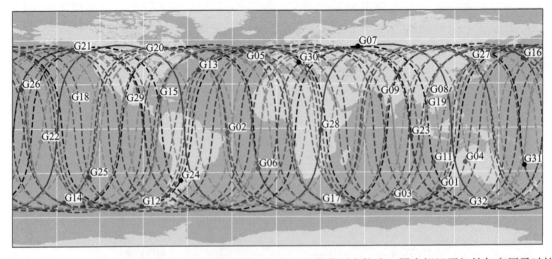

图 7.2 2015 年 9 月 1 日 00:00~24:00(UTC 时间)的 GPS 卫星星下点轨迹。图中标记了初始午夜历元时的位置,用不同颜色区分 6 个轨道平面(黑色:A;红色:B;绿色:C;蓝色:D;橙色:E;浅紫色:F)(见彩图)

但会由于地球重力场的不均匀导致每颗GPS卫星上有多个共振力,从而进一步需要地面站更频繁地进行卫星姿态机动调整。当前星座设计也曾受到许多历史局限(目前已不存在)的影响,包括早期使用航天飞机发射GPS的计划,但(该计划)在"挑战者"号航天飞机爆炸坠毁事故后被终止。

近些年,GPS星座已经拥有多达31颗的运行卫星。24颗卫星之后的3颗星放到了基线24星星座[7.5]中的可扩充轨位。B1、D2和F2三个轨位中,每个轨位可分成表7.2所列的两个轨位,以容纳星座中总共27颗星。"多余"卫星(超出27颗卫星之外的运行卫星)一般放在预期被最快替换的卫星附近位置。

表7.2 基线GPS 24卫星星座中的可扩充轨道位置

| 可扩充轨道位置 | | 升交点赤经(RAAN) | 升交距角 |
| --- | --- | --- | --- |
| B1扩充为 | B1F | 332.847° | 94.916° |
| | B1A | 332.847° | 66.356° |
| D2扩充为 | D2F | 92.847° | 282.676° |
| | D2A | 92.847° | 257.976° |
| F2扩充为 | F2F | 212.847° | 0.456° |
| | F2A | 212.847° | 334.016° |

与任何其他卫星星座一样,GPS星座也需要偶尔在地面站的控制下进行姿态机动控制,让GPS卫星保持在其标称位置(轨位)附近。GPS卫星姿态机动控制按需要执行(通常每颗卫星每1~2年一次),目标是让每颗卫星轨道的偏心率保持在0~0.02范围内,倾角保持在52°~58°范围内,升交距角间隔在4°标称值以内[7.5]。当一颗GPS卫星达到寿命末期时,其导航信号会关闭,卫星会被推送到约500km外的废弃轨道[7.7]。

## 7.1.2 GPS卫星

从1978年至今,有67颗卫星成功发射入轨,其中31颗目前正在运行。冗余原子钟(铷原子钟和/或铯原子钟)是每颗卫星的关键器件,有了它们就可以广播与通用时标精确同步的信号。随着时间的推移,卫星的能力在不断提高,它们的尺寸、重量和成本也不断增长。表7.3列出了每种卫星类型的一些关键特征。

表7.3 GPS卫星总览

| 参数 | Block I | Block II/IIA | Block IIR/IIR-M | Block IIF | GPS III |
| --- | --- | --- | --- | --- | --- |
| 首次发射 | 1978 | 1989 | 1997 | 2010 | 2017(计划) |
| 制造商 | 罗克韦尔国际公司 | 罗克韦尔国际公司 | 通用电气公司宇宙空间部(现为洛克希德·马丁公司) | 罗克韦尔国际公司(现为波音公司) | 洛克希德·马丁公司 |
| 设计寿命/年 | 5 | 7.5 | 7.5 | 12 | 15 |
| 质量/kg | 450 | >850 | 1080 | 1630 | 2200 |

续表

| 参数 | Block Ⅰ | Block Ⅱ/ⅡA | Block ⅡR/ⅡR-M | Block ⅡF | GPS Ⅲ |
|---|---|---|---|---|---|
| 系统功率/W | 400 | 700 | 1140 | 2610 | 4480 |
| 太阳能电池板尺寸/m² | 5 | 7.2 | 13.6 | 22.2 | 28.5 |
| 导航有效载荷 | | | | | |
| 时钟 | 铷钟、铯钟 | 铯钟、铷钟 | 铷钟 | 铯钟,铷钟 | 铷钟 |
| 时钟日稳定性 | $2\times10^{-13}$、$1\times10^{-13}$ | $1\times10^{-13}$、$5\times10^{-14}$ | $1\times10^{-14}$ | $1\times10^{-13}$、$0.5\sim1\times10^{-14}$ | $5\times10^{-14}$ |
| 信号 | L1、L2 | L1、L2 | L1、L2 | L1、L2、L5 | L1、L2、L5 |
| 交叉链路 | | × | × | × | × |
| 激光反射器 | — | ×(太空载具编号(SVN)35、36) | — | — | ×(后续卫星) |

1. Block Ⅰ 卫星

1974 年 8 月,罗克韦尔国际公司(rockwell international)获得了一套 GPS 测试卫星建造和发射合同,该 GPS 测试卫星系列称为 Block Ⅰ 空间飞行器(SV)。11 颗 Block Ⅰ 卫星以 GPS 空间飞行器编号(SVN)1~11 命名,分别在 1978 年 2 月至 1985 年 10 月间用改造的"宇宙神-E/F"洲际弹道导弹从范登堡空军基地(洛杉矶西北约 230km)发射上天。11 颗卫星除一颗以外全部成功入轨。例外的一颗卫星是 SVN 7,它于 1981 年 12 月由于发射火箭故障被毁坏。所有 Block Ⅰ 卫星都配备 3 个铷钟,后 8 颗还额外配备铯钟[7,9]。Block Ⅰ 卫星在轨质量约 450kg,展开后太阳能电池板的端对端翼展为 5.3m。Block Ⅰ 卫星电源系统包括 2 个太阳能电池板,组合面积 5m²,可提供约 400W 功率,以及多块镍镉(NiCd)电池用于储存能量。Block Ⅰ 最后 6 颗卫星以及所有后续 GPS 卫星模块都携带一个额外的有效载荷,用于探测地球大气层和临近空间的核爆炸。Block Ⅰ 卫星设计寿命 5 年,但有些卫星服役 10 年以上。最后一颗 Block Ⅰ 卫星于 1995 年末退役。

2. Block Ⅱ/ⅡA 卫星

1983 年,罗克韦尔国际公司获得 28 颗 GPS 卫星的建造和发射合同,这些卫星被称为 Block Ⅱ。1984 年 3 月,美国决定修改第 10 颗卫星和后续 Block Ⅱ 卫星,除新增几项功能外,还允许在不与地面联络的情况下延长运行时间至 180 天。修改后的卫星称为 Block ⅡA。在 1989 年 2 月至 1997 年 11 月之间发射了 9 颗 Block Ⅱ 和 19 颗 Block ⅡA 卫星。所有这些卫星都配备有 2 个铷钟和 1 个铯钟。设计寿命为 7.5 年。截至目前(2015 年),仅剩 3 颗 Block ⅡA 卫星还在运行,其余 Block Ⅱ/ⅡA 卫星均已退役。

Block ⅡA 卫星如图 7.3 所示。在卫星主体两侧可以看到两个太阳能电池板。太阳能电池板覆盖面积 7.2m²,是 700W 电源系统的一部分,电源系统还包括用于储能的镍镉电池。卫星翼展与 Block Ⅰ 卫星大致相同,为 5.3m。在轨质量 990kg,比 Block Ⅰ 卫星重得多,比 850kg 的 Block Ⅱ 卫星稍重。在卫星主体上可以看到有一个阵列天线,天线有 12 个螺旋状阵元,排列成两个同心环(外环 8 个,内环 4 个)。该阵列天线用于从卫星向地球播发 L 波段导航信号。该 L 波段天线视轴朝向地球中心。此设计是为了将主要辐射功率都指向大部分 GPS 用户所在的地球表面区域。该天线是一种宽带天线，在 1575 MHz 处的峰值增益为 13.2 dBi。天线增益图也进行了优化，在地球表面提供近均匀接收功率电平[7.10]。

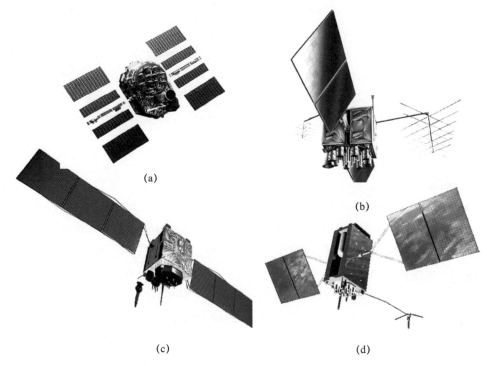

图 7.3　GPS 卫星族
(a) Block ⅡA；(b) Block ⅡR；(c) Block ⅡF；(d) GPS Ⅲ。

为此，视轴处(此处距地球表面更近因此路径损耗更低)的增益比视轴外 13.8°角处(对应于地球边缘)要低。

卫星采用特高频(UHF)星间链路在卫星间中继核检测(NUDET)传感器数据。如图 7.3 所示，在卫星舱壁的 L 波段地球覆盖天线之下可以看到 NUDET 相关传感器以及一部 S 波段跟踪、遥测和控制(TT 和 C)天线。

两颗 Block ⅡA 卫星——SVN 35 和 SVN 36，带有卫星激光反射器。这两颗卫星目前均已退役。

3. Block ⅡR 和 ⅡR-M 卫星

21 颗 Block ⅡR(R 代表补充)GPS 卫星合同于 1989 年授予了通用电气公司宇宙航天部(现为洛克希德·马丁公司)[7.11]。最后 8 颗 ⅡR 卫星进行了现代化改造(在之后章节中进行讨论)，现叫 Block ⅡR-M[7.12]。其余 13 颗 Block ⅡR 卫星于 1997 年 1 月至 2004 年 11 月间发射。第一颗 Block ⅡR 卫星 ⅡR-1 于 1997 年 1 月发射失败被毁。到目前为止(2015 年)，剩下的所有 Block ⅡR 卫星仍在运行。Block ⅡR 和 ⅡR-M 卫星都配备 3 个铷钟。设计寿命为 7.5 年。电源由两个面积为 13.6m$^2$ 的太阳能电池板提供，功率为1140W，采用镍氢($NiH_2$)电池储存能量。

L波段导航信号播发也采用与早期Block Ⅱ/ⅡA卫星类似的12元阵列设计。ⅡR L波段天线增益方向图比ⅡA天线增益方向图稍窄，可向地面GPS用户提供更高的功率，但提供给某些特定轨道上的航天器GPS接收机的功率则稍低。最后4颗ⅡR和所有8颗ⅡR-M卫星均采纳了改善后的天线设计，这使得朝向地球的增益进一步增加（但对于相对数量少得多的空间用户，提供的功率则进一步降低）[7.13]。

2005年9月至2009年8月共发射了8颗Block ⅡR-M卫星。这些卫星增加了新的民用和军用信号[7.14]，详见7.3节。第7颗Block ⅡR-M卫星(SVN 49)载有一个用于第三个民用GPS信号（称为L5）的试验有效载荷，见7.3节。不幸的是，这一试验载荷与主用的L波段导航载荷信号间产生多径反射[7.15]，因此该卫星从其发射以来就处于不健康状态。

4. Block ⅡF卫星

GPS Block ⅡF(F代表后续)的建造合同于1996年被授予了罗克韦尔国际公司(现为波音公司)。初始合同包括多达33颗卫星的交易选择权，但仅采购了12颗。每颗Block ⅡF卫星[7.16-7.17]（图7.3)端到端约17.5m。6个太阳能板与砷化镓(GaAs)太阳能电池组装在一起，总面积22.2$m^2$，提供了主要的电力。电源系统还包括镍氢($NiH_2$)电池，可在卫星12年设计寿命结束时仍然提供2610W的电力。卫星在轨质量约1630kg。ⅡF卫星提供Block ⅡR-M卫星提供的所有导航信号，还额外提供了一个新的1176.45MHz民用信号(7.3节)。第一颗Block ⅡF卫星于2010年5月发射。截至2015年，12颗ⅡF卫星中已有9颗完成发射。

5. GPS Ⅲ卫星

2008年5月，美国空军授予洛克希德·马丁公司一份开发第三代GPS卫星的合同。该合同要求交付2颗卫星，并有多达十颗的交易选择权。这些卫星最初被称为Block Ⅲ，但现称为GPS Ⅲ。这些卫星预计将于2017年开始发射[7.18]。每颗GPS Ⅲ卫星配备有3个铷钟，除Block ⅡF卫星播发的所有导航信号外还将提供第4个民用GPS导航信号(7.3节)。电源系统包括总面积28.5$m^2$的4个砷化镓太阳能电池板以及镍氢电池，可在15年设计寿命结束时仍然提供4480W功率。卫星主体尺寸约3.4m×2.5m×1.8m。预计以后的GPS Ⅲ卫星将重新搭载卫星激光反射器，这一能力从Block ⅡA卫星SVN 35和SVN 36退役后在GPS上就未曾见过(7.12节)。此外，以后的GPS Ⅲ卫星还计划搭载搜救(SAR)载荷。这种搜救载荷可与国际搜索和救援卫星International Cospas-Sarsat系统互操作。

6. 发射运营

Block Ⅰ GPS卫星从美国加利福尼亚州范登堡空军基地发射。之后所有卫星则均从美国佛罗里达州的卡纳维拉尔角空军基地发射。Block Ⅰ卫星采用"宇宙神-E/F"运载火箭发射，Block Ⅱ、ⅡA和ⅡR-M则采用了"德尔塔Ⅱ"运载火箭发射。"宇宙神-F"和"德尔塔Ⅱ"（图7.4)运载火箭的推力都不足，不能将卫星直接推入最终MEO圆轨道，但可将卫星推入最终圆轨道附近的高度约20000km高度椭圆形转移轨道远地点。然后利用卫星上的远地点加速发动机(AKM)将卫星送入最终的圆轨道。Block ⅡF 卫星则利用改进型消耗性运载火箭(EELV)发射,它包含"德尔塔Ⅳ"和"宇宙神 V"助推器(图 7.4)。这些运载火箭推力大,可将ⅡF 卫星直接送入其最终圆轨道,无须借助远地点加速发动机。GPS Ⅲ卫星也将利用 EELV 发射。然而,这些卫星的质量要比 Block ⅡF 卫星大得多,进入最终圆轨道还需要液体远地点发动机。

图 7.4 GPS 运载火箭(美国空军提供(a)和联合发射联盟公司提供(b,c,d))
(a)"宇宙神-F"SGSI;(b)"德尔塔Ⅱ";(c)"宇宙神 V";(d)"德尔塔Ⅳ"。

为进行发射,每颗 GPS 卫星都配置成一个收起的状态,例如,太阳能电池板朝向卫星侧面折叠起来。卫星则装在运载火箭顶部,放入一个载荷整流罩中。整流罩是一个罩子,最终会分裂脱离卫星,但可以在卫星在地球大气层中上升时起到保护作用。从这一点来看,不同 Block 卫星的具体发射细节都不一样。比如,2011 年 8 月 17 日的最近一次 Block ⅡR-M 卫星发射采用的是 7925 配置的三级"德尔塔Ⅱ"运载火箭。这种圆柱形运载火箭的尺寸约为 38m×2.4m。一级(主级)火箭底部长 26m,燃料采用的是存放在运载火箭大燃料罐中的液态氧和火箭推进剂混合物。一级火箭辅助有捆绑在其基座上的 9 个更小的固体火箭发动机。发射时($t=0s$),火箭主级和其中 6 个固体火箭发动机点燃。约 1min 后,这 6 个地面启动的固体火箭发动机耗尽并被丢弃,剩下的 3 个固体火箭发动机被点燃。这 3 个固体火箭发动机在 $t=128$ 秒时燃尽并在不久之后被丢弃。主发动机在 $t=263$ 秒时切断并与火箭其他部分分离。火箭第二级为可多次重新启动的自燃火箭发动机,由航空喷气发动机(Aerojet)公司制造,于 $t=277$ 秒时点火。火箭第二级包括飞行引导电子装置。在 20s 后,即 $t=297s$ 时有效载荷整流罩被丢弃。在经过一系列姿态机动调整及首次切断和重启后,火箭二级最后切断并在大约 $t=1h$ 时丢弃。然后三级火箭(固体火箭发动机)点火,在燃烧不到 2min 后被切断。$t=1h8min$ 时卫星与三级火箭分离,并在 $t=4h3min$ 时到达转移轨道的第一个远地点。2011 年 8 月 19 日,这颗ⅡR-M 卫星使用其远地点辅助反冲电动机上升到最终圆形轨道。

7. 姿态控制

GPS卫星绕地球轨道飞行时,通过3轴稳定,可以同时将L波段导航天线指向地球并将其太阳能电池板朝向太阳。地球指向精度一般远小于0.5°。为达到这些目标,需要不断绕L波段天线视轴方向摆动(yawing)。姿态控制利用动量轮、磁矩和地-日传感器完成,不同Block卫星的系统设计都有所不同。建立卫星偏航(yaw)模型对于许多高精度定位应用非常重要,特别是在当卫星轨道的一部分由于太阳被地球遮挡而隐藏起来时(19章和25章)。适用于Block Ⅱ/ⅡA、ⅡR和ⅡF的偏航模型见文献[7.20-7.22]。

## 7.2 控制段

### 7.2.1 概览

GPS卫星由被称为GPS控制段的地面网监测、指挥和控制。控制段包括位于美国科罗拉多州施里弗空军基地的主控站(MCS)(图7.5)和由监测站和地面天线组成的全球监测网络(图7.6)。监测站包括高精度GPS接收机,这些接收机利用带有半球形(所有方向均在当地水平面以上)增益天线跟踪每颗可见卫星播发的L波段导航信号。测量值会不断送回中央主控站。

图7.5 科罗拉多州施里弗空军基地,GPS主控站站址(美国空军提供)

主控站包括测量值的计算处理设备,以生成GPS卫星位置、卫星速度、钟差以及钟漂等估计值。主控站每周7天,每天24h有人值守。训练有素的美国空军人员还要监测GPS卫星健康状态并管理卫星姿态机动调整和上注导航数据。

高增益、高指向性地面天线用于读取来自GPS卫星的遥测数据,并提供命令和导航数据的上行传输链路。这一TT&C功能是使用美国空军空间地面链路子系统(SGLS)规划的信号频段完成传输,上行链路频率为1783.74 MHz,下行链路频率为2227.50MHz。地面天线口径很大(约为10m),必须指向一颗GPS卫星,因此需要主控站操作人员进行规划。

日常导航数据上注按如下步骤执行:如上所述,主控站处理设备会不断估算卫星位置和钟差参数。这些设备还会对未来数天的参数进行预测,如卫星未来的位置,以及未来预期的钟差。卫星不同,具体预测时间框架也不一样。一般主控站会按计划每天与每颗GPS卫星进行一次地面联络。时钟、星历以及其他数据会上注到卫星,以供卫星可以在一天或多天向GPS用户播发导航数据(7.4.4节)而无须进行额外的地面联络。操作人员每天会非常忙碌,因为近些年来有31颗卫星需要上注数据,因而至少每45min必须完成一

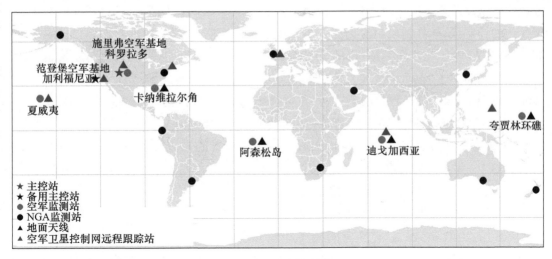

图 7.6　GPS 控制段

次上注任务,这样整个星座才能在一天之内完成上注任务。此外,时钟性能不好的卫星可能需要更频繁上注(如一天两次),才能维持所需的精度水平,而对卫星的任何异常行为都需要加以管理。

## 7.2.2　能力演进

从 GPS 计划一开始,控制站就经历了多次重大转变。1974 年 9 月,初始控制段(ICS)合同授予了通用动力公司。初始控制段包括 4 个监测站,分别位于夏威夷、阿拉斯加、关岛和范登堡空军基地,它们为位于范登堡空军基地的主控站提供测量数据。有一个单一注入站(ULS)位于范登堡,向 GPS 卫星上注导航数据。在 1978 年到 1985 年间,初始控制段的运行主要是为在美国亚利桑那州尤马市的系统开发和用户设备测试提供支持。

1980 年 9 月,IBM 公司联邦系统分部获得了运行控制系统(OCS)开发合同[7.2,7.3,7.24]。该运行控制段于 1985 年开始运行,并一直使用到 2007 年。该运行控制段最初包括 6 个监测站(图 7.6 中标记为空军监测站)和 4 个专用接地天线(图 7.6)。如图 7.6 所示,由国家地理空间情报局(NGA)运营的 10 个附加监测站中,有 8 个是在 2005—2006 年增加的(图 7.6 显示了除阿拉斯加和韩国外的所有监测站)。增加的这 8 个 NGA 监测站是一项称为"精度改进计划"(legacy accuracy improvement initiative,L-AII)的一部分,该计划还包括对运行控制段数据处理算法的改进[7.25]。主控站最初位于范登堡空军基地,但之后于 1986 年迁到了猎鹰空军基地(现为施里弗空军基地)。主控站的数据处理工作由 IBM 大型计算机执行。位于美国马里兰州盖瑟斯堡的备用主控站也于几年后投入运行。

1996 年,洛克希德·马丁公司获得了一份对运行控制段现代化升级改造的合同。当时,洛克希德·马丁公司已经收购了之前的 IBM 公司联邦系统分部(最初的运行控制段开发者)。2000 年,作为 GPS Block ⅡF 卫星采购工作的一部分,波音公司成了运行控制段现代化升级改造工作的总承包商,而洛克希德·马丁公司则作为分包商开发和部署了现代化的控制段,该控制段目前仍在使用。现代化运行控制段软、硬件套件称为体系架构演进计划(AEP)[7.24]。体系演进计划于2007年9月开始运行,它最初包括与原始运行控制段相同的监测站、地面天线和主控站站点。主控站采用分布式SUN工作站集合。当体系演进计划于2007年9月首次运行时,在范登堡空军基地引入了备用主控站(AMCS),并增强了与美国空军卫星控制网(AFSCN)的兼容性。尽管美国空军卫星控制网不是专用于GPS,但必要时可利用AFSCN地面天线指挥或向GPS卫星上注数据,以及下传遥测数据。2008年,体系架构演进计划又增加了2个NGA监测站(位于阿拉斯加和韩国)。最终地面设施如图7.6所示。

控制段(CS)的进一步发展计划在称为GPS下一代运行控制段(OCX)的项目中进行[7.26-7.27]。2010年,OCX项目合同授予了雷声公司。OCX将分成几个Block部署。Block 0将为美国空军提供支持GPS Ⅲ卫星发射和运行性能检验的能力。Block Ⅰ将增加允许从AEP到OCX迁移功能。目前,从AEP到OCX Block Ⅰ的切换预计将在2018年进行。

### 7.2.3 运行

控制段监测站利用键控(keyed)大地测量型接收机连续跟踪来自可见卫星的GPS L1和L2的P(Y)码信号。每个监测站还包括多种附加组件,包括一部GPS天线、冗余铯钟、气象传感器(目前未使用)、工作站以及通信设备。每个监测站每1.5s向主控站发送伪距、载波相位测量值、解调后的导航数据以及信号接收质量指标。

主控站(或备选主控站)会针对监测站测量值的各种误差进行校正,并编辑数据,然后将结果输入至扩展卡尔曼滤波器。利用伪距和载波相位测量值的标准线性组合消除电离层延迟(7.4.3节)。对流层延迟则利用Niell-Saastamoinen模型校正[7.28]。数据编辑[7.2,7.3]可以保护卡尔曼滤波器免受可疑测量值影响。

主控站卡尔曼滤波器的测量更新率和输出估计速度为15min。卡尔曼滤波器的输出称为估计状态,具体如下:

(1)对于每颗正在运行的GPS卫星:3个位置坐标和3个速度分量均采用地心惯性坐标系;2个太阳光压参数;3个钟差参数(钟差及其一阶和二阶导数)。

(2)对于每个监测站:对流层湿高度(wet height)和2个时钟参数(钟差及其一阶导数)。

对于整个运行GPS星座(2015年时有31颗星)和监测站网络(2015年为16个站)来说,在每个更新周期,卡尔曼滤波器要估算大量参数——超过380个。像目前的体系演进计划(AEP)一样,为降低复杂度,卡尔曼滤波器会将状态进行划分。为实现数值稳定,采用了卡尔曼滤波公式的上对线(U-D)形式[7.3]。

一旦控制段有了卫星位置坐标和钟差的卡尔曼滤波估计值,还需要进行附加处理,以预测未来这些参数如何随时间变化。即使控制段不再提供卫星上传数据,GPS的设计也可以连续提供更长时间的导航服务。Block ⅡA、ⅡR、ⅡR-M 以及ⅡF 卫星加载了最少 60 天的导航数据[7.29]。无论是卫星位置的卡尔曼滤波估计还是这些位置的时间前向预测，都需要控制段内有详细的力学模型。目前，主控站使用的 GPS 卫星力学模型包括[7.3,7.24-7.25]：

（1）1996 地球重力场模型（EGM），提供 12×12 球谐系数。

（2）日-月引力。

（3）地球固体潮汐模型[7.30]。

（4）喷气推进实验室（JPL）太阳辐射压力经验模型。

（5）地球定向参数的区域性校正和周日-半周日潮汐校正（zonal and diurnal-semidiurnal tidal orrections）。

当 OCX 投入运行时，有望利用改进的测量处理能力和卫星力学模型，大幅降低控制段对整个 GPS 误差估计的影响[7.26-7.27]。

GPS 控制段包含多个与外部系统的接口。美国国家地理空间情报局（NGA）提供来自 NGA 监测站的数据，以及控制段卡尔曼滤波进行 ECI-ECEF 坐标变换所需的地球定向参数预测（EOPP）[7.31]。美国海军天文台（USNO）提供保持 GPS 时间与协调世界时（UTC）同步所需的时间服务。这些服务包括维护美国海军天文台的备用主钟，该时钟于 1996 年在施里弗空军基地安装并投入使用。喷气推进实验室（JPL）提供了 GPS 卫星硬件引起的不同载频信号间的群时延偏差估计[7.32]。

最后，GPS 控制段会产生许多数据文件，供 GPS 用户使用，包括星座历书和对导航用户通告（NANU）。这些数据文件由美国海岸警卫队提供给公众使用，文件说明参见文献[7.33]。

## 7.3　导航信号

本节概述了现在及未来的 GPS 导航信号。GPS 导航信号的所有分量的时间频率均源于一个由主动型原子钟驱动的星载频率合成器。该星载频率合成器的主要目的是为地表或近地表用户产生一个 10.23 MHz 频率基准。由于狭义和广义相对论的综合影响，随着卫星的运动，所观察到的频率将是一个频率稍低的基础时钟频率，约 10.229999995453MHz[7.2]。

### 7.3.1　传统信号

31 颗运行的卫星中早先的 15 颗（包括到 2004 年发射完成的 Block ⅡA 和ⅡR 卫星）仅播发现在所称的传统 GPS 信号。传统 GPS 信号包括 L1 频点（中心频率为 1575.42MHz）信号链路上的粗/捕获（C/A）码以及 L1 和 L2 频点（中心频率为 1227.6MHz）信号链路上的精确（P）码信号[7.29]。C/A 码已开放（不加密）。P 码信号仅用于授权（军事）用途，通常加密。当 P 码处于加密运行模式时，其正式名称为 Y 码。无论在哪种运行模式，该信号最通常的叫法都是 P(Y)码。

两个传统 GPS 信号均采用直接序列扩频(DSSS)调制,如图 7.7 所示。DSSS 信号可以由以下三个分量之积形成:

(1) 一个射频(RF)载波;
(2) 一个数据波形;
(3) 一个扩频波形。

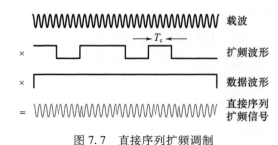

图 7.7　直接序列扩频调制

对于 C/A 码或 P(Y)码,RF 载波只是一个频率为 L1 或 L2 的纯正弦波。数据波形则是以 50Hz 频率产生的一系列连续的 20ms 单位振幅的矩形脉冲,脉冲极性由二进制 50b/s 速率的导航数据决定,并从卫星传送到用户。扩频波形则是使用一个确定的数字伪随机噪声(PRN)码产生的连续矩形脉冲系列。扩频波形中两次翻转间的最小周期称为一个码片,记为 $T_c$,该周期的倒数称为码片速率,记为 $R_c$,它是二进制 PRN 码的时钟频率。

用于 C/A 码信号的 PRN 码取自 1023 长度的 Gold 码[7.34]系列,并以 1.023 MHz 频率生成。每颗 GPS 卫星播发的每种信号类型都采用唯一的 PRN。Y 码的 PRN 码利用私有密钥加密产生,频率为 10.23 MHz。Y 码的算法和密钥只有授权(例如军事)用户才能使用。

应注意的是:图 7.7 并不是按比例绘制的。GPS 信号分量间的时标有很大差异,很难用一张图说明。例如,对于 C/A 码,扩频波形中每一个码片有 1540 个 RF 载波周期,对于每一个数据位,有 20460 个扩频波形码片。如果对从卫星到地表或近地表用户通过自由空间信号传播距离进行观测,则 RF 载波每个周期覆盖约 19cm,每个 C/A 码码片覆盖 297m,每个数据位覆盖近 6000km。

任何采用矩形码片的直接序列扩频信号都具备特有的基带功率谱,即

$$S(f) = T_c \frac{\sin^2(\pi f T_c)}{(\pi f T_c)^2} \tag{7.1}$$

式中:对于 C/A 码,$T_c = 1/(1.023\text{MHz})$;对于 P(Y)码,$T_c = 1/(10.23\text{MHz})$。

## 7.3.2　现代化信号

图 7.8 给出了 GPS 信号在不同卫星 Block 中的发展演变。从 Block Ⅰ、Ⅱ、ⅡA 和 ⅡR 卫星播发的传统信号开始,图中给出了每种 Block 的 GPS 信号相对于频率的归一化功率谱(对数标度)。这些传统信号具有式(7.1)提供的基带功率谱。多个现代化信号展示了相同的功率谱特征,因为它们也采用了 C/A 或 P(Y)码片速率的直接序列扩频调制。

表 7.4 给出了 GPS 信号概览。

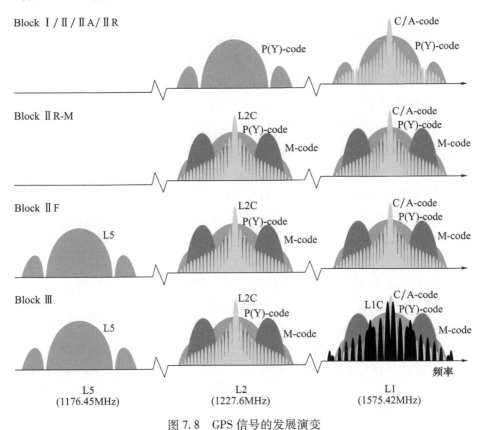

图 7.8 GPS 信号的发展演变

表 7.4 GPS 信号概览

| 频段 | 信号 | 频率/MHz | 编码长度码片数 | 编码速率/MHz | 数据率/(b/s/symbol/s) | 调制 | Block I/II/IIA/IIR | IIR-M | IIF | III |
|---|---|---|---|---|---|---|---|---|---|---|
| L1 | P(Y) | 1575.42 | 无法得到[a] | 10.23 | 50/50 | BPSK(10) | × | × | × | × |
| | C/A | 1575.42 | 1023 | 1.023 | 50/50 | BPSK(1) | × | × | × | × |
| | L1C | 1575.42 | 10230 | 1.023 | 50/100 | TMBOC(6,1,4/33) | | | | × |
| | L1C | 1575.42 | 10230/1800 | 1.023 | — | TMBOC(6,1,4/33) | | | | × |
| | M | 1575.42 | 无法得到[a] | 5.115 | 无法得到[a] | $BOC_{sin}(10,5)$ | | × | × | × |
| L2 | P(Y) | 1227.60 | 无法得到[a] | 10.23 | 50/50 | BPSK(10) | × | × | × | × |
| | L2 CM | 1227.60 | 10230 | 0.5115 | 50(25)/50 | BPSK(1)mux | | × | × | × |
| | L2 CL | 1227.60 | 767250 | 0.5115 | — | BPSK(1)mux | | × | × | × |
| | M | 1227.60 | 无法得到[a] | 5.115 | 无法得到[a] | $BOC_{sin}(10,5)$ | | × | × | × |
| L5 | I5 | 1176.45 | 10230/10 | 10.23 | 50/100 | BPSK(10) | | | × | × |
| | Q5 | 1176.45 | 10230/10 | 10.23 | — | BPSK(10) | | | × | × |

注:上标[a]表示无法获得管制/军事服务信号的公开信息

2005年至2009年间发射的8颗Block ⅡR-M卫星新增了两个新的导航信号——L1和L2频点上的一个新军事信号(称为M码)[7.35],以及L2频点上的新民用信号(称为L2C)[7.29/36](如前所述,目前这8颗星中只有7颗还在播发可用信号;第7颗Block ⅡR-M卫星被设定为不健康)。Block ⅡF卫星从2010年开始发射(目前发射了9颗,总共计划12颗),在新频点上新增了第三个民用信号,该载波和信号均称为L5[7.37,7.38]。GPS Ⅲ卫星预计于2017年开始发射,将再次新增一个信号——L1频点上的第四个民用信号,称为L1C。

与传统信号相比,GPS现代化信号具有许多先进的设计特点。对于所有现代化民用信号来说,先进功能包括不带数据的分量、更长的PRN码以及对导航数据编码和内容的各种改进。例如,L5和L2C还采用了二级码,L5和L1C则采用了更宽的带宽调制。

无数据的分量(亦称导频)是GNSS信号未被导航数据调制的部分。纳入无数据分量的目的是让接收机在低信噪比条件下能更稳健地跟踪信号。接收机可利用纯锁相环跟踪导频信号中的RF载波分量,而跟踪被未知二进制数据调制的信号则需要Costas环。锁相环跟踪信号需要的信噪比约为Costas环的1/4。即使每个发射的L2C和L5信号总功率中只有一半给了无数据分量,仍有3dB的净跟踪稳健性,这使得接收机能在存在更大干扰和信号衰减(例如,由于用户与卫星间视线阻挡)时仍能提供测量值。

各种GPS现代化信号无数据分量的实现方式并不一样。对于L2C,采用时分复用实现导频分量,如图7.9所示。每颗卫星以511.5kHz生成两个唯一的PRN码,511.5kHz是1.023 MHz C/A码码片速率的一半。来自两个PRN码的码片交替出现,即:发送的第一个码片来自第一个PRN码;第二个码片来自第二个PRN码;第三个码片来自第一个PRN码;以此类推。第一个PRN生成的码片被导航数据调制,而第二个PRN生成的码片则没有,最终所得信号的功率谱与C/A码相同(忽略周期性PRN码产生的细微影响),但扩频波形中只有一半码片被导航数据调制。

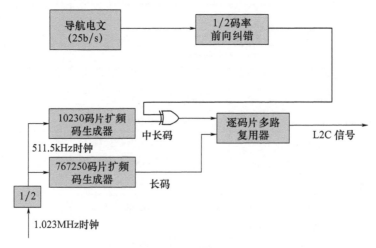

图7.9 基带L2C信号生成

要实现L5导频信号,每颗卫星在相同载波上播发2个相位正交的等功率直接序列扩频信号,每个信号采用唯一的PRN码。同相信号称为I5,被导航数据调制,正交相位信号称为 Q5,无导航数据调制。L1C 导频分量也采用类似方法生成,区别则是两个 L1C 分量彼此同相,且 3/4 的信号功率用于导频。

所有现代化民用 GPS 信号采用的 PRN 码都至少是传统 C/A 码信号所用 PRN 码长度的 10 倍。采用更长 PRN 码,可降低同时接收从多颗卫星信号时接收机处理中的信号间干扰。C/A 码采用 1023 长度的 PRN 码,L5 和 L1C 则为每颗卫星使用 2 个 10230 长的 PRN 码(一个用于数据分量,另一个用于无数据分量)。L2C 对每颗卫星的数据和无数据分量采用不同的 PRN 码长。10230 长度的 PRN 称为中长码(CM),用于数据分量;767250 长度的长码(CL)用于导频。L2C 和 L5 的 PRN 码可用线性反馈移位寄存器生成。L1C PRN 码以更复杂方式构造[7.39]。用户设备要么在软件/硬件中复制此构建过程,要么选择将 10230 长度的 PRN 码直接存储在存储器中。

L5 和 L1C 信号分量由二级码(亦称覆盖码)进一步调制。二级码可降低 GNSS 信号间干扰,还有助于在 GNSS 接收机内实现鲁棒数据位同步。L5 使用的具体二级码叫诺伊曼·霍夫曼(Neuman-Hofman)码(以 40 年前在另一应用中提出该编码的研究者命名)[7.40]。I5 采用 10 位 Neuman-Hofman 码,Q5 则采用 20 位码。与所有二进制同步码一样,Neuman-Hofman 码以 PRN 码重复周期(1ms)生成,根据对应同步码值是数字 0 还是 1,对每次 PRN 码保留原样进行重复或翻转。例如,I5 的 Neuman-Hofman 码为 0000110101。对于 I5 PRN 码的每 10 次重复,前 4 次按原样重复发送,第 5 次和第 6 次翻转,第 7 次原样发送,第 8 次翻转,第 9 次原样发送,第 10 次翻转。

M 码采用的是一种直接序列扩频调制的变体,称为二进制偏移载波(BOC)[7.41]。如图 7.1 所示,BOC 调制在 3 个直接序列扩频分量的基础上增加了第 4 个分量——一个确定性方波。对于 M 码,扩频波形以 5.115 MHz 的码片速率生成,方波分量时钟为 10.23 MHz,这样,每个扩频波形码片有 2 个周期的方波。增加方波分量会产生一个功率谱(图 7.8),它类似于两个具有相同码片速率(5.115 MHz)、频率距载波频率偏移+/-方波频率的等功率直接序列扩频功率谱相叠加。因此,方波分量的影响与双边带幅度调制类似,只不过双边带调幅采用的是正弦波而不是方波。BOC$(m,n)$ 被广泛用来指代具有 $m \times 1.023$MHz 方波频率、$n \times 1.023$MHz 码片速率的 BOC 调制。采用这种表示方式,M 码可表示为采用 BOC(10,5)调制。

众所周知,根据估计理论[7.42],接收机在存在加性高斯白噪声情况下精确估计任意信号到达时间的能力可用均方根(RMS)信号带宽进行预测。均方根信号带宽定义为用载频频偏的平方加权信号功率谱积分。信号均方根带宽越大,到达时间的测量越精确。因此,与采用相同码片速率和信噪比的直接序列扩频信号相比,BOC 信号能实现更精确的伪距测量。L5 为民用用户提供一个均方根带宽很大的信号,但实现方式是采用码片速率是 C/A 码 10 倍的普通直接序列扩频。

L1C 信号[7.43-7.44]也提供比 C/A 码或 L2C 更宽的均方根带宽。L1C 混合采用两个 BOC 调制,称为复合 BOC(MBOC)[7.45]。L1C 的构成如图 7.10 所示。L1C 数据分量采用 BOC(1,1)调制,L1C 总功率的 1/4 专用于该分量。导频分量更为复杂,这也许从其生成的角度看最易理解的方式。它采用直接序列扩频,但采用的 1.023MHz 速率的符号不是矩形脉冲而分别是1个或6个周期的方波,即BOC(1,1)或BOC(6,1)。如图7.10所示,扩频波形中,每33个符号中,29个是BOC(1,1),4个是BOC(6,1)。由于L1C功率的3/4用于导频,则总共有$\frac{3}{4} \times \frac{4}{33} = \frac{1}{11}$的信号功率用于BOC(6,1)调制,剩余的$\frac{10}{11}$的功率用于BOC(1,1)。

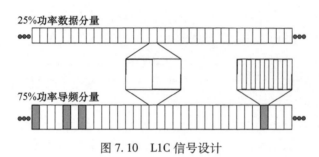

图 7.10  L1C 信号设计

## 7.3.3  功率电平

表7.5总结了GPS民用信号规定的最小接收功率电平。这些功率电平适用于仰角5°及以上的卫星,并假设用户位于地表或近地表,并具有一部处于最差法向朝向的3dBi线性极化天线。为了达到C/A码接收功率要求,每颗GPS卫星信号必须以大约26.4dBW的等效全向辐射功率(EIRP)广播此信号。假设Block ⅡA天线(7.1.2节)对地球边缘的增益为13.2dBi,这一EIRP要求向卫星天线输入端口提供约20W的C/A码功率。

表 7.5  GPS民用信号最低规定功率电平

| 信号 | 最低规定接收功率/dBW |
| --- | --- |
| C/A 码 | −158.5 |
| L2C | −160(ⅡR-M/ⅡF),−158.5(Ⅲ) |
| L5 | −154.9(ⅡF),−154(Ⅲ) |
| L1C | −157 |

## 7.4  导航数据和算法

### 7.4.1  传统导航电文(LNAV)数据概览

C/A和P(Y)码信号上50b/s导航数据的内容如图7.11所示。数据又分成多个300bit的子帧,子帧又由10个30bit的字组成。每个30bit的字只有24个信息比特。其余6bit用于奇偶校验,以便用户设备检测传输差错(7.4.2节)。

图 7.11 传统 GPS 信号导航数据

每个子帧的开头是一个遥测字(TLM)和转换字(HOW)，主要内容如表 7.6 所列。子帧 1(7.4.3 节)包括时钟修正数据，它将卫星时钟维持的时间与通用 GPS 系统时标相关联。子帧 1 还包括播发卫星的健康和预测精度信息。子帧 2 和 3 提供确定卫星精确位置所用的星历数据。子帧 4 和 5 则以低速提供重要性稍差的数据。这些子帧每 25 页构成一个周期，包括用于其余 GPS 卫星的历书和健康数据，以及电离层修正数据和 UTC 与 GPS 系统时之间的时间差。

首先播发的导航数据包括子帧 1~3，之后是子帧 4 的第一页和子帧 5 的第一页。重复子帧 1~3，之后是子帧 4 的第二页和子帧 5 的第二页，如此类推。播发整套数据需要 12.5min，但在此期间一般会在子帧 1~3 内收到 25 次相同的关键时钟和星历数据。

表 7.6 TLM 和 HOW 字具体内容

| 字 | 子帧比特号 | 参数 | 描述 |
|---|---|---|---|
| TLM | 1~8 | 同步码 | 固定比特 10001011,辅助用户设备与导航数据子帧同步 |
| TLM | 9~22 | TLM 电文 | 为授权用户和控制段保留 |
| TLM | 23 | 完好性状态标志 | 目前设为 0 未来可能设为 1,表示更高一级的完好性[7.29,20.3.3.1节] |
| HOW | 1~17 | 每周计数时间 | 提供一个时间戳(从每周六零时起 GPS 时标中经历的整数个 1.5s 历元) |
| HOW | 18 | 警报标志 | 当被设置时,使用该卫星有风险 |
| HOW | 19 | 反欺骗标志 | 当被设置时,表示 P 码加密为 Y 码 |
| HOW | 20~22 | 子帧标识(ID) | 表示紧跟此 HOW 播发的是 5 个子帧中的哪一个 |

## 7.4.2 LNAV 检错编码

LNAV 检错编码，是每 30bit 的字用一种扩展的汉明分组码来生成的编码方式。该码称为(32,26)码，因为它是采用 26 个信息(源)比特(包括该字中携带的 24 信息比特+前一个 30bit 字的最后 2bit)，并最终产生 32bit 的输出。这 32bit 通过丢弃 2bit，截短为 30bit。产生所发送的 30bit 字的全部算法如图 7.12 所示。注：这种编码是系统性的，即发送数据流中包括信息比特，但如果前一个字的最后一个比特为 1，则所有 24 个信息比特都翻转。对于每个 30bit 的字，采用奇偶方案使用户设备可检出多达 3bit 错误的所有可能组合。

$$
\begin{aligned}
D_1 &= d_1 \oplus D_{30}{\star} \\
D_2 &= d_2 \oplus D_{30}{\star} \\
D_3 &= d_3 \oplus D_{30}{\star} \\
&\vdots \\
D_{24} &= d_{24} \oplus D_{30} \\
D_{25} &= D_{29}{\star} \oplus d_1 \oplus d_2 \oplus d_3 \oplus d_5 \oplus d_6 \oplus d_{10} \oplus d_{11} \oplus d_{12} \oplus d_{13} \oplus d_{14} \oplus d_{17} \oplus d_{18} \oplus d_{20} \oplus d_{23} \\
D_{26} &= D_{30}{\star} \oplus d_2 \oplus d_3 \oplus d_4 \oplus d_6 \oplus d_7 \oplus d_{11} \oplus d_{12} \oplus d_{13} \oplus d_{14} \oplus d_{15} \oplus d_{18} \oplus d_{19} \oplus d_{21} \oplus d_{24} \\
D_{27} &= D_{29}{\star} \oplus d_1 \oplus d_3 \oplus d_4 \oplus d_5 \oplus d_7 \oplus d_8 \oplus d_{12} \oplus d_{13} \oplus d_{14} \oplus d_{15} \oplus d_{16} \oplus d_{19} \oplus d_{20} \oplus d_{22} \\
D_{28} &= D_{30}{\star} \oplus d_2 \oplus d_4 \oplus d_5 \oplus d_6 \oplus d_8 \oplus d_9 \oplus d_{13} \oplus d_{14} \oplus d_{15} \oplus d_{16} \oplus d_{17} \oplus d_{20} \oplus d_{21} \oplus d_{23} \\
D_{29} &= D_{30}{\star} \oplus d_1 \oplus d_3 \oplus d_5 \oplus d_6 \oplus d_7 \oplus d_9 \oplus d_{10} \oplus d_{14} \oplus d_{15} \oplus d_{16} \oplus d_{17} \oplus d_{18} \oplus d_{21} \oplus d_{22} \oplus d_{24} \\
D_{30} &= D_{29}{\star} \oplus d_3 \oplus d_5 \oplus d_6 \oplus d_8 \oplus d_9 \oplus d_{10} \oplus d_{11} \oplus d_{13} \oplus d_{15} \oplus d_{19} \oplus d_{22} \oplus d_{23} \oplus d_{24}
\end{aligned}
$$

式中：

$d_1, d_2, \cdots, d_{24}$ 为源数据比特；
符号★用于标识子帧前一字的最后2比特；
$D_{25}, D_{26}, \cdots, D_{29}, D_{30}$ 为SV发送的比特；
$\oplus$ 为模2运算或异或运算。

图 7.12　LNAV 数据奇偶校验编码[7.33]

一种可用于用户设备进行奇偶校验的方法如下。首先，读取被发送字的前 24bit。如果前一字的第 30bit 为 1，则这 24bit 翻转。然后应用图 7.12 所示的奇偶校验编码公式并与发送的奇偶校验位比较。如果有差异，则发生传输错误，从而丢弃该数据。

## 7.4.3　LNAV 数据内容和相关算法

以下各小节给出了 GPS C/A 码和 P(Y) 码信号传送的 50bps LNAV 数据的大致数据内容，以及相关算法。详细内容参见文献[7.33]。

**1. 子帧 1**

子帧 1 给出了表 7.7 中列出和描述的数据参数。最后 4 个参数被接收机用于校正广播卫星时钟(称为 SV 时间)与 GPS 时标间的偏差。GPS 接收机通过比较每个卫星信号的发射时间(根据接收 PRN 码的相位确定)$t_{SV}$ 与接收时间(根据接收机时钟确定)$t_r$ 的差形成原始伪距观测量，即

$$\rho = c(t_r - t_{SV}) \tag{7.2}$$

式中：$c$ 为真空光速（299792458m/s）。双频 GPS 设备将在 L1 和 L2 频点上测量每颗卫星的原始伪距并以某种方式组合，以消除电离层群延迟效应的影响，即

$$\rho = \frac{\rho_{L2} - \gamma \rho_{L1}}{1 - \gamma} \tag{7.3}$$

$$\gamma = (f_{L1}/f_{L2})^2$$

式中：$f_{L1}$ 为 L1 载频（1575.42MHz）；$f_{L2}$ 为 L2 载频（1227.6MHz）。这一线性组合称为无电离层伪距。利用表 7.7 所列最后 4 个参数将一个伪距校正值 $\Delta\rho$（会非常大，高达 300km）加到无电离层伪距上，有

$$\Delta\rho = c[a_{f_0} + a_{f_1}(t_{SV} - t_{oc}) + a_{f_2}(t_{SV} - t_{oc})^2] \tag{7.4}$$

单频设备必须应用一个附加校正，以解决 L1 和 L2 信号间卫星传输链中存在的群延迟偏差。此外，CS 还利用无电离层伪距观测量确定时钟校正值。只使用 L1 的用户会应用一个附加校正值（从伪距中减去），即

$$\Delta\rho = cT_{GD} \tag{7.5}$$

而只使用 L2 的用户会应用一个附加校正（从伪距中减去），即

$$\Delta\rho = c\gamma T_{GD} \tag{7.6}$$

文献[7.46]评估了广播时钟校正的精度（2008 年~2014 年所有运行 GPS 卫星的均值），为 50cm(68%)和 1.85m(95%)。

如果卫星时钟相对 GPS 时的偏差超过了时钟参数的校正能力（约±1ms），则控制段可能将该卫星设定为不健康，并将卫星时钟调回到正常范围内[7.47]。对于 Block ⅡA 卫星，这种维护活动通常每年要进行一次。而针对更新的卫星（Block ⅡR 及之后卫星）上的时钟，相位、频率和频率漂移是可控的。这些卫星在初始化后，控制段一般仅调整频率漂移，而卫星仍设为健康状态，这在很大程度上避免了此类维护活动。

表 7.7 子帧 1 参数

| 子帧比特号 | 参数 | 描述 |
| --- | --- | --- |
| 61~70 | 周数 | 10bit 二进制整数（0~1023），从 1980 年 1 月 5 日零时起经过的周数（GPS 时标）。1999 年 8 月 21 日零时发生翻转（即回到 0），下一次翻转将于 2019 年 4 月 6 日零时发生 |
| 71~72 | L2 上的码 | 2bit，表示 L2 频点上的 PRN 是 P(Y)还是 C/A(10)。反映了传统卫星在 L2 频点上发送 P(Y)或 C/A 码的能力。而现在，P(Y)已是所有 GPS 卫星的常规工作模式。则剩下的 2 位保留 |
| 73~76 | 用户测距精度（URA）索引值 | URA 定义为空间信号误差源（卫星时钟、星历和硬件群延迟误差）引起的用户测距均方根误差的保守估计。近些年，健康卫星的 4bit 播发 URA 索引一般大部分时间为 0、1 或 2，分别对应 0~2.4、2.4~3.4、3.4~4.85 的 URA。较高的 URA 索引值对应较大的 URA 值。URA 索引值为 15 意味着 URA 是不受限制的，用户使用该卫星需自担风险 |
| 77~82 | 卫星健康 | 这 6bit 传送播发卫星的健康信息。目前，大部分时间仅播发两种卫星健康位模式：000000 用于健康卫星，111111 用于不健康的卫星 |

续表

| 子帧比特号 | 参数 | 描述 |
|---|---|---|
| 83~84, 211~218 | 时钟数据期号（IODC） | 10bit IODC 是无符号整数，播发时钟参数变化时，它会发生变化。规定发射的 IODC 不能与前 7 天卫星发射的任何值相同 |
| 91 | L2P 数据标志 | 设置时表示 L2P(Y)码信号未被导航数据调制 |
| 197~204 | $T_{GD}$ | L1/L2 校正项 |
| 219~234 | $t_{oc}$ | 16bit 二进制无符号整数乘以 16s，产生卫星钟差校正参考时间 $t_{oc}$ |
| 241~248 | $a_{f_2}$ | 8bit 有符号（2 的补码）二进制整数乘以 $2^{-55}$ s/s²，产生卫星钟差钟漂变化率改正 $a_{f_2}$ |
| 249~264 | $a_{f_1}$ | 16bit 有符号（2 的补码）二进制整数乘以 $2^{-43}$ s/s，产生卫星钟差钟漂改正 $a_{f_1}$ |
| 271~292 | $a_{f_0}$ | 22bit 有符号（2 的补码）二进制整数乘以 $2^{-31}$ s，产生卫星钟差钟偏改正 $a_{f_0}$ |

**2. 子帧 2~3**

子帧 2~3 用于向用户传递星历数据。表 7.8 列出了星历参数及它们的位数、比例因子（最低有效位 LSB 的大小）和范围。星历参数包括 6 个传统开普勒轨道参数（第 3 章）及相关参考时间 $t_{oe}$，这 6 个轨道参数如下：

(1) 半长轴 $A$，即 $A$ 的平方根。

(2) 偏心率 $e$。

(3) 平近点角 $M_0$，在参考时间 $t_{oe}$ 内有效。

(4) 升交点赤经 $\Omega_0$，对 GPS 每周开始历元有效（周内秒=0）。

(5) 倾角 $i_0$，对在参考时间 $t_{oe}$ 内有效。

(6) 近地点角距 $\omega$。

表 7.8 中其余所有参数（IODE 除外，下面将加以说明）均对开普勒轨道参数所提供的椭圆静止轨道进行修正。这些参数是必需的，因为如第 3 章所述，开普勒（椭圆）轨道仅对两体问题完全适用，而现实中，GPS 卫星上往往还有许多其他作用力。提供的修正包括：

(1) 升交距角、轨道半径和轨道倾角的余弦和正弦谐波修正。校正幅度由 $C_{us}$ 和 $C_{uc}$（分别为升交距角的正弦和余弦）、$C_{rs}$ 和 $C_{rc}$（分别为轨道半径的正弦和余弦）、$C_{is}$ 和 $C_{ic}$（分别为倾角的正弦和余弦）提供。

(2) 平均角速度的改正值 $\Delta n$。

(3) 升交点赤经变化率 $\dot{\Omega}$。

(4) 轨道倾角变化率 IDOT。

在文献[7.46]中，将 2008 年至 2014 年期间所有运行中的 GPS 卫星广播星历数据的平均精度评估为 18cm、98cm 和 60cm（68%，分别为径向、切向和法向）和 0.43m、2.23m、1.25m（95%，分别为径向、切向和法向）。

子帧 2~3 最后一个参数为星历数据期号（IODE）。IODE 是子帧 2 和 3 中广播的一个 8bit 无符号整数，旨在为用户设备提供一种检测广播星历数据变化的手段。对于相同的数据集,IODE 被设置为等于 10bit IODC(7.4.3 节)的 8 个 LSB。根据文献[7.29],IODE 与之前 6h 卫星广播的任何值都不同。

使用表 7.9 中提供的算法,广播星历参数用于计算卫星在 1984 世界大地测量系统坐标系(WGS 84)中的 $(x,y,z)$ 坐标(7.5 节)。重要的是,如 7.2 节所述,广播星历数据由 GPS 控制段利用曲线拟合过程生成。因此,用户设备应只使用文献[7.29]中指定的算法,所涉及常数的具体值:

(1) WGS 84 下地球万有引力常数值 $\mu = 3.986005 \times 10^{14} \mathrm{m}^3/\mathrm{s}^2$。

(2) WGS 84 下地球角速度值 $\dot{\Omega}_e = 7.2921151467 \times 10^{-5} \mathrm{rad/s}$。

(3) $\pi = 3.1415926535898$。

表 7.8 子帧 2~3 参数

| 参数 | 位数 | 比例因子(LSB) | 范围 | 单位 |
| --- | --- | --- | --- | --- |
| IODE | 8 | 1 | 0~255 | 无量纲 |
| $C_{rs}$ | 16[a] | $2^{-5}$ | ±1024 | m |
| $\Delta n$ | 16[a] | $2^{-43}$ | ±3.73×10$^{-9}$ | 半周/秒 |
| $M_0$ | 32[a] | $2^{-31}$ | ±1.0 | 半周 |
| $C_{uc}$ | 16[a] | $2^{-29}$ | ±6.10×10$^{-5}$ | rad |
| $e$ | 32 | $2^{-33}$ | 0~0.03 | 无量纲 |
| $C_{us}$ | 16[a] | $2^{-29}$ | ±6.10×10$^{-5}$ | rad |
| $\sqrt{A}$ | 32 | $2^{-19}$ | 0~4096 | $\sqrt{\mathrm{m}}$ |
| $t_{oe}$ | 16 | $2^{4}$ | 0~604784 | s |
| $C_{ic}$ | 16[a] | $2^{-29}$ | ±6.10×10$^{-5}$ | rad |
| $\Omega_0$ | 32[a] | $2^{-31}$ | ±1.0 | 半周 |
| $C_{is}$ | 16[a] | $2^{-29}$ | ±6.10×10$^{-5}$ | rad |
| $i_0$ | 32[a] | $2^{-31}$ | ±1.0 | 半周 |
| $C_{rc}$ | 16[a] | $2^{-5}$ | ±1024 | m |
| $\omega$ | 32[a] | $2^{-31}$ | ±1.0 | 半周 |
| $\dot{\Omega}$ | 24[a] | $2^{-43}$ | ±9.54×10$^{-7}$ | 半周/s |
| IDOT | 14[a] | $2^{-43}$ | ±9.31×10$^{-10}$ | 半周/s |

a 有符号(2 的补码)整数。表中所有其他值均为无符号整数。

要利用 GPS 定位,需要确定卫星在过去不同时间的位置,即卫星在同一接收时间发射信号时的位置。表 7.9 中的传输时间 $t$ 一般比接收时间早 60~90ms(对地表或近地表的用户而言),这取决于每颗卫星的仰角。当计算相对于星历参考历元时刻的差值(表 7.9 中的第 3 个等式)时,需要考虑 GPS 周内秒的每周翻转时间。最后要注意的是,表 7.9 第 6 行需要求解开普勒偏近点角方程。此方程解法见第 3 章。

表7.9 利用广播星历数据确定GPS卫星位置(参见文献[7.29])

| | |
|---|---|
| $A=(\sqrt{A})^2$ | 半长轴 |
| $n_0 = \sqrt{\dfrac{\mu}{A^3}}$ | 计算的平均角速度(rad/s) |
| $t_k = t - t_{oe}$ | 相对于星历参考历元时刻的差值 |
| $n = n_0 + \Delta n$ | 校正后的平均角速度 |
| $M_k = M_0 + nt_k$ | 平近点角 |
| $M_k = E_k - e\sin E_k$ | 开普勒偏近点角方程(rad) |
| $v_k = \arctan\left\{\dfrac{\sin v_k}{\cos v_k}\right\}$ $= \arctan\dfrac{\sqrt{1-e^2}\sin E_k/(1-e\cos E_k)}{(\cos E_k - e)/(1-e\cos E_k)}$ | 真近点角 |
| $E_k = \arccos\left\{\dfrac{e+\cos v_k}{1+e\cos v_k}\right\}$ | 偏近点角 |
| $\Phi_k = v_k + \omega$ | 升交距角 |
| $\delta u_k = c_{us}\sin 2\Phi_k + c_{uc}\cos 2\Phi_k$ | 升交距角校正 |
| $\delta r_k = c_{rs}\sin 2\Phi_k + c_{rc}\cos 2\Phi_k$ | 轨道半径校正 |
| $\delta i_k = c_{is}\sin 2\Phi_k + c_{ic}\cos 2\Phi_k$ | 轨道倾角校正 |
| $u_k = \Phi_k + \delta u_k$ | 校正后的升交距角 |
| $r_k = A(1-e\cos E_k) + \delta r_k$ | 校正后的轨道半径 |
| $i_k = i_0 + \delta i_k + (\text{IDOT})t_k$ | 校正后的轨道倾角 |
| $\begin{cases} x'_k = r_k\cos u_k \\ y'_k = r_k\sin u_k \end{cases}$ | 在轨道坐标系内的位置 |
| $\Omega_k = \Omega_0 + (\dot{\Omega} - \dot{\Omega}_e)t_k - \dot{\Omega}_e t_{oe}$ | 校正后的升交点赤经 |
| $\begin{cases} x_k = x'_k\cos\Omega_k - y'_k\cos i_k\sin\Omega_k \\ y_k = y'_k\sin\Omega_k + y'_k\cos i_k\sin\Omega_k \\ z_k = y'_k\sin i_k \end{cases}$ | 在世界大地测量系统(WGS)84中的位置坐标 |

如7.3节所述,GPS卫星时钟被有意设置为慢速,这对于与卫星一同运动的观测者来说可以很明显地感觉到,这是为了补偿狭义和广义相对论效应。这种补偿方式仅适用于处于理想圆轨道的GPS卫星。实际上,GPS轨道略呈椭圆形。有时GPS卫星距地球比标称距离要远,此时它们运行速度要比标称速度慢,地球引力场中高度比标称值更高。有时,它们则离地球的距离要小于标称值,运行速度比标称速度快,在地球引力场中的高度更低。由于偏离标称轨道,因而需要对狭义和广义相对论的影响进行修正。考虑到这一效应,在测得的伪距之上加上一个伪距修正量 $\Delta\rho$(如7.4.3节所述,在卫星时钟和群延迟偏差校正后),即

$$\Delta\rho = c\Delta t_r = ceF\sqrt{A}\sin E_k \qquad (7.7)$$

$$F = -\frac{2\sqrt{\mu}}{c^2} = -4.442807633 \cdot 10^{-10} \frac{\text{s}}{\sqrt{\text{m}}} \qquad (7.8)$$

假设轨道椭圆率最高为 0.02，则这种相对论校正幅度可高达 14m。

3. 子帧 4~5

如 7.4.1 节所述，子帧 4 和 5 都是分页的，每个子帧数据有 25 页。子帧 4 和 5 内容概况如表 7.10 所列。其中许多页是保留给授权用户或内部系统使用的。子帧 5 的 1~24 页以及子帧 4 的 2、3、4、5、6、8、9 和 10 页提供星历数据。这一数据本质上是星座所有卫星的删减和简化后的（即采用更少的参数）星历数据。用户设备采用与星历数据相同的算法（表 7.9）确定其他卫星的粗略位置，以辅助捕获。

表 7.10 子帧 4 和 5 内容（参见文献[7.29]）

| 子帧 | 页 | 数据 |
|---|---|---|
| 4 | 1,6,11,16 和 21 | 保留 |
| | 2,3,4,5,7,8,9,10 | 分别为卫星 25~32 的历书数据 |
| | 12,19,20,22,23 和 24 | 保留 |
| | 13 | 导航电文校正表(NMCT) |
| | 14 和 15 | 保留用于系统使用 |
| | 17 | 特殊电文 |
| | 18 | 电离层和 UTC 数据 |
| | 25 | 32 颗卫星的配置/A-S 标志，以及第 25~32 颗卫星的健康状况 |
| 5 | 1~24 | 第 1~24 颗卫星的历书数据 |
| | 25 | 第 1~24 颗卫星的健康数据，历书参考时间，历书参考星期数 |

子帧 4 的第 13 页专门包含导航电文校正表(NMCT)的元素。NMCT 仅计划用于授权用户，可加密[7.33]。该表也称为广域 GPS 增强(WAGE)，主要包含所有其他 GPS 卫星的伪距校正值[7.48]。

为了保障仅使用单频 L1 的 GPS 用户的服务，子帧 4 的第 18 页包含有电离层延迟校正参数。这些参数向单频用户提供当地白天垂直电离层延迟误差估计（半余弦形式）。广播参数通过 GPS 主控站利用每日太阳 10.7cm 辐射通量测量值及在该年中的所在天查表确定。

子帧 4 还为将 GPS 时标关联到美国海军天文台维护的 UTC(USNO)时间提供必要的数据。

## 7.4.4 民用导航电文(CNAV)和民用导航-2(CNAV-2)数据

所有民用 GPS 现代化信号都提供与 C/A 码和 P(Y) 码信号类似的导航数据内容。L1C 和 L5 以 50bit/s 发送导航数据，L2C 以 25bit/s 发送导航数据。L2C 和 L5 导航数据格式称为 CNAV，而 L1C 导航数据格式称为 CNAV-2。

对于 C/A 码的一些改进是值得注意的。首先，所有现代化信号均采用前向纠错

(FEC)编码,如 1/2 码率卷积码(如 L2C 和 L5)或低密度奇偶校验码(L1C)。FEC 技术将原始导航数据传送给终端用户并为之增加冗余。虽然二进制数据速率有所增加(相对 1/2 码率编码增加 2 倍),但接收机却能以更低差错率完成原始导航数据的解码。对于没有通信理论背景的读者,了解以下知识可能有助于了解 GNSS 信号规范:原始导航数据速率 $R_b$ 一般规定采用的单位是比特/秒(b/s),而 FEC 之后得到的较高数据速率 $R_s$ 采用的单位是符号/秒(symbol/s)。FEC 的好处是接收机可在更低信噪比条件下读取导航数据。

所有 GPS 现代化民用信号还采用一种改进的错误检测方案。用于 LNAV 数据检错的汉明(32,26)码(7.4.2 节)的效率很低,每个 30bit 字要使用 6 个奇偶校验位。现代化民用信号则采用 24bit 循环冗余校验(CRC)码以及更长的码字(如 L5 信号为 300bit)。这种 CRC 方案效率要高得多,让现代化信号接收机能更可靠地检测 1bit 或多位误码的发生。

时钟与星历导航数据字段虽然与 C/A 码和 P(Y)码发送的其他数据类似,但有更精确的最低有效位以及某些附加项(例如在卫星星历的表示中),保证数据字段设计未来不会严重限制伪距测量精度。相比 LNAV,新的导航数据字段也添加到 CNAV 和 CNAV2,包括信号间改正、地球定向参数以及一组改善的差分校正(相对于 LNAV 中的 NMCT 仅提供合并的伪距校正,它们把时钟和星历误差分开了),详见文献[7.23,7.37,7.43]。

## 7.5 时间系统和大地测量学

GPS 使用自己的时标,称为"GPS 时"。GPS 时间采用美国海军天文台在 1980 年 1 月 5 日午夜/1980 年 1 月 6 日凌晨设定的 UTC 时间(UTC[USNO])。然而,与 UTC 时间不同的是,GPS 时间是连续时标,即没有闰秒。在 1985 年以前,GPS 时间一直由 GPS 控制段中的单个物理时钟保持。自从 1985 年控制段迁移到 IBM 公司交付的系统以来,就已经利用复合时钟创建 GPS 时[7.50],也就是 GPS 卫星原子钟集合的加权平均值。如 7.1 节所述,所有 GPS 卫星上都配备有铷钟和铯钟,如 7.2 节所述,在监测站和主控站还另外设有原子钟。

GPS 控制站调整 GPS 时间,按文献[7.29]将之保持在 UTC(USNO)时间的 1μs 以内。如 7.3 节所述,GPS 广播导航数据包括关联 GPS 时间和 UTC(USNO)的参数。这一数据按规定精确到 90ns 以内,即 $1\sigma$[7.29]。而它的实际性能要好得多。GPS 时间通常维持在 UTC(USNO)时间的 20ns 以内,应用广播 GPS-UTC 校正一般可将二者钟差维持在 5ns 以内[7.51]。

如 7.4.3 节所述,每颗卫星都有其自己的时标,称为"卫星时间"[7.29]。导航数据中包含的钟差修正数据(例如,传统信号的子帧 1)旨在使用户能将每颗卫星的卫星时间与 GPS 时间关联起来。卫星时间可能偏离 GPS 时间最多 1ms,它位于子帧 1 时钟修正数据的范围内。

通过子帧 2 星历数据的计算,将在 1984 世界大地测量系统(WGS-84)参考坐标系中的 GPS 卫星位置提供给用户。GPS 控制段监测站的坐标要定期重新调整，保持 WGS-84 与国际大地参考框架(ITRF)一致。一般认为 WGS-84 和 ITRF 在几厘米范围内是一致的。

## 7.6 服务和性能

GPS 目前提供两种服务：一种为民用普通用户提供的标准定位服务(SPS)[7.5]；另一种是仅为授权用户(主要是美国军方及美国盟军)提供的精确定位服务(PPS)。美国已经承诺在全世界范围连续免费提供 GPS SPS 供民航使用，而无须支付直接用户费用，并且至少在终止该服务前 6 年发出通知。这一承诺最初由美国联邦航空管理局(FAA)管理者于 1994 年做出[7.52]，2007 年重申了提供 GPS SPS 服务的承诺，当时又做出了另一项承诺——在北美通过 FAA 的广域增强系统(WAAS)免费为用户提供基于 GPS 卫星增强系统(SBAS)服务(SBAS 及 WAAS 描述见第 12 章)。

被称为"选择可用性"(SA)的技术曾被用来人为对 SPS 精度进行了降级，它是通过作为卫星时钟的伪随机抖动来实现的，这种抖动只有了解生成算法和加密秘钥时的 PPS 接收机才能去除[7.2]。2000 年 5 月 12 日，利用选择可用性故意降低 SPS 性能的措施被停止，2007 年 9 月，美国宣布未来 GPS 卫星采购中实现选择可用性的能力被删除[7.55]。

对于水平定位，GPS SPS 的规定精度为 13m(95%)，对于垂直定位为 22m(95%)[7.5]。这一规范仅适用于空间信号(SIS)(不包括大气层、多径或用户设备造成的误差)，且基于全球平均值。实际的性能一般要比规范好得多。以 2013 年 4 月 1 日至 6 月 30 日分布在北美的 28 台 GPS SPS 接收机为例，观测到的 95% 水平和垂直定位精度分别为 3.0m 和 4.3m[7.53]。此外，文献[7.53]中报告的数据包括所有实际误差，而 SPS 性能标准[7.5]中的精度规定仅包括 SIS 误差。PPS 用户通常在水平和垂直位置上都享有更好的精度，量级约为 1~2m(95%)。如后续章节所述，采用差分技术 GPS 用户可实现优于 1cm 的精度。

虽然 P(Y)码信号并不是 GPS 既定服务，但许多民用用户也在利用无码或半无码技术，无须知道加密秘钥，即可跟踪 L1 和 L2 频点上的 P(Y)码信号[7.56]。2008 年公告[7.57]承诺，美国政府支持无码-半无码接入 GPS P(Y)信号直到 2020 年 12 月 31 日。2015 年，这一承诺又被一个新的承诺取代，继续支持无码-半无码接收机，直至有 24 颗运行卫星广播 L5 频点信号，并持续至少两年[7.58]。美国政府无码-半无码 GPS 接收机的用户未来将被推荐改用 GPS 现代化信号(L2C、L5)的新设备。

## 参考文献

7.1　B. W. Parkinson, S. W. Gilbert: NAVSTAR: Global positioning system-Ten years later, Proc. IEEE **71**(10), 1177-1186(1983)

7.2 B. W. Parkinson, J. J. Spilker Jr. : *Global Positioning System: Theory and Applications*, Vol. I ( American Institute of Aeronautics and Astronautics, Washington 1996)

7.3 E. D. Kaplan, C. J. Hegarty: *Understanding GPS – Principles and Applications*, 2nd edn. ( Artech House, Boston/London 2006)

7.4 P. Misra, P. Enge: *Global Positioning System – Signals, Measurements and Performance*, Vol. 2 ( Ganga Jamuna, Lincoln 2011)

7.5 Global Positioning System Standard Positioning Service Performance Standard, 4th edn. ( US Department of Defense, Washington 2008)

7.6 G. B. Green, P. D. Massatt, N. W. Rhodus: The GPS 21 primary satellite constellation, Navigation **36**, 9–24 (1989)

7.7 A. B. Jenkin, R. A. Gick: Collision risk posed to the global positioning system by disposal orbit instability, J. Spacecr. Rocket. **39**(4), 532–539 (2002)

7.8 D. M. Galvin: History of the GPS space segment from block I to the new millennium, Proc. ION GPS 1999, Nashville (ION, Virginia 1999) pp. 1843–1854

7.9 L. A. Mallette, P. Rochat, J. White: Historical review of atomic frequency standards used in space systems – 10 year update, Proc. 38th Annu. PTTI Meet., Washington DC (2006)

7.10 F. M. Czopek, S. Shollenberger: Description and performance of the GPS block I and II L-band antenna and link budget, Proc. ION GPS 1993, Salt Lake City, UT (ION, 1993) pp. 37–43

7.11 K. Kiser, S. H. Vaughan: GPS IIR joins the GPS constellation, Proc. ION GPS, Nashville, TN (ION, Virginia 1998) pp. 1915–1923

7.12 T. Hartman, L. R. Boyd, D. Koster, J. A. Rajan, C. J. Harvey: Modernizing the GPS block IIR spacecraft, Proc. ION GPS, Salt Lake City (ION, Virginia 2000) pp. 2115–2121

7.13 W. Marquis, D. Reigh: On-orbit performance of the improved GPS block IIR antenna panel, Proc. ION GNSS, Long Beach (ION, Virginia 2005) pp. 2418–2426

7.14 J. A. Rajan, J. A. Tracy: GPS IIR-M: Modernizing the signal-in-space, Proc. ION NTM, Anaheim (2003) pp. 484–493

7.15 S. Ericson, K. Shallberg, C. Edgar: Characterization and simulation of SVN49 (PRN01) elevation dependent measurement biases, Proc. ION ITM, San Diego (ION, Virginia 2010) pp. 963–974

7.16 S. C. Fisher, K. Ghassemi: GPS IIF-The next generation, Proc. IEEE **87**(1), 24–47 (1999)

7.17 M. Braschak, H. Brown Jr., J. Carberry, T. Grant, G. Hatten, R. Patocka, E. Watts: GPS IIF satellite overview, Proc. ION GNSS, Portland (ION, Virginia 2010) pp. 753–770

7.18 W. Marquis, S. Michael: GPS III-Bringing new capabilities to the global community, Inside GNSS **6**(5), 34–48 (2011)

7.19 GPS IIR-21(M), Mission Book ( United Launch Alliance, Littleton, Colorado 2009) http://www.ula-launch.com

7.20 Y. E. Bar-Sever: A new model for GPS yaw attitude, J. Geod. **70**(11), 714–723 (1996)

7.21 F. Dilssner: GPS IIF-1 satellite, antenna phase centre and attitude modelling, Inside GNSS **5**(6), 59–64 (2010)

7.22 J. Kouba: A simplified yaw-attitude model for eclipsing GPS satellites, GPS Solutions **13**(1), 1–12 (2009)

7.23　S. S. Russell, J. H. Schaibly: Control segment and user performance, Navigation **25**(2), 166-172(1978)

7.24　J. Taylor: The GPS operational control system Kalman filter description and history, Proc. ION GNSS, Portland (ION, Virginia 2010) pp. 2329-2366

7.25　T. Creel, A. J. Dorsey, Ph. J. Mendicki, J. Little, R. G. Mach, B. A. Renfro: New, improved GPS-The legacy accuracy improvement initiative, GPS World **17**(3), 20-31(2006)

7.26　W. Bertiger, Y. Bar-Sever, N. Harvey, K. Miller, L. Romans, J. Weiss, L. Doyle, T. Solorzano, J. Petzinger, A. Stell: Next generation GPS ground control segment (OCX) navigation design, Proc. ION GNSS, Portland (ION, Virginia 2010) pp. 964-977

7.27　W. Bertiger, Y. Bar-Sever, E. Bokor, M. Butala, A. Dorsey, J. Gross, N. Harvey, W. Lu, K. Miller, M. Miller, L. Romans, A. Sibthorpe, J. Weiss, M. Jones, J. Holden, A. Donigian, P. Saha: First orbit determination performance assessment for the OCX navigation software in an operational environment, Proc. ION GNSS, Nashville(ION, Virginia 2012)

7.28　P. Collins, R. Langley, J. LaMance: Limiting factors in tropospheric propagation delay error modelling for GPS airborne navigation, Proc. ION 52nd Annu. Meet., Cambridge(ION, Virginia 1996) pp. 519-528

7.29　D. D. McCarthy, G. Petit: *IERS Conventions* (2003) *IERS Technical Note No.* 36 (des Bundesamts fur Kartographie und Geodasie, Frankfurt 2004)

7.30　B. Wiley, D. Craig, D. Manning, J. Novak, R. Taylor, L. Weingarth: NGA's role in GPS, Proc. ION GPS, Fort Worth(ION, Virginia 2006) pp. 2111-2119

7.31　C. H. Yinger, W. A. Feess, R. Di-Esposti, A. Chasko, B. Cosentino, B. Wilson, B. Wheaton: GPS satellite interfrequency biases, Proc. ION Annu. Meet., Cambridge (ION, Virginia 1999) pp. 347-354

7.32　Navstar GPS Control Segment to User Support Community Interfaces(Global Positioning Systems Directorate, California 2010) ICD-GPS-240A, 12 Jan. 2010

7.33　Navstar GPS Space Segment/Navigation User Segment Interfaces, Interface Specification(Global Positioning Systems Directorate, California 2013) IS-GPS-200H, 24 Sep. 2013

7.34　R. Gold: Optimal binary sequences for spread spectrum multiplexing, IEEE Trans. Inf. Theory **13**(4), 619-621(1967)

7.35　B. Barker, J. Betz, J. Clark, J. Correia, J. Gillis, S. Lazar, K. Rehborn, J. Stratton: Overview of the GPS M code signal, Proc. ION NTM, Anaheim(ION, Virginia 2000) pp. 542-549

7.36　R. D. Fontana, W. Cheung, T. Stansell: The new L2 civil signal, GPS World **12**(9), 28-34(2001)

7.37　A. J. Van-Dierendonck, C. J. Hegarty: The new L5 civil GPS signal, GPS World **11**(9), 64-72(2000)

7.38　Navstar GPS Space Segment/User Segment L5 Interfaces, Interface Specification(Global Positioning Systems Directorate, California 2013) IS-GPS-705D, 24 Sep. 2013

7.39　J. J. Rushanan: The spreading and overlay codes for the L1C signal, Navigation **54**(1), 43-51(2007)

7.40　F. Neuman, L. Hofman: New pulse sequences with desirable correlation properties, Proc. Natl. Telem. Conf. (1971)

7.41　J. W. Betz: Binary offset carrier modulations for radionavigation, Navigation **48**(4), 227-246(2001)

7.42　H. L. van Trees: *Detection, Estimation, and Modulation Theory-Part* 1 (John Wiley, New York 2001)

7.43　J. W. Betz, M. A. Blanco, C. R. Cahn, P. A. Dafesh, C. J. Hegarty, K. W. Hudnut, V. Kasemsri, R. Keegan, K. Kovach, L. S. Lenahan, H. H. Ma, J. J. Rushanan, D. Sklar, T. A. Stansell, C. C. Wang, S. K. Yi: Descsription of the L1C signal, Proc. ION GNSS(2006) pp. 2080-2209

7.44 Navstar GPS Space Segment/User Segment L1C Interfaces, Interface Specification (Global Positioning Systems Directorate, California 2013) IS-GPS-800D, 24 Sep. 2013

7.45 G. W. Hein, J. A. Avila-Rodriguez, S. Wallner, A. R. Pratt, J. Owen, J. L. Issler, J. W. Betz, C. J. Hegarty, S. Lt: Lenahan, J. J. Rushanan, A. L. Kraay, T. A. Stansell: MBOC: The new optimized spreading modulation recommended for Galileo L1 OS and GPS L1C, Inside GNSS **1**(4), 57–66 (2006)

7.46 T. Walter, J. Blanch: Characterization of GNSS clock and ephemeris errors to support ARAIM, Proc. ION PNT 2015, Honolulu (ION, Virginia 2015) pp. 920–931

7.47 S. T. Hutsell, G. Dieter, G. Hatten, T. Dass, J. Harvey: GPS clock/timescale management in the master control station, Proc. 35th Annu. PTTI Meet., San Diego (2003)

7.48 S. T. Hutsell, B. K. Brottlund, C. A. Harris: How old is your GPS navigation message?, Proc. ION GPS, Salt Lake City (ION, Virginia 2000) pp. 2556–2561

7.49 J. A. Klobuchar: Ionospheric time-delay algorithm for single-frequency GPS users, IEEE Trans. Aerosp. Electron. Syst. **23**(3), 325–331 (1987)

7.50 R. Kenneth, Brown Jr.: The theory of the GPS composite clock, Proc. ION GPS, Albuquerque (ION, Virginia 1991) pp. 223–242

7.51 T. E. Parker, D. Matsakis: Time and frequency dissemination: Advances in GPS transfer techniques, GPS World **15**(11), 32–38 (2004), November

7.52 D. R. Hinson: *Letter to Dr. A. Kotaite* (Federal Aviation Administration, Washington 1994), Oct. 14

7.53 M. C. Blakey: *Letter to Dr. R. Kobeh* (Federal Aviation Administration, Washington 2007), Sep. 10

7.54 W. J. Clinton: *Statement by the President Regarding the United States Decision to Stop Degrading Global Positioning System Accuracy* (White House, Office of the Press Secretary, Washington D. C. 2000), May 1

7.55 D. Perino: *Statement by the Press Secretary* (White House, Office of the Press Secretary, Washington D. C. 2007), Sep. 18

7.56 K. T. Woo: Optimum semicodeless carrier-phase tracking of L2, Navigation **47**(2), 82–99 (2000)

7.57 US Department of Defense: *Preservation of Continuity for Semi-Codeless GPS Applications* (US Federal Register, Washington DC 2008), 23 September

7.58 2014 Federal Radionavigation Plan, (US Departments of Defense, Transportation, and Homeland Security, Washington D. C. 2015)

# 第8章 格洛纳斯系统

Sergey Revnivykh, Alexey Bolkunov,
Alexander Serdyukov(deceased), Oliver Montenbruck

格洛纳斯系统(GLONASS)是俄罗斯开发的全球卫星导航系统。与美国GPS类似,GLONASS为民用和军用导航提供双频L波段导航信号,该系统始建于20世纪80年代,并在1995年首次达到完全运行能力。在经历短暂的性能降低后,2011年重新建立了由24颗卫星组成的星座,并一直提供导航定位服务至今。本章介绍了GLONASS的体系架构、运行情况以及当前性能。此外,本章对GLONASS空间段和地面段的计划演进进行了概述。

## 8.1 GLONASS概述

GLONASS是继GPS之后第二个完全运行的全球卫星导航系统。本节简要介绍GLONASS的发展历史及其基本特点。

### 8.1.1 发展历程

GLONASS是俄罗斯第二代军民两用全球卫星导航系统。GLONASS的前身——低空卫星导航/通信系统Tsyclon/Tsikada于1976年开始运行[8.1-8.2],同时也适用于民用用户。该系统导航精度为80~100m,需要1.5~2h定位。莫斯科军事航天学院的Shebshayevich教授于1957年提出利用卫星发射信号的多普勒频移实现导航的想法,继而发展出Tsyclon/Tsikada系统。

GLONASS的研发始于20世纪70年代初,基于即时定位方法,利用导航接收机与一组发射时间同步的导航信号之间时间差的原理进行测量和定位。GLONASS的第一颗试验卫星(当时命名为Urgan或Hurricane)于1982年10月12日成功发射。1993年9月24日,具备初始运行能力(具有12颗卫星)的GLONASS开通军事服务,具备完全运行能力(具有24颗卫星)的GLONASS于1995年建设完成。

1988年,在国际民用航空组织(ICAO)公布了GLONASS系统及信号的细节信息后[8.3],GLONASS首次提供空中安全应用。与此同时,各西方研究者也已努力通过高增益天线测量和系统码搜索确定GLONASS信号的关键特性[8.4-8.6]。这些工作促成了单一GLONASS和GPS/GLONASS双模接收机的早期开发。1995年,俄罗斯总统颁布政令,GLO-

NASS成为两用系统,可为全世界民用用户提供服务。1998年GLONASS首次发布了全面描述开放服务信号和导航电文的英文版接口控制文件(ICD),并持续维护该文件[8.7]。

由于早期GLONASS卫星的运行寿命有限,加上补给不足,工作卫星数量逐渐减少,直至2001年工作卫星数量降至最低,只有7颗在轨工作(图8.1)[8.2,8.8]。从2002年开始,在俄罗斯长期GLONASS联邦计划(预算保密)的推动下,GLONASS得到了支持和发展,性能逐步提高。随后十年,俄罗斯发射了多颗GLONASS卫星,新GLONASS-M卫星的寿命有所延长,卫星工作的数量也逐步增长。2011年随着GLONASS-M No.44的发射,提供全球服务所需的24颗卫星星座(图8.2)最终完成重建。

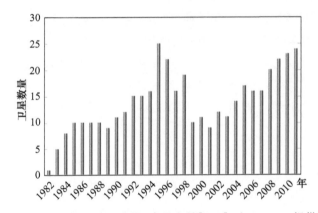

图8.1　GLONASS星座发展(参见文献[8.8],由Springer提供)

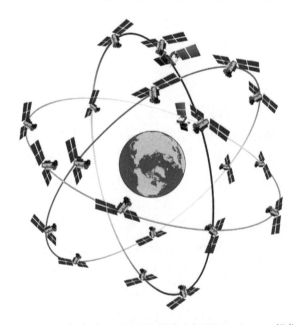

图8.2　2016年春季GLONASS星座(由ISS Reshetnev提供)

2007年5月17日,俄罗斯总统颁布法令,宣布GLONASS对所有俄罗斯和国际用户开放服务。同时,出于国家安全考虑,要求俄罗斯联邦当局必须使用基于GLONASS的导航设备[8.10]。因此,GLONASS被认为是执行俄罗斯国家导航政策的核心要素。俄罗斯的

GLONASS联邦计划要求在2012—2020年进行GLONASS的维护和现代化工作,其目的是通过改善地面和空间系统从而不断提升系统性能。

GLONASS作为大地测量和精确导航的独立或补充系统的价值早已被科学界认可[8.11],而且促进了建立具备接收GLONASS信号能力的全球跟踪网。在国际GLONASS试验(IGEX-98[8.12])中首次提出了精确轨道解决方案,并且计算了多种地球参考框架的实现(PZ-90,WGS-84等)相互间的转换参数。这一工作之后在国际GLONASS服务(IG-LOS)试验项目[8.13]中继续进行,为高精度GLONASS单点定位应用奠定了基础。

## 8.1.2 GLONASS星座

GLONASS空间段由平均分布在3个轨道面上的24颗工作卫星组成(图8.2)。标称星座参数如表8.1所列。

表8.1 GLONASS标称星座参数

| 参数 | 值 |
| --- | --- |
| 工作卫星数量 | $t=24$ |
| 轨道面数量 $p$ | $p=3$ |
| 一个轨道面中的卫星数 | $t/p=8$ |
| 相位差 | $f=1$ |
| 轨道类型 | 近圆轨道 |
| 偏心率 | $e<0.01$ |
| 倾角 | $i=64.8°±0.3°$ |
| 标称高度 | $h=19100 \text{km}$ |
| 运行周期 | $T=11\text{h}15\text{min}44\text{s}±5\text{s}$ |
| 轨道面间升交点赤经差 | $\Delta\Omega=120°$ |
| 升交角距差 | $\Delta u=45°$ |
| 轨道面间的纬度 | $\Delta uf/n=15°$ |
| 星下点重复周期 | 17圈/8天 |

为实现最佳覆盖,GLONASS采用Walker 24/3/1星座构型,其中参数 $t/p/f$ 规定了卫星总数、轨道面数量和相位差参数[8.14]。每个轨道面之间的升交点赤经相差 $\Delta\Omega=360°/p=120°$。每个面 $t/p=8$ 颗卫星,卫星间升交角距相隔 $360°p/t=45°$。两个不同轨道面中相邻轨位中卫星的升交角距差为 $\Delta u=360°f/t=15°$。

每颗GLONASS卫星都用其轨位号标识,该轨位号确定了卫星所处轨道面及其在轨道面中的位置(图8.3)。轨位号1~8属于轨道面1,轨位号9~16和17~24则分别属于轨道面2和3。

GLONASS 卫星与地球自转不存在共振现象（基于重力场谐波 gravitational field harmonics）。卫星周期设置为 8 个恒星日（约 8 个要素日）内环绕轨道 17 次。此外，每个轨道的起点会相对地球表面产生偏移，卫星每 8 天会经过地球表面同一地点。由于轨道面的偏移，所有卫星实际上一直相对地球表面沿相同地面轨迹运动（图 8.4）。

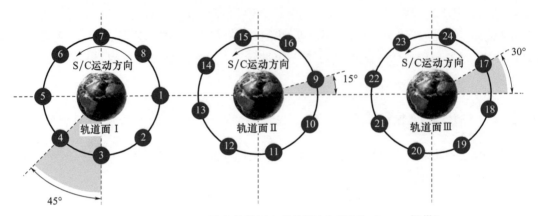

图 8.3　GLONASS 卫星在轨道面中的位置（由 ISS Reshetnev 提供）

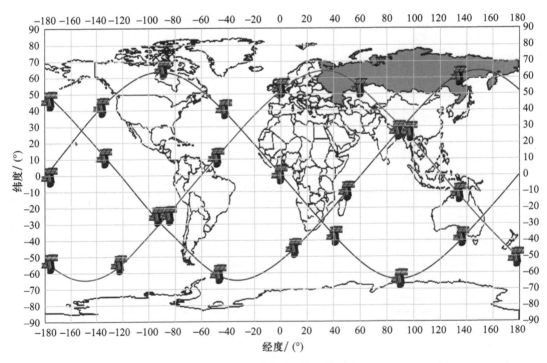

图 8.4　GLONASS 卫星地面轨迹

GLONASS 卫星的轨道倾角（≈65°）比其他 MEO 导航系统（GPS、北斗、伽利略）高约 10°，因而改善了俄罗斯联邦上空的可见性。全世界的 GLONASS 用户因此也获得了良好的天空覆盖，同时减少了极地上空的卫星能见度间隙（第 3 章图 3.8）。

## 8.1.3　GLONASS 大地测量参考系统 PZ-90

PZ-90 的地球模型参数和数据[8.15]用于 GLONASS 卫星轨道确定和星历计算。PZ-90 系统于 1990 年建立,取代了苏联地心坐标系(SGS-85),该系统由 GLONASS 一直使用到 1993 年[8.16]。

PZ-90 定义包括基本的大地测量常数、地球椭球参数、地球重力场参数(表 8.2),以及地心参考系统(GRS),其定义符合国际地球自转和参考系统服务(IERS)以及国际时间局(BIH)通用规范。PZ-90 坐标系统原点位于包括海洋和大气层的地球质心,$z$ 轴指向传统的参考极点,$x$ 轴指向赤道面与 BIH 定义的本初子午线的交点[8.17,8.18]。

表 8.2　PZ-90 地球模型的基本参数(参见文献[8.15])

| 参数 | 值 |
| --- | --- |
| 真空中光速 | $t = 299792458 \mathrm{m/s}$ |
| 万有引力常数 | $G = 6.67259 \times 10^{-11} \mathrm{m^3/(kg \cdot s^2)}$ |
| 地心引力系数(包括大气层) | $GM_\oplus = 398600.4418 \times 10^9 \mathrm{m^3/s^2}$ |
| 角速度 | $\omega_\oplus = 7.292115 \times 10^{-5} \mathrm{rad/s}$ |
| 长半轴 | $a = 6378136.0 \mathrm{m}$ |
| 扁率 | $f = 1/298.25784$ |

最初实现的 PZ-90 系统具有 1~2m 的精度。在 20 世纪 90 年代末,基于全球网络中 GPS/GLONASS 观测量联合处理以及对广播 GLONASS 轨道的事后处理,建立了 PZ-90 和 GPS 的 WGS-84 坐标框架间的转换关系[8.19-8.21]。

PZ-90 坐标框架实现的第一次重大修订在 2002 年,称为 PZ-90.02。它于 2007 年 9 月 20 日投入 GLONASS 运行[8.22],显著提高了播发轨道与 WGS-84 和 ITRF 框架的一致性。2013 年 12 月 31 日下午 3 时,PZ-90.11 在 GLONASS 运行中实现进一步更新。PZ-90.11 GRS 是国际大地参考系统(ITRS)在历元 2010 年 0 时的实际实现,它基于来自空间大地网(SGN)站点和多个国际 GNSS 服务(IGS)站点的 GPS/GLONASS 数据处理的结果(图 8.5)。PZ-90.11 GRS 相对于地心的精度(均方根(RMS))为 0.05m,参考点位置相对精度在 0.001~0.005m 级别。

对于原坐标系统(A)和变换后(B)坐标系统中的坐标 $r_A = (x,y,z)_A^T$ 和 $r_B = (x,y,z)_B^T$,不同坐标框架间的转换一般通过一个 7 参数相似变换(赫尔默特变换)来描述,即

$$\begin{pmatrix} x \\ y \\ z \end{pmatrix}_B = \begin{pmatrix} 1+m & +\omega_z & -\omega_y \\ -\omega_z & 1+m & +\omega_x \\ +\omega_y & -\omega_x & 1+m \end{pmatrix} \begin{pmatrix} x \\ y \\ z \end{pmatrix}_A + \begin{pmatrix} \Delta x \\ \Delta y \\ \Delta z \end{pmatrix} \quad (8.1)$$

式中:$\Delta r_B = (x,y,z)^T$ 为平移参数;$\omega = (\omega_x, \omega_y, \omega_z)^T$ 为旋转变换;$m$ 为尺度(scale)差异。PZ-90、WGS84 与 ITRF 的过去与当前实现的转换参数如表 8.3 所列。

图 8.5　PZ-90.11 在俄罗斯领土上的参考点（截止到 2011 年）

表 8.3　PZ-90 转换参数

| 从 | 到 | $\Delta X$/m | $\Delta Y$/m | $\Delta Z$/m | $\omega_x$/ $(10^{-3}")$ | $\omega_y$/ $(10^{-3}")$ | $\omega_z$/ $(10^{-3}")$ | $m$/ $(10^{-6})$ | 历元 | 参考 |
|---|---|---|---|---|---|---|---|---|---|---|
| PZ-90 | WGS-84 | −1.10 | −0.30 | −0.90 | 0 | 0 | −200 | −0.12 | 1990.0 | [8.17,8.23] |
| PZ-90 | ITRF-97 | +0.07 | +0.00 | −0.77 | −19 | −4 | +353 | −0.003 |  | [8.21] |
| PZ-90 | PZ-90.02 | −1.07 | −0.03 | +0.02 | 0 | 0 | −130 | −0.22 | 2002.0 | [8.17,8.23] |
| PZ-90.02 | WGS-84(1150)/ ITRF-2000 | −0.36 | +0.08 | +0.18 | 0 | 0 | 0 | 0 | 2002.0 | [8.17,8.23] |
| PZ-90.11 | ITRF-2008 | −0.003 | −0.001 | +0.000 | +0.019 | −0.042 | +0.002 | −0.000 | 2010.0 | [8.18] |

## 8.1.4　GLONASS 时

GLONASS 时（GLST）是所有 GLONASS 卫星时钟同步的参考，通过基于 GLONASS 地面段一组连续运行氢原子钟的观测，将其同步到作为参考时标的俄罗斯协调世界时（UTC（SU））来实现。UTC（SU）由位于莫斯科附近门捷列夫的俄罗斯联邦国家计量院（VNIIFTRI）维护，是俄罗斯国家时间和频率服务（STFS）的一部分。它通过一组氢原子钟实现，并通过卫星时频传递技术[8.25]连续调整到协调世界时（UTC）。UTC 与 UTC（SU）间的时间差由国际计量局（BIPM）例行监测，并且已从 2011 年的几十纳秒[8.26]缩小到 2016 年的不到 2ns。

俄罗斯国家时标、GLST 和 UTC 的比对是通过 GNSS 共视时间比对（利用 GPS 或

GLONASS 卫星,第 41 章)以及通过利用地球同步卫星的双向时间频率传递来实现(图 8.6)。

与 GPS 时间不同,GLONASS 系统时间与 UTC 时间没有闰秒偏差,但与 GLONASS 地面控制段采用的莫斯科当地时区相差 3h,即

$$\text{GLST} = \text{UTC(SU)} + 3\text{h} - C \tag{8.2}$$

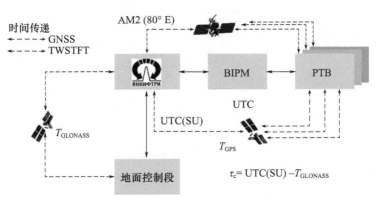

图 8.6 UTC(SU)与 GLONASS 系统时间(GLST)的生成与监测(参见文献[8.27])

小数偏差 $C$ 控制在 $1\mu\text{s}$ 以内[8.7],其中 GLONASS 时间校正参数 $\tau$ 作为一个预测值在导航电文一部分进行播发,向用户提供 UTC(SU)的直接访问能力。

GLST±1s 的闰秒校正与 UTC 校正同时进行。这些 UTC 校正是由国际计量局根据国际地球自转服务(IERS)的建议执行的。只要 UT1-UTC 之间差超过 0.9s 就需要进行校正,通常在一年的季度交替时(1 月 1 日、4 月 1 日、7 月 1 日、10 月 1 日 00:00:00)执行。

由地面控制段的 GLONASS 时间同步系统生成系统时标、计算时间和频率校正,确定系统时标与 UTC(SU)间的差值,并计算卫星时标与系统时标间的校正量。针对每个轨道计算频率和时间校正量,将其上注至卫星端从而传递给用户。频率和时间校正是星上时标与系统时标偏差线性拟合的两个参数。

在 GLONASS 中央同步器(CS)的频率和计时装置内,对 4 个氢频率标准的频率和相位进行持续比对,并以最好的时钟作为主要标准,产生的 5MHz 信号显示在一天内频率误差小于 $3\times10^{-14}$ 和稳定度优于 $2\times10^{-15}$。出于保持冗余目的,分别在斯切尔柯夫(莫斯科附近)和共青城运行着一个主用和备用相互独立的中央同步系统。中央同步器时间相对 UTC(SU)的监测通过中央同步器和 STFS 间的共视时间传递执行。根据所采用的设备和信号(GPS 或 GLONASS),可以实现 3~13ns 的监测精度。

GLONASS 播发的 UTC 与 GLST 以及 UTC 与预测 UTC(SU)$_{\text{GLO}}$ 间的差异由 BIPM 例行监测,并作为时间公报(Circular T)的一部分每月发布。目前呈现好于 10ns 的稳定度,但由于校准不确定性,可能受到几百纳秒级别系统偏差的潜在影响(图 8.7)。为提高 GLONASS 系统时间和预测 UTC(SU)的一致性,从 2014 年 8 月 18 日开始进行了各种调整,包括广播时间参数的偏差校正以及地面时钟的逐步调整[8.28]。作为对准的结果,从 2015 年初开始,GLST 和 UTC(SU)$_{\text{GLO}}$ 展示了约 10ns 的一致性。

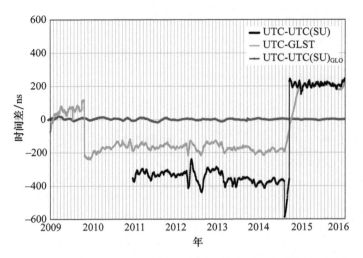

图 8.7 UTC 相对 UTC(SU)(蓝色)、GLONASS 系统时间(绿色)和 GLONASS 卫星广播的预测 UTC(SU)的偏差(基于 BIPM 提供的数据[8.26])

## 8.2 导航信号和服务

### 8.2.1 GLONASS 服务

由于 GLONASS 是军民两用的,因而提供两种服务:

(1) 公开服务,采用多达三个频段(L1、L2 以及最近的 L3)未加密的信号,全球所有用户使用不受限制。

(2) 授权用户服务,采用目前两个频段(L1 和 L2)中的加密信号。

然而这些服务的术语定义并不明确,公开文献中通常使用标准定位服务、高精度服务等替代。

这两种服务类型的性能规范目前还未发布,但国际 GNSS 委员会(ICG)正在讨论一个 GLONASS 公开服务性能参数标准。初步草案建议对于水平和垂直方向上 95%($2\sigma$)的全球平均位置误差分别为 5m 和 10m[8.29]。在 GLONASS 系统设计中,从未考虑过人为降低公开服务精度(类似于 GPS 2000 之前年一直采用的"选择可用性")。

授权服务主要针对军事用户[8.7]:"PP(高精度)信号由特殊码调制,旨在供国防部使用。使用 PP 信号应得到俄罗斯联邦国防部的批准。"

与 GPS 不同,授权服务信号目前并未加密。虽然系统提供商还未公布其结构和数据内容,但采用的测距码在 GLONASS 早期就已经可以通过系统码搜索获得[8.5]。

这为大地测量双频 GLONASS 接收机的设计提供了可能性,并允许在精密单点定位中及早使用 GLONASS。但是,根据上述免责声明,这些信号可能会被禁止访问,非官方使用时应加以考虑。

每颗 GLONASS 卫星都发射公开服务和授权服务信号。这两种服务的 L1/L2 信号在 GLONASS ICD[8.7]中被命名为标准精度(ST)和高精度(PP)信号,以反映所采用测距码的不同性能。

一般来说,GLONASS 采用频分多址(FDMA)调制。各卫星发射的信号采用相同测距码,但频率稍有不同,以便在接收机内进行并行处理。随着 2011 年第一颗 GLONASS-K1 卫星的发射,GLONASS 开始在新的 L3 信号上发射额外的码分多址调制(CDMA)信号。作为正在进行的 GLONASS 现代化工作的一部分,还将在 L1 和 L2 频段发射 CDMA 信号,以提升与其他 GNSS 特别是 GPS 的互操作性。当前和计划中的信号如表 8.4 所列。

表 8.4 GLONASS 信号概览。各信号用频段(前两个字符)、
服务类型(O:公开,S:授权特殊)以及调制类型(F:FDMA,C:CDMA)标识

| 卫星 | FDMA | | CDMA | | |
|---|---|---|---|---|---|
| | L1 | L2 | L1 | L2 | L3 |
| GLONASS | L1OF<br>L1SF | L2SF | | | |
| GLONASS-M | L1OF<br>L1SF | L2OF<br>L2SF | | | (L3OC) |
| GLONASS-K1 | L1OF<br>L1SF | L2OF<br>L2SF | | | L3OC |
| GLONASS-K2 | L1OF<br>L1SF | L2OF<br>L2SF | L1OC<br>L1SC | L2OC<br>L2SC | L3OC |

当前发射的 L1、L2 和 L3 频段信号的频谱分布如图 8.8 所示。L1 和 L2 的 FDMA 信号采用的频率比相应的 GPS 信号稍高(≈20MHz)。相比之下,GLONASS L3 信号发射的频率($f_{L3}$=1202.025MHz)与分配给 GPS 核爆(NUDEF)检测系统载荷的 L3 频率(($f_{L3}$=1381.05MHz)有很大不同。事实上,GLONASS L3 频率与 Galileo E5b 频率很接近,只有一个很小的负频率偏移。

图 8.8 GLONASS L1、L2 和 L3 频段频分多址(FDMA)和码分多址(CDMA)信号(2015 年)

为提供定位、导航和授时服务,GLONASS 信号包括采用 PZ90 参考系统的星历数据和 GLONASS 系统时间相关授时参数的导航电文。

公开服务信号以及导航电文内容的详细说明见公开信号 ICD[8.7],该信号目前涵盖 L1/L2 FDMA 信号,并将在 L3 和 CDMA 信号全面运行后更新。

## 8.2.2 FDMA 信号

从第一颗卫星发射以来，GLONASS 就一直在发射 FDMA 信号。虽然当前正在进行系统演进并引入了新的 CDMA 信号，但 GLONASS 未来将继续提供传统 FDMA 信号，以提供与已在使用的用户设备的后向兼容能力。

FDMA 信号在 L1 和 L2 频段发射，由公开服务（标准精度）和授权服务（高精度）测距码组成（表 8.5）。与 GPS 类似，尽管这些术语在 ICD 中未提，也不代表官方命名，但两种码通常分别被称为 GLONASS C/A 码（粗捕码）和 P 码（精码）。

表 8.5 传统 GLONASS FDMA 信号的主要特点。
未公开发布的授权服务参数（L1SF,L2SF）标记为未获得

| 信号 | 接收功率<br>/dBW | 中心频率<br>/MHz | 码和数据 | 调制 | 带宽<br>/MHz | 数据速率<br>/(bit/s) |
|------|------|------|------|------|------|------|
| L1OF | -161 | 1598.0625⋯<br>1605.375 | C/A 码（511 码片，1ms）<br>公开服务导航电文 | BPSK(0.5) | ≈±0.5 | 50 |
| L1SF | -161 | 相同 | P 码（5.11MHz）<br>授权服务导航电文 | 未获得 | ≈±5 | 未获得 |
| L2OF | -161 | 1242.9375⋯<br>1248.625 | C/A 码（511 码片，1ms）<br>公开服务导航电文 | BPSK(0.5) | ≈±0.5 | 50 |
| L2SF | -161 | 相同 | P 码（5.11MHz）<br>授权服务导航电文 | 未获得 | ≈±5 | 未获得 |

虽然公开服务信号在第一代 GLONASS 卫星中仅在 L1 频率上发射，但从 GLONASS-M 系列卫星开始，已经在两个频率上都可用。L2 信号功率最初比 L1 低约 6dB，现已调整到与 L1 相同电平。

**1. 信号频率**

GLONASS FDMA 信号对不同信号采用一组不同的信道。每路信道用其信道号 $k$ 标识，该信道号定义了唯一的信号频率，即

$$\begin{cases} f_{L1}(k) = (1602.0 + k\,0.5625)\,\text{MHz} \\ f_{L2}(k) = (1246.0 + k\,0.4375)\,\text{MHz} \end{cases} \quad (8.3)$$

相邻信道间隔 $\Delta f \approx 0.5\text{MHz}$，大致相当于公开服务信号频谱的一半宽度，足以区分接收机中来自不同卫星的发射信号。对于给定信道号 $k$，L1 和 L2 频率的比率为固定值，即

$$\frac{f_{L1}(k)}{f_{L2}(k)} = \frac{9}{7} \quad (8.4)$$

最初的 GLONASS 设计为 24 颗卫星组成星座，其中对每颗卫星以及一路备用测试信道[8.30]分配唯一频道号，其范围为 $k = 0, \cdots, 24$（对应于 L1 的频率范围 1602.0 ~ 1615.5MHz）。

随后根据国际电信联盟（ITU）的 RA 769 依据射电天文观测保护准则对最初的频率

分配进行了修改[8.31]，当时发现 GLONASS L1 传输明显干扰了 1612MHz 附近的羟基（OH）的观测[8.32]。从 1998 年开始，频率索引限制在 $k=0,\cdots,12$ 范围内（最大中心频率为 1608.75MHz）。在 2005 年进行的第二次更新中，引入了负频道号，范围变为 $k=-7,\cdots,+6$[8.7]（包括一般用于测试新卫星的两路信道）。此外，GLONASS 卫星配备了带通滤波器，减少了射电天文相关频段内发射的干扰。从 GLONASS 卫星 L1 信号频谱中可以发现，在 1612MHz 周围出现了一个明显的缺口（图 8.9）。

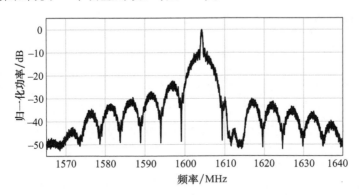

图 8.9　GLONASS L1 信号频谱实例。1604.25MHz 的中心频率对应于频道号 $k=+4$。中央峰值由 511kHz 公开服务粗捕（C/A）码产生，而更宽的波瓣反映了 5.11MHz P 码调制。1612MHz 附近的发射被带通滤波器屏蔽，以保护羟基（OH）发射射电天文观测
（由德国航空航天中心（DLR）S. Thölert，提供）

通过为对轨卫星（即处于同一轨道面中相对轨位的卫星）分配相同信道号的方式，来解决 24 颗卫星仅存在 12~14 个信道的限制。对地面观测者而言，这种方式所对应的两颗卫星永远不是同时可见的，因此可利用相同信号频率实现信道复用。

GLONASS FDMA 信号中采用不同信号频率的方式使得所有卫星可以采用共同的测距码，与 CDMA 相比，可减小窄带干扰的影响，因为此类干扰一次只会影响一颗或几颗卫星[8.33]。但是随之而来的代价为前端设计复杂度增大，而且通常也会引入 GLONASS 接收机中所不希望出现的群延迟变化（第 13 章）。尽管如此，现有数据处理方法可允许在用户端检测这些延迟，从而提供高精度定位计算。

2. 公开服务信号

L1 和 L2 频率上发射的 FDMA 公开服务信号采用二进制相移键控（BPSK）调制。载波由一个二进制序列调制，该序列由三个独立分量的模 2 加（即异或组合）组成：

（1）伪随机噪声（PRN）测距码。
（2）导航数据。
（3）一个辅助的 m 序列。

测距码长度为 511 个码片，以 511kHz 频率计时，因此总持续时间为 1ms。数据位以 50Hz 速率发射，每个数据位长度 20ms。第三个分量是一个 1 和 0 交替出现的 100Hz 序列，每个符号持续时间 10ms。它为一个 m 序列或曼彻斯特编码，保证每个数据位间隔内 m 数据序列模 2 和中至少有一次翻转（transition）。三个信号分量彼此同步，即一个曼彻

斯特码符号内有 10 个完整的测距码,一个数据位内有 20 个码。整体信号结构如图 8.10 所示。

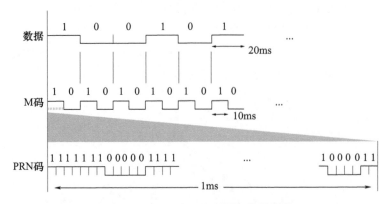

图 8.10 GLONASS 公开服务信号结构

FDMA 概念允许所有 GLONASS 卫星使用共同的 PRN 码,实际上在两个频率上也会采用相同的 PRN 码。与 GPS 的 Gold 码不同,GLONASS 测距码仅从一个最大长度线性反馈移位寄存器(LFSR)就可获得。相比之下,Gold 码则需要两个移位寄存器的组合,利用它可构成具备良好互相关特性的一个大 PRN 序列族,这对 GPS 之类的 GNSS 星座中采用 CDMA 信号很重要,因为各种卫星需要截然不同的高质量 PRN 序列[8.34]。而 GLONASS 仅需要一个测距码,通过不同传输信道的频率分割实现不同卫星间的低互相关[8.33]。

因此可采用基于 9bit 寄存器更简单的 PRN 码生成器,它可提供最大长度为 511×($2^9-1$) 个码片的伪随机序列(图 8.11)。寄存器用全 1 初始化,PRN 测距码在移位寄存器的第 7 级输出处提取(图 8.11)。

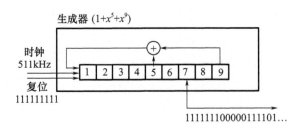

图 8.11 GLONASS C/A 码生成器

GLONASS 测距码的码片速率和持续时间直接反映在公开服务信号频谱中[8.4]。它表现出约 1MHz 的总带宽,频谱零点出现在相对中心频率 511kHz 倍数处,各谱线相隔 1kHz(码长的倒数)。可以注意到,带宽比 L1 和 L2 频率上的各频道间隔更大。由于相关带宽要小得多(对于 1ms 积分间隔,约为 1kHz),因此不会影响对 GLONASS 信号的安全捕获和跟踪。

3. 授权服务信号

L1 和 L2 频率均承载附加的授权服务信号,该信号通过与公开服务信号相位正交的方式发射。授权服务信号只用于军用,官方渠道从未披露其信号结构。

尽管如此,在 GLONASS 早期,通过高增益天线观察以及对不同假设的码设计进行系统性测试,已经揭示了其重要特性。这一工作主要由利兹大学进行[8.4-8.5,8.35-8.36],为目前了解军用信号及其在大地测量接收机中的实现奠定了基础。在 GLONASS-M 代卫星之前,GLONASS P 码是研究的热点,因为它提供了第二频率,从而在高精度定位应用中可以实现电离层误差改正。此外,采用更高码片速率还可提供比 C/A 码更好的噪声和多径性能[8.36]。但必须记住,P 码信号并不适于公众使用,并可能在不提前通知的情况下进行修改。

4. 导航电文结构

GLONASS FDMA 公开服务导航电文采用由单独的帧和字符串组成的固定结构。整组帧称为"超帧",并以固定间隔重复(表 8.6)。

表 8.6 公开服务 GLONASS FDMA 信号的导航数据结构。
HC 和 TM 表示 8B 汉明纠错码和 30 个符号的时标

| 结构 | 持续时间 | 组成元素 |
| --- | --- | --- |
| 超帧 | 2.5min | 5 帧 |
| 帧 | 30s | 15 个字符串 |
| 字符串 | 2s | 85bit+时标 |
| 比特 | 0.02s | — |
| 时标 | 0.3s | 30 个符号 |
| 符号 | 0.01s | — |

根据文献[8.7]中的信息,FDMA 公开服务导航电文结构如图 8.12 所示。每个字符串由 85bit 和 1 个时标组成。时标又包括 30 个符号(对应于十六进制值 0x3E375096[8.36])作为帧尾。比特长度为 20ms,当符号长度为 10ms 时,整个字符串在 1.7s+0.3s=2s 内发射。85bit 包括一个 0bit、一个 4bit 字符串号、72bit 导航数据以及提供单比特纠错的 8 个汉明码奇偶校验比特[8.36]。

每个帧的字符串 1~4 提供定位所必须的发射卫星即时(星历)数据,并且每 30s 重复一次,余下的字符串 4~15 包含最多 5 颗卫星的非即时(历书)数据。第 5 帧中剩余字节包含用于 GLONASS 系统时间到 UT1 转换的附加参数以及闰秒调整公告。

整个超帧在 2.5min 内发射,并在两次星历更新(一般每 30min 一次)之间不断重复。整个电文结构适用于支持当前 24 颗卫星的星座,但保留了一些备用字节以便增加额外信息。

与 GPS 不同,GLONASS 系统没有采用星历数据的轨道根数表示,而是在给定参考历元提供状态向量(位置和速度)以及地固 PZ90 坐标系统中的校正量。基于此信息,可利用运动方程的数值积分得到这一历元附近的轨迹(3.3.3 节)。为简化轨道模型的复杂度,此处只考虑了占主导地位的地球扁率项,以及用于提高定位精度的日月摄动影响的附加加速度校正(作为导航电文一部分)。星历数据一般以半小时为间隔更新(在整小时和半小时更新一次),在间隔时间中心的参考历元前后 15min 有效。卫星相对 GLST 的卫星

| Frame | String | 2.0s | | | |
|---|---|---|---|---|---|
| | | 1.7s | | 0.3s | |
| I | 1 | 0 | 用于卫星传送的即时数据 | HC | TM |
| | 2 | 0 | | HC | TM |
| | 3 | 0 | | HC | TM |
| | 4 | 0 | | HC | TM |
| | 5 | 0 | | HC | TM |
| | … | .. | 用于5颗卫星非即时数据（历书） | … | … |
| | 15 | 0 | | HC | TM |
| II | 1 | 0 | 用于卫星传送的即时数据 | HC | TM |
| | 2 | 0 | | HC | TM |
| | 3 | 0 | | HC | TM |
| | 4 | 0 | | HC | TM |
| | 5 | 0 | | HC | TM |
| | … | .. | 用于5颗卫星非即时数据（历书） | … | … |
| | 15 | 0 | | HC | TM |
| III | 1 | 0 | 用于卫星传送的即时数据 | HC | TM |
| | 2 | 0 | | HC | TM |
| | 3 | 0 | | HC | TM |
| | 4 | 0 | | HC | TM |
| | 5 | 0 | | HC | TM |
| | … | .. | 用于5颗卫星非即时数据（历书） | … | … |
| | 15 | 0 | | HC | TM |
| VI | 1 | 0 | 用于卫星传送的即时数据 | HC | TM |
| | 2 | 0 | | HC | TM |
| | 3 | 0 | | HC | TM |
| | 4 | 0 | | HC | TM |
| | 5 | 0 | | HC | TM |
| | … | .. | 用于5颗卫星非即时数据（历书） | … | … |
| | 15 | 0 | | HC | TM |
| V | 1 | 0 | 用于卫星传送的即时数据 | HC | TM |
| | 2 | 0 | | HC | TM |
| | 3 | 0 | | HC | TM |
| | 4 | 0 | | HC | TM |
| | 5 | 0 | | HC | TM |
| | … | .. | 针对4颗卫星的非即时数据（历书）；时间系统；备用字节 | … | … |
| | 15 | 0 | | HC | TM |
| Bits | | 85 | 84……………………......9 | 8………1 | |

（30s；5×30s=2.5min）

图 8.12　FDMA 公开服务信号导航电文超帧结构

钟差通过一个线性时钟多项式描述，该多项式无须应用相对论校正即可直接得到表观时钟。此外，GLONASS 导航电文即时数据还包括健康信息、GLST 到 UTC 时间转换数据，以及考虑单频定位中差分码偏差时的授时群延迟参数。

FDMA 公开服务导航电文的非即时数据提供时标信息（用于 GLST 到 UTC(SU) 和 GLST 到 GPS 时间转换），该信息在每帧的第 5 个字符串以及每颗卫星的两个历书数据字符串中重复。除轨道根数以及粗略钟偏值外，历书还包括健康数据以及相应卫星的轨位和频道数。

文献[8.35-8.36]提供了对 FDMA 授权的导航消息的描述，该描述根据 20 世纪 90

年代后期对传输的 P 码数据的分析得出。

需要指出,GLONASS FDMA 导航电文提供星历、历书和时间系统信息,但没有为单频用户提供电离层修正数据。为实现最佳定位精度,建议采用双频 L1/L2 观测进行电离层补偿。

## 8.2.3　CDMA 信号

作为 GLONASS 信号演进计划的一部分,新的 CDMA 信号作为对传统 FDMA 信号的补充而提供给用户。引入 CDMA 信号的主要原因包括提高导航精度、提升抗干扰能力,以及保证公开服务和授权服务的独立性。GLONASS 信号演进计划将分阶段进行。2011 年,第一个 L3 频段 CDMA 信号开始使用,每一代新的 GLONASS 卫星都会增加更多的信号。文献[8.37]给出了 GLONASS CDMA L3 模糊度解算和定位性能的初步评估。

与 FDMA 信号类似,GLONASS CDMA 信号也有两种类型:公开信号和加密信号,分别提供公开和授权服务。L1 和 L2 CDMA 信号频率分配界定在原始 GLONASS 频段内(图 8.13),而 L3 则为紧跟在伽利略 E5b 和北斗 B2 频段后新分配的频率。此外,系统建设者还在研究,在 GPS 和伽利略系统的 L1/E1 和 L5/E5a 频段提供现代化民用导航信号(L1OCM 和 L5OCM),以实现与其他星座的最大兼容性。

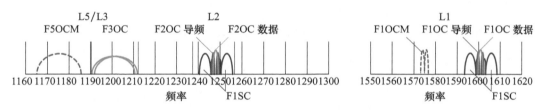

图 8.13　GLONASS CDMA 信号频率分配

当前建议的 GLONASS CDMA 信号的主要参数如表 8.7 所列[8.8,8.38-8.39]。公开服务 L1OC 和 L2OC 信号计划分别利用 BPSK(1) 和 BOC(1,1) 提供时分复用数据和导频分量[8.8]。而 L1SC 和 L2SC 授权服务信号则对导频和数据分量均采用 BOC(5,2.5) 调制,发射相位与公开服务信号正交。BOC(5,2.5) 调制可很好地分离公开和授权信号频谱,同时抑制 1612MHz 附近射电天文频段内的发射[8.38]。

表 8.7　GLONASS CDMA 信号参数。未公开发布的授权服务信号的
参数标记为不可用(N/A)。当前正在研究中的信号的参数标记为待定(TBD)

| 频段信号 | L5/L3 | | L2 | | L1 | | |
|---|---|---|---|---|---|---|---|
| | L5OCM | L3OC | L2SC | L2OC | L1OCM | L1SC | L1OC |
| 访问 | 公开 | 公开 | 授权 | 公开 | 公开 | 授权 | 公开 |
| 载频/MHz | 1176.45 | 1202.025 | 1248.06 | | 1575.42 | 1600.995 | |
| 数据信号调制 | BPSK(10) | BPSK(10) | BOC(5,2.5) | BPSK(1) | 待定 | BOC(5,2.5) | BPSK(1) |
| 导频数据调制 | BPSK(10) | BPSK(10) | BOC(5,2.5) | BOC(1,1) | 待定 | BOC(5,2.5) | BOC(1,1) |
| 数据速率/b/s | 待定 | 100 | 不可用 | 250 | 待定 | 不可用 | 125 |

续表

| 频段信号 | L5/L3 | | L2 | | L1 | | |
|---|---|---|---|---|---|---|---|
| | L5OCM | L3OC | L2SC | L2OC | L1OCM | L1SC | L1OC |
| 导航数据/ms | 待定 | 10 | 不可用 | 4 | 待定 | 不可用 | 8 |
| 码片速率/MHz | 10.23 | 10.23 | 不可用 | 0.5115 | 待定 | 不可用 | 0.5115 |
| 状态 | 研究 | | 实现 | | 研究 | | 实现 |

2011年发射的GLONASS-K1卫星引入了首个CDMA信号,从2014年开始发射的最新版GLONASS-M卫星也提供该信号。虽然正式ICD还未确定,但文献[8.38]中已经公开发布了关于信号结构的基本信息。该信号由一个相位正交的数据和导频分量组成,采用BPSK(10)调制。

如图8.14所示,两个分量的伪随机码都是通过一个14bit移位寄存器(IS2,反馈抽头

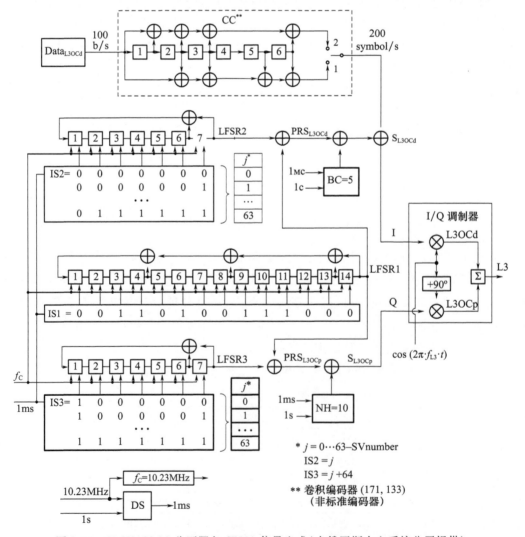

图8.14　GLONASS L3公开服务CDMA信号生成(由俄罗斯太空系统公司提供)

4,8,13 和 14)和一个 7bit 移位寄存器(IS1/IS3 用于导频/数据码;反馈抽头 6 和 7)输出的模 2 加生成。IS2 寄存器的初始状态对所有卫星通用,但 IS1 和 IS3 寄存器则采用与卫星有关的初始值。最终的 PRN 序列称为 Kasami 序列[8.40],对整个码族的单一代码展现了非常低的互相关性[8.41]。L3OC 码原始长度为 $2^{14}-1 = 16383$bit,但在 10230 个码片处被截短,实现了-40dB 的互相关性。当采用的码片速率为 10.23MHz 时,主码时长总计 1ms。

导航数据以 100bit/s 速率调制,采用 1/2 卷积码纠错(生成的符号率为 200symbol/s)。除测距码和编码的导航数据外,数据信号还被速率为 1kHz 的 5 位 Barker 码调制。Barker 码(BC)与测距序列同步,覆盖一个单导航数据符号时长(5ms)。对于导频信道,采用长度为 10bit 的二次码(Neuman-Hofman,NH)码。这将产生 10ms 有效码长,以提高稳健性及弱信号跟踪能力。在文献[8.42]中,基于采用高增益天线和软件接收机的分析,详细介绍了 GLONASS-K1-1 卫星发射的 L3OC 信号的特征。

除采用先进的调制方案外,L3 CDMA 信号还引入了新导航电文概念。与 FDMA 导航电文固定的超帧结构不同,L3OC 信号采用了一个灵活的电文系统[8.38,8.39]。和 GPS L2C 和 L5 信号的 CNAV(民用导航电文)类似,它定义了一套截然不同的电文,每个电文提供了导航数据的一个特定子集。每个电文有唯一标识的电文号,并带有一个循环冗余校验(CRC)字段用于错误保护。来自不同电文的数据在用户端进行组合,从而获得完整的导航数据集。由于未知电文类型会被接收机忽略,因而新方案会极大地促进新电文的增加、信号的升级和服务的改进。此外,新导航电文并不限于星座的预定大小,而是可容纳可变数量的卫星。

举例来说,文献[8.43]对新 L3OC 历书电文结构进行了描述。每个电文长度为 300bit,包括 20bit 时间标记和 24bit CRC。所有 L3OC 导航电文的完整说明将作为 GLO-NASS 公开服务信号 ICD 的一部分提供。

## 8.3 卫星类型

GLONASS 卫星星座是整个 GLONASS 系统的关键要素。在其 30 多年的历史中,已建设和运营了 3 代 GLONASS 卫星:
(1) 初代 GLONASS 卫星于 1982 年首次发射。
(2) 第二代 GLONASS-M 卫星于 2003 年发射。
(3) GLONASS-K 系列于 2011 年推出。

每一代新的 GLONASS 卫星都扩展了卫星的功能,并提升了系统的总体性能。在技术改进的同时,卫星在轨寿命也在不断增加。每种卫星的主要特征如表 8.8 所列。所有 GLONASS 卫星均由列舍特涅夫院士应用力学科研和生产协会(NPO PM)开发,该协会现已成为列舍特涅夫信息卫星系统(ISS)股份公司的一部分。

值得一提的是,两颗名为"Etalon(量规)"的大地测量卫星虽然不是 GLONASS 系统的一部分,但却是对 GLONASS 星座的补充。这种直径 1.2m 的球状卫星是完全无源的,并且覆盖有角反射器,可用于卫星激光测距(SLR)。Etalon-1 和 Etalon-2 卫星于 1989 年发射,并且和两对常规 GLONASS 导航卫星一同进入到典型的 GLONASS 轨道。它们最初用于中高度轨道卫星轨道动力学研究,目前仍为国际社会服务,主要用于大地测量学和地球动力学基础研究[8.44]。

表 8.8 GLONASS 卫星概览

| 参数 | GLONASS | GLONASS-M | GONASS-M+ | GLONASS-K1 | GLONASS-K1+ | GLONASS-K2 |
|---|---|---|---|---|---|---|
| 首次发射 | 1982 | 2003 | 2014 | 2012 | 2017 | 2016 |
| 平台设计 | 加压平台 | 加压平台 | 加压平台 | 非加压平台 | 非加压平台 | 非加压平台 |
| 设计寿命/年 | 3 | 7 | 7 | 10 | 10 | >10 |
| 质量/kg | 1415 | 1415 | 1415+ | 995 | 995+ | 995+ |
| 系统功率/W | 1000 | 1450 | 1450 | 1600 | 1600 | 4370 |
| 指向精度(地球)/(°) | 0.5 | 0.5 | 0.5 | 0.5 | 0.5 | 0.25 |
| 导航有效载荷 | | | | | | |
| 质量/kg | 180 | 250 | 250 | 260 | >260 | 520 |
| 功耗/W | 600 | 580 | 580 | 750 | >750 | 2600 |
| 时钟 | (铷钟),铯钟 | 铯钟 | 铯钟 | 铯钟,铷钟 | 铯钟,铷钟 | 铯钟,铷钟 |
| 时钟稳定度 | $5\times10^{-13}$ | $1\times10^{-13}$ | $1\times10^{-13}$ | $(0.5-1)\times10^{-13}$ | $5\times10^{-14}$ | $(0.5-1)\times10^{-14}$ |
| FDMA 信号 | L1,L2 | L1,L2 | L1,L2 | L1,L2 | L1,L2 | L1,L2 |
| CDMA 信号 | — | — | L3 | L3 | L2,L3 | L1,L2,L3 |
| 星间链路 | — | × | × | × | × | × |
| 激光反射器 | × | × | × | × | × | × |

本节介绍 GLONASS 卫星家族的不同卫星(图 8.15)并介绍了其特点和性能。

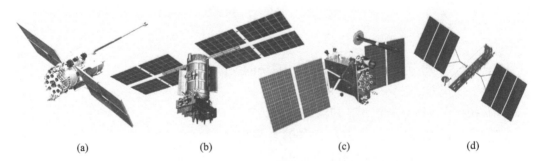

图 8.15 GLONASS 卫星家族(画家绘图,由 ISS Reshetnev 提供)
(a)GLONASS Ⅱv;(b)GLONASS-M;(c)GLONASS-K1;(d)GLONASS-K2。

## 8.3.1 GLONASS Ⅰ/Ⅱ

第一代 GLONASS 导航卫星(原名 Uragan,俄语"飓风"之意)于 20 世纪 70 年代后期开发。根据文献[8.1],GLONASS 系列由 4 个子类卫星组成,通常命名为 Ⅰ、Ⅱa、Ⅱb 和

Ⅱv(或Ⅱc)类(或块)。第一颗Ⅰ类卫星于1982年发射,最后一颗Ⅱv卫星则在2005—2008年间服役。

GLONASS卫星质量约1.4t(包括用于轨道维护的推进剂),由一个长约3.3m的圆柱结构组成(图8.16)。两块总表面积约24m$^2$的太阳能板提供约1kW的净系统功率。GLONASS Ⅰ/Ⅱ卫星采用加压平台设计,可以保护有效载荷不受太空环境影响。散热通过热交换器和4个热控制翻盖实现。这些盖子的打开角度可变,以约5℃的精度调节内部温度。

姿态控制通过反作用轮实现,反作用轮利用磁矩定期卸载。磁场的参考测量由一个安装在外部吊臂上的磁力计提供(图8.16),以避免对卫星星体造成磁干扰。GLONASS卫星还配备有联氨推进系统。它由2个用于轨道修正的5N推进器和24个用于卫星入轨后改变朝向和消除旋转的0.1N推进器组成。当卫星在到达所分配轨位后,在其整个运行生命周期内将其标称位置保持在±5°升交角距内,无须进一步修正机动。

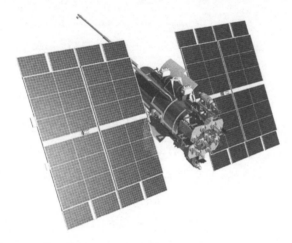

图8.16 第一代GLONASS系统卫星(由ISS Reshetnev提供)

圆柱形卫星体的纵向$x$轴指向地球,并携带L波段天线。天线由12个螺旋天线单元组成,4个在内圈,8个在外圈。这些天线单元相位相干组合,实现了一种M形天线增益方向图,其朝向地球边缘的波束强度略高(第17章)。此外,GLONASS卫星携带一个激光后向反射器阵列(LRA),用于卫星激光测距[8.45]。激光反射器由放在L波段天线单元之间的400个独立角反射器组成,将有效反射点集中在天线视轴上。

在GLONASS Ⅰ系列中,用两个天稳定度为$5×10^{-12}$的5MHz BERYL铷钟作为主原子频率标准(AFS)。后续的Ⅱ类卫星则配备3个GEM铯钟(提供双重冗余),性能较之前提高10倍[8.46,8.47]。这些早期时钟的平均寿命仅1.5年,明显限制了整个任务的持续时间。

1982—2005年总共发射了87颗GLONASS Ⅰ和Ⅱ卫星,包括6颗未到达最后目标轨道的卫星。典型的运行周期范围从早期卫星的1年左右到最新卫星的5年。首个全面运行GLONASS星座于1995年完成,它全部由Ⅱv卫星组成。

## 8.3.2 GLONASS-M

从2003年起,第一代GLONASS卫星逐渐被现代化的GLONASS-M系列取代。这些卫星采用相同核心架构,质量也与GLONASS Ⅰ/Ⅱ系列类似,但可以通过太阳能板转轴的不同布局以及正面更大的天线面板等特征将之轻松区分(图8.17)。而且,卫星在星体面向天顶一侧不再有磁力计支臂。

图 8.17 GLONASS-M 卫星(由 ISS Reshetnev 提供)

与GLONASS Ⅰ和Ⅱ一样,GLONASS-M卫星也采用加压容器,携带特有的热控制翻板,但与以前的产品相比,具有更好的任务和运行性能以及更长的设计寿命(7年)。GLONASS-M卫星可实现0.5°的天底指向姿态控制精度,以及2°的太阳能板指向精度。卫星采用更大太阳能板($34m^2$),可提供更高的总系统功率(1.5kW)。

激光反射器阵列采用比GLONASS Ⅰ/Ⅱ更紧凑的设计,它紧挨前面板上的L波段导航天线放置,与卫星体主轴之间的横向偏移很小(图8.18)。

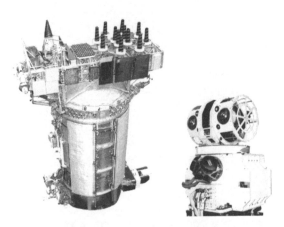

图 8.18 带有激光后向反射器阵列(LRA)和星间激光导航和通信系统(ISLNCS)的GLONASS-M卫星。图中的插图为从2013年开始使用的ISLNCS设计
(由精密设备工程系统科学工业公司(NPK SPP)提供)

作为一项新颖的功能,GLONASS-M 卫星包括一个基于无线电的星间链路[8.48],该链路正在进行飞行验证,将有助于减轻 GLONASS 地面段地理覆盖有限的问题。它提供了基于两个单向伪距的卫星间距离测量,因此有助于提高星历和时钟精度[8.49]。

最新的 GLONASS-M 卫星也配备原型星间激光导航和通信系统(ISLNCS,图 8.18)。早期的飞行实验已经证明两颗卫星间距离的精度测量能够达到 3cm,并能够以小于 0.1cm 的误差实现星载时钟彼此同步[8.50-8.51]。

GLONASS-M 卫星除了采用现代化卫星平台外,还为无线电导航信号进行了各种更改[8.52]。发射频率移到更低频率范围,其中 L1 为(1598.0625,…,1605.375)±5.11MHz,L2 为(1242.9375,…,1248.625)±5.11MHz。通过安装滤波器,将 1610.6~1613.8MHz 和 1660.0~1670.0MHz 频段的带外发射降低到 ITU 769[8.31]所建议的水平。此外,L2 频段发射功率增加了一倍,并且在 L2 增加了民用导航信号,因此可提供首个全公开双频导航服务。在进行这些修改的同时,还对导航电文进行了各种改进。原设计中的可用备用字节放入了新参数,如 GPS-GLONASS 时差,闰秒公告或轨道和时钟数据龄期。从 2014 年的 55 号卫星开始,GLONASS-M 卫星还添加了 L3OC 传输。

GLONASS-M 与之前卫星一样,采用 3 个铷钟作为主频率标准。根据技术要求,天频率稳定度为 $1\times10^{-13}$,这直接有助于改善总体导航性能。

截至 2015 年年初,所有可运行的 GLONASS 卫星完全由 GLONASS-M 卫星组成。

## 8.3.3 GLONASS-K

GLONASS-K 系列卫星代表 GLONASS 星座最新一代卫星。它包括两个子类,即更轻的 K1 型卫星(图 8.19)和具备完整能力的更重的 K2 型卫星。2011 年和 2014 年发射了两颗 GLONASS-K1 卫星。2016 年 2 月,第 2 颗 GLONASS-K1 卫星加入星座,实现正常运行,而第一颗 GLONASS-K1 卫星仍保持用于测试用途。GLONASS-K2 卫星的建设和部署计划于 2015 年之后的五年进行。

图 8.19 GLONASS-K1 卫星(由 ISS Reshetnev 提供)

GLONASS-K 卫星是首个使用非加压有效载荷和服务模块的卫星。该卫星以由列舍特涅夫信息卫星系统公司（之前的列舍特涅夫院士应用力学科研和生产协会（NPO PM））为各种静止轨道移动卫星通信和中继卫星开发的Express-1000K卫星平台为基础构建。箱形结构由轻质蜂窝面板组成，采用热管实现热控制[8.48]。GLONASS K1卫星质量为935kg，只有之前卫星的2/3，这为发射器的选择提供了更大的灵活性。尽管太阳能电池板的尺寸（17m$^2$）比以前的所有卫星都小，但使用先进的砷化镓太阳能电池仍可实现高电功率（1.6kW）。卫星设计寿命为10年，比之前几代卫星长得多，有助于提供流畅且无中断的GLONASS服务。

与GLONASS Ⅰ/Ⅱ卫星类似，GLONASS-K1卫星的激光反射器被集成到了L波段天线结构中，使两个相位中心都与通过质心的对地指向轴对齐。在保持太阳能板垂直太阳而连续执行偏航转动时，相位中心位置始终保持不变（3.4节）。GLONASS-K1卫星的原子频标由规定性能为$(0.5-1.0)\times10^{-13}$的两个铷钟和两个铯钟组成。所有GLONASS-K1卫星除L1和L2上的传统FDMA公开服务和授权服务信号外，还均发射CDMA L3公开服务信号（L3OC）。预计增强版的K1+卫星以及更大的K2卫星会支持L2以及随后的L1 CDMA信号。

除核心导航有效载荷外，GLONASS-K卫星还配备了一条实现数据交换和测距的无线电星间链路、一条光学星间链路、一个Cospas-Sarsat[8.53]遇险告警和搜救系统，以及一个用于校准和远程时钟同步的双向/单向激光测距的星载光学系统。

## 8.4 运载火箭

GLONASS星座建设和维持通过质子号运载火箭的三次发射或联盟号运载火箭的一次发射来提供（图8.20）。联盟号火箭在俄罗斯北部的普列谢茨克发射场（62.9°N，40.6°E）发射，并由俄罗斯空天防御部队维护。质子号火箭的发射则由拜努尔的火箭和太空综合体执行[8.55]，其位于哈萨克斯坦境内（45.6°N，63.3°E），它是由俄罗斯租用并服务于国家航天计划。

图8.20 GLONASS导航卫星发射场和运载火箭（由ISS Reshetnev提供）

质子-K 火箭及其更强大的现代化 M 版本火箭都是重型运载火箭,具有悠久的飞行历史。这种高度 53~58m 的 3(+1)级火箭可在不同轨道执行多种任务。它们最多可载 22t 进入低地球轨道(LEO),或大约 6t 进入地球同步转移轨道(GTO)。

火箭的第一级由 6 台 RD-275 发动机组成,它们共用一个中央氧化剂贮箱,附带 6 个永久固定的捆绑式燃料箱。这一级火箭在 2min 的燃烧时间可提供 10MN 总推力,在约 40km 高度燃尽,燃尽前可将火箭加速到 ≈1.6km/s。火箭第二级包括总推力约 2MN 的 4 个 RD-0210/0211 发动机,它在发射后约 5min 在 120km 高度附近完成点火。火箭第三级包括一台 RD-0212 发动机和一台用于精密控制入轨向量和速度的 RD-0214 舵机。上述所有发动机均采用偏二甲肼(UDMH,$C_2H_8N_2$)和四氧化二氮($N_2O_4$)作为燃料和氧化剂,这些材料有剧毒但无须冷却贮藏。

除三个主要推进装置外,质子运载火箭通常还采用一个重新点火的上面级来实现更复杂的任务配置。GLONASS 发射时,采用 DM 或"微风 M"分别提供 80 和 20kN 的推力。基于文献[8.1,8.56],GLONASS 入轨的典型任务场景如图 8.21 所示。火箭上升且第三级燃尽后(发射后约 10min),GLONASS 卫星携带末级分离并在约 200km 高度绕地球运动。此时停泊轨道倾角 ≈64.8°,与 GLONASS 轨道面一致。末级的第一次助推将远地点提高到期望的目标高度 19130km,此时高椭圆形的转移轨道的偏心率 $e≈0.6$,从近地点到远地点约需 3h。在此处,执行第二次燃烧,从而使轨道变圆,GLONASS 卫星到达其目标轨道。在与末级分离、太阳能板展开并完成所有星上系统检查后,卫星进行一系列小型姿态机动调整,最后运动到其轨道面中所要求的位置。

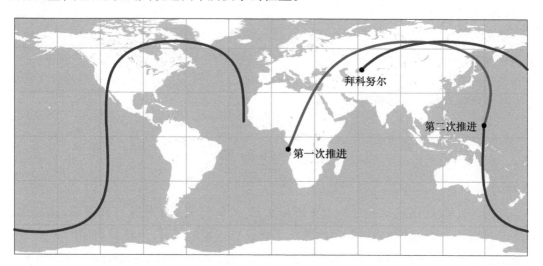

图 8.21 GLONASS 卫星利用质子号火箭入轨期间地面轨迹的典型示例。低地球停泊轨道和椭圆转移轨道分别用红线和绿线标记,黑点表示上面级的大致位置。蓝线描述了 GLONASS 卫星分离后第一公转。图示基于拼接成的开普勒轨道,并未考虑实际的助推期(见彩图)

质子号火箭有效载荷容量大,每次可发射三颗 GLONASS Ⅰ/Ⅱ 或 GLONASS-M 卫星,因而对 GLONASS 星座建设和重建特别有利。为了将 3 颗卫星装到质子号的整流罩下,太阳能板在卫星四周被叠放成菱形,从而将三颗卫星紧密排放在火箭适配器上(图 8.22)。

在截止到2015年所进行的51次发射中,质子-K和质子-M火箭共发射了132颗GLONASS卫星,其中绝大部分发射都是一箭三星(偶尔换为质量模拟填充物或Etalon卫星)。

图8.22 三颗GLONASS-M卫星与Block-DM上面级整合(由ISS Reshetnev提供)

从2011年发射GLONASS-K1开始,引入了联盟-2b[8.54]作为另一备选GLONASS卫星运载火箭。这种火箭高约46m,可将4~8t有效载荷送入低地球轨道(取决于倾角和实际高度)。联盟号火箭携带4台RD-107A捆绑式助推器作为第一级,在2min的助推时间产生3.3 MN的推力。火箭中间的第二级和第三级分别基于单台RD-108和RD-0124发动机,分别提供0.9和0.3 MN推力。与质子号火箭不同,联盟号运载火箭采用煤油和液氧作为推进剂。采用Fregat末级作为第四级,在GLONASS星座的目标高度执行转移轨道并进入最终的轨道圆化。

联盟号火箭可携带一颗GLONASS-M或-K1卫星,一般用于替换星座中个别老化的卫星。另外,联盟号火箭也已经用于在轨交付"伽利略"星座的各种卫星。然而,除了在轨验证单元GIOVE-A和-B中的两颗Galileo试验卫星外,大部分发射任务都在位于法属圭亚那库鲁的欧洲发射场执行。

## 8.5 地面段

地面段是GLONASS体系结构的重要组成部分,与提供了系统运行和最终GLONASS性能息息相关。系统控制和任务控制功能之间没有正式的区分,卫星发射后所有操作过程都由俄罗斯空天防御部队(ASDF)完成。如果卫星从拜科努尔发射场发射,则初始主动阶段的火箭轨迹跟踪由俄罗斯联邦航天局(RFSA)提供支持。

GLONASS地面段主要功能包括:
(1) 发射和早期轨道阶段(LEOP)运行的支持。
(2) 卫星试运行及其转移到专用轨位(三星发射或在轨道备用位置试运行时)。
(3) 遥控遥测。
(4) 任务规划和星座保持。

（5）卫星维护和退役。
（6）地面系统状态监测。
（7）系统时标生成及调整到UTC(SU)。
（8）轨道和时钟数据生成。
（9）导航数据上注。
（10）卫星动力学模型改进。
（11）GLONASS导航、定位及授时性能监测。
（12）与民间机构的外部接口服务。

GLONASS地面段的核心组成包括GLONASS系统控制中心（SCC）和中央时钟、测控跟踪和命令站（TT和C）、上行链路站以及单向监测站和卫星激光测距（SLR）站。所有主要地面段系统都位于俄罗斯境内的俄罗斯空天防御部队（ASDF）站点，如图8.23所示。

图8.23 GLONASS地面段站址

系统控制中心位于莫斯科市中心西南约40km的卡拉斯诺兹纳明斯克（以前被称为Golitsyno-2封闭镇）。它执行地面段所有单元的规划和协调工作，通过处理所有可用数据集实现定轨和时钟同步，这些数据包括来自测控站和上行链路站的双向测距、下载的无线电星间链路测距数据以及来自俄罗斯空天防御部队监测站的单向测距数据。同时，该中心还计划使用来自俄罗斯联邦航天局监测站的数据来改善轨道、时钟信息以及星间链路测距数据。

GLONASS系统时间由中央时钟设施维护，包括4个氢原子钟，它们被不断调整到协调世界时的俄罗斯时区——UTC(SU)[8.27-8.28]。其中，在莫斯科附近斯切尔柯夫的中央主钟由位于俄罗斯远东地区共青城的第二个时钟设施进行补充。

测控站用于接收来自GLONASS卫星的状态信息，发送控制指令，并执行双向测距完成轨道确定。为实现最大覆盖范围,在俄罗斯西部、中部和东部共设置5个测控站。它们分别由位于斯切尔柯夫、叶尼塞斯克、共青城、沃尔库塔、彼得罗巴普洛夫斯克的5个上行链路站进行补充。每个站均配备两部天线,每天向每颗GLONASS卫星上注轨道和钟差数据3次左右。

监测站采集单向伪距和载波相位测量值,实现轨道和差钟确定以及离线服务性能和完好性监测。大部分监测站与激光测距站在同一地点(图8.24),这些激光测距站可互补实现光学双向测距。卫星激光测距观测量用于校检微波距离测量、定轨及精度验证。同时,它们还有助于改进GLONASS参考框架的实现。在所有卫星导航系统中,卫星激光测距[8.57]是GLONASS独有的功能,它是构成了其系统体系结构组成的一部分。从一开始,所有GLONASS卫星就均配有激光反射器,高精度卫星激光测距有助于应对传统无线电测量跟踪站地理分布和精度有限的问题。在俄罗斯境内(以及苏联的邻国)总共分布着13个监测站和9个激光测距站,目前都纳入了GLONASS地面段中。

图8.24 巴尔瑙尔附近的Altay激光测距中心(由精密设备工程系统科学工业公司(NPK SPP)提供)

作为正在进行的GLONASS现代化和增强工作的一部分,建立了差分校正和监测系统(SDCM)[8.58]。差分校正和监测系统基于参考站网络,参考站配有GPS/GLONASS组合双频接收机、氢原子钟和实现实时数据传递的直接通信链路。截至2014年年末,俄罗斯境内总共部署了18个监测站点,在南极洲和巴西部署了4个监测站点(图8.25)。未来计划在古巴和哈萨克斯坦以及南美洲、非洲和亚洲/大洋洲部署更多站点,从而实现全球覆盖。差分校正和监测系统网可实现连续的服务性能和完好性监测[8.59],并对精密单点定位应用进行实时校正[8.60]。差分校正和监测系统(SDCM)校正数据通过Luch-5A/B中继通信卫星提供,再由互联网向地面用户提供。将SDCM纳入GLONASS轨道和钟差确定,可以极大地支持全球高性能的GLONASS导航服务。

为实现星载时钟同步,目前正在开发单向激光测距[8.51]。利用GLONASS卫星上的光电探测器,可以根据已知的激光脉冲相对于星上时标的达到时间,精确测量传输时间。通过对这些测量值与传统双向卫星激光测距观测量进行比较,就可确定卫星时钟与地面时钟的钟差[8.61]。未来,随着GLONASS卫星激光时间传递设备的安装,其地面段也将相应地升级支持此类的操作。

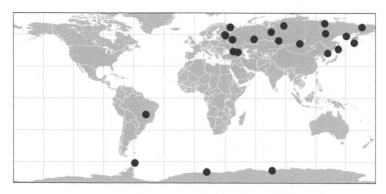

图 8.25 差分校正和监测系统监测站网络(2014 年底状态)

## 8.6　GLONASS 公开服务性能

目前,俄罗斯的各种机构和服务都可以对 GLONASS 系统的性能和完好性进行持续监控,其中包括俄罗斯联邦航天局信息和分析中心(IAC[8.62])、差分校正和监测系统(SDCM[8.59]),以及星历和时间校正的高精度确定系统(SVOEVP[8.63-8.64])。作为俄罗斯参考站的补充,这些监测服务利用来自国际 GNSS 服务(IGS[8.65])网的站点来实现全面的全球覆盖。需要指出,本节给出的性能结果大都来自俄罗斯联邦航天局信息和分析中心(IAC)的分析和数据。

从统计意义上讲,卫星导航系统的定位性能可以表示为位置精度因子(PDOP)与用户测距误差(URE)的乘积。PDOP 仅取决于跟踪的 GNSS 数量以及到其视线向量的几何分布。而用户测距误差则描述了仿真模型与观测到的伪距之间差异的均方根误差。除了噪声和多径或未补偿的大气延迟之类的用户设备误差(UEE)外,该误差还包括空间信号测距误差(SISRE),其描述了广播轨道和钟差参数中的误差对距离计算的影响。

从 2012 年完成 24 颗卫星星座建设以来,GLONASS 在 5°仰角以及 PDOP 小于 6 的情况下,其提供全球每天的可用性高于 99%。当前 GLONASS 星座的瞬时 PDOP 图示例如图 8.26 所示。可以看到,全球大部分地区 PDOP 值为 1.5 ~ 2.5,仅在极少数地理区域超过 3。

信息和分析中心(IAC)监测到的空间信号测距误差表现出星座中各卫星该误差的典型变化一般在 1 ~ 2m 范围内(图 8.27)。相比之下,根据对 2013/2014 年一年时间内播发星历数据的分析得出的平均 SISRE 为 1.9m[8.66],而参考文献[8.77]中得出 2009 ~ 2011 年时间段各 GLONASS 卫星的 SISRE 值为 1 ~ 4m。

影响 SISRE 的关键要素之一是星载时钟的稳定性,通常以阿伦偏差(ADEV)表示,即在规定时间间隔内的相对频率误差(图 8.29)。当前,GLONASS-M 卫星在一天的相关时间内的 ADEV 通常优于 $(0.5 \sim 1.0) \times 10^{-13}$[8.62,8.68],而文献[8.69-8.70]记录了在 1 ~ 100s 的时间尺度上的 ADEV 值约为 $1 \times 10^{-11}$。另外,新一代 GLONASS-K 卫星上的新型原子频

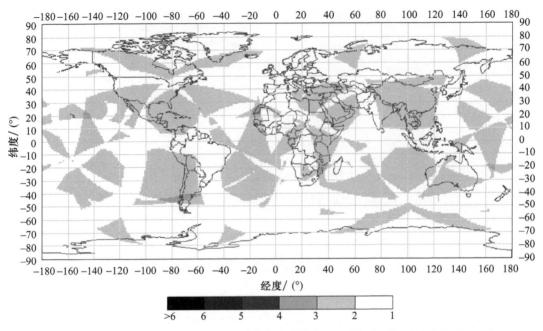

图 8.26 2015 年 3 月 8 日 10:30 UTC(高度遮蔽角 5°)GLONASS 星座的瞬时 PDOP 图

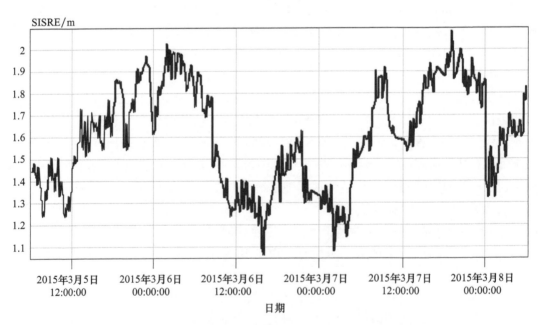

图 8.27 2015 年 3 月 6 至 8 日 GLONASS 星座平均 SISRE(均方根,m)

率标准有望进一步提升星载时钟的稳定性。

预计到 2020 年,GLONASS 性能提升(GPI)计划中的 SISRE 可降至 0.5m 以下(图 8.28)。而实现性能提升的主要步骤包括使用载波相位测量进行定轨和时间同步、利用星间通信链路每天实现多达 24 次导航数据上传、利用星间测距数据在地面段设施中实现轨道和时间确定以及扩展全球监控网络等。此外,引入高性能 CDMA 信号以及新一代星钟也有望进一步提升 GLONASS 性能。

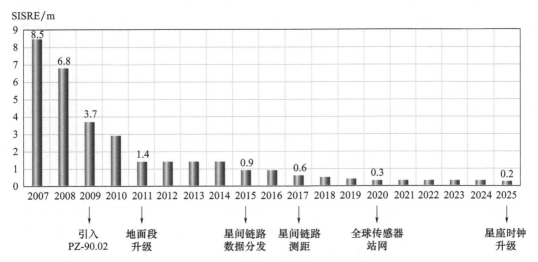

图 8.28 通过 GPI 计划实施，GLONASS 星座的平均 SISRE

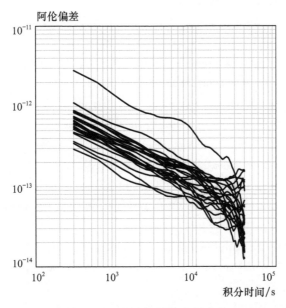

图 8.29 通过欧洲航天局（ESA）时钟产品得出的 2015 年 3 月 5 日 GLONASS-M 卫星阿伦偏差（由 P. Steigenberger（DLR）提供）

# 参考文献

8.1 N. L. Johnson:GLONASS spacecraft,GPS World **5**(11),51-58(1994)

8.2 V. V. Dvorkin, Y. I. Nosenko, Y. M. Urlichich, A. M. Finkel'shtein:The Russian global navigation satellite program,Her. Russ. Acad. Sci. **79**(1),7-13(2009)

8.3 T. G. Anodina: *The GLONASS System Technical Characteristics and Performance* (International Civil Aviation Organization, Montreal, Canada 1988), Working Paper FANS/4-WP/75

8.4 S. A. Dale, P. Daly: The Soviet Union's GLONASS navigation satellites, IEEE Aerosp. Electron. Syst. Mag. **2**(5), 13–17(1987)

8.5 G. R. Lennen: The USSR's GLONASS P-code-determination and initial results, ION GPS 1989, Colorado Springs(ION, Virginia 1989) pp. 77–83

8.6 S. A. Dale, P. Daly, I. D. Kitching: Understanding signals from GLONASS navigation satellites, Int. J. Sat. Commun. **7**(1), 11–22(1989)

8.7 Global Navigation Satellite System GLONASS-Interface Control Document, v5.1, (Russian Institute of Space Device Engineering, Moscow, 2008)

8.8 Y. Urlichich, V. Subbotin, G. Stupak, V. Dvorkin, A. Povaliaev, S. Karutin: GLONASSmodernization, ION GNSS 2011, Portland(ION, Virginia 2010) pp. 3125–3128

8.9 V. Putin: On Use of GLONASS(Global Navigation Satellite System) for the Benefit of Social and Economic Development of the Russian Federation, Presidential Decree No. 638, Kremlin, Moscow(2007)

8.10 T. Mirgorodskaya: GLONASS and critical infrastructure, Proc. 9th Meet. Int. Comm. GNSS(ICG), Work. Group A, Prague(UNOOSA, Vienna 2014)

8.11 N. Zarraoa, W. Mai, E. Sardon, A. Jungstand: Preliminary evaluation of the Russian GLONASS system as a potential geodetic tool, J. Geod. **72**(6), 356–363 (1998)

8.12 P. Willis, J. Slater, G. Beutler, W. Gurtner, C. Noll, R. Weber, R. E. Neilan, G. Hein: The IGEX-98-campaign: Highlights and perspective. In: *Geodesy Beyond* 2000, *International Association of Geodesy Symposia*, Vol. 121, ed. by K.-P. Schwarz(Springer, Berlin 2000) pp. 22–25

8.13 R. Weber, J. A. Slater, E. Fragner, V. Glotov, H. Habrich, I. Romero, S. Schaer: Precise GLONASS orbit determination within the IGS/IGLOS-pilot project, Adv. Space Res. **36**(3), 369–375(2005)

8.14 J. G. Walker: Satellite constellations, J. Br. Interplanet. Soc. **37**, 559–572(1984)

8.15 Parametry Zemli 1990 goda. Version PZ-90.11(Earth Model PZ-90.11; In Russian). Military Topography Agency of the General Staff of the Armed Forces of the Russian Federation(Moscow 2014) http://structure.mil.ru/files/pz-90.pdf

8.16 S. Feairheller, J. Purvis, R. Clark: The Russian GLONASS system. In: *Understanding GPS-Principles and Applications*, ed. by E. D. Kaplan(Arctech House, Boston, London 1996) pp. 439–465

8.17 V. Vdovin, A. Dorofeeva: Global geocentric coordinate system of the Russian federation, Proc. 7th Meet. Int. Comm. GNSS(ICG), Work. Group D, Bejing(UNOOSA, Vienna 2012)

8.18 A. N. Zueva, E. V. Novikov, D. I. Pleshakov, I. V. Gusev: System of geodetic parameters parametry zemli 1990 PZ-90.11, Proc. 9th Meet. Int. Comm. GNSS(ICG), Work. Group D, Prague(UNOOSA, Vienna 2014)

8.19 P. N. Misra, R. I. Abbot, E. M. Gaposcbkin: Integrated Use of GPS and GLONASS: Transformation between WGS 84 and PZ-90, ION GPS 1996, Kansas City(ION, Virginia 1996) pp. 307–314

8.20 U. Rossbach, H. Habrich, N. Zarraoa: Transformation Parameters between PZ-90 and WGS 84, ION GPS 1996, Kansas City(ION, Virginia 1996) pp. 279–285

8.21 C. Boucher, Z. Altamimi: ITRS, PZ-90 and WGS 84: Current realizations and the related transformation parameters, J. Geod. **75**(11), 613–619(2001)

8.22 S. G. Revnivykh: GLONASS status and progress, Proc. 47th CGSIC Meet., Fort Worth(CGSIC, Alexandria 2007)

8.23 Global Navigation Satellite System and Global Positioning System: Coordinate Systems, Methods of Transformations for Determinated Points Coordinate; STB GOST Standard 51794-2008(Federalnoje agentstwo po technitscheskomu regulirowaniju i metrologii, Moscow, 2008) in Russian

8.24 Yu. Domnin, B. Gaigerov, N. Koshelyaevsky, S. Poushkin, F. Rusin, V. Tatarenkov, G. Yolkin: Fifty years of atomic time-keeping at VNIIFTRI, Metrologia **42**(3), S55-S63(2005)

8.25 I. Blinov, Y. Domnin, S. Donchenko, N. Koshelyaevsky, V. Kostromin: Progress at the state time and frequency standard of Russia, European Frequency and Time Forum(EFTF) 2012, Gothenburg(2012) pp. 144-147

8.26 W. Lewandowski, E. F. Arias: GNSS times and UTC, Metrologia **48**(4), S219-S224(2011)

8.27 A. Shchipunov: Generating and transferring the national time scale in GLONASS, ION GNSS 2012, Nashville(ION, Virginia 2012) pp. 3950-3962

8.28 A. V. Druzhin, V. Palchikov: Current state and perspectives of UTC(SU) broadcast by GLONASS, Proc. 9th Meet. Int. Comm. GNSS(ICG), Prague(UNOOSA, Vienna 2014) pp. 1-9

8.29 A. Bolkonov: GLONASS open service performance parameters standard and GNSS open service performance parameters template status, Proc. 9th Meet. Int. Comm. GNSS(ICG), Work. Group A, Prague(UNOOSA, Vienna 2014)

8.30 R. B. Langley: GLONASS: Review and update, GPS World **8**(11), 51-58(1994)

8.31 Protection criteria used for radio astronomical observations, Recommendation RA 769, rev. 2, May 2003 (ITU, 2003) http://www.itu.int/rec/R-REC-RA.769/en/

8.32 J. Galt: Interference with Astronomical Observations of OH Masers from the Soviet Union's GLONASS satellites. In: *IAU Colloq. 112 Light Pollution, Radio Interference, and Space Debris*, ed. by D. L. Crawford (IAU, Paris 1991) pp. 213-221

8.33 J. A. Ávila Rodríguez: On Generalized Signal Waveforms for Satellite Navigation, Ph. D. Thesis(Univ. der Bundeswehr, Neubiberg 2008)

8.34 B. A. Stein: PRN codes for GPS/GLONASS: A comparison, ION NTM 1990, San Diego(ION, Virginia 1990) pp. 31-35

8.35 J. Beser, J. Danaher: The 3S navigation R-100 family of integrated GPS/GLONASS receivers: Description and performance results, ION NTM 1993, San Francisco(ION, Virginia 1993) pp. 25-45

8.36 P. Daly, S. Riley: GLONASS P-code data message, ION NTM 1994, San Diego(ION, Virginia 1994) pp. 195-202

8.37 S. Zaminpardaz, P. J. G. Teunissen, N. Nadarajah: GLONASS CDMA L3 ambiguity resolution and positioning, GPS Solut. (2016) doi: 10.1007/s10291-016-0544-y

8.38 Y. Urlichich, V. Subbotin, G. Stupak, V. Dvorkin, A. Povaliaev, S. Karutin: GLONASS developing strategy, ION GNSS 2010, Portland(ION, Virginia 2010) pp. 1566-1571

8.39 S. Karutin: GLONASS Signals and Augmentations, ION GNSS 2012, Nashville(ION, Virginia 2012) pp. 3878-3911

8.40 T. Kasami: Weight Distribution Formula for Some Class of Cyclic Codes, Tech. Rep. R285(Univ. Illinois, Illinois 1966) pp. 1-24

8.41　T. Helleseth, P. V. Kumar: Pseudonoise sequences. In: *The Mobile Communications Handbook*, ed. by J. D. Gibson(CRC, Boca Raton 1999) pp. 237–252

8.42　S. Thoelert, S. Erker, J. Furthner, M. Meurer, G. X. Gao, L. Heng, T. Walter, P. Enge: First signal in space analysis of GLONASS K-1, ION GNSS 2011, Portland(ION, Virginia 2011) pp. 3076–3082

8.43　A. A. Povalyaev: GLONASS navigation message format for flexible row structure, ION GNSS 2013, Nashville (ION,, Virginia 2013) pp. 972–974

8.44　G. M. Appleby: Orbit determinations of the lageos and etalon satellites-A comparison of geodetic results and orbital evolution of the etalons, dynamics and astrometry of natural and artificial celestial bodies, Proc. Conf. Astrom. Celest. Mech. , Poznan 1993, ed. by K. Kurzynska, F. Barlier, P. K. Seidelmann, I. Wyrtrzyszczak(IAU, Pairs 1994)

8.45　T. Otsubo, G. M. Appleby, P. Gibbs: GLONASS laser ranging accuracy with satellite signature effect, Surv. Geophys. **22**(5/6), 509–516(2001)

8.46　Y. G. Gouzhva, A. G. Gevorkyan, P. P. Bogdanov: Accuracy estimation of GLONASS satellite oscillators, Proc. 46th Freq. Control Symp. , Hershey(1992) pp. 306–309

8.47　A. B. Bassevich, P. P. Bogdanov, A. G. Gevorkyan, A. E. Tyulyakov: GLONASS onboard time/frequency standards: Ten years of operation, Proc. 28th Ann. PTTI Meet. , Reston(DTIC, Fort Belvoir 1996) pp. 455–462

8.48　R. Fatkulin, V. Kossenko, S. Storozhev, V. Zvonar, V. Chebotarev: GLONASS space segment: Satellite constellation, GLONASS-M and GLONASS-K spacecraft, main features, ION GNSS 2012, Nashville(ION, Virginia 2012) pp. 3912–3930

8.49　A. Bolkunov, I. Zolkin, E. Ignatovich, A. Schekutiev: Intersatellite links as critical element of advanced satellite navigation technologies, Sci. Tech. J. 'Polyot'(Flight) **4**, 29–33(2013)

8.50　A. Chubykin, S. Dmitriev, V. Shargorodskiy, V. Sumerin: Intersatellite laser navigating link system, Proc. WPLTN Tech. Workshop One-Way Two-Way SLR GNSS Co-located RF Tech. , St. Petersburg (2012) pp. 1–18

8.51　V. D. Shargorodsky, V. V. Pasynkov, M. A. Sadovnikov, A. A. Chubykin: Laser GLONASS: Era of extended precision, GLONASS Herald **14**, 22–26(2013)

8.52　G. M. Polischuk, V. I. Kozlov, V. V. Ilitchov, A. G. Kozlov, V. A. Bartenev, V. E. Kossenko, N. A. Anphimov, S. G. Revnivykh, S. B. Pisarev, A. E. Tyulyakov: The global navigation satellite system GLONASS: Development and usage in the 21st century, Proc. 34th PTTI Meet. 2002, Reston(DTIC, Fort Belvoir 2002) pp. 39–50

8.53　D. S. Ilcev: Cospas-Sarsat LEO and GEO: Satellite distress and safety systems(SDSS), Int. J. Satell. Commun. Netw. **25**(6), 559–573(2007)

8.54　Th. Pirard: Space centres-launch sites: The USSR. In: *The Cambridge Encyclopedia of Space*, ed. by M. Rycroft(Cambridge Univ. Press, Cambridge 1990) pp. 126–127

8.55　Y. Tchourianov: *Baikonur-The Advent of a New Century* (Voennyi parad, Moscow 2005)

8.56　S. Revnivykh: GLONASS status and progress, Proc. CGSIC Meet. , Savannah(2008)

8.57　V. Burmistrov, A. Fedotov, N. Parkhomenko, V. Pasinkov, V. Shargorodsky, V. Vasiliev: The Russian laser tracking network, Proc. 15th ILRS Workshop 2006, Canberra(2006) pp. 1–3

8.58　G. Stupak: SDCM status and plans, Proc. 7th Meet. Int. Comm. GNSS(ICG), Bejing(UNOOSA, Vienna

2012) pp. 1-15

8.59 Russian System of Differentional Correction and Monitoring(SDCM):http://www.sdcm.ru/index_eng.html

8.60 V. V. Dvorkin, S. N. Karutin: Construction of a system for precise determination of the position of users of global navigation satellite systems, Meas. Tech. **54**(5), 517-523(2011)

8.61 M. A. Sadovnikov, V. D. Shargorodskiy: Stages of development of stations, networks and SLR usage methods for global space geodetic and navigation systems in Russia, Proc 19th ILRS Workshop 2014, Annapolis (2014) pp. 1-23

8.62 Positioning, Navigation and Timing Information and Analysis Centre, GLONASS system status information: http://www.glonass-center.ru/en/

8.63 A. Y. Suslov, E. V. Titov, A. A. Fedotov, V. D. Shargorodskiy: System for high-accuracy determination of ephemeris and time corrections(SVOEVP) GLONASS, Proc. WPLTN Tech. Workshop One-Way Two-Way SLR GNSS Co-located RF Tech., St. Petersburg(2012) pp. 1-18

8.64 GLONASS navigation performance information: http://www.glonass-svoevp.ru/Func/plotnosti/

8.65 J. M. Dow, R. E. Neilan, C. Rizos: The International GNSS Service in a changing landscape of global navigation satellite systems, J. Geod. **83**(3/4), 191-198 (2009)

8.66 O. Montenbruck, P. Steigenberger, A. Hauschild: Broadcast versus precise ephemerides: A multi-GNSS perspective, GPS Solutions **19**(2), 321-333(2015)

8.67 L. Heng, G. X. Gao, T. Walter, P. Enge: Statistical characterization of GLONASS broadcast clock errors and signal-in-space errors, ION ITM 2012, Newport Beach (ION, Virginia 2012) pp. 1697-1707

8.68 M. Fritsche, K. Sośnica, C. J. Rodriguez-Solano, P. Steigenberger, K. Wang, R. Dietrich, R. Dach, U. Hugentobler, M. Rothacher: Homogeneous reprocessing of GPS, GLONASS and SLR observations, J. Geod. **88**(7), 625-642(2014)

8.69 A. Hauschild, O. Montenbruck, P. Steigenberger: Short-term analysis of GNSS clocks, GPS Solutions **17**(3), 295-307(2013)

8.70 E. Griggs, E. R. Kursinski, D. Akos: Short-term GNSS satellite clock stability, Radio Sci. **50**(8), 813-826 (2015)

# 第9章 伽利略系统

## Marco Falcone, Jörg Hahn, Thomas Burger

从设计之初,欧洲伽利略(Galileo)系统就旨在成为一个服务于全世界的独立星基定位系统。它的卫星星座、地面段以及运行都独立于其他系统。同时,Galileo系统与其他无线电卫星导航系统兼容并可互操作,例如美国的全球定位系统(GPS)。Galileo系统的运行原理与GPS、GLONASS等其他系统相同,即以高精度在轨时钟作为时钟源并基于无线电信号进行距离测量。第一代Galileo系统具有多种先进技术,如在轨被动型氢原子钟技术,以及与其他规划中或持续进行现代化工作的系统相一致的信号理念。Galileo系统在E1、E6和E5三个频率上向用户提供导航信号,E1和E5中的信号与GPS L1和L5一致。两个系统采用相同的调制方式,预计这将给定位精度带来好处,并通过组合使用多个独立的无线电导航系统来增强定位服务的稳健性。本章介绍Galileo系统的架构和运行。

卫星导航带来的巨大潜在利益促使欧洲航天局(ESA)和欧洲委员会(EC)合作开发并部署一个名为"Galileo(伽利略)"的欧洲无线电卫星导航系统。Galileo系统的发展历史遵循图9.1所示的迭代历程。它于2003年末启动,由ESA执行,由ESA和欧盟(EU)共同资助。

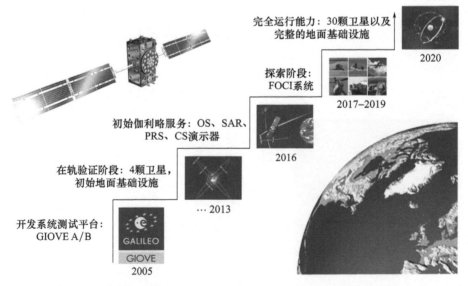

图9.1 Galileo增量部署(感谢M. Pedoussaut, S. Corvaja, Th. Burger, ESA以及pixabay.com)

ESA于2005年和2008年发射了两颗GIOVE("Galileo在轨验证单元")卫星,并建设了一个具有代表性的地面段。这些卫星确保了国际电信联盟为Galileo系统临时预留的频率,同时还可以用作关键技术的测试平台,如星载原子钟和导航信号生成。GIOVE 卫星已不再活跃,并被移至更高的高度,远离标称 Galileo 轨道。

接下来的在轨验证阶段旨在使用一个由 4 颗 Galileo 在轨验证(IOV)卫星构成的"缩减版"星座进行系统的初始验证,并与 Galileo 地面站组成的地面网络相结合,4 颗卫星是进行独立定位和授时解算所需的最小卫星数。这一阶段使用了第一批 Galileo 卫星(GSAT010x),分别于 2011 年 10 月 21 日和 2012 年 10 月 12 日通过"一箭双星"发射。这 4 颗卫星既用于 Galileo 系统的 IOV,也是最终运行的 Galileo 星座的一部分。2013 年 3 月 12 日,Galileo 系统的地面和太空基础设施联合起来,首次仅通过 Galileo 信号完成了地面位置确定。这一包括经度、纬度和高度的初始定位是在 ESA 位于荷兰诺德韦克的欧洲空间研究和技术中心(ESTEC)的导航实验室进行的。从那时起,已经开始广播 Galileo 导航电文。在整个 2013 年成功进行了 IOV 活动,其结果也为预测最终完整的 Galileo 星座的性能提供了参考。

Galile 系统的部署是在完全由欧盟资助的公共采购计划下进行的,直到其具备完全运行能力(FOC)。2007 年,欧洲议会和欧盟委员会决定实施该系统,并为 Galileo 和欧洲地球静止导航覆盖服务(EGNOS)分配了预算。2008 年,实现 Galileo 完全运行能力计划的第一部分的采购工作启动,它旨在解决整个系统的部署、长期运行和补星问题。这一阶段将包括发射所有卫星(最多 30 颗)和部署完整的运行地面段,包括所有必需的冗余,以便在性能和服务区域方面满足整个任务需求。早期的 Galileo 服务定于 2016 年开始。

此后,计划在 2017 年启动整个系统部署期间的"开发阶段"。该阶段将包括常规运行、地面段维护以及卫星星座的补充。该阶段计划持续至整个系统的设计寿命期间,通常为 20 年。

## 9.1 星　　座

Galileo 星座是大量细致研究和优化的结果[9.1,9.2]。表 9.1 总结了最终选择的基本 Galileo 参考星座参数[9.3,9.4]。

表 9.1　Galileo 参考星座参数

| 参数 | 值 |
| --- | --- |
| 参考星座类型 | Walker24/3/1<br>+6 颗在轨备份星 |
| 半长轴 | 29600.318km |
| 倾角 | 56° |
| 运行周期 | 14h 04m 42s |
| 地面轨道重复周期 | 10 个恒星日/17 个轨道 |

给定时间内空间中的卫星位置由天球参考系(CIRS)中表示的参考开普勒参数定义:

$$i_{ref} = 56°$$
$$\Omega_{ref} = \Omega_0 + 120° \cdot (k_{plane} - 1) + \dot{\Omega} \cdot (T - T_0)$$
$$u = u_0 + 45° \cdot (k_{slot} - 1) + 15° \cdot (k_{plane} - 1)) + D_{nom} \cdot (T - T_0) \quad (9.1)$$
$$\Omega_0 = 25°$$
$$\dot{\Omega} = -0.02764398°/d$$
$$T_0 = 21 \text{March} 2010, 00:00:00 \text{UTC}$$
$$u_0 = 338.333°$$
$$D_{nom} = 613.72253566°/d \quad (9.2)$$

式中:变量 $k_{plane}$ 可以分别取 1、2 和 3,对应平面 A、B 与 C[9.6];变量 $k_{slot}$ 表示轨道平面内的轨道编号,可假设为从 1 到 8 的值;$i_{ref}$ 是轨道倾角;$\Omega_{ref}$ 是升交点赤经(RAAN);升交角距 $u$ 被定义为相对于赤道的沿轨道相位角。

卫星通常保持在轨位内倾角和升交角距±2°以内,以及相对于参照的升交点赤经 $\Omega$±1°以内。$\dot{\Omega}$ 既反映了地球引力场的扁率,也反映了月球和太阳的引力效应。$D_{nom}$ 的数值基于这样的设计计算得出——Gaileo 卫星的空间分布每 10 天重复一次,其中每颗卫星在 10 天内旋转 17 周圈。图 9.2 给出了生成的星座图的几何形状和卫星位置的系统示意图。

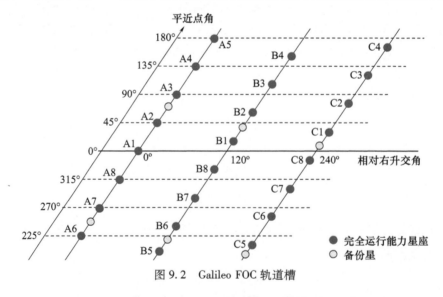

图 9.2 Galileo FOC 轨道槽

图 9.2 中备用卫星的位置仅作示意,其实际位置将在部署时确定。

星座几何已进行优化,可在全球范围内实现连续的良好几何条件,从而实现良好的用户位置精度和可用性。轨道平面一定程度的倾斜为高纬度区域提供了更好的覆盖——至少与 GPS 相比是如此。

上述这样一个由 24 颗卫星组成的 Galileo 参考星座,可向世界范围内任何用户位置提供 6~11 颗可见卫星,平均可见性超过 8 颗卫星(仰角高于 5°)。参考星座还将补充 6 颗备用卫星。Galileo 星座提供了良好的区域几何形状,其典型的垂直精度因子(VDOP)[9.7]为 2.3,水平精度因子(HDOP)为 1.3 左右。Galileo 星座构型的另一个好处是降低了轨道平面数量。由于能够采用一箭多星发射,因此可以更快地部署并降低星座维护成本。例如,Ariane 5 能够发射多达 4 颗 Galileo 卫星,而联盟(Soyuz)火箭也可发射 2 颗 Galileo 卫星。

出于空间碎片控制的原因,同时也因为碎片规避机动将影响业务卫星提供服务的可用性,需要考虑并适当规划卫星使用寿命结束后的处置。Galileo 卫星在其使用寿命结束后从 Galileo 轨道上移除。在将新卫星送入轨道后,同样的情况也适用于其余发射阶段。Galileo 的策略是将这些卫星和发射级转移到比 Galileo 运行轨道至少高 300km 的"坟墓轨道"。

## 9.2 信号和服务

每颗 Galileo 卫星都在三个不同的频率上提供相干导航信号。每个信号包含若干分量,其中至少包括一对导频和数据分量。图 9.3 总结了信号传输方案。

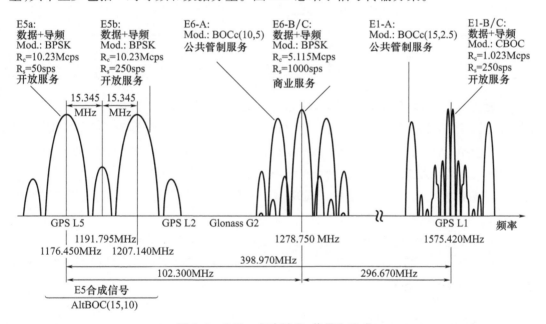

图 9.3 Galileo 频率波段、信号和组成

信号和信号分量被分配给三类定位服务:

(1)开放服务(OS),包括数据-导频在 E1-B/C、E5a-I/Q 和 E5b-I/Q 信号上提供,代表可公开访问的定位服务。

(2)公共管制服务(PRS),在 E1-A 和 E6-A 上提供,是一种为政府授权用户提供的、受限访问的定位服务。

(3)商业服务(CS),通过数据导频在 E6-B/C 信号(一种位于第三频率的导航信号)提供,可以有选择地加密,可用于提供未来增值服务。

作为第四项服务,Galileo 卫星支持 Cospas-Sarsat 系统[9.8-9.10],这是一个由美国、俄罗斯、加拿大和法国建立的国际卫星搜索和救援系统，能够定位应急无线电信标。这一支持能力的实现，需要将一种前向搜索和救援转发器作为有效载荷的一部分，并通过一种嵌入到导航电文中 E1 OS 数据分量的相关数据返回链路来提供。

E1 和 E6 各自提供一对可公开访问的导频和数据分量。E5 在其载波频率上（E5b）下（E5a）15.345MHz 的边带上提供两个导频-数据对。边带 E5a 和 E5b 预计将用于个人跟踪和使用，相当于在 E5 频带内提供了两个相干载波频率。整个 E5 载波，包括两个边带，都作为一种交替 BOC（AltBOC）信号[9,11]而定义并相干生成。这种复合 AltBOC 信号也可以作为单个信号进行跟踪，提供至少 51.15MHz（50×1.023MHz）的大信号带宽，从而提供出色的 Gabor 带宽（第 4 章）和多径抑制能力。

表 9.2 给出了可用 Galileo 信号及相关载波和副载波频率的概述。

表 9.2　Galileo 信号概述

| Galileo 信号 | 载波频率/MHz | 子带 | 子带频率/MHz | 载波对准 |
|---|---|---|---|---|
| E1 | 1575.420 | n/a | n/a | GPS L1 C/A,L1C |
| E6 | 1278.750 | n/a | n/a | |
| E5 | 1191.795 | E5b | 1207.140 | |
| | | E5a | 1176.450 | GPS L5 |

一般认为，GPS 作为具有最长继承性和当前最广泛使用的系统，Galileo 是与它兼容的（在不降低其他无线电卫星导航系统性能的情况下共享资源），并且具备互操作功能（支持用户成功地将一个以上全球卫星导航系统的伪距测量组合，并得到位置/速度/时间解）：

（1）共享两个载波频率（E5a/L5 和 E1/L1），具有相同的调制。

（2）基本电文概念具有可比性，例如星历、历书、时钟校正、GST-UTC（Galileo 系统时间-协调世界时）、群延迟偏差等。

（3）地面参考坐标框架和参考时间系统是统一的，如本章后面所述。

这些概念和措施旨在简化并优化用户接收机硬件实现（射频前端设计和数字预处理），以及接收机软件和算法。

## 9.2.1　信号分量和调制

所有 Galileo 信号及其信号分量都源自相同的星载主钟，因此是相干的。表 9.3 给出了调制方案与分量参数的总结。Galileo 一共提供 4 对导频和数据分量供公众使用，分别是 E1-B/C、E6-B/C、E5a-I/Q 和 E5b-I/Q。所有导频/数据对都采用了一种 50%功率共享机制。

表 9.3　Galileo 公共信号分量和调制概述

| 信号 | 分量 | 调制 | $R_c$ | $R_{sc}$ | $R_d, R_{sec}$ | 电文 | 服务 | 复用 | 最小接收功率 |
|---|---|---|---|---|---|---|---|---|---|
| E1 | E1-B 数据 | （CBOC）1/11 | 1 | 1&6 | 250 | I/NAV | OS | In | −160dBW |
| 1575.420MHz | E1-C 导频 | （CBOC）1/11 | 1 | 1&6 | 250 | — | OS | Phase | −160dBW |

续表

| 信号 | 分量 | 调制 | $R_c$ | $R_{sc}$ | $R_d, R_{sec}$ | 电文 | 服务 | 复用 | 最小接收功率 |
|---|---|---|---|---|---|---|---|---|---|
| E6 | E6-B 数据 | BPSK | 5 | — | 1000 | C/NAV | CS | In | −158dBW |
| 1278.750MHz | E6-C 导频 | BPSK | 5 | — | 1000 | — | CS | Phase | −158dBW |
| E5b | E5b-I 数据 | BPSK | 10 | — | 250,1000 | I/NAV | OS | 0° | −158dBW |
| 1207.140MHz | E5b-Q 导频 | BPSK | 10 | — | 1000 | — | OS | 90° | −158dBW |
| E5a | E5a-I 数据 | BPSK | 10 | — | 50,1000 | F/NAV | OS | 0° | −158dBW |
| 1176.450MHz | E5a-Q 导频 | BPSK | 10 | — | 1000 | — | OS | 90° | −158dBW |

注：$R_c$=主码片速率（1.023MHz 的倍数）；$R_{sc}$=副载波频率（1.023MHz 的倍数）；$R_d$=符号率（symbol/s）；$R_{sec}$=副码片码率（chip/s）

针对特定调制的接收机射频前端滤波器带宽的建议是由要跟踪的分量决定的。建议的接收机带宽在表 9.4 中列出。

表 9.4 Galileo 导航信号的建议接收机带宽

| 分量 | 射频带宽（双边带） | | | 备注 |
|---|---|---|---|---|
| | 最低 | 推荐 | 最高 | |
| E1-B/C 跟踪为 BOC(1,1) | 2.0MHz | 2.0…24.6MHz | ≈31MHz | 步进 2.023MHz |
| E1-B/C 跟踪为 CBOC | 14.3MHz | 14.3…30.7MHz | ≈31MHz | 在 14.3MHz 获得良好多径稳健性 |
| E6B/C BPSK(5) | 10.2MHz | 10.2…20.5MHz | ≈41MHz | 步进 10.23MHz |
| E5a-I/C BPSK(10) | 20.5MHz | 20.5MHz | ≈41MHz | 步进 20.46MHz |
| E5b-I/C BPSK(10) | 20.5MHz | 20.5MHz | ≈41MHz | 步进 20.46MHz |
| E5 作为 AltBOC | 51.2MHz | 51.2MHz | ≈72MHz | 中心频率 1191.795MHz |

在选择接收机带宽时，建议制造商仔细考虑每个频段的干扰情况，以下提供了一些选定的示例（列表并不完整）。例如，在 E6 中预计存在地面脉冲干扰，例如来自雷达系统的地面脉冲干扰，并且这一频段还与业余无线电用户共享，这些用户将其应用于音视频的发射机和中继器（HAM TV）。通常还会观测到其他未识别的低功率源，特别是在城市地区。接收机需要能够抵抗高功率射频（RF）带内脉冲，以及该频段附近的各种连续发射机。E5 频段主要与空中交通管制和定位系统（如距离测量设备、主要用户）共享，其中测距设备（DME）地面站在 E5 导航频段内传输。DME 传输是脉冲对，每对有数十微秒长，以高达几千赫兹的平均速率和 1kW 范围内的脉冲功率传输。

1. 选定的 Galileo 详细调制方案

Galileo 在 E1 中使用 CBOC（复合二进制偏移载波）调制，在 E5 中使用 AltBOC（交替二进制偏移载波）调制。这些调制方式是 Galileo 特有的，将在下面简要介绍。正如第 4 章中所述，Galileo E6 公共信号使用传统的 BPSK（二进制相移键控）调制，因此此处不再赘述。有关公共 Galileo 调制的完整说明将发布在《Galileo 公共开放服务信号空间接口控制文件（OS SIS ICD）》[9.11] 中。

用于 Galileo E1 公共信号的 CBOC 是由 1.023Mcps 扩频序列与双分量扩频码合成的。扩频码包括了一个 10/11 功率的 BOC(1,1) 副载波和一个 1/11 功率的 BOC(6,1) 副载波之和。数据通道的扩频码将两个副载波同相合成,而导频通道的扩频码将它们反相合成,如图 9.4 和图 9.5 所示。作为两个幅度不等的二进制偏置载波(BOC)副载波的相加合成的结果,时域 CBOC 扩频码具有四级电平脉冲。CBOC 数据和导频分量的扩频脉冲相对于它们的 BOC(6,1) 副载波的相位有所不同。

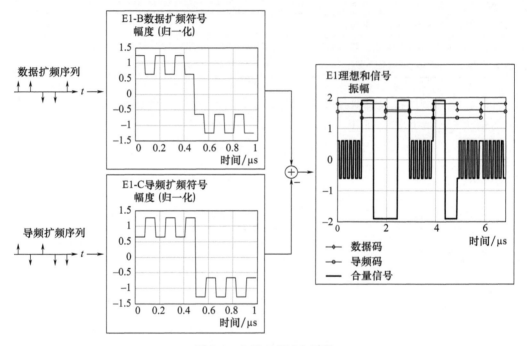

图 9.4　Galileo CBOC 原理

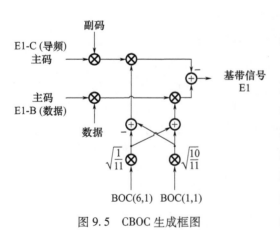

图 9.5　CBOC 生成框图

当使用传统的双电平 BOC(1,1) 进行跟踪时,解扩可能会出现微小损耗($\approx 0.4$dB)——它是接收机带宽的函数。直接 CBOC 跟踪需要一个幅度为 $\{\pm 1.25, \pm 0.65\}$ 的四电平相关器。使用两比特对复制电平进行近似表示是可行的,但不是最佳的。在其他替代技术方面,越来越多的出版物和专利[9.12-9.14]证明了设计独立的 BOC(6,1) 和 BOC(1,1) 二进制相关器然后合成技术在有效跟踪 CBOC 调制信号的可行性。

数据和导频扩展符号中的 BOC(6,1) 分量的相位是反相的,而导频和数据基带信号是同相相加的。因此,合成的导频和数据通道信号总共只有 4 个电平。这种合成信号有着有趣的特性,即在始终只能以时分复用方式发送 BOC(1,1) 或 BOC(6,1)。副载波相位根据来自导频和数据信道的扩频码片的合成来设置。这也为利用时分复用技术跟踪组合信号打开了一系列可能的高效相关机制的大门。

2002—2003 年间提出了一种宽带复合边带调制——AltBOC[9.15-9.16]。AltBOC 在基带中可定义为相干生成且独立正交调制的复数上(E5b)和下(E5a)副载波的和信号,然后加入一个交调函数(IM)以在发送边缘实现恒定包络[9.17]。OS SIS ICD[9.11]基带表示为

$$s_{E5}(t) = \sqrt{1/8} \times \begin{Bmatrix} [e_{E5a-I}(t) + je_{E5a-Q}(t)] \cdot \\ [sc_S(t) - jsc_S(t - \frac{T_s}{4})] + \\ [e_{E5b-I}(t) + je_{E5b-Q}(t)] \cdot \\ [sc_S(t) + jsc_S(t - \frac{T_s}{4})] \\ [\bar{e}_{E5a-I}(t) + j\bar{e}_{E5a-Q}(t)] \cdot \\ [sc_P(t) - jsc_P(t - \frac{T_s}{4})] + \\ [\bar{e}_{E5b-I}(t) + j\bar{e}_{E5b-Q}(t)] \cdot \\ [sc_P(t) + jsc_P(t - \frac{T_s}{4})] \end{Bmatrix} \quad (9.3)$$

在其前两行中包含在边带调制中的 4 个独立的双极{+1,-1}扩频序列 $e_{E5\{a,b\}-\{I,Q\}}(t)$(扩频码、副码和数据调制)及副载波 $sc_S(t)$。最后两行中,IM 包含了带有 IM 副载波 $sc_P(t)$ 的双极序列。所有 IM 序列都是标称扩展序列 $e_{E5\{a,b\}-\{I,Q\}}(t)$ 的三项乘积项,例如可表示为

$$\bar{e}_{E5a-I}(t) = e_{E5a-Q}(t)e_{E5b-I}(t)e_{E5b-Q}(t)$$

频带限制之前的副载波是周期为 $T_S = (15.345\text{MHz})^{-1}$ 的离散多电平信号,如图 9.6 所示。

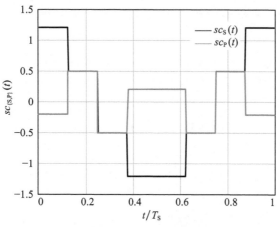

图 9.6 AltBOC 副载波函数

文献[9.11]描述了一种理想宽带,以及产生的最终信号星座图(信号部分结合交调函数)。它代表了一种 8PSK 型调制,如图 9.7(a)所示。IM 的主要能量位于偏离 E5 载波

±46MHz 的位置，如图 9.7b 所示，且位于推荐的 AltBOC 接收带宽(51.2MHz)之外。接收机理论上只会接收到一小部分的 IM 功率，因此，为了 AltBOC 跟踪而忽略 IM 是安全的。

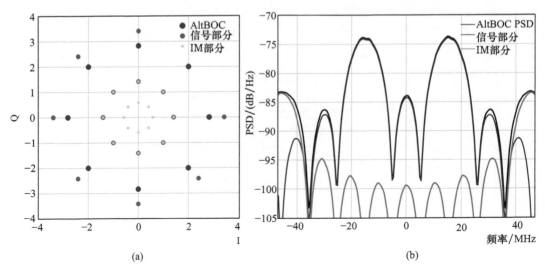

图 9.7　信号调制与功率谱密度
(a)AltBOC 宽带信号向量图；(b)功率谱密度示例。

此前已经发布了多种替代 AltBOC 跟踪方法，并且都需要生成一种 AltBOC 副本。文献[9.11]介绍了一种利用查表方法生成副本的基本概念，以及直接的数学描述，它特别适用于接收机的实现。这一概念代表了一个基线。可以预期，实际的接收机实现将采用优化的形式，例如组合的副本生成和相关性计算。

需要指出的是，Galileo 导航电文并未正式提供一种与 AltBOC 一起使用的直接电文。其中，星历信息是没有问题的，可以使用 Galileo 导航电文中提供的任何星历集。而时钟校正则更为关键，因为两个公共 Galileo 导航电文中提供的时钟校正是针对特定频率对的(9.2.2 节)。如果需要，这些时钟校正和广播群延迟(BGD)，或它们的平均值，都可用作良好的近似。

在仅跟踪边带的情况下，4 个信号分量 $e_{E5|a,b|-|I,Q|}(t)$ 中的每一个都可以单独捕获与跟踪，就像 BPSK(10)型导航信号分量一样。每个边带上的两个分量配置为导频和数据对。AltBOC 信号的两个边带 E5a 和 E5b 是完全相干的，因此这些边带之间的任何干扰都是固定的。这种干扰可能会对跟踪精度造成不可忽视的副作用。因此，应当使用带宽中心为期望边带 E5a 或 E5b 的接收来跟踪独立分量 $e_{E5|a,b|-|I,Q|}(t)$ 并且应当使带宽足够窄以抑制另一边带。为此，表 9.4 建议分量跟踪带宽为 20.46MHz。

2. Galileo 扩频码和序列

每颗卫星的每个未加密信号分量都使用单独唯一的周期性扩频序列(表 9.5)。通过选择数据分量的扩频序列长度(周期)，可以覆盖数据通道的全部符号。如果需要超过 10230 个码片，则使用一种两层结构——其主扩展码上覆盖了一种较慢的副码。导频分量的扩频序列通常都使用这种两层结构——其主码长度等于相应数据通道的主码，而所选副码的长度则可提供一种总长 100ms 的非重复导频扩展序列。

表 9.5 Galileo 扩频码概述(LFSR—线性反馈移位寄存器)

| 信号分量 | | 主码 | | | | 副码 | | |
|---|---|---|---|---|---|---|---|---|
| | | 类型 | 码片 | 周期/ms | # | 码片 | 周期/ms | # |
| E1-B | 数据,CBOC(1,6,1/11),250sps | 存储 | 4092 | 4 | 50 | — | — | — |
| E1-C | 导频,CBOC(1,6,1/11) | 存储 | 4092 | 4 | 50 | 25 | 100 | 1 |
| E6-B | 数据,BPSK(5),1000sps | 存储 | 5115 | 1 | 50 | — | — | — |
| E6-C | 导频,BPSK(5) | 存储 | 5115 | 1 | 50 | 100 | 100 | 50 |
| E5b-I | 数据,BPSK(10),250sps | LFSR | 10230 | 1 | 50 | 4 | 4 | 1 |
| -Q | 导频,BPSK(10) | LFSR | 10230 | 1 | 50 | 100 | 100 | 50 |
| E5a-I | 数据,BPSK(10),50sps | LFSR | 10230 | 1 | 50 | 20 | 20 | 1 |
| -Q | 导频,BPSK(10) | LFSR | 10230 | 1 | 50 | 100 | 100 | 50 |

两层扩频序列的生成相当于一种伪数据调制,其中副码代表了一种先验的符号调制。副码按照主码每周期一个码片计时,并且与主码以模 2 方式组合。图 9.8 说明了这一原理。

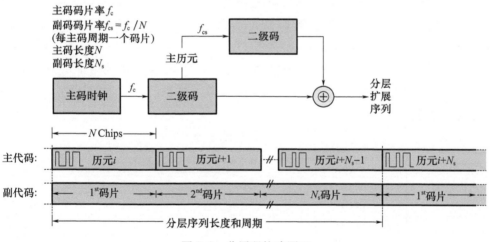

图 9.8 分层码构建原理

设计目标是将主码长度限制为小于等于 10230 个码片,以避免在捕获过程中的代码搜索空间过多,同时也提供一种非重复的序列,其长度对于数据分量是 1 个符号数据分量,对于导频分量则是 100ms。主扩频序列经过仔细选择,并得到优化以在每个系列中实现良好的正交性,也负责确保在信号源之间实现充分隔离。副码主要针对低自相关旁瓣进行了调整,并在频域中得到了一种平坦的功率谱。

这种两层结构不能达到一个与主码和副码的组合长度相同的单级扩频序列的相关质量。相反,对于覆盖多个主码长度或在分层码的整个周期上的相干积分,相关结果将重复以副码(部分)自相关形状进行调制的主码自相关。这意味着在主码的每个周期中都会有重复的相关峰值——尽管并不具有主相关峰的完整幅度,而是仍然具有显著幅度值。对于使用相干积分时间长于主码周期的接收机,需要在捕获过程中通过适当的假设检验来考虑这种行为,以找到正确的主峰值和副码相位。一旦确认副码相位,就可以无模糊地解算出整个分层码长度的码相位。与没有副码的重复主码相比,这种具有副码形式与伪数据调制的两层码概念还可以降低对窄带干扰的敏感性,同时为主码保持一种合理的长度限制。

导频分量上的副码支持对 Galileo 系统时间(GST)的码相位分辨率为 100ms。这大约等于标称星座中任何可见 Galileo 卫星与地面用户之间的最大传播延迟,也超出了到地球上最近和最远用户的传播延迟差的 4 倍以上。因此,可以认为,仅使用码相位测量结果(包括任何导频信号的副码),并且假设接收机已经具有星历和时钟校正信息,就可以为地球表面上的用户得出无时间的位置解。

OS SIS ICD[9.11] 中提供了用于公共用途的 Galileo 主/副扩展码。注意,存储代码仅在该文档的可下载电子(PDF)版本中提供。纸质印刷版本可能不包含存储代码的十六进制表示形式。

## 9.2.2 导航电文和服务

Galileo 导航信号提供三种不同类型的公共导航电文:高数据率和短页面长度 I/NAV(从完好性导航电文派生),低数据率 F/NAV(自由导航电文)和快速 C/NAV 商业信道导航电文。电文类型分配给信号分量,如表 9.6 所列。OS SIS ICD[9.11] 及其附件和相关的支持文档可以用作这些电文类型的参考文档。随着服务部署和系统验证的进展,OS SIS ICD[9.11] 将逐步扩展并添加新内容。因此,本节参考了文献[9.11],此外还重点关注了接收机的相关差异和细节。

表 9.6 电文覆盖内容

| 电文类型 | 分量 | 内容定位 | 搜救 | 补充 |
| --- | --- | --- | --- | --- |
| F/NAV | E5a-I | √ | | |
| I/NAV | E1-B | √ | √ | 个体低延迟内容 |
| | E5b-I | √ | | 个体低延迟内容 |
| C/NAV | E6-B | | | C/NAV 低延迟内容 |

导航电文的内容可以大致包括:重复性的与位置、速度和时间(PVT)相关的内容;非重复性的低延迟电文单元。

I/NAV 和 F/NAV 通过以周数(WN)和周内时间(TOW)的形式提供 GST,提供发射信号的卫星的星历和时钟校正,还通过电离层模型参数、单频用户所需的群时延信息偏差、数据有效性和信号健康标记、历书以及其他补充信息,为 PVT 的确定提供了直接支持,包括星历、时钟校正、GST-UTC、历书和使用算法的基本原理都与 GPS 传统定义一致,并对 Galileo 进行了格式调整。电离层校正电文使用的是一种适用于 Galileo 版本的最新 NeQuick 模型。详细的用户算法参考模型将作为附件(文献[9.18]-文献[9.11])发布。

对于低延迟内容,E1 上的 I/NAV 包含了支持 Cospas-Sarsat 搜救(SAR)系统的返向链路信道[9.8-9.10]。此返向链路是一条近实时信道,用于向配备 Galileo 导航接收机的 SAR 信标发送短消息。更多的低延迟信道已嵌入 I/NAV 电文中,但尚未正式发布。这被认为是 Galileo 导航电文的保留功能,可用于未来开发。鉴于低延迟信道可能会影响和改变电文数据流,接收机需要知道这些变化,并且现在已经考虑到这些变化。一个示例是 E1 和 E5b 上的 I/NAV,它具有利用一次性低延迟短消息页面按秒替换标称传输的能力[9.11]。尽管这些电文尚未投入使用,但接收机也需要对将来可能出现的此类插入具有足够的稳健性。

E6 上的 C/NAV 数据流也是一种具有短延迟的近实时电文流。在撰写本文时,C/NAV 应用程序正在开发中[9.19],尚未发布任何内容。

所有低延迟数据信道都只能从 Galileo 地面段的具有主动上行链路的卫星提供。不同卫星之间的数据内容可能有所不同。

I/NAV 和 F/NAV 电文的内容在历书、星历信息、GST-UTC 和 GST-GPS 时间转换上是兼容的。I/NAV 和 F/NAV 电文的时钟校正参数则是针对每种电文类型而特定的,预计会非常相似,但不能保证完全相同。这种差异是 Galileo 系统作为一种原生的多频系统的结果,其中 I/NAV 和 F/NAV 电文都针对特定频率对进行了优化。I/NAV 电文,尤其是其时钟校正,是针对 E1 和 E5b 的双频接收而计算的;F/NAV 还针对 E1 和 E5a 的双频接收进行了优化。其结果是,在 F/NAV 和 I/NAV 电文中提供的星历和时钟校正,都可以直接用于上述频率对的双频接收机。任何单频接收机都需要使用在分配的电文类型中提供的群延迟偏差校正为要测量的单频调整时钟校正。图 9.9 说明了此规则。

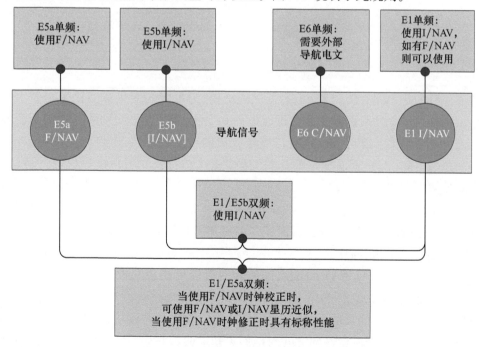

图 9.9 Galileo 导航电文用于 PVT 的规则

到目前为止，没有任何已发布的电文支持使用 E6 测量或三载波测量的 PVT。可以设想在未来的服务中，在 C/NAV 电文中可能提供此类内容。这些内容也可通过外部来源和通信信道的形式提供。

1. 电文结构

所有 Galileo 电文信息流编排在页面中构造为最小的可解释数据块。对于 F/NAV 和 C/NAV，每个页面由一组预定义的同步符号组成，其后跟随的信息块采用 1/2 速率的卷积编码以及循环冗余校验（CRC）保护。每个 F/NAV 页持续 10s，并提供 238bit 有效信息，不包括同步和尾部符号。I/NAV 以两个连续的块（奇字和偶字）传输数据页。每个字以 I/NAV 同步符号开头，后跟一个块编码的数据字段，持续 1s。完整的 I/NAV 页（奇偶组合字）需要 2s 的传输时间，并且提供 245bit 的可用容量，不包括同步和尾部符号。

从每颗卫星发送的页面顺序都经过组织，以便在一个定义明确的最大时间间隔内提供 PVT 所需的信息。与 PVT 直接相关性较低，或没有直接相关性且具有较长有效性的部分信息（如历书 almanac），会分布在较长的时间间隔中。图 9.10 说明了 F/NAV 的概念。

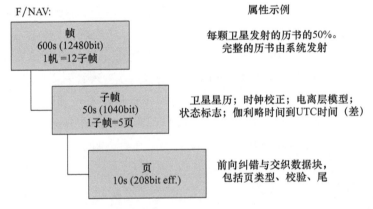

图 9.10　F/NAV 传输规划

需要注意的是，文献［9.11］为信息提供的结构，为可能的变化和演化做了若干保留，旨在为将来导航电文的可能改进和扩展保留一些空间，直到符号级别的调制都不会改变，现有页面也不会消失。既可以保持对传统接收机的后向兼容性，也可以使用参数的可用自由度和备用空间（例如页面类型标识符）逐步引入新特色。用户接收机设计者应适当考虑这些保留。一些例子如下。

（1）文献［9.11］中描述的标称页面序列是不可靠的，将来可能会更改。这意味着对于 Galileo 星座内的所有活动卫星，页面序列可能都不相同。接收机需要通过其页面类型标识符来识别接收到的页面。

（2）E1 和 E5b 中的 I/NAV 页面之间的相对时序可能会发生变化，例如通过上述的页面序列进行更改。

（3）可能会引入新的页面类型。这不会降低传统数据内容可达到的 PVT 质量。但是，接收机应该以一种控制良好的方式对他们不知道的页面类型做出反应。类似地，可以探索标识符值范围内的其他备用空间，并将其与数据内容的新定义（例如，当前定义范围之外的卫星标识符(SVID)的历书)相结合。

（4）始终会有更多的注意事项需要研究讨论,以便为电文演化保留更多的空间。例如,可以期待,接收机针对未知符号序列的片段以及标准前向纠错(FEC)解码失败的情况下是健壮的,如特殊页面格式,正如修改后的有效符号率和FEC所遵循的那样。可以假设,这样的演进将限于符号级编码直至电文级。关于所有此类讨论的不可置疑的基线始终是调制不会改变,并且将继续提供现有电文内容,从而不会禁用传统接收机。

2. 前向纠错(FEC)编码和块交织

Galileo数据分量采用了行之有效的低复杂度1/2码率维特比前向纠错编码,约束长度为7,可以提高电文传输的稳健性。编码器多项式与GPS L5民用导航电文(CNAV)编码器相同,但Galileo对G2多项式的输出应用了额外的求反,以确保连续的零输入不会产生恒定的符号输出(图9.11)。编码始终将导航电文的页面或半页作为独立的数据块,而不会与之前或之后的块重叠。

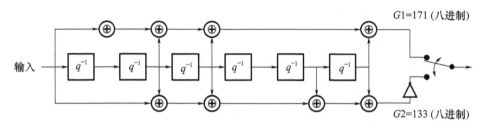

图9.11 Galileo FEC编码器

卷积编码与逐块概念的结合需要考虑约束长度−1个预定义的尾比特,以为每个导航页面的完整信息内容提供FEC保护;由于潜在的专利或知识产权原因,未实施无尾卷积编码(如咬尾卷积编码)。

根据符号中页面的大小,使用具有8行多列的块对每个块进行块交织(图9.12),以支持文献[9.11]中的文本表示。

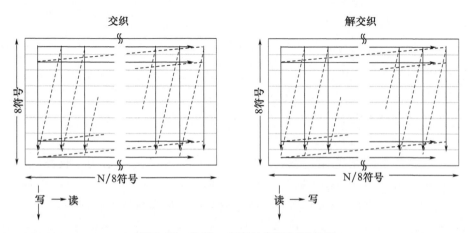

图9.12 Galileo电文的交织与解交织

这确保了信道的突发错误得以在解码器输入处解交织到至少单符号错误之间至少8

个符号距离,从而支持 FEC 解码器来纠正此类错误。

### 9.2.3 测距性能

Galileo 的测距性能和定位性能取决于 Galileo 系统、环境和用户接收机三方面的误差。

Galileo 用户等效测距误差(UERE)预算中的主要因素均为卫星仰角的函数,具体如下。

(1) 电离层误差:用于校正电离层延迟(仅适用于单频用户),由于导航电文提供的电离层模型不完善,存在其引起的残余误差。

(2) 对流层误差:由于对流层延迟模型不完善而引起的残余误差。像 Saastamoinen[9.20]这样的模型与国际电信联盟(ITU)-RP.835-3,835-4 结合将很容易满足表 9.7 中的假设。

(3) 干扰、多径、接收机热噪声误差:由于"本地效应"对伪距误差的影响而导致的用户接收机设备中的误差,例如热噪声、射频干扰和多径。

(4) 定轨和时间同步误差:由于系统提供的参考数据(星历和时钟校正)不完善而引起的误差,用于在用户层面计算卫星轨道和时钟。

(5) 广播群延迟(BGD)误差:由于对载波之间的发射延迟差异的校正不完善而引起的残余误差(仅与单频用户有关)。

表 9.7  Galileo 用户等效测距误差(UERE)贡献的均方根(RMS)大小

| UERE 贡献 | 单频用户 | 双频用户 |
| --- | --- | --- |
| 残余电离层误差 | <500cm | ≈5cm |
| 残余对流层误差 | <50cm | <50cm |
| 热噪声、干扰、随机多径、多径偏差误差 | <70cm | <50cm |
| 轨道确定与时间同步误差 | ≈65cm | ≈65cm |
| 卫星广播群延迟 | ≈35cm | 0 |
| 总计(RMS) | <513cm | <130cm |

表 9.7 所列为系统达到完全运行能力下,Galileo 公开服务(OS)所预期的误差贡献的均方根(RMS)大小。这些值适用于处于仰角 45°左右,并处于最大数据使用年限的卫星。

特定用户的总体 UERE 及其环境与本地接收几何形状的组合(例如通过精度因子(DOP)表示),可用于估计用户位置精度。

Galileo 包括一个世界范围的网络,最初由 16 个传感器站组成,用于收集生成导航电文所需的距离测量。站的数量及其分布对最终的临时传感器站和网络故障是有影响的。这可以确保提供标称测距、位置和定时精度所需的地面网络稳健性和性能。

伽利略系统的设计目标是将 E1/E5 双频开放服务用户的位置精度目标设置为水平方向 4m(95%)和垂直方向 8m(95%)。达到这些精度目标所需的测距精度为 130cm(95%)。这些目标用于对性能的预测,并确定服务精度的预期可用性。图 9.13 是根据上述基准阈值的单 Galileo 系统双频用户公开服务的全球仿真预期性能,在垂直和水平位置域中可用性为 99.5%。

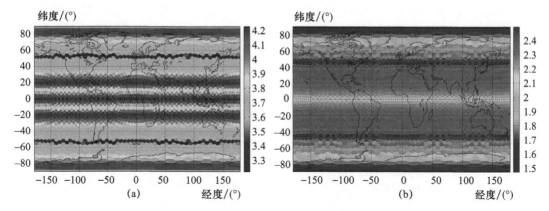

图 9.13　99.5%可用性下公开服务双频 Galileo 用户在垂直(a)与水平(b)定位域的期望性能(定位误差通过颜色编码,以米为单位)仿真轨道和时钟误差(见彩图)

与大多数无线电卫星导航系统类似,Galileo 系统生成并提供给用户的基本信息是每颗卫星的轨道和时钟校正。地面段对这些信息进行解算、预测,最后拟合为导航电文参数上行发送至卫星,并调制在导航信号上播发给用户。

通过最小二乘批处理,时钟和轨道可由定轨和时间同步(ODTS)过程进行解算,每 10min 运行一次。用于此解算过程的观测数据始终是双频测量,主要包括:

(1) F1-NAV 产品的 E1-E5a 观测值。

(2) I/NAV 产品的 E1-E5b 观测值。

(3) PRS 产品的 E1-E6 观测值。

一旦获得解算结果,就需要针对导航电文的时间间隔来"预测"时钟和轨道。这些预测的参考时间位于每个预测间隔的开始。随后将解算结果拟合为导航电文参数,按照其规定格式进行编码,最后将其播发给用户。用户将获得参考时间和电文使用时间之间的差异(数据龄期)。用户数据龄期的空间信号误差(SISE),即用户应用时的时钟和轨道参数的不完善,决定了测距性能。

卫星有效载荷的稳定性和可预测性,尤其是星载时钟系统,构成了 SISE 的主要来源。为此,需要对时钟和轨道估计的质量进行系统验证。如每次卫星发射之后的在轨测试(IOT),在这些时间段内,可以操作星上的所有时钟(即使仅在有限的时间内),并对此进行观测。

图 9.14 显示了 RMS 时钟预测误差(时钟可预测性)的一些典型结果——该结果是预测间隔的函数。所使用的预测模型是二阶多项式,等效于导航电文中的时钟校正,但具有较高的数值分辨率,因此没有参数量化效果。图 9.14 旨在尽可能地将时钟质量与其他影响隔离开。因此,所使用的时钟估算来自一个独立的验证系统,该系统不仅基于 Galileo 传感器站,而且还包括用于验证的其他项目内部传感器站,以及多 GNSS 实验(MGEX)的传感器站,它们均由国际 GNSS 服务(IGS)维护。一个独立于 Galileo 系统的高度稳定的

主动型原子钟用作地面时间参考。输入数据的测量噪声以及模型拟合误差可以在极短预测间隔的垂直偏差上显示出来。图中仅显示了一个铷原子频率标准(RAFS),但是其性能对于 GSAT010x 和 GSAT02xx RAFS 的典型可预测性具有相当的代表性。RAFS 和被动型氢钟(PHM)的可预测性之间的差异清晰可见,尤其对于较长的预测间隔。即使离线处理使用了一种比系统本身可用的更大数据库,PHM 的质量和可预测性仍可以识别出定轨的缺陷。

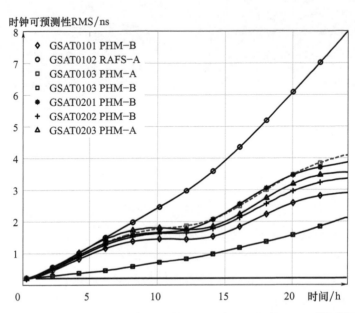

图 9.14 典型 Galileo 被动型氢原子钟(PHM)与 RAFS 的 RMS 时钟预测性

每颗卫星并行运行两个时钟,一个 PHM 作为主时钟,一个 RAFS 作为热备份。如果进行维护或发生故障,则通过地面段命令在时钟之间进行切换。可以预期的是,在切换到备用时钟时,该时钟作为热冗余时钟已经长时间运行。因此,其性能可以保持稳定,并且可以在不影响服务提供的情况下执行无缝切换。

按照惯例,星历和时钟校正电文是针对一个共同的参考点(相位中心)生成的,该参考点在几何上接近导航发射天线的频率相关的相位中心。该共用参考点的位置可视为 GST 的一个函数[9.11],用户可以自行计算。从卫星质心到天线参考点的向量,经验证后,将考虑进行发布。

Galileo 建立了自己的 Galileo 大地参考坐标框架(GTRF),上述的轨道和时钟误差即在此参考框架下表达。GTRF 在来源、尺度、方向和速率方面与国际大地参考框架(ITRF)一致,与 ITRF 的差异保持在 3cm(2-sigma)范围内。

1. 电离层误差和广播群时延

电离层模型参数包括两方面。一方面是系数 $a_{i0}$、$a_{i1}$ 与 $a_{i2}$,用于计算有效电离水平 $A_z$;另一方面是为 5 个不同区域提供的"电离层扰动标志"(也称为"风暴标志")。

对于 Galileo 系统,其针对单频用户的电离层算法是在三维(3-D)经验气象电子密度模型 NeQuick 的基础上建立的[9.21-9.23]，即 NeQuickG 模型。

人们对 Galileo NeQuickG 模型的性能进行了定期评估。在 IOV 活动期间（2013 年 3 月至 2013 年 8 月）得到的一个早期测量结果仍然有效[9.21,9.24]。所测得的残余误差已经达到了对完全运行 Galileo 星座的预期，并且比 GPS Klobuchar 模型要好，尤其是在赤道纬度上。采用 NeQuickG 模型在报告期间得到的全球绝对电离层误差（$1-\sigma$）为 1.34m RMS，而用 Klobuchar 模型则为 1.9m RMS。赤道纬度的绝对差扩大到远超过 1m。

图 9.15 显示了基于 NeQuickG 和 Klobuchar 模型的电离层修正和两者对比情况（2015 年 5 月 21 日）。两者的性能通过超过 100 个站点的接收机进行了评估，接近春分和季节性电离层最大值。从白色到绿色，电离层误差校正能力至少达到 70%RMS 或更高。红色标记表示校正性能低于 70%。该结果是根据文献[9.25]中的描述计算的，并且与早期观察结果一致。

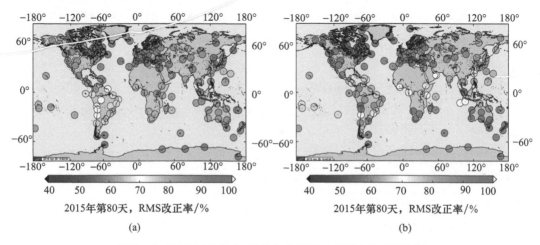

图 9.15　2015 年 5 月 31 日的电离层修正水平比较（见彩图）
(a) Galileo NeQuick G 模型；(b) GPS Klobuchar 模型。

与其他 GNSS 相似，Galileo 时钟校正是为双频用户生成的，单频用户需要使用通过 Galileo 导航电文提供的广播群延迟（BGD）$(f_1, f_2)$ 作为附加校正。BGD$(f_1, f_2)$ 定义为

$$\mathrm{BGD}(f_1, f_2) = \frac{\mathrm{TR}_1 - \mathrm{TR}_2}{1 - \left(\dfrac{f_1}{f_2}\right)^2} \tag{9.4}$$

式中：$f_1$ 与 $f_2$ 为涉及的 Galileo 信号 1 和 2 的载波频率；$\mathrm{TR}_1 - \mathrm{TR}_2$ 为由卫星有效载荷贡献的信号的延迟差。当仅使用单频接收机时，此公式可以轻松地从导航电文中转换双频时钟校正信息[9.11]。例如，在 IOV 活动期间，对 BGD 的精度进行了表征，发现其与预期一致，在 30cm 左右。注意，BGD 无法区分导频和数据分量。地面段在相关双频组合的导频分量上测量 BGD。数据分量在频谱和调制方面几乎与它们的导频对应部分相同。另外，星载信号生成方法确保了数据分量与其导频对应部分之间的跟踪偏移保持在几厘米以内，比 BGD 精度还小一个数量级。

2. 电文上行链路和分发

导航电文信息通常由轨道测定和同步处理工具（OSPF）以 10min 的间隔生成。为了减少参数化和量化错误，导航电文以 8 批为一组生成，每批通过单独的和唯一的数据发布（IOD）值标记。由前 4 批组成的子集，通过任务上行链路联络上传，并始终将最新的可用集存储在星上。因此，在与每颗卫星的任务上行链路连接期间，从该卫星广播的电文信息也将大约每 10min 更新一次，并且向用户提供最新的导航信息。在任务上行链路之间，卫星在存储在星上的各组上进行操作，广播每条电文，直到达到配置的时间（如 180min）为止。然后，卫星选择下一个要分发的电文批次，并将逐步浏览存储中的电文批次。在此示例中，批次 2、3 和 4 的广播将在最后一个任务上行链路之后的 3、6 和 9h 后开始。

导航电文批次也可以通过遥测、跟踪和控制（TT&C）站进行上行链路传输。这些上行链路可以提供一组中的所有批次 1~8，从而可以对存储的批次进行更长的操作。在上面的示例中，批次 5~8 将在最后一次上行链路联系之后的 12、15、18、21h 生效。如果没有上行链路的时间间隔超过示例的 21h，则最后一条电文将持续发送，而不管其期限如何。

在正常运行中，将紧密安排到 Galileo 卫星的上行链路任务，以使星载导航电文的寿命不超过 100min，以支持将 RAFS 用作主时钟。使用 PHM 主时钟时，可以延长上行链路之间的时间。

对于上行链路站网络的大小和位置，需要考虑这些约束。因此，这些计划是针对至少 5 个上行链路站，其中每个站可以运行最多 4 个上行链路天线。这样可以为完整的 Galileo 星座群提供及时的导航电文数据。

有效的 Galileo 导航电文的广播始于 2013 年 3 月 12 日，使用的是前四颗 Galileo 卫星，并随后支持了首次 Galileo 自主定位[9.26]。

3. 开放服务的位置和测距误差精度

位置精度被定期监测。文献[9.24]报告了在 2013 年期间至少有 4 颗 Galileo 卫星可见时获得的、由接收机确定的用户级别位置解。此后，星座和地面段的不断部署带来了预期的改进。图 9.16 显示了 2016 年 2 月收集的位置解，涵盖了 Galileo 星座一个 10 天的地面跟踪重复周期。位置解算是通过一种双频 E1b-E5a 接收机实现的，几何形状被约束为几何精度衰减因子（GDOP）等于或大于 5。在本例中测得的水平精度很好地位于预期之内，即小于 5m 95%（图 9.16 中的绿色圆圈）。

这些位置结果包含了精度因子的影响，由于测量时可用的卫星数量有限，精度仍未达到标称水平。

测距精度是一种描述每个信号的系统性能的关键因素。例如，SISE 是通过合成投射到用户方向的时钟和轨道误差得出的。它在项目不同阶段的历史也反映出了系统部署和调整的进度。在 2013 年的 IOV 期间，只有 4 颗卫星可用，而地面段也仅使用了一部分传感器。最初验证取得的 SISE 在 1.3 m 67%左右。2014 年，SISE 的性能约为 1.0m 67%，而在 2015 年，随着地面段的更新，SISE 的性能达到了 0.69m 67%。

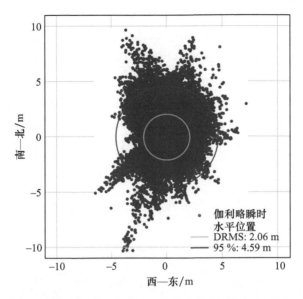

图 9.16 末端用户的水平定位精度,2016 年 2 月,诺德维克(荷兰)(见彩图)

## 9.2.4 授时精度

Galileo 内部参考时间是 Galileo 系统时间(GST),它链接到世界协调时间(UTC)。导航电文提供 GST-UTC 信息,以允许将 UTC 估算作为一种国际时间参考。为了支持与 GPS 的互操作性,Galileo 还提供了测得的 GPS-Galileo 时间偏移(GGTO)。

1. 系统时间生成

GST 是地心参考坐标系中的一种连续坐标时标,以 UTC 模 1s 为准。GST 不受闰秒影响。

在所有 Galileo 系统设施、地面站和卫星时钟中,GST 均用作参考时间。

广播的导航电文带有 GST 的时间标记,并提供 GST 作为一种由 Galileo 周数(WN)和周内时间(ToW)组成的 32bit 二进制字段[9.11]。

GST 的初始时间定义为 1999 年 8 月 22 日星期日的 UTC 时间 00:00。这对应于 GPS 周数的最后一次翻转。GST 与 UTC 在初始历元之间的偏移量定义为 13s。GST-UTC 偏移随着新闰秒的引入而改变。由于 GST 的 GPS 时间偏移为零整数秒,此定义有助于 GPS-Galileo 之间的互操作性。

Galileo 时间服务提供商(GTSP)通过选定的欧洲授时实验室将 GST 链接到 UTC,并提供所需的频率转向校正,以确保 GST 与 UTC 的最大偏差 95% 概率在 50 ns 以内。GTSP 还提供 GST-UTC 偏移量和闰秒通告。

GST 由 Galileo 地面任务段根据 Galileo 精确时间工具(PTF)的原子钟生成。Galileo 使用了两个冗余的 PTF,分别位于意大利 Fucino 和德国 Oberpfaffenhofen 的两个控制中心中。每个 PTF 都配备有 2 个热冗余配置的主动型氢钟和 4 个高性能铯钟。GST 的物理实现被定义为氢钟输出,并根据 GTSP 转向修正将其转向 UTC 模 1s。

GST 转向 UTC 的质量已通过与多个欧洲授时实验室的合作得到了证明。这些实验室包括意大利国家计量研究所(意大利)、国家物理实验室(英国)、巴黎天文台(法国)、德国物理技术联合会(德国)、西班牙天文台研究所和瑞典国家测试研究所(瑞典)。2013 年的早期验证已经显示出非常好的对准和稳定性[9.27]。随后在相关子系统的所有部署阶段进行的监视也确认了这一转向质量。图 9.17 给出了一个测量示例,发生在从 2014 年 1 月 1 日到 2014 年 5 月 31 日的这段时间。在此期间,介于 GST 物理实现和 UTC 之间的偏移 UTC-GST 保持在 10 ns 之内,并且 GST 相对于 UTC 的性能很类似于所涉及的授时实验室的 UTC 偏移量的演变。

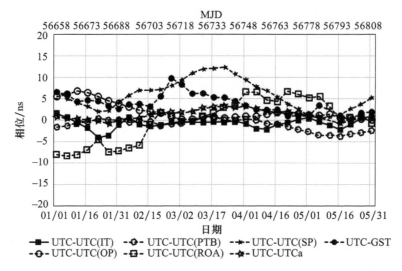

图 9.17 GST 与 UST 偏差比较,欧洲授时实验室,2014 年 1 月到 5 月的结果

2. UTC 传播

根据 ITU TF.460-6 建议[9.28],Galileo 分发协调世界时(UTC)。为此,Galileo 导航电文包含了 GST-UTC 转换参数,包括闰秒总数(即 GST-UTC 整数偏移)、宣布引入新的闰秒以及相关的日期、GST-UTC 分数偏移和斜率。Galileo 用户从广播的导航信号中估算 GST,然后使用导航电文中的 GST-UTC 转换参数来估算其应用的 UTC。GST-UTC 转换参数由 GTSP 生成并每天更新。

ESA 开发的测试和验证设施"授时验证设施"正在监控可实现的 Galileo UTC 分发性能。图 9.18 显示了由 Galileo 分发的 GST 对 UTC 的偏移(UTC(SIS))与作为国际计量局(BIPM)官方产品的一种近似于 UTC 的快速解的比较。在报告期间,即 2015 年 5 月至 2015 年 9 月,UTC 分发误差完全在预期范围内,但是由于正在进行的校准和设备部署,显示出较小的副作用,并在稳定性和补偿性方面仍有改善余地。

3. GGTO 传播

GPS 和 Galileo 系统时间是相互独立得出的。两者在各自的 GNSS 中保持与 UTC 对准。Galileo PTF 测量两种系统时间之间的偏移,并确定 GPS 到 Galileo 时间的偏移(GGTO),该时间偏移定义为 Galileo 和 GPS 时间尺度的差,即 $GGTO = t_{Galileo} - t_{GPS}$[9.29-9.31]。

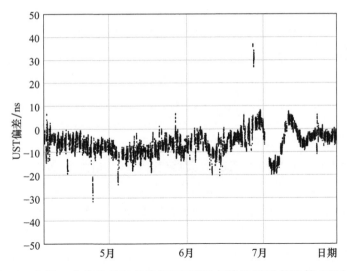

图 9.18　Galileo 分发的 UST 偏差(UTC(SIS)与快速 UTC 解比较,2015 年)

GGTO 然后通过 Galileo 的导航电文分发[9.11],以支持 Galileo 和 GPS 系统的组合使用。GGTO 的提供有望在视场受阻且混合星座中可见卫星数量有限的情况下使用户接收机受益,它可以支持完好性监视并可以支持接收机内部校准。

由于 GPS 是当时最完善的 GNSS,因此已被选作参考。当前,Galileo 不提供 GPS 以外的其他 GNSS 的偏移量。如果所有 GNSS 都提供相对于同一公共参考的时间偏移,则接收机可以确定所有所需偏移,并将混合星座测量值的任意组合用于 PVT 计算。因此,没有必要在导航电文中为每个 GNSS 提供多个偏移。但是,如果此公共参考失败,则所有相关的和派生的偏移可能会降级或不可用。如果选择了公共参考的方法,则建议至少使用两个独立的参考,并通过导航电文提供相应的增量。UTC 可能是一个,而选定的 GNSS 可能是另一个。

图 9.19 显示了 2015 年 8 月/9 月广播 GGTO 与后验测得 GGTO 之间差异的测量示例。

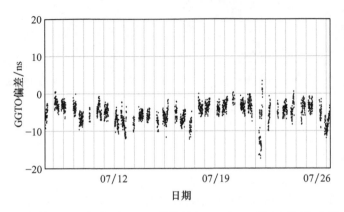

图 9.19　广播 GGTO 与实测 GGTO 的偏差(2013 年 11 月 26 日至 12 月 6 日)

在 IOV 阶段,基于 Galileo 精确时间工具和美国海军天文台之间的时间传输来计算广播 GGTO 参数。在完整的 Galileo 地面段中,将使用已校准的 Galileo-GPS 接收机来测量 GGTO,这将提高该参数的准确性。

## 9.3 航天器

Galileo 卫星是 700kg/1500W 级的航天器(图 9.20,文献[9.32])。第一批 Galileo 卫星 GSAT0101…0104 由 EADS Astrium 公司制造,作为主要卫星,并成对发射:2011 年 10 月 21 日首次向轨道平面 A 进行双星发射,随后于 2012 年 10 月 12 日向 B 平面进行双星发射。

Galileo 卫星的下一个系列主要型号为 GSAT02xx,由德国不来梅的 OHB System AG 制造[9.33]。按照订单,总共将生产 22 颗卫星。该系列在 2014 年 8 月的首次双星发射因联盟号火箭 Fregat 级故障而受损,卫星 GSAT0201 和 0202 没能进入标称椭圆轨道。2015 年,利用星载资源尽可能地纠正了它们的轨道,并在随后激活导航有效载荷并进行了测试,以验证技术和性能。从那时起,卫星开始广播导航信号,并用于时钟技术验证。但由于未达到标称轨道,因此这些卫星无法纳入导航电文中。但是 GSAT0201 和 0202 健康状况良好,ESA 一直在努力将这些卫星整合到地面处理中。2015 年 3 月,2015 年 9 月和 2015 年 12 月,ESA 都进行了双星发射并到达了预期轨道,这些卫星成为标称星座的一部分。

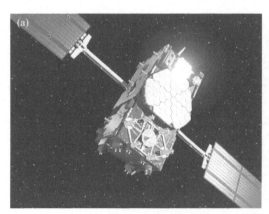

图 9.20 Galileo 卫星(由 ESA/P. Carril 提供)
(a)GSAT010x;(b)GSAT02xx。

### 9.3.1 卫星平台

Galileo 卫星可以划分为卫星设计的经典组成部分,即平台(表 9.8)和有效载荷。平台还包括用于星载数据处理和控制、姿态和轨道控制(包括推进、发电和配电、热控制、遥测和激光反射器)的其他子系统。

表 9.8 主要卫星平台特性概览

| | GSAT010x | GSAT02xx |
|---|---|---|
| 卫星 | 4 | 22 |
| 发射质量 | 约 700kg | 约 715kg |
| 太阳能阵列展开尺寸 | 2.7m×1.6m×14.5m | 2.5m×1.1m×14.7m |
| 设计寿命 | 12 年 | 12 年 |
| 可用功率 | 1.4kW | 1.9kW |

Galileo 卫星的姿轨控制系统（AOCS）在所有阶段和机动中均使用三轴姿态控制[9.34]。以下是支持事件任务序列的几种操作模式。

（1）在发射和早期轨道阶段（LEOP），以及应急情况和安全模式下，采用专门的捕获模式用于地球或太阳的捕获。

（2）使用一种专用的轨道变更模式进行轨道捕获、位置保持机动和报废（EOL）退役。根据伽利略轨道设计，预计位置保持机动的需求非常有限[9.1,9.6]。

（3）正常模式是卫星标称的运行模式，在该模式下，卫星以天底指向的姿态运行。此模式使用偏航操纵使太阳能电池板朝向太阳定向，并支持卫星的热控制。

在正常模式下，AOCS 传感器/执行器配置是基于"地球"和"太阳"传感器的，用于使卫星指向地球：红外"地球"传感器检测深空的"冷"与地球大气的"暖"之间的温度对比，而"太阳"传感器是测量与太阳角度的可见光探测器。通过反作用轮提供的角动量用于控制姿态和转速。卫星每个轨道旋转两次，以改善太阳翼的太阳指向。反作用轮逐渐积累的角动量通过磁矩卸载。磁矩是一些被控制可通过与地磁场的相互作用来传递所需转矩的线圈。陀螺仪可用于额外的速率感应。在标称模式以外的运行模式中，推进器可用于脉冲和姿态控制。

推进子系统基于单组元推进器。推进子系统通常配备 1 组 8 个推进器。每个推进器在使用寿命开始（BOL）的情况下，使用单推进剂级肼提供 1N 的标称推力。GSAT010x 和-02xx 是为直接注入最终轨道而设计的，因此它们的推进子系统仅需要提供进行轨道校正机动所需的速度差。

电源子系统负责相关电力的生成、存储调节和分配给卫星。对于 GSAT010x 和-02xx 系列，已选择经典的 50V 稳压总线架构，其中包括：

（1）功率调节和分配单元，为航天器上的所有单元提供电力。

（2）两个太阳电池阵列翼在日晒期间为航天器供电，并在日食期后为电池并行充电。

（3）一个锂离子电池，用于存储太阳阵列在太阳阶段提供的电力，并在日食阶段提供电力。

GSAT010x 和-02xx 卫星的 TT&C 子系统通过在 S 波段提供冗余的命令接收和遥测传输来链接到地面控制段。TT&C 子系统以 ESA 标准 TT&C 模式和扩频模式运行。当 S 波段应答器以相干模式运行时，可以进行准确的距离变化率（多普勒）测量。S 波段 TT&C 操作是通过位于卫星两侧的半球形覆盖螺旋天线提供的。它们专为正交圆极化而设计，可共同为接收和发射提供全方位覆盖。测距操作与遥测传输同时执行。

激光后向反射器(LRR)通过反射从地面站发出的激光束,可以将卫星的距离测量精确到几厘米以内。LRR 的猫眼反射镜阵列可以在图 9.20 所示的两个 Galileo 卫星系列的 Nadir 面板上看到,就在卫星的导航发射天线旁边。使用 LRR 的激光测距活动按计划大约平均每年进行一次。在两次 LRR 活动之间,通过 S 波段遥测和遥控指令链路进行高度测量,这些测量足够精确,可以用作中间测量。

### 9.3.2 卫星有效载荷描述

Galileo 卫星的有效载荷包括一个完全冗余的三频导航有效载荷和一个 SAR 中继器[9.35]。

导航有效载荷可以在功能上分为任务上行链路数据处理系统、授时子系统以及信号生成和发射机子系统。

任务上行链路数据处理系统能够与 Galileo 地面段的上行链路站建立一种专用的 C 波段 CDMA 上行链路,用于接收导航电文数据和所有相关支持数据。

授时子系统会生成星载频率参考,该参考是从原子钟中得到。Galileo 卫星总共部署了两种不同类型的星载时钟技术,即铷原子频率标准和被动型氢原子钟,如图 9.21 所示。导航有效载荷中包含每种技术的两个单元,总共 4 个时钟。通常,一个时钟用作主时钟,一个时钟是热冗余备用。4 个时钟与导航信号发生器单元之间的接口由专用的时钟监视和控制单元提供,该单元也用于同步主时钟和主动型备用时钟[9.36-9.37]。如果主时钟发生故障,则备用设备将无缝接管。

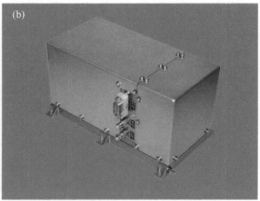

图 9.21 Galileo 星载时钟(Spectratime 供图)
(a)被动型氢原子钟;(b)铷原子频标。

导航有效载荷在较低 L 波段的三个载波 E1、E6 和 E5 上提供导航信号。所有导航信号及其分量的生成都与来自授时子系统的共用频率严格一致。E5 提供了一种带宽大于 50MHz 的宽带 AltBOC 信号,其中包含两个 30.69MHz 间隔的 BPSK(10)副载波,每个副载波提供一个导频/数据对。E6 和 E1 上的开放信号采用 BPSK 和 BOC 类型的调制,提供

31~41MHz 的可用带宽(表 9.4)。利用 E5 和 E6 的通用天线子系统,导航信号可以通过双波段发射天线进行发射[9.38-9.39]。

星载参考频率的稳定性是导航有效载荷质量的核心性能参数之一。图 9.22 显示了 2015 年中期的阿伦偏差(ADEV)测量结果示例,包括 GSAT010x 和 GSAT02xx 卫星的示例 RAFS 和 PHM 结果。两种时钟技术的典型性能是显而易见的。

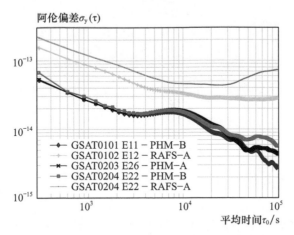

图 9.22　GalileoPHM 和 RAFS 的频率稳定性,2015 年中期(见彩图)

搜索与救援转发器为提供 SAR 搜救服务提供了增强的遇险定位功能。它是 Cospas-Sarsat MEOSAR 系统的一部分,可与俄罗斯的全球卫星导航系统(GLONASS)和未来 GPS 卫星上的其他 MEOSAR 转发器进行互操作[9.8-9.10]。Galileo 卫星上的 SAR 应答器可以从任何 Cospas-Sarsat 信标接收 406.0~406.1MHz 频带内的遇险警报,将其转换为 1544MHz 的 SAR 下行链路频带,然后将该信号重新广播到专用地面站、中圆地球轨道(MEO)本地用户终端——它们根据时间和频率的到达差异(DOS)测量[9.40],几乎可以实时执行信标定位。

Galileo 还提供 SAR 回程链路服务,该服务原先预计旨在通知警报信标,从而使遇险人员得知 Cospas-Sarsat 系统已收到遇险消息。该确认嵌入在导航电文中[9.41]。

## 9.3.3　运载火箭

Galileo 卫星使用"联盟"号和"阿丽亚娜"号火箭从法属圭亚那的欧洲太空港圭亚那航天中心发射。前 12 颗卫星都是采用"联盟"号火箭进行双星发射,分别在 2011 年 10 月、2012 年 10 月(图 9.23)、2014 年 8 月以及 2015 年 3 月、9 月和 12 月进行。

"联盟"号火箭是俄罗斯太空计划的主力军,自 20 世纪 60 年代开始连续生产,是 1957 年发射的开启太空时代的第一颗人造卫星所使用的 R-7 火箭的设计后代。

"联盟"号火箭执行了 1700 多次有人和无人任务。它设计用于有人飞行任务时具有极高的可靠性,目前可支持国际空间站的运行。因此,2014 年 8 月那次以非标称轨道结束的 GSAT0201 和-0202 发射希望是一个意外。

对于法属圭亚那的发射而言,这种三级火箭加上 Fregat 上面级火箭,是按照传统的俄

图9.23 在法属圭亚那欧洲太空港(CSG)的"联盟"号发射基地,由ESA/S. Corvaja 提供

罗斯方法水平组装,然后移至垂直,因此其有效载荷可以按照欧洲标准的方式从上方进行匹配。一个新的移动式发射架有助于这一过程,同时也可保护卫星和火箭不受潮湿热带环境的影响。

对于 Galileo 来说,采用一种特殊设计的火箭,在发射过程中将两颗 IOV 卫星并排放置,然后将其侧向释放到最终轨道。

Galileo 卫星发射还使用了一种联盟号火箭的特殊版本:功能更为强大的联盟号 ST-B 变体,它包括 Fregat-MT 上面级,可以将 Galileo 卫星送入其最终的 23222km 圆形轨道。

可重新点火的 Fregat 先前在其基线版本中用于发射 ESA 的 GIOVE-A 和-B 实验卫星。Fregat-MT 额外携带了 900kg 推进剂。

另外,还有一种经过重新鉴定的 Ariane5 ES Galileo,它能够将 4 颗 Galileo 卫星部署到 MEO 轨道。预计将在 2016 年最后一个季度首次推出这种"一箭四星"发射。

Ariane5 ES 版本是最初的 Ariane5 通用火箭的升级版,已进行了升级,允许重新点火和长时间滑行阶段。这些功能是将 4 颗 Galileo 卫星注入其运行轨道所必需的。释放有效载荷后,还需要重新点火以腾空注入轨道,以便将最后一个发射级在标称 Galileo 轨道以外"掩埋"。

## 9.4 地面段

如图 9.24 所示,Galileo 地面段包括用于卫星和星座控制的地面控制段(GCS),以及用于服务相关任务的地面任务段(GMS)。

地面控制段负责执行与卫星星座的命令和控制有关的所有功能。它包括一个由部署在各 Galileo 远程站点上的 S 波段 TT&C 电台组成的全球网络,可以提供全球覆盖。

地面任务段负责测量和监视 Galileo 导航信号,计算导航电文数据并将其分发到卫星。为此,GMS 包括两个全球性的站点网络:

图 9.24　Galileo 系统概述(感谢 ESA/M. Pedoussaut, ESA/S. Corvaja,
ESA/J. Mai, ESA/J. Huart, DLR, Telespazio 供图)

(1) L 波段 Galileo 传感器站(GSS),旨在收集 Galileo 导航信号的测距测量结果,用于确定轨道,进行时间同步并监测空间信号。

(2) C 波段上行链路站(ULS),用于上传任务数据(例如,星历和时钟预测、SAR 返回链路和商业服务数据)。

GCS 和 GMS 的核心设施部署在分别位于德国 Oberpfaffenhofen 和意大利 Fucino 的两处伽利略控制中心(GCC)中。一个全球数据分发网络连接所有地面设施。在其最终配置中,控制中心和数据分发网络都将是冗余的,以确保服务和操作的连续性。

另外,两个发射和早期轨道阶段(LEOP)控制中心(LOCC)分别位于法国图卢兹(法国航天局 CNES)和德国达姆施塔特(ESA 运行中心,ESOC),负责提供必要的服务,以控制卫星与运载火箭分离后直至到达分配的轨道槽位置。

每次 LEOP 之后都要进行在轨测试(IOT),以验证卫星有效载荷的健康状况和发射存活率。这些测试得到了位于比利时 Redu 的指定 IOT 站的支持。该站包括用于 L 波段导航信号的校准高增益天线和测量系统,以及用于 C 波段和 SAR UHF RF 链路的测试设备和发射机。IOT 站 Redu 的另一个用途是用于常规运行期间的常规信号表征。

地面段负责管理与卫星制造商的接口,这是星载软件维护、运行支持和遥测分析,以及最终对卫星平台和有效载荷单元进行故障排除所必需的。

此外，地面段还安装了 Galileo 地面段的其他外部接口，以连接到有助于提供 Galileo 服务的各种实体：

（1）GNSS 服务中心（GSC），预计将是一个 Galileo 系统与外部数据提供者之间的接口，用于提供 Galileo 开放服务（OS）和 Galileo 商业服务（CS）。GSC 设施位于西班牙马德里附近。

（2）Galileo 安全监视中心（GSMC），负责提供系统安全监视、公共管制服务用户段的管理，以及与国家 PRS 主管部门（CPA）进行交互的联系点平台（POCP）。GSMC 的设施位于法国和英国。

（3）时间和大地参考服务提供商（TSP，GRSP），用于根据国际气象标准监视和操控 Galileo 系统的时间和 Galileo 地球参考坐标系。

（4）SAR 伽利略数据服务提供商（SAR-GDSP），当专用地面段探测到遇险警报发射信标后对信标进行定位，并提供 SAR 返回链路电文以通过 Galileo 导航信号进行传播。SAR GDSP 办公地点位于法国图卢兹。

（5）Galileo 参考中心（GRC），提供对 Galileo 服务的独立性能监控。GRC 设施将位于荷兰的诺德韦克（Noordwijk）。

这些服务提供商由欧洲 GNSS 局（GSA）负责采购、协调和运营。欧洲 GNSS 局是负责 Galileo 系统运行的欧盟机构，负责服务提供和运行系统的质量。

## 9.5 总　　结

Galileo 是欧洲航天局和欧洲委员会联合发起的一项计划，旨在部署一种民用的高精度、独立的 GNSS 系统。在概念和设计研究期间，与现有 GNSS（尤其是 GPS）的兼容性和互操作性至关重要。Galileo 系统的采购始于 2008 年，此后一直在进行空间和地面段的开发、制造和部署。随着部署的深入，可用于测试和开发的来自 Galileo 卫星的信号数量不断增加，最终于 2013 年实现了首次仅使用 Galileo 而完成的位置定位，并在 2013 年下半年成功进行了在轨验证。地面任务和控制段及其遍布全球的基础设施的成功建设，正在将该系统带入一种运行状态。各种与外部服务提供商的接口以及服务本身正在安装。所有这些部署都伴随着系统验证和调整的连续过程，这也体现在良好的初始性能的稳定改进中。所有这些努力将支持系统在 2016 年开始服务。届时将有 9 颗标称卫星加 2 颗非标轨道卫星，并有望在 2016 年再发射 6 颗卫星。该系统配置的成功验证将是可用阶段的起点，计划于 2017 年进入可用阶段，届时 Galileo 将正式可用。由 24 颗卫星组成的全部星座，加上在轨备用卫星，以及地面段的完成，将于 2020 年最终达成。

### 致谢

作者要感谢 Galileo 项目办公室的同事，以及为欧洲的 Galileo 全球卫星导航系统项目做出贡献的所有工业界团队。没有他们的不懈努力，Galileo 系统就不会存在。

## 参考文献

9.1 R. Zandbergen, S. Dinwiddy, J. Hahn, E. Breeuwer, D. Blonski: Galileo orbit selection, ION GNSS 2004, Long Beach(ION, Virginia 2004) pp. 616–623

9.2 R. Piriz, B. Martin-Peiro, M. Romay-Merino: The Galileo constellation design: A systematic approach, ION GNSS 2005, Long Beach(ION, Virginia 2005) pp. 1296–1306

9.3 D. Blonski: Galileo IOV and first results, Proc. ENC 2013, Vienna(Austrian Inst. of Navigation, Vienna 2013)

9.4 D. Blonski: Performance Extrapolation to FOC and outlook to Galileo early services, Proc. ENC 2014, Rotterdam(Netherlands Institute of Navigation, Rotterdam 2014)

9.5 D. A. Vallado: *Fundamentals of Astrodynamics and Applications*(*Space Technology Library*), 4th edn. (Microcosm, California 2013)

9.6 D. Navarro-Reyes, A. Notarantonio, G. Taini: Galileo constellation: Evaluation of station keeping strategies, 21st Int. Symp. Space Flight Dynamics(ISSFD), Toulouse(CNES, Toulouse 2009)

9.7 R. B. Langley: Dilution of precision, GPS World **10**(5), 52–59(1999)

9.8 Specification for Cospas-Sarsat 406 MHz Distress Beacons, C/S_T. 001, Issue 3, Revision 16, December 2015, Cospas-Sarsat

9.9 Description of the 406 MHz Payload Used in the Cospas-Sarsat MEOSAR System, C/S_T. 016, Issue 1, Revision 1, December 2015, Cospas-Sarsat

9.10 Cospas-Sarsat MEOLUT Performance Specification and Design Guidelines, C/S_T. 019, Issue 1, December 2015, Cospas-Sarsat

9.11 European GNSS(Galileo) Open Service Signal In Space Interface Control Document, OS SIS ICD, Iss. 1.2, Nov. 2015(European Union 2015)

9.12 L. Ries, J.-L. Issler, O. Julien, C. Macabiau: Method of Reception and Receiver For a Radio Navigation Signal Modulated by a CBOC Spread Wave Form, Patents US8094071, EP2030039A1(Centre National d'Études Spatiales 2012)

9.13 O. Julien, C. Macabiau, L. Ries, J.-L. Issler: 1-Bit processing of composite BOC(CBOC) signals and extension to time-multiplexed BOC(TMBOC) signals, ION NTM 2007, San Diego(ION, Virginia 2007) pp. 227–239

9.14 A. De Latour, G. Artaud, L. Ries, F. Legrand, M. Sihrener: New BPSK, BOC and MBOC tracking structures, ION ITM, Anaheim(ION, Virginia 2009) pp. 396–405

9.15 L. Ries, L. Legrand, L. Lestarquit, W. Vigneau, J.-L. Issler: Tracking and multipath performance assessments of BOC signals using a bit level signal processing simulator, Proc. ION GPS 2003, Portland (ION, Virginia 2003) pp. 1996–2010

9.16 M. Soellner, P. Erhard: Comparison of AWGN tracking accuracy for alternative-BOC, complex-LOC and complex-BOC modulation options in Galileo E5 band, Proc. ENC GNSS 2003, Graz(Austrian Institute of Navigation, Graz 2003)

9.17 L. Lestarquit, G. Artaud, J.-L. Issler: AltBOC for dummies or everything you always wanted to know about AltBOC, Proc. ION GNSS, Savannah (ION, Virginia 2008) pp. 961-970

9.18　European GNSS (Galileo) Open Service Ionospheric Correction Algorithm for Galileo Single Frequency Users, Iss. 1.2, Sep. 2016 (European Commission 2016)

9.19　I. Fernández-Hernandez, I. Rodríguez, G. Tobias, E. Carbonell, G. Seco-Granados, J. Simón, R. Blasi: The Galileo commercial service: Current status and prospects, Inside GNSS **10**(1), 38-48 (2015)

9.20　J. Saastamoinen: Atmospheric correction for the troposphere and the stratosphere in radio ranging satellites. In: *The Use of Artificial Satellites for Geodesy*, Geophys. Monogr., Vol. 15, ed. by S. W. Henriksen, A. Mancini, B. H. Chovitz (AGU, Washington 1972) pp. 247-251

9.21　R. Orus-Perez, R. Prieto-Cerdeira, B. Arbesser-Rastburg: The Galileo single-frequency ionospheric correction and positioning observed near the solar cycle 24 maximum, 4th Int. Colloq. Sci. Fundam. Asp. Galileo Program., Prague (ESA, Noordwijk 2013)

9.22　R. Prieto-Cerdeira, S. Binda, M. Crisci, I. Hidalgo, D. Rodriguez, V. Borrel, J. Giraud: Ionospheric propagation activities during GIOVE Mission experimentation, 4th Eur. Conf. Antennas Propag. (EuCAP), Barcelona (IEEE, 2010) pp. 1-6

9.23　A. Martellucci, R. Prieto-Cerdeira: Review of tropospheric, ionospheric and multipath data and models for Global Navigation Satellite Systems, 3rd Eur. Conf. Antennas Propag. (EuCAP), Berlin (IEEE, 2009)

9.24　E. Breeuwer, S. Binda, G. Lopez-Risueno, D. Blonski, F. Gonzalez Martinez, A. Mudrak, R. Prieto-Cerdeira, I. Stojkovic, J. Hahn, M. Falcone: Galileo works, Inside GNSS **8**(2), 60-66 (2013)

9.25　R. Prieto-Cerdeira, R. Orus-Perez, E. Breeuwer, R. Lucas-Rodriguez, M. Falcone: Performance of the Galileo single-frequency ionospheric correction during in-orbit validation, GPS World **25**(6), 53-58 (2014)

9.26　M. Falcone, S. Binda, E. Breeuwer, J. Hahn, E. Spinelli, F. Gonzalez, G. Lopez Risueno, P. Giordano, R. Swinden, G. Galluzzo, A. Hedquist: Galileo on its own: First position fix, Inside GNSS **8**(2), 50-71 (2013)

9.27　S. Binda: Galileo timing performance update, plenary presentation, Proc. ENC 2014, Rotterdam (Netherlands Institute of Navigation, Rotterdam 2014)

9.28　Standard-Frequency and Time-Signal Emissions, ITU-R Recommendation TF. 460-6 (International Telecommunication Union, Radio-communication Bureau, Geneva, 2002) pp. 460-466

9.29　R. Píriz, Á. M. García, G. Tobías, V. Fernández, P. Tavella, I. Sesia, G. Cerretto, J. Hahn: GNSS interoperability: Offset between reference time scales and timing biases, Metrologia **45**(6), 87-102 (2008)

9.30　P. Defraigne, W. Aerts, G. Cerretto, G. Signorile, E. Cantoni, I. Sesia, P. Tavella, A. Cernigliaro, A. Samperi, J. M. Sleewaegen: Advances on the use of Galileo signals in time metrology: Calibrated time transfer and estimation of UTC and GGTO using a combined commercial GPS-Galileo receiver, Proc. 45th PTTI Syst. Appl. Meet., Bellevue (ION, Virginia 2013) pp. 256-262

9.31　J. H. Hahn, E. D. Powers: Implementation of the GPS to Galileo time offset (GGTO), IEEE Int. Freq. Control Symp. Expo., Vancouver (IEEE, 2005)

9.32　Galileo navigation program: FOC (Full Operational Capability), eoPortal, ESA, 2016, https://directory.eoportal.org/web/eoportal/satellite-missions/g/galileo-foc

9.33　K. Pauly: Galileo FOC-Design, production, early operations after 1st launch, and project status, IAC-14-B2.2.1, 65th Int. Astronaut. Cong. (IAC), Toronto (IAF, Paris, France 2014) pp. 1-4

9.34　A. Konrad, H. -D. Fischer, C. Muller, W. Oesterlin: Attitude and orbit control system for Galileo IOV, Proc. 17th IFAC Symp. Autom. Control Aerosp. , Toulouse, ed. by H. Siguerdidjane ( IFAC, Laxenburg, Austria 2007) pp. 25-30

9.35　G. T. A. Burbidge: Development of the navigation payload for the Galileo in-orbit validation (IOV) phase, IGNSS Symp. 2007, Sydney (IGNSS Society, Tweed Heads 2007)

9.36　D. Felbach, D. Heimbuerger, P. Herre, P. Rastetter: Galileo payload 10.23 MHz master clock generation with a clock monitoring and control unit (CMCU), Proc. IEEE FCS and 17th EFTF 2003, Tampa (IEEE, 2003) pp. 583-586 doi: 10.1109/FREQ.2003.1275156

9.37　D. Felbach, F. Soualle, D. L. Stopfkuchen, A. Zenzinger: Clock monitoring and control units for navigation satellites, IEEE FCS 2010, Newport Beach (IEEE, 2010) pp. 474-479 doi: 10.1109/FREQ.2010.5556283

9.38　A. Montesano, C. Montesano, R. Caballero, M. Naranjo, F. Monjas, L. E. Cuesta, P. Zorrilla, L. Martinez: Galileo system navigation antenna for global positioning, Proc. 2nd EuCAP, Edinburgh (IET, Stevenage 2007) pp. 1-6

9.39　P. Valle, A. Netti, M. Zolesi, R. Mizzoni, M. Bandinelli, R. Guidi: Efficient dual-band planar array suitable to Galileo, Proc. 1st EUCAP, Nice (IEEE, 2006) pp. 1-7 doi: 1109/EUCAP.2006.4584868

9.40　F. Paggi, I. Stojkovic, D. Oskam, E. Breeuwer, M. Gotta, M. Marinelli: SAR/Galileo IOV forward link test campaign results, Proc. ENC-GNSS 2014, Rotterdam (Netherlands Institute of Navigation, Rotterdam 2014)

9.41　F. Paggi, I. Stojkovic, A. Postinghel, D. Ratto, E. Breeuwer, M. Gotta: SAR/Galileo IOV return link test campaign results, Proc. ENC-GNSS 2014, Rotterdam (Netherlands Institute of Navigation, Rotterdam 2014)

# 第 10 章　中国卫星导航系统

## Yuanxi Yang, Jing Tang, Oliver Montenbruck

本章介绍北斗卫星导航系统从早期试验系统向全球系统的发展历程。首先,回顾北斗试验系统的发展战略和基本原理,详细介绍其基本性能。然后,描述北斗区域系统的基本情况,包括星座、频率、坐标参考系统和时间基准等,并通过单点定位、码相位和载波相位差分定位评估其基本性能,同时介绍一些应用示例。再后,描述北斗(全球)卫星导航系统,分析其位置精度(衰减)因子,总结了北斗的贡献。最后,简要介绍了中国区域定位系统(转发式卫星导航系统)。

北斗七星,英文称为""the Big Dipper"(大勺子)"或"the Plough(犁)",在印度神话也被称为"Saptarishi(七圣人)",是北半球诸多文明中公认的重要指向恒星。北斗七星不仅指方向,还能指示季节。中国古书(《鹖冠子》)中就有,"斗柄东指,天下皆春;斗柄南指,天下皆夏;斗柄西指,天下皆秋;斗柄北指,天下皆冬。"

北斗七星只能在晴朗的夜晚指引方向,而古代中国发明的指南针则是最早的不受天气影响,能够识别基本方向的人造导航设备[10.1]。中国古代的指南针由一个盒子框架和一个磁针或一个由砂岩制成的勺子组成(图 10.1)。这种磁性装置总是指向北(或南),是一种古老的指向手段。

图 10.1　一个中国古代的指南针(称为"司南"),由一个磁石制成的勺子和一个带方向标记的青铜板组成,经 Panorama Media,Inc 许可转载

在中国神话中,大约在公元前 2697 年,黄帝(黄帝被认为是中华文明的始祖)的军队迷失了方向。在梦中黄帝受到仙女的启发,发明了可以指示方向的指南针。指南针的发明帮助黄帝赢得了对蚩尤(中国古代部落首领)的战争,同时也给中国人留下了一个美丽

的传说。不仅如此,从秦朝到明朝初期,指南针在中国古代被广泛使用,为商人和水手在东南亚、太平洋和印度洋[10.3]的航行和远征中指引方向。

中国科学家和工程师建设自己的卫星导航系统时,选择"北斗"作为中国自主卫星导航系统的名片,体现了中国人民的期许与认可。同时,它的英文名称"COMPASS"也已经使用了数十年,主要用于系统官方向国际电信联盟(ITU)频率备案。

在20世纪80年代,中国决定建设独立自主的卫星导航系统,并规划"三步走"战略(图10.2)。第一步是北斗卫星导航试验系统,称为"北斗1号"或简称为BDS-1[10.2]。1994年,中国开始建设北斗卫星导航试验系统。2000年,中国发射了两颗北斗导航试验卫星。至此,BDS-1正式建设成功,使中国成为继美国和俄罗斯之后第三个独立拥有卫星导航系统的国家。2003年,中国发射了第三颗北斗导航试验卫星,进一步增强了系统的性能。

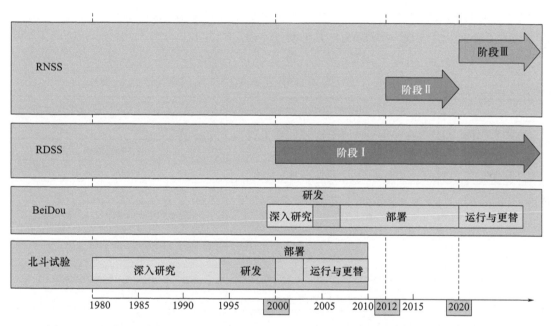

图10.2 北斗卫星导航系统发展的三个阶段。在BDS-1框架内实施区域卫星无线电测定业务(RDSS)之后,BDS-2于2012年建立了区域卫星无线电导航业务(RNSS),这将最终扩展到一种提供全球服务的第三代北斗卫星导航系统,BDS-3。
参见文献[10.2],经北京卫星导航中心许可转载

第二步是区域北斗卫星导航系统(BDS-2)。BDS-2的建设始于2004年,并于2007年发射了第一颗卫星,也是中圆地球轨道(MEO)卫星。截至2012年年底,BDS-2正式向中国和亚太大部分地区提供运营导航服务[10.4]。BDS-2星座包括14颗卫星,其中包括5颗地球静止轨道(GEO)卫星、5颗倾斜地球同步轨道(IGSO)卫星和4颗MEO卫星。

第三步是建设覆盖全球的北斗卫星导航系统(BDS-3),该系统于2020年建设完成。

## 10.1 北斗卫星导航试验系统(BDS-1)

北斗卫星导航试验系统(BDS-1)[10.5]通过一对静地卫星提供组合定位和通信服务。其主要功能包括：

(1) 定位(导航)，即快速确定和提供用户位置。

(2) 短报文通信，即在用户和主控站(MCS)之间以及用户之间提供双向电文交换。

(3) 授时，即广播授时信息，并为授时用户提供时间延迟校正。

所有这些功能都是通过同一渠道实现的，这个概念被称为"卫星无线电测定业务"(RDSS)[10.6]，并首次在 Geostar 系统中被提出。Geostar 于 20 世纪 80 年代由美国开发，是一种民用定位和通信系统[10.7]。由于 GPS 的出现，它很快就被放弃了。

表 10.1 列出了 BDS-1 RDSS 与其他星座(如 GPS、GLONASS 和 BDS-2/3)的 RNSS 之间的关键区别。

表 10.1 BDS-1 RDSS 与其他卫星导航系统的 RNSS 的比较

| | BDS-1 RDSS | RNSS |
|---|---|---|
| 基本原理 | 通过主控站确定用户位置 | 通过用户确定用户位置与速度 |
| 星座 | GEO | GEO、MEO、IGSO |
| 服务类型 | 定位、授时、位置报告、短报文通信 | 定位、授时、测速 |
| 用户发射响应信号 | 是 | 无 |
| 观测 | 从用户通过卫星到主控站的伪距 | 从卫星到用户的伪距与多普勒测量 |
| 载荷复杂度 | 低 | 高 |
| 覆盖 | 区域 | 区域或全球覆盖 |
| 服务频率 | 对低/中动态用户提供单频服务 | 对低/中/高动态用户提供连续服务 |
| 应用 | 定位、位置报告、通信、救援 | 导航 |

### 10.1.1 系统架构与基本特征

类似其他卫星导航系统，BDS-1 系统架构包括空间段、地面控制段和用户终端。

BDS-1 星座最初由 2000 年年末发射的两颗地球静止卫星组成，分别位于 80°E 和 140°E。根据它们的位置分别被称为"北斗-西星"和"北斗-东星"，简称"北斗 1A"和"北斗 1B"(图 10.3)。为了备份，2003 年在 110.5°E[10.5]发射了第三颗卫星(北斗 1C)。所有这些卫星均已达到使用寿命，并已被第二代北斗系统的卫星所取代。它们在静地轨道中的位置相同，除了基本的 RNSS 服务之外，还继续提供 BDS-1 的 RDSS 服务。

每个卫星都有两个出站转发器和两个入站转发器。从主控站发出的信号传输到卫星后，经出站转发器再传输到用户。用户发出的信号传输到卫星后，经入站转发器传输到主控站(图 10.4)。反馈链路包括从主控站到 GEO 卫星出站信号的上行链路以及从 GEO 卫星到主控站入站信号的下行链路,该链路工作于 C 波段。服务链路则包括从用户到 GEO 卫星入站信号的上行链路以及从 GEO 卫星到用户出站信号的下行链路,该链路分别工作于 L 波段(1610~1626.5MHz;上行链路)和 S 波段(2483.5~2500MHz;下行链路)。

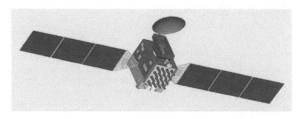

图 10.3　北斗 GEO 卫星,经北京卫星导航中心许可转载

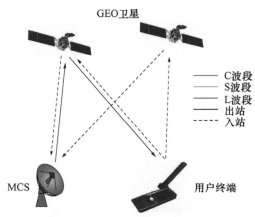

图 10.4　北斗-1 的 RDSS 链路。各个频率通过不同的颜色区分。实线表示输出信号(主控制站到用户),而虚线表示入站(返回)信号

BDS-1 地面控制部分由北京的主控站(图 10.5)和 20 多个监测站组成。主控站负责发送出站信号、接收入站信号、卫星定轨、电离层校正、确定用户位置并将短报文发送给订阅的用户。监测站提供基本的测量结果,用于轨道确定、广域差分定位以及根据气压高度计数据计算用户海拔。

图 10.5　位于北京的北斗主控站。经北京卫星导航中心许可转载

BDS-1 的信息流程如图 10.6 所示。对于定位请求,主控站根据测得的信号往返时间和用户高度确定用户位置,其中高度信息从主控站存储的高程数字库中查询得到或由用

户提供。然后,通过出站信号将确定的位置信息发送回用户。对于短报文请求,主控站通过出站信号将电文发送给收件人。最后,对于授时请求,主控站计算用户时间延迟的精确校正参数,并通过出站信号将其发送给用户,用户可根据时间延迟精确校正参数来调整本地时钟,从而将其与主控站的时钟同步。

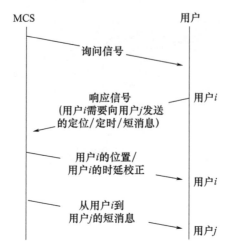

图 10.6　BDS-1 无线电定位卫星业务的信息流程

RDSS 用户终端(图 10.7)能够发送请求并接收位置信息和短报文,其具备两种工作模式,其中:一种模式是接收一个出站信号并通过两颗卫星发送入站信号;另一种模式是当用户位于两个卫星的公共覆盖区域中时从两个卫星接收出站信号,并仅通过一个卫星发送入站信号。根据接收到的两个出站信号的时间差和一颗卫星发送的服务请求,主控站可以测量从用户到两颗卫星的伪距并计算用户位置。

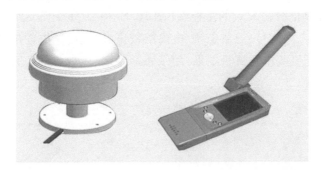

图 10.7　北斗 RDSS 用户终端。经北京卫星导航中心许可转载

BDS-1 系统每小时能够处理 540000 个定位请求[10.5]。为了控制整个系统的利用效率,系统提供三种不同等级的服务,服务频度分别为 1~9s、10~60s 和 60~120s。尽管 BDS-1 RDSS 服务是免费的,但用户必须先进行注册,获得一张卡作为终端的唯一标识从而获得服务。

图 10.8 所示的 BDS-1 服务区由其地球静止卫星以及监测站的位置决定。总的来说,它包括中国及其周围地区,从东经 70°E 到 140°E,从北纬 5°N 到 55°N。

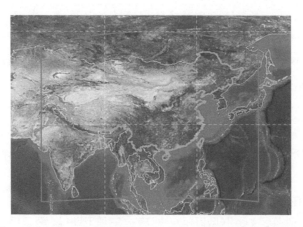

图 10.8 BDS-1 的服务范围。经北京卫星导航中心许可转载

表 10.2 总结了 BDS-1 的服务性能规范。如果终端位于监测站的区域中,则可以达到约 20m 的定位精度;否则,定位精度约为 100m。这些规格与文献[10.5]中报告的实际性能结果非常吻合。与 GPS 参考接收机的定位数据相比,BDS-1 接收机在海上船舶的静态测试和低动态测试中,其水平定位误差均达到约 8m(2D,1σ)的效果。

表 10.2 BDS-1 无线电确定卫星业务的性能规范(文献[10.5])

| 参数 | 值 |
|---|---|
| 水平定位精度 | 20m(1σ) |
| 单向授时精度 | 100ns |
| 双向授时精度 | 20ns |
| 短报文通信 | 每条电文 120 个汉字 |

## 10.1.2 导航原理

BDS-1 的用户终端通过对主控站发起的往返信号进行传播时间测量,进而获得定位结果。如前所述,主控站首先向两颗卫星发出询问信号,随后通过两颗卫星的出站转发器向服务区域中的用户广播该询问信号。用户接收询问信号,并将其响应信号连同用户的服务请求发送回卫星(图 10.6 和图 10.4)。

通过测量入站和出站链路上同一卫星 s 的信号发送时间 $t_t$ 和接收时间 $t_{r(s,s)}$ 的差值,获得第一观测结果 $L_1$。同样,从出站链路上的卫星 s 到入站链路上的第二颗卫星 s′的信号的传播时间 $t_{r(s,s')} - t_t$ 获得第二观测值 $L_2$。

用 $r_m$ 分别表示主控站位置,用 $r_s$ 和 $r_{s'}$ 表示两颗卫星的位置,用 $r_u = (x_u, y_u, z_u)$ 表示(未知)用户位置,可以将两个观测值分别建模为

$$L_1 = c \cdot (t_{r(s,s)} - t_t) \tag{10.1}$$
$$= 2\|r_s - r_u\| + 2\|r_s - r_m\|$$

$$L_2 = c \cdot (t_{r(s,s')} - t_t) \tag{10.2}$$
$$= \|r_s - r_u\| + \|r_{s'} - r_u\| + \|r_s - r_m\| + \|r_{s'} - r_m\|$$

这些关系同样适用于用户从两个卫星接收信号并仅通过一个卫星将其发送回去的工作模式。

可以注意到，BDS-1测量模型不包括传统GNSS伪距模型中的时钟偏移项。这是由于发送和接收时间是由主控站中的公共时钟测量的。控制段（CS）相对于BDS系统时间的时钟偏移对于发送和接收时间戳是通用的，并且在形成距离测量值时被抵消。这样，与使用单向伪距观测的其他卫星导航系统相比，BDS-1定位所需的独立观测的最小数量就少了一个。但是，BDS-1的观测仍然受到设备延迟（发射机、转发器和接收机偏差）的影响，需要适当考虑。

由于将卫星和主控站的位置视为已知量，$L_1$和$L_2$实际上等效于用户相对于两个卫星$s$和$s'$的距离测量。但是，这些不足以唯一地确定三维用户位置。因此，用户相对与参考椭球面的高度$h_u$信息被用作独立的第三观测值。可以从用户终端中的气压高度计中获得$h_u$，也可以由主控站中的数字高程模型提供$h_u$[10.5]。给定椭球高，可以形成一个观测值，即

$$L_3 = h_u + N \qquad (10.3)$$
$$= \sqrt{x_u^2 + y_u^2 + (z_u + Ne^2\sin\varphi)^2}$$

它描述了接收机沿参考椭球法线到地球自转轴的距离，其中：

$$N = \frac{a}{\sqrt{1-e^2\sin^2\varphi}} \qquad (10.4)$$

是大地纬度$\varphi$处卯酉圈的曲率半径；$a$和$e$表示参考椭球的半长轴和偏心率（2.2.1节）。

对于未知的用户位置，无法直接求解方程式(10.1)~式(10.3)，但可以在近似先验值$r_{u,0}$附近将其线性化，从而产生一组线性方程，进而可以获得校正$\Delta r_u = r_u - r_{u,0}$。以迭代的方式重复此过程，直到获得所需精度的解为止。

为了简单起见，在以上讨论中忽略了大气传播效应和设备延迟，但在实际的主控站处理中已将其考虑在内。这些校正基于一组分布式监测站，可实现广域差分定位。

## 10.1.3 轨道确定

与其他卫星导航系统类似，BDS-1的定位取决于获取的卫星位置的正确性。在BDS-1中，轨道确定依赖于监测站的测量，这些测量过程与10.1.2节中所述的用户定位遵循相同的原理。用于定轨的监测站以一定的采样间隔响应来自主控站的询问信号。因此，主控站可以测量与各个监测站相关的一组距离，以确定每个卫星的轨道。

当用监测站的位置（已知）替换用户位置$r_u$时，用于卫星轨道确定的基本观测模型与式(10.1)和式(10.2)相匹配。但是，卫星轨道确定和用户定位之间存在一些差异。BDS-1定位公式中的观测值数目与未知位置参数的个数相匹配，但在轨道确定中的观测值数目通常大于轨道参数的数目（通常每颗卫星6次）。另外，应该同时确定两个BDS-1卫星的轨道，因为每个监测站的测量方程中包含了同一时刻两个卫星（$s$和$s'$）的位置。

## 10.1.4 授时

除了定位之外,BDS-1 RDSS 还支持用户终端与主控站维持的北斗系统时间(BDT)同步。BDT 是一种无闰秒的连续时标[10.8],它是通过具有稳健数据融合功能的复合时钟实现的。BDT 与中国国家授时中心(NTSC)维护的协调世界时 UTC(NTSC)保持一致。UTC(NTSC)本身是通过卫星共视(CV)链路追溯到协调世界时(UTC),并且 BDT 相对于 UTC 的偏移量控制在 30ns 之内。

BDS-1 提供两种类型的授时服务:单向授时和双向授时,分别具有 100ns 和 20ns 的授时精度。这两种方式都是利用本地时钟测得的发射时间和接收时间的对比实现的,在实现过程中考虑了已知的几何传播时间以及可能的大气和设备延迟校正。

主控站每一秒总共发送 32 帧信息,每帧持续时间为 31.25ms,与 BDT 的整数秒对齐。用 $\Delta_1$ 表示接收机中第 $n$ 帧的接收时刻与该时刻之前的秒脉冲(1PPS)之间的时间差(图 10.9),则本地时钟偏移 $\Delta\varepsilon$ 计算公式为

$$\Delta\varepsilon = \Delta_1 - (n\Delta t + \tau) \tag{10.5}$$

式中:$\tau$ 为信号传播时间,它是根据已知的主控站—卫星距离和卫星—用户距离以及大气路径延迟和设备延迟校正[10.9]后得到的。

图 10.9 BDS-1 单向授时原理(文献[10.9])

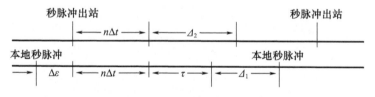

图 10.10 BDS-1 双向授时原理(文献[10.9])

对于双向授时(图 10.10),用户终端响应入站询问信号,主控站测量往返时间 $\Delta_2$。在主控站中计算出单程传播时间为 $\tau \approx \Delta_2/2$,这里考虑到了各种大气和设备延迟校正。随后将 $\tau$ 的结果发送回用户。利用接收询问信号和随后的秒脉冲历元之间时间的本地测量值 $\Delta_1$,最终获得本地时钟偏移为

$$\Delta\varepsilon = (1s - \Delta_1) - (n\Delta t + \tau) \tag{10.6}$$

由于采用了改进的误差补偿,双向时间同步实现了 20ns[10.9]的精度,这比单向授时性能提高了 5 倍。

## 10.2 北斗(区域)卫星导航系统(BDS-2)

2004年9月,BDS-2启动建设。BDS-2第一颗MEO卫星(当时称为COMPASS-M1)于2007年4月成功发射,既满足了国际电联频率备案的时间要求,也为验证本地原子钟、精确轨道确定、时间同步以及其他关键技术提供了测试平台。2009年4月,BDS-2成功发射第一颗GEO卫星。在之后的三年半时间里,BDS-2星座陆续部署完毕,共包含14颗运行卫星(表10.3)。

2012年12月,BDS-2正式投入运行,并宣布开通区域服务,其覆盖范围为纬度55°S至55°N和经度70°E至150°E之间的区域[10.10]。在首次发布服务公告时,中国还发布了针对B1频段单频用户的首个公开服务接口控制文档(ICD)。一年后的2013年12月,中国又发布了涵盖双频(B1/B2)信号服务的更新版本[10.11]。

### 10.2.1 星座

第二代北斗卫星导航系统采用独特的星座设计,综合了全球系统(如GPS、GLONASS和Galileo)与纯区域系统(如QZSS和IRNSS/NavIC)的轨道类型。BDS-2空间段包括地球静止轨道上的5颗卫星、地球倾斜同步轨道IGSO上的5颗卫星和中高度地球轨道上的4颗卫星(表10.3)。

表10.3 运营服务开始时北斗区域卫星导航系统(BDS-2)的卫星
(对于每颗卫星,提供了分配的伪随机噪声(PRN)码,国际卫星编号和发射日期。
GEO、IGSO和MEO轨道上的卫星分别用字母"G""I"和"M"标识)

| 卫星 | PRN | 国际卫星编号 | 发射 | 备注 |
| --- | --- | --- | --- | --- |
| G1 | C01 | 2010-001A | 2010—01—16 | 140.0°E |
| G2 | — | 2009-018A | 2009—04—14 | 非工作 |
| G3 | C03 | 2010-024A | 2010—06—02 | 110.5°E |
| G4 | C04 | 2010-057A | 2010—10—31 | 160.0°E |
| G5 | C05 | 2012-008A | 2012—02—24 | 58.75°E |
| G6 | C02 | 2012-059A | 2012—10—25 | 80.0°E |
| I1 | C06 | 2010-036A | 2010—07—31 | ~118°E |
| I2 | C07 | 2010-068A | 2010—12—17 | ~118°E |
| I3 | C08 | 2011-013A | 2011—04—09 | ~118°E |
| I4 | C09 | 2011-038A | 2011—07—26 | ~95°E |
| I5 | C10 | 2011-073A | 2011—12—01 | ~95°E |
| M1 | C30 | 2007-011A | 2007—04—13 | 退役 |
| M3 | C11 | 2012-018A | 2012—04—29 | B3 |

续表

| 卫星 | PRN | 国际卫星编号 | 发射 | 备注 |
|---|---|---|---|---|
| M4 | C12 | 2012-018B | 2012—04—29 | B4 |
| M5 | C13 | 2012-050A | 2012—09—18 | A7 |
| M6 | C14 | 2012-050B | 2012—09—18 | A8 |

GEO 卫星的位置分别为东经 58.75°、80°、110.5°、140° 和 160°。在服务区域的任何位置,都能满足仰角 10° 以上时至少有三颗连续可见,从而可以在控制中心和 BDS-2 用户之间实时交换信息。

IGSO 卫星运行在高度约为 36000km,倾角为 55° 的圆形轨道上。与 GEO 卫星一样,它们的轨道周期也为一个恒星日(地球相对于固定恒星自转的持续时间 23h56min),但相对于地球赤道有明显的倾角。这导致连续重复的地面轨迹具有明显的"8"字形,覆盖了 ±55° 的纬度带(图 10.11)。地面轨迹从东向西横穿赤道,北部以顺时针方向穿过,而南部则以逆时针方向穿过。三颗 BDS-2 IGSO 卫星(I1、I2 和 I3)的地面轨迹与赤道交叉点位于 118°E,I4 和 I5 则位于 95°E。2015 年 3 月中国发射了用于验证 BDS-3 信号的新卫星(BEIDOU I1-S/2015-019A),填补了该地面轨迹的第三个时隙。同一地面轨迹上 IGSO 卫星的升交角距以及其升交点赤经间隔为 120°(第 3 章)。这样,它们以相同的地理经度跨过赤道,间隔为 8h。

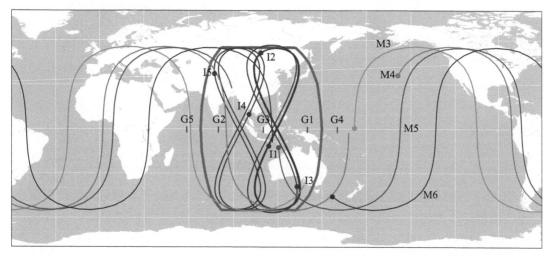

图 10.11 北斗卫星导航系统(BDS-2)的 GEO(红色)、IGSO(蓝色)和 MEO(绿色)卫星的地面轨迹,2014 年 7 月 1 日。圆点表示午夜历元时的初始位置。框架区域大致从经度 70°E 延伸到 150°E,纬度从 55°S 到 55°N,标记[10.10]中规定的 BDS-2 区域性服务区域(见彩图)

对于纯粹的区域导航系统来说,GEO 和 IGSO 卫星的组合已经可以满足需要。BDS-2 还使用了少数 MEO 卫星作为补充。其轨道高度为 21530km(在 GPS 和 Galileo 星座之间),倾角为 55°。选择该轨道半径的目的是使卫星在 7 个恒星日内完成总共 13 次绕行,对应的轨道周期为 12h53min。

4颗BDS-2 MEO卫星已成对发射,并插入两个不同的轨道平面中,它们的升交点之间相距120°。考虑到未来的全球扩展,BDS-2的MEO卫星轨道被设计为24/3/1 Walker星座[10.12]的一部分。24/3/1 Walker星座包含24颗卫星,且均匀分布在三个轨道平面中。北斗M5和M6目前占据平面A中的轨位7和8,而M3和M4则位于平面B[10.11]中的轨位3和4中。尽管BDS-2 MEO星座的规模非常有限,但它增加了服务区内可见卫星的平均数量,并提供了额外的几何多样性以改善定位。

为了保持其标称的位置,GEO卫星大约每月进行一次常规的东西向机动,速度约为10cm/s[10.13]。相比之下,仅在极少数情况下进行南北向机动,从而确保在几年时间的累积内仅形成几度的倾斜度[10.14]。IGSO卫星同样以大约半年的频度进行机动,以控制穿越赤道时的经度[10.15]。

## 10.2.2 信号和服务

BDS-2卫星在3个不同的频段中总共发送6个信号:B1以1561.098MHz为中心频率;B2以1207.14MHz为中心频率;以及B3以1268.52MHz为中心频率。B1和B3频率分别从Galileo/GPS的E1/L1和E6频段偏移约14MHz和10MHz,而B2中心频率与Galileo E5b(子)频段的频率相匹配。使用2.046MHz或10.23MHz码片速率的测距码,用两个相位正交的信号调制每个载波频率(表10.4),所形成的信号频谱如图10.12所示。

表10.4 BDS-2导航信号(BPSK($n$)码片速率为$n \times 1.023$Mchip/s)

| 频段 | 频率/MHz | 信号 | 调制 | 服务 |
| --- | --- | --- | --- | --- |
| B1 | 1561.098 | B1-I<br>B1-Q | BPSK(2) | 开放授权 |
| B2 | 1207.14 | B2-I<br>B2-Q | BPSK(2)BPSK(10) | 开放授权 |
| B3 | 1268.52 | B3-I<br>B3-Q | BPSK(10)<br>BPSK(10) | 授权<br>授权 |

B1和B2信号的同相分量提供BDS-2公开服务[10.11],而其余4个信号则为授权服务保留。根据公开数据在BDS-2服务区内公开服务的空间信号测距误差(SISRE)优于2.5m(置信度95%)[10.10],水平和垂直定位精度均优于10m(置信度95%)[10.10],如图10.11所示。对每个频率上的公开服务信号来说,其最小接收信号功率为-163dBW。

除了在服务区域中提供标准定位和授时服务之外[10.10],BDS-2公开服务信号通过GEO卫星传输近实时的校正数据,以支持星基增强系统(SBAS)定位服务。所有用户均可免费使用此服务,但仅限于以中国大陆为中心的较小服务区域。

公开服务信号采用截短的Gold码,长度为2046码片,码片速率为2MHz。与GPS C/A码类似,使用一对11bit移位寄存器生成BDS-2公开服务(OS)码,并通过可配置的选择器获得完整的码系列(图10.13)。11bit寄存器的本地码长度总计为$2^{11}-1=2047$bit,但是该序列会在2046个码片之后重置,以获得持续时间精确为1ms的伪随机噪声(PRN)码。

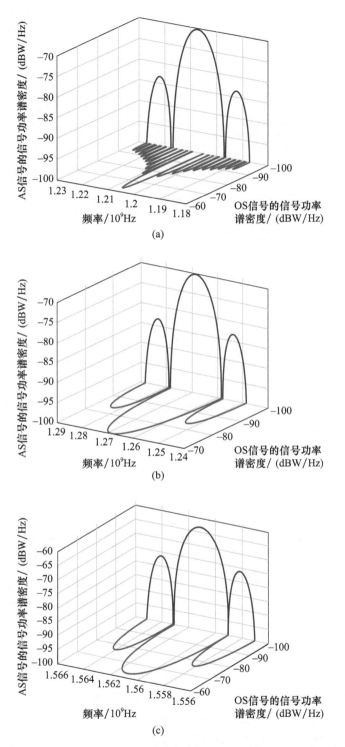

图 10.12 北斗(BDS-2)信号的谱特性,注意各图比例尺有所不同
(a) $B_2$ 信号功率谱密度;(b) $B_3$ 信号功率谱密度;(c) $B_1$ 信号功率谱密度。

在 OS 信号 ICD 内,总共定义了 37 种不同的公开服务 PRN 码,其中有 1~5 个 PRN 被保留用于静地卫星。在给定的卫星上,B1-I 和 B2-I OS 信号使用相同的 PRN 序列。

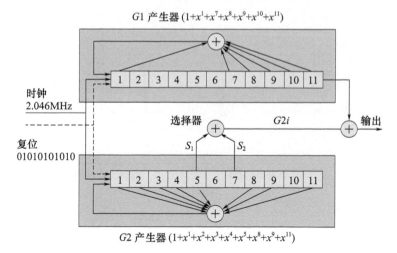

图 10.13　B1-I 和 B2-I 公开服务信号的码生成器[10.11]

在主测距码旁边,IGSO 和 MEO 卫星的公开服务信号与副码或 Neuman-Hofman (NH)[10.16]码相乘。NH 码的每个码片的持续时间为 1ms,并与主码的开头对齐。根据副码码片的符号,可以传输未修改的主测距码序列或符号翻转的版本。使用 NH 码有助于减少窄带干扰,改善交叉和自相关特性,并在数据位同步中增强稳健性[10.17-10.18]。BDS-2 NH 码(00000 10011 01010 01110)与 GPS L5-Q 信号的码匹配。它的长度为 20 码片,并在 20ms 后重复。

此外,所有北斗 2 号卫星的 B1-I 和 B2-I 信号都调制了导航数据。对于同一类卫星,在其两个频率上传输的数据相同。不同类卫星采用不同的格式和数据率。对于 MEO/IGSO 卫星,D1 导航电文以 50b/s 的速率调制(对应于 20ms 的数据位长度)。相反,GEO 卫星以更高的 500b/s 的 10 倍速率调制 D2 消息,而且其数据位长度仅为 2ms,即两个连续测距码的持续时间。

这两类 BDS-2 卫星的整体调制方案如图 10.14 所示。对于 MEO/IGSO 卫星来说,较低数据速率改善了信号性能。GEO 信号经过了优化,可以传输大量数据。不同的设计反映了 GEO 卫星的特殊作用,作为导航电文的一部分,它们还可以向北斗用户提供实时增强数据(10.2.3 节)。

同一星座的卫星采用不同的信号结构,这是 BDS-2 独有的,在接收机实现中需要特别注意。当使用不同类型的接收机在 GEO 和非 GEO BDS-2 卫星之间进行双差载波相位观测时,对 NH 码解码不一致可能会导致半周期卫星间类型偏差(a halfcycle intersatellite-type biases, ISTB)[10.19-10.20]。文献[10.21]和文献[10.22]讨论了北斗接收机设计的其他方面,以及 NH 码对 MEO/IGOS 信号的获取和跟踪的影响。

目前只有 B1-I 和 B2-I 信号被正式宣布为公开服务信号,但也可以利用高增益天线检测(授权的)B3-I 信号,从而获得其基本特性。该信号采用 10230 个码片的主测距码,

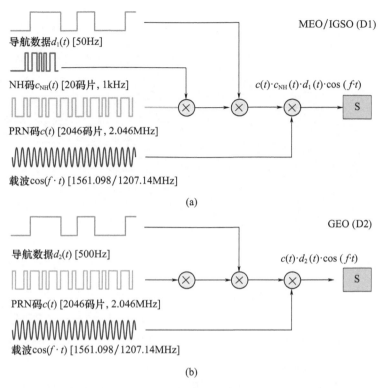

图 10.14　北斗-2 关于 MEO/IGSO 轨道卫星的公开服务信号的信号结构
（a）MEO/IGSO 卫星；（b）GEO 卫星。

其中码片率为 10.23MHz，最终长度为 1ms，并使用 20bit 副码。因为测距码信息是公开的，并可以由线性反馈移位寄存器生成，因此各制造商能够提供大地测量级的三频北斗接收机。在北斗系统中采用两个以上的频率为各种先进的 GNSS 处理技术[10.25-10.28]铺平了道路，这些技术在测量、精密单点定位和大地测量中得到了应用。但是，需要注意的是，对 B3-I 信号的使用并未得到官方的认可，并且可以通过对 B3-I 测距码进行显式加密的方式来随时禁止对该信号的使用。

## 10.2.3　导航电文

MEO 和 IGSO 卫星广播的 D1 导航电文类似于通过 L1 C/A 码信号传输的 GPS 传统导航电文。它采用同样的数据速率，并提供历书和星历数据等用于获取可视卫星以及定位和授时的基本导航信息。除了这些数据之外，北斗 GEO 卫星的高速率 D2 电文还包含其他增强服务信息，例如 BDS 完好性、差分校正和电离层格网点数据。

1. D1 电文结构

D1 导航电文由超帧、主帧和子帧组成（图 10.15）。每个子帧包含 300bit，历时 6s。5 个子帧组成一个完整的主帧，持续时间为 30s。超帧包含 24 个主帧（比 GPS 少一帧），一共 36000bit，在 12min 内完成发送。子帧 1~3 包含基本导航数据，例如发射卫星的轨道和时钟参数以及电离层模型系数。该信息在每小时开始时更新，并在此期间每 30s 重复一次。

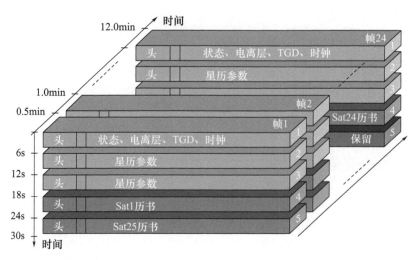

图 10.15　MEO 和 IGSO 卫星发送的北斗 D1 导航电文的结构,箭头表示各个子帧的传输顺序

子帧 4 和 5 由 24 个页面分时发送,即在连续的帧内发送不同的页面。它们包含多达 30 颗卫星的历书信息(在子帧 4 的页面 1~24 和子帧 5 的页面 1~6)和星座健康数据、BDS 与 UTC 之间的时间偏移、BDT 与 BTC 之间的时间偏移和其他 GNSS 时标(子帧 5 的页面 7~10)。全部信息每 12min 重复一次。

每个子帧由 10 个基本字组成,每个字 30bit。每个"半字"包含 11 个数据位以及 4 个用 Bose-Chaudhuri-Hocquenghem(BCH)[10.29]码编码的奇偶校验位,从而可以进行单比特纠错。此外,来自两个半字的数据和奇偶校验位与每个字交织在一起,以防止传输期间可能出现的突发错误。

2. D2 电文结构

D2 电文以比 D1 电文高 10 倍的数据速率(500b/s)传输,并使用不同的方案传输低速率基本导航数据和高速率增强数据。超帧由 120 个主帧组成,每主帧包括分 5 个 300bit 的子帧。单个子帧的长度为 0.6s,一个完整主帧的广播时间为 3s。整个超帧总共包含 $1.8\times10^5$ bit,传输时间为 6min(图 10.16)。

子帧 1 由 10 个页面提供基本导航数据,例如发射卫星的轨道和时钟信息以及电离层模型参数。除了不同的布局外,子帧 1 数据与 D1 电文的子帧 1 和 3 相同。因此,与非 GEO 卫星一样,尽管传输速率更高,但总共需要 30s 才能接收一颗 GEO 卫星的完整星历数据。在超帧内,同一组 10 个页面将重复 12 次。星历信息由子帧 5 的页面 37~60 和页面 95~100 的历书数据(最多 30 颗卫星)补充。每个超帧发送一次完整的历书,并且每 6min 重复一次该信息。

在 D2 导航电文的子帧 2 和 3 中向用户提供了有关 BDS-2 卫星完好性的信息以及差分校正数据。除了传统的 SBAS 系统(第 12 章)以外,BDS-2 增强数据中还提供了等效的时钟校正。标量校正值 $\Delta t$ 考虑到广播轨道和时钟偏移误差的综合影响,适用于中国及周边地区的用户。用户可将 $\Delta t$ 的值添加到观测到的伪距中。$\Delta t$ 的值每 18s 更新一次。在此期间内,由传输子帧 2 和 3 的 6 个页面提供完好性信息和多达 18 个不同卫星的等效时钟校正,这涵盖了服务内最大数量的同时可见且可用于增强的北斗卫星。

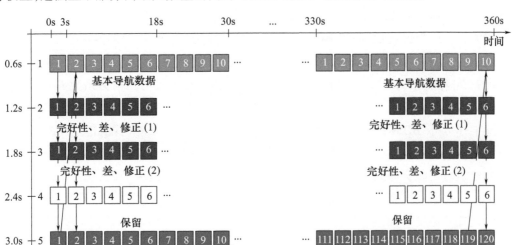

图 10.16　GEO 卫星发送的北斗 D2 导航电文结构[10.30]

子帧 5 中为单频用户提供低时延电离层校正,以补充差分星历校正。这些数据涵盖了从经度 70°E 到 145°E 和纬度 7.5°N 到 55°N 的服务区域,并在两个分辨率为 5°×5°的子格网中提供,它们在纬度上的偏移为 2.5°(图 10.17)。根据超帧的长度,电离层格网点数据每 360s 更新一次。根据监测站的可用性和分布情况,有效校正数据的提供范围可能仅限于整个格网中的一个子集(通常是中国大陆)。

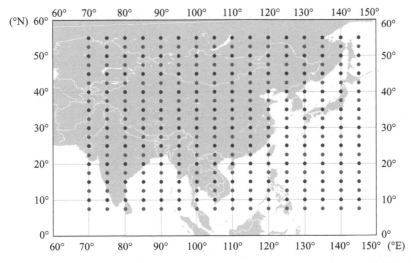

图 10.17　北斗-2 D2 导航信息中的电离层校正数据提供给两个具有 5°宽,2.5°偏移的交错格网,北方格网(蓝色)在前 3min 传输,然后在超帧的后半部分传输南方格网(见彩图)

3. 星历参数和模型

BDS-2 中的广播轨道和时钟参数以及标准电离层校正参数的定义与传统 GPS 导航电文关系密切。共有摄动 Keplerian 模型的 16 个轨道参数和二次时钟模型的 3 个参数用于描述星历有效性期内的卫星运动和时钟偏移变化。通过一种具有 8 个参数的 Klobuchar 型模型描述了电离层路径延迟。

尽管存在明显的相似性，但 BDS-2 广播导航电文所采用的模型在各个方面与 GPS 有所不同[10.11,10.30]。所有信息均参考 BDT（10.2.8 节）和与中国大地坐标系（CGCS）2000（10.2.7 节）相联系的北斗坐标系（BDCS）。除此之外，北斗采用的重力系数 $GM_\oplus$ 和地球自转速率 $\Omega_\oplus$ 略有不同。

除上述以外，BDS-2 的 MEO 和 IGSO 卫星轨道模型与 GPS 相匹配，但对 GEO 卫星的轨道参数有不同的表达（3.3.2 节）。由于静地轨道的倾角非常小（可能为 0），因此在确定广播轨道时可能会遇到较大的残差和发散问题。为了应对这种情况，在 GEO 卫星的轨道确定中采用了一个相对于赤道 5°倾角的参考平面。因此，在计算这些卫星相对于地球赤道的位置和速度时，必须进行一次 5°旋转的补偿。

通过二阶多项式描述 BDT 的卫星时钟偏移为

$$\Delta T = a_0 + a_1(t - t_{oc})^2 + \Delta t_{rel} \tag{10.7}$$

式中：系数 $a_0$，$a_1$ 和 $a_2$ 为参考历元 $t_{oc}$ 处的偏移、漂移和漂移率；$\Delta t_{rel}$ 为周期性的相对论校正。

$$\Delta t_{rel} = -\frac{2}{c^2}(r^T v) \tag{10.8}$$

该校正方法与卫星的位置 $r$ 和速度 $v$ 相关，且与 GPS 和 Galileo 大致相同。但是，时钟偏移是以单频 B3 观测值为基准，而不是无电离层的双频组合。因此，BDS-2 公开服务信号的所有用户都必须考虑额外的卫星群延迟校正。为了处理单频 B1-I 观测值，必须将导航电文中提供的授时群延迟参数 $TGD_1$ 添加到 B3 时钟偏移值，而双频观测则需要对 $TGD_1$ 和 $TGD_2$ 进行线性组合（B1-I/B2-I）[10.31]。

BDS-2 广播导航电文使用了 Klobuchar 单层校正模型（6.3.4 节）对单频观测用户的电离层进行了校正。该模型涉及 8 个参数（$\alpha_0, \cdots, \alpha_3$ 和 $\beta_0, \cdots, \beta_3$），描述了白天垂直总电子含量变化的幅度和周期。电离层模型是根据地理纬度和经度构建的，而不是 GPS 中使用的地磁坐标。该模型的系数由所有的 BDS-2 卫星传输获得，且每 1h 更新一次。尽管在概念上，该模型在全球范围内是有效的，但由于当前监测站的分布有限，因此在中国大陆才能获得最佳效果[10.32]。

## 10.2.4 空间段

北斗区域卫星导航系统由 GEO、IGSO 和 MEO 三类卫星组成。卫星的规定寿命为 8 年。所有这三种卫星的平台和导航有效载荷在本质上都是相似的，但 GEO 卫星上装有各种补充有效载荷。

1. 卫星平台

BDS-2 MEO/IGSO 卫星（图 10.18）采用东方红 3 号（DFH-3）平台，而 GEO 卫星则采用了略微修改的版本（DFH-3A）[10.14,10.33]。三轴稳定 DFH-3 总线由北京中国航天技术研究院(CAST)与德国 Messerschmitt-Bölkow-Blohm(MBB)合作开发,自 1994 年以来已用于各种静地通信卫星[10.34]。它配备了远地点推进发动机和液体推进系统,用于初始轨道插入和轨道保持。

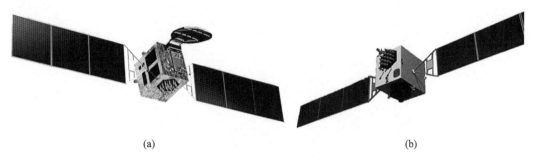

图 10.18 北斗区域卫星导航系统(BDS-2)的 GEO 卫星和
MEO/IGSO 卫星。经北京卫星导航中心许可转载
(a)GEO 卫星;(b)MEO/IGSO 卫星。

GEO 卫星大小约为$(2.4×1.7×1.7)m^3$,MEO/IGSO 卫星约为$(2.0×1.7×1.7)m^3$,卫星升空时的质量约为 2.5t。该平台由用于热控制、电力供应和分配、跟踪、遥测和指挥(TT&C)以及姿态和轨道控制的子系统组成。太阳能电池阵列总面积超过 $20m^2$,并基于硅电池(MEO/IGSO 卫星)和 GaAs/Ge 电池(GEO)分别提供 2kW 和 2.5kW 的最小功率输出。所有 BDS-2 卫星都配备了用于电力存储的镍氢电池,容量为 40~60Ah[10.14]。

姿态控制通过地球和太阳传感器以及 4 个反作用轮的组合来执行。这些轮子在空间站保持机动或使用电磁转矩的过程中会被卸载,以避免不必要的轨道干扰。在月食季节以外,MEO 和 IGSO 卫星进行连续的偏航操纵(3.4 节),以保持天线指向地球中心,同时将太阳能电池板对准太阳[10.35]。指向地球的精度通常优于 0.25°,和太阳能电池板方向的维持精度优于 5°。为了避免在太阳—卫星—地球共线度附近需要快速偏航,每当太阳在轨道平面上方的仰角小于 4°时,就采用垂直于轨道的姿态[10.36-10.37]。所有北斗地球同步卫星均采用轨道法向方式。星载遥测中提供的测量偏航角与姿态匹配度优于 0.5°~1°[10.38]。

2. 卫星有效载荷

北斗卫星的 RNSS 导航有效载荷主要由时间和频率子系统以及导航处理器和信号生成单元组成。

时间和频率子系统用于生成、维护和校准主要参考频率。它由铷原子频率标准(RAFS,图 10.19)以及辅助设备组成,如倍频器、参考频率合成器和功率分配/放大网络。每个卫星上的 4 个时钟包括 1 个活跃时钟、1 个热备份和 2 个冷备份。虽然 BDS-2 星座中使用的大多数时钟是国产时钟,但各种航天器上也使用了一定数量来自欧洲的 RAFS[10.8,10.14,10.39]。RAFS 性能将在 10.3.2 节中进一步描述。

在用测距码和导航电文对载波进行调制之后,导航信号在行波管放大器(TWTA)中被滤波和放大。用于信号传输的相控阵天线总共覆盖 B1,B2 和 B3 三个频段。与 GPS 相似,在视距外的方向上用略高的增益补偿低海拔用户由于距离增加带来的额外自由空间

图 10.19 北斗 2 号卫星的铷原子频率标准[10.40]。经北京卫星导航中心许可转载

损失。通过将中心部分与 6+1 螺旋天线单元以及 12 个独立螺旋天线的外环进行相位相干组合，可以实现所需的增益方向图形状。

上注的地面导航信息由 L 波段上传接收机和扩频测距接收机处理，其中扩频测距接收机用于校准双向时延。

除了所有北斗二号卫星通用的 RNSS 有效载荷外，静地卫星还配备了 RDSS 有效载荷，其中包括兼容 BDS-1 导航与短报文服务的 L 波段/C 波段入站转发器和 C 波段/S 波段出站转发器（10.1 节）。此外，GEO 卫星安装了一个 C 波段转发器，用于地面控制中心和监视站之间的时间同步和数据传输。

所有 BDS-2 卫星均配有激光后向反射器阵列（LRA），用于精确轨道确定，并有助于卫星与地面站之间的时间比较。LRA 由上海天文台开发，是由多个直径为 33mm 的棱镜组成的平面阵列。由于星地距离较远，GEO 和 IGSO 卫星上使用的 LRA 大小约为（50×40）$cm^2$，由 90 个棱镜组成。而对于 MEO 卫星而言，一个较小的 42 棱镜 LRA 就足够了。此外，GEO 卫星的 LRA 略微倾斜，目的是提高中国卫星激光测距站的返回信号强度[10.41]。

作为卫星激光测距（SLR）的补充，北斗 MEO/IGSO 的各种卫星通过专用的星载检测器和连接到原子钟的计时器支持激光时间传输（LTT）[10.42]。布拉格技术大学和上海天文台[10.43]开发的基于单光子雪崩二极管（SPAD）的 LTT 系统，能够以亚纳秒级（厘米级）精度测量地球到卫星的信号传播时间。LTT 与 GNSS 的观测值或传统的双向时间转换（TWTT）设备无关，它可对北斗卫星的原子频标进行精确的监视和同步。

## 10.2.5 运行控制系统

与其他 GNSS 一样，BDS 的运行控制系统（OCS）是 BDS 运行的关键部分。面向 BDS 演示系统的 OCS 的研究早在 20 世纪 80 年代就开始了。2007 年发射第一颗 BDS-2 卫星时，BDS-2 的 OCS 就已经建设完毕。BDS 的 OCS 为三种卫星星座提供指挥、控制和运行功能。BDS OCS 的主要功能是：

（1）建立和维护坐标参考基准；
（2）维护时间参考基准；
（3）测量卫星和地面站之间的时间同步；
（4）管理精确的轨道确定和预测；
（5）预测卫星时钟偏移；
（6）处理增强数据；
（7）处理 RDSS 信息；
（8）监视、处理和预测电离层延迟；
（9）监视完好性；
（10）上传和下载导航信息。

OCS 的工作流程可以简单地描述为收集与卫星和地面站有关的数据，处理和分析所收集的数据，管理卫星与地面站之间的通信，并将运行命令上传到卫星以及向用户广播导航电文。

在 BDS 的开发过程中，OCS 随着卫星数量的增加和星座的复杂性而不断发展。BDS-1 中的 OCS 仅需要控制两颗 GEO 卫星和一颗备用卫星，到 BDS-2 时，OCS 需要控制三种不同类型的卫星（GEO、IGSO 和 MEO）。OCS 需要处理的信息大大扩展。此外，服务已从 RDSS 扩展到 RDSS+RNSS，并且监测站已被现代化的监测站所取代。在 BDS-1 的 OCS 中有高程数据库和监测站，但 BDS-2 的 OCS 不再需要高程数据库，并且一些新的监测站都配备了激光测距系统。

目前，BDS-2 的 OCS 由 1 个主控站、7 个 A 类监测站（主要用于轨道和电离层延迟监测）、22 个 B 类监测站（主要用于增强服务和完好性服务）组成，还包括 2 个时间同步/上传站（图 10.20）。

BDS-2 RDSS 馈电和服务链路的频段与 BDS-1 相同。BDS-2 RNSS 服务使用 L 波段，包括导航电文的上注和播发（图 10.21）。

BDS-2 中 OCS 性能主要反映在卫星轨道、时间基准和坐标基准的总体精度上。根据区域监视网络，径向、切向和轨道法向（N）上的轨道确定精度方向分别约为 0.2m、1.2m 和 0.6m。卫星激光测距与确定轨道一致性的均方根误差（RMS）优于 1m[10.38]。对于 GEO 卫星，2h 轨道预测的用户测距误差（URE）为 1m，而 IGSO 和 MEO 轨道预测的 URE 在 6h 和 16h 分别约为 1m 和 5m。卫星时钟预测的精度范围为从 2h 的 1.4ns 到 10h 的 12ns。广播的 Klobuchar 模型对电离层延迟校正的准确性优于 75%。

OCS 的运行策略主要包括 6 个部分：使用稳健估算[10.8]对卫星时钟多项式模型进行最小二乘调整；星历的产生，目前每小时更新一次；根据来自 32 个监测站的数据调整 Klobuchar 电离层模型的系数；RDSS 双向服务响应时间小于 1s；传输最多 120 个中文字符（每个 14bit）的 RDSS 电文；完好性告警响应时间小于 8s。

作为北斗正在进行的向全球服务全面演进的一部分，OCS 将升级为以最佳且稳定的方式运行下一代 BDS 卫星（MEO/IGSO/GEO）的地面控制系统。地面部分将被扩展以上

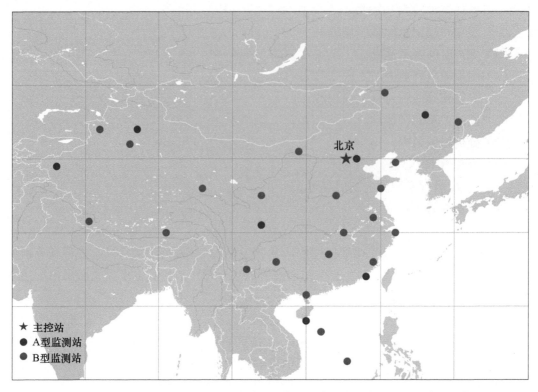

图 10.20　北斗主控站和 A/B 型监测站的位置。信息由北京卫星导航中心提供

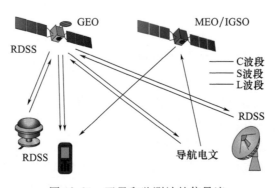

图 10.21　卫星和监测站的信号流

传整个卫星星座的导航电文,以基于可靠、稳定和准确的时钟维持可互操作的时间基准,并使用多 GNSS 观测值实时维护北斗坐标系。

## 10.2.6　北斗卫星增强系统

与其他与卫星导航系统分开的 SBAS(第 12 章)不同,北斗星基增强系统(BDS-BAS)[10.44]是 BDS 及其 OCS 的一个组成部分。

BDS-1 建立之后,第一代 BDSBAS(BDSBAS-1)于 2003 年被嵌入。它使用 GEO 卫星广播 GPS 导航信号的增强内容。BDS-1 建立了 20 多个监测站,用于跟踪和完好性监测。

在每个监测站中,安装了三个接收机和一个原子钟。所有收集到的监测数据都被发送到主控站,在那里进行精确的卫星轨道、格网点电离层校正和等效的卫星时钟校正,从而生成用户差分距离误差(UDRE)和格网点电离层垂直误差(GIVE)等修正值。结果表明,基于 GPS L1C/A 的差分定位精度约为 3m,并且其完好性、连续性以及可用性也得到了改善。

BDS-2 也已经集成了基本导航服务和增强服务[10.11],并于 2012 年 12 月开展了技术测试。BDSBAS-1 和 BDSBAS-2 的区别如下:

(1) BDSBAS-1 仅支持 GPS L1C/A 的增强服务,BDSBAS-2 已扩展为支持包括 GPS L1C/A 和 BDS B1I,以及将来可能的 Galileo 和其他 GNSS 的增强服务。

(2) 与 BDSBAS-1 中只有两个 GEO 卫星相比,BDSBAS-2 所有 5 个 GEO 卫星都广播增强信息,扩大了服务覆盖范围。

(3) BDSBAS-1 增强信息未包含完好性信息,但 BDSBAS-2 已包含了完好性信息。

(4) BDSBAS-2 中的监视站数量增加到 30 多个。

(5) 在 BDSBAS-1 中标量等效卫星时钟误差是一起计算并广播,而在 BDSBAS-2 中则是按照卫星时钟误差和卫星轨道误差分别处理。

计算等效卫星时钟误差的工作流程如下:

(1) 卫星和监视站之间的几何距离是根据广播星历和卫星时钟校正以及监视站的已知坐标来计算的。

(2) 计算几何距离和测得的经过电离层校正的伪距之间的差;由此获得伪距残差。

(3) 通过计算对应于该卫星残差的平均值,即可获得等效卫星时钟校正。

B1-I 信号的增强数据由监测站进行监视,然后将监测的数据发送到主控站并在那里进行处理。星历、卫星时钟(SC)和格网点电离层以及 UDRE/GIVE 和完好性信息的校正数据在主控站中生成,并调制到导航电文中。增强信息与正常导航电文一起通过主控站和 GEO 卫星之间的通信链路上传到 GEO 卫星,由 GEO 卫星将增强电文调制到下行导航信号中并广播给用户。在新的测试中,使用 BDS 的 B1-I 进行差分定位的精度优于 3m。

## 10.2.7 坐标参考系统

北斗坐标参考系统(BDC)可溯源到中国大地坐标系统 2000(CGCS2000),而中国大地坐标系统 2000 本身与国际大地参考系统(ITRS)保持一致[10.45]。

CGCS2000 由中国地球参考框架(CTRF)实现。此坐标系统的定义遵循国际地球自转服务(IERS)1996 年公约[10.46]标准。下一代 CGCS 可能会根据 2010 年发布的新 IERS 公约进行更新[10.47]。

CGCS2000 是右手正交系统。它的原点是包括海洋和大气在内的地球质量的中心。在相对论引力理论的意义上,它的尺度是局部地球框架的尺度[10.45,10.46]。该方位最初由国际时间局(BIH)在 1984.0 地球系统中给出,并且通过使用相对于整个地球上的水平板块运动的无整体旋转条件来确保方位的时间演化。长度单位是米。它的 $z$ 轴是 IERS 参考极（IRP）的方向。该方向对应于历元 1984.0 的 BIH 常规地极（CTP）的方向。$x$ 轴是 IERS 参考子午线（IRM）与穿过原点且垂直于 $z$ 轴的平面的交点。IRM 与 BIH 零子午线重合于历元 1984.0。最终，$y$ 轴完成了一个右手地心地固（ECEF）直角正交坐标系统。

CGCS2000 原点还用作 CGCS2000 椭球的几何中心，而 $z$ 轴作为该旋转椭球的旋转轴。表 10.5 列出了 CGCS2000 参考椭球的参数。

表 10.5 CGCS2000 系统的基本参数

| 参数 | 值 |
| --- | --- |
| 半长轴 | $a = 6378137.0 \text{m}$ |
| 扁率 | $f = 1/298.257222101$ |
| 地球引力系数（包括大气层） | $GM_\oplus = 398600.4418 \times 10^9 \text{m}^3/\text{s}^2$ |
| 地球自转角速度 | $\omega_\oplus = 7.292115 \times 10^{-5} \text{rad/s}$ |

## 10.2.8 时间系统

北斗区域卫星导航系统的时间基准是北斗时（BDT）[10.8]。BDT 是一种连续的导航时间标度，无闰秒，并且以 SI 秒为基本单位。BDT 通常用北斗整周数（WN）和周内秒（SoW）表示，范围从 0 到 604799。BDT 的零点（即 WN=0，SoW=0）是 2006 年 1 月 1 日（星期日）UTC00 时 00 分 00 秒。与 GPS 和 Galileo 时间类似，BDT 与 UTC 对齐，只是由于累积的闰秒而引起整数秒偏移。

北斗系统时间维持与溯源的基本任务是实时、连续、稳定、高精度和可靠地提供时间和频率信号。在这里，连续性反映了时间（频率）是可微的，并且时间系统需要不间断地运行。稳定性是指频率随时间的变化，通常用阿伦偏差（ADEV）表示；精度是指时间（频率）信号与标称值的一致性，通常用相对时间偏差（频率偏差）表示；可靠性是指在设想的运行期间内和给定条件下，提供时间和频率信号的能力。由于单个原子钟无法提供满足上述标准的时间和频率信号，因此，北斗系统采用多个氢原子钟共同提供所需时间和频率信号。

BDT 由时间和频率系统（TFS）维护，并与北京卫星导航中心（BSNC）的 UTC，即 UTC（BSNC），保持一致。TFS 主要由 5 个部分组成，如图 10.22 所示。时钟组（CE）包含约 10 个氢原子钟，用于在一个稳健的估计过程中形成复合时钟。互测单元（IME）提供对来自时钟集合的原始时间和频率信号的测量，并以规则模式输出时间和频率上的时钟差。外部比较单元（OCE）提供了 BDT 与其他时标的偏差，特别是与 UTC 和 NTSC（中国科学院国家授时服务中心）的偏差。数据处理单元（DPE）根据来自 IME 和 OCE 的所有信息，使用给定的算法进行计算，以给出一个相对统一的时标，称为 BDT，并作为整个导航系统的时间参考。最后，信号生成单元（SGE）对主时钟（MC）的信号进行频率调整，并为主控站生成物理时间和频率信号。

BDT 计算中采用的算法经过了精心设计，可以形成良好的复合时钟，并已经考虑了每

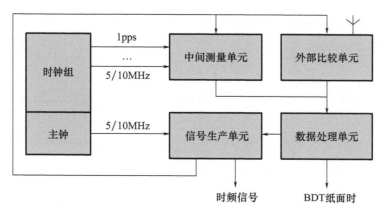

图 10.22　时间和频率系统的组成[10.8]

个时钟的频率偏移、漂移和不稳定性。时钟的权重由其阿伦偏差决定,其中消除了频率漂移,还基于稳健估计原理[10.48-10.49]使用等效权重。为了尽可能与 UTC 保持一致,如果 BDT 和 UTC 之间的偏差超过了指定的阈值,则可以在一段时间(超过 30 天)后使用频率调整来引导 BDT。插入的频率调整不得超过 $5\times10^{-15}$。

为了使 BDT 与 UTC 保持一致,在主控站和 NTSC 之间建立了时间和频率传输链。它通过静地北斗卫星利用卫星双向时间频率传输(TWSTFT)以及 BDS 和 GPS 共视(CV)观测[10.50]。还将建立 BSNC 与国家计量学会(NIM)以及 BSNC 和 NTSC 之间的光纤链路。除间接链路外,正在准备通过 BSNC 与国际计量局(BPM)之间的 TWTFFT 和 GNSSCV 测量来直接确定 BDT-UTC 时间偏移。为了进一步参考,图 10.23 和图 10.24 显示了 BDT 与 BSNC 提供的 UTC 之间的频率偏移和 ADEV。BDT 和 UTC(BSNC)以及 UTC(NTSC)(与 UTC 和 GPS 时间紧密一致)之间的总偏移量如图 10.25 和图 10.26 所示,图中数据显示了 2013 年 10 个月间的情况。所有图表均基于北斗主控站的数据。

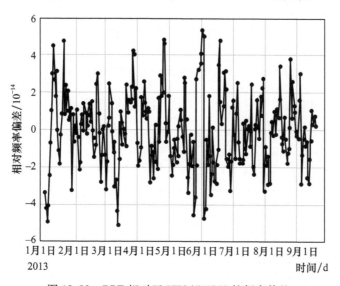

图 10.23　BDT 相对于 UTC(BNSC)的频率偏差

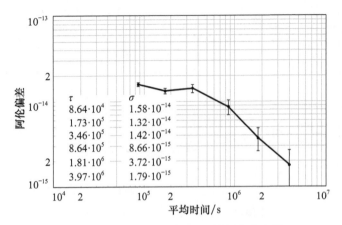

图 10.24 ADEV 显示的 BDT 的频率稳定性

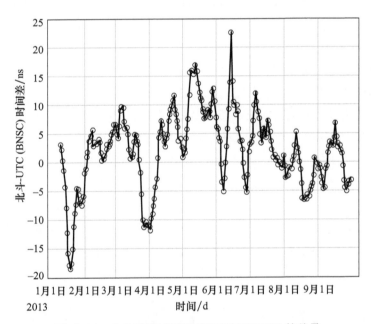

图 10.25 北斗系统时间相对于 UTC(BNSC)的差异

表 10.6 总结了 BDT 的当前性能。其中可能会注意到,BDT 运行几年后的性能不如文献[10.8]中所示的原始状态。

表 10.6 北斗系统时间性能

| 参数 | 值 |
| --- | --- |
| 时间(频率)准确度 | $<1.0\times10^{-13}$ |
| 时间(频率)稳定性 | $<2.0\times10^{-14}/1d$<br>$<1.0\times10^{-14}/7d$ |
| 时间偏差 BDT-UTC | $<100ns$(模 1s) |

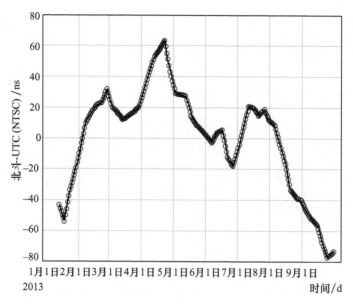

图 10.26　北斗系统时间相对于 UTC(NTSC) 的差异

## 10.3　BDS-2 的性能

在 BDS-2 的建设过程中，卫星时钟的性能、测距、定位精度和可靠性已逐步得到验证。不同机构进行的测试[10.38,10.51]表明，BDS-2 在定位、导航与授时(PNT)方面的性能已经达到甚至超过了设计规范。

### 10.3.1　服务区域

文献[10.51]中使用 2013 年 1 月 22—29 日的广播星历来评估区域运行服务开始不久后全球用户和亚太地区的可视卫星数目和位置精度因子(PDOP)[10.52,10.53]。

对于纬度 70°S～70°N 和经度 40°E～180°E 之间的区域，可视卫星的数目大于 5(图 10.27)，而 PDOP 小于 12(图 10.28)，这满足了基本导航要求。在纬度 60°S～60°N 和经度 70°E～150°E 之间可获得更可靠的导航，其中可视卫星的数目大于 7，而 PDOP 小于 5。对于介于纬度 50°S～50°N 和经度 85°E～135°E 之间的区域，可视卫星的数目大于 8，PDOP 在 2～3 之间。在这些区域中可以提供更高的精度和更可靠的导航服务。

在中国，可视卫星的数目超过了 7 颗，其可用性(定义为 PDOP 值小于 6)超过了 97.5%。北斗系统的服务区域达到了设计要求，在指定的覆盖区域内，北斗系统的可用性接近 100%(图 10.29)。

### 10.3.2　卫星时钟的性能

北斗卫星时钟的性能直接影响用户定位和导航结果的准确性和可靠性。通过北斗卫

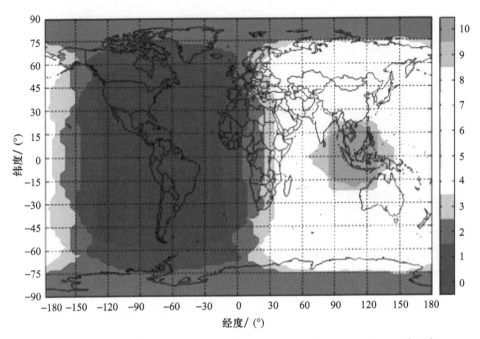

图 10.27 5°截止仰角情况下 2013 年 1 月可视的北斗卫星数量(95%)[10.51]

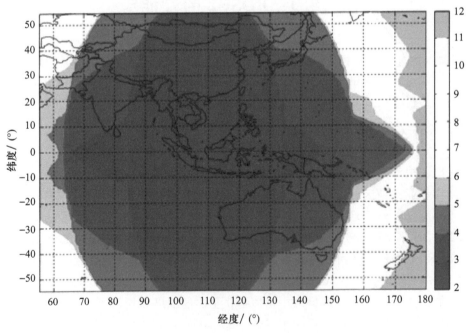

图 10.28 亚太地区的 PDOP 值(95%)[10.51]

星与地面上行链路站点之间的测量,可以评估 BDT 的星载时钟偏移和时钟稳定性。此外,还可以通过卫星轨道和时钟确定过程来评估性能。两种方法的结果彼此一致,表明所测量的卫星时钟偏移的不确定度小于 2ns。

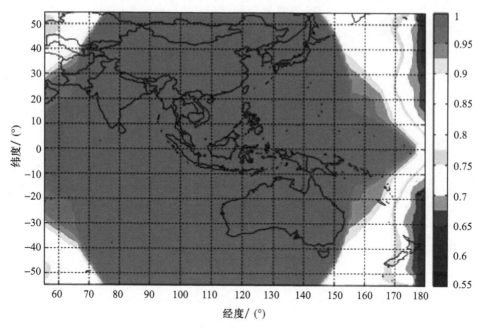

图 10.29 北斗在亚太地区的可用性（PDOP<6）[10.51]

导航信号的正确发送要求时钟偏移控制在 1ms 以内。对于铷原子频标来说，在两次调整之间，时钟偏移一般表现为随时间变化的线性趋势（即频率偏移）和叠加的二次变化（即频率漂移）。图 10.30 显示了静地北斗卫星在 2014 年经过两个月的线性和二次项消除后的时钟偏移变化。

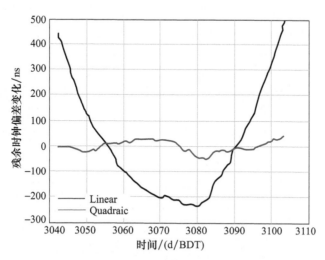

图 10.30　GEO-3 卫星时钟的残余时钟偏移变化，
在 2014 年 5 月 1 日至 7 月 1 日期间的线性和二次趋势消除后

表 10.7 汇总了所有北斗二号卫星从 TWTT[10.54-10.56] 和 7 个 A 型监测站之间获得的频率偏移、漂移和稳定性（即 1 天间隔的 ADEV）数据。来自三个不同公司的卫星时钟（SC）分别记作 SC1、SC2、SC3 和 SC4。可以看出，这 4 个时钟的性能相当，只是 SC1 的精度略低。

表 10.7 2013 年 4 月 BDS 卫星时钟的性能(卫星由其类型(G、I 和 M 分别代表 GEO、IGSO 和 MEO 卫星)以及发射信号的 PRN 号确定,最后一列表示在分析期间每个卫星采用的时钟)

| 卫星 | PRN | 频率偏移/$10^{-11}$ | 漂移/($10^{-13}$/天) | 稳定性(1 天)/$10^{-13}$ | 时钟 |
|---|---|---|---|---|---|
| G1 | C01 | +1.935 | -0.351 | 0.741 | SC3 |
| G6 | C02 | -4.147 | +2.299 | 3.671 | SC2 |
| G3 | C03 | +0.513 | +0.272 | 0.385 | SC2 |
| G4 | C04 | +0.769 | +0.279 | 1.123 | SC4 |
| G5 | C05 | -5.271 | -1.450 | 0.704 | SC1 |
| I1 | C06 | -1.208 | +0.060 | 1.792 | SC1 |
| I2 | C07 | +1.158 | +0.331 | 1.359 | SC3 |
| I3 | C08 | +0.890 | +0.698 | 2.698 | SC4 |
| I4 | C09 | +2.778 | -0.352 | 0.493 | SC1 |
| I5 | C10 | +2.929 | -0.752 | 0.702 | SC3 |
| M3 | C11 | +0.144 | -2.448 | 0.508 | SC1 |
| M4 | C12 | +1.047 | -0.445 | 0.187 | SC2 |
| M5 | C13 | +5.969 | +3.679 | 1.116 | SC1 |
| M6 | C14 | +0.858 | +5.752 | 2.412 | SC2 |

从 TWTT 观测数据中,可以得到从 1s 到几天范围内的频率稳定性,如图 10.31 所示。由图中可知大多数卫星在一天之内 ADEV 值为 $2×10^{-14} \sim 8×10^{-14}$,而 1s 稳定性约为 $5×10^{-11}$。由于测得的 ADEV 被测距测量的噪声影响,在平均时间低于 1000s 时不能反映真实的测距性能[10.55]。对单向载波相位观测值的独立分析表明,1s 短期稳定性约为 $0.5×10^{-11}$[10.57,10.58]。同时,每日时间尺度上的修正 ADEV 小于 $1×10^{-14}$[10.59]。

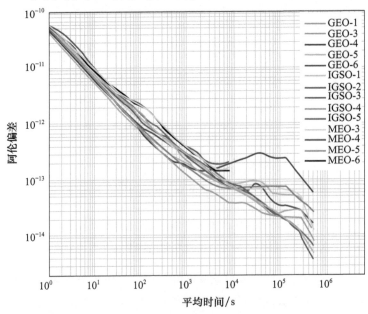

图 10.31 基于双向时间传递的北斗卫星时钟的频率稳定性(ADEV)[10.55]

## 10.3.3 定位性能

区域服务开始后,文献[10.51]中对 BDS-2 定位性能进行了评估。在北京用大地测量接收机收集 2012 年 12 月 27 日至 2013 年 3 月 20 日的测量值(包括由于接收机更新和维护而导致无法使用的 13 天)进而计算出单点定位解果,观测仅限于 5°截止仰角。B1-I 伪距观测结果显示其观测精度在 0.2~0.4m 左右,计算中使用了北斗 Klobuchar 模型来补偿电离层路径延迟。

在为期 71 天的观测中,测量接收机相对于天线实际位置的误差(95%,$2\sigma$)如图 10.32 所示。同时,每天的水平、垂直定位结果和 PDOP 值(95%)如图 10.33 所示。在大多数情况下,水平、垂直和总位置误差(95%)分别小于 6m、10m 和 12m,这完全符合公开服务性能规范[10.10]。

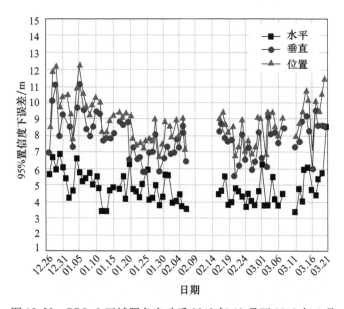

图 10.32 BDS-2 区域服务启动后 2012 年 12 月至 2013 年 3 月
北京地区的北斗单系统导航的定位性能[10.51]

平均 PDOP 为 3 时,平均单点定位精度为 10m,这表明用户距离误差(URE)约为 3.5m($2\sigma$)。该值包括了与用户设备有关的因素(噪声、多径和未补偿的大气延迟)以及 SISRE。SISRE 表征了广播轨道和时钟误差的影响。广播星历与经过后处理的精确轨道和精密时钟的独立比较表明,在整个 BDS-2 星座中,SISRE 值平均约为 1.5m (rms)[10.60-10.62]。

除标准定位应用外,北斗还广泛用于独立或多星座模式下的精密单点定位。北斗的精确轨道和时钟产品通常由各种分析中心[10.59,10.63-10.64]生成,并通过国际 GNSS 服务公开提供。

图 10.34 总结了对北斗跟踪性能和相关定位性能的综合评估[10.51]。使用大地测量级接收机,分别收集了噪声水平分别为约 10cm 和 0.5mm 的码和载波相位观测值。尽管仅

仅使用伪距的定位结果在水平(H)和高程(U)方向上分别有 6m 和 10m 的均方根误差,但在伪距差分定位中消除了共同误差后,可以使每个方向的精度都优于 2m。使用载波相位观测,可以在较短的基线上获得具有厘米级差分定位精度和大约 100% 的模糊度(AR)。结合 BDS 和 GPS,可以进一步将基于载波相位的差分相对导航的精度提高 2 倍。

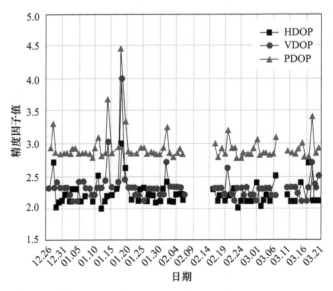

图 10.33　2012 年 12 月至 2013 年 3 月北京地区的 BDS-2 的 HDOP、VDOP 和 PDOP[10.51]

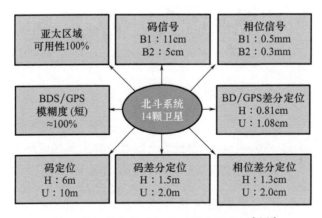

图 10.34　北京地区 BDS-2 服务的性能[10.51]

## 10.3.4　应用实例

从 2003 年成功实施北斗卫星导航试验系统开始,BDS 已被广泛应用,并创造了可观的社会和经济效益[10.4]。中国工业界开发的北斗终端和接收机用于陆地和海上航行,为关键基础设施提供精确的授时,有力支撑了气象服务,并广泛用于应急服务。北斗造福中国社会的突出例子包括在北京奥运会和上海世博会期间使用 BDS 导航,以及在地震和雪灾救灾中使用 BDS 导航和通信。

通过试点项目促进了北斗卫星导航系统在交通运输领域的使用,例如优先运输监控管理服务示范系统(demonstration system of monitoring management services in priority transportation)、公路基础设施安全监控系统[10.65-10.66]和校车安全监控[10.67]。在海事部门,已经建立了一个综合信息服务平台,以提供船只定位和监测、救援和信息服务以及渔船的港口出入管理[10.4,10.68]。

除了导航相关的应用外,北斗还是播发可靠、精确时间信息的重要因素。作为北斗双向授时演示计划的一部分,已开发了远距离光纤传递技术和基于卫星的组合授时系统等关键技术[10.69-10.70]。同时,电力系统时间同步试点项目为监视和保护电网提供了基础[10.71]。

"大气、海洋和空间监测和预警"试点项目解决了中国气象站之间的自动数据传输问题,并建立了实时水文监测系统为洪水和干旱控制提供支持[10.4]。该领域的进一步研究重点包括:用基于精密单点定位方法的北斗地面观测来评估降水量[10.72]、使用北斗 GEO 卫星的反射信号估算台风风速,以及使用北斗短信模式传递相关信息[10.73]。

北斗在各种形式的紧急和救灾服务中也起着至关重要的作用。其中,基于 BDS 的森林火灾监控终端已经由中国工业界设计和生产[10.74]。益于北斗定位和短报文通信服务的结合,该系统已成功用于森林防火系统[10.75]。北斗的这一独特功能在全国救灾管理系统中也得到了利用,北斗大大提高了应急行动和决策流程的效率[10.4,10.76-10.77]。

最后,随着卫星导航系统的不断发展,北斗已成为多模 GNSS 的重要贡献者。随着更多的可用卫星和信号,参数估计的准确性和可靠性也在不断改善,收敛时间、位置可用性和模糊度的稳健性也得到了提高[10.78-10.80]。

## 10.4 北斗(全球)卫星导航系统

北斗全球卫星导航系统(BDS-3)将于 2020 年完成。BDS-3 空间段将由三颗 GEO 卫星(位于 80°E、110.5°E 和 140°E)、27 颗 MEO 卫星和 3 颗 IGSO 卫星组成。当前的 BDS-2 卫星也将成为北斗全球卫星导航系统星座的一部分。未来的 MEO 和 IGSO 卫星将具有与当前卫星相同的轨道,也就是说,它们将分别位于 21500km 和 36000km 的高度、倾角 55°的轨道。3 颗 IGSO 卫星在三个不同的轨道平面上绕地球运行,但是它们具有共同的地面轨迹,升交点位于 118°E。

BDS-3 将在 4 个频段中提供公开服务和增强服务,包括 B1(1559~1610MHz),B2(1164~1219MHz) 和 B3(1240~1300MHz),中心频率分别为 1575.42MHz、1191.795MHz 和 1268.52MHz 以及一个新的 S 波段信号 Bs(2483.5~2500MHz)。与区域北斗系统相比,BDS-3 采用了新的信号结构,可以实现更好的性能、兼容性和与其他 GNSS 的互操作性[10.81]。BDS-3 信号的关键特性总结如下[10.82-10.84]:

(1) B1 频段有两个信号,分别为 B1-A 和 B1-C。B1-A 是授权信号,采用 BOC(14,2) 二进制偏移载波调制。B1-C 为公开服务信号,采用 MBOC(6,1,1/11)多路复用二进制偏移载波调制。MBOC(6,1,1/11)调制方式由两个分量组成,即 B1-CD 数据信道和 B1-CP 导频信道,它们以相位正交方式传输。B1-CD 分量使用 50b/s(100symbol/s)二进制导航数据流进行调制。

(2) B2 频段使用 AltBOC(15,10)调制,分别产生 1176.45MHz(B2a)和 1207.14MHz (B2b)的两个旁瓣,包括 4 个用于公开服务的单独信号分量。B2a 由相位正交的数据通道 (B2a-D)和导频通道(B2a-P)组成。B2a-D 上的二进制导航数据流以 25b/s(50symbol/s) 的速率传输。类似地,B2b 包括相位正交的 B2b-D 数据信道(其数据速率是 B2a-D 信道的两倍)和 B2b-P 导频信道。

(3) B3 频段包含两个授权信号(B3 和 B3-A),具有 4 个单独分量,中心频率均为 1268.52MHz。B3I 和 B3Q 信号采用 10.23chip/s 的 PRN 码和 500b/s 二进制导航数据流进行正交相移键控(QPSK)调制。B3-A 信号采用 BOC(15,2.5)调制,并由相位正交的两个分量 B3-AD 和 B3-AP 组成。B3-AD 数据通道使用 50b/s(100symbol/s)二进制导航电文进行调制。

Bs 信号采用 BPSK(8)调制,中心频率为 2492.028MHz。它包含两个分量,分别为 Bs-D 和 Bs-P。Bs-D 分量使用 50b/s(100b/s)的二进制导航数据流进行调制。

2015 年 3 月至 2015 年 9 月,第三代北斗系统的前四颗卫星(包括两颗 IGSO 卫星和两颗 MEO 卫星)已经发射。这四颗卫星的目标为开展系统性能验证试验,其发射的试验信号特性在文献[10.85]中进行了描述。截至 2015 年 12 月,BDS-3 信号的最终结构尚未正式发布,仍有可能对上述信号特性进行细微修改以进一步优化。但是,正如中国之前所宣布的那样,一旦完成新信号性能评估,全球公开信号的 ICD 将会尽快发布[10.81]。

## 10.5 CAPS 简介

中国区域定位系统(CAPS)是一种替代性的区域无线电导航系统,该系统自 2000 年初开始在中国国家天文台和 NTSC 的领导下开发。它利用现有的地球同步通信卫星的备用容量来实现转发式卫星通信、导航和定位[10.86]。传统的 GNSS 系统建立在专用的卫星星座上,导航信号由星座生成并发送,而 CAPS 则是利用通信卫星将地面上生成的导航信号转发给用户。现有空间基础设施的重复利用可节省大量成本,并具有极大的灵活性和冗余性[10.87-10.89]。

目前,CAPS 已参与北斗系统的信号测试、时间同步和轨道确定。将来,CAPS 将为北斗的性能监控做出贡献,并成为适合导航和通信融合服务的平台。

### 10.5.1 CAPS 概念和系统架构

与其他天基导航系统类似,CAPS 系统可以分为空间段和地面段(图 10.35)。

第 10 章　中国卫星导航系统

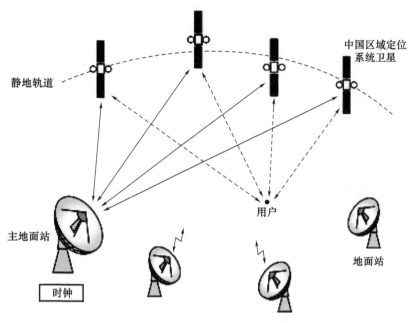

图 10.35　CAPS 系统架构包括近地静止轨道中的各种
卫星以及一个主地面站和多个用于轨道确定的远程站

空间段由地球同步轨道上的多颗通信卫星组成,这些卫星在服务区域内连续可见。除了轨道严格控制的现役 GEO 卫星外,CAPS 还包括已退役的 GEO(DGEO)卫星,这些卫星不再严格保持轨道因而轨道发生略微倾斜(SIGSO)。此外,通过使用高度倾斜的地球同步轨道可改善可见卫星的几何分布,并改善基于 CAPS 定位的精度因子(DOP)[10.87]。卫星不需要专用的导航有效载荷和高性能原子钟,而只需一个标准的转发器即可在地面发射器和接收机之间中继信号。这样,CAPS 在选择卫星时具有极大的灵活性。

CAPS 地面部分包括一个主地面站和多个远程地面站。所有站都配备有大的碟形天线,用于将调制的测距信号发送到卫星,并且可以同时接收通过卫星转发器返回的其他站的信号。主站部署时间和频率基准生成设备,用以生成 CAPS 的系统时间,该系统时间与国家时间服务中心提供的世界标准时间(UTC(NTSC))同步[10.90]。

主站作为地面导航中心,根据测得的站点之间的信号传输时间来确定 CAPS 卫星的轨道和转发器延迟,并将此信息作为导航电文的一部分广播给用户。除了轨道和时钟信息外,CAPS 导航电文还包括中国各地气象站收集的近实时的温度和压力数据。该信息与用户终端中的气压计结合使用,可以解算用户的高度并实现可靠的三维定位。

从多颗 CAPS 卫星接收测距信号的用户,可以使用信号传播时间以及大气高度信息(可选)来确定其位置。乍一看,CAPS 类似于第一代北斗系统(10.1 节),但它采用了完全被动的导航技术。用户无须将信号返回到控制中心,并且所有位置都在最终用户设备而不是地面导航中心设备中进行计算。

CAPS 利用 C 波段链路在地面站、卫星和用户之间交换所有信号。采用这种方式的部分原因是因为静地通信卫星上的 C 波段转发器具有丰富的可用容量,同时也避免与

GNSS 导航系统拥挤的 L 波段频谱资源产生冲突。虽然较高的频率会导致自由空间损耗和雨衰的增加，但实际上受电离层路径延迟的影响较小[10.91]。同样，C 波段支持使用具有更小噪声和多径特性的宽带导航信号。

为了避免对卫星的干扰，上行链路和下行链路需要采用不同的频率。为了进行电离层校正，10.5.3 节中描述的 CAPS 试验系统的卫星发送 $f_{C1}$ = 4143.15MHz 和 $f_{C2}$ = 3826.02MHz 的双频导航信号给用户。同时，地面站上行链路载波频率采用 $f_{C1'}$ = 6368.15MHz 和 $f_{C2'}$ = 6051.02MHz。由于卫星上的本地变频器的作用，上行链路信号和下行链路信号之间被 2225MHz 的恒定偏移分开[10.92]。由于星载变频器稳定性一般，因此在执行过程中，主站需要对上行链路频率进行主动调整，以补偿转发器的频率偏移。以这种方式，CAPS 还可以支持接收机通过观测信号的多普勒频移来确定用户速度。

与传统的 GNSS 卫星导航系统相比，CAPS 具有独特的优势。通过导航与通信的融合，CAPS 可提供差异校正和完好性信息，以及各种形式的搜索、救援或灾难管理服务。例如，文献[10.93]中讨论了支持在陆地和海洋中应用的具有导航和通信融合功能的 CAPS 用户终端的设计和应用。

### 10.5.2 CAPS 定位原理

CAPS 中的导航定位以及轨道确定和时间同步是通过测量发射地面站和用户接收机之间的信号传播时间来计算的。信号路径包括从 $r_g$ 处地面站到 $r_s$ 处卫星的上行链路，以及到 $r_u$ 处用户的后续下行链路。分别用 $t_g$ 和 $t_u$ 表示发送和接收时间，两段伪距可表示为

$$p_{gsu} = c \cdot (t_u + dt_u - t_g)$$
$$= \| r_s - r_g \| + \| r_u - r_s \| + c\tau_s + cdt_u + T_{gs} + T_{su} \quad (10.9)$$

注意接收机时钟相对于 CAPS 系统时间的偏移量，该偏移量由主地面站定义。上行链路和下行链路路径的对流层延迟分别由 $T_{gs}$ 和 $T_{su}$ 表示。可以通过地面站的气象测量和接收机位置的对流层模型来把它们考虑在内。CAPS 系统采用双频组合可消除电离层延迟，因此在伪距模型中已将其忽略。

式(10.9)描述了测得的信号传播时间、卫星和测站坐标，以及用户位置和时钟偏移之间的基本关系。根据具体应用，可以采用不同的替代公式。首先，他们的关系为

$$p_{gsg} = 2\| r_s - r_g \| + c\tau_s + 2T_{gs}$$
$$p_{gsg'} = \| r_s - r_g \| + \| r_{g'} - r_s \| + c\tau_s + cdt_{g'} + T_{gs} + T_{sg'} \quad (10.10)$$

这是从主地面站收集的伪距观测值以及主站 g 与远程地面站 g′ 之间的伪距观测值获得的。这些可用于测量每个站与卫星之间的瞬时距离，还可确定卫星三维位置。通过比较 $p_{gsg'}$ 和 $p_{g's}$ 可确定卫星转发器延迟，以及实现远程站与主地面站的时钟同步。

其次，式(10.9)可以改写为

$$p_{su} = p_{gsu} - c \cdot \tau_{VCLK}$$
$$= \| r_u - r_s \| + cdt_u + T_{su} \quad (10.11)$$

在虚拟时钟(VCLK)的概念里[10.94]，有

$$c \cdot \tau_{VCLK} = c \cdot (t_s - t_g)$$
$$= \| r_s - r_g \| + c\tau_s + T_{gs} \qquad (10.12)$$

式(10.12)表示地面站的上行链路时间 $t_g$ 与卫星的转发时间 $t_s$ 之差。VLCK 校正是地面站根据已知的卫星轨道和经校准的时间延迟确定的。然后将其通过 CAPS 导航电文发送给用户,并可以从伪距测量结果中补偿上行链路影响。测量模型式(10.11)使用单向伪距观测值获得了传统卫星导航系统的一般形式。然后通过最少 4 个校正后伪距观测值,可以确定用户位置和接收机时钟偏移。虽然采用 4 个观测值可以得到闭合解,但通常会将测量模型线性化并以迭代方式求解用户坐标。

由于地面站的区域分布以及近地静止卫星的远距离和小轨道倾角,与传统的 GNSS 相比,CAPS 受到不利的精度衰减因子(DOP)的影响。因此,使用气压计的测高信息可以更好地约束用户位置[10.95]。通过在用户终端中使用气压计以及所处区域的广播气象数据(地面压力和温度),可以确定接收机在参考椭球上方的高度,地面用户精度为 3~5m,航空用户的精度为 10~20m[10.90]。

## 10.5.3 试验 CAPS 系统

在 2005 年获得政府批准后,在两年的时间内建立了一个用于验证 CAPS 工作原理和性能的试验系统,耗资约 2000 万美元。

该试验星座由位于 87.5°E 和 110.5°E 的两颗 GEO 卫星(中卫/ChinaStar-1 和 Sinosat-1)以及分别位于 130°E 和 142°E 的两颗退役的 GEO 卫星(Apstar-1A 和 Apstar-1)组成。CAPS 原型的主地面站位于中国中部的临潼,总共装有 6 个 7m 天线,用于发/收地球同步卫星的上行链路和下行链路[10.89]。另外 4 个地面站分别位于乌鲁木齐、上海、长春和昆明,它们为确定轨道提供了必要的测量。

载波(C1 和 C2)中的每个都由两个测距信号进行调制,即码速率 1.023MHz 的粗捕获码(C/A)码和 10.23MHz 的精(P)码[10.90,10.96]。CAPS 导航电文以 50b/s 的速率发送,包含 44 个帧,长度为 1500bit。

在中国大陆的各个地区进行了静态和动态性能测试。除了实际的导航信号外,气压计还被用作虚拟卫星。根据文献[10.87],使用粗测距和精测距信号分别获得了 15~25m 和 5~10m 的水平定位精度,而速度精度的值在 0.1~0.3m/s 的范围内。

截至 2015 年,该系统已作为一个初步的试验系统运行,最终的完整系统将包含 3 个 GEO、3 个 DGEO 和 3 个 IGSO 卫星。

## 致谢

感谢北京卫星导航中心的刘利博士、蔡志武博士、赵金贤女士和葛霞女士的宝贵帮助。

# 参考文献

10.1　J. Needham, W. Ling, K. G. Robinson: *Science and Civilisation in China*, Vol. 4: *Physics and Physical Technology* (Cambridge Univ. Press, Cambridge 1962) pp. 239–278

10.2　C. Ran: Development of the BeiDou Navigation Satellite System. Global navigation satellite systems, Rep. Jt. Work. Natl. Acad. Eng. Chin. Acad. Eng., Shanghaiy, ed. by L. A. Davis, P. K. Enge, G. X. Gao (National Academies Press, Washington 2012) pp. 83–94

10.3　F. Hirth: Origin of the mariner's compass in China, Monist **16**(3), 321–330 (1906)

10.4　China Satellite Navigation Office: Report on the development of BeiDou Navigation Satellite System, Version 2.2 (China Satellite Navigation Office, Beijing 2013)

10.5　S. Bian, J. Jin, Z. Fang: The Beidou satellite positioning system and its positioning accuracy, Navigation **52**(3), 123–129 (2005)

10.6　M. A. Rothblatt: *Radiodetermination Satellite Services and Standard* (Artech House, Norwood 1987)

10.7　R. D. Briskman: Radio determination satellite service, Proc. IEEE **78**(7), 1096–1106 (1990)

10.8　C. Han, Y. Yang, Z. Cai: BeiDou Navigation Satellite System and its time scales, Metrologia **48**(4), S213–S218 (2011)

10.9　J. Wei, D. Xu, J. Deng, P. Huang: Synchronization for BeiDou satellite terrestrial improvement radio navigation system, Int. Conf. Intell. Mechatron. Autom., Chengdu (2004) pp. 672–676

10.10　BeiDou Navigation Satellite System open service performance standard, Version 1.0 (China Satellite Navigation Office, Beijing 2013)

10.11　BeiDou Navigation Satellite System signal in space interface control document-Open service signal, Version 2.0 (China Satellite Navigation Office, Beijing 2013)

10.12　J. G. Walker: Satellite constellations, J. Br. Interplanet. Soc. **37**, 559–572 (1984)

10.13　P. Steigenberger, U. Hugentobler, A. Hauschild, O. Montenbruck: Orbit and clock analysis of Compass GEO and IGSO satellites, J. Geod. **87**(6), 515–525 (2013)

10.14　J. Xie, J. Wang, H. Mi: Analysis of Beidou navigation satellites in-orbit state, Proc. Chin. Satell. Navig. Conf. (CSNC), Guangzhou, Vol. I, ed. by J. Sun, J. Liu, Y. Yang, S. Fan (Springer, Berlin 2012) pp. 111–122

10.15　L. Fan, C. Jiang, M. Hu: Ground track maintenance for BeiDou IGSO satellites subject to tesseral resonances and the luni-solar perturbations, Adv. Space Res. (2016), doi: 10.1016/j.asr.2016.09.014

10.16　F. Neuman, L. Hofman: New pulse sequences with desirable correlation properties, Proc. Natl. Telem. Conf., Washington (1971) pp. 272–282

10.17　D. Zou, Z. Deng, J. Huang, H. Liu, L. Yang: A study of Neuman Hoffman codes for GNSS application, Proc. 5th Int. Conf. Wirel. Commun. Netw. Mob. Comput. Beijing (2009) pp. 1–4

10.18　C. J. Hegarty: GNSS signals-An overview, IEEE Int. Conf. Freq. Cont. Symp. (FCS) (2012) pp. 1–7

10.19　N. Nadarajah, P. J. G. Teunissen, J.-M. Sleewaegen, O. Montenbruck: The mixed-receiver BeiDou intersatellite-type bias and its impact on RTK positioning, GPS Solutions **19**(3), 357–368 (2015)

10.20　Z. Li, H. Wu, L. Wang, H. Liu: Research on the BDS inter-satellite-type carrier phase bias introduced by different NH code sign conventions, Proc. Chin. Satell. Navig. Conf. (CSNC), Xi'an, Vol. I, ed. by J. Sun, J. Liu, S. Fan, X. Lu(Springer, Berlin 2015) pp. 805–816

10.21　M. Shi, A. Peng, G. Ou: Analysis to the effects of NH code for Beidou MEO/IGSO satellite signal acquisition, IEEE 9th Conf. Ind. Electron. Appl. (ICIEA), Hangzhou(2014) pp. 2075–2080

10.22　M. Z. H. Bhuiyan, S. Soderholm, S. Thombre, J. Ruotsalainen, H. Kuusniemi: Overcoming the challenges of BeiDou receiver implementation, Sensors **14**(11), 22082–22098(2014)

10.23　T. Grelier, J. Dantepal, A. Delatour, A. Ghion, L. Ries: Initial observations and analysis of compass MEO satellite signals, Inside GNSS **2**(4), 39–43(2007)

10.24　G. X. Gao, A. Chen, S. Lo, D. De Lorenzo, T. Walter, P. Enge: Compass-M1 broadcast codes in E2, E5b, and E6 frequency bands, IEEE J. Sel. Top. Sig. Process. **3**(4), 599–612(2009)

10.25　W. Tang, C. Deng, C. Shi, J. Liu: Triple-frequency carrier ambiguity resolution for Beidou navigation satellite system, GPS Solutions **18**(3), 335–344(2014)

10.26　J. Li, Y. Yang, J. Xu, H. He, H. Guo: GNSS multi-carrier fast partial ambiguity resolution strategy tested with real BDS/GPS dual-and triple-frequency observations, GPS Solutions **19**(1), 5–13(2015)

10.27　N. Nadarajah, P. J. G. Teunissen, N. Raziq: Instantaneous BeiDou-GPS attitude determination: A performance analysis, Adv. Space Res. **54**(5), 851–862 (2014)

10.28　P. J. G. Teunissen, R. Odolinski, D. Odijk: Instantaneous BeiDou+GPS RTK positioning with high cutoff elevation angles, J. Geod. **88**(4), 335–350(2014)

10.29　R. C. Bose, D. K. Ray-Chaudhuri: On a class of error correcting binary group codes, Inf. Control **3**(1), 68–79(1960)

10.30　O. Montenbruck, P. Steigenberger: The BeiDou navigation message, J. Glob. Position. Syst. **12**(1), 1–12 (2013)

10.31　F. Guo, X. Zhang, J. Wang: Timing group delay and differential code bias corrections for BeiDou positioning, J. Geod. **89**, 427–445(2015)

10.32　X. Wu, X. Hu, G. Wang, H. Zhong, C. Tang: Evaluation of COMPASS ionospheric model in GNSS positioning, Adv. Space Res. **51**(6), 959–968(2013)

10.33　J. Xie, T. Liu: Research on technical development of BeiDou navigation satellite system, Proc. Chin. Satell. Navig. Conf. (CSNC), Wuhan, Vol. I, ed. by J. Sun, W. Jiao, H. Wu, C. Shi (Springer, Berlin 2013) pp. 197–209

10.34　A. Gilks: China's space policy: Review and prospects, Space Policy **13**(3), 215–227(1997)

10.35　W. Wang, G. Chen, S. Guo, X. Song, Q. Zhao: A study on the Beidou IGSO/MEO satellite orbit determination and prediction of the different yaw control mode, Proc. Chin. Satell. Navig. Conf. (CSNC), Wuhan, Vol. III, ed. by J. Sun, W. Jiao, H. Wu, C. Shi (Springer, Berlin 2013) pp. 31–40

10.36　J. Guo, Q. Zhao, T. Geng, X. Su, J. Liu: Precise orbit determination for COMPASS IGSO satellites during yaw maneuvers, Proc. Chin. Satell. Navig. Conf. (CSNC), Wuhan, Vol. III, ed. by J. Sun, W. Jiao, H. Wu, C. Shi(Springer, Berlin 2013) pp. 41–53

10.37　J. Guo, Q. Zhao: Analysis of precise orbit determination for BeiDou satellites during yaw maneuvers, Proc. Chin. Satell. Navig. Conf. (CSNC), Wuhan(2014)

10.38　S. Zhou, X. Hu, J. Zhou, J. Chen, X. Gong, C. Tang, B. Wu, L. Liu, R. Guo, F. He, X. Li, H. Tan: Accuracy analyses of precise orbit determination and timing for COMPASS/Beidou-2 4GEO/5IGSO/4MEO

10.39   constellation, Proc. Chin. Satell. Navig. Conf. (CSNC), Wuhan, Vol. III, ed. by J. Sun, W. Jiao, H. Wu, C. Shi(Springer, Berlin 2013) pp. 89–102

10.39   L. A. Mallette, J. White, P. Rochat: Pace qualified frequency sources(clocks) for current and future GNSS applications, IEEE/ION PLANS, Indian Wells (2010) pp. 903–908

10.40   J. Lu: COMPASS/Beidou navigation satellite system development, 3rd Meet. Int. Comm. GNSS(ICG), Pasadena(UNOOSA, Vienna 2008) pp. 1–42

10.41   Z.-P. Zhang, H.-F. Zhang, W.-Z. Chen, P. Li, W.-D. Meng, Y.-M. Wang, J. Wang, W. Hu, F.-M. Yang: Design and performances of laser retro-reflector arrays for Beidou navigation satellites and SLR observations, Adv. Space Res. **54**(5), 811–817(2014)

10.42   W. Meng, H. Zhang, P. Huang, J. Wang, Z. Zhang, Y. Liao, Y. Ye, W. Hu, Y. Wang, W. Chen, F. Yang, I. Prochazka: Design and experiment of onboard laser time transfer in Chinese Beidou navigation satellites, Adv. Space Res. **51**(6), 951–958(2013)

10.43   I. Prochazka, F. Yang: Photon counting module for laser time transfer via Earth orbiting satellite, J. Mod. Opt. **56**(2/3), 253–260(2009)

10.44   W. Song, J. Shen: China-Development of BeiDou Navigation Satellite System(BDS)-A Program update, Proc. ION Pacific PNT, Honolulu(ION, Virginia 2015)

10.45   Y. Yang: Chinese geodetic coordinate system 2000, Chin. Sci. Bull. **54**(15), 2714–2721(2009)

10.46   D. D. McCarthy: *IERS Conventions*(1996), IERS Technical Note No. 21, (Observatoire de Paris, Paris 1996)

10.47   G. Petit, B. Luzum: *IERS Conventions*(2010) IERS Technical Note No. 36, (Verlag des Bundesamts fur Kartographie und Geodasie, Frankfurt 2010)

10.48   Y. Yang, Y. Wen, J. Xiong, J. Yang: Robust estimation for a dynamical model of the sea surface, Surv. Rev. **35**, 2–10(1999)

10.49   Y. Yang, L. Song, T. Xu: Robust estimator for correlated observations based on bifactor equivalent weights, J. Geod. **76**(6/7), 353–358(2002)

10.50   C. Han, S. Xiao, Z. Cai: Progress of BDT and its relationship with UTC/UTCr, 9th Meet. Int. Comm. GNSS (ICG), Work. Group A, Prague(UNOOSA, Vienna 2014) pp. 1–22

10.51   Y. Yang, J. L. Li, A. B. Wang, J. X. Xu, H. B. He, H. R. Guo, J. F. Shen, X. Dai: Preliminary assessment of the navigation and positioning performance of Bei-Dou regional navigation satellite system, Sci. Chin. Earth Sci. **57**(1), 144–152(2014)

10.52   R. B. Langley: Dilution of precision, GPS World **10**(5), 52–59(1999)

10.53   Y. Yang, J. L. Li, J. Y. Xu, J. Tang, H. R. Guo, H. B. He: Contribution of the COMPASS satellite navigation system to global PNT users, Chin. Sci. Bull. **56**(26), 2813–2819(2011)

10.54   L. Liu, L. F. Zhu, C. H. Han, X. P. Liu, C. Li: The model of two-way radio time transfer between the earth and satellites and analysis of its experiment, Acta Astron. Sin. **50**, 189–196(2009)

10.55   C. Han, Z. Cai, Y. Lin, L. Liu, S. Xiao, L. Zhu, X. Wang: Time synchronization and performance of BeiDou satellite clocks in orbit, Int. J. Navig. Obs. **371450**, 1–5(2013)

10.56   W. Gao, Y. Lin, G. Chen, Y. Meng: The performances assessmentmethods and results of in-orbit atomic clocks of BDS, J. Geomat. Sci. Technol. **31**(4), 15–19 (2014), in Chinese

10.57   A. Hauschild, O. Montenbruck, P. Steigenberger: Short-term analysis of GNSS clocks, GPS Solutions **17**

(3), 295–307 (2013)

10.58 E. Griggs, R. Kursinski, D. Akos: The accuracy of current GNSS signal sources for radio occultation missions, 8th FORMOSAT-3/COMSIC Data Users' Work., Boulder (UCAR, Boulder 2014)

10.59 Y. Lou, Y. Liu, C. Shi, B. Wang, X. Yao, F. Zheng: Precise orbit determination of BeiDou constellation: Method comparison, GPS Solut. **20**(2), 259–268 (2016)

10.60 Z. H. Hu, G. Chen, Q. Zhang, J. Guo, X. Su, X. T. Li, Q. Zhao, J. Liu: An initial evaluation about BDS navigation message accuracy, Proc. Chin. Satell. Navig. Conf. (CSNC), Wuhan, Vol. I, ed. by J. Sun, W. Jiao, H. Wu, C. Shi (Springer, Berlin 2013) pp. 89–102

10.61 L. Chen, W. Jiao, X. Huang, C. Geng, L. Ai, L. Lu, Z. Hu: Study on signal-in-space errors calculation method and statistical characterization of Bei-Dou navigation satellite system, Proc. Chin. Satell. Navig. Conf. (CSNC), Wuhan, Vol. I, ed. by J. Sun, W. Jiao, H. Wu, C. Shi (Springer, Berlin 2013) pp. 423–434

10.62 O. Montenbruck, P. Steigenberger, A. Hauschild: Broadcast versus precise ephemerides: A multi-GNSS perspective, GPS Solutions **19**(2), 321–333 (2015)

10.63 Q. Zhao, J. Guo, M. Li, L. Qu, Z. Hu, C. Shi, J. Liu: Initial results of precise orbit and clock determination for COMPASS navigation satellite system, J. Geod. **87**(5), 475–486 (2013)

10.64 Z. Deng, Q. Zhao, T. Springer, L. Prange, M. Uhlemann: Orbit and clock determination-BeiDou, Proc. IGS Work. 2014, Pasadena (IGS, Pasadena 2014) pp. 1–19

10.65 S. Liu, L. Hu: Application of Beidou Navigation Satellite System in logistics and transportation. Logistics: The emerging frontiers of transportation and development in China, 8th Int. Conf. Chin. Logist. Transp. Prof. (ICCLTP), Chengdu ed. by R. Liu, J. Zhang, C. Guan (ASCE, Reston 2008) pp. 1789–1794

10.66 R. Chen, S. Li, Z. Xu: Beidou NPS applied to monitor the structure safety health of bridge, Int. J. Comput. Sci. Electron. Eng. (IJCSEE) **2**(4), 192–195 (2014)

10.67 T. Han, X. Lu, D. Zou: Application of GNSS in school bus safety monitoring, Proc. Chin. Satell. Navig. Conf. (CSNC), Guangzhou, Vol. I, ed. by J. Sun, J. Liu, Y. Yang, S. Fan (Springer, Berlin 2012) pp. 215–223

10.68 Y. Lv, J. Xu, L. Xu, C. Qi: Based on BeiDou (COMPASS) build the environmental protection services system of Hainan marine fisheries production safety, Proc. Chin. Satell. Navig. Conf. (CSNC), Nanjing, Vol. I, ed. by J. Sun, W. Jiao, H. Wu, M. Lu (Springer, Berlin 2014) pp. 63–74

10.69 G. Tang, L. Liu, J. Cao, R. Su, X. Shi: Performance analysis for time synchronization with Compass satellite common-view, Proc. Chin. Satell. Navig. Conf. (CSNC), Guangzhou, Vol. I, ed. by J. Sun, J. Liu, Y. Yang, S. Fan (Springer, Berlin 2012) pp. 483–490

10.70 S. Ye: Beidou time synchronization receiver for smart grid, Energy Procedia **12**, 37–42 (2011)

10.71 Y. Wang, H. Zhao, C. Liu, Z. Chen, L. Teng, L. Lu: Applications of BeiDou satellite synchronization system in the power system, Telecommun. Electr. Power Syst. **32**(219), 54–57 (2011), in Chinese

10.72 M. Li, W. Li, C. Shi, Q. Zhao, X. Su, L. Qu, Z. Liu: Assessment of precipitable water vapor derived from ground-based BeiDou observations with Precise Point Positioning approach, Adv. Space Res. **55**(1), 150–162 (2015)

10.73 W. Li, D. Yang, F. Fabra, Y. Cao, W. Yang: Typhoon wind speed observation utilizing reflected signals from BeiDou GEO satellites, Proc. Chin. Satell. Navig. Conf. (CSNC), Nanjing, Vol. I, ed. by J. Sun, W. Jiao, H. Wu, M. Lu (Springer, Berlin 2014) pp. 191–200

10.74 H. Yu, L. Shi: Terminal design of forest-fire monitoring based on BeiDou satellite, Comput. Meas. Contr. **20**(4), 991–993(2012) in Chinese

10.75 C. Hou, F. Zhang, H. F. Sun, X. Cao: Study of forest fire monitoring and commanding system based on COMPASS, Proc. Chin. Satell. Navig. Conf. (CSNC), Guangzhou (CSNC, Beijing 2012), in Chinese

10.76 L. Xu, Y. Zhang: The system design of BeiDou alert publishing platform, Proc. Chin. Satell. Navig. Conf. (CSNC), Shanghai (CSNC, Beijing 2011)

10.77 X. Wang: Study on disaster information collection and emergency commanding system based on Bei-Dou satellite technology, J. Southwest China Norm. Univ. **32**, 136–140(2007)

10.78 X. Su, X. Zhana, M. Niu, Y. Zhang: Receiver Autonomous Integrity Monitoring (RAIM) performances of combined GPS/BeiDou/QZSS in Urban Canyon, IEEJ Trans. **9**, 275–281(2014)

10.79 X. Li, M. Ge, X. Dai, X. Ren, M. Fritsche, J. Wickert, H. Schuh: Accuracy and reliability of multi-GNSS real-time precise positioning: GPS, Glonass, Bei-Dou, and Galileo, J. Geod. **89**(6), 607–635(2015)

10.80 R. Odolinski, P. J. G. Teunissen, D. Odijk: Combined BDS, Galileo, QZSS and GPS single-frequency RTK, GPS Solut. **19**, 151–163(2015)

10.81 C. Ran: Update on BeiDou Navigation Satellite System, 10th Meet. Int. Comm. GNSS (ICG), Boulder (UNOOSA, Vienna 2015)

10.82 ITU: Description of systems and networks in the radionavigation-satellite service (space-to-Earth and space-to-space) and technical characteristics of transmitting space stations operating in the bands 1164–1215 MHz, 1215–1300 MHz and 1559–1610 MHz, Recommendation M 1787, rev. 2, Sep. 2014 (ITU, Geneva 2014) https://www.itu.int/rec/R-RECM.1787/en

10.83 S.-S. Tan, B. Zhou, S.-T. Guo, Z.-J. Liu: Research on COMPASS navigation signals of China, Chin. Space Sci. Technol. **31**(4), 9–14(2011), in Chinese

10.84 C. Ran: BeiDou navigation satellite system development, 5th Meet. Int. Comm. GNSS (ICG), Turin (UNOOSA, Vienna 2015)

10.85 W. Xiao, W. Liu, G. Sun: Modernization milestone: BeiDou M2-S initial signal analysis, GPS Solutions **20**(2), 125–133(2015)

10.86 G. X. Ai, H. L. Shi: Transponder Satellite Communication Navigation and Positioning System, PRC Patent Ser., Vol. 200410046064.1(2004)

10.87 G. X. Ai, H. L. Shi, H. T. Wu, Y. H. Yan, Y. J. Bian, Y. H. Hu, Z. G. Li, J. Guo, X. D. Cai: A positioning system based on communication satellites and the Chinese Area Positioning System (CAPS), Chin. J. Astron. Astrophys. **8**(6), 611–630(2008)

10.88 B. Li, A. G. Dempster: China's Regional Navigation Satellite System-CAPS, Inside GNSS **5**(4), 59–63 (2010)

10.89 G. Y. Ma, Q. T. Wan, T. Gan: Communication-based positioning systems: Past, present and prospects, Res. Astron. Astrophys. **12**(6), 601(2012)

10.90 G. X. Ai, H. L. Shi, H. T. Wu, Z. G. Li, J. Guo: The principle of the positioning system based on communication satellites, Sci. China G **52**(3), 472–488 (2009)

10.91 M. Irsigler, G. W. Hein, A. Schmitz-Peiffer: Use of CBand frequencies for satellite navigation: Benefits and drawbacks, GPS Solutions **8**(3), 119–139(2004)

10.92 H. T. Wu, Y. J. Bian, X. C. Lu, X. H. Li, D. N. Wang: Time synchronization and carrier frequency control of CAPS navigation signals generated on the ground, Sci. China G **52**(3), 393-401(2009)

10.93　S. M. Li, J. S. Hou, Z. R. Wang, J. T. Fan: Design of the CAPS navigation and communication incorporated terminals, Proc. Chin. Satell. Navig. Conf. (CSNC), Guangzhou, Vol. III, ed. by J. Sun, J. Liu, Y. Yang, S. Fan(Springer, Berlin 2012) pp. 581-590

10.94　X. H. Li, H. T. Wu, Y. J. Bian, D. N. Wang: Satellite virtual atomic clock with pseudorange difference function, Sci. China G **52**(3), 353-359(2009)

10.95　G. X. Ai, P. X. Sheng, J. L. Du, Y. G. Zheng, X. D. Cai, H. T. Wu, Y. H. Hu, Y. Hua, X. H. Li: Barometric altimetry system as virtual constellation applied in CAPS, Sci. China G **52**(3), 376-383(2009)

10.96　Y. H. Hu, Y. Hua, L. Hou, J. F. Wei, J. F. Wu: Design and implementation of the CAPS receiver, Sci. China G **52**(3), 445-457(2009)

# 第 11 章 区域系统

## Satoshi Kogure, A. S. Ganeshan, Oliver Montenbruck

与全球定位系统(GPS)、俄罗斯全球卫星导航系统(GLONASS)、北斗和伽利略系统不同,区域卫星导航系统(regional navigation satellite system,RNSS)旨在使用地球静止轨道(GEO)卫星星座和倾斜地球同步轨道(IGSO)卫星星座提供区域服务。本章介绍亚洲建设的两个区域系统。

首先介绍的是日本的准天顶卫星系统(QZSS),该系统最初作为一个增强系统,以加强日本周边区域全球定位系统的能力与性能。另一个系统是印度区域卫星导航系统(IRNSS,也称为印度导航星座 NavIC),可为印度及其周边区域提供独立的定位、导航与授时(PNT)服务。

本章首先阐述区域卫星导航系统的概念。为了使用较少卫星实现这种区域服务系统,通常的做法是综合使用 GEO 和 IGSO 两种轨道的卫星。在详细介绍每种 RNSS 系统之前,先对 RNSS 星座的轨道特性和几何分布进行说明。然后,详细描述这两种系统的特性,包括每种系统的系统架构、服务类型、导航信号特性和计划提供的服务性能以及部署计划或时间表。最后,给出了系统初始演示结果。

随着全球卫星导航系统(GNSS)的应用越来越广泛,并不断渗透到我们的日常生活和社会经济中。因此,拥有自己国家的定位、导航与授时(PNT)基础设施自然引起许多国家的关注。独立的 PNT 服务是国家安全的重要基础,且不断发展的 GNSS 市场也将支持经济增长。不过,由于需要各领域的先进技术以及巨大的财务预算,对于大部分国家来说,建设完整的 GNSS 系统非常困难。

## 11.1 区域卫星导航系统概念

卫星导航系统需要用户至少同时观测到 4 颗卫星才能获得精确的位置、速度和时间。如果系统覆盖整个地球表面,则至少需要数十颗卫星。为了以最低成本建设系统,一种方案是限制服务区域,即建设区域卫星导航系统(RNSS)。

地球同步轨道(包括地球静止轨道 GEO、倾斜地球同步轨道 IGSO 以及高椭圆轨道(HEO)的轨道周期与地球自转周期相同(一个恒星日)或为其一半,采用这些类型的轨道是用最小卫星数量建立 RNSS 的有效方式。在欧洲卫星导航系统研究初期,也就是决定建设全球中圆地球轨道(MEO)星座之前,曾考虑将 Molniya 轨道或 Tundra 轨道的 GEO 卫星和 HEO 卫星相组合作为区域系统的备选星座,后期扩展为完整的全球系统[11.1]。Molniya 轨道的轨道周期为半个恒星日,设计这种轨道是为了在高纬度地区以及极地区域也能获得长时间的可见度[11.2]。苏联自 20 世纪 60 年代中期后一直使用 Molniya 卫星系统作为通信卫星系统。Tundra 轨道是一种衍生轨道,轨道周期为一个恒星日,约 23h56min。IGSO 卫星被视为一种可以替代传统 GEO 卫星的方案,可为整个美国大陆提供不同类型的通信与导航服务[11.3-11.4]。

日本通信研究实验室(CRL),即日本国家信息与通信技术研究院(NICT)的前身,于 20 世纪 90 年代末提出使用 8 字形卫星提供移动通信以及卫星导航。8 字形卫星使用圆形 IGSO 轨道,卫星在地球表面的投影是一个 8 字形[11.5]。日本产业界在概念研究后提出日本区域导航系统(JRANS,参见文献[11.6])建议,日本宇航局(JAXA)于 21 世纪初研究了如何将准天顶卫星系统(QZSS)扩展为 RNSS[11.7]。

卫星导航系统的精度、可用性、连续性和完好性与卫星数量以及卫星几何构型(用几何精度因子 GDOP 表示)密切相关。对于有限区域服务范围,由于卫星可视性好,在相应区域内能被观测到的时间更长,利用地球同步卫星能够实现效率最高的卫星可见性。

假设天空中只有 4 颗卫星,当一颗卫星位于天顶,其他三颗卫星仰角为-19.47°,方位面上相隔 120°分布时[11.8],可以得到最佳几何精度因子(GDOP)。但是在实际情况下不可能实现这种条件,RNSS 系统设计人员设计星座卫星位置时,需要确保服务区域内所有时间都能获得最优 GDOP[11.9]。

下面介绍两种 RNSS 系统,即 QZSS 以及 IRNSS 系统。为了在整个日本获得理想的卫星几何构型,QZSS 采用 IGSO 卫星保证至少一颗卫星始终位于天顶附近,同时计划部署 GEO 卫星。另一方面,IRNSS/NavIC 则采取了不同方法获得在印度次大陆上空的良好几何布局。印度次大陆位于赤道附近,此时 GEO 卫星在天顶附近可见,而 IGSO 卫星覆盖较低仰角,并在方位角方向提供了所需的几何构型。

## 11.2 准天顶卫星系统

### 11.2.1 概述

QZSS 是一种区域天基 PNT 系统,日本政府于 2003 年开始部署[11.10]。系统研发初期的主要目的是使用三颗 IGSO 卫星星座增强美国 GPS 系统在日本区域的性能。

星座卫星轨道周期相同,均为 23h56min,运行于较高倾角轨道面上,偏心率较小,轨道参数进行了优化,保证了星座在日本高仰角地区的较好可见度。这对城市峡谷和山区极为重要,因为导航用户无法仅依靠 GPS 卫星在这些位置上接收到足够数量的导航信号。QZSS 星座中的三颗 IGSO 卫星每颗飞过日本上空持续时间为 8h,从而保证至少有一颗卫星在大于 60°高度角的情况下提供导航信号。

QZSS 根据其轨道特征命名。系统首颗卫星称为 QZS-1 或"指路者"(公众在一次公开介绍中起的别称),于 2010 年 9 月 11 日发射。日本宇航局和其他研究机构成功进行了技术验证和应用演示。鉴于首颗卫星的成功,日本政府于 2011 年 9 月 30 日宣布要在 2010 年代末期之前建设由 4 颗卫星构成的 QZSS 星座作为国家基础设施,同时确定到 2023 年左右[11.11]建立由 7 颗卫星组成的星座,以最低成本维持独立 PNT 能力。

内阁办公室的国家太空政策秘书处(NSPS)负责部署运行系统。作为"私人融资计划"(PFI)项目,采购流程于 2013 年启动,用于地面控制段建设以及从 2018 到 2033 年 15 年的服务。卫星采购方面,与三菱电子公司签署了生产合同,负责研制增加的三颗卫星。

QZSS 运行系统需求定义了如下服务[11.12,11.13]。

(1) GPS 补充服务:发射 L1 频段(1575.42MHz) L1 C/A 和 L1C 信号,L2 频段(1227.6MHz)L2C 信号和 L5 频段(1176.45MHz)L5 信号。这些信号使用与 GPS 相同的频率和相同的电文结构及格式,与 GPS 及其他 GNSS 系统的互操作性最高。

(2) GPS 增强服务:提供两类增强服务:一类是为伪距定位用户提供亚米级增强服务(SLAS);另一类是为载波相位定位用户提供厘米级增强服务(CLAS)。

(3) 公共管制服务:授权用户能够访问专用的公共信号传输服务,该服务采用加密手段,为用户提供更高的信号安全性。在 GPS 受到干扰或欺骗的情况,该服务可提供独立的定位与授时信息。

(4) 预警服务:使用亚米级增强信号中定义的一种特殊消息类型,在出现自然灾害时发送短报文预警。

(5) 消息通信服务:在发生自然灾难如大地震后,为家庭和公司员工之间的安全确认提供卫星通信链接。作为 QZSS 安全确认服务(Q-ANPI)的一部分,用户生成的消息通过地球静止 QZSS 卫星中继到控制中心,随后通过电子邮件转发至其最终目的地。

日本计划于 2017 年发射[11.11-11.12]3 颗卫星,2018 年 4 月开始提供上述服务计划。本书撰写期间(2015 年年中),系统定义和总体系统设计研究还仍在进行中。因此,下面介绍首颗卫星"指路者"的演示系统作为参考。

## 11.2.2 星座

QZSS 由 IGSO 和 GEO 卫星组成,基本的 4 颗卫星星座计划于 2018 年完成,采用 3 颗 IGSO 卫星和 1 颗 GEO 卫星。上述卫星的轨道周期均为 23h56min,与地球自转周期同步。因此,QZSS 的可视条件以一个恒星日为周期重复。

3 颗 IGSO 卫星放置在 3 个不同的轨道面上,各自的升交点赤经(RAAN)分别相差 120°。此外,每颗卫星的纬度幅角也相隔 120°,因此三颗卫星的地面轨迹相同,通过赤道的时间相差三分之一个轨道周期。各颗卫星以 8h 间隔通过相同区域,并提供连续 24/7 的可用性。

为了优化日本周边地区的可见度,卫星轨道倾角为 $i=43°$,偏心率较小($e=0.075$),远地点位于轨道最北端,即近地点角距 $\omega=270°$。选择的 RAAN 和平近点角使得地面轨迹的中心经度位于东经135°。图11.1显示了惯性参考框架下的QZSS轨道及其相对于地球表面的地面轨迹。由于较小的偏心率和特定的近地点,8字形地面轨迹相对于赤道不完全对称。由于远地点附近角速度较低,所以卫星在北半球停留的时间多于半天,但以较快速度通过澳大利亚上空的近地弧。正如文献[11.15]中所讨论的,这种非对称8字形轨道实现了完全对称轨道与"泪滴"形轨道在服务可用性、链路特性和稳健性间的良好折中。表11.1总结了"指路者"(QZS-1)卫星采用的QZSS IGSO星座参考轨道根数。

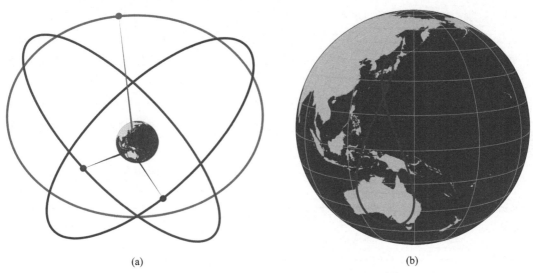

图11.1 QZSS IGSO星座和地面轨迹[11.14](见彩图)

(a)QZSS IGSO星座;(b)QZSS地面轨迹。

由于地球呈现椭球形,QZSS IGSO卫星的轨道平面有缓慢的岁差运动,升交点赤经以每年3.65°的平均速率减小。此外,轨道还受到日月摄动的影响,这一摄动从长期看将会造成轨道平面的方位发生变化。为了使地面轨迹的中心经度保持固定区域内,大约每年执行两次小的轨道机动,用来补偿QZSS卫星的平均运动。此外还需要进行平面外机动补偿轨道倾角的长期变化[11.16]。

表11.1 QZSS轨道参数(参考值[11.14])

| 根数 | 值 |
| --- | --- |
| 半长轴 $a$ | 42164km(平均) |
| 离心率 $e$ | 0.075±0.015 |
| 轨道倾角 $i$ | 43°±4° |
| 近地点角距 $\omega$ | 270°±2° |
| 地面轨迹中心经度 $\bar{\lambda}$ | 东经135°±5° |
| RAAN间隔 $\Delta\Omega$ | 120° |

基于对QZS-1轨道的长期演进仿真,"指路者"卫星的初始RAAN确保预期生命周期内倾角变化最小。这有助于显著降低卫星轨道机动所需的燃料,同时修正了RAAN值以

及总的倾角变化，满足后续 IGSO 卫星的燃料需求。

## 11.2.3 信号与服务

QZSS 卫星发射多种导航信号来实施 11.2.1 节中介绍的应用和服务。其中 4 个信号是 GPS 补充服务的基础，可与原有 GPS L1（1575.42MHz）、L2（1227.60MHz）、L5（1176.45MHz）频段内和现代化 GPS 信号完全互操作（表 11.2）。此外，两个针对 SLAS 和 CLAS 的增强信号分别在 L1 和 E6（1278.75MHz）频段上发送，为伪距定位和高精度载波定位提供改正信息。本节简要总结了这些导航信号的特性，QZSS 用户接口规范中规定了 QZS-1 信号的更多细节[11.14]。2018 年启动的信号和服务将在另外的文档中定义[11.19-11.21]。

除了 L 波段导航信号，QZSS GEO 卫星还将使用 S 波段信号（2GHz 附近），用于 Q-NAPI 安全确认服务。在发生自然灾难没有其他通信链路可用时，该服务使用户能够播发安全短信。

表 11.2 QZSS 导航信号概览[11.14]以及针对 2018 年启动的运行服务制定的修改计划[11.11,11.17-11.21]

| 信号 | 信道 | 频段 | 中心频率/MHz | 最低用户接收功率/dBW | 类别 | 针对运行服务的修改 |
|---|---|---|---|---|---|---|
| L1-C/A | | L1 | 1575.42 | −158.5 | GPS 互操作信号 | |
| L1C | 数据信道 | L1 | 1575.42 | −163.0 | GPS 互操作信号 | |
| | 导频信道 | L1 | 1575.42 | −158.2 | GPS 互操作信号 | |
| L2C | 时间复用[a] | L2 | 1227.60 | −160.0（总值） | GPS 互操作信号 | |
| L5 | I 信道 | L5 | 1176.45 | −157.9 | GPS 互操作信号 | 增加 L5S 信号，在单独的信号上进行实验 |
| | Q 信道 | L5 | 1176.45 | −157.9 | GPS 互操作信号 | |
| L1-SAIF | | L1 | 1575.42 | −161.0 | 增强信号 | 增加 L1S 信号，提供 SLAS 和消息服务，增加 L1Sb 用于多功能卫星增强系统（MSAS）后续服务[b] |
| LEX | 时间复用[b] | E6 | 1278.75 | −155.7（总值） | | 增加 L6 信号提供 CLAS |

注：
a—L2C 和 LEX 信号采用交织比特流，在通用物理信道上并行传输两个独立的测距序列。
b—L5Sb 增强信号从 QZS-2 卫星开始提供。L1Sb 信号将通过 QZSS 星座中的 GEO 卫星提供。

### 1. GPS 互操作信号

发展 QZSS 的主要动机是解决城市峡谷和山区只依赖 GPS 导航而产生的 GDOP 受限问题。QZSS 信号满足 GPS 补充服务的要求，其设计尽量减少终端所需的修改。接收机能够无缝捕获跟踪 GPS 和 QZSS 两种信号，解码其导航电文，综合利用 GPS 和 QZSS 观测值计算用户位置、速度和时间。

根据 GPS 当前和规划的民用导航信号，QZSS 发射原有的 L1 C/A 信号和现代化的民用 L2C 与 L5 信号(在 GPS Block ⅡR-M 和/或ⅡF 卫星的支持下),以及 L1C 信号(从 GPS Block Ⅲ卫星开始提供)。目前的大地测量接收机广泛使用 L1/L2 P(Y)信号实现双频导航,为确定 GPS 卫星钟差提供基础。但需要注意的是,QZSS 不支持发射 L1/L2 P(Y)信号,因此 GPS 和 QZSS 时钟信息处理会有一些概念上的微小差异,需要用户适当考虑信号间偏差。

这些 GPS 互操作信号的技术参数旨在与相应的 GPS 信号相同,包括其射频(RF)特性以及最新版本的 GPS 信号规范(针对 L1 C/A 和 L2C 信号的 IS-GPS-200[11.22]、针对 L5 信号的 IS-GPS-800[11.23]、针对 L1C 信号的 IS-GPS-800[11.24])中定义的导航电文结构与格式。QZSS 采用与 GPS 相同的调制体制与码生成器,但采用的伪随机噪声(PRN)序列不同。目前,GPS 已为 QZSS 星座发射类 GPS 导航信号保留了 PRN 号 193-202[11.25]。

GPS 与 QZSS 信号结构之间存在细微差异,QZS-1 L1C 信号使用纯 BOC(1,1)调制[11.26],而不是改进二进制偏移载波调制(MBOC)。美国和欧盟开展 GPS/伽利略信号优化工作后,GPS 选择采用 MBOC 技术。QZS-1 L1C 信号的导频信道用 BOC(1,1)子载波调制 33 个码片中的 29 个码片,剩余 4 个码片用 BOC(6,1)波形调制(参见第 7 章和文献[11.27])。除了选择的子载波有稍许不同,QZS-1 还在 L1C 数据与导频信道之间采用 90°的相位偏移[11.27],两个信道相位均与 GPS 一致。新的 Block Ⅱ QZSS 卫星采用与 GPS 完全一致的相位校准[11.19]。

三个不同的 L1 信号分量(L1 C/A 以及 L1C 数据和导频)一起发送需要一种特殊的互复用调制,包括所谓的互调(IM)产物,实现独立于各个信号和子载波状态的恒定信号功率包络(参见第 4 章)。根据文献[11.28],得到时间 $t$ 处的信号可描述为

$$S(t) = (A_{L1CA}S_{L1CA} + A_{L1CD}S_{L1CD})\cos(\omega t) + (A_{L1CP}S_{L1CP} + A_{IM}S_{L1CP}S_{L1CA}S_{L1CAD})\sin(\omega t) \tag{11.1}$$

$$S(t) = A\sin\left(\omega t + S_{L1CP}S_{L1CA}\beta_1 + S_{L1CP}\frac{\pi}{2} + S_{L1CP}S_{L1CD}\beta_2 + \frac{3}{2}\pi\right) \tag{11.2}$$

$$\beta_1 = \arctan\left(\frac{A_{L1CA}}{A_{L1CP}}\right)$$

$$\beta_2 = \arctan\left(\frac{A_{L1CD}}{A_{L1CP}}\right) \tag{11.3}$$

式中:$S_i = c_i s_i d_i = \pm 1$,其中 $i$ = L1CP,L1CD 和 L1CP,分别表示 L1C 导频、L1C 数据和 L1 C/A 码信号的测距码 $c_i$、子载波 $s_i$(不在 L1 C/A 上)与导航数据 $d_i$(不在 L1C 导频上)间的乘积。此外,$A_i$ 表示相应的信号幅度,$\omega$ 表示 L1 载波频率。

根据表 11.2 给出的相对信号功率,QZS-1 互复用信号的 $\beta^1$ 和 $\beta^2$ 角度值分别选择 44.2°和 30°,对应于几乎相等的 C/A 和 L1C 导频分量幅度,以及大概小 40%的 L1 数据信道幅度(且与互调产物的幅度几乎相等)。得到的相位内/正交(IQ)星座示意图如图 11.2 所示。

QZSS 的 LNAV、CNAV 和 CNAV2 导航电文分别是 L1 C/A、L2C/L5 和 L1C 信号发射的一部分,目的是实现与 GPS 的最大通用性。不过,由于 QZSS 目的和实施方式不同,不

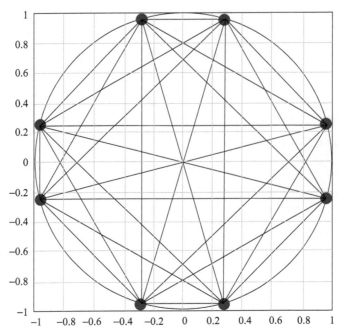

图 11.2 组成 L1 C/A 以及 L1C 数据与导频信道的 QZS-1 互复用信号的 IQ 示意图
(图示由 F. Antreich 提供)

可避免地有一些差异,其中包括 QZSS 卫星的轨道不同,要求历书和星历中选择不同半长轴、离心率、倾角和交点漂移参考值。另外,一些标记和信号相关参数(如群延迟参数)要求的内容或解释也不同于 GPS。最后,利用民用导航电文(CNAV)和 CNAV2 概念的灵活性,QZSS 定义了独立导航系统中不需要的新电文。例如,除了本地 QZSS 数据外,QZS-1 卫星可为 GPS 卫星重新播发历书、电离层和时间偏移参数[11.14]。

由于轨道的特殊性,QZSS IGSO 卫星永久处于主控站(MCS)的联系范围之内,可快速获得导航更新数据。例如,QZS-1 新的时钟与星历数据每 15min 发布一次,而 GPS 要 2h 才发布一次。再加上极为稳定的星上时钟,这有助于获得非常有利的 QZSS 空间信号测距误差(11.2.7 节)。

美国与日本政府联合成立的 GPS-QZSS 技术工作组已确认了 QZSS 与 GPS 之间的完全兼容与互操作性[11.29]。兼容性是指两个导航系统不会以有害方式互相干扰对方,而互操作性则解决一台接收机能够联合接收和使用两种系统的信号。

2. L1-SAIF 信号

城区内可视性受到限制,不仅影响 GNSS 卫星跟踪,还同样限制了从星基增强系统(SBAS,第 12 章)接收测距校正误差与完好性数据。星基增强系统(SBAS)服务通过地球静止卫星提供,星上搭载 SBAS 转发器作为二级载荷,提供与固定地面站之间的持续上行链路能力。可以看到,整个天空的航空用户能够很好地接收地球静止卫星发送的 SBAS 信号,但陆地移动用户由于高度不够,经常无法接收到这些信号。城区环境下沿东西方向街道行驶的汽车,当道路南侧(或北侧)的建筑物遮挡了与 SBAS 卫星之间的视线时,通常面临着严重的信号中断。

由于轨道的独特性，QZSS 成为向城市峡谷内移动用户转发差分 GPS（DGPS）误差校正消息的理想平台。在高仰角至少可以持续观测到一颗卫星，从而避免上述问题，用户使用增强信号后能够获得比单独使用 GPS 导航更高的精度和可靠性。

L1-SAIF（具有完好性功能的 L1 亚米级增强）信号设计与其他 SBAS 信号一致，基于 BPSK(1) 调制方式，采用码长为 1023 个码片、周期为 1ms 的 Gold 码测距序列。针对 L1-SAIF 信号，不同于通过主 L 波段天线发射的 GPS 兼容测距信号使用的 PRN，保留 183-192 范围内的专用 PRN 号[11.25]。例如，QZS-1 发射的标准导航信号为 PRN 193，但 L1-SAIF 信号为 PRN 183。

L1-SAIF 信号与 L1 C/A 和 L1C 信号相位相干，但通过不同天线和放大器发射以避免调制体制过于复杂。使用高增益天线，根据信号分析结果，文献[11.31]中展示了整个 L1 频谱和 IQ 星座图。

根据 SBAS 标准[11.32]，L1-SAIF 的数据符号率为 500symbol/s，采用 1/2 前向纠错（FEC），有效数据率为 250b/s。每条电文长 250bit，包括 8bit 帧头、6bit 电文标识符、212bit 数据位和 24bit 循环冗余校验（CRC）字段。为了提供 GPS 距离校正以及电离层延迟和完好性信息，QZSS SAIF 信号采用与传统 SBAS 系统相同的电文，确保与现有 SBAS 系统间较好的后向兼容性，也有助于基于现有 SBAS 接收机研制 L1-SAIF 接收机。

另一方面，QZSS-专用电文要求在 SAIF 数据流中提供 QZSS 轨道信息，支持独立于 GPS 导航信号的完备测距功能。由于轨道倾角和偏心率较高，标准 GEO 星历电文（电文类型 MT9）无法用于 QZSS，受 GLONASS 轨道模型的启发（3.3.3 节），采用新 MT58 星历电文代替。这种电文提供笛卡儿状态向量以及摄动加速度，使用数值积分根据初始轨道根数拟合 QZSS 轨道。除了 QZSS 星历电文，SAIF 专用电文还定义了对流层改正，信号间偏差以及其他参数。QZSS 信号接口控制文件（ICD）[11.14]对这些电文进行了全面描述。

L1-SAIF 信号发送的校正数据基于日本 GPS 地球观测网络系统（GEONET）的观测值实时生成。GEONET 是一个连续运行参考站（CORS）网络，由分布在日本 1200 多个 GNSS 接收机组成并由日本地理空间信息局（GSI）负责运营。对于 QZS-1 系统，GEONET 监控站数据在位于东京电子导航研究所（ENRI）的 L1-SAIF 主控站（L1SMS）进行处理，得到的 SAIF 电文随后转发至 JAXA 主控站上传到卫星[11.33,11.34]。

QZSS 提供的 SLAS 意在为整个日本用户提供 DGPS 校正电文。SLAS 校正数据针对单频 GPS L1 C/A 码用户设计，实现亚米级定位精度[11.35,11.36]，可显著提升 GPS 标准定位服务（SPS）性能（一般三维 rms 值为 5m）。

3. LEX 信号

除了 GPS 使用的 L1、L2 和 L5 频率，QZSS 还发射伽利略 E6 频段中心频率为 1278.75MHz 的导航信号。如表 11.2 所列，这些信号满足未来公共管制服务（PRS）和厘米级增强服务（CLAS）的需求。两种服务均将随着 QZSS IGSO 和 GEO 星座的建设而逐步实施，但 QZS-1 已经发射 L 波段实验（LEX）信号，对 CLAS 进行准备性实验和技术演示。该信号的主要特性是通过码移键控调制实现 2kb/s 的高数据传输率。

LEX（或 E6b）基带信号生成时码片率为 5.115Mchip/s，其频谱与 BPSK(5)信号一致，采用 5Mchip/s PRN 码，但实际上由两个 2.5575Mchip/s 比特流按码片逐一交织生成[11.14, 11.37]，包括：

（1）4ms PRN 短码，长 10230 个码片，采用 CSK 方式调制到里德-所罗门（RS）编码的导航电文上。

（2）410ms PRN 长码，长 1048575 个码片，方波调制，周期 820ms，从 0（010101…）开始。

与 GPS/QZSS L2C 信号相似，LEX 信号中数据信道和导频信道使用时间复用组合到一起。信号生成如图 11.3 所示。

两个信道的 PRN 码均为 Kasami 序列[11.38]，由一个 20bit 和一个 10bit 线性反馈移位寄存器（LFSR）组合后生成[11.14]。两个码生成器共用 10bit 寄存器，两个 PRN 码采用不同的 20bit 寄存器（但有相同的反馈抽头）。短码在 10230 个码片处截断，长码的长度对应于 20bit LFSF 的最大长度序列。不过，每周开始的时候长码会重置一次，因为 820ms 的重复率与一天或一周的长度不相称。

通过数据信道发送的 LEX 导航电文总共长 2000bit，每秒发送一条完整电文。LEX 电文由 49bit 报头（包括 32bit 帧头、8bit PRN 号、8bit 电文号和 1bit 告警标记）、1695bit 数据和 256bit 奇偶校验位组成。后者基于数据位和帧头后的 17 个报头位的里德-所罗门（RS）编码[11.14]。根据给定的奇偶校验位的数量，在出现不可恢复的帧误差前可以纠正最多 168bit 数据加报头符号错误。根据文献[11.39]，在东京地区进行的 LEX 试验中，10°仰角以上实现了零帧误差率。对于不同接收机，使用 L1 C/A 码信号作为 CSK 解调的参考，文献[11.37, 11.40]中指出，根据在澳大利亚墨尔本进行的 LEX 试验，40°仰角以上的观测值中帧解码的正确率是 90%。

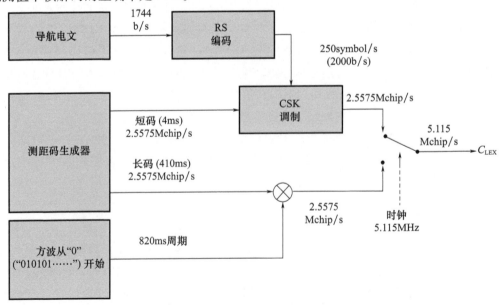

图 11.3　QZSS LEX 信号生成[11.14]

LEX 导航电文的数据率(2kb/s)远高于 GNSS 导航使用的直接序列扩频(DSSS)信号。在 4ms 的码持续时长内,信号最好情况下可支持 250bit/s 的数据率。这一性能优异的数据率使用 CSK 调制实现,CSK 调制实际上将 LEX 信号的数据分量视为通信信道[11.41]。

CSK 调制如图 11.4 所示。考虑导航电文由一系列 8bit 符号组成,CSK 调制创建原始 PRN 序列的移位复本,其中第 $i$ 个数据符号的字节值 $N_i$ 规定码片数,也就是 PRN 码序列在给定数据符号期间移位的数量。对于 QZSS,数据符号的持续时间与 4ms 码周期一致。因此,CSK 调制允许在一个码周期内传输 8bit,而不是传统 DSSS 信号的 1bit。

CSK 调制虽然在数据率方面明显有利,但需要提供独立的导频信道用于同步,否则很难捕获数据信道的周期性移位 PRN 码[11.41]。而且,CSK 解调在接收机架构方面比传统 DSSS 信号要求更高,目前(2015 年),支持从 LEX 信号提取数据的接收机数量还非常有限。

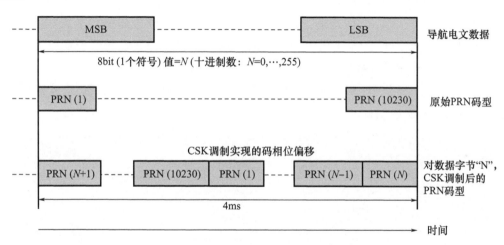

图 11.4  LEX 数据信道 CSK 调制[11.14]

LEX 信号的高数据率为基于载波相位的精密单点定位(PPP,第 25 章)实时播发改正数据提供了基础。在 QZS-1 演示阶段,几家日本机构测试了不同的增强方法。GSI 和卫星定位研究与应用中心(SPAC)进行的实验都通过 QZSS LEX 信号传输载波相位改正数据。GSI 实验目的是提升城区内单频 RTK 的测绘能力;而 SPAC 则针对的是测绘、精准农业、工程机械控制等双频应用[11.43]。

对于双频精密单点定位(PPP)应用,LEX 信号支持改正数据按国际海事无线电技术委员会(RTCM)定义的状态空间表达式(SSR)格式传输[11.44]。RTCM SSR 电文由 GNSS 卫星轨道和钟差相对于各自的广播星历改正数组成。与广域增强系统采用的距离校正不同,SSR 校正不仅限于区域用户使用,也可在全球规模上使用[11.45]。作为针对实时 PPP 用户发展的一种新标准,SSR 校正可通过不同通信信道提供。例如,GPS 和 GLONASS 的 RTCM-SSR 校正数据由国际 GNSS 服务组织(IGS)使用实时互联网流媒体向用户提供。QZSS 使导航数据与 PPP 改正数(适当降低数据量)一同播发提供可能[11.47],可为其他通信链路覆盖到的偏远地区提供实时 PPP 服务。作为 LEX 实验的一部分,JAXA 还为多星座 PPP 用户提供 SSR 校正[11.37,11.38]。

QZS-1 LEX 信号进行的实验和技术演示为完全运行的 QZSS CLAS 提供了基础[11.20]。新的 Block Ⅱ QZSS 卫星将使用 CSK 调制提供两个数据信道,从而为发送校正数据提供更高的数据容量。

## 11.2.4 卫星

截止到 2015 年,QZSS 由一颗演示卫星组成,可发射大部分已规划的导航信号并开展不同增强概念验证实验。尽管 QZS-1 最后将成为最终完整 QZSS 星座的一部分,但后续卫星独立研发,在设计上有多个方面与 QZS-1 不同。尽管如此,QZS-1 仍非常适合展示卫星平台的基本组成和相关的载荷单元。

1. 平台

首颗 QZSS 卫星(QZS-1,即"指路者"卫星,图 11.5)的设计基于 JAXA 的工程测试卫星-Ⅷ(ETS-8[11.49])及由此而来的三菱电气公司 DS2000 GEO 卫星平台系统(MELCO)。基于成熟的航天器设计,QZS-1 研发周期显著降低,而使用 GEO 航天器平台也为容纳复杂的功率密集型导航载荷提供了充足的资源。

QZS-1 于 2010 年 9 月 11 日搭载 HII-A 火箭从种子岛航天中心发射,进入椭圆转移轨道,随后通过多次启动远地点助推器被送入最终的 33000km×39000km 轨道。

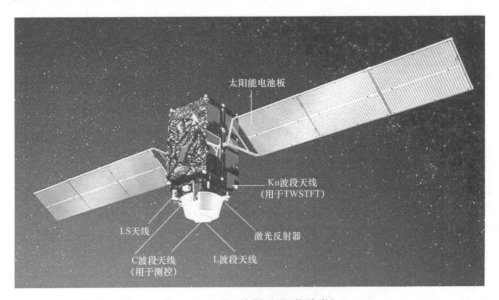

图 11.5 QZSS 首颗卫星"指路者"
该图显示了 L 波段主要导航天线(L-ANT)的位置、补充的 SAIF 天线(LS-ANT)、
用于双向时间比对的 Ku 波段天线以及遥测、跟踪与控制(TT&C)天线(图由 JAXA 提供)

航天器的主要特性总结在表 11.3 中。与采用 MEO 的其他 GNSS 相比,QZS-1 卫星需要更高的功率和大量推进剂进入地球同步轨道。QZS-1 总共携带约 2.3t 燃料,占发射总质量的一半以上。

表 11.3 QZS-1 卫星系统关键参数

| 参数 | 值 |
|---|---|
| 干质量 | 1800kg（整个卫星系统） |
| | 330kg（导航载荷） |
| 湿质量 | 4100kg（分离时） |
| 尺寸 | 2.9m×3.1m×6.2m（主体） |
| | 25.3m（展开） |
| 设计寿命 | >10 年 |
| 太阳能电池阵列功率 | 5300W@10 年 |
| 指向精度 | 0.1° |
| TT&C | 5000~5010MHz（上行链路） |
| | 5010~5030MHz（下行链路） |
| 可靠性 | > 0.8（平台） |
| | > 0.7（载荷） |

为了确保卫星有足够长的寿命,既支持初始演示阶段,又可作为完全运行 QZSS 星座一部分使用,QZS-1 的设计采用了双冗余方式。航天器有两个独立的电气平台系统、大容量锂离子电池和加长的太阳能电池板。这些特点保证在一个电气平台发生故障的情况下,仍能利用 GPS 互操作信号维持最低限度运行。而且 QZS-1 提供了姿态控制系统的特定备用配置,可在姿态传感器出现故障时继续运行。

QZS-1 的姿态与轨道控制系统(AOCS)采用冗余恒星敏感器、太阳敏感器和地平敏感器进行姿态确定。轨道预报模型接收上传的轨道信息,并完成在惯性坐标系和轨道坐标系之间的转换,以控制太阳能面板的转动角度[11.50]。4 个反作用轮(在完成动量轮卸载的推进器辅助下)作为方位变化的驱动器[11.51]。

与其他 GNSS 卫星类似,QZSS 卫星在轨道上需要导航天线一直指向地球,同时调整太阳能面板对准太阳。根据轨道面以上的太阳仰角(所谓的 $\beta$ 角),QZSS 卫星采用偏航导引姿态控制或零偏航模式实现目标(图 11.6)。

偏航导引模式广泛应用于 MEO GNSS 卫星(如 GPS 和 GLONASS),在此模式下,围绕地球指向轴连续旋转(偏航),使太阳能面板旋转轴保持垂直于太阳和地球方向。以这种方式,太阳能面板的表面法线能够总是对准太阳方向,使有效横截面保持最大,从而接收到最多的能量。不过,不利之处是,在低太阳仰角期间,接近本地中午和午夜时需要快速偏航回转(3.4 节),可能超出反应轮的能力。因此,当 $|\beta|<20°$ 时,QZS-1 采用零偏航模式。这样,维持太阳能面板旋转轴与轨道面的垂直,避免偏航旋转,但由于太阳能面板指向不是最优,功率输出稍微有所下降。

QZS-1 姿态控制系统详细描述以及两种姿态模式的具体实现参考文献[11.51]。文献[11.52]将 QZS-1 航天器的标称姿态数学模型描述为其轨道位置和太阳方向的函数。正如文献[11.53]中指出的,必须注意偏航模式和零偏航模式之间的转换不是正好发生在 $|\beta|=20°$ 时。模式切换发生在接近这一阀值且在模式转换过程中对偏航角变化要求最

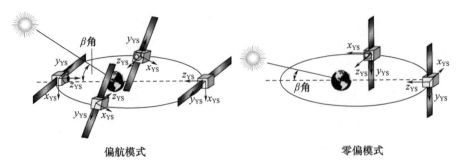

图 11.6　QZS-1 航天器姿态控制模式（改编自文献[11.51]）

低的轨道位置。

2. 载荷

根据 QZSS 任务总体目标,导航载荷[11.54]是 QZS-1 的主要载荷。不过,考虑到 QZS-1 是首颗 IGSO 卫星,QZS-1 还配备了不同的环境传感器作为辅助载荷。技术数据捕获(TEDA)实验是为了更好地描述 IGSO 环境特征,如果需要时还可以调整后续 QZSS 卫星的设计[11.50]。TEDA 设备包中包括一个轻粒子望远镜(包括 α 粒子与质子传感器-B(APS-B)和电子传感器-A(ELS-A))和磁强计(MAM)及可能的监控器。关于这些传感器的详细描述和初步的飞行结果见文献[11.55]。

QZS-1 的导航载荷由以下三个子系统组成:

(1) L 波段信号传输子系统(LTS)是导航载荷的主要部分,生成参考时钟和基带信号以及导航电文,然后调制、放大和发射导航信号。

(2) 时间传送子系统(TTS),由 NICT 研制,实现双向卫星时间频率传送(TWSTFT)、星载原子钟与地基参考标准之间的比较、星载晶体振荡器(RESSOX)从地面进行远程同步[11.56,11.57]。测量与控制指令通过专用双向 Ku 波段通信链路交换。

(3) 激光反射器组件(LRA)是完全无源设备,通过卫星激光测距(SLR)实现高精度距离测量。

图 11.7 是 QZS-1 导航载荷示意框图。星载参考时钟由授时系统生成,该授时系统包括铷原子频率标准(RAFS)、授时单元、合成器和导航星载计算机。

QZS-1 卫星采用的 RAFS 由 PerkinElmer 生产,其与 GPS ⅡF 卫星的铷钟相同[11.58]。出于冗余考虑,QZS-1 配备了两个独立的 RAFS 单元。尽管 NICT 已研发出 QZSS 项目使用的空间氢原子钟[11.59],最终仍优先选择了质量和功耗更低的铷钟[11.56]。

授时单元还包括一个短期稳定性较高的压控恒温晶体振荡器(VCOCXO),在导航计算机的操控下遵循 RAFS 平均频率。这样,时钟信号在很大时间尺度内具备高稳定性。此外,VCOCXO 还可从地面通过 TTS 进行控制。文献[11.60]中介绍的星载晶体振荡器远程同步系统(RESSOX)已演示了这种能力。其中,QZS-1 参考振荡器被引导用来遵从一个精度达到亚纳秒级别高稳定地面时钟。虽然 RESSOX 实验中实现的短期稳定性低于标准星载时钟,但在 100000s 级的时间尺度上实现了 $4.4\times10^{-14}$ 的出色长期稳定性。

基于授时单元的参考时钟,合成器最终输出卫星时钟和 L 波段载波。导航星载计算机然后生成携带导航电文的基带信号,然后将其进行放大、复用和发送。

由于 QZS-1 轨道高于传统 MEO 星座,QZS-1 需要更高的 RF 传输功率。主要通过 L 波段天线发射信号,功率值如表 11.4 所列。各个信号通过可调的信道放大器和行波管放大器放大后,在多路复用器处进行合路。峰值功率接近 1kW。为了在高功率耐久性和热阻方面保持足够的边界,L1-SAIF 信号通过不同于其他 L1 波段信号的路径和天线发送。

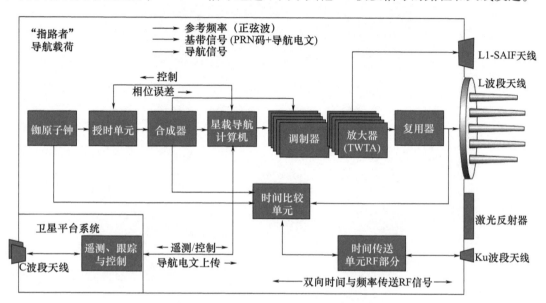

图 11.7　QZS-1 导航载荷框图

表 11.4　QZS-1 无线电频率输出功率

| 信号 | 功率/W |
| --- | --- |
| L1 C/A&L1C | 91 |
| L2C | 20 |
| L5 | 70 |
| LEX | 63 |

L 波段主天线如图 11.8 所示。该天线由 19 个螺旋天线组成,排列成外圈(12 个阵元)、内圈(6 个阵元)和一个中心阵元。各个阵元相位相干组合形成增益图,为地球表面提供统一的信号强度。对于 L1 信号,与视线方向相比,天线增益在 5°视线角处高出约 0.2dB,在 8.5°处(对应于地球边缘)低 0.5dB[11.59]。

图 11.9 展示了 QZS-1 卫星朝向地球一面的面板上各种天线和激光后向反射器阵列的位置。主 L 波段天线的位置使得相位中心位于穿过卫星质心的卫星本体坐标系 $z$ 轴上,这使相位中心不受卫星姿态的影响,在 GNSS 数据分析中只需要考虑径向相位中心偏移。

激光后向反射器安装在 SAIF 天线的对面,由无涂层直径 4cm 的直角棱镜构成一个

图 11.8　微波暗室测试中的 QZS-1 L 波段天线阵列（图示由 JAXA 提供）

图 11.9　QZS-1 卫星主 L 波段天线（L-ANT）、L1-SAIF 天线（LS ANT）和激光后向
反射器阵列（LRA）示意图。为了保持适宜的温度，19 单元螺旋阵列天线覆盖有热绝缘体。
图中箭头表示 JAXA 采用的卫星坐标系（由 JAXA 提供）

7×8 平面阵列[11.61]。位于日本（种子岛、小金井、东京）和澳大利亚（Yarragadee、斯特姆洛山）的天文台和国际激光测距服务组织（ILRS[11.62]）的站点定期进行激光测距观测。尽管 QZS-1 的激光测距观测值主要用于验证 GNSS 精密定轨结果[11.63]，但也可作为独立手段用于精密定轨[11.64]。

## 11.2.5　控制段

首颗 QZSS 卫星的控制段由一个主控站、监控站（MS）网络、跟踪控制站以及跟踪、遥测与指挥(TT&C)站组成。此外,还有一个时间管理站(TMS)实现与外部的时间同步。

本节描述了控制段的每个子系统、运行场景和当前性能。图 11.10 显示了演示系统控制段的分布。

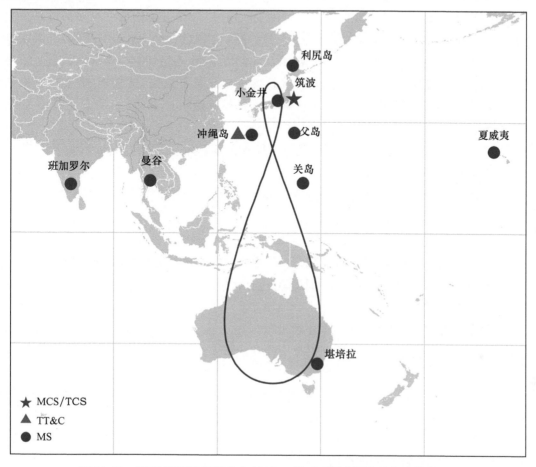

图 11.10　QZSS 演示地面段分布(QZS-1 的地面轨迹用实线标出供参考)

1. 主控站

MCS 是 QZS-1 导航相关运行的中心,MCS 具备以下功能:

(1) 轨道和钟差估算、生成导航电文,上注至卫星。
(2) 星载导航载荷监视控制。
(3) 监控站远程监视控制。
(4) 导航信号质量和用户测距误差监控,发生故障时生成健康/报警标记。
(5) 处理特定技术演示和演示中其他研究机构生成的导航电文和控制指令。

主控站位于筑波航天中心(TKSC),在东京市区东北约 60km 处。尽管 QZSS 演示阶段只有一个主控站,但通过内部的热备份系统保证了高可用性需求。

2. 监控站

9 个监控站部署在日本、亚洲和大洋洲地区接收 QZSS 和 GPS 信号,实现精确轨道和钟差解算。在日本国外一共有 5 个与当地组织协作建设的监控站,包括美国航空航天局

(NASA)(考艾岛寇基公园地球物理观测站)、美国国家海洋与大气管理局(NOAA)(关岛,天气预报办公室)、澳大利亚地球科学局(斯特姆洛山)、印度空间研究组织(ISRO)(遥测、跟踪与指挥网络(ISTRAC),班加罗尔)、亚洲理工学院(地理信息学中心,曼谷)。

监控站从 QZSS 和 GPS 星座接收 L 波段导航信号,并通过地面或卫星通信链路将原始数据发送至主控站。每个监控站安装有一台 QZSS 接收机和一台 GPS 接收机,接收机配有铯原子钟和带天线罩的多波段天线,以及气象传感器、本地计算机和通信设备。值得注意的是,QZSS 和 GPS 信号采用独立的接收机意味着需要主控站(MCS)考虑接收机之间的(系统间)的偏差,从而实现对 QZSS 和 GPS 的精确定轨。

3. 跟踪控制站

跟踪控制站(TCS)与 MCS 一同设置在 JAXA 的筑波航天中心(TKSC),负责 QZS-1 卫星平台的运行,包括以下功能:

(1) 内务操作性能,即监控卫星遥测并发布日常操作指令。

(2) 对 TT&C 站进行远程监视控制。

(3) 规划并执行轨道机动和动量轮卸载。

(4) 整合系统所有操作,为导航载荷与卫星平台系统操作分配时间和资源。

由于 QZSS 卫星具有持续可视性,JAXA 原来研发的 GEO 卫星运行系统只需极小的改动就可应用于 QZSS。

从研发阶段初期,运行系统和程序设计就采用了基于模型的操作方式。日常操作采用完全自动化方式,有效减少了控制卫星所需的操作人员数量。

4. 跟踪、遥测与指挥站

QZS-1 的主要 TT&C 地面站位于冲绳主岛上,这里 QZSS 一直处于视线内可以确保持续操作。由于冲绳地区夏季经常受到台风影响,TT&C 站安装了两个直径为 7.6m 的冗余高增益天线,并安装了保护罩(图 11.11),确保即便在恶劣天气条件下操作也不会中断。TT&C 站由位于筑波的 TCS 进行远程操控。

图 11.11 位于冲绳岛的跟踪、遥测与指挥站(TT&CS)(图示由 JAXA 提供)

5. 时间管理站

时间管理站(TMS)[11.57,11.67]测量 QZS-1 星载时钟和高稳定地面参考钟之间的差异,并进行 TWSFTF 操作。基于 TMS 测量值，为 QZS-1 导航电文生成协调世界时（UTC）偏差参数和 GPS-QZSS 时间偏差（GQTO）。

TMS 由 NICT 运行。NICT 是日本负责生成国家标准时间的机构。出于冗余目的，TMS 包含位于小金井和冲绳的两套独立设施，每套设施均由 Ku 波段天线、原子钟和时间比较设备组成。

位于小金井的 TMS 与 UTC（NICT）连接并与一个 QZSS 监控站共置。小金井监控站的接收机时钟定义为 QZSS 参考时间（QZSST），TMS 测量该时标与 UTC（NICT）之间的偏差。此外，小金井 TMS 还通过一条 TWSTFT 链路与华盛顿的美国海军天文台（USNO）进行时间和频率比较。这条 TWSTFT 链路使用两颗 GEO 通信卫星和一个位于考艾岛 Kogee（高山）公园的中继站，通过 TWSTFT 测量得到的 UTC（NICT）和 UTC（USNO）之间的偏差可以用于评估 GQTO。

备用 TMS 部署在位于冲绳的 NICT 亚热带环境遥感中心，虽然未与 UTC（NICT）直接相连，但该 TMS 提供了更大的天线（直径 3.8m，而小金井站天线直径只有 1.8m）和对 QZS-1 持续 24h 的可视性[11.56]，两套 TMS 设施间的同步通过 TWSTFT 实现。

## 11.2.6 运行原理概述

MCS 的一个关键功能是实时估算所有 GPS 和 QZSS 卫星的轨道和时钟偏差。这一估算过程使用平方根信息滤波器，并处理监控站（目前是 9 个）以 30s 为间隔提供的伪距和载波相位测量值[11.68]。除了 GNSS 轨道和时钟参数，滤波器状态还包括监控站的时钟偏差值、载波相位偏差以及特定站点的对流层延迟。而且，由于可用的先验模型精度有限，经验性的太阳辐射压力参数需要被估计。总的来说，每次测量更新一共调整大约 500 个参数。

文献[11.68]中所设计的定轨过程恢复实际轨道的径向精度优于 0.7m，切向和法向精度优于 1.4m。在 2.5h 间隔内相应的轨道预测精度稍差，分别为 0.8m 和 1.6m。时差确定及其 35min 预测精度需求分别为 2.5ns 和 4.4ns。总的空间信号测距误差限定为 1.6m，而实际上性能远优于此值。

QZSS 轨道信息是由 JAXA 维持的日本大地测量系统（JGS[11.69]）的一种实现，该实现基于 40 个参考站（包括 9 个 QZS-1 监控站以及 IGS 站点）的 GNSS 观测值和补充的 SLR 观测值。最新的坐标框架版本称为 JGS2010，其设计与 ITRF2008 严格一致。

时钟偏移量最初是相对于 QZSS 系统时间尺度（QZSST）确定的，它由位于小金井监控站与日本参考时间标准 UTC（NICT）相连的接收机定义。不过，QZSST 与 GPS 时（GPST）之间的时间偏差包括在导航电文中发送的钟差参数内，所以用户设备无须特别考虑两个系统间的时间差也能够计算位置。

单频用户的电离层误差校正采用了与 GPS 相同的 Klobuchar 模型[11.14,11.70]。不过，生成的 QZSS 导航电文的模型系数不再针对全球，而是与日本周边区域内垂直方向的电子总量最匹配。分布于日本全国的 300 个 CORS 站的观测值用于调整 Klobuchar 参数，并不断更新导航电文系数,以更好地反映电离层的动态特性。

名义上,轨道星历和时钟参数每15min更新一次,电离层校正参数每1h更新一次。与此相比,状态向量空间或测距误差校正、完好性和其他附加值信息的增强电文通过QZSS生成并(近)实时传送。QZS-1阐述阶段已测试和评估了几类增强方法,详见11.2.3节。

由于区域导航系统卫星数量较少,因此必须注意尽量减少因轨道维护机动和因反作用轮卸载导致的推进器活动而造成的PNT服务中断。两次轨道维护机动之间的间隔要求大于150d,反应轮卸载应至少间隔40d。

由于地球的三轴性会造成卫星轨道半长轴的长期性增加,因此需要定期对IGSO卫星进行轨道校正。QZS-1卫星造成平均星下经度向西加速摄动约为85m/d。为确保中心经度维持在指定的135°±5°范围内,须定期进行轨道机动,降低切向速度,从而减小半长轴。轨道校正机动造成初始地面轨迹向东漂移,随后在几个月内逐渐停止,并在自然轨道摄动的作用下回位。根据长期轨道动态仿真计算减速值,以使卫星地面轨迹中心经度在下次轨道维护机动时不会超出指定的范围。总体上说,QZSS IGSO卫星的轨道维护策略与地球静止卫星保持东西向位置的维护策略高度契合[11.71],不过由于控制窗口宽得多,所以机动次数较少。

QZS-1卫星大约每6个月进行一次轨道校正。因为既校正半长轴,又校正离心率,每次校正分为三次机动,总大小为1~4m/s,在一次轨道旋转内完成。其中,在只控制半长轴的情况下,需要$\Delta v \approx 0.5$m/s的速度变化。

考虑反应轮的角动量累积,QZS-1卫星在前四年中每年的运行相似。根据积累的经验,两次动量轮卸载操作之间的时间间隔可延长到150天。因此不同的动量轮卸载可与轨道维护操作合并到一起。

在维护操作情况下,用户通过QZSS用户通告(NAQU)消息获知预期服务中断和更新后服务可用性情况。QZS-1卫星的这些通告通过JAXA的QZ-Vision网站主页在线提供[11.72]。另外,被计划的机动信息还融入MCS的实时轨道和时钟确定过程中,这样滤波器就能够在轨道保持机动后不到21h内和独立的反应轮卸载后9h内收敛到其标称性能[11.68]。

## 11.2.7 当前性能

2010年9月11日11:17(UTC),"指路者"(Michibiki)在日本种子岛航天中心(tanegashima space ceeter)发射。在接下来的试运行阶段,各个子系统和整个系统的功能和初始性能都被进行了校验[11.73-11.74],控制段的精密定轨(POD)软件也被进行了调整。2011年6月22日,L1 C/A和L2C信号设为健康状态,随后2011年7月14日,L1C和L5信号也设为健康状态。至此,IS-QZSS内定义的所有接口规范和性能经确认都满足了要求。本节描述日常的广播星历和时钟稳定性性能。

1. SIS-URE

空间信号用户测距误差(SIS-URE)描述由广播轨道与时钟信息误差造成的映射到伪

距的误差。SIS-URE 受 QZSS MCS 的实时监控。每一秒,使用仰角相关加权法,根据 9 个 QZS-1 监控站的观测残差平均值计算得到瞬时 SIS-URE 值。

每个月的性能报告通过 JAXA 的 QZ-Vision 网站提供[11.75]。图 11.12 显示了 2014 年 7 月的 SIS-URE 变化。这一时期的均方根(RMS)值为 0.34m,完全处于指定的±2.6m 的 95%性能限制范围区间内。与 GPS 相比,QZSS 明显得益于其持续预测、永久上传能力和广播导航电文更新间隔短(15min)等特点。

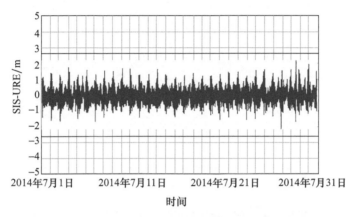

图 11.12　2014 年 7 月从 QZSS 实时监控站网络观测值得到的 QZS-1 SIS-URE。图中红线代表 QZS-1 日常运行规定的 95%阈值±2.6m(不包括轨道维护周期)(见彩图)

文献[11.76]基于与 JAXA 的后处理轨道和时钟产品进行比较,对 QZSS L1 C/A 原有导航电文(LNAV)广播星历进行了独立评估。基于 2013 年 3 月开始为期一年的数据分析,算得每月的 RMS SIS-URE 值为 0.6±0.2m。虽然这些结果表明性能略差于 MCS 监控,但其代表的是全球平均误差,而不是 QZS-1 网络监控附近的误差。

2. 时钟稳定性

如 11.2.4 节中所讨论的,QZS-1 卫星装载有 TTS,并在 NICT 的不同实验中用于评估 QZS-1 星载频率标准的稳定性[11.57,11.67]。

另一方面,通过使用 QZSS 监控站的 L 波段观测值进行 RAFS 性能的日常评估。对于短时间尺度内(一般少于 1000s)的时钟稳定性评估,采用单向载波相位(OWCP)法[11.77]。其中,根据去趋势载波相位测量值得到阿伦方差(ADEV),这些载波测量值由与高稳定参考时钟连接的监控站收集。QZS-1 卫星使用了冲绳站的观测值,该站可提供 QZSS 监控站网络内最稳定的频率标准,如图 11.13 所示。结果表明,QZS-1 卫星在平均间隔 1s 的稳定性达到 $3\times10^{-12}$,在间隔 1000s 的稳定性达到 $5\times10^{-14}$。与文献[11.78]相比,由于单频观测值内接收机噪声影响减弱,极短时间内的稳定性结果要更好。

QZS-1 卫星较长平均时间的时钟偏差通过使用精确轨道与时间确定而获得。这些时钟偏差基于 QZS-1 监控站网络观测值,由 MCS 在 6 天内定期生成。如图 11.13 所示,QZS-1 卫星在一天的时间尺度上的稳定性为 $1\times10^{-14}$,这与 GPS Block ⅡF RAFS 在轨卫星性能相当。尽管在 400s 附近授时系统造成 ADEV 小幅升高,但 QZS-1 卫星时钟稳定性总体性能在所有时间尺度内都完全符合规范。

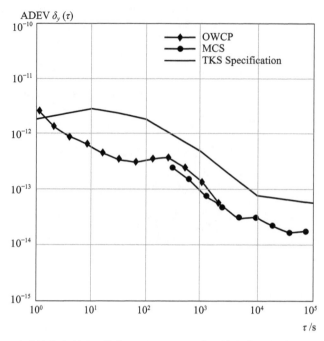

图 11.13　QZS-1 卫星时钟稳定性(阿伦偏差(ADEV)),采用单向载波相位法和 QZSS 主控站(MCS)精确轨道与时钟确定,时间是 2014 年 8 月。其中,灰线表示授时系统的指定性能(见彩图)

## 11.3　印度区域卫星导航系统(IRNSS/NavIC)

IRNSS 是印度空间研究组织(ISRO)发起的一项计划,旨在建立和运行独立的星基导航系统,为印度及其政治地理边界以外 1500km 范围内的用户提供服务[11.79]。IRNSS 运行后也被称为 NavIC(navigation with indian constellation),在梵文中意为水手/导航者。本节描述 IRNSS 的体系结构、各个组成段及信号和数据结构,并对星基导航领域新发展的这一系统进行了全面介绍。

IRNSS 标志着印度进入独立星基导航系统领域。ISRO 是实现、运行和维护该系统的主要机构,涉及建造、发射和运行导航卫星并建立地面支持系统。

建立 IRNSS 的目标是为其服务区域内的用户提供 PNT 服务。按设计,系统为其主要服务区域内的用户提供的定位精度优于 $20m(2\sigma)$。

IRNSS 的服务区域大致分为两部分,如图 11.14 所示。其中,主要服务区域涵盖印度大陆及距其政治地理边界 1500km 之内的地区;次要服务区域位于南纬 30°到北纬 50°之间和东经 30°与东经 130°之间。

IRNSS 提供两类导航服务。

(1)标准定位服务(SPS):为 IRNSS 服务区域内所有用户提供的非加密服务。

(2)受限服务(RS):仅向服务区域内授权用户提供的加密服务。

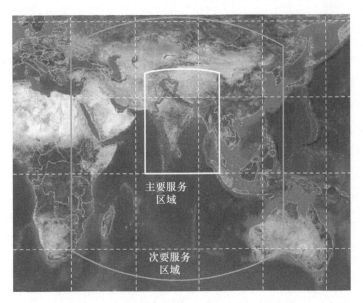

图 11.14 IRNSS 主要和次要服务区域(图示由 ISRO 提供)(见彩图)

与其他全球和区域系统相似,IRNSS 导航基础设施可分为三个段,如图 11.15 所示。

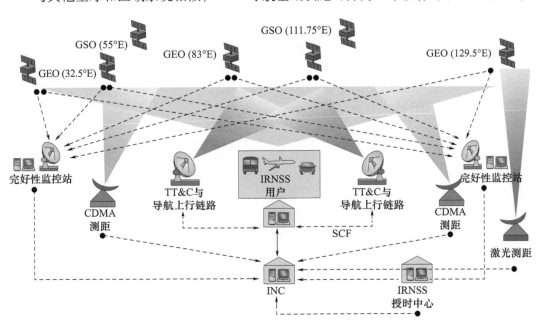

图 11.15 IRNSS/NavIC 架构(见彩图)

(1) 空间段:由 7 颗卫星组成,向其用户广播 IRNSS 导航信号。

(2) 地面段:由支持 IRNSS 系统运行的地面基础设施组成,如精确授时系统、卫星测距体制、导航软件、通信网络、卫星遥测跟踪与指挥网络。

(3) 用户段:由使用不同类型 IRNSS 接收机的 IRNSS 民用和授权用户组成。

以下各小节描述了空间段与地面段的主要组成。

### 11.3.1 星座

IRNSS 空间段由 7 颗卫星组成,包括 3 颗 GEO 卫星和 4 颗轨道相对于赤道倾斜 29°的 IGSO 卫星。选择这种设计是基于以下考虑:

(1) 最小化精度(衰减)因子(DOP);
(2) 目标区域上空可视卫星最多数量;
(3) 星座卫星最少数量;
(4) 在一颗卫星出现故障的情况下,系统保持正常维运;
(5) 轨道位置的可用性。

若要确保至少 4 颗卫星可见,MEO 星座需要的卫星数量较大(18 颗以上),结合区域服务需求,由 GEO 和 IGSO 卫星构成的 7 星星座为最优选择。此外,所有卫星在相关区域上空 24h 永久可见,有利于完成测距、跟踪和指挥。

表 11.5 概述星座内各卫星的情况。3 颗 GEO 卫星大约等间隔分布在赤道上空,覆盖在中非与印度尼西亚之间约 100°的经度范围。与之相比,IGSO 卫星地面轨迹为 8 字形,覆盖纬度范围在±30°之间,分别以东经 55.5°和东经 111.75°为中心(图 11.16)。在倾斜轨道上选择卫星的相位,以避免在所有 IGSO s/c 同时穿越赤道时可能出现的奇异 DOP 值[11.9]。

表 11.5　IRNSS 星座卫星

| 卫星 | 经度 | 倾角 | 发射日期 |
| --- | --- | --- | --- |
| IRNSS-1A | 55.0° | 29°±2° | 2013 年 7 月 1 日 |
| IRNSS-1B | 55.0° | 29°±2° | 2014 年 4 月 4 日 |
| IRNSS-1C | 83.0° | <5° | 2014 年 10 月 15 日 |
| IRNSS-1D | 111.75° | 29°±2° | 2015 年 3 月 28 日 |
| IRNSS-1E | 111.75° | 29°±2° | 2016 年 1 月 20 日 |
| IRNSS-1F | 32.5° | <5° | 2016 年 3 月 10 日 |
| IRNSS-1G | 129.5° | <5° | 2016 年 4 月 28 日 |

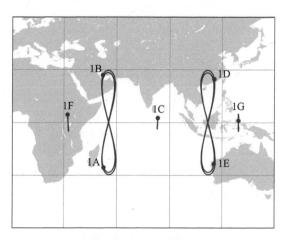

图 11.16　IRNSS/NavIC 星座。图中显示的是 2016 年 8 月 2 日印度洋区域上空 7 颗 IRNSS 卫星的地面轨迹。圆点表示午夜时的卫星位置

## 11.3.2 信号和数据结构

IRNSS 使用分配给卫星无线电导航业务(RNSS)的 L5 和 S 波段频率。载波频率和传输带宽如表 11.6 所列。

表 11.6 载波频率与带宽

| 信号 | 载波频率/MHz | 带宽/MHz |
|---|---|---|
| L5 | 1176.450 | 24.0(1164.45~1188.45) |
| S | 2492.028 | 16.5(2483.50~2500.00) |

传统导航服务频段是 L1 和 L2 波段,它们已被现有 GNSS 服务提供商完全利用。因此,L1 和 L2 波段很难再容纳 IRNSS。选择 L5 波段是因为此波段被占用较少,IRNSS 信号可以与此波段内的其他 GNSS 信号共存。这种选择还有助于用户接收机使用通用 RF 前端实现与其他 GNSS 信号间的互操作性。

若要使用第二个频率,则需采用双频用户接收机以实现更高定位精度。2012 年,S 波段分配给全球无线电定位卫星服务(RDSS)使用。由于 RDSS 和 RNSS 在功能方面几乎没有差异,国际电信联盟(ITU)为 RDSS/RNSS 分配了最大频率为 16.5MHz 的带宽。之所以采用 S 波段,因为它是新引进的导航服务波段,且目前未被充分利用。另外,S 波段信号相比于 L 波段受到的电离层扰动影响较小。

地面接收到的 IRNSS 信号功率电平可以确保与相应频段内的其他 GNSS 信号共存。功率电平的选择主要基于以下两点考虑:

(1) IRNSS 的最大功率电平不应影响其他 GNSS 信号的接收;

(2) IRNSS 的最小功率电平应提供足够的信号强度,即便是存在其他 GNSS 信号,也能被探测到。

表 11.7 展示了得到的 IRNSS 信号的最小与最大功率电平。

表 11.7 接收到的功率电平

| 信号分量 | 最大接收功率/dBW | 最小接收功率/dBW |
|---|---|---|
| L5 SPS | -154.0 | -159.0 |
| S SPS | -157.3 | -162.3 |

**1. 调制**

两个载波均调制 3 个信号[11.81,11.82]:

(1) SPS 数据信道使用 BPSK(1)二进制相移键控调制,码片率 1.023MHz;

(2) RS 数据信道使用 BOC(5,2)二进制偏移载波调制,测距码 2.046MHz,副载波 5.115MHz;

(3) RS 导频信道,以同样的方式使用 BOC(5,2)调制。

当通过饱和状态的功率放大器或行波管放大器(TWTA)时,这些信号的合路会产生不一致的包络。因此,又增加了一个互调分量(第 4 章)作为第 4 个信号分量,从而实现

TWTA 输出端的恒定包络。

三个基带导航信号分别是 SPS 二进制相移键控(BPSK)数据信号 $S_{sps}$、RS 二进制偏移载波(BOC)导频信号 $S_{rs\_p}$ 和 RS BOC 数据信号 $S_{rs\_d}$，其数学表达式分别为

$$\begin{cases} s_{sps} = \sum_{i=-\infty}^{+\infty} c_{sps}(|i|L_{sps}) d_{sps}([i]D_{sps}) \times \text{rect}_{T_{c,sps}}(t - iT_{c,sps}) \\ s_{rs\_p} = \sum_{i=-\infty}^{+\infty} c_{rs\_p}(|i|L_{rs\_p}) \times \text{rect}_{T_{c,rs\_p}}(t - iT_{c,sps}) sc_{rs\_p}(t,0) \\ s_{rs\_d} = \sum_{i=-\infty}^{+\infty} c_{rs\_d}(|i|L_{rs\_d}) d_{rs\_d}([i]D_{rs\_d}) \times \text{rect}_{T_{c,rs\_d}}(t - iT_{c,rs\_d}) sc_{rs\_d}(t,0) \end{cases} \quad (11.4)$$

式中：$t$ 为时间；$c_s(n)$ 为信号 $s$ 第 $n$ 个扩展码片；$d_s(n)$ 为第 $n$ 个导航电文码片；$sc_s(t)$ 为二进制副载波；$D_S$ 为每个导航数据位的码片数；$L_S$ 为码片扩展码长度；$T_{c,s}$ 为扩展码片时长。

参数 $|i|_x$（$i$ 对 $x$ 取模）和 $[i]_x$（$i/x$ 的整数部分）的运算提供了给定信号的码片索引和数据位索引，而 $\text{rect}_x(t)$ 描述了时长 $x$ 的矩形脉冲函数。对 RS BOC 信号，定义副载波为

$$sc_x(t,\varphi) = \text{sign}[\sin(2\pi f_{sc,x} t)] \quad (11.5)$$

式中：$f_{sc,x}$ 为副载波频率。各个信号参数总结在表 11.8 中。选择 BOC(5,2) 调制可为 RS 信号在可用带宽内提供良好的频谱分离，这在文献[11.83]中进行了进一步讨论。

互调信号生成示意框图如图 11.17 所示。根据文献[11.84]和文献[11.82]，载波频率 $f$ 上的复合信号可描述为

$$s(t) = \frac{\sqrt{2}}{3}[s_{sps}(t) + s_{rs\_p}(t)]\cos(2\pi ft) + \frac{1}{3}[2s_{rs\_d}(t) - I(t)](2\pi ft) \quad (11.6)$$

$$I(t) = s_{sps}(t) s_{rs\_p}(t) s_{rs\_d} t \quad (11.7)$$

其中互调信号的构建方式可以实现所需的恒定包络。

表 11.8 IRNSS 复合信号参数值

| 参数 | 单位 | 值 | 描述 |
| --- | --- | --- | --- |
| $R_{d\_sps}$ | symbol/s | 50 | SPS 数据率 |
| $R_{c\_sps}$ | Mchip/s | 1.023 | SPS 码片速率 |
| $R_{d\_rs}$ | symbol/s | 50 | RS 数据率 |
| $R_{c\_rs}$ | Mchip/s | 2.046 | RS 码片速率 |
| $R_{sc}$ | Mchip/s | 5.115 | 副载波频率 |

为便于说明，首颗 IRNSS 卫星 L5 和 S 波段信号的频谱和 IQ 星座图如图 11.18 所示。频谱中心频率窄峰值与 SPS BPSK(1) 信号相关，BOC(5,2) 调制生成两个不同的波瓣，带宽 2MHz，相隔±5MHz。

2. PRN 码

SPS 选择的 PRN 码与 GPS C/A Gold 码类似[11.85]。码长 1023chip，码片速率

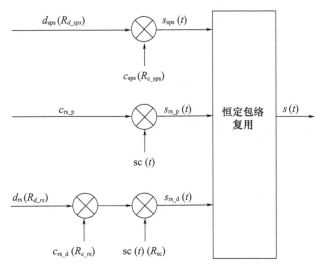

图 11.17 复合信号生成(参见文献[11.84])

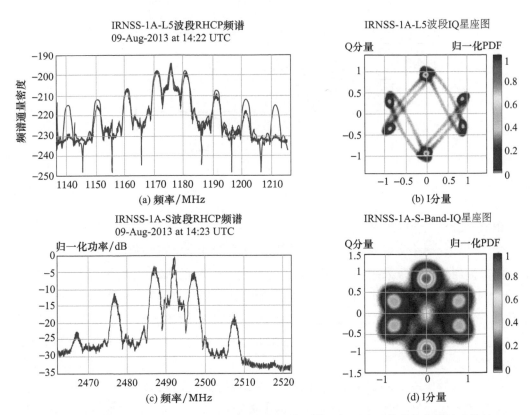

图 11.18 2013 年 8 月 9 日 IRNSS-1A 卫星使用德国航空航天中心信号监控设施高增益天线观测获得的 IRNSS 频谱(a,c)和 IQ 信号星座图(b,d)(参见文献[11.82])(见彩图)

1.023Mchip/s。每颗卫星被分配一个独特的 PRN 码,不同的码分别用于 L5 和 S 波段。

各个 PRN 码由两个 10bit 最大长度线性反馈移位寄存器(MLFSR)G1 和 G2 获得,每个最大长度线性反馈移位寄存器都会生成一个最大长度序列(图 11.19)。根据 GPS 原

理[11.22],G1 和 G2 生成器多项式定义为

$$G1: x^{10} + x^3 + 1$$
$$G2: x^{10} + x^9 + x^8 + x^6 + x^3 + x^2 + 1$$

不过,与 GPS 使用可配置的抽头生成各个 PRN 码序列不同,IRNSS PRN 码通过 G2 移位寄存器的不同初始状态生成,以定义所需的 G2 码片延迟。得到的 PRN 序列长 1023 个码片,并从 G1 和 G2 输出的模 2 加运算(异或组合)获得。按给定的码片率,SPS 码序列每 1ms 重复一次。

SPS L5 和 S 波段 PRN 码的初始值及其与不同 IRNSS 卫星的关系见表 11.9。

正如文献[11.86]和文献[11.82]所讨论,管制服务采用长 8192 个码片、时长 4ms 的测距码。而且,导频信号采用 40 个码片的二级码,重复周期为 160ms。

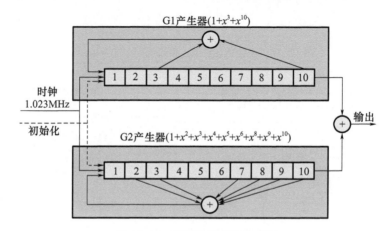

图 11.19　IRNSS SPS 码生成器

3. 导航数据

IRNSS SPS 导航数据主帧由长 600 个字符的 4 个子帧组成,传输速率是 50sps[11.84,11.86]。每个子帧有 16bit 同步字符,后面是 584 个字符的前向纠错交织数据。导航数据前向纠错(FEC)采用 1/2 卷积编码,这样每个子帧的大小是 292bit(不包括同步字符)。为防止突发错误,前向纠错编码导航数据的 584 个字符使用 73 列 8 行的块交织器,使其被交织到一起。其中,数据首先写入列,然后在以行读出。每个子帧以 8bit 的 TLM 字符作为开始标记,以 24bit 的 CRC 结束,用以验证接收到的子帧比特和附加的 6 个尾比特数据的完好性。

每个子帧的传输时间以周时间计数(TOWC)的形式提供,位于遥测(TLM)字之后。相对于周的起始测量,并由第一个子帧数据中传输的周计数补充。两个值都参考 IRNSS 系统时间,始于 1999 年 8 月 21 日 23:59:47 UTC,与 GPS 时间的标称偏差是恒定的 1024 周。

IRNSS 导航子帧采用混合结构。子帧 1 和子帧 2 以固定结构发送一组主要导航参数。相比较之下,子帧 3 和子帧 4 以电文的形式(结构和内容都不断变化)发送次要导航参数。从表 11.10 可以看出,子帧 1 和子帧 2 包括 232bit 的数据字段,而子帧 3 和子帧 4

利用补充的6bit电文识别号和稍短些的数据字段。

子帧1和子帧2的主要导航数据包括对计算位置解至关重要的信息，因此，以48s的重复速率持续发送以下数据：

（1）卫星轨道根数；

（2）卫星时钟校正模型参数；

（3）卫星和信号健康状态；

（4）用户测距精度；

（5）群延迟总值。

次要导航参数交替在子帧3和子帧4电文中以不同的更新率发送，补充上述主要导航参数，这些次要导航参数包括：

（1）卫星历书；

（2）大气（电离层）校正模型；

（3）IRNSS相对于UTC和GNSS的时间偏差；

（4）星座状态；

（5）电离层格网延迟和置信度；

（6）文本消息；

（7）差分校正；

（8）地球定向参数；

（9）自主导航相关参数。

IRNSS导航中心（INC）根据单向和双向测距值、IRNSS网络授时中心（IRNWT）的授时信息、遥测参数、气象数据和电离层信息生成导航数据，估算并传播后续几天的时钟和星历数据，预测后续24h的主要导航参数并上传。IRNSS使用WGS-84坐标系统进行定位计算。自主导航参数包括时钟和星历数据（类似于主要导航参数），预测7d的数据并上传给卫星。当无论系统因何原因无法上行主要参数时，则从星载存储器采集自主导航数据并发送。

表11.9 IRNSS信号ICD中定义的SPS信号码分配[11.84]

每一个卫星PRN均被提供了卫星位置、G2寄存器初始值和开始的10chip（八进制记数）

| PRN | 位置 | L5-SPS | | S-SPS | |
| --- | --- | --- | --- | --- | --- |
| | | G2初始值 | 码片 | G2初始值 | 码片 |
| 1 | 55°E | 1110100111 | 0130 | 0011101111 | 1420 |
| 2 | 55°E | 0000100110 | 1731 | 0101111101 | 1202 |
| 3 | 83°E | 1000110100 | 0713 | 1000110001 | 0716 |
| 4 | 111.75°E | 0101110010 | 1215 | 0010101011 | 1524 |
| 5 | 111.75°E | 1110110000 | 0117 | 1010010001 | 0556 |
| 6 | 32.5°E | 0001101011 | 1624 | 0100101100 | 1323 |
| 7 | 129.5°E | 0000010100 | 1753 | 0010001110 | 1561 |

表 11.10  子帧 1、子帧 2、子帧 3 和子帧 4 的结构

| 位索引 | 参数 | 比特数 |
| --- | --- | --- |
| 1 | TLM | 8 |
| 9 | TOWC | 17 |
| 26 | 报警标记 | 1 |
| 27 | 自主导航标记 | 1 |
| 28 | 子帧 ID | 2 |
| 30 | 备用 | 1 |
| 31 | 子帧 1/2:数据 | 232 |
|  | 子帧 3/4:电文 ID, | 6 |
|  | 数据 | 226 |
| 263 | CRC | 24 |
| 287 | 尾部 | 6 |

在缺乏特定子帧数据的情况下,以空闲模式传输由 0 和 1 交替组成的相应数据字段。当子帧 1 和子帧 2 丢失主要导航数据时,则在子帧头内设置告警标记,并进一步以补充空闲模式传输[11.84]。

文献[11.87]以及 IRNSS SPS ICD[11.84] 对 IRNSS 导航参数及其在用户接收机中的应用有详细描述。

基于各种比较研究,IRNSS 广播星历采用了 GPS 和其他 MEO 星座使用的一系列开普勒根数描述卫星轨道[11.87]。需要关注的是,IGSO 和 GEO 卫星应用了相同的参数化和轨道模型,而北斗区域系统则采用了特殊的 GEO 模型,以避免在近零轨道倾角处生成的星历中可能会出现的奇点[11.88]。

IRNSS 系统时(也称为 IRNWT)的卫星钟差通过一个二阶多项式和一个周期相对论效应的离心率相关校正来描述,获得的钟差应用于双频 L5/S 波段用户,而单频 L5 用户需要考虑主要导航参数中的总群延迟 $T_{GD}$。文献[11.81]讨论了解决 SPS 和 RS 信号间群延迟的补充信号间校正。最后,通过每 20min 间隔发送的专用电文,完成从 IRNWT 转换到 UTC 和 UTC(NPLI)(印度国家物理实验室的 UTC 时),以及 GPS、GLONASS 和伽利略 GNSS 时标。

提供的单频用户电离层信息由 Klobuchar 单层模型的 8 个系数($\alpha_i$ 和 $\beta_i, i=1,\cdots,4$)以及对覆盖印度次大陆的 5°×5°格网的实时校正值来表达。以上两组数据均由 IRNSS 导航中心利用分布在服务区域内的监控站确定(11.3.4 节)。

### 11.3.3 航天器

1. 航天器平台

IRNSS 航天器配置于 INSAT-1000(I1K)平台上,该平台是一种印度国产的 1t 级三轴稳定航天器平台。选用 I1K 平台,是因为它可以容纳 IRNSS 需要的载荷和所有子系统的

重量。它提供了良好的结构重量与有效载荷重量和体积的比例,满足了卫星的推进要求。I1K 平台还在印度航天项目发射火箭——极轨卫星运载火箭(PSLV)的载荷容量范围内。所有 GEO 和 IGSO 卫星设计都选择使用通用设计,其目的是以生产化的模式制造卫星,从而使星座能快速部署。表 11.11 列出了 IRNSS 航天器的关键参数。图 11.20 和图 11.21 是 IRNSS 航天器的装载图。

表 11.11 IRNSS 航天器特性

| 参数 | 数值 |
| --- | --- |
| 干质量 | 614kg |
| 升空质量 | 1425kg |
| 物理尺寸 | 1.58m×1.5m×1.5m |
| 功率生成 | 两个太阳能面板生成 1660W、一个锂离子电池容量为 90Ah |
| 推进 | 440N 液态推进剂远地点发动机、12 22N 推进器 |
| 控制系统 | 零动量系统;<br>传感器:太阳传感器、恒星传感器、陀螺仪;<br>执行器:反应轮、磁力矩器、22N 推进器 |
| 任务期 | 10 年 |

图 11.20 洁净室内的 IRNSS 航天器(图示由 ISRO 提供)

供电系统的组成包括:生成所需供电的太阳能面板;支持星蚀期间供电的蓄电池;电源管理、控制与分发设备。太阳能电池生成的总功率约为 1600W,可支持约 900W 的载荷功率需求。

IRNSS 姿态与轨道控制(子)系统(AOCS)配备了带有反应轮的三轴稳定零动量系统,用来为导航应用提供稳定平台。AOCS 与推进子系统共同促成转移轨道机动、轨位保持机动和航天器姿态精细调整。恒星传感器提供定向数据,动力调谐陀螺仪(DTG)向 AOCS 提供天体速率数据,而 AOCS 为激励器计算提供必要的控制力矩指令。不同于常用的 MEO GNSS 卫星,IRNSS 航天器并未采用天底定向,而是采用持续控制偏航轴(从而控制天线瞄准线)朝向地球表面位于东经 83°和北纬 5°的点。这样,设想的服务区域可以获

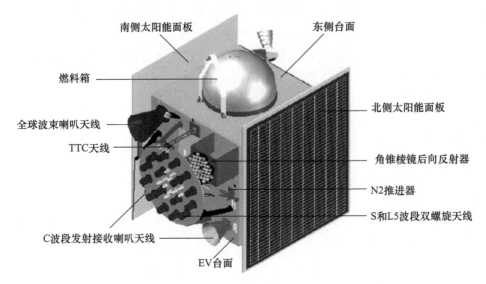

图 11.21 收藏状态下的 IRNSS 卫星（图示由 ISRO 提供）

得最优的信号覆盖。同时，通过维持太阳能面板表面垂直于太阳方向，从而使面板产生最大功率。

热控制系统向航天器不同子系统元件提供良好的热环境。通过散热器和隔热装置的合理组合，实现了热平衡。大部分子系统使用了传统热控制元件，但对原子钟、时钟监控单元以及角锥棱镜后向反射器等温度敏感元件，设计和实现了专门的热控制方案。

IRNSS 卫星装配有 440N 助推器，用于在与发射器分离并部署到椭圆转移轨道后到达预期任务轨道[11.80]。所需燃料占了发射升空时航天器湿质量的一大部分，在助推器的远端安装有一套 12 22N 推进器，用于精细的轨道捕获与轨道机动保持。

2. 载荷

IRNSS 卫星主要有两类载荷，即导航载荷和测距载荷。IRNSS 的导航载荷完成 S 波段和 L5 波段导航信号生成并传输至用户。测距载荷则支持专用地面站与 IRNSS 航天器之间的双向测距，是任务系统的一部分。IRNSS 卫星携带的第三种载荷是用于 SLR 的后向反射器阵列。

（1）导航载荷。IRNSS 导航载荷架构如图 11.22 所示，主要由下列子系统构成：

① RAFS；
② 原子钟监控单元（ACMU）；
③ 时钟分发单元（CDU）；
④ 导航信号生成单元（NSGU）；
⑤ 调制与上变频单元；
⑥ 高功率行波管放大器（TWTA）；
⑦ 输出滤波器；
⑧ 双频段阵列天线。

3 台冗余原子钟为星上时频生成提供了基础。IRNSS 选用的 RAFS 一直由瑞士

Spectracom 公司生产,该公司曾向伽利略和北斗项目提供了 RAFS。在 $\tau = 1 \sim 10000s$ 的时间尺度上,ADEV 优于 $0.5 \times 10^{-12} (\tau/s)^{-1/2}$,具有很高的稳定性。

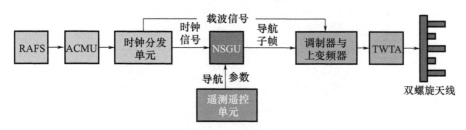

图 11.22　导航载荷框图

原子钟监控单元(ACMU)对各个频率标准的频率进行比较和监控。此外,本地有源 RAFS 的 10MHz 输出生成基准频率 $f_0 = 10.23$MHz。导航信号所需的所有载波频率和码片率是 10.23MHz 的合理倍数(如 $f_{L5} = 115 f_0$,$R_{c\_sps} = 0.1 f_0$),并从 ACMU 输出中以倍频或分频的模式生成。

导航信号生成单元(NSGU)接收通过地面遥测与遥控单元计算得到的导航参数,并将其存储在 NSGU 存储器内。被存储的数据被带上时间标记、被编码和格式化,然后综合放入各个电文和子帧。得到的广播导航数据是模-2 添加到卫星特定的 PRN 码,并调制到载波上。最后,调制器输出经上变频放大至所需的功率电平,通过天线发射出去。

IRNSS 天线由相位相干连接螺旋天线阵列组成,从而使获得的增益模式达到预期形状和指向。不过,L5 波段(1176.45MHz)和 S 波段(2492.028MHz)使用不同的阵元,在频率上相差 2 倍多,需要各自螺旋阵元的不同物理尺寸。如图 11.21 所示,L5 波段和 S 波段天线分别由 16 个和 18 个短轴螺旋阵元组成。综合天线的设计使得两个波段的相位中心位于同一轴上,也满足了总体天线 RF 性能需求。考虑到热保护,天线阵列盖有隔热层。

(2)测距载荷。IRNSS 卫星有独立的"弯管"式 C 波段转发器用于测距。测距信号采用码分多址(CDMA)调制,能够实现同时从 4 个地基测站进行 IRNSS 卫星双向测距[11.91]。

测距载荷包括用于上行链路和下行链路的不同 C 波段喇叭天线(图 11.21)、预选滤波器、接收机子系统、固态功率放大器(SSPA)、输出带通滤波器。其中,窄带转发器带宽为 25MHz。

坐落分布于印度不同地方的 CDMA 测距站(IRCDR),进行卫星双向测距并帮助完成对 IRNSS 卫星的精密定轨。双向测距还帮助验证参考站(IRNSS 距离与完好性监控站(IRIMS))的单向测距值。

(3)角锥棱镜后向反射器。角锥棱镜后向反射器(CCRR)放置在 IRNSS 航天器上,用以实现精确激光测距。后向反射器阵列由印度国内开发,并由 40 个无涂层 Suprasil-311 石英棱镜组成,其圆孔直径为 38mm(图 11.23)。

IRNSS 卫星平时在 ILRS 的协调下由欧洲、澳大利亚和亚洲的测站跟踪[11.62],观测值精度达到厘米级,主要用于校检无线电测量单向和双向跟踪获得的 IRNSS 精密定轨。此

图 11.23　IRNSS 卫星的激光后向反射器阵列（图示由 ISRO/ISTRAC 提供）

外,尽管这些反射器目前的覆盖密度远小于无线电测量跟踪数据[11.92-11.94],但其也可用于独立定轨。

3. 发射与轨道注入

IRNSS 卫星从位于印度东海岸斯里赫显戈达岛的萨迪什·达万航天中心（SDSC）发射,使用成熟的印度极轨卫星运载火箭（PSLV）XL 版（图 11.24）。PSLV 一共有四级,总质量 320t,高度 44m。第一级（包括芯级和 6 个捆绑式助推器）和第三级采用固态推进剂,第二级和第四级采用液态燃料[11.95]。

升空后近 20min 第四级烧毁后,IRNSS 卫星进入倾角为 18°的转移轨道,其近地点高度约 300km,远地点最大高度 20700km。为了进入预期的同步轨道,首先通过卫星 440N 助推器燃烧两次将近地点升至约 36000km 处。随后,通过三次连续的远地点助推机动,将远地点提升到同一高度。这些操作也被用于调整倾角达到预期目标值。文献[11.80]以 IRNSS-1A 卫星为例,详细描述了其任务设计和机动规划。

图 11.24　携带首颗 IRNSS 卫星入轨的 PSLV 火箭（图示由 ISRO 提供）

## 11.3.4　地面段

IRNSS/NavIC 地面段由不同基础设施组成,支持航天器和任务操作[11.90],包括:

(1) 卫星控制设施；
(2) 导航中心；
(3) 网络授时设施；
(4) 距离与完好性监控站；
(5) CDMA 测距站；
(6) 数据通信网络。

外部机构的 SLR 站对上述设施形成补充，尽所能提供 IRNSS 卫星跟踪补充信息。印度地面段站点位置如图 11.25 所示。

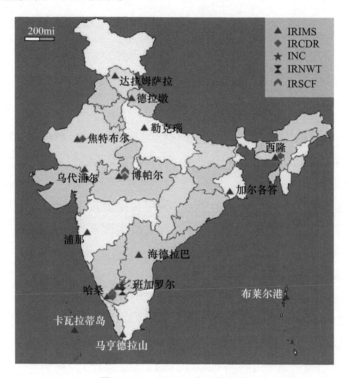

图 11.25　IRNSS 地面段地图

1. IRNSS 卫星控制设施

IRNSS 卫星的 TT&C 操作由 IRNSS 卫星控制设施（IRSCF，图 11.26）完成。该设施包括两个卫星控制中心（SCC）和航天器控制地面站（SCES）。出于冗余考虑，卫星主控制中心位于哈桑，另一个起补充作用的位于博帕尔。

卫星控制中心（SCC）由用于执行航天器平台操作的所有计算机、服务器、编码器以及监控和指挥软件等组成。卫星控制中心监控遥测信号，生成遥控指令，进行编码，然后转发至航天器控制地面站（SCES）。该中心由几个全覆盖和全动天线组成，用于跟踪 IRNSS 卫星，捕获其遥测信号并上传遥控指令。

除了常规（TT&C）操作，IRSCF 还接收 INC 导航软件生成的导航参数，并将其上传至卫星。

IRNSS 空间段使用联合 GEO-IGSO 卫星，大约每月需要进行一次常规位置保持操作[11.94]，以维持指定的轨道和地面跟踪。位置保持机动会造成所涉及卫星服务的短暂中断。当完成位置保持机动后，开始对卫星重新进行测距和定轨。在卫星宣布正常运行前，上传新的轨道和钟差参数。这一过程自动化程度很高，服务中断时间非常短。

图 11.26　IRNSS 卫星控制设施(哈桑)(图示由 ISRO 提供)

2. IRNSS 导航中心

IRNSS 导航中心(INC)位于班加罗尔附近的拜阿拉鲁，负责确保 IRNSS 导航系统的正常运行。INC 捕获并接收监控站的伪距和载波相位观测值以及相应站点的双向 CDMA 和卫星激光测距值。

INC 内的导航处理单元执行不同功能，如测距数据处理、定轨、验证和预测卫星，站时间和系统时间计算，钟差参数估算与预测，以及电离层建模等。根据这些计算值，导航软件生成主要和次要导航参数，这些参数随后上传到 IRNSS 卫星上。INC 还从一个中央位置对所有分布式设施进行远程监控。

IRNSS 卫星轨道确定与预测使用了最先进的轨迹与测量建模概念。使用不同类型的观测值，每种解决方案验证中 3-D RMS 值的一致性均达到了 10~20cm。轨道计算中采用了专门的辐射压模型，使用箱-柱-翼先验模型和三个可调参数[11.96]来恰当地解释航天器特性。定轨系统使用批处理最小二乘估算器进行日常操作，但在机动后的弧段上或出现意外时钟事件情况下，转为使用扩展卡尔曼滤波器(EKF)以实现最佳性能以及最小化相关中断的影响[11.92~11.93]。使用 EKF 模式时，星历更新间隔从标准的 2h 缩减到 15min。用户可以根据星历电文中的数据星历与时钟发布(IODEC)参数来区分 EKF 模式，这一参数值范围一般在 0~11 内，但在机动后假设值的范围在 160~254 内。

一般情况下，轨道和钟差参数提前 24h 预测并上传到卫星。为了应对紧急情况下地面系统与卫星间通信中断的问题，AutoNav 数据也被上传到卫星上。IRNSS 卫星存储 7d 的 AutoNav 数据集，其中包含星历和钟差参数，支持主要导航参数的连续广播。

为了减少单频用户的电离层误差，除传统的类 Klobuchar 模型之外，IRNSS 还使用了专门设计的基于网格的电离层模型。导航软件计算得到并上传到卫星的电离层格网参数是辅助导航数据的主要组成部分。相较于其他 GNSS 服务提供商的时间偏差参数在经计算后上传到卫星，这也作为辅助导航参数的一部分。这些时间偏差参数有助于多 GNSS 接收机内不同系统间的时间相关性。

## 3. IRNSS 网络授时设施

IRNSS 网络授时设施(IRNWT)位于拜阿拉鲁,其目标是生成并分发 IRNSS 系统时间,作为独立的 IRNSS 时标并达到所需的精度、稳定性以及与 UTC 之间的可追溯性。

IRNWT 涵盖以下功能:
- 精确授时以支持导航任务;
- 按国际原子时(TAI)驾驭 IRNSS 系统时间(IRNSST),并向用户提供 IRNSST-UTC 时间信息。

IRNSS 系统时间由一套原子钟实现,如有源氢原子钟(AHM)和铯原子钟,采用了合适的测量设备和授时算法[11.98],并将得到的时标调整到国际原子时(TAI)。时间驾驭采用 TWSTFT 和 GNSS 共视时间传递方法。IRNSST 通过与 UTC(k)实验室相连来同步到 TAI、TAI 和 IRNSSTT 之间的差异每年维持在 $50\text{ns}(2\sigma)$ 之内。

## 4. IRNSS 测距与完好性监控站

IRNSS 测距与完好性监控站(IRIMS)位于 IRNSS 覆盖服务区域中精确测量站址的位置。它们执行单向测距,这是 IRNSS 卫星定轨和时差估计时的主要观测量来源。IRIMS 包含 IRNSS 参考接收机,持续跟踪 IRNSS 星座导航信号,并向 NC 发送伪距和载波相位观测量,以供进一步处理。IRIMS 还辅助确定 IRNSS 星座完好性、确定 IRNSS 信号的电离层与对流层延迟以及其他偏差。

基于美国广域增强系统(WAAS)参考站接收机的设计,IRNSS 监控站采用 NovAtel GIII 接收机(图 11.27),同时修改为跟踪 L5 波段和 S 波段的 IRNSS SPS 信号。

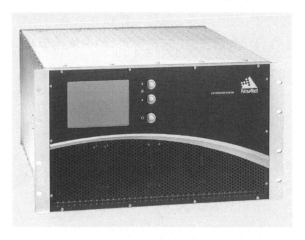

图 11.27　IRIMS GIII 参考接收机(图示由 NovAtel 提供)

## 5. IRNSS CDMA 测距站

除了 IRIMS 的单向测距外,IRNSS 卫星定轨还使用双向测距[11.91]。双向测距通过 IRNSS CDMA 测距(IRCDR)站执行,这些站点广泛分布在各处,以满足所需的定轨精度。每个站有一副全运动天线系统,使用时间共享模式为星座内所有卫星执行距离测量。双向测距数据在 INC 进行处理以估计轨道,从而验证单向测距值。

### 6. 卫星激光测距站

卫星激光测距(SLR)提供精确的距离测量值,用于校准 IRIMS 单向测距和 IRNSS CDMA 双向测距,并验证从这些测量系统获得的轨道确定精度。IRNSS 卫星激光测距通过测量从安装在卫星朝向地球一侧的后向反射器阵列反射回来的激光脉冲往返时间来实现。在 ILRS[11.62] 的支持下,IRNSS 使用分布在全球的站点以试验模式执行其卫星激光测距。

### 7. IRNSS 数据通信网络

IRNSS 数据通信网络(IRDCN)是一种高可用性通信网络,它由冗余的地面和卫星链路组成,并能够提供高可靠和高可用的 IRIMS、IRCDR、IRNWT、IRSCF 和 ICN 之间的数字通信。

## 11.3.5 系统性能

一般而言,用户定位精度可以用用户等效测距误差(UERE)和定位精度因子(PDOP)[11.99] 的乘积来表示。根据文献[11.100],印度次大陆上空由 7 颗卫星构成的完整 IRNSS 星座可以实现的 PDOP 值大约为 3。

UERE 是指在导航过程中伪距测量值和经验性的用户接收机建模误差的 RMS 值。这些误差包括:空间信号距离误差(SISRE),表征轨道和时钟误差的影响,以及接收机噪声、多径、未建模的大气路径延迟等用户特定误差的影响。

为了评估导航电文的影响,并量化所能达到的 SISRE,INC 持续监控 IRNSS 监控站平滑后的伪距观测值和在给定位置的建模值之间的差异。图 11.28 展示了 IRNSS 星座前 3 颗卫星情况。在日常运行中,视距误差为米级。根据在此期间导航电文中报告的用户距离精度(URA)值,获得的 SISRE 值为 1~2m。不过,轨道保持机动后,视距误差可能会增长到 5m[11.92]。

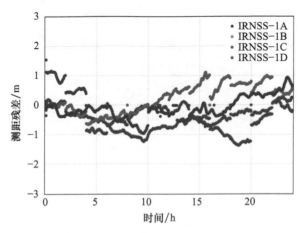

图 11.28 无机动的 24h 内,IRNSS-1A、-1B、-1C 和-1D 监控站观测值与建模伪距值之间的差别(2015 年 9 月 4 日)(见彩图)

2015年4月,在随着IRNSS 1D卫星启用后,该系统首次实现了独立导航定位能力。正如文献[11.101]中所讨论的,除了在所选PDOP极为不利的时间段之外,4颗卫星能够获得10m甚至更高的三维定位精度。随着第7颗卫星IRNSS-1G的发射,在印度地区任何时候都可获得优于10m的定位精度。初始实验也证明了电离层校正的质量,并表明使用了校正的单频用户将能够实现与L5/S波段双频用户相当的性能。

根据文献[11.102],IRNSS L5信号已成功验证了与其他全球和区域卫星导航系统之间的互操作性。除了证明观测质量与GPS、伽利略和QZSS L5/E5a信号一致外,IRNSS观测值还和其他3个星座一起,首次用于多GNSS组合相对定位。与L1信号相比,L5信号较长的波长有助于完成模糊度解算,因而IRNSS的加入改进了几何布局并增强了定位解的稳健性。

# 参考文献

11.1 C. Carnebianca: Regional to global satellite based navigation systems, IEEE PLANS'88, Orlando(1988) pp. 25–33

11.2 J. R. Wertz, W. J. Larson: *Space Mission Analysis and Design*, 3rd edn. (Microcosm, Torrance 1999) pp. 143–144

11.3 R. D. Briskman: Radio Determination Satellite Service, Proc. IEEE **78**(7), 1096–1106(1990)

11.4 R. D. Briskman, R. J. Prevaux: S-DARS broadcast from inclined, elliptical orbits, Acta Astronaut. **54**(7), 503–518(2004)

11.5 M. Tanaka, K. Kimura, E. Morikawa, A. Miura, S. Kawase, S. Yamamoto, H. Wakana: Application technique of figure-8 satellites system, Technical Report SAT 99(45), 55–62(Institute of Electronics, Information and Communication Engineers) in Japanese

11.6 H. D. Takahashi: Japanese regional navigation satellite system "The JRANS Concept", J. Glob. Position. Syst. **3**(1/2), 259–264(2004)

11.7 S. Kogure, M. Kishimoto, M. Sawabe: Future expansion from QZSS to regional satellite navigation system, ION NTM, San Diego(ION, Virginia 2007) pp. 455–460

11.8 J. Spilker: Satellite constellation and geometric dilution of precision. In: *Global Positioning System: Theory and Applications*, Vol. 1, ed. by B. W. Parkinson, J. J. Spilker(AIAA, Washington 1996) pp. 177–208

11.9 L. Ma, S. Li: Mathematical aspects for RNSS constellation with IGSO satellites, Earth Sci. Res. **3**(2), 66–71(2014)

11.10 I. Kawano, M. Mokuno, S. Kogure, M. Kishimoto: Japanese experimental GPS augmentation using Quasi-Zenith Satellite System(QZSS), ION GNSS, Long Beach(ION, Virginia 2004) pp. 175–181

11.11 Y. Murai: Project overview of the Quasi-Zenith Satellite System, Proc. ION GNSS+, Tampa(ION, Virginia 2015) pp. 1291–1332

11.12 A. Matsumoto: Status update on the Quasi-Zenith Satellite System(QZSS), 9th Meet. Int. Comm. GNSS(ICG), Prague(UNOOSA, Vienna 2014) pp. 1–18

11.13 Service overview on the Quazi-Zenith Satellite System(QZSS) web site, http://qzss.go.jp/en/overview/services/

11.14　Japan Aerospace Exploration Agency: Quasi-Zenith Satellite System navigation service interface specification for QZSS, IS-QZSS, V1.6(JAXA, 2014)

11.15　S. Kogure, I. Kawano: GPS augmentation and complement using Quasi-Zenith Satellite System (QZSS), AIAA 2003-2416, Proc. 21st AIAA Int. Commun. Satell. Syst. Conf. Exhib., Yokohama (AIAA, Reston 2003) pp. 1-10

11.16　K. Kimura, M. Tanaka: Required velocity increment for formation keeping of inclined geosynchronous constellations, Proc. 51st Int. Astronaut. Cong., Rio de Janeiro(IAF, Paris 2000)

11.17　Y. Murai: Project overview Quasi-Zenith Satellite System, Symp. Commer. Appl. Global Navig. Satell. Syst., Vienna(UNOOSA, Vienna 2014) pp. 1-33

11.18　M. Saito, J. Takiguchi, T. Okamoto: Establishment of regional navigation satellite system utilizing quasi-zenith satellite system, Mitsubishi Electr. Adv. Mag. **147**, 1-6(2014)

11.19　Quasi-Zenith Satellite System Interface Specification - Satellite Positioning, Navigation and Timing Service, IS-QZSS-PNT-001, Draft 12 July 2016 (Cabinet Office, 2016)

11.20　Quasi-Zenith Satellite System Interface Specification - Centimeter Level Augmentation Service, IS-QZSSL6-001, Draft 12 July 2016(Cabinet Office, 2016)

11.21　Quasi-Zenith Satellite System Interface Specification - Positioning Technology Verification Service, IS-QZSS-TV-001, Draft 12 July 2016(Cabinet Office, 2016)

11.22　Navstar GPS Space Segment / Navigation User Segment Interfaces, Interface Specification, IS-GPS-200H, 24 Sep. 2013(Global Positioning Systems Directorate, 2013)

11.23　Navstar GPS Space Segment / User Segment L5 Interfaces, Interface Specification, IS-GPS-705D, 24 Sep. 2013(Global Positioning Systems Directorate, 2013)

11.24　Navstar GPS Space Segment / User Segment L1C Interfaces, Interface Specification, IS-GPS-800D, 24 Sep. 2013(Global Positioning Systems Directorate, 2013)

11.25　L1 C/A PRN Code Assignments; US Air Force, Los Angeles Air Force Base, 6 Jan. 2016. http://www.losangeles.af.mil/About-Us/Fact-Sheets/Article/734549/gps-prn-assignment

11.26　J. W. Betz: Binary offset carriermodulations for radionavigation, Navigation **48**(4), 227-246(2001)

11.27　J. W. Betz, M. A. Blanco, Ch. R. Cahn, Ph. A. Dafesh, Ch. J. Hegarty, K. W. Hudnut, V. Kasemsri, R. Keegan, K. Kovach, L. S. Lenahan, H. H. Ma, J. J. Rushanan, D. Sklar, T. A. Stansell, C. C. Wang, S. K. Yi: Description of the L1C signal, ION GNSS, Fort Worth(ION, Virginia 2006) pp. 2080-2209

11.28　H. Maeda: System Research on The Quasi-Zenith Satellites System(in Japanese), Ph. D. Thesis (Tokyo University of Marine Science and Technology, Tokyo 2007)

11.29　Technical Working Group Report to the U. S. -Japan GPS Plenary, (GPS-QZSS Technical Working Group, 18 Jan. 2012) http://www.gps.gov/policy/cooperation/japan/2012-joint-announcement/TWG-report.pdf

11.30　T. Sakai, H. Yamada, S. Fukushima, K. Ito: Generation and evaluation of QZSS L1-SAIF ephemeris information, ION GNSS, Portland(ION, Virginia 2011) pp. 1277-1287

11.31　S. Thoelert, S. Erker, J. Furthner, M. Meurer: Latest signal in space analysis of GPS IIF, COMPASS and QZSS, NAVITEC' 2010, Noordwijk(ESA, Noordwijk 2010) pp. 1-8

11.32　RTCA DO229D Change 1: Minimum Operational Performance Standards for Global Positioning Sys tem/ Wide Area Augmentation System Airborne Equipment(RTCA, Feb. 2013)

11.33 T. Sakai, S. Fukushima, N. Takeichi, K. Ito: Implementation of the QZSS L1-SAIF message generator, ION NTM, San Diego(ION, Virginia 2008) pp. 464-476

11.34 T. Sakai, S. Fukushima, K. Ito: QZSS L1-SAIF Initial Experiment Results, ION ITM, San Diego(ION, Virginia 2011) pp. 1133-1142

11.35 R. Iwama, H. Soga, K. Odagawa, Y. Masuda, T. Osawa, A. Ito, M. Matsumoto: Operation of submeter class augmentation system and demonstration experiments with Quasi-Zenith Satellite "MICHIBIKI", ION ITM, Newport Beach(ION, Virginia 2012) pp. 1295-1301

11.36 T. Sakai, H. Yamada, K. Ito: Ranging quality of QZSS L1-SAIF signal, ION ITM, Newport Beach(ION, Virginia 2012) pp. 1255-1264

11.37 S. Choy, K. Harima, Y. Li, M. Choudhury, C. Rizos, Y. Wakabayashi, S. Kogure: GPS precise point positioning with the Japanese Quasi-Zenith Satellite System LEX augmentation corrections, J. Navig. **68**(4), 769-783(2015)

11.38 T. Kasami: Weight distribution formula for some class of cyclic codes, Technical Report R285, 1-24 (University of Illinois, Urbana-Champaign 1966)

11.39 S. Kogure: Evaluation of QZS-1 LEX signal, 7th Meet. Int. Comm. GNSS(ICG), Work. Group B, Bejing (UNOOSA, Vienna 2012) pp. 1-9

11.40 S. Choy, K. Harima, Y. Li, Y. Wakabayashi, H. Tateshita, S. Kogure, C. Rizos: Real-time precise point positioning utilising the Japanese quasizenith satellite system(QZSS) LEX corrections, Proc. IGNSS Symp., Surfers Paradise(IGNSS Society, Tweed Heads 2013) pp. 1-15

11.41 A. Garcia-Pena, D. Salos, O. Julien, L. Ries, T. Grelier: Analysis of the use of CSK for future GNSS Signals, ION GNSS, Nashville(ION, Virginia 2013) pp. 1461-1479

11.42 Y. Hatanaka, Y. Kuroishi, H. Munekane, A. Wada: Development of a GPS Augmentation Technique, Proc. Int. Symp. GPS/GNSS-Toward New Era Position. Technol., Tokyo(GPS/GNSS Society Japan, 2008) pp. 1097-1103

11.43 M. Saito, K. Asari: Centimeter-class Augmentation System(CMAS), Proc. ION GNSS, Nashville(ION, Virginia 2012) pp. 3354-3365

11.44 RTCM Standard 10403.2: Differential GNSS Services, Version 3 with Ammendment 2, 7 Nov. 2013 (RTCM, Arlington, VA 2013)

11.45 M. Schmitz: RTCM state space representationmessages, status and plans, PPP-RTK Open Stand. Symp., Frankfurt(2012) pp. 1-31

11.46 M. Caissy, L. Agrotis, G. Weber, M. Hernandez-Pajares, U. Hugentobler: Coming soon-The international GNSS real-time service, GPS World **23**(6), 52(2012)

11.47 M. Saito, Y. Sato, M. Miya, M. Shima, Y. Omura, J. Takiguchi, K. Asari: Centimeter-class Augmentation System Utilizing Quasi-Zenith Satellite, ION GNSS, Portland(ION, Virginia 2011) pp. 1243-1253

11.48 T. Suzuki, N. Kubo, T. Takasu: Evaluation of precise point positioning using MADOCA-LEX via Quasi-Zenith Satellite System, ION ITM, San Diego(ION, Virginia 2014) pp. 460-470

11.49 M. Homma, S. Yoshimoto, N. Natori, Y. Tsutsumi: Engineering Test Satellite-8 formobile communications and navigation experiment, Proc. 51st Int. Astronaut. Cong., Rio de Janeiro(IAF, Paris 2000)

11.50 N. Inaba, A. Matsumoto, H. Hase, S. Kogure, M. Sawabe, K. Terada: Design concept of Quasi Zenith Satellite System, Acta Astronaut. **65**(7), 1068-1075(2009)

11.51 Y. Ishijima, N. Inaba, A. Matsumoto, K. Terada, H. Yonechi, H. Ebisutani, S. Ukava, T. Okamoto: Design and developement of the first quasizenith satellite attitude and orbit control system, IEEE Aerosp. Conf., Big Sky(2009) pp. 1-8, doi:10.1109/AERO.2009.4839537

11.52 O. Montenbruck, R. Schmid, F. Mercier, P. Steigenberger, C. Noll, R. Fatkulin, S. Kogure, S. Ganeshan: GNSS satellite geometry and attitude models, Adv. Sp. Res. **56**(6), 1015-1029(2015)

11.53 A. Hauschild, P. Steigenberger, C. Rodriguez-Solano: QZS-1 Yaw attitude estimation based on measurements from the CONGO network, Navigation **59**(3), 237-248(2012)

11.54 H. Noda, S. Kogure, M. Kishimoto, H. Soga, T. Moriguchi, T. Furubayashi: Development of the quasizenith satellite system and high-accuracy positioning experiment system flight model, NEC Tech. J. **5**(4), 93-97(2010)

11.55 T. Obara, S. Furuhata, H. Matsumoto: Overview of initial observation data of technical data acquisition equipments on the first Quasi-Zenith Satellite, 2011-r-58, Proc. 28th Int. Symp. Space Technol. Sci. (ISTS), Okinawa(ISTS, Tokyo 2011) pp. 1-4

11.56 S. Hama, Y. Takahashi, K. Kimura, H. Ito, J. Amagai: Quasi-Zenith Satellite System(QZSS) Project, J. Natl. Inst. Inf. Commun. Technol. **57**(3/4), 289-296(2010)

11.57 M. Nakamura, Y. Takahashi, J. Amagai, T. Gotoh, M. Fujieda, R. Tabuchi, S. Hama, Y. Yahagi, T. Takahashi, S. Horiuchi: Time comparison experiments between the QZS-1 and its time management station, Navigation **60**(4), 319-324(2013)

11.58 O. Montenbruck, P. Steigenberger, E. Schonemann, A. Hauschild, U. Hugentobler, R. Dach, M. Becker: Flight characterization of new generation GNSS satellite clocks, Navigation **59**(4), 291-302(2012)

11.59 H. Ito, T. Morikawa, S. Hama: Development and performance evaluation of spaceborne hydrogen maser atomic clock in NICT, ION NTM, San Diego (ION, Virginia 2007) pp. 452-454

11.60 T. Iwata, T. Matsuzawa, K. Machita, T. Kawauchi, S. Ota, Y. Fukuhara, T. Hiroshima, K. Tokita, T. Takahashi, S. Horiuchi, Y. Takahashi: Demonstration experiments of a remote synchronization system of an onboard crystal oscillator using "MICHIBIKI", Navigation **60**(2), 133-142(2013)

11.61 S. Nakamura: Impact of SLR tracking on QZSS, Proc. Int. Tech. Workshop SLR Track. GNSS Constellations, Metsovo, ed. by E. Pavlis(ILRS, Greenbelt 2009) pp. 68-92

11.62 M. R. Pearlman, J. J. Degnan, J. M. Bosworth: The International Laser Ranging Service, Adv. Space Res. **30**(2), 135-143(2002)

11.63 O. Montenbruck, P. Steigenberger, G. Kirchner: GNSS satellite orbit validation using satellite laser ranging, Proc. 18th Int. Workshop Laser Ranging, Fujiyoshida(ILRS, Greenbelt 2013) pp. 13-0209

11.64 K. Akiyama, T. Otsubo: Accuracy evaluation of QZS-1 orbit solutions with Satellite Laser Ranging, Proc. ILRS Tech. Laser Workshop Satell., Lunar Planet. Laser Ranging: Charact. Space Segment, Frascati (ILRS, Greenbelt 2012)

11.65 N. Inaba, H. Hase, H. Miyamoto, Y. Ishijima, S. Kawakita: A satellite simulator and model based operations in Quasi-Zenith Satellite System, AIAA Model. Simul. Conf., AIAA-2009-5813, Chicago(AIAA, Reston 2009) pp. 1-16

11.66 H. Miyamoto, M. Kishimoto, E. Myojin, S. Kogure: Model-based design of Ground Segment for Quasi-Zenith Satellite System, Proc. SpaceOps 2012 Conf., Stockholm(AIAA, Reston 2012) pp. 1-7

11.67 M. Nakamura, S. Hama, Y. Takahashi, J. Amagai, T. Gotoh, M. Fujieda, R. Tabuchi, M. Aida, I. Nakazawa, T. Hobiger, T. Takahashi, S. Horiuchi: Time management system of the QZSS and time comparison experiments, AIAA 2011-8067, 29th AIAA Int. Commun. Satell. Syst. Conf. (ICSSC-2011), Nara (AIAA, Reston 2011) pp. 534–538

11.68 N. Kajiwara, Y. Yamamoto, M. Sawabe, S. Kogure, T. Tsuruta, M. Kishimoto, Y. Kawaguchi, T. Shibata: Overview of precise orbit and clock estimation for Quasi-Zenith Satellite System and simulation results, 2009-d-35, Proc. 27th Int. Symp. Space Technol. Sci. (ISTS), Tsukuba (ISTS, Tokyo 2009) pp. 1–6

11.69 S. Matsumura, M. Murakami, T. Imakiire: Concept of the new Japanese geodetic system, Bull. Geogr. Surv. Inst. **51**, 1–9 (2004)

11.70 J. A. Klobuchar: Ionospheric time-delay algorithm for single-frequency GPS users, IEEE Trans. Aerosp. Electron. Syst. AES-2 **3**(3), 325–331 (1987)

11.71 E. M. Soop: *Handbook of Geostationary Orbits* (Kluwer Academic, Dordrecht 1994)

11.72 Notice Advisory to QZSS Users (JAXA), http://qzvision.jaxa.jp/USE/en/naqu

11.73 T. Sawamura, T. Takahashi, T. Moriguchi, K. Ohara, H. Noda, S. Kogure, M. Kishimoto: Performance of QZSS (Quasi-Zenith Satellite System) and L-Band Navigation Payload, ION GNSS, Nashville (ION, Virginia 2012) pp. 1228–1254

11.74 E. Kishimoto, M. Myojin, S. Kogure, H. Noda, K. Terada: QZSS On Orbit Technical Verification Results, ION GNSS, Portland (ION, Virginia 2011) pp. 1206–1211

11.75 JAXA: "QZ-vision" Experiment Results SIS-URE, http://qz-vision.jaxa.jp/USE/en/exp_results_report

11.76 O. Montenbruck, P. Steigenberger, A. Hauschild: Broadcast versus precise ephemerides: A Multi-GNSS perspective, GPS Solut. **19**(2), 321–333 (2015)

11.77 F. Gonzalez, P. Waller: GNSS clock performance analysis using one-way carrier phase and network methods, 39th Annu. Precise Time Time Interval (PTTI) Meet., Long Beach (ION, Virginia 2007) pp. 403–414

11.78 P. Steigenberger, A. Hauschild, O. Montenbruck, C. Rodriguez-Solano, U. Hugentobler: Orbit and clock determination of QZS-1 based on the CONGO network, Navigation **60**(1), 31–40 (2013)

11.79 A. S. Ganeshan, S. C. Rathnakara, R. Gupta, A. K. Jain: Indian Regional Navigation Satellite System (IRNSS) Concept, J. Spacecr. Technol. **15**(2), 19–23 (2005)

11.80 B. S. Kiran, S. Singh: Mission design and analysis for IRNSS-1A, Proc. 65th Int. Astronaut. Congr., Toronto (IAF, Paris 2000) pp. 1–12

11.81 P. Majithiya, K. Khatri, J. K. Hota: Indian Regional Navigation Satellite System-Correction parameters for timing group delays, Inside GNSS **6**(1), 40–46 (2011)

11.82 S. Thoelert, O. Montenbruck, M. Meurer: IRNSS-1A – Signal and clock characterization of the Indian Regional Navigation System, GPS Solutions **18**(1), 147–152 (2014)

11.83 S. B. Sekar, S. Sengupta, K. Bandyopadhyay: Spectral compatibility of BOC(5,2) modulation with existing GNSS signals, Proc. IEEE/ION PLANS 2012, Myrtle Beach (2012) pp. 886–890

11.84 Indian Regional Navigation Satellite System-Signal In Space ICD for Standard Positioning Service, version 1.0, June 2014 (Indian Space Research Organization, Bangalore, 2014)

11.85 P. Misra, P. Enge: *Global Positioning System*; *Signals, Measurements and Performance*, 2nd edn. (Ganga-Jamuna Press, Lincoln, MA 2006)

11.86 A. S. Ganeshan: Overview of GNSS and Indian Navigation Program, GNSS User Meet. (ISRO Satellite

Center, Bangalore 2012)

11.87　T. Neetha, A. Kartik, S. C. Ratnakar, A. S. Ganeshan: The IRNSS Navigation Message, J. Spacecr. Technol. **21**(1), 41-51(2011)

11.88　O. Montenbruck, P. Steigenberger: The BeiDou Navigation Message, J. Glob. Position. Syst. **12**(1), 1-12 (2013)

11.89　T. Rethika, S. Mishra, S. Nirmala, S. C. Rathnakara, A. S. Ganeshan: Single frequency ionospheric error correction using coefficients generated from regional ionospheric data for IRNSS, Indian J. Radio Space Phys. **42**(3), 125-130(2013)

11.90　H. Harde, M. R. Shahade, D. Badnore: Indian Regional Navigation System, Int. J. Res. Sci. Eng. **1**(SP1), 36-42(2015)

11.91　T. S. Ganesh, C. K. Sharma, S. Venkateswarlu, G. J. Das, B. S. Chandrasekhar, S. K. Shivakumars: Use of two-way CDMA ranging for precise orbit determination of IRNSS satellites, Int. J. Syst. Technol. **3**(1), 127-137(2010)

11.92　R. Babu, P. Mula, S. C. Ratnakara, A. S. Ganeshan: IRNSS satellite parameter estimation using combination strategy, Glob. J. Sci. Front. Res. **15**(3), 1-10(2015)

11.93　S. Kavitha, P. Mula, R. Babu, S. C. Ratnakara, A. S. Ganeshan: Adaptive extended Kalman filter for orbit estimation of GEO satellites, J. Env. Earth Sci. **5**(3), 1-10(2015)

11.94　O. Montenbruck, P. Steigenberger: IRNSS orbit determination and broadcast ephemeris assessment, ION ITM, Dana Point(ION, Virginia 2015) pp. 185-193

11.95　PSLV-C22/IRNSS-1A brochure(ISRO, Bangalore 2013)

11.96　A. Kumari, K. Samal, D. Rajarajan, U. Swami, A. Kartik, R. Babu, S. C. Rathnakara, A. S. Ganeshan: Precise modeling of solar radiation pressure for IRNSS satellite, J. Nat. Sci. Res. **5**(3), 35-43 (2015)

11.97　K. Varma, D. Rajarajan, N. Tirmal, S. C. Rathnakara, A. S. Ganeshan: Modeling of IRNSS System Time-Offset with Respect to other GNSS, Contr. Theory Inform. **5**(2), 10-17(2015)

11.98　N. Neelakantan: Overview of the Timing system planned for IRNSS, 5th Meet. Int. Comm. GNSS (ICG), Turn(UNOOSA, Vienna 2010) pp. 1-6

11.99　R. B. Langley: Dilution of precision, GPS World **10**(5), 52-59(1999)

11.100　A. D. Sarma, Q. Sultana, V. S. Srinivas: Augmentation of Indian Regional Navigation Satellite System to improve dilution of precision, J. Navig. **63**(2), 313-321(2010)

11.101　A. S. Ganeshan, S. C. Ratnakara, N. Srinivasan, B. Rajaram, K. N. Anbalagan: Tirmal: First position fix with IRNSS-Successful proof-of-concept demonstration, Inside GNSS **10**(4), 48-52(2015)

11.102　N. Nadarajah, A. Khodabandeh, P. J. G. Teunissen: Assessing the IRNSS L5-signal in combination with GPS, Galileo, and QZSS L5/E5a-signals for positioning and navigation, GPS Solutions (2015), doi: 10.1007/s10291-015-0450-8

# 第 12 章 星基增强系统

## Todd Walter

星基增强系统(SBAS)的目的是增强全球卫星导航系统(GNSS)的定位性能。SBAS不仅通过对误差源的校正来提升定位精度,而且为这些校正设定了明确的置信度,允许用户对其定位误差施加完好性限制。目前,全球已存在多个建设完毕的 SBAS 系统,另有部分系统处于建设阶段。这些系统由民用航空机构投入使用,目的就是增强空中导航服务。不过,由于信号免费使用且易于集成到 GNSS 接收机中,SBAS 服务也被其他领域的用户广泛采用。

本章描述了 SBAS 的基本架构、功能和应用。SBAS 的主要目的是完好性,其中最关键的是了解影响 GNSS 的误差源,以及这些误差源如何随时间和地点发生变化。接下来,本章解释了如何确定校正值和置信区间,并由用户使用;介绍了全球已经开发出来的不同SBAS,以及这些系统如何遵循相同的国际标准开发,从而实现彼此间的交互操作;描述了单个系统的性能和服务。最后,本章介绍了 SBAS 从当前单频单星座形式向支持多频多星座形式的演变过程。

本章旨在解释发展 SBAS 的动机,为读者提供应用知识,使读者了解这些系统如何工作以及如何用于增强 GNSS 定位精度和完好性。

## 12.1 飞机引导

卫星导航正越来越多地应用于航空领域,其功能通过各种增强系统实现。这些增强系统独立于各个卫星星座,持续监测卫星导航系统的性能。更重要的是,增强系统可以实时检测故障,并在数秒内向飞行员发出警告。这种增强系统是必要的,因为星座地面控制系统可能在几十分钟或更长时间内无法检测和报告故障。故障检测方案包括机载增强系统(ABAS)、地基增强系统(GBAS)和星基增强系统(SBAS)[12.1]。本章特别关注北美SBAS——广域增强系统(WAAS)[12.2]),这也是首个投入使用的 SBAS。日本、欧洲和印度都已开发相应的 SBAS,俄罗斯、中国和韩国也正在开发 SBAS。目前,SBAS 通过以下三种服务增强全球定位系统(GPS):

(1)完好性监测,提高安全性;
(2)测距功能,提高可用性和连续性;
(3)差分 GPS 校正,提高精度。

通过以上手段增强后，GPS可以满足大部分飞行阶段的性能需求，包括机场进近时的垂直引导。WAAS为首个SBAS，于2003年7月投入使用。该系统凭借其精度快速成为GPS接收机的工业标准。日常95%的时间内实现的水平精度优于85cm，垂直精度优于1.2m[12.3]。SBAS具备开放标准、免费提供和高精度等特性[12.4-12.5]，已在非航空领域广泛应用。

## 12.1.1 航空需求

导航系统能否用于航空，需要4个关键标准判定[12.1]。

（1）精度：给出的飞机位置必须接近真实位置。精度一般用标称误差描述，通常表示为95%的置信度，即规定标称定位误差的置信度≥95%。精度是SBAS最容易满足的要求。完好性、连续性和可用性的实现都要难得多。

（2）完好性：航空导航系统必须确保飞行员得到的位置误差没有超出可容许的最大边界。所有可能导致更大定位误差的故障必须在指定的警告时间（TTA）内作上标记，在每次操作中，未能标记这种故障的概率必须低于某一很小的概率值，根据不同的操作，其概率一般介于$10^{-5}$和$10^{-9}$之间。

（3）连续性：一旦飞机开始一个关键操作，导航系统就必须持续工作一直到这一操作完成。在飞机进近操作过程中，每次操作所允许导航系统中断的概率值介于$10^{-5}$和$10^{-9}$之间。

（4）可用性：为了对飞机发挥作用，导航系统大部分时间内必须正常工作并满足上述需求。实际上，航空要求的可用性大于99%～99.999%的时间。这意味着，只要发现有一次着陆引导不可用，便说明飞机进近时既不安全也不经济。

每个要求的数值取决于飞机的操作步骤。飞机越接近其他飞机或地面，如进入机场和准备着陆时，要求就越高。所谓的精密进近操作要求垂直定位精度为几米。机场进近操作对精度和完好性的要求尤为严苛。因此，大部分SBAS开发与表征工作重点放在这一应用上。一般而言，只要SBAS能满足进近需求，也就能满足飞行其他阶段的需求。

垂直引导进近是基于一个以恒定速率下降的平滑下滑道，这一下滑角度一般为3°，经过一个必须由飞行员决定是否能够完成着陆的决策高度。相比于更具挑战的非精密进近，飞行员更喜欢垂直引导进近。因为非精密进近要求飞行员在接近机场时，以垂直梯级下降的方式，依次进入一系列高度恒定的区间，所以非精密进近也称为梯级下降进近。这一过程要求飞行员在进近过程中的不同高度改变垂直下降速率。这增加了飞行员的工作量，并成为导致大量飞机事故的一个因素。在GPS增强出现前，安装于机场的仪表着陆系统（ILS）或微波着陆系统（MLS）是唯一能够提供精密进近的系统。SBAS不需要在机场安装任何特定设备就可实现精密进近，飞行员可以利用带垂直引导程序的定位信标性能（LPV）[12.6]以恒定的速率下降到地面上空200ft的决断高度。这对于没有配备ILS或MLS的数以千计的小型机场来说尤为重要。

## 12.1.2 传统导航辅助手段

航空领域以往都依靠地基发射机发射的无线电导航信号来确定飞机位置(第30章)。由于航空界非常规避风险且改革缓慢,因此这些系统仍然存在并广泛使用。一般而言,飞机能在不升级的情况下,使用最初安装在飞机的同一套航空设备的时间达20多年,且从现有设备转型极为困难和昂贵。当前在用的主要助航设备包括:

(1) 测距仪(DME);
(2) 甚高频(VHF)全向信标(VOR);
(3) 战术空中导航系统(TACAN);
(4) 仪表着陆系统(ILS)。

下面进行详细介绍。

测距仪(DME)由一个固定天线和发射机-接收机组成,后者在一个固定延迟后对飞机的询问做出响应。由于飞机已知固定延迟量,因而通过从询问与响应之间的时间间隔内减去延迟再除以2,可获得一个到天线的实际距离。飞机上天线位置也已知,所以可知飞机位于以天线为中心,以测量距离为半径的球面上某点。通过询问2套DME或使用其他信息,飞机可进一步精确其位置。DME的典型测距精度为数百米,每套DME的信号可在约150n mile的范围内被接收到。为了保证多套DME实现近乎完全的覆盖,美国联邦航空管理局(FAA)在整个美国本土陆内维护着约1100套DME。

甚高频(VHF)全向信标(VOR)发出两种信号:一种信号是在所有方向上均匀发送,而另一种信号则具有极高的定向性。通过测量接收到这些消息的相隔时间,飞机可以得到与VOR之间的定向角。VOR的典型精度优于$0.5°$。将VOR和DME组合后,提供的绝对位置精度可以达到几百米。不过,随着与助航系统间距离变远,这一不确定性也随之增加。和DME的情况类似,美国本土大陆部署有约1100套VOR。

战术空中导航系统(TACAN)是VOR/DME综合系统的军用版。不过,TACAN信号的DME部分提供给美国国内民用,大部分DME实际上是TACAN。VORTAC综合了同时满足军用和民用需求的VOR和TACAN。

仪表着陆系统(ILS)由两套天线和发射机组成,一套提供与跑道中心线间的角度偏差,另一套提供与预期垂直下滑道之间的角度偏差。其中,第一套称为航向台,提供水平引导;第二套称为下滑台,提供垂直引导。为了将飞机引导至单独一条跑道末端,同时需要航向台和下滑台。为了服务于一条跑道的两端,需要分别单独安装下滑台和航向台。根据校准水平,ILS可以安全引导飞机到达距地面200ft以内(CAT Ⅰ)或全程盲降(CAT Ⅲ)。目前,美国约有1300套ILS。

每一种地面导航辅助设备都需要占用自有或租用的土地、稳定的电力供应以及通信、维护与持续校准,设备均要每2个月通过飞行检验精度。因此数千套地面导航辅助设备的安装与运行维护成本巨大。FAA研究了基于卫星的方法提供引导,也是为了减少现有导航辅助基础设施以及总的维护成本。

## 12.1.3　接收机自主完好性监测

GPS 在航空领域最初和最普遍的用途是利用接收机自主完好性监测（RAIM[12.7]）提供水平引导。RAIM 是一类 ABAS 算法，用于检测故障。具有 RAIM 能力的接收机估算飞机位置，然后计算每颗卫星的测量残差。残差是实际测量值与不使用该卫星估算位置的预期值之间的差。这种检查可以检测测量故障，前提是至少有 5 颗几何形状良好的可视卫星。如果有几何排列良好的 6 颗以上可视卫星（第 24 章），则 RAIM 还能进一步避免测量故障。

基于 GPS 的 RAIM 是迄今为止航空使用最广泛的卫星导航形式。RAIM 仅提供水平引导，但不需要任何昂贵的地面基础设施。其可以覆盖全球，不受地面网络有限或由于地形遮挡而丢失信号等的影响。RAIM 一般要比 VOR/DME/TACAN 精确得多，而且不需要进行飞行检验来维持校准。

利用 GPS 定位解算 RAIM 通常表现为超定性质，但这一方法对 GPS 星座的状态非常敏感。在几何布局较差的情况下，RAIM 有可能变得不可用。因此，RAIM 接收机不能作为主要导航辅助设备，必须补充另一种导航的辅助设备。相比之下，使用 SBAS 接收机可以作为主要导航系统用于非精密进近，因为故障监测在地面上完成并传送至飞机。与 RAIM 相比，SBAS 能够在恶劣几何构型条件下提供可用性。

## 12.1.4　星基增强系统

SBAS 能够确保实现比 RAIM 更高的水平精度并提供垂直引导。因此，SBAS 能在空中可视卫星较少且几何观测条件较差的情况下，使飞机能更安全地接近地面。

SBAS 利用地面监测网络来持续监测导航卫星的性能。如图 12.1 所示，首先监测站向主控站发送其测量值，确定差分校正和相应的置信度边界。然后，每个主控站处理测量值并将数据上传到上行链路站。最后，上行链路站再将这一信息通过地球静止轨道（GEO）卫星中继给终端用户。每一套 SBAS 由多个主控站、上行链路站和 GEO 卫星组成，确保在任一个组成部分出现故障的情况下仍能可靠运行。SBAS 通过以下三种服务增强核心星座。

（1）差分校正：SBAS 广播每颗卫星地面网络跟踪的差分校正。SBAS 还传送在其覆盖区域内的电离层延迟校正值。在伪距测量值中应用这些校正，用户设备可提高定位精度。

（2）完好性监测：SBAS 广播每颗受监测卫星的误差边界和每组电离层校正参数。这些误差边界用于确定最大可能的机载定位误差，这些误差指的是即便在应用差分校正后仍可能存在的误差。误差边界的生成要明显比差分校正更加困难，因为定位误差边界不超过真实误差边界的概率必须小于 $10^{-7}$。并且在任何不安全的条件下，该信息必须能够在 6s 内更新。

（3）测距：SBAS GEO 信号在设计上类似于 GPS L1 C/A 信号，所以 SBAS 接收机使用的硬件基本上与标准 GPS 接收机相同。此外，因为 SBAS 信号是同步到 GPS 的，所以它们

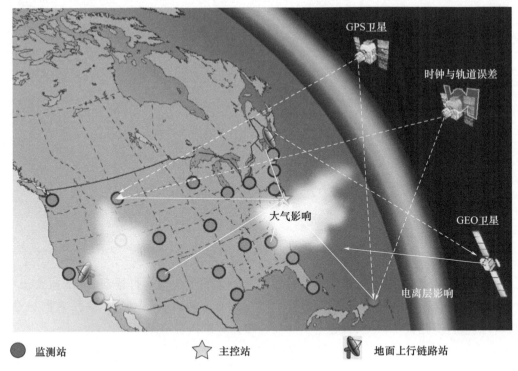

图 12.1 星基增强系统总体概念

可用于测距。更多的测距值增加到 GPS 测距信号中,可以提高时间可用性和定位解的连续性。

每个主控站生成一个针对其覆盖区域上空电离层的校正格网。在南纬 60°和北纬 60°之间,格网大小以经纬度 5°×5°划分,极地区域格网密度降低[12.8]。与独立的 GPS 单频电离层模型相同,SBAS 电离层校正将电离层模拟为位于地球表面上空 350km 处的一个"薄层"[12.9]。接收机与卫星间的视线在一个标记为电离层穿刺点(IPP)的点穿透这一层。用户使用周围的 4 个网格值插值到每个 IPP 位置得到电离层延迟。图 12.2 显示了北美上空的 SBAS 电离层格网,其中广域增强系统(WAAS)使用的格网点用红色菱形标识。图中还显示了监测站在特定时间测得的 IPP。

主控站还根据参考网络为每颗 GPS 卫星产生校正向量,其中包括卫星时钟校正和卫星位置校正。这些校正是在消除了电离层影响,并将对流层和多径误差减至最低后,由伪距测量产生的。

产生电离层和卫星轨道钟差校正的过程很复杂,但更困难的任务是约束应用校正后仍存在的定位误差。电离层校正中剩余误差的边界称为格网点电离层垂直误差(GIVE)。GIVE 限定了垂直通过网格中某一给定点的电离层校正。将其他角度的视线乘以一个几何倾斜度因子,可以调整较长视线路径的延迟和置信度值。主控站在校正后还限定了卫星轨道钟差误差的影响,这些界限称为用户差分距离误差(UDRE)。当卫星轨道钟差投影到视线范围内最坏情况的位置时,UDRE 限定了其定位误差。

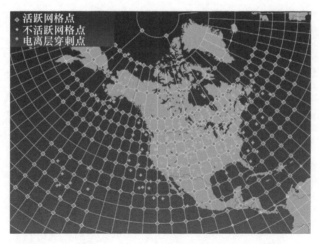

图12.2 北美上空的SBAS电离层格网(见彩图)

主控站将电离层校正、卫星轨道钟差校正及相关的限定边界打包到SBAS电文流中。这一电文流上传至GEO卫星。这些卫星本质上是弯道转发(bent pipes)——它们只是简单地转换上行链路信号频率,并将电文广播给覆盖范围内任意地方的用户。

## 12.2 GPS误差源

GPS信号受到许多潜在误差源的影响,因此需要了解这些误差源以及它们可能对信号产生的影响。对完好性而言,主要关心误差对测距精度的影响。误差可能造成信号接收时产生未建模的影响,从而造成与卫星之间距离的明显变化。为了提升精度,SBAS首先尝试修正这些误差。其次,考虑到无法完全修正误差,所以必须向用户描述每一个校正过的伪距测量值还存在多大的不确定性。因此,了解并描述不同误差源的物理源和影响成为基本要求。这些误差源通常分为三类:

(1) 由信号生成和传播而产生的与卫星相关的误差源;
(2) 由信号从卫星到用户间传播路径相关的误差源;
(3) 由信号接收产生的与接收机端相关的误差源。

第一类误差源包括所描述的卫星轨道位置与钟差、不同频率信号间的偏差或不同码与载波分量间的偏差、信号变形以及与卫星天线视角有关的偏差等误差。与传播路径相关的第二类误差源包括电离层和对流层影响。第三类误差源包括多径、接收机噪声和跟踪误差以及用户天线偏差影响等。对于SBAS而言,影响监测站网和用户的误差均十分重要。下文将更详细地描述最重要的误差源。

### 12.2.1 卫星时钟与星历

即便不存在故障,卫星也受到星历和钟差误差[3.3.4节]的影响。这些影响对GPS

而言一般很小,映射到视线方向误差一般小于1m。偶然情况下,相对于真实的卫星位置和时钟,广播的 GPS 时钟与星历信息可能包含较大的误差。这类错误可能表现为 GPS 时钟、星历或两者的跳变、缓慢偏移或高阶误差。这些错误可能由卫星轨道或时钟状态的变化造成,或者仅仅只是因为广播了错误信息造成。例如,时钟错误可能导致广播信号授时突然发生变化而卫星位置仍然是准确的。又如,突然的轨道机动使轨道发生了变化,但时钟仍然是准确的。同样,卫星状态可能未发生变化,但广播给用户的导航数据发生了变化,从而包含了不正确的信息。还有另一种可能是,与卫星相关的所有信息都是正确的,但用户或监测站网的星历信息译码不正确。对 GPS 而言,钟差与星历误差映射到伪距误差上,一般名义偏差优于 1m。GPS 系统极少出现错误,一般一年不会超过两次,一旦发生可能导致产生几千米的误差。

### 12.2.2 电离层

电离层(第 6 章)主要分布在地球表面上空 100～1000km。在这一区域,自由电子呈现出复杂的 3 维(3-D)分布[12.9]。电离层经常模拟为一种 2 维(2-D)结构,出现在高为 350km 处的薄壳中。电子分布在一天中变化,其中:在当地下午,当太阳辐射产生最多数量的自由电子时,影响最大;而在晚上,当这些相同的电子与正离子重新结合时,影响最小。随着地球磁场相对于太阳方位的改变,电离层也会发生季节性变化。太阳还会经历一个约 22 年的周期,期间磁场发生翻转,导致电离层每隔 11 年发生一次周期性变化,在周期快要结束时的电离层延迟和扰动要比在周期刚开始时大得多。

非赤道地区(纬度大于约 25°)通常可以使用薄壳模型。假定东西方向和南北方向的延迟呈线性变化,很容易估算大范围的电离层延迟以及误差。但是当简单的置信度边界明显不能限定真实误差时[12.10-12.11],偶尔会出现扰动时间段。另外,在赤道地区,电离层经常包含明显的三维结构,电离层扰动可能在很短的距离上出现,因此难以在有限的SBAS 电文结构中描述。在 50km 基线上,可观测到这种扰动会使垂直延迟变化大于 20m,且在垂直方向上每分钟的延迟变化达到 4m。

### 12.2.3 对流层

对流层误差(第 6 章)的影响一般比电离层误差或卫星故障小。SBAS 通过采用历史预测值构建模型,并分析与使用的假设模型之间的偏差来计算。但需要注意,假设模型无法完全适配当地气候条件。同时,大气压、温度和含水量会出现不可预测的变化。每一种变化都可能产生高达几分米的垂直延迟误差,在极低仰角下甚至可以映射到几米的误差。通常情况下,对流层的总垂直误差小于 10cm,在低仰角下的误差小于 1m[12.12]。

### 12.2.4 多径

多径(第 15 章)取决于天线周围环境和卫星位置。在飞机上,置于适当位置的天线可具有良好的周围环境,但飞机的运动通常造成多径的快速变化。对于窄相关器接收机而言,借助载波平滑,可使飞机整体多径标准偏差降低到小于 25cm[12.13]。不过,监测站所处环境可能较为复杂,因此多径误差可能达到几米。因为监测站天线是静止的,所以多径的持续时间可能达到 10min 或更长。对于 GPS 而言,多径误差中还包含一个周期性分量,即在一个恒星日内重复。因此,几天之内或更长时间内可能会观测到重复出现的多径影响。不过,当采用两个频率时,监测站可以使用一个很长的时间常数进行载波平滑,并在经历足够的平滑时间后使其标准偏差小于 25cm。

### 12.2.5 其他误差源

前述各节描述了 4 种最重要的误差源,还有一些误差源通常不明显但也可能会影响性能,例如 GPS 码信号失真[12.14-12.15]。因为信号并不严格相同,测得的这些信号的到达时间也会有差异,取决于相关器间隔和观测接收机的带宽。这种偏差对配置相同接收机的网络而言是一样的,但对采用不同设计的用户接收机而言却明显不同。名义变形偏差总是存在的,可能达到几分米。另外,一些可能的故障模式也可能导致误差大于 10m。

另一种可能存在威胁是,卫星可能无法维持码与载波之间的相干性。这种故障模式出现在卫星上,与电离层引起的不相干无关。这种威胁造成卫星广播码与载波之间的步进或速率发生变化,新 Block ⅡF GPS 卫星的 L5 信号观测到了这种威胁。

GPS 天线 L1 和 L2 频率的码和载波相位存在与视角相关的偏差[12.16],偏差可达数十厘米,可能源于天线设计本身以及生产加工过程中。卫星天线、监测站天线和用户天线都存在这种偏差。与之密切相关的一个误差源是监测站天线测量误差,这可能导致在估算卫星校正时出现误差。

## 12.3 SBAS 架构

如前所述,SBAS 由三个要素组成:
(1) 监测网络;
(2) 处理中心;
(3) GEO 卫星。

监测网络的任务是实时收集 GPS 信号基本数据并转发处理中心,供进一步分析使用。处理中心的功能是评估数据,并生成关于完好性的校正值和决策。然后,这一信息通过 GEO 卫星广播给用户。下面各小节描述了这几个要素及其功能。

### 12.3.1 监测站

每个监测站都包含独立的多线程监测设备。每一线程由一个天线、一台双频 GPS 监测接收机、一台原子钟和冗余通信链路组成。图 12.3 显示的是位于一个 WAAS 监测站的三线程监测设备,其中还包括冗余线程,以便硬件故障检测。GPS 监测接收机每秒进行

GPS L1 和 L2 频率伪距测量和载波相位测量,L1 和 L2 频率分别为 1575.42MHz 和 1227.60MHz。基于原子钟,可以方便地对以往的测量值和当前测量值进行比较,并识别出异常值。监测站的原始观测量沿冗余通信线路发送到每个主控站,保证观测量传送的高成功率。监测站之间的间隔约 200km 或更远,通常安置在能够提供安全、可靠电力(有备份)和可靠通信的设施处。监测站不对原始观测量进行处理,而是全部发送至中央站点进行处理。监测站网络应具备足够的冗余度,保证损失任何一个单独的站点都不会影响整个服务的可用性。

图 12.3　WAAS 监测站(经 FAA 卫星导航小组准许复制)

## 12.3.2　主控站

SBAS 主控站有 4 项主要任务:
(1) 收集数据;
(2) 产生校正信息;
(3) 确定置信区间;
(4) 信息打包成电文以进行广播。

通过每一个监测站的每一个线程,主控站获得全部原始的 GPS 数据。不过,为了满足告警时间(TTA)需求,等待数据的时间不能太长。在固定的时间内,(必须/确保)完成当前历元增强信息的计算与生成。这一过程每秒重复一次,从而满足连续地生成发送电文内容的要求。

从监测站获得数据后,主控站首先进行一致性检验,识别和消除错误数据。来自每个监测站并行线程的数据必须彼此一致,并与原来的信息一致。如果不一致,则主控站必须确定哪一信息不正确。如果不能确定,则必须立即警告用户原来的校正数据可能不安全。一般来说,主控站能够将不良观测量在被用户使用前识别出来并移除。接下来,将数据输入到各种过滤器和估计器。其中,卫星时钟和轨道估计器也承担监测站钟差的估算,另有其他估计器分别负责因卫星和监测站硬件而导致的 L1 和 L2 信号间偏差的估算,以及使用 SBAS 校正的每一个格网点的电离层延迟估算。

系统使用安全监测器从而可以确定估算值中存在多大的误差。利用 SBAS 校正 GPS,其实是两个非常复杂的系统同时工作,而不是一个系统,因此故障的风险被放大了一倍。SBAS 的第一项任务是自监测,确保本身不会引入误差。每个监测站都包含并行设备线程,每个线程独立于其他线程运行。每个线程的输出与其他线程的输出进行比较是误差屏蔽的第一道保险。首先,利用实测天线坐标和广播卫星位置消除预期的几何差异。其次,每个线程间的钟差必须通过测量来解决,通过综合一段时间内所有共视卫星的信息完成。如果校正后的测量值差异太大,则被丢弃;如果某一特定线程丢弃的测量值太多,则做出标记进行维护。这种交叉比较可识别出较大的接收机/时钟故障,以及天线之间大的多路径误差(不常见)。但是,较小的接收机误差或公共误差仍无法识别。再次,通过比较不同监测站的测量值来检验其一致性,并检查实时性能,尽力识别 SBAS 误差并防止这些误差影响性能。通过第一阶段的跨多线程筛选测量值,绝大部分有害误差都在影响下一步参数估计前就已被消除。

误差筛选和载波平滑后[12.13],在测量值上仍存在码噪声和多径的影响。这些经过筛选的测量值将用于监视卫星误差和估算电离层延迟,所以了解和限定这些误差的范围非常重要。每级处理通过置信度来表示自己对误差屏蔽准确性的把握程度,并将该置信度值传输给后一级处理。

校正后的卫星时钟和星历误差受 UDRE 约束,主控站维护整个服务空间内的时钟和星历误差。主控站必须保证 UDRE 足够大,从而可以保护所有用户。不过,卫星上可能还存在其他误差。如果码和载波信号可能未完全同步,卫星的测量范围将随已完成的平滑数量而变化,而这一数量又根据捕获时间和最新的周跳而变化。信号形状也可能发生变化,从而影响到信号跟踪。UDRE 必须涵盖所有这些可能的误差源。

生成电离层校正需要双频测量值。电离层是弥散的,所以 L1 频率上的电离层延迟不同于 L2 上的延迟,其延迟与频率的平方成反比。SBAS 地面系统利用这一关系估算格网中顶点处的电离层延迟。但可惜航空设备无法使用 L2 信号,因为该频率位于无线电频谱内的非导航部分,而 FAA 无法保证其可用性。因此,地面系统估算航空设备的电离层延迟,并将网格内的电离层延迟估算值发送给机载用户。监测站网的密度取决于电离层延迟的空间相关性[12.17]。如果电离层总是平滑的,则几乎不需要监测站;如果电离层梯度很大,则需要较大数量的监测站。未来,GNSS 卫星将向民航广播 L1 和 L5 两种信号。届时,新的航空设备将使用两个频率计算电离层延迟,因为 L5 频率位于受保护的航空频段内。

每个格网点的电离层延迟必须根据每个监测站的各个电离层测量值进行估算[12.18-12.21]。此外,每个格网点处的电离层校正误差由 GIVE 限定。因为测量值与格网点不重合,所以必须以适当方式综合到一起,解释电离层可能的空间变化。GIVE 必须考虑在传播模型中的测量误差和不确定性。由于电离层格网点(IGP)本身相隔约 500km,而且来自监测站的测量值是稀疏的,因此无法描述非常精细的电离层尺度结构。校正电离层的 SBAS 方法基于这一事实:一般情况下电离层在超过数百公里的范围内缓慢变化。名义上,IGP 延迟算法假定经度和纬度变化有限,但必须识别此假设无效的时间。某些情况下，电离层可能处于一个扰乱的状态，这种情况下 SBAS 模型不再准确。此时，算法必须能够识别出问题并相应地增加置信区间[12.22]。

SBAS 使用标准对流层模型来预测存在于参考站和用户视线上的对流层延迟量[12.12]。这是一种依赖气象参数的模型，主要基于以北美地区为主的数年观测值，但已用世界其他地区的数据进行了验证。该模型给定了某一纬度和一年中某一时间的气压、温度和其他参数值，根据这些参数可以估算对流层延迟量。该模型还提供和限定了在应用此模型后极有可能存在误差的上限。

通过将卫星、电离层和对流层校正应用到每一个监测站的测量中，可以评估针对特定视线校正的综合影响。这些误差应以预期的方式综合到一起。如果总误差界限看起来未能适当限定所有这些测量值，则可能需要提高 UDRE 和 GIVE。这种范围域检验是确保所有信息的一致性而进行的另一种合理性测试。

最后一步检验是监测站每一线程可以按照已知的天线测量位置评估其校正后位置。这有助于确保所有校正值都适用，并受到了足够的约束。距离域和位置域测试确保所有这些校正能够正确地综合到了一起，完好性限定方法则要求要求所有误差均独立存在。如果位置域中存在误差相关性，则会导致误差放大，进而将在此检验中明显显现出来。

最后，电文处理过程确定对当前历元发送哪一个 250bit 电文，并进行打包[12.8, 12.23]。通常情况下电文能按时发送，但是当出现完好性报警的情况时，主控站必须发送一条能够警告所有受影响用户的电文。如果只有一颗卫星或 IGP 受到了影响，则需要发送特定于这些置信度边界的电文；如果多颗卫星受到影响或 SBAS 无法自主筛选错误数据，则需要针对更多 SBAS 服务发出这些服务可能不安全的警告。幸运的是，这类事件极少发生。当广播报警时，它们会连续重复 4 次。这是因为考虑到用户接收机可能错过一条电文（甚至 3 条电文），而当原来信息不再正确时，确保用户接收到这些数据是很重要的。

## 12.3.3 地面上行链路站与地球静止轨道卫星

地球静止轨道卫星为分发 SBAS 电文提供了绝佳手段。SBAS 能够覆盖地面很大区域，与 GEO 卫星的覆盖范围一致。GEO 信号与 GPS L1 C/A 和 L5 信号相似，也采用这些频率。这样可为用户提供了额外的测距值。这些信号以 250b/s 的速率广播数据，足以传送 SBAS 校正和置信度。由于这些信号来自空间，因此在飞机通常飞行的开放天空环境下，不会受到地形遮挡。星基增强系统的叫法即源于地面系统与这种基于卫星的传送方式的配对。图 12.4 描述了 WAAS 使用的 ANIK-FIR GEO 卫星。

当前仅使用 GEO 卫星进行简单的转发功能。GEO 在一个频率上接收模拟信号，将其转换到特定 L 波段频率上，然后以最小延迟将其重新发送到地球。伪噪声（PRN）码、电文和授时信号都在地面上生成。这些信号由一个闭环系统控制，这使它们看起来就像是由卫星生成的一样[12.24]。卫星高效地把来自地面上行链路站（GUS）的信号重新向地面发送，需要将上行链路频率转变为合适的下行链路频率。之所以采用这种方式，是因为转发器载荷比 GPS 卫星上的完整导航载荷重量更轻、更便宜。

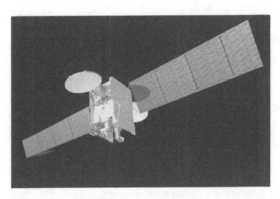

图 12.4　WAAS 使用的 ANIK-F1R GEO 卫星（经 FAA 卫星导航小组允可使用）

地面上行链路站（GUS）的组成包括：①一台计算机，从多个主控站接收电文；②一台原子钟，提供稳定的频率参考；③一个信号生成器，创建上传到 GEO 的信号；④一台接收机，监测 GEO 下行链路信号；⑤一台 GPS 接收机，确保 GEO 卫星同步到 GPS 时间；⑥一个控制器，控制上行传送的信号。图 12.5 显示了位于美国加利福尼亚州纳巴山谷的 GUS 大型天线，WAAS 使用这一站点向位于西经 133°的 GEO 卫星上注信号。地面上行链路信号一般都大于 3GHz。计算机必须决定下一个历元发送哪一电文，这取决于它从哪些主控站接收到了电文以及它之前已发送了哪些电文。一般情况下，计算机持续发送来自同一主控站的电文。但是如果与此站点间的通信中断，或如果接收到指令要求转换到另一个主控站，则需要进行切换；如果没有接收到有效电文，则可以发送空电文或启用报警序列。

图 12.5　WAAS 地球静止轨道卫星上行链路站（经 FAA 卫星导航小组许可使用）

生成的信号与GPS L1 C/A码信号非常类似,它们之间的主要差别是该信号中心频率高出 L1 频段,数据位以 500symbol/s(每秒符号数)的速率切换。首先,将电文编译到信号上,然后上注到 GEO 卫星。然后,GEO 卫星接收这一信号,将其下变频至 L1 频段并广播回至地球。最后,在 GUS 上接收信号。由于上行链路信号码片的中心频率和授时经过调整,因此看起来就像是在 GEO 卫星上生成了与 GPS 卫星同步的下行链路信号一样。

一般而言,GEO 信号精度低于 GPS 信号。由于一些 GEO 卫星的转发器带宽较窄,因而这种差异造成了精度的损失和一些信号失真。同时,信号在地面生成,上行链路的一些路径误差(如电离层、对流层)不能被完全消除,从而影响到下行链路精度。此外,因为 GEO 卫星在天空中移动很慢,载波平滑不能有效减少地面静态位置(如参考接收机)的多径误差。这种增加的误差导致轨道和钟差估计精度下降,误差边界的不确定性增大。而飞机运动确实引起足够的变化,使得载波平滑能在飞机上发挥有效作用。

### 12.3.4 运行控制中心

图 12.6 展示的是 WAAS 两个运行控制中心之一。WAAS 有三个主控站,其中一个就位于该中心。运营商从该中心能够监视 WAAS 的状态和性能,他们对监测站、主控站和上行链路站的各种组件进行维护与升级。该控制中心还拥有监测天气、空中交通和传统导航辅助系统。运营商与国家空域内的其他系统交互,确保有效集成。同时,将不同系统一起进行管理,以确保任何日常维护都能被最佳地安排,计划外的中断也能被正确地沟通。此外,控制中心还提供通知,通知用户系统性能发生的变化[12.25],并与 GPS 操作员交互。

图 12.6　WAAS 操作控制中心(经美国联邦航空局卫星导航组许可转载)

## 12.4　SBAS 完好性

用于航空的增强系统与传统差分 GPS 服务极为不同。增强系统将补充并最终替代现有的、安全性已在多年实践经验中得到检验的导航辅助系统。所以,增强系统在投入使用前必须先证明其安全性。

完好性需求指定位误差不能超出定位置信度边界,即保护级别。这一需求用 TTA 和概率来规定。TTA 需求意味着如果定位误差超出保护级别,必须在极短的时间内(要求最严格的 SBAS 操作是 6s)通知用户。一旦出现故障,定位误差必须降至保护级别以下或必须通知飞行员系统在 6s 内不能安全使用。概率的需求是,一千万次操作中,最多只有一次出现未能提前告知的定位误差超出保护级别的时间大于 6s。SBAS 向用户提供差分校正和置信度边界。校正置信度边界与卫星的几何构型一起可以用于计算保护级别,保护级别必须足够小才能使用计算的位置进行导航。用户仅能实时访问保护级别,并不知道真实的定位误差。如果用户被告知定位误差很小,则不用维护完好性。但实际情况并非如此。建立 SBAS 的目的就是确保这些完好性需求得到了满足。

## 12.4.1 完好性认证

认证是提供者保证其提供的服务满足需求的过程。认证涉及分析、测试和文档记录。航空完好性认证的一些重要问题包括[12.26]:

(1)每次进近的航空完好性达到 $10^{-7}$ 是适用于每一次操作的需求。这一数值并不是所有条件下的平均值。此概率还适用于所允许的最差条件。

(2)经过验证的威胁模型对描述系统针对何种威胁提供保护以及量化评估其提供这种保护的有效性,都至关重要。

(3)必须表明系统设计在所有故障模式和外部威胁下的安全性,包括有可能有些潜在的故障正好在系统的探测能力之外。

(4)小样本数据并不适用于完好性分析。对于以往的数据,必须进行详细的分析。

由于所有操作都需要这些需求,因此必须在允许的最差条件下评估威胁和误差条件。例如,如果允许用户在 11 年太阳活动周期的高峰运行,就必须模拟这一最差情况期间的电离层误差,而不能是太阳活动周期高点和低点的平均值。威胁模型是描述可能出现的不同误差的手段,将在下一节进行描述。这些模型必须描述观察到的和预期的威胁,并且必须进行定量处理。

## 12.4.2 威胁模型

威胁模型描述了系统必须保护用户免受的预期事件。威胁模型必须描述威胁的特定性质、强度及可能性。总之,各种威胁模型必须全面描述系统可能难以保护用户的所有合理条件。最终,威胁模型构成了决定系统设计是否满足其完好性需求的绝大部分基础。因此必须要充分减轻每一项威胁以达到指定的要求。只有在表明每种威胁都已得到了充分解决时,才能认为系统是安全的。与定性评估相比,定量评估对建立 $10^{-7}$ 的完好性至关重要。SBAS 的工作依靠分析特定故障模式并确认哪些有可能存在、可能性有多大。每种可能的故障模式必须在系统可观测性的限制下排除。如果确信系统中存在某一故障模式或由于测量噪声而无法消除,则必须在严重影响到位置估算的 6s 内通知用户。

SBAS 主要被视为解决 GPS 现有威胁。不过,它也面临着在没有任何 GPS 故障的情况下引入威胁的风险。根据需要,SBAS 是一种由硬件和软件组成的复杂系统。任何威胁模型中都必须包括自身缺陷引入的误差。这些误差中,有一些是所有设计普遍都有的,而另一些则与实现有关。例如,WAAS 参考接收机软件设计保障并不能确信不会产生错误。参考接收机软件故障成为整个下游完好性监测中必须解决的独特威胁。

## 12.4.3 包络

每一种误差源都呈现出与其相关的概率分布。这一分布描述的是碰到特定误差值的可能性。理想情况下,较小误差比较大误差更可能出现,一般而言,大部分误差源都是这种情况。大部分误差源的中心区域能够用高斯分布很好地描述,也就是说,大部分误差会聚在一个平均值(通常接近 0)附近,根据广为熟知的高斯模型,远离平均值的误差可能性随之下降。这也经常是中心极限定理的结果,根据这一定理,随着更多独立随机变量的加入,分布趋向于接近高斯分布。

遗憾的是,观测到的误差分布尾部很少呈现出高斯分布。两种互相冲突的影响会改变其特性。第一种是切片,因为 SBAS 内有许多交叉比较和合理性检验,一般较大的误差会被清除。因此,对于真正的高斯过程,消除异常值会导致较大误差比预期的少。第二种也是更主要的影响是混合。误差源很少是静止不变的。因此,在某一段时间,误差可能呈现高斯分布,存在平均值和方差;而在另一段时间,误差可能呈现出不同分布。因为我们不一定能够明确何时存在何种条件,而不同条件将混合到一个分布中。这种混合可能源于标准条件的变化或引入了故障模式。混合一般导致尾部比预期更宽,因此也更可能出现较大的误差。

混合还带来其他问题。如果误差过程是静止的,就有可能收集与实际一样大的数据集,然后使用高斯或其他模型保守地外推尾部特性。不过,因为分布随着时间变化,基于过去特性来预测未来性能更为困难。而且,混合导致分布更复杂,更难以外推尾部特性。

包络是指实际分布能够用一个简单的、通常的高斯模型[12.27]来保守描述。包络分布预测大误差出现的可能性至少与真实分布相同。即使真实分布可能未完全已知,实际中也需要以某种方式对其进行分析,通常涉及一定的保守性。由混合零均值高斯分布组成的真实分布可以由其标准偏差最大的组成部分包络。因此,呈现实际分布的 sigma 值在 1~2m 之间时,可能总是处于在 2m 水平(或者增加保护级时可能为 2.5m)。通过不同包络法则,还可以描述如何将误差与已被包络的其他项综合到一起[12.27-12.29]。这就是说,SBAS 将单独包络每颗卫星和每个 IGP 的误差。SBAS 广播的 GIVE 和 UDRE 描述影响校正的实际误差分布包络。这些包络法则允许用户综合利用这些值通过计算保护级来包络定位误差。

## 12.5 SBAS 用户算法

SBAS 最低运行性能标准(MOPS)是国际上达成一致的文件[12.8],介绍了 SBAS 向用户发送差分 GPS 校正和完好性信息的方法。这些信息以 250bit 电文发送,每秒都进行解码操作,校正参数分布在几个电文中。各颗卫星的校正必须与接收机测量值和其他本地信息综合到一起形成导航解和保护级,用户必须准确地重构和应用所有信息。MOPS 确保所有 SBAS 服务提供商以兼容方式解译其信息,进而航空接收机可以与各个不同的 SBAS 协同工作。

## 12.5.1 电文结构

广播电文结构为 500symbol/s,其中包含前向纠错,可显著降低比特丢失或错误识别的风险[12.30]。符号经过译码过程产生 250b/s 的电文。每个电文比特有两个符号。电文每秒发送一次,包含 212bit 的校正数据。另有 8bit 用于捕获和跟踪,6bit 用于识别电文类型,剩余的 24bit 用于奇偶校验,避免使用毁坏的数据。这些电文必须保存并与其他类型电文相互组合连接后,形成每颗卫星的校正和置信度边界。

SBAS 消息系统包含以下要素。

(1) 卫星校正:SBAS 广播卫星钟差快速校正参数,这些钟差可能随时间快速变化。快速校正电文校正最多发送 13 个卫星时钟偏差,每 6s 发送一次。钟差变化率通过序列快速校正偏差差分获得。SBAS 还针对缓慢变化的卫星位置和钟差发送校正。校正参数由 $\Delta x$、$\Delta y$ 和 $\Delta z$ 卫星位置(还可能是速度)加上时钟变化量(还可能加上时钟速率变化量)组成。这些长期校正约每 2min 发送一次,每个长期校正电文根据是否还包括变化率信息来校正 2 颗或 4 颗卫星。

(2) 电离层校正:SBAS 广播电离层校正格网。每一电离层校正电文更新最多 15 个电离层格网点的垂直延迟估值,并每 5min 广播一次。

(3) 置信度边界:除了校正参数,还广播剩余误差的置信度边界。UDRE 必须每秒发送一次,而 GIVE 仅每 5min 更新一次。这些边界对维持系统的完好性和 TTA 至关重要。UDRE 包含在快速校正电文中,GIVE 包含在电离层校正电文中。此外,有电文能为每颗卫星的时钟/星历误差提供完整的 4×4 协方差矩阵信息。如果进行广播,这些矩阵每 2min 在电文中发送一次,可以更新 2 颗卫星。协方差矩阵在标记为电文类型 28(MT28)的电文中发送,经常被称为电文类型 28(MT28)参数[12.31]。另一种可选的电文可以在某一区域内区域提高 UDRE 值,这一区域信息在电文类型 27 的电文中发送,标记为 MT27 参数。系统要么使用 MT28,要么使用 MT27,但从不会同时使用两者,因为这两种电文都满足类似的目的,只是采用的手段不同。

(4) 降级参数:校正参数中可能存在的误差随时间增加,因此广播一些参数模拟这些影响。用户利用这些降级参数作为校正龄期,当用户错过最新的校正时,这些参数对维护完好性和可用性尤为重要。

(5) 掩码:PRN 掩码用于指定快速校正电文中哪颗卫星属于哪一轨位。掩码用于分配轨位,这样就不需要每次快速校正都发送卫星标识。类似的电离层掩码用于将电离层校正电文中的每个轨位与地理格网点位置关联到一起。使用掩码降低了所需的吞吐量,因为掩码的发送并不频繁。它们还通知用户特定 SBAS 校正的是哪些卫星和哪些 IGP。

（6）地球静止轨道导航电文：与 GPS 卫星相比，当前的 SBAS 卫星位于地球静止轨道，因此，其位置（星历）不需要频繁更新。由于地球静止轨道限于赤道上空一定区域，也不需要很大的动态范围。广播电文包括卫星绝对位置（地心地固（ECEF）参考框架内的 $x,y$ 和 $z$），以及速度和加速度值。此电文中还包含绝对时钟与时钟速率，以及参考时间和 IOD。该电文每 2min 广播一次。

（7）同步头：为了使接收机寻找到 250bit 电文的起点，每条电文的开始都包含一个 8bit 的同步头。3 个独特同步头以固定序列重复，通过搜索这一特定的位模式，接收机能够与 SBAS 数据信号进行步。

（8）奇偶校验：为了实现数据的完整性，SBAS 必须使用比 GPS 导航电文中使用的 6bit 奇偶校验强大得多的误差检测算法。尽管如此，错误检测的开销减少了，因为奇偶校验适用于比 GPS 更长的消息。24bit 循环冗余校验（CRC）码确保用户使用的电文是预期电文，任何在传输中损坏的比特都能在造成错误信息前被检测到。

（9）前向纠错：SBAS 使用前向纠错，从而比 GPS 导航电文的发送速率 50b/s 更快。SBAS 使用一个速率为 1/2 的卷积码，约束长度为 7。当前 SBAS 电文如表 12.1 所列。

表 12.1　SBAS 电文类型

| 类型 | 内容 |
| --- | --- |
| 0 | 不用于安全应用（WAAS 测试） |
| 1 | PRN 掩码分配，设置为最多占 212bit 中的 51bit |
| 2-5 | 快速伪距校正和 UDRE |
| 6 | 完好性信息，UDRE（多卫星告警） |
| 7 | 快速校正降级因数 |
| 8 | 保留用于未来电文 |
| 9 | GEO 导航电文（$X$、$Y$、$Z$、时间等） |
| 10 | 降级参数 |
| 11 | 保留用于未来电文 |
| 12 | WAAS 网络时间/协调世界时（UTC）偏差参数 |
| 13-16 | 保留用于未来电文 |
| 17 | GEO 卫星历书 |
| 18 | 电离层格网点掩码 |
| 19-23 | 保留用于未来电文 |
| 24 | 混合快速/长期卫星校正 |
| 25 | 长期卫星校正 |
| 26 | 电离层延迟估值和 GIVE |
| 27 | WAAS 服务电文 |
| 28 | 时钟-星历协方差矩阵电文 |
| 29-61 | 保留用于未来电文 |

续表

| 类型 | 内容 |
|---|---|
| 62 | 内部测试电文 |
| 63 | 空电文 |

### 12.5.2 电文应用

用户使用的每颗卫星需要一个长期校正参数和两个快速校正参数[12.23]。两个快速校正差分后确定快速时钟项的变化率,该速率与最新的快速校正参数一起使用,从而确定当前时间的快速时钟值。快速时钟校正参数添加到长期时钟校正参数中,可以获得完整的时钟校正参数。轨道校正参数也来源于长期校正参数,需要将其与 GPS 卫星广播电文的轨道位置相加获得完整轨道校正值。UDRE 由快速校正参数发送,并且随着快速校正参数的发送时刻而增加。如果使用 MT28,此参数用于确定协方差矩阵,该矩阵与归一化四维(4-D)视线向量组合后可以确定 UDRE 的倍数。一般而言,当用户接近监测站位置时,这一放大因数较小。如果用户远离监测站,则这一因数可能会明显增加。如果使用 MT27,则 UDRE 扩大的倍数是与用户位置有关的参数。与使用 MT28 相同,如果用户离监测站较远,则与一个较大项相乘。这一乘积也包括降级项,表示为一个 sigma 值并称为快速与长期校正边界或 $s_{flt}$。

在进行不太精确的水平导航时,需要使用卫星校正参数与置信度参数。用户可应用 GPS 广播的简单单频电离层模型,将水平位置的精度限制在 1n mile 范围内。不过,要获得精确的垂直引导,用户还必须应用 SBAS 电离层校正。

用户必须确认对每一个 IPP 周围的 IGP 并获得每一个 IGP 的电离层延迟。至少需要获得周围 3 个 IGP,但是在理想情况下,IPP 周围都应该存在 4 个 IGP,从而确定一个长方形。然后用户应用双线性内插法获得 IPP 处的垂直延迟估算值,随后应用相同的内插法从周围 GIVE 获得用户电离层垂直误差(UIVE)边界,同时应用映射函数从垂直方向转换到倾斜视线方向,得到的置信度项现在称为用户电离层距离误差(UIRE)。用户使用过程中,将从与 IPP 对应的卫星伪距测量值中减去延迟值即可进行电离层校正。为了完全校正测距误差,用户还需要依据 MOPS 减去对流层模型延迟估算值。

### 12.5.3 保护级

保护级公式的基本理念是误差源近似服从高斯分布,高斯模型的精度足够保守地描述定位误差。使用 4 个误差项描述,分别为卫星时钟与星历误差 $\sigma_{flt}$、电离层延迟误差 $\sigma_{UIRE}$、对流层延迟误差 $\sigma_{tropo}$ 和机载接收机与多径误差 $\sigma_{air}$。这些项的保守方差合并到一起,形成各个伪距误差的保守方差,即

$$\sigma_i^2 = \sigma_{flt,i}^2 + \sigma_{UIRE,i}^2 + \sigma_{tropo,i}^2 + \sigma_{air,i}^2 \tag{12.1}$$

这一伪距方差的倒数添加到加权矩阵 $W$ 的对角线元素上,并与几何矩阵 $G$ 综合,可建立

位置估算的协方差,即

$$(G^TWG)^{-1} \tag{12.2}$$

式中:几何矩阵在本地东、北和上参考框架内表述。第三个对角元素表示垂直方向上误差协方差的保守估值。由于垂直保护级(VPL)希望限定 99.99999% 的误差,所以设置为 5.33 等效高斯尾部值。因此,仅使用 L1 的 SBAS 最终 VPL 表示为

$$\text{VPL} = 5.33\sqrt{\left[(G^TWG)^{-1}\right]_{3,3}} \tag{12.3}$$

## 12.6 运行中与规划中的 SBAS 系统

目前全球已经建设了 4 种 SBAS 系统,并且至少还有 3 个系统也在建设中。已投入运行的系统全部均与 MOPS 以及当前通过认证的 SBAS 接收机兼容,但这些系统并不相同。各个系统都针对自己特定的服务区域而建立,它们有时面临着特有的挑战。不过,尽管各个系统存在差异,但是要求 SBAS 接收机都能很好地使用这些系统且能够从一个系统无缝切换到另一个系统。

### 12.6.1 广域增强系统

广域增强系统(WAAS)自 2003 年[12.2]以来已投入完全运行,提供生命安全服务。系统包括位于美国本土的 20 个监测站(WRS),另外还有 7 个监测站位于阿拉斯加州,1 个位于夏威夷,1 个位于波多黎各岛,4 个位于加拿大,5 个位于墨西哥,总共 38 个监测站。系统包含 3 个 WAAS 主控站(WMS)和 3 颗地球静止轨道(GEO)卫星。GEO 卫星包括位于西经 133°(PRN 135)的 Intelsat Galaxy XV 卫星、位于西经 107°(PRN 138)的 Telesat ANIK F1R 卫星,以及位于西经 98°(PRN 133)的 Inmarsat-4 F3 卫星。WAAS 目前还正在采购替换卫星,包括 SATMEX-9,计划于 2017 年投入运行,位于西经 117°(PRN 131)。表 12.2 完整列出了所有的 SBAS GEO 卫星。

表 12.2 SBAS GEO 卫星(参见文献[12.32],美国空军提供)

| PRN | SBAS | 卫星 | 位置 |
| --- | --- | --- | --- |
| 120 | 欧洲地球静止导航覆盖服务(EGNOS) | INMARSAT 3F2 | 15.5°W |
| 121 | EGNOS | INMARSAT 3F5 | 25°E |
| 122 | 未分配 | | |
| 123 | EGNOS | ASTRA 5B | 31.5°E |
| 124 | EGNOS | 保留 | |
| 125 | 差分校正和监控系统(SDCM) | Luch-5A | 16°W |
| 126 | EGNOS | INMARSAT 4F2 | 25°E |
| 127 | GPS 辅助 GEO 印度区域导航增强系统(GAGAN) | GSAT-8 | 55°E |
| 128 | GAGAN | GSAT-10 | 83°E |
| 129 | 多功能卫星增强系统(MSAS) | MTSAT-1R(或-2) | 140°E |

续表

| PRN | SBAS | 卫星 | 位置 |
| --- | --- | --- | --- |
| 130 | 未分配 | | — |
| 131 | WAAS | Satmex-9 | 117°W |
| 132 | 未分配 | | |
| 133 | WAAS | INMARSAT 4F3 | 98°W |
| 134 | 未分配 | | |
| 135 | WAAS | Intelsat Galaxy XV | 133°W |
| 136 | EGNOS | ASTRA 4B | 5°E |
| 137 | MSAS | MTSAT-2(或-1R) | 145°E |
| 138 | WAAS | ANIK-F1R | 107.3°W |
| 139 | GAGAN | GSAT-15 | 93.5°E |
| 140 | SDCM | Luch-5B | 95°E |
| 141 | SDCM | Luch-4 | 167°E |
| 142-158 | 未分配 | | |
| 译者注:最新 SBAS 卫星可参考国际民航组织公约附件10第一卷内容 | | | |

图 12.7 显示了当前和一些建设中的所有 SBAS 的监测站网。可以看出,在北半球选取的站点较多。WAAS 为水平导航提供了极佳覆盖。

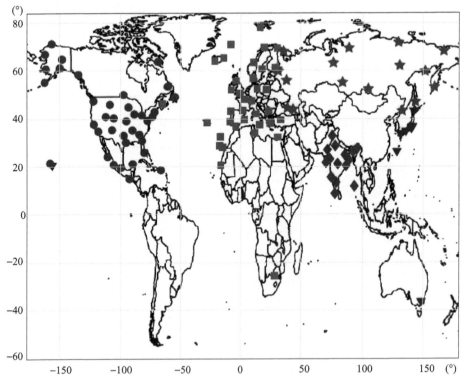

图 12.7　监测站网,深蓝色圆点为 WAAS,绿色方块为 EGNOS,
红色星号为 SDCM,蓝色菱形为 GAGAN(见彩图)

图 12.8 显示了 WASS 提供的水平导航覆盖以及日本和欧洲的 SBAS。可以看到,北美所有地区和南美部分地区都依赖 GPS 实现机场导航。GEO 覆盖边缘位于图中北边,为获得 SBAS 服务,需要至少一颗 GEO 卫星覆盖。垂直引导要求精确的电离层网格校正,因此在监测站分布稀疏的区域使用会受到限制。

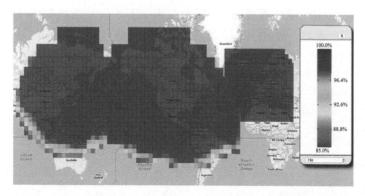

图 12.8　WAAS、MSAS 和 EGNOS 水平导航覆盖(参见文献[12.33],
经 FAA 技术中心 William J. Hughes 许可使用)

图 12.9 显示了上述三个 SBAS 系统的垂直引导覆盖区域。可以看到,WAAS 覆盖美国本土、阿拉斯加州以及加拿大和墨西哥大部分地区。图 12.10 更详细显示了垂直覆盖区域,还标注了各个区域内不同可用性所占百分比。在图 12.10 中显示的当天,美国本土大陆 100% 范围内可用性均达到 100%,而阿拉斯加有 95.04% 的地区可用性达到 99% 或更高。

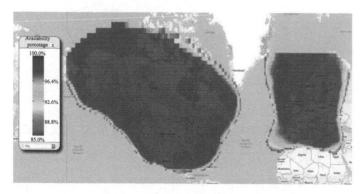

图 12.9　WAAS 和 EGNOS 的垂直导航覆盖(参见文献[12.33],
经 FAA 技术中心 William J. Hughes 许可使用)

WAAS 的精度非常好,在 95% 的美国本土范围内,水平精度约为 0.75m。而未经校正的 GPS 在中等电离层条件下,这一精度为 3.2m。在更恶劣的电离层条件下,GPS 定位误差明显降低,但经 WAAS 校正后,精度仅稍微下降。例如,2003 年,在电离层条件比较差的太阳最大活动周期内,未经校正的精度是 4.8m(95%),而经 WAAS 校正后的精度是 0.88m,阿拉斯加的水平精度约为 0.75m(95%),在墨西哥(约 0.90m)和加拿大(约 1.0m)则较差。使用 WAAS 后在美国本土大陆垂直精度约为 1.1m(95%),而未校正的

GPS则为7.6m。在阿拉斯加,垂直精度约为1.3m(95%),而墨西哥(约2.0m)和加拿大(约1.5m)95%的垂直性能也稍差。

部署WAAS是因为其相对传统导航辅助系统的优势非常大。它使北美大部分地区都获得了精确垂直引导,这一服务不需要本地机场基础设施。目前已售出8万多台WAAS航空接收机,完成了3500多次垂直引导进近,几乎是ILS提供的次数的3倍。WASS允许用户进入2000多个原来没有配备仪表进近方式的机场,而且还广泛用于非航空应用中[12.34]。

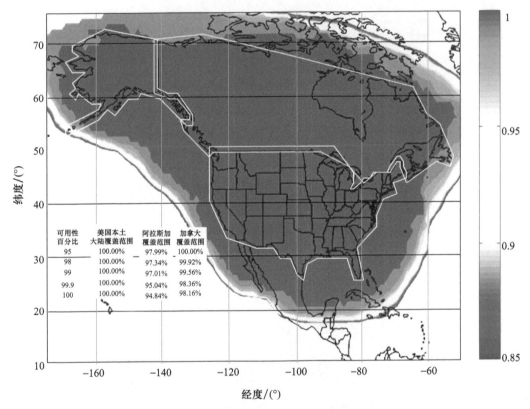

图12.10　2015年3月19日WAAS的详细垂直导航覆盖情况
(参见文献[12.33],经FAA技术中心William J. Hughes许可使用)

农业上使用SBAS更精确地定位车辆,可以降低肥料和杀虫剂使用量。海事领域使用SBAS在可见度很差的条件下更精确地引导航船只。由于GEO卫星广泛可见,SBAS还可以融合到了几乎每部手机中,依靠免费提供的校正数据,大大提升系统定位精度。

## 12.6.2　多功能卫星增强系统

多功能卫星增强系统(MSAS)一共有8个[12.35,12.36]地面监控站(GMS),其中日本岛上6个,澳大利亚1个,夏威夷1个。图12.7中给出了站址分布,包含两个主控站和两颗多功能传输GEO卫星(MTSAT),分别位于东经140°和东经145°。MSAS自2007年9月开始运行提供生命安全服务。

由于网络规模有限,MSAS GEO 卫星的 UDRE 设为 50m,因此无法进行垂直引导。而且,有限的电离层预测值几乎无法提供可用的垂直服务。所以,基于 MSAS 的垂直引导操作还一直未获批准。日本民用航空局(JCAB)研究了 MSAS 若提供垂直引导操作所需的性能改进。但是在能提供此项服务前,MSAS 只能提供水平引导。与 WAAS 类似,监测站附近和远离监测站的很大范围内均可使用水平引导。

### 12.6.3 欧洲地球静止导航覆盖服务

欧洲地球静止导航覆盖服务(EGNOS)由位于欧洲、非洲和北美的 39 个测距与完好性监控站(RIMS)组成[12.37-12.39],图 12.7 中绿色方块即为站址。EGNOS 有 4 个主控站(MCC)和 6 个导航陆地地球站(NLES),控制 3 颗 GEO 卫星。两颗已运行的 GEO 卫星分别为位于西经 15.5°的 Imarsat-3 F2 卫星(PRN 120)和位于东经 25°的 Inmarsat-4 F2 卫星(PRN 126)。另一颗 GEO 卫星 Astra 4B,位于东经 5°(PRN 136),正在进行测试,将于 2015 年开始使用。EGNOS 正在采购 Astra 5B 卫星,计划于 2016 年开始运行于东经 31.5°(PRN 123)。EGNOS 于 2009 年 10 月宣布投入运行,2011 年 3 月通过了生命安全服务认证。

EGNOS 精度良好,欧洲地区水平精度达到 1.2m(95%),垂直精度达到 1.8m(95%)。出于各种原因,EGNOS GEO 卫星没有实施测距能力,仅提供差分校正和完好性信息。未来 GEO 卫星可能会增加测距能力。

EGNOS 目前实现的电文类型是 MT27,而不是 WAAS、MSAS 和印度 SBAS 使用的 MT28。MT27 将小 UDRE 值的使用限制到以欧洲地区(从北纬 20°到北纬 70°和西经 40°到东经 40°)为中心的方形内。图 12.8 和图 12.9 中可以清楚地看到 MT27 覆盖区域的边缘。MT27 对水平导航服务的限制比 MT28 要多,但在欧洲和欧洲附近仍可以提供极佳的水平覆盖。如图 12.9 所示,垂直引导在欧洲大部分地区的可用性都很高。图 12.11 更详细地展示了垂直引导在欧洲的可用性。目前 EGNOS 已为 100 个机场提供了超过 175 次垂直进近服务,还有数百个机场也正在建设这一能力。

EGNOS 的建设更强调多模式支持[12.40]。其他 SBAS 由本地民航机构(CAA)实施,因此原本设计用于支持航空需求。但实际上,这些系统确实支持了各种运输模式,不过航空是唯一要强制提供的服务。EGNOS 还强制要求支持其他运输模式,如海上运输、铁路运输和汽车运输。EGNOS 最初还在设计中加入了俄罗斯全球卫星导航系统(GLONASS)。尽管 GLONASS 未用于其生命安全服务,但仍对其进行监测,将测量值用于其他目的。EGNOS 通过其数据访问服务(EDAS)提供数据和校正,提供对 RIMS 测量值和广播电文的近实时访问。因此,无法看到任何 GEO 卫星的用户也可以获得 EGNOS 服务[12.5,12.41]。

### 12.6.4 GPS 辅助 GEO 增强导航

印度正在建设 GPS 辅助 GEO 增强导航(GAGAN)系统[12.42,12.43],目前 15 个监测站

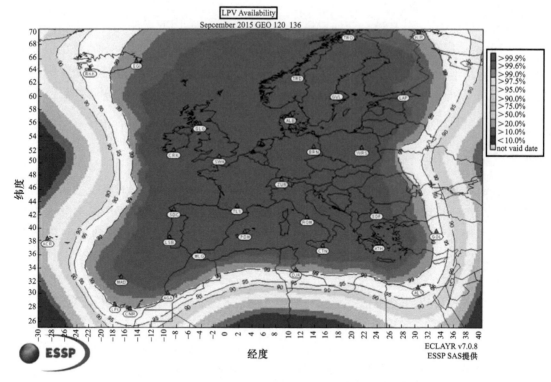

图 12.11　EGNOS 垂直导航服务 2015 年 9 月详细覆盖情况
（参见文献[12.39]，经欧洲卫星服务提供商（ESSP）许可使用）

（IRNES）全部分布在印度境内，图 12.7 中所示的蓝色菱形为站址所在地。两个印度主控中心（INMCC）和三个印度导航陆地上行链路站（INLUS）控制其 GEO 卫星。GAGAN GEO 卫星使用 GSAT-8 和 GSAT-10，分别位于东经 55°（PRN 128）和东经 83°（PRN 127）。GSAT-15（PRN 139）卫星位于东经 93.5°，目前在正部署中，计划于 2015 年发射。

　　地磁赤道穿过印度，GAGAN 面临着赤道电离层的全面影响，因此电离层活动高峰期间无法获得垂直引导。在赤道区域，日落后几小时内会频繁受到电离层等离子损耗和闪烁的影响。这种损耗造成电离层延迟出现较大梯度，而 SBAS 薄壳模型无法准确建模这些梯度。闪烁中断了卫星信号跟踪，但幸运的是，水平导航不太容易受到这些问题的影响，因为即便是电离层延迟不确定性较大，可视卫星较少，也可提供水平导航服务。图 12.12(a) 显示了印度空域内水平导航的可用性。

　　垂直引导确实需要电离层延迟不确定性较低和非常好的卫星几何构型。大多数情况下，夜晚无法提供垂直引导服务，尤其是在太阳活动最大期内。当前太阳周期于 2014 年达到最大值，图 12.12(b) 显示了良好天气条件下垂直引导的可用性。L5 信号使得 GAGAN 在整个太阳活动周期内都能获得高的 LPV-200 可用性。GAGAN 于 2014 年开始通过了水平服务认证，垂直引导服务于 2015 年 4 月通过认证。

　　赤道电离层也造成 GAGAN 精度相比于位于中纬度的 SBAS 出现一定程度的下降。GAGAN 在印度实现的精度是水平 2.3m(95%)，垂直 3.7m(95%)。

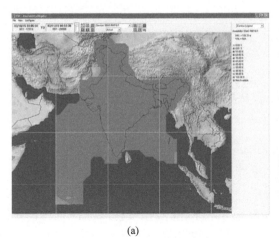 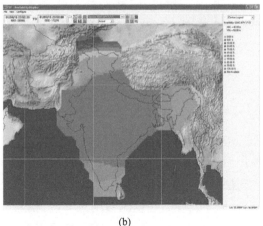

(a)　　　　　　　　　　　　　(b)

图 12.12　GAGAN 导航(参见文献[12.42],经印度机场管理局许可使用)
(a)GAGAN 水平导航覆盖;(b)GAGAN 垂直导航覆盖。

## 12.6.5　差分校正和监控系统

俄罗斯正在建设自己的差分校正和监控系统(SDCM)[12.44]。目前,SDCM 在俄罗斯境内有 19 个原型测量站点(MP),在国外有 4 个原型站点。图 12.7 中的红色星形表示俄罗斯站址。SDCM 使用 3 颗 GEO 卫星,分别位于西经 16°的 Luch-5A(PRN 125)、东经 95°的 Luch-5B(PRN 140)和东经 167°的 Luch-4(PRN 141)。SDCM 计划在俄罗斯国内增加 27 个测量点,在俄罗斯国外增加 3 个。SDCM 目前仍处于开发阶段,预计 2016 年开始提供初始服务,2019 年提供完全认证服务。SDCM 还计划进一步增强 GPS 和 GLONASS。SDCM 原型系统在俄罗斯国内的精度达到了水平 1m(95%)、垂直 1.5m(95%)。

## 12.6.6　北斗星基增强系统

中国卫星导航系统称为北斗,其导航电文中包括类似于 SBAS 功能的项目,但与现有 SBAS 接收机并不后向兼容,其安全级别还不得而知。子帧电文中包括一个掩码和 18 个参数,标记为 UDRE。系统也定义了中国上空的电离层格网,在其他子帧中包含 GIVE 延迟值和参数。中国最近宣布计划也提供与国际民航组织(ICAO)标准兼容的 SBAS 服务,称为北斗星基增强系统(BDSBAS)[12.45]。目前在中国国内有 20 个原型地面站,计划最终在国内建设 30 个站点,在周边区域建设 20 个站点。GEO 卫星计划位于 80°E、110°E 和 140°E。ICAO 兼容的服务预计 2020 年左右提供。

## 12.6.7　韩国增强卫星系统

韩国也宣布计划建设自己的 SBAS[12.46],即韩国增强卫星系统(KASS)。该系统将由

4个或更多监测站、2套中央处理设施、4个 GUS 和 2颗 GEO 卫星组成。目前 KASS 处于早期开发阶段,计划 2020 年前提供初始服务。

## 12.7 SBAS 的演进

最近发射的 GPS 卫星包含两个处于受保护航空频段的民用信号。两个信号都投入使用后,用户将能够直接测量电离层,而无须再依赖 SBAS 格网进行校正。用户直接测量电离层的不确定性要比广播 SBAS 置信度小得多。另外,用户能够在任意地方进行这些测量,而不仅仅是在监测站附近。因此,可以提升服务水平,扩展覆盖区域。而且目前正在部署其他导航卫星星座,用户将可以使用更多卫星。未来升级 SBAS 后,可以将其实现并加以利用[12.47,12.48]。与当前提供的服务相比,用户可以获得更高的可用性,未来更高精度、更高可用性的服务也将成为现实。

### 12.7.1 多频

正在发射的 GPS 卫星包含一个新的民航信号,即 L5 中心频率 1176.45MHz,处于受保护的航空频段。因此,该信号完全投入使用后将获准用于航空导航。L5 信号与 L1 综合使用,可直接估算并消除所有视向方向的电离层延迟,从而大幅降低伪距测量的不确定性。因此,如果 SBAS 升级到提供适合于 L1/L5 用户的卫星时钟校正,用户相应升级其航空设备,SBAS 服务可大大扩展到当前校正格网以外[12.49]。

第二个民用频率的另一重要优势是相对而言,可较好地抵抗 MOPS 网格不太容易建模的电离层扰动。因为用户可以消除电离层延迟,不再受到 MOPS 电离层模型缺点的影响。因此,双频用户在赤道区域,即便是在太阳活动高峰期间,还可获得好的可用性。影响相对较弱的电离层闪烁可能带来一些作用,但是应该不会完全失去垂直导航能力,至少在大范围区域的数小时内不会产生较大影响[12.50]。此外,两个民用频率可针对无意干扰提供了一定保护。如果 L1 或 L5 受到干扰,用户仍能利用另一频率上的引导能力。

目前,L1/L5 用户 MOPS 处于早期开发阶段,所以任何地面或用户改进措施仍都属于猜测。用户可以访问两个民用频率时,组合两个伪距值可以构建与电离层无关的表达式,从而消除电离层效应,即

$$\begin{cases} P_{\text{iono\_free}} = \dfrac{f_1^2 p_1 - f_5^2 p_5}{f_1^2 - f_5^2} \\ \sigma_{\text{iono\_free}}^2 = \left(\dfrac{f_1^2}{f_1^2 - f_5^2}\right)^2 \sigma_1^2 + \left(\dfrac{f_5^2}{f_1^2 - f_5^2}\right)^2 \sigma_5^2 \end{cases} \quad (12.4)$$

式中:$f^1$ 和 $f^5$ 分别为 L1 和 L5 频率(1575.42MHz 和 1176.45MHz)。如果 $\sigma_1$ 和 $\sigma_2$ 接近,则电离层无关组合中的噪声大约是单频的 3 倍,但仍远小于 $\sigma_{\text{UIRE}}$。卫星不需要使用格网校正,因此可以使用远离网络的卫星和 IGP 进行定位,一颗卫星的双频置信度边界可表示为

$$\sigma_{\text{tot\_if},i}^2 + \sigma_{\text{flt},i}^2 + \sigma_{\text{iono\_free},i}^2 + \sigma_{\text{trop},i}^2 \tag{12.5}$$

式中：$\sigma_{\text{air}}$ 代替了式(12.4)中的 $\sigma_1$ 和 $\sigma_5$。VPL 项使用与目前 L1 系统相同的形式。不同的地方在于这里由式(12.5)代替式(12.1)计算每一视线方向的不确定性。

几个 SBAS 提供商正在进行计划评估,利用现代化的 L1/L5 信号提供服务。在进行这一升级的同时,还会加入如下面所述的其他星座。

### 12.7.2 多星座

除了 GPS L5 的发展,还有几个独立的卫星导航系统正在建设中,它们均采用了相近的民用频率[12.51]。欧盟正在研发的伽利略系统按设想将与 GPS 兼容,其每颗卫星都提供测距功能,使用的信号涵盖 L1 和 L5 频率且调制方式相似。伽利略系统仍在部署中,但预计伽利略卫星提供的服务将与 GPS 民用信号完全兼容。

与此同时,中国正在建设北斗系统,北斗信号也计划与 GPS 兼容。初期,北斗提供接近 L1 的 B1 信号和另一个开放信号 B2,频率分别为 1561.098MHz 和 1207.14MHz。北斗计划 2020 年后提供 L1 和 L5 频率信号[12.52],但是建设时间和这些新信号的确切性质还有一定程度的不确定性。遗憾的是,这种不确定性使得难以制定创建航空设备认证所需的标准。精确地提供 L1 和 L5 信号确实可以最方便地集成北斗。不过,只要位于航空频段内,附近频率上的信号也可集成到内。

俄罗斯 GLONASS 系统已运行了多年。目前信号使用频分多址技术,而不是码分多址。其中一个播发信号频率范围为 1598～1605MHz(L1 附近),另一信号频率大约在 1243～1249MHz。俄罗斯已制定现代化计划,广播与其他星座更为一致的 L1 和 L5 信号。这些信号什么时候可用现在还不得而知。

EGNOS 计划校正 GPS 和伽利略的 L1 和 L5 信号。SDCM 计划增强 GPS 和 GLONASS。BDSBAS 希望增强 GPS 和北斗。随着这些星座的成熟和提供的信号被更广泛了解,其他 SBAS 也可能选择增强这些卫星导航系统。信号的增加从根本上确保了用户总能得到良好的几何构型。如果仅使用 GPS 系统,中断一颗或多颗卫星就可能导致失去垂直引导服务,而使用两个或更多星座,许多颗卫星中断情况下仍能提供该服务。SBAS 中加入多个星座可确保服务的持续性,即便是星座未来选择维持较少的卫星总数量,还有可能支持要求更严苛的操作。

# 参考文献

12.1 International Standards and Recommended Practices (SARPS), Annex 10-Aeronautical Telecommunications (ICAO, Radio Navigation Aids 2006)

12.2 D. Lawrence, D. Bunce, N. G. Mathur, C. E. Sigler：Wide Area Augmentation System (WAAS) -Program status, ION GNSS 2007, FortWorth (ION, Virginia 2007) pp. 892-899

12.3 Archive List of WAAS and SPS PAN Reports (Federal Aviation Administration, 2001-2016) http://

www.nstb.tc.faa.gov/DisplayArchive.htm

12.4 E. Gakstatter: Using high-performance L1 GPS receivers w/WAAS for mapping/surveying, Proc. Stanf. Cent. PNT Symp. (2011)

12.5 K. Ali, M. Pini, F. Dovis: Measured performance of the application of EGNOS in the road traffic sector, GPS Solutions **16**(2), 135-145(2012)

12.6 H. Cabler, B. DeCleene: LPV: New, improved WAAS instrument approach, ION GPS 2002, Portland (ION, Virginia 2002) pp. 1013-1021

12.7 R. G. Brown: A baseline RAIM scheme and a note on the equivalence of three RAIMmethods, Navigation **39**(3), 301-316(1992)

12.8 Minimum Operational Performance Standards for Global Positioning System/Wide Area Augmentation System Airborne Equipment(RTCA, Washington DC 2013)

12.9 J. A. Klobuchar: Ionospheric effects on GPS. In: *Global Positioning System: Theory and Applications*, Vol. 1, ed. by B. W. Parkinson, J. J. Spilker (AIAA, Washington DC 1996), pp. 485-515, Chap. 12

12.10 L. Sparks, X. Pi, A. J. Mannucci, T. Walter, J. Blanch, A. Hansen, P. Enge, E. Altshuler, R. Fries: The WAAS ionospheric threatmodel, Proc. Beac. Satell. Symp., Boston(2001)

12.11 A. Komjathy, L. Sparks, A. J. Mannucci, A. Coster: The ionospheric impact of the October 2003 stormevent on wide area augmentation system, GPS Solutions **9**(1), 41-50(2005)

12.12 J. P. Collins, R. B. Langley: The residual tropospheric propagation delay: How bad can it get?, ION GPS 1998, Nashville(ION, Virginia 1998) pp. 729-738

12.13 K. Shallberg, P. Shloss, E. Altshuler, L. Tahmazyan: WAAS measurement processing, reducing the effects of multipath, ION GPS 2001, Salt Lake City(ION, Virginia 2001) pp. 2334-2340

12.14 R. E. Phelts, T. Walter, P. Enge: Characterizing nominal analog signal deformation on GNSS signals, ION GNSS 2009, Savannah(ION, Virginia 2009) pp. 1343-1350

12.15 C. Macabiau, C. Milner, A. Chabory, N. Suard, C. Rodriguez, M. Mabilleau, J. Vuillaume, S. Hegron: Nominal bias analysis for ARAIM user, ION ITM 2015, Dana Point(ION, Virginia 2015) pp. 713-732

12.16 K. Shallberg, J. Grabowski: Considerations for characterizing antenna induced range errors, ION GPS 2002, Portland(ION, Virginia 2002) pp. 809-815

12.17 S. Rajagopal, T. Walter, S. Datta-Barua, J. Blanch, T. Sakai: Correlation structure of the equatorial ionosphere, ION NTM 2004, San Diego(ION, Virginia 2004) pp. 542-550

12.18 T. Walter, A. Hansen, J. Blanch, P. Enge, T. Mannucci, X. Pi, L. Sparks, B. Iijima, B. El-Arini, R. Lejeune, M. Hagen, E. Altshuler, R. Fries, A. Chu: Robust detection of ionospheric irregularities, Navigation **48**(2), 89-100(2001)

12.19 J. Blanch: Using Kriging to Bound Satellite Ranging Errors due to the Ionosphere, Ph. D. Thesis(Stanford Univ., Stanford 2003)

12.20 L. Sparks, J. Blanch, N. Pandya: Estimating ionospheric delay using kriging: 1. Methodology, Radio Sci. **46**(RS0D21), 1-13(2011)

12.21 L. Sparks, J. Blanch, N. Pandya: Estimating ionospheric delay using kriging: 2. Impact on satellitebased augmentation system availability, Radio Sci. **46**(RS0D22), 1-12(2011)

12.22 T. Walter, S. Rajagopal, S. Datta-Barua, J. Blanch: Protecting against unsampled ionospheric threats, Proc. Beac. Satell. Symp., Trieste(2004)

12.23　T. Walter: WAAS MOPS: Practical examples, ION NTM 1999, San Diego(ION, Virginia 1999) pp. 283-293

12.24　M. Grewal, P. -H. Hsu, T. W. Plummer: A new algorithm for WAAS GEO Uplink Subsystem(GUS) clock steering, ION GPS/GNSS 2003, Portland(ION, Virginia 2003) pp. 2712-2719

12.25　J. Vazquez, M. A. Sanchez, J. Cegarra, P. D. Tejera, P. Gomez Martinez: The EGNOS NOTAM proposals service: Towards full ICAO compliance, ION GNSS+ 2013, Nashville(ION, Virginia 2013) pp. 301-315

12.26　T. Walter, P. Enge, B. DeCleene: Integrity lessons from the WIPP, ION NTM 2003, Anaheim(ION, Virginia 2003) pp. 183-194

12.27　B. DeCleene: Defining pseudorange integrity-overbounding, ION GPS 2000, Salt Lake City(ION, Virginia 2000) pp. 1916-1924

12.28　J. Rife, S. Pullen, B. Pervan, P. Enge: Paired overbounding and application to GPS augmentation, Proc. PLANS 2004, Monterey(2004) pp. 439-446

12.29　T. Walter, J. Blanch, J. Rife: Treatment of biased error distributions in SBAS, J. Glob. Position. Syst. **3**(1/2), 265-272(2004)

12.30　P. Enge: AAS messaging system: Data rate, capacity, and forward error correction, Navigation **44**(1), 63-76(1997)

12.31　T. Walter, A. Hansen, P. Enge: Message type 28, ION NTM 2001, Long Beach(ION, Virginia 2001) pp. 522-532

12.32　L1 C/A PRN Code Assignments(US Air Force, Los Angeles Air Force Base 2016) http://www.losangeles.af.mil/About-Us/Fact-Sheets/Article/734549/gpsprn-assignment

12.33　FAA: http://www.nstb.tc.faa.gov/

12.34　A. Heselbarth, L. Wanninger: SBAS orbit and satellite clock corrections for precise point positioning, GPS Solutions **17**(4), 465-473(2013)

12.35　H. Manabe: Status of MSAS: MTSAT satellite-based augmentation system, ION GNSS 2008, Savannah(ION, Virginia 2008) pp. 1032-1059

12.36　T. Sakai, H. Tashiro: MSAS status, ION GNSS+ 2013, Nashville(ION, Virginia 2013) pp. 2343-2360

12.37　P. Feuillet: EGNOS program status, ION GNSS 2012, Nashville(ION, Virginia 2012) pp. 1017-1033

12.38　D. Thomas: EGNOS V2 program update, ION GNSS+ 2013, Nashville(ION, Virginia 2013) pp. 2327-2342

12.39　Monthly Performance Reports(European Satellite Services Provider, 2011-2016) https://egnos-user-support.essp-sas.eu/new_egnos_ops/content/monthly-performance-reports

12.40　J. Ventura-Traveset, D. Flament(Eds.): *EGNOS-The European Geostationary Navigation Overlay System-A Cornerstone of Galileo*, *ESA SP*-1303 (ESA, Noordwijk 2006)

12.41　R. Chen, F. Toran-Marti, J. Ventura-Traveset: Access to the EGNOS signal in space over mobile-IP, GPS Solutions **7**(1), 16-22(2003)

12.42　GAGAN(Airports Authority of India, 2013) http://www.aai.aero/public_notices/aaisite_test/faq_gagan.jsp

12.43　India: GAGAN Implementation and Certification in India, 49th Conf. Dir. Gen. Civ. Aviat. Asia Pac. Reg. (ICAO, New Delhi 2012), http://www.icao.int/APAC/Meetings/2012_DGCA/

12.44　S. Karutin: SDCM Program Status, ION GNSS 2012, Nashville, TN 17-21 Sep 2012(ION, Virginia 2012) 1034-1044

12.45 W. Song, J. Shen: China-Development of BeiDou Navigation Satellite System (BDS) - A program update, Proc. ION Pacific PNT, Honolulu (ION, Virginia 2015) pp. 208-236

12.46 Y. Yun: Influence of reference station distribution on the Korean SBAS performance, Proc. ION Pacific PNT, Honolulu (ION, Virginia 2015) pp. 964-969

12.47 S.S. Jan, W. Chan, T. Walter: ATLAB algorithm availability simulation tool, GPS Solutions **13**(4), 327-332 (2009)

12.48 T. Walter, J. Blanch, R.E. Phelts, P. Enge: Volving WAAS to serve L1/L5 users, Navigation **59**(4), 317-327 (2012)

12.49 T. Walter, P. Enge: Modernizing WAAS, ION GPS 2004, Long Beach (ION, Virginia 2004) pp. 1683-1690

12.50 R.S. Conker, M.B. El Arini, C.J. Hegarty, T. Hsiao: Modeling the effects of ionospheric scintillation on GPS/satellite based augmentation system availability, Radio Sci. **38**(1), 1-23 (2003)

12.51 C.J. Hegarty, E. Chatre: Evolution of the global navigation satellite system (GNSS), Proc. IEEE **96**(12), 1902-1917 (2008)

12.52 Z. Yao: BeiDou next generation signal design and expected performance, Int. Tech. Symp. Navig. Timing (ENAC, Toulouse 2015)

# C 部分

# GNSS 接收机和天线

# 第13章 接收机架构

Bernd Eissfeller, Jong-Hoon Won

本章主要讨论全球卫星导航系统(GNSS)接收机的基本架构。首先根据处理流程(射频前端、下变频、混频器、数控振荡器、相关器、跟踪环路、数据解调、导航解算、用户接口)将接收机组成分解为独立的模块,然后描述了各个模块的功能。有专门的一节用于介绍详细的硬件解决方案(以射频前端和基带处理的芯片组为例,提供了不同级别的集成和功能)。最后,讨论利用纯软件实现信号处理的接收机设计以及基于可配置硬件的接收机设计。

在本章中,将介绍有关全球卫星导航系统(GNSS)接收机的理论知识。本章从系统和工程的视角详细描述了不同架构接收机的组成,介绍主要的架构子系统可能涉及的技术领域,并且在实现方案之间进行了权衡。尽管全球定位系统(GPS)接收机是本章讨论重点,但本章并不局限于此,讨论范围涵盖了未来的卫星导航系统(伽利略、GLONASS 和北斗)以及新的信号和频率。本章首先从对民用接收机和军用接收机的历史回顾开始,对早期开发的各种接收机组成模块进行充分详细的论述,包括射频前端和天线(包括下变频器和滤波器)、模数转换器(ADC)、晶体及其他振荡器、射频和基带芯片的实现细节,以及多频多系统接收机(包括 GLONASS、伽利略和军用接收机)。本章也给出了接收机未来的技术发展趋势。最后,对主要接收机类型进行了描述。

## 13.1 背景和历史

到目前为止,GNSS 接收机已经经历了 40 年的开发与生产。2013 年,全球范围内已经有大约 10 亿台民用 GPS 接收机(包括 5~6 亿部 GPS 手机)正在使用。在北大西洋公约组织(NATO)和美国等相关国家中,军用或政府类接收机的数量约为 30 万部,比民用接收机数量少得多。最早的接收机开发从 1975 年开始,在 1990 年以前都是采用模拟技术;在 1990 年至 1995 年左右,第一批集成的 PC 型 GPS OEM(原始设备制造商)板卡开始出现。后面板卡集成度越来越高,到 2005 年已经可以做到信用卡大小。针对低端市场的芯片组(射频芯片+基带芯片),逐步研制出一种基于单芯片的硬件接收机。2000 年,软件定义无线电(SDR)概念被应用于 GNSS 自相关接收机中。

GNSS 接收机技术的发展与卫星导航系统的建设以及与半导体技术的进步紧密相关。以 GPS 为例,接收机开发是从 1974 年开始的,它是基于 GPS 第一阶段的早期硬件开发合同[13.1]。在第一阶段中米罗华公司、得州仪器公司和罗克韦尔国际公司柯林斯政府航空电子事业部(负责抗干扰用户设备)分别签订了3份用户设备的开发合同。这些合同包括用于控制段的监测接收机、军用接收机以及可设置为军事用途的民用设备开发。这些接收机项目的开发目标是制造价格低于10000美元的低成本导航设备。

在美国早期的GPS用户设备发展中,主要有两大典型领域:一是在不同的陆、海、空应用中逐步发展的军事GPS用户设备;二是通过逐步提高组件集成度来实现的民用GPS接收机。

### 13.1.1 模拟与数字接收机

第一阶段的接收机主要是模拟接收机(图13.1),它采用一个模拟硬件通道,后又增加到两个硬件(H/W)通道。与现阶段接收机类似,早期模拟接收机也包含L波段天线和低噪声放大器(LNA)。模拟硬件通道包含下变频器和模拟相关器,下变频器将信号变换到中频频率,模拟相关器在中频滤波器放大级(线性IF相关)中实现。模拟信号在模拟硬件通道的最末端由ADC完成数字化。最后利用导航处理器在数字域中对相关后信号、伪距、载波相位、多普勒测量以及解调的导航数据进行处理。在跟踪过程中采用串行处理技术:先捕获一颗卫星,对其跟踪一段时间,再切换到下一颗卫星。因此,在这种接收机架构中无法对所有可见星进行并行跟踪。对于快速移动平台,就需要使用航迹推算装置来辅助串行处理,确保输出正确的导航定位结果。随着技术的进步,这种较慢的串行处理(每颗卫星30s)方法被更快的多路复用方法(每5ms切换一颗卫星)所代替。

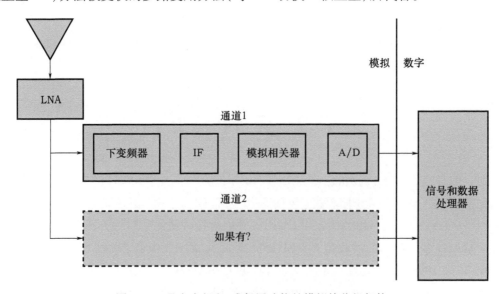

图13.1 具有串行和/或复用功能的模拟接收机架构

在20世纪80年代,接收机架构发生了根本性变革。一方面,为了获得更好的定位结果,采用基于并行多通道架构。这种并行多通道架构使接收机可以同时跟踪5颗卫星,或者同时跟踪4颗卫星并让第5个通道用于捕获、重捕或搜索下一颗可见卫星。另一方面,从1977年到1981年,全数字GPS接收机取得了开创性进展[13.2]。利用专用集成电路(ASIC)实现数字相关的接收机在20世纪90年代开始在市场出现。此时的接收机可以基于ASIC的相关器芯片实现6个通道。Magnavox MX 4200[13.3]和Novatel GPS板卡[13.4]是这种类型的典型设备。

在现代数字并行接收机设计中,天线、LNA和下变频器仍然属于模拟技术。在下变频之后,通过ADC进行数字转化。在ADC之后,后续信号处理实现了数字化,也就是建立了一组数字通道(图13.2)。数字全视野接收机的经典设计是通过使用半导体工艺(例如互补金属氧化物半导体(CMOS),90nm)在ASIC上实现这一组通道。ASIC与微处理器(MP)相连,该微处理器具有引导和控制ASIC以及读取测量值和数据的功能。

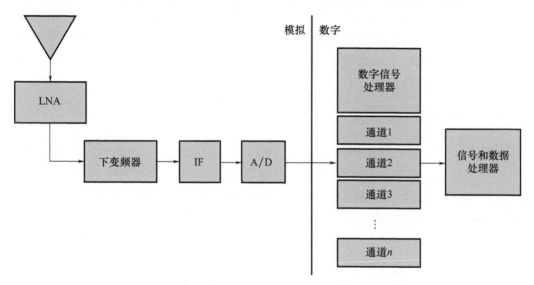

图13.2 数字全视野接收机架构

## 13.1.2 早期军用发展

早期军用GPS接收机领域主要包含两条发展主线。第一条发展主线是用于地面部队的个人导航设备。它始于1980年罗克韦尔柯林斯公司的Man-Pack(AN/PSN-8),这款接收机是单通道双频C/A码和P码接收机,采用背包形式,质量为7.8kg。十年后,超大规模集成(VLSI)取得了重大进展,5通道接收机在罗克韦尔柯林斯公司投入生产。1993年,北约部队引进了精密轻巧的GPS接收机(PLGR)。PLGR是一款坚固耐用的手持式五通道单频L1 C/A和P(Y)码接收机。接收机质量为1.2kg,抗干扰能力为干信比不小于24dB,并通过精密定位服务安全模块(PPS-SM)提供防欺骗(A/S)能力。该接收机生产数量约为225000台。PLGR+96提供了用户界面和电源设计方面的改进升级。2004年以来,PLGR被DAGR(国防高级政府型接收机)所取代,它是基于GPS接收机应用模块——选择性可用性仅欺骗A/S模块(GRAM-SAASM)设计的。

第二条发展主线则是军用航空GPS接收机。早期的5通道军用航空接收机演示设备采用的是罗克韦尔柯林斯公司与空军航空电子实验室合作建立的通用开发模型

(GDM)。该接收系统很笨重,重达 125kg,集成在包括冷却系统和操作员座席的飞行板上[13.5]。这项活动是在 GPS 第一阶段的概念演示中完成的。罗克韦尔柯林斯 3A 接收机是第一个可操作的军用航空接收机[13.6]。这种接收机于 1985 年推出,几乎在所有空军、海军和美国海岸警卫队的飞机上都有使用。同样,它是一个 5 通道双频 P 码接收机,可提供伪距和距离变化量(1s 内的积分多普勒频移)。该接收机质量为 16.2kg,直线尺寸为 42cm,功耗为 116W。3A 接收机能够在射频层面上与可控辐射方向图天线(CRPA)和固定辐射方向图天线(FRPA)连接。除了其他特定的衍生产品外,3A 接收机还衍生了一个海军舰艇应用的版本,命名为 3S。1990 年,罗克韦尔柯林斯公司发布了一种小型机载 GPS 接收机(MAGR),它是一种利用 PPS-SM 的 5 通道双频 P(Y)码接收机。它的软件设计与 3A 接收机[13.7]相同。MAGR 质量更小,约为 5.6kg,并且地面尺寸减小为 $30\times17cm^2$。1998 年开始,雷神公司获得了生产新型 MAGR 2000 的合同。MAGR 2000 与传统 MAGR 兼容。自 2004 年以来,MAGR 2000 接收机开始采用标准电子模块和格式 E(SEM-E)外形尺寸 GRAM-SAASM 架构。

### 13.1.3 早期民用发展

首款商用 GPS 接收机是得州仪器(TI)的 TI-4100。该接收机是第三代接收机,于 1981 年左右制造。它基于大规模集成(LSI)组件,采用了当时最高速度的双极性数字技术。该款接收机的一个版本是基于商业目的而设计,另一个版本供国防测绘局(DMA)、美国国家海洋和大气管理局(NOAA)和美国地质调查局(USGS)等三个机构使用,称为 GEOSTAR。

图 13.3　得州仪器(TI)TI 4100 接收机
(德国联邦国防军大学,1985 年)

TI-4100 接收机(图 13.3,文献[13.8])是便携式的,可用于野外作业(约为一个小型行李箱大小),根据需要可安装在标准 19in(1in=25.4mm)的机架中。它具有一个小型轻巧的手持控制显示单元,包含一个键盘和一个显示窗口。接收机采用模块化设计,可轻松拆卸和更换电路板。TI-4100 的尺寸为 $37\times45\times21cm^3$,重量为 24kg,功耗为 93W。接收机采用基于双频单硬件通道的体系架构,具有多路复用跟踪软件包。它能够跟踪 4 颗卫星的伪码和载波,即 L1-CA 码、L1-P 码、L1 载波、L2-P 码和 L2 载波。如果少于 4 颗可见卫星,则卫星数据是以降级模式获取的。在降级模式下,接收机具有外部原子钟时间标准输入的能力,可进一步提高时钟稳定性。

对于 20 世纪 80 年代的民用科学领域来说,TI-4100 是唯一能够跟踪 GPS Block Ⅰ 卫星三种导航信号的伪距和载波相位的接收机。因此,它在 GPS 方法和解决方案方面(如早期开发的精确载波相位定位和大地测量应用技术)发挥了非常重要的作用。

米罗华公司在 GPS 第一阶段开发了 GPS PAC 接收机,后来又开发了 GPS Phase ⅡB 接收机。基于 20 世纪 90 年代初的早期军用技术发展,Magnavox MX 4200 数字接收机开始投入商用。它是一个高度集成的 6 个通道 L1 C/A 码接收机,可以访问 C/A 码上的整个原始数据结构。该接收机被工业界和许多研究机构用于面包板实验和早期应用演示。NovAtel 公司产生的 OEM 板卡出现了一项基础创新[13.4,13.9],即 C/A 码接收机引入了宽带宽(小于 20MHz),这使得在信号处理中实现窄相关技术成为可能。之前所有 C/A 码接收机[13.4]主要是窄带(2MHz)接收机,在延迟锁定环(DLL)中采用一个码片间距。窄相关器优点是可获得类似 P 码的热噪声性能和更好的多径抑制性能[13.9]。在这些创新外,NovAtel 还制定了 GPS 板卡中新的接收机信息处理策略。这有助于民用用户更好地了解接收机设计和信号处理,并推动了接收机技术领域的学术研究。20 世纪 90 年代中期,NovAtel GPS 板卡为 12 通道 L1 C/A 码接收机。这 12 个通道在两个相关器 ASIC 上实现(每个芯片上 6 个通道)。此外,板卡上还使用了转接信号处理器和微处理器。

20 世纪 90 年代初,英国的国际电子、国防和电信公司 GEC-Plessey 半导体公司在市场上提供了 GPS L1 C/A 码接收机芯片组解决方案,即 GP2000 系列。它由三个芯片组成:射频前端的 GP2010/2015、12 通道数字相关器的 GP2021 以及 ARM6/7 处理器,同时还以一个合理价格提供所有软件源代码以及详细硬件设计说明[13.10]。后来,它的数字部分(数字相关器和处理器)合并到一个 ASIC 芯片(GP4020)中,从而变成了一个双芯片解决方案。这个 GP 系列使得世界上许多大学能够开发自己的 GPS L1 C/A 码接收机或实现与通用 GPS 软件接收机相连接的 RF 前端设备。GEC-Plessey 半导体公司的 GPS 芯片组解决方案的业务部分在一系列并购中被出售给其他较小的公司,同时也成为了许多接收机开发的技术基线。

在接收机开发的下一个阶段中,PC 型 OEM 板被小型化成信用卡大小(集成度更高)。这些工作主要由 Motorola 等公司完成,该类公司使用先进的半导体技术,其中一个很好的例子是 Motorola VP Oncore。在 21 世纪初期,还有许多实现更高集成度的例子。外形小型化使接收机能够集成到小型商用手持式接收机和小型汽车导航系统中。

总之,在 20 世纪 90 年代,低端民用 GPS 接收机的开发集中于单 L1 C/A 码接收机;而对于高端用户,则需要得到第二个频率上的伪距和载波相位观测量。在差分和非差分 GPS 系统中需要使用双频信号用于消除电离层路径延迟。因此,当美国国防部(DoD)明确打算将公开的精确测距码(P 码)加密为机密 Y 码时,引发了高端用户社区激烈的议论。这是 1991 年海湾战争后实施的。自 1994 年以来,所有新的 Block II 卫星都使用 A/S 加密。因此,在未来特别是在 1995 年 4 月全球定位系统具备完全运行能力(FOC)之后,将不会有非加密的 P 码可用。基于这种观点,开发高端市场接收机的公司,例如 Trimble Navigation、Ashtech、Leica 和 NovAtel,都通过逆向工程来解决这个问题,以克服 L2 P(Y)码信号的加密问题。在这种情况下开发的技术(今天仍部分使用)被称为无码或半无码架构。这些技术基于以下事实:P 码通过与 W 码进行模二加法来进行加密,而 W 码具有明显更低的码速率[13.11]。因此,无码与半无码技术的基本思想[13.12]是接收信号通过与已知 P 码进行预相关,将 20MHz 的射频带宽缩小到较小带宽[13.11](500kHz)。这些方法是纯平方方法的一个推广,它可以追溯到查尔斯康塞尔曼三世的专利[13.13];这形成了 Macrometer Model V-1000 的基础。通过纯平方方法,扩频码和二进制相移键控(BPSK)调制数据被完全去除。这样就可以导出半波长的载波相位测量。另一种方法利用了 L1 和 L2 频点上具有相同 Y 码的特点。因此,两个频率上的信号彼此互相关可以确定 L1 和 L2 之间的路径延迟。Ashtech 的这种概念[13.11]就是后来广为人知的 Z 跟踪技术。文献[13.14]中给出了许多半无码方法的全面概述和分析。

### 13.1.4 其他卫星导航系统早期接收机的发展

从 GPS 接收机的发展历史可以看出,GNSS 接收机的开发与卫星导航系统的发展相对应。通常第一类接收机是用于监测站的接收机。一些早期的测试接收机是由研发资金资助开发的。现有或新兴产业对 GNSS 接收机的投资总是会延后几年。一方面,服务提供商必须确保卫星导航系统的稳定性;另一方面,必须证明达到了其宣传的性能要求。

1. 早期 GLONASS 接收机的发展

众所周知,俄罗斯的全球卫星导航系统(GLONASS)于 1972 年与 GPS 并行开发,但外界对于早期 GLONASS 接收机的开发情况知之甚少。1990 年前后,当俄罗斯航天工业向西方世界开放以便与国际航天工业接轨时,第一批 GLONASS 接收机(如 ASN-16 或 Skipper)在欧洲上市。Kayser-Threde,Aerodata 和 MAN Technology 等德国公司与俄罗斯同仁举行了几次会议。主要涉及两个俄罗斯机构:莫斯科空间设备工程研究所(ISDE)和圣彼得堡列宁格勒科学研究无线电技术研究所(LSRRI)。美国和俄罗斯在这方面的接往来也有报道。经过德俄两国的磋商,自 1992 年以来,欧洲共有两种 GLONASS 接收机可用:第一种是航空接收机 ASN-16;第二种是航海接收机 Skipper。

ASN-16(图 13.4)是一个单通道 GLONASS 接收机,它由多个子单元组成:控制和显示单元;导航计算机;射频单元;天线;前置放大器。通过 ARINC-429 接口,原始数据可以传输到 PC 机进行显示、存储和进一步处理。接收机的标称质量为 25kg,功耗为 180W。1992 年,ISDE 宣布着手研制一种更高级的综合航空接收机,称为 GNOM,它是一个 5kg、30cm 长的单元。在这一重量级别中,ISED 演示了一种大地测量类型接收机,称为 REPER。该接收机可提供 1~3cm 精度的精确载波相位测量。在文献[13.15]中给出了使用 ASN-16 进行 GLONASS 信号接收的测试结果。

图 13.4 俄罗斯 GLONASS 接收机 ASN-16(由 OHB 提供)

## 2. 早期 Galileo 接收机的发展

2002 年 3 月,根据欧共体理事会的一项决定,启动了 Galileo 开发阶段。2004 年 12 月,GalileoC/D 阶段正式启动,标志着其工业发展的开始。在 21 世纪初期,第一批 Galileo 或 Galileo/GPS 组合接收机的开发活动开始了。这些接收机开发项目主要由欧洲航天局(ESA)资助。后来,欧洲委员会提供了额外的资金,例如,在框架计划 FP6(2003 年)和 FP7(2007 年)的背景下进行开发接收机活动。

针对 Galileo 地面任务段(GMS)以及有效载荷的验证和测试活动,欧洲已根据 ESA 合同开发了多频接收机。

自 2002 年以来,Galileo 地面参考接收机(GRR)不断发展[13.16]。它是 Galileo GMS 的基本组成要素,是地面接收链路的一部分。最初,ESA 与其主要承包商欧洲卫星导航工业公司(ESNIS)和法国泰雷兹阿莱尼亚航天公司(TAS-F)选择了意大利泰雷兹航天公司(TAS-I)、NovAtel 公司和空间工程公司,并于 2005 年 6 月开始了该项目的工作。TAS-I 与 NovAtel 签署了里程碑式合同,使其能够持续开发 GRC 参考接收机[13.17]。合资企业将交付 25 套设备以支持伽利略的在轨验证(IOV)阶段。NovAtel 正在提供接收机组件,这些组件被集成到 GRC 中。

总部位于慕尼黑的 IfEN 公司从奥地利西门子公司分包了伽利略项目的子合同,开发和生产一套有效载荷测试接收机。接收机用于在发射前对有效载荷或星座模拟器的发射信号进行评估。接收机通常通过衰减器直接连接到有效载荷。IfEN 主要研制了两种版本的有效载荷测试接收机,第一代 IfEN-Rx 有效载荷测试接收机是针对 IOV 阶段设计的。它支持伽利略 IOV 阶段的所有服务,例如,通过一个加密单元的接口支持公共管制服务(PRS)。该项目计划于 2006 年至 2012 年进行。此外,在 2010—2013 年 IfEN 公司开发并制造了用于伽利略 FOC 阶段测试的有效载荷测试接收机,该接收机是 IfEN 的第三代接收机。它支持伽利略 2010—2013 FOC 阶段的所有服务,包括 PRS。值得一提的是,IfEN 接收机的开发活动是由伽利略试验场 GATE 项目发起的,GATE 试验场项目由德国航空航天中心(DLR)(波恩)资助。针对 GATE,IfEN 开发了第一代 E1、E6、E5a、E5b 接收机。该接收机已升级成被称为 NavX-NTR 的第二代接收机(图 13.5)。

图 13.5 IfEN GmbH 的多频伽利略测试接收机 NavX-NTR(见文献[13.18],经许可转载)

在伽利略开发阶段的测试接收机领域中,比利时 Septentrio 公司在 2005 年研制了伽利略实验测试接收机(GETR),用于 GSTB-V2 卫星播发的伽利略信号在轨验证[13.19]。

测试用户接收机(TUR)是伽利略接收机或组合 GNSS 接收机在欧洲的另一重要发

展。Septentrio 在 2010 年之前开发了一种基本型 TUR。该 TUR 是一种全方位多频 Galileo/GPS 接收机,能够同时跟踪所有伽利略信号以及 GPS L1 和 L5 信号。TUR 项目的思想是提供一种类似用户的测试接收机,用于评估伽利略的用户等效距离误差(UERE)。2010 年,Septentrio 与英国 QuinetiQ 公司的合资企业开发了具有 PRS 功能的 TUR(TUR-P)。与 Septentrio TUR 的开发相反,TUR-N 和 TUR-P 是由泰雷兹集团开发的。

弗劳恩霍夫集成电路研究所(frauenhofer institute for integrated circuits)牵头开发了一种称为巴伐利亚安全接收机(BaSE)的 Galileo-PRS 原型接收机。这是德国首次利用伽利略系统 PRS 服务。

除了这些机构资助的伽利略接收机项目(自 2006 年发布伽利略信号接口控制文档(ICD)以来)以外,全球许多制造商都在低端和高端接收机领域中支持伽利略公开服务信号。因此,目前市场上有许多芯片除了接收 GPS 还可以接收伽利略信号。

## 13.1.5 早期北斗接收机的发展

美国国防部的 GPS 开发计划及其在 1984 年宣布 GPS 免费向民用飞机开放的计划刺激了中国,中国在 1985 年开始探索基于卫星的定位技术研究。中国的国家级卫星导航系统开发计划被命名为北斗(北斗七星的中文名称)。后来,该开发计划扩展到由 2000 年开始运营的两颗卫星组成的区域卫星导航系统(BeiDou-1),以覆盖中国和周边地区。目前正在建设一个包含 35 颗卫星的全球卫星导航系统(也称为 COMPASS,但最近由于与伽利略的频率兼容性问题而被命名为 BeiDou-2)。自 2011 年以来,已有 10 颗在轨卫星在亚太地区投入运行,完整星座建成预计在 2020 年以后。

关于北斗接收机,1995 年,中国的国防科技大学开始研究基带信号处理算法。1998 年,所研制的设备在北京地面站进行测试。根据相关报道,该系统在理论范围内运行良好。从理论设计到接收机生产总共花费了三年时间。

2001 年 11 月,BeiDou 成为除现有的 GPS 和 GLONASS 外第三个卫星导航定位系统。但是,在系统投入使用时出现了问题:接收机的尺寸太大(背包大小)。2004 年,中国第一款北斗一号便携式导航装置(PND)问世,解决了接收机的便携性问题。这意味着它可以应用于生命安全、国防、航空等许多领域,还可以通过北斗系统特有的短消息功能,在不同的接收机之间进行通信获取彼此的位置。2008 年 5 月,中国四川省汶川县发生大地震。灾难发生 5 天后,北京卫星导航中心(BJSNC)收到了灾难发生地发出的消息,表明北川将继续发生余震,海子的水位将继续升高。这条信息是由配备有北斗一号接收机的救援士兵发出的,这是北斗一号接收机在公共场合中最著名的应用。2007 年,一颗北斗卫星运行时检测到严重干扰,导致接收信号中断。专家经过对数据的分析发现是复杂的电磁环境造成了这种信号的中断。2008 年 5 月,抗干扰设备研制成功。

目前在中国,有数十家公司正在研究北斗芯片制造工艺。但是,只有十几家公司成功开发了北斗芯片。其中几家拥有完整的芯片组解决方案:射频芯片和基带芯片。例如,在广州市国有车辆的电子管理系统中,使用了和芯星通公司的基带芯片和广州润芯信息技术有限公司的射频芯片。在交通部运营的公共汽车和卡车上,安装了8万多个接收机。该领域中的其他著名公司包括北京东方联星科技有限公司、华迅微电子公司、北京华力创通有限公司、杭州中科微电子公司、上海复旦微电子集团公司等。国内市面上的北斗基带和射频芯片都是分开设计的。而全球主流品牌的芯片是一体化设计,在这一点上,中国国内企业与全球主流品牌之间还存在着巨大的差距(至少15年)。同时,制造工艺也存在较大差距,国内企业可以达到55nm水平,而主流品牌可以达到40nm以下水平。直到现在,还没有中国国内公司提供将导航芯片和通信芯片集成在一起的单芯片组合解决方案的成功案例,而单芯片方案可应用到最大的导航应用市场(例如移动市场)中。在高精度板卡领域中,中国的代表公司有中海达测绘仪器有限公司、司南卫星导航技术有限公司、南方测量/测绘仪器有限公司、华测导航公司、合众思壮等。

以下是与GPS、GLONASS或伽利略兼容的北斗芯片、接收机模块以及各种应用接收机系统的示例。UB240是和芯星通/北斗星通公司基于其具有自主知识产权的多系统多频点高性能片上系统(SoC)技术开发的北斗/GPS双系统四频OEM板。UB240采用低功耗设计,提供毫米级载波相位观测和厘米级实时动态(RTK)定位精度,并支持多径抑制。长基线RTK的先进技术特别适合于高精度测量和定位的应用[13.21]。CC50-BG由东方联星基于其ProGee II GNSS引擎开发,提供GPS、GLONASS和北斗组合导航解决方案。东方联星宣称这是全世界具有北斗导航功能的最小卫星导航模块。CC50-BG已在中国市场上广泛用于车辆导航和手持设备[13.22]。国防科技大学最近开发了一种具有低中频架构的双频GNSS接收机,采用55nm CMOS工艺,提供高性能基于位置服务(LBS)。接收机包含两个独立的IF通道以支持GPS-L1和Compass-B1信号,并可以通过无源或有源天线提供三种工作模式(GPS-L1和Compass-B1、GPS-L1、Compass-B1)。K508板卡是由司南科技有限公司开发的首个八频(北斗B1/B2/B3、GPS L1/L2/L5、GLONASS L1/L2)OEM板,司南科技有限公司拥有该接收板的完全自主知识产权。它采用快速的北斗高动态和高精度计算算法引擎,可在一个历元内实现数百公里基线的分米级精度定位。该板卡的尺寸、接口和数据指令与支持相同八频信号的主流品牌OEM板兼容。它可应用于多系统多频参考站、高精度测量、航天应用、变形监测、机械控制、国防等领域[13.23]。

## 13.2 接收机组成模块

传统的GNSS硬件接收机主要由模拟部分、数字部分(包括应用处理器)和输入输出接口组成。模拟部分主要包括[13.9]单频或多频L波段天线及电缆、射频前端(包括LNA、振荡器、下变频器和混频器以及带通滤波器)、ADC以及可选的放大器增益控制(AGC)。数字部分由基带集成电路组成,其中包含相关器、微处理器、只读存储器(ROM)和随机存取存储器(RAM)存储单元。通常,相关器ASIC、独立的微处理器和存储元件组合使用。有时这些模块也会集成到单个芯片(片上系统SoC)中。以上接收机组成模块的功能简述如下:

(1) 天线用来获得指向卫星方向的增益(±3dBic),对于带外干扰抑制至关重要。

(2) 前置放大器(LNA)用于设置噪声系数 $F$。

(3) 声表面波(SAW)滤波器用于限制信号的带宽(带宽对精度有影响,例如相关损耗)。

(4) ADC 将模拟信号转换为数字信号($n$ 位 ADC)。

(5) AGC 将信号加噪声幅度保持在 ADC 电平检测器要求的范围内。

(6) 信号处理功能主要包括生成本地参考信号(伪码/载波)、通过自相关来解扩信号(去掉高频部分)、通过跟踪环路保持与接收卫星信号同步(DLL 和锁相环(PLL)),通过载波辅助码环来减小 DLL 噪声并提供动态跟踪能力。

(7) 参考振荡器产生基准频率。

(8) 应用程序计算用户的位置、速度和时间。

在进一步描述以上接收机组成模块之前,先阐明一些术语。这些术语在卫星导航领域中用于对接收机进行分类。在经典硬件接收机中,基带处理模块/流程利用最先进的半导体集成工艺固化在基带芯片或集成电路上。如果需要升级,其灵活性程度比较小。在软件定义接收机 SDR 中,同时采用硬件和软件技术来生成可重新配置的解决方案。其设计目标是能够通过更改软件来升级系统。在任何情况下,接收机都包含从模拟射频前端下变频到 ADC 的部分,在处理器端则可以使用现场可编程门阵列(FPGA)、MP 或通用计算机,也可以使用此类处理器的混合体。在 GNSS 软件接收机中,使用通用处理器,例如英特尔 PC 或高级精简处理器(ARM)。所有的信号处理都用类似 C/C++的高级编程语言实现。

图 13.6 给出了 GPS C/A 码接收机的组成模块结构框图。在图中标明了 L1 C/A 码接收机的典型设计参数。通常,所有 GNSS 接收机都是以类似方式设计的。如果是更通用的 GNSS 接收机,那么就可以按照特定信号结构来调整接收机参数。

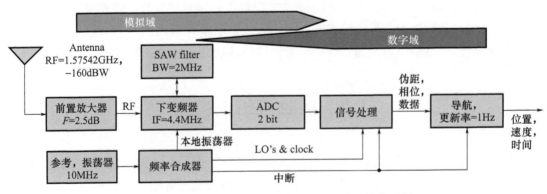

图 13.6 GPS C/A 码 L1 接收机的组成模块结构示例

## 13.2.1 天线

天线(第 17 章)的作用是接收电磁波并将其转换为电信号。卫星导航的现代化目标是能够处理所有可视卫星的导航信号。因此，地平线以上的所有卫星播发的具有适当带宽的 L 波段载波信号都应被接收。为了能够同时接收各卫星播发的 L 波段信号，导航天线需要采用半球形辐射方向图。在实际中，天线的最大增益(+3dBic) 通常是在沿视线方向(在 90°仰角)上。由于仰角较低的信号会受到较大衰减(自由空间损耗和大气损耗)的影响，因此在仰角较低处也应具有较大增益。方向图上的 0dBic 点大约位于 70°。为了减少从地面或其他表面反射造成的多径信号影响，在 5°仰角以下需要有陡峭的增益滚降。在天线方向图的下半球，需要具有低于-8dBic 或更高的衰减(小背瓣)。此外，天线必须具有良好的极化性能，为右旋圆极化(RHCP)电磁波提供良好的增益，为左旋圆极化(LHCP)波提供低增益。图 13.7 给出了一个典型的天线增益图。

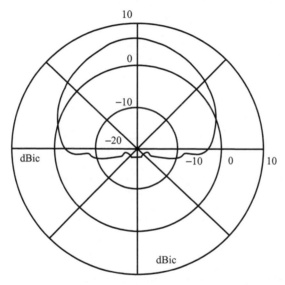

图 13.7　一种 GPS 贴片天线的典型右旋圆极化天线增益方向图(参见文献[13.24])

理解极化概念对 GNSS 来说是必不可少的。在电磁学[13.25]中，电波(和天线)的极化状态由其在庞加莱球体上的位置(球坐标)来描述(图 13.8)。在 GPS 中引入 RHCP，是为了保证卫星端和接收机端的天线方向图的独立朝向。圆极化也在多径抑制中起作用。在文献[13.25]中，引入了所谓的波-天线耦合因子 $\eta_d$，有

$$\begin{cases} C_d = \eta_d C \\ \eta_d = \left(\dfrac{1-d}{2}\right) + d\cos^2\left(\dfrac{MM_a}{2}\right) \\ d = \dfrac{\text{polarized power}}{\text{total power}} (0 \leq d \leq 1) \end{cases} \quad (13.1)$$

式中：$C_d$ 为天线输出的信号功率；$C$ 为天线输入的信号功率；$\eta_d$ 为波-天线耦合因子；$d$ 为极化度(对于 GPS 来说，$d \approx 1$)；$MM_a$ 为庞加莱球上的电磁波和天线极化方向之间的夹角。例如，对于 RHCP 天线和 LHCP 波，角度 $MM_a$ 为 180°，而对于 RHCP 天线和水平或垂直线极化波为 90°。右旋和左旋椭圆极化在庞加莱球体上处于中间位置。

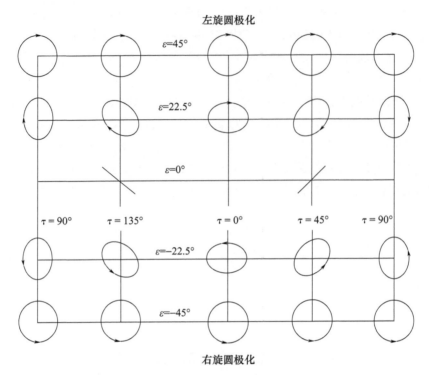

图 13.8 庞加莱球极化态(参见文献[13.25])(纬度:$2\varepsilon$,经度:$2\tau$)

对于 GNSS 天线,需要明确 5 个主要设计参数:

(1) 中心频率;
(2) 带宽;
(3) 辐射方向图和增益;
(4) 轴比(AR);
(5) 相位响应。

天线在中心频率附近的特性类似于带通滤波器。GNSS 天线的带宽应足够大,能够包含所有现代 GNSS 宽带信号。轴比(AR≥1)是描述偏振态的另一个参数。它通过关系 $2\varepsilon = \cot^{-1}(\pm AR)$ 确定庞加莱球面上的纬度 $2\varepsilon$。相位响应关系到相位中心在空间方向上的稳定性,对精确的载波相位跟踪具有重要意义。

一般来说,GNSS 天线主要有 4 种物理设计形式[13.26-13.27]。具体的天线设计形式的选择与目标应用有关,例如民用、军用、手持、移动电话、航空、航天和大地测量。

1. 有源和无源天线

首先需要明确有源和无源 GNSS 天线技术上的区别。在有源天线中,LNA 集成在天线中。优点是可以通过在 LNA 输出端施加适当的增益来克服电缆损耗。有源天线需要由接收机通过天线电缆进行远程供电。在使用无源 GNSS 天线时,LNA 内置在接收机的射频单元中。仅当天线单元与接收机之间的距离短(约数厘米)时才使用此方法。市场上常见的是有源天线。

2. 螺旋天线

如果设计合理,螺旋天线可能是 GNSS 接收的最佳天线。螺旋天线以螺旋或四臂螺旋(蜗壳)形式出现在全球卫星导航系统中。螺旋天线提供比平面天线更宽的频带宽度,但以较高的后瓣为代价。宽频带螺旋天线可以接收高达 30~50MHz 的宽带信号。相位中心稳定性是一个问题。使用多匝技术[13.26],不仅可以增加螺旋天线的带宽,进而有助于单个天线覆盖 L1 和 L2 两个频点;而且辐射方向图特性和方向图对称性也能得到改善,轴比也一样获得改善。水平方向上较差的方向图滚降和高后瓣问题需要通过接地面、扼流圈或使用隐形接地面(带吸收材料)来解决。在早期大地测量接收机 TI-4100 中就使用了螺旋形天线。如文献[13.27]所述,通过介质加载可以构建小型(($18 \times 10$) mm$^2$)螺旋天线。

3. 平面天线

对于需要小天线剖面的低端全球卫星导航系统应用中主要采用平面天线技术[13.26]。平面天线实现成本较低。平面天线技术通常以经典的微带天线或小型微带形式实现。后面还将介绍陶瓷贴片天线。微带天线[13.27]的厚度为毫米级,可以集成在介质基片上。贴片天线具有足够的轴比、增益方向图、稳定的相位中心和足够低的背瓣。微带天线先天的限制因素是大约 3~5MHz 的相对窄的带宽。为了提高带宽,必须使用所谓的宽带概念。

对于许多低端应用,如移动电话或个人导航设备,GNSS 天线的尺寸是关键因素。对于二次曲面片,尺寸 $D$ 的工程规则可表示为

$$D = \frac{\lambda}{2} \frac{1}{\sqrt{\varepsilon_r}} \tag{13.2}$$

式中:$\lambda$ 为 L 波段的自由空间波长,即大约 200mm;$\varepsilon_r$ 为所用基板的介电常数。当 $\varepsilon_r = 2.0$ 时,其微带天线元件的尺寸为 50×50mm$^2$。使用氧化铝等替代衬底材料,介电常数可以增加到 $\varepsilon_r = 10$;如果使用 SrTiO3,则 $\varepsilon_r = 270$ 甚至更高。后一种材料理论上可以使 L 波段陶瓷芯片天线的设计尺寸仅为 3×3mm$^2$,但必须增加一个小的接地平面和电路。微带天线单元也是构建天线阵列的标准选择。

4. 阵列天线

可控辐射方向图天线(CRPA)在军事应用中已经使用了数十年,GPS 天线系统 1(GAS-1)是一个由七阵元组成的模拟版本。一对天线单元之间的物理距离为 $\lambda/2 = $ 10cm。依据以上原则可以设计出一个直径为 35.6cm、高度为 2cm、质量为 1.8kg 的大型航空天线。

多天线阵列可以用于在 GNSS 卫星方向上实现波束成形,提高特定卫星的增益和载噪比(C/N0)。同时,还可以在干扰源方向上进行空间零陷。使用 $n$ 个阵列单元,可以生成 $n-1$ 个方向图零陷,即可以消除 $n-1$ 个干扰源。图 13.9 给出了一个简单的四天线阵列。

根据所需要达到的性能,可以使用合成或自适应技术来实现波束成形或调零。它可以借助于模拟技术(在 RF 或 IF 频域中)或数字技术来实现。

与全向天线相比,天线阵的使用带来了额外的挑战。如果用户改变天线阵的姿态,则

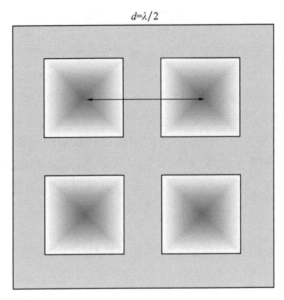

图 13.9　四阵元阵列天线的原理

必须监测接收信号的变化,并且在相控阵情况下,必须控制波束指向卫星的方向。由于每个阵列单元后面都需要一个完整的接收链路,天线阵在接收机架构和信号处理中引入相当规模的处理复杂度,复杂程度需要根据阵列大小而定。在高精度载波相位应用中,由于天线增益模式会随时间变化,因此确定天线相位中心至关重要。

CRPA 在抗干扰的 GNSS 用户设备中发挥作用。由于 CRPA 具有更大的外形和轮廓,因此只能在较大的平台(大型军用民用运输机、轮船、地面上的静态参考站)上使用。由于具有较高的处理复杂性,它也给 GNSS 接收机增加了很大成本。未来的挑战将是使用具有介电负载的超小型贴片来设计小型阵列[13.28]。对于更复杂的射频电路,已经有多个射频链的单芯片解决方案。

5. 多径抑制的其他元素

高精度载波相位应用领域,例如测绘和大地测量,对天线提出了额外要求。一方面,必须抑制地面反射和表面波的传播;另一方面,天线相位中心精度必须达到亚毫米级别。幸运的是,对第一个问题的技术解决方案也有助于相位中心的稳定。地面反射形成多个反射波进入天线阵元中。这个问题可以这样来处理:单次反射将反射波的极化状态更改为 LHCP,然后由 RHCP GNSS 天线来减轻。只有在合适的导体和合适的镜面反射情况下,GPS 信号电磁波的极化状态才会发生变化。

为了在低仰角方向产生尖锐的增益滚降特性,在高端接收机市场存在三个商业上可用的解决方案。

(1) 自 20 世纪 80 年代以来,已知的第一个解决方案是在天线元件周围使用同心扼流圈。扼流圈的深度为 $\lambda/4$。其概念是产生一个高阻抗区域来阻止表面波的传播[13.29]。

(2) Trimble[13.15] 提出的第二种解决方案是使用隐形接地面。所使用的材料提供了从天线单元到接地面边缘的高径向增加的薄层电阻率。类似技术也被用于军用飞机的隐身系统。该方案设计的天线性能与载波频率无关。因此,该技术成为多频多系统高端天线的良好选择。

(3) 第三种解决方案是 NovAtel 发明的风火轮技术(pin-wheel)。在该技术中,使用印刷环代替大量的物理扼流圈。

6. 相位响应和相位中心变化

GNSS 天线的相位响应随频率、仰角(和方位角)和温度而变化。在一个良好的天线设计中,相位响应的不确定性必须最小化。不同卫星信号的理想交点是天线相位中心。根据天线设计,相位中心可能会出现相对于安装点高程方向高达 10cm 的偏移和水平方向毫米至厘米级的偏移。相位中心变化描述了波形与球体的偏差,它在载波相位测量中增加了数毫米至厘米的与方向有关的额外偏差,在 GNSS 观测值的高精度建模中必须予以考虑(第 19 章)。此外,本书 17.6.2 节还描述了用于确定接收机天线的相位中心偏移和变化的校准技术。

## 13.2.2 射频前端

在现代 GNSS 接收机中,射频单元是最关键的组成部分,因为它决定了接收机的成本、尺寸和功耗。尤其对于高度集成的单芯片接收机,前端设计至关重要。由于宽带设计和窄带设计之间的权衡决策,前置相关滤波器链路总带宽决定了后级滤波器的伪距精度。射频前端的关键部件是低噪声放大器、射频滤波器和中频滤波器以及用于下变频的本振(LO)。射频前端的本振通常通过锁相环(PLL)与晶体振荡器耦合。GNSS 接收机的下变频方案对晶体振荡器提出了要求(稳定性、相位噪声和频率)。

1. 射频处理相关的概念

典型的 GNSS 接收机前端框图如图 13.10 所示。射频前端之前的部分是天线,上一节已经对此进行了描述。天线之后使用 RF 滤波器来消除不必要的干扰,否则这些干扰就会进入 LNA。该滤波器对应的频率选择性决定了需采用的技术以及(与 LNA 噪声系数一起)引入的通带损耗。

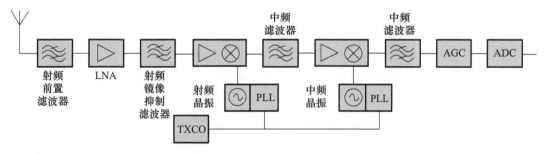

图 13.10 GNSS 接收机典型外差射频前端(参见文献[13.30])

如上一章所述,大多数天线采用有源天线,它们包括 LNA 和 RF 前置滤波器。LNA 之后使用第二个 RF 滤波器,可以提供必要的镜像抑制。通过第一次下变频,射频信号被下变频到数百兆赫兹内。继续使用比 RF 滤波器窄得多的 IF 滤波器,来消除不需要的频谱部分。通过第二次下变频,接收到的信号被转换到几兆赫兹的频率范围内。在实际接收机方案中,前端的中心频率取决于所采用的频率规划。随后的中频滤波器消除了不需要的频谱成分,并确保 ADC 满足采样定理的要求。

2. 前端操作的数学描述

前端的功能说明可以在一些教科书中找到,例如文献[13.9,13.11]。在本节中,将利用 Dirac 德尔塔函数和傅里叶变换的频移定理在基于傅里叶变换(FT)的频域中进行描述。由于载波频率远大于扩频码的码片速率(例如,对于 L1 P 码而言为 154 倍),假设码片 $c(t)$ 恒定,仅讨论未调制的,即恒定幅度的载波,有

$$s(t) = a\cos(\omega_1 t + \phi) + n(t) \tag{13.3}$$

式中:$s(t)$ 为信号;$a$ 为振幅;$\omega_1 = \omega_0 + \Delta\omega_D$ 为包含多普勒频移的标称载波频率,其中 $\omega_0$ 为标称载波频率,$\Delta\omega_D$ 为多普勒频移;$\phi$ 为载波的相位;$n(t)$ 为热噪声。定义狄拉克德尔塔(dirac delta)函数为

$$\delta(\alpha) = \begin{cases} \infty & \alpha = 0 \\ 0 & \alpha \neq 0 \end{cases} \tag{13.4}$$

谐波信号 $s(t)$ 的傅里叶变换可以写为

$$F[s(t)] = S(\omega) = a\pi[\delta(\omega + \omega_1) + \delta(\omega - \omega_1)] + N(\omega) \tag{13.5}$$

式中:$S(\omega)$ 为信号频谱;$N(\omega)$ 为噪声频谱。对于混频操作,即信号表达式(13.3)与本振信号在时域中相乘,有

$$\cos(\omega_{LO})t = \frac{1}{2}(e^{+j\omega_{LO}t} + e^{-j\omega_{LO}t}) \tag{13.6}$$

式中:频率 $\omega_{LO}$ 为由混频单元 PLL 产生的本振信号 LO 的参考频率。应用频移定理,

$$F[g(t)e^{j\omega_0 t}] = G(\omega - \omega_0) \tag{13.7}$$

得到:

$$S_{\text{mix}}(\omega) = F\left[s(t) \times \frac{1}{2}(e^{+j\omega_{LO}t} + e^{-j\omega_{LO}t})\right] = \frac{1}{2}S(\omega - \omega_{LO}) + \frac{1}{2}S(\omega + \omega_{LO}) \tag{13.8}$$

通过计算,有

$$S_{\text{mix}}(\omega) = \frac{a}{2}\pi[\delta(\omega + \omega_1 - \omega_{LO}) + \delta(\omega - \omega_1 - \omega_{LO}) +$$

$$\delta(\omega + \omega_1 + \omega_{LO}) + \delta(\omega - \omega_1 + \omega_{LO})] + \frac{1}{2}[N(\omega - \omega_{LO}) + N(\omega + \omega_{LO})]$$

$$\tag{13.9}$$

通过混频操作,谱线将出现在 $\pm(\omega_1 + \omega_{LO})$ 和 $\pm(\omega_1 - \omega_{LO})$ 处。同样,噪声频谱 $N(\omega)$ 相对于 $\pm\omega_{LO}$ 发生了偏移。将目标中频(IF)的差值设为

$$\begin{cases} \omega - \omega_{LO} = \omega_{IF} \\ \omega_1 + \omega_{LO} = 2\omega_1 - \omega_{IF} \end{cases} \tag{13.10}$$

就生成了最终表达式,即

$$S_{\text{mix}}(\omega) = \frac{a}{2}\pi[\delta(\omega + \omega_{\text{IF}}) + \delta(\omega - 2\omega_1 + \omega_{\text{IF}}) + \delta(\omega + 2\omega_1 - \omega_{\text{IF}}) + \delta(\omega - \omega_{\text{IF}})] +$$
$$\frac{1}{2}[N(\omega - \omega_1 + \omega_{\text{IF}}) + N(\omega + \omega_1 - \omega_{\text{IF}})]$$

(13.11)

按照射频相关[13.16]的专用术语,将式(13.11)中与载波频率 $\omega_1$ 不同的频率称为镜像频率,即频率±($2\omega_1+\omega_{\text{IF}}$)和±$\omega_{\text{IF}}$。最后是对中心频率进行双带通滤波。

为了简化起见,理想的 IF 滤波器(有时也称为理想低通滤波器)具有矩形传递函数 $H_{\text{IF}}(\omega-\omega_{\text{IF}}) = H_{\text{IF}}(\omega_{\text{IF}}-\omega)$,其中包含 $2\omega_1-\omega_{\text{IF}}$ 的高频项,有

$$H_{\text{IF}}(|\omega - \omega_{\text{IF}}|) = \begin{cases} 1 & |\omega_{\text{IF}} - 2\pi B_{\text{IF}}| \leq |\omega| \text{ 且 } |\omega| \leq |\omega_{\text{IF}} + 2\pi B_{\text{IF}}| \\ 0 & \text{其他} \end{cases}$$

(13.12)

式中:$B_{\text{IF}}$ 为带通滤波器的单边带宽。

中频信号带通滤波器操作的理想结果是

$$S_{\text{IF}}(\omega) \approx H_{\text{IF}}(\omega - \omega_{\text{IF}}) S_{\text{mix}}(\omega) = \frac{a}{2}\pi[\delta(\omega + \omega_{\text{IF}}) + \delta(\omega - \omega_{\text{IF}})] +$$
$$\frac{1}{2}H_{\text{IF}}(\omega - \omega_{\text{IF}}) \times [N(\omega - \omega_1 + \omega_{\text{IF}}) + N(\omega + \omega_1 - \omega_{\text{IF}})]$$

(13.13)

从式(13.13)中看到余弦函数在±$\omega_{\text{IF}}$处剩余的两条谱线。与预期一致,通带中的白噪声信号将保留在 IF 信号中。前端的实际情况更加复杂,如文献[13.9]所述,LNA 和混频器具有非线性传输特性。因此,在有干扰情况下可能会产生额外谐波。暂时假设在射频±$\omega_1$上具有频谱线,即 $\omega_1=\omega_{\text{IF}}$,这样在中频±$\omega_{\text{IF}}$上也具有频谱线。从式(13.11)中可以看出,$2\omega_1-\omega_{\text{IF}}$ 等于 $\omega_{\text{IF}}$。这意味着这些频率分量也将映射到 IF 滤波器的通带内。所谓的镜像噪声和振荡器馈通[13.9]也是如此。为了避免中频通带中出现额外的频谱成分,必须进行带阻预滤波和频率规划的精心设计。

3. 下变频方案

通常,存在两种用于前端频率处理的基本方法:零差和超外差。零差方法也称为直接转换接收机(DCR)或零中频接收机。在超外差方法中,初始载波频率在数字化之前被转换到中频。

(1)零差下变频。在直接数字化 ADC 方案中,放大、采样和处理在射频频率上完成。这是最简单的射频前端方案,该方案无须混频器和中频滤波器。由于模拟元器件的数量已降至最低,因此射频模块与温度变化和老化相关的问题更少。其缺点是 ADC 的高功耗以及数字信号处理器(DSP)的高计算量。这种方案虽然在技术上对 GNSS 接收机是可行的,但是需要先进的数字器件,这意味着接收机成本高、功耗大。然而这为多频多系统的软件定义 GNSS 接收机提供了机会。例如,得州仪器(TI)的 RF ADC 能够以 12bit 分辨率[13.31]采样高达 2.5GHz 的 RF 频率,每通道功耗为 2.2W。

（2）超外差下变频。在超外差下变频方案中，放大和滤波是在中频进行的。它可以一步完成，从而减少前端模拟器件的数量。数字采样通常在约 4~200MHz 的中频频率上完成。它提供了一个完整的数字化解决方案，通过降低采样速度来减小对 ADC 和后续数字处理单元的要求。这是低端市场单片集成的典型解决方案。

在高端接收机中，超外差概念与两级或三级下变频方案配合使用，逐级降低滤波器带宽，从而获得了很好的频谱选择性。它提供了良好的带外抑制性能。付出的代价是更多的模拟元器件和更高的功耗，另外必须考虑多频设备中与老化和温度相关的群时延问题。

除了以上方案外，还有一种基带或近零中频下变频。在这个方案中，射频信号一步下变频到 0~100kHz。放大和滤波是在射频频率下完成的，这会导致更高的功耗。这种方案的优点是中频段无须使用滤波器和放大器，但是必须以较弱的干扰抑制作为代价。这种方法在功耗不是主要约束条件的情况下可以作为单芯片集成的一种解决方案。

4. 滤波器

前端的带通滤波器可以使用多种不同的技术。在射频段，使用经典的电感电容（LC；用电路理论中的电气元件表示）电路和陶瓷滤波器。声表面波（SAW）滤波器可用于射频段也可用于中频段。滤波器由中心频率、通带频率、3dB 带宽、插入损耗、最大和最小频率衰减、工作温度范围、阻抗和封装类型等参数决定。

在 LC 滤波器中，采用具有一定复杂度的线圈和电容器的并联和串联开关电路。所设计模拟电路的复杂度由所需实现的滤波器传递函数决定。

陶瓷滤波器是陶瓷谐振器（在高温下使用陶瓷粉末模具）和电容耦合网络的组合。谐振器的中心频率取决于长度和介电常数。陶瓷滤波器尺寸小、成本低，插入损耗低。它的缺点是其最低频率为 400MHz（最高 6GHz）；另一个缺点是温度稳定性欠佳。陶瓷过滤器具有切比雪夫类型传递函数。

从原则上讲，SAW 滤波器是一种机械滤波器的概念。它利用压电基板作为物理基础。SAW 滤波器具有输入换能器和输出换能器。在两个换能器之间声表面波传播与压电基板耦合。SAW 滤波器的应用频率可达到 3 GHz，带宽为几兆赫兹。SAW 滤波器可以在石英（$SiO_2$）上实现。它们表现出近乎矩形方波的传递函数，并可利用较高阶的巴特沃斯（Butterworth）滤波器传递函数逼真描述。

这些滤波器的传递函数决定了相关后信号处理中的相关损失和自相关函数的形状。

5. 系统噪声温度的计算

基于完整性考虑，以下部分将先回顾用于计算系统噪声温度 $T_{sys}$ 和相关的 1Hz 带宽内的噪声功率密度的分析模型。分析模型可表示为

$$N_0 = kT_{sys}, k = 1.38 \times 10^{-23} \text{J/K} \tag{13.14}$$

详细信息可参考文献[13.9]和文献[13.32]。

基于级联系统噪声温度的 Friis 公式[13.32]，其中每一级都有自己的增益 $G_i$ 和噪声系数 $F_i$，给定天线温度 $T_A$ 时系统温度 $T_{sys}$ 的表达式为

$$T_{sys} = T_A + \left(\frac{1}{G_1} - 1\right) 290K + \frac{(F_2 - 1) 290K}{G_1} + \frac{(F_3 - 1) 290K}{G_1 G_2} + \cdots \tag{13.15}$$

对于如图 13.11 所示的系统,系统温度为

$$T_{sys} = 130K + (1-1)290K + \frac{(1.83-1)290K}{1.0} + \frac{(1-1)290K}{30} + \cdots$$
$$= 370.7K$$

(13.16)

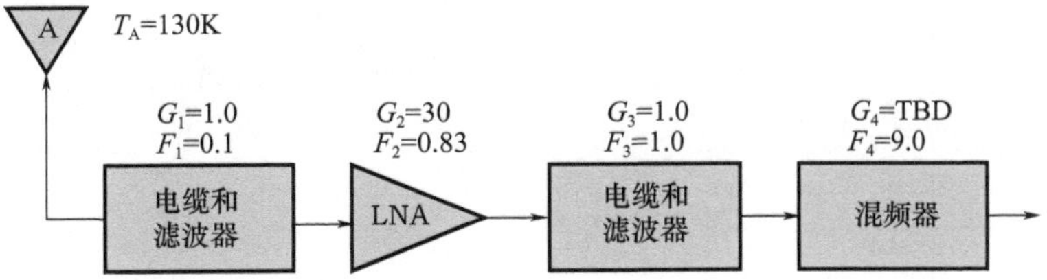

图 13.11 适用于 Friis 公式的 GNSS 接收机的典型前端

在这种情况下除了天线噪声温度外,低噪声放大器的噪声系数(在本例中为 $F_2$ = 1.83)对整个系统噪声温度也有重要影响。

6. 多频接收机中的群时延失真

在多频接收机中,不同载波频率在射频前端会产生额外的延迟。前端群延迟偏差(GDB)主要是由于前端滤波器中存在群延迟特性导致的。在前端射频或中频部分使用的滤波器在频带内表现出从 0.5ns 到几十纳秒范围内很大的群延迟变化。因此,选择适当的滤波器对于控制接收机的整体群时延至关重要。

单载波码分多址(CDMA)系统会受群时延失真的影响,但这个影响对所有卫星都是一致的。通过导航算法中的时钟误差项可以缓解此问题。相对于载波频率和信号带宽,多普勒频移(±5kHz)很小,因此在同一载波上只会产生很小的星间 GDB。

像 GLONASS[13.33]这样的具有多个载波的频分多址(FDMA)系统会受到群时延的极大影响,因为不同载波频率和信号带宽的 GDB 可能完全不同。

固定的(与频率无关)群延迟对所有信号/频率相同,在导航算法中会与接收机时钟偏差一起被去除。在一般情况下,因不同的载波频率和信号带宽变化的非恒定群延迟会引入 GDB 误差。

将滤波功能从模拟滤波器后移到高稳定的数字滤波器,可以显著改善接收机群延迟失真。随着 ADC 技术的进步,有可能在高中频下进行模数(A/D)转换,从而减少接收机中模拟滤波元件的数量。另外在不同的信道路径中使用相同的元器件可以减少硬件变化对接收机信道间群延迟特性的影响。

文献[13.34]专门研究了 NovAtel GPS/GLONASS MiLLenium-G 接收板卡在 GLO-NASS L1 频带 1602~1616MHz 上的群延迟效应,测量并分析了相对于 GLONASS 频率通道的频间 GDB(图 13.12)。GLONASS 卫星之间的频率间隔已知为 0.5625MHz。在对高端接收机的测试中,发现了±1~3m 左右的差分伪距偏差和±0.02~0.03 周的差分载波相位偏差。每 8 周会出现 15cm 的老化效应,前端工作温度每变化 10K,GDB 变化约为±0.5m。

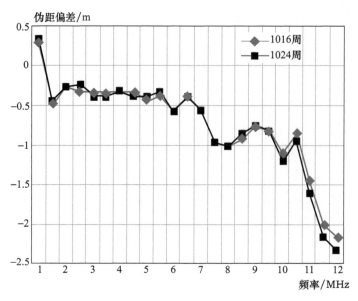

图 13.12　8 周内 GLONASS 伪距偏差与 1 号频率的关系(见文献[13.34])

群延迟失真不仅是与频率相关的路径延迟效应,它还会稍微改变信号中伪码码片的形状(和固有的时间信息),最终将导致信号处理后自相关函数形状不对称[13.33]。由此可见,相关间距为 0.1 个码片和 1 个码片的 E-L 相关器之间的不对称程度不同,宽相关器(例如,E-L 间隔为 1 个码片)比窄相关器受群延迟失真的影响更大。

### 13.2.3　模数转换器

在现代 GNSS 接收机中,数字化是在下变频、滤波和放大之后完成的。ADC 在接收机信号处理中是一个分段线性的不连续系统元件。它包括两个基本功能:连续时间到离散时间的转换(采样)和连续振幅到离散振幅的转换(量化)。与 ADC 关联的两个问题都与数字化相关:量化噪声或量化损失;所有与采样相关的问题,如混叠。

ADC 的基本组成(图 13.13)包括设定采样率的本地振荡器、定义接收机数字时间增量的采样保持电路、将模拟振幅(在输入轴上)与 $n$ 个预定义阈值(图 13.14)进行比较的比较器,以及用于将比较结果(幅度电平之间)转换为若干比特的(在输出轴上)编码器。

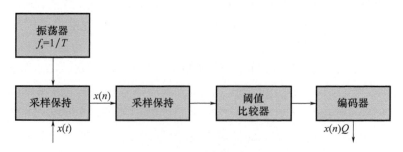

图 13.13　模数转换器的示意图

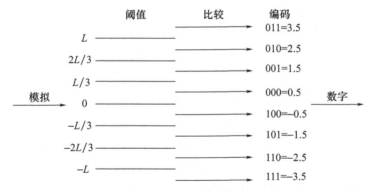

图 13.14 ADC 中的量化概念(参见文献[13.9])

输入轴上阈值的数量 $n$ 可以是偶数或奇数,正常情况是使用奇数个阈值。这种取值就不存在零电平,并且可以编码成 1bit、2bit、⋯、$k$bit 的字。如果 $n$ 为偶数,则存在零级(死区),并需要进一步的决策状态。例如,在两个阈值($-\Delta$ 和 $+\Delta$)存在三个级别:$-L,0,+L$。对这种取值情况进行编码时,只需要三个逻辑状态,所以 1bit 是不够的,而全 2bit 又是不必要的。在文献[13.12]中,这些量化器被称为 1.5bit、2.5bit 等。

按照典型的 GNSS 通道链路预算,卫星信号幅度至少比热噪声低约 20dB。如果不存在干扰,则 ADC 阈值将完全由高斯噪声所决定,信号本身则被深深掩埋在噪声中。

在数字 GNSS 接收机中,ADC 是一个非常重要的组成部分,其实现方案将决定预相关带宽对实现损耗贡献的大小,并确定了在信号处理单元(SPU)中处理的数据流。

在线性 ADC 中,传递函数是一条带有台阶的直线。可以构造非线性 ADC 版本,其中阈值位置可以自适应地改变,并且通过应用权重 $\omega$ 加权输出比较电平。

1. 采样率

数字 GNSS 接收机中采样率的讨论比较复杂。根据抽样定理,一般要考虑三种情况:过采样;奈奎斯特采样;次奈奎斯特采样(或欠采样)。

假设经过前端滤波后的信号在频域中的单边带宽为 $B$,并且采样率是 $f_s$。在数字 GNSS 接收机中,可分为以下不同类型的采样。

(1) 过采样:对于基带采样中的 $f_s>2B$ 或 IF 采样中的 $f_s>4B$,会在比 GNSS 信号带宽更大的频带内采样。这将出现对有用频带外的噪声和潜在干扰信号进行采样的情况。原始白噪声会转换为有色噪声(相关噪声),这会引起其他问题。如果前端设计合理,则过采样不会产生其他信息。这种情况下的宽带接收机不应被视为过采样接收机。

(2) 奈奎斯特采样:对于基带采样中的 $f_s=2B$ 或中频采样中的 $f_s=4B$,可以对 GNSS 信号的有用带宽进行精确采样。接收机技术中有一个历史性讨论,即是否应只采样信号的主瓣(这对应使用标准相关器的窄带接收机),或者是否应在传输带宽中采样包含副瓣的整个信号(对于 GPS C/A 码,为 20MHz)。后一种情况使得使用窄相关的宽带接收机成为可能。在 IF 采样接收机[13.9]中,I 和 Q 支路分量是在采样过程中直接获得的,没有与正弦和余弦参考混频。如文献[13.9]中所述,信号(I 和 Q)以连续的 90°相移进行采样。与采样单个正弦或余弦分量相比,需要奈奎斯特频率增加 2 倍。

(3) 欠采样:基带采样中 $f_s<2B$ 或中频采样中 $f_s<4B$ 时出现这种情况。从采样定理可以看出,如果要重建信号,则必须进行奈奎斯特采样,否则将导致混叠问题。在早期软件接收机的实施过程中发现(其中对非常高速的数字化数据流进行处理带来了问题),重建GNSS 信号实际上不存在严格的要求[13.35-13.36]。对采样信号的主要要求是可用于时域中的自相关函数计算或频域中的卷积运算。这意味着(与常识相反)在欠采样条件下接收机是可以工作的。当然,必须付出的代价是噪声的混叠和有效载噪比($C/N_0$)的减小。

在本节最后,我们将对基带采样和中频采样进行比较。根据奈奎斯特定理,如果带限信号的采样率大于带宽两倍,则可以对带限信号进行完美采样。以上这句话可以这样解释:以中频 $f_{IF}$ 为中心的具有零到 $2B$ 带宽的调制信号可以通过任何满足奈奎斯特定理的采样率($f_s \geq 4B$,而不是 $f_s \geq 2(f_{IF}+B)$)进行完美采样,而不丢失任何信息。这种采样产生的最终混叠频谱的中频 $f_{IF}$ 低于原始中频(这是一种通过有意混叠实现的下变频)。换句话说,由于带通信号被整数倍采样频率重建,这样就可以通过选择适当的采样率来获得下变频后的采样信号。例如,被调制在中频 $f_{IF}=95MHz$ 的 GPS C/A 码信号($2B=2MHz$)可以有效地以 $f_s=4MHz$ 采样,这是一种极低的欠采样,最终中频变为 $f_{IF}=1MHz$。这被称为带通采样技术(也称为直接转换或有效的故意混叠技术)[13.37-13.39]。除了奈奎斯特定理对采样率的约束之外,为了避免意外的混叠效应,我们还必须选择采样率和最终中频,以免使信号频谱与混叠频谱重叠[13.40]。

2. 量化损失

在量化器中,模拟信号的幅度被转换成信号的二进制表示(模拟输入和二进制输出)。由于连续曲线最终由一条直线加上若干个矩形间隔表示,因此将产生由量化间隔 $q$ 决定的信噪比损失。量化损失的数学描述可以在不同的来源中找到,包括文献[13.9, 13.41-13.44]。以上参考文献都差不多采用了二进制信号($\pm 1$)加高斯白噪声的概率密度函数(PDF)的统计模型。遵循文献[13.41]的描述,输出与输入载噪比($C/N_0$)之间的比率 $\delta$(对于 ADC 传递函数来说)定义为

$$\delta = \frac{(C/N_0)_{out}}{(C/N_0)_{in}} = \frac{\sigma^2}{c^2} \frac{(\overline{N}_S - \overline{N}_{noise})^2}{E(N_{noise}^2)} \tag{13.17}$$

量化器损耗 $L$ 可以定义为[13.41]

$$L = -10\lg\delta \tag{13.18}$$

式中:$\delta^2$ 为加性零均值高斯白噪声(AWGN)方差。在这种情况下,仅考虑高斯 PDF,即 $N(0,\sigma^2)$。变量 $c$ 描述了信号内容($+c,-c$);$\overline{N}_S$ 是经量化、相关和累积后信号功率平方根;$\overline{N}_{noise}$ 是噪声经量化、相关和累积后功率的平方根;$E(\cdot)$ 是统计期望运算符。为了简化讨论,假设信号处于零中频频率。

ADC 通过将输入分段成一系列线性间隔电平,如图 13.15 所示,定义为 $t_i(i \in -n,\cdots,+n)$,对输入信号进行幅度采样[13.41]。注意,这里 $t$ 不是时间。输出电平显示为单调递增。一般来说,也可以支持从输入范围到输出状态的非线性映射。在零输入电平附近有一个扩展区域,产生零输出电平。大多数 ADC 输出电平的权重 $\omega_i$ 假定为 1、2、3 等(线性加

权)。这不是必需的,因为可以为 $t_i<x<t_{i+1}$ 分配任意的输出权重 $\omega_i$。

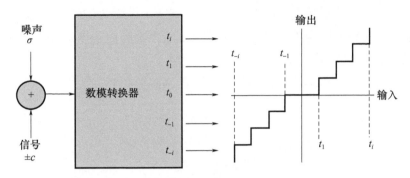

图 13.15　ADC 信号和噪声模型(参见文献[13.41])

在存在信号分量 $c$ 的情况下,占据 $t_i<x<t_{i+1}$ 范围内的 ADC 输入 $x$ 的条件概率为

$$P(t_i \leqslant x \leqslant t_{i+1} \mid c) = \int_{t_i}^{t_{i+1}} P(x \mid c) \mathrm{d}x \quad (13.19)$$

其中,$t_{m+1}=\infty$,$t_{-(m+1)}=-\infty$。

对于 $s=+c$ 或 $s=-c$ 的二进制信号 $s$,经过 $n$ 次独立实验后累加器中的平均值为

$$E(N_S) = \overline{N}_S = n \sum_i \begin{Bmatrix} w_i P_i(s=+c) p_+ \\ -w_i P_i(s=-c) p_- \end{Bmatrix} \quad (13.20)$$

式中:$p_+$ 和 $p_-$ 为信号为 +1 或 -1 的先验概率(对于理想随机序列等于 1/2);$P_i(s=-c)$ 项前的负号反映了与本地伪码的乘积(解扩)。信号功率的量度为 $\overline{N}_S^2$。

当仅存在噪声时,可以使用相同方程[13.41]来确定累加器中的平均数。在这种情况下,概率 $P_i$ 与 $c=0$ 相同,则有[13.35]

$$E(N_{\text{noise}}) = \overline{N}_{\text{noise}} = n \sum_i \begin{Bmatrix} w_i P_i(s=0) p_+ \\ -w_i P_i(s=0) p_- \end{Bmatrix} = 0 \quad (13.21)$$

经过 $n$ 次独立实验后,累加器数量的方差表示相关后的噪声方差(注意权重向量中值的平方的使用)[13.36],即

$$E(N_{\text{noise}}^2) = n \sum_i \begin{Bmatrix} w_i^2 P_i(s=0) p_+ \\ +w_i^2 P_i(s=0) p_- \end{Bmatrix} = 2n \sum_i \{w_i^2 P_i(s=0)\} \quad (13.22)$$

基于以上表达式可以计算量化损耗,并在图 13.16 中进行描述。

以上曲线仅对无限(非常高)采样率有效,但与有限采样率的情况相比,结果就会过于乐观[13.9]。在文献[13.9]中,对于窄带和宽带接收机显示了类似曲线。在归一化阈值 $\Delta/\sigma$ 取较低值的情况下,ADC 损耗的所有曲线都接近两级(1bit)的结果,即损耗为 1.961dB。对于高归一化阈值,具有零电平的 ADC 损耗曲线会无限制地增长,而对于电平不为零的 ADC(即 1bit,2bit,3bit),ADC 损耗曲线保持有界。

3. 自动增益控制

采用多位 ADC 实现的接收机必须控制信号的动态范围,其目的是将信号幅度调节到一定程度,以使平均信号幅度落在 ADC 的最大阈值和最小阈值之间。这种信号调节是通

过将具有可变增益的放大器(所谓的自动增益控制(AGC))集成到前端来实现的(图13.17)。AGC 由闭环反馈控制电路驱动,在 ADC 之后的数字域进行多种测量,然后通过处理该测量值来反馈控制 AGC 放大器。通常采用均方根噪声功率幅度进行测量并反馈。监测 AGC 电平的原理可用于检测对 GNSS 信号的干扰。

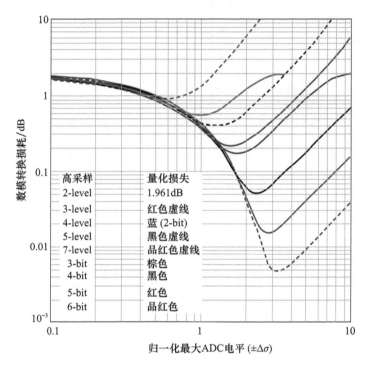

图 13.16　线性加权的 A/D 转换器中的损耗(参见文献[13.41])(见彩图)

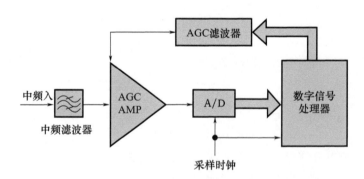

图 13.17　AGC 控制电路(参见文献[13.12])

## 13.2.4　振荡器

GNSS 接收机以本地振荡器为参考来跟踪接收信号的载波和码相位。如果卫星振荡器或接收机振荡器出现过大的相位噪声,则会降低使用低成本晶体振荡器(CXO)的 PLL 和 DLL 的信号处理性能。对于相位噪声来说,锁相环最为关键,因为复制的载波频率必须在第一个射频级中稳定下来,常规 GNSS 信号中的载波频率至少比码片速率大 100 倍。

在某些场合中使用具备长期稳定度时钟的接收机,2008 年起就开始采用芯片级原子钟技术。Symmetricom 公司[13.45]开发了一种称为芯片级原子钟的小型铯振荡器。

本节简要描述了当今 GNSS 接收机中使用的振荡器的基本类型及其关键特性。有关时间和频率标准更全面的讨论,请参阅本书第 5 章。

1. 晶体振荡器

CXO 使用可形变的石英来产生精确的机械振荡,同时将其转换为电信号。CXO 基于压电效应原理构建。电场与石英元素相互作用,并引起机械振荡,该振荡可以通过传感器进行测量。由于机械振动,CXO 也可以理解为对负载 $g$ 和线性振动谱敏感的微机械装置。

CXO 有几种设计形式(图 13.18)。最简单的设备是手表中使用的低端晶体振荡器。它们的秒稳指标可低至 $10^{-5}$。对于 GNSS 接收机而言,温度补偿晶体振荡器(TCXO)非常重要。TCXO 可以通过低成本的工业化生产。可达到的秒稳性能介于 $10^{-6}$ 和 $10^{-8}$ 之间。这对于 GNSS 接收机信号处理和本地时钟生成来说是足够的。更高性能的 CXO 也可以获取到。为了消除与温度有关的漂移,采用的方法是将晶体安装在恒温环境中,为其提供一个非常明确的温度环境,此类晶体称为恒温晶体振荡器(OCXO)。在短期(1s)稳定性方面已经类似铷钟性能,OCXO 可以达到 $10^{-13}$ 的稳定性,但成本、尺寸和功耗阻碍了 OCXO 在商用 GNSS 接收机中的应用。它们主要用做特殊应用,例如 GNSS 参考站,以提供更精确的独立时间和频率参考。

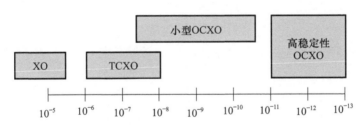

图 13.18 晶体振荡器短稳技术概述(小于 1s)

频率源的相对稳定度的定义为[13.46]

$$y = \frac{\delta f}{f} \tag{13.23}$$

式中:$y$ 为小数频率稳定度;$\delta f$ 为频率误差或抖动;$f$ 为要产生的标称频率。频率稳定度不是静态指标,而是取决于应用时间间隔(短期还是长期)、运行过程中的温度以及所施加的加速度(负载 $g$)。

温度相关的频率误差可以用多项式描述为

$$\frac{\delta f}{f} = a + b(T - T_0) + c(T - T_0)^2 \tag{13.24}$$

式中:$T$ 为实际温度;$a$ 为偏差;$b$ 为温度的线性相关项;$c$ 为温度的二次相关项;$T_0$ 为参考温度,例如实验室校准时的温度。在规定的 $-40℃ \leq T \leq 80℃$ 范围内,CXO 温度敏感度的典型值,大小为 $b = 10^{-5} \sim 10^{-6} K^{-1}$。

另一个误差项为晶体的 $g$ 灵敏度,取决于沿着 CXO 的敏感轴施加的加速度[13.47]。误差方程的形式为

$$\frac{\delta f}{f} = K\frac{a}{g} \qquad (13.25)$$

$K$ 因子描述了对加速度 $a$ 的敏感度。$g$ 是地球表面的重力加速度。$K=10^{-8}$ 的 CXO 适用于低动态应用;$K=10^{-10}$ 的 CXO 适用于高动态环境[13.47]。

除了以上系统误差之外,CXO 还显示出明显的随机误差[13.46],这可能会影响 GNSS 接收机中的信号处理。

经过进一步分析,这种振荡器相位和频率噪声造成的时钟误差并不是真正的偏差,而是经过滤波的随机过程,必须考虑其特定的动力学和统计特性。一般来说,时钟误差可在绝对定位或差分定位中通过估计时钟偏差来解决。但在使用低成本性能晶体、应用在高动态和高振动环境中、利用测量型接收机进行高精度载波相位处理时,情况并非如此。振荡器相位噪声的影响会导致 PLL 跟踪误差。如果误差过大,甚至会造成周跳和失锁。

频率稳定度 $y$ 的方差,即所谓的阿伦偏差[13.46],可表示为

$$\sigma_y^2(\tau) = \mathrm{Var}\left(\frac{\delta f}{f}\right)_\tau \qquad (13.26)$$

式中:$\tau$ 为通过低通滤波或积分获得的 $y$ 平均值所对应的时间常数。

以更明确的形式,阿伦偏差表示为

$$\sigma_y^2(\tau) = \frac{h_0}{2\tau} + 2\ln(2)h_{-1} + \frac{2\pi^2}{3}\tau h_{-2} \qquad (13.27)$$

式中:$h_0$、$h_{-1}$ 和 $h_{-2}$ 为在特定时间尺度上决定频率源稳定性的单个噪声系数(图 13.19)。表 13.1 整理了常见振荡器类型的阿伦偏差参数的典型值。

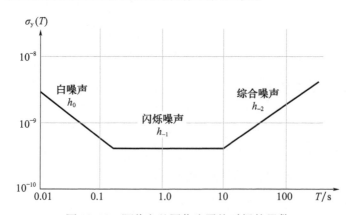

图 13.19　阿伦方差图作为平均时间的函数

表 13.1　不同频率源的典型阿伦方差参数(参见文献[13.48])

| 频率源 | 白噪声 $h_0/\mathrm{s}$ | 闪烁噪声 $h_{-1}(-)$ | 综合噪声 $h_{-2}/\mathrm{s}^{-1}$ |
|---|---|---|---|
| TCXO | $10^{-21}$ | $10^{-20}$ | $2\times 10^{-20}$ |
| OCXO | $2.5\times 10^{-26}$ | $2.5\times 10^{-23}$ | $2.5\times 10^{-22}$ |

续表

| 频率源 | 白噪声 $h_0$/s | 闪烁噪声 $h_{-1}(-)$ | 综合噪声 $h_{-2}$/$s^{-1}$ |
|---|---|---|---|
| 铷钟 | $10^{-23}$ | $10^{-22}$ | $1.3\times10^{-26}$ |
| 铯钟 | $2\times10^{-20}$ | $7\times10^{-23}$ | $4\times10^{-29}$ |

阿伦偏差的功率谱密度在下文的分析中非常重要,通常由如下公式[13.49]表示,即

$$S_y(\omega) = h_0 + \frac{h_{-1}}{\omega} + \frac{h_{-2}}{\omega^2} \tag{13.28}$$

或

$$S_{f_0}(\omega) = 4\pi^2 f_0^2 \left( h_0 + \frac{h_{-1}}{\omega} + \frac{h_{-2}}{\omega^2} \right) \tag{13.29}$$

后一个表达式考虑了如下事实:在 GNSS 接收机中为载波和伪码提供一个合成的参考频率 $f_0$。为了达到载波和伪码相位水平,必须对频率表达式进行积分,有

$$S_\phi(\omega) = \frac{S_{f_0}}{\omega^2} \tag{13.30}$$

由于 GNSS 用户对以弧度为单位的 $1\sigma$ 相位误差感兴趣,因此必须考虑环路滤波器的影响,有

$$\sigma_\phi^2 = \frac{1}{2\pi}\int_0^\infty S_\phi(\omega)\,|1-H(\omega)|^2 \mathrm{d}\omega \tag{13.31}$$

式中:$H(\omega)$ 为环路的传递函数。在环路滤波器(假设为理想滤波器)的通带之外阿伦偏差功率谱密度才会导致相位跟踪误差。在二阶环路的情况下,有

$$|1-H(\omega)|^2 = \frac{\omega^4}{\omega_L^4 + \omega^4} \tag{13.32}$$

可得出稳态下阿伦偏差噪声引起的相位跟踪误差为

$$\sigma_\phi^2 = 2\pi f_0^2 h_0 \int_0^\infty \frac{\omega^2}{\omega_L^4 + \omega^4}\mathrm{d}\omega + 2\pi f_0^2 h_{-1}\int_0^\infty \frac{\omega}{\omega_L^4 + \omega^4}\mathrm{d}\omega + 2\pi f_0^2 h_{-2}\int_0^\infty \frac{1}{\omega_L^4 + \omega^4}\mathrm{d}\omega \tag{13.33}$$

其中,$\omega \approx 1.9 B_L$(在环路阻尼系数 $\xi = 0.707$ 时),$B_L$ 是环路的单边噪声带宽。积分后可得[13.49]

$$\sigma_\phi^2 = 2\pi f_0^2 \left( \frac{\pi^2 h_{-2}}{\sqrt{2}\omega_L^3} + \frac{\pi h_{-1}}{4\omega_L^2} + \frac{h_0}{4\sqrt{2}\omega_L} \right) \tag{13.34}$$

第二个影响是由用户平台的振动引起的 CXO 上的相位噪声颤动。最终的相位噪声跟踪误差取决于振荡器的 $g$ 值灵敏度和振动的功率谱密度,其计算表达式为

$$\sigma_\phi^2 = 2\pi f_0^2 k_g^2 \int_0^\infty G_g(\omega)\frac{\omega^2}{\omega_L^4+\omega^4}\mathrm{d}\omega \tag{13.35}$$

式中:$k_g$ 为振荡器的 $g$ 灵敏度;$G_g(\omega)$ 为单边振动功率谱密度(以 $g^2/(\mathrm{rad/s})$ 为单位测量)。代表性的 $g$ 灵敏度取值为

$$k_g = \begin{cases} 1 \times 10^{-9} g^{-1} & \text{低动态接收机} \\ 3 \times 10^{-10} g^{-1} & \text{高动态接收机} \end{cases} \quad (13.36)$$

计算结果很大程度上取决于用户在特定平台或车辆上操作的振动频谱。在恶劣的动态环境下,由振动引起的跟踪误差可能会变得很明显,从而导致跟踪环路出现失锁。

2. 芯片级原子钟(CSAC)

除晶体振荡器外,芯片级原子钟(CSAC)在市场上也有销售。CSAC 技术是 2001 年在美国国防部高级研究计划局(DARPA)计划中分阶段开发的。该产品于 2008 年开始生产。这种高度便携式的原子钟由铯单元、屏蔽罩等物理组件组成。这些系统单元集成在印制电路板(PCB)上。当前尺寸约为($4.0 \times 3.6 \times 1.3$) $cm^3$,质量为 0.035kg,运行时功耗为 120mW[13.45]。铯原子由垂直腔表面发射激光器(VCEL)的激光束激发,激光输出信号(谐振线)由光电二极管检测。根据阿伦偏差分析,时钟的稳定性为 $1.5 \times 10^{-10}$/1s 和 $1.5 \times 10^{-12}$/1000s,性能要高于典型的 TCXO。另外一个优点是,与 CXO 相比,其对加速度和振动的灵敏度较低。在整个工作温度范围(-10℃~+70℃)内,温度灵敏度小于 $5 \times 10^{-10}$。与输入电压变化和施加磁场有关的灵敏度也较低(大约 $10^{-10}$)。目前 CSAC 技术正向更小尺寸、更低功耗和更低成本方向演进。CSAC 技术作为 GNSS 接收机频率源的优势是能够提供非常稳定的时标,保证 GNSS 接收机以较短的首次定位时间(TTFF)来捕获或重新捕获更长的伪码。由于跟踪环路中的相位噪声较低,因此可以延长信号处理中的积分时间(相干积分)。由于其精度较高,CSAC 还可用于时钟滤波以代替估计滤波器中的时钟误差项,这样可以减少定位所需要的可见卫星数。

## 13.2.5 芯片技术

在 GNSS 接收机小型化和集成应用过程中,芯片技术发挥了重要作用。接收机的外形、功耗和生产成本主要取决于当前半导体技术的现状以及可以应用的半导体工艺。在 GNSS 接收机中,芯片技术应用于 RF、SPU 和导航处理单元(NPU)中。此外,只读存储器(ROM)和随机存取存储器(RAM)等存储单元以及(如果使用的话)加密单元也取决于微芯片设计。超大规模集成(VLSI)的程度决定了 GNSS 功能在大众市场设备(手机、掌上电脑(PDA)、汽车系统)中的使用。

VLSI GNSS 芯片的发展趋势值得注意。即使是 GNSS 大众市场领域的芯片技术,也要落后于领先的半导体开发 2~3 个创新周期或技术节点。其原因是 GNSS 接收机的市场规模大大低于 PC、移动计算和通信设备等系统的市场规模。根据英特尔数据,2005 年便携式 PC 市场约有 10 亿台笔记本。据预测,2015 年各种普适计算的设备将超过 100 亿台。相比之下,市场上约有 60 亿台移动通信设备[13.50]。今天(2013 年)约有 10 亿个民用 GPS C/A 码芯片投入使用。显然,非 GNSS 的信息技术市场推动了芯片复杂度(每个管芯>5000 万个晶体管)和最小特征尺寸(例如,降至 22nm(英特尔凌动)处理器)的开发工作[13.50]。在以军用接收机为代表的应用领域中,VLSI 芯片集成的另一个问题是接收机必须执行更高的军事规范(MIL-SPEC)。随着特征尺寸的减小,只有少数国际半导体厂能够生产先进的二氧化硅集成电路。由于需要更先进的光刻工具[13.51]和更大直径的半导体加工设备,这些半导体厂的投资也越来越昂贵。国防部门的半导体公司难以跟上步伐。这导致了一种有趣的状况:就高集成度而言,大众市场产品要优于军用接收机中的硅集成度。

基本的功能性硅单元被称为管芯(die)。由于封装和引脚的原因,管芯仅占芯片的一小部分。它是从晶片上切割下来的。在一个芯片上可能有许多具有不同功能的管芯。此类系统也称为片上系统(SoC)。

1. 数字芯片技术

基于经验,六通道 GPS C/A 码接收机的处理计算需求约为 80~100MIPS。在信息技术中,用于衡量处理能力的参数 MIPS(每秒兆指令)是否合适还有待确认。但是,在本书中仍使用它来定义处理能力的数量级。对于 100MIPS 的处理能力,需要在 $SiO_2$ 管芯上等效 $10^6$ 个晶体管。从 Intel 486 到 Intel Pentium PC 的处理器都具有这样的处理能力。因此从理论上说,是可以在 PC(软件接收机)上实现 C/A 码的信号处理功能的。

半导体技术在数字芯片中的飞速发展一直遵循着摩尔定律。Gordon E. Moore 是仙童半导体公司早期集成电路开发的先驱。1968 年,他已经是英特尔的联合创始人。他发现每隔 2 年硅面积上的晶体管数量就会增加一倍(图 13.20),并且处理器的整体能力以类似的方式增加(图 13.21)。1965 年,他发表了被称为"摩尔定律"的研究成果,并给出了对未来 10 年的芯片发展预测。在 1975 年左右[13.51],集成复杂度的增长速度下降了,原因是在第一阶段人们尝试利用硅芯片上的浪费区域,而这种可能性在 20 世纪 70 年代中期左右用尽。很明显,摩尔定律是一个经验法则。定律的有效性有以下几个方面的因素:像英特尔这样的领先制造商试图保持与其预测接近;其他有竞争力的制造商也是如此,半导体设计工具也依据摩尔定律预测的目标进行开发。

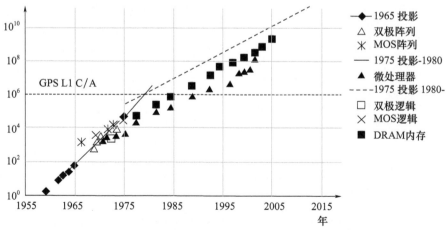

图 13.20  MP 和存储器的复杂性(每个芯片的晶体管数)[13.51],经电气与电子工程师学会(IEEE)的授权

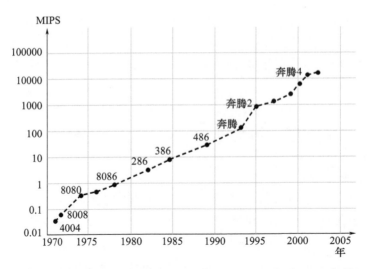

图 13.21 不断提高的处理器性能(参见文献[13.51],由 IEEE 提供)

十年来,人们一直在讨论摩尔定律何时终止。有证据表明它会结束,因为电路尺寸不能比原子更小。由于结构变得比光的波长还小,光刻技术就变得越来越重要。另外量子效应在更精细的结构中也变得越来越明显。但也存在一些继续维持摩尔定律的机会[13.52],如多样化(功率和高分子电子学)和性能增强(多核处理、光子学、石墨烯晶体管)。

根据英特尔[13.33]和半导体界的讨论,给出了如下预测:摩尔定律将持续到 2015 年以后,并且结构的尺寸每 6 年减少 1/2(图 13.22)。

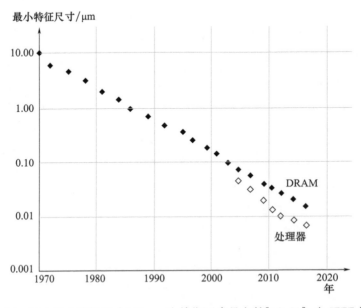

图 13.22 减小最小特征尺寸(以 μm 为单位)(参见文献[13.51],由 IEEE 提供)

最小的芯片工艺在 2005 年为 65nm,在 2011 年为 22nm。后者在 2013 年用于 PC 处理器的量产。2015 年以后的芯片工艺[13.33]将在 10nm、7nm、5nm 水平,此时需要对光刻、互连、材料和其他改进领域进行研究。

摩尔定律的另一个要素是,直到2015年以后,在相同功耗水平下半导体复杂性(晶体管数量)将每6年增加4倍,而处理性能提高150倍。每个晶体管的成本每2年会减半。

可以在降低功耗的情况下获得相同的处理性能:对于GNSS数字芯片来说,这可能意味着今天100MIPS的功耗为100mW,而在2015年以后100MIPS的功耗仅为1mW。

2. 射频芯片技术

射频半导体技术及其未来发展是前端架构的主要驱动因素。许多新的集成或低成本应用只能通过射频芯片来实现。在集成射频部件并实现多功能操作的同时降低功耗,是当前的发展趋势。

如前所述,数码电子产品受摩尔定律的约束。数字领域中,在芯片上集成大量晶体管非常重要。在电气方面,硅(三栅极)金属氧化物半导体场效应晶体管(MOSFET)占主导地位。在基于半导体的射频电子产品中,摩尔定律和VLSI不那么重要。从历史上看,射频半导体一直到20世纪80年代都用于雷达等军事系统。根据1990年前后移动通信领域的广泛宣传,射频芯片市场已明显转向各种消费应用。

对射频晶体管的主要要求是能够对输入信号的变化做出快速反应[13.53]。实现这一目标的两个基本领域是晶体管设计和选择合适的半导体材料。现在射频晶体管的使用范围在0.5~100GHz之间。目前已经发展出两个基本晶体管概念[13.53]:场效应晶体管(FET)和双极晶体管(BT)。在FET中,输出电流(漂移电流)由正交场控制,电导率由栅极电势控制。已知三种类型的FET[13.53],即金属-半导体FET(MESFET)、高电子迁移率晶体管(HEMT)和金属-氧化物半导体FET(MOSFET)。在双极晶体管中,输出电流由p-n结两端的电压控制。目前已经开发出双极结晶体管(BJT)和异质结双极晶体管(HBT)两种类型的双极晶体管[13.53]。射频晶体管的性能[13.53]由其放大能力、增益、频率范围、输出功率和最小噪声系数(表13.2)来描述。对于GNSS接收机,LNA的噪声系数是很重要的。此外,射频芯片的功耗和生产成本也是要考虑的因素。

表13.2所列的噪声系数$F$是对单个晶体管而言的。由于在LNA中集成了多个晶体管,因此总噪声系数可能会更高。射频芯片可以考虑使用以下材料:磷化铟(InP)、硅(Si)、砷化镓(GaAs)和硅锗(SiGe)。微波硅ASIC中实体闸极长度在2001年为90nm,在2016年为11nm。

互补金属氧化物半导体(CMOS)是开发数字(逻辑)芯片中最廉价、应用最广泛的硅半导体工艺。在CMOS中,p沟道和n沟道MOSFET被设计在同一衬底上。射频CMOS芯片支持高达3GHz的频率,对于L波段的GNSS低噪声放大器来说是足够的。射频CMOS对于低端单片集成是很重要,因为数字功能和射频功能可以集成在同一个半导体工艺中。

表13.2 不同RF晶体管材料的最小噪声系数F

| 晶体管类型 | $F$/dB(2GHz) | $F$/dB(5GHz) |
| --- | --- | --- |
| InP HBT | 0.4 | 1.1 |
| Si BJT | 0.8 | 1.2 |

续表

| 晶体管类型 | F/dB(2GHz) | F/dB(5GHz) |
|---|---|---|
| GaAs HBT | 0.9 | 1.2 |
| SiGe HBT | 0.1 | 0.5 |
| GaAS MESFET | 0.1 | 0.2 |

**3. 数字信号处理单元**

传统数字 SPU 被分解为不同的处理器(图 13.23)。采用这种混合架构的原因,一方面是需要将非常快速的并行操作应用于 ADC 输出的高速数据流,ADC 输出数据速率可以在数十兆赫兹水平上,具体取决于信号的带宽、接收机以及所应用的采样率;另一方面,也必须处理中速信号,例如通常小于千赫兹水平的相关器积分结果的输出。此外,还有低速信号,如跟踪环路处理(<100Hz)和导航处理(<10Hz)。

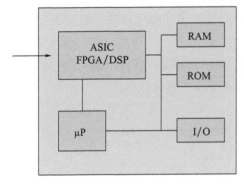

图 13.23 数字 GNSS 接收机通用架构

除了处理速率之外,数学函数的复杂性和必要的指令集也是需要考虑的问题。

SPU 的通用标准分区是为了在数字信号处理器(DSP)上实现高速(以及更多基本操作)处理(表 13.3),也可以通过一个或几个嵌入式现场可编程门阵列(FPGA)来增强 DSP。FPGA 可以重新编程,具有更高的灵活性,但比较昂贵并且功耗很大,可以使用 ASIC 代替 FPGA。这是实现数字信号处理最便宜的方法,但只能以有限的方式进行重新配置。此外,MP 或中央处理器(CPU)始终位于 SPU 中。MP(μP)控制着整个 SPU 和输入/输出(I/O)功能。在软件接收机中,尝试将所有处理功能都包含在通用计算机上运行的软件中。

表 13.3 GNSS 接收机处理的分区(参见文献[13.54])

| 处理任务 | 处理硬件 |
|---|---|
| 自相关 | ASIC/FPGA/DSP(CPU) |
| 捕获 | DSP/CPU |
| 跟踪 | DSP/FPGA/CPU |
| 导航 | CPU(DSP) |

原则上,DSP 是一种面向以数字滤波或快速傅里叶变换(FFT)计算为代表的快速实时数字信号处理的特殊 MP,例如一个标准的应用是能够正确处理数据并具有高数据吞吐量能力的快速乘累加(MAC)功能,可完成具有许多系数 $\alpha_k$ 的有限脉冲响应滤波器(FIR)等,有

$$y_k = \sum_{k=0}^{m} \alpha_k x_{-k} \tag{13.37}$$

DSP 的提供商很少,其中得州仪器(TI)、亚德诺半导体(ADI)和飞思卡尔(前身是摩托罗

拉)的市场份额较大。得州仪器(TI)TMS320系列[13.55]从一开始就在GNSS接收机中使用过。多年来,推出了多代和多个版本的产品。这些DSP提供60~2000MIPS的处理能力,使用24bit定点或32bit浮点架构,并提供数字滤波中的标准函数。TMS320可以采用C、C++和汇编语言编程。

在CPU方面,某些GNSS接收机使用ARM处理器芯片。ARM代表高级精简指令集(RISC)机器[13.56]。在20世纪80年代初期,已经开发了8个版本的ARM处理器。ARM版本6及更高版本提供750~2000MHz的时钟速率,32/64bit架构以及60~180MIPS的计算性能。

软件接收机使用的通用处理器(GM)在许多情况下都属于PC处理器系列,如Intel Core 2(如使用Lippert Toucan板、2GHz CPU时钟速率、40W功耗)。其他高端选项还有使用3.2GHz的Cell宽带引擎,据说该引擎具有更高的处理速度(是Core2的30倍)。Cell宽带引擎已经在PLAYSTATION3中使用,也是未来软件接收机的候选引擎。

4. GNSS接收机集成

除了功能解决方案,还可以将几种体系架构概念用于接收机的实现(表13.4)。使用的架构设计主要取决于开发目标(原型设计、大地测量接收机、芯片组、单芯片)、可用的投资预算以及开发时间表。更高的集成度具有几个优点[13.57]:通过减少零件的数量和尺寸来减小外形尺寸;通过去除引脚的焊点来提高可靠性;通过去除引脚和电路电阻来降低功耗;降低半导体制造应用中的生产成本。更高的集成度将缩短数字线路并提高处理速度,从而改善数字性能。但是在更高的集成度下,RF和数字部分之间的干扰可能会成为一个问题。

表13.4 接收机集成级别(参见文献[13.57])

| 集成水平 | 结构 | 技术 | 相对研发成本 | 市场 |
| --- | --- | --- | --- | --- |
| 单独的LNA/RF/ASIC/μP | 离散PCB | GaAs,SiGe,Bipolar Si,CMOS | 1 | 高精准度,科学应用 |
| (LNA+RF)/ASIC/μP | 混合MMIC或RF芯片PCB | GaAs,SiGe,Bipolar Si,CMOS | 1.5~2 | 高端,测量,航空 |
| (LNA+RF)/(ASIC+μP) | 双芯片PCB | Bipolar Si,SiGe,CMOS | 3~4 | 低端,手持设备,汽车 |
| (LNA+RF+ASIC+μP) | 单芯片 | CMOS | 6~10 | 终极大众市场,E-911 |

各个体系架构简述如下。

(1) 离散印制电路板(PCB)设计:这种结构需要最大的面积和最多的零件数量,但允许使用高性能离散器件。它具有最低的初始生产成本,非常适合于小规模和中等规模生产。这些技术主要用于原理样机和面包板接收机。低噪声放大器和射频滤波器通常集成在L波段天线中。

(2) 混合单片微波集成电路(MMIC):这可以看作是中等规模生产的离散PCB与芯片组设计的组合。这种方法在20世纪90年代通过采用高性能前端(多级下变频器)用于测量接收机类型。

(3) PCB上的双芯片设计:此架构基于集成的RF芯片和集成的数字芯片。该芯片组方案可以实现较小的尺寸、功耗和价格，但以较高的初始成本为代价，因此仅适用于消费市场应用。这些应用中最高集成度和极低功耗不是驱动因素，通常使用简化的前端技术（单步变换至基带）。

（4）接收机单芯片集成：将 RF 单元和 SPU 集成到单个芯片中，可以实现最便宜的（生产成本）和最小的解决方案，同时具有最低的功耗。由于初始成本非常高，例如，对于 65nm CMOS 中的半导体设计，单芯片解决方案仅适用于最终的大众市场。实现单片接收机的关键是射频部分采用与数字部分相同的半导体工艺（低成本 CMOS）。

（5）多功能芯片：与其他功能元素（如通信通道）共享芯片区域。将来它可能成为大众市场应用中的主导技术。

## 13.2.6 实现问题

由上节分析可知，GNSS 接收机也是一类高速计算机。将接收机分为硬件接收机还是软件定义的接收机，主要与使用的处理体系架构有关。待处理的信号处理逻辑和数据流对于所有不同的处理架构都是相同的。相应的接口控制文档（ICD）中定义了要处理的信号结构。下面将简要讨论三种主要处理体系架构的优缺点。

（1）基于通用处理机的软件无线电。优点是使用完全可编程的 MP，即不使用 ASIC 工艺。通用处理机（如基于 PC 的 MP 或 DSP）可以完成所有的数字信号和导航处理，并通过使用更高级的编程语言以实现完全可编程性，例如 C/C++。早期阶段的软件接收机是一些大学所追求的研究项目。工业界关注这一发展的原因是，现代便携式导航设备（PND）在未来将拥有更快更强大的 CPU 和更大的内存。使用 CPU 将有助于减少 PND 中不同芯片的数量。

软件接收机的缺点是 GM 上的处理负载高，并且功耗也很高。由于使用了 GM 板，因此这样实现的系统是结构密集型的。软件测试和验证也是一个巨大的问题。可以很清楚地看到，基于 GM 的软件接收机将抢占参考站 GNSS 硬件接收机的高端市场，因为这些应用对于外形尺寸和功耗没有太高要求。

（2）基于 FPGA 的软件无线电。在这种配置中的典型的基带处理是基于 CPU 和 FPGA 两个处理核心上的功能划分。两个处理器集成在同一个 PCB 上，并相互通信。快速操作在 FPGA 上完成，而低速操作和系统控制则在 CPU 上完成。

它的优点是可通过后续更新软件轻松修复错误，因此可重新编程性带来了可配置的接收机体系结构并降低了开发成本。

缺点在于生产成本相对较高（裸 FPGA 板的采购成本大于 2000 美元），尤其是单板上包含大型和多个 FPGA。此外，还需要特殊的软件开发工具（如 Verilog/VHDL、Handel-C 等），电路板的尺寸决定了接收机的外形尺寸。此外，根据 CPU 和 FPGA 的数量以及数字时钟速率，可能会导致相对较高的功耗。

（3）基于 ASIC 的硬件定义。在硬件接收机中，通常以 ASIC 上的硬连线逻辑的方式实现伪码副本生成、与参考信号（早、准时、晚）的混合以及针对例如 12 个通道的相关器的相关累积操作。ASIC方法的优点是批量生产硅(CMOS)的成本低。高度集成半导体GNSS接收机是可用的最低功耗选择。大规模集成还使得接收机尺寸变小。

主要缺点是由于固定的硬布线芯片设计带来的低灵活性。如果新的导航信号被播发或信号设计被修改,芯片通常不能适应这种变化,必须重新购买接收机。对于大众市场的接收机来说,这并不是一个大问题,因为在大众市场领域的创新周期只有几年,例如手机。对于更昂贵的基于硬件的接收机(如测量和军用接收机),不可配置的ASIC成为一个问题。通常情况下,新的信号结构下需要向后兼容。解决这个问题的一个方法是在ASIC之外使用一个DSP,并赋予一些功能到DSP上。同样,对于ASIC设计,需要特殊的开发工具,例如硬件开发语言(HDL)。在错误修复或架构改变的情况下,由于额外的芯片运行会导致高开发成本。与其他实现方案相比,VLSI芯片的开发和设计成本最高。

所描述的三种基本实现方案可以在功率效率和面积效率方面进行比较(表13.5;文献[13.54])。MOPS表示每秒百万次操作,面积是指提供所需的复杂性以提供预期处理能力所需的芯片面积。值得注意的是,在通用软件接收机处理器和ASIC之间,功率效率的差别在1万倍以上。与通用处理机相比,ASIC的面积效率甚至高出约10万倍。由此可知,PC、ASIC、FPGA解决方案都是合理的解决方案,但我们必须清楚地认识到它们的优缺点。认为摩尔定律将解决所有的处理问题是不切实际的想法,如果PC处理器通过使用更高集成度的CMOS而变得更好,ASIC也将如此。因此,软件接收机和基于硬件的接收机之间并不是在所有细分市场都存在竞争。对于纯软件接收机来说,在原型和研究应用中,可能会在高端市场出现不断增长的细分市场。

表13.5 不同接收机实现的功率效率和面积效率(参见文献[13.54])

| 接收机类型 | 平台 | 特性 | 功率效率 | 区域效率 |
| --- | --- | --- | --- | --- |
| 软件定义 | PC或DSP | 可编程的 | 10mW/MOPS | 1 MOPS/mm$^2$ |
| 软件定义 | FPGA | 可配置的 | 0.1 mW/MOPS | 100MOPS/mm$^2$ |
| 硬件定义 | ASIC | 专用的 | 0.001 mW/MOPS | $10^5$ MOPS/mm$^2$ |

## 13.3 多频和多系统接收机

前面以通用的方式描述了GNSS接收机的各组成部分。除了讨论前端群延迟之外,还未研究多频和多系统GNSS的接收机体系架构。使用更多的系统和更多的频率,将导致更高的复杂性:多频天线和前端、更复杂的频率规划、更快的ADC数据流,以及由于更多并行通道而对SPU提出的更高并行处理能力要求。本节将简要介绍GPS现代化、伽利略、GLONASS和北斗开发中GNSS接收机的主要设计特征。

### 13.3.1 GPS现代化的民用接收机

1. L2民用信号

随着GPS Block ⅡR-M卫星的发射(自2003年起),L2民用信号可被接收(L2CS)

到,这是 GPS 现代化背景下的第二个民用频率。在 ICD-GPS-200D 中对信号的详细设计进行了描述。L2CS 的频谱特性与 L1 上的 C/A 码信号没有太大区别。通常,L2CS 是通过对中等长度伪码(CM:10230chip,周期为 20ms)和长码(CL:767250chip,周期为 1.5s)进行逐个码片时分复用而生成的。与 C/A 码相比,使用了更长的扩频码以减少不同伪码之间的互相关。与 L1 C/A 码情况一样,多路复用后的最终码速率为 1.023Mchip/s。

因此,L2CS 接收机射频部分与 L1C/A 码接收机非常相似。一般来说,在滤波和带宽方面可以使用与 C/A 码接收机相同的前端概念。但需要在 L2=1227.6MHz 频点上设计频率合成器和相应的下变频器。实现 L2CS 的主要挑战在于数字领域。如果接收机没有精确的 GPS 时间,直接捕获长码(CL)似乎是不切实际的[13.58]。因此,需要预先捕获 C/A 码 L1 和/或中等长度码(CM)L2,再利用时序和频率信息进行过渡以便完成长码的捕获。如文献[13.58]中概述的那样,存在三个实现选项:

(1) CM 仅用于信号跟踪和数据解调。
(2) CL 仅用于信号跟踪,CM 仅用于数据解调。
(3) 在混合模式下同时使用 CM 和 CL 来跟踪测距信号,CM 用于数据解调。

另外,可以利用 CL 通道的无数据属性,在相关处理时实现长时间相干积分(超过 1.5s 或其倍数)。极长的相干积分对振荡器的相位噪声(振荡器质量)提出了更高的要求,因为相位会在积分间隔内发生变化。接收机的运动会导致信号产生动态变化,此时接收机可能需要来自 CM 跟踪环路的辅助。原则上,在 2020 年 12 月之后,L2CS 能够替代高端接收机中半无码 P(Y)技术。在此之后,美国政府不再保证提供 P(Y)码。GPS-ICD-200 发布了 P 码的信号设计,但没有对无码和半无码接收技术提供保证。

2. L5 频率

GPS 现代化计划中的第三个民用频率是 L5 信号,该信号主要用于支持航空和其他类似领域中的生命安全应用。在 ICD-GPS-705 中对 L5 信号特征进行了详细描述。从 2010 年 5 月开始发射的 Block ⅡF 卫星会首次播发该信号,该信号也将在 GPS Ⅲ 星座播发。L5 信号在以 1176.45MHz 为中心频点的 L 波段中以大约 24MHz 的带宽播发,其码片速率为 10.23Mchip/s。为了实现 L5 接收机,需要增加一些重要的附加功能。首先,除了扩频码之外,L5 信号还使用 Neuman-Hoffman(NH)二次码。二次码通过稍微增加周期性扩展码的谱线间距来实现更好的互相关特性。此外,L5 信号使用 QPSK 作为基本调制,其中 Q 通道同样是无数据通道,并在 I 通道中调制导航数据(L5 数据消息)。前向纠错(FEC)编码后的导航数据速率为 100symbol/s(每秒符号数)。导航数据中还添加了 24bit 循环冗余码(CRC-24)。

使用 L5 信号中的主要问题是它与其他民用和军用信号在频率上重叠,例如 DME、TACAN、JTIDS、MIDS 和近波段雷达。这些信号对 L5 接收机通道造成脉冲型干扰。民用 C/A 码接收机无法在脉冲型干扰环境下工作。但是,未来的 GNSS 接收机需要具有能够减轻此类干扰的能力。这些脉冲干扰尤其会影响新的航空频率 GPS L5(和伽利略 E5),也可能对伽利略 E6 频段带来影响。在某些欧洲国家,大功率民用和军用雷达与业余电视在其所使用的频段上并存。

根据文献[13.58],相对于 GPS L1 C/A 接收机,L5 前端必须进行如下重大更改:射频脉冲限幅器可以在强脉冲情况下为射频模块提供烧断保护;在 L5=1176.45MHz 上具有 20MHz 带宽的射频带通滤波器;从 L5 变换到 IF 的频率合成器和下变频器;用于抑制脉冲干扰的模拟或数字脉冲消隐器。

相对于常规前端的基本变化是在 L5 前端的 AGC 和 ADC 之间的信号流中实现了脉冲检测器和脉冲消隐器(图 13.24)。

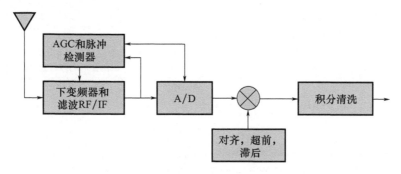

图 13.24　脉冲消隐接收机架构(航空无线电技术委员会(RTCA)SC-159 L5 概念)

通常,脉冲干扰对 GNSS 接收机的影响可能完全不同[13.59],具体取决于干扰脉冲信号的特性(峰值、功率、占空比、脉冲持续时间)以及接收机的实现方式(前端的技术和设计、AGC、一比特或多比特 ADC、相关和跟踪软件)。根据其峰值功率电平,脉冲干扰会导致 GNSS 接收机产生以下问题:

强脉冲一方面将使前端射频模块饱和,另一方面将使 ADC 饱和[13.59]。典型的 GNSS 接收机前端只有一个受限制的线性区域,以将天线功率转换为 ADC 的量化结果。超出线性区域之外时前端将饱和,也就是说,它无法跟随更高的功率变化(将输出恒定增益)。经过非常强的脉冲后,即使脉冲为零,前端也可能无法恢复(或恢复需要很长时间)。对于超过饱和点 20dB 的功率电平,恢复时间可以在微秒范围内。商业前端的典型值为 40ns/dB[13.59]。脉冲输入时的射频前端的反应在很大程度上取决于所使用的前端技术(双极晶体管、MMIC、RF 芯片等)。

除前端问题外,如果信号电平高于最大阈值,强脉冲也会使 ADC 饱和。ADC 饱和导致以下情况:虽然没有高脉冲能量进入 SPU,但是有用的 GNSS 信号也完全丢失了。

弱脉冲是不足以使前端和 ADC 饱和的脉冲[13.59]。但是,它们会导致接收机跟踪性能下降。弱脉冲或多或少地将噪声 $I_0$ 添加到热噪声中。与窄带或宽带干扰一样,$C/N_0$ 降级为

$$(C/N_0)_{eff} = \frac{C}{N_0 + I_0} \tag{13.38}$$

式中:$I_0$ 取决于脉冲信号的功率谱密度以及相关器的类型。数据的解调对脉冲持续时间也非常敏感[13.59],尤其是对于高符号率(相对于脉冲持续时间而言小的预检测积分时间)的情况。

原则上,已知三种减轻脉冲类型干扰的解决方案。

(1)脉冲削波:去除高于 ADC 阈值的功率。

(2) 脉冲抑制:通过高速 ADC 和宽带前端将脉冲驱动到噪声水平。

(3) 脉冲消隐:在前端检测到脉冲,将信号和噪声驱动为零,ADC 仅生成零值。

任何解决方案都会导致 $C/N_0$ 的降低。由于消隐抑制了干扰信号,但同时又完全抑制了热噪声,因此它优于其他两种方法。脉冲消隐器可以以简单地模拟方式(次优)或以更高级的数字方式(最优)实现。模拟脉冲消隐是基于功率测量、精细的 AGC(足够快的)操作以及 ADC 正确阈值设置实现的。数字实现需要多比特 ADC、实时处理 ADC 输出电平以及最优参数估计。

消隐脉冲型干扰后的 $C/N_0$ 性能[13.59]可表示为

$$(C/N_0)_{\text{eff}} = 39.5 + 20\log(1 - \text{PDC}_B) - 10\log\left(1 - \text{PDC}_B + \sum_{i=1}^{N} 10^{\frac{R_i}{10}}\right)$$

$$R_i = P_i + 97\text{dBm} + 10\log(\text{dc}_i)$$

(13.39)

式中:$\text{PDC}_B$ 为针对强脉冲的消隐器脉冲占空比;$N$ 为低电平脉冲干扰的个数;$P_i$ 为低电平脉冲干扰的峰值接收功率;$\text{dc}_i$ 为低电平脉冲干扰的占空比。

## 13.3.2 伽利略接收机

伽利略接收机的架构与 GPS 接收机基本没有太大区别。根据不同的伽利略服务(公开服务、商业服务、公共监管服务)目的,接收机可能是单频或多频宽带接收机。除 PRS 服务外,伽利略接收机明确将始终联合使用 GPS 的单频或多频实现。因此,在大多数情况下,它将不是独立的伽利略接收机,而是 GPS/伽利略混合接收机。

因此,在将伽利略功能实现到 RF 前端和 SPU 中时,设计人员必须首先确定要使用的伽利略服务和要处理的频段。这些明确后,必须实现对伽利略特定信号的处理和数据调制。RF 前端链路必须适应特定伽利略信号的带宽。特别是,如果我们考虑将 AltBOC(15,10)作为 E5 频点上的统一信号或将 $\text{BOC}_{\text{cos}}$(15,2.5)PRS 分量作为 E1 频点上的统一信号进行接收,则要求非常大的前端带宽。AltBOC(15,10)的带宽为 50MHz(整个信号分量以 90MHz 的带宽传输),如果采用奈奎斯特采样定律,它将导致在 SPU 中数字化和处理大于 100Mbit/s(基带采样)的数据流。DLL 和 PLL 的设计或多或少和传统一样。

伽利略高端接收机可能会利用多个前端,这些前端的 RF 带宽取决于所选信号(E1, E5a+b, E6)的组合。如前所述,RF 半导体技术可用于构建高度集成的 RF 单元。由于要处理高速数据流,新的挑战主要在于接收机(包括 ADC)的数字部分。数字领域的特殊要求是各种 BOC($n, m$)类型信号的捕获和处理。公开服务类型的伽利略接收机将专注于捕获和处理复合 $\text{MBOC} = \left(\dfrac{10}{11}\right)\text{BOC}(1,1) + \left(\dfrac{1}{11}\right)\text{BOC}(6,1)$ 信号。另外,必须处理几个无数据的载波(导频信号)。为了避免由二进制偏移载波(BOC)自相关函数的旁瓣引起的跟踪模糊度,需要设计稳健的检测器。一种基本的方法称为 bump-jumping 方法,它利用五路相关值实现。另一个新的挑战是对伽利略电文结构中各种数据消息的解码问题。在对某些新消息类型(例如 F/NAV)完成帧同步之后,需要执行解交织、维特比解码、数据解密、CRC 校验和计算。另一个问题是利用 GPS 与伽利略时间偏移(GGTO)量进行 GPS/伽利略混合定位。

在伽利略系统中,必须考虑 E5 和 E6 信号与其他服务信号的共存问题。与 GPS 一样,DME/TACAN 和/或 JTIDS/MIDS 会产生 L5 脉冲干扰。在一些欧洲国家,大功率民用和军事脉冲雷达在 E6 频段内播发。另外,还提供本地电视信号传输功能。为了利用 E5 和 E6,必须采用模拟或数字脉冲消隐技术和其他干扰缓解方法。

在多频 GPS/伽利略接收机中,可以从许多不同的卫星源获得星历、定位和授时数据,因此可以实施简化的捕获策略。如果可以从 GPS 获得接收机位置、星历数据和时钟误差等信息,则可以通过 GPS 导航解计算得到多普勒和码相位信息,从而跳过对伽利略信号的搜索。如果不能得到这些信息,则必须切换到伽利略信号捕获单元。

### 13.3.3 GLONASS 接收机

GPS 和 GLONASS 之间的历史性区别在于 GLONASS 使用了频分多址(FDMA)方案,而 GPS 使用码分多址(CDMA)。在 GLONASS 现代化的背景下,计划逐步播发各种 CDMA 信号(例如 GLONASS-K1,K2,KM)。GLONASS 现代化的实施将需要几年时间,直到 2025 年以后。但是显然,由于向后兼容性问题,FDMA 信号在未来还会存在。

对 FDMA 信号进行模拟和数字处理,会对接收机设计和性能产生基本影响[13.60]。在 FDMA 的情况下,RF 前端的复杂度要比 CDMA 高得多。模块的数量更多,并且频率合成器的实现难度更大。设计 GLONASS RF 芯片的成本和工作量也高于单一载波频率 CDMA。前端也会影响接收机的功耗和外形尺寸。FDMA 频率合成器[13.60]需要制定一个最佳的频率方案,同时选择适当的参考频率/分频比,最小化相位噪声损失并最小化组件数量。将 GPS 或伽利略集成到 GLONASS 接收机中,会给频率合成器带来更大的复杂性。

第二个需要解决的问题是设计人员必须通过精心设计(带通)滤波器来最小化 RF 前端(每个单独的卫星都存在)的群时延扩散,该滤波器需要具备较小的延迟且不受温度变化的影响。为了实现高精度,需要特殊的校准环路。GLONASS 卫星之间的不同的群时延会降低导航解的性能。

### 13.3.4 北斗接收机

由于北斗一代服务的信号特性,北斗一代接收机的尺寸达到背包大小。与其他两个现有系统相比,北斗一代手持式接收机很难实现。但是,由于北斗二代和伽利略的信号结构十分相似,因此北斗二代接收机的体系架构设计与伽利略接收机相似。2004 年 6 月,小型化第一代手持式 BeiDou-2 接收机在台北问世。

类似于 GLONASS 接收机,在北斗系统中使用的不同于 GPS/伽利略的特定参考坐标系可能会成为设计多系统接收机的一个问题。北斗区域短报文服务允许用户和站点交换短消息(当前每条消息为 120 个汉字),这增加了接收机的复杂度,因此潜在的成本更高。

此外，北斗信号设计的部分策略，如调制方案、导航信息内容和格式等未完全公开，也是 GNSS 接收机行业进入市场的障碍。然而，2012 年 12 月发布的北斗 B1 信号接口控制文件推动了全球 GNSS 芯片组和接收机制造商新的开发活动[13.61]。开发这样的设备或组件的一个初始且合理的步骤是重用现有技术，这些技术在以前的设计案例中已被广泛验证。例如，意法半导体公司推出了所谓的 Teseo Ⅱ 芯片，该芯片最初是基于 STA8088 为 GPS、GLONASS 和伽利略设计的。最终的解决方案使用了两个芯片（Teseo Ⅱ 本身和一个额外的 STA5630 调谐器），并且只能使用北斗或北斗+GLONASS 进行定位。接收机软件将新星座与现有星座（GPS、伽利略、GLONASS 和区域系统）相结合，从而可以选择各种 GNSS 星座配置[13.62]。另一个例子是，博通公司（美国）为 GNSS 定位芯片提供北斗支持。他们推出了 BCM47531，这是一款 GNSS 芯片，它可以同时使用 5 个卫星星座（GPS、GLONASS、QZSS、SBAS 和北斗）生成定位数据。新增加的北斗星座使智能手机可见的卫星更多，提高了导航精度，特别是在建筑物和障碍物可能影响定位性能的城市环境中。

值得注意的是，中国交通运输部门制定了一项政策，规定在中国部分地区的某些商用车强制使用北斗系统。这类似于俄罗斯政府针对 GLONASS 的活动。这种政策和北斗星座的建成，将成为重要推动力，从而增加市场上配备北斗接收导航设备的数量[13.63]。

### 13.3.5　军用 GPS 接收机

1993 年 12 月，GPS 的初始服务能力（IOC）具备后，交付给美国和北约部队的军用接收机都配备了精确定位服务安全模块（PPS-SM）。PPS-SM 是第一代加密模块[13.64]，允许军用接收机使用 Y 码。安全模块是接收机中的中央处理芯片。一方面，它为接收机提供了与密钥加载器的接口。另一方面，它控制了接收机内部密码信息的分配。这一代军用接收机在所有通道中都使用了 P 码参考发生器。为了向每个通道添加 Y 码功能，加密信息通过所谓的辅助输出芯片（AOC）被送入 P 码通道[13.65]。此外，选择可用性（SA）参数也移交给导航处理器，该处理器允许授权用户（PPS）的接收机从导航解决方案中去除 SA 的影响。20 世纪 90 年代，许多军用接收机都是按照 PPS-SM 标准制造的（例如，罗克韦尔·柯林斯 MAGR、PLGR、GEM I-IV，Trimble FORCE 等）。

多年来面临的问题是，所有这些接收机（由不同制造商提供）的接口、尺寸和测试标准都不同。因此，在 1998 年，参谋长联席会议主席发布了模块化标准和新安全模块体系结构的部署任务。这个新的模块化标准[13.64]被称为 GPS 接收机应用模块（GRAM）。它包含一个新的安全体系架构，称为选择可用性反欺骗模块（SAASM）。

整体来说，GRAM 是新的嵌入式 GPS 国防/行业标准，其目标是具有标准化电气、功能和软件接口（包括用于验证和测试的标准化程序）的模块化和开放系统架构。这样做的目的是为系统集成商提供可互换的接收机，即具有不同外形尺寸接收机具有相同的体系架构。支持 6 种尺寸的军用接收机：标准电子模块、航空格式 E（SEME）、海军舰船的 VME 卡总线实现形式、移动地面应用的国际个人计算机存储卡实现形式（PCMCIA）、具有同步串行接口（SSI）功能的以国防高级 GPS 接收机（DAGR）为代表的手持式接收机的外形尺寸和两种制导弹药的外形尺寸。

GRAM 的概念允许快速且经济有效地升级换代,并且可以为军用 GPS 产品带来明确的市场。根据文献[13.65-13.66]中给出的公共领域信息,SAASM 芯片是片上系统(SoC)布局,其中集成了几个功能性硅晶圆:密钥数据处理器(第二代加密模块)、高级 MP、RAM 和 ROM 存储单元、包含用于捕获和相关数字逻辑的代码块。

## 13.4 技术趋势

独立于各种特定接收机(民用低端、民用高端、军用等),GNSS 接收机技术的总体趋势将是持续小型化。更高的 VLSI 将导致更轻的重量、更小的尺寸和更低的功耗。过去,更高的集成度降低了芯片以及接收机的生产和购置成本。但是,VLSI(65nm 及以下)的领先地位取决于接收机类别的市场规模。我们将看到,在所有接收机类型中都将使用 GPS 和其他一个或多个 GNSS 系统的组合型接收机。另一个普遍的趋势是,每个通道将使用更多的相关器(大规模并行)以提高灵敏度,并通过更先进的多径抑制技术帮助减轻多径效应。由于可能会有许多新信号可用,因此更加灵活或通用的实现概念可能会成为一个趋势。

### 13.4.1 民用低端趋势

民用低端接收机技术已应用于大众市场,在该市场中有 10 亿个 GPS 芯片(2013 年估计)用于手机、汽车设备、移动计算机和其他消费产品。已经在 65nm CMOS 中实现 GNSS ASIC。问题是,是否以及何时会发生向下一个技术节点迈进的步伐,例如 45nm CMOS。在这种接收机类别中,功率效率和面积效率是实现的主要驱动力。将模拟 RF 和数字 CMOS 集成在一起的集成单芯片已经成为标准。为了将灵敏度提高到-190dBW 的信号水平,大规模并行相关器或类似的 FFT 技术被用来进行信号捕获。

显然,单频法则是持久的,目前仅开发单频 L1 芯片或管芯。反对双频的主要论点是,针对 L2 或 L5 所修改的模拟 CMOS RF 具有很大的成本因素(成本系数为 2)。而对于数字子系统部分,不存在重大成本影响。总而言之,这将产生大众市场客户不需要但更昂贵的芯片。有人认为,在大众市场上不存在通过增加第二频率来获得更高性能的要求。

另一个问题是在同一芯片上应支持多少个 GNSS 系统。这个问题不能最终得到答案。它与单个芯片的计算限制和最终功耗有关。趋势似乎是,无论如何都会有 GPS L1 实现作为该芯片的基础。对客户期望的区域性处理,可能会导致我们在设计方案上选择欧洲市场的 GPS/伽利略、俄罗斯市场的 GPS/GLONASS、中国市场的 GPS/BeiDou 集成混合芯片。

低端市场另一个未解决的问题是:是否真的会发生纯软件解决方案与硬件实施之间的竞争?

## 13.4.2 民用高端趋势

在民用高端领域,最高功率效率和高的面积效率并不是主要的设计驱动。尽管在这一领域也进行了大规模整合,但整合程度却落后于低端一个或两个创新周期。民用高端领域的明确趋势是在所有可用频带上使用所有 GNSS 系统,即提供多系统和多频率接收机。这样的接收机将利用超过 220 个通道。它们具有复杂的前端 ASIC、强大的数字 ASIC 和 MP,可以运行不同的专用软件进行实时动态(RTK)定位或精密单点定位(PPP)。大多数接收机针对毫米级精度的高精度载波相位测量进行了优化。为了在跟踪环路带宽较小的情况下保持较小的相位噪声效应,需要更为精确的振荡器。为了进入新市场,这些高端接收机将以模块的形式提供。在高端市场,如果需要对未来 ICD 更新和信号格式的更改具有高度的适应性和灵活性,则基于通用计算机的软件定义无线电具有潜在的市场机会。

## 13.4.3 军事和/或政府型接收机的趋势

自 2002 年以来,美国已强制使用当代的 GRAM/SAASM 接收机,而其盟军则全部使用 P(Y)码。自从第一颗 GPS ⅡR-M 卫星发射以来,就已经开始播发新的军用 M 码信号。因此,国防部明确要求开发具有 M 码功能的接收机。该开发计划被称为现代化用户设备(MUE)。美国政府于 2004 年启动了提案征询(RFP),目的是开发所谓的 YMCA 引擎。RFP 要求进行概念验证以及 ASIC 和/或模块的开发和成本估算。自 2007 年 10 月以来,已经获得三份合同来开发 YMCA[13.67]接收机:地面型 GRAMM SSI(罗克韦尔柯林斯公司)、GRAM SEM-E/M 卡(Raytheon)、单个 YMCA ASIC/SoC(L-3/州际电子)。除了这种 GRAM 尺寸外,还宣布将开发一种使用最新半导体技术的通用 GPS 模块(CGM)。另一个有趣的趋势是 Rockwell Collins 开发的 MicroDAGR。重量为 0.175kg 的 MicroDAGR 是重量为 0.450kg 的手持式 DAGR 的较小版本。它是军用手持 GPS 与移动多媒体功能的融合体。其中一些功能是集成数码相机、MP3 播放器和彩色触摸屏。研发 MicroDAGR 的动机是给军事演习中的部队提供可用的小型商用 GPS 接收机。

# 13.5 接收机类型

本节将对 GNSS 接收机的主要类型进行简短而系统的概述。由于多年来开发了许多不同的专用接收机,因此编写本节时并不要求其完整性和全面性。

## 13.5.1 手持导航接收机

手持式导航接收机具有移动无线电设备的外观。它们使用了集成天线、集成电池、简单的键盘以及单色或彩色 LCD 显示屏。在民用领域的体系结构方面,正在使用 12 通道 L1 C/A 码接收机。未来,将以区域市场为基础在 L1 频率上集成其他 GNSS 系统。它们中的大多数都具有路径点导航的软件,有些具有实时 DGPS 功能。政府军用接收机使用 PP-SM 或 SAASM 等安全模块。手持式接收机的特点是成本低廉(低端产品价格约为 200 美元),并且被用于陆地、海洋和航空领域。

## 13.5.2 非手持导航接收机

在大多数情况下,非手持式导航接收机的外观是带有用于海洋、陆地和航空应用特定接口的传感器(黑匣子)。在民用市场上,可以使用 12 通道 L1 C/A 码 GPS 接收机。对于这些接收机,小尺寸和低功耗通常不是主要的设计驱动因素,因为它们用于轮船或商用飞机等大型平台。在军事领域,到目前为止,双频 P(Y)码接收机是标准模式。特别是在商用航空中,这些接收机用于对安全至关重要的操作,例如区域导航和精确着陆。为此,接收机必须经过特定的鉴定和认证程序,例如 MIL-STD 810、美国联邦航空管理局(FAA) TSO C-129、ARINC 743 A、RTCA DO-217 等。大多数导航接收机都需要执行像接收机自主完好性监测(RAIM)这样的自主完好性监测方案。根据用户所在领域的不同,这些接收机与各种接口兼容,例如 MIL-Bus 1553、ARINC-429、美国国家海洋电子协会(NMEA) 0183、海事无线电技术委员会(RTCM)SC 104 等。通常,会指定接收机需要满足特定的动态条件,如线速度、加速度和加加速度($500 \sim 1000$m/s,$4 \sim 9g$,$4 \sim 10g$/s)。军事导航接收机实现特定的干扰抑制,干扰抑制用干信比来表征。由于这些高级认证和标准化要求,非手持式接收机的购置成本为 10000~30000 美金。

## 13.5.3 引擎、OEM 模块、芯片和裸片

GNSS 引擎、原始设备制造商(OEM)模块、芯片和裸片均为半成品。这些接收机未安装外壳、电源以及控制和显示单元。此类 GNSS 产品已集成到在特定市场中出售的高级导航系统中,例如汽车导航系统。到目前为止,大多数这些接收机都是并行通道 C/A 码 L1 单元。近年来,多频和多系统模块也能够获得。这些半成品通常提供灵活的硬件和软件接口,这些接口可以输出所有测量原始数据和完整的导航消息。

## 13.5.4 时间传递接收机

授时接收机通常使用低端的 12 通道 GPS L1 C/A 码芯片。授时系统本身基于更精确的时钟/振荡器,例如铷钟。为了确定 GPS 时间的时钟偏移和频率偏移,并同步到协调世界时(UTC)(美国海军天文台(USNO)),需要使用特殊优化的估计算法。早期时间传递接收机仅提供一个通道,因为只需估计一个未知量(时间偏移)。这样就必须输入用户的世界大地测量系统(WGS)84 坐标。由于近年来开发的 GNSS 芯片已经利用了多个通道,所以不再提供单通道的时间传递接收机。因此,授时接收机也具备定位能力。

## 13.5.5 大地测量接收机

现代大地测量或测绘 GNSS 接收机包含多系统和多频率设计。它们能够跟踪所有当

前和将来的 GNSS 信号,并提供 400 多个通道(基于多个高端 GNSS 模块)。当前,这些接收机中的大多数具有半无码跟踪能力,至少可以使 L2 上的 P(Y)码伪距和载波相位可用。优化后的测量型接收机可以提供毫米级的高精度载波相位观测量。如此高的精度意味着要使用具有稳定相位中心和抑制地面多径反射的高级天线。测量设备必须适应测量员的典型现场环境。从外形方面来看,GNSS 模块通常与其他无线电设备(用于接收 RTK 校正数据)集成在天线壳里。天线壳头安装在竖杆的顶部。该杆包括一个调平装置,用于使天线正好位于地面测量标记点的正上方。与杆相连的是一个用于系统控制功能的 CDU。接收机通常包括一个大的存储器,用于存储所有测量数据以进行后处理。目前的测量接收机具有软件级的 RTK 能力。这允许接收机进行各种格式的差分校正。有时接收机与经纬仪、激光测距仪等其他测量仪器组合成全站仪。GNSS 测绘系统的购置费用为数万美元。

### 13.5.6 空间接收机

近十年来,在卫星上使用 GNSS 接收机已成为一种标准。航天器上的 GNSS 是实现自主轨道和时间确定的低成本方法(第 32 章)。除了在大约 8000m/s 的轨道运动过程中产生较高的±40kHz 的多普勒频移外,低轨卫星平台上的 GNSS 定位方案与固定在地球上的用户没有太大不同。如果接收机安装在地球静止轨道(GEO)或高椭圆轨道(HEO)的高空卫星上,情况则会发生改变。由于处于这种轨道的用户位于 GNSS 星座上方,因此它只能接收地球另一侧卫星发射的旁瓣。星载接收机具有一些特殊的特点,由于多普勒频移高,需要专门的捕获算法。自主定轨采用非线性卡尔曼滤波。由于用户平台在高空飞行,因此可以看到地平线以下负仰角的 GNSS 卫星。对于特定的任务,在可见性分析中必须考虑地球本身作为阴影体。由于许多平台的姿态不是指向地球,所以需要接收机具备使用两个 GNSS 天线的能力(选项),避免受航天器姿态的限制。其他特点就是需使用抗辐射元器件和为特定的航天器数据总线系统提供接口。

### 13.5.7 定姿接收机

为了确定用户平台的姿态就需要使用多天线。确定姿态的关键在于精确测量天线相位中心之间的载波相位,并已知它们之间的基线(距离)(第 27 章)。这样就能够以 0.1°～0.01°的精度确定平台的俯仰、横滚和偏航角,而姿态测量精度取决于基线长度、载波相位多径和噪声误差。在许多 GPS 姿态测量系统中使用 4 个天线。每个天线连接一个六通道接收机。不同的接收机通过使用一个共同的晶体振荡器实现彼此同步。定姿接收机主要用于地面和星载平台。

### 致谢

作者要感谢中国上海交通大学航空与航天学院教授兼副院长战兴群博士对 13.1.5 节中北斗早期接收机开发内容的支持。

## 参考文献

13.1 B. W. Parkinson: Introduction and heritage of NAVSTAR the global positioning system. In: *Global Positioning System: Theory and Applications*, Vol. 1, ed. by B. W. Parkinson, J. J. Spilker (AIAA, Washington 1996) pp. 3–28

13.2 P. C. Ould, R. J. van Wechel: All-digital GPS receiver mechanization, Navigation **28**(3), 178–188 (1981)

13.3 Data Sheet on MX 4200 12 channel up-grade (Magnavox Electronic System Company, Torrance 1994)

13.4 A. J. van Dierendonck, P. Fenton, T. Ford: Theory and performance of narrow correlator spacing in a GPS receiver, J. Inst. Navig. **39**(3), 265–284 (1992)

13.5 S. Mikkola: Generalized Development Model (GDM) (Institute of Navigation Navigation Museum, ION, Virginia) http://www.ion.org/museum/item_view.cfm?cid=7&scid=9&iid=9

13.6 Receiver 3 A Configuration, Product Information Sheet (Rockwell International, Collins Government Avionics Division, Cedar Rapids 1987)

13.7 R. Hoech, R. Bartholomew, V. Moen, K. Grigg: Design, capabilities and performance of a miniaturized airborne GPS receiver for space applications, Proc. IEEE PLANS, Las Vegas (1994) pp. 1–7

13.8 TI-4100 Owner's Manual (Texas Instruments, Lewisville 1983)

13.9 A. J. van Dierendonck: GPS receivers. In: *Global Positioning System: Theory and Applications*, Vol. 1, ed. by B. W. Parkinson, J. J. Spilker (AIAA, Washington 1996) pp. 329–407

13.10 Global Positioning Product Handbook (GEC-Plessey Semiconductors, Plymouth 1996)

13.11 J. Ashjaee, R. Lorenz: Precision GPS surveying after Y-Code, Proc. ION GPS, Albuquerque (1992) pp. 657–659

13.12 A. J. van Dierendonck: Understanding GPS receiver terminology: A tutorial on what those words mean, Proc. Int. Symp. Kinemat. Syst. Geod. Geomat. Navig., KIS94, Banff (1994)

13.13 C. C. Counselman: Method and system for determining position using signals from satellites, US Patent 4 667 203A (1982), Aero Service Div.

13.14 K. T. Woo: Optimum semi-codeless carrier phase tracking of L2, Navigation **47**(2), 82–99 (2000)

13.15 J. M. Fraile-Ordonez, G. W. Hein, H. Landau, B. Eissfeller, A. Jansche, N. Balteas: First experience with differential GLONASS/GPS positioning, Proc. ION GPS, Albuquerque (1992) pp. 153–158

13.16 P. Misra, P. Enge: *Global Positioning System-Signals, Measurements, and Performance*, 2nd edn. (Ganga-Jamuna, Lincoln 2006)

13.17 Inside GNSS: NovAtel confirmed for long-term Galileo contract (2007) http://www.insidegnss.com/node/247

13.18 IfEN GmbH: Multi-GNSS navigation test receiver, NAvX-NTR, Data-Sheet, 2012

13.19 A. Simsky, J. M. Sleewaegen, W. de Wild, F. Wilms: Galileo receiver development at septentrio, Proc. ENC GNSS, Munich (2005) pp. 1–14

13.20 A. Ruegamer, I. Suberviola, F. Foerster, G. Rohmer, A. Konovaltsev, N. Basta, M. Meurer, J. Wendel, M. Kaindl, S. Baumann: A Bavarian initiative towards a robust Galileo PRS receiver, Proc. ION GNSS, Portland (2011) pp. 3668–3678

13.21 Unicore Communications, Inc.: http://www.unicorecomm.com/

13.22 OLinkStar Co., Ltd.: http://www.olinkstar.com/

13.23 ComNav Technology Ltd.: http://www.comnavtech.com/

13.24 NovAtel: GPSAntenna Model 501, User Manual (NovAtel) http://www.novatel.com/assets/Documents/Manuals/om-20000001.pdf

13.25 J. D. Kraus, K. R. Carver: *Electromagnetics* (McGraw-Hill, Tokyo 1973)

13.26 EC: Galileo Overall Architecture Definition-GALA (European Commission, Brussels 2000) Gala-Aspidd087

13.27 E. Levine: Overview of GPS antennas, Proc. COMCAS, Tel Aviv (2009) pp. 1–4

13.28 D. Reynolds, A. Brown, A. Reynolds: Miniaturized GPS antenna array technology and predicted antijam performance, Proc. ION GPS, Nashville (1999) pp. 777–786

13.29 W. Kunysz: A three dimensional choke ring ground plane antenna, Proc. ION GPS/GNSS, Portland (2003) pp. 1883–1888

13.30 EADS Astrium, GNSS Evolution Programme: Assessment of the Use of C-Band for GNSS, Final Report (GNSS-CBA-TN-ASTD-00023, June 2009)

13.31 Data Manual ADC12D1800RF 12 Bit, Single 3.6 GSPS RF Sampling ADC (Texas Instruments, 2015)

13.32 H. T. Friis: Noise figures in radio receivers, Proc. IRE **32**(7), 419–422 (1944)

13.33 T. Felhauer: On the impact of RF front-end group delay variations on GLONASS pseudorange accuracy, Proc. ION GPS, Kansas City (ION, Virginia 1997) pp. 1527–1532

13.34 J. B. Neumann, M. Bates, R. S. Harvey: GLONASS receiver inter-frequency biases-Calibration methods and feasibility, Proc. ION GPS, Nashvilley (ION, Virginia 1999) pp. 329–338

13.35 T. Pany: *Navigation Signal Processing for GNSS Software Receivers* (Artech House, Norwood 2010)

13.36 T. Pany, B. Eissfeller: Code and phase tracking of generic PRN signals with sub-nyquist sample rates, Navigation **51**(2), 143–159 (2004)

13.37 R. G. Vaughan, N. L. Scott, D. R. White: The theory of bandpass sampling, IEEE Trans. Signal Proc. **39**(9), 1973–1983 (1991)

13.38 R. G. Vaughan, N. L. Scott, D. R. White: Analog-todigital converters and their applications in radio receivers, IEEE Commun. Mag. **33**(5), 39–45 (1995)

13.39 D. M. Akos: A Software Radio Approach to Global Navigation Satellite System Receiver Design, Ph.D. Thesis (Ohio Univ., Athens 1997)

13.40 J. H. Won: Studies on the Software-Based GPS Receiver and Navigation Algorithms, Ph.D. Thesis (Ajou Uni., Suwon 2004)

13.41 A. R. Pratt, J. A. Avila-Rodriguez: Time and amplitude quatization losses in GNSS receivers, Proc. ION GPS, Savannah (ION, Virginia 2009) pp. 3179–3197

13.42 C. J. Hegarty: Analytic model for GNSS receiver implementation losses, Proc. ION GPS, Savannah (2009) pp. 3165–3178

13.43 D. Borio: A Statistical Theory for GNSS Signal Acquisition, Ph.D. Thesis (Politecnico di Torino, Turin 2008)

13.44 J. J. Spilker Jr., F. D. Natali: Interference effects and mitigation techniques. In: *Global Positioning System: Theory and Applications*, Vol. 1, ed. by B. W. Parkinson, J. J. Spilker (AIAA, Washington 1996)

pp. 717-771

13.45　Chip Scale Atomic Clock, SA. 45s CSAC, Data Sheet (Symmetricom, San Jose 2011)

13.46　D. Allan: Statistics of atomic frequency standards, Proc. IEEE **54**(2), 221-230(1989)

13.47　A. R. Pratt: G-effects on oscillator performance in GPS receivers, Navigation **36**(1), 63-75(1989)

13.48　F. L. Walls, J. O. Gary, A. Gallagher, L. Sweet, R. Sweet: Time domain frequency stability calculated from the frequency domain: An update, Proc. 4th Eur. Freq. Time Forum, Neuchatel(1990) pp. 197-204

13.49　M. Irsigler, B. Eissfeller: PLL tracking performance in the presence of oscillator phase noise, GPS Solutions **5**(4), 45-57(2002)

13.50　P. S. Otellini: (Investor Meeting 2012, Intel, Santa Clara, 2012)

13.51　G. E. Moore: No exponential is forever: But *forever* can be delayed!, Proc. IEEE Int. Solid-State Circuits Conf., San Francisco(2003) pp. 20-23

13.52　H. Kurz: Visions of semiconductors, Proc. Munich Satell. Navig. Summit, Munich(2010)

13.53　F. Schwierz, J. J. Liou: *Modern Microwave Transistors-Theory, Design and Performance* (John-Wiley, Hoboken 2003)

13.54　G. Kappen, T. G. Noll: Application specific instruction processor based implementation of a GNSS receiver on an FPGA, Proc. DATE, Munich(2006) pp. 1-8

13.55　TMS 320 DSP Product Overview(Texas Instruments, 1998)

13.56　S. Furber: *ARM System-on-Chip Architecture* (Addison Wesley, New York 2000)

13.57　J. Ashjaee: GPS: The challenge of a single chip, GPS World **12**(5), 24-27(2001)

13.58　M. Tran, C. Hegarty: Receiver algorithms for the new civil GPS signals, Proc. ION NTM, San Diego (ION, Virginia 2002) pp. 778-789

13.59　C. Hegarty, A. J. van Dierendonck, D. Bobyn, M. Tran, T. Kim, J. Grabowski: Suppression of pulsed interference through blanking, Proc. IAIN World Congr. ION AM, San Diego(ION, Virginia 2000) pp. 399-408

13.60　O. Leisten, R. Hasler, M Malsor: Design and performance of a miniature GPS/GLONASS receiver, Microw. Eng. Eur., 33-38(Dec./Jan. 1992)

13.61　BeiDou Navigation Satellite System Signal In Space Interface Control Document(Test Version)(China Satellite Navigation Office, Beijing 2012)

13.62　F. Pisoni, P. G. Mattos: A BeiBou hardware receiver based on the STA8088 chipset, Proc. ICL-GNSS 2013, Turin(2013) pp. 1-6

13.63　InsideGNSS: China Mandates Use of BeiDou GNSS on Some Commercial Vehicles, InsideGNSS(2013) http://www.insidegnss.com/note/3356

13.64　E. Emile, S. L. Saks: GPS receiver application module (GRAM) open systemarchitecture(OSA) for nextgeneration DoD GPS receivers, Proc. ION NTM, Long Beach(1998) pp. 297-307

13.65　K. Goussak, T. Kusserow, B. Goblish: Review and analysis of the selective availability anti-spoofing module(SAASM) card integration program(SCIP), Proc. ION AM, Denver(ION, Virginia 1998) pp. 585-592

13.66　H. Fruehauf, S. Callaghan: SAASM and direct P(Y) signal acquisition, GPS World **13**(7), 24-33(2002)

13.67　R. DiEsposti: Proposed operations concepts and flexible UE architectures for modernized user equipment SIS utilization for transition from test mode to IOC through FOC, Proc. ION NTM, San Diego (ION, Virginia 2007) pp. 548-560

# 第 14 章 信号处理

**Jong-Hoon Won, Thomas Pany**

本章介绍了全球卫星导航系统(GNSS)接收机的数字信号处理流程,给出了现代数字 GNSS 接收机的顶层框图并对所有内部功能进行详细说明,重点围绕信号捕获和跟踪、时间同步、导航数据比特解调解码以及观测量生成来展开说明。同时,针对即将应用的 GNSS 新体制信号的相关新内容也进行了讨论。这些问题包括二进制偏移载波(BOC)调制、数据/导频通道和主码/副码等。此外,本章还介绍了现代化数字 GNSS 接收机设计的前沿主题,例如全球定位系统(GPS)P(Y)码跟踪、多元融合处理方案、基于卡尔曼滤波器的信号跟踪环路以及矢量跟踪方法。

## 14.1 概述和适用范围

全球卫星导航系统接收机的信号处理单元对所有卫星信号、噪声信号和干扰信号组成的混合信号进行处理。接收机可以对单频点信号进行处理,也可以对多频点信号进行处理。常规接收机有专用单元来处理单卫星单频点的信号,这些单元被称为通道。

卫星导航信号的落地功率非常低,通常为-130dBm 或更低,接收信号幅度远小于接收到噪声信号幅度,信号湮没在噪声里。各颗卫星用相同的载波频率发射导航信号,所以来自不同卫星的信号重叠在一起。经过放大、下变频和模数转换(ADC)后的典型接收信号数据流如图 14.1 所示。在该数据流中 GNSS 信号无法直接识别,并且信号采样结果完全是随机的。

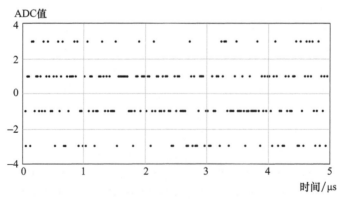

图 14.1 接收 GPS C/A 码信号及噪声的 2 位 ADC 输出

接收机采用相关原理来实现检测和跟踪 GNSS 信号。它在接收机内部生成单颗卫星的本地 GNSS 复制信号,此复制信号与接收信号进行相关。如果复制信号的码相位(信号延迟 $\tau$)和多普勒频移 $f_d$ 这两个参数与输入信号实现合理匹配,则相关值将累积如图 14.2 所示。该相关值是以接收信号和本地复制信号乘积的积分形式实现的。因此,术语"相关"和"积分"在本章中作为同义词使用。

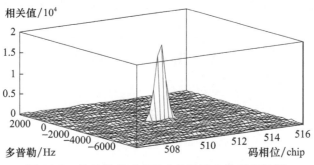

图 14.2　信号捕获时 GPS 1 号卫星 C/A 码相关值

相关操作使所接收的卫星信号高于噪声基底并将该信号与其他卫星信号分离,进而提供包括 $\tau$ 和 $f_d$ 在内的信号参数估计。

图 14.3 展示了一个通用 GNSS 接收机的原理示意框图,其重点在信号处理通道的内部功能上。对天线接收到的 GNSS 信号进行滤波、放大,经过射频(RF)前端后信号下变频到中频(IF),然后在时频前端的输出端进行 ADC 采样获得数字采样信号。通道中首先会对 GNSS 数字信号进行捕获以检测信号是否存在。在捕获过程中,以前馈方式确定信号的码延迟和多普勒的粗略估计,然后通道切换到反馈式码和载波跟踪环路进行细化估计。

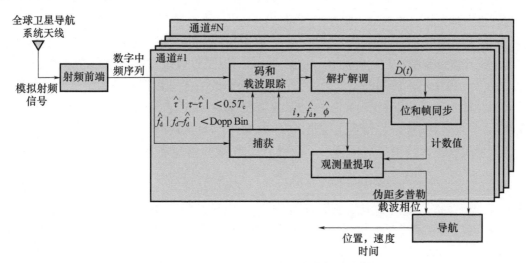

图 14.3　通用 GNSS 接收机架构内部功能框图

跟踪过程中,需要采取多种措施来确保跟踪过程的准确性和稳定性。跟踪是基于本地生成的与接收信号同步的复制信号,而复制信号是由各自的码和载波数控振荡器

(NCO)生成。NCO 计数值被转换成具有几何意义的值(码/载波伪距、多普勒),并与信号功率估计值一起传递给导航处理器。接收信号功率将被持续监测。如果它降到某个阈值以下,则该通道将被声明失锁并通过捕获重新启动。在跟踪期间通道对播发的导航电文数据进行同步并对其进行解码。解码后的比特信息包含卫星的星历和历书、系统时间信息以及气象参数。码和载波跟踪信息以及时间同步信息共同作用以生成 GNSS 的主要观测量。最后,导航单元解算 GNSS 导航方程式以获得用户位置、速度和时间(PVT)信息。

## 14.2 接收信号模型

本节介绍了 GNSS 信号和相关函数的研究模型。这些模型构成了跟踪和捕获分析的基础。

### 14.2.1 通用 GNSS 信号

基于正交相移键控(QPSK)调制的通用复用方案,将一颗 GNSS 卫星在单频点发送的信号建模,有

$$s(t) = \sqrt{2P_c(t)}\, D_c(t) C_c(t) \cos(2\pi f_L t) + \mathrm{j}\sqrt{2P_s(t)}\, D_s(t) C_s(t) \sin(2\pi f_L t) \tag{14.1}$$

式中:$P$ 为对应信号分量的信号功率;$D$ 为导航电文序列(数据支路为±1,导频支路为+1),符号持续时间为 $T_{sym}$,单位为 s;$C$ 为扩频码序列,码片持续时间为 $T_c$,单位为 s;$f_L$ 为 L 频段内的载波频率,单位为 Hz;c 和 s 为载波标示符,代表正余弦。该模型可以涵盖大多数广播 GNSS 信号,而未被涵盖的信号例如交替偏移载波(AltBOC)或者循环码移键控(CSK)至少具有相似的结构。此外,未调制码片波形——在单个分量上实现二进制相移键控(BPSK)调制或采用调制的码片波形(如二进制偏移载波(BOC)或用于新 GNSS 信号的任何其他码片波形调制)以及相应的代表性参数,都可以通过修改扩展码序列 $C$ 来使用。

式(14.1)中给出的 QPSK 信号模型可以轻松修改为仅有数据支路的信号或时分复用信号。在第一种情况下,式(14.1)中的正弦项被省略;在第二种情况下,用余弦项代替了正弦项,并且必须确保 $C_c$ 和 $C_s$ 不能同时存在,即 $C_s(t)C_c(t) = 0$。

如果接收机天线接收到 $N$ 颗可见卫星信号,则接收信号建模为

$$r(t) = \sum_{i=1}^{N} a_i e^{\mathrm{j}\phi_{0,i}} s_i(t - \tau_i) + n(t) \tag{14.2}$$

式中:$s_i$ 为来自第 $i$ 颗可见卫星的信号;$a_i$ 为相应卫星的信号功率衰减因子;$n(t)$ 为加性噪声分量;$\tau_i$ 为从第 $i$ 个卫星到接收机的信号传播时间,单位为 s;$\phi_{0,i}$ 为相位延迟,单位为 rad。

### 14.2.2 射频和中频信号模型

根据式(14.1)和式(14.2),接收天线输出端的单个卫星的接收信号可以建模为

$$r_{RF}(t;\tau,\phi_0,f_d,A_c,A_s) = A_c D_c(t-\tau) C_c(t-\tau)\cos[2\pi(f_L+f_d)t+\phi_0] + $$
$$jA_s D_s(t-\tau) C_s(t-\tau)\sin[2\pi(f_L+f_d)t+\phi_0] + n_{RF}(t)$$
(14.3)

式中：$\tau$ 为码延迟（s）；$f_d$ 为载波多普勒频移（Hz）；$\phi_0$ 为载波相位延迟（rad）；$A$ 为考虑信号播发功率和传输衰减因子后的对应信号分量的幅值；$n_{RF}(t)$ 为带限加性高斯白噪声（AWGN），其单边功率谱密度（PSD）为 $N_0$，带宽则通常由接收机的 RF 前端（RF-FE）的滤波器链确定，下标 RF 为载波的标识符。

式（14.3）中的接收信号具有非常高的载波频率，并且大多数数字信号处理器很难生成这种快速变化的数字载波。因此，我们必须将其降至更易于处理的频率。此外，接收信号的信号功率很低，因此必须提升功率才能完成处理，同时还要有效地抑制自然噪声和射频干扰。该信号调理过程通过在射频前端的一系列混频和带通滤波处理完成（见 14.3.2 节）。

在不失一般性的情况下，在使用合适的多级或单级带限滤波器进行下变频后，由 ADC 部分进行数字化，RF 前端的数字化 IF 接收信号的信号分量（例如，余弦载波处的数据信道）可以参照式（14.3）转换至离散时间域，可表示为

$$r_{IF}(k;\tau,\phi,f_d,A)$$
$$= AD(T_s k-\tau)C(T_s k-\tau)\cos[2\pi(f_{IF}+f_d)T_s k+\phi] + n_{IF}(k) \quad k=0,1,2,\cdots$$
(14.4)

式中：$T_s$ 为采样时间间隔（s），且 $t=kT_s$，$n_{IF}$ 为 IF 处相应的噪声。注意，$\phi$ 在这里表示 $t=T_s k$ 处除了多普勒频移之外的载波相位偏移。$\tau,\phi,f_d$ 和 $A$ 作为与时间 $t$ 相关的信号参数在接收机信号处理过程中被估计出来并用于导航定位处理。

实际上，在射频前端进行的处理包括频率转换、信号幅度放大和带外抑制。需要注意的是，在射频前端的下变频过程中唯一改变的参数是载波的中心频率。射频前端处理所引起的延迟效应在所有信道中是普遍存在的，导航处理中将以公共的时钟偏差的形式消除这种延迟效应。

## 14.2.3 相关器模型

假设导航数据比特在积分时间间隔内没有变化，GNSS 卫星的数字化接收信号分量（例如余弦分量）可以建模为复信号形式[14.1]。因此，在不考虑振幅和导航数据比特的情况下，在 IF 处生成的本地复制信号可以表示为

$$\hat{r}_{IF}(k;\hat{\tau},\hat{\phi},\hat{f}_d) = 2C(T_s k-\hat{\tau})e^{j[2\pi(f_{IF}+\hat{f}_d)T_s k+\hat{\phi}]}$$
(14.5)

这里，使用估计量（即 $\wedge$）的符号，因为本地生成的复制信号是对需要关注的信号参数进行估算得到的组合结果。

相关是在给定的相干积分时间内计算接收信号与本地生成的复制信号相乘的积分的过程。为了简单起见，设

$$\begin{cases} r(k) = r_{\text{IF}}(k;\tau,\phi,f_\text{d},A) \\ \hat{r}(k) = \hat{r}_{\text{IF}}(k;\hat{\tau},\hat{\phi},\hat{f}_\text{d}) \\ \Theta = 2\pi(f_{\text{IF}} + f_\text{d})T_\text{s}k + \phi \\ \hat{\Theta} = 2\pi(f_{\text{IF}} + \hat{f}_\text{d})T_\text{s}k + \hat{\phi} \\ \sum = \sum_{k=1}^{M} \end{cases} \quad (14.6)$$

则有

$$\text{corr}[r_{\text{IF}}(k;\tau,\phi,f_\text{d},A), \hat{r}_{\text{IF}}(k;\hat{\tau},\hat{\phi},\hat{f}_\text{d})] = \sum r(k)\hat{r}(k) \quad (14.7)$$

式中：$\text{corr}(x,y)$ 为 $x$ 和 $y$ 的相关函数；$M$ 为积分时间 $T = MT_\text{s}$ 内的采样次数，通常短于或等于导航数据位/符号周期。

将两处理式结合，接收信号和本地产生的复制信号的乘法形式为

$$r(k)\hat{r}(k) = 2C(T_\text{s}k - \tau)C(T_\text{s}k - \hat{\tau}) \times \cos\Theta e^{j\hat{\Theta}} + n_{\text{IF}}(k)\hat{r}(k) \quad (14.8)$$

将式(14.4)和式(14.5)代入式(14.8)，得到给定积分时间内的积分结果，有

$$\sum r(k)\hat{r}(k) = \sum C(T_\text{s}k - \tau)C(T_\text{s}k - \hat{\tau})2\cos\Theta e^{j\hat{\Theta}} + 2\sum n_{\text{IF}}(k)C(T_\text{s}k - \hat{\tau})e^{j\hat{\Theta}} \quad (14.9)$$

对式(14.9)中的第一项求和，有

$$\sum C(T_\text{s}k - \tau)C(T_\text{s}k - \hat{\tau}) = R(\delta\tau) \quad (14.10)$$

式中：$R(\delta\tau)$ 为 $C(T_\text{s}k)$ 的归一化相关函数。在考虑 BPSK 信号的条件下，如 GPS C/A 码信号，其相关函数为

$$R(\delta\tau) = \begin{cases} 1 - \dfrac{|\delta\tau|}{T_\text{c}} & (|\delta\tau| \leq T_\text{c}) \\ 0 & (|\delta\tau| > T_\text{c}) \end{cases} \quad (14.11)$$

式中：$\delta\tau = \tau - \hat{\tau}$ 为码延迟误差(s)；$T_\text{c}$ 为码片间隔(s)。对于 BPSK 信号，$R$ 表现为三角形形状，如图 14.2 所示。

式(14.9)中的第二项可扩展为两部分，即

$$\begin{aligned} 2\sum \cos\Theta\cos\hat{\Theta} &= \sum \cos(\Theta - \hat{\Theta}) + \sum \cos(\Theta + \hat{\Theta}) \\ &\approx \sum \cos(\Theta - \hat{\Theta}) \end{aligned} \quad (14.12)$$

$$\begin{aligned} 2\sum \cos\Theta\sin\hat{\Theta} &= \sum \sin(\Theta - \hat{\Theta}) - \sum \sin(\Theta + \hat{\Theta}) \\ &\approx \sum \sin(\Theta - \hat{\Theta}) \end{aligned} \quad (14.13)$$

式中：

$$\begin{cases} \Theta - \hat{\Theta} = 2\pi\delta f_\text{d} T_\text{s}k + \delta\phi \\ \Theta + \hat{\Theta} = 2\pi(2f_{\text{IF}} + f_\text{d} + \hat{f}_\text{d})T_\text{s}k + \phi + \hat{\phi} \end{cases} \quad (14.14)$$

式中：$\delta\phi = \phi - \hat{\phi}$ 为载波相位误差(rad)；$\delta f_\text{d} = f_\text{d} - \hat{f}_\text{d}$ 为多普勒误差(Hz)。

式(14.14)中的项 $\Theta + \hat{\Theta}$ 包含高阶频率分量 $4\pi f_{\text{IF}} T_\text{s}k$，同时式(14.12)和式(14.13)

中相应分量通过求和操作(低通滤波器)被滤除。

另外,考虑到式(14.9)中的求和,将正余弦积法则应用到式(14.12)和式(14.13)中,可得

$$\sum \cos(2\pi\delta f_d T_s k + \delta\phi) = \sum [\cos(2\pi\delta f_d T_s k)\cos(\delta\phi) - \sin(2\pi\delta f_d T_s k)\sin(\delta\phi)]$$

$$= \frac{\sin(2\pi\delta f_d T)}{2\pi\delta f_d T}\cos(\delta\phi)$$

(14.15)

$$\sum \sin(2\pi\delta f_d T_s k + \delta\phi) = \sum [\sin(2\pi\delta f_d T_s k)\sin(\delta\phi) + \cos(2\pi\delta f_d T_s k)\cos(\delta\phi)]$$

$$= \frac{\sin(2\pi\delta f_d T)}{2\pi\delta f_d T}\sin(\delta\phi)$$

(14.16)

将式(14.10),式(14.15)和式(14.16)代入式(14.9),结果为

$$\sum r(k)\hat{r}(k) = R(\delta\tau)\frac{\sin(2\pi\delta f_d T)}{2\pi\delta f_d T}e^{j\delta\phi} + 2\sum n_{IF}C(T_s k - \tau)e^{j\hat{\theta}} \quad (14.17)$$

最后,考虑到信号幅度、数据比特和噪声影响,在式(14.7)中相关器输出可以写为

$$\text{corr}[r_{IF}(k), \hat{r}_{IF}(k)] = \bar{A}DR(\delta\tau)\text{sinc}(\delta f_d T)e^{j\delta\phi} + \eta$$

$$= I + jQ$$

(14.18)

$$\text{sinc}(\delta f_d T) = \frac{\sin(2\pi\delta f_d T)}{2\pi\delta f_d T} \quad (14.19)$$

$$\bar{A} = \sqrt{2TC/N_0} \quad (14.20)$$

式中:$\bar{A}$ 为假定归一化噪声分量的基带信号分量的幅值;$C/N_0$ 为载噪比(Hz)。$I$ 和 $Q$ 分别表示同相和正交分量中的后相关值(这是所说的基带信号分量),可以表示为

$$\begin{cases} I = \bar{A}DR(\delta\tau)\text{sinc}(\delta f_d T)\cos(\delta\phi) + \eta_I \\ Q = \bar{A}DR(\delta\tau)\text{sinc}(\delta f_d T)\sin(\delta\phi) + \eta_Q \end{cases} \quad (14.21)$$

式中:$\eta_I$ 和 $\eta_Q$ 分别为 I 和 Q 中的噪声。其通过乘法进行归一化后的噪声功率可表示为

$$E(\eta_I^2) = E(\eta_Q^2) = 1 \quad (14.22)$$

式中:$E(x)$ 为 $x$ 的期望值[14.2]。

考虑到码相关函数中三角形状的非凸性(SCT),在 BPSK 码跟踪中广泛采用超前和滞后相关器的概念(14.4.4 节中有包含 BOC 信号在内的更多细节描述)。相关器输出的 6 个基本信号处理结果,即超前、即时和滞后支路的基带 $I/Q$ 值,是待估计的信号参数误差的函数[14.1,14.2],可表示为

$$\boldsymbol{B} = h(D, d; \bar{A}, \delta\tau, \delta f_d, \delta\phi) + \eta \quad (14.23)$$

$$\boldsymbol{B} = [I_E, Q_E, I_P, Q_P, I_L, Q_L]^T$$

$$h = \begin{bmatrix} \bar{A}DR\left(\delta\tau - \dfrac{d}{2}\right)\mathrm{sinc}(\delta f_d T)\cos\delta\phi \\ \bar{A}DR\left(\delta\tau - \dfrac{d}{2}\right)\mathrm{sinc}(\delta f_d T)\sin\delta\phi \\ \bar{A}DR(\delta\tau)\mathrm{sinc}(\delta f_d T)\cos\delta\phi \\ \bar{A}DR(\delta\tau)\mathrm{sinc}(\delta f_d T)\sin\delta\phi \\ \bar{A}DR\left(\delta\tau + \dfrac{d}{2}\right)\mathrm{sinc}(\delta f_d T)\cos\delta\phi \\ \bar{A}DR\left(\delta\tau + \dfrac{d}{2}\right)\mathrm{sinc}(\delta f_d T)\sin\delta\phi \end{bmatrix}$$

$$\boldsymbol{\eta} = [\eta_{I_E}, \eta_{Q_E}, \eta_{I_P}, \eta_{Q_P}, \eta_{I_L}, \eta_{Q_L}]^T$$

式中：$d$ 为以码片为单位的超前与滞后支路的相关间隔（例如，在通常情况下超前滞后相关器间的间隔 $d$ 是一个码片）。

注意，上述 6 个基本信号处理量的等式适用于 BPSK 信号的标准跟踪。在相关器间隔的情况下，超前和滞后支路的数量通常取决于信号的调制类型（如 BOC）和采用的鉴别器算法[14.3-14.6]。

## 14.3  信号搜索与捕获

信号搜索是 GNSS 接收机工作的第一阶段，决定是否能接收到卫星信号。基于 GNSS 信号特性，信号搜索包括对信号多普勒和码相位的粗略估计。信号搜索可以直观地看作是在二维多普勒和码相空间中信号相关函数式(14.18)的数值计算。如果此函数的峰值幅度超过某个阈值，则声明信号存在，峰值位置即为粗略估计。这个搜索过程与广义最大似然比检验[14.7]的理论概念相似。

### 14.3.1  检验统计量

相关器的输出式(14.21)是捕获的基础。相关器码相位和多普勒输出值与真实值之差用 $\delta\tau$ 和 $\delta f_d$ 表示捕获过程中不考虑载波相位的情况下总的信号功率 $S$ 表示为

$$|S|^2 = I^2 + Q^2 \tag{14.24}$$

假设信号存在的情况下，总功率 $S$ 可假设为与图 14.2 所示类似的峰值形状（或在图 14.4 所示的 BOC 信号的情况下为多个峰值），在存在背景噪声的情况下总功率。总功率表示为

$$|S|^2 = A^2 R(\delta\tau)^2 \mathrm{sinc}(\delta f_d T)^2 + \mathrm{noise} \tag{14.25}$$

因为 $\eta_{I,Q}$ 中的线性项消失了，噪声期望值变得易于评估。因此有

$$E[\mathrm{noise}] = E[\eta_I^2 + \eta_Q^2] = 2 \tag{14.26}$$

在信号检测理论中,信号捕获必须决定以下哪一个假设是正确的,即

$$\begin{cases} H_0: 假设卫星信号不存在 \\ H_1: 假设卫星信号存在 \end{cases}$$

通常,信号捕获针对每个卫星信号分别进行。捕获引擎在一定的多普勒和码相位值范围内评估总功率 $S$,搜索该区域内的峰值,并将峰值与阈值 $\gamma$ 进行比较。如果峰值超过阈值,则声明 $H_1$ 假设为真,否则 $H_0$ 为真。为了提高灵敏度,可以增加式(14.7)的相干积分时间 $T$,直至达到由计算资源(对于 GNSS 芯片组为逻辑门数,对于软件接收机为 CPU 的处理能力)、晶振稳定性、用户动态性或广播导航数据位/符号或二次码等确定的极限。通常相干积分时间被设置在 1~20ms 范围内。通过非相干积分可以进一步提高灵敏度,也就是 $v$ 次计算相关函数并将其平均。在一些合理的假设下,例如对于每个相干积分间隔内多普勒是恒定的且载波相位均匀分布,可以从数学上证明相干加非相干积分实际上是一种最佳策略[14.7]。下面,我们假设 $S_{nc}$ 表示相干加非相干积分的结果:

$$S_{nc} = \sum_{n=1}^{v} |S_n|^2 \qquad (14.27)$$

式中:$n$ 为在每一个区间 $T$ 的连续相关积分,总的积分时间为 $T_{tot} = Tv$。

从数学上讲,在 $H_0$ 假设条件下函数 $S_{nc}$ 是 $2v$ 个零均值高斯随机变量平方的和,且 $S_{nc}$ 服从 $\alpha = 2v$ 自由度的中心开方分布 $Q_{\chi^2;\alpha}$。因为每个相干积分中的实部 $I$ 和虚部 $Q$ 各贡献 1 个自由度,所以 $v$ 个相干积分共有 $2v$ 自由度。使用式(14.8)的定义,有

$$P(S_{nc} > \gamma | H_0) = Q_{\chi^2;2v}(\gamma) \qquad (14.28)$$

式 $P(S_{nc} > \gamma | H_0)$ 表示虚警概率,也就是接收机在信号不存在的情况下错误检测到信号的概率。

在假设 $H_1$ 下,$S_{nc}$ 的概率分布是一个非中心开方分布 $Q_{\chi^2;\alpha;z}$,其中非中心参数 $z = 2vTC/N_0$ 与载噪比 $C/N_0$ 以及非相干累加次数 $v$ 有关,即

$$P(S_{nc} > \gamma | H_1) = Q_{\chi^2;2v;2vTC/N_0}(\gamma) \qquad (14.29)$$

式 $P(S_{nc} > \gamma | H_1)$ 表示检测概率,它表示当信号确实存在时接收机检测到信号的能力。

作为示例,伽利略 E1 复合二进制偏移载波(CBOC)信号的捕获总功率 $\sqrt{S_{nc}}$ 如图 14.4 所示。CBOC 信号中的 BOC(1,1)分量决定了相关峰的基本形状,因为相比之下 BOC(6,1)分量的功率占比非常小。该捕获模块的相干积分时间设为 8ms,非相干次数设为 5 次;根据式(14.31)可得出这是一个能够检测低至 30.5dB-Hz 弱信号的中到高灵敏度的捕获模块。这对于一个无遮挡的低仰角卫星信号来说可以很明显地看到相关峰,甚至能够看到 BOC(1,1)分量的旁瓣。传统 GPS C/A 码接收机采用相干积分时间为 1ms、非相干累加次数为 1 次的捕获模块,很难可靠地检测到低仰角卫星信号,主要原因就是接收天线的低仰角增益不够。

由于非相干积分时存在平方损耗,噪底会发生正向偏移。将峰值减去偏差再除以噪声标准差就得到信噪比(SNR)。在 $v > 7-9$ 时,采用中心极限定理可以将其分布近似为高斯分布 $Q_{N;\mu;\sigma}$,其中 $\mu$ 为均值,$\sigma$ 为标准差,因此,可以写为

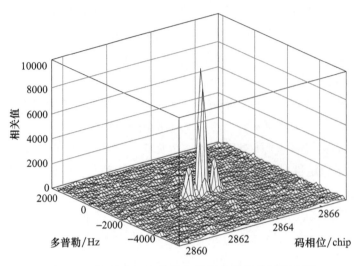

图 14.4 伽利略 E1C 信号在低仰角的相关函数示例

$$\begin{cases} P(S_{nc} > \gamma \mid H_0) \approx Q_{N;2v;\sqrt{4v}}(\gamma) \\ P(S_{nc} > \gamma \mid H_1) \approx Q_{N;2v(1+TC/N_0);\sqrt{4v+8vTC/N_0}}(\gamma) \end{cases} \quad (14.30)$$

通过这样的近似,我们就可以建立起载噪比 $C/N_0$ 和 SNR 值之间的关系,这对于评估捕获引擎的灵敏度非常有价值。首先,SNR 需要达到 13dB 才能可靠检测到信号。对于捕获灵敏度更加详细的描述将在后面章节中给出。基于这样的假设,可以根据 $C/N_0$ 来推导出 SNR,即

$$\text{SNR} = \frac{2vTC/N_0}{\sqrt{4v}} = TC/N_0\sqrt{v} \quad (14.31)$$

从式(14.31)可以看出,对于较大的 $v$ 值,由非相干积分而带来的信噪比增加量相比于相干积分时间 $T$ 带来的信噪比增加量会低 $\frac{1}{2}$。这一现象就是所谓的平方损耗。例如,相干积分时间增加一倍,SNR 可以增加 3dB;而非相干次数增加一倍只能导致 SNR 增加约 1.5dB。

## 14.3.2 捕获模块结构

现代化 GNSS 捕获引擎的框图如图 14.5 所示。捕获通常情况下只在需要时进行处理。在这种情况下,IF 采样选择器从接收的信号数据流中截取一定时间跨度的 GNSS 信号样本。如果信号环境需要,捕获会需要执行两个重要的预处理步骤。

高灵敏度捕获引擎可能会同时接收到强信号和弱信号。以室内接收机为例,我们可以想到这样一种情况:强信号通过窗口而弱信号穿透墙壁再被接收机接收。不幸的是,来自不同卫星的伪随机噪声(PRN)码不是完全正交的,它们的互相关值与零略有不同。因此,相关(总功率)函数 $S_{nc}$ 不仅包含可能存在的自相关峰,而且还包含许多互相关峰。在等功率假设下,自相关峰与最大互相关峰的比值称为互相关保护。它可以用来衡量接收机在能够区分真正的自相关峰值和不想要的互相关峰值的情况下,容忍的信号功率差有

多大。

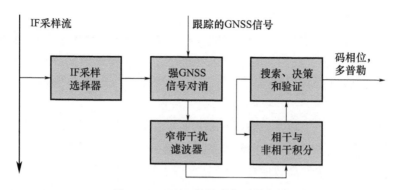

图 14.5　GNSS 信号采集引擎框图

对于 GPS L1C/A 码来说互相关保护大约就是-22dB。当计算弱信号的捕获函数 $S_{nc}$ 时就可能会受到强信号的互相关峰的影响(例如强信号比弱信号高 22dB 甚至更多)。在这种情况下,计算 $S_{nc}$ 之前从复合信号中对消掉强信号就是非常有益的。这样处理是完全可行的,并且可以达到更高的精度,因为复制一个参数(码延迟、多普勒、载波相位和幅度)能够准确估计的强信号可以在捕获引擎内很好地实现。

如果接收机位于存在大量干扰的恶劣射频环境(例如,移动电话)中,尤其是可能是由参考振荡器、本地振荡器或系统内任何其他时钟信号的谐波引起的单音干扰(单独的频率峰值),此时频谱中的峰值必须通过快速傅里叶变换(FFT)技术或自适应陷波滤波器来消除。

最后,按照式(14.27)进行搜索和判决就可以得到正确的峰值。为了提高灵敏度和增加稳健性,搜索和判决逻辑可以设计得更为复杂,例如选择 10 个最高的峰值,然后仅对那些峰值所对应的码相位和多普勒值使用更多的非相干积分重新计算式(14.27),这被称为捕获验证。在跟踪过程中也隐含地对此进行验证(通道无法长时间的对虚假捕获结果进行跟踪),但是在跟踪通道中进行验证需要更长的时间,并且跟踪通道的数量是有限的。

## 14.3.3　相干积分方法

本节描述了在相干积分时间 $T$ 上通过数值积分计算相关值 $I$ 和 $Q$ 的方法,也就是计算式(14.18)。由于相干积分计算基于原始采样率进行,所以在捕获过程中会消耗大部分资源。相比之下,非相干积分或检测所消耗的资源要少得多。相干积分由相关器单元完成计算。

由于考虑了较宽的多普勒范围和伪码相位范围(通常是整个 PRN 码周期),同时对于码相位分辨率或多普勒分辨率的精度要求很低,因此用于捕获单元的相关器与跟踪通道的相关器有所不同。本节主要考虑不同的码和多普勒相关方法。

1. 码相关

为了达到捕获的目的,码相位域主要有三种方法实现相干积分。

(1)重用跟踪通道实现捕获;

(2) 基于匹配滤波器结构的并行相关;

(3) 基于FFT技术的预相关。

第一种方法历史悠久,用于重点关注低计算资源的特殊接收机。跟踪通道被编程为连续(但缓慢)增加码相位,直到检测到相关峰值(显然,跟踪通道必须同时处于正确的多普勒频率)。该方法被称为串行搜索,可与Tong检测器[14.10]一起作为验证信号检测和提高灵敏度的手段。

第二种方法是建立一个数字滤波器,其滤波器系数是PRN码值本身(匹配滤波器)。PRN码被重采样到输入信号的采样率。该滤波器被送入经多普勒补偿后的输入信号。它可以通过流水线结构非常高效地在硬件上实现[14.11]。输入信号被串行地送入滤波器。一旦初始化(在输入一个PRN码周期之后),该结构为每个输入信号采样点输出一个相关函数值。在每一个处理周期中,输出相关函数在码相位中移动一个采样点。码片中的码相位分辨率由PRN码速率除以采样速率得到。

第三种方法是利用傅里叶卷积定理,该定理指出,时域中相关函数计算可以表示为频域中的乘法[14.7]。这样大幅度减少了所需操作的数量,并且很适于软件接收机实现。存在如补零或重采样等多种方法,以满足FFT方法本质上需要与周期信号一起工作的事实[14.7]。码片中的码相位分辨率由PRN码速率除以采样速率得到。

2. 多普勒相关

之前的码相关方法必须在多普勒去除后进行。最简单的方式是用载波NCO来达到此目的。术语载波NCO用于表示能够产生具有特定相位和频率的正/余弦波的相应单元。在进行相干积分之前,将接收信号采样点与载波NCO采样点(正余弦部分)和码副本采样点相乘。如果所选载波NCO频率与真实的多普勒频率匹配,则相关值为最大值;这样多普勒就已经被去除。

每次搜索一个PRN码序列时,必须采用一定的多普勒搜索策略来以适当的方式改变载波NCO频率,直到检测到信号为止。举例来说,接收机可以从-6kHz的最低可能频率开始,并以500Hz的步进间隔逐渐增加频率,直到达到6kHz的最高可能频率。如果多普勒搜索范围较宽,该方法可能是慢速的。但该方法很合适于如果多普勒近似已知的情况(例如,在重新获取信号的情况下)。

搜索较宽多普勒范围的更高效方法是使用相关后FFT技术[14.12]。它利用这一特性,即与载波NCO输出结果相乘,并积分类似于离散傅里叶变换过程。如果将$M$个采样点上的积分细分为$N$块,就可以写为

$$\sum_{k=1}^{N} s_k \exp(2\pi j \hat{f}_d T_s k) = \sum_{n=1}^{N} \sum_{k=(n-1)\frac{M}{N}+1}^{\frac{nM}{N}} s_k \exp(2\pi j \hat{f}_d T_s k)$$

$$= \sum_{n=1}^{N} \left[ \exp\left(2\pi j \hat{f}_d T_s (n-1) \frac{M}{N}\right) \times \sum_{k=1}^{\frac{M}{N}} s_{k+(n-1)\frac{M}{N}} \exp(2\pi j \hat{f}_d T_s k) \right]$$

$$\approx \sum_{n=1}^{N} \left[ \exp\left(2\pi j \hat{f}_d T_s (n-1) \frac{M}{N}\right) S_n \right] \quad (14.32)$$

式中：$s_k = r(k)C(T_s k - \hat{\tau})$ 为接收信号与本地码的乘积。

$$S_n = \sum_{k=1}^{\frac{M}{N}} s_{k+(n-1)\frac{M}{N}} \exp(2\pi j \hat{f}_d T_s k) \quad (14.33)$$

短相关积分 $S_n$ 就是采用相同的载波 NCO 频率 $\hat{f}_d$ 实现的，它是 $N/(MT_s)$ 的整数倍。例如，以相干积分时间为 4ms 为例，则可以计算假设 GNSS 的多普勒频率为 $\tilde{f}_d = 0\text{Hz}$ 时的 8 个相关函数值 $S_n$，每个相关函数值的积分时间就是 $NT_s = 0.5\text{ms}$。通过计算每个码相位格的 8 个 FFT 就可以给出对应多普勒为 $-250\text{Hz}, -187.5\text{Hz}, \cdots, 187.5\text{Hz}$ 的 4ms 相关值。这和依次计算所有 8 个频格的 4ms 相关值相比，显然更有效率。这样做会存在一定的相关损耗 $L_{PC}$，它取决于 $\tilde{f}_d$ 和 $\hat{f}_d$ 的差值，其公式为

$$L_{pc} = 20 \lg |\text{sinc}[NT_s(\hat{f}_d - \tilde{f}_d)]| \quad (14.34)$$

假设例子中两者最大相差 250Hz，那么平方损耗为 -3.96dB。这种损失的可容忍程度取决于具体的应用。

在用 FFT 方法进行码相关的情况下，存在一种非常有效的方式来搜索不同的多普勒频格。在将接收信号的傅里叶变换与变换后的复制信号相乘之前，将变换后的复制信号循环移位一定数量的采样点。一个采样点的移动对应于 $(LT_s)^{-1}$ Hz 的多普勒步长，其中 $L$ 是 FFT 的长度。因此，所有多普勒频格均能被搜索，并且只需要对每个多普勒频格执行乘法和逆 FFT(而不是前向 FFT)。

值得一提的是，许多更先进的 FFT 算法主要是由 David Akopian 开发的，这些算法在文献[14.7]进行了列举。它们包括一种无损后相关 FFT 方法以及一种适用于有限码搜索范围的高效算法。如果寻求数值最优性能，那就需要在一个捕获单元内使用一种或其他形式的傅里叶方法。

### 14.3.4 搜索空间

捕获是在码相位/多普勒维度上的二维搜索。减少搜索空间不仅节省了计算资源，也提高了灵敏度。在进行码相位和多普勒二维搜索时需要选择合适的搜索步长。

1. 码相位方向

码相位方向的搜索通常覆盖整个 PRN 码周期，因为在启动时通常无法获得精度高于 PRN 码周期(例如，1 ms)的精确时间。此外，匹配滤波技术或 FFT 技术更倾向于处理整个 PRN 码序列。这条规则有两个值得注意的例外。

第一种情况考虑加密的全球卫星导航系统信号。它们通常基于非常长的 PRN 码，长码可以为防止 PRN 码解码和分发提供保护。例如，GPS P(Y)码长达一周，无法通过通常的方式捕获。如果目标是直接 P(Y)码捕获(而不是基于 GPS C/A 码的切换)，则 P(Y)码的一小部分需要在较长的输入信号中进行搜索(反之亦然)。搜索范围的长度反映了接收机对其预测的伪码相位的不确定性。

此外，现代化 GNSS 信号通常由一个主码和一个副码组成。由于计算能力的限制，受用户动态和接收机时钟不稳定的影响，直接捕获复合码(其典型长度为 10 ~ 100ms)通常

很困难。一种替代方案是捕获时只考虑主码,而将二次码视为导航数据位/符号。

为了不错过相关峰,码相位分辨率必须足够高。在最坏的情况下,峰值正好位于两个相关值的中间。对于 BPSK 信号,每个码片中至少应使用 $r = 2$ 个采样点;而对于 BOC($n$, $m$)信号,每个码片内需要 $r = 4n/m$ 个采样点。图 14.6 显示了采用的分辨率设置与最大码相位不匹配带来的最坏情况。图中显示了一个 BPSK(表示为圆圈)和一个 BOC(表示为星形)相关函数,主峰正好位于 BPSK 信号的两个码相位格和 BOC 信号的两个码相位格之间。

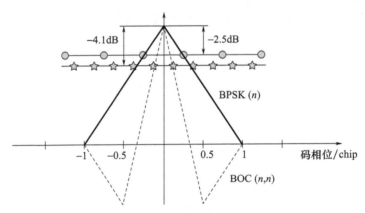

图 14.6 码分辨率对 BPSK($n$)和 BOC($n$,$n$)信号的影响,每个码片上分别取用 2 个和 4 个采样点

对于 BPSK 信号,由相位不匹配带来的最大损失为

$$20\lg\left(1 - \frac{1}{2r}\right) = -2.5\text{dB} \tag{14.35}$$

对于 BOC($n$, $m$)信号,则有

$$20\lg\left(1 - \frac{1}{2r}\frac{2n + m}{m}\right) \tag{14.36}$$

对于 BOC($n$,$n$)信号其计算结果为-4.1dB。这些是最坏情况下的损失,而平均失配损失较小。如果这种损耗对于某种应用来说太高,那么需要以更高的计算要求为代价来提高分辨率 $r$。

2. 多普勒方向

多普勒搜索范围必须足够宽,以覆盖用户速度、卫星速度和接收机时钟漂移。在 L1 频率上,对于具有温度补偿晶体振荡器(TCXO)的静态接收机(工作温度范围内的绝对频率稳定度为 $1\times10^{-6}$)来说,多普勒范围约为±6kHz。

一旦接收时钟漂移被估算出来,它通常保持稳定长达数小时(如果工作温度足够稳定)。如果用户位置和速度大致已知并且历书可用,多普勒搜索范围可以缩小到±100Hz 的量级。

如果时钟漂移是未知的,只要一个近似位置和速度以及可用历书,多普勒范围就可以从首颗卫星信号的捕获结果中粗略地估计出来。这样仅对于首颗卫星信号必须采用全多普勒搜索范围。对于随后的其他信号则可在更窄的多普勒范围内进行搜索。

式(14.25)的相关值取决于如图14.7所示的多普勒频率误差的sinc函数。因此多普勒分辨率至少应该是 $\Delta f_d = 1/T$（如图14.7中的圆圈所示），这里给出了最大损失为

$$20\lg\mathrm{sinc}\frac{\Delta f_d T}{2} = -3.9\mathrm{dB} \tag{14.37}$$

如果有足够的计算资源可用,则可以得到更好的分辨率。

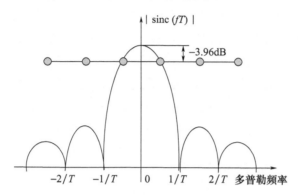

图14.7 捕获期间有限多普勒分辨率的影响。圆的间距是 $\Delta f_d = 1/T$

## 14.3.5 捕获性能

信号处理术语中,捕获性能可表示为检测概率(对于给定的信号功率和虚警率)和完成操作所需的时间。所需的时间被称为首次定位时间(TTFF),取决于要计算的相关值的数量。

14.3.4节讨论的搜索空间通常包括许多待搜索单元,如我们所说的 $N_g$,需要区分单个单元和系统捕获概率。在式(14.28)~式(14.30)中计算的是仅考虑一个相关值的情况下单个单元的概率(信号是否存在于该测试单元中)。系统概率值 $P'$ 则考虑整个搜索空间。参考文献[14.13]和以下方程,它们与单个单元概率有关,即

$$\begin{cases} P'(S_{nc} > \gamma \mid H_0) \approx 1 - [1 - P(S_{nc} > \gamma \mid H_0)]^{N_{uc}} \\ P'(S_{nc} > \gamma \mid H_1) \approx P(S_{nc} > \gamma \mid H_1) \end{cases} \tag{14.38}$$

为了讨论系统概率,非相干搜索单元数目 $N_{uc}$ 的概念非常重要。通常相关值是统计相关的,特别是在使用精细的多普勒分辨率和精确码相位时。只有当两个测试单元之间的距离足够远时,才能认为它们在统计上不相关。$N_{uc}$ 的近似值为

$$N_{uc} = \Delta T f_c T \Delta f_d \tag{14.39}$$

式中:$\Delta T$ 为时间搜索范围(码相位方向),单位为s;$f_c$ 为PRN码的码片速率,单位为chip/s;$T$ 为相干积分时间,单位为s;$\Delta f_d$ 为多普勒范围,单位为Hz。

在给定的信号功率下,结合实际应用选择合适的系统虚警率 $P'(S_{nc} > \gamma \mid H_0)$ 以达到最大检测概率 $P'(S_{nc} > \gamma \mid H_1)$。两者通过阈值 $\gamma$ 连接彼此,不能同时优化。

如果我们假设搜索空间包含 $N_G$ 个搜索单元(通常为 $N_G > N_{uc}$),并且系统需要 $D_W(s)$ 来计算 $S_{nc}$ 的 $M_G$ 值,那么整个搜索空间将在 $D_W N_G / M_G(s)$ 中完成搜索。

每当 $M_G$ 值可用时,就可以执行捕获测试 $S_{nc} > \gamma$。那么,获取单个 GNSS 信号所需的平均时间 $T_M$,可得在文献[14.13]中计算公式为

$$T_M = \left(\frac{2-P_d}{2P_d}\right)\left(\frac{k\left[1-(1-P_{fa})^{M_G}+1\right]}{M_G}\right)N_G D_W \tag{14.40}$$

使用定义 $p_d = P(S_{nc} > \gamma | H_1)$ 和 $p_{fa} = P(S > \gamma | H_0)$。符号 $k$ 是用于表征验证虚假捕获所需时间的惩罚因子。如果检测到虚警信号,系统设定将花费 $kD_w(s)$ 来验证错误,然后继续正常的捕获过程。我们假设真实信号参数恰好位于一个待搜索单元上,并且所有其他待搜索单元的相关值遵循 $H_0$ 分布。换言之,如果信号存在于一个单元上,则它不存在于所有其他单元上。我们还假设真实单元的位置在所有搜索空间上均匀分布。最后,对于式(14.40),假设不同单元上的相关值不相关,即 $N_G = N_{uc}$。

## 14.3.6 数据比特处理和二级码

数据位或数据符号和二次码对信号捕获提出了新的要求。这些数据位及其准确的翻转时间对于捕获引擎来说通常是未知的。虽然二次码是已知的,但二次码内的码相位在捕获期间通常是未知的。因此,二次码对捕获来说具有与未知数据位类似的效果。下面,我们统一使用术语"数据位",但实际是指数据位(或在使用前向纠错方案情况下的数据符号)或二次码片。

显然有如下情况:数据位翻转发生在相干积分间隔的中间,并且相关的上半部分和下半部分相互抵消。

处理这种未知的翻转可以用一种称为半位法的方法,它是将信号细分为两个段的交织序列,每个段的持续时间为数据位的一半。其中一个序列一定不含有数据位翻转。捕获引擎可以同时处理两个序列,从而使搜索单元的数量翻了一番,但它只在一个序列中检测信号。

数据位翻转与接收到的导航信号内的残余多普勒频率相关。例如,积分间隔中间的数据位转换和 $1/(2T)$ 的剩余多普勒频率几乎相互抵消。特别是在使用大量非相干积分的情况下,可以利用这种效应进行处理。可以证明,对于 20ms 的数据位长度和 16 ms 的相干积分时间,随机发生的数据位跃迁所引起的平均损耗为−2.14dB[14.9]。该损耗是在所有多普勒频率和整个主码相位范围内的平均值。尽管单个搜索频格的损耗可能更高,但在捕获过程中忽略这些数据位翻转是一种可行的方法。

## 14.4 信号跟踪

通过捕获模块完成对初始码相位延迟和载波多普勒的粗略估计后,就需要利用信号跟踪对目标信号参数进行精确估计。传统的信号跟踪环路架构,例如锁相环(PLL)用于

载波相位跟踪、锁频环(FLL)用于载波多普勒频率变化跟踪、延迟锁定环(DLL)用于码相位跟踪等,在现代接收机中均作为工程标准被广泛使用。

## 14.4.1 架构

事实上,信号跟踪环路的主要目的就是不断调整本地信号发生器的输入参数,以保证与接收信号实现匹配。以上主要是通过调整 NCO 的输入来实现的,该输入是目标信号参数的变化率。这就意味着跟踪环路是一个通过 NCO 闭合的反馈系统。信号跟踪环路可以看作是一个采用输出反馈控制作为执行器来跟踪输入信号的特殊例子。因此,跟踪环路滤波器是控制理论中的一种比例积分(PI)控制器。在 PLL(或 FLL)中,鉴别器的输出是输入载波信号的相位(或频率)误差估计,而对于 DLL 来说就是码相位延迟的误差估计。

图 14.8 给出了一个典型数字 GNSS 接收机的单通道跟踪引擎的高级方框图。

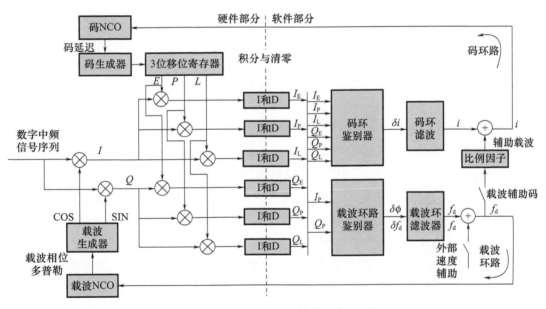

图 14.8 GNSS 信号跟踪引擎的典型框图

在 GNSS 接收机中单通道跟踪环主要由相关器、鉴别器、环路滤波器以及 NCO 组成,可以实现码环和载波环跟踪,其中数字中频信号序列作为整个环路的输入。相关器积分时间间隔的长短、鉴别器的种类以及环路滤波器的阶数和带宽均具备可编程能力,这些参数决定了信号跟踪环的稳态误差大小以及动态应力下的稳健性[14.10]。载波跟踪环辅助码环以及利用外部速度输入辅助载波跟踪环路可提高信号跟踪性能。在图 14.8 中给出了传统数字接收机中载波跟踪环路,而上半部分为码跟踪环路。

信号跟踪引擎的操作流程如下。利用本地复制的载波信号将输入的数字中频信号序列的载波进行剥离得到 $I$ 和 $Q$ 两路信号分量。本地复制载波信号由载波发生器输出,它受载波 NCO 的控制。$I$ 和 $Q$ 两路信号分量与本地码发生器输出的 PRN 码进行相关,本地码分为超前、即时以及滞后支路(在绝大多数BPSK信号的标准跟踪中都是如此)。带有3bit移位寄存器的本地码发生器和载波发生器类似,同样由码NCO来控制。在整个闭合环路操作中,载波和码NCO分别由载波和码跟踪环进行控制。

通常,载波跟踪环使用相关器的即时支路,码跟踪环使用相关器的超前和滞后两支路。特别的,载波鉴相器使用$Q/I$的反正切值来确定输入信号与本地即时$I$支路的载波相位差(例如$\delta\phi$)。码鉴相器采用超前和滞后两个支路结合(通常是超前减滞后)来确定本地码与输入信号的码相位误差$\delta\tau$。因此,当输入信号与本地产生的信号完全对齐后,即时$I$支路的绝对值应该是最大的(对于PLL来说),同时超前支路和滞后支路的$I$和$Q$的向量和应保持平衡(对于DLL来说)。最后,即时$I$支路的符号代表了导航数据位/符号。

### 14.4.2 跟踪环路模型

GNSS接收机中单通道跟踪环路的基本模型如图14.9所示。要注意,跟踪环的输入是连续时间域的信号(例如,波形),$r(t;\theta(t))$是待估计参数$\theta$的非线性函数。跟踪环的输出对应于估计的信号$\hat{r}(t;\hat{\theta}(t))$。依据环路类型的不同,参数$\theta$可能是码相位$\tau$(DLL)、多普勒频移$f_d$(FLL)、载波相位$\phi$(PLL)。

鉴别器输出的是信号参数误差$\delta\theta$,它通过对输入信号与本地产生信号进行比较获得。事实上,鉴别器的计算是采用了相关器的输出,即通过对接收信号与本地产生信号进行非线性操作得到的基带$I$和$Q$信号,如式(14.23)所示。鉴别器的输出也包含噪声需要通过环路滤波器进行有效滤除。因此,跟踪处理过程不同于粗糙的捕获处理过程,对于噪声影响和动态应力都是敏感的。注意,环路滤波器的输出是目标信号参数的变化率信息$\dot{\theta}$,它通过NCO进行积分来预测信号参数估计值$\hat{\theta}$,以用作下一步计算。得到的信号参数估计值用于驱动本地信号发生器来输出估计的本地复制信号进行相关操作。

为了获得适用于后续设计与分析的跟踪环路的数学描述,需要对实际跟踪环路中的非线性步骤进行线性近似估计。在跟踪误差足够小且输入噪声与本地生成的复制信号不相关的假设下,对于实际输入信号参数可得到拉普拉斯域中的线性化跟踪环路,如图14.10所示,其中$s = \sigma + j\omega$表示拉普拉斯算子。图14.10和图14.9之间的区别在于,相关器和鉴别器对输入和本地复制信号的非线性操作由简单的比较器代替,该比较器具有对信号参数的线性依赖性,其中,$\theta(s)$和$\hat{\theta}(s)$表示跟踪环路的输入和NCO的输出。

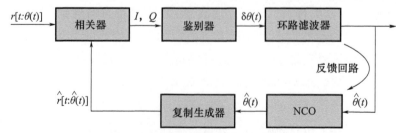

图14.9 信号跟踪环的时域非线性模型

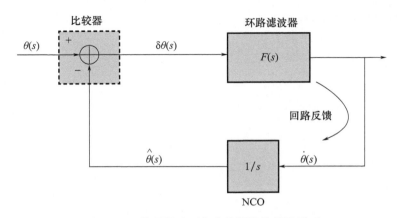

图 14.10 信号跟踪环拉普拉斯域的线性模型

在线性模型中，假设比较器测量两个信号参数的误差值来给环路滤波器提供输入信号 $\delta\theta$。假设信号参数是被噪声污染的，比较器的输出建模为

$$\delta\theta(s) = \theta(s) - \hat{\theta}(s) \tag{14.41}$$

式中：$\theta(s) = \theta_0(s) + n_\theta(s)$ 为 $\theta$ 的标称值 $\theta_0$ 和相应的噪声 $n_\theta$ 之和。

环路滤波器传递函数 $F(s)$ 定义为

$$F(s) = \frac{\dot{\theta}(s)}{\delta\theta(s)} \tag{14.42}$$

式中：$\dot{\theta}(s)$ 和 $\delta\theta(s)$ 分别为输出 $\dot{\theta}(t)$ 和输入 $\delta\theta(t)$ 的拉普拉斯变换。

NCO 是一个简单的积分器，因此其传递函数 $N(s) = 1/s$，对其输出进行建模为

$$\hat{\theta}(s) = \frac{1}{s}\dot{\theta}(s) \tag{14.43}$$

假定鉴别器和 NCO 具有单位增益，则整个环路传输函数 $H(s)$ 为

$$H(s) = \frac{\hat{\theta}(s)}{\theta(s)} = \frac{N(s)F(s)}{1 + N(s)F(s)} = \frac{F(s)}{s + F(s)} \tag{14.44}$$

及其误差传递函数 $H_e(s)$ 为

$$H_e(s) = 1 - H(s) == \frac{s}{s + F(s)} \tag{14.45}$$

然后，输入信号 $U(s)$（例如，单位阶跃、斜坡、加速度等）产生的误差函数为

$$\varepsilon(s) = H_e(s)U(s) \tag{14.46}$$

将拉普拉斯变换的终值定理应用到式（14.46）中，可以得到稳态误差为

$$\varepsilon(s=0) = \varepsilon(t=\infty) = \frac{\dfrac{\mathrm{d}^n G}{\mathrm{d}t^n}}{\omega_0^n} \tag{14.47}$$

式中：$n$ 为环路滤波器阶数；$\mathrm{d}^n G/\mathrm{d}t^n$ 为最大视线动态。例如，如果 $n=2$，则 $\mathrm{d}^n G/\mathrm{d}t^n$ 表示视线加速度。对于 $n$ 阶跟踪环，固有频率用 $\omega_0$ 表示并可通过式（14.48）计算。

注意，上述稳态误差是环路滤波器阶数 $n$ 的函数；因此，信号跟踪环的稳态误差类

型取决于环路滤波器阶数。

$H(s)$ 的等效噪声带宽定义为

$$B_n = \int_0^\infty |H(j\omega)|^2 d\omega \cong \begin{cases} \dfrac{\omega_0}{4} & n=1 \\ \dfrac{\omega_0}{1.89} & n=2 \\ \dfrac{\omega_0}{1.2} & n=3 \end{cases} \quad (14.48)$$

式中：$\omega$ 为角频率(rad)。

### 14.4.3 相关器

式(14.18)中的相关过程(也称预检测积分过程)是通过相关器实现的。它分为两个步骤：

(1) 将输入信号与本地复制信号混频后在硬件相关器上完成指定间隔的积分和清零操作；

(2) 在软件中完成 $N$ 个连续积分和清零值的累加。

采用这种方式，接收机的信号处理器可以采用最少的硬件资源扩展积分时间，如硬件相关器完成 1ms 的积分累加和清零，在软件中可以完成连续 20 个 1ms 的累加得到 20ms (GPS C/A 码)的累加相关值。在软件中跟踪环路积分清零的间隔通常设定为至少等于或大于 $N$ 个伪码周期，这决定了预检测过程的带宽。积分时间应尽可能长，以提高对于弱信号或被干扰信号的跟踪灵敏度，积分时间又应设置为尽可能短，以增强对于高动态信号跟踪的稳健性。

特别对于像 BPSK 一样的信号，相关器的最终输出是式(14.23)中的 6 个基本元素，把它们输入到鉴别器中产生信号参数误差。除了 6 个基本信号处理元素外，还可以使用更多的相关器通道，这取决于被跟踪码的类型以及码跟踪的算法。

### 14.4.4 鉴相器

鉴相器的目的是从相关器超前、即时和滞后支路输出的 $I$ 和 $Q$ 中提取信号参数误差信息，如式(14.23)所示，这些相关值是目标信号参数的非线性函数。非线性鉴别器函数的输出是相关器输出的组合，在线性区域内随着输入信号参数误差线性增加而增加，使得鉴别器可以感知到复制信号相对于输入信号的误差量(所谓 S 曲线)。鉴别器的输出被提供给 NCO 用于负反馈中的下一步，以控制码/载波发生器。该鉴别器输出可能包含更大的噪声效应，因此在反馈给 NCO 之前，使用环路滤波器以有效地抑制噪声效应。

鉴相器算法的类型决定了跟踪环的类型(如 PLL、FLL 和 DLL)以及相应的特性(相位翻转灵敏度、信号振幅灵敏度、计算负担以及牵入范围等)。

**1. PLL 和 FLL 鉴相器**

鉴相器决定了载波环路实现载波相位跟踪或载波多普勒跟踪的特性。

载波相位跟踪环主要有两种类型：纯 PLL 和 Costas PLL。纯 PLL 对于信号上存在位/符号调制是敏感的。Costas PLL 只要数据位/符号沿对齐到相关积分的起始点，对数据位翻转不敏感。两种类型的鉴别器都产生载波相位误差(但是有着不同的牵入范围)。鉴别器的输出作为 PLL 环路滤波器的输入用来滤除噪声。

针对载波多普勒跟踪环来说，FLL 鉴别器产生载波多普勒频率误差。同样地，鉴别器的输出也作为 FLL 环路滤波器的输入。

载波相位跟踪环要比载波多普勒跟踪环更加精确，但是对于动态应力也更加敏感。表 14.1 给出了 3 个跟踪环路的优缺点。为了达到更好的精度，应该使用导频信道的 PLL 或数据信道的 Costas 环路，环路特性为低阶和窄带宽。为了满足更好的动力学稳定性，则要采用相反的配置。

表 14.1 全球卫星导航系统接收机载波跟踪环路设计的权衡

| 环路属性 | 改善动态跟踪的稳健性 | 改善跟踪精度 |
|---|---|---|
| 载波跟踪环路类型 | FLL | PLL(用于导频信道)或 Costas(用于数据信道) |
| 环路滤波阶数 | 高 | 低 |
| 环路噪声带宽 | 宽 | 窄 |

载波环路鉴相器的基本思想主要是根据式(14.23)中即时支路的 $Q/I$ 值来得到信号参数误差信息(如载波相位误差)。在式(14.23)中假设无噪声的条件下，载波相位误差可表示为

$$\frac{Q}{I} = \frac{\sin(\delta\phi)}{\cos(\delta\phi)} = \tan(\delta\phi) \approx \delta\phi \quad \delta\phi \approx 0 \quad (14.49)$$

在等式两边取反正切，得

$$\arctan\left(\frac{Q}{I}\right) = \delta\phi \quad (14.50)$$

对于纯 PLL 而言，式(14.50)中反正切函数改由四象限反正切函数替代，主要目的是保证±180°误差范围内保持线性。相比之下 Costas PLL 只能在±90°误差范围内为线性。此外还有一些类似的 PLL 鉴别器计算函数，其特点是能够减少运算负担，如 $\text{sign}(I)Q \cong \delta\phi$ 及 $IQ \cong 2\delta\phi$。但鉴别器的斜率和信号幅度成正比，这就会导致载噪比不佳的情况下会引入不理想特性。除了前面描述的算法以外，PLL 和 FLL 鉴别器算法的一些变体在相干/非相干、归一化和计算复杂性等方面会表现出稍微不同的特性。

通过对即时支路 I 分量用无差拍检测器(如 signum 函数)进行检测，我们可以获得导航消息位/符号。然而，由于 Costas PLL 存在相位反转 180°的特性，对导航符号的检测存在模糊性。在后续的帧同步处理中，通过在每个子帧的开始时使用已知的帧同步码来解决此问题(14.5.3 节)。

PLL 的牵入范围指的是所有能成功锁相的初值的集合(除了个别稳定的奇异点[14.14])。在该牵入范围内，鉴别器输出与输入误差近似成线性比例关系，环路滤波器能够正确工作，以减小跟踪误差从而最终到达过零点。因此，正确的环路滤波器操作是，环

路滤波器的初始阶段输入值应完全收敛在牵入范围内;这意味着捕获输出(例如,粗码延迟和多普勒)应足够精确。如果这无法实现,则接收机通道环路必须工作在 FLL 模式下,直到多普勒误差足够小。此外,该牵入范围与环路滤波器的动态范围显著相关。

为了得出 FLL 的鉴相器,我们将从多普勒频率的定义出发。多普勒频率是同一数据符号内两相邻基带采样间的相位差[14.15],即

$$f_d \equiv \frac{(\phi_{k+1} - \phi_k)}{T} \tag{14.51}$$

通过增加运算符 δ 到上式的两边,FLL 鉴相器的输出即多普勒误差可表示为

$$\delta f_d \equiv \frac{(\delta\phi_{k+1} - \delta\phi_{k-1})}{T} \tag{14.52}$$

式中:$k$ 用于指示基带采样值的下标;$T$ 为相干积分时间。

应用正切函数到式(14.52)的右边,同时根据式(14.50)中 $\delta\phi$ 和基带相关值 $I/Q$ 的关系,可得

$$\begin{aligned}
\tan(\delta\phi_{k+1} - \delta\phi_{k-1}) &= \frac{\tan\delta\phi_{k+1} - \tan\delta\phi_k}{1 + \tan\delta\phi_{k+1}\tan\delta\phi_k} \\
&= \frac{\dfrac{Q_{k+1}}{I_{k+1}} - \dfrac{Q_k}{I_k}}{1 + \left(\dfrac{Q_{k+1}}{I_{k+1}}\right)\left(\dfrac{Q_k}{I_k}\right)} \\
&= \frac{I_k Q_{k+1} - I_{k+1} Q_k}{I_k I_{k+1} + Q_k Q_{k+1}} \\
&= \frac{\text{cross}}{\text{dot}}
\end{aligned} \tag{14.53}$$

$$\text{cross} = I_k Q_{k+1} - I_{k+1} Q_k$$
$$\text{dot} = I_k I_{k+1} + Q_k Q_{k+1}$$

最后,点积和叉积的反正切除以 $T$ 就得到了多普勒频率误差:

$$\frac{\arctan\left(\dfrac{\text{cross}}{\text{dot}}\right)}{T} = \delta f_d \tag{14.54}$$

本质上,FLL 跟踪载波频率而不是载波相位,因此 FLL 鉴别器对 180° 相位反转不敏感,但其积分时间不得跨越导航数据位/符号翻转。如果不是,则由 180° 相位反转引起的相位跳变就会被视为高频分量,从而影响后续处理。除了前面描述的算法之外,FLL 鉴别器算法还有几种变体形式,在载噪比、与积分时间相关的牵入范围和计算复杂度等方面表现出稍微不同的特性[14.10]。

注意,FLL 鉴相器的牵入范围与积分时间成反比,因为 FLL 鉴别器的输出是两对连续的载波相位鉴相器输出之差再除以积分时间后得到的结果。

2. DLL 鉴相器

码环鉴别器的基本原理与 PLL 鉴相器基本是一样的,但是不同于载波环使用的即时

支路,它使用了超前和滞后支路。事实上,PLL 鉴相器是通过最大似然估计(MLE)代价函数的一阶或二阶导数获得,而码延迟代价函数是三角形状的相关函数,在没有误差的情况下峰值处是不可微的。因此,使用超前半码片和滞后半码片采样的三角相关函数除以给定的采样间隔,结果近似是代价函数的一阶导数。

图 14.11 显示了在输入卫星伪码信号和本地复制伪码信号存在相位差异时,超前、即时和滞后相关器的输出是如何变化的,以及在 5 种不同的复制伪码相位偏移情况下,相应的归一化超前减滞后鉴相器输出。

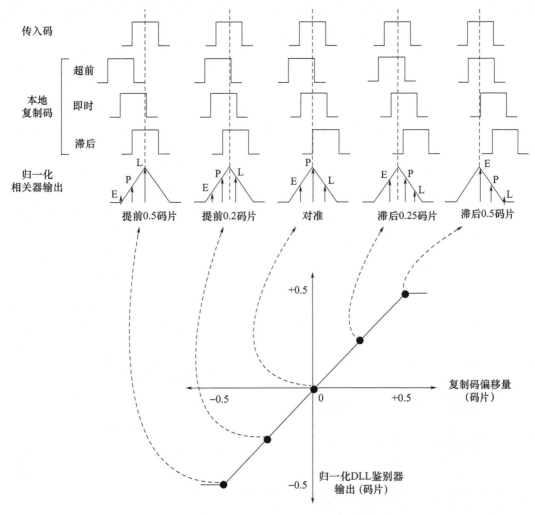

图 14.11 超前减滞后 DLL 鉴别器(见文献[14.10])

如果复制码是对准的,那么超前和滞后支路在幅度上应该相等,鉴相器输出将没有误差。如果没有对准,由于码偏移量的影响超前和滞后支路幅度上也将不等,DLL 鉴相器输出相应误差,经过环路滤波器滤除噪声后反馈给环路完成闭合。

DLL 鉴别器算法还有几种变体,主要在是否要求相干非相干积分、精度、依赖于载波锁定条件的可用性、相关器间隔和计算复杂度等方面有着轻微的特性区别,如文献

[14.10] 所述。最常见的是归一化的超前减滞后码鉴别器,即

$$\delta\tau = \frac{a_d}{2(2-d)} \frac{I_E^2 + Q_E^2 - I_L^2 - Q_L^2}{I_P^2 + Q_P^2} \quad (14.55)$$

它与码跟踪误差成一阶线性关系。常数 $\alpha_d$ 的选择依赖于计算归一化斜率时所选用的调制策略。

此外,由于使用超前滞后相关器概念来近似非凸性代价函数,相关间距 $d$ 在 DLL 性能中起着重要的作用。例如,在存在噪声和多径的情况下,缩小相关器间隔 $d$ 有益于减少跟踪误差,但需要更宽的预相关带宽,同时还需要结合更高的采样率和更快的处理速度,并且意味着跟踪动态方面失去稳健性[14.16]。

### 14.4.5 环路滤波器

信号跟踪软件中最重要的设计要素之一就是环路滤波器 $F(s)$,如式(14.42)所示。由于鉴别器的输出包含有大量的噪声,环路滤波器的目的就是减少噪声从而得到更加精确的原始信号参数估计。

环路滤波器的设计准则是在瞬态误差规范约束下,设计一个最小化均方根(RMS)噪声误差的最优滤波器。这意味着由稳态噪声干扰引起的 RMS 误差应在 NCO(码或载波)相位抖动方面最小化,同时由动态造成的信号(码或载波)相位的瞬态误差也应保持在一定的范围内。

设计数字环路滤波器有许多不同的方法。一种广泛使用的设计方法是利用现有模拟环路滤波器的知识来设计连续时域中的整体信号跟踪环路,然后在离散时域中实现。

一种优化的问题解决方案是通过拉格朗日因子进行变分。在连续时域中,环路滤波器的最优解由与环路噪声带宽相关的函数给出,见式(14.48),该函数可限制环路中的噪声,并可用衰减因子、阻尼系数或自然频率[14.17]等常规滤波器系数来描述。

图 14.12 显示了一阶、二阶和三阶环路滤波器的框图。注意,NCO 的积分器(=1/s)附加于开环中;环路滤波器的阶数决定了 $H(s)$ 的阶数而不是 $F(s)$ 的阶数,即对于 $n$ 阶跟踪环路传递函数 $H(s)$ 的分母是 $s$ 的 $n$ 阶函数。

应用数字积分法(也称为 z 变换法),可将在连续时域中获得的微分方程形式的信号跟踪环路转换为

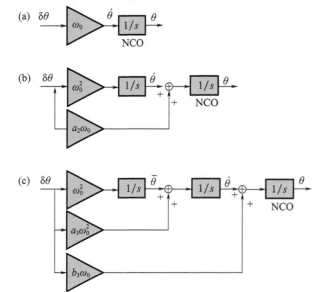

图 14.12 环路滤波器框图(参见文献[14.10])
(a)一阶;(b)二阶;(c)三阶。

等效的差分方程形式的离散环路。这通过将连续传递函数中的 $s$ 替换为 $z$ 函数来实现。

在简单积分法的假设下，闭环传递函数 $H(s)$ 能够在状态空间中表示任何阶数的环路滤波器，即

$$\begin{cases} x_{k+1} = Fx_k + L\delta\theta_k \\ y_k = Cx_k + D\delta\theta_k \end{cases} \quad (14.56)$$

式中：$x$ 为状态向量；$y$ 为系统输出；$\delta\theta$ 为鉴别器输出；$F$ 为状态转移矩阵；$L$ 为滤波器增益矩阵；$C$ 和 $D$ 为从系统状态向量和输入向量转换到系统输出的转换矩阵。以上所有参数的选择都取决于滤波器阶数和环路带宽。

以类似的方式，式(14.42)中的开环传递函数 $F(s)$ 也能表示为任意阶环路滤波器的状态空间形式。

注意，只有式(14.56)中的第二个方程在实际接收机中被使用，其将鉴别器的输出 $\delta\theta$ 与包含在 $x_k$ 中的 NCO(码和载波)相位和变化率关联起来。

三种不同阶数的环路滤波器特性总结如表 14.2 所列。在 $F(s)$ 的实现形式中，使用下标 L 来标注状态空间矩阵以区别连续时间形式。注意开环的状态向量是闭环的变化率信息。因此 $x_L$ 的阶数要比 $x$ 少一阶，因为 NCO 是闭环的，例如三阶环 $\boldsymbol{x} = [\theta, \dot{\theta}, \ddot{\theta}]^T$ 且 $\boldsymbol{x}_L = [\dot{\theta}, \ddot{\theta}]^T$。在一般的信号动态情况下，带有多普勒辅助的一阶环路滤波器在 DLL 中广泛被采用，而二阶和三阶环路滤波器分别应用于 FLL 和 PLL 中。

表 14.2 环路滤波器特性

| | 一阶 | 二阶 | 三阶 |
|---|---|---|---|
| 环路滤波器传递函数 | $F(s) = \omega_0$ | $F(s) = \dfrac{a_2\omega_0 s + \omega_0^2}{s}$ | $F(s) = \dfrac{b_3\omega_0 s^2 + a_3\omega_0^2 s + \omega_0^3}{s^2}$ |
| $F(s)$ 的实施 | | $\boldsymbol{x}_L = [\dot{\theta}]$<br>$\boldsymbol{F}_L = [1]$<br>$\boldsymbol{L}_L = [T\omega_0^2]$<br>$\boldsymbol{C}_L = [1]$<br>$\boldsymbol{D}_L = [a_2\omega_0]$ | $\boldsymbol{x}_L = [\dot{\theta}, \ddot{\theta}]^T$<br>$\boldsymbol{F}_L = \begin{bmatrix} 1 & T \\ 0 & 1 \end{bmatrix}$<br>$\boldsymbol{L}_L = [Ta_3\omega_0^2 \quad T\omega_0^3]^T$<br>$\boldsymbol{C}_L = [1 \quad 0]$<br>$\boldsymbol{D}_L = [b_3\omega_0]$ |
| 闭环传递函数 | $H(s) = \dfrac{\omega_0}{s+\omega_0}$ | $H(s) = \dfrac{a_2\omega_0 s + \omega_0^2}{s^2 + a_2\omega_0 s + \omega_0^2}$ | $H(s) = \dfrac{b_3\omega_0 s^2 + a_3\omega_0^2 s + \omega_0^3}{s^3 + b_3\omega_0 s^2 + a_3\omega_0^2 s + \omega_0^3}$ |
| $H(s)$ 的实施 | $\boldsymbol{x} = [\theta]$<br>$\boldsymbol{F} = [1]$<br>$\boldsymbol{L} = [T\omega_0]$<br>$\boldsymbol{C} = [1]$<br>$\boldsymbol{D} = [0]$ | $\boldsymbol{x} = [\theta, \dot{\theta}]^T$<br>$\boldsymbol{F} = \begin{bmatrix} 1 & T \\ 0 & 1 \end{bmatrix}$<br>$\boldsymbol{L} = [Ta_2\omega_0 \quad T\omega_0^2]$<br>$\boldsymbol{C} = [1 \quad 0]$<br>$\boldsymbol{D} = [0]$ | $\boldsymbol{x} = [\theta, \dot{\theta}, \ddot{\theta}]^T$<br>$\boldsymbol{F} = \begin{bmatrix} 1 & T & 0 \\ 0 & 1 & T \\ 0 & 0 & 1 \end{bmatrix}$<br>$\boldsymbol{L} = [Tb_3\omega_0 \quad Ta_3\omega_0^2 \quad T\omega_0^3]^T$<br>$\boldsymbol{C} = [1 \quad 0 \quad 0]$<br>$\boldsymbol{D} = [0]$ |

续表

| | 一阶 | 二阶 | 三阶 |
|---|---|---|---|
| 环路噪声带宽 | $B_n = \dfrac{\omega_0}{4}$ | $B_n = \dfrac{\omega_0}{1.89}$ | $B_n = \dfrac{\omega_0}{1.2}$ |
| 滤波器系数 | 1 | $a_2 = \sqrt{2}$ | $a_3 = 1.1, b_3 = 2.4$ |
| 稳态误差 | $\dfrac{dR/dt}{\omega_0}$ | $\dfrac{d^2R/dt^2}{\omega_0^2}$ | $\dfrac{dR^3/dt^3}{\omega_0^3}$ |
| 特性 | 对速度应力敏感 | 对加速度应力敏感 | 对冲击应力敏感 |

需要注意的是,在连续时间域中跟踪环都是无条件稳定的,但是在离散条件下对应的采样数据系统并不是无条件稳定。离散时间域的高增益环路由于固有的传输滞后而导致系统的不稳定性,这是此类系统的一个主要潜在缺陷。此外,当离散系统的归一化带宽(BT=环路带宽和环路更新时间间隔的乘积)相比于某一阈值不够小时,稳定性将变得更差。因此,在任何一种数字信号跟踪环路中稳定性问题都是一个重要的因素。

可以得出结论,设计跟踪环路滤波器的关键在基于接收机的射频规格和积分时间给出的噪声统计信息,确定滤波器阶数和滤波器噪声带宽,以适应用户动态应力[14.17]。

## 14.4.6 NCO 和码/载波发生器

在鉴别器处检测到的信号参数误差由环路滤波器进行滤波,产生信号参数变化速率。然后将该信号参数变化速率应用于 NCO,NCO 是一个数字信号发生器,它可以产生同步的、离散时间、离散数值的波形。NCO 根据速率信息增加或减少本地副本信号相对于输入信号的相位。因此从数学上讲,NCO 可以看作是一个简单的积分器,它利用输入的速率信息产生相位,然后将获得的相位应用于载波发生器,以生成适合下一步所需的载波。类似的方法也适用于码 NCO 和生成器。

图 14.13 显示了载波 NCO 及其数字频率合成波形,例如高频和低频三角函数波形。每次 NCO 溢出时,都会重复生成一个周期复制载波和复制码。特别是对于载波 NCO 来讲,为了提升计算效率,现代数字实时接收机中采用映射函数,将 NCO 阶梯相位输出的幅度转换为适当的三角函数[14.10]。随着数字处理技术的发展和最新的 GNSS 接收机软件无线电方法的应用,GNSS 信号处理中可以使用强大的处理器来驱动高分辨率 NCO 产生连续波形。

## 14.4.7 辅助跟踪

如图 14.8 所示,在闭环操作中对每个跟踪环路使用辅助信息可提高其性能。辅助信息是相应目标信号参数的变化率,即利用速度辅助来提高码延迟或载波相位的跟踪性能。

1. 载波多普勒辅助码跟踪

卫星和用户之间的距离有两个测量源。载波相位的距离信息相当于在很小噪声水平的码延迟上加一个偏差。因此,来自载波跟踪环路的多普勒信息,可在适当缩放后用于估

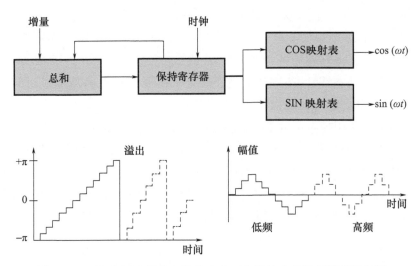

图 14.13　基于 NCO 及其相位状态和正余弦输出的数字频率综合器

计码速率。在这种情况下码跟踪环路的环路带宽可以设置得非常窄。反过来尝试利用码速率来辅助载波多普勒跟踪是不可行的,因为载波跟踪环路相比于码跟踪环路在应对接收机动态和热噪声效应方面更为脆弱[14.10]。

2. 外部多普勒辅助的载波跟踪

此外,大多数信号动态特性可以由外部辅助传感器——主要是惯性测量单元测量得到。因此,来自外部辅助传感器的速度信息可作用于超窄环路带宽的载波跟踪。将导航体系中外部传感器获取的速度信息转换为用户与卫星之间的视线速度变化,就可应用于各通道的载波多普勒跟踪。这种外部速度辅助多普勒跟踪的方式也可以如前所述用于辅助码跟踪。

## 14.4.8　切换准则

信号处理首先由捕获开始。如果信号存在,则通过信号功率测量可以检测到。捕获完成后,信号处理进入 FLL 工作模式,并连续检测码跟踪环是否锁定。如果码和频率均锁定,则处理进入 PLL 模式,并连续检测相位是否锁定。如果有载波相位和码相位任何一个失锁,信号处理则回退置上一环节,并重新进行处理。此环节可以通过重新设定(或配置)PLL 和 FLL 的权重因子来完成处理(14.7.4 节)。

然而,在跟踪环路启动后很短的时间内,由于从捕获获得的信号参数估计值存在很大的不确定性(例如,载波相位不确定度为 180°,多普勒不确定度为几百赫兹以及码不确定度为半个码片),所以环路特别敏感。因此,每个环路的带宽在初始阶段应该比实际的输入信号噪声带宽设置的的更宽,这样是为了在起始阶段确保系统足够稳定。事实上整个信号跟踪环路是一个多输入多输出系统(MIMO),它包含载波相位、多普勒以及码相位三个明显不同的输入和输出,但每个跟踪环都是基于单输入单输出(SISO)系统,并且假设不受其他环路误差影响来分别进行设计的。这通常在稳态跟踪情况下才有效,例如 DLL

环路是在假设 PLL 和 FLL 已经完全正常工作($\delta\phi = 0$ 且 $\delta f_d = 0$)的情况下进行分析和推导的,同样对 PLL 和 FLL 也是如此分析设计。而在初始阶段,每个跟踪环路都存在一定的误差,此误差可能与其他环路误差相关。

此外,由于系统动态特性,精密的载波跟踪环和码跟踪环在瞬态响应时间过后,都需要一段时间才能收敛到稳态区域内。

图 14.4 显示了通用带宽下的 PLL、FLL 以及 DLL 的独立阶跃响应。注意 FLL 的锁定时间比 PLL 和 DLL 的锁定时间要长得多(例如,FLL 的锁定时间大于 $4 \sim 5s$,而 PLL 和 DLL 的锁定时间要短得多,小于 1s)。在跟踪环路的初始阶段,FLL 对于辅助 DLL 和 PLL 有着重要的作用。这是因为 FLL 所需要的最小载噪比要比 PLL 小得多,并且来自 FLL 的多普勒辅助码相位估计也比独立 DLL 的噪声小得多。换言之,在 FLL 正常工作后,PLL 和 DLL 才开始正确工作。

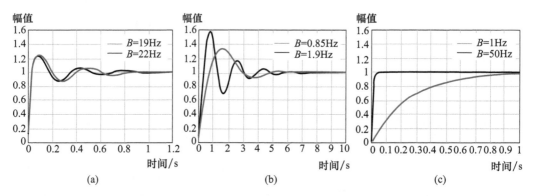

图 14.14 跟踪回路的阶跃响应(参见文献[14.18])
(a)三阶锁相环;(b)二阶锁相环;(c)一阶锁相环。

在实际应用中需要考虑合适的工作方式,例如在环路滤波操作的初始阶段采用较宽的带宽,然后在瞬态时间后切换到较窄的带宽以保持稳健性。特别地,PLL 的环路带宽从宽到窄的切换时间不应快于 FLL 充分收敛到稳定状态的时间。否则,将出现 ±90° 的相位误差且 PLL 将无法正常工作。在民用 GNSS 接收机中环路架构采用二阶 FLL 辅助三阶 PLL 进行无外部辅助的载波跟踪,同时利用基于载波跟踪环多普勒辅助的具有超窄带宽的一阶 DLL 实现伪码跟踪。

## 14.4.9 BOC 跟踪

未来将会有部分 GNSS 信号采用 BOC 调制,该调制在码跟踪精度、抗干扰稳健性和互操作性方面性能有所提升,同时由于其分裂频谱特性可实现与 BPSK 类信号的频谱分离[14.19]。然而,BOC 类信号的主要缺点就是其自相关函数的多峰特性,在码环鉴别器中产生多个过零点,如果不做特别的设计就可能存在有偏跟踪(或虚假捕获)的情况[14.3]。因此,需要解决 BOC 模糊度问题来确保接收机信号处理器锁定到中心峰值。很多 BOC 类信号的无模糊跟踪机制已经被报道[14.3-14.6]。其中最明显的一项技术就是 bump-jump

方法。它在典型的超前(E)、即时(P)和滞后(L)相关器通道基础上,增加了超超前(VE)和超滞后(VL)两路相关器通道。这两路 VE 和 VL 相关器与 P 支路码延迟非常接近偏移载波频率间隔的一半,即相隔一个峰值[14.4,14.5]。在这个方法中,如果 VE 和 VL 的相关值始终高于 P 支路的相关值,则控制跟踪器跳向对应的方向。随着 BOC 类信号阶数(例如 MBOC 信号或者伽利略 PRS 信号)增加,对应响应码延迟的 VE 和 VL 相关器个数也会跟着增加。

## 14.4.10 跟踪性能

在无多径干扰的假设下,GNSS 接收机跟踪环路中的主要跟踪误差源是跟踪抖动和动态应力误差(由信号动态引起)。当跟踪误差远小于根据经验设计的跟踪阈值时,跟踪环路可以保持锁定。$3\sigma$ 跟踪抖动必须远小于相应鉴相器的牵入范围,以满足锁定概率超过 99.7%。如果违反这个经验法则,卫星信号大概率会丢失。该经验法则可写为

$$3\sigma_{XLL} = 3\sigma_{j,XLL} + \varepsilon_{D,XLL} \leq T_{XLL} \tag{14.57}$$

式中:$\sigma_{XLL}$ 为 $1-\sigma$ 的 PLL、FLL 以及 DLL 跟踪误差;$\sigma_{j,XLL}$ 为除动态应力以外的所有误差产生的 $1-\sigma$ 相位、多普勒和码相位抖动;$\varepsilon_{D,XLL}$ 和 $T_{XLL}$ 分别为动态应力误差和对应跟踪环的鉴相器牵入范围所决定的经验法则阈值(各误差源的更多细节的数学描述详见文献[14.10])。

图 14.15 表明了跟踪误差与载噪比的关系。在跟踪环路抖动分析中有 6 个关键因素,如表 14.3 所列。设计跟踪环路时应该使可锁定信号的载噪比尽量低,有更小的噪声抖动误差、更窄的带宽以及更大的设计余量。然而,不存在能同时满足以上所有要求的方法。

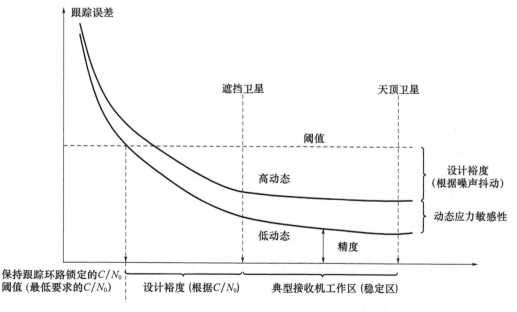

图 14.15　跟踪环路误差相对于 $C/N_0$ 的示例

表 14.3 跟踪环路抖动线的关键因素

| 关键因素 | 说明 |
| --- | --- |
| 最低要求的 $C/N_0$ | 噪声下的跟踪误差曲线线与阈值线的交点;所允许的最小 $C/N_0$ |
| 精度 | 稳定区间内的 $C/N_0$ 噪声抖动 |
| 动态应力敏感性 | 噪声抖动线的扩展宽度;跟踪环对动态应力的灵敏度;如果跟踪环设计为对信号动态具有稳定性,则在给定的动态条件下,噪声抖动线的扩展宽度可能会很窄 |
| 设计裕度(就噪声抖动而言) | 阈值减去一定 $C/N_0$ 时的噪声抖动;信号跟踪环路稳定裕度 |
| 设计裕度(就 $C/N_0$ 而言) | 稳定区起点减去所需最小 $C/N_0$ |
| 稳定区 | 跟踪环路的典型工作范围;噪声抖动线几乎水平对齐,并且精度合理 |

根据跟踪环路类型的不同,跟踪误差的主要来源和跟踪阈值也不同。PLL 的跟踪抖动主要由热噪声误差、晶振的阿伦偏差、振动引起的振荡器误差、电离层闪烁误差等组成,FLL 和 DLL 的跟踪抖动则主要由热噪声误差组成。

数据通道使用的 Costas PLL 的跟踪阈值大约为 45°,而导频通道使用的纯 PLL 的跟踪阈值大约为 90°。

PLL 的热噪声误差是环路带宽和 $C/N_0$ 的函数,而 FLL 和 DLL 还分别需要考虑积分时间 $T$ 和相关器间距 $d$ 的影响。两者都与它们的跟踪阈值有关。跟踪环路的热噪声误差也受鉴别器算法以及积分时间 $T$ 引起的平方损耗的影响。载噪比越大或者环路带宽越窄,热噪声误差越小。更进一步,积分时间越长或者相关器间距越小,热噪声误差也越小,跟踪精度也越高。

应该注意的是,DLL 的热噪声误差受由 $(f-f_L)^2$ 加权的信号功率谱密度形状所影响。这个加权的功率谱密度是自相关函数二阶导数 $R''(\tau)$ 的傅里叶变换,其在整个频率域的积分称为 Gabor 带宽。这意味着 BOC 类信号占据 BPSK 类信号同样的带宽时,由于有更多的信号功率在功率谱的边缘,因此有更大的 Gabor 带宽以及更加尖锐的自相关函数峰值。因此 BOC 信号的跟踪精度要高于 BPSK 类信号。

PLL 的振荡器相位噪声是由外部振动引起的,对于不同阶数的环路滤波器和载波频率,可以用振荡器的 $g$ 敏感性、振动强度和振动频率范围来建模[14.21]。这是动态应用中的一个主要问题。应考虑在使用振荡器时增加隔振器,以减少其对 PLL 的影响。

PLL 的振荡器阿伦方差抖动是由频率不稳定引起的自然相位噪声,它可以由三个(一般来说)时钟参数($h_{-2}$、$h_{-1}$、$h_0$)和平均时间来建模,其取决于振荡器等级以及不同的环路滤波器阶数和不同的载波频率[14.21-14.22]。振荡器的阿伦偏差抖动与载波频率成正比。使用高质量振荡器对于降低振荡器的阿伦偏差抖动非常重要。

动态应力误差是由用户与卫星之间的相对运动引起的,因此对于高动态用户来说影响比较大,会使环路跟踪性能下降。对于不同阶的环路滤波器,它依赖于与载波频率成正比的信号动态和不同阶数环路滤波器的环路带宽。一阶环对速度应力敏感,二阶和三阶环分别对加速度和冲击应力敏感。如果使用较低的载波频率和较窄的环路带宽,则可以降低动态应力误差。

PLL 的电离层闪烁误差是由于电离密度的不规则性使信号发生意外地相位改变且幅度迅速变化(6.3.3 节)。电离层闪烁效应随太阳活动的 11 年周期而变化,主要发生在低纬度(热带)和高纬度地区。电离层闪烁效应可以用振幅衰落闪烁和相位变化闪烁来模拟。振幅闪烁的强度通常由 $S_4$-指数测度来量化,$S_4$-指数是信号功率的标准偏差与在一段时间内计算的平均信号功率的比值[14.23]。为了有效地跟踪闪烁的 GNSS 信号,一种跟踪环路方案是使用积分时间 $T$ 为 10ms 和环路带宽为 10Hz 的三阶 PLL,该接收机能够很好地跟踪闪烁情况下的 GPS L1 C/A 码信号[14.24]。如果接收机应用不需要载波相位锁定,则优选使用 FLL 而不是 PLL,因为 FLL 在闪烁期间比 PLL 更稳健。此外,设计一种可变带宽的 PLL 用于在电离层闪烁期间保持锁定,是一个很好的解决方案[14.25]。有关跟踪性能的更多详细信息,请参见 14.6 节。

## 14.5 时间同步和数据解调

通过解调导航数据信息,接收机能够获得定位所需的所有信息(例如,卫星星历或大气模型参数),并且还能够计算出每个卫星信号完整的发射时刻。

接收机内部的跟踪过程使式(14.10)中定义的 $\delta_\tau$ 趋近于 0。这样使得复制信号的码相位 $\hat{v}$ 和接收信号的码相位 $v$ 分别定义为

$$\hat{v}(k) = T_s k - \hat{\tau} \quad (14.58)$$

$$v(k) = T_s k - \tau \quad (14.59)$$

使复制信号的码相位 $\hat{v}$ 能够与接收信号的码相位 $v$ 保持一致。根据定义,码相位等于信号在发射历元对伪码周期取模后的结果。这样在获得码相位后,就可以得到在历元 $k$ 接收到的 GNSS 信号对应的发射时刻。

为了获得绝对时间基准下的发射时刻,必须还要知道从某一参考时刻(例如,标称周数 0 和秒数 0)起卫星已广播的伪码周期数。这个数有时被称为伪码模糊度。获取伪码模糊度的必要信息被嵌入到导航数据消息中。对于 GPS 系统,它由一个周计数和一个所谓的 Z 计数组成,Z 计数是以 6s 的倍数定义的周内时间,后者被称为周内秒。其他 GNSS 系统使用了类似的定义。总的来说,这些数据字段定义了导航信息某一比特边沿对应的发射时间。而比特边沿与 PRN 码边沿是对齐的。解码出参考 PRN 码边沿的时间信息后,通道保持对接收信号伪码周期的跟踪,这样就始终能够确定绝对意义上的发射时间了。

解决伪码模糊度的过程也可以在没有电文的情况下完成。伪码模糊度相当长(通常至少 1ms ≈ 300km)。因此,如果同一卫星已经在不同频率上被跟踪上了(例如,已经在 L1 跟踪上),那么 L5 信号上的伪码模糊度可以容易地从已经跟踪的第一个频率导出。其他解模糊度的方法则依赖于使用近似的用户位置坐标和卫星星历数据。

### 14.5.1 比特/符号同步

用于表示导航数据电文 $d(t)$ 的二进制单元称为比特或符号。在电文采用前向纠错方案的情况下(类似于 L2 或 L5 频点的 GPS 民用导航电文(CNAV)以及所有的伽利略电文)使用术语"符号"。而其他情况则使用术语"比特"(例如,L1 频点的 GPS NAV 电文)。

一比特/符号内的主码周期数是一个不小于 1 的整数。此外,有可能存在二次码序列,它在一比特/符号内交替改变主码周期的符号。

以 GPS L5 频点的数据分量为例,其二次码为 1111001010。其中 1 指示反转主码的符号,而 0 指示保持主码的符号。二次码的长度一般等于比特/符号的长度。对于 GPS L5 频点的数据分量,主码有 10230 个码片,长度为 1ms,数据速率为 100symbol/s。

对于 L1 频点的 GPS C/A 码信号,主 PRN 码在一个数据比特内重复 20 次,这产生了一个无用的副码(=00000000000000000000)。所有 C/A 码的 PRN 序列在一比特内都有相同的符号。

二次码也可能出现在导频信号分量中。

比特/符号同步的过程有时也被称为二次码同步。一旦完成了比特/符号同步,就可以从相关值中去除二次码,这样相关值就可以进行相干累加。这将使得相干积分时间能够增加,例如从 1 ms 增加到 10 ms,这有利于跟踪过程的灵敏度和精度提升(平方损耗减小)。此外,当二次码的符号已知时,可以得到在 $\pm 180°$ 全范围内无模糊的载波相位。

该同步过程如图 14.16 所示。图中绘制了相当清晰的伽利略 E1 公开服务信号数据同相支路和导频分量的时间函数。相位锁定已经完成,大部分信号能量都集中在同相分量上。这里,数据和导频的相干积分时间为与主码周期相对应的 4ms。

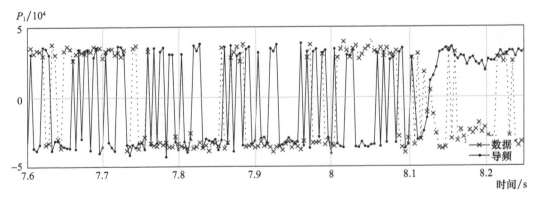

图 14.16 已实现符号同步的伽利略 E1 公开服务信号即时相关器的同相分量

在 $t \approx 8.1s$ 接收机在导频通道上实现了二次码同步。在这个历元之前,导频上的二次码(=0011100000010101101100010)甚至能直接看出来。同步后,通道从相关值中移除二次码,并校正了最初不正确的 180°相位偏移。导频相关值从负值变为正值。

有几种不同的算法可以实现二次码同步。它们可以分为以下几类:

(1) 直方图法(仅限于 GPS C/A 码或俄罗斯全球卫星导航系统(GLONASS))。

(2) 后相关搜索。

(3) 专用跟踪验证通道。

直方图方法适用于所有使用二次码的信号。该算法使用式(14.61)中展示的比特翻转敏感鉴别器来检测主码边沿之间的比特翻转。假设算法的某个运行时刻 $R$(例如,对于 1s 的运行时间,对于 GPS C/A,$R=1000$),建立一个直方图,其中直方格数 $L$ 等于一个数据比特内的主码周期数(例如,对于 GPS C/A 信号,$L=20$)。每个直方格 $n$ 使用式(14.61)定义对 $\text{dot}_{k \bmod L=n}<0$ 的事件进行计数。这里 $k \bmod L$ 表示 $k$ 对 $L$ 取模。在真正的比特翻转的直方格 $n_t$ 处,平均计数值为 $R/(2L)$。对于高信号功率的情况,其他直方格的计数值通常为零。找到合适的阈值来判别正确的直方格翻转历元通常是相对容易的。

对于后相关方法,跟踪通道以主码周期为相干积分时间产生即时 $I/Q$ 相关值。以 $s_k$ 表示二次码序列。再次假设算法运行一段时间 $R$,可以用以下检测统计量来识别真正的比特/符号翻转,即

$$\hat{n}_t = \underset{n_t}{\operatorname{argmax}} \sum_{k=1}^{R/L} \left| \sum_{l=1}^{L} (I_{P,Lk+l-n_t} + jQ_{P,Lk+l-n_t}) s_l \right|^2 \quad (14.60)$$

后相关方法也可以同时估计残余多普勒频率误差,这适用于捕获引擎提供的多普勒估计相当粗略的情况下的信号跟踪[14.26]。

后相关法和直方图法的缺点是由主码周期决定的底层跟踪通道相干积分时间较短。由于相干积分时间通常只有 1ms,这使得在室内或遮挡环境下跟踪信号变得困难。如果有足够的跟踪通道(这对于当今的专用集成电路(ASIC)或 CPU 技术来说不是问题),这个问题就可以得到解决。这样,对于捕获到的每一个 PRN 码,会启动 $L$ 个跟踪通道而非仅仅一个通道,并且每个通道假设一个比特/符号翻转时刻(假设的数目等于 $L$)。每个通道使用更长的积分时间(例如,20ms)。如果假设正确,有正确估计值的通道将最终得到最高的估计信号功率,然后其他通道将停止。

### 14.5.2 数据位/符号解调

在比特/符号同步完成后,就可以从接收信号中剥离导航电文信息。这一过程比较简单明了,主要有三种情况。

第一种情况是存在导频信号并且完成了相位锁定(例如,图 14.16)。然后从数据分量的同相即时相关器计算值 $I_{P,k}$ 可解调出比特或者符号(序号 $k$ 用于枚举数值序列)。通常正的同相相关器值解调出比特值 0,而负的相关器值解调出比特值 1。同相相关器值为零的情况不太可能发生,并且可以通过以上任何一种方式来处理。

第二种情况是不存在导频信号,但是使用 Costas PLL 完成了相位锁定。可以从同相即时相关值 $I_{P,k}$ 的符号中提取出比特/符号,但此时不知道导航电文是否翻转。在后面的解码过程中可以解决潜在的翻转问题。

第三种情况对应于完成频率锁定但没有相位锁定的情况。那么同相即时相关值的符号不能直接用于解调。相反,我们用 FLL 鉴别器的 dot 项计算两个历元之间的相位变

化，即

$$\mathrm{dot}_k = I_k I_{k+1} + Q_k Q_{k+1} \tag{14.61}$$

如果 dot 项为正，则假定的比特/符号序列保持相同的符号；如果为负，则符号更改。与第二种情况一样，我们此时不知道最终的比特/符号序列是否翻转。不仅如此，对一个翻转的错误估计将使从该历元开始的整个比特/符号流翻转。与相位跟踪相比，频率跟踪可以应用于较低接收信号功率的场景。但是，频率跟踪误差仍然需要合理，以避免将频率残差影响与比特/符号反转混淆。

如果假设相位或频率跟踪是准确的，则可以用解析的方法计算比特/符号错误率。在这种情况下，比特/符号错误是因为 $I_{P,k}$ 和 $Q_{P,k}$ 是非零高斯随机变量。如果噪声超过信号幅度，则会出现比特/符号估计错误。对于第一种和第二种情况，比特/符号错误率（BER）可以表示为

$$\mathrm{BER}_{\mathrm{PLL}} = \frac{1}{2}\mathrm{erfc}\sqrt{TC/N_0} \tag{14.62}$$

式中：$\mathrm{erfc}(x) = 1 - \mathrm{erf}(x)$ 表示互补误差函数。对于第三种情况，比特/符号翻转错误率（TER）表示为

$$\mathrm{TER}_{\mathrm{FLL}} = \frac{1}{2}\exp(-2TC/N_0) \tag{14.63}$$

通常，热噪声对比特/符号错误率的影响相当小，而由跟踪误差、偶尔的视线遮挡或信号衰落效应而引发的错误更多。然而，这些影响不能用简单的分析方法来处理[14.27]。

### 14.5.3 帧同步

不同的导航电文有自己独特的结构，但是数据一般都存放在帧、页、子帧或类似名称的块中。解码器的核心任务之一是识别这样一个块的起始。这是靠所谓的前导位实现的。前导位是在块的起始处播发的已定义的比特/符号序列。表 14.4 中展示了一些前导位作为示例。

表 14.4  L1 频率附近的 GNSS 信号的导航电文前导位

| 电文 | 前导位 |
| --- | --- |
| GPS NAV L1 | 1000101100 |
| GLONASS | 111110001101110101000010010110 |
| Galileo INAV E1 | 0101100000 |
| Beidou D1 | 11100010010 |

对于大多数导航电文（例如，GPS C/A NAV、GLONASS、伽利略、北斗），解调后可以直接在比特/符号流中找到前导位。也就是说，没有必要使用 14.5.4 节中描述的前向纠错方案。星基增强系统（SBAS）和 GPS L2/L5 CNAV 电文是例外情况，在这些电文中前导位也被包括在前向纠错结构中。在这种情况下，需要先进行维特比解码，再进行前导位搜索。

如果解调过程不能确定导航电文的真实符号,则必须对前导位的两个假设进行测试,前导位及反向前导位都要进行搜索。

一旦识别到正向前导位,我们就可以把由固定比特/符号位数组成的导航电文数据块送入解码器。如果识别到了反向前导位,则数据块需要翻转符号。如果解码器能够通过使用奇偶校验来确认该数据块的有效性,则该通道完成了帧同步。因为前导位很短而且很可能数据块的一部分会存在误码,因此通常需要进行多次试验。

### 14.5.4 比特错误校正

为了提高接收机对由信号传播通道中的失真引起的比特/符号误差的适应能力,GNSS 信号设计人员采用了各种措施。这些技术降低了比特误码率(纠错),提供了验证接收数据的方法(错误检测):

(1)校验位。
(2)前向纠错。
(3)交织。

例如,GPS C/A NAV 电文的最小数据块(称为字)由 30bit 组成,其中 6bit 是校验位。文献[14.28]中给出了校验的基本算法。对于最近设计的导航电文,通常使用循环冗余校验(CRC),CRC 非常适合检测突发错误(连续错误数据)[14.29-14.30]。

为了校正误码,采用了所谓的前向纠错(FEC)方案。

通常在 GNSS 中使用约束长度为 7 且编码速率为 1/2 的 FEC。广播导航电文比特与长度为 7 的两个不同的比特序列(在本文中通常称为多项式)卷积。这两个卷积的输出按顺序输出产生符号流。符号流的数据速率是比特流的两倍。可以对整个导航电文进行这种方式的编码(例如,GPS CNAV、SBAS),也可以选择对电文的特定块进行编码(例如,对于伽利略电文)。接收机使用维特比解码器来对符号流进行解码,恢复电文比特。该译码器不仅能够识别误码,而且能够在一定程度上纠正误码。维特比解码器会导致数据流产生延迟,当我们从电文中解出周内秒时,需要考虑该延迟。

一般来说,当误码在数据流中均匀分布时,维特比算法具有更好的性能。但在传输过程中更容易发生突发错误,因此我们使用了交织算法。数据块中的符号以定义的方式重新排列,这样突发错误就能够分散。在将符号传递给维特比解码器之前,接收机必须将其重新排列。

伽利略 INAV 电文在 E1 和 E5b 上以不同的时间顺序传输相同的数据。所谓的奇偶页在这两个信号上交替出现。这使得双频接收机能够在较短时间内解出导航电文,并且增强了对突发错误的稳健性。

GNSS 导航电文通常每隔几个小时更改一次内容,新的星历数据由其地面部分上传。因此,可以通过堆叠多个所接收数据流来增加接收机的解码灵敏度。此外,电文一旦被完全接收,便可以很容易预测(约为 99%)。因为可以使用四象限鉴相器代替 Costas 鉴相器,这会增加载波相位跟踪的稳健性。

## 14.5.5 数据提取

在接收到电文并成功通过所有校验后,我们就可以提取数据内容。它由一系列比特字段组成,每个字段通常表示有符号或无符号整数。这些整数使用比例因子和偏移量转换为浮点数。详细的算法可以参照接口控制文件(ICD)。

## 14.6 全球卫星导航系统测量值

跟踪信道的主要测量值为:
(1) 卫星与接收机间码伪距估计值。
(2) 接收信号多普勒估计值。
(3) 接收信号载波相位(或载波伪距)估计值。
(4) 接收信号幅度(或功率)估计值。

每个被接收机跟踪的 GNSS 信号均可生成上述 4 个估计值。如果接收机跟踪一颗卫星的多个信号或使用多种服务,则为每个信号生成独立的估计值。测量值输出速率取决于实际应用,通常范围为 1~20Hz。所有跟踪通道的测量值提取在完全相同的时间点进行。如果导航信号包含数据和导频分量,则通常将两个分量结合输出一个单独的测量值,因为大多数重要误差源(多径、瞬态误差或硬件延迟)在这些分量之间高度相关。只有载波伪距可能仅基于导频分量,因为导频分量没有 180°模糊度。

通常,测量历元与 GNSS 时间(通常与 GPS 时间)对齐。这就保证了来自不同接收机的数据可以相互对齐,否则如果每个接收机都依赖于自己的时钟,后续处理就可能变得棘手。两个不同接收机的测量值往往会存在相互偏移。

测量值反映了接收机真实的位置、速度和接收机的时钟特性。此外,大气效应影响、接收端及卫星端硬件模块以及信号处理方法等也会影响测量值。这些未知量与测量值之间的关系称为观测方程。以下将从信号处理的角度讨论这些问题。更通用的讨论见第 19 章。

### 14.6.1 码伪距

笼统地讲,复制信号的码延迟 $\hat{\tau}$ 是跟随着接收信号中真实存在但未知的延迟 $\tau$ 变化的。详细参考式(14.18)中定义的相关过程,可以发现,扩频码序列的实际码相位是由 $\hat{p}(k) = T_s k - \hat{\tau}$ 给出的复制信号的码相位。码延迟与光速相乘就是码伪距。为了简单起见,它也被称为码或伪距。

通常情况下,接收机使用 14.5 节中定义的码相位 $\hat{p}(k)$ 而不是码延迟作为 PRN 码生成的工作变量。这主要因为码相位与生成的扩频码直接关联,这样做可以节省 ASIC 中门数或 CPU 处理能力。使用单独的 $T_s k$ 和 $\hat{\tau}$ 变量,为了满足所需的小于 1mm 的分辨率,需要大量的比特位来表征所覆盖的时间跨度。总的来说,接收机用 NCO 中的一个寄存器保持式(14.58)中的码相位 $\hat{v}(k)$。如 14.5 节所述,此码相位被分成小于一个码周期的小数部分和码周期的整数倍数。组合后的码相位等于信号的标称发射时间。

如果考虑到 GNSS 信号分量和导频分量具有不同的主 PRN 码长度,则在 NCO 中对数据和导频保持单独的码相位是合理的。如果如 14.7.3 节所述考虑联合处理数据和导频,那么数据和导频 NCO 值是保持同步的。也就是说,数据/导频码相位对更短的 PRN 周期取模结果是相同的。

考虑到这些因素,对以米为单位的码伪距 $p(k)$ 有

$$P(k) = c\hat{\tau}(k) = c[t_{rec} - \hat{v}(k)] \tag{14.64}$$

它是标称接收时间 $t_{rec}$ 减去估计发射时间 $\hat{v}(k)$ 的差乘以光速 $c$。

标称接收时间是原始接收时间。它是通过对由 ADC 产生的采样点简单地计数来实现的,因此 $t_{rec} = T_s k$。 ADC 采样率(以及用于下变频的本地振荡器)由接收机振荡器中驱动。振荡器的质量标准可以从简单的石英振荡器到原子钟不等。标称接收时间与真实时间有一个任意的偏移量,称为接收时钟误差,该偏移量根据振荡器漂移随时间变化。

如果测量历元(例如对齐到 GPS 秒)落在两个采样历元之间,则线性插值是能够获得全部两个时间的测量值。接收机固件中很容易实现这种基于相邻采样历元的码相位和码速率值的插值。

伪距定义式(14.64)有时被称为绝对伪距,因为伪距在每个跟踪通道中是分别进行获取的。有时,引入另一个概念——相对伪距可能会更方便。相对伪距是基于下标 0 表示的参考通道来定义的。相对伪距定义为

$$P_r(k) = c(\hat{\tau}(k) - \hat{\tau}_0(k)) = c[\hat{v}_0(k) - \hat{v}(k)] \tag{14.65}$$

由于两个跟踪通道之间的码相位差在接收机内部是可随时读取的,因此可以在不解码导航信息和解决码模糊的情况下进行计算。参考信道的相对伪距为 0。相对伪距不包含任何接收机时钟误差,因此无法从中提取定时信息。除了在寻求接收机设计的最大简单性时相对伪距一般很少被使用。

绝对伪距通常建模为

$$P = \rho - c(dt_r - dt^s) + I + T + c(d_r + d^s) + P_T + \epsilon_{mp} + \epsilon_n \tag{14.66}$$

式中: $\rho$ 为接收历元处的接收天线和发射时刻处的发送天线之间的几何距离; $dt^s$ 和 $dt_r$ 为相对于公共系统时间标度的卫星和接收机时钟偏移量; $I$ 和 $T$ 为电离层和对流层路径延迟; $d_r$ 和 $d^s$ 表示卫星和接收机的特定群延时。其余术语描述各种形式的测量误差。这些包括环路瞬态误差 $p_T$、多径误差 $\epsilon_{mp}$ 以及跟踪噪声 $\epsilon_n$。 所有的项都取决于时间 $k$。

第 19 章中引入的观测方程,即式(19.6)描述了与式(14.66)相同的模型,但它是从定位的角度出发。尤其是式(19.6)使用标号 $r$、$s$ 和 $j$ 来表示不同的接收机、卫星或信号,而式(14.66)省略了标号,因为它是针对单个跟踪通道,以及针对单个接收机、单个卫星和单个信号。测量误差式(19.6)中的 $e$ 等于式(14.66)中的 $p_T + \epsilon_{mp} + \epsilon_n$ 的和。此外,式(19.6)的相对论修正 $\delta t^{rel}$ 与式(14.66)的 $dt^s$ 合并,忽略了式(19.6)的相位中心变化 $\xi$。

接收机时钟误差 $dt_r(k)$ 是标称接收机时间 $t_{rec} = T_s k$ 与真实 GNSS 时间 $t_t(k)$ 的偏差，即

$$dt_r(k) = T_s k - t_t(k) \tag{14.67}$$

接收机时钟可以采用非常大的数值，因为标称接收机时间通常不影响测量值的绝对开始时间。相反，以标称接收时间表示的测量开始为 0，因为 $k=0$。为了避免在产生码伪距时出现数值问题，GNSS 接收机在输出码以及载波伪距之前引入了一个特殊的附加时钟误差 $dt_{r,a}$，有

$$p(k) \to p(k) - c dt_{r,a}(k) \tag{14.68}$$

人工时钟误差 $dt_{r,a}$ 通常假定为 1ms 的整数倍，并且可能随着时间的推移而改变，以保持组合接收机时钟误差 $dt_{r,a}(k) + dt_t(k)$ 接近于 0（并且伪距接近 25000km）。每当人工时钟误差值发生改变时，就意味着接收机时钟跳变或 1ms 跳变。人工时钟误差也可以连续调整并向零方向移动，但在导航软件中离散跳变更容易被检测到，还能对接收机时钟误差进行真实的物理建模。这两种情况都可以看作是某种"软件"时钟控制。许多接收机都配有振荡器，可通过可配置的输入电压进行调整。这个方法称为硬件时钟控制。在导航过程中，"硬件"时钟控制也需要建模。

式(14.66)中的卫星时钟误差 $dt^s$ 测量的是标称卫星时间刻度中传输时间 $v(k)$ 与真正的 GNSS 时间刻的偏差，有

$$dt^s(k) = v(k) - t_t(k) \tag{14.69}$$

它在导航信息中播发，并由控制段保持为较小的数值（通常远低于 1ms）。

电离层延迟用 $I(k)$ 表示，对流层延迟用 $T(k)$ 表示。两者都是正向的，更多细节见第 19 章。

式(14.66)中的符号 $d_r$ 表示接收机硬件延迟。它由天线、电缆、放大器、混频器和滤波器分别引入的延迟组成。接收硬件延迟与温度有关，因此通常也与时间有关。对于采用相同调制方式的信号，例如来自所有卫星的 GPS L1 C/A 码信号，通常延迟被认为是相同的。如果使用相同的中心频率，则延迟取决于调制方式（例如，BOC 和 BPSK 信号之间）的微小差异。对于不同的中心频率（例如，对于 GLONASS G1 信号），延迟则会出现较大的差异。因为对于 GNSS 接收机中常用的表面声波（SAW）或陶瓷滤波器，不能忽略 RF 滤波器的群延迟变化。

卫星硬件延迟表示为 $d^s$，与接收机硬件延迟的表示相仿。

符号 $\epsilon_{mp}$ 用于表示接收机接收到来自附近物体的反射信号而引起的测距误差。这种所谓的多径对于许多应用来说是最难以控制的误差，在第 15 章也有讨论。接收天线周围的每一个物体都把卫星信号重新辐射出去。虽然单一的影响可能很小，但它们的累积会导致噪声数值普遍增加，很容易达到几米的标准差。也可能存在一个大平面作为镜面反射器的情况，这种情况下多路径反射仅有单一的主导来源。可以通过相对简单的多路径包络理论方法来处理。假设信号多径反射的相对振幅为 $\alpha$ 且增加的路径长度为 $\tau_m$（都是关于视线信号），相应的测距误差可以限定为

$$t_{mp;-}(\alpha,\tau_m) \leq \epsilon_{mp} \leq t_{mp;+}(\alpha,\tau_m) \tag{14.70}$$

边界 $t_{mp;+}-(\alpha,\tau_m)$ 是通过求解 $t$ 的下述方程得到的,即

$$\text{real}[D_c(t) \pm \alpha D_c(t+\tau_m)] = 0 \tag{14.71}$$

式中:$D_c(t)$ 为所用码鉴别器的相干部分。相干部分是复值鉴别器,可通过超前相关器复值减去滞后相关器复值来计算。测距误差界 $t_{mp;+,-}$ 等于 $t$ 的结果值,并且取决于 $\tau_m$ 和 $\alpha$。当 $\tau_m = 0$ 时,多路径误差消失。注意两个符号给出了多径反射对视线信号是构造性还是破坏性的干扰,表征了多径误差的最大幅值。这两个解被表示为 $t_{mp;+,-}(\alpha,\tau_m)$ 并满足 $t_{mp;+} \geq t_{mp;-}$(这是恒成立的)。

具有窄相关器的 CBOC 信号的示例如图 14.17 所示。通过选择窄相关器间隔 $d$,可以减少最大多径误差。通过将两个超前/滞后对组合成一个码鉴别器,可以实际上消除中远程多径(至少对于 BPSK 信号)。有许多其他的方法来优化选择码鉴别器,这显然超出了本章的范围。进一步阅读请参见文献[14.31]。近程多径最大距离可为几米,仍然是导航信号处理中的一大障碍。

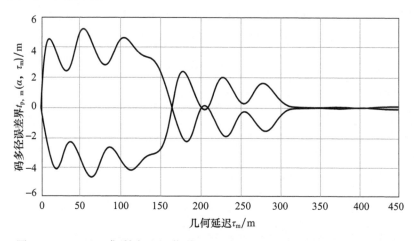

图 14.17 12MHz 伽利略 E1B 信号、$d = 0.05$chip 的超前/滞后相关器间隔和 $\alpha = -6$dB 多径信号的码多径误差包络

式(14.66)中的符号 $\epsilon_n$ 表示测量量中的噪声。噪声组成主要包括来自无源天线单元后第一级低噪声放大器(LNA)的热噪声和 ADC 量化噪声。如果射频噪声被认为是白噪声,则可以用噪声密度 $N_0$ 来描述。那么 $\epsilon_n$ 是一个零均值高斯随机变量,其方差取决于信号类型、鉴相器类型和环路参数。举例来讲,对于理想化的无限带宽 BPSK 信号和具有 $d$ 码片超前滞后间隔的超前功率减去滞后功率码鉴别器式(14.55)来讲,$\epsilon_n$ 按平方米表述的方差 $\sigma_n^2$ 为[14.16]

$$\sigma_n^2 = T_C^2 \frac{B_{DLL}d}{\frac{2C}{N_0}}\left[1 + \frac{2}{(2-d)TC\over N_0}\right] \tag{14.72}$$

式中:$T_C$ 表示以米为单位的码片长度。

较低的 DLL 带宽 $B_{DLL}$ 和较高的信号功率 $C$ 可以降低噪声。括号中的术语称为平方

损耗。如果接收机工作在非开阔空间下,接收信号功率较低需要考虑平方损耗。通过增加相干积分时间 $T$,可以减小平方损失。这是以增加接收机复杂度为代价的,特别是在 $T$ 大于数据比特/符号持续时间的情况下。商业接收机通常使用几毫秒的积分时间。

尽管相关器间距 $d$ 减小的同时也降低了噪声,但对于有限带宽信号和较小的 $d$ 值,这种噪声的减小程度会减弱。实际上式(14.72)只是一个近似,对于有限带宽信号,存在一个相当复杂的理论来计算方差。它将信号的功率谱密度与接收噪声的功率谱密度联系起来,这取决于使用的码鉴相器[14.7,14.32]。该理论还可以给出 BOC 信号或其他调制方案的闭合表达式。

测量噪声的频谱特性 $\epsilon_n$ 与 DLL 带宽 $B_{DLL}$ 以及测量速率有关。如果两者的乘积大于 1,那么 $\epsilon_n$ 可以假定为白噪声。如果接近或低于 1,$\epsilon_n$ 是有色噪声同时反映 DLL 的滤波特性。在这种情况下,噪声功率在 0Hz 和 $B_{DLL}$ 之间,但式(14.72)仍然有效。因此,具有高测量速率的接收机需要采用高跟踪环路带宽,否则它们(即具有低环路带宽)将生成与时间相关的测量值。

对于已经介绍过的伽利略信号 E1B,码噪声如图 14.18 所示。在 45dB-Hz 的典型信号功率值下,噪声是 2dm,在许多应用中,与多径误差相比可以忽略不计。

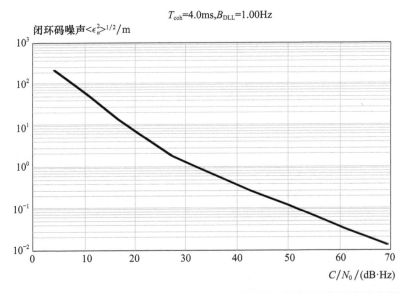

图 14.18 12MHz 伽利略 E1B 信号和 0.05chip 的超前/滞后相关器间隔的码噪声

瞬态误差 $p_T$ 作为热噪声误差 $\epsilon_n$ 的对立面,二者不能同时最小化。瞬态误差反映了跟踪环路无法完全跟踪信号动态(用户运动),跟踪环路滞后于真实信号动态。由于通常状态下用户运动的性质,瞬态误差是短时相关的,但不应被误认为是有色测量噪声,因为它们与测量速率无关。

对于一阶 DLL,跟踪环对用户 1m 距离阶跃的响应是

$$P_T = e^{-4B_{DLL}t} \tag{14.73}$$

如图 14.14 所示。较低的环路带宽 $B_{DLL}$ 会导致瞬态误差持续较长时间。瞬态误差也存在

于高阶环路滤波器,接收机设计总是在热噪声和瞬态误差之间进行折中。$B_{DLL}$ 的选择依赖于应用。例如,带宽为 0.2Hz 的二阶 DLL 可以用于面向大众市场的高灵敏度接收机,并且能够跟踪低至约 15dB-Hz 的信号。在这种情况下,即使对于典型的车辆加速度,用户也会受到瞬时误差的影响。

## 14.6.2 载波相位

式(14.5)中定义的本地生成的复制信号的瞬时载波相位 $\hat{\phi}_{NCO}(k)$ 可被定义为复指数形式。它是 NCO 的一个变量且与式(14.5)的定义有关,即

$$\hat{\phi}_{NCO}(k) = 2\pi(f_{IF} + \hat{f}_d)T_s k + \hat{\phi}(k) \tag{14.74}$$

与码伪距类似,NCO 与 $\hat{\phi}(k)$ 无关,而是与 $\hat{\phi}_{NCO}(k)$ 相关,是正弦/余弦函数的直接参数。否则,$(f_{IF} + \hat{f}_d)T_s k$ 的乘法可能会导致数值错误,或者可能消耗 GNSS 芯片上不必要的区域(或处理器中不必要的指令)来实现运算,尤其是在考虑到大时间跨度的情况下。

如果采用相位跟踪并实现相位锁定,则瞬时载波相位将跟随所接收信号的载波相位,即 PLL 使得

$$\hat{\phi}_{NCO}(k) - 2\pi(f_{IF} + f_d)T_s k + \phi(k)$$

趋向于 0。

回顾前一节对码伪距的讨论,绝对载波伪距 $\varphi(k)$ 以米为单位定义为

$$\varphi(k) = -\lambda\left(\frac{\hat{\phi}_{NCO}(k)}{2\pi} - f_{IF}T_s k\right) \tag{14.75}$$

为简单起见,载波伪距通常称为载波相位,是 NCO 载波相位减去标称增量(假设 $f_{IF} \neq 0$)之间的差。后一项也可以被视为用 $f_{IF}$ 缩放的标称接收时间,第一项是卫星端的发射载波相位。如果测量历元在两个采样时刻之间,则载波相位测量值与码测量值可一起通过采用插值技术来获得。

如果 GNSS 信号具有数据和导频分量,则存在两个选项来产生载波伪距,可分别对数据和导频进行载波相位测量或者生成一个组合测量值,详见 14.7.3 节。由于数据和导频信号之间的标称相位差是已知的(通常为 0°或 90°),并且两个分量都受到相同的传播延迟的影响,因此如果仅生成组合测量,则不存在信息丢失。不过这个结论存在一种特例,当寻求接收机-卫星的硬件延迟的极限精度时(在控制段和参考站网络 GNSS 接收机中)。如果卫星有效载荷使用模拟电路来组合数据分量和导频分量,则由于电路中存在不可避免的容差,可能数据和导频之间存在几度的相位偏差。对于基于载波相位的应用,需要估计这种偏差。

在载波相位测量中考虑可能存在人为应用造成的接收机时钟误差式(14.68),我们有

$$\varphi(k) \rightarrow \varphi(k) - cdt_{\tau,a}(k) \tag{14.76}$$

为了限制载波相位测量值的数值范围,可以从基准历元 $t_{0,c}$ 开始计算载波相位。这将导致

$$\varphi(k) = -\lambda\left(\frac{\hat{\phi}_{NCO}(k)}{2\pi} - f_{IF}(T_s k - t_{0,c})\right) \tag{14.77}$$

历元 $t_{0,c}$ 的选择相当自由,但只要载波相位在有效的数值范围内就应保持恒定。通常情况下,人们尽量保持载波相位值接近伪距值。应确保重新调整 $t_{0,c}$ 时,载波相位模糊度的整数特征不变,即

$$e^{2\pi j f_{IF} t_{0,c}} = 1 \tag{14.78}$$

载波相位建模为

$$\varphi = \lambda N + \rho - c(\mathrm{d}t_r - \mathrm{d}t^s) - I + T + c(\delta_r + \delta^s) + P_{T'} + \epsilon'_{mp} + \epsilon'_n \tag{14.79}$$

该模型与式(14.66)相似,除了电离层延迟 $I$ 变号,以及增加了载波相位模糊度 $N$。

比较第19章中的模型式(14.79)和模型式(19.9),我们发现两者稍有不同,这是由于各章的重点不同。与码伪距模型式(19.6)类似,也包括相对论效应 $\delta t^{rel}$ 与相位中心修正 $\zeta$。连同相位缠绕校正 $\omega$ 在式(14.79)都被忽略了。式(19.9)的测量误差 $\epsilon$ 等于式(14.79)中 $p_T + \epsilon_{mp'} + \epsilon_{n'}$ 之和。

模糊度 $N$ 可以看作一个整数(记住,卫星和接收机硬件延迟 $\delta_r, \delta^s$ 分别建模),并反映了当跟踪过程开始时 $\hat{\phi}_{NCO}$ 用任意整数部分初始化的事实。此外,选择 $t_{0,c}$ 在某种意义上也是任意的。因此存在一个 360°或者整数周期的模糊度。

在使用 Costas PLL 仅跟踪数据信号的情况下,鉴相器对180°的跳跃不敏感,并且产生的半周期(180°)模糊度只能通过分析同步头或广播导航信息的其他部分来解决(14.5.3节)。其正确的分辨率对于许多导航算法和接收机制造商都是至关重要的。

然而,一些小的影响例如意外的高用户动态、短信号阻塞、高多径或高噪声等,可能会干扰锁相环以致最终相位失锁。即使这只发生在小于1s的时间内并且再次完成了锁相,$N$ 的整数值可能已经改变,因为 PLL 只重新调整了小数部分而不是整数部分。这种现象称为发生了一次周跳。周跳的检测和最终的校正是困难的,特别是在动态的情况下。周跳仍然是利用高精度载波相位测量的主要障碍。

几何范围 $\rho$、接收机 $\mathrm{d}t_r$ 与卫星钟差 $\mathrm{d}t^s$,对于载波相位和码伪距是相同的。

对于载波相位,接收机硬件延迟 $\delta_r$ 和卫星 $\delta^s$ 与码延迟相似,但根据硬件模块的不同可能略有不同。

瞬态误差 $p_{T'}$ 反映了 PLL 不能瞬时跟踪用户动态或接收机振荡器抖动,可以类似于式(14.73)建模。应通过选择足够高的环路带宽来避免环路周跳,使瞬态误差小于一个载波周期的一小部分。由于载波波长较短,导致 PLL 带宽应大于 5~10Hz,这比 DLL 要大得多。

多径误差 $\epsilon_{mp'}$ 无处不在,通常比热噪声 $\epsilon_{n'}$ 大得多。它们受到 1/4 波长的限制 $|\epsilon_{mp'}| \leq \lambda/4$,详见第15章。如果多径信号与直达信号功率相等且多径时延 $\tau_m = 0$,则会出现最大多径误差。对于正常的传播条件比如开阔天空、树荫下或在乡村环境中来说,这是一个不太可能的情况。更不太可能的情况是多径信号比直达信号强,在这种情况下,接收机可能锁定多径信号,并且它获得的所有信息都与视线信号无关。

如果 $\alpha$ 是多径信号幅度与视线信号幅度之比,则有

$$|\epsilon_{mp'}| < \frac{\arcsin(\alpha |R(\tau_m)|)}{2\pi} \lambda \tag{14.80}$$

除了实时动态定位(RTK)外,大部分应用都可以不考虑载波相位多径的影响。

将载波相位噪声建模为零均值高斯随机变量,其方差 $\sigma_{n'}^2$ 在很大程度上与使用的调制方案无关,它等于

$$\sigma_{n'}^2 = \frac{\lambda^2}{4\pi^2} \frac{B_{PLL}}{\frac{C}{N_0}} \left(1 + \frac{1}{TC}\right) \tag{14.81}$$

噪声通常在 1mm 或以下,几乎与大部分应用无关。

### 14.6.3 多普勒

在跟踪环路更新间隔内,载波相位式(14.74)线性增加。两个样本之间的载波相位增加等于 $2\pi(f_{IF} + \hat{f}_d)T_s$。通常这种增加存储在一个 NCO 变量(包括 $f_{IF}$)中。在简单的接收机实现中,可以直接从该速率中提取多普勒频率 $\hat{f}_d$。无论是否实现了相位锁定,都可以进行多普勒测量(前提是已经实现了码和频率锁定,即通道实际上正在跟踪信号)。

多普勒频率的模型通过时间导数从载波相位模型式(14.79)导出。通过用符号上的点表示时间导数,例如 $dx/dt = \dot{x}$,多普勒观测方程为

$$\hat{f}_d = -\frac{1}{\lambda}[\dot{\rho} - c(d\dot{t}_r - d\dot{t}^s) + p_{T''} + \epsilon_{mp''} + \epsilon_{n''}] \tag{14.82}$$

式中: $\lambda = c/f_L$ 为载波波长。

对于大多数 GNSS 应用,大气延迟和接收机/硬件延迟不会影响多普勒,因为它们只随时间缓慢变化。然而,如果需要高度精确的速度估计,则需要考虑每秒最大几毫米量级的大气延迟变化[14.33]。

对多普勒影响最大的是视线速度 $\dot{\rho}$ 与接收时钟漂移 $d\dot{t}_r$。卫星时钟漂移 $d\dot{t}^s$ 的影响非常小。

瞬时误差表示为 $p_{T''}$,其产生原因是 FLL 或 PLL 不能实时跟踪视线速度的变化。

另外,多普勒测量会受到多径误差 $\epsilon_{mp''}$ 的影响,但它们的影响是相当小的(类似于载波相位多径)。

多普勒噪声是无偏的,它的方差 $\sigma_{n''}^2$ 与调制方案和载波频率无关,有

$$\sigma_{n''}^2 = \frac{1}{4\pi^2 T^2} \frac{4B_{PLL}}{\frac{C}{N_0}} \left(1 + \frac{1}{TC}\right) \tag{14.83}$$

利用更长的相干积分时间 $T$,可以进行精确的多普勒测量。

一般来说,实时的积分多普勒测量值表征相对视距的变化,同时具有比码伪距更高的精度(当然,码伪距提供绝对测量值,而不仅仅是变化)。积分"多普勒"的术语也被一些接收机制造商用于推导作为时间差分载波相位测量的"多普勒"。

更复杂的接收机使用相关值本身和插值来提供更精确的多普勒测量值。更具体地说,多普勒可以通过将相关值进行多项式拟合来导出,有

$$\hat{\alpha}_1 = \underset{\alpha_0,\alpha_1,\alpha_2,\cdots}{\operatorname{argmin}} \sum_k \left( \frac{2\pi\varphi(k)}{\lambda} + \arctan\frac{Q_{P,k}}{I_{P,k}} - \alpha_0 - 2\pi\alpha_1 Tk - \alpha_2 k^2 T^2 + \cdots \right)^2 \quad (14.84)$$

拟合多项式的线性项 $\alpha_1 = \hat{f}_d$ 是所考虑区间的 $k=0$ 点处的多普勒频率。对于导频信号,可以使用四象限反正切函数。以这种方式获得的多普勒值不存在任何瞬时 PLL 或 FLL 误差,并且仅取决于所考虑的间隔内的即时相关值。所考虑的多项式阶数越高,多普勒测量值的噪声越大;多项式阶数可以看作是环路带宽的替代。

### 14.6.4 信号功率

接收机获取的第 4 个观测值是估计的接收信号功率。与其他 3 个观测值相比,信号功率不是基于 NCO 变量,而是可以由式(14.21)推导,有

$$\widehat{C/N_0} = \frac{I^2 + Q^2 - 2}{2T} \quad (14.85)$$

信号功率估计值可以对测量时间间隔内所有可用的即时支路 $I/Q$ 相关值取平均值。对于 20ms 的积分时间 $T$,假设测量速率为 1Hz,则有 50 个值。平均功率估计提高了估计的精度,这对于低信号功率值很重要。高灵敏度接收机通常平均超过 5~10s,以检测低功率 10~15dB-Hz 信号的存在。

信号功率估计值 $\widehat{C/N_0}$ 受热噪声的影响,但在其他方面是无偏估计值。如果用自然单位而不是分贝来表示,则估计值的方差与实际 $C/N_0$ 无关。

多径信号会影响 $\widehat{C/N_0}$:破坏性的干扰会减小载噪比,反之则增大载噪比。对于静态接收机,通常可以通过观察 $C/N_0$ 时间序列来很好地识别多径,因为载噪比波动具有与载波相位多径相似的频谱特性。如果 $C/N_0$ 时间序列显示出例如 300s 的周期变化,则载波相位多径误差将具有同样 300s 的周期性。尽管 $C/N_0$ 涨落的幅度与载波相位多径是相关的,但很难建立精确的定量关系。

由于码跟踪环路中的瞬态误差会造成 $R(\delta\tau)$ 小于 1,进而会降低信号功率估计值。类似地,多普勒频率瞬变误差会导致 $\operatorname{sinc}(\delta f_d T)$ 小于 1,也会降低 $C/N_0$ 估计值。

## 14.7 前沿主题

基于对 PRN 码充分了解的码相关技术提供了导航所需的所有信号参数分量,但不能用于双频接收机中的 P(Y) 码跟踪。在不了解 Y 码的情况下,双频高精度民用接收机采用无码或者准无码技术来重建未调制载波,以获得 L2 频点上的精确载波相位(和部分码相位)测量。

此外,数字信号处理技术的最新进展为实现基于软件的 GNSS 接收机提供了强大的工具,该接收机具有非常容易配置的特性,因此产生了许多新的处理方案。它非常适合许

多有趣的应用,以改进现代数字 GNSS 接收机中的信号跟踪方法[14.34]。

在这一部分中,我们将讨论信号处理技术的前沿课题,重点讨论双频高精度民用接收机中信号处理的一个特殊情况以及 GNSS 接收机数字信号处理技术的最新进展。

### 14.7.1 GPS P(Y)码跟踪

传统的 GPS L1 和 L2 信号的信号处理需要知悉 L1 C/A 码和 L1/L2 P(Y)码信息。截止到现在,P(Y)码是非常长的而且也是未官方公开的,只有 L1 C/A 码能够被处理。如果官方已经公开 P(Y)码,那么 L1 和 L2 的载波通过码相关技术很容易能够重构,并提高导航性能。如果不知道 P(Y)码的任何先验知识,我们只能利用无码或者半无码技术来重构未调制载波。当前这些技术在民用测绘领域的双频 GPS 接收机中广泛应用[14.35-14.38]。

第一种方法是 L2 P(Y)码的平方技术。它基于接收信号与自身的自相关来消除 L2 上的所有调制。在调制期间 180°的相移相当于结果信号的符号变化,因此将通过平方运算消除调制。然而,该技术的主要缺点是,如果在信号分量上调制导航数据位,则在处理过程中丢失卫星时钟和轨道信息,并且由于平方处理,信噪比实质上降低了 30dB。此外,平方运算导致未调制载波的频率是原始频率的两倍,即波长的一半,其模糊度的解决变得更加困难[14.35,14.36]。

第二种方法是使用 L1 和 L2 的互相关。该技术基于未知的 Y 码在两个载波上是相同的,因此 L1 和 L2 信号互相关是可能的。电磁波通过电离层传播引起的与频率相关的小延迟可以作为变量来测量。因此,可以基于互相关输出和 L1 CA 码伪距测量导出 L2 P(Y)码伪距及其载波相位测量值。全周期的 L2 载波可以被获得。由于 L1 P(Y)码信号具有对应的 L2P(Y)码信号的两倍功率,L1 和 L2 信号的互相关相对于 L2 信号的平方而言在跟踪阈值方面具有 3dB 的改善。然而,与码相关技术相比,该方法的信噪比降低了 27dB[14.35,14.37]。

第三种方法是所谓的 Z 跟踪,这是一种改进的准无码技术。该技术要求接收端的 P 码通过低通滤波器分别与具有足够积分间隔的 L1 和 L2 信号相关。在每个频率中分别估计加密信号位(W 位),然后将其馈送到另一个频率以从信号中移除加密码。这样,就得到了码伪距和全波长 L1 和 L2 载波相位。然而,与码相关技术相比,该方法的信噪比降低了 14dB[14.35,14.37]。

除此之外,社会上还报道了一些其他的技术,但由于新的开放式 GNSS 信号的出现,这种 P(Y)码跟踪方法在未来将不再被广泛使用。

### 14.7.2 通用数据/导频复用方法

导航信号中数据位的存在会显著降低信号跟踪的性能,因为它限制了相干积分时间,而相干积分时间应该足够长以获得高灵敏度。通过多路复用技术将信号功率在数据信号和新引入的导频信号间进行分配,这是现代 GNSS 信号的主要发展趋势之一。例如,GPS

L1C 和 L5 以及伽利略 E1-OS 和 E5 都使用此技术[14.28-14.30,14.39,14.40]。

在考虑不同 GNSS 应用的情况下,对数据和导频信号的最优功率分配进行了大量的研究工作后,最终针对 GPS L5 信号 50b/s 导航数据提出了优化的数据和导频信号总功率的平均分配方法[14.29,14.41-14.42]。接下来讨论了 SBAS L5 信号在更高数据速率下的最优功率分配[14.43-14.44],并在文献[14.40]中对 GNSS 信号设计中的数据速率和信号功率分配进行了很好的权衡分析。对具有导频信号和共享信号功率的改进包括:

(1) 相比于数据通道,对导频通道使用相干跟踪可以消除 Costas 跟踪的平方损失,改善稍差的跟踪精度。

(2) 仅使用导频(50%)跟踪可以通过将 PLL 阈值加倍而提供 6dB 的 $C/N_0$ 增益,同时与仅使用数据(50%)跟踪相比仅适度增加 PLL 热噪声抖动。

(3) 使用联合跟踪可以比仅导频跟踪提供 3dB 的 $C/N_0$ 增益,并且跟踪误差更小。

(4) 导频信号的使用可以允许直接测量载波相位,而无须解码导航消息帧头(更多信息请参见 14.7.3 节)。

### 14.7.3 数据和导频信号的联合处理

在单个卫星信号上多路复用的两个信号通道(数据/导频)允许采用多种信号联合跟踪方案以提高性能。以下是数据/导频跟踪可用组合的三个示例:

(1) 独立的数据和导频跟踪;

(2) 只有导频跟踪和辅助数据解调;

(3) 数据/导频联合跟踪。

基本上,导频信道提供诸如 PLL 热噪声抖动的高灵敏度和 $C/N_0$ 的更宽可用区域等优点。将纯 PLL 用于导频信道,而不是用于数据信道的 Costas 环路,提高了灵敏度和可靠性,从而在载波跟踪中获得 4~9dB 的增益[14.45-14.46]。这就出现了一个重要的问题:一个单独的导频信道是否足以进行信号跟踪?是否需要联合数据通道?与 Costas 环路中的纯数据跟踪或纯 PLL 中的纯导频跟踪相比,以最佳方式联合的数据/导频跟踪有助于实现高灵敏度[14.40]。然而,由于 Costas 环路鉴别器的牵引范围与纯 PLL 鉴别器相比具有受限的线性区间,因此应根据 $C/N_0$ 选择合适的组合方法。

图 14.19 显示了带有数据/导频组合算法的信号跟踪环路的框图。为了有效地利用卫星发射的所有信号功率进行跟踪需要对数据和导频信号分量进行组合处理,而数据跟踪或导频跟踪仅使用一半信号功率。对每个通道采用合适的加权系数时,纯 PLL 鉴别器和 costas 环路的线性组合能够提供一个优化的组合算法。载波相位误差的无偏估计(组合鉴别器输出)可表示为[14.45]

$$\delta\phi_c = \alpha_D \delta\phi_D + \alpha_P \delta\phi_P$$

(14.86)

式中:$\delta\phi_c$、$\delta\phi_D$ 和 $\delta\phi_P$ 分别代表来自于联合、数据和导频通道的载波相位鉴别器输出。权重系数分别为

$$\alpha_D = \frac{\sigma_P^2}{\sigma_D^2 + \sigma_P^2} \qquad \alpha_P = \frac{\sigma_D^2}{\sigma_D^2 + \sigma_P^2} \tag{14.87}$$

数据和导频通道的加权系数分别满足 $\alpha_D + \alpha_P = 1$ 的关系,可以分别从数据和导频通道的 $1-\sigma$PLL 热噪声抖动中获得。

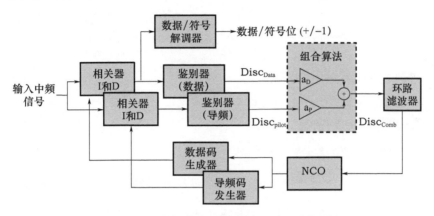

图 14.19 导频/数据支路联合跟踪的方框图

在数据/导频通道之间 50-50 功率配比的情况下,当载噪比足够高时,组合跟踪可以比仅导频跟踪具有 3dB 的载噪比增益。然而,由于其阈值效率,仅导频跟踪在低载噪比区域是有益的。因此,应采用基于载噪比估计选择联合跟踪或导频跟踪的逻辑[14.40]。

## 14.7.4 码和载波的联合处理

为了估计式(14.4)中的信号参数,经典的跟踪环路广泛使用单输入单输出(SISO)的 DLL/PLL/FLL 完成独立跟踪,如 14.4.1 节所述。众所周知,DLL 和 PLL 等价于线性二次高斯(LQG)最优控制器的特例,即卡尔曼滤波器(KF)和输出状态反馈控制器的组合。基于这一点,码和载波跟踪问题就可以认为是一个多输入多输出(MIMO)控制问题,它利用状态反馈将码和载波跟踪组合在一起[14.47]。

针对单个卫星信号,以状态空间形式[14.1,14.48]给出了基于并行码载波跟踪的包含码和载波 NCO 的组合 DLL/FLL/PLL 滤波方程,即

$$x_{k+1} = Fx_k + Le_k \tag{14.88}$$

$$\boldsymbol{x} = [A, \tau, \phi, f_d, \hat{f}_d]^T$$

式中:$x$ 为状态向量;$A$ 为幅度;$\tau$ 为码相位;$\phi$ 为载波相位;$f_d$ 为多普勒频率;$\hat{f}_d$ 为多普勒变化率。转移矩阵为

$$F = \begin{bmatrix} 1 & 0 & 0 & 0 & 0 \\ 0 & 1 & 0 & sT & 0 \\ 0 & 0 & 1 & T & 0 \\ 0 & 0 & 0 & 1 & T \\ 0 & 0 & 0 & 0 & 1 \end{bmatrix}$$

该矩阵用于更新时间 $T$ 后的状态转移。增益矩阵为

$$L = \begin{bmatrix} 1 & 0 & 0 & 0 \\ 0 & \omega_\tau T & 0 & 0 \\ 0 & 0 & 2.4w\omega_\phi T & 0 \\ 0 & 0 & 1.1w\omega_\phi^2 T & \sqrt{2}(1-w)\omega_{f_d} T \\ 0 & 0 & w\omega_\phi^3 T & (1-w)\omega_{f_d}^2 T \end{bmatrix}$$

DLL、PLL 和 FLL 鉴别器输出的修正项为

$$e = [\delta A, e_\tau, e_\phi, e_{f_d}]^T$$

此外还包括一个信号幅度误差。

在以上的方程中，$\omega_\tau, \omega_\phi, \omega_{f_d}$ 是 DLL/PLL/FLL 的自然频率，$\omega \le 1$ 是 PLL 相对于 FLL 的加权因子。最后 $s = \dfrac{R_c}{f_L}$ 表示了在载波辅助 DLL 时转换多普勒(单位为 Hz)到码多普勒(单位为 chip/s)的比例因子。它主要通过码速率 $R_c$ 和载波频率 $f_L$ 得到，因为信号的多普勒影响是反比于信号波长的。

值得注意的是 PLL 的相位误差输入变为 0 或者设置为 0，则滤波器作为纯 FLL 工作，反之亦然。如果相位和频率误差输入都不能充分收敛到 0，使用 $w$ 可以让基于 FLL 辅助的 PLL 能够处理 $\pm 90°$ 的相位误差，PLL 能够在 FLL 出现 $180°$ 相位反转时提供正确的频率误差估计结果。

还注意到，在式(14.88)中，特别采用了用于码跟踪的窄带一阶载波 DLL，以及用于载波相位和多普勒跟踪的二阶 FLL 和三阶 PLL 的组合。

## 14.7.5 基于卡尔曼滤波的载波跟踪方法

传统的信号跟踪结构可以用卡尔曼滤波器(KF)来代替。KF 等价于具有时不变比例积分器(PI)控制器的数字锁相环(DPLL)，其在闭环反馈中包含积分器，KF 具有时变系数，该时变系数可以由卡尔曼增益矩阵形式的 KF 方程递归计算[14.49]。DPLL 中的恒增益矩阵等价于稳态时的卡尔曼增益，该增益可以通过数值计算卡尔曼方程直到收敛[14.50]，或通过闭式表达式[14.51]获得。

针对 GNSS 接收机的深耦合结构，提出了几种不同形式的信号跟踪 KF。根据测量方程的构造方式或状态变量的组合方式，可以将它们分为几种不同的方法。例如，基带 I 和 Q 分量可以直接用作测量[14.47,14.52]。此外，非线性鉴别器输出能够用作除 NCO(错误状态 KF)[14.53-14.54]之外的环路滤波器的测量，或者用作包括 NCO(直接状态 KF)[14.1]的整个跟踪环路的测量残差。两者在环路滤波器传递函数方面是等价的[14.55]。

在下面，我们考虑了载波跟踪 KF 的情况，但是对于码跟踪的讨论是类似的，也可以扩展到组合码/载波跟踪。

基于载波测量残差可以直接从非线性鉴别器输出 $\tilde{z} = [\delta\phi, \delta f_d]^T$，以与传统 KF 设计

相似的方式给出了信号跟踪 KF 的信号动力学和测量模型,以代替前一节中描述的载波跟踪环路[14.55],有

$$x_{k+1} = Fx_{k+1} + w_k \tag{14.89}$$

$$z_k = Hx_k + v_k \tag{14.90}$$

式中:$x_k = [\phi, f_d, \hat{f}_d]_k^T$ 为时间 $k$ 对应的状态向量;$z_k$ 为测量向量;$w_k$ 为过程噪声向量;$v_k$ 为测量噪声向量。噪声向量 $w_k$ 和 $v_k$ 应该满足加性白高斯噪声假设。状态转移矩阵 $F$ 和设计矩阵 $H$ 可表示为

$$T = \begin{bmatrix} 1 & T & \frac{T^2}{2} \\ 0 & 1 & T \\ 0 & 0 & 1 \end{bmatrix}$$

$$H = \begin{bmatrix} 1 & 0 & 0 \\ 0 & 1 & 0 \end{bmatrix}$$

信号跟踪 KF 的测量更新方程以状态空间的形式可表示为

$$\hat{x}_k = F\hat{x}_{k-1} + K\tilde{z}_k \tag{14.91}$$

式中:$K = [k_{ij}]$ 为 $3 \times 2$ 卡尔曼增益矩阵。它通过卡尔曼滤波公式表示为

$$K = P_k^- H^T (HP_k^- H^T + R_k)^{-1} \tag{14.92}$$

协方差矩阵的传播和校正方程为

$$P_{k+1}^- = FP_k F^T + Q_k \tag{14.93}$$

$$P_k = (I - KH)P_k^- \tag{14.94}$$

式中:^ 和 - 为后验估计和先验估计的标识;$P$ 为 $3 \times 3$ 阶状态协方差矩阵;$R$ 为 $2 \times 2$ 阶测量噪声协方差矩阵;$Q$ 为 $3 \times 3$ 阶过程噪声协方差矩阵。

事实上,KF 在初始化和调谐过程中需要精确的噪声统计信息,即初始状态向量 $x_0$ 及其误差协方差 $P_0, Q, R$。这应该通过充分利用系统和 KF 运行环境的先验信息来进行经验分析。例如,在 GNSS 接收机中的信号跟踪 KF 中,粗多普勒估计 $\hat{f}_{d,0}$ 及其从捕获得到的误差范围可用于 $\hat{x}_0$ 和 $P_0$ 的初始化。此外,有关鉴别器输出噪声统计的经验知识可用于调谐 $R$ 矩阵。因此,$Q$ 矩阵的调整有效地决定了信号跟踪 KF 的整体性能。请注意,系统运动模型的不确定度取决于用户动态,而测量模型的不确定度由 $C/N_0$ 控制。因此,可以采用自适应方案来调整等效噪声带宽,方法是定期测试过程和测量噪声统计,以响应信号动态的变化以及 $C/N_0$[14.57-14.58]。

注意,这里描述的信号跟踪 KF 示例用于载波相位跟踪环路,其使用 PLL 和 FLL 鉴别器输出作为其测量残差,但也可以仅用于 PLL、FLL、DLL 或其组合跟踪以及架构的相关修正。

### 14.7.6 矢量跟踪

矢量跟踪技术被称为现代数字 GNSS 接收机最先进的信号处理架构之一,其概念最

初于20世纪80年代提出[14.59-14.63]。最常被引用的参考文献出现在20世纪90年代中期[14.64-14.65]。图14.20显示了矢量跟踪体系结构的内部框图。

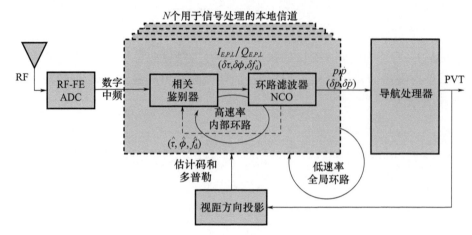

图14.20 矢量跟踪结构的内部方框图

矢量跟踪通过视线方向投影的全局最优反馈将信号跟踪和导航处理组合成一个算法,而传统的标量跟踪则是独立地跟踪每个卫星的信号然后再单独进行导航解算处理[14.64-14.65]。这意味着在矢量跟踪模式下,各个跟踪环路被从导航滤波器到每个本地接收机通道的全局反馈路径所代替,以使环路闭合。因此,它能够实现有效的接收机通道交互,这表示在跟踪单个卫星时使用了可用卫星的冗余数量及其几何结构。与传统的标量跟踪相比,它提供了许多优点,例如增强了抗干扰的稳健性、更高的信号跟踪灵敏度、对接收机动态的更好稳健性、桥接信号输出的能力和立即重新获取阻塞信号的能力[14.66]。然而,它的主要缺点是增加了处理负荷和复杂性,并且如果在某个通道中存在故障[14.1,14.67-14.68]会导致整个跟踪通道的不稳定性提高。

事实上,矢量跟踪最初是基于这样一个事实:GNSS接收机的导航结果参数(位置和时间)不能从接收信号中直接观测到。它们是通过两层非线性过程获得的:第一层从容易转换为距离和距离变化率测量的接收信号中提取感兴趣的信号参数,例如码延迟、载波相位和多普勒;第二层利用这些测量值计算导航结果参数。换句话说,接收信号是用户导航参数的非线性函数。因此,矢量跟踪架构实现是通过闭环所有路径到信号相关器,而不是像传统的标量跟踪架构那样有两个独立的短环路。

理论上,矢量跟踪结构只有一个位置估计器,可以直接从接收信号中计算导航结果参数[14.53-14.54,14.69]。然而,由于处理能力的物理限制,这种方法在实际实现中有严重的缺点:信号处理通道应该以比导航处理部分更高的速率运行,并且CPU限制可能意味着导航处理部分不能跟上这样高的运行速度。此外,每个本地信号跟踪信道的不同步特性可能有问题[14.1,14.70]。

为此,一种具有高速率内部跟踪环路和低速率导航过程(图14.20)的两步滤波方法被广泛采用[14.70-14.74]。从根本上说,这种方法相当于为通道确定有效的最佳并行处理结构,从而为导航解算参数提供全局系统状态的最佳估计。每一层的误差协方差也应提供给下一层,以获得系统最优。首先来看这类系统似乎回到了传统的标量跟踪系统,但是我们注意到,前面所述的矢量跟踪的主要优点来自于由全局反馈执行的有效通道交互,而不是根据导航解参数构造的接收信号非线性测量方程[14.1]。

因此,与传统的标量跟踪相比,在矢量跟踪中两种技术,即有效利用信号跟踪 KF 和通过全局环路闭合实现的通道间交互,对实现性能起着重要的作用[14.1,14.70]。

将高速内部跟踪与导航解相连接的另一种有效方法是,首先计算高速码伪距和多普勒测量,然后在测量间隔期间(例如,每 1s)用 14.6.3 节所述的多项式对其建模。然后在导航更新期间对多项式进行求值以进行 PVT 计算。这种多拟合矢量跟踪方法的实际结果可以在文献[14.75]中找到。

然后,将本地通道组中的信号跟踪 KF 的输出输入到导航处理器中以求解导航方程,并通过视线投影为各个本地通道中的 NCO 命令生成反馈值。通过导航解和预测状态变量可以得到第 $i$ 个局部通道的视线投影矩阵,将导航解向量投影到每个通道的视线方向上。在不丧失一般性的情况下,它由误差状态向量表达式表示为[14.70]

$$\begin{bmatrix} \delta \hat{\rho}_i \\ \delta \hat{\dot{\rho}}_i \end{bmatrix} = \begin{bmatrix} \hat{H}_{\rho_i} \\ \hat{H}_{\dot{\rho}_i} \end{bmatrix} \delta \hat{x}_N \qquad (14.95)$$

式中;$\delta \hat{\rho}_i$ 和 $\delta \hat{\dot{\rho}}_i$ 分别为预测伪距和伪距率的残差;$\hat{H}_{\rho_i}$ 和 $\hat{H}_{\dot{\rho}_i}$ 给出了模型伪距和伪距率相对于导航解的方向余弦;$\delta \hat{x}_N$ 为导航解向量(全局解)的残差。将预测伪距和伪距率的残差,即导航解向量的投影残差转化为 NCO 命令,然后输入到码/载波发生器中,在下一步中控制复制信号。

由于预测的伪距比相应的载波相位精度低,因此将锁相环集成到矢量跟踪结构中是非常关键的。如果定位不需要载波相位测量值,则不应根据投影伪距计算载波相位。相反,载波相位是自由运行的,并且通过反馈多普勒的积分来确定[14.70]。

导航处理器中的所有通道测量必须是同步的,以实现具有共同时钟偏差的有意义的观测,但是通道组中的积分清零过程的开始和停止边界是不同步的。在一组通道中具有共同时钟偏差的有意义的观测可以通过将伪距和距离速率从各通道积分清零时间传播到所有通道共用的接收机基本时间参考来获得。这是在 NCO 中通过在单个信道中使用对应时间偏移的状态转移矩阵来执行的[14.70]。

在假设伪距残差不变的情况下,这种通道相互作用的好处在理论上[14.68]和数值上[14.76]得到了很好的体现。此外,还通过数值模拟分析了各种信号跟踪 KF 的优点[14.1]。总的来说,从先前进行的现场测试和分析可知,相对于传统的标量跟踪,矢量跟踪可以提供约 7dB 的增益,其中,有效使用信号跟踪 KF 可以获得约 3dB 的增益,而通道交互可以获得剩下的 4dB 增益[14.1,14.77]。这种增益使得在城市峡谷信号断续衰落场景下实现导航信号无缝衔接成为可能[14.70,14.78]。

# 参考文献

14.1　J. H. Won, D. Doetterboeck, B. Eissfeller: Performance comparison of different forms of Kalman filter approaches for a vector-based GNSS signal tracking loop, Navigation **57**(3), 185–199(2010)

14.2　A. J. Van Dierendonck: GPS receivers. In: *Global Positioning System: Theory and Applications*, Vol. 1, ed. by B. W. Parkinson, J. J. Spilker (AIAA, Washington DC 1996) pp. 329–407

14.3　O. Julien, C. Macabiau, M. E. Cannon, G. Lachapelle: ASPeCT: Unambiguous sine-BOC. n; n/ acquisition/tracking technique for navigation applications, IEEE Trans. Aerosp. Electron. Syst. **43**(1), 150–162(2007)

14.4　P. Fine, W. Wilson: Tracking algorithm for GPS offset carrier and signals, Proc. ION NTM 1999, San Diego (ION, Virginia 1999) pp. 671–676

14.5　B. Barker, B. C. Barker, J. W. Betz, J. E. Clark, J. T. Correia, J. T. Gillis, S. Lazar, K. A. Rehborn, J. R. Straton et al.: Overview of the GPS M Code Signal (MITRE, 2002) pp. 1–8, Technical Paper

14.6　R. L. Fante: Unambiguous tracker for GPS binary offset carrier signals, Proc. ION-AM-2003, Albuquerque (ION, Virginia 2003) pp. 141–145

14.7　T. Pany: *Navigation Signal Processing for GNSS Software Receivers* (Artech House, Norwood 2010)

14.8　S. M. Kay: *Fundamentals of Statistical Signal Processing: Detection Theory* (Prentice Hall, Englewood Cliffs 1998)

14.9　T. Pany, E. Gohler, M. Irsigler, J. Winkel: On the state-of-the-art of real-time GNSS signal acquisition: A comparison of time and frequency domain methods, Proc. Int. Conf. Indoor Position. Indoor Navig. (IPIN), Zurich (2010) pp. 1–8

14.10　E. D. Kaplan, C. J. Hegarty: *Understanding GPS-Principles and Applications*, 2nd edn. (Artech House, Boston/London 2006)

14.11　C.-H. Chiou, C.-W. Huang, K.-A. Wen, M.-L. Wu: A programmable pipelined digital differential matched filter for DSSS receiver, IEEE J. Selected Areas Commun. **19**(11), 2142–2150(2001)

14.12　C. Stoeber, F. Kneissl, B. Eissfeller, T. Pany: Analysis and verification of synthetic multicorrelators, Proc. ION GNSS 2011, Portland (ION, Virginia 2011) pp. 2060–2069

14.13　D. Borio, L. Camoriano, L. Lo-Presti: Impact of acquisition searching strategy on the detection and false alarm probabilities in a CDMA receiver, Proc. IEEE PLANS, San Diego (2006) pp. 1100–1107

14.14　J. Tal: On the pull-in range of phase-locked loops, IEEE Trans. Commun. **23**(3), 390–393(1975)

14.15　J. H. Won, P. Pany, B. Eissfeller: Iterative maximumlikelihood estimators for GNSS signal tracking, Trans. IEEE Aerosp. Electron. Syst. **48**(4), 2875–2893 (2012)

14.16　A. J. Van Dierendonck, P. Fenton, T. Ford: Theory and performance of narrow correlator spacing in a GPS receiver, Navigation **39**(3), 265–284(1992)

14.17　R. Jaffe, E. Rechtin: Design and performance of phase-lock circuits capable of near-optimum performance over a wide range of input signal and noise levels, IEEE Trans. Inf. Theory **1**(1), 66–76(1955)

14.18　J. H. Won: Studies on the Software-Based GPS Receiver and Navigation Algorithms, Ph. D. Thesis (Ajou University, Suwon 2004)

14.19　J. W. Betz: Binary offset carrier modulations for radionavigation, Navigation **48**(4), 227–246(2002)

14.20　J. J. Spilker Jr. : GPS signal structure and theoretical performance. In: *Global Positioning System: Theory and Applications*, Vol. 1, (AIAA, Washington DC 1996) pp. 57–119

14.21　M. Irsigler, B. Eissfeller: PLL tracking performance in the presence of oscillator phase noise, GPS Solution **5**(4), 45–57 (2002)

14.22　D. Allan: Statistics of atomic frequency standards, Proc. IEEE **54**(2), 221–230 (1996)

14.23　C. Hegarty, M. B. El-Arini, T. Kim, S. Ericson: Scintillation modeling for GPS-wide area augmentation system receivers, Radio Sci. **36**(2), 1221–1231 (2011)

14.24　T. E. Humphreys, M. L. Psiaki, P. M. Kintner Jr, B. M. Ledvina: GPS carrier tracking loop performance in the presence of ionospheric scintillations, Proc. ION GNSS 2005, Long Beach (ION, Virginia 2005) pp. 156–167

14.25　J. H. Won, B. Eissfeller, T. Pany, J. Winkel: Advanced signal processing dcheme for GNSS receivers under ionospheric scintillation, Proc. IEEE/ION PLANS 2012, Myrtle Beach (ION, Virginia 2012) pp. 44–49

14.26　N. I. Ziedan: *GNSS Receivers for Weak Signals* (Artech House, Norwood 2006)

14.27　T.-Y. Chiou, D. Gebre-Egziabher, T. Walter, P. Enge: Model analysis on the performance for an inertial aided FLL-assisted-PLL carrier-tracking loop in the presence of ionospheric scintillation, Proc. ION NTM 2007, San Diego (ION, Virginia 2007) pp. 1276–1295

14.28　Global Positioning Systems Directorate: Navstar GPS Space Segment/Navigation User Segment Interfaces, Interface Specification (Global Positioning Systems Directorate, Los Angeles Air Force Base, El Segundo 2013) IS-GPS-200H

14.29　Global Positioning Systems Directorate: Navstar GPS Space Segment/User Segment L5 Interfaces, Interface Specification (Global Positioning Systems Directorate, Los Angeles Air Force Base, El Segundo 2013) IS-GPS-705D

14.30　European GNSS (Galileo) Open Service Signal. In: *Space Interface Control Document*, OS SIS ICD, Iss. 1.2, Nov. 2015 (European Union, 2015)

14.31　M. Irsigler, B. Eissfeller: Comparison of multipath mitigation techniques with consideration of future signal structures, Proc. ION GPS 2003, Portland (ION, Virginia 2003) pp. 2585–2592

14.32　J. W. Betz, K. R. Kolodziejski: Extended theory of early-late code tracking for a bandlimited GPS receiver, Navigation **47**(3), 211–226 (2000)

14.33　A. Wieser: *GPS Based Velocity Estimation and Its Application to an Odometer* (Shaker, Aachen 2007)

14.34　T. Pany, J. H. Won, G. Hein: GNSS software defined radio: Real receiver or just tool for experts?, Inside GNSS Mag. **1**(5), 66–76 (2006)

14.35　B. Hoffmann-Wellenhof, H. Lichtenegger, E. Wasle: *GNSS - Global Navigation Satellite Systems* (Springer, Wien 2008)

14.36　J. Ashjaee: An analysis of Y-code tracking techniques and associated technologies, Geod. Info Mag. **7**(7), 26–30 (1993)

14.37　J. Ashjaee, R. Lorenz: Precision GPS surveying after Y-code, Proc. ION-GPS-92, Albuquerque (ION, Virginia 1992) pp. 657–659

14.38　K. T. Woo: Optimum semi-codeless carrier phase tracking of L2, Navigation **47**(2), 82–99 (2000)

14.39　Global Positioning Systems Directorate: Navstar GPS Space Segment/User Segment L1C Interfaces, Interface Specification (Global Positioning Systems Directorate, Los Angeles 2013) IS-GPS-800D

14.40 J. H. Won, B. Eissfeller, A. Schmitz-Peiffer, J. -J. Floch, F. Zanier, E. Colzi: Trade-off between data rate and signal power split in GNSS signal design, Trans. IEEE Aerosp. Electron. Syst. **48**(3), 2260–2281 (2012)

14.41 T. Morrissey: *Forward Error Correction for GPS L5 Data* (RTCA SC159 WG1, London 1999) pp. 20–21

14.42 C. Hegarty, A. J. Van Dierendonck: Civil GPS/WAAS signal design and interference environment at 1176.45 MHz: Results of RTCA SC159 WG1 activities, Proc. ION GPS 1999, Nashville (ION, Virginia 1999) pp. 1727–1736

14.43 M. Tran, C. Hegarty, A. J. Van Dierendonck, T. Morrissey: SBAS L1/L5 signal design options, Proc. ION GPS AM 2003, Albuquerque (ION, Virginia 2003) pp. 507–517

14.44 M. Tran: Performance evaluations of the new GPS L5 and L2 Civil (L2C) signals, Navigation **51**(3), 199–212 (2004)

14.45 C. Hegarty: Evaluation of the proposed signal structure for the new civil GPS signal at 1176.45 MHz (MITRE Corporation, 1999), WN 99W0000034

14.46 O. Julien: Carrier-phase tracking of future data/pilot signals, Proc. ION GNSS 2005, Long Beach (ION, Virginia 2005) pp. 113–124

14.47 G. I. Jee: GNSS receiver tracking loop optimization for combined phase, frequency and delay locked loops, Proc. ENC-GNSS, Munich (2005)

14.48 J. H. Won, P. Pany, B. Eissfeller: Non-iterative filter-based maximum likelihood estimators for GNSS signal tracking, Trans. IEEE Aerosp. Electron. Syst. **48**(2), 1100–1114 (2012)

14.49 P. F. Driessen: DPLL bit synchronizer with rapid acquisition using adaptive Kalman filtering techniques, IEEE Trans. Commun. **42**(9), 2673–2675 (1994)

14.50 G. S. Christiansen: Modeling of a PRML timing loop as a Kalman filter, Proc. IEEE GLOBECOM, San Francisco, Vol. 2 (1994) pp. 1157–1161

14.51 A. Patapoutian: On phase-locked loops and Kalman filters, IEEE Trans. Commun. **47**(5), 670–672 (1999)

14.52 M. L. Psiaki, H. Jung: Extended Kalman filter methods for tracking weak GPS signals, Proc. ION GPS 2002, Portland (ION, Virginia 2002) pp. 2539–2553

14.53 D. Gustafson, J. Dowdle, K. Flueckiger: A deeply integrated adaptive GPS-based navigator with extended range code tracking, Proc. IEEE PLANS, San Diego (2000) pp. 118–124

14.54 D. Gustafson, D. E. Gustafson, J. R. Dowdle, J. M. Elwell jr: Deeply-Integrated Adaptive INS/GPS Navigator with Extended-Range Code Tracking, US Patent (Application) Ser., Vol. 6630904 B2 (2003)

14.55 J. H. Won, P. Pany, B. Eissfeller: Characteristics of Kalman filter approach for signal tracking loop of GNSS receiver, Trans. IEEE Aerosp. Electron. Syst. **48**(4), 3671–3681 (2012)

14.56 R. G. Brown, P. Y. C. Hwang: *Introduction to Random Signals and Applied Kalman Filtering with MATLAB Exercises and Solutions*, 3rd edn. (John Willy, New York 1997)

14.57 J. H. Won, B. Eissffeller: A tuning method based on signal-to-noise power ratio for adaptive PLL and its relationship with equivalent noise bandwidth, IEEE Commun. Lett. **17**(2), 393–396 (2013)

14.58 J. H. Won: A novel adaptive digital phase-lock-loop for modern digital GNSS receivers, IEEE Commun. Lett. **18**(1), 46–49 (2014)

14.59 E. M. Copps, G. J. Geier, W. C. Fidler, P. A. Grundy: Optimal processing of GPS signals, Navigation **27**

(3),171-182(1980)

14.60 J. W. Sennott: A flexible GPS software development system and timing analyzer for present and future micorprocessor, Navigation **31**(2),84-95(1984)

14.61 J. W. Sennott, D. Senffner: Navigation Receiver with Coupled Signal-Tracking Channels, US Patent Application Ser., Vol. 5343209(1992) Bloomington, IL

14.62 J. W. Sennot, D. Senffner: The use of satellite geometry for prevention of cycle slips in a GPS processor, Navigation **39**(2),217-236(1992)

14.63 J. W. Sennot, D. Senffner: Comparison of continuity and integrity characteristics for integrated and decoupled demodulation/navigation receiver, Proc. ION GPS 1995, Palm Springs (ION, Virginia 1995) pp. 1531-1537

14.64 J. J. Spilker Jr: Vector Delay Lock Loop Processing of Radiolocation Transmitter Signals, US Patent (Application) Ser., Vol. 5398034(1995) Stanford Telecommunications Inc.

14.65 J. J. Spilker Jr: Fundamentals of signal tracking theory. In: *Global Positioning System: Theory and Applications*, Vol. 1, ed. by B. W. Parkinson, J. J. Spilker Jr. (AIAA, Washington DC 1996) pp. 245-327

14.66 T. Pany, B. Eissfeller: Use of a vector delay lock loop receiver for GNSS signal power analysis in bad signal conditions, Proc. IEEE PLANS, San Diego(2006) pp. 893-903

14.67 D. Benson: Interference benefits of a vector delay lock loop(VDLL) GPS receiver, Proc. ION AM 2007, Cambridge(ION, Virginia 2007) pp. 749-756

14.68 M. Lashley, D. M. Bevly: What are vector tracking loops, and what are their benefits and drawbacks?, Inside GNSS Mag. **4**(3),16-21(2009)

14.69 J. M. Horslund, J. R. Hooker: Increase Jamming Immunity by Optimizing Processing Gain for GPS/INS Systems, US Patent Application 5983160(1999) Raytheon Company

14.70 J. H. Won, B. Eissfeller: Implementation, test and validation of a vector-tracking-loop with the ipex software receiver, Proc. ION GNSS 2011, Portland (ION, Virginia 2011) pp. 795-802

14.71 P. Y. Kim, F. L. Orlando: GPS Navigation with Integrated Phase Tracking Filter, US Patent Application 7151486 B2(2006) Lockheed Martin Corporation

14.72 A. S. Abbott, W. E. Lillo: Global Positioning Systems and Inertial Measuring Unit Ultratight Coupling Method, US Patent Application 6516021 B1(2003) The Aerospace Corporation

14.73 A. Jovancevic, A. Brown, S. Ganguly, J. Noronha, B. Sirpatil: Ultra tight coupling implementation using real time software receiver, Proc. ION GNSS 2004, Long Beach(ION, Virginia 2004) pp. 1575-1586

14.74 E. J. Ohlmeyer: Analysis of an ultra-tightly coupled GPS/INS system in jamming, Proc. IEEE/ION PLANS 2006, San Diego(ION, Virginia 2006) pp. 44-53

14.75 T. Pany, N. Falk, B. Riedl, C. Stoeber, T. Hartmann, G. Stangl: Receiver technology, software receivers, an answer for precise positioning research, GPS World **23**(9),60-66(2012)

14.76 J. H. Won, B. Eissfeller: Effectiveness analysis of vector-tracking-loop in signal fading environment, Proc. NAVITEC, Noordwijk(2010) pp. 1-6

14.77 M. G. Petovello, G. Lachapelle: Comparison of vector-based software receiver implementations with application to ultra-tight GPS/INS integration, Proc. GNSS 2006, Fort Worth(ION 2006)(2006) pp. 1790-1799

14.78 S. J. Ko, B. Eissfeller, J. H. Won: Assessment of vector-tracking-loop performance under radio frequency interference environments, Proc. ION GNSS 2012, Nashville(ION, Virginia 2012) pp. 2333-2341

# 第 15 章 多径效应

**Michael S. Braasch**

多径是指卫星信号由于反射和散射而经多条路径到达接收机的现象。这些非直射信号会造成接收信号失真，并导致码和相位测量的误差。差分技术无法消除多径效应，因此多径效应也是高精度应用中的一项重要误差来源。多径效应与接收机天线周围的实际环境相关，陆地、海洋、航空以及航天等不同用户的多径效应存在明显的区别。

本章首先介绍了多径环境，并给出了描述多径效应对码和相位测量影响的模型，重点分析了导航信号伪码类型和码速率以及接收机架构对多径效应的影响；然后根据不同动态对多径效应的影响介绍了基于接收机设计的多径抑制技术；最后介绍了一种典型多径测量技术以及它在静态环境评估中的作用。

本章的目的在于为读者提供评估多径对码和相位测量影响的工具，并了解各种多径抑制技术所带来的性能提升及其局限性。

GNSS 卫星广播的信号在地球表面（地球对卫星的可见区域）被接收机所接收。卫星信号除了辐射到 GNSS 接收天线自身外，还辐射到 GNSS 接收机附近的所有物体。因此，接收机天线接收到的是直射(视距)(Line-of-Sight, LOS)信号和附近物体反射、散射的复合信号，其中非直射(Non-Line-of-Sight, NLOS)信号会引起期望直射信号的失真并产生接收机的跟踪误差，进而带来码和载波相位的测量误差。

术语"多径"是由短语"多条路径"衍生而来，但通常是指 NLOS 信号。该信号降低了期望的直射信号的质量。抑制多径问题，首先要描述多径产生的环境；然后，确定多径对接收机处理和测量的影响，设计有效的多径抑制策略；最后，为了对给定环境下多径问题的严重程度进行定量评估，以及确定所采用的多径抑制策略的有效性，需要一些技术来测量 GNSS 观测数据中的多径误差。

为了避免混淆，需要指出在密集城市峡谷环境下不只存在多径效应，在上述区域中，LOS 信号被完全遮挡的情况也很常见（也被称为阴影）。在某些情描述况下，GNSS 也可能跟踪 NLOS 信号，并生成观测值。由于测量结果与直射路径信号没有任何关系，观测误差会非常大。NLOS 信号的跟踪问题与本章讨论的多径效应问题是不同的，不能一概而论。

## 15.1 多径的影响

多径只是影响 GNSS 精度的众多误差源之一，因此必须在给定环境和应用场景下进行描述。除了多径之外,典型的 GNSS 误差来源还包括卫星时钟和星历误差(造成测距误差约 1~2m)、电离层延迟误差(无补偿条件下造成测距误差 5~30m)、对流层延迟误差(无补偿条件下造成测距误差 2~20m)和接收机噪声(伪距误差分米级,载波相位误差毫米到厘米级)。伪距的多径误差最坏情况下可高达 100m,而载波相位多径误差达到毫米级或厘米级。

多径效应的严重程度与所处 GNSS 的应用场景强相关。例如,利用 GNSS 进行导航的飞机可以承受几百米的定位误差,因此多径不是航空应用的重要误差源。另外,开阔水域的船舶以及利用 GNSS 进行定位和定轨的卫星情况也非常相似。一般来说,不需要使用差分修正的应用场景(无论是地基还是空基),通常不会受到多径效应的显著影响。

多径效应对于任何需要差分修正的应用场景都是一个重要问题。这是由于差分 GNSS 的基本原理:差分修正仅能消除远程接收机终端与参考站之间共同的误差源(参见第 12 章和第 31 章)。一般来说,即使对于距离很近的接收机,多径误差也无法通过差分修正进行消除。对于不同位置的接收机来说,多径误差的显著差异主要是由 GNSS 信号的载波造成的。即使很小的接收机距离间隔,对 GNSS 载波波长而言都是相对较大的。

对于载波相位差分应用场景,多径有两个主要影响。第一个影响是,由于初始模糊度估计通常来源于伪距观测值,与良好环境下相比,伪距多径会造成更大的搜索空间,模糊度搜索花费的时间会更长。第二个影响则是,确定了模糊度后,载波相位多径会降低基线解算的精度。

## 15.2 多径环境特征

常见的多径环境如图 15.1 所示。入射到 GNSS 接收机天线的信号除直达信号外,还包含三种非直射信号,它们分别是两个反射信号(一个来自于右侧的建筑,另一个来自于地面)和一个散射信号。反射信号遵循斯涅尔定律,即入射角等于反射角。散射信号从物体的边缘发出,如左侧建筑物的屋顶一角,并以广角进行散射。

由图 15.1 可以发现一个重要规律:所有多径信号的传播路径长度均长于直射信号。因此,一个给定地点的直射信号到达天线的时间,比同一地点上的任何多径信号都要早。一般通过如下 5 个参数来表征给定的多径信号:

(1) 相对时延;
(2) 相对幅度;
(3) 相对相位;
(4) 相对相位速率;
(5) 相对极化。

"相对"的含义是相对于直射信号。因此,相对幅度为 -10dB 的多径信号是指多径信号的幅度比直射信号的幅度低 10dB。相对的含义在此处已表达,后面不再明确表示。

对于简单平面反射,利用电磁理论中的镜像原理有助于确定相对时延。首先考虑如

图 15.2 所示的简单反射情况。由于天线到卫星的距离远远大于天线到反射面的距离,所以从卫星发射的信号路径是近似平行的。多径信号传输的额外路径长度决定了多径的相对时延。尽管这一问题并不复杂,但通过图 15.3 所示的镜像原理可以大大简化。一个假定的镜像天线位于在反射面以下距离 $h$ 处,而实际的天线位于反射面以上的高度 $h$ 处。图 15.3 中从卫星到镜像天线的路径长度与图 15.2 所示的多径路径长度相同。因此,根据镜像原理,额外路径长度的确定是一个简单的三角函数问题。

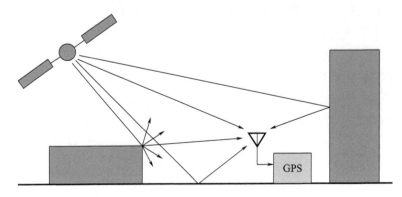

图 15.1 常见的多径环境

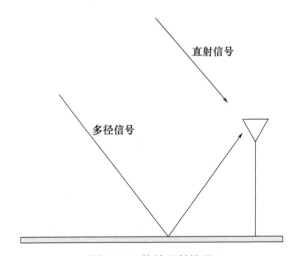

图 15.2 简单反射情况

多径信号的幅度受多径诱导表面的尺寸、形状和反射系数影响。影响反射或衍射信号幅度的主要因素是多径诱导表面的反射系数。有关反射系数的讨论在此不再详述,但必须指出,反射系数是信号入射角的函数,对于近平行入射角(例如非常小仰角情况下的地面反射),反射系数通常趋于 1。因此,在正常入射情况下,尽管干燥土壤会使反射的 GNSS 信号衰减约 10dB(例如 90°仰角的地面反射情况),信号衰减量会随入射角的减小而降低。表 15.1 列出了几种典型地表条件下 L1 频段在法向入射条件下的近似衰减因子。表 15.1 所列的数据表明,潮湿的土壤、水体和有机玻璃通常具有强烈的反射。粗糙表面可以有效地削弱反射信号,这将在后文进行详细描述。

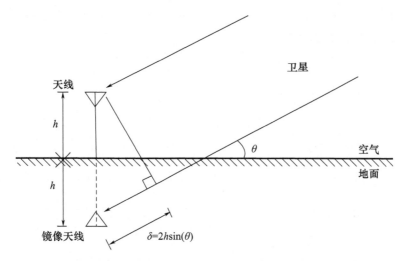

图 15.3 镜像天线位于反射面之下的距离与实际天线在反射面之上的距离相等。多径相对时延由信号到达镜像天线与到达实际天线路径之间的额外距离决定。通过简单的三角函数很容易进行求解

表 15.1  L 频段法向入射条件下常见表面的反射系数与衰减因子(参见文献[15.1-15.3])

| 表面类型 | 反射系数 | 衰减因子/dB |
| --- | --- | --- |
| 干燥土壤 | 0.268 | -11.4 |
| 中湿土壤 | 0.566 | -4.94 |
| 潮湿土壤 | 0.691 | -3.21 |
| 草地 | 0.334 | -9.53 |
| 沥青 | 0.121 | -18.3 |
| 淡水 | 0.800 | -1.95 |
| 海水 | 0.811 | -1.83 |
| 玻璃 | 0.421 | -7.51 |
| 有机玻璃 | 0.950 | -0.446 |
| 砖 | 0.345 | -9.24 |
| 混凝土 | 0.404 | -7.87 |

根据光学原理,只有当物体尺寸足够大,覆盖第一菲涅尔区截面的很大部分时,才会出现显著的信号反射[15.4]。第一菲涅尔区是发射天线和接收天线之间的一个椭球体,由所有到接收和发射天线的组合路径长度比直射距离长 1/2 波长的点组成。然而,对于 GNSS 反射信号来说,接收天线并不是实际天线,而是镜像天线。对于前面讨论的地面反射场景,第一菲涅尔区的截面为一个椭圆,如图 15.4 所示。由此可知,如果卫星在正上空(法向位置),截面区域将会是一个圆形。这个圆的半径(称为第一菲涅尔区半径)的一阶近似可表示为[15.5]

$$r = \sqrt{\frac{\lambda d_t d_r}{d_t + d_r}} \tag{15.1}$$

式中：$\lambda$ 为发射信号的载波波长；$d_t$ 为截面到发射机的距离；$d_r$ 为截面到接收机的距离。值得注意的是，$d_t$ 和 $d_r$ 均远大于 $\lambda$。

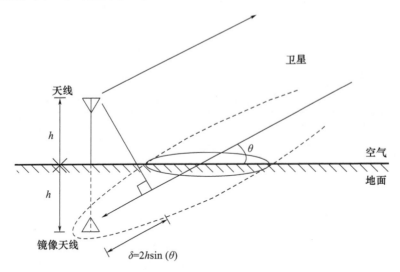

图 15.4　沿卫星到镜像天线路径的椭圆菲涅尔区示意图

对于 $d_t$ 远远大于 $d_r$ 的情况（如在 GNSS 中），式(15.1)中的分母近似表达为 $d_t+d_r \approx d_t$，式(15.1)可化简为

$$r = \sqrt{\lambda d_r} \tag{15.2}$$

斜入射时，截面为椭圆而不是圆。椭圆的长半轴长度可近似为 $a=r/\sin(\theta)$，其中 $\theta$ 是反射面与卫星直射信号间的夹角（图 15.3）。菲涅尔区半径可用式(15.2)计算，需要注意的是在斜入射条件下，从镜像天线到反射点的距离等于天线到反射面的垂直距离除以 $\theta$ 的正弦。

例如，如果天线位于高出反射面 1m 处，且卫星位于正上方，菲涅尔区域截面的半径（L1 频段）为 0.436m。对于相同的天线高度，卫星仰角为 5°时的截面长半轴长度约为 17m。对于高度为 10m 的天线，圆形截面的半径为 1.4m，卫星仰角为 5°时的截面长半轴长度约为 54m。对于非水平的反射面，原理是相同的，但实际的计算会复杂一些。不管怎样，很明显，尺寸小于 1 个波长的物体不是主要反射源。对于斜入射，反射面的尺寸是几十或几百倍波长，这取决于天线到反射面的垂直距离。

关于反射物体的形状，平整表面的问题最严重，因为它们会产生集中在特定区域的反射效果。除了地球自身的平面（地面或水面）之外，也存在大量平面表面，特别是在城市峡谷环境中，以工业和办公建筑的形式存在。表面粗糙度是描述反射物形状的一个参数。一块平整的金属显然是理想的反射体，但是如果考虑一块高的茂盛草地（例如没有修剪的草地）呢？尽管很多书描述了粗糙表面的散射效应[15.4]，但它们只是肯定粗糙表面在特定的位置上不会产生纯粹的镜面反射。相反，每一个局部平面都会在与斯涅尔定律（折射定律）一致的方向上产生微弱的反射，从而产生了广泛的散射场。在这种情况下，表面的电磁粗糙度与发射信号的波长和入射角度有关。如果一个表面的高度变化在一个或多个波长的数量级上,并且其波峰到波谷的横向变化也在一个波长的数量级上,则该表面可被看作电磁粗糙表面。然而,这一特征只对垂直入射(入射角相对于地面反射面为90°)有效。即使是粗糙表面,在入射角极小时(入射角接近平行地面)也会体现为光滑表面。

来自电磁光滑表面的反射可称为镜面反射,而来自于粗糙表面的反射可称为漫反射。例如,来自于草地的GNSS漫射信号约衰减2~4dB(仰角5°~90°)。类似的,对于密集的灌木/杂草,衰减范围为5~10dB;对于树林,衰减范围为10~20dB[15.6]。

多径信号的相对相位决定了其对直射信号的影响是建设性还是破坏性的。正如后文将描述的,具有特定延迟和幅值的多径信号将导致分布在一定范围内的伪距和载波相位测量误差。多径的相对相位是多径诱导表面相对路径时延和反射系数的函数,由于反射系数通常为复数,信号经过反射后其瞬时相位会发生改变。

由于发射机、接收机和多径诱导障碍物的相对运动,多径信号的相对相位具有非零的时间变化率。后文将讨论如果接收信号的相对相位速率相对于跟踪环路带宽较大,那么GNSS接收机跟踪环路将在不同程度上抑制接收信号的多径分量。因此,当一辆安装有GNSS的汽车途径一座高楼时,它受到的影响不会像停在大楼附近时那么严重。

多径信号的相位速率可以通过计算多径相对时延的导数获得。以图15.3所示的简单地面反射场景为例,多径相对时延表示为

$$\delta(t) = 2h(t)\sin[\theta(t)] \tag{15.3}$$

下面考虑静态和动态两种特殊情况下的接收机。对于地面参考站等静态接收机来说,其高度是恒定的,只有卫星仰角在变化。相反,对于动态接收机(例如降落的飞机),卫星仰角可以在很短的时间间隔内看作常数,而接收机的高度是变化的。需要注意的是,尽管原理跟一辆开往高大建筑物的汽车是一样的,但其几何分析会稍微复杂一点。对于静态接收机,相对时延的导数表示为

$$\frac{\mathrm{d}}{\mathrm{d}t}\delta(t) = 2h\cos[\theta(t)]\frac{\mathrm{d}\theta}{\mathrm{d}t} \tag{15.4}$$

虽然可以利用特定接收地点的广播星历参数来获得卫星仰角的精确变化率,但可以采用一个大致的经验准则:中纬度地区一天内的卫星平均覆盖时间约为8h(从卫星可见至不可见)。因此,8h遍历180°的空域约等效为$10^{-4}$rad/s的速率。对于仰角为30°和仰角变化速率为$10^{-4}$rad/s的卫星,式(15.4)得到的多径相对时延变化速率为$h\times1.73\times10^{-4}$m/s,除以载波波长即转换为相位速率。以L1频段为例,产生的相位速率为$h\times9.1\times10^{-4}$Hz,大致等于1mHz/m乘以天线高度。对于典型的地面参考站天线,由地面反射引起的误差振荡频率非常低,这些频率通常称为多径相位速率或衰落频率。

与之相反,对于动态接收机,衰落频率可能明显大很多。在一个较短的时间间隔内(如少于1min),卫星的仰角可看作常数,对式(15.3)求导可得

$$\frac{\mathrm{d}}{\mathrm{d}t}\delta(t) = 2\sin(\theta)\frac{\mathrm{d}}{\mathrm{d}t}h(t) \tag{15.5}$$

同样,这可以通过除以载波波长转换成相位速率。例如,在L1频段,下降速率为1m/s时,对于卫星仰角范围为0°~90°产生的相位速率约为0~10Hz。对于特定的应用场景,考虑

飞机进近着陆时,通常滑行仰角为3°,进近速率为100km,垂直下落速率约为2.7m/s。对于角度为30°处的卫星,式(15.5)计算的相对时延速率约为1.3m/s,L1频段的衰落频率约为7Hz。值得注意的是,这比静态接收机的地面反射衰落频率高3个数量级。后面将讨论可显著抑制所谓快衰落多径的特定接收机架构。

最后一个参数为多径信号的相对极化。GNSS信号为圆极化信号。从金属等理想导体表面反射回来的圆极化信号会产生极化反转。因此,如果入射波是右旋圆极化信号,反射信号将是左旋圆极化。这很重要,因为GNSS天线设计的目的是接收所需的极化信号,抑制(通常为10dB)相反极化的信号。然而,对于非金属表面,反射信号的极化将是左右混合的,即椭圆极化。在这种情况下,天线只会使反向极化的那部分信号衰减,通常为反射场的一半,即信号大约衰减3dB。

## 15.3 多径信号模型

由直射信号和 $N$ 路反射信号构成的 GNSS 接收信号模型可表示为[15.7]

$$s(t) = \sum_{i=0}^{N} a_i(t) p[t - \tau_i(t)] \cos[\omega_0 t + \theta_i(t)] + \epsilon(t) \tag{15.6}$$

式中: $a_i(t)$ 为第 $i$ 路的信号幅度; $p(t)$ 为 GNSS 伪码; $\tau_i(t)$ 为第 $i$ 路的相对时延; $\omega_0$ 为直射信号的标称频率; $\theta_i(t)$ 为第 $i$ 路信号的相对相位; $\epsilon(t)$ 为噪声。模型忽略了所有其他误差因素。$i=0$ 时代表直射信号,在不失一般性的情况下,直射信号的参数定义为: $a_0(t)=1$, $\tau_i(t)=0$, $\theta_i(t)=0$。

如第14章所述,GNSS信号的码跟踪通常采用延迟锁定环(DLL)的形式,也称为超前滞后跟踪环。对载波的跟踪则使用超前和滞后支路之间的即时支路。要理解多径对码和载波的影响,首先要考虑多径对相关函数的影响。图15.5展示了具有无限带宽和单路多径信号的BPSK信号相关函数的简化示意图。其中,图15.5(a)描述了无多径情况下的相关函数,其主相关峰关于 $y$ 轴对称。图15.5(b)同时显示了直射信号和单一多径信号的相关函数。这些独立的峰值在实际中是无法观测的,但是为了方便分析进行了单独的考虑。图15.5(c)是二者的组合,其中假定了多径信号与直射信号的相位是同步的(多径信号的相对相位为0)。接收机在跟踪过程中需要处理这种失真的相关函数的组合。正如接下来要描述的,失真相关函数的不对称性产生了跟踪误差,进而导致了伪距测量误差。多径还会使接收信号的相位失真,从而导致载波相位测量误差。

图15.6展示了超前滞后间距为1chip①情况下延迟锁定环鉴相器函数(有时也称为S函数或S曲线)的形成过程。在无多径的情况下,鉴相器函数的过零点提供了一个跟踪点位,该跟踪点与未移位(称为即时)相关函数的峰值一致。但在存在多径时,相关函数的

---

① chip 为码片。

不对称失真会导致过零点的偏移。将偏移量从码片转换为距离单位,即得到了多径引起的伪距误差。

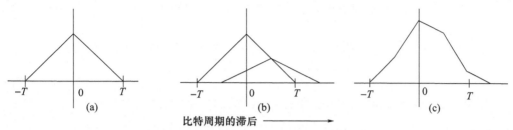

图 15.5 直射和反射信号的相关函数
(a)无多径;(b)直射和多径;(c)直射与多径复合。

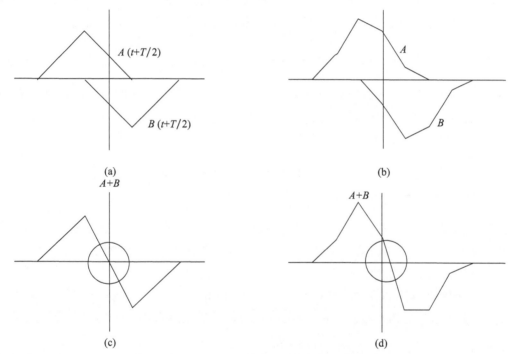

图 15.6 直射和反射复合信号的鉴相器函数
(a)无多径;(b)有多径;(c)跟踪点位;(d)跟踪误差。

延迟锁定环包含两种类型。相干延迟锁相环假定载波跟踪环路与接收信号的相位是锁定的,而非相干延迟锁相环则无此假设。非相干延迟锁相环需要在形成鉴相器函数之前对相关器输出进行平方操作。对于上述通用信号模型,相干延迟锁定环鉴相器函数[15.7]为

$$S_{\mathrm{coh}}(\tau) = \int_{t}^{t+T_{\mathrm{avg}}} \sum_{i=0}^{N} a_i(t)\cos(\theta_i - \theta_{\mathrm{c}}) \times \left[ R\left(\tau - \tau_i + \frac{d}{2}\right) - R\left(\tau - \tau_i - \frac{d}{2}\right) \right] \mathrm{d}t$$

(15.7)

式中:$\theta_{\mathrm{c}}$ 为复合接收信号的相位;$R(\tau)$ 为 GNSS 码对滞后值 $\tau$ 的相关函数;$d$ 为相关器间距;$T_{\mathrm{avg}}$ 为相干器输出在形成鉴相函数前的积分时间。注意,码跟踪环路带宽由积分时间

决定的单边带噪声带宽给定[15.7]，即 $B_L = 1/(2T_{avg})$。

尽管存在多种非相干鉴相器函数，但最简单的是前后功率差值检测器（见第 14 章）。对于非相干延迟锁相环，将前后相关器的值差分之前先进行平方[15.7]，即

$$S_{ncoh}(\tau) = \int_t^{t+T_{avg}} \left| \sum_{i=0}^{N} a_i(t) R\left(\tau - \tau_i + \frac{d}{2}\right) e^{j\theta_i} \right|^2 - \left| \sum_{i=0}^{N} a_i(t) R\left(\tau - \tau_i - \frac{d}{2}\right) e^{j\theta_i} \right|^2 dt \tag{15.8}$$

如第 14 章所述，延迟锁定环通过移位本地生成的码片来跟踪接收到的信号，从而使鉴相器输出为 0。如图 15.6 所示，在存在多径信号时，鉴相器函数的过零点是含有误差的。在本章中，这个过零点（或复合信号的 DLL 跟踪点）记为 $\tau_c$。

载波跟踪环路跟踪的是复合接收信号的相位。复合相位由即时相干器输出的相位角获得，即时相干器输出由式(15.6)的每一个复合分量的即时相关向量叠加构成[15.7]，有

$$\theta_c = \arg\left[ \int_t^{t+T_{avg}} \sum_{i=0}^{N} a_i e^{j\theta_i} R(\tau_c - \tau_i) \, dt \right] \tag{15.9}$$

式中：$\tau_c$ 为由多径造成的延迟锁定环码跟踪误差。由于直射信号的相位被定义为 0，因此，$\theta_c$ 是载波相位测量误差，同时也是复合信号的相位。

相关函数的一阶模型为

$$R(\tau) = \begin{cases} 1 - \dfrac{|\tau|}{T_c} & |\tau| \leq T_c \\ 0 & |\tau| > T_c \end{cases} \tag{15.10}$$

式中：$T_c$ 为 GNSS 信号码片的长度。该模型忽略了噪声的影响，并假定信号具有无限带宽，同时相关函数无旁瓣（在主峰外无零点）。如果以这种方式忽略噪声，式(15.7)~式(15.9)可以不做积分/均值处理。

考虑图 15.7 描述的直射信号和单一多径信号的相位图[15.8]，可获得式(15.9)的另一种形式。多径信号的相对相位为 $\theta_m$，而复合接收信号的相位为 $\theta_c$，则向量可表示为

$$\begin{cases} D = a_0 R(\tau_c) \\ M = a_1 R(\tau_c - \tau_1) e^{j\theta_m} \end{cases} \tag{15.11}$$

式中：如图 15.6 的右下角所示，$\tau_c$ 是由多径造成的延迟锁定环码跟踪误差。如图 15.8 所示，为了便于确定 $\theta_c$，多径相量被分解为同相分量 $M_I$ 和正交分量 $M_Q$[15.8]，即

$$\begin{cases} M_I = a_1 R(\tau_c - \tau_1) \cos(\theta_m) \\ M_Q = a_1 R(\tau_c - \tau_1) \sin(\theta_m) \end{cases} \tag{15.12}$$

$\theta_c$ 可由三角函数直接获得，即

$$\begin{aligned} \theta_c &= \arctan\left(\frac{M_Q}{D + M_I}\right) \\ &= \arctan\left(\frac{\alpha_1 R(\tau_c - \tau_1) \sin(\theta_m)}{R(\tau_c) + \alpha_1 R(\tau_c - \tau_1) \cos(\theta_m)}\right) \end{aligned} \tag{15.13}$$

式中:$\alpha_1 = a_1/a_0$为多径相对幅度(也称为多径直达比或 M/D)。一般地,对于存在 $N$ 路多径信号的情况,复合相位表示为[15.9]

$$\theta_c = \arctan\left(\frac{\sum_{i=1}^{N}\alpha_i R(\tau_c - \tau_i)\sin(\theta_{m,i})}{R(\tau_c) + \sum_{i=1}^{N}\alpha_i R(\tau_c - \tau_i)\cos(\theta_{m,i})}\right) \quad (15.14)$$

注意,由于$\theta_c$取值范围为 $0 \sim 2\pi$,在进行仿真计算时需要使用四象限反正切函数。

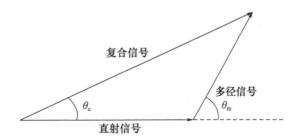

图 15.7  直射信号、多径信号合成复合信号的相量合成图

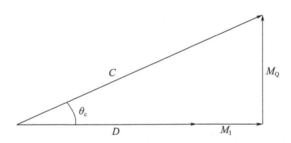

图 15.8  多径信号分解为同相分量与正交分量的相量分解图

对于简单平面反射,可以按前面讨论的方法计算相对时延。相对幅度则由反射系数和表面粗糙度确定的衰减程度共同确定。对于反射面不完全跨越第一菲涅尔区的,需要额外增加一个衰减因子。

## 15.4  伪距与载波相位误差

由于上述方程之间的耦合,计算相干延迟锁定环下的伪距与载波相位多径误差较为复杂。例如,式(15.7)提供了由于多径而失真的鉴别器函数。该函数为零时对应多径造成的伪距误差(此处称为$\tau_c$)。但除了明确给出接收机相关器间距$d$和多径参数($a_i$,$\theta_i$,$\tau_i$)等外,还必须给出复合信号的跟踪相位$\theta_c$。而复合相位是由式(15.14)获得的,但需要注意该函数则需要伪距跟踪误差$\tau_c$,而如前所述,$\tau_c$是式(15.7)为 0 时的解。因此,这些方程式的同时求解必须迭代执行。$\tau_c$的初始值用来计算鉴别器的值与斜率,同时也用来计算复合跟踪相位。具体来说,对于用来评估鉴别器的一个给定$\tau$值,该值首先用来计算复合相位。在迭代搜索鉴别器方程零点的过程中,$\tau_c$和$\theta_c$同时收敛到正确解。由于式(15.8)的鉴别器方程与复合相位无关,对于非相干延迟锁相环的情况则要容易得多。

## 15.5 多径误差包络

前面描述的伪距多径误差概念可以通过数值分析和仿真进行量化计算。图 15.9 提供了一个 BPSK 伪距多径误差包络的例子,该包络用于幅度是直射信号一半的单一多径信号的情况。

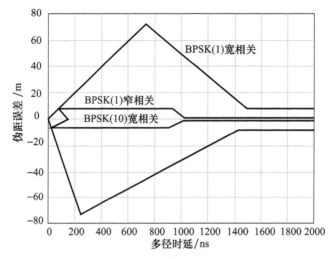

图 15.9 无限带宽条件下 BPSK(1)宽相关、BPSK(1)窄相关和
BPSK(10)宽相关下的伪距多径误差包络

考虑以下三种情况(均假设信号带宽无限):
(1) 相关器间距为 1 码片的 BPSK(1)跟踪;
(2) 相关器间距为 0.1 码片的 BPSK(1)跟踪;
(3) 相关器间距为 1 码片的 BPSK(10)跟踪。

在每种情况下,上限曲线代表多径造成的最大误差,而下限曲线则代表最小误差。对于伪距测量,最大误差产生于多径相对相位为 0 时(也称为同相多径),而最小误差则产生于相对相位 180°时(也称为反相多径)。其他多径相对相位的伪距误差位于上限与下限曲线之间,因此使用术语"包络"来表征多径误差的影响。如图 15.10 所示,对于 BPSK 信号,文献[15.10]中给出了无限带宽多径信号包络的典型形式。

从图 15.10 可以获得以下几个重要信息。第一,最大的伪距误差是 $\alpha d/2$,其中 $\alpha$ 是多径直达比 M/D,$d$ 是早迟相关器间距。这为单一镜面反射的多径伪距误差上限的计算提供了便捷方法。第二,最大负误差出现的相对时延比最大正误差要短,这意味着误差有一个非零均值,尤其是在 M/D 值较大时。第三,包络在大相对时延时不会降到 0,这是由于 GNSS 信号自相关函数存在旁瓣[15.10]。第四,相干延迟锁定环和非相干延迟锁定环的

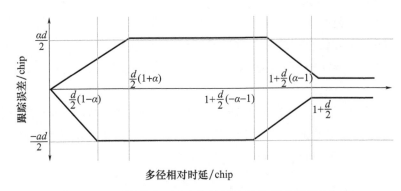

图 15.10 无限带宽 BPSK 信号跟踪的典型多径误差包络

伪距多径误差包络是相同的。然而包络内的平均误差特性是不同的,这将在后面进行说明。

如第 7 章和第 9 章所述,基于二进制偏移载波(BOC)、多路复用二进制偏移载波(MBOC)、复合二进制偏移载波(CBOC)等技术,已开发出新的信号结构。如第 4 章所述,这些信号的相关函数与具有相同码片速率的 BPSK 信号具有相同的包络,但是在包络内具有不同的锯齿形状。因此,图 15.10 中 BPSK 信号的多径误差包络也约束了对应 BOC/MBOC/CBOC 信号多径误差包络的边界。图 15.11 所示为 $\alpha=0.5, d=0.1$(除了 BPSK(10)信号中 $d=1$ 的情形)的多径误差包络。

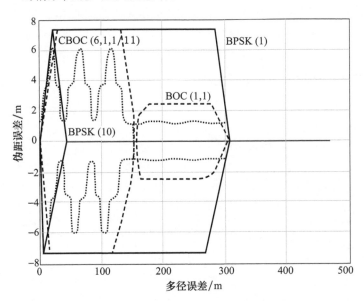

图 15.11 无限带宽条件下 BPSK(1)、BOC(1,1)、CBOC(6,1,1/11)窄相关($d=0.1$chip)以及 BPSK(10)标准相关($d=1$chip)的多径误差包络。相对多径幅度为 0.5

伪距与载波相位误差的解耦,使得伪距多径误差包络的计算得到一定程度的简化。具体来说,最大伪距误差发生在接收信号调制存在最大失真时。如前所述,这发生在完全建设性干扰(多径与直射信号同相)或完全破坏性干扰(多径与直射信号反相)的条件下,即多径相对相位为 0 或 $\pi$ 时。然而,在计算载波相位多径误差包络时却并非如此简单。

理论上的精确解需要通过搜索获得,具体来说,对于给定的多径相对时延 $\tau_m$,必须在 $0$~$\pi$ 的相对相位区间内求解载波相位误差方程式(15.13)、式(15.7)或式(15.8),然后根据所有相对相位中的最大跟踪相位值得到包络值。该方法在文献[15.8]中得到应用,并通过实际的接收机和硬件模拟器验证了结果。

上述过程是很繁琐的,文献[15.7,15.11]简化了该模型。从图15.7可以很容易推导出,当多径相量与复合相量正交时载波相位误差最大。此时复合载波相位为

$$\max(\theta_c) = \arcsin(M/D)$$
$$= \arcsin\left(\frac{\alpha_1 R(\tau_c - \tau_1)}{R(\tau_c) + \alpha_1 R(\tau_c - \tau_1)}\right) \quad (15.15)$$

然而,该公式很难用于评估相干 DLL 的情况。因为,如前所示,$\tau_c$ 仅能在确定 $\theta_m$ 后才能确定。Van Nee 指出[15.7]:如果伪距跟踪误差 $\tau_c$ 小到忽略不计,则可以获得简化的结果。具体来说,如果 $\tau_c \approx 0$,相关函数式(15.10)的一阶模型有 $R(0) = 1$。将这些值代入式(15.15)得到近似的公式[15.7,15.8,15.11],即

$$\max(\theta_c) \approx \arcsin(\alpha_1 R(\tau_1)) \quad (15.16)$$

图 15.12 描述了相关器间距为 1chip、M/D 为 -3dB 的相干延迟锁相环的载波相位多径误差包络。图中给出了理论上以及近似公式的计算结果。在这种比较极限的情况下,可以发现二者之间的明显差异。然而,如图 15.13 所示,即使是如此强的多径信号,如果应用窄相关结构(早迟码片间距 0.1),也会得到相当好的近似解。此外,如图 15.14 所示,对于弱多径信号,即使对于宽的相关间距,近似公式的解也非常精确。从这些结果中可以发现:与伪距不同,载波相位多径误差包络在相对时延为 0 时具有最大值。因此,载波相位多径误差随着接收天线靠近反射物体而增大。

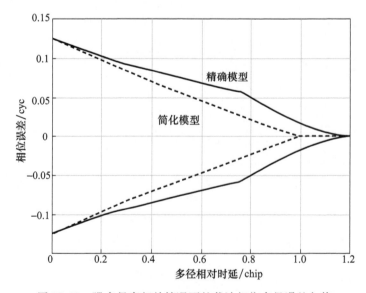

图 15.12 强多径宽相关情况下的载波相位多径误差包络

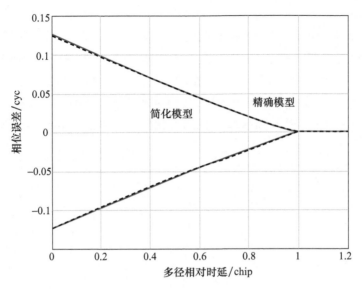

图 15.13 强多径窄相关情况下的载波相位多径误差包络

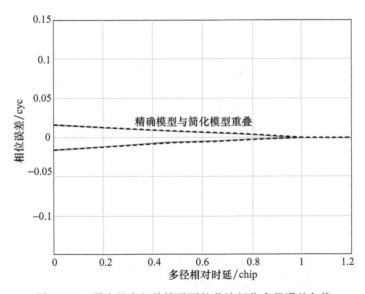

图 15.14 弱多径宽相关情况下的载波相位多径误差包络

## 15.6 时变误差、偏置特性和快衰落分析

通常情况下,多径相对时延会随着卫星、接收机、反射物的运动而变化。例如,对于静态接收机存在地面多径的情形(图 15.3),其相对时延在卫星升起时几乎为 0,在卫星经过头顶正上方时到达最大值 $2h$(如果卫星不经过头顶正上方,最大值会减小),而在卫星下降到地平线时会降低到 0。

为了理解伪距和载波相位多径误差随相对路径延迟的变化,针对 BPSK(1) 和 $d=1$,图 15.15 和图 15.16 给出了短距离相对时延下的多径误差,其中相对多径相位仅作为路径时延的函数进行计算。在这些图中,将路径时延变换为波长的单位,减去整数波长,然后将余数转换为弧度,即可计算得到多径相对相位(注意这种计算方式忽略了在反射物体表面的相位变化)。从这些图中可以看出,当相对多径幅度较小时,误差主要是正弦的;而当相对多径幅度较大时,误差则是非正弦的。伪距误差和载波相位误差似乎是正交的,

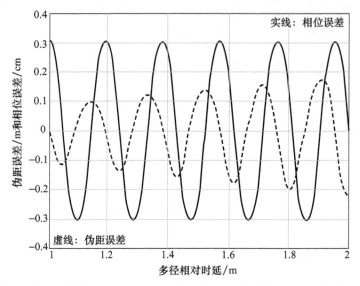

图 15.15　伪距和载波相位多径误差随多径相对相位的变化,其中多径相对相位为路径时延的直接函数。信号为 BPSK(1),相关器间距为 1chip(弱多径情形:M/D=-20dB)

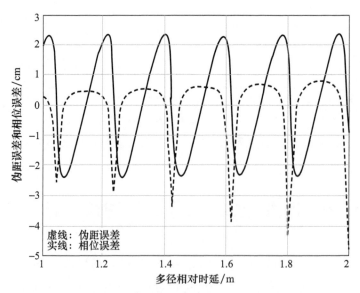

图 15.16　伪距和载波相位多径误差随多径相对相位的变化,其中多径相对相位为路径时延的直接函数。信号为 BPSK(1),相关器间距为 1chip(强多径情形:M/D=-3dB)

也就是说,当伪距误差出现峰值时载波相位误差为 0,反之亦然。这并不是严格正确的。如前所述,多径相量必须与复合相量正交时,才会达到最大的载波相位误差。对于强多径场景,这种现象会在相对相位值远大于 90°时出现。对于弱多径场景或采用窄相关等多径抑制技术的接收机架构,伪距与载波相位误差近似正交。

此外,伪距多径误差具有非零均值。当相对时延固定,相对相位在 $0\sim 2\pi$ 范围内变化时,计算伪距多径误差的均值可以看出这一点。图 15.17 描述了多径相对幅度在$-20\sim-3$dB 范围内相关器间隔为 1chip 的宽相关相干接收机的 BPSK 偏置误差。对于强多径和相对时延在 1/2~1chip 之间时,偏置误差最明显。图 15.18 说明,相关器间隔 0.1chip 的窄相关的峰值偏差大约降低为 1/5。然而,如图 15.19 所示,对于短时延多径,其性能优势将消失。

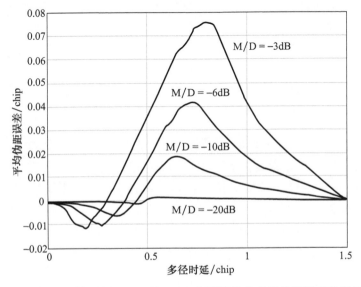

图 15.17 相关间距为 1chip 的 BPSK 相干接收机的平均伪距多径误差

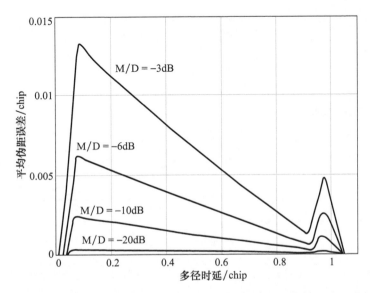

图 15.18 相关间距为 0.1chip 的 BPSK 相干接收机的平均伪距多径误差

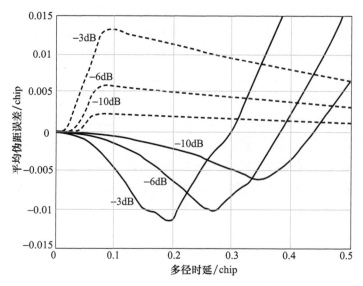

图 15.19 BPSK 相干接收机在短多径相对时延下的
不同平均伪距多径误差,实线为宽相关,虚线为窄相关

非相干接收机中也具有类似的特点。非相干接收机在宽相关(相关器间距 1.0chip)条件下,其多径相对幅度在 -20~-3dB 区间内的偏置误差如图 15.20 所示。尽管其误差峰值几乎是相同条件下相干接收机的两倍,但也要注意到,对于非常短的相对时延,其误差实际上为 0。非相干接收机窄相关时的平均误差如图 15.21 所示。虽然不是非常明显,但非相干窄相关接收机仍比前述相干窄相关接收机的平均误差略大。同样,如图 15.22 所示,宽相关和窄相关接收机在短时延多径下仍具有明显的区别。

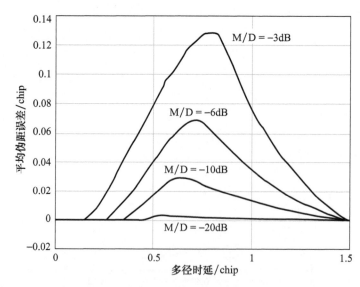

图 15.20 相关间距为 1chip 的非相干 BPSK 接收机的平均伪距多径误差

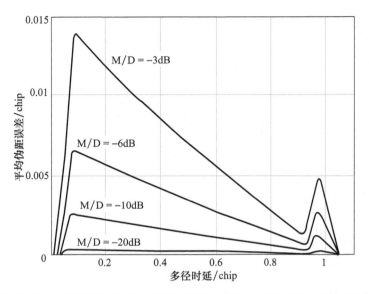

图 15.21 非相干 BPSK 接收机相关间距为 0.1chip 的平均伪距多径误差

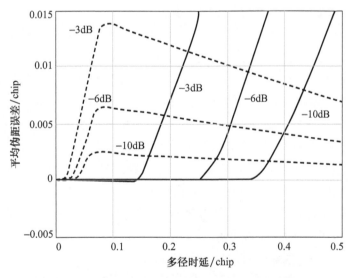

图 15.22 非相干 BPSK 接收机在短多径相对时延下的
平均伪距多径误差,实线为宽相关,虚线为窄相关

因此,重要的是要认识到,对静态接收机的伪距测量简单取平均并不能保证能够消除伪距多径的影响。然而,对载波相位并非如此。对于静态接收机,载波相位多径事实上均值为 0,通过多次取均值可有效减小误差。

如前所述,动态接收机在接收多径信号上会产生相当大的相位变化率。具体的仿真和实验结果表明,典型的 GNSS 接收机跟踪环路对衰落频率超过环路带宽的多径信号相对不敏感。由于载波跟踪环路通常很宽(例如,10~25Hz),这一现象在载波相位多径抑制中没有太大的实际作用。然而,许多接收机使用载波辅助码跟踪环路的架构,在这些接收机中,码跟踪环路非常窄(如 0.05Hz)。当接收机动态诱导的多径衰落频率高于 0.1Hz

时,可以显著抑制伪距多径误差[15.8,15.13]。但是,需要注意的是,不要假设误差是随多径衰落频率而线性衰减。已有研究表明,伪距多径误差偏置是衰落频率和多径相对时延的函数[15.13]。

## 15.7 多径抑制

多径的抑制技术主要有四大类:
(1) 天线位置;
(2) 天线类型;
(3) 接收机类型;
(4) 观测量后处理。

### 15.7.1 天线位置与多径抑制

显然,把天线放置在低多径或理想的无多径环境下确实是抑制多径的最好方法。例如,选择永久性差分地面参考站的位置时应仔细考虑多径环境。在这种情况下,经常存在相互冲突的需求。例如最理想的低多径环境是平坦、开阔的场地,地面反射是多径的唯一来源,可以通过将天线平放在地面上进行消除。然而,这通常是不切实际的,因为天线可能会被雨雪、冰霜或树叶覆盖,并可能被地面维护设备损坏。因此即使在开放场地,地面差分基准站天线通常安装在基座上,且可以承受一定的地面反射。

实际上,经常遇到不理想的环境,此时仍然需要尽可能降低多径的影响。天线位置的微小变化也会产生重大影响。本章将通过具体的情况进行重点说明。如图15.23所示,在一个多层停车场的电梯塔顶安装一个地面差分参考站。经过数周的运行,可以确定多径正在影响定位性能,但并不稳定。具体来说,多径误差在很长一段时间内可以忽略不计,但也有很长一段时间内会非常严重。

通过多径测量技术(本章稍后讨论),最终确定当车库顶层为空时,如图15.23(a)所示,天线就会受到镜面反射影响。然而,当顶层停满汽车时,反射变成漫反射,从而降低了多径影响天线的强度。解决办法是把天线移到电梯塔顶的中间,让塔体来遮挡反射信号。电梯的塔顶被1m高的墙壁包围,天线安装在与墙顶相等的高度。由于天线高出屋顶,因此在冬季不会被雪覆盖。这种安装方式将多径降低到可忽略不计的水平,工作性能良好。

### 15.7.2 天线类型

在给定的环境下,针对多径的下一道防线是选择能够衰减多径同时保持所需直射信号强度的天线。例如,在地面差分参考站中,多径的主要来源是地面本身。因此,多径信号是从负仰角入射,而所需的直接信号则从正仰角入射。一个理想的地面参考站天线会在给定仰角上有均匀增益,而在仰角以下无增益。为了实现这一目的,主要有两类天线设

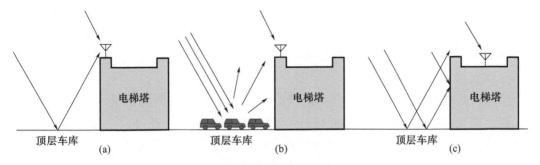

图 15.23 地面参考天线安装情况研究
(a)楼顶停车场没有车时,在地面差分站参考天线处有强的镜面反射信号;
(b)楼顶停车场顶层停满车时,在地面差分站参考天线处有相对较弱的多径漫反射信号;
(c)将天线安装在电梯塔顶中间并被墙包围,电梯塔阻挡了停车场表面的反射。

计方案:①安装在特殊接地板上的单天线;②固定波束的相控阵天线。

20世纪80年代中期,进行了利用射频吸收材料来降低多径效应的研究。将GPS单天线固定在射频吸收器平板上。测试结果表明,使用吸收材料可以降低至少30%由地面反射引起的伪距误差[15.14]。尽管结果很好,但是该技术并未在GNSS应用中广泛推广。部分原因是材料的成本,以及难以在各种天气条件下保持其完好性。进一步地,扼流圈天线的发展被证明是更好的选择。

喷气推进实验室和新布伦瑞克大学在研究上述射频吸收器不久后提出了扼流圈天线的设计方案[15.15]。该设计由安装在一组同心导电环内的单天线组成。该环可有效地对入射电场产生电容性串联阻抗,从而在低仰角和负仰角处抑制电磁波[15.15]。因此,该天线在低仰角和负仰角处具有低增益。考虑到制作的相对简易性、设计的坚固性和相对的紧凑性,扼流圈天线成为地面参考站多径抑制的标准天线,特别是在测量型应用中。

虽然扼流圈天线设计持续流行,但由于环系统的外径约36cm且整个天线质量一般超过4kg,其便携性较差。2000年,NovAtel公司提出了一种专利设计,能够提供与扼流圈相似的性能并显著降低其尺寸和质量[15.16,15.17]。这种设计被称为风火轮天线,由12个阵列孔耦合的螺旋槽组成,周围环绕着11个同心槽环。该天线具有与扼流圈几乎相同的性能,但仅有其1/2的直径和1/8的质量。

虽然扼流圈和风火轮天线在测绘应用中工作良好,但两者都受到5°~15°仰角之间的低增益限制。这两种类型的天线增益模式都在天顶(90°)最高,并随着仰角减小而逐渐减低(最低增益出现在-90°仰角时)。在负仰角时增益很低,因此抑制了地面反射。不足之处在于,当仰角低于15°时,直射信号会严重衰减,导致伪距和载波相位的测量会有很大的噪声。由于天线是小尺寸的,导致天线方向图的渐近滚降现象是不可避免的。也就是说,两种类型的天线尺寸相对于L1的波长都很小。扼流圈的直径大约2个波长,而风火轮式的直径约1个波长。在多数测绘应用中,截止角通常设置为15°(主要避免对流层空间去相关特性),因此天线在该仰角下的性能虽然很差却无关紧要。

然而,还是有一些应用场景,为了提供足够的系统可用性,截止角必须设置为5°甚至更低。一个最好的例子就是地基增强系统(ground-based augmentation system, GBAS)。GBAS 是一种形式的差分 GNSS，为飞机在低能见度条件下着陆提供引导信息(第 31 章)。如果不使用 5°~15°仰角之间或者更高的卫星，系统的可用性(在一天中系统运行的比例)将不足以支撑实际使用。

要使天线在 5°截止角处提供足够的增益，同时在负仰角处衰减信号，就需要一个大尺寸的相控阵天线。这一基本概念在 1994 年首次提出[15.18-15.19]，并提出了两种基本的设计方案。第一种设计并测试[15.20]的是垂直堆叠的线极化偶极子阵列和安装在凹面反射器中的圆极化单天线[15.21]。16 阵元偶极子天线阵列覆盖 5°~35°仰角。迷你碟形天线的覆盖范围从 30°到天顶。由同一公共时钟驱动的两台 GPS 接收机分别处理两个天线子系统接收的信号，并由一个后续的 CPU 来处理上升或下降的卫星在天线之间的切换。

第二种设计是由完全垂直堆叠的圆极化天线阵列组成[15.22]。这种天线的主要优点是只需要一个接收机，且不需要复杂的下行软件来控制天线之间的卫星交替。该设计挑战巨大，开发周期很长[15.23]，但最终成为美国 GBAS 地面参考站天线的标准。

在结束本节之前，应当关注的是，2010 年出现了一种有前途的新型接地板天线设计技术。在本章后面的载波相位多径测量部分将重点介绍这种设计的性能。

### 15.7.3 接收机类型

如图 15.9 所示，宽相关接收机与窄相关接收机之间的伪距多径误差存在明显差异。此外，多径误差包络的大小与码速率成反比，如 BPSK(1)与 BPSK(10)。窄相关原理可以应用于更高速率的码，但是由于广播信号的带宽限制，性能的提升并不显著。

然而，从 20 世纪 90 年代中期开始，就致力于利用全带宽的低速率码信号设计开发接收机。在 GPS 中，这些设计处理了粗捕获 C/A 码信号，并取得了近似 P(Y)码的多径性能，如 Strobe 相关器[15.24]、增强 Strobe 相关器[15.25]、徕卡设计[15.26]，以及所谓的超分辨率技术[15.27-15.28]。在文献[15.29]中描述了包含理论噪声分析的一般概念，主要包括两种技术，其中第一种技术在码片边缘附近对接收信号进行选通或加窗处理有效形成了更窄的码片，从而相应地缩小了多径误差包络[15.25-15.29]。

第二种技术将两早两迟的相关器组合在一起，以创建一个非常窄的鉴别器函数。由于伪距多径包络的大小与形状和鉴别器成正比，因此获得了更好的多径性能。对于 BPSK 相关函数，与此技术相关的 4 个相干器如图 15.24 所示。注意第一对($E_1, L_1$)间隔 $d$ 个码片，第二对($E_2, L_2$)间隔 $2d$ 个码片。鉴别器函数由两个窄相关鉴别器函数之差获得[15.29-15.30]，即

$$D_{\Delta\Delta} = (E_1 - L_1) - \frac{1}{2}(E_2 - L_2) = D_{\text{narrow}}(d) - \frac{1}{2}D_{\text{narrow}}(2d) \quad (15.17)$$

虽然这一技术是由制造商以 Strobe 相关器[15.25]和脉冲孔径 PAC 相关器[15.31]等名字进行应用，但它最初是以高分辨率相关器[15.29]为名进行全面讨论的。然而，由于实际上是两个差值的差值[15.30]，该项技术更广为人知的名字为双差相关器。窄相关鉴别器函数

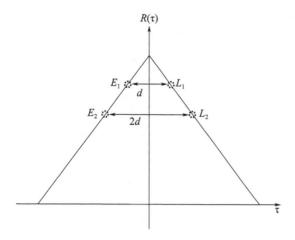

图 15.24　双差鉴别器函数中的两组早迟相关器，一组间距为 $d$ 码片，一组间距为 $2d$ 码片

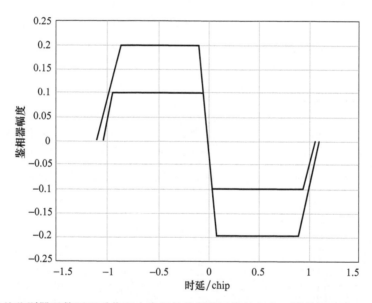

图 15.25　双差鉴别器函数可以看作两个窄相关鉴别器函数的组合。图中展示了 $d=0.1\text{chip}$ BPSK 双差鉴别器的两个组成部分。在 ±0.2 处达到峰值的曲线为 $2d=0.2\text{chip}$ 的鉴相器函数，在 ±0.1 处达到峰值的曲线为 $d=0.1\text{chip}$ 的鉴相器函数。应用式(15.17)将这些曲线合并得到图 15.26 所示的双差鉴别器

的两个组成部分如图 15.25 所示，而对于 $d=0.1\text{chip}$ 产生的双差鉴别器如图 15.26 所示（均为 BPSK）。由 0.1~0.2chip 的窄相关器构成的双差相关器技术的 BPSK(1) 多径误差包络如图 15.27 所示，其中相对多径幅度为 -6dB。需要注意的是，多数环境下多径主要是短时延和中时延，因此双差相关器在时延约 1chip 处多径误差包络的回波并不是个严重问题。

不考虑多径误差包络的回波，双差相关器使用 4 个相关器而不是传统时延锁定环中使用的单个早迟相关器，可以获得窄鉴别器函数和窄多径包络。后续研究表明，几乎任意形状的鉴相器函数（也称为 S 曲线）都可以通过使用额外的相关器来实现，这一技术被称为 S 曲线成形，研究人员研究了在使用大量相关器的情况下 S 曲线的最优化[15.32-15.33]。

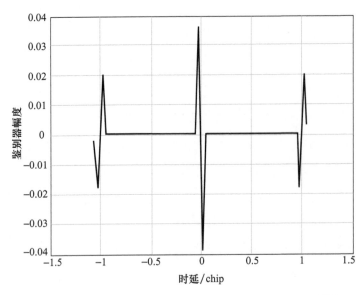

图 15.26 由窄 s 曲线区域和 ±1chip 时延处的寄生响应组成的双差鉴别器（BPSK，$d=0.1$）

### 15.7.4 观测量处理

最后一类抑制措施涉及对多径污染后观测量的处理。在许多应用场景中，尽管在天线放置、天线设计和接收机结构的最佳选择方面做了最大努力，但多径仍是不可避免的。选择合适的观测量处理抑制技术取决于是否需要实时处理和接收机是否静止。

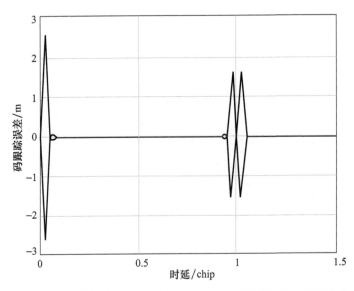

图 15.27 多径信号比直射信号低 6dB，BPSK(1)，$d=0.1$ 情况下的双差伪距多径误差包络

当然，最具挑战性的场景是需要动态接收机在观测量级别上实时抑制多径干扰。最简单的技术是在广义最小二乘解或卡尔曼滤波器中使用仰角相关的观测量权值。其关键思想是，在大多数应用中，观测量的多径干扰与卫星仰角约成反比（注意对流层与电离层

的误差也是如此)。测距方差可以除以仰角的正弦值,从而提供一个简单但合理的近似值。

除了简单的加权方案外,动态接收机中实时多径抑制还需要一些技术来监测观测量中多径的存在。正如下节所述,在后处理过程中,通过正确的组合伪距观测量与载波相位观测量,可以发现伪距测量中存在的多径。在实时情况下,原始伪距观测量与 Hatch 滤波器(载波平滑伪距)的输出值之差可以作为噪声和多径组合的度量,然后根据度量值大小对观测量结果进行成比例的降权。

对于非实时的应用场景,可以利用两种技术进行多径抑制,它们分别对应接收机为静态和动态两种情况。如果接收机是动态的,那么可以用下节讲述的伪距多径测量技术来衡量多径干扰的幅度,然后对测量结果进行相应的加权。如果接收机和它周围的环境是静态的,多径误差将随卫星地面径迹的重复而周期性变化。这一周期性多径变化将在下节中进一步论述,可以利用它来减少多径在固定地点的影响(例如地壳监测和结构变形监测的应用场景)。由于 GPS 卫星的卫星地面径迹大约每个恒星日重复一次,这个技术也被称为恒星滤波。简单地说,对一天内的定位结果利用低通滤波来估计多径误差,然后在随后的日子里会从定位结果中移除这个修正以观察微小变化。详细描述见文献[15.34-15.35]。

可以使用专用的软硬件来监测异常多径误差以及其他信号畸变。所谓软件定义的接收机架构,或者更一般地说,每个通道有三个以上相关器的接收机(在某些情况下一个通道包含数千个软件相关器),促进了信号质量或信号畸变监测的发展。每个通道使用多个相关器,可以对相关峰值进行分析,以确定其标称值的偏差,如在文献[15.36-15.39]中描述了如何使用这些技术来检测多径。

## 15.8 多径测量

通常需要通过实际测量来评估多径的影响。GNSS 误差源的多样化给多径测量带来了挑战。除了多径外,伪距和载波相位测量还受到卫星和接收机钟差、电离层和对流层延迟误差、接收机噪声以及跟踪误差的影响。因此将观测量数据与真值进行简单的差分得到的是所有误差源的总和,而不是其中一个。我们需要一种技术来将多径误差和其他误差源分离开。在伪距观测量中评估多径误差的典型方法是利用伪距和载波相位在误差子集中的共性。载波相位多径的分离则涉及使用在测试点和参考点测量的载波相位数据的双差。下面将依次介绍这两种技术。

### 15.8.1 伪距多径分离

伪距和载波相位观测量模型可表示为

$$p = \rho + cdt_r - cdt^s + I + T + M_p + e + D_p \qquad (15.18)$$

$$\varphi = \rho + cdt_r - cdt^s - I + T + M_\varphi + \varepsilon + D_\varphi + N\lambda \tag{15.19}$$

所有参数都以距离为单位,式中:$p$ 为伪距测量值;$\varphi$ 为载波相位测量值;$\rho$ 为卫星与接收机间的真实距离;$cdt_r$ 为接收机钟差;$cdt^s$ 为卫星钟差;$I$ 为电离层延迟;$T$ 为对流层延迟;$M_p$ 为伪距多径误差;$M_\varphi$ 为载波相位多径误差;$e$ 为伪距噪声;$\varepsilon$ 为载波相位噪声;$D_p$ 为动态产生的码环跟踪延迟;$D_\varphi$ 为动态产生的载波环跟踪延迟;$N\lambda$ 为载波相位整周模糊度距离。

伪距和载波相位观测量具有相同的真实距离、卫星和接收机钟差以及对流层延迟等,分离伪距多径误差的技术依赖于这些共性[15.40-15.42]。通过对一个给定卫星的伪距与载波相位测量进行差分,可以消除真实距离、钟差以及对流层延迟,有

$$p - \varphi = 2I + (M_p - M_\varphi) + N\lambda + (D_p - D_\varphi) + (e - \varphi) \tag{15.20}$$

从上式(有时称为码减载波或 CMC)可以发现存在两倍的电离层误差,这是由于伪距和载波相位观测量的电离层延迟的幅度相等,符号相反(电离层对伪距和载波相位的相反影响称为电离层色散)。在多数情况下,载波相位噪声和多径误差与伪距相比幅度约低 2 个数量级,因此可忽略不计,简化的多径观测表达式为

$$p - \varphi \approx 2I + M_p + N\lambda + (D_p - D_\varphi) + e \tag{15.21}$$

正如所预料的那样,由动态引起的跟踪环路延迟只在接收机加速度很大时才会值得关注。显然,在静态接收机的数据采集中不需要考虑此问题。此外,大多数的车载接收机通常具有足够大的跟踪环路带宽,以适应车辆的所有正常机动。事实上,即使静态接收机的载波跟踪环路带宽也足够适应中等动态变化,例如以 $2g$ 加速度转向的飞行器。然而,部分静态接收机(如测量型)的码环跟踪带宽过小(无载波辅助),如果在车辆上使用会在动态过程中出现滞后。这种情况有时会发生在测量型接收机作为真值系统的飞行测试中。车辆动态会在伪距而非载波相位上产生不小的跟踪误差。这种差异表现为多径观测,必须要注意的是,不要将其与多径误差混淆[15.42]。

对于静态数据采集,其动态项为 0,多径观测可简化为

$$p - \varphi \approx 2I + M_p + N\lambda + e \tag{15.22}$$

假设载波跟踪环路没有经历任何周跳(如果载噪比强且为静态接收机,该假设是合理的),则整周模糊度为常数,并在多径观测中表现为偏差。它可以简单地通过估计和减去多径观测的平均值来消除。然而,这一过程也消除了多径误差组成中的任意偏置误差,因此结果仅描述了峰值对峰值现象。

电离层的色散度可以通过两种方法来处理。第一种方法是在正常情况下(例如,没有太阳风暴引起电离层闪烁),电离层延迟主要取决于卫星仰角,因此在多径观测中表现为长周期趋势。粗略地说,电离层延迟与卫星仰角成反比。由于卫星过境(通过静态接收机的空域)的持续时间大约为 3~8h,电离层延迟看起来就像是长度小于数小时的多径观测量的一阶或二阶趋势。因此从多径观测中拟合并除去一阶或二阶曲线,可以消除电离层。对原始观测数据可用目测来确定一阶或二阶曲线是否合适。

第二种方法是在双频测量的情况下。电离层延迟通过双频校正进行估计,但是要使用载波相位观测量来代替伪距观测量。由于载波相位噪声和多径与伪距相比可忽略,因

此使用这种校正方法不会严重影响观测结果。当然,由载波相位观测量估计的电离层延迟将产生偏置误差(由于距离的模糊),但如前所述,多径观测已经有了一个无论如何都必须消除的未知偏差。文献[15.43]给出了双频电离层校正的码减载波观测值的闭型表达式,即

$$\text{CMC} = p_{L1} - \frac{f_1^2 + f_2^2}{f_1^2 + f_2^2}\varphi_{L1} - \frac{2f_2^2}{f_1^2 + f_2^2}\varphi_{L2} \tag{15.23}$$

式中:$f_1$ 和 $f_2$ 分别为 L1、L2 的载波频率。然而这两个频率并没有独特之处,同样可以通过如 L1 和 L5 的观测量来形成观测值。需要注意的是,观测值中仍存在载波相位模糊度,因此需要去掉均值。

为了说明这一过程,图 15.28 给出了一个屋顶 CORS 站(STKR)的多径分析结果,该站设立在美国俄亥俄州雅典市,数据采集时间为 2012 年 12 月 15 日(GPS 时第 350 天) 13:00—14:00,观测量为 GPS PRN 20 的伪距和载波相位观测量。图 15.29 为放大视图,可以发现两种观测量同步发生了两次接收机时钟跳跃,因此可以在多径观测时进行消除。

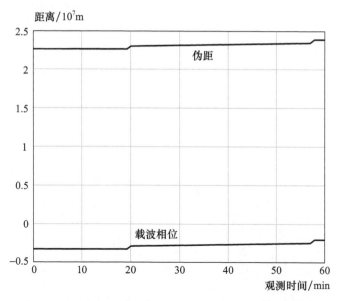

图 15.28　GPS PRN 20 C/A 码的伪距和载波相位图。数据采集时间为 GPS 时 2012 年第 350 天 13:00—14:00,地点为美国俄亥俄州雅典市的 STKR 连续运行参考站(CORS)

图 15.30 为码减载波多径观测生成及移除偏置后的结果。可以发现由电离层色散造成的长周期变化趋势。中频部分为多径,高频部分为噪声。

由于采集的数据包含双频观测量数据,电离层色散可以通过载波相位形成的双频电离层校正来消除,如图 15.31 所示。注意长周期变化趋势已经消除。

## 15.8.2　短时延多径

STKR CORS 站的天线安装在屋顶上,因此反射主要来自于屋顶本身,而且是小于 0.1chip 的短时延。如前所述的多径误差包络,BPSK(1) 和 BPSK(10) 的误差包络在相对

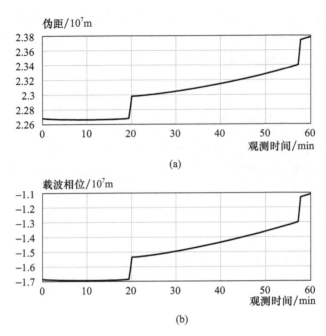

图 15.29　GPS PRN20 C/A 码的伪距和载波相位放大图。
两种观测量中均可清晰发现两个时钟跳变

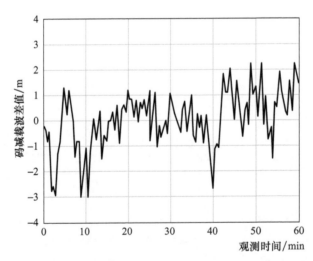

图 15.30　GPS PRN20 C/A 码的码减载波多径观测多径观测。已估计并移除了观测中
的偏置误差。数据中的长周期变化趋势为电离层色散。中频分量为伪距多径,高频分量为噪声

较短的多径时延下重叠,图 15.32 就体现了这一点。虽然观测到的 GPS P 码噪声较小(符合预期),但 P 码和 C/A 码表现出相似的多径误差特征。

## 15.8.3　周期性多径

当多径环境为静态时(静态接收机以及静止的多径产生体),可以利用周期性的卫星地面径迹来辅助辨别噪声扰动中的多径。例如,GPS 系统卫星地面径迹的重复周期约为

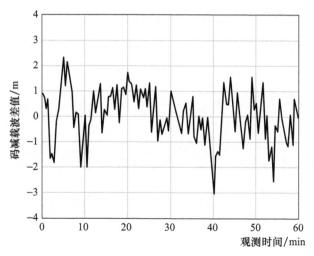

图15.31 GPS PRN20 C/A 码的码减载波多径观测。利用基于载波相位测量的双频电离层校正,消除了由电离层色散导致的长周期变化趋势

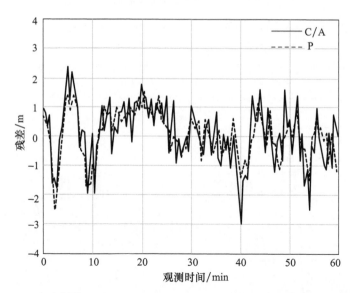

图15.32 电离层修正后 GPS PRN20 C/A 码和 P 码的码减载波多径观测值。由多径引起的观测值上的低频和中频分量基本相同,这是由于较小的多径相对时延造成的

23h56min。在静态多径环境中,多径误差也会随之发生周期性变化。因此,如果某一多径误差发生在周二下午4点,那么在周三下午3点56分左右将会再次出现相同的误差。对于电离层修正后的码减载波观测值,如果不同时期观察到同一特定特征,那么可以得出一个结论,该特征是由多径而非噪声造成的。

为了说明这一技术,图15.33 和图15.34 给出了可重复性的分析结果。除了2012年第350天采集的数据外(前面已讨论过),还分析了第345天和第349天的数据。图15.33 描述了这三天 PRN 20 C/A 码的残差(为了便于观察,第一天和第三天的残差在纵轴上分别故意偏移了+4m 和-4m,同时也考虑了横轴上每天 4min 的偏移)。当三天的码减载波观测值绘制在一起(图 15.34),可以清楚地看到数据采集周期前 10min 的多径误差振荡。

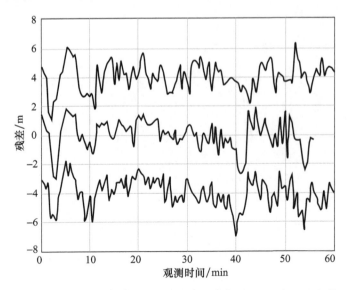

图 15.33　GPS PRN 20 C/A 码的多径周期性分析(数据采集于 GPS 时 2012 年第 345 天、349 天和 350 天的 13:00—14:00,采集地点为美国俄亥俄州雅典市 STKR CORS 站。为了便于观察,第 345 天的观测值故意偏移了+4m,第 350 天故意偏移了-4m)

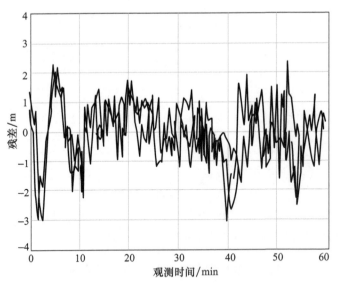

图 15.34　将图 15.33 所示的三天码减载波观测值绘制在一起。三者前 10min 的多径振荡清晰可见

PRN 04 的结果如图 15.35 所示。在这种情况下,多径误差与噪声似乎处于同一水平。噪声稍低的 P 码结果如图 15.36 所示,一开始并不能清楚地区分噪声和多径。然而当 3 天的结果叠加时(图 15.37),多径误差变得更加明显。

多径对于 PRN 04 的影响比 PRN 20 小,至少有部分原因是由于图 15.38 中给出的数据采集期间卫星仰角的区别。低仰角卫星发射的信号有更大的机会与地面物体相互作用

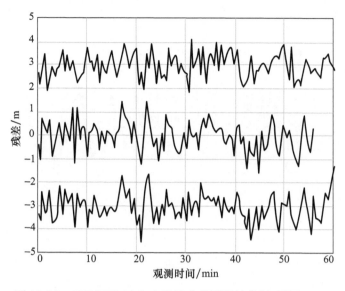

图 15.35　GPS PRN 04 C/A 码的多径周期性分析,同图 15.33

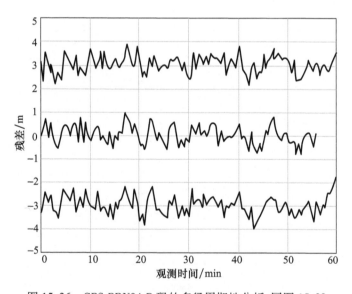

图 15.36　GPS PRN04 P 码的多径周期性分析,同图 15.33

而产生多径。大致可以发现,观测期间 PRN 20 的仰角范围大约在 20°~30°之间,而 PRN 04 则是在数据采集开始时略高于 50°,在结束时将近 80°。

## 15.8.4　载波相位多径测量

一种用于识别载波相位多径污染的技术是通过观察信噪比(SNR)或载噪比。已有研究表明,信噪比振荡和载波相位多径之间存在高度的相关性[15.44]。具体来说,信噪比的振荡幅度越大,多径对载波相位的影响越大。

如前所述,伪距和载波相位测量之间的协同实现了伪距多径的观测。然而,要观测载

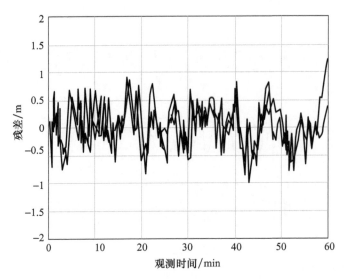

图 15.37 将图 15.36 所示的三天码减载波观测值绘制在一起，15~20min 和 40~50min 多径误差的周期性振荡清晰可见（见彩图）

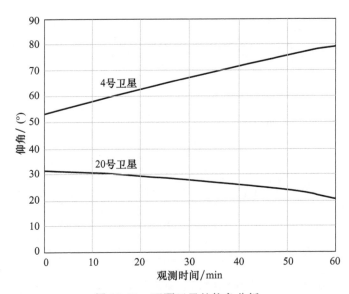

图 15.38 两颗卫星的仰角分析

波相位测量本身的多径，需要不同的组合。通常使用的方法是通过两台分离、静止的接收机跟踪至少两颗卫星。此外，在参考点处两颗卫星的多径干扰应可忽略不计，测试点只应对其中一颗卫星存在明显多径。在此特定场景下，才可以从复杂的卫星测量数据中分离出载波相位多径误差。

如第 20 章所述，对于相隔接近的接收机，载波相位双差观测量可表示为

$$\varphi_{km}^{pq} = \frac{1}{\lambda}R_{km}^{pq} + S_{km}^{pq} + N_{km}^{pq} \tag{15.24}$$

式中：接收机 $k$ 和 $m$ 都跟踪卫星 $p$ 和 $q$；$R$ 为真实几何距离的双差；$S$ 为噪声与多径误差的

双差；$N$ 为双差模糊度。如果两个接收机都在参考点位上，则可以从广播星历或后处理的精密星历中计算出真实几何距离的双差。显然，首选精密星历，但是如果基线很短（如短于几公里），广播星历中的典型误差会在双差中消除。假定没有周跳，双差模糊度则为常数，易于估计并消除。

在除去几何结构和模糊度之后，剩余的是4组载波相位观测量的多径和噪声误差的双差组合。如前所述，理想的参考接收机安装于可忽略多径的位置。对于第二台接收机，被选中的第一颗卫星的多径也是可以忽略的。观测量主要取决于第二颗卫星的多径误差[15.25]。在能够严格控制载波相位多径的实验室试验中，这种技术尤其有效，因为可以使用硬件模拟器为参考接收机提供零多径的模拟信号，同样地，也可以为第二台接收机提供单颗卫星上的模拟多径。该技术在文献[15.8]中用于验证本章前面描述的载波相位多径模型。

为了利用实测数据来说明这一技术，对美国科罗拉多州丹佛市附近的两个CORS接收机数据进行了处理。数据采集于GPS时间2014年第100天和101天的早上5:00~6:00，采集对象为ZDV1和P041 CORS站。采集上述观测量，计算几何距离双差并从观测量中减去。对于GPS卫星PRN 4和PRN 10的处理结果如图15.39所示。卫星是按照要求的标准进行选择的，两颗卫星在P041点处的多径均很小，且仅PRN 10在ZDV1处的多径较强。两天数据的残差在5~15min的区域非常接近。这种周期性表明这一时段的残差取决于一个固定多径源。总体来看，两天的残差具有共性的负斜率趋势。这表明存在一个非常接近天线的多径源，从而产生一个频率非常低的多径分量。两天残差的不一致性可能是由于多径源的不固定性，因此每天都可能不同（例如，停在其中一个或两个天线附近的汽车）。

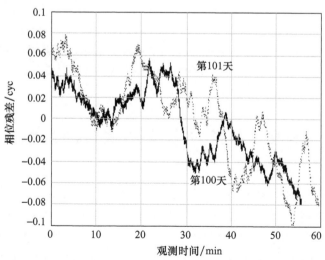

图15.39 载波相位双差多径残差。数据采集于GPS时2014年第100天和101天早上5:00~6:00，采集地点为美国卡罗拉多州丹佛市附近的CORS站。GPS卫星PRN4和PRN10形成双差观测值。几何距离双差由参考点和广播星历计算得到，并从双差观测值中扣除。残差结果主要取决于噪声和多径。考虑到恒星日的移动，第100天的残差数据平移了4min

在文献[15.45]中给出了这种技术的另一例证,文中描述了一次外场数据采集工作,以确定加入新型高阻抗接地板后对地面反射的衰减性能。以扼流圈天线作为对照组,实验组则采用正在研究的新型天线,对二者形成的短基线数据进行双差处理。如图15.40所示,该天线接地板具有良好的性能。当卫星通过空域时,由于地表反射引起的多径时延变化,L2/扼流圈的残差出现了明显的多径误差振荡。由于天线安装在离地约2m高的位置[15.45],因此根据式(15.4),在低仰角时L2的衰落频率约为1.5mHz。这相当于大约11min的重复周期,与图中观察到的现象非常吻合。

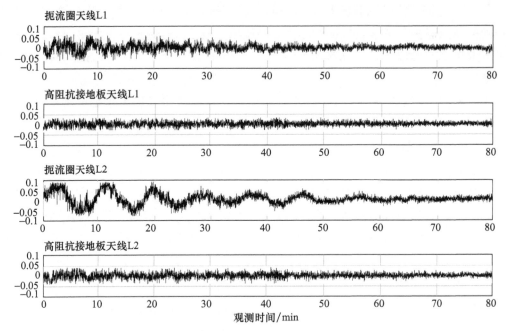

图15.40 传统扼流圈天线与新型高阻抗接地板天线的L1和L2载波相位双差的多径残差比较。Y轴坐标以载波波长为单位。从扼流圈天线的结果中可以清楚地发现因地表反射而造成的误差振荡,同时这也体现了新型接地板天线的有效性(由拓普康定位系统的Dmitry Tatarnikov提供)

## 15.9 多径对多普勒测量的影响

最精确的多普勒测量(径向速度)是由经比例缩放后的载波相位时间差分得到的。差分间隔通常为1s或更小。因此,多普勒测量误差由与差分间隔有关的误差项组成。回顾载波相位观测公式(15.19),误差项为星地钟差、电离层和对流层延迟、多径、噪声、动态跟踪误差以及模糊度,因此多普勒测量误差的多径分量由随差分间隔变化的载波相位多径误差组成。对于多径相对速度(衰落频率)非常小的情况(如,小于0.01Hz),多普勒测量误差中多径分量可以忽略不计。

## 15.10 结 论

在多数差分全球卫星导航系统（DGNSS）应用中，多径是主要的误差源。测量技术可用于评估在特定情况下多径的影响程度。天线的设计/安装、接收机架构和观测量处理技术均可用来降低多径误差。随着 GPS 现代化以及 Galileo 等星座的成熟，民用高速率码成为可能，这将有效地消除低速率码的中、长时延多径误差。

## 致谢

作者要感谢他在俄亥俄大学的现任和前任同事：Michael DiBenedetto 博士，Sai Kalyanaraman 博士（现就职于罗克韦尔柯林斯公司），Joseph Kelly 先生（现就职于硅立科技），以及罗克韦尔柯林斯公司的 Gary McGraw 博士。感谢他们在本章所提到的各种研究项目上的合作。作者还要感谢日本拓普康定位系统公司的 Dmitry Tatarnikov 博士提供了载波相位多径数据。最后，作者要感谢美国联邦航空管理局、美国国家航空航天局和国防部，以及霍尼韦尔公司和罗克韦尔柯林斯公司的支持。

## 参考文献

15.1 G. Hein, A. Teuber, H. Thierfelder, A. Wolfe: GNSS indoors: Fighting the fading-Part 2, Inside GNSS **3**(4), 47-53 (2008)

15.2 K. Kaiser: Plane wave shielding. In: *Electromagnetic Compatibility Handbook*, (CRC, Boca Raton 2004) p. 21-38

15.3 A. Kavak, G. Xu, W. Vogel: GPS multipath fade measurements to determine L-band ground reflectivity properties, Proc. 20th NASA Propag. Exp. Meet. (NAPEX 20), Fairbanks (Jet Propulsion Laboratory, Pasadena 1996) pp. 257-263

15.4 P. Beckmann, A. Spizzichino: *The Scattering of Electromagnetic Waves from Rough Surfaces* (Pergamon/Macmillan, New York 1963)

15.5 A. Ghasemi, A. Abedi, F. Ghasemi: *Propagation Engineering in Wireless Communications* (Springer, New York 2012)

15.6 D. Barton: *Radar Equations for Modern Radar* (Artech House, Boston 2012)

15.7 R. van Nee: Spread-spectrum code and carrier synchronization errors caused by multipath and interference, IEEE Trans. Aerosp. Electron. Syst. **29**(4), 1359-1365 (1993)

15.8 S. Kalyanaraman, M. Braasch, J. Kelly: Code tracking architecture influence on GPS carrier phase, IEEE Trans. Aerosp. Electron. Syst. **42**(2), 548-561 (2006)

15.9 M. Irsigler, J. Avila-Rodriguez, G. Hein: Criteria for GNSS multipath performance assessment, Proc. ION GNSS 2005, Long Beach (ION, Virginia 2006) pp. 2166-2177

15.10　M. Braasch: Autocorrelation sidelobe considerations in the characterization of multipath errors, IEEE Trans. Aerosp. Electron. Syst. **33**(1), 290–295 (1997)

15.11　G. Brodin: GNSS code and carrier tracking in the presence of multipath, Proc. ION GPS 1996, Kansas City(ION, Virginia 1996) pp. 1389–1398

15.12　J. Ray: Mitigation of GPS Code and Carrier Phase Multipath Effects Using a Multi-Antenna System, Ph. D. Thesis(Univ. Calgary, Calgary 2000)

15.13　J. Kelly, M. Braasch, M. DiBenedetto: Characterization of the effects of high multipath phase rates in GPS, GPS Solutions **7**(1), 5–15(2003)

15.14　F. Bletzacker: Reduction of multipath contamination in a geodetic GPS receiver, Proc. 1st Int. Symp. Precise Position. Glob. Position. Syst. (US Department of Commerce, National Oceanic and Atmospheric Administration, Rockville 1985) pp. 413–422

15.15　J. Tranquilla, J. Carr, H. Al-Rizzo: Analysis of a choke ring groundplane for multipath control in global positioning system(GPS) applications, IEEE Trans. Antennas Propag. **42**(7), 905–911(1994)

15.16　W. Kunysz: A novel GPS survey antenna, Proc. ION NTM 2000, Anaheim(ION, Virginia 2000) pp. 698–705

15.17　W. Kunysz: High performance GPS pinwheel antenna, Proc. ION GPS 2000, Salt Lake City(ION, Virginia 2000) pp. 2506–2511

15.18　A. Lopez: GPS Antenna Systems, US Patent(Application) 5 534 882(1996)

15.19　M. Braasch: Optimum antenna design for DGPS ground reference stations, Proc. ION GPS 1994, Salt Lake City(ION, Virginia 1994) pp. 1291–1297

15.20　F. van Graas, D. Diggle, M. Uijt de Haag, T. Skidmore, M. DiBenedetto, V. Wullschleger, R. Velez: Ohio Univ./FAA flight test demonstration of local area augmentation system(LAAS), Navigation **45**(2), 129–136(1998)

15.21　D. B. Thornberg, D. S. Thornberg, M. DiBenedetto, M. Braasch, F. van Graas, C. Bartone: LAAS integrated multipath-limiting antenna, Navigation **50**(2), 117–130(2003)

15.22　A. Lopez: GPS ground station antenna for local area augmentation system, LAAS, Proc. ION ITM 2000, Anaheim(ION, Virginia 2000) pp. 738–742

15.23　A. Lopez: LAAS/GBAS ground reference antenna with enhanced mitigation of ground multipath, Proc. ION NTM 2008, San Diego(ION, Virginia 2008) pp. 389–393

15.24　L. Garin, F. van Diggelen, J. Rousseau: Strobe and edge correlator multipath mitigation for code, Proc. ION GPS 1996, Kansas City(ION, Virginia 1996) pp. 657–664

15.25　L. Garin, J. Rousseau: Enhanced strobe correlator multipath rejection for code and carrier, Proc. ION GPS 1997, Kansas City(ION, Virginia 1997) pp. 559–568

15.26　R. Hatch, R. Keegan, T. Stansell: Leica's code and phase multipath mitigation techniques, Proc. ION NTM 1997, Santa Monica(ION, Virginia 1997) pp. 217–225

15.27　L. Weill: GPS multipath mitigation bymeans of correlator reference waveform design, Proc. ION NTM 1997, Santa Monica(ION, Virginia 1997) pp. 197–206

15.28　L. Weill: Application of superresolution concepts to the GPS multipath mitigation problem, Proc. ION NTM 1998, Long Beach(ION, Virginia 1998) pp. 673–682

15.29　G. McGraw, M. Braasch: GNSS multipath mitigation using gated and high resolution correlator concepts, Proc. ION NTM 1999, Santa Diego(ION, Virginia 1999) pp. 333–342

15.30 M. Irsigler, B. Eissfeller: Comparison of multipath mitigation techniques with consideration of future signal structures, Proc. ION GPS 2003, Portland (ION, Virginia 2003) pp. 2584–2592

15.31 J. Jones, P. Fenton, B. Smith: *Theory and Performance of the Pulse Aperture Correlator* (NovAtel, Calgary 2004), http://www.novatel.com/assets/Documents/Papers/PAC.pdf

15.32 T. Pany, M. Irsigler, B. Eissfeller: S-curve shaping: A new method for optimum discriminator based code multipath mitigation, Proc. ION GNSS 2005, Long Beach (ION, Virginia 2005) pp. 2139–2154

15.33 M. Paonni, J. Avila-Rodriguez, T. Pany, G. Hein, B. Eissfeller: Looking for an optimumS-curve shaping of the different MBOC implementations, Navigation **55**(4), 255–266 (2008)

15.34 Y. Bock: Continuous monitoring of crustal deformation, GPS World **2**(6), 40–47 (2008)

15.35 K. Choi, A. Bilich, K. Larson, P. Axelrad: Modified sidereal filtering: Implications for high-rate GPS positioning, Geophys. Res. Lett. **31**(L22608), 1–4 (2004)

15.36 Z. Zhu, S. Gunawardena, M. Uijt de Haag, F. van Graas: Satellite anomaly and interference detection using the GPS anomalous event monitor, Proc. ION AM 2007, Cambridge (ION, Virginia 2007) pp. 389–396

15.37 Z. Zhu, S. Gunawardena, M. Uijt de Haag, F. van Graas: Advanced GPS performance monitor, Proc. ION GNSS 2007, Fort Worth (ION, Virginia 2007) pp. 415–423

15.38 M. Irsigler: Multipath Propagation, Mitigation and Monitoring in the Light of Galileo and the Modernized GPS, Ph.D. Thesis (Universitat der Bundeswehr, Munich 2008)

15.39 Z. Zhu, S. Gunawardena, M. Uijt de Haag, F. van Graas, M. Braasch: GNSS watch dog: A GPS anomalous event monitor, Inside GNSS **3**(7), 18–28 (2008)

15.40 Final User Field Test Report for the NAVSTAR Global Positioning System Phase I, Major Field Test Objective No. 17: Environmental Effects, Multipath Rejection, Rep. GPS-GD-025-C-US-7008 (General Dynamics Electronics Division, San Diego 1979)

15.41 A. Evans: Comparison of GPS pseudorange and biased doppler range measurements to demonstrate signal multipath effects, Proc. Int. Telemetering Conf., Las Vegas (1986) pp. 795–801

15.42 M. Braasch: Isolation of GPS multipath and receiver tracking errors, Navigation **41**(4), 415–434 (1994)

15.43 R. Langley: GPS receivers and the observables. In: *GPS for Geodesy*, Vol. 2, ed. by P. Teunissen, A. Kleusberg (Springer, Berlin 1998) pp. 167–171

15.44 P. Axelrad, C. Comp, P. MacDoran: SNR-basedmultipath error correction for GPS differential phase, IEEE Trans. Aerosp. Electron. Syst. **32**(2), 650–660 (1996)

15.45 D. Tatarnikov, A. Astakhov: Approaching millimeter accuracy of GNSS positioning in real time with large impedance ground plane antennas, Proc. ION NTM 2014, Santa Diego (ION, Virginia 2014) pp. 844–848

# 第 16 章 干　　扰

## Todd Humphreys

GNSS 信号到达地球表面附近时已经非常微弱,很容易被自然或人为因素干扰。常规 GNSS 信号是未经加密和无须验证的,可以无限制访问,这意味着它们可以被伪造或被欺骗。虽然国际法严格保护分配给 GNSS 的无线电频段,但是法律无法约束自然因素带来的影响,并且无意的和有意的人为干扰越来越令人担忧。

本章首先研究 GNSS 信号干扰的来源以及干扰对 GNSS 信号跟踪的影响,提供了对自然干扰、有意干扰和无意干扰的系统处理方法和手段,对有意干扰和欺骗干扰进行了重点介绍;然后给出简单的窄带和宽带干扰情形下的理论性能界限;最后介绍基于天线和信号处理的干扰检测与抑制技术的现状。

GNSS 信号都采用扩频技术体制。扩频技术不仅具有一定的抗干扰能力,同时还具有较低的截获概率和良好的多址特性,这促使扩频技术最初在军事系统中得到了发展。但是,GNSS 信号极易受到干扰,尤其是在地球表面附近,其通量密度并不比从 2000km 外 50W 的灯泡中接收到的光更大。GNSS 信号的微弱性导致了它的脆弱性,以至于 GNSS 接收机会受到附近范围内电子产品的干扰,因此计算机、手机、车辆等设备中的 GNSS 接收机需要采取特别的预防措施来进行隔离。

表 16.1 所列为国际电信联盟空间对地卫星无线电导航业务(RNSS)频率分配表[16.2,16.3]。ARNS 指航空无线电导航服务。原则上,被同时分配给 RNSS 和 ARNS 的频段与仅分配给 RNSS 频段相比,受到国际电信联盟(ITU)同等水平的干扰保护。但实际上,它们被赋予了更为保守的安全裕度(见 ITU-R M.1903),而且 ITU 成员国可能会更严格地监控这些频段。

表 16.1　RNSS 频率分配表

| 频率区间/MHz | 带宽/MHz | GNSS 波段 | 备注 |
|---|---|---|---|
| 1164~1215 | 51 | L5/E5a/E5b/L3/B2 | ARNS 波段;存在脉冲 DME/TACAN 干扰[16.1] |
| 1215~1240 | 25 | L2 | 传统 GPS L2 波段 |
| 1240~1260 | 20 | L2 | 传统 GLONASS 波段 |
| 1260~1300 | 40 | E6/B3/LEX | |
| 1559~1610 | 51 | L1/E1/B1 | ARNS 波段;传统 GPS 和 GLONASS L1 波段 |
| 5010~5030 | 20 | C1 | |

GNSS 无意干扰和有意干扰之间的区别更多的是动机而不是效果。两者可以是窄带的或宽带的(相对于所需 GNSS 信号的带宽),也可以是特定的或随机的。遭受干扰的

GNSS 接收机用户可能不太关心干扰机的意图,重要的是得到一个无干扰的频带。事实上,最近出现了所谓的个人保密装置(personal privacy devices,PPD),可用于防止全球卫星导航系统跟踪的低成本 GNSS 干扰器,这种设备模糊了无意干扰和有意干扰之间的界限。个人保密装置用户只打算在自己周围的区域中干扰 GNSS 接收机,它可能永远也不打算破坏街边银行的 GNSS 授时性能。

模拟 GNSS 信号体制和内容的干扰对 GNSS 接收机是一种特殊威胁。这种结构化干扰(称为欺骗)的传输,不是简单地降低位置、速度和时间(PVT)解的精度,而是可以欺骗接收机产生精确的错误解。更糟糕的是,诱导的定位结果完全可以被恶意的欺骗器操纵。所有的 GNSS 信号在某种程度上都是可以被欺骗的。至少,它们都可以被记录下来并在目标接收机中回放,这是接收机测试的常规做法。但最流行的 GNSS 信号,即所谓的开放信号,特别容易受到攻击,因为它们几乎完全可以预测,迄今为止缺乏任何形式的加密或认证。对于无线电导航和通信来说,可预测性与安全性是对立的。

从 GNSS 诞生之日起,其无线电频段就被国家和国际政策特殊保护,现在 GNSS 接收机已普遍嵌入支持全球经济的基础设施中,这种保护具有特别重要的意义。国际电信联盟(ITU)将 GNSS 频带设定为卫星无线电导航业务(RNSS)频带,并禁止在 GNSS 频段内进行任何危及无线电导航服务功能的干扰[16.2]。表 16.1 总结了目前 ITU 对 GNSS 信号的频率分配。

在一些地区,在 GNSS 频段内发射未经授权信号面临很严厉的处罚。为了应对日益增多的个人保密装置(PPD),美国联邦通信委员会(FCC)对故意违反者处以高昂的罚款[16.4]。在澳大利亚故意发射干扰信号可能处以 2 年监禁[16.5]。尽管政府对 GNSS 频段进行了保护,但这些频段仍然充斥着干扰。已有迹象表明,随着更多的 GNSS 星座开始播发信号[16.6],人们通过使用 PPD[16.7]来对抗普遍存在的 GNSS 追踪器,并且由于通信信号不可避免地侵犯了极有价值的 GNSS 频谱,这种干扰在未来几十年内将进一步恶化[16.8]。

本章研究干扰对 GNSS 接收机的影响。首先介绍了将用于评估干扰效果的一般性技术,该技术成立的前提是干扰信号在统计上独立于 GNSS 信号。然后,该技术将被应用于研究典型窄带、宽带和多址干扰的影响。随后,将讨论其他特定的干扰波形,如脉冲干扰。另外,还对不能被视为统计上独立于 GNSS 信号的特定类型干扰 GNSS 欺骗信号进行重点讨论。最后,研究了干扰检测和抑制策略。需要注意的是,虽然 GNSS 多径信号事实上也是一种干扰,但第 15 章已经单独讨论了,本章不再赘述。

## 16.1 统计独立干扰的分析技术

除了 GNSS 干扰一定会降低 PVT 精度外,还会对信号处理造成与接收机高度相关的影响。例如,低跟踪带宽的矢量跟踪接收机与标量跟踪宽带接收机相比,具有更稳健的 PVT 定位结果。在早期处理阶段,常见干扰效应在各类型接收机中影响是基本相同的,可以采用通用方法进行分析。本节介绍了干扰对原始相关和累加结果的影响,这些构成了所有 GNSS 接收机中信号跟踪的基础。

## 16.1.1 接收信号模型

在接收机射频(RF)前端下变频处理之后,考虑 GNSS 信号的通用表示方式。同时,为了简化符号,采用基带复信号的表示形式,即

$$r_S(t) = \sqrt{P_S} D(t - \tau(t)) C(t - \tau(t)) \exp(j\theta(t)) \tag{16.1}$$

式中:$P_S$ 为接收信号功率,单位为瓦;$D(t)$ 为调制的二进制导航数据;$C(t)$ 为二进制扩频(测距)码;$\tau(t)$ 为码相位;$\exp(j\theta(t))$ 为相位 $\theta(t)$ 的载波。由于码相位 $\tau(t)$ 变化缓慢,在对干扰进行建模和分析中,可以近似认为码相位为常数;因此,可在后续建模中把它定义为常量,用 $\tau$ 表示。

设 $r_I(t)$ 为复干扰信号,并且将热噪声建模为零均值的复高斯过程 $n(t) = n_I(t) + jn_Q(t)$。接收到的带干扰和噪声的信号可表示为

$$r(t) = r_S(t) + r_I(t) + n(t)$$

假设接收信号中各分量 $r_S(t)$、$r_I(t)$ 和 $n(t)$ 经过了 RF 前端中噪声等效带宽为 $W_{FE}$ 的带通滤波器。相互正交的噪声分量 $n_I(t)$ 和 $n_Q(t)$ 被建模成 $|f| < W_{FE}/2$ 范围的白噪声,其双边带功率谱密度为 $N_0/2$,$N_0$ 的单位为 W/Hz。在这个范围内,复热噪声 $n(t)$ 的功率谱密度为 $N_0$。将调制数据 $D(t)$ 和扩频码 $C(t)$ 归一化为单位功率,即

$$P_S = \lim_{T \to \infty} \frac{1}{T} \int_{-T/2}^{T/2} |r_S(t)|^2 dt$$

由于 $r_S(t)$、$r_I(t)$、$n(t)$ 在统计上是独立的,所以带宽 $W_{FE}$ 内的总接收功率定义为 $P_T$,即

$$P_T = P_S + P_I + P_n \tag{16.2}$$

式中:$P_I$ 为 $r_I(t)$ 的总功率;$P_n = W_{FE} N_0$。载噪比为 $C/N_0 = P_S/N_0$,信噪比为 $SNR_{FE} = P_S/P_n$。同样地,信干噪比为 $SINR_{FE} = P_S/(P_n + P_I)$。图 16.1 提供了 $r_S(t)$、$r_I(t)$ 和 $n(t)$ 功率谱之间关系的示例说明。

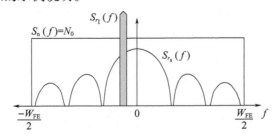

图 16.1 接收分量 $r_S(t)$、$r_I(t)$、$n(t)$ 的功率谱 $S_{r_S}(f)$、$S_{r_I}(f)$、$S_n(f)$ 的示意图。假设频谱仅在 $|f| \le W_{FE}/2$ 的区间内有效,其中 $W_{FE}$ 是 RF 前端窄带滤波器带宽。在处理时间内 $S_{r_S}(f)$、$S_{r_I}(f)$、$S_n(f)$ 的总功率分别为 $P_S$、$P_I$ 和 $P_n$

## 16.1.2 热噪声等效近似

为了简化对 GNSS 的干扰分析,将干扰视为具有特定功率谱密度的平坦热噪声,来精确建模对 GNSS 接收机的影响。本节说明了这种等效热噪声近似何时是有效的,并指出了其使用的限制。

GNSS 信号处理建立在接收信号 $r(t)$ 与本地信号副本的基础上,即

$$l(t) = C_l(t-\hat{\tau})\exp(j\hat{\theta}(t))$$

忽略频带限制的影响,$C_l(t)$ 通常被视为等于 $C(t)$。尽管利用超前滞后相关器或生成特殊的伪码副本来减少多径影响时,它可能不同于 $C(t)$。假设 GNSS 接收机正在跟踪 $r_S(t)$ 的载波相位,即 $\hat{\theta}(t) \approx \theta(t)$,则复相关器输出为

$$Y(t) \equiv r^*(t)l(t) = S(t) + I(t) + N(t) \tag{16.3}$$

$$S(t) \approx \sqrt{P_S}D(t-\tau)C(t-\tau)C_l(t-\hat{\tau})$$

$$I(t) \approx r_I^*(t)C_l(t-\hat{\tau})\exp(j\hat{\theta}(t))$$

$$N(t) = n^*(t)l(t)$$

式中:$S(t)$ 为期望信号分量;$I(t)$ 为干扰分量;$N(t)$ 为随机噪声分量。

如果分量 $r_I^*(t)$、$C_l(t-\hat{\tau})$ 和 $\exp(j\hat{\theta}(t))$ 是广义平稳且相互统计独立的,可以作为非欺骗干扰的合理近似,则自相关函数 $I(t)$ 可表示为

$$\begin{aligned}R_I(\bar{\tau}) &\equiv E[I^*(t)I(t-\bar{\tau})] \\ &= E[r_I(t)r_I^*(t-\bar{\tau})] \times E[C_l(t-\hat{\tau})C_l(t-\bar{\tau}-\hat{\tau})] \times \\ &\quad E(\exp(j\hat{\theta}(t))\exp(j\hat{\theta}(t-\bar{\tau})))\end{aligned} \tag{16.4}$$

式中:$R_I(\hat{\tau})$ 为 $I(t)$ 三个分量对应的自相关函数的乘积。因此,$I(t)$ 的功率谱密度为 $S_I(f) = \mathcal{F}[R_I(\bar{\tau})]$,其中 $\mathcal{F}$ 表示傅里叶变换,可以通过三个分量功率谱的卷积来计算。$S_{C_l}(f)$,$S_{r_I}(f)$ 和 $\delta(f+\hat{f}_D)$ 分别为 $C_l(t)$、$r_I(t)$ 和 $\exp(j\hat{\theta}(t))$ 对应的功率谱密度函数。其中,$\hat{f}_D = -\frac{1}{2\pi}\frac{d\hat{\theta}}{dt}$ 是接收机对期望信号多普勒频率的估计,单位为赫兹;$\delta(f)$ 是狄拉克 $\delta$ 函数。因此可得

$$S_I(f) = S_{C_l}(f) * S_{r_I}(f) * \delta(f+\hat{f}_D) = S_{C_l}(f) * S_{r_I}(f+\hat{f}_D)$$

式中:* 为卷积。

在 $f=0$ 附近的邻域内 $S_I(f)$ 的值是预测 GNSS 干扰效果的一个有用起点。参考图 16.2,接收信号 $r(t)$ 与本地伪码信号 $l(t)$ 进行相关,然后通过积分累积操作产生离散复累积值 $Y_k = I_k + jQ_k, k=1,2,\cdots$。积分累积操作表现为具有平方频率响应的低通滤波器,即

$$|H_a(f)|^2 = \text{sinc}^2(fT_a)$$

$$\text{sinc}(x) \equiv \sin(\pi x)/\pi x$$

式中：$T_a$ 为以秒为单位的累积间隔。干扰通过积分累积滤波器进入到复累积值结果中，然后再进入码和载波跟踪环路，其干扰功率为

$$P_{aI} = \int_{-\infty}^{\infty} |H_a(f)|^2 S_I(f) \mathrm{d}f$$

将积分累积滤波器的等效噪声带宽定义为

$$W_a \equiv \int_{-\infty}^{\infty} \mathrm{sinc}^2(fT_a) \mathrm{d}f = \frac{1}{T_a}$$

令 $I_0 \equiv S_I(0)$。只要 $S_I(f)$ 在 $W_a$ 带宽上接近常数（平坦），$P_{aI}$ 就可以近似为

$$P_{aI} \approx \widehat{P}_{aI} \equiv I_0 W_a$$

对于典型 $T_a$ 值和典型扩频码副本 $C_l(t)$，容易满足 $S_I(f)$ 为准常数的条件。具体原因详见图 16.3。假设 $S_{C_l}(f)$ 和 $S_I(f)$ 是光滑的（没有线谱），其频率导数分别为 $S'_{C_l}(f)$ 和 $S'_I(f)$。用 $\widehat{P}_{aI}$ 近似 $P_{aI}$ 的误差可以用 dB 表示为

$$\Delta P_{aI} \equiv 10\lg\left(\left|\frac{\widehat{P}_{aI}}{P_{aI}}\right|\right)$$

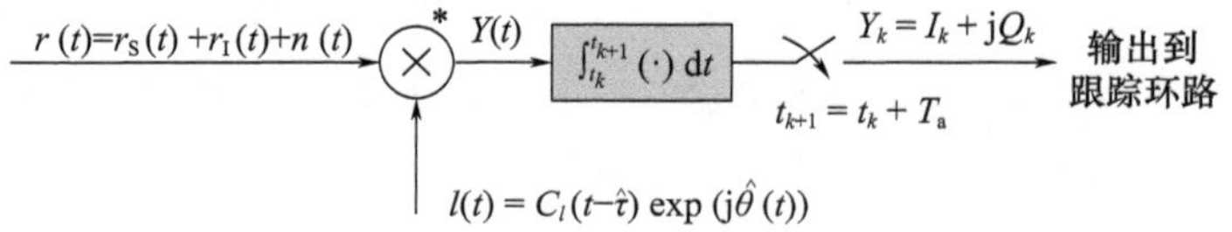

图 16.2 GNSS 接收机中的标准相关和累积处理。
输入信号 $r(t)$ 和本地伪码 $l(t)$ 的复数乘积在 $T_a$ 时间内累积产生离散复累积值 $Y_k$

对于实际 $C_l(t)$ 满足

$$\Delta P_{aI} < 10\lg\left(1 + \frac{|S'_I(0)|}{S_I(0)}W_a\right)$$

根据卷积性质，有

$$\frac{|S'_I(0)|}{S_I(0)} \leq \max_f \frac{|S'_{C_l}(f)|}{S_{C_l}(f)}$$

为了求解最大值，只需要使 $f$ 的值满足

$$U_\epsilon\{f| \epsilon < S_{C_l}(f)\}$$

当 $\epsilon > 0$ 时，由于 $f \notin U_\epsilon$，则 $|S'_{C_l}(f)|/S_{C_l}(f)$ 对 $P_{aI}$ 的贡献较小，使得即使 $|S'_{C_l}(f)|/S_{C_l}(f)$ 的值较大也无关紧要。

综合上述因素，$\Delta P_{aI}$ 的上界可以表示为

$$\Delta P_{aI} < \max_{f \in \mu_\epsilon}\left[10\lg\left(1 + \frac{|S'_{C_l}(f)|}{S_{C_l}(f)}W_a\right)\right]$$

考虑 $P_{aI}$ 值较大，令 $C_l(t)$ 为 GPS L1 信号的 C/A 码（忽略谱线），有

$$S_{C_l}(f) = T_C \mathrm{sinc}^2(fT_C)$$

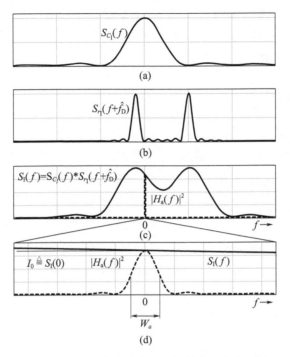

图 16.3 干扰分析中涉及的功率谱和滤波示例

(a) $S_{C_l}(f)$ 为 GNSS 复制码的频谱；(b) $S_{r_1}(f+\hat{f}_D)$ 为接收到干扰的频谱与 $\delta(f+\hat{f}_D)$ 的卷积；(c) $S_I(f)$ 为干扰 $I(t)$ 的谱函数，$|H_a(f)|^2$ 为积分累积滤波器频率相应的平方；(d) $f=0$ 附近的 $S_I(f)$ 和 $|H_a(f)|^2$ 的放大图显示，当干扰为窄带时，$S_I(f)$ 在噪声等效带宽 $W_a$ 上近似平坦。

$$S'_{C_l}(f) = \frac{2T_C}{f}[\operatorname{sinc}(fT_C) - \operatorname{sinc}^2(fT_C)]$$

式中：$T_C \approx 1\mu s$ 为扩频码片间隔。选择 $\varepsilon = S_{C_l}(0)/100$，可以看到 $|S'_{C_l}(f)|/S_{C_l}(f)$ 的最大值近似为 $25T_C$。假设 $W_a = 1\text{kHz}$ 是 GPS L1 C/A 信号最宽的典型积分清零滤波器带宽，而比值 $\Delta P_{aI}$ 也就是用 $\bar{P}_{aI}$ 近似 $P_{aI}$ 的误差仍然小于 $0.105\text{dB}$。这在大多数情况下都是无关紧要的。

干扰效应热噪声的等效近似可以概括如下：在产生复累积值 $Y_k = I_k + jQ_k$ 的低通积分清零滤波器的输入端，载噪比为 $C/N_0 = P_S/N_0$；在滤波器输出端，信噪比（SNR）为 $\text{SNR} = P_S/N_0W_a$。除了热噪声之外当存在干扰时，那么在滤波器输入端的载波功率与干扰和热噪声比（CINR）可以近似为

$$\text{CINR} = \frac{C}{N_{0,\text{eff}}} = \frac{P_S}{N_0 + I_0}$$

式中：$N_{0,\text{eff}} = N_0 + I_0$ 为等效热噪声密度，其中既考虑了热噪声又考虑了干扰。在滤波器输出端，干扰信号和热噪声比可近似为

$$\text{SINR} = \frac{P_S}{N_{0,\text{eff}}W_a}$$

除了上述限制之外,对干扰存在情况下,对 GNSS 接收机的分析可以像在热噪声条件下的接收机行为分析一样,这是众所周知的方法[16.9-16.11]:用 CINR(或 $C/N_{0,\text{eff}}$)代替 $C/N_0$,用 SINR 代替 SNR。

### 16.1.3 应用限制

将与本地伪码及载波信号统计独立的干扰在积分清零滤波器的输入端近似为功率谱密度为 $I_0$ 的热噪声,并从理论上完整分析了其对捕获、载波跟踪和数据解调的影响,与获得的误差统计[16.12]结果也具有很好的一致性。该结果可以准确地预测与本地伪码 $C_l(t)$ 的任何相关结果的统计特性。例如,只要正确估计了数据位,它就可以准确地预测超前减滞后码相位误差的统计值,其中 $C_l(t)$ 为超前和滞后伪码之间的差值[16.12]。但是,热噪声等效近似在分析非相干码鉴别器码相位误差统计值时会产生偏置[16.13,16.14]。在这种情况下,窄带干扰造成的最大码跟踪误差不是出现在干扰中心频率 $f = 0$ Hz(与期望信号的载波频率一致)时,而是出现在 $f \approx 1/T_C$ 时。如果适当地考虑平方损失,那么非相干相位误差统计也可以简化为精确的热噪声等效表示[16.12]。因此,热噪声等效近似对于干扰效应的分析具有广泛的适用性。

如果接收到的干扰 $r_I(t)$ 不是在统计上独立于 $C_l(t - \hat{\tau})$ 和 $\exp(j\hat{\theta}(t))$,那么热噪声等效近似就是无效的,因为式(16.4)中 $R_I(\hat{\tau})$ 的分解是不成立的。例如,如果干扰在结构上类似于发射信号 $r_s(t)$,并且码相位与 $r_s(t)$ 很接近,即干扰信号是欺骗信号,就会造成这种情况。本章稍后将单独对欺骗类型的干扰进行讨论。以下讨论中所有 $r_I(t)$ 将被假定是统计独立于 $C_l(t - \hat{\tau})$ 和 $\exp(j\hat{\theta}(t))$。此外,所有的码和载波相位测量都将由相干鉴别器产生。这些条件下可以通过预测热噪声等效近似来准确地预测接收机热效应。

### 16.1.4 干扰对载波相位跟踪的影响概述

本节描述了当热噪声近似等效是有效时干扰对载波相位跟踪的影响。相位锁定环(PLL)是信号跟踪中最薄弱的环节,因此 PLL 一直是关注的焦点。通常,如果 PLL 可以保持锁定,那么频率跟踪环和码相位跟踪环也可以。

1. 相位误差方差

考虑一个标准(非平方)锁相环,输入相位真值为 $\theta(t)$,相位估计值为 $\hat{\theta}(t)$。当相位误差 $\varphi(t) = \theta(t) - \hat{\theta}(t)$ 足够小时,锁相环的相位检测器可以被看作线性的。那么对于零均值白噪声,PLL 相位误差方差 $\sigma_\varphi^2 = E[\varphi^2(t)]$($\text{rad}^2$)被精确地近似为[16.15]

$$\sigma_\varphi^2 = \frac{B_n N_0}{C} \equiv \frac{1}{\rho_L} \tag{16.5}$$

式中:$B_n$ 为 PLL 的单边噪声带宽;$\rho_L$ 为环路信噪比。数据调制信号的 GNSS 载波相位跟踪需要一个平方(如 Costas)PLL,其对数据调制引起的相位跳变不敏感。在平方 PLL 中,实际跟踪的相位误差为 $2\varphi$,相应的方差用 $\sigma_{2\varphi}^2$ 表示。此外,$\rho_L$ 减少了平方损失因子,近似

等于[16.16]

$$S_L = \left(1 + \frac{N_0}{2T_a C}\right)^{-1}$$

式中：$1/T_a$ 为预检测带宽。因此，对于平方环路，有

$$\sigma_\varphi^2 = \frac{\sigma_{2\varphi}^2}{4} = \frac{1}{\rho_L S_L}$$

上式是线性范围内 $\sigma_\varphi^2$ 的一个有用近似值。为了分析平方环路，等效环路 SNR 定义为[16.17]

$$\rho_{eq} \equiv \frac{\rho_L S_L}{4} \tag{16.6}$$

当 $\varphi$ 非常小时，$\rho_{eq} \approx 1/\sigma_{2\varphi}^2$。

在 $\varphi$ 取较大值时，PLL 的线性假设失效导致分析变得困难。在文献[16.18]中给出了高斯白噪声驱动的一阶非平方 PLL 的 $\sigma_\varphi^2$ 的精确表达式。除了标准的一阶环路外，所有其他环路的相位误差统计通常都是通过仿真获得的。标准一阶环路的精确相位误差方差是高阶环路的合理近似，这样就可以识别出近似线性的 PLL 运算区域。对于标准一阶环，式(16.5)中的线性模型对于 $\rho_L > 4$ 或 $\sigma_\varphi < 28.6°$ 是相当精确的(在 20% 以内)[16.18]。同样，平方环在 $\rho_{eq} > 4$ 或 $\rho_\varphi < 14.3°$ 范围内近似线性。

**2. 周跳**

PLL 的相位检测器是周期性的，这意味着它不能区分相位误差 $\varphi$ 和 $\varphi + 2n\pi$（非平方环）或 $\varphi$ 和 $\varphi + n\pi$（平方环），其中 $n$ 是整数。因此，描述 PLL 误差变化的非线性差分方程，存在无限个稳定点。在低信噪比下，相位误差会从一个稳定点跳变到另一个稳定点，导致稳态时的相位误差 $\sigma_\varphi^2$ 趋于无穷大。这就是 PLL 常见的周跳现象[16.19-16.20],[16.15,第6章]。

发生第一次周跳的平均时间 $T_s$ 被定义为：从零相位误差开始，环路相位误差第一次达到 $\pm 2\pi$（$\pm \pi$ 对于平方环路）所需的平均时间。对于一阶环路，在其他周跳独立发生的情况下，$T_s$ 与相邻两次周跳发生间的平均时间是相同的。如果周跳是突发性的，如在二阶或更高阶环路，当 $\rho_L, \rho_{eq} < 5$ 时，那么 $T_s$ 和相邻两次周跳发生的平均时间并不是简单的线性相关[16.20]。

与 $\sigma_\varphi^2$ 的计算一样，仅在高斯白噪声驱动的无动态应力条件下(零静态相位误差)一阶 PLL 的简单情况时，可能存在 $T_s$ 的解析解。在这种情况下[16.18,101页]，有

$$T_s = \frac{\pi^2 \rho_L I_0^2(\rho_L)}{2B_n} \tag{16.7}$$

式(16.7)是非平方环路的首次周跳/相邻周跳间平均时间，$I_0(\cdot)$ 是第一类修正贝塞尔函数。一阶平方环的近似 $T_s$ 是通过用 $\rho_{eq}$ 代替 $\rho_L$ 来获得的。无应力情况下二阶和高阶环比无应力一阶环具有更低的 $T_s$，承受动态应力的环路更容易发生周跳。尽管如此，式(16.7)仍然是一个有用的上限。对于 GNSS 应用，需要一个二阶或三阶环路来精确跟踪存在多普勒导致的二次增长的载波相位。即使是二阶环路，在最大的 GNSS 视线加速

度期间也会遇到明显的环路应力(静态相位误差 ≈ 1°)。对于所有的 GNSS 接收机,只有三阶环保持接近零的静态相位误差。

3. 频率失锁

一般"相位失锁"这个术语是指单个或连续的周跳。在极低的环路信噪比下,PLL 在长时间连续周跳后可能永远无法恢复锁相。这种现象在 PLL 的文献中被称为失锁,其与 PLL 的频率牵引范围有关。"频率失锁"这个术语对于这一现象来说是一个更精确的描述,因为它与现代 GNSS 接收机中使用的离散时间 PLL 有关。

PLL 的频率牵引范围是 PLL 能够承受的最大输入频率范围,在牵引范围内 PLL 能够实现相位锁定。例如,连续时间一阶非平方 PLL 具有等于其环路增益 $K$ 的牵引范围[16.19]。对于高阶 PLL,频率牵引范围可以被认为是载波频率 $\omega_c$ 和 PLL 载波频率内部估计 $v$ 之间的最大可容忍失配 $\Delta\omega = |\omega_c - v|$。

连续时间 PLL 具有无限大的频率牵引范围,其环路滤波器包含一个或多个完美积分器[16.15]。另一方面,二阶和高阶离散时间 PLL 的频率牵引受到环路更新(累积)间隔 $T_a$ 的限制。当频率误差量 $\Delta\omega$ 超过一定的阈值 $\Delta\omega_m$,则 $v$ 趋于稳定平衡值,满足 $T_a\Delta\omega = n\pi$ (非平方环路)或 $T_a\Delta\omega = n\pi/2$ (平方环路), $n = 1,2,3,\cdots$。这些平衡值存在是因为环路不能检测环路更新之间的 $2n\pi$ (非平方环)或 $n\pi$ (平方环)的相位误差变化。$\Delta\omega_m$ 值是特定环路配置的函数,对于 GNSS 接收机中常见的 PLL 来说,它可能会非常小。对于三阶 Costas 环路来说,$T_a = 10\text{ms}, B_n = 10\text{Hz}, \Delta\omega_m = 81\text{rad/s} \approx 13\text{Hz}$。在极低环路信噪比下,当噪声和相位动力的应力迫使 $v$ 瞬间远离 $\Delta\omega_m$ 时,会造成周跳突发[16.20]。这样使得 $\Delta\omega$ 超过 $\Delta\omega_m$,同时可能使 $v$ 被限定在一个不正确的平衡值上,这样就导致 PLL 频率失锁。

频率失锁和瞬时相位失锁有着截然不同的效果。与瞬时相位失锁(即周跳)不同,频率失锁通常会导致 GNSS 信号跟踪环路完全丢失,从而导致信号衰减。如果 $v$ 的平衡值为 $n \geq 2$ (非平方环)或 $n \geq 4$ (平方环),则基带信号功率下降超过 13dB,可能会进一步导致 PLL 的频率失谐,并最终完全失锁。更糟糕的是,在低信噪比下可能无法重新捕获。

## 16.2 典型干扰模型

### 16.2.1 宽带干扰

$r_1(t)$ 最简单的类型是宽带和窄带干扰。首先考虑宽带干扰,假设 $r_1(t)$ 在双边带前端带宽 $W_{FE} \gg 1/T_C$ 上功率谱密度 $S_1(f) = P_I/W_{FE}$,其中 $T_C$ 是 $C(t)$ 的码片间隔(例如,对于 GPS L1 C/A 码,$1/T_C = 1.023\text{MHz}$)。在这种情况下,$S_I(f) = S_{C_I}(f) * S_{r_I}(f + \hat{f}_D) \approx S_{r_I}(f) = P_I/W_{FE}$,这意味着 $I_0 \equiv S_I(0) = P_I/W_{FE}$。因此,后相关误差分析可以通过计算载噪比的近似值来进行,有

$$\text{CINR} = \frac{C}{N_{0,\text{eff}}} = \frac{P_\text{S}}{N_0 + P_\text{I}/W_\text{FE}} \tag{16.8}$$

连续高斯宽带干扰在频率和时间上相对密集，其幅度分布的形状类似于接收机热噪声。因此，从敌方干扰机的角度来看，宽带高斯干扰是一种保守策略。尽管它需要很大的功率，目标区域内接收机采用通用 GNSS 弱信号跟踪技术以提供有效的干扰抑制。

## 16.2.2 窄带干扰

假设 $r_\text{I}(t)$ 是相对于 GNSS 载波频率偏移 $f_\text{I}$ 的窄带干扰信号。考虑一种极端情况，完美的单频干扰为

$$r_\text{I}(t) = \sqrt{P_\text{I}} \exp(j2\pi f_\text{I} t)$$
$$S_{r_\text{I}}(t) = P_\text{I} \delta(f - f_\text{I})$$

在这种情况下，功率谱 $S_\text{I}(f)$ 只是 $S_{C_l}(f)$ 按比例缩放和频移的结果，即

$$S_\text{I}(f) = S_{C_l}(f) * S_{r_\text{I}}(f + \hat{f}_\text{D})$$
$$= P_\text{I} S_{C_l}(f) * (f + \hat{f}_\text{D} - f_\text{I})$$
$$= P_\text{I} S_{C_l}(f + \hat{f}_\text{D} - f_\text{I})$$

**1. 平滑频谱近似值**

作为第一种近似，令 $S_{C_l}(f)$ 为具有等效矩形带宽 $W_C > 2|f_\text{I}|$ 的光滑（无谱线）函数。此时干扰功率 $P_\text{I}/L_C$ 参与相关，其中 $L_C = W_C/W_\text{a}$ 被称为扩频处理增益。在这个近似 $I_0 = P_\text{I}/W_C$ 中，从而有

$$\text{CINR} = \frac{P_\text{S}}{N_0 + P_\text{I}/W_C}$$

对于大干信比 $P_\text{I}/P_\text{S}$ 的情况，与 $P_\text{I}/W_C$ 相比 $N_0$ 可以忽略，在这种情况下，CINR 可以近似为

$$\text{CINR} = 10\lg(W_C) - 10\lg\left(\frac{P_\text{I}}{P_\text{S}}\right) \quad \text{dBHz}$$

例如，如果 $W_C = 1\text{MHz}$，干信比 $P_\text{I}/P_\text{S} = 25\text{dB}$ 的单频干扰源将导致约 $60 - 25 = 35\text{dBHz}$ 的 CINR。

为了更准确地分析单频干扰，考虑 $S_{C_l}(f)$ 的实际形状，同时保留平滑度的假设（没有谱线）。假设 $S_{C_l}(f) = T_\text{C} \text{sinc}^2(fT_\text{C})$，其对应于码片间隔为 $T_\text{C}$ 的随机二进制扩频码 $C(t)$ 与本地伪码相匹配的情况。对于功率为 $P_\text{I}$ 的单频干扰，有

$$S_\text{I}(f) = P_\text{I} S_{C_l}(f) * \delta(f + \hat{f}_\text{D} - f_\text{I}) = P_\text{I} T_\text{C} \text{sinc}^2[(f + \hat{f}_\text{D} - f_\text{I})T_\text{C}]$$

从这个表达式中很明显可以看出，当 $f_\text{I} = \hat{f}_\text{D}$ 时，单频干扰会使 CINR 最小化（使 $I_0 = S_\text{I}(0)$ 最大化）。换句话说，在用 $S_{C_l}(f) = T_\text{C} \text{sinc}^2(fT_\text{C})$ 进行的平滑频谱近似下，当带有多普勒频移的单频干扰信号的载波频率对准时，对 CINR 的衰减最大。

可以对具有二进制偏移载波(BOC)扩频码调制的现代 GNSS 信号进行类似分析。在这种情况下,当 $f_1$ 与偏移旁瓣的多普勒频移峰重合时,会发生最严重的单频干扰。由于 BOC 调制的 GNSS 信号提供了额外的频谱扩展,其所产生的干扰通常没有具有等效 $T_C$ 的 $\text{sinc}^2$ 型波形严重[16.21]。

2. 谱线影响

平滑频谱近似适用于具有较长码重复周期的伪随机扩频码 $C(t)$。例如加密的传统军用 GPS 扩频码,其周期是未知的,但肯定会超过一个星期时间[16.22];再如 GPS L2 频点的 CL 码,其周期为 $1.5s$[16.23]。该近似对于短周期伪随机码是不合适的,因为干扰带宽可能比谱线间的间隔更窄。假设 $C(t)$ 是周期为 $T_P = T_C N_P$ 的重复码,其中 $N_P \in N$ 是每个码周期的码片数。作为周期函数,$C(t)$ 可以分解为傅里叶级数,这意味着其功率谱 $S_C(f)$ 可表示为狄拉克 δ 函数的加权和,即

$$S_C(f) = \sum_{i=-\infty}^{\infty} c_i \delta(f - i\Delta f_P), \quad i \in Z$$

$$\sum_{i=-\infty}^{\infty} c_i = 1$$

式中:$\Delta f_P = 1/T_P$ 为谱线间隔。假设匹配的本地伪码 $[C_l(t) = C(t)]$,图 16.4 示出了示例 GPS L1C/A 码的 $S_{C_l}(f)$ 的谱线结构。对于单频干扰 $S_{r_l}(f) = P_I \delta(f - f_I)$,$S_I(f)$ 是 $S_{C_l}(f)$ 的缩放和移位,即

$$S_I(f) = S_{C_l}(f) * S_{r_l}(f + \hat{f}_D) = P_I S_{C_l}(f - f_I + \hat{f}_D) \tag{16.9}$$

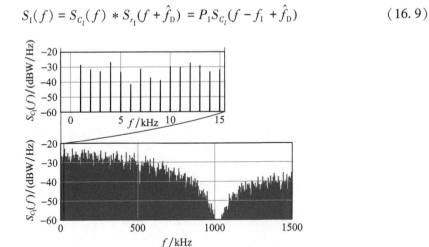

图 16.4 GPS PRN31 L1 C/A 码副本的功率谱 $S_{C_l}(f)$。其中 $S_{C_l}(f)$ 的单位假定 $C_l(t)$ 的功率归一化为 1W。由于 $S_{C_l}(f) = S_{C_l}(-f)$,故只给出正频率范围频谱。

下图显示了在 $0 \leq f \leq 1500\text{kHz}$ 内扩频码近似 $T_C \text{sinc}^2(fT_C)$ 频谱包络。

上图为前 15kHz 的展开图,显示了具有不规则权重且间隔为 $\Delta f_P = 1/T_P = 1\text{kHz}$ 的不同谱线

如果构成 $S_I(f)$ 的谱线梳中的所有峰值都没有落在积分累积滤波器 $H_a(f)$ 的通带内,那么单频干扰对累积结果的影响可以忽略不计。定量的概率分析如下。如果将频偏

$f_1$ 建模为均匀分布在比 $\Delta f_p$ 宽的范围内的随机变量,则 $S_1(f)$ 中的一条谱线落入积分累积滤波器的等效噪声带宽 $W_a$ 内的概率为

$$P_X = [\mathrm{mod}(|f_I|, \Delta f_p) \leq W_a] = \frac{W_a}{\Delta f_p}$$

对于被跟踪的 $N_s$ 个信号,每个信号具有独立的随机 $f_D$,在任何跟踪信道中出现明显干扰的概率均上升到

$$P_{X_T} = 1 - (1 - P_X)^{N_s}$$

举例来说,对于具有 $T_a = 20\mathrm{ms}$ 和 $N_s = 10$ 的 GPS L1 C/A 码跟踪,每个跟踪通道的 $P_X = 0.05$,而总的 $P_{X_T} = 0.4$。

从式(16.9)和式(16.10)可以看出,当 $f_I$ 与具有最大加权系数 $c_i$ 的多普勒频移谱线对准时,单频干扰最具破坏性。对于图 16.4 所示频谱,位于 ±72kHz 处的最大 $c_i$ 比 $S_{C_l}(f)$ 的总功率低 23dB。因此,当以该信号为目标时,功率 $P_I$ 的单频干扰在进入累加清零滤波器之前将被衰减至少 23dB(注意 L1 C/A 信号经多普勒频移的载波频率的单频干扰是无效的,因为 C/A Gold 码 0 和 1 的分布是平衡的,因此在零频偏处产生几乎微不足道的 -60.2dB 线谱分量)。总体上,所有 GPS L1 C/A Gold 码中最大的谱线分量只能将单频干扰衰减到 18.3dB[16.24]。通过比较,具有相同码片间隔 $T_C \approx 1\mu s$ 的完全随机伪码序列将使干扰源至少衰减 60dB。

一般来讲,$S_{C_l}(f)$ 中的线谱对单频干扰有两种相反的影响:①稀疏性降低了干扰将产生重大影响的可能性,因为干扰很可能落在两条谱线之间而带来无害影响;②如果音频干扰确实与强的线谱分量一致,则干扰效果会很明显。

单频干扰只是一种最为简单的假设,在实际中遇到的所有干扰将具有非零的频谱宽度。任意 $S_{r_I}(f)$ 与(16.9)中 $S_{C_l}(f)$ 卷积会产生干扰谱,即

$$S_I(f) = S_{C_l}(f) * S_{r_I}(f + \hat{f}_D) = P_I \sum_{i=-\infty}^{\infty} c_i S_{r_I}(f - \Delta f_p + \hat{f}_D) \tag{16.11}$$

谱线梳中的每一个特征峰都呈现 $S_{r_I}(f)$ 的形状。相对于 $\Delta f_p$ 来说较窄的干扰,每个谱峰都与它的相邻谱峰不同,并根据相应的 $c_i$ 进行加权;随着干扰的加宽,谱峰混合在一起,频谱变平坦。

## 16.2.3 匹配谱干扰

GNSS 等多址扩频系统不可避免的特性是,从跟踪某个 GNSS 信号(扩频码和中心频率的特定组合)的接收机通道来看,所有其他相同频率的信号都会被视为干扰,而且这些干扰信号中有很多信号会具有与所需信号功率谱高度匹配的功率谱。这种匹配频谱干扰是一种特别严重的干扰,因为它将功率作为频率的函数,与接收器与其本地副本在尝试跟踪所需信号时所分配的权重成正比。最强的谱线是总接收 GNSS 信号功率的最重要因素,同时也受最大噪声量的影响。因此,敌方干扰机通常采用匹配频谱干扰作为其选择的波形。当无恶意的系统内干扰或系统间干扰必然存在的情况下,频谱重叠的信号要在功

率上恰当地适配,使得干扰水平低至可以比拟一直存在的热噪声。在现代 GNSS 卫星大量激增的情况下,这种配合方式已经不可或缺。

当匹配频谱干扰源自 GNSS 卫星时,称为多址干扰。为了说明这种干扰的影响,一个伪随机二进制扩频码的平滑频谱近似下的功率密度为

$$S_C(f) = P_C T_C \text{sinc}^2(fT_C)$$

式中:$P_C$ 为接收信号功率;$T_C$ 为扩频码码片间隔。此模型适用于 GPS L1 C/A 和 P(Y)、L2C 和 P(Y)以及 L5 I 和 Q 的扩频码。为简单起见,假设接收机的功率归一化本地码与输入码完全匹配,因此 $S_C(f) = P_C S_{C_I}(f)$(忽略了 RF 前端中的频带限制效应)。

将 $S_C(f)$ 视为干扰频谱,并假设 $\hat{f}_D$ 与 $S_C(f)$ 的带宽相比可以忽略不计,则有

$$S_I(f) = S_{C_I}(f) * S_{r_I} = P_C S_C(f) * S_C(f)$$

$$= P_C \int_{-\infty}^{\infty} S_C(f-v) S_C(v) dv = P_C \int_{-\infty}^{\infty} S_C(v-f) S_C(v) dv$$

其中最后一个等式满足 $S_C(f) = S_C(-f)$。因此,有

$$I_0 \equiv S_I(0) = P_C \int_{-\infty}^{\infty} s_C^2(v) dv = P_C \int_{-\infty}^{\infty} [T_C \text{sinc}^2(vT_C)] dv$$

通过变量 $q = vT_C$ 代换,可得

$$I_0 = P_C T_C \int_{-\infty}^{\infty} \text{sinc}^4(q) dq = \left(\frac{2}{3}\right) P_C T_C$$

因此,单个多址干扰信号与接收功率 $P_C$ 的作用是将等效热噪声密度从 $N_0$ 提高到

$$N_{0,\text{eff}} = N_0 + \left(\frac{2}{3}\right) P_C T_C$$

多址干扰的严重程度是对于 $N_0$ 来测量。假设有 $M$ 个多址接入信号的平均接收功率为 $\bar{P}_C$,那么从单个期望信号的角度来看,要实现多址干扰的影响与 $N_0$ 相当,需满足

$$\left(\frac{2}{3}\right) \bar{P}_C T_C (M-1) = N_0$$

因此,要确保多址干扰不超过 $N_0$,需要满足

$$M \leq 1 + \frac{3/2}{(\bar{P}_C/N_0) T_C}$$

图 16.5 显示了适用于 GPS L1 和 L2C 的 $T_C = 1\mu s$ 以及适用于 GPS L5 I 和 Q 的 $T_C = 0.1\mu s$ 的 $M$ 的上界。假设对于普通用户,接收信号的数量 $M$ 大约是轨道 GNSS 卫星总数的 1/4,而 $\bar{P}_C = 47\text{dBHz}$。假设所有卫星仅播发 GPS L1 C/A 信号,当星座图中超过 124 颗卫星时,多址干扰的等效噪声功率密度超过 $N_0$。

大多数 GNSS 用户会用 3dB(从 $N_0$ 到 $N_0 + I_0 = 2N_0$)的热底噪声衰减来换取更多的可用星,进而支持载波相位差分 GNSS 定位、大幅提高精密单点定位(PPP)精度和缩短收敛时间。

最后,从敌方干扰源的角度观察,匹配频谱干扰是所有干扰波形中最有效利用发射功率的

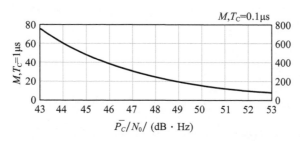

图 16.5 满足 $I_0 \leq N_0$ 的前提下同时接收到多址 GNSS 信号的最大数量 $M$ 与 $\bar{P}_C/N_0$ 之间的关系，其中信号功率谱为 $S_C(f) = P_C T_C \mathrm{sinc}^2(fT_C)$，$\bar{P}_C$ 是 $M-1$ 多址干扰源的平均功率。左侧和右侧刻度分别对应于 $T_C = 1\mu s$ 和 $T_C = 0.1\mu s$

方式。例如，在本地伪码的密度为 $S_{C_l}(f) = T_C \mathrm{sinc}^2(fT_C)$ 的情况下，可以证明，对于固定的干扰功率 $P_I$，当 $S_{r_I}(f) = P_I T_C \mathrm{sinc}^2(fT_C)$ 时，干扰功率谱密度取最大值，即 $I_0 = (2/3) P_I T_C$。

## 16.3 量化效应

信号量化对干扰的影响取决于干扰的带宽（无论是宽带还是窄带），而不是其幅度分布，其主要结论如下：对于高斯白噪声干扰，量化器的输出 SNR 相对于其输入 SNR 总是降低的；而对于恒定幅度干扰（如扫频干扰），量化器输出 SNR 实际上可以超过其输入 SNR。无论如何，最佳量化策略都试图通过量化器来尽可能地使 SNR 最大化。

### 16.3.1 单比特量化

如果进入单比特（两电平）量化器的离散采样点是高斯分布且不相关的，则 SNR 降低 $2/\pi$ 或 $-1.96$ dB[16.25]。低成本 GNSS 接收机的设计人员通常将这种适度的损失看作是为获得单比特量化器的经济性和低功耗的代价，这就是消费类设备中单比特量化普及的原因。

在强单频干扰下，单比特量化的性能较差[16.24]。要理解其原因，可考虑一个不存在热噪声的简单情况，并且单频干扰信号与所需双相调制 GNSS 信号的载波相干（同相）接收。此时，如果干扰幅度 $\alpha$ 大于 GNSS 信号幅度，则干扰在单比特量化中将完全抑制 GNSS 信号，因为 GNSS 信号无噪声的两相位间的变化在每个采样瞬间被相干干扰支配。

如果存在热噪声，那么期望的 GNSS 信号不再被相干单频干扰完全抑制，但是当 $\alpha > \sigma$（其中 $\sigma$ 是热噪声标准差）时，量化器 SNR 下降仍然很明显。注意，如果单频干扰的相位偏离某个角度，则其有效振幅变为 $\alpha\cos\theta$。因此，如果 $\theta$ 是缓慢变化且 $\alpha > \sigma$，则能够周期性地抑制 GNSS 信号。当 $\theta$ 与积分时间的倒数 $1/T_a$ 相比变化很快时，如单频干扰明显偏离期望的 GNSS 信号载波频率时，或者更一般地说，在任何恒定振幅干扰的情况下，信噪比下降的程度都小于相干干扰，但仍会随着 $\alpha > \sigma$ 的增加而迅速增加。

从以上观察结果可以看出，在强等幅干扰下工作的接收机，单比特量化存在严重的设计缺陷。

### 16.3.2 多比特量化

当可能存在恒定幅度干扰时，多比特量化优于单比特量化。多比特量化不仅可以阻止对期望 GNSS 信号的完全抑制，而且通过适当选择量化电平，还可以充分抑制恒定幅度的干扰。

对于 GNSS 接收机而言，二比特（四电平）量化是一个特别具有吸引力的选择，因为它易于实现并且适合于低功耗处理，但与宽带高斯噪声中的单比特量化相比，其信噪比下降要小得多（0.55dB 与 1.96dB[16.24,16.26-16.27]）。二比特量化函数 $q_2(x)$ 如图 16.6 所示。对于具有标准差 $\sigma$ 的不相关零均值高斯噪声，选择幅度阈值 $L = 0.98\sigma$ 时，最小均方误差失真准则[16.28]和最小 SNR 下降准则[16.26]（在低 SNR 的范围内）均得到优化，此时量化电平之比约为 $a_2/a_1 = 3.3$。只要组合的噪声加干扰幅度分布保持高斯和样本无关，无论噪声是热源的（与接收机系统温度成正比）还是热噪声和环境干扰的组合，这都是正确的。通常通过设置 $a_1 = 1, a_2 = 3$ 并调整自动增益控制（AGC），使得 $|q_2(x)| = a_2$ 的概率为 0.33，进而实现 GNSS 接收机中这种量化策略。

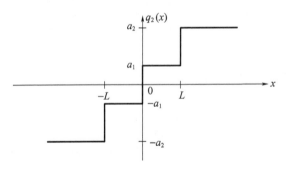

图 16.6 二比特（四电平）量化函数 $q(x)$ 显示了幅值阈值 $L$ 和量化水平 $\{-a_2, -a_1, a_1, a_2\}$

当接收到的模拟信号中存在明显的非高斯干扰时，量化器输入的概率分布 $p(x)$ 不再近似为高斯分布，则上述 $a_1, a_2$ 和 $L$ 的值不再为最优值。如果已知 $p(x)$，则可以如文献[16.28]所述通过数值计算新的均方差最小化值。对于单位振幅音调干扰的特殊情况，相对于 $1/T_a$ 会快速变化的相位，在低 SNR 的限制下，$p(x)$ 会呈现图 16.7 所示的形状。在这种情况下，当 $L = 0.573$ 时，均方根失真最小。但是，与高斯分布的噪声加干扰情况相比，这些使失真最小化的取值也不能最大限度地缓解 SNR 的下降。相反，对于具有较大处理增益的扩频信号（例如 GNSS 信号），当 $L$ 接近 $p(x)$[16.26]的上限时，SNR 下降最小。此处关键的见解是，对于 $L$ 的这种选择，量化器将捕获的码片转换数量最大化，如图 16.8 所示。

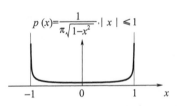

图 16.7 在低 SNR 的限制下，统一幅度音调干扰的量化器输入 $x$ 的概率分布

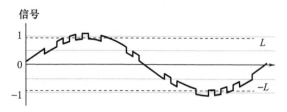

图 16.8 存在强单位振幅音调干扰时二进制扩频信号两比特量化的示例阈值 $L$。
当信干比从 $-20\text{dB}$ 降低时,曲线的分布接近于图 16.7,$L$ 的最佳值接近 1

更一般地说,当输入干扰具有固定幅度(如扫频音)时,适当配置的多比特量化器表现出负的 SNR 衰减(具有正的转换增益)。即使在固定振幅和高斯干扰相结合的情况下,只要固定振幅干扰占主导地位,该结果仍然成立[16.29]。这与高斯干扰形成对比。在高斯干扰情况下,两比特量化器的输出 SNR 相对于其输入 SNR 总是至少降低 0.55dB。

在 GNSS 接收机内,用于抑制恒定幅度干扰的自适应两比特量化可以按如下方案实现。当检测到明显的恒定幅度干扰时,自适应量化器将针对高斯噪声优化的阈值 $L$(大约 $L=\sigma$)提高到一个新值,该值将 $L$ 放置在 $p(x)$ 分布的边缘附近(等效地,AGC 可以降低其增益,直到达到该条件为止)。$L$ 的最佳值取决于 GNSS 信号、恒定幅度干扰以及高斯噪声和干扰的相对幅度。图 16.9 显示了具有不同信号、噪声和干扰相对强度的几种示例场景的量化器转换增益。一种简单的次优方法将 $L$ 设置为 $|q(x)|=a_2$ 具有预定概率(例如 10%);在另一种高性能的替代方法中,来自 GNSS 接收机基带处理器的反馈信号会调整 $L$,以最大化所跟踪 GNSS 信号的平均 $C/N_0$。值得注意的是,随着恒定幅度干扰功率相对于高斯干扰的增加,量化器可以更有效地抑制前者,但是其性能对 $L$ 的选择变得更加敏感。为获得最佳性能,还应将 $a_2/a_1$ 从其合适于高斯分布的设定点(大约 $a_2/a_1=3$)开始向上调整比率,但这并不比调整 $L$ 重要。在文献 [16.14,图 6.1] 中可以找到一个自适应多比特量化实现的例子。

三比特(8 电平)和更高比特的量化可以进一步降低所有干扰和噪声类型的造成的 SNR 衰减,但是相对于两比特量化的边际改善不太大,并且随着量化位数的增加而迅

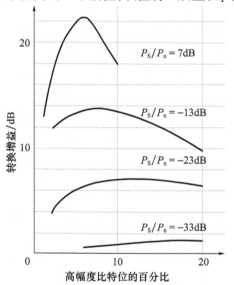

图 16.9 在输入扩频信号同时受到高斯噪声(或干扰)和恒幅干扰时两比特量化器的转换增益(量化器输出 SNR 与输入 SNR 之比),横轴为高幅度比特位的百分比函数($|q(x)|=a_2$ 采样点的百分比)。不同曲线对应于信号功率与高斯噪声(或干扰)之比 $P_s/P_n$ 的不同值。对于所有曲线,信号功率与恒定幅度干扰之比均为
$$P_s/P_{ca}=-40\text{dB}, a_2/a_1=8$$
(参见文献[16.29],由 IEEE 提供)

速降低。在不相关的高斯噪声和干扰中,通过三比特量化器的 SNR 衰减为 0.272dB(而对于两比特量化器,则为 0.55dB)[16.27]。有关三比特量化器性能的详细信息,请参见文献[16.24]。

## 16.4 特定干扰波形和干扰源

### 16.4.1 太阳射电爆发

太阳射电爆发(solar radio bursts, SRB)是太阳射电的强烈爆发,其频谱功率从 HF 到 L 波段以上不等。它们通常与太阳耀斑有关,耀斑是由太阳大气中的电子加速引起的,其发生率遵循 11 年太阳黑子周期[16.30-16.31]。第二次世界大战期间,强 SRB 多次干扰英国防空雷达,这是人们首次注意到 SRB 对无线电设备的干扰效应[16.32]。SRB 可以导致 GNSS 信号的 $C/N_0$ 产生大于 10dB 的衰减[16.33-16.34]。

考虑到它们的广谱功率分布,SRB 通常被建模为接收机的热噪声 $n(t)$。特别是,它们提高了 GNSS 接收机的天线温度 $T_A$,这与接收机噪声密度 $N_0$ 有关,即

$$N_0 = k_B(T_R + T_A)$$

式中:$k_B$ 为玻耳兹曼常数;$T_R$ 和 $T_A$ 分别为接收机噪声和天线噪声,单位为 K;$T_R$ 是接收机内部噪声源主要是第一级低噪声放大器(LNA)的等效温度;$T_A$ 是天线接收到的包括来自温暖地球的辐射、宇宙噪声和太阳射电噪声的噪声温度当量,$T_A$ 随天线的运动(因为可以看到或多或少的地球辐射)、天线阻塞(例如,积雪导致 $T_A$ 增加[16.35])和太阳辐射的变化而变化。注意,对于一个独立的 GNSS 接收机(非网络化的)来说,这些是很难或不可能预测的。其中,太阳辐射对特定地点的影响最小,因为所有观测到太阳的 GNSS 接收机都受到类似的影响。

为了判断 SRB 对 GNSS 接收机的影响,研究那些能够显著提高接收机 $P_T$ 的 SRB 的事件发生率是有指导意义的。这类事件不仅降低了 $C/N_0$,而且在接收功率监测中也会导致误报,例如基于 $P_T$ 的故意干扰检测技术(16.6.2 节将进一步讨论)。表 16.2 给出了三种导致 $P_T$ 不同程度升高的 SRB 发生率。设 $P_T/P_{T,norm}$ 为存在 SRB 时接收功率与标称接收功率之比。假设非 SRB 干扰可以忽略不计,因此 $P_I = 0$,使 $P_T = P_S + P_n$,其中有

$$P_n = W_{FE}N_0 = W_{FE}k_B(T_R + T_A)$$

假设天线温度为 $T_A = T_{A0} + T_{AS}$,其中 $T_{A0}$ 是 $T_A$ 的标称值,$T_{AS}$ 是由于太阳辐射引起的 $T_A$ 增加值。

表 16.2 解释如下。$P_T/P_{T,norm}$ 每个值都与 $T_{AS}$ 的值相关,有

表 16.2 不同 $P_T/P_{T,norm}$ 值时超出阈值太阳射电爆发事件的时间间隔

| 阈值 | | | | $T_e$/d | |
|---|---|---|---|---|---|
| $P_T/P_{T,norm}$ /dB | $T_{AS}$/k | $\Delta C/N_0$ /dB | $S_I$/SFU | 太阳活动极大年 | 所有年份 |
| 0.44 | 40.9 | -0.6 | 1560 | 9.2 | 22.0 |
| 0.93 | 91.3 | -1.2 | 3488 | 17.3 | 42.9 |
| 1.5 | 157.7 | -1.9 | 6022 | 26.5 | 67.4 |

$$\frac{P_{\mathrm{T}}}{P_{\mathrm{T,norm}}} = \frac{P_{\mathrm{S}} + k_{\mathrm{B}}B(T_{\mathrm{R}} + T_{\mathrm{A0}} + T_{\mathrm{AS}})}{P_{\mathrm{S}} + k_{\mathrm{B}}B(T_{\mathrm{R}} + T_{\mathrm{A0}})}$$

假设以下合理的参数值:$P_{\mathrm{S}} = -146\mathrm{dBW}$,$W_{\mathrm{FE}} = 2\mathrm{MHz}$,$T_{\mathrm{R}} = 188\mathrm{K}$ 和 $T_{\mathrm{A0}} = 100\mathrm{K}$。每个 $T_{\mathrm{As}}$ 依次与 $C/N_0$ 变化及太阳通量密度 $S_{\mathrm{I}}$ 有关,即

$$\Delta C/N_0 = \frac{T_{\mathrm{R}} + T_{\mathrm{A0}}}{T_{\mathrm{R}} + T_{\mathrm{A0}} + T_{\mathrm{AS}}}$$

$$S_{\mathrm{I}}(\mathrm{SFU}) = \frac{2k_{\mathrm{B}}T_{\mathrm{AS}}}{A_{\mathrm{e}}10^{-22}}$$

式中:有效天线面积为 $A_{\mathrm{e}} = 7.23 \times 10^{-3}\mathrm{m}^2$,这对于单阵元 GNSS 天线而言是一个很好的近似值,并且分子中的附加因子 2 反映了这样一种假设,只有一半的全极化太阳辐射通过 GNSS 天线提供给 $T_{\mathrm{As}}$,因为该天线被设计用来接收右旋圆极化信号[16.34]。系数 $10^{-22}$ 将 $\mathrm{W/m^2/Hz}$ 转换为太阳通量单位(SFU)。表 16.2 中列出的 $S_{\mathrm{I}}$ 结果值是在上述 $P_{\mathrm{T}}$ 按所示数量增加的值。最后一步,文献[16.36]中的模型 $N(S > S_{\mathrm{I}}, v_1, v_2)$ 是用来描述在 40 年历史时期内在一个频率范围内 ($v_1 = 1\mathrm{GHz}, v_2 = 1.7\mathrm{GHz}$) 估计超过 $S_{\mathrm{I}}$ 的突发事件总数。它用于估算太阳活动峰年和其他所有年份的触发事件发生间隔 $T_{\mathrm{e}}$。

如表 16.2 所列,导致 $C/N_0$ 降低 1.9dB 或更大的太阳射电风暴是非常罕见的,在太阳最高峰期间大约每月发生一次。真正强烈的 SRB 会导致 10dB 甚至更大的衰减并中断信号跟踪,如 2006 年的太阳风暴[16.33],但这种情况极为罕见。尽管如此,对于仅基于 $P_{\mathrm{T}}$ 的信号认证技术而言,SRB 还是一个需要解决的问题,这将在 16.6.2 节中讨论。

## 16.4.2 闪烁

跨电离层无线电波会显示出相位和强度的时间波动,这种现象称为闪烁或衰落,是由于其传播路径的电子密度不规则引起的。在 GNSS 频率(L 频段),强烈的闪烁表现为大的功率衰减(>15dB)并通常伴随着快速的相位变化。这种剧烈的信号动态会给接收机载波跟踪环路带来压力,并且随着其严重程度的提高,会导致导航电文数据比特错误、周跳以及载波环路的完全丢失[16.37-16.38]。

由大尺度不规则性引起的信号折射会导致群延迟(由码相位或伪距观测量)和载波相位的低频变化。由较小尺度(约 400m)的不规则性引起的信号衍射使 L 波段信号发生散射,从而使无线电波通过多条路径到达地面接收机。在载波相位层面,来自多个方向信号之间的相互作用会产生相长和相消干涉,造成接收信号的相位和幅度上的变化。

将电离层闪烁视为干扰似乎不合时宜,但衍射引起的相互干扰对信号跟踪的挑战与间歇性干扰一样大,而衍射干扰与 GNSS 欺骗等结构化干扰具有相同的特点。对于非电离层多径效应(由信号反射引起的影响)也可以采用相同的论点,但在第 15 章中已单独讨论过。第 39 章还将讨论闪烁问题,但侧重于现象学而不是接收机效应。

严重的 L 波段闪烁很罕见,并且受地域限制。赤道闪烁或赤道扩展 F,通常发生在磁赤道周围延伸 ±15° 区域的当地日落和 24:00 之间的时段内[16.39]。另一种常见的闪烁类

型发生在高纬度地区[16.40]。在中纬度地区也发现了显著影响,但这种情况很少发生[16.41]。本节着重讲解赤道闪烁,因为它与干扰最类似,这使得信号特别难以追踪。

闪烁的严重程度可以通过两个参数来简单描述,即闪烁指数 $s_4$ 和去相关时间 $\tau_0$ [16.42]。$s_4$ 用来衡量闪烁的强度,定义为

$$s_4^2 = \frac{\langle I^2 \rangle - \langle I \rangle^2}{\langle I \rangle^2}$$

式中:$I$ 为信号强度,$I = \alpha^2$;$\alpha$ 为信号幅度;$\langle \cdot \rangle$ 为时间平均值。闪烁的去相关时间 $\tau_0 > 0$ 是闪烁速度的量度。小的 $\tau_0$(例如小于 0.5s)表示闪烁通道随时间快速变化。

图 16.10 给出了文献[16.37]中介绍的闪烁库的一个短样本。该样本表现出强烈闪烁,即 $s_4 \approx 0.9$。该图最显著特征是大的功率衰减同时突然发生大约半个周期的相位变化,其相位变化(向下或向上)似乎是随机的。这种衰减似乎是强赤道闪烁的普遍特征,它们是跟踪强闪烁信号的 PLL 相位失锁的主要原因。

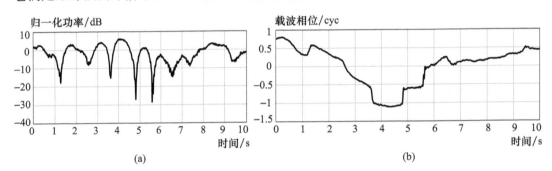

图 16.10 一份 $s_4 \approx 0.9$ 的 GPS L1 数据的历史记录(参见文献[16.37],由 IEEE 提供)
(a)归一化信号功率;(b)载波相位。

PLL 以两种方式受到闪烁的影响:①相位误差方差增加;②相位失锁。

**1. 相位误差方差**

16.1.4 节中给出的相位误差方差模型假定所有相位误差均归因于恒定强度的白色测量噪声。式(16.5)和式(16.6)假设 PLL 线性。这些假设在严重闪烁期间都被破坏,不仅幅度衰减会导致环路 SNR 产生变化,而且会引起与时间有关的相位变化,并且在尝试跟踪严重衰减相关的大的快速相位变化时,不能期望 PLL 继续保持线性状态。由于这些原因,无法直接计算 PLL 跟踪的强闪烁的相位误差方差[16.38]。

图 16.11 显示了相位测量误差模 $\pi$ 后的标准偏差 $\sigma_\varphi$ 如何随 $s_4$ 的增加而增加。这既是因为衰落引起的环路 SNR 衰减,也是因为相位闪烁的频率分量超过 PLL 带宽。由高 $s_4$ 导致的大 $\sigma_\varphi$ 值造成依赖于载波相位的 GNSS 系统在强闪烁期间的性能恶化。

**2. 相位失锁**

相位失锁是指单个或连续的周跳。相位和幅度闪烁会通过深度快速衰落或长时间衰落引起周跳。在极限范围内,随着衰落深度的增加,突然的、接近 π 弧度的相变看起来像双相数据调制,平方环 PLL 对其不敏感。因此 PLL 没有检测到相移,这样就会发生半周跳。在 PLL 能够将闪烁引起的相变与数据位引起的相变区分开的极少数情况下,环路

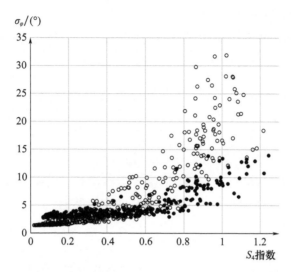

图 16.11 30s 内判决辅助反正切鉴别器的 PLL 相位误差模 π 后的标准偏差的测试记录，信号分别为 $C/N_0 = 43{\rm dB}\cdot{\rm Hz}$ 的 UHF 信号（空心圆）和 $40 < C/N_0 < 44{\rm dB}\cdot{\rm Hz}$、平均 $C/N_0 = 43{\rm dB}\cdot{\rm Hz}$（实心圆）的 GPS L1 信号（参见文献[16.38]，由 IEEE 提供）

SNR 的突然下降也会增加周跳发生的可能性。简而言之，同时出现功率衰落和突变的相位变化是一个特别具有挑战性的组合。

长时间振幅衰落是闪烁引起周跳的第二种机制。可以将这种现象视为衰落的一种特殊情况。在这种情况下，衰落的时间尺度会延长，因此幅度衰落会伴随着比典型的 10Hz PLL 噪声带宽慢的相位动态。在这种情况下，宽带测量噪声占主导地位，适用于式(16.7)。通常这种机制很少发生周跳。

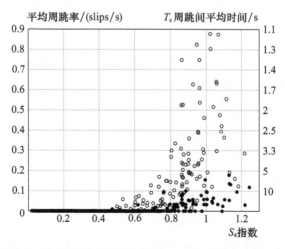

图 16.12 30s 内判决辅助反正切鉴别器的平均周跳随 $s_4$ 的变化情况，信号分别为 $C/N_0 = 43\ {\rm dBHz}$ 的 UHF 信号（空心圆）和在 $40 < C/N_0 < 44{\rm dB}\cdot{\rm Hz}$ 之内的 GPS L1 信号（实心圆），右纵轴 $T_{\rm S}$ 表示周跳发生的平均时间（参见文献[16.38]，由 IEEE 提供）

图 16.12 在 $y$ 轴左侧上给出了周跳率结果。为方便起见,在 $y$ 轴右侧上给出了周跳间的平均时间 $T_S$。如所预期的那样,随着 $s_4$ 的增加,周跳率普遍增加。在 $s_4 \approx 0.4$ 以下没有发生周跳,这表明无论其他特征(如 $\tau_0$)如何,$s_4 \approx \leq 0.4$ 的闪烁可以被认为是良性的。

### 16.4.3 无意干扰

GNSS 频段的频谱调查显示,在农村地区,该频段基本上不受干扰,但在城市地区,它们经常被间歇性干扰源破坏[16.43]。这些干扰大多数都是无意的。类似地,当 GNSS 接收机的天线与其他电子设备(如小卫星上的天线)紧密封装时,射频干扰(RFI)会干扰信号跟踪。以下是无意干扰源的一些示例。

1. 谐波

在 RF 传输所涉及的任何一个阶段,非线性会导致在预期传输的整数倍频率(谐波频率)上产生功率。例如,众所周知,载波频率接近 525MHz 的 UHF 电视信号向 GNSS L1 频段注入了三次谐波功率[16.44-16.45]。

当广播发射机功率很大时(例如电视发射器),靠近 GNSS 频带的谐波会大大降低 GNSS 跟踪性能。标准 RF 滤波器可用来分离 GNSS 信号,但如果谐波位于目标 GNSS 频带之内,则不能被衰减。如果功率足够大,则干扰谐波将驱动 GNSS 接收机的 LNA 进入其非线性状态,从而导致灵敏度降低,并在目标 GNSS 频带上留下杂散信号[16.45]。

2. DME/TACAN

GPS L5 频带以及伽利略 E5a 和 E5b 频带位于一个 ARNS 频带中,该频带也分配给测距设备(DME)和战术空中导航(TACAN)系统,它们的强脉冲发射会显著降低 GNSS 跟踪的性能[16.1]。DME/TACAN 系统的工作频率区间为 960~1215MHz,其发射在时域和频域上都很稀疏。脉冲以成对的方式间隔 12μs 传输,每个脉冲持续 3.5μs。实际最大传输速率为每秒 2700 个脉冲对,这意味着来自单个 DME/TACAN 发射机的干扰被限制为小于 1s 时间间隔的 2%。在频域中,单个 DME/TACAN 信号仅占据 100kHz,通道间隔为 1MHz。因此,单个 DME/TACAN 发射机在 10MHz 频带中的总时频占用率仅为 0.02%。这种稀疏性可以使得采用抑制技术的 GNSS 接收机,即使在具有高密度 DME 发射机上空(称为热点)时 DME/TACAN 干扰也无害[16.1]。

3. 强的近频带传输

移动设备(如智能手机)倾向于在 700MHz~2GHz 的无线电频谱中进行数据配置,其中包含了当前 GNSS 所有频段。该频段中的信号波长足够短,以至于小天线可以有效穿透室内。这些理想的特性,再加上对移动数据的强烈且不断增长的需求,预示着在 GNSS 邻近的无线电波段中最终会出现强大的发射设备。

2010—2012 年有关是否允许在 GNSS L1 频带以下的移动卫星服务(MSS)频带中广播强的地面长期演进(LTE)信号的争论,凸显了当代 GNSS 接收机(特别是高精度接收机对强大的近频带传输)的敏感性[16.46]。研究表明,即使使用高质量的带通滤波器对后者进行了滤波,典型的 GPS 和伽利略接收机在 1545.2~1555.2MHz 波段中暴露于接收功率超过-80dBm 的通信信号时,以 1575.42MHz 为中心频率的典型 GPS 和伽利略接收机的 $C/N_0$ 衰减大于 3dB[16.8]。

### 16.4.4 有意干扰

自第二次世界大战以来,有意干扰一直是导航战的主要内容[16.32]。随着 PPD 的出现[16.7]以及故意破坏民用 GNSS 事件的频发[16.48],有意干扰现在也已成为人们关注的问题。

PPD 是迄今为止最常见的有意干扰源。PPD 用户可能只打算在他附近(例如,在他本人或车辆上)屏蔽 GNSS 跟踪设备,但实际上,这种设备可以对有效半径从 100m 到几公里范围内的 GNSS 信号跟踪进行干扰[16.47]。

实际上,所有 PPD 都发送类似于图 16.13 所示的扫频波形(chirp)。该波形可以由廉价组件生成,并且在干扰 GNSS 接收机方面非常有效,除非接收机采用了专门的抗干扰性设计[16.49]。在文献[16.47]中测试的 18 个 PPD,扫频周期为 1~27μs,以 L1 为中心 20MHz 频带内的总发射功率为-14~28dBm。

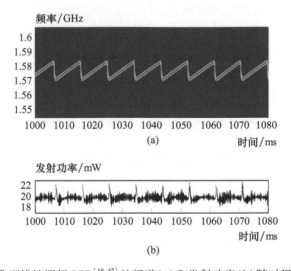

图 16.13 典型线性调频 PPD[16.47]的频谱(a)和发射功率(b)随时间变化曲线图

## 16.5 欺 骗

GNSS 欺骗信号是一种结构化干扰,它与 GNSS 信号接口规范非常相似,使得毫无防备的 GNSS 接收机会将其视为真实信号。不管是故意的(例如有意操纵目标 GNSS 接收机的 PVT 结果[16.50-16.51])还是无意的(例如错误使用 GNSS 模拟器或中继器的信号),欺骗信号同样会影响 GNSS 接收机。为了后续描述方便,下面讨论将所有欺骗行为都视为有意的,术语"欺骗"既指欺骗设备,也指其操作者。

欺骗曾经只是对军用 GNSS 接收机和应用的威胁,但是随着民用 GNSS 欺骗变得更容易产生且造成的后果更加严重,GNSS 欺骗受到了更广泛的关注。低成本软件无线电货架产品的出现,极大地降低了欺骗的成本和复杂性。如果有了这样的硬件,一个对射频电子学知之甚少的程序员对公开的 GNSS 接口协议[16.23,16.52]足够熟悉,便可以产生真实的民用 GNSS 信号。更加容易的是,低成本 GNSS 信号模拟器和记录—回放设备甚至可以使 GNSS 新手也能进行有限但有效的欺骗。在交通、通信、金融和配电等方面对民用 GNSS 的经济依赖日益增加的背景下,民用 GNSS 欺骗的可接入性增加了攻击风险,以及寻找有效反欺骗干扰措施的紧迫性。

欺骗与非结构化干扰不同。一是它可能是秘密进行的:目标 GNSS 接收者或其操作者都无法检测到攻击正在进行中,欺骗设备可以无缝地将真实信号替换为伪造信号。二是在欺骗攻击中,接收到的干扰 $r_I(t)$ 与接收到的真实信号 $r_s(t)$ 在统计上是相关的。因此,总接收功率 $P_T$ 既不是式(16.2)中的 $P_s$、$P_I$ 和 $P_n$ 之和,也不是式(16.4)中干扰分量 $I(t)$ 的自相关函数,因为交叉项的平均值不为 0。因此,一般来说对欺骗效果分析通常比统计独立干扰的分析更具挑战性。可以肯定的是,欺骗效应与多径效应非常相似,但是多径诱发的结构性干扰是偶然的,而欺骗可能涉及战略攻击者,它可以通过任意调整信号功率、码相位、载波相位和信号结构以实现最大的欺骗效果。

为了概括以下的欺骗处理,真实的信号模型将允许对可能的欺骗设备来说是不可预测的数字调制。完全不可预测或具有不可预测片段的调制序列被称为安全码,具有安全码的 GNSS 信号被称为增强安全性的信号[16.53-16.57]。非增强安全性的 GNSS 信号可以用此模型的一个特例来表示,在这个特例中,安全代码被替换为全 1 序列。

## 16.5.1 增强安全性 GNSS 信号通用模型

从 GNSS 接收机的角度来看,可以通过对式(16.1)中引入的基带接收信号模型进行简单调整,可得当前和提议的安全增强的 GNSS 信号,即

$$r_s(t) = \sqrt{P_s}W(t-\tau)D(t-\tau)\exp(j\theta(t)) = \sqrt{P_s}W(t-\tau)X[\tau,\theta(t)] \quad (16.12)$$

与式(16.1)相比,新分量为 $W(t)$,表示值为 ±1 的码片长度为 $T_W$ 的安全码。为了简化说明,将真实信号的导航数据流 $D(t-\tau)$、扩频(测距)码 $C(t-\tau)$ 与基带相量 $\exp(j\theta(t))$ 的乘积缩写为码相位 $\tau$ 和载波相位 $\theta$ 的函数 $X[\tau,\theta]$。扩展码 $C(t)$ 的码片长度表示为 $T_C$。为了方便起见,假设接收机时间 $t$ 等于真实时间(例如 GPS 系统时间)。

安全码 $W(t)$ 是完全加密的或者包含周期性的验证码。$W(t)$ 的确定特征是,在从合法 GNSS 源进行播发之前,某些或全部符号对于潜在的欺骗设备来说是不可预测的。$W(t)$ 中不可预测的符号具有两个相关的功能:①能够对来自 GNSS 控制段的 $W(t)$ 进行验证(标准消息身份验证);②通过迫使欺骗设备实时重播收到的 $W(t)$ 或尝试即时估算 $W(t)$ 来提高欺骗攻击的复杂性。值得注意的是,如果 GNSS 信号的安全性未得到增强(没有不可预测的调制),则式(16.12)中的模型仍然适用,其中 $W(t) = 1$。

## 16.5.2 针对增强安全性 GNSS 信号的攻击

安全代码 $W(t)$ 的不可预测性是潜在欺骗的障碍。正如文献[16.58]中讨论的那样,简单的欺骗技术依赖于 GPS L1 C/A 信号的已知信号结构及其导航数据流的近乎完美的可预测性。但是,如果增强了 GNSS 信号的安全性,则文献[16.58]的欺骗设备将无法使伪造信号与真实信号每个码片都完美匹配。

当然,欺骗设备可以完全忽略广播安全码,填写 $W(t)$ 的伪值,但是这种方案很容易被检测到。在针对由低速安全码( $T_W \gg T_C$ )调制的 GNSS 信号的攻击(例如文献[16.55-16.57,16.59]中提出的导航电文认证(NMA)方案)时,伪 $W(t)$ 值将使加密验证测试失败。与高速率安全码( $T_W \approx T_C$ )相比,伪 $W(t)$ 值与真实 $W(t)$ 序列相关时将产生零平均功率[16.53,16.59]。

因此,为了有效地规避检测,欺骗设备必须尝试匹配真实信号的结构和内容。它可以通过以下专门欺骗攻击方案中的一种来实现。

1. 转发式攻击

转发式攻击是一种专门的欺骗攻击,它通过采集并重播整个 RF 频谱段[16.60]来进行攻击。如果转发式干扰器使用单个接收天线,则在转发式干扰攻击中不会隔离任何信号。因此,在这种情况下,GNSS 转发式干扰机无法任意操纵目标接收机的 PVT 结果。相反,目标接收机将显示转发式干扰机接收天线的位置和速度以及被延迟的真实时间。如果此天线位于动态平台上,则 GNSS 转发式干扰机可以调整其信号所隐含的位置和速度,以在攻击中发挥更大的作用。

如果转发式干扰器使用多个天线单元,这些单元的 RF 信号被单独数字化,那么可以通过将天线阵增益指向每个可见 GNSS 卫星来隔离单个 GNSS 信号。例如,可以使用 16 个单元的天线阵列形成指向每个卫星的窄波束,实现大约 12dB 的增益。通过组合单独的数字流,同时控制整体中每个数据流的相位,干扰器可以在真实 PVT 附近较大范围内伪造 PVT(隐含的时间总是落后于真实时间)。

对于与特定卫星相对应的单个 GNSS 信号,经混合处理的转发式信号和真实接收信号可以建模为式(16.1),但 $r_s(t)$ 的模型为式(16.12),且有

$$r_I(t) = \alpha \sqrt{P_S} W(t - \tau_c) X[\tau_c, \theta_c(t)] + n_c(t)$$

式中: $\tau_c > \tau$ 和 $\theta_c$ 分别为转发式信号的码相位和载波相位; $n_c(t)$ 为转发式干扰器的 RF 前端引入的噪声。相对于真实信号,经过转发式信号以 $d = \tau_c - \tau > 0(s)(s)$ 的延迟到达目标接收机的天线,这是三角不等式和通过转发式装置的处理带来的不可避免的结果。系数 $\alpha$ 是相对于真实信号而言伪造信号的幅度优势因子。

通过采用高性能数字信号处理硬件,位于预期目标附近的转发式干扰器能够将延迟 $d$ 降至几十纳秒。在 $d$ 趋于零的极限情况下,攻击变为零延迟的转发式干扰攻击,其中转发式信号的码相位与真实信号对准。这种对准可以无缝地进入目标接收机的跟踪环路,随后转发式干扰器能够以与目标接收机的时钟漂移一致的速率增加延迟 $d$,并逐渐施加

较大的延迟。

需要注意的是,除非 $d \approx 0$,否则 $\alpha \approx 1$ 的转发式干扰器将导致目标接收机的 PVT 估计值剧烈波动,转发式干扰信号将充当严重的多径信号。因此,如果转发式干扰器不能确保 $d \approx 0$,则最好以压倒性的幅度优势($\alpha \gg 1$)进行发射,以将目标感知的 PVT 快速稳定在转发式干扰器的预期值。因此,当 $\alpha \approx 1$ 时延迟 $d = Tc/n$ 的转发式干扰可通过类似多径引起的 PVT 变化检测出来;而当 $\alpha \gg 1$ 时转发式干扰可通过异常高的接收功率检测出来。此外,如果 $d > 2T_W$,则转发式干扰 $\alpha$ 无论取何值,都将无法俘获已经锁定到真正信号的码跟踪回路,因为转发式干扰信号与真实信号在时间上的距离不够近,无法俘获接收机的码跟踪回路。取而代之的是,转发式干扰器将被迫阻塞目标接收机以强制重新捕获,这将使目标检测到被攻击。无论如何,GNSS 系统设计人员都希望将 $T_W$ 设置得尽可能小,以增加转发式干扰攻击的难度。

2. 安全码估计和重放攻击

安全码估计和重放(SCER)攻击在操纵目标接收器的 PVT 结果方面比转发式攻击具有更大的灵活性。在 SCER 攻击中,欺骗设备会接收并跟踪单个真实信号,并试图实时估计每个信号安全码的值。然后,它重建了 GNSS 信号的连续集合,其中安全码估计值取代了真实的安全码,并将该集合发送到目标接收机。对于对应于特定卫星的单个 GNSS 信号,可以将组合的 SCER 欺骗信号和真实接收信号建模为式(16.1),但具有 $r_s(t)$ 的模型为式(16.12),并且有

$$r_1(t) = \alpha\sqrt{P_s}\hat{W}(t - \tau_c) X[\tau_c, \theta_c(t)] + n_c(t)$$

式中:$\hat{W}(t - \tau_c)$ 为相对于真实安全码 $W(t - \tau_c)$ 延迟 $d = \tau_c - \tau > 0(\text{s})$ 得到的安全码估计;$n_c(t)$ 为欺骗设备引入的噪声(例如,由于信号产生中的量化效应);其他符号如前所述。可以将延迟 $d$ 建模为处理和传输延迟 $p > 0$ 以及估计和控制延迟 $e > 0$ 的总和 $d = p + e$。延迟 $p$ 表示最小信号处理延迟和附加的传播时间的组合,并无有助于更好地估计安全码码片。延迟 $e$ 表示由欺骗设备施加的附加延迟,以改善其对安全码码片的估计并控制欺骗信号的相对相位,从而在被欺骗目标上施加欺骗设备定义的位置和定时偏移。

如果目标接收机被设计为可以检测 SCER 欺骗干扰,则隐形 SCER 攻击将是一个挑战。攻击者必须将 $d = p + e$ 保持足够小,以使其保持在目标接收机时钟的不确定性之内,但必须增大 $e$ 值直到足以可靠地估计安全码码片值。以下两种 SCER 攻击策略可以说明这种权衡关系。

(1) 零延迟攻击。考虑一个与目标 GNSS 接收机天线同址的欺骗设备,其处理延迟可以忽略不计,因此 $p \approx 0$。假设 $e \approx 0$,这意味着欺骗不会增加估计和控制延迟。因此有 $d = p + e \approx 0$。在这种零延迟攻击中,有 $\tau_c = \tau$,这意味着每个欺骗信号与目标接收机所接收的真实对应信号近似码相位对齐。

尽管有这样的码相位对准,零延迟攻击仍然可以通过 $D(t)$(例如,错误的卫星星历或时钟模型参数或错误的闰秒)注入错误消息来改变目标接收机的位置和时间。然而,使用 $e = 0$,在不可预测的码片转换之后,欺骗设备的安全码估计 $\hat{W}(t)$ 在最初几微秒内将非

常不稳定。如图 16.14 所示,显示了在 $T_W > 20\mu s$ 的安全码片开始之后的前 $20\mu s$ 中,两种不同的码片估计策略的 $\hat{W}(t)$ 的模拟时间历程。在这种欺骗设备 $C/N_0$ 是异常高的 54dBHz 的情况下,欺骗设备的码片估计在大约 $8\mu s$ 后才是可信的。欺骗设备 $C/N_0$ 每下降 3dB,可信码片估计所需的时间间隔就会加倍。

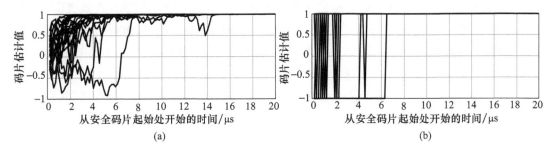

图 16.14　$C/N_0$ =54dB Hz 欺骗设备在单位值安全码片播发 $20\mu s$ 后的安全码片估计值 $\hat{W}(t)$ 随时间变化的仿真结果(参见文献[16.54],由 IEEE 提供)
(a)最小均方误差(MMSE)估计器;(b)最大后验(MAP)估计器。

如文献[16.54]所述,零延迟 SCER 攻击检测的关键是要开发出一种检测统计量,该统计量能够对 $W(t)$ 突然转变的关键早期时刻 $\hat{W}(t)$ 中增加的误差方差敏感。

(2)非零延迟攻击。在非零延迟 SCER 攻击中,欺骗设备会重新播发伪造的信号,该信号以相对于真实信号的延迟 $d > 0$ 到达防御者的 RF 前端。攻击开始时,对于一直在跟踪真实信号的目标接收机而言,欺骗设备的伪造信号中任何明显的延迟 $d$(例如,大于约 20ns)都是显而易见的。因此,在非零延迟 SCER 攻击中,欺骗设备的策略通常是在发起欺骗攻击之前,通过在一段时间内阻塞真实信号来破坏目标接收者的跟踪连续性,从而扩大目标接收者的时间不确定性,即接收窗口[16.53,16.55,16.61]。阻塞信号间隔的所需持续时间取决于所需的延迟 $d$ 和目标接收机的时钟(对于固定接收机)或时钟与惯性测量单元(对于移动接收机)的稳定性。商用 GNSS 设备中典型的低成本温度补偿晶体振荡器(TCXO),稳定性约为 $10^{-7}$。在要求更高的定时应用中,恒温晶体振荡器(OCXO)更常见,其稳定性约为 $10^{-10}$。因此,将 TCXO 驱动的静态目标接收机的时间不确定性增加 $8\mu s$ 将需要大约 80s 的干扰或阻塞,而将 OCXO 驱动的静态目标接收机的时间不确定性增加到相同的量则需要大约一天的干扰或阻塞。

在干扰或阻塞结束之后,非零延迟 SCER 攻击者发起了欺骗攻击,其中 $d$ 可能与目标接收机的定时不确定性一样大。攻击者利用此延迟的分量 $e$ 来更准确地估计 $W(t)$ 中每个不可预测码片的值,以便 $\hat{W}(t)$ 对目标接收机来说似乎是准确的。较长的安全码码片(例如,$T_W$ =40ms,参见文献[16.54,16.56]中针对民用导航电文(CNAV)NMA 的建议)可以使欺骗设备显著提高 $e$ 值,从而生成高准确度的码片估计值。然而,由于所需的长阻塞或阻塞间隔,较大的延迟 $d = p + e$ 本身会导致泄漏。因此,由于安全码码片估计不佳,欺骗设备发现在低延迟 $d$ 时很容易被检测到,而由于明显的定时延迟,在高延迟 $d$ 时也容易被检测到。

需要注意的是,由于欺骗设备可以将每个信号的码相位缓慢拉至所需的偏移量,通过SCER攻击,攻击者最终可以任意指定位置和延迟时间。还要注意的是,如果 $W(t) = 1$(GNSS信号没有增强安全性),则攻击者根本不需要延迟:利用 $D(t)$ 的近乎完美的可预测性来预测下一个导航电文值,并确保其能准时到达目标接收机的天线,使其与真实的 $D(t)$ 完全吻合[16.58]。因此,安全码的不可预测性,甚至是低速率的码(例如NMA中的码),迫使SCER欺骗设备在干扰或阻塞攻击前暴露自己。最后,任何重要时间间隔(相对于接收机时钟稳定性)的信号阻塞或遮挡都不仅应视为暂时性的滋扰,而且还应视为安全威胁,即使在干扰明显消退之后这种威胁仍然存在。这是因为在没有其他验证GNSS信号真实性方法的情况下,信号连续性的损失导致SCER攻击检测器的检测概率持续降低[16.55]。

3. 相干的影响

在欺骗攻击中,在式(16.3)中建模的复相关器输出包含期望分量 $S(t) \equiv r_S^*(t)l(t)$ 和干扰分量 $I(t) \equiv r_I^*(t)l(t)$,这两者均取决于本地伪码的码相位 $\hat{\tau}$ 和载波相位 $\hat{\theta}$,分别定义为 $S(t,\hat{\tau},\hat{\theta})$ 和 $I(t,\hat{\tau},\hat{\theta})$。同样,对于给定的真实信号和欺骗信号对 $r_S(t)$ 和 $r_I(t)$,令 $\varphi(t) \equiv \theta_c(t) - \theta(t)$ 为相对载波相位。

如果欺骗攻击在码相位上对齐,则有 $|\tau_c - \tau| < T_C$,并且多普勒也匹配,即

$$\frac{1}{2\pi}\left|\frac{d\varphi}{dt}\right| < \frac{1}{T_a}$$

式中:$T_a$ 为图16.2的累积间隔。$r_S(t)$ 和 $r_I(t)$ 基本上是频率相干的,而不是统计独立的。因此,组合信号功率 $P_T$ 不是如式(16.2)所示的简单代数和 $P_T = P_S + P_I + P_n$,还取决于 $\tau_c - \tau$、$\varphi$ 和相对欺骗幅度 $\alpha$。图16.15显示了在这种情况下 $S(t,\hat{\tau},\hat{\theta})$ 和 $I(t,\hat{\tau},\hat{\theta})$ 之间的关系。

干扰功率 $P_I$ 可以分解为 $P_I = \alpha^2 P_S + P_{nc}$,其中 $P_{nc}$ 是噪声分量 $n_c(t)$ 中的功率。如果在欺骗攻击中($|\tau_c - \tau| \approx 0$ 和 $d\varphi/dt \approx 0$)近似实现了码相位对齐和多普勒匹配(在文献[16.50]中针对无安全增强的GNSS信号证明了这种可能性),则 $P_T$ 可以表示为

$$P_T = \left[\sqrt{P_S} + \sqrt{\alpha^2 P_S}\cos(\varphi)\right]^2 + \alpha^2 P_S \sin^2(\varphi) + P_{nc} + P_n \quad (16.13)$$

该表达式表明,与真实信号非相干的噪声分量 $P_{nc}$ 和 $P_n$ 直接加到 $P_T$,$\alpha^2 P_S \sin^2(\varphi)$ 作为欺骗信号中相位与真实信号正交的频率相干分量中的功率,也同样直接加到 $P_T$。相反,$\alpha^2 P_S \cos^2(\varphi)$ 是欺骗信号中相位与真实信号保持同相的频率相干分量中的功率,其并不直接加到 $P_T$ 上,而是与真实信号相互作用。当 $\varphi = k2\pi, k \in \mathbb{Z}$(相位对齐)时,欺骗信号对 $P_T$ 的贡献最大;当 $\varphi = (1 + 2\pi)k$(反相对齐)时,欺骗信号的贡献最小;当 $\varphi = (1/2 + \pi)k$(正交对齐)时,可以把它当成纯非相干信号进行功率叠加。

如果将 $\varphi$ 视为均匀分布在 $[0, 2\pi]$ 上的随机变量,则 $P_T$ 的期望值与在纯非相干干扰信号情况下出现的 $P_T$ 相等,即 $E[P_T] = P_S + P_{nc} + P_n$。因此,对于统计独立的欺骗-真实信号对的集合,即使当欺骗信号可以实现多普勒频率对准($d\varphi/dt \approx 0$)而没有对载波相位更精确的控制时,式(16.2)仍可作为每对信号贡献功率的有用近似值。通过区分,如果

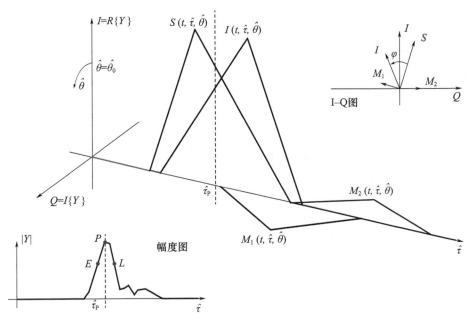

图 16.15 一种欺骗攻击的复相关函数,其中 $|\tau_c - \tau| < T_C$ 且 $d\phi/dt \approx 0$。蓝色迹线标记为 $S(t,\hat{\tau},\hat{\theta})$ 代表期望信号相关函数,红色迹线标记为 $I(t,\hat{\tau},\hat{\theta})$ 表示干扰(欺骗)信号相关函数,绿色迹线标记为 $M_i(t,\hat{\tau},\hat{\theta})$,$i = \{1,2\}$ 代表两个多径相关函数。接收机的码环路和载波跟踪环路跟踪复合相关函数 $Y(t,\hat{\tau},\hat{\theta})$,其超前、实时和滞后相关值的大小显示在左下方的插图中(见彩图)

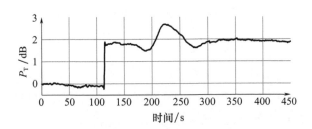

图 16.16 使用文献[16.62]中所述的测试平台进行的欺骗攻击时,以 GPS L1 频率为中心的 2MHz 频带中的总接收功率 $P_T$。图中根据攻击之前的 $P_T$ 平均值进行了归一化。攻击始于在100s 之前,$P_T$ 突然增加,此后,总真实信号功率和总欺骗功率保持恒定。因此,$P_T$ 中的振荡是由于欺骗信号与真实信号之间的频率相干性造成的,每对欺骗-真实信号均具有相似的 $\varphi$ 值

欺骗设备对目标接收机天线的位置估计准确度远小于一个载波波长,那么它可以根据式(16.13)任意调整 $\alpha$ 和 $\varphi$ 以实现对 $P_T$ 的完全控制。图 16.16 显示了频率相干欺骗信号对 $P_T$ 的预期影响。

欺骗设备可以任意控制 $\alpha$ 和 $\varphi$ 的一个重要结果是,通过为每个欺骗和真实信号对选择 $\alpha = 1$ 和 $\varphi = \pi$,欺骗设备可以有效地在目标天线的位置消除真实信号。这种调零攻击具有干扰目标接收机的效果,同时降低了 GNSS 相关频带中的总接收功率 $P_T$。此外,调零信号可以与一组独立的欺骗信号配对,以在将干净的伪造信号提供给目标接收机的同

时消除真实信号。因此,攻击者可以规避文献[16.35]中提出的接收功率检测和文献[16.63]中提出的钳形防守等类型的检测,这些方案的目的是检测总接收功率中的异常或由真实和欺骗信号相互作用引起的相关函数失真。公共场景下,近距离清晰可见的 GNSS 天线以及那些坐标以亚分米精度公开发布的天线,最容易受到这种调零干扰攻击。

## 16.6 干扰检测

自 GPS 诞生以来,研究人员已经提出了许多用于检测和降低 GNSS 干扰的方案。如图 16.17 所示,这些方案应用于 GNSS 信号处理三个阶段中的一个或多个:①模拟阶段;②模数转换之后的预相关;③相关和后相关阶段。本节详细介绍了几种有效的干扰检测方案,后续部分将讨论干扰抑制的方法。

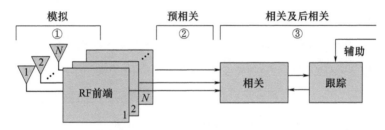

图 16.17 干扰检测和抑制的三个阶段:①数字化之前的模拟阶段;②模数转换之后和预相关阶段;③相关以及相关后的跟踪和 PVT 估计阶段

### 16.6.1 $C/N_0$ 检测

如果接收机在任何通道上测得 $C/N_0$ 的下降无法用信号阴影解释,则表明存在某种干扰。$C/N_0$ 与复累加值 $Y_k$(图 16.2)的 SNR 有关,码跟踪和载波跟踪都是基于该累加值进行的,即 $SNR = CT_a/N_0$。由于 $C/N_0$ 测量是在相关后生成的,因此 $C/N_0$ 的监测是在图 16.17 中的第③阶段进行。

给定监测的 $C/N_0$ 值,可以确定码跟踪和载波跟踪的性能不会比 $SNR = CT_a/N_0$ 所期望的更好。但是,所有跟踪通道的标称 $C/N_0$ 值并不能保证不存在干扰,因为无论有意或者无意的欺骗干扰都可能导致受影响的接收机报告完全正常的 $C/N_0$ 值。例如,文献[16.62]中描述的欺骗设备可以通过调整每个信号的相对幅度,并在信号集合中添加人工噪声,来决定每个信号的接收 $C/N_0$。

鉴于 $C/N_0$ 损耗经常是由信号阴影引起的,并且标称 $C/N_0$ 值不能保证不存在干扰,因此最好将文献[16.64]中提出的 $C/N_0$ 监视器与其他互补技术结合起来用于 GNSS 干扰的检测。

## 16.6.2 接收功率检测

监视目标 GNSS 频带中的总接收功率 $P_T$（称为接收功率监视 RPM）是检测干扰的最简单、最有效的策略之一[16.35,16.65-16.66]。在 RF 前端具有多比特量化采样和自动增益控制（AGC）的系统，估算 $P_T$ 就像为在量化之前调整信号幅度测量 AGC 单元施加的电压一样容易。在一个具有足够动态范围的固定增益系统中，为了防止量化饱和，可以直接从预相关样点中估算 $P_T$。在任何情况下，RPM 都适用于图 16.17 中的第②阶段。

图 16.18 显示了在高质量 GNSS 天线和前端系统的输出端测得的关于 GPS L1 频率的标称功率谱。尽管它们具有统计独立性和低功率，接收到所有 GPS L1 C/A 信号组合在一起在 L1 频点附近产生了一个高于噪声电平的熟悉的 $\text{sinc}^2(fT_C)$ 模式。

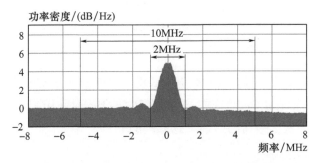

图 16.18 在理想的户外射频环境中由高质量静态天线和射频前端组合捕获 1s 数据得到 GPS L1 为中心频率的功率谱估计。图中显示了 2MHz 和 10MHz 的功率测量频段。为便于查看，纵轴功率密度的标尺设置在底噪附近，底噪约为 -204dBW/Hz

对于具有适当低虚警率的干扰检测，必须检查 $P_T$ 的变化的大小和可预测性，这些变化可以被认为是自然的或无害的。图 16.19 显示了图 16.18 中以 L1 为中心的 2MHz 频段中 $P_T$ 的两天记录。时间历程揭示了显著的日变化，这是温度、太阳辐射和头顶卫星星座的日变化的结果。尽管该记录的日重复性显然只有大约 0.3dB，但考虑到当地温度和卫星轨道星历的知识，它的可预测性实际上比这更好。

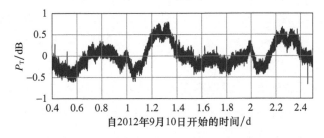

图 16.19 在图 16.18 所示的 2MHz 频带中的接收功率 $P_T$ 在两天时间内随时间变化情况，通过平均接收功率进行归一化

图 16.20 提供了使用相同设置的 7.5min 间隔的展开图，并同时显示了 2MHz 和 10MHz 两条曲线。两条曲线在小于 150s 的时间尺度上变化的不同大小表明，这些变化不

是由宽带噪声引起的；它们很可能是由附近表面的反射以及大气衍射和折射引起的载波相位水平上的多径效应造成的。经过对 $P_T$ 多日记录的仔细研究发现，这些短时尺度变化在太阳日或恒星日不会明显重复。总而言之，对于静态天线而言，L1 频段附近实际不可预测的 $P_T$ 变化值，在 2MHz 频带上至少具有 0.1dB 的均方根偏差，在 10MHz 频带上至少具有 0.05dB 的均方根偏差。

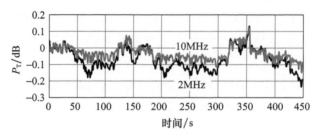

图 16.20　在图 16.18 所示的 2MHz 和 10MHz 频带中 7.5min 的接收功率，对每个频带中 $P_T$ 初始值进行了归一化

对于动态天线而言，$P_T$ 的变化可能更大。图 16.21 显示了安装在车辆上的接收机在得克萨斯州奥斯汀市中心街道上行驶时记录的 $P_T$ 变化的时间历程。最大的 $P_T$ 偏移量超过 1dB，这对于没有该地区最新的射频干扰地图的 GNSS 用户来说是不可预测的。

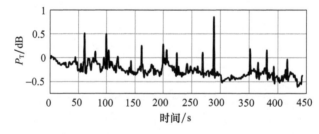

图 16.21　得克萨斯州奥斯汀市区街道上车辆的 GNSS 接收机，在以 GPS L1 频率为中心的 2Hz 频带内 1s 的时间间隔内的接收功率 $P_T$。数据来源于文献[16.67]中的动态数据记录

在 0.1dB 甚至 1dB 水平上，背景变化是不可预测的，但近距离施加的故意干扰是很明显的。图 16.22 显示了使用 PPD 的驾驶员对 $P_T$ 的影响。简单的欺骗也有明显的效果，例如图 16.16 中 $P_T$ 突然上升 2dB。但是，与文献[16.35]中的表述相反，RPM 并不是检测欺骗的一般有效手段。这是因为在欺骗攻击期间 $P_T$ 的增加可能比由于欺骗以外的原因导致的 $P_T$ 不可预测的变化更小，或者不会显著增大。如 16.5.2 节所述，欺骗干扰机能够任意控制每个欺骗信号的相对幅度 $\alpha$ 和相位 $\varphi$ 的变化以消除真实信号，并用相等功率的伪造信号替换它们，从而保持 $P_T$ 恒定。

对于无法精确控制 $\varphi$ 的欺骗干扰机，它不能在成功捕获目标接收机跟踪环路的同时不增加 $P_T$，但是 $P_T$ 的增加可能很小。对于商用级 GNSS 接收机，$P_T$ 的上升幅度可能低至 0.56dB[16.62]。如果将 $P_T$ 中不可预测的自然变化建模为标准偏差为 0.1dB、去相关时间为 150s 的高斯过程，则 $\gamma = 0.44$dB 的检测阈值就足以在保持每年一次虚警率的同时以高概

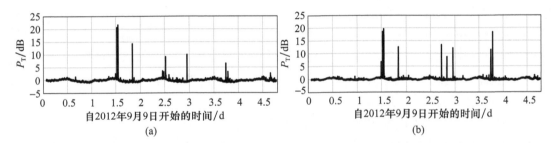

图 16.22 得克萨斯州奥斯汀西部横跨 1 号国道两个相距 1km 的站点在以 GPS L1 为中心 10MHz 频带内的接收功率。图(a)来自空间研究中心站点的数据;图(b)来自应用研究实验室站点的数据。两条曲线均通过 $P_T$ 的时间平均值进行归一化。$P_T$ 中较大的偏移是由于驾驶者在高速公路上行驶时使用了 PPD

率检测到这种上升。然而,$P_T$ 的自然变化比高斯过程概率分布具有更高的尾分布特征。例如,如表 16.2 所列,在太阳活动最大值时太阳射电爆发将使 $P_T$ 平均每 9.2 天增加 $\gamma = 0.44$dB。需要注意的是,尽管在已知的太阳射电爆发(可被独立监测甚至预测到[16.68])期间可以忽略欺骗警报,但这几乎不能提供保护,因为一个聪明的攻击者可以把攻击时间安排在一个相当大的突发事件到来的时候。

如图 16.21 和图 16.22 所示,除了太阳无线电脉冲之外,城市环境和主要通道附近的非欺骗性干扰特有的现象通常会导致 $P_T$ 的增加超过 $\gamma = 0.44$dB。有人可能会说,欺骗探测器在太阳射电爆发或有意干扰时发出警报是完全正确的,但是欺骗干扰的后果可能比自然干扰或阻塞的后果更为严重。因此,所有防御者都要区分这些情况。

## 16.6.3 增强的接收功率检测

单独使用接收功率检测(received power monitoring, RPM)时,在检测强干扰方面是有效的,但在弱干扰(例如低功率欺骗)检测方面不可靠。但是,如果欺骗干扰机不能任意操纵 $\alpha$ 和 $\varphi$,RPM 可以与接收信号中类 GNSS 结构敏感的其他测试来配合使用,从而进行有效的欺骗联合检测测试。以下各节讨论了三种 RPM 增强策略。

1. 使用 $C/N_0$ 监测进行增强

简单的 $C/N_0$ 监测器不会监测到 $C/N_0$ 值与真实信号匹配的欺骗信号。但是,与 RPM 配合使用时,$C/N_0$ 监测成为合理可靠的监测策略。因为对于欺骗设备来说,在不显著增加 $P_T$ 的情况下确保接收的 $C/N_0$ 标称值是具有挑战性的。只有通过调零攻击(如 16.5.2 节中所述),欺骗设备才能确保 $C/N_0$ 匹配不会增加 $P_T$。如果不为零,则 $C/N_0$ 匹配(无异常变化)需要非常强的欺骗功率,这表现为 $P_T$ 的增加。

2. 使用预相关结构功率分析进行增强

文献[16.69]提出了预相关结构功率分析方法,基于接收到的原始采样点中类 GNSS 信号的过多功率含量来检测是否存在欺骗。在没有 RPM 的情况下,欺骗干扰机可以以很强的功率发射来逃避监测器,从而将接收到的真实信号淹没到底噪中,因为接收机的 AGC

会补偿接收到的总功率。然后文献[16.69]介绍的方法测量每个预期的接收波形与单个信号相称的预相关结构功率含量,因此将无法发出警报。但是,与 RPM 结合使用时,功率成分监测器对于欺骗监测而言将变得强大。对于 $C/N_0$ 监视,在联合测试统计数据中,RPM 的增强会迫使欺骗干扰机发起复杂的调零攻击或极有可能被暴露。

3. 使用失真监测进行增强

文献[16.63]中提出的"钳性防守"包含了增强 RPM 以改进欺骗监测的概念。它意在使欺骗信号落在 RPM 和信号失真监视器之间的陷阱中。如同 $C/N_0$ 和预相关结构功率监测一样,失真监测自身无法检测到以压倒性功率执行的欺骗攻击,因为随着欺骗与真实信号间功率比的增加,AGC 会消除真假信号之间的交互作用,导致失真监测无法起作用。

GNSS 信号质量监测文献提出了几种信号失真度量[16.70]。这些度量都是基于相关结果计算的,因此适用于图 16.17 中的第③阶段。钳形防御采用所谓的对称差 $D$。让 $Y_E$ 和 $Y_L$ 分别是具有预定的超前滞后间隔的超前和滞后复累积值。然后,将 $D$ 定义为超前减滞后复值的大小,即 $D \equiv |Y_E - Y_L|$。因此,$D$ 对超前滞后不对称性的幅度和相位敏感。

除非欺骗者能够进行调零攻击,否则由幅度相当的真实信号和欺骗信号之间的交互作用引起的失真将明显显示为 $D > 0$。图 16.23 显示,$D$ 在弱欺骗和强欺骗的范围内都接近零。弱欺骗对 GNSS 接收机的影响不超过多径,并且可以通过 $P_T$ 的显著增加来监测强欺骗干扰。这是抵御欺骗的基本前提。

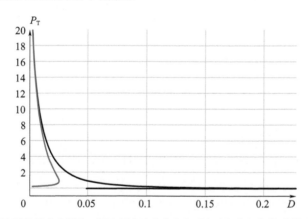

图 16.23 失真(与累积值单位相同),作为同相(蓝色)和反相(红色)多径或欺骗干扰的 $P_T$ 的函数,延迟固定为 0.15chip。对于相同的延迟,所有其他相对相位会产生位于此包络内的失真曲线(参见文献[16.63];经允许转载)(见彩图)

钳形防守试图将干扰归类为欺骗、阻塞或多径,并将这些类别与正常热噪声区分开,所有这些干扰都基于 $D$ 和 $P_T$。参考图 16.24 可以理解这一挑战,图 16.24 显示了在模拟欺骗(红色)、阻塞(蓝色)、多径(黑色)和干净(仅热噪声;绿色)下 $D$ 和 $P_T$ 值的散点图。显然,类别之间存在重叠,尤其是在低功率欺骗和严重的多径之间。

钳形防守监测和识别问题可以描述如下:给出观测量的历史记录 $z_k \equiv [D_k, P_{T,k}]^T$,$k \in K \equiv \{1,2,\cdots,N\}$,确定接收机是否没有被干扰(零假设,$H_0$),或者对于 $k \in \kappa \equiv \{k \in \kappa | k \geq k_0\}$,接收机都经历了多径($H_1$)、阻塞($H_2$)或欺骗($H_3$)。其中 $k_0$ 是干扰开

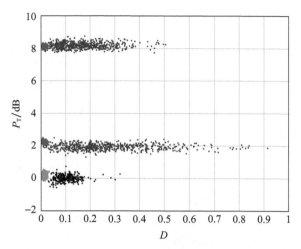

图 16.24 在干净(仅热噪声;绿色)、多路径(黑色)、欺骗(红色)和阻塞(蓝色)场景下模拟的 $D$ 和 $P_T$ 散点图。欺骗和阻塞情况是在两种不同的功率水平下进行仿真的。通过选择模拟的累积幅度,以使 $D$ 的范围为 0~1(参见文献[16.63];经允许转载)(见彩图)

始的时刻。该问题简化为一组基于 $k_0$ 和干扰幅度 $\alpha$ 的广义似然比检测;对于 $H_2$ 和 $H_3$ 假设,还要基于码延迟 $\tau_c$ 的估计。

图 16.25 给出了单个观测量 $z_k$ 的观测空间的示例,该空间被划分为 4 个假设的决策区域。区域边界取决于 $\alpha$ 和 $\tau_c$ 的估计值、当 $H_j$ 为真时误判为 $H_i$ 的代价($i,j \in \{0,1,2,3\}$),以及 4 个假设的先验概率。

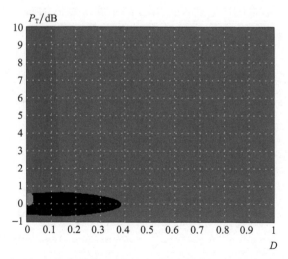

图 16.25 单个观测量 $z_k$ 的观测空间示例,分为干净区域(仅热噪声;绿色)、多径区域(黑)、欺骗(红色)和阻塞区域(蓝色)的决策区域(参见文献[16.63];经允许后转载)(见彩图)

上面介绍的问题表述并不是钳形防守所独有的。实际上,所有干扰监测技术的监测和识别问题都可以用 $H_0,H_1,H_2$ 和 $H_3$ 来表示。联合监测和分类提供了双重优势,即提高了监测能力并提供了有关干扰性质的可操作信息,代价则是额外的计算复杂性[16.71]。

### 16.6.4 谱分析

如果接收机射频前端产生的离散时间量化样本可用于离散傅里叶变换(DFT)的模块，则可以周期性地估计和分析接收信号的功率谱。在多频接收机上，可能需要分析6个或更多个单独的 GNSS 频带。这种分析的计算负担可以通过使用高效的 DFT 实现方式和通过延长功率谱产生之间的间隔来减少。

功率谱分析是一种简单而强大的干扰诊断技术，它不仅能够判断干扰的存在，还能判断干扰的性质，不管干扰是宽带的或窄带的，还是恒定的或短暂的。图 16.18 显示了在干净的 RF 环境中从高质量静态接收机接收的 L1 为中心以 1s 间隔的数据产生的功率谱。所示频谱是基于通常的周期图技术的估计值，该技术是对原始数据重叠部分产生的频谱进行平均，每个时间段由一个窗口函数加权。

通过功率谱分析进行干扰检测和识别的关键挑战，在于将信号跟踪、多径、温度变化和头顶 GNSS 信号星座变化而引起的频谱变化与实际干扰区分开来。如图 16.19 中的示例数据集所示，即使没有干扰存在，以 L1 为中心的 2MHz 频带中的总功率波动也可以超过 1dB。这种变化大部分是周期性的，因此是可预测的。复杂的谱分析技术可以应用模型或机器学习来区分新的干扰和背景变化。因此，与移动接收机相比，静态接收机所面临的问题的挑战要少得多。

频谱分析即使是单独进行分析，也可以有效地发现欺骗干扰。图 16.26 显示了与图 16.18 相同的 16MHz 带宽的功率谱，并且使用了相同的接收机但采集的是欺骗攻击过程中捕获的数据，在该欺骗攻击中每个真实信号都生成了虚假信号。因此，图 16.26 中的曲线表示了欺骗信号和真实信号集合的混合物的功率谱。该攻击被设计为隐秘的，实现了近似调零攻击(如 16.5.2 节中所述)。即使这样，图 16.26 和图 16.18 之间也存在明显的差异。除了在以 L1 为中心的 2MHz 频带中功率大约增加 2dB 之外，在欺骗信号的频谱中主瓣两侧的旁瓣也更加突出。这种的差异为仅仅基于功率谱测量的欺骗检测提供了希望。

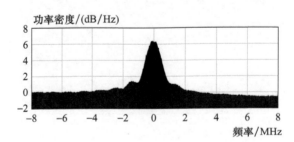

图 16.26　与图 16.18 相同的条件下的功率谱
(接收机现在受到文献[16.62]中描述的 GPS 欺骗攻击)

### 16.6.5 加密欺骗检测

如式(16.12)所示，用不可预测但可验证的安全码 $W(t)$ 调制的 GNSS 信号比没有有意引入不可预测性的 GNSS 信号更能抵抗欺骗干扰。最好利用加密序列实现安全码 $W(t)$。在 NMA 中，$W(t)$ 是一个低速率(如 50~250Hz)二进制序列，包含周期性的数字签名，这些数字签名在传输时无法预测，但可以在接收时对完整数据的原始序列 $D(t)$ 进行验证[16.55-16.57]。或者，$W(t)$ 可以被实现为高码率(如 500~10000kHz)二进制序列，其码片间隔可以与基础扩展码 $C(t)$ 的码片间隔一样短，就像 GPS Y 和 M 信号、伽利略 PRS 信号和文献[16.53]提出的民用信号扩频安全码。

军用 GPS Y 和 M 码的安全性基于对称密钥密码术。GPS 控制段采用一组密钥生成伪随机二进制扩频码序列。军用接收机采用功能上等效的一组密钥生成相同序列的本地副本，从而实现解扩和信号跟踪。未经授权的用户没有密钥，因此，从理论上讲，他们无法生成与预测扩展序列，这意味着他们无法跟踪和预测军用 GPS 信号，也就不能欺骗。

将民用安全码建立在对称密钥加密的基础上既不实际也不谨慎。取而代之的是，所有提议的民用方案都是基于公共密钥或基于延迟披露的密钥。甚至在文献[16.72]中提出了利用军用 Y 码保护民用 GPS 接收机安全的技术，都假定在某个时间后 Y 码就会暴露给接收机。

1. 检测

如果伪造信号的安全码未能通过数字签名验证(对于低速率安全码)或在与本地安全码(对于高速率安全码)相关时未能产生显著功率，则很容易检测到安全码增强型 GNSS 欺骗。只有转发式干扰和 SCER 攻击才能生成可以满足这些初步测试的伪造信号。

对于转发式干扰和 SCER 攻击，前面讨论的检测技术可能非常有效，特别是使用 RPM 进行增强的技术和使用频谱分析进行增强的技术。对于 SCER 攻击，文献[16.54-16.55]量身定制了一种有效的检测方法。该检测的决策统计基于接收功率 $P_T$ 和专门的相关统计 $L$。鉴于其对 $P_T$ 的依赖性，SCER 攻击检测可被视为另一种 RPM 增强，类似于 $C/N_0$ 监视或钳形防守。

SCER 攻击检测器的专用相关统计量 $L$ 被设计为，对每次不可预测的码片跳变之后欺骗干扰机安全码估计值 $\widehat{W}(t)$ 的误差方差敏感。文献[16.54]给出了该统计量，并描述了其在 $H_0$(无攻击)和 $H_1$(SCER 攻击)下的分布。接下来的内容简要描述了如何在接收机中生成统计信息并提供示例测试结果。

令 $W_k$ 为第 $k$ 个码片期间安全码 $W(t)$ 的值。为方便起见，与 NMA 一样，假定接收机的累积间隔等于 $W_k$ 的长度。然后，可以生成如图 16.27 所示的相关统计量 $L$。下面的信号路径是标准匹配滤波器相关操作，与图 16.2 中基于连续时间描述的一致。输入信号采样点 $r_i$ 和本地复信号副本 $l_i = W_k C_l(t_i - \hat{\tau}_i) \exp(-j2\pi f_{IF} t_i + \hat{\theta}(t_i))$ 乘相乘并进行累积，累积时间间隔与 $W_k$ 的长度相同，从而产生实时支路的复相关值 $I_k + jQ_k$，其被馈送到码和载波跟踪环路。码跟踪环路还从相同的路径(未显示)获取超前和滞后版本的相关值结果。

图 16.27 中的上方路径生成 SCER 攻击检测统计量 $L$。乘积 $r_i l_i$ 的实部乘以文献[16.54]中定义的平滑加权函数 $\beta(n_{ki})$，它为第 $i_k$ 个采样点提供了权重 1，但对于随后的

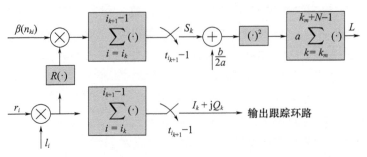

图 16.27　SCER 攻击统计量 $L$ 的生成流程以及标准的 GNSS 信号相关流程。
棕色粗线表示复数信号,黑色细线表示实值信号(见彩图)

采样点迅速衰减为 0。这种加权能够抑制那些由于欺骗干扰机有足够的时间来获得 $W_k$ 的准确估计值而使得欺骗干扰机的安全码码片估计 $\hat{W}_k$ 的误差方差变小的采样点。如图 16.14 所示,只有早期的高方差采样点可用于区分 $H_1$ 和 $H_0$。加权乘积 $\beta(n_{ki}) R(r_i r_l)$ 在等于 $W_k$ 长度的时间间隔内累积,从而产生单码片监测统计量 $S_k$。如图 16.27 所示,$N$ 个单码片监测统计量被加入偏置,求平方,然后累加,以产生最终统计量 $L$。在 $H_p (p = 0,1)$ 假设下,常数 $a$ 和 $b$ 与 $S_k$ 的理论平均值 $\mu_p$ 和方差 $\sigma_p^2$ 有关,可得

$$a = \frac{1}{\sigma_0^2} - \frac{1}{\sigma_1^2}, \quad b = 2\left(\frac{\mu_1}{\sigma_1^2} - \frac{\mu_0}{\sigma_0^2}\right)$$

**2. SCER 攻击检测示例**

在文献[16.62]的测试床上执行 SCER 攻击示例,可得图 16.28 所示的测试结果,这个结果描述了各个阶段的 $L$ 的经验分布。顶部面板显示了攻击前奏,在此过程中仅存在真实信号。在此阶段,$L$ 值的直方图与理论上的假设概率分布 $p_{L|H_0}(\xi|H_0)$ 表现出良好

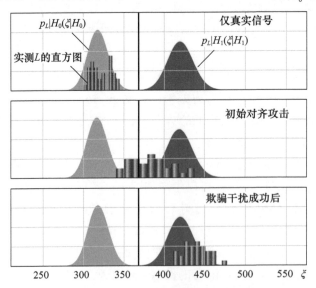

图 16.28　零延迟 SCER 攻击实验各个阶段生成的检测统计量 $L$(条形图)
与检测阈值(垂直粗线)的直方图和理论分布 $p_{L|H_j}(\xi|H_j), j = 0,1$

的对应关系，其中 $\xi$ 是评估监测统计量 $L$ 的概率密度值。当真实信号和欺骗信号在约 $1\mu s$ 扩展码码片间隔的一小部分内对齐时，中间面板显示了攻击初始阶段的情况。由于此测试中的欺骗信号和真实信号功率几乎匹配，因此该阶段在防御者的复值实时相关器中显示了两者之间的强大交互作用。这种相互作用违反了 SCER 检测的假设。监测统计量确实超过了阈值的一半以上，但不是聚集在 $p_{L|H_1}(\xi|H_1)$ 中，而是显示了由相互作用的真实信号和欺骗信号的相对载波相位变化驱动的扩展。

在欺骗干扰成功接管了接收机的跟踪环路，并且真实信号和欺骗信号的相关峰相隔两个以上的码片之后，SCER 攻击检测器再次变为有效。图 16.28 的底部面板显示，在此阶段的监测统计数据明显聚集在监测阈值之上，并且大致在理论分布 $p_{L|H_1}(\xi|H_1)$ 内。

## 16.6.6 基于天线的技术

仅使用单个静态天线的 GNSS 接收机无法测量输入信号的到达方向，但是具有移动天线或多个天线单元的接收机可以识别到达方向，并可以使用此信息检测干扰。基于天线技术具有强大的干扰检测能力，因为干扰源通常从单个天线发送信号，而 GNSS 信号来自一组空间上不同位置的卫星。在文献[16.73]中开发了基于单个移动天线的欺骗监测机，在文献[16.74]中开发了基于一对静态天线的欺骗检测机，后者展示了在实时欺骗攻击中利用低成本系统进行的近乎实时的欺骗检测的能力。

## 16.6.7 新型技术

作为检测欺骗干扰的最后机会，PVT 解算利用了跟踪环路得到的 GNSS 伪距和载波相位观测值。而对于矢量跟踪架构的接收机，PVT 解算与跟踪是耦合在一起的。图 16.17 中的跟踪模块旨在作为此类跟踪和估计功能的一般参考，并且将是新型欺骗监测技术的基准。

PVT 估计算法通常采用接收机动力学模型（包括时钟动力学），并且可以访问非 GNSS 的辅助数据，例如来自惯性测量单元（IMU）、气压计、磁强计等的数据。通常用卡尔曼滤波器等序列估计器处理有规律的输入观测值，并输出相应的 PVT 估计。

对估计量残差（或第 24 章中的新型方法）进行标准的假设检验，可以检测出预测的估计量与 GNSS 观测量之间显著的不一致。文献[16.51]提出了一种创新性分析的框架，该框架针对传感器欺骗进行了优化，包括 GNSS 欺骗。该框架应用完整性风险性能指标来说明以下事实：传感器攻击仅在目标系统超过其警报极限时才造成危害，如当船舶离开假定的过境走廊或时间系统超出其所需的时间精度时。该框架采用极小化极大策略来增强对未知欺骗设备检测的稳健性。研究表明，当攻击诱导的动态行为处于 PVT 估计器基于模型传播过程的漂移包络内时，攻击者可以使目标系统在没有检测到的情况下超出其保护范围。例如，基于伪距和多普勒观测值以及惯性传感器的 PVT 估计（一种常见的组合）可能会被欺骗设备引入歧途，导致误差轨迹逐渐偏离真实轨迹，就好像是惯性传感器中的漂移过程所驱动一样[16.50]。

针对此漏洞,文献[16.75]为 GNSS 导航车辆提出了一种功能强大的检测方法,该方法利用了由环境干扰(例如,阵风使飞机颤抖)引起的高频平台动态。这些动态实际上是欺骗者无法预测的,但能够被惯性传感器和高速率(例如 20Hz)载波相位观测量记录下来。一项基于 GNSS 载波相位测量的创新测试利用了这样的自然抖动,或者如果自然干扰提供的激励不足,甚至会进行有目的的抖动,这将给欺骗者带来很大的困难,除非将欺骗干扰机物理连接到目标平台上。

## 16.7 干扰抑制

在基于 GNSS 的 PVT 解决方案中,GNSS 干扰监测是避免产生有害误导性信息的关键。一旦检测到干扰,PVT 解的可信度就可能会受到影响,用户或更大的系统便可在了解到这一点后做出决策。但是仅仅检测并不能确保可靠 PVT 信息的连续性,而这种连续性是许多系统和用户的要求。PVT 的连续性可以通过人工干预来实现,一旦收到 GNSS 干扰警报,船员就可以依靠视觉、雷达甚至天体进行导航。但是,越来越多的导航和授时系统希望在遇到 GNSS 干扰时能够自动保持 PVT 连续性。

近年来,GNSS 系统极易受到干扰的设计理念越来越受到重视,因此需要一个完全独立于 GNSS 系统的 PVT 源作为备份。根据这一理念,在检测到具备威胁性的 GNSS 干扰时,明智的反应是至少暂时放弃 GNSS,并切换到非 GNSS 的备用 PVT 系统。但是,尽管在 IMU、高精度时钟、非 GNSS 机会信号 PVT、非 GNSS 授时、电光导航以及在专用地面 PVT 系统中取得了令人瞩目的进步,但这些方法被证明仅对时间间隔短(几分钟)或受限区域(几十千米半径)的场景有用。到目前为止,GNSS 仍然是不可替代的,因为没有任何非 GNSS PVT 系统可与 GNSS 的基本优点相提并论:①全球覆盖率;②无限长的时间间隔内的高 PVT 精度;③对用户来说成本低。因此,本节重点介绍 GNSS 干扰抑制技术,这些技术不是通过放弃 GNSS 而是通过加强和增强 GNSS 来确保 PVT 的弹性。

### 16.7.1 频域或时域的稀疏干扰

利用有效技术可以抑制频率(窄带)或时间(脉冲)的稀疏干扰。至于空间稀疏干扰的抑制,即对少量狭窄到达方向的干扰,将在 16.7.3 节中讨论。

稀疏干扰抑制技术是利用干扰信号的相位或幅度中的时间相关性,来估计和消除干扰信号,从而提高所需的信号功率噪声比。干扰信号的幅度或相位与时间的相关性越强,对干扰重构和抑制的精度就越高,从而使下游的捕获和跟踪处理免受其影响。

**1. 滤波**

如果没有合适的前期 RF 滤波,则当干扰足够强时,即使远离 GNSS 频段的干扰也可能对 GNSS 接收机造成问题,接收天线和第一级 LNA 可能不足以阻止强大的带外信号,从而使 LNA 饱和。因此,在移动手机和蜂窝基站中,人们发现 GNSS 接收机在第一级放大之前具有严格的 RF 滤波,尽管这种滤波会降低 $C/N_0$(相当于滤波器阻抗损失)。

GNSS 频带内的窄带干扰要比带外干扰更具挑战性。在 GNSS 频带内的选择性(高 $Q$ 值)模拟滤波需要使用体积大且昂贵的模拟滤波器。同样,具有足够宽线性范围以防止强干扰时饱和的 LNA 和能够将零点指向干扰源的天线阵列也是很昂贵的。因此,在某些情况下,在低噪声放大之前降低接收信号强度是防止 LNA 饱和的唯一经济手段,但同时降低了 $C/N_0$。

假设避免了 LNA 饱和,正确配置的多比特量化则成为抵御窄带干扰的第一道防线。如 16.3.2 节所述,当输入干扰的幅度近似恒定时,多比特量化可以产生转换增益(相对于未量化的离散时间采样 $C/N_0$ 的增加)。然而,在许多低成本 GNSS 接收机中采用了单比特量化(两电平量化),当存在强烈的窄带干扰时,单比特量化器的 SNR 严重恶化且无法恢复。如果干扰幅度快速变化或存在多个窄带干扰源,那么即使是两比特(四电平)量化,也不足以阻止强窄带干扰源俘获量化过程。

假设有足够的量化分辨率,在预相关阶段(图 16.17 中的点②)的自适应数字滤波是一种经济高效抑制带内窄带干扰的方法。这项技术通常称为自适应陷波滤波,利用窄带干扰信号的时间相关性将其与热噪声和扩频信号区分开,因为它们在码片长度采样间隔上是不相关的。

自适应陷波滤波可以实现为时域的横向滤波器或频域的频谱整形。在时域方法中,调整横向滤波器的权重以使滤波器的输出功率最小化[16.76]。最优抽头权重向量解的复杂度为 $O(n^2)$,其中 $n$ 是所使用块中的样本数可以通过延长最佳权重向量的后续计算之间的间隔来权衡性能,以减少计算需求。直接实现干扰抑制,即使对于多个窄带干扰源也可以非常有效。Dimos 等[16.77]研究表明,在 GPS L1 C/A 频带中,对热噪声功率的联合干扰达到 30dB 的三个纯音干扰源可以抑制 28dB。而对于相同的干扰功率和干扰数量,在带宽分别为 25、50 和 100kHz 时,抑制性能分别降低到 24.25dB、20.75dB 和 16dB,这表明时域陷波滤波性能会随着干扰带宽的增加而降低。

频域方法需要对一组 $n$ 个预相关样本(通过窗函数加权)进行傅里叶变换,将变换乘以适当的滤波器,然后对乘积进行傅里叶逆变换,自动生成在变换域中应用的干扰抑制滤波器,使变换后的样本白化。在最简单的方法中,可以简单地对包含超过预定义阈值的干扰峰区域进行消隐。该变换方法的复杂度为 $O(n\lg(n))$,因此与时域陷波滤波相比具有较小的计算负担,而时域陷波滤波具有滤波器抽头加权的连续更新。变换方法的另一个好处是可以对连续变换进行平均,以产生功率谱估计值,如前所述,它是用于一般情况下了解干扰环境的有用工具。

PPD 独特的扫频干扰也因其高规则性而被认为是稀疏的[16.47]。文献[16.49]中开发了一种基于模型的技术,该技术可以有效地估计 PPD 信号的频率扫描参数,从而消除干扰。此类基于模型的滤波是陷波滤波的合理扩展,用于高度可预测且易于与所需 GNSS 信号区分开的干扰信号。

### 2. 消隐

时间稀疏的干扰信号,例如脉冲干扰,可以通过所谓的脉冲消隐[16.1]来抑制。$C/N_0$ 的降低和消隐与丢弃的 RF 前端样本成比例关系。文献[16.1]探讨了一种组合的自适应陷波滤波和消隐技术,从而抑制在时间和频率上都很稀疏的 DME/TACAN 干扰。

### 16.7.2 频域和时域的密集干扰

与窄带或脉冲干扰不同,宽带和连续干扰都是频谱和时间密集的。它在空间上是稀疏的,但是具有单个静态天线的 GNSS 接收机无法利用这种稀疏性来进行抑制。在本节中,密集干扰是指无论其空间特性如何,在频谱上和时间上都稠密的干扰。本节重点将放在基于信号处理的干扰抑制技术上,这种技术不依赖于多天线或移动天线。下一部分将讨论使用多天线或移动天线来抑制空间稀疏干扰。

密集干扰在 RF 前端采样率上具有与时间基本不相关的幅度和相位,使其对接收机看起来像是热噪声或扩频 GNSS 信号。欺骗性干扰(包括转发式)是一个很难抑制的干扰示例,通过构造欺骗性干扰能够伪装成合法的 GNSS 信号。面对基于相同伪随机码的多个形状相同且大小相同的自相关峰,接收机可以轻松地识别出正在发生的欺骗攻击,但无法抑制这种攻击。也就是说,无法识别和跟踪真实信号,除非接收机定时和定位的不确定性组合完全在峰间间隔内。因此,通常只有通过利用多个或移动的天线,才能在检测后缓解欺骗性攻击,这部分将留待下一节讨论。

将密集的非欺骗性干扰(例如连续宽带高斯干扰)视为热噪声,可以很方便地对其进行处理来达到抑制的目的。因此,除了室内环境中的多径效应比室外干扰环境中更加严重,密集的干扰抑制问题与在室内环境中捕获和跟踪微弱的 GNSS 信号的问题是相同的。在相关和后相关阶段或图 16.17 中的③处应用抑制措施。给定 $W_{FE} = 10MHz$ 的前端带宽和 $P_I/P_S$ 的带内干扰信号功率比,所得有效 $C/N_0$ 如式(16.8)所示。对于强干扰,其有效值为 $C/N_{0,eff} = P_S W_{FE}/P_I$。因此,为了在 $W_{FE} = 10MHz$ 带宽中承受超过 $P_I/P_S = 50dB$ 的干扰,接收机将需要能够捕获和跟踪低于 $C/N_{0,eff} = 10\lg(10^7) - 50 = 20dBHz$ 的 GNSS 信号。

消费级 GNSS 接收机尽管价格低廉,但仍能提供出色的抗密集干扰性能,使其免受密集干扰,因为它们是为在低 $C/N_0$ 下运行而设计的。即使没有网络支持,消费级 GNSS 接收机也可以-148dBm 从冷启动捕获信号,对于典型的 $N_0 = -174dBm/Hz$,它对应于 $C/N_0 = 26dBHz$,相当于在 2MHz 带宽下 $P_I/P_S$ 的值高达 37dB。跟踪性能可以比冷启动捕获好得多,假设 $N_0 = -174dBm/Hz$,则可实现低至 -167dBm 的跟踪阈值或 $C/N_0 = 7dBHz$[16.78]。

在忽略计算限制的情况下,文献[16.11]中提出的接收机可以被视为独立标量跟踪体系结构的基准。通过假定低成本的 TCXO 和适度的加速度不确定性,其算法可捕获并保持低至 $C/N_0 = 18dBHz$ 信号的锁定。显然,文献[16.78]中消费级接收机的出色跟踪性能显示了矢量化的跟踪体系结构。

低 $C/N_0$ 捕获和跟踪的最新技术应用于深室内场景的 DINGPOS 高灵敏度 GNSS 平台

中[16.79]。该平台记录来自微机电系统(MEMS)IMU、气压计、磁强计和由 OCXO 质量基准时钟驱动的 GNSS 射频前端的同步数据。在软件定义的 GNSS 接收机中,数据与已知的导航数据符号结合,采用矢量跟踪结构,在行人动态条件下可在 2s 间隔内实现相干积分。在动态模拟场景中,DINGPOS 捕获的阈值降为 $C/N_0$ = 6dBHz,跟踪阈值降到 $C/N_0$ = -1dBHz。这说明它具有显著的抗干扰性,即在 $W_{FE}$ = 10MHz 带宽中跟踪时,最大 $P_I/P_S$ = 71dB。更高的 $P_I/P_S$ 抗干扰度可以通过将 DINGPOS 式信号处理与天线阵列处理(下一节的主题)相结合来实现。

### 16.7.3 基于天线的技术

虽然目前价格昂贵,但多单元天线阵列是最有效的干扰抑制通用工具。天线阵列干扰抑制是利用干扰源到达方向的空间稀疏性和来自头顶卫星的期望 GNSS 信号到达方向的空间分集。早期的阵列处理方法是通过可变移相器将每个阵列单元的射频信号传递出去。然后,将相移射频信号组合成单个射频流,该射频流被定向传输到射频前端进行调节和数字化。在这种方法中,GNSS 接收机在任何给定时刻仅看到单个天线增益方向图(例如,一种指向干扰源的调零方向图)。

现代阵列的处理方法更加灵活。如图 16.17 所示,每个天线的 RF 馈送是独立的、数字化的。将复数权重向量应用到各个数字化流中应用以获得所需的增益方向图。重要的是,可以同时创建数字流的任何数量的加权组合,并将唯一组合馈送给单独的 GNSS 处理通道组。通过这种方式,每个通道都看到一个替代的天线阵列增益方向图。例如,该方向图允许波束朝向拟跟踪其信号的卫星。

连续计算最优加权向量集是阵列处理的主要计算挑战,而主要的实际挑战是需要定期校准阵列,因为温度和其他环境变化会导致每个天线单元的相移发生微小但显著的变化。

文献[16.80]中提供了一种高效率的加权向量计算方法,但是这种方法需要知道期望信号的到达方向,这需要了解天线阵列在全局坐标中的姿态。文献[16.81]提出了相对更好的盲自适应技术,能够自动使相关结果中信干噪比最大化。更好的方法则是文献[16.82]中提出的联合时空干扰抑制技术,该技术利用干扰信号的时间相关性或空间相关性或两者兼具,在计算上要求更高。在此框架中,基于空间相关矩阵的估计能够检测到单个干扰源。根据时间相关矩阵的估计值(或基于傅里叶域中明显的时间相关性)来监测窄带干扰源。这种时空阵列处理将自适应陷波滤波的优点与自适应波束形成相结合。无论干扰源是有意的还是无意的,无论是否类似于 GNSS,只要干扰源呈现紧凑的到达方向,这种波束成形领域的方法都可以很好地发挥作用。

# 参考文献

16.1　G. X. Gao, L. Heng, A. Hornbostel, H. Denks, M. Meurer, T. Walter, P. Enge:DME/TACAN interference mitigation for GNSS: Algorithms and flight test results, GPS Solutions **17**(4), 561–573(2013)

16.2 Radio Regulations (ITU-R International Telecommunication Union, Radiocommunication Sector, Geneva 2012) http://www.itu.int/pub/R-REG-RR

16.3 FCC Online Table of Frequency Allocations (Federal Communications Commission, 2013) http://transition.fcc.gov/oet/spectrum/table/fcctable.pdf

16.4 FCC Enforcement Advisory No. 2011-03, DA 11-249 (Federal Communications Commission, 2011) http://hraunfoss.fcc.gov/edocs_public/attachmatch/DA-11-249A1.pdf

16.5 Mobile phone and GPS jamming devices FAQ (Australian Communications and Media authority, 2014) http://www.acma.gov.au/theACMA/faqs-mobilephone-and-gps-jamming-devices-acma

16.6 G. X. Gao, P. Enge: How many GNSS satellites are too many?, IEEE Trans. Aerosp. Electron. Syst. **48**(4), 2865–2874(2012)

16.7 T. E. Humphreys: The GPS dot and its discontents: Privacy vs. GNSS integrity, Inside GNSS **7**(2), 44–48 (2012)

16.8 M. Rao, C. O'Driscoll, D. Borio, J. Fortuny: Lightsquared effects on estimated C/N0, pseudoranges and positions, GPS Solutions **18**(1), 1–13(2014)

16.9 P. Misra, P. Enge: *Global Positioning System: Signals, Measurements, and Performance*, 2nd edn. (Ganga-Jumana, Lincoln 2012)

16.10 A. J. van Dierendonck: GPS receivers. In: *Global Positioning System: Theory and Applications*, Vol. 1, ed. by B. W. Parkinson, J. J. Spilker (AIAA, Washington DC 1996) pp. 329–407

16.11 M. L. Psiaki, H. Jung: Extended Kalman filter methods for tracking weak GPS signals, Proc. ION GPS 2002, Portland (ION, Virginia 2002) pp. 2539–2553, 24–27 Sep. 2002

16.12 C. Hegarty, M. Tran, Y. Lee: Simplified techniques for analyzing the effects of non-white interference on GPS receivers, Proc. ION GPS 2002, Portland (ION, Virginia 2002) pp. 620–629

16.13 J. W. Betz: Effect of narrowband interference on GPS code tracking accuracy, Proc. ION NTM 2000, Anaheim (ION, Virginia 2000) pp. 16–27

16.14 P. W. Ward, J. W. Betz, C. J. Hegarty: Interference, multipath, and scintillation. In: *Understanding GPS: Principles and Applications*, ed. by E. D. Kaplan, C. J. Hegarty (Artech House, Boston 2005) pp. 243–299

16.15 F. M. Gardner: *Phaselock Techniques*, 3rd edn. (Wiley, Hoboken 2005)

16.16 T. E. Humphreys, M. L. Psiaki, B. M. Ledvina, P. M. Kintner Jr: GPS carrier tracking loop performance in the presence of ionospheric scintillations, Proc. ION GNSS 2005, Long Beach (ION, Virginia 2005) pp. 156–167

16.17 M. K. Simon, M. Alouini: *Digital Communications over Fading Channels* (Wiley, New York 2000)

16.18 A. J. Viterbi: *Principles of Coherent Communication* (McGraw-Hill, New York 1966)

16.19 S. C. Gupta: Phase-locked loops, Proc. IEEE **63**(2), 291–306(1975)

16.20 G. Ascheid, H. Meyr: Cycle slips in phase-locked loops: A tutorial survey, IEEE Trans. Comm. COM-**30**(10), 2228–2241(1982)

16.21 B. Motella, S. Savasta, D. Margaria, F. Dovis: Method for assessing the interference impact on GNSS receivers, IEEE Trans. Aerosp. Electron. Syst. **47**(2), 1416–1432(2011)

16.22 J. J. Spilker Jr.: GPS signal structure and theoretical performance. In: *Global Positioning System: Theory and Applications*, Vol. 1, ed. by B. W. Parkinson, J. J. Spilker (AIAA, Washington DC 1996) pp. 57–119

16.23　Navstar GPS Space Segment / Navigation User Segment Interfaces, Interface Specification, IS-GPS-200, Rev. H (Global Positioning Systems Directorate, Los Angeles Air Force Base, El Segundo 2013)

16.24　J. J. Spilker Jr. : Interference effects and mitigation techniques. In: *Global Positioning System: Theory and Applications*, Vol. 1, ed. by B. W. Parkinson, J. J. Spilker (AIAA, Washington DC 1996) pp. 717–771

16.25　J. H. van Vleck, D. Middleton: The spectrum of clipped noise, Proc. IEEE **54**(1), 2–19 (1966)

16.26　F. Amoroso: Adaptive A/D converter to suppress CW interference in DSPN spread-spectrum communications, IEEE Trans. Comm. **31**, 1117–1123 (1983)

16.27　C. J. Hegarty: Analytical model for GNSS receiver implementation losses, Navigation **58**(1), 29–44 (2011)

16.28　J. Max: Quantizing for minimum distortion, IRE Trans. Inf. Theory **6**(1), 7–12 (1960)

16.29　F. Amoroso, J. L. Bricker: Performance of the adaptive A/D converter in combined CW and Gaussian interference, IEEE Trans. Comm. **34**(3), 209–213 (1986)

16.30　D. J. McLean, N. R. Labrum: *Solar Radiophysics: Studies of Emission from the Sun at Metre Wavelengths* (Cambridge Univ. Press, New York 1985)

16.31　P. M. Kintner Jr., T. E. Humphreys, J. Hinks: GNSS and ionospheric scintillation: How to survive the NextSolarmaximum, Inside GNSS **4**(4), 22–30 (2009)

16.32　R. V. Jones: *Most Secret War* (Penguin UK, London 2009)

16.33　A. P. Cerruti, P. M. Kintner, D. E. Gary, A. J. Mannucci, R. F. Meyer, P. Doherty, A. J. Coster: Effect of intense December 2006 solar radio bursts on GPS receivers, Space Weather **6**(10), 1–10 (2008)

16.34　A. P. Cerruti, P. M. Kintner, D. E. Gary, L. J. Lanzerotti, E. R. de Paula, H. B. Vo: Observed solar radio burst effects on GPS/wide area augmentation systemcarrier-to-noise ratio, Space Weather **4**(10), 1–9 (2006)

16.35　D. M. Akos: Who's afraid of the spoofer? GPS/GNSS spoofing detection via automatic gain control (AGC), Navigation **59**(4), 281–290 (2012)

16.36　G. M. Nita, D. E. Gary, L. J. Lanzerotti, D. J. Thomson: The peak flux distribution of solar radio bursts, Astrophys. J. **570**, 423–438 (2002)

16.37　T. E. Humphreys, M. L. Psiaki, B. M. Ledvina, A. P. Cerruti, P. M. Kintner: A data-driven testbed for evaluating GPS carrier tracking loops in ionospheric scintillation, IEEE Trans. Aerosp. Electron. Syst. **46**(4), 1609–1623 (2010)

16.38　T. E. Humphreys, M. L. Psiaki, P. M. Kintner: Modeling the effects of ionospheric scintillation on GPS carrier phase tracking, IEEE Trans. Aerosp. Electron. Syst. **46**(4), 1624–1637 (2010)

16.39　J. Aarons: Global morphology of ionospheric scintillations, Proc. IEEE **70**(4), 360–378 (1982)

16.40　J. Aarons: Global positioning system phase fluctuations at auroral latitudes, J. Geophys. Res. **102**, 17219–17231 (1997)

16.41　B. M. Ledvina, J. J. Makela, P. M. Kintner: First observations of intense GPS L1 amplitude scintillations at midlatitude, Geophys. Res. Lett. **29**(14), 4-1–4-4 (2002)

16.42　T. E. Humphreys, M. L. Psiaki, J. C. Hinks, B. O'Hanlon, P. M. Kintner Jr.: Simulating ionosphere-induced scintillation for testing GPS receiver phase tracking loops, IEEE J. Sel. Top. Signal Process. **3**(4), 707–715 (2009)

16.43　J. Do, D. M. Akos, P. K. Enge: L and S bands spectrum survey in the San Francisco Bay area, Proc.

IEEE PLANS 2004, Monterey (IEEE, New York 2004) pp. 566-572

16.44　R. Johannessen, S. J. Gale, M. J. A. Asbury: Potential interference sources to GPS and solutions appropriate for applications to civil aviation, IEEE Aerosp. Electron. Syst. Mag. **5**(1), 3-9(1990)

16.45　A. T. Balaei, A. G. Dempster: A stasistical inference technique for GPS interference detection, IEEE Trans. Aerosp. Electron. Syst. **45**(4), 1499-1511(2009)

16.46　C. Kurby, R. Lee, L. Cygan, E. Derbez: Maintaining precision receiver performance while rejecting adjacent band interference, Proc. ION ITM 2012, Newport Beach (ION, Virginia 2012) pp. 574-597

16.47　R. H. Mitch, R. C. Dougherty, M. L. Psiaki, S. P. Powell, B. W. O'Hanlon, J. A. Bhatti, T. E. Humphreys: Signal characteristics of civil GPS jammers, Proc. ION GNSS 2011, Portland (ION, Virginia 2011) pp. 1907-1919

16.48　K. D. Wesson, T. E. Humphreys: Hacking drones, Sci. Am. **309**(5), 54-59(2013)

16.49　R. H. Mitch, M. L. Psiaki, S. P. Powell, B. W. O'Hanlon: Signal acquisition and tracking of chirp-style GPS jammers, Proc. ION GNSS 2013, Nashville (ION, Virginia 2013) pp. 2893-2909

16.50　A. J. Kerns, D. P. Shepard, J. A. Bhatti, T. E. Humphreys: Unmanned aircraft capture and control via GPS spoofing, J. Field Robotics **31**(4), 617-636(2014)

16.51　J. Bhatti: Sensor Deception Detection and Radio-Frequency Emitter Localization, Ph. D. Thesis (University of Texas, Austin 2015)

16.52　European GNSS (Galileo) Open Service Signal In Space Interface Control Document, OS SIS ICD, Iss. 1.2 (European Union 2015)

16.53　L. Scott: Anti-spoofing and authenticated signal architectures for civil navigation systems, Proc. ION GNSS 2003, Portland (ION, Virginia 2003) pp. 1542-1552

16.54　T. E. Humphreys: Detection strategy for cryptographic GNSS anti-spoofing, IEEE Trans. Aerosp. Electron. Syst. **49**(2), 1073-1090(2013)

16.55　K. D. Wesson, M. P. Rothlisberger, T. E. Humphreys: Practical cryptographic civil GPS signal authentication, Navigation **59**(3), 177-193(2012)

16.56　A. J. Kerns, K. D. Wesson, T. E. Humphreys: A blueprint for civil GPS navigation message authentication, Proc. IEEE/ION PLANS 2014, Monterey (ION, Virginia 2014) pp. 262-269

16.57　I. Fernandez Hernandez, V. Rijmen, G. Seco Granados, J. Simon, I. Rodriguez, J. D. Calle: Design drivers, solutions and robustness assessment of navigation message authentication for the Galileo open service, Proc. ION GNSS 2014, Tampla (ION, Virginia 2014) pp. 2810-2827

16.58　T. E. Humphreys, B. M. Ledvina, M. L. Psiaki, B. W. O'Hanlon, P. M. Kintner Jr.: Assessing the spoofing threat: Development of a portable GPS civilian spoofer, Proc. ION GNSS 2008, Savannah (ION, Virginia 2008) pp. 2314-2325

16.59　G. Hein, F. Kneissl, J.-A. Avila-Rodriguez, S. Wallner: Authenticating GNSS: Proofs against spoofs, Part 2, Inside GNSS **2**(5), 71-78(2007)

16.60　Vulnerability assessment of the transportation infrastructure relying on the Global Positioning System (John A. Volpe National Transportation Systems Center 2001)

16.61　O. Pozzobon, C. Wullems, M. Detratti: Security considerations in the design of tamper resistant GNSS receivers, Proc. NAVITEC 2010, Noordwijk (IEEE, New York 2010)

16.62　T. E. Humphreys, D. P. Shepard, J. A. Bhatti, K. D. Wesson: A testbed for developing and evaluating

GNSS signal authentication techniques, Proc. Int. Symp. Certif. GNSS Syst. Serv. (CERGAL), Dresden (DGON, Dusseldorf 2014)

16.63 K. Wesson: Secure Navigation and Timing Without Local Storage of Secret Keys, Ph. D. Thesis (University of Texas, Austin 2015)

16.64 V. Dehghanian, J. Nielsen, G. Lachapelle: GNSS spoofing detection based on receiver C/N0 estimates, Proc. ION GNSS 2012, Nashville (ION, Virginia 2012) pp. 2878-2884

16.65 P. W. Ward: GPS receiver RF interferencemonitoring, mitigation, and analysis techniques, Navigation **41**(4), 367-391(1994)

16.66 S. Lo, D. Akos, F. M. Eklof, O. Isoz, H. Borowski: Detecting false signals with automatic gain control, GPS World **23**(4), 38-43(2012)

16.67 T. E. Humphreys, J. A. Bhatti, D. P. Shepard, K. D. Wesson: The texas spoofing test battery: Toward a standard for evaluating GNSS signal authentication techniques, Proc. ION GNSS 2012, Nashville (ION, Virginia 2012) pp. 3569-3583

16.68 National Oceanic and Atmospheric Administration: Space Weather Alerts Description and Criteria, http://legacy-www.swpc.noaa.gov/alerts/description.html#electron

16.69 A. Jafarnia-Jahromi, A. Broumandan, J. Nielsen, G. Lachapelle: Pre-despreading authenticity verification for GPS L1 C/A signals, Navigation **61**(1), 1-11 (2014)

16.70 S. Gunawardena, Z. Zhu, M. U. de Haag, F. van Graas: Remote-controlled, continuously operating GPS anomalous event monitor, Navigation **56**(2), 97-113(2009)

16.71 A. S. Willsky: A survey of design methods for failure detection in dynamic systems, Automatica **12**(6), 601-611(1976)

16.72 M. L. Psiaki, B. W. O'Hanlon, J. A. Bhatti, D. P. Shepard, T. E. Humphreys: GPS spoofing detection via dual-receiver correlation of military signals, IEEE Trans. Aerosp. Electron. Syst. **49**(4), 2250-2267 (2013)

16.73 M. L. Psiaki, S. P. Powell, B. W. O'Hanlon: GNSS spoofing detection using high-frequency antenna motion and carrier-phase data, Proc. ION GNSS 2013, Nashville (ION, Virginia 2013) pp. 2949-2991

16.74 M. L. Psiaki, B. W. O'Hanlon, S. P. Powell, J. A. Bhatti, K. D. Wesson, T. E. Humphreys, A. Schofield: GNSS spoofing detection using two-antenna differential carrier phase, Proc. ION GNSS 2014, Tampa (ION, Virginia 2014) pp. 2776-2800

16.75 S. Khanafseh, N. Roshan, S. Langel, F.-C. Chan, M. Joerger, B. Pervan: GPS spoofing detection using RAIM with INS coupling, Proc. IEEE/ION PLANS 2014, Monterey (ION, Virginia 2014) pp. 1232-1239

16.76 L. B. Milstein: Interference rejection techniques in spread spectrum communications, Proc. IEEE **76**(6), 657-671(1988)

16.77 G. Dimos, T. N. Upadhyay, T. Jenkins: Low-cost solution to narrowband GPS interference problem, Proc. Nat. Aerosp. Electron. Conf. NAECON 1995, Dayton (IEEE, New York 1995) pp. 145-153

16.78 MAX-M8 GNSS Module datasheet (u-Blox), UBX-15031506, https://www.u-blox.com/sites/default/files/MAX-M8-FW3_DataSheet_(UBX-15031506).pdf

16.79 H. Niedermeier, B. Eissfeller, J. Winkel, T. Pany, B. Riedl, T. Worz, R. Schweikert, S. Lagrasta, G. Lopez-Risueno, D. Jiminez-Banos: DINGPOS: High sensitivity GNSS platform for deep indoor scenarios, Proc. Int. Conf. Indoor Position. Indoor Navig. (IPIN), Zurich (IEEE, New York 2010)

16.80 G. Seco-Granados, J. A. Fernandez-Rubio, C. Fernandez-Prades: ML estimator and hybrid beamformer for multipath and interference mitigation in GNSS receivers, IEEE Trans. Signal Process. **53**(3), 1194-1208(2005)

16.81 M. Sgammini, F. Antreich, L. Kurz, M. Meurer, T. G. Noll: Blind adaptive beamformer based on orthogonal projections for GNSS, Proc. ION GNSS 2012, Nashville(ION, Virginia 2012) pp. 926-935

16.82 M. H. Castaneda, M. Stein, F. Antreich, E. Tasdemir, L. Kurz, T. G. Noll, J. A. Nossek: Joint space-time interference mitigation for embedded multi-antenna GNSS receivers, Proc. ION GNSS 2013, Nashville (ION, Virginia 2013) pp. 3399-3408

# 第 17 章 天 线

**Moazam Maqsood, Steven Gao, Oliver Montenbruck**

全球卫星导航系统(GNSS)用户天线的基本功能是接收来自 GNSS 卫星的导航信号。而 GNSS 卫星的发射天线则使用大型天线阵列来产生高增益的全球波束,以覆盖整个地球表面。

本章主要介绍工作频率为 L 波段的 GNSS 天线及其设计方案。首先简要探讨了 GNSS 接收天线的关键设计需求,并阐释了设计参数。在此基础上,对多种 GNSS 天线的设计方案进行了详细的探讨。除了介绍主流天线方案之外,本章针对小型化或多径抑制等特定需求,提出了不同的变体方案。同时,本章介绍了与接收天线对应的 GNSS 卫星信号发射天线阵列的设计方案,并讨论了 GPS、Galileo、GLONASS 和北斗卫星的天线。最后,本章对天线测量和性能评估进行了全面的讨论。

## 17.1 GNSS 天线特性

无论音视频广播、通信还是无线电导航,天线是任何射频(RF)系统的基本元件。天线是射频系统电路和开放空间之间的接口[17.1-17.2]。在发射天线中,电流被转换成电磁波。而接收天线与此相反,将电磁波转换成电流。然而,理论上任何天线都可以同时实现这两个功能。因此,这种区别很大程度上是由实际应用驱动的,因为特定的天线性能可以针对这两种功能中的任何一种进行优化。

全球卫星导航系统(GNSS),如美国的 GPS、俄罗斯的 GLONASS、欧洲的 Galileo 和中国的北斗(BeiDou),都是在射频频谱的 L 波段传输信号的。在总频率范围为 1~2GHz 的频段内,国际电信联盟(ITU)分配了各种通信服务,但 1164~1300MHz 和 1559~1610MHz 的频率专门分配给卫星无线电导航业务(RNSS)。除印度区域卫星导航系统(IRNSS)和第三代北斗系统将所选定的信号扩展到 2.2GHz 频率的 S 波段外,所有全球和区域导航系统以及星基增强系统(SBAS)目前都局限于 L 波段的频率。

图 17.1 为各卫星导航系统的频率分配图。相近的频率分配(某种情况下是重叠的)既有优点也有缺点。这样做的好处是,GNSS 所有频率都在相邻的范围内,从而使得单个宽带天线可以接收来自多个系统的信号,同时有助于实现可重构天线和射频前端的应用。另一方面,这种卫星导航系统频率分配的潜在缺点是系统之间可能会存在互相干扰。有趣的是,所有的卫星导航系统都使用不同的信号格式和调制方式,从而避免了频率重叠造

成的干扰问题(第4章)。

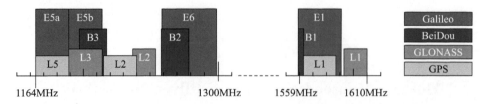

图17.1 卫星无线电导航业务(RNSS)L波段低频段和高频段卫星导航系统的频率分配。北斗系统的频率指的是2012年开始区域服务的第二代系统(BDS-2)的(见彩图)

考虑到GPS系统的应用较为广泛,为理解GNSS天线的设计和性能,本章首先介绍普通GPS天线的技术要求[17.3]。对于其他卫星导航系统天线的相关技术问题,经过相应修改后同样适用。表17.1给出了常规GPS天线的典型设计要求,适用于接收本导航系统发射的所有信号。需要注意的是,这些只是GNSS天线的基本要求。特定应用可能提出一系列相关需求,如相位中心(PC)稳定性、交叉极化隔离度、轴比(AR)等。以下各节简要概述了这些要求,以便读者理解。

表17.1 对民用3个中心频率的GPS天线需求示例

| 参数 | 取值 |
| --- | --- |
| 中心频率 | L1:1575.420<br>L2:1227.600<br>L5:1176.450 |
| 带宽 | L1:≈2×10.023MHz<br>L2:≈2×10.23MHz<br>L5:≈2×10.23MHz |
| 方向图 | 半球形 |
| 增益 | ≈3~5dBiC |
| 极化 | 右旋圆极化 |
| 回波损耗 | <-10dB |
| 阻抗 | 50Ω |

## 17.1.1 中心频率

中心频率或工作频率是包括天线在内的整个射频系统设计的关键参数。GPS提到了三个中心频率(L1、L2和L5)。L1频率(1.575GHz)是GPS的主用频率,已被指定用于开放标准定位服务(SPS)。精密定位服务(PPS)利用L1和L2频率进行双频电离层校正,而在L2频率上增加新的民用L2C信号后,一般用户也可以使用类似的方法实施精密定位。此外,GPS引入了一种主要针对航空用户的新型L5信号。为支持所有相关的应用,现代GPS天线至少要覆盖L1、L2和L5的频率。通用的多GNSS天线需要覆盖更广泛的中心频率集。

## 17.1.2 带宽

天线的带宽通常定义为天线能够工作的频率范围(符合完整的设计要求)。带宽可进一步分为阻抗带宽和增益带宽。对于 GNSS 天线,还需要重点考虑天线是否在给定的带宽内保持所需的右旋圆极化(RHCP)性能。表 17.1 中要求的常见带宽为 ±10.23MHz,以覆盖所有由 GPS 卫星在各自中心频率上传送的信号。然而,考虑到 C/A 码和 L2C 信号的码速率降低至 1/10,这些信号设计的天线带宽可以限定到 ±1.023MHz。

## 17.1.3 辐射方向图

天线的辐射方向图是辐射特性(如电场或功率)随空间坐标变化的函数表示。方向图可用二维和三维坐标表示,通常表示为天线观测角的函数。在恒定半径处的接收电场曲线称为场幅度方向图,而功率密度沿恒定半径的空间变化曲线图称为功率幅度方向图。通常,功率方向图是在对数刻度上绘制的,或者用更常见的分贝(dB)表示。这样做是为了展示低功率区域的细节。就 GNSS 接收天线而言,一方面,天线应具有指向发射卫星的半球形方向图。另一方面,GNSS 发射天线的辐射方向图是一种尖锐的定向波束,补偿了显著的自由空间损耗。

## 17.1.4 天线增益

天线增益 $G^{[17.2]}$ 描述了与理想无损耗的各向同性天线相比,天线从一个特定方向接收或发射能量的能力。它被定义为天线内部能量转换效率 $e$ 和方向性系数 $D$ 的乘积即

$$G = eD$$
$$D = 4\pi U/P_{rad} \tag{17.1}$$

式中:$U$ 为天线在给定方向上的辐射强度(单位立体角内的功率);$P_{rad}/(4\pi)$ 为各向同性辐射相关的值(球面上单位立体角的辐射能量比)。增益通常用对数刻度表示为

$$G_{dBi} = 10\lg(G/10) \tag{17.2}$$

式中:dBi 为相对于各向同性天线的分贝值。dBiC 是专门用于圆极化工作时的增益指标表述。如果没有指定方向,增益通常指视轴方向(即增益方向图的主对称轴)的值。GNSS 接收天线是典型的低增益天线,能够接收更大角域范围的信号,而强定向性(高增益)天线则用于 GNSS 卫星来发射信号。

## 17.1.5 3dB 波束宽度

天线波束宽度通常用来定义最大功率集中的区域。从图形上看,它是由天线增益顶点附近两个相同点之间的角间隔来表示的。表示天线波束宽度的两种最常见的方法是半功率波束宽度(HPBW)和第一零点波束宽度(FNBW)。当以分贝绘制时,HPBW 也称为 3dB 波束宽度。就 GNSS 接收天线而言,所需的天线波束应尽可能宽。这最大程度上确保

了卫星可见性。另一方面,由于卫星的发射天线需要对特定方向聚焦,因此卫星发射天线应该具有窄波束宽度。图 17.2 为 GNSS 天线的辐射方向图,这里可以看到一个主瓣为右旋圆极化的半球方向图。图 17.2 中标记了 3dB 波束宽度点。

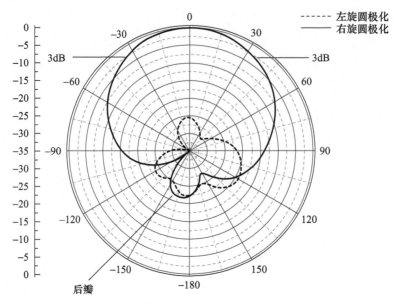

图 17.2　仿真的 GNSS 天线辐射方向图。将数值相对于视轴方向进行归一化

### 17.1.6　极化

当天线发射电磁波时,它具有相关的电场向量和磁场向量。天线的极化通常被定义为其电场向量的方向。如果电场向量与水平方向一致,则天线为水平极化方式;而如果电场向量与水平方向垂直,则天线为垂直极化方式。就 GNSS 而言,其常规的极化方式不是水平的,也不是垂直的,而是右旋圆极化(RHCP)。这意味着 GNSS 信号的电场是由两个等幅 90°相移的正交波合成。合成的电场沿顺时针方向旋转。经反射后,极化可能发生变化,从而产生左旋圆极化(LHCP)波。理想情况下,此信号分量应由 GNSS 接收天线完全抑制。

### 17.1.7　轴比

AR 是极化椭圆的长轴和短轴之比。对于纯圆极化,AR 等于 1,并且随着椭圆度的增加而增大。对于线极化,AR 是无穷大,因为场的一个正交分量是 0。因此,理想的 GNSS 天线的 AR 为 0dB,但轴比的数值小于 3dB 通常是可以接受的。由于轴比随着视轴角的增大而增大,通常标注 AR 值满足该条件的视轴角范围。3dB 轴比波束宽度是衡量圆极化天线性能的主要参数。波束宽度越宽,天线抑制多径信号的能力越强。

### 17.1.8　阻抗匹配和回波损耗

阻抗匹配和回波损耗这两个参数通常是用来告诉天线工程师接收输入功率的优劣程

度。无论天线的类型和工作频率如何,其必须与馈线有良好的阻抗匹配和高回波损耗。如表 17.1 所列,GNSS 天线的输入阻抗通用标准为 50Ω,使得不同厂家的天线与射频系统兼容。回波损耗描述的是馈入发射天线的功率与反射回馈电电缆的功率之比,通常要求小于-10dB,以确保至少 90% 的输入功率传输到天线用于辐射。

在某些情况下,反射系数 $|S_{11}|$ 和电压驻波比(VSWR)也会作为天线技术指标来替代回波损耗。它们与反射场和入射场幅度之比有关,并可通过如下关系转换为回波损耗。

$$回波损耗 = -20\lg|s_{11}| = -20\lg|(VSWR-1)/(VSWR+1)| \quad (17.3)$$

### 17.1.9 前后比和多径抑制比

前后比(FBR)是指天线在轴向(主瓣)方向上的能量与后瓣方向上的能量之比,即

$$FBR = \frac{G(\theta = 0°)}{G(\theta = 180°)} \quad (17.4)$$

该比值同时强调了天线的指向性和抗多径能力。一般来说,GNSS 天线必须具有较高的 FBR,因为这种衰减来自异常方向的信号(例如地面反射)。FBR 受天线背面遮挡和左旋圆极化(LHCP)信号灵敏度的综合影响。

多径抑制比(MPR)参数可表示为

$$MPR = \frac{G_{RHCP}(\theta)}{G_{LHCP}(180° - \theta) + G_{RHCP}(180° - \theta)} \quad (17.5)$$

该参数用来直接比较给定瞄准轴角度的 RHCP 信号与 180°-θ 接收的 RHCP 和 LHCP 辐射的增益。对于朝向天顶的天线,这个角度对应于地面反射信号的入射角。因此,MPR 是表征天线多径抑制性能的重要指标。

### 17.1.10 相位中心稳定度

从概念上讲,天线相位中心是天线辐射方向图中的一个点,所有的能量都来自(对于发射天线而言)或汇聚到(对于接收天线而言)此点。相位中心通常与天线的几何中心不同,同时也取决于信号的频率。实际上,天线的波阵面与理想的同心球壳状态不一致。这类偏差导致了 GNSS 测量中与方向相关的延迟,称为相位中心变化(PCV)。对于高精度定位应用而言,确定相对于机械参考点的相位中心偏移(PCO)和 PCV 是最重要的,并且需要对 GNSS 卫星(发射)和用户(接收)天线进行适当校准。对于宽频带或多频带天线而言,确保良好的相位中心稳定性是最具挑战性的。

## 17.2 GNSS 天线基本类型

GNSS 天线有多种分类方式。可以基于相关的设计技术进行分类,如微带天线、立体螺旋、平面螺旋等;也可以根据学科应用进行分类,如导航、测量、遥感、抗干扰等。本节采

用前一种方法,介绍了基本的 GNSS 天线,并讨论了其设计方法。之后专门讨论特定应用的 GNSS 天线(17.3 节),其中介绍了几种用于特殊需求的基本天线类型。

两种最常见和流行的 GNSS 天线结构是印制板天线(微带贴片)和螺旋天线[17.5-17.6]。这两种类型的天线的尺寸可以做得非常小,能够广泛用于单频大众市场的应用。尽管这种结构可以扩展到双频甚至多频天线,但更简单的选择是使用几乎覆盖整个 L 频段的宽带天线。然而,这种天线需要严格的滤波来隔离相邻的频带,相关的接收机也应该有抗带外干扰的机制,例如来自其他无线电和数字音、视频广播(DVB、DAB)服务的干扰。

## 17.2.1 微带贴片天线

微带贴片(简称贴片)是一种简单的天线结构,由金属贴片组成。金属贴片安装在导电接地平面上,介质基板将两层材料隔开(图 17.3,文献[17.7])。顶层的设计能保障其在一个特定的频率上谐振,从而充当辐射天线;而底层作为接地板,是天线正常工作的必要条件。微带天线具有低剖面、小型化、表面一致性好、增益性能适中等优点,但其缺点是带宽窄、表面波泄露。尽管有这些缺点,微带天线依然是当下最流行的 GNSS 天线,特别对大众市场应用有着极大的吸引力。

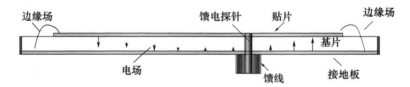

图 17.3 带有边缘场的贴片天线侧视图

虽然一般的贴片天线没有特定的形状要求,但在接收或传输具有圆极化的射频信号时,通常使用正方形贴片作为天线。贴片和接地板共用形成一个谐振频率为 $f_r$ 的空腔,$f_r$ 取决于贴片单元的宽度 $w$ 和基片的介电常数 $\varepsilon_r$。根据经验法则,如果贴片尺寸等于介电材料中信号波长的一半就会产生谐振,即

$$w = \frac{c}{2f_r\sqrt{\varepsilon_r}} \tag{17.6}$$

式中:$c$ 为光速。而低介电常数的基片($\varepsilon_r \approx 1$)会导致 GNSS 天线尺寸达到 1dm,实质上采用 10~100 倍的高介电常数的陶瓷材料,可使贴片天线更小型化。

如图 17.3 所示,贴片与接地板之间形成的电场线穿过两种不同的介质(空气和基板)。这样能够产生边缘效应,增加微带线的电宽度。即使电场线主要集中在贴片本身下方,但当贴片宽度远远大于基片厚度 $h$ 时,边缘效应会影响谐振频率,此时必须通过相应的长度修正来补偿。为了达到所需频率 $f_r$ 的谐振,采用比式(17.6)中略小的贴片尺寸来补偿边缘效应,即

$$w' = w - 2\Delta w \tag{17.7}$$

根据文献[17.8],修正可以近似表示为

$$\Delta w = 0.412h \frac{(\varepsilon_{\text{eff}} + 0.3)\left(\frac{w}{h} + 0.264\right)}{(\varepsilon_{\text{eff}} - 0.258)\left(\frac{w}{h} + 0.8\right)} \tag{17.8}$$

$$\varepsilon_{\text{eff}} = \frac{\varepsilon_r + 1}{2} + \frac{\varepsilon_r - 1}{2}\left(1 + 10\frac{h}{w}\right)^{-\frac{1}{2}} \tag{17.9}$$

式中：$\varepsilon_{\text{eff}}$ 为有效介电常数。

贴片天线最大的优点之一是可以设计成多种形状。矩形、圆形、菱形和环形是几种常见的贴片形状。但对于 GNSS 来说，之所以贴片形状要求是对称的(正方形或者圆形)，因为只有在贴片产生相似的正交电场时才有可能实现圆极化。第一种方法是在两个正交点上对贴片天线馈电，然后通过正交混合耦合器或延迟线将它们组合在一起，如图 17.4(a) 所示。另一种设计方法是使用单馈电方形贴片天线，在相对的两侧有两个切角，如图 17.4(b) 所示，其中馈电点位置相对于切角的位置决定了圆极化的旋向。第二种方法非常简单、易于实现，并且天线造价不高。然而，实现良好的极化纯度需要对切角进行严格的调整。微带贴片天线也可以通过多个贴片元件叠层实现多频段工作[17.9-17.10]，其中不同的叠层贴片通过近距离馈电或孔径耦合馈电的方式来实现。

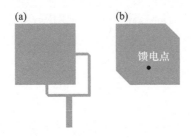

图 17.4　具有圆极化馈电网络的贴片天线(a)和有切角的贴片天线(b)

## 17.2.2　螺旋天线

除了微带贴片天线，GNSS 应用还有另一种基本天线类型——螺旋天线[17.1,17.9]。这种天线由螺旋线组成，其纵轴垂直于地平面(图 17.5)。

螺旋天线的辐射方向图可以通过改变螺旋天线的几何参数来控制。天线的输入阻抗也是如此，它主要取决于螺旋角和导线尺寸。该天线的一般极化方式为椭圆极化，具有垂直极化分量和水平极化分量。当天线的尺寸与波长相比较小时(侧向模或法向模)，它就像一个具有几乎全向增益方向图和线极化性能的偶极子天线，但在相反的情况下，它可以获得强定向性(轴向或端射模)和圆极化性能。

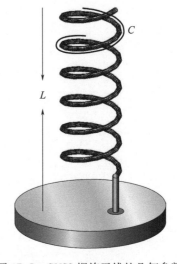

图 17.5　GNSS 螺旋天线的几何参数

对于GNSS,螺旋天线通常在轴向(端射)模式下工作,以获得半球形方向图。对于圆极化的主瓣,圈数应该大于3,这意味着天线尺寸可能不适用于手持设备。然而,螺旋天线常用在GNSS卫星上,以发射高增益波束的导航信号。螺旋天线工作通常需要有接地板,接地板可以是平面,也可以是杯状的圆柱形空腔。通常,接地板的直径约为信号波长的3/4。

为了使螺旋天线工作在具有圆极化的轴向模式,周长$C$、螺旋角$\alpha$和螺旋的圈数$N$应该保持在一定范围内,即

$$\begin{cases} \dfrac{3}{4} < \dfrac{C}{\lambda} < \dfrac{4}{5} \\ 12° < \alpha < 14° \\ 3 < N \end{cases} \tag{17.10}$$

一旦上述参数确定,螺距$S$与天线长度$L$之间的间距可计算为

$$S = C\tan\alpha\ ; L = NS \tag{17.11}$$

根据上述数值,螺旋天线的输入电阻$R$、方向性$D$、HPBW等关键参数的近似关系可表示为

$$R = 140\dfrac{C}{\lambda}, D = 15N\dfrac{C^2 S}{\lambda^3}, \quad \text{HPBW} = 52° \dfrac{\lambda^{\frac{3}{2}}}{C\sqrt{NS}} \tag{17.12}$$

文献[17.2]对上述各式进行了进一步讨论。

## 17.2.3 四臂螺旋天线

螺旋天线的一种常用变形形式是四臂螺旋天线(QHA)。这种天线不受圆极化所需圈数的限制,适用于手持GNSS终端[17.11]。这使得天线几何形状简单,并且尺寸较小。同时,能够产生圆极化的半球辐射方向图,但也存在后瓣。

图17.6 半圈四臂螺旋天线的示意图(见彩图)。
为了提高清晰度,各个电线使用了不同的颜色(见文献[17.12])

与传统的单绕(单线)螺旋天线不同,QHA 由 4 个相移依次相差 90°馈电的独立螺旋组成(图 17.6)。圆极化的旋转方向由单绕的卷曲方向确定,而增加或减少的相位决定了辐射方向图的方向(前射或背射)。谐振 QHA 可以有不同的长度,如 $\lambda/4, \lambda/2, 3\lambda/4$,全波长 $\lambda$[17.13]。同样,圈数也可以从 1/4 到 1。此外,当螺旋天线长度为 1/4 波长的奇数倍(1/4 和 3/4)时,螺旋线的末端开路,而当长度为 1/4 的偶数倍时,螺旋线的末端向中心弯曲,并与其他螺旋线的末端短路[17.13]。

尽管四臂螺旋天线适合于 GNSS 应用,但它的制造是复杂的。平面四线螺旋天线(PQHA)在保持传统四臂螺旋天线性能的同时,简化了天线的制作过程。将 PQHA 蚀刻在柔性材料的薄层上,可以实现线的曲折、形成环形、弯曲和改变螺距角,从而减小尺寸和质量[17.2]。

与微带天线相似,可以改进四臂螺旋天线,以适应多频段工作。双频四臂螺旋天线可由并行的螺旋线绕成,其中每根线的长度决定了谐振频率。另外,可以将陷波电路插入四臂螺旋天线的 4 个臂中,以缩短它们在较高信号频率下的有效长度[17.14]。MITRE 公司开发了一种可折叠的四臂螺旋天线,它覆盖了整个 GNSS 频段以及相邻的铱星通信频率[17.15]。将一个双频和一个单频平面四臂螺旋天线集成到一个背驮式结构中,可以验证三频平面四臂螺旋天线[17.16]。虽然这些天线表现出良好的性能,但要将其投入商业使用中还有很长的路要走。

使用四臂螺旋天线的主要问题之一是馈电网络的相位要求相对复杂。为了在期望的轴向方向产生圆极化,需要在多个臂之间产生逐步增加的相移。这可以通过两种不同的方式实现。如图 17.7 所示,可以使用 180°和 90°电桥实现 1 到 4,共 4 个馈电口的馈电网络,或者也可以使用替代解决方案。

四臂天线由两组双线组合实现。通过使一组双线稍长于第二组双线,可以产生 ±45°相移,让四臂螺旋天线的两个相邻臂连接到相同的巴伦终端,也可以得到正确工作所必需的相位正交关系[17.2]。

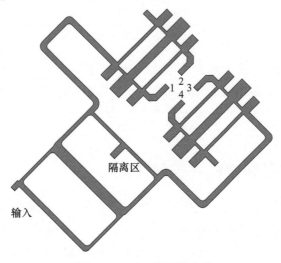

图 17.7　1 对 4 混合耦合器

### 17.2.4 平面螺旋天线

平面螺旋天线因其宽频带圆极化特性而受到青睐。这些天线实际上属于非频变天线的范畴。螺旋天线有多种结构,如阿基米德螺旋、对数(log)螺旋和圆锥螺旋[17.1-17.2]。阿基米德螺旋天线和对数螺旋天线是二维平面结构,可视为以螺旋方式缠绕的偶极子天线。而圆锥螺旋的灵感来自于螺旋逐渐变细形成圆锥状的天线。

利用印制电路板(PCB)技术可以很容易地制造出平面螺旋和圆锥螺旋。通过在介质锥上形成锥形臂,构造导电锥形螺旋面。馈电电缆可以固定在金属臂内并缠绕在圆锥上。辐射方向图朝向顶点,最大辐射方向为轴向。类似地,也可以在基片层上蚀刻平面螺旋。本节将只讨论对数螺旋的设计。与偶极子相似,平面螺旋天线具有全向、圆极化的辐射方向图。因此,为了实现 GNSS 所需的半球形方向图,通常采用带有良好反射器的螺旋天线来实现半球形的方向图。

对数螺旋天线的一般形状可描述为

$$r = R_0 e^{a\phi} \quad (17.13)$$

式(17.13)描述了在天线平面内具有极角 $\phi$ 的两个螺旋臂半径按指数增长(图17.8)。$R_0$ 是螺旋的初始半径,近似于天线发射或接收的最短波长的 1/4。另外,外圆周长($2\pi R_{max}$)近似于天线工作的最长波长。

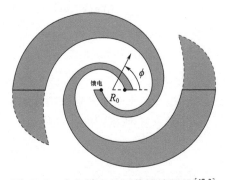

图 17.8 中心馈电的对数螺旋天线[17.2]

系数 $a$ 表示螺旋随角度 $\phi$ 增大而增大的速率,能够有效控制螺旋臂之间的间距。$a$ 值越小,螺旋臂之间的间距越小,使得天线像一个辐射很弱的电容器。另一方面,较大的 $a$ 值会使螺旋像偶极子一样失去圆极化能力。通常,使平面螺旋良好工作的推荐值是 $a = 0.22$[17.2]。

### 17.2.5 宽带蝶形结绕杆式天线

另一种可以实现宽带的天线是蝶形结绕杆式天线。该天线产生全向辐射方向图,因此,需要反射器接地面来实现半球形辐射方向图。图 17.9 所示的蝶形结绕杆式天线已在文献[17.17]中使用。优化后的天线在 L 波段的阻抗带宽为 28%。

它使用 90°正交耦合器差分馈电实现圆极化。天线测量结果表明,该天线在整个谐振带宽内的平均增益为8dBiC,即相对于完全各向同性圆极化天线的平均增益为8dB。文献[17.17]已经通过将天线集成到一个平坦的接地板上进行了测试。

### 17.2.6 宽带风火轮天线

图17.9 蝶形结绕杆式天线

在文献[17.18-17.19]中提到过由诺瓦泰公司设计的一种宽带针轮天线。天线由一组耦合螺旋槽组成,这些螺旋槽位于直径约20cm的针轮上,配有一条基于微带的多圈螺旋传输线(图17.10)。整体天线结构紧凑,重量轻,并几乎在整个L波段具有多径抑制能力。然而,文献[17.18]中的天线测量结果表明,天线的性能在谐振带宽上并不完全一致,在较高频率上具有较好性能。该天线在1.575GHz(L1)时增益达到6.8dBiC,但在1.227GHz(L2)时增益只有2.8dBiC。

图17.10 改进的诺瓦泰风火轮天线(见文献[17.18],由诺瓦泰提供)

## 17.3 特定应用的GNSS天线

在前一节给出的天线概念中,具有圆极化半球面方向图的天线原则上都可以用于GNSS测量。需要注意的是,并不是所有的天线都适合所有GNSS应用[17.20]。例如,用于手持终端的天线需要其形状非常小,而测绘和大地测量应用需要良好的相位中心稳定性。科学应用可能会有更专业的要求,例如GNSS遥感和大气探测。表17.2概述了通用GNSS应用和相关天线需求。对于某些领域特定的天线解决方案将在本节中讨论。

表17.2 不同测量场景的GNSS天线要求(见文献[17.21])

| | 形状扁平 | 稳定的PCO/PCV | 加固 | 多系统 | 多径抑制 | 安装杆 | 磁吸式 | 扩展的温度范围 | 高空作业 |
|---|---|---|---|---|---|---|---|---|---|
| GIS | | √ | √ | √ | | √ | | | |
| 测量 | | √ | √ | √ | √ | √ | | | |
| 参考站 | | √ | √ | √ | √ | | | √ | √ |
| 车辆跟踪 | √ | | | | | | √ | | |

续表

| | 形状扁平 | 稳定的PCO/PCV | 加固 | 多系统 | 多径抑制 | 安装杆 | 磁吸式 | 扩展的温度范围 | 高空作业 |
|---|---|---|---|---|---|---|---|---|---|
| 建筑/采矿 | √ | √ | √ | √ | √ | √ | √ | | |
| 精准农业 | | √ | | √ | | | √ | | |
| 海洋 | | | | √ | √ | | | | |
| 航空 | √ | √ | | √ | | | | √ | √ |
| 无人驾驶飞行器 | √ | √ | | √ | | | | √ | √ |
| 授时 | | | | | √ | | | | |

注:GIS—地理信息系统

## 17.3.1 手持终端

手持终端(如移动电话)对天线的小型化要求较高。以下内容是微带贴片和螺旋天线的两个具体例子。尽管这两种天线的尺寸都可以做得非常小,但微带天线往往是首选,因为它可以使用简单的 PCB 技术进行蚀刻,使超薄设计成为可能。然而,由于天线需要接收来自地平线以上的所有信号,辐射方向图和主瓣方向同样也是天线选择的重要标准。

1. 倒 F 天线

倒 F 天线(IFA)是移动电话中广泛使用的一种 GPS 天线,该天线能够产生覆盖所有可见 GNSS 卫星的全向方向图。该天线是线极化的,因此能够接收到 RHCP(直射)和 LHCP(反射)GNSS 信号。这在传统的 GNSS 中可能是一个问题,因为反射信号往往会降低定位精度。然而,手持终端通常在接近地面的地方使用,直射信号和反射信号之间的路径差异导致的性能下降有限。此外,大多数手持终端只需要中等精度,因此这种性能限制可以接收。图 17.11 为三星 Galaxy 平板电脑的倒 F-GNSS 天线。

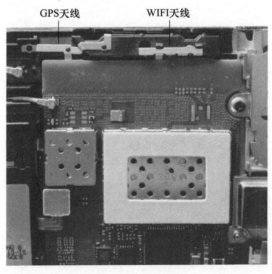

图 17.11 在三星 Galaxy 平板电脑中使用的倒 F GPS 天线(由 M. Maqsood 提供)

## 2. 介质加载四臂螺旋天线

文献[17.22]中提出的一种用于手持终端的小型 GNSS 天线如图 17.12 所示。该天线是小型化的平面四臂螺旋天线，通过将四臂螺旋天线包裹在高介电常数材料周围实现小型化。该天线在地面上形成均匀的半球形方向图，并采用套筒巴伦来平衡同轴线上的不平衡电流。由于天线紧紧包裹着高介电常数材料，其增益非常小，因此将低噪声放大器(LNA)直接集成到天线馈电点上。

### 17.3.2 测绘与大地测量

测绘(第 35 章)和大地测量(第 36 章)是两种高端的 GNSS 应用,利用先进的载波相位技术实现毫米级别的相对或绝对定位精度。为了充分利用高精度的 GNSS 载波相位观测值,必须重视天线的选择和设计。大地测量型 GNSS 天线的关键指标要求包括多径抑制和相位中心稳定性等。由于在精密单点定位(PPP)或长基线差分 GNSS 技术中需要双频观测来消除电离层延迟,因此所使用的天线必须在多个频段甚至整个 GNSS 频率范围内具备高性能。

当接收到 GNSS 卫星的直射信号和反射信号发生叠加时,会产生多径误差,影响接收机内部的码和载波跟踪。正如第 15 章中所讨论的,通过先进的相关器和跟踪技术可以在一定程度上减轻多径效应。同时,也

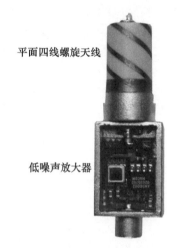

图 17.12　手持终端的 GNSS 天线。印制的平面四线螺旋天线(PQHA)直径约为 10mm,集成低噪声放大器(LNA)

可以通过天线的精巧设计从源头上避免反射信号进入天线,从而最有效地防止多径效应引起的 GNSS 测量误差。

在敏感的天线元件周围使用扼流圈(17.4 节)是最应用最广泛的技术之一。尽管这种方式对非静态应用不太方便,但可以减少低仰角和反射信号的不良影响。这种用于大地测量参考站的扼流圈天线如图 17.13 所示。为了防雨或防雪,天线通常被天线罩覆盖,如图 17.13(b)所示。鉴于扼流圈的重要性,本章后面的章节(17.4 节)将进一步讨论扼流圈和其他多径抑制天线。

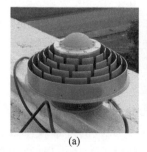
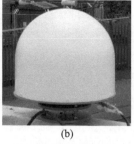

(a)　　　　　(b)

图 17.13　不带(a)和带(b)天线保护罩的扼流圈天线(Leica AR25)
(由 O. Montenbruck/DLR 提供)

除了多径抑制外,天线相位中心的高稳定性是用于高精度定位应用的第二大标准。测量型天线的通用规范中要求PCV在每个工作频段的仰角范围内小于几毫米。尽管为获得高精度定位而校准大地测量型天线的PCV已经成为惯例(见图17.14和17.6.2节),但在所有应用中使用这些校正信息可能不方便或不可行。因此,天线模型的低相位中心变化和不同单元间PCV良好的重复性仍然是高端GNSS定位天线的重要标准。为保持一致,这些标准也适用于保护天线免受环境影响的天线罩。尽管天线罩是由塑料等非导电材料制成的,但它会影响辐射方向图,因此必须尽量减小(和/或适当校准)相关的PCO(相位中心校正偏移量)和PCV(相位中心变化量)。

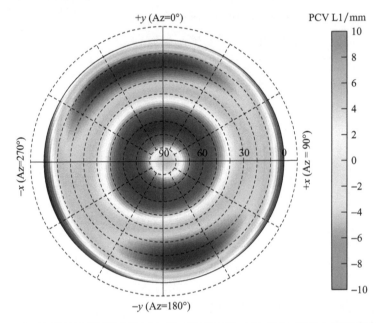

图17.14 大地测量级扼流圈天线(Trimble TRM14532.00)在L1频率上的相位中心变化,该变化是由机器人校准得出的(见文献[17.23],由igs08.atx天线模型提供)(见彩图)

## 17.3.3 航空

对于通用航空来说,目前基于GNSS的导航主要是使用GPS SPS服务或者星基/地基增强系统(SBAS/GBAS),以增强位置信息的完好性(第30章)。面向通用航空的GNSS导航目前仅限于此,尽管军用用户可以使用各种类型的双频天线,但航空天线通常仅使用L1频率。然而,随着全球定位系统(GPS)、伽利略和SBAS在航空安全领域引入L5/E5信号,双频航空天线的需求将不断增长。

与个人导航天线相比,小型化对于航空应用并不是必须的,而对于环境的稳健性是天线设计的主要考虑因素。特别地,天线应该能够在极端的振动条件下工作,并且应该足够坚固以承受大的温度变化。同时,飞机需要安装天线的外形较小,甚至是一体化设计,以减少飞行中的阻力和湍流。最后,航空天线必须能承受雷电风险,以保证在恶劣天气条件下安全工作。例如,航空无线电技术委员会(RTCA)已经发布了机载GNSS设备环境稳健性(DO-160[17.24])和最低性能(DO-208[17.25])的相关标准。图 17.15 为具有标准外形和安装孔的航空 GPS 天线。

图 17.15　通用航空的 L1 GPS/SBAS 天线(由 Sensor Systems,Inc. 提供)

### 17.3.4　空间应用

GNSS 接收机目前广泛应用于近地轨道航天器,是导航和授时以及精密定轨的一种手段(第 32 章)。与地面天线类似,航天器上使用的天线很大程度上取决于具体的应用需求和限制,例如所需的观测值质量和安装天线的可用空间。

封装在天线罩中的标准贴片天线如图 17.16(a)所示,广泛用于仅使用伪距的单频导航,这种应用场景往往不需要最高精度的观测值。尽管有许多天线是专门为空间应用设计的,但在许多卫星任务中,也需要找到可行并且成本合理的航空天线。

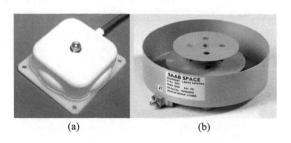

图 17.16　用于太空的 GPS 天线示例

(a)带天线罩的 L1 贴片天线(由 SSTL 提供);(b)双频贴片激励杯状天线(由 RUAG Space AB 提供)。

精密定轨需要双频天线,且天线应当具有校准良好的相位中心和抗多径性能。这通常是将贴片或十字交叉偶极天线单元与扼流圈结合来实现的。这种扼流圈的功能与大地测量基准站的扼流圈类似,但需要在生产制造时进行特定调整,以满足空间任务严格的重量预算和合格标准。文献[17.26]给出了此类天线用于重力恢复与气候实验(GRACE)和 TerraSAR-X 任务的例子,并讨论了其在地面和飞行中校准相位中心特性。

文献[17.27]中提出了一种可选的双频、多径抑制天线设计方案。贴片激励的杯状(PEC)天线采用堆叠的贴片结构,安装在杯状的接地板上。它可以实现双频观测,同时将航天器对天线的干扰保持在最低限度。图 17.16(b)是一个在 SWARM 卫星上使用的 PEC 天线。当用于"哨兵"任务时,通过在杯状接地板上增加少量扼流圈,可以进一步增强多径抑制能力[17.28]。与传统的扼流圈天线相比,PEC 设计以明显更低的外形尺寸提供了较高的性能。

除射频特性外,星载 GNSS 天线还需要考虑其工作的特定环境[17.29]。这包括极端的温度、真空和可能的空间辐射。所有用于制造天线的材料应符合空间要求,并且在选择材料时应考虑低释气等问题。条件允许的情况下,应优先考虑先前在太空飞行和测试过的材料。天线结构必须足够坚固,安装在卫星上的天线必须非常坚硬,以承受发射过程中的冲击和振动。此外,必须考虑到天线周围是否存在其他子系统以及天线与航天器本体之间的相互耦合。由于金属结构的电荷沉积可能会对 LNA 和其他电路造成伤害,因此避免天线结构内的悬浮金属层也很重要。

### 17.3.5 抗干扰天线

接收方向可控天线(CRPA)是一种特殊类型的波束成形天线,在工作过程中波束形状可以实现主动控制和自适应[17.30]。作为一种降低 GNSS 信号干扰或欺骗的手段(第 16 章),虽然 CRPA 最初设想是为军事用户服务的,但在关键基础设施的定位、导航和授时(PNT)服务方面,其使用越来越受民用用户的关注。

大量 GNSS 遥感应用中使用辐射方向图固定天线(FRPA),其主要作用是在指定关注区域(例如,朝向地球边缘)天线增益方向图最大化,而在干扰源或有害信号反射的方向上,抗干扰天线自适应地调整天线方向图零值。这有助于 GNSS 接收机保持所需的信噪比,因为干扰信号是衰减的,不影响正常的 GNSS 信号接收。

为了实现这一目标,需要对多根天线接收的信号进行相位相干合成。如图 17.17 所示,这是一组简单的双天线阵列。两个天线相位中心距离 $\lambda/2$,天线后的两个延迟单元可以在有限范围内进行调整,有

$$0 \leq \delta\phi_1 - \delta\phi_2 \leq \frac{\pi}{2}$$

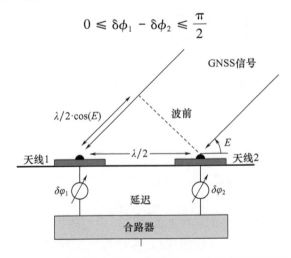

图 17.17 使用两个组合天线消除 GNSS 信号的示意图

采用复数表示法,合成信号可以描述为

$$S = A(e^{2\pi j\left(\frac{\cos E}{2}\right)+\delta\phi_1} + e^{2\pi j(\delta\phi_2)}) = Ae^{2\pi j\delta\phi_2}(1 + e^{2\pi j\left(\frac{\cos E}{2}+\delta\phi_1-\delta\phi_2\right)}) \qquad (17.14)$$

式中:$A$ 为单天线信号振幅;$E$ 为仰角。在合成之前,如果两个信号之间的总相移相当于半个波长,即 $\delta\phi_1 - \delta\phi_2 = \frac{1}{2}(1-\cos(E))$,这将导致在此仰角接收到的信号完全抵消。

对于给定几何形状的天线,可以在如同所示平面上指定的方向上准确地生成天线方向图中一个零点。采用 2×2 天线单元阵列,这一基本概念能够很容易地扩展到三维情况,那样就可以在整个半球空间控制增益最小值。

CRPA 的常见设计策略是将单个天线以圆形阵列的形式放置,产生指向潜在干扰方向的波束零点。在 CRPA 的设计中,一个重要的考虑因素是天线单元的数量,因为生成的波束零点数通常比天线单元数少一个[17.31]。然而,这可能降低卫星的可见性,因为增加天线单元数来引入零点,会降低天线波束宽度[17.32]。此外,大型天线阵列和复杂的电子封装会增加天线的整体质量和尺寸。例如,在文献[17.33-17.34]中所描述的小型化阵列具备更好的可移植性,但在阵元之间隔离度方面存在一定难度。图 17.18 为用于波束可控和干扰抑制的七阵元天线阵。

图 17.18 GPS、伽利略和 GLONASS 频段的接收端七单元波束可控天线 (由 DLR 通信与导航研究所提供)

虽然可以像其他天线一样,将 CRPA 做出独立单元连接到任意接收机上,但抗干扰的 GNSS 终端通常会采用天线和接收机电路的紧耦合设计。这是因为来自多个输入天线单元的可变延迟信号的相位相干合成在实际信号处理链中能够得到最优处理。软件定义无线电(SDR)技术的使用和现场可编程门阵列(FPGA)中灵活的信号处理,使单、双频多天线阵列的抗干扰 GNSS 接收机取得了较大进展。

用于 GNSS 抗干扰应用的 CRPA 的详细设计和相关的波束形成算法超出了本章的范围,但是在文献[17.30-17.31,17.35-17.37]等出版物中连同实例和测试结果都有涉及。

## 17.3.6 GNSS 遥感

GNSS 遥感[17.38]是指利用 GNSS 卫星信号研究地球表面和大气各种特性的一类应用。虽然其中一些应用不需要特定的设备,但 GNSS 反射测量、散射测量和无线电掩星测量通常需要使用专门的 GNSS 接收机和专用天线。

GNSS 反射和散射测量(第 40 章)利用从海洋、陆地、冰反射或散射的 GNSS 信号来获取信息,如风速、含盐度、土壤湿度和冰层密度,甚至是探测海啸波以进行灾害监测。这些技术类似于传统的雷达和高度计,但是利用了 GNSS 信号,而且不需仪器中的这一部分设备去主动发射信号。

在天线设计中,GNSS 反射天线在离底指向的波束具有高增益。因为天线需要接收来自高空(空中或太空)平台上的微弱反射信号,高增益波束是必需的,而离底指向保证了广阔的观测区域。由于 GNSS 信号的极化是随反射而变化的,因此设计了用于 LHCP 信号接收的反射天线。

图 17.19 所示为三单元微带天线阵列,该天线阵列早先在 UK-DMC 卫星上被应用于散射实验[17.39]。该天线在 L1 波段工作,并进行叠层设计,以实现大于 12dBiC 的增益。星基反射应用的双频天线阵列的设计见文献[17.40]。这种设计最先应用于英国 Tech-DemoSat-1 卫星上 SSTL 的 SGR-ReSI(空间 GNSS 接收机遥感仪器)[17.41]。

除了反射测量,无线电掩星测量是另一种 GNSS 遥感技术,它依赖于专门的天线设计以获得最佳性能。无线电掩星技术使用在 GNSS 发射卫星和低轨接收卫星之间传播的信号(第 38 章)。GPS/气象学(GPS/MET)任务[17.42]首次表明,无线电掩星可以用来准确预测对流层中的所有天气现象、全球折射率、大气压、

图 17.19 UK-DMC 卫星的 GNSS 反射天线阵列(由 SSTL 提供)

密度分布,以及电离层的电子密度分布和电子总含量(TEC)。如今,各种地球轨道卫星都能够进行无线电掩星测量,这有助于实现近实时的天气预报服务。

对流层无线电掩星测量是最复杂的,因为信号通过密集的大气层时会经历明显的衰减。由于整个 GPS 星座还没有民用 L2 信号,在 GPS P(Y)码信号的半无码跟踪中产生的严重损失会导致情况变得更加复杂。因此,与反射计相似,大气探测也受益于水平方向高增益的阵列天线。

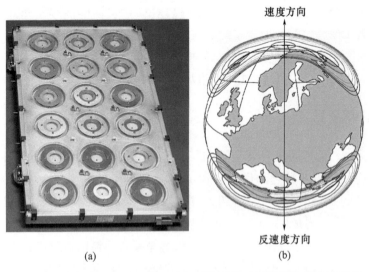

图 17.20 用于在 Metop 卫星上进行无线电掩星测量的波束阵列天线
(a)单个天线用于前向(速度)和后视(反速度)方向;(b)调整每个天线的增益方向图以覆盖地球边缘的狭窄区域,可以观察到来自上升或下降中 GPS 卫星的掩星(由 RUAG Space AB 提供)。

图17.20显示了Metop卫星上用于全球卫星导航系统大气探测接收机(GRAS)的18阵元阵列天线[17.43]。每个天线单元由接收双频(L1/L2)信号的右旋圆极化同心圆环组成。单个元件由一对同心圆环组成,并安装在杯状槽中,以减少互耦及多径干扰。将环形元件开槽馈电,通过为每个频段使用单独的馈电网络,可以获得两个频段的最优性能[17.44]。与其他无线电掩星任务中使用的较小阵列相比,大型GRAS天线阵列和尖波成形使Metop卫星能够获得更高的观测质量。

## 17.4 多径抑制

多径干扰是GNSS中主要的误差来源之一,严重降低了GNSS测量的精度。多径是由同一信号的多个副本从多个方向的不同传输路径到达接收机造成的。当直视线(LOS)信号受到天线表面或附近物体的反射或衍射时,就会发生这种情况。这些经衰减和相移(延迟)的信号与接收机的直视线信号叠加,导致相关函数的失真以及测距和载波相位测量中产生误差(第15章)。

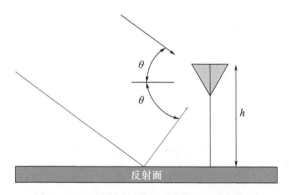

图17.21 地面GNSS天线的典型多径场景

对于杆装天线,一个常见的多径场景如图17.21所示。这里,直接到达信号与地面反射信号之间的多余路径差通常比GNSS码片长度小得多,其表示为

$$d = 2h\sin\theta \tag{17.15}$$

因此,接收机相关器可能无法区分直接到达信号和反射信号。通过使辐射方向图在地平面方向的增益急剧下降,并且抑制天线后瓣接收到的信号,多径干扰可以在很大程度上得到消除[17.45]。这有助于抑制来自低仰角甚至负仰角的反射和衍射信号。扼流圈天线接地平面是天线多径抑制的常用方法之一[17.28,17.46-17.47]。或者,可以专门设计天线结构来抑制表面波传播[17.48-17.50],这是一种多径干扰因素。本节讨论一些用于高性能天线的多径抑制技术。在文献[17.51]中综述了其他GNSS天线多径抑制方法和性能评估结果。

### 17.4.1 金属反射器天线接地平面

减少天线后瓣增益最简单的方法是在它下面放一个金属反射器。金属反射器将屏蔽水平面以下的信号。为了提高性能,微带天线可以直接安装在较大的反射面上。但大多数双频微带天线设计通常在底部有一个集成的馈电网络,这使得天线基底和金属反射器之间的距离成为一个关键参数,因为把它靠近馈源会产生将微带馈电转换成带状线结构的高阶模式。通常,反射器被放置在距离天线底部 1/4 波长的地方。任何朝向反射器的电磁能量都会受到 180°的相位旋转,这将使天线后瓣增益处于最低水平。

### 17.4.2 扼流圈天线接地平面

为了提高天线的性能,波纹表面(扼流圈)被广泛地用作天线底座。它们的设计类似于波纹喇叭,其中金属波纹是用来抑制低仰角的发射信号。扼流圈天线底座平面有助于增强天线辐射方向图的增益斜率,降低旁瓣和后瓣电平,从而改善交叉极化性能并稳定天线相位中心。这是由于入射波经过连续的波纹后被消除,如图 17.22 所示。

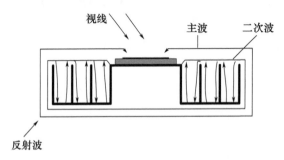

图 17.22　扼流圈天线底座平面场波

波纹表面另一个特性是它的高表面阻抗,这阻碍了表面波在天线基板内的传播。表面波可以发生在两种不同材料(如金属和空气)之间的界面上,并沿这两种表面的边界传播。扼流圈的高阻抗是由于深波纹是 1/4 波长,它将波纹底部的短路边界条件转化为表面顶部的开路。扼流圈接地平面广泛用于微带贴片或 Dorne-Margolin 垂直偶极子天线单元,可制造相位中心稳定性高、多径灵敏度低的大地测量型天线。

一个完全抑制表面波传播的截止扼流圈深度需要大于信号波长的 1/4,小于信号波长的一半[17.17]。在这个范围内,根据最佳的性能以及由此产生的扼流圈尺寸,首选尺寸较低的值。为了覆盖 GPS L1 和 L2 的频率,传统的扼流圈采用约 $\lambda_{L2}=61\text{mm}$ 的簇状结构,因此最适合 L2 信号。在文献[17.46]中描述了一种专用双频扼流圈设计的实现,该设计通过使用频率相关的膜片实现适用于 L1 和 L2 的不同凹槽深度。

### 17.4.3 非截止波纹天线接地平面

为了抑制低仰角多径,在文献[17.17]中提出了波纹状的天线底座平面,其波纹深度小于 $\lambda/4$。如图 17.23 所示的天线底座,能够以一种与传统扼流圈不同的方式抑制表面波。深度浅的波纹层不是在天线周围形成高阻抗区域,而是允许表面波向接地平面边界传播。在天线底座平面边界,它们与直视线信号的相位不一致,并被消除。

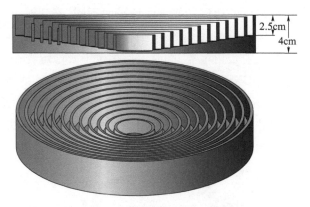

图 17.23 非截止波纹接地面

虽然文献[17.17]中给出的仿真和测量结果表明浅层波纹可以获得较好的多径抑制性能,但接地面需要更多的连续波纹。这导致直径增大,在一定程度上抵消了扼流圈高度减小的好处。

### 17.4.4 凸阻抗天线接地平面

扼流圈接地平面与天线的集成产生了与其平行的阻抗表面。虽然这提高了天线的多径抑制能力,但也降低了天线在入射余角的增益,从而限制了低仰角卫星的可见性。当天线平面的入射余角与地平线重合时,就会发生这种情况。然而,将接地平面转变成凸平面可以改善天线在地平面附近的辐射方向图,同时保持多径抑制能力。

在文献[17.52-17.53]中提出了一种具有销钉结构的凸阻抗接地面,以实现 GNSS 频段的多径抑制能力。如图 17.24 所示,天线采用了与天线馈电电容耦合的垂直凸偶极子阵列。整个天线在低仰角卫星可见性方面的性能有所改善。

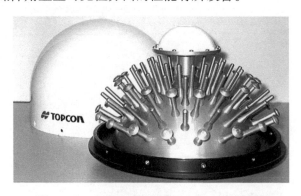

图 17.24 凸阻抗接地平面(由 Topcon 提供)

### 17.4.5 三维扼流圈天线接地平面

尽管传统的扼流圈接地面设计稳健、性能独特,但它只能覆盖有限的频率范围,对接近地平线的卫星灵敏度很低。为了解决这一局限性,在文献[17.54]中提出了一种三维扼流圈天线接地平面。与传统的扼流圈接天线地平面不同,三维扼流圈有多层的环,形状像金字塔。同心圆环上的槽能够使多余的射频能量消散。类似于凸阻抗接地平面,一个弯曲地平面轮廓能够提高入射余角增益,同时保持相位中心稳定。

图 17.25 所示的诺瓦泰 GNSS-750 多 GNSS 参考站天线将三维扼流圈天线与超宽带 Dorne-Margolin 天线单元集成。构造相同的 Leica AR25 天线的测试结果[17.55-17.56]证实了低仰角跟踪性能的显著改进,并且整个频率范围内的相位中心比较稳定,尽管前向-后向比略低于常规的二维扼流圈天线。

图 17.25　三维扼流圈(由诺瓦泰公司提供)

### 17.4.6　交叉板反射器天线接地平面

在文献[17.57]中讨论了用于多径抑制的交叉板反射器天线接平地面(CPRGP)的设计。如图 17.26 所示,天线单元被交叉的侧壁正方形包围。

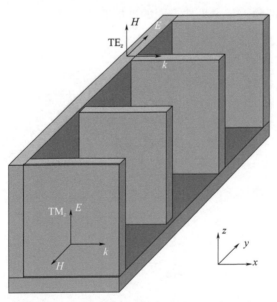

图 17.26　在交叉反射器地平面上的 $TE_z$ 和 $TM_z$ 波的 V 扇区表示(见文献[17.47])

一个完美的平面电导体能够抵消横向电($TE_z$)波,除此之外,交叉板反射器也消除了横向磁($TM_z$)波。这使得整个天线接地平面厚度减少到小于$\lambda/4$,也就是说,几乎是传统扼流圈天线的一半。在文献[17.47]中提出了一种使用短路环形天线单元的双波段 CPRGP 天线的原型实现,测试证实其具备良好的抗多径性能,小型化尺寸为 19cm×19cm×3cm。

### 17.4.7 电磁带隙(EBG)基片

电磁带隙(EBG)基片[17.58]是一种较新的表面波抑制技术,最近被用于 GNSS 多径干扰抑制。EBG 表面由周期性结构构成,这些周期性结构在一个指定的频段内产生非常高的表面阻抗,该频段称为带隙,通常利用高阻抗特性来抑制表面波或侧向波[17.59]。

EBG 基板可由两种特性来表征,即所使用的材料和 EBG 单元的设计。一种常见的 EBG 基板设计被称为蘑菇单元,其性能类似于金属波纹表面。它通过在天线周围引入高阻抗区域来阻止表面波的传播。高阻抗是通过二维分布的谐振电路实现的,其中电容是通过周期性贴片单元(蘑菇单元中的蘑菇帽)的近距离耦合产生的,而所需的电感是通过使用过孔径的电流环实现。集成在 EBG 表面的 GNSS 贴片天线如图 17.27 所示。

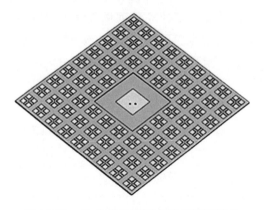

图 17.27 集成了 EBG 结构的双频段贴片

## 17.5 GNSS 卫星天线

常见的 GNSS 接收天线以提高半球形增益方向图为目标,与之不同的是 GNSS 卫星上的发射天线需要精确定向以便从高空照射地球。虽然这在原则上可以通过一个指向天底方向的窄波束螺旋天线来实现,但这样的解决方案存在两个主要的缺点。第一,如果要求地球可见表面的增益变化很小,那么会有相当一部分辐射能量发射到地球以外。第二,在最低点方向的用户总是比地球边缘附近的用户接收到更高的通量,因为他们从更小的距离和更高的天线增益中获益。

以轨道半径为 $a$ = 26560km 的 GPS 系统为例,其到接收机的距离在 $r_{min}$ = 20180km(在天顶看到 GPS 卫星的用户 $A$)和 $r_{max}$ = 25780km(在地平线附近看到 GPS 卫星的用户 $B$

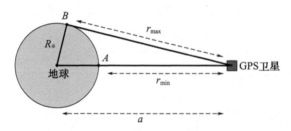

图 17.28　GPS 卫星将导航信号传输到地球整个表面的几何条件。地球表面上与发射卫星之间的最小和最大距离的点分别标记为 A 和 B

(图17.28)之间变化。这相当于信号强度在自由空间损耗相差 1.6 倍(等效于差值 2.1dB)。

## 17.5.1　同心螺旋天线阵

为了解决这类问题,早前就有专家为地球同步通信卫星提出了一种赋形天线方向图方案,这种天线由多个同心环排列的天线单元组合得到[17.60]。该方案的基本思想是通过在天线孔径上选择特定的辐射函数实现 M 形远场天线方向图,具备在视轴方向上局部最小而在地球视半径附近最大的特点。更具体地说,辐射函数的径向变化应该用 $J_1(x)/x$ 来描述,其中:$J_1$ 为一阶贝塞尔函数;$x = d/\lambda$ 为距离孔径中心的径向距离,单位为波长。

正如在文献[17.62]中所讨论的,理想的辐射函数可以近似为两个具有适当半径的同心圆,共包含 12 个独立的螺旋天线单元,如图 17.29 所示。该阵列由 4 个天线组成的内环,构成了 $J_1(x)/x$ 的中心峰,而外天线环放置在 $x = 4.6$ 附近的第一个局部最小值处。通过给外部天线环提供 180°的相对相移,以及与内部环相比较小的发射功率,最终在远场辐射方向图上实现了沿视轴方向的凹陷。

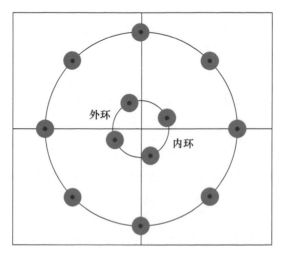

图 17.29　GPS 发射天线面板上的 12 个天线单元的布局。两个环的直径分别约为 30cm 和 90cm(见文献[17.61])

同心螺旋天线阵的概念首先在 GPS Block I 卫星上实施[17.61]，并成功地应用于所有后续卫星。它也广泛应用于其他 GNSS 卫星，包括一些 GPS 卫星、准天顶系统(QZSS)卫星、GLONASS 卫星，如图 17.30 所示。GPS Block ⅡR 卫星上的 L 波段天线包含类似于早先 Block I 和 Block Ⅱ/ⅡA 卫星上的细长螺旋，并且与卫星上的一系列相对短粗的超高频(UHF)螺旋天线交织在一起，如图 17.30(a)所示。GLONASS 卫星也使用 4+8 螺旋天线阵列。如图 17.30(b)所示，在最新的 K1 卫星系列中，内圈和外圈之间的自由空间装有用于卫星激光测距的后向反射镜。图 17.30(c)显示了 QZS-1 卫星的主要 L 波段天线。它覆盖了总共 4 个频率(L1,E6,L2 和 L5)，并且由布置在中心盘和外圈中的大量单个螺旋元件组成。

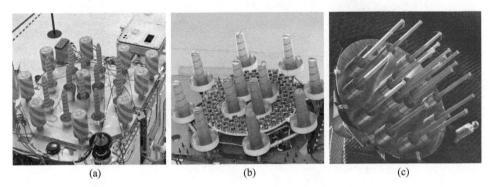

图 17.30　GPS Block ⅡR 卫星(a)，GLONASS-K1 卫星(b)和 QZS-1 卫星(c)上使用的 Helix 天线阵列(分别由洛克希德·马丁公司，ISSR eshetnev 和 JAXA 提供)

图 17.31 显示了当前两种类型的 GPS 卫星(Block ⅡR 和 Block ⅡR-M)的实测天线方向图，其天线面板略有不同。从 GPS 卫星看，0°的视轴角是天底方向，而 14°的视轴角标志着地球的边缘。Block ⅡR 卫星的 L1 增益方向图的特征 M 形状最为明显，而在 L2 频率下，整个地球表面的天线增益几乎是平坦的。与传统的 Block ⅡR 相比，现代化的 Block ⅡR-M 卫星采用了新的螺旋单元和更为适用的排列方式，使得天线整体增益方向图有所改善。

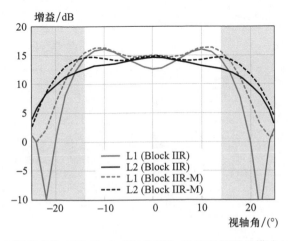

图 17.31　L1 和 L2 频率上的 GPS Block ⅡR 和 ⅡR-M 卫星的增益模式(见文献[17.64])。阴影区域表示地球表面以外的区域(见彩图)

覆盖整个半球的ⅡR-M卫星天线增益方向图如图17.32所示。除了中央主瓣,还可以看出在30°和55°附近的4个不同方位角的旁瓣,这反映了天线面板的四象限对称性。这些旁瓣指向远离地球的地方,因此不会对陆地和航空导航造成影响。然而,它们的存在显著地提高了环绕地球的高轨卫星用户的导航信号的可用性[17.63]。

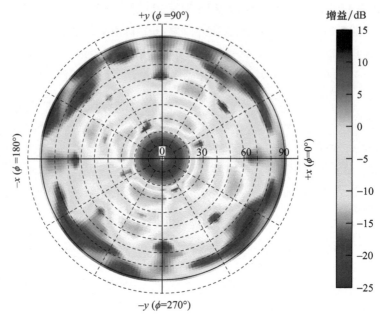

图17.32　ⅡR-M天线L1增益方向彩色展示图,由方位角$\phi$和视距角的函数算出(见文献[17.64])(见彩图)

### 17.5.2　贴片天线阵列

作为上面讨论的螺旋天线阵列的替代方案,欧洲伽利略系统使用带有大量单个贴片单元的平面天线阵列,以获得E1、E6和E5频段上所需的等值相位方向图。在伽利略系列卫星上使用了两种不同的基础设计,如图17.33所示。两种天线设计分别是:①圆形光

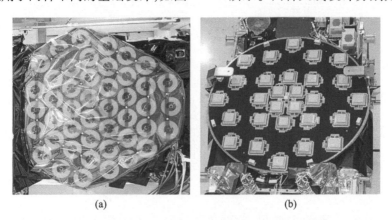

图17.33　(a)伽利略在轨验证(IOV)卫星的导航天线;(b)完全运行能力(FOC)卫星的导航天线(b)。((a)由ESA和S.Corvaja供图,(b)由OHB供图)

刻贴片单元组成的六边形阵列,由 EADS CASA 开发并用于伽利略在轨验证单元 GIOVE-B 和伽利略在轨验证(IOV)卫星;②四层堆叠贴片,由泰利斯阿莱尼亚空间公司开发并用于 GIOVE-A 和伽利略完全运行能力(FOC)卫星。

伽利略 IOV 天线由一组密集排列的、产生双频带圆极化的、堆叠的光刻贴片组成。GIOVE-B 原型机使用了 42 个天线单元,后来 IOV 卫星的天线单元数量增加到了 45 个。六边形天线阵列可分为 6 个扇区,每个扇区分别由 6 个或者 9 个天线单元构成。天线外围(6 个扇区中的 3 个)中的一些辐射器略有偏移,以便在天线孔径上获得所需的场分布。通过向阵列的中心和外部馈入反相信号,能够得到 M 形状波束的方向图。此外,在连续扇区之间采用了顺序旋转,用以提高交叉极化性能。

辐射器是由同轴引脚馈电的堆叠微带贴片排列而成。顶部较小的贴片是圆环形微带,其工作频率为 E1 频段,而底部较大的圆形贴片工作在 E5 和 E6 频段。两个波段的右旋圆极化是不同的。顶部环有两个切口,而底部贴片使用 90°正交馈电获得圆极化[17.65]。为了保护阵列中辐射器,贴片周围被圆形金属墙围绕。

IOV 天线的关键性能参数如表 17.3 所列。值得特别注意的是,需要尽量减少无源互调(PIM),这是由发射系统非线性而产生的不必要的 RF 副产物。在文献[17.66]中的专用测试证实,无源互调(PIM)对近地超高频搜救(SAR)天线、S 波段遥测天线、跟踪和通信(TT&C)天线以及 C 波段上行接收天线的频段干扰远低于这些系统的噪声和敏感水平。群时延的变化在各个频段数量小于 0.15~0.37ns,或 5~11cm。在伽利略卫星覆盖地球的 12.7°主波束角度范围内,天线相位中心变化量局限于 4~7mm[17.67]。

表 17.3 Galileo-IOV 卫星天线的关键性能参数(见文献[17.65])

| 参数 | 值 |
| --- | --- |
| 轨道位置 | 中圆地球轨道(MEO)(23616km) |
| 频率计划 | 1145~1237、1259~1299MHz(LB)、1555~1595MHz(HB) |
| 极化 | RHCP 两个频段 |
| 覆盖范围和样式 | 具有 2dB 等量窗口的等量校正模型(LOC:12.67°) |
| LOC 的最小增益 | 15.35dBi(HB),14.85dBi(LB) |
| 最大 AR 值 | 1.2dB |
| 回波损耗和隔离 | >20dB |
| 标称功率 | 103W(LB),75W(HB) |
| 质量 | <15kg |
| 封装 | 1.38m(直径),0.29m(高) |

注:LOC:覆盖范围,LB:低频段,HB:高频段

伽利略 FOC 天线使用一组对称排列在 4 个象限的堆叠贴片元件,如图 17.33(b)所示。它继承了早期 GIOVE-A 的设计,经过优化,从 36 个单位减少到 28 个单元,而且使用

更少的单元即可获得理想的性能[17.68]。此外，只有12个单元的内方阵覆盖了全部三个频段（E1、E6和E5），而外方阵的内部分支持E1和E6，外方阵的外部分支持E1和E5。这些设计上的改变使得显著简化的馈电网络成为可能，并有助于将天线的总体质量降低到小于15kg。

与安装密集贴片的IOV天线相比，FOC天线单元的排列与前面讨论的螺旋天线阵列相似，在单元数量明显减少的情况下，达到了预期的孔径内强度分布$J_1(x)/x$。两种伽利略天线类型的M形状增益方向图如图17.34所示，分别为上频段（1555~1595MHz）和下频段（1145~1299MHz）。两根天线都接近理想的等值模式，在天线最低点和地球边缘之间的峰值增益变化仅为1.5~2.5dB。

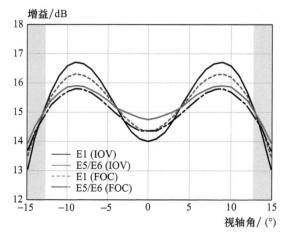

图17.34 伽利略IOV和FOC卫星在上、下频段的增益方向图（在文献[17.67,68]之后），阴影区域标记了视在地球磁场外的区域（见彩图）

## 17.5.3 反射背板单线天线

作为之前讨论过的螺旋和贴片天线的一种替代方案，在文献[17.69]中研究了使用发射背板的单绕螺旋作为GPS发射天线。事实上，在首个GPS卫星的早期设计阶段就已经考虑了阶梯式抛物面天线。这种方案提供了比今天使用的螺旋阵列更为均匀的天线方向图，但由于其较高的旁瓣而被放弃[17.61]。

文献[17.69]提出使用两个不同直径和焦距的抛物面碟形叠加，用以实现所需的M形状增益方向图，如图17.35所示。单线螺旋是在背板模式下工作的，将大部分的辐射从馈电点发送到反射器。当直径只有6cm时，螺旋本身只造成边缘阻塞。在测试报告中，不同频率的天线增益范围为12~15dBiC，并且初步证实了天线方向图的高旋转对称性。整个设计不需要一个复杂的馈电网络，设计简单。与传统的方式相比，可显著节省成本。然而到目前为止，在实际的GNSS卫星中还没有采用基于背板的发射天线。

第17章 天　线

图 17.35　基于螺旋单元和堆层反射面的 GNSS 天线设计

## 17.6　天线测量和校准

本节讨论 GNSS 天线的测量和相关特性。在天线设计过程中,天线参数的测量对于验证天线的功能和性能至关重要。虽然天线仿真软件能够帮助工程师获取一些关于天线的预期结果,但是人工误差和制造技术限制可能会导致天线与仿真结果不完全匹配。在描述天线基本参数的标准测量技术之后,专门有一节论述天线相位方向图的校准问题,这与所有使用大地测量天线的高精度 GNSS 应用具有强相关性。除此之外,还将讨论 GNSS 发射天线的相位中心校准问题。

### 17.6.1　天线基本测试

一般来说,测试天线,特别是 GNSS 天线,需要复杂的设备来产生明确定义的测试信号,以及测量整个系统的响应。在接收模式下,测试天线的典型装置包括:
(1) 参考源天线;
(2) 发射(TX)和接收(RX)系统;
(3) 定位系统;
(4) 测试设备(范围)。

这些项目对于测试来说是通用的,与天线类型或应用对象无关。发射天线的测试设置与上述类似,除了参考源天线被参考接收天线替代。用于 GNSS 天线测试的设备示例如图 17.36 所示。

参考源天线是用于照射待测天线(AUT)的发射天线,应具有稳定的相位中心和较高的带宽。扇形喇叭(线极化)和锥螺旋(圆极化)是几种常用的参考天线。由于 GNSS 天线的设计主要是接收或发射右旋圆极化信号,所以通常选择锥螺旋天线作为辐射方向图和增益测量的参考天线。

发射和接收系统可能包含两个不同的模块,但也可以组合成一个单元。向量网络分析仪(VNA[17.71])是一种混合收发测试仪器,通常用于天线增益和辐射方向图测量。VNA

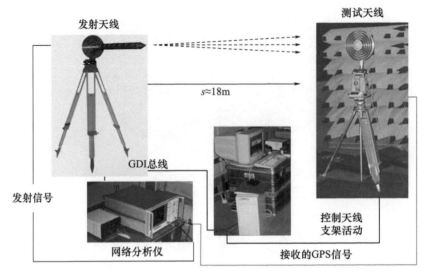

图 17.36 用于天线测试的暗室测量设备布局(详见文献[17.70])

用于测量双端口射频系统,如电缆、滤波器、放大器或传输线的 4 种不同的散射参数(S 参数)。这些应用于天线测试的参数含义如下:

(1) $S_{11}$,在天线连接端口 1 处的反射系数;

(2) $S_{21}$,连接在端口的两个天线之间的传输系数(从端口 1 到端口 2);

(3) $S_{12}$,连接在端口的两个天线之间的传输系数(从端口 2 到端口 1);

(4) $S_{22}$,在天线连接端口 2 处的反射系数。

根据这些测量结果,可以确定待测天线的参数指标。定位系统能够控制待测天线的方向,以评估天线参数随入射角的变化。它由一个万向支架,或者包括至少两个旋转轴的机械臂组成,可以由计算机控制来改变天线相对于入射辐射的方向或者位置。

天线测试的最后一个要素是天线测试设备的场地。精确的天线测试首要前提是两个天线都位于远场。这意味着发射天线场的角度不再随距离变化,而且待测天线接收到的波前在天线周围足够平坦。

由于一般的 GNSS 接收天线尺寸适中,信号的波长也适中,因此测试通常在一个能够吸收电磁辐射的暗室中进行。暗室用特殊的吸波材料在墙壁、天花板和地板上排列而成的。这种材料通常被切成不同尺寸的金字塔形锥体,使得任何剩余的反射波都会向随机的方向扩散,并以不连贯的方式叠加,从而进一步抑制了反射信号对天线测量的不良影响。

使用上述设备,可以进行多种天线测试,以确保满足设计要求。与其他天线类似,GNSS 天线也会测试阻抗匹配和增益等常见参数。然而,为了确保天线适用于 GNSS 测量,也需要测试一些专用的参数。在实际的 GNSS 天线测试中,通常测量的参数包括:

(1) 反射系数和阻抗匹配;

(2) 工作频率和带宽;

(3) 辐射方向图;

(4)增益和效率;

(5)天线极化和轴比 AR,以及在 17.1 节介绍的其他参数。

当将测试天线连接到 VNA 并观测 $S_{11}$ 或者 $S_{22}$ 时,可以从 $S_{11}$ 中得到反射系数、工作频率和天线带宽。这些测试的典型结果如图 17.37 所示,显示了一个双频分布式 GNSS 天线的反射系数。双频性能可以从两个频率的骤降边沿中清晰地识别出来。同样的曲线也可以用来评估天线的阻抗带宽。

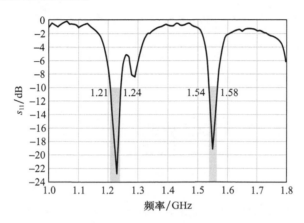

图 17.37　$s_{11}$ 双频 GNSS 天线的响应

通过测量所有入射角的 $S_{21}$ 传输系数,得到了天线的增益和辐射图。但是,需要对整个系统进行适当的校准,以补偿传输路线上和其他方面的信号损失。在增益方向图测量过程中,还可以比较波束不同角度的增益,用以量化前后比和多径抑制比(17.1 节)。

最后,天线极化可以通过测量待测件与极化已知的参考天线获得。只有与发射天线的极化相匹配,接收天线才能接收到信号。对于定量的轴比测量,依次对垂直和水平两个线性极化天线进行测量。

## 17.6.2　相位中心校准

当前基于载波相位的优越定位性能(第 25 章和第 26 章)依赖于高精度的观测模型和对测量系统的全面描述。在绝对定位或长基线定位的情况下,为了利用载波相位观测得到毫米甚至亚毫米级定位精度,需要对接收天线和 GNSS 卫星上的发射天线都进行深入研究。

多年来,在大地测量需求的推动下,多家机构与国际 GNSS 服务组织(IGS;见第 33 章)深度合作开展精密的天线校准工作。已经被校准天线包括所有的大地测量型天线,以及 GPS 卫星和 GLONASS 卫星的发射天线,并且都经过了全球 GNSS 监测站的充分观测[17.72]。

(1)概念和规范。

如前所述,相位中心被认为是产生所有辐射能量的中心点。考虑到天线的有限尺寸和具体设计,其相位中心不一定与几何中心相同,甚至可能落在实际的天线结构之外。因此，PCO 通常被规定为是相对于物理的天线参考点（ARP）的偏差，这个 ARP 容易获取，并且可以与待测点的物理标记相关联，如图 17.38 所示。对于用户天线，通常将 PCO 定义在一个坐标系中，该坐标系 $z$ 轴与天线孔径方向对齐，天线平面的固定 $y$ 轴与北方向对齐。在这种 PCO 坐标系定义下，天线的 $x,y,z$ 轴等同于东、北、天方向。

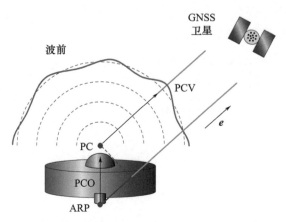

图 17.38 天线参考点（ARP）、相位中心（PC）和相位中心偏移（PCO）以及接收机天线的 PCV 的示意图，虚线表示平均 PC 周围的理想球面波

与之相反，对于 GNSS 卫星天线采用了与卫星载体一致的坐标系，其中 $z$ 轴同样为视轴方向，并且指向地球，而 $y$ 轴与太阳能电池板的旋转轴一致。国际 GNSS 服务组织（IGS）明确定义了每个导航星座以及卫星类型所采用的坐标轴，详细资料参见文献[17.73]。由于实际原因，GNSS 天线相位中心 PCO 通常被定义为相对于航天器质心（CoM）的偏移量。

然而，唯一相位中心的概念基于具有同心球面波的理想假设。在实际中，由于天线单元的不对称以及天线所安装的支撑结构的影响，球面波会发生各种畸变，如图 17.38 所示。用附加的相位改正来描述与点状相位中心模型相关的偏差，称为相位中心变化（PCV）。与接收机天线参考点（ARP）和 GNSS 卫星 CoM 之间的标称距离相比，实际的观测距离相差为

$$\zeta_{\text{PCO/PCV}} = e^{\text{T}}(r_{\text{PCO,sat}} - r_{\text{PCO,rcv}}) + (\zeta_{\text{PCV,sat}}(-e) + \zeta_{\text{PCV,rcv}}(e)) \quad (17.16)$$

式中：$e$ 为接收机到卫星的单位向量；$r_{\text{PCO}}$ 为同一坐标系下的 PCO 向量；PCV 描述了下标为 sat 的卫星天线和下标为 rcv 的接收天线的 PCO 改正量，这与信号方向有关。式（17.16）为实际的 GNSS 测量中提供了 PCO/PCV 改正模型（第 19 章），并且适用于精密单点定位应用。

可以从式（17.16）中看出，相位中心偏移（PCO）量和相位中心变化（PCV）量之间没有明显区别。因为 PCO 值的变化总是可以通过相应的 PCV 来补偿，所以需要定义归一化条件，以明确地分离这两种影响。常见的规定包括在给定的主波束角度范围内 PCV 均值为 0，或沿着视轴方向 PCV 为 0。

适用于大地测量数据处理、与 IGS 轨道和时钟产品兼容的天线校准值，是 IGS 天线模

型的一部分,并定期进行发布[17.72]。该模型通过不断更新来容纳新的接收天线和卫星天线。这些天线的 PCO 和 PCV 值以标准化的天线交互格式(ANTEX,参见文献[17.74]和附件 A)进行发布,确保在定位和定轨软件中具有较好的应用一致性。

(2) 接收机天线校准。

接收天线校准的常用技术包括暗室测量以及相对和绝对外场校准[17.75]。所有这些方法都可以为单个频率提供相位中心和方向图信息,但在许多方面存在不同。

如前一节所述,暗室测量是最早用于大地测量天线相位中心参数的技术之一[17.70,17.76]。在这里,能够产生理想信号的 GNSS 信号模拟器被用来提供导航信号,在相位测量过程中,测试天线围绕两个独立轴旋转。到目前为止,暗室测量是对当前在用的和新兴卫星导航系统所有频段进行 PCO/PCV 测定的唯一手段[17.77],但其可用性仍是受到限制。

考虑到这种暗室相位方向图测量的局限性以及复杂性,外场相对校准很早就被认为是一种天线校准的替代技术[17.78],并被国家大地测量局(NGS)等机构用于测量大多数大地测量型天线的相位方向图。在此方法中,接收机天线相位偏差以相对于标准参考天线的形式被校准。两根天线都安装在距离较近的坐标已知点上,通过载波相位观测值确定天线相对位置,并获得天线相位中心偏移(PCO)。然后,根据用于计算 PCO 的载波相位残差来推导相位中心变化(PCV)量。

为了避免相对天线相位中心在全球大地测量网络处理中的局限性,IGS 在 2006 年 11 月转用绝对天线模型[17.79]。这种绝对天线模式是通过用户接收天线的外场校准获得的,需要将 GNSS 天线安装在机械臂上并进行观测,如图 17.39 所示。与静态观测的天线不同,该机械臂还可以快速改变天线视轴方向和旋转角度。通过这种方法,能够在短时间内收集到均匀的、覆盖天线半球面的载波相位观测值,并据此确定 PCO 和 PCV[17.81-17.81]。与暗室校准相似,机械臂测量需要在天线旋转过程中明确 ARP 的位置。

考虑到暗室校准和机械臂校准两种方法对于所有天线的可用性,以及两者之间的微小差异[17.70],只有机械臂校准以及外场相对校准方法被应用于 IGS 天线模型,目前包括 GPS 和 GLONASS 的 L1 和 L2 频段(igs08.atx[17.72])。图 17.14 为机械臂校准的 L1 频段大地测量型天线 PCV 实例。文献[17.79,17.82]还论述了绝对天线相位中心模型用于分析大地测量时间序列和地球参考系中的优势。

(3) 卫星天线校准。

与接收机天线类似,上述的外场和暗室校准方法也可用于测量 GNSS 卫星上发射天线的 PCO 和 PCV。例如,GPS Block Ⅱ/ⅡA 天线阵就是通过相对外场校准和机械臂校准的[17.83-17.84]。而 GPS ⅡR/ⅡR-M 卫星天线则是使用暗室或外场远距离测试来获取天线相位中心和方向图[17.67,17.86]。除此之外,该方法还两个 L 波段测试了一些伽利略卫星天线以及 QZS-1 卫星天线。虽然这些方法可以测量每个信号频率的 PCO 和 PCV 信息,但它们既没有被统一地应用于所有 GNSS 卫星天线,也不能完全解释卫星本体对辐射场的影响。

因此,作为天线模型的一部分,IGS 采用一种不同的校准技术,即根据全球监测站网

图 17.39 汉诺威 Geo++机器人测试台,用于 GNSS 天线的绝对外场校准(在文献[17.70]之后)

络收集的观测数据来估计卫星天线 PCO 和 PCV[17.87-17.88]。利用先前校准的接收机天线绝对相位偏差,文献[17.15]定义的卫星天线的 PCO 和 PCV 能够通过观测值被估算,一起被处理的参数还包括卫星轨道、站坐标和地球定向参数等(第 34 章)。在[17.79,17.89-17.90]中讨论了这种确定 GPS 和 GLONASS 卫星的 PCO 的方法,并在文献[17.72]给出了 igs08.atx 天线模型中使用的参数值。对于北斗 MEO 和倾斜地球同步轨道(IGSO)卫星,PCO 的初始估计已经在文献[17.91-17.92]中报告过,但是还需要进一步的细化来建立一个可靠的数值集,以便在 IGS 天线模型中使用。对于伽利略 FOC 和 IOV 卫星,文献[17.93]报告了从 IGS Multi-GNSS 观测网络获得的第一组 PCO 数值。

在不同的天线校准技术中[17.89,17.94-17.95],与方向相关的 PCV 都能够与 PCO 一起被测量得到。天线 PCV 表现出的典型峰峰值为 10~30mm,并且反映了天线阵的对称性。在实际应用中,IGS 天线模型目前只顾及 GNSS 发射天线方向图的主波束角变化。虽然增加与方位角相关的 PCV 会进一步改进 GNSS 数据处理效果,但由于多个 IGS 分析中心的 PCV 校准模型缺乏一致性,目前还没有将发射天线的 PCV 校准考虑在内。

与暗室校准不同,单独频率的 PCO 和 PCV 无法通过 GNSS 观测网络来获取,而是使用双频观测数据构造无电离层组合来校准的。例如,对于 GPS 和 GLONASS 是 L1/L2,对于伽利略是 E1/E5a,对于北斗则是 B1/B2。这显然对未来的多频应用构成了限制,在 IGS

天线模型的发展中需要注意这个问题。

## 致谢

本章的作者要感谢本书的编辑在本章写作进展过程中给予的指导。作者还想感谢 Steffen Schon 教授、Lori Winkler 教授和 Dmitry Tatarnikov 教授,他们从繁忙的日程中抽出时间,帮助获取一些本章所需关键图片的授权。

## 参考文献

17.1　J. D. Krauss, R. J. Marhefka: *Antennas for all Applications*, 3rd edn. (McGraw Hill Higher Education, Columbus 2003)

17.2　C. A. Balanis: *Antenna Theory: Analysis and Design*, 3rd edn. (Wiley, Chichester 2005)

17.3　B. R. Rao: Introduction to GNSS antenna performance parameters. In: *GPS/GNSS Antennas*, ed. by B. R. Rao, W. Kunysz, R. Fante, K. McDonald (Artech House, Boston 2013), Chap. 1–62

17.4　G. J. K. Moernaut, D. Orban: GNSS antennas–An introduction to bandwidth, gain pattern, polarization, and all that, GPS World **20**(2), 42–48 (2009)

17.5　B. R. Rao: FRPAs and high-gain directional antennas. In: *GPS/GNSS Antennas*, ed. by B. R. Rao, W. Kunysz, R. Fante, K. McDonald (Artech House, Boston 2013) pp. 119–133, Chap. 2

17.6　X. Chen, C. G. Parini, B. Collins, Y. Yao, M. U. Rehman: *Antennas for Global Navigation Satellite Systems* (Wiley, Chichester 2012)

17.7　D. Orban, G. J. K. Moernaut: *The Basics of Patch Antennas* (Orban Microwave, Orlando 2009)

17.8　E. O. Hammerstad: Equations for microstrip circuit design, Proc. 5th Eur. Microw. Conf., Hamburg (IEEE) (1975) pp. 268–272

17.9　C. C. Chen, S. Gao, M. Maqsood: Antennas for global navigation satellite system receivers. In: *Space Antenna Handbook*, ed. by W. A. Imbriale, S. Gao, L. Boccia (Wiley, Chichester 2012) pp. 548–595, Chap. 14

17.10　H. Chen, K. Wong: On the circular polarization operation of annular-ring microstrip antennas, IEEE Trans. Antennas Propag. **47**(8), 1289–1292 (1999)

17.11　J. M. Tranquilla, S. R. Best: A study of the quadrifilar helix antenna for global positioning system (GPS) applications, IEEE Trans. Antennas Propag. **38**(10), 1545–1550 (1990)

17.12　P. K. Shumaker, C. H. Ho, K. B. Smith: Printed halfwavelength quadrifilar helix antenna for GPS marine applications, Electron. Lett. **32**(3), 153–153 (1996)

17.13　C. C. Kilgus: Resonant quadrifilar helix design, The Microw. J. **13**(12), 49–54 (1970)

17.14　D. Lamensdorf, M. Smolinski: Dual band quadrifilar helix antenna, Proc. IEEE Antennas Propag. Soc. Int. Symp., San Antonio (2002) pp. 488–491

17.15　P. G. Elliot, E. N. Rosario, R. J. Davis: Novel quadrifilar helix antenna combining GNSS, iridium, and a UHF communications monopole, Proc. Mil. Commun. Conf., Orlando (2012) pp. 1–6

17.16　S. Liu, Q.-X. Chu: A novel dielectrically-loaded antenna for tri-band GPS applications, Proc. 38th European Microw. Conf., Amsterdam(2008) pp. 1759–1762

17.17 F. Scire-Scappuzzo, S. N. Makarov: A low-multipath wideband GPS antenna with cutoff or non-cutoff corrugated ground plane, IEEE Trans. Antennas Propag. **57**(1), 33–46(2009)

17.18 NovAtel Inc.: GPS-704X Antenna Design and Performance (Calgary 2013) http://www.novatel.com/assets/Documents/Papers/GPS-704xWhitePaper.pdf

17.19 W. Kunysz: High Performance GPS Pinwheel Antenna, Proc. ION GPS 2000, Salt Lake City, UT 19–22 Sep. 2000(ION, Virginia 2000) 2506–2511

17.20 J. J. H. Wang: Antennas for global navigation satellite system(GNSS), Proc. IEEE **100**(7), 2349–2355 (2012)

17.21 GPS world antenna survey 2014, GPS World **25**(2), 37–57(2014)

17.22 E. Levine: A review of GPS antennas, Consum. Electron. Times **3**(3), 233–241(2014)

17.23 R. Schmid: igs08.atx antenna model, https://igscb.jpl.nasa.gov/igscb/station/general/igs08.atx

17.24 Environmental Conditions and Test Procedures for Airborne Equipment, RTCA DO-160G Change 1 (RTCA, Washington DC 2014)

17.25 Minimum Operational Performance Standards for Airborne Supplemental Navigation Equipment Using Global Positioning System(GPS), RTCA DO-208, 07/12/1991(RTCA, Washington DC 1991)

17.26 O. Montenbruck, M. Garcia-Fernandez, Y. Yoon, S. Schon, A. Jaggi: Antenna phase center calibration for precise positioning of LEO satellites, GPS Solutions **13**(1), 23–34(2009)

17.27 J. Wettergren, M. Bonnedal, P. Ingvarson, B. Wastberg: Antenna for precise orbit determination, Acta Astronaut. **65**(11), 1765–1771(2009)

17.28 M. Ohgren, M. Bonnedal, P. Ingvarson: GNSS antenna for precise orbit determination including S/C interference predictions, Proc. 5th EUCAP, Rome (2011) pp. 1990–1994

17.29 J. Santiago-Prowald, L. Drioli Salghetti: Space environment and materials. In: *Space Antenna Handbook*, Chap. Vol. 4, ed. by W. A. Imbriale, S. Gao, L. Boccia(Wiley, Chichester 2012) pp. 106–132

17.30 R. L. Fante, K. F. McDonald: Adaptive GPS antennas. In: *GPS/GNSS Antennas*, ed. by B. R. Rao, W. Kunysz, R. Fante, K. McDonald(Artech House, Boston 2013), Chap. 1–62

17.31 D. Reynolds, A. Brown, A. Reynolds: Miniaturized GPS Antenna Array Technology and Predicted Anti-Jam Performance, Proc. ION GPS 1999, Nashville, TN 14–17 Sep. 1999(ION, Virginia 1999) 777–786

17.32 M. M. Casabona, M. W. Rosen: Discussion of GPS anti-jam technology, GPS Solutions **2**(3), 18–23 (1999)

17.33 M. V. T. Heckler, M. Cuntz, A. Konovaltsev, L. Greda, A. Dreher, M. Meurer: Development of robust safety-of-life navigation receivers, microwave theory and techniques, IEEE Trans. **59**(4), 998–1005 (2011)

17.34 A. Hornbostel, N. Basta, M. Sgammini, L. Kurz, S. I. Butt, A. Dreher: Experimental results of interferer suppression with a compact antenna array, Proc. ENC-GNSS 2014, Rotterdam(ENC, 2014) pp. 1–14

17.35 W. Kunysz: Advanced Pinwheel Compact Controlled Reception Pattern Antenna(AP-CRPA) designed for Interference and Multipath Mitigation, Proc. ION GPS 2001, Salt Lake City, UT 11–14 Sep. 2001 (ION, Virginia 2001) 2030–2036

17.36 W. C. Cheuk, D. A. Trinkle, M. Gray: Null-steering LMS dual-polarised adaptive antenna arrays for GPS, J. Global Position. Syst. **4**(1/2), 258–267(2005)

17.37 K. Wu, L. Zhang, Z. Shen, B. Zheng: An anti-jamming 5-element GPS antenna array using phaseonly nulling, Proc. 6th Int. Conf. ITS Telecommun., Chengdu 2006, ed. by G. Wen, S. Komaki, P. Fan, G. Landrac(2006) pp. 370–373

17.38 S. Jin, E. Cardellach, F. Xie: *GNSS Remote Sensing* (Springer, Dordrecht 2014)

17.39 M. Unwin, S. Gleason, M. Brennan: The Space GPS Reflectometry Experiment on the UK Disaster Monitoring Constellation Satellite, Proc. ION GPS 2003, Portland, OR 9–12 Sep. 2003(ION, Virginia 2003) 2656–2663

17.40 M. Unwin, S. Gao, R. De Vos Van Steenwijk, P. Jales, M. Maqsood, C. Gommenginger, J. Rose, C. Mitchell, K. Partington: Development of low-cost spacebornemulti-frequency GNSS receiver for navigation and GNSS remote sensing, Int. J. Space Sci. Eng. **1**(1), 20–50(2013)

17.41 G. Foti, C. Gommenginger, P. Jales, M. Unwin, A. Shaw, C. Robertson, J. Rosello: Spaceborne GNSS reflectometry for ocean winds: First results from the UK TechDemoSat-1 mission, Geophys. Res. Lett. **42**(13), 5435–5441(2015)

17.42 C. Rocken, R. Anthes, M. Exner, D. Hunt, S. Sokolovskiy, R. Ware, M. Gorbunov, W. Schreiner, D. Feng, B. Herman, Y.-H. Kuo, X. Zou: Analysis and validation of GPS/MET data in the neutral atmosphere, J. Geophys. Res. **102**, 29849–29866 (1997)

17.43 P. Silvestrin, R. Bagge, M. Bonnedal, A. Carlstrom, J. Christensen, M. Hagg, T. Lindgren, F. Zangerl: Spaceborne GNSS Radio Occultation Instrumentation for Operational Applications, ION GPS 2000, Salt Lake City, UT 19–22 Sep. 2000(ION, Virginia 2000) 872–880

17.44 P. Ingvarson: GPS receive antennas on satellites for precision orbit determination and meteorology, Proc. 17th Int. Conf. Microw., Radar Wirel. Commun., MIKON 2008, Wroclaw(2008) pp. 1–6

17.45 C. C. Counselman: Multipath-rejecting GPS antennas, Proc. IEEE **87**(1), 86–91(1999)

17.46 V. Filippov, D. Tatarnicov, J. Ashjaee, A. Astakhov, I. Sutiagin: The First Dual-Depth Dual-Frequency Choke Ring, Proc. ION GPS 1998, Nashville, TN 15–18 Sep. 1998(ION, Virginia 1998) 1035–1040

17.47 M. Maqsood, S. Gao, T. Brown, M. Unwin, R. D. Steenwijk, J. D. Xu: A compact multipath mitigating ground plane for multiband GNSS antennas, IEEE Trans. Antennas Propag. **61**(5), 2775–2782(2013)

17.48 L. Boccia, G. Amendola, G. Di Massa, L. Giulicchi: Shorted annular patch antennas for multipath rejection in GPS-based attitude determination systems, Microw. Opt. Technol. Lett. **28**(1), 47–51(2001)

17.49 L. I. Basilio, R. L. Chen, J. T. Williams, D. R. Jackson: A new planar dual-band GPS antenna designed for reduced susceptibility to low-anglemultipath, IEEE Trans. Antennas Propag. **55**(8), 2358–2366 (2007)

17.50 S. F. Mahmoud, A. R. Al-Ajmi: A novel microstrip patch antenna with reduced surface wave excitation, Prog. Electromag. Res. **86**, 71–86(2008)

17.51 L. Boccia, G. Amendola, S. Gao, C. Chen: Quantitative evaluation of multipath rejection capabilities of GNSS antennas, GPS Solutions **18**(2), 199–208 (2014)

17.52 D. Tatarnikov, A. Astakhov, A. Stepanenko: Convex GNSS reference station antenna, Proc. Int. Conf. Multimedia Technol., Hangzhou 2011(ICMT 2011) pp. 6288–6291

17.53 D. Tatarnikov, A. Astakhov, A. Stepanenko: Broadband convex impedance ground planes for multisystem GNSS reference station antennas, GPS Solutions **15**(2), 101–108(2011)

17.54 W. Kunysz: A three dimensional choke ring ground plane antenna, Proc. ION GPS 2003, Portland, OR 9–

12 Sep. 2003(ION,Virginia 2003) 1883-1888

17.55 L. Bedford,N. Brown,J. Walford:New 3D Four Constellation High Performance Wideband Choke Ring Antenna,ION ITM 2009,Anaheim,CA 26-28 Jan. 2009(ION,Virginia 2009) 829-835

17.56 J. Walford:*State of The Art*,*Leading Edge Geodetic Antennas from Leica Geosystems-Leica Reference Antennas White Paper* (Leica Geosystems,Heerbrugg 2009)

17.57 M. Maqsood,S. Gao,T. Brown,J. D. Xu,J. Z. Li:Novel multipath mitigating ground planes for multiband global navigation satellite system antennas,Proc. 6th EUCAP 2012,Prague(2012) pp. 1920-1924

17.58 Y. Rahmat-Samii,F. Yang:*Electromagnetic Band Gap Structures in Antenna Engineering* (Cambridge Univ. Press,Cambridge 2009)

17.59 R. Baggen,M. Martinez-Vazquez,J. Leiss,S. Holzwarth,L. S. Drioli,P. de Maagt:Low Profile Galileo antenna using EBG technology,IEEE Trans. Antennas Propag. **56**(3),667-674(2008)

17.60 J. S. Ajioka,H. E. Harry Jr:Shaped beam antenna for earth coverage from a stabilized satellite,IEEE Trans. Antennas Propag. **18**(3),323-327(1970)

17.61 F. M. Czopek,S. Shollenberger:Description and performance of the GPS Block I and II L-Band antenna and link budget,Proc. ION GPS 1993,Salt Lake City,UT 22-24 Sep. 1993(ION,Virginia 1993) 37-43

17.62 C. Brumbaugh,A. W. Love,G. Randall,D. Waineo,S. H. Wong:Shaped beam antenna for the global positioning satellite system,Proc. Antennas Propag. Soc. Int. Symp. ,Amherst(1976) pp. 117-120

17.63 F. H. Bauer:GNSS space service volume and space user data update,Proc. 10th Meet. Int. Commun. GNSS(ICG),Working Group A,Boulder(UNOOSA,Vienna 2015) pp. 1-34

17.64 W. Marquis:The GPS Block IIR/IIR-M antenna panel pattern. Lockheed Martin Corp. (2014) http://www.lockheedmartin.com/us/products/gps/gpspublications.html

17.65 A. Montesano,C. Montesano,R. Caballero,M. Naranjo,F. Monjas,L. E. Cuesta,P. Zorrilla,L. Martinez:Galileo system navigation antenna for global positioning,Proc. 2nd EuCAP 2007,Edinburgh(IET,Stevenage 2007) pp. 1-6

17.66 F. Monjas,A. Montesano,C. Montesano,J. J. Llorente,L. E. Cuesta,M. Naranjo,S. Arenas,I. Madrazo,L. Martinez:Test campaign of the IOV(in orbit validation) Galileo system navigation antenna for global positioning,Proc. 4th EUCAP 2010,Barcelona (2010) pp. 1-5

17.67 F. Monjas,A. Montesano,S. Arenas:Group delay performances of Galileo system navigation antenna for global positioning,Proc. 32nd ESA Antenna Workshop on Antennas for Space Applications,Noordwijk (2010) pp. 1-8

17.68 P. Valle,A. Netti,M. Zolesi,R. Mizzoni,M. Bandinelli,R. Guidi:Efficient dual-band planar array suitable to Galileo,Proc. 1st EUCAP 2006,Nice(2006) pp. 1-7

17.69 Y. U. Kim:An M-shaped beam producing dual stacked reflector antenna for GPS satellite applications,Proc. IEEE Int. Symp. Antennas Propag. ,San Diego(2008) pp. 1-4

17.70 B. Gorres,J. Campbell,M. Becker,M. Siemes:Absolute calibration of GPS antennas:Laboratory results and comparison with field and robot techniques,GPS Solutions **10**(2),136-145(2006)

17.71 Understanding the Fundamental Principles of Vector Network Analysis,Application Note 1287-1(Agilent,Santa Clara 2012)

17.72 R. Schmid,R. Dach,X. Collilieux,A. Jaggi,M. Schmitz,F. Dilssner:Absolute IGS antenna phase center model igs08. atx:Status and potential improvements,J. Geodesy **90**(4),343-364(2016)

17.73　O. Montenbruck, R. Schmid, F. Mercier, P. Steigenberger, C. Noll, R. Fatkulin, S. Kogure, S. Ganeshan: GNSS satellite geometry and attitude models, Adv. Space Res. **56**(6), 1015-1029(2015)

17.74　M. Rothacher, R. Schmid: ANTEX: The Antenna Exchange Format, Version 1.4, 15 Sep. 2010ftp://igs.org/pub/station/general/antex14.txt

17.75　M. Rothacher: Comparison of absolute and relative antenna phase center variations, GPS Solutions **4**(4), 55-60(2001)

17.76　B. R. Schupler: The response of GPS antennas-How design, environment and frequency affect what you see, Phys. Chem. Earth, Part A **26**(6-8), 605-611(2001)

17.77　M. Becker, P. Zeimetz, E. Schonemann: Anechoic chamber calibrations of phase center variations for new and existing GNSS signals and potential impacts in IGS processing, Proc. IGS Workshop 2010, Newcastle upon Tyne(IGS, Pasadena 2010), pp. 1-44, 28 June-2 July 2010

17.78　G. L. Mader: GPS antenna calibration at the National Geodetic Survey, GPS Solutions **3**(1), 50-58 (1999)

17.79　R. Schmid, P. Steigenberger, G. Gendt, M. Ge, M. Rothacher: Generation of a consistent absolute phase center correction model for GPS receiver and satellite antennas, J. Geodesy **81**(12), 781-798(2007)

17.80　G. Wubbena, M. Schmitz, F. Menge, V. Boder, G. Seeber: Automated Absolute Field Calibration of GPS Antennas in Real-Time, Proc. ION GPS 2000, Salt Lake City, UT 19-22 Sep. 2000(ION, Virginia 2000) 2512-2522

17.81　M. Schmitz, G. Wubbena, G. Boettcher: Tests of phase center variations of various GPS antennas, and some results, GPS Solutions **6**(1/2), 18-27(2002)

17.82　P. Steigenberger, M. Rothacher, R. Schmid, A. Rulke, M. Fritsche, R. Dietrich, V. Tesmer: Effects of different antenna phase center models on GPS-derived reference frames. In: *Geodetic Reference Frames*, IAG Symposia 134, ed. by H. Drewes(Springer, Heidelberg 2009) pp. 83-88

17.83　G. L. Mader, F. Czopek: Calibrating the L1 and L2 phase centers of a Block IIA antenna, Proc. ION GPS 2001, Salt Lake City, UT 11-14 Sep. 2001(ION, Virginia 2001) 1979-1984

17.84　G. Wubbena, M. Schmitz, G. Mader, F. Czopek: GPS Block II/IIA Satellite Antenna Testing using the Automated Absolute Field Calibration with Robot, Proc. ION GNSS 2007, Fort Worth, TX 25-28 Sep. 2007 (ION, Virginia 2007) 1236-1243

17.85　W. A. Marquis, D. L. Reigh: The GPS block IIR and IIR-M broadcast L-band antenna panel: Its pattern and performance, Navigation **62**(4), 329-347(2015)

17.86　R. Zandbergen, D. Navarro: Specification of Galileo and GIOVE Space Segment Properties Relevant for Satellite Laser Ranging ESA-EUING-TN/10206 (ESA/ESTEC, Noordwijk 2008) iss. 3.2

17.87　R. Schmid, M. Rothacher: Estimation of elevation dependent satellite antenna phase center variations of GPS satellites, J. Geodesy **77**(7/8), 440-446 (2003)

17.88　R. Schmid, M. Rothacher, D. Thaller, P. Steigenberger: Absolute phase center corrections of satellite and receiver antennas, GPS Solutions **9**(4), 283-293(2005)

17.89　F. Dilssner, T. Springer, C. Flohrer, J. Dow: Estimation of phase center corrections for GLONASS-M satellite antennas, J. Geodesy **84**(8), 467-480(2010)

17.90　R. Dach, R. Schmid, M. Schmitz, D. Thaller, S. Schaer, S. Lutz, P. Steigenberger, G. Wubbena, G. Beutler: Improved antenna phase center models for GLONASS, GPS Solutions **15**(1), 49-65(2011)

17.91 F. Dilssner, T. Springer, E. Schonemann, W. Enderle: Estimation of satellite antenna phase center corrections for BeiDou, Proc. IGS Workshop 2014, Pasadena (IGS, Pasadena 2014) p. 1

17.92 J. Guo, X. Xu, Q. Zhao, J. Liu: Precise orbit determination for quad-constellation satellites at Wuhan University: Strategy, result validation, and comparison, J. Geodesy **90**(2), 143–159 (2016)

17.93 P. Steigenberger, M. Fritsche, R. Dach, R. Schmid, O. Montenbruck, M. Uhlemann, L. Prange: Estimation of satellite antenna phase center offsets for Galileo, J. Geodesy **90**(8), 773–785 (2016)

17.94 B. J. Haines, Y. E. Bar-Sever, W. Bertiger, S. Desai, N. Harvey, J. Weiss: Improved models of the GPS satellite antenna phase and group-delay variations using data from low-earth orbiters, Proc. AGU Fall Meet. 2010, San Francisco (AGU, Washington DC 2010) pp. 1–12

17.95 F. Dilssner: GPS IIF-1 satellite-Antenna phase center and attitude modeling, Inside GNSS **5**(6), 59–64 (2010)

# 第 18 章 模拟器和测试设备

## Mark G. Petovello, James T. Curran

本章首先综述一系列全球卫星导航系统（GNSS）模拟器和测试设备，接着讨论了包括射频（RF）模拟器、中频（IF）模拟器、采集回放系统和观测量模拟器在内的不同类型的设备；然后，本章进一步分析这些设备的主要特性，描述它们的实现形式、典型用法以及各自的优缺点；最后概述在选择模拟器和测试设备时应注意的事项。

作为前述接收机设计和位置估计算法的补充，本章侧重于描述全球卫星导航系统（GNSS）信号模拟器和相关测试设备在 GNSS 接收机开发中的作用。

模拟器在接收机开发的多个阶段都发挥了重要作用，如初始组件的选择、算法的开发、故障隔离和调试、性能评估以及生产线的最终质量控制等。尽管所有这些任务的执行都可以使用真实的 GNSS 信号，但是使用模拟器可以显著简化任务，提高效率，并提供更高的测试保真。

一般来说，接收机的测试包含已知响应测试、性能测试和研究性测试三种类型。

（1）已知响应测试是质量控制和故障隔离的典型手段。在已知响应测试中，接收机在特定和明确的场景或激励下产生响应，并与已知响应结果进行比较，其中已知响应代表接收机正常工作时应当输出的响应。在质量控制中，通常根据参考和测量响应之间的差异来定义阈值，并以此判断它是否合格。对于故障隔离或调试测试，可以精心选择特定的激励来唤起接收机的特定功能，从而使用户能够识别故障所处的位置。

（2）性能测试通常采用类似形式，接收机以明确的场景或激励为驱动，对其一组或多组典型参数进行检查。描述接收机性能的常见指标包括首次定位时间，捕获、跟踪灵敏度，伪距测量精度，定位、测速和授时（PVT）精度等。这些测试可能是确定性的或统计性的，可能是绝对测量值，也可能与作为输入提供给模拟器或由模拟器生成的某些参考数据相关。这类测试通常应用在算法开发、接收机原型设计或技术参数表生成等方面。

（3）研究性测试是工程师为了评估新的、不同的接收机算法或体系结构，在新的或非常规的场景中，为检查接收机或系统反应而进行的一组实验或测试。这些测试通常是定性而非定量的，旨在了解接收机的行为，或比较多个接收机在不同场景下的行为。

尽管这些类型的测试在性质和目的上有很大的不同，但是它们有很多共同的需求：它们需要模拟真实 GNSS 播发的信号或激励，且需要明确定义的参考数据。当然，可以将所需场景的真实 GNSS 信号接入接收机，但这需要一个艰难、漫长或费力的测试过程。例如，引发高动态信号可能需要使用专门的载体，而引入传输信道效应可能需要专用的测试场地。此外，测试的参考数据很难精确获取。在这些情况下，使用模拟器可以大大简化和改进测试过程。

和现场测试不同，模拟器为 GNSS 接收机生成高度可控、可配置和可重复的输入。此外，对于接收机不同部件的测试，可以使用不同类型的模拟器。最常见的是生成射频（RF）信号的模拟器，但模拟器不仅可以用来生成射频下变频后的中频（IF）采样信号，也可以生成接收机测量值，用于评估导航算法。所有类型的模拟器允许用户从一系列星座配置中进行选择，选择方式包括在单一频率或多个频率上以及从单个静止卫星到一个或多个系统（GPS,GLONASS,Galileo,BDS 等）。

依据测试目的不同，模拟器会以不同的逼真度再现一个真实场景。模拟器的场景模拟需要反映真实场景，并具有足够的准确性，从而不影响给定测试的结果。特定接收机组件或功能的基本质量控制测试可能只需要一个宽松建模的 GNSS 仿真信号。这就像单通道模拟器产生一个由测距码和数据调制的载波一样简单。相反，为了测试接收机的完整导航能力，可能需要使用模拟器来产生包括相关误差和传播特性的完整星座的卫星信号。移动手机的接收机测试可能需要陆地—移动卫星信道的精确建模，而对于测量型接收机的测试可能更关注大气传播误差。如果只测试接收机的基带组件，模拟器将会产生类似真实 GNSS 接收机的基带处理器入口处出现的仿真信号。

在现场测试和模拟之间，采集回放系统的使用是一个合理的折中方案。与模拟器不同，采集回放系统收集真实的 GNSS 数据，并允许接收机开发人员根据需要多次回放。这些系统提供了与传统仿真工具类似的可重复性，但是在可配置和保真度之间做了一个合理的折中，捕获真实的 GNSS 信号不仅可以确保准确获取真实信号的所有特征，而且该真实信号包含了所有的传播特性。但是，所捕获信号的确切性质可能并不完全清楚，因此很难获得精准的参考基准。

本章对上述内容都进行了深入分析。首先概述 GNSS 和 GNSS 接收机的基本情况，然后讨论模拟器的基本要求，最后对不同类型的模拟器和仿真技术进行了讨论和比较。

## 18.1　背　　景

本节从仿真的角度概要介绍 GNSS 和 GNSS 接收机，建立了描述 GNSS 接收、处理信号的方程式。在此基础上，简要定义了不同类型的模拟器和采集回放系统。之后的章节将对不同类型的模拟器进行详细讨论。

图 18.1 是关于 GNSS 和 GNSS 接收机的顶层分解描述。左图代表了物理实现，它由两个部分组成。第一部分是物理和几何部分，包括接收机和所有可见卫星的位置和速度，用来计算在卫星和大气误差影响下，接收机和每个卫星之间的几何距离和变化率。第二部分代表传播通道，它在不同应用之间存在显著差异。但是，一般而言，它考虑了自由空间损耗（几何传播）、多径、衰减、遮挡效应以及天线效应等影响。

图 18.1 的右图是测试中的 GNSS 接收机的分解图。第一部分是前端，负责将射频信号混频到近基带进行滤波和采样，这也是第一个使用接收机振荡器的模块。第二部分是

信号处理模块。它将本地产生和输入的信号关联起来,用于信号捕获和跟踪。该模块的输出是伪距(伪码相位)、载波相位和载波多普勒测量,并将其传递给接收机的第三部分,即导航解算单元。导航解算单元负责生成接收机的 PVT 估值。

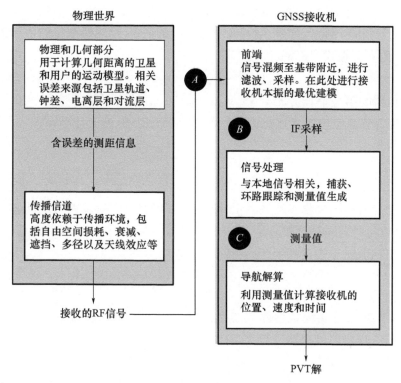

图 18.1 模拟视角下的 GNSS 分解图。图的左侧细化描述物理世界发生的接收机天线接收信号的过程。图的右侧展示了接收机的细化解析,射频模拟器从 A 点输入,中频模拟器从 B 点输入,测量模拟器从 C 点输入

## 18.1.1 接收的射频信号

本节对输出到接收机天线的射频信号(如图 18.1 左侧所示)进行数学描述。

1. 物理和几何部分

物理和几何部分主要涉及接收机和卫星之间关系的描述,包括与传播相关的所有系统误差。事实上,卫星信号不间断地向地球广播信号并尽可能与相应时间系统同步,其余的由物理部分负责。对于接收机,任何给定时间点观测到的卫星信号,假定为 $t_R$,都来自于之前某个时间点卫星所处的位置,假定为 $t_T$。其中,$t_R$ 为接收时刻,$t_T$ 为发射时刻。因此,传播时间 $\Delta t_{TOF}$ 就是接收时刻和发射时刻之差,即

$$\Delta t_{TOF} = t_R - t_T \tag{18.1}$$

为实现导航,在地心地固坐标框架内,接收机在接收时刻必须计算 $t_T$ 时刻卫星和 $t_R$ 时刻接收机之间的距离。因为接收机在自己的时间系统内工作,即使 $t_R$ 名义上是有偏差的,也很容易得到,而 $t_T$ 可以从卫星的导航电文中提取出来。伪距则等于 $t_R$ 与 $t_T$ 之差乘以光速。

GNSS 模拟器与上面描述的完全不同,因为它们以接收器为中心。也就是说,模拟器的输入为连续时间内接收机的位置数据,以及不同时间的卫星位置估计数据(星历表)。模拟器负责确定每个卫星的发射时刻,以及当前时刻对应的位置和速度。

为简单起见,考虑视距(LOS)情形,到达接收机的信号实际上与卫星在 $\Delta t_{TOF}$ 时间以前卫星发射的信号相同。因此,如果 $S_T(t)$ 是卫星发射的信号,到达接收机的信号为 $S_R(t)$,近似为(更详细的方程在式(18.8)中给出)

$$s_R(t_R) \approx s_T(t_R - \Delta t_{TOF}) \tag{18.2}$$

所以模拟器的第一个任务是计算 $\Delta t_{TOF}$,即一个信号从卫星传播到接收机消耗的时间。在此近似为在真空中以光速行进几何范围所需的时间,同时考虑相关大气时延,估计其需要的时间为

$$\Delta t_{TOF} = \frac{1}{c} \| r(t_R) - r_{Sat}(t_T) \| + \frac{1}{c} L_{atm} \tag{18.3}$$

式中:$r(t_R)$ 为 $t_R$ 时刻的接收机位置向量;$r_{Sat}(t_T)$ 为 $t_T$ 时刻卫星位置向量;$L_{atm}$ 为大气传播时延,包括电离层时延和对流层时延,以长度为单位。求解式(18.1)得到 $t_T$,并将结果代入式(18.3),得到 $\Delta t_{TOF}$ 表达式关于 $t_R$ 的等式,即

$$\Delta t_{TOF}(t_R) = \frac{1}{c} \| r(t_R) - r_{Sat}(t_R - \Delta t_{TOF}(t_R)) \| + \frac{1}{c} L_{atm} \tag{18.4}$$

方程右边的第一项仅仅是模拟器输入参数的函数,即接收时刻、接收机位置和卫星位置(星历表)。第二项需要模拟器进行数学建模。

需要注意的是,即使忽略大气的影响,式(18.4)也难以计算,因为 $\Delta t_{TOF}$ 出现在公式两边。此外,正如在第 3 章中所讨论的那样,描述卫星位置的函数并不简单,因为它必须考虑地球自转在 $\Delta t_{TOF}$ 期间的影响[18.1]。需要指出的是,式(18.4)相当平滑,可以很容易地使用递归公式求解。

通过改变 $t_R$,式(18.4)可以隐式地解释多普勒效应。具体来说,注意到式(18.4)右边第一项的分子是几何距离,$\Delta t_{TO}$ 对 $t_R$ 的一阶导数为

$$\frac{d\Delta t_{TOF}}{dt_R} = \frac{1}{c}\dot{\rho} + \frac{1}{c}\frac{dL_{atm}}{dt_R} \tag{18.5}$$

式中:$\dot{\rho}$ 为几何距离变化率,它与多普勒频移除以载波波长相关。任意给定时刻的距离变化率可以由卫星和接收机轨迹表示[18.2],即

$$\dot{\rho} = \frac{(r(t_R) - r_{Sat}(t_T)) \cdot (v(t_R) - v_{Sat}(t_T))}{\| r(t_R) - r_{Sat}(t_T) \|} \tag{18.6}$$

式中:$V_{sat}(t_T)$ 为发射时刻的卫星速度;$V(t_R)$ 为接收时刻的接收机速度。这个表达式非常有用,因为 $\dot{\rho}$ 实际上随时间变化相对较慢,在 1ms 内是近似恒定的,1ms 也是 GNSS 中使用的最小码周期(第 7~10 章)。模拟器利用这一结论,对具有分段常数 $\dot{\rho}$ 的 $\Delta t_{TOF}$ 函数进行线性逼近,从而有效地产生短周期内多普勒恒定的阶跃信号。

在写出接收信号的方程之前,可以将 $i$ 颗卫星发射信号的简化方程写为

$$s_{T,i}(t) = AC_i(t)D_i(t)\cos(2\pi f_{Nom}t) \tag{18.7}$$

式中：$A$ 为发射信号的振幅，假设该参数随时间和卫星的变化保持恒定；$C$ 为测距码序列；$D$ 为导航数据位序列；$f_{Nom}$ 为射频信号的标称载波频率（例如 GPS L1C/A 信号的 1575.42MHz）。式(18.7)中假设只广播单载波上的单个信号，但是通过添加额外项，可以轻易进行扩展。同样，不同类型的测距码和导频信号也可以作为额外项。然后，接收到的复合信号可以表示为在各自发射时刻离开卫星的信号之和，即

$$s_R(t_R) = \sum_i^{N_{SV}} \alpha_i(t_R) s_{T,i}(t_R - \Delta t_{TOF,i} + dt_{SV,i}) + n(t_R) \quad (18.8)$$

式中：$N_{SV}$ 为接收机可见卫星数；$\alpha$ 为传播通道造成的接收信号衰减；$n(t)$ 为热噪声。后两项为接收时间的函数，因为它们主要是接收机位置或接收机硬件的函数。细心的读者会注意到其中包含了一个额外的项 $dt_{SV,i}$，它表示卫星钟差。在信号离开卫星时，它是根据卫星上的时钟进行调制的。虽然实际时间可能是 $t_T$，但由于星上时钟的影响，将比真实时间晚或早 $dt_{SV,i}$s，所以码相位、载波相位、载波多普勒和数据位等信号参数实际产生在 $t_T$ + $dt_{SV,i}$ 时刻。卫星钟差表现为测距误差，就像出现在信号的另一端的接收机钟差一样。

最后，需要注意的是，虽然上面的模型只代表了 LOS 情形，但对于多径反射情形，如果可以找到一个合适的等价于式(18.3)的方程用来描述反射信号的几何传播，就可以很容易地构建出一个相似的模型。

2. 传播信道

顾名思义，传播信道包含了卫星和接收机之间信号的所有效应。在讨论了传播时间的影响因子后，本节将对影响信号质量的因素进行研究。下面简要介绍需要考虑的关键效应。

（1）自由空间损耗，也称为几何传播，它解释了信号从卫星向外传播时单位面积的功率强度损耗。对于地基 GNSS 应用，空间损耗的差异最多 1dB 左右（取决于卫星仰角），但通过采用合适的卫星天线增益方向图，能够很大程度地减少这种差异[18.3]。相比之下，由于到卫星的距离和卫星天线增益方向图的范围更广（将在下面进行讨论），天基应用可能出现差异很大的接收功率[18.4-18.6]。

（2）遮挡效应，是指信号通过自然或人为障碍物（如树、人、建筑物或车辆）时产生的衰减[18.7-18.8]。根据接收机的不同，遮挡可能会妨碍信号的跟踪。

（3）天线效应。参考第 17 章，在模拟的环境下，天线最重要的性能是它的增益方向图和轴比，这将影响到接收信号功率。对于地基应用，接收机天线的主要关注点在于由于相位缠绕[18.9-18.10]和天线对卫星的朝向发生改变而导致的相位中心变化。也就是说，其相位变化也可能取决于接收机的假定动态（如轮船转弯时天线的横滚）。然而对于天基应用，卫星天线增益方向图的性能对于准确确定接收信号功率至关重要[18.4-18.6]。

高精度的定位应用还涉及天线的相位中心变化和天线稳定性，它可以产生很小的毫米到厘米级的随机性系统误差[18.11]。一些用户也关注天线的频率响应，可能是为了研究对带外干扰的抑制问题。

（4）多径和衰落。如第 15 章所述，当信号通过多条路径到达接收机时，就会出现多径现象。接收机附近的反射物会产生多径信号，但反射物建模需要大量的参数，包括反射

物的电特性、相对于接收机的位置等,这导致多径几乎不可能被实时预测。多径的一个负面影响是会降低接收信号的功率,这是由天线上两个或多个信号的破坏性干扰造成的。信号衰减的极端情况,可能会导致接收机暂时失锁[18.7-18.8]。

考虑传播通道后,单路径收到的信号仍然满足式(18.8)的一般形式,但有两个不同之处。首先,振幅项是几个效应的组合,即

$$\alpha(t_R) = \alpha_{FSL}(t_R) \cdot \alpha_{Shdw}(t_R) \cdot \alpha_{Ant}(t_R) \tag{18.9}$$

式中:$\alpha_{FSL}$ 为自由空间损耗引起的衰减;$\alpha_{Shdw}$ 为遮挡引起的衰减;$\alpha_{Ant}$ 描述天线增益方向图效应(放大或衰减)。在存在多径的情况下,所有接收路径都需要包括在式(18.8)的累加形式中。

## 18.1.2 GNSS 接收机

本节对接收机不同部件发生的处理过程进行了概括论述,重点描述了对不同接收器组件具有显著影响的接收信号的特征。这将在18.1.3节中用于了解不同类型的模拟器及其特性。

1. 前端

前端通常是接收到的真实或模拟的射频信号和接收机其余部分之间的接口。其目的是接收来自于接收天线或模拟器的射频信号,并且产生信号处理阶段用到的数字化中频采样信号。接收机前端一般由信号预放大及滤波器、一个或多个下变频级、抗混叠滤波器、增益控制以及模数转换器(ADC,见第13章)组成。

衡量前端性能的关键因素包括:中频信号处理过程中使用的振荡器质量;噪声性能或噪声系数;频谱质量,包括本地振谐波的适当抑制与屏蔽;增益控制和数字转换器性能。在可能的情况下,对前端输出的直接分析是评估这些因素的有效手段。

2. 信号处理

接收器的信号处理将在第14章详细讨论。这里需要注意的是,接收机信号处理阶段进行的基本任务是:通过处理中频采样信号,为导航定位单元提供伪距(码相位)、载波相位、载波多普勒测量值。其中最重要的是接收信号中影响捕获和跟踪算法部分。例如,接收信号和噪声的电平在捕获阶段特别重要,多径和衰减在码跟踪算法中最重要,参考振荡器的稳定性、闪烁和直达信号动态对载波相位的跟踪影响最大[18.12-18.14]。

除了向量或超紧(深)耦合接收机(第13章和第18章),在大多数情况下,信号处理阶段在逐个信号的基础上进行。从跟踪的角度看,环路带宽通常足够宽,使得由于大气延迟、轨道误差和系统间时钟偏差(仅举几例)导致的缓慢变化误差在此处无法观测到。实际上,这意味着这些误差通过接收机时没有变化,从而只表现在测量值上。关于信号处理阶段输出的更多细节见第19章。

3. 导航解算单元

导航解算单元接收由信号处理阶段产生的伪距、载波相位或载波多普勒测量值,并使用它们来计算接收机的PVT解。这里的关键挑战是在处理测量值之前尽可能多地消除

系统误差。为了提高解算的整体可靠性,应该包含错误检测(数据探测法,参见第24章)模块。PVT解算单元的细节将在后面章节中介绍。

## 18.1.3 GNSS模拟器

图18.1已经对GNSS和GNSS接收机进行了顶层分解描述,本节介绍了不同类型的模拟器,包括它们的关键需求和用途。不同类型模拟器的详细介绍在第18.2-18.5节给出。

1. 模拟器类型

回顾图18.1,点A、B和C分别代表接收机内可以接入模拟数据的不同位置。进一步地,根据接收机被测部分的不同,点B、C或PVT解算单元本身都可以作为性能分析评估的输出。根据这一思路,定义出三种类型的模拟器。

(1)射频模拟器。这类模拟器采用软硬件结合的方式,生成的射频信号可以直接输入到任何商业GNSS接收机。射频模拟器允许对接收机进行除天线外完整的端到端测试,这称为传导测试。在这种测试中,信号不需要在大气中传播,模拟器通常会对天线效应进行数学建模。然而,在微波暗室中转播射频信号时允许天线包含在测试链中,这称为转播测试。相应地,射频模拟器是最常见的模拟器。模拟器制造商及当前模型示例包括:思博伦的GSS9000;光谱公司的GSG-6系列;罗德与施瓦茨的SMBV100A向量信号发生器;IFEN的NAVX-NCS产品线。

(2)中频模拟器。通过生成中频采样信号,中频模拟器绕过接收机前端,直接为信号处理阶段提供输入。因为大多数商业接收机都不提供对信号处理阶段的直接访问,中频模拟器通常用于研究、内部测试或软件接收机测试。软件接收机采用可重构体系结构进行数字处理,既可以是纯软件的,也可以是可重构硬件,如现场可编程门阵列(FPGA)、数字信号处理器(DSP),或它们的一些组合。而且,中频模拟器可以与回放系统(18.1.4节)耦合,产生与射频模拟器同等的效果。目前有很多中频模拟器产品(大多数还包括回放功能),包括:Averna公司的URT-5000;美国国家仪器公司的全球卫星导航系统工具包;M3 Systems公司的GNSS测试平台;赛乐公司的LabSat 3 GPS模拟器。

(3)测量级模拟器。这类模拟器用于测试接收机的导航解算单元或独立的数据处理软件。测量级模拟器假设接收机可以在不引入任何意外影响的情况下正确跟踪信号。测量级模拟器主要关注GNSS的误差建模,包括系统误差(如轨道误差、大气效应等)以及噪声和多径等引起的随机误差。已有的一些不同类型的观测量模拟器,大多是基于MATLAB的。比较常见的模拟器包括GPSoft LLC的卫星导航工具箱、L3NAV Systems的GPS工具箱和欧洲航天局(ESA)的伽利略空间服务模拟器[18.15]。

模拟器的类型会对两个方面产生影响:一是可以测试的接收机工作阶段;二是模拟器需要模拟的现象。很显然,模拟器只能用于测试其入口点下游的接收机部件。相应的,对于给定的入口点,模拟器通常会模拟入口点上游的所有相关误差,以充分满足测试要求。例如,中频模拟器只能从信号处理阶段及以后测试接收机,在这种情况下,模拟器需要模拟前端和更早的影响。

相关误差的概念是至关重要的，它会根据所评估的内容而发生变化。如果用户打算从给定的入口到 PVT 解算阶段执行端到端的测试，那么实际上应该在模拟时考虑入口点以上的所有影响。然而，一些测试可能集中于接收机的单个阶段，这可能会降低仿真要求。例如只考虑信号处理阶段的测试，如 18.1.2 节所述，诸如轨道误差、大气误差等低频误差在这个阶段没有显著的影响，因此不需要模拟这些误差。与此相反，导航解算单元的测试几乎肯定需要模拟低频误差。

一般来说，理想情况是模拟每一个效应，但这可能太昂贵或太耗时，特别是对于室内开发的模拟器。在这种情况下，用户必须决定是否可以省略某些误差的模拟，或者能否以较低的保真度进行模拟。而这将取决于可用模拟器的类型和接收机对中间输出的访问级别。

2. 关键需求

无论什么类型的模拟器和什么类型的测试，所有模拟器都以模拟特定场景为运行思路。由于各种各样的原因，包括用户的位置、传播通道的类型、假定的接收机动态、大气误差水平等，场景的情况可能不同。然而，就一般情况而言，模拟器应该提供以下场景。

（1）高保真性。模拟器应该能够产生与接收器期望的信号以及正在测试的信号相一致的信号。保真性包括信号保真度（结构、带宽等）、误差保真度以及运动保真度等。对于其中一些方面，例如用户运动，可以非常准确地复现。其他误差，如遮挡，数学模型的建立比较困难也不可靠。因为建立的数学模型可能过于平滑，也可能不够平滑，或者不能表达全部值域。模拟保真度可能由于不同的应用、不同的被测接收机或者不同的接收机受测部分而存在较大差异。

（2）可控性。用户应该能够配置场景参数，从而以适当的方式激励接收机。为了有效地评估接收机性能，模拟器应该配置足够广泛的场景。场景的种类越多，就越能更好地识别接收机的特征和局限性。

（3）重复性。模拟器应该能够再现重复性足够高的场景，从而使连续运行的实验产生与预期准确度相当的结果。可重复性对希望进行精确测量并要求低测试误差的用户是非常重要的。否则，较差的重复性将导致较高的实验误差，并可能掩盖正在进行的测量。这在分析混沌现象时尤其重要，例如载波相位周跳以及接收机失锁和重新捕获行为。其中，初始条件的微小差异会对实验结果产生非常大的影响。特定测试的可重复水平也将直接影响质量控制的精度。

## 18.1.4 采集回放系统

与模拟器密切相关的是采集回放的概念。图 18.2 展示了涉及采集回放系统测试场景的高层次视图。在采集阶段，射频信号实时输入后，前端将信号转换为中频信号，并将信号数字化，然后将中频采样写入文件。

然后,在稍后的某个时间点,回放阶段读取中频采样,在中频将它们转换为模拟信号,并将模拟信号移回射频,从而输出射频信号。

与模拟器相比,采集回放系统的关键区别在于对输入失去控制。这可以看作是一个既积极又消极的特性。一方面,由于没有特殊的数据收集程序或设备,它无法确定接收机的绝对位置和存在的传播/测量误差,从而限制了对接收机进行全面测试的能力。另一方面,它允许在真实的操作环境下进行测试,因此可以绕过模拟器模型中可能存在的任何限制。

综上所述,采集回放系统可以看作是射频和中频模拟器的混合。与射频模拟器类似,它们产生的射频信号可用于测试接收机的各个方面。它们甚至提供了额外的优势,即包含了采集阶段产生的真实天线效应。与此同时,采集回放系统可以通过完全绕过射频部分,将中频采样直接输入接收机的方式来模拟中频模拟器。反过来,如果外部有中频模拟器,可以使用采集回放系统将那些

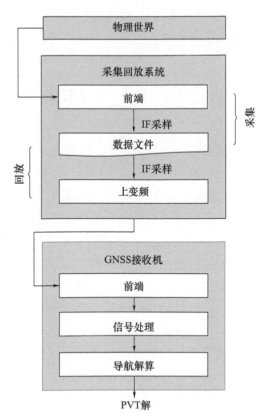

图 18.2 采集回放系统流程图。尽管被描绘成一个连续的过程,但采集和回放是作为单独步骤进行的

中频采样转换为射频(如 18.2 节所述,这正成为行业规范)。

采集回放系统也可以创新性地用来提高或扩展测试能力。例如,可以采集强信号,但在将射频信号输入接收机之前可以对重放信号进行衰减。同样地,可以采集无干扰数据,并在事后加入不同类型的干扰来评估其对接收机的影响[18.16-18.17]。或者,由于采集阶段并不局限于 GNSS 信号(可能在中心频率和带宽方面之外),该系统可用于收集发生在选定位置的干扰信号,然后将其回放,并与真实或模拟的 GNSS 信号相结合。

尽管采集回放系统在 GNSS 领域相对较新,但一些采集回放系统已经被商业化,例如 Avana 的 RP-3200 宽频段射频信号采集回放系统、赛乐的 LabSat 3 GPS 模拟器以及思博伦的 GSS6400。其他系统,如美国国家仪器公司的 USRP-based(通用软件无线电外部设备)系统,也可以应用于 GNSS。此类系统的附加优势是可以采集回放其他频段的信号。

## 18.1.5 小节

本章的剩余部分将详细描述上面介绍的不同 GNSS 模拟器,其中包括采集回放系统。为了适当地帮助那些在 GNSS 接收机测试方面缺乏经验的人,描述的重点将会放在实现

细节、重要注意事项以及实际挑战和问题上。在介绍完每种类型的模拟器后,将对真实信号与模拟信号相结合的测试方法进行讨论,以证明该方法的有效性。

## 18.2 射频模拟器

射频 GNSS 模拟器为接收机提供了一个与天线输出口的期望信号类似的射频输入。如果接收机有一个封闭在内的或不可移除的天线时,则可以利用发射天线在适当的微波暗室(为了避免多径效应)中重播模拟的射频信号。作为接收机最早的入口点,射频信号仿真最大限度地增加了接收机可检测的特征数量。

模拟器的选择通常受限于需要进行的测试、用户希望检查的接收机特征以及接收机的可访问性。例如,当用户有下列需求时,可以使用射频模拟器:

(1) 在预先定义和可重复的场景下,对接收机进行端到端的测试(通常忽略天线)。例如,在接收机规范开发(捕获和跟踪)或质量控制过程中。

(2) 对接收机前端进行隔离测试时,如果测试者可以获取中频采样,就能对滤波、下变频和数字化处理进行性能检测。

(3) 当射频前端作为接收机唯一可访问的输入点时,可以对信号处理和导航解算算法进行性能检测。

(4) 检查 GNSS 与其他系统如地面通信的共存或互操作性,或检查各种干扰的影响。在这种情况下,基于中频或测量水平模拟这些其他的系统或信号,可能是不合适的或不切实际的。

台式射频模拟器及其配套微波暗箱的实例如图 18.3 所示。该模拟器可单独用于整个接收机或接收机部件的传导测试。或者,它可以与微波暗箱耦合以执行导电测试,或对带有集成天线的设备进行广播测试。该暗箱的设计目的是保护被测设备不受外界干扰,并吸收箱内辐射信号以减少反射。

图 18.3 台式模拟器及其配套微波暗箱的实例,
适用于 GNSS 接收机整体或组件的传导与重播测试

在需要进行转播测试从而体现天线方向图影响的情况下，应将被测系统置于GNSS发射天线远场中，两者之间需要相隔一些距离。例如，当天线同时接收来自高仰角的GNSS信号和来自低仰角或负仰角的干扰信号时，我们就有必要观察接收机的工作状况。这种结构如图18.4所示。

图18.4 意大利联合研究中心的微波暗室内进行的一次GNSS干扰测试。被测接收机和天线安装在一个中央平台上，而模拟GNSS信号从固定的架空天线广播，挑选的干扰信号则通过一个移动的天线从不同的仰角播发

## 18.2.1 实现

射频GNSS模拟器在过去十年中发生了很大的变化。由最初的大体积、高成本和高耗电到现在的尺寸和成本的多样化。这类模拟器以大型箱式、台式甚至手持式呈现，它们的性能和精度也各不相同。尽管这项技术正在飞速发展，但射频模拟器仍然可以分为典型的两类：一类是每个模拟信号对应单一的硬件通道，在某些情况下，一条多径反射也会引入一个额外通道；另一类是将数字域内的所有信号进行合成，通过数模转换和上变频转换后形成射频。

对于每个模拟信号对应单一通道的射频模拟器，它们通常提供的系统通道数在每单元16~64个之间。一般来说，将多个单元组合/连接到一个模拟器中可以进一步扩展通道的数量。这种模拟器使用了与卫星发射机基本相同的技术。由于不具备数字信号实时合成技术，或者这种技术的能力有限，直到最近，这种模拟器才主导市场。这类模拟器的例子有很多，如来自IFEN和思博伦的一些产品。

然而，最近这种情况发生了变化，现代仿真技术开始于多个信号的数字合成，随后通过数模转换和上变频转换后形成射频。这种软件模拟器的例子包括来自罗德和施瓦茨、思博伦和光谱公司的一些产品。事实上，现在有很多实时软件模拟器，例如Averna公司的URT-5000、美国国家仪器公司的全球卫星导航系统工具包、M3 Systems公司的GNSS测试平台以及赛乐公司的LabSat 3系统。软件定义的数字合成具有明显的优势，即对信号模拟数目没有固有的限制(包括多路径信号),这是多频或系统 GNSS 接收机的一个重要考虑因素。它们提供了便捷的升级能力,以拓展其他系统功能。

## 18.2.2 重要事项

需要注意的是,第一阶段的增益基本上决定了系统的噪声系数。因此,在装有集成天线的接收机上进行转发测试,或在测试链中必须包含有源天线时,需优先考虑模拟精确校准的无噪声信号。这样,当模拟器控制载波功率时,噪声来源于有源接收单元自身,其噪声性能会反映在测试结果中。然而,发射功率的校准不可能总是准确的。当发射信号不能精确地进行绝对校准时,最好同时播发信号以及模拟噪声,这样使得重播信号即使在未经校准的绝对功率水平上,也能准确合成相对的载波噪声基底。该重播信号必须高于接收机的真实热噪声基底,以保持模拟的载噪比。但是,需要注意的是,发射功率必须被保持在接收机所期望的范围内。

类似地,在进行传导测试时,接收机射频链路将具有特定的噪声温度,并将在系统中随机引入一定程度的不可重复的附加噪声。随着测试的重复进行,这种热噪声会呈现不同的形态,并且会对接收机的整体性能产生相应的影响。为了在一定程度上降低这一影响,模拟器可以在适当的相对功率水平上合成模拟信号和模拟噪声,但两者的功率水平都高于接收机的真实热噪声基底。

附加噪声也会影响到某些测试的可重复性。射频模拟器不能提供精确的可重复性测试场景,其重复性主要受三个因素的影响,即热噪声、参考振荡器以及启动时间同步性。如前所述,通过对信号和噪声的模拟可以降低真实热噪声的影响,从而能够只保留可重复的模拟组件。

模拟器参考振荡器的稳定性也起着至关重要的作用。无论模拟器时钟更稳定还是接收机时钟更稳定,无论模拟器时钟校准得更好还是接收机时钟校准得更好,它们时标之间的不同步都会表现成明显的接收机钟差。

为了尽量减少这种影响,需要保证模拟器时钟比接收机时钟更稳定。GNSS 导航的性质对接收机振荡器的稳定性和开机零偏值提出了相对严格的要求(至少相对于其他通信系统),因此射频模拟器必须配备高质量的振荡器。

尽管如此,模拟器参考振荡器的不稳定性会影响测试的可重复性。晶体振荡器受老化、温度、物理定向和物理应力的影响后,其额定频率会发生变化。同时它们还会表现出随机不稳定性,而这种不稳定性将导致振荡器输出的随机变化[18.18-18.20]。这些影响同时存在于模拟器和接收机中,并将导致整个实验的可变性。这种可变性是由模拟器和接收机时间的相对移动,以及各自对于真实时间间隔的偏差产生的。

如果测试路径中不需要包括接收机时钟,那么为模拟器和接收机提供一个共同的时钟或秒脉冲(PPS),或者将模拟器的时钟或 PPS 提供给接收机,或者将接收机的时钟或 PPS 提供给模拟器,可以部分规避振荡器的不稳定问题。事实上,在许多情况下,尽管被测接收机并不总是能够接受或提供参考时钟和 PPS 信号中的任何一种信号,但射频模拟器能够提供或接受这两种信号。如果接收机的时钟质量是被测对象,那么模拟器和接收机就不可能共享一个时钟或 PPS,因此必须确保模拟器参考时钟的稳定性比接收机高出至少一个数量级。这种情况可能会对模拟器所能提供的测试级别造成实际限制。实际测试中,这个问题通常通过向模拟器提供具有良好的短期相位稳定性的 GNSS 驯服参考时钟来解决。

启动时间同步是指将模拟场景的开始时刻与接收器的初始化对齐的问题。当尝试将真实或参考数据与接收机测量值进行匹配以评估接收机的性能时,这可能是一个问题。虽然接收机 PVT 解算单元产生的时间信息通常用于同步,但其并非一直可用,并且在校准测试设置时,依赖于接收机并不十分可靠。当接收机受到的激励不仅仅来自于 GNSS 模拟器时,这也是一个问题。例如,模拟场景可能由 GNSS 仿真信号、其他射频信号(如干扰)以及非射频传感器,如惯性测量单元、磁力仪、气压计、车轮速度传感器等组合而成。在这种情况下,必须确保模拟的不同数据精确对齐。

启动时间同步也会影响某些实验的可重复性。例如,它将改变接收到导航信号的入口点,这反而会影响到接收机的性能指标,如首次定位时间,即接收机计算和输出第一次定位结果所需的时间。实际上,这种效果是在执行良好的实验中平均得出的(通常计算首次定位的平均时间)。但是对于某些测试,高度的可重复性是非常有必要的。许多模拟器提供可编程的触发器输出或输入,以帮助解决这些问题。虽然这看起来通常是一个令人满意的解决方案,但它要求接收机能够接收或产生一个触发器的输入或输出,并且用户能够有效地使用它。

校准是射频模拟器的另一个重要问题,包括初始出厂校准、定期维护和实验设置。一般来说,测试设备的精度必须至少要比被测设备的精度高一个数量级。对于高精度测试,可能需要毫米级的绝对或相对信号时延仿真精度,以及小于 0.1dB 的信号功率仿真精度。在这种情况下,特别是当使用多个硬件通道时,模拟器可能需要仔细校准。许多模拟器制造商为他们的产品推荐或提供相应的定期维护。

如前所述,射频模拟器对于在 GNSS 信号或系统之间进行共存或互操作测试特别有用。在执行此类测试时,用户可能对评估接收机的性能感兴趣。此类测试处理的情形包括:同时存在一个或多个 GNSS 系统;一个 GNSS 系统与其他 GNSS 系统以相同频率播发;一个或多个 GNSS 系统与非 GNSS 系统同时存在,例如伪卫星或卫星通信系统。在保证相对功率电平合适的情况下,这些来自非 GNSS 系统或干扰的信号可以直接与模拟的射频信号相结合。各种各样的信号与模拟的射频信号可以轻松地进行组合,这凸显了该项技术的一个特殊漏洞:用户永远不能完全确保接收机不接收和处理来自实验室的其他干扰(不属于测试计划的一部分)。特别是在一个设备齐全的实验室中,有许多常见设备都能够在 GNSS 频段产生信号,例如信号发生器、任意波形发生器或可编程射频收发器。即使附近设备的工作频段离 GNSS 有几百兆赫,也会发出杂散信号或谐波,这些杂散信号或谐波会进入被测接收机的射频馈送,从而导致意想不到的结果。

## 18.3 中频模拟器

中频 GNSS 模拟器与在 18.2.1 节中讨论的软件射频模拟器有许多共同之处,但也有明显的区别,即没有数模转换和上变频为射频。中频模拟器的应用更专业化,远不如射频模拟器使用广泛。尽管如此,在某些应用领域,尤其是研究和开发领域,它有很多独特的优势。中频模拟器总是由软件实现(或者易重构的平台),并产生一个或多个数字化的中频采样数据流,类似于接收机在数字化前端所产生的输出。中频模拟器与基于软件的射频模拟器的另一个关键区别是,它不仅要对接收机天线输出的信号建模,也要对接收机的射频和中频链路建模,包括本振、滤波和量化效应。

中频模拟器的应用领域包括软件接收机的测试、接收机硬件各个部分的测试、需要绝对可重复测试场景进行软件算法原型开发的情况。一般来说,中频模拟器不能应用于商用标准接收机,其原因在于无法接入这类接收机的中间过程。因此,大多数情况下,中频模拟器用于研究、开发和教育领域。中频模拟器即使不能单独支撑这些需求,也是这些应用中最常见的设备。因此,它们最常见的用途是作为内部研究工具,而非商业产品。当然也有例外,模拟的中频信号在特殊情况下会与其他硬件一起使用,能够上变频并在射频上转发,这类产品来自于 Averna、美国国家仪器公司、M3 Systems 以及 RACELOGIC 公司等。这些采集回放系统越来越受欢迎,将在 18.4 节中对它们进行讨论。

中频模拟器的一个主要优点是灵活性高。一般来说,软件的开发周期比硬件要快得多,所以相对于硬件射频模拟器,中频模拟器通常能最简单和最快地适应新信号、新场景以及新特性(这也是发展软件射频模拟器的一个关键动力,在 18.2.1 节中讨论过)。此外,用户可以很容易地处理中频模拟器的输出,这为探索接收机的性能带来极大的自由度。这种灵活性也让用户的探索范围超出当前技术限制,例如以任意采样率或任意数字转换器分辨率来合成信号。

中频模拟器的另一个重要优点是它产生的信号与理想 GNSS 信号的基础模型一致。实际上,必须有意识地综合所有非理想因素,并将其应用于合成信号。包括噪声在内,所有非理想因素可以被任意包含或排除,并且具有绝对可重复性。通过包含或排除这些因素,用户能够相对轻松地精确研究各种信号和前端特性的影响。在保留其他所有因素绝对可重复的前提下,在实验之间可以包含、排除或修改接收机中一些部件的特性,如滤波器、参考振荡器、数字化器、增益控制算法、干扰以及大气效应等。

作为完全时间离散的中频仿真信号,当它直接应用于被测接收机的数字信号处理阶段时,中频模拟器有一个明显的优势,那就是它们可以在不牺牲保真度的情况下比实时运行得更快。之所以会发生这种情况,是因为中频模拟器和接收机的数字处理器不需要等待一个完整的采样周期,而这在实时操作条件下是必要的。相反,由于有足够的处理能力,中频信号的产生和处理速度比实时采样要快(小于采样周期)。例如,以 10MHz 的合成速率生成的采样数据流,其处理速率可能达到几十到几百 MHz。当必须进行大范围测试时,这种能力可能是一个重要的考虑因素。

## 18.3.1 实现

如果中频信号采样不通过上变频转换成射频信号进行转播,那么中频模拟器需要比对应的射频模拟器进行更多的建模,因为它必须考虑接收机射频和中频阶段的一些效应。这些效应主要包括放大器的热噪声、射频和中频滤波、本地参考时钟、频率合成器、可能引入的任何主板干扰、自动增益控制单元、采样和量化效应[18.21]。中频模拟器通常先生成基带信号,然后将其调制到合适的中频,进行适当的滤波或调节,必要时进行降采样,最后进行数字化[18.22]。

在信号产生的整个过程中,这些效应的引入顺序非常重要,因为它们很多是非线性的。采样、量化和增益压缩等非线性效应不仅影响信号的幅值,而且影响其频谱特性。例如,如果放大器中存在非线性元件,对放大后的信号进行滤波和对滤波后的信号进行放大会产生不同的结果[18.23]。特别地,采样和量化模型的顺序是至关重要的[18.22]。当然,作为一个数字系统,中频模拟器产生的信号在时间上已经离散,因此必须特别注意对采样效应的精确建模。在正常工作条件下,这些效应可以忽略不计。然而,当模拟器在对高功率的干扰场景进行建模时,这些效应就会变得很明显。

在采样模型必须对一些混叠效应进行建模的情况下,中频数据合成的采样率要比最终产生的采样率高得多,这样就可以适当地合并中间滤波阶段和混叠效应。考虑一个假设的例子,如果一个中频数据是以 5MHz 的采样率创建的,那么它可能首先以 20MHz 以上的频率合成、滤波以及数字化,然后再进行降采样,这样就可以对频谱折叠进行更精确地建模。然而,在许多情况下,这种保真度可能不是必需的,以最终的采样率进行直接合成会比较合适。

类似地,在合成信号振幅和相位时,尽管最终的中频信号可能只有 1bit 或 2bit 的分辨率,但它首先会以更高的精度被合成,甚至可能具有浮点精度。在运行各种模拟参数的相位和时间累加器时,这一点也很重要,因为变量的动态范围可能是一个限制因素。

中频信号模拟器的基本流程如图 18.5 所示。在这类模拟器中,整个过程是时间离散的,尽管不同模拟组件以不同速率运行的情况并不少见。首先,合成时间的产生过程应参考式(18.4),计算每个采样历元对应的信号发射时

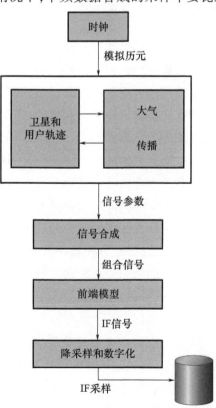

图 18.5 中频信号模拟器流程图

刻。当模拟一个理想时钟时，这些历元会根据选定的采样率均匀划分；但是模拟一个不稳定时钟，这些时间增量会发生变化。当建模一个运行缓慢的时钟时，这些增量较大；而当建模一个运行快速的时钟时，这些增量较小。本质上，这个模块必须产生一个不稳定时钟时间流逝的逆函数，或者更具体地说，通过这个函数产生平稳时间增长的投影[18.24-18.26]。

对于每个采样历元，必须求解其物理模型，包括发射机和接收机的轨迹以及它们之间的信号传播通道。与发射的信号相比，该模型变化缓慢，更新速度通常也低得多，需要以一定的速率进行插值，例如 1kHz 甚至可以低至 50Hz。完成这一过程后，会产生一组直达和多径信号的信号参数，包括振幅、码相位、载波相位以及其他干扰，它们代表了到达接收天线的信号。这些信号参数可用于合成无限分辨率、无噪声的离散时间信号，从而组合成一组采样值。在模拟器实现多个前端通道的情况下，这些信号可能进行相应的分组。

该组合信号加上热噪声后就可以等效为中频前端模型。模型可能包含一个或多个滤波阶段，并穿插放大器或有源滤波器等非线性接收元件。此外，根据模拟的逼真度，这个阶段可能包含一个从高中频到低中频的下变频过程。模拟的最后阶段是增益控制、降采样和数字化。如果模拟器为了更好地模拟前面的一些阶段采用了高采样率的模型，那么需要进行降采样以达到最终的采样率，然后对信号进行缩放以实现自动增益控制，并将其量化到所需的分辨率上。

## 18.3.2 重要事项

软件中频模拟器以一种完全确定的方式运行。在某些情况下，这个特性可能是一个明显的优势；然而，在其他情况下，这可能会造成一些必须小心处理的困难。

在模拟的可重复性方面，如果需要，场景是绝对可重复的，这可以极大地促进系统的经验调优或接收机比对。当然，如果不需要绝对的可重复性，则必须采取一些特别的步骤来改变或随机化模拟过程。乍一看，这似乎是一个普通的任务，但实际上，在大量模拟仿真时产生高保真的随机过程是非常困难的[18.27]。

在软件中合成随机过程是非常困难的，并且需要一些关键要素：一个可靠的随机（或伪随机）数据来源；一个合适的随机过程模型；一种能将该模型应用于随机数据的确定性算法。如果缺失这些因素中的任何一个，都不能如实地复制随机过程。第一个要素是随机数据来源，几乎所有的软件平台都采用伪随机数生成器的形式，这些生成器通常提供不相关的有界的均匀分布数据。例如，目前的国际标准化组织（ISO）C 标准为其随机函数实现了一个线性同余生成器[18.28]。实际上，很多仿真场景需要更高质量的伪随机性，并实现专用的生成器[18.27,18.29]。因此，限制模拟器的通常是模型和确定性算法两个因素之一。

模型的准确性直接关系到合成数据的保真度。在许多情况下，可用于现实世界现象的模型很少，而且这种现象很难精确测量，不仅表征该现象所需的数据量太大，而且开展合适的数据收集活动根本不划算。在许多情况下，模拟器要么实现领域内公认的模型，要么提供一些更大众化的模型便于用户选择。实际上，目前的模拟器很难准确模拟电离层闪烁等现象，这主要是因为缺乏可作为仿真模型基础的数据。

最后一个限制因素是将随机数据转化成随机过程的确定性算法的可用性。这个算法通常会改变随机数据的分布和时间相关性。在很多情况下,这涉及具有明确时间相关性的高斯变量的产生,对于这种相关性存在简单的线性算法[18.25,18.30]。在自然界中广泛发生的其他过程则不那么容易处理,例如振荡器的不稳定性,其中随机相位过程表现出的所谓的分数或闪烁噪声在软件中极难再现[18.25,18.31-18.33]。

最后,我们注意到中频模拟不能用于执行完整的接收机测试,因为测试路径中省略了前端部分。如果要包含前端,中频数据必须进行上变频为射频进行转播。值得一提的是,由合适的前端设备预先录制的真实 GNSS 信号同样可以用于测试接收机,而不必局限于利用中频模拟器进行数据合成。这两个主题将在下一节讨论。

## 18.4 采集回放系统

作为射频和中频模拟技术的替代或补充,采集回放系统近年来越来越受欢迎。采集回放系统包含两个部分:采集系统,它能将一个或多个射频频段下变频到中频,然后采样、数字化并存储到磁盘上;回放系统,它将这些采样信号上变频为射频模拟信号,以便转播或直接接入到接收机(如图 18.2 所示)。这些工具可以单独使用,也可以组合使用,为用户提供了广泛的可能性。

采集回放系统克服了传统模拟技术面临的许多问题。例如,它们消除了针对卫星信号数量、干扰、记录的多径传播效应以及大气或传播通道等需要建模的真实世界效应的任何限制。事实上,信号的保真度仅受单元本身性能的限制。

采集单元可用于捕获罕见的现象,包括电离层活动以及难以产生(重现)的场景,例如复杂的干扰/欺骗场景或快速衰落的传播通道。一般来说,对于由于稀有性、稀疏性、地理隔离性和混沌性而无法合成场景,该技术是有用的。

用户可以采集适当的射频频谱,即使用户没有完全意识到该场景,也会使接收机处于现实的场景中。事实上,采集单元甚至不局限于捕获 GNSS 信号,许多采集回放系统可以捕获一个或多个射频波段,范围从几千赫兹到几吉赫兹。

同样,用户不需要将所有设备都带到测试实验中。相反,数据可以在之后回放到一个或多个设备上。因此,采集回放系统的使用使得许多实验室构建了有用的测试场景库,用于未来的测试或研究。这些场景也可以提供给第三方使用,如文献[18.16]中所述。

如果这些数据用于性能评估或标定,则需要真实的参考轨迹,此时采集单元通常与 GNSS 参考接收机或高质量的惯性测量单元联合使用。

如前所述,回放单元是多功能的,它被应用于真实 GNSS 信号采集而来的中频采样的回放,同时也被应用于硬件射频模拟器采集而来的合成中频采样的播发。因此,中频模拟器和多功能回放单元组合在一起可以构成一个非常实用灵活的射频模拟单元。事实上,这是许多现代射频模拟器的工作方式,如 18.2 节所讨论的。采集回放系统的主要产品有 Averna 的 RP-3200 宽带射频采集回放系统、RACELOGIC 的 LabSat 3 GPS 模拟器以及思博伦的 GSS6400。

### 18.4.1 实现

与 GNSS 模拟器这类特制专用工具不同,采集回放系统常常是通用设备。从历史上看,GNSS 模拟器是与 GNSS 接收机一起开发的,并根据测试需求对其功能进行添加或调整。相比之下,采集回放系统起源于电信行业,基于庞大而多样化的用户群而开发。它们为 GNSS 用户提供了更多的可能性,包括可采集 GNSS 多频段信号的灵活性和远远超出 GNSS 系统通常所采用的数字化分辨率。基于 USRP 的系统就是很好的例子,它通常提供几兆赫兹到几吉赫兹的调谐范围,具有 8bit 或 16bit 的数字分辨率。

由于它们能在 GNSS 之外应用,许多采集回放系统都是模块化的,可以手动配置到各种频率下工作,通常在数百千赫兹到 2～5GHz 之间。一个典型单元将提供 8～16bit 的数字分辨率,并将提供从几兆赫兹到几十兆赫兹的采样率。取决于架构设计,不同产品可能提供不同数量的通道,这些通道可能是采样同步的,也可能是相位同步的。然而,为了更便携,很多研究人员选择了一个 GNSS 专用的解决方案,即采用一个更受限制的无线电波段,并通常采用更低的数字分辨率。

采集回放系统的示例如图 18.6 和图 18.7 所示。这两款产品都来自美国国家仪器公司,但在大小和性能上有很大的不同。图 18.6 所示的 USRP 产品具有高度的可便携性,但是单个设备只能采集一个频段的信号,并且最多可以组合两个频段。此外,不管是一个还是两个设备在采集数据,其数据吞吐量是一样的。USRP 产品也可以用来回放它们所采集的数据。

相比之下,图 18.7 所示的系统要大得多,每个机箱可以配置成同时采集多个波段的数据,多个机箱可以进行时间同步以收集更多的数据。同时,使用磁盘阵列,能在所有采集波段上具有非常高的数据记录率(每个高达 40Mb/s)。

采集的流程一般由天线、放大和下变频、数字化、额外的信号调整和降采样阶段组成。这个数字化的数据流要么存储在设备中,要么输出给主机。回放流程基本上是反向的:从数字到模拟、一个或多个阶段的上变频以及功率放大或衰减。功率的放大或衰减取决于信号是播发还是直接馈送至接收机。

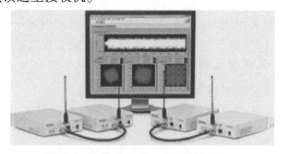

图 18.6　4 个美国国家仪器公司的 USRP 设备,每个设备能够采集特定波段的数据。成对的设备可以使用专用电缆(左侧和右侧)进行时间同步,以便同时记录两个波段的数据(由美国国家仪器公司提供)

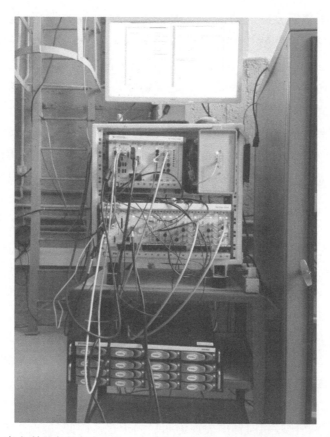

图 18.7 安装在意大利联合研究中心的一个采集回放系统,包括美国国家仪器公司的两个机箱,一个安装了矢量信号收发器,另一个安装了成对的上下变频器、数字化器和模数转换器(ADC)。一个单独的参考振荡器用来同步两个机箱的时间,以及产生一组校准后的触发信号以同时进行采集和回放。在 4 个可配置波段采集的中频采样会写入磁盘阵列(底部),也可以从中读出来

在大多数情况下,系统在半双工模式下工作,即先记录数据再进行转播,这通常符合接收机测试的要求。有些设备具有全双工模式,即接收和发送能同时进行[18.34],从而为一些更复杂的测试提供便利。例如,一个全双工系统能够执行回环,其接收的信号按如下方式简单地转播:先将接收的信号变为数字中频,然后再进行转播;或根据所接收的信号内容产生模拟信号。这些概念将在 18.6 节中进一步讨论。

## 18.4.2 重要事项

如果使用采集回放系统,设计实验时应考虑许多重要的因素。

增益控制和动态范围是重要的影响因素。首先,无论是 ADC 还是 DAC 阶段,采集设备的动态范围都要明显高于接收机,这一点非常重要。其次,在采集和回放阶段,转换器的增益应该保持恒定。自动增益控制的采集设备不适用于接收机测试,因为尽管发射信噪比可能保持不变,但被测接收机可能会分别感知信号和噪声基底的变化,从而导致信噪比的变化。

理想情况下,采集回放系统的带宽要大于被测接收机的带宽,这样回放系统就不会在接收机频带内产生发射信号的任何纹波和滚降成分。此外,在使用采集回放系统时,不可能只回放 GNSS 信号,因为该 GNSS 信号同时掺杂热噪声。这种情况下,在随后测试中观察到的噪声系数都受到采集设备噪声系数的限制。这种噪声的特性很重要。当热噪声被模拟时,它对接收机来说必须是白色的,具体来说,它的形状应该与相应天线的频率响应相同,从大多数接收机的角度来看,它是平坦的。这对于模拟器通常不是问题,相反,采集回放系统的带宽可能有限。商业上可用的采集回放系统具有可配置的带宽,范围为 1~100MHz。执行回放测试时,如果播发带宽明显比被测接收机的带宽窄,可能在接收机的自动增益控制、干扰抑制算法和跟踪算法等方面出现一些问题。

规避低回放带宽问题的一个简单方法是将其与真实热噪声进行混合。回放数据可以通过一个可变衰减器,使回放信号的频谱接近热噪声基底。随后,它可以通过宽带功率放大器,将窄带回放信号和热噪声提高到被测接收机所期望的功率水平,如有源天线的功率水平。

再次强调,与射频或中频模拟系统不同的是,采集回放系统使用的振荡器的质量非常重要,而频率精度不那么重要。因为在采集过程中,如果振荡器在采集和回放时间之间保持稳定,引入的频率偏移将在上变频过程中抵消。另一方面,短期的稳定性更加重要。白噪声、闪烁噪声、随机游走相位噪声和频率噪声将在采集和回放时间之间不相关,它们的影响会结合起来,并在接收机时钟中表现为明显的干扰。因此,确保系统参考时钟的稳定性比被测接收机的时钟高一个数量级是重要的。

尽管采集回放系统不限制可以复制的 GNSS 信号数量,但是与传统模拟器不同的是,其数据传输率会对捕获的总带宽产生限制。采集的中频数据会产生大量无法有效压缩的原始数据,因为这些数据主要由热噪声构成。对这类系统来说,传输和存储这些数据通常成为限制因素。总数据率将是模数转换/数模转换分辨率、采样速率和采集频率数量的线性函数。例如,一个单频系统在 20MHz 的情况下采集数据,每个样本为 8bit 分辨率的复数,每秒产生 40MB 的数据。更高分辨率的多频系统将按比例产生更多的数据。即使达到了必要的采集速率,出于实际的原因,使用采集回放系统的测试通常也被限制在几十分钟或几个小时之内,这对实验设计存在一定的影响。

当使用采集回放系统时,影响实验设计的另一个因素是准确真实数据的可用性。传统模拟器能产生一套完整的真实数据,并且可以从绝对意义上评估接收机的性能,而采集回放系统却没有这样的功能。在进行性能评估时,用户必须选择是以相对于参考接收机的方式,还是以从其他地方获取参考数据的方式,如精确的星历表、一个已知的轨迹或包含惯性测量单元(IMU)的其他传感器。在这两种情况下,由于许多变量(如大气和信道传播参数)是未知的,真实数据的估计精度是有限的。因此,用户必须注意不要试图以高于真实数据的精度去度量性能。理想情况下,通过采集回放系统进行的实验应该设计得尽可能对真实数据的精度不敏感。

## 18.5　观测量模拟器

观测量层面的模拟是为了测试导航解算单元的运算,这些运算有的在接收机固件中实现,有的在接收机外部以第三方软件的形式实现。这与前面讨论的模拟器主要有如下不同之处。

(1) 相比于射频模拟器产生一个连续的信号馈送以及中频模拟器每秒需要产生数百万个模拟样本,观测量模拟器通常只涉及 50Hz 或低于 50Hz 的输入。这是因为除了少数情况外接收机根本不需要如此高的观测量数据速率。相应地,分配更多的处理资源来生成更高速率的测量结果是不合理的,这使得观测量模拟的计算量大大减少。

(2) 如前所述,信号处理阶段接收机对轨道和大气等引起的低频误差不敏感。因此,这些误差存在于伪距、载波相位和载波多普勒观测量中,并且应该按照测试类型所需的保真度进行建模。与所有模拟一样,不同应用之间的所需的保真度差异很大。

(3) 观测量级别的测试联合了接收机内部不同通道的输出。射频和中频模拟器进行的测试通常集中于评估接收机的信号处理阶段,因此会涉及通道信息,如捕获和跟踪阈值、载噪比估计以及首次定位时间等。相比之下,导航解算单元的测试会将所有通道的信息组合在一起。推而广之,仅有一颗卫星信号的保真度已不再足够,必须小心处理以确保对不同卫星的测量能充分反映预期的相对误差。误差变化最明显的来源是跟踪不同方位和仰角的卫星,在这种情况下,大气会导致不同的误差,多径也是一个关键误差。

(4) 这也适用于两个或多个被测接收机之间的差分处理。在这些情况下,除了对同一地点卫星之间的相对误差进行建模外,误差的空间差异性也很关键,这最终决定了这些系统的准确性。特别是对于载波相位的处理,误差的空间差异性是最重要的,因为这将对整周模糊度的解算产生最深远的影响。

鉴于上述情况,观测量模拟器通常用于测试导航解算对某些误差的量级大小、时间变化性、空间变化性的敏感程度,进而测试其建模或解释这些误差的能力[18.35-18.36]。对于多径误差影响严重的应用(误差不能实际建模),如果没有更好的办法,导航解算单元使用故障探测和排除算法(FDE)来识别和剔除大误差的能力也同样重要。

观测量模拟器最常用于内部开发、测试接收机固件或数据处理软件,它们在研究和开发中也发挥着重要作用,因此在学术界和研究机构中很常见。

使用观测量模拟器的另一个动机是根据 GNSS 的数量、信号数量和类型、导航解算输入的频率数量,来对 PVT 的性能进行评估。反过来,这可以用来决定如何为特定的应用分配接收机资源。

### 18.5.1　实现

在许多情况下,观测量模拟几乎是射频和中频模拟器的一个自然副产品。因为测量误差需要提前知道(18.3节),它们通常被模拟器记录在文件中。事实上,这些测量构成了射频或中频模拟器的参考数据集。然后,用户可以读取这些文件并将其用于形成无噪声和多径效应的观测值。

另一种形式的观测量模拟可以在 GNSS 星座分析中找到。例如,在伽利略星座初期设计阶段,使用服务流量模拟来重现伽利略系统的功能和性能行为。该模拟器通常用于长时间和大地理区域的导航和完好性性能分析中,计算出可见性、准确性、完好性、连续性和服务可用性等品质因数。另一方面,该工具也能够产生原始的伽利略和 GPS 观测数据,用于导航和完好性处理设备的验证[18.6,18.37]。

无论如何实现,关键的问题是模拟误差与真实误差在大小、时间和空间可变范围上显示出一致性。这个问题并不容易解决。虽然电离层和对流层误差的校正存在许多不同的模型(第38章和第39章),但是它们并不完美,这意味着应用这些模型后,测量中仍然存在一些残余误差。通常,模型在时间和空间上都会产生过于平滑的误差。使用这样的模型进行仿真会得到过于乐观的性能,因为模拟器和接收机使用非常相似甚至相同的模型,这样就限制了能够可靠执行的测试数量。

模拟噪声和多径效应通常需要完全了解特定的接收机如何工作,包括相干或非相干积分的长度,相关器间距,跟踪环路的类型、阶数和带宽等[18.38]。在许多情况下,这些参数对用户来说是未知的。此外,在某些情况下——例如,在开发各种接收机的配套软件时——特定的参数不如适用范围广泛的参数有用。鉴于此,噪声和多径模型通常是某种形式的随机过程,其统计特性近似于某一特定环境中某一特定接收机所获得的随机过程[18.35,18.39-18.40]。

在良好的环境下(例如开放天空),可以添加与某一特定接收机匹配的随机噪声,然后根据信号的载噪比进行缩放。但是,根据式(18.9),对于高灵敏度的接收机,还应该包括遮挡效应和衰落效应。

多径误差也可以通过统计模型来产生,常用方法是将多径误差建模为高斯-马尔科夫过程[18.40-18.43]。同样地,如果假设一个特定几何形状的反射,则可以使用码和载波相位鉴别器的瞬时多径效应。但是需注意,这必须在假定接收机响应多径信号前提下,包括由天线和跟踪环路提供的滤波效果,以及任何基于接收机的多径抑制方案。

## 18.5.2 重要事项

在使用观测量模拟器时,有两个主要的注意事项。第一个注意事项如上所述,正确的噪声和多径仿真通常需要知道一个特定的接收机是如何实现的。如果无法获得这些接收机参数,则根据经验做出假设。

第二个需要注意的是如何将处理类型与模拟的误差进行比较。一般来说,伪距处理非常适合于观测量模拟,因为噪声和多径是主要误差,这意味着电离层和对流层误差的保真度不那么重要。对于差分处理而言更是如此,除了超长基线接收机外,电离层和对流层的影响几乎为 0(相对于伪距噪声和多径)。

在使用观测量模拟进行高灵敏度接收机测试时必须格外小心。标准灵敏度的接收机所产生的测量误差一般在合理范围内，而高灵敏度的接收机有时可能会产生非常错误的测量值。当接收机跟踪环路工作在阈值附近时就会发生这种情况。相应地，在观测量上精确地模拟高灵敏度接收机时也应该考虑阈值效应。

与伪距定位相反，载波相位差分定位算法对电离层和对流层误差的保真度更敏感。原因是载波相位上的多径误差减少时，其他误差会变得更加显著。当接收机基线变长时，这些误差甚至会占据主导地位。如果模型在空间或时间上过于平滑，可能会对可靠求解载波相位整周模糊度的能力产生正面或负面的显著影响。

## 18.6 真实和模拟数据结合

模拟器的一个值得注意的用途是将真实和模拟激励相结合。虽然这种方法不属于传统的模拟器，而且测试的风格也不太明确，但它正变得越来越流行，部分原因是：GNSS 接收机可见卫星数的增加；卫星发射频率的增加；GNSS 接收机中使用的其他传感器的增多；用户期望的检测场景复杂性的提升。

模拟器可能在合成的信号、传感器数量和模拟的频率数量上受到限制。幸运的是，通常情况下用户只对控制或者检测接收机视野中一小部分信号的性能感兴趣。在这种情况下，能够为被测的 GNSS 接收机提供真实信号和一系列模拟信号的组合。对于真实信号，用户可能有也可能没有完整的了解；而对于模拟信号，用户可以完全控制并具有良好的参考数据。

真实与模拟数据相结合的另一个常见原因是，用户没有现成的方法模拟特定信号，却有办法采集对应的真实信号。真实和模拟信号的结合可以是实时的，也可以是事后的。实时情况下，模拟组件实时产生并直接馈送至被测接收机；事后情况下，真实数据通过存储和复制（如通过采集回放系统）来与模拟信号相结合。

在某种情况下，这种形式的增强是简单的，几乎不需要校准或同步，例如抑制或干扰场景。在其他情况下，同步是至关重要的，例如，当模拟的 GNSS 信号与实际信号相结合时。

使用模拟信号增强真实 GNSS 信号或使用真实信号增强模拟信号，通常用于克服模拟资源有限或真实数据不可用的问题。

（1）当用户希望检测多系统 GNSS 接收机在尚未完全部署的 GNSS 系统上的性能时，例如伽利略或北斗。用户可以只模拟缺失的卫星，其余部分使用真实信号提供给接收机。这可以实时完成，也可以事后通过采集和回放真实信号来完成。实际上，事后完成的情况要简单得多。

（2）当无法获得准确的非 GNSS 信号模型或仿真资源时。例如，与干扰机和伪卫星等设备进行兼容性/脆弱性分析。在这些情况下，有必要使用可重复的 GNSS 信号和准确的真值数据集来进行性能评估。但是，没有必要知道非 GNSS 信号的确切属性。因此，可以模拟 GNSS 信号,而广播或转播真实的非 GNSS 信号[18.16,18.17]。

(3) 当用户希望将真实接收的卫星信号的信道效应添加到接收机的射频馈送时。用户可能希望将模拟的多径反射添加到场景中,在这种情况下,直达信号是真实的,模拟器以可控和确定的方式添加反射信号。

(4) 与多径的情形类似,当用户希望模拟欺骗攻击时。在这种情况下,模拟器用来产生欺骗信号,然后与射频馈送的真实直达信号直接结合,或者从本地天线向目标接收机播发。

(5) 当需要将 GNSS 信号与其他传感器数据相结合时。在这种情况下,传感器数据可以沿着一些已知的参考轨迹进行采集。与此参考数据相对应的 GNSS 信号随后可以被模拟,并与传感器数据相结合。这让用户能够测试传感器组合的性能。此外,用户可以很容易地控制 GNSS 信号的质量和可用性。例如,将真实的惯性测量与 GNSS 测量结合,从而形成紧耦合或松耦合解决方案。

## 18.6.1 实现

如上所述,模拟信号和真实信号的增强是在特殊情况下进行的。这种情况的需求可能会有很大的不同,这种类型的测试是使用一系列独立的模块进行的,而不是使用一个定制的单元。

需要用到的设备包括:模拟器所需的元件、观测或捕获真实信号的全部设备、必要时使用的采集回放系统。除了这些明显的设备外,组合不同源的信号可能还需要一些专门的配置和设置工具,包括网络分析仪、频谱分析仪、授时或同步工具、参考接收机等。

## 18.6.2 重要事项

与纯模拟和采集回放方法一样,用真实信号增强模拟的有效性也会受到组合信号质量的限制。在这方面,相对时间和相对功率水平是最重要的。为了对被测接收机进行高精度的测量,用户必须能够区分组合各种信号时所产生的误差以及接收机性能相关的误差。此外,组合信号能够准确反映所需的测试场景也是重要的。

例如,当在射频上组合模拟信号和真实信号时,使用网络分析仪或频谱分析仪以确保网络正确匹配可能是有益的。特别地,在实验中把真实信号和模拟信号组合起来可能需要很长的电缆,这可能是一个重要的误差来源。必须注意限制功率损耗,最大程度减少信号反射和干扰信号的产生。

当在射频前端注入强干扰信号时,应考虑网络的反向隔离,既是保证测试的质量,也是避免无意的广播。功率水平的匹配也是一项艰巨的任务,因为在组合之前,真实信号和热噪声至少要被放大一次。一般来说,要确保模拟信号与真实信号一致,就需要按照真实信号的热噪声水平将模拟信号的功率进行缩放调整。

当真实 GNSS 数据与模拟 GNSS 数据进行组合时,时间成为一个重要的考虑因素。模拟数据与真实数据之间的时间必须保持一致,因此用于驱动模拟器的参考振荡器的偏差必须要有限制,模拟信号的产生必须考虑组合网络引起的延迟。

(1) 模拟器的时间流逝速度必须与真实时间流逝速度保持一致。与纯模拟或采集回放场景下会自定义系统时间不同的是,真实和模拟信号的组合需要一致性。为了实现这一点,系统应该配备一个 GNSS 驯服参考时钟或一个完整的参考接收机,用于模拟器的同步或时钟驯服。

(2) 由于天线到接收机的路径与模拟器到接收机的路径的电长度不同,所以模拟器的系统时间必须比真实的系统时间提前。当模拟器产生 GNSS 系统的模拟信号,而且同时存在一组该系统的真实信号时,例如执行多路径或欺骗测试,这种校准尤其重要。当模拟真实信号中不存在的系统的信号时,它就不那么重要,因为这个校准误差只是作为系统间偏差出现。

总的来说,这种类型的模拟非常强大,能够推动研究和开发;但用户也应注意它对校准的高度敏感性。

## 18.7 其他注意事项

GNSS 模拟和测试领域正在迅速发展,以适应 GNSS 接收机制造商和系统集成商的发展和需求。相应地,目前有许多不同的功能可用,将来可能会有更多的功能可用。本节简要介绍一些注意事项,以帮助用户决定使用何种类型的模拟器,以及了解给定类型模拟器的可能会吸引人的特性。

### 18.7.1 支持的 GNSS 系统

在生成 GNSS 数据时,最明显的注意事项包括可以模拟的 GNSS 系统、每个系统可模拟的频点数、一次可以模拟的信号/卫星数目。同样重要的可能是模拟星基或地基增强系统(SBAS 或 GBAS)信号的能力。例如,一次可生成的输出(如射频馈送或中频序列)数量对于差分处理和姿态确定系统的测试非常重要。

### 18.7.2 干扰和欺骗

军事和民用系统都关心干扰和欺骗的影响(第 16 章)。对于接收机的测试,有或者没有这些效应,都需要同等程度的控制水平。为此,可以模拟的干扰类型(如连续波、扫频波、脉冲、带宽等)及其动态范围是需要考虑的关键因素。同样,可以产生的欺骗场景类型也应该予以考虑。

然而,干扰不一定是有意的,可能来自于相邻频段工作的其他射频信号,也可能是发射机滤波器性能不足,还可能是设备内部干扰信号无意中的二次辐射。可能的信号包括 LTE、3G、GSM 等移动通信信号,蓝牙、WiFi 等短距离通信信号,以及模拟电视广播等信号[18.44]。因此,应该评估模拟器产生这些信号的能力。

## 18.7.3　其他数据

随着 GNSS 与其他传感器或系统的进一步集成，不光要测试单独的 GNSS 接收机，测试完整集成系统的能力已经成为测试程序的重要部分。一些模拟器已经能够产生额外的输出，这些输出可以用于导航，包括惯性测量单元（IMU）数据、WiFi 信号（用于测距或近距离感知）以及用于测试 AGNSS 接收机的辅助数据。随着其他传感器或系统与 GNSS 集成变得越来越普遍，模拟器将它们包含在测试链中的能力是至关重要的。

## 18.7.4　可配置性

配置和运行模拟场景的简单性可以节省大量的时间和金钱，应该给予必要的考虑。这可能包括远程或通过脚本控制模拟器的能力，从而允许用户在自己的工作站工作，同时允许用户每天 24h 执行测试。

在场景设置方面，一些模拟器支持标准的记录文件（如美国国家海洋电子协会 NMEA，见附件 A.1.1，与接收机独立交换格式 RINEX，见附件 A.1.2）。这些文件由接收机在真实环境中采集生成，并作为模拟的基础。在这些情况下，记录的数据包括用户的位置信息、每个历元的可见卫星数量以及它们的测量功率。这种方法既节省了时间，也可以使模拟更加真实，它意味着用户已经拥有合适格式的参考轨迹（18.4.2 节）。

其他模拟器允许用户根据可能的反射物来定义接收机的周围环境，然后利用这个环境来自动确定可见卫星以及何时接收到特定卫星的直射或反射信号。

## 18.7.5　可扩展性

所有模拟器都具有一定的软件接口和处理能力，因此，从理论上讲很容易扩展。类似地，通常还可能增加额外硬件来模拟更多的信号。所以，在购买模拟器或测试系统时，了解购买之后可以进行哪些更改或添加应该成为一个重要的考虑因素。

# 18.8　总　　结

本章着眼于如何使用模拟器来实现 GNSS 接收机的性能测试问题，并简要讨论了完整的定位系统的性能测试。利用从射频到观测量级别的多种模拟器组合选项，系统设计人员具有多种手段和资源来评估 GNSS 接收机或组合系统的各个部分。

随着模拟和测试领域的不断发展，新的特性和功能将会出现。但是，仔细考虑关键的测试目标、正确选择设备和仔细设计测试仍然是测试过程中的关键部分。

# 参考文献

18.1 G. Seeber: *Satellite Geodesy: Foundations, Methods, and Applications* (Walter de Gruyter, Berlin 2003)

18.2 P. Axelrad, R. G. Brown: GPS navigation algorithms. In: *Global Positioning System: Theory and Applications*, Vol. 1, ed. by B. Parkinson, J. J. Spilker (AIAA, Washington 1996) pp. 409–433

18.3 Global Positioning Systems Directorate: Navstar GPS Space Segment/Navigation User Interfaces, Interface Specification, IS-GPS-200H, 24 Sep. 2013 (Global Positioning Systems Directorate, Los Angeles Air Force Base, El Segundo 2013)

18.4 M. C. Moreau, E. P. Davis, J. R. Carpenter, D. Kelbel, G. W. Davis, P. Axelrad: Results from the GPS flight experiment on the high earth orbit AMSAT OSCAR-40 spacecraft, Proc. ION GPS 2002, Portland OR 24–27 Sep. 2002 (ION, Virginia 2002) pp. 122–133

18.5 E. Kahr: Prospects of multiple Global Navigation Satellite system tracking for formation flying in highly elliptical earth orbits, Int. J. Space Sci. Eng. **1**(4), 432–447 (2013)

18.6 M. J. Unwin, R. De Vos Van Steenwijk, Y. Hashida, S. Kowaltschek, L. Nowak: GNSS at high altitudes-results from the SGR-GEO on GIOVE-A, 9th Int. ESA Conf. Guid. Navig. Control Syst., Porto Portugal 2–6 June 2014 (ESA, Noordwijk 2014)

18.7 S. Satyanarayana, D. Borio, G. Lachapelle: A composite model for indoor GNSS signals: Characterization, experimental validation and simulation, Navigation **59**(2), 77–92 (2012)

18.8 S. Satyanarayana: GNSS Channel Characterization and enhanced Weak Signal Processing, Ph. D. Thesis (Univ. of Calgary, Calgary 2011)

18.9 J. T. Wu, S. C. Wu, G. A. Hajj, W. I. Bertiger, S. M. Lichten: Effects of antenna orientation on GPS carrier-phase, Man. Geod. **18**, 91–98 (1993)

18.10 A. K. Tetewsky, F. E. Mullen: Carrier phase wrap-up induced by rotating GPS antennas, Proc. ION AM 1996, Cambridge MA 19–21 June 1996 (ION, Virginia 1996) pp. 21–28

18.11 M. C. Vigano, C. Gigandet, S. Vaccaro: Wideband, phase-stable antenna for navigation applications, 7th Eur. Conf. Antennas Propag. (EuCAP 2013), Gothenburg, Sweden 8–12 Apr. 2013, ed. by P. -S. Kildal (2013) pp. 2226–2229

18.12 M. E. Cannon, G. Lachapelle, M. C. Szarmes, J. M. Hebert, J. Keith, S. Jokerst: DGPS kinematic carrier phase signal simulation analysis for precise velocity and position determination, Navigation **44**(2), 231–245 (1997)

18.13 M. Irsigler, B. Eissfeller: PLL tracking performance in the presence of oscillator phase noise, GPS Solutions **5**(4), 45–57 (2002)

18.14 T. E. Humphreys, M. L. Psiaki, P. M. Kintner: Modeling the effects of ionospheric scintillation on GPS carrier phase tracking, IEEE Trans. Aerosp. Electron. Syst. **46**(4), 1624–1637 (2010)

18.15 F. Zimmermann, T. Haak, E. Steindl, S. Vardarajulu, O. Kalden, C. Hill: Generating Galileo raw data-Approach and application, Proc. Data Syst. Aerosp. (DASIA 2005), Edinburgh, Scotland 30 May–2 June 2005, ed. by L. Ouwehand (ESA, Noordwijk 2005), pp. 45.1–45.12

18.16 T. Humphreys, J. Bhatti, D. Shepard, K. Wesson: The Texas spoofing test battery: Toward a standard for evaluating GPS signal authentication techniques, Proc. ION GNSS 2012, Nashville, TN 17–21 Sep. 2012 (ION, Virginia 2012) pp. 3569–3583

18.17 I. Petrovski, T. Tsujii, J. M. Perre, B. Townsend, T. Ebinuma: GNSS Simulation: A user's guide to the Galaxy, Inside GNSS **5**(7), 36–45(2010)

18.18 D. W. Allan: The science of timekeeping, IEEE Trans. Instrum. Meas. IM–**36**(2), 646–654(1987)

18.19 R. L. Filler: The acceleration sensitivity of quartz crystal oscillators: A review, IEEE Trans. Ultrason. Ferroelectr. Freq. Control **35**(3), 297–305(1988)

18.20 R. L. Filler, J. R. Vig: Long-term aging of oscillators, IEEE Trans. Ultrason. Ferroelectr. Freq. Control **40**(4), 387–394(1993)

18.21 C. J. Hegarty: Analytical model for GNSS receiver implementation losses, Navigation **58**(1), 29(2011)

18.22 J. T. Curran, D. Borio, G. Lachapelle, C. C. Murphy: Reducing front-end bandwidth may improve digital GNSS receiver performance, IEEE Trans. Signal Process. **58**(4), 2399–2404(2010)

18.23 R. Price: A useful theorem for nonlinear devices having gaussian inputs, IRE Trans. Inf. Theory **IT–4**, 69–72(1958)

18.24 N. J. Kasdin: Discrete simulation of colored noise and stochastic processes and 1/f power law noise generation, Proc. IEEE **83**(5), 802–827(1995)

18.25 J. A. Barnes: Simulation of oscillator noise, Proc. 38th Annu. Symp. Freq. Control, Philadelphia, PA 29 May–1 June 1984, ed. by J. R. Vig(1984) pp. 319–326, doi: 10.1109/FREQ.1984.200775

18.26 H. Meyr, G. Ascheid: *Synchronization in Digital Communication: Phase–, Frequency–Locked Loops, and Amplitude Control* (Wiley, New York 1990)

18.27 S. M. Ross: *Simulation*, 5th edn. (Academic Press, Amsterdam 2012)

18.28 Standard for Programming Language C++, ISO Standard ISO/IEC 14882:2014(International Organization for Standardization, Geneva 2014)

18.29 RANDOM.ORG Randomness and Integrity Services http://www.random.org/

18.30 G. E. P. Box, M. E. Muller: A note on the generation of random normal deviates, Ann. Math. Stat. **29**(2), 610–611(1958)

18.31 B. B. Mandelbrot: A fast fractional gaussian noise generator, Water Resour. Res. **7**(3), 543–553(1971)

18.32 W. C. Lindsey, C. M. Chie: Theory of oscillator instability based upon structure functions, Proc. IEEE **64**(12), 1652–1666(1976)

18.33 J. A. Barnes: Characterization of frequency stability, IEEE Trans. Instrum. Meas. IM–**20**(2), 105–120(1971)

18.34 National Instruments: Vector Signal Transceiver http://www.ni.com/vst/

18.35 N. Luo: Precise Relative Positioning of Multiple Moving Platforms Using GPS Carrier Phase Observables, Ph. D. Thesis(University of Calgary, Calgary 2001)

18.36 O. Julien, M. E. Cannon, P. Alves, G. Lachapelle: Triple frequency ambiguity resolution using GPS/Galileo, Eur. J. Navig. **2**(2), 51–57(2004)

18.37 ESA: Galileo System Simulation Facility, https://www.gssf.info/

18.38 P. W. Ward, J. W. Betz, C. J. Hegarty: Satellite signal acquisition, tracking, and data demodulation. In: *Understanding GPS: Principles and Applications*, ed. by E. D. Kaplan, C. J. Hegarty(Artech House, Norwood 2006) pp. 153–242

18.39 M. Dumville, W. Roberts, D. Lowe, B. Wales, P. Pettitt, S. Warner, C. Ferris: On the road under realtime signal denial, GPS World **24**(5), 40-44(2013)

18.40 A. Jahn, H. Bischl, G. Heiss: Channel characterisation for spread spectrum satellite communications, Proc. 4th Int Symp. Spread Spectr. Tech. Appl., Mainz, Germany 1996, Vol. 3, ed. by P. W. Baier (1996) pp. 1221-1226

18.41 K. R. L. Edwards: Site-Specific Point Positioning and GPS Code Multipath Parameterization and Prediction, Ph. D. Thesis(Ohio State University, Columbus 2011)

18.42 J. F. Raquet: Multiple reference GPS receiver multipath mitigation technique, Proc. ION AM 1996, Cambridge, MA 19-21 June 1996(ION, Virginia 1996) pp. 681-690

18.43 K. O'Keefe, M. G. Petovello, G. Lachapelle, M. E. Cannon: Assessing probability of correct ambiguity resolution in the presence of time-correlated errors, Navigation **53**(4), 269-282(2006)

18.44 M. Wildemeersch, E. Cano Pons, A. Rabbachin, J. Fortuny Guasch: Impact Study of Unintentional Interference on GNSS Receivers, JCR Report EUR 24742 EN(European Union, Luxembourg 2010)

# D 部分

# 全球卫星导航系统算法和模型

# 第 19 章 基本观测方程

**André Hauschild**

本章介绍多星座 GNSS 基本观测方程。首先介绍伪距、载波相位和多普勒测量的基本观测方程,然后对基本观测方程的参数进行讨论,包括相对论效应、大气延迟、载波相位缠绕效应、天线相位中心偏差及其变化、伪距与载波相位偏差,以及多径误差和接收机噪声等。

## 19.1 观测方程

本节介绍伪距、载波相位和多普勒测量的通用基本观测方程。观测方程中涉及的所有必要建模参数将在后续章节中进行详细说明和讨论。

### 19.1.1 伪距测量

GNSS 接收机通过测量信号从导航卫星到用户的传输时间生成伪距测量值。接收机的延迟锁相环(DLL)基于内部频率源生成复现码,并将其与接收到的信号对齐。对齐过程中所移动的时间偏移量衡量了信号传播时间中包含的码片宽度,然后将其与完整的码片数量、完整的码片重复度以及卫星导航电文信息相结合,获得信号的传播时间。将信号传播时间与光速相乘,得到的距离量称为伪距。由于信号在传输过程中会受到接收机钟差、导航卫星钟差以及其他误差和信号延迟的影响,因此伪距测量值并非表征了信号的真实传播时间,或者说并非是真实的信号传播距离。

信号到达接收机的时间 $t_A$ 取决于信号从卫星发射的时间 $t_E$、卫星 $s$ 和接收机 $r$ 之间的信号传输时间 $\tau$、由时空曲率引起的相对论效应 $\delta t_{\text{stc}}^{\text{rel}}$、电离层延迟 $I$ 以及对流层延迟 $T$,其关系可表示为

$$t_A = t_E + \tau(t_A) + \delta t_{\text{stc}}^{\text{rel}}(t_A) + \frac{1}{c}T(t_A) + \frac{1}{c}I(t_A) \tag{19.1}$$

信号传输时间等于卫星和接收机之间的几何距离除以光速 $c$。更准确地说,信号传输距离是发射天线的相位中心到接收天线的相位中心之间的距离。因此,关于信号传输时间 $\tau$ 的方程中包括几何距离 $\rho_r^s$(指卫星质心到接收机天线参考点之间的距离)和附加项 $\xi_r^s$(发射天线与接收天线相位中心偏差校正),可写为

$$\tau(t_A) = \frac{\rho_r^s(t_A) + \xi_r^s(t_E, t_A)}{c}$$

$$= \frac{\| \boldsymbol{r}^s(t_E) - \boldsymbol{r}_r(t_A) \| + \xi_r^s(t_E, t_A)}{c} \tag{19.2}$$

式中：$r_r(t_A)$ 为信号接收时刻，接收机天线参考点的位置向量；$r^s(t_E)$ 为卫星发射信号时卫星的质心位置向量。需要注意的是，$\xi_r^s$ 中包含了码和相位观测值的分辨误差。这些伪距延迟变量由卫星天线与接收机天线的辐射模式引起，因此也取决于信号传输或接收的方向以及频率。其他文献中通常称为群延迟[19.1-19.2]。

由于接收机本振与 GNSS 时间不同步，接收机钟差 $dt_r(t_A)$、硬件延迟 $d_r$ 以及接收机噪声和多径 $e_r^s(t_A)$ 等其他误差会导致接收机测量的到达时间 $\tilde{t}_A$ 和实际的到达时间不同，即

$$\tilde{t}_A = t_A + dt_r(t_A) + d_r + \frac{1}{c} e_r^s(t_A) \tag{19.3}$$

而卫星发射信号受卫星钟差 $dt^s$、硬件延迟 $d^s$ 以及相对论效应 $\delta t_{clk}^{rel}$ 的影响。总结以上各项，即可得出发射时间 $\tilde{t}_E$ 的表达式为

$$\tilde{t}_E = t_E + (dt^s(t_E) + \delta t_{clk}^{rel}(t_E)) + d^s \tag{19.4}$$

接收机对信号到达时间与发射时间之间的差值进行测量，将其与光速相乘，可转换为伪距测量值，即

$$p_r^s(t_A) = c(\tilde{t}_A - \tilde{t}_E) \tag{19.5}$$

将式（19.1）~式（19.4）代入式（19.5），并引入信号标识符 $j$ 区分同一卫星的不同信号，可得出伪距测量的表达式，即

$$p_{r,j}^s(t) = \rho_r^s(t) + \xi_{r,j}^s(t) + c(d_{r,j} - d_j^s) + $$
$$c(dt_r(t) - dt^s(t) + \delta t^{rel}(t)) + $$
$$I_{r,j}^s(t) + T_r^s(t) + e_{r,j}^s(t) \tag{19.6}$$

式（19.6）描述了伪距基本观测方程。其中，$\delta t^{rel}$ 描述了相对论时钟改正和时空曲率相对论延迟的综合影响，可表示为 $\delta t^{rel} = \delta t_{stc}^{rel} - \delta t_{clk}^{rel}$。电离层延迟、硬件延迟和多径延迟与信号频率有关，用下标 $j$ 表示在第 $j$ 个频率上的影响。出于简洁性考虑，公式中未标出信号到达时间和发射时间的下标[19.3,140页,19.4,148页]。

信号到达时间 $t_A$ 和发射时间 $t_E$ 之差是获得正确几何距离的关键。接收机观测值的时标通常为信号到达时间，但在计算几何距离时，通常需要卫星发射信号时 $t_E$ 的卫星位置（详见 19.2 节）。在实际情况下，发射时间可通过 $t_E = t_A - \tau$ 进行计算，这里 $\tau$ 的值可首先通过 $\tau = \| r^s(t_A) - r_r(t_A) \| / c$ 给出初值，然后根据定位结果更新接收机位置，通过多次迭代获得更精确的 $\tau$ 值（详见第 21 章）。

在几何项 $\rho_r^s$ 的建模过程中，还需要考虑另一个重要影响，即信号传播过程中地心地固参考系的旋转。在非惯性参考系内计算接收机和卫星的位置时必须考虑这一影响，称为地球自转校正或萨格纳克（Sagnac）校正。一种校正方法是将卫星的位置往回旋转一个角

度,该角度的方向沿着地球自转轴,大小为 $\tau \cdot \omega_\oplus$,其中 $\omega_\oplus$ 表示地球的自转速率[19.4],其具体校正公式为

$$\Delta \rho_r^s = \frac{1}{c}(\boldsymbol{r}_r(t_A) - \boldsymbol{r}^s(t_E)) \cdot (\boldsymbol{\omega}_\oplus \times \boldsymbol{r}_r(t_A)) \qquad (19.7)$$

式中:$\omega_\oplus$ 为地球自转向量;运算符"·"代表内积;"×"代表叉积。定义一个向量 $\boldsymbol{S} = \frac{1}{2}(\boldsymbol{r}^s(t_E) \times (\boldsymbol{r}_r(t_A)))$ 与接收机和卫星位置向量正交,因此校正的表达式也可写为[19.5]

$$\Delta \rho_r^s = \frac{2}{c}\boldsymbol{S} \cdot \boldsymbol{\omega}_\oplus \qquad (19.8)$$

伪距观测方程式(19.6)中的参数可以通过模型校正,也可以由观测值组合消除(参见第 20 章),甚至也可以根据应用场景的精度要求而忽略。对于伪距定位应用,用户可以仅估计接收机位置 $\boldsymbol{r}_r$(位于 $\rho_r^s$ 项中)和接收机钟差 $\mathrm{d}t_r$。卫星位置与钟差、相对论校正、大气延迟误差可以用模型或者通过外部数据来校正。高精度的应用需要 GNSS 服务商基于基准站网解算卫星轨道和钟差,提供给用户进行定位。还有一些其他应用需要精确估计电离层或对流层延迟,二者可以利用位置已知的基准站网 GNSS 数据进行解算。如上所述,伪距观测方程式(19.6)中的哪些参数要建模、哪些参数需要准确估算取决于不同的应用场景。

## 19.1.2 载波相位测量

接收机提供的观测量不仅包括伪距,还包括来自其锁相环(PLL)的信号载波相位。接收机对载波信号进行复现,将其与接收卫星信号的载波对齐,并测量两信号的相位小数部分。当接收机与卫星间的距离变化超过一个周期时,接收机会对周期进行计数,并进行持续测量。由于载波相位的波长较短(约为 19~25cm,具体取决于信号频率),因此载波相位测量要比伪距测量精确得多。这一优势的代价是,载波相位测量无法像伪距测量一样,提供无整周模糊度的卫星至接收机的距离。与伪距(导航电文调制到信号上可获取无整周模糊度的测量值)不同,在载波相位跟踪开始时,卫星和接收机之间的整数周期数处于未知状态。以距离为单位的载波相位测量 $\varphi_{r,j}^s$ 的观测方程为

$$\varphi_{r,j}^s(t) = \rho_r^s(t) + \zeta_{r,j}^s(t) + c(\delta_{r,j} - \delta_j^s) + c(\mathrm{d}t_r(t) - \mathrm{d}t^s(t) + \delta t^{\mathrm{rel}}(t)) - I_{r,j}^s(t) + T_r^s(t) + \lambda_j(\omega_r^s(t) + N_{r,j}^s) + \epsilon_{r,j}^s(t) \qquad (19.9)$$

与伪距测量类似,接收机和卫星钟差、硬件延迟、大气延迟、接收机噪声以及多径均会影响载波相位测量。方程中的几何距离、钟差、对流层校正项都与式(19.6)相同。载波相位观测也会受相位中心偏差与及其变化的影响,其大小取决于天线相位方向图和频率,为了与伪距观测中的该类改正项区分,这里使用 $\zeta_{r,j}^s$ 符号来表示。除此之外,接收机硬件延迟 $\delta_{r,j}$ 和卫星硬件延迟 $\delta_j^s$ 也不相同。可以看出,式(19.9)中电离层改正的符号为负,接下来的章节中会此进行详细讨论。

式(19.9)中还包含两个附加项,相位缠绕改正 $\omega_r^s$ 与整周模糊度 $N_{r,j}^s$。$\omega_r^s$ 导致天线旋转时产生相位测量的变化。整周模糊度 $N_{r,j}^s$ 通过使用相关频率的波长 $\lambda_j$ 可以转换为长度

单位。接收机载波相位测量噪声和多路径的影响以残差项 $\epsilon_{r,j}^s$ 表示[19.4,141页]。

### 19.1.3 多普勒测量

由于接收机和卫星相对运动产生多普勒频移,导致卫星信号的观测频率与标称频率有所差别。此外,接收机或卫星的时钟也可能会受到频率偏移或漂移的影响。在接收机的 PLL 中,相位鉴别器驱动数控振荡器(NCO)来匹配本地复现信号与接收信号的相位和频率。为了补偿接收机与卫星相对运动而导致的多普勒效应以及接收机和卫星时钟的频率偏差,必须调整 NCO 的频率来保持两个信号的相位同步。接收机将 PLL 中的频率调整输出为多普勒测量值[19.3,461页],[19.4,467页]。

推导多普勒观测方程时,目前只考虑几何多普勒效应,忽略大气传播延迟、时钟频率偏差和相对论效应。假设一台接收机和一颗卫星正分别以 $v_r$ 和 $v^s$ 移动,则可得出接收频率 $f_r$ 和传播频率 $f^s$ 之间的关系为

$$f_r = f^s \left( \frac{1 + \left(\frac{e \cdot v_r}{c}\right)}{1 + \left(\frac{e \cdot v^s}{c}\right)} \right) \tag{19.10}$$

式中:$e$ 为接收机到 GNSS 卫星的视线向量。假设 $v_r \ll c, v^s \ll c$,那么将式(19.10)在 $v^s/c$ 进行展开,忽略 2 阶项,即可得到接收频率与传播频率关系的表达式为[19.6,9页]

$$f_r = f^s \left[ 1 + \left(\frac{v^s}{c} - e\right) \cdot \frac{(v^s - v_r)}{c} \right] \tag{19.11}$$

引入接收机时钟频率偏差,用 $df_r$ 表示。由于相对论效应影响,发射频率与其标称值产生的偏差表示为 $\delta f_{clk}^{rel}$,以及由于频率标准本身的缺陷引起的频率偏差 $df^s$。因此,可以得出测量频率 $\tilde{f}_r$ 和传播频率 $\tilde{f}^s$ 的表达式,即

$$\begin{cases} \tilde{f}_r = f_r + df_r \\ \tilde{f}^s = f^s + df^s - f^s \delta f_{clk}^{rel} \end{cases} \tag{19.12}$$

引入观测多普勒频移 $D_r^s = \tilde{f}_r - \tilde{f}^s$ 的表达式,并替换式(19.11)和式(19.12),可得

$$D_{r,j}^s = \frac{1}{\lambda_j} \left(\frac{v^s}{c} - e\right) \cdot (v^s - v_r) + (df_r - df^s) + \frac{c}{\lambda_j} \delta f_{clk}^{rel} \tag{19.13}$$

式中:$v^s/c$ 为卫星运动引起的视线校正。需要注意的是,如果卫星和接收机正在相互接近,即当距离变化率 $\dot{\rho} = e \cdot (v^s - v_r)$ 为负时,则多普勒为正。

## 19.2 相对论效应

GNSS 的相对论效应可以分为两类:地球引力势引起的信号路径延迟和相对论效应引起的卫星钟频率偏差。5.4 节中已经对这两类相对论效应进行了详细的讨论。

夏皮罗效应(shapiro effect)是指由于地球引力场引起的卫星信号延迟,具体而言是地球引力场的时空曲率导致卫星信号传播产生延迟。相应的延迟校正 $\delta t_{\text{stc}}^{\text{rel}}$ 的计算方法为

$$\delta t_{\text{stc}}^{\text{rel}} = \frac{2\mu}{c^3} \ln \left( \frac{||\boldsymbol{r}^s|| + ||\boldsymbol{r}_r|| + \rho_r^s}{||\boldsymbol{r}^s|| + ||\boldsymbol{r}_r|| - \rho_r^s} \right) \tag{19.14}$$

式中:$\mu$ 为地球引力常数[19.7,19.8]。假设接收机位于地球表面,对于 GPS、GLONASS、伽利略和北斗的中圆地球轨道(MEO)卫星,夏皮罗效应最大量级约为 60 ps 或 2cm,而北斗系统倾斜地球同步轨道(IGSO)卫星则约为 70 ps。

卫星运动与引力势变化导致的相对论时钟校正 $\delta t_{\text{clk}}^{\text{rel}}$ 会影响星载时钟。这些由狭义与广义相对论产生的影响会使星载时钟相对于地面时钟发生频率偏移。为了抵消这一效应,卫星时钟频率实际上与其标称值不同。此外卫星椭圆轨道也会导致频率偏移,轨道偏心率带来的影响可表示为

$$\delta t_{\text{clk}}^{\text{rel}} = -\frac{2}{c^2} \sqrt{a\mu} \, e \sin E \tag{19.15}$$

式中:$a$ 为半长轴;$e$ 为卫星的轨道偏心率;$E$ 为卫星的偏近点角。$E$ 与卫星在轨位置相关[19.9],使用卫星位置和速度向量 $\boldsymbol{r}^s$ 和 $\boldsymbol{v}^s$ 来表示,可写为[19.8,19.10]

$$\delta t_{\text{clk}}^{\text{rel}} = -\frac{2}{c^2} (\boldsymbol{r}^s \cdot \boldsymbol{v}^s) \tag{19.16}$$

式(19.16)关于时间的导数则描述了轨道偏心率引起的频率偏差,也是多普勒观测值建模式(19.13)必须考虑的因素,即

$$\delta t_{\text{clk}}^{\text{rel}} = \frac{2\mu}{c^2} \left( \frac{1}{a} - \frac{1}{||\boldsymbol{r}^s||} \right) \tag{19.17}$$

从式(19.17)中可明显看出,如果轨道半径等于半长轴,则校正项为零[19.11]。

相对论时钟偏差校正的典型量级为纳秒级。假设 GPS 最大容许偏心率为 0.02,则 $\delta t_{\text{clk}}^{\text{rel}}$ 的最大值约为 45.0ns,对应距离为 13.5m 左右。在这种情况下,最大频率偏差 $\delta f_{\text{clk}}^{\text{rel}}$ 约为 6.0ps/s 或 2.0mm/s。对轨道偏心率更小的 GLONASS 卫星来说,$\delta t_{\text{clk}}^{\text{rel}}$ 和 $\delta f_{\text{clk}}^{\text{rel}}$ 为 8.0ns 和 1.2ps/s。很明显,对近圆轨道上的 GNSS 卫星而言,对多普勒观测值建模时可以忽略相对论频率偏差的影响。即使对椭圆倾斜地球同步轨道上的准天顶卫星系统(QZSS)卫星来说,此校正项也不会超过 20ps/s 或 6mm/s。

由于地球并非具有均匀质量分布的完美球体,即使在圆形轨道上,卫星时钟也受到不同引力势的影响。对 GNSS 卫星高度最显著的影响是由地球扁率造成的,可用引力场展开级数的 $J_{20}$ 项表示。此校正的周期性部分通常被称为 $J_2$ 校正,公式可表示为

$$\delta t_{\text{clk},J_2}^{\text{rel}} = -J_2 \frac{3}{2} \frac{r_\oplus^2}{c^2} \sqrt{\frac{\mu}{a^3}} \sin^2 i \sin 2u \tag{19.18}$$

式中:$r_\oplus$ 为地球的赤道半径;$J_2 = 1.083 \times 10^{-3}$;$i$ 为轨道倾角,$u$ 为升交角距,定义为 $u = \omega + f$,其中 $\omega$ 代表近地点幅角,$f$ 代表真近点角。需要注意的是,式(19.18)中的 $J_2$ 校正是式(19.16)中常规偏心校正的附加校正项[19.8,19.10]。

显然,$J_2$ 校正的量级与卫星轨道倾角成正比,与卫星轨道半长轴成反比。对 MEO 卫

星来说，具有最长半长轴的伽利略卫星校正量级在±62ps之间，轨道高度最低、倾角最大的GLONASS卫星校正量级在±100ps之间。对于北斗IGSO卫星而言，$J_2$校正量级会降低到仅±36ps。对于不同的卫星，该校正量级存在约1~3cm的偏差，因此可能影响到观测值的建模，特别是GPS Block-ⅡF卫星高精度铷钟原子频率标准和伽利略被动型氢原子钟的建模。

最后应当强调的是，目前为止我们讨论的所有相对论时钟校正只考虑了卫星时钟，实际上相对论效应也适用于接收机时钟。例如，偏心轨道上的星载接收机将受到式(19.16)中描述的相对论时钟校正的影响，接收机相对论时钟校正也以同样方式影响着所有的观测量。由于在估计接收机钟差时其影响被完全吸收，因此在观测值建模中可以忽略其影响。当需要获得接收机时钟的实际性能时，才需要考虑上述相对论效应的影响，但这是个相当特殊的应用，这里我们不作考虑。

## 19.3　大气信号延迟

GNSS信号被地面或近地面的接收机接收时必须穿过大气层。在大约1000km的高度上，信号首先会穿过电离层（即带电粒子层）。电离层一直向下延伸直到地面约50km的高度，再往下占据主导地位的是由中性气体构成的对流层。电离层和对流层都会改变信号传播的速度和方向，该效应称为折射，可用折射率$n$表征，定义为真空中的光速与介质中速度$v$之比，即

$$n = \frac{c}{v} \tag{19.19}$$

由于大气层不均匀，折射率会随信号路径发生变化。根据斯奈尔定律，$n$的变化会导致信号产生弯曲。然而根据费马最小时间原理，在弯曲路径上的传播时间要比直线路径上的短。通过对沿卫星到接收机信号路径$n(l)$的折射指数进行积分，可以得到信号的传播时间为

$$\tau = \frac{1}{c}\int_s^r n(l)\,\mathrm{d}l \tag{19.20}$$

真空中信号路径的延迟计算可表示为

$$\Delta\tau = \frac{1}{c}\int_s^r (n(l) - 1)\,\mathrm{d}l \tag{19.21}$$

如果介质的折射率取决于频率，则称为色散介质。在色散介质中，不同频率的信号会发生不同的延迟。此外，载波信号及其调制在载波上的信息会以不同的速度传播，称为码和载波传播速度的偏离度。因此载波的相位折射指数$n_p$和伪码的群折射指数$n_g$可定义为

$$\begin{cases} n_p = \dfrac{c}{v_p} \\ n_g = \dfrac{c}{v_g} \end{cases} \tag{19.22}$$

式中：$v_p$ 和 $v_g$ 分别代表相位速度与群速度。两折射率的关系可表示为

$$n_g = n_p + f \frac{dn_p}{df} \tag{19.23}$$

上述表达式与色散电离层中伪距和载波相位信号延迟的推导相关[19.4,19.12]。

接下来的章节中将简要介绍电离层和对流层引起的 GNSS 信号延迟，并给出延迟的简单模型。关于对流层和电离层延迟的详细讨论，读者可以参考第 6 章和第 38、39 章。

### 19.3.1 电离层

电离层是含有带电粒子的大气层，太阳的紫外线辐射将气体粒子电离为自由电子和离子，GNSS 信号延迟取决于路径上自由电子的数量。总电子含量（TEC）为在信号传播途径上、横截面为 1 m² 的这样一个管状通道空间所包含的电子数量，即

$$\text{TEC} = \int_s^r n_e(l) \, dl \tag{19.24}$$

式中：$n_e(l)$ 为沿卫星到接收机的信号路径的电子密度。电离层中沿信号路径分布的电子密度并不均匀，电离过程以不同的方式影响电离层的各个层，因此电子密度沿信号路径而变化。带电粒子的最大密度在 250~400km 高度之间，即电离层 F2 区域[19.13]。

除了随空间变化，自由电子数量也因太阳辐射量昼夜不同而随时间变化。电离层被阳光照亮部分会发生电离，并且电子密度会在当地时间 14:00 达到峰值。随着太阳光的减少，离子电子复合占据主导地位，自由电子的数量会逐步减少。除了这种昼夜效应外，由于夏季和冬季接收到太阳辐射量的不同，电子的数量也会发生季节性变化，而且根据 11 年的太阳周期，电子的数量也会发生长期变化。然而，由于太阳活动的不规则性和电离层扰动，也存在不可预测的短期影响，后者能引起区域内电子密度的迅速变化。活跃的电离层可引起闪烁效应，导致载波相位快速波动以及信号时强时弱，并可能对 GNSS 跟踪造成威胁，特别是在极地和赤道地区尤为严重[19.4]。

如前所述，电离层是一种色散介质，其中信号延迟取决于以不同速度传播的同一信号的频率、相位与码。载波相位 $n_p$ 的折射率可近似为一阶表示，即

$$n_p \approx 1 - \frac{40.3 n_e}{f^2} \tag{19.25}$$

式中：$n_e$ 为电子密度；$f$ 为信号频率。载波相位测量的信号延迟则为

$$\Delta \tau_p = \frac{1}{c} \int (n_p(l) - 1) \, dl = -\frac{40.3 \cdot \text{TEC}}{cf^2} \tag{19.26}$$

将式（19.25）带入式（19.23），可得到群折射率 $n_g$，即

$$n_g \approx 1 + \frac{40.3 n_e}{f^2} \tag{19.27}$$

和载波相位延迟类似，可通过对沿信号路径的电子密度积分，得到伪距延迟，即

$$\Delta \tau_g = \frac{1}{c} \int (n_g(l) - 1) \, dl = \frac{40.3 \cdot \text{TEC}}{cf^2} \tag{19.28}$$

与光速相乘,可将延迟 $\Delta\tau_p$ 和 $\Delta\tau_g$ 转换为以长度为单位,有

$$I = -I_p = \frac{40.3 \cdot TEC}{f^2} \quad (19.29)$$

很明显伪距延迟 $I$ 和相位延迟 $I_p$ 符号相反。此外,伪距延迟随着频率的增加而减小,并且在一阶近似情况下与沿信号路径的电子总含量呈线性关系,也称为倾斜路径总电子含量(STEC)。TEC 以 TEC 单位(TECU)进行测量,TEC 单位为 $10^{16} electrons/m^2$。对于 GPS L1 频率来说,一个 TEC 单位会造成约 16.2cm 的延迟。

假定电离层围绕地球形成一个电子密度分布均匀的薄壳,则可推导出电离层延迟的简单模型。在这种情况下,电子总含量可建模为垂直方向上的 TEC(VTEC)与斜度系数之间的乘积,以此来表示低高度角情况下电离层路径长度的增加。图 19.1 绘制了用户、卫星、电离层穿刺点(IPP)之间的几何关系。电离层穿刺点指的是视线向量在平均电离层高度 $h_I$ 上穿透电离层外壳的点。总电离层伪距延迟与 VTEC 以及电离层(IP)处的天顶角 $z'$ 的关系可表示为

$$I = \frac{1}{\cos z'} \frac{40.3 \cdot VTEC}{f^2} \quad (19.30)$$

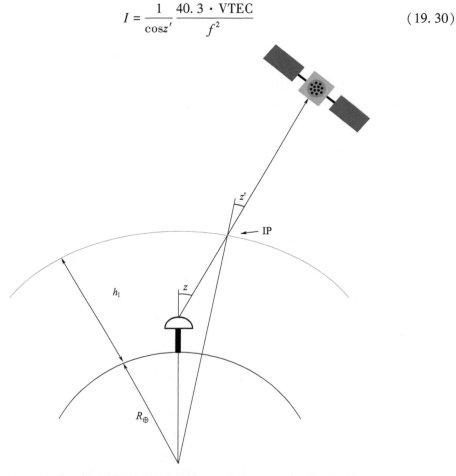

图 19.1 薄壳电离层模型中用户位置的天顶角 $z$ 和电离层穿刺点(IPP)天顶角 $z'$ 之间的几何关系(见文献[19.12])

IP 天顶角与接收机天顶角 $z$ 相关，关系可表示为

$$\sin z' = \frac{R_\oplus}{R_\oplus + h_1}\sin z \tag{19.31}$$

式中：$R_\oplus$ 为地球半径。将式（19.31）带入式（19.30），最终的表达式为

$$I = \frac{1}{\sqrt{1-\left(\frac{R_\oplus}{R_\oplus+h_1}\sin z\right)^2}}\frac{40.3\cdot \text{VTEC}}{f^2} \tag{19.32}$$

位于天顶的卫星和接近地平线卫星的斜率缩放因子值在 1~3 之间变化。夜晚时刻，垂直 TEC 的值通常在几个 TECU 之间变化，白天时刻的变化则在几十个 TECU 之间，而当电离层活动非常活跃时，VTEC 的峰值能达到 200 TECU 以上[19.4,19.13]。

这里介绍的简单模型有多种不同的使用方式。VETC 可使用来自全球或区域电离层云图（GIM 或 RIM）模型，用户可以在观测模型中使用式（19.32）来校正电离层延迟。在单频 GPS 的情况下，与广播电离层模型相比此方法得到的结果精度更高[19.14-19.15]。在使用多频接收机的情况下，基于式（19.32）的延迟可以作为先验校正，从而对剩余斜延迟进行约束估计[19.16]。文献[19.17]基于式（19.32）也对 VTEC 进行了建模和估计。

## 19.3.2 对流层

对流层和平流层共同构成了中性大气层。对于频率范围为 1~2GHz 的 L 波段信号来说，该层是非色散的。因此 L 频段 GNSS 信号在这部分大气中受到的延迟相同，与频率无关，并且伪距和载波相位测量的延迟相同。大部分水汽和湿气集中在对流层，即中性大气的下部。平流层主要成分是干气体[19.12]，从对流层上方开始向上延伸大约 50km 的高度。在 GNSS 中这两层通常都统称为对流层。

单位时间内对流层路径延迟 $\Delta\tau_T$ 取决于折射率指数 $n$ 在信号传播路径 $l$ 上的积分，即

$$\Delta\tau_T = \frac{1}{c}\int_s^r (n-1)\,\mathrm{d}l \tag{19.33}$$

需要注意这个表达式与式（19.26）和式（19.28）的相似之处。使用式（19.33）中的对流层折射率 $N_T = 10^6(n-1)$，并将表达式转换为长度单位，可得出总路径延迟，即

$$T_r^s = 10^{-6}\int_s^r N_T\,\mathrm{d}l \tag{19.34}$$

含水汽的总对流层折射率 $N_T$ 表达式为

$$N_T = k_1\frac{p}{T}Z_d^{-1} + k_2\frac{e}{T}Z_w^{-1} + k_3\frac{e}{T^2}Z_w^{-1} \tag{19.35}$$

式中：$T$ 为气温；$p$ 和 $e$ 分别为干湿分压；$Z_d$ 与 $Z_w$ 则分别表征了干湿气体的可压缩性。三个常数为 $k_1 = 77.6, k_2 = 64.8, k_3 = 3.776\times10^5$[19.18]。

根据萨斯托莫宁（Saastamoinen）[19.19]和戴维斯（Davis）[19.20]等人的研究，总对流层延

迟可分为依赖气压的静力(也有称干延迟)部分和依赖水汽压力的非静力部分,后者也被称为湿延迟部分。大部分延迟由静力延迟造成,湿延迟部分导致的延迟只占总延迟的一小部分,但是由于大气中的水汽含量变化非常迅速,湿延迟部分的延迟建模比较困难。

如果与折射率有关的大气参数在整条信号路径上都是已知的,则可通过积分式(19.34)得到对流层延迟。然而实际上,$p$、$T$ 和 $e$ 只能在用户位置进行现场测量。目前发布的诸多模型将任意高度的大气状态与用户高度处的大气参数相联系,从而可以利用式(19.34)得到天顶方向延迟。

将天顶对流层延迟(ZTD)与映射函数相乘,可得到沿信号路径的总延迟。对于静力延迟和湿延迟,映射函数 $m(E)$ 可能不同,并且取决于用户观测到的卫星高度角 $E$。一般而言,对流层延迟可以表示为

$$T_r^s = \text{ZTD}_d m_d(E) + \text{ZTD}_w m_w(E) \tag{19.36}$$

式中:$\text{ZTD}_d$ 和 $\text{ZTD}_w$ 为天顶方向静力延迟和天顶方向湿延迟;$m_d$ 和 $m_w$ 为相应的映射函数。

对流层延迟最基础的模型为霍普菲尔德(Hopfield)模型。该模型通过假定温度梯度,利用与高度相关的四阶函数,将地表的干湿折射率和接收机天顶方向特定高度处的折射率联系起来。此外,该模型还提供了相应的映射函数来计算斜延迟总量,模型的输入为大气参数[19.21]。

另一个基础模型是萨斯托莫宁模型[19.19]。该模型给出了仅与接收机位置处大地水准面上方的气压、纬度和高度[19.20]相关的静力延迟表达式。文献[19.22]给出了湿延迟的表达式,该表达式取决于气温、水汽分压、接收机位置和时间。

当前,在卫星高度角 $E$ 处将天顶延迟映射到斜延迟的映射函数,大多数都基于将 $1/\sin(E)$ 进行连续分数展开[19.23-19.24],其一般形式为

$$m(E) = \frac{1 + \left(\dfrac{a}{1 + \dfrac{b}{(1+c)}}\right)}{\sin(E) + \left(\dfrac{a}{\sin(E) + \dfrac{b}{(\sin(E)+c)}}\right)} \tag{19.37}$$

干湿延迟的映射函数形式相同,但系数 $a$、$b$、$c$ 的值不同。根据文献[19.23],湿映射函数的系数取决于观测地点的纬度、高度和当地气温。干映射函数则只取决于纬度和温度[19.23]。

Niell 投影函数(NMF)同样基于式(19.37)。其系数是通过对北半球的无线电探空仪数据进行拟合得到,仅与地点和时间有关,不需要气象数据[19.25]。利用数字天气模型的数据,推导出更为精确的映射函数系数,由此产生了等压映射函数(IMF)。由于它依赖于观测期的气象数据,导致其模型精度难以评估。气象数据可从气象数据中心每天更新几次的全球参考点格网[19.26]获得。维也纳映射函数1(VMF1)[19.27]也采用了类似方法。

为了克服对气象数据的依赖性,人们研究了适用于全球的有效模型来为对流层建模

提供气象数据。其中一个模型是新布伦瑞克大学(UNB)开发的 UNB3 模型和改进版 UNB3m 模型,它利用纬度和时间来计算温度、压力和水汽分压数据。这些参数可基于萨斯托莫宁模型计算天顶延迟,进而使用 Niell 映射函数映射到斜延迟[19.28,19.29]。另一个模型为利用全球压力和温度模型(GPT)[19.30]提供的气象参数计算湿天顶延迟和干天顶延迟,然后使用全球映射函数(GMF)[19.31]将其映射到斜延迟。

每年第 120 天,使用 UNB3m 模型计算的赤道子午线上干天顶延迟为 2.3m,相应的湿延迟则达到 0.27m。对流层映射函数的量级通常会随着天顶距增加而逐渐增长:以天顶延迟为单位 1,那么高度角为 30°时会增长至 2 左右;高度角为 10°时达到 5 左右;而当高度角为 3°时,映射函数甚至会突增到 14~16。

对高精度应用而言,由于大气中水汽随时间变化,仅仅用经验数据来建模气象参数是远远不够的。在大地测量数据处理中,通常使用对流层延迟模型计算的校正量作为先验值,并且在待估参数中增加一个额外的天顶延迟参数[19.12]。

## 19.4 载波相位缠绕

本节介绍圆极化波缠绕效应的物理背景,并给出缠绕效应和发射与接收机天线相对姿态的函数模型。计算缠绕效应需要充分了解卫星的姿态,因此提出了不同的卫星姿态模型。

### 19.4.1 无线电波缠绕效应

导航卫星通常会发射右旋圆极化(RHCP)波(第 4 章)。当波从发射端传输到接收端时,波的极化决定了电场向量的变化。圆极化波由两个交叉的偶极子 $x$ 和 $y$ 产生的两个信号分量组成,这两个偶极子互相垂直并且产生一个相对相移为 90°的正弦波,这就导致了电磁波产生的电场在 $x/y$ 平面上旋转。

如果接收天线绕其垂直于两个偶极子的视线方向旋转,将会改变其相对于电场的方向,从而引起测量相位角的改变。同样地,旋转发射端的天线会改变接收天线处瞬时电场的方向,这种效应称为相位缠绕或相位卷绕。接收端天线或发射端天线围绕其视线方向的完全旋转,将会导致所有频率的载波相位测量变化一个周期。L1 频率上相应的测距误差约为 19cm,L5 频率上约为 25cm[19.32]。

假设 $k$ 是从卫星指向接收机的单位向量,则可以根据偶极子单位向量 $x$ 和 $y$ 以及 $k$ 来定义有效偶极子向量 $D$,即

$$D = x - k(k \cdot x) + k \times y \tag{19.38}$$

卫星发射天线的有效偶极子向量 $D'$ 的表达式类似,有

$$D' = x' - k(k \cdot x') - k \times y' \tag{19.39}$$

式中:$x'$ 和 $y'$ 为发射天线对应的偶极子单位向量,见图 19.2。相位缠绕 $\omega$ 根据周期可表

示为

$$\omega = \text{sign}(\gamma) \arccos\left(\frac{D' \cdot D}{\|D'\| \|D\|}\right) \quad (19.40)$$

$$\gamma = k \cdot (D' \times D) \quad (19.41)$$

需要注意的是，如果相对旋转超过360°，则必须保证式(19.40)中相位校正的连续性。

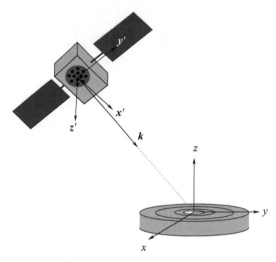

图 19.2 载波相位缠绕

卫星发射天线和接收机天线的旋转在实际观测中的表现有所不同。对于所有的接收信号来说，接收机天线旋转产生的相位缠绕效应是相同的。如果不对其进行校正，它会被每个历元的估计参数所吸收，如载波相位观测中对接收机钟差的估计。此外，这种效应也可用于估计接收机天线的自旋速率[19.33]。然而对于每颗卫星而言，卫星发射天线相位缠绕的影响是不同的，在非差模型中的影响更大。而在差分处理中，对于不超过几百公里的短基线，相位缠绕的影响约为几毫米。但是对于数千公里的基线长度，双差观测值中相位缠绕的影响可达 1/4 波长[19.34]。

前面的讨论中只考虑右旋圆极化(RHCP)信号的理想情况，实际上 GNSS 信号的一小部分也是左旋圆极化信号。但是对于地表或近地表接收机，以及在信号发射方向 16°圆锥内的近地轨道卫星而言，这种影响通常可以忽略不计[19.34]。

## 19.4.2　GNSS 卫星姿态建模

了解导航卫星姿态对计算发射天线旋转造成的相位缠绕效应至关重要。导航卫星的指向符合两个要求：发射天线必须指向地球；太阳能电池板必须朝向太阳，以便为航天器提供足够的能量。为了满足第一个要求，卫星本体坐标系的 $z$ 轴与天线视线方向平行，并且总是指向地球的中心。为了满足第二个要求，将卫星围绕 $z$ 轴旋转以保持太阳能板轴始终垂直于太阳向量方向。这种在轨道周期内不断改变卫星方向的情况称为偏航操作(3.4节)。从卫星本体坐标系到地心地固(ECEF)坐标系的旋转矩阵 $R_{YS}$ 可以表

示为[19.35]

$$\begin{cases} \boldsymbol{e}_z = -\dfrac{\boldsymbol{r}}{\|\boldsymbol{r}\|} \\ \boldsymbol{e}_y = \boldsymbol{e}_z \times \boldsymbol{e}_\odot \\ \boldsymbol{e}_x = \boldsymbol{e}_z \times \boldsymbol{e}_y \\ \boldsymbol{R}_{\text{YS}} = [\boldsymbol{e}_x \quad \boldsymbol{e}_y \quad \boldsymbol{e}_z] \end{cases} \quad (19.42)$$

式中：$\boldsymbol{r}$ 为卫星位置向量；$\boldsymbol{e}_\odot$ 为从卫星指向太阳的单位向量；$\boldsymbol{e}_x$、$\boldsymbol{e}_y$ 和 $\boldsymbol{e}_z$ 为图 19.3 中的卫星本体坐标向量。

偏航角 $\psi$ 是卫星本体坐标系 $x$ 向量和卫星沿迹速度之间的夹角。偏航角 $\psi$ 和偏航角速率 $\dot{\psi}$ 的计算公式为

$$\begin{cases} \varPsi_{\text{YS}} = \arctan\left(\dfrac{-\tan\beta}{\sin\mu}\right) \\ \dot{\varPsi}_{\text{YS}} = \dot{\mu}\,\dfrac{\tan\beta\cos\mu}{\sin^2\mu + \tan^2\beta} \end{cases} \quad (19.43)$$

式中：$\mu$ 为从午夜点（远日点）测得的轨道角；$\beta$ 为太阳在轨道平面上方的高度角[19.35]。

然而当太阳入射角 $\beta$ 为零时会受到奇点的影响，即轨道正午点（卫星最接近太阳时，近日点），或轨道午夜点（卫星最远离太阳时，远日点）。因此在这种情况下，卫星有两次无法计算偏航角。此外，该姿态定律还要求卫星在穿过轨道午夜点或正午点后进行 180°的瞬时旋转[19.35]。实际上，由于卫星姿态控制系统的硬件限制，航天器的最大偏航速率可能已经超过相对较小的 $\beta$ 角，导致实际偏航角与式（19.43）的姿态定律有所不同。所得到的偏航姿态在不同星座之间不同，甚至在同一星座内的不同类型卫星之间也有所不同。

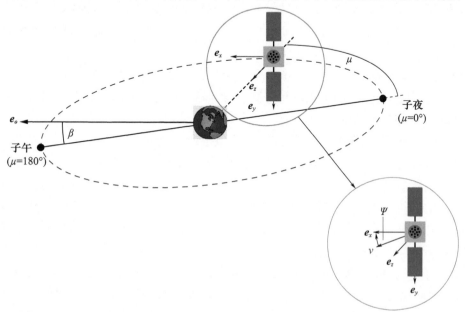

图 19.3　GNSS 卫星轨道子午位置和轨道子夜位置的轨道角 $\mu$，太阳入射角 $\beta$ 以及偏航角 $\psi$

如果$|\beta|$小于$3.6°\sim4.9°$,当靠近轨道子午点时GPS星座的Block Ⅱ/ⅡA卫星便无法遵循式(19.43)定义的标称偏航速率。此时卫星以$0.10\sim0.13(°)/s$的最大偏航速率旋转,且实际偏航姿态滞后于所需的偏航角。当卫星穿过轨道子午位置继续在轨道上运行时,所需偏航角速度会下降,卫星可以重新达到标准姿态。如果Block Ⅱ/ⅡA航天器接近轨道子夜的地球阴影区,由于完成此任务完全依赖太阳敏感器,其姿态控制系统便无法再确定偏航方向姿态。在这种情况下,卫星以最大速率开始偏航运动,直到再次离开阴影区域,随后卫星会恢复标准姿态。20世纪90年代中期,姿态控制系统进行了相关修改,可以预测日食阶段的偏航运动,但是,进入阴影区后姿态恢复机动期间的偏航转向仍无法准确预测[19.35]。新一代的Block ⅡR卫星即使在日食阶段也能够维持标准姿态,但当$|\beta|<2.4°$时,依然会受到最大约$0.20(°)/s$的偏航速率限制。最新Block ⅡF卫星的子夜和子午位置时所需的姿态机动与前面所说的卫星又有不同之处,为了使卫星在离开阴影区时可恢复正常姿态,使其进入地球阴影区时开始以恒定速率旋转,与标称方向相比产生的几度误差可通过短时间的轨道机动进行校正。对于$|\beta|<4°$子午位置时的姿态机动,卫星的恒定偏航速率被限制在$0.11(°)/s$。子午和子夜转向机动的标称和实际偏航姿态之差分别可以达到$\pm180°$或$\pm90°$[19.37-19.38]。

GLONASS卫星同样会受到特殊轨道子午和子夜机动的影响。但是其姿态机动的实现与GPS卫星大相径庭。GLONASS-M卫星在进入阴影区后,会直接进行子夜位置时的姿态机动,卫星以约$0.24\sim0.26(°)/s$的最大偏航速率开始旋转,直到达到离开阴影区所需的标称指向。随后,卫星会在整个日食阶段保持恒定方向,并在离开地球阴影后遵循偏航控制姿态定律。因此,实际偏航角可能会比标称偏航角高出$\pm180°$。对于子午位置时姿态,当$|\beta|<2°$时,额定偏航速率超过最大硬件偏航速率,卫星再次在其机动过程中以最大偏航速率旋转。不过与GPS卫星相反,在额定偏航速率超过最大可能速率之前,卫星就已经开始旋转。所以实际偏航方向会首先超过标称偏航方向,然后滞后于标准偏航方向[19.39]。

伽利略在轨验证(IOV)卫星在$|\beta|<2°$时同样遵循偏航控制定律。在这个情况下,姿态控制系统采用获得专利的动态偏航控制概念。这一概念的理念是将调整过的太阳角作为式(19.43)中控制定律的输入,从而确保不超过最大硬件的偏航速度[19.40-19.41]。

最早的QZSS"引路者"卫星(Michibiki)在其椭圆倾斜地球同步轨道(IGSO)上针对小$\beta$角度使用完全不同的姿态控制方法。当$|\beta|<20°$时,卫星将偏航控制姿态模式切换到轨道正常模式,这时卫星本体坐标系与轨道坐标系对齐。因此根据惯例,偏航角为0或$180°$时偏航速率为零[19.42]。两种模式的切换通过恒定偏航速率旋转来实现。当$\beta$角接近阈值时,模式切换通常在实际姿态最接近其他模式中的方向时发生,每个轨道周期会进行一次(每天一次)。偏航控制和轨道正常模式之间的$\beta$角姿态差可高达$\pm180°$[19.43]。

北斗星座包括地球静止轨道(GEO)卫星、中圆地球轨道(MEO)卫星和IGSO卫星。GEO卫星仅使用轨道正常模式[19.44]。MEO和IGSO卫星除了小$\beta$角度,都处于偏航控制模式[19.45]。基于文献[19.46]中给出的两颗IGSO卫星轨道正常模式的时间间隔,姿态模式切换的阈值大约为$\pm4°$。

不同 GNSS 星座，甚至是同一星座中不同卫星类型的姿态建模都具有很大差异。对于许多高精度应用来说，精准姿态建模至关重要，因为 90°的姿态误差便能产生 0.25 周期的载波相位误差。

## 19.5 天线相位中心偏差与变化

前面的章节中测量的距离指的是卫星与接收机之间的距离。实际上精确的距离是指发射天线和接收天线的相位中心之间的距离。对于高精度的应用来说，由于天线相位中心随着方位角、高度角和频率变化，无法将相位中心视为一个固定不变的点，它影响着码和相位的观测值。以下各节将介绍天线相位中心偏差和变化的概念，并简要介绍其校准方法。最后通过举例说明校正的量级，并介绍通常用于校正的天线交换（ANTEX）格式。其他有关天线的信息，读者也可参考第 17 章的内容。

### 19.5.1 概述

如上所述，由于输入信号的方向及其频率的不同会引入不同的误差，将卫星天线发射或接收机接收到的所有信号源视为一个点对高精度应用来说远远不够。但我们可以在观测值建模中消除这些效应，即式（19.6）中校正项 $\xi_{r,j}^s$ 和式（19.9）中的校正项 $\zeta_{r,j}^s$。接下来将主要介绍载波相位中心偏差与变化的校准方法。在校准伪距观测的码相位观测量时，也采用了类似的方法。

天线校准工作主要受到了两种应用的推动[19.48]。第一个是多类型天线的实时动态（RTK）定位。在短基线差分处理中，使用相同的接收机可以完全消除相位中心偏差和变化产生的误差，而不同的天线无法消除这种误差，并且可能会对模糊度解算产生不利影响[19.49-19.51]。第二种应用是解算全球跟踪网，在建模中忽略发射和接收天线的相位中心偏差和变化会对基站位置和对流层延迟的估计产生影响[19.52-19.54]。

图 19.4 使用带有天线罩的 GNSS 扼流圈天线示意图来说明对相位中心偏差和变化的建模。天线参考点（ARP）是所有信号的公共物理点，根据国际 GNSS 服务（IGS）的定义，对大多数天线而言，ARP 是天线垂直对称轴与接地平面或扼流圈底部的交点。平均相位中心与 ARP 产生相位中心偏差向量 $r_{\text{PCO},j}$。需要注意的是，这种偏移与频率相关。相位中心偏差校正以接收天线视线负向量上的投影来表示，即

$$\zeta_{\text{PCO},r,j} = -\bm{e} \cdot (\bm{A} \bm{r}_{\text{PCO},r,j}) \qquad (19.44)$$

矩阵 $\bm{A}$ 表示方向余弦矩阵，它将位于天线本体坐标系中的相位中心偏移（PCO）向量转换至地心地固（ECEF）坐标系（提供 $\bm{e}$）。在静态天线场景下，如在大地基准站的场景中矩阵 $\bm{A}$ 是常数。其他场景例如机载或星载应用中，飞机或卫星姿态可能会持续变化，在相位中心偏差校正中必须考虑到这一点。

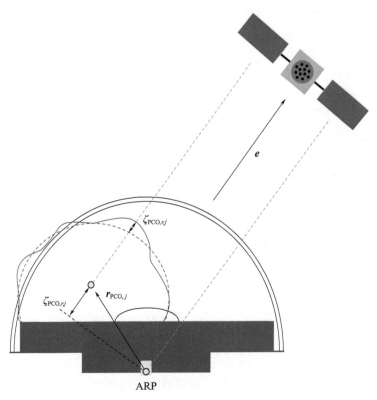

图19.4 带有天线罩扼流圈天线的相位中心偏差(蓝色)和相位中心变化(红色)校正的示意图。红色实线表示相对于参考波面(红色虚线)与高度角和方位角相关的相位中心变化(见文献[19.12])(见彩图)

对发射天线来说,必须考虑卫星的相位中心偏差 $r^s_{\text{PCO},j}$。由于发射与接收天线的相位中心偏差按相同惯例定义,卫星 PCO 必须被投射到正视线向量上。矩阵 $A$ 描述了从卫星天线坐标系到 $e$ 坐标系的旋转,即

$$\zeta_{\text{PCO},j} = e \cdot (A r^s_{\text{PCO},j}) \tag{19.45}$$

仅在建模中考虑平均天线相位中心仍然会给单个测量值留下残余误差。因此,发射天线 $\zeta^s_{\text{PCV},j}$ 和接收天线 $\zeta_{\text{PCV},r,j}$ 相位中心变化校正需使用标量校正,它与频率、高度角和方位角有关[19.48]。完全校正公式为

$$\zeta^s_{r,j} = \zeta^s_{\text{PCO},j} + \zeta_{\text{PCO},r,j} + \zeta^s_{\text{PCV},j} + \zeta_{\text{PCV},r,j} \tag{19.46}$$

## 19.5.2 校准技术

本节讨论用于确定相位中心偏差和变化校准的两种主要技术。第一个技术为相对天线校准,参考天线和测试天线安装在相距 5m 的水泥柱上,参考天线必须始终为同一类型,假定其相位中心偏差和变化为零。美国国家大地测量局(NGS)为 IGS 进行校准时,选择 allen osborne associates dorne margolin t 天线作为参考天线。利用实时信号

的载波相位差分观测数据,确定每个频率的平均相对相位中心偏差。然后使用此相位中心偏移量,对每个频率单独进行相位中心变化校准。NGS 校准中只考虑高度角依赖性[19.51]。需要注意的是,卫星的相位模型不影响该校准,因为它在单差分观测中已被抵消。

相对校准适用于处理小型网络中的 RTK,这是由于接收机天线观测的卫星一般具有相似的高度角。但是对于全球大型网络而言,该假设则不成立。因此在这种情况下,不依赖参考天线进行校准非常重要,这也被称为绝对校准。可分为两种方法:微波暗室测试和实时信号机器人校准。

(1) 微波暗室测试。在屏蔽外部射频信号和多路径的环境中,GNSS 信号通过发射天线产生并传播到测试天线。为了覆盖所需的方位角和高度角范围,测试天线可以绕其两个轴旋转。通过比较网络分析仪中发送和接收的载波相位,获得相位延迟的测量值。这些相位延迟观测量随后用于估计天线的相位中心偏差以及研究与方位角和高度角之间的相关性[19.48,19.55]。

(2) 实时信号机器人核准。测试天线被固定在一个可以旋转和倾斜的底座上,并置于可观测实时 GNSS 信号的环境中。但是由于多路径会影响相位中心校准,不能认为测试环境中没有多路径影响。为了消除这些误差,可利用卫星几何的重复性。在相同的天线环境中,对相同的卫星几何结构进行两日重复测量,这将在两次测量中得到相同的多路径误差。在两次测量值之间做差虽然可以消除多径,但也消除了需要校准的相位中心的变化。其解决办法是在第二天旋转测试天线。旋转会产生不同的相位中心变化效应,但多径误差和卫星天线相位中心校正仍然相同,可以通过做差来消除。通过附加天线形成短基线,可以消除了两天之间对流层和电离层延迟的差异。由于相位模型根据差分测量得到,因此也消除了所有相位中心变化(PCV)中的公共偏移,这一影响在同一频率上相同,可以在处理过程中被钟差或硬件延迟吸收。由于相位模型独立于参考天线,该校准方法也属于绝对校准[19.56-19.57]。

现如今对第二种方法进行了进一步改进,研发出了可以快速旋转和倾斜天线的机器人。这样无须重复的星座几何结构就可以消除多径,通过自动化程序,可以实现数千种不同的天线方向。因此,测量可以均匀地覆盖天线的整个半球视场,并以高分辨率确定相位模型。此外,还可以获得与高度角和方位角相关的校正[19.58]。这种技术的缺点是如果没有足够数量的卫星发射新信号,信号的校准会比较困难。

PCO 和 PCV 不仅影响接收天线处的 GNSS 观测,也影响卫星发射天线处的 GNSS 观测。因此,对于长基线或非差观测值的处理,还必须对卫星相位模型进行校正。尽管已经尝试对备用 Block Ⅱ/ⅡA 卫星天线使用绝对机器人进行校准[19.59],但是平均偏移和相位模型是根据全球接收机网的 GNSS 数据估计的。在对 PCO 和 PCV 校正的估计中,必须利用无电离层组合来消除电离层的影响。因此获得的参数不涉及单个信号的相位中心和变化。目前的处理忽略了卫星相位模型中方位角的相关性。然而即使在同一类型的卫星之间,在天线指向方向上的平均相位中心偏差也具有显著的差异。因此,需要对每个发射天线的 PCO 分别进行估计[19.60]。

有关接收机和卫星天线校准的更多信息,请参见本书 17.6.2 节。

### 19.5.3 相位中心变化示例

天线交换格式(ANTEX)是 IGS 建立起来用于处理 PCO 和 PCV 的数据格式。它允许以 ASCII 格式存储发送和接收天线的数据,PCO 和 PCV 可以针对每个频率独立存储。相位模型可以表示为与高度角和方位角相关的表格值,也可以存储为无方位依赖的旋转对称模式[19.61]。

图 19.5 是一个大地测量 GNSS 接收机天线的示例,其为不带天线罩的徕卡 AR25 天线 PCV 模型。由于无法估计 PCV 的绝对值,在 90°高度角处 PCV 被归一化为零。在高度角较小的情况下,图中也显示出了 PCV 与方位角相关,而当高度角接近零度时,相位模型呈现接近 2mm 的峰峰值变化。

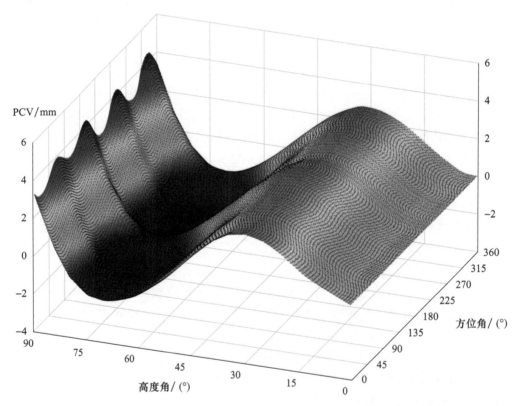

图 19.5 不带天线罩的徕卡 AR25 天线在 GPS L1 频率上的相位中心变化

图 19.6 显示了基于 IGS 校准的 GPS 和 GLONASS 卫星无电离层相位模型。由于在 IGS 校准中不考虑相位模型的方位依赖性,PCV 的变化沿指向角度绘制。GLONASS 卫星的相位模型仅适用于 15°以内的视角,在低轨卫星观测的基础上,GPS 卫星可展到 17°。显然,GPS Block Ⅱ 和 Block ⅡA 卫星以及 Block ⅡR-B 和 Block ⅡR-M 卫星的相位模型是相同的,ⅡR-B/ⅡR-M 卫星的相位模型峰值变化最大。

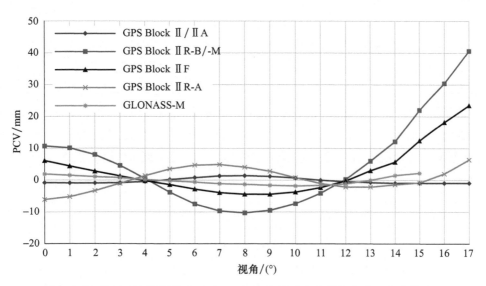

图 19.6　基于 IGS 数据的 GPS 和 GLONASS 的无电离层相位中心变化模式。GPS Block Ⅱ 和 Block ⅡA 卫星以及 Block ⅡR-B 和 Block ⅡR-M 卫星具有相同的相位模式。GLONASS-M 的 PCV 仅当视角在 15° 以内可用

## 19.6　信号偏差

本节讨论伪距与载波相位观测值的信号偏差。实际上,大多数偏差无法通过直接观测得到,因此难以基于普适的定义进行推导。本节将解释这些偏差的来源,并给出常用偏差定义的示例。

### 19.6.1　伪距偏差

式(19.6)中的伪距观测模型包括硬件延迟偏差,该偏差是由于不同信号间不完全同步造成,其可以发生在从信号产生到信号接收之间信号路径上的各个阶段。

如式(19.6)中所示,总的硬件延迟偏差可分为接收机相关项 $d_{r,j}$ 和卫星相关项 $d_j^s$。这里我们假设同一接收机接收的所有信号中与接收机相关的误差是相同的,不同接收机接收到的同一信号中与卫星相关的误差也是相同的。由于不同频率信号的处理过程不同,其硬件延迟也不尽相同,因此式(19.6)中用信号标识符 $j$ 表示信号的频率。这里我们首先假定这些偏差不随时间变化,因此在符号中省略了对时标的表示。需要注意的是,引入这一假设是为了简化问题,但同时也存在一些限制,本节末尾将对其进行进一步讨论。

信号生成单元及天线中的模拟与数字路径的延迟差导致了卫星相关的硬件偏差,不同信号的延迟偏差也不同。单个信号的绝对硬件延迟无法直接测量,我们一般选择某一信号(或信号组合)作为参考点,将其他信号与之进行差分得到差分码偏差(differential code biases,DCB)。差分码偏差 $d_{BA}^s$ 定义为信号 $A$ 和信号 $B$ 绝对硬件延迟之差,即

$$d_{BA}^s = d_A^s - d_B^s \tag{19.47}$$

对每个导航系统来说,系统时间以某个特定信号或信号组合为参考,卫星钟差指的是卫星时钟与系统时间的偏差。参考信号或组合信号的绝对偏差无法直接获得,它们被卫星钟差项所吸收。对于 GPS 系统,L1 和 L2 频率 P(Y) 码的无电离层组合为卫星钟差解算的参考基准。如果用户处理单频数据或不同频率观测值的组合,那么必须校正相应的偏差。为此,每颗 GPS 卫星会发送一个校正参数,即时间群延迟 $T_{GD}$,它可以对 L1/L2-P(Y) 无电离层线性组合信号与单频 P(Y) 信号之间的偏差进行校正。根据 L1/L2 P(Y) 码的 DCB,$T_{GD}$ 可表示为

$$T_{GD} = -\frac{f_{L2}^2}{f_{L1}^2 - f_{L2}^2}(d_{GC1W}^s - d_{GC2W}^s) \tag{19.48}$$

式中:频率标识符 $j$ 下标被四字母的信号标签取代,它包括由三个字母表示的接收机独立交换格式(RINEX)v3 观测码,观测码前面则是卫星系统的标识符,这里 G 代表 GPS。经过时间群延迟校正,P(Y) 单频观测能够与无电离层参考时钟对齐。最新一代的 GPS 卫星还将发射信号间校正(inter-signal corrections,ISC)信息,其中包含用 C/A、L2C 和 L5 码进行单频定位所需的 DCB。除了导航系统本身提供的 $T_{GD}$ 或 ISC 值外,还可以从 IGS 分析中心获得这些参数的精确估计值[19.62-19.63]。

如上所述,处理单系统的混合信号或其信号的组合已经相对比较复杂,如果处理多系统观测值,情况将会变得更加复杂。除了前面提到的 DCB 校正(用户可能必须根据处理时的信号选择应用该校正)之外,两个导航系统之间也可能存在时间偏差,称为系统间偏差(ISB)[19.64-19.66]。在多系统情况下,用户可以将 ISB 作为一个附加参数进行估计。或者可以使用导航系统播发的参数对其进行改正,减弱系统间偏差的影响。对于 GNSS 运营商、外部服务提供商和用户来说,精确地估计、传播和应用这类校正仍然是一项挑战。

从天线到接收机相关器的不同信号路径会导致接收机仪器延迟,通常此延迟不被人们关注,因为它可以被接收机钟差吸收。然而在进行多系统 GNSS 处理时,不同 GNSS 信号的接收机延迟可能不相同。此时则需要每增加一个 GNSS 系统,增加一个偏差参数进行估算,或使用外部数据来进行校正。

GLONASS 系统的伪距偏差处理起来更为复杂。和大多数其他现代导航信号不同,GLONASS 在 L1 和 L2 频段上的传统信号使用频分多址(FDMA)技术。这些信号不具有相同的频率,不使用码分多址(CDMA)技术发送,而是使用接近 L1 和 L2 的中心频率,通过进行微小的频率偏移,在一段频段范围上发送,接收机通过跟踪不同的子频来区分信号。在 GLONASS 中,存在 14 个这样的子频段,每个子频段被两颗置于轨道两侧的卫星使用。

早期使用 GLONASS 与 GPS 组合时,人们已经认识到 GLONASS 伪距和载波相位观测会受到不同信道间接收机硬件偏差的影响。它们是由滤波器以及信号处理链的组件(如天线、LNA 和电缆)引起的,这些组件根据频率表现出不同的延迟。由于每个组件特性和环境温度的差异,在相同类型的接收机之间也可能表现出不同硬件延迟[19.67],从而阻碍分离卫星硬件延迟与接收机硬件延迟。

本节的其余部分将专门讨论先前伪距偏差假设的局限性,即伪距偏差随时间的不变性以及伪距偏差划分为接收机和卫星相关的部分。实际上,信号偏差不具有恒定特性,例如电子元件性能随温度而改变,接收机内部的温度变化[19.68,19.69]以及 GNSS 卫星内部的温度变化[19.70]可能导致信号偏差的变化。偏差假设为常数的条件在很大程度上取决于应用场景以及接收和发射设备所处的环境。

第二个需要限制的假设是,CDMA 信号仪器延迟分为接收机和卫星相关的部分。以 GPS 为例,对接口控制文件(ICD[19.71])的仔细检查表明,通过广播提供的 $T_{GD}$ 和 ISC 仅对具有明确定义的带宽、相关器和特定类型的接收机有效。其根本原因在于不同的相关器可能对卫星发射的特定畸变波形做出不同的回应,由此导致接收信号失真,接收机内部的仪器延迟将发生变化,而每个卫星上的变化可能不同,因此无法通过接收机延迟的公共变化来补偿。所以在估计和应用卫星硬件延迟校正并将此校正应用于具有不同相关器类型的接收机时,必须格外小心,尤其使用高性能多径抑制技术时,因为这些技术通常基于超窄的相关器间隔[19.72-19.73]。

## 19.6.2 载波相位偏差

和伪距类似,载波相位观测也受仪器延迟的影响。这些偏差依然分为卫星和接收机相关部分,在式(19.9)中分别由 $\delta_j^s$ 和 $\delta_{r,j}$ 表示。载波相位偏差是一种特殊的干扰,因为它们的分数部分会阻碍整周模糊度 $N$ 的固定。在精密定位(第 25 章和第 26 章)中,可以通过双差参考站观测值直接消除这些偏差,另外还可以利用从全球或区域参考站网络计算出的校正值来消除载波相位偏差。由于在很大程度上校正值取决于估计系统,因此无法提供通用的校正定义。但是已经对此进行了充分研究,揭示了载波相位偏差卫星端和接收机端的特征,提供了载波相位偏差校正,从而实现了整数模糊度固定[19.74-19.79]。

和传统的 GLONASS 伪距观测模型类似,GLONASS 载波相位测量偏差也比较复杂。如上一节所述,GLONASS 采用的 FDMA 方案需要使用不同频率来跟踪,导致在载波相位测量中引起分米级的频率间偏差。这些偏差与频率呈线性关系,如果以长度单位表示,约等于 L1 和 L2 的波长。然而已有研究表明不同类型的接收机显示出明显不同的偏差斜率,因此无法通过差分处理消除不同接收机之间的偏差[19.80]。研究表明,载波相位偏差主要不是在接收机的模拟部分中产生的,而在数字信号处理(DSP)过程中产生,因此偏差不依赖于温度和接收机组件,可以通过校准消除[19.81]。

## 19.7 接收机噪声和多径误差

在式(19.6)和式(19.9)中,多径和接收机噪声误差已经包含在误差项 $e_{r,j}^s$ 和 $\epsilon_{r,j}^s$ 中,但两者的误差特性存在显著差别,本节对其进行概述。

### 19.7.1 接收机噪声

测量噪声是由信号处理过程中不同电子器件(包括接收机天线、电缆、连接器以及接收机本身)的缺陷引起的。此外,天线还会接收环境中的自然噪声和人为噪声,在伪距和载波相位观测中引入了随机误差。环境噪声和 GNSS 硬件噪声的综合影响与从导航卫星接收到的信号之间的功率比可用于度量信号强度。一个常用的度量标准是载波与噪声功率密度比 $C/N_0$,它是载波信号 $C$ 的功率与 1Hz 带宽的单位噪声功率 $N_0$ 的比值。$C/N_0$ 越大,意味着信号越强或周围环境噪声越弱。

接收机中用于码跟踪的 DLL 和用于相位跟踪的 PLL 的测量噪声直接取决于接收信号的载波与噪声功率密度比(详见第 14 章)。如果码跟踪环路使用早减迟相关器(超前滞后相关器)处理 BPSK 信号,则当 $C/N_0 > 35.0 \text{dB-Hz}$ 时,得到的测量噪声标准差可近似表示为

$$\sigma_{\text{DLL}} \approx \sqrt{\frac{dB_L}{2C/N_0}} \lambda_c \qquad (19.49)$$

式中:$d$ 为以码片为单位的相关器间隔;$B_L$ 为以赫兹为单位的等效码环路噪声带宽;$\lambda_c$ 为码波长。由此关系可知,伪距观测的噪声误差随 $C/N_0$ 的增大而减小。此外,噪声取决于相关器和追踪环路的设计以及信号的码片宽度[19.82]。当使用较高的码片速率跟踪现代化信号时,当前接收机的码测量噪声标准差能达到分米量级或更小。但是对于跟踪其他现代化信号,如伽利略的 BOC 和 AltBOC 信号[19.83],则需要使用比式(19.49)更复杂的公式。

载波追踪环路噪声可用类似的方法近似得出。假设 $C/N_0$ 的值较大,则锁相环的标准差 $\sigma_{\text{PLL}}$ 可近似为

$$\sigma_{\text{PLL}} \approx \sqrt{\frac{B_P}{C/N_0}} \frac{\lambda}{2\pi} \qquad (19.50)$$

可以看出,该值与载波环路噪声带宽 $B_P$(单位为 Hz)以及载波相位波长 $\lambda$ 有关。通常情况下,当 $C/N_0$ 较大时,载波相位噪声的标准偏差小于 1mm[19.82,182页]。

### 19.7.2 多径误差

伪距和载波相位观测的多径误差源于接收机天线除接收到一个从卫星发射后经直线传播的电磁波信号外,还将接收到多个经天线周围地面或其他反射面反射后的信号,而每个反射信号又可能经过一次或多次的反射后才到达天线(第 15 章)。根据反射面特性以及卫星、反射面和接收天线之间的相对几何结构,反射信号到达天线时会发生延迟、衰减和相移。而接收机跟踪的却是直射信号与各个反射波信号的叠加信号。

在码跟踪环路中,叠加信号会导致相关峰值失真,从而引入伪距测量中的距离误差。对于多径误差的影响,人们通常存在一种误解,即认为多径总是会导致测量的伪距更长。实际上,尽管反射信号抵达接收机天线的时间总是比直达信号的时间更迟,但反射信号会

发生相移,并且如果相关函数发生扭曲,则会导致接收机测量的伪距变短。如果信号延迟大于码片宽度与半个相关器间距之和,那么只要跟踪直达信号,相关处理过程就不受多径误差的影响。因此,多径特性还取决于相关器间距和码片宽度[19.84-19.85]。

载波相位观测也同样会受到多径误差的影响,其最大量级为 $\lambda/4$。当反射信号与直达信号具有相同振幅但相移为 $180°$ 时,即会产生最大量级的误差[19.86]。

不同于接收机测量噪声,多径误差并不符合随机误差的特性,其随时间的变化取决于卫星、反射面和接收机之间几何结构。由于直达信号与反射信号之间存在相对相移的变化,因此多径通常具有几秒到几分钟的周期性特征。此外,多路径误差的均值不为零,因此无法通过求取平均值来消除该误差的影响[19.86]。

# 参考文献

19.1　F. van Graas, C. Bartone, T. Arthur: GPS antenna phase and group delay corrections, Proc. ION NTM 2004, San Diego (ION, Virginia 2004) pp. 399–408

19.2　T. Murphy, P. Geren, T. Pankaskie: GPS antenna group delay variation induced errors in a GNSS based precision approach and landing systems, Proc. ION GNSS 2007, Fort Worth (ION, Virginia 2007) pp. 2974–2989

19.3　P. Axelrad, R. G. Brown: GPS navigation algorithms. In: *Global Positioning System: Theory and Applications*, Vol. 1, ed. by B. W. Parkinson, J. J. Spilker Jr. (AIAA, Washington 1996) pp. 409–433

19.4　P. Enge, P. Misra: *Global Positioning System: Signals, Measurements, and Performance*, 2nd edn. (Ganga-Jamuna Press, Lincoln 2006)

19.5　C.-C. Su: Reinterpretation of the Michelson–Morley experiment based on the GPS Sagnac correction, Europhys. Lett. **56**(2), 170–174 (2001)

19.6　C. Moller: *The Theory of Relativity* (Clarendon Press, Oxford 1952)

19.7　S. Y. Zhu, E. Groten: Relativistic Effects in GPS, GPSTech. Appl. Geod. Surv. Proc. Int. GPS-Workshop 1988, Darmstadt, ed. by E. Groten, R. Straus (Springer, Berlin, Heidelberg 1988) pp. 41–46

19.8　N. Ashby: Relativity in the global positioning system, Living Rev. Relativ. **6**(1), 1–42 (2003)

19.9　J. Kouba: Relativistic time transformations in GPS, GPS Solutions **5**(4), 1–9 (2002)

19.10　J. Kouba: Improved relativistic transformations in GPS, GPS Solutions **8**(3), 170–180 (2004)

19.11　J. Zhang, K. Zhang, R. Grenfell, R. Deakin: Short note: On the relativistic Doppler effect for precise velocity determination using GPS, J. Geod. **80**(2), 104–110 (2006)

19.12　B. Hoffmann-Wellenhof, H. Lichtenegger, E. Wasle: *GNSS–Global Navigation Satellite Systems* (Springer, Wien, New York 2008)

19.13　J. A. Klobuchar: Ionospheric effects on GPS. In: *Global Positioning System: Theory and Applications*, Vol. 1, ed. by B. W. Parkinson, J. J. Spilker (AIAA, Washington 1996) pp. 485–515

19.14　O. Ovstedal: Absolute positioning with single-frequency GPS receivers, GPS Solutions **5**(4), 33–44 (2002)

19.15　T. Beran, S. B. Bisnath, R. B. Langley: Evaluation of high-precision, single-frequency GPS point positioning models, Proc. ION GNSS 2004, Long Beach (ION, Virginia 2004) pp. 1893–1901

19.16　H. Zhang, Z. Gao, M. Ge, X. Niu, L. Huang, R. Tu, X. Li: On the convergence of ionospheric constrained precise point positioning (IC-PPP) based on undifferential uncombined raw GNSS observations, Sensors **13**(11), 15708–15725 (2003)

19.17　T. Beran, D. Kim, R. B. Langley: High-precision single-frequency GPS point positioning, Proc. ION GPS/GNSS 2003, Portland (ION, Virginia 2003) pp. 1192–1200

19.18　G. D. Thayer: An improved equation for the radio refractive index of air, Radio Sci. **9**(10), 803–807 (1974)

19.19　J. Saastamoinen: Atmospheric correction for the troposphere and stratosphere in radio ranging satellites. In: *The Use of Artificial Satellites for Geodesy*, ed. by S. W. Henriksen, A. Mancini, B. H. Chovitz (AGU, Washington 1972) pp. 247–251

19.20　J. L. Davis, T. A. Herring, I. I. Shapiro, A. E. E. Rogers, G. Elgered: Geodesy by radio interferometry: Effects of atmospheric modeling errors on estimates of baseline length, Radio Sci. **20**(6), 1593–1607 (1985)

19.21　H. S. Hopfield: Two-quartic tropospheric refractivity profile for correcting satellite data, J. Geophys. Res. **74**(18), 4487–4499 (1969)

19.22　J. Askne, H. Nordius: Estimation of tropospheric delay for microwaves from surface weather data, Radio Sci. **22**(3), 379–386 (1987)

19.23　T. A. Herring: Modeling atmospheric delays in the analysis of space geodetic data. In: *Refraction of Atmospheric Signals in Geodesy*, ed. by J. C. Munck, T. A. T. Spoelstra (Netherlands Geodetic Commission, Delft 1992) pp. 157–164

19.24　J. W. Marini: Correction of satellite tracking data for an arbitrary tropospheric profile, Radio Sci. **7**(2), 223–231 (1999)

19.25　A. E. Niell: Global mapping functions for the atmosphere delay at radio wavelengths, J. Geosphys. Res. **101**(B2), 3227–3246 (1996)

19.26　A. E. Niell: Improved atmospheric mapping functions for VLBI and GPS, Earth Planets Space **52**(10), 699–702 (2000)

19.27　J. Bohm, B. Werl, H. Schuh: Troposphere mapping functions for GPS and very long baseline interferometry from European Centre for Medium-Range Weather Forecasts operational analysis data, J. Geophys. Res. Solid Earth (1978–2012) **111**(B2), 1–9 (2006)

19.28　P. Collins, R. B. Langley, J. LaMance: Limiting factors in tropospheric propagation delay error modelling for GPS airborne navigation, Proc. ION AM 1996, Cambridge (ION, Virginia 1996) pp. 519–528

19.29　R. F. Leandro, M. C. Santos, R. B. Langley: UNB neutral atmosphere models: Development and performance, Proc. ION NTM 2006, Monterey (ION, Virginia 2006) pp. 564–573

19.30　J. Bohm, R. Heinkelmann, H. Schuh: Short note: A global model of pressure and temperature for geodetic applications, J. Geod. **81**(10), 679–683 (2007)

19.31　J. Bohm, A. Niell, P. Tregoning, H. Schuh: Global mapping function (GMF): A new empirical mapping function based on numerical weather model data, Geophys. Res. Lett. **33**(L07304), 1–4 (2006)

19.32　A. K. Tetewsky, F. E. Mullen: Carrier phase wrap-up induced by rotating GPS antennas, Proc. ION AM 1996, Cambridge (ION, Virginia 1996) pp. 21–28

19.33　M. Garcia-Fernandez, M. Markgraf, O. Montenbruck: Spin rate estimation of sounding rockets using GPS wind-up, GPS Solutions **12**(3), 155–161 (2008)

19.34　J. T. Wu, S. C. Wu, G. A. Hajj, W. I. Bertiger, S. M. Lichten: Effects of antenna orientation on GPS carrier phase, Manuscr. Geod. **18**(2), 91–98 (1993)

19.35　Y. E. Bar-Sever: A new model for GPS yaw attitude, J. Geod. **70**(11), 714–723 (1996)

19.36　J. Kouba: A simplified yaw-attitude model for eclipsing GPS satellites, GPS Solutions **13**(1), 1–12 (2009)

19.37　F. Dilssner: GPS IIF-1 satellite, antenna phase center and attitude modeling, Inside GNSS **5**(6), 59–64 (2010)

19.38　F. Dilssner, T. Springer, W. Enderle: GPS IIF yaw attitude control during eclipse season, Proc. AGU Fall Meet., San Francisco (AGU, Washington 2011) pp. 1–23

19.39　F. Dilssner, T. Springer, G. Gienger, J. Dow: The GLONASS-M satellite yaw-attitude model, Adv. Space Res. **47**(1), 160–171 (2010)

19.40　P. Zentgraf, H.-D. Fischer, L. Kaffer, A. Konrad, E. Lehrl, C. Muller, W. Oesterlin, M. Wiegand: AOC design and test for GSTB-V2B, Proc. 6th Int. ESA Conf. Guid. Navig. Contr. Syst., Loutraki, ed. by D. Danesy (ESA, Noordwijk 2005) pp. 1–7

19.41　A. Konrad, H.-D. Fischer, C. Muller, W. Oesterlin: Attitude & orbit control system for Galileo IOV, Proc. 17th IFAC Symp. Autom. Contr. Aerosp., Toulouse, ed. by H. Siguerdidjane (IFAC, Laxenburg 2007) pp. 25–30

19.42　Y. Ishijima, N. Inaba, A. Matsumoto, K. Terada, H. Yonechi, H. Ebisutani, S. Ukava, T. Okamoto: Design and developement of the first quasi-zenith satellite attitude and orbit control system, IEEE Aerosp. Conf., Big Sky (2009)

19.43　A. Hauschild, P. Steigenberger, C. Rodriguez-Solano: QZS-1 yaw attitude estimation based on measurements from the CONGO network, Navigation **59**(3), 237–248 (2012)

19.44　S. Zhou, X. Hu, J. Zhou, J. Chen, X. Gong, C. Tang, B. Wu, L. Liu, R. Guo, F. He, X. Li, H. Tan: Accuracy analyses of precise orbit determination and timing for COMPASS/Beidou-2 4GEO/5IGSO/4MEO constellation, Proc. CSNC 2013, Vol. III, Wuhan, ed. by J. Sun, W. Jiao, H. Wu, C. Shi (Springer, Berlin 2013) pp. 89–102

19.45　W. Wang, G. Chen, S. Guo, X. Song, Q. Zhao: A study on the Beidou IGSO/MEO satellite orbit determination and prediction of the different yaw control mode, China Satell. Navig. Conf. (CSNC), Wuhan, ed. by J. Sun, W. Jiao, H. Wu, C. Shi (Springer, Berlin Heidelberg 2013) pp. 31–40

19.46　J. Guo, Q. Zhao, T. Geng, X. Su, J. Liu: Precise orbit determination for COMPASS IGSO satellites during yaw maneuvers, Proc. CSNC 2013, Wuhan, Vol. III, ed. by J. Sun, W. Jiao, H. Wu, C. Shi (Springer, Berlin 2013) pp. 41–53

19.47　T. Kersten, S. Schon: GNSS group delay variations – Potential for improving GNSS based time and frequency transfer?, Proc. 43rd Annu. PTTI Syst. Appl. Meet., Long Beach (ION, Virginia 2011) pp. 255–270

19.48　B. Gorres, J. Campbell, M. Becker, M. Siemes: Absolute calibration of GPS antennas: Laboratory results and comparison with field and robot techniques, GPS Solutions **10**(2), 136–145 (2006)

19.49　M. Schmitz, G. Wubbena, G. Boettcher: Tests of phase center variations of various GPS antennas, and some results, GPS Solutions **6**(1/2), 18-27(2002)

19.50　F. Menge, G. Seeber, C. Volksen, G. Wubbena, M. Schmitz: Results of absolute field calibration of GPS antenna PCV, Proc. ION GPS 1998, Nashville(ION, Virginia 1998) pp. 31-38

19.51　G. L. Mader: GPS antenna calibration at the National Geodetic Survey, GPS Solutions **3**(1), 50-58 (1999)

19.52　M. Rothacher: Comparison of absolute and relative antenna phase center variations, GPS Solutions **4** (4), 55-60(2001)

19.53　R. Schmid, M. Rothacher: Estimation of elevationdependent satellite antenna phase center variations of GPS satellites, J. Geod. **77**(7), 440-446 (2003)

19.54　S. Y. Zhu, F.-H. Massmann, Y. Yu, C. Reigber: Satellite antenna phase center offsets and scale errors in GPS solutions, J. Geod. **76**(11/12), 668-672(2003)

19.55　B. R. Schupler: Signal characteristics of GPS user antennas, Navigation **41**(3), 277-296(1994)

19.56　G. Wubbena, M. Schmitz, F. Menge, G. Seeber, C. Volksen: A new approach for field calibration of absolute antenna phase center variations, Navigation **44**(2), 247-256(1997)

19.57　G. Seeber, F. Menge, C. Volksen, G. Wubbena, M. Schmitz: Precise GPS positioning improvements by reducing antenna and site dependent effects. In: *Advances in Positioning and Reference Frames*, ed. by F. K. Brunner(Springer, Berlin 1998) pp. 237-244

19.58　G. Wubbena, M. Schmitz, F. Menge, V. Boder, G. Seeber: Automated absolute field calibration of GPS antennas in real-time, Proc. ION GPS 2000, Salt Lake City(ION, Virginia 2000) pp. 2512-2522

19.59　G. Wubbena, M. Schmitz, G. Mader, F. Czopek: GPS Block II/IIA satellite antenna testing using the automated absolute field calibration with robot, Proc. ION GNSS 2007, Fort Worth(ION, Virginia 2007) pp. 1236-1243

19.60　R. Schmid, P. Steigenberger, G. Gendt, M. Ge, M. Rothacher: Generation of a consistent absolute phase center correction model for GPS receiver and satellite antennas, J. Geod. **81**(12), 781-798(2007)

19.61　M. Rothacher, R. Schmid: ANTEX: The Antenna Exchange Format, Version 1.4(2010) http://www.igs.org/assets/txt/antex14.tx

19.62　C. Hegarty, E. Powers, B. Fonville: Accounting for timing biases between GPS, modernized GPS, and Galileo signals, Proc. 36th Annu. PTTI Meet., Washington (PTTI, Washington 2004) pp. 307-317

19.63　O. Montenbruck, A. Hauschild: Code biases in multi-GNSS point positioning, Proc. 2013 Int. Tech. Meet. Inst. Navig., San Diego(ION, Virginia 2013) pp. 616-628

19.64　D. Odijk, P. J. G. Teunissen: Characterization of between-receiver GPS-Galileo inter-system biases and their effect on mixed ambiguity resolution, GPS Solutions **17**(4), 521-533(2013)

19.65　J. Paziewski, P. Wielgosz: Accounting for Galileo-GPS inter-system biases in precise satellite positioning, J. Geod. **89**(1), 81-93(2015)

19.66　A. Dalla Torre, A. Caporali: An analysis of intersystem biases for multi-GNSS positioning, GPS Solutions **19**(2), 297-307(2015)

19.67　D. Kozlov, M. Tkachenko: Centimeter-level realtime kinematic positioning with GPS+GLONASS C/A receivers, Navigation **45**(2), 137-147(1998)

19.68　G. Bishop, A. Mazella, E. Holland, S. Rao: Algorithms that use the ionosphere to control GPS errors, Proc. IEEE PLANS 1996, Atlanta(1996)

19.69　R. Warnant: Reliability of the TEC computed using GPS measurements-The problem of hardware biases, Acta Geod. Geophys. Hung. **32**(3/4), 451–459 (1997)

19.70　O. Montenbruck, U. Hugentobler, R. Dach, P. Steigenberger, A. Hauschild: Apparent clock variations of the Block IIF-1(SVN62) GPS satellite, GPS Solutions **16**(3), 303–313(2012)

19.71　Navstar GPS Space Segment/Navigation User Segment Interfaces, Interface Specification(Global Positioning Systems Directorate, California 2013) ISGPS-200H, 24 Sep. 2013

19.72　A. Hauschild, O. Montenbruck: A study on the dependency of GNSS pseudorange biases on correlator spacing, GPS Solutions **20**(2), 159–171(2016)

19.73　A. Hauschild, O. Montenbruck: The Effect of correlator and front-end design on GNSS pseudorange biases for geodetic receivers, Proc. ION GNSS+ 2015, Tampa(ION, Virginia 2015) pp. 2835–2844

19.74　M. Ge, G. Gendt, M. Rothacher, C. Shi, J. Liu: GPS carrier-phase ambiguities in precise point positioning (PPP) with daily observations, J. Geod. **82**(7), 389–399(2008)

19.75　J. Geng, F. N. Teferle, C. Shi, X. Meng, A. H. Dodson, J. Liu: Integer ambiguity resolution in precise point positioning with hourly data, GPS Solutions **13**(4), 263–270(2009)

19.76　D. Laurichesse, F. Mercier, J. P. Berthias: Zero-difference integer ambiguity fixing on single frequency receivers, Proc. ION GNSS 2009, Savannah(ION, Virginia 2009) pp. 2460–2469

19.77　D. Laurichesse, F. Mercier, J. P. Berthias, P. Broca, L. Cerri: Integer ambiguity resolution undifferenced GPS phase measurements and its application to PPP and satellite precise orbit determination, Navigation **56**(2), 135–149(2009)

19.78　P. Collins, S. Bisnath, F. Lahaye, P. Heroux: Undifferenced GPS ambiguity resolution using the decoupled clock model and ambiguity datum fixing, Navigation **57**(2), 123–135(2010)

19.79　P. J. G. Teunissen, A. Khodabandeh: Review and principles of PPP-RTK methods, J. Geod. **89**(3), 217–240(2015)

19.80　L. Wanninger: Carrier-phase inter-frequency biases of GLONASS receivers, J. Geod. **86**(2), 139–148 (2012)

19.81　J.-M. Sleewaegen, A. Simsky, W. de Wilde, F. Boon, T. Willems: Origin and compensation of GLONASS inter-frequency carrier phase biases in GNSS receivers, Proc. ION GNSS 2012, Nashville(ION, Virginia 2012) pp. 2995–3001

19.82　P. J. G. Teunissen, A. Kleusberg(Eds.): *GPS for Geodesy*, 2nd edn. (Springer, Berlin, Heidelberg, New York 1998)

19.83　J.-M. Sleewaegen, W. de Wilde, M. Hollreiser: Galileo AltBOC receiver, Proc. ENC-GNSS 2004, Rotterdam (Netherlands Institute of Navigation, Rotterdam 2004) pp. 1–9

19.84　M. S. Braasch: Multipath effects. In: *Global Positioning System: Theory and Applications*, Vol. 1, ed. by B. W. Parkinson, J. J. Spilker Jr. (AIAA, Washington 1996) pp. 547–568

19.85　G. Seeber: *Satellite Geodesy*, 2nd edn. (Walter de Gruyter, Berlin, New York 2003)

19.86　M. Irsigler: Multipath Propagation, Mitigation and Monitoring in the Light of Galileo and the Modernized GPS, Ph. D. Thesis(TU Munchen, Munchen 2008)

# 第 20 章 观测值组合

## André Hauschild

本章介绍常用的观测值组合,通常可用于多频定位解算,研究测量噪声、多径或电离层效应等。通过对伪距和载波相位观测值进行参数化,引入线性组合观测值的一般表达式,解释系数对组合观测值特性和噪声的影响。本章首先介绍单接收机观测单个卫星的观测值组合,然后讨论扩展到两颗卫星、接收机和历元间的差分观测。

## 20.1 基础方程

组合相同类型或不同类型的多种观测量在 GNSS 数据处理或分析过程中具有重要的地位。组合观测值可以消除电离层延迟等参数。此外,通过观测量的组合可以分离和重点分析一些特定的误差或特征(如多路径误差或模糊度参数)。

在推导组合方程时,为简化起见,引入 $P_{r,IF}^s$ [20.1],其定义为

$$P_{r,IF}^s(t) = \rho_r^s(t) + c(dt_r(t) - dt^s(t) + \delta t^{rel}(t)) + T_r^s(t) \quad (20.1)$$

本章采用的符号中,上标 $s$ 表示观测到的卫星,下标 $r$ 表示接收机。$P_{r,IF}^s$ 只依赖于几何距离 $\rho_r^s$、接收机钟差 $dt_r$、卫星钟差 $dt^s$、相对论效应 $\delta t^{rel}$ 和对流层延迟 $T_r^s$。所有的时间延迟都通过与光速 $c$ 相乘转换为长度单位。所有与频率相关的项,如电离层延迟 $I_{r,j}^s$、接收机偏差 $d_{r,j}$、卫星偏差 $d_j^s$、与视线相关的群延迟变化(或码相位方向图) $\xi_{r,j}^s$、以及多径和噪声 $e_{r,j}^s$ 均未考虑。下标 $j$ 在这里用作表示不同频率或信号标识符。根据第 19 章式(19.6),完整的伪距观测方程可以表示为

$$p_{r,j}^s(t) = P_{r,IF}^s(t) + I_{r,j}^s(t) + \xi_{r,j}^s(t) + cd_{r,j}^s + e_{r,j}^s(t) \quad (20.2)$$

各项更详细的讨论读者可以参考第 19 章。式(20.2)中将接收机偏差 $d_{r,j}$ 和卫星偏差 $d_j^s$ 表示为

$$d_{r,j}^s = d_{r,j} + d_j^s \quad (20.3)$$

当组合观测量来自不同星座的卫星时,系统间偏差(ISB)就变得尤为重要。ISB 通常为两个星座之间系统时间偏差和多种延迟(或偏差)的组合。在式(20.2)中没有明确写出 ISB,因为它只表现在差分观测量中。系统时间偏差对 ISB 的贡献隐含在式(20.1)的卫星钟差中,而信号接收和处理过程延迟的贡献包含在式(20.2)的偏差项中。因此需要注意的是式(20.1)的钟差参考的是所有星座适用的单一共同的时间系统。时钟参数在卫星的导航电文中发送或作为外部校正提供,通常指相应 GNSS 的系统时间。在讨论单差和

双差观测值时,将进一步深入阐述 ISB。

与式(20.2)等效的载波相位观测值 $\varphi_{r,j}^s$ 可表达为(第 19 章式(19.9))

$$\varphi_{r,j}^s(t) = P_{r,\text{IF}}^s(t) - I_{r,j}^s(t) + \zeta_{r,j}^s(t) + c\delta_{r,j}^s + \lambda_j(\omega_r^s(t) + N_{r,j}^s) + \varepsilon_{r,j}^s(t) \quad (20.4)$$

在载波相位情形下,增加了天线相位中心偏差和变化 $\xi_{r,j}^s$ 校正项、接收机和卫星联合偏差 $\delta t_{r,j}^s$、相位缠绕校正 $\omega_r^s$、整数模糊度 $N_{r,j}^s$、接收机噪声和多径 $\varepsilon_{r,j}^s$ 校正项。其中 $\omega_r^s$ 和 $N_{r,j}^s$ 已经通过与 $\lambda_j$ 波长相乘从周期转换为长度单位。与伪距观测相似,不同星座的卫星载波相位差异也会受到 ISB 的影响,隐含在卫星钟差和载波相位偏差中。式(20.4)除以相应的波长,可得到载波相位以周期为单位的表达式,即

$$\phi_{r,j}^s(t) = \frac{\varphi_{r,j}^s(t)}{\lambda_j} \quad (20.5)$$

还需要注意,一阶电离层延迟取决于频率 $f_j$ 和信号传播路径中的电子总含量(TEC),如下所示(第 19 章中式(19.29))为

$$I_{r,j}^s = \frac{40.3\text{TEC}}{f_j^2} = \frac{f_1^2}{f_j^2} I_{r,1}^s \quad (20.6)$$

在式(20.6)中,$f_1$ 表示一个任意选择的参考频率对应的电离层延迟 $I_{r,j}^s$。为简单起见,忽略了更高阶的电离层延迟。

文献[20.2]中给出了 GNSS 伪距和载波相位观测线性组合的广义方程,本节对此方程进行改进。假设有 $n$ 种不同的可用信号,组合观测量是载波相位观测 $\varphi_j$(乘以系数 $\alpha_j$)与伪距观测值 $p_j$(乘以系数 $\beta_j$)的线性组合,即

$$o_{r,c}^s(t) = \sum_{j=1}^{n} (\alpha_j \varphi_{r,j}^s(t) + \beta_j p_{r,j}^s(t)) \quad (20.7)$$

注意,任何实数都可以作为系数 $\alpha_j$ 和 $\beta_j$ 的值。因此式(20.7)还可以仅使用码或仅使用相位来组合,或者从多频观测值中选择不同数量的码和相位观测值。把式(20.2)~式(20.4)和式(20.6)代入到式(20.7),得

$$\begin{aligned}
o_{r,c}^s(t) = & \left(\sum_{j=1}^{n}(\alpha_j + \beta_j)\right) P_{r,\text{IF}}^s(t) - \\
& \left(\sum_{j=1}^{n}(\alpha_j - \beta_j)\frac{f_1^2}{f_j^2}\right) I_{r,1}^s(t) + \\
& \left(\sum_{j=1}^{n}(\alpha_j \zeta_{r,j}^s(t) + \beta_j \xi_{r,j}^s(t))\right) + \\
& \left(\sum_{j=1}^{n}(\alpha_j \delta_{r,j}^s + \beta_j d_{r,j}^s)\right) c + \\
& \left(\sum_{j=1}^{n} \alpha_j \lambda_j N_{r,j}^s\right) + \left(\sum_{j=1}^{n} \alpha_j \lambda_j\right) \omega_r^s(t) + \\
& \left(\sum_{j=1}^{n}(\alpha_j \varepsilon_{r,j}^s(t) + \beta_j e_{r,j}^s(t))\right)
\end{aligned} \quad (20.8)$$

从式(20.8)中可以看出,选择不同的系数 $\alpha_j$ 和 $\beta_j$,一些方程项可以保留、弱化或完全消

除。例如 $P_{r,IF}^s$ 中的几何距离、钟差和对流层延迟的大小通过下式控制，即

$$\sum_{j=1}^{n}(\alpha_j+\beta_j)=h_1 \quad (20.9)$$

比例系数 $h_1$ 可以根据系数来设置任意值，通常有两种情况：如果 $h_1=1$，那么这一组合为几何守恒；如果 $h_1=0$，则可以完全消除 $P_{r,IF}^s$ 项，那么组合观测值就是几何无关的。

一阶电离层延迟式(20.8)可以通过以下因子进行缩放，即

$$-\sum_{j=1}^{n}(\alpha_j-\beta_j)\frac{f_1^2}{f_j^2}=h_2 \quad (20.10)$$

令 $h_2=0$ 可创建无电离层组合。应该注意的是，观测组合可以同时是电离层无关、几何无关和几何守恒的情况。

如果在组合观测方程式(20.8)中使用载波相位观测值，则可以引入一个组合模糊度 $N_c$ 和组合波长 $\lambda_c$ 参数。在方程式(20.8)中，每个频点的模糊度与以下的组合模糊度有关，即

$$\lambda_c N_c = \sum_{j=1}^{n}\alpha_j\lambda_j N_j = \lambda_c \sum_{j=1}^{n}i_j N_j \quad (20.11)$$

引入一个积分相位系数 $i_j$，即

$$i_j = \alpha_j\frac{\lambda_j}{\lambda_c} = \alpha_j\frac{f_c}{f_j} \quad (20.12)$$

组合模糊度为

$$N_c = \sum_{j=1}^{n}i_j N_j \quad (20.13)$$

由于所有 $i_j$ 均为整数，所得的组合模糊度 $N_c$ 也是整数。组合频率 $f_c$ 和波长 $\lambda_c=c/f_c$ 可以根据所有系数 $\alpha$ 的和来计算，即

$$f_c = \frac{\sum_{j=1}^{n}i_j f_j}{\sum_{j=1}^{n}\alpha_j} \quad (20.14)$$

$$\lambda_c = \frac{\sum_{j=1}^{n}\alpha_j}{\sum_{j=1}^{n}i_j\frac{f_j}{c}} = \frac{\sum_{j=1}^{n}\alpha_j}{\sum_{j=1}^{n}\frac{i_j}{\lambda_j}} \quad (20.15)$$

观测值组合的随机统计特性也受式(20.8)中所选系数的影响。假设一个未组合的观测向量通过一个变换矩阵 $T$ 转化为组合观测量 $o_c$，有

$$o_c = To \quad (20.16)$$

变换矩阵 $T$ 包含不同观测值组合的系数 $\alpha$ 和 $\beta$。根据未组合的观测值协方差矩阵 $Q$，可得观测值组合的协方差矩阵 $Q_{o_c o_c}$，即

$$Q_{o_c o_c} = TQ_{oo}T^T \quad (20.17)$$

假设 $o$ 中单独观测值之间是不相关的，用观测值 $o_c$ 表示。根据伪距的标准差 $\sigma_{e,j}$ 和载波相位的标准差 $\sigma_{\varepsilon,j}$，式(20.17)可简化为

$$\sigma_c = \sqrt{\sum_{j=1}^{n}(\alpha_j^2 \sigma_{\varepsilon,j}^2 + \beta_j^2 \sigma_{e,j}^2)} \tag{20.18}$$

用类似的方法可以得到观测值组合的协方差。在进一步处理中,需对观测量的方差和协方差进行适当的加权处理。

以下将介绍伪距和载波相位的观测值组合,在这里没有考虑多普勒测量。但是某些应用,特别是在单差、双差、三差或无电离层组合的情况下,多普勒组合具有实际用途。在这些情况下,多普勒的观测值组合与伪距和载波相位观测组合相同。

## 20.2 单星单站观测值组合

这一节介绍使用单接收机和单个卫星在一个或多个频率上的观测值组合。按所设计的应用进行分类,可分为:
(1) 载波相位模糊度解算;
(2) 分离或消除电离层误差;
(3) 多径分析。

只需使用传统双频信号的多种组合,就可以实现上述每一类应用。现代化 GNSS 提供的额外频率可以提供更多的选择。因此本章的推导只限于最常用的组合,只介绍使用现代化导航系统信号进行组合并具有重要实际意义的部分例子。

### 20.2.1 窄巷宽巷组合

从式(20.14)和式(20.15)可以明显看出,将两个或两个以上的载波相位观测值组合成一个新的信号,会导致这种组合的频率和波长产生变化。如果 $\sum \alpha = 1$,$f_c$ 的组合频率为

$$f_c = \sum_{j=1}^{n} i_j f_j \tag{20.19}$$

注意,GNSS 的所有频率都是由一个基频 $f_0$ 乘以整数 $k_j$ 得出的,单个频率可由 $f_j = k_j f_0$ 得到。将此表达式代入式(20.19)可得

$$f_c = \left(\sum_{j=1}^{n} i_j k_j\right) f_0 = k f_0 \tag{20.20}$$

式中:$k$ 为巷数。对应的波长为

$$\lambda_c = \frac{c}{k f_0} = \frac{\lambda_0}{k} \tag{20.21}$$

式中:$\lambda_0$ 为基频 $f_0$ 的波长。因为所有的 $i_j$ 和 $k_j$ 都是整数,所以 $k$ 也是整数。这个参数唯一地确定了新信号组合的频率和波长[20.3]。当 $k=1$,组合的波长等于 $\lambda_0$,这是可以达到的最长波长。GPS 和 QZSS 的基频为 10.230MHz,对应波长约为 29.31m。表 20.1 所列的北斗二号信号的基频 $f_0$ 为 2.046MHz,最大可能波长约为 146.53m[20.4]。通过选择更大的 $k$ 值,可以创建不同波长的组合信号,这些信号都是 $\lambda_0$ 的倍数。

表20.1 不同的双频GNSS信号的宽巷组合式(20.24)(右上三角形部分,下划线)和窄巷组合式(20.27)波长(左下角三角形部分)。基本频率和$k_j$在码分多址(CDMA)的星座的首行列出。在第一列的圆括号中列出了单独的载波相位频率。所有的频率单位为兆赫兹,波长单位为m

| GPS ($f_0=10.230$) | L1 (154) | | L2 (120) | | L5 (115) |
|---|---|---|---|---|---|
| L1(1575.420) | — | | 0.86 | | 0.75 |
| L2(1227.600) | 10.7 | | — | | 5.86 |
| L5(1176.450) | 10.9 | | 12.5 | | — |
| QZSS ($f_0=10.230$) | L1 (154) | LEX (125) | L2 (120) | | L5 (115) |
| L1(1575.420) | — | 1.01 | 0.86 | | 0.75 |
| LEX(1278.750) | 10.5 | — | | | 2.94 |
| L2(1227.600) | 10.7 | 12.0 | — | | 5.86 |
| L5(1176.450) | 10.9 | 12.2 | 12.5 | | — |
| GALILEO ($f_0=5.115$) | E1 (308) | E6 (250) | E5b (236) | E5 (233) | E5a (230) |
| E1(1575.420) | — | 1.01 | 0.81 | 0.78 | 0.75 |
| E6(1278.750) | 10.5 | — | 4.19 | 3.45 | 2.93 |
| E5b(1207.140) | 10.8 | 12.1 | — | — | 9.77 |
| E5(1191.795) | 10.8 | 12.1 | — | — | — |
| E5a(1176.450) | 10.9 | 12.2 | 12.6 | — | — |
| GLONASS | L1 | L2 | L3 | | |
| L1ª(1602.000) | — | 0.84 | 0.75 | | |
| L2ª(1246.000) | 10.5 | — | 6.82 | | |
| L3ᵇ(1202.025) | 10.7 | 12.2 | — | | |
| BEIDOUᶜ ($f_0=2.046$) | B1 (763) | B3 (620) | B2 (590) | | |
| B1(1561.098) | — | 1.02 | 0.85 | | |
| B3(1268.520) | 10.6 | — | 4.88 | | |
| B2(1207.140) | 10.8 | 12,1 | — | | |

注:a—信道号为0的FDMA频率;b—GLONASS-K1卫星CDMA频率;c—北斗二代卫星信号

在巷号$k$的帮助下,可以分为三个组合[20.3]:

(1) 宽巷组合,组合波长比组合中最大的单个波长大。

(2) 中巷组合,组合波长在最大和最短的单个波长之间。

(3) 窄巷组合,组合波长比组合中最小的单个波长小。

由于波长较长,宽巷组合对于整周模糊固定具有重要意义(第23章),宽巷组合可应用于双差观测中。由于多频观测数据的增加，可以形成包括宽巷组合在内的多种组合。即使只使用双频测量值，也存在一系列的宽巷组合，这些组合在减少测量噪声和电离层延迟方面具有不同的特点[20.5-20.6]。

下面介绍最常见的双频宽巷(WL)组合。它是一个几何守恒组合，只使用频率 $f_A$ 和 $f_B$ 的载波相位测量值，通过选取 $i_A = +1$ 和 $i_B = -1$ 等整数系数，可得到以周为单位的 WL 载波相位组合 $\phi^s_{r,WL}$，即

$$\phi^s_{r,WL} = \phi^s_{r,A} - \phi^s_{r,B} = \frac{\varphi^s_{r,A}}{\lambda_A} - \frac{\varphi^s_{r,B}}{\lambda_B} \quad (20.22)$$

对应的波长 $\lambda_{WL}$ 为

$$\lambda_{WL} = \frac{c}{f_A - f_B} \quad (20.23)$$

把式(20.22)和式(20.23)相乘可得以 m 为单位的载波相位宽巷组合 $\varphi^s_{r,WL}$，即

$$\varphi^s_{r,WL} = \frac{f_A}{f_A - f_B}\varphi^s_{r,A} - \frac{f_B}{f_A - f_B}\varphi^s_{r,B} \quad (20.24)$$

采用类似的方式可以利用整数系数 $i_A = +1$ 和 $i_B = +1$ 形成几何守恒的窄巷载波相位组合，即

$$\phi^s_{r,NL} = \phi^s_{r,A} + \phi^s_{r,B} = \frac{\varphi^s_{r,A}}{\lambda_A} + \frac{\varphi^s_{r,B}}{\lambda_B} \quad (20.25)$$

对应的窄巷波长为

$$\lambda_{NL} = \frac{c}{f_A + f_B} \quad (20.26)$$

以米为单位的窄巷组合 $\varphi^s_{r,NL}$ 为

$$\varphi^s_{r,NL} = \frac{f_A}{f_A + f_B}\varphi^s_{r,A} + \frac{f_B}{f_A + f_B}\varphi^s_{r,B} \quad (20.27)$$

研究式(20.23)和式(20.26)中的波长表达式，可以得到这些组合命名的原因。例如，使用频率 L1 和 L2 上的 GPS 信号，窄巷组合的波长为 10.7cm。与原始观测值相比，窄巷组合的波长较短；而宽巷组合则相反，GPS L1/L2 频率的宽巷组合波长为 0.86m。

现代化 GPS 系统中，如果有三个频率的信号可用，根据式(20.20)，频率 L1 和 L5 上的载波相位观测可以形成波长为 0.75m 的组合，有时称为中巷(ML)信号。根据式(20.22)使用两个较近频率的信号(L2 和 L5)，可得到波长为 5.86m 的信号，通常称为超宽巷组合(EWL)[20.7]。其他发射两个以上多频信号的 GNSS 系统也可以采用类似的组合。伽利略[20.8-20.9]的三载波模糊固定(TCAR)技术和 GPS 的级联整数固定(CIR)技术[20.10-20.11]利用了宽巷和超宽巷组合。表 20.1 列出了不同 GNSS 信号双频宽巷和窄巷组合的波长。宽巷组合通常是构建 Z 变换去相关的起点(第 23 章)。关于 TCAR、CIR 和最小二乘模糊度降相关平差(LAMBDA)的比较可参见文献[20.12-20.14]。

根据式(20.18)评估式(20.24)和式(20.27)的观测值组合精度(以 m 为单位)，可得宽巷组合 $\sigma_{WL}$ 的测量噪声的标准差和窄巷组合 $\sigma_{NL}$ 的标准差，即

$$\sigma_{NL} = \sqrt{\frac{f_A^2}{(f_A+f_B)^2}\sigma_A^2 + \frac{f_B^2}{(f_A+f_B)^2}\sigma_B^2} \tag{20.28}$$

$$\sigma_{WL} = \sqrt{\frac{f_A^2}{(f_A-f_B)^2}\sigma_A^2 + \frac{f_B^2}{(f_A-f_B)^2}\sigma_B^2} \tag{20.29}$$

假设组合中涉及的载波相位信号噪声用 $\sigma$ 表示,可得到

$$\sigma_{NL} = \sqrt{\frac{f_A^2 + f_B^2}{(f_A+f_B)^2}}\sigma \tag{20.30}$$

$$\sigma_{WL} = \sqrt{\frac{f_A^2 + f_B^2}{(f_A-f_B)^2}}\sigma \tag{20.31}$$

利用上述表达式对 GPS L1 和 L2 频率进行评估,结果表明与单独的载波相位测量值相比,窄巷组合的噪声降低至 0.71。这不仅适用于 GPS L1 和 L2,而且对于目前所有的 GNSS 信号组合的低频段(1100~1300MHz)和高频段(1600MHz 附近)的观测值组合来说,这个系数也大致相同。另一方面,GPS L1 和 L2 形成的宽巷组合会导致噪声明显增加,其噪声是单独观测值噪声的 5.7 倍。如果使用相邻频率,噪声可能会更高,例如选择 GPS L2 和 L5 时系数为 33.2,使用 Galileo E5a 和 E5b 时系数为 65.8。虽然当宽巷组合中的两个频率差较小时,噪声将会变大,但从表 20.1 中可以明显看出,与波长的增加量相比,所产生的载波相位噪声仍然很小。

当然,窄巷和宽巷组合也可以使用伪距组合来代替式(20.24)和式(20.27)中的载波相位。其典型应用为 Melbourne-Wübbena 组合 $o_{MW}$,它由伪距窄巷组合和载波相位宽巷组合之差形成[20.15-20.16],即

$$o_{MW} = \varphi_{r,WL}^s - p_{r,NL}^s$$
$$= \frac{f_A}{f_A-f_B}\varphi_{r,A}^s - \frac{f_B}{f_A-f_B}\varphi_{r,B}^s - \frac{f_A}{f_A+f_B}p_{r,A}^s - \frac{f_B}{f_A+f_B}p_{r,B}^s \tag{20.32}$$

这种组合满足几何无关和电离层无关条件。把式(20.2)和式(20.24)代入到式(20.32)可得

$$o_{MW} = \lambda_{WL}(N_{r,A}^s - N_{r,B}^s) + \frac{f_A}{f_A-f_B}c\delta_{r,A}^s - \frac{f_B}{f_A-f_B}c\delta_{r,B}^s -$$
$$\frac{f_A}{f_A+f_B}cd_{r,A}^s - \frac{f_B}{f_A+f_B}cd_{r,B}^s + \frac{f_A}{f_A-f_B}\zeta_{r,A}^s - \frac{f_B}{f_A-f_B}\zeta_{r,B}^s -$$
$$\frac{f_A}{f_A+f_B}\xi_{r,A}^s - \frac{f_B}{f_A+f_B}\xi_{r,B}^s + \frac{f_A}{f_A-f_B}\varepsilon_{r,A}^s - \frac{f_B}{f_A-f_B}\varepsilon_{r,B}^s -$$
$$\frac{f_A}{f_A+f_B}e_{r,A}^s - \frac{f_B}{f_A+f_B}e_{r,B}^s \tag{20.33}$$

式(20.33)中包括宽巷模糊度、伪距和载波相位偏差、群延迟变化和相位中心变化以及噪声和多路径引起的测量误差。因此 Melbourne-Wübbena 组合获得的宽巷模糊度参数是有

偏的,受到载波相位和伪距偏差组合噪声的影响。虽然通过窄巷组合可以减少噪声的影响,但是伪距偏差组合仍然是噪声的主要来源。Melbourne-Wübbena 组合常用于载波相位观测的质量控制和周跳检测[20.17]。

这里引入的窄巷和宽巷组合被限制在两个频率的信号中。但是窄巷、中巷或宽巷的组合也可以通过同时使用三个或更多的频率来形成。文献[20.3,20.18,20.19]介绍了不同组合的不同特征,包括电离层延迟的噪声放大和抑制问题。读者可以参考其中的参考文献来获得更多信息。

## 20.2.2 电离层组合

由于电离层延迟取决于观测量的频率,因此可以用双频伪距或载波相位测量值来消除一阶延迟。根据式(20.9)和式(20.10),可以找到一个系数实现几何无关组合($h_1 = 0$)以及使用伪距观测值实现电离层守恒组合($h_2 = 1$),即

$$\beta_A = -\beta_B = -\frac{f_B^2}{f_A^2 - f_B^2} \tag{20.34}$$

将这些系数代入式(20.8),并包括式(20.2)中的所有项,可得

$$-\frac{f_B^2}{f_A^2 - f_B^2}(p_{r,A}^s - p_{r,B}^s) = I_{r,A}^s(t) + \frac{f_B^2}{f_A^2 - f_B^2} c d_{r,AB}^s -$$

$$\frac{f_B^2}{f_A^2 - f_B^2}(\xi_{r,A}^s(t) - \xi_{r,B}^s(t)) -$$

$$\frac{f_B^2}{f_A^2 - f_B^2}(e_{r,A}^s(t) - e_{r,B}^s(t)) \tag{20.35}$$

式中:$d_{r,AB}^s = d_{r,B}^s - d_{r,A}^s$ 为卫星和接收机的差分码偏差(DCB)组合。从公式中可以看出,一阶电离层延迟可由两个伪距观测差值进行缩放来计算,它受相应信号的 DCB 偏差影响,还受到群延迟变化、多径和噪声的综合影响。

同样地,可以得到载波相位观测的系数为

$$\alpha_A = -\alpha_B = \frac{f_B^2}{f_A^2 - f_B^2} \tag{20.36}$$

注意,伪距和载波相位系数符号的不同。使用式(20.4)中的所有项替换式(20.8)后,可得

$$\frac{f_B^2}{f_A^2 - f_B^2}(\varphi_{r,A}^s - \varphi_{r,B}^s) = I_{r,A}^s(t) + \frac{f_B^2}{f_A^2 - f_B^2} c(\delta_{r,A}^s - \delta_{r,B}^s) +$$

$$\frac{f_B^2}{f_A^2 - f_B^2}(\lambda_A N_{r,A}^s - \lambda_B N_{r,B}^s) + \frac{f_B^2}{f_A^2 - f_B^2}(\zeta_{r,A}^s(t) - \zeta_{r,B}^s(t)) +$$

$$\frac{f_B^2}{f_A^2 - f_B^2}(\lambda_A - \lambda_B)\omega_r^s(t) + \frac{f_B^2}{f_A^2 - f_B^2}(\varepsilon_{r,A}^s(t) - \varepsilon_{r,B}^s(t))$$

$$\tag{20.37}$$

与伪距相似,通过双频载波相位组合观测的差值进行相应的缩放,可得电离层延迟偏差和模糊度。此外,相位中心偏差和变化、相位缠绕和载波相位噪声和多径的差值也存在于观测方程中。

假设式(20.35)或式(20.37)的两个观测值的噪声相同,则可以根据式(20.18)得到电离层组合测量噪声的标准差 $\sigma_{IC}$,即

$$\sigma_{IC} = \sqrt{2}\,\frac{f_B^2}{f_A^2 - f_B^2}\sigma \tag{20.38}$$

图 20.1 显示了两颗 GPS 卫星的电离层伪距和载波相位组合。从图中可以看出这两种观测值具有不同的噪声水平。另外值得注意的是,无论是伪距和载波相位组合都不代表真正的倾斜电离层延迟。伪距组合包含了观测结果的偏差,这就导致其中一个卫星的组合为负值,物理上讲不可能为真正的电离层延迟。同样的,在载波相位组合中,除了观测结果的偏差之外,组合的整周模糊度也会造成偏差。从图中还可以看出,倾斜电离层延迟随着卫星高度角和接收机当地电离层活动的昼夜变化而变化。电离层的活动在观测之初比较平静,在观测最后变得越来越活跃。

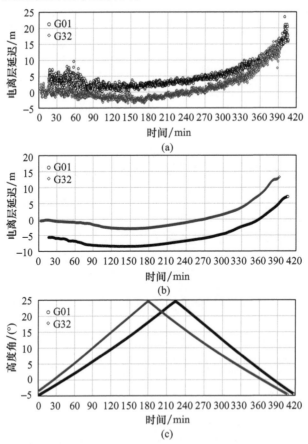

图 20.1 根据两颗 GPS 卫星的 L1 C/A 和 L2 P(Y)观测量和相应的卫星高度角(c)绘制的基于伪距(a)和载波相位(b)的倾斜电离层延迟图

## 20.2.3 无电离层组合

本节介绍常用的可以消除电离层延迟的组合。如果只有单频观测值,则可以形成 GRAPHIC 组合。字母缩写 GRAPHIC 代表群和相位电离层校准[20.20]。由于它只需要在一个频率上进行伪距相位和载波相位观测,因此也适用于低成本单频接收机。GRAPHIC 组合利用了伪距和载波相位中电离层误差相反的特点,其公式为

$$o_{\text{GPH}(p_j,\varphi_j)} = \frac{1}{2}(p_{r,j}^s + \varphi_{r,j}^s)$$

$$= P_{r,\text{IF}}^s + \frac{1}{2}c(d_{r,j}^s + \delta_{r,j}^s) + \frac{1}{2}(\xi_{r,j}^s(t) + \zeta_{r,j}^s(t)) +$$

$$\frac{1}{2}\lambda_j(\omega_r^s(t) + N_{r,j}^s) + \frac{1}{2}(e_{r,j}^s(t) + \varepsilon_{r,j}^s(t)) \quad (20.39)$$

组合的参数满足几何守恒($h_1 = 1$)条件和电离层无关条件($h_2 = 0$)。除了消除电离层的误差外,所有伪距误差和偏差都降低了 0.5。但是新的观测量也受到 0.5 倍载波相位所有偏差的影响,特别是受到了式(20.39)中载波相位模糊度 $N$ 的影响,这就需要在定位中额外增加估计参数。因此,GRAPHIC 组合在处理过程中与载波相位观测值相似,但是它的测量噪声主要来源于伪距。

通过使用两个或多个不同频率的观测值,可以形成更为复杂的无电离层信号组合。利用电离层是一种色散介质这一特性,不同频率的观测值会受到不同延迟的影响。因此,只要至少有两个不同频率的观测结果,就可以确定电离层延迟(至少是一阶)并将其从观测方程中扣除。

首先介绍一种行之有效的双频电离层组合。利用两个伪距或两个不同频率的载波相位观测值进行组合形成。与上一节中分离电离层延迟不同,这里我们希望保留几何关系($h_1 = 1$),并消除电离层延迟($h_2 = 0$)。从式(20.9)和式(20.10)获得双频伪距组合的系数 $\beta_A$ 和 $\beta_B$,有

$$\beta_A = 1 - \beta_B = \frac{f_A^2}{f_A^2 - f_B^2} \quad (20.40)$$

其中,在组合中使用频率 A 和 B 的伪距。无电离层伪距组合方程为

$$p_{r,\text{IF}}^s = \frac{f_A^2}{f_A^2 - f_B^2} p_{r,A}^s - \frac{f_B^2}{f_A^2 - f_B^2} p_{r,B}^s \quad (20.41)$$

在相同系数下,也可以形成一种无电离层载波相位组合,即

$$\varphi_{r,\text{IF}}^s = \frac{f_A^2}{f_A^2 - f_B^2} \varphi_{r,A}^s - \frac{f_B^2}{f_A^2 - f_B^2} \varphi_{r,B}^s \quad (20.42)$$

消除一阶电离层延迟的代价是其组合观测值的标准差将大大增加。如果假设在组合中不同频率具有相同的噪声 $\sigma$,通过式(20.18)可得

$$\sigma_{\text{IF}} = \sqrt{\frac{f_A^2 + f_B^2}{f_A^2 - f_B^2}}\sigma \quad (20.43)$$

式中：$\sigma_{IF}$ 为无电离层组合的噪声。GPS L1/L2 信号的噪声大约增加了 3.0 倍，GPS L1/L5 或 Galileo E1/E5a 波段的信号噪声大约增加了 2.6 倍[20.1]。显而易见，当信号的频率间隔较大时，噪声相对比较低。如果两个组合频率比较接近，则会导致噪声增加，例如，GPS L2/L5 的噪声增加了 16.6 倍，而 Galileo E5a/E5b 的噪声增加了 27.5 倍。式(20.43)中的噪声放大对伪距和载波相位观测都适用。

载波相位无电离层组合的波长对我们来说是有意义的。无电离层条件下，根据式(20.10)可得

$$\frac{\alpha_A}{f_A^2} + \frac{\alpha_B}{f_B^2} = 0 \tag{20.44}$$

将式(20.12)中的整数系数进行替换，根据式(20.20)的基频表达式可得以下条件，即

$$\frac{i_A}{i_B} = -\frac{f_A}{f_B} = -\frac{k_A}{k_B} \tag{20.45}$$

根据 $\sum \alpha_j = 1$ 的几何守恒条件，以及根据式(20.15)可以计算对应的电离层组合波长为

$$\lambda_{IF} = \frac{\lambda_A \lambda_B}{i_A \lambda_B + i_B \lambda_A} \tag{20.46}$$

依据式(20.45)可以明显看出整数系数存在多种选择。一种选择是将整数设为相等但符号与 $k_j$ 相反的值，然后除以最小公分母，这一选择将会产生最大的波长。GPS L1 和 L2 频率根据式(20.46)产生的波长仅为 6mm，这会影响整周模糊度固定的计算。非整数 $i_j$ 虽然满足式(20.46)，但破坏了组合模糊度的整数特性。

为了对载波相位缠绕校正进行建模，定义波长 $\lambda_{IF,PWU}$ 为

$$\lambda_{IF,PWU} = \lambda_A \frac{f_A^2}{f_A^2 - f_B^2} - \lambda_B \frac{f_B^2}{f_A^2 - f_B^2} = \frac{c}{f_A + f_B} \tag{20.47}$$

其值与窄巷波长相同（与式(20.26)和表 20.1 比较）。需要强调的是，双频伪距电离层无关和载波相位组合只是根据同一类型的观测值构建的。因此与 GRAPHIC 组合相比，它们保持了原始观测值的特征属性，除了增加噪声外，可以使用与原始非组合观测值类似的处理方法。

通过双频测量只能形成一个电离层无关组合。当有了两种以上频率的信号，就有多种组合来消除电离层，并保留组合模糊度的整数性质[20.21,20.22]，也有可能从观测结果中完全消除二阶电离层效应。正常电离层条件下，单频观测时的误差在天顶方向大约为几厘米，而在双频组合中，这个误差可以减少 30%。在三频观测中，电离层的误差可以完全消除到二阶只留下三阶项，残差通常可以小于 1mm[20.23]。但是当只使用 L 波段的信号时，组合信号的噪声将会增加，可能会限制其实际应用[20.24]。

此外，还有人建议不完全消除一阶电离层，而是将其降低到可以容忍或可以忽略的程度。它们通常被称为电离层抑制信号组合[20.3,20.25-20.26]。由于这些新的组合种类繁多，在本节中无法详细讨论。读者可以参考专门的文献来了解这些组合的进一步信息。

## 20.2.4 多径组合

在 GNSS 测量中,多径效应大多被认为是一种干扰,了解多路径误差对观测结果的影响程度至关重要(第 15 章)。通过合理的多径组合可以消除多径效应的影响。

最常用的用于评估单频伪距多径效应的组合为频率 $A$ 上的伪距观测值与频率 $A$、$B$ 上两个载波相位观测值之间的组合[20.27],即

$$o_{\mathrm{MP}(pA)} = p_{\mathrm{r},A}^s - \varphi_{\mathrm{r},A}^s - 2k(\varphi_{\mathrm{r},A}^s - \varphi_{\mathrm{r},B}^s) \tag{20.48}$$

$$k = \frac{f_B^2}{f_A^2 - f_B^2} \tag{20.49}$$

从式(20.9)和式(20.10)中可以明显看出,这种多径组合是几何无关和电离层无关的。注意式(20.48)中最后一项与式(20.37)的相似之处:从本质上讲,这个多径组合是伪距减去载波再减去两倍电离层延迟。所得组合观测结果中的剩余项 $o_{\mathrm{MP}(pA)}$ 包括伪距观测值的群延迟变化、信号偏差、接收机噪声和多径以及载波相位观测值的相位中心变化和偏差、信号偏差、相位缠绕、模糊度、噪声和多径。但是相位缠绕的影响会减至 0.85~0.9 倍,其量级为几厘米。

首先假设载波相位观测值的多径误差和噪声相对于伪距的误差来说是可以忽略不计的。其次假设所有其他项都是恒定的,那么对多径组合进行时域评估就会产生这个扰动参数的时域变化,该变化是由其余项的组合产生的,具体为

$$o_{\mathrm{MP}(pA)} = e_{\mathrm{r},A}^s(t) - ((1+2k)\lambda_A + 2k\lambda_B)\omega_\mathrm{r}^s(t) + \xi_{\mathrm{r},A}^s(t) -$$
$$(1+2k)\xi_{\mathrm{r},A}^s(t) + 2k\xi_{\mathrm{r},B}^s(t) + \Gamma \tag{20.50}$$

$$\Gamma = cd_{\mathrm{r},A}^s - (1+2k)c\delta_{\mathrm{r},A}^s + 2kc\delta_{\mathrm{r},B}^s - (1+2k)\lambda_A N_{\mathrm{r},A}^s + 2k\lambda_B N_{\mathrm{r},B}^s \tag{20.51}$$

根据前面的假设,这种多径组合的噪声由伪距测量噪声主导。然而对于特殊的低噪声伪距信号,如伽利略系统改进的 BOC 调制(AltBOC)信号,码噪声和相位噪声可能都会影响这一组合的噪声。

图 20.2 展示了这种多径组合的一个例子。该图描绘了由大地测量接收机跟踪的 GPS 卫星 C/A 码伪距测量值的多径误差。当时间为 900s,卫星高度角下降到 12°以下时,多径误差就会变得清晰可见。这也可以从测量数据 $C/N_0$ 的周期性振荡中观察到:多径信号表现出非常典型的交替干扰现象[20.28]。仰角小于 6°时,多径会变得非常严重,以至于接收机反复失锁,导致式(20.51)中的整周模糊度发生变化。

此前的推导结果已经证明,使用不同频率的两个载波相位观测值,可以对单个伪距测量的多径进行评估。结合来自三频的观测结果,可以分别使用伪距和载波相位观测值在一定程度上分离多径误差[20.29]。考虑伪距 $o_{\mathrm{MP}(p_A,p_B,p_C)}$ 和载波相位 $o_{\mathrm{MP}(\phi_A,\phi_B,\phi_C)}$ 的以下三频率组合,即

$$o_{\mathrm{MP}(pA,pB,pC)} = \beta_A p_{\mathrm{r},A}^s + \beta_B p_{\mathrm{r},B}^s + \beta_C p_{\mathrm{r},C}^s \tag{20.52}$$

$$o_{\mathrm{MP}(\phi A,\phi B,\phi C)} = \alpha_A \phi_{\mathrm{r},A}^s + \alpha_B \phi_{\mathrm{r},B}^s + \alpha_C \phi_{\mathrm{r},C}^s \tag{20.53}$$

其中,线性系数定义为

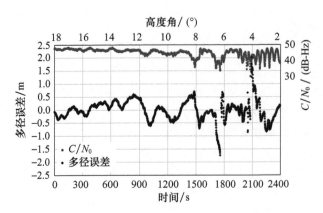

图 20.2 GPS 卫星的 L1 C/A 码测量的多径组合（黑色）和测量的载噪比 C/N0（红色）随时间和卫星仰角的变化图。请注意，高度角的变化在图中区间内大致呈线性变化（见彩图）

$$\begin{cases} \alpha_A = \beta_A = \dfrac{(\lambda_C^2 - \lambda_B^2)}{\Lambda} \\ \alpha_B = \beta_B = \dfrac{(\lambda_A^2 - \lambda_C^2)}{\Lambda} \\ \alpha_C = \beta_C = \dfrac{(\lambda_B^2 - \lambda_A^2)}{\Lambda} \\ \Lambda^2 = (\lambda_C^2 - \lambda_B^2)^2 + (\lambda_A^2 - \lambda_C^2)^2 + (\lambda_B^2 - \lambda_A^2)^2 \end{cases} \tag{20.54}$$

使用式（20.54）中的系数来评估几何缩放系数式（20.9）和电离层缩放系数式（20.10）。结果显示，这种组合既是几何无关也是电离层无关的。此外对式（20.18）的评估结果表明，假设所有三种观测值的噪声水平相同，则噪声放大系数为 1[20.30]。将式（20.2）代入式（20.52）中，可以得到

$$\begin{aligned} o_{\mathrm{MP}(pA,pB,pC)} &= \beta_A e_{r,A}^s(t) + \beta_B e_{r,B}^s(t) + \beta_C e_{r,C}^s(t) + \\ &\quad \beta_A \xi_{r,A}^s(t) + \beta_B \xi_{r,B}^s(t) + \beta_C \xi_{r,C}^s(t) + \\ &\quad c(\beta_A d_{r,A}^s + \beta_B d_{r,B}^s + \beta_C d_{r,C}^s) \end{aligned} \tag{20.55}$$

表 20.2 列出了现代化 GNSS 开放服务信号的相应参数。显而易见，与第一频率（最高频率）相关联的项得到衰减，其他两项则具有相似的权重。伪距组合取决于多径误差和组合接收机噪声 $e_{r,j}^s$、单组合群延迟变化 $\xi_{r,j}^s$ 以及组合的伪距延迟 $d_{r,j}^s$。尽管后者通常被假定为常数，但对三频多径组合的研究表明，对于某些卫星来说，存在着与频率相关的线性偏差[20.31]。

图 20.3 显示了与图 20.2 中相同的卫星和时间段的 GPS L1 C/A、L2C 和 L5 频点的三频伪距组合。同样可看出，在低卫星仰角时，多径效应明显可见。与伪距类似，将式（20.4）代入式（20.53），可得三频载波相位的多径组合，即

$$\begin{aligned} o_{\mathrm{MP}(\phi A,\phi B,\phi C)} &= \alpha_A \varepsilon_{r,A}^s(t) + \alpha_B \varepsilon_{r,B}^s(t) + \alpha_C \varepsilon_{r,C}^s(t) + \alpha_A \zeta_{r,A}^s(t) + \alpha_B \zeta_{r,B}^s(t) + \\ &\quad \alpha_C \zeta_{r,C}^s(t) + c(\alpha_A \delta_{r,A}^s + \alpha_B \delta_{r,B}^s + \alpha_C \delta_{r,C}^s) + \omega_r^s(\alpha_A \lambda_A + \alpha_B \lambda_B + \\ &\quad \alpha_C \lambda_C) + \alpha_A \lambda_A N_{r,A}^s + \alpha_B \lambda_B N_{r,B}^s + \alpha_C \lambda_C N_{r,C}^s \end{aligned} \tag{20.56}$$

表20.2 不同 GNSS 的三频多径组合的系数。最后一列列出了相位缠绕项的有效波长

| GNSS | $\alpha_j, \beta_j$ | | | $\sum \alpha_j, \lambda_j / \mathrm{mm}$ |
|---|---|---|---|---|
| GPS,QZSS<br>L1,L2,L5 | 0.142 | −0.767 | 0.626 | −0.99 |
| Galileo<br>E1,E5b,E5a | 0.085 | −0.746 | 0.661 | −0.63 |
| GLONASS<br>L1,L2,L3 | 0.121 | −0.760 | 0.639 | −0.82 |
| BeiDou<br>B1,B3,B2 | 0.183 | −0.781 | 0.597 | −0.94 |

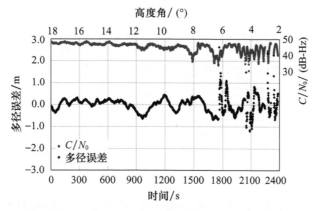

图 20.3 一段时间内 L1 C/A、L2C 和 L5 伪距测量的频率多径组合(黑色)以及 L1 C/A 的载噪比 $C/N_0$(红色)与 GPS 卫星高度角关系。请注意,在所绘图的时间段内,卫星高度角大致呈线性变化(见彩图)

除了多径和噪声 $\varepsilon_{r,j}^s$ 的影响外,载波相位组合还受组合相位中心变化 $\xi_{r,j}^s$、组合相位偏差 $\delta_{r,j}^s$、整周模糊度的线性组合 $N_{r,j}^s$ 以及相位缠绕 $\omega_r^s$ 的影响。表 20.2 中的最后一列列出了组合系数。这些误差大约在 1mm 的范围内,因此几乎可以从载波相位组合中忽略。

图 20.4 显示了 GPS 观测值 L1 C/A、L2C 和 L5 信号的三频载波相位的组合,与上述两个多径图具有相同的卫星和时间周期。在高度角较低的情况下,图中显示出组合多径的高频震荡特性。注意,与图 20.3 相比,由于载波相位多径要小两个数量级,因此图 20.4 的纵坐标轴具有不同的尺度。对多径效应的详细讨论,读者可以参考第 15 章的内容。

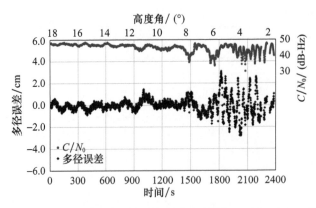

图 20.4 L1 C/A、L2C 和 L5 的三频载波相位的多径组合(黑色)以及 L1 C/A 载噪比 $C/N_0$(红色) 随时间和 GPS 卫星高度角的变化。请注意,卫星高度角在图中区间内大致呈线性变化(见彩图)

## 20.3 多星多站观测值组合

前几节中观测值组合仅通过对单独接收机跟踪单个卫星的测量数据形成,除此之外也可以在两颗卫星之间或两个接收机之间形成组合,后者是一种历史悠久的差分定位技术,可以方便地消除观测对象中的误差参数。两颗卫星在同一个接收机上的观测值之差或同一卫星的两个接收机观测值之差,称为单差。在两个单差观测值之间做差,称为双差。两个双差在不同历元的时间差,称为三差。本节最后介绍零基线配置的特殊情况,即两个接收机通过功分器连接到同一天线上。使用这种方式设置的单差、双差和三差,对于表征 GNSS 信号或接收机测量值具有重要意义。

这里补充一个简短的记号说明:到目前为止,所有与时间相关的术语都是由$(t)$表示的。本章的其余部分取消这个时间依赖标志,从而使表达更为简洁。

### 20.3.1 站间单差

假设存在图 20.5 所示的两个接收机(1 和 2)对同一颗卫星 $k$ 进行同时测量。则可计算出伪距观测接收机之间的单差(BRSD) $p_{12,\otimes}^k$,记为

$$p_{12,\otimes}^k = p_{2,\otimes}^k - p_{1,\otimes}^k \tag{20.57}$$

用符号 $\otimes$ 代替信号标识符 $j$,这里使用此符号原因是考虑到单差通常是在相同信号之间形成的,但不一定是基本观测值。例如,也可以根据所需的应用,使用电离层无关组合或任何其他信号组合进行单差。本节的其余部分只考虑单一的、未组合的测量值,因此为了简洁起见省略符号 $\otimes$。将式(20.2)代入式(20.57),并考虑所有误差项,可得伪距单差的结果,即

$$p_{12}^k = \rho_{12}^k + c(\mathrm{d}t_{12} + \delta t_{\mathrm{stc},12}^{\mathrm{rel},k}) + cd_{12}^k + \xi_{12}^k + T_{12}^k + I_{12}^k + e_{12}^k \tag{20.58}$$

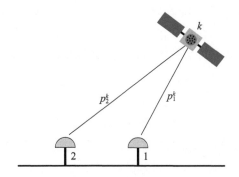

图 20.5　接收机 1 和 2 之间关于卫星 $k$ 的单差

使用简写符号 $\rho_{12}^k = \rho_2^k - \rho_1^k$ 表示差分几何距离，方程的其他项也用同样的方法来表示。文献中也常用 $\Delta\rho_{12}^k$ 来表示接收机间单差，其意义与式(20.57)一致。但是在这种情况下，每个方程项的观测方程中需要增加一个额外的 $\Delta$，这可能导致方程看起来比较繁琐。

无论天线距离如何，接收机接收到的两个时间同步的卫星钟差已经从式(20.58)中消除。同时消除的误差包括由于非圆轨道式(19.15)和 $j2$ 校正式(19.18)中的相对论效应引入的时钟误差。方程中，差分相对论时空曲率校正 $\delta t_{\text{stc},12}^{\text{rel},k}$、对流层延时 $T_{12}^k$、电离层延迟 $I_{12}^k$ 和群延迟变化 $\xi_{12}^k$ 仍然存在，但与两个接收机天线的距离密切相关。对于只有 100m 左右两个接收机的天线距离，其在大气中信号传输的路径几乎相同，信号延迟也相同，因此这些项可以从式(20.58)中消除。对于更远的天线距离，电离层中的电子含量和对流层的大气参数可能显著不同。类似的推理也适用于差分群延迟 $\xi_{12}^k$ 变化：如果天线基线较短，天线—卫星视线向量和孔径角几乎相同，因此信号受到同一群延迟的影响；而对于较长的基线，群延迟可能不同。由时空曲率导致的相对论效应式(19.14)也取决于视线向量，因此 $\delta t_{\text{stc},12}^{\text{rel},k}$ 与长基线不直接相关。

式(20.58)中保留了差分偏差 $d_{12}^k$。原因是只有在单差接收机中使用相同的相关器时，卫星和接收机偏差组合才可以分离式(20.3)。在这种情况下，依赖卫星的部分从单差中去除，只剩下接收机的差分偏差。无论天线距离多远，差分接收机钟差 $dt_{12}$、噪声和多径误差 $e_{12}^k$ 仍然存在于方程中。

以类似的方式，可以形成两个接收机 $\varphi_{12}^k$ 之间载波相位的单差，即

$$\varphi_{12}^k = \rho_{12}^k + c(\mathrm{d}t_{12} + \delta t_{\text{stc},12}^{\text{rel},k}) + c\delta_{12}^k + \xi_{12}^k + \\ T_{12}^k - I_{12}^k + \lambda(\omega_{12}^k + N_{12}^k) + \varepsilon_{12}^k \tag{20.59}$$

式(20.59)中的差分项如距离 $\rho_{12}^k$、接收机钟差 $dt_{12}$、相对论时钟校正 $\delta t_{\text{stc}}^{\text{rel}}$、对流层差分延迟 $T_{12}^k$、电离层延迟 $I_{12}^k$、相位中心变化 $\zeta_{12}^k$、载波相位偏差 $\delta_{12}^k$、噪声和多径 $\varepsilon_{12}^k$ 与伪距单差方程中基本相同，这里不再重复。在式(20.59)中增加了两项：差分相位缠绕 $\omega_{12}^k$ 和单差整周模糊度 $N_{12}^k$。

相位缠绕取决于发射天线和接收天线的相对方向。假设接收天线的方向之间不发生变化，那么在 100km 或更短基线的差分测量中，残余的相位缠绕效应是几毫米左右，可以

忽略不计。残余效应随着基线长度的增加而增加,理论上对于放置在地球两侧的接收天线,其影响可以达到半个波长[20.32]。接收天线可能会相互旋转,例如,一个天线设置为参考站,另一个天线安装在移动的车辆上,此时还必须考虑两根天线之间差分相位缠绕的变化。

图20.6显示的是三颗GPS卫星在4h间隔内的伪距站间单差(图20.6(a))和载波相位站间单差(图20.6(b))。两个天线相距4.8m,因此差分对流层、电离层和群延迟变化可以被消除。剩余项为差分距离、差分接收机钟差、时空曲率引起的差分相对论效应、差分接收机噪声和多径误差。载波相位单差的整周模糊度为任意值。两个接收机的载波相位单差与伪距单差保持紧密一致。因此,两图中的坐标轴刻度相同。从这些图中可以看出,伪距和载波相位单差都表现出相同的短期变化,在75min、120min和150min时尤其明显。由于接收机内部振荡器工作是独立的,因此这些变化是由差分接收机钟差引起的。此外,差分距离随时间的变化也造成两个单差观测量在时间上的系统性变化。由于它只取决于卫星的运动,所以这种变化对于静态基线来说是缓慢的,最大只能在基线长度的两倍范围内变化。图中的范围为-4.8~+4.8m。

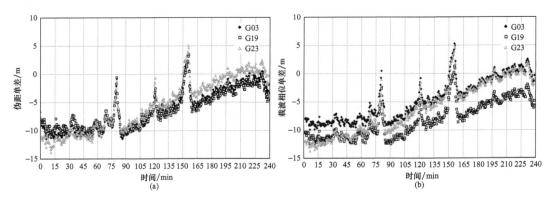

图20.6 三颗GPS卫星和两个接收机天线间伪距单差(a)和载波相位单差(b)观测量,基线长度为4.8m,时间间隔为4h

## 20.3.2 星间单差

单差方程式(20.58)和式(20.59)是使用两个接收机接收同一颗卫星的观测值形成的。单差也可以根据图20.7所示,由相同接收机1上观测两个不同卫星$k$和$l$来形成,即

$$\begin{cases} p_1^{kl} = p_1^l - p_1^k \\ \varphi_1^{kl} = \varphi_1^l - \varphi_1^k \end{cases} \tag{20.60}$$

如果使用更详细的符号,则星间单差(BSSD)分别表示为$\nabla p_1^{kl}$和$\nabla \varphi_1^{kl}$。注意,$\nabla$用于BSSD而不是BRSD的$\Delta$。伪距$p_1^{kl}$与载波相位$\varphi_1^{kl}$星间单差观测方程为

$$p_1^{kl} = \rho_1^{kl} + c(dt^{kl} + \delta t^{rel,kl}) + cd_1^{kl} + \xi_1^{kl} + T_1^{kl} + I_1^{kl} + e_1^{kl} \tag{20.61}$$

$$\varphi_1^{kl} = \rho_1^{kl} + c(dt^{kl} + \delta t^{rel,kl}) + c\delta_1^{kl} + \zeta_1^{kl} + T_1^{kl} - I_1^{kl} + \varepsilon_1^{kl} + \lambda^l(\omega_1^l + N_1^l) - \lambda^k(\omega_1^k + N_1^k) \tag{20.62}$$

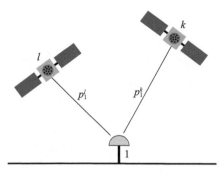

图 20.7 卫星 $k$ 和 $l$ 与接收机 1 形成的单差观测值

星间差分消除了接收机钟差和相应的相对论效应,其余项均无法消除。在载波相位方程式(20.62)中,相位缠绕和模糊度的表达式更为复杂,因为它们可能涉及不同频率的波长 $\lambda^k$ 和 $\lambda^l$。当不同星座的两颗卫星形成单差时,这两个星座的 ISB 隐含在组合观测值中,即系统时间偏差和测量偏差的组合。式(20.1)和式(20.62)中的系统时间偏差隐含在差分卫星钟差 $dt^{kl}$ 中。ISB 偏差隐含在差分伪距偏差 $dt_1^{kl}$ 和差分载波相位偏差 $\delta_1^{kl}$ 中。

图 20.8 具有与图 20.6 相同的时间间隔,表示单个接收机对三颗相同 GPS 卫星之间的伪距(图 20.8(a))和载波相位(图 20.8(b))的单差。观测结果已对几何距离和卫星钟差进行了校正,其偏差可达数千米。正如预期的那样,接收机时钟误差已经消失,伪距和载波相位观测噪声和多径误差变得明显。差分对流层和电离层延迟、差分群延迟变化和相位中心变化导致了星间单差随时间产生变化。注意到由于电离层延迟的符号不同,导致伪距和载波相位之间的时域变化差异,这种效应也称为码载波分离。

大多数组合观测值从测量方程中消除参数的代价是增加噪声。站间单差 $\sigma_{12}$ 或星间单差 $\sigma^{kl}$ 的噪声为

$$\sigma_{12} = \sigma^{k1} = \sqrt{2}\sigma \tag{20.63}$$

其中假设非组合的观测噪声标准差为 $\sigma$。

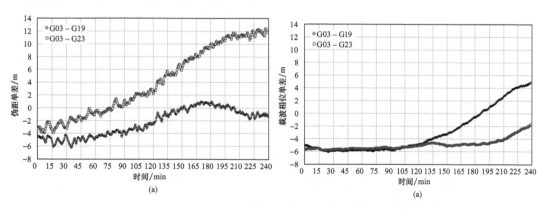

图 20.8 4h 时间间隔的三颗 GPS 卫星星间伪距单差(a)和载波相位单差(b)。其中差分几何距离和卫星钟差已进行了校正

### 20.3.3 双差

如果可以从一对接收机 1 和 2 得到一对卫星 $k$ 和 $l$ 的观测值,可以形成一个双差观测方程,如图 20.9 所示。对于伪距测量来说,可以从两个接收机单差方程形成双差方程,即

$$p_{12}^{kl} = p_{12}^{l} - p_{12}^{k} \tag{20.64}$$

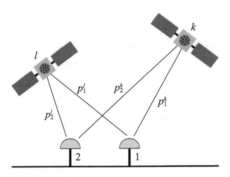

图 20.9 接收机 1、2 和卫星 $k$ 和 $l$ 的双差

同样的,载波相位的双差可表示为 $\rho_{12}^{kl} = \rho_{2}^{kl} - \rho_{1}^{kl}$。双差可简单表示为 $\Delta \nabla p_{12}^{kl}$。将式(20.58)代入式(20.64),得

$$p_{12}^{kl} = \rho_{12}^{kl} + cd_{12}^{kl} + \xi_{12}^{kl} + T_{12}^{kl} + I_{12}^{kl} + e_{12}^{kl} \tag{20.65}$$

注意,接收机和卫星钟差以及相对论效应校正已经从双差中消除,但几何距离的双差仍然存在。对流层、电离层延迟和码—相位模型的变化也仍然存在,只有在短基线的条件下才可消除,此外,接收机噪声和多径误差 $e_{12}^{kl}$ 仍然存在。

除非使用相同特性的前端和相关器的接收机,否则将会存在双差偏差 $d_{12}^{kl}$。如果在双差中使用了不同星座的卫星,相应的 ISB 部分会仍然保留在组合观测值中。两个星座内各自的系统时间偏差是相同的,可以使用类似于卫星钟差的手段来消除。但是由于两个接收机可能会对不同的星座表现出不同的偏差,因此,同一星座的卫星双差可能会消除卫星偏差,但当两颗卫星来自不同的星座时偏差则无法消除。

类似的,载波相位观测 $\varphi_{12}^{kl}$ 双差方程可表示为

$$\varphi_{12}^{kl} = \rho_{12}^{kl} + c\delta_{12}^{kl} + \zeta_{12}^{kl} + T_{12}^{kl} - I_{12}^{kl} + \lambda(\omega_{12}^{kl} + N_{12}^{kl}) + \varepsilon_{12}^{kl} \tag{20.66}$$

双差的几何距离、对流层和电离层延迟与式(20.65)中的定义相同。$\zeta_{12}^{kl}$ 表示相位中心变化的双差。方程中载波相位偏差 $\delta_{12}^{kl}$ 的双差仍然存在,只有在使用兼容前端和相关器设计的接收机时才可以被消除。组合误差 $\varepsilon_{12}^{kl}$ 包含了接收机噪声和多径的误差。相位缠绕项 $\omega_{12}^{kl}$ 和整周模糊度 $N_{12}^{kl}$ 与波长 $\lambda$ 相关。公式中隐含假定所有与双差相关的载波相位观测值都具有相同的波长 $\lambda$。双差包含相位缠绕项,因为其仅在 100km 以内的短基线中可以忽略。从理论上讲,对于位于地球两侧的接收天线,其最大可以达到半个波长。无论基线长度的大小,只有接收天线的相对旋转可以在双差中消除,因为其单差式(20.66)是相同的。

图 20.10 描述了与上一节一样的例子,使用相同的卫星和接收机,在相同的时间间隔

内,给出伪距和载波相位的双差,如图 20.10 所示。图中可以清楚地看出,4.8m 的短基线长度消除了所有的大气延迟以及由于群延迟变化和相位中心偏移变化产生的影响,只剩下几何距离、信号偏差、噪声和多径的双差,其变化量级为几米。伪距双差的噪声和多径也清晰可见,但是载波相位双差的噪声和多径的影响要小得多,甚至无法在图中分辨。

双差方程的噪声比单差更大,因为四次组合观测中含有不相关的随机误差。使用式(20.63)中定义的单差标准差的表达式,由误差传播定律式(20.18),可得双差噪声 $\sigma_{12}^{kl}$ 为

$$\sigma_{12}^{kl} = \sqrt{2}\sigma_{12} = \sqrt{2}\sigma^{k1} = 2\sigma \tag{20.67}$$

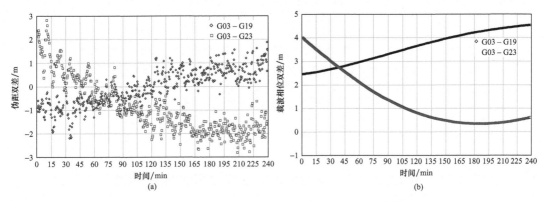

图 20.10　在 4h 的时间间隔内,对三颗 GPS 卫星和两个间距 4.8m
基线的天线伪距(a)和载波相位(b)观测值的双差

## 20.3.4　三差

单差和双差的例子已经证明经过差分可以消除一些麻烦的参数,特别是在短基线中与信号延迟空间相关的参数。另一种消除误差的方法是利用时间相关性,在不同的历元间进行差分。两个时间上的双差通常被称为三差[20.33],即

$$\partial p_{12}^{k1} = p_{12}^{k1}(t_i) - p_{12}^{k1}(t_{i-1}) \tag{20.68}$$

使用算符 $\partial$ 表示两个历元 $t_i$ 和 $t_{i-1}$ 之间的时间差分。时间差分将消除式(20.66)中的所有参数,这些参数是随时间变化的常数。在最一般的情况下,只要不发生周跳,这些参数包括载波相位偏差的双差项 $\delta_{12}^{kl}$ 和载波相位双差整周模糊度 $N_{12}^{kl}$。完整的三差方程所有项包括:

$$\partial p_{12}^{k1} = \partial \rho_{12}^{k1} + \partial \xi_{12}^{k1} + \partial T_{12}^{k1} + \partial I_{12}^{k1} + \partial e_{12}^{k1} \tag{20.69}$$

$$\partial \varphi_{12}^{k1} = \partial \rho_{12}^{k1} + \partial \xi_{12}^{k1} + \partial T_{12}^{k1} - \partial I_{12}^{k1} + \partial \varepsilon_{12}^{k1} + \partial \omega_{12}^{k1} \tag{20.70}$$

如果对流层和电离层延迟、相位中心变化和相位缠绕在双差中还没有完全消除,则在三差中这些误差将进一步降低,特别是当观测时间间隔 $t_i - t_{i-1}$ 很小时。

图 20.11 给出了伪距和载波相位的三差。三差根据图 20.10 中的双差值形成。请注意伪距和载波相位的比例尺不同。4.8m 短基线形成的三差观测值中只存在几何距离的时间差分和接收机噪声。

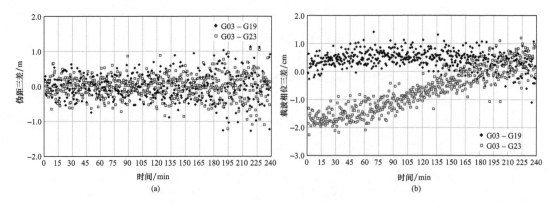

图20.11 在4h的时间间隔内,对三颗GPS卫星和两根基线长度为4.8m的天线的伪距(a)和载波相位(b)观测值的三差。请注意伪距(m)和载波相位(cm)纵坐标单位的差异

假设两个双差的噪声相等,应用误差传播定律式(20.18),得到三差 $\sigma_{\delta_{12}^{kl}}$ 的噪声表达式为

$$\sigma_{\delta_{12}^{kl}} = \sqrt{2}\sigma_{12}^{kl} = \sqrt{8}\sigma \tag{20.71}$$

其中使用式(20.63)和式(20.67)定义的标准差来表示单个观测值的噪声。

## 20.3.5 零基线单差与双差

两个或多个接收机通过一个功分器连接到同一天线的设置通常称为零基线配置,如图20.12所示。由于跟踪信号的两个接收机具有相同的天线相位中心,差分几何关系、群延迟变化、相位中心偏差和变化以及大气延迟,在零基线单差中可以完全消除这些参数的影响。伪距单差中仅包含差分接收机钟差、钟偏、多路径和接收机噪声等。对于载波相位测量,还包括单差整周模糊度。舍去由于相同信号传输路径而消除的单差观测方程式(20.58)和式(20.59)中的所有项,便得到了零基线情况下方程,即

$$p_{12,\text{ZB}}^{K} = c(\mathrm{d}t_{12} + d_{12}^{k}) + e_{12}^{k} \tag{20.72}$$

$$\varphi_{12,\text{ZB}}^{K} = c(\mathrm{d}t_{12} + \delta_{12}^{k}) + \lambda N_{12}^{k} + \varepsilon_{12}^{k} \tag{20.73}$$

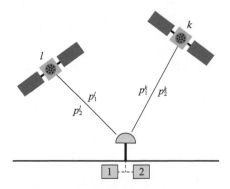

图20.12 与同一天线相连的接收机1和2的零基线配置

形成双差可进一步消除接收机钟差,即

$$p_{12,ZB}^{k1} = cd_{12}^{k1} + e_{12}^{k1} \tag{20.74}$$

$$\varphi_{12,ZB}^{k1} = c\delta_{12}^{k1} + \lambda N_{12}^{k1} + \varepsilon_{12}^{k1} \tag{20.75}$$

由于这种方法能方便地消除干扰参数,零基线配置经常用于研究接收机以及信号特征。

零基线观测方程模型最普遍的情况是使用一对任意接收机(也可以不是同一类型)。当零基线配置中使用相同的接收机型号,或具有相同相关器和前端配置的接收机时,可能可以消除更多误差项。在这种情况下,伪距和载波相位偏差项也可以被消除,因为相关器对卫星码片形状畸变产生相同的跟踪误差。出于同样的原因, $e_{12}^{k1}$ 和 $\varepsilon_{12}^{k1}$ 中隐含的多径误差在这种情况下也可以抵消。

还应该注意的是,前面提到完全消除的几何项 $\rho_{12}^{k1}$ 只适用于两个接收机之间的同步时间观测。当卫星接近地平线时,GPS卫星和赤道地区用户的最大距离变化率约为1000m/s。如果该卫星的零基线设置中两个接收机的观测时间有1ms的同步误差,则该卫星相对于用户大约移动了1m。这个量级的变化将存在于差分测量中。对载波相位观测进行分析的结果显示,最好将最大距离变化限制在1mm以内,这就要求接收机时钟同步误差小于1μs。通常可以通过内部接收机时钟同步于一个GNSS系统时间,或者在后处理中通过伪距定位将计算的两个接收机的观测值外推到一个公共历元来实现。

图20.13描绘了GPS、伽利略和北斗卫星的伪距单差观测值。接收机具有不同的型号,内部时钟与GPS时间同步误差小于几纳秒。这从三颗GPS卫星的单差就可以明显看出,三颗卫星都包含差分接收机钟差,其量级为几米,随时间的变化对所有三颗卫星都保持一致。此外,虽然在单差中还包括差分接收噪声和多径误差,但无法区分GPS卫星间的偏差。有趣的是,北斗和伽利略卫星在两个接收机之间的单差与GPS卫星相比表现出了很大的偏移。产生这种偏移的原因是这两个接收机的ISB不同。即使在单差中消除了ISB系统时间偏差的影响,不同信号之间的差分偏差仍然会存在。对于GPS和Galileo的情况,接收机之间的ISB差为23m。对于GPS和北斗来说,它们的量级相似,但并不完全

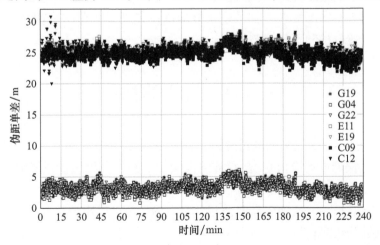

图20.13 在4h的时间间隔内,GPS(黑色)、伽利略(蓝色)和北斗(红色)卫星零基线伪距单差

相同。需要注意的是,差分接收机钟差的时间变化也可以在伽利略和北斗的单差中看到。北斗 C12 卫星在数据弧段开始时显示出明显的差分噪声和多径误差。因为在绘制数据的前 15min 内,C12 卫星处于非常接近地平线的位置,期间的高度角小于 $10°$。

图 20.14 描绘了同一时间段内,卫星和接收机伪距和载波相位观测(与图 20.13 类似)的双差。所有组合都选择一颗 GPS 卫星作为参考卫星。图 20.14(a)中 GPS 的伪距双差清楚地显示其双差以零为中心分散,差分钟差及其变化已经被消除。正如预期的那样,由于差分偏差的影响,GPS 与伽利略和北斗卫星之间混合星座的双差仍然存在偏差。

图 20.14(b)给出了以周期为单位的载波相位双差。由整周模糊度引起的偏差已从数据中消除。很明显,GPS 载波相位双差均值为 0,而伽利略卫星的偏移量为 $-0.5$ cyc,北斗卫星的偏移量约为 0.25 cyc。这些偏移量是由于在不同的接收机上实现不同载波相位跟踪对准而导致的,必须对由此产生的偏差进行校正或估计,从而使星座间的整周模糊度固定成为可能[20.34-20.35]。

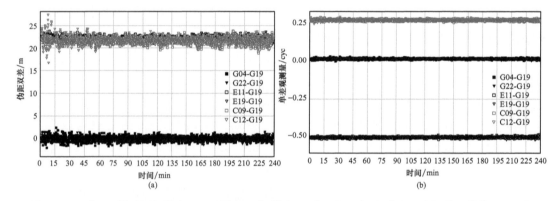

图 20.14 在 4h 的时间间隔内,GPS(黑色),伽利略(蓝色)和北斗(红色)卫星的零基线伪距(a)和载波相位(b)双差。请注意伪距(m)和载波相位(cyc)的纵坐标单位不同

零基线双差的例子表明,除了差分偏差、噪声和多径外,所有的误差都可以从观测值中消除。这使得零基线配置在接收机或信号测试中得到了普遍的应用,例如描述与高度角相关的噪声或接收机和卫星偏差等。

## 20.4 伪距滤波

前几节讨论的 GNSS 观测值的组合,通常为了消除某些麻烦的参数(例如电离层路径延迟),分离某些误差或效应(例如多径或电离层延迟),使其可用于后续分析中。

通过联合使用伪距和载波相位测量值可以形成具有较低噪声水平的伪距观测值。正如第 22 章所详细讨论的,这种依靠载波相位平滑的伪距可以用最小二乘批处理或递归滤波器从一系列的伪距和相位观测值中获得。

这个概念的一个广泛应用是 Hatch 滤波器,它利用载波相位观测值的时间差分来获得平滑伪距。在 GNSS 接收机内部通常使用 Hatch 滤波器来降低原始伪距噪声。

尽管单通道基于相位的伪距平滑不能达到与相位调整伪距相同的质量（22.3.1 节和文献［20.36］），但在某些应用中，可以接受这一缺陷，由于 Hatch 滤波器计算简单，其在某些应用方面具有非常强的吸引力。

在 Hatch 滤波器的推导中，伪距式（20.2）和载波相位式（20.4）的时间差分可表示为

$$\begin{cases} \partial p_{r,j}^s = \partial P_{r,IF}^s + \partial I_{r,j}^s + \partial e_{r,j}^s \\ \partial \varphi_{r,j}^s = \partial P_{r,IF}^s + \partial I_{r,j}^s + \partial \varepsilon_{r,j}^s \end{cases} \tag{20.76}$$

注意，上面方程中省略了几项。基于无周跳这一假设，载波相位整周模糊度常数项在时间差分中被剔除，同时完全消除了伪距和载波相位偏差，并且假设载波相位缠绕的变化以及群延迟和相位中心的变化在时间间隔内可以忽略不计。

如果忽略电离层延迟的变化，则可以根据上一时刻 $t_{i-1}$ 观测到的伪距以及载波相位差 $\partial \varphi_{r,j}^s$ 来计算 $t_i$ 时刻的伪距，即

$$p_{r,j}^s(t_i) = p_{r,j}^s(t_{i-1}) + \partial \varphi_{r,j}^s \tag{20.77}$$

当 $\partial \varepsilon_{r,j}^s \ll \partial e_{r,j}^s$ 时，基于相位差分的预测具有较低的噪声。这种优势可以在递归滤波器中体现出来，该滤波器根据观测到的伪距 $p_{r,j}^s(t_i)$ 和前一历元用式（20.77）预测的值进行加权平均，从而生成平滑伪距 $\tilde{p}_{r,j}^s(t_i)$，即

$$\tilde{p}_{r,j}^s(t_i) = \omega p_{r,j}^s(t_i) + (1 - \omega)(\tilde{p}_{r,j}^s(t_{i-1}) + \partial \varphi_{r,j}^s) \tag{20.78}$$

传统的 Hatch 滤波公式中权值 $w = \tau/\tau_s$ 设为常数，其中 $\tau$ 为观测数据率，$\tau_s$ 为滤波平滑时间常数。滤波器利用 $\tilde{p}_{r,j}^s(t_i) = p_{r,j}^s(t_i)$ [20.37]进行初始化。其他公式使用与时间相关的权重因子，例如，初始化滤波器时从 $w = 1$ 开始，并在每个新历元逐步减少 $\tau/\tau_s$ 的权重，直到 $w = 0$。经过时间间隔 $\tau_s$ 后，权重因子保持为 0，平滑后的伪距仅基于载波相位预测[20.38]。但在这两种情况下，周跳会破坏预测的连续性，需要重新初始化滤波器。

Hatch 滤波器是一种有效而简单的方法，可以有效地降低伪距测量的噪声，基于平滑后的观测值可以改善位置解。但是其简单性也导致了一个缺点：由于式（20.76）中电离层项的符号相反，当电离层在平滑间隔内活跃且变化不可忽略时，平滑后的伪距可能与原始的伪距有很大的差异，类似的推理也适用于非随机的多径误差。因此，必须谨慎地选择 Hatch 滤波器的权重，使之能产生足够平滑的观测值，但又能防止由于码—载波发散而产生的重大误差。

当存在双频测量值时，可以消除电离层的不利影响。其中一种选择是利用式（20.37）的电离层校正载波相位 $\partial \tilde{\varphi}_r^s$ 来代替式（20.78）中的单频载波相位时间差分，即

$$\begin{aligned} \partial \tilde{\varphi}_r^s &= \partial \varphi_{r,A}^s + 2 \partial I_{r,A}^s \\ &= \partial \varphi_{r,A}^s + 2 \frac{f_B^2}{f_A^2 - f_B^2}(\partial \varphi_{r,A}^s - \partial \varphi_{r,B}^s) \end{aligned} \tag{20.79}$$

式中：$f_A$ 和 $f_B$ 为差分载波相位观测值 $\partial \varphi_{r,A}^s$ 和 $\partial \varphi_{r,B}^s$ 的对应频率。电离层校正后的载波相位具有相同的电离层延迟，且平滑后的电离层延迟中保留了瞬时电离层延迟。这种方法在文献中称为无发散平滑[20.39]。

第二种选择是使用式（20.41）和式（20.42）作为 Hatch 滤波器的输入，利用伪距和载

波相位观测值的电离层无关组合。这种方法通常称为电离层无关平滑法。其结果不受电离层效应的影响,但无电离层组合会增加噪声[20.39]。

为了将滤波发散的影响可视化,在一个恒定权重因子的 Hatch 滤波器中,采用真实建模的电离层误差和测量噪声,以 1Hz 的数据率模拟伪距和载波相位测量值,结果如图 20.15 所示。未经平滑处理的原始伪距与真实伪距的误差为黑色菱形。注意,这里只出现接收机噪声,因为原始和真实伪距均包含电离层延迟。60s 平滑间隔的单频 Hatch 滤波器显著地降低了噪声,但具有系统性的影响。对于 300s 的平滑间隔,滤波后的测量结果更为平滑,但可以看到较大的伪距系统误差。在无发散 Hatch 滤波器中利用了第二种载波相位测量方法,可以发现即使在相同平滑间隔情况下,也可以完全消除系统误差,但是滤波后的伪距噪声稍微有所增加。

最后需要指出的是,Hatch 滤波不仅适用于单接收机的观测,而且也适用于单差或双差。这些技术之间具有相关性,例如使用差分 GPS(DGPS)进行飞机着陆。虽然大部分电离层延迟可以通过差分处理消除(通常可以使用更长的平滑间隔),但是在电离层异常条件下(如电离层风暴),Hatch 滤波器的发散会变得非常显著[20.39-20.40]。

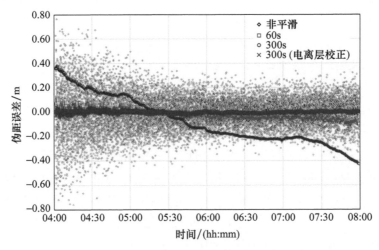

图 20.15 基于模拟观测值,使用不同 Hatch 滤波器处理的伪距平滑随时间变化的结果。图中黑色菱形表示原始观测值误差,绿色方块和蓝色圆圈分别表示平滑间隔为 60s 和 300s 的单频 Hatch 滤波器处理结果,红色叉表示平滑间隔为 300s 的无发散 Hatch 滤波器处理结果(见彩图)

# 参考文献

20.1　P. Enge, P. Misra: *Global Positioning System: Signals, Measurements, and Performance*, 2nd edn. (Ganga-Jamuna, Lincoln 2006)

20.2　P. Henkel, C. Gunther: Reliable integer ambiguity resolution: Multi-frequency code carrier linear combinations and statistical a priori knowledge of attitude, Navigation **59**(1), 61–75(2012)

20.3　M. Cocard, S. Bourgon, O. Kamali, P. Collins: A systematic investigation of optimal carrierphase combinations for modernized triple-frequency GPS, J. Geod. **82**(9), 555–564(2008)

20.4　X. Zhang, X. He: BDS triple-frequency carrier-phase linear combination models and their characteristics, Sci. China Earth Sci. **58**(6), 896–905(2015)

20.5　M. Cocard, A. Geiger: Systematic search for all possible widelanes, Proc. 6th Int. Geod. Symp. Satell. Position., Columbus(1992) pp. 312–318

20.6　P. Collins: An overview of inter-frequency carrier phase combinations(1999) http://gauss.gge.unb.ca/papers.pdf/L1L2combinations.collins.pdf

20.7　J. Jung: High integrity carrier phase navigation for future LAAS using multiple civilian GPS signals, Proc. ION GPS 1999, Nashville(ION, Virginia 1999) pp. 727–736

20.8　B. Forssell, M. Martin-Neira, R. A. Harris: Carrier phase ambiguity resolution in GNSS-2, Proc. ION GPS 1997, Kansas City(ION, Virginia 1997) pp. 1727–1736

20.9　U. Vollath, S. Birnbach, H. Landau: Analysis of three-carrier ambiguity resolution(TCAR) technique for precise relative positioning in GNSS-2, Proc. ION GPS 1998, Nashville(ION, Virginia 1998) pp. 417–426

20.10　R. Hatch, J. Jung, P. Enge, B. Pervan: Civilian GPS: The benefit of three frequencies, GPS Solutions **3**(4), 1–9(2000)

20.11　J. Jung, P. Enge, B. Pervan: Optimization of cascade integer resolution with three civil GPS frequencies, Proc. ION GPS 2000, Salt Lake City(ION, Virginia 2000) pp. 2191–2200

20.12　P. J. G. Teunissen, P. Joosten, C. Tiberius: A comparison of TCAR, CIR and LAMBDA GNSS ambiguity resolution, Proc. ION GPS 2002, Portland(ION, Virginia 2002) pp. 2799–2808

20.13　S. Ji, W. Chen, C. Zhao, X. Ding, Y. Chen: Single epoch ambiguity resolution for Galileo with the CAR and LAMBDA methods, GPS Solutions **11**(4), 259–268 (2007)

20.14　K. O'Keefe, M. Petovello, W. Cao, G. Lachapelle, E. Guyader: Comparing multicarrier ambiguity resolution methods for geometry-based GPS and Galileo relative positioning and their application to low Earth orbiting satellite attitude determination, Int. J. Navig. Obs., 592073(2009) doi: 10.1155/2009/592073

20.15　W. G. Melbourne: The case for ranging in GPS based geodetic systems, Proc. 1st Int. Symp. Precise Position. Glob. Position. Syst., Rockville, ed. by C. Goad (NOAA, Washington DC 1985) pp. 373–386

20.16　G. Wubbena: Software developments for geodetic positioning with GPS using TI 4100 code and carrier measurements, Proc. 1st Int. Symp. Precise Position. Glob. Position. Syst., Rockville, ed. by C. Goad (NOAA, Washington DC 1985) pp. 403–412

20.17　G. Blewitt: An automatic editing algorithm for GPS data, Geophys. Res. Lett. **17**(3), 199–202(1990)

20.18　S. Han, C. Rizos: The impact of two additional civilian GPS frequencies on ambiguity resolution strategies, Proc. ION Annu. Meet. 1999(ION, Virginia 1999) pp. 315–321

20.19　P. Henkel, C. Gunther: Three frequency linear combinations for Galileo, Proc. 4th Workshop Position., Navig. Commun., Hannover(2007) pp. 239–245

20.20　T. P. Yunck: Coping with the atmosphere and ionosphere in precise satellite and ground positioning. In: *Environmental Effects on Spacecraft Positioning and Trajectories*, ed. by A. V. Jones(AGU, Washington DC 1992) pp. 1–16

20.21　D. Odijk: Ionosphere-free phase combinations for modernized GPS, J. Surv. Eng. **129**(4), 165–173 (2003)

20.22　P. J. G. Teunissen, D. Odijk: Rank-defect integer estimation and phase-only modernized GPS ambiguity

20.23 Z. Wang, Y. Wu, K. Zhang, Y. Meng: Triple-frequency method for high-order ionospheric refractive error modelling in GPS modernization, J. Glob. Position. Syst. **4**(1/2), 291–295(2005)

20.24 M. Hernandez-Pajares, A. Aragon-Angel, P. Defraigne, N. Bergeot, R. Prieto-Cerdeira, A. Garcea-Rigo: Distribution and mitigation of higher-order ionospheric effects on precise GNSS processing, J. Geophys. Res. Solid Earth **119**(4), 3823–3837(2014)

20.25 T. Richert, N. El-Sheimy: Optimal linear combinations of triple frequency carrier phase data from future global navigation satellite systems, GPS Solutions **11**(1), 11–19(2007)

20.26 Y. Feng: GNSS three carrier ambiguity resolution using ionosphere-reduced virtual signals, J. Geod. **82**(12), 847–862(2008)

20.27 C. Kee, B. Parkinson: Calibration of multipath errors on GPS pseudorange measurements, Proc. ION GPS 1994, Salt Lake City(ION, Virginia 1994) pp. 353–362

20.28 P. D. Groves, Z. Jiang, M. Rudi, P. Strode: A portfolio approach to NLOS and multipath mitigation in dense urban areas, Proc. ION GNSS+ 2013, Nashville (ION, Virginia 2013) pp. 3231–3247

20.29 A. Simsky: Three's the charm: Triple-frequency combinations in future GNSS, Inside GNSS **1**(5), 38–41(2006)

20.30 O. Montenbruck, A. Hauschild, P. Steigenberger, R. B. Langley: Three's the challenge: A close look at GPS SVN62 triple-frequency signal combinations finds carrier-phase variations on the new L5, GPS World **21**(8), 8–19(2010)

20.31 O. Montenbruck, U. Hugentobler, R. Dach, P. Steigenberger, A. Hauschild: Apparent clock variations of the block IIF-1(SVN62) GPS satellite, GPS Solutions **16**(3), 303–313(2012)

20.32 J. T. Wu, S. C. Wu, G. A. Hajj, W. I. Bertiger, S. M. Lichten: Effects of antenna orientation on GPS carrier phase, Manuscr. Geod. **18**(2), 91–98 (1993)

20.33 G. Blewitt: Basics of the GPS technique: Observation equations. In: *Geodetic Applications of GPS*, ed. by B. Jonsson(Swedish Land Survey, Gavle 1997)

20.34 D. Odijk, P. J. G. Teunissen: Characterization of between-receiver GPS-Galileo inter-system biases and their effect on mixed ambiguity resolution, GPS Solutions **17**(4), 521–533(2013)

20.35 N. Nadarajah, P. J. G. Teunissen, J.-M. Sleewaegen, O. Montenbruck: The mixed-receiver BeiDou intersatellite-type bias and its impact on RTK positioning, GPS Solutions **19**(3), 357–368(2015)

20.36 P. J. G. Teunissen: The GPS phase-adjusted pseudorange, Proc. 2nd Int. Workshop High Precis. Navig., Stuttgart/Freudenstadt, ed. by K. Linkwitz, U. Hangleiter(Dummler, Bonn 1991) pp. 115–125

20.37 L. Zhao, L. Li, X. Zhao: An adaptive Hatch filter to minimize the effects of ionosphere and multipath for GPS single point positioning, Proc. IEEE Int. Conf. Mechatron. Autom., Changchun(2009) pp. 4167–4172

20.38 B. Hoffmann-Wellenhof, H. Lichtenegger, E. Wasle: *GNSS – Global Navigation Satellite Systems* (Springer, Wien, New York 2008)

20.39 G. A. McGraw, R. S. Y. Young: Dual frequency smoothing DGPS performance evaluation studies, Proc. ION NTM 2005, San Diego(ION, Virginia 2005) pp. 170–181

20.40 P. Hwang, G. McGraw, J. Bader: Enhanced differential GPS carrier-smoothed code processing using dual-frequency measurements, Navigation **46**(2), 127–137(1999)

# 第 21 章 定位模型

**Dennis Odijk**

本章重点阐述定位模型。由于 GNSS 观测方程在位置坐标中是非线性的,因而本章首先介绍了伪距(码)和载波相位观测方程的线性化,然后讨论了绝对单点定位模型,包括伪距单点定位(SPP)模型以及基于伪距和载波的精密单点定位(PPP)模型。相对定位模型可分为码差分(差分 GNSS 或 DGNSS)模型和载波相位差分(RTK)模型。针对后一种模型,本章介绍了一种通用的多频非差模型,该模型既可作为相对网络模型的基础,也可作为 PPP 用户进行整周模糊度解算(PPP-RTK)的(绝对)模型基础。随后,本章对比分析了非差模型与单差和双差模型进行对比分析。最后,概述了各种定位概念。

## 21.1 非线性观测方程

本节依次阐述了单 GNSS(或 RNSS)的码和相位的非线性观测方程,及多星座观测方程。

### 21.1.1 单 GNSS 观测方程

第 19 章给出了针对某一 GNSS 星座 S 在系统时间 $t$ 以及频率 $j=1,2,\cdots,fs$ 时的非线性观测方程。那么,可得接收机 $r$ 在历元 $t$ 时刻跟踪卫星 $s$ 的码或伪距的观测方程为

$$p_{r,j}^s(t) = \rho_r^s(t, t-\tau_r^s) + T_r^s(t) + \\ c[\mathrm{d}t_r(t) + d_{r,j}(t) + \Delta d_{r,j}^s(t)] - \\ c[\mathrm{d}t^s(t-\tau_r^s) - d_j^s(t-\tau_r^s)] + \\ \mu_j^s I_r^s(t) + e_{r,j}^s(t) \qquad (21.1)$$

载波相位观测方程为

$$\varphi_{r,j}^s(t) = \rho_r^s(t, t-\tau_r^s) + T_r^s(t) + \\ c[\mathrm{d}t_r(t) + \delta_{r,j}(t) + \Delta\delta_{r,j}^s(t)] - \\ c[\mathrm{d}t^s(t-\tau_r^s) - \delta_j^s(t-\tau_r^s)] + \\ \mu_j^s I_r^s(t) + \lambda_j^s N_{r,j}^s + \varepsilon_{r,j}^s(t) \qquad (21.2)$$

式中:星座标识符 S 的选择符合 RINEX 标准(附件 A-Data-Formats),适用于 GPS、GLO-

NASS、Galileo、北斗(BDS)、QZSS、IRNSS 等 GNSS 星座。式(21.1)和式(21.2)中符号的表达如下：

$P_{r,j}^s$ 为码/伪距观测(m)；$\varphi_{r,j}^s$ 为载波相位观测(m)；$\rho_r^s$ 为接收机—卫星距离(m)；$\tau_r^s$ 为信号传播时间(s)；$T_r^s$ 为对流层延迟(m)；$c$ 为光速(m/s)；$dt_r$ 为接收机钟差(s)；$dt^s$ 为卫星钟差(s)；$d_{r,j}^S$ 为接收机硬件偏差(s)；$\delta_{r,j}^S$ 为接收机相位硬件偏差(s)；$\Delta d_{r,j}^S$ 为码间偏差(s)；$\Delta \delta_{r,j}^S$ 为相位通道间偏差(s)；$d_j^s$ 为卫星码硬件偏差；$\delta_j^s$ 为卫星相位硬件偏差；$\mu_j^s$ 为电离层系数；$I_j^s$ 为电离层延迟(m)；$\lambda_j^s$ 为波长(m)；$N_{r,j}^s$ 为载波相位模糊度(cyc)；$e_{r,j}^s$ 为随机码噪声(m)；$\varepsilon_{r,j}^s$ 为随机载波相位噪声(m)。

原则上讲,对于不同星座(即标明星座索引 $S$ 的原因),式(21.1)和式(21.2)中的接收机硬件偏差(表示为 $d_{r,j}^s(t)$ 和 $\delta_{r,j}^s(t)$)都是不同的,即使是在不同星座的相同频带内(例如 GPS L1 和伽利略 E1),其跟踪信号也是如此。该硬件偏差由各种原因造成,包括前端模拟群延迟和数字延迟,由接收机相关操作产生的延迟等[21.2]。不同星座信号间接收机硬件偏差差异称为系统间偏差(ISB)。

对于发送频分多址(FDMA)信号的星座(第 4 章)而言,其每个信道的频率均不同。GLONASS FDMA 信号 L1 频率为 $f_1^{Rs} = 1602 + k^s(9/16)$ MHz (第 8 章), $k^s \in \{-7, -6, \cdots, +5, +6\}$ 表示通道号。GLONASS L2 频率为 $f_2^{Rs} = 1246 + k^s(7/16)$ MHz。FDMA 信号码和相位观测方程也受到信道间偏差(ICB)影响,用 $\Delta d_{r,j}^s(t)$ 和 $\Delta \delta_{r,j}^s(t)$ 表示。不过,码分多址(CDMA)信号所有信道的频率均相同,不存在 ICB 影响：$\Delta d_{r,j}^s(t) = 0$ 和 $\Delta \delta_{r,j}^s(t) = 0$。

式(21.1)和式(21.2)中卫星码偏差和相位偏差分别表示为 $d_j^s(t - \tau_r^s)$ 和 $\delta_j^s(t - \tau_r^s)$,与接收机硬件偏差相同,均为附加参数,即在观测方程中为加号(卫星钟差为减号)。这样处理的原因是为了与 IGS 所通过的公约保持一致[21.6]。

在上述观测方程中,已隐含假设卫星质心和卫星天线参考点之间的(与频率相关)偏移,以及接收机天线参考点和接收机位置之间的(与频率相关)偏移,可以通过观测方程右边的特定项来表示。但是,在接下来的讨论中,为了便于表示,不再考虑这些项,接收机到卫星距离将表示为 $\rho_r^s(t, t - \tau_r^s)$ 的形式,其对于码和相位以及所有频率均适用。

在码和相位观测方程中,色散引起的(一阶)电离层延迟被映射到对应的频率,即 $I_{r,j}^s(t) = \mu_j^s I_r^s(t)$。其中, $I_r^s(t)$ 表示第一个频率的电离层延迟,而与频率相关的电离层系数定义为

$$\mu_j^s = \left(\frac{\lambda_j^s}{\lambda_1^s}\right)^2 = \left(\frac{f_1^s}{f_j^s}\right)^2 \tag{21.3}$$

该定义表明,对于第一个频率($j = 1$),电离层系数等于 $\mu_1^s = 1$。在使用 GLONASS-FDMA 信号进行观测时,尽管每个信道的频率不同,但它们的(平方)L1-L2 比率与信道无关,因为在双频 GLONASS 情况下有

$$\mu_2^R = \left(\frac{\lambda_2^{\text{Rs}}}{\lambda_1^{\text{Rs}}}\right)^2 = \left(\frac{f_1^{\text{Rs}}}{f_2^{\text{Rs}}}\right)^2 = \left(\frac{9}{7}\right)^2 \tag{21.4}$$

需要注意,对于双频 GPS 有 $\mu_2^G = (77/60)^2$。

在式(21.1)和式(21.2)中,未考虑的影响包括相位中心偏差和变化、相位缠绕(仅相位)、相对论效应、先验对流层模型等(第 19 章)。本章为了简化并说明基本的定位概念,假设这些误差已经从观测方程中消除。

## 21.1.2 多 GNSS 观测方程

**1. 特定星座的时间基准**

在推导多星座观测方程时,假设多个 GNSS 接收机跟踪两个星座信号,以 $A$ 和 $B$ 表示。如果系统 $A$ 的观测量在接收机时间 $t_r$(RINEX 观测文件中的时间标记)时刻采集,该(测量的)接收机时间与 $A$ 星座(未知)系统时间 $t^A$ 的偏差定义为接收机的钟差 $\mathrm{d}t_r$,有

$$t_r(t^A) = t^A + \mathrm{d}t_r(t^A) \tag{21.5}$$

为了简单起见,忽略上述表达式中接收机硬件延迟和其他误差(如接收机噪声和多径)而产生的影响。在相同接收机时间采集的系统 $B$ 观测量会通过不同的物理时钟来表达自己的 GNSS 系统时间[21.7]。但在 $A$ 系统时间中,接收机钟差的函数可表示为

$$t_r(t^B) = t^B + \mathrm{d}t_r(t^B) = t^B + \mathrm{d}t_r(t^A) - t^{AB} \tag{21.6}$$

式中:$t^{AB} = t^B - t^A$ 表示系统时间偏差($t_r(t^A) = t_r(t^B)$,另请参见图 21.1)。如果 $A$ 星座是 GPS,$B$ 星座是 Galileo,则该偏移量也称为 GPS 到 Galileo 时间偏差(GGTO)[21.8]。同时,上标 $s$ 表示 GPS 卫星。忽略卫星硬件延迟,则有

$$t^s(t^A - \tau_r^s) = t^A - \tau_r^s + \mathrm{d}t^s(t^A - \tau_r^s) \tag{21.7}$$

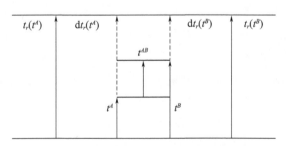

图 21.1 星座 $A$ 和 $B$ 时间帧、接收机时间、接收机时钟误差和时间偏移之间的关系特定星座的坐标框架

另外,对于 $B$ 星座的卫星,用上标 $q$ 表示为

$$t^q(t^B - \tau_r^q) = t^B - \tau_r^q + \mathrm{d}t^q(t^B - \tau_r^q) \tag{21.8}$$

将上式转换成伪距,得到两个星座的伪距方程,其中包括大气延迟、硬件延迟参数和噪声项。两个星座的伪距方程可表示为

$$\begin{cases} p_{r,j}^s(t^A) = c[t_r(t^A) - t^s(t^A - \tau_r^s)] \\ \qquad = \rho_r^s(t^A, t^A - \tau_r^s) + T_r^s(t^A) + \\ \qquad \quad c[\mathrm{d}t_r(t^A) + d_{r,j}^A(t^A) + \Delta d_{r,j}^s(t^A)] - \\ \qquad \quad c[\mathrm{d}t^s(t^A - \tau_r^s) - d_j^s(t^A - \tau_r^s)] + \\ \qquad \quad \mu_j^A I_r^s(t^A) + e_{r,j}^s(t^A) \\ p_{r,j}^q(t^B) = c[t_r(t^B) - t^q(t^B - \tau_r^q)] \\ \qquad = \rho_r^q(t^B, t^B - \tau_r^q) + T_r^q(t^B) + \\ \qquad \quad c[\mathrm{d}t_r(t^A) - t^{AB} + d_{r,j}^B(t^B) + \Delta d_{r,j}^q(t^B)] - \\ \qquad \quad c[\mathrm{d}t^q(t^B - \tau_r^q) - d_j^q(t^B - \tau_r^q)] + \\ \qquad \quad \mu_j^B I_r^q(t^B) + e_{r,j}^q(t^B) \end{cases} \quad (21.9)$$

采用星座 $A$ 时间系统中的接收机时钟以及系统时间偏差代替星座 $B$ 中的接收机时钟和偏差。从式(21.6)中可以得出 $\mathrm{d}t_r(t^B) = \mathrm{d}t_r(t^A) - t^{AB}$，采用如下 ISB 定义，可以对星座 $B$ 的接收机硬件偏差做类似处理，即

$$\mathrm{ISB}_{r,j}^{AB}(t^A, t^B) = [d_{r,j}^B(t^B) - d_{r,j}^A(t^A)] + [\Delta d_{r,j}^q(t^B) - \Delta d_{r,j}^s(t^A)] \quad (21.10)$$

只有当某一星座是 FDMA 体制时才会出现信道间偏差，在该情况下，ISB 与卫星有关，否则与接收机有关。对 ISB 重新参数化，星座 $B$ 的码观测方程可以改写为

$$\begin{aligned} p_{r,j}^q(t^B) = {} & \rho_r^q(t^B, t^B - \tau_r^q) + T_r^q(t^B) + \\ & c[\mathrm{d}t_r(t^A) + d_{r,j}^A(t^A) + \Delta d_{r,j}^q(t^B)] + \\ & c[\mathrm{ISB}_{r,j}^{AB}(t^A, t^B) - t^{AB}] - \\ & c[\mathrm{d}t^q(t^B - \tau_r^q) - d_j^q(t^B - \tau_r^q)] + \\ & \mu_j^B I_r^q(t^B) + e_{r,j}^q(t^B) \end{aligned} \quad (21.11)$$

相比星座 $A$ 的码观测方程(参见式(21.9)中的第一个方程)，星座 $B$ 的方程由接收机钟差、接收机硬件偏差以及星座 $A$ 的 ICB(GLONASS-FDMA 的情况下)组成。通过将星座 $B$ 的电离层系数设置为 $\mu_j^B = (\lambda_j^B/\lambda_1^B)^2$，可以将星座 $B$ 信号的电离层延迟用星座 $A$ 第一频率的电离层延迟来表示。同样，星座 $B$ 的相位观测方程也可以进行类似推导。与原始公式相比，公式中包含 ISB 参数时允许在某些条件下校准 ISB。当 ISB 和系统时间偏差已知时，就可以联合处理两个星座的观测值。

码观测方程式(21.11)是两个不同系统时间的函数，即 $t^A$ 和 $t^B$。由于大多数 GNSS 时间系统之间的差异非常小，因此在评估式(21.11)中观测值和参数时可以忽略。此外，在评估卫星发射信号的时间(21.4.1 节)时也可忽略不计。后面章节中将简单地使用一个通用时间 $t$ 来表示不同系统的时间戳，但由于与光速相乘的系统时间偏差 $t^{AB}$ 包含在式(21.11)中，因此在第二个星座的观测方程中不能忽略。例如，GPS 时间(GPST)和伽利略系统时间(GST)之间的偏差可以达到几十纳秒或几十米(第 9 章或文献[21.9])。QZSS 时间(QZSST)和 GPST 之间的偏差小于 2m[21.10]。IRNSS 时间(IRNSST)和 GPST 之间的

偏差可达 3m[21.11]。GPST 和 GLONASS 系统之间的时间差可以达到几百纳秒(相当于几百米)。系统时间偏差作为导航消息的一部分进行广播[21.12-21.13],以便用户能够改正观测结果。GPST 和 GLONASS 系统时间之间的偏差作为 GLONASS-M 卫星导航信息的一部分进行广播[21.14],而用户也可以选择在处理时将此偏差作为未知参数。

每个 GNSS 星座除了定义各自的系统时间外,也定义了自己的坐标系来表示广播卫星的位置。各坐标系的概述见表 21.1。为了进行多星座定位解算,所有卫星位置需要定义在一个通用参考坐标系中,否则转换参数需要与其他模型参数一起估计。尽管参考坐标系的确定取决于新星座地面站网的部署,但由于它们都是国际大地参考系统(ITRS)的组成部分,因而它们相互间的差异并不大。WGS84 与 ITRF 之间的差距约为几厘米(第 2 章),GTRF 和 WGS84 之间的差异约为 3cm[21.15],JGS 和 WGS84 之间的预期偏差小于 2cm[21.10],IRNSS 的坐标系统为 WGS84[21.16],CGCS2000 和 WGS84 之间的差异量级为几厘米。此外,GLONASS 参考框架的最新版本 PZ-90.11 与 ITRF 在 2011.0 时刻的差异也在厘米级[21.17]。

表 21.1 GNSS-RNSS 星座的参考框架

| GNSS | 参考坐标系 |
| --- | --- |
| GPS | 世界大地坐标系 1984(WGS84) |
| GLONASS | 地心坐标系 1990(PZ-90) |
| Galileo | 伽利略地球参考框架(GTRF) |
| BeiDou | 2000 国家大地坐标系统(CGCS2000) |
| QZSS | 日本大地坐标系(JGS) |
| IRNSS | 世界大地坐标系(WGS84) |

基于多星座的 SPP(21.3.5 节)定位精度约为 10m,因此无须考虑星座参考坐标系之间的差异。与轨道误差类似,较短的基线可以消除采用不同坐标系引起的误差(21.4.2 节),因此相对(短基线)定位也不必考虑该差异。但是在 PPP(-RTK)和长基线的情况下(21.3.7 节和 21.4 节)不能忽视坐标系差异。需要注意的是,IGS 精密轨道中所有星座的卫星位置都是基于同一个参考坐标系(即 ITRF;第 33 章)定义的。

## 21.2 观测方程线性化

GNSS 观测方程是非线性的,因此需要对其进行线性化。本节重点介绍接收机与卫星距离的线性化。

### 21.2.1 接收机—卫星距离线性化

GNSS 观测方程是非线性的。令 $t = t_r(t) - \mathrm{d}t_r(t)$(见式(21.5)),接收机—卫星距离可写为

$$\rho_r^s(t, t-\tau_r^s) = \| \boldsymbol{r}^s(t-\tau_r^s) - \boldsymbol{r}_r(t) \|$$
$$= \| \boldsymbol{r}^s[t_r(t) - \mathrm{d}t_r(t) - \tau_r^s] - \boldsymbol{r}_r[t_t(t) - \mathrm{d}t_r(t)] \| \quad (21.12)$$

向量的范数定义为 $\| \cdot \| = \sqrt{(\cdot)^T(\cdot)}$，其中 $(\cdot)^T$ 表示转置向量(或矩阵)。卫星位置向量为 $\boldsymbol{r}^s = [x^s, y^s, z^s]^T$，接收机位置向量为 $\boldsymbol{r}_r = [x_r, y_r, z_r]^T$。

在真实 GNSS 时间 $t$ 未知的情况下，根据泰勒定理(第 22 章)，可以将包含未知接收机位置 $\boldsymbol{r}_r(t)$、卫星位置 $\boldsymbol{r}^s(t-\tau_r^s)$ 和接收机钟差 $\mathrm{d}t_r(t)$ 的接收机与卫星距离线性化，有

$$\rho_r^s(t, t-\tau_r^s) \doteq \rho_r^s(t, t-\tau_r^s)|_0 + \Delta\rho_r^s(t, t-\tau_r^s) \quad (21.13)$$

接收机到卫星距离的增量计算公式为

$$\Delta\rho_r^s(t, t-\tau_r^s) = [\partial r_r(t)\rho_r^s(t, t-\tau_r^s)|_0]^T \Delta\boldsymbol{r}_r(t) +$$
$$[\partial r^s(t-\tau_r^s)\rho_r^s(t, t-\tau_r^s)|_0]^T \Delta\boldsymbol{r}^s(t-\tau_r^s) +$$
$$\partial \mathrm{d}t_r(t)\rho_r^s(t, t-\tau_r^s)|_0 \Delta\mathrm{d}t_r(t) \quad (21.14)$$

式中：$\Delta(\cdot) = (\cdot) - (\cdot)|_0$ 为增量表示；$(\cdot)$ 为原始参数；$(\cdot)|_0$ 为其近似值。本章讨论的所有定位模型均假设卫星位置已知，不需要在定位模型中进行估计。以上假设意味着 $\Delta\boldsymbol{r}^s(t-\tau_r^s) = 0$，卫星位置可以从导航电文播发的广播星历中计算得到，或者从 IGS 提供的精密星历中计算得到(第 33 章)。

距离相对于接收机位置的导数可以表示为

$$\partial \boldsymbol{r}_r(t)\rho_r^s(t, t-\tau_r^s)|_0 = -\underbrace{\frac{[\boldsymbol{r}^s(t-\tau_{r,0}^s) - \boldsymbol{r}_{r,0}(t)]}{\| \boldsymbol{r}^s(t-\tau_{r,0}^s) - \boldsymbol{r}_{r,0}(t) \|}}_{\boldsymbol{e}_{r,0}^s(t)} \quad (21.15)$$

式中：$\boldsymbol{e}_{r,0}^s(t)$ 为单位长度的视线(LOS)向量。距离相对于接收机钟差的导数可以计算为

$$\partial \mathrm{d}t_r(t)\rho_r^s(t, t-\tau_r^s)|_0 = \underbrace{\frac{\partial \rho_r^s(t, t-\tau_r^s)}{\partial t}\bigg|_0}_{\dot{\rho}_{r,0}^s(t)} \underbrace{\frac{\partial t}{\partial \mathrm{d}t_r(t)}\bigg|_0}_{-1} \quad (21.16)$$

式中：$\dot{\rho}_{r,0}^s(t)$ 为接收机与卫星距离的时间导数，也称为距离变化率。相对于接收机钟差的时间导数可由 $t = t_r(t) - \mathrm{d}t_r(t)$ 得出。综上，接收机与卫星距离线性化后可以简化为

$$\Delta\rho_r^s(t, t-\tau_r^s) = -[\boldsymbol{e}_{r,0}^s(t)]^T \Delta\boldsymbol{r}_r(t) - \dot{\rho}_{r,0}^s(t)\Delta\mathrm{d}t_r(t) \quad (21.17)$$

LOS 向量 $\boldsymbol{e}_{r,0}^s(t)$ 与接收机到卫星距离 $\rho_r^s(t, t-\tau_r^s)|_0$ 的计算需要已知卫星位置向量 $\boldsymbol{r}^s(t-\tau_{r,0}^s)$。同样，在某些应用下也需要计算距离变化率 $\dot{\rho}_{r,0}^s(t)$。以上参数的计算方法将在下一节中进一步讨论。

2. 接收机—卫星距离、卫星位置和 LOS 向量的计算

式(21.15)偏导数的计算需要根据已知的卫星位置和近似的接收机位置来估计接收机与卫星距离。但问题是，传播时间 $\tau_r^s = \rho_r^s(t, t-\tau_r^s)/c$ 是未知的，因为它是关于接收机到卫星距离的函数。另外，卫星位置根据发射时刻计算，从发射信号到接收信号的时间大约需要 0.07s，卫星位置在该时间段内可能会变化 60 m。如果采用接收机时间，则距离计算的误差可能达到几十米。

按照文献[21.18]中所述过程确定传播时间并计算接收机与卫星的距离。

式(21.12)中接收机和卫星位置采用以地球为中心的惯性(ECI)坐标系统。但是通常在定位计算中采用地心地固(ECEF)坐标系统,如 GPS 使用 WGS84 坐标系。重写接收机与卫星距离表达式(以 ECEF 坐标表示)[21.19]为

$$\rho_r^s(t, t-\tau_r^s) = \| \boldsymbol{R}(t-\tau_r^s)\boldsymbol{r}_{\text{ECEF}}^s(t-\tau_r^s) - \boldsymbol{R}(t)\boldsymbol{r}_{r,\text{ECEF}}(t) \| \tag{21.18}$$

$$\boldsymbol{R}(T) = \begin{bmatrix} +\cos(\omega_\oplus T) & +\sin(\omega_\oplus T) & 0 \\ -\sin(\omega_\oplus T) & +\cos(\omega_\oplus T) & 0 \\ 0 & 0 & 1 \end{bmatrix} \tag{21.19}$$

式中:矩阵 $\boldsymbol{R}(T)$ 为 ECEF 到 ECI 坐标系的旋转矩阵(第 2 章);$T$ 为对应的时间;$\omega_\oplus$ 为地球自转速率(rad/s)[21.18]。由于地球存在自转,上式中包含地球自转对接收信号路径的影响。利用旋转特性 $\boldsymbol{R}(t-\tau_r^s) = \boldsymbol{R}(t)\boldsymbol{R}(-\tau_r^s)$,可以将式(21.18)中时间 $t$ 处的旋转化简,这样接收机与卫星距离表达式变为

$$\rho_r^s(t, t-\tau_r^s) = \| \boldsymbol{R}(-\tau_r^s)\boldsymbol{r}_{\text{ECEF}}^s(t-\tau_r^s) - \boldsymbol{r}_{r,\text{ECEF}}(t) \| \tag{21.20}$$

式中:信号传播时间 $\tau_r^s$ 以及发射信号时卫星位置 $\boldsymbol{r}_{\text{ECEF}}^s(t-\tau_r^s)$ 可以进行迭代计算。首先令式(21.20)中 $\tau_r^s = 0$,然后计算新的信号传播时间为 $\tau_r^s = \rho_r^s(t,t)/c$,接着计算接收机与卫星之间的距离。通常进行三次迭代就可以将最后两次迭代的接收机—卫星距离差异控制在 $10^{-8}$m 的范围内[21.18]。根据迭代后的信号传播时间和卫星位置,LOS 向量最终计算为

$$\boldsymbol{e}_{r,\text{ECEF}}^s(t) = \frac{\boldsymbol{R}(-\tau_r^s)\boldsymbol{r}_{\text{ECEF}}^s(t-\tau_r^s) - \boldsymbol{r}_{r,\text{ECEF}}(t)}{\| \boldsymbol{R}(-\tau_r^s)\boldsymbol{r}_{\text{ECEF}}^s(t-\tau_r^s) - \boldsymbol{r}_{r,\text{ECEF}}(t) \|} \tag{21.21}$$

需要注意,上述过程需要接收机位置的近似值 $\boldsymbol{r}_{r,\text{ECEF}}(t)$。以上迭代过程可使用高斯-牛顿迭代法(第 22 章)来进行非线性单点定位(SPP)模型的计算(21.3 节)。

3. 接收机与卫星距离变化率的计算

接收机与卫星距离相对于时间的导数可以根据卫星与接收机的相对速度投影到 LOS 向量来进行计算[21.18],有

$$\dot{\rho}_r^s(t) = \left[\frac{\partial(\boldsymbol{r}^s(t-\tau_r^s) - \boldsymbol{r}_r(t))}{\partial t}\right]^{\text{T}} \boldsymbol{e}_r^s(t) \tag{21.22}$$

式中:在 ECI 框架中定义 $\boldsymbol{r}^s$ 和 $\boldsymbol{r}_r$。卫星位置关于时间的导数为[21.20]

$$\begin{aligned}\frac{\partial \boldsymbol{r}^s(t-\tau_r^s)}{\partial t} &= \frac{\partial \boldsymbol{r}^s(t-\tau_r^s)}{\partial(t-\tau_r^s)}\frac{\partial(t-\tau_r^s)}{\partial t} \\ &= \dot{\boldsymbol{r}}^s(t-\tau_r^s)\frac{\partial\left(t-\dfrac{\rho_r^s(t,t-\tau_r^s)}{c}\right)}{\partial t} \\ &= \dot{\boldsymbol{r}}^s(t-\tau_r^s)\left[1-\frac{\dot{\rho}_r^s(t)}{c}\right]\end{aligned} \tag{21.23}$$

式中:$\dot{\boldsymbol{r}}^s(t-\tau_r^s)$ 为在 ECI 框架中卫星的速度向量。式(21.22)中也包含接收机速度,其在 ECI 框架中以 $\dot{\boldsymbol{r}}_r(t)$ 表示。因此,距离变化率表达式为

$$\dot{\rho}_r^s(t) = \frac{[\dot{r}^s(t-\tau_r^s) - \dot{r}_r(t)]^T e_r^s(t)}{1 + \frac{1}{c}[\dot{r}^s(t-\tau_r^s)]^T e_r^s(t)} \quad (21.24)$$

文献[21.21]也对此表达式进行了推导。为了对其进行评估,需要计算 GNSS 卫星相对于接收机的速度以及两者之间相对几何(视线)关系。如果采用在 ECEF 框架中的速度向量,则 ECI 框架和 ECEF 框架的向量之间的转换关系为

$$\begin{cases} \dot{r}^s(t-\tau_r^s) = R(t-\tau_r^s)\dot{r}_{ECEF}^s(t-\tau_r^s) + \dot{R}(t-\tau_r^s)r_{ECEF}^s(t-\tau_r^s) \\ \dot{r}_r(t) = R(t)\dot{r}_{ECEF}^s(t) + \dot{R}(t)r_{r,ECEF}(t) \end{cases} \quad (21.25)$$

式(21.19)中与时间相关的旋转矩阵 $R(T)$ 的导数可以表示为

$$\dot{R}(T) = \omega_\oplus \begin{bmatrix} -\sin(\omega_\oplus T) & +\cos(\omega_\oplus T) & 0 \\ -\cos(\omega_\oplus T) & -\sin(\omega_\oplus T) & 0 \\ 0 & 0 & 0 \end{bmatrix} \quad (21.26)$$

其中从 ECEF 到 ECI 的旋转矩阵及其导数具有以下性质,即

$$\dot{R}(T)^T R(T) = \omega_\oplus \begin{bmatrix} 0 & -\omega_\oplus & 0 \\ \omega_\oplus & 0 & 0 \\ 0 & 0 & 0 \end{bmatrix} \quad (21.27)$$

将式(21.27)与 $e_r^s(t) = R(t)e_{r,ECEF}^s(t)$ 结合,从 ECEF 中定义向量的距离变化率可以表示为

$$\dot{\rho}_r^s(t) = \frac{[v^s(t-\tau_r^s) - v_r(t)]^T e_{r,ECEF}^s(t)}{1 + \frac{1}{c}[v^s(t-\tau_r^s)]^T e_{r,ECEF}^s(t)} \quad (21.28)$$

$$\begin{cases} v^s(t-\tau_r^s) = R(-\tau_r^s)\dot{r}_{ECEF}^s(t-\tau_r^s) + \omega \times \dot{R}(-\tau_r^s)r_{ECEF}^s(t-\tau_r^s) \\ v_r(t) = \dot{r}_{ECEF}^s(t) + \omega \times r_{r,ECEF}(t) \end{cases} \quad (21.29)$$

式中:× 为向量叉乘;$\omega = (0,0,\omega_\oplus)^T$。地面静态接收机在 ECEF 框架中的速度($\dot{r}_{r,ECEF}(t)$)等于0,而动态接收机可以根据两个历元的定位结果估计其速度。

4. 本地坐标系统

通常,定位模型解在 ECEF 坐标系统中表示,即 $r_{r,ECEF}(t)$。后述章节中省略位置和 LOS 向量中的 ECEF,实际上隐含假设它们均在 ECEF 坐标系统中。另外,为了更方便地表示位置,使用以假定或近似位置为中心的本地坐标系统,通常将要确定的点表示为 $r_{r,0}$。

本地坐标系统的 $x$ 轴指向东方向,$y$ 轴指向北方向,$z$ 轴指向天顶方向并垂直于本地椭球面(图21.2)。该坐标系统称为东—北—天坐标系统。在该坐标系统中,点 $r$ 的坐标表示为 $r_{r,1} = [E_r, N_r, U_r]^T$(省略了时间戳 $t$)。在地球表面或接近地球表面时,使用东—北—天坐标系统非常方便,它可以很容易计算精度因子(DOP)(21.3.6节)以及受海拔高度限制(2-D)的定位。

将点 $r$ 在 ECEF 坐标中表示为 $r_r$,其与东—北—天坐标系统的转换关系为

$$r_{r,1} = R_x\left(\frac{\pi}{2} - \varphi_r^0\right) R_z\left(\frac{\pi}{2} + \lambda_r^0\right) [r_r - r_{r,0}] \quad (21.30)$$

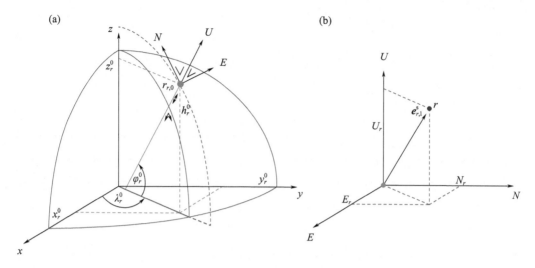

图 21.2 东—北—天(ENU)本地坐标系统
(a)在 ECEF($xyz$)框架下的位置,初始远点为 $r,0$;(b)点 $r$ 在 ENU 坐标系统中的位置。

其中,旋转矩阵的乘积为

$$\boldsymbol{R}_x\left(\frac{\pi}{2}-\varphi_r^0\right)\boldsymbol{R}_z\left(\frac{\pi}{2}+\lambda_r^0\right)=\begin{bmatrix} -\sin\lambda_r^0 & \cos\lambda_r^0 & 0 \\ -\sin\varphi_r^0\cos\lambda_r^0 & -\sin\varphi_r^0\sin\lambda_r^0 & +\cos\varphi_r^0 \\ +\cos\varphi_r^0\cos\lambda_r^0 & +\cos\varphi_r^0\sin\lambda_r^0 & +\sin\varphi_r^0 \end{bmatrix} \quad (21.31)$$

式中: $\boldsymbol{r}_{r,0}=[x_r^0,y_r^0,z_r^0]^{\mathrm{T}}$ 表示 $r$ 的近似 ECEF 坐标;$[\varphi_r^0,\lambda_r^0,h_r^0]$ 表示对应的椭球坐标。在使用 ENU 坐标时,相应 LOS 向量变为

$$\boldsymbol{e}_{r,1}^s=\boldsymbol{R}_x\left(\frac{\pi}{2}-\varphi_r^0\right)\boldsymbol{R}_z\left(\frac{\pi}{2}+\lambda_r^0\right)\boldsymbol{e}_r^s \quad (21.32)$$

式中: $\boldsymbol{e}_{r,1}^s$ 为本地 ENU 坐标系统中定义的 LOS 向量。

### 21.2.2 观测方程线性化

根据式(21.17)中接收机与卫星距离的线性化表达式,式(21.1)和式(21.2)的码观测值之差可表示为

$$\begin{aligned}
\Delta p_{r,j}^s(t) = &-[\boldsymbol{e}_r^s(t)]^{\mathrm{T}}\Delta\boldsymbol{r}_r(t)+\Delta T_r^s(t)+ \\
&[c-\dot{\rho}_r^s(t)]\Delta\mathrm{d}t_r(t)+ \\
&c[\Delta d_{r,j}^s(t)+\Delta\Delta d_{r,j}^s(t)]- \\
&c[\Delta\mathrm{d}t^s(t-\tau_r^s)-\Delta d_j^s(t-\tau_r^s)]+ \\
&\mu_j^s\Delta I_r^s(t)+e_{r,j}^s(t)
\end{aligned} \quad (21.33)$$

载波相位之差可表示为

$$\Delta\varphi_{r,j}^s(t) = -[e_r^s(t)]^T \Delta r_r(t) + \Delta T_r^s(t) +$$
$$[c - \dot{\rho}_r^s(t)]\Delta\mathrm{d}t_r(t) +$$
$$c[\Delta\delta_{r,j}^s(t) + \Delta\Delta\delta_{r,j}^s(t)] -$$
$$c[\Delta\mathrm{d}t^s(t - \tau_r^s) - \Delta\delta_j^s(t - \tau_r^s)] -$$
$$\mu_j^s \Delta I_r^s(t) + \lambda_j^s \Delta N_j^s(t) + \varepsilon_{r,j}^s(t) \quad (21.34)$$

若采用高斯-牛顿迭代法求解线性化模型(第22章),通常可以将GNSS观测方程线性化所需参数的近似值设为0。若未知参数的近似值为0,可以在公式中省略Δ符号。为了减少迭代次数,在高精度应用中,接收机位置一般采用非零近似值(通常可从SPP获得,21.3.4节)。

在线性化码和相位观测方程中,接收机钟差的系数均为$c - \dot{\rho}_r^s(t)$,即光速减去距离变化率,其中距离变化率是由接收机到卫星距离的线性化引起的。如上节所述,该距离变化率取决于接收机速度。根据接收机位置和速度的近似值进行计算,该近似值可从前一时刻SPP解中获得。地面静态接收机的最大距离变化率值约为700m/s;对于低轨卫星的星载接收机来说,其最大距离变化率要高得多,约为8000m/s(第32章)。但是与光速$c$相比,距离变化率仍然很小。采用迭代的方式求解线性化模型,经过多次迭代后的结果与忽略距离变化率观测方程的结果相同[21.18]。因此,本章讨论的定位模型中的接收机钟差系数不包括距离变化率。

## 21.3　单点定位模型

最简单的定位是根据广播电文或精密星历(IGS)产品计算出GNSS卫星的位置及钟差,对接收机测量的(单频)伪距(码)观测值进行处理并解算其位置的过程。有时电离层改正可以使用导航电文中的信息或由外部提供的模型来计算,这种方法称为单点定位(SPP),其解算过程通常称为导航解。SPP也可以基于双频或多频码观测值来消除电离层延迟。基于(单频或多频)码和载波相位,以及采用轨道和时钟精密产品的单点定位,称为精密单点定位(PPP)。图21.3描述了单点定位的概念。

### 21.3.1　卫星时钟和硬件码(群)延迟的计算

当进行单点定位时,需要知道卫星钟差。如果使用广播星历(SPP),可以通过使用导航电文中传输的系数采用多项式模型进行计算(另请参阅接口控制文档或ICD)。GPS、Galileo、北斗、QZSS和IRNSS的广播卫星时钟可以通过二阶多项式计算[21.22],即

$$\mathrm{d}t_S^s(t) = a_0^s(t_{oc}^s) + a_1^s(t - t_{oc}^s) + a_2^s(t - t_{oc}^s)^2 + \Delta t_{rel}^s(t) \quad (21.35)$$

式中:$S \in \{G, E, C, J, I\}$;多项式系数$a_0^s$,$a_1^s$和$a_2^s$分别表示时钟的偏差、漂移和数据龄期;$t_{oc}^s$表示时钟数据的参考时间,该时钟数据也在导航电文中广播。由于卫星时钟相对于接收机存在运动现象,因而卫星时钟改正的最后一部分为相对论改正,记为$\Delta t_{rel}^s(t)$,其

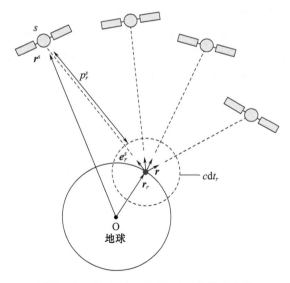

图 21.3　基于 4 颗 GNSS 卫星的单点定位

$r_r$—接收机位置向量；$r^s$—卫星位置向量；$e_r^s$—视线单位向量；$cdt_r$—接收机钟差；$p_r^s$—码或伪距观测量。

改正公式已在第 19 章中进行了讨论。在单点定位中，上述钟差多项式需要在信号发射时刻计算，即 $t - \tau_r^s$。

1. GPS,Galileo,QZSS 和 IRNSS

实际上，GPS、伽利略、QZSS 和 IRNSS 的广播卫星时钟改正基于双频码伪距的消电离层组合。关于这种线性组合的描述见第 20 章，即

$$dt_s^s(t) = dt_{IF}^s(t) = dt^s(t) - d_{IF}^s(t) \tag{21.36}$$

$$\begin{aligned} dt_{IF}^s(t) &= \frac{\mu_2^s}{\mu_2^s - \mu_1^s} d_1^s(t) - \frac{\mu_1^s}{\mu_2^s - \mu_1^s} d_2^s(t) \\ &= d_j^s(t) + \frac{\mu_j^s}{\mu_2^s - \mu_1^s} \underbrace{[d_1^s(t) - d_2^s(t)]}_{DCB_{12}^s(t)} \quad j = 1,2 \end{aligned} \tag{21.37}$$

式中：$d_{IF}^s(t)$ 表示电离层无关组合中的卫星硬件偏差。

组合中涉及的两个频率相对应的电离层系数为 $\mu_1^s$ 和 $\mu_2^s$，见式(21.3)。其中消电离层组合的系数也可以频率的函数给出，即

$$\frac{\mu_2^s}{\mu_2^s - \mu_1^s} = \frac{(f_1^s)^2}{(f_1^s)^2 - (f_2^s)^2}$$

$$\frac{\mu_1^s}{\mu_2^s - \mu_1^s} = \frac{(f_2^s)^2}{(f_1^s)^2 - (f_2^s)^2}$$

卫星硬件之间的频间偏差见式(21.37)，其中 $d_1^s(t) - d_2^s(t)$ 称为差分码偏差（DCB）[21.6]或频间偏差（IFB）[21.3]。GPS（和 QZSS）卫星钟的消电离层组合使用 L1 和 L2 频率，Galileo 广播卫星钟差采用 E1+E5a 组合或 E1+E5b 组合。根据所使用的 Galileo 服务（第 9 章），采用相应的导航电文类型和消电离层钟差。其中，开放服务中自由访问的导

航信息(F/NAV)采用 E1+E5a 组合,生命安全服务中的完好性导航信息(I/NAV)采用 E1+E5b 组合[21.23]。IRNSS 钟差的消电离层组合采用 S 波段和 L5 频率[21.24]。

使用广播卫星钟差的单频 SPP 用户不能直接使用消电离层组合的卫星钟差,需要对其进行改正,即两个频率之间时间群延迟(TGD)的差,定义为[21.25]

$$T_{GD}^s(t) = -\frac{\mu_1^s}{\mu_2^s - \mu_1^s} \underbrace{[d_1^s(t) - d_2^s(t)]}_{DCB_{12}^s(t)} \tag{21.38}$$

式中:电离层系数 $\mu_1^s = 1$,$\mu_2^s = (\lambda_2^s/\lambda_1^s)^2$,因此,TGD 与 DCB 存在比例关系。注意 Galileo ICD 提到的是 BGD(广播群延迟)而不是 TGD。利用群时延,前两个频率卫星时钟和硬件时延的组合可以表示为

$$dt_s^s(t) - \frac{\mu_j^s}{\mu_1^s} T_{GD}^s(t) = dt^s(t) - d_j^s(t), j = 1,2 \tag{21.39}$$

如果 GPS 用户使用 L1 C/A 码而不是 P1 码,则需要考虑另一种改正,该改正考虑了 P1 码和 C/A 码间的硬件偏差,即

$$dt_G^s(t) - T_{GD}^s(t) + DCB_{1c}^s(t) = dt^s(t) - d_c^s(t) \tag{21.40}$$

式中:$DCB_{1c}^s(t) = d_1^s(t) - d_c^s(t)$ 为 P1 码和 C/A 码间的 DCB;$d_c^s(t)$ 为 C/A 码的硬件偏差。P1-C/A DCB 的量级通常为 2ns(60cm)[21.26]。该改正项不在 GPS 传统导航电文(C/A 码上调制的 NAV 消息)中播发,而是在 L2C 和 L5 信号上调制的现代化民用 NAV(CNAV)消息中播发,加上群延迟改正,这些统称为信号间校正(ISC)[21.27-21.28]。

2. 北斗(BDS)

北斗的广播卫星钟差不是基于消电离层组合,而是基于单频 B3 信号[21.29],即

$$dt_C^s(t) = dt^s(t) - d_3^s(t) \tag{21.41}$$

使用 B1 或 B2 频率的单频 SPP 用户不能直接使用广播卫星钟差,而需要根据其使用的频率使用 TGD,相对应频率的表达式为

$$\begin{cases} T_{GD1}^s(t) = d_1^s(t) - d_3^s(t) \\ T_{GD2}^s(t) = d_2^s(t) - d_3^s(t) \end{cases} \tag{21.42}$$

北斗导航电文同时提供两个 TGD。单频 B1 和 B2 SPP 用户需要使用各自的 TGD,即

$$\begin{cases} dt_C^s(t) - T_{GD1}^s(t) = dt^s(t) - d_1^s(t) \\ dt_C^s(t) - T_{GD2}^s(t) = dt^s(t) - d_2^s(t) \end{cases} \tag{21.43}$$

双频或多频北斗用户可计算其消电离层组合的钟差。其中,对于 B1+B2 有

$$dt_C^s(t) - \frac{\mu_2^C}{\mu_2^C - \mu_1^C} T_{GD1}^s(t) + \frac{\mu_1^C}{\mu_2^C - \mu_1^C} T_{GD2}^s(t) \tag{21.44}$$

对于 B1+B3 有

$$dt_C^s(t) - \frac{\mu_3^C}{\mu_3^C - \mu_1^C} T_{GD1}^s(t) \tag{21.45}$$

3. GLONASS

GLONASS 卫星钟差基于 L1 频率并在导航电文中播发,其计算方法为[21.30]

$$dt_R^s(t) = a_0^s(t_{oc}^s) + a_1^s(t - t_{oc}^s) \tag{21.46}$$

在 GLONASS ICD 中时钟数据的参考时间称为 $t_b^s$。与 GPS、Galileo 和北斗相比，GLONASS 的钟差以一阶多项式计算，其中广播参数 $a_0^s$ 和 $a_1^s$ 不仅考虑了卫星的钟差和钟漂，而且还考虑了相对论效应。因此，不需要对这些影响进行单独补偿[21.31]。GLONASS 也同时会播发 L1 和 L2 频率的卫星硬件延迟差[21.30]，即

$$\Delta \tau_n^s(t) = d_2^s(t) - d_1^s(t) \tag{21.47}$$

GLONASS L1 频率上的卫星时钟和硬件延迟则可以表示为

$$dt_R^s(t) = dt^s(t) - d_1^s(t) \tag{21.48}$$

GLONASS L2 频率上的卫星时钟和硬件延迟为

$$dt_R^s(t) - \Delta \tau_n^s(t) = dt^s(t) - d_2^s(t) \tag{21.49}$$

### 21.3.2 关于 TGD/DCB 的一些其他考虑

DCB 或 TGD 最初由卫星制造商在发射前确定，并可由 GNSS 控制段对其进行改正[21.22]。对于 GPS，自 1999 年以来，JPL 负责确定上传到 GPS 卫星的改进 TGD 值（电离层制图的副产品）[21.32]。GPS/GLONASS 的 DCB 值均小于 15ns（4.5m）[21.27]，而北斗的 DCB 值小于 20ns[21.33]，并且在时间上非常稳定（至少超过一天）[21.34,21.35]。精密卫星钟差（PPP）也基于消电离层组合[21.36]，因此单频用户需要进行 DCB 改正。作为全球电离层云图（GIM）产品的一部分，IGS 定期（每天）提供精确的卫星 DCB[21.37]。由于整个星座 DCB 的平均值根据 IGS 约定设置为 0[21.6]，而 GPS 广播群延迟采用绝对硬件偏差的经验值[21.25]，因此基于广播群延迟的 DCB 与 IGS 发布的 DCB 之间存在偏差。Galileo 将群延迟确定为精密定轨和时间同步（ODTS）过程的一部分，同时与 GPS 相同，整个星座的 DCB 也采用零均值原则[21.33]。

### 21.3.3 大气误差的计算/估计

在单频单点定位（SPP 或 PPP）中，GNSS 观测值可以应用先验电离层延迟进行改正。该改正可以使用导航电文中广播的模型参数计算，例如 GPS 的 Klobuchar 模型[21.38] 或 Galileo 的 NeQuick 模型[21.39]，也可以从 IGS 发布的 GIM 模型中获得更精确的电离层参数。在多频定位情况下不需要改正电离层，因为电离层延迟可以进行估计或消除。但由于估计（或消去）削弱了模型，这将会导致解的收敛时间更长，因此快速多频定位中（精确的）电离层改正是必不可少的。

对流层延迟通常可以通过使用 Saastamoinen[21.40] 等模型获得很大改正。如果有必要，同样可以在模型中估计残余的对流层延迟。有关大气模型的更多详细信息，请参阅第 6 章。

### 21.3.4 单星座 SPP 模型

#### 1. 直接（解析）SPP 解

基于非线性观测方程，能够以解析形式表示单星座下 4 个伪距的 SPP 解，无须线性

化/迭代,并且不需要近似值。闭合形式的解也可用于快速计算近似接收机位置。文献[21.41-21.43]中提出了以下几种方法。

2. 单频 SPP 模型

接收机跟踪 4 颗以上的卫星(例如 $m_s$ 卫星),利用计算出的卫星轨道和钟差、卫星硬件延迟和大气延迟,可以给出单个历元的单频(线性化)伪距(码)观测方程的 SPP 模型,即

$$E\left(\underbrace{\begin{bmatrix} \Delta \tilde{p}_{r,j}^1(t) \\ \vdots \\ \Delta \tilde{p}_{r,j}^{ms}(t) \end{bmatrix}}_{\Delta \tilde{p}_{r,j}^s(t)}\right) = \underbrace{\begin{bmatrix} -[e_r^1(t)]^T & 1 \\ \vdots & \vdots \\ -[e_r^{ms}(t)]^T & 1 \end{bmatrix}}_{J_0} \begin{bmatrix} \Delta r_r(t) \\ c\mathrm{d}t_{r,j}^S(t) \end{bmatrix} \quad (21.50)$$

式中:$E(\cdot)$ 为期望值;附加的符号"~"为伪距观测值,且该伪距已经进行了卫星轨道、钟差、硬件偏差和大气延迟改正。通常情况下,SPP 的 $j=1$,即使用第一个频率(GPS 为 L1 C/A),但是模型也可用于其他频率的求解。矩阵 $J_0$ 表示雅可比矩阵或设计矩阵(第 22 章),它可以以下形式表示为

$$J_0 = [G_r^s(t), u_{m_s}] \quad (21.51)$$

式中:矩阵 $G_r^s(t) = [-e_r^1(t), \cdots, -e_r^{ms}(t)]^T$ 包含 LOS 单位方向向量;$m_s$ 维单位向量定义为 $u_{m_s} = (1, \cdots, 1)^T$。SPP 模型中的未知参数包括接收机位置向量 $\Delta r_r(t)$ 和接收机钟差 $\mathrm{d}t_{r,j}(t)$。由于以上误差无法分离,因而解算的接收机钟差由真实接收机钟差和(取决于频率的)接收机硬件延迟组成,即

$$\mathrm{d}t_{r,j}^s(t) = \mathrm{d}t_r(t) + d_{r,j}^s \quad (21.52)$$

此处假设接收机硬件偏差在时间上稳定不变。GLONASS 系统与伪距观测的噪声相比,信道间硬件偏差非常小[21.31],因此在 SPP 中可以忽略不计。如果 SPP 模型使用迭代最小二乘法求解,则可以将接收机的近似位置设为 0(相对于地球中心)。收敛后可得出最小二乘估计值 $\hat{r}_r(t)$ 和 $\mathrm{d}\hat{t}_{r,j}(t)$。

观测模型的冗余度定义为观测值个数减去待估参数的个数。对于单频 SPP 模型,其冗余度为 $m_s - (3+1) = m_s - 4$。由此可知,$m_s \geq 4$ 的情况下方程可解。

3. 双频 SPP 模型

当包含双频数据时,一般不对电离层延迟进行建模,而是通常采用消电离层组合消除数据中的电离层延迟,并基于消电离层观测值和参数来计算式(21.50)。表 21.2 显示了 GPS(和 QZSS)、GLONASS、Galileo、北斗和 IRNSS 的双频消电离层组合系数。

表 21.2 GPS(L#)、GLONASS(G#)、伽利略(E#)、北斗(B#)和 IRNSS(S+L5)双频消电离层组合观测的系数数值

| 信号 | $\dfrac{\mu_2^s}{\mu_2^s - \mu_1^s} = \dfrac{(f_1^s)^2}{(f_1^s)^2 - (f_2^s)^2}$ | $\dfrac{\mu_1^s}{\mu_2^s - \mu_1^s} = \dfrac{(f_2^s)^2}{(f_1^s)^2 - (f_2^s)^2}$ |
|---|---|---|
| L1+L2 | 2.5457 | 1.5457 |
| L1+L5 | 2.2606 | 1.2606 |

续表

| 信号 | $\dfrac{\mu_2^s}{\mu_2^s - \mu_1^s} = \dfrac{(f_1^s)^2}{(f_1^s)^2 - (f_2^s)^2}$ | $\dfrac{\mu_1^s}{\mu_2^s - \mu_1^s} = \dfrac{(f_2^s)^2}{(f_1^s)^2 - (f_2^s)^2}$ |
| --- | --- | --- |
| G1+G2 | 2.5312 | 1.5312 |
| E1+E5a | 2.2606 | 1.2606 |
| E1+E5b | 2.4220 | 1.4220 |
| E1+E5 | 2.3380 | 1.3380 |
| B1+B2 | 2.4872 | 1.4872 |
| B1+B3 | 2.9437 | 1.9437 |
| S+L5 | 1.2868 | 0.2868 |

除了使用消电离层组合之外,在双频情况下也可以使用式(21.50)中的单频模型。该模型基于非组合观测值对电离层延迟进行参数估计。但由于其设计矩阵秩亏,这意味着方程中某些列线性相关,因而该模型不能直接使用最小二乘平差。矩阵的秩亏可通过应用 $S$ 系统或基准理论来解决(有关秩亏最小二乘理论,请参见第 22 章),但这意味着只能估计某些线性组合参数,而无法估计全部原始参数。不过,与这些线性参数组合相对应的设计矩阵是满秩的。

基于(改正后的)伪距观测值,满秩双频 SPP 模型可以表示为

$$E\left(\begin{bmatrix}\Delta\tilde{p}_{r,1}^s(t)\\ \Delta\tilde{p}_{r,2}^s(t)\end{bmatrix}\right)=\begin{bmatrix}\boldsymbol{G}_r^s(t) & \boldsymbol{u}_{m_s} & \mu_1^s\boldsymbol{I}_{m_s}\\ \boldsymbol{G}_r^s(t) & \boldsymbol{u}_{m_s} & \mu_2^s\boldsymbol{I}_{m_s}\end{bmatrix}\begin{bmatrix}\Delta\boldsymbol{r}_r(t)\\ c\mathrm{d}\tilde{t}_r^s(t)\\ \tilde{\boldsymbol{I}}_r^s(t)\end{bmatrix} \quad (21.53)$$

式中:$\tilde{\boldsymbol{I}}_r^s(t)=[\tilde{I}_r^1(t),\cdots,\tilde{I}_r^{m_s}(t)]^\mathrm{T}$ 为电离层延迟待估参数。在设计矩阵中,$\boldsymbol{I}_{m_s}$ 表示维度为 $m_s$ 的单位矩阵,向量 $\boldsymbol{u}_{m_s}$ 和矩阵 $\boldsymbol{G}_r^s(t)$ 与单频模型的意义相同。

除了接收机位置,接收机钟差和电离层待估参数可表示为

$$\begin{cases}\mathrm{d}\tilde{t}_r^s(t) = \mathrm{d}t_r(t) + d_{r,1}^s + \dfrac{\mu_1^s}{\mu_2^s - \mu_1^s}\mathrm{DCB}_{r,12}^s\\ \tilde{\boldsymbol{I}}_r^s(t) = \boldsymbol{I}_r^s(t) - \dfrac{1}{\mu_2^s - \mu_1^s}c\mathrm{DCB}_{r,12}^s\end{cases} \quad (21.54)$$

这里定义两个频率之间接收机的 DCB 如下:

$$\mathrm{DCB}_{r,12}^s = d_{r,1}^s - d_{r,2}^s \quad (21.55)$$

此模型中,无法估计接收机 DCB,但其存在于接收机钟差和电离层延迟中。不过,当根据待估参数重建观测方程时,可以消除这一偏差。因而,对于系统中第一个频率,有

$$c\mathrm{d}\tilde{t}_r^s(t) + \mu_1^s\tilde{I}_r^s(t) = c[\mathrm{d}t_r(t) + d_{r,1}^s] + \mu_1^s I_r^s(t) \quad (21.56)$$

对于系统中的第二个频率,有

$$\begin{cases}c\mathrm{d}\tilde{t}_r^s(t) + \mu_2^s\tilde{I}_r^s(t) = c[\mathrm{d}t_r(t) + d_{r,1}^s] + \mu_2^s I_r^s(t)\\ -c\mathrm{DCB}_{r,12}^s = c[\mathrm{d}t_r(t) + d_{r,2}^s] + \mu_2^s I_r^s(t)\end{cases} \quad (21.57)$$

需要注意的是,双频 SPP 模型中待估接收机钟差可以重写为消电离层接收机钟差参数,即

$$\mathrm{d}\tilde{t}_r^s(t) = \mathrm{d}t_r(t) + d_{r,\mathrm{IF}}^s \tag{21.58}$$

式中:$d_{r,\mathrm{IF}}^S$ 为两个频率的接收机码延迟的消电离层组合(类似于卫星码延迟,见式(21.37))。

双频 SPP 模型的冗余度为 $2m_S - [3 + 1 + m_S] = m_S - 4$,这意味着如果 $m_S \geq 4$,模型存在可解,这与单频 SPP 模型相似。

### 21.3.5 多星座 SPP 模型

本节重点介绍多星座 SPP 模型。与单星座 SPP 模型一样,首先假设每个星座只有一个频率,然后假设每个星座存在两个频率。这些星座之间的频率可能相同,也可能不同。

1. SPP 模型:每个星座一个频率

假设存在两个星座的伪距数据,分别为跟踪 $m_A$ 卫星的 GNSS $A$ 单频数据和跟踪 $m_B$ 卫星的 GNSS $B$ 单频数据,则可以建立组合 SPP 模型,即

$$E\left(\begin{bmatrix} \Delta \bar{p}_{r,j}^A(t) \\ \Delta \bar{p}_{r,j}^B(t) \end{bmatrix}\right) = \begin{bmatrix} G_r^A(t) & u_{mA} & 0 \\ G_r^B(t) & u_{mB} & u_{mA} \end{bmatrix} \begin{bmatrix} \Delta r_r(t) \\ c\mathrm{d}t_{r,j}^A(t) \\ c\mathrm{ISB}_{r,j}^{AB} \end{bmatrix} \tag{21.59}$$

式中:两个星座的数据具有相同接收机坐标和以星座 $A$ 的系统时间为标准定义的接收机钟差。因而,在计算星座 $B$ 的观测值时需要增加 ISB 参数,其计算公式为

$$\mathrm{ISB}_{r,j}^{AB} = [d_{r,j}^B - d_{r,j}^A] - t^{AB} \tag{21.60}$$

与式(21.10)中给出的 ISB 定义相比,上述方程中不存在信道间偏差参数,因为从 SPP 的目的考虑可以忽略其影响。另一个区别是,除了两个星座信号的接收机硬件延迟的差异之外,在 SPP 中 ISB 待估参数被星座之间的时间偏差吸收,即 $t^{AB}$,该参数无法与硬件延迟分离,因此只能将其进行组合估计。如果已知该时间偏差(根据导航电文计算),则可以将此偏差从 ISB 参数中消除。更值得注意的是,即使两个星座的信号频率相同(如 GPS L1 和 Galileo E1),也无法抵消 ISB 的影响[21.1,21.44]。除了求解 ISB 参数之外,还可以增加一个参数来估计第二星座的接收机钟差。接收机钟差和 ISB 之间关系可表示为

$$\mathrm{d}t_{r,j}^B(t) = \mathrm{d}t_{r,j}^A(t) + \mathrm{ISB}_{r,j}^{AB}$$
$$= \mathrm{d}t_r(t) + d_{r,j}^B - t^{AB} \tag{21.61}$$

基于此,也可以给出 ISB 的另一种定义,即

$$\mathrm{ISB}_{r,j}^{AB} = \mathrm{d}t_{r,j}^B(t) - \mathrm{d}t_{r,j}^A(t) \tag{21.62}$$

式中:$\mathrm{ISB}_{r,j}^{AB}$ 为两个星座估计的接收机钟差。在可以校准 ISB 的情况下,对 ISB 进行参数化比估计特定星座的接收机钟差更具优势。此时,可以假定 ISB 已知并且已经对星座 $B$ 的观测值进行了改正,从而多星座 SPP 模型变为

$$E\left(\begin{bmatrix} \Delta \bar{p}_{r,j}^A(t) \\ \Delta \bar{p}_{r,j}^B(t) \end{bmatrix}\right) = \begin{bmatrix} G_r^A(t) & u_{mA} \\ G_r^B(t) & u_{mB} \end{bmatrix} \begin{bmatrix} \Delta r_r(t) \\ c\mathrm{d}t_{r,j}^A(t) \end{bmatrix} \tag{21.63}$$

ISB 改正观测值变为

$$\Delta \bar{p}_{r,j}^{B}(t)' = \Delta \bar{p}_{r,j}^{B}(t) - u_{mB} c \text{ISB}_{r,j}^{AB}$$

在 ISB 改正模型中,星座 $A$ 和 $B$ 具有相同的观测参数,此时双星座模型等效于单星座 SPP 模型,但包含 $m_A + m_B$ 颗卫星。

如果 ISB 未知,每个系统单频组合 SPP 模型的冗余度为 $m_A + m_B - 5$。这意味着当 $m_A + m_B \geq 5$ 时可以通过卫星的不同组合来满足解算。在两个以上星座情况下,可以扩展模型式(21.59),每添加一个星座就会添加一个 ISB/时间偏差参数。因而,多星座情况下冗余度为 $\sum_{i=1}^{s} m_i - (3+s)$,其中 $s$ 表示星座数目。当 ISB/时间偏差已知时,多星座冗余度会增加到 $\sum_{i=1}^{s} m_i - 4$。

**1. SPP 模型:每个星座两个频率**

通过把电离层延迟设为未知参数来建立多星座双频 SPP 模型,与式(21.53)中的单星座情况类似。此时,带估参数包括接收机坐标、星座 $A$ 的消电离层钟差以及每个星座的电离层延迟,这些延迟受到特定星座 DCB 的影响。此外,对 ISB 参数进行参数化,而此时它是消电离层 ISB 参数,可定义为

$$\begin{aligned}
\text{ISB}_{r,\text{IF}}^{AB} &= [d_{r,\text{IF}}^{B} - d_{r,\text{IF}}^{A}] - t^{AB} \\
&= \left[ \frac{\mu_2^B}{\mu_2^B - \mu_1^B} d_{r,1}^B - \frac{\mu_1^B}{\mu_2^B - \mu_1^B} d_{r,2}^B \right] - \left[ \frac{\mu_2^A}{\mu_2^A - \mu_1^A} d_{r,1}^A - \frac{\mu_1^A}{\mu_2^A - \mu_1^A} d_{r,2}^A \right] - t^{AB}
\end{aligned}$$

(21.64)

此处消电离层 ISB 的定义与之后在文献[21.3,21.7]给出的定义相对应。

## 21.3.6 精度和 DOP

通常使用 DOP 概念[21.45]描述接收机与卫星之间的几何关系(根据矩阵 $G_r^S(t)$ 计算)对 SPP 计算的接收机位置精度的影响。单星座单频模型的接收机位置和接收机时钟的协因子矩阵(不包括方差因子的方差矩阵)可以表示为[21.46]

$$(J_0^T J_0)^{-1} = \begin{bmatrix} C_{\hat{r}(t)}^S & C_{\hat{r}(t)}^S \bar{e}_r^S(t) \\ \bar{e}_r^S(t)^T C_{\hat{r}(t)}^S & \frac{1}{m_S} + \bar{e}_r^S(t)^T C_{\hat{r}(t)}^S \bar{e}_r^S(t) \end{bmatrix} \quad (21.65)$$

式中:基于式(21.51)SPP 模型设计矩阵的协因子矩阵为

$$\bar{e}_r^S(t) = \frac{1}{m_S} \sum_{s=1}^{m_S} e_r^S(t)$$

该向量表示所有卫星的平均 LOS 向量。接收机位置的 3×3 协因子矩阵有

$$C_{\hat{r}(t)}^S = \left( \sum_{s=1}^{m_S} [e_r^S(t) - \bar{e}_r^S(t)] [e_r^S(t) - \bar{e}_r^S(t)]^T \right)^{-1} \quad (21.66)$$

由上述方程可知,如果卫星 LOS 向量彼此之间以及与它们的平均值相差很大,即 $e_r^s(t) - \bar{e}_r^s(t)$ 值比较大时,则有利于提高接收机位置的精度。

DOP 值可以基于接收机位置协因子矩阵的对角线元素来计算。如果 $r(t) = [E,N,U]^T$ 表示本地东—北—天框架中的位置,则可以计算以下 DOP 值,即

$$\begin{cases} \text{GDOP} = \sqrt{c_{\hat{E}}^2 + c_{\hat{N}}^2 + c_{\hat{U}}^2 + c_{cd\hat{t}_{r,j}^2}^2} \\ \text{PDOP} = \sqrt{c_{\hat{E}}^2 + c_{\hat{N}}^2 + c_{\hat{U}}^2} \\ \text{HDOP} = \sqrt{c_{\hat{E}}^2 + c_{\hat{N}}^2} \\ \text{VDOP} = \sqrt{c_{\hat{U}}^2} \end{cases} \quad (21.67)$$

式中:$c_{\hat{E}}^2$、$c_{\hat{N}}^2$ 和 $c_{\hat{U}}^2$ 为位置 $C_{\hat{r}(t)}$ 的对角元素;$c_{cd\hat{t}_{r,j}^2}^2$ 为接收机钟差式(21.65)的对角元素;GDOP 为几何精度因子;PDOP 为位置精度因子,HDOP 为水平精度因子;VDOP 为垂直精度因子。但是,不理想的几何结构可能导致接收机位置精度较差,甚至在某些极端情况下无法确定位置(几何奇异性)。例如,当 LOS 向量的端点描述的是一个平面时(所有卫星都位于圆锥表面上)[21.47],其 DOP 值无限大。

在多星座定位中,也可以计算 DOP 值。如果假设存在两个星座 $A$ 和 $B$,那么 DOP 值基于双星座模型式(21.59)计算,其中接收机位置协因子矩阵可表示为

$$C_{\hat{r}(t)} = [(C_{\hat{r}(t)}^A)^{-1} + (C_{\hat{r}(t)}^B)^{-1}]^{-1} \quad (21.68)$$

根据式(21.66),上述公式表示每个单独的星座协因子矩阵的逆之和的逆。易知,双星座 DOP 值小于(或在最坏的情况下相等)单星座 DOP 值。如果先验 ISB 和时间补偿均已知,则接收机位置协因子矩阵式(21.63)可表示为

$$C_{\hat{r}(t)} = \left( \sum_{s=1}^{m_A+m_B} [e_r^S(t) - \bar{e}_r(t)][e_r^S(t) - \bar{e}_r(t)]^T \right)^{-1} \quad (21.69)$$

两个星座的平均 LOS 向量为

$$\bar{e}_r(t) = \frac{1}{m_A + m_B} \sum_{s=1}^{m_A+m_B} e_r^S(t)$$

基于该模型的 DOP 值甚至会小于基于式(21.68)的 DOP 值。

图 21.4 显示了 4 颗 GPS 卫星和 4 颗 Galileo 卫星的接收机与卫星间几何的 PDOP 值。除了单星座的 PDOP,还显示了假设存在一个接收机钟差和 ISB 参数的 GPS+Galileo 组合模型(类似于假设每个星座存在各自的接收机钟差)以及当只有一个接收机钟差 GPS 和 Galileo(ISB 已知)的 PDOP 值。具有一个接收机钟差参数组合模型的 PDOP 值最小,即分布最优。图 21.4 中,该分布的 PDOP 值与具有两个接收机钟差参数模型的 PDOP 值趋于相等,但这取决于本例中的实际几何分布。

### 21.3.7 PPP 模型

除了伪距外,利用载波相位观测值与(IGS)精密产品还可以进行精密单点定位(PPP)[21.48-21.49]。有关 PPP 技术的详细阐述,读者可参阅第 25 章的内容。这里为了与 SPP 进行比较,只对单星座单频和多频 PPP 模型进行阐述。图 21.5 直观地显示了 PPP 的求解过程,首先参考网络(如 IGS 网)确定(卫星相关的)参数,然后将这些参数发送给

用户，最后用户应用这些参数进行 PPP 改正。

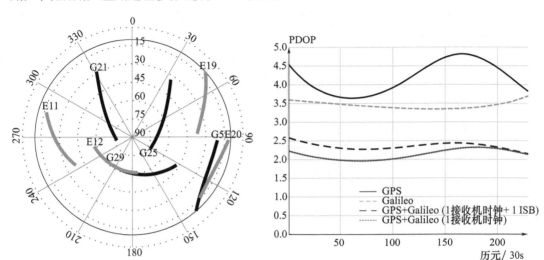

图 21.4　基于 4 颗 Galileo IOV 和 4 颗 GPS 卫星的天空图(a)和 PDOP 值(b)，时间为 2013 年 3 月 20 日 04:05-6:00 GPST，地点位于澳大利亚珀斯，高度截止角为 10°。在 GPS+Galileo 组合模式下，给出了基于模型式(21.59)和模型式(21.63)的 PDOP 值间的区别(见彩图)

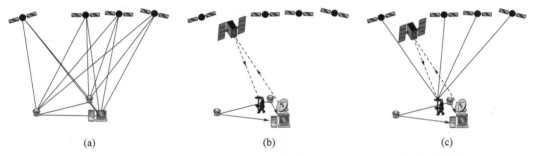

图 21.5　PPP(-RTK)概念可视化；(a)CORS(全球或区域)网确定 GNSS 参数；(b)网络上传卫星有关参数并由用户下载；(c)用户采用数据改正，实现单接收机精密定位

使用(IGS)精密产品的 PPP 用户应注意，与大多数星座的广播卫星钟差类似，精密卫星钟差是基于消电离层组合的。因此，在单频 PPP 中需要对卫星 DCB 进行改正，这些改正参数由 IGS 或其分析中心提供。此外，由于单频 PPP 用户无法形成双频消电离层组合，因此需要进行电离层改正，改正可从 IGS 下载 GIM 格式文件获得。

除了采用先验模型改正对流层延迟外，为了实现高精度定位应用，需要将(剩余)对流层延迟参数化。常见的方法是将对流层的剩余延迟映射到天顶方向，即

$$T_r^s(t) = T_{r,0}^s(t) + m_r^s(t) T_r^Z(t)$$

式中：$T_{r,0}^s(t)$ 为先验对流层改正；$m_r^s(t)$ 为映射函数；$T_r^Z$ 为天顶对流层延迟(ZTD)。典型的对流层映射函数为 Niell 映射函数[21.50]。

GLONASS PPP(以及 RTK)需要对接收机和频率相关的信道间或频率间偏差进行改

正,至少需要对相位数据 $\Delta \delta_{r,j}^s$ 进行先验改正。文献[21.51]给出了 9 个不同制造商 GLO-NASS 接收机的信道间改正表。此处假设数据针对这些偏差已进行了先验改正,因此可以使用此处介绍的一般模型来处理 GLONASS 数据。

由于篇幅所限,此处讨论的 PPP 模型仅限于单 GNSS 星座。但可以按照 21.3.5 节中多星座 SPP 模型推导多星座 PPP 模型。为了简化表示,此处以下单星座 PPP 表达中将省略系统标识符 $S$。

1. 单频 PPP 模型

单频 PPP 情况下,假设码和相位观测中卫星钟差、硬件偏差、对流层和电离层延迟均相同。如果卫星钟差基于消电离层组合(与 IGS 精密产品相同),则应用码和相位偏差改正后的观测方程可以表示为

$$o_{\varphi_{r,j}^s}(t) = c \left[ dt_{IF}^s(t - \tau_r^s) + \frac{\mu_j}{\mu_2 - \mu_1} DCB_{12}^s \right] - T_{r,0}^s(t) + \mu_j I_r^s(t) \quad (21.70)$$

与接收机硬件偏差相同,卫星硬件偏差同样比较稳定,因此在模型中可以作为时间常数。通过采用 DCB(卫星硬件偏差之差),可以将消电离层卫星钟差转换为所需频率的钟差以及硬件偏差的组合。值得注意的是,针对 GPS C/A 码($j=1$)还需要从码改正项中减去 P1-C/A DCB(即 $DCB_{1c}$)。将上述偏差改正在单频码和相位观测量中,可得到线性化的满秩单频 PPP 模型,如表 21.3(顶行)所列。

改正后的码和相位观测量分别为 $\Delta \tilde{p}_{r,j}(t) = \Delta p_{r,j}(t) + o_{p_{r,j}^s}(t)$ 和 $\Delta \tilde{\varphi}_{r,j}(t) = \Delta \varphi_{r,j}(t) + o_{\varphi_{r,j}^s}(t)$。利用卫星精密轨道计算几何矩阵 $G$ 中的 LOS 向量及线性化过程中接收机—卫星距离的近似值。PPP 模型的待估参数包括四维位置参数向量 $x_r(t)$ 和(残余)ZTD 参数,其中有

$$x_r(t) = [\Delta r_r(t)^T, T_r^z(t)]^T \quad (21.71)$$

此外,LOS 向量和对流层映射系数存储在 $m \times 4$ 维矩阵 $G_r(t) = [g_r^1(t), \cdots, g_r^m(t)]^T$ 中,$4 \times 1$ 维几何向量 $g_r^s(t)$ 由 LOS 向量与对流层映射函数系数组成,定义为

$$g_r^s(t) = \begin{bmatrix} -e_r^s(t) \\ m_r^s(t) \end{bmatrix} \quad (21.72)$$

除了接收机位置,码和相位观测方程均包含的未知参数(带偏差的)是接收机钟差 $d\tilde{t}_r(t)$,其处理方法与单频 SPP 相同。

表 21.3 满秩非差分 PPP 模型及其待估参数(注:SF = 单频;DF = 双频)

| 模型 | 待估参数的表示法和解释 |
|---|---|
| SF PPP 电离层改正 | $E\left(\begin{bmatrix} \Delta \tilde{p}_{r,j}(t) \\ \Delta \tilde{\varphi}_{r,j}(t) \end{bmatrix}\right) = \begin{bmatrix} G_r(t) & u_m & 0 & 0 \\ G_r(t) & u_m & u_m & \lambda_j C_m \end{bmatrix} \begin{bmatrix} x_r(t) \\ c d\tilde{t}_r(t) \\ c \tilde{\delta}_{r,j} \\ \tilde{N}_{r,j} \end{bmatrix}$ <br> 待估参数($j \in \{1,2\}$)分别为 |

续表

| 模型 | 待估参数的表示法和解释 |
|---|---|
| SF PPP 电离层改正 | $\tilde{\delta}_{r,j} = \mathrm{d}t_r(t) + d_{r,j}$ <br> $\tilde{\delta}_{r,j} = \delta_{r,j} - d_{r,j} + \frac{\lambda_j}{c}\left(N_{r,j}^p + \frac{c}{\lambda_j}[\delta_j^p - d_j^p]\right)$ <br> $\tilde{N}_{r,j}^s = \left(N_{r,j}^s + \frac{c}{\lambda_j}[\delta_j^s - d_j^s]\right) - \left(N_{r,j}^p + \frac{c}{\lambda_j}[\delta_j^p - d_j^p]\right)$ |
| SF PPP 电离层浮点解模型 | $E\left(\begin{bmatrix} \Delta\tilde{p}_{r,j}(t_1) \\ \Delta\tilde{p}_{r,j}(t_1) \\ \hline \Delta\tilde{\varphi}_{r,j}(t_2) \\ \Delta\tilde{\varphi}_{r,j}(t_2) \end{bmatrix}\right) = \begin{bmatrix} G_r(t_1) & 0 & u_m & 0 & \mu_j I_m & 0 & 0 \\ G_r(t_1) & 0 & u_m & 0 & -\mu_j I_m & 0 & \lambda_j C_m \\ \hline 0 & G_r(t_2) & 0 & u_m & 0 & \mu_j I_m & 0 \\ 0 & G_r(t_2) & 0 & u_m & 0 & -\mu_j I_m & \lambda_j C_m \end{bmatrix}\begin{bmatrix} x_r(t) \\ c\mathrm{d}\tilde{t}_r(t) \\ c\tilde{\delta}_{r,1} \\ c\tilde{\delta}_{r,2} \\ \tilde{I}_r(t) \\ \tilde{N}_{r,1} \\ \tilde{N}_{r,2} \end{bmatrix}$ <br> 待估参数($j \in \{1,2\}$ 且 $j=1,2$)分别为 <br> $\mathrm{d}\tilde{t}_r(t_i) = \mathrm{d}t_r(t_i) + \frac{1}{2}\left[d_{r,j} + \delta_{r,j} + \frac{\lambda_j}{c}\left(N_{r,j}^p + \frac{c}{\lambda_j}[\delta_j^p - d_j^p]\right)\right]$ <br> $\tilde{I}_r^s(t) = I_r^s(t) + \frac{1}{2\mu_j}c\left[d_{r,j} - \delta_{r,j} - \frac{\lambda_j}{c}\left(N_{r,j}^p + \frac{c}{\lambda_j}[\delta_j^p - d_j^p]\right)\right]$ <br> $\tilde{N}_{r,j}^s = \left(N_{r,j}^s + \frac{c}{\lambda_j}[\delta_j^s - d_j^s]\right) - \left(N_{r,j}^p + \frac{c}{\lambda_j}[\delta_j^p - d_j^p]\right)$ |
| DF PPP 电离层浮点解模型 | $E\left(\begin{bmatrix} \Delta\tilde{p}_{r,1}(t) \\ \Delta\tilde{p}_{r,2}(t) \\ \hline \Delta\tilde{\varphi}_{r,1}(t) \\ \Delta\tilde{\varphi}_{r,2}(t) \end{bmatrix}\right) = \begin{bmatrix} G_r(t) & u_m & 0 & 0 & \mu_1 I_m & 0 & 0 \\ G_r(t) & u_m & 0 & 0 & \mu_2 I_m & 0 & 0 \\ \hline G_r(t) & u_m & u_m & 0 & -\mu_1 I_m & \lambda_1 C_m & 0 \\ G_r(t) & u_m & 0 & u_m & -\mu_2 I_m & 0 & \lambda_2 C_m \end{bmatrix}\begin{bmatrix} x_r(t) \\ c\mathrm{d}\tilde{t}_r(t) \\ c\tilde{\delta}_{r,1} \\ c\tilde{\delta}_{r,2} \\ \tilde{I}_r(t) \\ \tilde{N}_{r,1} \\ \tilde{N}_{r,2} \end{bmatrix}$ <br> 待估参数($j=1,2$)分别为 <br> $\mathrm{d}\tilde{t}_r(t) = \mathrm{d}t_r(t) + d_{r,\mathrm{IF}}$ <br> $\tilde{\delta}_{r,j} = \delta_{r,j} - \left[d_{r,\mathrm{IF}} + \frac{\mu_j}{\mu_2 - \mu_1}\mathrm{DCB}_{r,12}\right] + \frac{\lambda_j}{c}\left(N_{r,j}^p + \frac{c}{\lambda_j}\left[\delta_j^p - d_j^p - \frac{\mu_j}{\mu_2 - \mu_1}\mathrm{DCB}_{12}^p\right]\right)$ <br> $\tilde{I}_r^s(t) = I_r^s(t) - \frac{1}{\mu_2 - \mu_1}c\left[\mathrm{DCB}_{12}^s + \mathrm{DCB}_{r,12}\right]$ <br> $\tilde{N}_{r,j}^s = \left(N_{r,j}^s + \frac{c}{\lambda_j}\left[\delta_j^s - d_{\mathrm{IF}}^s - \frac{\mu_j}{\mu_2 - \mu_1}\mathrm{DCB}_{12}^s\right]\right) - \left(N_{r,j}^p + \frac{c}{\lambda_j}\left[\delta_j^p - d_{\mathrm{IF}}^p - \frac{\mu_j}{\mu_2 - \mu_1}\mathrm{DCB}_{12}^p\right]\right)$ |

在 PPP 模型中,相位观测值引入的待估参数包括接收机相位偏差和相位整周模糊度参数。这些参数是线性相关的,因此不能进行独立估计。为了克服法方程秩亏问题,可

选择估计(有偏)模糊度参数的星间差,即模糊度待估参数是表 21.3 中的 $\tilde{N}_{r,j}^s$,其中 $s = 1, \cdots, m$ 且 $s \neq p$。由于构造了与第 $p$ 个卫星的星间差(这种被任意选择的卫星称为参考卫星),因而重新参数化后的模糊度待估参数减少了一个,其 $m-1$ 维模糊度参数可表示为

$$\tilde{N}_{r,j} = [\tilde{N}_{r,j}^1, \cdots, \tilde{N}_{r,j}^{p-1}, \tilde{N}_{r,j}^{p+1}, \cdots, \tilde{N}_{r,j}^m]^T \tag{21.73}$$

在表 21.3 中 PPP 设计矩阵中,该向量乘以 $m*(m-1)$ 维矩阵 $C_m$,其中 $C_m$ 为

$$C_m = \begin{bmatrix} I_{p-1} & 0 \\ 0 & \begin{pmatrix} 0_{1\times(m-p)} \\ I_{(m-p)} \end{pmatrix} \end{bmatrix} \tag{21.74}$$

该矩阵可以看作是去掉第 $p$ 列的 $m$ 维单位矩阵。当非差观测量进行星间模糊度差分参数化后,需要使用其他参数估计进行补偿。此时,接收机相位偏差的待估参数(表 21.3 中的 $\delta_{r,j}$)为相对于参考卫星的模糊度与硬件偏差的总和。

尽管模糊度 $N_{r,j}^s$ 具有整数性质,但由于卫星相位和码硬件延迟的影响,PPP 模型中的模糊度不可作为整数进行估计(表 21.3)。其最终结果是,每个历元相位观测量个数与引入的相位待估参数个数相等,即相位观测数据不会对接收机位置的估计有所贡献,因此接收机位置精度完全由(不太精确的)码观测量控制。但是,在多历元模式下的相位数据可以提高接收机位置解算的精度(因为其模糊度参数是关于时间的常数)。时间跨度越长,相位数据的贡献就越大。而位置精度则会在经过一段时间后收敛到一定水平。多历元单频 PPP 模型的冗余度等于 $m-5+(k-1)(2m-5)$,其中 $k$ 表示历元个数。需要注意,当单历元($k=1$)的冗余减少到 $m-5$ 时,其将比 SPP 的冗余少 1,这是由于 PPP 模型中增加了 ZTD 的参数化。

即便没有进行电离层改正,仍然可以利用码和载波相位电离层延迟符号相反这一特性进行单频 PPP。但由于未知参数太多,因而无法基于单个历元数据求解。不过,基于两个历元的满秩单频 PPP 模型如表 21.3(第二行)所列。电离层浮点解的模糊度参数(由于电离层延迟是未知参数)与单频电离层改正的 PPP 模型一致,但两者的接收机钟差完全不同。电离层浮点解受到接收机偏差以及参考卫星模糊度和硬件偏差的影响(无接收机偏差待估参数)。由于受硬件延迟和(参考卫星)模糊度的影响,电离层参数的估计是有偏的。基于至少两个历元,单频电离层浮点解 PPP 模型的冗余度等于 $m-9$,因而需要求解该模型存在大于 9 颗卫星的观测量,但该冗余是基于两个历元不同接收机位置的参数化(运动学解)。如果假设接收机为静态的,ZTD 是关于时间的常数,则有 $X_r(t_1) = X_r(t_2)$,因而模型将变得更强。同时,冗余从 4 增加到 $m-5$,这与单历元单频电离层改正的 PPP 模型的冗余度相同。

采用 GNSS 精密轨道、钟差、DCB 和电离层产品,单频 PPP 的定位精度通常在几分钟后便可收敛到分米级水平[21.52]。

### 2. 双频 PPP 模型

在双频 PPP 中,电离层延迟被设为未知参数,因此不包含电离层改正。此时也不需

要 DCB 改正,而且码和相位的改正项是等价的,即

$$O_{p_{r,\text{IF}}^s}(t) = O_{\varphi_{r,\text{IF}}^s}(t) = c\text{d}t_{\text{IF}}^s(t - \tau_r^s) - T_{r,0}^s(t) \tag{21.75}$$

与单频 GPS 情况一样,如果第一个频率为 C/A 码($j=1$),则需要从码改正中减去 P1-C/A 的 DCB($\text{DCB}_{1c}$)。双频 PPP 线性化满秩模型见表 21.3(末尾行)。

双频 PPP 模型(接收机位置和钟差)与双频 SPP 模型式(21.54)和式(21.58)中的码相关参数完全相同。由于双频 PPP 模型中没有卫星 DCB 改正,卫星 DCB 被电离层参数所吸收,因此其实际为电离层延迟与卫星和接收机 DCB 的组合(表 21.3)。同时,整周模糊度参数也会受到卫星 DCB 的影响。

与单频 PPP 模型类似,双频 PPP 载波相位模糊度参数在卫星间的差分(相对于参考卫星 $p$)可解,但是双频和单频 PPP 的载波相位模糊度参数具有不同含义(表 21.3)。在这两种情况下,模糊度都不具有整数特性。

双频 PPP 模型的冗余度等于 $m-5+(k-1)(3m-5)$,类似于先前讨论的单频 PPP 模型,对应的单历元($k=1$)冗余度减少到 $m-5$。双频(GPS)PPP 的定位精度可以达到厘米级,但对应收敛时间(模糊度不变)往往需要超过 30min[21.52]。

## 21.4 相对定位模型

本节主要讨论差分或相对 GNSS 定位模型。通过对多个接收机观测值的联合处理,以消除或减少接收机之间的常见误差。GNSS 相对定位模型另一重要优点是,载波相位模糊度具有整数特性,可大大提高定位精度。本节仅讨论单历元情况,且假设 FDMA 星座已进行了信道间偏差改正。与 PPP 模型一样,本章相对定位模型仅限于单 GNSS 星座。

### 21.4.1 DGNSS 及(PPP-)RTK 原理

单星座 SPP 的典型精度约为 10m,其精度较低主要是由于轨道、卫星钟差和大气延迟的不确定性所导致。近十年来,尽管 PPP 技术不断发展,但差分 GNSS(DGNSS)技术已应用了几十年,它通过消除或降低接收机同时跟踪同一 GNSS 卫星时常见的误差来提高定位精度。关于 DGNSS 及服务的更多详细信息,请参见第 26 章。本章根据文献[21.12]中的讨论,简要回顾了 DGNSS 的原理。

1. 卫星钟差评估

由于相对定位中两个或多个接收机之间的传播时间不同,因而不同卫星钟差和卫星硬件延迟存在轻微差距。采用下标 $l$ 表示参考接收机卫星发射时间 $t - \tau_l^s$,下标 $r$ 表示另一个接收机的卫星发射时间 $t - \tau_r^s$(图 21.6)。传播时间之差 $|\tau_r^s - \tau_l^s|$ 最大为 19ms(一个接收机接收天顶卫星,另一个接收机接收零高度角卫星)[21.18]。这意味着发射时间差值 $|(t - \tau_l^s) - (t - \tau_r^s)|$ 最大为 19ms。假设卫星钟漂为 $10^{-11}$s/s(第 5 章),则意味着 19ms 后卫星钟差为(就距离而言)$c \times 10^{-11} \times 19 \times 10^{-3} \approx 0.06\text{mm}$。该误差与相位和码观测的

精度相比可以忽略不计。因此卫星信号发射时刻可设为

$$\mathrm{d}t^s(t-\tau_l^s) = \mathrm{d}t^s(t-\tau_r^s) = \mathrm{d}t^s(t-\tau^s) \tag{21.76}$$

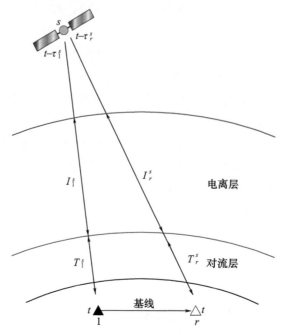

图 21.6 相对 GNSS 定位:两个接收机(参考站 $l$ 和流动站 $r$)在时间 $t$ 近似同步接收来自卫星 $s$ 的信号。由于穿过不同的大气层,因此导致传播时间不同(表示为 $\tau_l^s$ 和 $\tau_r^s$)

2. 码主导的 DGNSS 定位

回顾非线性码观测方程式(21.1),其期望可表示为

$$E(p_{r,j}^s(t)) = \rho_r^s(t, t-\tau_r^s) + T_r^s(t) + \mu_j I_r^s(t) + \\ c[\mathrm{d}t_r(t) + d_{r,j}] - c[\mathrm{d}t^s(t-\tau_r^s) - d_r^s] \tag{21.77}$$

假设参考接收机 $r=1$,其位置已知。根据该已知接收机位置和已知的卫星位置,可以计算距离 $\rho_l^s(t, t-\tau_l^s)$。将该计算所得伪距减去观测到的伪距,便得到卫星 $s$ 的伪距校正(PRC),即

$$\mathrm{PRC}_{p,j}^s(t) = \rho_l^s(t, t-\tau_l^s) - p_{l,j}^s(t) \tag{21.78}$$

将上述伪距改正应用于用户 $r$ 的伪距,利用式(21.76),有

$$E(\tilde{p}_{r,j}^s(t)) = \rho_r^s(t, t-\tau_r^s) + T_{1,r}^s(t) + \mu_j I_{lr}^s(t) + c[\mathrm{d}t_{lr}(t) + d_{lr,j}] \tag{21.79}$$

改正后的伪距表示为

$$\tilde{p}_{r,j}^s(t) = p_{r,j}^s(t) + \mathrm{PRC}_{p,j}^s(t)$$

令 $(\cdot)_{lr} = (\cdot)_r - (\cdot)_l$ 表示接收机间差分的未知参数,则相对定位可消除卫星钟差和硬件延迟,同时采用伪距改正可以显著减少由于对流层和电离层延迟引起的误差。同时,当基线足够短时,相比码测量精度而言,大气误差差分很小(由于大气的空间相关性),因此其影响可忽略。组合差分接收机钟差和硬件延迟可被视为接收机钟差以供用户使用,即 $c[\mathrm{d}t_{lr}(t) + d_{lr,j}(t)]$,此处采用与前一节讨论的 SPP 模型具有相同结构的模型。

实际应用中,除了伪距改正外,还包括实时播发送给用户的距离变化率改正(RRC),因而考虑参考站 $t_0$ 改正时间与用户改正时间 $t$ 之间的差异,有

$$\mathrm{PRC}_{p,j}^s(t) = \mathrm{PRC}_{p,j}^s(t_0) + (t-t_0)\mathrm{PRC}_{p,j}^s(t_0) \tag{21.80}$$

式中: $t-t_0$ 为延迟。很明显,当延迟越小时,伪距改正精度越高。利用上述 DGNSS 概念,定位精度可以提高到 1~2m。通过采用载波相位平滑方法(第 20 章),定位精度可得到进一步提高到亚米水平。由于存在接收机多路径以及大气延迟误差,因而其定位性能受到限制。

3. 相位主导的 DGNSS(RTK 或 PPP-RTK)定位

载波相位观测量可以采用与码类似的技术。非线性相位观测方程的期望为

$$\begin{aligned} E(\phi_{r,j}^s(t)) = &\rho_r^s(t,t-\tau_r^s) + T_r^s(t) + \mu_j I_r^s(t) + \\ &c[\mathrm{d}t_r(t) + \delta_{r,j}] + \lambda_j N_{r,j}^s - \\ &c[\mathrm{d}t^s(t-\tau_r^s) - \delta_j^s] \end{aligned} \tag{21.81}$$

设有一个参考接收机 $l$,我们可以从计算的距离中减去观测到的载波相位,得到卫星 $s$ 的相位伪距校正(PRC),即

$$\mathrm{PRC}_{\phi,j}^s(t) = \rho_l^s(t,t-\tau_l^s) - \phi_{l,j}^s(t) \tag{21.82}$$

应用 PRC 改正用户 $r$ 接收到的载波相位,对于同一个卫星 $s$ 有

$$E(\tilde{\phi}_{r,j}^s(t)) = \rho_r^s(t,t-\tau_r^s) + T_{lr}^s(t) + \mu_j I_{lr}^s(t) + c[\mathrm{d}t_{lr}(t) + \delta_{lr,j}] + \lambda_j N_{lr,j}^s \tag{21.83}$$

式中: $\tilde{\phi}_{r,j}^s(t) = \phi_{r,j}^s(t) + \mathrm{PRC}_{\varphi,j}^s(t)$ 为改正后的载波相位。如果改正延迟等于零,则为相位(和码)DGNSS 定位,即实时动态(RTK)定位技术。载波相位整周模糊度一旦被成功固定,RTK 定位精度可达到厘米级(或更高)。需要注意的是,改正后的相位观测方程不能直接用于定位,因为系统秩亏(与 PPP 一致),该问题的处理方法在 21.4.4 节进行了讨论。

实际应用中,在平均电离层条件下,接收机距离在 10km 左右范围内的大气差分误差的影响可以忽略,此方法称为短基线 RTK。另外,当基线较短时,卫星轨道误差也可以忽略(21.4.2 节)。基于 GPS 的 RTK 是一个已被验证有效的定位概念,当 GPS 与其他星座相结合时,可以获得更为理想的定位结果(例如,Galileo 与 GPS 结合的 RTK[21.53]以及北斗与 GPS 结合的 RTK[21.54])。此外,将 RTK 技术扩展到更长的距离同样可行,但需要考虑大气差分误差和轨道误差(长基线 RTK)[21.55-21.56]。在网络 RTK 情况下,大气延迟改正由周围参考站网估计并发送给用户。有关网络 RTK 定位的更多详细信息,请参见第 26 章。PPP-RTK[21.57]技术(或 PPP-AR;AR=模糊度解算)也依赖于参考网络提供的改正信息,其与网络 RTK 的主要区别在于:PPP-RTK 针对参数空间改正,而网络 RTK 针对观测空间改正。PPP-RTK 将在 21.4.5 节中进一步讨论。

## 21.4.2 轨道误差的影响

当 GNSS 观测方程线性化时,在 SPP 处理过程中(每个接收机)卫星位置被固定到其

先验值。根据广播星历计算出的卫星位置精度为几米,而根据精密星历计算出的卫星位置精度(新的星座预期)为 5~10cm[21.58]。而卫星位置误差可能会对接收机位置估计值产生负面影响。如果将卫星位置误差表示为向量 $\Delta r^s$,根据经验法则[21.59],其对相对基线的影响上限为

$$|[e_{lr}^s(t)]^T \Delta r^s(t)| \leq \frac{\|r_{lr}(t)\|}{\|r_r^s(t)\|} \|\Delta r^s(t)\| \tag{21.84}$$

式中:$e_{lr}^s(t) = e_r^s(t) - e_l^s(t)$ 为接收机间差分 LOS 向量;$r_{lr}(t) = r_r(t) - r_l(t)$ 为相对接收机位置(基线)向量;$r_r^s(t) = r^s(t) - r_r(t)$ 为接收机与卫星位置向量。例如,2m 的轨道误差对 100km 基线的影响最大只有 1cm(假设接收机—卫星距离为 20000km)。上述上界也可用于评估多星座情况下卫星参考框架差异的影响。

对于长基线(以及网络 RTK 或 PPP-RTK),应使用精密星历以限制轨道误差对定位的影响。

### 21.4.3 电离层固定解/加权/浮点解模型

通常,差分电离层延迟随着基线长度的增加而变大。为了适用于任何基线长度,本节给出三种不同版本的差分电离层延迟模型。

针对超短基线采用电离层固定解模型,即不考虑差分电离层延迟。设某一卫星的电离层绝对延迟对于所有接收机都是相等的,因为基线较短情况下,所有接收机的信号与电离层同一部分相交,即 $I_l^s(t) = I_r^s(t) = I^s(t)$(图 21.7)。对于较长基线,差分电离层延迟的大小在一定范围内,能够以软约束的形式进行计算,得到的模型称为电离层加权模型。当基线更长时,如果不存在先验差分电离层延迟,则设电离层延迟为完全未知的参数,即电离层浮点解模型。以上关于电离层延迟的术语参照自文献[21.60]。

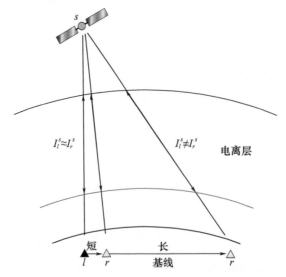

图 21.7 GNSS 信号通过电离层传播的可视化。可以看到,相距较近的接收机穿过电离层相似,而相距较远的接收机则产生不同的电离层延迟

## 21.4.4 非差相对定位模型

本小节介绍基于原始非差非组合码和相位观测方程的相对定位模型,其与基于差分观测模型之间的联系将在之后章节进行说明。非差模型的一个重要优点是,它比差分模型更灵活,且这种灵活性早已被广大科研人员熟知[21.18,21.61-21.64]。例如,非差相对定位模型可以使用整个网中部分接收机可见的卫星,而差分算法只能处理所有接收机都能看到的卫星。此外,非差模型的另一个重要优点是,其可以约束时间参数,而在差分中该类参数则被消除,如钟差或硬件延迟。在本节中,假定涉及的非差模型适用于 $n$ 个 GNSS 接收机网络的情况。当 $n=2$ 时,即为单基线模型。

1. 非差秩亏模型

与单点定位的非差模型(21.3 节中介绍过的)类似,由于观测方程组秩亏,因而基于非差观测量的相对定位模型不可能唯一估计所有参数。为了克服这种秩亏现象,在单点定位模型的情况下,需要应用 $S$ 系统理论(会在第 22 章中介绍)得到待估参数的线性组合。然而,线性组合选择的方法并非唯一,其理论上有无限多,且不同的选择可导致参数的不同解。

一种典型的选择方法为特定钟差模型,即接收机钟差和卫星钟差参数对于每个频率所有码和载波相位数据都是可估计的[21.18,21.65]。另一种选择方法为满秩非差模型,即估计通用接收机钟差和卫星钟差参数,也就是所谓的通用时钟模型[21.66,21.67]。该模型待估参数与前面的 SPP 和 PPP 章节中给出的参数存在明显联系。注意通用时钟模型适用于 $f \geq 2$ 个频率的情况。

2. 区域网络

通常,当接收机之间的距离小于 500km 时,并非所有接收机位置和 ZTD 都是通过相对模型在绝对意义上进行估计的。当不同接收机相对于同一卫星的 LOS 向量近似平行时,将无法估计绝对位置和 ZTD[21.68]。在极端情况下,如果假定不同接收机的 LOS 向量均相等,即 $g_1^s(t) = \cdots = g_n^s(t) = g^s(t)$(来自式(21.72))

这将导致在网络模型中的额外秩亏。克服这种额外秩亏的常见方法是估计所有其他接收机相对于参考接收机的位置和 ZTD。

3. 通用钟差非差模型

文献[21.69]推导了通用钟差模型中的待估参数函数,并在表 21.4 中进行了描述。为了区分待估参数与原始参数,待估参数用波浪符表示。从表中可以看出,所有待估参数都是关于其原始参数的函数,但都被一个或多个参数所影响。这些参数通常是参考接收机或卫星的参数(选择的第一个接收机或卫星,用 1 下标或者上标表示,也可以是网络中的任何其他接收机和卫星)。

对全球网络而言,接收机/ZTD 待估参数 $\tilde{x}_i(t)$ 是绝对估计值,而对区域网络而言,其是相对估计值。此处绝对需要加上引号,因为接收机位置仍然是相对于固定的卫星位置而言的。参考接收机的位置+ZTD 被区域网络中待估卫星钟差 $\tilde{dt}^s(t)$ 补偿,改补偿包含了待估参数的所有偏差。其中待估卫星钟差为消电离层卫星钟差减去参考接收机的消电离层钟差,再加上(区域网络的情况下)参考接收机的位置和ZTD的组合。

假设电离层不采用固定或加权模型,而是采用浮点模型,则此时会产生额外秩亏,导致待估接收机钟差 $d\tilde{t}_r(t)$、接收机相位 $\tilde{\delta}_{r,j}$ 和码延迟 $\tilde{d}_{r,j}$ 以及电离层延迟 $\tilde{I}_r^s(t)$ 存在不同的含义。需要注意,电离层加权模型和电离层浮点解模型在解释电离层延迟方面存在细微差别:在第一种情况下,电离层延迟包含参考接收机的 DCB($DCB_{1,12}$);在第二种情况下,则是考虑电离层延迟对应接收机的 DCB($DCB_{r,12}$)。此外,如果没有进行卫星 DCB 改正,则电离层浮点解模型的电离层延迟与表 21.3 中双频 PPP 模型待估电离层延迟参数完全相同。

另外,卫星码延迟参数 $\tilde{d}_j^s$ 的估计需要特别注意。从表 21.4 可以看出,相对于前两个频率(传统的)DCB,其可以作为新型 DCB(相对于频率 1 的频率 $j$)进行估计。卫星端和接收机端的 DCB 都是相对于某一基准 DCB 的。因此,只有当采用至少三个频率时才可估计卫星码延迟参数($j \geqslant 3$,传统双频 GPS 情况不适用)。

表 21.4 通用时钟相对定位模型中未差分待估参数(新型接收机 DCB 定义为 $DCB_{r,1j}(t) = d_{r,1}(t) - d_{r,j}(t)$,新型卫星 DCB 定义为 $DCB_{r,1j}^s(t) = d_1^s(t) - d_j^s(t)$)

| 估计参数 | 符号及解释 | 条件 |
| --- | --- | --- |
| 接收机位置/ZTD | $\tilde{x}_r(t) = x_r(t) - \underbrace{x_1(t)}_{\text{如果区域网络}}$ | $r \geqslant 1$($r \geqslant 2$ 区域网络) |
| 接收机时钟 | $d\tilde{t}_r(t) = [dt_r(t) + d_{r,1}] - [dt_1(t) + d_{1,1}]$ $+ \underbrace{\frac{\mu_1}{\mu_2 - \mu_1}[DCB_{r,12} - DCB_{1,12}]}_{\text{如果电离层漂浮}}$ | $r \geqslant 2$ |
| 接收机相位延迟 | $\tilde{\delta}_{r,j} = \left[\delta_{r,j} - d_{r,1} + \frac{\lambda_j}{c}N_{r,j}^1\right] - \left[\delta_{1,j} - d_{1,1} + \frac{\lambda_j}{c}N_{r,j}^1\right]$ $-\underbrace{\frac{\mu_j + \mu_1}{\mu_2 - \mu_1}[DCB_{r,12} - DCB_{1,12}]}_{\text{如果电离层漂浮}}$ | $r \geqslant 2$ $j \geqslant 1$ |
| 接收机码延迟 | $\tilde{d}_{r,j} = -[DCB_{r,1j} - DCB_{1,1j}] + \underbrace{\frac{\mu_j - \mu_1}{\mu_2 - \mu_1}[DCB_{r,12} - DCB_{1,12}]}_{\text{如果电离层漂浮}}$ | $r \geqslant 2$ $j \geqslant 2$ ($j \geqslant 3$ 电离层漂浮) |
| 星钟 | $d\tilde{t}^s(t) = [dt^s(t) - d_{IF}^s] - [dt_1(t) + d_{1,IF}] + \underbrace{[g^s(t)]^T x_1(t)}_{\text{如果区域网络}}$ | $s \geqslant 1$ |
| 卫星相位延迟 | $\tilde{\delta}_j^s = \left[\delta_j^s - d_{IF}^s - \frac{\mu_j}{\mu_2 - \mu_1}DCB_{12}^s + \frac{\lambda_j}{c}N_{1,j}^s\right] +$ $\left[\delta_{1,j} - d_{1,IF} - \frac{\mu_j}{\mu_2 - \mu_1}DCB_{1,12}\right]$ | $s \geqslant 1$ $j \geqslant 1$ |
| 卫星码延迟 | $\tilde{d}_j^s = -\left[DCB_{1j}^s - \frac{\mu_j - \mu_1}{\mu_2 - \mu_1}DCB_{12}^s\right] - \left[DCB_{1,1j} - \frac{\mu_j - \mu_1}{\mu_2 - \mu_1}DCB_{1,12}\right]$ | $s \geqslant 1$ $j \geqslant 3$ |

续表

| 估计参数 | 符号及解释 | 条件 |
|---|---|---|
| 电离层延迟 | $\tilde{I}_r^s(t) = \begin{cases} I_r^s(t) - \dfrac{1}{\mu_2 - \mu_1} c[\mathrm{DCB}_{12}^s + \mathrm{DCB}_{1,12}] & \text{如果电离层固定} \\ I_r^s(t) - \dfrac{1}{\mu_2 - \mu_1} c[\mathrm{DCB}_{12}^s + \mathrm{DCB}_{1,12}] & \text{如果电离层加权}(r \geq 1) \\ I_r^s(t) - \dfrac{1}{\mu_2 - \mu_1} c[\mathrm{DCB}_{12}^s + \mathrm{DCB}_{r,12}] & \text{如果电离层漂移}(r \geq 1) \end{cases}$ | $s \geq 1$ |
| 相位模糊度 | $\tilde{N}_{r,j}^s = [N_{r,j}^s - N_{1,j}^s] - [N_{r,j}^1 - N_{1,j}^1]$ | $r \geq 2 s \geq 2 j \geq 1$ |

对于相位模糊度 $\tilde{N}_{r,j}^s$ 参数而言,网络参考接收机和参考卫星作双差(DD)的相位模糊度 $\tilde{N}_{r,j}^s$ 具有整数解。通过整周模糊度固定(第 23 章),网络参数能够以尽可能高的精度估计。

基于非差参数函数估计,满秩 GNSS 网络观测方程为

$$\begin{cases} E(\Delta p_{r,j}^s(t)) = \boldsymbol{g}_{[r]}^s(t)^{\mathrm{T}} \tilde{\boldsymbol{x}}_r(t) + c[\mathrm{d}\tilde{t}_r(t) + \tilde{d}_{r,j}] - \\ \qquad\qquad c[\mathrm{d}\tilde{t}^s(t) + \tilde{d}_j^s] + \mu_j \tilde{I}_r^s(t), \quad r \geq 1 \\ E(\Delta \phi_{r,j}^s(t)) = \boldsymbol{g}_{[r]}^s(t)^{\mathrm{T}} \tilde{\boldsymbol{x}}_r(t) + c[\mathrm{d}\tilde{t}_r(t) + \tilde{\delta}_{r,j}] - \\ \qquad\qquad c[\mathrm{d}\tilde{t}^s(t) - \tilde{\delta}_j^s] - \mu_j \tilde{I}_r^s(t) + \lambda_j \tilde{N}_{r,j}^s \\ r \geq 1, \quad [E(I_r^s(t) - I_1^s(t)) = \tilde{I}_r^s(t) - \tilde{I}_1^s(t)), r \geq 2] \end{cases} \qquad (21.85)$$

需要注意,接收机之间的电离层约束(包含在伪距观测方程中)仅在电离层加权时出现(这也是我们用方括号表示它们的原因)。

在电离层固定解/加权模型下,非差网络模型的冗余度为 $(n-1)f(m-1)-4n+(k-1)[n(2fm-1)-(2m-1)-4n]$,其中 4 表示位置和 ZTD 参数。如果是区域网络,则 $4n$ 变为 $4(n-1)$。电离层浮点解模型的冗余度是 $(n-1)(f-1)(m-1)-4n+(k-1)[n(\{2f-1\}m-1)-(m-1)-4n]$,因此需要双频或三频观测。

## 21.4.5 PPP-RTK 模型

正如 21.3.7 节所述,采用全球参考网络确定的卫星位置和钟差(以及单频 PPP 情况下的卫星 DCB),可以实现(标准)PPP。但是由于在该情况下无法进行模糊度固定,从而高精度 PPP 的快速收敛无法实现。另外,PPP-RTK 或 PPP-AR 整周模糊度解算需要卫星相位和码偏差改正(表 21.3),因为这些参数影响了载波相位模糊度的整数特性。

当参考网络采用非差模型时,可以估计卫星相位和码偏差信息。采用通用时钟网络模型(如前小节所述)并不是 PPP-RTK 的先决条件,网络也可以是另一个 $S$ 系统。实际上,用户甚至不需要知道网络的 $S$ 系统,因为用户可以应用基于不同 $S$ 系统的网络确定此类改正[21.69]。如果参考网络采用通用时钟模型,卫星钟差为消电离层参数,则可以直接采用 IGS 钟差进行计算。

文献中也可以找到生成 PPP-RTK 改正参数的其他网络模型[21.35,21.70-21.72]。通常，这些网络模型并不严格基于非差观测量，而基于观测量之间的线性组合，其中包括经常使用的消电离层组合和 Melbourne-Wübbena 组合(第 20 章)。因此，这些观测量线性组合估计的硬件延迟和模糊度参数会以宽巷和窄巷组合的形式存在。此外，各种 PPP-RTK 改正方法之间一对一的转换公式在文献[21.73]中给出。

正如对 PPP 模型讨论的一样，下面章节对消电离层改正的 PPP-RTK 模型(电离层浮点解 PPP-RTK 模型)和包含电离层改正的 PPP-RTK 模型(电离层改正 PPP-RTK 模型)进行讨论。

1. 电离层浮点解 PPP-RTK 模型

在没有电离层改正信息的情况下，码和相位的 PPP-RTK 改正包括卫星钟差以及来自通用时钟网络的卫星码和相位延迟参数(以及对流层和其他改正)，即

$$\begin{cases} o_{p_{r,j}^s}(t) = c[d\tilde{t}^s(t) + \tilde{d}_j^s] - T_{r,o}^s(t) \\ o_{\phi_{r,j}^s}(t) = c[\tilde{d}t^s(t) + \tilde{\delta}_j^s] - T_{r,o}^s(t) \end{cases} \tag{21.86}$$

此处，$\tilde{d}_j^s$ 只适用于 $j \geq 3$ 的情况，即存在三个或更多频率，因此不适用于传统双频 GPS，因为这需要增加对 Block ⅡF GPS 卫星发送的第三个频率的观测。

如果 PPP-RTK 用户采用与网络一样的通用时钟模型，则待估参数以及它们的说明遵循表 21.4，其中接收机 $r$ 指的是用户接收机，而不是网络接收机。不同的是，并不给用户提供卫星钟差、卫星相位和码偏差参数，因为这些参数已经进行了改正。表中给出了电离层浮点解模型用户位置+ZTD、接收机钟差、相位延迟、码延迟、电离层延迟和模糊参数的解释。两者关于用户参数唯一的区别可能是参考卫星，其表现在待估相位延迟和模糊度中。也就是说，用户不必要采用与网络相同的参考卫星，此处可以是任意卫星。

与网络接收机相似，在区域网络的情况下 PPP-RTK 用户的位置和 ZTD，其相对于网络参考接收机而言是可估计的。如果网络参考接收机位置保持固定(CORS 网络通常假设为 $\Delta r_l(t) = 0$)，则用户位置待估参数与网络参考接收机不相关，但用户 ZTD 待估参数仍然与网络参考接收机相关，有

$$\tilde{T}_r^s(t) = T_r^z(t) - _l^s(t)$$

PPP-RTK 用户模糊度也与网络参考接收机的模糊度以及任意参考卫星的模糊度有关，有

$$\tilde{N}_{r,j}^s = [N_{r,j}^s - N_{l,j}^s] - [N_{r,j}^p - N_{l,j}^p] \tag{21.87}$$

式中，$s \neq p, j \geq 1$。当双差模糊度可以被估计时，则采用标准模糊度分解法(LAMBDA)估计整周 PPP-RTK 模糊度。通常，基于整周模糊度固定的位置解算采用三步法(第 23 章)。

设向量 $\Delta \bar{p}_r(t)$ 和 $\Delta \bar{f}_r(t)$ 分别表示 $f$ 个频率的(改正的)伪距和载波相位观测值，则满秩非差多频 PPP-RTK 模型在表 21.5 中给出(第二行)。只有在三频或更多频($j \geq 3$)情况下，接收机码偏差参数 $\tilde{d}_{r,j}$ 才会存在，其在双频情况下不存在。

表 21.5　满秩非差分多频(MF)PPP-RTK 模型

MF PPP-RTK(电离层改正;$f \geq 1$)：

$$E\left(\begin{bmatrix} \Delta \bar{p}_{r,1}(t) \\ \Delta \bar{p}_{r,2}(t) \\ \vdots \\ \Delta \bar{p}_{r,f}(t) \\ \hline \Delta \tilde{\varphi}_{r,1}(t) \\ \vdots \\ \Delta \tilde{\varphi}_{r,f}(t) \end{bmatrix}\right) = \begin{bmatrix} G_r(t) & u_m & 0 & \cdots & 0 & 0 & \cdots & 0 & 0 & \cdots & 0 \\ G_r(t) & u_m & u_m & \cdots & 0 & 0 & \cdots & 0 & 0 & \cdots & 0 \\ \vdots & \vdots & \vdots & \ddots & \vdots & \vdots & & \vdots & \vdots & & \vdots \\ G_r(t) & u_m & 0 & \cdots & u_m & 0 & \cdots & 0 & 0 & \cdots & 0 \\ \hline G_r(t) & u_m & 0 & \cdots & 0 & u_m & \cdots & 0 & \lambda_f C_m & \cdots & 0 \\ \vdots & \vdots & \vdots & \ddots & \vdots & \vdots & \ddots & \vdots & \vdots & \ddots & \vdots \\ G_r(t) & u_m & 0 & \cdots & 0 & 0 & \cdots & u_m & 0 & \cdots & \lambda_f C_m \end{bmatrix} \begin{bmatrix} x_r(t) \\ cd\tilde{t}_r(t) \\ c\tilde{d}_{r,2} \\ \vdots \\ c\tilde{d}_{r,f} \\ c\tilde{\delta}_{r,1} \\ \vdots \\ c\tilde{\delta}_{r,f} \\ \tilde{N}_{r,1} \\ \vdots \\ \tilde{N}_{r,f} \end{bmatrix}$$

MF PPP-RTK(电离层浮点解;$f \geq 2$)：

$$E\left(\begin{bmatrix} \Delta \bar{p}_{r,1}(t) \\ \Delta \bar{p}_{r,2}(t) \\ \Delta \bar{p}_{r,3}(t) \\ \vdots \\ \Delta \bar{p}_{r,f}(t) \\ \hline \Delta \tilde{\varphi}_{r,1}(t) \\ \vdots \\ \Delta \tilde{\varphi}_{r,f}(t) \end{bmatrix}\right) = \begin{bmatrix} G_r(t) & u_m & 0 & \cdots & 0 & 0 & \cdots & \mu_1 I_m & 0 & \cdots & 0 \\ G_r(t) & u_m & 0 & \cdots & 0 & 0 & \cdots & \mu_2 I_m & 0 & \cdots & 0 \\ G_r(t) & u_m & u_m & \cdots & 0 & 0 & \cdots & \mu_3 I_m & 0 & \cdots & 0 \\ \vdots & \vdots & \vdots & 0 & \ddots & \vdots & \ddots & \vdots & \vdots & & \vdots \\ G_r(t) & u_m & & \cdots & u_m & 0 & \cdots & \mu_f I_m & 0 & \cdots & 0 \\ \hline G_r(t) & u_m & 0 & \cdots & 0 & u_m & \cdots & 0 & \lambda_f C_m & \cdots & f \\ \vdots & \vdots & \vdots & \ddots & \vdots & \vdots & \ddots & \vdots & \vdots & \ddots & \vdots \\ G_r(t) & u_m & 0 & \cdots & 0 & 0 & \cdots & u_m & 0 & \cdots & \lambda_f C_m \end{bmatrix} \begin{bmatrix} \tilde{x}_r(t) \\ cd\tilde{t}_r(t) \\ c\tilde{d}_{r,3} \\ \vdots \\ c\tilde{d}_{r,f} \\ c\tilde{\delta}_{r,1} \\ \vdots \\ c\tilde{\delta}_{r,f} \\ \tilde{I}_r(t) \\ \tilde{N}_{r,1} \\ \vdots \\ \tilde{N}_{r,f} \end{bmatrix}$$

**2. 电离层改正 PPP-RTK 模型**

前一节介绍了电离层浮点解 PPP-RTK 模型，该方法固定整周模糊度需要较长的收敛时间。为了加快收敛速度，需要添加电离层改正。全球参考网络(如 IGS 网络)以 GIM 的形式提供电离层改正。虽然全球电离层改正为标准 PPP 提供服务，但对于以厘米级精度为目标的 PPP-RTK 来说，其精度仍然不够。由于区域参考网络能够更好地描述电离层延迟的空间变化，因而能够产生更精确的电离层改正。

生成区域电离层改正的一种方法是通过 Kriging 插值[21.74]将网络接收机处估计的电离层延迟推算到用户的大致位置[21.67]。对逐个卫星进行插值，有

$$\tilde{I}_r^s(t) = \boldsymbol{h}_r^T [I_1^s(t) - I_n^s(t)]^T \tag{21.88}$$

式中：$\boldsymbol{h}_r$ 为 $n$ 个网络接收机上进行插值的 $n$ 维向量；$\tilde{I}_r^s(t)$ 为用户(近似)位置处内插的电离层延迟。假设电离层具有空间连续性，插值向量取决于 PPP-RTK 用户相对于网络接收机的距离。Kriging 插值向量的一个特性是，其所有项之和为 1(例如 $\boldsymbol{h}_r^T \boldsymbol{u}_n = 1$)。从公式

中可以看出,插值基于原始无偏电离层延迟,而电离层待估参数被其他参数影响,这看起来似乎存在问题。但是,电离层可基于有偏电离层参数进行插值,因此这一问题并不存在。如果网络模型为电离层浮点解通用时钟 $S$ 系统,则估计的网络电离层改正的插值可以写成:

$$\tilde{I}_r^s(t) = I_r^s - \frac{1}{\mu_2 - \mu_1} c \left[ \text{DCB}_{12}^s + \text{DCB}_{F,12} \right] \tag{21.89}$$

PPP-RTK 用户应用的内插电离层改正可以解释为内插电离层延迟本身,加上卫星 DCB(对所有接收机均一致),减去内插接收机的 DCB,即

$$\text{DCB}_{F,12} = h_r^T [\text{DCB}_{1,12}, \cdots, \text{DCB}_{n,12}]^T$$

电离层内插改正中包含了卫星 DCB,这意味着用户不必对其进行改正。例如,使用基于 GIM 的电离层改正时,码和相位的 PPP-RTK 改正为

$$\begin{cases} o_{p_{r,j}^s}(t) = c[d\tilde{t}^s(t) - \tilde{d}_j^s] - T_{r,0}^s(t) - \mu_j \tilde{I}_r^s(t) \\ o_{\phi_{r,j}^s}(t) = c[d\tilde{t}^s(t) - \tilde{\delta}_j^s] - T_{r,0}^s(t) + \mu_j \tilde{I}_r^s(t) \end{cases} \tag{21.90}$$

假设用户预测的电离层延迟期望值与真实的电离层延迟相同,即

$$E(\tilde{I}_r^s(t)) = E(I_r^s(t))$$

与电离层浮点解 PPP-RTK 模型一样,倘若用户在电离层改正的前提下也采用通用时钟模型,将接收机 $r$ 视为用户接收机,则待估参数包括位置/ZTD、接收机钟差、接收机硬件偏差和模糊度参数(遵循表 21.4)。需要强调,接收机钟差和接收机相位/码延迟内的电离层浮点解 DCB 待估参数也适用于此,不同的是 $\text{DCB}_{r,12}$ 应替换为其网络插值对应的 $\text{DCB}_{F,12}$。此时,接收机码 DCB 待估参数可以估计两个频率,而不是三个。

表 21.5(第一行)给出了电离层改正情况下的 PPP-RTK 模型。由于已经改正了电离层延迟,因此没有电离层参数。此外,与电离层浮点解 PPP-RTK 模型需要三频甚至多频不同,接收机码延迟从第二频率开始便可以估计。在单频($f=1$)情况下,该模型简化为表 21.3(SF-PPP 电离层改正)中给出的 PPP 模型。

### 21.4.6 PPP-RTK 与 PPP 之间的联系

如果针对两个频率考虑表 21.5 中的满秩 PPP-RTK 设计矩阵,则接收机码偏差可以消除,它与双频标准 PPP 的满秩设计矩阵完全相同(表 21.3)(DF PPP 电离层浮点解模型)。尽管 PPP 和 PPP-RTK 参数间的意义有所不同,但是 PPP 和 PPP-RTK 模糊度的解法却相同。因此,标准 PPP 是 PPP-RTK 的特例。解释如下:卫星相位偏差 $\tilde{\delta}_j^s$ 准确地改正了 PPP 模糊度中的偏差,使模糊度具备整数特性。以上描述可概括为

$$[\tilde{N}_{r,j}^s]_{\text{PPP}} - \frac{c}{\lambda_j} [\tilde{\delta}_j^s - \tilde{\delta}_j^p] = [\tilde{N}_{r,j}^s]_{\text{PPP-RTK}} \tag{21.91}$$

式中:$[\tilde{N}_{r,j}^s]_{\text{PPP}}$ 为待估 PPP 模糊度,其解释见表 21.3;$[\tilde{N}_{r,j}^s]_{\text{PPP-RTK}}$ 为待估 PPP-RTK 整周模糊度,如式(21.87)所示。从待估 PPP 模糊度中减去待估卫星差分相位偏差,便得到待估 PPP-RTK 整周模糊度。

## 21.5 差分定位模型

传统的 GNSS 处理采用差分技术,以减少未知量和观测量。但是,这可能导致信息丢失,例如在多历元情况下包含时间约束参数,而通过差分该约束将被消除。本节简要介绍上述单星座定位模型的差分法。虽然没有详细讨论,但我们提到了不同观测战舰差分造成的(数学上的)相关性,这应该通过观测量的方差—协方差矩阵适当地考虑进去。

### 21.5.1 单差

对所选参考卫星的观测量进行差分,会从模型中消除与接收机相关的参数,如图 21.8(a)所示。本节阐述了 SPP、PPP 和 PPP-RTK 模型的星间差分。

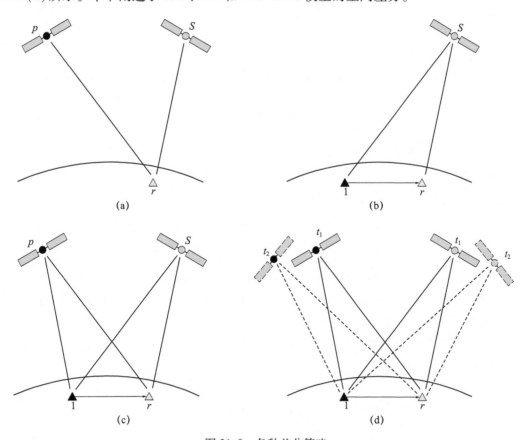

图 21.8 各种差分策略

(a)卫星间单差分;(b)接收机间单差分;(c)双差分;(d)三差分。

**1. 星间差分 SPP 模型**

对卫星 $s$ 和参考卫星 $p$ 之间的码观测值进行差分,其单差单频 SPP 模型式(21.50)为

$$E(D_m^{\mathrm{T}} \Delta \tilde{p}_{r,j}(t)) = [D_m^{\mathrm{T}} G_r(t)] \Delta r_r(t) \tag{21.92}$$

式中:定义$(m-1)\times m$(转置)差分矩阵为

$$\boldsymbol{D}_m^{\mathrm{T}} = \begin{bmatrix} \boldsymbol{I}_{p-1} & -\boldsymbol{u}_{p-1} & \boldsymbol{0} \\ \boldsymbol{0} & -\boldsymbol{u}_{m-p} & \boldsymbol{I}_{m-p} \end{bmatrix} \quad (21.93)$$

式中:差分矩阵满足$\boldsymbol{D}_m^{\mathrm{T}}\boldsymbol{u}_m = \boldsymbol{0}$。当采用双频估计大气延迟时,非差双频SPP模型式(21.53)的卫星间差分为

$$E\left(\begin{bmatrix} \boldsymbol{D}_m^{\mathrm{T}}\Delta\tilde{\boldsymbol{p}}_{r,1}(t) \\ \boldsymbol{D}_m^{\mathrm{T}}\Delta\tilde{\boldsymbol{p}}_{r,2}(t) \end{bmatrix}\right) = \begin{bmatrix} \boldsymbol{D}_m^{\mathrm{T}}\boldsymbol{G}_r(t) & \mu_1\boldsymbol{I}_{m-1} \\ \boldsymbol{D}_m^{\mathrm{T}}\boldsymbol{G}_r(t) & \mu_2\boldsymbol{I}_{m-1} \end{bmatrix}\begin{bmatrix} \Delta\boldsymbol{r}_r(t) \\ \boldsymbol{D}_m^{\mathrm{T}}\tilde{\boldsymbol{I}}_r(t) \end{bmatrix} \quad (21.94)$$

式中:$\boldsymbol{D}_m^{\mathrm{T}}\tilde{\boldsymbol{I}}_r(t)$为星间电离层差分延迟向量,其中不包含在非差情况下(见式(21.54))的接收机DCB。

2. 多星座星间差分SPP模型

在两个星座情况下,设每个星座只含有一个频率,式(21.59)中给出了非差形式的SPP模型。星间差分可以分为两种方式:第一种方式是为每个星座选择一颗参考卫星,并将相应的观测量与各自星座特定的参考卫星进行差分;第二种方式是将两个星座观测量与同一个公共参考卫星进行差分。

在第一种情况下,为每个星座选择一个参考卫星,星间差分模型表示为

$$E\left(\begin{bmatrix} \boldsymbol{D}_{mA}^{\mathrm{T}}\Delta\tilde{\boldsymbol{p}}_{r,j}^A(t) \\ \boldsymbol{D}_{mB}^{\mathrm{T}}\Delta\tilde{\boldsymbol{p}}_{r,j}^B(t) \end{bmatrix}\right) = \begin{bmatrix} \boldsymbol{D}_{mA}^{\mathrm{T}}\boldsymbol{G}_r^A(t) \\ \boldsymbol{D}_{mB}^{\mathrm{T}}\boldsymbol{G}_r^B(t) \end{bmatrix}\Delta\boldsymbol{r}_r(t) \quad (21.95)$$

式中:$m_A$和$m_B$分别为星座$A$和星座$B$的卫星数。与式(21.59)中的非差模型对应部分相比,两个星座的共同接收机钟差以及观测星座$B$的ISB参数均被消除。在第二种情况下,两个星座的观测量均与选择的星座$A$参考卫星作差分,其星间差分模型表示为

$$E\left(\boldsymbol{D}_{mA+mB}^{\mathrm{T}}\begin{bmatrix} \Delta\tilde{\boldsymbol{p}}_{r,j}^A(t) \\ \Delta\tilde{\boldsymbol{p}}_{r,j}^B(t) \end{bmatrix}\right) = \left[\left\{\boldsymbol{D}_{mA+mB}^{\mathrm{T}}\begin{pmatrix} \boldsymbol{G}_r^A(t) \\ \boldsymbol{G}_r^B(t) \end{pmatrix}\right\}\begin{pmatrix} \boldsymbol{0} \\ \boldsymbol{u}_{mB} \end{pmatrix}\right]\begin{bmatrix} \Delta\boldsymbol{r}_r(t) \\ c\mathrm{ISB}_{r,j}^{AB} \end{bmatrix} \quad (21.96)$$

式中:$\boldsymbol{D}_{mA+mB}^{\mathrm{T}}$为$(m_A+m_B-1)\times(m_A+m_B)$维差分矩阵。由于星座之间存在差异,因而并未消除ISB参数。式(21.95)与式(21.96)中的两个模型在冗余和定位解方面是等价的。尽管式(21.96)的模型比式(21.95)的模型多一个参数,但式(21.96)的模型也多了一个观测值。当ISB已知时,此情况会发生变化,此时可以对星座$B$的观测量进行改正,则式(21.96)的模型可简化为

$$E\left(\boldsymbol{D}_{mA+mB}^{\mathrm{T}}\begin{bmatrix} \Delta\tilde{\boldsymbol{p}}_{r,j}^A(t) \\ \Delta\tilde{\boldsymbol{p}}_{r,j}^B(t) \end{bmatrix}\right) = \boldsymbol{D}_{mA+mB}^{\mathrm{T}}\begin{pmatrix} \boldsymbol{G}_r^A(t) \\ \boldsymbol{G}_r^B(t) \end{pmatrix}\Delta\boldsymbol{r}_r(t) \quad (21.97)$$

上述ISB改正后的模型可视为类似于式(21.92)采用$m_A+m_B$颗卫星的单星座模型。

3. 星间差分PPP(-RTK)模型

在单星座情况下,采用电离层改正的单频PPP(-RTK)星间差分(见表21.3),有

$$E\left(\begin{bmatrix} \boldsymbol{D}_m^{\mathrm{T}}\Delta\tilde{\boldsymbol{p}}_{r,j}(t) \\ \boldsymbol{D}_m^{\mathrm{T}}\Delta\tilde{\boldsymbol{\phi}}_{r,j}(t) \end{bmatrix}\right) = \begin{bmatrix} \boldsymbol{D}_m^{\mathrm{T}}\boldsymbol{G}_r(t) & \boldsymbol{0} \\ \boldsymbol{D}_m^{\mathrm{T}}\boldsymbol{G}_r(t) & \lambda_j\boldsymbol{I}_{m-1} \end{bmatrix}\begin{bmatrix} \boldsymbol{x}_r(t) \\ \tilde{\boldsymbol{N}}_{r,j} \end{bmatrix} \quad (21.98)$$

该公式利用了 $\boldsymbol{D}_m^T \boldsymbol{C}_m = \boldsymbol{I}_{m-1}$ 这一特性。需要注意,模糊度待估参数的计算不会因为星间差分而改变,因为在非差模型中已经通过建立星间单差使其变为待估参数,PPP 的情况见表 21.3,PPP-RTK 的情况见式(21.87)。

在多频情况下,电离层延迟为未知参数,应用于表 21.5 中 PPP-RTK 模型的星间差分得到的模型结果如表 21.6 所列。

表 21.6 满秩星间差分电离层浮点解多频 PPP-RTK 模型

$$E\left(\begin{bmatrix} \boldsymbol{D}_m^T \Delta \boldsymbol{\tilde{p}}_{r,1}(t) \\ \vdots \\ \boldsymbol{D}_m^T \Delta \boldsymbol{\tilde{p}}_{r,f}(t) \\ \hline \boldsymbol{D}_m^T \Delta \boldsymbol{\tilde{\varphi}}_{r,1}(t) \\ \vdots \\ \boldsymbol{D}_m^T \Delta \boldsymbol{\tilde{\varphi}}_{r,f}(t) \end{bmatrix}\right) = \begin{bmatrix} \boldsymbol{D}_m^T \boldsymbol{G}_r(t) & \mu_1 \boldsymbol{I}_{m-1} & 0 & \cdots & 0 \\ \vdots & \vdots & \vdots & \ddots & \vdots \\ \boldsymbol{D}_m^T \boldsymbol{G}_r(t) & \mu_f \boldsymbol{I}_{m-1} & 0 & \cdots & 0 \\ \hline \boldsymbol{D}_m^T \boldsymbol{G}_r(t) & -\mu_1 \boldsymbol{I}_{m-1} & \lambda_1 \boldsymbol{I}_{m-1} & \cdots & 0 \\ \vdots & \vdots & \vdots & \ddots & \vdots \\ \boldsymbol{D}_m^T \boldsymbol{G}_r(t) & -\mu_f \boldsymbol{I}_{m-1} & 0 & \cdots & \lambda_f \boldsymbol{I}_{m-1} \end{bmatrix} \begin{bmatrix} \boldsymbol{\tilde{x}}_r(t) \\ \boldsymbol{D}_m^T \boldsymbol{\tilde{I}}_r(t) \\ \boldsymbol{\tilde{N}}_{r,1} \\ \vdots \\ \boldsymbol{\tilde{N}}_{r,f} \end{bmatrix}$$

## 21.5.2 双差和三差

**1. 双差相对定位模型**

21.4 节所讨论的相对定位模型也可以通过星间差分,以去除模型中与接收机相关的参数。由于多个接收机观测到相同的卫星,因此可以在每个接收机和参考接收机之间对相同卫星的观测量作差,即站间差分(见图 21.8(b)),从而消除模型中与卫星相关的参数。通过两个星间差分的站间差分,或对两个接收机间的星间差分,可以消除接收机相关的参数和卫星相关的参数(见图 21.8(c)),所得即为双差定位模型。

电离层浮点解模型的双差模型与表 21.6 中的星间差分 PPP-RTK 模型具有相同的结构,但其观测量不是单差观测量而是双差观测量。此外,电离层参数也被估计为双差参数(待估模糊度在满秩星间差分模型中已经是双差)。对于双差模型而言,含蓄地假设网络或基线具有区域大小的,则设计矩阵中的几何矩阵对所有接收机而言都是相同的,即 $\boldsymbol{G}_1(t) = \cdots = \boldsymbol{G}_n(t) = \boldsymbol{G}(t)$,那么相对位置/ZTD 参数被估计,即 $\boldsymbol{\tilde{x}}_r(t) = \boldsymbol{x}_r(t) - \boldsymbol{x}_1(t)$。

**2. 三差相对定位模型**

从双差模型出发,通过对两个历元间进行差分,可进一步消除相对定位模型的模糊度参数(前提是两个历元之间没有发生周跳),从而得到三差模型(见图 21.8(d))。三次差分消除了双差模糊度的整数特性优势,这是获得高精度位置的关键因素。但三差的缺点包括:三差只能估计接收机的位置在时间上的变化;三差构造的观测量之间的时间相关性。因此,不建议将相对定位模型建立在三差观测模型的基础上。

## 21.5.3 差分模型的冗余度

差分模型的冗余度(观测个数减去待估参数)与非差模型的冗余度(观测个数减去待参数)完全相同。由于模型的待估参数与观测个数相同,因而以上适用于单历元情况。

在多历元情况下,如果包含时间约束参数,则非差模型的冗余度优于差分模型冗余度[21.69]。

## 21.6 定位相关概念

本节概述了各种定位概念背后的模型,并在本章的最后总结了这些定位概念之间的关联性。图 21.9 为各种定位概念的示意图。它们的主要区别在于是采用码观测量还是采用相位观测量来进行计算,以及改正数据的来源。

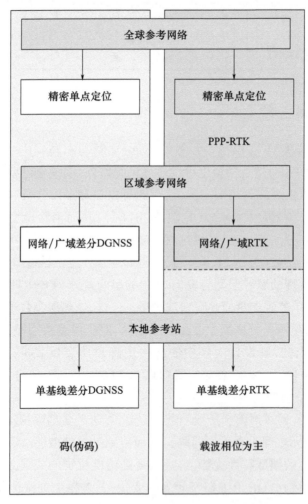

图 21.9 基于 GNSS 的定位概念:SPP 与 PPP 均基于全球参考网络数据(图的上面部分)提供的产品;中间部分基于区域参考网络数据提供产品的网络 DGNSS 与网络 RTK;单基线 DGNSS 与单基线 RTK 则基于本地参考站数据(图的下面部分)。PPP-RTK 可以看作是概念上等同于 PPP 的一种方法,但它提供了网络/广域 RTK 的定位精度

## 21.6.1 全球定位：SPP/PPP

在全球范围内，绝对定位可以通过 SPP 或 PPP 实现。SPP 基于码伪距观测量并以广播星历的形式采用全球参考网络数据。换言之，GNSS 卫星的广播星历、钟差和大气数据来源于 GNSS 地面控制网络产品。而除了采用码观测量外，PPP 还采用了载波相位观测量以及全球参考网络（如 IGS 网络）的精密产品如精密轨道、钟差以及电离层产品。

## 21.6.2 区域定位：网络 DGNSS/RTK

在大区域范围内，覆盖半径通常为 500km 或更小区域时，采用以码观测量为主导的网络 DGNSS 技术，而不是以相位观测量为主导的网络 RTK 技术，即相对于参考站网络进行定位[21.75]。同时，改正数据由网络确定，并播发给在网络覆盖范围内工作的用户。网络 DGNSS 也称为广域 DGNSS[21.76]。网络 RTK 基于模糊度解算（第 23 章），其中网络向用户提供最精确的改正，用户可以采用此改正信息获得厘米级精度的定位结果。实际应用中存在很多网络 RTK 系统（第 26 章），而对网络 DGNSS 和网络 RTK 的性能都至关重要的是差分电离层延迟改正，该改正由覆盖区域内的网络所决定。

## 21.6.3 局部定位：单基线 DGNSS/RTK

在局部区域，参考数据由位于用户接收机附近的单个参考站提供，因而可以忽略差分电离层延迟。由此推导出以伪距为主导的单基线 DGNSS 和以载波相位为主导的单基线 RTK。其中，后者依赖于相位整周模糊度的解算。RTK 定位也称为基于载波相位的 DGNSS，其基线长度一般在约 10km（在平均电离层条件下）范围内，因而可以忽略差分电离层延迟。单基线 DGNSS 的最大基线距离约为 100km，比单基线 RTK 长，因为单基线 DGNSS 的伪距比载波相位噪声允许更多的残余电离层延迟。诚然，单基线 RTK 的工作距离可以扩展到数百公里[21.55]，但是需要将电离层延迟建模为未知参数，而这样会导致收敛时间变长。

## 21.6.4 全球/区域定位：PPP-RTK

PPP-RTK 可以看作是 PPP 和 RTK 的混合体：它在概念上是 PPP，不过它是基于载波相位整周模糊度固定来获得（网络）RTK 的定位精度的。PPP-RTK 可以是基于全球或区域网络产品，其中卫星相位偏差改正对于整周模糊度的解算以及达到厘米级定位精度至关重要。当不存在卫星相位偏差时，PPP-RTK 降低到标准 PPP。在三频或更多频率的情况下，还需要进行卫星码偏差改正。精确的电离层改正是快速解算整周模糊度的关键。PPP-RTK 的改正信息在参数或状态空间中提供给用户，而网络 RTK 的改正信息在观测空间中提供[21.57]。在观测空间中传输改正参数的缺点是，某些参数（几乎）是时间常数，因此需要更高的更新率的传输参数空间。

## 21.6.5 定位精度概念

图 21.9 中左栏的定位精度由伪距精度决定,而右栏中定位精度由载波相位精度决定。表 21.7 总结了采用所讨论的定位概念可获得的典型精度值,这些数值在经过一定的(收敛)时间后保持不变。通常,基于全球电离层改正的单频(GPS)PPP 定位精度可以在几分钟之内收敛到分米级[21.77]。双频(GPS)PPP 的定位精度可以达到厘米级,但必须经过持续 30min 以上的收敛时间[21.52]。研究表明,动态接收机经过 40min 的收敛后,动态双频(GPS)PPP 可达分米级精度[21.78]。文献[21.79]也证明了时间双频 PPP 经过 10~30min 收敛后可达类似精度。实时单基线 DGNSS(DGPS)的定位精度为 1~5m,网络或广域 DGPS 的精度在 0.5~2m[21.80]。通过双频整周模糊度解算,静态 PPP 和动态 PPP 分别在约 30min 后和约 90min 后的定位精度可达厘米级[21.81],而由于模糊度和电离层延迟的存在,双频 PPP 和 PPP-RTK 收敛时间为几十分钟。

表 21.7 不同定位概念的 GPS 定位精度、收敛时间和
覆盖范围的典型值(SF=单频;DF=双频)

| 定位概念 | 精确度(1-sigma) | 收敛时间 | 收敛区域 |
| --- | --- | --- | --- |
| SF PPP | <10m | 持续 | 全球 |
| SF PPP(基于 GIM) | 1~2dm | <10min | 全球 |
| SF PPP(电离层浮点解模型) | <1dm | 30min(静态)<br>60min(动态) | 全球 |
| 单基线(基于码)DGNSS | 1~5m | 持续 | 区域/本地 |
| 广域 DGNSS | 0.5~2m | 持续 | 区域 |
| SF 短 RTK 基线 | <1dm | 10min | 本地 |
| DF 短 RTK 基线 | <1dm | 持续几分钟 | 本地 |
| 网络 RTK | <1dm | <10min | 区域 |
| SF PPP-RTK(精确电离层改正) | <1dm | <10min | 区域 |
| DF PPP-RTK | <1dm | 30min(静态) | 全球 |
| (电离层浮点解) | <1dm | 90min(kin.) | 区域 |

# 参考文献

21.1　C. Hegarty, E. Powers, B. Fonville: Accounting for timing biases between GPS, modernized GPS, and Galileo signals, Proc. 36th Annu. PTTI Meet., Washington DC (2004) pp. 307–317

21.2　R. E. Phelts, G. X. Gao, G. Wong, L. Heng, T. Walter, P. Enge, S. Erker, S. Thoelert, F. Meurer: New GPS signals-Aviation grade chips of the Block IIF, Inside GNSS **5**(5), 36–45 (2010)

21.3　R. Piriz, M. Cueto, V. Fernandez, P. Tavella, I. Sesia, G. Cerretto, J. Hahn: GPS/Galileo interoperability: GGTO, timing biases and GIOVE-A experience, Proc. 38th Annu. Precise Time Time Interval (PTTI)

Meet., Washington DC(2007) pp. 49-68

21.4　R. Dach, S. Schaer, S. Lutz, M. Meindl, G. Beutler: Combining the observations from different GNSS, Proc. EUREF 2010 Symp., Gavle(2010)

21.5　D. Odijk, P. J. G. Teunissen, L. Huisman: First results of mixed GPS+GIOVE single-frequency RTK in Australia, J. Spatial Sci. **57**(1), 3-18(2012)

21.6　S. Schaer: Mapping and Predicting the Earth's Ionosphere Using the Global Positioning System, Ph. D. Thesis(Astronomical Institute, Univ. Berne, Berne, Switzerland 1999)

21.7　O. Montenbruck, A. Hauschild: Code biases in multi-GNSS point positioning, Proc. ION ITM 2013, San Diego(ION, Virginia 2013) pp. 616-628

21.8　J. Hahn, E. D. Powers: Implementation of the GPS to Galileo time offset(GGTO), Proc. IEEE Int. FCS PTTI Syst. Appl. Meet., Vancouver(2005) pp. 33-37

21.9　P. Defraigne, W. Aerts, G. Cerretto, G. Signorile, E. Cantoni, I. Sesia, P. Tavella, A. Cernigliaro, A. Samperi, J. M. Sleewaegen: Advances on the use of Galileo signals in time metrology: Calibrated time transfer and estimation of UTC and GGTO using a combined commercial GPS-Galileo receiver, Proc. 45th Annu. PTTI Syst. Appl. Meet., Bellevue(2013) pp. 256-262

21.10　M. Aoki: QZSS: The Japanese quasi-zenith satellite system-Program updates and current status, Proc. 5th Meet. Int. Comm. GNSS(ICG), Torino(UNOOSA, Vienna 2010)

21.11　K. V. D. Rajarajan, S. C. N. T. Rathnakara, A. S. Ganeshan: Modeling of IRNSS system time-offset with respect to other GNSS, Contr. Theory Inf. **5**(2), 10-17 (2015)

21.12　B. Hofmann-Wellenhof, H. Lichtenegger, E. Wasle: *GNSS-Global Navigation Satellite Systems, GPS, GLONASS, Galileo and More* (Springer, Wien 2008)

21.13　O. Montenbruck, P. Steigenberger: The BeiDou navigation message, J. Glob. Position. Syst. **12**(1), 1-12 (2013)

21.14　A. E. Zinoviev: Using GLONASS in combined GNSS receivers: Current status, Proc. ION GNSS 2005, Long Beach(ION, Virginia 2005) pp. 1046-1057

21.15　G. Gendt, Z. Altamimi, R. Dach, W. Sohne, T. Springer: GGSP: Realisation and maintenance of the Galileo terrestrial reference frame, Adv. Space Res. **47**(2), 174-185(2011)

21.16　Indian Regional Navigation Satellite System-Signal in Space ICD for Standard Positioning Service, (Indian space research organization, Bangalore, 2014)

21.17　V. Vdovin: National reference systems of the Russian federation, used in GLONASS, including the user and fundamental segments, Proc. 8th Meet. Int. Comm. GNSS (ICG), Working Group D, Dubai (UNOOSA, Vienna 2013) pp. 1-11

21.18　P. J. de Jonge: A Processing Strategy for the Application of the GPS in Networks, Ph. D. Thesis(Netherlands Geodetic Commission, Delft 1998), Publications on Geodesy, 46

21.19　A. Leick, L. Rapoport, D. Tatarnikov: *GPS Satellite Surveying*, 4th edn. (John Wiley, Hoboken 2015)

21.20　P. J. Buist: Multi-Platform Integrated Positioning and Attitude Determination Using GNSS, Ph. D. Thesis (Delft University of Technology, Delft 2013)

21.21　T. Ebinuma: Precision Spacecraft Rendezvous Using Global Positioning System: An Integrated Hardware Approach, Ph. D. Thesis(University of Texas, Austin 2001)

21.22　Navstar GPS Space Segment/Navigation User Interfaces, Interface Specification IS-GPS-200H(Global

Positioning Systems Directorate, Los Angeles Air Force Base, El Segundo 2013)

21.23 European Global Navigation Satellite Systems Agency: European GNSS (Galileo) Open Service Signal in Space Interface Control Document, OS SIS ICD, Iss. 1. (2010)

21.24 O. Montenbruck, P. Steigenberger, S. Riley: IRNSS orbit determination and broadcast ephemeris assessment, Proc. ION ITM 2015, Dana Point (2015) pp. 185–193

21.25 J. Ray, K. Senior: Geodetic techniques for time and frequency comparisons using GPS phase and code measurements, Metrologia **42**(4), 215–232 (2005)

21.26 A. Q. Le: Achieving decimetre accuracy with single frequency standalone GPS positioning, Proc. ION GNSS 2004, Long Beach (ION, Virginia 2004) pp. 1881–1892

21.27 E. D. Kaplan, C. J. Hegarty: *Understanding GPS: Principles and Applications*, 2nd edn. (Artech House, Boston, London 2006)

21.28 A. Tetewsky, J. Ross, A. Soltz, N. Vaughn, J. Anszperger, C. O'Brien, D. Graham, D. Craig, J. Lozow: Making sense of inter-signal corrections, Inside GNSS **4**(4), 37–48a (2009)

21.29 BeiDou Navigation Satellite System Signal In Space Interface Control Document–Open Service Signal, v. 2.0 (China Satellite Navigation Office, 2013)

21.30 Global Navigation Satellite System GLONASS Interface Control Document, Vol. 5.1 (Russian Institute of Space Device Engineering, Moscow, 2008)

21.31 U. Rossbach: Positioning and Navigation Using the Russian Satellite System GLONASS, Ph. D. Thesis (Universitat der Bundeswehr Munchen, Munich 2000)

21.32 C. H. Yinger, W. A. Feess, R. D. Esposti, A. Chasko, B. Cosentino, D. Syse, B. Wilson, B. Wheaton: GPS satellite interfrequency biases, Proc. ION AM 1999, Cambridge (ION, Virginia 1999) pp. 347–354

21.33 O. Montenbruck, A. Hauschild, P. Steigenberger: Differential code bias estimation using multi-GNSS observations and global ionospheremaps, Navigation **61**(3), 191–201 (2014)

21.34 E. Sardon, A. Rius, N. Zarraoa: Estimation of the transmitter and receiver differential biases and the ionospheric total electron content from global positioning system observations, Radio Sci. **29**(3), 577–586 (1994)

21.35 M. Ge, G. Gendt, M. Rothacher, C. Shi, J. Liu: Resolution of GPS carrier-phase ambiguities in precise point positioning (PPP) with daily observations, J. Geod. **82**(7), 389–399 (2008)

21.36 J. Kouba, P. Heroux: Precise point positioning using IGS orbit and clock products, GPS Solutions **5**(2), 12–28 (2001)

21.37 A. J. Mannucci, B. D. Wilson, C. D. Edwards: A new method for monitoring the Earth's ionospheric total electron content using the GPS global network, Proc. ION GPS 1993, Salt Lake City (ION, Virginia 1993) pp. 1323–1332

21.38 J. A. Klobuchar: Ionospheric time-delay algorithm for single-frequency GPS users, IEEE Trans. Aerosp. Electron. Syst. **23**(3), 325–331 (1987)

21.39 A. Angrisano, S. Gaglione, C. Gioia, M. Massaro, U. Robustelli: Assessment of NeQuick ionospheric model for Galileo single-frequency users, Acta Geophysica **61**(6), 1457–1476 (2013)

21.40 J. Saastamoinen: Atmospheric correction for the troposphere and stratosphere in radio ranging of satellites. In: *The Use of Artificial Satellites for Geodesy*, AGU Geophys. Monogr., Vol. 15, ed. by H. W. Henriksen, A. Mancini, B. M. Chovitz (The American Geophysical Union, Washington 1972) pp. 247–251

21.41 S. Bancroft: An algebraic solution of the GPS equations, IEEE Trans. Aerosp. Electron. Syst. **21**(7), 56–59 (1985)

21.42 L. O. Krause: A direct solution to GPS-type navigation equations, IEEE Trans. Aerosp. Electron. Syst. **23**(2), 225–232(1987)

21.43 A. Kleusberg: Analytical GPS navigation solution, Quo vadis geodesia...? In: *Festschrift for Erik W. Grafarend on the Occasion of his 60th Birthday*, ed. by F. Krumm, V. S. Schwarze (Univ. Stuttgart, Stuttgart 1999) pp. 247–251

21.44 D. Odijk, P. J. G. Teunissen: Characterization of between-receiver GPS-Galileo inter-system biases and their effect on mixed ambiguity resolution, GPS Solutions **17**(4), 521–533(2013)

21.45 R. B. Langley: Dilution of precision, GPS World **10**(5), 52–59(1999)

21.46 P. J. G. Teunissen: A proof of Nielsen's conjecture on the GPS dilution of precision, IEEE Trans. Aerosp. Electron. Syst. **34**(2), 693–695(1998)

21.47 P. J. G. Teunissen: GPS op afstand bekeken (in Dutch). In: *Een halve eeuw in de goede richting-Lustrumboek Snellius* 1985–1990, (DUM, Delft 1990) pp. 215–233

21.48 P. Heroux, J. Kouba: GPS precise point positioning with a difference, Proc. Geomatics '95, Ottawa (1995) pp. 1–11

21.49 J. F. Zumberge, M. B. Heflin, D. C. Jefferson, M. M. Watkins, F. H. Webb: Precise point positioning for the efficient and robust analysis of GPS data from large networks, J. Geophys. Res. **102**(B3), 5005–5017(1997)

21.50 A. E. Niell: Global mapping functions for the atmosphere delay at radio wavelengths, J. Geophys. Res. **101**(B2), 3227–3246(1996)

21.51 L. Wanninger: Carrier-phase inter-frequency biases of GLONASS receivers, J. Geod. **86**(2), 139–148 (2012)

21.52 H. van der Marel, P. F. de Bakker: Single- vs. dualfrequency precise point positioning–What are the tradeoffs between using L1-only and L1+L2 for PPP?, GNSS Solutions **7**(4), 30–35(2012)

21.53 D. Odijk, P. J. G. Teunissen, A. Khodabandeh: Galileo IOV RTK positioning: Standalone and combined with GPS, Survey Rev. **46**(337), 267–277(2014)

21.54 R. Odolinski, P. J. G. Teunissen, D. Odijk: Combined GPS and BeiDou instantaneous RTK positioning, Navigation **61**(2), 135–148(2014)

21.55 T. Takasu, A. Yasuda: Kalman-filter-based integer ambiguity resolution strategy for long-baseline RTK with ionosphere and troposphere estimation, Proc. ION GNSS 2010, Portland (ION, Virginia 2010) pp. 161–171

21.56 R. Odolinski, P. J. G. Teunissen, D. Odijk: Combined GPS+BDS+Galileo+QZSS for long baseline RTK positioning, Proc. ION GNSS 2014, Tampa (ION, Virginia 2014) pp. 2326–2340

21.57 G. Wubbena, M. Schmitz, A. Bagge: PPP-RTK: Precise point positioning using state-space reprentation in RTK networks, Proc. ION GNSS 2005, Long Beach (ION, Virginia 2005) pp. 2584–2594

21.58 O. Montenbruck, P. Steigenberger, A. Hauschild: Broadcast versus precise ephemerides: A multi-GNSS perspective, GPS Solutions **19**(2), 321–333(2015)

21.59 P. J. G. Teunissen, A. Kleusberg (Eds.): *GPS for Geodesy*, 2nd edn. (Springer, Berlin 1998)

21.60 P. J. G. Teunissen: The geometry-free GPS ambiguity search space with a weighted ionosphere, J. Geod.

**71**(6), 370–383(1997)

21.61 W. Lindlohr, D. Wells: GPS design using undifferenced carrier beat phase observations, Manuscripta Geodaetica **10**(4), 255–295(1985)

21.62 C. C. Goad: Precise relative position determination using global positioning system carrier phase measurments in a nondifference mode, Proc. 1st Int. Symp. Precise Position. Glob. Position. Syst., Rockville, ed. by C. Goad(U. S. Department of Commerce, Maryland 1985) pp. 347–356

21.63 G. Blewitt: Carrier phase ambiguity resolution for the global positioning system applied to geodetic baselines up to 2000 km, J. Geophys. Res. **94**(B8), 10187–10203(1989)

21.64 P. J. G. Teunissen: The least-squares ambiguity decorrelation adjustment: A method for fast GPS integer ambiguity estimation, J. Geod. **70**(1/2), 65–82(1995)

21.65 P. J. G. Teunissen, D. Odijk, B. Zhang: PPP-RTK: Results of CORS network-based PPP with integer ambiguity resolution, J. Aeronaut., Astronaut. Aviat., Ser. A **42**(4), 223–230(2010)

21.66 B. Zhang, P. J. G. Teunissen, D. Odijk: A novel un-differenced PPP-RTK concept, RIN J. Navig. **64**(Supplement S1), S180–S191(2011)

21.67 D. Odijk, P. J. G. Teunissen, B. Zhang: Single-frequency integer ambiguity resolution enabled GPS precise point positioning, J. Surv. Eng. **138**(4), 193–202(2012)

21.68 C. Rocken, R. Ware, T. van Hove, F. Solheim, C. Alber, J. Johnson: Sensing atmospheric water vapor with the global positioning system, Geophys. Res. Lett. **20**(23), 2631–2634(1993)

21.69 D. Odijk, B. Zhang, A. Khodabandeh, R. Odolinski, P. J. G. Teunissen: On the estimability of parameters in undifferenced GNSS network and PPP-RTK user models by means of S-system theory, J. Geod. **90**(1), 15–44(2016)

21.70 P. Collins, S. Bisnath, F. Lahaye, P. Heroux: Undifferenced GPS ambiguity resolution using the decoupled clock model and ambiguity datum fixing, Navigation **57**(2), 123–135(2010)

21.71 J. Geng, F. N. Teferle, X. Meng, A. H. Dodson: Towards PPP-RTK: Ambiguity resolution in real-time precise point positioning, Adv. Space Res. **47**(10), 1664–1673(2011)

21.72 S. Loyer, F. Perosanz, F. Mercier, H. Capdeville, J.-C. Marty: Zero-difference GPS ambiguity resolution at CNES-CLS IGS Analysis Center, J. Geod. **86**(11), 991–1003(2012)

21.73 P. J. G. Teunissen, A. Khodabandeh: Review and principles of PPP-RTK methods, J. Geod. **89**(3), 217–240(2015)

21.74 R. Christensen: *Linear Models for Multivariate, Time Series, and Spatial Data* (Springer, Berlin 1991)

21.75 H. Landau, X. Chen, S. Klose, R. Leandro, U. Vollath: Trimble's RTK and DGPS solutions in comparison with precise point positioning, Observing our Changing Earth, Proc. Int. Assoc. Geod. Symp. 133, Perugia, ed. by M. G. Sideris(Springer, Berlin 2009) pp. 709–718

21.76 C. Kee, B. W. Parkinson: Wide area differential GPS (WADGPS): Future navigation system, IEEE Trans. Aerosp. Electron. Syst. **32**(2), 795–808(1996)

21.77 R. J. P. van Bree, C. C. J. M. Tiberius: Real-time singlefrequency precise point positioning: Accuracy assessment, GPS Solutions **16**(2), 259–266(2012)

21.78 M. O. Kechine, C. C. J. M. Tiberius, H. van der Marel: Experimental verification of internet-based global differential GPS, Proc. ION GPS 2003, Portland(ION, Virginia 2003) pp. 28–37

21.79 D. Lapucha, K. de Jong, X. Liu, T. Melgard, O. Oerpen, E. Vigen: Recent advances in wide area realtime precise positioning, TransNav Int. J. Marine Navig. Safety Sea Transp. **5**(1), 87–92(2011)

21.80 J. D. Bossler, J. R. Jensen, R. B. McMaster, C. Rizos (Eds.): *Manual of Geospatial Science and Technology* (Taylor Francis, London 2002)

21.81 D. Laurichesse: Phase biases estimation for integer ambiguity resolution, Proc. PPP-RTK Open Stand. Symp., Frankfurt am Main (BKG, Frankfurt 2013)

# 第 22 章 最小二乘估计和卡尔曼滤波

## Sandra Verhagen, Peter J. G. Teunissen

本章介绍了全球卫星导航系统(GNSS)数据处理中的估计和滤波原理。最小二乘(least-squares,LS)估计和滤波是指从包含噪声的测量数据中获取或恢复有价值的参数，其中最小二乘法是从不确定数据中估计未知参数的标准方法。本章讨论了 LS 估计的各种形式，如分块 LS、递归 LS、约束 LS 和非线性 LS。这些待估参数以及主要的误差源通常是时变的，如果可以构建出这些时变参数的模型，则可以使用最小均方误差预测、滤波和平滑技术来计算这些参数。在这些技术中，卡尔曼(Kalman)滤波尤为突出，它可以递归地估计动态系统的状态。本章讨论了卡尔曼滤波的不同形式以及它与递归平滑技术的联系。为了进一步介绍 LS 估计和卡尔曼滤波的原理和特性，文中给出了几个 GNSS 实例。

## 22.1 线性最小二乘估计

与所有的经验数据一样，全球卫星导航系统(GNSS)的观测结果也存在不确定性——测量结果从来都不是完美的。测量数据一般含有冗余，所谓的冗余是指观测数据量大于参数估计所需的最小数据量。本节介绍了最小二乘(LS)估计在求解超定系统时的原理，即具有冗余测量的估计问题。由于测量的不确定性，冗余测量通常会导致方程组不一致，使用不同的观测子集估计参数将导致不同的解。LS 方法通过附加条件可以获得唯一解。本节介绍 LS 的原理及其性质。

### 22.1.1 最小二乘原理

最小二乘的目的是从 $m$ 个测量值 $y_i, i=1,\cdots,m$ 中获得 $n$ 个未知参数 $x_j, j=1,\cdots,n$ 的估计值。如果测量值和未知参数之间存在线性关系，则用 $m$ 维向量 $y=[y_1,\cdots,y_m]^T$、未知参数向量 $x=[x_1,\cdots,x_n]^T$ 和一个 $m\times n$ 系数矩阵 $A$ 以线性方程组表示，即

$$\hat{y} = Ax \tag{22.1}$$

一般来说,方程组是超定的,则有

$$m > n = \mathrm{rank}(A) \tag{22.2}$$

因此，假设矩阵 $A$ 为列满秩。

由于测量误差的存在，式(22.1)中的系统是不一致的。因为无法得到 $y$ 的精确解 $x$，所以只能得到 $y \approx Ax$。LS 恰恰能够解决这个问题，其思想是将测量误差矢量 $e$ 显式地添加到方程组，即

$$y = Ax + e \quad (22.3)$$

由于测量误差是未知的，导致在 $m$ 个方程中总共有 $m+n$ 个未知参数，因此 $x$ 存在无穷解。使用 $e$ 的平方和度量 $y$ 和 $Ax$ 之间的差异，更具体地说，挑选使平方和 $e^T e = (y-Ax)^T(y-Ax)$ 最小的 $\hat{x}$ 作为 $x$ 的 LS 解[22.1,22.2]，即

$$\hat{x} = \underset{x \in \mathbb{R}^n}{\arg\min}(y-Ax)^T(y-Ax) = (A^T A)^{-1} A^T y \quad (22.4)$$

$y$ 和调整后 $\hat{y} = A\hat{x}$ 之间的差异称为 LS 残差向量，即

$$\hat{e} = y - A\hat{x} \quad (22.5)$$

LS 的标量不一致性用 $\|\hat{e}\|^2 = \hat{e}^T \hat{e}$ 度量。

可以对 LS 原理进行几何解释，参数向量 $\hat{x}$ 估计的 $\hat{y}$ 如下：

$$\hat{y} = A\hat{x} = A(A^T A)^{-1} A^T y = P_A y \quad (22.6)$$

式中：$P_A$ 为正交投影。这说明 $\hat{y} = A\hat{x}$ 是 $y$ 在 $A$ 距离空间上的正交投影。

这也可以用如下方式来说明：对于观测向量有 $y \in \mathbb{R}^m$，但是根据模型，$Ax$ 必须在 $A$ 列所跨越的范围空间 $R(A)$ 中。因此，解 $\hat{x}$ 满足 $A\hat{x} \in R(A)$，且为 LS 条件下到 $y$ 距离最短的解。这意味着它是 $y$ 在 $R(A)$ 上的正交投影，如图 22.1 所示。

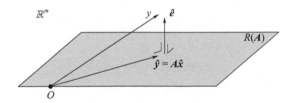

图 22.1　最小二乘的几何表示：$y = A\hat{x} + \hat{e}$

## 22.1.2　加权最小二乘法

在实际中，可能并非所有的观测都具有相同的精度，因此给予高精度的观测以更高的权重，会更加合理。加权最小二乘（WLS）原理允许通过最小加权残差平方和 $\|e\|^2_{W^{-1}} = e^T W e$ 来考虑不同的权重，其中：$W$ 是 $w_{ii} > 0, i = 1, \cdots$ 的权重矩阵；$m$ 是对角元素。权重矩阵必须是正定的，但不一定是对角矩阵。

WLS 解可表示为

$$\hat{x} = \underset{x \in \mathbb{R}^n}{\arg\min}(y-Ax)^T W(y-Ax) = (A^T W A)^{-1} A^T W y \quad (22.7)$$

逻辑上一般把权重矩阵设为 $W = Q_{yy}^{-1}$，其中 $Q_{yy}$ 是观测值的方差-协方差矩阵。这样可以给更精确的测量赋予较大的权重，而给不精确的测量赋予相对较小的权重。

## 22.1.3　最小二乘解的计算

WLS 可以转化为求解式（22.8）所示的正规方程组，即

$$A^T W A \hat{x} = A^T W y \quad (22.8)$$

其中，正规矩阵 $N = A^T W A$，将右侧表示为 $r = A^T W y$。WLS 解可以通过对正规方程求逆来计算，有

$$\hat{x} = N^{-1} r \tag{22.9}$$

但是,从数值上看这是不可取的,因为正规矩阵的逆计算可能比较耗时,并且容易产生舍入误差。更好的选择是使用正定正规矩阵 $N$ 的 Cholesky 分解,即 $N = GG^T$ [22.3]。

使用 Cholesky 分解求解正规方程需要首先将原始系统拆分为两个系统,即

$$G\hat{g} = r, G^T \hat{x} = \hat{g} \tag{22.10}$$

式中:$G$ 为下三角矩阵或 Cholesky 因子。首先,应用前向替换来计算 $\hat{g}$,从第一项 $\hat{g}_1 = r_1/G_{11}$ 开始,然后计算 $\hat{g}_2 = (r_2 - G_{21}\hat{g}_1)/G_{22}$ 等(其中 $G_{ij}$ 为矩阵 $G$ 的条目 $(i,j)$)。一旦求解出 $\hat{g}$,即可将式(22.10)的右侧以类似的方式应用反向替换来求解 $\hat{x}$。由于 $G^T$ 是上三角矩阵,因此应该从最后一项开始计算。

计算 LS 解的另一种方法是使用不同的矩阵分解法,例如正交 QR 分解 $A = QR$ 或奇异值分解(SVD)$A = U\Sigma V^T$。关于其原理和特性的讨论,参见文献[22.3-22.5]。

## 22.1.4 统计特性

为了求解不一致线性方程组 $y = Ax$,引入测量误差矢量 $e$。通过最小化加权平方范数 $e^T We$ 得到 WLS 解。一般来说,测量误差 $e$ 被假设为零均值随机的。换句话说,如果在相似情况下多次重复测量,则平均误差为零,即 $e$ 的平均值或数学期望值 $E(.)$ 为 0,即 $E(e) = 0$。因此,$y$ 的平均值可以表示为

$$E(y) = E(Ax + e) = Ax \tag{22.11}$$

由于 $x$ 是具有未知参数的确定性向量,WLS 估计器的平均值为

$$E(\hat{x}) = (A^T WA)^{-1} A^T W E(y) = x \tag{22.12}$$

$$E(\hat{y}) = AE(\hat{x}) = Ax \tag{22.13}$$

$$E(\hat{e}) = E(y) - E(\hat{y}) = 0 \tag{22.14}$$

这说明 WLS 为无偏估计。

在一致线性方程组 $y = Ax + e$ 中,$y$ 和 $e$ 是随机向量,而 $x$ 是确定性向量,这意味着 $Q_{yy} = Q_{ee}$。应用方差传播定律[22.2],存在正交投影 $P_A^\perp = I_m - P_A$ 和 $P_A = A(A^T WA)^{-1} A^T W$,可得 WLS 估计值的方差-协方差矩阵为

$$Q_{\hat{x}\hat{x}} = (A^T WA)^{-1} A^T W Q_{yy} WA(A^T WA)^{-1} \tag{22.15}$$

$$Q_{\hat{y}\hat{y}} = AQ_{\hat{x}\hat{x}} A^T = P_A Q_{yy} P_A^T \tag{22.16}$$

$$Q_{\hat{e}\hat{e}} = P_A^\perp Q_{yy} P_A^{\perp T} \tag{22.17}$$

方差-协方差矩阵描述了 WLS 估计的精度。

## 22.2 最优估计

### 22.2.1 最优线性无偏估计

最优线性无偏估计(best linear unbiased estimation,BLUE)需要估计量满足以下要

求[22.2,22.6]：①估计量必须是无偏的，即 $E(\hat{x}) = x$；②估计量必须是线性的，这意味着估计量 $\hat{x}$ 是 $y$ 的线性函数。可以将其推广到 $x$ 的线性函数，即

$$z = F^T x + f \tag{22.18}$$

如果估计量 $\hat{z}$ 是无偏的，则称其为线性无偏估计量，并且它也是观测量 $y$ 的线性函数，即

$$E(\hat{z}) = z, \hat{z} = L^T y + l \tag{22.19}$$

如果线性无偏估计量 $\hat{z}$ 的方差是所有线性无偏估计量的最小方差，则称之为最优估计量。22.1.2 节提到权重矩阵的一个选择为 $W = Q_{yy}^{-1}$。事实上，可以证明，当权重矩阵等于观测值的方差—协方差矩阵的逆矩阵时，WLS 估计变为最优线性无偏估计。

因此，$z = F^T x + f$ 的 BLUE 为

$$\hat{z} = F^T \hat{x} + f \tag{22.20}$$

$x$ 的最优线性无偏估计为

$$\hat{x} = (A^T Q_{yy}^{-1} A)^{-1} A^T Q_{yy}^{-1} y \tag{22.21}$$

所以当 $W = Q_{yy}^{-1}$ 时，WLS 估计和 BLUE 是相同的。式（22.15）和式（22.17）的 $\hat{x}$ 和 $\hat{e}$ 的协方差矩阵表示为

$$Q_{\hat{x}\hat{x}} = (A^T Q_{yy}^{-1} A)^{-1} \tag{22.22}$$

$$Q_{\hat{e}\hat{e}} = Q_{yy} - Q_{\hat{y}\hat{y}} \tag{22.23}$$

由于通常假设测量值为正态分布 $y \sim N(Ax, Q_{yy})$，因此 $y$ 线性函数的估计也为正态分布，即

$$\hat{x} \sim N(x, Q_{\hat{x}\hat{x}}) \tag{22.24}$$

$$\hat{y} \sim N(Ax, Q_{\hat{y}\hat{y}}) \tag{22.25}$$

$$\hat{e} \sim N(0, Q_{\hat{e}\hat{e}}) \tag{22.26}$$

综上所述，BLUE 具有各种最优属性。首先，它最小化了加权残差平方和；其次，它具有所有线性无偏估计的最佳精度，即最小方差；再次，如果模型是高斯线性模型 $y \sim N(Ax, Q_{yy})$，那么最优线性无偏估计也具有最大似然性，这将在下一节进行讨论。

## 22.2.2 极大似然估计

另一种估计原理是极大似然估计（maximum likelihood estimation，MLE），该种方法基于给定观测向量 $y$ 似然函数的最大化来进行估计。为此，除了 $n$ 个未知参数 $x$，必须已知 $y$ 的概率密度函数（PDF）。PDF 表示为 $f_y(\cdot | x)$，根据不同的 $x$ 值而变化。因此，存在非常多的 PDF，但是 $y$ 属于哪个 PDF 未知。

极大似然估计的基本思想是通过考虑 $f_y(y|x)$ 为 $x$ 的函数，从一系列的 PDF 中进行选择来最好地支持观测数据。似然函数由 $x$ 的函数给出，该函数针对同一样本 $y$ 生成所有 PDF 的相应概率密度，则最大似然函数为

$$\hat{x} = \underset{x \in \mathbb{R}^n}{\operatorname{argmax}} f_y(y|x) \tag{22.27}$$

式中：$x$ 为最大似然估计量，其原理如图 22.2 所示。

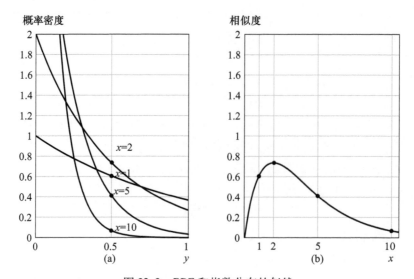

图 22.2　PDF 和指数分布的似然

(a)对于不同的参数值 $x$，PDF 族 $f_y(y|x) = x\exp(-xy)$ 的 $0<x<1$；

(b) $y=0.5$ 的对应似然函数，此时最大似然估计等于 $\hat{x}=2$。

最大似然估计需要了解 PDF 的结构（与 WLS 和 BLUE 相比），其应用非常普遍。高斯线性模型的 PDF 为 $f_y(y|x) \propto \exp\left(-\frac{1}{2}\|y-Ax\|^2_{Q_{yy}}\right)$。在这种情况下，$x$ 的 MLE 与式（22.21）给出的 BLUE 相同。

## 22.2.3　置信域

22.2.1 节给出了估计量的方差—协方差矩阵，其包含相关精度的所有信息（对角线上的方差）以及估计量之间的相关性（协方差）。但是估计量的方差（或平方根，标准差）并不能直接提供估计误差小于某一特定值的概率信息。因此引入置信域的概念，从单参数的估计误差 $\hat{z}-z$ 开始，$100(1-\alpha)\%$ 置信区间定义为

$$CI_\alpha = \{z \in \mathbb{R} \mid -c_\alpha < \hat{z}-z < c_\alpha\} \quad (22.28)$$

实际上，置信区间通常表示为 $\hat{z} \pm c_\alpha$。表明在估计值与真实值之间的距离 $c_\alpha$ 内，置信水平为 $1-\alpha$，即

$$P(|\hat{z}-z| < c_\alpha) = 1-\alpha \quad (22.29)$$

假设估计量是正态分布的，对于给定的 $\alpha$，很容易确定 $c_\alpha$，如图 22.3（a）所示，反之亦然。一些常见的选择包括

$$\begin{cases} c_{0.05} = 1.96\sigma_{\hat{z}}（95\%\text{-置信水平}）\\ c_{0.01} = 2.58\sigma_{\hat{z}}（99\%\text{-置信水平}）\\ c_{0.001} = 3.29\sigma_{\hat{z}}（99.9\%\text{-置信水平}）\end{cases}$$

由此，可以发现置信域与标准偏差 $\sigma_{\hat{z}}$ 之间的联系。虽然这里只给出了估计量 $\hat{z}$ 的置信区间，但与之类似，可以评估参数 $y$ 的置信区间。

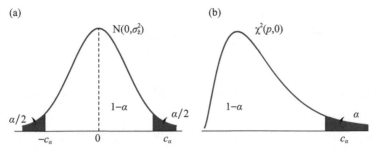

图 22.3 置信度等于 $1-\alpha$ (a) $N(0,\sigma_{\hat{z}}^2)$ 的 PDF 置信区间为 $[-c_\alpha, c_\alpha]$；
(b) $\chi^2(p,0)$ 的 PDF 置信区间为 $[0, c_\alpha]$。

除了计算单个变量的置信区间之外，还可以计算随机向量的置信区间。例如，椭球区域表示大小由置信系数 $c_\alpha$ 控制的估计量 $\hat{z}$。如果 $\hat{z} \sim \mathbf{N}(z, \mathbf{Q}_{\hat{z}\hat{z}})$，$\|\hat{z}-z\|_{\mathbf{Q}_{\hat{z}\hat{z}}}^2 = c_\alpha$ 表示超椭球方程，则有

$$\|\hat{z}-z\|_{\mathbf{Q}_{\hat{z}\hat{z}}}^2 \sim \chi^2(p,0) \tag{22.30}$$

式中：$\chi^2(p,0)$ 为具有 $p$ 自由度的中心卡方分布；$p$ 为向量 $\hat{z}$ 的维数。其概率为

$$\boldsymbol{P}(\|\hat{z}-z\|_{\mathbf{Q}_{\hat{z}\hat{z}}}^2 < c_\alpha) = 1-\alpha \tag{22.31}$$

通过给定 $\alpha$ 可以确定 $c_\alpha$，如图 22.3(b) 所示。

**例 22.1 水平定位的置信椭圆**

GNSS 定位中，主要关心的参数通常是位置坐标，因此考虑椭球置信域尤其重要。参见图 22.4 中的示例，其中仅考虑了水平定位误差。

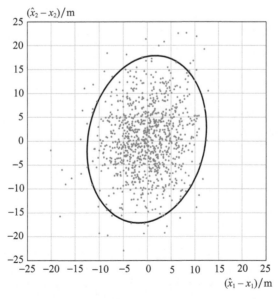

图 22.4 水平定位误差的 95% 置信度椭圆，其中 $x_1$ 是真实的东坐标，$x_2$ 是真实的北坐标。
棕色点表示基于 1000 个估计位置的实际误差（仿真结果）

## 22.3 最小二乘法的特殊形式

本节将讨论 LS 估计的几种特殊形式[22.2]。首先,回顾各种分块模型及其解决方案。22.3.4 节通过对未知参数施加一定约束,引出约束 LS 估计问题。22.3.5 节简要讨论了导致解出现非唯一性的秩亏问题。最后,22.3.6 节讨论了非线性最小二乘问题。另一种特殊形式的 LS 在混合整数模型(第 23 章)中出现,即参数的子集是否必须满足整数约束,一个典型的例子是具有载波相位整周模糊度的 GNSS 模型。

### 22.3.1 递归估计

分块模型的常见形式为

$$E\begin{pmatrix} y_1 \\ y_2 \\ \vdots \\ y_k \end{pmatrix} = \begin{bmatrix} A_1 \\ A_2 \\ \vdots \\ A_k \end{bmatrix} x \tag{22.32}$$

$$Q_{yy} = \begin{bmatrix} Q_1 & & & 0 \\ & Q_2 & & \\ & & \ddots & \\ 0 & & & Q_k \end{bmatrix} \tag{22.33}$$

式中:观测向量 $y_i$ 对应后续的历元 $i = 1, \cdots, k$。

处理所有 $k$ 个历元数据的 $x$ 的 BLUE 为

$$\hat{x}_{(k)} = \left( \sum_{i=1}^{k} A_i^T Q_i^{-1} A_i \right)^{-1} \left( \sum_{i=1}^{k} A_i^T Q_i^{-1} y_i \right) \tag{22.34}$$

该模型可以递归求解,即对每个新的数据历元计算一个新的解,如下所示。在历元 1 处,$Q_{yy} = Q_1, E(y_1) = A_1 x$ 模型解为

$$\begin{cases} \hat{x}_{(1)} = (A_1^T Q_1^{-1} A_1)^{-1} A_1^T Q_1^{-1} y_1 \\ Q_{\hat{x}\hat{x}(1)} = (A_1^T Q_1^{-1} A_1)^{-1} \end{cases} \tag{22.35}$$

在接下来的历元中,无需使用批处理 LS 法。相反,可以在历元 $k = 2, 3, \cdots$ 时,使用以下模型,即

$$E\begin{pmatrix} \hat{x}_{(k-1)} \\ y_k \end{pmatrix} = \begin{bmatrix} I \\ A_k \end{bmatrix} x ; \begin{bmatrix} Q_{\hat{x}\hat{x}(k-1)} & \\ & Q_k \end{bmatrix} \tag{22.36}$$

其解为

$$\hat{x}_{(k)} = Q_{\hat{x}\hat{x}(k)} (Q_{\hat{x}\hat{x}(k-1)}^{-1} \hat{x}_{(k-1)} + A_k^T Q_k^{-1} y_k) \tag{22.37}$$

$$Q_{\hat{x}\hat{x}(k)} = (Q_{\hat{x}\hat{x}(k-1)}^{-1} + A_k^T Q_k^{-1} A_k)^{-1}$$

$$Q_{\hat{x}\hat{x}(k-1)}^{-1} = \sum_{i=1}^{k-1} A_i^T Q_i^{-1} A_i$$

式(22.37)的递归 BLUE 解也可以写为

$$\hat{x}_{(k)} = \hat{x}_{(k-1)} + K_k(y_k - A_k \hat{x}_{(k-1)}), k>1 \tag{22.38}$$

其增益矩阵为

$$K_k = (Q_{\hat{x}\hat{x}(k-1)}^{-1} + A_k^T Q_k^{-1} A_k)^{-1} A_k^T Q_k^{-1} \tag{22.39}$$

式(22.38)称为测量更新(MU),因为该等式的右侧包括所有先前时刻的估计值 $\hat{x}_{(k-1)}$, $K_k(y_k - A_k \hat{x}_{(k-1)})$ 中的 $A_k \hat{x}_{(k-1)}$ 可以表示为 $y_k$ 的预测值。$v_k = y_k - A_k \hat{x}_{(k-1)}$ 称为预测残差。矩阵 $K_k$ 称为增益矩阵,因为新数据 $y_k$ 的增益由 $K_k v_k$ 确定。

增益矩阵的另一种形式为

$$K_k = Q_{\hat{x}\hat{x}(k-1)} A_k^T (Q_k + A_k Q_{\hat{x}\hat{x}(k-1)} A_k^T)^{-1} \tag{22.40}$$

基于此形式,方差协方差矩阵可以表示为

$$Q_{\hat{x}\hat{x}(k)} = (I - K_k A_k) Q_{\hat{x}\hat{x}(k-1)} \tag{22.41}$$

使用式(22.39)和式(22.40)得到的结果是相同的。可以基于逆矩阵的维数来选择何时使用这两个公式。如果观测值 $m_k$ 的数目与状态向量维数 $n$ 相比较小,则可以选择式(22.40)。

递归估计可以用于实时估计问题,利用后续各测量时段的信息,在每个测量时段提供新的估计。而对于后处理的应用,在较长时间内收集的数据也可以与批处理 LS 联合处理,从而找到最适合整个测量集的估计值。

**例 22.2 (单点定位)**

单点定位示例如图 22.5 所示。基于单历元估计的解(即不使用以前历元的数据),用单点表示(21.3 节)。递归 LS 解用实线表示。可以看出,递归 LS 解的收敛速度很快,尤其在水平方向上,而单历元解的精度要差得多(结果的分布区间更大)。注意,基于所有历元的批处理解与最后一个历元的递归解是相同的。

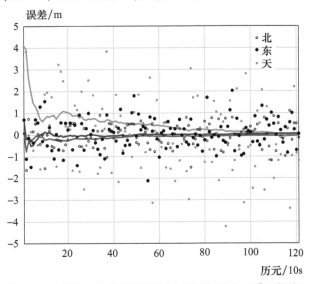

图 22.5 单点定位单历元解(点)和递归最小二乘(线)解

22.5节为了表示运动学或动力学模型(即$x$不是时间恒定的),还将进行时间更新步骤。

**例 22.3** (递归相位平滑伪距)

相位平滑伪距算法是一种单通道递归算法,它利用高精度载波相位数据$\phi_k$来平滑伪距数据$p_k$中相对较高的噪声。平滑伪距$\hat{p}_{k|k}$根据$\phi_k$和$p_k$计算[22.7,22.8],有

$$\begin{cases} \hat{p}_{k|k-1} = \hat{p}_{k-1|k-1} + [\phi_k - \phi_{k-1}] \\ \hat{p}_{k|k} = \hat{p}_{k|k-1} + \frac{1}{k}[p_k - \hat{p}_{k|k-1}] \end{cases} \tag{22.42}$$

算法用$\hat{p}_{1|1} = p_1$初始化。结合两个方程可得

$$\hat{p}_{k|k} = \frac{1}{k}p_k + \frac{k-1}{k}[\hat{p}_{k-1|k-1} + (\phi_k - \phi_{k-1})] \tag{22.43}$$

该方程表明,平滑伪距是权重为$\frac{1}{k}$的伪距和权重为$\frac{k-1}{k}$的预测伪距的线性组合。图22.6分别给出了$p_k$和$\hat{p}_{k|k}$噪声的时间序列。

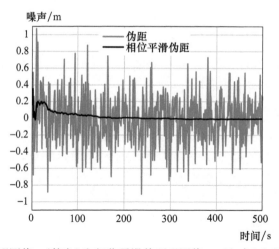

图 22.6 伪距观测值$p_k$(棕色)和相位平滑伪距观测值$\hat{p}_{k|k}$(红色)上的噪声(见彩图)

以下示例显示如何将平滑伪距算法与递归 LS 估计相关联。

**例 22.4** (递归相位调整伪距)

多历元运动 GNSS 模型的观测方程为

$$E\begin{pmatrix} p_1 \\ \phi_1 \\ p_2 \\ \phi_2 \\ \vdots \\ p_k \\ \phi_k \end{pmatrix} = \begin{bmatrix} A_1 & & & & \mathbf{0} \\ A_1 & & & & I \\ & A_2 & & & \mathbf{0} \\ & A_2 & & & I \\ & & \ddots & & \vdots \\ & & & A_k & \mathbf{0} \\ & & & A_k & I \end{bmatrix} \begin{pmatrix} x_1 \\ x_2 \\ \vdots \\ x_k \\ a \end{pmatrix} \tag{22.44}$$

式中：$p_i$ 和 $\phi_i$ 为历元 $i$ 时伪距和相位观测的向量(观测值减去计算值)；$x_i$ 为位置坐标(增量)向量、钟差；$a$ 为未知的模糊度(以米为单位)，假设其没有周跳的情况下保持不变。大气延迟可以假定已通过组合观测值进行了校正或消除。

模型式(22.44)的递推 LS 解为[22.9]

$$\begin{cases} \hat{x}_k = Q_{\hat{x}_k\hat{x}_k} A_k^T (Q_{p_kp_k}^{-1} p_k + Q_{\bar{p}_k\bar{p}_k}^{-1} \bar{p}_k) \\ a_{(k)} = \hat{a}_{(k-1)} + Q_{\hat{a}\hat{a}} Q_{\bar{p}_k\bar{p}_k}^{-1} (\bar{p}_k - A_k \hat{x}_k) \end{cases} \quad (22.45)$$

$$Q_{\hat{x}_k\hat{x}_k} = (A_k^T (Q_{p_kp_k}^{-1} + Q_{\bar{p}_k\bar{p}_k}^{-1}) A_k)^{-1}$$

$$\bar{p}_k = \phi_k - \hat{a}_{(k-1)}$$

$$Q_{\bar{p}_k\bar{p}_k} = Q_{\phi_k\phi_k} + Q_{\hat{a}\hat{a}_{(k-1)}}$$

相位调整伪距估计由 $A_k\hat{x}_k$ 给出。

如果现在做一个 $Q_{\phi_k\phi_k} = 0$ 的简化假设，那么有 $Q_{\bar{p}_k\bar{p}_k} = Q_{\hat{a}\hat{a}_{(k-1)}}$ 和 $\hat{a}_{(k)} = \phi_k - A_k\hat{x}_k$，由此式(22.45)可简化为

$$\hat{x}_k = K_k p_k + L_k [A_{k-1}\hat{x}_{k-1} + (\phi_k - \phi_{k-1})] \quad (22.46)$$

$$K_k = Q_{\hat{x}_k\hat{x}_k} A_k^T Q_{p_kp_k}^{-1}$$

$$L_k = Q_{\hat{x}_k\hat{x}_k} A_k^T Q_{\hat{a}_k\hat{a}_k}^{-1}$$

比较式(22.46)和式(22.43)。在单通道处理的情况下，式(22.46)与式(22.43)结果相同。由于模型中不包含相对站星几何构型信息，所以有 $A_k = I$，由此得出 $K_k = \frac{1}{k}I$ 和 $L_k = \frac{k-1}{k}I$。因此，当忽略相位噪声且处理仅限于单通道时，相位平滑伪距估计变为 LS 估计。

相位调整伪距估计属于一种 BLUE，其精度优于相位平滑估计。两种估计之间的精度差，即方差之差，在文献[22.9]中给出为

$$\frac{(k-1)\sigma_\phi^2/\sigma_p^2}{k(1+\sigma_\phi^2/\sigma_p^2)}\sigma_\phi^2 \quad (22.47)$$

初始化($k=1$)时，式(22.47)值为 0，在其他情况下则非常小($\sigma_\phi^2 \ll \sigma_p^2$)。因此，仅存在单通道处理时，相位平滑伪距非常接近最优相位调整伪距的估计。

## 22.3.2 分块参数向量估计

将未知参数向量 $x$ 的模型划分为

$$E(y) = \begin{bmatrix} A_1 & A_2 \end{bmatrix} \begin{pmatrix} x_1 \\ x_2 \end{pmatrix} \quad (22.48)$$

如果只对未知参数的子集感兴趣，那么分块矩阵之间可能相关。例如，子集 $x_1$ 的 BLUE 为

$$\hat{x}_1 = \underbrace{(\bar{A}_1^T Q_{yy}^{-1} \bar{A}_1)^{-1}}_{N_{\text{red}}} \bar{A}_1^T Q_{yy}^{-1} y \quad (22.49)$$

式中：$N_{\text{red}}$ 为约化 $x_2$ 后的正规矩阵。

$$Q_{\hat{x}_1\hat{x}_1} = N_{\text{red}}^{-1} \tag{22.50}$$

$$\overline{A}_1 = P_{A_2}^{\perp} A_1$$

一旦得到 $\hat{x}_1$ 的值，就可以计算 $\hat{x}_2$，即

$$\hat{x}_2 = (A_2^{\text{T}} Q_{yy}^{-1} A_2)^{-1} A_2^{\text{T}} Q_{yy}^{-1} (y - A_1 \hat{x}_1) \tag{22.51}$$

$$Q_{\hat{x}_2\hat{x}_2} = (A_2^{\text{T}} Q_{yy}^{-1} A_2)^{-1} \times (I + A_2^{\text{T}} Q_{yy}^{-1} A_1 Q_{\hat{x}_1\hat{x}_1} A_1^{\text{T}} Q_{yy}^{-1} A_2 (A_2^{\text{T}} Q_{yy}^{-1} A_2)^{-1}) \tag{22.52}$$

其中，式(22.49)~式(22.52)中的 $x_1$ 和 $x_2$ 可以互换。

**例 22.5** （时变和时不变参数）

分区模型式(22.48)适用的一个例子是 GNSS 模型，包括时变和时不变参数。例如，进行静态定位时，接收了 $k$ 个历元的观测数据，位置和可能的模糊度参数在时间上保持不变，其可以记为向量 $x_1$，而时钟和大气参数在向量 $x_2$ 中随时间变化和参数化。矩阵 $A_1$ 和 $A_2$ 的结构为

$$A_1 = \begin{bmatrix} A_{11} \\ \vdots \\ A_{1k} \end{bmatrix}, A_2 = \begin{bmatrix} A_{21} & & \\ & \ddots & \\ & & A_{2k} \end{bmatrix} \tag{22.53}$$

## 22.3.3 块估计

当来自多个站点或两个或多个（大地测量）网络、活动或会话的观测组合为式(22.54)时，通常会引入分块模型，即

$$E\begin{pmatrix} y_1 \\ y_2 \\ \vdots \\ y_k \end{pmatrix} = \begin{bmatrix} A_{11} & 0 & \cdots & 0 & A_{1g} \\ 0 & A_{22} & & \vdots & A_{2g} \\ \vdots & & \ddots & 0 & \vdots \\ 0 & \cdots & 0 & A_{kk} & A_{kg} \end{bmatrix} \begin{pmatrix} x_1 \\ \vdots \\ x_k \\ x_g \end{pmatrix} \tag{22.54}$$

式中：$k$ 为站点/网络等的数量。向量 $x_g$ 为全局参数（与所有 $y_i$ 有关），$x_i (i=1,\cdots,k)$ 为仅与观测量 $y_i$ 相关的局部参数向量。假设观测量 $y_i$ 之间相互独立。

$$Q_{yy} = \begin{bmatrix} Q_1 & & & 0 \\ & Q_2 & & \\ & & O & \\ 0 & & & Q_k \end{bmatrix} \tag{22.55}$$

方程式(22.54)可采用 Helmert 块方法求解[22.2,10]。首先，全局参数估计值为

$$\hat{x}_g = \frac{(\sum_{i=1}^{k} \overline{A}_{ig}^{\text{T}} Q_i^{-1} \overline{A}_{ig})^{-1}}{N_{\text{red}}} (\sum_{i=1}^{k} \overline{A}_{ig}^{\text{T}} Q_i^{-1} y_i) \tag{22.56}$$

$$\overline{A}_{ig} = P_{A_{ii}}^{\perp} A_{ig} \tag{22.57}$$

式中：$N_{\text{red}}$ 为归约正规矩阵；$P_{A_{ii}}^{\perp} = I - P_{A_{ii}}$ 和 $P_{A_{ii}} = A_{ii}(A_{ii}^{\text{T}} Q_i^{-1} A_{ii})^{-1} A_{ii}^{\text{T}} Q_i^{-1}$ 为正交投影。通过

以上方程，进一步可估计出局部参数的解为

$$\hat{x}_i = (A_{ii}^T Q_i^{-1} A_{ii})^{-1} A_{ii}^T Q_i^{-1} (y_i - A_{ig} \hat{x}_g) \tag{22.58}$$

**例 22.6** （大型 GNSS 网络）

受限于 IGS 分析中心的处理能力，一般算法无法基于大约 20000 个 GNSS 接收机的观测数据对精确轨道和时钟进行严格的 LS 估计[22.11]。以上问题可通过采用 Helmert 分块法来解决。其中，向量 $y_i$ 为来自各个 GNSS 站的观测向量。全局参数 $x_g$ 包括卫星轨道、钟差参数以及地球自转参数等。局部参数 $x$ 为台站坐标、大气延迟和每个站 $i$ 的接收机钟差。

文献[22.12,22.13]描述了 Helmert 块方法类似的应用。文献[22.14]则介绍了大型国家大地网数据重处理的应用案例。

## 22.3.4 约束最小二乘法

到目前为止，我们讨论了无约束线性模型 $E(y) = Ax$。如果参数存在式(22.59)所示的某种约束，则为约束线性模型。

$$E(y) = Ax, \quad C^T x = c \tag{22.59}$$

与无约束模型相比，约束系统 $C^T x = c$ 增加了秩为 $d$ 的 $n \times d$ 维矩阵 $C$ 和 $d$ 维向量 $c$，模型的冗余度随 $d$ 的增加而增加。

为了求解模型式(22.59)，首先计算无约束解（用 $\hat{x}$ 和 $Q_{\hat{x}\hat{x}}$ 表示）。进而，条件线性模型 $C^T E(\hat{x}) = c$ 的解 $\hat{x}_c$ 可表示为

$$\hat{x}_c = \hat{x} - Q_{\hat{x}\hat{x}} C (C^T Q_{\hat{x}\hat{x}} C)^{-1} (C^T \hat{x} - c) \tag{22.60}$$

应用方差传播定律，得到相应的方差-协方差矩阵为

$$Q_{\hat{x}_c \hat{x}_c} = Q_{\hat{x}\hat{x}} - Q_{\hat{x}\hat{x}} C (C^T Q_{\hat{x}\hat{x}} C)^{-1} C^T Q_{\hat{x}\hat{x}} \tag{22.61}$$

## 22.3.5 秩亏最小二乘法

如果设计矩阵 $A$ 不是满秩，则其 LS 解不唯一。

令 $\text{rank}(A) = r < n$，则存在 $n \times (n-r)$ 维基矩阵 $V$ 并且满足 $AV = 0$。因此，$\min_x \|y - Ax\|_{Q_{yy}}^2$ 不存在唯一的 LS 解。这是因为如果 $\hat{x}_s$ 为 LS 解，那么对于任何 $\beta \in \mathbb{R}^{n-r}$，$\hat{x}_s + V\beta$ 也是 LS 解。

为了确定秩亏 LS 问题的一般解，我们首先需要确定一个特解。设 $S$ 为与 $V$ 距离空间互补的子空间基矩阵，即 $\mathcal{R}(S) \oplus \mathcal{R}(V) = \mathbb{R}^n$。那么，$S$ 为 $n \times r$ 维，且矩阵 $[S, V]$ 可逆。通过重新参数化，即

$$x = S\alpha + V\beta \tag{22.62}$$

原来的秩亏系统可转变为满秩系统，即

$$E(y) = Ax \Rightarrow E(y) = (AS)\alpha \tag{22.63}$$

其 LS 解可表示为

$$\hat{\alpha} = [(AS)^T Q_{yy}^{-1} (AS)]^{-1} (AS)^T Q_{yy}^{-1} y$$

因此，$\hat{x}_s = S\hat{\alpha}$ 是秩亏 LS 问题的一个特解，一般 LS 解可表示为

$$\hat{x} = \hat{x}_s + V\beta, \beta \in \mathbb{R}^{n-r} \tag{22.64}$$

也可以利用 $\mathcal{R}(S)$ 正交补基矩阵来代替矩阵 $S$ 计算 $\hat{x}_s$，如果 $n \times (n-r)$ 维矩阵 $S^\perp$ 是满足 $\mathcal{R}(S^\perp) = \mathcal{R}(S)^\perp$ 的基矩阵，那么 $\hat{x}_s$ 则为带约束方程 $E(y) = Ax$ 的 LS 解，约束为 $S^{\perp T} x = 0$[22.15]。

在分解式(22.62)的过程中，$\tilde{x}_s = S\alpha$ 包括可估计参数部分，而 $x_v = V\beta$ 包含不确定或不可估计部分(图 22.7)，即

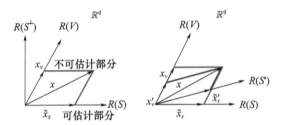

图 22.7 分解 $x$ 的两个示例，包含可估计和不可估计部分：$x = \tilde{x}_s + x_v = \tilde{x}_s' + x_v'$。
其中，$\tilde{x}_s$ 和 $\tilde{x}_s'$ 满足 $S$ 变换：$\tilde{x}_s = S\tilde{x}_s'$（见文献[22.16]）

$$x = \tilde{x}_s + x_v, \tilde{x}_s \in \mathcal{R}(S), x_v \in \mathcal{R}(V) \tag{22.65}$$

由以上分析可知，$\tilde{x}_s$ 不是 $x$ 的无偏估计即 $E(\hat{x}_s) \neq x$，而是 $\tilde{x}_s$ 的无偏估计，从而有 $E(\hat{x}_s) = \tilde{x}_s$。为了理解 $\hat{x}_s$ 估计，需要知道 $\hat{x}_s$ 和 $x$ 之间的关系，即

$$\tilde{x}_s = Sx, S = I_n - V[S^{\perp T}V]^{-1}S^{\perp T} \tag{22.66}$$

上述关系式表示 $x$ 的哪些线性函数由 $\hat{x}_s$ 估计。矩阵 $S$ 又称为 $S$(奇异性)变换，表示投射到 $\mathcal{R}(S)$ 上并沿着 $\mathcal{R}(V)$ 的投影[22.15,22.17]（幂等矩阵）。该投影如图 22.7 所示。通过使用 $S$ 变换，可以从通解 $\hat{x}$ 及其方差-协方差矩阵的任何成员中得到任何特解，例如 $\hat{x}_s$ 及其方差-协方差矩阵 $Q_{\hat{x}_s\hat{x}_s}$ 可表示为

$$\hat{x}_s = S\hat{x}, Q_{\hat{x}_s\hat{x}_s} = SQ_{\hat{x}\hat{x}}S^T \tag{22.67}$$

因此，还可以通过 $S$ 变换在不同的特解之间进行变换。

## 22.3.6 非线性最小二乘法

到目前为止，我们只考虑了线性 LS。当然 LS 原理也适用于非线性方程组。因此考虑不一致的方程组，即

$$y_i \approx a_i(x), i = 1, \cdots, m \tag{22.68}$$

其中已知 $a_i: \mathbb{R}^n \mapsto \mathbb{R}$，但参数向量 $x$ 的非线性函数未知。上式的紧凑形式可以表示为

$$y \approx A(x) = \begin{bmatrix} a_1(x) \\ \vdots \\ a_m(x) \end{bmatrix} \tag{22.69}$$

相应的非线性 WLS 可表示为

$$\hat{x} = \underset{x \in \mathbb{R}^n}{\operatorname{argmin}} \|y - A(x)\|_{W^{-1}}^2 \tag{22.70}$$

这个问题可以从未知参数的初始近似值 $x_0$ 开始,基于 $A(x)$ 的线性版本通过迭代的方式逐次逼近。

对 $a_i(x)$ 进行泰勒级数展开,有

$$a_i(x) = a_i(x_0) + [\partial_x a_i(x_0)]^T (x - x_0) + \frac{1}{2}(x - x_0)^T H(\theta)(x - x_0) \tag{22.71}$$

式中:$a_i: \mathbb{R}^n \mapsto \mathbb{R}$ 必须满足存在连续的二阶偏导数。梯度向量 $[\partial_x a_i(x_0)]$ 为

$$\partial_x a_i(x_0) = \begin{bmatrix} \dfrac{\partial}{\partial x_1} a_i(x_0) \\ \vdots \\ \dfrac{\partial}{\partial x_n} a_i(x_0) \end{bmatrix}$$

Hessian 矩阵为

$$H(\theta) = \begin{bmatrix} \dfrac{\partial^2}{\partial x_1 \partial x_1} a_i(\theta) & \cdots & \dfrac{\partial^2}{\partial x_1 \partial x_n} a_i(\theta) \\ \vdots & & \vdots \\ \dfrac{\partial^2}{\partial x_n \partial x_1} a_i(\theta) & \cdots & \dfrac{\partial^2}{\partial x_n \partial x_n} a_i(\theta) \end{bmatrix}$$

其中,$\theta$ 位于 $x$ 和 $x_0$ 之间。式(22.71)的最后一项是二阶余项,可以忽略,最终得到 $a_i(x)$ 的线性近似为

$$a_i(x) \approx a_i(x_0) + [\partial_x a_i(x_0)]^T (x - x_0)$$

向量函数 $A(x)$ 可近似为

$$A(x) \approx A(x_0) + J_0 (x - x_0) \tag{22.72}$$

$$J_0 = \begin{bmatrix} [\partial_x a_1(x_0)]^T \\ \vdots \\ [\partial_x a_m(x_0)]^T \end{bmatrix}$$

式中:$J_0$ 为 Jacobian 矩阵。非线性系统式(22.69)可以用式(22.72)近似为

$$\Delta y_0 \approx J_0 \Delta x_0 \tag{22.73}$$

$$\Delta y_0 = y - A(x_0)$$

$$\Delta x_0 = x - x_0$$

线性化方程式(22.73)可以用线性 WLS 原理求解,其解为

$$\Delta \hat{x}_0 = (J_0^T W J_0)^{-1} J_0^T W \Delta y_0 \tag{22.74}$$

WLS 解 $\hat{x}_0 = x_0 + \Delta \hat{x}_0$ 比 $x_0$ 更接近 $x$,但通常不用作最终解。在高斯-牛顿迭代方案中,该解被用作新的近似以获得更好的近似,并一直持续到每次迭代之间的差异变得足够小为止。这一步因此被视为逐次逼近,有

$$x_i := x_{i-1} + \Delta \hat{x}_{i-1} \tag{22.75}$$

$$\Delta \hat{x}_i = (J_i^T W J_i)^{-1} J_i^T W \Delta y_i \tag{22.76}$$

式中：$J_i$ 为关于 $x_i$ 和 $\Delta y_i = y - A(x_i)$ 的偏导数矩阵。

当 $\|\Delta \hat{x}_i\|_{N_i^{-1}}^2 \leq \delta$，$N_i = J_i^T W J_i$ 时，迭代终止，其中 $\delta$ 为用户定义的阈值。一旦满足停止准则，WLS 解可表示为

$$\hat{x} = x_i + \Delta \hat{x}_i \tag{22.77}$$

完整的高斯-牛顿迭代流程如图 22.8 所示。有关高斯-牛顿法和其他非线性最小二乘法则的更多特性，请参见文献[22.18, 22.19]。

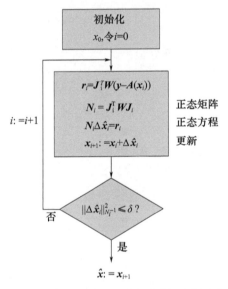

图 22.8 非线性最小二乘的高斯-牛顿迭代

初始近似值 $x_0$ 的确定，必须针对特定问题进行特定分析。

在没有严重非线性和较大测量误差的情况下，高斯-牛顿法将收敛到最小二乘解。但是需要注意的是，即使测量值和随机误差符合正态分布，非线性 WLS 也不是无偏估计，且不符合正态分布。文献[22.20]给出了检验这些非线性效应对均值和方差-协方差矩阵的显著性的诊断措施。如果泰勒级数展开式中的二阶和高阶项足够小到可以忽略不计，那么非线性 WLS 估计量的分布将非常接近正态分布，且偏差可以忽略不计。因此，方差-协方差矩阵 $Q_{\hat{x}\hat{x}}$ 可以近似为

$$Q_{\hat{x}\hat{x}} \approx (J_i^T Q_{yy}^{-1} J_i)^{-1} \tag{22.78}$$

其中，式(22.22)中的 $A$ 被替换为 $J_i$（最后一次迭代）。

## 22.4 预测和滤波

大多数 GNSS 应用中，我们关心的参数往往是随时间变化的。这对于一个移动

平台来说是显而易见的,我们对它的位置感兴趣,有时也对它的姿态感兴趣(第 27 章和第 28 章)。此外,对地球表面或人造结构进行 GNSS 形变测量也要处理时变参数。另一个例子是当我们对对流层和电离层延迟以及钟漂和钟差等设备参数感兴趣时。

通过 22.3.1 节的描述,我们已经明确了如何在具有连续收集数据的恒定模型参数的情况下使用递归估计法。递归或序贯估计非常适合实时估计问题,也适用于离线处理以减少同时估计的参数数量。接下来,我们将讨论连续收集数据的三种估计问题。实时应用中的估计问题被称为滤波,即:使用当前历元前的所有测量值(包括当前历元)来估计当前状态。这部分将在 22.5 节讨论。同时,22.5 节还将讨论平滑问题,即对过去收集的数据进行处理。本章将重点放在预测上,即关注未来的状态,这三种问题的概念如图 22.9 所示。

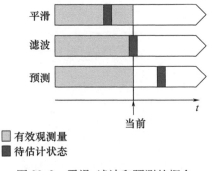

图 22.9 平滑、滤波和预测的概念

## 22.4.1 预测问题

预测可以定义为实时预测模型参数,也可以定义为在空间中预测或插值参数。有时预测模型参数可能不是必需的,也可能必须预测观测值本身或影响测量的信号和噪声。预测的思想是使用一个可观测的随机向量 $y$ 来预测另一个不可观测的随机向量。这里需要注意预测与估计问题的差别。在预测问题中,随机向量 $y$ 用于根据给定关系找到最佳匹配的未知确定性参数。

上面提到的所有预测问题都可以写成类似于式(22.3)[22.21]的形式,即

$$\begin{pmatrix} y \\ p \end{pmatrix} = \begin{bmatrix} A \\ A_p \end{bmatrix} x + \begin{pmatrix} e \\ e_p \end{pmatrix} \tag{22.79}$$

与式(22.3)不同的是,式(22.79)中 $p$ 是一个不可观测的随机向量,需要对其结果进行预测。如前所述,未知参数向量 $x$ 是确定的,$A_p$ 是关于 $p$ 的 $m_p \times n$ 维已知系数矩阵,$e_p$ 是零均值随机向量。假设 $y$ 和 $p$ 的方差-协方差矩阵的形式为

$$\begin{bmatrix} Q_{yy} & Q_{yp} \\ Q_{py} & Q_{pp} \end{bmatrix}$$

上述公式适用的一些典型示例如下。

**例 22.7** 非差残差的恢复

设 $y=Ax+e$ 中的 $e=D^Tu$,矩阵 $D$ 已知,其中 $u$ 为具有已知方差-协方差矩阵 $Q_{uu}$ 的零均值随机向量。如果 $y$ 是差分 GNSS 观测值的向量,$D^T$ 是差分算子,则 $u$ 为非差残差向量。如果要预测非差的 GNSS 残差向量 $u$,则式(22.79)可改写为

$$\begin{pmatrix} y \\ u \end{pmatrix} = \begin{bmatrix} A \\ 0 \end{bmatrix} x + \begin{pmatrix} e \\ u \end{pmatrix} \tag{22.80}$$

其中方差-协方差矩阵为

$$\begin{bmatrix} D^T Q_{uu} D & D^T Q_{uu} \\ Q_{uu} D & Q_{uu} \end{bmatrix}$$

创建 CORS 多路径图是应用双差数据恢复非差残差的典型 GNSS 示例[22.22,23]。

**例 22.8** 趋势、信号和噪声的分离

含有趋势、信号和噪声的模型可表示为

$$y = Ax + s + n \tag{22.81}$$

式中:$Ax$ 为未知参数 $x$ 的确定性趋势;$s$ 为零均值随机信号;$n$ 为零均值随机噪声。此时,为了预测 $s$ 和 $n$,模型式(22.79)转化为

$$\begin{pmatrix} y \\ s \\ n \end{pmatrix} = \begin{bmatrix} A \\ 0 \\ 0 \end{bmatrix} x + \begin{pmatrix} s+n \\ s \\ n \end{pmatrix} \tag{22.82}$$

趋势信号噪声模型也可用来预测其他时间和地点的同一类型函数如 $y_p = A_p x + s_p$,即插值或外推。例如,在从网络衍生的电离层延迟进行电离层插值时,$x$ 包含电离层趋势参数、信号 $s$、电离层时空变化 $s_p$ 以及 GNSS 测量噪声 $n$。此时,预测模型变为

$$\begin{pmatrix} y \\ y_p \end{pmatrix} = \begin{bmatrix} A \\ A_p \end{bmatrix} x + \begin{pmatrix} s+n \\ s_p \end{pmatrix} \tag{22.83}$$

式(22.83)的形式与式(22.79)相似。

在本节中,将介绍最小均方误差(MMSE)预测的原理和特性,以解决此处描述的预测问题。解决方案将基于式(22.79)对应的模型展开。

### 22.4.2 最小均方误差预测

**1. 最优预测(BP)**

设 $p$ 的预测量由 $G(y)$ 表示。模型式(22.79)中的预测误差可表示为

$$p - G(y) \tag{22.84}$$

如果预测量具有最小的均方预测误差,则认为它是最优预测。因此,来自某个 $\Omega$ 类预测的最优预测 $\hat{G}(y)$ 应满足 MMSE 准则,即

$$E(\|p-\hat{G}(y)\|^2_{W^{-1}}) = \min_{G \in \Omega} E(\|p-G(y)\|^2_{W^{-1}}) \tag{22.85}$$

如果对预测的类别没有限制,$p$ 的最优预测值与条件平均相等,即

$$\hat{p}_{BP} = E(p|y) = \int \alpha f_{p|y}(\alpha|y) d\alpha \tag{22.86}$$

式中:$f_{p|y}(\cdot)$为$p$的条件概率密度函数(PDF)。

2. 最优线性预测(BLP)

如果预测量$G$的线性形式为

$$G(y) = Ly + l \tag{22.87}$$

那么最优线性预测(BLP)可表示为

$$\hat{p}_{\text{BLP}} = \bar{p} + Q_{py}Q_{yy}^{-1}(y - \bar{y}) \tag{22.88}$$

$$\bar{p} = E(p)$$

$$\bar{y} = E(y)$$

注意,与BP相反,BLP不需要关于PDF的完整信息,BLP只需前两个矩即均值和方差已知即可。当$y$和$p$满足正态分布时,BP和BLP则有相同的形式。

3. 最优线性无偏预测(BLUP)

尽管BLP只需均值和方差已知即可求解,但对于许多应用来说,均值作为已知参数仍然是不切实际的。正如式(22.79)所示,如果$x$未知,则式(22.88)中的均值$\bar{p}$和$\bar{y}$也是未知的。然而,众所周知的是,均值$\bar{p}$和$\bar{y}$是线性相关的,即

$$E\begin{pmatrix} y \\ p \end{pmatrix} = \begin{bmatrix} A \\ A_p \end{bmatrix} x \tag{22.89}$$

如果将这种关系包含在线性无偏预测类别上的均方预测误差的最小化中,则可以获得最优线性无偏预测,即

$$\hat{p}_{\text{BLUP}} = A_p\hat{x} + Q_{py}Q_{yy}^{-1}(y - A\hat{x}) \tag{22.90}$$

式中:$\hat{x}$为$x$的BLUE,见式(22.21)。因此式(22.90)所示的BLUP可通过把式(22.88)所示的BP中的$\bar{p}$和$\bar{y}$的替换为BLUE获得。

**例22.9 非差残差恢复(续)**

如果应用上述预测公式(22.90)确定式(22.80)中非差GNSS残差$u$的BLUP,可得

$$\hat{u} = Q_{uu}D(D^TQ_{uu}D)^{-1}\hat{e} \tag{22.91}$$

$$\hat{e} = y - A\hat{x}$$

式(22.91)表述了如何从差分GNSS残差$\hat{e}$中获得非差GNSS残差$\hat{u}$[22.22,22.23]。

**例22.10 趋势信号噪声示例**

假设$z(t)$为随机向量函数(图22.10),且$z(t)$可以写成一个确定但未知的趋势$A_t x$和一个零均值随机信号的组合,有

$$z(t) = A_t x + s(t) \tag{22.92}$$

式中:$A_t$为已知的$k \times n$维矩阵;$x$为未知参数向量。在$t_1, \cdots, t_m$处观测到随机函数为

$$y(t_i) = z(t_i) + n(t_i), \quad i = 1, \cdots, m \tag{22.93}$$

式中:$n(t_i)$为零均值随机测量噪声。假设测量噪声与信号$C(s(t), n(t_i)) = 0$不相关,并且假设信号和测量噪声的协方差矩阵为

$$C(s(t_i), s(t_j)) = Q_{s(t_i)s(t_j)}$$

$$C(n(t_i), n(t_j)) = Q_{n(t_i)n(t_j)}$$

如果结合上述方程,可以用向量矩阵的紧凑形式表示为

$$y = Ax + s + n \tag{22.94}$$
$$y = [y(t_1)^T, \cdots, y(t_m)^T]^T$$
$$A = [A_{t_1}^T, \cdots, A_{t_m}^T]^T$$
$$s = [s(t_1)^T, \cdots, s(t_m)^T]^T$$
$$n = [n(t_1)^T, \cdots, n(t_m)^T]^T$$

至此已经获得所有可以用来估计趋势 $A_t x$、预测信号 $s(t)$、噪声 $n(t_i)$ 以及函数 $z(t)$ 的要素。

### 4. 趋势

设 $e = s + n$，则 $y = Ax + e$ 是具有确定性参数的线性模型，其中由于 $Q_{sn} = 0$，所以有 $E(e) = 0, D(y) = D(e) = Q_{ss} + Q_{nn}$。因此 $x$ 的 BLUE 为

$$\hat{x} = (A^T(Q_{ss}+Q_{nn})^{-1}A)^{-1} \times A^T(Q_{ss}+Q_{nn})^{-1}y \tag{22.95}$$

由于随机函数的趋势通过均值 $E(z(t)) = A_t x$ 给出，因此趋势的 BLUE 为 $A_t \hat{x}$。

### 5. 信号

零均值随机信号 $s(t)$ 是随机函数 $z(t)$ 与其均值 $A_t x$ 之差。为了预测随机函数与其均值的差异程度，需要 $s(t)$ 的 BLUP。因为 $E(s(t)) = 0$ 和 $C(s(t), n) = 0$，故 $s(t)$ 的 BLUP 可表示为

$$\hat{s}(t) = Q_{s(t)s}(Q_{ss}+Q_{nn})^{-1}(y-A\hat{x}) \tag{22.96}$$

### 6. 噪声

与信号的预测类似，预测测量噪声 $n(t_i)$ 可表示为

$$\hat{n}(t_i) = Q_{n(t_i)n}(Q_{ss}+Q_{nn})^{-1}(y-A\hat{x}) \tag{22.97}$$

注意，由于

$$(Q_{s(t_i)s}+Q_{n(t_i)n})(Q_{ss}+Q_{nn})^{-1} = [0, \cdots, I_k, \cdots, 0]$$

结合预测信号 $\hat{s}(t_i)$ 和预测噪声 $\hat{n}(t_i)$ 以及 $e(t_i) = s(t_i) + n(t_i)$ 的 BLUP，可得

$$\hat{e}(t_i) = \hat{s}(t_i) + \hat{n}(t_i) = y(t_i) - A(t_i)\hat{x}$$

### 7. 函数

随机函数 $z(t)$ 的 BLUP 等于趋势的 BLUE 和信号的 BLUP 之和，即

$$\hat{z}(t) = A_t\hat{x} + \hat{s}(t) \tag{22.98}$$

注意，由于

$$\hat{s}(t_i) + \hat{n}(t_i) = y(t_i) - A(t_i)\hat{x}$$

有

$$y(t_i) = \hat{z}(t_i) + \hat{n}(t_i) = A(t_i)\hat{x} + \hat{s}(t_i) + \hat{n}(t_i)$$

上式表明，观测值是其本身最好的预测值。

图 22.10 给出了函数 $z(t)$ 的 BLUP 以及 $z(t)$ 趋势的 BLUE。由图 22.11 可知，预测信号 $\hat{s}(t_i)$ 和预测噪声 $\hat{n}(t_i)$ 之和确实为 $\hat{e}(t_i)$。图 22.11 展示的为图 22.10 中的随机函数在观察时刻 $t_2$ 的 BLUP。

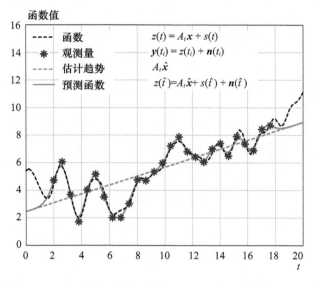

图 22.10 趋势的 BLUE $A_t\hat{x}$ 和随机函数的 BLUP $\hat{z}(t)$,以及观测值 $y(t_i)$ 和随机函数 $z(t)$

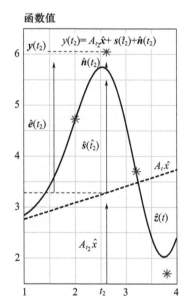

图 22.11 为了说明 $\hat{e}(t_2)=\hat{s}(t_2)+\hat{n}(t_2)=y(t_2)-A_{t_2}\hat{x}$,摘取自图 22.10 的一部分

## 22.4.3 最小均方误差预测特性

前一节讨论的 MMSE 预测都是无偏预测,因此,它们具有零均值预测误差,即

$$E(\hat{e}_p)=E(p-\hat{G}(y))=0 \tag{22.99}$$

BLUP 和 BLP 预测误差的方差矩阵分别为[22.21]

$$\begin{cases} Q_{\hat{e}_p\hat{e}_p}^{\mathrm{BLUP}}=Q_{\hat{e}_p\hat{e}_p}^{\mathrm{BLP}}+A_{p|y}Q_{\hat{x}\hat{x}}A_{p|y}^{\mathrm{T}} \\ Q_{\hat{e}_p\hat{e}_p}^{\mathrm{BLP}}=Q_{pp}-Q_{py}Q_{yy}^{-1}Q_{yp} \end{cases} \tag{22.100}$$

$$A_{p|y} = A_p - Q_{py}Q_{yy}^{-1}A$$

注意,有

$$Q_{\hat{p}_p\hat{p}_p}^{BLUP} \geq Q_{\hat{p}_p\hat{p}_p}^{BLP}$$

也就是说,BLUP 预测永远不会比 BLP 更精确,这是由于 BLUP 还必须估计 $x$ 所带来的额外不确定性。

预测误差的方差协方差矩阵也称为误差方差矩阵,注意这里不要与预测值本身的方差-协方差矩阵混淆。在 BLUP 的情况下,其方差-协方差矩阵为

$$Q_{\hat{p}\hat{p}}^{BLUP} = Q_{\hat{p}\hat{p}}^{BLUE} + Q_{py}Q_{yy}^{-1}Q_{\hat{e}\hat{e}}Q_{yy}^{-1}Q_{yp} \tag{22.101}$$

$$Q_{\hat{p}\hat{p}}^{BLUE} = A_p Q_{\hat{\epsilon}\hat{\epsilon}} A_p^T$$

## 22.5 卡尔曼滤波

卡尔曼滤波器是一种递归方法,它以最小化均方预测误差的方式估计动态系统的随机状态。经过初始化后,卡尔曼滤波包括时间和量测更新两个递归过程。在时间更新(TU)过程中,动态模型的信息被用来提前预测系统状态及其误差方差矩阵,从而给出 $\hat{x}_{k|k-1}$ 及其误差方差矩阵 $P_{k|k-1}$。量测更新(MU)过程中,在 MMSE 准则下,结合新收到的量测 $y_k$ 与预测状态 $\hat{x}_{k|k-1}$,从而获得滤波状态 $\hat{x}_{k|k}$ 及其误差方差矩阵 $P_{k|k}$(图 22.12)。

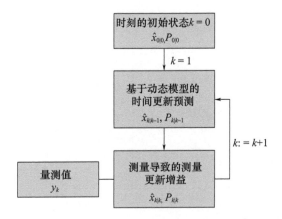

图 22.12 包含时间更新(TU)和量测更新(MU)的卡尔曼滤波递归算法

### 22.5.1 模型假设

首先,介绍卡尔曼滤波相关的假设,包括量测模型和动态模型。

1. 量测模型

假设观测向量 $y_i$ 与随机状态向量 $x_i$ 之间的关系为

$$y_i = A_i x_i + n_i, i = 0, 1, \cdots, t \tag{22.102}$$

$$E(x_0) = \bar{x}_0, E(n_i) = 0 \tag{22.103}$$

$$C(x_0, n_i) = 0, C(n_i, n_j) = R_i \delta_{i,j}, i = 0, 1, \cdots, t \qquad (22.104)$$

式中：$C(u,v)$ 为两个随机向量 $u$ 和 $v$ 之间的协方差；$\delta_{i,j}$ 为克罗内克符号。假设零均值测量噪声 $n_i$ 在时间上不相关，并且与初始状态向量 $x_0$ 不相关。

2. 动态模型

线性动态模型描述随机状态向量 $x_i$ 随时间的变化，有

$$x_i = \Phi_{i,i-1} x_{i-1} + d_i, i = 1, 2, \cdots, t \qquad (22.105)$$

$$E(d_i) = 0, C(x_0, d_i) = 0 \qquad (22.106)$$

$$C(d_i, n_j) = 0, C(d_i, d_j) = S_i \delta_{i,j}, i, j = 1, 2, \cdots, t \qquad (22.107)$$

式中：$\Phi_{i,i-1}$ 为转移矩阵；随机向量 $d_i$ 为系统噪声。假设系统噪声 $d_i$ 满足零均值分布，且与时间、初始状态向量和测量噪声不相关。注意，从时刻 $j$ 到时刻 $i$ 的转换矩阵表示为 $\Phi_{i,j}$，故有 $\Phi_{i,j}^{-1} = \Phi_{j,i}$。

通过求解动态系统的一阶向量微分方程，可以得到动态模型式(22.105)及其转移矩阵。例如，如果动态系统由一阶线性时变微分方程组 $\dot{x}_t = F_t x_t + G_t u_t$ 表示，则有

$$x_t = \Phi_{t,t_0} x_{t_0} + \int_{t_0}^{t} \Phi_{t,\tau} G_\tau u_\tau \mathrm{d}\tau \qquad (22.108)$$

其中转移矩阵是文献[22.24, 22.25]的解为

$$\frac{\partial \Phi_{t,t_0}}{\partial t} = F_t \Phi_{t,t_0}, \Phi_{t,t_0} = I_n$$

数值积分方法详见文献[22.26]。当矩阵 $F_t$ 不随时间变化时，该方程的解由矩阵指数 $\Phi_{t,t_0} = \exp(F(t-t_0))$ 给出，计算矩阵指数的方法见文献[22.27]。

## 22.5.2 卡尔曼滤波递归算法

卡尔曼滤波通常由递归 BP（高斯噪声情况下）或递归 BLP[22.28-22.31] 推导，两种方法均要求随机状态向量的均值（如 $E(x_i)$）已知，这也是在推导卡尔曼滤波时，通常假设随机初始状态向量 $\bar{x}_0$（见式(22.103)）的均值为已知量的原因[22.32-22.35]。然而，大多数工程应用中，随机状态向量的均值是未知的，因此这种方式推导出的卡尔曼滤波并不适用。基于此，在接下来的推导中，假设 $E(x_0) = \bar{x}_0$ 未知，给出应用递归 BLUP 原理时得到的结果。首先从初始化开始，然后介绍 TU 和 MU。

1. 初始化

初始状态量及其误差方差矩阵为

$$\hat{x}_{0|0} = (A^T R_0^{-1} A)^{-1} A^T R_0^{-1} y_0, P_{0|0} = (A^T R_0^{-1} A)^{-1} \qquad (22.109)$$

注意，$P_{0|0}$ 不是 $\hat{x}_{0|0}$ 的方差-协方差矩阵。如果 $Q_{x_0 x_0}$ 为随机状态向量 $x_0$ 的方差-协方差矩阵，那么 $Q_{x_0 x_0} + P_{0|0}$ 之和为 $\hat{x}_{0|0}$ 的方差-协方差矩阵。假设已知随机状态向量的平均值，那么初始值为 $\hat{x}_{0|0} = \bar{x}_0$，且误差方差矩阵为 $P_{0|0} = Q_{x_0 x_0}$。

2. 时间更新(TU)

时间更新状态向量及其误差方差矩阵为

$$\begin{cases} \hat{x}_{k|k-1} = \boldsymbol{\Phi}_{k,k-1}\hat{x}_{k-1|k-1} \\ P_{k|k-1} = \boldsymbol{\Phi}_{k,k-1}P_{k-1|k-1}\boldsymbol{\Phi}_{k,k-1}^{\mathrm{T}} + S_k \\ k = 1,\cdots,t \end{cases} \tag{22.110}$$

3. 量测更新(MU)

在 MU 中,预测残差用于校正预测状态。预测残差(有时也称为新息)及其方差-协方差矩阵为

$$\begin{cases} v_k = y_k - A_k\hat{x}_{k|k-1} \\ Q_{v_k v_k} = R_k + A_k P_{k|k-1} A_k^{\mathrm{T}} \end{cases} \tag{22.111}$$

预测残差具有零均值和时间不相关两个重要特性,即

$$E(v_k) = 0, C(v_k, v_l) = Q_{v_k v_k}\delta_{k,l} \tag{22.112}$$

此特性是递归质量控制和假设检验的基础(第 24 章)。

利用预测的残差向量,将滤波状态及其误差方差矩阵表示为

$$\begin{cases} \hat{x}_{k|k} = \hat{x}_{k|k-1} + K_k v_k \\ P_{k|k} = (I_n - K_k A_k) P_{k|k-1} \end{cases} \tag{22.113}$$

$$K_k = P_{k|k-1} A_k^{\mathrm{T}} Q_{v_k v_k}^{-1} \tag{22.114}$$

式中:$K_k$ 为卡尔曼增益矩阵。

图 22.13 展示了时间更新式(22.110)和量测更新式(22.113)的作用。绿线表示实际轨迹 $x_t$(不要与平均轨迹 $E(x_t) = \bar{x}_t$ 混淆)。使用卡尔曼滤波递归估计实际轨迹时,也可以估计未知轨迹的均值 $\bar{x}_t$。同样也可递归完成,从而利用卡尔曼滤波输出。文献[22.36]给出恢复平均轨迹的 BLUE-BLUP 递归方法。若不存在系统噪声($S_k = 0, k = 1, 2, \cdots$),则平均轨迹和实际轨迹重合。另外,如果 $\boldsymbol{\Phi}_{i,i-1} = I$,则退化为递归解,见式(22.38)。

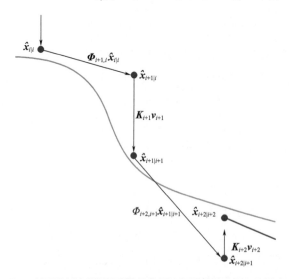

图 22.13 时间更新和测量更新的作用:实际轨迹 $x(t)$ 以绿色显示,基于时间更新的预测状态 $\hat{x}_{k|k-1}$ 为红色箭头,量测更新后的滤波状态 $\hat{x}_{k|k}$ 为蓝色箭头(见彩图)

### 例 22.11 电离层延迟

图 22.14 基于实际数据,给出某一卫星电离层延迟的卡尔曼滤波示例。观测值(以灰色显示)由 L1 和 L2 频段上 GPS 观测值 $p_1$ 和 $p_2$ 的电离层延迟组合的时间序列给出,即

$$l_p(t) = \begin{bmatrix} -\dfrac{f_2^2}{f_1^2-f_2^2} & \dfrac{f_2^2}{f_1^2-f_2^2} \end{bmatrix} \begin{bmatrix} p_1(t) \\ p_2(t) \end{bmatrix} \quad (22.115)$$

假设电离层延迟的二阶导数为零均值常数,则转移矩阵 $\boldsymbol{\Phi}_{k,k-1}$ 和系统噪声 $S_k$ 可表示为

$$\boldsymbol{\Phi}_{k,k-1} = \begin{bmatrix} 1 & \Delta t \\ 0 & 1 \end{bmatrix}, S_k = \sigma_d^2 \begin{bmatrix} \dfrac{1}{4}\Delta t^4 & \dfrac{1}{2}\Delta t^3 \\ \dfrac{1}{2}\Delta t^3 & \Delta t^2 \end{bmatrix} \quad (22.116)$$

式中:$\Delta t$ 为 30s,$\sigma_d^2$ 为过程噪声的方差因子。

预测状态值和滤波后的状态值及两者之间的差异如图 22.14 所示。为了显示系统噪声的影响,将 $\sigma_d^2$ 降低 100 倍,相应的结果如图 22.14 所示。从图中可以看出,观测值在其中的贡献变得更小,预测状态和滤波状态之间的差异也更小,滤波后的结果更为平滑,但可能与观测到的延迟存在很大的偏差。

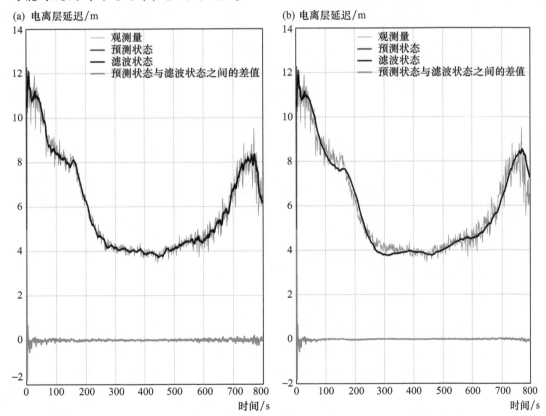

图 22.14 基于 GPS L1 和 L2 频段码观测量的电离层组合的电离层延迟观测,以及使用卡尔曼滤波进行预测和滤波的状态。假定电离层延迟的二阶导数是一个均值为零的随机常数过程
(a)实际的 $\sigma_d^2$;(b) $\sigma_d^2/100$。

### 22.5.3 卡尔曼滤波的信息形式

量测更新方程式(22.113)以方差形式给出,并采用方差-协方差矩阵 $R_k$ 和 $P_{k|k-1}$ 表示。另一种形式称为信息形式,使用 $R_k$ 和 $P_{k|k-1}$ 的逆矩阵表示。卡尔曼增益矩阵 $K_k$ 和误差方差矩阵 $P_{k|k-1}$ 用 $R_k^{-1}$ 和 $P_{k|k-1}^{-1}$ 可表示为

$$\begin{cases} K_k = P_{k|k} A_k^T R_k^{-1} \\ P_{k|k} = (P_{k|k-1}^{-1} + A_k^T R_k^{-1} A_k)^{-1} \end{cases} \quad (22.117)$$

尽管方差形式和信息形式均可以给出相同的结果,但如果考虑到矩阵求逆的情况,其中一种形式可能会优于另一种形式。一般来说,如果 $y_k$ 的维数(远远)小于 $x_k$ 的维数,则方差形式优于信息形式。例如,在 $y_k$ 是标量的情况下,方差形式仅需对标量 $Q_{v_k v_k}$ 求逆,而信息形式则仍然需要对 $P_{k|k-1}^{-1}$ 求逆。

均方根信息滤波(SRIF)是一种高效的卡尔曼滤波处理器[22.37, 22.38]。与 22.1.3 节的描述类似,SRIF 采用平方根形式对方差-协方差矩阵进行分解。

### 22.5.4 扩展卡尔曼滤波

卡尔曼滤波适用于线性模型,但在实际情况中,量测模型和动态模型往往是非线性的。因此需要面临的将是非线性向量函数 $A_k(\cdot)$ 和 $\Phi_k(\cdot)$,而不是式(22.102)所示的矩阵 $A_k$ 和式(22.105)中的 $\Phi_{k|k-1}$。扩展卡尔曼滤波(EKF)是应用于非线性量测和动态模型的线性化版本的卡尔曼滤波[22.29, 22.35, 22.39]。如果非线性方程表示为

$$\begin{cases} y_k = A_k(x_k) + n_k \\ x_k = \Phi_k(x_{k-1}) + d_k \end{cases} \quad (22.118)$$

则 EKF 的 TU 可表示为

$$\begin{cases} \hat{x}_{k|k-1} = \Phi_k(\hat{x}_{k-1|k-1}) \\ P_{k|k-1} = J_{\Phi_k} P_{k-1|k-1} J_{\Phi_k}^T + S_k \end{cases} \quad (22.119)$$

EKF 的 MU 可表示为

$$\begin{cases} \hat{x}_{k|k} = \hat{x}_{k|k-1} + K_k(y_k - A_k(\hat{x}_{k|k-1})) \\ P_{k|k} = (I_n - K_k J_{A_k}) P_{k|k-1} \end{cases} \quad (22.120)$$

增益矩阵为

$$K_k = P_{k|k-1} J_{A_k}^T (R_k + J_{A_k} P_{k|k-1} J_{A_k}^T)^{-1} \quad (22.121)$$

式中:$J_{A_k}$ 为 $A_k$ 在 $\hat{x}_{k|k-1}$ 处的雅可比矩阵;$J_{\Phi_k}$ 为 $\Phi_k(\cdot)$ 在 $\hat{x}_{k-1|k-1}$ 处的雅可比矩阵。如果 $A_k(\cdot)$ 是高度非线性的,则可以通过迭代 EKF 量测更新的解来获得进一步的改进,这称为迭代扩展卡尔曼滤波(IEKF)。IEKF 被证明是高斯-牛顿迭代的一个特例,因此,它也就继承了其所有的收敛属性[22.40]。

### 22.5.5 平滑

平滑滤波器依赖于前向运行的卡尔曼滤波器。它们通常用于离线(后)处理,从而根据所有可用信息更好地估计过去的状态,但也可以与实时运行的滤波器并行使用。令 $N$

表示间隔的长度,$k$ 表示需要平滑估计的时刻,三种平滑滤波器的区别如下。

(1)是固定间隔平滑,也称为 Rauch-Tung-Striebel 滤波或前向-后向滤波。此种平滑滤波的平滑间隔为固定长度 $N$,但计算平滑估计的时刻 $t_k$ 会发生变化。其包括从初始时刻到当前时刻 $t_k(k<N)$ 的前向卡尔曼滤波过程,以及 $t_N$ 时刻到 $t_k$ 时刻的后向递推过程。

(2)固定点平滑是指估计固定时刻 $t_k$ 时的状态,并且随着越来越多的观测值变得可用($N$ 增加),该状态估计值也随之更新。

(3)固定滞后平滑是使用截至当前时刻(包括当前时刻)的观测值估计具有 $N$ 个固定历元滞后的状态。给定时刻 $t_k$ 的最终平滑状态根据该时刻之后的 $N$ 个观测值进行计算,$k+N$ 为最后一个观测值的历元。

图 22.15~图 22.17 说明了不同平滑方法的原理。

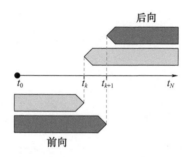

图 22.15 基于前向-后向滤波的固定间隔平滑原理。它使用 $t_0$ 到 $t_N$ 的所有观测值估计任何时刻 $t_i(i=0,\cdots,N)$ 的状态,该图分别出示了 $t_k$ 和 $t_{k+1}$ 时刻的状态估计原理

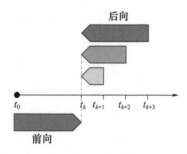

图 22.16 应用固定点平滑估计固定时间 $t_k$ 的状态(随着观测值的增加,平滑窗口也会增加)

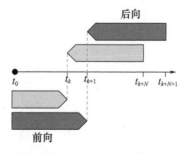

图 22.17 固定滞后平滑原理。该种平滑方法根据 $t_0$ 到 $t_{k+N}$ 时刻间的所有观测值来估计状态 $t_i(0 \leqslant i \leqslant k+N)$ 时刻的状态,该图分别出示了 $t_k$ 和 $t_{k+1}$ 时刻的状态估计原理

## 1. 固定间隔平滑

Rauch-Tung-Striebel 平滑算法在文献[22.41]中首次被提出,即固定间隔平滑。对于间隔[$t_0, t_N$]中的每个$t_k$,状态估计基于该间隔中的所有观测值。其思想如图 22.15 所示:前向滤波器是标准的卡尔曼滤波器,通过利用$t_0$到$t_k$时刻的观测值,提供$t_k$时刻的状态估计;后向滤波器利用$t_k$到$t_N$时刻的观测值获得平滑状态值。

通过前向滤波器,我们得到状态估计量$\hat{x}_{k|k-1}$和$\hat{x}_{k|k}$,以及两者的误差方差协方差矩阵$P_{k|k-1}$和$P_{k|k}$。

反向滤波器以$k = N-1, N-2, \cdots, 0$递归运行。平滑后的状态估计量及其误差方差协方差矩阵为

$$\hat{x}_{k|N} = \hat{x}_{k|k} + L_k(\hat{x}_{k+1|N} - \hat{x}_{k+1|k}) \tag{22.122}$$

$$P_{k|N} = P_{k|k} + L_k(P_{k+1|N} - P_{k+1|k})L_k^T \tag{22.123}$$

$$L_k = P_{k|k}\Phi_{k+1,k}^T P_{k+1|k}^{-1} \tag{22.124}$$

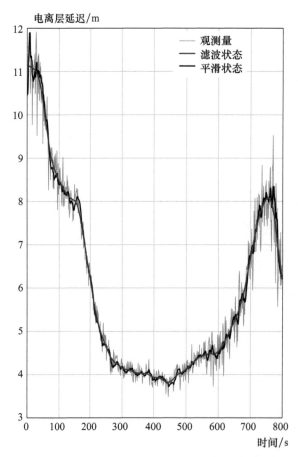

图 22.18 基于 GPS L1 和 L2 频段码观测量的电离层组合的电离层延迟观测,以及分别来自卡尔曼滤波和固定间隔平滑的滤波和平滑状态。假定电离层延迟的二阶导数是一个均值为零的随机常数过程(见彩图)

由于每次递归运算需要前向滤波器所有的存储结果以及对$P_{k+1|k}$求逆,因此固定间隔平滑主要用于后处理。

**例 22.12 电离层延迟(续)**

这里对 22.5.2 节最后给出的电离层延迟滤波的实例使用了固定间隔平滑。一次完整的观测可以对每个时刻的状态进行平滑,图 22.18 显示了平滑后的状态。为了方便对比,图中也给出了滤波后的状态。由于卡尔曼滤波器需要收敛,因此前向-后向滤波的效果在整个周期内都很明显,其中在观测开始期间尤为明显。

## 2. 固定点平滑

当使用固定点平滑时[22.42],随着观测值的增加,$t_k$时刻的估计状态可以被连续平滑,即估计平滑状态的时间窗口变长。上标$S$表示平滑状态,没有上标的估计值和方差协方差矩阵表示标准卡尔曼滤波。

初值采用标准卡尔曼滤波,即$\hat{x}_{k|k}^S = \hat{x}_{k|k}$,$P_{k|k}^S = P_{k|k}$。进而,对于$j = k+1, k+2, \cdots$($k$是固定的),有

$$\hat{x}_{k|j}^S = \hat{x}_{k|j-1}^S + M_j(\hat{x}_{j|j} - \hat{x}_{j|j-1}) \tag{22.125}$$

$$P_{k|j}^S = P_{k|j-1}^S + M_j(P_{j|j} - P_{j|j-1})M_j^T \tag{22.126}$$

$$M_j = \prod_{i=k}^{j-1} L_i \tag{22.127}$$

式中：$L_i$ 来自式(22.124)。

3. 固定滞后平滑

固定滞后平滑[22.42]意味着某个历元的最终平滑状态是根据固定滞后 $N$ 个历元来计算的。平滑状态通过对 $k = 0, 1, 2, \cdots$ 的递归获得，即

$$\hat{x}_{k|k+N}^S = p_1 + p_2 + p_3 \tag{22.128}$$

$$p_1 = \Phi_{k,k-1}\hat{x}_{k-1|k-1+N}^S$$

$$p_2 = S_{k-1}\Phi_{k,k-1}^{-T}P_{k-1|k-1}^{-1}(\hat{x}_{k-1|k-1+N}^S - \hat{x}_{k-1|k-1})$$

$$p_3 = M_{k+N}K_{k+N}v_{k+N}$$

式中：$p_1$ 和 $p_2$ 为基于 $k-1$ 历元平滑状态的预测；$p_3$ 为 $k+N$ 历元新观测值的贡献。

平滑状态的误差方差-协方差阵为

$$P_{k|k+N}^S = q_1 + q_2 + q_3 \tag{22.129}$$

$$q_1 = P_{k|k-1}^S$$

$$q_2 = -L_{k-1}^{-1}(P_{k-1|k-1} - P_{k-1|k-1+N}^S)L_{k-1}^{-T}$$

$$q_3 = M_{k+N}K_{k+N}A_{k+N}P_{k+N|k-1+N}M_{k+N}^T$$

从式(22.128)和式(22.129)可以看出，需要卡尔曼滤波作为输入。

初始条件 $\hat{x}_{0|N}^S$ 和 $P_{0|N}^S$ 必须用固定点平滑方法确定。

## 致谢

第二作者是澳大利亚研究理事会联合研究基金（项目编号 FF0883188）的获得者。对此，我们表示衷心的感谢。

# 参考文献

22.1 H. W. Sorenson: Least-squares estimation: From Gauss to Kalman, IEEE Spectr. **7**(7), 63–68 (1970)

22.2 P. J. G. Teunissen: *Adjustment Theory, an Introduction* (Delft Academic, Delft 2004)

22.3 G. H. Golub, C. F. van Loan: *Matrix Computations*, Vol. 3 (Johns Hopkins Univ. Press, Baltimore 2012)

22.4 J. M. Ortega: *Matrix Theory: A Second Course* (Plenum, New York 1987)

22.5 C. L. Lawson, R. J. Hanson: *Solving Least-Squares Problems* (Prentice-Hall, Eaglewood Cliffs 1974)

22.6 K. R. Koch: *Parameter Estimation and Hypothesis Testing in Linear Models* (Springer, Berlin 1999)

22.7 R. Hatch: The synergism of GPS code and carrier measurements, Proc. 3rd Int. Geod. Symp. Satell. Doppler Position. (Physical Science Laboratory, Las Cruces 1982) pp. 1213–1232

22.8 R. Hatch: Dynamic differential GPS at the centimeter level, Proc. 4th Int. Geod. Symp. Satell. Position., Austin (Defense Mapping Agency/National Geodetic Survey, Silver Spring 1986) pp. 1287–1298

22.9 P. J. G. Teunissen: The GPS phase-adjusted pseudorange, Proc. 2nd Int. Workshop High Precis. Navig., ed. by K. Linkwitz, U. Hangleiter (Dummler, Bonn 1991) pp. 115-125

22.10 H. Wolf: The Helmert block method, its origin and development, Proc. 2nd Int. Symp. Probl. Relat. Redefinition North Am. Geod. Netw., Arlington (U.S. Dept. of Commerce, Virginia 1978) pp. 319-326

22.11 H. Boomkamp: Distributed processing for large geodetic solutions, Proc. Int. Assoc. Geod. Symp., Marne-La-Vallee, ed. by Z. Altamimi, X. Collilieux (Springer, Berlin Heidelberg 2013) pp. 13-18

22.12 P. Davies, G. Blewitt: Methodology for global geodetic time series estimation: A new tool for geodynamics, J. Geophys. Res. **105**(B5), 11083-11100 (2000)

22.13 A. A. Lange: Fast Kalman processing of the GPS carrier-phases for mobile positioning and atmospheric tomography, Proc. FIG Work. Week Surv. Key Role Accel. Dev. Eilat (2009)

22.14 D. G. Pursell, M. Potterfield: *National Readjustment Final Report* (NOAA, Silver Spring 2008), *NOAA Technical Report NOS*, NAD 83 (NSRS, Vol. 60, 2007)

22.15 P. J. G. Teunissen: *Network Quality Control* (Delft Academic, Delft 2006)

22.16 D. Odijk, B. Zhang, A. Khodabandeh, P. J. G. Teunissen: On the estimability of parameters in undifferenced, uncombined GNSS network and PPP-RTK user models by means of S-system theory, J. Geod. **90**(1), 15-44 (2016)

22.17 P. J. G. Teunissen: Quality control in geodetic networks. In: *Optimization and Design of Geodetic Networks*, ed. by E. W. Grafarend, F. Sanso (Springer, Berlin 1985) pp. 526-547

22.18 P. J. G. Teunissen: Nonlinear least-squares, Manuscr. Geodaetica **15**(3), 137-150 (1990)

22.19 A. Ruszczynski: *Nonlinear Optimization* (Princeton Univ. Press, Princeton 2006)

22.20 P. J. G. Teunissen: First and second moments of nonlinear least-squares estimators, J. Geod. **63**(3), 253-262 (1989)

22.21 P. J. G. Teunissen: Best prediction in linear models with mixed integer/real unknowns: Theory and application, J. Geod. **81**(12), 759-780 (2007)

22.22 C. Alber, R. Ware, C. Rocken, J. Braun: Inverting GPS double differences to obtain single path phase delays, Geophys. Res. Lett. **27**, 2661-2664 (2000)

22.23 H. van der Marel, B. Gundlich: *Development of Models for Use of Slant Delays, Slant Delay Retrieval and Multipath Mapping Software* (Danish Meteorological Institute, Copenhagen 2006)

22.24 R. A. Decarlo: *Linear Systems, a State Variable Approach with Numerical Implementation* (Prentice-Hall, Upper Saddle River 1989)

22.25 P. J. G. Teunissen: *Dynamic Data Processing* (Delft Academic, Delft 2001)

22.26 J. Stoer, R. Bulirsch: *Introduction to Numerical Analysis*, 2nd edn. (Springer, New York 1994)

22.27 N. J. Higham: *Functions of Matrices: Theory and Computation* (Society for Industrial and Applied Mathematics, Philadelphia 2009)

22.28 R. E. Kalman: A new approach to linear filtering and prediction problems, J. Basic Eng. **82**(1), 35-45 (1960)

22.29 A. Gelb: *Applied Optimal Estimation* (MIT Press, Cambridge 1974)

22.30 A. H. Jazwinski: *Stochastic Processes and Filtering Theory* (Dover Publications, Mineola 1991)

22.31 T. Kailath: *Lectures on Wiener and Kalman Filtering* (Springer, Berlin 1981)

22.32 P. S. Maybeck: *Stochastic Models, Estimation, and Control* (Academic, New York 1979)

22.33 B. D. O. Anderson, J. B. Moore: *Optimal Filtering* (Prentice-Hall, Englewood Cliffs 1979)

22.34 H. Stark, J. Woods: *Probability, Random Processes, and Estimation Theory for Engineers* (Prentice-Hall, Englewood Cliffs 1986)

22.35 D. Simon: *Optimal State Estimation: Kalman, H1 and Nonlinear Approaches* (Wiley, New York 2006)

22.36 A. Khodabandeh, P. J. G. Teunissen: A recursive linear MMSE filter for dynamic systems with unknown state vector means, GEM-Int. J. Geomath. **5**(1), 17–31 (2014)

22.37 G. J. Bierman: *Factorization Methods for Discrete Sequential Estimation* (Academic, New York 1977)

22.38 C. C. J. M. Tiberius: *Recursive Data Processing for Kinematic GPS Surveying* (Publications on Geodesy, 45, Netherlands Geodetic Commission, Delft 1998)

22.39 R. G. Brown, P. Y. C. Hwang: *Introduction to Random Signals and Applied Kalman Filtering: With MATLAB Exercises and Solutions* (Wiley, New York 2012)

22.40 P. J. G. Teunissen: On the local convergence of the iterated extended Kalman filter, Proc. XX Gen. Assembly IUGG, IAG Section IV, Vienna (1991) pp. 177–184

22.41 H. E. Rauch, F. Tung, C. T. Striebel: Maximum likelihood estimates of linear dynamic systems, AIAA J. **3**(8), 1445–1450 (1965)

22.42 J. S. Meditch: *Stochastic Optimal Linear Estimation and Control* (McGraw-Hill, New York 1969)

# 第23章 载波相位整周模糊度固定

## Peter J. G. Teunissen

全球卫星导航系统(GNSS)载波相位整周模糊度固定是将载波相位模糊度解算并固定为整数的过程。这是实现快速、高精度 GNSS 参数估计的关键,适用于导航、测绘、大地测量和地球物理等领域的各种 GNSS 模型。GNSS 载波相位模糊度固定的基础理论是整数推导理论,本章的主题就是这一理论以及它的实际应用。

载波相位整周模糊度固定是快速、高精度 GNSS 参数估计的关键。它是将未知的载波相位数据的整周模糊度作为未知数来解算并固定为整数的过程。一旦解算成功,高精度载波相位数据将等同于高精度的伪距数据,从而实现高精度定位和导航。

GNSS 模糊度固定技术在测绘、导航、大地测量和地球物理等领域应用广泛,适用于当前和未来的各种 GNSS 模型。这些模型在复杂性和多样性上存在较大差异,包括可用于动态定位的单接收机或单基线模型,以及用于研究地球动力学现象的多基线模型,并且它们可能包含也可能不包含接收机与卫星之间的相对几何关系。另外,还可根据接收机是静止还是运动的,或者根据差分大气延迟(电离层和对流层)是否为未知量,来区分不同的模型。这些模型的概述可以在文献[23.1-23.5]和本书的第21章、第25章和第26章中找到。

支持超精密 GNSS 载波相位模糊度固定的理论是整数推导理论[23.6,23.7],因而整数估计和验证理论是本章的主题。该理论最初是基于全球定位系统(GPS)而兴起[23.8-23.14],且适用范围广泛。除了区域和全球卫星导航系统外,它还适用于其他基于载波相位的干涉测量技术,例如甚长基线干涉测量(VLBI)[23.15]、合成孔径雷达(InSAR)[23.16]或水声载波相位定位[23.17]。

本章内容安排如下。23.1 节介绍了混合整数 GNSS 模型,它是所有整周模糊度求解方法的基础。本章对各种模糊度解算步骤进行了概述,并评估了它们对整体解算质量的贡献。

23.2 节给出了整数舍入(IR)和整数自举(IB)的模糊度解算方法,并给出了计算其解算模糊度成功率的实用表达式。这些方法简单有效,但其性能取决于所选模糊度的参数化。

23.3 节说明了如何通过使用某些模糊参数来提高舍入和自举性能。通过 Z 变换可实现这些改进,因而本节包括了对去相关 Z 变换的相关描述,并也举例说明了所涉及的概念。

23.4 节介绍了整数最小二乘法(ILS)模糊度解算的方法。该方法在所有模糊度解算方法中成功率最高。由于它需要在模糊搜索空间上进行整数搜索，因而该方法也更复杂。本节阐述了如何通过将整数搜索与模糊度去相关相结合，使该方法在数值上更为有效，并给出了计算或界定最小二乘成功率的方法。

23.5 节提出了部分模糊度固定的概念，即当我们无法以足够高的成功率固定所有模糊度时，则可以用部分模糊度固定来替代。

由于整周模糊度的错误固定会造成定位误差极大，因此要有严格的测试方法来接受或拒绝计算出的整周模糊度解。这些方法及其理论基础见 23.6 节。

## 23.1 GNSS 模糊度固定

### 23.1.1 GNSS 模型

要建立解算模糊度的 GNSS 模型，同样要从伪距（码）和载波相位观测的观测方程入手。设 $t$ 历元时刻 $r$-$s$ 接收机与卫星的组合在 $j$ 频率上的伪距和载波相位观测量分别为 $p_{r,j}^s(t)$ 和 $\phi_{r,j}^s(t)$ [23.1-23.5]，则有

$$\begin{cases} p_{r,j}^s(t) = \rho_r^s(t) + T_r^s(t) + I_{r,j}^s(t) + c\mathrm{d}t_{r,j}^s(t) + e_{r,j}^s(t) \\ \phi_{r,j}^s(t) = \rho_r^s(t) + T_r^s(t) - I_{r,j}^s(t) + c\delta t_{r,j}^s(t) + \lambda_j N_{r,j}^s(t) + \varepsilon_{r,j}^s(t) \end{cases} \tag{23.1}$$

式中：$\rho_r^s$ 为接收机到卫星的距离；$T_r^s(t)$ 和 $I_r^s$ 为对流层和电离层路径延迟；$\mathrm{d}t_{r,j}^s$ 和 $\delta t_{r,j}^s$ 为伪距和载波相位接收机与卫星钟差；$N_{r,j}^s$ 为非时变载波相位整数模糊度；$c$ 为光速；$\lambda_j$ 为 $j$ 频率波长；$e_{r,j}^s$，$\varepsilon_{r,j}^s$ 分别为剩余误差项。

通常，接收机与卫星间距离 $\rho_r^s$ 会在接收机或卫星位置坐标中进一步线性化，得到可用于求解位置、大气、钟差和模糊度等未知参数的线性方程组。因此，如果假设式（23.1）中的误差项 $e_{r,j}^s$，$\varepsilon_{r,j}^s$ 为零均值随机变量，则可以利用线性观测方程组建立一个线性模型，其中一些未知参数为实数，另一些为整数。该 GNSS 模型是一种混合整数线性模型。

混合整数 GNSS 模型的一般形式定义如下。

**定义 23.1　混合整数 GNSS 模型**

设 $(A, B)$ 为给定的满秩 $m \times (n+p)$ 矩阵，$Q_{yy}$ 为给定的 $m \times m$ 正定矩阵，那么混合整数 GNSS 模型为

$$y \sim N(Aa + Bb, Q_{yy}), a \in \mathbb{Z}^n, b \in \mathbb{R}^p \tag{23.2}$$

式中：符号 ~ 用于描述分布形式。$m$ 维向量 $y$ 包含伪距和载波相位观测值，$n$ 维向量 $a$ 包含整周模糊度，$p$ 维向量 $b$ 为剩余未知参数，包含位置坐标、大气延迟参数（对流层、电离层）和钟差参数。与大多数 GNSS 应用一样，假定数据的基本概率分布为多元正态分布。

### 23.1.2 模糊度固定步骤

模糊度固定的目的是利用式（23.2）中的整数约束 $a \in \mathbb{Z}^n$，从而得到更优的估值 $b$。混

合整数 GNSS 模型(23.2)可以通过以下步骤求解。

1. 浮点解

忽略模糊度的整数特性,进行标准最小二乘(LS)参数估计。结果得到所谓的浮点解及其方差协方差矩阵,即

$$\begin{bmatrix} \hat{a} \\ \hat{b} \end{bmatrix} \sim N\left( \begin{bmatrix} a \\ b \end{bmatrix}, \begin{bmatrix} Q_{\hat{a}\hat{a}} & Q_{\hat{a}\hat{b}} \\ Q_{\hat{b}\hat{a}} & Q_{\hat{b}\hat{b}} \end{bmatrix} \right) \tag{23.3}$$

除批处理最小二乘法(如递推最小二乘法或卡尔曼滤波法)之外,其他方法也可以获得浮点解。这取决于 GNSS 模型的应用和结构。

2. 整数解

考虑整数约束 $a \in \mathbb{Z}^n$ (23.2)。因此,引入一个映射 $I: \mathbb{R}^n \mapsto \mathbb{Z}^n$,它将浮点模糊度映射到相应的整数值,即

$$\check{a} = I(\hat{a}) \tag{23.4}$$

整数映射的方法有很多,常用的有整数舍入(IR)、整数序贯取整(IB)和整数最小二乘(ILS),见 23.2 节和 23.4 节。

3. 固定解

一旦接受 $\check{a}$,则通过模糊度残差 $\hat{a}-\check{a}$ 重新估计浮点估计量 $\hat{b}$,从而获得所谓的固定估计量,即

$$\check{b} = \hat{b} - Q_{\hat{b}\hat{a}} Q_{\hat{a}\hat{a}}^{-1} (\hat{a} - \check{a}) \tag{23.5}$$

如果 $\check{a}$ 是正确整数的概率足够高,则固定解会与高精度相位数据有一致的质量。图 23.1 说明了通过成功的模糊度解算可以实现定位精度的提升。

### 23.1.3 模糊度解算质量

为了确定式(23.5)中的固定解 $\hat{b}$ 的质量,需要分析其成分的概率性质。

1. 浮点解的质量

浮点解被定义为无约束 LS 问题的最小值,即

$$(\hat{a}, \hat{b}) = \arg \min_{a \in \mathbb{R}^n, b \in \mathbb{R}^p} \|y - Aa - Bb\|_{Q_{yy}}^2 \tag{23.6}$$

其解来自于求解法方程,即

$$\begin{bmatrix} A^T Q_{yy}^{-1} A & A^T Q_{yy}^{-1} B \\ B^T Q_{yy}^{-1} A & B^T Q_{yy}^{-1} B \end{bmatrix} \begin{bmatrix} \hat{a} \\ \hat{b} \end{bmatrix} = \begin{bmatrix} A^T Q_{yy}^{-1} y \\ B^T Q_{yy}^{-1} y \end{bmatrix} \tag{23.7}$$

这个解为

$$\hat{a} = (\overline{A}^T Q_{yy}^{-1} \overline{A})^{-1} \overline{A}^T Q_{yy}^{-1} y \quad \hat{b} = (B^T Q_{yy}^{-1} B)^{-1} B^T Q_{yy}^{-1} (y - A\hat{a}) \tag{23.8}$$

$$\overline{A} = P_B^{\perp} A$$

$$P_B^{\perp} = I_m - B(B^T Q_{yy}^{-1} B)^{-1} B^T Q_{yy}^{-1}$$

式中:$P_B^{\perp}$ 为正交投影。

在式(23.2)的分布假设下,模糊度浮点解的分布遵循多元正态分布 $\hat{a} \sim N(a, Q_{\hat{a}\hat{a}})$,方

差矩阵为

$$Q_{\hat{a}\hat{a}} = (\overline{A}^\mathrm{T} Q_{yy}^{-1} \overline{A})^{-1} \tag{23.9}$$

因此,$\hat{a}$ 的概率密度函数(PDF)为

$$f_{\hat{a}}(x|a) = \frac{1}{\sqrt{\det(2\pi Q_{\hat{a}\hat{a}})}} \exp\left(-\frac{1}{2}\|x-a\|^2_{Q_{\hat{a}\hat{a}}}\right) \tag{23.10}$$

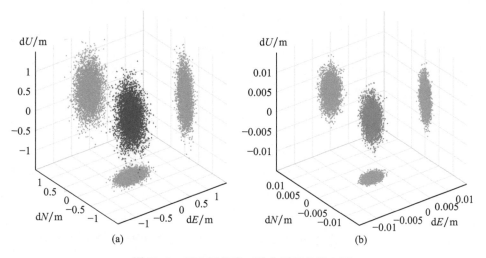

图 23.1　GPS 短基线三维位置误差散点图

(a)双频瞬时模糊度浮点解;(b)和相应的模糊度固定解[23.18]

(注意:两个图形坐标刻度的差别。图中,dE、dN 和 dU 表示在东、北、天方向的误差)

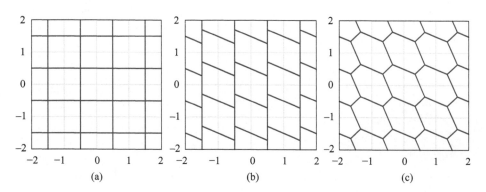

图 23.2　整数舍入(a)、整数序贯取整(b)和整数最小二乘(c)的二维拉入区域

它的形状完全由模糊度方差矩阵 $Q_{\hat{a}\hat{a}}$ 决定,而模糊度方差矩阵 $Q_{\hat{a}\hat{a}}$ 又完全由 GNSS 模型的设计矩阵($A$,$B$)和观测方差矩阵 $Q_{yy}$ 决定。在第二步中,确定 $\check{a}$ 的概率质量函数(PMF)需要 $\hat{a}$ 的 PDF。

2. 整数解的质量

从整数映射开始,$I:\mathbb{R}^n \mapsto \mathbb{Z}^n$ 是一个多对一的映射,不同的实值向量将映射到同一个整数向量上。因此,可以为每个整数向量 $z \in \mathbb{Z}^n$ 指定一个子集,例如 $\mathcal{P}_z \subset \mathbb{R}^n$,有

$$\mathcal{P}_z = \{x \in \mathbb{R}^n | z = I(x)\}, z \in \mathbb{Z}^n \tag{23.11}$$

该子集称为 $z$ 的拉入区域。它是所有向量被拉到同一整数向量 $z$ 的区域。拉入区域是整数上的平移不变量,覆盖整个空间 $\mathbb{R}^n$,且没有间隙和重叠[23.19]。拉入区域的二维示例如图 23.2 所示。它们分别是整数舍入、整数序贯取整和整数最小二乘的拉入区域。

对 $\hat{a}$ 的 PDF 在拉入区域上进行积分得到 $\check{a}$ 的 PMF。因为 $\check{a} = z \in \mathbb{Z}^n$,如果 $f_{\hat{a}} \in \mathcal{P}_z$,则有 $\check{a}$ 的 PMF 为

$$P(\check{a} = z) = P(\hat{a} \in \mathcal{P}_z) = \int_{\mathcal{P}_z} f_{\hat{a}}(x \mid a) \, dx \qquad (23.12)$$

图 23.3 给出了模糊度 PDF 和相应 PMF 的二维示例。

在 PMF 的所有概率中,正确整数估计的概率 $P(\check{a} = a)$ 对于解模糊度特别重要。这种概率称为模糊度解算成功率,其积分形式可表示为

$$P_s = P(\check{a} = a) = \int_{\mathcal{P}_a} f_{\hat{a}}(x \mid a) \, dx = \int_{\mathcal{P}_0} f_{\hat{a}}(x \mid 0) \, dx \qquad (23.13)$$

式中:最后一行来自多元正态分布的平移,即 $f_{\hat{a}}(x + a \mid a) = f_{\hat{a}}(x \mid 0)$。

需要注意,成功率 $P_s$ 取决于拉入区域 $\mathcal{P}_0$ 和 PDF $f_{\hat{a}}(x \mid 0)$。因此,成功率由映射 $I: \mathbb{R}^n \mapsto \mathbb{Z}^n$ 和模糊度方差矩阵 $Q_{\hat{a}\hat{a}}$ 决定,即由所选择的整数估计法和模糊度浮点解的精度来决定。

由于拉入区域的形状和模糊度方差矩阵的非对角矩阵特性,因而计算模糊度成功率非常重要。多元积分式(23.13)的计算通常可以通过蒙特卡罗积分[23.20]完成,可参考 23.4.3 节。对一些重要的整数估计器而言,其计算的表达式或其成功率的上界也容易获得(23.2 节)。

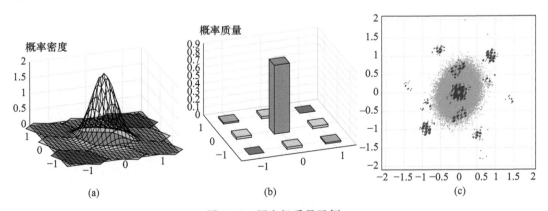

图 23.3 固定解质量示例

(a) ILS 拉入区域的高斯概率密度函数(PDF)的二维(六边形)视图;(b) 相应的 ILS 估计器概率质量函数(PMF);
(c) 基于浮点解(灰点)和相应的固定解(绿色和红色点)的水平位置误差散点图。
此时,正确固定解的概率为 93%(绿点),错误固定的为 7%(红点)[23.18]。

**3. 固定解质量**

一旦整数解可用,则根据式(23.5)计算固定解,此固定解具有多峰 PDF[23.21],即

$$f_{\check{b}}(x) = \sum_{z \in \mathbb{Z}^n} f_{\hat{b}(z)}(x) P(\check{a} = z) \qquad (23.14)$$

$$\hat{b}(z) = \hat{b} - Q_{\hat{b}\hat{a}} Q_{\hat{a}\hat{a}}^{-1}(\hat{a} - z)$$

$$\begin{cases} b(z) = b - Q_{\hat{b}\hat{a}}Q_{\hat{a}\hat{a}}^{-1}(a-z) \\ Q_{\hat{b}(z)\hat{b}(z)} = Q_{\hat{b}\hat{b}} - Q_{\hat{b}\hat{a}}Q_{\hat{a}\hat{a}}^{-1}Q_{\hat{a}\hat{b}} \end{cases} \quad (23.15)$$

式中:$f_{\hat{b}(z)}(x)$ 为条件 LS 估计量的 PDF;$\hat{b}(z)$ 均值和方差矩阵服从正态分布。

根据式(23.14),有

$$f_{\check{b}}(x) \approx f_{\hat{b}(a)}(x) \sim N(b, Q_{\hat{b}(z)\hat{b}(z)}) \quad (23.16)$$

假设

$$P_s = P(\check{a}=a) \approx 1 \quad (23.17)$$

此时,如果成功率足够接近 1,则固定解 $\check{b}$ 的分布可以近似于单峰正态分布 $N(b, Q_{\hat{b}(z)\hat{b}(z)})$,其精度优于浮点解 $\hat{b}$,有 $Q_{\hat{b}(z)\hat{b}(z)} < Q_{\hat{b}\hat{b}}$。

图 23.3(c)说明了模糊度固定和需要足够高的成功率之间的相关性。它显示了浮点解位置(灰色散点)和相应固定解位置(绿色/红色散点)的散点图。如果模糊度被正确固定,绿色小点显示出相对于浮点解的改进。红色散点的范围表明,在不足够大的成功率($P_s = 93\%$)的情况下,无法避免某些固定解精度会比浮点解精度差。这也强调固定模糊度需要有足够高成功率的重要性。

## 23.2 舍入和序贯取整

### 23.2.1 整数舍入

最简单的整数估计法是舍入到最接近的整数。在标量情况下,其拉入区域(间隔)为

$$\mathcal{R}_z\left\{x \in \mathbb{R} \mid |x-z| \leq \frac{1}{2}\right\}, z \in \mathbb{Z} \quad (23.18)$$

因此,满足 $|\hat{a}-z| \leq \frac{1}{2}$ 的 $\hat{a} \sim N(a \in \mathbb{Z}, \sigma_{\hat{a}}^2)$ 的任何结果将被强制到整数 $z$。我们将舍入估计量表示为 $\check{a}_R$,将整数舍入运算表示为「·」。因此,如果 $\hat{a} \in \mathcal{R}_z$,则有 $\check{a}_R = \lceil \hat{a} \rfloor$ 且 $\check{a}_R = z\check{a}_R = \lceil \hat{a} \rfloor$。

$\check{a}_R = \lceil \hat{a} \rfloor$ 的 PMF 为

$$P(\check{a}_R = z) = \left[\Phi\left(\frac{1-2(a-z)}{2\sigma_{\hat{a}}}\right) + \Phi\left(\frac{1+2(a-z)}{2\sigma_{\hat{a}}}\right) - 1\right], z \in \mathbb{Z} \quad (23.19)$$

$$\Phi(x) = \int_{-\infty}^{x} \frac{1}{\sqrt{2\pi}} \exp\left(-\frac{1}{2}v^2\right) dv$$

式中:$\Phi(x)$ 为正态分布函数。$\sigma_{\hat{a}}$ 越小,PMF 的峰值越高。根据式(23.19),设 $z$ 等价于 $a$,标量舍入的成功率为

$$P(\check{a}_R = a) = 2\Phi\left(\frac{1}{2\sigma_{\hat{a}}}\right) - 1 \quad (23.20)$$

如图 23.4 所示,成功率是关于模糊度标准差 $\sigma_{\hat{a}}$ 的函数,它表示若成功率要高于 99%,则需要 $\sigma_{\hat{a}}<0.20\text{cyc}$。

## 23.2.2 矢量舍入

标量舍入很容易推广到矢量情况,它按分量舍入的定义为
$$\hat{a}=(\hat{a}_1,\cdots,\hat{a}_n)^\text{T}, \check{a}_R=(\lceil\hat{a}_1\rfloor,\lceil\hat{a}_2\rfloor,\cdots,\lceil\hat{a}_n\rfloor)^\text{T}$$

矢量舍入的拉入区域是标量拉入区间的多元形式,即
$$\mathcal{R}_z=\left\{x\in\mathbb{R}^n\mid |c_i^\text{T}(x-z)|\leqslant\frac{1}{2},i=1,\cdots,n\right\} \tag{23.21}$$

式中:$z\in\mathbb{Z}^n$,$c_i$ 表示单位向量,其第 $i$ 项为 1 或 0。因此,取整的拉入区域表达的是二维(2-D)的单位正方形、三维(3-D)的单位立方体等(图 23.2)。

为了确定 $\check{a}_R$ 各组成部分的联合 PMF,必须对 $\hat{a}\sim N(a,Q_{\hat{a}\hat{a}})$ 的 PDF 在拉入区域 $\mathcal{R}_z$ 上进行积分。除非方差矩阵 $Q_{\hat{a}\hat{a}}$ 是对角矩阵,否则这些 $n$ 次积分很难计算。此时,优于 $\check{a}_R$ 的分量是独立的,因而它们的联合 PMF 是各分量单变量 PMF 的乘积,且相应的成功率为各单变量成功率的 $n$ 倍积。

在 GNSS 中,通常方差矩阵 $Q_{\hat{a}\hat{a}}$ 为非对角阵,这意味着我们不得不采用蒙特卡罗(Monte Carlo)模拟方法来计算联合 PMF。对于成功率而言,可以选择使用以下边界。

**定理 23.1 舍入成功率界限**[23.22]

设模糊度浮点解以 $\hat{a}\sim N(a,Q_{\hat{a}\hat{a}})$,$a\in\mathbb{Z}^n$ 的形式分布,那么舍入成功率可以限定为
$$\text{LB}\leqslant P(\check{a}_R=a)\leqslant\text{UB} \tag{23.22}$$

$$\begin{cases}\text{LB}=\prod_{i=1}^n\left[2\Phi\left(\dfrac{1}{2\sigma_{\hat{a}_i}}\right)-1\right]\\ \text{UB}=\left[2\Phi\left(\dfrac{1}{2\max\limits_{i=1,\cdots,n}\sigma_{\hat{a}_i}}\right)-1\right]\end{cases} \tag{23.23}$$

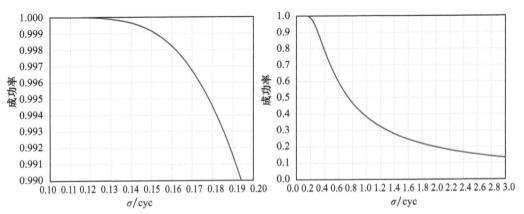

图 23.4 标量舍入成功率与不同周内模糊度标准差 $\sigma$ 的关系

这些易于计算的界限对于确定 GNSS 模糊度舍入的预期成功率而言非常有用。其

中,上界有助于模糊度的快速解算。但是,如果标量舍入成功率太低,则基于矢量舍入的模糊度固定就不可能成功。

类似,下界有助于矢量舍入的快速确定。如果下界足够接近1,则向量舍入将产生正确的整周模糊度向量。需要注意的是,此处要求下界乘积中的每个个体概率都足够接近1。

### 23.2.3 整数序贯取整

整数自举是整数舍入的一般形式。它将整数舍入与序贯条件最小二乘估计相结合,从而考虑了浮点数解各分量之间的一些相关性。其方法如下:设有 $\hat{a}=(\hat{a}_1,\cdots,\hat{a}_n)^T$,则从 $\hat{a}_1$ 开始将其值舍入到最接近的整数。当得到第一个分量的整数后,利用其与 $\hat{a}_1$ 的相关性,校正所有剩余分量的实值估计。随后,利用第二个实数分量(现已更正)四舍五入为其最接近的整数。之后,根据获得的该第二分量的整数值与第二分量的相关性,再次校正所有剩余 $n-2$ 分量的实数估计。该过程一直持续到所有 $n$ 个分量都得到处理为止。定义如下。

**概念 23.2  整数序贯取整**

设 $\hat{a}=(\hat{a}_1,\cdots,\hat{a}_n)^T \in \mathbb{R}^n$ 为浮点解,$\check{a}_B=(\check{a}_{B,1},\cdots,\check{a}_{B,n})^T \in \mathbb{Z}^n$ 表示相应的整数序贯取整解。则有

$$\begin{cases} \check{a}_{B,1} = \lceil \hat{a}_1 \rfloor \\ \check{a}_{B,2} = \lceil \hat{a}_{2|1} \rfloor = \lceil \hat{a}_2 - \sigma_{21}\sigma_1^{-2}(\hat{a}_1 - \check{a}_{B,1}) \rfloor \\ \cdots \\ \check{a}_{B,n} = \lceil \hat{a}_{n|N} \rfloor = \left\lceil \hat{a}_n - \sum_{j=1}^{n-1} \sigma_{n,j|J}\sigma_{j|J}^{-2}(\hat{a}_{j|J} - \check{a}_{B,j}) \right\rfloor \end{cases} \quad (23.24)$$

式中:$\hat{a}_{i|I}$ 为基于之前 $I=\{1,\cdots,(i-1)\}$ 顺序四舍五入分量中 $a_i$ 的最小二乘估计值;$\sigma_{i,j|J}$ 为 $\hat{a}_i$ 和 $\hat{a}_{j|J}$ 之间的协方差;$\sigma_{j|J}^2$ 为 $\hat{a}_{j|J}$ 的方差。当 $i=1$ 时,有 $\hat{a}_{i|I}=\hat{a}_1$。

如定义所示,序贯取整估计可以看作是整数舍入的一般形式。在没有相关性的情况下,方差矩阵 $Q_{\hat{a}\hat{a}}$ 是对角阵,序贯取整估计即为整数舍入。

在向量矩阵形式下,如式(23.24)所示,序贯取整估计量可表示为[23.23]

$$\check{a}_B = \lceil \hat{a} + (L^{-1} - I_n)(\hat{a} - \check{a}_B) \rfloor \quad (23.25)$$

式中:$L$ 为三角分解 $Q_{\hat{a}\hat{a}} = LDL^T$ 的单位下三角矩阵。其中,对角矩阵有

$$D = \mathrm{diag}(\delta_{a_1}^2, \cdots, \delta_{a_{n|N}}^2)$$

由于序贯取整估计量的构造中没有使用对角矩阵,因而序贯取整只考虑了方差矩阵的部分信息。尽管式(23.25)中没有使用对角线矩阵 $D$,但序贯取整成功率的确定依然存在必要性。

### 23.2.4 序贯取整成功率

为了确定序贯取整的 PMF,首先需要序贯取整拉入区域,表示为

$$\mathcal{B}_z\left\{x \in \mathbb{R}^n \mid \mid c_i^{\mathrm{T}} L^{-1}(x-z) \mid \leqslant \frac{1}{2}, i=1,\cdots,n\right\} \tag{23.26}$$

式中：$z \in \mathbb{Z}^n$，$c_i$ 表示第 $i$ 项单位向量，其值为 1 或 0。如图 23.2 所示，它们是二维平行四边形。

序贯取整 PMF 是通过序贯取整拉入区域上积分多元正态分布得到的。与整数舍入的多元积分相比，序贯取整的多元积分可以大大简化。序贯取整 PMF 可以表示为一元积分的乘积，如下定理所示。

**定理 23.2　序贯取整 PMF**[23.22]

设 $\hat{a} \sim \mathrm{N}(a \in \mathbb{Z}^n, Q_{\hat{a}\hat{a}})$，$\check{a}_B$ 为 $a$ 的序贯取整估计量，则有

$$P(\check{a}_B = z) = \prod_{i=1}^{n}\left[\Phi\left(\frac{1 - 2l_i^{\mathrm{T}}(a-z)}{2\sigma_{\hat{a}_{i\mid I}}}\right) + \Phi\left(\frac{1 + 2l_i^{\mathrm{T}}(a-z)}{2\sigma_{\hat{a}_{i\mid I}}}\right) - 1\right] \tag{23.27}$$

式中：$z \in \mathbb{Z}^n$，$l_i$ 是单位上三角矩阵 $(L^{-1})^{\mathrm{T}}$ 的第 $i$ 列向量。

根据上述定理的直接结论，能够得到一个精确且易于计算的序贯取整成功率表达式。

**推论 23.1　序贯取整成功率**

设有 $\hat{a} \sim \mathrm{N}(a \in \mathbb{Z}^n, Q_{\hat{a}\hat{a}})$，则序贯取整成功率为

$$P(\check{a}_B = a) = \prod_{i=1}^{n}\left[2\Phi\left(\frac{1}{2\sigma_{\hat{a}_{i\mid I}}}\right) - 1\right] \tag{23.28}$$

该结果意义重大，因为其提供了一种评估序贯取整成功率的简单方法。

当比较序贯取整和舍入的优劣时，可以发现序贯取整的成功率总是比舍入要高[23.22]，即

$$P(\check{a}_B = a) \geqslant P(\check{a}_R = a) \tag{23.29}$$

因此，序贯取整是一种比舍入更好的整数估计方法。

尽管存在上述精确且易于计算的序贯取整成功率公式，但是当存在 Z 不变性时，仍然需要此上界。Z 变换的 ADOP（模糊度精度衰减因子）是不变的，可用于构造此上界。当使用 Z 不变性的 ADOP 时，可以构造这样的上界。

**定理 23.3　序贯取整成功率不变量上界**[23.24]

设 $\hat{a} \sim \mathrm{N}(a, Q_{\hat{a}\hat{a}})$，$a \in \mathbb{Z}^n$，$\hat{z} = Z\hat{a}$ 且 $\mathrm{ADOP} = \det(Q_{\hat{a}\hat{a}})^{\frac{1}{2n}}$，则有关于任何容许的 Z 变换的公式为

$$P(\check{z}_B = z) \leqslant \left[2\Phi\left(\frac{1}{2\mathrm{ADOP}}\right) - 1\right]^n \tag{23.30}$$

因此，当上界足够小时，任何模糊度参数化的序贯取整或舍入都可以成功。

## 23.3　线性组合

### 23.3.1　Z 变换

尽管整数估计量 $\check{a}_R$ 和 $\check{a}_B$ 易于计算，但与整数重参数化或所谓 Z 变换相比，它们都缺

乏不变性。

### 定义 23.3　Z 变换[23.25]

当且仅当 $\boldsymbol{Z}, \boldsymbol{Z}^{-1} \in \mathbb{Z}^{n \times n}$，即矩阵及其逆矩阵的每个元素都是整数，$n \times n$ 矩阵 $\boldsymbol{Z}$ 称为 $Z$ 变换。

$Z$ 变换使整数向量的整数性质保持不变。可以证明，$\boldsymbol{Z}, \boldsymbol{Z}^{-1} \in \mathbb{Z}^{n \times n}$ 等价于两个条件：$\boldsymbol{Z} \in \mathbb{Z}^{n \times n}$ 且 $\det(\boldsymbol{Z}) = \pm 1$。因此，$Z$ 变换的集合可定义为

$$\mathcal{Z} = \{ \boldsymbol{Z} \in \mathbb{Z}^{n \times n} \mid |\boldsymbol{Z}| = \pm 1 \} \tag{23.31}$$

因此，$Z$ 变换是保体变换。对于 $Z$ 变换，模糊度方差矩阵的行列式保持不变，即，

$$|\boldsymbol{Q}_{\hat{z}\hat{z}}| = |\boldsymbol{Z} \boldsymbol{Q}_{\hat{a}\hat{a}} \boldsymbol{Z}^{\mathrm{T}}| = |\boldsymbol{Q}_{\hat{a}\hat{a}}|$$

假设估计器具有 $Z$ 不变性，即如果浮点解经过了 $Z$ 变换，则整数解未能相应地变换。也就是说，通常舍入/序贯取整和转换并不互通，即

$$\hat{z} = \boldsymbol{Z} \hat{a}, \check{z}_R \neq \boldsymbol{Z} \check{a}_R, \check{z}_B \neq \boldsymbol{Z} \check{a}_B \tag{23.32}$$

图 23.5 所示为整数舍入，图 23.6 所示为整数序贯取整。舍入和序贯取整的成功率也缺乏 $Z$ 不变性，即

$$\begin{cases} P(\check{z}_R = z) \neq P(\check{a}_R = a) \\ P(\check{z}_B = z) \neq P(\check{a}_B = a) \end{cases} \tag{23.33}$$

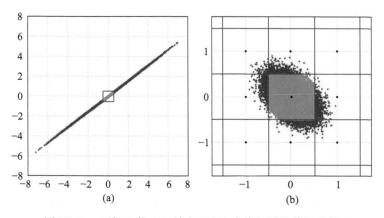

图 23.5　二维 IR 拉入区域和 50000 个模拟零均值浮点解

(a)原始模糊度 $\hat{a}$[cyc]；(b)Z 变换模糊度 $\hat{z} = \boldsymbol{Z} \hat{a}$[cyc]，红点表示将被拉到错误的整数解，而绿点表示将被拉到正确的整数解(见文献[23.18])。

图 23.5 和 23.6 中也可以清楚地展现这点。由于 $\hat{a}$ 的散点图比 $\hat{z} = \boldsymbol{Z} \hat{a}$ 的散点图长得多，因而舍入拉入区域拟合的原始散点图要比变换后的散点图差得多。关于在序贯取整拉入区域的情况同样如此(即使序贯取整拉入区域的形状随 $Z$ 变换而改变)。另外，这两幅图也说明了式(23.29)的工作原理，即序贯取整优于舍入。可以看到，原始的或变换后的序贯取整拉入区域比舍入拉入区域拥有更优的拟合散点。

需要明确的是，上述缺乏不变性绝不意味着舍入和序贯取整不适用于 GNSS 整周模糊度解算。由于其计算简单，舍入和序贯取整是有效且具有吸引力的模糊度估计方法。而它们能否应用于任何具体情况，完全取决于它们在特定情况下的成功率大小。

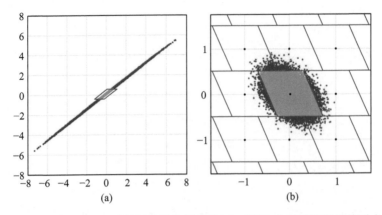

图 23.6 二维 IB 拉入区域(原始的和转换的)和 50000 个模拟的零均值浮点解
(a)原始模糊度 $\hat{a}$[cyc];(b) $Z$ 转换模糊度 $\hat{z}=Z\hat{a}$[cyc],红点表示将被拉到错误的整数解,
而绿点表示将被拉到正确的整数解(见文献[23.18])。

## 23.3.2 (超)宽巷

由于舍入和序贯取整的性能取决于选择的模糊度参数,因而选择合适的 $Z$ 变换有助于了解如何来提高它们的性能。最简单的 $Z$ 变换是宽巷变换。例如,对于双频情况下的宽巷变换,有

$$\begin{bmatrix} z_1 \\ z_2 \end{bmatrix} = \begin{bmatrix} 1 & -1 \\ 0 & 1 \end{bmatrix} \begin{bmatrix} a_1 \\ a_2 \end{bmatrix} \tag{23.34}$$

对于三频情况,则有

$$\begin{bmatrix} z_1 \\ z_2 \\ z_3 \end{bmatrix} = \begin{bmatrix} 0 & 1 & -1 \\ 1 & -1 & 0 \\ 0 & 0 & 1 \end{bmatrix} \begin{bmatrix} a_1 \\ a_2 \\ a_3 \end{bmatrix} \tag{23.35}$$

因为它们可以被看成是具有长波长的载波相位观测量,所以这些变换称为宽巷变换。为此,考虑载波相位变换,即

$$\bar{\phi}_i = \frac{\sum_{j=1}^{f} Z_{ij}\lambda_j^{-1}\phi_j}{\sum_{j=1}^{f} Z_{ij}\lambda_j^{-1}}, i=1,\cdots,f \tag{23.36}$$

式中: $\phi_j$ 为在频率 $j=1,\cdots,f$ 上的双差(DD)载波相位观测值; $\lambda_j$ 为其波长; $Z_{ij}$ 为 $Z$ 变换矩阵的第 $ij$ 项。通过这种变换,可得 $f$ 个 DD 载波相位观测方程,即

$$\phi_i = \rho - \mu_i I + \lambda_i a_i, i=1,\cdots,f \tag{23.37}$$

将其变换为具有相似结构的系统,即

$$\bar{\phi}_i = \rho - \bar{\mu}_i I + \bar{\lambda}_i z_i, i=1,\cdots,f \tag{23.38}$$

式中: $\rho$ 为 DD 非色散范围加对流层延迟; $I$ 为第一频率上的 DD 电离层延迟; $\mu_i$ 和 $\bar{\mu}_i$ 分别

为原始和变换后电离层系数；$\lambda_i$ 和 $\bar{\lambda}_i$ 分别为原始和变换后的波长；$a_i$ 和 $z_i$ 分别为原始和变换后的模糊度。

原始波长和被转换波长之间的关系为

$$\bar{\lambda}_i = \left( \sum_{j=1}^{f} Z_{ij} \lambda_j^{-1} \right)^{-1}, i = 1, \cdots, f \tag{23.39}$$

如果我们将 GPS（或 Galileo 或北斗）的波长按照宽巷变换式(23.35)进行代入,可以得到表 23.1 中变换波长（$\bar{\lambda}_1 = \lambda_{ew}, \bar{\lambda}_2 = \lambda_w, \bar{\lambda}_3 = \lambda_3$）的值,它们确实大于原始波长。

表 23.1　GPS、伽利略和北斗的原始、宽巷(w)和超宽巷(ew)波长(单位:cm)

| 波长 | GPS | | 伽利略 | | 北斗 | |
|---|---|---|---|---|---|---|
| $a_1$ | $L_1$ | 19.0 | $E_1$ | 19.0 | $B_1$ | 19.2 |
| $a_2$ | $L_2$ | 24.4 | $E_6$ | 23.4 | $B_3$ | 23.6 |
| $z_3 = a_3$ | $L_5$ | 25.5 | $E_{5a}$ | 25.5 | $B_2$ | 24.8 |
| $z_2 = a_1 - a_2$ | $L_w$ | 86.2 | $E_w$ | 101.1 | $B_w$ | 102.4 |
| $z_1 = a_2 - a_3$ | $L_{ew}$ | 587.0 | $E_{ew}$ | 292.8 | $B_{ew}$ | 488.9 |

使用较长波长的合理性在于,较大的模糊度系数 $\bar{\lambda}_i$ 可提高模糊度 $z_i$ 的估计精度。但只有当转换过程中的所有其他条件保持不变时,这种推导才有效。因为 $\phi_i, i = 1, \cdots, f$ 的方差矩阵通常与变换后 $\bar{\phi}_i, i = 1, \cdots, f$ 的方差矩阵不同,因此按照式(23.36)中载波相位变换的真实情况并非如此。不管怎样,按照式(23.34)和式(23.35)进行简单的宽巷变换仍有必要,因为通常可以将其视为提高浮点模糊度精度的第一步。

### 23.3.3　去相关变换

在搜索合适的 Z 变换方面,宽巷方法一般非常有限。文献[23.14]介绍了一种用来搜索这种转换的通用方法。该方法可以应用于任何可能的整数 GNSS 模型,且其性能较宽巷法常有明显提升[23.26-23.28]。

由于模糊度方差矩阵完全决定了模糊度成功率（见式(23.13)）,因而该方法以模糊度方差矩阵 $\boldsymbol{Q}_{\hat{a}\hat{a}}$ 为出发点,其目的是搜索一种尽可能去相关模糊度的 Z 变换,使变换后的模糊度方差矩阵 $\boldsymbol{Q}_{\hat{z}\hat{z}} = \boldsymbol{Z} \boldsymbol{Q}_{\hat{a}\hat{a}} \boldsymbol{Z}^T$ 尽可能对角化。该方法的基本原理是,由于对角方差矩阵的模糊度参数化最优,从而不可能通过重新参数化来进一步提高舍入和自举成功率。

方差矩阵的去相关度是通过其去相关数来测量的。设 $\boldsymbol{Q}_{\hat{a}\hat{a}}$ 的相关矩阵为

$$\boldsymbol{R}_{\hat{a}\hat{a}} = [\mathbf{diag}(\boldsymbol{Q}_{\hat{a}\hat{a}})]^{-1/2} \boldsymbol{Q}_{\hat{a}\hat{a}} [\mathbf{diag}(\boldsymbol{Q}_{\hat{a}\hat{a}})]^{-1/2}$$

则去相关数定义为[23.26]

$$r_{\hat{a}} = \sqrt{|\boldsymbol{R}_{\hat{a}\hat{a}}|} \quad (0 \leqslant r_{\hat{a}} \leqslant 1) \tag{23.40}$$

在二维情况下有

$$r_{\hat{a}} = \sqrt{(1 - \rho_{\hat{a}}^2)}$$

式中：$\rho_{\hat{a}}$ 为模糊度相关系数。因此,当且仅当 $r_{\hat{a}} = 1$ 时,二维模糊度方差矩阵是对角阵,并

且这对于高维情况也同样适用。由于 $|R_{\hat{a}\hat{a}}| = |Q_{\hat{a}\hat{a}}|/(\prod_{i=1}^{n}\sigma_{\hat{a}_i}^2)$ 且 $|Q_{\hat{z}\hat{z}}| = |Q_{\hat{a}\hat{a}}|$，则有

$$r_{\hat{z}} \geq r_{\hat{a}} \Leftrightarrow \sigma_{\hat{z}_1}^2 \cdots \sigma_{\hat{z}_n}^2 \leq \sigma_{\hat{a}_1}^2 \cdots \sigma_{\hat{a}_n}^2 \tag{23.41}$$

因此，如果模糊度方差的乘积减小，则模糊度去相关数将增加。下面介绍如何构造二维去相关 Z 变换，而对于更高维度的情况，请参见文献[23.27, 23.28]。

首先，以交替的方式最小化乘积 $\sigma_{\hat{a}_1}^2\sigma_{\hat{a}_2}^2$，即保持第一个方差不变，然后减小第二个方差。之后，保持第二个方差(刚刚已减小)不变，并减小第一个方差。反复持续该过程，直到方差的乘积不再进一步减小为止。

在交替减小的过程中，应用变换形式，有

$$\prod_2 G_\alpha = \begin{bmatrix} \alpha & 1 \\ 1 & 0 \end{bmatrix} \tag{23.42}$$

$$G_\alpha = \begin{bmatrix} 1 & 0 \\ \alpha & 1 \end{bmatrix}, \prod_2 = \begin{bmatrix} 0 & 1 \\ 1 & 0 \end{bmatrix} \tag{23.43}$$

$G_\alpha$ 矩阵使第二个模糊度的方差减小，而 $\prod_2$ 使两个模糊度的顺序改变。当顺序互换后，再次应用 $G_\alpha$ 矩阵变换，进一步减少方差的乘积。

在序列每个步骤中确定 $\alpha$ 值，如下所示。$G_\alpha$ 矩阵使第二个模糊度的方差变为

$$\begin{aligned}[G_\alpha Q_{\hat{a}\hat{a}} G_\alpha^T]_{22} &= \alpha^2\sigma_{\hat{a}_1}^2 + 2\alpha\sigma_{\hat{a}_2\hat{a}_1} + \sigma_{\hat{a}_2}^2 \\ &= \sigma_{\hat{a}_2}^2 - \sigma_{\hat{a}_1}^2[(\sigma_{\hat{a}_2\hat{a}_1}\sigma_{\hat{a}_1}^{-2})^2 - (\alpha+\sigma_{\hat{a}_2\hat{a}_1}\sigma_{\hat{a}_1}^{-2})^2]\end{aligned} \tag{23.44}$$

这表明对于 $\alpha = -\sigma_{\hat{a}_2\hat{a}_1}\sigma_{\hat{a}_1}^{-2}$ 来说，变换后模糊度的方差是最小的。因为它一般不是整数，所以当被替换为式(23.43)中的 $G_\alpha$ 矩阵时，产生的转换不可接受。因此，通过使用最近整数近似值 $\alpha = -\lceil\sigma_{\hat{a}_2\hat{a}_1}\sigma_{\hat{a}_1}^{-2}\rceil$，代替 $G_\alpha$ 矩阵中 $\alpha$ 的实值最小值 $-\sigma_{\hat{a}_2\hat{a}_1}\sigma_{\hat{a}_1}^{-2}$，这样仍旧可以减少第二个模糊度的方差。如果

$$|\sigma_{\hat{a}_2\hat{a}_1}\sigma_{\hat{a}_1}^{-2}| > \frac{1}{2}, \lfloor\sigma_{\hat{a}_2\hat{a}_1}\sigma_{\hat{a}_1}^{-2}\rfloor \neq 0$$

则有

$$(\sigma_{\hat{a}_2\hat{a}_1}\sigma_{\hat{a}_1}^{-2})^2 > (\alpha+\sigma_{\hat{a}_2\hat{a}_1}\sigma_{\hat{a}_1}^{-2})^2$$

去相关变换的构建可定义如下[23.26-23.28]。

**定义 23.4 去相关 Z 变换**

设有 $Q^{(1)} = Q_{\hat{a}\hat{a}}$ 且 $Q^{(i+1)} = Z_i Q^{(i)} Z_i^T, i = 1, \cdots, k+2$，则有二维去相关 Z 变换的乘积为

$$Z = Z_k Z_{k-1} \cdots Z_1 \tag{23.45}$$

$$Z_i = \begin{bmatrix} \alpha_i & 1 \\ 1 & 0 \end{bmatrix}, Q^{(i)} = \begin{bmatrix} \sigma_1^2(i) & \sigma_{12}(i) \\ \sigma_{21}(i) & \sigma_2^2(i) \end{bmatrix}$$

$$\alpha_i = -\lceil\sigma_{21}(i)\sigma_1^{-2}(i)\rceil$$

$$\alpha_{k+1} = \alpha_{k+2} = 0$$

应用上述去相关变换后,模糊度相关系数绝对值永远不会大于 0.5,如下所证。设 $\alpha_{k+1} = \alpha_{k+2} = 0$,则有 $\sigma_{21}(k+2) = \sigma_{21}(k+1)$,$\sigma_1^2(k+2) = \sigma_2^2(k+1)$,因此有

$$\rho_{\hat{z}}^2 = \frac{\sigma_{21}(k+1)^2}{\sigma_1^2(k+1)\sigma_2^2(k+1)} \leq \frac{1}{4} \tag{23.46}$$

从几何学上讲,下面的论述可以解释上述 $Z$(式(23.45))乘积的变换序列。考虑 $\hat{a}$ 的置信椭圆,它的形状和方向由 $Q_{\hat{a}\hat{a}}$ 决定。$Z_1$ 矩阵的 $G_{\alpha_1}$ 部分向内推动椭圆的两条水平切线,同时保持椭圆的面积和两条垂直切线的位置不变。乘积 $Z_2 Z_1$ 的 $G_{\alpha}$,$\prod_2$ 向内推动椭圆的两条垂直切线,同时保持椭圆的面积和两条水平切线的位置不变。持续进行这一过程,直到无法进一步削减。由于椭圆的面积始终保持不变,因此在每一步中,包围矩形的面积将减小,因此,不仅模糊度方差矩阵的对角性减小了,而且椭圆的形状也变得更圆。关于构造这种 $Z$ 变换的细节,请见文献[23.14,23.27-23.29]及其引用的参考文献以及文献[23.30-23.34]等。

## 23.3.4 数值示例

下面的二维数值例子比较了舍入和自举方法,并说明了它们对所选模糊度参数化的依赖性。浮点解是根据两个接收机、两颗卫星和两个历元的双频数据,使用固定电离层和无几何距离模型计算的,其中假定非差相位标准差为 3mm,非差码标准差为 10cm。

因此,基于双差(DD)相位和码观测方程的计算公式为

$$\begin{cases} \phi_i(t) = \rho(t) + \lambda_i a_i + e_{\phi_i}(t) \\ p_i(t) = \rho(t) + e_{p_i}(t) \end{cases} \tag{23.47}$$

其中,$i = 1, 2$,以及 $t = t_1, t_2$。

表 23.2 原始和 $Z$ 变换模糊度舍入和序贯取整的二维示例

| | $z = \begin{bmatrix} 4 & -3 \\ -1 & 1 \end{bmatrix}$ | $\hat{a} = \begin{bmatrix} 2.23 \\ 2.51 \end{bmatrix}, Q_{\hat{a}\hat{a}} = \begin{bmatrix} 0.1680 & 0.2152 \\ 0.2152 & 0.2767 \end{bmatrix}$ 原始模糊度 $\rho_{\hat{a}} = 0.96$ | $\hat{z} = \begin{bmatrix} 1.39 \\ 0.28 \end{bmatrix}, Q_{\hat{z}\hat{z}} = \begin{bmatrix} 0.0135 & 0.0043 \\ 0.0043 & 0.0143 \end{bmatrix}$ 转换后模糊度 $\rho_{\hat{z}} = 0.32$ |
|---|---|---|---|
| 舍入 | | $\check{a}_R = [2, 3]^T$ | $\check{z}_R = [1, 0]^T$ |
| 序贯取整 | | $\check{a}_B^{(1)} = [2, 2]^T, \check{a}_B^{(2)} = [3, 3]^T$ | $\check{z}_B^{(1)} = [1, 0]^T, \check{z}_B^{(2)} = [1, 0]^T$ |

表 23.2 给出了原始和变换后的浮点解 $\hat{a}$ 和 $\hat{z} = Z\hat{a}$ 及其方差矩阵 $Q_{\hat{a}\hat{a}}$ 和 $Q_{\hat{z}\hat{z}}$,以及去相关的转换矩阵 $Z$,其构造为

$$Z = \begin{bmatrix} -3 & 1 \\ 1 & 0 \end{bmatrix} \begin{bmatrix} -1 & 1 \\ 1 & 0 \end{bmatrix} = \begin{bmatrix} 4 & -3 \\ -1 & 1 \end{bmatrix} \tag{23.48}$$

这种转换消除了相关性($\rho_{\hat{a}} = 0.96$ VS $\rho_{\hat{z}} = 0.31$),并大大提高了模糊度解的精度(表 23.2)。还要注意,$Z$ 构造的第一步为宽巷变换。

表 23.2 包含 6 个整数解,其中 2 个整数解根据舍入来计算,4 个整数解根据序贯取整来计算。根据舍入得

$$\check{a}_R = \begin{bmatrix} \lceil 2.23 \rfloor \\ \lceil 2.51 \rfloor \end{bmatrix} = \begin{bmatrix} 2 \\ 3 \end{bmatrix}$$

当从第一个模糊度开始时,根据序贯取整得

$$\check{a}_B^{(1)} = \begin{bmatrix} \lceil 2.23 \rfloor \\ \lceil 2.51 - \dfrac{0.2152}{0.1680}(2.23-2) \rfloor \end{bmatrix} = \begin{bmatrix} 2 \\ 2 \end{bmatrix}$$

当从第二个模糊度开始时,根据序贯取整得

$$\check{a}_B^{(2)} = \begin{bmatrix} \lceil 2.23 - \dfrac{0.2152}{0.2767}(2.51-3) \rfloor \\ \lceil 2.51 \rfloor \end{bmatrix} = \begin{bmatrix} 3 \\ 3 \end{bmatrix}$$

这些解及其在变换域中的对应解详见表23.2。

请注意,原始域中的3个解 $\check{a}_R$,$\check{a}_B^{(1)}$ 和 $\check{a}_B^{(2)}$ 都是不同的,而变换域中的对应解是相同的,并且都为 $[1,0]^T$。还要注意,当转换域中的解被重新变换为原始域时,会得到另一个解,即

$$\check{a}_R' = Z^{-1}\check{z}_R = \begin{bmatrix} 1 \\ 1 \end{bmatrix} \tag{23.49}$$

表23.3给出了不同解算方法的成功率。注意变换后和原始模糊度解算的成功率之间的巨大差异。变换后的模糊度解算的成功率都非常接近1。这是因为变换后的浮点解 $\hat{z}$ 的精度很高(表23.2)。还要注意的是,$\check{a}_B^{(1)}$ 和 $\check{z}_B^{(1)}$ 的成功率比它们的对应 $\check{a}_B^{(2)}$ 和 $\check{z}_B^{(2)}$ 的成功率要高。这是因为在本例中,第一个模糊度比第二个模糊度更精确。因此,序贯取整应该总是从最精确的模糊度开始。

表23.3 表23.2中的模糊度解的序贯取整成功率和舍入成功率下限

| 成功率 | 原始模糊度 | 转换后模糊度 |
| --- | --- | --- |
| 舍入 | 0.51171 | 0.99995 |
| 序贯取整(第一个模糊度) | 0.77749 | 0.99997 |
| 序贯取整(第二个模糊度) | 0.65816 | 0.99996 |

## 23.4 整数最小二乘法

在这一节中,讨论整数最小二乘(ILS)模糊度估计法。它具有所有整数估计的最佳性能,但是与舍入和序贯取整不同,整数最小二乘需要进行整数搜索。

### 23.4.1 混合整数最小二乘法

模型式(23.2)中应用了最小二乘原理,如果增加整周模糊度约束,有

$$(\check{a}_{LS}, \check{b}_{LS}) = \arg\min_{a \in \mathbb{Z}^n, b \in \mathbb{R}^p} \|y - Aa - Bb\|^2_{Q_{yy}} \tag{23.50}$$

这是整数约束 $a \in \mathbb{Z}^{n\,[23.14]}$ 的非标准最小二乘问题。

为了求解式(23.50),可以从正交分解开始,即

$$\|y - Aa - Bb\|^2_{Q_{yy}} = \|\hat{e}\|^2_{Q_{yy}} + \|\hat{a} - a\|^2_{Q_{\hat{a}\hat{a}}} + \|\hat{b}(a) - b\|^2_{Q_{\hat{b}(a)\hat{b}(a)}} \tag{23.51}$$

式中:$\hat{e} = y - A\hat{a} - B\hat{b}$,$\hat{a}$ 和 $\hat{b}$ 分别为浮点数,即 $a$ 和 $b$ 的无约束最小二乘估计。此外有 $\hat{b}(a) = \hat{b} - Q_{\hat{b}\hat{a}}Q_{\hat{a}\hat{a}}^{-1}(\hat{a} - a)$ 和 $Q_{\hat{b}(a)\hat{b}(a)} = Q_{\hat{b}\hat{b}} - Q_{\hat{b}\hat{a}}Q_{\hat{a}\hat{a}}^{-1}Q_{\hat{a}\hat{b}}$。注意式(23.51)右边的第一项为常数,令 $b = \hat{b}(a)$,在任意 $a$ 的情况下,式(23.51)右边第三项均为 0。因此,式(23.50)的最小化混合整数为

$$\begin{cases} \check{a}_{LS} = \underset{z \in \mathbb{Z}^n}{\arg\min} \|\hat{a} - z\|^2_{Q_{\hat{a}\hat{a}}} \\ \check{b}_{LS} = \hat{b}(\check{a}_{LS}) = \hat{b} - Q_{\hat{b}\hat{a}}Q_{\hat{a}\hat{a}}^{-1}(\hat{a} - \check{a}_{LS}) \end{cases} \tag{23.52}$$

与舍入和序贯取整相比,ILS 原理是 Z 不变的。对于 $\hat{z} = Z\hat{a}$,有

$$\check{z}_{LS} = Z\check{a}_{LS}, \check{b}_{LS} = \hat{b} - Q_{\hat{b}\hat{z}}Q_{\hat{z}\hat{z}}^{-1}(\hat{z} - \check{z}_{LS}) \tag{23.53}$$

因此,对 $Z\hat{a}$ 应用 ILS 原理,可得到与乘以 ILS 估计量 $a$ 相同的结果,并且 $\check{b}_{LS}$ 对于整周模糊度重参数化是不变的。

ILS 原理的 Z 不变性也意味着其获得了相同的成功率,例如 $P(\check{z}_{LS} = z) = P(\check{a}_{LS} = a)$,如图 23.7 所示。原始散点图中的绿点数量与转换后散点图中的绿点数量完全相同。

比较图 23.7 与图 23.5、图 23.6,注意到 ILS 的拉入区域比舍入和序贯取整区域与散点图拟合得更好,因此在这种情况下 ILS 具有更高的成功率,即 ILS 估计的最优特性,如下所述。

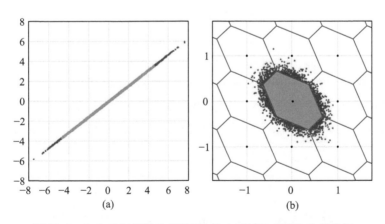

图 23.7　2-D ILS(原始和变换后)拉入区域和 50000 个浮点解

(a)原始模糊度 $\hat{a}$[cyc];(b)Z 变换模糊度 $\hat{z} = Z\hat{a}$[cyc],红点将被拉到错误的整数解,而绿点将被拉到正确的整数解。

### 定理 23.4　ILS 最优性[23.35]

设 $\hat{a} \sim N(a, Q_{\hat{a}\hat{a}})$,整数最小二乘估计 $\check{a}_{LS} = \arg\min_{z \in \mathbb{Z}^n} \|\hat{a} - z\|^2_{Q_{\hat{a}\hat{a}}}$ 在所有整数估计法中成功率最高。此外有

$$P(\check{a}_R = a) \leq P(\check{a}_B = a) \leq P(\check{a}_{LS} = a) \tag{23.54}$$

这一结果表明,在三个最流行的整数估计法中存在一个清晰的排序。整数舍入(IR)是最简单的,但它的成功率也最低。整数最小二乘法(integer least-squares,ILS)是最复杂的方法,但也是成功率最高的方法。整数序贯取整(IB)的成功率位于两者之间。它不需要像 ILS 那样进行整数搜索,也不像 IR 那样完全忽略模糊度方差矩阵的信息内容。对于图 23.4 所示的情况,表 23.4 中将各方法的成功率进行了排序,例证如图 23.5~图 23.7 所示。

表 23.4 图 23.5-图 23.7 所示情况下原始域和转换域中
正确估计的 IR、IB 和 ILS 模糊度的百分比

| 成功率 | IR/(%) | IB/(%) | ILS/(%) |
|---|---|---|---|
| 原始 $\hat{a}$ | 23 | 29 | 97 |
| 转换后 $\hat{z}$ | 95 | 96 | 97 |

## 23.4.2 ILS 计算

本节介绍 ILS 解的计算方法。计算分为两个主要部分:整周模糊度搜索;模糊度去相关。虽然 ILS 解原则上只基于整周模糊度搜索来计算,但在 GNSS 的情况下,去相关步骤对于提高整周模糊度搜索的数值效率必不可少,在观测时间较短的情况下尤其如此。此外,由于相对接收机与卫星几何结构随时间的微小变化,DD 模糊度具有高度的相关性。

1. 整周模糊度搜索

与舍入和序贯取整相比,ILS 需要整数搜索来计算模糊度解,即

$$\check{a} = \underset{z \in \mathbb{Z}^n}{\mathrm{argmin}} \| \hat{a} - z \|^2_{Q_{\hat{a}\hat{a}}} \tag{23.55}$$

搜索空间为

$$\psi_a = \{ a \in \mathbb{Z}^n \mid \| \hat{a} - a \|^2_{Q_{\hat{a}\hat{a}}} \leq \chi^2 \} \tag{23.56}$$

式中:$\chi^2$ 为要选择的正数。该椭球搜索空间以 $\hat{a}$ 为中心,其长度由 $Q_{\hat{a}\hat{a}}$ 控制,大小由 $\chi^2$ 决定。在 GNSS 的情况下,由于载波相位模糊度之间的高相关性,通常会扩大搜索空间。由于这种极端的延伸妨碍了搜索的计算效率,搜索空间通过去相关 Z 变换成为接近球形的形状,有

$$\psi_z = \{ z \in \mathbb{Z}^n \mid \| \hat{z} - z \|^2_{Q_{\hat{z}\hat{z}}} \leq \chi^2 \} \tag{23.57}$$

$$\hat{z} = Z\hat{a}, Q_{\hat{z}\hat{z}} = ZQ_{\hat{a}\hat{a}}Z^T$$

为了使搜索更有效,通常希望搜索空间较小,这样就不会包含太多整数向量。这需要为 $\chi^2$ 选择一个小值,同时保证搜索空间至少包含一个整数向量,这是因为 $\psi_z$ 必须非空,从而保证它包含 ILS 的解 $\check{z}_{LS}$。由于易于计算(去相关)的序贯取整估计给出了一个很好的近似 ILS 估计,$\check{z}_B$ 是一个合适的设置搜索空间大小的候选,有

$$\chi^2 = \| \hat{z} - \check{z}_B \|^2_{Q_{\hat{z}\hat{z}}} \tag{23.58}$$

通过这种方式,可以在一个非常小的空间中进行搜索,并且仍然可以保证要寻找的 ILS 解包含在其中。如果舍入成功率足够高,也可以使用 $\check{z}_R$ 而非 $\check{z}_B$。

实际搜索情况下,首先将二次项$\|\hat{z}-z\|_{Q_{\hat{z}\hat{z}}}^2$写成平方和。通过使用三角分解来实现,即

$$\begin{cases} \boldsymbol{Q}_{\hat{z}\hat{z}} = \boldsymbol{L}\boldsymbol{D}\boldsymbol{L}^{\mathrm{T}} \\ \|\hat{z}-z\|_{Q_{\hat{z}\hat{z}}}^2 = \sum_{i=1}^{n} \dfrac{(\hat{z}_{i|I}-z_i)^2}{\sigma_{i|I}^2} \leqslant \chi^2 \end{cases} \quad (23.59)$$

这个平方和结构可以用来设置用于搜索的 $n$ 个区间,可以表示为

$$\begin{cases} (\hat{z}_1-z_1)^2 \leqslant \sigma_1^2 \chi^2 \\ (\hat{z}_{2|1}-z_2)^2 \leqslant \sigma_{2|1}^2 \left( \chi^2 - \dfrac{(\hat{z}_1-z_1)^2}{\sigma_1^2} \right) \\ (\hat{z}_{n|(n-1),\cdots,1}-z_n)^2 \leqslant \sigma_{n|(n-1),\cdots,1}^2 \times \left( \chi^2 - \sum_{i=1}^{n-1} \dfrac{(\hat{z}_{i|I}-z_i)^2}{\sigma_{i|I}^2} \right) \end{cases} \quad (23.60)$$

为搜索 $\psi_z$ 中包含的所有整数向量,可以执行以下操作:首先收集第一个间隔中包含的所有整数 $z_1$;然后利用每一个整数,计算第二个区间的相应长度和中心点;接着收集位于第二个区间内的所有整数 $z_2$,以这种方式进行到最后一个间隔;最后得到位于 $\psi_z$ 内的整数向量集,从该集合中选择 ILS 解作为返回最小值的整数向量 $\|\hat{z}-z\|_{Q_{\hat{z}\hat{z}}}^2$。

可以对该搜索进行各种改进,进一步提高效率,例如缩小搜索空间等,具体可参考文献[23.27-23.29,23.36,23.37]。

2. 模糊度去相关

为了理解去相关 Z 变换对提高搜索效率的必要性,考虑序列间隔式(23.60)的结构,并假设它们是由单基线 GNSS 模型的原始、非变换 DD 模糊度构成的。当从第三个模糊度转到第四个模糊度时,DD 模糊度序列条件标准差 $\sigma_{\hat{a}_{i|I}}, i=1,\cdots,n$ 将表现出很大的不连续性。

举个例子,考虑一个短单基线,跟踪 7 颗 GPS 卫星,使用两个历元的双频相位数据,间隔为 2s。图 23.8 显示了原始和转换后以 cyc 表示的序列条件标准差谱,请注意竖轴上为对数刻度。7 颗卫星具有双频观测值,共有 12 个双差模糊度,因此存在 12 个条件标准差。该图清楚地显示了从第三个 DD 标准差到第四个 DD 标准差(从 $\sigma_{\hat{a}_{3|2,1}}$ 到 $\sigma_{\hat{a}_{4|3,2,1}}$)时出现了大幅度下降的情况。除非假设其中三个是已知的,否则在较短的时间跨度内,DD 模糊度是不可估计的,即具有较大的标准差。在已知三个 DD 模糊度的情况下,基线和剩余的模糊度均能以非常高的精度估计。因此,当构造 DD 模糊度时,较大的 $\sigma_{\hat{a}_1}$, $\sigma_{\hat{a}_{2|1}}$ 和 $\sigma_{\hat{a}_{3|2,1}}$ 值将导致式(23.60)的前三个边界变得宽松,而其余 9 个不等式的边界将非常小,在满足式(23.60)前三个不等式的候选整数集合中,无法找到满足其余不等式的整数,从而导致搜索停止。

当使用 Z 变换模糊度而不是 DD 模糊度时,可以消除这种搜索效率低下的现象。去相关 Z 变换消除了序列条件标准差谱中的不连续性,并且由于序列方差的乘积保持不变(体积保持不变),也减少了前三个条件方差的较大值。

如 23.3.3 节所述,本质上,$n$ 维 Z 变换是由二维去相关变换构造的。在二维条件下,若去相关达到 $\rho_{\hat{z}}^2 \leqslant 1/4$,则有

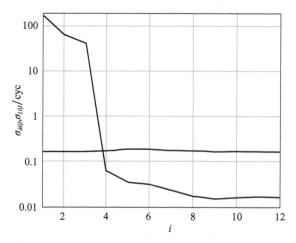

图 23.8 在 7 颗卫星双频、短 GPS 基线的情况下（文献[23.27]），原始和转换后的序列条件模糊度标准差 $\sigma_{\hat{a}_{i|I}}$ 和 $\sigma_{\hat{z}_{i|I}}$ 谱，$i=1,\cdots,12$

若 $\sigma_{\hat{z}_1}^2 \leqslant \sigma_{\hat{z}_2}^2$，有 $\sigma_{\hat{z}_{2|1}}^2 = \sigma_{\hat{z}_2}^2(1-\rho_{\hat{z}}^2) \geqslant \frac{3}{4}\sigma_{\hat{z}_2}^2 \geqslant \frac{3}{4}\sigma_{\hat{z}_1}^2$

现在让 $\hat{a}_{i|I}$ 和 $\hat{a}_{i+1|I}$ 在二维情况下代替 $\hat{a}_1$ 和 $\hat{a}_2$。去相关结果变为

$$\sigma_{\hat{z}_{i+1|I+1}}^2 = \sigma_{\hat{z}_{i+1|I}}^2(1-\rho_{\hat{z}}^2) \geqslant \frac{3}{4}\sigma_{\hat{z}_{i+1|I}}^2$$

因此对于 $\sigma_{\hat{z}_{i|I}}^2 \leqslant \sigma_{\hat{z}_{i+1|I}}^2$，有

$$\sigma_{\hat{z}_{i+1|I+1}}^2 \geqslant \frac{3}{4}\sigma_{\hat{z}_{i|I}}^2 \tag{23.61}$$

说明当 $i=3$ 时，由于 $\sigma_{\hat{z}_{i+1|I+1}}$ 没有比 $\sigma_{\hat{a}_{i|I}}$ 小很多，导致 $\sigma_{\hat{a}_{i|I}}$ 和 $\sigma_{\hat{a}_{i+1|I}}$ 之间的差距大大减小，通过反复应用这种二维变换，序列条件标准差谱可以变得平稳。在图 23.8 的情况下，变换后的频谱降低到略小于 0.2cyc 的水平，而 DD 标准偏差的原始水平则超过 100cyc。

上述 ILS 步骤是 GNSS LAMBDA（最小二乘模糊度去相关搜索）方法的基本算法。有关 LAMBDA 方法的更多信息，请参阅文献[23.14, 23.27-23.29, 23.37]。

下面是 LAMBDA 方法在各种不同的应用中的示例，包括基线和网络定位[23.38-23.43]、卫星编队飞行[23.44-23.46]、InSAR 和 VLBI[23.15, 23.16]、GNSS 姿态确定[23.47-23.50]和下一代 GNSS[23.51-23.53]。

### 23.4.3 最小二乘成功率

我们已经看到，舍入和序贯取整的二维拉入区域分别是正方形和平行四边形，而 ILS 的二维拉入区域是六边形。$z \in \mathbb{Z}^n$ 时 ILS 拉入区域的定义为所有比 $\mathbb{R}^n$ 中任何其他整数向量更接近 $z$ 的点，有

$$\mathcal{L}_z = \{x \in \mathbb{R}^n \mid \|x-z\|_{Q_{\hat{a}\hat{a}}}^2 \leq \|x-u\|_{Q_{\hat{a}\hat{a}}}^2, \forall u \in \mathbb{Z}^n\}, z \in \mathbb{Z}^n$$

整理不等式,可以得到一个更接近舍入 $\mathcal{R}_z$ 和序贯取整 $\mathcal{B}_z$ 的区域,即

$$\mathcal{L}_z = \left\{x \in \mathbb{R}^n \mid |w| \leq \frac{1}{2}\|u\|_{Q_{\hat{a}\hat{a}}}, \forall u \in \mathbb{Z}^n\right\} \tag{23.62}$$

若 $z \in \mathbb{Z}^n$,则 $(x-z)$ 的正交投影在方向向量 $u$ 上表示为

$$w = \frac{u^T Q_{\hat{a}\hat{a}}^{-1}(x-z)}{\|u\|_{Q_{\hat{a}\hat{a}}}} \tag{23.63}$$

这表明ILS拉入区域是由以 $z$ 为中心,宽度为 $\|u\|_{Q_{\hat{a}\hat{a}}}$ 的相交带状子集构成。可以证明,构造拉入区域最多需要 $2^n - 1$ 个子集。注意,当 $Q_{\hat{a}\hat{a}}$ 是对角阵时,有

$$\mathcal{L}_z = \mathcal{R}_z$$

ILS 的 PMF 为

$$P(\check{a}_{LS} = z) = \int_{\mathcal{L}_z} f_{\hat{a}}(x \mid a) \, dx \tag{23.64}$$

为了计算获得ILS成功率,需要设 $z = a$。

1. 仿真模拟

由于ILS拉入区域的几何结构复杂,需要用蒙特卡罗(Monte Carlo)模拟方法来计算多元积分式(23.64)。计算成功率不需要 $a$,因此可以模拟具有零均值分布 $N(0, Q_{\hat{a}\hat{a}})$ 的 $\hat{a}$。在模拟时可以利用ILS的成功率是Z不变的这一特性,则 $P(\check{z}_{ILS} = Za) = P(\check{a}_{LS} = a)$。由于模拟需要重复计算ILS解,因此在模拟时采用不相关的 $\hat{z} = Z\hat{a}$ 比原始的 $\hat{a}$ 要好得多。

对于仿真模拟,首先使用随机生成器从一元标准正态分布 $N(0,1)$ 中生成 $n$ 个独立样本,然后将其收集到 $n$ 个向量 $s$ 中,将向量转换为 $Gs$,其中 $G$ 等于 $Q_{\hat{z}\hat{z}} = GG^T$ 的 Cholesky 因子。然后得到 $N(0, Q_{\hat{z}\hat{z}})$ 的样本 $Gs$,该样本是ILS估计量的输入。如果这个估计器的输出等于零向量,那么结果正确,否则错误。这个模拟过程可以重复 $N$ 次,计算得到空向量的次数(如 $N_s$ 次),或者得到结果等于非零整数向量的次数(比如 $N_f$ 次)。那么成功率和失败率的近似值为

$$P_s \approx \frac{N_s}{N}, P_f \approx \frac{N_f}{N} \tag{23.65}$$

有关成功率仿真的更多详细信息,请参阅文献[23.18, 23.54, 23.55]。

2. 上下限

除了使用仿真模拟外,还可以考虑使用成功率的界限。下面的定理给出了ILS成功率的上界和下界。

定理23.5 ILS成功率界

令 $\hat{a} \sim N(a, Q_{\hat{a}\hat{a}}), a \in \mathbb{Z}^n, \hat{z} = Z\hat{a}$ 且 $c_n = \frac{\left(\frac{n}{2}\Gamma\left(\frac{n}{2}\right)\right)^{\frac{2}{n}}}{\pi}$,$\Gamma(x)$ 为伽马函数,对于任何容许的 Z 变换有

$$P(\check{z}_B = z) \leq P(\check{a}_{ILS} = a) \leq P\left(\chi_{n,0}^2 \leq \frac{c_n}{\text{ADOP}^2}\right) \tag{23.66}$$

式中:$\chi_{n,0}^2$为具有$n$个自由度中心卡方分布的随机变量。

文献[23.56]首次给出了上界,证明详见文献[23.24]。文献[23.22,23.35]中首次给出了下界。这个下界(去相关后)可用于ILS成功率的计算,并且是最精确的下界。对各种界限性能的研究详见文献[23.18,23.54,23.57,23.58]。

## 23.5　部分模糊度解算

当模糊度浮点解的精度较低时,则无法得到可靠的整数估计,即成功率太低。与其依赖浮点解以及收集更多的数据,不如确定模糊度的可靠子集,这称为部分模糊度解(PAR)[23.59]。

现在的关键问题是子集的选择。一方面,需要使得相应的成功率超过用户定义阈值;另一方面,又需要使位置估计的精度有明显提高。其中,第一个条件对防止由于错误的固定而导致定位误差来说十分重要。第二个条件是可选的,尽管很明显部分模糊度法只有在基线精度提高时是有效的。当不能或不需要固定全集模糊度(FAR)时,可选择多种方式来固定模糊度子集。例如,文献[23.60-23.63]中均有提出部分模糊度固定方法,并首次尝试了使用双频或多频数据仅固定(超)宽巷模糊度。其他选择子集的方法包括采用方差低于某一水平的模糊度,或者利用具有最低高度角卫星的模糊度(最低要求的载噪比),或者利用在一定时间内可见卫星的模糊度等[23.59,23.64]。还有一种策略是,只固定(线性组合)最佳和次优解一致的模糊度[23.65]。不过,大多数PAR策略存在的一个缺陷是,其子集的选择并非基于成功率和/或基线解的精度改进。此外,一些策略涉及迭代过程,需要对许多不同的子集进行评估,可能需要较长的搜索时间。

文献[23.59]中提出的方法易于实现,并且允许选择所需的最小成功率$P_{min}$。其主要思想是只固定最大可能去相关模糊度的子集,这样就可以满足最小的成功率要求,即

$$\prod_{i=1}^{k}\left[2\phi\left(\frac{1}{2\sigma_{\hat{z}_{i|I}}}\right)-1\right]\geq P_{min} \tag{23.67}$$

式中:只固定$z$的前$k$项,相应的子集为$z_S$。增加更多的模糊度意味着与另一个概率相乘,而这个概率小于或等于1。因此,$k$的选择将影响式(23.67)中的不等式,较大的$k$(即较大的子集)将导致成功率过低。相应的精度提升可以被估计为

$$Q_{\hat{b}\hat{b}}=Q_{\hat{b}\hat{b}}-Q_{\hat{b}\hat{z}_S}Q_{\hat{z}_S\hat{z}_S}Q_{\hat{z}_S\hat{b}} \tag{23.68}$$

由于对成功率要求较高,因而可以忽略固定子集解的不确定性。图23.9给出了PAR的一个例子。在50km的基线上双频跟踪8颗GPS卫星。总模糊度等于14,并且在整个时间段内保持不变。图23.9(a)显示了基于递归估计的固定模糊度数与历元数的函数关系。在这种情况下,全集模糊度解算(FAR)只有在36个历元之后才可能固定成功,而PAR方法可逐步增加固定模糊度的数量。对于PAR和FAR而言,最低要求成功率设置为99.9%。图中也绘制出了基线精度的变化。一旦开始了模糊度子集的固定,相对于浮点模糊度的精度,PAR在垂直和水平基线分量的精度便会开始提高。

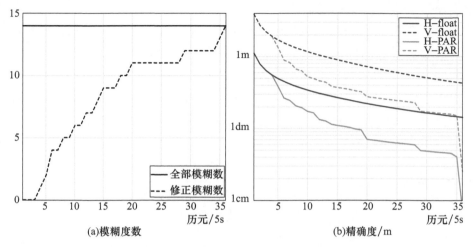

图 23.9 50km 基线部分模糊度固定有效性示例,最小成功率为 99.9%
(a)固定模糊度的数量;(b)浮点解和部分模糊度固定的基线精度。

## 23.6 何时接受整数解?

到目前为止,还没给出接受或拒绝整数解的决策规则。本节将对决策规则进行分类阐述。

### 23.6.1 模型驱动和数据驱动规则

我们什么时候接受整周模糊度解 $\check{a}$? 在 23.1.3 节的阐述中,仅当模糊度成功率 $P(\check{a}=a)$ 足够大或者失败率 $P(\check{a}\neq a)$ 足够小时,使用整数解 $\check{a}$ 才有意义,否则固定解 $\check{b}$(见图 23.3)可能会出现不可接受的重大错误。

以上所述模糊度解算的决策规则可表示为

$$\text{结果} = \begin{cases} \check{a} \in \mathbb{Z}^n & \text{若 } P(\hat{a} \notin \mathcal{P}_a) \leq P_0 \\ \hat{a} \in \mathbb{R}^n & \text{其他} \end{cases} \tag{23.69}$$

因此,只有当失败率小于用户定义的阈值 $P_0$ 时,才接受整数解 $\check{a}$;否则,拒绝 $\check{a}$,转而采用浮点解 $\hat{a}$。这是一种模型驱动的规则,因为结果完全取决于基础模型的强度,而实际数据(实际的浮点解 $\hat{a}$ 本身)在决策中不起作用,只有它的 PDF 可以通过概率 $P(\hat{a} \notin \mathcal{P}_a)$ 来影响决策。

与式(23.69)中模型驱动规则不同,决策规则还可使用数据驱动。其规则的形式为

$$\text{结果} = \begin{cases} \check{a} \in \mathbb{Z}^n & \text{若 } \mathcal{T}(\hat{a}) \leq \tau_0 \\ \hat{a} \in \mathbb{R}^n & \text{其他} \end{cases} \tag{23.70}$$

式中:检验函数 $\mathcal{T}:\mathbb{R}^n \mapsto \mathbb{R}$,且用户选择的阈值为 $\tau_0 \geq 0$。因此在这种情况下,当 $\mathcal{T}(\hat{a})$ 足够小时,接受整数解 $\check{a}$;否则,拒绝 $\check{a}$,取而代之选择浮点解 $\hat{a}$。由于在计算 $\mathcal{T}(\hat{a})$ 时使用了浮

点解的实际值,因而这个规则是数据驱动的。

实际中通常使用数据驱动规则,且测试函数 $T$ 具有不同的选择,包括比率检验、差异检验和投影检验。经证明,所有这些检验都属于文献[23.66-23.68]中引入的整数孔径(IA)估计量,而对这些检验的回顾和评估详见文献[23.54,23.69-23.71]。

数据驱动规则优于模型驱动规则,其提供给用户的更大的灵活性,特别是在失败率方面。使用数据驱动规则,用户可以完全控制失败率,而不必考虑 GNSS 模型的强度,而这对模型驱动而言是不可能的。

### 23.6.2 模糊度固定四步骤

将检验式(23.70)纳入模糊度解算过程,有如下4个步骤:

(1) 浮点解:计算浮点解 $\hat{a} \in \mathbb{R}^n$ 和 $\hat{b} \in \mathbb{R}^p$。

(2) 整数解:选择整数映射 $I: \mathbb{R}^n \mapsto \mathbb{Z}^n$ 并计算整数解 $\check{a} = I(\hat{a})$。由于用户无法真正控制成功率 $P_s = P(\check{a} = a)$,因此如果仅依赖第二步的结果 $\check{a}$ 则并不可信,这也是为什么需要进行下一步模糊度接受检验的原因,其作用是为整体模糊度解算的结果提供可信度。

(3) 接受/拒绝整数解:选择检验函数 $T: \mathbb{R}^n \mapsto \mathbb{R}$,设置阈值为 $\tau_0$,执行检验。如果 $T(\hat{a}) \leqslant \tau_0$,则接受 $\check{a}$,否则拒绝 $\check{a}$ 改采用浮点解 $\hat{a}$。

(4) 固定解:如果接受整数解 $\check{a}$,则计算固定解 $\check{b}$,否则按浮点解得出 $\hat{b}$。

由于包含模糊度接受检验,上述4个步骤结果的质量与23.1.2节中讨论的3个步骤结果不同。接下来讨论上述4个步骤程序的检验质量。

### 23.6.3 接受整数解的质量

如果同时满足条件

$$\hat{a} \in \mathcal{P}_z, T(\hat{a}) \leqslant \tau_0 \tag{23.71}$$

第3个步骤(见式(23.70))的结果为整数解 $\check{a} = z$,则有

$$\check{a} = z \text{ 当且仅当 } \hat{a} \in \Omega_z = \mathcal{P}_z \cap \Omega \tag{23.72}$$

其接受区域为

$$\Omega = \{x \in \mathbb{R}^n | T(x) \leqslant \tau_0\} \tag{23.73}$$

相交区域 $\Omega_z = \mathcal{P}_z \cap \Omega$ 称为 $z$ 的孔径拉入区域。孔径拉入区域与拉入区域 $\mathcal{P}_z$ 一样,是平移不变的,即 $\Omega_z = \Omega_0 + z$。图23.10中的(绿色和红色)椭圆形区域为孔径拉入区域的一个例子。此图还对检验结果进行可视化,概括了哪些检验结果是正确以及哪些检验结果是错误的。

如果模糊度接受检验的结果正确,那它应该是正确的整数解或浮点解,否则结果则会被拉到错误的整数上。其中,前一种情况在 $\hat{a} \in \Omega_a$ 时发生,后一种情况在 $\hat{a} \in \Omega^c \setminus (\mathcal{P}_a \setminus \Omega_a)$ 时发生。如果得到错误的整数解或浮点解,则结果错误,否则将被拉到正确的整数上。前一种情况在 $\hat{a} \in \Omega_a$ 时发生,后一种情况在 $\hat{a} \in \Omega^c \setminus (\mathcal{P}_a \setminus \Omega_a)$ 时发生。

一旦检验通过,整数 $\check{a}$ 的分布就成为条件 PMF。因此,我们现在可得到能够替代式

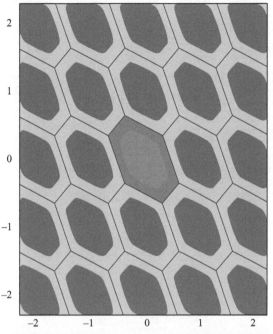

| | 正确结果 | 错误结果 |
|---|---|---|
| 固定解 $\hat{a} \in \Omega$ | 成功 $\hat{a} \in \Omega_a$ | 失败 $\hat{a} \in \Omega \setminus \Omega_a$ |
| 浮点解 $\hat{a} \in \Omega$ | 检测 $\hat{a} \in \Omega^c \setminus (P_a \setminus \Omega_a)$ | 错误报警 $\hat{a} \in \setminus (P_a \setminus \Omega_a)$ |

图 23.10 孔径拉入区 $\Omega_z \subset P_z$ 和 4 种结果类型：成功（绿色）、检验（浅绿色）、
假警报（橙色）和失败（红色）（见文献[23.71]）

(23.12)的公式，即

$$P(\check{a}=z \mid \hat{a} \in \Omega) = \frac{P(\hat{a} \in \Omega_z)}{P(\hat{a} \in \Omega)} \tag{23.74}$$

类似地，由于只在 $\check{a}$ 被接受时才去计算固定解，因此，其 PDF 为替代式(23.14)的公式，即

$$f_b(x) = \sum_{z \in \mathbb{Z}^n} f_{b(z)}(x) P(\check{a}=z \mid \hat{a} \in \Omega) \tag{23.75}$$

当得到一个错误的整数结果时，即当 $\check{a} \neq a$ 时，可能会导致较大的位置误差，如图 23.3 所示。在模糊度接受检验后，确定的正确整数对提供足够的置信度而言至关重要，该置信度用成功固定概率来表示，即

$$P_{SF} = P(\check{a}=a \mid \hat{a} \in \Omega) = \frac{P(\hat{a} \in \Omega_a)}{P(\hat{a} \in \Omega)} \tag{23.76}$$

这是非条件成功率（对应式(23.13)）的条件形式。同时，它还可以用关于成功概率 $P_S = P(\hat{a} \in \Omega_a)$ 和失败概率 $P_F = P(\hat{a} \in \Omega \setminus \Omega_a)$ 来表示，即

$$P_{SF} = \frac{P_S}{P_S + P_F} \tag{23.77}$$

从这个重要的关系式来看,用户现在可以控制成功固定的概率。例如,通过选择适当的容差值$\tau_0$(见式(23.70)),且设置$\Omega_0$的孔径为足够小,则由$P_F \approx 0$和$P_{SF} \approx 1$一起得出峰值分布,即$f_{\check{b}}(x) \approx f_{\check{b}(a)}(x)$。

因此,随着模糊度接受检验的涵括,用户可以控制整数解的质量,从而控制固定解$\check{b}$的质量。而当使用 23.1.2 节中的三步法时,则用户无法控制解的质量。

### 23.6.4 固定失败率比率测试

在实践中,经常使用不同的检验函数$\mathcal{T}$,例如比率检验、差异检验或投影检验[23.12,23.38,23.72-23.76]。此处我们介绍比较流行的比率检验。

通过比率检验,若存在

$$T_R(\hat{a}) = \frac{\|\hat{a}-\check{a}\|^2_{Q_{\hat{a}\hat{a}}}}{\|\hat{a}-\check{a}'\|^2_{Q_{\hat{a}\hat{a}}}} \leq \tau_0 \tag{23.78}$$

$$0 < \tau_0 \leq 1$$

$$\begin{cases} \check{a} = \underset{z \in \mathbb{Z}^n}{\text{argmin}} \|\hat{a}-z\|^2_{Q_{\hat{a}\hat{a}}} \\ \check{a}' = \underset{z \in \mathbb{Z}^n, z \neq \check{a}}{\arg\min} \|\hat{a}-z\|^2_{Q_{\hat{a}\hat{a}}} \end{cases} \tag{23.79}$$

则 ILS 解$\check{a}$可被接受。比率检验可测得浮点解与其最近整数向量的贴近度。如果离得足够近,则检验结果为$\check{a}$。如果离得不够近,则拒绝检验结果,转而采用浮点解$\hat{a}$。

比率检验的原点中心拉入区域为[23.70]

$$\begin{aligned}\Omega_{R,0} &= \{x \in \mathbb{R}^n \mid \|x\|^2_{Q_{\hat{a}\hat{a}}} \leq \tau_0 \|x-z\|^2_{Q_{\hat{a}\hat{a}}}\} \\ &= \left\{x \in \mathbb{R}^n \mid \left\|x+\frac{\tau_0}{1-\tau_0}z\right\|^2_{Q_{\hat{a}\hat{a}}} \leq \frac{\tau_0}{(1-\tau_0)^2}\|z\|^2_{Q_{\hat{a}\hat{a}}}\right\} \end{aligned} \tag{23.80}$$

式中:对所有的$z \in \mathbb{Z}^n \setminus \{0\}$,这表明孔径拉入区域等于所有椭球与中心$-[\tau_0/(1-\tau_0)]z$和半径$[\sqrt{\tau_0}/(1-\tau_0)]\|z\|_{Q_{\hat{a}\hat{a}}}$的交点。图 23.11 给出了这种孔径拉入区域的两个二维几何示例。

很明显,拉入区域$\Omega_{R,0}$的大小或孔径决定了可接受的最大比率$T_R$。阈值$\tau_0$可用于调整此孔径。由于较小的值对应于较小的孔径,因而失败率$P_F$较小。当阈值等于其最大值$\tau_0=1$时,孔径拉入区域等同于 ILS 拉入区域。此时,整数解总能被接受,从而不进行比率检验。

**1. 临界值的选择**

现在的问题是如何选择临界值$\tau_0$,文献基于实例结果对其提出了不同的候选值。$\tau_0$的典型值为 1/3、1/2 和 2/3[23.3,23.72,23.75,23.77]。这表明没有一个特定的值能够提供最佳的性能,因此应谨慎考虑这些数值的普遍适用性。

在[23.71,23.78]中证明了传统的比率测试方法,即具有固定的临界$\tau_0$值,通常会导致令人无法接受的高失败率,或者就过于保守。在下一代多频、多 GNSS 模型的情况下

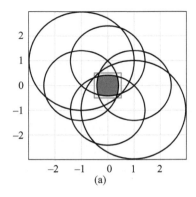
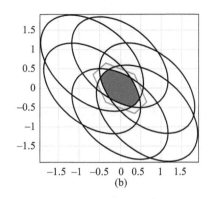

图 23.11　由相交圆(a)和椭圆(b)构成比率检验的二维孔径拉入区(棕色)的几何结构(见文献[23.70])

(例如模型的强度增加),更多的频率和更多的卫星意味着可以选择大于当前使用的固定值 $\tau_0$。因此,对于强模型来说,目前的 $\tau_0$ 值通常过于保守,导致虚警率过高,而失败率接近零。另一方面,对于弱模型,当前使用的 $\tau_0$ 数值往往过大,导致固定解往往被错误地接受,从而导致了较高的失败率。如果比率检验能够适应 GNSS 模型的强度,就可以解决这些问题。

因此,在文献[23.67,23.70,23.71]中提出使用更灵活的固定失败率方法代替固定临界值法。通过这种方法,用户可以控制其特定应用的失败率,从而根据应用的要求(例如,高、中或低完整性)自选一个失败率,如 $P_F = 0.1\%$,然后计算相应的临界值 $\tau_0$。$\tau_0$ 的值将根据基础模型强度进行自我调整,以确保达到指定的失败率(图 23.12)。这样,每个项目或实验都可以在预先指定和保证的失败率下执行。根据 $P_F$ 计算 $\tau_0$ 的过程详见文献[23.71],其已在 LAMBDA 软件包(版本3)中实现。

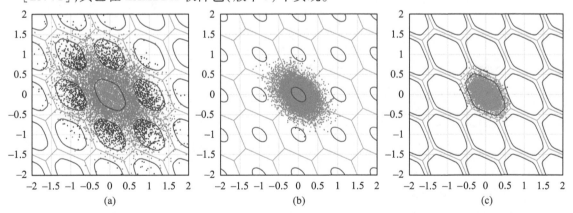

图 23.12　三种不同情况下整周模糊度试验验证的二维图解。绿色点和红色点分别导致正确和错误的整数结果,而蓝色点导致浮点解作为结果。第一种情况(a)表现不佳,而另两种情况(b)、(c)表现良好。在第一种情况下,由于不恰当地选择临界值 $\tau_0$,孔径拉入区域太大,从而产生太多错误的整数解。在另外两种情况下,采用固定失效率法($P_F = 0.1\%$),从而得出与基础模型强度相适应的临界值。由于第二种情况(b)弱于第三种情况(c)的模型,其孔径拉入区域较小,从而产生比第三种情况更多的浮点解。但两者都设定了较小的失败率(见文献[23.79])

### 23.6.5 最佳整周模糊度检验

如前所述,比率检验并不是唯一可以验证整周模糊度的检验,固定失效率方法也是一种行之有效的检验方法,此方法还可以比较检验的性能,并通过比较得出传统检验中哪种检验(如比率检验、差异检验或投影检验)性能最好。

作为限制关注当前的检验的替代,我们还可以采取更基本的方法,尝试从第一原则确定最佳检验[23.67,68]。因此本节提出了约束最大成功率(CMS)检验和最小平均惩罚(MMP)检验。

**1. 约束最大成功率(CMS)检验**

到目前为止,考虑在区域 $\Omega_0$ 内使用先验给定的检验函数 $T$ 或先验给定的孔径拉入区域进行固定失效率模糊度验证。不再使用预定义的 $T$ 或 $\Omega_0$,而是放松约束,先找出哪一个 $T$ 或 $\Omega_0$ 的成功率 $P_S$ 为最大,提供一个用户定义的失败率 $P_F$。由下面的定理给出。

**定理 23.6 最优整周模糊度检验**[23.68]

设 $f_{\check{\varepsilon}}(x)$ 和 $f_{\hat{\varepsilon}}(x)$ 分别为模糊度残差向量 $\check{\varepsilon} = \hat{a} - \check{a}$ 和 $\hat{\varepsilon} = \hat{a} - a$ 的 PDF,可得

$$\max_{\Omega_0} P_S \text{ 取决于给定的 } P_F \tag{23.81}$$

其最大的解由孔径拉入区域给出,即

$$\hat{\Omega}_0 = \left\{ x \in \mathcal{P}_0 \mid \frac{f_{\hat{\varepsilon}}(x)}{f_{\check{\varepsilon}}(x)} \geq \lambda \right\} \tag{23.82}$$

式中:$\mathcal{P}_0$ 为 ILS 拉入区域的原点;$\lambda(0<\lambda<1)$ 为满足先验固定失败率 $P_F$ 而选择的孔径参数。

模糊度残差的 PDF 为[23.80,23.81]

$$\begin{cases} f_{\check{\varepsilon}}(x) = \sum_{z \in \mathbb{Z}^n} f_{\hat{\varepsilon}}(x+z) p_0(x) \\ f_{\hat{\varepsilon}}(x) \propto \exp\left(-\frac{1}{2} \|x\|^2_{Q_{\hat{a}\hat{a}}}\right) \end{cases} \tag{23.83}$$

式中:$p_0(x)$ 为 $\mathcal{P}_0$ 的指标函数,即若 $x \in \mathcal{P}_0$ 则 $p_0(x) = 1$,否则 $p_0(x) = 0$。

注意,由于 $f_{\check{\varepsilon}}(x)$ 和 $f_{\hat{\varepsilon}}(x)$ 的 PDF 差异较小,当 $P(\check{a}=a) \uparrow 1$ 时,ILS 成功率增加,最佳孔径拉入区 $\hat{\Omega}_0$ 和 ILS 拉入区 $\mathcal{P}_0$ 之间的差异也将变小。在可接受的范围内,所有整数解都将被接受,则有 $\hat{\Omega}_0 = \mathcal{P}_0$。

**2. 最小平均惩罚(MMP)检验**

MMP 检验基于惩罚某些检验结果的思想,也属于一种最佳整周模糊度接受测试。惩罚(例如成本)是由用户选择的,可以根据不同的应用而定。不同的惩罚检验导致不同的结果:如果 $\hat{a} \in \Omega_a$(图 23.10 中的绿色区域),则为惩罚成功率 $P_S$;如果 $\hat{a} \in \Omega \setminus \Omega_a$(图 23.10 中的红色区域),则为惩罚失败率 $P_F$;如果 $\hat{a} \in \Omega^c \setminus (\mathcal{P}_a \setminus \Omega_a)$(图 23.10 中的浅绿色区域),则为惩罚检验率 $P_D$。

利用这种方式可以构造一个离散随机惩罚变量 $p$。它有三种可能的结果,即 $p = \{P_S,$

$P_F, P_D$}。考虑离散随机变量 $p$ 的平均值,平均惩罚率 $E(p)$ 是单个惩罚率的加权和,权重等于三个概率 $P_S$、$P_F$ 和 $P_D$,则有

$$E(p) = p_S P_S + p_F P_F + p_D P_D \tag{23.84}$$

MMP 试验为最小平均惩罚试验,它为求解最小化问题 $\min_{\Omega_0} E(p)^{[23.67]}$ 而提出。在这里再次由式(23.82)提出,但其孔径参数为

$$\lambda = \frac{P_F - P_D}{P_F - P_S} \tag{23.85}$$

注意,若增加惩罚失效率,则 $P_F$ 会增加 $\lambda$、减小区域 $\hat{\Omega}_0$ 中的孔径拉入区域。这是由于减小 $\hat{\Omega}_0$ 导致降低了错误整数解的出现概率。

3. 计算步骤

令人欣慰的是,上述两个优化原则在最优模糊度测试时具有相同的步骤。这意味着在某种程度上类似于最小二乘估计和最佳线性无偏估计的组合,同一过程可以给出两种不同的最优性解释。

计算 CMS 和 MMP 测试的步骤如下。

(1)计算 ILS 模糊度解,即

$$\check{a} = \underset{z \in \mathbb{Z}^n}{\operatorname{argmin}} \|\hat{a} - z\|^2_{Q_{\hat{a}\hat{a}}} \tag{23.86}$$

(2)构造模糊度残差 $\check{\varepsilon} = \hat{a} - \check{a}$,并计算 PDF 比值,有

$$R(\check{\varepsilon}) = \frac{f_{\hat{\varepsilon}}(\check{\varepsilon})}{f_{\check{\varepsilon}}(\check{\varepsilon})} \tag{23.87}$$

其结果提供了解的置信度。比率越大,越有信心接受测试。注意,该比率可以看作是成功固定率 PSF 的近似值。

(3)根据用户定义的 CMS 失败率或 MMP 失败率来确定孔径参数 $\lambda$。如果 $R(\check{\varepsilon}) \geq \lambda$,则输出整数解 $\check{a}$,否则结果为浮点解 $\hat{a}$,用 LAMBDA 方法可以有效地计算 $\check{a}$ 和 $R(\check{\varepsilon})$。

## 致谢

作者是澳大利亚研究理事会联合奖学金(项目编号:FF0883188)的获得者,对其支持和帮助表示衷心的感谢

# 参考文献

23.1　G. Strang, K. Borre: *Linear Algebra, Geodesy, and GPS* (Wellesley Cambridge Press, Wellesley 1997)

23.2　P. J. G. Teunissen, A. Kleusberg (Eds.): *GPS for Geodesy*, 2nd edn. (Springer, Berlin 1998)

23.3　A. Leick, L. Rapoport, D. Tatarnikov: *GPS Satellite Surveying*, 4th edn. (Wiley, Hoboken 2015)

23.4　B. Hofmann-Wellenhof, H. Lichtenegger, E. Wasle: *GNSS Global Navigation Satellite Systems: GPS, GLONASS, Galileo & More* (Springer, Berlin 2007)

23.5 P. Misra, P. Enge: *Global Positioning System: Signals, Measurements, and Performance*, 2nd edn. (Ganga-Jamuna Press, Lincoln 2011)

23.6 P. J. G. Teunissen: Towards a unified theory of GNSS ambiguity resolution, J. Global Position. Syst. **2**(1), 1–12 (2003)

23.7 P. J. G. Teunissen: Mixed Integer Estimation and Validation for Next Generation GNSS. In: *Handbook of Geomathematics*, Vol. 2, ed. by W. Freeden, M. Z. Nashed, T. Sonar (Springer, Heidelberg 2010) pp. 1101–1127

23.8 C. C. Counselman, S. A. Gourevitch: Miniature interferometer terminals for earth surveying: ambiguity and multipath with Global Positioning System, IEEE Trans. Geosci. Remote Sens. GE–**19**(4), 244–252 (1981)

23.9 B. W. Remondi: Global Positioning System carrier phase: description and use, J. Geodesy **59**(4), 361–377 (1985)

23.10 R. Hatch: Dynamic differential GPS at the centimeter level, 4th Int. Geod. Symp. Satell. Position., Austin (Defense Mapping Agency / National Geodetic Survey, Silver Spring 1986) pp. 1287–1298

23.11 G. Blewitt: Carrier phase ambiguity resolution for the Global Positioning System applied to geodetic baselines up to 2000 km, J. Geophys. Res. **94**(B8), 10187–10203 (1989)

23.12 E. Frei, G. Beutler: Rapid static positioning based on the fast ambiguity resolution approach FARA: Theory and first results, Manuscr. Geod. **15**(6), 325–356 (1990)

23.13 J. Euler, H. Landau: Fast GPS ambiguity resolution on-the-fly for real-time applications, 6-th Int. Geodetic Symp. Satell. Posit., Columbus (Defense Mapping Agency, Springfield 1992) pp. 650–659

23.14 P. J. G. Teunissen: Least-squares estimation of the integer GPS ambiguities, Invited Lecture, Section IV Theory and Methodology, IAG General Meeting, Beijing (IAG, Budapest 1993)

23.15 T. Hobiger, M. Sekido, Y. Koyama, T. Kondo: Integer phase ambiguity estimation in next generation geodetic very long baseline interferometry, Adv. Space Res. **43**(1), 187–192 (2009)

23.16 B. M. Kampes, R. F. Hanssen: Ambiguity resolution for permanent scatterer interferometry, IEEE Trans. Geosci. Remote Sens. **42**(11), 2446–2453 (2004)

23.17 D. Catarino das Neves Viegas, S. R. Cunha: Precise positioning by phase processing of sound waves, IEEE Trans. Signal Process **55**(12), 5731–5738 (2007)

23.18 S. Verhagen, B. Li, P. J. G. Teunissen: Ps-LAMBDA: Ambiguity success rate evaluation software for interferometric applications, Comput. Geosci. **54**, 361–376 (2013)

23.19 P. J. G. Teunissen: On the integer normal distribution of the GPS ambiguities, Artif. Satell. **33**(2), 49–64 (1998)

23.20 C. P. Robert, G. Casella: *Monte Carlo Statistical Methods*, Vol. 2 (Springer, New York 1999)

23.21 P. J. G. Teunissen: The probability distribution of the GPS baseline for a class of integer ambiguity estimators, J. Geod. **73**(5), 275–284 (1999)

23.22 P. J. G. Teunissen: Success probability of integer GPS ambiguity rounding and bootstrapping, J. Geod. **72**(10), 606–612 (1998)

23.23 P. J. G. Teunissen: Influence of ambiguity precision on the success rate of GNSS integer ambiguity bootstrapping, J. Geod. **81**(5), 351–358 (2007)

23.24 P. J. G. Teunissen: ADOP based upper bounds for the bootstrapped and the least-squares ambiguity success-rates, Artif. Satell. **35**(4), 171-179(2000)

23.25　P. J. G. Teunissen: The invertible GPS ambiguity transformations, Manuscripta Geodaetica **20**(6), 489-497(1995)

23.26　P. J. G. Teunissen: A new method for fast carrier phase ambiguity estimation, IEEE PLANS'94, Las Vegas(IEEE, Piscataway 1994) pp. 562-573, doi: 10.1109/PLANS.1994.303362

23.27　P. J. G. Teunissen: The least-squares ambiguity decorrelation adjustment: A method for fast GPS integer ambiguity estimation, J. Geod. **70**(1), 65-82 (1995)

23.28　P. De Jonge, C. C. J. M. Tiberius: The LAMBDA method for integer ambiguity estimation: Implementation aspects, Publ. Delft Comput. Centre LGR-Ser. **12**, 1-47(1996)

23.29　P. J. De Jonge, C. C. J. M. Tibernius, P. J. G. Teunissen: Computational aspects of the LAMBDA method for GPS ambiguity resolution, Proc. ION GPS 1996, Kansas(ION, Virginia 1996) pp. 935-944

23.30　L. T. Liu, H. T. Hsu, Y. Z. Zhu, J. K. Ou: A new approach to GPS ambiguity decorrelation, J. Geod. **73**(9), 478-490(1999)

23.31　E. W. Grafarend: Mixed integer-real valued adjustment (IRA) problems: GPS initial cycle ambiguity resolution by means of the LLL algorithm, GPS Solut. **4**(2), 31-44(2000)

23.32　P. Xu: Random simulation and GPS decorrelation, J. Geod. **75**(7), 408-423(2001)

23.33　P. Joosten, C. Tiberius: LAMBDA: FAQs, GPS Solut. **6**(1), 109-114(2002)

23.34　J. G. G. Svendsen: Some properties of decorrelation techniques in the ambiguity space, GPS Solut. **10**(1), 40-44(2006)

23.35　P. J. G. Teunissen: An optimality property of the integer least-squares estimator, J. Geod. **73**(11), 587-593(1999)

23.36　P. J. de Jonge: A Processing Strategy for the Application of the GPS in Networks, Ph. D. Thesis(Delft University of Technology, Delft 1998)

23.37　X. W. Chang, X. Yang, T. Zhou: MLAMBDA: A modified LAMBDA method for integer least-squares estimation, J. Geod. **79**(9), 552-565(2005)

23.38　C. C. J. M. Tiberius, P. J. De Jonge: Fast positioning using the LAMBDA method, 4th Int. Symp. on Differ. Satell. Navig. Syst. (DSNS'95), Bergen(1995) pp. 1-8

23.39　P. J. de Jonge, C. C. J. M. Tiberius: Integer estimation with the LAMBDA method, IAG Symp. No. 115, GPS Trends Terr. Airborne Spaceborne appl., Boulder, ed. by G. Beutler(Springer Verlag, Berlin 1996) pp. 280-284

23.40　F. Boon, B. Ambrosius: Results of real-time applications of the LAMBDAmethod in GPS based aircraft landings, Int. Symp. on Kinemat. Syst. Geod., Geomat. Navig. (KIS'97), Banff(Dept. of Geomatics Engineering, Univ. of Calgary, Banff 1997) pp. 339-345

23.41　D. Odijk: Fast Precise GPS Positioning in the Presence of Ionospheric Delays, Ph. D. Thesis(Delft University of Technology, Delft 2002)

23.42　P. J. G. Teunissen, P. J. de Jonge, C. C. J. M. Tiberius: The least-squares ambiguity decorrelation adjustment: Its performance on short GPS baselines and short observation spans, J. Geod. **71**(10), 589-602 (1997)

23.43　Y. F. Tsai, J. C. Juang: Ambiguity resolution validation based on LAMBDA and eigen-decomposition, Proc. ION AM 2007, Cambridge(ION, Virginia 2001) pp. 299-304

23.44　D. B. Cox, J. D. W. Brading: Integration of LAMBDA ambiguity resolution with Kalman filter for relative navigation of spacecraft, Navigation **47**(3), 205–210 (2000)

23.45　S. C. Wu, Y. E. Bar-Sever: Real-time sub-cm differential orbit determination of two low-Earth orbiters with GPS bias-fixing, Proc. ION GNSS 2006, Fort Worth (ION, Virginia 2006) pp. 2515–2522

23.46　P. J. Buist, P. J. G. Teunissen, G. Giorgi, S. Verhagen: Instantaneous multi-baseline ambiguity resolution with constraints, Int. Symp. on GPS/GNSS, Tokyo, ed. by A. Yasuda (Japan Institute of Navigation, Tokyo 2008) pp. 862–871

23.47　C. Park, P. J. G. Teunissen: A new carrier phase ambiguity estimation for GNSS attitude determination systems, Int. Symp. on GPS/GNSS, Tokyo (2003) pp. 1–8

23.48　L. Dai, K. V. Ling, N. Nagarajan: Real-time attitude determination for microsatellite by LAMBDA method combined with Kalman filtering, 22nd AIAA Int. Commun. Satell. Syst. Conf. Exhib., Monterey (AIAA, Reston 2004) pp. 136–143

23.49　R. Monikes, J. Wendel, G. F. Trommer: A modified LAMBDA method for ambiguity resolution in the presence of position domain constraints, Proc. ION GNSS 2005, Long Beach (ION, Virginia 2005) pp. 81–87

23.50　G. Giorgi, P. J. G. Teunissen, P. Buist: A search and shrink approach for the baseline constrained LAMBDA method: Experimental results, Int. Symp. on GPS/GNSS, Tokyo, ed. by A. Yasuda (Japan Institute of Navigation, Tokyo 2008) pp. 797–806

23.51　B. Eissfeller, C. C. J. M. Tiberius, T. Pany, R. Biberger, T. Schueler, G. Heinrichs: Instantaneous ambiguity resolution for GPS/Galileo RTK positioning, J. Gyrosc. Navig. **38**(3), 71–91 (2002)

23.52　F. Wu, N. Kubo, A. Yasuda: Performance evaluation of GPS augmentation using quasi-zenith satellite system, IEEE Trans. Aerosp. Electron. Syst. **40**(4), 1249–1260 (2004)

23.53　S. Ji, W. Chen, C. Zhao, X. Ding, Y. Chen: Single epoch ambiguity resolution for Galileo with the CAR and LAMBDA methods, GPS Solut. **11**(4), 259–268 (2007)

23.54　S. Verhagen: The GNSS Integer Ambiguities: Estimation and Validation, Ph. D. Thesis (Delft University of Technology, Delft 2005)

23.55　S. Verhagen: On the reliability of integer ambiguity resolution, Navigation **52**(2), 99–110 (2005)

23.56　A. Hassibi, S. Boyd: Integer parameter estimation in linear models with applications to GPS, IEEE Trans. Signal Process. **46**(11), 2938–2952 (1998)

23.57　H. E. Thomsen: Evaluation of Upper and Lower Bounds on the Success Probability, Proc. ION GPS 2000, Salt Lake City (ION, Virginia 2000) pp. 183–188

23.58　S. Verhagen: On the approximation of the integer least-squares success rate: Which lower or upper bound to use?, J. Global Position. Syst. **2**(2), 117–124 (2003)

23.59　P. J. G. Teunissen, P. Joosten, C. C. J. M. Tiberius: Geometry-free ambiguity success rates in case of partial fixing, Proc. ION NTM 1999, San Diego (ION, Virginia 1999) pp. 201–207

23.60　B. Forsell, M. Martin Neira, R. Harris: Carrier phase ambiguity resolution in GNSS-2, Proc. ION GPS 1997, Kansas City (ION, Virginia 1997) pp. 1727–1736

23.61　R. Hatch, J. Jung, P. Enge, B. Pervan: Civilian GPS: the benefits of three frequencies, GPS Solut. **3**(4), 1–9 (2000)

23.62　P. J. G. Teunissen, P. Joosten, C. C. J. M. Tiberius: A comparison of TCAR, CIR and LAMBDA GNSS ambiguity resolution, Proc. ION GPS 2002, Portland(ION, Virginia 2002) pp. 2799-2808

23.63 B. Li, Y. Feng, Y. Shen: Three carrier ambiguity resolution: Distance-independent performance demonstrated using semi-generated triple frequency GPS signals, GPS Solut. **14**(2), 177-184(2010)

23.64 A. Parkins: Increasing GNSS RTK availability with a new single-epoch batch partial ambiguity resolution algorithm, GPS Solut. **15**(4), 391-402(2011)

23.65 D. G. Lawrence: A new method for partial ambiguity resolution, Proc. ION ITM 2009, Anaheim(ION, Virginia 2009) pp. 652-663

23.66 P. J. G. Teunissen: Integer aperture GNSS ambiguity resolution, Artif. Satell. **38**(3), 79-88(2003)

23.67 P. J. G. Teunissen: Penalized GNSS Ambiguity Resolution, J. Geodesy **78**(4), 235-244(2004)

23.68 P. J. G. Teunissen: GNSS ambiguity resolution with optimally controlled failure-rate, Artif. Satell. **40**(4), 219-227(2005)

23.69 S. Verhagen: Integer ambiguity validation: An open problem?, GPS Solut. **8**(1), 36-43(2004)

23.70 S. Verhagen, P. J. G. Teunissen: New global navigation satellite system ambiguity resolution method compared to existing approaches, J. Guid. Control Dyn. **29**(4), 981-991(2006)

23.71 S. Verhagen, P. J. G. Teunissen: The ratio test for future GNSS ambiguity resolution, GPS Solut. **17**(4), 535-548(2013)

23.72 H. J. Euler, B. Schaffrin: On a measure for the dicernibility between different ambiguity solutions in the static kinematic GPS-mode, IAG Symp. No. 107 Kinemat. Syst. Geodesy Surv. Remote Sens., Tokyo, ed. by I. I. Mueller(Springer Verlag, New York, Berlin, Heidelberg 1991) pp. 285-295

23.73 H. Landau, H. J. Euler: On-the-fly ambiguity resolution for precise differential positioning, Proc. ION GPS 1992, Albuquerque(ION, Virginia 1992) pp. 607-613

23.74 H. Z. Abidin: Computational and Geometrical Aspects of On-The-Fly Ambiguity Resolution, Ph. D. Thesis(University of New Brunswick, New Brunswick 1993)

23.75 S. Han: Quality-control issues relating to instantaneous ambiguity resolution for real-time GPS kinematic positioning, J. Geodesy **71**(6), 351-361 (1997)

23.76 J. Wang, M. P. Stewart, M. Tsakiri: A discrimination test procedure for ambiguity resolution on-the-fly, J. Geodesy **72**(11), 644-653(1998)

23.77 M. Wei, K. P. Schwarz: Fast ambiguity resolution using an integer nonlinear programming method, Proc. ION GPS 1995, Palm Springs(ION, Virginia 1995) pp. 1101-1110

23.78 P. J. G. Teunissen, S. Verhagen: The GNSS ambiguity ratio-test revisited: A better way of using it, Surv. Rev. **41**(312), 138-151(2009)

23.79 P. J. G. Teunissen, S. Verhagen: Integer aperture estimation: A framework for GNSS ambiguity acceptance testing, Inside GNSS **6**(2), 66-73(2011)

23.80 P. J. G. Teunissen: The parameter distributions of the integer GPS model, J. Geodesy **76**(1), 41-48 (2002)

23.81 S. Verhagen, P. J. G. Teunissen: On the probability density function of the GNSS ambiguity residuals, GPS Solut. **10**(1), 21-28(2006)

# 第 24 章　批处理和递推模型验证

**Peter J. G. Teunissen**

忽略模型误差可能会对参数估计结果产生严重影响,因此用质量控制的方式来判断和验证估计结果至关重要。本章介绍 GNSS 模型验证和质量控制的方法。批处理和递推估计是 GNSS 数据处理中的两种常用估计方法,本章对这两种估计方法的验证和完好性监测分别进行讨论。

## 24.1　模型与验证

当为数据建立数学模型时,必须同时关注函数模型和随机模型。函数模型描述了观测值和未知参数之间的关系,而随机模型则用于描述数据的不确定性或可变性,即

$$y \sim N(E(y), D(y)) \tag{24.1}$$

式(24.1)表示数据向量 $y$ 符合期望为 $E(y)$,方差为 $D(y)$ 的正态分布。

以 GNSS 为例,函数模型 $E(y) = A(x)$ 将由伪距(码)观测量和载波相位观测量组成的向量 $y(y \in \mathbb{R}^m)$ 与参数向量 $x(x \in \mathbb{R}^n)$ 中的未知项联系起来,如卫星和接收机的位置坐标、钟差、大气延迟(对流层、电离层)、硬件/环境延迟(仪器偏差、多路径)和载波相位整周模糊度(第 21 章)。在实际数据处理中,解算哪些参数取决于测量环境和应用的精度要求。例如,在基线足够短的情况下,电离层差分延迟可以忽略不计,或者在测量装置中采取足够的预防措施时,可以避免多路径延迟的影响。

随机模型 $D(y) = Q_{yy}$ 表示测量值的内在不确定性,因此需要深入理解所使用的仪器和测量的过程。建立随机模型不仅涉及单个测量值的精度,还可能涉及多个测量值之间的互相关性和时间相关性。根据 GNSS 接收机测量的实现过程,观测数据之间可能相关也可能不相关(第 13 章和第 14 章)。此外,还应考虑观测数据中可能存在的时间相关性,特别是高采样率的观测数据。

根据不同的 GNSS 应用,GNSS 的函数模型可以从一套完备的模型 $A(\mathbb{R}^n \to \mathbb{R}^m)$ 中进行选择(第 21 章)。GNSS 相对定位基于同时工作的两台(单基线)或两台以上(多基线或网络)接收机,具有几何相关和几何无关两种观测模型。对于几何无关模型,模型中涉及的未知为卫星到接收机的距离而非基线分量。GNSS 模型也可以根据接收机是否处于运动状态进行区分(动态或静态)。当接收机处于运动状态时,定位的解算结果体现为一条或多条轨迹,即随接收机与卫星之间的几何构型变化,每个历元将产生一个新的位置

解算结果。

对于数学模型

$$y \sim N(A(x), Q_{yy}) \tag{24.2}$$

函数模型可能存在 $E(y) \neq A(x)$ 的情况,方差矩阵也可能存在 $D(y) \neq Q_{yy}$ 的情况,甚至对于 $y$ 符合正态分布的假设也并非符合实际。

鉴于误设定(misspecifications)是实际出现的最常见的模型误差,本章仅关注对误设定的讨论,如相位观测数据中的周跳、伪距观测数据中的异常值、天线高度误差、大气延迟误差或其他 GNSS 模型参数误差等(参见文献[24.1-21.9])。若不考虑模型误差可能会严重影响 GNSS 估计结果,因此建立适当的数据和模型质量控制算法,对于判断和验证估计结果至关重要。

本章介绍 GNSS 模型验证和质量控制的通用方法,这些方法不依赖于任何特定的 GNSS 应用,它们适用于不同的 GNSS 模型,可以在不同的处理阶段进行质量控制,如信道/接收机/基线/网络级别的质量控制。在单通道中可以验证非差数据的时间序列。结合部分参数(如距离、钟差误差、对流层延迟、轨道不确定性)以及建立电离层延迟随时间变化的动力学模型,我们有必要引入用于验证的冗余观测。这种单通道数据验证有助于在早期发现比较大的异常值(参见文献[24.10-24.13])。

额外的冗余条件可以在接收机和基线上进行更具功效的检验[24.14-24.19]。这种检验方法是将观测方程中单接收机(如精密单点定位(PPP))或双接收机(如实时精密定位(RTK))的位置或基线坐标视为参数。这里的冗余主要源于设计矩阵中接收机—卫星的几何构型并假设模糊度不随时间变化。当接收机位置处于静止状态时,或考虑接收机的阵列或网络时,可以引入额外冗余(参见文献[24.20-24.22])。

批处理和递推估计是 GNSS 数据处理的常用方法,本章将讨论这两种方法的质量控制。由于批处理是递推估计的基础,因此本章从批处理方法开始介绍。24.2 节给出检验假设的框架,并引入可测(testable)偏差和不可测(influential)偏差的概念。24.3 节介绍了检验统计量的一般形式,并讨论了其特性和在 GNSS 中的使用,包括最小可探测偏差(minimal detectable biases,MDB)和危险漏检(hazardous missed detection,HMD)的重要概念。24.4 节讨论了多重假设检验的处理过程,包括对模型误差进行探测、识别和自适应的步骤。24.5 节基于卡尔曼滤波递推算法进一步讨论 GNSS 模型误差探测、识别和自适应的步骤。根据所需检验功效的不同,本章阐述了局部检验和全局检验之间的差异。为了明确解释上述概念,本章在相应章节给出了多个示例进行说明。

## 24.2 批处理模型验证

### 24.2.1 原假设与备择假设

在开始进行统计模型验证之前,首先明确原假设 $H_0$ 与备择假设 $H_a$ 的概念。原假设

是指在正常条件下有效的模型,也称为有效假设,可写为

$$H_0 : E(\boldsymbol{y}) = \mathbf{A}\boldsymbol{x}, D(\boldsymbol{y}) = Q_{yy} \tag{24.3}$$

式中:$\boldsymbol{y} \in \mathbb{R}^m$ 为观测向量;$\boldsymbol{x} \in \mathbb{R}^n$ 为未知参数向量;已知 $m \times n$ 阶设计矩阵 $A$ 为 rank$(A) = n$ 的满秩矩阵;$Q_{yy}$ 为 $m \times m$ 正定矩阵。对于 GNSS 而言,式(24.3)由线性化后的伪距和载波相位观测方程形成(第 19 章、第 21 章和文献[24.5,24.7,24.23,24.24])。

为了对原假设和备择假设进行检验,我们需要知道可能会出现哪类误设定。当然,原假设的每部分均可能存在误设定,本节的讨论仅限于对 $\boldsymbol{y}$ 的平均值 $E(\boldsymbol{y})$ 建模的误设定。经验表明,这是建模时最常见的误设定。因此,备择假设的形式为

$$H_a : E(\boldsymbol{y}) = \mathbf{A}\boldsymbol{x} + \mathbf{C}\boldsymbol{b}, D(\boldsymbol{y}) = Q_{yy} \tag{24.4}$$

式中:$[\mathbf{A}, \mathbf{C}]$ 为已知的 $m \times (n+q)$ 阶满秩矩阵;$\boldsymbol{b} \in \mathbb{R}^q / \{0\}$ 为附加未知参数向量;$q$ 为 $\boldsymbol{b}$ 元素的数量,范围可以从 1 取到 $m-n$。因此,附加参数的最大数量等于 $H_0$ 的冗余度。在这种情况下,$q = m-n$,$[\mathbf{A}, \mathbf{C}]$ 变成一个可逆方阵,这意味着对 $\boldsymbol{y}$ 的均值 $E(\boldsymbol{y}) \in \mathbb{R}^m$ 不再施加任何限制。

式(24.4)中 $\boldsymbol{y}$ 均值可能存在的偏差,可表示为

$$\boldsymbol{b}_y = \mathbf{C}\boldsymbol{b} \tag{24.5}$$

例如,通过 $\boldsymbol{b}_y = \mathbf{C}\boldsymbol{b}$ 可以对观测数据中的一个或多个误设定(异常值)、模型中被忽略的大气延迟效应,或在 $H_0$ 假设下未考虑的其他系统误差进行建模。

这里给出 GNSS 领域中 $m \times q$ 阶矩阵 $\mathbf{C}$ 的部分示例(注:在 $q = 1$ 的情况下,$m \times q$ 矩阵 $\mathbf{C}$ 变成一个向量,用小写 $\boldsymbol{c}$ 表示)。

(1) 第 $i$ 个异常伪距观测量:如果观测值向量 $\boldsymbol{y}$ 仅由伪距观测数据组成,则有 $q = 1$ 和 $\boldsymbol{c} = (0, \cdots, 0, 1, 0, \cdots, 0)^\mathrm{T}$,其中 $\boldsymbol{c}$ 的第 $i$ 项为 1。

(2) 开始于历元 $l \le k$ 的载波相位的周跳:如果 $\boldsymbol{y}$ 由覆盖 $k$ 个历元的单通道载波相位观测数据组成,则 $q = 1$ 和 $\boldsymbol{c} = (0, \cdots, 0, 1, 1, \cdots, 1)^\mathrm{T}$,其中 $\mathbf{C}$ 的最后 $k-l+1$ 项为 1s。

(3) GNSS 基线网第 $i$ 个基线的误差:如果 $\boldsymbol{y}$ 由基线向量组成,则 $q = 3$ 且 $\mathbf{C} = (0, \cdots, 0, \boldsymbol{I}_3, 0, \cdots, 0)^\mathrm{T}$,第 $i$ 个矩阵项为单位矩阵 $\boldsymbol{I}_3$。

(4) GNSS 接收机位置处的天线高度误差:如果 $\boldsymbol{y}$ 由三维基线矢量组成,则 $q = 1$ 且 $\boldsymbol{c} = (0, \cdots, 0, \partial N/\partial h, \partial E/\partial h, \partial U/\partial h, 0, \cdots, 0)^\mathrm{T}$,其中非零项是线性化后的 NEU 坐标系至椭球坐标系的旋转矩阵。

(5) 卫星故障:令 $\boldsymbol{y} = (\cdots, \boldsymbol{y}^{s\mathrm{T}}, \cdots)^\mathrm{T}$ 为观测向量,其中 $\boldsymbol{y}^s$ 包含故障卫星 $s$ 的所有 $m_s$ 个观测值。假设故障卫星影响卫星 $s$ 的所有 $m_s$ 个观测值,则 $q = m_s$ 以及 $\mathbf{C} = (0, \cdots, 0, \boldsymbol{I}_{m_s}, 0, \cdots, 0)^\mathrm{T}$。

(6) 参考星 $s$ 单频信号的电离层梯度:令 $\boldsymbol{y}$ 由 $2(m-1)(n-1)$ 个单历元双差(DD)伪距和相位观测数据组成,其中 $n$ 台接收机跟踪 $m$ 颗卫星,假设参考星数据受电离层梯度影响。那么 $q = 3$,$\boldsymbol{b}$ 为三维电离层梯度,以及 $\mathbf{C} = [(\boldsymbol{e} \otimes \boldsymbol{B}^\mathrm{T})^\mathrm{T}, -(\boldsymbol{e} \otimes \boldsymbol{B}^\mathrm{T})^\mathrm{T}]^\mathrm{T}$。其中,$\boldsymbol{e}$ 为 $(m-1)$ 维向量(元素均为 1,单位为秒),$\otimes$ 为克罗内克乘积,$\boldsymbol{B} = [\boldsymbol{x}_1, \cdots, \boldsymbol{x}_{n-1}]$ 为基线向量的 $3 \times (n-1)$ 矩阵。

这些仅是式(24.4)和式(24.5)中模型误差的几个示例。本章的理论和方法适用于任何情况,读者可以从文献[24.20,24.25-24.28]中获取更多示例。

## 24.2.2 无偏解与有偏解

在讨论 $H_0$ 和 $H_a$ 的假设检验之前,首先考虑偏差对解产生的影响。在 $H_0$ 假设式(24.3)下,计算 $x$ 和 $Ax$ 的最小二乘(LS)估计量以及残差向量,即

$$\begin{cases} \hat{x} = A^+ y \\ \hat{y} = P_A y \\ \hat{e} = P_A^\perp y \end{cases} \tag{24.6}$$

LS 逆为

$$A^+ = (A^T Q_{yy}^{-1} A)^{-1} A^T Q_{yy}^{-1}$$

正交投影为

$$P_A = AA^+ \text{ 和 } P_A^\perp = I_m - P_A$$

图 24.1 展示了 LS 估计的几何意义及其正交分解 $y = \hat{y} + \hat{e}$。这里定义的方差矩阵 $Q_{yy}$ 为正交矩阵。由 $\hat{y} \perp \hat{e}$ 可以导出,若向量 $\hat{y}$ 和 $\hat{e}$ 符合正态分布,则两者相互独立。因此,$\hat{x}$ 也独立于 $\hat{e}$。

在 $H_0$ 和 $H_a$ 假设下,估计量 $\hat{x}$, $\hat{y}$ 和 $\hat{e}$ 的分布为

$$\begin{cases} \hat{x} \overset{H_0}{\sim} N(x, Q_{\hat{x}\hat{x}}), \hat{x} \overset{H_a}{\sim} N(x + b_{\hat{x}}, Q_{\hat{x}\hat{x}}) \\ \hat{y} \overset{H_0}{\sim} N(Ax, Q_{\hat{y}\hat{y}}), \hat{x} \overset{H_a}{\sim} N(Ax + b_{\hat{y}}, Q_{\hat{y}\hat{y}}) \\ \hat{e} \overset{H_0}{\sim} N(0, Q_{\hat{e}\hat{e}}), \hat{e} \overset{H_a}{\sim} N(b_{\hat{e}}, Q_{\hat{e}\hat{e}}) \end{cases} \tag{24.7}$$

方差矩阵为 $Q_{\hat{x}\hat{x}} = (A^T Q_{yy}^{-1} A)^{-1}$, $Q_{\hat{y}\hat{y}} = = AQ_{\hat{x}\hat{x}}A^T$ 和 $Q_{\hat{e}\hat{e}} = Q_{yy} - Q_{\hat{y}\hat{y}}$,偏差向量为

$$\begin{cases} b_{\hat{x}} = A^+ b_y \\ b_{\hat{y}} = P_A b_y \\ b_{\hat{e}} = P_A^\perp b_y \end{cases} \tag{24.8}$$

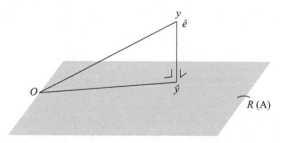

图 24.1 观测向量的正交分解 $y = \hat{y} + \hat{e}, \hat{y} = P_A y \in R(A), \hat{e} = P_A^\perp y \in R(A)^\perp$

因此,原假设下 LS 估计量为无偏估计量,在备择假设下则并非如此,其偏差式(24.8)通过式(24.6)对式(24.5)中的偏差 $b_y$ 传播得到。

对式(24.6)几何意义的解释同样适用于式(24.8)(见图24.2)。类似于 $y = \hat{y} + \hat{e}$，有正交分解，即

$$\boldsymbol{b}_y = \boldsymbol{b}_{\hat{y}} + \boldsymbol{b}_{\hat{e}} \qquad (24.9)$$

将上式各项称为

$$\begin{cases} \boldsymbol{b}_y = 实际偏差 \\ \boldsymbol{b}_{\hat{y}} = 影响偏差 \\ \boldsymbol{b}_{\hat{e}} = 可检验偏差 \end{cases} \qquad (24.10)$$

由于向量 $b_{\hat{e}}$ 在 $H_0$ 假设下为零，因此可以对偏差向量 $b_y$ 的各分量进行检验，但 $b_{\hat{y}}$ 向量的各分量却无法检验，其位于矩阵 $A,\ b_{\hat{y}} \in R(A)$ 的范围空间内，因此会直接被参数向量吸收。作为偏差矢量 $b_y$ 的组成部分，$b_{\hat{y}}$ 直接对参数解算产生影响。

显然，$b_y \in R(A)^\perp$ 是最佳情况。在这种条件下，可对完整的偏差向量进行检验，并且不影响参数解；$b_y \in R(A)$ 则是最差情况，在这种情况下我们无法对偏差进行检验，偏差向量将完全被参数解吸收。

## 24.2.3　不可测偏差(Influential bias)对参数估计的影响

为了从概率意义上评估偏差的影响，考虑其对参数估计量 $\hat{x}$ 置信区域的影响。因为

$$\parallel \hat{x} - x \parallel^2_{Q_{\hat{x}\hat{x}}} \overset{H_0}{\sim} \chi^2(n,0)$$

$$\parallel \hat{x} - x \parallel^2_{Q_{\hat{x}\hat{x}}} = (\hat{x} - x)^\mathrm{T} Q_{\hat{x}\hat{x}}^{-1}(\hat{x} - x)$$

因此有 $100(1-\eta)\%$ 置信区域为

$$\parallel \hat{x} - x \parallel^2_{Q_{\hat{x}\hat{x}}} \leq \chi^2_\eta(n,0) \qquad (24.11)$$

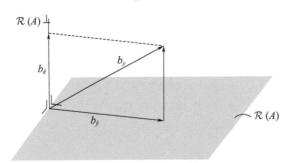

图 24.2　偏差分解：实际偏差通过 $b_y = b_{\hat{y}} + b_{\hat{e}}$ 正交分解为不可测偏差 $b_{\hat{y}} \in R(A)$ 和可测偏差 $b_{\hat{e}} \in R(A)^\perp$ (见文献[24.29])

式中：$\chi^2_\eta(n,0)$ 为 $\chi^2(n,0)$ 分布的纵坐标值；$\eta$ 为在 $\chi^2(n,0)$ 分布上找到的一个大小为 $\eta$ 的区域。因此在 $H_0$ 假设下，$\hat{x}$ 位于以 $x$ 为中心的椭球区域之外的概率等于 $100\eta\%$。

对于实际问题，系统设计的标准会给出 $100(1-\eta)\%$ 可接受置信区域的大小和形状信息。一旦给出 $\eta$，就可得出在置信区域下估计 $\hat{x}$ 所需的精度。因此，也可得出在系统设计或测量方案的设计中(即选择 $A$ 和 $Q_{yy}$)需要采用的方差矩阵 $Q_{\hat{x}\hat{x}} = (A^\mathrm{T} Q_{yy}^{-1} A)^{-1}$。

我们希望 $\hat{x}$ 落在置信区域之外的概率较低,因此 $\eta$ 通常很小。在安全性要求高的情况下,甚至会把这种情况视为危险事件。但是如果解 $\hat{x}$ 中存在偏差,这种危险事件发生的概率就会增加。当存在偏差时,即在 $H_a$ 假设下,危险发生的可能性将大于 $100\eta\%$。为了评估这种可能性,利用非中心 $\chi^2$ 分布,即

$$\| \hat{x} - x \|^2_{Q_{\hat{x}\hat{x}}} \overset{H_a}{\sim} \chi^2(n, \lambda_{\hat{y}}^2) \tag{24.12}$$

非中心参数为

$$\lambda_{\hat{y}}^2 = b_{\hat{x}}^T Q_{\hat{x}\hat{x}}^{-1} b_{\hat{x}} = b_{\hat{y}}^T Q_{yy}^{-1} b_{\hat{y}} = \| b_{\hat{y}} \|^2_{Q_{yy}} \tag{24.13}$$

因此 $H_a$ 假设下,偏差—噪声比(bias-to-noise,BNR)$\lambda_{\hat{y}}$ 会对 $\chi^2$ 分布造成影响。在 $H_a$ 假设下,危险发生的概率($\hat{x}$ 位于 $100(1-\eta)\%$ 置信区域之外的概率)为

$$P_H = P(\| \hat{x} - x \|^2_{Q_{\hat{x}\hat{x}}} \geqslant \chi^2_\eta(n, 0) \mid H_a) \tag{24.14}$$

并且不可测偏差与噪声之比 $\lambda_{\hat{y}}$ 越大,该概率则越大。

对 $A$ 和 $Q_{yy}$ 进行选择后,危险概率 PH 则取决于 $C$ 和 $b$,即取决于偏差的类型和大小。因此,式(24.14)可以用来确定危险事件发生的概率与偏差的关系。通过这种方式,可以找出哪些偏差确实影响较大。例如,如果设置了最大允许 PH 值的标准,那么对式(24.14)进行反演,即可得出相应的最大允许偏差。

通过以上描述,我们已选择了置信区域来作为判断解质量的区域。除此之外,也可以不选择置信区域本身,而选择其他以 $x$ 为中心的区域 $R_x$。在某些情况下,这样的区域可能更适合特定应用,从而使用 $P_H = P(\hat{x} \notin R_x \mid H_a)$ 计算危险概率。

接下来,本章给出影响噪声-偏差之比的有关示例。

#### 24.2.3.1 示例 24.1 有影响的异常值

考虑一个由非相关标量观测值 $y_i, i = 1, \cdots, k$ 组成的时间序列,假设其均具有相同的均值 $E(y_i) = x$ 和相同的方差 $D(y_i) = \sigma^2$。这样就可以简单表示为线性模型 $A = (1, \cdots, 1)^T$ 和 $Q_{yy} = \sigma^2 I_k$。如果认为在历元 $l$ 出现一个大小为 $b$ 的异常值,则 $b_y = c_l b$,其中 $c_l$ 为标准单位向量,其第 $l$ 项为 1。由此可以计算 LS 估计量的方差为 $\sigma_{\hat{x}}^2 = \sigma^2/k$,不可测偏差为 $b_{\hat{x}} = b/k$。因此,不可测偏差与噪声之比可表示为

$$\lambda_{\hat{y}}(\text{outlier}) = \frac{1}{\sqrt{k}} \frac{|b|}{\sigma} \tag{24.15}$$

该式表明:随着 $k$ 的增加,异常值对 LS 解的影响将变小。

#### 24.2.3.2 示例 24.2 有影响的周跳

前面的示例中,对称性的问题使得异常发生的时间 $l$ 不会影响估计参数。现在假设在历元 $l$ 处发生了大小为 $b$ 的周跳。有 $b_y = s_l b$,$s_l = (0, \cdots, 0, 1, \cdots, 1)^T$,其中有 $(k - l + 1)$ 项等于 1。由此可以计算不可测偏差 $b_{\hat{x}} = (k - l + 1) b/k$,表明不可测偏差在 $l = 1$ 时最大,而在 $l = k$ 时最小。在第一种情况下,由于 $A$ 和 $s_l$ 相同,因此偏差无法检验并且会完全被参数解吸收。在第二种情况下,周跳发生在最后一个历元,类似于异常值。当

$\sigma_{\hat{x}}^2 = \sigma^2/k$ 时,不可测偏差与噪声之比可表示为

$$\lambda_{\hat{y}}(\text{slip}) = \frac{(k-l+1)}{\sqrt{k}} \frac{|b|}{\sigma} \quad (24.16)$$

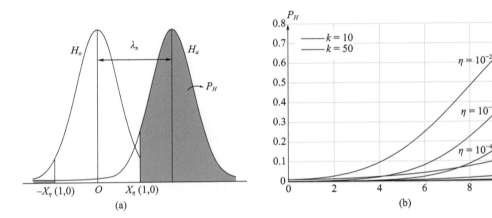

图 24.3 (a)示例 24.1 中,在 $H_0$ 和 $H_a$ 假设下 $(\hat{x}-x)/\sigma_{\hat{x}}$ 的概率密度函数(PDF);

(b)危险概率 $P_H = P((\hat{x}-x)^2/\sigma_{\hat{x}}^2 \geq \chi_\eta^2(1,0) | H_a)$ 与 $|b|/\sigma$ 的函数关系

与式(24.15)相反,从该式可以看出:当 $k$ 变大时,周跳的影响变得更为显著。

### 24.2.3.3 示例 24.3 异常值影响的 BNR

如果观测值的方差矩阵是对角阵,例如 $Q_{yy} = \text{diag}(\sigma_{y_1}^2, \cdots, \sigma_{y_m}^2)$,而矩阵 $C$ 是标准单位向量 $c_i = (0, \cdots, 1, \cdots, 0)^T$,则不可测偏差与噪声之比可简化为

$$\lambda_{\hat{y}} = \frac{\sigma_{\hat{y}_i}}{\sigma_{y_i}} \frac{|b|}{\sigma_{y_i}} \quad (24.17)$$

因此,那些对精度无显著提高的观测值中存在的异常值影响最大。

### 24.2.3.4 示例 24.4 $P_H$ 和偏差

图 24.3 中给出了示例 24.1 危险发生的概率 $P_H$ 在不同 $\eta$ 和 $k$ 情况下与 $|b|/\sigma$ 的关系,有

$$\frac{(\hat{x}-x)}{\sigma_{\hat{x}}} \overset{H_a}{\sim} N(\lambda_{\hat{y}}(\text{outlier}), 1)$$

$$P\left(\frac{(\hat{x}-x)^2}{\sigma_{\hat{x}}^2} \geq \chi_\eta^2(1,0) | H_a\right) = \Phi(-\chi_\eta(1,0) + \lambda_{\hat{y}}) + \Phi(-\chi_\eta(1,0) - \lambda_{\hat{y}})$$

其中: $\lambda_{\hat{y}}(\text{outlier})$ 参见式(24.15),有

$$\Phi(x) = \int_{-\infty}^{x} \frac{1}{\sqrt{2\pi}} \exp\left(-\frac{1}{2}v^2\right) dv$$

如图 24.3 所示,当存在较大偏差时,危险发生的可能性更大;如果在 $H_0$ 假设下,那么危险

事件 $\eta$ 发生的可能性较小，并且如果使用更多历元的数据（更有效的模型），那么危险发生的概率将会变得更小。

## 24.3 偏差检验

### 24.3.1 最大功效检验统计量

检验原假设 $H_0$ 和其备择假设是为了得到危险发生的保护门限。注意

$$E(y) = Ax + Cb$$
$$D(y) = Q_{yy}$$

式(24.3)和式(24.4)可以替换为

$$H_0: b = 0, H_a: b \neq 0 \tag{24.18}$$

现在需要确定是否可以忽略偏差 $b$。在 $H_a$ 假设下，估计 $b$ 并评估其影响似乎较为合理，因此 $b$ 的 LS 解为

$$\begin{cases} \hat{b} = (\bar{C}^T Q_{yy}^{-1} \bar{C})^{-1} \bar{C}^T Q_{yy}^{-1} y \\ \bar{C} = P_A^\perp C \end{cases} \tag{24.19}$$

为了评估其影响，我们需要考虑 $\hat{b}$ 的精度，并将 $\hat{b}$ 与方差矩阵 $Q_{\hat{b}\hat{b}} = (\bar{C}^T Q_{yy}^{-1} \bar{C})^{-1}$ 进行比较。该比较可以量化为一个标量 $T_q$（无量纲的二次型），即

$$T_q = \hat{b}^T Q_{\hat{b}\hat{b}}^{-1} \hat{b} \tag{24.20}$$

如果 $T_q$ 足够小，那么不需要估计 $\hat{b}$。在这种情况下，可以认为不存在偏差。因此，如果 $T_q$ 足够小，则接受（不拒绝）$H_0$，即

$$\text{若 } T_q \leq \chi_\alpha^2(q,0), \text{则接受} H_0 \tag{21.21}$$

否则拒绝 $H_0$，仍然需要选择 $\chi_\alpha^2(q,0)$ 的容差（或临界）值。为了判断临界值的大小，需要检验统计量 $T_q$ 的分布。它由非中心 $\chi^2$ 分布给出[24.29-24.31]，即

$$T_q \sim \chi^2(q, \lambda_{\hat{e}}^2) \tag{24.22}$$

非中心参数为

$$\lambda_{\hat{e}}^2 = b^T Q_{\hat{b}\hat{b}}^{-1} b = b_{\hat{e}}^T Q_{yy}^{-1} b_{\hat{e}} = \| b_{\hat{e}} \|_{Q_{yy}}^2 \tag{24.23}$$

注意，$H_0$ 假设下 $\lambda_{\hat{e}} = 0$，检验统计量 $T_q$ 具有中心 $\chi^2$ 分布。给定 $T_q$ 的分布，我们可以计算概率，即

$$\begin{cases} P_{FA} = P[T_q > \chi_\alpha^2(q,0) \mid \mathcal{H}_0] = \alpha \\ P_{MD} = P[T_q > \chi_\alpha^2(q,0) \mid \mathcal{H}_\alpha] = \beta \end{cases} \tag{24.24}$$

误警率 $P_{FA}$ 是指在原假设 $\mathcal{H}_0$ 为真的情况下拒绝原假设的概率，也称为显著性水平或检验水准。通过选择误警率（例如 $P_{FA} = \alpha$），可以计算出相应的临界值 $\chi_\alpha^2(q,0)$ 并进行检验，$\alpha$ 的选值 取决于不同的应用。例如，设置 $\alpha = 0.1\%$ 表示将有 1‰的概率错误拒绝原假设。$\alpha$ 越大，$\chi_\alpha^2(q,0)$ 的容差值将越小。

当误警的代价较高时,我们会倾向于选择较小的 $\alpha$ 值。例如,传统地面测量中,观测结果被拒绝需要进行重新测量,因此误警可能会造成成本高昂。对于 GNSS 的情况则完全不同,观测成本相对便宜,而且随着高采样率的应用,有大量的冗余观测数据。因此,在当今众多 GNSS 的应用中,可以选择比传统测量更大的 $\alpha$ 值。

有时我们不仅只拒绝或不拒绝零假设,可能还想知道做出决定所依据证据的强度。因此,可以在不同的显著性水平 $\alpha$ 下检验原假设是否被拒绝,其中能够做出拒绝原假设的最小显著性水平称为 $p$ 值。它定义为在 $H_0$ 假设条件下,获得等于或大于实际观测的检验统计结果的概率,即

$$p(T_q) = \int_{T_q}^{\infty} f_{\chi^2(q,0)}(x)\,\mathrm{d}x \qquad (24.25)$$

式中:$f_{\chi^2(q,0)}(x)$ 为 $\chi^2$ 分布的概率密度函数(PDF)。$p$ 值越小,拒绝 $H_0$ 的证据就充分。

漏检概率 $P_{\mathrm{MD}}$ 是错误接受原假设的概率。漏检概率的补集称为检验力度,即

$$P_{\mathrm{power}} = 1 - P_{\mathrm{MD}} = \gamma$$

根据 $\chi_\alpha^2(q,0)$ 和 $H_a$ 假设下 $T_q$ 的分布,漏检概率 $P_{\mathrm{MD}}$ 取决于所选择的误警率 $\alpha$ 和偏差噪声比 $\lambda_{\hat{e}}$。因此,它取决于偏差 $b$ 以及 $Q_{\hat{b}\hat{b}}$ 的精度。$P_{\mathrm{MD}}$ 随 $\lambda_{\hat{e}}$ 单调递减,偏差越大或估计越精确,漏检概率 $P_{\mathrm{MD}}$ 越小。

我们希望误差概率 $P_{\mathrm{FA}}$ 和 $P_{\mathrm{MD}}$ 都比较小,但实际上,我们无法同时对两者进行最小化。如果选择较小的 $\alpha$,则 $\beta$ 将变大,反之亦然,如图 24.4 所示。Neyman 和 Pearson[24.32]对此开展研究,针对给定的误警值 $\alpha$ 使权重 $\gamma = 1 - \beta$ 达到最大化。在这种情况下,上述检验可以被证明具有最优性[24.29,24.30],称为一致最优不变(uniformly most powerful invariant, UMPI)检验。因此固定误警值时,它在所有不变检验中具有最小的漏检概率。

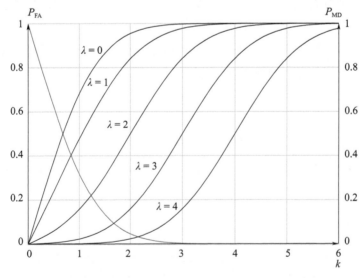

图 24.4 误警和漏检概率,$P_{\mathrm{FA}} = 2[1 - \Phi(k)]$ 和 $P_{\mathrm{MD}} = [\Phi(k-\lambda) + \Phi(k+\lambda) - 1]$ 为 $k$ 和 $\lambda$ 的函数,$\mathcal{H}_0$ 条件下 $\lambda = 0$,$\mathcal{H}_a$ 条件下 $\lambda \neq 0$,检验统计量为 $T_{q=1} \sim \chi^2(1, \lambda^2)$,拒绝区间为 $T_{q=1} > k^2$。当误警概率变小时,漏检概率 $P_{\mathrm{MD}} = \beta$ 会变大。当固定 $P_{\mathrm{FA}}$(或 $k$)时,较大的 $\lambda$ 将导致漏检概率变小

下面给出部分可测 BNR 示例。

#### 24.3.1.1　示例 24.5　可测异常值

对于示例 24.1 的情况,计算出异常值的可检验 BNR 为

$$\lambda_{\hat{e}}(\text{outlier}) = \left(1 - \frac{1}{k}\right)^{\frac{1}{2}} \frac{|b|}{\sigma} \tag{24.26}$$

因此,当 $k = 1$ 时,异常值无法检验,在此情况下缺少冗余观测。

#### 24.3.1.2　示例 24.6　异常值 $P_{\text{MD}}$

考虑示例 24.1 的情况,假设在第 $j$ 个观测值中存在异常值,则异常值检验统计量为

$$T_{q=1} = \left(\frac{\hat{b}}{\sigma_{\hat{b}}}\right)^2 \tag{24.27}$$

$$\hat{b} = \frac{k}{k-1}(y_j - \bar{y})$$

方差为

$$\sigma_{\hat{b}}^2 = \frac{k}{k-1}\sigma^2$$

式中:$\bar{y}$ 为 $k$ 个观测值的平均值。对于不同的 $k$ 和 $\alpha$ 值,异常值检验统计量 $T_{q=1} > \chi_\alpha^2(1,0)$ 的漏检概率 $P_{\text{MD}}$ 如图 24.5 所示。

#### 24.3.1.3　示例 24.7　可测周跳

考虑示例 24.2,可以计算出周跳的可测 BNR 为

$$\lambda_{\hat{e}}(\text{slip}) = \left[(l-1)\left(1 - \frac{l-1}{k}\right)\right]^{\frac{1}{2}} \frac{|b|}{\sigma} \tag{24.28}$$

当 $l = 1$ 和 $k = 1$ 时,周跳无法检验。当 $l = 1$ 时,周跳被参数解完全吸收,因此无法检验;当 $k = 1$ 时,由于缺乏冗余观测,周跳也无法检验。如果周跳发生在观测值时间序列的中间,当时刻 $k$ 为满足 $\frac{1}{2}k + 1 = \arg\max_l \lambda_{\hat{e}}$ 的最近整数,则该时刻为检验周跳的最佳时机。

#### 24.3.1.4　示例 24.8　异常测试的 BNR

如果观测值的方差矩阵是对角阵,即 $\mathbf{Q}_{yy} = \text{diag}(\sigma_{y_1}^2, \cdots, \sigma_{y_m}^2)$,而矩阵 $C$ 是标准单位向量 $c_i = (0, \cdots, 1, \cdots, 0)^T$,则可测 BNR 简化为

$$\lambda_{\hat{e}} = \left[1 - \left[\frac{\sigma_{\hat{y}_i}}{\sigma_{y_i}}\right]^2\right]^{\frac{1}{2}} \frac{|b|}{\sigma_{y_i}} \tag{24.29}$$

因此,若观测值对精度提高没有明显贡献且这些观测值中存在异常值,那么它们很难被检验出来。

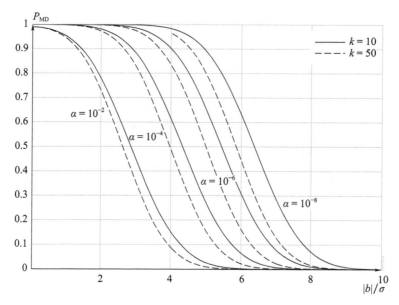

图 24.5 示例 24.1、24.5 和 24.6 的异常值检验的漏检概率 $P_{MD}$ 与 $|b|/\sigma$ 的函数关系，图中显示了不同的历元数 $k(10,50)$ 和不同的显著性水平 $\alpha$

## 24.3.2 检验统计量 $T_q$ 的其他表达式

UMPI 检验统计量也存在其他表达形式。这些表达式从另外的角度提供了更深层次的见解，并给出了该统计量的其他计算方式。本节介绍文献[24.29]所述的三种几何表达式。

$T_q$ 第一种表达式可表示为估计偏差矢量的平方加权范数，即

$$T_q = \hat{b}^T Q_{\hat{b}\hat{b}}^{-1} \hat{b} = \| \hat{b} \|_{Q_{\hat{b}\hat{b}}}^2 \tag{24.30}$$

该式表明 $T_q$ 为 $\hat{b}$ 长度的平方。用几何形式表示检验统计量的三种方法为（图 24.6）

$$\| \hat{b} \|_{Q_{\hat{b}\hat{b}}}^2 = \| P_{\bar{C}} y \|_{Q_{yy}}^2 = \| \hat{y} - \hat{y}_a \|_{Q_{yy}}^2 = \| \hat{e} \|_{Q_{yy}}^2 - \| \hat{e}_a \|_{Q_{yy}}^2 \tag{24.31}$$

通过替换得到第一个表达式，即

$$\hat{b} = (\bar{C}^T Q_{yy}^{-1} \bar{C})^{-1} \bar{C}^T Q_{yy}^{-1} y$$

$$\bar{C} = P_A^\perp C$$

将式(24.19)代入式(24.30)可得。

第二个表达式通过使用投影分解 $P_{[A,C]} = P_A + P_{\bar{C}}$，从而得到 $H_0$ 和 $H_a$ 假设下 $y$ 平均值的最小二乘估计量 $\hat{y} = P_A y$ 和 $\hat{y}_a = P_{[A,C]} y$。式(24.31)的第二个表达式表明检验统计量是两个假设之间分离解的平方范数。

式(24.31)的第三个表达式通过使用

$$P_A^\perp = P_{[A,C]}^\perp + P_{\bar{C}}$$

得到

$$\hat{e} = P_A^\perp y$$

$$\hat{e}_a = P_{[A,C]}^\perp y$$

$$\mathcal{R}(A,C)^\perp \perp \mathcal{R}(\overline{C})$$

第三个表达式表明：检验统计量也可以表示为分别在 $H_0$ 和 $H_a$ 假设下最小二乘残差的平方范数之差。因此，

$$T_q = \|\hat{b}\|_{Q_{\hat{b}\hat{b}}}^2$$

表示从 $H_0$ 假设到 $H_a$ 假设，残差加权平方和的减小值。

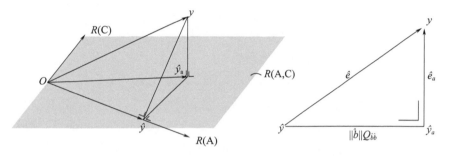

图 24.6  UMPI 检测统计量 $T_q = \|\hat{b}\|_{Q_{\hat{b}\hat{b}}}^2$ 的几何意义（见文献[24.29]）

## 24.3.3  基于最小二乘残差表示的检验统计量 $T_q$

当使用式(24.30)或式(24.31)来计算 $T_q$ 时，需要分别在 $H_a$ 假设下对 $\hat{b}$, $\hat{y}_a$ 或 $\hat{e}_a$ 进行显式估计。如果使用式(24.31)的第一种表达式，可以避免这种情况，从而得到 $P_{\overline{C}} y = P_{\overline{C}} \hat{e}$，有

$$T_q = \|P_{\overline{C}} \hat{e}\|_{Q_{yy}}^2 = \hat{e}^T Q_{yy}^{-1} C (\overline{C}^T Q_{yy}^{-1} Q_{\hat{e}\hat{e}} Q_{yy}^{-1} C)^{-1} C^T Q_{yy}^{-1} \hat{e} \quad (24.32)$$

这是最常用于计算检验统计量的表达式，因为在 $H_0$ 假设下进行计算时，通常容易获得 $\hat{e} = y - \hat{y}$ 和 $Q_{\hat{e}\hat{e}} = Q_{yy} - Q_{\hat{y}\hat{y}}$。当假设变为 $H_a$ 时，仅式(24.32)中的 $m \times q$ 矩阵 $C$ 会发生变化。现在我们考虑两种特殊情况 $q = m - n$ 和 $q = 1$。

### 24.3.3.1  $q = m - n$

当 $q = m - n$ 时，$H_a$ 假设下的矩阵 $[A, C]$ 为可逆方阵，其范围空间与完整的观测空间 $R[A, C] = \mathbb{R}^m$ 一致。因此，在 $\mathcal{H}_a$ 假设下，$y$ 的均值 $E(y)$ 不受任何限制。使用式(24.31)的最后一个表达式，最小二乘残差矢量将为 $0$，即 $\hat{e}_a = 0$，由此 UMPI 检验统计量可简化为

$$T_{q=m-n} = \|\hat{e}\|_{Q_{yy}}^2 \quad (24.33)$$

当分别检验零假设和最宽松的备择假设 $E(y) \in \mathbb{R}^m$ 时，可以进一步使用观测值协方差阵对角线元素简化其表达，即 $T_{q=m-n} = \sum_{i=1}^{m} (\hat{e}_i / \sigma_{y_i})^2$，其通常称为（加权）残差平方和（RSS）。

### 24.3.3.2 $q=1$

在一维情况下,矩阵 $C$ 变为一个向量,检验统计量可以写成正态分布变量 $\omega$ 的平方,即

$$T_{q=1} = (w)^2 \tag{24.34}$$

$$w = \frac{c^T Q_{yy}^{-1} \hat{e}}{\sqrt{c^T Q_{yy}^{-1} Q_{\hat{e}\hat{e}} Q_{yy}^{-1} c}} \tag{24.35}$$

其服从的分布为

$$w \overset{H_0}{\sim} N(0,1) ; w \overset{H_a}{\sim} N(\lambda_{\hat{e},q=1},1)$$

因此,对于 $q=1$,假设检验可以等效地写为

$$\text{若} |w| \leq \mathcal{N}_{\alpha/2}(1,0), \text{则接受 } H_0 \tag{24.36}$$

如式(24.35)所示的统计量称为 Baarda 的 $w$-检验统计量[24.33,24.34]。需要注意的是:当偏差为一维时该方法才适用,通过选择 $c$-向量(一维条件下矩阵 $C$ 变为向量)就可指定这种特定情况。式(24.36)的接受域实际上是一个区间,在这种情况下,接受区间成为一个区域。在该区域内可进行多个 $w$-检验,每个 $w$-检验都存在各自的 $c$-向量(图24.7)。

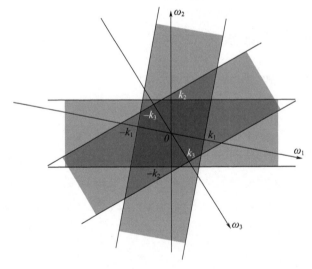

图 24.7 多个 $w$-检验接受区间的交集(参见参考文献[24.33])

在观测变量不相关(如 $Q_{yy} = \text{diag}(\sigma_{y_1}^2, \cdots, \sigma_{y_m}^2)$)且 $c$-向量为标准单位向量形式($c = (0,\cdots,0,1,0,\cdots 0)^T$,第 $i$ 个项为1)的情况下,$w$-统计量的表达式可以极大简化。由于

$$c^T Q_{yy}^{-1} \hat{e} = \frac{\hat{e}_i}{\sigma_{y_i}}$$

$$(\bar{C}^T Q_{yy}^{-1} Q_{\hat{e}\hat{e}} Q_{yy}^{-1} C)^{\frac{1}{2}} = \frac{\hat{e}_i}{\sigma_{y_i}}$$

可将式(24.35)所示的最小二乘残差进行归一化,有

$$w = \frac{\hat{e}_i}{\sigma_{\hat{e}_i}} \tag{24.37}$$

即简化为最小二乘残差除以其标准偏差。

### 24.3.4 $w$-检验统计量的最优性

在给定的显著性水平上，$T_q$ 统计量以及 $q=1$ 时的 $w$ 统计量在漏检概率最小的意义上是最优的。这种最优性也可以从几何角度分析。令

$$v = \frac{f^T \hat{e}}{\sqrt{f^T Q_{\hat{e}\hat{e}} f}} \tag{24.38}$$

式 (24.38) 是最小二乘残差向量的 $\hat{e}$ 任意归一化线性函数，则有

$$v \overset{\mathcal{H}_0}{\sim} \mathcal{N}(0,1) \,,\, v \overset{\mathcal{H}_a}{\sim} \mathcal{N}\left(\frac{f^T b_{\hat{e}}}{\sqrt{f^T Q_{\hat{e}\hat{e}} f}}, 1\right) \tag{24.39}$$

$H_a$ 假设下的 $v$ 偏差（非零均值）越大越容易检测。因此，最佳检验统计量 $v$ 可通过选择 $f$ 使其偏差最大化，其解为

$$\hat{f} = Q_{yy}^{-1} P_A^{\perp} b_{\hat{e}} = \underset{f}{\arg\max} \frac{|f^T \hat{e}|}{\sqrt{f^T Q_{\hat{e}\hat{e}} f}} \tag{24.40}$$

$$w = f^T \hat{e} / (\hat{f}^T Q_{\hat{e}\hat{e}} \hat{f})^{\frac{1}{2}}$$

### 24.3.5 最小可探测偏差

UMPI 检验的性能由误警率 $P_{FA}$ 和漏检率 $P_{MD}$ 概率描述。其中，漏检率 $P_{MD}$ 可以针对任意类型和大小的偏差来计算，也可以遵循相反的路线：确定至少在某个漏检概率下（例如 $P_{MD} = \beta$）可以被探测到的偏差。然后进行如下步骤：首先设置 $\alpha, \beta$ 和 $q$，然后以反演的方式来计算相应的可检验 BNR，表示为 $\lambda_{\hat{e}}(\alpha, \beta, q)$，其值提供了可测偏差的衡量标准，即

$$\lambda_{\hat{e}}^2(\alpha, \beta, q) = \|b_{\hat{e}}\|_{Q_{yy}}^2 = \|P_A^{\perp} C b\|_{Q_{yy}}^2 \tag{24.41}$$

式 (24.41) 描述了偏差 $b$ 的 $q$ 维椭圆体。在 $\mathcal{H}_a$ 假设下，检测到区域以外偏差的可能性大于 $\gamma = 1-\beta$，而在其内部的偏差则具有相对较小的概率，通过进一步反演可能找到对应的偏差。设 $u$ 为单位矢量（$\|u\|=1$），并将偏差矢量参数化为 $b = \|b\|u$。代入式 (24.41) 后求逆，可得

$$b = \sqrt{\frac{\lambda_{\hat{e}}^2(\alpha, \beta, q)}{\|P_A^{\perp} C u\|_{Q_{yy}}^2}} u, \|u\| = 1 \tag{24.42}$$

这是 Baarda 最小可探测偏差（minimal detectable Bias, MDB）的矢量形式[24.33,24.34]。Baarda 将他的 MDB 称为边界值（荷兰语：grenswaarden）；如今，在文献 [24.35] 中引入了更常用的术语 MDB。

MDB 向量的长度 $\|b\|$ 是在进行 UMPI 检验时，在 $u$ 方向上以概率 $\gamma = 1-\beta$ 检测到

偏差向量的最小长度。通过让 $u$ 在 $\mathbb{R}^q$ 的单位球面上变化,可以获得以概率 $\gamma$ 检测到的 MDB 整个范围。Baarda 在他的通用网络强度分析工作中,将其通用 MDB 形式应用于数据监测[24.36]。例如,矢量形式的应用包括变形分析[24.37,24.38]和趋势检验[24.39,24.40]。MDB 分析的应用包括针对全球定位系统(GPS)的应用[24.41-24.43]、多 GNSS 比较和组合的应用[24.44-24.52],还包括在文献[24.35,24.53]中进行导航应用的递推检验。

### 24.3.5.1 异常值 MDB

对于异常值($q=1$),当方差矩阵为对角线时,MDB 表达式会简化为

$$Q_{yy} = \mathrm{diag}(\sigma_{y_1}^2, \cdots, \sigma_{y_m}^2)$$

第 $i$ 个观测量的 MDB 可表示为

$$\|\boldsymbol{b}_i\| = \sigma_{y_i} \sqrt{\frac{\lambda_\ell^2(\alpha, \beta, q=1)}{1 - \dfrac{\sigma_{\hat{y}_i}^2}{\sigma_{y_i}^2}}}, i = 1, \cdots, m \tag{24.43}$$

这表明如果 $\sigma_{\hat{y}_i}^2$ 小于 $\sigma_{y_i}^2$,则异常值 MDB 较小。另一方面,如果平差后的观测值精度未显著提高,即 $\sigma_{\hat{y}_i}^2$ 接近 $\sigma_{y_i}^2$,则异常值 MDB 较大。无量纲数为

$$r_i = 1 - \frac{\sigma_{\hat{y}_i}^2}{\sigma_{y_i}^2}$$

$r_i$ 称为局部冗余数。由于 $\sigma_{\hat{y}_i}^2 \leq \sigma_{y_i}^2$,所以有 $0 \leq r_i \leq 1$。之所以将其称为局部冗余数,是因为它们加起来等于冗余本身,即

$$\sum_{i=1}^{m} r_i = m - n$$

这也可以使用 $P_A$ 的投影特性[24.29]来表示。如果 $r_i$ 替换为平均值,即

$$\bar{r} = \frac{m-n}{m}$$

则可以得到概略的 MDB 近似值,即

$$\|\boldsymbol{b}_i\| \approx \sigma_{y_i} \sqrt{\frac{\lambda_\ell^2(\alpha, \beta, q=1)}{\dfrac{(m-n)}{m}}}, i = 1, \cdots, m \tag{24.44}$$

### 24.3.5.2 示例 24.9 异常值 MDB

考虑零假设 $\mathcal{H}_0: E(y) = Ax, Q_{yy} = \sigma^2 I_m$,具有 $m \times 2$ 设计矩阵,即

$$A = \begin{bmatrix} 1 & a_1 \\ \vdots & \vdots \\ 1 & a_m \end{bmatrix} \tag{24.45}$$

要确定异常值 MDB,首先需要

$$\sigma_{\hat{y}_i}^2 = c_i^T A Q_{\hat{x}\hat{x}} A^T c_i$$

LS 解 $\hat{x}$ 的方差矩阵为

$$Q_{\hat{x}\hat{x}} = \frac{\sigma^2}{\sum_{i=1}^m \bar{a}_i^2} \begin{bmatrix} \frac{1}{m}\sum_{i=1}^m a_i^2 & -a_c \\ -a_c & 1 \end{bmatrix} \tag{24.46}$$

$$\bar{a}_i = a_i - a_c, \quad a_c = \frac{1}{m}\sum_{i=1}^m a_i$$

则异常值 MDB 为

$$\|b_i\| = \sigma \sqrt{\frac{\lambda_\ell^2(\alpha,\beta,q=1)}{1-\left(\frac{1}{m} + \frac{\bar{a}_i^2}{\sum_{j=1}^m \bar{a}_j^2}\right)}}, \quad i=1,\cdots,m \tag{24.47}$$

这表明 $\bar{a}_i$ 越小，MDB 越小。因此，如果第 $i$ 个观测量异常值的系数 $a_i$ 接近该系数的平均值 $a_c$ [24.29]，则更容易探测到该异常值。

### 24.3.5.3 MDB 和 GNSS 几何构型

以上示例适用于 GNSS 三个位置坐标中的两个会受到约束的情况下。此时式(24.45)的第一列对应于接收机钟差，第二列对应于剩余的（未受约束的）未知位置坐标分量。如果三个坐标分量均未知，则 GNSS 设计矩阵为 $m \times 4$ 维，即

$$A = \begin{bmatrix} 1 & u_1^T \\ \vdots & \vdots \\ 1 & u_m^T \end{bmatrix} \tag{24.48}$$

式中：$u_i$ 为从接收机到卫星 $i$ 的单位方向向量。GNSS 伪距异常值 MDB 表示为[24.54]

$$\|b_i\| = \sigma \sqrt{\frac{\lambda_\ell^2(\alpha,\beta,q=1)}{1-\left(\frac{1}{m} + c_i^T P_{\bar{G}} c_i\right)}}, \quad i=1,\cdots,m \tag{24.49}$$

利用投影公式，即

$$P_{\bar{G}} = \bar{G}(\bar{G}^T \bar{G})^{-1} \bar{G}^T$$

通过比较式(24.49)与式(24.47)，可得中心化的几何矩阵，即

$$\bar{G} = G - e g_c^T$$

$$G = (u_1,\cdots,u_m)^T$$

$$g_c^T = \frac{1}{m} e^T G$$

$$e = (1,\cdots,1)^T$$

现在，可以使用式(24.49)推断卫星—接收机几何构型对伪距异常值可检测性的影响。当几何构型较好时，则有

因为

$$c_i^T P_{\bar{G}} c_i = 0$$

因为

$$c_i^T P_{\bar{G}} c_i = \|u_i - g_c\|_{\bar{G}_T\bar{G}}^2$$

$u_i$ 越接近于以 $(\bar{G}_T\bar{G})^{-1}$ 为度量标准的平均值 $g_c$，则 MDB 越小。

同理，对于探测第 $i$ 个伪距观测的异常值而言，较差的几何分布情况是所有其他伪距观测值 $j \neq i$ 的单位方向向量 $u_j$ 位于一个圆锥上。在这种情况下，对于某向量 $a$（圆锥体的对称轴），有

$$j \neq i : u_j^T a = 1$$

因此，$c_i$ 将位于 $A$，$c_i \in R(A)$ 的范围空间内，所以 $c_i^T P_A c_i = 1$。其中 $A = [e, G]$。MDB $\|b_i\|$ 将为无穷大。

### 24.3.5.4 示例 24.10 GNSS 伪距异常值的 MDB

本示例说明了卫星—接收机的几何分布是如何影响 MDB 的。图 24.8 显示了 6 颗 GPS 卫星的分布情况，表 24.1 显示了使用这些卫星的单历元、仅伪距定位解的 MDB。在这种情况下，水平精度因子 HDOP $\approx 1.23$ 表示平均水平精度良好。表 24.1 的结果表明，在位置解足够精确的情况下，对应的 MDB 不一定足够小。比较图 24.8 所示的天空图与表 24.1，可以得到以下结论。

（1）需要注意的是，PRN 6 和 PRN 16 卫星较为接近。因此，这两颗卫星的伪距观测量符合地较好。这也解释了第 1 个和第 5 个伪距观测量的 MDB 相对较小且几乎相等的原因。

表 24.1 具有图 24.8 的卫星接收机几何结构的 6 颗 GPS 卫星的伪距异常值 MDB

| PRN | $\|b\|/\sigma_p$ |
| --- | --- |
| 16 | 5.41 |
| 18 | 8.81 |
| 2 | 5.25 |
| 9 | 69.55 |
| 6 | 5.62 |
| 17 | 69.55 |

（2）从表 24.1 中可以注意到，在缺少 PRN 2 卫星的情况下，考虑到对称性，PRN 18 卫星和 PRN 17 卫星的伪距 MDB 量级应相同。但对于 PRN 2 卫星，加入 PRN 18 卫星的伪距观测量后产生了附加冗余，从而使其 MDB 小于 PRN 17 卫星。

（3）PRN 9 卫星的 MDB 值较大，这是因为除 PRN 9 卫星到接收机的单位方向向量外，所有其他卫星到接收机的单位方向向量都大致位于一个共同的圆锥上，其对称轴在如图 24.8 所示的天空图中用星号表示。

### 24.3.5.5 示例 24.11 非最优检验的 MDB

MDB 的推导和计算可以针对任何检验，并非仅限于最优检验，因此它也可以针对

式(24.38)所示的非最优 $v$ 检验统计量进行计算。与上述推导类似,其 MDB 可表示为

$$\| b \| = \sqrt{\frac{\lambda_{\hat{e}}^2(\alpha,\beta,1)}{\| P_A^\perp c \|_{Q_{yy}}^2 \cos^2\theta}} \tag{24.50}$$

角度定义为 $\theta = \angle(Q_{yy}f, P_A^\perp c)$。这表明,如果 $f$ 取值为式(24.40)的 $\hat{f}$,则 MDB 最小。在这种情况下,它与 $w$-检验的 MDB 相同。

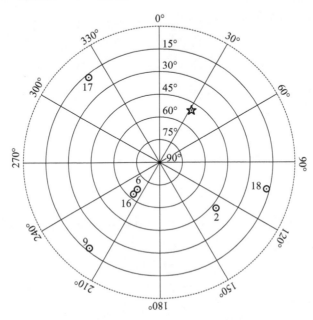

图 24.8 示例 10 的 PRN 2、6、9、16、17、18 的 GPS 卫星天空图。
星号表示由除 G09 卫星之外的所有卫星确定的圆锥体对称轴

## 24.3.6 危险漏检

虚警(FA)和漏检(MD)是检验中两种可能不正确的结果。为了评估其重要性,我们也需考虑出现危险解的情况。考虑图 24.9,沿横轴的参数统计量为

$$P_n = \| \hat{x} - x \|_{Q_{\hat{x}\hat{x}}}^2$$

沿纵轴的检验统计量为

$$T_q = \| b \|_{Q_{bb}}^2$$

由于 $\hat{x}$ 和 $\hat{e}$ 相互独立,所以这两个随机变量相互独立。通过使用 $\chi_\eta^2(n,0)$ 和 $\chi_\alpha^2(q,0)$,两个统计数据的样本空间被划分为 4 个矩形区域。图 24.9(a)显示了 $H_0$ 假设下的情况,而图 24.9(b)显示了 $H_a$ 假设下的情况。

在 $H_0$ 假设下,存在一个误警区域(FA)和一个危险区域(H),如图 24.9(a)所示。我们对 FA 的危险部分不过分关注,因为即使原假设被错误地拒绝,危险区域的结果仍然是我们想要避免的。剩余的危险部分出现的可能性为 $P_H \times (1 - P_{FA}) = [\eta \times (1 - \alpha)]\%$。该概率可以通过选择足够小的 $\eta$ 进行控制。$H_0$ 假设下应关注的其余区域是 FA 的非危险

部分,这是拒绝原假设的区域,其对结果没有影响,因此可以接受。发生这种情况的可能性为 $(1-P_H) \times P_{FA} = [(1-\eta) \times \alpha] 100\%$,该概率通常可以通过选择足够小的 $\alpha$ 来控制。

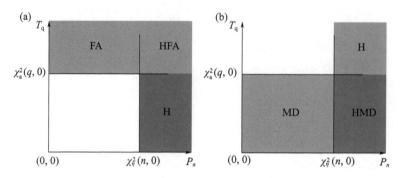

图 24.9 参数统计量 $P_n = \|\hat{x}-x\|_{Q_{\hat{x}\hat{x}}}^2$ 和检验统计量 $T_q = \|\hat{b}\|_{Q_{\hat{b}\hat{b}}}^2$ 的联合 $(P_n, T_q)$ 样本空间。
在 $H_0$ 假设(a)和 $H_a$ 假设(b)下样本空间分为 4 个区域(H=危险,FA=误警,MD=漏检)

在 $H_a$ 假设下,漏检(MD)区域也可以进一步分为危险部分和非危险部分,如图 24.9(b) 所示。对于非危险部分的结果而言,尽管存在未检测到的偏差,但其对参数解的影响仍然可以接受,但漏检导致的危险解则不能接受。发生这种情况的可能性为

$$P_{HMD} = P_H \times P_{MD} \tag{24.51}$$

现在回想一下,危险概率 $P_H$ 与不可测偏差—噪声之比 $\lambda_{\hat{y}}$ 有关,漏检概率 $P_{MD}$ 与可测偏差—噪声之比 $\lambda_{\hat{e}}$ 有关,而这两者又与实际偏差—噪声之比 $\lambda_y = \|b_y\|_{Q_{yy}}$ 有关。如图 24.10 所示,三者的关系可由勾股定理给出,即

$$\lambda_y^2 = \lambda_{\hat{y}}^2 + \lambda_{\hat{e}}^2 \tag{24.52}$$

$$\begin{cases} \lambda_y = \|b_y\|_{Q_{yy}} \\ \lambda_{\hat{y}} = \|b_{\hat{y}}\|_{Q_{yy}} = \|b_y\|_{Q_{yy}} \cos(\phi) \\ \lambda_{\hat{e}} = \|b_{\hat{e}}\|_{Q_{yy}} = \|b_y\|_{Q_{yy}} \sin(\phi) \end{cases} \tag{24.53}$$

式中:$\lambda_y$ 实际偏差—噪声之比;$\lambda_{\hat{y}}$ 为不可测偏差—噪声之比;$\lambda_{\hat{e}}$ 可测偏差—噪声之比。

Baarda 分别介绍了 $\lambda_{\hat{e}}$ 和 $\lambda_{\hat{y}}$ 作为其内部和外部可靠性的度量标准[24.33,24.34,24.36],详情可以参见文献[24.55-24.59]。

式(24.53)中的角度 $\phi$ 确定了实际偏差中可测偏差和不可测偏差分别占比多少,因此它确定了可测偏差—噪声之比与不可测偏差—噪声之比的比率,即 $\lambda_{\hat{e}} = \lambda_{\hat{y}} \tan(\phi)$。角度 $\phi$ 越小,$b_y$ 和 $R(A)$ 对齐的越多,并且偏差的影响越大。角度本身由偏差的类型(矩阵 $C$)和基础模型的强度(矩阵 $A$ 和 $Q_{yy}$)确定。如果像上述一样对偏差进行参数化,那么如式(24.42)所示的 $b = \|b\|u$ 与 $\|u\| = 1$,可得

$$\lambda_{\hat{y}} = \frac{\|P_A C u\|_{Q_{yy}}}{\|P_A^\perp C u\|_{Q_{yy}}} \lambda \tag{24.54}$$

为了计算和评估危险漏检率 $P_{HMD}$,我们可以采用不同的方法。第一种方法如下:首

先选择 $\alpha,\beta$ 的值,并且已知 $q$,可以首先计算 $\lambda_{\hat{e}}(\alpha,\beta,q)$。结合矩阵 $C$(偏差的类型),可以计算得出 MDB,进而求得相应的 $\lambda_y$,并通过勾股定理计算相应的不可测偏差—噪声之比,即

$$\lambda_{\hat{y}} = (\lambda_y^2 - \lambda_{\hat{e}}^2)^{\frac{1}{2}}$$

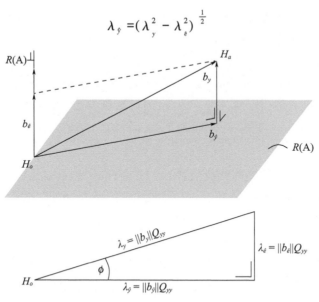

图 24.10 三种 BNR 满足勾股定理 $\lambda_y^2 = \lambda_{\hat{y}}^2 + \lambda_{\hat{e}}^2$,两个假设 $H_0$ 和 $H_a$ 之间的距离由实际偏差—噪声之比 $\lambda_y = \| E(y|H_a) - E(y|H_0) \|_{Q_{yy}} = \| b_y \|_{Q_{yy}}$ 给出。其在 $R(A)$ 和 $R(A)^\perp$ 上的正交投影分别为不可测偏差—噪声之比 $\lambda_{\hat{y}}$ 和可测偏差—噪声之比 $\lambda_{\hat{e}}$

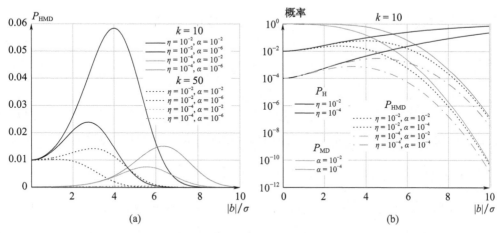

图 24.11 危险漏检概率与不同概率的独立分布图

(a) 不同 $k,\eta$ 和 $\alpha$ 的情况下,示例(1 和 5)的危险漏检概率 $P_{HMD}$ 与 $|b|/\sigma$ 的函数关系;
(b) 三个概率 $P_H,P_{MD}$ 和 $P_{HMD}$ 的独立分布图。

为了计算和评估危险概率。$P_H$ 和最终的 $P_{HMD}$,我们可以采取不同的方法来实现。从本质上讲,这是 Baarda 在文献[24.34]中用于设计通用大地测量网并描述其(内部和外

部)可靠性的过程,从而有

$$P_{\text{HMD}} = P_{\text{H}} \times \beta$$

式(24.54)用于计算 $P_{\text{H}}$,$\lambda_{\hat{e}} = \lambda_{\hat{e}}(\alpha,\beta,q)$ 作为衡量的标准。如果不以 $P_{\text{MD}}$(或 $\lambda_{\hat{e}}$)开始,可以用危险发生概率 $P_{\text{H}}$(或 $\lambda_{\hat{y}}$)代替 $P_{\text{MD}}$,记为 $P_{\text{H}} = \eta_a$,那么将式(24.54)进行反演,即可根据 $\lambda_{\hat{y}}$、$\alpha$ 和 $q$ 来计算 PMD。

还有一种方法可根据偏差 $P_{\text{HMD}}(b)$ 直接评估危险漏检概率。在这种情况下,不涉及 $P_{\text{HMD}} = \beta$ 或 $P_{\text{H}} = \eta_a$ 的选择。当 $P_{\text{MD}}$ 变小而 $P_{\text{H}}$ 变大时,对于较大的偏差,使概率 $P_{\text{HMD}}(b)$ 针对某个偏差具有最大值(图 24.11)。因此,通过这种方法,可以评估最坏情况,即

$$\max_{b} P_{\text{HMD}}(b)$$

确认是否仍然满足标准。

由于上述计算方法无须实际测量值,因此它们有助于进行设计验证。从 $A$ 和 $Q_{yy}$ 所描述的某种假定的设计或测量配置开始,可以通过对偏差 $b_y = Cb$ 的统计检验推断设计的优劣。

上述考虑了完整的参数向量 $\boldsymbol{x}$,但如果仅关注 $\boldsymbol{x}$ 的某些函数(例如 $\boldsymbol{\theta} = \boldsymbol{F}^{\text{T}}\boldsymbol{x}$)对应用的影响(例如,在定位的情况下仅考虑坐标,在时间传递的情况下仅考虑时钟参数),则无须采用该种方式。此时可以采用与上述相同的方法,但仅限于 $\boldsymbol{\theta}^{[24.29]}$。作为特殊情况,考虑分块矩阵,即

$$\boldsymbol{x} = [\boldsymbol{x}_1^{\text{T}}, \boldsymbol{x}_2^{\text{T}}]^{\text{T}}$$

假设仅关注 $\boldsymbol{x}_1$($\boldsymbol{\theta} = x_1$ 和 $\boldsymbol{F}^{\text{T}} = [\boldsymbol{I}_{n_1}, 0]$)。类似于式(24.12),可得

$$\| \hat{x}_1 - x_1 \|^2_{Q_{\hat{x}_1\hat{x}_1}} \overset{H_a}{\sim} \chi^2(n_1, \lambda_{\hat{x}_1}^2)$$

其非中心性参数 $\lambda_{\hat{x}_1}^2 = b_{\hat{x}_1}^{\text{T}} Q_{\hat{x}_1\hat{x}_1}^{-1} b_{\hat{x}_1}$ 与 $\lambda_{\hat{y}}^2$ 之间满足勾股定理关系,即

$$\lambda_{\hat{y}}^2 = \lambda_{\hat{x}_1}^2 + \lambda_{\hat{x}_2|x_1}^2 \tag{24.55}$$

$$\lambda_{\hat{x}_2|x_1}^2 = \| P_{A_2} b_y \|^2_{Q_{yy}}$$

从几何关系上看,$\lambda_{\hat{x}_1}$ 与 $\lambda_{\hat{y}}$、$\lambda_y$ 相关(图 24.12),即

$$\lambda_{\hat{x}_1} = \lambda_{\hat{y}} \cos(\phi_1) = \lambda_y \cos(\phi) \cos(\phi_1) \tag{24.56}$$

因此角度 $\phi_1$ 表明了实际偏差 $b_y$ 对 $x_1$(LS 解)的影响。角度 $\phi_1$ 越大,影响越小。

### 24.3.6.1　示例 24.12 示例 3 续

在示例 24.3 的假设下,$\boldsymbol{x} = [\boldsymbol{x}_1^{\text{T}}, \boldsymbol{x}_2^{\text{T}}]^{\text{T}}$ 中 $x_1$ 的不可测偏差—噪声之比(式 24.13)为

$$\lambda_{\hat{x}_1} = \left( \frac{\sigma_{\hat{y}_i}^2 - \sigma_{\hat{y}_i|x_1}^2}{\sigma_{y_i}^2} \right)^{\frac{1}{2}} \frac{|b|}{\sigma_{y_i}} \tag{24.57}$$

因此,如果约束 $x_1$ 无法提高观测值精度,则 $\lambda_{\hat{x}_1}$ 会大大降低。

### 24.3.6.2　示例 24.13 示例 24.7 续

对示例 24.7 的模型应用式(24.55),可以研究其对截距和斜率的影响。截距的不可

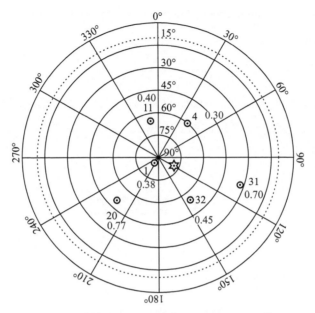

图 24.13 PRN 1、4、11、20、31 和 32 卫星的天空图,其值的 $c_i^T P_G c_i$ 以蓝色显示。

平均 $g_c = \frac{1}{m} G^T e$ 的方向以星形显示

测偏差—噪声之比为 $\lambda_{\hat{x}_1} = |b_{\hat{x}_1}|/\sigma_{\hat{x}_1}$,进一步地有

$$\lambda_{\hat{x}_1} = \left( \frac{1 - \dfrac{a_i^2}{\sum_{j=1}^m a_j^2}}{1 - \dfrac{\bar{a}_i^2}{\sum_{j=1}^m \bar{a}_j^2 - \dfrac{1}{m}}} - 1 \right)^{\frac{1}{2}} \lambda_{\hat{e}} \quad (24.58)$$

因此,如果 $a_i$ 越大或 $\bar{a}_i$ 越小,则 $\lambda_{\hat{x}_1}$ 越小。

类似地,斜率的不可测偏差—噪声之比 $\lambda_{\hat{x}_2} = |b_{\hat{x}_2}|/\sigma_{\hat{x}_2}$,可得

$$\lambda_{\hat{x}_2} = \left( \frac{1}{1 - \dfrac{m}{m-1} \dfrac{\bar{a}_i^2}{\sum_{j=1}^m \bar{a}_j^2}} - 1 \right)^{\frac{1}{2}} \lambda_{\hat{e}} \quad (24.59)$$

若 $\bar{a}_i = 0$,则 $\lambda_{\hat{x}_2} = 0$。因此,如果 $a_i$ 接近于 $a_c$,则未探测出的异常值的 MDB 大小对斜率估计 $\hat{x}_2$ 的影响就会变得不显著。

#### 24.3.6.3 示例 24.14 剔除卫星

考虑单接收机伪距观测模型,以式(24.48)作为设计矩阵,且有方差矩阵 $Q_{yy} = \sigma^2 I_m$。在分块向量 $x = (x_1, x_2^T)^T$ 的情况下,第一项是时钟,第二项包含三个 E-N-U 坐标增量,其

中 $\boldsymbol{x}_2 = (E, N, U)^T$，第 $i$ 个伪距观测量异常值的不可测偏差—噪声之比为

$$\lambda_{\hat{x}_2(i)} = \left( \frac{c_i^T P_{\bar{G}} c_i}{1 - \left( \frac{1}{m} + c_i^T P_{\bar{G}} c_i \right)} \right)^{\frac{1}{2}} \lambda_{\hat{e}} \qquad (24.60)$$

现在可以用该式来表示伪距异常值 MDB 的大小对定位结果的影响程度。比值 $\lambda_{\hat{x}_2(i)} / \lambda_{\hat{e}}$ 越大，即标量 $c_i^T P_{\bar{G}} c_i$ 越大，则其对定位的影响越大。图 24.13 给出了每个卫星的 $c_i^T P_{\bar{G}} c_i$ 值以及平均值 $g_c$ 的方向。

## 24.4 检验流程

### 24.4.1 探测、识别与自适应

到目前为止，我们仅考虑了针对单个特定的备择假设 $H_a$ 检验零假设 $H_0$ 的情况。然而，对于大多数实际应用，我们不仅需要关注单一的模型误差，还需要注意存在多种建模误差的情况。本小节给出处理多个备择假设 $H_{ai}$ 的检验流程以及执行该检验流程的方法，即探测、识别和自适应（DIA）过程。该过程主要包括以下三个步骤。

（1）探测：执行总体模型检验，诊断是否发生了未指定的模型错误。

（2）识别：探测到模型错误后，识别模型错误源。

（3）自适应：识别模型错误后，对原假设进行调整，削弱参数解中的偏差影响。

#### 24.4.1.1 探测

检查零假设 $H_0$ 的整体有效性，它为我们提供了如下信息——我们是否可以在一定程度上相信零假设，而无须明确指定其他特定的备择假设。如果我们拒绝原假设，相当于采用了最宽松的备择假设 $\mathcal{H}_a : E(y) \in \mathbb{R}^m$。此时观测值不受任何限制。利用该检验统计量 $T_{m-n}$ 可得

$$\text{若 } T_{m-n} = \| \hat{e} \|^2_{Q_{yy}} > \chi^2_\alpha (m-n, 0) \text{，则拒绝 } H_0 \text{，否则接受该假设} \qquad (24.61)$$

探测这一步骤为所有可能类型的模型错误提供了保护措施。如果检验通过，则可以认为该系统可用，无须采取进一步措施；如果检验被拒绝，则认为系统不可用，或者若能明确可能发生的错误类型，则可以继续进行识别步骤。

#### 24.4.1.2 识别

假设检测步骤让我们正确拒绝了原假设，那么可以尝试去搜索可能的模型错误类型，也就是说，可以尝试识别导致原假设被拒绝的错误模型，即必须通过矩阵 $C$ 指定模型误差 $b_y = Cb$ 的类型。如何确定备择假设取决于不同的应用，是假设检验中比较困难的任务之一，一般根据经验判断可能发生哪种类型的模型错误。

可以设置不同自由度 $q$ 的备择假设,也可以指定多个具有相同自由度的假设。首先假设所有备择方案的自由度相同,并且等于 $q$,然后考虑假设

$$\mathcal{H}_{q,i}: b_y = C_i b_i, b_i \in \mathbb{R}^q, i = 1, \cdots, r_q \tag{24.62}$$

所确定的假设 $\mathcal{H}_{q,j_q}$ 为

$$j_q = \arg\max_i T_{q,i} \tag{24.63}$$

因此,可选择 $r_q$ 检验统计量 $T_{q,i}$ 的最大值作为 $q$ 自由度的备择假设。我们也可以通过以下关系来理解式(24.31),即

$$\|\hat{e}_{q,i}\|^2_{Q_{yy}} = \|\hat{e}\|^2_{Q_{yy}} - T_{q,i}$$

这表明选择最大的 $T_{q,i}$ 等价于在 $\mathcal{H}_{q,i}s$ 中选择具有 $q$ 个自由度的最佳拟合模型,即当 $i = 1, \cdots, r_q$ 时,$\|\hat{e}_{q,i}\|^2_{Q_{yy}}$ 最小。

当式(24.63)应用于具有不同自由度假设的情况时,这种方法将不再适用。由于 $E(T_{q,i} | H_0) = q$,当 $q$ 较大时,检验统计量的平均值会变大。因此,如果基于 $T_{q,i}$ 的大小来识别,则倾向于在 $H_0$ 假设下选择自由度最大的假设。尽管可以通过考虑 $T_{q,i} - q$ 或 $T_{q,i}/q$ 的最大值来进行补偿,但最好基于零假设下具有相同分布的检验统计量来识别。

不同随机变量转换为具有相同分布的一种直接方法是使用累积分布函数(CDF)。如果 $a$ 和 $b$ 是两个随机变量,它们的 CDF 分别为 $F_a(x)$ 和 $F_b(x)$,则 $F_a(a)$ 和 $F_b(b)$ 具有相同的分布。同理,$1 - F_a(a)$ 和 $1 - F_b(b)$ 也具有相同的分布。那么它们的共同分布是区间 $[0,1]$ 上的均匀分布[24.60]。因此,如果使用正态分布 $w$ 检验统计量和具有不同自由度 $q$ 的卡方分布检验统计量 $T$,则对后者进行变换,使之也成为 $H_0$ 下的标准正态分布。该变换为 $w(x) = \Phi^{-1}(\chi_q(x))$,其中 $\chi^2(q,0)$ 和 $\mathcal{N}(0,1)$ 的 CDF 分别为 $\chi_q(x)$ 和 $\phi(x)$。由此可得

$$w(T) \stackrel{H_0}{\sim} N(0,1)$$

在上述 F 变换中,我们分别识别到了变量 $a$ 和 $b$ 的 $p$ 值的变换。因此,在自由度变化的一般情况下,还可以使用均匀分布 $p$ 值的概念(而非变换回正态分布),并选择最小的 $p(T_{q,i})$ 作为最可能的假设,即

$$\min_{q,i} p(T_{q,i}) \tag{24.64}$$

若式(24.62)中涵盖了可能的所有假设,则无须将这些 $p$ 值与标准条件进行比较。识别的下一步即为从集合中选择最可能的备择假设。然而,如果假设集合中不包含备择假设,那么需要与选择的显著性水平进行比较,从而确定最有可能的备择假设是否合适。如果认为缺乏足够的可能性,则发出告警。在这种情况下,我们在探测阶段就拒绝了原假设,但未从一组指定的备择假设中准确识别。如文献[24.34,24.61-24.63]所示,还有不同的方法可将识别水平与检测水平联系起来。

### 24.4.1.3 自适应

一旦确定了一个或多个可能的模型误差,就需要采取纠正措施来接受原假设。原则上可以使用以下两种方法:用新数据替换全部数据或部分数据,使原假设得到接受;用包含已识别模型误差的新假设替换原假设。第一种方法相当于重新测量(部分)数据。第

二种方法不进行重新测量，而是将已识别的假设变为新的原假设。因而，这相当于通过在识别步骤中添加识别出的其他参数扩大了原假设的模型。$H_a$ 表示识别的假设，$\hat{b}$ 表示估计的偏差矢量，对有偏解 $\hat{x}$ 的自适应校正解 $\hat{x}_a$ 可表示为

$$\hat{x}_a = \hat{x} - A^+ C\hat{b} \overset{H_a}{\sim} N(x, Q_{\hat{x}_a\hat{x}_a}) \tag{24.65}$$
$$Q_{\hat{x}_a\hat{x}_a} = Q_{\hat{x}\hat{x}} + A^+ C Q_{\hat{b}\hat{b}} C^T A^{+T}$$

需要注意的是，尽管 $\hat{x}_a$ 为无偏解，但其精度比有偏解 $\hat{x}$ 更差，这是减小解中偏差影响的代价。

自适应步骤完成后，我们还必须确定是否可以接受新的结果。因此至少需要进行多次探测的步骤。需要注意的是，当进行自适应步骤后，由于模型可能已经更改，模型的强度也可能随之更改。实际上，当通过添加更多的解释性参数来调整模型时，从检验统计上看，该模型的强度已经变弱，因为与之前相比，探测和识别能力均变小，是否可以接受取决于特定应用。

## 24.4.2 数据探测法（Data snooping）

多重假设检验的一个重要例子是寻找观测值中的可能异常值，从而对观测值进行筛选[24.34,24.56,24.64—24.73]。

对于多重假设检验而言，其（多个）备择假设包括了独立观测值中异常值的假设。若仅出现一个异常值的情况，那么备择假设与观测值一样多。每个备择假设均描述观测值中的异常值，从而有

$$\mathcal{H}_i : b_y = c_i b_i, b_i \in \mathbb{R}, i = 1, \cdots, m \tag{24.66}$$

式中：$c_i$ 为其第 $i$ 项是 1 的标准单位向量；$b_i$ 为异常值（标量），其中 $i$ 表示假定受异常值影响的观测值。令 $i = 1, 2, \cdots, m$，可以对整个数据集进行筛选，查看单个观测值中是否存在可能的异常值。检验统计量 $w_i$（式(24.35)，其中 $c: = c_i$）可返回绝对值最大的数值，进而确定最有可能被异常值或错误影响的观测值。其显著性可通过比较检验统计量与临界值 $k$ 来衡量。与式(24.63)类似，当以下情况发生时第 $j$ 个观测值可能具有异常值，即

$$|w_j| = \max_i |w_i| \geq k \text{ 或 } p_j = \min_i p_i \leq \alpha \tag{24.67}$$

临界值为

$$k = N_{\frac{1}{2}\alpha}(0, 1)$$

$p$ 值为 $p_i = 2[1 - \Phi(|w_i|)]$，$\Phi(x)$ 为标准正态分布函数。探测每个观测值是否存在异常值的过程称为数据探测法[24.34,24.61]。在 $Q_{yy}$ 为对角方差矩阵的情况下，也称为最大残差技术[24.27]。数据探测法的自适应步骤遵循式(24.65)。由于 $C = c_i$，该步骤本质上是在排除测量值最大 $w$ 统计量的情况下计算 $\hat{x}_a$。

尽管式(24.66)假定只存在单个异常值，但（迭代的）数据探测法也可以用于查找多个异常值。对多个异常值检验的讨论请参见文献[24.74—24.82]。此外还应注意，可以将式(24.67)的常数临界值 $k$ 推广为——每个 $w_i$ 检验都对应一个临界值 $k_i$，这样可以为

检验进一步增加灵活性。

当评估多重检验步骤时,原则上不能再使用如式(24.24)所示的误警和漏检概率公式,也就是说,考虑到错误的发生概率,不得不将多维样本空间完全划分为接受和拒绝区域。在上述数据探测法中具有常数临界值 $k$ 的情况下,以原点为中心的超立方体给出的接受区域为

$$\mathcal{A} = \{x \in \mathbb{R}^m \mid |x_i| \leq k, i = , \cdots, m\}$$

定义由 $w_i$-统计量组成的 $m$ 维向量 $\boldsymbol{w}$ 为

$$\boldsymbol{w} = (w_1, \cdots, w_m)^\mathrm{T}$$

可得误警和漏检概率为

$$\begin{cases} P_{\mathrm{FA}} = P(\boldsymbol{w} \in \mathcal{A} \mid \mathcal{H}_0) \\ P_{\mathrm{MD}_i} = P(\boldsymbol{w} \in \mathcal{A} \mid \mathcal{H}_i) \end{cases} \tag{24.68}$$

式(24.68)可采用蒙特卡罗积分[24.60]计算。二元漏检概率 $P(|w_i| \leq k \mid H_i)$ 是 $P_{\mathrm{MD}_i}$ 的上限。因此,如果接受二元漏检概率,那么整体概率均可接受。但是对于误警概率而言,情况则并非如此。假设 $m$ 个 $w_i$-检验统计量彼此独立,并且所有 $m$ 个检验的显著性水平都为 $\alpha$,那么在 $\mathcal{H}_0$ 下,$(1-\alpha)^m$ 是接受所有检验的概率,进而可得 $P_{\mathrm{FA}} = 1-(A-\alpha)^m$。当 $\alpha = 5\%$ 时,如果 $m = 20$,可以直接给出误警概率为 $P_{\mathrm{FA}} = 64\%$。因此我们必须对检验显著性水平的选择格外谨慎。如果不考虑"$m$ 个 $w_i$-检验统计量彼此独立"的假设,那么此概率将成为误警概率的上限,即

$$P_{\mathrm{FA}} \leq 1-(1-\alpha)^m \approx m\alpha \tag{24.69}$$

当 $\alpha$ 较小时,对上限的近似则较为陡峭(sharp)。此结果可以用来控制数据探测法中的误警率。如果要求数据探测的总误警率不大于 $P_{\mathrm{FA}} = \alpha_{\mathrm{DS}}$,则可以将每个检验的显著性水平设置为 $\alpha = 1-(1-\alpha_{\mathrm{DS}})^{\frac{1}{m}} \approx \alpha_{\mathrm{DS}}/m$。其中,后一种修正被称为 Bonferroni 校正[24.83]。

尽管调整显著性水平控制了数据探测的总体误警率,但当 $m$ 过大时也会使显著性水平过小,从而导致漏检的可能性更大。这是因为如上描述的上限并未考虑 $w_i$-检验统计量之间的相关性。确实有相对而言不保守的步骤,即通过对多维误警率采用不同标准条件来防止上述问题的产生。以上方法均是基于一个或多个被拒绝的假设实际为真的概率。此外,还存在另一种基于错误发现率的方法。它不控制一个或多个被拒绝的假设实际为真的概率,而是控制被拒绝的假设中预期的拒绝数量,详情可参见文献[24.63,24.84-24.86]。

数据探测法中涉及的多重假设是为了评估危险漏检概率,而对于每个备择假设 $\mathcal{H}_i$,除漏检概率 $P_{\mathrm{MD}_i}$ 之外,还有一个相应的危险发生概率 $P_{H_i} = P(P_n \geq \chi^2_\eta(n,0) \mid \mathcal{H}_i)$。因此,对于每个假设都有 $P_{\mathrm{HMD}}(b_i) = P_{H_i} \times P_{\mathrm{MD}_i}$。这些条件概率(以 $H_i$ 假设为条件)可以单独评估,也可以作为加权平均值进行评估,即

$$P_{\mathrm{HMD}}(b) = \sum_{i=1}^{m} p_i P_{\mathrm{HMD}}(b_i) \tag{24.70}$$

其中,权重总和为 1,即 $\sum_{j=1}^{m} p_j = 1$。如果每个备择假设 $P(\mathcal{H}_i), i = 1, \cdots, m$ 的先验概率均存在,则权重由其相对频率给出,即

$$p_i = P(\mathcal{H}_i) / \sum_{j=1}^{m} P(\mathcal{H}_j)$$

若将在 $\mathcal{H}_0$ 下危险发生情况也包括在评价中，则式(24.70)需要用概率 $P_0 = \eta \times (1-\alpha)$ 进行扩展，从而给出危险误导信息概率 $P_{HMI}(b) = p_0 P_0 + (1-p_0) P_{HMD}(b)$，其中 $p_0$ 是原假设发生的先验概率[24.87]。由于备择假设 $H_i$(式 24.66)发生的概率通常比零假设发生的概率更容易指定，因此式(24.70)更适用。两个概率都显示出它们与偏差具有相同的函数关系，因此两者的最坏偏差解(worst-case bias solution)相同。

表 24.2 PRN 伪距中的异常值 $b(m)$ 出现的历元 $k$ 及其估计值 $\hat{b}(m)$

| 历元 | PRN | $b$ | $\hat{b}$ |
|---|---|---|---|
| $K=50$ | 22 | 10 | 9.5 |
| $K=100$ | 31 | $-10$ | $-9.3$ |
| $K=150$ | 19 | 10 | 9.4 |
| $K=200$ | 17 | 5 | 5.1 |
| $K=250$ | 23 | 2 | 2.1 |
| $K=300$ | 31 | 2 | 2.2 |

#### 24.4.2.1 示例 24.15 差分 GPS

我们简要讨论文献[24.57]给出的一个差分 GPS(DGPS)的检验示例。基于单频伪距瞬时相对定位模式，两台接收机使用 10s 采样间隔跟踪相同的 7 颗卫星，由于基线长度较短($\approx 3$km)，可以忽略大气延迟。非差伪距观测值的标准差设置为 $\sigma_p = 30$cm。观测期间的卫星天空图如图 24.14 所示。在观测期间的 6 个不同历元上，人为在每个历元中 7 个伪距观测量中的其中一个添加异常值。表 24.2 的前三列显示了历元 $k$，被异常值影响的伪距观测值 PRN 和异常值 $b$ 的大小。最后一列显示了异常值的最小二乘估计值 $\hat{b}$。

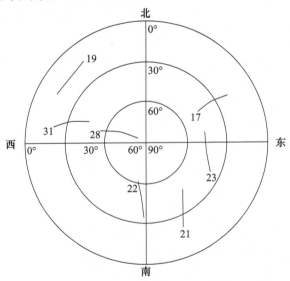

图 24.14 7 颗 GPS 卫星(带 PRN 编号)的天空图(见文献[24.4])

在观测期间内，MDB 约为 2~3m。检验的结果如图 24.15 所示，沿纵轴的归一化检验统计量为

$$\frac{T_{q=3}}{\chi_\alpha^2(3,0)}$$

当该值超过 1 时，拒绝原假设。图中清楚地显示出在上述给定的 6 个不同历元中确实检测到了模型错误，因此需要对这 6 个历元的模型误差进行识别，可以通过检验统计量 $w_i$ 来完成。每个(单差)伪距都可以形成一个这样的检验统计量，总共存在 7 个。表 24.3 中绝对值最大的检验统计量以斜体显示，表示其最有可能为异常值。可以看出，斜体显示的数值均超过了临界值 $\mathcal{N}_{\alpha/2}(0,1) = 3.29$。比较表 24.2 和表 24.3 可以发现，所有伪距异常值均可以进行正确识别。

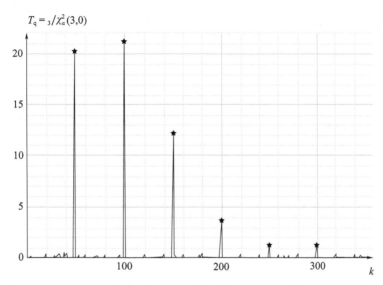

图 24.15 标准化检验统计量 $T_{q=3}/\chi_\alpha^2(3,0)$（见文献[24.4]）的时间序列

表 24.3 在 6 个历元($k=50;100;150;200;250;300$)上，
7 个伪距的数据探测 $w_i$ 值($i=1,\cdots,7$)

| PRN/$k$ | 50 | 100 | 150 | 200 | 250 | 300 |
|---|---|---|---|---|---|---|
| 17 | 1.9 | -4.6 | -6.4 | 6.8 | -3.4 | 0.2 |
| 19 | 7.5 | -14.8 | 12.4 | -3.9 | 0.6 | -3.1 |
| 21 | -7.5 | 5.5 | -1.8 | -0.1 | -0.5 | 0.3 |
| 22 | 15.9 | 3.5 | 3.7 | 2.5 | -1.0 | -0.7 |
| 23 | -2.7 | -4.0 | 2.5 | -6.0 | 3.9 | 0.7 |
| 31 | -2.2 | -16.3 | -11.4 | 1.7 | 1.1 | 3.9 |
| 28 | -13.9 | 6.8 | 3.5 | -0.4 | -2.7 | -3.6 |

## 24.4.3 随机模型中的未知量

目前为止，我们一直假设观测值的方差阵已知。但是在某些应用中，方差阵 $Q_{yy}$ 可能

仅为部分已知。考虑一种最简单的情况，即方差阵仅已知一个比例因子 $\sigma^2$（即单位权方差），有

$$Q_{yy} = \sigma^2 C_{yy}$$

仅已知协因子矩阵 $C_{yy}$，但标量 $\sigma^2$ 未知。此时就不能按照上述方法计算检验统计量，有

$$T_q = \frac{\|\hat{b}\|^2_{C_{bb}}}{\sigma^2} \tag{24.71}$$

为了应对这种情况，我们用一个无偏估计量代替未知量 $\sigma^2$。该无偏估计量有两种合适的表示方法，即

$$\hat{\sigma}^2 = \frac{\|\hat{e}\|^2_{C_{yy}}}{m-n}, \hat{\sigma}_a^2 = \frac{\|\hat{e}_a\|^2_{C_{yy}}}{m-n-q} \tag{24.72}$$

如果 $\sigma^2$ 未知，可以使用以下两个检验统计量来代替式(24.71)，有

$$T'_q = \frac{\|\hat{b}\|^2_{C_{bb}}}{q\sigma^2}, T''_q = \frac{\|\hat{b}\|^2_{C_{bb}}}{q\hat{\sigma}_a^2} \tag{24.73}$$

统计量 $T''_q$ 具有 $q$ 和 $(m-n-q)$ 自由度的 $F$ 分布，而 $q/(m-n)T'_q$ 具有 $q/2$ 和 $(m-n-q)/2$ 自由度的 beta 分布[24.31,24.88]。两个检验统计量具有以下函数关系，即

$$T'_q = \frac{(m-n)T''_q}{(m-n-q)+qT''_q} \tag{24.74}$$

需要注意的是，它们不能用于 $q=m-n$ 的情况，这是因为此时 $T'_q = 1$ 和 $T''_q$ 是未定义的，因此当 $\sigma^2$ 未知时，式(24.61)所示的探测检验不存在。对于一维情况即 $q=1$ 时，可有

$$T'_{q=1} = (w')^2, T''_{q=1} = (w'')^2 \tag{24.75}$$

$$w' = \frac{\sigma}{\hat{\sigma}}w, w'' = \frac{\sigma}{\hat{\sigma}_a}w \tag{24.76}$$

因此，$\sigma^2$ 未知时，可以使用 $w'$ 或 $w''$ 代替 $w$，它们分别符合 $\tau$ 分布和 $t$ 分布[24.64,89]。当 $C_{yy}$ 为对角阵且 $c$ 为标准单位向量的情况下，$w'$ 和 $w''$ 分别称为内部标准化残差和外部标准化残差[24.65,24.70]。

## 24.5 递推模型验证

### 24.5.1 模型与滤波

上一节假定参数向量 $x$ 为完全未知的非时变参数，本节我们放宽这些假设。首先，参数向量 $x$（此后称为状态向量）可以随时间变化，使用符号 $x_k$ 表示在 $k$ 时刻的 $x$。其次，我们假设参数向量是随机向量而非确定性变量。

基于滤波的模型包括两部分(第22章)。第一部分是如前所述能够将状态向量与观测数据联系起来的测量模型；第二部分是动力学模型，其描述了状态向量随时间的变化。

测量模型和动力学模型一起构成了原假设 $H_0$。

1. 测量模型

观测向量 $\boldsymbol{y}_k \in \mathbb{R}^{m_k}$ 与状态向量 $\boldsymbol{x}_k \in \mathbb{R}^n$ 之间的关系假定为

$$\boldsymbol{y}_k = \boldsymbol{A}_k \boldsymbol{x}_k + n_k, k = 0, \cdots \tag{24.77}$$

$$E(x_0) = \bar{x}_0$$
$$E(n_k) = 0$$
$$C(x_0, n_k) = 0$$
$$C(n_k, n_l) = \boldsymbol{R}_k \delta_{k,l}$$

式中：$C(u, v)$ 为两个随机向量 $u$ 和 $v$ 之间的协方差；$R_k$ 为测量噪声 $n_k$ 的方差矩阵；$\delta_{k,l}$ 为克罗内克函数。这里假定测量噪声 $n_k$ 的均值为 0 且在时间上不相关，与初始状态向量 $x_0$ 也不相关。

2. 动力学模型

描述 $x_k$ 随时间变化的线性动力学模型为

$$x_k = \boldsymbol{\Phi}_{k,k-1} x_{k-1} + d_k, k = 1, \cdots \tag{24.78}$$

$$E(d_k) = 0$$
$$C(x_0, d_k) = 0$$
$$C(d_k, n_l) = 0$$
$$C(d_k, d_l) = \boldsymbol{S}_k \delta_{k,l}$$

式中：$\boldsymbol{\Phi}_{k,k-1}$ 为转移矩阵；$\boldsymbol{S}_k$ 为系统噪声 $d_k \in \mathbb{R}^n$ 的方差矩阵。假定系统噪声 $d_k$ 的均值为零且在时间上不相关，也与初始状态向量和测量噪声不相关。

如果假定初始状态的平均值 $E(x_0)$ 未知，则首先需要对其进行估算。这里假设初始状态 $\hat{x}_{0|0}$ 及其误差方差矩阵 $P_{0|0}$ 已知，因此可以从初值开始递推计算。每个历元的递推过程由两步组成，即时间更新（TU）和测量更新（MU），因此有

$$\begin{cases} \hat{x}_{k|k-1} = \boldsymbol{\Phi}_{k,k-1} \hat{x}_{k-1|k-1} \\ \hat{x}_{k|k} = \hat{x}_{k|k-1} + K_k (y_k - A_k \hat{x}_{k|k-1}) \end{cases} \tag{24.79}$$

时间更新将历元 $k-1$ 的状态估计传播到下一个历元 $k$，给出历元 $k$ 的预测状态向量。测量更新使用最小二乘原理将预测状态向量与历元 $k$ 的观测量相结合，生成滤波后的状态向量。上述两个方程通常称为卡尔曼滤波，其中矩阵 $K_k$ 称为卡尔曼增益矩阵[24.90-24.93]。预测和滤波后的状态向量（误差）方差矩阵为

$$\begin{cases} P_{k|k-1} = \boldsymbol{\Phi}_{k,k-1} P_{k-1|k-1} \boldsymbol{\Phi}_{k,k-1}^{\mathrm{T}} + S_k \\ P_{k|k} = (I_n - K_k A_k) P_{k|k-1} \end{cases} \tag{24.80}$$

由于存在系统噪声，时间更新步骤通常会出现精度下降的情况，即 $P_{k|k-1} > P_{k-1|k-1}$，而测量更新通过引入新的测量信息，精度可以再次提高（$P_{k|k} < P_{k|k-1}$）。

递推模型验证的重要作用是预测残差，与前面章节的最小二乘残差相似，预测残差及其方差矩阵为

$$\begin{cases} v_k = y_k + A_k \hat{x}_{k|k-1} \\ Q_{v_k v_k} = R_k + A_k P_{k|k-1} A_k^T \end{cases} \tag{24.81}$$

预测残差具有重要的性质,其均值为 0 且在时间上不相关,有

$$E(v_k) = 0, C(v_k, v_l) = Q_{v_k v_k} \delta_{k,l} \tag{24.82}$$

这些特性使递推检验流程可以在卡尔曼滤波中并行执行[24.10,24.25,24.57,24.75,24.94,24.95]。

## 24.5.2 模型与 UMPI 检验统计量

如上所述的卡尔曼滤波可产生状态向量的最佳估计量,并且该估计具有明确的统计特性。但是,只有在零假设 $H_0$ 成立的情况下才能保证这种最优性。若 $H_0$ 假设不成立或出现错误则会导致估计结果无效,从而导致基于该估计得出的任何结论均无效。接下来,我们仅关注均值中的错误,即在 $H_0$ 假设下预测残差的均值为 0,但在 $H_a$ 假设下则并非如此。将 $k$ 个预测残差向量汇集至向量 $v = (v_1^T, \cdots, v_k^T)^T$ 中,则零假设和备择假设可以用预测残差的形式表示为

$$\mathcal{H}_0: E(v) = 0, \mathcal{H}_a: E(v) = C_v b \tag{24.83}$$

$C_v$ 矩阵的阶次为 $\sum_{i=1}^{k} m_i \times q$,分别通过时间更新和测量更新传播假设的均值错误。

现在可以在 $\mathcal{H}_a$ 假设下估计 $b$,并使用 UMPI 检验统计量测试其显著性,有

$$T_q = \hat{b} Q_{bb}^{-1} \hat{b} \overset{\mathcal{H}_0}{\sim} \chi^2(q, 0) \tag{24.84}$$

式中: $\hat{b}$ 和 $Q_{bb}$ 分别为偏差估计量及其方差矩阵。根据预测残差 $v$ 向量进行计算,有

$$\begin{cases} \hat{b} = (C_v^T Q_{vv}^{-1} C_v)^{-1} C_v^T Q_{vv}^{-1} v \\ Q_{bb} = (C_v^T Q_{vv}^{-1} C_v)^{-1} \end{cases} \tag{24.85}$$

基于该结果,也可以直接用预测残差表示式(24.84)描述的检验统计量,即

$$T_q = v^T Q_{vv}^{-1} C_v (C_v^T Q_{vv}^{-1} C_v)^{-1} C_v^T Q_{vv}^{-1} v \tag{24.86}$$

尽管此形式与式(24.32)等效,但其优势在于以预测残差表示,在每次测量更新时更具有可用性(参照式(24.79)和式(24.81))。

以上表达式构成了卡尔曼滤波模型验证的基础。利用预测残差向量方差阵的块对角结构,可以进一步给出递推检验的形式。此时,有

$$D(v) = Q_{vv} = \text{blockdiag}(Q_{v_1 v_1}, \cdots, Q_{v_k v_k}) \tag{24.87}$$

其检验统计量(式(24.86))可以写为

$$T_q = \left( \sum_{i=1}^{k} v_i^T Q_{v_i v_i}^{-1} C_{v_i} \right) \left( \sum_{i=1}^{k} C_{v_i}^T Q_{v_i v_i}^{-1} C_{v_i} \right)^{-1} \times \left( \sum_{i=1}^{k} C_{v_i}^T Q_{v_i v_i}^{-1} v_i \right) \tag{24.88}$$

式(24.88)是进行递推探测、识别和自适应的基础。递推检验的设计和性能分析(例如 MDB 和 BNR 分析)可采用与批处理模型类似的方式进行,其示例可参考文献[24.26,24.35,24.53,24.96-24.98]。

## 24.5.3 局部与全局检验

图 24.16 给出了局部模型检验和全局模型检验之间的区别。若 $k$ 时刻进行的检验仅

依赖于 $k$ 时刻的预测状态向量和 $k$ 时刻的观测值,我们称之为局部模型检验。在局部模型检验时,假设当前检验时间 $k$ 之前未发生模型失效,因此可以仅关注以下局部假设,即

$$\mathcal{H}_0^k : E(v_k) = 0, \mathcal{H}_a^k : E(v_k) = C_{v_k} b \tag{24.89}$$

其中,在历元 $k$ 发生的模型误差类型通过 $m_k \times q$ 矩阵 $C_{v_k}$ 指定。

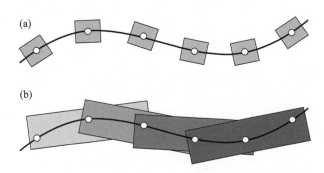

图 24.16　局部(a)和全局(b)检验(见文献[24.25])

考虑多个历元的检验被称为全局检验。对此,考虑以下全局假设,即

$$\mathcal{H}_0^{l,k} : E(v^{l,k}) = 0, \mathcal{H}_a^{l,k} : E(v^{l,k}) = C_v^{l,k} b \tag{24.90}$$

$$v^{l,k} = (v_l^{\mathrm{T}}, \cdots, v_k^{\mathrm{T}})^{\mathrm{T}}$$

$$C_v^{l,k} = (C_{v_l}^{\mathrm{T}}, \cdots, C_{v_k}^{\mathrm{T}})^{\mathrm{T}}$$

式中: $l$ 为假定的模型误差开始发生的时刻; $k$ 为当前历元。

为了区分具有局部特征或全局特征的模型错误,下面介绍局部和全局检验之间的区别。从定义来看,局部检验过程可以实时执行,即发生模型错误时可以实时在自适应步骤进行改正。

全局检验比局部检验更具功效。局部检验可能对某些模型误差不太敏感,该模型误差会随着时间的流逝逐渐累积,导致局部检验无法对其准确识别;而全局检验具有内在的存储能力(存储多个历元),因此可以识别出此类错误,但在模型误差发生的时刻到探测出该误差的时刻之间存在较大的时间延迟。如果我们认为探测出模型误差比没有探测出模型误差更加重要,那么这种延迟就是可以接受的。

### 24.5.4　递推探测

#### 24.5.4.1　局部探测

当式(24.89)所示的备择假设最宽松时,可应用局部探测,即

$$\mathcal{H}_0^k : E(v_k) = 0, \mathcal{H}_a^k : E(v_k) \in \mathbb{R}^{m_k} \tag{24.91}$$

由于在 $\mathcal{H}_a^k$ 假设下没有为预测残差的平均值施加任何约束,令式(24.89)中的矩阵 $C_{v_k}$ 为正则方阵,因此 $q = m_k$。由于 $i < k$ 时 $C_{v_i} = 0$,则局部总体模型(local overall model,LOM)的

相应检验统计量可表示为

$$T_{\text{LOM}}^k = \frac{v_k^\text{T} Q_{v_k v_k}^{-1} v_k}{m_k} \overset{\mathcal{H}_0^k}{\sim} F(m_k, \infty, 0) \qquad (24.92)$$

当 $T_{\text{LOM}}^k > F_\alpha(m_k, \infty, 0)$ 时,考虑在历元 $k$ 处存在不明确的模型错误。上式中,我们采用了二次型除以局部冗余度 $m_k$ 的做法,虽然该做法并非是必需步骤,但我们可以用此方式显示出 $T_{\text{LOM}}^k$ 的时间序列围绕1的波动情况,因为

$$E(T_{\text{LOM}}^k | \mathcal{H}_0) = 1$$

利用 $m_k$ 进行归一化,$\chi^2$ 分布变为 F 分布。当执行全局探测时,也可以进行类似的归一化。

#### 24.5.4.2 全局探测

由于 LOM 检验对模型误差不够敏感,导致无法探测到全局未建模的趋势项。对此,我们考虑以下全局假设,即

$$\mathcal{H}_0^{l,k}: E(v^{l,k}) = 0, \mathcal{H}_a^{l,k}: E(v^{l,k}) \in \mathbb{R}^{\sum_{i=l}^k m_i} \qquad (24.93)$$

式中,矩阵 $C_v^{l,k}$(见式(24.90))为正则方阵,并且,有

$$q = \sum_{i=l}^k m_i$$

相应的全局总体模型(global overall model,GOM)检验统计量写为递推形式,即

$$T_{\text{GOM}}^{l,m} = T_{\text{GOM}}^{l,k-1} + g_k (T^k - m_k T_{\text{GOM}}^{l,k-1}) \qquad (24.94)$$

$$T^k = v_k^\text{T} Q_{v_k v_k}^{-1} v_k, \quad g_k = \frac{1}{\sum_{i=l}^k m_i}$$

式中:$T^k, g_k$ 为增益(标量,见图 24.17)。

令 $T_{\text{GOM}}^{l,l} = T_{\text{LOM}}^l$ 首先对递推过程进行初始化。考虑在 $k$ 时刻探测 $[l,k]$ 区间内发生的模型误差,即

$$T_{\text{LOM}}^{l,k} > F_\alpha \Big( \sum_{i=l}^k m_k, \infty, 0 \Big)$$

当 $l = k$ 时,该检验变为为局部检验。

实际情况中涉及如何选择 $l$,即模型误差开始出现的时间。由于模型误差的开始时间是先验未知的,因此原则上必须从 $l = 1$ 开始。但是,固定从 1 开始取值,意味着随着递推逐渐进行,需要的存储空间也会随之增长,从而导致在实际问题中具有较长的探测时延。进行 GOM 检验时,在 $k$ 时刻处拒绝 $H_0$ 假设可能意味着最早在 $l = 1$ 时就已经开始出现全局模型错误。为了减少延迟时间,可以采取长度为 $N$ 的滑动窗口模式,即可以将 $l$ 约束为 $k - N \leq l \leq k$。选择的 $N$ 值必须确保检验的探测功效足够,这也是设计滤波时通常要考虑的问题。对于长度为 $N$ 的有限窗口,式(24.94)所示的递推公式从本质上简化为有限存储滤波。

除有限窗口外,还可以使用衰减窗口[24.93,24.99,24.100]。令 $l=1$ 并将增益 $g_k$ 写为 $\dfrac{\omega^k}{\sum_{i=l}^{k} m_i \omega^i}$,当权重 $\omega > 1$ 时,递推退化为渐消记忆滤波。注意在衰减窗口中,仍然有 $E(T_{\text{GOM}}^{l,k} | H_0) = 1$。衰减 GOM 检验统计量遵循各独立的 $\chi^2$ 分布的线性组合,而不是中心化的 F 分布。基于衰减窗口的方式与式(24.94)具有相同的递推过程。如果特定的应用程序需要使用长窗口,那么与有限窗口相比,衰减窗口具有非常大的优势。衰减窗口的长度根据权重 $\omega$ 确定,而权重 $\omega$ 则依据 GOM 检验的探测功效来确定。

## 24.5.5 递推识别

### 24.5.5.1 局部识别

如式(24.89)所示,局部备择假设的形式为

$$\mathcal{H}_a^k : E(v_k) = C_{v_k} b \tag{24.95}$$

其中模型误差类型由 $m_k \times q$ 矩阵 $C_{v_k}$ 确定。我们可以考虑对 $v_k$ 引入偏差的任意模型误差,这些模型误差同样对观测向量 $y_k$ 和预测状态 $\hat{x}_{k|k-1}$ 引入了偏差。例如,对于 $y_k$ 的第 $i$ 项异常值,矩阵 $C_{v_k}$ 简化为第 $i$ 项为 1 的标准单位向量。

当 $i<k$ 时,令 $C_{v_i}=0$,则式(24.95)所示的全部检验统计量均可从式(24.88)推导出来。当 $q=1$ 时,如果对历元 $k$ 进行数据探测,可以利用正态分布的统计量,即

$$t^k = \frac{c_{v_k}^{\text{T}} Q_{v_k v_k}^{-1} v_k}{\sqrt{c_{v_k}^{\text{T}} Q_{v_k v_k}^{-1} v_k}} \overset{\mathcal{H}_0}{\sim} \mathcal{N}(0,1) \tag{24.96}$$

$$T_{q=1}^k = (t^k)^2$$

### 24.5.5.2 全局识别

如式(24.90)所示,全局备择假设的形式为

$$\mathcal{H}_a^{l,k} : E(v^{l,k}) = C_v^{l,k} b \tag{24.97}$$

令 $C_{v_i} = 0 (i<l)$,可以从式(24.88)推导出全局备择假设的全部检验统计量。其中 $C_v^{l,k}$ 可以表达为

$$C_v^{l,k} = (C_{v_l}^{\text{T}}, \cdots, C_{v_k}^{\text{T}})^{\text{T}}$$

由于 $C_v^{l,k}$ 中的项需要进行递推计算,因此也可以进行递推检验。鉴于偏差通过卡尔曼滤波中的时间更新和测量更新进行传播,那么可以据此递推计算 $C_{v_i}, i=l,\cdots,k$。例如,如果假设观测量的均值在 $[l,k]$ 区间内存在偏差,那么我们可令备择假设为

$$\mathcal{H}_a^{l,k} : E(y_i) = A_i x_i + C_i b, i \in [l,k] \tag{24.98}$$

当偏差 $C_i b$ 通过卡尔曼滤波传播时,它会对预测残差引入偏差 $C_{v_i} b$,对预测状态引入偏差 $C_{\hat{x}_{i|i-1}} b$。其中响应矩阵 $C_{v_i}$ 和 $C_{\hat{x}_{i|i-1}}$ 递推(图 24.18)形式为

$$\begin{cases} C_{v_i} = C_i - A_i C_{\hat{x}_i|i-1}, C_{\hat{x}_l|l-1} = 0 \\ C_{\hat{x}_i|i-1} = \Phi_{i+1,i}(C_{\hat{x}_i|i-1} + K_i C_{v_i}), i \geq l \end{cases} \quad (24.99)$$

不考虑如式(24.98)所示的备择假设,如果假定存在系统噪声偏差(例如由于动力学模型的参数不足),那么也可以在相应文献(如文献[24.25,24.94])中找到类似的递推方法。

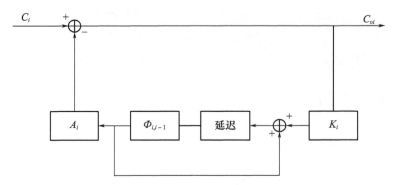

图 24.18 对观测量偏差 $C_i b$ 进行响应的矩阵 $C_{v_i}$ 的递推过程,$i \in [l,k]$

与探测的情况一样,全局识别检验统计量也可以采用递推形式计算。当 $q=1$ 时,有

$$(t^{l,k})^2 = (t^{l,k-1})^2 + h_{l,k}[(t^k)^2 - (t^{l,k-1})^2] \quad (24.100)$$

增益为

$$h_{l,k} = \frac{c_{v_k}^T Q_{v_k v_k}^{-1} c_{v_k}}{\sum_{i=l}^{k} c_{v_i}^T Q_{v_i v_i}^{-1} c_{v_i}}$$

注意,式(24.96)的局部统计量 $t^k$ 需要作为每个新历元的输入。

严格来说,必须针对所考虑的每个备择假设以及每个 $k > l$ 的历元计算上述检验统计量。但由于 $l$ 未知,所以原则上必须从 $l=1$ 开始,因此在检验时刻 $k$ 时,每个备择假设必须计算 $k$ 个检验统计量,最终形成了以 $t^{l,k}$ 为递增项的检验矩阵。其示例如图 24.19 所示。

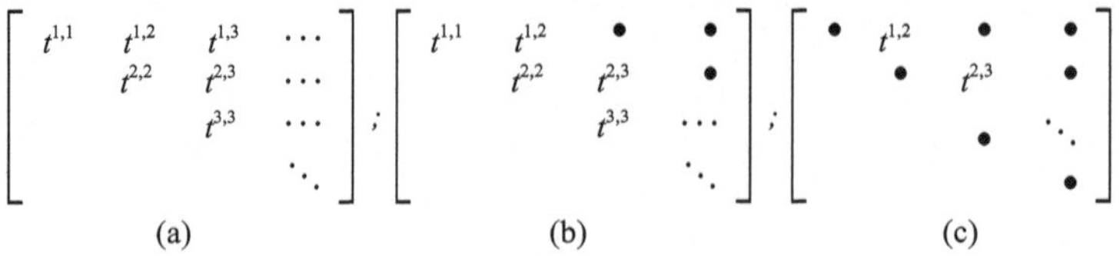

$$\begin{bmatrix} t^{1,1} & t^{1,2} & t^{1,3} & \cdots \\ & t^{2,2} & t^{2,3} & \cdots \\ & & t^{3,3} & \cdots \\ & & & \ddots \end{bmatrix}; \begin{bmatrix} t^{1,1} & t^{1,2} & \bullet & \bullet \\ & t^{2,2} & t^{2,3} & \bullet \\ & & t^{3,3} & \cdots \\ & & & \ddots \end{bmatrix}; \begin{bmatrix} \bullet & t^{1,2} & \bullet & \bullet \\ & \bullet & t^{2,3} & \bullet \\ & & & \ddots \end{bmatrix}$$

(a) (b) (c)

图 24.19 用于识别的检验矩阵 $t^{l,k}(l \leq k)$
(a)无窗口;(b)滑动窗口 $l \in [k-1,k]$;(c)滑动窗口 $l \in [k-1,k-1]$。

无论是从计算的角度还是识别时间延迟的角度来看,如果检验统计量的数量像上述那样持续增加,显然是不切实际的。通过对检验统计量功效的研究发现,并非所有的检验矩阵项都需要计算。尽管随着时间间隔 $[l,k]$ 的增加,检验功效也随之增强,但在某些阶段,检验功效的增强可以忽略不计,因此可以考虑使用滑动窗口。图 24.19(b)显示了 $l \in [k-N+1,k]$,且 $N=2$ 的情况,图 24.19(c)显示了 $l \in [k-N+1,k-M]$,且 $N=2$ 和

$M=1$ 的情况。对于后者来说,在某些应用中如果 $l > k - M$,则检验统计量对于全局识别可能不太敏感。

一旦定义了检验矩阵,识别过程就可以按照如下方式进行。当检验 $k$ 时刻时,首先为每个备择假设确定窗口大小 $l$ 以保证 $|t^{l,k}|$ 达到最大值。然后,在检验矩阵的第 $k$ 列中搜索绝对值最大的项,如果相应的备择假设为真,则相应的矩阵行数为最可能发生模型误差的时间 $l$。为了找到最合适的备择假设和 $l$ 的大小,我们可以比较这些备择假设中 $\max_{l \in [k-N+1, k-M]} |t^{l,k}|$ 的值。这些值中的最大值最终确定了最可能出现的时间 $l$ 和最可能的备择假设。最后,针对选择的临界值或 $p$ 值检验其似然性。

### 24.5.6 递推自适应:一般情况

识别出最可能的模型误差后,需要进行自适应递推滤波估计以减少滤波状态中的偏差。假设式(24.97)已被确定为最可能的假设,与式(24.65)类似,其自适应步骤为

$$\begin{cases} \hat{x}^a_{k|k} = \hat{x}_{k|k} - C_{\hat{x}_{k|k}} \hat{b}_{l|k} \\ P^a_{k|k} = P_{k|k} + C_{\hat{x}_{k|k}} Q_{l|k} C^T_{\hat{x}_{k|k}} \end{cases} \quad (24.101)$$

式中:$\hat{b}_{l|k}$ 为式(24.97)的最小二乘解;$Q_{l|k}$ 为方差矩阵;$C_{\hat{x}_{k|k}}$ 为滤波状态的偏差响应矩阵。利用预测残差向量方差矩阵的块对角线结构,可以将偏差估计量表示为递推形式,即

$$\begin{cases} \hat{b}_{l|k} = \hat{b}_{l|k-1} + G_k (v_k - C_{v_k} \hat{b}_{l|k-1}) \\ Q_{l|k} = (I_q - G_k C_{v_k}) Q_{l|k-1} \end{cases} \quad (24.102)$$

其中增益矩阵为

$$G_k = Q_{l|k-1} C^T_{v_k} (Q_{v_k v_k} + C_{v_k} Q_{l|k-1} C^T_{v_k})^{-1} \quad (24.103)$$

由于偏差估计量 $\hat{b}_{l|k}$ 和滤波后的响应矩阵 $C_{\hat{x}_{k|k}} = \Phi_{k,k+1} C_{\hat{x}_{k+1|k}}$(如式(24.99)所示)都可以递推计算,因此自适应(式(24.101))也可以递推进行。其中,偏差估计量的递归和滤波后的响应矩阵如图 24.20 所示。

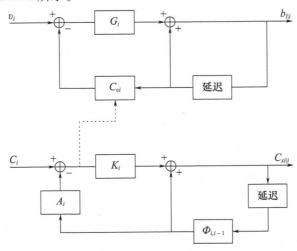

图 24.20 偏差估计量 $\hat{b}_{l|i}$ 的递推和滤波后的响应矩阵 $C_{\hat{x}_{i|i}}$

在 $l=k$ 的情况下,式(24.101)退化为式(24.95)。如果成功完成局部识别,该自适应步骤具有这样的优势——在发生模型错误时,可以立即采取纠正措施进行自适应滤波。但全局识别却不具备这样的优势,因为当识别时间存在延迟时(在历元 $k$ 处识别出历元 $l<k$ 处发生的错误),滤波后的状态在 $[l,k)$ 区间内会仍然存在偏差,这是否可以接受取决于具体应用。校正滤波后的状态涉及平滑处理,它也可以通过递推方式进行,但由于这是一种事后校正操作,因此在实时应用中无须执行此步骤。

执行自适应步骤后,原假设被替换为识别的备择假设,因此 $k$ 时刻后的滤波基于扩展状态向量和方差矩阵,具体形式为

$$\begin{bmatrix} \hat{x}^a_{k|k} \\ \hat{b}_{l|k} \end{bmatrix}, \begin{bmatrix} P^a_{k|k} & -C_{\hat{x}_{k|k}} Q_{l|k} \\ -Q_{l|k} C^T_{\hat{x}_{k|k}} & Q_{l|k} \end{bmatrix} \tag{24.104}$$

其递推形式分别由式(24.101)和式(24.102)给出[24.75, 24.101]。

### 24.5.7 递推自适应:针对 GNSS 的特定情况

并非在所有情况下都必须按照式(24.104)那样在自适应步骤之后使用扩展状态向量,例如对于 GNSS 中的两个重要偏差——由伪距异常值以及载波相位周跳引起的偏差就无须严格遵循式(24.101)。在这两种情况下,仅需执行一次自适应步骤,就可以在原假设下再次恢复为标准滤波。

#### 24.5.7.1 伪距异常值

假设观测数据的模型误差仅限于单个历元 $l$,则式(24.98)中的 $C_i$ 矩阵为

$$C_i = C_l \delta_{i,l}, i = 1, \cdots, k \tag{24.105}$$

此时,矩阵 $C_l$ 为标准单位向量,即在可能发生伪距异常值的位置处,该矩阵的元素为非零项。

由于式(24.105)中类似于"尖峰"形状的模型误差并不具有持久性,仅局限于单个历元,因此只需进行一次自适应即可。随后可以在 $H_0$ 假设下,简单地再次进行滤波。实际上,我们可以将自适应后的状态 $\hat{x}^a_{k|k}$ 及其(误差)方差矩阵 $P^a_{k|k}$ 视为滤波的新初始化值。

#### 24.5.7.2 载波相位周跳

当发生周跳时,式(24.98)中的 $C_i$ 矩阵为

$$C_i = C_l s_{i,l}, i = 1, \cdots, k \tag{24.106}$$

当 $i < l$,阶跃函数 $s_{i,l} = 0$;而当 $i \geq l$,阶跃函数 $s_{i,l} = 1$。由于周跳是永久存在的,因此周跳发生后的所有历元必须使用如式(24.104)所示的扩展状态向量。但 GNSS 载波相位周跳还存在一个例外情况,在此情况下,执行自适应步骤之后就可以在 $H_0$ 假设下恢复为标准滤波。对周跳参数化为

$$C_i = A_i \Phi_{i,l} X_l s_{i,l}, X_l \in \mathbb{R}^{n \times q} \tag{24.107}$$

对 $H_a$ 假设下的状态向量进行重新参数化,可得

$$\begin{bmatrix} \bar{x}_i \\ b \end{bmatrix} = \begin{bmatrix} I_n & \Phi_{i,l}X_l \\ 0 & I_q \end{bmatrix} \begin{bmatrix} x_i \\ b \end{bmatrix} \tag{24.108}$$

那么自适应后的历元 $k$ 状态向量及其方差矩阵为

$$\begin{cases} \hat{\bar{x}}^a_{k|k} = \hat{x}_{k|k} - \bar{C}_{\hat{x}_{k|k}} \hat{b}_{l|k} \\ \bar{P}^a_{k|k} = P_{k|k} + \bar{C}_{\hat{x}_{k|k}} Q_{l|k} \bar{C}^T_{\hat{x}_{k|k}} \\ \bar{C}_{\hat{x}_{k|k}} = (C_{\hat{x}_{k|k}} - \Phi_{k,l}X_l) \end{cases} \tag{24.109}$$

由于对式(24.108)重新参数化严格补偿了 $b$ 的偏差,因此式(24.109)所示的自适应步骤仅需执行一次,此后即可在 $H_0$ 假设下继续进行滤波。利用新的初始值 $\hat{\bar{x}}^a_{k|k}$ 和 $\bar{P}^a_{k|k}$,可以在 $H_0$ 假设下继续进行标准滤波过程,从而用重新参数化的 $\hat{x}_i (i \geq k)$ 代替了状态向量 $x_i$。

以上结果适用于 GNSS 载波相位周跳的情况。令 $y_i = [p_i^T, \phi_i^T]^T$ 为历元 $i$ 的伪距 $p_i$ 和载波相位 $\phi_i$(单位为 cyc)观测向量,分块设计矩阵和状态向量分别为 $A_i = [A_{1i}, A_{2i}]$ 和 $x_i = [x_{1i}^T, x_{2i}^T]^T$,其中 $x_2$ 为不随时间变化的模糊度向量,以 cyc 为单位。令 $A_{2i} = [0, I_p]^T$ 以及 $\Phi_{i,l} = \text{blockdiag}[\Phi_{1i,l}, I_p]$。假设在历元 $l$ 处第 $j$ 个相位观测值存在一个周跳,可得 $C_i = [0, c_j^T]^T s_{i,l}$,即 $X_l = [0, c_j^T]^T$ 满足式(24.107)。结合 $\Phi_{i,l}X_l = [0, c_j^T]^T$,可以将式(24.108)所示的 $\bar{x}_i$ 重新参数化简化为

$$\begin{bmatrix} \bar{x}_{1i} \\ \bar{x}_{2i} \end{bmatrix} = \begin{bmatrix} x_{1i} \\ x_{2i} \end{bmatrix} + \begin{bmatrix} 0 \\ c_j \end{bmatrix} b \tag{24.110}$$

在这种情况下,仅影响模糊度向量而对其他状态向量不造成影响。

结合 $\bar{C}_{\hat{x}_{k|k}} = [C_{\hat{x}_{k|k}} - [0, c_j^T]^T]$,对载波相位周跳的自适应步骤可采用简单形式,即

$$\begin{bmatrix} \hat{x}_{1k|k} \\ \hat{\bar{x}}_{2k|k} \end{bmatrix} = \begin{bmatrix} \hat{x}_{1k|k} \\ \hat{x}_{2k|k} \end{bmatrix} + \begin{bmatrix} C_{1\hat{x}_{k|k}} \\ C_{2\hat{x}_{k|k}} - c_j \end{bmatrix} \hat{b}_{l|k} \tag{24.111}$$

式中:$\hat{b}_{l|k}$ 为周跳估计量。因此,执行自适应步骤后在 $H_0$ 假设下恢复为标准滤波时,除模糊度外所有状态向量项均相同,而自适应后的模糊度与原始模糊度则有所不同。

## 致谢

作者是澳大利亚研究理事会联邦奖学金(项目号 FF0883188)的获得者。科廷 GNSS 研究中心的 Safoora Zaminpardaz 女士和 Amir Khodabandeh 博士为示例和图形的创建提供了帮助,感谢他们的支持。

# 参考文献

24.1　G. Blewitt: An automatic editing algorithm for GPS data, Geophys. Res. Lett. **17**(3),199–202(1990)

24.2　N. Zinn, P. J. V. Rapatz: Reliability analysis in marine seismic networks, Hydrogr. J. **76**, 11–18 (1995)

24.3　R. G. Brown: Receiver autonomous integrity monitoring. In: *Global Positioning System: Theory and applications*, Vol. 2, ed. by B. W. Parkinson, J. J. Spilker Jr. (American Institute of Aeronautics and Astronautics, Washington 1996) pp. 143–165

24.4　P. J. G. Teunissen: Quality control and GPS. In: *GPS for Geodesy*, ed. by P. J. G. Teunissen, A. Kleusberg (Springer, Berlin Heidelberg 1998) pp. 271–318

24.5　A. Leick: *GPS Satellite Surveying*, Vol. 3 (Wiley, New Jersey 2004)

24.6　A. Wieser, M. G. Petovello, G. Lachapelle: Failure scenarios to be considered with kinematic high precision relative GNSS positioning, Proc. ION GNSS 2004, Long Beach (ION, Virginia 2004) pp. 1448–1459

24.7　B. Hofmann-Wellenhof, H. Lichtenegger, E. Wasle: *GNSS-Global Navigation Satellite Systems: GPS, GLONASS, Galileo, and More* (Springer, New York 2008)

24.8　J. Oliveira, C. C. J. M. Tiberius: Quality control in SBAS: protection levels and reliability levels, J. Navig. **62**(3), 509–522 (2009)

24.9　S. Banville, R. B. Langley: Instantaneous Cycle-Slip Correction for Real-Time PPP Applications, Navigation **57**(4), 325–334 (2010)

24.10　C. D. De Jong: A unified approach to real-time integrity monitoring of single- and dual-frequency GPS and GLONASS observations, Acta Geod. Geophys. Hung. **33**(2–4), 247–257 (1998)

24.11　N. F. Jonkman, K. De Jong: Integrity monitoring of IGEX-98 data, Part II: Cycle slip and outlier detection, GPS Solutions **3**(4), 24–34 (2000)

24.12　C. D. De Jong, H. Van Der Marel, N. F. Jonkman: Real-time GPS and GLONASS integrity monitoring and reference station software, Phys. Chem. Earth A **26**(6), 545–549 (2001)

24.13　P. J. G. Teunissen, P. F. De Bakker: Single-receiver single-channel multi-frequency GNSS integrity: Outliers, slips, and ionospheric disturbances, J. Geod. **87**(2), 161–177 (2013)

24.14　Z. F. Biacs, E. J. Krakiwsky, D. Lapucha: Reliability analysis of phase observations in GPS baseline estimation, J. Surv. Eng. **116**(4), 204–224 (1990)

24.15　R. G. Brown: A baseline GPS RAIM scheme and a note on the equivalence of three RAIM methods, Navigation **39**(3), 301–316 (1992)

24.16　P. A. Cross, D. J. Hawksbee, R. Nicolai: Quality measures for differential GPS positioning, Hydrogr. J. **72**, 17–22 (1994)

24.17　C. D. De Jong: Real-time integrity monitoring of dual-frequency GPS observations for a single receiver, Acta Geod. Geophys. Hung. **31**(1/2), 37–46 (1996)

24.18　A. Wieser: Reliability checking for GNSS baseline and network processing, GPS Solut. **8**(2), 55–66 (2004)

24.19　H. Kuusniemi, A. Wieser, G. Lachapelle, J. Takala: User-level reliability monitoring in urban personal satellite-navigation, IEEE Trans. Aerosp. Electron. Syst. **43**(4), 1305–1318 (2007)

24.20　H. Van der Marel, A. J. M. Kosters: Statistical testing and quality analysis in 3-D networks: (Part II) Application to GPS. In: *Global Positioning System: An Overview*, ed. by Y. Bock, N. Leppard (Springer, New York 1990) pp. 290–297

24.21　K. De Jong: A modular approach to precise GPS positioning, GPS Solutions **2**(4), 52–56 (1999)

24.22　N. Perfetti: Detection of station coordinate discontinuities within the Italian GPS fiducial network, J.

Geod. **80**(7),381-396(2006)

24.23　B. W. Parkinson, J. J. Spilker: *Global Positioning System: Theory and Applications* (AIAA, Washington 1996)

24.24　P. J. G. Teunissen, A. Kleusberg: *GPS for Geodesy*, Vol. 2 (Springer, Berlin, Heidelberg 1998)

24.25　M. A. Salzmann: Least squares filtering and testing for geodetic navigation applications, Ph. D. Thesis (Delft University of Technology, Delft 1993)

24.26　V. Gikas, P. A. Cross, D. Ridyard: Reliability analysis in dynamic systems: Implications for positioning marine seismic networks, Geophysics **64**(4),1014-1022(1999)

24.27　R. J. Kelly: Comparison of LAAS B-values with linear model optimum B-values, Navigation **47**(2),143-156(2000)

24.28　T. Murphy, M. Harris, C. Shively, L. Azoulai, M. Brenner: Fault modeling for GBAS airworthiness assessments, Navigation **59**(2),145-161(2012)

24.29　P. J. G. Teunissen: *Testing Theory: An Introduction* (Delft University Press, Delft 2000)

24.30　S. F. Arnold: *The Theory of Linear Models and Multivariate Analysis*, Vol. 2 (Wiley, New York 1981)

24.31　K. R. Koch: *Parameter Estimation and Hypothesis Testing in Linear Models* (Springer, Berlin 1999)

24.32　J. Neyman, E. S. Pearson: *On the Problem of the Most Efficient Tests of Statistical Hypotheses* (Springer, New York 1992)

24.33　W. Baarda: Statistical Concepts in Geodesy, Publications on Geodesy **2**(4) (Netherlands Geodetic Commission, Delft 1967)

24.34　W. Baarda: A testing procedure for use in geodetic networks, Publications on Geodesy **2**(5) (Netherlands Geodetic Commission, Delft 1968)

24.35　P. J. G. Teunissen: Quality control in integrated navigation systems, IEEE Aerosp. Electron. Syst. Mag. **5**(7),35-41(1989)

24.36　Staff of DGCC: The Delft Approach for the Design and Computation of Geodetic Networks, "Forty Years of Thought..." Anniversary edition on the occasion of the 65th birthday of Professor W. Baarda **1** (Delft University of Technology 1982) pp. 202-274

24.37　J. Van Mierlo: A testing procedure for analytic deformation measurements, Proc. 2nd Int. Symp. Deform. Meas. Geod. Methods, Bonn, ed. by L. Hallermann (Verlag Konrad Wittwer, Stuttgart 1981) pp. 321-353

24.38　J. J. Kok: Statistical analysis of deformation problems using Baarda's testing procedures. In: "Forty Years of Thought". Anniversary Volume on the Occasion of Prof. Baarda's 65th Birthday, Delft **2** (Delft University of Technology 1982) pp. 470-488

24.39　W. Forstner: Reliability and discernability of extended Gauss-Markov models, Semin. Math. Models Geod. Photogramm. Point Determ. Regard Outliers Syst. Errors, Stuttgart, ed. by F. E. Ackermann (Deutsche Geodatische Kommission, Munchen 1983) pp. 79-104

24.40　P. J. G. Teunissen: Adjusting and testing with the models of the affine and similarity transformation, Manuscr. Geod. **11**,214-225(1986)

24.41　G. Lu, G. Lachapelle: Reliability Analysis Applied to Kinematic GPS Position and Velocity Estimation, Proc. Int. Symp. Kinemat. Syst. Geod. Surv. Remote Sens. (KIS 1991), Banff, ed. by K.-P. Schwarz, G. Lachapelle (Springer, New York 1991) pp. 273-284

24.42　P. J. G. Teunissen: Minimal detectable biases of GPS data, J. Geod. **72**(4),236-244(1998)

24.43　K. De Jong: Minimal detectable biases of crosscorrelated GPS observations, GPS Solutions **3**(3), 12–18 (2000)

24.44　K. O'Keefe, S. Ryan, G. Lachapelle: Global availability and reliability assessment of the GPS and Galileo global navigation satellite systems, Can. Aeronaut. Space J. **48**(2), 123–132 (2002)

24.45　K. De Jong, P. J. G. Teunissen: Minimal Detectable Biases of GPS observations for a weighted ionosphere, Earth Planets Space **52**(10), 857–862 (2000)

24.46　S. Verhagen: Performance analysis of GPS, Galileo and integrated GPS–Galileo, Proc. ION GPS 2002, Portland (ION, Virginia 2002) pp. 2208–2215

24.47　F. Wu, N. Kubo, A. Yasuda: Performance analysis of GPS augmentation using Japanese quasi-zenith satellite system, Earth Planets Space **56**(1), 25–37 (2004)

24.48　S. Hewitson, H. Kyu Lee, J. Wang: Localizability analysis for GPS/Galileo receiver autonomous integrity monitoring, J. Navig. **57**(02), 245–259 (2004)

24.49　C. Zhao, J. Ou, Y. Yuan: Positioning accuracy and reliability of GALILEO, integrated GPS–GALILEO system based on single positioning model, Chin. Sci. Bull. **50**(12), 1252–1260 (2005)

24.50　S. Hewitson, J. Wang: GNSS receiver autonomous integrity monitoring (RAIM) performance analysis, GPS Solutions **10**(3), 155–170 (2006)

24.51　H. Xu, J. Wang, X. Zhan: GNSS Satellite Autonomous Integrity Monitoring (SAIM) using intersatellite measurements, Adv. Space Res. **47**(7), 1116–1126 (2011)

24.52　X. Su, X. Zhan, M. Niu, Y. Zhang: Receiver autonomous integrity monitoring availability and fault detection capability comparison between BeiDou and GPS, J. Shanghai Jiaotong Univ. (Sci.) **19**(3), 313–324 (2014)

24.53　M. A. Salzmann: MDB: A design tool for integrated navigation systems, Bull. Geod. **65**(2), 109–115 (1991)

24.54　P. J. G. Teunissen: Internal reliability of single frequency GPS data, Artif. Satell. **32**(2), 63–73 (1997)

24.55　J. E. Alberda: Quality control in surveying, Chart. Surv. **4**(2), 23–28 (1976)

24.56　P. J. G. Teunissen: Quality control in geodetic networks. In: *Optimization and Design of Geodetic Networks*, ed. by E. Grafarend, F. Sanso (Springer, Berlin 1985) pp. 526–547

24.57　C. C. J. M. Tiberius: *Recursive Data Processing for Kinematic GPS Surveying*, Publication on Geodesy, Vol. 45 (Nederlandse Commissie Voor Geodesie, Delft 1998)

24.58　P. B. Ober: *Integrity Prediction and Monitoring of Navigation Systems*, Vol. 1 (Integricom Publishers, Leiden 2003)

24.59　B. Kargoll: On the theory and application of model misspecification tests in geodesy, Ph. D. Thesis (Rheinische Friedrichs-Wilhelms-Universitat, Bonn 2007)

24.60　C. Robert, G. Casella: *Monte Carlo Statistical Methods* (Springer Science and Business Media, New York 2013)

24.61　H. Scheffee: *The Analysis of Variance* (Wiley, New York 1999)

24.62　R. G. Miller: *Simultaneous Statistical Inference*, 2nd edn. (Springer, New York, Heidelberg Berlin 1981)

24.63　P. H. Westfall: *Resampling-Based Multiple Testing: Examples and Methods for p-Value Adjustment*, Vol. 279 (Wiley, New York 1993)

24.64　A. J. Pope: The statistics of residuals and the detection of outliers, NOAA Technical Report NOS 65

NGS 1(US Department of Commerce, NOAA, Rockville 1976)

24.65　D. M. Hawkins: *Identification of outliers*, Vol. 11 (Chapman and Hall, London 1980)

24.66　R. J. Beckman, R. D. Cook: Outlier .........s, Technometrics **25**(2), 119-149(1983)

24.67　B. W. Parkinson, P. Axelrad: Autonomous GPS integrity monitoring using the pseudorange residual, Navigation **35**(2), 255-274(1988)

24.68　M. A. Sturza: Navigation system integrity monitoring using redundant measurements, Navigation **35**(4), 483-501(1988)

24.69　P. J. G. Teunissen: Differential GPS: Concepts and Quality Control, NIN Workshop Navstar GPS, Amsterdam (Delft Geodetic Computing Centre LGR, Delft 1991) pp. 1-49

24.70　V. Barnett, T. Lewis: *Outliers in Statistical Data*, Vol. 3 (Wiley, New York 1994)

24.71　R. J. Kelly: The linear model, RNP, and the nearoptimum fault detection and exclusion algorithm, Glob. Position. Syst. ION Red Book Series, Vol. 5, (ION, Manassas 1998) pp. 227-259

24.72　H. Kuusniemi, G. Lachapelle, J. H. Takala: Position and velocity reliability testing in degraded GPS signal environments, GPS Solutions **8**(4), 226-237 (2004)

24.73　M. Kern, T. Preimesberger, M. Allesch, R. Pail, J. Bouman, R. Koop: Outlier detection algorithms and their performance in GOCE gravity field processing, J. Geod. **78**(9), 509-519(2005)

24.74　J. J. Kok: On data snooping and multiple outlier testing, NOAA Technical Report NOS NGS 30(US Department of Commerce, NOAA, Rockville 1984)

24.75　P. J. G. Teunissen: An integrity and quality control procedure for use in multi sensor integration, Proc. ION GPS 1990, Colorado Springs(ION, Virginia 1990) pp. 513-522

24.76　X. Ding, R. Coleman: Multiple outlier detection by evaluating redundancy contributions of observations, J. Geod. **70**(8), 489-498(1996)

24.77　B. S. Pervan, S. P. Pullen, J. R. Christie: A multiple hypothesis approach to satellite navigation integrity, Navigation **45**(1), 61-71(1998)

24.78　J. E. Angus: RAIM with multiple faults, Navigation **53**(4), 249-257(2006)

24.79　S. Hewitson, J. Wang: GNSS receiver autonomous integrity monitoring (RAIM) for multiple outliers, Eur. J. Navig. **4**(4), 47-57(2006)

24.80　J. Blanch, T. Walter, P. Enge: RAIM with optimal integrity and continuity allocations under multiple failures, IEEE Trans. Aerosp. Electron. Syst. **46**(3), 1235-1247(2010)

24.81　D. Imparato: Detecting multi-dimensional threats: A comparison of solution separation test and uniformly most powerful invariant test, Proc. Eur. Navig. Conf. (ENC)-GNSS 2014, Rotterdam(Nederlands Instituut voor Navigatie, Nederlands 2014) pp. 1-13

24.82　D. Imparato: GNSS Based Receiver Autonomous Integrity Monitoring for Aircraft Navigation, Ph. D. Thesis(TU Delft, Delft 2016)

24.83　C. E. Bonferroni: Teoria statistica delle classi e calcolo delle probabilita, Pubblicazioni del R Istituto Super. di Scienze Econ. e Commer. di Firenze **8**, 3-62(1936)

24.84　Y. Benjamini, Y. Hochberg: Controlling the false discovery rate: A practical and powerful approach to multiple testing, J. R. Stat. Soc. B **57**(1), 289-300 (1995)

24.85　Y. Benjamini, D. Yekutieli: The control of the false discovery rate in multiple testing under dependency, Ann. Stat. **29**(4), 1165-1188(2001)

24.86 B. Efron: Correlation and large-scale simultaneous significance testing, J. Am. Stat. Assoc. **102**(477), 93–103(2007)

24.87 P. B. Ober: Integrity according to Bayes, Proc. IEEE PLANS 2000, San Diego(IEEE, Piscataway 2000) pp. 325–332, doi: 10.1109/PLANS.2000.838321

24.88 C. R. Rao: *Linear Statistical Inference and Its Applications* (Wiley, New York 1973)

24.89 W. Gosset: (Student): The probable error of a mean, Biometrika **6**(1), 1–25(1908)

24.90 R. E. Kalman: A new approach to linear filtering and prediction problems, J. Basic Eng. **82**(1), 35–45(1960)

24.91 A. Gelb: *Applied Optimal Estimation* (MIT Press, Cambridge 1974)

24.92 B. D. O. Anderson, J. B. Moore: *Optimal Filtering* (Prentice-Hall, Englewood Cliffs, New Jersey 1979)

24.93 A. H. Jazwinski: *Stochastic Processes and Filtering Theory* (Dover Publications, New York 1991)

24.94 P. J. G. Teunissen, M. A. Salzmann: A recursive slippage test for use in state-space filtering, Manuscr. Geod. **14**(6), 383–390(1989)

24.95 I. Gillissen, I. A. Elema: Test results of DIA: A realtime adaptive integrity monitoring procedure, used in an integrated navigation system, Int. Hydrogr. Rev. **73**(1), 75–103(1996)

24.96 G. Lu, G. Lachapelle: Statistical quality control for kinematic GPS positioning, Manuscr. Geod. **17**(5), 270–281(1992)

24.97 S. Hewitson, J. Wang: GNSS receiver autonomous integrity monitoring with a dynamic model, J. Navig. **60**(02), 247–263(2007)

24.98 J. G. Wang: Reliability analysis in Kalman filtering, J. Glob. Position. Syst. **8**(1), 101–111(2009)

24.99 H. W. Sorenson, J. E. Sacks: Recursive fading memory filtering, Inf. Sci. **3**(2), 101–119(1971)

24.100 B. D. O. Anderson: Exponential Data Weighting in the Kalman–Bucy Filter, Inf. Sci. **5**, 217–230(1973)

24.101 M. A. Salzmann: Real-time adaptation for model errors in dynamic systems, Bull. Geod. **69**(2), 81–91(1995)

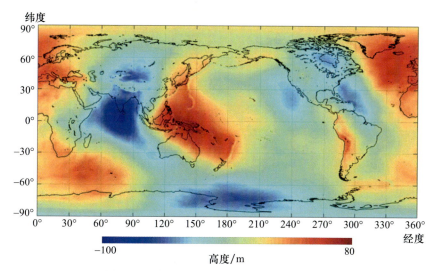

图 2.11　大地水准面相对于地球椭球的高度

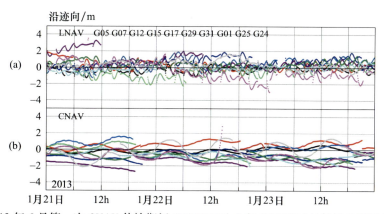

图 3.18　在 2013 年 6 月第一次 CNAV 传输期间 GPSLNAV(a) 和 CNAV(b) 导航消息沿迹向位置误差[3.74]

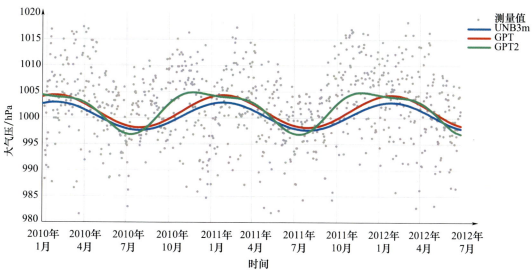

图 6.2　日本东京小金井当地时间 12 时(UT 3 时)的日大气压值(点)与 UNB3m(蓝色)、GPT(红色)和 GPT2(绿色)模型的大气压预测值

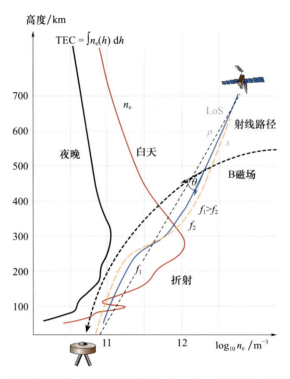

图 6.6 在地磁场 $B$ 存在下,两个频率 $f_1$ 和 $f_2$ 的电离层无线电波传播方案

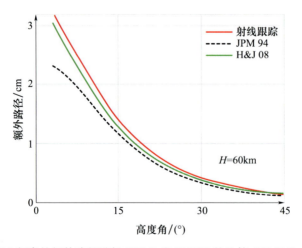

图 6.8 用 L2 频率的额外路径进行 JPM49 和 H&J08 的比较,123 TeCu 的 VTEC 值和电子密度分布形状参数 $N_mF_2 = 4.96 \times 10^{12} \times m^{-3}$, $H=60km$ 和 $H_mF_2=350km$

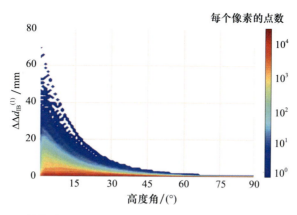

图 6.14 由于在 L1 和 L2 射线路径上的 STEC 不同而产生 L1 和 L2 频率的电离层线性组合中残余的距离误差。使用 2002 年 CHAMP 无线电掩星数据得出的电子密度剖面[6,104]进行了一次估算

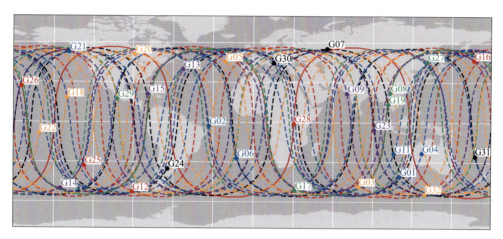

图 7.2 2015 年 9 月 1 日 00:00~24:00(UTC 时间)的 GPS 卫星星下点轨迹。图中标记了初始午夜历元时的位置,用不同颜色区分 6 个轨道平面(黑色:A;红色:B;绿色:C;蓝色:D;橙色:E;浅紫色:F)

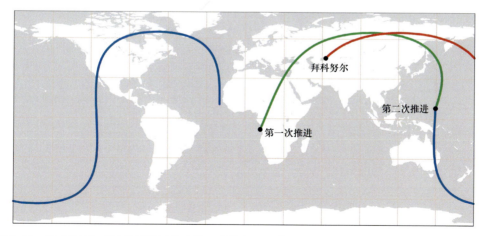

图 8.21 GLONASS 卫星利用质子号火箭入轨期间地面轨迹的典型示例。低地球停泊轨道和椭圆转移轨道分别用红线和绿线标记,黑点表示上面级的大致位置。蓝线描述了 GLONASS 卫星分离后第一公转。图示基于拼接成的开普勒轨道,并未考虑实际的助推期

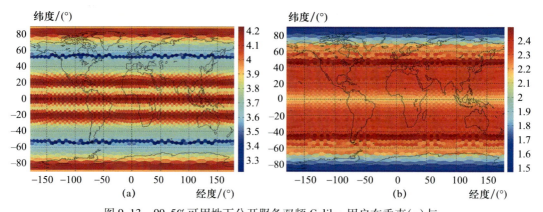

图 9.13　99.5% 可用性下公开服务双频 Galileo 用户在垂直(a)与
水平(b)定位域的期望性能(定位误差通过颜色编码,以米为单位)仿真轨道和时钟误差

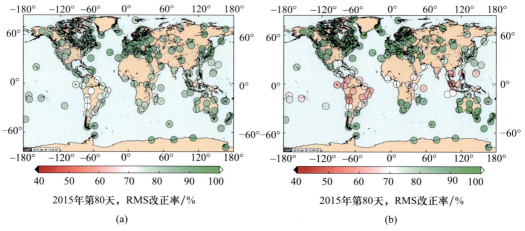

图 9.15　2015 年 5 月 31 日的电离层修正水平比较
(a) Galileo NeQuick G 模型;(b) GPS Klobuchar 模型。

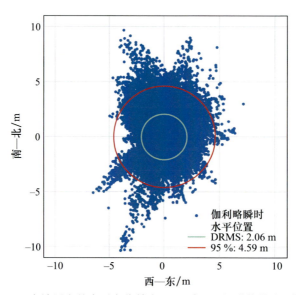

图 9.16　末端用户的水平定位精度,2016 年 2 月,诺德维克(荷兰)

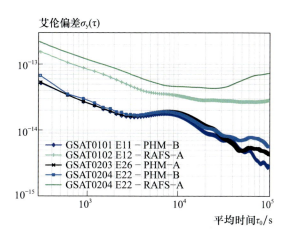

图 9.22 GalileoPHM 和 RAFS 的频率稳定性,2015 年中期

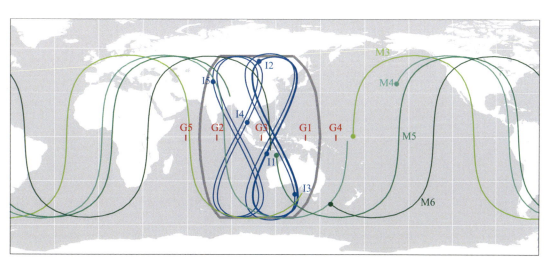

图 10.11 北斗卫星导航系统(BDS-2)的 GEO(红色)、IGSO(蓝色)和 MEO(绿色)卫星的地面轨迹,2014 年 7 月 1 日。圆点表示午夜历元时的初始位置。框架区域大致从经度 70°E 延伸到 150°E,纬度从 55°S 到 55°N,标记[10.10]中规定的 BDS-2 区域性服务区域

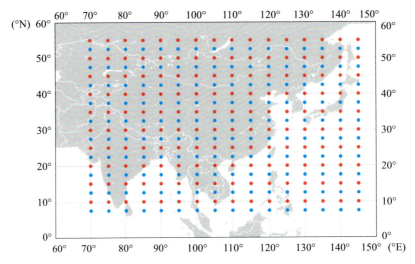

图 10.17 北斗-2 D2 导航信息中的电离层校正数据提供给两个具有 5°宽,2.5°偏移的交错格网,北方格网(蓝色)在前 3min 传输,然后在超帧的后半部分传输南方格网

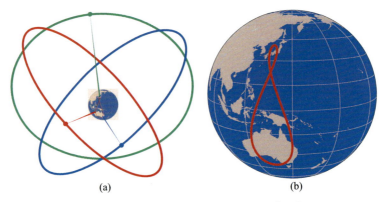

图 11.1 QZSS IGSO 星座和地面轨迹[11.14]
(a)QZSS IGSO 星座;(b)QZSS 地面轨迹。

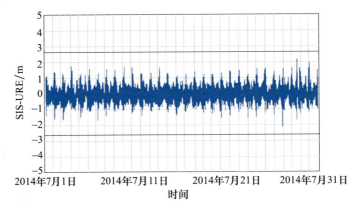

图 11.12 2014 年 7 月从 QZSS 实时监控站网络观测值得到的 QZS-1 SIS-URE。图中红线代表 QZS-1 日常运行规定的 95%阈值±2.6m(不包括轨道维护周期)

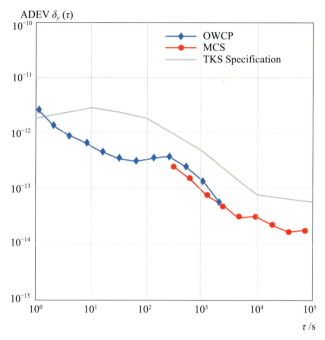

图 11.13 QZS-1 卫星时钟稳定性(阿伦偏差(ADEV)),采用单向载波相位法和 QZSS 主控站(MCS)精确轨道与时钟确定,时间是 2014 年 8 月。其中,灰线表示授时系统的指定性能

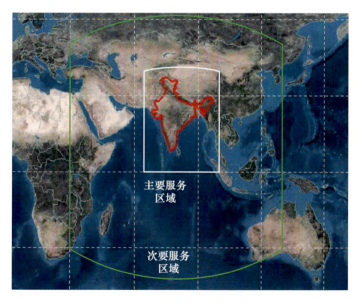

图 11.14 IRNSS 主要和次要服务区域(图示由 ISRO 提供)

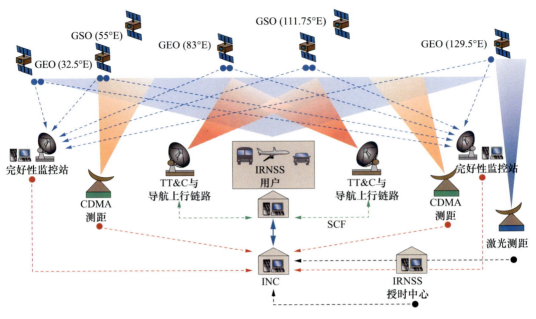

图 11.15 IRNSS/NavIC 架构

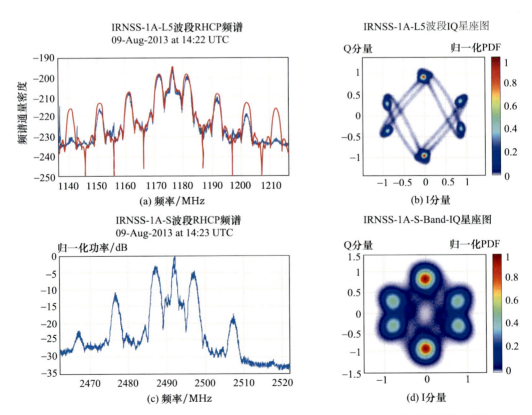

图 11.18 2013 年 8 月 9 日 IRNSS-1A 卫星使用德国航空航天中心信号监控设施高增益天线观测获得的 IRNSS 频谱(a,c)和 IQ 信号星座图(b,d)(参见文献[11.82])

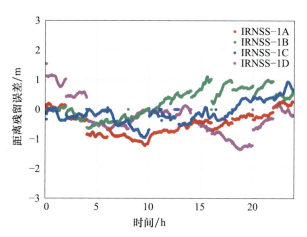

图 11.28 无机动的 24h 内,IRNSS-1A、-1B、-1C 和 -1D 监控站观测值与建模伪距值之间的差别(2015 年 9 月 4 日)

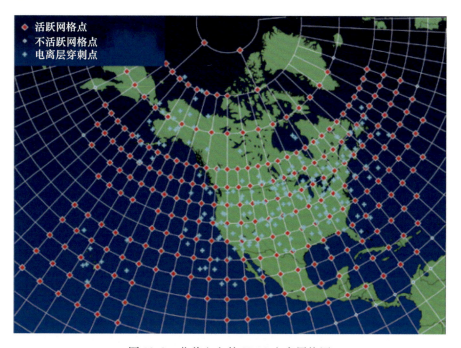

图 12.2 北美上空的 SBAS 电离层格网

彩 9

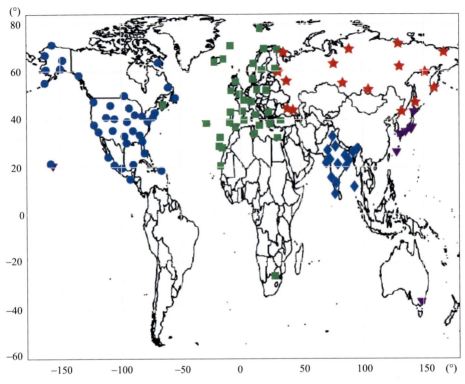

图 12.7 监测站网,深蓝色圆点为 WAAS,绿色方块为 EGNOS,
红色星号为 SDCM,蓝色菱形为 GAGAN

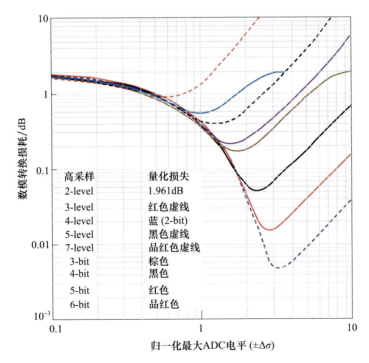

图 13.16 线性加权的 A/D 转换器中的损耗(参见文献[13.41])

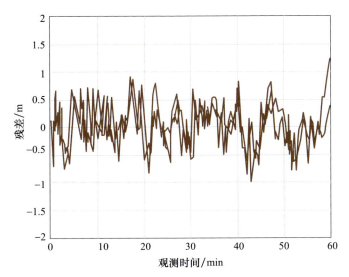

图 15.37 将图 15.36 所示的三天码减载波观测值绘制在一起，15~20min 和 40~50min 多径误差的周期性振荡清晰可见

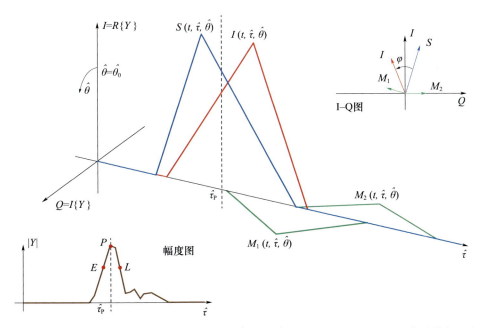

图 16.15 一种欺骗攻击的复相关函数，其中 $|\tau_c - \tau| < T_C$ 且 $d\phi/dt \approx 0$。蓝色迹线标记为 $S(t,\hat{\tau},\hat{\theta})$ 代表期望信号相关函数，红色迹线标记为 $I(t,\hat{\tau},\hat{\theta})$ 表示干扰（欺骗）信号相关函数，绿色迹线标记为 $M_i(t,\hat{\tau},\hat{\theta})$，$i = \{1,2\}$ 代表两个多径相关函数。接收机的码环路和载波跟踪环路跟踪复合相关函数 $Y(t,\hat{\tau},\hat{\theta})$，其超前、实时和滞后相关值的大小显示在左下方的插图中

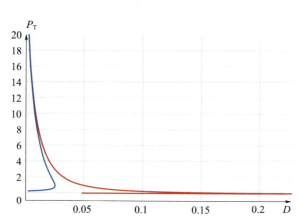

图 16.23 失真(与累积值单位相同),作为同相(蓝色)和反相(红色)多径或欺骗干扰的 $P_T$ 的函数,延迟固定为 0.15chip。对于相同的延迟,所有其他相对相位会产生位于此包络内的失真曲线(参见文献[16.63];经允许转载)

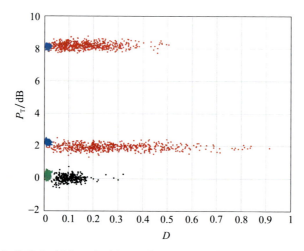

图 16.24 在干净(仅热噪声;绿色)、多路径(黑色)、欺骗(红色)和阻塞(蓝色)场景下模拟的 $D$ 和 $P_T$ 散点图。欺骗和阻塞情况是在两种不同的功率水平下进行仿真的。通过选择模拟的累积幅度,以使 $D$ 的范围为 0~1(参见文献[16.63];经允许转载)

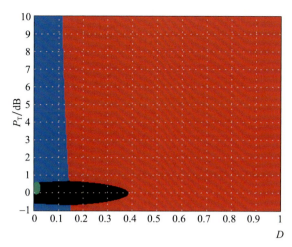

图 16.25 单个观测量 $z_k$ 的观测空间示例,分为干净区域(仅热噪声;绿色)、多径区域(黑)、欺骗(红色)和阻塞区域(蓝色)的决策区域(参见文献[16.63];经允许后转载)

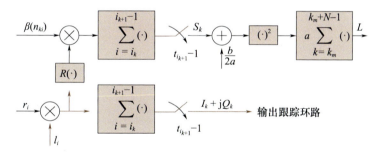

图 16.27 SCER 攻击统计量 $L$ 的生成流程以及标准的 GNSS 信号相关流程。棕色粗线表示复数信号,黑色细线表示实值信号

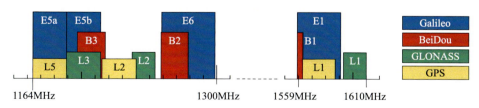

图 17.1 卫星无线电导航业务(RNSS)L 波段低频段和高频段卫星导航系统的频率分配。北斗系统的频率指的是 2012 年开始区域服务的第二代系统(BDS-2)的

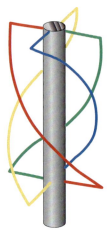

图 17.6 半圈四臂螺旋天线的示意图。
为了提高清晰度,各个电线使用了不同的颜色(见文献[17.12])

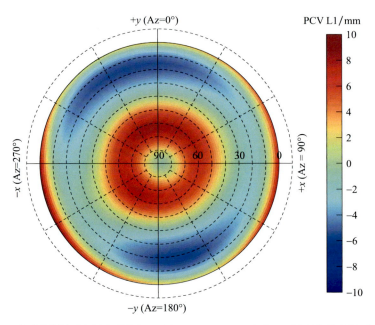

图 17.14 大地测量级扼流圈天线(Trimble TRM14532.00)在 L1 频率上的相位中心变化,该变化是由机器人校准得出的(见文献[17.23],由 igs08.atx 天线模型提供)

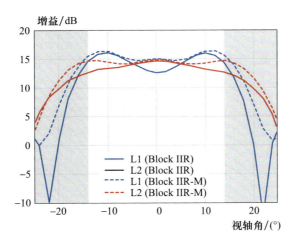

图 17.31　L1 和 L2 频率上的 GPS Block ⅡR 和 ⅡR-M 卫星的增益模式（见文献[17.64]）。阴影区域表示地球表面以外的区域

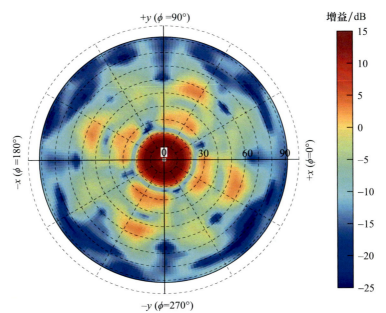

图 17.32　ⅡR-M 天线 L1 增益方向彩色展示图，由方位角 $\phi$ 和视距角的函数算出（见文献[17.64]）

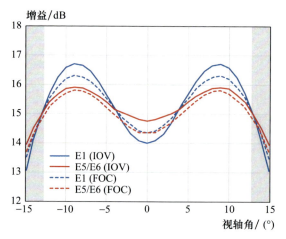

图 17.34 伽利略 IOV 和 FOC 卫星在上,下频段的增益方向图(在文献[17.67,68]之后),阴影区域标记了视在地球磁场外的区域

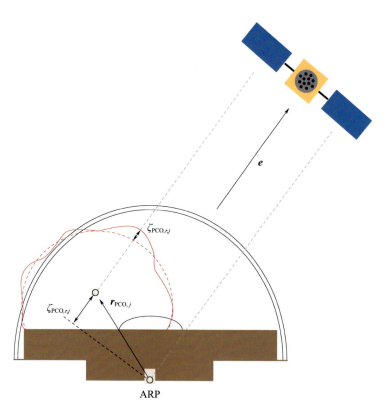

图 19.4 带有天线罩扼流圈天线的相位中心偏差(蓝色)和相位中心变化(红色)校正的示意图。红色实线表示相对于参考波面(红色虚线)与高度角和方位角相关的相位中心变化(见文献[19.12])

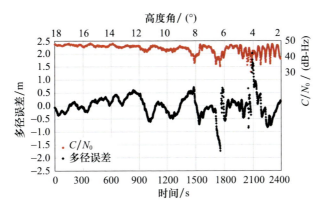

图 20.2　GPS 卫星的 L1 C/A 码测量的多径组合(黑色)和测量的载噪比 C/N0(红色)随时间和卫星仰角的变化图。请注意,高度角的变化在图中区间内大致呈线性变化

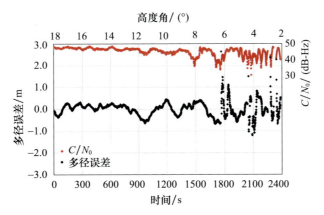

图 20.3　一段时间内 L1 C/A、L2C 和 L5 伪距测量的频率多径组合(黑色)以及 L1 C/A 的载噪比 $C/N_0$(红色)与 GPS 卫星高度角关系。请注意,在所绘图的时间段内,卫星高度角大致呈线性变化

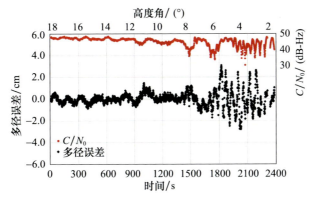

图 20.4　L1 C/A、L2C 和 L5 的三频载波相位的多径组合(黑色)以及 L1 C/A 载噪比 $C/N_0$(红色)随时间和 GPS 卫星高度角的变化。请注意,卫星高度角在图中区间内大致呈线性变化

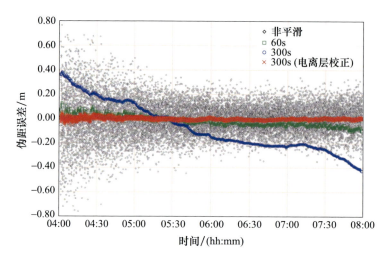

图 20.15 基于模拟观测值,使用不同 Hatch 滤波器处理的伪距平滑随时间变化的结果。图中黑色菱形表示原始观测值误差,绿色方块和蓝色圆圈分别表示平滑间隔为 60s 和 300s 的单频 Hatch 滤波器处理结果,红色叉表示平滑间隔为 300s 的无发散 Hatch 滤波器处理结果

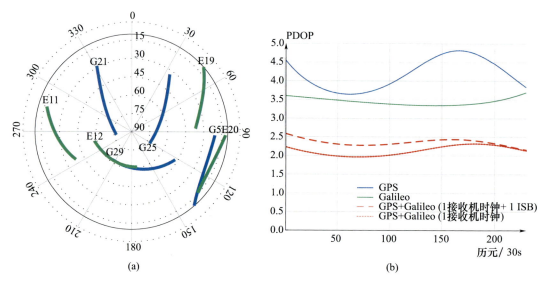

图 21.4 基于 4 颗 Galileo IOV 和 4 颗 GPS 卫星的天空图(a)和 PDOP 值(b),时间为 2013 年 3 月 20 日 04:05−6:00 GPST,地点位于澳大利亚珀斯,高度截止角为 10°。在 GPS+Galileo 组合模式下,给出了基于模型式(21.59)和模型式(21.63)的 PDOP 值间的区别

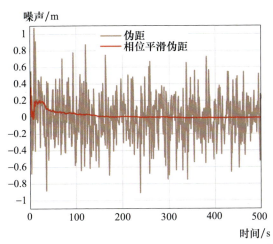

图 22.6 伪距观测值 $p_k$(棕色)和相位平滑伪距观测值 $\hat{p}_{k|k}$(红色)上的噪声

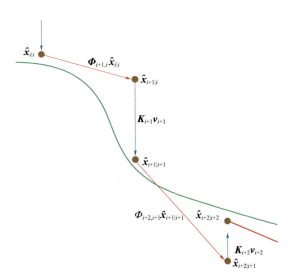

图 22.13 时间更新和测量更新的作用：实际轨迹 $x(t)$ 以绿色显示，基于时间更新的预测状态 $\hat{x}_{k|k-1}$ 为红色箭头，量测更新后的滤波状态 $\hat{x}_{k|k}$ 为蓝色箭头

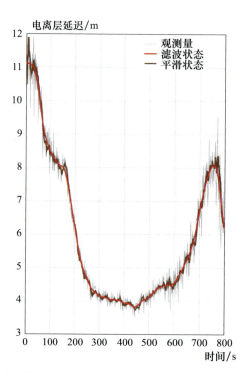

图 22.18 基于 GPS L1 和 L2 频段码观测量的电离层组合的电离层延迟观测,以及分别来自卡尔曼滤波和固定间隔平滑的滤波和平滑状态。假定电离层延迟的二阶导数是一个均值为零的随机常数过程

装备科技译著出版基金

# 全球卫星导航系统手册
# Handbook of Global Navigation Satellite Systems

## （下册）

〔澳〕彼得·陶尼森
〔德〕奥利弗·蒙腾布鲁克　主编

卫星导航系统与装备技术国家重点实验室　译

国防工业出版社
·北京·

著作权合同登记　图字军-2021-037号

**图书在版编目(CIP)数据**

全球卫星导航系统手册/(澳)彼得·陶尼森,(德)奥利弗·蒙腾布鲁克主编;卫星导航系统与装备技术国家重点实验室译.—北京:国防工业出版社,2024.3

书名原文:Handbook of Global Navigation Satellite Systems

ISBN 978-7-118-13038-6

Ⅰ.①全… Ⅱ.①彼… ②奥… ③卫… Ⅲ.①卫星导航-全球定位系统-手册 Ⅳ.①P228.4-62

中国国家版本馆 CIP 数据核字(2024)第065276号

First published in English under the title
Handbook of Global Navigation Satellite Systems
edited by Peter J. G. Teunissen and Oliver Montenbruck
Copyright © Springer International Publishing Switzerland, 2017
This edition has been translated and published under licence from
Springer Nature Switzerland AG.

本书简体中文版由Springer授权国防工业出版社独家出版。
版权所有,侵权必究。

※

国防工业出版社出版发行
(北京市海淀区紫竹院南路23号　邮政编码100048)
北京虎彩文化传播有限公司印刷
新华书店经售

\*

开本 787×1092　1/16　印张 46½　插页 4　字数 1042 千字
2024年3月第1版第1次印刷　印数 1—1700 册　定价 886.00 元(上下册)

(本书如有印装错误,我社负责调换)

国防书店:(010)88540777　　书店传真:(010)88540776
发行业务:(010)88540717　　发行传真:(010)88540762

# 序

卫星导航系统的起源可以追溯至20世纪60年代末,随着信息技术的快速发展,全球定位系统从最初的服务军事演化为服务各行各业,成为人们日常生活中不可或缺的重要支撑工具。现代卫星导航系统具有全天候、全球覆盖、高精度定位导航定时(PNT)服务能力,甚至短报文通信、国际搜救服务保障能力等优点,对全球各领域产生了深刻影响。

本书是国际上第一部全球卫星导航系统手册,向读者展示了卫星导航系统演进和技术发展的全貌。内容覆盖了卫星导航基础理论和应用技术整个谱系,内容翔实而全面,是对卫星导航技术发展最新成果的系统归纳和梳理,代表了目前国际GNSS领域科技发展的整体水平。

本书作者有60多位,他们都是卫星导航领域享有国际声誉的专家,来自欧洲航天局(ESA)、中国北斗卫星导航系统管理办公室、俄罗斯联邦航天局(Roscosmos)、美国海军研究实验室(NRL)、德国航天中心(DLR)、印度空间研究组织(IRSO)、斯坦福大学、加州理工学院、慕尼黑技术大学、MITRE公司、空中客车公司等多家卫星导航领域的权威研究机构,在1300多页的篇幅中汇集了这一领域最新的专业知识。主编彼得·陶尼森是澳大利亚科廷大学和荷兰代尔夫特理工大学的大地测量与卫星导航专业教授。他在卫星导航高精度定位的整周模糊度解算理论与方法、各种GNSS精确参数估计以及卫星导航系统应用研究方面做出了多项开创性贡献。先后获得国际大地测量学会荣誉会员、澳大利亚科学院院士、荷兰科学院院士、英国皇家导航学院院士等荣誉,在业内具有较高的学术影响。

作为本书第十章的作者,我在英文版面世后就积极推动本书的中文翻译工作,最终促成中国电子科技集团公司第五十四研究所卫星导航系统与装备技术国家重点实验室与国防工业出版社的翻译出版工作。中国电子科技集团公司第五十四研究所是我国卫星导航系统建设领域的主力军和国家队,全程参加了我国北斗一号、北斗二号、北斗三号系统的建设与应用推广,以及中欧Galileo科技合作计划,拥有国内唯一的卫星导航系统与装备技术国家重点实验室,长期从事北斗卫星导航系统建设、关键技术研究、装备研制与应用推广,学术产出和导航装备研制产出都很丰富。译者团队来源于从事北斗全球卫星导航系统建设与应用的一线科研人员和导航科技情报人员,具有全面扎实的卫星导航专业知识储备和国际化视野,并具有全面坚实的卫星导航专业储备和科技文献翻译经验,对原著有深刻的理解和精确的译注。

对于想了解全球卫星导航系统及各类应用的读者而言,本书堪称一本卫星导航科学与工程关键技术的"万宝全书"。相信本书的出版将为我国卫星导航研究领域提供最为全面和权威的最新技术资料。

# 《全球卫星导航手册》译审委员会

| | | | | | | |
|---|---|---|---|---|---|---|
| **主 任 委 员** | 蔚保国 | | | | | |
| **副主任委员** | 伍蔡伦 | 杨 滕 | 盛传贞 | 易卿武 | 王 煜 | |
| **委员(翻译)** | 杨 轩 | 金炜桐 | 杨红雷 | 杨梦焕 | 陈永昌 | 杜世通 |
| | 崔宋祚 | 李建佳 | 赵 茜 | 龙 腾 | 王彬彬 | 孙洪驰 |
| | 曹士龙 | 黄小军 | 丁雪丽 | 张 悦 | 应俊俊 | 黄 璐 |
| | 鲍亚川 | 刘 亮 | 张京奎 | 贾浩男 | 谢 松 | 何成龙 |
| | 李雅宁 | 杨建雷 | 肖 瑶 | 郝 硕 | 赵精博 | 刘天豪 |
| | 陈秀德 | 祝瑞辉 | 程建强 | 王星星 | 刘晓旭 | 武子谦 |
| | 王 卿 | 王 婧 | 罗 益 | 秦明峰 | | |
| **委员(审校)** | 陈俊平 | 陈 亮 | 陈起金 | 陈锐志 | 崔晓伟 | 党亚民 |
| | 董绪荣 | 耿长江 | 郭 斐 | 韩春好 | 韩 帅 | 黄观文 |
| | 贾小林 | 金双根 | 金 天 | 寇艳红 | 李博峰 | 李建文 |
| | 李 锐 | 李孝辉 | 李星星 | 刘 晖 | 刘 利 | 刘瑞华 |
| | 柳景斌 | 牛小骥 | 裴 凌 | 秦 智 | 帅 涛 | 唐小妹 |
| | 汤新华 | 王 坚 | 王 磊 | 王潜心 | 王 威 | 王文益 |
| | 翁多杰 | 许国昌 | 徐天河 | 杨东凯 | 姚 铮 | 袁运斌 |
| | 翟 浩 | 张爱敏 | 张宝成 | 张克非 | 周鸿伟 | 朱柏承 |
| **总 策 划** | 许西安 | 王京涛 | | | | |
| **委员(编辑)** | 欧阳黎明 | 程邦仁 | 徐 辉 | 田秀岩 | | |

# 译 者 序

自 1957 年苏联第一颗人造地球卫星上天后，在观测卫星的过程中，美国霍普金斯应用物理实验室科学家发现利用卫星运动引起的多普勒频移效应可以实现定位，从此拉开了卫星导航定位的序幕。20 世纪 60 年代美国建成了基于 24 颗定位卫星的子午仪(Transit)卫星导航系统，经过不断迭代发展，1993 年诞生了世界上首个卫星导航系统——全球卫星导航定位系统(Global Positionning System,GPS)。经过三十多年的发展，卫星导航已渗透到国防安全、国民经济、大众生活的方方面面，成为现代社会不可或缺的组成部分，是世界上最成功的航天卫星系统之一，是人类科学技术和工程建设应用的非凡结晶。

鉴于卫星导航的极其重要性，我国需要发展自己的卫星导航系统。两弹一星元勋陈芳允院士提出了"双星定位"体制构想，在此体制牵引下我国于 2003 年成功建设完成北斗一号卫星导航系统。之后 20 年的时间，我国先后建设完成北斗二号区域卫星导航系统和北斗三号全球卫星导航系统，并开启了北斗规模化和国际化应用进程。如何发展好、应用好北斗系统，真正实现孙家栋院士所提的"天上好用、地上用好"的目标，需要科技界和产业界的共同努力，需要深入理解、认识、掌握、发展好卫星导航理论和技术，特别需要加强国内卫星导航理论技术体系的完善以及国际前沿学术著作的引进。为此，在北斗三号工程副总设计师杨元喜院士的倡议下，国防工业出版社和中国电科 54 所卫星导航系统与装备技术国家重点实验室携手引进翻译出版《全球卫星导航系统手册》。这是国际学术交流的重要举措，更是向国内读者呈现国际卫星导航领域前沿成果的绝佳机会。

Teunissen 和 Montenbruck 所编著的《全球卫星导航系统手册》是一本全面而严谨的系统参考书，涵盖了全球和区域卫星导航系统的各个方面，包括 GPS、GLONASS、Galileo、BeiDou、QZSS、IRNSS/NAVIC 和 SBAS 等。本书旨在为科学家、技术专家和机构提供一份详尽的参考资料，也是学生和研究人员的必备工具。本书堪称卫星导航领域的鸿篇巨著和权威之作，其深度的学术研究和广泛的国际影响，使本书成为卫星导航领域的经典之作。

**翻译本书的背景和意义**

近年来，卫星导航技术快速发展，推动了全球和区域卫星导航系统的不断现代化。这些系统的建设和应用对于促进全球经济发展、提高国家安全和国防能力等方面都具有重要意义。然而，由于卫星导航技术的复杂性和专业性，相关的技术资料和参考书籍相对较少，全面完整描述卫星导航的权威书籍更是寥寥无几，这给卫星导航技术的研究和应用带来了一定的困难。归纳原因：一方面卫星导航系统涵盖技术领域繁杂，作者们往往只能介绍卫星导航的总体理论和基础知识等内容，或者侧重介绍卫星导航接收机、定轨、增强、导航应用等某一细分领域；另一方面很多系统仍在建设中，最新的技术发展情况很多作者并不能全面掌握。因此，卫星导航领域存在理论相对滞后实践的现象，市场迫切需要全面、深入、专业、前沿、权威的领域巨著来支撑卫星导航专业发展和广泛的应用实践。

为了填补这一空白,我们翻译了《全球卫星导航系统手册》。本书由60余位卫星导航领域享有国际声誉的专家共同撰写,他们来自欧洲航天局(ESA)、中国北斗卫星导航系统管理办公室、俄罗斯联邦航天局(Roscosmos)、美国海军研究实验室(NRL)、德国航天中心(DLR)、印度空间研究组织(IRSO)、斯坦福大学、加州理工学院、慕尼黑技术大学、MITRE公司、空中客车公司等多家卫星导航领域的权威研究机构。本书是国际上首部全面覆盖卫星导航知识谱系与最新技术发展成果的全球卫星导航系统手册,汇集了这一领域最新的专业知识。与国内外同类书籍不同,本书的每一章节都由专门的专家完成,这些专家的选择充分考虑了他们的经验与背景。每一章节都自成体系地介绍了GNSS领域某一特定主题,因此也适合独立阅读。同时各自章节仍通过相互参照而保持了良好的关联性。

对于想了解全球卫星导航系统及各类应用的读者而言,本书着眼于对卫星导航研究领域关键核心技术最新发展成果的全面梳理,主要为当前和未来的卫星导航系统工程师、研究人员、技术人员以及其他专业人员和从业人员提供实用、简明但关键的卫星导航系统原理、方法与设计参考。本书提供了详尽的一站式参考工具书和GNSS系统发展的最新描述,堪称一本关于未来科学与工程关键技术的"万宝全书"。本书的翻译将有助于我国提高卫星导航技术的研究水平和应用水平,推广卫星导航技术在各行业的发展,促进卫星导航的国际交流和合作。

**本书主要内容**

本书分为7部分,共41章,涵盖了全球和区域卫星导航系统的所有方面,包括GPS、GLONASS、Galileo、BeiDou、QZSS、IRNSS/NAVIC和SBAS等。本书的架构清晰,内容详尽,既包括卫星导航系统的基本原理和组成,也包括卫星导航系统的应用和未来发展方向。本书7部分内容如下:

- Part A:GNSS原理(第1章~第6章)
- Part B:卫星导航系统(第7章~第12章)
- Part C:GNSS接收机与天线(第13章~第18章)
- Part D:GNSS算法与模型(第19章~第24章)
- Part E:定位与导航(第25章~第32章)
- Part F:测量学、大地测量学和地球动力学(第33章~第37章)
- Part G:GNSS遥感与授时(第38章~第41章)

**翻译的过程与挑战**

出于对卫星导航事业的热爱和推动我国卫星导航领域技术创新发展的责任感,我们第一时间了解此书后就和国防工业出版社达成了携手将此书译为中文在国内出版的共同意愿,国防工业出版社王京涛主任和我一起策划了将此书引进立项翻译出版,这是一项对领域发展非常重要而且难度很大的任务,此书所呈现的卫星导航知识丰富而深奥,我们深信将这一宝贵的知识资源呈现给国内读者是一项值得追求的目标。回顾本书的翻译过程,从刚开始着手翻译到最终译著完成,我们经历了一场既富挑战性又意义深远的征程。这不仅是一项翻译工作,更是一次跨越语言边界,将国际前沿科技成果引入国内卫星导航领域的有意义尝试。我们的翻译团队汇聚了卫星导航系统与装备技术国家重点实验室的一批中青年骨干,同时也包括卫星导航、地球科学、通信技术等领域的专家和资深翻译人员。通过组建这样的多元化团队,确保了对原著尽量深刻的理解和准确的表达。

在翻译过程中,我们诚惶诚恐,深感责任重大。我们努力保持对原文的忠实,同时注重更贴近中文读者理解的表达方式,追求的不仅是翻译,更是对知识的传递和对领域的深入理解。翻译过程中,不仅面对技术术语的精准翻译,更面对着如何让读者能够更好理解。有趣的是,在一次翻译中,我们发现某个专有名词在中文中并无完全对应的表达,于是我们便创造性地采用了一种更具本土化的表述方式,以便读者更易理解。我们还遇到了语境和文化的差异,某些例子或案例在西方国家更为常见,但在中国读者中可能不具备同等熟悉度,为了更具可读性,我们进行了一些微调和注释,以确保读者能够真正融入其中感受到本书魅力。

翻译一本技术类书籍,尤其是像全球卫星导航系统手册这样的学术巨著,充满了挑战。技术术语的准确翻译、理论内容的正确传达,都需要翻译团队具备深厚的专业背景。在本书翻译过程中,一方面我们采取了集中研讨的方式,大家在工作之余以例会的形式讨论翻译工作中遇到的难点,互相学习中提高翻译水平,集思广益中寻求最优的翻译方式;另一方面我们采取了团队协作的方式,通过与国内领域顶尖专家的紧密合作,帮我们校对和审定,专家们对翻译稿件提出了细致的审阅意见,对我们的翻译工作起到极大的帮助,也让翻译团队更好地理解原著的细微之处,确保翻译结果既符合原意,又能够在中文环境中通畅传达。参与翻译校对工作的专家有:中国测绘科学研究院党亚民;中国计量科学研究院张爱敏;北京航天工程研究所王威;北京卫星导航中心韩春好和刘利;西安测绘研究所贾小林;信息工程大学李建文;航天工程大学董绪荣和国防科技大学唐小妹;武汉大学陈锐志、陈亮、陈起金、郭斐、李星星、刘晖、柳景斌、牛小骥和王磊;北京航空航天大学金天、寇艳红、李锐和杨东凯;清华大学崔晓伟和姚铮;哈尔滨工业大学韩帅和许国昌;中国矿业大学王潜心和张克非;长安大学黄观文;河南理工大学金双根;同济大学李博峰;上海交通大学裴凌;东南大学汤新华;北京建筑大学王坚;香港理工大学翁多杰;山东大学徐天河;北京大学朱柏承;中国民航大学刘瑞华和王文益;民航局空管局技术中心秦智;中国科学院上海天文台陈俊平和帅涛;中国科学院精密测量科学与技术创新研究院袁运斌和张宝成;中国科学院国家授时中心李孝辉;中国航天科技集团有限公司510所翟浩;第五研究院周鸿伟、第九研究院耿长江等。在此特别向以上各位专家对本书翻译和审校所给予的支持、所做的工作和提供的帮助表示真诚的感谢和深深的敬意。

我们每一位翻译团队成员都为本书的最终出版发行付出了极大努力,大家都为能够参与本书的翻译感到荣幸和受益良多。我们相信,通过这份努力,能够呈现给读者一本既专业又富有阅读愉悦感的卫星导航系统手册。通过这本书,希望让更多国内读者能够畅游在卫星导航的知识海洋,探寻其中的奥秘与发展动态。

《全球卫星导航系统手册》不仅是一本关于卫星导航技术的书籍,更是一次对现代社会中卫星导航重要性的全景式呈现。透过这本书,向读者展示了卫星导航的基础理论以及实际应用中的丰富案例研究,让读者能够直观感受卫星导航技术的实际价值。这本书将成为读者学习的桥梁，了解导航系统的演进历程，深入研究卫星轨道、信号传播、接收机等关键技术，拓展对卫星导航系统工作原理的深层次理解。通过阅读本书将激发读者的好奇心，培养读者对卫星导航领域的兴趣，使其不仅能够应对实际问题，更能够在科技创新的道路上独辟蹊径。

《全球卫星导航系统手册》中文版是卫星导航系统与装备技术国家重点实验室成立以来完成的第一部国外卫星导航译著。所有参加翻译工作的专家和研究生无不竭尽全力，精益求精，力求准确传达原书的内容。本书涉及内容广泛，立意精深，虽然在翻译本书的过程中我们力求既忠实原文，又尽量符合中文习惯，同时尽可能准确的使用各种专业术语，但受限于团队专业知识和水平，在有限的时间内翻译和校对如此专业的著作，难免存在遗漏和不恰当之处，恳请读者批评指正和不吝赐教。后续我们还将继续不断的完善提升，以期更接近原著水平。

随着我国从卫星导航迈入综合时空体系，导航领域正迎来更多的机遇和挑战。我们期待读者通过本书的阅读，具备解决实际问题的实力，更能在卫星导航的发展浪潮中留下自己的足迹，能够成为这一领域的推动者和创新者。我们相信，本书的出版发行，将有助于更多科研和工程技术人员共同走向卫星导航技术与应用的广阔领域，探索科技的无限可能。这是一场知识探索之旅，也是对卫星导航未来的期许。愿每一位读者都能在这片知识的海洋中发现属于自己的精彩。

中国电子科技集团公司首席科学家
卫星导航系统与装备技术国家重点实验室主任

2023. 12. 30 于河北石家庄

# 序

卫星导航已经成为当今现代社会不可分割的一部分，全世界都从中受益。2000年前，仅有一个全球卫星导航系统实际具备完全运行和提供服务的能力，那就是美国的全球定位系统（GPS）。它的竞争对手——俄罗斯的GLONASS，一直在卫星寿命方面存在问题。GLONASS开发于冷战时期的20世纪70年代到80年代，20世纪90年代曾一度只剩下5颗卫星。2002年，欧洲决定研制自己的全球卫星导航系统——伽利略（Galileo）系统，一轮新的全球竞赛拉开帷幕。到2020年，很快将有4大全球卫星导航系统（美国的GPS、俄罗斯的GLONASS、中国的北斗（BeiDou）、欧洲的伽利略），以及两个区域性系统（印度的IRNSS/NavIC与日本的QZSS）和超过6个增强系统提供服务。此外，将来可能还会出现更多新的导航系统。

**君特 W. 海因**
（Guenter W. Hein）
前欧洲航天局EGNOS
与Galileo计划推进部
门主管，欧洲航天局
科学顾问

人们也许会问，我们真的需要那么多导航系统吗？然而，谁又甘心对这个高科技领域保持观望态度呢？能提供精确定位、导航与授时（PNT）信息的卫星导航技术已经成为影响新经济的重要技术和关键因素。精确的卫星导航时间信息已被广泛用于多个国家的关键基础设施（电信、电力等），受管制和加密的PNT服务也已成为政府工作和军事应用的主要元素。

卫星导航系统与其他空间任务不同，没有所谓的生命期。那些专用太空任务用于实现社会中有限的科学或技术目标，一般有特定的生命周期，比如10年。卫星导航系统建设需要10~20年，并且可以持续运行几十年。它们的影响已经深入到了每个人的生活——空间技术服务于每个人。

近年来，完整描述卫星导航的新教科书寥寥无几。原因很简单：很多系统仍在建设中，作者们往往只能介绍卫星导航的一般理论和基础知识，以免出现写好的书出版时就已过时的尴尬情况。一些新书则更侧重介绍卫星导航接收机、定轨或者导航应用等细分领域。

本书为我们提供了第一部全球卫星导航系统手册，致力于向读者展示卫星导航的全貌。全书分为7个部分，从基础开始，覆盖卫星导航知识与应用的整个谱系。尽管一些全球卫星导航系统尚未完全建成，但主编和作者还是尽其所能为读者提供了许多最新的相关信息。

本书作者超过60位——他们都是各自领域享有国际声誉的专家，在近1400页（英文原版页数，译者注）的篇幅中汇集了这一领域最新的专业知识。看着这些作者的名字，就仿佛浏览一份卫星导航领域的名人录。对于想了解更多卫星导航应用背景的读者而言，本书堪称一本关于一项未来科学工程关键技术的"万宝全书"。这无疑是一项繁重的工作，主编殚精竭虑，为每一个细分领域邀请到合适的专家，并说服他们参与本书的撰写工作，把各个章节完美串联起来，避免章节内容重复，流畅地汇聚成书，并在全书每一部分都采用了一致的术语。主编们的卓越工作产出了这一部巨作。本书还提供了大量的图和照片，图文并茂，让这本手册成为卫星导航领域公认的参考书和宝贵资源。

本书的优点还在于不仅提供了精装的纸质版书籍，同时也提供了电子版本，从而有助于读者在这样一部大部头著作中实现快速搜索。本书的41个章节均提供了完整的参考文献，供感兴趣的读者进行深度挖掘，完美无缺。书后的两个附录还列出了不同接收机与数据格式，以及各种GNSS参数。

本书七大部分分别涵盖了全球卫星导航系统的不同领域。

在A部分，第1章为总体论述，这对于首次接触卫星导航的读者大有裨益。第2章给出了关于坐标参照系的清晰描述和定义。关于时钟以及对GNSS相对论效应的章节也非常棒，覆盖了关于空中时钟数据从理论到实例的方方面面。第一部分以介绍信号在大气中传播的章节为结尾。

在B部分，介绍了所有全球、区域以及增强系统。主编做了大量工作，提供了卫星导航系统发展的最新状态信息。

在C部分，介绍了信号处理、接收机、天线，以及多径和干扰等主要影响，还介绍了信号产生器这个目前在公开文献中尚无充分介绍的领域。

在D部分，介绍了现代GNSS算法成果，同时也包含载波相位模糊度解算的LAMBDA算法，这一算法是本书的一位作者在过去15年时间研发的成果。

在E部分，标题是定位与导航，介绍了GNSS的经典测量模式(绝对与差分定位)。所有精密单点定位的最新成果都囊括其中，也包括GNSS与惯性导航系统的集成。这里还介绍了基于星基增强的GNSS航空应用和姿态确定，以及其他GNSS应用，包括陆地与海洋、航空与航天等领域的应用。

在F部分，介绍了测绘、大地测量以及地球动力学，这些领域是GNSS最早的用户，也是精度要求最高的用户。

在G部分，介绍了GNSS遥感与授时，涉及一些高度专业化的GNSS应用：层析成像、GNSS测高以及时频传递等。

本书的缩略语与术语表也很有价值。

毫无疑问，这一巨作将迅速成为卫星导航这一领域的圣经宝典。它涵盖了卫星导航这一高科技领域的方方面面。主编和作者们齐力奉献这一详尽巨著——你很难发现有什么遗漏。我本人必须对此书的面世致以衷心的祝贺！

君特 W. 海因

# 前　　言

在 20 世纪 70 年代中期,以 Brad Parkinson 为首的一群充满激情的工程师们设计了一种全新的导航系统,该系统最终演变为众所周知的卫星导航定时和测距系统(NAVSTAR),后称为全球定位系统,简称 GPS。不论这位令人尊敬的"GPS 之父"当时是多么有创意或远见,他都很难想象这一系统会如此真真切切地改变了世界。要知道,GPS 最初仅仅是想为美国军方提供一种全球即时定位与授时服务,但很快人们就认识到,GPS 同样能为广泛的民用导航应用带来巨大利益,同时也为各种科学研究提供了机会。GPS 最终为俄罗斯、中国、欧洲以及日本等国家后续开发的天基导航系统提供了设计蓝图,它们都采用了相同的关键原理和技术。

鉴于 GPS 的广泛应用与巨大影响,它在大众生活、教育以及学术文献中也受到了高度关注,历年来已出版了大量教科书与专著。但自从上一本全面总结全球定位系统(GPS)技术与使用的著作出版以来,迄今已过去二十多年了。这些年间,卫星导航领域取得了显著进步,全球卫星导航系统(GNSS)这一领域也发生了巨大变化:GNSS 系统数量明显增加,用户有了更多信号和服务可用,与此同时,GNSS 信号与数据处理概念也不断成熟。这不仅把 GNSS 的性能(精度和时间)提升到新的高度,还催生出了各种新的 GNSS 应用领域。

在此背景下,我们接受了出版方的邀请(和挑战),编写了一部专门的《全球卫星导航系统手册》,以今天的视角对 GNSS 的基本原理、方法与应用进行了全面而严谨的综述。经过 4 年多的努力,我们欣慰地完成了这本超过 40 个章节、近 1400 页的重磅之作。这本全新的手册既是一本无所不涵、一站式的参考书,更有将 GNSS 作为当前科技与社会发展关键技术的最新描述。来自 GNSS 各个领域的众多专家为本书奉献了丰富多彩的内容并提供了独到见解,既包括基本原理与技术,也讨论了该领域的最新发展。本书通篇特别关注新兴卫星导航系统以及它们对 GNSS 数据处理与应用的影响。

总体上,本书分为 7 个部分,每一部分都包含 4~8 个同一方向的章节。

A 部分从全球卫星导航系统(GNSS)的入门谈起,之后各章节主要介绍 GNSS 的基础知识,既讨论构成导航定位骨干的参考系,也讲述 GNSS 卫星轨道与姿态的基本知识。后面则论述 GNSS 的无线信号与调制,以及高性能空间与地面时钟——这也是另一项 GNSS 核心技术。最后,介绍了大气信号传播的物理机理以及 GNSS 信号通过电离层与对流层时出现的种种变化。

B 部分对当前运行或者在建的全球或区域卫星导航系统进行详细介绍。除了 GPS,还包括俄罗斯的 GLONASS 系统、欧洲的伽利略系统(GALILEO)、中国的北斗系统(BDS)、日本的准天顶卫星系统(QZSS),以及印度区域卫星导航系统(IRNSS/NavIC)。这部分描述了各个系统的架构、导航信号、空间与控制段、服务、系统性能以及演进计划，也介绍了星基增强系统（SBAS）的原理和运行。

C部分聚焦于GNSS用户设备，以及信号多径与干扰问题。这一部分讨论硬件与软件接收机的基本架构及其数字信号处理原理。其中还有一个章节专门介绍GNSS天线的设计选项、性能以及标校。本部分还介绍了多径环境及其对码与相位测量的影响，以及相关误差消弱技术；研究分析了GNSS信号干扰源，并提供了关于干扰与欺骗的系统处理方式，以及对当前干扰探测与消弱技术的评述；最后给出了关于各种GNSS模拟器的综述，以及各自的关键特性介绍。

D部分涵盖GNSS观测方程的基本原理，包括GNSS参数估算与模型验证的通用算法。首先介绍伪距、载波相位与多普勒测量的基本观测方程，随后探讨这些测量的线性组合及其应用，接着给出一种零差GNSS模型，并用其整体描述了各种绝对和相对定位概念。随后介绍了基本GNSS估算、滤波器、模糊解算法等基本知识，以及用于GNSS模型验证的批处理与递归方法。

E部分介绍GNSS定位与导航的不同方法及其各种应用。首先讨论单接收机精准单点定位概念，重点说明其平差过程以及各种系统模型改正。然后介绍差分定位方法的理论基础，包括DGNSS、RTK以及网络RTK定位技术。接着介绍GNSS姿态确定的方法并讨论了GNSS与惯性导航的集成。最后有专门的章节介绍GNSS在陆地、海洋、航空，以及空间环境的应用，还讨论了地基增强系统（GBAS）。

F部分介绍GNSS在测绘、大地测量以及地球动力学领域的应用。首先给出关于国际GNSS服务（IGS）的综述并介绍它所提供的各种GNSS产品。关于测绘部分，介绍GNSS作为一种工具为陆地、工程以及水文测量人员所使用。关于大地测量部分，重点介绍GNSS在全球测地观测系统（GGOS）中所扮演的角色，包括基于GNSS的参考框架实现、地球自转、海平面监测等。关于地球动力学部分，介绍了将地球内部的活跃过程与GNSS观测到的地球表面形变关联起来的概念和模型。

G部分论述GNSS遥感与授时。此部分介绍如何利用从地面与空间获得的GNSS对流层感知信息进行短期天气预测以及长期气候研究；也介绍GNSS电离层感知如何用于空间气象研究及其如何帮助缓解GNSS性能下降；还描述了GNSS反射信号遥感技术原理以及从地球表面散射或反射的GNSS信号中提取地理信息的方法；最后介绍GNSS如何用于精确时间与频率分发以及远距离时钟比对。

本书在主体部分的最后补充了附录，详细介绍那些最为广泛应用的GNSS数据与产品格式，还总结了有关的物理常数、GNSS星座关键参数，以及各种GNSS信号的汇编。本书最后提供了GNSS专用术语表，为各章节提供通用术语的定义。

我们相信，本书将成为科研人员、工程师、学生必备的重要参考书，无论是那些想了解GNSS全貌或某一细分领域的读者，还是具有一定经验并有意深入研究某些领域的读者，都可以从本书中得到启发。与传统教科书不同，本书的每一章节都由专门的专家作者完成，选择这些专家时，对他们的经验和背景都经过了充分考虑。每一章节都自成体系，介绍GNSS领域某一特定主题，因此每一章节也适合单独阅读。同时，各章节仍通过相互参照而保持了良好的关联性，提供了完整的定义和透明的路径，方便读者一步步学习研究所有 GNSS 内容。尽管本书堪称规模宏大，但留给每一主题的篇幅仍然有限。为此，我们尽量做到为每一章都提供详尽的参考文献目录，这些参考文献既有背景知识内容，也包括该领域的最新发展。对于读者而言，一本书终究无法提供众多 GNSS 技术的全部信息，但这些参考文献可以成为读者独立研究和全面深入了解 GNSS 技术的一个起点。

在这里，我们要对帮助将这本新 GNSS 百科全书付诸实现的每一个人表示感谢，包括 60 多位同事和作者，它们为本书自愿贡献了自己的专业知识。尽管有很多其他工作，他们还都花费了大量时间编辑相关信息，准备插图资料，并要面对我们源源不断的建议与更改请求。他们的努力与耐心成就了本书，让我们能够在一本书中简明展示 GNSS 最新发展的全貌。我们也要感谢科廷大学的 Safoora Zaminpardaz 女士，她协助将各种原稿转换为 LaTeX 格式并为本书准备了大量插图，大大减轻了我们的工作量。我们还要特别感谢海德堡市斯普林格出版社的 J. Hinterberg 女士与 J. Schwarz 女士，以及来自莱比锡的 Le-tex 出版机构的 A. Strohbach 女士及其团队，感谢他（她）们在此项工作各个阶段的出色合作以及对本书的不断支持。和他们一起工作是我们的荣幸！最后要感谢我们的家人，感谢他们对我们在过去的几年里挪用了大量家庭时间而表现出的宽容、理解、耐心与支持，才激励着我们完成了这项工作。

彼得·陶尼森

澳大利亚，珀斯

奥利弗·蒙腾布鲁克

德国，慕尼黑

# 主编简介

彼得·陶尼森（Peter J. G. Teunissen）是澳大利亚科廷大学（Curtin University, CU）和荷兰代尔夫特理工大学（Delft University of Technology, TU Delft）的大地测量和卫星导航教授。他于 1985 年在代尔夫特理工大学获得博士学位，其后获得了荷兰科学研究组织（NWO）的康斯坦丁和克里斯蒂安·惠更斯学院助学金。1988 年，他成为代尔夫特理工大学的正教授，并担任过多个学术职位，包括土木工程与地球科学学院副院长、航空航天工程系系主任以及地球观测与空间系统研究所的科学总监。他目前是科廷大学 GNSS 研究中心的负  责人，他的研究重点是新的全球和区域卫星导航系统的高精度地理空间应用开发理论、模型和算法。他在研究领域撰写了大量的期刊论文和教科书。他的开创性贡献包括整数推断理论的统计和数值方法，用于多种 GNSS 精确参数估计的创新算法，以及中国北斗、印度 IRNSS 和俄罗斯 GLONASS CDMA 系统的早期特性和应用。他的科学贡献为他赢得了各种奖项，包括 Bomford 奖、Steven Hoogendijk 奖和 Alexander von Humboldt 奖。他是多家期刊的编委会成员，曾担任《大地测量学杂志》（Journal of Geodesy）的主编。他拥有中国科学院荣誉学位，并且是国际大地测量学协会（IAG）、英国皇家航海学会（RIN）、美国导航学会（ION）和荷兰皇家科学院（KNAW）的会士（Fellow）。

奥利弗·蒙腾布鲁克（Oliver Montenbruck）是位于 Oberpfaffenhofen 的 DLR 德国宇航中心全球卫星导航定位与导航组的负责人。他专攻物理学和天文学，并于 1987 年获得路德维希-马克西米利安-慕尼黑大学的硕士学位。加入 DLR 后，他曾担任对地静止轨道航天器以及其他近地和深空任务的飞行动力学分析师。他于 1991 年在慕尼黑工业大学获得博士学位。2004 年，他留校任教，并于 2006 年获得了特许任教资格（第二个博士学位），并担  任副讲师。他的研究活动包括星载 GNSS 接收机技术、自主导航系统、航天器编队飞行和精密定轨。近几年，他一直致力于新一代卫星导航系统的特性和多 GNSS 系统特性分析。他在该领域的开拓性贡献包括基于高增益天线测量的 GIOVE 和 GPS 信号研究，GNSS 协同观测网络（CONGO）的建立，三频信号评估以及中国北斗导航系统的早期特性分析和应用研究。Oliver Montenbruck 担任国际 GNSS 服务（IGS）的 Multi-GNSS 系统工作组主席，并协调 MGEX Multi-GNSS 项目（MGEX）的执行。他在其研究领域，撰写了多部教科书和大量科研论文。鉴于他的科学贡献，他被授予多个奖项，包括 DLR 高级工程师奖、美国导航协会（ION）Tycho Brahe 奖和 GPS World Leadership 奖。

# 目 录

## E 部分 定位和导航

**第 25 章 精密单点定位** ........................................ 917
- 25.1 PPP 的概念 ........................................ 918
  - 25.1.1 观测方程 ........................................ 918
  - 25.1.2 测量平差和质量控制 ........................................ 919
- 25.2 精密单点定位改正模型 ........................................ 921
  - 25.2.1 大气传播延迟 ........................................ 922
  - 25.2.2 天线误差 ........................................ 925
  - 25.2.3 测站位移改正 ........................................ 927
  - 25.2.4 差分码偏差 ........................................ 929
  - 25.2.5 兼容性和协议 ........................................ 930
- 25.3 特定处理策略 ........................................ 931
  - 25.3.1 单频定位 ........................................ 931
  - 25.3.2 GLONASS PPP 注意事项 ........................................ 933
  - 25.3.3 新信号和导航系统 ........................................ 935
  - 25.3.4 PPP 模糊度固定 ........................................ 936
- 25.4 PPP 实现 ........................................ 938
  - 25.4.1 后处理解 ........................................ 939
  - 25.4.2 实时解 ........................................ 939
  - 25.4.3 PPP 定位服务 ........................................ 939
- 25.5 示例 ........................................ 940
  - 25.5.1 静态 PPP 解 ........................................ 941
  - 25.5.2 动态 PPP 解 ........................................ 942
  - 25.5.3 天顶对流层延迟 ........................................ 943
  - 25.5.4 测站钟差解 ........................................ 944
- 25.6 总结 ........................................ 945
- 参考文献 ........................................ 946

**第 26 章 差分定位** ........................................ 954
- 26.1 差分全球卫星导航系统:概念 ........................................ 954

- 26.1.1 DGNSS 观测方程 ································································ 954
- 26.1.2 DGNSS 误差 ···································································· 955
- 26.2 差分导航服务 ············································································ 962
  - 26.2.1 DGNSS 实现 ···································································· 962
  - 26.2.2 DGNSS 服务 ···································································· 963
  - 26.2.3 数据通信：RTCM 电文 ························································ 965
  - 26.2.4 DGNSS 改正的延迟 ···························································· 965
- 26.3 实时动态定位 ············································································ 966
  - 26.3.1 双差定位模型 ··································································· 966
  - 26.3.2 载波相位定位方法 ······························································ 967
  - 26.3.3 GLONASS RTK 定位 ·························································· 970
  - 26.3.4 多系统 GNSS RTK 定位 ······················································· 972
  - 26.3.5 RTK 定位实例 ·································································· 975
- 26.4 网络 RTK ················································································· 979
  - 26.4.1 从 RTK 到网络 RTK ··························································· 979
  - 26.4.2 网络 RTK 的数据处理方法 ···················································· 980
  - 26.4.3 网络 RTK 校正模型 ···························································· 982
  - 26.4.4 优化的虚拟参考站 ······························································ 983
  - 26.4.5 从网络 RTK 到 PPP-RTK ····················································· 984
- 参考文献 ························································································ 985

# 第 27 章 姿态确定 ············································································· 990

- 27.1 六自由度 ·················································································· 990
- 27.2 姿态参数化 ··············································································· 992
  - 27.2.1 旋转空间 ········································································ 993
  - 27.2.2 旋转矩阵的参数化 ······························································ 993
- 27.3 基线观测的姿态估计 ···································································· 997
  - 27.3.1 旋转正交矩阵的估计 ··························································· 997
  - 27.3.2 正交普鲁克（Procrustes）问题 ··············································· 998
  - 27.3.3 加权正交普鲁克问题 ··························································· 999
  - 27.3.4 基于全填充权值矩阵的姿态估计 ·············································· 1000
  - 27.3.5 姿态估计的精度 ································································ 1001
- 27.4 GNSS 姿态模型 ·········································································· 1001
  - 27.4.1 潜在模型误差和误定 ··························································· 1003
  - 27.4.2 GNSS 姿态模型的解算 ························································· 1004
  - 27.4.3 GNSS 模糊度与姿态估计 ······················································ 1005
  - 27.4.4 模糊度和姿态估计的精度 ······················································ 1008

27.5　应用 ································································· 1012
　　27.5.1　太空运行 ·················································· 1012
　　27.5.2　航空应用 ·················································· 1014
　　27.5.3　海上导航 ·················································· 1017
　　27.5.4　陆地应用 ·················································· 1018
27.6　用于姿态确定的 GNSS/INS 传感器融合概述 ············· 1019
参考文献 ································································· 1021

# 第 28 章　GNSS/INS 组合导航 ····································· 1028
28.1　状态估计目标 ··················································· 1028
28.2　惯性导航 ························································· 1029
　　28.2.1　问题描述 ·················································· 1029
　　28.2.2　传感器模型 ··············································· 1030
　　28.2.3　INS 解算 ·················································· 1030
　　28.2.4　INS 误差状态量 ········································· 1031
　　28.2.5　性能特性分析 ············································ 1032
28.3　惯性传感器 ······················································ 1032
　　28.3.1　陀螺仪 ····················································· 1032
　　28.3.2　加速度计 ·················································· 1034
　　28.3.3　惯性传感器误差 ········································· 1035
28.4　捷联式惯性导航 ················································ 1037
　　28.4.1　坐标系统 ·················································· 1037
　　28.4.2　姿态计算 ·················································· 1038
　　28.4.3　速度计算 ·················································· 1041
　　28.4.4　位置计算 ·················································· 1042
28.5　误差效应分析 ··················································· 1042
　　28.5.1　短期误差效应 ············································ 1042
　　28.5.2　长期误差效应 ············································ 1043
28.6　辅助导航 ························································· 1044
28.7　状态估计 ························································· 1045
28.8　GNSS 辅助惯导系统 ·········································· 1046
　　28.8.1　松(位置域)耦合 ·········································· 1046
　　28.8.2　紧(测量域)耦合 ·········································· 1047
　　28.8.3　超紧或深耦合 ············································ 1048
　　28.8.4　举例比较 ·················································· 1048
28.9　详细案例 ························································· 1049
　　28.9.1　系统模型 ·················································· 1050

　　　　28.9.2　量测模型 ……………………………………………………………… 1054
　　28.10　其他估计方法 ………………………………………………………………… 1058
　　　　28.10.1　独立 GNSS …………………………………………………………… 1059
　　　　28.10.2　高级贝叶斯估计 ……………………………………………………… 1062
　　28.11　展望 ……………………………………………………………………………… 1063
　　参考文献 ………………………………………………………………………………… 1064

## 第 29 章　陆地与海洋应用 …………………………………………………………… 1067

　　29.1　GNSS 的陆基应用 ……………………………………………………………… 1068
　　　　29.1.1　个人设备 ………………………………………………………………… 1069
　　　　29.1.2　位置服务 ………………………………………………………………… 1071
　　　　29.1.3　PN 和 LBS 定位技术 …………………………………………………… 1072
　　　　29.1.4　智能交通系统 …………………………………………………………… 1081
　　29.2　铁路应用 ………………………………………………………………………… 1085
　　　　29.2.1　信号与列车控制 ………………………………………………………… 1086
　　　　29.2.2　货物和车队管理 ………………………………………………………… 1092
　　　　29.2.3　乘客信息系统 …………………………………………………………… 1092
　　29.3　海洋应用 ………………………………………………………………………… 1093
　　　　29.3.1　面向海洋应用的 GNSS 性能要求 ……………………………………… 1094
　　　　29.3.2　海上导航 ………………………………………………………………… 1097
　　　　29.3.3　eLoran 系统 ……………………………………………………………… 1100
　　　　29.3.4　自动识别系统 …………………………………………………………… 1101
　　　　29.3.5　海运集装箱追踪 ………………………………………………………… 1104
　　29.4　展望 ……………………………………………………………………………… 1105
　　参考文献 ………………………………………………………………………………… 1105

## 第 30 章　航空应用 …………………………………………………………………… 1109

　　30.1　概述 ……………………………………………………………………………… 1109
　　　　30.1.1　传统导航 ………………………………………………………………… 1109
　　　　30.1.2　区域导航 ………………………………………………………………… 1111
　　　　30.1.3　GNSS 的诞生 …………………………………………………………… 1112
　　30.2　GNSS 航空标准化 ……………………………………………………………… 1114
　　　　30.2.1　机载增强系统 …………………………………………………………… 1114
　　　　30.2.2　星基增强系统 …………………………………………………………… 1115
　　　　30.2.3　陆基增强系统 …………………………………………………………… 1116
　　30.3　驾驶舱的演变 …………………………………………………………………… 1117
　　　　30.3.1　导航数据链 ……………………………………………………………… 1118
　　　　30.3.2　通用航空 ………………………………………………………………… 1118

30.3.3　直升机 ································································ 1119
　30.4　从 RNP 到 PBN ····························································· 1120
　　　30.4.1　基于性能的导航 ······················································ 1120
　　　30.4.2　导航规范 ······························································ 1120
　30.5　GNSS 的性能要求 ·························································· 1123
　　　30.5.1　相关参数描述 ·························································· 1124
　　　30.5.2　GNSS 完好性概念 ····················································· 1125
　30.6　GNSS 需求和 PBN 需求之间的联系 ········································ 1126
　　　30.6.1　飞行阶段 ······························································ 1126
　　　30.6.2　区域导航方法 ·························································· 1129
　　　30.6.3　要求授权的 RNP 进近程序 ············································· 1131
　30.7　飞行计划与航行通告 ························································ 1133
　30.8　法规与认证 ·································································· 1133
　　　30.8.1　适航审定 ······························································ 1133
　　　30.8.2　运行批准 ······························································ 1134
　30.9　军用航空应用 ······························································· 1135
　30.10　GNSS 的其他航空应用 ···················································· 1135
　　　30.10.1　广播式自动相关监视 ·················································· 1135
　　　30.10.2　数据链 ······························································· 1136
　30.11　未来演变 ··································································· 1137
　　　30.11.1　GNSS 的脆弱性与备用导航定位授时体系 ··························· 1137
　　　30.11.2　导航基础设施的关停 ·················································· 1137
　　　30.11.3　多星座系统 ··························································· 1138
　参考文献 ············································································ 1138

## 第 31 章　地基增强系统 ························································· 1142
　31.1　系统组成 ····································································· 1143
　31.2　局域增强技术概述 ··························································· 1144
　　　31.2.1　伪距改正数 ···························································· 1144
　　　31.2.2　载波相位改正数 ························································ 1145
　　　31.2.3　参考站分布 ···························································· 1145
　　　31.2.4　广播技术 ······························································ 1146
　31.3　地基增强系统 ······························································· 1146
　　　31.3.1　概述和需求 ···························································· 1146
　　　31.3.2　差分改正数的生成 ······················································ 1148
　　　31.3.3　故障监测 ······························································ 1149
　　　31.3.4　用户处理和完好性验证 ·················································· 1157

31.3.5　其他威胁:射频干扰和电离层 ……… 1161
31.3.6　设备和选址注意事项 ……… 1166
31.3.7　典型的 GBAS 误差和保护水平 ……… 1168
31.3.8　现有的 GBAS 地面系统和空基设备 ……… 1169
31.4　基于测距信号伪卫星的增强 ……… 1170
31.4.1　伪卫星在局域 DGNSS 的起源和应用 ……… 1170
31.4.2　面向商业应用的新一代伪卫星系统 ……… 1171
31.5　展望 ……… 1172
参考文献 ……… 1172

## 第 32 章　太空应用

32.1　高空飞行 ……… 1177
32.1.1　GNSS 信号跟踪 ……… 1178
32.1.2　星载 GPS 接收机 ……… 1180
32.2　航天器导航 ……… 1183
32.2.1　轨迹模型 ……… 1184
32.2.2　实时导航 ……… 1188
32.2.3　精密定轨 ……… 1192
32.3　飞行编队和交会 ……… 1198
32.3.1　差分观测与模型 ……… 1199
32.3.2　估计概念 ……… 1202
32.3.3　模糊度解算 ……… 1202
32.3.4　飞行试验 ……… 1203
32.4　其他应用 ……… 1205
32.4.1　航天器姿态确定 ……… 1205
32.4.2　弹道式航天器 ……… 1206
32.4.3　全球卫星导航系统(GNSS)无线电科学 ……… 1208
参考文献 ……… 1208

# F 部分　测量、大地测量学和地球动力学

## 第 33 章　国际 GNSS 服务(IGS)

33.1　目标和组织 ……… 1219
33.1.1　服务目标 ……… 1219
33.1.2　结构 ……… 1220
33.2　组成 ……… 1221
33.2.1　IGS 理事会和执行委员会 ……… 1222
33.2.2　IGS 中央局 ……… 1222

|       |        | 33.2.3  IGS 网 | 1222 |
|---|---|---|---|

- 33.2.3　IGS 网　1222
- 33.2.4　分析中心　1223
- 33.2.5　数据中心　1223
- 33.2.6　工作组　1224

33.3　IGS 产品　1225
- 33.3.1　轨道与钟差　1225
- 33.3.2　地球定向和站点坐标　1226
- 33.3.3　大气参数　1228
- 33.3.4　偏差　1228

33.4　试点项目和实验　1229
- 33.4.1　实时　1230
- 33.4.2　多 GNSS 系统　1233

33.5　展望　1236

参考文献　1237

# 第 34 章　轨道和钟差产品生成　1240

34.1　全球跟踪网　1241

34.2　模型　1242
- 34.2.1　参考框架转换　1242
- 34.2.2　测站位移效应　1244
- 34.2.3　对流层延迟　1245
- 34.2.4　电离层延迟　1246
- 34.2.5　相对论效应　1247
- 34.2.6　天线相位中心改正　1247
- 34.2.7　相位缠绕　1247
- 34.2.8　GNSS 信号发射器模型和信息　1248
- 34.2.9　下游应用模型　1250

34.3　POD 流程　1250

34.4　估计策略　1252
- 34.4.1　估计器　1253
- 34.4.2　参数化　1253
- 34.4.3　地面站　1253
- 34.4.4　GNSS 轨道　1254
- 34.4.5　钟差　1255
- 34.4.6　地球定向　1256
- 34.4.7　相位模糊度解算　1256
- 34.4.8　多系统 GNSS 处理　1257

XXI

　　　　34.4.9　地球参考框架 ………………………………………………… 1258
　　　　34.4.10　采样参数化 ………………………………………………… 1259
　　　　34.4.11　降低计算成本 ……………………………………………… 1260
　　34.5　软件 ……………………………………………………………………… 1261
　　34.6　产品 ……………………………………………………………………… 1262
　　　　34.6.1　IGS 轨道和钟差综合产品 ………………………………… 1263
　　　　34.6.2　格式和传输 ………………………………………………… 1266
　　　　34.6.3　产品使用 …………………………………………………… 1267
　　34.7　展望 ……………………………………………………………………… 1267
　　参考文献 ………………………………………………………………………… 1268

## 第 35 章　测量 ……………………………………………………………………… 1277
　　35.1　精密定位技术 …………………………………………………………… 1279
　　　　35.1.1　静态定位 …………………………………………………… 1280
　　　　35.1.2　快速静态定位 ……………………………………………… 1283
　　　　35.1.3　动态定位 …………………………………………………… 1285
　　　　35.1.4　实时差分 GNSS 定位 ……………………………………… 1286
　　　　35.1.5　精密单点定位 ……………………………………………… 1289
　　35.2　大地测量与土地测量 …………………………………………………… 1290
　　　　35.2.1　大地测量应用 ……………………………………………… 1291
　　　　35.2.2　土地测量作业 ……………………………………………… 1294
　　　　35.2.3　土地测绘应用 ……………………………………………… 1296
　　35.3　工程测量 ………………………………………………………………… 1298
　　　　35.3.1　工程测量实时作业 ………………………………………… 1298
　　　　35.3.2　工程测量应用 ……………………………………………… 1299
　　　　35.3.3　项目执行及相关问题 ……………………………………… 1302
　　35.4　海道测量 ………………………………………………………………… 1304
　　　　35.4.1　海道测量应用 ……………………………………………… 1304
　　　　35.4.2　作业问题 …………………………………………………… 1306
　　参考文献 ………………………………………………………………………… 1306

## 第 36 章　大地测量学 ……………………………………………………………… 1311
　　36.1　GNSS 与 IAG 的全球大地观测系统 …………………………………… 1311
　　　　36.1.1　国际大地测量协会 ………………………………………… 1312
　　　　36.1.2　全球大地测量观测系统 …………………………………… 1313
　　36.2　全球与区域参考框架 …………………………………………………… 1316
　　　　36.2.1　地球形变的参考框架表述 ………………………………… 1316
　　　　36.2.2　全球地球参考框架 ………………………………………… 1319

  36.2.3 基于 GNSS 的参考框架及其与 ITRF 的关系 1323
  36.2.4 基于 GNSS 的参考框架实现的一般准则 1325
  36.2.5 GNSS、参考框架和海平面监测 1327
 36.3 地球自转、极移和章动 1328
  36.3.1 地球自转理论 1328
  36.3.2 日长 1330
  36.3.3 极移 1331
  36.3.4 章动 1333
 参考文献 1334

## 第 37 章 地球动力学 1339

 37.1 地球动力学中的 GNSS 1339
  37.1.1 精度要求 1340
  37.1.2 当前 GNSS 精度 1341
  37.1.3 精度局限性及误差源 1342
 37.2 地球动力学 GNSS 监测网发展历程 1344
  37.2.1 GPS 联测网 1344
  37.2.2 地球动力学连续 GNSS 网 1345
  37.2.3 全球监测网的重要性 1348
 37.3 刚性板块运动 1348
 37.4 板块边界形变与地震周期 1351
  37.4.1 板块边界带 1351
  37.4.2 地震周期形变 1353
  37.4.3 弹性块建模 1356
 37.5 地震学 1356
  37.5.1 静态位移 1358
  37.5.2 利用动态 GNSS 测量动力学位移 1361
  37.5.3 地震预警和海啸预警的实时应用 1363
  37.5.4 瞬时滑移 1365
  37.5.5 震后变形 1365
 37.6 火山形变 1369
 37.7 地表负荷形变 1372
  37.7.1 计算负荷位移 1373
  37.7.2 GNSS 研究中的负荷位移实例 1374
  37.7.3 负荷与负荷模型 1375
  37.7.4 负荷变化对参考框架的影响 1376
  37.7.5 冰川均衡调整(GIA) 1377

37.8　GNSS 的未来趋势 ·················································································· 1381
参考文献 ····································································································· 1383

# G 部分　GNSS 遥感与授时

## 第 38 章　中性大气监测 ······················································································ 1397
### 38.1　地基中性大气监测 ················································································ 1398
#### 38.1.1　传播延迟的准确性 ······································································ 1399
#### 38.1.2　从延迟到水汽含量 ······································································ 1400
#### 38.1.3　天气预报应用 ············································································ 1405
#### 38.1.4　在气候研究中的应用 ··································································· 1407
### 38.2　GNSS 无线电掩星测量 ·········································································· 1409
#### 38.2.1　简介和历史 ··············································································· 1409
#### 38.2.2　基本原理和数据分析 ··································································· 1410
#### 38.2.3　掩星任务 ·················································································· 1414
#### 38.2.4　掩星数量及其全球分布 ································································ 1415
#### 38.2.5　测量精度 ·················································································· 1417
#### 38.2.6　新一代卫星导航系统前景 ····························································· 1418
#### 38.2.7　天气预报 ·················································································· 1419
#### 38.2.8　气候监测 ·················································································· 1419
#### 38.2.9　GNSS 无线电掩星与反射测量的协同作用 ········································ 1423
### 38.3　展望 ·································································································· 1424
### 参考文献 ·································································································· 1426

## 第 39 章　电离层监测 ························································································ 1435
### 39.1　地基 GNSS 电离层监测 ·········································································· 1435
#### 39.1.1　TEC 测量的校准 ········································································ 1436
#### 39.1.2　全球电离层格网 ········································································· 1437
### 39.2　天基 GNSS 电离层监测 ·········································································· 1440
#### 39.2.1　GNSS 无线电掩星 ······································································ 1440
#### 39.2.2　电离层/等离子体层建模 ······························································· 1443
### 39.3　基于 GNSS 的三维层析成像 ···································································· 1444
#### 39.3.1　电离层建模技术 ········································································· 1444
#### 39.3.2　近实时建模 ··············································································· 1446
### 39.4　电离层闪烁监测 ··················································································· 1446
#### 39.4.1　基于 GNSS 观测的无线电闪烁气候学 ·············································· 1446
#### 39.4.2　闪烁测量网络 ············································································ 1449
### 39.5　空间天气 ··························································································· 1451

    39.5.1 太阳辐射和高能粒子的直接影响 ······ 1452
    39.5.2 电离层扰动及其影响 ······ 1452
    39.5.3 空间天气预测 ······ 1455
  39.6 电离层与底层大气耦合 ······ 1456
    39.6.1 电离层的大气特征 ······ 1456
    39.6.2 地震响应特征 ······ 1457
  39.7 信息和数据服务 ······ 1459
  参考文献 ······ 1460

第40章 反射测量 ······ 1467
  40.1 接收机 ······ 1468
    40.1.1 GNSS-R 接收机 ······ 1469
  40.2 模型 ······ 1472
    40.2.1 延迟多普勒坐标 ······ 1472
    40.2.2 模糊函数 ······ 1473
    40.2.3 无噪波形模型 ······ 1475
    40.2.4 底噪模型 ······ 1476
    40.2.5 最大相干积分时间 ······ 1477
    40.2.6 斑点噪声 ······ 1478
    40.2.7 测量波形与模型仿真 ······ 1479
  40.3 应用 ······ 1480
    40.3.1 海面高度计 ······ 1481
    40.3.2 海面散射测量 ······ 1484
    40.3.3 海面介电常数 ······ 1486
    40.3.4 冰冻圈：冰与雪 ······ 1487
    40.3.5 陆地：土壤水分和植被 ······ 1490
  40.4 星载任务 ······ 1492
  参考文献 ······ 1493

第41章 GNSS 时频传递 ······ 1499
  41.1 GNSS 时频播发 ······ 1499
    41.1.1 从 GNSS 获取 UTC ······ 1500
    41.1.2 GNSS 驯服振荡器 ······ 1501
  41.2 远程时钟比对 ······ 1503
    41.2.1 GNSS 时间传递技术 ······ 1504
    41.2.2 CGGTTS 时间传递标准 ······ 1505
    41.2.3 共视或全视 ······ 1505
    41.2.4 精密单点定位 ······ 1507

  41.3 硬件架构和校准 ……………………………………………………………… 1511
    41.3.1 授时接收机 …………………………………………………………… 1511
    41.3.2 硬件校准 ……………………………………………………………… 1513
  41.4 多系统 GNSS 时间传递 …………………………………………………… 1516
    41.4.1 一般要求 ……………………………………………………………… 1516
    41.4.2 GPS+GLONASS 组合 ……………………………………………… 1516
    41.4.3 Galileo 和北斗的时间传递 ………………………………………… 1518
  41.5 结论 …………………………………………………………………………… 1518
  参考文献 ………………………………………………………………………………… 1519
附录 A 数据格式 ……………………………………………………………………… 1524
附录 B GNSS 参数 …………………………………………………………………… 1552
作者简介 ………………………………………………………………………………… 1561
名词术语表 ……………………………………………………………………………… 1582

# 缩略语

## A

| | | |
|---|---|---|
| A-GNSS | assisted GNSS | 辅助 GNSS |
| A-PNT | alternative positioning navigation and timing | 可选定位导航和授时（A-PNT） |
| ABAS | aircraft based augmentation system | 机载增强系统 |
| AC | analysis center | 分析中心 |
| ACES | atom clock ensemble in space | 空间原子钟组 |
| ADC | analog-to-digital converter | 模数转换器 |
| ADEV | Allan deviation | 阿伦偏差 |
| ADF | automatic direction finding | 自动测向 |
| ADOP | ambiguity dilution of precision | 模糊度精度因子 |
| ADS | automatic dependent surveillance | 自动相关监视 |
| AEP | architecture evolution plan | 体系架构演进计划 |
| AFS | atomic frequency standard | 原子频率标准 |
| AFSCN | air force satellite control network | 空军卫星控制网 |
| AGC | automatic gain control | 自动增益控制 |
| AGGA | advanced GPS/GLONASS ASIC | 先进的 GPS/GLONASS 专用集成电路 |
| AIUB | astronomical institute of the university of Bern | 伯尔尼大学天文研究所 |
| AKM | apogee kick motor | 加速发动机 |
| AltBOC | alternative BOC | 交替二进制偏移载波 |
| AM | amplitude modulation | 调幅 |
| ANTEX | antenna exchange(format) | 天线交换格式 |
| AOCS | attitude and orbit control system | 姿轨控制系统 |
| APL | airport pseudolite | 机场伪卫星 |
| APV | approach with vertical guidance | 垂直引导进近 |

| | | |
|---|---|---|
| ARP | antenna reference point | 天线参考点 |
| ARW | angular random walk | 角随机游走 |
| ASIC | application specific integrated circuit | 专用集成电路 |
| ATV | automated transfer vehicle | 自动运载飞船 |
| AUT | antenna under test | 待测天线 |
| AWGN | additive white Gaussian noise | 加性高斯白噪声 |

## B

| | | |
|---|---|---|
| BAW | bulk acoustic wave | 腔体声波 |
| BC | Barker code | Barker 码 |
| BCH | Bose-Chaudhuri-Hocquenghem(code) | BCH 码 |
| BCRS | barycentric celestial reference system | 质心天球参考系 |
| BDS | BeiDou navigation satellite system | 北斗卫星导航系统 |
| BDT | BeiDou time | 北斗时 |
| BGD | broadcast group delay | 广播群延迟 |
| BIH | bureau international de l'heure | 国际时间局 |
| BIPM | bureau international des poids et mesures | 国际计量局 |
| BLUE | best linear unbiased estimation | 最优线性无偏估计 |
| BLUP | best linear unbiased prediction | 最优线性无偏预测 |
| BNR | bias-to-noise ratio | 偏差-噪声比 |
| BOC | binary offset carrier | 二进制偏移载波 |
| BPSK | binary phase-shift keying | 二进制相移键控 |

## C

| | | |
|---|---|---|
| CAPS | Chinese area positioning system | 中国区域定位系统 |
| CASM | coherent adaptive sub-carrier modulation | 相干自适应子载波调制 |
| CBOC | composite binary offset carrier | 复合二进制偏移载波 |
| CCD | code-carrier divergence | 码载波分离 |
| CCIR | comité consultatif international des radiocommunications | 国际无线电通信委员会 |
| CDGNSS | carrier-phase differential GNSS | 载波相位差分 GNSS |
| CDMA | code division multiple access | 码分多址 |
| CEP | circular error probable | 圆概率误差 |

| | | |
|---|---|---|
| CFIT | controlled flight into terrain | 可控飞行撞地 |
| CGCS | China geodetic coordinate system | 中国大地坐标系 |
| CIO | celestial intermediate origin | 天球中间原点 |
| CL | long code | 长码 |
| CM | moderate-length code | 中长码 |
| CMC | code-minus-carrier | 码减载波 |
| CMCU | clock monitoring and comparison unit | 时钟监测和比较单元 |
| CMOS | complementary metal oxide semiconductor | 互补金属氧化物半导体 |
| CMS | constrained maximum success-rate | 约束最大成功率 |
| CNAV | civil navigation message | 民用导航电文 |
| CODE | center for orbit determination in europe | 欧洲定轨中心 |
| COG | center-of-gravity | 重心 |
| CoM | center-of-mass | 质心 |
| CoN | center-of-network | 网络中心 |
| CONUS | conterminous United States | 美国本土大陆 |
| COO | cell-of-origin | 蜂窝中心点 |
| CORS | continuously operating reference station | 连续运行参考站 |
| COSPAS | cosmicheskaya sistema poiska avariynyh sudo (space system for search of distress vessels and airplanes) | 遇难船只空间搜寻系统 |
| COTS | commercial-off-the-shelf | 商用货架产品 |
| CPT | coherent population trapping | 相干布居囚禁 |
| CPU | central processing unit | 中央处理器 |
| CRC | cyclic redundancy check | 循环冗余校验 |
| CRF | celestial reference frame | 天球参考框架 |
| CRPA | controlled radiation pattern antenna | 可控辐射方向图天线 |
| CRS | celestial reference system | 天球参考系 |
| CS | commercial service | 商业服务 |
| CS | control segment | 控制段 |
| CSAC | chip scale atomic clock | 芯片级原子钟 |
| CSK | code shift keying | 码移键控 |

| | | |
|---|---|---|
| CTP | conventional terrestrial pole | 协议地面极 |

## D

| | | |
|---|---|---|
| DAB | digital audio broadcast | 数字音频广播 |
| DC | data center | 数据中心 |
| DCB | differential code bias | 差分码偏差 |
| DCFBS | digital cesium beam frequency standard | 数字式铯束频率标准 |
| DD | double-difference | 双差分 |
| DDM | delay-Doppler-map | 延迟多普勒图 |
| DEM | digital elevation model | 数字高程模型 |
| DGNSS | differential GNSS | 差分全球卫星导航系统 |
| DH | decision height | 决断高度 |
| DIODE | DORIS immediate orbit on-board determination | DORIS 星上实时定轨系统 |
| DLL | delay lock loop | 延迟锁定环 |
| DLR | Deutsches Zentrum für Luft-und Raumfahrt | 德国航空航天中心 |
| DMA | defense mapping agency | 国防测绘局 |
| DME | distance measuring equipment | 测距设备(仪) |
| DOP | dilution of precision | 精度因子 |
| DORIS | Doppler orbitography and radiopositioning integrated by satellite | 卫星集成的多普勒轨道成像与卫星定位 |
| DQM | data quality monitoring | 数据质量监测 |
| DSP | digital signal processor | 数字信号处理器 |
| DVB | digital video broadcasting | 数字视频广播 |

## E

| | | |
|---|---|---|
| EAL | echelle atomique libre(free atomic scale) | 自由原子尺度 |
| ECEF | earth-centered earth-fixed | 地心地固 |
| ECI | earth-centered inertial | 地心惯性 |
| ECMWF | European centre for medium-range weather forecasts | 欧洲中期天气预报中心 |
| ECOM | Empirical CODE orbit model | 经验 CODE 轨道模型 |

| | | |
|---|---|---|
| EELV | evolved expendable launch vehicles | 改进型消耗性运载火箭 |
| EGNOS | European geostationary navigation overlay service | 欧洲地球静止导航覆盖服务 |
| EIRP | effective isotropic radiated power | 等效全向辐射功率 |
| EKF | extended Kalman filter | 扩展卡尔曼滤波器 |
| EO | Earth observation | 地球观测 |
| EPB | equatorial plasma bubble | 赤道等离子体泡 |
| ESA | European space agency | 欧洲航天局 |
| EUV | extreme ultraviolet | 极紫外 |

## F

| | | |
|---|---|---|
| FAA | US federal aviation administration | 美国联邦航空管理局 |
| FAR | full ambiguity resolution | 全模糊度解算 |
| FBR | front-to-back ratio | 前后比 |
| FCC | federal communications commission | 联邦通信委员会 |
| FDMA | frequency division multiple access | 频分多址 |
| FE | front end | 前端 |
| FEC | forward error correction | 前向纠错 |
| FFT | fast Fourier transform | 快速傅里叶变换 |
| FK5 | Fundamental Katalog 5 | 第五基本星表 |
| FLDR | flicker drift | 闪烁漂移 |
| FLFR | flicker frequency(noise) | 闪烁频率(噪声) |
| FLL | frequency lock loop | 锁频环 |
| FLPH | flicker phase(noise) | 闪烁相位(噪声) |
| FMS | flight management system | 飞行管理系统 |
| FNBW | first-null beam width | 第一零点波束宽度 |
| FOC | full operational capability | 完全运行能力 |
| FOG | fiber optic gyroscope | 光纤陀螺仪 |
| FPGA | field programmable gate array | 现场可编辑门阵列 |
| FRPA | fixed radiation pattern antenna | 固定辐射方向图天线 |

| | | |
|---|---|---|
| FTE | flight technical error | 飞行技术误差 |

## G

| | | |
|---|---|---|
| GAGAN | GPS-aided GEO augmented navigation | 印度区域导航增强系统 |
| GAST | Greenwich apparent sidereal time | 视恒星时 |
| GBAS | ground-based augmentation system | 地基增强系统 |
| GCC | Galileo control centre | 伽利略控制中心 |
| GCRS | geocentric celestial reference system | 地心天球参考系统 |
| GDGPS | global differential GPS | 全球差分 GPS |
| GEO | geostationary Earth orbit | 地球静止轨道 |
| GFZ | Deutsches GeoForschungsZentrum | 德国地理研究中心 |
| GGTO | GPS-to-Galileo time offset | GPS 与伽利略时间偏移 |
| GIM | global ionospheric map | 电离层云图 |
| GIOVE | Galileo in-orbit validation element | 伽利略在轨验证部件 |
| GIS | geographic information system | 地理信息系统 |
| GIVE | grid ionospheric vertical error | 格网点电离层垂直误差 |
| GLONASS | global'naya navigatsionnaya sputnikova sistema (Russian Global Navigation Satellite System) | (俄罗斯)全球卫星导航系统 |
| GLST | GLONASS system time | GLONASS 时 |
| GMS | ground mission segment | 地面任务段 |
| GNSS | global navigation satellite system | 全球卫星导航系统 |
| GPS | global positioning system | 全球定位系统 |
| GPST | GPS Time | GPS 时 |
| GPT | global pressure and temperature(model) | 压力和温度(模型) |
| GRAM | GPS receiver application module | GPS 接收机应用模块 |
| GRAS | ground-based regional augmentation system | 地基区域增强系统 |
| GRAS | GNSS receiver for atmospheric sounding | GNSS 大气探测接收机 |
| GST | Galileo System Time | 伽利略时 |
| GTRS | geocentric terrestrial reference system | 地心地面参考系 |

## H

| | | |
|---|---|---|
| HDOP | horizontal dilution of precision | 水平精度因子 |

| HEO | highly elliptical orbit | 高椭圆轨道 |
| HOW | hand-over word | 转换字 |
| HPBW | half-power beam width | 半功率波束宽度 |

## I

| I/Q | in-phase/quadrature | 同相/正交(I/Q) |
| IAU | International Astronomical Union | 国际天文学联合会 |
| IB | integer bootstrapping | 整数自举 |
| IBLS | integrity beacon landing system | 完整性信标着陆系统 |
| ICAO | international civil aviation organization | 国际民用航空组织 |
| ICD | interface control document | 接口控制文件 |
| ICRF | international celestial reference frame | 国际天球参考框架 |
| ICRS | International celestial reference system | 国际天球参考系 |
| IEEE | Institute of electrical and electronics engineers | 电气电子工程师学会 |
| IERS | International earth rotation and reference systems service | 国际地球自转服务(机构) |
| IF | intermediate frequency | 中频 |
| IFA | inverted-F antenna | 倒F天线 |
| IGP | ionospheric grid point | 电离层格网点 |
| IGS | International GNSS Service | 国际GNSS服务(组织) |
| IGSO | inclined geo-synchronous orbit | 倾斜地球同步轨道 |
| IIP | instantaneous impact point | 瞬时冲击点 |
| ILS | integer least-squares | 最小二乘 |
| ILS | instrument landing system | 仪表着陆系统 |
| ILS | International Latitude Service | 国际纬度服务 |
| IMU | inertial measurement unit | 惯性测量单元 |
| INS | inertial navigation system | 惯性导航系统 |
| InSAR | interferometric synthetic aperture radar | 合成孔径雷达干涉测量 |
| IOD | issue-of-data | 数据发布 |
| IODC | issue-of-data clock | 时钟数据期号 |
| IODE | issue-of-data ephemeris | 星历数据期号 |

| | | |
|---|---|---|
| IONEX | ionosphere exchange(format) | 空间电离层数据交换格式 |
| IOP | intensity optical pumping | 强度光泵 |
| IOT | in-orbit test | 在轨测试 |
| IOV | in-orbit validation | 在轨验证 |
| IPP | ionospheric pierce point | 电离层穿刺点 |
| IR | integer rounding | 整数舍入 |
| IRI | international reference ionosphere | 国际参考电离层 |
| IRM | IERS reference meridian | IERS 参考子午线 |
| IRNSS | Indian regional navigation satellite system | 印度区域卫星导航系统 |
| IRP | international reference pole | 国际参考极 |
| ISB | intersystem bias | 系统间偏差 |
| ISC | intersignal correction | 信号间校正 |
| ISS | International Space Station | 国际空间站 |
| ITRF | international terrestrial reference frame | 国际大地参考框架 |
| ITRS | international terrestrial reference system | 国际大地参考系统 |
| ITS | intelligent transport system | 智能运输系统 |
| ITU | international telecommunication union | 国际电信联盟 |
| IUGG | international union of geodesy and geophysics | 国际大地测量学和地球物理学联合会 |

## J

| | | |
|---|---|---|
| JAXA | Japan aerospace exploration agency | 日本宇宙航空研究开发机构 |
| JD | julian day/date | 儒略日/日期 |
| JPL | jet propulsion laboratory | 喷气推进实验室 |

## K

| | | |
|---|---|---|
| KASS | Korean augmentation satellite system | 韩国增强卫星系统 |
| KF | Kalman filter | 卡尔曼滤波器 |

## L

| | | |
|---|---|---|
| L-AII | legacy accuracy improvement initiative | 传统精度改进计划 |
| LADGNSS | local area differential GNSS | 局域差分 GNSS |
| LAMBDA | least-squares ambiguity decorrelation adjustment | 最小二乘模糊度降相关平差 |

| | | |
|---|---|---|
| LEO | low earth orbit | 低地球轨道 |
| LEOP | launch and early orbit phase | 发射和早期轨道阶段 |
| LHCP | left-hand circular polarized | 左旋圆极化 |
| LIDAR | light detection and ranging | 光检测和测距 |
| LNA | low-noise amplifier | 低噪声放大器 |
| LNAV | legacy navigation message | 传统导航电文 |
| LOS | line-of-sight | 视线,视距 |
| LQG | linear quadratic Gaussian | 线性二次高斯 |
| LRA | laser retro-reflector array | 激光后向反射器阵列 |
| LTT | laser time transfer | 激光时间传输 |

## M

| | | |
|---|---|---|
| MAP | maximum a posteriori | 最大后验(估计) |
| MC | master clock | 主钟 |
| MCS | master control station | 主控站 |
| MDB | minimal detectable bias | 最小可检测偏差 |
| MEMS | micro-electromechanical system | 微机电系统 |
| MEO | medium earth orbit | 中圆地球轨道 |
| MJD | modified Julian day/date | 修正的儒略日/日期 |
| MLE | maximum likelihood estimation | 最大似然估计 |
| MLS | microwave landing system | 微波着陆系统 |
| MMP | minimum mean penalty | 最低平均惩罚 |
| MMS | magnetosphere multiscale mission | 磁层多尺度任务 |
| MOT | magneto-optical trap | 磁光阱 |
| MPR | multipath rejection ratio | 多径抑制比 |
| MQM | measurements quality monitoring | 测量质量监控 |
| MS | monitoring station | 监控站 |
| MSAS | multi-function satellite augmentation system | 多功能卫星增强系统 |
| MSS | mean squared slope | 均方斜度 |

## N

| | | |
|---|---|---|
| NAD | north American datum | 北美基准 |
| NANU | notice advisory to NAVSTAR users | 导航用户通告 |

| | | |
|---|---|---|
| NAQU | notice advisory to QZSS users | QZSS用户通告 |
| NASA | national aeronautics and space administration | 美国国家航空航天局 |
| NCO | numerically controlled oscillator | 数控振荡器 |
| NCP | north celestial pole | 北天极 |
| NDB | nondirectional beacon | 无方向性信标 |
| NEP | north ecliptic pole | 北黄道极 |
| NGA | national geospatial-intelligence agency | 美国国家地理空间情报局 |
| NH | Neuman-Hofman(code) | 纽曼-霍夫曼(NH)编码 |
| NIST | national institute of standards and technology | 美国国家标准与技术研究院 |
| NMCT | navigation message correction table | 导航电文改正表 |
| NMEA | national marine electronics association | 美国国家海洋电子协会 |
| NMF | Niell mapping function | Niell 投影函数 |
| NOTAM | notice to airmen | 飞行员通告 |
| NPA | nonprecision approach | 非精密进近 |
| NRL | naval research lab | 海军研究实验室 |
| NSE | navigation system error | 导航系统误差 |
| NUDET | nuclear detection(payload) | 核检测(载荷) |
| NWM | numerical weather model | 数值天气模型 |
| NWP | numerical weather prediction | 数值天气预报 |

## O

| | | |
|---|---|---|
| OCS | operational control system | 运行控制系统 |
| OCX | next generation operational control segment of GPS | GPS下一代运行控制段 |
| OCXO | oven controlled crystal oscillator | 恒温晶体振荡器 |
| OEM | original equipment manufacturer | 原始设备制造商 |
| OS | open service | 公开服务 |
| OSPF | orbitography and synchronization processing facility | 轨道图与同步处理设备 |
| OWCP | one-way carrier-phase technique | 单向载波相位技术 |

## P

| | | |
|---|---|---|
| PAR | partial ambiguity resolution | 部分模糊度解算 |
| PBN | performance based navigation | 基于性能导航 |
| PBO | plate boundary observatory | 板块边界观测台 |
| PCB | printed circuit board | 印制电路板 |
| PCO | phase center offset | 相位中心（校正）偏移 |
| PCV | phase center variation | 相位中心变化 |
| PDA | personal digital assistant | 个人数字助理 |
| PDF | probability density function | 概率密度函数 |
| PDOP | position dilution of precision | 位置精度因子 |
| PF | particle filter | 粒子滤波 |
| PHM | passive hydrogen maser | 被动型氢钟 |
| PLL | phase lock loop | 锁相环 |
| PM | phase modulation | 调相 |
| PMF | probability mass function | 概率质量函数 |
| PNT | positioning, navigation and timing | 定位、导航与授时 |
| POD | precise orbit determination | 精密定轨 |
| PPD | personal privacy device | 个人保密装置 |
| PPP | precise point positioning | 精密单点定位 |
| PPS | precise positioning service | 精密定位服务 |
| PPS | pulse per second | 秒脉冲 |
| PRC | pseudorange correction | 伪距校正 |
| PRN | pseudo-random noise | 伪随机噪声 |
| PSD | power spectral density | 功率谱密度 |
| PVT | position, velocity and time | 位置、速度和时间 |

## Q

| | | |
|---|---|---|
| QHA | quadrifilar helix antenna | 四臂螺旋天线 |
| QPSK | quadrature phase-shift keying | 正交相移键控 |
| QZSS | Quasi-Zenith Satellite System | 准天顶卫星系统 |

## R

| | | |
|---|---|---|
| RAAN | right ascension of ascending node | 升交点赤经 |
| RAFS | rubidium atomic frequency standard | 铷原子频率标准 |
| RAIM | receiver autonomous integrity monitoring | 接收机自主完好性监测 |
| RDSS | radio determination satellite service | 卫星无线电测定业务 |
| RF | radio frequency | 射频 |
| RFI | radio frequency interference | RF 干扰 |
| RFSA | Russian federal space agency | 俄罗斯联邦航天局 |
| RHCP | right-hand circular polarized | 右旋圆极化 |
| RINEX | receiver independent exchange(format) | 接收机独立交换(格式) |
| RLG | ring laser gyroscope | 环形激光陀螺仪 |
| RMS | root mean square | 均方根 |
| RNAV | area navigation | 区域导航 |
| RNP | required navigation performance | 所需的导航性能 |
| RNSS | radio navigation satellite service | 卫星无线电导航业务 |
| RNSS | regional navigation satellite system | 区域卫星导航系统 |
| RO | radio occultation | 无线电掩星 |
| RRC | range-rate correction | 距离变化率校正 |
| RSS | root-sum-square | 均方根 |
| RTAC | real-time analysis center | 实时分析中心 |
| RTCA | radio technical commission for aeronautics | 航空无线电技术委员会 |
| RTCM | radio technical commission for maritime services | 海事无线电技术委员会 |
| RTI | Rayleigh-Taylor instability | 瑞利-泰勒不稳定性 |
| RTK | real-time kinematic | 实时动态 |
| RTS | real-time service | 实时服务 |
| RWDR | random walk drift | 随机游走漂移 |
| RWFR | random walk frequency(noise) | 随机游走频率(噪声) |
| RWPH | random walk phase(noise) | 随机游走相位(噪声) |

## S

| | | |
|---|---|---|
| SA | selective availability | 选择可用性 |
| SAASM | selective availability anti-spoofing module | 选择可用性反欺骗模块 |
| SAR | synthetic aperture radar | 合成孔径雷达 |
| SAR | search and rescue | 搜救 |
| SARPS | standards and recommended practices | 标准与建议措施 |
| SAW | surface acoustic wave | 声表面波 |
| SBAS | satellite-based augmentation system | 星基增强系统 |
| SD | single-difference | 单差 |
| SDA | strapdown algorithm | 捷联算法 |
| SDCM | system for differential corrections and monitoring | 差分校正和监测系统 |
| SDM | signal deformation monitoring | 信号变形监测 |
| SDR | software defined radio | 软件定义无线电 |
| SEL | single event latch-up | 单事件锁存 |
| SEU | single event update | 单一事件更新 |
| SIGI | space integrated GPS/inertial navigation system | 空间组合 GPS/惯性导航系统 |
| SINEX | solution independent exchange (format) | 与解算无关的交换(格式) |
| SISO | single-input-single-output | 单输入单输出 |
| SISRAD | signal-in-space receive and decode | 空间信号接收与解码 |
| SISRE | signal-in-space range error | 空间信号测距误差 |
| SLAM | simultaneous location and mapping | 同步定位与建图 |
| SLR | satellite laser ranging | 卫星激光测距 |
| SLTA | straight line tangent point altitude | 直线切点高度 |
| SNR | signal-to-noise ratio | 信噪比 |
| SoC | system-on-a-chip | 片上系统 |
| SOFA | standards of fundamental astronomy | 基础天文标准库 |
| SP3 | standard product 3 (format) | 标准产品 3（格式） |

| | | |
|---|---|---|
| SPAD | single photon avalanche diode | 单光子雪崩二极管 |
| SPP | single point positioning | 单点定位 |
| SPS | standard positioning service | 标准定位服务 |
| SRP | solar radiation pressure | 太阳辐射压力 |
| ST | system time | 系统时间 |
| STEC | slant total electron content | 斜向电子总含量 |
| SV | space vehicle | 空间飞行器 |
| SVN | space vehicle number | 空间飞行器编号 |

### T

| | | |
|---|---|---|
| TACAN | tactical air navigation (system) | 战术空中导航(系统) |
| TAI | international atomic time | 国际原子时 |
| TASS | TDRSS augmentation service for satellites | 卫星 TDRSS 增强服务 |
| TCB | barycentric coordinate time | 质心坐标时 |
| TCG | geocentric coordinate time | 地心坐标时 |
| TCXO | temperature compensated crystal oscillator | 温度补偿晶体振荡器 |
| TDB | barycentric dynamic time | 质心力学时 |
| TDRSS | tracking and data relay satellite system | 跟踪和数据中继卫星系统 |
| TDT | terrestrial dynamic time | 地球动力学时 |
| TEC | total electron content | 电子总含量 |
| TGD | timing group delay | 时间群延迟 |
| TID | total ionization dose | 总电离剂量 |
| TID | traveling ionospheric disturbance | 电离层行波扰动 |
| TIO | terrestrial intermediate origin | 地球中间原点 |
| TKS | time keeping system | 守时系统 |
| TLM | telemetry (word) | 遥测(字) |
| TMBOC | time multiplexed binary offset carrier | 时分复用二进制偏移载波 |
| TOA | time-of-arrival | 到达时间 |
| TRF | terrestrial reference frame | 地球参考框架 |
| TT | terrestrial time | 地球时 |

| | | |
|---|---|---|
| TTA | time-to-alert | 告警时间 |
| TTFF | time-to-first-fix | 首次定位时间 |
| TWSTFT | two-way satellite time and frequency transfer | 卫星双向时间频率传递 |
| TWTA | traveling wave tube amplifier | 行波管放大器 |

## U

| | | |
|---|---|---|
| UAV | unmanned aerial vehicle | 无人机 |
| UDRE | user differential range error | 用户差分距离误差 |
| UERE | user equivalent range error | 用户等效测距误差 |
| UHF | ultra-high frequency | 特高频 |
| UMPI | uniformly most powerful invariant | 一致最大功效不变检验 |
| UNAVCO | university NAVSTAR consortium | 大学 NAVSTAR 联盟 |
| UNB | university of New Brunswick | 新布伦瑞克大学 |
| URSI | international union of radio science | 国际无线电科学联盟 |
| USGS | United States geological survey | 美国地质调查局 |
| USNO | United States naval observatory | 美国海军天文台 |
| UT | universal time | 世界时 |
| UTC | coordinated universal time | 协调世界时 |
| UWB | ultra-wideband | 超宽带 |

## V

| | | |
|---|---|---|
| VDB | VHF data broadcast | 甚高频数据广播 |
| VDOP | vertical dilution of precision | 垂直精度因子 |
| VHF | very high frequency | 甚高频 |
| VLBI | very long baseline interferometry | 甚长基线干涉法 |
| VMF | Vienna mapping function | 维也纳投影函数 |
| VNA | vector network analyzer | 矢量网络分析仪 |
| VOR | VHF omnidirectional range | 甚高频全向信标 |
| VPL | vertical protection level | 垂直保护级 |
| VRE | vibration rectification error | 振动校正误差 |
| VRW | velocity random walk | 速度随机游走 |

| | | |
|---|---|---|
| VSWR | voltage standing wave ratio | 电压驻波比 |
| VTEC | vertical total electron content | 垂直电子总含量 |

## W

| | | |
|---|---|---|
| WAAS | wide area augmentation system | 广域增强系统 |
| WAGE | wide area GPS enhancement | 广域 GPS 增强 |
| WGS | world geodetic system | 世界大地坐标系 |
| WHPH | white phase(noise) | 白相位(噪声) |
| WLS | weighted least-squares | 加权最小二乘 |

## Z

| | | |
|---|---|---|
| ZHD | zenith hydrostatic delay | 天顶静力延迟 |
| ZTD | zenith troposphere delay | 天顶对流层延迟 |
| ZWD | zenith wet delay | 天顶湿延迟 |

# E 部分

# 定位和导航

# 第 25 章　精密单点定位

Jan Kouba, François Lahaye, Pierre Tétreault

　　精密单点定位(PPP)自 1997 年提出以来,已成为 GNSS 差分定位强有力的替代方案。PPP 方法采用非差、双频伪距和载波相位观测值,以及精密卫星轨道和精密钟差产品,可实现厘米级的静态或动态单点定位。本章首先介绍了 PPP 的概念,并详细介绍了需要改正的误差模型,这些误差能对卫星到用户之间距离造成厘米级的影响。为了叙述完整性,本章还介绍了单频 GNSS 数据处理的模型和方法,包括 GLONASS 系统(globalnaya navigatsionnaya sputnikovaya sistema)在内的一些新型卫星导航系统。然后,本章还重点介绍了最近几年在非差相位模糊度固定方面的技术发展,非差相位模糊度固定可以很大程度上缩短或消除初始相位延迟对 PPP 收敛时间的影响。随后,本章介绍了现有的支持事后 PPP 的应用网站,以及支持实时 PPP 的改正数据服务。最后,我们讨论了传统 PPP 估值的精度和准确性,包括测站天顶对流层延迟和接收钟差,这两个参数分别为毫米和纳秒的精度。

　　早在全球定位系统(GPS)实施阶段,人们就认识到了 GNSS 在大地测量定位方面的潜力[25.1]。为了消除卫星和接收机的钟差,提出了相对定位的方法。相对定位是两个观测站同时获取卫星的载波相位观测值,然后在两颗同时观测的卫星之间做双差(DD)。直到 20 世纪 90 年代中期,几乎所有大地测量 GPS 应用都采用载波相位双差来进行相对定位(第 26 章)。

　　1997 年,Zumberge 等[25.2]提出了一种利用非差载波相位和伪距观测值进行定位的新方法,称为精密单点定位(precision point positioning,PPP)。与传统的双差相对定位不同,PPP 不需要在两个测站同时进行观测。该方法实际上是 GNSS 伪距定位的扩展,它使用精密卫星轨道和钟差代替了广播轨道和钟差,还包括同时使用精确的载波相位和伪距观测值。然而,这样会引入载波相位模糊度初始化问题,导致 PPP 初始收敛时间长达 15min 或者更长。它还需要对异常观测值和载波相位周跳进行分析,这比双差相对定位的方法更具挑战性。

　　与双差相对定位相比,PPP 需要对测站和环境进行更细致的建模。精密单点定位除了能够提供精确的位置以外,还可以估计精确的接收机钟差和天顶对流层延迟(ZTD)。这些参数在双差定位的情况下,要么无法获得,要么不够精确。20 世纪 90 年代末,在 IGS 组织的努力下,用户可以更加方便地获取精确的卫星轨道和钟差产品(第 33 章),这促使 PPP 在大地测量学和许多其他应用领域(如地球动力学、气象学、计量学[25.13]等)广泛应用。目前流行的几种在线 PPP 服务和 PPP 软件证实了这样的趋势。

本章的目的是讲述 PPP 的概念、最先进的 PPP 建模技术及其可达到的精度。25.1 节介绍了 PPP 概念。25.2 节中讨论了传统的改正模型和适用性问题。25.3 节回顾了特定的处理策略,如单频和多模 GNSS PPP,以及最近几年 PPP 非差相位模糊度固定的发展。最后两部分(25.4 节和 25.5 节)分别列出了可用的 PPP 程序和服务,并提供了当前 PPP 定位结果的详细示例。

## 25.1 PPP 的概念

PPP 方法假设全球范围内统一的卫星轨道和钟差是被固定或严格约束的,且 PPP 数学模型与用于估计卫星轨道/钟差产品的全球网解中数学模型一致。一般来说,如果全球轨道/钟差估计和 PPP 解都采用相同的策略,如目前的国际地球自转和参考系统服务(IERS)协议,这种一致性是很容易达到的。由于采用载波相位观测,PPP 必须解算所有卫星的初始相位模糊度,此外还要估算测站位置、测站钟差偏移和天顶对流层延迟(ZTD)。PPP 方法可以被理解为在遵循全球卫星轨道和钟差协议的情况下,将单站数据反向替代到全球网解中。这是因为虽然 PPP 本身只使用一个站的数据,但其所需的卫星轨道和钟差的产品必须使用全球跟踪网来进行解算。

### 25.1.1 观测方程

对于 PPP 使用传统的双频组合是为了消除电离层延迟的影响。根据以下简化观测方程(第 19 章),无电离层(IF)组合的双频 GNSS 伪距 $\rho_{IF}$ 和载波相位观测值 $\varphi_{IF}$ 与用户位置、钟差、对流层和模糊度参数有关(第 19 章),即

$$\begin{cases} \rho_{r,IF}^s = \rho_r^s + c(dt_r - dt^s) + T_r^s + e_{IF} \\ \varphi_{r,IF}^s = \rho_r^s + c(dt_r - dt^s) + T_r^s + \lambda_{IF} A_{IF} + \epsilon_{IF} \end{cases} \quad (25.1)$$

式中:$\rho_{r,IF}^s$ 为无电离层组合 $(f_A^2 p_A - f_B^2 p_B)/(f_A^2 - f_B^2)$ 的伪距,$f_A$、$f_B$ 表示两个不同信号的频率,$p_A$ 和 $p_B$ 表示两个不同信号频率的伪距;$\varphi_{r,IF}^s$ 为无电离层组合 $(f_A^2 \varphi_A - f_B^2 \varphi_B)/(f_A^2 - f_B^2)$ 的载波相位,$\varphi_A$ 和 $\varphi_B$ 表示两个不同信号频率的载波相位观测值;$\rho_r^s$ 为从信号发射时刻 $t_E$ 的卫星位置 $\boldsymbol{x}^s = (x^s, y^s, z^s)^T$ 到信号接收时刻 $t_A \cong t_E + \rho_r^s/c$ 的接收机位置 $\boldsymbol{x}_r = (x_r, y_r, z_r)^T$ 之间的几何距离 $\|\boldsymbol{x}^s - \boldsymbol{x}_r\|$;$dt_r$ 为接收机钟差与 GNSS 系统时间的偏差,包括接收机伪距偏差和延迟;$dt^s$ 为卫星钟差与 GNSS 系统时间的偏差,包括卫星伪距偏差和延迟;$c$ 为真空光速;$T_r^s$ 为由于中性大气,主要是对流层引起的信号路径延迟;$A_{IF}$ 为无电离层载波相位组合的非整数模糊度,实际上是 $\varphi_A$ 和 $\varphi_B$ 整数模糊度和非整数模糊度初始相位延迟的无电离层组合;$\lambda_{IF}$ 为信号 A 和信号 B 的载波相位波长 $\lambda_A$、$\lambda_B$ 的无电离层组合,如 GPS L1 和 L2 信号频率组合的波长为 10.7cm;$e_{IF}$、$\epsilon_{IF}$ 为相关的测量噪声分量,包括伪距和载波相位的无电离层组合多径影响。

由于全球 GNSS 轨道/钟差参数是固定的，卫星坐标 $(x^s,y^s,z^s)$ 和式(25.1)中的卫星钟差 $dt^s$ 被认为是已知的。此外，斜向对流层延迟中的未知湿延迟通常表示为天顶对流层湿延迟 $ZTD_w$ 和相关映射函数的乘积。因此，一个典型的 PPP 模型未知参数包括接收机位置坐标 $(x_r,y_r,z_r)$、接收机钟差 $dt_r$、天顶对流层延迟 $ZTD_w$ 和非整数无电离层组合载波相位模糊度 $A_{IF}$。

在固定卫星钟和轨道之后，上述观测方程只包含与单个测站有关的观测值和未知量。需要注意的是，对卫星钟差和轨道加权不需要将其参数化，可以通过对与卫星有关的伪距/载波相位观测加权来实现。当卫星轨道/钟差固定时，在观测网中进行 PPP 解算几乎没有意义。因为在多个观测站求解时，其结果与单站求解是独立且相同的。还应注意，与相对定位或者使用双差 DD 相位观测的网解不同，在没有附加测量偏差参数的情况下，单点定位中固定两个频率信号 A 和 B 的整数模糊度是不可能的(25.3.4 节)。

值得注意的是，PPP 提供的接收机位置、ZTD 和接收钟差估值与事先固定的全球 GNSS 卫星轨道/钟差所采用的全球参考系统一致。另一方面，双差 DD 方法不能提供接收机钟差，而且 ZTD 估值受固定基准偏差的影响，特别是对于区域或本地网，或者小于 500km 的单基线。与此同时，这种 ZTD 偏差在高度解算中会引起小幅度的误差。因此，这种基于 DD 方法的区域、局部 ZTD 估值需要至少网络中的一个站点的外部对流层 ZTD 校准，例如 IGS 对流层 ZTD 产品(第 38 章和第 33 章)。

一般而言，GPS L1 和 L2 观测量被用于 PPP，这是因为它们与高精度卫星轨道和钟差产品兼容。然而，一些新兴的伽利略或现代化的 GPS 系统，也可以提供替代 L2 频率的 E5 或 L5 载波相位观测值。上述双频 PPP 讨论一般适用于任何一对足够频率间隔的信号 $f_A$ 和 $f_B$。三频观测值组合也可用于新的或现代化的全球卫星导航系统，它们的可能用途和影响在 25.2.1 节和 25.3.4 节中简要讨论。

## 25.1.2 测量平差和质量控制

测量平差设计矩阵需要在近似参数值附近对观测值方程线性化(第 21 章)。它由式(25.1)对 4 种 PPP 参数的偏导数组成，这 4 种参数分别为测站位置、接收机钟差、天顶对流层延迟和(非整数)IF 载波相位模糊度。

1. 批处理 VS 序贯处理

平差可以在一个步骤中完成，即所谓的批处理，包括迭代，也可以在可适应不同用户动态的序贯平差或滤波器(使用迭代或者不使用迭代)中完成(第 22 章)。批量平差的缺点是即使对于现代功能强大的计算机，它仍可能太大了，特别是对于大量非差观测值。但在这种情况下，不需要反向替换或反向平滑，这使得批量平差非常适合 DD 方法。用于 GNSS 定位的滤波器等价于对当前观测历元的序贯平差。该方法通常比批量平差的效率更高、规模更小，至少在非差观测的位置解算方面是这样的。这是因为只有在特定观测时间出现的参数(例如站钟差、ZTD 参数)都可以预先排除。然而，滤波器(序贯平差)需要对那些随时间变化的参数(例如，站钟差和 ZTD 参数)进行反向平滑(反向回代)。

此外，利用适当的随机过程、滤波器或序贯方法也可以模型化观测历元之间参数状态的变化，这些随机过程也可用于更新各历元之间的参数变化。例如，PPP观测模型包含4种类型的参数：站坐标$(x_r, y_r, z_r)$、接收钟差$dt_r$、对流层天顶路径延迟$ZTD_w$和非整数载波相位模糊度$A_{IF}$。测站的坐标可能是固定的，也可能随着时间变化，这取决于用户的动态状态，它们的运动速度从每秒几十米（陆地飞行器）到每秒几公里（低地轨道飞行器）变化。接收机钟差也会产生漂移，其噪声特性与振荡器的质量有关。例如，对于频率稳定性为$10^{-10}$的内部石英钟，其噪声水平约为0.1ns/s（相当于几厘米/秒）。相对而言，静止的接收机对流层ZTD在时间上的变化量相对较小，大约为几厘米/小时。最后，只要卫星没有重新调整（例如在地影期间，参考相位缠绕误差改正，详见第19章和25.2.2节）或者失锁，载波相位模糊度将保持不变，而且没有周跳，这种情况就需要密切关注。值得注意的是，只有两个测站和两颗卫星之间组成双差数据，包括接收机钟差校正在内的所有钟差误差才能被完全消除。

系统或过程噪声可根据用户动态、接收机钟差特性和大气活动进行调整。在任何情况下，模糊度处理噪声都应当设置为零，因为载波相位模糊度不随时间变化。在静态模式下，用户位置是固定的，因此坐标处理噪声也是零。在动态模式下，过程噪声可以是用户动力学的函数增量，通常将坐标过程噪声值设置为非常大的值以适应所有可能的用户运动状态（包括低轨卫星LEO），这使得每个历元位置解相互独立。接收机钟差的过程噪声是其频率稳定性的函数，通常被设置为具有较大过程噪声方差的白噪声，以适应不可预测的钟差跳跃。为了模型化ZTD的过程噪声，通常将随机游走的过程噪声设置为$2\sim 5\mathrm{mm}/\sqrt{\mathrm{h}}$。值得注意的是，对于精度要求较高的PPP应用，ZTD建模通常还包括两个额外的随机游走参数，这与南北向和东西向的ZTD梯度有关（25.2.1节）。

2. 数据筛选与编辑

当使用非差的伪距和相位观测值时，例如PPP，数据处理和编辑是非常必要的（第24章）。对于非差的单站观测来说，这是一个重大挑战，特别是在电离层活动频繁的时期和/或电离层扰动的近极地或赤道地区。这是因为两个频率（如GPS L1和L2）的相位观测值之差，以及宽巷伪距/相位组合（第20章）通常用于检查和编辑周跳和异常值。在电离层平静时期，即使数据中断超过1min，也有可能检测和修复周跳，特别是在考虑电离层延迟变化的情况下[25.4]。当无法修复周跳时，就必须引入一个新的初始模糊度。然而，在电离层高度活跃和闪烁的极端情况下，需要高于1Hz的数据采样间隔来正确地修复周跳或编辑异常值。由于内存限制，通常不能以1Hz或更高的速率来采样或处理数据。然而，在大地测量型接收机中，原则上应该可以根据各个载波相位测量值（如$\varphi_{L1}$和$\varphi_{L2}$）或它们的差值$(\varphi_{L1}-\varphi_{L2})$有效并可靠地编辑数据，这是因为接收机内部的数据采样频率远高于1Hz。大多数IGS站点的数据采样间隔只有30s，这就是为什么有效地统计编辑和粗差检测至关重要，特别是对于非差的单站观测处理而言。

另一方面，对于单频以及无电离层组合的双差载波相位观测值而言，修复周跳和编辑异常值更为容易，从而使误差统计检测和校正变得不那么重要。基于DD观测的周跳检测与修复是非差观测数据处理的一个较好的替代方法，这也有助于解决初始阶段的载波相位模糊度问题。将解算成功的 DD 模糊度作为未知的非差模糊度参数的条件方程，重新引入到非差数据处理中，新的条件方程由先前获得重建的、明确的和已编辑的 DD 观测值形成。

## 25.2 精密单点定位改正模型

GNSS 软件必须对伪距观测进行改正，以消除狭义相对论、广义相对论、萨尼亚克（Sagnac）延迟、卫星钟偏差、大气延迟等影响（如文献[25.7]；第 19 章）。由于这些影响非常大，超过了几米，即使是米级精度的伪距定位也必须考虑这些影响。当同时使用误差为几个厘米的卫星轨道、钟差，以及精度为几个毫米的 IF 载波相位时，或者对于最为精确的载波相位差分模式，对伪距定位中通常不考虑的附加影响进行改正是非常必要的。表 25.1 描述了 PPP 应用程序中的各种模型类型和改正方法。

表 25.1 PPP 先验改正模型（量级和不确定性是近似值，并且因具体案例而异）

| 模型组成 | | 量级 | 不确定性 | 备注 |
|---|---|---|---|---|
| 卫星偏差 | 质心位置 | | 2.5cm(GPS) | 从标准 SP3 格式的精密轨道产品中插值，典型采样率为 15min |
| | 天线相位中心偏差 | 0.5~3m | 10cm | 卫星载体坐标系中的天线偏差矢量（IGS ANTEX），与卫星具体姿态有关[25.5,25.6] |
| | 天线相位中心变化 | 5~15mm(GPS) | 0.2~1mm | IGS ANTEX 模型[25.5] |
| | 钟差 | <1ms | 75ps,2cm(GPS) | 精密钟差产品插值，典型采样间隔为 30s~5min |
| | 相对论时钟效应 | 10~20m | — | 偏心效应[25.7,25.8] |
| | | 2cm | — | J2 项贡献[25.8]；在当前精密 GNSS 钟差产品和 PPP 模型中通常被忽略 |
| | 差分码偏差 | 最大 15ns,5m | 0.1~1ns | 偏差取决于跟踪的信号和钟差产品[25.9,25.10] |
| | 相位小数周偏差 | 最大 0.5cy | 0.01cy | 适用于非差的模糊度解算[25.11] |
| 大气延迟 | 对流层（干分量） | 2.3m | 5mm | 垂向延迟[25.12]，低高度角可增大到 10 倍。型号参见文献[25.13,25.15] |
| | 对流层（湿分量） | 最大 0.3m | 最大 100% | 垂向延迟[25.12]，由于先验模型不足，需要估计 |
| | 电离层（一阶项） | 最大 30m | -/1m | 垂向延迟，低高度角可增大到 3 倍。通过无电离层组合（双频 PPP）或全球电离层模型进行了改正（文献[25.16]；单频 PPP） |
| | 电离层（高阶项） | 0~2cm | 1~2mm | 参见文献[25.17]与文献[25.13] |

续表

| 模型组成 | | 量级 | 不确定性 | 备注 |
|---|---|---|---|---|
| 测站位移 | | | | 用于在常规地面参考系中的测量改正 |
| | 板块运动 | 最大 0.1m/y | 0.3mm/y | 参见文献[25.18] |
| | 固体地球潮 | 最大 0.4m | 1mm | 参见文献[25.19]与文献[25.13] |
| | 海洋负荷（潮汐项） | 1~10cm | 1~2mm | 参见文献[25.13]和文献[25.20,25.21] |
| | 海洋负荷（非潮汐项） | 最大 15mm | 1mm | 非常规改正[25.22] |
| | 极移潮 | 25mm | — | 参见文献[25.13] |
| | 大气负荷（潮汐项） | 最大 1.5mm | | 参见文献[25.13] |
| | 大气负荷（非潮汐项） | 最大 20mm | 15% | 非常规改正[25.23] |
| 接收机偏差 | 相位中心偏差 | 5~15cm | — | IGS ANTEX 模型（常规值） |
| | 相位中心变化 | 最大 3cm | 1~2mm | IGS ANTEX 模型[25.24] |
| 其他 | 相位缠绕误差 | 10cm | 见备注 | 取决于波长，与卫星/接收机天线方向有关[25.25,25.26] |

对于厘米级精度的定位和基线小于 100km 的相对定位，可以忽略下面讨论的改正项。以下章节将介绍在区域相对定位中经常被忽略的附加改正项，但它们对于 PPP 和精确的全球域数据处理（DD 或非差）十分重要。

在接下来关于 PPP 模型的讨论中，改正项被分为 4 个子部分，分别是传播延迟（25.2.1 节）、天线模型（25.2.2 节）、测站位移（25.2.3 节）和差分码偏差（25.2.4 节）。此外，25.2.5 节讨论了兼容性问题。

下面列出的一些改正需要月亮和太阳的位置，例如潮汐和卫星姿态计算。由于大约 1/1000 的相对精度足以获得毫米精度的改正值，故可以从现有的行星历表文件[25.28,25.19]或者更方便地从简单的解析公式[25.30-25.32]获得月亮和太阳的位置。

## 25.2.1 大气传播延迟

无线电波在地球大气层中传播会带来产生明显的延迟，即使在米级精度的定位中也必须考虑这种影响。关于 GNSS 信号传播的描述详见第 6 章。下文概述了当前 IERS2010 协议[25.13]中论述的最高精度的 PPP 和 GNSS 全球网解所需的传播延迟模型。

1. 高阶电离层延迟改正

在式（25.1）中使用的双频 IF 线性组合会受到高阶电离层延迟的影响，这种常常被忽略的影响会产生厘米级系统误差。对于 0.1~1.0m 左右的伪距噪声，高阶电离层延迟可以忽略不计，但对于载波相位观测则应该考虑[25.33]。

根据文献[25.13]，IF 载波相位观测的高阶电离层延迟误差可以描述为

$$\mathrm{d}\varphi_{r,\mathrm{IF}}^s = -\frac{s_2}{f_A f_B (f_A + f_B)} - \frac{s_3}{f_A^2 f_B^2} \qquad (25.2)$$

式中：$f_A$ 和 $f_B$ 为 IF 组合中使用的两个信号的频率（单位：Hz）。

对于 GNSS 信号而言，电离层三阶项 $S_3$ 为亚毫米级，可以忽略不计。然而，对于高度活跃的电离层，例如在太阳活动周期的峰值期间，三阶项的射线弯曲影响 $\Delta S_3$ 将变得非常显著。在高度角 $E$ 和斜向总电子含量 STEC 已给定的情况下，它可以近似为

$$\Delta S_3 = b_1 \left( \frac{1}{\sqrt{1 - b_2 \cos^2(E)}} - 1 \right) \mathrm{STEC}^2 \qquad (25.3)$$

$b_1 = 2.495 \times 10^8$ mm · MHz$^4$/TECU$^2$，$b_2 = 0.8592$[25.13, 25.34]。

在电离层高度活跃的情况下，斜向总电子含量可达 $\approx 300$TECU，其中 1TECU = $10^{16}$electrons/m$^2$。因此，$\Delta S_3/f^4$ 可达到 10mm。对于最精确的 GNSS 数据出来了，电离层三阶项以及二阶项应被考虑在内。

二阶项 $S_2$ 的系数可以近似为

$$S_2 = 1.1284 \times 10^{12} B_p \cos(\Theta) \mathrm{STEC} \qquad (25.4)$$

式中：$B_p \cos(\Theta)$ 为地球磁场强度在卫星—测站方向（卫星信号传播方向）的投影[25.13]。式(25.4)给出 $S_2$ 值单位为 m · Hz$^3$，STEC 单位为 electrons/m$^2$，$B_p$ 单位为 CT。二阶项需要的磁场强度可以从国际地磁参考场（IGRF）等模型中获得。磁场 $B_p$ 和卫星—测站方向都是在高度为 450km 的电离层穿刺点上获取。

式(25.3)和式(25.4)中的 STEC 可以从全球电离层模型（GIM）中获得，GIM 提供了垂向总电子含量（VTEC）和薄壳映射函数（见第 6 章和第 19 章）。这些电离层模型是由 IGS 每日生成，并以标准化的电离层交换格式（IONEX）分发（见附录 A）。另外，在考虑卫星和接收机所采用信号的差分码偏差后，可以通过双频载波相位平滑伪距来估算 STEC。

从式(25.4)可以看出，二阶项修正与地理位置相关性极高，因为它是地球磁场方向上的投影，该值在测站一定范围内几乎相同。同时，地球磁场的方向（主要是南北指向）在时间尺度上变化非常缓慢（在十年内几乎不变）。因此，由于卫星几何结构的周期性变化，将会对电离层延迟二阶项在纬度方向产生较小的周期性误差。从式(25.4)可以看出，电离层二阶项也与 STEC 成正比，日变化表现为晚上小、白天大。最后，在低电离层活动期间，电离层二阶项改正量可能比在电离层活跃期间小一个甚至两个数量级，因此可以忽略不计。

原则上，三个信号频率（如 GPS L1、L2 和 L5）的出现使得通过三频观测值的组合来消除二阶电离层延迟成为可能[25.35]。然而，在这种情况下，第三个观测频率引入的额外偏差、与标准双频解决方案的兼容性以及观测噪声的显著放大都需要被仔细考虑[25.13]。

2. 对流层延迟模型

式(25.1)中的对流层延迟通常表示为与高度角相关映射函数 $M$ 和天顶对流层延迟 ZTD 之间的乘积 $T_r^s = M\mathrm{ZTD}$。对于所有的卫星导航信号，对流层延迟 $T_r^s$ 与频率无关，位于海平面的 ZTD 约为 2.3m。我们通常将 ZTD 分为干分量延迟和湿分量延迟。干分量延迟

主要是由对流层干性气体所引起的,而水汽折射是造成湿分量延迟的主要原因。通常干分量延迟约占总延迟的 90%(见第 6 章)。

利用文献[25.37]给出的 Saastamoinen 公式[25.36],可以由大气压力 $p$、测站纬度 $\varphi$ 和高度 $h$ 精确推算出干分量延迟($ZTD_h$),即

$$ZTD_h = \frac{0.0022768\text{m/h}P_{ap}}{1 - 0.00266\cos(2\varphi) - 2.8 \times 10^{-7}m^{-1}h} \tag{25.5}$$

对于较小的湿分量天顶延迟($ZTD_w$),没有可靠的模型来获得其先验值。这是由于用水汽辐射计测量湿延迟费用昂贵且不实用,所以通常根据观测数据进行估计。标准的 GNSS 导航算法利用伪距测量值进行定位,或在几十公里的短基线上相对定位,此时只需要一个简单的映射函数 $M$ 和一个先验 ZTD。在这种情况下,ZTD 估计通常是没有必要并且不可能的。另一方面,PPP 和精确的全球网解(第 34 章)要求 ZTD 的映射函数 $M$ 也分为干分量部分 $M_h$ 和湿分量部分 $M_w$。对于最精确的 GNSS 应用,还需要使用 ZTD 北向梯度 $G_N$ 和东向梯度 $G_E$ 以及梯度映射函数 $M_g$。更具体地,对流层延迟被参数化为

$$T_r^s = M_h(E)ZTD_h + M_w(E)ZTD_w + M_g(E)[G_N\cos(A) + G_E\sin(A)] \tag{25.6}$$

式中:$A$ 为卫星视线方向的方位角。梯度投影函数通常使用提出的公式[25.38]为

$$M_g(E) = \frac{1}{(\sin(E)\tan(E) + 0.0032)} \tag{25.7}$$

这里的水平梯度($G_N, G_E$)需要能够表示南北向大气膨胀和天气变化,两者产生的影响都可以达到 1mm[25.39]。实际应用中,所有的映射函数都使用连分式,即

$$M(E, a, b, c) = \frac{1 + \dfrac{a}{1 + \left(\dfrac{b}{1+c}\right)}}{\sin E + \dfrac{a}{\sin E + \left(\dfrac{b}{\sin E + c}\right)}} \tag{25.8}$$

依据文献[25.40]中所介绍的 $\sin(E)$,系数 $a, b, c$ 均为小($\ll 1$)的常数。干分量 $M_h$ 和湿分量 $M_w$ 映射函数分别对应不同的系数($a_h, b_h, c_h$)和($a_w, b_w, c_w$)。只需考虑最显著变化的系数 $a_h$ 和 $a_w$。剩余较小的系数 $b$ 和 $c$ 可以使用季节性函数来表示。

对于没有外部信息输入的 PPP 应用,可以通过球谐函数展开来获得系数 $a_h$ 和 $a_w$,如全球映射函数(GMF)[25.14]。GPT2 全球气压和温度模型的映射函数[25.41]为平均值、季节均值或半季节变化的全球格网。最精确的 PPP 和 GNSS 应用程序使用 Vienna 映射函数 1(VMF1)[25.42],该函数需要实际的随时间和地理位置变化的 $a_h$ 和 $a_w$,这些系数是站点特定值,或者从分辨率为 2°×2.5° 的网格文件中获取。VMF1 模型中的站点或网格文件每天包含 4 组 $a_h$ 和 $a_w$ 系数(即每 6h 一次),通过欧洲中期气象预报中心(ECMWF)的数值气象模型(NWM)中的射线追踪方法拟合得到。VMF1 模型中的站点特定或网格文件,以及由新布伦瑞克大学(UNB)生成的 NWM 文件[25.43],可分别在文献[25.44]和文献[25.45]中找到。

尽管先验 $ZTD_h$ 误差可以在很大程度上通过 $ZTD_w$ 估计得到补偿，但对于高精度的 PPP 和 GNSS 应用，需要准确地计算 $ZTD_h$，以便正确地分离对流层干分量和湿分量。根据文献[25.42]，对于 5°的截止高度角，干分量/湿分量独立投影导致的测站高度变化约为 $ZTD_h$ 的 1/10。这意味着为了将高度误差减少毫米级，先验 $ZTD_h$ 的精度必须为厘米级。计算 $ZTD_h$ 必须使用测量的气压 $p$，或者从 NWM 中获得，如 VMF1 的网格文件。NWM 网格文件也包含 $ZTD_w$，但是其不确定度约为 2cm，这对于大多数 PPP 应用程序来说精度还不够，因此仍然需要估计 $ZTD_w$。然而，基于 NWM 的先验 $ZTD_w$ 可以显著约束 $ZTD_w$ 估值，从而缩短初始 PPP 解的收敛时间。

为了获取特定测站位置指定时刻的对流层模型，VMF1 和 UNB 格网模型需要在空间和时间尺度上对 $a_h$、$a_w$ 和 $ZTD_h$、$ZTD_w$ 进行插值[25.46]。精度要求不高的 PPP 可以使用一个 $ZTD_h$ 固定值，或者根据全球气压和温度（GPT）模型[25.15]对特定的站点位置和时刻的 $ZTD_h$ 进行计算，也可以直接从更新的 GPT2 程序中获得。GPT 和 GPT2 模型均采用 NWM 的全球平均值，并考虑了季节性变化。文献[25.47]研究了 GMF 和 GPT 性能，并比较了基于 GPT2 与使用 VMF1、UNB 格网投影函数、$ZTD_h$ 的 PPP 解之间的差异。使用固定 $ZTD_h$ 代替 GPT 或 GPT2 模型计算值将会导致显著的高度误差，这与干分量/湿分量投影分离误差有关。特别是在大气压变化显著的高纬度地区，高度误差可能超过 10mm。值得注意的是，常数或 GPT 计算的 $ZTD_h$ 和 GMF，以及区域内的 GPT2 的计算值，往往会补偿大气负荷对高度的影响[25.46]。这解释了为什么在改正大气负荷之前，使用常数或 GPT/GPT2 模型的 $ZTD_h$，以及 GMF/GPT2 投影函数的 PPP，比使用更精确的 VMF 格网具有更好的高度重复性。

## 25.2.2 天线误差

1. 相位中心偏差和变化

如今 GNSS 卫星的广播星历提供了卫星天线的位置，以便在位置计算中直接使用。在这种情况下，不需要了解星体的指向和天线的安装位置。但在使用伪距观测值的情况下，该方法可以达到的精度是有限的。适用于 PPP 的精密轨道产品指向卫星质心（CoM），这也是轨道建模的参考点。然而，由于 GNSS 测量值是发射天线和接收天线的相位中心之间的距离，因此需要考虑卫星天线的 CoM 偏差以及该偏差矢量在空间中的指向。

各种卫星类型的天线相位中心偏差代表值如表 25.2 所列。所有 GNSS 卫星的相位中心在载体坐标系 z 方向（朝向地球）偏移约一至数米，有些也在 x 方向上存在偏差，该方向是名义上是在包含太阳、卫星和地球的平面上。

表 25.2　不同类型的 GNSS 卫星天线相位中心与质心的偏差[25.6]。偏差量在 IGS 指定的星载坐标系中表示，并且只用于举例说明。生成精密卫星轨道和钟差产品的过程中，该偏差量与卫星和频率都相关，参见 IGS ANTEX 模型（见文献[25.5]）

| 星座 | 卫星类型 | x 轴/m | y 轴/m | z 轴/m |
| --- | --- | --- | --- | --- |
| GPS | Ⅱ/ⅡA | +0.28 | 0.00 | +2.56 |

续表

| 星座 | 卫星类型 | x 轴/m | y 轴/m | z 轴/m |
|---|---|---|---|---|
| | ⅡR-A | 0.00 | 0.00 | +1.31 |
| | ⅡR-B/M | 0.00 | 0.00 | +0.85 |
| | ⅡF | +0.39 | 0.00 | +1.60 |
| GLONASS | M | -0.55 | 0.00 | +2.30 |
| | K1 | 0.00 | 0.00 | +1.76 |
| Galileo | 在轨验证(IOV) | -0.20 | 0.00 | +0.60 |
| | 全面运行能力(FOC) | +0.15 | 0.00 | +1.00 |
| 北斗二号 | | +0.60 | | +1.10 |
| 准天顶卫星系统(QZSS) | QZS-1 | 0.00 | 0.00 | +3.20 |
| 印度区域卫星导航系统(IRNSS/NavIC) | | +0.01 | 0.00 | +1.28 |

为了获得 GNSS 卫星 CoM 坐标下的相位中心位置,不仅要知道星体坐标系中的相位中心偏差,还需要确定卫星载体在地面参考框架中的方向和姿态。文献[25.6]和第 3 章论述了每个星座和卫星类型的名义姿态模型。除了在地影期间的午夜和子夜短时机动内,该模型能够在给定轨道位置和太阳方向的情况下,计算出近似真实的卫星姿态。

所有视线方向的信号共用一个相位中心是不切实际的假设,因此在高精度的载波相位建模中需要考虑与之互补的相位中心变化(PCV)(第 17 章和第 19 章)。自 2006 年 11 月 5 日(GPS 1400 周)起,IGS 针对卫星天线和接收机天线均采用了绝对的天线 PCV 校准[25.5],该校准值可从 IGS 获得[25.48],并根据需要进行更新。天线绝对 PCV 文件(例如,与 IGS08/ITRF08 参考框架一致的 igs08.atx)包含所有 GNSS 卫星和 IGS 使用的接收机天线 PCV 校准值。接收机天线 PCV 校准通常是基于天线机器人进行校准[25.24,25.49],包括相位中心偏差(PCO)以及随高度角和方位角变化的 PCV。卫星天线的绝对 PCV 是多个 IGS 分析中心(AC)解的联合产品,这与接收机天线绝对 PCV 和 IGS 国际参考框架保持一致。

当绝对的接收机天线 PCV 可用时,为了与卫星轨道/钟差计算过程保持一致,应该在 PPP 中使用绝对 PCV 模型。如果接收机天线只有相对的 PCV,或者没有天线相位校准值,则应该使用相对的卫星天线相位中心偏差,并且不改正卫星天线 PCV。当卫星天线使用绝对相位偏差改正,而对接收机使用相对天线相位改正模型,甚至不改正相位偏差时,将会导致 PPP 出现分米级的解算误差。类似地,当使用相同天线类型的地面观测网络生成卫星轨道/钟差时,具有相同天线的 PPP 用户不需要进行 PCV 改正。当用户的天线类型与用于产生轨道/钟差的天线不同时,需要考虑天线 PCV 之间的差异。

一些现代的接收机允许输入接收机天线 PCV 并对观测值进行 PCV 改正。在这种情况下,当轨道/钟差指向是卫星质心时,只需要考虑卫星天线 PCV。当使用接收机独立交换格式(RINEX[25.50])进行 GNSS 数据处理时,采用 PCV 改正的接收机数据将在文件头中将天线类型标识为 NULLANTENNA。

2. 相位缠绕误差

GNSS 卫星采用右旋圆极化(RHCP)的电磁波信号,这意味着电场和磁场矢量与信号传播方向保持右手旋转法则(第4章)。与线性极化不同,使用 RHCP 信号能够避免法拉第旋转效应引起的极化畸变影响,并有利于减少反射信号的多径效应[25.51]。随之而产生的负面影响是:载波相位测量值不仅与发射天线和接收天线的距离有关,而且还随两个天线相对于视线的方向而变化。这称为相位缠绕[25.25],例如,接收天线或发射天线围绕视轴方向旋转一周会引起相位变化。应当注意的是,缠绕误差只会对载波相位测量造成影响,而伪距观测则不受影响(第19章)。

相位缠绕效应在差分定位中通常被忽略,因为对于间隔小于几百公里的静止接收机,相位缠绕误差十分相关。对于移动的接收机,接收天线绕固定轴旋转所引起的相位缠绕对于所有观测卫星是相同的。因此,该误差可以很大程度上被接收机钟差吸收,但会产生伪距和相位观测值的不一致。因此,在精密单点定位中,考虑用户天线方向和由此产生的相位缠绕对于姿态持续变化的移动平台至关重要[25.26]。航天飞行器的天线旋转尤其需要正确地对相位缠绕进行建模[25.52],因为其旋转矢量随时间不断地在变化。

在假定接收天线的位置固定和接收机天线严格对齐的情况下,由卫星天线、接收机天线在视线方向产生的缓慢变化也会不断造成相位缠绕误差。根据文献[25.25],对于相隔 4000km 的两个测站而言,相位缠绕产生的载波相位变化差别可能高达 4cm。

GNSS 卫星需要不断改变姿态使其天线轴指向地球,太阳能电池板朝向太阳。无论用户天线的姿态如何变化,卫星姿态的变化将导致显著的相位缠绕效应。在地影时段的午夜和子夜最为明显,卫星能够在 15~30min 内旋转 180°,这相当于一半波长的相位缠绕效应。如果不对其进行建模,这些误差会被估计的卫星钟差完全吸收,在双差数据处理时可完全消除。然而,对于非差的 PPP 应用程序来说,卫星姿态变化引起的相位缠绕误差变得尤为重要,需要在轨道/钟差产品和用户定位软件中进行一致化处理。所有的 IGS 分析中心及其各自的产品都考虑了相位缠绕误差。如果将其忽略,并在 PPP 算法中固定 IGS 轨道/钟差将会导致分米级的位置和钟差误差。

第19章详细介绍了相位缠绕模型和卫星姿态模型。除了标称姿态外,还研究了专门的模型来描述地影时段各种类型卫星的午夜和子夜机动[25.53-25.55]。除非能够一致地应用这些模型,否则在 PPP 处理中应舍去处在地影时段的卫星。

除了严格的相位缠绕模型之外,文献[25.56]推荐使用解耦钟差模型。在联合使用伪距和载波相位观测值时,未被改正的相位缠绕误差会被相位钟差所吸收,这将会造成一定的伪距和载波残差的不一致性。如果接收机天线的外部姿态信息不可用,并且天线主要围绕固定轴旋转,则可以应用这种方法。

### 25.2.3 测站位移改正

精密单点定位本质上是在全球参考框架,如国际地球参考框架(ITRF)或 IGS 特定的 IGSyy 框架中提供坐标。由于地球及其地壳并非刚体,实现这样一个全球参考框架是很复杂的。作用在地球上的各种力(如月球引力、太阳引力)以及冰川、海洋甚至大气的负荷将导致地壳周期性变形,从而造成各个台站的周期性运动。这些测站位移在较大范围内相关性较高,因此在几百公里的相对定位中可以忽略。在实现 ITRF 及其参考站坐标时,可以通过相关模型消除测站周期运动。根据当前的 IERS 协议[25.13],所有 PPP 算法中必须使用相同的测站周期位移模型,以获得与 ITRF 兼容的测站位置。

包括固体潮、极移潮和海洋负荷在内的主要影响项会导致测站位移产生几厘米至分米的变化,下面将进一步详细讨论。量级小于 1cm 的影响,例如大气压力、地下水和积雪造成的地表负荷,在下文中不作考虑。这些微小项可以在事后解中被改正,或者可以用 PPP 解来监测地下水和积雪变化。基于以上原因,IGS 目前还没有发布包括上述环境负荷效应的 PPP 解。此外,一些 IGS 分析中心在应用时也忽略了 IERS2010 协议中的全日和半日大气潮汐项 $S1$ 和 $S2$。$S1$ 和 $S2$ 项的垂直振幅可达到 2mm 左右,在赤道地区尤为显著,IGS 使用 24h 的长期观测数据以取平均的方式将其影响进行消除。水平方向的 $S1/S2$ 效应大约比垂直方向小一个数量级,因此对于所有动态和大多数静态 PPP 解,水平和垂直大气潮汐都可以忽略。

1. 地球固体潮

类似于海洋潮汐,太阳和月亮的引力将会引起地球及其地壳产生变形。水平和垂直位移可以用球谐函数和相关的物理参数(Love and Shida 系数)来表示,这些参数描述了地球对潮汐的反应。在改正精度为 5mm 的情况下,只考虑太阳和月球的主导的二阶潮汐以及一个补充的高度改正项就足够了[25.57]。在这种近似条件下,测站位置 $r$ 上的固体潮位移可通过太阳、月亮和测站的地心单位向量 $e_\odot = r_\odot/r_\odot$,$e_\mathbb{C} = r_\mathbb{C}/r_\mathbb{C}$,$e = r/r$ 来表示。

$$\Delta r = \sum_{j=\odot,\mathbb{C}} \frac{GM_j}{GM_\oplus} \frac{r^4}{R_j^3} \left\{ [3l_2(\boldsymbol{e}_j \cdot \boldsymbol{e})] \boldsymbol{e}_j + \left[ 3\left(\frac{h_2}{2} - l_2\right)(\boldsymbol{e}_j \cdot \boldsymbol{e})^2 - \frac{h_2}{2}\right] \boldsymbol{e}\right\} + [-0.025 m \sin\varphi \cos\varphi \sin(\theta_g + \lambda)]\boldsymbol{e}$$

(25.9)

式中:$GM_\oplus$、$GM_\odot$、$GM_\mathbb{C}$ 分别为地球、太阳和月球的引力常数;$l_2 = 0.6090$ 和 $h_2 = 0.850$ 是名义上的二阶横向弹性系数和径向弹性系数。式(25.9)中的高度改正项与站点纬度和经度以及格林尼治平均恒星时有关。

为了达到优于 1mm 的改正精度,球谐函数高阶项、与测站位置相关的横向弹性系数和径向弹性系数以及每个潮汐的成分频率都需要被仔细考虑[25.13, 25.58]。为了不同程序计算的改正项保持一致,IERS 提供了可用的计算程序[25.13]。

总的来说,固体潮引起的垂直位移约为 30cm,水平位移约为 5cm。除了半日和周日为主的周期性变化外,固体潮汐改正还包括 1dm 左右的永久位移项。虽然在处理静态站点整天数据时,周期项在很大程度上以取平均的方式被消除,但这显然并不适用于永久固体潮汐位移。因此,无论是什么样的数据来源和测站场地类型,PPP 算法都需要改正所有的固体潮汐项,与经过潮汐改正的 ITRF 保持兼容。

2. 极移引起的旋转变形(极移潮)

除了日月固体潮之外,地球旋转轴相对于地壳的位置变化,又称极移,也会对地球产生较小的周期性位移。根据文献[25.13],极移引起的测站在东、北和天方向的位移可以

表示为

$$\begin{cases} \Delta r_E = +9\mathrm{mm}\cos\theta[m_1\sin\lambda - m_2\cos\lambda] \\ \Delta r_N = +9\mathrm{mm}\cos 2\theta[m_1\cos\lambda + m_2\sin\lambda] \\ \Delta r_U = -33\mathrm{mm}\sin 2\theta[m_1\cos\lambda + m_2\sin\lambda] \end{cases} \quad (25.10)$$

式中：$\lambda$ 为测站经度；$\theta = \pi/2 - \varphi$ 为余纬。$m_1 = (x_p - \bar{x}_p)$ 和 $m_2 = -(y_p - \bar{y}_p)$ 均地球自转轴在地球参考系中的坐标，通过将极移变量 $(x_p, y_p)$ 与 IERS 模型中的平均极轴 $(\bar{x}_p, -\bar{y}_p)$ 做差来获取，参考文献[25.13]。

极轴运动是不可预测的，主要呈现为 430 天的钱德勒周期运动和 365 天的年周期运动。在最大 0.8″的振幅下，由极移潮引起的测站位移在垂直方向约为 25mm，水平方向上约为该值的 1/4。

极轴运动对海洋的离心力将会导致海洋极移潮负荷，这在 IERS2010 协议中也有说明。该负荷表现为季节性和钱德勒周期变化，比上述极移潮小一个数量级，因此在大多数 PPP 算法中可以忽略。

3. 海潮负荷

海潮引起海水负荷变化以及地壳变形。测站位移在垂直方向最为明显，通常为厘米级。在沿海地区，海洋负荷可导致最大 10cm 的坐标变化[25.20]。地球表面形变对海潮负荷的反应很大程度上取决于地形，这与固体潮不同[25.59]。与地球固体潮一样的是，海潮负荷同样表现为半日和周日的周期性位移，但并没有永久性位移。

基于海潮负荷的上述特性，对于以天为周期的静态定位、远离海岸（通常大于 1000km）的测站或中等精度要求的 PPP，海潮负荷可以忽略不计。然而，在动态定位、厘米级精度需求和沿海地区的 PPP 应用中，显然需要考虑海潮负荷。正如文献[25.60]所指出的，未建模的海潮负荷也会影响对流层 ZTD 或测站钟差的估值，与垂直位置相关性较高。

海潮负荷引起的三个坐标轴方向的位移 $\Delta c$ 被描述为文献[25.13]中的调和级数，即

$$\Delta c = \sum_{j=1}^{11} A_{cj}\cos(\chi_j(t) - \varphi_{cj}) \quad (25.11)$$

式中：11 个潮波分量分别为 4 个半日潮波 $(M_2, S_2, N_2, K_2)$、4 个周日潮波 $(K_1, O_1, P_1, Q_1)$ 和 3 个长周期波 $(M_f, M_m, S_{sa})$。与时间相关的角度 $\chi_j$ 是太阳和月球的平均经度的线性组合，可使用 IERS 提供的参考软件一致地计算[25.13]。另一方面，振幅 $A_{cj}$ 和相位 $\varphi_{cj}$ 可通过全球海洋潮汐模型计算得到，计算结果与测站位置相关[25.61]。对于指定站点和海洋潮汐模型，可以方便地从海潮负荷服务中获得这些数值[25.62]。

海潮负荷还会引起地球质心（CoM）相对于与地球坐标系平均中心的周期性潮汐变化。这种质心偏移量可以用类似于式（25.11）的表达式来进行估计[25.13]，但对于 PPP 用户而言通常不需要进行 CoM 偏差改正。这是因为 IGS 提供的 GNSS 轨道产品是指向一个固定框架的，如 ITRF。

## 25.2.4 差分码偏差

25.1.1 节讨论的观测模型是基于所有测量均无任何偏差的假设，显然这个假设是不

可靠的。实际应用中存在一个可行的方法,那就是 GNSS 钟差产品与用于精密单点定位的观测类型相同。对于 GPS 来说,广播星历和精密产品中的钟差通常由 L1 频率和 L2 频率 P(Y) 码的无电离层组合求得。与之类似,GLONASS 精密钟差产品采用 L1/L2 P 码观测量。当 PPP 使用相同的信号频率时,不需要考虑码偏差,可直接使用观测模型。

在处理其他类型的双频信号,如民用 L1 C/A 或 L2C 码时,情况就不同了。此时,必须改正与卫星相关的差分码偏差(DCB),以处理接收机跟踪信号之间的群时延差异[25.63]。一个常见的案例是商用双频 GPS 接收机,这种类型的接收机在 L1 频率上不提供严格的 P(Y) 码,只提供 C/A 码。此时,额外的偏差为

$$\frac{f_{L1}^2}{f_{L1}^2 - f_{L2}^2} \text{DCB}_{C1C-C1W}^s \tag{25.12}$$

需要代入到式(25.1)的观测值方程中,使得无电离层组合中的卫星钟差与伪距观测值类型保持兼容。在上述等式中,有

$$\text{DCB}_{C1C-C1W}^s = d_{C1C}^s - d_{C1W}^s \tag{25.13}$$

式中:$\text{DCB}_{C1C-C1W}^s$ 为 L1 C/A 和 L1 P(Y) 伪距的差分码偏差,分别对应 RINEX 观测码 C1C 和 C1W[25.50]。需要注意的是,在单系统 PPP 中不需要考虑接收机码偏差,因为这些偏差很容易被接收机钟差参数吸收。一个例外情况是,接收机码偏差需要在 PPP 时间传递中进行改正,这将在第 41 章进一步讨论。

在多 GNSS 系统处理中,当跟踪信号与钟差参考信号不同时,需要改正每个系统的卫星 DCB。此外,还需要估计系统间偏差,以此补偿时间系统差异以及与接收机相关的码偏差(第 21 章和文献[25.63])。

GPS 和 GLONASS 卫星的 DCB 通常由不同的 IGS 分析中心确定,这是使用 L1 和 L2 信号分析电离层的附加产品[25.16]。此外,还有大量新系统和新信号的 DCB 由 IGS 根据码观测值和全球电离格网确定[25.10],使用这些偏差有助于对伪距观测进行更完善的建模。尽管 PPP 性能主要是由高精度的载波相位观测所决定,并且可以在一定程度上容纳伪距误差。但对 DCB 进行模型改正仍然可以提高滤波计算的收敛时间,并更快、更可靠地固定模糊度。

## 25.2.5 兼容性和协议

精密单点定位固定或者严格限制外部数据,如 GNSS 卫星轨道和钟差。为了获得厘米级或毫米级定位精度,PPP 必须使用与外部产品一致的模型和算法。实际上,PPP 等价于全球网解,将全球网络观测数据压缩成精密卫星轨道和钟差产品,因此必须遵守从网解中生成卫星轨道和钟差时所使用的协议,这可能会影响参考系、地球定向参数、天线相位偏差或者其他改正模型的选择。

IGS 是科学用户免费获得高精度 GNSS 数据和产品的主要来源,其中卫星轨道和钟差产品由各个分析中心(AC)生成。它们遵循通用的标准,如 IERS 协议(见文献[25.13])、参考框架(ITRF2008/IGS08)和天线相位中心改正模型(IGS08.atx[25.48])。GPS 和 GLO-

NASS 的钟差产品采用 L1 和 L2 频率上的 P(Y)或 P 码观测的无电离层组合,并改正了受偏心率影响的周期性相对论钟差。对于其他导航系统,IGS 多模 GNSS 试验跟踪网(MGEX)[25.64]提供的初步产品中,伽利略采用 E1/E5b 频点的无电离层,北斗采用 B1/B2 频点的无电离层组合,但尚未建立正式标准。

文献[25.65]列举了过去和当前 IGS 产品所使用的协议。每个 IGS AC 全球产品解算策略、建模和协议不一致项的具体信息,请参阅 IGS 官方发布的文档[25.66]。

## 25.3 特定处理策略

精密单点定位最初的概念是由于 GPS 双频观测发展起来的,但它具有高度的通用性,可应用于各种信号和导航系统。前面讨论的基本建模方法适用于所有形式的 PPP,但是一些特殊情况需要特别处理。本节首先讨论单频 PPP(25.3.1 节),这对于低成本 GNSS 接收机非常重要。GLONASS 观测的使用引入了信道相关偏差,使得 PPP 模型更为复杂,25.3.2 节中介绍了其解决方案。25.3.3 节介绍了新信号和其他导航系统。最后,第 25.3.4 节中提出了 PPP 模糊度固定的概念,这大大提高了定位精度,并显著改善了序贯平差的收敛时间。

### 25.3.1 单频定位

传统的单频单点定位(PP)仅使用伪距。如果载波相位可用,则通常在接收机内部使用相位平滑伪距,用以降低伪距测量噪声[25.67],并随之使用相位平滑伪距以及电离层模型,例如,广播克罗布歇模型或全球电离层模型[25.16]来改正电离层延迟[25.68-25.70]。

单频 PP 可以使用广播星历或更为精确的事后精密轨道/钟差。广播星历和精密轨道/钟差通常由双频数据确定,因此卫星钟差包含相应的差分码偏差。如 GPS L1 和 L2 频率上的 P(Y)码间偏差 $DCB_{C1W-C2W}$。每个卫星的码间偏差存在差异,最大可以达到几米。由于单频 GPS 接收机通常跟踪的是民用 C/A 码信号,而非加密的 P(Y)码,因此,还必须改正额外的 $DCB_{C1C-C1W}$。为满足实时定位需要,将时间群延迟(TGD)和信号间改正(ISC)参数作为现代化的 GPS 广播星历[25.63,25.71]。忽略这些偏差导致的定位误差比电离层延迟更大[25.72]。传统的单频 PP 通常仅包括 4 个未知量、3 个位置坐标和 1 个钟差,导航精度为 $m$ 级。实际上,在这种 PP 解中,除了天线相位中心偏差和对流层延迟外,25.2 节中讨论的所有改正都可以忽略。

与单频伪距 PP 相比,更为有效的单频 PPP 方法是使用同一频率上伪距和载波相位的码加载波(CPC)或 GRAPHIC(见文献[25.73])组合 $o_{GPH} = (p + \varphi)/2$。由于电离层对码观测和相位观测的延迟是相同的,但符号相反。也就是说,载波相位被电离层提前,而伪距被电离层延迟(第 19 章)。因此,该组合观测量不受一阶电离层影响,噪声是原来伪距的 1/2,并且不需要外部电离层信息。但是,由于使用了载波相位会引入模糊度。此时,需要使用伪距解决这一问题,如同标准的双频 PPP 方法,这导致收敛时间相当长达至少 15min。

上述许多改正模型(25.2 节)都需要重新纳入考虑范畴,因为基于 GRAPHIC 组合的 PPP 精度大约是几个分米(图 25.1)。这些改正模型包括潮汐引起的测站位移,旋转和滚动平台的相位缠绕误差[25.26]。与双频无电离层组合一样,码加载波组合并非严格不受电离层影响,而是同样包括二阶项和三阶项。这些改正项通常被淹没在观测噪声和多径中,但当电离层高度活跃时期和使用高性能测距信号时需要对其进行改正。

单频 GRAPHIC 组合观测值模型的公式可表示为

$$\frac{1}{2}(p_r^s + \varphi_r^s) = \rho_r^s + c(\mathrm{d}t_r - \mathrm{d}t^s) + T_r^s + \lambda A_{\mathrm{GPH}} + \frac{1}{2}\lambda\omega + e_{\mathrm{GPH}} \tag{25.14}$$

式中:$\omega$ 为天线相位缠绕偏差;$A_{\mathrm{GPH}} \approx -N/2$ 为浮点的 GRAPHIC 模型模糊度。这个参数囊括了负的 1/2 载波相位模糊,以及单频伪距与生成卫星钟差的双频伪距之间差分码偏差。当把 GRAPHIC 观测值与单频伪距结合时,还需要考虑上述 DCB 改正,才能够估计接收机钟差和 GRAPHIC 模糊度。根据精度要求,可通过模型计算式(25.14)对流层延迟或在使用双频 PPP 那样的方法进行估计[25.74]。

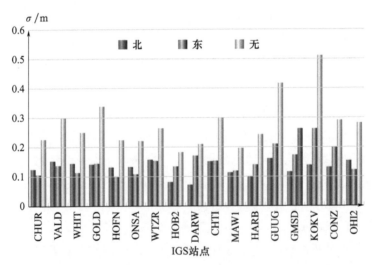

图 25.1 单频 PPP 动态解重复性;使用 IGS 最终轨道/钟差处理 17 个全球分布的 IGS 站一年时间(2012 年 1 月 1 日 – 2013 年 2 月 9 日)的单频观测数据(GPS L1 P(Y)码和载波相位)。每个测站的柱状图表示在北、东和高度方向的精度大小

除了无法正确估计模糊度的短数据弧段外,基于 GRAPHIC 组合的 PPP 解通常比使用先验全球电离层模型的单频 PP 结果更为精确[25.75]。

如文献[25.76]所述,通过处理至少 6h 的连续观测数据,最小二乘解的 3-D RMS 可达到亚分米级。伪距加载波相位的无电离层组合适用于高精度测距信号,如伽利略 E5 AltBOC 信号。尽管基于 GRAPHIC 组合的处理结果并不完全与双频 PPP 相当,但在文献[25.77]中,使用 AltBOC 信号伪距与传统的 GPS L1 C/A 伪距相比,性能提高了 3~4 倍。这是由于该信号具有低噪声和抗多径的特性,在数据弧段为 1~24h 的情况下,可实现 3~

20cm 的三维 RMS 定位精度。

与伪距加载波相位的无电离层组合处理方案不同,文献[25.78]中提出直接处理单频伪距和载波相位观测值,并同时估计垂直总电子含量(VTEC)和投影函数。然而,由于电离层穿刺点不同,对所有观测构建通用的 VTEC 并不合适,尽管该方法还同时估计了水平电离层梯度。

无论单频 PPP 算法采用哪种观测方程,可靠地检测和处理周跳对于实现高性能定位至关重要。由于 GRAPHIC 组合观测噪声水平高于半周的载波相位波长,单周的周跳很难单独使用该组合进行识别。文献[25.79]中讨论了基于时差载波相位观测以及几何位置解算的周跳检测和修复技术,能够有效解决上述问题。

## 25.3.2 GLONASS PPP 注意事项

在 GPS 之后,俄罗斯的 GLONASS 是第二个可用于精密单点定位[25.80,25.81]的卫星卫星导航系统。联合使用这两个系统的 PPP 位置估计精度与仅使用 GPS 的效果类似[25.82-25.84],但能够显著提高收敛时间和稳定性。对于 L1 和 L2 信号,每个通道的频率间隔分别是 2562.5kHz 和 437.5kHz(第 8 章),从而造成码和相位观测的频率间信道偏差(IFCB)。这些偏差会影响生成的精密轨道、钟差产品,以及 GLONASS 精密单点定位。

根据不同的接收机类型,不同信号频率的通道之间群延迟差异显著,这与接收机的具体设计有关。接收机相关的伪距 IFCB 能够超过±10m,与通道索引呈线性关系,变化速率高达±2ns。虽然天线型号、接收机型号甚至不同的接收机固件版本都可能会导致 IFCB 存在差异(图 25.2),但相同接收机类型的 IFCB 往往具有相似性。在数据处理中,当 GLONASS 伪距的先验误差足够大(如 10m)时,伪距 IFCB 对 PPP 位置和 ZTD 解的影响为亚毫米级,但会显著影响接收机钟差。因此,可以得出结论,伪距 IFCB 不会对 PPP 解算中造成重大问题,除非是要尝试模糊度固定(25.3.4 节)。

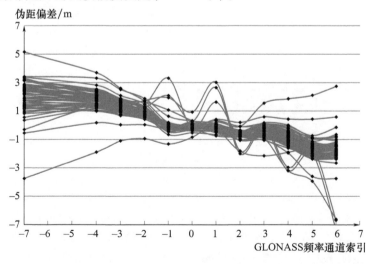

图 25.2 2013 年 3 月 1 日用莱卡接收机确定的 GLONASS 伪距频间偏差图中大多数异常的伪距偏差是由不同的天线和接收机固件老化引起的

除了伪距 IFCB 外，GLONASS 载波相位观测值也存在 IFCB 偏差。不同品牌的接收机[25.85]之间，逐个通道索引对载波相位造成的差异高达 5cm，这会显著影响差分和非差 PPP 数据处理中的模糊度的固定。由于相位 IFCB 能够被归于不同接收机之间数字信号处理中的群延迟和数字延迟，这些与频率相关的相位偏差是可以被确定的。当使用同一采样周期[25.86]进行伪距和载波相位观测时，这些偏差基本上可以被消除。

为了解决上述问题，并使得处理不同 GNSS 接收机观测值更为统一和便利，当前版本的 RINEX 标准[25.50]规定：在生成 RINEX 观测文件前，必须对 GNSS 测量进行相位偏差改正。因此，对于 GLONASS RINEX 文件，载波相位观测值不应该存在 IFCB。

假设所有的卫星导航系统都使用统一且足够精确的观测值和改正模型，除了接收机钟差外，每个卫星导航系统的 PPP 解和 ZTD 解应该是基本等效的。这在文献[25.84]的性能评估中得到了确认，如图 25.3 所示。该图比较了一些 IGS 参考站在长达 13 个月内的 GPS 和 GLONASS PPP 解。与 IGS08 坐标系中的测站位置相比，仅使用 GPS 的 PPP 解与仅使用 GLONASS 的 PPP 解之间的差异通常仅为毫米级水平，并且多数情况下平均偏差非常小（25.5 节）。

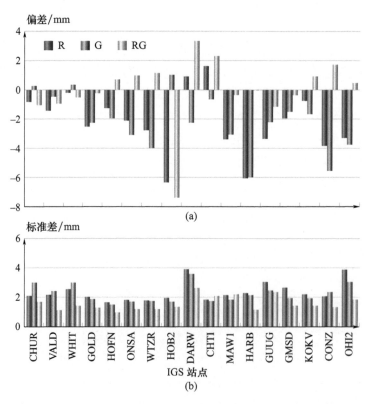

图 25.3　全球 17 个 IGS 站点的 GPS 和 GLONASS PPP 解，使用了 ESA 最终 GPS/GLONASS
卫星轨道和钟差产品，处理的观测数据时间为 2012 年 1 月 1 日至 2013 年 2 月 9 日
图(a)和图(b)分别展示了单 GPS(G)、单 GLONASS(R)和 GPS/GLONASS
组合(RG)PPP 解相对于 IGS08 参考坐标的北方向平均偏差和标准差

值得注意的是,对于同一个接收机/天线的观测值,每个卫星导航系统的 PPP 解是相互独立的。这是由于卫星星座的几何结构、信号强度或频率的不同会导致观测设置、卫星模型、甚至包括多路径和测站位移都存在差异。

例如,当忽略或错误地改正海潮负荷时,GLONASS 与 GPS 的 PPP 位置解差异在沿海地区表现出明显的 14 天周期信号,并超过重复性误差。产生这一现象的原因可能是 GPS 与 GLONASS 的卫星几何结构和地面重访周期不同。考虑到上述因素,使用不同卫星导航系统有助于验证单系统 PPP 解的正确性。

## 25.3.3 新信号和导航系统

正在进行的 GPS 和 GLONASS 现代化,以及新的全球和区域卫星导航系统,如北斗、伽利略、QZSS、IRNSS/NavIC 的建立,为提高 PPP 性能提供了新的前景,但也给用户带来了各种挑战。

如前所述,PPP 取决于外部辅助产品,特别是 GNSS 轨道和钟差,以及用户处理策略的一致性。虽然有关 GPS 和 GLONASS 传统信号的相关标准和协议经过了多年的发展,但是仍然需要为新信号和导航系统建立相关标准和协议。与此同时,为了充分拓展大量空间新信号的服务能力,我们还需要对空间段的卫星、姿态模型、发射天线、偏差,以及用户段的接收机、天线、偏差进行全面且准确的表示。

商业 PPP 服务提供商可以很容易地确保处理方案、算法甚至设备的一致性,同时还能够兼顾卫星轨道/钟差产品的生成和使用。这对于 IGS 等公共服务来说则意味着更多的挑战,因为需要同时服务各种不同的终端用户和处理软件。这项工作最初通过 IGS 的多 GNSS 试验(MGEX)[25.64]发起,产出的相关成果包括:确定了新的观测数据实时和离线交换标准(RTCM、RINEX)、所有 GNSS 卫星的名义姿态模型[25.6]、多频接收天线校准[25.87]、不同系统的差分码偏差[25.10]、伽利略(Galileo)[25.88]、北斗[25.89]、QZSS[25.90]和其他几个新星座[25.91,25.92]的初步轨道和钟差产品。尽管多 GNSS 的轨道和钟差产品精度和准确度仍然落后于 GPS 和 GLONASS,IGS 仍在继续努力提高这些产品的性能,使其更具备产品竞争力。

将 GPS 或 GLONASS 系统的 PPP 方法直接扩展,伪距和载波相位的无电离层组合适用于任何单个卫星导航系统或者组合导航系统。当组合使用多个系统的导航信号时,需要估计所有导航系统与参考系统之间的系统间偏差。这个偏差通常在一个时间段内被认为是常数,并且能够补偿各时间系统的偏差和与系统相关的接收机偏差,参考文献[25.63,25.93-25.96]和第 21 章。此外,如果观测信号不同于生成卫星钟差产品所使用的信号,则需要改正卫星端 DCB。单个系统使用的信号的选择将取决于信号的可用性(卫星应传输所选信号以避免额外偏差)、信号特性($C/N_0$、抗多径性能等)和所使用的钟差产品。显然,这两个信号的频率间隔应该足够大,用以最小化无电离层组合的噪声。例如,可以选择 GPS L1/L2 或 L1/L5 双频组合,但需要排除 GPS L2/L5 双频组合这种没有意义的选项。

继 GPS 和 GLONASS 组合 PPP 之后，文献[25.92,25.97-25.99]给出了包括北斗和伽利略系统在内的多 GNSS PPP 初步结果。这证实了空间信号的增多有益于 PPP 解的稳定性和收敛时间，并且使用最完善的模型能够提高定位精度。在城市复杂环境中，低高度角信号会被遮挡。此时，来自多个系统的信号组合将会变得十分重要。当使用 GPS、GLONASS、北斗和伽利略组合系统时，能够提供动态定位需要的最少观测卫星数。观测卫星数通常为 4~7 颗，这取决于导航系统以及相关系统间偏差的个数。虽然除了 GPS 和 GLONASS 系统之外，其他系统尚未实现全球可用，但多 GNSS PPP 是一种新的趋势，将有助于进一步提高 PPP 性能，并且能够检测单个系统解无法确定的系统误差。

随着新兴的导航系统与传统双频 PPP 的融合，相关学者致力于在 PPP 处理中更好地使用两个以上的信号频率。迄今为止，在现代化的卫星导航系统中，民用信号或者可公开可访问的信号包括 GPS L1/L2/L5、伽利略 E1/E5a/E5b/E6、QZSS L1/L2/L5/E6 和北斗 B1/B2/B3。一个可行的方法是联合处理多个双频无电离层组合，如 GPS L1/L2 和 GPS L1/L5。在这种情况下，需要特别注意组合观测[25.101]中重复使用相同测量值所带来的相关性。

为了实现多频信号的统一处理，文献[25.102-25.104]采用了非组合 PPP 的处理方法：使用每个频率上原始的伪距和载波相位观测值，同时逐历元估计附加的电离层斜延迟参数。非差观测方程的优势在于能够最简化观测值的先验协方差阵，并且包含的所有参数都有可能通过约束以强化其数学模型。后者使得非组合 PPP 能够充分利用偏差的时变特性和下一代卫星钟差。在非组合 PPP 中，不感兴趣的未知参数可以通过简化法方程来消除，而不是像传统 PPP 那样使用观测值组合，以免观测值先验协方差阵变得更为复杂。到目前为止，非组合 PPP 主要受限于发射三频信号的卫星较少，并且 GPS Block ⅡF 卫星的 L1、L2 和 L5 信号之间的时变特性[25.105]。随着更多频点信号和卫星的出现，非组合 PPP 的优势将会越发明显，并使得该方法能够逐步被用户认可和接受。

### 25.3.4 PPP 模糊度固定

将 PPP 模糊度固定会带来两个好处：①提高定位精度，特别是在东方向的定位精度；②对于滤波估算的 PPP，能够减少 PPP 初始化时间。后者特别适用于实时 PPP 服务，可以提高其达到最优解的效率。

双差载波相位模糊度固定技术已趋于成熟，通常被应用于全球或区域差分定位解（第 23 章）。使用双差观测方程可消除伪距偏差 $d$ 和载波相位偏差 $\delta$，但对于 PPP 观测方程，模糊度固定方法并不直接适用。可以重新参数化基本观测方程来明确地表示不同的偏差，即

$$\begin{cases} p_{r,A}^s = \rho_r^s + c(\mathrm{d}t_r - \mathrm{d}t^s) + c(d_{r,A} - d_A^s) + T_r^s + I_r^s + e_A \\ p_{r,B}^s = \rho_r^s + c(\mathrm{d}t_r - \mathrm{d}t^s) + c(d_{r,B} - d_B^s) + T_r^s + \mu I_r^s + e_B \\ \varphi_{r,A}^s = \rho_r^s + c(\mathrm{d}t_r - \mathrm{d}t^s) + c(\delta_{r,A} - \delta_A^s) + T_r^s - I_r^s + N_A \lambda_A + \varepsilon_A \\ \varphi_{r,B}^s = \rho_r^s + c(\mathrm{d}t_r - \mathrm{d}t^s) + c(\delta_{r,B} - \delta_B^s) + T_r^s - \mu I_r^s + N_B \lambda_B + \varepsilon_B \end{cases} \quad (25.15)$$

影响非差观测的偏差与钟差和模糊度参数难以分离。在 PPP 处理中对忽略来自伪距或者载波相位的偏差,都会污染接收机钟差和模糊度参数。近年来,多个研究机构在解决这一问题方面投入了大量的精力[25.101,25.106-25.113]。PPP 模糊度固定方法需要包括卫星轨道/钟差产品在内的外部信息,以分离偏差和模糊度参数之间的关系,从而恢复模糊度的整数特性。该方法在很大程度上等价于双差模糊度固定,两者之间的差异在于参数化形式、消除秩亏的方式以及是否使用无电离层组合观测量[25.11]。

文献[25.109,25.114]中描述的解耦钟模型(DCM)式(25.15)中的 4 个观测值形成 3 种组合:两个无电离层(IF)伪距、载波相位组合以及 Melbourne-Wübenna 组合(第 20 章)。无电离层伪距和载波组合观测分别包含相应的卫星和接收机钟差参数( $dt_{r,pIF}$, $dt^s_{pIF}$, $dt_{r,\varphi IF}$, $dt^s_{\varphi IF}$),以及各自的组合偏差( $d_{r,IF}$, $d^s_{IF}$, $\delta_{r,IF}$, $\delta^s_{IF}$)。Melbourne-Wübenna 组合中包含常用的宽巷/窄巷(WL/NL)模糊度和接收机端、卫星端 WL 偏差( $d_{r,WL}$; $d^s_{WL}$)。所有的 IF 和 WL 偏差都是原始观测值偏差的组合。在 DCM 方法中,需要将最小模糊度集合,即模糊度基准固定为任意整数,同时估计每个时刻的钟差和偏差参数,这样模糊度就可以恢复整数特性。然后, $N_{WL}$ 和 $N_{NL}$ 模糊度可以通过常用的整数搜索方法来求得整数解(第 23 章)。除了卫星钟差,DCM 方法中需要的卫星端参数包括伪距和载波相位偏差。PPP 算法必须分别估计伪距和载波相位钟差,以及接收机 WL 偏差。最后,PPP 需要将最小模糊度集合设置为任意整数,以保持模糊度基准。

文献[25.115]中描述的整数钟恢复法(IRC)使用同样的观测组合,即两个无电离层组合和一个宽巷组合,但包含的参数略有不同:除了卫星和测站 WL 偏差以及相位钟外,还定义了伪距—相位偏差,可比作 DCM 方法中伪距钟差和相位钟差。在该方法中,卫星端 WL 偏差被当做天常数来估计,每个时刻估计一个测站 WL 偏差,并将均值作为约束条件。IRC 方法与 DCM 方法类似,整个方程系统的基准是由所有整数模糊度的一个子集决定的,剩余的 WL-NL 模糊度则通过整数搜索算法确定。在实践中,对于上述两种公式,通常使用无电离层伪距来约束被固定为整数的模糊度。因此,模糊的卫星和测站相位钟一定程度上与伪距钟保持一致。

除上述参数外,还可以将 PPP 观测方程参数化为其他形式,文献[25.102,25.116]给出了几种不同的钟差公式。由于所有的 PPP 模糊度固定方法都使用相同的外部信息,因此可以建立一对一的转换关系,从而验证观测网络和用户之间使用不同 PPP 模糊度固定方法的效果[25.11]。与 DCM 和 IRC 方法中使用两个消电离层组合钟差和一个宽巷相位偏差不同,我们还可以将所需的卫星参数变换为伪距无电离层钟差,以及两个星间 NL-WL 模糊度,或者两个未校准的 NL-WL 相位延迟[25.110-25.112]。

文献[25.111]和文献[25.117]论述了相位偏差校准(UPD)法,测站偏差通过星间单差消除,并估计星间单差的 UPD 的小数部分。网络端产品计算依赖于卫星的组合方式,所选取的组合方式必须与用户端 PPP 算法所匹配,才能实现从单差模糊度到非差模糊度的转换。

文献[25.118]介绍了另一种 PPP 模糊度固定方法,对观测网络数据进行双差处理,从而固定双差模糊度,并将其作为 PPP 观测方程中模糊度参数的条件方程。

在上述所有方法中，PPP 模糊度固定都需要附加的观测网络产品，以恢复模糊度整数特性，这些附加产品包括解耦钟、伪距或载波相位偏差或 UPD/SD UPD。然而，PPP 在实际应用中需要解决的主要问题是如何加快模糊度固定，并减少初始化时间。从使用伪距初始化参数，到所有参数达到最佳状态，定位精度从亚米级提高到厘米级，收敛时间需要 15min 甚至更长，这取决于接收机伪距噪声水平和本地观测环境，如多径、电离层以及天线的运动状态。

当外部先验的电离层延迟信息可用时，PPP 的收敛时间能够显著缩短，甚至是消除。然而，这需要通过对区域或者局域观测网络插值获得电离层延迟变化。此外，还必须放弃使用无电离层组合，转而使用包含电离层延迟的观测数据。文献 [25.116, 25.119-25.122] 证明了这种方法的可行性。使用式 (25.15) 中 4 个原始观测值代替观测值的现象组合[25.123]，使用载波相位和伪距的组合替代 Melbourne−Wübbena 组合。值得注意的是，如果使用了适当的观测加权，如非差、双差或组合方式，这种具有固定大气延迟的 PPP 算法等价于实时动态定位 (RTK)。

当使用更多频率信号或 GNSS 卫星时，PPP 模糊度固定的效果也有所提升[25.82,25.124-25.127]。有关模糊度固定的更多内容，见第 23 章。

## 25.4 PPP 实现

来自全球不同机构的分析中心都在提供 GNSS 精密轨道和钟差产品，为实现基于 PPP 的定位和导航服务提供了便利条件。现已证明，无论是静态还是动态模式，后处理的 PPP 能够有效地加密地球参考框架。一些国家采用 PPP 方法来补充和减少昂贵且密集的地面观测网络，这些观测站通常用于建立国家大地测量参考系。为了实现这一功能，几个机构提供了基于互联网的 PPP 后期处理服务（第 35 章和第 36 章）。近年来出现了许多基于实时 PPP 的定位和导航服务。实时 PPP 服务的运营成本较高，往往以商业化的形式为农业、陆地和海洋自然资源勘探和开发提供服务。

站在软件实现的角度，区分基于 PPP 和基于差分方法的在线定位和导航服务是非常必要的。虽然对于用户来说，同样都是提交测站的 GNSS 数据，但两者在软件实现过程中存在根本上的不同。基于差分的定位服务，如美国国家大地测量局的 Opus 和澳大利亚地球科学局 AUSPOS 需要几个测站的数据，需要形成双差（DD）处理算法所需的差分数据。这些额外的数据通常来自国家连续运行参考站（CORS）网络以及 IGS 全球观测网络。

除了用户提供的数据外，依赖一个或多个基站观测数据的方法既有优点，也有缺点。有利的一面是，只要附近有足够数量的基站，差分服务就可以更稳定地探测和修复周跳，以及更简单地固定载波相位模糊度。如果不能满足这个条件，差分定位的适用范围就会迅速缩小。虽然 PPP 可以在全球范围内提供性能一致的定位服务，但差分方法更适用于区域或广域范围内的定位服务。本节剩余部分将只讨论基于 PPP 的定位服务。无论具体方法如何，PPP 用户都受益于 GNSS 观测数据、生成的产品以及定位结果的持续标准化。

## 25.4.1 后处理解

后处理 PPP 服务通常比实时 PPP 服务更精确,适用于准确性和稳定性要求较高的场景。虽然后处理 PPP 没有中短基线(例如 <1000km)差分定位那么精确,但该方法正在一些地区普及(主要是偏远地区,大地测量基准站网分布稀少或根本不存在),以建立大地测量控制点(第 36 章)。归因于 GNSS 轨道和钟差产品的稳定性,后处理 PPP 能够为地球动力学提供长期的测站速度场,该方法获得的测站速度估值优于差分技术。

通常,在后处理 PPP 应用中,用户通过互联网向服务中心提交测站的 GNSS 数据,然后以电子邮件的方式接收测站位置和辅助信息。根据服务类型的不同,可以使用包括 RINEX 在内的各种格式提交 GNSS 数据。目前,关于 PPP 结果后处理的分发还没有形成标准。当服务器接收到 GNSS 数据后,程序将根据服务商或者 IGS 等第三方提供的 GNSS 轨道和钟差,按照 PPP 方法处理 GNSS 数据。除了轨道和钟差外,PPP 服务还可以访问其他服务网站计算其他的改正项,如海潮负荷、对流层延迟参数,以及接收机和卫星天线 PCV。

除了在线 PPP 服务外,一些 GNSS 设备制造商还提供了配套的 PPP 处理软件。数据处理可以在专用 PPP 模块中执行,也可以发送到在线的 GNSS 服务中心执行。无论哪种情况,这些服务软件都可以提供包括 PPP 定位结果和其他模块在内的报告。

## 25.4.2 实时解

与用户向处理中心发送 GNSS 观测数据的后处理 PPP 服务不同,大多数实时 PPP 应用需要将 GNSS 轨道和钟差改正数实时发送到数据采集点。然后,根据 GNSS 接收机内置的或者并址的计算机上的程序进行 PPP 数据处理。PPP 实时改正数通常是借助互联网,以特定的传输协议完成,如 NTRIP(RTCM 网络传输协议)[25.128]。为了确保那些无法接入互联网的地区也能使用 RT-PPP 服务,一些供应商还利用地球同步通信卫星播发改正数,这大大增加了服务成本。目前,大多数实时 PPP 服务都是由商业公司以一定成本运营的。服务的费用因地区和所需的精度而异。

与后处理 PPP 服务一样,RT PPP 服务还没有形成标准,因为大多数 RT PPP 服务都基于专有的数据格式和定制的 GNSS 用户设备。RT PPP 服务通常由高精度导航服务提供商、GNSS 用户设备制造商或合作伙伴提供,越发趋于封闭化和集成化,并且支持端到端的解决方案,例如从解算实时轨道、钟差到将专用软件嵌入到 GNSS 设备中。随着适用于 RT PPP 的新标准格式和基于互联网的免费 RT PPP 改正数(如 IGS 实时 PPP 服务)的出现,这种情况可能在未来几年发生变化(第 33 章)。虽然开放的实时 PPP 改正服务适用于很多场景,但这要求终端算法采用与计算改正数据流一致的模型和协议。

## 25.4.3 PPP 定位服务

列出现有的基于 PPP 的定位服务是不合理的,因为这样的列表通常不完整,或者很快过时。尽管如此,表 25.3 列出了一些在文献中经常引用的后处理服务。所列项都能够提供静态或动态处理服务,使用 RINEX 观测格式并输出 ITRF 下的坐标估值。但是,它们提供的结果通常是服务中心自定义的非标准格式。大多数服务都可以在网站上访问和相互比较,如纽布伦斯威克大学的精密单点定位软件中心等[25.129]。还有一些其他的 PPP 服务,适用于特定的国家、地区或者应用场景。

虽然每个 PPP 服务都有自己特有的用户接口,但它们都应该能为相同的数据集提供可接近的位置估值。对各种 PPP 服务进行全面评估超出了本书的范围。对此感兴趣的读者可以参阅几篇关于比较各种后处理和 RT PPP 服务的论文。使用几个独立的 PPP 服务会产生一些冗余,但这也可以增强用户对 PPP 解的信心,尤其是当在某个特定服务不可用,或某个服务无法提供可靠的坐标解。在比较或整合不同 PPP 服务提供的结果时,要注意确保估计位置是在相同的地点、相同的时间和相同的参考系中。许多 PPP 服务直接从观测文件中提取影响天线参考点坐标估计的信息,如接收机天线类型和天线高度。应仔细审查处理报告,以确保各机构提供的 PPP 位置解相互兼容。

表 25.3 PPP 后处理服务

| 服务 | URL | 提供者 |
| --- | --- | --- |
| APPS | http://apps.gdgps.net/ | JPL<br>NASA |
| CSRS-PPP | http://webapp.geod.nrcan.gc.ca/geod/tools-outils/ppp.php | 加拿大自然资源部 |
| GAPS | http://gaps.gge.unb.ca/ | 新布伦瑞克大学 |
| MAGIC GNSS | http://magicgnss.gmv.com/ | GMV |
| Trimble RTX | http://www.trimblertx.com/ | Trimble 公司 |

## 25.5 示 例

为了验证精密单点定位方法所能达到的性能,本节给出了基于 GPS/GLONASS 的 PPP 示例结果。本节使用加拿大自然资源部的 PPP 软件(NRCan;文献[25.130]和表 25.3),处理了 2012 年 1 月 1 日至 2013 年 2 月 9 日期间,17 个全球分布的 IGS 站的 24h 数据集。这 17 个站点中约有一半是 IGS 参考站,其坐标天解用于与 ITRF 保持一致。为了减少计算时间及降低观测数据之间的相关性,使用 5min 采样间隔的观测数据估计 PPP 天解,并且以 5 天为一个周期。

NRCan PPP 软件集成了 25.2 节中介绍的所有改正模型,包括海潮负荷、高阶电离层校正、极移潮以及 GPS 和 GLONASS 地影卫星的处理方式。然而,大气和水文负荷效应没有得到改正。程序中分别使用 GMF 和 GPT 模型来计算对流层投影函数和先验 $ZTD_h$,这是因为在不改正大气负荷的情况下,基于 GMF/GPT 模型的 PPP 解重复性要比严格的 VMF1 模型稍好一些(25.2.1 节)。此外,没有对载波相位模糊度进行固定(25.3.4 节)。

虽然本节只使用了 NRCan PPP 软件,但一些其他常用 PPP 软件的结果也应类似。

## 25.5.1 静态 PPP 解

表 25.4 是分别使用 IGS 最终 GPS 轨道/钟差产品和欧洲航天局(ESA) GPS/GLONASS 产品的静态 PPP 定位解与 IGS08 参考坐标的比较。需要注意的是,表 25.4 中既包含每日静态解(每 24h 一个位置解)的平均偏差,又包含标准差。在长达 13 个月的观测时间段内,实际或明显的非线性测站位移是造成上述偏差的主要原因。因此,RMS 值(表 25.4 的最后三列)被认为是表征静态 PPP 准确度的指标。这里我们可以注意到,在使用 ESA 产品时,加入 GLONASS 只略微改善了 GPS PPP 的 RMS 值。这可能由于一些较小的,并且真实存在的系统误差,同时对 GPS 和 GLONASS PPP 解造成影响。虽然 GLONASS 仅有 24 颗卫星,而且其轨道/钟差建模仍在改进之中。但是 ESA 的 GLONASS-PPP 的定位结果精度仍然令人印象深刻。

尽管 ESA 产品的单 GLONASS PPP RMS 仅略大,但正如预期的那样,使用 IGS 最终轨道/钟差产品的 PPP 定位结果平均偏差最小,如表 25.4 所列。仅使用 IGS 产品的单 GPS 和使用 ESA 产品的 GLONASS+GPS-PPP 方案重复性最好。加入 GLONASS 能够提高经度方向的重复性,使标准差从 3.0mm 降低到 2.7mm。

实验中并没有使用模糊度固定技术(第 23 章)。然而,模糊度固定能够提高经度方向的定位结果重复性,达到与纬度方向相当的水平。但是,模糊度固定不太可能改善平均偏差 RMS。因为测站和轨道/钟差的系统误差是产生平均偏差的主要原因,而这与模糊度是否固定无关。然而,当模糊度被成功固定时,会显著缩短初始 PPP 解的收敛时间。一般情况下,对于不固定模糊度的单 GPS PPP 解,收敛时间通常为 15min 或更长(25.3.4 节)。PPP 模糊度固定不适用于本实验,因为尽管是非整数,24hPPP 解已经完全收敛。

请注意,表 25.4 包括一些定位效果不佳的偏远站点,如 OHI2、HOB2(GLONASS)和 DARW,这些站点的重复性和平均偏差 RMS 指标均有所下滑。从图 25.3 所示的结果可以看出,大多数测站的 PPP 重复性和 RMS 值明显优于表 25.4 所列结果。

表 25.4 17 个全球分布的 IGS 站的静态天解 PPP 坐标标准差和均方根(RMS),与 IGS08 参考值进行比较,观测数据时间为 2012 年 1 月 1 日到 2013 年 2 月 9 日,分别使用 IGS GPS 和 ESA 分析中心的 GLONASS/GPS 轨道/钟差产品,$dN$、$dE$ 和 $dH$ 列对应北(纬度)、东(经度)以及天(向上)的位置分量

| 静态 PPP | $\sigma$ | | | RMS 均值 | | | RMS | | |
| --- | --- | --- | --- | --- | --- | --- | --- | --- | --- |
| AC 轨道/钟差 | $dN$/mm | $dE$/mm | $dH$/mm | $dN$/mm | $dE$/mm | $dH$/mm | $dN$/mm | $dE$/mm | $dH$/mm |
| IGS(GPS) | 2.2 | 3.2 | 6.6 | 1.7 | 2.2 | 3.6 | 2.8 | 3.9 | 7.5 |
| ESA(GPS) | 2.3 | 3.0 | 6.6 | 2.9 | 2.3 | 3.7 | 3.7 | 3.8 | 7.6 |
| ESA(GLONASS) | 2.4 | 3.3 | 7.7 | 3.0 | 3.0 | 4.2 | 3.8 | 4.5 | 8.8 |
| ESA(GLONASS+GPS) | 2.2 | 2.7 | 6.6 | 2.8 | 2.5 | 3.7 | 3.6 | 3.7 | 7.6 |

## 25.5.2 动态 PPP 解

在动态模式下,根据应用程序设置和用户运动状态,需要在每个观测历元(通常每隔 1~30s)独立估计接收机位置。当卫星钟差间隔大于观测采样间隔时,则需要对钟差进行插值。受限于卫星钟差的不稳定性,只有采样间隔为 30s 或更低频率的钟差才能获得厘米级 PPP 定位精度。目前,IGS 和大多数分析中心的钟差间隔为 30s,个别分析中心为特定应用场景[25.131]提供了更高频度的钟差产品。

为了验证动态 PPP 性能,在理想条件下,对之前讨论的 17 个站静态数据重新进行动态模式处理,即在每个与卫星钟差相同的观测历元解算一个独立的测站位置。由于采用了前后向平滑滤波,统计结果表现为模糊度收敛后的动态 PPP 性能。使用 IGS 最终 GPS 产品和 ESA GPS 和 GLONASS 产品的 17 个测站的动态 PPP 标准差结果见表 25.5。

正如预期的那样,使用 ESA 产品的 GLONASS+GPS 动态 PPP 表现最好,优于使用 IGS 或 ESA 产品的单 GPS PPP。大多数测站的 GLONASS+GPS PPP 结果在纬度和经度方向上的标准差为亚厘米级,高程方向的标准差不超过 2cm,约为前者的两倍。请注意,表中未显示与 IGS08 参考值相比的 RMS 偏差,但其与静态 PPP RMS 大致相同,且远小于动态 PPP 的标准偏差。因此,在理想观测条件下(接收机保持静止),动态 PPP 标准偏差可以用来表示后处理动态 PPP 精度。

表 25.5 中的单 GLONASS 动态 PPP 解比单 GPS 解定位效果差得多,标准差通常超过 5cm。这是意料之中的,因为 GLONASS 只有 24 颗卫星,与具有 32 颗卫星的 GPS 相比,其几何结构较弱,鲁棒性较差。此外,GLONASS 轨道/钟差产品的精度和稳定性仍然不如 GPS。尽管如此,添加 GLONASS 数据仍然能够提高动态 PPP 精度,这种提升效果有时还相当显著。对于几个偏远的测站,如 DARW 和 HOB2,仅使用 GLONASS 的 PPP 标准差相当大。相比于仅使用 GPS,加入 GLONASS 能够在大多数情况提升 PPP 性能,而且效果相当显著。用户需要注意的是,在真实的动态环境中,动态 PPP 精度可能会大大降低。这是因为在实际应用时,将无法利用后处理和后向平滑的优势作用,并且实时钟差解延迟也会造成一定的影响。

表 25.5 17 个 IGS 参考站的动态 PPP 标准差,分别采用 IGS 和 ESA 的轨道/钟差产品,单 GPS(G),单 GLONASS(R) 和 GPS+GLONASS(GR),观测数据时间为 2012 年 1 月 1 日—2013 年 2 月 9 日

| 站 | 北 | | | | 东 | | | | 天 | | | |
|---|---|---|---|---|---|---|---|---|---|---|---|---|
| | IGS | ESA | ESA | ESA | IGS | ESA | ESA | ESA | IGS | ESA | ESA | ESA |
| | G | G | R | RG | G | G | R | RG | G | G | R | RG |
| CHUR | 1.9 | 1.2 | 1.8 | 1.0 | 2.9 | 1.4 | 2.3 | 0.9 | 3.8 | 2.7 | 3.3 | 1.5 |
| VALD | 0.8 | 0.9 | 2.9 | 1.1 | 1.0 | 1.1 | 4.2 | 0.8 | 2.0 | 2.0 | 10.9 | 1.5 |
| WHIT | 1.4 | 1.2 | 9.2 | 0.7 | 1.4 | 1.4 | 3.5 | 0.7 | 2.6 | 2.5 | 14.4 | 1.4 |

续表

| 站 | 北 | | | | 东 | | | | 天 | | | |
|---|---|---|---|---|---|---|---|---|---|---|---|---|
| | IGS | ESA | ESA | ESA | IGS | ESA | ESA | ESA | IGS | ESA | ESA | ESA |
| | G | G | R | RG | G | G | R | RG | G | G | R | RG |
| GOLD | 0.8 | 7.4 | 71.9 | 0.7 | 1.0 | 16.2 | 211.9 | 0.7 | 2.6 | 12.9 | 213.3 | 1.8 |
| HOFN | 1.5 | 1.3 | 1.8 | 0.6 | 1.1 | 1.1 | 3.2 | 0.5 | 2.7 | 2.4 | 4.5 | 1.4 |
| ONSA | 0.8 | 0.9 | 0.9 | 0.6 | 0.7 | 0.7 | 1.1 | 0.5 | 2.2 | 1.9 | 2.6 | 1.4 |
| WTZR | 1.0 | 1.1 | 1.4 | 0.7 | 1.0 | 1.7 | 4.2 | 0.7 | 2.3 | 3.3 | 5.7 | 1.6 |
| OB2 | 1.0 | 1.1 | 20.7 | 0.9 | 1.1 | 1.2 | 44.5 | 1.0 | 2.9 | 2.5 | 169.2 | 2.0 |
| DARW | 1.0 | 1.1 | 804.3 | 1.0 | 1.3 | 1.4 | 981.0 | 1.5 | 3.1 | 3.8 | 4452 | 3.0 |
| CHT1 | 0.8 | 0.9 | 1.3 | 0.6 | 0.9 | 1.0 | 2.1 | 0.7 | 2.3 | 2.1 | 3.3 | 1.6 |
| MAW1 | 2.3 | 4.3 | 5.4 | 0.7 | 2.6 | 5.8 | 8.4 | 0.6 | 4.7 | 4.0 | 9.6 | 1.4 |
| HARB | 1.1 | 1.0 | 1.8 | 0.8 | 1.0 | 1.4 | 3.1 | 1.0 | 2.6 | 2.7 | 4.2 | 2.1 |
| GUUG | 1.5 | 1.7 | 8.0 | 1.3 | 1.8 | 2.0 | 14.4 | 1.5 | 4.7 | 5.2 | 16.6 | 3.9 |
| GMSD | 0.9 | 1.0 | 1.5 | 0.7 | 1.0 | 1.1 | 2.8 | 0.8 | 2.8 | 2.7 | 5.0 | 2.1 |
| KOKV | 1.8 | 1.5 | 18.0 | 0.7 | 1.5 | 1.9 | 23.7 | 1.0 | 3.4 | 9.0 | 14.8 | 2.8 |
| CONZ | 0.8 | 1.0 | 4.6 | 0.6 | 1.0 | 1.4 | 7.6 | 0.9 | 2.6 | 2.5 | 11.4 | 1.8 |
| OHI2 | 1.0 | 1.0 | 0.9 | 0.7 | 1.1 | 1.1 | 1.0 | 0.7 | 2.2 | 2.2 | 2.2 | 1.6 |
| RMS | 1.27 | 2.34 | 196 | 0.81 | 1.44 | 4.36 | 243.78 | 0.90 | 3.01 | 4.75 | 1082 | 2.05 |

## 25.5.3 天顶对流层延迟

PPP 解的另一个估计值是天顶对流层湿延迟 $ZTD_w$，与先验 $ZTD_h$ 相加可以得到总的天顶对流层延迟 ZTD。虽然 PPP 通常主要考虑总的 ZTD，但当干分量和湿分量的 ZTD 以及相应的投影函数被正确分离时（25.2.1 节），$ZTD_w$ 可用于推断大气可降水量（第 38 章），接着同化为 NWM 数据。

图 25.4 为使用早期版本的 NRCan PPP 软件，并固定 IGS 最终 GPS 轨道/钟差产品，处理前 IGS 测站 CHAT 在 2009 年的观测数据获得的 PPP ZTD 解。PPP 软件还同时估计了随机 ZTD 梯度参数（25.2.1 节），由于该值较小，为简洁起见，这里没有显示。将解算的 PPP ZTD 结果与 IGS ZTD 产品进行对比。这些 IGS ZTD 产品通常是使用 GIPSY/OASIS 软件[25.132]，并固定 5min 采样间隔的 IGS 轨道/钟差产品生成的。

图 25.4 还展示了 CODE、GFZ 和 JPL 分析中心全球解 ZTD 与 IGS ZTD 产品的差异。可以看出，使用 5min 产品采样间隔的 ZTD 解一致性较好，如 IGS 和 JPL 的 PPP 解。GFZ 和 CODE 分别使用 0.5 h 和 2h 采样间隔的产品，无法在后半周的时间段内表现出 ZTD 的

快速变化,如坐标轴右侧的 ZTD 数值所示。这也导致了 COD-IGS 和 GFZ-IGS ZTD 存在相当大的差异。

对 33 个全球分布的 IGS 参考站进行与图 25.4 一样的 ZTD 比较,结果表明 PPP-IGS ZTD 差异的 RMS 为 2.8mm。如果使用当前最新版本的 PPP 软件以及 IGS 轨道/钟差,ZTD 解的性能将会更好。降低 ZTD 参数与 PPP 高程的相关性是非常重要的,大约 20% 的高度误差可能会映射到 ZTD 估值中[25.133]。这就是为什么对于精确的 ZTD 解,25.2 节中的所有改正模型都应当被考虑。

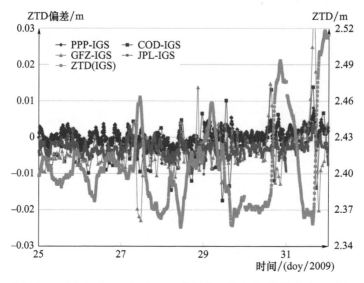

图 25.4 分别使用 IGS、CODE、GFZ 和 JPL 分析中心精密轨道/钟差产品进行 PPP 解算得到的总 ZTD 与 IGS ZTD 产品的差值,采用 IGS 产品进行 PPP ZTD 解算,测站 CHAT 的 ZTD RMS 为 2.3mm,33 个全球分布的 IGS 参考站 ZTD RMS 是 2.8mm(IGS、PPP 和 JPL 的 ZTD 采样间隔为 5min,而 GFZ 和 CODE 的 ZTD 解采样间隔则分别为 0.5h 和 2h)(见彩图)

## 25.5.4 测站钟差解

有关 GNSS 时间和频率传递的应用将在第 41 章中具体讨论。本节主要介绍 PPP 测站钟差解的精度。为此,采用 NRCan PPP 软件,以静态模式处理了 8 个安装在时间和频率实验室的 IGS 测站的数据,分别是 AMC2、BRUX、IENG、NRC1、PTBB、SPT0、USN3、WAB2,连续三天解算 24h 的测站钟差,并使用正反向平滑滤波除初始的收敛时间。使用 IGS 最终卫星轨道和钟差产品。IGS 钟差产品中同时还包含了与卫星钟差兼容的测站钟差,两者属于 IGS 时间系统[25.134]。

图 25.5 显示了 PPP 估计的测站钟差与 IGS 最终测站钟差的差异。对于性能最好的测站,钟差一致性优于几百个皮秒,相当于 3cm,测站钟差解的边界呈现不连续的系统性变化,这是伪距误差在 24h 内取平均造成的。

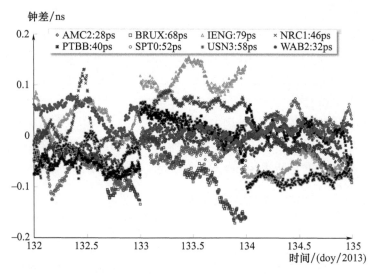

图 25.5 8个位于时间和频率实验室的 IGS 测站的天解 PPP 测站钟差与 IGS 最终产品之间的差值,处理时段为连续 3 天,每个测站钟差的 RMS 优于 200ps(见彩图)

## 25.6 总  结

本章论述了双频 PPP 的基本概念,以及静态 PPP 和动态 PPP 解的相关方法和模型,其对应的精度分别为几毫米和 1cm。这种方法能够直接解算与轨道/钟差的参考框架一致的测站坐标、精度为几毫米的 ZTD,以及亚纳秒级的测站钟差。即使在单频模式下,使用无电离层的码加相位观测组合,也能够获得分米级的动态 PPP 导航解。这种单频 PPP 也有利于电离层总电子含量(TEC)的解算和监测,比使用双频伪距观测值的效果更好。

PPP 可以看作是一种通过固定卫星轨道和钟差来实现全球参考框架的有效方案。事实上,该方法的本质是将测站观测值回代至用于生成轨道和钟差产品的观测网络中。因此,如果使用一致的改正模型和模糊度固定方案,双频 PPP 的测站位置、ZTD 和钟差解应该与全球网解的精度相同。模糊度固定可以提高 PPP 定位精度,当观测数据时长小于 24h,经度方向的精度提升尤为显著。如果能获得精确的外部电离层延迟信息,则可以缩短,甚至是消除 PPP 解收敛时间。

尽管上述讨论主要是关于使用 GPS 和 GLONASS 轨道/钟差产品的双频(L1,L2)PPP 方法。但是,在解决了系统间偏差问题的情况下,将该方法扩展到不同频率,如 L1、E5,以及新兴的 GNSS 系统(如北斗和伽利略)就很简单了。增加新的 GNSS 信号和系统将有利于提升 PPP 解的精度和鲁棒性,特别是在动态应用场景中。事实上,当使用新的观测组合和观测卫星来分析局部和长期的系统误差时,分别使用各个卫星导航进行独立的 PPP 处理,能够提供大地测量评估所需的冗余观测。

上述讨论非常依赖于 IGS 开发的包括改正模型和数据格式在内的协议,以及 IGS 轨道/钟差产品。PPP 开发人员和用户倾向于使用 IGS 轨道/钟差,特别是在高精度地分析长时间序列,并且与 IERS 标准保持一致的情境下。令人鼓舞的是,IGS 还授权所有的卫星导航研发人员免费使用卫星轨道/钟差产品。尽管上述讨论侧重于 IGS,对其他 GNSS 用户同样也有益,例如商业的轨道/钟差服务。这些商业服务大多受益于并且遵循 IGS 关于 PPP 的建模、协议和发展。

如果没有 IERS 协议以及随时可用的 IGS 产品[25.135],没有许多研究机构为发布精密轨道模型所付出的巨大努力,就不可能有本文所讨论的那样高效和精确的 PPP 解。PPP 解所能达到的最高精度就是所采用的 GNSS 轨道和钟差产品的精度。

## 致谢

本章的编写使用了 IGS 的数据和产品。此外,尤其是在新兴的 GNSS 信号和非差模糊度固定方面,感谢 Oliver Montenbruck 和 Peter Teunissen 两位编辑做出的重大贡献。

# 参考文献

25.1 J. D. Bossler, C. C. Goad, P. L. Bender: Using the global positioning system (GPS) for geodetic positioning, Bull. Geod. **54**, 101-114 (1980)

25.2 J. F. Zumberge, M. B. Heflin, D. C. Jefferson, M. M. Watkins, F. H. Webb: Precise point positioning for the efficient and robust analysis of GPS data from large networks, J. Geophys. Res. **102**, 5005-5017 (1997)

25.3 S. Bisnath, Y. Gao: Current state of precise point positioning and future prospects and limitations. In: *Observing Our Changing Earth*, ed. by M. G. Sideris (Springer, Berlin 2009) pp. 615-623

25.4 S. Banville, R. Langley: Mitigating the impact of ionospheric cycle slips in GNSS observations, J. Geodesy **87**, 179-193 (2013)

25.5 R. Schmid, P. Steigenberger, G. Gendt, M. Gendt, M. Rothacher: Generation of a consistent absolute phase center correction model for GPS receiver and satellite antennas, J. Geodesy **81**(12), 781-798 (2007)

25.6 O. Montenbruck, R. Schmid, F. Mercier, P. Steigenberger, C. Noll, R. Fatkulin, S. Kogure, S. Ganeshan: GNSS satellite geometry and attitude models, Adv. Space Res. **56**(6), 1015-1029 (2015)

25.7 G. P. S. Directorate: *Navstar GPS Space Segment / Navigation User Segment Interfaces*, Interface Specification, IS-GPS-200H, 24 Sep. 2013 (Global Positioning Systems Directorate, Los Angeles Air Force Base, El Segundo 2013)

25.8 J. Kouba: Improved relativistic transformations in GPS, GPS Solutions **8**(3), 170-180 (2004)

25.9 S. Schaer: Overview of GNSS biases, Proc. workshop on GNSS biases, Univ., Bern (2012), (2012)

25.10 O. Montenbruck, A. Hauschild, P. Steigenberger: Differential code bias estimation using multi-GNSS observations and global ionosphere maps, Navigation **61**(3), 191-201 (2014)

25.11 P. J. G. Teunissen, A. Khodabandeh: Review and principles of PPP-RTK methods, J. Geodesy **89**(3), 217-240 (2015)

25.12　O. Bock, E. Doerflinger: Atmospheric modeling in GPS data analysis for high accuracy positioning, Phys. Chem. Earth Part A **26**(6), 373-383(2001)

25.13　G. Petit, B. Luzum: *IERS Conventions*(2010), IERS Technical Note No. 36(Verlag des Bundesamts fur Kartographie und Geodasie, Frankfurt 2010)

25.14　J. Boehm, A. Niell, P. Tregonning, H. Schuh: Global mapping function(GMF): A new empirical mapping function based on numerical weather model data, Geophys. Res. Lett. **33**(L07304), 1-4(2006)

25.15　J. Boehm, P. Heinkelmann, H. Schuh: Short note: A global model of pressure and temperature for geodetic applications, J. Geodesy **81**(10), 679-683 (2007)

25.16　M. Hernandez-Pajares, J. M. Juan, J. Sanz, R. Orus, A. Garcia-Rigo, J. Feltens, A. Komjathy, S. C. Schaer, A. Krankowski: The IGS VTEC maps: A reliable source of ionospheric information since 1998, J. Geodesy **83**(3/4), 263-275(2009)

25.17　M. M. Hoque, N. Jakowski: Higher order ionospheric effects in precise GNSS positioning, J. Geodesy **81**(4), 259-268(2007)

25.18　Z. Altamimi, L. T. Metivier, X. Collilieux: ITRF2008 plate motion model, J. Geophys. Res. **117**(B07402), 1-14(2012)

25.19　P. M. Mathews, V. Dehant, J. M. Gipson: Tidal station displacements, J. Geophys. Res. **102**(B9), 20469-20477(1997)

25.20　S. A. Melachroinos, R. Biancale, M. Llubes, F. Perosanz, F. Lyard, M. Vergnolle, M.-N. Bouin, F. Masson, J. Nicolas, L. Morel, S. Durand: Ocean tide loading(OTL) displacements from global and local grids: Comparisons to GPS estimates over the shelf of Brittany, France, J. Geodesy **82**(6), 357-371 (2008)

25.21　M. A. King, Z. Altamimi, J. Boehm, M. Bos, R. Dach, P. Elosegui, F. Fund, M. Hernandez-Pajares, D. Lavallee, P. J. Mendes Cerveira, N. Penna, R. E. M. Riva, P. Steigenberger, T. van Dam, L. Vittuari, S. Williams, P. Willis: Improved constraints on models of glacial isostatic adjustment: A review of the contribution of ground-based geodetic observations, Surveys Geophys. **31**(5), 465-507 (2010)

25.22　T. van Dam, X. Collilieux, J. Wuite, Z. Altamimi, J. Ray: Nontidal ocean loading: Amplitudes and potential effects in GPS height time series, J. Geodesy **86**(11), 1043-1057(2012)

25.23　L. Petrov, J.-P. Boy: Study of the atmospheric pressure loading signal in very long baseline interferometry observations, J. Geophys. Res. **109**(B03405), 1-14(2004)

25.24　B. Gorres, J. Campbell, M. Becker, M. Siemes: Absolute calibration of GPS antennas: Laboratory results and comparison with field and robot techniques, GPS Solutions **10**(2), 136-145(2006)

25.25　J. T. Wu, S. C. Wu, G. A. Hajj, W. I. Bertiger, S. M. Lichten: Effects of antenna orientation on GPS carrier-phase, Man. Geodetica **18**, 91-98 (1993)

25.26　A. Q. Le, C. C. J. M. Tiberius: Phase wind-up effects in precise point positioning with kinematic platforms, Proc. NAVITEC, Noordwijk(2006) pp. 1-8, (ESA, Noordwijk 2006)

25.27　P. Steigenberger: Accuracy of Current and Future Satellite Navigation Systems, Habilitation Thesis (Fakultat Bau Geo Umwelt, Technische Universitat Munchen, Munich 2015)

25.28　W. M. Folkner, J. G. Williams, D. H. Boggs: *The Planetary and Lunar Ephemeris DE*421, Memorandum IOM 343R-08-003(Jet Propulsion Laboratory, Pasadena 2008)

25.29　J. L. Hilton, C. Y. Hohenkerk: A comparison of the high accuracy planetary ephemerides DE421,

EPM2008, and INPOP08, Proc. Journees, 2010, "Systemes de Refrence Spatio-Temporels" (JSR2010): New challenges for reference systems and numerical standards in astronomy, Paris, ed. by N. Capitaine(Observatoire de Paris, Paris 2011) pp. 77–80

25.30　H. F. Fliegel, K. M. Harrington: Sun/Moon position routines for GPS trajectory calculations, Proc. AIAA/AAS Astrodyn. Conf., Hilton Head Island (1992) pp. 625–631

25.31　J. H. Meeus: *Astronomical Algorithms* (Willmann-Bell, Richmond 1991)

25.32　O. Montenbruck, E. Gill: *Satellite Orbits-Models, Methods and Applications* (Springer, Berlin 2000)

25.33　H. A. Marques, J. F. G. Monico, M. Aquino: RINEX_HO: Second-and third-order ionospheric corrections for RINEX observation files, GPS Solutions **15**(3), 305–314(2011)

25.34　N. Jakowski, F. Porsch, G. Mayer: Ionosphere-induced-ray-path bending effects in precise satellite positioning systems, Z. Satell. Position. Navig. Kommun. SPN **1/94**, 6–13(1994)

25.35　Z. Wang, Y. Wu, K. Zhang, Y. Meng: Triple-frequency method for high-order ionospheric refractive error modelling in GPS modernization, J. Glob. Position. Syst. **1**(9), 291–295(2005)

25.36　J. Saastamoinen: Atmospheric correction for the troposphere and stratosphere in radio ranging of satellites. In: *The Use of Artificial Satellites for Geodesy*, Geophysical Monograph, Vol. 15, ed. by S. W. Henriksen, A. Mancini, B. H. Chovitz(AGU, Washington 1972) pp. 247–251

25.37　J. L. Davis, T. A. Herring, I. I. Shapiro, A. E. E. Rogers, G. Elgered: Geodesy by radio interferometry: Effects of atmospheric modeling errors on estimates of baseline length, Radio Sci. **20**(6), 1593–1607 (1985)

25.38　G. Chen, T. A. Herring: Effects of atmospheric azimuthal asymmetry on the analysis of space geodetic data, J. Geophys. Res. **102**(B9), 20489–20502(1997)

25.39　D. S. MacMillan, C. Ma: Atmospheric gradients and the VLBI terrestrial and celestial reference frames, Geophys. Res. Lett. **24**(4), 453–456(1997)

25.40　J. W. Marini: Correction of satellite tracking data for an arbitrary tropospheric profile, Radio Sci. **7**(2), 223–231(1972)

25.41　K. M. Lagler, M. Schindelegger, J. Bohm, H. Krasna, T. Nilsson: GPT2: Empirical slant delay model for radio space geodetic techniques, Geophys. Res. Lett. **40**(6), 1069–1073(2013)

25.42　J. Boehm, B. Werl, H. Schuh: Troposphere mapping functions for GPS and very long baseline interferometry from European centre for mediumrange weather forecasts operational analysis data, J. Geophys. Res. **111**(B02406), 1–9(2006)

25.43　L. Urquhart, F. G. Nievinski, M. C. Santos: Assessment of troposphere mapping functions using three dimensional raytracing, GPS Solutions **18**(3), 345–354(2014)

25.44　*GGOS Atmosphere-Atmosphere Delays* (Vienna Univ. Technology, Vienna 2014) http://ggosatm.hg.tuwien.ac.at/delay.html

25.45　*UNB Vienna Mapping Function Service* (Univ. New-Brunswick, Frederiction 2015) http://unbvmf1.gge.unb.ca/

25.46　J. Kouba: Implementation and testing of the gridded Vienna mapping function 1(VMF1), J. Geodesy **82**, 193–205(2008)

25.47　J. Kouba: Testing of global pressure/temperature (GPT) model and global mapping function (GMF) in GPS analyses, J. Geodesy **83**(3), 199–208(2009)

25.48 R. Schmid: Upcoming switch to IGS08/igs08. atx -Details on igs08. atx (IGS Mail 6355; International GNSS Service, 7 Mar. 2011) http://igscb.jpl.nasa.gov/pipermail/igsmail/2011/006347.html

25.49 G. Wubbena, M. Schmitz, G. Boettcher, C. Schumann: Absolute GNSS antenna calibration with a robot: Repeatability of phase variations, calibration of GLONASS and determination of carrierto-noise pattern, Proc. IGS Workshop, Darmstadt (ESA/ESOC, Darmstadt 2006) pp. 1-12

25.50 RINEX-The Receiver Independent Exchange Format -Version 3.03 14 July 2015 (IGS RINEX WG and RTCM-SC104, 2015)

25.51 L. Scott: Why do GNSS systems use circular polarization antennas?, Inside GNSS **2**(2), 30-33 (2007)

25.52 M. L. Psiaki, S. Mohiuddin: Modeling, analysis, and simulation of GPS carrier phase for spacecraft relative navigation, J. Guid. Contr. Dyn. **30**(6), 1628-1639 (2007)

25.53 Y. E. Bar-Sever: A new module for GPS yaw attitude control, Proc. IGS Workshop-Special Topics and New Directions, Potsdam (GeoforschungsZentrum, Potsdam 1996) pp. 128-140

25.54 J. Kouba: A simplified yaw-attitude model for eclipsing GPS satellites, GPS Solutions **13**(1), 1-12 (2009)

25.55 F. Dilssner, R. Springer, G. Gienger, J. Dow: The GLONASS-M satellite yaw-attitude model, Adv. Space Res. **47**(1), 160-171 (2010)

25.56 S. Banville, H. Tang: Antenna rotation and its effects on kinematic precise point positioning, Proc. ION GNSS 2010, Portland (ION, Virginia 2010) pp. 2545-2552

25.57 D. D. McCarthy: *IERS Conventions* (1989), IERS Technical Note No. 3 (Observatoire de Paris, Paris 1989)

25.58 J. M. Wahr: The forced nutation of an elliptical, rotating, elastic, and ocean less Earth, Geophys. J. R. Astron. Soc. **64**, 705-727 (1981)

25.59 G. Jentzsch: Earth tides and ocean tidal loading. In: *Tidal Phenomena*, ed. by H. Wilhelm, H. G. W. Wenzel Zurn (Springer, Berlin 1997) pp. 145-171

25.60 H. Dragert, T. S. James, A. Lambert: Ocean loading corrections for continuous GPS: A case study at the Canadian coastal site holberg, Geophys. Res. Lett. **27**(14), 2045-2048 (2000)

25.61 H. G. Scherneck: A parameterized solid earth tide model and ocean tide loading effects for global geodetic baseline measurements, Geophs. J. Int. **106**, 677-694 (1991)

25.62 Online ocean tide loading computation service (Chalmers University) http://holt.oso.chalmers.se/loading/

25.63 O. Montenbruck, A. Hauschild: Code biases in multi-GNSS point positioning, Proc. ION ITM 2013, San Diego (ION, Virginia 2013) pp. 616-628

25.64 O. Montenbruck, P. Steigenberger, R. Khachikyan, G. Weber, R. B. Langley, L. Mervart, U. Hugentobler: IGS-MGEX: Preparing the ground for multiconstellation GNSS science, Inside GNSS **9**(1), 42-49 (2014)

25.65 J. Kouba: *A Guide to Using International GNSS Service (IGS) Products* (IGS, Pasadena 2015), http://kb.igs.org/

25.66 International GNSS Service: Analysis center information ftp://igscb.jpl.nasa.gov/igscb/center/analysis/

25.67 R. R. Hatch: The synergism of GPS code and carrier measurements, Proc. Third Int. Geodetic Symp. Satellite Doppler Positioning, Las Cruces (Physical Science Laboratory, Las Cruces 1982) pp. 1213–1232

25.68　O. Ovstedal: Absolute positioning with single-frequency GPS receivers, GPS Solutions **5**(4), 33–44 (2002)

25.69　A. Q. Le, C. Tiberius: Single-frequency precise point positioning with optimal filtering, GPS Solutions **11**(1), 61–69 (2007)

25.70　R. J. P. van Bree, C. C. J. M. Tiberius: Real-time single-frequency precise point positioning: Accuracy assessment, GPS Solutions **16**(2), 259–266 (2012)

25.71　A. Tetewsky, J. Ross, A. Soltz, N. Vaughn, J. Anzperger, Ch. O'Brien, D. Graham, D. Craig, J. Lozow: Making sense of inter-signal corrections – Accounting for GPS satellite calibration parameters in legacy and modernized ionosphere correction algorithms, Inside GNSS **4**(4), 37–48 (2009)

25.72　P. Heroux, J. Kouba: GPS precise point positioning with a difference, Geomatics '95, Ottawa (1995) pp. 1–11

25.73　T. P. Yunck: Coping with the atmosphere and ionosphere in precise satellite and ground positioning. In: *Environmental Effects on Spacecraft Positioning and Trajectories*, ed. by A. V. Jones (AGU, Washington 1992), Chap. 1, pp. 1–16

25.74　H. Van Der Marel, P. De-Bakker: Single versus dual-frequency precise point positioning–What are the tradeoffs between using L1-only and L1+L2 for PPP?, Inside GNSS **7**(4), 30–35 (2012)

25.75　S. Choy, K. Zhang, D. Silcock: An evaluation of various ionospheric error mitigation methods used in single frequency PPP, J. Glob. Position. Syst. **7**(1), 62–71 (2008)

25.76　T. Schuler, H. Diessongo, Y. Poku-Gyamfi: Precise ionosphere-free single-frequency GNSS positioning, GPS Solutions **15**(2), 139–147 (2011)

25.77　H. T. Diessongo, H. Bock, T. Schuler, S. Junker, A. Kiroe: Exploiting the Galileo E5 wideband signal for improved single-frequency precise positioning, Inside GNSS **7**(5), 64–73 (2012)

25.78　K. Chen, Y. Gao: Real-time precise point positioning using single frequency data, Proc. ION GNSS 2005, Long Beach (2005), pp. 1514–1523

25.79　S. Banville, R. B. Langley: Cycle-slip correction for single-frequency PPP, Proc. ION GNSS 2012, Nashville (ION, Virginia 2012) pp. 3753–3761

25.80　C. Cai, Y. Gao: Precise point positioning using combined GPS and GLONASS observations, J. Glob. Position. Syst. **6**(1), 13–22 (2007)

25.81　L. Wanninger, S. Wallstab-Freitag: Combined processing of GPS, GLONASS, and SBAS code phase and carrier phase measurements, Proc. ION GNSS 2007, Fort Worth (ION, Virginia 2007) pp. 866–875

25.82　C. Cai, Y. Gao: Modeling and assessment of combined GPS/GLONASS precise point positioning, GPS Solutions **17**(4), 223–236 (2013)

25.83　T. Melgard, E. Vigen, O. Orpen: Advantages of combined GPS and GLONASS PPP–Experiences based on G2, a new service from Fugro, Proc. 13th IAIN World Congress, Stockholm (IAIN, London 2009) pp. 1–7

25.84　S. Choy, S. Zhang, F. Lahaye, P. Heroux: A comparison between GPS-only and combined GPS+GLONASS precise point positioning, J. Spatial Sci. **58**(2), 169–190 (2013)

25.85　L. Wanninger: Carrier-phase inter-frequency biases of GLONASS receivers, J. Geodesy **86**(2), 139–148 (2012)

25.86　J. M. Sleewaegen, A. Simsky, W. Boon, F. de Wilde, T. Willems: Demystifying GLONASS interfrequency carrier-phase biases, Inside GNSS **7**(3), 57-61(2012)

25.87　M. Becker, P. Zeimetz, E. Schonemann: Anechoic chamber calibrations of phase center variations for new and existing GNSS signals and potential impacts in IGS processing, Proc. IGS Workshop, Newcastle (IGS, Pasaden 2010) pp. 1-44

25.88　P. Steigenberger, U. Hugentobler, S. Loyer, F. Perosanz, L. Prange, R. Dach, M. Uhlemann, G. Gendt, O. Montenbruck: Galileo orbit and clock quality of the IGS multi-GNSS experiment, Adv. Space Res. **55**(1), 269-281(2015)

25.89　Y. Lou, Y. Liu, C. Shi, X. Yao, F. Zheng: Precise orbit determination of BeiDou constellation based on BETS and MGEX network, Sci. Rep. **4**(4692), 1-10 (2014)

25.90　P. Steigenberger, A. Hauschild, O. Montenbruck, C. Rodriguez-Solano, U. Hugentobler: Orbit and clock determination of QZS-1 based on the CONGO network, Navigation **60**(1), 31-40(2013)

25.91　L. Prange, E. Orliac, R. Dach, D. Arnold, G. Beutler, S. Schaer, A. Jaggi: CODE's multi-GNSS orbit and clock solution, Proc. EGU General Assembly, Vienna(EGU, Munich 2015) p. 11494

25.92　J. Tegedor, O. Ovstedal, E. Vigen: Precise orbit determination and point positioning using GPS, Glonass, Galileo and BeiDou, J. Geod. Sci. **4**(1), 65-73(2014)

25.93　D. Odijk, P. J. G. Teunissen: Characterization of between-receiver GPS-Galileo inter-system biases and their effect on mixed ambiguity resolution, GPS Solutions **17**(4), 521-533(2013)

25.94　D. Odijk, P. J. G. Teunissen: Estimation of differential inter-system biases between the overlapping frequencies of GPS, Galileo, BeiDou and QZSS, Proc. 4th Int. Coll. Scientific and Fundamental Aspects of the Galileo Programme, Prague 2013(ESA, Noordwijk 2013) pp. 1-8

25.95　A. Dalla Torre, A. Caporali: An analysis of intersystem biases for multi-GNSS positioning, GPS Solutions **19**(2), 297-307(2015)

25.96　J. Paziewski, P. Wielgosz: Accounting for Galileo-GPS inter-system biases in precise satellite positioning, J. Geodesy **89**(1), 81-93(2015)

25.97　H. Cui, G. Tang, S. Hu, B. Song, H. Liu, J. Sun, P. Zhang, C. Li, M. Ge, C. Han: Multi-GNSS processing combining GPS, GLONASS, BDS and GALILEO observations, Proc. CSNC, Nanjing, Vol. III(2014), ed. by J. Sun, W. Jiao, H. Wu, M. Lu(Springer, Berlin 2014) pp. 121-132

25.98　X. Li, X. Zhang, X. Ren, M. Fritsche, J. Wickert, H. Schuh: Precise positioning with current multiconstellation global navigation satellite systems: GPS, GLONASS, Galileo and BeiDou, Sci. Rep. **5**(8328), 1-14(2015)

25.99　X. Li, M. Ge, X. Dai, X. Ren, M. Fritsche, J. Wickert, H. Schuh: Accuracy and reliability of multi-GNSS real-time precise positioning: GPS, GLONASS, Bei-Dou, and Galileo, J. Geodesy **89**(6), 607-635 (2015)

25.100　P. J. G. Teunissen, R. Odolinski, D. Odijk: Instantaneous BeiDou+GPS RTK positioning with high cut-off elevation angles, J. Geodesy **88**(4), 335-350 (2014)

25.101　J. Tegedor, O. Ovstedal: Triple carrier precise point positioning(PPP) using GPS L5, Survey Rev. **46**(337), 288-297(2014)

25.102　P. J. G. Teunissen, D. Odijk, B. Zhang: PPP-RTK: Results of CORS network-based PPP with integer ambiguity resolution, J. Aeronaut. Astronaut. Aviat. Ser. A **42**(4), 223-230(2010)

25.103 E. Schonemann: Analysis of GNSS Raw Observations in PPP Solutions, Ph. D. Thesis (TU Darmstadt, Darmstadt 2013)

25.104 H. Chen, W. Jiang, M. Ge, J. Wickert, H. Schuh: Efficient high-rate satellite clock estimation for PPP ambiguity resolution using carrier-ranges, Sensors **14**(12), 22300–22312(2014)

25.105 O. Montenbruck, U. Hugentobler, R. Dach, P. Steigenberger, A. Hauschild: Apparent clock variations of the block IIF-1 (SVN-62) GPS satellite, GPS Solutions **16**(3), 303–313(2012)

25.106 G. Wubbena, M. Schmitz, A. Bagg: PPP-RTK: Precise point positioning using state-space representation in RTK networks, Proc. ION GNSS 2005, Long Beach (ION, Virginia 2005) pp. 13–16

25.107 D. Laurichesse, F. Mercier: Integer ambiguity resolution on undifferenced GPS phasemeasurements and its application to PPP, Proc. ION GNSS 2007, Fort Worth (ION, Virginia 2007) pp. 839–848

25.108 L. Mervart, Z. Lukes, C. Rocken, T. Iwabuchi: Precise point positioning with ambiguity resolution in real-time, Proc. ION GNSS 2008, Savannah (ION, Virginia 2008) pp. 397–405

25.109 P. Collins: Isolating and estimating undifferenced GPS integer ambiguities, Proc. ION NTM 2008, San-Diego (ION, Virginia 2008) pp. 720–732

25.110 M. Ge, G. Gendt, M. Rotacher, C. Shi, J. Liu: Resolution of GPS carrier-phase ambiguities in precise point positioning (PPP) with daily observations, J. Geodesy **82**(7), 389–399(2008)

25.111 W. Bertiger, S. Dessai, B. Haines, N. Harvey, A. W. Moore, S. Owen, P. Weiss: Single receiver phase ambiguity resolution with GPS data, J. Geodesy **84**(5), 3337(2010)

25.112 J. Geng, F. N. Teferle, X. Meng, A. H. Dodson: Towards PPP-RTK: Ambiguity resolution in real-time precise point positioning, Adv. Space Res. **47**(10), 1664–1673(2011)

25.113 A. Lannes, J. L. Prieur: Calibration of the clockphase biases of GNSS networks: The closure-ambiguity approach, J. Geodesy **87**(8), 709–731(2013)

25.114 P. Collins, S. Bisnath, F. Lahaye, P. Heroux: Undifferenced GPS ambiguity resolution using the decoupled clock model and ambiguity datum fixing, Navigation **57**(2), 123–135(2010)

25.115 D. Laurichesse, F. Mercier, J. P. Berthias, P. Broca, L. Cerri: Integer ambiguity resolution on undifferenced GPS phase measurements and its application to PPP and satellite precise orbit determination, Navigation **56**(2), 135–149(2009)

25.116 B. Zhang, P. J. G. Teunissen, D. Odijk: A novel undifferenced PPP-RTK concept, J. Navigation **64**(S1), 180–191(2011)

25.117 J. Geng, C. Shi, M. Ge, A. H. Dodson, Y. Lou, Q. Zhao, J. Liu: Improving the estimation of fractional-cycle biases for ambiguity resolution in precise point positioning, J. Geodesy **86**(8), 579–589(2013)

25.118 G. Blewitt: Fixed point theorems of GPS carrierphase ambiguity resolution and their application to massive network processing: Ambizap, J. Geophys. Res. **113**(B12410), 1–12(2008)

25.119 D. Odijk, P. J. G. Teunissen, B. Zhang: Single-frequency integer ambiguity resolution enabled GPS precise point positioning, J. Survey Eng. **138**(4), 193–202(2012)

25.120 L. Mervart, C. Rocken, T. Twabuchi, Z. Lukes, M. Kanzaki: Precise point positioning with fast ambiguity resolution prerequisites, algorithms and performance, Proc. ION GNSS 2013, Nashville (ION, Virginia 2013) pp. 1176–1185

25.121 X. Li, M. Ge, H. Zhang, J. Wickert: Amethod for improving uncalibrated phase delay estimation and ambiguity fixing in real-time precise point positioning, J. Geodesy **87**(5), 405–416(2013)

25.122　S. Banville, P. Collins, P. Heroux, P. Tetreault, P. F. Lahaye: Precise cooperative positioning: A case study in Canada, Proc. ION GNSS 2014, Tampa (ION, Virginia 2014) pp. 2503-2511

25.123　P. Collins, F. Lahaye, S. Bisnath: External ionospheric constraints for improved PPP-AR initialisation and a generalised local augmentation concept, Proc. ION GNSS 2012, Nashville (ION, Virginia 2012) pp. 3055-3065

25.124　J. Geng, Y. Bock: Triple-frequency GPS precise point positioning with rapid ambiguity resolution, J. Geodesy **87**(5), 449-460 (2013)

25.125　L. Pan, C. Cai, R. Santerre, J. Zhu: Combined GPS/GLONASS precise point positioning with fixed GPS ambiguities, Sensors **14**, 17530-17547 (2014)

25.126　D. Odijk, B. Zhang, P. J. G. Teunissen: Multi-GNSS PPP and PPP-RTK: Some GPS+BDS results in Australia, Proc. CSNC (2015) Vol. II, Xi'an, ed. by J. Sun, J. Liu, S. Fan, X. Lu (Springer, Berlin 2015) pp. 613-623

25.127　L. Qu, Q. Zhao, J. Guo, G. Wang, X. Guo, Q. Zhang, K. Jiang, L. Luo: BDS/GNSS real-time kinematic precise point positioning with un-differenced ambiguity resolution, Proc. CSNC, Vol. III (2015), Xi'an, ed. by J. Sun, J. Liu, S. Fan, X. Lu (Springer, Berlin 2015) pp. 13-29

25.128　G. Weber, D. Dettmering, H. Gebhard, R. Kalafus: Networked transport of RTCM via internet protocol (Ntrip)-IP-streaming for real-time GNSS applications, Proc. ION GPS 2005, Long Beach (ION, Virginia 2005) pp. 2243-2247

25.129　The Precise Point Positioning Center (Univ. New-Brunswick, Frederiction 2015), http://gge.unb.ca/Resources/PPP/Purpose.html

25.130　P. Heroux, J. Kouba: GPS precise point positioning using IGS orbit products, Phys. Chem. Earth (A) **26**(6-8), 573-578 (2001)

25.131　H. Bock, R. Dach, A. Jaggi, G. Beutler: High-rate GPS clock corrections from CODE: Support of 1 Hz applications, J. Geodesy **83**(11), 1083-1094 (2009)

25.132　S. H. Byun, Y. E. Bar-Sever: A new type of troposphere zenith path delay product of the international GNSS service, J. Geodesy **83**(3/4), 1-7 (2009)

25.133　G. Gendt: IGS combination of tropospheric estimates -Experience from pilot experiment, Proc. Anal. Center Workshop (1998) Darmstadt, ed. by J. M. Dow, J. Kouba, T. Springer (IGS, Pasadena 1998) pp. 205-216

25.134　K. Senior, P. Koppang, D. Matsakis, J. Ray: Developing an IGS time scale, Proc. IEEE Freq. Contr. Symp. 2001, Seattle (IEEE, Washington 2001) pp. 211-218

25.135　J. Dow, R. E. Neilan, G. Gendt: The International GPS Service (IGS): Celebrating the 10th anniversary and looking to the next decade, Adv. Space Res. **36**, 320-326 (2005)

# 第 26 章 差分定位

**Dennis Odijk, Lambert Wanninger**

本章主要描述差分全球卫星导航系统(DGNSS)定位的概念,基于前几章介绍的基本概念,本章重点介绍具体的细节问题。首先回顾了 DGNSS 的概念,对差分测量误差进行了定量讨论,随后重点介绍基于伪距观测的差分定位,简要概述了 DGNSS 的服务,并讨论差分定位改正的格式和延迟。本章的一个重要部分是载波相位 DGNSS 定位问题,或者说是实时动态(RTK)定位。此外,本章还对俄罗斯全球卫星导航系统(GLONASS)和多个卫星导航系统实时动态定位进行了理论分析,并提供了 RTK 定位性能的实际算例。最后一节详细介绍了网络 RTK 技术,该技术是标准 RTK 技术的拓展,可以覆盖更广的范围。

## 26.1 差分全球卫星导航系统:概念

本节描述并比较了差分全球卫星导航系统(DGNSS)定位的概念,讨论基于测距码(伪距)的 DGNSS 定位技术,以及更精确的基于载波相位的 DGNSS 定位技术。伪距 DGNSS 始终是米级定位的重要方法,而实时动态(RTK)载波相位 DGNSS 的接收系统和校正服务在测量和其他多个领域中都是必不可少的工具。此外,基于网络的方式来传递 RTK 载波相位的 DGNSS 服务变得日渐重要。

在讨论差分定位技术之前,26.1.1 节回顾了全球卫星导航系统(GNSS)的伪距和载波相位观测方程,这两者是构成定位模型的基础。

### 26.1.1 DGNSS 观测方程

第 19 章和第 21 章曾给出基本(线性化)观测方程,但目前在观测方程中,卫星位置矢量仍然假设为未知数(第 21 章假设为已知,则从线性化定位模型中可以消除卫星位置)。若与第 21 章类似,假设有两个接收机,其中:一个是移动站接收机,用"$r$"表示;一个是参考(基准)接收机,用"1"表示。它们以相同频率"$j$"追踪对应 GNSS 星座 $S$ 的卫星"$s$"数据,则伪距(测距码)和载波相位的接收机间差分(线性化)观测方程为

$$\begin{cases} \Delta p_{1r,j}^s = -e_r^{sT}\Delta r_{1r} + e_{1r}^{sT}(\Delta r^s - \Delta r_1) + T_{1r}^s + \mu_j^S I_{1r}^s + c[dt_{1r} + d_{1r,j}^S + \Delta d_{1r,j}^s] + e_{1r,j}^s \\ \Delta \varphi_{1r,j}^s = -e_r^{sT}\Delta r_{1r} + e_{1r}^{sT}(\Delta r^s - \Delta r_1) + T_{1r}^s - \mu_j^S I_{1r}^s + c[dt_{1r} + \delta_{1r,j}^S + \Delta \delta_{1r,j}^s] + \lambda_j^S N_{1r,j}^s + \varepsilon_{1r,j}^s \end{cases}$$

(26.1)

式中：$\Delta p_{r,j}^s$ 为伪距观测值减计算值；$\Delta \phi_{r,j}^s$ 为相位观测值减计算值；$e_r^s$ 为单位长度的卫星和接收机视距矢量；$\Delta r_1$ 为参考接收机位置增量；$\Delta r_{1r}$ 为接收机相对位置增量；$\Delta r^s$ 为卫星位置增量；$T_{1r}^s$ 为对流层差分延迟；$\mu_j^s$ 为频率 $j$ 的电离层系数；$I_{1r}^s$ 为电离层差分延迟；$c$ 为光速；$dt_{1r}$ 为移动站和参考站接收机钟差之差；$d_{1r,j}^s$ 为移动站和参考站接收机码偏差之差；$\delta_{1r,j}^s$ 为移动站和参考站接收机相位偏差之差；$\Delta d_{1r,j}^s$ 为信道间码差分误差；$\Delta \delta_{1r,j}^s$ 为信道间相位差分误差；$\lambda_j^s$ 为频率 $j$ 的波长；$N_{1r,j}^s$ 为载波相位接收机间单差模糊度；$e_{1r,j}^s$ 为码差分噪声；$\varepsilon_{1r,j}^s$ 为载波相位差分噪声；$(\cdot)^T$ 表示矩阵或向量的转置。

接收机间差分消除了观测方程中的卫星钟和卫星硬件延迟误差。与未做差分的观测方程相比，所有其他参数都变为接收机间做差分的对应项。与第 21 章类似，接收机间的差分观测值和参数用 $(\cdot)_{1r} = (\cdot)_r - (\cdot)_1$ 表示。除了卫星位置矢量（增量）$\Delta r^s$ 之外，参考接收机 1（$\Delta r_1$）的位置矢量（增量）也始终在差分观测方程中（而不是假设为已知的）。这样是为了评估二者各自的误差对差分观测方程产生的影响（根据 26.1.1 节，如果将卫星位置和参考站接收机位置看作已知量，意味着 $\Delta r^s = 0$，以及 $\Delta r_1 = 0$）。如果参考接收机位置仅仅是近似已知，在移动站和基准站之间采用 DGNSS，则可估算参考接收机与移动接收机之间的精确坐标差 $r_{1r}$（也称为基线坐标）。

DGNSS 除了在移动接收机和参考接收机的观测量之间做差的方式外，另一种方式是基于参考站接收机的数据，形成伪距改正和/或相位改正信息（第 21 章）。然后，将这些差分改正信息发送给移动站接收机，从而校正其观测值。

信道间差分（或频率间）误差为式 (26.1) 中的 $\Delta d_{1r,j}^s$ 和 $\Delta \delta_{1r,j}^s$，仅出现在 GLONASS（频分多址(FDMA)）观测的情况下。当每个 GLONASS 卫星都利用自身的频道传输信号时，就会出现这些信道间误差 (ICB)（第 8 章）。在码分多址 (CDMA) 发信号的情况下，这些信道间误差是不存在的。

## 26.1.2 DGNSS 误差

差分定位技术得以发展的主要原因是 GPS 信号中选择可用性 (SA) 政策的存在。美国政府发现基于民用 C/A 码的单点定位 (SPP) 性能高于预期之后，便用 SA 故意降低 GPS 的定位性能[26.1]。SA 说明美国政府可以操纵 GPS 广播星历，并降低卫星钟稳定性（使其产生抖动）[26.2]。因此，在 SA 政策生效期间，基于 C/A 码的 SPP（GPS 标准定位服务）的精度仅为 100m 左右。2000 年 5 月 2 日起停用 SA，SPP 精度提高到 10m 左右（提高了 10 倍）。图 26.1 说明了 2000 年 5 月 2 日当天 00:00 到 08:30，澳大利亚 IGS 站 (YAR1) 使用 SPP 过程中产生的位置误差。从图中可以明确看出，当协调世界时约 04:07 时关闭 SA 后，位置精度大大提高。

虽然发展差分技术的主要目的是消除 SA 的影响，但由于其消除和减少了误差，SA 停用后，差分定位仍然是一种非常重要的定位方法。除了卫星钟差和硬件延迟的误差得到消除，卫星轨道和大气引起的误差得到了大大减弱，减弱程度取决于它们的空间相关性。接下来，本节将针对不同类型的差分定位误差进行定量评估。

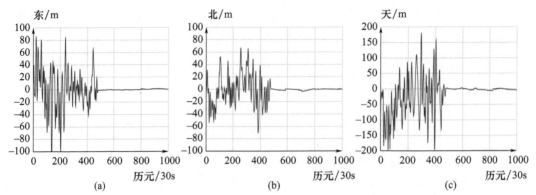

图 26.1　协调世界时 2000 年 5 月 2 号前 8.3h 的 YAR1 站(位于澳大利亚西部)的单点
定位的结果,获得东方向(a)、北方向(b)、天方向(c)的位置误差。大约在协调世界时
4 点 07 分关闭 SA 后的效果(图表中的第 480 个历元开始)是显而易见的

### 1. 卫星与参考接收机位置误差

在观测方程式(26.1)中,卫星位置以及参考接收机的位置均乘以差分视距矢量 $e_{1r}^s$,卫星位置或参考接收机位置误差产生的影响可评估如下。第 21 章的式(21.84)已经给出了卫星位置偏差对相关基线影响的经验法则,即

$$|e_{1r}^{sT}\Delta r^s| \leq \frac{\|r_{1r}\|}{\|r^s-r_r\|}\|\Delta r^s\| \tag{26.2}$$

式中:$\|r_{1r}\|$ 为参考接收机和移动接收机之间的基线长度;$\|r^s-r_r\|$ 为接收机与卫星之间的距离;$\|\Delta r^s\|$ 为卫星位置误差的大小。参考接收机位置误差影响由 $\|\Delta r_1\|$ 表示,其上界基本同上,即

$$|e_{1r}^{sT}\Delta r_1| \leq \frac{\|r_{1r}\|}{\|r^s-r_r\|}\|\Delta r_1\| \tag{26.3}$$

GPS 广播星历的精度约为 1m。根据上述经验法则,其对基线长度的影响为 1000mm/20000km = 0.05ppm。也就是说,对于 1000km 的基线,产生的误差为 5cm。而 GPS 精密星历的精度优于 5cm(第 33 章),对基线长度的影响为 50mm/20000km = 0.0025ppm,这种 5cm 的误差对 1000km 基线的影响只有 2.5mm。图 26.2(a)显示了 4 条基线中的误差,该误差为卫星位置或参考接收机位置误差的函数。由此图可以推断,在接收机间差分观测方程中,卫星位置和/或参考接收机位置的误差显著减小。

在差分定位中基准站接收机或参考接收机的坐标不必精确,这意味着可以通过将参考接收机坐标设置为任何合理有效的位置解算来实现 DGNSS。这一方法同样适用于移动参考站 DGNSS,尤其是车辆间相对导航以及地面或空间编队飞行场景。这些场景下需要的不是移动接收机的绝对位置,而是两辆移动车辆的相对位置。

### 2. 差分电离层偏差

由于电离层延迟是空间相关的,接收机之间的电离层差分误差远小于其绝对误差。为了深入了解电离层差分偏差的大小,在地球上方电离层的典型高度(第 19 章)范围内,使用(斜向)电离层延迟投影到垂直电离层延迟的映射,即

$$\begin{cases} I_r^s = \dfrac{1}{\cos Z_r^{s'}} I_v \\ Z_r^{s'} = \arcsin\left(\dfrac{R_\oplus}{R_\oplus + h_{\text{ion}}}\sin Z_r^s\right) \end{cases} \quad (26.4)$$

式中：$I_v$ 为电离层高度 $h_{\text{ion}}$ 处的垂直电离层延迟；$Z_r^s$ 为接收机处卫星的天顶角；$Z_r^{s'}$ 为电离层穿刺点处的天顶角；$R_\oplus$ 为地球半径。图 26.2(b) 描绘了在接收机间差分中的单层电离层穿刺点之间的几何关系。

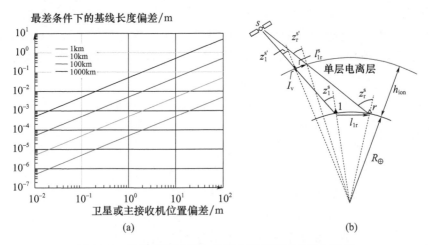

图 26.2 某线长度偏差与单层电离层模型的几何关系
(a) 4 个基线长度偏差作为卫星位置或接收机中心位置偏差的函数图；
(b) 与测站 1 和测站 $r$ 接收机间差分有关的单层电离层模型的几何关系。

由于电离层存在水平梯度，接收机 $r$ 在穿刺点处的垂直电离层延迟原则上与接收机 1 的穿刺点处的垂直电离层延迟不同。假设接收机 $r$ 的垂直电离层延迟为

$$I_v + \frac{\partial I_v}{\partial l} l_{1r}^s$$

式中：$\partial I_v / \partial l$ 为水平梯度；$l_{1r}^s$ 为单层电离层所在高度处的基线长度，如图 26.2(b) 所示。接收机间电离层偏差可分解为

$$I_{1r}^s = -\left(\frac{1}{\cos Z_1^{s'}} - \frac{1}{\cos Z_r^{s'}}\right) I_v + \frac{l_{1r}^s}{\cos Z_r^{s'}} \frac{\partial I_v}{\partial l} \quad (26.5)$$

图 26.3 绘制的是不同基线 (10~400km) 的函数 $(1/\cos z_1^{s'} - 1/\cos z_r^{s'})$ 关系图，以及接收机 1 所在的 $z_1^s$ 处的天顶角函数 $l_{1r}^s/\cos z_r^{s'}$ 关系图。图中，电离层高度设置为 $h_{\text{ion}} = 350\text{km}$。此外，图中表明，随着基线长度的增加，这些函数值也在提高。可以看出，对于所有基线来说，它们都在天顶角 $z_1^s = 75°$ 处达到了最高值，这也意味着它们的组合在此处达到最大值，因此电离层差分误差也在此为最高。此外，从图 26.3 可以看出，在该天顶角处，$(1/\cos z_1^{s'} - 1/\cos z_r^{s'})$ 约为基线长度 $l_{1r}$ 的 0.6ppm，而 $l_{1r}^s/\cos z_r^{s'}$ 约为基线长度 $l_{1r}$ 的 1.5ppm。

利用 75° 天顶角（相当于高度角 15°）的这些值，可根据垂直延迟 $I_v$ 和水平梯度 $\partial I_v/\partial l$

的最坏值来评估电离层差分误差的大小。由图 26.1 可知,电离层活动与每 11 年的太阳活动周期明显相关,这些数值适用于太阳活动最低年或太阳活动最高年中白天能够达到的垂直总电子含量(VTEC)水平,而这些 VTEC 数值已从总电子含量(TEC)单位转换为 GPS L1 频率所对应的以 cm 为单位的电离层延迟。VTEC 在中纬度地区和赤道地区存在差异,赤道周围的 VTEC 通常要比中纬度地区高。表中并未包含极地区域的含量水平,因为他们介于中纬度和赤道地区之间。文献[26.3,26.4]证实了表 26.1 的赤道垂直延迟水平,而中纬度的水平则由文献[26.5,26.6]等证实。至于水平梯度,电离层日循环引起的正常东西向梯度约为 1ppm,因此,在太阳活动最低年,水平梯度不会高于 1ppm;在表 26.1 中,假设中纬度地区和赤道地区的水平梯度都为 2ppm。太阳活动最高年时,通常能观测到更大的梯度:在中纬度地区,水平梯度可以达到 10ppm[26.7];赤道异常区域在日落后可以观测到非常大的(南北向)梯度,近 50ppm[26.8,26.9]。

使用表 26.1 中的数值,利用式(26.5),可以计算 75°天顶角参考接收机处的差分偏差。表 26.2 给出了该电离层差分误差的绝对值,单位为基线长度的 ppm。从表中可以看出,电离层差分误差的大小变化明显,取决于收集 GNSS 测量数据时在地球上所处的位置,以及在太阳活动周期中所处的阶段。最低值 1ppm 位于太阳活动低年的中纬度地区,而最高值 62ppm 位于太阳活动高年的赤道地区。

表 26.1 中纬度和赤道地区太阳活动极小期和太阳活动极大期,垂直电离层延迟 $I_v$ 和水平电离层梯度 $\partial I_v/\partial l$ 典型的最坏值

|  | 中纬度 | 赤道地区 |
| --- | --- | --- |
| 太阳活动极小期 | $I_v = 3\text{m}$ <br> $\dfrac{\partial I_v}{\partial l} = 2\text{ppm}$ | $I_v = 12\text{m}$ <br> $\dfrac{\partial I_v}{\partial l} = 2\text{ppm}$ |
| 太阳活动极大期 | $I_v = 6\text{m}$ <br> $\dfrac{\partial I_v}{\partial l} = 10\text{ppm}$ | $I_v = 22\text{m}$ <br> $\dfrac{\partial I_v}{\partial l} = 50\text{ppm}$ |

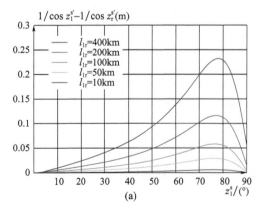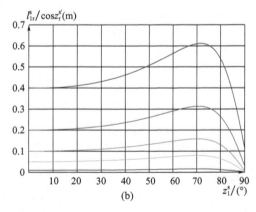

图 26.3 不同的基线长度

(a) $I_{1r}^s$ 中 $I_v = 1\text{m}$ 的放大值;(b) $I_{1r}^s$ 中 $\partial I_v/\partial l = 1\text{ppm}$ 的放大值。

根据不同的定位应用场景,可被忽略的电离层差分误差大小,限制了最大基线长度。基于载波相位的 DGNSS 定位精度要求最高(26.3 节),电离层差分误差只有在几厘米以内才能被忽略。例如,如果要求 $|I_{1r}^s| \leqslant 2.5 \text{cm}$,根据表 26.2,在太阳活动最低年期间的中纬度地区,基线长度可以达到 25km。然而,太阳活动最高年期间赤道地区,所测量的基线长度仅为 0.5km。对于定位精度要求不高的基于码的 DGNSS 应用来说(26.2 节),更长的基线也可以忽略电离层差分误差。

表 26.2  在太阳活动最低和最高年,不同的基线长在中纬度和赤道地区的电离层偏差 $|I_{1r}^s|$(单位为 ppm)的最坏值(绝对值)

|  | 中纬度地区 | 赤道地区 |
| --- | --- | --- |
| 太阳活动最低年 | 1ppm | 4ppm |
| 太阳活动最高年 | 11ppm | 62ppm |

3. 对流层差分误差

对流层误差通常分为干分量延迟和湿分量延迟(第 6 章)。干分量延迟大约占对流层误差的 90%,根据地表气压可以很准确地预测到。而湿分量延迟(约占对流层误差的 10%)是由大气水汽引起的,变化较大,因此更难预测。通常采用先验模型对干分量延迟进行校正,湿分量则会先被映射到当地天顶方向,在处理过程中将其作为未知参数进行估计。

利用萨斯塔莫宁(Saastamoinen)对流层模型[26.10],可得到天顶对流层延迟误差的大小。将干分量与湿分量延迟都映射到局部天顶方向,可计算出天顶干分量延迟 $T_h^z$ 以及天顶湿分量延迟 $T_w^z$,公式为

$$\begin{cases} T_h^z = Bp \\ T_w^z = B\left(\dfrac{1255}{T} + 0.05\right) e \end{cases} \tag{26.6}$$

式中:常数 $B = 0.002277 \text{m/mbar}$;$p$ 为气压(mbar);$T$ 为温度(K);$e$ 为地球表面的水汽分压(mbar)。该分压计算方式为[26.11]

$$\begin{cases} e = RH e_{\text{sat}} \\ e_{\text{sat}} = \exp\left(a - \dfrac{b}{T}\right) \end{cases} \tag{26.7}$$

式中:$RH$ 为相对湿度($0 \leqslant rh \leqslant 1$);$e_{\text{sat}}$ 为饱和湿空气的分压,可将其建模为(逆)温度的指数函数。该函数的常数 $a$ 和 $b$ 取自文献[26.12],图 26.4(a)绘制了温度范围为 230~310K 之间的 $e_{\text{sat}}$。

根据上述函数,表 26.3 给出了在这两种对流层条件下,即干冷和湿热条件下,天顶处干分量延迟、湿分量延迟以及总延迟的计算值。从表 26.3 可以看出,在两种极端大气条件下,(总)天顶延迟的差异将近为 1m。请注意,湿热情况下,天顶干分量延迟最高值约为 2.4m,天顶湿分量延迟的最高值约为 0.8m[26.13]。

表 26.3　参考接收机 1 在极端大气条件下、天顶流体静力学、湿延迟和总延迟量

| | p/mbar | T/K | RH/% | $T_{1,h}^Z$/m | $T_{1,w}^Z$/m | $T_1^Z$/m |
|---|---|---|---|---|---|---|
| 冷+干 | 950 | 230 | 10 | 2.16 | 0.00 | 2.16 |
| 热+湿 | 1050 | 310 | 90 | 2.39 | 0.75 | 3.14 |

为了评估对流层差分误差大小，假设参考接收机将表 26.3 中列出的对流层条件全部经历了一次。对于移动接收机处的对流层，则首先假定其位于另一个高度。众所周知，大气底部的气温与气压会随纬度的增加而减小。根据 6.5K/km 的恒定温度递减率，可估算位于高度 $H$(km) 处的气温与气压[26.11]，即

$$\begin{cases} T_H = T_0 - 6.5H \\ p_H = p_0 \left(\dfrac{T_H}{T_0}\right)^{\mu+1}, \text{其中} \mu \approx 4 \end{cases} \quad (26.8)$$

式中：$T_0$ 与 $p_0$ 分别为高度 $H=0$ 处的气温和气压。如果接收机不属于表 26.3 中的情况，表 26.4 给出了两种极端状况下，假定相对湿度相同时的对流天顶延迟。除了高度不同，接收机间的对流层误差也体现在水平梯度上，此类误差可能由（冷空气）锋面导致。因此考虑一台与参考接收机高度相同，但气温与气压分别比参考接收机低 10 K 与 10 mbar 的移动接收机，假定相对湿度依然相同的情况下，其天顶对流层延迟如表 26.5 所列。

表 26.4　对于与表 26.3 中接收机的高差为 +1000m 的接收机 $r$，
在极端大气条件和天顶静水延迟、湿延迟和总延迟

| | p/mbar | T/K | RH/(%) | $T_{r,h}^Z$/m | $T_{r,w}^Z$/m | $T_r^Z$/m |
|---|---|---|---|---|---|---|
| 冷+干 | 823.1 | 223.5 | 10 | 1.87 | 0.00 | 1.87 |
| 热+湿 | 944.1 | 303.5 | 90 | 2.15 | 0.50 | 2.65 |

表 26.5　与表 26.3 中同一高度的接收机 $r$，极端大气条件的例子和天顶静压、湿延迟和总延迟，但由于对流层的水平梯度（冷锋），温度和压力分别下降 10K 和 10mbar

| | p/mbar | T/K | RH/(%) | $T_{r,h}^Z$/m | $T_{r,w}^Z$/m | $T_r^Z$/m |
|---|---|---|---|---|---|---|
| 冷+干 | 940 | 220 | 10 | 2.14 | 0.00 | 2.14 |
| 热+湿 | 1040 | 300 | 90 | 2.37 | 0.40 | 2.77 |

表 26.6　100km 基线下差分对流层偏差 $|T_{1r}^s|$ 的最坏值（单位 m），大气条件跟表 26.3~
表 26.5 一样，括号里的数值是差分天顶湿延迟 $|T_{1r,w}^s|$，卫星高度角为 15°

| | 相同大气条件 | 高度差 1000m | 寒冷天气 |
|---|---|---|---|
| 冷+干 | 0.54(0.00) | 1.67(0.00) | 0.62(0.00) |
| 热+湿 | 0.79(0.19) | 2.70(1.16) | 2.23(1.55) |

基于以上示例，可以估算参考接收机与移动接收机之间的对流层（斜）偏差之差。采用一个简单的 $1/\cos z$ 映射函数将湿分量延迟映射到天顶方向，接收机间对流层偏差因此

可以分解为

$$T_{1r}^s = -\left(\frac{1}{\cos Z_1^s} - \frac{1}{\cos Z_r^s}\right) T_1^Z + \frac{1}{\cos Z_r^s}(T_r^Z - T_1^Z) \tag{26.9}$$

式中:$T_1^Z$和$T_r^Z$分别为接收机 1 和接收机 $r$ 处的天顶对流层延迟。与差分电离层偏差相似,系数($1/\cos Z_1^s - 1/\cos Z_r^s$)显示了对流层差分偏差也与基线长度相关,图 26.4(b)绘制了不同基线长度的($1/\cos Z_1^s - 1/\cos Z_r^s$)因子。与电离层系数图 26.3(a)不同,这个对流层系数不存在特定的天顶角最大值;高天顶角或低海拔上,该系数都会迅速增加。因此,为测算对流层差分偏差,假设 75°为天顶角的截止点,表 26.6 显示了示例中对流层差分偏差的预期大小。假设基线长度为 100km,除了移动接收机高出参考接收机 1000m 的基线的结果,以及遭遇冷锋的基线的结果,还包括两个接收机所处大气条件相同的基线的结果。对于这样的基线来说,产生对流层差分偏差的原因仅仅是由于两个接收机在不同高度观测卫星而造成的。

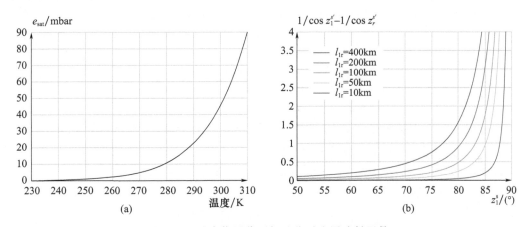

图 26.4 温度作用分压与差分对流层映射函数
(a)饱和空气的温度作用分压;(b)参考长度的 10~400km 的差分对流层映射函数。

除了对流层总差分偏差,表 26.6 还给出了天顶湿分量差分延迟,由此可以得出应用先验对流层模型后的剩余偏差值。从上表可以看出,对流层总差分偏差大小在 0.54m(此时两台接收机的冷度和干度相同)到 2.70m(此时两台接收机的热度、湿度和高度存在 1km 的差值)。这相当于基线长度的 5~27ppm。经过先验校正后,剩余的差分偏差要小得多,在湿热条件下,尽管在这 100km 的基线上,这些偏差还不能忽略,且需要进行估算。但在寒冷和干燥条件下,以及足够短的基线上,剩余的差分偏差可以忽略不计。

4. 接收机噪声、多路径及其他偏差

由于参数在空间上不相关,因此在接收机间差分 GNSS 中未减小或未消除的偏差主要是所有接收机钟和接收机硬件的差分偏差。对于载波相位观测来说,还要包括差分模糊度。因此,这些偏差需要作为未知参数参与估计。

由于电离层闪烁、无线电干扰、多路径、信号散射、信号衰减和衍射等原因,仍然存在未建模的偏差[26.14]。在这些额外的偏差之中,多路径偏差(第 15 章)最有可能占主导地位。码测量和相位测量都会受到多路径的影响,但相位数据产生的多路径偏差通常比码数据产生的偏差(米级)小100倍(厘米级)[26.15]。多路径是一种高度局部化的现象,无法通过差分定位法消除,参考接收机所产生的任何多路径偏差都将直接传递给移动接收机。为了削弱这种情况,必须仔细选择参考站位置,并使用多路径抑制接收机和天线。在多个不同位置设置参考站,通过平均多路径偏差,也有助于发展广域DGPS服务(WADGPS)[26.16](26.2节)。

最后,进行差分GNSS测量时,不会消除接收机的随机噪声。尽管接收机噪声取决于接收机和天线的型号[26.17],但在文献[26.14]中发现了一些高端大地测量GPS接收机精度下限:码观测为1dm,相位观测为0.1mm。实际上,这些数值要更大,因为未校准偏差无法从接收机噪声中分离出来。GPS相位数据精度为几毫米,而对于GPS码数据来说,精度则是几分米(高端接收机的数值见文献[26.18])。初步证明,较新信号(如GPS L5)或新的卫星星座(如伽利略卫星导航系统、北斗卫星导航系统等)产生的接收机噪声要比GPS L1和L2信号小[26.19-26.22]。

## 26.2 差分导航服务

本节讨论的内容基于伪距码的DGNSS。26.2.1节介绍实际中DGNSS的实现方式,第26.2.2节概述了DGNSS服务,26.2.3节着重讲解DGNSS校正信息发送给用户时使用的信息格式,26.2.4节则讨论了DGNSS校正生成时间和用户收到校正信息时间之间的时间差(即延迟)引发的问题。

### 26.2.1 DGNSS实现

DGNSS的原理如图26.5所示。位于已知位置的GNSS参考接收机追踪所有可见卫星的数据,负责测定(实时)传输给用户的差分(DGNSS)校正信息。同时,用户(移动接收机)在距离参考站一定距离内追踪GNSS数据。移动站用户对接收的GNSS数据进行校正,这种定位方式与SPP定位相比可以提高定位精度。

如果改正信息是利用单个参考站的数据生成的,如图26.5(a)所示,则该技术称为局域DGNSS[26.23]。移动接收机通常属于单频类型(GPS:L1)。如果移动接收机和参考接收机之间观测的共同卫星数量足够,则移动接收机的最大距离可以达到约1000km。由于偏差与距离相关(如大气、轨道),局域DGPS的定位精度限制在1~10ppm[26.24]。对于1000km的距离来说,定位精度为10m,相当于SPP的精度,因此覆盖更大的距离是没有意义的。如果DGNSS是基于完整的参考站网络,而不是图26.5(b)所示的单一参考站,那么定位精度可以得到提高。所有在已知位置配备了双频或多频接收机的参考站都向一台中央处理设备发送数据,该设备会生成对网络覆盖区域有效的DGNSS校正,称为广域DGNSS(WADGSS)技术。与局域DGNSS相比,WADGSS具备以下优点[26.25]:

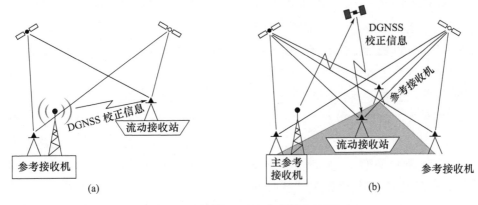

图 26.5 局域 DGNSS 和广域 DGNSS
(a)基于单参考站的局域 DGNSS,校正信息通过地面天线播发;
(b)基于网络参考站的广域 DGNSS,校正信息通过卫星播发。

- 网络覆盖的有效区域大于单个参考站覆盖的有效区域。
- 网络覆盖区域内的差分校正是一致的,而若基于不同的单个参考站,则可能会出现差异。
- 网络能够计算覆盖区域内与距离相关的偏差模型(大气偏差、轨道),而若基于单个参考站,则无法实现计算。

与单参考站 RTK 相比,上述优点也适用于网络 RTK(26.4 节)。通过使用参考站网络,DGNSS 的覆盖范围可以横跨美国、欧洲甚至全世界。据报道,(仅限码数据)WADGPS 的定位精度在 5m 以内[26.26]。当利用载波相位数据对码数据进行平滑运算时,WADGPS 的精度更高,甚至达到米级精度[26.27]。将码与载波相位结合使用,WADGNSS 概念上等同于精密单点定位(PPP)(第 25 章)。

在导航信息中广播电离层模型系数,通过先验值减小电离层偏差,可以提高局域(单频)DGNSS 的定位精度。GPS 或 BDS 使用 Klobuchar 模型[26.28,26.29],而 Galileo 则基于文献[26.30]提出的算法建立的半经验 NeQuick 模型。这些模型对差分电离层偏差进行了部分校正,但校正并不充分。Klobuchar 模型宣称能消除电离层偏差大小的 50% ~ 80%[26.31],而且还已初步证明了 NeQuick 模型的性能优于 Klobuchar 模型[26.32]。对流层差分偏差应使用标准模型进行先验校正,例如 Saastamoinen 模型[26.10]或全球压力和温度(GPT)模型[26.33]。

## 26.2.2 DGNSS 服务

1. DGNSS:海洋和陆地应用

目前,DGNSS 最大的应用领域是海洋运输。主要是因为在 20 世纪 90 年代,几个海洋国家的海岸警卫队和灯塔管理协会部署了广泛的参考站网络,提供差分校正,以减轻 SA 对 GPS 的影响。美国空军实施 SA 后,美国联邦航空管理局和美国海岸警卫队立即开始计划使用差分技术校正 SA,最终使得美国海岸警卫队和美国交通部联合运营起了美国国家 DGPS(NDGPS)系统[26.34]。该网络自 1999 年起开始运作,最初利用现有的海上无线电信标,给用户发送差分校正,且只覆盖沿海地区。后来,参考站也部署到了内陆地区,整个美国都被 NDGPS 网覆盖。2016 年,由于其他连续运行参考站(CORS)网络在内陆的发展,美国决定仅在海上和沿海地区保持 NDGPS 的覆盖范围[26.35]。

2. DGNSS 服务提供商:GBAS 或 SBAS

在 DGNSS 改正信息的播发中,通过地面播发,如美国的 NDGPS,或者使用(地球静止或地球同步)卫星播发信息来区分不同的 DGNSS 服务。第一类系统称为地基增强系统(GBAS)(第 31 章),而第二类系统称为星基增强系统(SBAS)(第 12 章)。通过卫星传输的优点是,它比地面链路传输覆盖的区域更大。

政府基于 GBAS 和 SBAS 的 DGNSS 服务示例见表 26.7,其中概述了部分 DGNSS 服务提供商。尽管本表仅提及少数提供全国性 DGNSS 服务的国家,但许多国家实际上都拥有政府 DGNSS 服务,覆盖沿海(离岸)和/或内陆(陆上)区域。

表 26.7 政府和商业实时 WADGPS 服务提供商(仅提供伪距服务)

| 提供者名称 | 政府/商业 | 覆盖范围 | GBAS/SBAS |
| --- | --- | --- | --- |
| NDGPS | 政府 | 美国 | GBAS |
| SAPOS EPS | 政府 | 德国 | GBAS |
| AMSA | 政府 | 澳大利亚 | GBAS |
| LAAS | 政府 | 美国 | GBAS |
| WAAS | 政府 | 美国 | SBAS |
| EGNOS | 政府 | 欧洲 | SBAS |
| MSAS | 政府 | 日本 | SBAS |
| GAGAN | 政府 | 印度 | SBAS |
| QZSS | 政府 | 日本 | SBAS |
| OmniSTAR VBS(Trimble) | 商业 | 全球 | SBAS |
| StarFire(NavCom/J. Deere) | 商业 | 全球 | SBAS |
| Starfix. L1(Fugro) | 商业 | 全球 | SBAS |
| Veripos 标准(Veripos) | 商业 | 全球 | SBAS |
| Thales DGPS DGRS 610/615 | 商业 | 灵活分布 | GBAS |

需注意的是,政府性的广域增强系统(WAAS)、欧洲地球静止导航覆盖服务(EGNOS)、多功能卫星增强系统(MSAS)和 GPS 辅助地理增强导航(GAGAN)系统都属于第 12 章讨论的 SBAS 类型。尽管 MSAS 和准天顶卫星系统(QZSS)都是日本的系统,但它们提供的服务类型不同:MSAS 是 WAAS 或 EGNOS 的兼容系统,可支持基于单频测距码的增强定位;QZSS 提供的校正则用以增强密集的日本城市地区定位(包括基于高精度载波相位定位)(第 11 章)。局域增强系统(LAAS)是 GBAS 类型的系统,由于它使用甚高频(VHF)无线电链路传输 DGPS 校正,所以用于飞行器的精密进近和着陆(第 31 章)。

除了这些政府服务之外,商业服务运营商也在全球范围内提供服务(表 26.7)。商用

DGNSS 系统属于 GBAS 或 SBAS 类型。如今,这些商业运营商不仅提供基于测距码的 DGPS 服务,还提供基于多系统 GNSS(GPS+GLONASS+BDS+Galileo+QZSS)码和基于载波的 PPP 和 PPP-RTK 以及网络 RTK 服务,从而获得更高的定位精度。这些服务不包括在表 26.7 中,因为该表仅限于基于码数据的 DGPS。基于伪距码的 DGNSS 服务提供商宣称的定位精度都在相同的范围内:大约 1~3m,不过也有一些(商业)提供商声称能达到亚米级定位精度。

除了校正信息外,许多政府/商业 DGNSS 系统还提供一种完好性信息,以提醒用户这些校正信息或 GNSS 信号本身存在潜在错误。有关 GNSS 信号完好性监控的更多详细信息请参阅第 24 章。

## 26.2.3 数据通信:RTCM 电文

数据通信链路对于(实时)向用户发送 DGNSS 校正至关重要。大多数 DGNSS 服务提供商使用由国际海事无线电技术委员会 104 特别委员会(RTCM SC-104)定义和发布的标准格式。最初,RTCM 校正仅用于伪距差分 GPS(2.0 版),因为这是提供海洋 DGPS 服务所需的全部。版本 2.1 增加了对 GPS 载波相位测量的支持,版本 2.2 增加了 GLONASS 支持,版本 3.0 则实现了数据结构现代化、带宽效率提高和支持网络 RTK。当前使用的是 2.3 版和 3.2 版,但标准仍在不断发展以满足用户需求。2.3 版和 3.2 版都确定了用于发送站信息、伪距和距离率校正的电文格式(26.2.4 节),以及 GPS 和 GLONASS 的载波相位原始数据和载波相位校正。3.2 版利用多个信号电文为大多数新兴的 GNSS 提供了额外的支持,并支持多种格式的网络 RTK 和 PPP 校正。

SBAS 系统部署(通信)卫星作为 RTCM 校正的通信链路,对于 GBAS 系统而言,有几个通信链路正在使用之中:

(1) 无线电通信,可分为甚高频(VHF)/高频(HF)、调频(FM)无线电数据服务(RDS)。

(2) 移动通信,可分为全球移动通信系统(GSM)、通用分组无线业务(GPRS)、通用移动通信系统(UMTS)。

(3) 互联网通信(NTRIP)。

GPRS 是互联网和移动电话(GSM)的组合应用,UMTS 则接替了 GPRS。特别令人感兴趣的是,2004 年,德国联邦制图与大地测量局(BKG)针对 DGNSS 数据流提出了一款通过互联网进行 RTCM 网络传输的协议(NTRIP)[26.37]。该标准已被大多数接收机制造商采用,实现 RTCM 校正的互联网播发。

## 26.2.4 DGNSS 改正的延迟

DGNSS 的用户希望可以同时接收改正信息和测量数据信息,以便尽可能提高差分解的精度。然而,实际上在用户收到校正结果之前可能会有一些延迟。此外,参考站(或网络)只能以特定的时间间隔(更新率)发送改正信息,该时间间隔可能与用户的数据采样率对应不上。

为了解决延迟问题,并在新的校正集到达之前的时间内提供可以应用的校正,RTCM 协议使用一阶多项式来预测 DGNSS 校正,基于这些 DGNSS 校正的速率,所谓的距离变化率校正可表示为

$$\text{PRC}(t) = \text{PRC}(t_0) + (t - t_0)\text{RRC}(t_0) \qquad (26.10)$$

式中:$t_0$ 为在参考站确定伪距校正(PRC)的时刻;$t$ 为与用户的测量相对应的时刻。因此,$t - t_0$ 的差代表延迟。距离变化率校正由 RRC 表示,它也属于 RTCM 校正消息的一部分,紧随伪距校正信息。显然,可接受的延迟取决于现有的应用和所需的 DGNSS 定位精度。

在 SA 被停用之前,DGPS 伪距校正的时间变化要比被移除之后的变化大得多。在 SA 生效期间,RRC 有助于降低 DGPS 校正的更新率。然而,随着 SA 的停用,伪距校正的时间变化主要由大气和/轨道误差时间变化控制。由于 RRC 变化非常缓慢,几乎为零,一些作者建议不再使用它,因为它可能会降低 DGPS 定位精度[26.38]。

即使 DGNSS 校正的更新率很高,但由于是通过通信链路将其发送给用户的通信链路,始终还是有一些延迟。例如,布鲁塞尔 EUREF 站通过 NTRIP caster 向法兰克福用户广播 DGPS-RTCM 数据流,通过互联网传输的延迟高达 1s。而使用 GPRS,即移动电话和互联网的组合,延迟最高可达 2s。

## 26.3 实时动态定位

本节讨论了基于载波相位的 DGNSS 定位技术,特别是基于解算载波相位模糊度来估计接收机高精度位置的 RTK 定位技术。在讨论 RTK 之前,26.3.1 节将回顾构成载波相位和基于测距码的定位模型的双差观测方程。由于接收机—卫星的空间几何分布对估计载波相位模糊度和位置坐标的精度有很大的影响,26.3.2 节着重讨论这一方面,并从传统的静态 GNSS 到 RTK 定位技术出发,以历史的角度,将其与基于载波相位的定位技术之发展联系起来。最后三个小节的内容都与 RTK 有关:26.3.3 节讨论了将 GLONASS 数据用于 RTK 时出现的复杂情况;26.3.4 节介绍多 GNSS RTK 定位相关的知识,包括系统间偏差和卫星间偏差;26.3.5 节给出了 RTK 模糊度解算方法和定位性能的示例。

### 26.3.1 双差定位模型

当定位模型中包括载波相位观测时,不能直接使用接收机间差分观测方程组式(26.1)。与基于码数据的 DGNSS 一样,首先假设卫星位置已知($\Delta r^s = 0$)。此外,尽管没有严格要求,参考站接收机位置也通常假定为已知($\Delta r_1 = 0$)。

尽管做了这样假设,方程组仍然没有唯一解,因为它是秩亏的(第 22 章),这是由于差分接收机相位偏差和差分模糊度之间的系数矩阵线性相关。为了消除秩亏,必须选择其中一颗卫星作为参考卫星。或者,可以通过差分求解相对于参考卫星的接收机间差分观

测量来消除接收机相位偏差和模糊度之间的秩亏。如第21章所述,这将形成伪距和载波相位的双差(线性化)观测方程,即

$$\begin{cases} \Delta p_{1r,j}^{1s} = -e_r^{1sT}\Delta r_{1r} + T_{1r}^{1s} + \mu_j^S I_{1r}^{1s} + c\Delta d_{1r,j}^{1s} + e_{1r,j}^{1s} \\ \Delta \varphi_{1r,j}^{1s} = -e_r^{1sT}\Delta r_{1r} + T_{1r}^{1s} - \mu_j^S I_{1r}^{1s} + c\Delta \delta_{1r,j}^{1s} + \lambda_j^S N_{1r,j}^{1s} + \varepsilon_{1r,j}^{1s} \end{cases} \quad (26.11)$$

双差观测值和参数用$(\cdot)^{1s} = (\cdot)^s - (\cdot)^1$表示,以卫星1为参考。对于足够短的基线,通常允许忽略对流层和电离层的双差延迟(26.1.2节)。如果不能忽略,则针对对流层延迟的一个常用手段是使用先验对流层模型校正观测值,并将剩余延迟映射到局部天顶,而该天顶对流层延迟(ZTD)作为一个未知参数估计。如果双差电离层延迟也不能忽略,则和其他参数一样,也将其作为未知参数进行估计(第21章)。

## 26.3.2 载波相位定位方法

载波相位观测具有毫米级精度,但是,即使可以忽略差分大气参数,也不能直接实现位置参数的高精度估计(毫米级到厘米级),这是由于存在未知的载波相位模糊度。为了高精度地解算位置和模糊度问题,需要很长的观测时间(可能超过半小时),这是因为相对于地面接收机而言,GNSS卫星处于非常高的轨道上,接收机和卫星的几何关系变化缓慢。

在短时段内测量,位置和模糊度精度主要取决于伪距数据的精度,对于大地测量型接收机来说,伪距数据的精度只有几分米。在极限情况下,例如单历元数据,位置解算完全由伪距数据决定,因为求解模糊度参数需要使用全部相位数据。当存在多个历元的数据时,相位数据开始有助于位置/模糊度的求解。然而,在短时间内,这种助力是微不足道的,遵循文献[26.25]中提供的论证,此说法解读如下。

1. 常规静态定位

以下线性观测方程组表示,在$k$个观测历元中,某固定接收机收集到的$m$颗卫星的双差相位数据为

$$E\left(\begin{bmatrix} y(t_1) \\ y(t_2) \\ \vdots \\ y(t_k) \end{bmatrix}\right) = \begin{bmatrix} A(t_1) & I \\ A(t_2) & I \\ \vdots & \vdots \\ A(t_k) & I \end{bmatrix} \begin{bmatrix} x \\ \nabla \end{bmatrix} \quad (26.12)$$

式中:$y(t_i)$为一个$f(m-1)$维向量,其中包含历元$i$处每个$f$频率的$m-1$个差分相位观测;$x$为相对坐标分量的向量;$\nabla$为$f(m-1)$载波相位模糊度的向量;矩阵$I$为$f(m-1)$维的单位矩阵。接收机—卫星的几何结构包含在历元$i$的视距向量中,由$f(m-1) \times 3$阶矩阵$A(t_i)$得出。因此,对于一个频率来说,有

$$A(t_i) = [-e_r^{12}(t_i), \cdots, -e_r^{1m}(t_i)]^T$$

载波相位模糊度的参数化需要乘以其波长(因此它们以m而不是cyc表示)。模糊度参数不带有时间标识,因为只要不发生周跳,则视模糊度为时不变参数。一个周跳会引起模糊度的跳变,但是这个跳变(相当于波长的整数倍)可以用标准假设检验理论来检测

(文献[26.40,26.41]及第 24 章)。检测到周跳后,可以调整相应的模糊度参数,从而避免打破模糊度的时间不变性。

由于视距向量在相邻两个历元内不会有太大差异,如果历元 1 到 $k$ 的时间跨度较短(例如只有几分钟),则接收机—卫星之间的几何结构只会缓慢变化,在这种情况下,$A(t_1) \approx A(t_2) \approx \cdots \approx A(t_k)$。而在极限情况下,如果假设接收机—卫星的几何关系是固定的,即 $A(t_1) = A(t_2) = \cdots = A(t_k)$,则观测方程组式(26.12)是秩亏的,因为设计矩阵的各列在位置和模糊度之间呈线性相关。尽管在实际中,接收机—卫星的几何关系不是固定的(除了来自如 BDS 的地球静止卫星),但其缓慢变化的结果是,只能勉强估测位置和模糊度。因此,为了能够以足够的精度估测 $x$ 和 $\nabla$,就必须确保接收机—卫星的几何关系发生显著变化,使得 $A(t_1) \neq A(t_k)$。若使用常规静态 GPS 测量技术[26.42,26.43],短基线通常需要 20~30min(忽略差分电离层延迟),但长基线可能需要几个(1~3)小时(将差分电离层延迟参数化为未知参数)[26.25]。

2. 半动态定位

传统的静态定位技术由于其观测时间长,在生产力方面不尽如人意,因此在历史上提出了几种定位技术来减少观测时间,并以足够的精度解算位置(和模糊度)[26.44,26.45]。

这里讨论了半动态定位技术的三种形式(图 26.6):

(1) 重访站点法[26.46]。

(2) 已知基线法。

(3) 天线互换法。

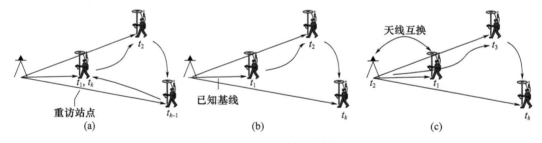

图 26.6 半动态相对定位策略
(a)重访站点法;(b)已知基线法;(c)天线互换法。

这三种方法都基于这样一个假设,即允许移动站接收机在某个点上短时间(如几分钟)内收集数据,然后访问下一个点,同样在短时间内收集数据。如此,相比于静态定位来说,生产力便得到了提高。这些半动态方法基于以下模型,即

$$E\left(\begin{bmatrix} y(t_1) \\ y(t_2) \\ \vdots \\ y(t_k) \end{bmatrix}\right) = \begin{bmatrix} A(t_1) & & & I \\ & \ddots & & \vdots \\ & & & I \\ & & A(t_k) & \nabla \end{bmatrix} \begin{bmatrix} x(t_1) \\ \vdots \\ x(t_k) \\ \nabla \end{bmatrix} \quad (26.13)$$

式中:$x(t_i)$ 为历元 $i$ 上的相对位置向量。因此,假设被覆盖的区域规模不大,移动站接收机在每个点上短时间内都收集数据,在各点之间移动的过程中持续追踪卫星。

1) 重访站点法

使用常规静态定位时，决定相位模糊度解算的不是历元数量，而是几何结构变化。因此，在静态模式下，在同一点进行两次数据采集就足够了，且这两次数据采集间隔足够长（例如，如果参考接收机和移动站接收机之间的距离较短，则为 30min）。在这个时间间隔内，移动站接收机可以访问其他点。在表 26.8 中，给出了与该重访站半动态定位技术相对应的模型，其中假设该阶段开始和结束时第一个点都在短时间内被观测到，如此，几何关系已经发生了相当大的变化，即，$A(t_1) \neq A(t_k)$。

2) 已知基线法

另一个半动态定位方法要求两个具有精确已知坐标的点，在第一个历元，参考站和移动站接收机放置于这两点上。由于相对位置是已知的，因此可以以非常高的精度快速确定模糊度。初始化完成后，移动站接收机移动到下一个点以快速确定位置，期间保持连续追踪信号。表 26.8 给出了与该技术相对应的模型，其中第一个历元的相对位置是已知的，因此，可以校正第一个历元的观测值。注意，即使是在 $A(t_1) = \cdots = A(t_k)$ 的情况下，系数矩阵也是满秩的。

3) 天线互换法

天线互换法是通过将参考接收机的天线移动到移动站接收机的位置，与此同时，移动站接收机的天线移动到参考接收机的位置，从而求解高精度的模糊度参数。这意味着，在天线互换后，载波相位模糊度没有改变（因为仍在持续追踪卫星），但相对位置与互换前呈相反状态。利用这一性质，即 $x(t_2) = -x(t_1)$，可以得出表 26.8 中给出的天线互换模型。即便在 $A(t_1) = \cdots = A(t_k)$ 的情况下，这个模型同样是满秩的。

表 26.8 三种半动态相对定位策略的观测方程组

| 变量 | 模型 |
|---|---|
| 重访站点法 | $E\left(\begin{bmatrix} y(t_1) \\ \vdots \\ y(t_{k-1}) \\ y(t_k) \end{bmatrix}\right) = \begin{bmatrix} A(t_1) & & & I \\ & \ddots & & \vdots \\ & & A(t_{k-1}) & I \\ A(t_k) & & & I \end{bmatrix} \begin{bmatrix} x(t_1) \\ \vdots \\ x(t_{k-1}) \\ \nabla \end{bmatrix}$ |
| 已知基线法 | $E\left(\begin{bmatrix} y(t_1) - A(t_1)x(t_1) \\ y(t_2) \\ \vdots \\ y(t_k) \end{bmatrix}\right) = \begin{bmatrix} 0 & & & I \\ A(t_2) & & & I \\ & \ddots & & \vdots \\ & & A(t_k) & I \end{bmatrix} \begin{bmatrix} x(t_2) \\ \vdots \\ x(t_k) \\ \nabla \end{bmatrix}$ |
| 天线交换法 | $E\left(\begin{bmatrix} y(t_1) \\ y(t_2) \\ y(t_3) \\ \vdots \\ y(t_k) \end{bmatrix}\right) = \begin{bmatrix} A(t_1) & & & I \\ -A(t_2) & & & I \\ & A(t_3) & & I \\ & & \ddots & \vdots \\ & & A(t_k) & I \end{bmatrix} \begin{bmatrix} x(t_1) \\ x(t_3) \\ \vdots \\ x(t_k) \\ \nabla \end{bmatrix}$ |

### 3. (实时)动态定位

与其等待(浮点)模糊度足够精确获得高精度的位置,不如利用载波相位双差模糊度的整数特性。一旦模糊度可以确定为整数值,就可以将其从观测方程组中去除,从而实现高精度的定位。

精确位置的求解步骤如下(第 23 章)。使用模型式(26.13),利用标准最小二乘法或卡尔曼滤波估计模糊度,这种解法称为浮点解。虽然对于短时间跨度,浮点模糊度具有较差的精度和较高的相关性,但可以对它们进行去相关,得出精度更高的和相关性更低的模糊度。通过一定的搜索技术,可以找到双差模糊度的整数值。最小二乘模糊度降相关法(LAMBDA)是解算整周模糊度的标准方法(第 23 章),它有效地实现了降相关和整数搜索。在整周模糊度解算成功之后,保持模型中的固定模糊度,再次执行标准最小二乘估算,即

$$E\begin{bmatrix}\mathbf{y}(t_1)-\nabla\\\mathbf{y}(t_2)-\nabla\\\vdots\\\mathbf{y}(t_k)-\nabla\end{bmatrix}=\begin{bmatrix}\mathbf{A}(t_1)&&\\&\ddots&\\&&\mathbf{A}(t_k)\end{bmatrix}\begin{bmatrix}\mathbf{x}(t_1)\\\vdots\\\mathbf{x}(t_k)\end{bmatrix} \quad (26.14)$$

此模型被称为固定解。固定解具有很高的精度,因为恢复了整周模糊度的载波相位数据等效成了精度很高的伪距数据。

整周模糊度解算的成功与否取决于基本定位模型的强度。利用一个历元的数据进行实时整周模糊度解算只有在非常强的模型内才是可行的,例如基于双频伪距和载波相位观测数据的短基线 GPS 模型[26.47]。较弱的模型,如短基线单频数据模型或参数化电离层延迟的长基线模型[26.48],则需要更多的时间来固定模糊度。然而,可以通过将某些参数(位置、ZTD、电离层延迟、硬件偏差)加入动态模型中(如卡尔曼滤波),或者通过组合多系统 GNSS 数据,使这些较弱的模型得到增强(26.3.4 节)。

短距离的 RTK 由于具有较高的生产效率,所以它常用于地质测量和工程测量中。

## 26.3.3 GLONASS RTK 定位

双差观测方程式(26.11)构成了 RTK 定位模型的基础。但是,也可以使用非差观测方程(见第 21 章和文献[26.49,26.50])。本节中,讨论在基于 GLONASS 观测值的 RTK 中使用双差观测方程时出现的问题。

对于基于 FDMA 技术的 GLONASS 信号(第 8 章),必须处理式(26.1)中由 $\Delta d^s_{1r,j}$ 和 $\Delta\delta^s_{1r,j}$ 表示的信道间码偏差和相位偏差,在双差定位模型式(26.11)中,它们无法被消除。针对 GLONASS 信道间相位偏差的一个常见假设是,它们可以被建模为频率或信道的线性函数[26.51],即 $\Delta\delta^s_{1r,j}=\kappa^s\Delta\delta^s_{1r,j}$,$\kappa^s$ 表示整数型的信道数。基于此,对于短基线(忽略差分大气偏差),GLONASS 的双差观测方程为

$$\begin{cases}\Delta p^{1s}_{1r,j}=-\mathbf{e}^{1sT}_r\Delta r_{1r}+c\Delta d^{1s}_{1r,j}+e^{1s}_{1r,j}\\\Delta\varphi^{1s}_{1r,j}=-\mathbf{e}^{1sT}_r\Delta r_{1r}+\kappa^{1s}c\Delta\delta_{1r,j}+\lambda^s_j\left(N^s_{1r,j}-\frac{\lambda^1_j}{\lambda^s_j}N^1_{1r,j}\right)+\varepsilon^{1s}_{1r,j}\end{cases} \quad (26.15)$$

与相位的信道间偏差相反,测距码的信道间偏差不能被建模为线性函数[26.52]。除了存在差分信道间偏差,还有另一种与 CDMA 信号相位观测方程之间的差异:由于波长取决于具体卫星或信道,载波相位模糊度无法以双差模糊度的方式去估计,这意味着无法利用载波相位模糊度的整数特性,而这正是高精度 RTK 定位的关键所在。

信道间相位偏差的存在是解算模糊度的首要问题,因为它们不能被单独估计(模型系数矩阵的各列会呈秩亏状态)。然而,假设 RTK 基线由几对相同品牌的接收机组成,则信道间相位偏差可以忽略,即 $\Delta d_{1r,j}^{1s}=0, \Delta \delta_{1r,j}=0$,可从差分 GLONASS 观测方程中去除[26.53]。假设基线被不同厂家(即混合接收机对)的接收机观测,可以基于其稳定性校准这些信道间偏差[26.54]。文献[26.54,26.55]提供了 $\Delta \delta_{1r,j}$ 的先验校正值,从中可以看出,对于某个混合接收机对,相邻信道(如 $\kappa^{1s}=0$)间偏差可达 5cm。测距码信道间偏差的大小则可以达到 5m[26.56]。

忽略或校正信道间的偏差并不意味着 GLONASS 的模糊度可以被估计为双差,然后被估计为整数。在文献中,一些作者试图通过将模糊度项改写成其等价项来解决这一问题[26.53,26.57],即

$$\lambda_j^s \left( N_{1r,j}^s - \frac{\lambda_j^1}{\lambda_j^s} N_{1r,j}^1 \right) = \lambda_j^s N_{1r,j}^{1s} + \lambda_j^{1s} N_{1r,j}^1 \tag{26.16}$$

GLONASS 模糊度组合被改写为双差模糊度 $N_{1r,j}^{1s}$ 和对应于参考卫星的接收机间单差模糊度 $N_{1r,j}^1$。但两个模糊度项无法作为独立参数进行估计。Takac[26.53]提出,通过接收机间差分码和相位观测值,可以大致得出 $N_{1r,j}^1$ 的值,即

$$\Delta p_{1r,j}^1 - \Delta \varphi_{1r,j}^1 = c[d_{1r,j}^r - \delta_{1r,j}^r] - \lambda_j^1 N_{1r,j}^1 + e_{1r,j}^1 - \varepsilon_{1r,j}^1 \tag{26.17}$$

要得出 $N_{1r,j}^1$ 近似值,还需要一个假设,即对于相同的接收机对,码偏差与相位偏差的差值 $d_{1r,j}^r - \delta_{1r,j}^r$ 为 0,从而可以对混合接收机对进行改正。然而,由于 $N_{1r,j}^1$ 近似值的计算中由包含噪声的伪距数据占主导作用,因此精度不高,可能导致双差模糊度 $N_{1r,j}^{1s}$ 无法实现可靠的解算[26.58]。

另一种处理 GLONASS 参考星模糊度的方法可参考文献[26.59]。重新对式(26.16)中的 GLONASS 模糊度项进行了参数化,有

$$\lambda_j^s N_{1r,j}^{1s} + \lambda_j^{1s} N_{1r,j}^1 = \lambda_j^s \widetilde{N}_{1r,j}^{1s} + \lambda_j^{1s} \widetilde{N}_{1r,j}^1 \tag{26.18}$$

其中,双差和参考星模糊度被重新参数化为

$$\begin{cases} \widetilde{N}_{1r,j}^{1s} = N_{1r,j}^{1s} - \dfrac{\kappa^{1s}}{\kappa^{12}} N_{1r,j}^{12}, s \geq 3 \\ \widetilde{N}_{1r,j}^1 = N_{1r,j}^1 + \dfrac{\lambda_j^2}{\lambda_j^{12}} N_{1r,j}^{12} \end{cases} \tag{26.19}$$

利用的特性是

$$\lambda_j^s \frac{k^{1s}}{k^{12}} = \lambda_j^2 \frac{\lambda_j^{1s}}{\lambda_j^{12}}.$$

重新参数化的双差模糊度 $\widetilde{N}_{1r,j}^{1s}$ 中包含的偏差是被放大后的卫星 2 和参考卫星之间的整周

模糊度 $N_{1r,j}^{12}$ 造成的。正因为如此，卫星 2 可以被视为第二参考卫星。由于重新参数化的双差分模糊度 $\tilde{N}_{1r,j}^{1s}$ 不是这第二颗参考卫星的未知参数（它仅从第三颗卫星开始出现），因此现在有可能分离这两个重新参数化的模糊度，这意味着可以解算双差分模糊度 $\tilde{N}_{1r,j}^{1s}$，以及第一颗参考卫星的接收机间差分模糊度 $\tilde{N}_{1r,j}^{1}$。

然而，这里存在一个问题：由于双差模糊度 $\tilde{N}_{1r,j}^{1s}$ 的偏差是 $(\kappa^{1s}/\kappa^{12})N_{1r,j}^{12}$ 造成的，因此其数值往往不是整数。尽管 GLONASS 信道数 $\kappa^s$ 是整数（因此 $\kappa^{1s}$ 也是整数），但通常来说，分数 $\kappa^{1s}/\kappa^{12}$ 会破坏 $\tilde{N}_{1r,j}^{1s}$ 的整数特性。但是此处也存在一个例外：假设两颗参考卫星的信道号相差为 $1(|\kappa^{12}|=1)$，分数 $\kappa^{1s}/\kappa^{12}$ 实际上会是一个整数，因此，$\tilde{N}_{1r,j}^{1s}$ 也将是一个整数。这表明，两颗 GLONASS 参考卫星不能是任意挑选出来的，而是拥有相邻信道的两颗卫星。只有在这种情况下，才能实现 GLONASS 模糊度的整数解算。然而，需要强调的是，这个 GLONASS 整周模糊度的解算方法完全依赖于一个潜在的假设，即可以忽略差分信道间偏差（也就是说，$\Delta d_{1r,j}^{1s}=0$，$\Delta \delta_{1r,j}=0$），而这仅适用于相同的接收机对。对于混合接收机来说，尽管文献[26.59]提出了要求，但仍然需要进行外部改正。

## 26.3.4 多系统 GNSS RTK 定位

由于可以在定位模型中采用多系统的伪距和相位观测数据，因此多星座有利于 RTK 定位。这一点已在第 21 章 SPP 模型中经过验证，它同样适用于 RTK 定位。

如果仅限于 CDMA 星座，则不存在信道间偏差，且对于任意星座来说，接收机差分码和相位观测方程都如式(26.1)所示。为每个星座选择一颗参考卫星，可得出双差观测方程，与式(26.11)相似，不过需要为每个星座选择一颗参考卫星。星座之间的公共参数是接收机位置坐标，如果需要估计 ZTD，则要再加上 ZTD 参数，所有其他可估计参数都是针对特定星座的。通过使用不同系统（例如，GPS L1 和伽利略 E1）之间相同的频率，有可能建立起一个比上述更稳健的多系统 GNSS 模型。

1. 差分系统间偏差（DISB）

对星座间相同频率来说，有可能利用第一个星座的卫星数据，跟第二个星座的数据进行差分。考虑两台跟踪两个星座数据的接收机，分别由 $A$ 和 $B$ 表示（图 26.7），对于观测星座 $A$ 的双差分观测方程为（针对短基线）

$$\begin{cases} E(\Delta p_{1r,j}^{1_A s_A}) = -e_r^{1_A s_A^{\mathrm{T}}} \Delta r_{1r} \\ E(\Delta \varphi_{1r,j}^{1_A s_A}) = -e_r^{1_A s_A^{\mathrm{T}}} \Delta r_{1r} + \lambda_j^A N_{1r,j}^{1_A s_A} \end{cases} \quad (26.20)$$

式中：$s_A = 2_A, \cdots, m_A$；$m_A$ 为星座 $A$ 中跟踪的卫星数量；$1_A$ 为星座 $A$ 的参考卫星。以参考卫星 $A$ 去差分星座 $B$ 中具有相同频率的观测量，假设 $\lambda_j^B = \lambda_j^A$，则有

$$\begin{cases} E(\Delta p_{1r,j}^{1_A s_B}) = -e_r^{1_A s_B^{\mathrm{T}}} \Delta r_{1r} + cd_{1r,j}^{AB} \\ E(\Delta \varphi_{1r,j}^{1_A s_B}) = -e_r^{1_A s_B^{\mathrm{T}}} \Delta r_{1r} + c\delta_{1r,j}^{AB} + \lambda_j^A N_{1r,j}^{1_A s_B} \end{cases} \quad (26.21)$$

式中：$s_B = 1_B, \cdots, m_B$；$m_B$ 为星座 $B$ 中跟踪的卫星数量。需要注意的是，对星座 $B$ 来说，

还要与星座 $B$ 第一颗卫星 $1_B$ 做相位差分和码差分。与此同时,还要估计星座 $B$ 的其他参数,即

$$d_{1r,j}^{AB} = d_{1r,j}^{B} - d_{1r,j}^{A}, \delta_{1r,j}^{AB} = \delta_{1r,j}^{B} - \delta_{1r,j}^{A} \tag{26.22}$$

这些属于伪距码和相位的差分系统间偏差(DISB)[26.60]。需要强调的是,以上关于 DISB 参数的定义适用于不存在差分大气偏差的短基线模型。更长的基线使用电离层浮点模型[26.61],将电离层作为参数进行估计,此时 DISB 的可估计性和物理意义将发生变化。

引入 DISB 参数的模型性能与具有特定星座参考卫星的模型完全一致。只有已知 DISB 信息后,将其纳入模型中,才可以达到更好的定位性能。如果事先已知 DISB 值,观测值可以针对这些 DISB 进行改正,即

$$\begin{cases} E(\Delta p_{1r,j}^{1_A s_B} - c d_{1r,j}^{AB}) = -\boldsymbol{e}_r^{1_A s_B \mathrm{T}} \Delta \boldsymbol{r}_{1r} \\ E(\Delta \varphi_{1r,j}^{1_A s_B} - c \delta_{1r,j}^{AB}) = -\boldsymbol{e}_r^{1_A s_B \mathrm{T}} \Delta \boldsymbol{r}_{1r} + \lambda_j^A N_{1r,j}^{1_A s_A} \end{cases} \tag{26.23}$$

式中:$s_B = 1_B, \cdots, m_B$。在没有 DISB 参数的情况下,对星座 $B$ 的观测值可以和对星座 $A$ 的观测值进行相同的处理,因为它们有一颗共同的参考卫星和相同类型的参数。换言之,两个星座可以当作同一个星座信号进行处理(图 26.7)。这在文献[26.62]中被称为紧组合处理。在由每个星座的观测方程式(26.11)组成的组合模型中,存在可估计整周模糊度个数为 $f(m_A + m_B - 2)$(假设两个星座的频率都是 $f$),对于紧组合或已知 DISB 的模型,其随着 $f$ 的增加而增加。

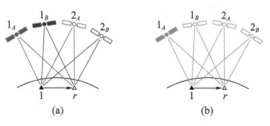

图 26.7 两个星座可以当作同一个星座信号进行处理

(a)双星座 $A$ 和 $B$,每个星座定义各自的参考卫星 $1_A$ 和 $1_B$;

(b)双星座 $A$ 和 $B$ 有了共同的参考卫星,在本例中是 $1_A$,假设 DISB 已知或者为0。

关于 DISB 的大小和稳定性,已经证明了对于相同接收机对,即同一制造商生产的接收机,DISB 接近于0,即 $\delta_{1r,j}^{AB} = 0$,$d_{1r,j}^{AB} = 0$,而对于混合接收机组合来说,它们不是0,但在时间上非常稳定[26.60,26.63,26.64]。

例如,图 26.8 为针对 GPS L1 和 Galileo E1 频率(均为 1575.42 MHz)估计出的相位和码所绘制的 DISB。该图显示,加拿大新布瑞斯维克大学混合接收机组成的基线,其相位 DISB 平均估值约为-0.2cyc,而测距码 DISB 平均估值约为 2m。对于另一条由两个徕卡接收机组成的位于德国威泽尔的基线,其相位和码 DISB 平均估值都接近于零。

图 26.9 显示了另一个频率即伽利略的 E5b 和 BDS 的 B2 频率(均为 1207.14MHz))的 DISB 估值。图 26.9(a)显示,对于由混合接收机组成的科廷大学(澳大利亚)校园的零基线,相位 DISB 平均估值约为-0.1cyc,而码 DISB 平均估值约为 2.6m。另一方面,图

26.9(b)显示了科廷大学另一条零基线,该基线由两个相同的 Trimble 接收机组成,其相位和码 DISB 估值接近于零。

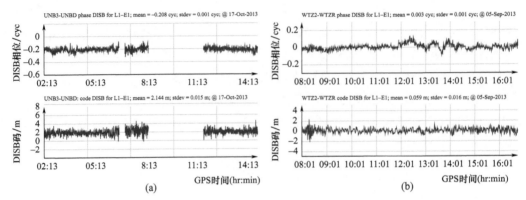

图 26.8  利用 UNB3(Trimble NetR9)和 UNBD(Javad TRE-G2T)组成的 20m 的
基线估计 L1(GPS)-E1(伽利略)的相位(顶部图表)和伪距(底部图表)DISB
(a) WTZ2(Leica GR25)与 WTZR(Leica GRX1200+GNSS)之间的零基线的例子;
(b) 时间序列的间隔意味着伽利略卫星在段时间没有被跟踪。

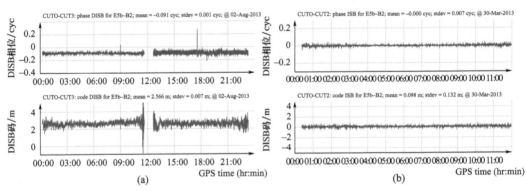

图 26.9  利用 CUT0 站(Trimble NetR9)和 CUT3(Javad TRE-G3TH)组成的
零基线估计 E5b(伽利略)-B2(北斗系统)的相位(顶部图表)和伪距(底部图表)
(a) CUT0 站(Trimble NetR9)和 CUT3(Javad TRE-G3TH)之间零基线的例子;
(b) 时间序列的间隔意味着伽利略卫星在那段时间没有被跟踪。

2. 差分卫星类型间偏差(DISTB)

无论 BDS 数据是单独用于 RTK 定位,亦或与其他 GNSS 共同应用于 RTK 定位,混合接收机构成的基线上都会产生另一种类型的偏差,这就是所谓的(差分)卫星类型间偏差(ISTB),该偏差出现在 BDS 地球静止(GEO)卫星和其他频率相同的 BDS(IGSO,MEO)卫星信号之间。

表 26.9 总结了一台天宝接收机与其他两个生产商的接收机相位 DISTB。与 DISB 类似,DISTB 非常稳定,因此可以被校正。从文献[26.65]可以看出,在混合接收机上,GEO 卫星的相位 DISTB 相对于 IGSO/MEO 卫星恰好是半个周期。但是实际上哪些频率受到影响,哪些不受影响,取决于混合接收机类型的组合。如表 26.9 所列,对于 Trimble-Septentrio 组合,Bl 频率不受影响,但是对于 Trimble-Javad 组合,则受影响。而对 B2 频率来说,反之亦然。

根据文献[26.65]中的结果,GNSS 接收机制造商更新了接收机固件,以便在使用 BDS RTK 混合接收机时消除 DISTB[26.66]。但是,使用旧固件的接收机用户在处理 BDS 数据时仍应留意 DISTB 的存在。

表 26.9 北斗地球静止轨道卫星(GEO)和倾斜轨道卫星(IGSO)以及中轨道卫星(MEO)间的不同类型卫星间相位偏差(DISTB)(周),采用天宝接收机作为参考接收机

| BDS 频点 | Septentrio | Javad |
| --- | --- | --- |
| B1 | 0 | 0.5 |
| B2 | 0.5 | 0 |

## 26.3.5 RTK 定位实例

为了深入了解 RTK 模糊度解算与定位的实际性能,这一小节给出西澳大利亚的 RTK 实例。这是利用单 GPS 和多系统 GNSS RTK(GPS+BDS)的数据完成的。

结果显示的是在科廷大学校园的 CUT0 和 CUTT 站之间观测到的短基线(1km),以及科廷大学测站 CUT0 和穆雷斯克(MURK)接收站之间测量的长基线(80km)的结果。这里的长短定义取决于电离层误差是否可以忽略。

表 26.10 总结了一些采集数据的接收机类型的相关细节,以及测量时间、数据截止角、采样间隔等。对短基线而言,数据处理同时采用单频和双频模式,而处理长基线则仅采用双频模式,因为长基线单频模型太弱。

一旦浮点模糊度参数达到足够高精度,那么在每个历元通过 LAMBDA 方法结合固定失败率的 Ratio 检验(FFRT;第 23 章)就可以解算整周模糊度。

表 26.10 短基线和长基线特点对比

| 短基线 RTK | 长基线 RTK |
| --- | --- |
| CUT0-CUTT;1km | CUT0-CUTT;80km |
| 2 个天宝 NetR9 接收机 | 2 个天宝 NetR9 接收机 |
| 日期:2013 年 4 月 20 日 | 日期:2014 年 2 月 19 日 |
| 截止高度角:10° | 截止高度角:10° |
| 采样间隔:30s | 采样间隔:30s |

1. 短基线 RTK 结果

图 26.10~图 26.14 显示了在东北天坐标系,动态模式(逐个历元;没有施加动力学模型)下解算得出的 CUTT 位置解的时间序列。这些坐标分量与 CUTT 的地面真实位置进行对比。每幅图包含两条曲线,分别表示模糊度浮点解和固定解。在图表旁边的表格中,给出了统计标准差。浮点解是通过卡尔曼滤波得到的,在模糊度上只有一个动态模型(也就是说,它们在时间上是恒定的)。图中需要注意的是,模糊度固定解并不总是起始于时

间跨度的开始,但只有在模糊度(被 FFRT 接受之后)能够确切地固定到整数时,才可计算模糊度固定解。因此,具有先验位置标准差的表格仅在可以固定模糊度后的时间内提供浮点解,以便直接将它们与对应的固定解进行比较。这意味着在比较对应于不同处理策略的浮点标准偏差时必须小心。

从图 26.10~图 26.13 可以看出,在所有情况下,浮点解都需要时间实现收敛,收敛时间取决于模型的强度。假设水平分量的收敛标准为 1cm,垂直分量的收敛标准为 2cm,表 26.11 给出了每种情况下浮点解收敛所需的时间。

对于单频 GPS,这个收敛时间是 0.5h,但是对于单频 BDS,这个时间长得多,最长需要 4h。收敛非常缓慢的原因可能是 BDS 的地球静止卫星,因为其几何关系几乎不随时间变化。此外,由于该几何结构近乎固定,地球静止卫星信号上的多路径几乎无法实现时间上的平均化[26.67]。使用更强的模型,可减少收敛时间:对于单频 GPS+BDS 和双频 GPS,收敛时间分别为 20min 和 25min(对于 GPS L1,则为 30min)。此外,可以采用模糊度固定解算方法来缩短收敛时间。

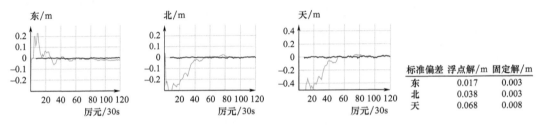

图 26.10　GPS L1 频点 RTK 浮点解(浅色)和固定解(深色)位置误差,
CUT0-CUTT 之间 1km 基线的标准偏差

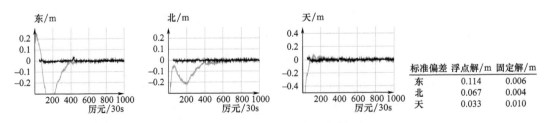

图 26.11　BDS B1 频点 RTK 浮点解(浅色)和固定解(深色)位置误差,
CUT0-CUTT 之间 1km 基线的标准偏差

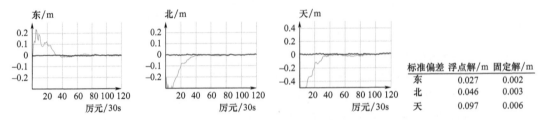

图 26.12　BDS+GPS L1+B1 频点 RTK 浮点解(浅色)和固定解(深色)位置误差,
CUT0-CUTT 之间 1km 基线的标准偏差

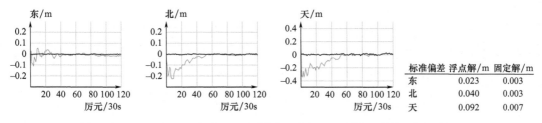

图 26.13　GPS L1+L2 频点 RTK 浮点解（浅色）和固定解（深色）位置误差，
CUT0-CUTT 之间 1km 基线的标准偏差

表 26.11 也给出了将模糊度固定为整数所需的时间。对单频 GPS 来说，需要 4min，明显少于浮点解收敛所需的 30min 时间。经过 4min 达到固定解后，位置精度立刻达到了厘米级（图 26.10）。同样，单频 BDS 的模糊度固定时间也要比浮点模糊度收敛时间更短。对于更强的多系统 GNSS（GPS L1 和 BDS B1），以及双频 GPS 模型来说，模糊度固定更快；仅基于一个历元的数据，就可以固定模糊度（瞬时模糊度解算）。

表 26.11　CUT0-CUTT 之间 1km 基线（电离层固定模型）模糊度固定性能和位置误差，
浮点解收敛的条件是水平误差小于 1cm，高程误差小于 2cm

| 观测量 | 浮点解收敛时间/min | 模糊度固定时间/min |
| --- | --- | --- |
| GPS L1 | 30 | 4min |
| BDS B1 | 240 | 25min |
| GPS L1 & BDS B1 | 20 | 瞬间 |
| GPS L1+L2 | 25 | 瞬间 |

此外，图 26.14 给出了基于逐历元处理而不使用卡尔曼滤波情况下的双频 GPS 定位误差。该情况下，模型强度足够高，因此不必保持模糊度参数时不变。由于任何参数不存在动态模型，位置的浮点解完全由伪距数据控制；这就解释了图 26.14 中的位置浮点的噪声（分米到米级）误差。然而，固定解是非常精确的（毫米到厘米级）。

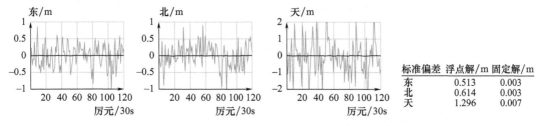

图 26.14　1 公里基线 CUT0-CUTT 之间 GPS L1+L2 频点的 RTK 浮点解（浅色）和
固定解（深色）位置误差，以及标准偏差，基于历元间解算

在本例中，所演示的单频多系统 GNSS RTK 性能甚至允许增加高度截止角。高度截止角通常设置为 10°，在文献[26.68, 26.69]中，高截止角设置为 35°仍然会获得高模糊度解算成功率。这使得在低海拔 GNSS 信号被阻塞或产生多路径的环境中，如城市峡谷或露天矿，RTK 应用更加稳健。

## 2. 长基线 RTK 结果

采用与短基线类似的方式,图 26.15~图 26.17 显示了基于长基线(80km)MURK 浮点解和固定解的位置误差。图 26.15 给出了双频 GPS 的结果,图 26.16 给出了双频 BDS 的结果,图 26.17 则给出了两个星座组合的结果。对于这三种情况,表 26.12 给出了浮点解收敛所需的时间,以及准确固定整周模糊度并获得固定解所需的时间。

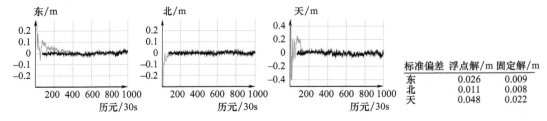

图 26.15 80km 基线 CUT0-MURK 之间 GPS L1+L2 频点的 RTK 浮点解(浅色)和固定解(深色)位置误差,以及标准偏差

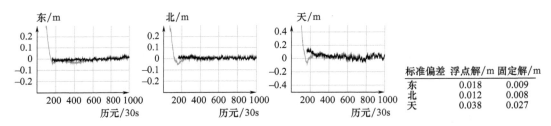

图 26.16 80km 基线 CUT0-MURK 之间 BDS B1+B2 频点的 RTK 浮点解(浅色)和固定解(深色)位置误差,以及标准偏差

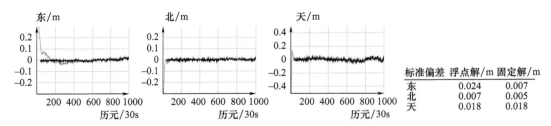

图 26.17 80km 基线 CUT0-MURK 之间 GPS+BDS L1+L2 以及 B1+B2RTK 浮点解(浅色)和固定解(深色)位置误差,以及标准偏差

由于存在差分电离层参数以及(残余的)ZTD 参数,长基线模型比短基线模型要弱。因此,与短基线模型相比,收敛的标准稍有放宽:水平分量 2cm,垂直分量 5cm。从表 26.12 可以看出,在仅用 GPS 的情况下,只需要 3h 左右就可以收敛。而仅用 BDS 的情况下,所需收敛时间要更长,接近 4.5h。正如在短基线情况下一样,BDS 所需时间要比 GPS 长的原因可能是地球静止卫星的静止几何关系,而且由于短基线模型的收敛时间已为 4h,因此,系统多路径误差对收敛时间的影响大于模型中的附加大气参数。从文献[26.70,26.71]也可看出 BDS 长时间收敛的特点。GPS 与 BDS 结合,收敛时间最短,但仍然接近 3h。从图 26.17 可以看出,东方向分量需要很长时间才能收敛到 2cm 以下。

整周模糊度的固定可以解决收敛时间过长的问题。只有 GPS 的情况下,可在 35min 后固定为整数,而若只使用单 BDS,时间为 80min。

GPS 和 BDS 相结合的固定时间最短,只有 20min(表 26.12)。如图 26.15~图 26.17 所示,在这段时间之后,对于所有三种情况来说,固定解的水平精度均为亚厘米级,在垂直方向上则低于 3cm。从图右边的表中可以看出,长基线情况下由于模糊度固定得到的增益,要少于短基线情况下得到的增益,可参考与图 26.10~图 26.14 中短基线图相对应的表格。这是因为在长基线情况下,模糊度的解算需要更多的时间,并且在模糊度最终固定的时候,由于接收卫星几何结构关系的变化,浮点解的位置精度已经有了很大的提高。

表 26.12　CUT0-MURK 之间 80km 基线(电离层浮点模型)下模糊度固定和动态解位置误差,浮点解收敛的条件是水平位置误差小于 2cm,高程误差小于 5cm

| 观测量 | 浮点解坐标收敛时间/min | 模糊度固定时间/min |
| --- | --- | --- |
| GPS L1+L2 | 185 | 35 |
| BDS B1+B2 | 262 | 80 |
| GPS L1+L2 & BDS B1+B2 | 165 | 20 |

## 26.4　网络 RTK

本节探讨了 RTK 技术向网络 RTK 的拓展,介绍了参考站观测所需的处理步骤、不同形式的网络 RTK 实现以及典型的校正模型,并讨论了 PPP-RTK。

### 26.4.1　从 RTK 到网络 RTK

前面已经介绍过,单基站 RTK 的显著缺点之一是参考站和移动站接收机之间的最大距离不得超过 10~20km,以便能够迅速可靠地求解载波相位模糊度。造成此限制的原因是与距离有关的误差,主要包括电离层信号折射,还包括轨道误差和对流层折射(26.1.2 节)。通过在移动站周围建设一系列的 GNSS 参考站,可以精确地对这些误差进行建模。因此,解决 RTK 距离限制的办法在于多基站技术,也就是人们熟知的网络 RTK,有时也简称 NRTK。实际上,网络 RTK 也存在距离限制,这个限制指的是参考站之间的距离。该距离不得超过 100~200km,以便能够针对基于距离的误差,建立起高精度的实时校正模型。

广域 DGNSS 是局域单基站 DGNSS(26.2.1 节)的拓展,与之类似,网络 RTK 技术通过建设及维护参考站网、收集和预处理观测数据,向 RTK 用户实时发送观测校正参数,建立起了服务于更广区域或整个国家的定位服务。只有网络 RTK 得到发展,这种服务才变得可行。如果使用网络 RTK 技术,100000km$^2$ 的区域大约需要一个由 20 个间距为 75km 的参考站组成的网络。相比之下,使用单基站 RTK,最近参考站之间的最大距离为 7.5km,需要在同一片区域部署约 900 个等间隔的参考站。

## 26.4.2 网络 RTK 的数据处理方法

网络 RTK 需要对参考站观测数据进行处理,建立与距离相关的误差实时校正模型。因此,整网(或子网)参考站的观测数据必须收集到同一个数据处理站,通常是一个中央处理中心。参考校正和模型系数会从这里发送给移动站接收机,从而进行 RTK 定位。

从收集参考站观测数据到 RTK 完成定位之间的主要数据处理步骤如下(图 26.18)。

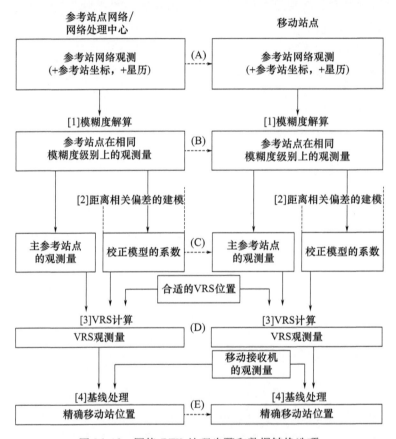

图 26.18 网络 RTK 处理步骤和数据转换选项

第一步(图 26.18 中的[1]),在参考站网络中实现模糊度固定。此外,还包括根据确定的双差模糊度恢复非差载波相位观测数据,以便之后所有观测值模糊度都相同,只有具有固定模糊度的观测值才能用于距离相关误差的精确建模。这一处理步骤是网络 RTK 的关键部分,因为较长基线(50~100km)的模糊度必须固定且实时固定。由于站点坐标是精确已知的,所以这种网络模糊度解算方法与常用的 RTK 模糊度解算方法有很大的不同。这里所有解算中的误差都是由观测误差引起的,并且所有能够减少这些误差的先验信息都应该被使用:IGS 预测的卫星星历、基于最新处理结果的电离层和对流层校正、通过评估历史数据进行的载波相位多路径校正、通过天线校准进行的天线相位中心校正等。

第二步是估计改正模型系数(图 26.18 中的[2])。目前已开发了对参考站和用户接收机之间距离相关误差建模（或插值）的技术。有关算法的概述，参见文献[26.72]和文献[26.73]。每颗卫星的电离层误差和轨道误差都必须单独建模。对流层改正可以逐站进行估计。将色散（电离层）误差与非色散误差（轨道和对流层，有时称为几何误差）分开估计，因为电离层误差与其他距离相关误差相比短期内变化更大。因此，电离层改正必须更频繁地更新（传送给用户），例如，实际过程中，轨道和对流层改正每60s更新一次，电离层改正每10s更新一次。此外，考虑到电离层折射改正数具有小区域的特点，建模区域应该保持较小的面积，即电离层改正模型应仅基于周围三个参考站的观测。另一方面，使用的参考站越多，几何改正模型的质量可能会更高。

第三步是网络RTK处理（图26.18中的[3]），利用所选主参考站的实际观测量以及距离相关误差的精确校正模型可以计算出一组参考的观测数据。基于此校正模型，以及主参考站和移动站之间大概的水平坐标差，参考的观测数据实际上转移到了移动站，这就产生了虚拟参考站（VRS）观测。

第四步也就是最后一步（图26.18中的[4]），包括VRS和移动站接收机之间的RTK式基线处理。

现有的网络RTK定位服务运行一个或多个网络处理中心，收集参考站观测数据并对其进行预处理。数据处理至少包括参考网载波相位观测数据的实时模糊度解算，同时包括对数据的严格质量控制。此外基于所收集到的观测数据对参考站天线的空间稳定性进行控制。其他的处理步骤也都在处理中心完成，取决于向用户发送网络数据的指定通信链路和数据格式。

图26.18描述了5种向用户发送网络信息的方式，但与之前处理步骤中向网络处理中心或移动站接收机发送数据的方式不相同。这里的发送方式会影响到发送给移动站接收机的信息内容和信息发送的数据格式，同时，也会影响对合适通信信道的选择。如今，最广泛的使用方法是B和D。

（1）多参考站的观测数据。

如图26.18(A)所示，移动站接收其周围的几个参考站观测数据流。在网络RTK模糊度解算完成后，移动站可以计算网络改正信息，从而计算用于定位的VRS观测数据。这个方法的主要缺点是涉及网络观测数据的模糊度解算，通常需要几分钟的初始化时间。

（2）公共模糊度水平的网络观测量。

如图26.18(B)所示，播发主参考站观测数据，以及辅助参考站和主参考站之间的观测值的差异。它们都属于同一模糊度，用户自主进行插值，从而获取网络校正及其质量相关的重要信息。随后，用户可以计算VRS观测数据，及其在基线模式中的位置。这项技术被称为主-辅概念（MAC）[26.74,26.75]。

（3）校正模型的系数。

如图26.18(C)所示，播发主参考站观测数据，以及距离相关误差校正模型的系数。用户根据自身位置和主参考站位置之间的坐标差，将校正模型应用于参考站观测数据集之中，从而得到其位置的VRS观测数据。这项技术通常被称为FKP，即德语Flächen-Korrektur-parameter（区域改正数）的缩写，代表着区域校正的参数（26.4.3节[26.24,26.76]）。

(4) 虚拟参考站(VRS)观测数据。

如图 26.18(D)所示,用户将其大概位置发送至中央处理设备,然后收到用于基线定位的 VRS 观测数据[26.77,26.78]。在网络 RTK 发展的早期,这项技术的一项主要优点是用户设备软件不必进行升级。不过,此方法也有缺点,通常无法提供插值过程质量的相关信息,因此,也就无从得知 VRS 参考观测数据的质量。

(5) 移动站精确位置。

如图 26.18(E)所示,移动站接收机的观测数据发送至中央处理设备,进行 VRS 到移动站的基线处理。移动站接收机的精确位置和数据质量信息会反馈给用户。

广播星历和参考站观测数据传输到数据中央处理设备以及从中央处理设备到用户的数据产品的传输,都要求足够的通信信道和数据格式。对于实时 GNSS 观测数据和中间产品,使用最多的格式是 RTCM 标准 10403.2。定位结果使用美国国家海洋电子协会(NMEA)1083 格式发送。在数据文件的后处理和传输中,与接收机无关的交换格式(RINEX)是最常见的公开格式。它可用于 GNSS 观测值(图 26.18(A)和(D)),以及广播星历,但不用于观测站之间的观测差异(图 26.18(B)),也不用于校正模型的系数(图 26.18(C))。

### 26.4.3 网络 RTK 校正模型

常用、简单且稳健的网络 RTK 校正模型会利用距离相关误差的水平梯度。这样有利于将色散(电离层)与非色散(对流层和轨道)误差分开。这种分离要求参考站具有双频载波相位观测数据。参考站最低数量通常是围绕服务区域设置 3 个。水平梯度值定义一个修正面(图 26.19),因此可以进行一个二维(2-D)线性插值。

这些水平梯度往往被称为 FKP。每颗卫星都要单独确定一组 FKP 值,包括 4 个值:$FKP_{N0}$,$FKP_{E0}$,$FKP_{NI}$,$FKP_{EI}$。$FKP_{N0}$ 和 $FKP_{E0}$ 分别是北-南、东-西方向上非色散误差的距离相关梯度(单位:ppm);$FKP_{NI}$ 和 $FKP_{EI}$ 分别是北-南、东-西方向上相对于 GPS L1 频率 $f_1$ 的色散误差的距离相关梯度(单位:ppm)。距离相关非色散误差(单位:m)和色散误差分量可表示为

$$\begin{cases} \delta e_0 = FKP_{N0} \Delta r_N + FKP_{E0} \Delta r_E \\ \delta e_1 = FKP_{NI} \Delta r_N + FKP_{EI} \Delta r_E \end{cases} \quad (26.24)$$

式中:$\Delta r_N$ 和 $\Delta r_E$ 分别为北-南、东-西方向上的水平坐标差(单位:km),如主参考站和移动站之间的差异。

频率 $f$ 上的载波相位观测量、测距码观测量的距离相关误差 $\delta e_\varphi$ 和 $\delta e_p$ 计算方法为

$$\begin{cases} \delta e_\varphi(f) = \delta e_0 + \dfrac{f_1^2}{f^2} \delta e_I \\ \delta e_p(f) = \delta e_0 - \dfrac{f_1^2}{f^2} \delta e_I \end{cases} \quad (26.25)$$

式中:$f_1$ 为 GPS L1 的频率。

式(26.24)和式(26.25)在实际应用中有一些变体。其差别在于所选择的色散效应的参考频率,有时色散效应会被投射到天顶方向[26.36]。然而,这不会影响校正效果,即使存在误差也可忽略不计。

FKP 值的典型时间序列如图 26.20 所示。每条线都代表一颗特定卫星的模型系数。色散效应的 FKP 通常较大,并表现出更多的短期变化。这说明应该着重考虑对其进行更频繁地更新。例如,与每 60s 相比,每 10s 校正一次非色散效应(图 26.20)。

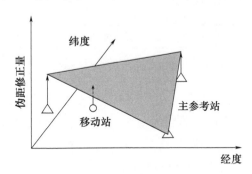

图 26.19 线性插值的校正

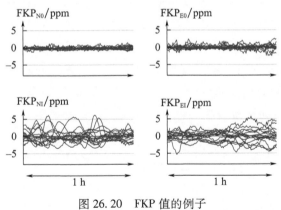

图 26.20 FKP 值的例子

## 26.4.4 优化的虚拟参考站

计算 VRS 观测量需要将主参考站观测量变换到指定的 VRS 位置。这个转换包含两个不同的过程:一个是主要包含与卫星之间观测量的距离变化;另一个是根据主参考站位置和 VRS 位置之间的纬度和经度差异,对距离相关误差进行校正。通常,两个过程使用相同的 VRS 位置。只有这样,VRS 才能够模拟在这个地点收集的真实观测数据。

优化这一概念并区分 VRS 两个不同位置:几何位置和用于应用校正模型的位置(图 26.21)。后一个位置应尽可能接近实际的移动站接收机位置。VRS 的几何位置可以与校正模型的位置不相同。

经验表明,电离层误差的尺度可能会非常小,所以无法在参考站的区域网络中完全捕获到。因此,相比于实际参考站和移动站接收机之间的短基线,从 VRS 到移动站接收机

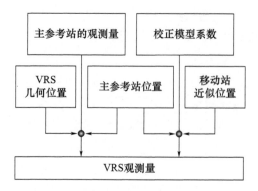

图 26.21　VRS 观测值产生机制的修正

的基线通常包含更多的残余电离层误差。VRS 和移动站接收机之间的基线处理中不得假设完全消除电离层效应,而这种电离层效应在两个真实接收机之间非常短的基线上是可以被忽略的。应该根据实际电离层状况、实际参考站间的距离和建模方法等去假设残余电离层效应应该与几公里基线还是更长的基线相同。

为了将该信息发送给用户,提出了一种不同于虚拟参考站的形式,即所谓的 PRS 或 i-MAX[26.79]。VRS 的几何位置应该以这样一种方式去选择:到移动站的基线长度应当能够反映残余电离层误差的大小,并且这些残余电离层误差可以被适当的随机建模方法处理。

另一种优化的 VRS 则用于更大规模的动态应用。移动的测站接收机要求虚拟参考站的位置不断发生变化。由于基线处理软件不接受移动参考站,于是便产生了所谓的半动态 VRS[26.80],根据移动站接收机不断改变的位置,实施距离相关误差的校正。此时可以采用坐标固定的 VRS 作为参考站。

这种优化的 VRS 是为个别移动站生成的,因此只能用于这种特殊类型的移动站的基线处理。

## 26.4.5　从网络 RTK 到 PPP-RTK

近些年来,固定或不固定模糊度的精密单点定位(PPP,第 25 章)开始与差分定位技术 RTK 进行竞争。PPP 的主要缺点之一就是收敛时间过长,至少也需要几分钟来精确估计模糊度或进行可靠的模糊度固定。而利用 RTK 或网络 RTK,收敛时间通常不会超过 1min 或者 2min,定位精度也要比 PPP 高。

产生这些差别的主要原因在于对电离层和对流层误差的校正还是通过差分方式消除。可将本地(RTK)或局域(网络 RTK)参考站视作大气传感器,其信息能够加速模糊度固定。于是便产生了 PPP-RTK,通过纳入基于本地或区域 GNSS 参考站观测数据的大气校正,获得更快的 PPP 模糊度固定,以及更高精度的定位结果。PPP-RTK 的总体性能与网络 RTK 类似[26.81-26.83]。

## 致谢

感谢科廷大学 GNSS 研究中心阿米尔·霍达班德(Amir Khodabandeh)博士对 GLONASS RTK 这部分撰写提供的帮助。

## 参考文献

26.1　Y. Georgiadou, K. D. Doucet: The issue of selective availability, GPS World **1**(5), 53-56 (1990)

26.2　F. van Graas, M. S. Braasch: Selective availabity. In: *Global Positioning System: Theory and Applications*, Vol. 1, ed. by B. Parkinson, J. J. Spilker Jr. (AIAA, Washington 1995) pp. 601-621

26.3　J. K. Gupta, L. Singh: Long termionospheric electron content variations over Delhi, Ann. Geophysicae **18**, 1635-1644 (2001)

26.4　S. Skone, S. M. Shrestha: Limitations in DGPS positioning accuracies at low latitudes during solar maximum, Geophys. Res. Lett. **29**(10), 81/1-81/4 (2002)

26.5　R. Warnant: Influence of the ionospheric refraction on the repeatability of distances computed by GPS, Proc. ION GPS-97, Kansas City (ION, Virginia 1997) pp. 217-224

26.6　A. J. Coster, M. M. Pratt, B. P. Burke, P. N. Misra: Characterization of atmospheric propagation errors for DGPS, Proc. ION AM-98, Denver (ION, Virginia 1998) pp. 327-336

26.7　H. B. Vo, J. C. Foster: Quantitative investigation of ionospheric density gradients at mid latitudes, J. Geophys. Res. **106**, 21555-21563 (2001)

26.8　L. Wanninger: Effects of the equatorial ionosphere on GPS, GPS World **7**(4), 48-54 (1993)

26.9　S. Skone, M. El-Gizawy, S. M. Shrestha: Limitations in GPS positioning accuracies and receiver tracking performance during solar maximum, Proc. Kinem. Syst. Geod., Geom. Navig. (KIS2001), Banff (University of Calgary, Calgary 2001) pp. 129-143

26.10　J. Saastamoinen: Atmospheric correction for the troposphere and stratosphere in radio ranging of satellites, Geophys. Monogr. Ser. **15**, 247-251 (1972)

26.11　F. Kleijer: Troposphere Modeling and Filtering for Precise GPS Leveling, Ph. D. Thesis (Netherlands Geodetic Commission, Delft 2004)

26.12　H. B. Baby, P. Gole, J. Lavergnat: A model for the tropospheric excess path length of radio waves from surface meteorological measurements, Radio Sci. **23**(6), 1023-1038 (1988)

26.13　J. J. Spilker Jr.: Tropospheric effects on GPS. In: *Global Positioning System: Theory and Applications*, Vol. 1, ed. by B. Parkinson, J. J. Spilker Jr. (AIAA, Washington 1995) pp. 517-546

26.14　P. Bona, C. Tiberius: An experimental comparison of noise characteristics of seven high-end dual frequency GPS receiver sets, Proc. IEEE Position Location Navig. Symp., San Diego (2000) pp. 237-244

26.15　S. H. Byun, G. A. Hajj, L. E. Young: GPS signal multipath: A software simulator, GPS World **13**(7), 40-49 (2002)

26.16　J. Raquet, G. Lachapelle: Determination and reduction of GPS reference station multipath using multiple receivers, Proc. ION GPS-96, Kansas City (ION, Virginia 1996) pp. 673-681

26.17    M. S. Braasch, A. J. van Dierendonck: GPS receiver architectures and measurements, Proc. IEEE **87**(1), 48–64 (1999)

26.18    P. Bona: Accuracy of GPS phase and code observations in practice, Acta Geod. Geophys. Hung. **35**(4), 433–451 (2000)

26.19    P. F. de Bakker, C. C. J. M. Tiberius, H. van der Marel, R. J. P. van Bree: Short and zero baseline analysis of GPS L1 C/A, L5Q, GIOVE E1B and E5aQ signals, GPS Solutions **16**(1), 53–64 (2012)

26.20    T. H. Diessongo, T. Schuler, S. Junker: Precise position determination using a Galileo E5 single-frequency receiver, GPS Solutions **7**(4), 230–240 (2013)

26.21    D. Odijk, P. J. G. Teunissen, A. Khodabandeh: Galileo IOV RTK positioning: Standalone and combined with GPS, Surv. Rev. **46**(337), 267–277 (2014)

26.22    C. Cai, C. He, R. Santerre, L. Pan, X. Ciu, J. Zhu: A comparative analysis of measurement noise and multipath for four constellations: GPS, BeiDou, GLONASS and Galileo, Surv. Rev. **48**(349), 287–295 (2016)

26.23    B. Parkinson, P. Enge: Differential GPS. In: *Global Positioning System: Theory and Applications*, Vol. 2, ed. by B. Parkinson, J. J. Spilker Jr. (AIAA, Washington 1995) pp. 3–50

26.24    G. Wubbena, A. Bagge, G. Seeber, V. Boder, P. Hankemeier: Reducing distance dependent errors for real-time precise DGPS applications by establishing stations networks, Proc. ION GPS-96, Kansas City (ION, Virginia 1996) pp. 1845–1852

26.25    P. J. G. Teunissen: Differential GPS: Concepts and quality control, Proc. NIN Workshop Glob. Position. Syst., Amsterdam (Netherlands Institute of Navigation, Delft 1991) pp. 1–46

26.26    C. Kee, B. W. Parkinson: Wide area differential GPS (WADGPS): Future navigation system, IEEE Trans. Aerosp. Electron. Syst. **32**(2), 795–808 (1996)

26.27    H. Rho, R. B. Langley: Dual-frequency GPS precise point positioning with WADGPS corrections, Proc. ION GNSS 2005, Long Beach (ION, Virginia 2005) pp. 1470–1482

26.28    J. A. Klobuchar: Ionospheric time-delay algorithm for single-frequency GPS users, IEEE Trans. Aerosp. Electron. Syst. **23**(3), 325–331 (1986)

26.29    X. Wu, X. Hu, G. Wang, H. Zhong, C. Tang: Evaluation of COMPASS ionospheric model in GNSS positioning, Adv. Space Res. **51**, 959–968 (2013)

26.30    G. di Giovanni, S. M. Radicella: An analytical model of the electron density profile in the ionosphere, Adv. Space Res. **10**(11), 27–30 (1990)

26.31    Y. Yuan, X. Huo, J. Ou, K. Zhang, Y. Chai, D. Wen, R. Grenfell: Refining the Klobuchar ionospheric coefficients based on GPS observations, IEEE Trans. Aerosp. Electron. Syst. **44**(4), 1498–1510 (2008)

26.32    A. Angrisano, S. Gaglione, C. Gioia, M. Massaro, U. Robustelli: Assessment of NeQuick ionospheric model for Galileo single-frequency users, Acta Geophysica **61**(6), 1457–1476 (2013)

26.33    J. Boehm, R. Heinkelmann, H. Schuh: Short note: A global model of pressure and temperature for geodetic applications, J. Geod. **81**(10), 679–683 (2007)

26.34    D. B. Wolfe, C. L. Judy, E. J. Haukkala, D. J. Godfrey: Implementing and engineering an NDGPS network in the United States, Proc. ION GPS 2000, Salt Lake City (ION, Virginia 2000) pp. 1254–1263

26.35    A. Cameron, T. Reynolds: NDGPS loses interior, keeps coast, GPS World **27**(8), 9 (2016)

26.36    Radio Technical Commission for Maritime Services: RTCM Standard 10403.2 Differential GNSS Services, Version 3 with Amendment 5 (RTCM, Arlington 2013)

26.37 G. Weber, D. Dettmering, H. Gebhard, R. Kalafus: Networked transport of RTCM via internet protocol (Ntrip)-IP-streaming for real-time GNSS applications, Proc. ION GPS 2005, Long Beach (ION, Virginia 2005) pp. 2243-2247

26.38 B. Park, J. Kim, C. Kee: RRC unnecessary for DGPS messages, IEEE Trans. Aerosp. Electron. Syst. **42**(3), 1149-1160 (2006)

26.39 D. Dettmering, G. Weber: The EUREF-IP Ntrip broadcaster: Real-time GNSS data for Europe, Proc. IGS Workshop, Bern (2004)

26.40 P. J. G. Teunissen: An integrity and quality control procedure for use in multi sensor integration, Proc. ION GPS 1990, Colorado Springs (ION, Virginia 1990) pp. 513-522

26.41 P. J. G. Teunissen: GPS double difference statistics: With and without using satellite geometry, J. Geod. **71**(3), 137-148 (1997)

26.42 B. W. Remondi: Using the Global Positioning System (GPS) Phase Observable for Relative Geodesy: Modeling, Processing and Results, Ph. D. Thesis (University of Texas, Austin 1984)

26.43 Y. Bock, R. I. Abbot, C. C. Counselman, S. A. Gourevitch, R. W. King: Establishment of three-dimensional geodetic control by interferometry with the global positioning system, J. Geophys. Res. **90**(B9), 7689-7703 (1985)

26.44 B. W. Remondi: Performing centimeter accuracy relative surveys in seconds using carrier phase, Proc. 1st Int. Symp. Precise Position. Glob. Position. Syst. (NOAA), Rockville (National Geodetic Information Center, NOAA, Rockville 1985) pp. 789-797

26.45 C. C. Goad: Precise positioning with the global positioning system, Proc. 3rd Int. Symp. Inertial Technol. Surv. Geod. (1986) pp. 745-756

26.46 M. E. Cannon: High accuracy GPS semikinematic positioning: Modeling and results, Navigation **37**(1), 53-64 (1990)

26.47 Y. Kubo, Y. Muto, S. Kitao, C. Uratan, S. Sugimoto: Ambiguity resolution for dual frequency carrier phase kinematic GPS, Proc. IEEE TENCON (2004) pp. 661-664

26.48 T. Takasu, A. Yasuda: Kalman-filter-based integer ambiguity resolution strategy for long-baseline RTK with ionosphere and troposphere estimation, Proc. ION GNSS 2010, Portland (ION, Virginia 2010) pp. 161-171

26.49 P. J. de Jonge: A Processing Strategy for the Application of the GPS in Networks, Ph. D. Thesis (Netherlands Geodetic Commission, Delft 1998)

26.50 D. Odijk: Fast Precise GPS Positioning in the Presence of Ionospheric Delays, Ph. D. Thesis (Netherlands Geodetic Commission, Delft 2002)

26.51 M. Pratt, B. Burke, P. Misra: Single-epoch integer ambiguity resolution with GPS-GLONASS L1-L2 data, Proc. ION GPS 1998, Nashville (ION, Virginia 1998) pp. 389-398

26.52 N. Reussner, L. Wanninger: GLONASS inter-frequency biases and their effects on RTK and PPP carrier-phase ambiguity resolution, Proc. ION GNSS 2011, Portland (ION, Virginia 2011) pp. 712-716

26.53 F. Takac: GLONASS inter-frequency biases and ambiguity resolution, Inside GNSS **4**(2), 24-28 (2009)

26.54 L. Wanninger, S. Wallstab-Freitag: Combined processing of GPS, GLONASS and SBAS code phase and

26.55　L. Wanninger: Carrier-phase inter-frequency biases of GLONASS receivers, J. Geod. **86**(2), 139–148 (2012)

26.56　H. Yamada, T. Takasu, N. Kubo, A. Yasuda: Evaluation and calibration of receiver inter-channel biases for RTK-GPS/GLONASS, Proc. ION GNSS 2010, Portland (ION, Virginia 2010) pp. 1580–1587

26.57　J. Wang, C. Rizos, M. P. Stewart, A. Leick: GPS and GLONASS integration: Modeling and ambiguity resolution issues, GPS Solutions **5**(1), 55–64 (2001)

26.58　A. Leick, J. Li, Q. Beser, G. Mader: Processing GLONASS carrier phase observations – Theory and first experience, Proc. ION GPS 1995, Palm Springs (ION, Virginia 1995) pp. 1041–1047

26.59　S. Banville, P. Collins, F. Lahaye: GLONASS ambiguity resolution of mixed receiver types without external calibration, GPS Solutions **17**(3), 275–282 (2013)

26.60　D. Odijk, P. J. G. Teunissen, L. Huisman: First results of mixed GPS+GIOVE single-frequency RTK in Australia, J. Spatial Sci. **57**(1), 3–18 (2012)

26.61　R. Odolinski, P. J. G. Teunissen, D. Odijk: Combined GPS+BDS+Galileo+QZSS for long baseline RTK positioning, Proc. ION GNSS+ 2014, Tampa (ION, Virginia 2014) pp. 2326–2340

26.62　O. Julien, P. Alves, M. E. Cannon, W. Zhang: A tightly coupled GPS/GALILEO combination for improved ambiguity resolution, Proc. ENC/GNSS, Graz (Austrian Institute of Navigation (OVN), Graz 2003)

26.63　D. Odijk, P. J. G. Teunissen: Characterization of between-receiver GPS-Galileo inter-system biases and their effect on mixed ambiguity resolution, GPS Solutions **17**(4), 521–533 (2013)

26.64　J. Paziewski, P. Wielgosz: Accounting for Galileo-GPS inter-system biases in precise satellite positioning, J. Geod. **89**(1), 81–93 (2015)

26.65　N. Nadarajah, P. J. G. Teunissen, N. Raziq: BeiDou inter-satellite-type bias evaluation and calibration for mixed receiver attitude determination, Sensors **13**, 9435–9463 (2013)

26.66　N. Nadarajah, P. J. G. Teunissen, J.-M. Sleewaegen, O. Montenbruck: The mixed-receiver BeiDou intersatellite-type bias and its impact on RTK positioning, GPS Solutions **19**(3), 357–368 (2015)

26.67　G. Wang, K. de Jong, Q. Zhao, Z. Hu, J. Guo: Multipath analysis of code measurements for BeiDou geostationary satellites, GPS Solutions **19**(1), 129–139 (2015)

26.68　P. J. G. Teunissen, R. Odolinski, D. Odijk: Instantaneous BeiDou+GPS RTK positioning with high cutoff elevation angles, J. Geod. **88**(4), 335–350 (2014)

26.69　N. Nadarajah, P. J. G. Teunissen: Instantaneous GPS/Galileo/QZSS/SBAS attitude determination: A single-frequency (L1/E1) robustness analysis under constrained environments, Navigation **61**(1), 65–75 (2014)

26.70　M. Wang, H. Cai, Z. Pan: BDS/GPS relative positioning for long baseline with undifferenced observations, Adv. Space Res. **55**, 113–124 (2014)

26.71　X. Zhang, X. He: Performance analysis of triplefrequency ambiguity resolution with BeiDou observations, GPS Solutions **20**(2), 269–281 (2016)

26.72　G. Fotopoulos, M. E. Cannon: An overview of multiple-reference station methods for cm-level positioning, GPS Solutions **4**, 1–10 (2001)

26.73　L. Dai, S. Han, J. Wang, C. Rizos: A study on GPS/GLONASS multiple reference station techniques for precise real-time carrier phase based positioning, Proc. ION GPS 2001, Salt Lake City (ION, Virginia 2001) pp. 392-403

26.74 H. -J. Euler, C. R. Keenan, B. E. Zebhauser, G. Wubbena: Study of a simplified approach in utilizing information from permanent reference station arrays, Proc. ION GPS 2001, Salt Lake City (ION, Virginia 2001) pp. 379-391

26.75 H. -J. Euler, S. Seeger, O. Zelzer, F. Takac, B. E. Zebhauser: Improvement of positioning performance using standardized network RTK messages, Proc. ION NTM 2004, San Diego (ION, Virginia 2004) pp. 453-461

26.76 G. Wubbena, A. Bagge: Neuere Entwicklungen zu GNSS-RTK fur optimierte Genauigkeit, Zuverlassigkeit und Verfugbarkeit: Referenstationsnetze und Multistations-RTK-Losungen, proc. 46th DVW-Fortbildungsseminar: GPS-Praxis und Trends '97, DVW-Schriftenreihe 35/1999, Frankfurt (1999) pp. 73-92

26.77 L. Wanninger: Real-time differential GPS error modelling in regional reference station networks. In: *International Association of Geodesy Symposia*, Vol. 118, (Springer, Berlin 1997) pp. 86-92

26.78 U. Vollath, A. Buecherl, H. Landau, C. Pagels, B. Wagner: Multi-base RTK positioning using virtual reference stations, Proc. ION GPS 2000, Salt Lake City (ION, Virginia 2000) pp. 123-131

26.79 F. Takac, O. Zelzer: The relationship between network RTK solutions MAC, VRS, PRS, FKP and i-MAX, Proc. ION GPS 2008, Savannah (ION, Virginia 2008) pp. 348-355

26.80 L. Wanninger: Real-time differential GPS error modelling in regional reference station networks, Proc. ION GPS 2002, Portland (ION, Virginia 2002) pp. 1400-1407

26.81 G. Wubbena, M. Schmitz, A. Bagge: PPP-RTK: Precise point positioning using state-space representation in RTK networks, Proc. ION GNSS 2005, Long Beach (ION, Virginia 2005) pp. 2584-2594

26.82 P. J. G. Teunissen, D. Odijk, B. Zhang: PPP-RTK: Results of CORS network-based PPP with integer ambiguity resolution, J. Aeronaut. Astronaut. Aviat. Ser. A **42**(4), 223-230 (2010)

26.83 X. Li, M. Ge, J. Douša, J. Wickert: Real-time precise point positioning regional augmentation for large GPS reference networks, GPS Solutions **18**(1), 61-71 (2014)

# 第 27 章 姿态确定

**Gabriele Giorgi**

姿态估计是确定物体的空间方向的过程。由放置在已知相对位置的多个全球卫星导航系统(GNSS)天线组成的系统作为姿态传感器。本章概述了基于 GNSS 的姿态确定的实际应用,给出了姿态表示和估计的原理,回顾了一种可靠地确定载波相位整周模糊度并获得精确姿态估计的约束模糊度解算方法。

## 27.1 六自由度

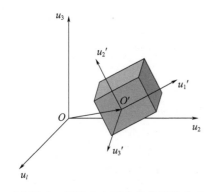

图 27.1 刚体在空间中的位姿完全由参考点 $O'$ 的位置以及刚体坐标系相对于参考坐标系的旋转来表征

刚体在三维空间中的位姿可以用 6 个独立的参数来描述,其中 3 个参数是物体参考点的绝对位置,另外 3 个参数是物体的姿态。定位旨在估计绝对位置,而姿态估计则是确定物体相对于参考系方向的过程。绝对位置和方向的组合能够对空间中刚体的静态特性进行完整表述,如图 27.1 所示。

有几种姿态传感器可用于获取载体的空间方位。这些传感器可以分为两类:相对姿态传感器和绝对姿态传感器。相对姿态传感器通过利用内部设备来检测物体动力学的变化,并跟踪由物体运动引起的旋转加速度,生成与旋转幅度成比例的输出结果。然后,基于一个已知的初始状态进行连续积分来获得物体的绝对方向。由于测量误差的累积,积分过程导致估计偏差随时间增加,因此需要定期重新校准。例如陀螺仪,它通过感应一个可测量的陀螺仪阻力来对物体方向的变化做出反应。

绝对姿态传感器利用外源信息来检测物体的方向,且无须已知物体的初始姿态。例如:恒星追踪器,它将物体的方向与指向一组选定恒星的方向联系起来;磁力计,是一种可感应外部磁场方向的传感器;水平传感器,是一种可测量与地平线之间夹角的传感器。

GNSS 天线可用作绝对姿态传感器。通过将接收到的信号强度与天线辐射方向图谱进行比较,可以粗略获得天线相对于被跟踪卫星视线矢量的角度测量结果。多种误差源可能会影响接收到的信号功率水平,例如多径干扰和大气干扰,而且在对称天线增益模式下围绕天线视轴的旋转是不可观的。典型的测姿精度约为 10°,误差峰值达到几十度[27.1]。

由两个或多个 GNSS 天线组成的系统更适合于方向估计,使用 GNSS 信号获取姿态信息的方法可以追溯到 1976 年,当时首次提出了为低轨航天器配备固定基线的双 GPS 天线 (GPS)这一理念[27.2]。这一概念随后得到了完善,主要是通过利用载波相位测量来提高基于 GPS 差分定位的测距能力[27.3,27.4],在静止态平台[27.5,27.6]上进行测试获得初次成功后,在船只[27.7]和飞机[27.8]上进行的几次测试验证了 GPS 单基线航向估计方法的可行性;而 GPS 天线阵列确定三轴姿态下的完整功能,在 1991 年 DC-3 飞机上的实时飞行测试中首次得到了验证[27.9]。在过去的二十年中,快速初始化、可靠的动态载波相位模糊度估计和提高实时动态环境的精度等方案在不断改进,并且基于 GNSS 的定姿系统在姿态传感器领域获得了稳固的地位。

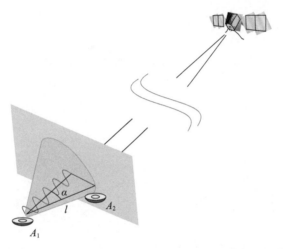

图 27.2　接收同一颗卫星信号的双天线差分测距为基线矢量方向的测量提供了信息

通过利用干涉原理处理 GNSS 信号以获得方向信息:接收同一导航卫星信号的两根天线的距离测量差值等于基线矢量(两根天线之间的矢量距离)在同颗卫星视线方向上的投影(图 27.2)。每个差分测量距离都对应一个基线矢量方向的轨迹,该方向构成一个圆锥区域 $\alpha = \arccos(r/l)$,其中 $r$ 为差分距离,$l$ 为基线长度。当同时接收 3 颗或更多卫星信号时,就可以估计基线矢量,单个基线可以用来测量方向,例如车辆的航向和俯仰,而两条或更多的非共线基线用来进行全三轴姿态确定。

差分距离测量的角度估计精度取决于两个因素:基线长度和差分测距误差。根据经验,通过采用已知的基线长度 $l$ 和差分距离测量误差 $\sigma$ 的组合来预测角度估计误差 $\sigma_\phi$,即

$$\sigma_\phi = \frac{\sigma}{l} \tag{27.1}$$

这种关系如图 27.3 所示:通过增大基线长度或减小差分测量误差,可以实现亚度级精度。

在 GNSS 姿态传感器的背景下,利用载波相位测量方法可以将差分测距误差最小化。伪距差分测量误差最优为分米级,而信号载波相位可以测量到亚波长,从而实现亚厘米精度的差分定位(图 27.4)。然而,每个载波相位的测量都是模糊的,其整数周期未知:只能观测到差分信号相位的小数部分(图 27.5)。载波相位整周模糊度解算是将周期模糊度解析为其正确整数值的过程(第 23 章)。在消除整周模糊度之后,差分载波相位观测作为

非常精确的测距测量,产生精确的基线估计,然后将其转换为方位角的估计。通常,基于 GNSS 载波相位的姿态传感器可对长度约为 1m 的基线进行亚度级精度的姿态估计,对跨度为几米的基线可实现精度高于 0.1° 的姿态估计。

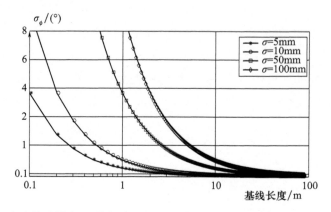

图 27.3 姿态估计精度 $\sigma_\phi$ 的粗略预测是基线长度和差分距离测量精度 $\sigma$ 的函数

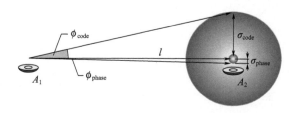

图 27.4 GNSS 载波相位测量值比伪距(码)测量值提供了更精确的差分定位,从而实现了高精度的角度估计

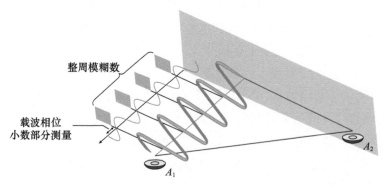

图 27.5 由于只能观测到信号相位的小数部分,差分载波相位测量的整周数是不明确的,整周模糊度解算是精确姿态估计的关键

## 27.2 姿态参数化

在描述如何使用 GNSS 信号进行姿态确定之前,这里先对姿态表示方法进行一个综述。通过定义变换矩阵来描述物体的方位,该变换矩阵将物体的本体坐标系旋转到选定

的参考系统上。两个坐标系的相对方位有几种表示方法,每种方法都用一组姿态参数来描述旋转。

本节介绍假设条件为刚体下的变换矩阵性质,并简要概述了几种用姿态参数表示旋转的有效方法。

### 27.2.1 旋转空间

向量空间 $\mathbb{R}^3$ 中的正交坐标系 $\mathcal{F}$ 由一组基定义,即满足以下两个条件的三维向量 $\{u_1, u_2, u_3\}$,有

$$u_i^T u_j = \delta_{ij} \tag{27.2}$$

$$u_1 \times u_2 = u_3 \tag{27.3}$$

式中:$\delta_{ij}$ 为克罗内克函数。因此,基的元素是范数为 1 的正交向量,并定义了一个右手坐标系。

任何满足 $x \in \mathbb{R}^3$ 的向量都可以用它在 $\mathcal{F}$ 的基向量上的投影来表示

$$x = (x^T u_1) u_1 + (x^T u_2) u_2 + (x^T u_3) u_3 \tag{27.4}$$

向量 $x$ 在任两个正交坐标系 $\mathcal{F}$ 和 $\mathcal{F}'$ 中的分量将通过线性变换联系起来,其中 $\mathcal{F}$ 和 $\mathcal{F}'$ 为同原点的坐标系,有

$$x_{\mathcal{F}'} = R x_{\mathcal{F}} \tag{27.5}$$

式中:$R$ 为将 $\mathcal{F}$ 旋转到 $\mathcal{F}'$ 的变换矩阵。该变换矩阵必须同时保持 $\mathbb{R}^3$ 中任意两个向量 $x$ 和 $y$ 的长度和角度属性不变,即

$$x_{\mathcal{F}'}^T y_{\mathcal{F}'} = x_{\mathcal{F}}^T R^T R y_{\mathcal{F}} \Rightarrow R^T R = I_3 \tag{27.6}$$

因此,矩阵 $R$ 是正交的,即 $R$ 的列向量 $r_i$ 是单位向量,两两正交,即

$$r_i^T r_j = \delta_{ij} \tag{27.7}$$

式(27.7)保证了向量积相对于线性变换式(27.5)的不变性,并且仅对于行列式为正的旋转矩阵,向量积在绕 $x_{\mathcal{F}'} \times y_{\mathcal{F}'}$ 定义的轴旋转时不变,有

$$x_{\mathcal{F}'} \times y_{\mathcal{F}'} = \det(R) R (x_{\mathcal{F}} \times y_{\mathcal{F}}) \tag{27.8}$$

行列式为正的标准正交矩阵称为姿态矩阵,或称为旋转矩阵;行列式为负的标准正交矩阵描述围绕一个或多个轴的旋转和反射的组合,因此,它无法描述实际中的刚体变换。将行列式为正的标准正交矩阵群定义为 $\mathcal{SO}(3)$ [27.10]。

由于正交性约束,在三维空间中的旋转矩阵 $R$ 最少可以用三个自变量进行参数化。

### 27.2.2 旋转矩阵的参数化

两个标准正交坐标系 $\mathcal{F}$ 和 $\mathcal{F}'$ 之间的变换表示为

$$u_{i,\mathcal{F}'} = \sum_{j=1}^{3} r_{ij} u_{j,\mathcal{F}} \quad i = 1, 2, 3 \tag{27.9}$$

式中:$r_{ij}$ 为矩阵 $R$ 的元素。将式(27.9)代入两个基向量之间的标量积得到

$$u_{i,\mathcal{F}'}^T u_{j,\mathcal{F}} = r_{ij} \tag{27.10}$$

式中:标量 $r_{ij}$ 为向量 $u_{i,\mathcal{F}}$ 和 $u_{j,\mathcal{F}}$ 之间夹角的余弦值。然后,姿态矩阵中元素是基 $\mathcal{F}$ 的 3 个向量和基 $\mathcal{F}'$ 的 3 个向量构成角度的 9 个方向余弦(图 27.6),有

$$R = \begin{bmatrix} u_{1,\mathcal{F}'}^{\mathrm{T}} u_{1,\mathcal{F}} & u_{1,\mathcal{F}'}^{\mathrm{T}} u_{2,\mathcal{F}} & u_{1,\mathcal{F}'}^{\mathrm{T}} u_{3,\mathcal{F}} \\ u_{2,\mathcal{F}'}^{\mathrm{T}} u_{1,\mathcal{F}} & u_{2,\mathcal{F}'}^{\mathrm{T}} u_{2,\mathcal{F}} & u_{2,\mathcal{F}'}^{\mathrm{T}} u_{3,\mathcal{F}} \\ u_{3,\mathcal{F}'}^{\mathrm{T}} u_{1,\mathcal{F}} & u_{3,\mathcal{F}'}^{\mathrm{T}} u_{2,\mathcal{F}} & u_{3,\mathcal{F}'}^{\mathrm{T}} u_{3,\mathcal{F}} \end{bmatrix} \tag{27.11}$$

通过这 9 个方向余弦,两个坐标系的相对方位可以用 6 个冗余的参数来描述。利用欧拉旋转定理可以得到一种更有效的方法[27.11]:刚体在三维空间中的任意旋转可描述为围绕轴线 $n$ 的旋转角度为 $\phi$ 的单次旋转,轴线 $n$ 由它与坐标系 $\mathcal{F}$ 的基底形成的 3 个方向余弦来表述(图 27.7)。欧拉旋转公式根据角度 $\phi$ 和向量 $n$ 给出了参数化的姿态矩阵,即

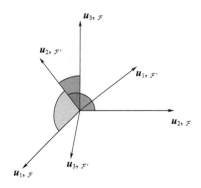

图 27.6　由坐标系 $\mathcal{F}$ 的轴线和坐标系 $\mathcal{F}'$ 的轴线形成的 9 个角度明确定义了两个坐标系的相对方位。这里描述了由轴 $u_{2,\mathcal{F}'}$ 相对于坐标系 $\mathcal{F}$ 的 3 个轴形成的 3 个角度

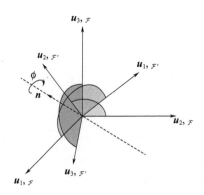

图 27.7　欧拉定理:三维空间中,刚体的任意旋转都可以通过围绕轴 $n$ 的旋转角度 $\phi$ 来描述

$$R(n,\phi) = C_\phi I_3 + (1 - C_\phi) nn^{\mathrm{T}} - S_\phi [n^+] \tag{27.12}$$

式中: $C_\phi = \cos(\phi)$ ; $S_\phi = \sin(\phi)$ 。反对称矩阵 $[n^+]$ 定义为

$$[n^+] = \begin{bmatrix} 0 & -n_3 & n_2 \\ n_3 & 0 & -n_1 \\ -n_2 & n_1 & 0 \end{bmatrix} \tag{27.13}$$

其中:逆时针旋转由一个正角 $\phi$ 描述。式(27.12)用 4 个参数描述旋转,称为欧拉角姿态

表示法。

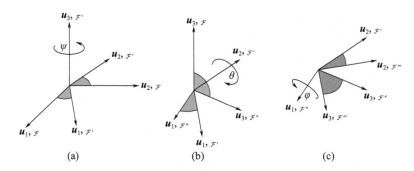

图 27.8 欧拉角序列 321。3 个连续的旋转角通常称为偏航角、俯仰角和横滚角
(a)围绕轴 $u_{3,\mathcal{F}}$ 进行角度为 $\psi$ 的第一次旋转；(b)围绕轴 $u_{2,\mathcal{F}'}$ 进行角度为 $\theta$ 的第二次旋转；
(c)围绕轴 $u_{1,\mathcal{F}''}$ 以角度 $\varphi$ 进行第三次旋转。

一种与之密切相关的表示形式为欧拉角参数化，即通过对一个坐标系的主轴进行三次连续的旋转来实现，其中旋转轴采用的形式为 $n_1 = (1,0,0)^T$，或者 $n_2 = (0,1,0)^T$，或者 $n_3 = (0,0,1)^T$，三维空间中的任意旋转都可以通过 $i \to j \to k$ 的顺序获得，这里 $i \neq j$ 且 $j \neq k$，例如顺序 321，第一次旋转是围绕轴 $u_{3,\mathcal{F}}$ 旋转，角度为 $\psi$；第二次旋转是围绕（新）轴 $u_{2,\mathcal{F}'}$，角度为 $\theta$；最后一次旋转是围绕（更新的）轴 $u_{1,\mathcal{F}''}$，角度为 $\varphi$。顺序 321（如图 27.8 所示）通常用于车辆导航应用中，其中，角度 $\psi, \theta, \varphi$ 分别称为偏航角、俯仰角和横滚角（或者称为航向、仰角和倾斜）。对于这种组合，姿态矩阵为

$$R(\psi, \theta, \varphi) = R(u_1, \varphi) R(u_2, \theta) R(u_3, \psi)$$

$$= \begin{bmatrix} C_\psi C_\theta & +S_\psi C_\theta & -S_\theta \\ C_\psi S_\theta S_\varphi - S_\psi C_\varphi & S_\psi S_\theta S_\varphi + C_\psi C_\varphi & C_\theta S_\varphi \\ C_\psi S_\theta C_\varphi + S_\psi S_\varphi & S_\psi S_\theta C_\varphi - C_\psi S_\varphi & C_\theta C_\varphi \end{bmatrix} \quad (27.14)$$

形成姿态矩阵 $R$ 的三个旋转的顺序很重要，不同旋转顺序会产生不同的姿态矩阵。

多个欧拉角三元数存在表示相同方向的情况，通常可以通过限制参数空间来避免这种情况。例如，顺序 321 等效表示为 $R(\psi, \theta, \varphi)$ 和 $R(\psi + \pi, \pi - \theta, \varphi + \pi)$。令 $-\pi/2 < \theta \leq \pi/2$ 且 $-\pi < \psi, \varphi \leq \pi$ 可解决该问题。

由于欧拉角易于理解，因此在姿态测量和指示器中很常用，但由于三角函数的存在，其计算效率和精度低于其他参数化方法。

另一种广泛使用的姿态参数化方法是基于四元数方法[27.12, 27.13]。四元数是一个实值的四分量实体 $q$，由标量部分 $q_0$ 和矢量部分 $\boldsymbol{q} = (q_1, q_2, q_3)^T$ 组成，满足以下乘法规则

$$qq' = q_0 \begin{pmatrix} q'_0 \\ \boldsymbol{q}' \end{pmatrix} + \begin{bmatrix} 0 & -\boldsymbol{q}^T \\ \boldsymbol{q} & [\boldsymbol{q}^+] \end{bmatrix} \begin{pmatrix} q'_0 \\ \boldsymbol{q}' \end{pmatrix} \quad (27.15)$$

从四元数的矢量部分获得反对称矩阵 $[\boldsymbol{q}^+]$，即

$$[q^+] = \begin{bmatrix} 0 & -q_3 & q_2 \\ q_3 & 0 & -q_1 \\ -q_2 & q_1 & 0 \end{bmatrix} \tag{27.16}$$

任意单位范数($q_0^2 + q^T q = 1$)的四元数都表示旋转,并将其定义为旋转四元数。通过将四元数 $q$ 与旋转轴、角度相关联,有

$$q(\phi, n) = \begin{pmatrix} \cos\left(\dfrac{\phi}{2}\right) \\ \sin\left(\dfrac{\phi}{2}\right) n \end{pmatrix} \tag{27.17}$$

欧拉旋转式(27.12)变为

$$R(q) = (q_0^2 - q^T q) I_3 + 2qq^T - 2q_0 [q^+]$$

$$= \begin{bmatrix} q_0^2 + q_1^2 - q_2^2 - q_3^2 & 2(q_1 q_2 + q_0 q_3) & 2(q_1 q_3 - q_0 q_2) \\ 2(q_1 q_2 - q_0 q_3) & q_0^2 - q_1^2 + q_2^2 - q_3^2 & 2(q_2 q_3 + q_0 q_1) \\ 2(q_1 q_3 + q_0 q_2) & 2(q_2 q_3 - q_0 q_1) & q_0^2 - q_1^2 - q_2^2 + q_3^2 \end{bmatrix} \tag{27.18}$$

这是姿态矩阵的四元数表示。注意,$R(q) = -R(q)$,因此任何旋转都可以由两个四元数表达。四元数表示法在计算上比其他使用三角函数的表示法更有效,使用单位四元数的主要缺点是包含附加的单位范数约束以及缺乏直观的物理解释。鉴于后者,在人机界面中输出姿态信息通常以欧拉角表示(即使底层的控制操作可以通过四元数来执行)。

为了减少四元数中姿态参数的数量,可以考虑两种备选参数:第一种是 Rodrigues 向量表示(也称为 Gibbs 向量),它与四元数和欧拉轴角表示有关,即

$$p = \frac{q}{q_0} = n \tan \frac{\phi}{2} \tag{27.19}$$

根据定义,对任何轴的旋转角度不能用 $\varphi = \pi$ 表示(奇异性)。Rodrigues 向量表示法有一些计算优势,例如,$R(p)$ 的逆可以简单地表示为 $R(-p)$。

第二种由修正后的 Rodrigues 表示法给出,定义为

$$p^+ = \frac{q}{1 + q_0} \tag{27.20}$$

$$p^- = \frac{q}{1 - q_0} \tag{27.21}$$

对于该种修正方法,Rodrigues 表示角度达到 $2\pi$ 时才出现奇异性。

最后,还可以使用另外两个基于反对称矩阵的姿态参数化方法。第一种是 Cayley 表示,由与 Rodrigues 向量 $p$ 相关的反对称矩阵构成,有

$$R([p^+]) = (I_3 - [p^+])^{-1}(I_3 + [p^+]) \tag{27.22}$$

第二种是反对称表示,以矩阵求幂的形式表示,即

$$R([v^+]) = \exp([v^+]) \tag{27.23}$$

用 $v$ 表示任何实值的三分量向量,通过结合式(27.23)与 $v = n\phi$ 得到欧拉旋转公式。

上面列出的每种姿态表示法对同一刚体的姿态提供了相同的姿态矩阵 $R$。但是,每种姿态参数化方法在计算量、奇异点(无法参数化的姿态)、同一姿态的多重表示以及参数空间中的姿态估计误差等方面存在差异。有关姿态表示及其性质的更多详细信息,请参见文献[27.14]。

## 27.3 基线观测的姿态估计

通过旋转实现了具有共同原点的两个参考系 $\mathcal{F}$ 和 $\mathcal{F}'$ 中向量的坐标变换:$b_{\mathcal{F}} = R b_{\mathcal{F}'}$。姿态估计的目标是求解逆问题,即根据一组基线观测值确定坐标系 $\mathcal{F}$ 和 $\mathcal{F}'$ 之间的相对方向。

在解决姿态估计问题之前,先给出几个定义:

(1) 局部坐标系 $\mathcal{F}$ 是附着在本体上的坐标系,需要确定其姿态,参考系 $\mathcal{B}$ 是用来计算旋转的坐标系。

(2) 局部基线坐标用矩阵表示,即

$$F = [f_1 \quad f_2 \quad \cdots \quad f_m] \tag{27.24}$$

每个基线 $f_i$ 都在局部坐标系 $\mathcal{F}$ 中表示,向量 $f_i$ 是一个 $p$ 维向量,其中参数 $p$ 有 3 种情况:对于 $m$ 个平行基线的任何情况,$p=1$;对于 $m$ 个共平面基线的任何非共线情况,$p=2$;对于 $m$ 个基线的任何非共平面情况,$p=3$。参数 $p$ 定义为矩阵 $F$ 的秩,即 $p = rk(F)$。该定义使得单基线姿态确定问题(类似指南针定向)可以由适用于多天线阵列姿态确定的求解框架来解决。

(3) 参考系 $\mathcal{B}$ 中的基线坐标转换为矩阵

$$B = [b_1 \quad b_2 \quad \cdots \quad b_m] \tag{27.25}$$

每个基线 $b_i$ 是一个三分量向量。

(4) 旋转矩阵 $R$ 的维数为 $3 \times p$,并且服从正交约束 $R^T R = I_p$。在下文中,$\mathcal{SO}(3,p) \subset \mathbb{R}^{3 \times p}$ 表示一组 $3 \times p$ 旋转矩阵,即行列式为正的标准正交矩阵。通过添加 $R$ 的第三列(完全相关)$r_3 = r_1 \times r_2$ 来验证 $p=2$ 的矩阵行列式是否为正,而对于 $p=1$ 则隐式满足约束。引入这种推广是为了解决单基线或双基线观测时的姿态估计问题[27.15]。

### 27.3.1 旋转正交矩阵的估计

对 GNSS 天线阵列的阵元收集的伪距和载波相位观测值进行处理,获得基线估计值,通常以地心地固(ECEF)坐标系或东-北-天(ENU)坐标系表示。这些参考系中的基线坐标的估计值表示为 $\hat{B}$,附在局部载体坐标系 $\mathcal{F}$ 中的基线坐标表示为 $F$,它们之间的关系为

$$\hat{B} = RF + \Theta; R \in \mathcal{SO}(3,p) \tag{27.26}$$

式中:矩阵 $\Theta$ 为基线估计误差,式(27.26)中的未知数是旋转 $R$ 的标准正交矩阵。

最简单、最古老的推导姿态矩阵方法是三轴姿态确定(TRIAD)方法[27.16]，该方法适用于两个非平行的基线，两个基线估计值和局部基线向量表示为

$$\hat{B} = [\hat{b}_1 \quad \hat{b}_2]$$

$$F = [f_1 \quad f_2]$$

两个标准正交基为 $\mathcal{V} = \{v_1, v_2, v_3\}$ 和 $\mathcal{U} = \{u_1, u_2, u_3\}$，其中有

$$\begin{cases} v_1 = \dfrac{\hat{b}_1}{\|\hat{b}_1\|}, u_1 = \dfrac{f_1}{\|f_1\|} \\ v_2 = \dfrac{\hat{b}_1 \times \hat{b}_2}{\|\hat{b}_1 \times \hat{b}_2\|}, u_2 = \dfrac{f_1 \times f_2}{\|f_1 \times f_2\|} \\ v_3 = v_1 \times v_2, u_3 = u_1 \times u_2 \end{cases} \tag{27.27}$$

然后，所求出的正交矩阵完全由基 $\mathcal{V}$ 和 $\mathcal{U}$ 的向量之间的 9 个方向余弦值定义，即

$$\hat{R}_{\text{TRIAD}} = \sum_{i=1}^{3} v_i u_i^{\text{T}} \tag{27.28}$$

尽管实现起来很简单，但是 TRIAD 方法仅适用于基线对，并且不包含基线估计中元素的任何加权。

对于姿态矩阵 $R$ 的估计问题，可以基于最小二乘框架，从任意一组基线估计 $\hat{B}$ 得到。旋转矩阵是正交矩阵，它使估计误差 $\Xi = \hat{B} - RF$ 的平方加权范数最小化，有

$$\hat{R} = \arg \min_{R \in SO(3,p)} \| \text{vec}(\Xi) \|^2_{Q_{\hat{B}\hat{B}}} \tag{27.29}$$

式中：$\|x\|^2_Q = x^{\text{T}} Q^{-1} x$ 为平方加权范数；vec 为将 $m \times n$ 矩阵按列堆叠为向量的运算符，其产生相应的 $m \times n$ 向量；$Q_{\hat{B}\hat{B}}$ 为方差—协方差(v-c)矩阵，其元素是基线估计 $\hat{B}$ 各元素之间的方差和协方差。式(27.29)定义了非线性最小二乘问题，其中非线性隐含在正态约束中。根据权重矩阵的形状，可以使用不同的方法来最小化式(27.29)。

## 27.3.2 正交普鲁克(Procrustes)问题

如果矩阵 $Q_{\hat{B}\hat{B}}^{-1}$ 是块对角矩阵，则有

$$Q_{\hat{B}\hat{B}}^{-1} = W \otimes I_3$$

式中：$W$ 为 $m \times m$ 阶对角矩阵；$\otimes$ 为克罗内克乘积[27.17]。式(27.29)可简化为

$$\hat{R} = \arg \min_{R \in SO(3,p)} \text{tr}[W^{\frac{1}{2}} \Xi^{\text{T}} \Xi W^{\frac{1}{2}}] \tag{27.30}$$

式中：tr 为矩阵求迹运算符。式(27.30)描述了每个基线观测值都能由其对应的权重因子 $w_i$ 加权，通常称为 Wahba 问题[27.18,27.19]或正交普鲁克问题(OPP)，后者的命名来自于强盗 Procrustes，根据希腊神话，他们曾经捕捉过路人，将他们放在铁床上，强迫他们伸展或切断四肢以适应床的长度。现代术语"Procrustes"是指将欧几里得变换(例如平移、旋转和缩放)应用于一个对象以适应预定约束的问题。

通过求下式的最大值来得到式(27.26)的解，即

$$\hat{R} = \arg\max_{R \in \mathcal{SO}(3,p)} \text{tr}[RFW\hat{B}^T] \tag{27.31}$$

如果矩阵乘积 $FW\hat{B}^T$ 是非奇异的,则其奇异值分解(SVD)为

$$FW\hat{B}^T = U\Sigma V^T$$

可以重写该项以最大化为

$$\sum_{i=1}^{n} x_{ii} d_i$$

式中: $x_{ii}$ 为矩阵 $X = V^T RU$ 的对角元素。由于 $X$ 是正交矩阵的乘积,并且 $\hat{R}$ 的行列式必须为正,因此式(27.31)的最大值是

$$\hat{R} = V \begin{bmatrix} \det(V^T U) & 0 \\ 0 & I_2 \end{bmatrix} U^T \tag{27.32}$$

式(27.32)通过计算 SVD 解决了姿态估计问题[27.18]。利用达文波特(Davenport)的 $q$-方法可以避免 SVD 分解,该方法根据表示姿态矩阵的四元数重新定义最大化问题,即

$$\hat{q} = \arg\max_{\|q\|=1}(q_0, \boldsymbol{q}^T) K (q_0, \boldsymbol{q}^T)^T \tag{27.33}$$

其中将达文波特矩阵 $K$ 构建为

$$\begin{cases} K = \begin{bmatrix} C + C^T - \text{tr}(C)I_3 & s \\ s^T & \text{tr}(C) \end{bmatrix} \\ C = \hat{B} Q_{\hat{B}\hat{B}}^{-1} F^T \\ s = (C_{2,3} - C_{3,2}, C_{3,1} - C_{1,3}, C_{1,2} - C_{2,1})^T \end{cases} \tag{27.34}$$

式中: $C_{i,j}$ 为矩阵 $C$ 的 $i,j$ 分量。其中的未知数是使式(27.33)的双线性项最大化的四元数,该四元数受单位范数约束,并且可以通过选择与 $K$ 的最大特征值 $\xi_{\max}$ 相关的特征向量来得到。矩阵 $K$ 的特征值分解计算量与 SVD[27.21]计算量相当,但是仍然可以设计出一种非常快速的算法,来避免直接计算 $K$ 的特征值。当有精确的基线估计时,最大特征值 $\xi_{\max}$ 接近于近似解,即

$$\xi_{\max} \approx \xi_0 = \frac{1}{2}\text{tr}[W^{\frac{1}{2}}[\hat{B}^T\hat{B} + F^T F]W^{\frac{1}{2}}] \tag{27.35}$$

四阶特征方程

$$f(\xi) = \det(K - \xi I_4 = 0) \tag{27.36}$$

以 $\xi_0$ 为初始点,求解最大根,从而避免了计算任何分解[27.22]。

利用四元数参数化方法的几种方法已经成熟,并在实践中得到了广泛使用,例如四元数估计器(QUEST)[27.22,27.23]、快速最优姿态矩阵(FOAM)[27.24]、最优四元数估计器(ESOQ)[27.25]、第二种 ESOQ(ESOQ2)[27.26]算法等。这些方法的计算效率极高,因此也适用于低级处理器[27.27-27.29],它们的区别仅在于处理特征方程式(27.36)的方式不同。

## 27.3.3 加权正交普鲁克问题

如果矩阵 $Q_{\hat{B}\hat{B}}^{-1}$ 可以分解为

$$Q_{\hat{B}\hat{B}}^{-1} = I_m \otimes \Gamma$$

式中:$\Gamma$ 为 $3 \times 3$ 阶对角矩阵。式(27.29)可简化为

$$\hat{R} = \arg\min_{R \in SO(3,p)} \text{tr}[\Xi^T \Gamma \Xi] \tag{27.37}$$

在最小化式(27.37)问题中,基线矩阵 $\hat{B}$ 每一行的权重都不同。当使用的传感器在某些方向上提供较高的精度,但没有对基线估计的所有元素进行适当的加权时,这是一种可行的加权方法。式(27.37)定义了加权正交普鲁克问题(WOPP),尽管不及全填充矩阵 $Q_{\hat{B}\hat{B}}$ 的情况复杂,但只能用数值方法解决。文献[27.30,27.31]对保证快速收敛到全局最小值的高效数值方法进行了综述。

### 27.3.4 基于全填充权值矩阵的姿态估计

一般来说,使用 GNSS 基线估计时,矩阵 $Q_{\hat{B}\hat{B}}^{-1}$ 无法简化为前述任何一种情况。首先,有必要将式(27.29)中的平方加权范数进行二次分解[27.32],有

$$\|\text{vec}(\hat{B} - RF)\|_{Q_{\hat{B}\hat{B}}}^2 = \|\text{vec}(\hat{E})\|_{Q_{\hat{B}\hat{B}}}^2 + \|\text{vec}(\hat{R} - R)\|_{Q_{\hat{R}\hat{R}}}^2 \tag{27.38}$$

$$\hat{E} = \hat{B} - \hat{R}F$$

$$\begin{cases} \hat{R} = Q_{\hat{R}\hat{R}}(F^T \otimes I_3)^T Q_{\hat{B}\hat{B}}^{-1} \text{vec}(\hat{B}) \\ Q_{\hat{R}\hat{R}} = [(F^T \otimes I_3)^T Q_{\hat{B}\hat{B}}^{-1}(F^T \otimes I_3)]^{-1} \end{cases} \tag{27.39}$$

当在估计问题中去掉正态约束时,矩阵 $\hat{R}$ 和 $Q_{\hat{R}\hat{R}}$ 分别表示姿态矩阵和相应方差—协方差矩阵的最小二乘估计。然后通过最小化平方加权范数得到旋转的正交矩阵,即

$$\tilde{R} = \arg\min_{R \in SO(3,p)} \|\text{vec}(\hat{R} - R)\|_{Q_{\hat{R}\hat{R}}}^2 \tag{27.40}$$

在对姿态估计残差 $\hat{R} - R$ 进行加权时,充分考虑了 $\hat{R}$ 中各元素的方差及其相关性。

通过将向量 $\text{vec}(\hat{R})$ ($3p$-维空间的元素)投影到由约束 $R^T R = I_p$ 定义的 $0.5p(p+1)$-维子空间的曲面上,可以获得所求的正交矩阵,其中投影的度量由矩阵 $Q_{\hat{R}\hat{R}}$ 定义。图 27.9 显示了一个单基线的例子 ($p=1$),其中向量 $\hat{r}$ 投影到球面 $S := r^T r = 1$ 上。需要求解的姿态解 $\tilde{r}$ 是球 $S$ 与椭球 $E$ 之间的接触点,该点以 $\hat{r}$ 为中心,并由矩阵 $Q_{\hat{R}\hat{R}}$ 确定形状。

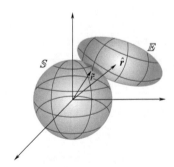

图 27.9 单位球 $S$ 与椭球 $E$ 之间的接触点(以 $\hat{r}$ 为中心,由 $Q_{\hat{R}\hat{R}}$ 确定形状)是单基线情况下约束最小二乘问题的解

非线性约束问题式(27.40)的解可以通过拉格朗日乘数法[27.33]来计算。通过采用姿态矩阵的参数化，可以设计出替代的数值解。例如，通过用欧拉角的三元组表示矩阵$R$，隐式地满足正交性约束，式(27.40)简化为非线性最小二乘最小化问题，可以通过牛顿法求解，也可以不考虑二阶导数，用高斯-牛顿法求解[27.34]。

### 27.3.5 姿态估计的精度

基线观测角度估计的精度取决于两个因素：基线长度和基线的观测噪声。假设有精确的基线观测，使得式(27.39)中$\hat{R}$的离散较小，则姿态估计误差的一阶描述由方差—协方差矩阵$Q_{\hat{R}\hat{R}}$给出，其项取决于矩阵$Q_{\hat{B}\hat{B}}$的基线估计的质量和矩阵$F$的天线阵列的几何特性。式(27.39)显示了这些因素如何影响GNSS姿态估计的质量。姿态估计误差与阵列的几何尺寸(基线长度)成反比，并且与观测噪声成正比。如27.4.4节所示，后者可利用GNSS载波相位测量得到有效改善。

由于式(27.40)中的非线性约束，通过线性传播浮点方差—协方差矩阵$Q_{\hat{R}\hat{R}}$无法获得姿态估计误差的测量值。旋转正交矩阵$\tilde{R}$的离散不能再用正态分布来描述。通过将矩阵$\hat{R}$映射到旋转矩阵$\tilde{R}^{[27.22]}$的函数线性化，可以计算出估计误差的近似测量值。

在许多应用中，相比于获取矩阵$\tilde{R}$中元素的精度，人们更倾向于通过估计误差作为衡量姿态精度的指标。令$\gamma$表示姿态参数的$c$-分量向量，这些向量表示旋转矩阵(例如，欧拉角的$c=3$，旋转四元数的$c=4$)。姿态参数与姿态矩阵的元素呈非线性对应关系，其精度可以通过方差—协方差矩阵$Q_{\gamma\gamma}$进行一阶近似描述，可得

$$Q_{\gamma\gamma} = J_{\gamma(R)} Q_{\tilde{R}\tilde{R}} J_{\gamma(R)}^{\mathrm{T}} \tag{27.41}$$

式中：$J_{\gamma(R)}$为逆函数的$c \times 3p$雅可比矩阵，该逆函数将姿态矩阵的元素映射到选定的姿态参数空间。

## 27.4 GNSS 姿态模型

前两节回顾了如何通过一组姿态参数来描述一个坐标系的方向以及如何从基线测量值中估计出这些姿态参数。在基于GNSS的姿态传感器中，必须通过伪距和载波相位测量值来估计天线阵列各元素之间的(矢量)基线。通过建立一个函数模型，将GNSS观测值与所需的姿态参数关联起来，同时嵌入所有可用的先验几何约束，建立一个用于GNSS姿态确定的统一理论框架。

差分伪距和载波相位测量是在跟踪同一颗卫星的两个相近且分离(基线不超过几百米)的天线之间形成的，因此电离层和对流层延迟差分可以被忽略(第20章)。单差(SD)测量没有(共同)卫星钟差，但仍可能包含差分接收机钟差和设备延迟。为了增强观测模型，有必要进行两个接收机时钟的同步与线路偏差的正确校准，而无须再引入额外的未知量。消除这些偏差的另一种方法是形成双差(DD)测量，其中仅剩余的未知量是整数模糊

度和基线坐标。

假设在 $f$ 频率的 $n$ 个信道（SD 或 DD）上采集符合正态分布的测量值，以下单基线观测模型适用于任何 GNSS 系统，即

$$y \sim N(AZ+Gb, Q_{yy}), z \in \mathbb{Z}^{nf}, b \in \mathbb{R}^3 \tag{27.42}$$

式中：$y$ 为有 $2nf$ 个分量的差分数据向量；$A$ 为 $2nf \times 2nf$ 阶矩阵，定义为 $A=(0,1)^T \otimes \Lambda \otimes I_n$，$\Lambda$ 为包含波长的对角 $f \times f$ 阶矩阵；$G$ 为构成 $G=e_{2f} \otimes U$ 的 $2nf \times 3$ 设计矩阵，其中 $e_{2f}$ 表示一个有 $2f$ 个分量的向量，$U$ 是差分视线单位向量矩阵。未知参数是 $nf$ 载波相位模糊度 $z$ 的整数值向量和基线坐标 $b$ 的实值 3-分量向量。为了简化表示法，时间依赖性不明确指出。

通常假定数据向量 $y$ 是正态分布的，并且其离散由 $2nf \times 2nf$ 的方差—协方差矩阵 $Q_{yy}$ 获得。

对于由 $m+1$ 个 GNSS 天线组成的 $m$ 个基线的阵列来说，线性模型式(27.42)可以概括为

$$\begin{cases} \text{vec}(Y) \sim N(\text{vec}(AZ+GB), Q_{YY}) \\ Z \in \mathbb{Z}^{nf \times m}, B \in \mathbb{R}^{3 \times m} \end{cases} \tag{27.43}$$

式(27.42)的 $2nf$ 差分观测的 $m$ 个矢量为矩阵 $Y$ 的列；$m$ 个载波相位整数模糊向量是矩阵 $Z$ 的列，$m$ 个基线坐标向量是矩阵 $B$ 的列。相对于单基线模型，矩阵 $A$ 保持不变。此外，假定相同的几何矩阵 $G$ 应用于阵列的每个基线。由于阵列尺寸足够小，天线之间的间隔相对于卫星到接收机的距离（大约 20000 km）可以忽略不计。

观测向量 $\text{vec}(Y)$ 的随机特性由方差—协方差矩阵 $Q_{YY}$ 描述。如果 $m$ 个基线测量中的每一个都能用相同的方差—协方差矩阵 $Q_{yy}$ 合理描述，并且基线相对于同一个参考天线，则可以将矩阵 $Q_{YY}$ 简化为

$$Q_{YY} = P_m \otimes Q_{yy} \tag{27.44}$$

式中：$P_m$ 为 $m \times m$ 阶矩阵，该矩阵引入了由于相对于基准天线的差分而产生的校正协方差因子。该矩阵计算为

$$P_m = \frac{1}{2}(I_m + e_m e_m^T)$$

式中：$e_m$ 为 1 的 $m$ 分量向量。

在作为姿态传感器的 GNSS 天线阵列中，伪距差分和载波相位测量是从已知相对位置的天线获得的。在刚体假设下，数组元素之间的相对位置不变，则通过旋转已知的局部基线坐标 $F$ 获得式(27.43)中的未知基线坐标 $B$。$B$ 中的基线坐标表示在用户定义的参考系中，例如 ECEF 或 ENU 坐标系，而已知的局部基线坐标 $F$ 建立在物体上的参考系。通过计算描述两个坐标系之间相对方位的旋转矩阵来估计物体的姿态。然后将 GNSS 姿态观测模型表述为[27.15]

$$\begin{cases} \text{vec}(Y) \sim N(\text{vec}(AZ+GRF), Q_{YY}) \\ Z \in \mathbb{Z}^{nf \times m}, R \in \mathcal{SO}(3,p) \end{cases} \tag{27.45}$$

其中未知数为载波相位模湖的整数值矩阵 $Z$ 和旋转矩阵 $R$。

GNSS 姿态模型式(27.45)具有几个有用的属性。首先,未知参数的数量不会随基线数量的增加而线性增加,观测值/未知数冗余度增益是 $3(m-p)$。例如,形成 4 个非共面基线的 5 个 GNSS 天线给出了 12 个未知的基线坐标,但是式(27.45)的 $R$ 中只有 9 个未知项。此外,由于正态约束,仅须估计 $R$ 的 3 个独立参数,进一步增加了由观测值/未知数的冗余。

与变换 $B = RF$ 相关的实际约束数量可能大于 $R$ 的正交性所带来的 $\frac{1}{2}p(p+1)$ 个非线性约束[27.35]。非线性约束是显式且始终存在的,当使用 4 个或更多非共面天线时,其最大数量为 6 个。此外,当使用 3 个或更多共线天线 ($p=1, m \geq 2$)、4 个或更多共面天线 ($p=2, m \geq 3$)、5 个或更多天线 ($m > 3$) 的中的任意配置时,存在隐含的 $3(m-p)$ 线性约束,这些有助于提高整体估计的质量。

## 27.4.1 潜在模型误差和误定

在式(27.45)中给出的 GNSS 姿态模型忽略了一些影响较大的参数,如多径、大气延迟或天线相位中心变化。

在短基线模型中,多径是测量误差的主要来源。由于接收机处理直达信号和由于反射、其他传播路径延迟的信号总和,导致接收机的跟踪能力下降。多径误差取决于多径信号成分的强度和延迟,而这又取决于天线、GNSS 卫星和周围物体之间的相对几何形状、接收信号的幅度、频率和极化以及平台的动态。

多径并不表现为随机噪声源,而是一种随时间变化的观测偏差,其动态与卫星和接收天线之间的相对运动成正比。多径同时影响码和相位跟踪,在伪距和载波相位测量中分别引入米级或厘米级的误差,这些误差很难消除或估计(第 15 章)。抑制多径的技术,从临时天线选址和物理设计(例如扼流圈,请参阅第 17 章)到窄相关器,窄相关器通过更窄的相关器间距来削弱反射信号的影响[27.36]。同样,基于多径复用二进制偏移载波(MBOC)调制的新一代 GNSS 信号有望改进多径抑制[27.37, 27.38]。

在采用短基线的差分应用中,大气延迟通常被忽略,因为相距不超过几百米的天线收集的信号在很大程度是经同一路径传播,因此经历了类似的延迟,这些延迟在差分后大部分可以抵消。但是,不能预先排除强电离层扰动的存在,例如闪烁或梯度。这些干扰可能会改变测距信号,引起不可忽视的延迟、失锁和额外的观测噪声。

估计偏差的另一个潜在来源是天线相位中心(APC)的变化。根据惯例,每个天线收集的信号都参照相应的 APC(第 17 章),APC 之间距离的先验信息用于形成局部基线坐标 $F$ 的矩阵。由于 APC 的错误校准或由于 APC 的时变行为没有被考虑在内,局部基线坐标的任何建模错误将直接导致模型描述错误,从而可能造成无法固定模糊度和姿态估计偏差的不正确估计。APC 的变化也可能由非刚性物体引起,此时天线之间的相对位置发生变化,而形变没有被已知的局部基线坐标的相应矩阵所捕获。

通常要执行正确的校准以及合适的错误检测和模型描述错误测试程序(第 24 章),以避免由于上述误差源而引起的估计偏差。

## 27.4.2 GNSS 姿态模型的解算

GNSS 姿态模型式(27.45)将测量矩阵与未知整数模糊度和正交旋转矩阵联系起来。尽管测量值和未知数之间的关系是线性的,但相关的约束条件却产生了非线性估计问题。基于 GNSS 的精确姿态估计只能通过将载波相位模糊度固定为其正确的整数值来实现。成功完成此操作后,差分载波相位观测将作为非常精确的差分距离测量值,提供了精确的基线估计,用于精确估计物体姿态。在存在几何约束的情况下,整数模糊度的求解是一个复杂的问题,在寻求可靠和快速的方法时更是如此,这些方法可以提供即时的解决方案,而不需要很长的观测时间跨度或特别的初始化。

针对基于 GNSS 的姿态估计问题,提出了几种模糊度解算方法。一种直接的方法是随时间累积载波相位的观测值,在此期间,整数模糊度保持恒定,直到模糊度和姿态参数之间的解耦能够分别进行估计[27.39]。由于该技术依赖于天线阵列和 GNSS 卫星之间视线矢量的变化,因此在观察时间跨度内需要一定程度的相对运动。随后提出了几种利用该原理的方法,这些方法通常称为基于运动的方法,旨在限制收敛所需的相对运动[27.40],以消除对先验姿态估计[27.41]的需求,或者通过在未知模糊度参数[27.42-27.45]的空间中搜索来缩短收敛时间。

所有基于运动的方法的常见缺点是相对运动可能需要一些时间才能发生。这些技术可能会需要较长的初始化时间,特别是在低动态应用中,无法提供瞬时解。基于运动的方法不足之处可以通过提供未知模糊度和姿态参数的瞬时解来解决。这些方法通过在未知参数的空间内进行穷举搜索对给定的代价函数进行最小化。该搜索适用于在相对天线位置的空间的位置域中,或者在整数矢量的空间的模糊域中。

在位置域中进行搜索的典型方法为基于模糊函数法(AFM)的方法,该方法最小化了一个以方向角为参数的代价函数[27.46]。在单基线阵列中,该函数在潜在方位角仰角网格上进行评估[27.47-27.49],或者在多基线阵列的潜在三轴姿态角网格上进行评估[27.50]。然而,由于需要对搜索域进行密集量化以找到全局最小值,因此需要对目标函数的大量样本进行计算。因此,这些方法所需的计算量可能会不利于实时应用[27.44]。

在整数域中进行搜索的替代方法通过评估相应的基线估计是否满足已知的几何约束条件来探索大量潜在的整数模糊度解。一些方法搜索候选整数向量[27.51-27.54]或整数向量的选定子集[27.55-27.57],并剔除那些不会在已知半径的球面上生成基线解的候选向量。其他方法也对基于不同候选整数矢量估计多个基线后得出的姿态解进行加权,如文献[27.58]中所述的方法。

几种基于整数搜索的手段采用最小二乘模糊解相关平差(LAMBDA)方法[27.59,27.60],从而应用了整数最小二乘(ILS)原理在整数域上求最小值(第 23 章)。该方法在数值上是有效的[27.61,27.62],并被证明是最优的,在应用于线性模型时提供了最高的正确解算模糊度的概率[27.63,27.64]。LAMBDA 方法被广泛应用于基于 GNSS 的实时姿态确定应用中,参见示例文献[27.51-27.54,27.65,27.66]。许多方法充分利用了几何约束信息以拒绝不可能的基线解。这种使用先验已知信息的方法较为合理,并且可以提高成功率,但不能保证将最小二乘残差最小化。联合模糊度和姿态估计问题的最佳解决方案是将几何约束严格地包含在整数模糊度求解过程中。由此产生的非线性混合估计问题可以通过扩展 ILS 原理来解决,在多元约束-LAMBDA(MC-LAMBDA)方法[27.15,27.67-27.69]中实现。其中非线性约束被完全集成到代价函数中,这些约束在整数搜索过程中起着积极的作用,为瞬时的联合模糊—姿态解提供了指导。

### 27.4.3　GNSS 模糊度与姿态估计

通过求解包含载波相位模糊度 $Z$ 上的整数约束和在姿态矩阵 $R$ 上的正交约束相关的最小二乘问题,得到 GNSS 姿态模型式(27.45)的解,即

$$\{\check{Z}, \check{R}\} = \arg\min_{\substack{Z \in \mathbb{Z}^{nf \times m} \\ R \in \mathcal{SO}(3, p)}} \| \text{vec}(Y - AZ - GRF) \|^2_{Q_{YY}} \tag{27.46}$$

该解是最小二乘意义下的最优解,即估计残差的平方加权范数在参数空间上最小。式(27.46)最小化问题可以通过两步来解决。第一步,通过忽略整数约束和正交约束,得到所谓的浮点解。该无约束估计的精度取决于伪距测量的精度,是一个初始粗略解。第二步,通过联合估计整数模糊度和旋转矩阵,并同时考虑整数约束和正交约束,对浮点估计进行改进。下面详细说明解算过程的两个步骤。

步骤 I:浮点解。

模型式(27.45)的浮点解是最小二乘意义下的最小化问题的解,即

$$\{\hat{Z}, \hat{R}\} = \arg\min_{\substack{Z \in \mathbb{R}^{nf \times m} \\ R \in \mathbb{R}^{3 \times p}}} \| \text{vec}(Y - AZ - GRF) \|^2_{Q_{YY}} \tag{27.47}$$

在这一步中,载波相位模糊度的估计值为实数,并且旋转矩阵不受正交性约束。通过求解相关联的一组标准方程获得最小二乘估计值 $\hat{Z}$ 和 $\hat{R}$,有

$$M \begin{pmatrix} \text{vec}(\hat{Z}) \\ \text{vec}(\hat{R}) \end{pmatrix} = \begin{bmatrix} I_m \otimes A^T \\ F \otimes G^T \end{bmatrix} Q_{YY}^{-1} \text{vec}(Y) \tag{27.48}$$

$$M = \begin{bmatrix} I_m \otimes A^T \\ F \otimes G^T \end{bmatrix} Q_{YY}^{-1} [I_m \otimes A \quad F^T \otimes G] \tag{27.49}$$

对于构造为 $Q_{YY} = P_m \otimes Q_{yy}$ 的方差-协方差测量矩阵,浮点估计 $\hat{Z}$ 和 $\hat{R}$ 可计算为

$$\begin{cases} \hat{R} = [\bar{G}^T Q_{yy}^{-1} \bar{G}]^{-1} \bar{G}^T Q_{yy}^{-1} Y P_m^{-1} F^T [F P_m^{-1} F^T]^{-1} \\ \hat{Z} = [A^T Q_{yy}^{-1} A]^{-1} A^T Q_{yy}^{-1} [Y - G\hat{R}F] \end{cases} \tag{27.50}$$

其中,$\bar{G} = P_A^\perp G$。矩阵 $P_C^\perp = I - P_C$ 表示投影矩阵 $P_C$ 的正交补,即

$$P_C = C[C^T Q_{yy}^{-1} C]^{-1} C^T Q_{yy}^{-1}$$

对浮点数的估计值呈正态分布,其离散度通过对正态矩阵 $M$ 求逆来计算,有

$$\begin{bmatrix} Q_{\hat{Z}\hat{Z}} & Q_{\hat{Z}\hat{R}} \\ Q_{\hat{R}\hat{Z}} & Q_{\hat{R}\hat{R}} \end{bmatrix} = M^{-1} \tag{27.51}$$

**步骤Ⅱ**:模糊度—姿态估计。

在第二步中,通过估计整数载波相位模糊度来优化浮点解。式(27.46)中的平方范数以平方和的形式分解为[27.32]

$$\|\text{vec}(Y - AZ - GRF)\|^2_{Q_{YY}} = \|\text{vec}(\Psi)\|^2_{Q_{YY}} + \|\text{vec}(\hat{Z} - Z)\|^2_{Q_{\hat{Z}\hat{Z}}} + \\ \|\text{vec}(\hat{R}(Z) - R)\|^2_{Q_{\hat{R}(Z)\hat{R}(Z)}} \quad (27.52)$$

式中:矩阵 $\Psi$ 为浮点估计误差;矩阵 $\hat{R}(Z)$ 为条件姿态矩阵,即以模糊残差 $\text{vec}(\hat{Z} - Z)$ 为条件的(通常不正交)姿态矩阵;矩阵 $Q_{\hat{R}(Z)\hat{R}(Z)}$ 为条件解的方差—协方差矩阵。通过固定已知的整周模糊度,并在最小二乘意义上求解关联的(无约束)模型 $E(Y - AZ) = GRF$ 计算得到条件姿态矩阵 $\hat{R}(Z)$,即

$$\begin{cases} \text{vec}(\hat{R}(Z)) = \text{vec}(\hat{R}) - Q_{\hat{R}\hat{Z}} Q_{\hat{Z}\hat{Z}}^{-1} \text{vec}(\hat{Z} - Z) \\ Q_{\hat{R}(Z)\hat{R}(Z)} = Q_{\hat{R}\hat{R}} - Q_{\hat{R}\hat{Z}} Q_{\hat{Z}\hat{Z}}^{-1} Q_{\hat{Z}\hat{R}} \end{cases} \quad (27.53)$$

因为主要取决于载波相位观测值的精度,因此条件姿态解比其浮点解要精确得多(27.4.4节)。

式(27.52)中的模糊度—姿态估计问题可参照文献[27.15],有

$$\begin{cases} \check{Z} = \arg\min_{Z \in \mathbb{Z}^{nf \times m}} C(Z) \\ C(Z) = \|\text{vec}(\hat{Z} - Z)\|^2_{Q_{\hat{Z}\hat{Z}}} + J(Z) \end{cases} \quad (27.54)$$

两个相关项的和为需要最小化的函数。第一项是整数候选 $Z$ 与模糊度浮点解 $\hat{Z}$ 之间距离的平方,由方差—协方差矩阵 $Q_{\hat{Z}\hat{Z}}$ 测量。第二项 $J(Z)$ 可计算为

$$\begin{cases} J(Z) = \|\text{vec}(\hat{R}(Z) - \check{R}(Z))\|^2_{Q_{\hat{R}(Z)\hat{R}(Z)}} \\ \check{R}(Z) = \arg\min_{R \in SO(3 \times p)} \|\text{vec}(\hat{R}(Z) - R)\|^2_{Q_{\hat{R}(Z)\hat{R}(Z)}} \end{cases} \quad (27.55)$$

并以 $Q_{\hat{R}(Z)\hat{R}(Z)}$ 为度量标准,对条件浮点解 $\hat{R}(Z)$ 和相应的正交解 $\check{R}(Z)$ 之间距离的平方进行加权。

在式(27.54)中对代价函数进行最小化时需要进行整数搜索,其中对 $Z$ 点的 $C(Z)$ 进行评估需要推导出相应的姿态解 $\check{R}(Z)$。这需要解决式(27.55)中的非线性约束问题,其解决方案已在27.3节中讨论。根据整周模糊度到浮点解之间的加权距离,目标函数值 $C(Z)$ 越大,返回正确姿态解的可能性越小。

通过应用ILS原理进行扩展(第23章),解决了整周模糊度—姿态最小化问题,该扩展可以处理附加的非线性几何约束,大大提高解的估计强度。在整数域 $\mathbb{Z}^{nf \times m}$ 的子集中搜索使整数值最小化的 $\check{Z}$,搜索空间可定义为

$$S(\chi^2) = \{Z \in \mathbb{Z}^{n \times m} \mid C(Z) \leq \chi^2\} \quad (27.56)$$

式中:$\chi^2$ 为正标量,用于限制搜索树的分支。

约束ILS方法中的整数搜索在数值上很复杂,这是两个因素共同作用的结果。首先,代价函数 $C(Z)$ 的评估需要求解约束式(27.55)最小化问题。其次,必须选择足够小的标量 $\chi^2$,以避免对代价函数进行不必要的计算。这两个问题通过使用以原始代价函数

$C(\boldsymbol{Z})$ 为界限执行整数搜索,且在计算上更容易评估。形式上,可以设计两种整数搜索过程,具体取决于搜索过程是使用函数 $C(\boldsymbol{Z})$ 的下限还是上限。

搜索——展开算法。令 $C(\boldsymbol{Z})$ 的合适下限为 $C_l(\boldsymbol{Z}) \leqslant C(\boldsymbol{Z})$。将与 $C_l(\boldsymbol{Z})$ 关联的搜索空间定义为

$$S_l(\chi^2) = \{\boldsymbol{Z} \in \mathbb{Z}^{n \times m} \mid C_l(\boldsymbol{Z}) \leqslant \chi^2\} \tag{27.57}$$

它是原始搜索空间式(27.56)的超集,有

$$S(\chi^2) \subseteq S_l(\chi^2) \tag{27.58}$$

首先,搜索空间 $S_l(\chi_0^2)$(初始值 $\chi_0$ 被选择为任意小)的目标是在其边界内寻找整数候选对象。如果找到一个非空的整数候选集合,则对集合的每个元素求函数 $C(\boldsymbol{Z})$,从而在原始搜索空间 $S(\chi_0^2)$ 中枚举整数候选者。如果集合 $S(\chi_0^2)$ 为非空,则根据 $C(\boldsymbol{Z}_i)$ 的值对潜在可能值 $\boldsymbol{Z}_i$ 进行排序,返回最小的代价函数候选对象就是寻求的整数最小化子集 $\check{\boldsymbol{Z}}$。如果集合 $S(\chi_0^2)$ 为空,则通过在每个循环处增加标量 $\chi_{s+1}^2 > \chi_s^2$,以相同的模式继续迭代的搜索。

搜索——收缩算法。令 $C_u(\boldsymbol{Z}) \geqslant C(\boldsymbol{Z})$ 为 $C(\boldsymbol{Z})$ 的上限,具有关联的搜索空间,有

$$S_u(\chi^2) = \{\boldsymbol{Z} \in \mathbb{Z}^{n \times m} \mid C_u(\boldsymbol{Z}) \leqslant \chi^2\} \tag{27.59}$$

其中 $S_u(\chi^2) \subseteq S(\chi^2)$。首先,选择初始值 $\chi_0^2$ 并令 $\chi^2 = \chi_0^2$,以确保 $S_u(\chi_0^2)$ 的非空性。一旦找到整数矩阵 $\boldsymbol{Z}_1 \in S_u(\chi_0^2)$,使得 $C_u(\boldsymbol{Z}_1) < \chi_0^2$,通过替换 $\chi_1^2 = C_u(\boldsymbol{Z}_1)$ 缩小搜索空间,并在缩小的集合 $S_u(\chi_1^2)$ 中继续搜索,寻找返回 $C_u(\boldsymbol{Z}_2) < \chi_1^2$ 的整数候选 $\boldsymbol{Z}_2$。继续进行搜索迭代,直到找到使 $C_u(\boldsymbol{Z})$ 达到最小的 $\check{\boldsymbol{Z}}_u$。由于 $C_u(\check{\boldsymbol{Z}}_u) \leqslant C(\check{\boldsymbol{Z}}_u)$,因此整数矩阵 $\check{\boldsymbol{Z}}_u$ 可能与寻找的最小化子集 $\check{\boldsymbol{Z}}$ 不同。因此,在搜索空间 $S(\bar{\chi}^2)$ 中执行最终搜索,其中 $\bar{\chi}^2 = C_u(\check{\boldsymbol{Z}}_u)$。该最终搜索在一个特别小的集合中执行,只需要测试少数候选项即可找到 $C(\boldsymbol{Z})$ 的整数最小值[27.70]。

上述约束整数搜索算法有两个优点。一个优点是在搜索过程中迭代地调整搜索空间的大小,从而避免了针对大量整数候选对象进行代价函数的计算。另一个优点是所使用的边界可以在一类易于计算的函数中选择,从而避免了 $C(\boldsymbol{Z})$ 的计算复杂性。例如通过求取矩阵 $\boldsymbol{Q}_{\hat{\boldsymbol{R}}(\boldsymbol{Z})\hat{\boldsymbol{R}}(\boldsymbol{Z})}$ 逆的最小特征值 $\xi_{\min}$ 和最大特征值 $\xi_{\max}$,可以获得下界和上界,有

$$\xi_{\min} \|\text{vec}(\hat{\boldsymbol{R}}(\boldsymbol{Z}) - \check{\boldsymbol{R}}(\boldsymbol{Z}))\|_I^2 \leqslant \|\text{vec}(\hat{\boldsymbol{R}}(\boldsymbol{Z}) - \check{\boldsymbol{R}}(\boldsymbol{Z}))\|_{\boldsymbol{Q}_{\hat{\boldsymbol{R}}(\boldsymbol{Z})\hat{\boldsymbol{R}}(\boldsymbol{Z})}}^2 \\ \leqslant \xi_{\max} \|\text{vec}(\hat{\boldsymbol{R}}(\boldsymbol{Z}) - \check{\boldsymbol{R}}(\boldsymbol{Z}))\|_I^2 \tag{27.60}$$

将式(27.60)中的第一个和最后一个平方范数分解为

$$\sum_{i=1}^{p} \|\hat{\boldsymbol{r}}_i(\boldsymbol{Z})\|^2 + 1 - 2\|\hat{\boldsymbol{r}}_i(\boldsymbol{Z})\|\cos(\alpha_i)$$

式中:$\alpha_i$ 为由向量 $\hat{\boldsymbol{r}}_i(\boldsymbol{Z})$ 和 $\check{\boldsymbol{r}}_i(\boldsymbol{Z})$ 形成的角;$\hat{\boldsymbol{r}}_i(\boldsymbol{Z})$ 和 $\check{\boldsymbol{r}}_i(\boldsymbol{Z})$ 分别表示 $\hat{\boldsymbol{R}}$ 和 $\check{\boldsymbol{R}}$ 的第 $i$ 列。因此,两个边界 $C_l(\boldsymbol{Z})$ 和 $C_u(\boldsymbol{Z})$ 被定义为

$$\begin{cases} C_l(\boldsymbol{Z}) = \|\text{vec}(\hat{\boldsymbol{Z}} - \boldsymbol{Z})\|_{\boldsymbol{Q}_{\hat{\boldsymbol{Z}}\hat{\boldsymbol{Z}}}}^2 + \xi_{\min}\sum_{i=1}^{p}(\|\hat{\boldsymbol{r}}_i(\boldsymbol{Z})\| - 1)^2 \\ C_u(\boldsymbol{Z}) = \|\text{vec}(\hat{\boldsymbol{Z}} - \boldsymbol{Z})\|_{\boldsymbol{Q}_{\hat{\boldsymbol{Z}}\hat{\boldsymbol{Z}}}}^2 + \xi_{\max}\sum_{i=1}^{p}(\|\hat{\boldsymbol{r}}_i(\boldsymbol{Z})\| - 1)^2 \end{cases} \tag{27.61}$$

求解这些函数不需要求解式(27.55)中的约束最小二乘问题,而只需计算平方范数,从而减轻了计算负担。

边界的选择遵循两个标准。一是边界的评估应在数值上有效,避免出现非线性估计问题。二是相对于原始函数 $C(Z)$,边界应足够封闭,以确保快速收敛到所需的整数最小值。文献[27.71]中给出了有效替代边界的示例。

### 27.4.4 模糊度和姿态估计的精度

在姿态—模糊度估计过程的第一步中,将浮点估计量导出为观测量的线性函数。因此,浮点估算值分布为

$$\begin{pmatrix} \text{vec}(\hat{Z}) \\ \text{vec}(\hat{R}) \end{pmatrix} \sim N\left( \begin{pmatrix} \text{vec}(Z) \\ \text{vec}(R) \end{pmatrix}, \begin{bmatrix} Q_{\hat{Z}\hat{Z}} & Q_{\hat{Z}\hat{R}} \\ Q_{\hat{R}\hat{Z}} & Q_{\hat{R}\hat{R}} \end{bmatrix} \right) \quad (27.62)$$

为了突出每一项对浮点估计精度的影响,假设观测值的方差—协方差矩阵分解为 $Q_{YY} = P_m \otimes Q_{yy}$。这样可以将式(27.62)中的浮点模糊度和姿态方差—协方差矩阵分解为

$$\begin{cases} Q_{\hat{Z}\hat{Z}} = [P_m^{-1} P_{F^T} \otimes \tilde{A}^T Q_{yy}^{-1} \tilde{A} + P_m^{-1} \otimes \bar{A}^T Q_{yy}^{-1} \bar{A}]^{-1} \\ Q_{\hat{R}\hat{R}} = [FP_m^{-1}F^T]^{-1} \otimes [\bar{G}^T Q_{yy}^{-1} \bar{G}]^{-1} \end{cases} \quad (27.63)$$

其中,$\tilde{A} = P_G A, \bar{A} = P_G^\perp A$。浮点估计 $\hat{Z}$ 和 $\hat{R}$ 的精度都取决于跟踪的卫星和频率的数量、卫星的几何构型 $G$ 和观测的质量 $Q_{yy}$。具体来说,正是伪距观测的精度影响了浮点估计误差[27.32,27.69]。浮点估计的质量还取决于由天线阵列的阵元形成的基线的相对几何关系。通过对矩阵 $F$ 引入比例因子 $g$,浮点姿态方差—协方差矩阵的元素减少为原来的 $1/g^2$,从而可以得到对更长基线的影响。由基线形成的角度在 $Q_{\hat{R}\hat{R}}$ 的定义中也有所体现,尽管这种依赖关系有些复杂难于计算。一般来说,为了更精确地估计整个姿态参数集,应该优先选择平衡的基线配置,其目的是使基线的分布达到最大的角度分离[27.72]。相反,多条对齐的基线可用于加强对围绕某一特定轴的旋转的估计。

与浮点姿态估计不同,浮点模糊度的精度与天线阵列的任意缩放无关。但是,某些几何形状的 GNSS 天线阵列确实有助于模糊度浮点估计。式(27.63)中的正交投影 $P_{F^T}^\perp$ 对于以 $p < m$ 为特征的任何基线排列都不为零(27.4节)。因此,使用以下方法可使模糊度为浮点解的方差—协方差矩阵元素更小:

(1) 3个或更多共线天线;
(2) 4个或更多共面天线;
(3) 5个或更多天线的任何配置[27.35,25.73]。

如27.4节所述,这些配置之所以能够改善浮点模糊度估计,是因为在 GNSS 姿态模型中存在隐式线性约束。

受约束的模糊度—姿态估计的质量的分析有些复杂。与无约束的 ILS 一样,模糊度估计的精度取决于浮点估计的质量。但是,由于式(27.54)中的附加几何约束,后者没有完全定义约束方法的成功率。通过固定整周模糊度和解算平台姿态,充分利用多天线配

置的已知体几何,相对于无约束整数模糊度解析方法,模糊度解析性能得到了极大的提高[27.67,27.69]。我们可以通过模拟来理解固定模糊度对估计性能的增强,该模拟提供了在受控环境中非约束和约束 ILS 估计的性能之间的比较。表 27.1 和表 27.2 给出了成功率,该成功率定义为正确固定模糊度的样本比率,它是测量通道数 $n$ 和观测噪声的函数。

表 27.1 LAMBDA 和 MC-LAMBDA 方法的单基线 ($p=1$)、单历元、单频率 ($f=1$) $10^5$ 个数据样本模拟的成功率。成功率根据每个通道数以及每个代码(pr)和相位噪声(cp)水平组合得出

| $\sigma_{cp}$/mm | 3 | | | 1 | | |
|---|---|---|---|---|---|---|
| $\sigma_{pr}$/cm | 30 | 15 | 5 | 30 | 15 | 5 |
| 通道号 | LAMBDA | | | | | |
| | MC-LAMBDA | | | | | |
| 5 | 0.03 | 0.19 | 0.87 | 0.60 | 0.27 | 0.95 |
| | 0.72 | 0.89 | 0.99 | 0.97 | 0.99 | 1.00 |
| 6 | 0.25 | 0.67 | 0.97 | 0.49 | 0.87 | 0.99 |
| | 0.96 | 0.99 | 0.99 | 0.99 | 1.00 | 1.00 |
| 7 | 0.50 | 0.79 | 0.99 | 0.74 | 0.93 | 1.00 |
| | 0.99 | 0.99 | 1.00 | 1.00 | 1.00 | 1.00 |
| 8 | 0.86 | 0.95 | 0.99 | 0.99 | 0.99 | 1.00 |
| | 0.99 | 0.99 | 1.00 | 1.00 | 1.00 | 1.00 |

表 27.2 LAMBDA 和 MC-LAMBDA 方法的双基线($p=2$,非共线性)、单历元、单频率($f=1$)的 $10^5$ 个数据样本模拟成功率。成功率根据每个通道数以及每个代码(pr)和相位噪声(cp)水平组合得出

| $\sigma_{cp}$/mm | 3 | | | 1 | | |
|---|---|---|---|---|---|---|
| $\sigma_{pr}$/cm | 30 | 15 | 5 | 30 | 15 | 5 |
| 通道号 | LAMBDA | | | | | |
| | MC-LAMBDA | | | | | |
| 5 | 0.01 | 0.06 | 0.84 | 0.01 | 0.10 | 0.96 |
| | 0.99 | 0.99 | 1.00 | 1.00 | 1.00 | 1.00 |
| 6 | 0.10 | 0.57 | 0.97 | 0.30 | 0.81 | 1.00 |
| | 0.99 | 1.00 | 1.00 | 1.00 | 1.00 | 1.00 |
| 7 | 0.32 | 0.73 | 0.99 | 0.61 | 0.91 | 1.00 |
| | 0.99 | 1.00 | 1.00 | 1.00 | 1.00 | 1.00 |
| 8 | 0.82 | 0.93 | 0.99 | 0.99 | 1.00 | 1.00 |
| | 1.00 | 1.00 | 1.00 | 1.00 | 1.00 | 1.00 |

对于单基线 $p=m=1$ 和双基线 $p=m=2$ 并带有局部基线坐标矩阵的天线阵列，给出了两个单历元、单频率 $f=1$ 场景的结果。

当进行约束模糊度—姿态估计时，在成功的模糊度解算方面的改进是相当大的，特别是对于较弱的场景，即测量量较少并且观测噪声较大。基线数量的增加对受限成功率具有非常重要的影响，在所有模拟场景中，成功率约等于 1。如预期的那样，即使对于由有限数量的天线（在所报告的示例中为 2 个或 3 个）形成的阵列，附加约束的加入极大地增强了 GNSS 观测模型，并极大地影响了模糊度成功率，有

$$F_{p=1} = 1; F_{p=2} = \begin{bmatrix} 1 & 0 \\ 0 & 1 \end{bmatrix} \tag{27.64}$$

假设载波相位模糊度固定为正确的整数值 $Z$，则可获得如式(27.53)所示的条件姿态解。然后，条件姿态估计的精度通过具有方差—协方差矩阵 $Q_{\check{R}(Z)\check{R}(Z)}$ 的正态分布来描述。但是，还必须考虑整数估计的统计信息。整周模糊度根据概率质量函数（PMF）来分布，PMF 通过将浮点估计 $\hat{Z}$ 的正态分布在与模糊度—姿态估计器关联的归整区域上积分而获得。结果是与同类型的多模态分布[27.74]，有

$$f_{\hat{R}(\check{Z})}(x) = \sum_{N \in Z^{n \times m}} f_{\hat{R}(N)}(x) P(\check{Z} = N) \tag{27.65}$$

式中：$f_{\hat{R}(N)}(x)$ 为条件姿态估计的概率密度函数；$P(\check{Z}=N)$ 为在 $N$ 处计算的固定模糊的 PMF。当成功率 $P_s = P(\check{Z}=N)$ 足够接近于 1 时，条件姿态解的分布可以通过方差—协方差矩阵 $Q_{\hat{R}(Z)\hat{R}(Z)}$ 的正态分布很好地近似，$Q_{\hat{R}(Z)\hat{R}(Z)}$ 提供姿态估计器 $\check{R}$ 的离散的一阶近似。姿态解的精度由载波相位观测值的精度[27.15]和天线阵列的几何形状所决定，对于姿态浮点解也应考虑相同的因素：应采用更长的基线以实现较小的角度估计误差，与需要测量其姿态的物体或平台所施加的结构和物理限制相兼容。

将图 27.10 与图 27.11 进行对比，可以明显看出模糊度解算成功后角估计精度有了很大的提高。这两个图显示了双基线静态阵列模糊度解算前后的姿态角，其中每个基线为 2m 长。当载波相位模糊度成功固定为正确的整数值时，每个姿态角的精度提高了两个数量级（表 27.3）。

表 27.3 成功解算模糊度前后的姿态估计精度对比（RMS：均方根）

| 分量 | 浮点 | 固定 |
| --- | --- | --- |
| 方位角，RMS/(°) | 6.35 | 0.05 |
| 俯仰角，RMS/(°) | 16.01 | 0.19 |
| 横滚角，RMS/(°) | 12.51 | 0.10 |

三个方向角的估计误差之间的差异，突出了基于 GNSS 的姿态传感器的共同特性（表 27.3）。先前测试中使用的静态阵列的两个基线位于一个局部水平面上。然后，由于表征观测值的垂直分量的精度较差，因此俯仰角和横滚角估计的精度都比航向角低。一般而言，可以对围绕导航卫星视线矢量方向的旋转进行更好的角度估计。

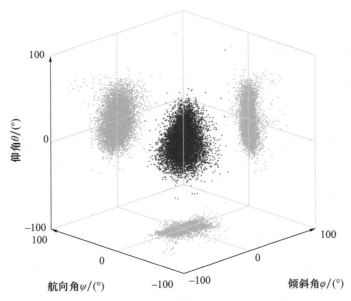

图 27.10 根据 9000 个 GPS 数据历元估算浮点姿态角,这些数据历元是由 2m 长的静止基线跟踪 9 颗卫星获得的

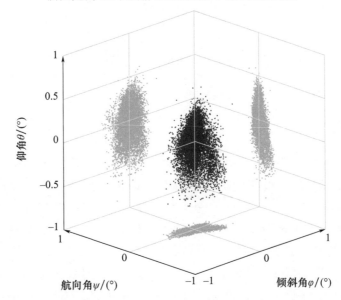

图 27.11 成功地解算模糊度后的姿态角,由两条 2m 长的静态基线同时跟踪的 9 颗卫星的 9000 个 GPS 数据历元估算的

图 27.12 显示了正确解算整周模糊度后三天线 GNSS 姿态传感器逐个输出的航向角、俯仰角和倾斜角。多径效应影响清晰可见,对于这三个角度估计,都有一个变化的、时间相关的误差,并叠加到类似高斯的估计噪声上。偏差的大小随时间变化,在最坏的情况下,峰值达到 0.5°,这与 2m 长的基线上的厘米级多径误差相符。在三个角度估计值中,由多径引入的误差也会被不同地放大,航向角输出受到的影响最小。

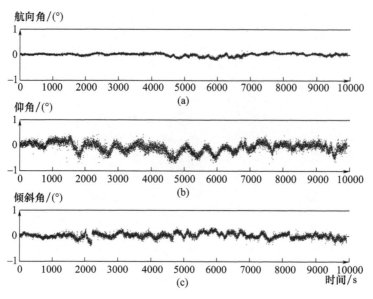

图 27.12 成功解算模糊度后 3 个姿态角的时间序列,来自两个静止基线跟踪的 9 颗卫星的 9000 个 GPS 数据历元,每条基线长 2m

## 27.5 应 用

### 27.5.1 太空运行

早在卫星导航时代初期,就对使用多个 GNSS 天线来跟踪航天器和空间结构中的方向进行了研究。在 20 世纪 90 年代初,在美国国家航空航天局(NASA)的空间任务 RAD-CAL(雷达校准,1993)中[27.76],运行了一个斯坦福大学改进的 Trimble Navigation TANS (trimble advanced navigation systems),称之为 Quadrex[27.39,27.75]。RADCAL 任务首次测试了通过 GPS 确定航天器姿态的性能,尽管仅在后处理中,以 4 个 0.5m 长的基线实现了 1°(均方根[RMS])的姿态精度。1994 年,由伍珀塔尔大学设计和开发的用于测量地球大气红外辐射的 CRISTA-SPAS(大气低温红外光谱仪和望远镜-航天托盘卫星)任务[27.77]展示了基于 GPS 的实时姿态确定能力(图 27.13)。此后不久,Quadrex GPS 接收机的更新版本 Trimble Quad Vector 被开发出来,并在美国宇航局(NASA)的 APEX(高级光伏和电子实验)任务[27.78]以及几次航天飞机的飞行中使用[27.77]。

1996 年,配备了更新的 TANS 接收机的 REX-Ⅱ(辐射实验卫星,第二次任务)卫星首次成功实施了基于 GPS 的实时姿态估计以进行闭环控制。在 REX-Ⅱ 航天器中,来自 4 个 GPS 天线跟踪最多 6 个卫星的载波相位观测值与磁场测量相结合,满足了任务要求的 2°(RMS)角精度。一个独立的 GPS 姿态传感器的性能也被评估为 5°(RMS)。与 GPS 姿态传感器有关的一个问题是可用性,由于卫星数量不足、卫星几何形状不佳和信号嘈杂等

图 27.13 CRISTA-SPAS 2 飞行(图片来源：NASA)

原因，经常出现中断[27.79]。

基于 GNSS 的姿态估计已在许多太空任务中实施，例如 GPS 姿态/导航实验(GANE)、基于 GPS 的气象学(GPS/MET)、SSTL 卫星 UoSat-12 和战术作战卫星(最高卫星)[27.80,27.81]。值得注意的是，重力探测器-B 相对论任务还携带了一系列 GNSS 天线，经过对其数据进行后处理，验证了爱因斯坦广义相对论的两个预测：测地线进动和惯性系拖曳效应[27.82]。

四天线姿态系统目前正在国际空间站(ISS)运行(图 27.14)，该系统提供的姿态信息只有在与机载惯性导航系统(INS)结合时，才能满足要求(设置为 0.5°误差, $3\sigma$ )[27.83]。安装在大型空间结构上的 GNSS 阵列的主要问题是潜在的大型多径环境，由飞船结构和太阳能电池板造成。结构本身、移动组件(例如 ISS 上的机械臂和部署的太阳能电池板)以及最终对接的飞行器的阻碍，也可能造成卫星的遮挡。

尽管航天器上的 GNSS 姿态系统精度较低，但与水平传感器和恒星跟踪仪相比在维护、成本和重量方面仍具有一些优势。因为角度估计的精度通常受到空间平台尺寸小的限制，这些优点使 GNSS 姿态系统在精度要求不太严格的情况下成为小型低轨卫星(LEO)的一种可行的替代传感器。

姿态传感器的可用性取决于实际的航天器旋转运动：旋转中的卫星上的 GNSS 姿态传感器可能会经历频繁的卫星丢失和重新采集。可以预期在不久的将来将有大量导航卫星投入使用，这方面的问题可能会得到缓解。

GNSS 姿态传感器的空间应用还包括支持交会[27.84]和重返大气层机动。然而，后一种应用到目前为止已经被废除了，取而代之的是惯性测量单元(IMU)和星跟踪器的组合。GNSS 姿态系统在地球再入阶段的限制因素是卫星可见性：典型的飞行包络以平台的多次旋转为特征，并不能保证足够的可见性[27.85]。

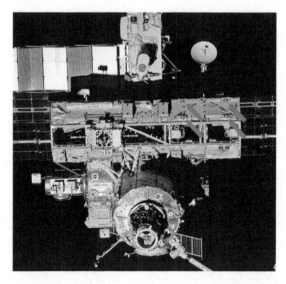

图 27.14　从亚特兰蒂斯号航天飞机 STS-110 上看到的国际空间站。SO Truss 上安装了 4 个 GNSS 扼流圈天线(用红色箭头标记,在图的右侧可见)(图片来源:NASA)

### 27.5.2　航空应用

从 20 世纪 90 年代开始,随着接收机功能更强大、体积更小和价格更便宜,GNSS 天线阵列作为方向传感器被广泛应用于航空应用中,既可以作为独立系统使用,也可以与 IMU 集成使用。

GNSS 姿态传感器是一种有效的导航辅助工具,可在所有飞行阶段(包括起飞、途中、编队飞行、着陆和滑行)引导民用和军用飞机[27.50,27.86-27.89]。多 GNSS 天线系统通常集成在无人机导航自动控制系统中[27.90],该系统利用了 GNSS 姿态传感器的低成本、高功率和无漂移特性。此外,GNSS 姿态信息是地理参考的一个有价值的输入,即对从飞机或其他飞行平台远程获取的数据进行后处理[27.91,27.92]。

GNSS 多天线系统的使用可提供不受漂移和磁变化影响的姿态信息。此外,一个飞机的典型尺寸是机身和翼展超过几米长,有助于提高基于 GNSS 的角度估计精度。图 27.15 中显示了一个示例,给出了一个独立的三天线 GNSS 姿态系统提供的逐个时刻航向角。这 3 个天线分别位于塞斯纳 Citation Ⅱ 的机头、左翼和机身中部,形成了局部基线坐标矩阵,即

$$F = \begin{bmatrix} 4.90 & -0.39 \\ 0 & 7.60 \end{bmatrix} [\text{m}] \qquad (27.66)$$

惯性参考系统(IRS)(霍尼韦尔激光参考(honeywell laseRef))提供的精确航向角也显示在图 27.15 中:GNSS 和 IRS 的输出之间的差值为 0.07°(RMS)。图 27.16 显示了 GNSS 的姿态输出与 IRS 在 3 个姿态角(航向、俯仰和横滚)下的累积误差。在这 3 个角度中,航向是最准确的,而俯仰角是噪声最大的。IRS 到 GNSS 输出差异的均方根值对于横滚角为 0.12°,对于俯仰角为 0.3°。这些值与使用的基线长度有关,对于在机载结构上运行的

GNSS 姿态系统是典型的。基于 GNSS 的姿态估计的精度受到两个主要因素的限制：多径与结构灵活性。

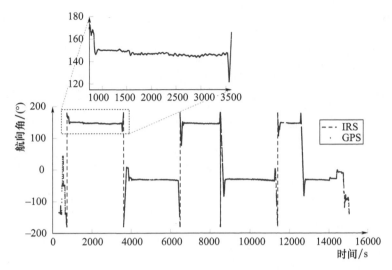

图 27.15　在 4h 飞行期间，由一个三天线 GNSS 姿态系统和一个惯性参考系统给出的逐时刻的航向角估计

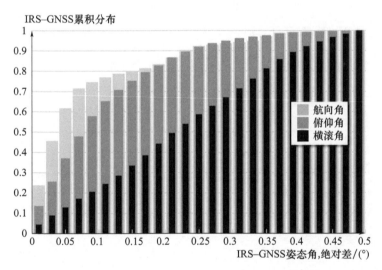

图 27.16　一个 4h 飞行中 IRS-GNSS 姿态角输出误差的累积分布示例

在航空应用中，由于 GNSS 天线的位置，多径通常对角度估计的精度产生重要影响。这些天线必须放置在飞机的金属表面上，并且不能明显改变飞机的空气动力学特性，从而对所用天线的形状和尺寸施加限制。这些限制的主要影响是测量的质量稍差，具有两个结果：错误的模糊度解算和较大的角度估计误差/偏差。这些影响清楚地显示在图 27.17 中，该图报告了上述 4h 飞行的一部分的载波相位估计残差：这些残差是有噪声的，并且大部分存在偏差。主要是因为在机头天线上收到的来自与飞行方向相反的低海拔和方位角的卫星的干扰信号。正确识别这种劣质的测量对于避免估计偏差至关重要，图 27.18 为

消除干扰信号后的载波相位残差。经校正后，残差的时间特性仅表现为较小的剩余时间相关误差，叠加在预期的毫米级载波相位测量噪声上。

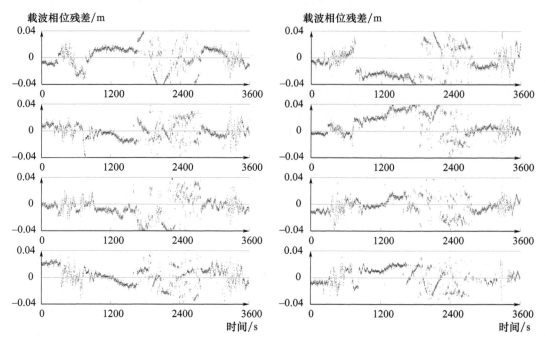

图 27.17　在 4h 飞行期间，消除干扰信号之前的载波相位估计残差

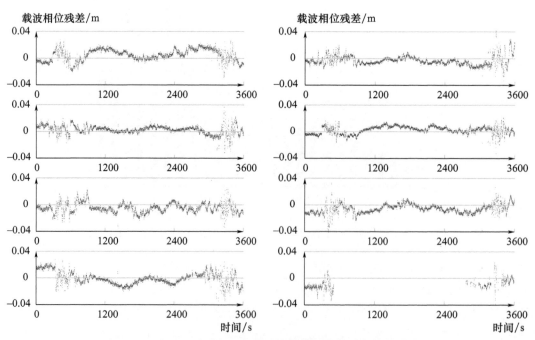

图 27.18　在 4h 飞行期间，消除干扰信号后的载波相位估计残差

航空应用中的第二个潜在的大误差源是平台的灵活性。为了充分利用飞机的尺寸，应将一个（或多个）天线安装在尽可能靠近翼尖的位置。但是，由于操纵、湍流和燃料消

耗引起的变形,这种放置可能会引入由于局部坐标系中的基准坐标未对齐而引起的误差,所有这些都会改变机翼负荷。如果未对这些变化正确建模,则可能会产生估计误差和偏差,从而使 GNSS 姿态输出误差增大。

### 27.5.3 海上导航

在 GNSS 作为姿态传感器的所有可能应用中,海洋导航可以说是最有可能从 GNSS 定向中获益的一种。首先,航道上的航行通常提供了一个天空无遮挡、低动态的环境,在这种环境中,所有的信号都可以接收到,而不会被过度衰减。其次,任何类型的天线都可以安装在船上,以形成从几米到几百米不等的基线,从而通过使用天线杆减少来自船自身结构/负载的多径。

GNSS 天线阵列目前用于不同类别的船舶上,以提供航向估计和全三轴定位,协助在开阔水域航行时提供引导[27.93-27.98],在浅水航行时和在靠泊操作中[27.100]加强船舶姿态监测以控制龙骨净空,避免搁浅[27.47,27.99]。

图 27.19 中给出了后一种应用的例子,其中显示了大型集装箱船在驶向香港港口码头时的航向。航向从一个三天线阵列系统中获得,其中:两个天线安装在舰桥上,一个在左舷,一个在右舷,距离 40m;第三个天线安装在船头,距舰桥上的每个天线 213m;采用长基线以保证航向估计精度在 $10^{-3} \sim 10^{-2}°$ 范围内,在估计横滚角和俯仰角时,精度略微降低。图 27.20 和图 27.21 中给出了船舶进入港区时的姿态变化情况。俯仰角和横滚角在过渡过程中都有显著的降低,这两种运动都可以被 GNSS 姿态传感器完美地跟踪到。

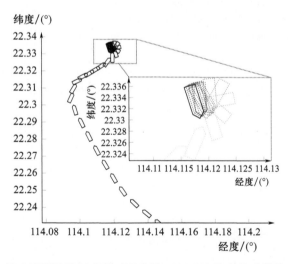

图 27.19 一艘大型集装箱船在接近码头时,由 GNSS 姿态传感器精确跟踪的航向

最有可能影响船载 GNSS 姿态系统有两个误差源:第一个误差是多径,可以通过适当的天线位置和采用扼流圈天线等来减少多径。第二个误差主要是大型船只的结构变形。在长度超过几十米的船舶上,这种变形可能相当大,如果没有外部辅助或适当的滤波,就

无法轻易地与实际旋转分离。通过设计基线长度,在不增大局部本体坐标系建模误差的情况下,最大限度地提高了精度,减小纵向变形的影响。

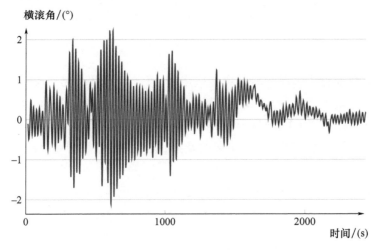

图 27.20　从开阔水域到较平静港区过渡期间船舶横滚角的跟踪

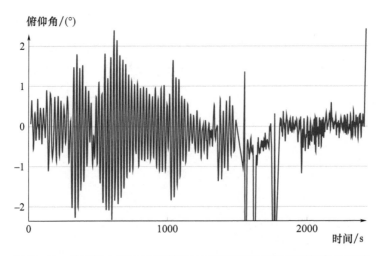

图 27.21　从开阔水域到较平静港口区域过渡期间船舶俯仰角的跟踪

## 27.5.4　陆地应用

基于 GNSS 的姿态确定已广泛用于陆地导航领域。汽车行业正在采用多天线 GNSS 系统来确定航向角、横滚角和俯仰角,以获得滑移角测量,或帮助卡车司机操纵卡车和拖车[27.51,27.101,27.102]。图 27.22 显示了在平板电脑上实现的便携式数字航向测量仪,可以通过安装在车顶上的低成本 GNSS 天线输入信号。尽管 GNSS 姿态系统能够满足大多数汽车应用所需的精度,但是由于来自隧道或周围结构(例如,城市峡谷)的信号障碍,姿态输出的可用性和连续性仍然是一个问题,因此需要与其他导航方式相结合。

结合惯性导航的 GNSS 天线阵列通常是无人驾驶地面车辆(UGV)的主要导航

仪器,范围从大型农业机械(精密耕作)[27.103]到小型机器人平台[27.104,27.105],如图 27.23 所示。

GNSS 姿态确定的进一步潜在应用包括列车的航向系统[27.106],支持天线或天线阵列等大型结构的方向控制以及起重机移动臂的跟踪。此外,GNSS 天线阵列在遥感中有着广泛的应用,为遥感数据的地理配准提供了一种姿态参考[27.107-27.110]。

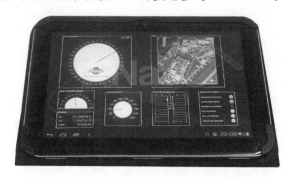

图 27.22 针对汽车应用开发的基于 GNSS 的低成本数字航向仪和跟踪系统
(图片来源:ANavS)

图 27.23 配备两天线 GNSS 航向系统的无人地面车辆样品

## 27.6 用于姿态确定的 GNSS/INS 传感器融合概述

由于各系统的优势互补,GNSS 和 INS 非常适合于集成姿态解决方案,其中 INS 平台可提供更小的测量噪声、更高的输出速率和整体改进的跟踪鲁棒性,并且 GNSS 为初始化和重新校准提供了稳定的参考解决方案。

惯性导航系统利用独立的惯性测量单元(IMU)来感知物体位置和方向的变化。在惯性系统中,用陀螺仪测量角运动,它们基于机械原理,如平衡陀螺仪或陀螺调节器,在存在旋转力的情况下保持角动量;基于光学原理,例如光纤或激光陀螺仪,它基于 Sagnac 效应[27.111](光束干涉测量中的旋转诱导扰动);基于量子力学现象,例如伦敦磁矩陀螺仪[27.112]；基于机电原理，例如在 MEMS（微机电系统）中，测量受振动平面旋转的振动元件产生的科里奥利（Coriolis）力。各种各样的惯性方向传感器在成本、重量、结构复杂性和测量灵敏度方面有所不同，但就（瞬时）角度测量精度和输出速率而言，大多数优于基于 GNSS 的姿态传感器。此外，INS 也不会因干扰或信号遮挡导致的外部参考源缺失而中断。但是，大多数惯性导航系统的共同特征是，从一个已知的初始状态开始，通过旋转加速度的积分来推导物体方位（航位推算），因此，由于缺乏长期稳定性，INS 需要初始化步骤，然后进行定期重新校准。

根据所需的导航质量和鲁棒性，可以实现几种 GNSS/INS 架构。两个系统的耦合可以在不同的紧密度程度上实现[27.113,27.114]：

（1）松组合，两个系统保持分离，提供了两个独立的导航解，这些解随后经过滤波，以输出增强的通用导航解。通常设计一个反馈通道来抑制 INS 误差漂移。

（2）紧组合，在测量域实现耦合，将 GNSS 伪距、载波相位、多普勒观测与 INS 输出相融合，以增强可观测性，降低测量噪声和提高故障检测能力[27.115]。

（3）超紧组合，耦合已经在 GNSS 跟踪回路中实现，并且相对于平台动力学而言，GNSS 跟踪的鲁棒性、降噪、故障恢复和整体鲁棒性得到了改善[27.116]。

第 28 章详尽介绍了上述体系架构，与独立解决方案相比，它们都提高了集成系统的质量。

GNSS 和 INS 输出的融合通常通过线性或非线性滤波器实现，其中测量矢量包括物体的角度位移、速度/加速度。INS 系统感知旋转角速度，并随着时间的推移对其进行积分，以提取姿态角。GNSS 天线阵列输出对这些信号进行了补充，该输出提供了本体坐标系相对于参考系的方向角。然后通过为非线性滤波器设计合适的融合方案来处理测量结果，其中对物体运动学、测量误差和误差累积进行建模（第 28 章）。在实现组合的 GNSS/INS 解时，需要解决坐标系对准、时间同步和延迟、GNSS 完好性和测量融合 4 个问题。

（1）坐标系对准。IMU 感知围绕惯性轴的旋转加速度和速度，惯性轴是陀螺仪能够对其探测旋转的轴（不一定是正交的）[27.117]）。惯性轴不一定与物体的局部轴重合：必须导出两个坐标系之间的线性（杆臂）错位和角错位，并通过初始校准进行补偿（第 28 章），任何对准偏差都会使 INS 输出错误的角度。

（2）时间同步和延迟。IMU 和 GNSS 在不同的时间线程上进行采样工作，测量之间会有延迟，这需要设计两个系统之间的同步方案。通过利用 GNSS 接收机输出的时间信号作为 IMU 的惯性测量的时间参考，可以实现同步时间对准[27.118]。此外，处理 GNSS 原始测量的延迟会导致 GNSS 的输出延迟传递到滤波器，这可能会阻碍高动态平台的实时应用[27.119]，在设计的融合算法中必须考虑延迟的补偿方法。

（3）GNSS 完好性。需要检测并隔离来自 GNSS 子系统的异常值，以防止在滤波中传播大的误差（第 24 章）。监视 GNSS 完好性的任务在组合 GNSS/INS 方法中比在独立情况下要简单一些，因为惯性解决方案通过提供与实际输出进行比较的 GNSS 测量的预测来辅助误差和偏差检测。

（4）测量融合。INS 和 GNSS 在不同的域中运行。前者对绕其自身惯性轴的角加速度或速度进行采样,而后者对本体坐标系相对于参考系的方向进行估计。通过将 INS 输出与选定的一组姿态参数相关联,可以将两种类型的测量耦合在一起。假设惯性平台轴线与本体局部坐标系 $\mathcal{F}$ 对齐,则需要将 INS 输出的角度参数转换为欧拉角或四元数的旋转变化率。用 $\omega_I = (\omega_{I,1}, \omega_{I,2}, \omega_{I,3})^T$ 表示由惯性传感器与本体坐标系对齐获得的角速度矢量,则欧拉角的变化率为[27.120, 27.121]

$$\begin{pmatrix} \dot{\psi}_I \\ \dot{\theta}_I \\ \dot{\varphi}_I \end{pmatrix} = T\omega_I \tag{27.67}$$

式中:$T$ 为一个与选择的欧拉角序列有关的 $3 \times 3$ 阶变换矩阵。每个序列的 $T$ 元素所假定的值的完整列表可以在文献[27.120]中找到。

四元数元素的变化率是根据惯性角速度测量结果计算得出的[27.121],即

$$\begin{pmatrix} \dot{q}_0 \\ \dot{q} \end{pmatrix} = \frac{1}{2} \begin{bmatrix} 0 & \omega_{I,3} & -\omega_{I,2} & \omega_{I,1} \\ -\omega_{I,3} & 0 & \omega_{I,1} & \omega_{I,2} \\ \omega_{I,2} & -\omega_{I,1} & 0 & \omega_{I,3} \\ -\omega_{I,1} & -\omega_{I,2} & -\omega_{I,3} & 0 \end{bmatrix} \begin{pmatrix} q_0 \\ q \end{pmatrix} \tag{27.68}$$

式(27.67)和式(27.68)使得 INS 和 GNSS 的角度测量之间能够进行相干融合与对齐,以便与本体参考系一致。

# 参考文献

27.1　P. Axelrad, C. P. Behre: Satellite attitude determination based on GPS signal-to-noise ratio, Proc. IEEE **87**(1), 133–144(1999)

27.2　V. W. Spinney: Application of the Global Positioning System as an attitude reference for near-Earth users, ION Natl. Aerosp. Meet. New Front. Aerosp. Navig., Warminster(ION, Virginia 1976)

27.3　R. L. Greenspan, A. Y. Ng, J. M. Przyjemski, J. D. Veale: Positioning by interferometry with reconstructed carrier GPS: Experimental results, Proc. 3rd Int. Geod. Symp. Satell. Doppler Position., Las Cruces(Physical Science Laboratory, Las Cruces 1982) pp. 1177–1198

27.4　A. K. Brown, T. P. Thorvaldsen, W. M. Bowles: Interferometric attitude determination using the Global Positioning System-A new gyrotheodolite, Proc. 3rd Int. Geod. Symp. Satell. Doppler Position., Las Cruces(Physical Science Laboratory, Las Cruces 1982) pp. 1289–1302

27.5　K. M. Joseph, P. S. Deem: Precision orientation: A New GPS application, Int. Telem. Conf., San Diego(1983)

27.6　W. S. Burgett, S. D. Roemerman, P. W. Ward: The development and applications of GPS-determined attitude, Natl. Telesyst. Conf. (NTC), San Francisco(IEEE, New York 1983)

27.7　L. R. Kruczynski, P. C. Li, A. G. Evans, B. R. Wermann: Using GPS to determine vehicle attitude: USS Yorktown test results, Proc. ION GPS, Colorado Springs(ION, Virginia 1989) pp. 163–171

27.8   G. H. Purcell Jr., J. M. Srinivasan, L. E. Young, S. J. Di Nardo, E. L. Hushbeck, T. K. Meehan Jr., T. N. Munson, T. P. Yunck: Measurement of aircraft position, velocity, and attitude using rogue GPS receivers, 5th Int. Geod. Symp. Satell. Position., Las Cruces (Physical Science Laboratory, Las Cruces 1989)

27.9   F. van Graas, M. Braasch: GPS interferometric attitude and heading determination: Initial flight test results, Navigation **38**, 297–316 (1991)

27.10  A. Karger, J. Novak: *Space Kinematics and Lie Groups* (Routledge, New York 1985)

27.11  L. Eulero: Formulae generales pro translatione quacunque corporum rigidorum (General formulas for the translation of arbitrary rigid bodies), Novi Commentarii Academiae Scientiarum Petropolitanae **20**, 189–207 (1776), in Latin

27.12  W. R. Hamilton: *Philos. Mag. J. Sci. (3rd Series)*, On quaternions; or on a new system of imaginaries in algebra, Lond. Edinb, Vol. 3 (Taylor Francis, Dublin 1844) pp. 489–495

27.13  J. B. Kuipers: *Quaternions and Rotations Sequences* (Princeton Univ. Press, Princeton 1999)

27.14  M. D. Shuster: A survey of attitude representations, J. Astronaut. Sci. **41**(4), 439–517 (1993)

27.15  P. J. G. Teunissen: A general multivariate formulation of the multi-antenna GNSS attitude determination problem, Artif. Satell. **42**(2), 97–111 (2007)

27.16  J. R. Wertz: *Spacecraft Attitude Determination and Control*, 1st edn. (Kluwer Academic, Dordrecht 1978)

27.17  C. F. Van Loan: The ubiquitous Kronecker product, J. Comput. Appl. Math. **123**(1/2), 85–100 (2000)

27.18  G. Wahba: Problem 65-1: A least squares estimate of spacecraft attitude, SIAM Rev. **7**(3), 384–386 (1965)

27.19  P. H. Schonemann: A generalized solution of the orthogonal Procrustes problem, Psychometrika **31**(1), 1–10 (1966)

27.20  P. B. Davenport: *A Vector Approach to the Algebra of Rotations with Applications*, NASA Technical Note D-4696 (Goddard Space Flight Center, Greenbelt 1968)

27.21  D. W. Eggert, A. Lorusso, R. B. Fisher: Estimating 3-D rigid body transformations: A comparison of four major algorithms, SIAM J. Matrix Anal. Appl. **9**(5/6), 272–290 (1997)

27.22  M. D. Shuster, S. D. Oh: Three-axis attitude determination from vector observations, AIAA J. Guid. Contr. **4**(1), 70–77 (1981)

27.23  M. D. Shuster: The quest for better attitudes, J. Astronaut. Sci. **54**(3/4), 657–683 (2006)

27.24  F. L. Markley, F. Landis: Attitude determination using vector observations: A fast optimal matrix algorithm, J. Astronaut. Sci. **41**(2), 261–280 (1993)

27.25  D. Mortari: ESOQ: A closed-form solution to the Wahba problem, J. Astronaut. Sci. **45**(2), 195–204 (1997)

27.26  D. Mortari: Second estimator of the optimal quaternion, AIAA J. Guid. Contr. Dyn. **23**(5), 885–888 (2000)

27.27  F. L. Markley, D. Mortari: How to estimate attitude from vector observations, AAS 99-427, AAS/AIAA Astrodyn. Spec. Conf., Girdwood, ed. by K. C. Howell, F. R. Hoots, B. Kaufman, K. T. Alfriend (Univelt, San Diego 1999) pp. 1979–1996

27.28  F. L. Markley, D. Mortari: Quaternion attitude estimation using vector observations, J. Astronaut. Sci. **48**(2/3), 359–380 (2000)

27.29   Y. Cheng, M. D. Shuster: Robustness and accuracy of the QUEST algorithm, Adv. Astronaut. Sci. **127**, 41–61 (2007)

27.30   M. T. Chu, N. T. Trendafilov: On a differential approach to the weighted orthogonal procrustes problem, Stat. Comput. **8**, 125–133 (1998)

27.31   T. Viklands: Algorithms for the Weighted Orthogonal Procrustes Problem and Other Least Squares Problems, Ph. D. Thesis (Umea Univ., Umea 2006)

27.32   P. J. G. Teunissen, A. Kleusberg: *GPS for Geodesy*, 2nd edn. (Springer, Berlin 1998)

27.33   G. Giorgi: GNSS Carrier Phase-Based Attitude Determination. Estimation and Applications, Ph. D. Thesis (Delft Univ. Technology, Delft 2011)

27.34   P. J. G. Teunissen: Nonlinear least-squares, Manuscripta Geodaetica **15**(3), 137–150 (1990)

27.35   P. J. G. Teunissen: The affine constrained GNSS attitude model and its multivariate integer leastsquares solution, J. Geod. **86**(7), 547–563 (2012)

27.36   A. J. V. Dierendonck, P. Fenton, T. Ford: Theory and performance of narrowcorrelator spacing in a GPS receiver, Navigation **39**(3), 265–283 (1992)

27.37   A. Simsky, J. M. Sleewaegen, M. Hollreiser, M. Crisci: Performance assessment of Galileo ranging signals transmitted by GSTB-V2 satellites, Proc. ION GNSS, Fort Worth (ION, Virginia 2006) pp. 1547–1559

27.38   L. R. Weill: Multipath mitigation using modernized GPS signals: How good can it get?, Proc. ION GPS, Portland (ION, Virginia 2002) pp. 493–505

27.39   C. E. Cohen: Attitude Determination Using GPS, Ph. D. Thesis (Stanford Univ., Palo Alto 1992)

27.40   C. E. Cohen: Attitude determination. In: *Global Positioning System: Theory and Applications*, Vol. 2, ed. by B. W. Parkinson, J. J. Spilker (AIAA, Reston 1996)

27.41   J. L. Crassidis, F. L. Markley, E. G. Lightsey: Global positioning system integer ambiguity resolution without attitude knowledge, J. Guid. Contr. Dyn. **22**(2), 212–218 (1999)

27.42   A. Conway, P. Montgomery, S. Rock, R. Cannon, B. Parkinson: A new motion-based algorithm for GPS attitude integer resolution, Navigation **43**(2), 179–190 (1996)

27.43   E. G. Lightsey, J. L. Crassidis, F. L. Markley: Fast integer ambiguity resolution for GPS attitude determination, AIAA Guid. Navig. Contr. Conf., Portland (AIAA, Reston 1999) pp. 403–412

27.44   Y. Wang, X. Zhan, Y. Zhang: Improved ambiguity function method based on analytical resolution of GPS attitude determination, Meas. Sci. Technol. **18**(9), 2985–2990 (2007)

27.45   M. L. Psiaki: Batch algorithm for global-positioning-system attitude determination and integer ambiguity resolution, J. Guid. Contr. Dyn. **29**(1), 1070–1079 (2006)

27.46   C. C. Counselman, S. A. Gourevitch: Miniature interferometer terminals for Earth surveying: Ambiguity and multipath with the Global Positioning System, IEEE Trans. Geosci. Remote Sens. **GE-19**(4), 244–252 (1981)

27.47   A. Caporali: Basic direction sensing with GPS, GPS World **12**(3), 44–50 (2001)

27.48   H. J. Euler, C. Hill: Attitude determination: Exploiting all information for optimal ambiguity resolution, Proc. ION GPS, Palm Springs (ION, Virginia 1995) pp. 1751–1757

27.49   J. C. Juang, G. S. Huang: Development of GPSbased attitude determination algorithms, IEEE Trans. Aerosp. Electron. Syst. **33**(3), 968–976 (1997)

27.50   Y. Li, K. Zhang, C. Roberts, M. Murata: On-the-fly GPS-based attitude determination using singleand double-differenced carrier phase measurements, GPS Solutions **8**(2), 93–102(2004)

27.51　L. V. Kuylen, P. Nemry, F. Boon, A. Simsky, J. F. M. Lorga: Comparison of attitude performance for multi-antenna receivers, Eur. J. Navig. **4**(2), 1–9(2006)

27.52　R. Monikes, J. Wendel, G. F. Trommer: A modified LAMBDA method for ambiguity resolution in the presence of position domain constraints, Proc. ION GNSS, Long Beach(ION, Virginia 2005) pp. 81–87

27.53　A. Hauschild, G. Grillmayer, O. Montenbruck, M. Markgraf, P. Vorsmann: GPS attitude determination for the flying laptop satellite. In: *Small Satellites for Earth Observation*, ed. by R. Sandau, H. P. Roser, A. Valenzuela(Springer, Netherlands 2008)

27.54　B. Wang, L. Miao, S. Wang, J. Shen: A constrained LAMBDA method for GPS attitude determination, GPS Solutions **13**(2), 97–107(2009)

27.55　R. Hatch: Instantaneous ambiguity resolution, Proc. Int. Symp. Kinemat. Syst. Geod. Surv. Remote Sens. (KIS), Banff, ed. by K.-P. Schwarz, G. Lachapelle(Springer, New York 1991) pp. 299–308

27.56　R. A. Brown: Instantaneous GPS attitude determination, Proc. IEEE PLANS, Monterey(IEEE, Cleveland 1992) pp. 113–120

27.57　C. Park, I. Kim, J. G. Lee, G. I. Jee: Efficient ambiguity resolution using constraint equation, Proc. IEEE PLANS, Atlanta(IEEE, Cleveland 1996) pp. 227–284

27.58　M. S. Hodgart, S. Purivigraipong: New approach to resolving instantaneous integer ambiguity resolution for spacecraft attitude determination using GPS signals, Proc. IEEE PLANS, San Diego(IEEE, Cleveland 2000) pp. 132–139

27.59　P. J. G. Teunissen: Least-squares estimation of the integer GPS ambiguities, Invited Lecture, Section IV Theory and Methodology, IAG Gen. Meet., Beijing(IAG, 1993)

27.60　P. J. G. Teunissen: The Least-squares ambiguity decorrelation adjustment: A method for fast GPS integer ambiguity estimation, J. Geod. **70**(1/2), 65–82(1995)

27.61　P. De Jonge, C. C. J. M. Tiberius: The LAMBDA method for integer ambiguity estimation: Implementation aspects, Publ. Delft Comput. Cent. LGR-Series **12**, 1–47(1996)

27.62　P. J. G. Teunissen, P. J. de Jonge, C. C. J. M. Tiberius: Performance of the LAMBDA method for fast GPS ambiguity resolution, J. Navig. **44**(3), 373–383 (1997)

27.63　P. J. G. Teunissen: An optimality property of the integer least-squares estimator, J. Geod. **73**(11), 587–593(1999)

27.64　S. Verhagen, P. J. G. Teunissen: New global navigation satellite system ambiguity resolution method compared to existing approaches, J. Guid. Contr. Dyn. **29**(4), 981–991(2006)

27.65　A. Hauschild, O. Montenbruck: GPS-based attitude determination for microsatellites, Proc. ION GNSS, Forth Worth(ION, Virginia 2007) pp. 2424–2434

27.66　L. Dai, K. V. Ling, N. Nagarajan: Real-time attitude determination for microsatellite by LAMBDA method combined with Kalman filtering, 22$^{nd}$ AIAA Int. Commun. Satell. Syst. Conf. Exhib. (ICSSC), Monterey(AIAA, Reston 2004) pp. 1–8

27.67　P. J. G. Teunissen, G. Giorgi, P. J. Buist: Testing of a new single-frequency GNSS carrier-phase compass method: Land, ship and aircraft experiments, GPS Solutions **15**(1), 15–28(2010)

27.68　P. J. G. Teunissen: Integer least-squares theory for the GNSS compass, J. Geod. **84**(7), 433–447 (2010)

27.69 G. Giorgi, P. J. G. Teunissen, S. Verhagen, P. J. Buist: Instantaneous ambiguity resolution in globalnavigation-satellite-system-based attitude determination applications: A multivariate constrained approach, J. Guid. Contr. Dyn. **35**(1), 51-67(2012)

27.70 G. Giorgi, P. J. G. Teunissen, P. J. Buist: A Search and shrink approach for the baseline constrained LAMBDA: Experimental results, Int. Symp. GPS/GNSS, Tokyo, ed. by A. Yasuda (Tokyo Univ. of Marine Science and Technology, Tokyo 2008) pp. 797-806

27.71 N. Nadarajah, P. J. G. Teunissen, G. Giorgi: GNSS attitude determination for remote sensing: On the bounding of the multivariate ambiguity objective function. In: *Earth on the Edge: Science for a Sustainable Planet*, ed. by C. Rizos, C. Willis (Springer, Berlin 2014) pp. 503-509

27.72 M. Ueno: GPS Attitude for a Berthing Guidance System, Ph. D. Thesis (Universite Laval, Quebec 1999)

27.73 G. Giorgi, P. J. G. Teunissen: Low-complexity instantaneous ambiguity resolution with the affine-constrained GNSS attitude model, IEEE Trans. Aerosp. Electron. Syst. **49**(3), 1745-1759 (2013)

27.74 P. J. G. Teunissen: The probability distribution of the GPS baseline for a class of integer ambiguity estimators, J. Geod. **73**(5), 275-284(1999)

27.75 K. Ferguson, J. Kosmalska, M. Kuhl, J. M. Eichner, K. Kepski, R. Abtahi: Three-dimensional attitude determination with the ashtech 3DF 24-channel GPS measurement system, Proc. ION NTM, Phoenix (ION, Virginia 1991) pp. 35-41

27.76 C. E. Cohen, E. G. Lightsey, B. W. Parkinson: Space flight tests of attitude determination using GPS, Int. J. Satell. Commun. **12**(5), 427-433(1994)

27.77 H. J. Kramer: *Observation of the Earth and Its Environment: Survey of Missions and Sensors*, 4$^{th}$ edn. (Springer, Berlin, Heidelberg 2001) pp. 145-156

27.78 F. L. Knight: The space test program APEX mission-Flight results, AIAA/USU Conf. Small Satell., Logan (Utah State Univ., Logan 1996) pp. 1-15

27.79 D. Freesland, K. Reiss, D. Young, J. Cooper, C. A. Adams: GPS based attitude determination: The REX II flight experience, AIAA/USU Conf. Small Satell., Logan (Utah State Univ., Logan 1996) pp. 1-9

27.80 M. Unwin, S. Purivigraipong, A. da Silva Curiel, M. Sweeting: Stand-alone spacecraft attitude determination using real flight GPS data fromUOSAT-12, Acta Astronaut. **51**(1), 261-268(2002)

27.81 J. C. Adams: Robust GPS Attitude Determination for Spacecraft, Ph. D. Thesis (Stanford Univ., Palo Alto 1999)

27.82 H. Uematsu, L. Ward, B. W. Parkinson: Use of global positioning systemfor gravity probe B relativity experiment and co-experiments, Adv. Space Res. **26**(6), 1199-1203(2000)

27.83 S. Gomez: Three years of global positioning system experience on international space station, NASA/TP-2006-213168 (NASA Johnson Space Center, Houston 2006)

27.84 M. D. DiPrinzio, R. H. Tolson: *Evaluation of GPS Position and Attitude Determination for Automated Rendezvous and Docking Missions* (NASA, Langley Research Center, Hampton 1994)

27.85 J. L. Goodman: *GPS Lessons Learned from the International Space Station*, *Space Shuttle and X-38*, NASA-CR-2005-213693 (NASA Johnson Space Center, Houston 2005)

27.86 C. E. Cohen: Flight tests of attitude determination using GPS compared against an inertial navigation unit, Proc. ION NTM, San Francisco (ION, Virginia 1993) pp. 579-587

27.87 K. P. Schwarz: Aircraft position and attitude determination by GPS and INS generalized solution of the orthogonal procrustes problem, Int. Arch. Photogramm. Remote Sens. **31**(B6), 67–73(1996)

27.88 D. Gebre-Egziabher, R. C. Hayward, J. D. Powell: A low-cost GPS/inertial attitude heading reference system(AHRS) for general aviation applications, Proc. IEEE PLANS, Palm Springs(IEEE, Cleveland 1998) pp. 518–525

27.89 F. Boon, B. A. C. Ambrosius: Results of real-time applications of the LAMBDA method in GPS based aircraft landings, Proc. Int. Symp. Kinemat. Syst. Geod. Geomat. Navig. (KIS), Banff(Univ. Calgary, Calgary 1997) pp. 339–345

27.90 M. J. Moore, C. Rizos, J. Wang, G. Boyd, K. Matthew: A GPS based attitude determination system for an UAV aided by low grade angular rate gyros, Proc. ION GNSS, Portland(ION, Virginia 2003) pp. 2417–2424

27.91 S. Corbett: GPS for attitude determination and positioning in airborne remote sensing, Proc. ION GPS, Salt Lake City(ION, Virginia 1993) pp. 789–796

27.92 B. A. Alberts, B. C. Gunter, A. Muis, Q. P. Chu, G. Giorgi, P. J. Buist, C. C. J. M. Tiberius, H. Lindenburg: Correcting strapdown GPS/INS gravimetry estimates with GPS attitude data, Int. Assoc. Geod. Symp. Grav. Geoid Earth Obs. **135**, 93–100 (2010)

27.93 J. A. Mercer, R. R. Ryan, H. A. Kolve: United States Navy applications of a GPS attitude and position measurement system, Proc. ION NTM, Albuquerque (ION, Virginia 1992) pp. 783–791

27.94 G. Lachapelle, M. E. Cannon, B. Loncarevic: Shipborne GPS attitude determination during MMST-93, IEEE J. Ocean. Eng. **21**(1), 100–105(1996)

27.95 J. A. Kawahara, M. Meakin: Using a GPS antenna array to provide ship heading for a precise integrated navigation system, Can. Hydrogr. Conf., Halifax(Canadian Hydrographic Service, Halifax 1996) pp. 63–69

27.96 G. Lu: Development of a GPS Multi-Antenna System for Attitude Determination, Ph. D. Thesis (Univ. Calgary, Calgary 1995)

27.97 G. Schleppe: Development of a real-Time attitude system using a quaternion parameterization and non-dedicated GPS receivers, Ph. D. Thesis(Univ. Calgary, Calgary 1996)

27.98 G. Giorgi, P. J. G. Teunissen, T. Gourlay: Instantaneous global navigation satellite system(GNSS)-based attitude determination formaritime applications, IEEE J. Ocean. Eng. **37**(3), 348–362(2012)

27.99 T. P. Gourlay, K. Klaka: Full-scalemeasurements of containership sinkage, trim and roll, Aust. Nav. Archit. **11**(2), 30–36(2007)

27.100 M. Ueno, R. Santerre: GPS attitude for a berthing guidance system, Canad. Aeronaut. Space J. **45**(3), 264–269(1999)

27.101 Y. Yang, J. A. Farrell: Two antennas GPS-aided INS for attitude determination, IEEE Trans. Contr. Syst. Technol. **11**(6), 905–918(2003)

27.102 D. S. De Lorenzo, S. Alban, J. Gautier, P. Enge, D. Akos: GPS attitude determination for a JPALS testbed: Integer initialization and testing, Proc. IEEE PLANS, Monterey(IEEE, Cleveland 2004) pp. 762–770

27.103 M. O'Connor, T. Bell, G. Elkaim, B. W. Parkinson: Automatic steering of farm vehicles using GPS, 3rd Int. Conf. Precis. Agric., Minneapolis, ed. By P. C. Robert, R. H. Rust, W. E. Larson(American Society of Agronomy, Madison 1996) pp. 767–778

27.104 S. Panzieri, F. Pascucci, G. Ulivi: An outdoor navigation system using GPS and inertial platform, IEEE/

ASME Trans. Mechatron. **7**(2),134−142(2002)

27.105　J. Borenstein,H. R. Everett,L. Feng:*Where am I? Sensors and Methods for mobile robot positioning* (Univ. Michigan,Ann Arbor 1996)

27.106　K. T. Mueller,R. Bortins:GPS locomotive location system for high speed rail applications,Proc. Int. Symp. Kinemat. Syst. Geod. Geomat. Navig. (KIS),Banff(Univ. Calgary,Calgary 2001) pp. 42−51

27.107　K. P. Schwarz,M. A. Chapman,M. W. Cannon,P. Gong:An integrated INS/GPS approach to the georeferencing of remotely sensed data,Photogramm. Eng. Remote Sens. **59**(11),1667−1674 (1993)

27.108　S. Kocaman:*GPS and INS Integration with Kalman Filtering for Direct Georeferencing of Airborne Imagery*,Geodetic Seminar Report(Institute of Geodesy and Photogrammetry,ETH Henggerberg,Zurich 2003)

27.109　S. Knedlik,E. Edwan,J. Zhou,Z. Dai,P. Ubolkosold,O. Loffeld:GPS/INS integration for footprint chasing in bistatic SAR experiments,IEEE Int. Geosci. Remote Sens. Symp. (IGARSS),Boston(IEEE,Boston 2008) pp. 459−462

27.110　G. Giorgi,P. J. G. Teunissen,S. Verhagen,P. J. Buist:Testing a new multivariate GNSS carrier phase attitude determination method for remote sensing platforms,Adv. Space Res. **46**(2),118−129(2010)

27.111　R. Anderson,H. R. Bilger,G. E. Stedman:Sagnac effect:A century of Earth-rotated interferometers,Am. J. Phys. **62**(11),975−985(1994)

27.112　J. D. Fairbank,P. F. Michelson,C. W. Everitt:*Near Zero:New Frontiers of Physics* (W. H. Freeman and Company,New York 1988)

27.113　J. Farrell,B. Matthew:*The Global Positioning System and Inertial Navigation* (McGraw-Hill,New York 1999)

27.114　S. Alban:Design and Performance of a Robust GPS/INS Attitude System for Automobile Applications,Ph. D. Thesis(Stanford Univ.,Palo Alto 2004)

27.115　M. Brenner:Integrated GPS/inertial fault detection availability,Navigation **43**(2),339−358(1996)

27.116　C. Kreye,B. Eissfeller,D. Sanroma,T. Luck:Performance analysis and development of a tightly coupled GNSS/INS system,Proc. 9th St. Petersburg Int. Conf. Integr. Navig. Syst.,St. Petersburg(Elektropribor,St. Petersburg 2002)

27.117　A. B. Chatfield:*Fundamentals of High Accuracy Inertial Navigation*,Progress in Astronautics and Aeronautics,Vol. 174(AIAA,Reston 1996)

27.118　D. T. Knight:Achieving modularity with tightlycoupled GPS/INS,Proc. IEEE PLANS,Monterey (IEEE,Cleveland 1992) pp. 426−432

27.119　P. D. Groves,C. J. Mather:Receiver interface requirements for deep INS/GNSS integration and vector tracking,J. Navig. **63**(3),471−489(2010)

27.120　P. C. Hughes:*Spacecraft Attitude Dynamics*,1$^{st}$ edn. (Dover Publications,Mineola 1997)

27.121　M. J. Sidi:*Spacecraft Dynamics and Control*,1$^{st}$ edn. (Cambridge Univ. Press,Cambridge 1997)

# 第 28 章　GNSS/INS 组合导航

**Jay A. Farrell, Jan Wendel**

本章讨论了 GNSS 和惯性测量在运动载体状态矢量估计中的作用。本章考虑了准确性、连续性、可用性和完好性的主要目标，以及不同类型传感器对实现这些目标的贡献。本章介绍了一个典型案例，并描述了松耦合、紧耦合、超紧耦合或深耦合系统的概念及优缺点。

尽管 GNSS 通常被称为定位系统，但与惯性传感器结合使用时，它们在维持系统状态精度方面具有更大的效用，包括位置、速度、加速度、姿态以及角速率。这些状态信息在安全增强、控制、轨迹或任务规划等应用中非常重要。另外，一个具有系统状态保持能力的导航系统具有更强的性能，例如当 GNSS 信号不可用时能够在短时间内进行推算。以下各节将详细讨论这些概念。

## 28.1　状态估计目标

对于商业应用，成本是非常关键的设计要素。过去几十年来，随着计算和传感器成本的迅速下降，将惯性导航辅助系统推向商用的兴趣在不断增长。在过去几十年里，这种系统只适用于军事和涉及生命安全的商用车辆上，而现在它们正被商用于手持设备中。

虽然导航系统的精度指标（例如，水平位置误差 95% 概率小于 2m）很好理解，但完好性、连续性和可用性等其他导航系统指标还需要额外说明[28.2]，这些术语在 12.1.1 节中也介绍过。

（1）完好性：与导航系统提供信息的可信程度有关，或与导航系统检测并及时警告用户不应信任指定精度的能力有关。

（2）连续性：在给定的操作或实验过程中保持特定精度水平的概率（假设在初始化时已达到该精度水平）。

（3）可用性：在特定区域内具备指定精度、完好性和连续性的时间百分比。

为了实现上述指标，导航系统在设计中有多种折中策略。但是以下要素是必须考虑的：增加传感器通常会提高精度、完好性和可用性，但是会增加成本和传感器的故障风险。

完好性通过冗余信号得到增强，冗余信号能够检测并可能剔除异常事件，这种异常事件可能在毫无察觉的情况下影响导航系统的精度。信号冗余设计可以直接实现，例如在一个位置解算中使用来自 4 颗以上 GPS 卫星的信号，或使用来自不同 GNSS 系统的信号[28.3,28.4]。信号冗余设计也可以是解析或间接的[28.5,28.6]。本章重点讨论通过将 GNSS 与惯性测量单元(IMU)提供的比力和角速率测量相结合而实现间接冗余形式。IMU 数据经过数学处理可以对 IMU 的位置、速度、加速度、姿态和角速率进行高带宽、高速率的估计,这些估计能够对 GNSS 测量数据进行预测。GNSS 预测值与实际测量值能够进行比较,这表明 IMU 和 GNSS 系统是解析冗余或间接冗余的。

当影响不同测量值可用性的因素显著不同时,使用冗余测量的效果会被增强。GNSS 信号接收会受到射频干扰、地形、树木遮挡和建筑的影响。当 GNSS 卫星信号的数量不足时,就无法计算 GNSS 的位置解。IMU 测量不受地形、树木、外部电磁信号和建筑的影响,这使得组合系统能够在 GNSS 中断时依然能够提供定位解,从而提高了连续性和可用性。

所有传感器都受到测量噪声和(可能是时变的)标定误差的影响。惯性导航系统(INS)是一个积分过程,它根据惯性测量单元(IMU)的测量值来估计车辆的导航状态。测量噪声和标定误差的积分使得 INS 对车辆状态 $\hat{x}(t)$ 的估计随时间而发散,逐渐偏离真实的车辆状态 $x(t)$。这种发散可以精确建模为时间的函数。高精度 INS 被设计成在指定时间内(例如几个月)保持一定的精度。基于微机电系统(MEMS)的商用惯导系统通常需要外部传感器以更高的频率(几秒到几分钟)进行辅助,否则误差会变得太大而无法使用。在一个设计合理的系统中,辅助信息既可以修正估计的状态,又可以改善系统的标定,从而使后续的发散速度变慢。GNSS/IMU 组合导航系统的精度作为传感器特性和 GNSS 信号中断时间的函数可以被准确地描述。

为了更好地设计惯导辅助系统,设计者必须了解惯导系统的动态模型、GNSS 和 IMU 传感器模型、各种组合方法之间的折中、状态和传感器标定误差的估计方法、影响这些误差可观测性的因素、检测无效测量的方法以及分析系统性能的方法。本章的目的是强调各种至关重要的因素,并鼓励读者阅读各种更详细地讨论这些主题的书籍来做进一步的研究[28.7-28.12]。

## 28.2 惯性导航

这一节介绍了与惯性导航有关的重要概念。组织方式是将导航计算机计算时所使用的模型(28.2.1 节、28.2.2 节和 28.2.4 节)和理论(28.2.3 节和 28.2.5 节)分开进行讨论。

### 28.2.1 问题描述

装有 INS 系统的车辆称为载体。载体的导航状态矢量是 $x = [p^T, v^T, q^T]^T \in \mathbb{R}^n$,其中 $p$ 为位置,$v$ 为速度,$q$ 为载体相对于导航参考系的姿态表达式[28.13]。姿态表达式将在 28.4.2 节中进一步讨论。惯性加速度和角速率矢量为 $u = [a^T, \omega^T]^T \in \mathbb{R}^6$。载体导航状态矢量的动态方程为

$$\dot{x}(t) = f(x, u) \tag{28.1}$$

其中矢量 $f: \mathbb{R}^n \times \mathbb{R}^6 \to \mathbb{R}^n$ 是准确已知的（28.4节或文献[28.8]）。注意，这里 $x$、$u$ 都是未知的。

导航系统假设已知IMU测量值 $\tilde{u} = \tilde{u}(\tau_k)$，其中 $\tau_k = k\tau$, $k = 0, 1, 2, \cdots$，辅助测量值 $\tilde{y}(t_j)$，其中 $t_j = jT$、$\tau \ll T$ 和系统状态的初始分布 $x(0) \sim N(x_0, P_{x0})$，符号 $x(0) \sim N(x_0, P_{x0})$ 表示 $x(0)$ 服从均值为 $x_0$ 和协方差矩阵为 $P_{x0}$ 的正态分布。该符号表述将贯穿本章。

导航系统设计的问题是利用IMU、辅助传感器信息、初始条件分布以及式（28.1）计算的所有时刻 $t = k\tau$ 的估计值 $\hat{x}(t)$，其中 $k = 0, 1, 2, \cdots$，得到在系统成本约束下的最优设计。

## 28.2.2 传感器模型

IMU测量值 $\tilde{u}$ 通过一组用 $c_u(t) \in \mathbb{R}^{n_u}$ 表示的标定参数与真实值 $u$ 相联系。这些标定参数包括比例因子（SF）、交轴耦合和零偏误差。一个简单的IMU测量模型的例子是

$$\tilde{u}(t) = u(t) + c_u(t) + v_u(t) \tag{28.2}$$

$$\dot{c}_u(t) = -\lambda_u c_u(t) + v_{c_u}(t) \tag{28.3}$$

IMU只提供测量值 $\tilde{u}(t)$，数值 $c_u$、$\lambda_u > 0$、$v_u(t)$ 和 $v_{c_u}(t)$ 都是未知的。典型假设是，$v_u(t)$ 和 $v_{c_u}(t)$ 都是高斯白噪声过程，其功率谱密度（PSD）[28.14-28.16]矩阵分别由 $Q_1$ 和 $Q_2$ 表示。IMU制造商通常向设计人员提供阿伦方差[28.17]信息，这对于设置参数（例如 $\lambda_u$、$Q_1$ 和 $Q_2$）以及量化IMU状态空间误差模型很有用。

每个同步获得的辅助量测矢量建模为

$$\tilde{y}(t_j) = h(x(t_j), c_y(t_j)) + \eta_y(t_j) \tag{28.4}$$

$$\dot{c}_y(t) = -\lambda_y c_y(t) + v_{c_y}(t) \tag{28.5}$$

式中：$c_y(t) \in \mathbb{R}^{n_y}$ 为传感器的标定参数矢量。辅助传感器只提供测量值 $\tilde{y}(t)$，数值 $c_y(t)$、$\lambda_y > 0$、$\eta_y(t)$ 和 $v_{c_y}(t)$ 都是未知的。噪声过程 $\eta_y(t) \sim N(0, R(t))$ 为白噪声，其协方差矩阵为 $R(t)$。假设噪声过程 $v_{c_y}(t)$ 是高斯白噪声，其PSD矩阵用 $Q_3$ 表示。例如在GNSS应用中，$c_y$ 可以用来反映时间相关的多径误差。

随机过程的建模很重要，在文献[28.14, 28.15]中讨论了白噪声、马尔可夫过程和阿伦方差等主题。

## 28.2.3 INS解算

给定载体的初始状态矢量 $\hat{x}(0) = x_0$ 和IMU测量值 $\tilde{u}$，惯性导航系统通过实时数值积分求解以下方程来计算出载体状态的估计值，有

$$\dot{\hat{x}}(t) = f(\hat{x}(t), \hat{u}(t)) \tag{28.6}$$

惯导系统仅在离散时刻具有IMU测量值，因此惯导系统数值求解

$$\hat{x}(\tau_{k+1}) = \phi(\hat{x}(\tau_k), \hat{u}(\tau_k)) \qquad (28.7)$$
$$= \hat{x}(\tau_k) + \int_{\tau_k}^{\tau_{k+1}} f(\hat{x}(\tau), \hat{u}(\tau)) d\tau$$

式(28.7)的数值积分结果是在给定 $\hat{x}(\tau_k)$ 和 $\hat{u}(\tau_k)$ 情况下的 INS 状态估计 $\hat{x}(\tau_{k+1})$。

$\hat{u}(t)$ 是通过使用 IMU 标定参数的最优估计值 $\hat{c}_u(t)$ 由 $\bar{u}(t)$ 计算出来的。例如,若给定式(28.2)所示的 IMU 模型,则 $\hat{u}(t) = \bar{u}(t) - \hat{c}_u(t)$。

不同的 INS 机械编排会影响系统的性能,例如参考系的选择、IMU 模型、数值积分方法、圆锥和划桨效应补偿[28.18]。

注意,只要 IMU 不断地提供测量信息,INS 将持续使用这些测量信息完成状态估计。惯导系统的状态估计能力与外部磁场、地形等因素无关,这相比于单独 GNSS 解算增强了连续性、完好性和可用性。需要指出的是,无辅助惯导系统解的精度将会在最近一次辅助信号到来后随时间增长而下降。

此外还要注意,INS 状态估计的带宽是由 IMU 的带宽决定的,它的范围一般为 0.1 ~ 1.0kHz。当状态估计结果是其他控制系统的输入时,带宽是至关重要的。

数值积分不断使用 IMU 测量值序列在两次辅助测量之间传播状态测量值。在给定 INS 状态矢量 $\hat{x}$、辅助传感器标定参数估计矢量 $\hat{c}_y$ 和辅助测量模型式(28.4)的情况下,辅助测量的预测值为

$$\hat{y}(t_j) = h(\hat{x}(t_j), \hat{c}_y(t_j)) \qquad (28.8)$$

辅助测量在时间上可以不等间隔,这不会引起任何麻烦,缺失测量数据的情况也很容易处理。

令 $\hat{z} = [\hat{x}^T, \hat{c}_u^T, \hat{c}_y^T]^T \in \mathbb{R}^{n+n_y+n_u}$,矢量 $\hat{z}$ 包含 INS 计算式(28.7)和式(28.8)所需的所有量。在线导航算法是计算 $\hat{z}(t)$ 作为 $z(t) = [\hat{x}^T, \hat{c}_u^T, \hat{c}_y^T]^T$ 的估计值。尽管 $\hat{x}$ 是导航解算所需的唯一量,但是 $\hat{c}_u$ 的估计可以提高式(28.7)所示的时间传播过程的精度,而 $\hat{c}_y$ 的估计可以提高辅助信息的校正精度,这将在 28.7 节中讨论。

## 28.2.4 INS 误差状态量

由于初始条件误差、标定误差和测量噪声,状态估计误差会随时间增长,有

$$\delta z(t) = z(t) - \hat{z}(t) \qquad (28.9)$$

状态误差矢量根据标准(线性)离散时间模型随时间变化,即

$$\delta z(t_{j+1}) = \Phi_j \delta z(t_j) + v_{d_j} \qquad (28.10)$$
$$v^T(t) = [v_u^T(t), v_{c_u}^T(t), v_{c_y}^T(t)]$$

式中:$v_{d_j}$ 为系统在时间间隔 $t \in [t_j, t_{j+1}]$ 内对随机过程矢量累加而产生的离散时间噪声。误差状态转移矩阵 $\Phi_j$、过程噪声 $v_{d_j} \sim N(0, Q_j)$ 以及这种状态估计误差的随机性质都是被透彻理解的[28.7-28.9,28.11,28.12],在线计算提供了 $Q_j$ 和 $\Phi_j$[28.8]。

估计问题具有 3 个随时间变化的矢量:$z(t)$ 为未知量;$\hat{z}(t)$ 可从导航计算机获得,$\delta z(t)$ 为未知量。在这三个矢量中,只有两个是线性无关的。给定任意两个矢量,第三个

矢量可以通过套用式(28.9)来计算。

如前所述,惯性导航系统是一个积分过程。积分降低了传感器高频误差的影响(例如,高频成分$v_{c_u}$和$v_u$),但是放大了传感器低频误差的影响(如$c_u$)。为了能够占据市场份额,IMU制造商需要去除所有确定性误差效应,并降低$\lambda_u$、$c_u$、$Q_1$和$Q_2$。因此,$\delta z(t)$是一个缓慢变化的随机过程,它将被实时估计。

## 28.2.5 性能特性分析

已知$t_j$时刻的误差协方差$P_{z_j} = \text{cov}(\delta z(t_j))$,使用式(28.10)可以计算$t_{j+1}$时刻误差协方差的估计值为

$$P_{z_{j+1}} = \Phi_j P_{z_j} \Phi_j^T + Q_j \qquad (28.11)$$

该方程体现了惯导系统误差的时间传播过程。测量修正的效果将在28.7节中讨论。方程式(28.11)可以根据需要进行迭代来计算任何$t_i > t_j$时的$P_{z_i}$。在没有辅助量的情况下,$P_{z_i}$的对角线元素通常会随时间而增加。通过实时获取$P_{z_i}$有助于进行完好性分析,因为系统可以预测超出规定精度限制之前的持续时间。

这种性能预测取决于载体过去的运动和对未来运动的假设。给定相同的卫星构型,不同的前期运动模式将影响系统的可观测性,因此决定了$P_{zj}$的当前值。关于未来运动的假设决定了$P_{zj}$的每一部分对$t_i > t_j$时的$P_{zi}$的影响程度,这些问题与可观测性有关[28.19-28.22]。

注意,在GNSS辅助的INS应用中,属于IMU和INS部分的$\Phi_j$和$Q_j$不是可调参数,它们是由系统的运动状态和IMU特性所确定的物理量。

# 28.3 惯性传感器

本节的目的是介绍不同类型的惯性传感器,讨论它们的误差特性,并给出在28.2.2节中定义的惯性传感器标定量$c_u(t)$的具体例子。

这里需要一种通用的命名法(如$a_{ib}^b$)来明确地描述加速度、速度、角速率等物理量。在这个命名法中,上角标表示变量是在哪个坐标系中的投影,下角标则表示该变量是第二个下角标定义的坐标系相对于第一个下角标定义的坐标系的运动。因此,$a_{ib}^b$就是载体坐标系相对于惯性坐标系的加速度在载体坐标系中的投影。常用参考坐标系的定义参见28.4.1节。

## 28.3.1 陀螺仪

陀螺仪提供沿着其敏感轴方向的(惯性)角速率矢量测量值,即$\omega_{ib}^b$。另外,也可以提供在采样时间间隔内角速率的积分,称为角增量。适用于不同类型捷联惯导系统的陀螺

仪的区别参见文献[28.10,28.23-28.25]。

(1) 振动陀螺仪。

振动陀螺仪(VSG)通过观察传感器旋转时产生的科里奥利加速度来测量角速率。例如质量块受外力作用在一个方向(驱动方向)上产生线性振荡运动,检测方向与驱动方向垂直,敏感轴垂直于检测方向和驱动方向构成的平面。当围绕敏感轴旋转时,科里奥利加速度使质量块在垂直于敏感轴的平面上以椭圆轨迹运动,检测方向上的运动幅度与角速率成正比,并可以被测量。这一原理的各种实现方式包括使用弦、梁、音叉或其他结构作为振动元件。目前这种陀螺仪通常是一种低成本、低精度的器件,大多采用 MEMS 技术实现。MEMS 技术将集成电路技术与微结构结合在一起,并在单个芯片上实现。这些机械结构(例如质量块)可以使用不同的技术生成,例如表面微加工、蚀刻和光刻工艺。图 28.1 给出了采用干蚀刻技术制造的 MEMS 陀螺仪。

(2) 光纤陀螺仪。

光纤陀螺仪(FOG)利用了萨格纳克效应(sagnac effect),该效应是基于光速与光源运动速度无关的物理事实。两束激光分别沿着光纤线圈以顺时针和逆时针方向发射;当两束激光在线圈中传播时,如果结构发生了旋转,那么其中一束激光的光程增加,而另一束激光的光程减少;由此产生的光束之间的相移量与角速率成正比,可以通过干涉的方法进行测量。通常,光纤陀螺仪比 MEMS 陀螺仪精度更高。

(3) 环形激光陀螺仪。

环形激光陀螺仪(RLG)同样基于 Sagnac 效应,采用合理布置的反射镜实现闭合光路。顺时针和逆时针的激光束在结构内建立驻波,如果光路长度因旋转而改变,一束激光的波长增加,而另一束激光的波长减少,以维持驻波,这将导致激光频率改变。其中一面镜子是半透明的,这样就可以通过在腔外对激光束进行干涉来测量它们的频率差。在没有旋转的情况下,干涉图样是静止的,否则干涉图样将移动,可用光电二极管检测。环形激光陀螺仪是目前所讨论的陀螺仪中性能最好的。

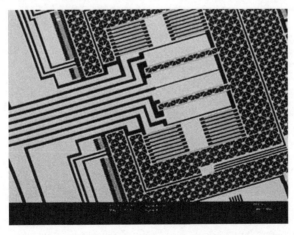

图 28.1 采用干蚀刻技术制造的 MEMS 陀螺仪(由 Northrop Grumman LITET GmbH 提供)

以上只是对最常见的陀螺仪进行了简单描述,转子陀螺仪、核磁共振陀螺仪等其他类型的陀螺仪不在本文讨论范围之内。

## 28.3.2 加速度计

大多数实用的加速度计用一个由弹簧连接到加速度计外壳的质量块来测量比力。在自由空间中,当远离产生万有引力效应的大质量物体时,对于一个未做加速运动的加速度计,质量块相对于壳体的平衡位置被认为是零位。当外壳受到外力作用时,加速度通过弹簧形变传递到质量块。该形变被测出,并按比例转化成加速度。在地球(或任何其他大质量物体)附近,没有加速的加速度计将由于引力作用而使其质量块偏离其平衡位置,测量值为1g。相反,以自由落体形式加速的加速度计质量块会在相对于壳体的平衡位置处,测量值为0,这两种情况都在图28.2中进行了展示。

加速度计测量比力矢量 $f_{ib}^b$,它是三轴加速度计相对于惯性系的加速度 $a_{ib}^b$ 与当地引力加速度矢量 $g^b$ 的差值。这可以表示为

$$f_{ib}^b = a_{ib}^b - g^b \tag{28.12}$$

因此,通过补偿引力加速度的影响,可以由测得的比力矢量计算出加速度。

下面描述了两种类型的加速度计[28.10,28.23-28.25],即摆式加速度计和振梁式加速度计。

(1) 摆式加速度计。

摆式加速度计通常由微机械加工的硅通过蚀刻制成。从晶片上去除硅,从而形成质量弹簧系统。质量块偏离平衡位置的偏移量可以通过电容进行检测。在开环检测中,比力是由质量块的偏移量计算得出的。这种工作模式的精度有限,因为作为弹簧的小硅桥的非线性特性并不十分清楚。在闭环检测中,力反馈被用于消除质量块偏离平衡位置的任何偏差(通常是用静电力)。因此,将质量块保持在平衡位置所需的电流就是对作用在检测质量块上的比力的测量。例如,以湿蚀刻技术制造的硅 MEMS 加速度计的质量块如图 28.3 所示。

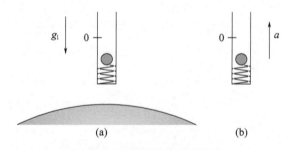

图 28.2 两种不可区分的场景

(a)在地球引力场中静止的加速度计;(b)无重力情况下加速度计向上加速。

(2) 振梁式加速度计。

振梁式加速度计(VBA)使用石英或硅梁将质量块的运动限制在敏感轴方向上。作用在这个方向上的比力会压缩一根梁,同时拉伸另一根梁。因此,梁的共振频率会发生改

变,由此产生的频率差可以被高精度地测量,从而可以得到作用在敏感轴方向上的比力。

### 28.3.3 惯性传感器误差

使用惯性传感器测量的角速率和比力矢量总是存在不准确度的,这称为传感器误差。这些误差的一部分影响通过出厂标定来消除,当与 GNSS 组合时,剩余的系统误差可以通过数据融合算法进行估计和补偿,但总会残留一些不准确度,造成惯导系统的导航解随时间恶化,因此对 INS 的持续校正是必须的。

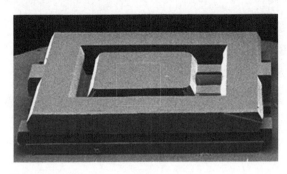

图 28.3 采用湿蚀刻技术制造的 MEMS 加速度计(由 Northrop Grumman LITEF GmbH 提供)

比 28.2.2 节更详细的 IMU 误差模型是有用的。第 $k$ 个历元由三轴惯性传感器(可以是陀螺仪或加速度计)提供的测量值模型可写为

$$\bar{\boldsymbol{u}}_k = \boldsymbol{M}\boldsymbol{u}_k + \boldsymbol{b}_{u,k} + \boldsymbol{v}_{u,k} \tag{28.13}$$

$$\boldsymbol{M} = \begin{pmatrix} 1+s_x & \delta_{z_x} & \delta_{y_x} \\ \delta_{z_y} & 1+s_y & \delta_{x_y} \\ \delta_{y_z} & \delta_{x_z} & 1+s_z \end{pmatrix} \tag{28.14}$$

式中: $s_x, s_y$ 和 $s_z$ 为传感器的比例因子误差;矩阵 $\boldsymbol{M}$ 中的非对角元素为交轴耦合误差;矢量 $\boldsymbol{b}_{u,k}$ 为传感器零偏; $\boldsymbol{v}_{u,k}$ 为传感器噪声矢量。

下面将简要讨论上述误差。在此必须牢记:这些误差中的每一种都包含一个始终存在的固定分量、一个随着每次上电而变化的附加分量、一个在运行期间变化的附加分量以及一个受温度影响的分量。然而,针对特定的传感器,部分误差分量可能并不显著,处理时可以忽略。

通常,设计者使用制造商提供的指标为这些随机过程建立高斯-马尔可夫状态空间模型[28.15],以便在使用时对这些误差项进行估计(标定)。

(1) 比例因子。比例因子误差包含线性和非线性两部分。线性分量引起的误差与真实的比力或角速率成正比。对于由比例因子非线性引起的误差,通常只需假设相对于真值的二次相关性即可。

(2) 交轴耦合。交轴耦合是指三轴传感器中敏感轴的非正交性。由于这种非正交性,每个传感器还会敏感一部分垂直于其标称敏感轴方向的比力或角速率。

(3) 零偏。理想情况下,零偏矢量 $\boldsymbol{b}_{u,k}$ 是每个传感器在其输入(角速率或比力)为零时显示的平均读数。实际上,零偏项代表一个缓慢变化的随机量。此外,特别是对于 MEMS 陀螺仪,零偏可能包含一个受比力影响的分量,称为加速度敏感性。

(4)噪声。传感器的固有噪声通常被精确地建模为零均值高斯白噪声,其功率谱密度(PSD)或阿伦方差在数据手册中给出。大多数惯性传感器是积分传感器,其功率谱密度 $R$ 与方差 $R_k$ 的关系表示为

$$R_k = \frac{R}{\tau} \tag{28.15}$$

式中:$\tau$ 为 IMU 采样周期,为采样率的倒数。PSD 提供了一种独立于采样率的传感器噪声描述方法。对于陀螺仪,PSD 的平方根称为角度随机游走(ARW)。对于加速度计,称为速度随机游走(VRW)。利用 PSD 能够很容易地评估 ARW 和 VRW 噪声的影响。

以陀螺仪随机游走误差模型的建立为例,设 $\mu_k$ 表示具有标准差 $\delta_\mu = 1$ 的高斯白噪声。设 $v_{\omega,k}$ 为噪声方差位 $R_k$ 的陀螺仪噪声,从随机数发生器中提取 $\mu_k$,传感器噪声可以表示为

$$v_{\omega,k} = \sqrt{R_k}\mu_k = \sqrt{\frac{R}{\tau}}\mu_k \tag{28.16}$$

大多数陀螺仪都能提供角增量。那么角增量中的这种噪声干扰为

$$\Delta\theta_k = \tau v_{\omega,k} = \sqrt{R\tau}\mu_k \tag{28.17}$$

具有的方差可表示为

$$\sigma_{\Delta\theta}^2 = R\tau\sigma_\mu^2 = R\tau \tag{28.18}$$

如果在一个时间间隔 $T = m\tau$ 上将 $m$ 个角增量相加,产生的角度误差的方差为

$$\sigma_\theta^2 = m\sigma_{\Delta\theta}^2 = mR\tau = RT \tag{28.19}$$

标准差为

$$\sigma_\theta = \sqrt{R}\sqrt{T} \tag{28.20}$$

用功率谱密度 $R$ 的平方根来描述传感器噪声,可以简单地乘以时间间隔 $T$ 的平方根来计算所得角度或速度误差的标准差。

干扰 IMU 测量的主要因素通常不是传感器的固有噪声,而是振动引起的噪声,这通常是非白色噪声[28.26]。在振动情况下,比例因子非线性和交轴耦合误差会导致一种看似与振动有关的零偏误差,称为振动整流误差(VRE)[28.12]。

表 28.1 和表 28.2 列出了加速度计和陀螺仪误差的典型数量级。

表 28.1 陀螺仪误差

| 误差 | RLG | FOG | VSG |
| --- | --- | --- | --- |
| 零偏/((°)/h) | 0.001~10 | 0.1~100 | 1~3600 |
| 加速度敏感性/((°)/h/g) | 0 | 1 | 10~200 |
| 线性 SF/ppm | 1~100 | 100~1000 | $<10^5$ |
| 非线性 SF/ppm | $10^{-5}$ | $>10^{-4}$ | 0.01 |
| ARW/((°)/$\sqrt{h}$) | 0.001 | 0.03~0.1 | >0.06 |

表 28.2 加速度计误差

| 误差 | 振梁式 | 摆式 |
|---|---|---|
| 零偏/mg | 0.1~1 | 0.1~10 |
| 零偏稳定度/mg | 0.1 | 1 |
| SF/ppm | 100 | 1000 |
| VRW/$\left(\frac{m}{s}/\sqrt{h}\right)$ | 0.01 | 0.04 |

## 28.4 捷联式惯性导航

在捷联惯性导航系统中，惯性测量单元(IMU)被固定在载体上。这与平台式(框架式)惯性导航系统形成鲜明对比，即惯性组件被固定在稳定平台上，当载体运动时保持其惯性方向。对于平台式系统，是从平台框架相对于载体的角度来测量载体的姿态。捷联系统在成本和尺寸上通常要比平台系统低得多。

在捷联算法(SDA)中，对 IMU 陀螺仪的测量数据进行处理，以保持对载体姿态的估计，从而对加速度计的测量数据进行处理，计算导航参考系下的速度和位置。姿态、位置和速度是通过系统运动学模型(参见 28.2.3 节)积分 IMU 测量数据后向前传播的载体状态矢量的各个部分。在没有辅助的情况下，SDA 状态与载体真实状态的偏差会随时间增长。这些误差的增长速度取决于初始化精度和 IMU 品质。表 28.3 列出了不同 IMU 等级的典型性能和成本。

下面章节的目的是定义 28.2.1 节的式(28.1)中的函数 $f$ 和载体状态矢量 $x$，它们构成了捷联解算的基础。

表 28.3 IMU 等级

| IMU 级别 | 零偏/mg | 零偏/((°)/h) | 成本/美元 |
|---|---|---|---|
| 海洋级 | 0.01 | 0.001 | ≥10 万 |
| 航空级 | 0.03~0.1 | 0.01 | 10 万 |
| 中间级 | 0.1~1 | 0.1 | 2~5 万 |
| 战术级 | 1~10 | 1~100 | 0.2~3 万 |
| 消费级 | >10 | >100 | ≥10 |

### 28.4.1 坐标系统

捷联解算涉及几个坐标系，这些坐标系将在下文中定义，并在图 28.4 中说明。

(1) 惯性坐标系。这个坐标系用字母 $i$ 表示，其 $x$ 轴和 $y$ 轴位于地球赤道面，并且是固定的(即不旋转或加速)，$z$ 轴与地球自转轴重合。

（2）地球坐标系。该坐标系称为地心地固坐标系（ECEF），用字母 e 表示。其 $x$ 轴和 $y$ 轴位于地球赤道面，$x$ 轴与格林威治子午线相交，$z$ 轴与地球自转轴重合。e 系以角速率 $\omega_{ie}$ 相对于 i 系旋转。

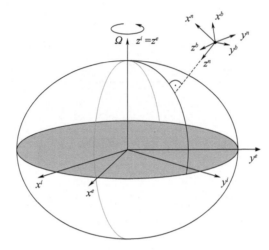

图 28.4　各种坐标系的相对位置和方向

（3）导航坐标系。该坐标系的原点在载体内，轴线与北、东和本地垂直方向（向下）对齐。因此，该坐标系也称为当地水平坐标系或 NED 坐标系，用字母 n 表示。

（4）载体坐标系。该坐标系的原点与导航坐标系的原点重合，通常被设定在 IMU 安装的位置。载体坐标系的轴线通常与载体的前、右和下方向对齐。为了简单起见，假设这些轴线与惯性传感器的敏感轴重合，这个坐标系用字母 b 表示。

下面介绍捷联解算的计算过程。以导航系（n 系）机械编排为例。n 系机械编排的优点是直观形象，因为它相对于当地水平坐标系给出了姿态，并且在北、东和地方向提供了速度。n 系机械编排中的状态微分方程在地球两极会出现奇异。如果载体在这些地区行驶，就不能使用 n 系。当在两极地区航行不可避免时，最简单的解决方案是在 e 系中进行机械编排。除此之外，也可以考虑其他替代方案，例如采用方位游移坐标系的机械编排[28.27]。

## 28.4.2　姿态计算

载体的姿态通常用欧拉角、方向余弦矩阵、四元数或 Bortz 方向矢量（等效旋转矢量）表示。姿态表达式及其转换关系已经得到了广泛研究[28.13,28.18,28.28,28.29]。在捷联算法的姿态计算中，所采用的姿态表达式的微分方程通过 IMU 提供的角速率数据来求解。

欧拉角通过按顺序的三次转动来描述载体坐标系相对于导航坐标系的姿态。第一次旋转是通过绕导航坐标系 $z$ 轴转动偏航角 $\psi$ 来完成的，$z$ 轴也被称为向下轴。第二个旋转是通过绕着新的 $y$ 轴转动俯仰角 $\theta$ 来实现。最后通过围绕新的 $x$ 轴转动横滚角 $\phi$ 实现与载体坐标系重合。欧拉角的微分方程可表示为

$$\dot{\phi} = (\omega^b_{nb,y}\sin\phi + \omega^b_{nb,z}\cos\phi)\tan\theta + \omega^b_{nb,x} \tag{28.21}$$

$$\dot{\theta} = \omega_{nb,y}^{b}\cos\phi - \omega_{nb,z}^{b}\sin\phi \tag{28.22}$$

$$\dot{\psi} = \frac{(\omega_{nb,y}^{b}\sin\phi + \omega_{nb,z}^{b}\cos\phi)}{\cos\theta} \tag{28.23}$$

式中：$\omega_{nb}^{b} = [\omega_{nb,x}^{b}, \omega_{nb,y}^{b}, \omega_{nb,z}^{b}]^{T}$，这组方程揭示了欧拉角的一个重要缺点，即横滚角和偏航角的微分方程在俯仰角为 ±90° 时会变得奇异。因为在这种情况下，围绕 z 轴的第一次旋转与围绕新的 x 轴的最后一次旋转重合了。此时欧拉角会进入模糊状态，当俯仰角为 ±90° 时，可以找到任意数量的横滚角和偏航角来描述一个给定的姿态。虽然使用欧拉角可以任意表示包含 ±90° 俯仰角的姿态，但是对于接近 ±90° 俯仰角的情况，微分方程的奇异性将不允许在基于欧拉角的捷联算法中实现姿态计算。第二个缺点是该微分方程在求解时需要对几个三角函数进行高速率的求值。欧拉角的主要优点是可理解性。但是，由于可以以较低的速率从其他姿态表达式中提取欧拉角，因此很少使用上述三个公式来做姿态解算。

DCM 或旋转矩阵是一个 3×3 矩阵，它定义了一个矢量从一个坐标系到另一个坐标系的坐标变换。例如，速度矢量通过 DCM($C_b^n$) 从 b 坐标系转换到 n 坐标系，有

$$v_{eb}^{n} = C_b^{n} v_{eb}^{b} \tag{28.24}$$

由于 DCM 是一个正交矩阵，因此有

$$C_n^b = (C_n^b)^{-1} = (C_n^b)^{T} \tag{28.25}$$

DCM 的微分方程为

$$\dot{C}_n^b = C_n^b [\omega_{nb}^b \times] \tag{28.26}$$

$$[\omega_{nb}^b \times] = \begin{pmatrix} 0 & -\omega_{nb,z}^b & \omega_{nb,y}^b \\ \omega_{nb,z}^b & 0 & -\omega_{nb,x}^b \\ -\omega_{nb,y}^b & \omega_{nb,x}^b & 0 \end{pmatrix} \tag{28.27}$$

式中：$[\omega_{nb}^b \times]$ 为 $\omega_{nb}^b$ 的反对称矩阵。

欧拉旋转定理[28.30]指出，通过任意次依次旋转关联的两个坐标系都可以等效地表示为绕空间中某一个轴的一次旋转。这个单一的固定轴称为欧拉轴。欧拉轴在两个坐标系中具有相同的表示形式（坐标值相等），这证明了欧拉轴是 DCM 特征值为 1 的特征矢量。

Bortz 方向矢量 $\boldsymbol{\vartheta}(t)$ [28.28] 是由以下微分方程定义的一个时变矢量，即

$$\dot{\boldsymbol{\vartheta}} = \omega_{nb}^b + \frac{1}{2}\boldsymbol{\vartheta} \times \omega_{nb}^b + \frac{1}{\vartheta^2}\left(1 - \frac{\vartheta\sin(\vartheta)}{2(1-\cos\vartheta)}\right)\boldsymbol{\vartheta} \times (\boldsymbol{\vartheta} \times \omega_{nb}^b) \tag{28.28}$$

方向矢量 $\vartheta = \|\boldsymbol{\vartheta}\|$ 的长度定义了绕单位矢量 $\dfrac{\boldsymbol{\vartheta}}{\vartheta}$（欧拉轴）的旋转角度，以使得导航坐标系与载体坐标系重合。因此，长度为 $\vartheta$ 的方向矢量与旋转轴相同但长度为 $\vartheta \pm 2\pi m$ 的方向矢量所描述的姿态相同，其中 m 是一个任意整数。

Bortz 方向矢量通常用于设计解决圆锥效应的高速姿态积分算法[28.10,28.11,28.31]。在 $\vartheta$ 可认为是小量的短积分区间内，式(28.28)简化为

$$\dot{\boldsymbol{\vartheta}} \approx \omega_{nb}^b + \frac{1}{2}\boldsymbol{\vartheta} \times \omega_{nb}^b + \frac{1}{12}\boldsymbol{\vartheta} \times (\boldsymbol{\vartheta} \times \omega_{nb}^b) \tag{28.29}$$

在第 $k$ 次积分周期结束时,保存 Bortz 方向矢量 $\vartheta(\tau_k)$ 的值,下一次积分周期以零初始条件开始。输出序列 $\vartheta(\tau_k)$ 定义了一个转动序列,可以通过四元数乘法将这个转动序列组合来定义整个转动。

一个四元数[28.29,28.32]可以表示为一个四个元素构成的矢量,它可以由 Bortz 方向矢量构造,即

$$q_b^n = \begin{pmatrix} \cos\left(\dfrac{\vartheta}{2}\right) \\ \left(\dfrac{\vartheta_x}{\vartheta}\right)\sin\left(\dfrac{\vartheta}{2}\right) \\ \left(\dfrac{\vartheta_y}{\vartheta}\right)\sin\left(\dfrac{\vartheta}{2}\right) \\ \left(\dfrac{\vartheta_z}{\vartheta}\right)\sin\left(\dfrac{\vartheta}{2}\right) \end{pmatrix} \quad (28.30)$$

注意,这是一个单位四元数。四元数乘法可以表示为"矩阵—矢量"乘法。对于两个四元数 $a = (a_0, a_1, a_2, a_3)$ 和 $b = (b_0, b_1, b_2, b_3)$,它们的乘积定义为

$$a \cdot b = \begin{pmatrix} a_0 & -a_1 & -a_2 & -a_3 \\ a_1 & a_0 & -a_3 & -a_2 \\ a_2 & a_3 & a_0 & -a_1 \\ a_3 & -a_2 & a_1 & a_0 \end{pmatrix} \begin{pmatrix} b_0 \\ b_1 \\ b_2 \\ b_3 \end{pmatrix} \quad (28.31)$$

如果 $q_k$ 表示与载体旋转 $\vartheta(\tau_k)$ 相对应的四元数,则整个旋转序列的四元数为

$$q_0^k = q_k \cdot q_{k-1} \cdot \cdots \cdot q_1 \quad (28.32)$$

旋转也可以串联为

$$q_b^n = q_e^n \cdot q_b^e \quad (28.33)$$

四元数可以直接做积分,而不必通过 Bortz 方向矢量。四元数的微分方程可表示为

$$\dot{q}_b^n = \frac{1}{2} q_b^n \cdot \begin{pmatrix} 0 \\ \omega_{nb}^b \end{pmatrix} \quad (28.34)$$

捷联算法的实现要求高速求解所选姿态表达式的微分方程的数值解。DCM、四元数和简化的 Bortz 常微分方程可以在不计算三角函数的情况下进行积分。

惯性测量单元提供角速率矢量 $\omega_{ib}^b$ 或其积分(角增量)。$\omega_{nb}^b$ 由 $\omega_{ib}^b$ 计算公式为

$$\omega_{nb}^b = \omega_{ib}^b - (C_b^n)^T (\omega_{ie}^n + \omega_{en}^n) \quad (28.35)$$

$$\omega_{ie}^n = (\Omega\cos\varphi, 0, -\Omega\sin\varphi)^T \quad (28.36)$$

$$\omega_{en}^n = \begin{pmatrix} +\dfrac{v_{eb,e}^n}{R_e - h} \\ -\dfrac{v_{eb,n}^n}{R_n - h} \\ -\dfrac{v_{eb,e}^n \tan\varphi}{R_e - h} \end{pmatrix} \quad (28.37)$$

$$\boldsymbol{v}_{\text{eb}}^{\text{n}} = [\, v_{\text{eb,n}}^{\text{n}}, v_{\text{eb,e}}^{\text{n}}, v_{\text{eb,d}}^{\text{n}} \,]^{\text{T}}$$

式中：$\omega_{\text{ie}}^{\text{b}}$ 为 n 系中的地球角速率矢量；$\Omega$ 为地球自转角速率的大小；$\varphi$ 为地理纬度；$\omega_{\text{en}}^{\text{n}}$ 为位移牵连角速率。

位移牵连角速率是考虑到导航坐标系相对于地球表面移动时必须旋转，否则 n 系的 z 轴将不会保持垂直向下。地球的子午圈曲率半径 $R_n$ 和卯酉圈曲率半径 $R_e$ 由 WGS84 参考椭球模型给定。

由四元数计算对应的 DCM 可表示为

$$\boldsymbol{C}_{\text{b}}^{\text{n}} = (\,\boldsymbol{C}_{\text{b}}^{\text{n}}(:,1) \quad \boldsymbol{C}_{\text{b}}^{\text{n}}(:,2) \quad \boldsymbol{C}_{\text{b}}^{\text{n}}(:,3)\,) \tag{28.38}$$

$$\boldsymbol{C}_{\text{b}}^{\text{n}}(:,1) = \begin{pmatrix} q_0^2 + q_1^2 - q_2^2 - q_3^2 \\ 2(q_1 q_2 + q_0 q_3) \\ 2(q_1 q_3 - q_0 q_2) \end{pmatrix} \tag{28.39}$$

$$\boldsymbol{C}_{\text{b}}^{\text{n}}(:,2) = \begin{pmatrix} 2(q_1 q_2 + q_0 q_3) \\ q_0^2 - q_1^2 + q_2^2 - q_3^2 \\ 2(q_2 q_3 + q_0 q_1) \end{pmatrix} \tag{28.40}$$

$$\boldsymbol{C}_{\text{b}}^{\text{n}}(:,3) = \begin{pmatrix} 2(q_1 q_3 + q_0 q_2) \\ 2(q_2 q_3 - q_0 q_1) \\ q_0^2 - q_1^2 - q_2^2 + q_3^2 \end{pmatrix} \tag{28.41}$$

在捷联算法中，从载体系（b系）到导航系（n系）的旋转是速度解算必不可少的，因为比力是在 b 系中测量的，而速度和位置要在 n 系中给出。这种旋转既可以通过 DCM 实现，也可以直接由四元数实现。下一节阐述中假设 DCM 已经算好，可以使用标准的"矩阵—矢量"表示法。

## 28.4.3 速度计算

n 系惯导机械编排的速度微分方程为

$$\dot{\boldsymbol{v}}_{\text{eb}}^{\text{n}} = \boldsymbol{C}_{\text{b}}^{\text{n}} \boldsymbol{f}_{\text{ib}}^{\text{b}} - (2\boldsymbol{\omega}_{\text{ie}}^{\text{n}} + \boldsymbol{\omega}_{\text{en}}^{\text{n}}) \times \boldsymbol{v}_{\text{eb}}^{\text{n}} + \boldsymbol{g}^{\text{n}} \tag{28.42}$$

其中，比力 $\boldsymbol{f}_{\text{ib}}^{\text{b}}$ 由 IMU 提供，与 $\boldsymbol{C}_{\text{b}}^{\text{n}}$ 相乘得到 n 坐标系下的比力，再加上当地重力矢量 $\boldsymbol{g}^{\text{n}}$，就得到载体的加速度，有

$$\boldsymbol{C}_{\text{b}}^{\text{n}} \boldsymbol{f}_{\text{ib}}^{\text{b}} + \boldsymbol{g}^{\text{n}} = \boldsymbol{a}_{\text{ib}}^{\text{n}} \tag{28.43}$$

当地重力矢量是位置的函数，可以使用索米亚那公式[28.33]计算。

这个术语 $-(2\boldsymbol{\omega}_{\text{ie}}^{\text{n}} + \boldsymbol{\omega}_{\text{en}}^{\text{n}}) \times \boldsymbol{v}_{\text{eb}}^{\text{n}}$ 是科里奥利加速度，是旋转坐标系中存在的加速度，例如方程被机械编排的 n 坐标系。在旋转坐标系中，运动物体的行为就好像是科里奥利加速度作用在物体上。这个加速度无法被加速度计测量，因此，科里奥利加速度必须加入式(28.42)。为了方便理解科里奥利加速度，我们假设一个物体静止在地球表面的赤道上。从惯性系看，物体的轨迹是一个半径等于地球椭圆长半轴的圆。假设一个加速度作用在物体上，使其出现垂直于地球表面的速度，使物体离地面的高度不断增加；从地球表

面观察可以看到,该物体在科里奥利力的作用下向西偏转;但事实上该物体与地球表面的切线速度并没有增加,因此在距离地球自转轴较远的地方可以观察到,该物体的切线速度不足以跟上物体在地球表面的起始点。

## 28.4.4 位置计算

在位置计算中,对下列微分方程进行数值求解,有

$$\dot{\varphi} = \frac{v_{eb,n}^n}{R_n - h} \tag{28.44}$$

$$\dot{\lambda} = \frac{v_{eb,e}^n}{(R_e - h)\cos\varphi} \tag{28.45}$$

$$\dot{h} = v_{eb,d}^n \tag{28.46}$$

$$\boldsymbol{v}_{eb}^n = [v_{eb,n}^n, v_{eb,e}^n, v_{eb,d}^n]^T$$

在这些方程中,由于导航坐标系的 $z$ 轴指向下方,因此地面上的高度为负。方程式(28.42)和式(28.44)~式(28.46)可以用数值求解,例如使用龙格-库塔算法[28.34]。

## 28.5 误差效应分析

捷联算法的初始化精度、积分算法的精度以及惯性传感器的质量都会影响惯导系统解算误差的增长。区分短期和长期误差特征是非常必要的,下面重点分析了两者的相关特征。

### 28.5.1 短期误差效应

惯导短期误差特征主导了纯惯导推算的开始阶段,即从初始化或最近一次辅助测量时刻到往后几分钟的时间段。传感器噪声的影响已经在28.3.3节中描述过了,交轴耦合和比例因子(SF)误差的影响很大程度上取决于载体运动轨迹的特点。因此,下面的讨论集中在姿态误差、加速度计和陀螺仪零偏的影响。

1. 姿态误差

姿态误差会导致导航解算结果的误差,因为式(28.42)中的第一项没有正确地将比力从 b 坐标系转换为 n 坐标系。在 b 坐标系中测量的北向加速度不能被准确地转化为北向加速度,除非偏航角完全没有误差。姿态误差的影响在载体机动时更为明显,但即使没有机动,姿态误差也会影响惯导系统位置解的精度。由于加速度计测量的是比力,即载体的运动加速度和重力加速度之间的差值,因此载体加速度的计算需要考虑重力补偿。横滚角和俯仰角姿态误差会导致重力补偿不准确,未补偿部分会被认为是载体的加速度并在捷联算法(SDA)中积分,导致速度和位置误差的累积。对于小角度误差,未补偿的重力成分导致的错误加速度可表示为

$$\delta \boldsymbol{a}_{\mathrm{nb}}^{\mathrm{b}} = \begin{pmatrix} -\delta\theta \\ \delta\phi \\ 0 \end{pmatrix} g \tag{28.47}$$

$$g = |\boldsymbol{g}^{\mathrm{n}}|$$

图 28.5 绘制了一个俯仰姿态误差。在该例中真实的俯仰角是零，而 SDA 提供了一个非零的正俯仰角 $\delta\theta$。由于俯仰角的存在，当 SDA 用式(28.43)计算导航系下的加速度时，$x$ 方向上的重力补偿错了 $-g\delta\theta$。错误的重力补偿会导致在负 $x$ 方向上产生错误的加速度。由于垂直方向上的重力误差补偿与 $1-\cos(\delta\phi)\cos(\delta\theta)$ 成正比，因此垂向受该机制的影响较小，小角度误差情况下接近于零。

对于横滚角误差也可以进行类似的评估。因此，在短期内横滚姿态和俯仰姿态误差会引起水平加速度误差，导致速度误差随时间线性增长，位置误差随时间呈二次方增长，而垂直通道对姿态误差的敏感性较低。

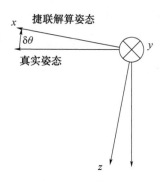

图 28.5 俯仰误差示意图

2. 陀螺仪零偏

当姿态误差足够小，陀螺零偏会导致姿态误差随时间线性增长。结合之前的分析结果可知：陀螺仪零偏会造成水平通道中的加速度误差随时间线性增长，从而导致速度误差的二次方增长和位置误差的三次方增长。

3. 加速度计零偏

未补偿的加速度计零偏被当作载体的运动加速度，从而导致速度误差随时间呈线性增长，位置误差随时间呈二次方增长。

4. 总结

从上面讨论可以看出，惯性导航系统误差的增长速度比线性增长要快，但也可能出现水平加速度计的零偏与姿态误差正好完全抵消的情况。当这种情况发生时，误差是没有影响的，可以被说成是滞留在不可观测的矢量空间中。通过其他传感器辅助惯导系统，往往会把这些误差带到不可观测的空间。

## 28.5.2 长期误差效应

关于惯性导航系统的长期误差特性，垂直通道的不稳定性和舒勒振荡就显得尤为重要。

1. 垂直通道的不稳定性

由测得的比力矢量计算加速度需要重力补偿。这种补偿使用合适的模型（例如，Somigliana 重力公式）来计算估计位置的预期重力。重力矢量的大小随地面高度的增加而减小。因为捷联算法提供了一个错误高度，所以重力矢量的期望值与真实的重力矢量不相符。例如，当计算出的载体地面高度高于实际位置时（图 28.6），计算出的重力矢量的大小就偏小。此时比力测量值中的重力成份只有一部分被补偿了,而其余部分被错误地当作载体加速度。垂直通道误差动力学是不稳定的,这个错误的加速度进一步增加了现有高度误差。

由于垂直通道的不稳定性,仅 10m 的初始高度误差就会在无辅助惯性导航 1h 后造成几千米的高度误差。因此任何自主运行较长时间的 INS 都需要对垂直通道进行辅助,例如使用气压高度计来保持高程稳定。

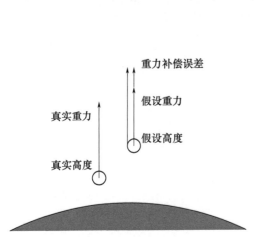

图 28.6　惯性导航垂直通道的不稳定性

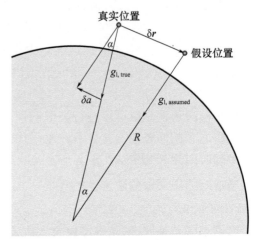

图 28.7　舒勒振荡机制的示意图

**2. 舒勒振荡**

虽然重力误差使垂直通道失稳,但它们对水平通道起到稳定作用,导致舒勒振荡[28.35]。导致舒勒振荡的机理如图 28.7 所示。由于水平位置误差 $\delta r$,捷联算法计算出的重力矢量方向有一点误差。因此,在捷联算法的速度计算中,比力测量值中的重力没有得到正确补偿,未补偿部分被解释为载体加速度。该加速度误差 $\delta a$ 指向载体的真实位置,与位置误差方向相反。从图 28.7 可知,有

$$\frac{\delta r}{R} = -\frac{\delta a}{g} \tag{28.48}$$

由此可得

$$\delta \ddot{r} + \frac{g}{R}\delta r = 0 \tag{28.49}$$

这是谐振子的微分方程,INS 解算的位置和速度误差产生的舒勒振荡周期约为 84min。

## 28.6　辅助导航

惯性导航系统利用 28.4 节中描述的函数 $f$,通过时间更新实现对载体状态矢量 $\hat{x}(t)$ 的高带宽估计,时间更新过程仅使用 IMU 传感器数据。

在 $t_j$ 时刻,惯性导航系统提供矢量 $z_j = z(t_j)$ 的估计值 $\hat{z}_j = \hat{z}(t_j)$。28.2.1 节讨论了取决于载体状态 $x$ 以及传感器标定参数 $c_u$ 和 $c_y$ 的矢量 $z$ 的定义。导航系统还保持误差协方差矩阵 $P_{z_j}$ 的估计。

在 28.2.4 节、28.3.3 节和 28.5 节中讨论了 INS 状态误差的定义、原因和影响。累积误差取决于 IMU 性能和 $\hat{c}_u$ 的精度。良好的性能需要通过额外传感器辅助惯性导航系统来保证。每个辅助传感器的测量都能提供有用信息来校正载体状态矢量 $\hat{x}$ 和 IMU 标定参数 $\hat{c}_u$,从而在状态空间的某些方向上减小 INS 误差矢量 $\delta z$。在此过程中,辅助传感器标定矢量 $\hat{c}_y$ 的精度也将得到提高。

上述过程称为状态估计。随后章节将利用 GNSS 观测量作为辅助信息实现多种形式的 INS 辅助(即状态估计)。

## 28.7 状态估计

这一部分简要介绍了主要的状态估计算法。该算法可以从多个角度得出,即最大后验估计(MAP)或最小均方误差估计[28.14,28.16,28.36—28.38](第 22 章)。

对于具有适当假设的线性系统,最优算法被称为卡尔曼滤波[28.39]。由于惯性导航系统的时间更新和量测模型是非线性的,因此扩展卡尔曼滤波通常用于辅助惯性导航应用。28.10 节将讨论几种可供选择的估计方法。

扩展卡尔曼滤波状态估计器利用测量中的新信息计算出一个修正后的、理论上最优的、带有误差协方差矩阵 $P_{z_j}^+$ 的后验状态估计 $\hat{z}_j^+$。在这种表示法中,$\{\cdot\}^+$ 上标表示已经包含了最新的量测信息,称为后验量,$\{\cdot\}^-$ 上标表示尚未包含最新测量信息的先验量。

假设在 $t_j$ 时刻,已得到辅助测量 $\tilde{y}_j = \tilde{y}(t_j)$。利用惯导系统的状态估计 $\hat{z}_j^-$,惯导系统用式(28.8)预测辅助测量 $\hat{y}_j^-$,则其残差为

$$r_j = \tilde{y}_j - \hat{y}_j^- \qquad (28.50)$$

在线性化误差小到可以忽略的假设下,并且有

$$\delta z(t_j) \sim N(0, P_{z_j}^-)$$
$$r_j \sim N(0, S_j)$$
$$S_j = H_j P_{z_j}^- H_j^T + R_j \qquad (28.51)$$

$$H_j = \left. \frac{\partial h}{\partial z} \right|_{z=\hat{z}_j} \qquad (28.52)$$

式中:$P_{z_j}^-$ 为由 INS 计算的误差协方差矩阵。

由于 $r_j \sim N(0, S_j)$ 中的 $r_j$ 和 $S_j$ 同时在线计算,则可以使用卡方变量 $r_j^T S_j^{-1} r_j$ 实时评估测量的有效性(第 24 章)。

当测量被认为有效时,修正后的状态估计及其误差协方差可表示为

$$\hat{z}_j^+ = \hat{z}_j^- + K_j r_j \qquad (28.53)$$

$$P_{z_j}^+ = P_{z_j}^- - K_j S_j K_j^{\mathrm{T}} \quad (28.54)$$

$$K_j = P_{z_j}^- H_j^- (H_j P_{z_j}^- H_j^{\mathrm{T}} + R_j)^{-1}$$

如果测量被认为无效,那将不会使用这些测量做修正(等效为 $K_j = 0$)。

式(28.54)表明,辅助测量会在 $K_j$ 所确定的方向上减小误差协方差。任何单一的测量只能修正状态空间中的某一线性子空间,这使得误差积累在互补子空间中,也就是说互补子空间对这种测量来说是不可观测的。只要对状态空间的每个子空间进行足够频繁的修正,总体状态估计仍然是准确的,而误差协方差矩阵会记录这些随时间变化的细节。

众所周知,惯导系统的可观测性与载体的运动相关[28.20]。例如在载体没有加速度的时段内,通过位置或速度辅助无法观测到某些包含姿态误差和IMU零偏的状态子空间。这意味着估计误差将在那些不可观测的子空间中累积;同时也意味着在上述不可观测的时段内,这些累积误差将不会对测量值的预测结果生影响。根据误差累积量,当载体运动导致这些误差变得可观测时,它们的影响可能是非常显著的。

## 28.8 GNSS辅助惯导系统

本节概述了几种典型的 GNSS 辅助惯性导航系统。每个小节都描述了其中一种方法,并进行简短的讨论。设计者已经在本文描述的基本思想上实现了诸多变体。

为了能够直观地比较各种方法,本节将忽略杆臂修正。杆臂是指 GNSS 天线到 IMU 有效位置的矢量。当杆臂长度相对于系统设计精度不可忽略时,就必须考虑杆臂补偿。关于杆臂修正的详细讨论见 28.9.2 节。

### 28.8.1 松(位置域)耦合

图 28.8 显示了松耦合方法的典型框图。GNSS 接收机利用观测到的卫星信号来计算 GNSS 天线位置 $\tilde{p}$ 和速度 $\tilde{v}$ 的测量值。惯导系统利用其导航状态矢量 $\hat{x}$ 计算 GNSS 天线位置 $\hat{p}$ 和速度 $\hat{v}$ 的估计值。扩展卡尔曼滤波器利用位置和速度残差矢量以及误差模型来估计误差状态 $\delta \hat{x}$,并将其反馈到惯导系统,从而将估计出来的误差从系统中去除。

松耦合方法对导航系统设计人员的 GNSS 知识要求最少。设计者不需要了解星历计算、时钟模型、接收机特定的实现问题,或 GNSS 接口文档中讨论的各种其他问题。

与接收机计算 GNSS 位置和速度测量有关的各种因素由制造商处理,用户可能无法完全理解或决定:

(1)位置和速度不是 GNSS 接收机的基本测量值。相反,当至少有 4 颗卫

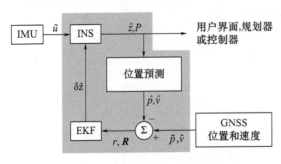

图 28.8　GNSS/INS 松耦合框图

星的信号可用时,接收机可以随时计算出位置和速度。位置和速度解的精度取决于现有卫星数量和几何形状。随着时间推移,这种精度会发生显著变化。一些接收机输出一些诸如水平精度因子(HDOP)、几何精度因子(GDOP)等有用的数值,但它们无法完全确定 EKF 用于决定最佳增益 $K_i$ 的测量协方差矩阵 $R$。当完整的 $R$ 矩阵未知时,设计将被迫使用不一定正确的假设来填充缺失的信息,从而导致次优的设计。

(2)接收机可能包含内部滤波器(28.10.1 节)。这种滤波器对于惯导系统的辅助是有问题的。因为惯导系统中的扩展卡尔曼滤波器假设式(28.4)中的误差(或噪声) $\eta_y$ 是白噪声,但 GNSS 接收机内部的滤波器可能破坏这种假设。

如果没有内部导航滤波器,当少于 4 个卫星的信号可用时,GNSS 接收机就不会产生任何位置和速度输出,在该时间段内可用卫星信息就会丢失。内部滤波器通常是纯 GNSS 接收机用户所需要的,但是在 GNSS 辅助 INS 的实现中,内部滤波器是一个可能导致系统异常的复杂因素。在辅助 INS 时,接收机的设置应取消其内部导航滤波器。

## 28.8.2 紧(测量域)耦合

图 28.9 给出了紧耦合方法的典型框图。GNSS 接收机利用锁相环和码环来跟踪无线电信号,提取信息以确定伪距 $\tilde{\rho}$、多普勒频移 $\tilde{D}$ 和载波相位测量值 $\tilde{\varphi}$,同时提供各种信号质量指标和卫星星历数据(第 14 章、第 15 章)。惯性导航系统使用它的估计状态 $\hat{z}$ 和卫星星历数据以及描述卫星轨道的方程(第 3 章)来预测伪距 $\hat{\rho}$、多普勒频移 $\hat{D}$ 和载

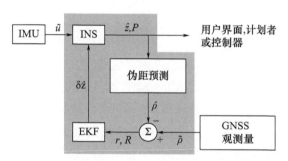

图 28.9 GNSS/INS 紧耦合框图

波相位 $\hat{\varphi}$。扩展卡尔曼滤波器利用伪距、多普勒频移和载波相位残差的组合来估计误差状态 $\delta\hat{z}$,然后反馈到惯导系统中,以便将估计出来的误差从系统中去除。

紧耦合方法需要设计人员具有更多的卫星导航系统相关知识,并需要导航计算机进行更多更复杂的计算。惯导系统必须实现卫星位置的计算,以计算预报伪距、多普勒和载波相位所需的卫星位置和速度。设计者还必须了解他们正在使用的 GNSS 接收机的某些错综复杂的细节(例如,时钟模型和质量指示指标的解释),用于提高系统性能。即使可用卫星数少于 4 个,也可以通过可用卫星来辅助 INS,每个卫星测量的精度可以单独和准确地描述。在影响导航解之前,可以对每颗卫星做出有效性决策。

如果 GNSS 接收机包含内部导航滤波器,该滤波器对伪距、多普勒和载波相位测量没有影响。接收机的射频部分包含滤波器,以减少噪声和无线电干扰。但射频滤波器的中心频率和带宽足够高,不会对惯性导航辅助系统产生不利影响。接收机还包含码跟踪延迟锁定环 DLL 和载波跟踪锁相环 PLL 中的滤波器。在选择这些滤波器的带宽时,如何权衡精度、失锁阈值和其他问题是错综复杂的,需要由接收机的设计者来决定。DLL 和 PLL 引入的测量误差对每颗卫星都是独立的。根据接收机的不同,时间相关性可能足够显著,

以至于需要在惯导系统误差模型中加以考虑。

目前,对于大多数现有的 GNSS 接收机,如果提供了差分校正信号,将被用于校正其计算的位置,但不用于校正其输出的伪距、多普勒和载波相位测量,紧耦合设计人员必须考虑在残差计算过程中做差分校正。

### 28.8.3 超紧或深耦合

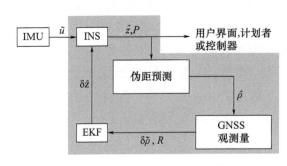

图 28.10 GNSS/INS 超紧或深耦合框图

图 28.10 显示了一个超紧或深耦合方法的示例。INS 利用其估计状态和卫星星历数据以及描述卫星轨道的方程来预测伪距 $\hat{\rho}$、多普勒 $\hat{D}$ 和载波相位 $\hat{\varphi}$。以上预测被输入至 GNSS 接收机载波相位和码跟踪算法中。接收机载波相位和码跟踪误差直接作为 EKF 估计误差状态 $\delta\hat{z}$ 的残差,这些误差状态反馈到 INS,将估计出的误差从系统中去除[28.40,28.41]。

与紧耦合和松耦合方法中的独立接收机跟踪环路相比,在图 28.10 描述的方法中,卫星接收机内的本地伪码和本地载波生成过程都是由 INS 导航解所驱动的。

在图 28.8、图 28.9 和图 28.10 中,灰色背景区域表示 INS 设计人员将关注的系统软件部分。图 28.8 和图 28.9 的灰色背景看起来很相似,但是图 28.9 的紧耦合方法软件中的 GNSS 处理部分比松耦合方法更复杂。超紧耦合系统软件的涉及面要大得多,其中包括实现载波相位和伪码跟踪环路的 GNSS 接收机内部软件(或固件)的替代。设计超紧耦合或深耦合系统通常需要 INS 和 GNSS 接收机设计团队之间的合作。

超紧耦合方法的优点包括以下方面:通过惯性导航系统对卫星距离和多普勒的精确预测可以实现更快地对更弱信号的跟踪处理。INS 只要求接收机天线的运动在 IMU 带宽内,便可由 INS 感知,天线的运动可以在 GNSS 接收机信号跟踪带宽之外。因此,接收机跟踪环路的带宽可以显著减小,这有利于降低噪声和减小接收机对干扰的敏感性。由于整个载体带宽在 IMU 带宽之内,该方法在高动态过程中能更好地跟踪卫星信号。这些因素以更先进的机载处理为代价,提高了精度、可用性和连续性。

### 28.8.4 举例比较

为了说明松耦合和紧耦合架构之间的性能差异,在车载测试中将 GPS 和 MEMS-IMU 数据进行后处理,然后对得到的导航解进行比较。事后处理保证了在两种架构处理完全相同的传感器数据。

图 28.11 显示了 GPS 接收机在车载测试过程中提供的定位结果。在轨迹右边可以看到一个明显的中断。主要原因是沿着这条街行驶时,周围建筑物挡住了部分 GPS 卫星信号,可用卫星数量下降到 4 颗以下。

图 28.11　在车载测试中获得的 GPS 定位结果(由 Liegenschaftsamt 的 Stadt Karlsruhe 提供)

图 28.12 显示了使用松耦合(绿色)和紧耦合(红色)架构的位置解。大多数时候,两种架构提供的结果在这张轨迹图的尺度上是无法区分的。在上述提到的车载测试部分,当少于 4 颗卫星可见时,松耦合的捷联解得不到任何辅助,因为没有可用的 GPS 定位。因此,松耦合系统的位置解逐渐偏离真实位置(沿着道路移动)。这种误差积累是平滑的,其速率取决于 IMU 等级和惯导系统实现的质量。一旦 GPS 接收机能够再次计算出位置,累积的误差就会得到修正,状态估计会立刻回到正确的位置附近。对于紧耦合系统,在车载测试中仍然可见的 2~3 颗卫星的伪距观测量为惯导系统提供了足够的信息来维持相对精确的位置解。注意在车辆行驶过程中,每个历元上实际可用的卫星会发生改变,使得导航状态在不同方向上得到校正。

图 28.12　通过对 GPS 和 IMU 数据进行事后处理所获得的松耦合和紧耦合 GNSS/INS 导航解(由 Liegenschaftsamt 的 Stadt Karlsruhe 提供)

## 28.9　详细案例

本节将简要描述一个 GNSS 与 INS 紧组合导航滤波器的设计。

### 28.9.1 系统模型

对于本案例,状态矢量设计为

$$z = (p^n, v_{eb}^n, q_b^n, b_a, b_\omega, b_c)^T \tag{28.55}$$

式(28.55)包括载体位置 $p^n$、速度 $v_{eb}^n$、姿态四元数 $q_b^n$、加速度计零偏 $b_a$、陀螺仪零偏 $b_\omega$ 和接收机时钟误差矢量 $b_c$。矢量 $b_c$ 包括以米为单位的接收时钟 $ct_r$ 和以 m/s 为单位的时钟频率 $ct_r$。这是比较典型的设计方法,适用于几乎所有应用和 IMU 等级。在某些情况下,增加额外的状态来体现 IMU 比例因子和交轴耦合误差、载体振动等引起的时间相关误差或者时间相关的 GNSS 测距误差(例如码多路径)可能是有益的。

导航系统通常有两个主要组成部分:惯导系统和误差估计器。惯导系统通过运动学模型对 IMU 数据进行积分来实现时间更新,以保持惯导系统的状态矢量 $\hat{z}$。随着惯导系统的积分,真值 $z$ 和估计值 $\hat{z}$ 之间误差的不确定性增加了。误差估计器(28.6 节和 28.7 节)使用辅助信息进行量测更新,以计算误差状态矢量 $\delta\hat{z}$ 的估计值。

对于当前设计实例,辅助信息来源于 GPS 观测量,且误差状态矢量定义为

$$\delta z = (\delta p^n, \delta v_{eb}^n, \psi_n^{\hat{n}}, \delta b_a, \delta b_\omega, \delta b_c)^T$$

式中:$\delta p^n$ 为北、东、地方向的位置误差;$\delta v_{eb}^n$ 为 n 系中的速度误差;$\psi_n^{\hat{n}}$ 为三维姿态误差矢量;$\delta b_a$,$\delta b_\omega$ 为加速度计和陀螺仪的零偏误差矢量;$\delta b_c$ 为以米为单位的接收机时钟误差 $c\delta t_r$ 和以 m/s 为单位的时钟误差漂移率 $c\delta \dot{t}_r$ 所构成的矢量。

估计的误差状态 $\delta\hat{z}$ 用来修正系统状态 $\hat{z}$。在修正之后,估计的误差状态矢量被清零。这种配置称为误差状态反馈机制或误差状态闭环机制。

对于时间更新过程,系统状态由捷联算法(SDA)使用 IMU 数据来完成更新。误差状态的时间更新则是无关紧要的,这是因为估计的误差状态在修正了系统状态后被清零,当它做正向时间传播时会一直保持为零。因此,误差状态矢量的时间更新可以不用做。但是,误差估计算法还是要使用式(28.11)对误差协方差矩阵做时间更新。

注意,系统状态矢量和误差状态矢量中各个分量的参考坐标系的选择是完全独立的。同样,对系统状态矢量和误差状态矢量的姿态表达式的选择也是独立的。在这个例子中,姿态误差矢量不是四元数。姿态误差矢量的解释将在式(28.59)后面进一步讨论。

滤波器的设计需要一个微分方程来描述误差状态的动态变化。通过对式(28.1)和式(28.6)求差并转换到适当的参考系来定义该微分方程。这些方程随后进行推导。为了使推导简洁,一些次要项将被省略。例如,对于 GNSS 观测通常每秒或至少每隔几分钟处理一次,这使得科里奥利误差项很小,并且可以假定速度误差不受位置误差的影响,还可以假定 GNSS 天线指向卫星的单位矢量不受位置误差影响。所有这些简化对滤波器性能的影响微乎其微。在考察导航误差的长期表现时,这些忽略项将变得非常重要。但 GNSS 测量的频繁更新使得这些次要项变得不必要。

**1. 位置误差微分方程**

由式(28.44)~式(28.46)分别推导出纬度、经度和高度的误差微分方程。从这些方

程式可以明显看出,纬度的时间导数取决于北向速度、高度、子午圈曲率半径,同时也取决于纬度本身。类似的关系也出现在经度误差微分方程中。按照前文的推理,位置误差微分方程与位置本身的相关性很弱,可以忽略。由此产生的位置误差微分方程为

$$\delta \dot{p}^n = \delta v_{eb}^n \tag{28.56}$$

2. 速度误差微分方程

在速度误差微分方程的推导中,忽略了速度微分方程中的科里奥利项,可得

$$\dot{v}_{eb}^n \approx C_b^n f_{ib}^b + g^n \tag{28.57}$$

速度估计值可类似地表示为

$$\dot{\hat{v}}_{eb}^n \approx C_b^{\hat{n}} \hat{f}_{ib}^b + \hat{g}^n \tag{28.58}$$

将真实姿态和估计姿态之间的关系建模为

$$C_b^{\hat{n}} = C_n^{\hat{n}} C_b^n \tag{28.59}$$

将姿态误差分配到导航坐标系中,用方向余弦矩阵(DCM) $C_n^{\hat{n}}$ 表示真实导航坐标系与估计导航坐标系之间的差值。假定姿态误差很小,则这个 DCM 表示为

$$C_n^{\hat{n}} = (I + [\psi_n^{\hat{n}} \times]) = (I + \psi_n^{\hat{n}}) \tag{28.60}$$

$$\psi_n^{\hat{n}} = (\alpha, \beta, \gamma)^T \tag{28.61}$$

式中:$\psi_n^{\hat{n}}$ 为姿态误差矢量。上面的 DCM 表示是通过将 DCM 表示为小角度旋转序列并使用 DCM 定义中的小角度近似来获得,即

$$\cos(\Delta) \approx 1, \sin(\Delta) \approx \Delta$$

因此,$\alpha$,$\beta$,和 $\gamma$ 可以理解为围绕导航坐标系北、东和地方向的小角度误差。

把式(28.60)代入式(28.59),可得

$$C_b^{\hat{n}} = (I + \psi_n^{\hat{n}}) C_b^n \tag{28.62}$$

$$C_b^n = (I - \psi_n^{\hat{n}}) C_b^{\hat{n}} \tag{28.63}$$

这遵从了 DCM 的正交性以及反对称矩阵的转置改变了非对角元素符号的基本性质。

将真实比力和估计比力之间的关系定义为

$$\hat{f}_{ib}^b = f_{ib}^b + \delta f_{ib}^b \tag{28.64}$$

用式(28.58)减去式(28.57)得到速度误差的时间导数,即

$$\begin{aligned}\delta \dot{v}_{eb}^n &= \dot{\hat{v}}_{eb}^n - \dot{v}_{eb}^n \\ &= C_b^{\hat{n}} \hat{f}_{ib}^b - (I - \psi_n^{\hat{n}}) C_b^{\hat{n}} (\hat{f}_{ib}^b - \delta f_{ib}^b) \\ &= \psi_n^{\hat{n}} C_b^{\hat{n}} \hat{f}_{ib}^b + C_b^{\hat{n}} \delta f_{ib}^b \\ &= -[C_b^{\hat{n}} \hat{f}_{ib}^b \times] \psi_n^{\hat{n}} + C_b^{\hat{n}} \delta f_{ib}^b\end{aligned} \tag{28.65}$$

至此,必须建立比力误差与误差状态矢量中包含的某些变量之间的关系,测得的比力可表示为

$$\tilde{f}_{ib}^b = f_{ib}^b + b_a + n_a \tag{28.66}$$

式中:$f_{ib}^b$ 为真实比力;$b_a$ 为加速度计零偏;$n_a$ 为干扰加速度计测量的噪声。如果其他传感器误差(例如比例因子或交轴耦合)也估计,则必须相应地增广该式。可以从测得的比力计算出对应的估计值,有

$$\hat{f}_{ib}^{b} = \tilde{f}_{ib}^{b} - \hat{b}_a \tag{28.67}$$

进而可得

$$\begin{aligned}\delta f_{ib}^{b} &= \hat{f}_{ib}^{b} - f_{ib}^{b} \\ &= (\tilde{f}_{ib}^{b} - \hat{b}_a) - f_{ib}^{b} \\ &= (f_{ib}^{b} + b_a + n_a - \hat{b}_a) - f_{ib}^{b} \\ \delta f_{ib}^{b} &= -\delta b_a + n_a\end{aligned} \tag{28.68}$$

最后可得

$$\delta \dot{v}_{eb}^{n} = [\hat{f}_{ib}^{\hat{n}} \times] \boldsymbol{\psi}_{n}^{\hat{n}} - \boldsymbol{C}_{b}^{\hat{n}} \delta b_a + \boldsymbol{C}_{b}^{\hat{n}} n_a \tag{28.69}$$

$$\hat{f}_{ib}^{\hat{n}} = \boldsymbol{C}_{b}^{\hat{n}} \hat{f}_{ib}^{b}$$

在以上方程中,右边的前两项是误差状态矢量的时变线性函数,最后一项显示了(随机)加速度计测量噪声如何驱动误差状态,这将在本节的小结部分进一步讨论。

3. 姿态误差微分方程

简化的姿态误差微分方程可由 DCM 微分方程的近似得到,即

$$\dot{\boldsymbol{C}}_{b}^{n} = \boldsymbol{C}_{b}^{n} \boldsymbol{\Omega}_{nb}^{b} \approx \boldsymbol{C}_{b}^{n} \boldsymbol{\Omega}_{ib}^{b} \tag{28.70}$$

同样,类似的方程式可以用来表示估计量,即

$$\dot{\boldsymbol{C}}_{b}^{\hat{n}} = \boldsymbol{C}_{b}^{\hat{n}} \hat{\boldsymbol{\Omega}}_{nb}^{b} \approx \boldsymbol{C}_{b}^{\hat{n}} \hat{\boldsymbol{\Omega}}_{ib}^{b} \tag{28.71}$$

式(28.59)的时间导数为

$$\begin{aligned}\dot{\boldsymbol{C}}_{b}^{\hat{n}} &= \frac{\mathrm{d}}{\mathrm{d}t}(\boldsymbol{C}_{n}^{\hat{n}} \boldsymbol{C}_{b}^{n}) \\ &= \dot{\boldsymbol{C}}_{n}^{\hat{n}} \boldsymbol{C}_{b}^{n} + \boldsymbol{C}_{n}^{\hat{n}} \dot{\boldsymbol{C}}_{b}^{n} \\ &= \dot{\boldsymbol{\psi}}_{n}^{\hat{n}} \boldsymbol{C}_{b}^{n} + \boldsymbol{C}_{n}^{\hat{n}} \dot{\boldsymbol{C}}_{b}^{n}\end{aligned} \tag{28.72}$$

代入式(28.71)得

$$\begin{cases}\boldsymbol{C}_{b}^{\hat{n}} \hat{\boldsymbol{\Omega}}_{ib}^{b} \approx \dot{\boldsymbol{\psi}}_{n}^{\hat{n}} \boldsymbol{C}_{b}^{n} + \boldsymbol{C}_{n}^{\hat{n}} \boldsymbol{C}_{b}^{n} \boldsymbol{\Omega}_{ib}^{b} \\ \boldsymbol{C}_{b}^{\hat{n}} \hat{\boldsymbol{\Omega}}_{ib}^{b} \approx \dot{\boldsymbol{\psi}}_{n}^{\hat{n}} \boldsymbol{C}_{b}^{n} + \boldsymbol{C}_{b}^{\hat{n}} \boldsymbol{\Omega}_{ib}^{b}\end{cases} \tag{28.73}$$

最后忽略二阶误差项可得

$$\begin{cases}\dot{\boldsymbol{\psi}}_{n}^{\hat{n}} \boldsymbol{C}_{b}^{n} \approx \boldsymbol{C}_{b}^{\hat{n}}(\hat{\boldsymbol{\Omega}}_{ib}^{b} - \boldsymbol{\Omega}_{ib}^{b}) \\ \dot{\boldsymbol{\psi}}_{n}^{\hat{n}} \approx \boldsymbol{C}_{b}^{\hat{n}} \delta \boldsymbol{\Omega}_{ib}^{b} (\boldsymbol{C}_{b}^{n})^{\mathrm{T}} \\ \dot{\boldsymbol{\psi}}_{n}^{\hat{n}} \approx \boldsymbol{C}_{b}^{\hat{n}} \delta \boldsymbol{\Omega}_{ib}^{b} (\boldsymbol{C}_{b}^{n})^{\mathrm{T}} (\boldsymbol{I} + \boldsymbol{\psi}_{n}^{\hat{n}}) \\ \dot{\boldsymbol{\psi}}_{n}^{\hat{n}} \approx \boldsymbol{C}_{b}^{\hat{n}} \delta \boldsymbol{\Omega}_{ib}^{b} (\boldsymbol{C}_{b}^{n})^{\mathrm{T}}\end{cases} \tag{28.74}$$

在不使用反对称矩阵的情况下表示为

$$\dot{\boldsymbol{\psi}}_{n}^{\hat{n}} \approx \boldsymbol{C}_{b}^{\hat{n}} \delta \omega_{ib}^{b} \tag{28.75}$$

类似于式(28.67)的推导有

$$\delta \omega_{ib}^{b} = -\delta \boldsymbol{b}_{\omega} + \boldsymbol{n}_{\omega} \tag{28.76}$$

得到所需的姿态误差微分方程为

$$\dot{\boldsymbol{\psi}}_n^{\hat{n}} \approx -\boldsymbol{C}_b^{\hat{n}}\delta b_\omega + \boldsymbol{C}_b^{\hat{n}}n_\omega \tag{28.77}$$

与速度误差微分方程类似，第一项是误差状态矢量的时变线性函数，最后一项显示了（随机）陀螺仪测量噪声如何驱动误差状态，这种驱动噪声项被称为过程噪声。

**4. 时钟误差微分方程**

一个简单的接收机时钟误差模型为

$$\delta \dot{\boldsymbol{b}}_c = \begin{pmatrix} 0 & 1 \\ 0 & 0 \end{pmatrix}\delta \boldsymbol{b}_c + \begin{pmatrix} v_{c\delta t} \\ v_{c\delta \dot{t}} \end{pmatrix} \tag{28.78}$$

式中：$\boldsymbol{v}_{cT} = [v_{c\delta t}, v_{c\delta \dot{t}}]^T$ 为高斯白噪声过程矢量[28.42]。

**5. 误差模型小结**

在此基础上，给出连续时间下的导航滤波器系统模型，即

$$\delta \dot{z} = \boldsymbol{F}\delta z + \boldsymbol{G}\boldsymbol{v} \tag{28.79}$$

系统矩阵为

$$\boldsymbol{F} = \begin{pmatrix} \boldsymbol{0} & \boldsymbol{I} & \boldsymbol{0} & \boldsymbol{0} & \boldsymbol{0} & \boldsymbol{0} \\ \boldsymbol{0} & \boldsymbol{0} & \boldsymbol{F}_{23} & -\boldsymbol{C}_b^{\hat{n}} & \boldsymbol{0} & \boldsymbol{0} \\ \boldsymbol{0} & \boldsymbol{0} & \boldsymbol{0} & \boldsymbol{0} & -\boldsymbol{C}_b^{\hat{n}} & \boldsymbol{0} \\ \boldsymbol{0} & \boldsymbol{0} & \boldsymbol{0} & \boldsymbol{0} & \boldsymbol{0} & \boldsymbol{0} \\ \boldsymbol{0} & \boldsymbol{0} & \boldsymbol{0} & \boldsymbol{0} & \boldsymbol{0} & \boldsymbol{0} \\ \boldsymbol{0} & \boldsymbol{0} & \boldsymbol{0} & \boldsymbol{0} & \boldsymbol{0} & \boldsymbol{F}_{66} \end{pmatrix} \tag{28.80}$$

$$\boldsymbol{F}_{23} = -[\hat{f}_{ib}^{\hat{n}} \times], \quad \boldsymbol{F}_{66} = \begin{pmatrix} 0 & 1 \\ 0 & 0 \end{pmatrix} \tag{28.81}$$

过程噪声映射矩阵 $\boldsymbol{G}$ 为

$$\boldsymbol{G} = \begin{pmatrix} \boldsymbol{0} & \boldsymbol{0} & \boldsymbol{0} & \boldsymbol{0} & \boldsymbol{0} \\ -\boldsymbol{C}_b^{\hat{n}} & \boldsymbol{0} & \boldsymbol{0} & \boldsymbol{0} & \boldsymbol{0} \\ \boldsymbol{0} & -\boldsymbol{C}_b^{\hat{n}} & \boldsymbol{0} & \boldsymbol{0} & \boldsymbol{0} \\ \boldsymbol{0} & \boldsymbol{0} & \boldsymbol{I} & \boldsymbol{0} & \boldsymbol{0} \\ \boldsymbol{0} & \boldsymbol{0} & \boldsymbol{0} & \boldsymbol{I} & \boldsymbol{0} \\ \boldsymbol{0} & \boldsymbol{0} & \boldsymbol{0} & \boldsymbol{0} & \boldsymbol{I} \end{pmatrix} \tag{28.82}$$

其中过程噪声矢量为

$$\boldsymbol{v} = (\boldsymbol{n}_a, \boldsymbol{n}_\omega, \boldsymbol{v}_{b_a}, \boldsymbol{v}_{b_\omega}, \boldsymbol{v}_{cT})^T \tag{28.83}$$

在以上方程中，惯性传感器零偏被建模为随机游走过程，其驱动噪声为 $\boldsymbol{v}_{b_a}$ 和 $\boldsymbol{v}_{b_\omega}$，或者零偏也可以用其他高斯-马尔可夫过程来建模，相应的系统矩阵的修改比较容易。

通常，误差估计滤波器是通过卡尔曼滤波实现的。除了上述 $\boldsymbol{F}$ 和 $\boldsymbol{G}$ 的定义外，卡尔曼滤波还需要为过程噪声矢量 $\boldsymbol{\omega}$ 给定功率谱密度（PSD）矩阵 $\boldsymbol{Q}$。在式（28.83）中噪声源是独立的，矩阵 $\boldsymbol{Q}$ 由 5 个对角线块组成，其中 4 个 IMU 块根据制造商提供的 IMU 阿伦方差指标确定。时钟过程噪声块由接收机时钟的阿伦方差参数确定。不同于许多其他卡尔曼滤波器的应用，GNSS 辅助惯性系统的卡尔曼滤波器的参数调整相对来说是比较简单的。

## 28.9.2 量测模型

为了完成这个紧耦合的设计案例，需要 GPS 观测量的模型。这里只讨论伪距和多普勒观测量。载波相位辅助可以通过类似的方法实现，但由于整周模糊度解算的复杂性，这里没有讨论[28.43-28.46]。应该注意的是，许多接收机所谓的多普勒测量实际上是在短时间内计算的伪距变化量（伪距增量）。在这种情况下，通过更准确地建模伪距增量观测，尤其是在加速期间，可能得到更准确的估计结果，但对应的算法实现会更加复杂。

由于 IMU 和 GNSS 天线在物理上不能位于同一位置，因此它们的位置、速度和加速度是不同的。根据预期的载体动态和 IMU 与 GNSS 天线之间的距离，在辅助方程中有必要考虑这个杆臂 $l^b$。

**1. 杆臂的影响**

GNSS 天线的位置 $p_A^n$ 与载体的位置 $p_U^n$（定义为惯性传感器敏感轴的交叉点）有关，即

$$p_A^n = p_U^n + C_b^n l^b \tag{28.84}$$

将式(28.63)代入式(28.84)，可得

$$p_A^n = p_U^n + (I - \psi_n^{\hat{n}}) C_b^{\hat{n}} l^b \tag{28.85}$$

估计的天线位置为

$$\hat{p}_A^n = \hat{p}_U^n + C_b^{\hat{n}} l^b \tag{28.86}$$

载体位置误差和载体姿态误差都与天线位置误差有关，即

$$\begin{aligned} \delta p_A^n &= \hat{p}_A^n - p_A^n \\ &= \delta \hat{p}_U^n + \psi_n^{\hat{n}} C_b^{\hat{n}} l^b \\ &= \delta \hat{p}_U^n - [C_b^{\hat{n}} l^b \times] \psi_n^{\hat{n}} \end{aligned} \tag{28.87}$$

式(28.87)为处理松耦合系统中位置观测的基础。

同样，GNSS 天线速度与载体速度的不同取决于杆臂长度和角速率。将式(28.67)的逻辑应用于角速率，并考虑式(28.63)，则 GNSS 天线和载体之间的速度关系可以表示为

$$\begin{aligned} v_{eA}^n &= v_{eb}^n + C_b^n (\omega_{eb}^b \times l^b) \\ &= v_{eb}^n + (I - \psi_n^{\hat{n}}) C_b^{\hat{n}} ((\hat{\omega}_{eb}^b - \delta \omega_{eb}^b) \times l^b) \end{aligned} \tag{28.88}$$

GNSS 天线的速度估计为

$$\hat{v}_{eA}^n = \hat{v}_{eb}^n + C_b^{\hat{n}} (\hat{\omega}_{eb}^b \times l^b) \tag{28.89}$$

GNSS 天线速度、载体速度、载体姿态和陀螺零偏之间关系为

$$\begin{aligned} \delta v_{eA}^n &= \hat{v}_{eA}^n - v_{eA}^n \\ &= \delta v_{eb}^n + \psi_n^{\hat{n}} C_b^{\hat{n}} \hat{\Omega}_{eb}^b + C_b^{\hat{n}} \delta \Omega_{eb}^b l^b \\ &= \delta v_{eb}^n - [C_b^{\hat{n}} \hat{\Omega}_{eb}^b l^b \times] \psi_n^{\hat{n}} - C_b^{\hat{n}} [l^b \times] \delta \omega_{eb}^b \\ &\approx \delta v_{eb}^n - [\hat{\Omega}_{eb}^{\hat{n}} l^n \times] \psi_n^{\hat{n}} + C_b^{\hat{n}} [l^b \times] \delta b_\omega \\ l^n &= C_b^{\hat{n}} l^b \end{aligned} \tag{28.90}$$

式(28.90)是处理松耦合系统中速度测量的基础。由上述分析可以推导出伪距和伪距增量的测量模型。

2. 伪距测量

如第19章所述,忽略共模误差(如星历、电离层、对流层和卫星钟),伪距 $\rho_s$ 的测量可以建模为

$$\tilde{\rho}_s = \| \boldsymbol{p}_s^n - \boldsymbol{p}_A^n \| + c\delta t_r + v_\rho \tag{28.91}$$

式中: $\boldsymbol{p}_s^n$ 为导航坐标系中的卫星位置; $v_\rho$ 为伪距测量噪声。式(28.91)的全微分是

$$\delta \tilde{p}_s = \frac{\partial \rho_s}{\partial \boldsymbol{p}_A^n} \delta \boldsymbol{p}_A^n + \frac{\partial \rho_s}{\partial \boldsymbol{b}_c} \delta \boldsymbol{b}_c \tag{28.92}$$

其中 $\delta \boldsymbol{b}_c$ 已在式(28.55)中定义,其导数项为

$$\frac{\partial \tilde{\rho}_s}{\partial \boldsymbol{b}_c} = [1 \ 0], \frac{\partial \tilde{\rho}_s}{\partial \boldsymbol{p}_A^n} = -[\boldsymbol{e}_s^n]^T \tag{28.93}$$

式中: $\boldsymbol{e}_s^n$ 为天线和卫星之间的单位视线矢量。

测量矩阵 $\boldsymbol{H}_\rho$ 可以用描述伪距测量和滤波器状态矢量分量之间关系的分块矩阵来表示,即

$$\boldsymbol{H}_\rho = (\boldsymbol{H}_{\rho,p}, \boldsymbol{0}, \boldsymbol{H}_{\rho,\psi}, \boldsymbol{0}, \boldsymbol{0}, \boldsymbol{H}_{\rho,ct_\tau}) \tag{28.94}$$

在式(28.87)和式(28.93)中,给出了伪距观测矩阵的子矩阵,即

$$\boldsymbol{H}_{\rho,p} = -[\boldsymbol{e}_s^n]^T \tag{28.95}$$

$$\boldsymbol{H}_{\rho,\psi} = [\boldsymbol{C}_b^n \boldsymbol{l}^b \times] \tag{28.96}$$

$$\boldsymbol{H}_{\rho,ct_\tau} = [1 \ 0] \tag{28.97}$$

所有其他子矩阵都是零矢量。

在误差状态空间中处理的残差观测量 $\delta_y$ 是实际观测值与预报观测值之差。对于伪距测量,结果为

$$\delta y_\rho = \tilde{\rho}_i - \hat{\rho}_i \tag{28.98}$$

3. 多普勒测量

多普勒测量是 GNSS 天线和卫星之间的相对速度投影到卫星的视线方向。该物理量是对卫星信号多普勒频移的测量,测量模型包含接收机时钟的频率误差,即

$$\dot{\rho}_s = \boldsymbol{e}_s^n \cdot (v_{es}^n - v_{eA}^n) + c\delta t_r \tag{28.99}$$

式(28.99)的全微分是

$$\delta \dot{p}_s = \frac{\partial \dot{\rho}_s}{\partial v_{eA}^n} \delta v_{eA}^n + \frac{\partial \dot{\rho}_s}{\partial \boldsymbol{b}_c} \delta \boldsymbol{b}_c \tag{28.100}$$

导数项为

$$\frac{\partial \dot{\rho}_s}{\partial v_{eA}^n} = -(\boldsymbol{e}_s^n)^T \tag{28.101}$$

$$\frac{\partial \dot{\rho}_s}{\partial \boldsymbol{b}_c} = (0 \ 1) \tag{28.102}$$

同样，卡尔曼滤波器的量测矩阵可以用分块矩阵表示，即

$$H_\rho = (0, H_{\rho,v}, H_{\rho,\psi}, 0, H_{\rho,b_w}, H_{\rho,ct_\tau}) \tag{28.103}$$

根据式(28.101)、式(28.102)中的导数以及式(28.90)，子矩阵确定为

$$H_{\rho,v} = -(e_s^n)^T \tag{28.104}$$

$$H_{\rho,\psi} = (e_s^n)^T [\hat{\Omega}_{ib}^n l^n \times] \tag{28.105}$$

$$H_{\rho,b_w} = -(e_s^n)^T \hat{C}_b^n [l^b \times] \tag{28.106}$$

$$H_{\rho,ct_\tau} = (0 \quad 1) \tag{28.107}$$

所有其他子矩阵都是零。

在误差状态空间中处理的残差观测量 $\delta y$ 与多普勒测量的关系为

$$\delta y_\rho = \tilde{\rho}_i - e_s^n \cdot (v_{es}^n - \hat{v}_{eA}^n) - c\delta \hat{t}_r \tag{28.108}$$

式中：$\hat{v}_{eA}^n$ 由式(28.89)给出；$\tilde{\rho}_i$ 为多普勒测量。

**4. 导航状态的反馈修正**

在处理当前历元可用的伪距和伪距增量数据后，卡尔曼滤波状态矢量包含了估计误差，用于闭环反馈校正导航状态，从而实现紧组合。纬度、经度和高度分别进行修正，有

$$\hat{\varphi}^+ = \hat{\varphi}^- - \frac{\delta \hat{x}_n^+}{R_n - \hat{h}^-} \tag{28.109}$$

$$\hat{\lambda}^+ = \hat{\lambda}^- - \frac{\delta \hat{x}_e^+}{(R_e - \hat{h}^-)\cos\hat{\varphi}^-} \tag{28.110}$$

$$\hat{h}^+ = \hat{h}^- - \delta \hat{x}_d^+ \tag{28.111}$$

速度修正为

$$\hat{v}_{eb}^{n,+} = \hat{v}_{eb}^{n,-} - \delta \hat{v}_{eb}^{n,+} \tag{28.112}$$

根据估计的姿态误差矢量，得到姿态校正四元数，即

$$\sigma_c = -\delta \hat{\psi} \tag{28.113}$$

$$\sigma_c = \sqrt{\sigma_c^T \sigma_c} \tag{28.114}$$

$$q_c = \begin{pmatrix} \cos\dfrac{\sigma_c}{2} \\ \dfrac{\sigma_c}{\sigma_c}\sin\dfrac{\sigma_c}{2} \end{pmatrix} \tag{28.115}$$

姿态四元数修正公式为

$$\hat{q}_b^{n,+} = q_c \cdot \hat{q}_b^{n,-} \tag{28.116}$$

最后对IMU零偏误差和接收机时钟误差进行修正，有

$$\hat{b}_a^+ = \hat{b}_a^- - \delta \hat{b}_a^+ \tag{28.117}$$

$$\hat{b}_\omega^+ = \hat{b}_\omega^- - \delta \hat{b}_\omega^+ \tag{28.118}$$

$$b_c^+ = \hat{b}_c^- - c\delta t_r \tag{28.119}$$

如前所述，在使用估计误差修正导航状态后，滤波器的误差状态矢量被设置为0，即

$$\delta z^+ = 0 \tag{28.120}$$

以避免当前估计误差在下一次量测更新中再次被使用。

5. 实施方面

在实现辅助惯性导航系统时,部分细节是很重要的。

(1) 序贯测量处理:在每个历元,都有不同数量的伪距和伪距增量测量值。卡尔曼滤波器有两个选择来处理这些测量值:一种选择是构造一个包含所有测量值的矢量,然后在一次量测更新中进行处理;另一个选择是为每个伪距和每个伪距增量测量进行标量量测更新。这种序贯标量更新的动机是,在计算卡尔曼增益矩阵时,使用式(28.53)和式(28.54)中的标准 EKF 量测更新,矩阵求逆可转化为简单的除法。如果所有的观测量都在一步中处理,那么就必须对一个行数等于可用伪距和伪距增量总数的矩阵求逆。这种求逆是可能的,但计算量要求更高。另外,通过求解包含先验信息和测量残差的经过适当加权的线性方程组可以避免计算卡尔曼增益矩阵[28.47,28.48]。

(2) 观测发生时间:伪距和伪距增量测量需要 50~200ms 左右的时间延迟才能准备好用于处理。这种延迟来源于接收机内部信号处理所需的时间和将数据从接收机传输到导航处理器所需的时间。特别是对于高速或高动态应用,这种时延是必须考虑的。一种能够提供接近最优解的技术是在测量发生时存储全部导航状态,当测量值可用时,不基于当前的载体状态,而是基于测量发生时的载体状态来计算卡尔曼滤波器的测量残差。用索引 $k$ 表示当前 IMU 历元,并假设测量值经过了 $n$ 个 IMU 历元后才可用,利用该技术给出了误差状态空间中的卡尔曼滤波状态矢量更新,即

$$\delta z_k^+ = \delta z_k^- + K_k [(\hat{y}_{k-n} - \tilde{y}_{k-n}) - H_k \delta z_k^-] \tag{28.121}$$

注意该等式中的 $\delta z_k$ 实际上是在 $(k-n)$ 处有效的修正量。误差状态矢量从 $(k-n)$ 到 $k$ 时刻的时间更新已被忽略。为了更好地结合实际,这个时间更新可以很容易地通过使用式(28.10)中定义的误差状态转移矩阵进行 $n$ 次迭代来完成。

(3) 异常值检测:在处理任何类型的测量之前,都应该进行健康检查以识别和剔除异常值(辅助测量、IMU 数据和模型不匹配)。

一种简单而有效地在辅助观测中检测异常值的方法是计算残差矢量 $r$ 的平方加权范数并与阈值比较。当观察到测量矢量不可能发生时就可以被忽略,即

$$\|r\|_S^2 = r^T S^{-1} r \geq x_\alpha^2(q,0) \tag{28.122}$$

$$r = \tilde{y} - \hat{y}$$

$$S = (HPH^T + R)$$

式中:$S$ 为协方差;$\chi_\alpha^2(q,0)$ 为由 $q = \dim(r)$ 个自由度的中心卡方分布计算得出的阈值(第 24 章)。

当协方差矩阵 $P$ 和 $R$ 的实际误差和测量误差一致时,使用上述平方马氏距离 $\|r\|_S^2$ 的异常值检测就能正常工作。在仿真中应经常检查卡尔曼滤波器的性能是否触发了发散条件。保守的滤波器调整(即 $P$ 阵大于实际误差的协方差)在一定范围内通常不是问题,可能只会损失精度。但 $P$ 矩阵太小会导致测量值的权重太小,滤波器过分依赖它的状态估计,最后导致发散。为了检查滤波器是否正确实现,特别需要注意那些间接观测的变量

（例如，姿态和惯性传感器零偏）。GNSS/INS 系统中的位置和速度误差主要取决于 GNSS 测量的精度。因此，所实现的系统模型中的缺陷可能无法从这些误差中看出来，而在姿态和零偏估计中清楚地显示。

（4）偏航角的可观测性：如果可以从可用的测量结果来估计系统状态，则称系统是可观测的[28.19]。例如，考虑一个简单的系统，系统状态包含位置和速度。如果有一系列的位置测量，系统是可观测的。由于位置是直接测量的，速度则可以从位置测量的时间历史推断出来。如果只有速度测量，则该系统不可观测——速度是直接测量的，但不可能仅从速度测量获得位置估计。

对于 GNSS/INS 系统，可观测性取决于轨迹特征。为使讨论简单起见，假设加速度计零偏为 0 并去掉附加噪声，可以保证它对可观测性没有影响。根据式（28.69），速度误差的变化与姿态误差的关系为

$$\frac{\mathrm{d}}{\mathrm{d}t}\begin{pmatrix}\delta v_\mathrm{n}\\ \delta v_\mathrm{e}\\ \delta v_\mathrm{d}\end{pmatrix}=\begin{pmatrix}0 & \hat{f}_\mathrm{d} & -\hat{f}_\mathrm{e}\\ -\hat{f}_\mathrm{d} & 0 & \hat{f}_\mathrm{n}\\ \hat{f}_\mathrm{e} & -\hat{f}_\mathrm{n} & 0\end{pmatrix}\begin{pmatrix}\alpha\\ \beta\\ \gamma\end{pmatrix} \quad (28.123)$$

式中：$\hat{f}_\mathrm{n}$，$\hat{f}_\mathrm{e}$ 和 $\hat{f}_\mathrm{d}$ 分别为比力矢量在北向、东向和地向的分量。通过对比力反对称矩阵的分析，可以发现偏航角误差 $\gamma$ 只有在东向和北向比力非零时才会影响速度误差矢量。速度误差可以从位置和速度测量中观测到，或者在紧耦合系统中从一组足够差异化的伪距和伪距增量测量中观测到。当水平比力分量（$f_\mathrm{n}$，$f_\mathrm{e}$）为零时，偏航角误差不会影响速度误差，因此是不可观测的。对于任何处于静止或非加速运动状态（例如，水平直线飞行）的 GNSS/INS 系统，偏航角误差的不确定性将随着时间的推移而增加。如果出现这种情况有两种选择：要么陀螺仪足够精确，在没有水平加速度的情况下，偏航角误差随时间的增加在预期工作时间内较小；要么必须使用额外传感器以提供偏航角的可观测性，例如磁强计或其他特征传感器。

式（28.123）表示，倾斜误差（$\alpha$，$\beta$）是可观测的，$\hat{f}_\mathrm{d}$ 由于重力加速度为非零值。但事实并非如此，这只是一个简化假设的产物，用于推导上述方程。当加速度计零偏不为 0 时，从原始方程出发的分析表明，除非比力矢量发生足够的变化（例如出现加速度），否则无法将倾斜误差与加速度计零偏加以区分。位置或速度测量将倾斜和加速度计零偏误差的组合变得不可观测。在不可观测空间中，这些误差对位置和速度测量的预测值没有影响[28.20,28.49,28.50]。

由于比力在自由落体运动时为零，所以对于位置和速度测量而言，这种情况下的姿态是不可观测的。同样，对于在轨卫星比力也为 0，因此对于星上 GNSS/INS 系统来说，姿态也是完全不可观测的。对于卫星来说，星敏感器通常被用于实现姿态的可观测性。

## 28.10　其他估计方法

本节简要讨论与 GNSS 相关的各种状态估计替代方法，并与本章主要讨论的 GNSS 辅

助 INS 方法进行比较。

## 28.10.1 独立 GNSS

本节的主题主要是基于 GNSS 的状态估计,不包括 IMU。独立 GNSS 在第 21 章中已全面介绍,因此本节仅包括与 GNSS 辅助 INS 进行比较的必要细节。讨论主要围绕伪距的处理,这些理论和方法可直接扩展到载波相位和多普勒处理上。

只要 GNSS 接收机测量到至少 4 颗卫星($n_s \geq 4$)的伪距 $\tilde{\rho} \in \mathbb{R}^{n_s}$,就可以求解

$$\tilde{\rho} = h(x) + \eta_\rho \tag{28.124}$$

因为,$x = [p, ct_r] \in \mathbb{R}^4$,其中 $p$ 是 GNSS 接收机天线位置,$ct_r$ 是接收机时钟偏差,以及噪声 $\eta_\rho \sim N(\mathbf{0}, \mathbf{R})$。

式(28.124)常用迭代加权最小二乘法(WLS)求解,从状态矢量估计值 $\hat{x}$ 开始,接收机预测伪距为

$$\hat{\rho} = h(\hat{x})$$

然后计算残差,有

$$\delta\rho = \tilde{\rho} - \hat{\rho}$$

校正量 $\delta x$ 满足正规方程(法方程),即

$$\mathbf{H}^T \mathbf{R}^{-1} \mathbf{H} \delta x = \mathbf{H}^T \mathbf{R}^{-1} \delta\rho \tag{28.125}$$

其中 $\mathbf{H} \in \mathbb{R}^{n_s \times 4}$ 在式(28.52)中定义了,给出 $\delta x$ 的解后,该估计值被修正为

$$\hat{x} = \hat{x} + \delta x \tag{28.126}$$

使用相同的测量将这个测量预测和状态校正的过程重复进行,直到 $\delta x$ 足够小。当 $\mathbf{H}$ 的秩小于 4 时,这种解法会失效。

在某个给定时刻,即使每个单独的伪距测量噪声与其他伪距测量噪声无关,式(28.125)的解也会导致估计的状态矢量具有互相关分量,其误差协方差为

$$\text{cov}(\hat{x}) = (\mathbf{H}^T \mathbf{R}^{-1} \mathbf{H})^{-1} \tag{28.127}$$

大多数接收机不输出这个矩阵,特别是非对角元素。但接收机会使用这个矩阵对角线的某些部分来计算位置精度因子(PDOP)、水平精度因子(HDOP)、垂直精度因子(VDOP)等。无法获取这个矩阵会使松耦合系统的设计变得困难。

伪距测量误差 $\eta_\rho$ 来自多种误差源。根据应用场景的不同,误差源可能包括大气延迟、星历模型误差、多径和噪声。由于前三种误差是时间相关的,因此最终的位置估计误差也是时间相关的。式(28.127)只反映了单一时刻的误差,并不反映误差的时间相关性。对于静态接收机,多径误差的相关时间在若干分钟以上。在此情况下,使用更快的采样也无法通过求平均来减少这种误差影响。对于动态接收机,多径效应的时间相关特性是剧烈变化的。

为了使 GNSS 接收机在 $n_s < 4$ 的情况下也能输出位置估计值并且过滤噪声,许多 GNSS 接收机都包括一个导航滤波器,其时间更新方程为

$$\hat{x}^-_{k+1} = \mathbf{\Phi} \hat{x}^+_k \tag{28.128}$$

$$\hat{P}_{k+1}^- = \Phi P_k^+ \Phi^T + Q_d \tag{28.129}$$

滤波器的量测更新方程是

$$\hat{K}_k = \hat{P}_k \hat{H}_k^T (\hat{H}_k \hat{P}_k \hat{H}_k^T + R_k)^{-1} \tag{28.130}$$

$$\hat{P}_k^+ = (I - \hat{K}_k \hat{H}_k) \hat{P}_k^- \tag{28.131}$$

$$\hat{x}_k^+ = \hat{x}_k^- + K_k(\tilde{\rho}_k - \hat{\rho}_k) \tag{28.132}$$

以上方程构成一个完整的卡尔曼滤波器。但不能说该卡尔曼滤波器对于用以下模型建模的实际系统都具有最优性，即

$$x_{k+1} = \Phi x_k + v_k \tag{28.133}$$

在设计接收机的时候，定义滤波器参数 $\Phi$ 和 $Q_d = \mathrm{cov}(v_k)$ 没有任何物理基础，解决这个问题的典型方法是允许用户在设定 $\Phi$ 和 $Q_d$ 时有一定的灵活性，三种典型的选择是 P 模型、PV 模型和 PVA 模型。

1. 位置模型（P）

在位置被建模为随机游走的情况下，有

$$\Phi = \begin{bmatrix} I & 0 \\ 0 & \Phi_c \end{bmatrix} \tag{28.134}$$

$$x = [p^T, x_c^T]^T \tag{28.135}$$

$$Q_d = \mathrm{diag}([Q_p, Q_c]) \tag{28.136}$$

接收机制造商给定时钟模型参数 $\phi_c$ 和 $Q_c$，该模型假定天线的速度可以被精确地建模为具有常数协方差 $Q_p$ 的白噪声随机过程。

2. 位置—速度模型（PV）

当接收机处于匀速运动（即缓变速度）时，在模型中包含速度状态可以提高接收机性能，有

$$\Phi = \begin{bmatrix} I & TI & 0 \\ 0 & I & 0 \\ 0 & 0 & \Phi_c \end{bmatrix} \tag{28.137}$$

$$x = [p^T, v^T, x_c^T]^T \tag{28.138}$$

$$Q_d = \mathrm{diag}([Q_{pv}, Q_c]) \tag{28.139}$$

式中：$T$ 为两次 GNSS 测量之间的时间步长。该模型假定天线加速度可以精确地建模为一个白噪声随机过程，并具有一个常值协方差 $Q_{pv}$。理想情况下应选择 $Q_{pv}$ 来准确量化速度 $v$ 在所有时间内的随机变化。但是在大多数应用中这种变化不是一个平稳随机过程，所以这是不可行的。因此，实际上 $Q_{pv}$ 值的设定是针对每个特定应用的调优过程。由于平稳随机模型被用于非平稳过程，因此不能期望一个严格的设定方法。

3. 位置—速度—加速度模型（PVA）

当速度不能被合理地建模为常数时，则可以在三个正交方向中的每一个方向上加上一个加速度状态。与纯随机游走不同，加速度通常被建模为标量高斯-马尔可夫过程（低频有色噪声）。由于加速度通常不是恒定的，而是在短时间内相关，所以使用的动态模

型为

$$\boldsymbol{\Phi} = \begin{bmatrix} \boldsymbol{I} & T\boldsymbol{I} & \mu_1\boldsymbol{I} & 0 \\ 0 & \boldsymbol{I} & \mu_2\boldsymbol{I} & 0 \\ 0 & 0 & \mu_3\boldsymbol{I} & 0 \\ 0 & 0 & 0 & \boldsymbol{\Phi}_c \end{bmatrix} \tag{28.140}$$

$$x = [\boldsymbol{p}^T, \boldsymbol{v}^T, \boldsymbol{a}^T, \boldsymbol{x}_c^T]^T \tag{28.141}$$

$$\boldsymbol{Q}_d = \mathrm{diag}([\boldsymbol{Q}_{\mathrm{pva}}, \boldsymbol{Q}_c]) \tag{28.142}$$

$$\lambda > 0,$$

$$\mu_1 = \frac{(\mu_3 - 1 + \lambda T)}{\lambda^2}$$

$$\mu_2 = \frac{(1 - \mu_3)}{\lambda}$$

$$\mu_3 = \exp(-\lambda T)$$

过程驱动噪声 $v_k$ 反映了加速度的随机变化。理想情况下，应选择 $\boldsymbol{Q}_{\mathrm{pva}}$ 来准确量化加速度 $a$ 在所有时间内的随机变化。但是如上面针对 $\boldsymbol{Q}_{\mathrm{pv}}$ 的描述，由于加速过程的不平稳性，这是不可行的。取而代之的是选择一个 $\boldsymbol{Q}_{\mathrm{pva}}$ 值，在预期的加速度范围内实现合理的（折中的）性能。

4. 对比

本节的目的是讨论在 GNSS 辅助惯导系统设计中的几个重要问题。

首先，通过调整模型选择（如 P、PV 和 PVA）和参数 $\boldsymbol{Q}_d$ 来设计 GNSS 接收机中的卡尔曼滤波器以获得满意的性能折中。在所有情况下，都没有严格的方法来选择 $\boldsymbol{Q}_p$、$\boldsymbol{Q}_{\mathrm{pv}}$ 和 $\boldsymbol{Q}_{\mathrm{pva}}$，接收机允许用户选择一些动态模式，如高、中、低动态。但这不是所有时间动态过程的准确模型。这导致接收机的导航滤波器不是最优的，且没有统计解释。滤波器增益 $K$ 也可以用其他方法设计，如极点配置。特别注意的是，矩阵 $\boldsymbol{P}$ 并不表示估计误差的协方差。

其次，如果卫星数 $n_s$ 小于 4，那么导航滤波器仍然可以使用式（28.130）~式（28.132）从可用的测量中提取信息。这在某些方向上校正了导航状态，同时也允许误差在其他方向上增长。

再次，在没有 GNSS 测量的时段内，可以通过迭代式（28.128）和式（28.129）来估计状态轨迹。然而，这个预测应该被慎重对待。P 模型把当前位置作为预测的位置，而不考虑天线的实际运动；PV 模型使用当前位置和速度估计值进行线性预测，而不考虑天线的实际运动；PVA 模型使用当前的位置、速度和加速度估计值作抛物线预测，而不考虑天线的实际运动。

在这种情况下使用 GNSS 接收机的滤波输出来辅助惯性导航系统显然是不适当的，因为惯性测量单元向惯导系统提供了 GNSS 接收机无法获得的信息。即使在 $n_s > 4$ 时，GNSS 接收机的内部导航滤波器用于辅助惯导系统也是有问题的，应禁用 GNSS 接收机内部的滤波器。基于式(28.7)，惯性导航系统对车辆轨迹的计算比 GNSS 接收机内部滤波器的估计具有更好的响应特性。惯性导航系统的轨迹估计带宽取决于 IMU 的带宽，并且在合理的设计中比车辆运动的带宽高得多。GNSS 接收机轨迹估计的带宽取决于接收机跟踪环路的带宽、接收机采样时间以及接收机导航滤波器参数 $\boldsymbol{\Phi}$ 和 $\boldsymbol{Q}_d$。GNSS 接收机的带宽通常比 INS 或车辆的带宽低得多。提高 GNSS 测量的数据率并不能缓解这一问题。

## 28.10.2 高级贝叶斯估计

轨迹的极大后验估计可表示为

$$\boldsymbol{Z} = \{z(t), t = t_0, \cdots, t_K\}$$

要使下面的代价函数最大化[28.37,28.51-28.53]，即

$$J(\boldsymbol{Z}) = (p_{z_0}(z(t_0)) p_{\eta_y}(\boldsymbol{Y} - h(\boldsymbol{Z})) p_{v_u}(\boldsymbol{Z}_+ - \phi(\boldsymbol{Z}, \boldsymbol{U}) \mid z_0) \quad (28.143)$$

式中：$z(t_0) \sim N(z_0, \boldsymbol{P}_0)$ 为初始状态的先验分布；$\boldsymbol{Z}_+ = \{z(t), t = t_1, \cdots, t_K\}$，$\boldsymbol{Y} = \{y(t), t = t_1, \cdots, t_M\}$ 为从最初到现在的所有 GNSS 测量值的集合；$\boldsymbol{U} = \{u(t), t = \tau_1, \cdots, \tau_K\}$ 为从最初到现在的所有 IMU 测量值的集合；运算符 $\phi$ 的定义见式(28.7)。这个公式假定 $x(t_0)$，$v_u, v_{c_u}, v_{c_y}$ 和 $\eta_y$ 都是相互独立的。

式(28.143)的直接最大化是一个复杂的问题。第一，每一个 $x(t_k) \in R^n$ 且 $n \geq 15$。第二，随着时间推移，历元数量 $K$ 不受限制地增长，并且 IMU 时间 $\tau$ 较短，GNSS 测量总数 $M$ 随 $K$ 增加，每个时间步长的 GNSS 测量数又是时变的。第三，动态模型 $f$ 和测量模型 $h$ 是非线性的。第四，一般情况下各种概率密度函数可以是非高斯和多模态的。

本章讨论的扩展卡尔曼滤波器(EKF)只是非线性贝叶斯估计问题的一种近似解。EKF 的设计是基于线性化误差模型，并假设各种噪声源是正态分布的。正态噪声分布对于 GPS 和 IMU 传感器是合理的，下面将进一步讨论线性化误差模型。

1. 粒子滤波和无迹滤波

粒子滤波(PF)和无迹卡尔曼滤波是另外两种逐渐流行起来的近似求解方法。粒子滤波用一组概率加权的粒子来近似状态估计的概率密度函数。每个粒子都是状态矢量的一个实例，使用动态模型对每个粒子做时间传播，利用测量模型来对概率权重进行调整，这些步骤的详细描述参见文献[28.14,28.38]。当扩展卡尔曼滤波的线性化和正态概率密度假设无效时，粒子滤波比扩展卡尔曼滤波更精确。例如，当概率密度是多模态时，或者模型的二阶导数相对于状态估计的不确定性影响显著时。粒子滤波的计算量与粒子数有关，精确表示密度函数所需的粒子数目随状态矢量的维数的增长以指数规律增长。由于 INS 状态矢量的维数为 15 或更大，导致粒子数量过大，所以通常不使用粒子滤波。

一旦状态被初始化，状态误差协方差通常足够小，以至于被扩展卡尔曼滤波忽略的二阶导数几乎没有影响，因此初始化步骤是一个主要问题。其中姿态精度特别重要，尤其是偏航角。用于军事应用的传统状态初始化方法包括动基座对准和陀螺罗盘。低成本和商业应用通常使用 GNSS 和电子罗盘，并使用加速度计在初始化时充当倾斜计。另一种方

法是使用实时平滑,如下一小节所述。

2. 实时非线性贝叶斯估计

使用类似于式(28.143)的公式,将实时解决现场机器人同步定位与制图(SLAM)问题的最新进展应用在 GNSS 辅助 INS 领域是有帮助的。

对应于式(28.143)代价函数的似然函数归结为非线性最小二乘函数,即

$$\|v\|_W^2 = \|z(t_0) - z_0\|_{P_0}^2 + \sum_k \|\phi(x(t_k), U_k) - x(t_{k+1})\|_{Q_k}^2 + \sum_j \|h(z(t_j)) - \tilde{y}(t_j)\|_{R_{yj}}^2$$

(28.144)

其中,优化变量是 $Z$ 中包含的系统轨迹的一部分,矢量 $v$ 是式(28.144)的右侧求和的每个矢量的级联,$W$ 是由正定子矩阵 $P_0$、$Q_k$ 和 $R_{yj}$ 构成的正定块对角矩阵。数值 $\|v\|_W^2 = v^T W^{-1} v$ 是基于矩阵 $W$ 定义的平方马氏距离,代价函数从式(28.143)下降到式(28.144)依赖于合理且标准的假设:$v_u \sim N(0, Q_d)$,$n_y \sim N(0, R_y)$ 和 $x(t_0) \sim N(x_0, P_0)$。

在文献[28.47,28.48]中提出了实时求解式(28.144)的有效算法。在 SLAM 文献中,精确估计载体的完整轨迹非常重要,因为这对于地标特征地图的精确估计是必须的。

在 GNSS 辅助 INS 的应用中,同样的技术应用于包含最近测量结果的短时间(例如,30s)窗口,可以实现不同的目标,例如检测故障或被欺骗的卫星信号、检测多径、检测 IMU 故障以及 INS 初始化等。在这些应用中,测量集合 $Z$、$Y$ 和 $U$ 被定义为包含最近测量的窗口 $t_k \in [t-M, t]$ 中的所有测量。在这个方法中,$t-M$ 之前的所有测量值都已被先前的数据处理过程视为有效(或被丢弃),因此 $\hat{z}(t-M)$ 是准确的且其误差协方差已知。实时最小化式(28.144)提供了必要的状态估计,同时还允许对相对于所述假设的残差进行综合分析。这种方法能够提高解算方法的可用性和连续性,并带来很高的完好性。相关的故障检测方法在导航文献[28.54]中有着悠久的历史,但大多数都是在最近才被应用。这种方法的局限性在于,如果故障发生时没有被检测到,故障对导航解的影响是不能消除的。或者可以对包含最近测量的一个滑动窗口进行评估,这样可以提高检测窗口内故障的能力,以及在时间窗口内检测到故障时重新计算导航问题的无故障解的能力。这种方法在文献[28.55,28.56]中得到了应用,其中展示了低成本惯导系统的无罗盘初始化。由于计算机性能的提升和计算成本的降低,这些方法直到最近才变得实用。

## 28.11 展　　望

本章基于以下理念展开,即:传感器和算力的成本正在迅速下降,而两者的能力都在迅速增加。同时,GNSS 系统的数量和能力正在迅速提高。GPS 现代化只是可用信号数量增加和信号强度增大的一个例子。综合考虑这些因素,导航系统的精度、完好性和可用性会有一个非常光明的前景,其成本可以低到满足新的快速演进的商业应用。最后,还有一些来自于非 GNSS 的辅助机会:通过雷达、激光雷达(LIDAR)或视觉进行特征辅助;通过数字电视、数字广播或手机(机会信号)进行基于数字通信的测距。此外,某些替代信号

（如手机）正在成为实时 GNSS 差分改正通信的可靠渠道。

与此同时，娱乐、商业、体育和军事用户都已经从可靠和准确的实时导航方案中获得了一些有趣的新应用的实例。其中一些应用（例如自动驾驶汽车、安全增强系统或有人驾驶的生命安全系统）要求高度的完好性，并且能够提供某些精度超标的预测指示。GNSS 辅助的惯性系统是这类应用的主导技术，有着光明的前景。

当前所有现有方法面临的一个共同挑战是检测并抑制欺骗信号，这一挑战可以通过集成多源信息来解决，包括 GNSS、IMU、视觉、雷达、机会信号等。

# 参考文献

28.1　B. L. Stevens, F. L. Lewis: *Aircraft Control and Simulation* (Wiley, New York 1992)

28.2　Global Positioning System Wide Area Augmentation System (WAAS) Performance Standard (US Federal Aviation Administration, Washington DC 2008)

28.3　T. Walter, P. Enge: Weighted RAIM for precision approach, Proc. ION GPS 1995, Palm Springs (ION, Virginia 1995) pp. 1985-2004

28.4　S. Hewitson, J. Wang: GNSS receiver autonomous integrity monitoring (RAIM) performance analysis, GPS Solutions **10**(3), 155-170 (2006)

28.5　J. J. Gertler: Analytical redundancy methods in fault detection and isolation, Proc. IFAC/IMACS Symp. Fault Detect. Superv. Saf. Tech. Process. SAFEPROCESS'91, Baden-Baden (1991) pp. 9-21

28.6　E. Y. Chow, A. S. Willsky: Analytical redundancy and the design of robust failure detection systems, IEEE Trans. Autom. Contr. **29**, 603-614 (1984)

28.7　K. R. Britting: *Inertial Navigation Systems Analysis* (Wiley-Interscience, New York 1971)

28.8　J. A. Farrell: *Aided Navigation: GPS with High Rate Sensors* (McGraw-Hill, New York 2008)

28.9　J. L. Farrell: *Integrated Aircraft Navigation* (Academic, New York 1976)

28.10　C. Jekeli: *Inertial Navigation Systems with Geodetic Applications* (Walter de Gruyter, Berlin 2001)

28.11　J. Wendel: *Integrierte Navigationssysteme: Sensordatenfusion, GPS und Inertiale Navigation* (Oldenbourg Wissenschaftsverlag, Munich 2011), in German

28.12　P. D. Groves: *Principles of GNSS, Inertial, and Multisensor Integrated Navigation Systems* (Artech House, Norwood 2013)

28.13　M. D. Shuster: Survey of attitude representations, J. Astronaut. Sci. **41**(4), 439-517 (1993)

28.14　R. G. Brown, P. Y. C. Hwang: *Introduction to Random Signals and Applied Kalman Filtering*, 4th edn. (Wiley, New York 2012)

28.15　A. H. Jazwinski: *Stochastic Processes and Filtering Theory* (Academic, San Diego 1970)

28.16　P. S. Maybeck: *Stochastic Models, Estimation, and Control* (Academic, San Diego 1979)

28.17　D. W. Allan: Statistics of atomic frequency standard, Proc. IEEE **54**(2), 221-231 (1966)

28.18　P. Savage: Strapdown system algorithms. In: *Advances in Strapdown Inertial Systems*, AGARD Lecture Series, Vol. 133, ed. by G. T. Schmid (NATO Advisory Group for Aerospace Research and Development, Neuilly-Sur-Seine 1984), pp. 3.1-3.30

28.19　L. M. Silverman, H. E. Meadows: Controllability and observability in time-variable linear systems, SIAM J. Contr. **5**(1), 64–73 (1967)

28.20　I. Y. Bar-Itzhack, N. Bergman: Control theoretic approach to inertial navigation systems, J. Guid. **11**(3), 237–245 (1988)

28.21　F. M. Ham, R. G. Brown: Observability, eigenvalues, and Kalman filtering, IEEE Trans. Aerosp. Electron. Syst. **19**, 269–273 (1983)

28.22　D. Goshen-Meskin, I. Y. Bar-Itzhack: Observability analysis of piece-wise constant systems Part 1: Theory, IEEE Trans. Aerosp. Electron. Syst. **28**, 1056–1067 (1992)

28.23　A. B. Chatfield: *Fundamentals of High Accuracy Inertial Navigation* (AIAA, Reston 1997)

28.24　A. Lawrence: *Modern Inertial Technology: Navigation, Guidance, and Control*, 2nd edn. (Springer, New York 2001)

28.25　D. H. Titterton, J. L. Weston: *Strapdown Inertial Navigation Technology*, 2nd edn. (IEE, Stevenage 2004)

28.26　J. Wendel, G. F. Trommer: An efficient method for considering time correlated noise in GPS/INS integration, Proc. ION NTM 2004, San Diego (ION, Virginia 2004) pp. 903–911

28.27　W. A. Poor: A geometric description of wander azimuth frames, Navigation **36**(3), 303–318 (1989)

28.28　J. E. Bortz: A new mathematical formulation for strapdown inertial navigation, IEEE Trans. Aerosp. Electron. Syst. **7**(1), 61–66 (1971)

28.29　J. B. Kuipers: *Quaternions and Rotations Sequences* (Princeton Univ. Press, Princeton 1999)

28.30　B. Palais, R. Palais, S. Rodi: A disorienting look at Euler's theorem on the axis of a rotation, Am. Math. Mon. **116**(10), 892–209 (2009)

28.31　C. Broxmeyer: *Inertial Navigation Systems* (McGraw Hill, New York 1964)

28.32　W. R. Hamilton: On quaternions; or on a new system of imaginaries in algebra, The London, Edinburgh and Dublin Philos. Mag. J. Sci. xxv(3), 489–495 (1844)

28.33　W. A. Heiskanen, H. Moritz: Physical geodesy, Bull. Geod. **86**(1), 491–492 (1967), in French

28.34　W. H. Press, S. A. Teukolsky, W. T. Vetterling: *Numerical Recipes: The Art of Scientific Computing* (Cambridge Univ. Press, Cambridge 2007)

28.35　M. Schuler: Die Storung von Pendel und Kreiselapparaten durch die Beschleunigung des Fahrzeuges, Phys. Z. **24**(16), 344–350 (1923), in German

28.36　M. Grewal, A. P. Andrews: *Kalman Filtering: Theory and Practice Using Matlab* (Wiley, New York 2008)

28.37　S. M. Kay: *Fundamentals of Statistical Signal Processing, Estimation Theory* (Prentice Hall PTR, Upper Saddle River 1993)

28.38　D. Simon: *Optimal State Estimation: Kalman, H1, and Nonlinear Approaches* (Wiley, Hoboken 2006)

28.39　R. E. Kalman: A new approach to linear filtering and prediction problems, J. Basic Eng. **82**(1), 35–45 (1960)

28.40　E. Ohlmeyer: Analysis of an ultra-tightly coupled GPS/INS system in jamming, Proc. IEEE/ION PLANS 2006, San Diego (ION, Virginia 2006) pp. 44–53

28.41　D. Gustafson, J. Dowdle, K. Flueckiger: A high antijam GPS-based navigator, Proc. ION NTM 2000, Anaheim (ION, Anaheim 2000) pp. 495–503

28.42　A. van Dierendonck, J. McGraw, R. Brown: Relationship between allan variances and Kalman filter parameters, Proc. 16th Precise Time Time Interval (PTTI) Appl. Plan. Meet. (1984) pp. 273-293

28.43　R. R. Hatch: The synergism of GPS code and carrier measurements, Proc. 3rd Int. Geod. Symp. Satell. Doppler Position. , Las Cruces(1982) pp. 1213-1232

28.44　R. Hatch: Instantaneous ambiguity resolution, Proc. Int. Symp. Kinemat. Syst. Geod. Surv. Remote Sens. , Banff, ed. by K.-P. Schwarz, G. Lachapelle (Springer, New York 1991) pp. 299-308

28.45　P. J. G. Teunissen: The least-squares ambiguity decorrelation adjustment: A method for fast GPS integer ambiguity estimation, J. Geod. **70**, 65-82 (1995)

28.46　P. J. G. Teunissen: GPS carrier phase ambiguity fixing concepts. In: *GPS for Geodesy*, ed. by A. Kleusberg, P. Teunissen (Springer, Berlin 1996) pp. 263-335

28.47　F. Dellaert, M. Kaess: Square root SAM: Simultaneous localization and mapping via square root information smoothing, Int. J. Robot. Res. **25**(12), 1181-1203(2006)

28.48　M. Kaess, A. Ranganathan, F. Dellaert: iSAM: Incremental smoothing and mapping, IEEE Trans. Robot. **24**(6), 1365-1378(2008)

28.49　Y. F. Jiang, Y. P. Lin: On the rotation vector differential equation, IEEE Trans. Aerosp. Electron. Syst. **27**(1), 181-183(1991)

28.50　J. C. Fang, D. J. Wan: A fast initial alignment method for strapdown inertial navigation system on stationary base, IEEE Trans. Aerosp. Electron. Syst. **32**(4), 1501-1505(1996)

28.51　S. Thrun: *Probabilistic Robotics* (MIT Press, Cambridge 2005)

28.52　B. Triggs, P. McLauchlan, R. Hartley, A. Fitzgibbon: Bundle adjustment-A modern synthesis, vision algorithms: Theory and practice **1883**, 298-372(2000)

28.53　A. Vu, J. A. Farrell, M. Barth: Centimeter-accuracy smoothed vehicle trajectory estimation, IEEE Intell. Transp. Syst. Mag. **5**(4), 121-135(2013)

28.54　J. C. Wilcox: Competitive evaluation of failure detection algorithms for strapdown redundant inertial instruments, J. Spacecr. **11**(7), 525-530(1974)

28.55　Y. Chen, D. Zheng, P. Miller, J. A. Farrell: Underwater vehicle near real time state estimation, Proc. IEEE Int. Conf. Contr. Appl. , Hyderabad(2013) pp. 545-550

28.56　A. Ramanandan, J. A. Farrell, A. Chen: A near-real time nonlinear state estimation approach with application to initialization of navigation systems, Proc. 50th IEEE Conf. Decis. Contr. Eur. Contr. Conf. , Orlando(2011) pp. 3184-3191

# 第29章 陆地与海洋应用

**Allison Kealy, Terry Moore**

本章主要介绍 GNSS 在陆地和海洋中的应用,重点归纳 GNSS 在陆地、铁路及海洋交通运输行业的应用现状、定位性能要求以及技术发展和趋势。本章将展示人员导航、位置服务、海洋与陆地的智能交通系统、铁路物流、海上作业等一些代表性应用,各个应用之间存在一定的重叠和关联,如车队与资产监管、协同定位、自主精确导航、车辆与机械控制等。

依据对精度要求的不同,陆地及海洋领域在传统上的应用可以划分为两类:高端应用与低端应用。高端应用如土地和水文测量(第 35 章)、大地测量与测绘(第 36 章),主要针对厘米或亚厘米级别的高精度定位需求。人员导航(personal navigation,PN)和大众消费市场应用等低端应用,主要针对亚米级、米级甚至几十米级别的定位精度需求。随着 GNSS 普及性和便利性的提高,人们越来越认识到定位精度的价值,当前人们对 GNSS 性能的需求达到了空前的高度,高端应用与低端应用之间的区别也逐渐模糊。值得注意的是,随着 GNSS 越来越常用,当前人们除了关注其定位精度外,同时也开始关注其脆弱性。目前 GNSS 的应用可被划分为高安全高可信应用、低安全低可信应用,这些应用对定位的需求已经远超精度的范畴。定位完好性、可靠性、连续性和可用性等参数已经成为非常关键的性能指标,为各个应用进行技术选择时提供参考。本章中采用了文献[29.1]中关于这几个参数的定义。精度是指在某一时间估算或测量的位置与参考值的一致程度。可靠性是指系统在测量中发现错误以及估算未发现的错误对位置解算影响的能力。完好性是指系统每次运行或每单位时间产生不可接受错误的概率以及没有及时有效警告用户的概率。可用性是指系统能够在指定的精度、可靠性和完整性范围之内提供解决方案的时间比例。连续性是指在某一运行过程中或时间间隔内,系统停止提供指定质量的位置输出的概率。

欧洲 GNSS 机构(GNSS Agency,GSA)发布的 GNSS 市场监测报告[29.2]认为,到 2019 年时,地球上平均每个人都使用一个 GNSS 接收机,这是由智能手机、平板电脑的性能提高和价格竞争造成的。随着移动定位设备的普及,消费者和产业部门也逐渐认识到,对人或物进行定位可以有效提升生活和工作效率,随之而来的是定位设备产生了很多新的应用。但是仅通过一章难以全面研究所有的应用,因此本章将侧重介绍 GNSS 在陆地和海洋中的应用,共分三节介绍这些应用的当前状况和未来发展。

29.1 节讲述陆基交通运输应用。首先介绍 PN 系统的最新技术,以及由智能手机、平板电脑等移动设备所推动的位置服务(location-based services,LBS)的发展。同时介绍一些定位技术,这些技术旨在利用新一代智能手机位置感知功能来解决部分 GNSS 脆弱性。在此基础上,本章还将介绍智能交通系统(intelligent transport systems,ITS),它将消费级和企业级 LBS 应用结合起来,并且突破高安全性需求和低安全性需求的定位性能界限。

在 GNSS 应用中,由于对定位完好性需求的差异使得铁路行业明显落后于陆地和海洋行业。29.2 节将描述铁路运输应用,它是一类与陆基不同的应用。该节会描述一系列高安全高可信应用与低安全低可信应用,能够有效反映和补充铁路运输行业的 ITS 需求。因此,未来 GNSS 应用将极大推动完好性的发展,并将成为铁路运输行业的重点研究内容。此外,本节还将介绍其中一些研究的结果和建议。

29.3 节主要介绍 GNSS 在海洋中的应用,这些应用能够支持并促进海洋智能交通系统(maritime intelligent transport systems,MITS)的发展。

## 29.1 GNSS 的陆基应用

从文献[29.2]可以看出,在 GNSS 的累计收入中,LBS 和公路路段方面的收入占据主导地位,二者总和超过了 91%(图 29.1)。这是因为智能手机和平板电脑取代专用移动式个人导航 GNSS 设备(personal navigation gnss devices,PND)的能力的不断增强,以及位置感知应用和数据服务的不断普及。

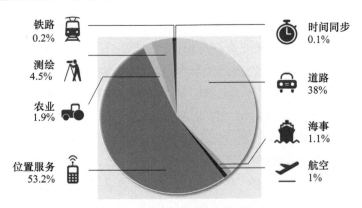

图 29.1　按领域划分的累计核心收入(2013—2023 年总收入)
(见文献[29.2],由欧洲 GNSS 机构 2015 年提供)

考虑到未来个人导航应用(personal navigation applications,PNA)、LBS 和 ITS 的使用增长,陆地交通运输领域将更多地使用 GNSS。这些应用显著提高了道路网络的安全性,并使得 GNSS 的使用效率远远超越了传统的车辆导航、商业车队管理、公共交通监控、乘客信息管理、应急车辆定位和调度等领域。如今,GNSS 已经支撑了一些在 ITS 理念下运行的应用,它们具有高安全性需求。英国皇家工程学院进行的一项研究[29.3]列出了陆地、铁路、海洋的代表性 GNSS 应用,其中表 29.1 展示了陆地交通运输应用及其定位精度需求。

表 29.1 陆基交通应用的精度要求(道路级精度需求:通常为 1 Hz 下米级定位。车道级别精度:通常为 1 Hz 下亚米级精度定位。车道内级别精度:通常 1 Hz 下厘米级精度定位[29.3])

| 应用 | 精度 |
|---|---|
| 车载导航 | 道路级别 |
| 车队管理 | 道路级别 |
| 城市交通管理 | 车道级别 |
| 紧急求助 | 道路级别 |
| 动态路线指引 | 道路级别 |
| 车辆优先选择决策 | 道路级别 |
| 碰撞预警 | 车道内级别 |
| 自动高速公路 | 车道内级别 |
| 道路计费 | 车道级别 |
| 自主巡航辅助 | 车道内级别 |
| 车道控制 | 车道内级别 |
| 车辆失窃 | 道路级别 |
| 安全防护 | 车道内级别 |
| 旅行信息 | 道路级别 |

本节介绍了 GNSS 定位技术的陆基交通运输应用,并描述了如何利用增强基础设施和辅助数据来提高定位的准确性和可用性。随着这些应用的成熟和发展,衍生出了大量重要的研究内容,本章侧重介绍在高安全性需求应用中提高定位稳健性的一些技术、传感器和信号。本节重点讨论关于 GNSS 和非 GNSS 定位技术的一些内容。虽然隐私、用户行为、环境感知等影响位置感知设备实用性的其他因素也是有必要考虑的,但是并不在本章讨论范围内,因此不作描述。

## 29.1.1 个人设备

个人设备不仅包括智能手机和平板电脑,还包括追踪设备、数码相机、便携式电脑、穿戴装备等特定设备,支持大量基于位置服务的应用。目前在相关的领域有将近 30 亿个依赖定位信息的手机在使用中,其中具备车载导航功能的 PN 被认为是最常用的一款设备。

PN 使用地理或空间信息以及位置信息来确定个体的位置(定位),并选择特定的路线和交通方式来到达室外或室内等环境中的某个地点[29.4]。这些系统通常给用户提供引导信息,辅助用户实现从起点到目的地之间的导航。PN 功能来自于移动计算、空间/地图信息和定位技术的融合,第一代 PND 专用单元提供简单的 GPS 点位置,从而在基础地图上对用户的位置进行精确定位。

直到最近,车载导航系统的普及使得 PND 成为 GNSS 设备的最大消费市场。如今这些 PN 功能与各种应用进行融合,使得任何能感知位置的智能手机都可以像 PND 一样运行。智能手机的定位和移动通信之间的固有协同作用使得PN具有了服务特性。智能手机内置了定位硬件,通过使用导航软件,结合手机的通信功能,使得用户能够实时获取交通更新信息、天气信息以及其他相关的时空信息,进而优化提供的导航信息(图29.2)。

图29.2 TomTom 车载导航系统(由 TomTom 国际 BV 提供)

(a)作为智能手机个人导航应用的 TomTom 车载导航系统;(b)作为独立 PN 设备的 TomTom 车载导航系统。

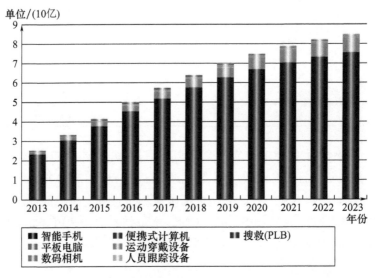

图29.3 正在使用中的 GNSS 设备(LBS 部分)的应用类型
(见文献[29.2],由欧洲 GNSS 机构 2015 年提供)

智能手机上运行的 PNA 和专用 PND 之间最大的区别主要体现在成本和可用性——应用软件往往成本更低,且在单一移动设备上运行;而 PND 使用起来更省电、更简单。然而,随着智能手机的功能和使用的增多,独立 PND 市场会持续保持明显下滑态势。图29.3 预测了到2023年时使用的 GNSS 设备数量,虽然人员追踪定位和可穿戴设备等专用个人设备会越来越流行,但智能手机与平板电脑仍会继续在个人设备领域占据主导地位。实际上,谷歌眼镜、苹果手表等拥有智能手机的部分功能(信息发送、网络搜索、社交软件、导航、视频或照片拍摄等)的设备,都将支持更多的位置感知应用和服务[29.2]。

(1)地信市场与营销:将消费者偏好与定位数据相结合,为潜在消费者提供个性化服务,并为零售商创造营销机会。

(2)安全与应急:将 GNSS 与网络数据信息融合,为紧急呼叫提供准确的位置。

（3）企业应用：实现移动人员管理与追踪，提高企业生产力。

（4）运动：在计步、个人训练等健身应用上利用 GNSS 获取用户的表现。

（5）游戏与增强现实：将定位与虚拟信息结合，为用户提供娱乐消遣，并改善用户日常生活。

（6）社交网络：专业应用或社交网络中内嵌定位功能，帮助人们保持联系，并分享旅行信息。

## 29.1.2 位置服务

LBS 指的是基于用户地理位置为其提供信息与功能的移动计算应用[29.7]。所有基于位置服务的用户需求能够划分为 5 种[29.8]：定位，即识别用户相对于其他人或地点的位置；搜索，即搜索人、物体或事件；导航，即请求到某个位置的指示；识别，即请求某个位置的特定属性；核查，即搜索某特定位置或其附近的事件。在表 29.2 中对 LBS 应用进行了简单分类。

表 29.2 按应用分类的 LBS（见文献[29.5]）

| 基于位置的服务 | 应用 | 所需的服务质量（QOS） |
| --- | --- | --- |
| 信息/目录服务 | • 动态黄页可自动告知消费者最近的医院、餐馆、购物中心和剧院以及自动取款机的位置；<br>• 最近的停车场、药店或加油站 | 定位精度几十米；<br>响应时间不超过几秒钟；<br>需要高可靠性（98%~99%） |
| 跟踪导航服务 | • 跟踪儿童、找到丢失的宠物；<br>• 在特定区域中找到朋友；<br>• 追踪被盗车辆、资产追踪；<br>• 动态导航指导；<br>• 启用语音的路线描述 | 定位精度几米；<br>响应时间不超过几秒钟；<br>需要非常高的可靠性（目标应该是100%） |
| 应急服务 | • 道路救援；<br>• 搜救任务；<br>• 警察和消防响应；<br>• 紧急医疗救护车，E911 | 定位精度几十米；<br>响应时间不超过几秒钟；<br>需要非常高的可靠性（目标应该是100%） |
| 基于位置的广告 | • 优惠信息的投放，精准个性化广告；<br>• 市场推广和警报；<br>• 相邻商店中的客户通知和标识 | 定位精度几米；<br>响应时间 1min；<br>需要高可靠性（98%~99%） |

在许多情况下，LBS 和自动设备应用的区别往往表现在服务形式上。例如，运动员用来监测速度、距离、心率或血压等健康指数的运动手表；与预警系统的服务不同，预警系统能够根据老年人使用的基于位置的医疗设备，获取追踪信息，从而自动请求紧急服务的援助。

LBS 可以分为两种：推送型与请求型。使用推送型服务的用户无须即时发送请求便能接收到服务商提供的信息，不过用户可能需要预先订阅了该服务，例如收到附近购物中心促销活动的推广短信或前方事故消息等。而使用请求型的用户需主动请求信息，例如请求了解离自己最近的餐厅或列车时刻表等。现在出现了更多复杂的 LBS,其能够基于用户位置,根据用户偏好来"推送"信息,实现更个性或环境感知式的服务。例如,用户可以请求"我要归还一本书,接近图书馆时请提醒我"。表 29.3 根据提供服务的不同,列出了各种类型的 LBS。

表 29.3 按应用分类的 LBS(见文献[29.5])

| LBS 类型 | 特征描述 |
| --- | --- |
| 面向人的 LBS | (1) 包含基于用户服务的应用程序;<br>(2) 用户通常控制位置信息的收集和利用方式 |
| 面向设备的 LBS | (1) 应用程序在用户外部;<br>(2) 所定位的人或设备无法控制服务 |
| 推送型与请求型应用 | (1) 基于推送:当某些事件发生时,信息会自动传递到移动终端(最终用户);<br>(2) 基于请求:移动终端(最终用户)发起请求 |
| 直接与间接提供的资料 | (1) 根据用户资料的收集方式:在设置阶段直接从用户那里收集,通过跟踪用户的行为模式或从第三方收集;<br>(2) 安全和隐私问题对于维持用户信任并避免欺诈活动至关重要 |
| 个人信息的可用性 | (1) 即时要求的或已经提供给 LBS 的个人信息 |
| 流动性与互动 | (1) 根据用户和网络组件的移动性决定移动性场景的范围;<br>(2) 交互的级别和类型取决于移动性场景 |
| 互动状态 | (1) 无状态交互:每个请求都是独立的事务,与先前的请求无关;<br>(2) 有状态的交互:LBS 保留服务请求之间的状态(有益于预测将来的事务,请求和行为) |
| 静态与动态信息资源 | (1) 静态:有关历史建筑物和地标,景点,酒店和餐厅以及地图的数据;<br>(2) 动态:随时间而变化的信息(天气,交通和路况) |
| 位置信息来源 | 用户或网络基础设施或第三方提供的位置信息 |
| 位置信息的准确性 | 根据网络基础架构中使用的定位技术,导致移动终端定位请求的精度有所不同 |

图 29.4 展示了 LBS 的通用架构,这些系统的核心是用于描述手机位置的定位信息,在随后的章节中将详细介绍当前一代 LBS 使用的典型定位技术。

## 29.1.3 PN 和 LBS 定位技术

自 2011 年起,智能手机中集成的 GNSS 定位硬件已经能够接收多星座 GNSS 信号,包括 GPS 和 GLONASS。最近,具备多星座或所有星座信号接收能力的接收芯片已投入使用(例如,博通公司的 GNSS 接收芯片 BCM47531,能同时接收 GPS、GLONASS、QZSS、SBAS、北斗 5 个卫星星座来生成定位数据)。图 29.5 显示了能够同时跟踪单 GNSS 星座(仅 GPS)、两个 GNSS 星座(GPS+伽利略、GPS+GLONASS、GPS+北斗)、三个 GNSS 星座(GPS+伽利略+GLONASS、GPS+伽利略+北斗、GPS+GLONASS+北斗),以及所有星座信号接收机的市场占比。从图中可以看出:几乎 60% 的可用接收机、芯片组和模块支持接收至少两个星座的信号。

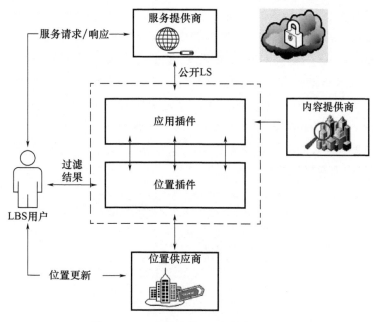

图 29.4　LBS 的组件（见文献[29.6]）

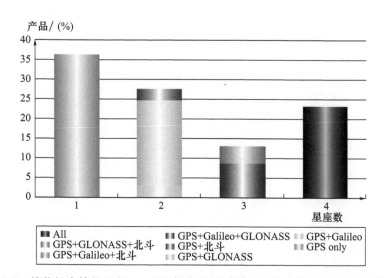

图 29.5　接收机支持的星座——LBS 部分（见文献[29.2]，由欧洲 GNSS 机构提供）

这些接收机提供类似 GPS 标准位置服务（standard positioning service，SPS），成本较低，属于消费者级接收机。SPS 目前主要使用的是 L1 频率上的粗捕获（C/A）伪随机噪声码。按照设计要求，95%的水平定位精度（对于 GPS）要优于 9m，以及 95%的垂直定位精度优于 15m。2014 年第一季度美国联邦航空协会在美国各地进行的监测评估表明，GPS SPS 已经达到了水平定位精度 3.286m 和垂直定位精度 6.301m 的性能[29.9]。

在过去十年中，越来越多的位置感知设备使用了卫星定位技术，因此这些设备在灵敏度、功耗、大小、成本等方面有了极大的提升。这些接收机提供了更多的通道，能够跟踪来自 GNSS 星座和星基增强系统（satellite-based augmentation systems，SBAS）的信号。这些

SBAS 包括覆盖西欧及周边地区的欧洲地球同步卫星导航增强服务(european geostationary navigation overlay service, EGNOS)、覆盖北美和中美地区的广域增强系统(wide area augmentation system, WAAS)、覆盖日本和东亚地区的多功能卫星增强系统(multifunctional satellite augmentation system, MSAS)、覆盖印度次大陆的 GPS 和 GEO 增强导航系统(GPS and GEO augmented navigation system, GAGAN)以及作为 GLONASS 一部分的差分校正和监测系统(system for differential corrections and monitoring, SDCM)。

图 29.6 中展示了典型的可集成到移动设备中的芯片组——u-blox EVA-7M 芯片组,该芯片组的相关技术规格说明总结在表 29.4 中。

图 29.6  u-blox PN 芯片组(由 u-blox 提供)

表 29.4  u-blox EVA-7M 芯片组的技术规格(见文献[29.10])

(圆形误差概率 CEP 以真实值为中心的圆的半径,包含 50% 实际测量值的结果)

| 接收机类型 | | 56-通道 u-blox 7 引擎,GPS/QZSS L1 C/A,GLONASS L1 频分多址(FDMA),SBAS(WAAS,EGNOS,MSAS) |
|---|---|---|
| 导航 | | 更新速率高达 10Hz |
| 准确度(GPS/GLONASS) | 定位 | 2.5m/4.0m CEP |
| | SBAS | 2.0m/n.a. CEP |
| 捕获率(GPS/GLONASS) | 冷启动 | 30s/32s |
| | 辅助启动 | 5s/n.a. |
| | 重捕获 | 1s/3s |
| 灵敏度(GPS/GLONASS) | 跟踪 | -160/-158dBm |
| | 冷启动 | -147/-139dBm |
| | 热启动 | -148/-145dBm |

增加跟踪信号数量能够提高定位的可用性和精度,在建筑物、隧道、城市街道等 GNSS 服务异常的环境中,由于遮挡导致卫星的能见度下降,或者多径效应等因素会显著降低测量数据的质量。随着这些成为 PNA 环境最常见的特征,现代 PNA 结合了一些技术来提高定位精度和可用性,这些技术包括高灵敏度 GNSS(high sensitivity GNSS, HSGNSS)接收机、辅助 GNSS(A-GNSS)、SBAS 校正以及多传感器融合测量技术。

## 1. 高灵敏度 GNSS

高灵敏度 GNSS(HSGNSS)接收机在信号环境差时能够捕获与跟踪到弱 GNSS 信号，因此它们成为 PND 和 LBS 的首选接收机。从地球上空约 20000km 传来的 GPS 信号到达地面时，已经非常微弱，地面接收机接收到的信号强度通常为-160dBW。在室外环境中，GPS 信号强度大约是-155dBW。GNSS 信号的衰减在汽车中可达到约 5dB，在建筑物中可达到 20dB，在地下车库中可达到 25dB 以上[29.11]。标准 GNSS 接收机由于不够灵敏，无法跟踪这些弱信号，因此在这些环境中无法工作。高灵敏度接收机则可以从弱信号中捕获、跟踪和解算位置，其中弱信号的强度是典型室外信号强度的 1/1000。

为了确定用户的位置，GNSS 接收机必须执行两个操作：捕获和跟踪。要实现三维位置的解算，至少要跟踪 4 颗卫星。在捕获阶段，接收机首先假设某颗卫星是可见的，并给该卫星分配一个通道。这里有两个未知数需要搜索确定，其中：一个是每个卫星载波的准确频率，它需要根据接收机基准振荡器的固有不确定性，以及接收机位置与速度的不精确而引起的多普勒不确定性进行调整。另一个是接收信号和本地生成码副本的对齐（相关性）。为了捕获信号，GNSS 接收机必须在整个空间中搜索可能的频率偏移和码片延迟。

传统 GNSS 接收机将每个频率偏移的码片延迟积分时间长度设置为 1ms，也就是一个完整的 C/A 码周期长度。为了改善复杂环境下对弱 GNSS 信号的捕获灵敏度，高灵敏度接收机提升了积分时间和可用相关器数量。商用 GNSS 接收机在每个通道上通常只有 2~4 个相关器，而 u-blox 定位引擎和高通公司的 SiRFstar 芯片组等高灵敏度接收机拥有超过 200 万个相关器。通过显著提高接收机中相关器的数量，可以同步进行大量的频率搜索与延迟搜索，实现相同时间内比标准接收机更多的相关与积分。最终在不增加捕获时间的前提下，提升了接收机灵敏度。假设 $n$ 代表每颗卫星可用的相关器数量，$T$ 代表积分时间，$A$ 代表捕获时间，$B$ 代表码片延迟和多普勒搜索的数量，则它们的关系为

$$A = \frac{BT}{n} \tag{29.1}$$

从式(29.1)可以看出，在捕获时间 $A$ 和搜索数量 $B$ 的值都固定的情况下，如果相关器数量 $n$ 增加，则积分时间 $T$ 也会相应增加。随着 $T$ 增加，相关器的输出信噪比(SNR)也会提高，从而能够探测到较弱的输入信号。众所周知，相关器输出功率 $P$ 与 $T$ 大约成正比，即 $P = P_0 GT$，其中：$P_0$ 为输入功率，$G$ 为积分时间内每秒的功率增益。将 $T = P/(P_0 G)$ 代入式(29.1)，可以得到相关器输出功率的表达式，即

$$P = \frac{AP_0 Gn}{B} \tag{29.2}$$

传统接收机拥有需要搜索 $B = 120 \times 10^3$ 次，在 $A = 60$s 内，使用 $n = 4$ 个相关器进行搜索。如果信号到达接收机时，输入功率为 $P_0 = 10^{-16}$ W，则相关器的输出功率为

$$P = 60 \times 10^{-16} \times 4G/120 \cdot 10^3 = 2G \times 10^{-19} \text{W} \tag{29.3}$$

拥有 $n = 1000$ 个相关器的 HSGNSS 接收机在输出功率相同的情况下，信号的输入功率为

$$P_0 = \frac{BP}{AGn} \quad (29.4)$$
$$= 120 \times 10^3 \times 2G \times 10^{-19} / (60G \times 10^3)$$
$$= 4 \times 10^{-19} \text{W} \approx -183.8 \text{dBW}$$

因此,相关器数量的增加会显著提高接收机灵敏度。值得注意的是,如果积分时间大于 20ms,那么必须进行非相干积分。

如果信号衰减过大,则捕获时间仍然可能太长。那么只有获得外部信息来减少独立相关器的搜索空间,才能解决这个问题。一旦跟踪了至少 4 颗卫星并对其星历进行了解码,接收机就可以计算位置、速度和时间。如果发生失锁则需重新捕获,此时搜索空间已经很小,从而能够以低计算量和低硬件成本实现高灵敏度的跟踪。

2. 辅助 GNSS

辅助 GPS(A-GPS)或者辅助 GNSS(A-GNSS)与 HSGNSS 密切相关,与 LBS 尤其相关,因为它最大限度地利用了移动设备的通信能力,更快速地捕获卫星信号(尤其是较弱信号),极大减少了 GNSS 接收机的首次定位时间(time to first fix, TTFF)。A-GPS 首次受到关注是作为美国联邦通信委员会(federal communications commission, FCC)增强型 911(E911)计划指令的基础定位技术,该指令要求必须为紧急服务提供移动电话的准确位置。如今 A-GPS 是用于 PN 和 LBS 的 GNSS 芯片组的标准配置,能够在 GNSS 复杂环境中提供更稳健的定位能力。

A-GNSS 功能针对的 L1 频率上的 C/A 码,通过集成到手机上的定位硬件来实现。如上所述,GNSS 接收机在计算自身位置之前,需要捕获和跟踪 GNSS 信号,接收机要先明确可见的卫星,然后从导航信息中解码其轨道信息。特别要提到的是,卫星时钟参数(在导航信息的子帧 1 中)和星历表(在子帧 2 和 3 中)对于位置的计算非常重要。卫星接收机使用卫星钟差来确定信号发送时的准确时间,并利用轨道参数来计算该时刻卫星的空间位置。如果信号电平低于大约-173dBW,则无辅助信息的接收机可能无法有效定位,因为信号太弱以至于接收机无法解码获得导航数据信息。与其他独立的 PND 相比,智能手机可用的天线质量较差,从而进一步恶化了这种情况。

在 GNSS 复杂环境中,手机网络用于协助移动设备中的接收机解决与 TTFF 相关的问题,并改善低信号电平时的定位问题。A-GNSS 向接收机提供预期能看到的卫星信息与频率信息,并提供卫星位置信息。以这种方式,TTFF 的量级从 1min 减少到了几秒[29.12]。图 29.7 展示了 A-GNSS 的典型体系结构。

有两种技术用于提供 A-GNSS 协助:

(1)基于终端的定位(mobile station based, MSB):在 MSB 模式下,由移动终端执行计算。A-GNSS 设备从 A-GNSS 服务器处接收星历、参考位置、参考时间和其他可选辅助数据,并利用这些信息从可见卫星接收信号并计算位置。如有需要,A-GNSS 设备可以把解算的位置、速度和时间报告回 A-GNSS 服务器。

(2)基于终端辅助的定位(mobile station assisted, MSA):在 MSA 模式下,由 A-GNSS 服务器执行计算。A-GNSS 设备从移动服务供应商处接收捕获辅助、参考时间和其他可

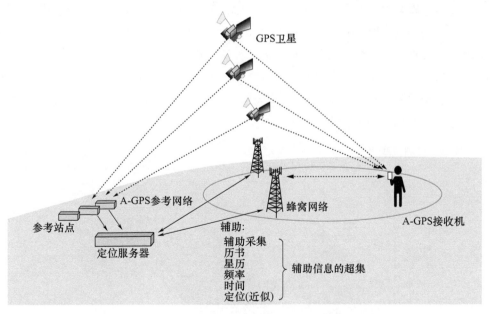

图 29.7 代表性的 A-GNSS 体系结构(见文献[29.12])

选辅助数据。使用该信息,A-GNSS 设备可以捕获可见卫星的信号,进行伪距测量,并将测量结果发送给 A-GNSS 服务器。移动服务供应商利用系统中的 A-GNSS 服务器,持续记录来自 GNSS 卫星的信息(主要为历书)。在上述数据的帮助下(从移动设备处接收的数据和 A-GNSS 服务器中的已有数据),A-GNSS 服务器计算位置,并有选择地将其发送回 A-GNSS 设备。

关于实现 A-GNSS 的技术细节详细信息可以参考文献[29.12]。

3. 天基增强系统

有关天基增强系统(space-based augmentation systems,SBAS)的详细信息,请参考第 12 章内容。需要说明的是,SBAS 通过提供测距、完好性和改正数信息来增强 GNSS 核心星座,其主要受航空业的完好性需求驱动而建设,能够显著提高安全高可信应用(如追踪老年人和其他弱势人群,或防撞系统)的准确性、可用性和完好性。

SBAS 提供的增强信息包括卫星位置误差、卫星钟误差以及电离层延迟改正数和完好性。这些信息通过地球同步卫星广播到配备该功能的卫星接收机。在 95% 的情况下,精度改善可达到 1~3m,这对表 29.1 中的许多陆基交通运输应用来说是十分重要的。虽然陆地交通运输业的完好性需求还尚待定义,但其相关度和重要性,特别是在 GNSS 复杂环境中已经得到了认可。

4. GNSS 的替代方案

在完全或部分屏蔽 GNSS 信号环境下,LBS 的定位需求引起了对类似 GNSS 或增强 GNSS 系统的需求。智能手机尝试通过使用手机的可用信号,融合 GNSS、无线网络(Wi-Fi)、蜂窝定位等其他定位技术来解决该问题,从而保障室内外定位的可用性。大多数情况下,这些定位能力对当前的 PN 应用来说已经足够了。然而,对其他的导航和追踪系统应用来说,仍然需要增加额外的传感器与信号源,需要额外的成本、基础设施和计算资源,以提供稳健可靠的定位信息。

在本节中,需要承认的是,针对 LBS 的非 GNSS 定位能力的重点是围绕室内或城市复杂环境。首先,本节将研究移动电话中集成的定位技术;其次,本节将回顾当前研究中 GNSS 的抗差增强和替代方案——使用其他信号和传感器。图 29.8 概述了 GNSS 替代方案、室内定位技术的精度和覆盖范围[29.13]。

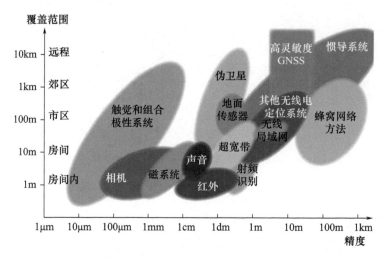

图 29.8 室内定位技术的覆盖范围和精度之间的关系(见文献[29.13])

### 1. 蜂窝网络定位

当蜂窝网络与手持移动设备协作以实现用户定位,并根据请求或连续传输的位置数据,就可以实现 LBS 的全部能力。商业实例包括基于蜂窝标识的低精度定位方法、将无线网络信息和卫星定位(A-GNSS)相结合的高精度方法。可以将这些技术分为两类:以用户为中心,由用户的设备完成位置计算;以网络为中心,由基站或混合解算方案来确定用户位置。表 29.5 总结了智能手机使用的定位技术,定位方法包括:

(1) 蜂窝原点(Cell-of-Origin,COO)法,在手机上确定离用户最近的信号发射基站。此方法虽然成本低,但其精度受限于基站的密度或蜂窝的大小,对室内微型蜂窝来说,其范围在 10~500m 之间;对于室外大型蜂窝来说,则可达到几公里[29.14]。

(2) 无线电定位技术(类似于 GNSS),利用在手机和蜂窝基站之间传输的无线电信号特性,来获得手机的位置。通过测量至少三座基站的距离,可以计算出手机用户的位置。

① 到达时间(time of arrival,TOA)是一种以网络为中心,测量无线电信号到达多个节点所需时间的方法。

② 接收信号强度(received signal strength,RSS)确定终端离基站的距离与测得信号强度之间的关系。该方法受天线方向和多径效应影响,性能明显低于其他所有蜂窝定位技术。

③ 增强观测时间差(enhanced observed time difference,E-OTD)测量的是蜂窝信号到

达手机的时间与到达附近固定接收机的时间之间的差值。至少需要三座非共线基站的时差才能计算位置。E-OTD 的定位精度约为 100~125m。

（3）位置（多径）模式匹配方法使用移动用户周围的多径特征来查找其位置。用户终端会创建一个信号模式（包括相位与振幅特性），并对其进行测量，将其存储在数据库中。蜂窝基站从移动终端接收一个多路径信号，并将其特性与多径位置数据库比较，该数据库利用其独特的多径特性进行确定位置。

表 29.5 智能手机中使用的位置确定技术

| 技术 | 范围/运营可用性 | 准确性 | 服务和内容 |
| --- | --- | --- | --- |
| COD | 全球（理论上） | 250m~35km | 交通信息，信息服务 |
| E-OTD | 全球（理论上） | 100~500m | 基于位置的计费，信息服务 |
| TOA | 全球（大量资本投资） | 100~500m | 基于位置的计费，信息服务 |
| 指纹 | 城市区域（大量资本投资） | <150m | 车队管理，广告，航线 |
| GNSS | 全球 | 5~10m | 定位与导航 |
| A-GNSS | 全球（大量资本投资后） | 5~10m | 定位与导航 |
| WLAN | 本地（取决于现有基础架构） | 1~10m | 信息服务 |

2. 无线局域网（wireless local area networks，WLAN）定位

WLAN（Wi-Fi）的广泛使用提供了额外可用于定位的信号。经典的方法是利用 RSS 测量得到的距离进行的三边定位。然而，Wi-Fi 信号本身对由操作环境（如墙壁、人员、设备）引起的干扰和多径非常敏感，从而可能导致用户的错误定位。事实证明，指纹识别方法（类似于蜂窝网络中的模式匹配）更为成功，但需要额外创建数据库，其包含分布在环境中已知位置的各点接收到来自多个无线接入点的信号强度数据。Ekahau 实时定位系统（real-time location system，RTLS）使用 Wi-Fi 信号的通用传播模型，并利用大量测量数据参数化该模型。然后，移动用户将其周围所有无线接入点信号强度的测量值发送到定位引擎，定位引擎又通过解决最大似然问题来计算用户的位置。

3. 超宽带定位

未来智能手机必将是一个基于多传感器融合的混合定位解决方案，因此预计智能手机将纳入额外的传感器和信号。目前，从基础器件的需求和智能手机的额外成本出发，智能手机已经朝着更为高端的应用（企业或商用）发展。表 29.6 中总结了一系列替代定位技术的特点。然而，这些技术通常被集成到所谓的实时定位系统（RTS）中，其中在室内或 GNSS 拒止场景下，对于稳健定位性能的需求而言不需要额外的基础设施成本，超宽带（UWB）就是其中的一个例子。

表 29.6 在 GNSS 复杂环境中使用的替代定位技术的特点概要

| 技术 | 典型精度 | 典型覆盖/m | 测量原理 | 应用 |
| --- | --- | --- | --- | --- |
| 相机 | 0.1mm~dm | 1~10 | 图像角度 | 计量学，机器人导航 |
| 红外线 | cm~m | 1~5 | 热成像，有源信标 | 人员检测，跟踪 |

续表

| 技术 | 典型精度 | 典型覆盖/m | 测量原理 | 应用 |
|---|---|---|---|---|
| 触觉&极性 | μm~mm | 3~2000 | 机械干涉测量 | 汽车,计量 |
| 声音 | cm | 2~10 | 到达时间距离 | 医院,跟踪 |
| RFiD | dm~m | 1~50 | 接近检测和指纹匹配 | 行人,导航 |
| 超宽带 | cm | 1~50 | 身体反射,到达时间 | 行人,导航 |
| HSGNSS | 10m | 全球 | 并行相关,辅助GNSS | LBS |
| 伪卫星 | cm~dm | 10~1000 | 载波相位测距 | 露天矿 |
| 室内导航 | 1% | 10~100 | 航位推算 | 行人,导航 |
| 磁力系统 | mm~cm | 1~20 | 指纹和测距 | 医院,矿区 |
| 基础设施系统 | cm~m | 建筑物 | 指纹,电容 | 环境辅助生活 |

UWB信号提供的高带宽和精准的脉冲时间,使其具有较高的抗多路径、穿透力和精确测距能力,因此是非常理想的定位技术。Ubisense[29.15]和Time Domain[29.16]等公司提供的商用UWB定位系统在受限频段内运行(FCC将无须许可的UWB频段限制在3.1~10.6GHz,欧洲通信委员会则限制在6.0~8.5GHz)。UWB系统在近距离下运行,该距离取决于运行环境和传感器配置(通常约为100m),该系统使用TDoA、ToA和信号传输时间作为测量技术来确定UWB发射器和接收机无线电设备之间的距离。UWB解决方案通常作为RTLS的一部分进行部署,从而实现高效的资产追踪、监控和管理,其他应用为车辆相对定位和人员追踪[29.17]等。UWB的定位精度可能达到0.2m[29.18]的水平,因此成为汽车、航空航天和一系列生产制造过程的重要组成部分。

4. 射频识别(radio frequency identification,RFID)定位

同UWB一样,RFID定位系统主要用于标记追踪人员与资产,它需要在运行环境中部署RFID扫描仪,随后这些扫描仪可以查询追踪对象上的主动或被动标签。扫描仪与标签之间的距离是定义所用定位技术的最重要的关系(主动式标签允许的距离比被动式标签允许的距离范围更大)。COO和RSS测距是RFID定位中最常用的两种技术,对COO来说,读取器的位置由离标签读取距离最大的蜂窝描述[29.19],这种技术提供的精度相对较低,并取决于10~20m的可分辨蜂窝的大小,区域内扫描仪的密集配置能够提高定位精度,但会产生较高的成本。因此将RFID用于大范围的实时跟踪应用是不切实际的。为提升可达到的定位精度,采用从接收信号功率水平推导出到RFID标签的距离的方法,这需要对信号强度到距离的转换进行校准。如果对多个标签进行距离测量,则可以使用三边测量法确定位置。为了创建比使用三边测量更通用的定位方法,可采用RFID定位指纹识别方法,其工作原理类似于Wi-Fi和蜂窝定位系统,在提高RFID定位精度方面已经实现了米级效果[29.20]。商用RFID标签目前在一系列注重安全和安保的应用中广泛使用。

**5. 微机电系统(micro-electro-mechanical systems, MEMS)惯性传感器**

陀螺仪、加速度等 MEMS 惯性传感器是实现 LBS 技术的关键。目前,嵌入这种成本低、体积小的运动传感器已成为大多数现代移动设备的标准配置,它们提供旋转和加速度等非常可靠的信息,并且在进行集成之后,还能以高频率(大于 100 Hz)提供某段特定时间内(一般为几分钟,取决于传感器类型与质量)的相对速度与位置,理论上这些数据能够对长期稳定、低速率的 GNSS 测量形成补充。此外,惯性传感器适用于在几分钟内弥补不良 GNSS 信号接收条件,保证混合定位解算的持续精度。事实表明,相对于第一代配置,MEMS 的性能已经显著提升,MEMS 加速度计已经接近了战术级惯性测量单元(inertial measurement units, IMU)的性能[29.21]。MEMS IMU 的短期相对定位精度非常高,但是如果缺少辅助,这些传感器的误差与偏差通常会快速累积,导致定位误差高达几百米[29.22]。通过与 GNSS 集成,可以改善 MEMS 传感器的性能,并且已在陆地应用领域成功商用。实际上对本章介绍的替代定位技术来说,许多成功的商用 RTLS 都依赖于多种技术的融合,从而在所有环境中提供稳健的定位功能。表 29.7 列出了各级别惯性传感器的性能规格说明。

表 29.7 不同等级惯性传感器的性能规格

| IMU 传感器等级 | 传感器名称与组成 | 特性(1σ 误差系数) |
|---|---|---|
| 导航级 | 霍尼韦尔 HG9900 IMU<br>霍尼韦尔 GG1320AN 数字激光陀螺仪<br>霍尼韦尔 QA1000 加速度计 | (1) 偏差:<0.003(°)/h<br>(2) 随机游走:<0.002(°)/√h<br>(3) 比例因子:<5.0ppm<br>(4) 偏差:<25μg<br>(5) 比例因子:<100ppm |
| 战术级 | Systron Donner SDI500<br>MEMS 石英陀螺仪<br>MEMS 石英加速度计 | (1) 偏差:<1(°)/h<br>(2) 随机游走:<0.02(°)/√h<br>(3) 比例因子:<200ppm<br>(4) 偏差:100μg<br>(5) 比例因子:<200ppm |
| 消费级 | 霍尼韦尔 HG9900 IMU<br>ADIS16334 iSensor MEMS 加速度计<br>ADIS16334 iSensor MEMS 陀螺仪 | (1) 偏差:3(°)/s<br>(2) 随机游走:2(°)/√h<br>(3) 偏差:12mg |

## 29.1.4 智能交通系统

智能交通系统(ITS)指的是将先进的信息和通信技术应用于地面交通运输,使得在降低交通运输对环境影响的同时,实现更高的安全性和移动性。合作式 ITS(C-ITS)作为新兴功能,能最大限度地利用无线通信能力,它可以使车辆和周围的基础设施交换有关其他道路使用者的位置、速度和方向的信息[29.23]。专用的短程通信(dedicated short range communication, DSRC)功能支持车对基础设施(vehicle-to-infrastructure, V2I)和车对车(vehicle-to-vehicle,V2V)的通信,该功能可实现双向中短程无线通信,并可以达到非常高的数据传输,这对于基于通信的主动安全应用是很重要的。美国 FCC 已经在 5.9GHz 频段分配了 75MHz 的频谱,供 C-ITS 车辆安全和移动应用使用。DSRC 增加了车辆、行人和路边基础设施之间信息共享的可能性。

多星座 GNSS、SBAS 和替代定位传感器提供的定位性能增强功能、ITS 基础技术的成熟,以及远程信息处理驱动的 C-ITS 功能的出现,促成了一些超越传统 ITS 的应用。

(1)智能移动应用通过下述方式提升道路交通运输的效率、有效性和舒适度[29.2]:

① 导航:最广泛的应用,其通过便携式导航设备和车载系统(in-vehicle systems,IVS)向驾驶员提供转向指示。

② 车队管理:车载单元(on-board units,OBU)通过远程通信传输 GNSS 定位信息,以支持交通运输运营商监测物流活动。

③ 卫星道路交通监控服务:通过 PND、IVS 和移动设备从车辆中收集移动车辆位置数据,将这些交通信息分发给用户和其他相关的部门。

(2)高安全性需求的应用,在对人类、系统、环境有潜在危害的情况下,尽量选择精确和安全的定位方式:

① 在连接车辆的同时,GNSS 定位将与 IVS 中来自其他传感器和通信技术获得的信息相结合,以提高驾驶员的安全性和舒适性。

② 通过在车辆上传输基于 GNSS 的定位数据实现对危险货物的追踪,并与其他货物状态的信息进行联动。

(3)责任应用,通过提供的定位数据,关联法律与经济责任:

① 道路用户收费(road user charging,RUC)系统中,GNSS-OBU 支持运营商根据道路实际使用情况收费,并控制交通拥堵。

② 保险远程信息处理黑匣子,依靠 GNSS 数据来提高保险公司和参保者的汽车保险公平性。

(4)在国家或国际法律规定的运输政策下,受法律监管的应用:

① 支持 GNSS 的 IVS,用于受管制的应用,如欧洲的紧急呼叫系统(eCall)或俄罗斯的 ERA-GLONASS,在发生事故时向 112 发送紧急呼叫,从而加快对驾驶员的紧急援助。

② 增强型数字行车记录仪,利用 GNSS 定位来辅助道路执法人员,在工作执勤中记录某车辆的位置。

下面的章节将介绍 C-ITS 应用的定位需求。随后还讨论了实现这些性能级别的定位技术,并探讨 DSRC 对 C-ITS 的促进,以及如何利用合作式和协同式定位技术优化位置解算。

1. C-ITS 应用的 GNSS 性能分类

C-ITS 应用涉及一系列不同的 GNSS 性能参数,如车辆追踪等低端应用通常需要低成本、低精度的定位信息,而车道控制等高端应用则对精度和可用性的要求都很高。随着人们对防撞和车辆自动导航等对安全性要求高的应用需求增加,ITS 应用的完好性也越来越重要。C-ITS 安全应用对定位精度的要求通常分为三个级别:道路级别(车辆停放的道路);车道级别(车辆行驶的车道);车道位置级别(车辆在车道上行驶时的具体位置)。表29.8对这三个级别进行了量化,其中C-ITS定位精度级别分类可表示为:10~20m,1~10m,0.1~1m,0.01~0.1m和0.001~0.01m。虽然新兴C-ITS应用的定位需求尚无明确的官方定义,但是在较多的场景下仍然已经有了比较全面的定义。

表29.8 C-ITS的定位精度等级(见文献[29.24])

| 类型 | 级别 | 精度要求 | | 研究原型 | 通信延迟/s |
|---|---|---|---|---|---|
| | | 95%置信度/m | 均方根(量级) | 均方根(量级) | |
| V2I:绝对 | 道路级别 | 5.0 | 米 | 米 | 1~5 |
| | 车道级别 | 1.1 | 亚米 | 亚米 | 1.0 |
| | 车道内级别 | 0.7 | 分米 | 分米 | 0.1 |
| V2V:相对 | 道路级别 | 5.0 | 米 | 米 | 0.1 |
| | 车道级别 | 1.5 | 亚米 | 亚米 | 0.1 |
| | 车道内级别 | 1.0 | 分米 | 分米 | 0.01~0.1 |

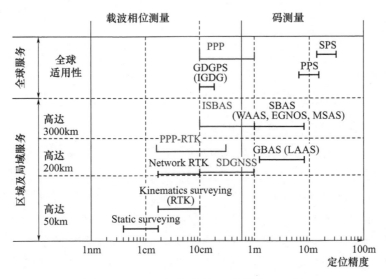

图29.9 GNSS性能水平(见文献[29.24])

图29.9展示了现有和已实现的GNSS定位服务的精度级别。其中能够用于C-ITS应用定位的GNSS技术如下。

(1) 技术A:独立绝对定位和结合低成本GNSS接收机的V2V相对定位。

(2) 技术B:SBAS绝对定位和/或结合低成本GNSS接收机的V2V相对定位。

(3) 技术C:差分GNSS绝对定位和/或结合低成本GNSS接收机的V2V相对定位。

(4) 技术D:采用双频接收机的实时动态(real-time kinematic,RTK)定位。

(5) 技术E:高端GNSS接收机PPP与V2V相对定位。

表29.9中总结了5个级别的GNSS定位技术及与C-ITS应用的关系。

表29.9 基于GNSS的定位技术精度总结及相关的C-ITS应用(见文献[29.24])

| 级 | 技术选项 | 状态 当前 | 状态 未来 | 精度范围 | 成本 | C-ITS应用 |
|---|---|---|---|---|---|---|
| 1. | A | GPS独立定位(SPS) | 多星座GNSS独立定位(Multi-GNSS独立定位本质上比单独的GPS更可靠) | 10~20m | 低 | 车辆导航,个人路线引导和LBS |
| 2. | A | GNSS独立定位(PPS)。码差分 | 多星座GNSS独立定位 | 1~10m | 低 | 车辆导航,LBS,道路交通管理 |
| 3. | B | 当前WAAS的商用WADGPS | 未来多星座GNSS的SBAS | 0.1~1m(利用SBAS和V2V相对定位) | 低 | C-ITS安全应用:车道级定位,车道级交通管理和车道内级应用 |
|  | C | 平滑DGPS | 平滑DGNSS | 0.1~1m | 中 |  |
| 4. | D E | RTK PPP | 联合PPP和RTK(无缝) | 0.01~0.1m | 中到高 | C-ITS安全的原型系统研,为低成本设备的测试提供基准 |
| 5. | 先进D和E | 静态定位 | 支持多星座GNSS信号的亚厘米级RTK | 0.001~0.01m | 高 | 地球科学和地球动力学研究。不建议用于C-ITS应用 |

2. C-ITS的合作式定位与传感器融合

随着道路交通运输应用对安全性、定位精度、可用性以及完整性的要求越来越严格,一些传统与非传统信号测量相结合的定位系统得到了发展。当GNSS不可用时,如手机等系统可以轻松切换到可用的GNSS定位替代方案。更具有鲁棒性的技术则旨在使用估计技术来确定最佳解算结果。将GNSS测量结果与低成本惯性传感器相结合的系统具有不同级别的计算复杂度。虽然这些传感器有许多针对的是高端应用,但由于成本和体积的减小,它们已经嵌入到了移动设备中,因此目前通常将它们集成到定位和导航设备中。

无线传感器网络领域已经采用了协同式或合作式定位(cooperative positioning,CP)技术,作为一种改进人员和陆地车辆导航和定位性能的方法,其与在GNSS复杂环境中的应用密切相关,在复杂环境中定位可用性的需求难以满足,或者对安全性的需求较高,需要更高级别的可靠性和完好性。通常CP技术能够最大限度利用可用的通信基础设施,在给定区域或自组织网络中的用户之间进行共享信息并融合,以提供更稳健的定位性能。在一定条件下,通信基础设施本身可以作为定位的测量源。图29.10显示了使用DSRC通信功能在车辆之间交换GNSS原始数据的相对定位概念。

DSRC具有在车辆自组网(vehicular ad hoc network,VANET)中提供车辆间测距的潜力。CP的优势是在于定位的可用性、完好性、可靠性、精度等性能与成本之间的权衡,成本包括基础设施、计算开销以及为了满足特定定位需求所共享信息的数量和质量。CP算

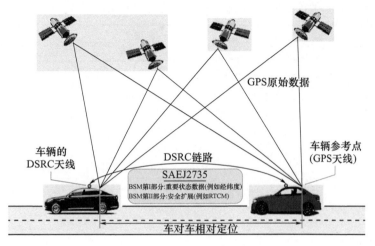

图 29.10 启用 DSRC 的 CP(见文献[29.24])

法通常使用估计的方式,特别是分散滤波、与低成本定位传感器/信号结合的跟踪模型、地图匹配和 DSRC 等。

在贝叶斯估计框架中,可以对来自多个数据源的测量数据进行融合,目标是根据接收到的测量信息来确定目标状态的分布(包括目标位置和速度),这被称为后验分布。由于测量值与对象状态之间的关系是非线性的,因此后验分布不可能是封闭的。最常用的解决方法是将关于目标状态先验预期值的测量方程进行线性化处理,这就产生了众所周知的扩展卡尔曼滤波器(EKF;第 22 章)。虽然这种近似并不总是可靠的,但是其良好的性能在许多 PN 应用中已经得到了证明。

## 29.2 铁路应用

铁路部门是未来实现更高效、安全、可持续的交通运输和 ITS 的关键领域。人们还普遍认为,无论是对安全或非安全相关的应用,必须了解每辆轨道车辆在轨道路网中的位置。同时,将由 GNSS 提供的位置和授时信息,与其他传感器系统、通信和信息技术基础相结合,对于减少事故、延误和运营成本至关重要,还能提高跟踪能力、客户满意度和成本效益[29.25]。然而,尽管 GNSS 带来了一些帮助,但对 GNSS 可靠性、安全性和可操作性等问题的担忧仍然导致铁路 ITS 发展严重滞后[29.26]。

根据应用所需的定位性能,可以对铁路部门应用进行大致的分类,与无安全性需求的应用相比,高安全高可信应用通常需要更高级别的定位可用性、完好性和精度。在文献[29.27]中,依据铁路应用所需的 GNSS 定位性能和质量级别,欧洲铁路咨询委员会将应用划分为三大类:安全类、运营类和专业类。表 29.10 总结了这些应用及其定位规范。后面各个小节将根据分类来描述相关的铁路应用。

表 29.10　不同类别铁路应用的 GNSS 定位要求（TBD：待定；ELM：欧洲大陆）

| 应用 | 需求 | | | | | | | |
|---|---|---|---|---|---|---|---|---|
| | 水平精度[a]/m | 完好性告警门限[b]/m | 完好性最大告警时间[c]/s | 可用性[d]/(%) | 服务中断/s | 持续性[e]/(%) | 覆盖[f] | 定位速率 |
| 安全相关应用 | | | | | | | | |
| 高密度线路上的ATC | 1 | 2.5 | <1.0 | >99.98 | <5 | >99.98 | ELM | 1 |
| 中密度线上的列车控制 | 10 | 20 | <1.0 | >99.98 | <5 | >99.98 | ELM | 1 |
| 低密度线上的列车控制 | 25 | 50 | <1.0 | >99.98 | <5 | >99.98 | ELM | TBD |
| 大规模商业/信息和管理-运营应用 | | | | | | | | |
| 追踪与车辆追踪 | 50 | 125 | <10 | 99.9 | TBD | TBD | ELM | TBD |
| 货车监控 | 100 | 250 | <30 | 99.5 | TBD | TBD | ELM | TBD |
| 派遣 | 50 | 125 | <5 | 99.9 | TBD | TBD | ELM | TBD |
| 乘客信息 | 100 | 250 | <30 | 99.5 | TBD | TBD | ELM | TBD |
| 基础设施和土木工程，专业应用 | | | | | | | | |
| 机器的定位 | 0.01 | TBD | <5 | 99.5 | TBD | TBD | 运行范围 | TBD |
| 基础设施测绘 | 0.01 | $10^{-3}$ | <10 | 99 | TBD | TBD | ELM | TBD |
| 固定点应用 | 0.005 | TBD | <30 | 99 | TBD | TBD | ELM | TBD |

注：① 精度为置信度为95%时的定位误差。
② 阈值或告警门限——触发警报之前，测量位置的最大允许误差。
③ 告警时间——发生警情到警报出现在输出端之间的最大允许时间。
④ 固有可用性定义为在规定条件下使用时，系统或设备在任何时间点都能较好运行的概率，其中时间指运行时间和主动维修时间。
⑤ 连续性定义为定位单元能够在规定的精度内确定其位置，并能够在任务时间内监测覆盖区域内所有路线点的定位完好性的概率。
⑥ 覆盖范围定义为 SIS 服务足以允许用户以指定的精度定位并监测所确定位置完好性的表面区域或立体空间

## 29.2.1　信号与列车控制

列车控制主要是避免列车在同一轨道上行进时发生碰撞——无论是向同一方向（互相跟随）行驶还是向相反方向（互相朝着）行驶。这是列车安全控制的关键部分，其中自动列车控制（automatic train control，ATC）系统持续监控所有列车的行进轨迹，并提供故障安全信号。例如，当列车驶向弯路时，ATC 会密切监督列车的速度，并协助司机自动调整速度。新一代的 ATC 技术目前被称为基于通信的列车控制（communications-based train control，CBTC）。CBTC 系统是指"一种连续的自动列车控制系统，采用了：不依赖轨道电路的高分辨率列车定位功能;连续、大容量、车-轨双向数据通信;能够实现列车自动保护(automatic train protection,ATP)功能以及可选的列车自动运行(automatic train operation,ATO)和列车自动监控(automatic train supervision,ATS)功能的车载和轨旁处理器。"[29.28]

CBTC 包括三个主要组成部分:

(1) ATP 通过预防碰撞和脱轨确保列车安全。它保证列车之间的安全距离,防止在交叉路口处发生超速和碰撞事件。

(2) ATO 控制列车运行,特别是管控列车速度、停站、开关门等。

(3) ATS 分配路线,监控运行中的列车,并提供数据以便控制台调整车辆速度,将延误降至最小。

这些子系统的基本功能需要通过及时(实时或接近实时)、准确和连续的获得列车在轨道上的位置来实现。传统确定列车位置的方法是区间占用,即轨道被分成固定的区间(一段长度等于列车在正常制动条件下达到完全停车所需的距离,并具有一定的安全裕度[29.29]),每次只允许一列列车进入一个区间(图 29.11)。

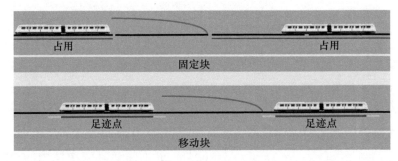

图 29.11 ATP 的区间信号。图片由 Israel. abad/Wikimedia Commons 提供,由 CC BY-SA 3.0 协议许可分发

为了实现 ATP 功能,仍在广泛使用轨道电路和计轴器,以检测某一特定区间上是否存在列车。轨道电路是一种简单的电气设备,用于检测轨道上是否有列车。计轴器是一个在铁路等固定导轨运输系统上用于轨道空位检测的子系统。计轴器通过所谓的轨道接触,计算进入和离开一段轨道区间的车轴数量,如果出口检测到的车轴数和入口是不同的,此时判定轨道区间被占用[29.30]。所有 ATC 和 ATP 功能都是基于这种较为粗略的定位。

为提供更好的定位分辨率,构成 CBTC 的移动区间系统不需要用传统的固定区间轨道电路来定位列车。取而代之的是,它会考虑自身的准确速度和位置,以及前后方列车的速度和位置,以适应当前情况。通过这种方式,两列相邻列车之间的最小距离就减少到第二列列车的制动距离。因此,安全性和可靠性很大程度上取决于位置和速度测量的准确性和完好性。

对于 GNSS 技术来说,铁路是一个复杂的定位环境,因为隧道、狭窄通道和城市峡谷都有可能遮挡 GNSS 信号,从而降低 GNSS 的可用性和完好性。GNSS 目前无法满足列车控制应用定位指定的完好性阈值,即每小时 $10^{-9}$ 次故障。而任何卫星 SPS 的故障风险都为 $10^{-4}$/h[29.32]。这两点都导致了 GNSS 在高安全性需求的铁路系统中的低使用率。图

29.12 给出了与 GPS、伽利略、EGNOS 完好性级别对应的应用需求。

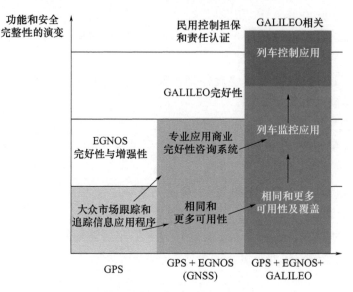

图 29.12　卫星导航系统和铁路应用(见文献[29.31])

为了解决 GNSS 在铁路应用中的局限性,必须与其他传感器混合使用,以实现在安全应用中足够精确的位置。由 GSA 投资的 Grail-2(2007—2013 年)项目的主要目标是开发基于 GNSS 的里程计,该里程计将提高列车自身位置定位、集成、替换传统里程计系统的能力。当前在欧洲铁路交通管理系统(european railway traffic management system,ERTMS)中的欧洲列车控制系统(european train control system,ETCS)环境中使用的传统里程计系统(转速表、INS、多普勒雷达等)称为增强型里程表。通过集成 GNSS 作为附加传感器,能够补偿高速运行(打滑和滑动现象)中的里程表问题[29.33]。用于估计某区间内列车位置的标准里程表方法依赖于车载里程计子系统,该子系统计算行驶距离,从而计算列车的更新位置,这就是航位推算算法。车轮打滑和滑动造成的任何距离误差,只能通过列车经过的下一个应答器的复位来纠正[29.34]。

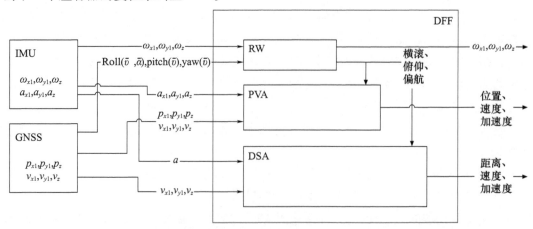

图 29.13　增强里程计的 GRAIL-2 观测量融合(见文献[29.33])

在 GRAIL 和 GRAIL-2 项目中,将一个 EGNOS 增强的双频 GNSS 接收机与一个 IMU 集成。采用卡尔曼滤波器实现不同传感器数据的滤波与融合,即所谓的数据融合滤波器(data fusion filter,DFF),图 29.13 给出了在 GRAIL-2 中卡尔曼滤波器的实现方式,其中:

(1) PVA 接收 GNSS 位置、速度和 IMU 测量结果。

(2) DSA 利用了 GNSS 提供的速度测量和 IMU 提供的沿途轨迹测量。

(3) RW 接收 IMU 的角速度测量值以及两个适当间隔的 GNSS 天线给出的方向测量值。

铁路智能一体化(illigent integration of railway, inteGRail)(2005—2008)也是欧洲的一个项目,旨在提供列车位置、速度、航向并达到以下规范要求:精度为沿轨道 10m 和轨道垂向 1m($2\sigma$),用于识别平行轨道。InteGRail 原型系统将 GNSS/EGNOS 接收机 L1 测量结果与里程计、沿轨加速度传感器、垂直测量的光纤传感器(即方位角或航向角)和数字路线图集成起来[29.35]。最近,由 STS Ansaldo 和欧洲航天局(ESA)资助的列车综合安全卫星系统(train integrated safety satellite system, 3InSat)(2012—2015)项目,旨在开发、测试和验证一个适合列车控制和管理系统的新型星基平台[29.36]。

然而,GNSS 在与其他系统(如 IMU)结合时,确实有潜力为列车控制、轨道管理系统提供高精度和高完好性的定位。北美和许多其他国家的精确列车控制(positive train control, PTC)计划,以及建立欧洲铁路交通管理系统(european railway traffic management system, ERTM)的举措,使得 GNSS 在该领域的应用得到显著增长。在定位方面,3InSat 项目旨在设计和开发一个使用多星座 GNSS 的多传感器定位检测系统(location detection system, LDS)。

LDS 多传感器、多星座(GPS, GLONASS, 伽利略,北斗)系统通过将不同的卫星导航接收机和车载传感器(陀螺仪、加速度计、转速计)结合使用,来提供一个安全兼容的定位解算方案,能够实现较高的完好性,并提升整体的可用性与弹性。LDS 将综合利用 SBAS(如欧洲 EGNOS)和 GBAS,以进行差分校正和完好性监控。此外,LDS 将具有独立的机载完整性监测能力,以进一步减少 GNSS 误差,并在增强数据不可用的情况下(如 EGNOS SIS 不可用),自主评估 GNSS 位置的完好性。沿着铁路轨道将安装一个轨道区域增强和完好性监测网络。这一方案将主要用于 SBAS 覆盖范围以外的地区。

图 29.14 给出了 3InSat 系统的参考体系结构。空间段的主要任务是提供列车位置计算所需的参考卫星信号,以及分发与卫星星历、时钟误差、传播延迟和空间信号(SIS)完好性相关的实时校正信息。轨道区域增强和完好性监控网络的作用类似于 EGNOS 距离与完好性监控子系统,实际上它只会部署在 EGNOS 覆盖范围以外的区域。车载单元通过 LDS 的子系统,利用 GNSS 信号、完好性监控的增强信息以及 INS 和转速计等其他传感器的数据,来计算列车位置。车载独立承载电信子系统将负责列车控制信息和其他重要的系统信息[29.36]。

1. 基础设施数据收集

北美的 PTC 和提案中的欧洲列车控制系统(european train control system, ETCS)能够提供列车保护功能,可根据当前限速来监控列车的速度。列车速度可能受到线路或信号设施安全的限制,即需要保护其他列车的路线和与轨道相关的约束。如果超过允许的速

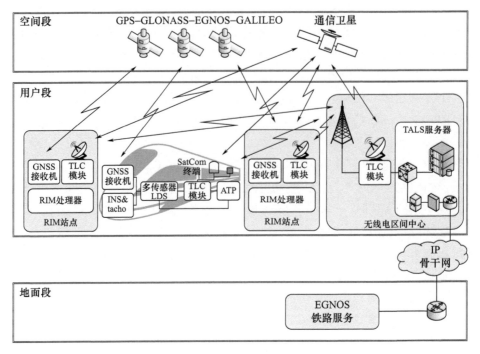

图 29.14 3InSat 参考体系结构（见文献[29.37]）

度,制动单元将被启动,直到速度降低到要求的限值或列车停止。轨道的每一个区间都用与其位置、长度、坡度和最大速度限制有关的固定数据集描述,并在列车通过该区间时,将上述数据发送给列车。在铁路上要实施这一复杂系统面临着许多挑战,其中包括需要一个高度精确的底图和资产清单数据库,该数据库必须与所有其他 PTC/ETCS 系统兼容。可靠的底图是运行 PTC 或 ETCS 实施的基础,以便根据轨道的坡度、曲率和限速区域来适当地控制列车运行。

许多的商用方案可用于 PTC/ETCS 所需的空间数据库的生成,最常用的一种是基于移动激光雷达、双频高精度 GNSS 和车载 INS 的移动测绘方案。这些系统通过混合定位能力,克服了 GNSS 在复杂环境的限制,提供了优于 5cm 的定位精度和高达 1cm 的分辨率[29.38]。例如,为了支持 PTC/ETCS,商用 Sanborn 移动测绘系统能够提供：

（1）列车的精确位置和用于信号制动控制的 GNSS。

（2）完整的资产、障碍物、间隔、道岔、辙叉、交叉口等清单。

（3）交叉口的完整环境,包括铁路交叉防护装置的状况,可以为这些防护装置提供维护;如果发生事故,这些数据对铁路、保险和法医机构具有重要的价值。

每年,全球的铁路监管机构都会花费数百万美元检查铁路的内部和外部缺陷。测试、检测需要与定位系统同步,并且基于 GNSS 的移动测绘系统可以提供比传统技术更精确的数据。其次,基于 GNSS/GIS（地理信息系统）、无线通信、信号处理和嵌入式计算等技术的远程监控系统发展至今,变得体积小、价格低,因此几乎可以用于任何轨道车辆。与基于周期性轨道检测的传统方法相比,这些能实现实时性能监测的解决方案可以更快检测出缺陷，因此对安全性有着重要的贡献。

Alstrom 列车跟踪器就是一个典型的商用模块，该模块可以安装到列车控制系统中，远程监控主要部件的变化，并向地面服务器发送无线报告。通过为每辆列车安装带有 GNSS 定位追踪的状态监测系统，可以在列车运行时处理和传输故障数据，而不用等到预定的维护时间。因此，工程师可以远程分析和诊断车内场景，从而更有效地检测问题或排除故障。此外，Sanborn 自动轨道检测项目（automatic track inspection program，ATRIP）提供了以下主要功能：

（1）高达 7mm 的轨道间相对精度。
（2）满足定位精度许可。
（3）足够大的点云密度，可以一次获得所有相关信息，从而缩短所需的追踪时间。
（4）移动测绘数据可以与其他数据（正交、激光雷达等）相结合，以构建完整的铁路通行权图像。

2. 平交道口保护

所有类型的列车保护系统都是基于减少或消除司机因不遵守视觉显示的线上或驾驶室内的信号指示而导致列车运动相关事故的可能性。一般通过了解列车在轨道上的位置和速度来启动平交道口保护系统。在传统的自动平交道口（automatic level crossing，ALX）中，控制系统包括沿轨道的固定传感器，该传感器可检测接近该道口的列车[29.39]，它不仅能感应到列车的接近，还能感应到列车的速度，因此如果列车非常缓慢地驶来，ALX 不会被激活，直到列车接近时才会启动。当交通信号灯启动后不久，会关闭路口栏杆。一旦道路交通停止，可以通过设置控制交叉口路线的铁路信号灯来允许列车继续行驶。传感器和交叉口信号灯的距离由列车在相关线路区间上行驶的最高允许速度决定。从传感器到信号灯的距离必须足够大，以便 ALX 在列车到达信号灯之前完全开启。如果 ALX 还没有准备好让列车通过，则列车必须能够在信号灯和交叉口之间的距离内停车。速度较慢的列车会导致路口栏杆不必要地提前关闭，增加了道路交通的等待时间。

作为针对铁路的安全应用，许多基于 ATC 的混合定位功能可用来触发接近平交道口时的警告，无论列车的速度如何，时间间隔都是一致的。EGNOS 控制的铁路设备（EGNOS controlled railway，ECORAIL）项目演示了 GNSS 用于 ALX 保护的功能，该项目开发了一种车载单元，能够以足够的精度和可靠性确定列车在轨道上的位置，从而进行铁路控制。通过 EGNOS、里程表测量和轨道数据库来辅助 GNSS 接收机，演示了列车接近时关闭平交道口护栏的控制功能。

演示的第一部分评估了 ECORAIL 的性能，因为车载系统计算了列车的位置，并确定了轨道上应关闭交叉护栏的位置。通过无线电线路将关闭指令传送到地面基站，记录它们的到达时间。地面设备还记录了常规控制设备中所有事件发生的时间。与固定传感器相比，ECORAIL 定位精度优于 3m。在第二阶段的演示中，ECORAIL 根据列车的位置和速度确定了关闭护栏命令的时间，从而优化了 ALX 的运行，行驶速度较慢的列车能够在穿越时关闭交叉口，而不用依靠固定的探测器。

该领域的其他类似项目均表明，基于确定位置和速度的混合车载系统具有显著性能优势,该解决方案代表了在复杂铁路环境中针对安全性要求较高应用的最新定位技术。

## 29.2.2 货物和车队管理

在铁路部门,有效追踪货物的位置并估计其交付时间的能力与其他运输方式一样重要。准确和及时地了解列车的位置或去过的地方,对于确保高效运行和服务乘客信息系统也至关重要。与其他车队管理系统相比,铁路行业的一个显著差异为"追踪和管理关键移动资产(铁路车辆、油轮和机车)的技术水平远远落后于其他高度资本化、任务关键的行业。"[29.40]

与其他定位和追踪应用一样,DGNSS 的定位功能在理想工作条件下运行时,能够提供稳健的追踪和监控功能所需的定位性能。在复杂环境中,定位性能和应用服务级别会受到影响。与许多其他的类似应用一样,使用混合解决方案能够有效提供定位功能,足以满足许多货运和车队管理功能的要求。为发挥铁路 RTLS 的全部效益,正在部署其他技术,包括 RFID 标签[29.41]和 UWB。Ubisense 引入了一种 UWB RTLS,可以实现自动化堆场作业并提高效率和生产率。通过精确定位室内和室外的全部车辆,运营商获得了前所未有的工作流程可见性,这有助于改善所有领域的铁路堆场作业。

商用资产管理公司 RFTrax 记录的效益如下。

(1)大型轨道车辆车队的所有者可以利用这些数据,通过能够监测整个车队的确切位置,大大减少在车站花费的时间,从而避免轨道车辆入库,加快其重新使用。

(2)托运人可以利用这些数据,通过更好的管理列车的运行和使用,提高整体服务交付和效率。

(3)铁路部门本身可以通过这些数据了解运货车追尾(可能破坏列车运行及其运输中的货物)以及脱轨等问题的根源,改善其轨道和全部资产的维护,从而显著降低成本并提高利润率。

(4)将这些数据集成到企业资源规划(enterprise resource planning,ERP)系统中可以实现更高的投资回报率(ROI):将列车数据与 ERP 数据集成能显著优化铁路货运行业的能力,使其成为零库存式或精益制造、为供应商管理提供决策信息,同时也显著提高供应链整体响应速度。

## 29.2.3 乘客信息系统

高精度 RTK 定位技术和车队监控管理系统能够为乘客提供到达与离开时间表的最新信息。过去十年中,乘客信息系统(passenger information systems,PIS)已经从简单的独立音频和视频显示演变为多模式集成系统,该系统使乘客在使用公共交通系统(地铁、通勤火车、车站站台、公共汽车或公共汽车候车亭)的过程中,能够接收信息、保证安全、保持心情愉悦[29.42]。通常,PIS 通过网页浏览器和移动设备,或在车站、交通枢纽处,无缝地为车载车辆提供实时信息,同时由单个控制中心进行控制和管理。无论是出行前还是行程中,PIS 提供的许多服务都需要连续地监测和报告列车的实时位置。由 PIS 提供的典型出行前信息包括下一辆要到达的车辆提供的服务、下一辆车的预期到达时间。旅途信息包括下一站的名称、到达该站的时间以及对相关换乘服务的建议。

PIS 往往是多种模式的,最常用的运行方式是将主要的陆路交通形式(公共汽车、火车和电车)连接起来,以确保在交通繁忙的路线上能实现无缝出行,在任何情况下,都需要车载系统来确定和传输列车的地理位置。对于公共汽车来说,主要使用 GNSS 来完成这项任务。在铁路行业,一些领先的电子制造商目前都提供了可以安装到现有铁路车辆上的 PIS 技术,这些系统直接与 GNSS 对接,或从列车管理系统获取定位信息。PIS 通常对定位精度的要求不高,但为了提升用户体验,提供的信息必须是可用且可靠的,提供的定位信息需要比基础服务高一个数量级。因此,如果 99% 的列车准时运行,则提供给用户的服务信息的准确性必须达到 99.9%[29.43]。当 GNSS 无法满足这一要求时,必须使用增强传感器和融合技术。

## 29.3 海洋应用

海事部门是 GNSS 通用导航应用的早期采用者,GNSS 现在是国际海事组织(international maritime organization,IMO)、《国际海上人命安全公约》(international convention for the safety of life at sea,SOLAS)海上安全条约规定的所有船舶强制性导航辅助工具。不受 SOLAS 控制的船舶,如货船、商船和游船,其航行需求在很大程度上也依赖于 GNSS。此外,GNSS 还用于确保河流、运河、湖泊和河口等内陆水道(inland waterways,IWW)的航行安全。未来,多星座 GNSS 所带来的导航性能增强有望为 IMO 海上作业提供符合其性能标准的 GNSS 接收机。具体而言,GNSS 预计将构成 IMO 电子导航方案的基础,该方案旨在将所有导航工具纳入一个能够收集、集成、交换、呈现、分析船舶和岸上海洋信息的综合系统,增强海上航行的安全保障。弹性的定位、导航和授时(position,navigation,and timing,PNT)已被确定为成功实施电子导航概念的核心要求[29.44]。

IMO 的 A.915(22)号决议对导航和定位应用的 GNSS 性能要求进行了区分。海洋定位应用包括船只监控、交通管理、港口作业、搜索救援(search and rescue,SAR)、海洋工程等,并代表了越来越多的旨在改善海上作业安全和生产力的 GNSS 应用。根据海事领域应用,图 29.15 显示了 GNSS 接收机到 2023 年的增长趋势。该增长趋势主要是由海事消费者或娱乐市场对 GNSS 技术使用的增多、业务效率的提高、SAR 技术的可携带性与耐用性以及规定船舶监测系统(vessel monitoring systems,VMS)和自动识别系统(automatic identification systems,AIS)功能的政策所推动。

GNSS 在海事领域与日俱增的重要性,加上对安全和责任关键应用的定位完整性和脆弱性的关注,为弹性海洋 PNT 确立了一个远景。根据设想,GNSS 或增强 GNSS 将构成海上导航和定位应用的核心 PNT 功能,并根据具体应用的需要,与独立、异构和互补的定位系统并存。

本节介绍了海事领域 GNSS 的性能与功能。同时还针对高性能海上应用,如导航系统、渔船控制、SAR 和港口作业等,讨论了提高基本性能的增强系统。

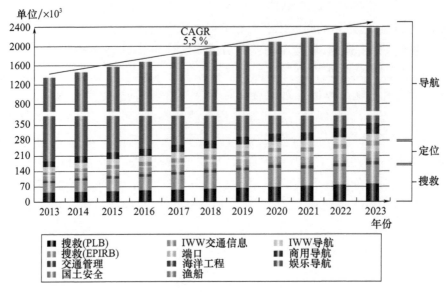

图 29.15 预计 2013—2023 年海事应用的增长率（见文献[29.2]，由欧洲 GNSS 机构提供）

## 29.3.1 面向海洋应用的 GNSS 性能要求

海洋定位与导航应用的要求各不相同，但根本上都依赖于电子定位系统（electronic position fixing system, EPFS）的输出，以便有效地执行所要求的任务。GPS、GLONASS 和北斗被认可为符合 IMO 要求的世界无线电导航系统（world-wide radio navigation system, WWRNS）。IMO 的 A.915(22) 号决议为未来将被认可为 WWRNS 的 GNSS 在精度、覆盖范围、可用性、连续性和完整性措施等方面提供了一套基准的运行性能要求[29.45]。表 29.11 显示了 IMO 对 GNSS 导航性能的通用要求。

表 29.11 IMO 的 A.915(22) 号决议对 GNSS 导航性能的通用要求（见文献[29.47]）

| | 系统级参数 | | | | 服务级参数 | | | |
|---|---|---|---|---|---|---|---|---|
| | 绝对精度 | 完好性 | | | 每30天可用性/(%) | 超过3h连续性/(%) | 覆盖 | 定位间隔/s |
| | 水平/m | 告警门限/m | 告警时间②/s | 完好性风险（每3h）| | | | |
| 海洋 | 10(100)① | 25 | 10 | $10^{-5}$ | 99.8 | N/A | 全球 | 1 |
| 沿海 | 10 | 25 | 10 | $10^{-5}$ | 99.8(99.5) | N/A(99.85) | 全球 | 1 |
| 进港和限制水域 | 10 | 25 | 10 | $10^{-5}$ | 99.8(99.8) | 99.97(99.97) | 区域 | 1 |
| 港口 | 1 | 2.5 | 10 | $10^{-5}$ | 99.8 | 99.97 | 局域 | 1 |
| 内河航道 | 10 | 25 | 10 | $10^{-5}$ | 99.8 | 99.97 | 区域 | 1 |

注：① 括号中的数字表示根据 Res.953 的操作要求；
② 30kn 以上的船舶可能需要更严格的要求

表29.12 未来GNSS在海上运输应用中的定位性能要求(2-D)(见文献[29.46])

| 精度/告警门限 | 连续性 | |
|---|---|---|
| | 未指定 | 指定(3h 内 99.97%) |
| 10m/25m | 第1组 | 第4组 |
| | 全球 | 全球 |
| | 海洋导航 | 跟踪控制 |
| | 沿海导航 | 船间协调 |
| | 搜救 | 区域 |
| | 伤亡分析 | 进港 |
| | • 海洋 | 内陆水道 |
| | • 海岸线 | 船对岸协调 |
| | 渔业 | 岸到船管理(沿海VTS) |
| | • 渔场位置 | |
| | • 捕鱼定位 | |
| | • 产量分析 | |
| | • 渔业监测 | |
| 1m/2.5m | 第2组 | 第5组 |
| | 区域 | 局域 |
| | 电缆和管道铺设 | 港口导航 |
| | A到N的管理(当前) | 拖船和推进器 |
| | 伤亡分析 | 破冰船 |
| | • 进港 | 局域(港口或内河航道)VTS |
| | 离岸勘探与开发 | |
| | • 勘探 | |
| | • 评估钻井 | |
| | • 现场开发 | |
| | • 支持生产 | |
| | • 生产后 | |
| 0.10/0.25m | 第3组 | 第6组 |
| | 无 | 无 |

表29.13 未来GNSS海上运输应用的三维定位性能要求(见文献[29.46])

| 精度/告警门限 | 连续性 | |
|---|---|---|
| | 未指定 | 指定(3h 内 99.97%) |
| 10m/25m | 第7组 | 第10组 |
| | 全球 | 全球 |
| | 海洋学 | 无 |
| 1m/2.5m | 第8组 | 第11组 |

续表

| 精度/告警门限 | 连续性 | |
|---|---|---|
| | 未指定 | 指定(3h 内 99.97%) |
| | 局域 | 局域 |
| | 清淤 | 自动进港 |
| | 工程建设 | |
| | 局域 | 局域 |
| | 集装箱/货物管理 | 港口导航(未来) |
| | 执法 | |
| 0.10m/0.25m | 第 9 组 | 第 12 组 |
| | 局域 | 局域 |
| | 清淤 | 自动进港 |
| | 工程建设 | |
| | 货物装卸 | |

表 29.14 不同场景 GNSS 预计能力的汇总表

| 应用组 | 不同场景满足要求的程度 | | | | | |
|---|---|---|---|---|---|---|
| | GPS（当前） | GPS 和 IALA DGPS（当前） | GPS 和 EGNOS（未来） | GPS 和 Galileo（未来） | GPS 与多频 DGPS | GPS 与载波相位 DGPS |
| 1 | √ | 在信标覆盖范围内的沿海地区 | 在欧洲海域内 | 全球范围 | 在信标覆盖范围内的沿海地区 | 在信标覆盖范围内的沿海地区 |
| 2 | √ | 在非常有限的区域内 | √ | √ | 在距参考站 100km 范围内的沿海地区 | 在信标覆盖范围内的沿海地区 |
| 3(当前为空组) | √ | √ | √ | √ | √ | 在参考站附近 |
| 4 | √ | 在信标覆盖范围内的沿海地区 | 在欧洲海域内 | 全球范围 | 在信标覆盖范围内的沿海地区 | 在信标覆盖范围内的沿海地区 |
| 5 | √ | | √ | √ | 在距参考站 100km 范围内的沿海地区 | 在信标覆盖范围内的沿海地区 |
| 6(当前为空组) | √ | √ | √ | √ | √ | 在参考站附近 |
| 7 | √ | 在信标覆盖范围内的沿海地区 | 在欧洲海域内 | 全球范围 | 在信标覆盖范围内的沿海地区 | 在信标覆盖范围内的沿海地区 |
| 8 | √ | | √ | √ | 在距参考站 100km 范围内的沿海地区 | 在信标覆盖范围内的沿海地区 |

续表

| 应用组 | 不同场景满足要求的程度 | | | | | |
|---|---|---|---|---|---|---|
| | GPS（当前） | GPS 和 IALA DGPS（当前） | GPS 和 EGNOS（未来） | GPS 和 Galileo（未来） | GPS 与多频 DGPS | GPS 与载波相位 DGPS |
| 9 | √ | √ | √ | √ | √ | 在参考站附近 |
| 10（当前为空组） | √ | 在信标覆盖范围内的沿海地区 | 在欧洲海域内 | 全球范围 | 在信标覆盖范围内的沿海地区 | 在信标覆盖范围内的沿海地区 |
| 11 | √ | | √ | √ | 在距参考站100km范围内的沿海地区 | 在信标覆盖范围内的沿海地区 |
| 12 | √ | √ | √ | √ | √ | 在参考站附近 |

此外，IMO 的 A.915(22) 决议列出了 30 多种不同的海洋定位应用及其建议的要求——精度从 10cm 到 10m 不等。在文献 [29.46] 中，为了便于从该列表中全面分析未来 GNSS 的性能，根据类似的所需导航性能 (recommended navigation performance，RNP) 参数，将应用分成几组集合 (表 29.12 和表 29.13)，共产生 12 组应用。各组之间的区别在于：是否需要二维或三维定位；无论是否将连续性指定为一项要求，所需的精度和相应得完好性告警门限都限制了覆盖范围，如全球、区域 (大陆) 或局域。所有应用组都对可用性 (99.8%)、完好性风险 ($10^{-5}$/h)、告警时间 (10s) 和更新率 (1Hz) 有共同要求。为了实现这些级别的定位性能，对于最注重安全的应用来说，稳健的 PNT 信息需要三个互补的组成部分：以 GNSS 定位为核心基础；用 GNSS 增强系统保障 GNSS 性能满足需求；在 GNSS 系统发生故障时的充分备份。

在文献 [29.46] 中，欧洲海上作业导航系统分析 (navigation system analysis for european maritime operations，NEMO) 软件套件旨在分析不同 GNSS 星座和不同 GNSS 增强的定位性能。该工具的设计目标是分析用于海事领域的 GNSS 参数、度量和相关定义的性能水平。表 29.14 总结了不同场景 GNSS 的预计能力，以满足 12 个应用组的要求。

## 29.3.2 海上导航

表 29.11 中规定了海事领域的一般航行作业分为 5 个主要阶段：海洋和沿海水域、进港航道、限制水域和内陆水道。在这些阶段中，船舶的安全可靠导航都以 GNSS 及其增强系统为基础。用于导航的 GNSS 接收机在定位性能、稳健性和成本方面各不相同，存在较大的差异。用于休闲娱乐导航的 GNSS 接收机通常使用 GPS 和 GLONASS 双系统的伪距观测值来确定船舶位置，该位置信息用于驱动船舶的其他特征单元，就聚焦在基准图上绘制船舶位置而言，这些特征单元通常反映了类似车载导航系统的功能，如路径引导和路标导航、风和潮汐信息等特定细节。更复杂的模型集成了其他传感器，如三轴罗盘提供航向信息、气压高度计跟踪压力变化以确定海拔高度，并帮助监测天气状况。

尽管考虑到导航或追踪精度要求相对较低，以及室外开阔水域良好的卫星几何构型，当前一代 GNSS 能够提供足够的定位能力，但仍面临着一系列公认的缺点，包括缺乏基本的完好性，在没有增强的情况下精度也有限。如图 29.16 所示，Trimble SPS351 等 GNSS 接收机能使用区域 SBAS 提供的改正数和测量值来提供更高水平的定位精度和完好性。

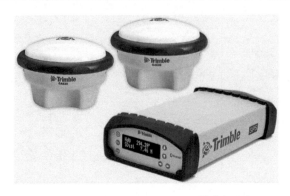

图 29.16　Trimble SPS351 船用 DGNSS/SBAS 接收机（由 Trimble 提供）

　　国际航标协会（the international association of marine aids to navigation and lighthouse authorities, IALA）的信标系统是许多海事应用的标准 GNSS 增强系统。IALA 的 GNSS 信标在全球范围内为海员提供 DGNSS 服务[29.48]。例如，在美国，海岸警卫队成功建立了用于海上和陆地导航的全国差分全球定位系统（nationwide differential global positioning system, NDGPS）。在欧洲，信标系统为整个欧洲海域提供 DGNSS 服务。图 29.17 是美国差分网络覆盖范围的一个例子。

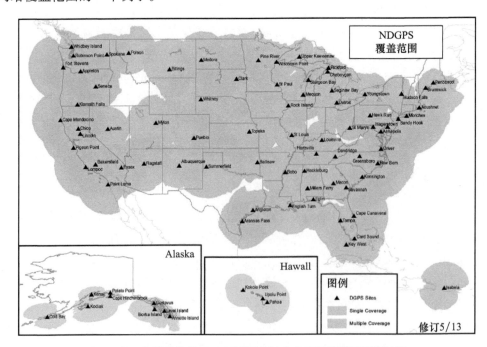

图 29.17　美国的差分 GPS 覆盖范围（由美国海岸警卫队提供）

　　在澳大利亚，DGPS 改正数通过沿海岸线设置的信标进行广播。每个 DGPS 信标包含两个独立的 GPS 接收机(冗余设计),以及在 285~325kHz 低频/调频频段运行的无线电发射机,通常覆盖范围为 150n mile 左右。根据国际海事无线电技术委员会(radio technical commission for maritime,RTCM)的附件 A.1.3 广播这些改正数。DGPS 可实现的精度通常在 2~4m 之间,精度随距离增大而降低。由于改正数播发范围有限,低频/调频无线电的 DGPS 仅限相对靠近海岸线的应用中使用。对于需要在公海进行 DGPS 校正的船只,需要采用不同方法接收校正。Kongsberg DPS112 等接收机集成了 GPS L1/L2、GLONASS L1/L2 和 SBAS 的接受能力,并提供了集成的 IALA 信标功能。

此外,在 Furgo 的 Seastar SGG 全球分布式双频参考站网络提供的差分增强信息支撑下,此类接收机还可实现亚米级定位,这些差分数据经过中央处理后,产生了一个全局解,可计算每个导航卫星的校正信息。这些校正适用于卫星星历(轨道)和时钟信息,因此被称为轨道和钟差改正数。这项服务利用 GPS L1 和 L2 频点以及 GLONAS L1 和 L2 频点,从而精确测量电离层变化。据此可以计算信号延迟量,从而获得更精确的距离和位置。SGG 提供了全球范围内具有高可用性、高完好性、水平精度优于 1m(95%)、垂直精度优于 1m(95%)的定位性能。

DGNSS 接收机通常使用伪码观测量获得在 95%置信度下优于 1m 的实时精度。对于海上导航和作业,利用结合了实时轨道和卫星时钟改正数的双频载波相位测量,PPP 技术能提供分米级的定位精度。IGS 利用其全球 IGS 参考站网络免费提供实时轨道和钟差产品。但是,Furgo 的 Starfire G4 和 Veripos Ultra 付费服务通过使用自主管理的全球参考站网络,计算这些改正数,并通过卫星通信发送给用户。Starfire 的服务范围不仅限于 GPS 和 GLONASS,还包括北斗卫星。使用 Starfire G2+服务可以实现类似增强 RTK 的功能,该服务基于固定整数模糊度,保证 GPS 和 GLONASS 厘米级的定位精度。

Furuno SC-110 卫星罗盘(图 29.18)通过解码 GPS 载波频率的相位数据来确定船舶航向。图 29.19 中,两个天线 A1(ref)和天线 A2(fore)沿船舶首尾线安装,分别连接对应的 GPS 引擎和处理器。天线 A1 和 A2 的 GPS 系统计算到卫星的距离和方位角。A1 和 A2 的距离差为

$$\Delta\lambda + N\lambda$$

式中:$\lambda$ 为 GPS L1 信号的波长 19cm;$N$ 为由最小二乘模糊度去相关调整(least-squares ambiguity decorrelation adjustment,LAMBDA)算法求解的整周模糊

图 29.18 Furuno SC110 卫星罗盘
(由 Furuno 提供)

度。在初始化阶段自动求解 $N$,从而确定 A1 到 A2 的向量(距离和方向),即船舶相对于北方的航向角。实际上,为了减少俯仰、滚转和偏航的影响,还增加了第 3 个天线,并使用 5 颗卫星处理三维(3-D)数据(通过第 3 个卫星)、减少时钟误差(通过第 4 个卫星)、并在初始化阶段计算 $N$(通过第 5 个卫星)。如果 GPS 信号被高楼阻挡或船在桥下,那么处理器单元中的三轴振动陀螺仪传感器将取代卫星,直到能看见所有 5 颗卫星。另外速率传感器还有助于根据俯仰、侧倾和偏航以及第 3 根天线调节航向数据。

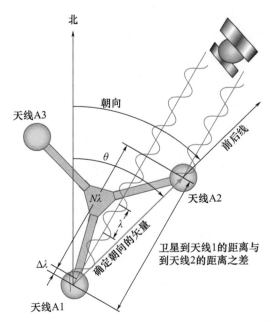

图 29.19　Furuno SC110 卫星罗盘计算原理（由 Furuno 提供）

## 29.3.3　eLoran 系统

增强型远程导航（enhanced long range navigation，eLoran）是一种国际标准化定位、导航和授时（PNT）服务，应用于交通运输等领域。eLoran 发展迅速，是 IMO 增强导航中 GNSS 系统的主要后备力量。eLoran 属于低频陆地导航系统，基于一系列发射基站，其中心频点为 100kHz，发射精确同步和成形的无线电脉冲。每个基站间隔 1000ms 发送 8 个脉冲序列。一个主基站和两个或两个以上的从基站构成一个基站链。主基站先行发送，基站链的次基站再依次连续发送。主/次发送周期性循环的序列，循环之间的周期称为组循环间隔（group repetition interval，GRI）。eLoran 是独立于 GNSS 的补充手段，和 GNSS 不同，即使在卫星服务中断的时候，它也能确保高安全性需求或任务性需求 PNT 用户的安全、安保和经济收益。eLoran 能够满足下列应用的精度、可用性、完好性和连续性的性能要求[29.49]：

（1）航空非精密仪表进近。
（2）海港入口和进近演习。
（3）陆地移动车辆导航。
（4）LBS。
（5）精确的时间和频率用户。

对 GNSS 脆弱性的担忧再次引发了人们对 Loran PNT 系统的兴趣。近年来，在全球范围内已经投入了大量的精力来调研 eLoran 是否能够为 GNSS 提供一个可行的备份手段[29.50,29.51]。

## 29.3.4　自动识别系统

自动识别系统(automatic identification system, AIS)是一种海上船舶定位追踪系统,旨在促进船舶间以及船舶与岸基主管部门(船舶交通服务)间的信息自动交换。AIS 的主要功能是通过向每艘船提供其所在区域的海上交通情况来提高避免碰撞的能力。因此,IMO《海上生命安全公约》目前规定,总吨位在 300t 或以上的国际航行船舶和所有客船(不论大小),都必须安装 AIS(图 29.20)。

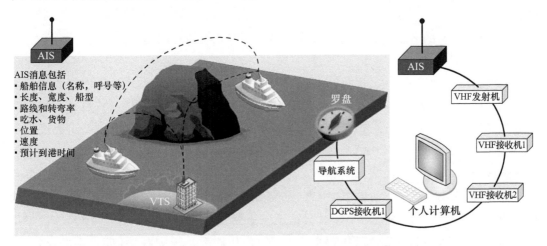

图 29.20　AIS 架构(由 Shine Micro 和美国海岸警卫队提供)

AIS 集成了标准的甚高频(very high frequency,VHF)收发机(161.975MHz 和 162.025MHz 通道)、定位系统(如差分 GNSS 或 LORAN-C 接收机)以及其他电子导航传感器(如陀螺仪罗盘或转向率指示器)。AIS 根据设定好的间隔,自动传输与船舶位置、航线、速度和航向有关的动态信息,与船舶名称、长度、宽度有关的静态信息,以及与航程有关的详细信息,如货物信息和状态(在航、抛锚)。根据船舶在航行中的速度,该数据每 2~10s 发送一次,在船舶抛锚时则每 3min 发送一次。AIS 标准包含一些子标准,称为"类型",指定单个产品的类型。每种产品类型的规范都提供了详细的技术规格,以确保全球 AIS 系统的整体完整性,所有产品类型都必须在该系统中运行。AIS 系统标准中描述的主要产品类型有:A 类和 B 类,以及用于岸上基站(AIS 基站)、助航设备(AIS AtoN)、SAR 飞机上的 AIS、AIS SAR 发射机(SART)等不同类型的 AIS(表 29.15)。

表 29.15　AIS 的类型和分类

| | |
|---|---|
| AIS 类别 A | IMO 规定,从事国际航行的 300t 及以上的船舶、不从事国际航行的 500t 及以上的货船以及客船(超过 12 名乘客),无论大小,都必须是 A 级 |
| AIS 类别 B | B 类提供的功能有限,并且适用于非 SOLAS 船只。它不受 IMO 强制规定,是为非 SOLAS 商业和休闲船开发的 |
| AIS 基站 | 基站由助航机构提供,以实现船对岸/岸对船的信息传输。AIS 基站网络可以协助提供整体海上领域的态势感知能力 |

续表

| | |
|---|---|
| AIS 助航设备 | AIS 通过同一 VDL 传输浮标和灯光的位置和状态,可以将其显示在电子海图、计算机显示器或兼容的雷达上 |
| AIS SART | 使用 AIS 的搜索和救援发射机(search and rescue transmitters,SART)可用于协助确定遇险船只的位置 |
| SAR 飞机上的 AIS | SAR 飞机可能会使用 AIS 协助其搜救 |

海岸线上的 AIS 基站能够追踪装有 AIS 收发机和转发机的船舶。当超出陆地网络覆盖范围时,将通过配备专用 AIS 接收机的卫星实现追踪,现在这种卫星的数目越来越多。如今,基于互联网的 AIS 信息传输为大众提供了获取此类信息的途径。

1. 避免碰撞

AIS 是 IMO 技术委员会开发的一种技术,旨在避免不在岸基系统范围内的大型船舶发生海上碰撞。这项技术可以单独识别每艘船舶及其具体位置和航行轨迹,从而能够实时创建虚拟图像。AIS 标准包括基于这些位置报告的各种自动计算方法,如最接近点(closest point of approach,CPA)和碰撞警报。由于并非所有船只都使用 AIS,AIS 通常与雷达结合使用。

纯文本 AIS 会显示附近船只的距离、方位和名称。当一艘船在海上航行时,附近其他船只的航行轨迹和身份信息对于领航员是至关重要的。拥有这些信息,领航员才能做出决定,以避免与其他船只或危险物(浅滩、岩石)发生碰撞。视觉观察(如无辅助设备、双筒望远镜和夜视仪)、声音交流(如哨声、喇叭和甚高频无线电)以及雷达或自动雷达标绘辅助设备历来都是用于此目的。然而,这些预防机制由于时间延迟、雷达限制、计算错误和显示故障而不起作用时,会导致碰撞的发生。

虽然 AIS 只显示非常基本的文字信息,但获得的数据可以与电子海图图像或雷达显示器相结合,在一个显示器上提供综合导航信息。

2. 渔船监测与控制

人们越来越注重保护渔业和水产养殖资源在环境、经济和社会上的可持续性。欧盟共同渔业政策等战略旨在实现这一可持续成果[29.52]。GNSS 将在监测和执行该政策的许多监管要求方面发挥重要作用,如证明渔船位置、管理捕捞配额等。从更广泛的意义上讲,对任何旨在有效监管海域使用冲突的工作,GNSS 都处于核心环节。实时和后处理的 GNSS 位置将支持海洋空间规划(maritime spatial planning,MSP)中的许多不同活动,MSP 定义为"一种对三维海洋空间进行分析和分配的过程,能够将其一部分分配给特定的用途,以实现政治规范要求范围内的生态、经济和社会目标。"[29.53]

AIS 被各国政府广泛用于追踪和监控本国渔船活动。AIS 使当局能够可靠地监测沿海岸线 60mile(取决于岸基接收机、基站的位置和质量)范围内的渔船活动,并使用卫星网络提供的补充数据。北斗星通 CDG-MF-08A 北斗接收机(图 29.21)是一款基于北斗卫星定位、通信、授时和 LBS 的先进北斗接收机。该接收机可以对大量北斗用户机进行大范围的管理,实时监测北斗系统覆盖区域内授权用户的船只位置信息和短信通信信息,从而保护和保障海洋渔业安全生产。

图 29.21　北斗星通 CDG-MF-08A 北斗海事接收机（由北斗星通提供）

3. 船舶交通服务

在繁忙的水域和港口，应该设置一个本地船舶交通服务（vessel traffic service，VTS）系统，用来管理船只交通。AIS 可以提供额外的交通感知，以及有关船只配置和航行轨迹的信息。

4. 海上安全

管理部门可以通过 AIS 识别特定船只在国家专属经济区内或附近的活动。当 AIS 数据与现有雷达系统相结合时，管理部门能够更轻易区分船只。通过自动处理 AIS 数据为每个船只创建规范化的活动模式，一旦存在违反该模式的行为，就会触发警报，从而识别潜在的威胁，以便更有效地进行资产的管理。AIS 提高了海上领域的态势感知，并加强了安全性和控制能力。此外，AIS 还可以应用于淡水河流系统和湖泊。

5. 助航设备

通过制定 AIS AtoN 产品标准，使其具有广播船舶以外物体的位置和名称的能力，如助航设备和标志物的位置以及反映标志物环境的动态数据（如海流和气候条件）。这些辅助设备可以安装在岸上，如灯塔上，或安装在水上、平台或浮标上。美国海岸警卫队建议，AIS 或将取代目前用于电子导航辅助设备的雷达信标（radar beacon，racon）[29.54]。

助航设备 AtoN 信息使管理部门能够远程监测浮标的状态，如灯塔的状态，并将浮标上传感器的实时数据（如天气和海况）传回装有 AIS 收发器的船只或地方管理部门。AtoN 信息将一并广播其位置、身份以及所有其他信息。AtoN 标准还允许传输虚拟 AtoN 位置，即一个设备可能发送具有错误位置的消息，如此一来，尽管 AtoN 本身不在该位置，但该 AtoN 标记可能会出现在电子海图上。

6. 搜救

COSPAS-SARSAT 部署于 1982 年，是世界范围的卫星搜救系统，全球海上、航空和陆地的遇险用户向其各自的 SAR 管理部门发送遇险警报和位置信息[29.55]。SARSAT 是搜救卫星辅助追踪（search and rescue satellite-aided tracking）的缩写，COSPAS 则是俄语 cos-micheskaya sistyema poiska avariynich sudov 的缩写，意为搜索遇险船只的空间系统，能够看出这种遇险警报系统源自海上险情警报。

COSPAS-SARSAT 的空间段包括由低地球轨道（LEOSAR）和地球同步卫星（GEO-SAR）承载的 SAR 有效载荷。为了进一步提高系统性能，GPS、Galileo 和 GLONASS 三个

GNSS 星座的中地球轨道卫星(MEOSAR)将承载 SAR 功能。预计到 2020 年,搜救卫星将依靠中高地球轨道 MEO、GEO 空间段,取代低地球轨道 LEO、GEO 设计[29.56]。由于许多 MEOSAR 卫星的地球覆盖范围都比 LEO 卫星大得多(大约是其 7 倍),因此 MEOSAR 星座将实现实时全球覆盖。遇险信标的探测和定位将比如今更快、更准确,只需一个信标突发信号就可以快速告警,即 50s 左右。在时间紧迫的情况下,更有效的警报通知当前危险,将有助于提高救援行动的效率。406MHz 频率上运行的 COSPAS-SARSAT 信标用于指示遇险情况。信标有三种:航空紧急定位发射机(emergency locator transmitter,ELT)、海上紧急位置指示无线信标(emergency position indicating radio beacon,EPIRB)和陆地或铁路通用个人定位信标(personal locator beacon,PLB)。这些信标允许在信标报文中使用数字编码的唯一标识信息,包括基于 GNSS 的遇险地点的位置(用于新一代信标模型)。此外,二代信标对独立定位精度有更高的要求。

为了协调海上搜救行动的现场资源,必须掌握附近其他船舶的位置和航行状态数据。在这种情况下,即使 AIS 的范围仅限于 VHF 无线电范围,它也可以提供额外的信息,并且提高对可用资源的感知。AIS 标准还预设了在 SAR 飞机上的可能用途,该标准还包含一条供飞机报告其位置的电文(AIS 消息 9)。

为了帮助搜救船只和飞机、定位遇险人员,国际电工委员会 TC80 AIS 工作组制定了基于 AIS 的搜救发射机(AIS-SART)规范(IEC 61097-14 1.0 版)。自 2010 年 1 月 1 日起,AIS-SART 加入到全球海上遇险安全系统条例中,并且早在 2009 年就已经上市了。

未来,GNSS 将有助于国际 SAR 服务,增强当前 COSPAR-SARSAT 系统的全球性能。当前的系统定位精度很差(通常是几公里),经常无法实时发送警报。Galileo SAR 服务将大大缩短告警时间,并能够确定遇险信标的位置精度在几米之内[29.57]。

## 29.3.5 海运集装箱追踪

由于能达到良好的运作效率,GNSS 在实现商业海事活动自动化方面的作用日益突出。在许多领域,正是 GNSS 的跟踪能力促成了这一优势。本节重点关注的海运集装箱追踪是海运资产追踪的主要发展领域之一,每天都有着数百万个海运集装箱进出世界各地的港口[29.58]。与这种增长相匹配的是强大的集装箱跟踪和追踪系统的发展[29.59]。

在文献[29.60]中,针对运输和物流的 Skema 交互式知识平台强调了 GNSS 在集装箱跟踪和追踪方案中的应用。用于定位的差分和 SBAS 技术,与用于通信的多种无线电通信手段(卫星、地面)结合,形成的 GNSS 通信设备安装在集装箱、交换箱上面。在国际上,其他形式的 RTLS 被应用于港口,例如新加坡港使用 RFID 技术[29.61]以及基于无线网络技术和惯性传感器的其他方案。在几乎所有情况下,这些方案都集成了 GNSS 的核心性能[29.62]。

虽然单个集装箱的定位精度只需要 10m,但在港口区域的作业和将集装箱放置到货运卡车和船只上的任务却需要更高的精度,通常需要达到毫米级。结合在港口地区卫星可见性和多路径相关问题,替代定位技术已能够与 GNSS 系统轻而易举地集成在一起,成为标准集装箱跟踪和龙门起重机的一部分。

基本的用户需求示例如下[29.60]。

（1）交换箱/集装箱的周期性实时定位，用于集装箱跟踪。

（2）集装箱完整性控制。

（3）与自动警报和报告相关联的地理位置信息。

（4）地理围栏功能，在偏离预定路线或货物进入禁区时发出警告。

（5）在发生篡改时使用位置数据触发警报（电子封条异常数据）。

（6）如果设备在一段时间内没有显示活跃迹象，表明设备可能被篡改、移除或破坏，则触发警报。

（7）出发、到达、过境时间。

（8）统计服务检查的数据管理。

（9）运行历史数据的记录和处理。

（10）集装箱及其位置、状态的自动和按需报告。

## 29.4 展　　望

GNSS 在陆地、铁路和海事部门的广泛应用，反映了其在实现多模式 C-ITS 方面做出的努力。随着整个 GNSS 系统逐渐扩展到这些领域，考虑到安全性和可靠性应用的性能须求以及当前面临的挑战，亟须发展稳健的 GNSS 增强体系，其包含传感器融合、观测量融合算法、当前和未来机会信号的创新利用。本章介绍了其中一些增强技术的现状，毫无疑问的是，未来会发展更多的应用和技术，在最复杂的环境下提供类似于 GNSS 的服务性能。

## 参考文献

29.1　K. O'Keefe, S. Ryan, G. Lachapelle: Global availability and reliability assessment of the GPS and Galileo global navigation satellite systems, Can. Aeronaut. Space J. **48**(2), 123–132(2002)

29.2　European GNSS Agency: *GNSS Market Report*, 4th edn. (Publications Office of the European Union, Luxembourg 2015)

29.3　*Global Navigation Space Systems: Reliance and Vulnerabilities* (The Royal Academy of Engineering, London 2011)

29.4　A. Rainio: Location-based services and personal navigation in mobile information society, Int. Fed. Surv. (FIG) Working Week, Seoul (FIG, Copenhagen 2001) pp. 1–14

29.5　S. Dhar, U. Varshney: Challenges and business models formobile location-based services and advertising, Commun. ACM **54**(5), 121–128(2011)

29.6　K. T. Dang, N. T. Phan, N. C. Ngo: An OpenLS privacyaware middleware supporting location-based applications, Int. J. Pervas. Comput. Commun. **9**(4), 311–345(2013)

29.7  S. Shek: Next-generation location-based services for mobile devices, Lead. Edge Forum(Computer Science Corporation, Falls Church 2010) p. 66

29.8  T. Reichenbacher: *Mobile Cartography: Adaptive Visualisation of Geographic Information on Mobile Devices* (Verlag Dr. Hut, Munich 2004)

29.9  NSTB/WAAS T&E Team: *GPS Performance Analysis Report* #85 (William J. Hughes Technical Center, Atlantic City 2014)

29.10  EVA-7M u-blox 7 GNSS module, Data Sheet UBX 13000581-R07(u-blox 2014)

29.11  A. Wieser, H. Hartinger: High-sensitivity GPS: Technologie und Anwendungen, Proc. 66th DVWSemin. GPS Galileo: Methoden, Losungen neueste Entwickl., Darmstadt(DVW, Vogtsburg-Oberrotweil 2006) pp. 251–274, in German

29.12  F. van Diggelen: *A-GPS: Assisted GPS, GNSS, and SBAS* (Artech House, London 2009)

29.13  R. Mautz: Indoor Positioning Technologies, Habilitation Thesis(ETH, Zurich 2012)

29.14  R. Bill, C. Cap, M. Kofahl, T. Mundt: Indoor and outdoor positioning in mobile environments – A review and some investigations on wlan-positioning, Geogr. Inf. Sci. **10**(2), 91–98(2009)

29.15  J. Cadman: Deploying commercial location-aware systems, Proc. 2003 Workshop Locat.-Aware Comput. (held as part of UbiComp 2003), Seattle, ed. by M. Hazas, J. Scott, J. Krumm(2003) pp. 4–6

29.16  K. Siwiak, P. Withington, S. Phelan: Ultra-wide band radio: The emergence of an important new technology, Proc. 53rd Veh. Technol. Conf. (VTC'2001), Rhodes Vol. 2(2001) pp. 1169–1172

29.17  P. D. Groves: *Principles of GNSS, Inertial, and Multisensor Integrated Navigation Systems*, 2nd edn. (Artech House, London 2013)

29.18  A. Ledeczi, P. Volgyesi, J. Sallai, B. Kusy, X. Koutsoukos, M. Maroti: Towards precise indoor RF localization, Proc. 5th Workshop Embed. Netw. Sens. (HotEmNets'08), Charlottesville(ACM, New York 2008) pp. 1–5

29.19  M. Bouet, A. L. Dos Santos: RFID tags: Positioning principles and localization techniques, Proc. 1st IFIP Wirel. Days(WD'08), Dubai(2008) pp. 1–5

29.20  A. Lim, K. Zhang: A robust RFID-based method for precise indoor positioning, Adv. Appl. Artif. Intell. 19th Int. Conf. Ind., Eng. Other Appl. Appl. Intell. Syst., IEA/AIE 2006, Annecy, ed. by M. Ali, R. Dapoigny(Springer, Berlin 2006) pp. 1189–1199

29.21  M. S. Grewal, L. R. Weill, A. P. Andrews: *Global Positioning Systems, Inertial Navigation, and Integration* (Wiley, Hoboken 2007)

29.22  A. Kealy, G. Roberts, G. Retscher: Evaluating the performance of low cost MEMS inertial sensors for seamless indoor/outdoor navigation, Proc. IEEE/ION PLANS 2010, Indian Wells(2010) pp. 157–167

29.23  M. Efatmaneshnik, N. Alam, A. T. Balaei, A. Kealy, A. G. Dempster: Cooperative positioning in vehicular networks. In: *Wireless Technologies in Vehicular Ad Hoc Networks: Present and Future Challenges* (IGI Global, Mexico City 2012) pp. 245–270

29.24  ARRB Project Team: *Vehicle Positioning for C-ITS in Australia* (Research Report AP-R431-13, Austroads 2013)

29.25  J. P. Tripathi: *Algorithm for Detection of Hot Spots of Traffic Through Analysis of GPS Data*, Ph. D. Thesis(Thapar University, Patiala 2010)

29.26 J. Beugin, J. Marais: Simulation-based evaluation of dependability and safety properties of satellite technologies for railway localization, Transp. Res. C Emerg. Technol. **22**, 42–57 (2012)

29.27 GNSS Rail User Forum: Requirements of Rail Applications (European GNSS Secretariat, Brussels 2000)

29.28 Standard for communications-based train control (CBTC) per formance and functional requirements, IEEE Std 1474.1-2004 (2004)

29.29 A. Mirabadi, N. Mort, F. Schmid: Application of sensor fusion to railway systems, Proc. IEEE/SICE/RSJ Int. Conf. Multisens. Fusion Integr. Intell. Syst., Washington (1996) pp. 185–192

29.30 A. C. Knight, H. Uebel: System for indicating track sections in an interlocking area as occupied or unoccupied, US Patent 4 763 267 (1988), Alcatel N. U.

29.31 G. Barbu: GNSS/GALILEO certification for rail safety applications railway requirements and the strategic position of UIC, Proc. 8th World Congr. Railw. Res. (WCRR'2008), Seoul (UIC, Paris 2008) pp. 1–9

29.32 K.-H. Shin, D. Shin, E.-J. Eui-Jin Joung, Y.-G. Kim: The reliability and safety enhancement method of GNSS for train control application, Proc. 23rd Int. Tech. Conf. Circuits/Syst., Comput. Commun. (ITCCSCC 2008), Shimonoseki (UIC, Paris 2008) pp. 1545–1548

29.33 E. Gonzalez, C. Prados, V. Anton, B. Kennes: GRAIL-2: Enhanced odometry based on GNSS, Procedia-Soc. Behav. Sci. **48**, 880–887 (2012)

29.34 B. Allotta, V. Colla, M. Malvezzi: Train position and speed estimation using wheel velocity measurements, Proc. Inst. Mech. Eng, F J. Rail Rapid Transit **216**(3), 207–225 (2002)

29.35 S. Bedrich, X. Gu: GNSS-based sensor fusion for safety-critical applications in rail traffic, Proc. NAVITEC'2004, Noordwijk (ESA, Netherlands 2004) pp. 1–8

29.36 F. Senesi: Satellite application for train control systems: The test site in Sardinia, J. Rail Transp. Plan. Manag. **2**(4), 73–78 (2012)

29.37 F. Rispoli, A. Filip, M. Castorina, G. Di Mambro, A. Neri, F. Senesi: Recent progress in application of GNSS and advanced communications for railway signaling, Proc. 23rd Int. Conf. Radioelektron., Pardubice (2013) pp. 13–22

29.38 K. Williams, M. J. Olsen, G. V. Roe, C. Glennie: Synthesis of transportation applications of mobile LIDAR, Remote Sens. **5**(9), 4652–4692 (2013)

29.39 L.-S. Tey, L. Ferreira, H. Dia: Evaluating cost-effective railway level crossing protection system, Proc. 32nd Australas. Transp. Res. Forum, Auckland (ACT, Canberrra 2009) pp. 1–12

29.40 J. Greenbaum: *Real-Time Asset Management for Railroad Freight: The RFTrax Opportunity* (Enterprise Applications Consulting, Berkley 2006)

29.41 A. Rosova, M. Balog, Ž. Šimekova: The use of the RFID in rail freight transport in the world as one of the new technologies of identification and communication, Acta Montan. Slovaca **18**(1), 26–32 (2013)

29.42 V. Scinteie: Implementing passenger information, entertainment, and security systems in light rail transit, 9th Natl. Light Rail Transit Conf., Portland (Transp. Res. Board, Transp. Res. Circ. E-C058, Washington 2003) (UIC, Paris 2003) pp. 528–533

29.43 P. Parker: Real-time information: Need for, reliability and management, http://melbourneontransit.blogspot.com.au/2010/08/real-time-passenger-information-need.html, last accessed 21 January 2014

29.44　A. Grant, P. L. Williams, N. K. Ward, S. Basker: GPS jamming and the impact on maritime navigation, J. Navig. **62**(2), 173–187(2009)

29.45　Z. Kopacz, W. Morgas, J. Urbanski: The changes in maritime navigation and the competences of navigators, J. Navig. **57**(1), 73–83(2004)

29.46　M. Fairbanks, N. Ward, W. Roberts, M. Dumville, V. Ashkenazie: GNSS augmentation systems in the maritime sector, Proc. ION NTM 2004, San Diego (ION, Virginia 2004) pp. 662–673

29.47　C. Dixon, R. G. Morrison: A pseudolite-based maritime navigation system: Concept through to Demonstration, J. Global Position. Syst. **7**(1), 9–17 (2008)

29.48　G. Mangs, S. Mittal, T. Stansell: Worldwide beacon DGPS status and operational issues, RTCM Orlando, FL(Leica Geosystems, Torrance 1999)

29.49　S. Basker, P. Williams: Navigating eLoran: Challenges and the way forward, Proc. XVIIth IALA Conf. (2010)

29.50　D. Last: GNSS: The present imperfect, Inside GNSS **5**(3), 60–64(2010)

29.51　G. W. Johnson, P. F. Swaszek, R. J. Hartnett, R. Shalaev, M. Wiggins: An evaluation of eLoran as a backup to GPS, Proc. 2007 IEEE Conf. Technol. Homel. Secur. (IEEE, 2007) pp. 95–100

29.52　H. Frost, P. Andersen: The common fisheries policy of the European Union and fisheries economics, Marine Policy **30**(6), 737–746(2006)

29.53　C. Ehler, F. Douvere: Marine spatial planning, a step-by-step approach towards ecosystem-based management. Intergovernmental Oceanographic Commission and Man and the Biosphere Programme. IOC Manual and Guides No. 53, ICAM Dossier No. 6 (Intergovernmental Oceanographic Commission and Man and the Biosphere Programme, UNESCO, Paris 2009)

29.54　I. Harre: AIS adding new quality to VTS systems, J. Navig. **53**(3), 527–539(2000)

29.55　J. V. King: Overview of the Cospas–Sarsat satellite system for search and rescue, Proc. 6th Int. Mob. Satell. Conf. (IMSC'99), Ottawa (Communications Research Center, Nepean 1999)

29.56　S. D. Ilcev: Development of Cospas–Sarsat satellite distress and safety systems(SDSS) for maritime and other mobile applications. In: *Marine Navigation and Safety of Sea Transportation: Navigational Problems*, ed. by A. Weintritt (CRC Press, London 2013) p. 269

29.57　A. Lewandowski, B. Niehoefer, C. Wietfeld: Performance evaluation of satellite-based search and rescue services: Galileo vs. COSPAS–SARSAT, Proc. IEEE 68th Vehic. Technol. Conf. 2008, VTC 2008-Fall (IEEE, 2008) pp. 1–5

29.58　J. M. Moreno: Bar seal for shipping container, US Patent 7 044 512(2006)

29.59　W. K. Talley: Ocean container shipping: Impacts of a technological improvement, J. Econ. Issues **34**(4), 933–948(2000)

29.60　G. Lynch: e-Maritime Overview, SKEMA Sustainable Knowledge Platform for the European Maritime and Logistics Industry, SST-2007-TREN-1-SST. 2007. 2. 2. 4., Feb 2010

29.61　R. Angeles: RFID technologies: Supply-chain applications and implementation issues, Inf. Syst. Manag. **22**(1), 51–65(2005)

29.62　H. K. Maheshwari, A. H. Kemp, Q. Zeng: Range based real time localization in wireless sensor networks. In: *Wireless Networks, Information Processing and Systems*, ed. by D. M. A. Hussain, A. Q. K. Rajput, B. S. Chowdhry, Q. Gee (Springer, Berlin 2009) pp. 422–432

# 第 30 章 航空应用

**Richard Farnworth**

GPS 成功用于民用领域已有 30 余年,现在已广泛用于航空领域的多种场景。

本章介绍了 GNSS 应用于航空领域时的工作机制和性能要求,以及在航空领域中的一系列成熟应用;描述了区域导航替代传统导航的变革过程,基于性能的导航(performance based navigation,PBN)在全球范围内的推广过程,以及 GNSS 在这种变革中所发挥的重要作用;讨论了不同飞行阶段的导航性能要求,包括保障导航完好性的不同方法。

本章旨在阐述 GNSS 如何应用于航空领域,以及如何与其他导航系统集成到飞机上。同时还介绍了监管和认证的过程,以及航空器运营商获准使用 GNSS 的相关机制。

## 30.1 概　　述

GNSS 具有高性能的全球导航能力,能够满足航空用户的诸多需求,在航空领域已经得到了广泛使用。此外,GNSS 接收机在成本、大小和灵活性方面具有优势,成为航空用户的首选导航解决方案。目前 PBN 在全球有着良好的发展趋势,这使得 GNSS 更加重要,其结合外部增强系统促成了新的进近程序,能够提高安全性以及更好地进出机场。GNSS 未来将成为许多航空应用的基础支撑。不过,基于单星座单频信号的民航应用仍然存在卫星导航的脆弱性等问题,有意或无意的潜在电磁干扰导致卫星信号鲁棒性差。多星座多频(multi-constellation/multi-frequency,MC/MF)GNSS 虽然能够较大程度地缓解该问题,但同时带来了额外的复杂性。为了说明航空领域中 GNSS 的作用和使用方法,本节将描述传统导航到 PBN 的演变过程,并介绍多种航空应用如何受益于 GNSS 的引入。

### 30.1.1 传统导航

仪表导航是由简单的无线电测向发展而来的。到了 20 世纪 20 年代,航空专用导航系统已经发展起来,例如无线电测距(也称 A/N 发射机),该系统基于一个广播莫尔斯电码字母 $A$ 和 $N$ 的无线电发射机网络。当飞机在航线上时,飞行员会听到稳定的音调;当在航线左侧时,会听到莫尔斯电码字母 $A$;当在航线右侧时,则会听到字母 $N$。该系统是无方向信标(non directional beacon,NDB)的先驱,在 20 世纪 30 年代时,就已经定义了一系列横跨美国大陆(CONUS)的航线。如今,NDB 被认为是最基本的助航设备,它是一种简单的无线电发射机,能够发射一个单一频率的全向信号。尽管该系统已有70多年的历史,但今天仍有人安装新的 NDB 发射器。最初,飞机上的接收天线要通过手动调整以确定信号方位,但很快就实现了自动化,即自动定向仪(automatic direction finding,ADF),这种导航功能使飞行员能够识别与信标的相对方位。飞行员在使用 NDB 过程中往往面临的挑战是,当要回到某站点时必须根据风向做一些修正,因此需要一定技巧才能在站与站之间按特定方向飞行。20 世纪 50 年代引入的甚高频全向信标(VHF omnidirectional range,VOR)能为地面辅助设备提供一个特定方位或径向,与无方向信标相比,精度有了显著提高。图 30.1 展示了飞机沿着径向朝一个 VOR 站飞去,其中 VOR 站用小六边形符号表示。该图还展示了通过两个 VOR 站的径向交会确定的位置。20 世纪 60 年代,随着测距仪(distance measuring equipment,DME)的引入,飞机导航得到了进一步的加强。顾名思义,测距仪用来提供距离信息。DME 通常与 VOR 电台位于同一位置,为飞行员提供到助航设备的径向和距离。

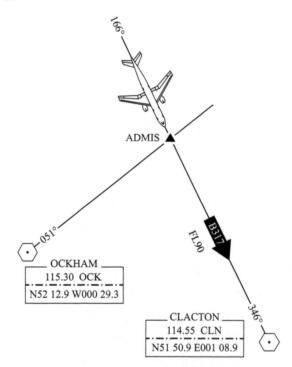

图 30.1　传统导航:飞机正在接近固定位置 ADMIS,该固定位置由两个 VOR 站的半径交会确定

20 世纪 30 年代和 40 年代,随着航空运输的不断发展,人们认识到正式协调交通和空域管理的必要性。从 20 世纪 40 年代末到 90 年代末,围绕地面助航设备的位置,设计了空域和空中交通服务(air traffic services,ATS)航路的结构。ATS 航路是一个地面助航设备与另一个地面助航设备点对点的连接。当需要新的 ATS 航路时,必须安装额外的助航设备来进行支持。如果位置或成本受限不能设立新的助航设备,就可以在助航设备的范围内定义一个定点。定点是由两个半径的交会点或一个方向和距离确定的点,它来自一个配套的 VOR/DME。机场没有精密仪表着陆系统(instrument landing systems,ILS)时,这

些助航设备可为非精密进近(non-precision approach, NPA)程序提供引导。因此,助航设备的位置往往是航路和进近导航需求之间的折中。

地面助航设备之间的航迹确定了大陆 ATS 航路的结构,飞行员一般通过手动选择飞机航向、观察与助航设备的相对方位和距离,以及修正风对航线的影响来驾驶飞机,此时导航的精度约为 5n mile。这个精度是 $2\sigma$ 值,表明飞机至少在 95% 的飞行时间内,都位于既定航迹的 5n mile 范围内。然而,这种性能表现并不一致,因为飞机距离助航设备越近,VOR 的精度就越高,而 ATS 航路的安全和防护要求正是基于这一预期性能。传统导航的一个主要缺点是随着交通量的增加,管理飞机的 ATS 航路会越来越多,每个助航设备起始的航线也越来越多,导致该系统出现瓶颈。20 世纪 90 年代,欧洲网络的某些地方开始出现交通饱和,促进研究和提出新的解决方案。

## 30.1.2 区域导航

20 世纪 70 年代末,第一套数字航空电子设备出现在民用飞机上,洛克希德 L-1011 Tristar 是首架载有导航计算机 Carousel 的商用飞机,它允许飞行员手动输入坐标,然后使用惯性导航引导飞机到达该位置。飞行员在这些早期计算机中输入地面助航设备的坐标,导航系统依据既定入站径向线进行导航,从而在传统 ATS 航路上飞行。早期的计算机是现代复杂的飞行管理系统(flight management system, FMS)的先驱,FMS 负责飞机导航和许多其他功能。飞机能飞到具体的坐标而不是只能飞到某助航设备的上空,从而增强了灵活性,并促进了区域导航(area navigation, RNAV)的发展。RNAV 定义如下[30.1]:

"在地面或空间导航设施的作用范围内,或者在航空器自备导航设备的覆盖范围内,或者在两者相结合的条件下,航空器在任何欲飞航迹上飞行的一种导航方法。"

图 30.2 展示了一系列航路点之间的 RNAV 航路,这些点叠加在一条经过地面助航设备的传统航路上,机载计算机能够使用相同的助航设备来计算其位置,而飞行员不用必须从一个助航设备飞到另一个助航设备了。

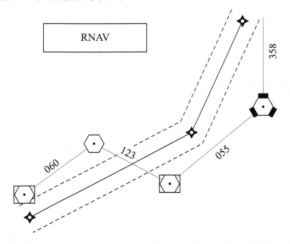

图 30.2 不依赖于地面助航设备位置的传统导航和区域导航的航路点

机载导航计算机的发展提供了区域导航能力，使飞机能在两个空间地理点之间的航路上飞行，而不受地面助航设备位置的限制。这使得飞机能够飞到航路点，并追踪与地面助航设备之间的方位。在不需要增加助航设备的前提下，这至少从理论上使得在任何地方设计新的航线成为可能。20世纪70年代和80年代，RNAV通过VOR和DME输入的数据开展工作。

尽管取得了这些进展，但ATS航路结构仍十分依赖地面助航设备的位置。由于只有部分飞机安装了RNAV设备，航路结构仍无法进行调整。面对各种各样的飞机，有些具有RNAV能力，有些则没有，而空中交通管制（air traffic control, ATC）根据飞机能力分配RNAV或常规航线的方法已经被证明是行不通的。为了解决此问题，1998年4月，欧洲制定了一份强制要求机载基本RNAV设备[30.2]的规定，此时首架具备RNAV功能的商用飞机已经问世了20多年。

## 30.1.3 GNSS的诞生

在航空界意识到RNAV的潜力并探索如何从RNAV中获益的同时，美国的Navstar GPS也在不断地发展。GPS可以为RNAV系统提供全球范围内的支持，因此助航设备的覆盖范围问题得以解决。1973年GPS项目启动，1978年首颗卫星在轨运行。到了20世纪80年代，大部分卫星已部署完毕。在第一次海湾战争中，GPS虽然尚未完全投入使用，但发挥了重要作用。1983年，苏联击落了一架波音747客机——大韩航空KAL007，这使得里根总统决定授权批准GPS的民用。然而，虽然此后民众也能使用GPS信号，但美军不希望开发的定位系统被用来对付自己，因此故意通过原子钟的轻微抖动和导航电文的轻微扰动来降低标准定位服务（standard positioning service, SPS）的性能。这种在L1频点上故意的性能降低被称为选择可用性（selective availability, SA）[30.3,30.4]。即使知道存在这种性能降级，航空界也确信该定位系统的潜力，其提供的全球覆盖范围和定位精度远优于任何已有的常规陆基助航设备[30.5]。

不过，航空业的管理十分严格，如果要在飞机上使用GPS，就需要制定全球通行的国际标准。航空无线电技术委员会（radio technical commission for aeronautics, RTCA）于1991年制定了第一个GPS接收机行业标准[30.6]，其名为《使用全球定位系统的机载辅助导航设备的最低运行性能标准》RTCA DO-208。该标准发布之后不久，欧洲民用航空设备组织（european organisation for civil aviation equipment, eurocae）发布了一份欧洲版本的标准ED-72-A，美国联邦航空管理局（federal aeronautics administration, FAA）也发布了技术标准规定TSO C-129[30.7]。这些标准规定了GPS设备如何安装并集成到商用飞机上，以及如何通过认证并投入使用。值得注意的是，从名称上看，DO-208及其欧洲版本ED-72A当时只允许GPS作为辅助设备使用。因此GPS设备并没有取代传统的飞机导航设备，而仅作为一种额外搭载，并且地面助航设备需要时刻保持运行，以防止GPS出现问题。联合航空管理局（joint aviation authorities, JAA）的基本区域导航认证文件[30.8]中清楚地表明了这一要求，该文件有限制地允许将GPS用作RNAV传感器。

引入 GPS 作为一种导航系统,对飞机制造商、航空电子制造商甚至航空器运营商来说都是相对明确的。GPS 接收机就是另一个导航盒,必须像其他机载系统一样进行集成和认证。然而,对于广义的航空界来说,GPS 空间信号(signal in space,SIS)是一个巨大的变化,尤其对于提供 ATC、通信、导航和监视服务的国家航行服务提供商来说。

1. 国际化标准

1944 年,由最初 52 个缔约国签署的《国际民航公约》(又称《芝加哥公约》)规定,国际民航标准由联合国机构国际民航组织(international civil aviation organisation,ICAO)管理。在过去 60 年里,ICAO 不断壮大,目前已有 191 个签署国①。ICAO 制定了对成员国具有约束力(除非成员国申请豁免)的全球《标准和建议措施》(standards and recommended practices,SARP),以及可能并不适用于所有成员国的《航行服务程序》(procedures for air navigation services,PANS)。

根据《公约》第 28 条,缔约国必须"承诺根据《公约》建议或确立的标准和做法,在其领土内提供[……]空中导航设施,以便利国际空中导航。"

在 GPS 出现之前,各国家仅在其领土内提供自己的导航设施。作为一个覆盖全球的系统,GPS 的出现给一些国家带来了困扰,因为该系统由一个国家的军方控制。这自然产生了问题,即一国若允许在其领空内使用该系统进行空中导航,将要承担什么责任[30.9]。一些国家用很长时间来克服这个体制障碍,也引起了很多争论,而且并非所有国家都允许将 GPS 用于辅助导航以外的任何其他用途。无法控制 GPS 和 GLONASS 这两个军方系统的核心卫星星座,以及不愿意依赖外国提供的信号,这两个原因在一定程度上推动了其他卫星定位系统的发展,如欧洲的伽利略、中国的北斗和印度的区域卫星导航系统(IRNSS/NavIC)。

1994 年,美国政府在联邦航空局局长致 ICAO 的信中提出:"在可预见的未来,将在全球范围内持续提供 GPS 标准定位服务,不收取直接用户费用。终止前会至少提前 6 年发布通知。"

1996 年,俄罗斯联邦也提出了一项关于 GLONASS 的类似提议。

2. 通用大地参考系统

区域导航是利用飞机计算机在坐标之间进行飞行的能力,这突显了整个航空界对通用的大地测量参考系统,而不是先前局部性的国家大地参考系统的需求。GPS 及其全球参考系统的引入也强化了对统一标准参考系统的需求。1989 年,ICAO 大会同意采用 WGS-84[30.10]作为在全球范围内应用的标准大地测量系统,该系统是由军方开发的最新大地测量系统。各个国家根据需要而单独开发和使用的国家参考系,多数情况下彼此不兼容,即一个系统中给出的坐标并不能在邻国坐标系中引导到相同位置。由于所有参考系都是数学模型,因此模型之间能够进行转换。但随着 20 世纪 90 年代 WGS-84 在全球应用,从国家基准向 WGS-84 的转变并不是一项简单的任务[30.11]。因为在许多情况下,原始测量数据存在着不可用或者精度不足以支持航空 RNAV 需求的问题。因此,经过多年 WGS-84 才得以实施,而且即使在今天,部分国家仍未遵守 ICAO 的标准。

---

① 译者注:目前(2022 年)已增加至 193 个

## 30.2 GNSS 航空标准化

1993 年,ICAO 成立了 GNSS 小组,其任务是制定在航空中使用 GNSS 的 SARP。GNSS 具有如下定义[30.12]:"一种全球定位和授时系统,包括一个或多个卫星星座、飞机接收机和系统完好性监测,以及为支持预定运行的所需导航性能所必要的增强。"

ICAO 对 GNSS 标准化的方式,和对其他传统地面导航系统进行标准化的方式有很大不同。标准化常规助航设备(如 DME)的目的是确保互操作性。一个 DME 应答器(地面站)可以由全球不同的制造商生产,但不同制造商生产的应答器在回应机载 DME 询问机时都需要有相同的表现。GPS 星座已经实现了全球覆盖,并且美国军方在接口控制文件(interface control document,ICD)200 系列中已经定义了其信号规范。因此,即使之后有其他 GNSS 系统被开发出来,其卫星星座或增强系统的信号特征也不会与 GPS 完全相同。为 GNSS 制定 SARP 的目的是确保航空界对航空接收机制造商假设的信号参数有一个共同的理解。一些国家认为,美国政府发布的 ICD 和《标准定位服务性能标准》中已经定义了 GPS 信号[30.13],因此不应该在 ICAO 的标准中复制这两份文件的全部或部分内容,最终决定制定 ICAO GNSS 标准[30.14],该标准于 1999 年在附件 10[30.12]中公布,并于 2001 年在全球适用。

对于民航业来说,虽然位置估计的准确性很重要,但同样重要的是确认这些估计没有出差错的置信度。这种置信度被称为完好性[30.15],民航对定位系统设定了 $10^{-7}$ 的要求,以便在出现问题时向机组发出警告——这相当于 10000000 次中有一次漏检。尽管美国国防部在 20 世纪七八十年代开发 GPS 时曾考虑过设立一种独特的完好性信道,但由于成本的原因从未实施。因此,对于民航而言,要使信号可接受必须添加完好性的内容,称之为增强。

ICAO 定义了三种不同类型的 GNSS 增强系统的标准,具体如下:
(1) 机载增强系统(aircraft based augmentation system,ABAS);
(2) 星基增强系统(satellite based augmentation system,SBAS);
(3) 陆基增强系统(ground based augmentation system,GBAS)。

下面简要介绍这些系统。有关 SBAS 和 GBAS 的详细信息,请参阅第 12 章和第 31 章。

### 30.2.1 机载增强系统

ABAS 是最简单的完好性监测形式,可以分为两种技术。第一种技术是将 GPS 接收机与其他机载传感器(如精确时钟、测高系统或惯性平台)的输入融合,这种形式的机载增强系统称为飞机自主完好性监测(aircraft autonomous integrity monitoring,AAIM)。第二种技术是接收机自主完好性监测(receiver autonomous integrity monitoring,RAIM),它是应用最广泛的 ABAS 技术。RAIM 是 GPS 接收机中的一种算法,当星座中可用的卫星数量超过了计算位置所需的最小卫星数量,它能利用卫星星座的冗余信号。构成卫星星座的卫星数量在设计之初是 24 颗,但实际上星座中的卫星数量一直多于 24 颗,所以对于用户接收机来说,一般情况下的可见卫星数目会超过定位需要的最小卫星数量。利用冗余卫星,用户接收机中的算法可以检查不同测量数据的相对一致性,并识别是否有卫星存在故障——称之为故障检测。如果接收机检测到故障,则可以向飞行员发出警告。如果卫星数量不足以执行 RAIM 检查,也会发出警告。如果 6 颗或更多的卫星可见,有些 RAIM 算法不仅能够检测到故障,而且能够发现出错的测距源。这使得接收机能够排除故障卫星,并继续提供具备完好性的位置,这称为故障检测和排除(fault detection and exclusion,FDE)。由于 ICAO 的标准旨在定义空间信号,而 RAIM 是一项在用户设备中实现的功能,因此关于 RAIM 的航空规范可在 RTCA 和 Eurocae 等组织制定的航空电子设备标准中找到[30.6]。

## 30.2.2 星基增强系统

SBAS 利用地面监测站的区域网络来评估核心星座,并通过地球静止卫星向用户提供导航信息。SBAS 的系统架构如图 30.3 所示。SBAS 主控站提供了导航信息,可为地面监测网络可视的每颗卫星提供距离校正和完好性信息。若某颗 GPS 卫星校正量过大,就会给该卫星加上一个"请勿使用"的标记。用户设备可以使用这些改正数,进而提升定位精度和完好性。

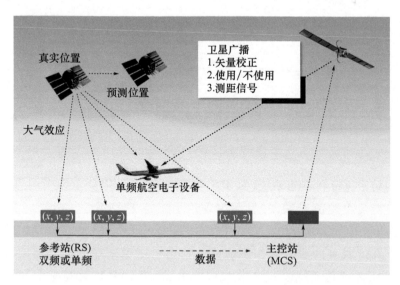

图 30.3 SBAS 系统架构。通过对地球同步卫星卫星向用户播发校正信息

世界上许多地区都已经应用或者正在开发 SBAS 系统,如美国广域增强系统(wide area augmentation system,WAAS)[30.16]、欧洲地球静止导航覆盖服务(european geostationary navigation overlay service,EGNOS)[30.17]、日本的多功能星基增强服务(multi-functional satellite augmentation service,MSAS)[30.18]、印度的全球定位系统辅助地理增强导航(GPS aided geo augmented navigation，GAGAN)[30.19]，以及最近俄罗斯的差分校正和监测系统(differential corrections and monitoring，SDCM)[30.20]。目前只有 SDCM 提供 GPS 和 GLONASS 的监测，其他的所有 SBAS 系统都只针对 GPS 提供增强信息。SBAS 系统可以用相对较少的投资，为机龄较长和功能较差的飞机提供高端导航功能。

### 30.2.3 陆基增强系统

GBAS 系统提供核心星座的本地监测，其工作原理是认为地面站的定位误差与飞机的定位误差相同。当飞机离地面站很近时，这种假设是正确的；但当飞机远离地面站时，两者的差异会增大。GBAS 系统架构如图 30.4 所示。GBAS 在机场或机场周围使用一系列位置精确已知的天线，这些天线将接收到的信号反馈给处理单元，从而使系统能够计算地面站每个可用信号的时间延迟。处理单元生成一系列导航信息，这些信息通过甚高频数据广播（VHF data broadcast，VDB）发射机发送给进近的飞机。该系统还在进近数据库中保存了一系列独特的进近路径，待地面站运行人员做出选择之后，GBAS 将发送所需的最后进近航段（final approach segment，FAS）供飞机执行。GBAS 系统旨在支持精密进近和着陆运行程序，并最终取代传统的 ILS。

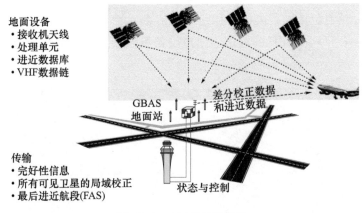

图 30.4　GBAS 系统架构

与传统的精密进近和着陆系统（如 ILS 和 MLS）相比，GBAS 的一个主要优点是单个台站就可以支持多个跑道末端，并且至少理论上支持多个邻近的机场。而对于 ILS 和 MLS 来说，每条跑道都需要在附近安装一个专用系统和天线，以支持精密进近和着陆运行程序。因此，GBAS 具有为服务提供商提供支持多个跑道末端的高效解决方案的潜力。此外，由于 GBAS 不必位于跑道末端，所以以前由于地理限制和天线选址问题无法支持精确进近的机场，现在则可以实现精密进近。GBAS 优于 ILS 的另外一点是，在低能见度程序运行期间能够增加跑道吞吐量。当低能见度程序运行时，ILS 需要加强对关键和敏感区域的保护，以确保位于跑道附近的地面发射机发出的无线电信号不受任何移动物体（如飞机）的干扰。因此，在低能见度条件下进近时，飞机之间需要额外的间距。这会对跑道吞吐量产生巨大影响。由于 GBAS 没有 ILS 那样的关键和敏感区域要求，在所有天气条件下都能保持飞机之间的间距不变。

有三种不同的 ILS,支持三种不同的进近和着陆运行程序。这些进近程序将飞机带到跑道上方的某个决断高度(decision height,DH),在这一高度上飞行员必须具备足够的视觉参考,才能完成着陆或启动复飞程序:

Ⅰ类:最小决断高度=200ft。
Ⅱ类:最小决断高度=100ft。
Ⅲ类:无决断高度。

GBAS Ⅰ类系统已经在美国、欧洲、澳大利亚和俄罗斯投入使用。目前这些系统正处于开发和升级中,以便未来能够支持Ⅱ类和Ⅲ类精密进近运行。

## 30.3 驾驶舱的演变

直到 20 世纪 70 年代,机组成员在位置确定与使用导航信息以满足空域要求方面起着主导性作用。飞行员首先使用标示了航路与地面助航设备位置信息的纸质图表,然后根据这些信息手动调整所依赖的助航设备,识别出助航设备,最后使用其信号在 ATS 航路上定位飞机。随着数字航空电子设备的出现,飞行员的角色逐渐开始发生变化。早在 20 世纪 80 年代,FMS 就已经能够实现自动导航。即使配备了自动化设备,机组成员仍然需要参考传统的助航设备来监控飞机的轨迹,这是因为 FMS 当时只被批准用于辅助导航。到了 20 世纪 90 年代,随着 GPS 投入使用,系统集成度更高,并增加了监测功能。这样一来,飞行员能看到实际的导航性能,并且可以对照航路所需的导航性能进行检查。由于航路已编入 FMS,因此机组人员的操作更为简单便捷,同时也大大减少了工作量。

如图 30.5 所示,商用飞机使用多功能显示器。显示器上的内容来自飞行管理计算机和各种航空电子设备,这些设备和所有其他盒子一起位于航空电子设备舱内。这些盒子都是具有标准化形式和接口的航线可更换单元(line replaceable units,LRU)。商用飞机上使用的典型 GNSS 航空电子接收机如图 30.6 所示。

图 30.5　带有飞行管理系统的商用飞机的驾驶舱(由空中客车公司提供)

图 30.6 待安装到商业飞机设备舱的 GNSS 接收机
（由罗克韦尔柯林斯公司提供）

然而，FMS 后来变得极其复杂，其发展也并不协调。不同的 FMS 制造商加入了一系列广泛的功能，各个系统以不同的方式发展[30.21]。问题显而易见，安装不同类别 FMS 的飞机，甚至是安装同一制造商生产的不同版本 FMS 的飞机的性能都不相同。飞机飞行的航路与 ATS 航路并非完全相同，飞机并非总是在同一点转弯，轨迹的准确性也不一致，因此必须解决这种性能参差不齐的问题（通常称为混合模式运行）。计算机系统依赖于输入数据，相应的数据规范已在美国航空无线电公司发布的行业标准文件 ARINC 424[30.22]中规定。该文件描述的导航系统数据库已成为不同机载系统之间数据交换的参考文件。由于导航越来越自动化，导航性能依赖于高质量的数据，导航数据库供应商的责任与日俱增，所以需要详尽的流程确保数据的完好性。

### 30.3.1 导航数据链

ICAO 要求每个国家提供一份航行资料汇编（aeronautical information publication，AIP），包含该国领空飞行所需规章、程序及其他信息的所有细节。数据库使用 AIP 中发布的信息创建 ARINC 424 格式的导航数据源，供 FMS 供应商创建机载导航数据库。

由于保证导航数据的正确至关重要，整个过程都要遵循一定的标准规范，如 ICAO 附件 15 确立了航行资料服务（aeronautical information services，AIS）的全球标准，已经制定了涵盖数据源供应商和 FMS 数据库供应商的行业标准[30.23,30.24]，建立了明确的流程以确保整个数据链的导航数据质量。现阶段为了确保高质量的数据，监管机构会按照航空数据处理行业标准对数据供应商进行审计。

由于新航路、助航设备和程序的引入，航空环境不断发生变化。因此，ICAO 附件 15 规定了一个固定的 28 天机载导航数据库修正周期，称为航行资料定期颁发制（aeronautical information regulation and control，AIRAC）周期。1964 年首次采用的 AIRAC 周期，要求航空数据库始终保持最新。出于效率和安全考虑，飞行员、空中交通管制人员、空中交通流量管理人员、飞行管理系统和航空图表有必要使用一套相同的数据。AIRAC 周期规定了全球统一的生效日期，以确保系统中的每个利益相关者同时进行变更。

### 30.3.2 通用航空

最初的 FMS 系统成本高昂且复杂，仅用于大型商用航空运输机。20 世纪 80 年代出现了基于 Loran-C 定位的通用航空 RNAV 系统，提供了基本的 RNAV 功能，具备在一系列航路点之间的航路上提供导航的能力。在 20 世纪 90 年代初，当 GPS 可用之后，使用 GPS 导航引擎取代了用于提供位置信息的 Loran-C 单元，重新设计了这些 RNAV 功能。基于这一经验，通用航空 GNSS 导航单元的市场领导者 Garmin 创造了通用航空飞机可以使用的设备，其导航功能几乎与商用客机中使用的 FMS 相同[30.25]。典型的通用航空导航装置如图 30.7 所示。这是一个安装在驾驶舱仪表板上的独立装置。

图 30.7　典型通用航空 GNSS 导航装置（由 Garmin 提供）

由此引发的一个早期问题是飞行员的训练问题，毕竟现在通用航空飞行员面前有一台具有数百种不同功能的机载电脑，他们必须知道如何正确使用和监控这些功能。

## 30.3.3　直升机

直升机通常在具有挑战性的环境中作业，例如山区的紧急医疗服务、海上石油平台作业以及在楼房林立的城市中低空飞行。当能见度很低时，直升机将会受到严重限制。GNSS 技术促进了新程序的引进，增强了安全性，并使飞机在能见度有限且无监视可用的情况下飞行。海上石油平台的作业通常不在陆基导航设备的覆盖范围内，所以在恶劣天气下，以前通常使用气象雷达进行导航，并避开障碍物。然而，气象雷达并不是为此而设计的，同时监管部门也指出了安全问题。引入基于 GNSS 的 RNAV 程序极大地提升了直升机作业的安全性。直升机专用仪表飞行程序支持落入点（point-in-space，PinS）设计，并支持在医院着陆平台上进近。SBAS LPV 程序使得飞机在作业时能够降到比以往更低的高度上。

## 30.4　从 RNP 到 PBN

早期使用的 RNAV 系统只是自动化执行传统航路结构和终端程序。GPS 虽然未引入新的应用,但提供了另一种精度较高的方法。

20 世纪 90 年代初,ICAO 提出了所需导航性能(required navigation performance,RNP)的概念,规定了在特定航路上飞行需要具备哪些横向导航性能,但没有规定如何实现。之后的十年里,由于交通需求的增加和实现更高效率的压力,RNAV 的使用更加广泛,并且增加了只能由具备 RNAV 能力的飞机飞行的新航路。然而,由于缺乏统一的标准,不同地区采用了不同的 RNAV 解决方案,实现了不同的 RNAV 应用[30.26]。运营商需要通过不同规范下的审批,并专门提供机组人员培训,执行的却是基本相同的操作,这增加了不必要的困难和成本。由于增加了大量的不同术语,很容易造成困扰。

为解决这一问题,ICAO 于 2004 年成立了所需导航性能和特殊运行需求研究小组(required navigation performance and special operational requirements study group,RNPSORSG),目的是协调全球区域导航的使用,并规范所使用的术语。2007 年在 ICAO 发布地 PBN 手册[30.1]中,正式产生了基于性能的导航(performance based navigation,PBN)概念。

### 30.4.1　基于性能的导航

PBN 概念取代了 RNP 概念,在旧概念规定所需的性能的基础上,还规定了如何实现性能。如图 30.8 所示,PBN 由三个部分组成:
(1)导航基础设施;
(2)导航规范;
(3)导航应用。

PBN 手册[30.1]规定了独立于导航传感器的 RNAV 系统性能要求,还包括特定应用程序所需的功能。PBN 在 11 个导航规范中提供了这类信息,这些规范的制定需要足够详细,能够方便进行全球协调统—[30.27]。

RNAV 系统已经发展了 40 年,因此 PBN 有很多种实现方式(图 30.9)。识别导航需求而非满足这些需求的方法,从而允许使用所有满足这些需求的 RNAV 系统,而不管是通过什么方式实现的。只要 RNAV 系统能提供必要的性能,技术就可以随着时间的推移而发展,而无须重新审视操作本身。

### 30.4.2　导航规范

导航规范是一套针对飞机和机组成员的规定,这些规定用于支持在指定空域内的导航应用。导航规范规定了 RNAV 系统的性能要求,以及任何功能要求,如执行曲线路径程序或平行偏移路径的能力。航行服务提供商(air navigation service provider, ANSP)还必须确保其可用的陆基和/或天基导航辅助基础设施能够支持用户达到要求。

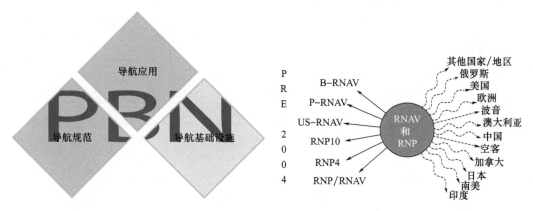

图 30.8　PBN 的三个组件　　　　图 30.9　世界各地导航标准的激增

PBN 假定未来的导航(除 PBN 手册中未提及的精密进近外)将通过使用一个 RNAV 系统进行,无论该系统是独立导航系统还是集成到一个能提供 3D 或 4D 导航性能管理的 FMS。研究发现,由于对 RNAV 系统的依赖性增强,飞行员将不再能够使用常规辅助设备交叉检查导航性能,因此需要更高水平的完好性。为了提供这样的完好性,需要有一个指标来告诉飞行员当前达到的性能,以便能够确认一直满足空域要求。因此,PBN 的概念包括一份机载性能监视及警告(on-board performance monitoring and alerting, OPMA)要求的导航规范。RNP 导航规范包含了 OPMA 要求,而 RNAV 导航规范不包含 OPMA 要求。RNAV 规范是历史遗留产物,所有新的导航规范在标题中都有 RNP 字样,因为它们都含有 OPMA 要求。

虽然飞机上还需要其他手段来监测飞行技术误差,但 GNSS 默认包括 OPMA 和定位完好性监测,能很理想地实现 RNP,因此所有 RNP 规范都要求将 GPS 作为定位传感器。

表 30.1　各飞行阶段的 PBN 导航规范。每一列中的数字表示在该飞行阶段 95% 精度需求(单位:n mile)。如果没有数据就表示该导航规范不适用于该飞行阶段

| 导航规范 | 洋区及偏远地区航路 | 内陆航路 | 进场 | 进近 | | | | 离场 |
|---|---|---|---|---|---|---|---|---|
| | | | | 起始 | 中间 | 最后 | 复飞 | |
| RNAV10 | 10 | | | | | | | |
| RNAV5 | | 5 | 5 | | | | | |
| RNAV2 | | 2 | 2 | | | | | 2 |
| RNAV1 | | 1 | 1 | 1 | 1 | | 1 | 1 |
| RNP4 | 4 | | | | | | | |
| RNP2 | 2 | 2 | | | | | | |
| RNP1 | | | 1 | 1 | 1 | | 1 | 1 |

续表

| 导航规范 | 飞行阶段 ||||||||
|---|---|---|---|---|---|---|---|---|
| | 洋区及偏远地区航路 | 内陆航路 | 进场 | 进近 |||| 离场 |
| | | | | 起始 | 中间 | 最后 | 复飞 | |
| A-RNP | 2 | 2 或 1 | 1 | 1 | 1 | 0.3 | 1 | 1 |
| RNP 进近 | | | | 1 | 1 | 0.3 | 1 | |
| 要求授权的 RNP 进近 | | | | 1~0.1 | 1~0.1 | 0.3~0.1 | 1~0.1 | |
| RNP0.3 | | 0.3 | 0.3 | 0.3 | 0.3 | | 0.3 | 0.3 |

表 30.1 总结了 ICAO PBN 手册[30.1]中包含的规范。导航规范的标题通常以 RNAV 或 RNP 开头,后跟导航精度要求的数字。这是飞机所需达到的系统总精度,包括导航系统的误差和飞行员执行飞行路径的精确度误差。先进 RNP 规范的标题中没有数字,因为它是一种总体规范,包括支持不同飞行阶段的各种导航精度要求。支持进近阶段的规范被称为 RNP 进近(RNP APCH)或要求授权的 RNP 进近(RNP AR APCH),其中"AR"是"要求授权"的缩写,意思是运行人员需要通过某种运行批准才能执行这些飞行程序。

要支持这些不同的规范,位置估计的精度是关键。表 30.2 给出了不同导航传感器所能支持的 PBN 手册中的不同规范。可以看出,GNSS 是一种支持所有规范的传感器。该表还确定了哪些规范要求飞机配备自动飞行控制系统(automatic flight control system, AFCS),该系统可以是自动驾驶仪(autopilot, AP)或飞行指引仪(flight director, FD)。大多数规范不要求要有 AP 或 FD,并且认为飞行员手动飞行也能将偏航指示器(course deviation indicator, CDI)保持在刻度的一半范围内。

表 30.2 不同导航规范下导航传感器和 AFCS 的需求

| 导航规范 | 可用传感器 |||||AFCS 需求 |
|---|---|---|---|---|---|---|
| | GNSS | IRU | DME/DME | DME/DME/IRU | DME/VOR | AP/FD |
| RNAV10 | √ | √ | | | | 飞行员可以手动控制 FTE 保持在 CDI 偏差的 1/2 范围内,并根据飞行阶段调整正确的比例 |
| RNAV5 | √ | √ | √ | √ | √ | |
| RNAV1/2 | √ | | √ | √ | | |
| RNP4 | √ | | | | | |
| RNP2 | √ | | | | | |
| RNP1 | √ | | √ | | | |
| A-RNP | √ | | √ | | | √ |
| RNP0.3 | √ | | | | | √ |
| RNP 进近 | √ | | √[a] | √[a] | | |
| 要求授权的 RNP 进近 | √ | | | | | √ |

[a] 只针对起始航段和中间航段

需要注意的是,尽管 DME/DME 可以满足某些 RNP 导航规范的精度要求,但在很大程度上取决于 DME 地面站的可用性和几何结构。此外,由于飞机结构的不同,一些飞机无法使用 DME/DME 提供 OPMA。

## 30.5 GNSS 的性能要求

ICAO 对 GNSS 空间信号的要求参考《民用航空公约》[30.12]附件 10。表 30.3 转载了 ICAO 相关附件中的表格内容。不同运行的性能要求要不同,但都有精度、完好性、服务连续性和可用性 4 个参数。注意,这里用了术语 GNSS,意味着这些是针对任何 GNSS 系统的导航系统性能要求,而不仅仅针对是 GPS。

表 30.3 ICAO GNSS 空间信号性能需求(文献[30.12],由 ICAO 提供)

| 典型运行 | 水平精度[a,c] | 垂直精度[a,c] | 完好性[b] | 告警时间[c] | 连续性[d] | 可用性[e] |
|---|---|---|---|---|---|---|
| 航路 | 3.7km | N/A | $1-1\times10^{-7}$/h | 5min | $1-1\times10^{-4}$/h 至 $1-1\times10^{-8}$/h | 0.99~0.99999 |
| 终端区 | 0.74km | N/A | $1-1\times10^{-7}$/h | 15s | $1-1\times10^{-4}$/h 至 $1-1\times10^{-8}$/h | 0.99~0.99999 |
| 非精密进近(NPA) | 220m | N/A | $1-1\times10^{-7}$/h | 10s | $1-1\times10^{-4}$/h 至 $1-1\times10^{-8}$/h | 0.99~0.99999 |
| APV-I[h] | 16m | 20m | 每次进近 $1-2\times10^{-7}$/h | 10s | $1-8\times10^{-6}$/15s | 0.99~0.99999 |
| APV-II[h] | 16m | 8m | 每次进近 $1-2\times10^{-7}$/h | 6s | $1-8\times10^{-6}$/15s | 0.99~0.99999 |
| I 类精密进近[g] | 16m | 6~4m[f] | 每次进近 $1-2\times10^{-7}$/h | 6s | $1-8\times10^{-6}$/15s | 0.99~0.99999 |

注:a 95% 的 GNSS 定位误差是针对计划以入口以上最低高度(height above threshold, HAT)运行提出的要求(如适用)。

b 完好性需求的定义包括能对需求进行评价的告警门限。对于 I 类精密进近,只有在完成了特定系统的安全分析后,才可以对特定系统设计使用大于 10m 的垂直告警门限(vertical alert limit, VAL)。告警门限如下:

| 典型运行 | 水平告警门限 | 垂直告警门限 |
|---|---|---|
| 航路(洋区及偏远地区) | 7.4km(4n mile) | N/A |
| 航路(内陆) | 3.7km(2n mile) | N/A |
| 航路(终端区) | 1.85km(1n mile) | N/A |
| NPA | 556m(0.3n mile) | N/A |
| APV-I | 40m(130ft) | 50m(164ft) |
| APV-II | 40m(130ft) | 20m(66ft) |
| I 类精密进近 | 40m(130ft) | 35~10m(115~33ft) |

c 精度和告警时间需求包括无故障接收机的标称性能。
d 航路、终端区、起始进近、NPA 和离场程序的连续性需求的数值范围,主要由以下几项决定:计划运行、交通密度、空域复杂度、备用助航设备的可用性等。较小值是交通密度和空域复杂度较低区域的最低要求;较大值适应于交通密度和空域复杂度较高的区域。垂直引导进近(approaches with vertical guidance,AVG)和Ⅰ类精密进近的连续性需求适应于服务缺失的平均风险,通常以 15s 的暴露时间为标准。
e 可用性需求提供的是数值范围,因为该要求取决于包括运行频率、天气环境、中断的规模和持续时间、备用助航设备可用性、雷达覆盖、交通密度和反向运行程序等若干因素。最小值是系统尚可使用但不能替换非 GNSS 助航设备的最低可用性;对于航路导航,较高值是以使 GNSS 成为区域内唯一的助航设备。对于进近和离场,所给出的较高值是基于有大量交通量的机场的可用性要求,假设往返多条跑道的运行受到影响,但反向运行程序可确保运行安全。
f 特指Ⅰ类精密进近。4.0m(13ft)需求是基于 ILS 规范的保守估计。
g Ⅱ/Ⅲ类精密进近的 GNSS 性能需求正在审核中,并将在后面列出。
h APV-Ⅰ和 APV-Ⅱ是指具备垂直引导的 GNSS 进近和着陆的两种不同类别,不一定使用

这些要求是以对空间信号要求的形式提出的。然而,在不确定用户接收机的情况下,定位精度等参数不能作为空间信号要求。GNSS 系统的位置解算需要来自多颗卫星的信号。因此,ICAO 提出了无故障接收机的概念,该接收机具备测量空间信号的性能,其精度与告警时间要求适用于依靠用户接收机输出的导航系统性能。完好性风险、连续性和可用性也适用于空间信号。

## 30.5.1 相关参数描述

精度是对位置误差的一种度量,它是估计位置和真实位置之间的误差,用户在任何时刻都会有一定的概率经历这种误差。一般来说,表 30.3 中精度要求的概率为 95%。例如,3.7km 的航路水平精度要求,就意味着在标称情况下,有 95% 的概率水平位置误差小于 3.7km。

完好性是对定位解算正确性的信任度的度量。完好性包括系统向用户提供及时有效的警告(警报)的能力。更具体地说,完好性风险就是当水平位置误差大于水平告警门限(horizontal alert limit,HAL)或垂直位置误差大于垂直告警门限(vertical alert limit,VAL)时,却没有在规定告警时间(time-to-alert,TTA)内及时报警的概率。完好性是提供位置解算监测的重要参数,也是航空用户的安全保障。完好性机制采用各种告警门限,并设置了一定的概率水平。航空中使用的 GNSS 告警门限通常设置为 $10^{-7}$ 的概率。这意味着,在没有向用户发出警告的情况下,位置误差超过告警门限的概率为 $10^{-7}$。在表 30.3 中,完好性要求写为 $1-10^{-7}$,这意味着位置误差小于告警门限的概率为 99.99999%。

如图 30.10 所示,在假设误差服从正态分布的情况下,精度要求在 95% 或 $2\sigma$ 区间内,告警门限位于 $5.3\sigma$ 处。

在每次解算位置时,用户设备中的算法会同时计算保护级别。如果保护级别超过运行要求的告警门限,则会在告警时间内发出警报。

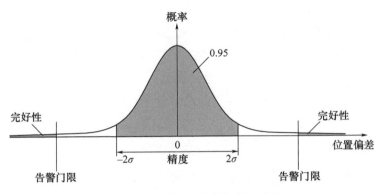

图 30.10 完好性、告警门限和精度

连续性被定义为在相应飞行阶段的时间间隔内用户能够以特定的精度确定其位置,并且能够监测其定位完好性的概率[30.28]。假设在开始运行时服务是可用的,那么就是与运行时间相关的特定时间间隔内,服务变得无法使用的概率。例如,考虑航路连续性要求,并从 $1\sim10^{-4}$/h 的范围中选择较低的值,如果服务在 1h 开始时可用,则在下 1h 失效的概率为 $10^{-4}$。对于持续时间较短的进近运行程序,具体规定连续性要求的时间段为 15s。

可用性被定义为用户能够以指定的精度确定其位置,并且能够在选定运行开始时监测其定位完好性的概率。同样,ICAO 表格中也有一系列数值,需要根据表注所述的各种因素为特定运行选择特定的规定值[30.29]。假设取一个较低的值 0.99,这意味着当用户预期开始一个操作时,位置满足完好性精度要求的概率为 99%。

## 30.5.2 GNSS 完好性概念

### 1. 接收机自主完好性监测(RAIM)

航空 GNSS 用户设备采用的基本完好性机制是接收机自主完好性监测(receiver autonomous integrity monitoring,RAIM)[30.30-30.33]。RAIM 使用来自 GNSS 星座本身的冗余信息来验证完好性。如前所述,需要超过计算位置所需的最小卫星数,这样接收机才能够检查来自不同卫星的信号之间的一致性。基本的 RAIM 算法只进行故障检测。若检测到故障,GNSS 系统则不再用于导航。更先进的 RAIM 算法执行故障检测和排除(FDE),其中故障卫星可以被排除,并且仍然可以向用户提供完整的位置解算。这种 RAIM 算法可能无法检测多个卫星发生故障的情况。

### 2. 星基增强系统(SBAS)

SBAS 接收机中使用的完好性算法利用的是来自地面监测站网络的信号,该网络为每个卫星信号提供误差校正和质量信息。载有这一信息的导航信号通过地球静止卫星向广大用户播报。该信号在 GPS L1 频率上进行广播,并且可以用作附加测距源。文献[30.34]提出了标准的完好性算法,接收机使用该算法计算垂直和水平保护水平。第 12 章详细描述了 SBAS 完好性的概念。SBAS 能让进近程序至少达到等同于 ILS I 类的水平。

### 3. 陆基增强系统(GBAS)

GBAS 的完好性概念更为复杂,但采用与 SBAS 相同的原理——根据本地地面测量数据提供一系列参数,供用户设备计算保护水平。GBAS 导航信息通过甚高频数据链广播给飞机。第 31 章详细描述了 GBAS 完好性的概念。

GBAS 旨在作为一种精确进近和着陆辅助设备,取代当今 ILS 系统所有类别(最高Ⅲ类)的进近程序。

## 30.6 GNSS 需求和 PBN 需求之间的联系

ICAO PBN 手册[30.1]中的导航规范规定了支持不同航空应用所需的性能和功能。ICAO 附件 10[30.12]中的 GNSS 要求仅适用于导航系统。这种差异在图 30.11 所示的精度要求中表现得最为明显。

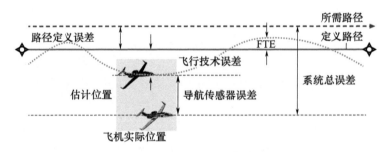

图 30.11 系统总误差组成

导航规范中规定的 RNP 横向精度是总系统误差(total system error,TSE),能够对飞机的性能进行验证。如图 30.11 所示,TSE 由三个误差分量组成。

(1) 路径定义误差(path definition error,PDE)是指设计者期望飞机飞行的既定路径与导航计算机计算的路径之间的差异。一般认为 PDE 非常小(几乎可以忽略不计),并且由导航数据链的监督严格控制。

(2) 导航系统误差(navigation system error,NSE)是指真实位置和估计位置之间的差异。这种误差取决于是哪个导航传感器在提供位置估计。

(3) 飞行技术误差(flight technical error,FTE)是指估计位置和指定路径之间的差异。它是一种衡量飞行员或航空电子设备是否很好地执行了导航系统提供的导航信息的指标。

当使用 GNSS 作为位置传感器时,定位精度对大多数飞行阶段来说都在要求范围内,飞机应该飞行的航线和实际飞行的航线之间的误差 TSE 主要由 FTE 构成。

### 30.6.1 飞行阶段

导航要求随飞行的不同阶段而变化。表 30.1 显示了适用于每个飞行阶段的导航规范。表30.3中GNSS需求表的第一列为典型运行,但值得注意的是,第一列与第二列之间没有直接的对应关系。

1. 洋区及偏远地区的航路

在无法安装地面助航设备的洋区和偏远地区,航路的设计最初是基于惯性导航系统及其以n mile/h为单位测量的特定漂移率。这是GNSS对航空产生第一次重大影响的飞行阶段。FAA在1995年发布的第8110.57号通知,授权海洋作业使用符合特定要求的GPS设备作为基本导航手段。这使得未安装惯性导航系统的飞机能够有效使用GPS设备在海上飞行,但飞机上必须安装一个带有RAIM FDE的双频接收机,并且在飞行准备阶段需要进行RAIM可用性预测。

从表30.1可以看出,海洋空域可以采用几种不同的导航规范。目前使用的典型规范是RNAV-10,但未来计划在一些海域应用RNP4或RNP2,这样可以减少航线间距。RNAV-10空域的最小航路间距为50n mile。在各个海域使用GNSS作为导航传感器时,必须满足表30.3第一行的要求。3.7km(2n mile)的定位精度很容易实现,远优于10n mile 95%的系统总精度要求,这为满足FTE性能留下足够余地。

RNAV-10导航规范中的连续性要求设定在$10^{-5}$/h,完好性告警门限设定在20 n mile。GNSS接收机中的告警门限通常设置为4n mile或2n mile,这已经足够确保达到可用性要求。连续性要求由硬件故障率驱动,这一数据的获取往往需要两个设备以确保冗余。

这一飞行阶段中通常没有监视,ATC采用基于程序间隔规则,也就是飞行员每隔10°经度通过高频无线电链路向ATC中心发送位置报告。在海洋地区,通过卫星数据链自动提供位置报告的能力越来越普遍,从而能够采用较低的横向和纵向间隔值。目前正在开发更先进的采用卫星通信服务的天基自动相关监视广播(automatic dependent surveillance broadcast,ADS-B)系统,未来可用于海洋空域(30.10.1节)。

2. 内陆航路

在途阶段是指在离场程序结束之后到进场程序开始之前的阶段。此阶段大部分是在大陆核心空域,是监视雷达和地面导航设备(如VOR和DME)全面覆盖的繁忙地区。飞机沿着预定的航路飞行,这要求飞机具有一定的导航性能。欧洲航路网络要求飞机具备RNAV5能力,对TSE的横向精度要求为±5n mile。其他地区也有类似的要求,只不过精度要求在1n mile和5n mile之间变化。RNAV 5环境中的航路间隔可以在18~10n mile之间,这取决于ATC的干预能力。

GNSS并非唯一可用于支持RNAV-5的传感器,导航规范中关于连续性、完好性和可用性的要求适用于所有传感器。对于GNSS的要求见表30.3的第一行。即使导航传感器要求的性能为2n mile 95%,告警门限也依然是2n mile。

3. 终端区—进场或离场

在繁忙的机场周围,终端区是在航路网络和进出港之间进行过渡的区域。这是空域中最复杂的部分,因为需要将爬升和下降的交通安全地分离开。这一飞行阶段的导航精度要求通常为±1n mile。

### 4. 进近

进近是飞行的最后的也是要求最苛刻的部分,它将飞机带到机组成员可以用目视接管并执行安全着陆的位置。

仪表进近过去仅分为两类:

(1) 非精密进近(non-precision approach,NPA),使用 VOR、DME 或 NDB 等传统导航基础设施,来提供横向导航,并将飞机送至与跑道中心线对齐的点,然后飞行员可以在该点进行目视着陆。如果飞行员在复飞点(missed approach point,MAP)看不到跑道或跑道灯则必须复飞。

(2) 精密进近(precision approach,PA),基于安装在机场的 ILS 系统,该系统在稳定连续的下降路径上提供横向和垂直导航直到跑道入口。由于飞行员要遵循的一条垂直路径,PA 的最小值通常比 NPA 低得多。飞行员将遵循仪表下降到决断高度,此时飞行员将抬头看窗外并做出目视决定,如果可以看到灯光或者跑道则着陆,否则进行复飞。目前,GNSS 只被批准用于满足表 30.3 最后一行要求的 I 类精密进近。目前正在制定 GNSS 用于 II 类和 III 类的要求,并将在表中为这些应用增加一行。

GNSS 的使用促生了第三种进近方法,称为 RNAV 进近。它包括横向和纵向两个维度的导航。RNAV 进近分为两种,一种是只有侧向引导的 NPA,另一种是同时带有横向和垂直引导的 APV 进近。APV 既不是非精密进近也不是精密进近,而是位于两个现有类别之间的进近方式。表 30.3 中 APV-I 和 APV-II 两行给出了对这类进近的要求。RNAV 进近产生了巨大的影响,特别是对那些通用航空用户,他们经常飞到没有配备精确进近和着陆系统的机场。

典型进近的垂直剖面如图 30.12 所示。进近分为 4 个航段:起始进近航段、中间进近航段、最后进近航段和复飞航段。如前所述,在 NPA 中,飞行员下降到程序设计者计算的最小下降海拔或高度,以确保无障碍物。如果在该高度,飞行员有其需要的目视参考来确

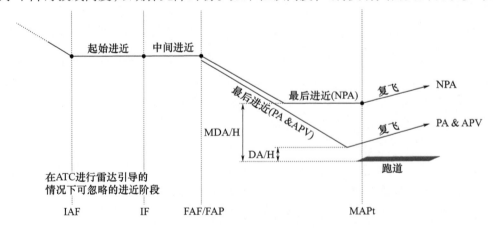

图 30.12 不同进近类型的垂直剖面图,显示了垂直引导进近的决断高度,非精密进近的最小下降高度和复飞点。进近程序是由一系列的点组成的,包括起始进近定位点、中间进近定位点、最后进近定位点或最后进近点以及复飞点

保飞机安全着陆,则目视完成进近。如果没有,他会遵照复飞程序开始复飞。在精密进近或 APV 中,程序设计者不仅计算了到跑道横向路径,而且还计算了垂直路径。这意味着飞行员有一条横向和一条纵向的引导路径,这就能在进近时提供更高的精度,并允许飞行员进行仪表飞行,直到到达决断高度/高,即要求飞行员开始目视着陆或启动复飞的高度。

## 30.6.2 区域导航方法

当在飞行员完全控制下正常工作的飞机无意中撞上障碍物时,就会发生可控飞行撞地(controlled flight into terrain,CFIT)。飞行员意识到危险时,一般都为时已晚。通过为飞行员提供更好的态势感知能力,RNAV 进近能够提升安全性,降低 CFIT 风险,并在未配备精确进近和着陆系统的跑道提供较低的进近最小值。

所有 RNAV 进近都需要使用 GNSS,这反映在程序名称中,其形式为 $\text{RNAV}_{(\text{GNSS})}$ RWY27。末尾的数字表示跑道航向四舍五入到最近的 10°,在这种情况下为 270°。

不同类型的 RNAV 进近,其相关术语和缩略词数量相当复杂。在 ICAO 的 PBN 概念中,这些进近被称为 RNP 进近,是因为它们要求机载性能监测和告警。然而,当 ICAO 将这些进近程序定义为 RNP 进近的时候,许多程序已经公布了含有 RNAV 的名称,不可能再修改了。ICAO 现在计划将这些程序转换为 RNP 术语命名,预计在 2023 年完成。

1. 不同种类的 RNAV 进近

如图 30.13 所示,ICAO 的 PBN 手册中规定了 4 种类型的 RNP 进近(RNP APCH)。对于 LNAV 和 LNAV/VNAV 程序,带有 RAIM 算法的 GPS 能提供横向位置和完好性。LP 和 LPV 程序则要求使用由 SBAS 系统增强的 GPS。

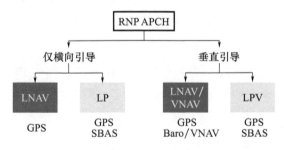

图 30.13  ICAO 规定的 4 种 RNP 进近方式

LNAV、LNAV/VNAV、LP 和 LPV 这些术语用于在进近图上标识出最低线。典型 RNP 进近图的示例如图 30.14 所示。该进近程序包括三条最低线,分别对应不同的飞机性能。图 30.14 的主要部分展示的是航路点、它们之间的航迹和一些速度限制。下面是进近过程垂直剖面示意图,从中间定位点(intermediate fix,IF)到最后进近定位点(final approach fix,FAF),再到通常位于跑道入口处的复飞点(missed approach point,MAPt)。再下面则是最低进近要求,它取决于飞机的配置和运行批准。LPV 线适用于配备 SBAS 的飞机,LVAV/VNAV 线适用于配备 Baro/VNAV 垂直引导的飞机,LVAV 线仅适用于 GPS 横向导航。

应该注意的是,虽然该图表的标题是 RNAV$_{(GNSS)}$,但是在 PBN 术语中所有这些进近都称为 RNP 进近,因为它们需要机载监测和告警能力。这是一个容易引起混淆的地方,ICAO 提议未来开发所有图表的名称都使用 RNP 术语,但这需要很多年才能实现。

2. RNAV 进近的性能要求

为了支持下降到 LNAV 最小值的非精确进近,最后进近段的 RNP 横向精度必须为 0.3n mile(556m)。这意味着包括 NSE 和 FTE 在内的 TSE 必须小于 556m。GNSS 空间信号必须满足表 30.3 第三行的要求。告警门限设置为 0.3n mile,水平 NSE 要求为 220m。这可能会让人相当困惑,因为这里 95% 的精度要求和告警门限的值是相同的,但按照之前的定义,它们并不是一个东西。将告警门限设置为 95% 的 TSE 实际上非常保守。由于 GNSS 的位置估计非常准确,大部分误差被分摊到 FTE 上。而在手动飞行

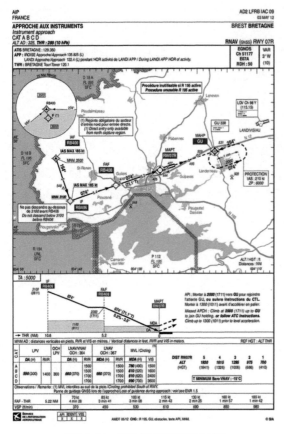

图 30.14 RNAV 进近图的示例

的情况下 0.25n mile 的 FTE 是允许的。LNAV/VNAV 程序使用相同的横向性能要求,但增加了基于气压 VNAV 的垂直引导。

对于基于 SBAS 的 LPV 进近,PBN 手册中没有单独的 RNP 值,因为对其性能要求是一个角度值,会随着与跑道入口的距离而发生变化。如图 30.15 所示,该程序由超障面保护,任何障碍物都不得穿过这些表面。虽然总体系统性能要求是角度相关的,但 GNSS 单元的性能要求在进近的最终阶段是固定的。如表 30.3 所列,有三行适用于 LPV 进近,即 APV-I、APV-II 和 I 类精密进近。这三种运行的横向精度和告警门限要求相同。不同之处在于垂直性能和告警时间。美国 WAAS 和欧洲 EGNOS 等 SBAS 系统在设计之初是用于支持 APV-I 性能水平的 LPV 进近运行,APV-II 性能水平并未被使用,未来可能会从 ICAO 的标准中删除。FAA 在收集了 WAAS 系统的实际性能数据、垂直精度与告警门限之间对应关系的数据之后,经过评估认为告警门限为 35m 的性能能够完成决断高度低至 200ft 的 LPV 运行,相当于 ILS I 类进近程序。

用户及其飞机的配置在很大程度上确定了在特定机场实施何种类型的 RNP 进近。波音和空客的商用客机中,有相当一部分已经具备了 Baro/VNAV 能力,空客 A350 则是首架提供 SBAS LPV 能力选项的商用客机。拥有 SBAS 能力飞机的商业航空公司很少,因此他们首选的进近方案是 Baro/VNAV。小型通用航空飞机没有可用的 Baro/VNAV 系统,因

此,它们拥有垂直引导的解决方案是配备一个 SBAS 接收机。

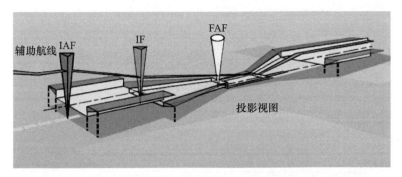

图 30.15　最后进近航段的具有下滑角引导的超障面,其中包含起始进近定位点(IAF)、中间进近定位点(IF)和最后进近定位点(FAF)

3. SBAS FAS 数据块

SBAS 和 GBAS 进近程序的最后进近段(final approach segment,FAS)定义在 FAS 数据块中,该数据块存储在机载导航数据库中。FAS 数据块包含确定最后进近路径所需的所有相关数据,最后还有一个循环冗余校验(cyclic redundancy check,CRC)以确保数据的完好性(图 30.16)。航空电子接收机对 FAS 数据块进行解码,并运用 CRC 算法进行校验。如果有数据被更改,那么 CRC 将产生不同的计算结果。如果 CRC 校验失败,则拒绝该进近。

## 30.6.3　要求授权的 RNP 进近程序

另一种进近程序称为要求授权的 RNP 进近(RNP authorization required approach,RNP AR APCH)程序,它进一步利用了 GNSS 的性能,还结合了现代飞机的 FMS 能力和特定的机组人员培训。ICAO 的 PBN 手册[30.1]中的导航规范给出了 RNP AR APCH 所需的性能要求。表 30.3 没有明确涵盖这些要求,因为它们与飞机性能紧密相关,而且对 GNSS 的空间信号没有额外要求。RNP AR APCH 程序的最小超障余度(minimum obstacle clearance,MOC)要求如图 30.17 所示。最后进近的横向要求与非精密进近相同,垂直要求与 Baro VNAV 的 RNP 进近相同。

RNP AR APCH 可用于具有挑战性的障碍物环境中,从而在以前只能采用目视进近的位置实施仪表进近程序。RNP AR 是一种运行程序,其中飞机的横向性能非常稳健,使其能够进入非常具有挑战性的地形。只有非常高端的飞机才有这样的能力,并且获得认证和机组成员运行审批的成本很高。为了获得 RNP AR 的资格,航空器运营商(aircraft operator,AO)必须得到进近程序所有权国的特定授权。AO 必须向该国国家民用航空管理局(civil aviation authority,CAA)证明,他们有适当的培训、维修和维护计划,能确保飞机在进近过程中准确地保持指定的航线。这点非常重要,因为按设计只会保护进近程序至所需导航性能距离的两倍。因此,如果基于 RNP 0.1 程序,那么在距离路线 0.2n mile 处就可能有障碍物。

| Input data | |
|---|---|
| Parameters | Values |
| Operation type | 0 |
| SBAS provider | 1 |
| Airport identifier | LFBA |
| Runway | 29 |
| Runway direction | 0 |
| Approach performance designator | 0 |
| Route indicator | |
| Reference path data selector | 0 |
| Reference path identifier | E29A |
| LTP/FTP latitude | 441018.1420N |
| LTP/FTP longitude | 0003603.1370E |
| LTP/FTP ellipsoidal height (metres) | 108.8 |
| FPAP Latitude | 441039.7340N |
| Delta FPAP latitude (seconds) | 21.5920 |
| FPAP longitude | 0003449.5365E |
| Delta FPAP longitude (seconds) | −73.6005 |
| Threshold crossing height | 15.00 |
| TCH Units Selector | 1 |
| Glidepath angle (degrees) | 3.30 |
| Course width (metres) | 105,00 |
| Length offset (metres) | 0 |
| HAL (metres) | 40.0 |
| VAL (metres) | 50.0 |

| Output data | |
|---|---|
| Data block | 10 01 02 06 0C 1D 00 00 01 39 32 05 3C D9 F4 12 82 03 42 00 40 18 B0 A8 00 FF C0 FD 2C 81 4A 01 64 00 C8 FA 60 70 CB 84 |
| Calculated CRC Value | 6070CB84 |

Required additional data (not CRC wrapped)
These additional data are not required for CRC calculation, but they need to be provided to datahouses for procedure coding in ARINC 424 records.

| Parameters | Values |
|---|---|
| ICAO code | LF |
| LTP/FTP orthometric height (metres) | 61.0 |
| FPAP orthometric height (metres) | 61.0 |

[ Reset ]   [ Edit ]   [ Text report ]   [ File download ]

图 30.16　SBAS FAS 数据块包含的内容

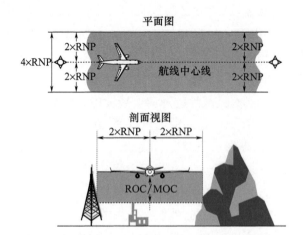

图 30.17　RNP AR APCH 的 MOC

GNSS 是唯一能够支持这些非常苛刻的运行所需精度的传感器。

## 30.7 飞行计划与航行通告

传统上,助航设备不可用的信息以航行通告(notices to airmen,NOTAM)的形式传达。在准备飞行时,对于任何需要考虑的问题,飞行员可以查询与飞行路线和目的地机场相关的 NOTAM。传统的导航设备只有开关两个状态,因此中断造成的影响非常明显。随着 GNSS 的出现,情况变得更加复杂。卫星不可用的影响可能会有所不同,取决于其他可用卫星的数量和几何结构,并且也会随着时间而变化。中断对运行的影响还取决于航空电子设备、高度截止角、卫星选择算法和许多其他因素,因此影响难以预测。

利用美国海岸警卫队提供的星座状态信息,目前已经开发了多种预测 GPS RAIM 可用性的程序,如 Euro-control AUGUR 工具[30.35]和 FAA RAIM 服务可用性预测工具[30.36]。航空器运营商可以通过网络接口使用这些工具,来验证到达目的地机场时的 GPS RAIM 可用性。在已经发布了基于 GNSS 的仪表进近程序的国家,GPS RAIM 中断的预测信息也以 NOTAM 的形式提供给运营商。

航空界对 GPS RAIM NOTAM 的价值进行了很多争论[30.37]。这些预测并不十分可靠,而且必须针对性能最差的用户设备进行调整,因此它们本质上是保守的。然而由于 GNSS 性能以可预测的方式变化,因此可以说,任何关于可能中断的预警都是有益的。目前正在开发更精确的 GNSS 性能预测功能,争论远未结束,同时世界各地都采取不同的解决办法。

## 30.8 法规与认证

航空业是受到高度管制的行业,所有系统、设备和程序均受严格执行的标准管理,ICAO 在全球范围内尽可能地统一了这些标准。飞机在世界各地飞行,当跨越国界时,不希望使用不同的系统或遵循不同的规则和程序。

### 30.8.1 适航审定

飞机上安装的 GNSS 必须符合适航性认证标准,并得到飞机制造商所在国的相关监管机构批准,对现有飞机的改装需要得到飞机注册国管理局的批准。欧洲航空安全局(european aviation safety agency,EASA)负责欧洲的适航审定,FAA 负责美国的适航审定。作为《芝加哥公约》的一般性原则,一个国家或地区通常会接受另一个国家或地区获得的认证。

FAA 发布了技术标准规定(technical standard orders,TSO),EASA 发布了欧洲技术标准规定(european technical standard orders,ETSO),这两种规定通常是相互统一的,同时这些技术标准规定也参考了 RTCA 和 Eurocae 等机构制定的行业标准。

TSO C-129a[30.7]是关于基础 GPS 设备的标准,要求至少有 RAIM 故障检测功能,这参考了《使用全球定位系统的机载辅助导航设备的最低运行性能标准》[30.6]。TSO C-129a 用户设备可以支持从在航路上飞行到非精确进近的所有运行。

TSO C-129 已被 TSO C196[30.38] 取代。后者参考了 DO 316（GPS ABAS 的 MOPS[30.39]），它要求接收机知道选择可用性（selective availability，SA）已被删除，并至少采用 RAIM FDE。

具有 SBAS 功能的设备采用以下标准：

（1）TSO C-145，使用 SBAS 增强 GPS 的机载导航传感器[30.40]，定义了向 FMS 提供输入的 GNSS 接收机。

（2）TSO C-146，使用 SBAS 增强 GPS 的独立机载导航传感器[30.41]。

TSO C-145[30.40] 和 C-146[30.41] 中提到的 SBAS 接收机必须满足 RTCA DO-229D[30.34] 中规定的要求，该要求根据具体应用规定了设备的不同功能和运行等级。

这些 TSO 管理了 GNSS 设备本身，另一套标准则规定了将设备集成到飞机上的方法。在美国，这些被称为咨询通告（advisory circulars，AC）。EASA 则使用"适当的合规手段"（appropriate means of compliance，AMC）这一术语。

在美国，所有 GNSS 和增强系统的适航要求都包含在 AC 20-138[30.42] 中。

目前 EASA 为每种应用发布不同的 AMC。例如：

（1）AMC 20-27：RNP 进近运行（包括 APV Baro/VNAV 运行）的适航审定和运行准则[30.43]。

（2）AMC 20-28：使用 SBAS 进行 RNAV GNSS 进近运行至 LPV 最低值的适航审批和运行准则[30.44]。

EASA 的程序正在不断发展，未来用于通信导航和监视系统的 AMC 将被合并为一个认证规范。

这种严格的认证过程的负面影响是，任何变更都十分昂贵且实现缓慢。航空电子系统一旦通过认证程序，便被批准安装在飞机上，从而冻结了设计。任何重大修改都要求系统必须以很大代价再次通过认证程序。其中一个例子是知道 SA 已被移除的接收机经过了很长时间才被引入到航空电子系统中。虽然 SA 已经于 2000 年 5 月被移除，但仍有少量新生产的飞机装配的 GPS 接收机不能感知这一点。因此，仍有相当多的飞机装备了无法感知 SA 的接收机。航空公司受成本驱动，只有在升级设备能带来明确的运营或财务效益的情况下才会升级。因此飞机很少重新配备新设备，它们往往会搭载着出厂设备直到退役。

## 30.8.2 运行批准

适航审定范围涵盖了飞机及其机载系统。除了拥有经过认证的飞机外，运营商还需要获得运行批准，才能将其用于特定运营。飞机注册国的国家监管机构进行运行批准。在欧洲，与适航认证的 AMC 相同，这些批准依据的是 EASE 的规则，但这些规则由国家监管机构执行。在美国，运行批准是基于一系列 AC，如用于 Baro/VNAV 的 RNP 运行的 AC90-105 和用于 LPV 运行的 AC90-107。

运行批准涵盖了诸如对飞机飞行手册的必要修改、机载航空电子设备运行指南与飞行机组培训等事宜。它还包括各种飞行计划程序，如要求在 GNSS 中断的情况下，需要有一个非 GNSS 进近程序作为备用程序，以及要求检查 GPS RAIM 可用性或指示 RAIM 中断的 NOTAM。

## 30.9　军用航空应用

军用飞机有许多不同类型，在民用空域飞行的军用飞机必须尽可能遵守与其共享空域的民用飞机相同的规章制度，不过也经常发生例外。

也有一些使用 GNSS 的特定航空军事应用，如美军正在开发的联合精密进近和着陆系统(joint precision approach and landing system, JPALS)。JPALS 实际上是 GBAS 的军事版本，它提供了多种版本来支持不同的任务。主要分为两类：用于在海上引导飞机到达航母的舰载相对 GPS 系统(shipboard relative GPS, SRGPS)和用于陆地的局域差分 GPS 系统(local area differential GPS, LDGPS)。有三种不同版本的 LDGPS 系统：

(1) 固定基准站，与 GBAS 非常相似。
(2) 战术性，可在现场临时安装。
(3) 特殊任务——高度便携，因而可快速部署，以支持特殊行动。

与 GBAS 相比，JPALS 有不同的要求，因为它需要抗干扰、难以被探测和定位以及在高动态环境中工作的能力。这导致要同时使用 INS/GPS 集成、自适应天线设计等技术作为解决方案的一部分。

民用 GBAS 和军用 JPALS 的主要区别在于：
(1) 双频 P(Y)码 GPS 能提供比 C/A 码更高的精度。
(2) 有数字调零天线和波束控制天线等抗干扰技术。
(3) 用超高频加密数据链路代替 GBAS 中使用的民用甚高频数据链路。

JPALS 还将被设计成可移动的尺寸外形，以适合快速部署和现场安装。该航空电子设备将与民用 GBAS 和 SBAS 兼容，以便军用飞机在民用机场也能够有可用的进近程序。

JPALS 的舰载版本 SRGPS[30.45] 旨在提供一个能够在移动的航空母舰上自动降落飞机的系统。它采用相对导航方式，参考站安装在船上。在这种具有挑战性的环境中，系统集成了载波相位跟踪和来自惯性传感器的输入，使其能够实现对期望落地点非常精确的定位。海基 JPALS 预计将在 2020 年左右达到其初始作战能力(initial operational capability, IOC)。

## 30.10　GNSS 的其他航空应用

### 30.10.1　广播式自动相关监视

空中交通管理系统的核心是空中交通管制员需要实时掌握飞机在空域的位置，位置图像一般通过探测飞机位置的雷达站来绘制。

自动相关监视（automatic dependent surveillance，ADS）是一种监视技术，要求每架飞机通过数据链路定期自动广播自身位置，然后将这种专用的 GNSS 位置用于 ATC。ADS 有两种形式：合同式自动相关监视（automatic dependent surveillance contract，ADS-C）和广播式自动相关监视（automatic dependent surveillance broadcast，ADS-B）。顾名思义，ADS-C 是飞机和地面站之间建立专门的握手协议，飞机一次只能建立 5 个合同，但其优点是如果未能接收到传输的数据，则一方或双方都可以知道。ADS-B 则是在视距范围内向所有其他站点（包括空中和地面站）广播数据[30.46]。地面站无须依靠传统的雷达监视网络，通过接收 ADS 数据即可构建 ATC 的监视图像。ADS-B 服务还要求对广播位置信息的质量进行评估。与传统导航源不同，GNSS 定位包含了前面描述的内置完好性监测功能，因此 GNSS 定位结果被用作飞机广播位置的来源。推广 ADS-B 的原因有很多，特别是能减少昂贵的监视雷达站数量，GNSS 位置也比目前由雷达给出位置更精确。在海洋空域，服务提供商正在研究天基 ADS-B[30.47]，它将使用近地轨道卫星星座（如铱星系统）接收 ADS-B 传输的信息，并将其转发到 ATC 中心。

随着对 GNSS 导航的依赖性逐渐增加，地面监视使用的是与飞机相同的信息，常见故障模式的可能性也随之增加。如果 ATC 完全依赖 ADS-B 进行监视，即使用与飞机导航相同的 GNSS 位置，则 GNSS 中断的影响将会变得更严重，在安全评估中需要仔细考虑该问题。

世界上繁忙的空域已经有多层雷达监视覆盖，因此并没有将 ADS-B 作为唯一的监视手段。但是 ADS-B 监视可用于消除当前系统中的某些冗余，并且可节省大量资金。在偏远地区，ADS-B 可以提供以前没有的监视功能，但必须注意确保安全应急程序可以应对 GNSS 中断。

多点定位（multilateration，MLAT）[30.48]是另一种新兴的监视技术，其工作原理是从飞机的二次监视雷达（secondary surveillance radar，SSR）应答器接收警报声，此警报被一系列地面接收机接收，并使用三角测量法计算飞机的位置。MLAT 位置估计依赖于精确的时间同步，而 GNSS 授时可提供共同的时间源，GNSS 信号的丢失意味着地面站将逐渐变得不同步。

## 30.10.2 数据链

ATC 中心目前正在实施管制员与驾驶员数据链通信（controller pilot data-link communications，CPDLC），该通信允许 ATC 管制员和驾驶员之间交换文本信息[30.49]。CPDLC 可作为语音信息交流的补充，并减少了 VHF 通信信道的使用。在 CPDLC 中交换的消息带有时间戳，许多系统都使用 GPS 时间作为参照。为了限制此类系统在 GPS 中断时的脆弱性，该系统还集成了地面时间参考信号，如位于法兰克福附近曼福林根（Mainflingen）的德国国家物理实验室播报的 DCF77 长波时间信号[30.50]。

## 30.11 未来演变

### 30.11.1 GNSS 的脆弱性与备用导航定位授时体系

在航空领域使用 GNSS 最重要的问题之一就是其脆弱性[30.51-30.53]。GPS 信号功率低,并且以单一频率广播,因此无论是有意还是无意的干扰,都是潜在的威胁(第 16 章)。虽然这种脆弱性并没有阻止飞机配备 GPS 接收机,但使得难以显示出其真正的效益和附加值。GPS 已经与现有的地面导航基础设施整合在一起,因此并没有降低传统助航站点的数目,没能降低成本。这些传统助航设备需要作为备用设施以防止 GPS 不可用。现有的航路结构与 GPS 的广泛可用性并不相关,仍然需要传统助航设施的支持。然而随着 PBN 的优势越来越突出,情况将会出现变化。PBN 程序已经应用于一些终端区,例如苏黎世和阿姆斯特丹史基浦机场,并将于 2024 年 1 月之前,在欧洲大部分终端区空域中强制使用 PBN。PBN 程序将利用 GPS 作为主要的导航手段,为了应对 GPS 中断并维持安全,需要使用备用的定位系统。

在美国,备用定位导航和授时(alternative positioning navigation and timing,A-PNT)用于描述对 GPS 的备份[30.54],目的是确保在 GPS 中断期间,航行能够继续安全进行,而不会额外增加 ATC 人员的工作量。FAA 已经启动了 A-PNT 计划[30.55],旨在确定尽量低成本实现 PNT 的替代方法。欧洲已经进行了评估 GNSS 中断的影响和备份必要性的研究和模拟。结果表明,只要采取一系列可行措施,现有的 DME 网络能在近期内重新恢复使用。这些措施包括:

(1) ATC 中心需要知道 GNSS 中断区域的地理位置和范围。
(2) ATC 需要有办法识别哪些飞机受到影响。
(3) 应阻止仅依赖 GPS 的飞机进入受影响的区域。

受影响空域内,尽管可能已经丧失执行机载性能监测和警报的功能,安装 DME、DME RNAV 系统的飞机仍然能够继续导航,它们能够从 RNP 有效的切换到 RNAV。目前所有欧洲 ATS 航路均提供 DME/DME 覆盖。仅依靠 GPS 导航的飞机数量非常有限,ATC 可以通过监视图像并提供雷达跟踪来管理飞机。

从长期来看,预计多频多星座 GNSS 系统将更加稳定,将降低对备用解决方案的要求。但是并没有证据表明,稳定性水平能提升至不用保留陆基备份方案的地步。

### 30.11.2 导航基础设施的关停

自从 GPS 进入航空领域以来,传统助航设施的关停问题一直是讨论热点。传统助航设施正在从导航的主要手段,转变为 GNSS 中断期间的备用支持手段。预计传统的助航设施将降低到一个最小网络规模,能够在空域中特定流量的情况下保持安全性即可。在航路途中和进近等不同飞行阶段的要求会有所区别。

在航路阶段,GNSS 迅速成为主要的导航源。前一节中提到,最适合的航空恢复方案是 DME、DME RNAV,因为有足够多的飞机已经安装了此系统。虽然未来不需要 VOR 和 NDB,但仍不可能一夜之间全部将之拆除。关停这些基础设施需要时间和金钱方面的综合考量,需要与潜在用户进行广泛的协商,并且必须提前给予充分的告知。许多已公布的程序都涉及 VOR 的安装,在拆除导航设施之前需要替换这些程序。

许多 NDB 设施安装在机场,并支持非精密进近程序。为了消除对 NDB 的依赖,现有程序将使用 RNAV(GNSS)程序来替代,但在所有用户都装备好 RNAV 程序之前,旧程序仍需保留。使用 NDB 进行非精密进近是基础培训大纲的必要部分,因此这些设施经常被用来训练飞行员的仪表飞行能力,可能需要对大纲中的训练要求进行修改。

法国已启动一项计划,将一定数量的 I 类 ILS 替换为能够达到类似最低要求的 SBAS LPV 程序。同样地,必须确认这些机场的用户都配备了进行 LPV 飞行所需的 SBAS 功能。

### 30.11.3 多星座系统

如今,GNSS 在民用航空中的应用仅限于单频 GPS L1。虽然 GPS 系统在另一个频率 L2 上也广播信号,但该信号并不在受保护的频带内,因此并未在民用航空中使用。在 GPS 中引入的新 L5 信号,处于航空应用保护频带内,将允许未来使用双频 GNSS。多频多星座 GNSS 系统的可用性将提升航空导航解决方案的稳定性,并有助于解决当前与 GPS 脆弱性有关的一些问题[30.56,30.57]。

美国的 GPS 系统已经被航空界所认可,并提供了可观的运行效益。从俄罗斯的 GLO-NASS 到即将诞生的欧洲的伽利略再到中国的北斗,也都将带来更多的效益。但是信号数量的增加会带来复杂性的挑战,尤其是对于标准化领域。

ICAO 附件 10 列出了关于 GPS 和 GLONASS 星座的标准,同时 ICAO 导航系统小组也正在研究伽利略和北斗系统的标准。但是 GPS 用户设备目前仍是全球公认唯一的航空电子设备标准。未来的航空电子设备显然是多星座的,需要使用来自 4 个不同星座的多种信号,如何规范它们是一个有待解决的问题。

除了技术难题之外,还存在体制和政治问题。2012 年在 ICAO 的一次空中导航会议上,俄罗斯联邦宣布,从 2017 年起,所有俄罗斯注册的飞机都必须携带 GLONASS 设备。这在航空界引起了极大的关注,因为如果在世界不同地区强制实施不同形式的 GNSS,那么 GNSS 可能会丧失全球互操作性。

航空界正在努力建立一种规范多星座航空用户设备的方法,该方法将囊括所有的四星座系统,期待能够取得成功。

# 参考文献

30.1　Performance Based Navigation(PBN) Manual,ICAO Doc. 9613 Ser. ,4th edn. (ICAO,2013)

30.2 P. B. Ober, D. -J. Moelker, E. Theunissen, R. C. Meijer, D. van Willigen, R. Rawlings, M. Perry: The suitability of GPS for basic area navigation, Proc. ION GPS, Kansas City (1997) pp. 1007–1018

30.3 K. L. Van Dyke: The world after SA: Benefits to GPS integrity, Proc. IEEE PLANS, San Diego (2000) pp. 387–394

30.4 K. Doucet, Y. Georgiadou: The issue of selective availability, GPS World 1(5), 53–56 (1990)

30.5 K. D. McDonald: GPS in civil aviation, GPSWorld 2(8), 52–59 (1991)

30.6 Minimum Operational Performance Standards for Airborne Supplemental Navigation Equipment Using Global Positioning System (GPS), RTCA DO-208, 07/12/1991 (RTCA, Washington DC 1991)

30.7 Airborne Supplemental Navigation Equipment Using the Global Positioning System (GPS), TSO-C129a (FAA, Washington DC 1996)

30.8 Guidance Material on Airworthiness Approval and Operational Criteria for the use of Navigation Systems in European Airspace Designed for Basic RNAV Operations, JAA Temporary Guidance Leaflet No. 2 (JAA, Hoofddorp 1996)

30.9 G. E. Michael: Legal issues including liability associated with the acquisition, use, and failure of GPS/GNSS, J. Navig. 52(2), 246–251 (1999)

30.10 S. Malys, J. Slater: Maintenance and enhancement of the World Geodetic System 1984, Proc. ION GPS, Salt Lake City (1994) pp. 17–24

30.11 C. Boucher, Z. Altamimi: ITRS, PZ-90 and WGS 84: Current realizations and the related transformation parameters, J. Geod. 75(11), 613–619 (2001)

30.12 ICAO: *Annex 10 to the Convention on Civil Aviation, Aeronautical Telecommunications*, Radio Navigation Aids, Vol. 1, 6th edn. (ICAO, Montreal 2006)

30.13 GPS Standard Positioning Service Performance Standard, 4th edn. (US Department of Defense, Washington DC 2008)

30.14 V. Iatsouk: Development of standards for aeronautical satellite navigation system, Acta Astronaut. 54(11), 961–963 (2004)

30.15 W. Y. Ochieng, K. Sauer, D. Walsh, G. Brodin, S. Griffin, M. Denney: GPS integrity and potential impact on aviation safety, J. Navig. 56(1), 51–65 (2003)

30.16 D. Lawrence, D. Bunce, N. G. Mathur, C. E. Sigler: Wide Area Augmentation System (WAAS), Program Status, ION GNSS, Fort Worth (2007) pp. 892–899

30.17 P. Feuillet: EGNOS program status, ION GNSS, Nashville (2012) pp. 1017–1033

30.18 T. Sakai, H. Tashiro: MSAS status, ION GNSS, Nashville (2013) pp. 2343–2360

30.19 K. N. S. Rao: GAGAN-The Indian satellite based augmentation system, Indian J. Radio Space Phys. 36(4), 293 (2007)

30.20 S. Karutin: SDCM program status, ION GNSS, Nashville (2012) pp. 1034–1044

30.21 A. A. Herndon, M. Cramer, K. Sprong: Analysis of advanced flight management systems (FMS), flight management computer (FMC) field observations trials, radius-to-fix path terminators, Proc. IEEE/AIAA 27th Digit. Avion. Syst. Conf., St. Paul (2008) pp. 2.A.5-1–2.A.5-15

30.22 ARINC 424-20, Navigation System Database Standard (Aeronautical Radio, Annapolis 2011)

30.23 RTCA DO 200A/Eurocae ED76: Standards for Processing Aeronautical Data (1998)

30.24 RTCA DO 201A/Eurocae ED77: Standards for Aeronautical Information (2000)

30.25　B. Haltli, P. Ewing, H. Williams: Global navigation satellite system (GNSS) and area navigation (RNAV) benefiting general aviation, Proc. 24th Digit. Avion. Syst. Conf., Crystal City (2005) pp. 13. A. 5-1-13. A. 5-8

30.26　Roadmap for Performance Based Navigation, Evolution for Area Navigation (RNAV) and Required Navigation Performance (RNP) Capabilities 2006-2025, Version 2.0 (FAA, Washington DC 2006)

30.27　European Airspace Concept Handbook for PBN Implementation, 3rd edn. (Eurocontrol, Brussels 2013)

30.28　K. Kovach: Continuity: The hardest GNSS requirement of all, Proc. ION GPS, Nashville (1998) pp. 2003-2020

30.29　I. Mallett, K. Van Dyke: GPS availability for aviation applications: How good does it need to be?, Proc. ION GPS, Salt Lake City (2000) pp. 705-712

30.30　R. G. Brown: A baseline GPS RAIM scheme and a note on the equivalence of three RAIM methods, Navigation **39**(3), 301-316 (1992)

30.31　J. P. Fernow, Y. C. Lee: Analysis supporting FAA decisions made during the development of TSO C-129, Proc. ION AM 1994, Colorado Springs (1994) pp. 219-228

30.32　P. B. Ober: RAIM Performance: How Algorithms Differ, ION GPS 1998, Nashville 15-18 Sep. 1998 (ION, Virginia 1998) pp. 2021-2030

30.33　A. Martineau, Ch. Macabiau, M. Mabilleau: GNSS RAIM assumptions for vertically guided approaches, ION GNSS 2009, Savannah Sep. 2009 (ION, Virginia 2009) pp. 2791-2803

30.34　Minimum Operational Performance Standards for Global Positioning System/Wide Area Augmentation System Airborne Equipment, RTCA DO229D, 13/12/2006 (RTCA, Washington DC 2006)

30.35　D. A. G. Harriman, J. Wilde, P. B. Ober: EUROCONTROL's predictive RAIM tool for en-route aircraft navigation, IEEE Aerosp. Conf. 1999, Snowmass at Aspen 6-13 Mar. 1999 (IEEE, New York 1999) pp. 385-393

30.36　ADS-B Service Availability Prediction Tool Receiver Autonomous Integrity Monitoring User Guide, v2.0, 30 Apr. 2014 (FAA, Washington DC 2014)

30.37　Massimini, V. McNeil, G. Scales, W.: *Proposed Concept of Operation for a GNSS NOTAM and Aeronautical Information System* (The MITRE Corporation, Bedford 2008)

30.38　Airborne Supplemental Navigation Sensors for Global Positioning System Equipment Using Aircraft Based Augmentation, TSO-C196 (FAA, Washington DC 2009)

30.39　Minimum Operational Performance Standards for Global Positioning System/Aircraft Base Augmentation System, RTCA DO-316 (RTCA, Washington DC 2009)

30.40　Airborne Navigation Sensors Using the Global Positioning System Augmented by the Satellite Based Augmentation System, TSO-C145c (FAA, Washington DC 2008)

30.41　Stand-alone Airborne Equipment Using the Global Positioning System Augmented by the Satellite Based Augmentation System, TSO-C146c (FAA, Washington DC 2008)

30.42　Airworthiness Approval of Positioning and Navigation systems, FAA Advisory Circular (AC), 20-138D, 28/03/2014 (FAA, Washington DC 2014)

30.43　European Aviation Safety Agency: Airworthiness Approval and Operational Criteria for RNP Approach (RNP APCH) Operations Including APV Baro/VNAV Operations, AMC 20-27 (EASA, Cologne 2009)

30.44　European Aviation Safety Agency: Airworthiness Approval and Operational Criteria for RNAV GNSS Approach Operation to LPV Minima Using SBAS, AMC 20-28 (EASA, Cologne 2012)

30.45　K. L. Gold, A. K. Brown: A hybrid integrity solution for precision landing and guidance, IEEE PLANS 2004(IEEE, New York 2004) pp. 165–174

30.46　C. Rekkas, M. Rees: Towards ADS-B implementation in Europe, Proc. Tyrrhenian Int. Workshop Digit. Commun. -Enhanc. Surveill. Aircr. Veh. (TIWDC/ ESAV), Capri(IEEE, New York 2008)

30.47　T. Delovski, K. Werner, T. Rawlik, J. Behrens, J. Bredemeyer, R. Wendel: ADS-B over satellite-The world's first ADS-B receiver in space, 4S Small Satell. Syst. Serv. Symp. 2014, ESA, Noordwijk (2014)

30.48　N. Xu, R. Cassell, C. Evers, S. Hauswald, W. Langhans: Performance assessment of Multilateration Systems-A solution to nextgen surveillance, Proc. Integr. Commun. Navig. Surveill. Conf. (ICNS'10), Herndon(IEEE, New York 2010), pp. D2-1-D2-8

30.49　C. Collings, J. Harwood: Data link messaging standards for NextGen data communications, Proc. Integr. Commun. Navig. Surveill. Conf. (ICNS'09), Arlington (IEEE, 2009)

30.50　Time and Standard Frequency Station DCF77 (Germany), http://www.eecis.udel.edu/~mills/ntp/dcf77.html

30.51　J. V. Carroll: Vulnerability assessment of the US transportation infrastructure that relies on the global positioning system, J. Navig. 56(2), 185–193 (2003)

30.52　D. Last: GPS forensics, crime, and jamming, GPS World **20**(10), 8–12 (2009)

30.53　C. Dixon, S. Smith, A. Hart, R. Keast, S. Lithgow, A. Grant, J. Šafař, G. Shaw, C. Hill, S. Hill, C. Betty: Specification and testing of GNSS vulnerabilities, Proc. ENC-GNSS 2013, Vienna (ENC, Vienna 2013) pp. 1–12

30.54　E. Kim: Investigation of APNT optimized DME/DME network using current state-of-the-art DMEs: Ground station network, accuracy, and capacity, IEEE/ION PLANS 2012, Myrtle Beach (IEEE, New York 2012) pp. 146–157

30.55　Concept of Operations for NextGen Alternative Positioning, Navigation and Timing (APNT) (FAA, Washington DC 2012)

30.56　C. J. Hegarty, E. Chatre: Evolution of the Global Navigation Satellite System (GNSS), Proc. IEEE **96**(12), 1902–1917 (2008)

30.57　J. Blanch, T. Walter, P. Enge: Satellite navigation for aviation in 2025, Proc. IEEE **100**, 1821–1830 (2012)

30.58　F. Salabert: Operational benefits of multi-constellation dual frequency GNSS for aviation, Coordinates **11**(3), 43–45 (2015)

30.59　B. Bonet, I. Alcantarilla, D. Flament, C. Rodriguez, N. Zarraoa: The Benefits of Multi-constellation GNSS: Reaching up Even to Single Constellation GNSS Users, ION GNSS 2009, 22–25 Savannah (ION, Virginia 2009) pp. 1268–1280

# 第31章 地基增强系统

## Sam Pullen

本章介绍了地基增强系统（GBAS）的基本原理。通过在机场部署GBAS，可以对包括精密进近和着陆在内的民航业务提供支持。本章首先介绍了GBAS如何基于已知（参考）位置的GNSS观测量伪距（L1 C/A码）信号生成差分改正数，如何基于监测参考观测量来识别GPS和GBAS故障或异常，以及向用户广播哪些信息以保证增强的精度和完好性（或安全性）。然后，本章也介绍了GBAS在民航进近和着陆中的应用，以及在机场部署GBAS参考设备的主要注意事项，最后，本章简要介绍了可播发类似GNSS测距信号的其他增强系统。

GNSS的地基增强可以采用差分改正播发或通过伪卫星从地面位置播发类似GNSS测距信号的形式实现。将伪卫星添加到GNSS系统的最初目的是弥补天空中GPS卫星数量不足的问题。例如20世纪70年代末期，在尤马试验场对GPS发射机进行了空中测试以验证GPS信号的性能，随后发射了更多仅提供位置定位信息[31.1]的卫星。尽管目前的GPS能提供多于4颗高于10°仰角的可见卫星，但可见卫星数有限的用户仍可依托地面发射器来提升自身定位性能[31.2]。伪卫星也可用于改善测距几何结构，当用户经过伪卫星附近时，就可以估计出载波相位整周模糊度[31.3]。

对GNSS测距信号进行广播差分改正的最初动机是应对人为故意降低GPS L1 C/A码信号定时精度的政策。该政策是广为人知的选择性可用性（selective availability, S/A）[31.4]。内容是每颗GPS卫星的时钟组件上（接收C/A码时）都会被人为地引入10~20m左右的误差，来防止民用用户获得比系统设计者的最初预期更高的精度。在指定卫星上，由S/A政策引起的误差对于跟踪该卫星的所有C/A码用户都是相同的。人们逐渐意识到，位于固定且已知（精确勘测）站点的接收机可以估算每个卫星观测量中的误差，并通过广播此信息允许附近的用户从观测量中消除S/A政策的影响[31.5]，这种解决S/A政策的简单方法是美国于2000年5月决定取消S/A政策的原因之一[31.6]。

早在S/A停用之前，所谓的差分GPS的其他优势已显现。S/A政策废除以后，其他非人为的误差源（例如卫星钟差、星历误差以及电离层和对流层延迟）便成为影响GPS导航精度的重要因素。这些因素在中短距离都高度相关，因此差分改正消除了非人为误差的大部分影响。此外，差分GPS是使用单独地面站或地面站网络验证GPS完好性或使用安全性任务的关键组成部分。GNSS增强系统可以定义为将差分改正数与实时完好性信息相结合的地面系统。

本章将重点介绍基于单个地面站的增强系统，并通过无线电链路传播改正数和完好性信息。该技术通常称为局域差分 GNSS 或 LADGNSS,应用于民用飞机的精密进近和着陆调整,在国际上称之为地面增强系统(GBAS),在美国被称为局域增强系统(LAAS)。该技术几乎涵盖了所有可应用于单参考站点(SRS)增强系统的关键点,因此本章将会进行详细的介绍。LAAS 和 GBAS 已获准支持 I 类标准(在地面以上 200ft)的精密进近(确保侧向和垂直引导),并且预计其扩展将有望支持所有精密进近着陆(ⅢB 类)。

## 31.1 系统组成

图 31.1 展示了位于机场的 GBAS 参考站主要组成部分[31.7]。GBAS 包括多个(4 个或更多)地面参考接收机和天线,形成冗余以获得完好性监控。每个接收器天线的位置都经过仔细测量,并且都经过预先测试以确认所选位置的多径特性符合预先选定的模型,该预定模型用于确定向飞机广播的伪距改正数误差的标准差。这些天线站点之间的距离足以使它们的多径误差(来自地面反射和远处障碍物)保持足够的统计独立性,允许在标称条件下对这些误差进行平均,使其更易于在单个参考接收机中区分错误的测量结果。接收机天线处的多径误差降至最低对于 GBAS 是非常重要的,因为这些误差与用户测距误差不相关,不能通过差分改正来消除,因此需要使用专用的地面天线,这部分将第 31.3 节中详细介绍。

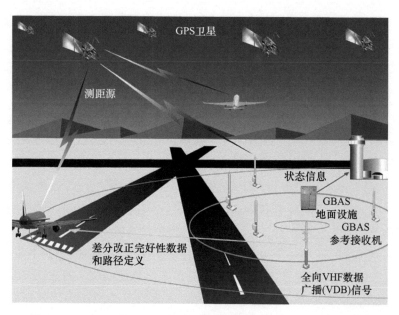

图 31.1 GBAS 地面站组成—高级的地面局域差分 GNSS(DGNSS)系统示例(由 FAA 卫星导航团队提供)

GBAS 通常使用位于参考接收机旁边或附近的主控处理器收集接收机观测值,并确定伪距改正和改正率,以便对每组使用的卫星进行广播,其中会使用一些监测算法和排除逻辑以保证卫星和地面观测值是可靠的,31.3 节会进一步讨论这些算法和排除逻辑。该信息每秒更新两次,并(以较低的更新速率)包含有关站点特性的信息以及机场允许的所有精密进近理想路径。它被打包为几种不同的消息类型,通过电缆或光缆传输到机场某处的甚高频(VHF)数据广播(VDB)发射机和天线,并使用仪表着陆系统(ILS)航向台通过 108~118MHz 频段广播给用户[31.8]。每个机场的 VDB 天线选址对于最大限度地扩大接收信号的机场表面积至关重要,同时也可确保信号在整个精密进近空中区域都可被接收。

由于对 GBAS 的完好性、连续性(安全性)和可用性(可能的运行时间百分比)的要求非常高,因此多级冗余设备是必不可少的。但对于 LADGNSS 系统的许多需求较少的情况,采用单个参考接收机和天线,就可以充分支持许多短期应用(例如,为期一天的调查活动)。此情况下可以在每次应用之前和之后检查设备,并且对于失败应用的处置仅限在设备修复后重复进行。永久的、固定的本地区域差分 GNSS(LADGNSS)参考站需要具备一定的冗余性,以最大程度地减少维护成本,但实际上除 GBAS 之外,几乎所有 LADGNSS 应用可能只需要 GBAS 的部分设备。

## 31.2 局域增强技术概述

尽管大多数 LADGNSS 系统的硬件组成基本相似,但用于生成差分改正的算法及要改正的特定观测量之间存在显著的差异,本节将指出其中的一些差异,读者也可以参考本书的其他章节以获取更多详细的信息。

### 31.2.1 伪距改正数

几乎所有的 LADGNSS 系统都会自行广播伪距测量改正数或伪距测量值,以便用户可以利用广播信息修正自己的测量值来消除公共误差。在最常见的发送伪距改正数的情况下,这些改正数是对地面可见的每颗卫星的伪距误差的最佳估计,该误差由附近的用户根据对参考接收机天线的真实位置和导航数据中的卫星位置计算得到。然后用户只需从自己的伪距测量值中减去此改正数,即可获得用于定位计算的测量值(第 26 章)。请注意参考系统和用户系统之间需要一个公共处理流程,以确保在两端都采用或不采用公共误差,例如 GBAS 将卫星钟差改正(基于导航数据)应用于参考观测值。对于参考接收机和用户接收机,这些改正量将是相同的。为了保证消除正确的误差,GBAS 用户还必须应用卫星钟差修正,而不是相对数修正[31.9]。

当使用类似于 GBAS 的校正方法时,由于卫星(时钟和星历)和大气(电离层和对流层)的原因,广播改正数应接近于零且近似于用户测量的伪距上的实际误差。这个数字的变化幅度很小,因此很容易以较小的动态范围进行广播,如少量比特的数字电文格式(每颗可用卫星一个值)。单点定位用户误差通常由电离层延迟决定,所以当电离层特别活跃时,通常低仰角卫星的伪距改正数是最大的。GBAS 伪距改正的最大幅度为 ±327.67m[31.8],但是任何大于 ±125~150m 的值都表明存在潜在的卫星异常,因为即使在极端条件下,该异常也超过了电离层延迟的范围。

由于在地面上产生差分改正的观测量与将所得改正数应用于用户量测之间存在时间延迟,因此需要对产生的延迟进行伪距速率校正或其他插值方法。GBAS 为每个伪距改正数提供一个时间戳,并根据最近两个伪距改正数之间的差异除以时间间隔,广播伪距速率改正数。只要该延迟时间在地面站保证的告警时间之内,用户就可以使用此伪距改正率从改正数时间戳向前推算出用户观测时间。发生时钟故障的卫星的测距值可能在几秒钟到几分钟内发生剧烈的非线性变化,因此,需要快速检测这些故障以保护 GBAS 用户执行的线性外推。

## 31.2.2 载波相位改正数

除了广播伪距改正之外,某些 LADGNSS 系统还向用户传输原始载波相位观测量或改正数,以支持用户应用载波相位差分 GNSS(CDGNSS)或实时动态(RTK)GNSS 处理技术。CDGNSS 用户包括测量员和科研用户等对厘米甚至毫米级定位精度有要求的用户。

载波相位观测量包含未知的整周模糊度(正弦波周期的整周数),因此不提供明确的距离估计。模糊度解算是 CDGNSS 和 RTK 用户使用的大多数算法的关键组成部分,正是这一步提供了厘米级或更好的距离和位置精度(第 23 章和文献[31.3])。一些 CDGPS 技术并不总是依赖于整周模糊度(固定解)的计算,而是依赖于随着时间推移对这些模糊度的浮点解估计,从而提升了仅基于伪距的 LADGNSS 获得的性能。这些技术的航空应用示例请参见文献[31.10,31.11]。现有的 GBAS 系统不会广播载波相位改正,但是由于它们潜在的优势,在 GBAS 接口控制文档(ICD)中已经保留了消息类型 6 以支持将来的载波相位改正[31.8]。

## 31.2.3 参考站分布

大多数 LADGNSS 系统本质上都是从单个站点获取和广播改正数,例如 GBAS 和其他在局域(几千米内)范围内部署冗余参考接收机和天线的系统。因为在正常情况下,这种紧密靠近的天线观测到的 GNSS 卫星和大气状况几乎相同。另一种技术是星基增强系统(SBAS),由广泛分布的参考站(数百千米)提供整个国家或大洲使用的改正数,对该技术的具体介绍请参见第 12 章。在这两种情况之间的是地面 LADGNSS 系统,该系统使用参考站网络代替单个站点。这些网络被定义为地面网络而非空间网络,因为它们使用地基方式广播改正信息(31.2.4 节)。地面网络中的站间距在多数情况下比天基网络中的站间距要短。

LADGNSS 参考站网络的主要目的是为较大区域提供服务,而无须如文献[31.12]中针对 CDGNSS 用户展示的,放置大量的独立参考站。澳大利亚使用的一种航空应用系统——基于地面的区域增强系统 GRAS[31.13],其将广域分布的多参考站发送改正信息至中心处理站（类似 SBAS）的网络概念，与通过地面 VHF 无线设备在 ILS 航向台频段发射广播改正数的 GBAS 方法相结合。文献[31.8]中的 GBAS 消息格式已扩展为具有其他消息类型（类型 101）以适应 GRAS，而 GBAS 的单发射机方法已被澳大利亚的 VHF 发射机站网络取代。这种混合方法虽然并未实际投入使用，但说明了 LADGNSS 和广域 GNSS 技术存在的许多可能性，如可用于支持特定的服务提供商和用户类别。

## 31.2.4 广播技术

向用户传达 LADGNSS 修正的最常见方法是使用分开的发射机和接收机进行射频（RF）传输，因而在 GBAS 中使用 108~118MHz 的 VHF ILS 信标频段，可以重复利用已经存在的 ILS 信标天线[31.7,31.8]。航海 LADGNSS 系统中常用的一种 RF 技术，是对现有定向无线电信标上的消息进行数字编码，该信标的发射频率约为 300kHz，就像美国海岸警卫队 NDGPS[31.5,31.15] 所做的那样。特高频（UHF）无线电调制解调器通常用于成本相对较低的商业和实验系统中，由 KAIST 在韩国大田进行的无人驾驶飞行器（UAV）LADGNSS 飞行测试中使用的无线电调制解调器发射机的一个例子是 Microhard Systems 公司制造的 IP-921[31.16]，它以 902~928MHz 的频率与最大数据速率 1.1Mbit/s 进行传输，并以 345kbit/s 的较低数据速率传输到 100km 或者更长的视距范围，这对于单个参考站的 LADGNSS 来说完全足够[31.17]。

目前 Internet 连接已广泛普及，对于某些不需要最高级别实时性或可靠性的应用程序，也可以通过 Internet 传播修正。一些现有的 GBAS 和 SBAS 系统的改正可以从网上延迟获得，例如负责监督美国本土大陆（CONUS）的 GBAS（LAAS）站点的建设和运营的联邦航空管理局（FAA）威廉·休斯技术中心，在一个网站上包含多个 CONUS GBAS 站的近实时和已存档的改正数以及其他广播信息，以供分析使用[31.18]。

## 31.3 地基增强系统

### 31.3.1 概述和需求

GBAS 是 LADGNSS 的子集，部署了 GBAS 地面站的机场能够支持民航精密进近着陆运行。图 31.1 中展示了 GBAS 地面站的关键组成，31.1 节对这些组成已进行了简要描述。本节首先将对 GBAS 必须满足的要求进行更详细的描述。然后，本章将描述 GBAS 如何通过组合高精度差分改正、监控可能的故障和异常以保障完好性。最后，本章也论述了在这些异常情况出现时，如何对 GBAS 进行优化以最大限度地提高系统的可用性和连续性。

图 31.2 在图 31.1 的基础上进行了扩展，以显示 GBAS 地面系统组件通常如何相对于在给定机场区域上进行选址，以及它们如何支持该机场所有跑道末端的精密进近。如

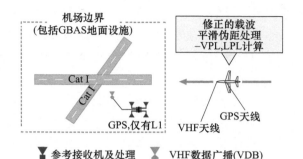

图 31.2 典型机场的 GBAS 地面站和机载端运行(I 类精密进近运行)

31.1 节所述,在现有站点中,GBAS 参考接收机和天线放置的相对较近,但彼此之间的距离应足够远,以使每个天线上的多径误差不相关。决定要广播信息的中央处理器也在附近,但是 VHF 发射机天线可能会相距一定距离,以覆盖尽可能多的机场及其周围的进近活动。大多数机场都有多个跑道,并且至少在理论上可以为每个跑道在两个方向(两个跑道末端)上支持精密进近。GBAS 支持进近的飞机在允许 GBAS 精密导航的所有跑道末端至少达到 I 类进近(并且会广播路径导航信息)。使用 GBAS 的飞机从其修正后的 GNSS 测量值中得出笛卡儿坐标系(例如,东-北-天)位置,并将其转换为类似于 ILS 的角度测量值,以与现有航空电子设备兼容。其中航空电子设备是由仪表着陆系统(ILS)提供角度测量(与所需的垂直滑行路径和侧向航向台产生的偏移)而建立的[31.7,31.9]。

过去的 25 年中,LADGNSS 在 GBAS 方面的开发是由美国 FAA 等航空服务提供商引领的,例如霍尼韦尔、雷神、洛克威尔·柯林斯和泰雷兹等为民用航空提供设备的公司以及大学和其他研究小组。GBAS 的需求可以从一些较早的系统获取,例如美国航空无线电技术委员会(RTCA)的 ILS,欧洲民用航空设备组织(EUROCAE)和为各种飞机系统制定标准和建议措施(SARPS)的国际民用航空组织(ICAO)[31.7-31.9]。实际中 ICAO 统一了 RTCA 和 EUROCAE 标准,以便 GBAS 地面和空中设计人员能够尽量满足一套统一的要求。

表 31.1 总结了针对 GBAS 定义的在能见度有限的情况下,不同模式航空精密进近的要求[31.19]。左侧栏中的术语 GSL 代表 GBAS 服务级别,指的是精密进近的不同类别,它们对应于水平(RVR,跑道视距)和垂直(天空)上飞行员可见度的不同级别。当前的 GBAS 系统主要支持 GSL C,它对应于 I 类精密进近,其最低决策高度低至跑道入口以上 200ft。GSL A 和 B 支持的 I 类精密进近方法的要求不高,可以通过 SBAS 来支持(第 12 章和文献[31.20])。GSL D、E 和 F 是指支持较低决策高度的 II 类和 III 类精确方法。支持 GSL D 并允许 III 类运行(包括零能见度着陆)的 GBAS 地面系统和空中装备目前正在开发中[31.21,31.22]。

表 31.1 中各列分别表示了精度、完好性和连续性方面的要求。精度要求表示为 95% 置信度的导航系统错误(NSE),即真实(未知)位置与 GBAS 认证的机载接收机导航系统输出的位置差值。连续性是指正在进行的操作由于 GBAS 系统中断而意外中止的概率上限(每 15s 或 30s 曝光间隔),该上限可以采用多种形式之一。完好性是指一个系统输出

结果的置信度和当系统输出不可信(即使用不安全)时的告警能力。对 GBAS 来说,完好性由三个相关的要求表示:①完好性丧失(输出不安全或误导性信息)的概率(每个曝光间隔——通常为精密进近的长度,约 150~200s)上限。②告警时间,告警时间是指需要从系统中发出警告以避免发生不安全的一段时间。如果误警信息的持续时间比告警时间短,并且在系统发出告警信息之前,那么这种情况就是安全的,并且不计入完好性风险。③告警门限,表示在垂直和侧向上对于特定操作为安全[31.23]的最大误差。

表 31.1 GBAS 精密进近需求总结表

| GSL | 精度 | | 完好性 | | | | 连续性 |
|---|---|---|---|---|---|---|---|
| | 95%水平(系统误差)/m | 95%垂直(系统误差)/m | 完好性丧失概率/$s^{-1}$ | 报警时间/s | LAL/m | VAL/m | 连续性丧失概率/$s^{-1}$ |
| A | 16 | 20 | $2\times10^{-7}/150$ | 6 | 40 | 50 | $8\times10^{-6}/15$ |
| B | 16 | 8 | $2\times10^{-7}/150$ | 6 | 40 | 20 | $8\times10^{-6}/15$ |
| C | 16 | 4 | $2\times10^{-7}/150$ | 6 | 40 | 10 | $8\times10^{-6}/15$ |
| D | 5 | 2.9 | $10^{-9}/15$(垂直);30(水平) | 2 | 17 | 10 | $8\times10^{-6}/15$ |
| E | 5 | 2.9 | $10^{-9}/15$(垂直);30(水平) | 2 | 17 | 10 | $4\times10^{-6}/15$ |
| F | 5 | 2.9 | $10^{-9}/15$(垂直);30(水平) | 2 | 17 | 10 | $2\times10^{-6}/15$(垂直);30(水平) |

由于可用性要求在机场之间差异很大,因此未在表 31.1 中对可用性要求进行展示。最常见的可用性定义是同时满足精度、完好性和连续性要求的时间百分比,从而可以进行 GBAS 支持的操作。当违反这些要求中的一项或多项时,将通知用户和操作员,从而可以避免执行操作。如果操作已经开始并且随后由于系统状态的意外更改而突然停止(例如影响性能的关键 GNSS 卫星发生故障),则会丧失连续性,即实施满足完好性要求所需的完好性监测不可避免地会增加丧失连续性的可能性。由于完好性和连续性要求相冲突,因此完好性监测算法和测量排除逻辑的设计面临更大的挑战。

## 31.3.2 差分改正数的生成

如 31.3.1 节中所述,GBAS 根据冗余参考接收机的测量结果为每颗卫星生成伪距差分改正和改正率。本节将描述用于计算这些值的特定方程式以阐明过程[31.24]。

处理来自每个参考接收机的伪距和载波相位测量的第一步是载波平滑,它利用载波相位观测量的高精度来削弱伪距测量中的噪声和多径误差(22.3.1 节和 20.4 节)。为了最大限度地提高地面和机载设备之间平滑的通用性,地面系统必须采用特定的算法,并且在给定标称输入条件的情况下,机载设备对变化的容限很小[31.9],这通常需要地面和机载系统都使用 100s 的平滑时间,其中地面平滑算法在文献[31.24]中给出(至少对于 FAA LAAS 系统而言),即

$$\mathrm{PR}_s(k) = \left(\frac{1}{N}\right)\mathrm{PR}_r(k) + \left(\frac{N-1}{N}\right)[\mathrm{PR}_s(k-1) + \phi(k) - \phi(k-1)] \quad (31.1)$$

式中：$\mathrm{PR}_r$ 为指定 GNSS 卫星在指定参考接收机输出的原始（测量）伪距；$\mathrm{PR}_s$ 为输出平滑伪距；$k$ 为当前时间周期；$N=S/T$（在过滤器稳态下，标称值为 200）为在平滑过滤器中使用的样本数，其中 $T$ 为测量采样间隔（标称值为 0.5s），$S$ 为 100s。

式（31.1）中的平滑伪距是为每个参考接收机 $m$ 和每颗卫星 $n$ 计算伪距改正（$\mathrm{PR}_{sc}$）的基础[31.24]，即

$$\mathrm{PR}_{sc}(n,m) = R(n,m) - \mathrm{PR}_s(n,m) - t_{sv-gps}(n) \quad (31.2)$$

式中：$R$ 为卫星位置的预测距离，由勘测的天线位置和广播星历数据提供；$t_{sv-gps}$ 为根据 GPS 导航数据计算出的卫星 $n$（针对 L1 C/A 码）的时钟改正，包括相对论项，但电离层和对流层均未进行校正。如 31.2.1 节所述，地面端和机载端必须都使用或都不使用相同（或几乎相同）的改正，以避免引入非公共误差。

GBAS 的下一步是对每个参考接收机生成的改正进行时钟调整，目的是消除广播改正中由参考接收机时钟误差造成的较大公共偏差，并允许在参考接收机之间进行直接比较或改正（所有变量都适用于历元 $k$）[31.24]，即

$$\mathrm{PR}_{sca}(n,m) = \mathrm{PR}_{sc}(n,m) - \frac{1}{N_c}\sum_{n \in S_c}\mathrm{PR}_{sc}(n,m) \quad (31.3)$$

式中：$\mathrm{PR}_{sca}$ 为对接收机 $m$ 和卫星 $n$ 进行平滑和时钟调整后的改正结果；$S_c$ 为一组公共的卫星，这表示所有标记为健康的参考接收机都可以跟踪到该组卫星；$N_c$ 为 $S_c$ 中的卫星数。对于每个接收机 $m$，文献[31.3]消除了公共集合中 $N_c$ 个卫星上未经调整的伪距改正数的平均偏差。由于每个接收机的接收机钟差对于该接收机跟踪的所有卫星都是相同的，因此实现了很好的效果。

在标称条件下，当检测到异常而没有移除任何接收机时，卫星 $n$ 的广播伪距改正（PRcorr 或 PRC）只是跟踪该卫星的每个接收机的平滑和时钟调整的改正除以 $M(n)$ 的平均值[31.24]，即

$$\mathrm{PR}_{corr} = \frac{1}{M(n)}\sum_{n \in S_c}\mathrm{PR}_{sca}(n,m) \quad (31.4)$$

卫星 $n$ 的广播伪距速率改正数（$\mathrm{RR}_{corr}$ 或 RRC）是通过将卫星的当前和最近的伪距改正数除以它们之间的时间间隔 $T$（标称值为 0.5s）而得出的。

图 31.3 展示了 GBAS 地面系统的功能框架图，它对应于斯坦福大学开发的完好性监控测试床（IMT），该平台负责地面系统原型算法的开发[31.25]，实际上所有的 GBAS 地面系统都执行相同（或相似）的功能。本节已经介绍了图 31.3 中所示的部分功能，包括 SIS-RAD（空间信号接收和解码）、平滑（见式（31.1）），改正（见式（31.2）和式（31.3））和平均（见式（31.4）），下一节中将介绍图中完好性验证所必需的其他功能。

### 31.3.3 故障监测

尽管故障监测不需要从原始测量值生成伪距改正数，但与用于实时验证改正参数（以

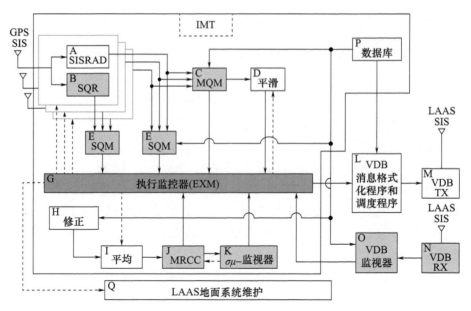

图 31.3 GBAS 地面站处理、完好性监测和观测量排除逻辑框图

及广播改正)的完好性算法相比,它仍显不足。这些算法并不在本章的讨论范围之内,但我们的参考文献包含了关键算法及其解决异常情况的详细资料。

可能对 GBAS 用户造成危险错误的故障或异常情况,如果没有被检测到或缓解,则可以分为三种情况。

- GNSS 内的故障:这包括 GNSS 卫星内部故障,以及管理 GNSS 星座的控制段的故障或错误,例如 GPS 运行控制段(OCS)。
- 增强系统设备内的故障:这包括各个 GNSS 参考接收机故障,以及参考接收机天线上的多径异常。
- 信号传播异常:例如 GNSS 信号在到达参考天线和用户天线的过程中,穿过电离层或对流层时的空间梯度异常,会导致参考接收机处测得的伪距与用户测得的伪距明显不同;其他影响例如电离层闪烁(第 39 章)更可能导致失锁(或监测器检测错误),从而导致连续性破坏而不是完好性损失。

图 31.3 的术语在进一步分类 GBAS 地面系统必须阻止的威胁上很有用。该图中的下列功能可防止出现以下故障或异常。

1. 信号变形监测(SDM)

该监测方式不仅可以检查输入卫星信号的接收功率,还可以检查 L1 C/A 码波形的质量,即传输的波形与理想波形匹配的程度。在 1993 年发现的 GPS 卫星号/伪随机码编号(SVN/PRN)19 上,至少发生了一次明显的波形异常,并且标称波形的缺陷很小,必须在 GBAS 的设计中加以考虑[31.26,31.27]。虽然大多数波形异常对参考接收机和用户接收机的影响呈现高度相关,但参考接收机与用户接收机并不需要相同,因此较大的异常会导致严重的用户误差[31.28]。研究者们基于对 SVN/PRN 19 事件的详细分析,开展了对威胁模型的研发,该模型旨在描述和限制现有 GPS 卫星 L1 上异常信号变形[31.26,31.28],并用于量化完好性监测后信号变形对 GBAS 的完好性威胁。

波形异常检测要求接收机在沿码相关峰的多个点输出 GNSS 测量值,以便观察和识别不对称和异常特征[31.28,31.29],图 31.3 中的 SQR 或信号质量接收功能执行该过程。实际中为避免硬件重复,将 SQR 功能内置于参考接收器中,该参考接收器还提供从中生成伪距改正的测量值[31.30]。

图 31.4 显示了畸变码相关峰值的一个(夸张的)示例,并说明了为检测重大变形而定义的监测统计信息。由于 GPS 接收机中的 RF 带宽有限,理想码相关峰与伪随机码(PRN)相关峰略有不同,它基本上是一个完美对称顶部呈圆形的三角形。多径会使相关峰的尾端(右侧)变形,而卫星产生的信号变形会改变相关峰的两侧。图 31.4 所示的增量和斜率标准化了每颗卫星(由 SQR 函数提供)观测到的相关峰与该卫星广播的 PRN 的理想峰之间的差异[31.28]。这些度量的阈值(以在连续性内识别实际的 SDM 故障)必须考虑由于上述多径和标称信号变形引起的标称变形。

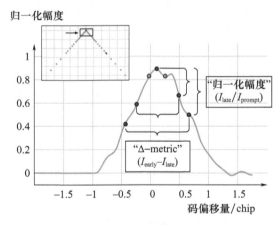

图 31.4 SDM 的代码相关性峰值监测测试统计数据

如图 31.1 所示,SDM 是信号质量监测(SQM)的主要组成部分。属于此类别的另一种监测方式是测试每个参考接收器从每颗卫星测得的信号功率,以确认其是否在预期标准之内[31.31,31.32]。这不仅是对卫星性能的测试,而且是外部 RF 干扰(RFI)的潜在指标,后面的内容将对此展开讨论。

另一个具有多种用途的卫星性能监测器是用于码—载波偏离度(CCD)的监测器。CCD 是由电离层延迟引起的,电离层延迟会对伪距和载波测量产生符号相反数值相等的影响。只要 CCD 速率(电离层延迟变化的速率的两倍)很小,载波平滑的精度就可以降低到可接受的程度。GBAS 中的 CCD 监视器通过将原始 L1 码和载波相位测量值之间的差值输入到两个连续的平滑滤波器中来实时估计 CCD 速率,这两个滤波器的时间常数均为 30s 左右。最终得出的 CCD 速率估计值将与阈值进行比较,如果该速率超过可接受水平,则会分配一个标志[31.33]。理论上,卫星广播信号可能会丢失码和载波之间的相干性,从而产生无法接受的 CCD 水平,但上述情况基本不可能发生,因此在实际中 CCD 监视器可作为检测异常电离层行为的手段，后文将具体说明此功能在缓解由大电离层空间梯度引起威胁方面的重要性。

2. 数据质量监测（DQM）

虽然该监测方式考虑了每颗卫星广播的所有导航数据，但其更加关注星历数据的正确性。星历数据能在任何给定时间提供天空中卫星位置的信息。在最关键的飞行阶段，GBAS 参考接收机和飞机之间的距离不超过 10~20km，因此只有非常大的星历误差才可能构成威胁，例如报告的卫星位置与实际卫星位置之间相差超过 1000m。远超典型误差（几米的误差）的误差一般由以下两个原因引起[31.34]：

（1）A 型故障。OCS 生成并上传了错误的导航数据，而且受影响的卫星发生了机动（即卫星改变轨道）。

（2）B 型故障。OCS 生成并上传了错误的导航数据，而受影响的卫星没有发生机动（即卫星保持在同一轨道）。

B 型故障代表了一种更简单的情况，即在为卫星生成更新的星历参数过程中，发生观测、计算或传输错误，而卫星没有受到任何会引起轨道变化的外部推力。GPS 用户会收到一系列有效的（正确的）星历消息（通常每隔 2h 更新一次），随后在更新特定的消息之后会突然出现无效的（严重错误的）数据，因此新星历和旧星历之间的一致性检查是一种检测变化的方法，该变化足以检测可导致 GBAS 危险的星历错误。由于星历在 2~4h 的周期内可以提供最高性能的精度，并且 GPS 卫星轨道在 6~12h 的时间内显著变化（相对于所关注的误差），因此需要对卫星运动进行某种程度的改正。文献[31.34]中描述的 FOH-YETE 测试是简单性与检测 B 型星历重大故障能力之间的较好折中方案。GPS 卫星的轨道拟合可以极大地减少可检测误差的大小，但是这种复杂方法对实际性能的提升非常有限。

A 型故障也可能涉及生成或上传错误，但由于存在卫星机动而变得复杂。有时会进行有意地卫星机动来维持星座并纠正正常的轨道变化，机动显著地改变了卫星的轨道，因此在机动之前广播的星历参数使用起来会很危险。为避免这种情况发生，在卫星机动之前先将卫星标记为不健康（这意味着其广播的健康比特被标记为不可使用），直到操作完成并且新的星历参数产生、上传、两次检查都无误之后，卫星星历才标记为健康。在此过程中标记为"健康"的不正确卫星广播星历消息导致的严重错误故障称为 A 类故障。

图 31.5 显示了 2007 年 4 月 10 日发生在 GPS SVN 54（PRN 18）上的一个简单 A 型故障的示例[31.35]。该图显示了该故障对夏威夷州火奴鲁鲁测得的受影响卫星的未改正 C/A 码测距误差的影响，以及在加利福尼亚州洛杉矶和蒙大拿州比林斯（所有都在美国西部）该故障所产生的三维位置误差。在发现故障之前，州火奴鲁鲁的测距误差增长到约 350m，而州火奴鲁鲁的位置误差增长到 500m 以上，在故障开始后约 1h，卫星上传了不健康的信号。

对该事件的后续调查结果表明是 SVN 54 正常且有计划地进行机动的结果，但问题是在开始机动之前卫星并没有更新广播不健康状态，最终 SVN 54 开始远离其旧的广播星历，同时仍指示健康状态。Navstar 用户的通告（NANU）消息对将要机动 SVN 54 进行了提

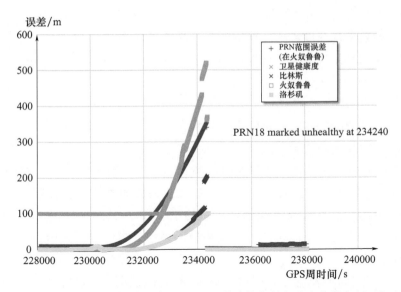

图 31.5 2007 年 4 月的星历 A 型故障示例。PRN 18 异常期间的标准定位服务（SPS）三维位置误差

前通知，但是 NANU 消息不包括在广播导航数据中，并且不能替代广播的健康状态。

GBAS 地面站无法直接观测到此类 A 型故障，但可以通过观察计算出的伪距和载波相位改正，以及短时间内的变化来轻松检测到它们（载波相位改正用于监测，其通常不会广播，但可以通过计算得出。请参见文献[31.8]）[31.34]。图 31.5 中火奴鲁鲁发生的测距误差的增加，将表现为对设在该地点的 GBAS 地面站伪距改正的增加，并且在卫星被标记为不健康之前（以及任何重大影响发生之前）都将超过伪距改正数的阈值。要证明所有可能的 A 类故障都受到这些监测的保护，就需要对可能的轨道机动进行广泛的蒙特卡洛模拟，其中在对可能的机动进行采样时会侧重于最难于监测的情况[31.36]。

3. 测量质量监测（MQM）

MQM 是指监视每个地面参考接收机（或所有参考接收机的平均值）处接收到的伪距和载波测量的时间一致性。如果接收到的伪距、载波相位或在特定时期测量的原始伪距，与载波平滑滤波器从最近两次载波相位测量得出伪距的差值之间突然出现相当大的不一致（载波平滑伪距，详见式（31.5）），就说明接收到的卫星信号存在异常，或者一个或多个接收机跟踪了有问题的卫星。为了对用户进行保护，必须在不一致发生后迅速进行检测，并根据其来源和性质进行删除或纠正。例如，接收机载波相位跟踪环路中的周跳属于接收机故障，可以通过 MQM 进行缓解，为了满足 MQM 假定的先验概率，周跳必须足够少，因此信号功率会被设置一个下限，在此下限可以在 GBAS 中获得可靠的载波相位测量值。

文献[31.25,31.37]中给出了用于检查相邻载波相位测量的时间一致性和载波平滑码调用的 MQM 算法，前者因需要重复式（31.3）和式（31.4）中所示的时钟改正过程（用于计算伪距改正）而变得复杂。对每个时期的每个接收机使用最后 10 个历元（5s）的时钟改正后的载波相位测量值来拟合二阶多项式，然后将其用于预测当前（刚获得）的相位测量值。再将实际相位测量值与预测相位测量值之间的差异与阈值进行比较，该阈值既基于标称载波相位测量在 10s 内的预期噪声,也包括可能导致威胁用户误差的最小差异,由二阶多项式拟合得到的加速度和速度值也将与其阈值进行比较。

监测载波平滑伪距变更中出现异常的监视器要简单得多,并且能采用式(31.1)中的平滑滤波器定义的表示法,可表示为

$$\text{Inno}(k) = \text{PR}_r(k) - [\text{PR}_s(k-1) + f(k) - f(k-1)] \tag{31.5}$$

与载波相位一致性测试一样,将源自式(31.5)的变更与一个阈值进行比较,该阈值将可接受的差异与不可接受的差异分开。

对 MQM 检测到的卫星故障和接收机故障进行区分是很重要的,通常使用执行监测(EXM)进行区分,这将在后面具体介绍。卫星发生故障时通常将其排除,但单个参考接收机的故障或周跳一般通过检测观测量之间的不一致进行修补。式(31.5)中展示的变更测试通过将原始伪距测量值替换为载波相位测量值变更中的预测值,来执行修补操作(假设此条件仅限于一个参考接收机,并且在上个历元未发送)。载波相位差异的修补更为复杂,但采用了相同的概念——用过去观测量的预测值来代替当前有故障的观测量。如果由周跳引起的码、载波相位偏移可以用可接受的完好性进行修复,则可以通过防止受影响的参考接收机中断观测量来改善连续性。

MQM 检测到的卫星驱动故障通常是由时钟故障引起的,并且属于最常见的 GPS 卫星异常。检测和排除这些故障十分重要,原因有两个:①当飞机遗漏 VDB 消息时,允许使用伪距速率改正(RRC)将旧的伪距改正数线性外推几秒钟,但卫星故障会影响 GPS 测量时间的一致性,从而造成线性外推不可靠,因此对伪距加速度的不安全水平的监测(不包括在伪距变化率中的时间变化项)被称为过加速度监视。②远远超出规定水平的卫星行为(例如,GPS SPS 性能标准[31.38]中给出的行为)表示卫星处于不健康模式,意味着先前分配给健康卫星的故障概率(通常 GPS 每小时每颗卫星为 $10^{-5}$)不再适用于该卫星[31.39]。此逻辑还适用于在 SQM 下观测到的低卫星信号功率,这种信号本身可能并不危险,但会造成保证受影响卫星使用安全的假设无效。

4. 执行监测(EXM)

前面提到,EXM 代表了一系列逻辑功能和软件执行路径,这些逻辑功能和软件执行路径用来管理上文列出监视器(以及随后的监视器)的结果,它根据组合的监视器输出来确定在计算广播伪距改正和其他完好性敏感值时可以安全使用的观测量。它通常将每个监视器测试结果表示为二进制标志(通过/失败)。由于完好性必须保持在极低的概率范围内,因此即使任何监视器都没有单独标记(由失败的测试导致)组合监视器输出的可疑观测量,也可以将其丢弃。

图 31.3 有助于说明 EXM 与斯坦福完好性监测平台中的监测和观测量处理进行交互的机理,以显示 GBAS 地面系统监测的可行性[31.31, 31.37]。虽然 EXM 活动发生在每个历元的整个处理过程中,但 EXM 的关键逻辑构成分为两个阶段。在每个时期一旦完成图 31.3 中 EXM 框上方显示的运算和监测,第一阶段就会发生,其中包括上文讨论的监视器。监视器会为每个参考接收机跟踪的可见卫星通道产生一个"通过/失败"标志,例如如果 4 个参考接收器正在跟踪 10 颗卫星,则总共跟踪了 40 个通道,并且在执行此操作时

每个通道对于每个监视器都具有多个通过/失败标志。这些监视器标志通过"或"的方式组合,给定通道的任何测试产生失败结果,则该通道会接收到失败标记。基于此,文献[31.31]中论述了一系列逻辑测量隔离应用。

在大多数情况下,EXM 排除的观测量会进入自恢复模式,该模式将重启受影响通道的平滑滤波器,并使用更严格的阈值对观测量进行重新测试,以查看是否还存在故障迹象。之所以使用更严格的阈值进行恢复,是因为假定排除的观测量仍然存在故障直至能够证明故障消失,而未排除的观测量则假定排除之前的故障概率较低。如果尝试两次或三次重新启动后自我恢复仍未成功,则观测量将进入外部维护模式,促使它们恢复服务。在某些威胁性情况下,包括所有地面系统观测量均进入外部维护模式的情况,系统将发出警报并终止该 GBAS 设施的服务,直到外部维护促使系统恢复正常工作为止。

EXM 的第二阶段适用于从 $B$ 值统计数据得出的监视器,这些监视器比较参考接收机之间的测量结果,正如下一节"多接收机一致性检测"中所述。因为从此刻开始包含接收器时钟改正会影响所有改正数和 $B$ 值,因此第二阶段应用相同的逻辑概念,但是排除的过程是迭代的,并且包括多个步骤。

实际上有多种方法能将 EXM 集成到 GBAS 地面系统的处理结构中,上文概述的方法集中于逻辑解析的几个步骤,旨在删除所有威胁性度量。另一种方法是安排具体监视器执行的顺序,以使每个监视器充当测量的门限,即所有通过前一个监视器的测量都将反馈到下一个监视器,只有通过当前监视器的测量才继续传播。监视器执行图 31.3 的一般顺序,因为用于检测卫星故障的监视器先于用于检测接收机故障的监视器。但是只采用这种连续的过程是不够的,需要将多台监视器之间的逻辑步骤和交叉检查添加到此基于流程的方法中,才能确保删除所有潜在的危险测量值。

5. 多接收机一致性检测(MRCC)

一旦完成上述第一阶段的监测和 EXM 测量、结算,剩下的测量值将用于式(31.2)、式(31.3)和式(31.4)中,以计算每颗卫星的接收机时钟改正和伪距改正。现在利用参考接收机冗余来交叉检查每个接收机的平滑和时钟改正后的备选改正数。对于具有式(31.4)中计算出的改正 PRC($n$)的每颗卫星 $n$,对促成该校正的所有接收机的 $B$ 值计算公式为[31.24]

$$B_{\text{PR}}(n,m) = \text{PR}_{\text{corr}}(n) - \frac{1}{M(n)-1}\sum_{\substack{i \in S_n \\ i \neq m}} \text{PR}_{\text{sca}}(n,i) \qquad (31.6)$$

式中:每个 $B_{\text{PR}}(n,m)$ (或 $B_{n,m}$)值为在第 $m$ 个接收机的观测值故障时第 $n$ 颗卫星的伪距改正数中残留的误差。故障意味着测量不受标称零均值高斯分布假设限制(更多相关信息,请参见下文)。如果接收机 $m$ 发生故障,则将通过来自跟踪卫星 $n$ 的其他无故障接收机测量值的平均值来给出真实的改正。由于来自接收机 $m$ 的错误测量实际上包含在用于生成改正的平均值中,因此 $B_{i,j}$ 值表示由此引起的误差。

根据这种逻辑,$B_{n,m}$ 值较大时表明接收机 $m$ 跟踪卫星 $n$ 上的信道是有故障的。MRCC 及其相关 EXM 的作用是在最终伪距改正生成和广播之前排除这些信道。根据标

称条件下 $B$ 值的有界零均值分布,识别(标记)超过预设阈值的任何通道的 $B$ 值。如果一个通道被标记,则必须删除该通道,这意味着公共卫星集以及每个参考接收机的时钟改正将根据式(31.3)进行更改,从而得到调整后的改正数和 $B$ 值。

由于单个测量中的大幅度故障有可能(概率极高)产生多个 $B$ 值故障标记,并通过时钟改正传播到其他通道,因此 EXM 使用特定程序首先将最大故障排除(表示 $B$ 值超出其阈值最高百分比的通道)。此排除会导致新的改正数和 $B$ 值,而 MRCC 会对其进行重新检查。如果标记保留在重新计算的 $B$ 值上,则基于上述 EXM 隔离情况以单个通道标志为目标的逻辑隔离步骤将以迭代方式应用,这意味着时钟调整、改正数和 $B$ 值重新计算,在每组试验排除项目之后重复进行阈值检查。有效的一组广播改正数和 $B$ 值应当在 1~3 个迭代过程中形成,如果没有形成,则不进行进一步的排除迭代,并且地面站将无法广播此期间的任何有效伪距改正(在所有通道上开始自恢复)[31.31]。

6. $\sigma\text{-}\mu$ 监视器

如上文所述,由 MRCC 检测到的接收机故障在具有良好位置的地面接收机中很少见。如果发生故障,原因可能是来自附近反射源的大且异常的多径的存在(除了接收机、天线和连接硬件的内部故障之外)。MRCC 和 EXM 可以立即消除潜在危险的故障,但另外一个问题是异常的多径并不立即具有危险性,但足以超过 GBAS 用户计算出的错误界限(将在后面进行讨论)。如果有足够的时间,MRCC 可能会检测到这些更细微的接收机故障,但是在此处额外增加了统计地面站接收机错误信息的其他监视器,以尝试更快地检测到这些情况。这些额外增加的监测器能在数小时之内监测到显著的错误,而在数日之内监测到较小的错误。

参考接收机误差的均值和均方差都使用刚计算出(并通过 MRCC 传送)的 $B$ 值作为输入进行估算。将一个随机过程的均值和方差的标准统计估计值用作一台监视器,通常可以检测出数小时至数天之内的显著的误差增加。但是,若需要在几分钟到几小时内检测到较大的错误(这些错误足够小,以至于不能被每个时期的 MRCC 可靠的检测到),则需要通过一种或多种适用于统计质量控制技术的其他方法来实现:一种是累积和(CUSUM)滤波,如文献[31.40]中所述;另一种实现相似结果的标准技术是指数(朝当前方向加权)移动平均值。CUSUM 技术的一种简化形式是随着时间的推移积累 $B$ 值阈值超出的数量(使用低于 MRCC 阈值的多个阈值),并在统计数据出现明显的错误增加时发出告警。

对于内部性能优良且位置良好的地面系统,任何监视器中出现故障标志会非常小。但如果出现标志,则可以使用与解析 MRCC 标志相同的迭代 EXM 过程。

7. 信息域范围检查(MFRC)

批准计算出的伪距改正和改正率允许广播前的最后一步是,确认它们位于根据 GBAS ICD 消息类型 1 定义的可以发送给用户的消息值域内(这也适用于任何根据参考接收机的测量值实时变化的广播参数)。伪距改正(PRC)的值域范围是 ±327.67m,改正率(RRC)的值域范围是 ±32.767m/s[31.8]。实际上,为了防止出现如上所述的星历故障类型 A,在 DQM 中已经预先检查了该值(使用更严格的阈值)。因此,在将上述数据发送到

VDB 发射机之前的第二次检查仅检查数据格式。

## 31.3.4 用户处理和完好性验证

接收差分改正和完好性信息的 GBAS 用户可以应用广播信息来提高准确性,并通过一些步骤来保证其完好性[31.9]。首先,对多个冗余机载接收机的 GPS 卫星测量值分别进行检查,以检查接收信号功率、正确解码的导航数据、CCD(针对 II/III 类用户)和其他基本质量测试(请注意,与地面系统不同,多个机载接收机的输出相对于 GBAS 进行了独立处理,直到从每个接收机提供 GBAS 位置输出后,才在机载导航处理链中的后期进行比较)。被认为可以接受使用的测量结果随后会应用广播伪距改正,应用改正的基本公式为[31.9]

$$PR_{corr\_air}(n) = PR_{air}(n) + PR_{corr}(n) + RR_{corr}(n)(t - t_{z\_count}) - TC + c(\Delta t(n))_{L1} \quad (31.7)$$

式中:$PR_{corr\_air}(n)$ 为卫星 $n$ 和当前时间 $t$ 的改正后平滑伪距机载观测量;$PR_{air}(n)$ 为在改正之前对卫星 $n$ 和时间 $t$ 进行的平滑伪距机载观测量;$PR_{corr}(n)$ 是地面系统式(31.4)广播的卫星 $n$ 的伪距改正,其在时间 $t_{z\_count}$ 处有效,该时间也包括在广播消息中;$RR_{corr}(n)$ 为地面系统广播的卫星 $n$ 的伪距改正率,在时间 $t_{z\_count}$ 处有效;TC 为根据文献[31.9]计算的对流层延迟改正;$c$ 为真空中的光速;$(\Delta t(n))_{L1}$ 为来自在时间 $t$ 应用的卫星 $n$ 导航消息的 L1 时钟改正。

有几种协议适用于 GBAS 改正[31.9],最重要的是只有广播了改正数的卫星才能用于计算 GBAS 用户位置。相比地面系统可提供伪距改正数的卫星和观测量,机载接收机跟踪到更多的卫星并获得更多的观测量的情况并不少见,其主要原因是地面系统参考接收机天线无法可靠地跟踪到对于飞机可见的低仰角卫星。请注意,此协议允许地面系统保护用户免受地面上检测到威胁的影响——排除受影响的观测量意味着不会为它们生成改正数,用户也将必须丢弃它们。用户还必须确认,对于用地面观测量值改正过的每颗卫星,用户接收到的时钟和星历导航数据都与地面系统用来计算改正数的数据相匹配。地面通过广播每颗批准的卫星接收到的数据的 16bit 编码的循环冗余校验(CRC)来支持这一点,从而允许机载系统对其接收到的数据执行相同的 CRC 算法,并确认是否匹配[31.8]。

首先通过定义观测量权重矩阵 $W$ 来计算用户位置(在三个维度上:纵向、侧向和垂直方向)和时间,它是 $N \times N$ 个对角矩阵的转置($N$ 是可用卫星的数量),并通过每颗无故障卫星 $i$ 的总误差方差($\sigma_i^2$)给出条目。该总方差是地面和机载噪声分量的均方根(RSS)[31.9],即

$$\sigma_i^2 = \sigma_{pr\_gnd}^2[i] + \sigma_{tropo}^2[i] + \sigma_{pr\_air}^2[i] + \sigma_{iono}^2[i] \quad (31.8)$$

此处,$\sigma_{pr\_gnd}$ 包络了载波平滑后的地面伪距测量误差,它是消息类型 1 的每颗卫星广播的关键参数,该参数基于该卫星从地面站在已知方位角和仰角收集的数据以及多径误差模型得到[31.8]。可以证明,广播值 $\sigma_{pr\_gnd}$ 可以有效限制实际罕见事件的误差上限,这对地面系统设计是一个重大挑战——参见文献[31.41-31.43]。$\sigma_{pr\_air}$ 限制了载波平滑后

的机载伪距测量误差,它由每个用户确定,并受文献[31.9]中给出的机载精度指示符 $A$ 或 $B$ 模型的限制。$\sigma_{\text{tropo}}$ 限制了由于用户和地面站之间的高度偏移造成的对流层去相关的影响,它由用户估计的高度偏移和地面在消息类型 $2^{[31.8,31.9]}$ 中广播的 $\sigma$ 参数确定。最后,$\sigma_{\text{iono}}$ 限制了由于用户与地面站之间的水平距离电离层去相关的影响。它由用户估计的水平间隔和速度估计以及地面在消息类型 $2^{[31.8,31.9]}$ 中广播的 $\sigma_{\text{vert\_iono\_gradient}}$(或 $\sigma_{\text{vig}}$)参数确定。可以增加 $\sigma_{\text{vig}}$ 的值,以帮助减少广播 $\sigma_{\text{vig}}$ 不能包络的罕见的非常大的空间梯度事件的发生,这将在 31.3.5 节中进行进一步的说明。

应用从 $N$ 个平滑和改正后的测量值(向量 $y$)中求解 4 个位置状态(向量 $x$)的标准方程式(这忽略了使该模型有效所需的连续线性化步骤[31.9]),有

$$x = (G^{\text{T}}WG)^{-1}G^{\text{T}}Wy \tag{31.9}$$

式中:$G$ 为标准的 $N \times 4$ 阶几何矩阵。矩阵 $G$ 每一行 $i(i=1,\cdots,N)$ 由从用户到卫星 $i$ 的单位矢量定义,即

$$G_i = \begin{bmatrix} -\cos EL_i \cos Az_i \\ -\cos EL_i \sin Az_i \\ -\sin EL_i \\ 1 \end{bmatrix}^{\text{T}} \tag{31.10}$$

首先要求用户排除未广播改正数的卫星,并通过用户在位置域中的保护级的计算来实时验证(或量化)卫星,以提供用户完好性。保护级代表特定概率(很低)下的用户精度的界限,这个特定概率是由 GBAS 飞行应用中所需的完好性风险概率进一步分配出来的,其中飞行应用包括 I/II/III 类精密进近。保护级对于每个 GBAS 用户都是唯一的,因为它们包括用户特定的误差项,如式(31.8)中的 $\sigma_{\text{pr\_air}}^2$,并且仅包括地面和机载接收机跟踪的卫星集合的交集。通过将实时计算的保护级与允许的运行类型的安全错误限制(告警门限)进行比较,使得每个用户确定继续操作是否安全,或者是否应该中止操作。

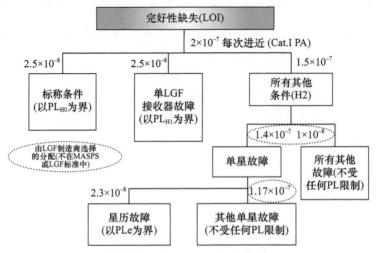

图 31.6　I 类精密进近 GBAS 高水平完好性风险分配

简而言之,通过将预期用户错误的边界概率分布外推到上述分配的完好性概率来构建保护级,并根据需要定义了多个保护级,以解决特定的故障情况,而用户采用的最终保护级是为涵盖特定条件而定义的最大保护级。图 31.6 说明了如何将类别 I(GBAS 进近服务类型 GAST-C)GBAS 的整体完好性需求细分到一组场景,其中一些场景被分配了保护级别。表 31.1 中允许的最大完好性风险为每次进近 $2 \times 10^{-7}$ 个,首先将完好性风险分为三类:H0、H1 和 H2。其中前两个将在下文给出定义,并包含在保护级中。第三个参数 H2 代表所有其他条件(非 H0 或 H1),并且包括卫星中断和大气异常,这就是该参数获得大部分的完好性分配(75%)的原因。在 H2 类别中,单个卫星的故障被分离出来,其中星历故障与其他故障不同,具有固定的完好性分配,因为它们受到特定保护级的保护,其他单卫星故障、多卫星故障和尚未描述的所有故障均未分配保护级。每个地面系统制造商都可以在未指定具有保护级的故障之间分配概率,这提供了一定的灵活性。

H0 假设是最简单的保护级,其适用于标称条件的保护级,代表 GBAS 中的默认假设。标称条件意味着方程式(31.1)中计算出的总方差(地面和空中传播)的零(均值)高斯分布将测距误差的实际分布限制在所需的完好性概率范围内。如果满足上述假设且伪距域误差包络在定位域中得以保持(例如,不同卫星之间的误差不相关),则垂直方向的 H0 保护级为[31.9]

$$\text{VPL}_{\text{Apr\_H0}} = K_{\text{ffmd}} \sqrt{\sum_{i=1}^{N} S_{\text{Apr\_vert},i}^{2} \sigma_{i}^{2}} + D_{\text{V}} \tag{31.11}$$

式中:$S_{\text{Apr\_vert},i}$ 为来自矩阵 $S$ 的卫星 $i$ 的垂直分量。它是几何矩阵 $G$ 的伪逆,由式(31.9)计算得出,即

$$S = (G^{\text{T}} W G)^{-1} G^{\text{T}} W$$

标量乘数 $K_{\text{ffmd}}$ 代表无故障情况下所需的完好性风险(对于 I 类 GBAS,它约为 5.8),$D_{\text{V}}$ 是 30s 平滑和 100s 平滑伪距方法之间的垂直位置差,对于类别 I,GAST-C 仅使用 100s 平滑,因此 $D_{\text{V}} = 0$。在 GAST-D 中,地面和机载定位均使用 30s 平滑,但是大部分地面监测仍基于 100s 平滑的伪距。$D_{\text{V}}$ 表示两个不同平滑时间的位置域差异,该差异对异常电离层发散十分敏感。因此,式(31.11)将测距域的包络误差分布转换到位置域,并推断为适当的完好性概率分配(通过 $K_{\text{ffmd}}$),并为 II/III 类进近在位置域($D_{\text{V}}$)中增加了电离层发散的估计。

这里定义了两个额外的保护级,它们涵盖了两个特定的故障情况,第一个是地面系统中的 MRCC 未检测到并排除的单个参考接收机发生故障。这是已知的 H1 案例,具有以下保护级[31.9],有

$$\text{VPL}_{\text{Apr\_H1}} = \max(\text{VPL}_{\text{Apr\_H1}}[j]) + D_{\text{V}} \tag{31.12}$$

$$\text{VPL}_{\text{Apr\_H1}}[j] = |B_{j,\text{Apr\_vert}}| + K_{\text{md}} \sigma_{\text{Apr\_vert\_H1}} \tag{31.13}$$

$$B_{j,\text{Apr\_vert}} = \sum_{i=1}^{N} S_{\text{Apr\_vert},i} B_{i,j} \tag{31.14}$$

式中:$B$ 值如前面针对卫星 $i$ 和参考接收机 $j$ 所述,是来自 MRCC 的广播数据;$K_{\text{md}}$ 为标称乘数,代表覆盖 H1 故障场景所需的漏检概率。与 MRCC 中一样,$B$ 值表示在每个 H1 故

障子假设下将发生的实际改正误差,并且 H1 保护级将此值作为偏差处理(转换为位置域),并添加到标称误差中,根据 H1 事件的发生概率进行了完好性分配。在上述方法下,$B$ 值必须是每个地面接收机(最多 $M=4$ 个接收机)的值,并且卫星必须包含在广播消息类型 $2^{[31.8]}$ 中。文献[31.9]中给出的 $K_{md}$ 值假设每个接收机的故障值(出于这些目的)大约为每次进近 $10^{-5}$,因此,该值成为地面系统设计的要求(实际上,对参考接收机故障的连续性要求更为严格)。

请注意,式(31.13)中的 $\sigma_{Apr\_vert\_H1}$ 和 $B_{j,Apr\_vert}$ 已使用与式(31.11)中的(测距—位置)$\sigma_i$ 相同的方法转换为位置域。$\sigma_{H1}$ 的测距域值比 $\sigma_i$ 稍高,因为 H1 假设的标称参考接收机少了一个,这有助于标称垂直误差分布。实际上,式(31.13)可以解释为无故障测量的标称误差分布与测量故障引起的偏差之和。在 H1 场景中,此偏差是由(假设的)单个参考接收机故障引起的,该故障由地面上计算出的 $B$ 值测量得出,但相同的方法适用于针对故障假设计算出的所有保护级。

在式(31.13)中为每个参考接收机 $j$(从 1 到 $M$)计算了一个 $VPL_{H1}$ 的值,并且在式(31.13)中应用了全部 $M$ 个参考接收机的最大组合 $B$ 值。这是根据为每种场景计算单个值并采用最大值(而不是加权平均值)覆盖所有值的通用方法得出的。

具有自身保护级的第二种故障条件可以模拟未检测到的卫星星历故障[31.9],有

$$VBP_{Apr\_e} = \max(VBP_{Apr\_e}[k]) + D_V \tag{31.15}$$

$$VBP_{Apr\_e}[k] = |s_{Apr\_vert,k}||x_{air}P_{k\_x} + K_{md\_e\_x}\sqrt{\sum_{i=1}^{N}s_{Apr\_vert,i}^2\sigma_i^2} \tag{31.16}$$

式中:$K_{md\_e\_x}$ 表示包络星历故障场景所需的漏检概率的标量乘数;$x_{air}$ 为用户与参考站之间的水平距离(因此参考接收机天线的质心位置需要向用户广播);$P_{k\_x}$ 为一个广播参数,代表以最小的空间误差梯度(对于卫星 $k$)表示地面系统的星历表检测能力,能确保以所需的完好性概率进行检测。因此,用户仍然容易受到星历表故障的影响,而这些故障会导致此级别或低于此级别的空间误差梯度,而且这些问题必须由星历保护级来解决。包含 $x_{air}$ 允许每个用户计算其与地面站的距离,这对于故障的影响非常重要,该故障的用户影响会随着距离的增加而线性增加。

实时使用类似方程式计算横向保护水平(LPL),即侧向(法向)方向的保护级。在精密进近中,对垂直保护水平(VPL)的要求几乎总是更受限制,因此成为离线需求分析的重点。

除了存在特定保护级的两种模式(例如来自卫星时钟的超加速度、信号变形等)外,由故障模式产生的保护级别必须包含在定义的三个保护级别中。实际上由于 H1 和星历故障的方程专门针对上述情况,因此 H0 保护级必须约束所有的这些事件。要证明这种情况,需要对每种故障类型进行分析和(在大多数情况下)模拟,以生成所引起最坏情况的测距域用户误差,并将这些误差与 H0 场景所隐含的测距—位置域保护级进行比较。在这种情况下,最坏情况表示故障场景可能在地面系统告警时间之内未检测到而引起最大的差分测距误差。文献[31.44]中给出了解决故障模拟结果的详细方法。

## 31.3.5 其他威胁:射频干扰和电离层

随着 GBAS 原型系统在各地的部署和时间的推移,另外两种威胁的影响变得越来越显著。GBAS 地面和机载设备在最初设计时,已考虑到并处理了这两种威胁,但事实证明这些威胁比最初设想的更为严重。

1. 射频干扰(RFI)

如第 16 章所述,RFI 是指将外部射频信号强加到地面站或用户接收到的 GPS 信号上,以使 GPS 信号无法使用或巧妙地降低它们的准确性。过去的研究曾多次发现单个发射器会对 GPS 产生强烈干扰,并且它可能会阻止在大范围内使用 GPS 信号[31.45]。但这些情况很少见,更常见的干扰来自所谓的个人隐私设备(PPD)。PPD 是低功率干扰器,旨在通过屏蔽 GPS 来保护用户的隐私,PPD 最常在车辆中使用,通常会达到几米至几十米的有效干扰范围。PPD 在大多数地方都是非法的,但可以通过互联网获得,且价格相对便宜。各种 PPD 设备的易购买及其非法性质意味着它们的实际性能是不受控的,所以某些设备可能会影响数百米范围的 GPS,而不是保护单个车辆所需的更短距离[31.46],因此它们可能会给选址在交通干道附近的 GBAS 地面站带来麻烦[31.47]。

2009 年刚部署完成的霍尼韦尔 SLS-4000 LAAS 地面设施(LGF)在美国新泽西州的纽瓦克国际机场(EWR)开始运营,此时 PPD 对 GBAS 地面站的潜在影响变得显而易见。图 31.7 中展示了地面系统的布局,在分配给纽瓦克机场中选择的地点并不理想,选择该地点是因为其他几个地点缺乏适用性。结果,在纽瓦克(Newark)部署的 4 个参考接收机几乎成一直线且相距约 100m,以使天线之间的多径误差在统计上尽可能地独立。所有 4 根天线都位于非常繁忙的新泽西收费公路(I-95)的两条车道附近 200m 范围之内。每天都会发生数次具有强 PPD 的车辆经过机场的事件,在这期间首先会使得一个接收机无法使用 GPS,接着是下一个,直至服务中断(没有有效的更正),而且从这种情况中恢复需要很长时间。需要保护地面站测量的完好性,因此,在干扰大到使接收机不能进行测量前,需要把受 PPD 影响而超出监视器容限(包括低信号功率监视器)的部分剔除出去[31.47]。

一旦评估并充分了解了该威胁,便对 Newark LGF(和其他 GBAS 站点)进行物理和软件更改,以最大程度减小 PPD 干扰的影响。对受 PPD 影响的监视器和处理监视器标记的 EXM 进行软件改进,能够防止 PPD 事件导致停机的同时仍保证完好性,这是通过对威胁进行保守建模(来自 Newark 的常规测试数据和 RFI 观测[31.46])来确定精细监控逻辑的几种变体的最坏影响来完成的。最终形成一种有效的方法,可以在短时间内排除两个受干扰的参考接收机(共 4 个),同时仍可以从两个无干扰的接收器中提供安全的(尽管有些降级)伪距改正。由于附近道路上的车辆几乎始终以高速行驶,因此具有强大 PPD 的车辆会影响经过维护的 LGF 软件,但不会使其停机。

纽瓦克(Newark)的 PPD 经验,以及其他意外干扰影响 GBAS 地面站和飞机的经验(例如,关于室内 GPS 信号中继器广播着陆飞机可见的强信号所引起的问题,请参见文献[31.48]),对 GBAS 地面系统的选址方式提供了指导性建议。首先,在可能的情况下

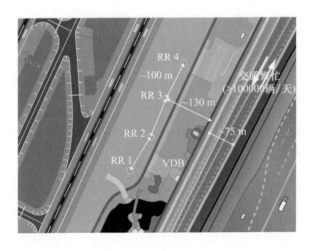

图 31.7 美国新泽西州纽瓦克机场 GBAS 地面系统的选址，注意靠近繁忙高速公路的一条线上的 4 个参考接收机天线

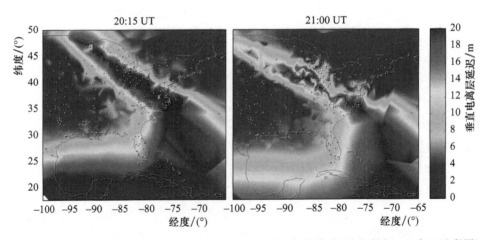

图 31.8 2003 年 11 月 20 日 CONUS 上发生的大规模电离层扰动（见文献[31.51]）（见彩图）

（尽管在纽瓦克不可能），应将参考接收机天线放置在远离车流量较大的道路（500m 或更远）处，并且应将它们进一步分散开以防止单个相对较弱的干扰一次影响多个参考接收机。未来的地面系统设计将支持更大的天线间隔，但许多机场可用于选址的空间有限，这仍将是一个很大的限制。

2. 电离层空间不相干

在正常情况下，彼此之间在 5~100km 之内进行的平滑伪距测量产生的电离层延迟差仅占 GBAS 用户总误差预算的一小部分，并保守地受式（31.8）中用于计算 $\sigma_{iono}$ 的广播项 $\sigma_{vig}$ 来界定。在 CONUS 中，GPS L1 频率的天顶电离层延迟的典型（1s）空间变化（即垂直，在 90°高度方向）约为 1mm/km，广播 $\sigma_{vig}$ 值通常设为 4mm/km 以包络电离层活跃的时期的电离层梯度[31.49]。但是在强电离层风暴或其他电离层严重异常的情况下，该值可能会变得更大，并可能威胁 GBAS 用户的安全。由于每个 GBAS 地面站都从地球上的一个位置观测电离层,并且通常不会与其他位置 GBAS 共享信息,因此电离层异常可能在 GBAS 地面和机载检测到该异常前到达地面站附近,并可能导致严重的定位误差。

2002 年,通过对广域增强系统(WAAS)参考站数据的分析,首次发现了电离层空间梯度大到足以产生威胁的可能性。2003 年 10 月 11 月,来自太阳的非常强烈的日冕物质抛射(CME)造成了严重的电离层异常,WAAS 检测到了这些异常,并在事后由当时 CONUS 的大约 400 个台站(现在有 1000 多个台站)的连续运行参考站(CORS)网络进行了分析。研究者们收集并分析了 CONUS 中 WAAS 和 CORS 的数年观测结果,最终形成了一个威胁模型,该威胁模型既从 GBAS 角度以简化的术语描述了这些事件的动态,又为模型中的变量提供了边界参数,使得我们可以大概率地忽略掉模型以外的行为(有关威胁模型及其使用方法的一般说明,请参见文献[31.50])。

图 31.8 显示了在 CONUS 或中纬度其他地区发现的(对德国、澳大利亚和其他地区也进行了类似的分析)产生最大空间梯度的电离层异常状况。这发生在 2003 年 11 月 20 日下午(当地时间),即上述的日冕物质抛射期间。在此图中,垂直电离层延迟很高的区域(红色)位于两个延迟很低的区域(蓝色)之间。因此在高延迟区和低延迟区之间的边界处,发生了很大的空间梯度。高延迟的整体模式随着时间的推移大致向西移动,并最终分解为更不规则的特征,如图中世界时 21:00UT 与 20:15 UT 所示。

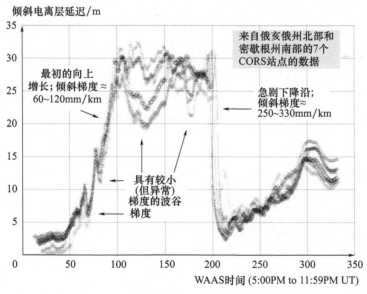

图 31.9　2003 年 11 月 20 日在 CONUS 的 7 个相邻台站
观测到的 SVN 38 的电离层延迟变化(见文献[31.51])

图 31.9 通过绘制随时间变化的电离层延迟图来检验图 31.8 所示的事件,该变化由在俄亥俄州北部和密歇根州南部的 7 个 CORS 参考站观测获得。这些参考站正在跟踪同一 GPS 卫星(航天器编号 SVN 38),这表明由于高延迟区的前沿越过而引起的延迟迅速增加。与 1~5mm/km 的典型水平相比,这些测站之间的空间梯度非常高(60~120mm/km)[31.49]。在高延迟区影响测量的期间,观测到的电离层延迟保持异常且不稳定。当该

区域的后沿在世界标准时间 21:00 之前到达测量值时,所有 7 个站点的延迟突然大大下降,从而在站点之间产生了 330mm/km 的空间梯度。相同的事件在俄亥俄州北部的其他几个站之间造成了最大 412mm/km 的梯度。

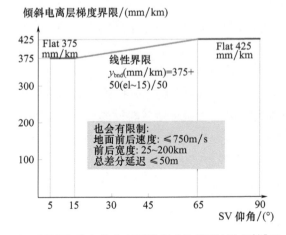

图 31.10　CONUS 建立的电离层梯度威胁模型(见文献[31.51])

基于对这一事件和其他几个站也产生异常梯度(但不是那么严重)的事件的观测,开发了一种涵盖已观测到的(已被确认是由于电离层事件引起的)威胁模型,如图 31.10 所示[31.51,31.52]。该威胁模型为影响 GBAS 台站和附近用户的电离层空间梯度的简化物理模型的参数提供了界限。如图 31.11 所示,该模型假定梯度是由高和低(或低和高)电离层延迟水平之间的恒定、线性的延迟变化产生的,并且此梯度相对于地面以恒定速度移动。处于威胁模型范围之内的示例参数如图 31.11 所示,但认为范围之内的任何参数均是可信的。因此,必须针对威胁空间内所有参数的组合证明用户的完好性。

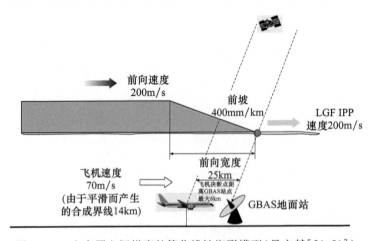

图 31.11　电离层空间梯度的简化线性楔形模型(见文献[31.51])

图 31.10 显示了最关键的威胁模型参数,即最大电离层空间梯度随卫星仰角的变化。根据观察到的数据,其变化范围从低仰角的 375mm/km 到高仰角的 425mm/km。请注意,后一个数字将观察到的 412mm/km 的最大事件限制在很小的边际测量误差内[31.52]。此

外,图中还列出了其他界限,包括相对于地面的梯度传播速度(不大于750m/s,但较小的速度更加难以检测,因此更具威胁性)、区域的宽度(不小于25km)、总差分延迟(宽度乘以梯度,上限为50m)等。对总差分延迟的限制意味着可以消除一些本来属于威胁模型的梯度和宽度组合,由于它们的乘积超过50m,因此往往被认为是不可信的。

虽然CONUS威胁模型涵盖了所有中纬度GBAS站点,但是CONUS以外的区域应进行自己的数据分析,以确认不存在更大的梯度。如果仅找到较小的梯度,则可以以这些较低的梯度为边界建立不太保守的威胁模型。然而,由于导致极端梯度的事件很少见,并且在较小的地理区域内观测到非常大的梯度的可能性很小,因此可对所有未发现超过该梯度的中纬度地区使用图31.10的CONUS威胁模型[31.53]。

当按照图31.11所示实施CONUS威胁模型并将其应用于GBAS时,很快就会发现最坏情况下的用户测距误差非常大。文献[31.9,31.49]给出了将电离层空间梯度与用户差分测距误差联系起来的(简化)方程,即

$$E_{\text{iono}} = F_{\text{PP}} \times g_v \times (x_{\text{air}} + 2tv_{\text{air}}) \tag{31.17}$$

式中: $E_{\text{iono}}$ 为产生的差分伪距误差; $g_v$ 为垂直(天顶)项的电离层空间梯度; $t$ 为平滑滤波器的时间常数(对于GAST-C,GBAS为100s); $x_{\text{air}}$ 为地面与用户的距离; $v_{\text{air}}$ 为飞机的水平进场速度(即接近机场和GBAS地面系统的速度); $F_{\text{PP}}$ 为电离层倾斜因子,但在此处不需要该因子,因为威胁模型中的梯度已经用倾斜项 $g_s$ 表示,其中 $g_s = F_{\text{pp}} \times g_v$。

将最大梯度( $g_s = 425\text{mm/km}$ )、 $x_{\text{air}}$ 的可能值(超大型机场为6km)与 $v_{\text{air}}$ (喷气飞机的典型值为70m/s)一起应用(最坏情况)的差分误差为单颗卫星8.5m,这个值很大以至于很难用现有的VPL公式处理,因为将它们与位置域(而非测距域)的10m告警进行了比较。接近此大小的绝大多数梯度将由31.3.3节介绍的一个或多个地面站监视器检测到,例如码—载波偏离度(CCD)监视器,它们对电离层延迟的时间变化率敏感。但是相对于地面的梯度可能会因卫星相对于地面的运动而被抵消,从而导致延迟随时间的变化很小,因此很少触发现有的地面监视器。

由于可能出现很大的差分测距误差,并且不能保证由地面站检测到,因此需要一种不同的技术来证明在最坏电离层条件情况下的Ⅰ类精密进近的安全性。这产生了两个结果:

(1)基于Ⅰ类精密进近的OCS定义对可容忍误差极限(称为TEL)的宽松要求[31.54]。

(2)一种称为几何筛选的新地面系统完好性算法,可以策略性地增加广播VPL参数(包括星历解相关参数 $P$、$\sigma_{\text{vig}}$、$\sigma_{\text{p\_gnd}}$ ),以确保任何可能导致TEL过大的卫星几何都不可用。

在GBAS地面系统中用于实时实施几何筛选的程序非常复杂,难以用简单的术语描述。文献[31.55,31.56]中包含了对两种不同方法的详细说明。下面对几何图形筛选中的关键步骤进行总结:

(1)使用已知的一组批准的卫星,推导出目前和不久的将来(例如,接下来的10min)可能的用户卫星几何构形。这需要一些关于哪些卫星子集已被地面批准,但可能已被用户(假定正在接近飞机)丢弃(或无法使用)的假设。

（2）使用图 31.11 中的模型以及所有可能的卫星几何形状，对用户进近路径和威胁模型参数进行模拟，确定每种可能的用户卫星几何形状在垂直用户位置（表示为 MIEV）电离层引起的最大误差，会被用户认为可用（因为用户 VPL 低于正常的 I 类警报限值 10m）。请注意，MIEV 还取决于此假设：最坏情况的梯度会同时影响多少颗卫星（通常会测试两颗卫星的所有组合）。

（3）如果对于任何可能的用户几何形状，MIEV 都超过 TEL（在接近 I 类阈值时约为 28m），便使用增加实施广播参数 $P$、$\sigma_{vig}$、$\sigma_{p\_gnd}$ 的值的方式，直到所有可能的用户几何都不可用（VPL 现在超过给定的已广播参数的警报限制）。

以这种方式实施的几何筛选成功地保护了 I 类 GBAS 用户免受最坏情况的电离层空间梯度的影响。在保护威胁的每个排列以及每种可能的用户几何形状方面都涉及保守性，因此大大降低了用户可用性。如果不需要几何图形筛选，GBAS I 类用户可用性很容易超过 99%，在某些机场可能达到 99.9%。根据 CONUS 威胁模型实施几何筛选并同时测试两个受影响卫星的所有组合，对于 1~3km 的地面到进近入口间隔，可用性可能降至 99% 以下；对于较大的间隔，可用性可能降至 98% 以下。

汲取了 GAST-C 的教训，对支持 II/III 类方法而设计的 GAST-D 进行了一些改进，以减少电离层空间梯度异常的影响，并提高地面和机载监测的有效性[31.57]。首先如上所述，GAST-D 定位基于 30s 的平滑时间常数，从而显著降低了式（31.17）的可能差分范围误差。其次在用户设备以及地面系统中都需要 CCD 监控。由于空中使用者正在相对于地面移动，因此可以检测到地面可能观测不到的电离层梯度（反之亦然）。结合在 VPL 计算中使用 $D_V$，这大大增加了检测由异常空间梯度引起的电离层发散的可能性。

最后，要求 GAST-D 地面系统实施新的空间梯度监测，以确保检测到影响地面接收机的非常大的梯度。为此需要精确处理参考接收机天线之间的差分载波相位测试统计数据，以提供天线之间的距离和方向。已经提出的几种相关算法统称为电离层梯度监测（IGM）[31.58,31.59]。IGM 很难实施的原因包括选址限制（参见 31.3.6 节）、必须在可能的范围内校准参考接收机天线误差的细微变化、即使非常大的梯度也只能在 IGM 短基线内产生很小的特征量。

但是一旦实施了 IGM，就可以大大放松所需的几何形状筛选，其余的筛选工作由每架飞机完成，而不是在地面系统内进行。由于每架飞机都知道自己的卫星几何形状，因此地面系统不必覆盖所有可能的机载几何形状。结合降低的梯度水平（IGM 无法检测到的梯度水平），可以大大降低几何筛选对精密进近可用性的影响。

### 31.3.6 设备和选址注意事项

上文已经讨论了地面系统选址的几个方面，选址侧重于为参考接收机天线（在监测的同时最大程度地减少误差）和 VDB 发射机天线（以足够但不太强的信号强度覆盖机载用户区域）选择最佳位置[31.8]。如上所述，参考接收机天线选址遵循以下原则：

（1）在可能的情况下，天线距离至少为 100m，以尽可能减少参考接收机之间的多径误差相关性,这会削弱 MRCC 减小单个接收机误差的能力(应估算并考虑每个站点的残留相关性)。

(2) 在实施短基线电离层梯度监测(IGM)以支持 GAST-D 的情况下,需要 150~300m 的天线间隔[31.58,31.59]。

(3) 在附近道路或其他来源的射频干扰构成威胁的情况下,请尽可能远地分开天线,以最大程度减少同一干扰源同时影响多个接收机的可能性。

此外,参考接收机天线必须与附近的障碍物保持足够的距离,以将多径误差限制为从精细分析中可以接受的边界误差模型。根据多年来在几个机场的反复试验和多径误差观测,已经制定了实现这一目标的选址指南[31.60]。一个或多个没有明显多径"净空区"的概念来自 ILS 发射机的选址。半径约为 100~200m 的内部净空区必须清除所有障碍物,包括飞机或其他车辆,而较大的外部区域可能允许相对较小的反射物体。

这些准则在 GBAS 地面系统中利用了多径限制天线(MLA),这些设备超越了常规的 GNSS 天线的性能,可以在低的正仰角(应跟踪低仰角卫星)与低的负仰角(这是地面多径源)之间在增益上形成尖锐截止。GBAS 中使用的第一代 MLA 是双元件天线,带有朝向天顶的螺旋天线以及多元件偶极子,从而形成所需的低仰角增益衰减。这两个元件需要两个不同的接收器和交叉软件逻辑处理,将它们的输出组合到一个虚拟接收机进行组合,以便进行后续 GBAS 处理[31.61]。较新一代的 MLA 使用单个多元素偶极子来跟踪高仰角和低仰角卫星[31.62],避免了每个天线需要两个接收机以及由此产生的交叉检验。尽管效果并不理想,但只要遵循上述选址准则,这些天线就可以很好地将镜面反射(单反射)和漫射(多次反射)多径减小到可以通过广播 $\sigma_{pr\_gnd}$ 经验性的测量和限制的较低水平。

GBAS 相对于 ILS 选址的一个主要优点是,GBAS 站点不必占用跑道末端附近的特定位置,并且一个 GBAS 地面站可以支持所有跑道末端。由于需要找到多个净空区,并且需要限制参考接收机天线的地理中心与所覆盖的多个跑道的着陆入口之间的距离,因此该优势受到一定限制。随着地面与用户之间距离的增加,异常电离层空间不相关性变得尤其严重。虽然用于缓解 I 类进近此威胁的几何形状筛选不受该距离限制,但是对于大于 4 或 5km 的距离,可导致性能(可用性)严重降级。

在满足 GBAS 和外部机场约束的同时,在机场场地上找到足够的空间来放置多个参考接收机天线存在挑战。在某些机场(例如纽瓦克)唯一的可能位置可能无法满足所有 GBAS 要求,为了解决这个问题,GBAS 根据特定站点调整几个关键性能参数,例如广播 $\sigma_{pr\_gnd}$ 值,这些值限制了地面生成的伪距改正的误差。理想情况下将在所有站点上广播相同的值(作为卫星方位角和仰角的函数),但是具有不理想的多径性能的站点可以通过在参考接收机多径误差较大(由于非理想的选址或任何其他原因)的方位角和仰角区间中广播较高的值来调整此模型。如果某些方向中的误差远高于理想值,则可以屏蔽这些方向,这意味着不会为这些方向的卫星广播改正数。只能在很小的仰角(例如,刚好大于 5° 系统截止高度角)上对一小部分方位角进行遮罩,才能避免用户性能显著下降。

## 31.3.7 典型的 GBAS 误差和保护水平

目前,全球许多机场都提供了支持 I 类精密进近的 GBAS 系统,其中大多数位于电离层活动较为不活跃且其特性已被清楚了解的中纬度地区,但在赤道位置有几个站点(例如巴西里约热内卢)已完成部署并正在研究中。

William J. Hughes FAA 技术中心的 LAAS 网站可以获得关于多个 GBAS 装置的最新和近实时性能报告[31.18]。FAA 技术中心在新泽西州大西洋城维护着自己的 LAAS 地面站原型,并从位于新泽西州纽瓦克、德克萨斯州休斯敦、华盛顿州摩西湖以及巴西里约热内卢的商用霍尼韦尔 SLS-4000 地面站获取数据。利用 LAAS 网站的界面,可以绘制垂直和侧向用户误差(基于离地面站不远的静态伪用户天线)、在距地面系统中心不同距离和每条跑道进近入口的垂直和侧向保护级。

图 31.12 通过绘制来自新泽西州纽瓦克(EWR)和德克萨斯州休斯敦市(IAH)洲际机场 GBAS 站点附近的伪用户接收机的垂直精度(通过 GBAS 与勘测位置对比得到)来说明 CONUS 中的典型 GBAS 性能。这些结果是保守的,因为它们的误差主要来自伪用户接收机中的误差。由于这种接收机天线位于或靠近地面,而不是像地面站天线那样的 MLA,所以该误差比典型的机载接收机更差。即便如此,通常垂直精度也很好地维持在 0.5m 之内,只有偶尔的偏移超过 0.5m。纽瓦克(Newark)和休斯敦(Houston)的误差大小和特征与之相似,这表明 GBAS 用户的性能在大多数中纬度地区大致相同。该标称准确度水平结合对典型误差的平滑处理(在 150s 进近时间内多路径引起的时间相关性),为飞机提供了客观上优于 ILS 的进近引导[31.63]。

这两个数据都涵盖了从 2014 年 8 月 3 日 UT 午夜开始到 2014 年 8 月 10 日 UT 午夜结束这一周的测量结果。错误模式的日常重复是显而易见的,这是由于当 GPS 卫星在每个恒星日(23 h 56min)相同时刻在天空中的位置基本相同,多路径因此在每个恒星日重复。由于伪用户天线相对于反射体的位置也是固定的,因此多径几何构形大致在每个恒星日重复,并产生类似的位置误差。但是,偶尔也会出现违反此规律的明显例外,例如大约在 8 月 5 日 16:00 协调世界时(UTC),纽瓦克(Newark)出现了一个刚刚超过(负)1.5m 的错误峰值,而在其他日期则没有重复出现,8 月 4 日 16:00 UTC 于休斯敦也出现类似现象。这些未重复的误差峰值的出现对应着多种原因,但最有可能的原因是来自移动物体(包括可能在伪用户天线附近移动的飞机)的多路径。

图 31.13 显示了由 Newark/EWR 和 Houston/IAH GBAS 地面系统分别估算的跑道末端 GBAS 垂直保护水平(VPL)。需要注意的是,这些绘制图形仅包含 2014 年 8 月 3 日可重复的 GPS 卫星几何图形的单个 24h 周期。由于 VPL 随 GPS 卫星几何图形的不同而有很大不同,因此 VPL 将随着恒星日高度重复。

图 31.13 中所示 VPL 的变化是由几何构形质量的变化造成的,该质量变化是通过对精度或 VDOP(第 1 章)进行垂直加权来衡量的,并且故意膨胀 $\sigma_{vig}$ 参数以防止出现最坏情况的电离层梯度(31.3.5 节)。VPL 值高于 7~8m 通常表明存在明显的 $\sigma_{vig}$ 膨胀,这有

时会导致当 VPL 增长到超过 CAT I 的 VAL(10m)时，I 类精密进近可用性短暂损失。如图 31.13(a)所示，在 UTC 15:00 附近短暂的一段时间，纽瓦克(Newark)/EWR 所有 GBAS 支持的 5 个跑道末端发生了可用性损失。由于 $\sigma_{vig}$ 膨胀是由卫星的几何形状而不是电离层状态的已知信息决定，因此这种情况通常会一天天持续下去，直到卫星星座本身发生变化(例如，不健康的卫星重新投入使用)。

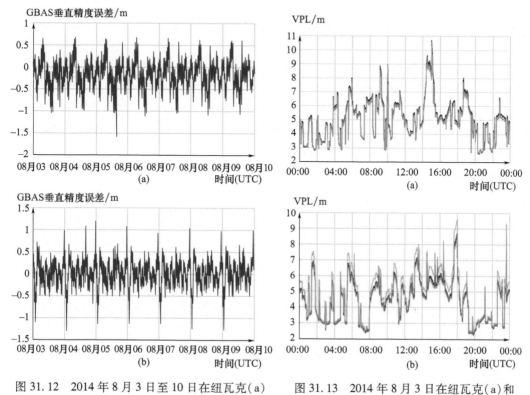

图 31.12　2014 年 8 月 3 日至 10 日在纽瓦克(a)和休斯敦(b)的 GBAS 垂直精度

图 31.13　2014 年 8 月 3 日在纽瓦克(a)和休斯敦(b)的 GBAS 垂直防护等级(VPL)

## 31.3.8　现有的 GBAS 地面系统和空基设备

如上文所述，支持 I 类精密进近的 GBAS 地面和机载设备已经过认证，并且已经投入使用了数年。市场上最著名的 GBAS 地面系统是霍尼韦尔 SmartPath SLS-4000，它已在美国和欧洲的多个地点以及巴西的里约热内卢部署，并产生了前文中提到的数据[31.64]。其他 GBAS 地面系统包括 Thales DGRS 610/615 参考站和 NPPF Spektr LCCS-A-2000，它们已在俄罗斯境内的许多机场部署[31.65]。

在空基方面，第一个被批准与 GBAS 一起使用的设备是罗克韦尔·柯林斯公司的 GLU-925 多模接收机(MMR)，该设备为将 GPS/GBAS(有时称基于 GPS 的着陆系统为 GLS)与 ILS 和微波着陆系统(MLS)结合在一起的系统接收机组件，以便在单个装置中支持所有精密进近模块[31.66,31.67]。霍尼韦尔(RMA-55B)和泰雷兹(TLS-755)目前也提供具有 GPS 和 GBAS 功能的 MMR。当前的设备仅被批准用于 I 类精密进近，但是前面提到的 GAST-D GBAS 的开发标准提供了将该设备升级到 II/III 类进近能力的途径。

## 31.4 基于测距信号伪卫星的增强

### 31.4.1 伪卫星在局域 DGNSS 的起源和应用

伪卫星是一种地面设备,可以向附近的用户发送 GPS 或类似 GNSS 的信号,以增强 GNSS 卫星用户的性能或完全替代卫星的需求。伪卫星的第一种用途是在 GPS 诞生初期 (20 世纪 70 年代末期)(当时没有或只有很少的卫星进入轨道)支持 GPS 和用户设备功能的测试[31.68]。到 20 世纪 90 年代初,随着 GPS 用户设备变得更小、更便携,小型轻量的伪卫星也变得实用,并成为早期 DGNSS 系统的关键组件。

完好性信标着陆系统(IBLS)是一种旨在提供厘米级精度(通过载波相位 DGPS)和足以支持 II/III 类着陆的完好性的原型 DGNSS 系统[31.3]。IBLS 的布局如图 31.14 所示,它最独特的功能是沿每条进场路径使用一对伪卫星(完好性信标)。这些伪卫星广播微弱的、仅包含类似 GPS 载波的信号(在安装在飞机底部的天线上接收),从而形成圆顶形信号覆盖范围。每个接近的飞机都飞过该覆盖范围,由此产生的飞机到圆顶形信号覆盖范围的几何形状的快速变化,使飞机能够可靠地将伪卫星和 GPS 卫星的载波相位整周模糊度解析出来。飞机上的载波相位接收机自主完好性监控(RAIM)是完好性监测的主要来源[31.69],附近的地面系统可为卫星和伪卫星提供伪距和载波相位改正,但不负责上述针对 GBAS 的完好性监测。伪距测量的质量也可能弱得多,伪距精度的主要需求是确保载波相位整周模糊度求解过程的可靠性。

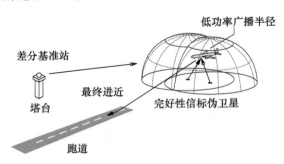

图 31.14 完好性信标着陆系统(IBLS)概念图

尽管 IBLS 运作良好,并在 20 世纪 90 年代初的多次飞机飞行试验中得到了证明[31.3],但它对沿每个进近方向的伪卫星有要求(类似于 ILS),并且着重于验证飞机而不是地面系统的完好性,因此它不受 FAA 和其他民用导航服务提供商的欢迎。为解决上述问题,IBLS 的概念经过调整形成了机场伪卫星(APL)着陆系统,该系统于 20 世纪 90 年代后期在 Moffett Field 海军航空站进行了演示。图 31.15 说明了机场伪卫星(APL)概念,它包括放置在每个跑道两端的两个伪卫星,可为跑道两端提供伪卫星服务,而不仅仅是一端

(支持任意一个方向的进近)。伪卫星在未使用的 PRN 码上发送类似 GPS 的载波相位信号。进近中的飞机可以采用类似于 IBLS 中的算法,但不会解决整周模糊度的解算问题。相反,如果使用浮点整数解,则两个伪卫星将改善沿进近方向的垂直定位的精度和完好性(最需要的地方),而横向精度和完好性则不受影响。此概念包括了机载 RAIM,但与 IBLS 不同,完好性监测的重点在于提供差分改正的地面系统。

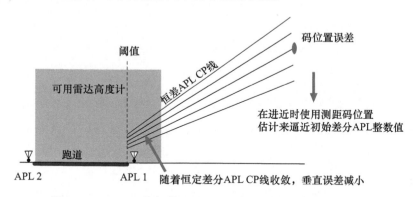

图 31.15　Intrack 机场伪卫星(APL)概念图(见文献[31.10])

尽管 Intrack-APL 方法比 IBLS 所需的伪卫星更少,但对于一个要为所有跑道提供服务且比 ILS 更容易定位的系统,每个跑道上都需要两个伪卫星还是过于复杂。如前所述,专用的抗多径接地系统天线或 MLA 的出现提升了伪距精度,并减少了 Intrack-APL 布局所提供的改进需求[31.61,62]。结果,伪卫星在 GBAS 中的作用变成了从地面广播的另一个类似 GPS 的测距信号,其目的是填补偶尔出现的 GPS 卫星覆盖范围的不足。到 21 世纪初,甚至没有了增加伪卫星级别的需求,这就是伪卫星不再是当今部署的 GBAS 系统的功能的原因。

## 31.4.2　面向商业应用的新一代伪卫星系统

近年来,已经开发出更大幅度增强(甚至替代 GNSS)卫星(性能)的伪卫星系统,特别是对于天空能见度受到严格限制的应用——例如露天采矿,其在深部矿山底板上作业的设备离地面很远,并且可能无法看到矿井壁上方足够数量的卫星以支持精确定位。

由 Novariant 公司开发的用于解决这种情况的伪卫星系统称为 Terralite XPS,文献[31.2]对该系统进行了描述,它在 9.5~10GHz 之间的 X 波段中传输自己的 XPS 测距信号,以避免干扰 L 波段以及用于传输工业、科学和医学(ISM)等其他商用波段。来自多个伪卫星的 XPS 信号与来自 GPS 卫星的至少 L1 和 L2 信号的组合,支持三频载波相位差分 GNSS 定位,其精度约为 10~30cm。与前面讨论的伪卫星系统一样,差分参考站需要为所有用户提供在参考站接收到的 L1、L2 和 XPS 信号的改正(在这种情况下为原始测量)。为了提供定位的鲁棒性,在参考站内(沿 GBAS 的路径)也提供完好性监测,而且可以调整在矿山及其周围部署的伪卫星的数量,以在矿山的深处获得所需的能见度。

在过去的数年中,研究者们逐渐致力于设计主要或完全独立于 GNSS 卫星运行的伪卫星系统。例如澳大利亚的Locata公司开发的伪卫星系统，它基于单独的LocataLites，这些LocataLites通过无线网络（LocataNet）完成同步组合在一起，从原理上讲它不需要传统的参考站。LocataLites在2.4~2.4835GHz ISM频带中的两个单独的频率上发射，和每个频率在两个PRN码上发射。虽然由多个LocataLite构成的LocataNet可以与GPS卫星结合使用，但它也能够在没有GPS卫星的地方（例如室内）独立运行[31.70,31.71]。

## 31.5 展望

本章对地面增强系统的关键技术进行了总结。GBAS作为一个典型的局域差分GNSS（LADGNSS）增强系统，本章对其体系架构进行了详细描述。尽管大多数LADGNSS系统不需要满足GBAS支持的民航的完好性和可靠性（连续性和可用性）要求，但是GBAS的硬件和软件构成单元很好地展示了LADGNSS的可能构成。

在配备GNSS的用户没有完整清晰天空视野的应用中，部署伪卫星以增强甚至替换GNSS卫星具有显著的优势。多GNSS星座的出现使得即使在视线受阻的位置也可以接收足够的卫星信号，但是在一些特定场景中伪卫星增强仍然具有一定价值。

## 致谢

作者要感谢政府、学术界和工业界中为GBAS的发展做出贡献的人们，作者尤其要感谢斯坦福大学的Per Enge和Todd Walter、伊利诺伊理工大学的Boris Pervan、韩国科学技术院的Jiyun Lee、美国联邦航空管理局William J. Hughes技术中心的John Warburton、波音公司的Tim Murphy和Matt Harris、霍尼韦尔公司的Mats Brenner和Bruce Johnson的支持。非常感谢美国联邦航空管理局（FAA）多年来的研究支持。

## 参考文献

31.1　B. W. Parkinson: Introduction and heritage of NAVSTAR, the global positioning system. In: *Global Positioning System: Theory and Applications*, Vol. 1, ed. by B. W. Parkinson, J. J. Spilker (AIAA, Washington DC 1996), pp. 3-28, Chap. 1

31.2　K. R. Zimmerman, H. S. Cobb, F. N. Bauregger, S. Alban, P. Y. Montgomery, D. G. Lawrence: New GPS augmentation solution: Terralite XPS system for mining applications and initial experience, Proc. ION GNSS, Long Beach (2005) pp. 2775-2788

31.3　C. E. Cohen, B. S. Pervan, H. S. Cobb, D. G. Lawrence, J. D. Powell, B. W. Parkinson: Precision landing of aircraft using integrity beacons. In: *Global Positioning System: Theory and Applications*, Vol. 2, ed. by B. W. Parkinson, J. J. Spilker (AIAA, Washington DC 1996), pp. 427-459, Chap. 15

31.4　F. van Graas, M. S. Braasch: Selective availability. In: *Global Positioning System: Theory and Applications*,

Vol. 1, ed. by B. W. Parkinson, J. J. Spilker (AIAA, Washington DC 1996), pp. 601-621, Chap. 17

31.5　B. W. Parkinson, P. Enge: Differential GPS. In: *Global Positioning System: Theory and Applications*, Vol. 2, ed. by B. W. Parkinson, J. J. Spilker (AIAA, Washington DC 1996), pp. 3-50, Chap. 1

31.6　W. J. Clinton: *Statement by the President Regarding the United States' Decision to Stop Degrading Global Positioning System Accuracy* (White House, Office of the Press Secretary, Washington DC 1 May 2000)

31.7　R. Braff: Description of the FAA's local area augmentation system (LAAS), Navigation **44**(4), 411-423 (1997)

31.8　GNSS-Based Precision Approach Local Area Augmentation System (LAAS) Signal-in-Space Interface Control Document, DO-246D, 16 Dec. 2008 (RTCA, Washington DC 2008)

31.9　Minimum Operational Performance Standards for GPS Local Area Augmentation System Airborne Equipment, DO-253C, 16 Dec. 2008 (RTCA, Washington DC 2008)

31.10　B. Pervan, D. Lawrence, K. Gromov, G. Opshaug, J. Christie, P.-Y. Ko, A. Mitelman, S. Pullen, P. Enge, B. Parkinson: Flight test evaluation of an alternative local area augmentation system architecture, Navigation **45**(1), 31-38 (1998)

31.11　B. Pervan, F.-C. Chan, D. Gebre-Egziabher, S. Pullen, P. Enge, G. Colby: Performance analysis of carrier-phase DGPS navigation for shipboard landing of aircraft, Navigation **50**(3), 181-192 (2003)

31.12　G. Lachapelle, P. Alves: DGPS RTK positioning using a reference network, Proc. ION GPS, Salt Lake City (2000) pp. 1165-1171

31.13　G. Crosby, D. Kraus: A ground-based regional augmentation system (GRAS)-The Australian proposal, Proc. ION GPS, Salt Lake City (2000) pp. 713-721

31.14　Minimum Operational Performance Standards for GPS Ground-Based Regional Augmentation System Airborne Equipment, DO-310, 13 Mar. 2008 (RTCA, Washington DC 2008)

31.15　G. Johnson, C. Oates: USCG NDGPS accuracy and spatial decorrelation assessment, Proc. ION GNSS, Nashville (2012) pp. 3665-3674

31.16　S. Pullen, J. Lee: Guidance, navigation, and separation assurance for local-area UAV networks: Putting the pieces together, Proc. ION Pacific PNT, Honolulu (2013) pp. 902-914

31.17　IP-921 Product Page (Microhard Systems Inc., Calgary 2014) http://www.microhardcorp.com/IP921B.php

31.18　Engineering Development Services Group LAAS, US Federal Aviation Administration, William J. Hughes Technical Center, Atlantic City, http://laas.tc.faa.gov/

31.19　Minimum Aviation System Performance Standards for the Local Area Augmentation System (LAAS), DO-245A, Dec. 9, 2004 (RTCA, Washington DC 2004)

31.20　Global Positioning System Wide Area Augmentation System (WAAS) Performance Standard, 1st ed., 31 Oct. 2008 (US Federal Aviation Administration, Washington DC 2008)

31.21　T. Murphy, M. Harris, C. Shively, L. Azoulai, M. Brenner: Fault modeling for GBAS airworthiness assessments, Navigation **59**(2), 145-161 (2012)

31.22　T. Dautermann, M. L. Felux, A. Grosch: Approach service type D evaluation of the DLR GBAS testbed, GPS Solutions **16**(3), 375-387 (2012)

31.23　J. Rife, S. Pullen: Aviation applications. In: *GNSS Applications and Methods*, ed. by S. Gleason, D. Gebre-Egziabher (Artech House, Norwood 2009) pp. 245-267

31.24 Specification: Performance Type One Local Area Augmentation System Ground Facility, FAA-E-2937A, 17 Apr. 2002 (US Federal Aviation Administration, Washington DC 2002)

31.25 G. Xie, S. Pullen: Integrity design and updated test results for the stanford LAAS integrity monitor testbed, Proc. ION AM, Albuquerque (2001) pp. 681–693

31.26 A. Mitelman: Signal Quality Monitoring for GPS Augmentation Systems, Ph.D. Thesis (Stanford Univ., Dept. Aeronautics and Astronautics, Stanford 2004)

31.27 G. Wong, R. E. Phelts, T. Walter, P. Enge: Bounding errors caused by nominal GNSS signal deformations, Proc. ION GNSS, Portland (2011) pp. 2657–2664

31.28 R. E. Phelts: Multicorrelator Techniques for Robust Mitigation of Threats to GPS Signal Quality, Ph.D. Thesis (Stanford Univ., Dept. Aeronautics and Astronautics, Stanford 2001)

31.29 R. E. Phelts, T. Walter, P. Enge: Toward real-tme SQM for WAAS: Improved detection techniques, Proc. ION GPS/GNSS, Portland (2003) pp. 2739–2749

31.30 F. Liu, M. Brenner, C. Y. Tang: Signal deformation monitoring scheme implemented in a prototype local area augmentation system ground installation, Proc. ION GNSS, Fort Worth (2006) pp. 367–380

31.31 FAA LAAS Ground Facility Functions (LAAS KTA Group, Washington DC 1998)

31.32 A. J. van Dierendonck: GPS receivers. In: *Global Positioning System: Theory and Applications*, Vol. 1, ed. by B. W. Parkinson, J. J. Spilker (AIAA, Washington DC 1996), pp. 329–407, Chap. 8

31.33 B. Pervan, D. V. Simili: Code-carrier divergence monitoring for the GPS local area augmentation system, Proc. IEEE/ION PLANS, San Diego (2006) pp. 483–493

31.34 B. Pervan, L. Gratton: Orbit ephemeris monitors for local area differential GPS, IEEE Trans. Aerosp. Electron. Syst. **41**(2), 449–460 (2005)

31.35 GPS SPS PAN Report #58 (FAA William J. Hughes Technical Ctr., Atlantic City 2007) http://www.nstb.tc.faa.gov/reports/pan58_0707.pdf

31.36 H. Tang, S. Pullen, P. Enge, L. Gratton, B. Pervan, M. Brenner, J. Scheitlin, P. Kline: Ephemeris type A fault analysis and mitigation for LAAS, Proc. IEEE/ION PLANS, Indian Wells (2010) pp. 654–666

31.37 G. Xie: Optimal On-Airport Monitoring of the Integrity of GPS-Based Landing Systems, Ph.D. Thesis (Stanford Univ., Dept. Aeronautics and Astronautics, Stanford 2004)

31.38 Global Positioning System Standard Positioning Service Performance Standard (GPS SPS PS), 4th edn. (US Department of Defense, Washington DC 2008)

31.39 S. Pullen, J. Rife, P. Enge: Prior probability model development to support system safety verification in the presence of anomalies, Proc. IEEE/ION PLANS, San Diego (2006) pp. 1127–1136

31.40 J. Lee, S. Pullen, P. Enge: Sigma-mean monitoring for the local area augmentation of GPS, IEEE Trans. Aerosp. Electron. Syst. **42**(2), 625–635 (2006)

31.41 J. Rife, S. Pullen, B. Pervan: Core overbounding and its implications for LAAS integrity, Proc. ION GNSS, Long Beach (2004) pp. 2810–2821

31.42 J. Rife, B. Pervan: Overbounding revisited: Toward a more practical approach for error modeling in safety-critical applications, Proc. ION GNSS, Savannah (2009) pp. 1225–1235

31.43 T. Dautermann, C. Mayer, F. Antreich, A. Konovaltsev, B. Belabbas, U. Kalberer: Non-Gaussian error modeling for GBAS integrity assessment, IEEE Trans. Aerosp. Electron. Syst. **48**(1), 693–706 (2012)

31.44 J. Rife, R. E. Phelts: Formulation of a time-varying maximum allowable error for ground-based augmentation systems, IEEE Trans. Aerosp. Electron. Syst. **44**(2), 548–560(2008)

31.45 J. R. Clynch, A. A. Parker, R. W. Adler, W. R. Vincent, P. McGill, G. Badger: The hunt for RFI: Unjamming a coast harbor, GPS World **14**(1), 16–23(2003)

31.46 J. Grabowski: Field observations of personal privacy devices, Proc. ION ITM, Newport Beach(2012) pp. 689–741

31.47 S. Pullen, G. X. Gao: GNSS jamming in the name of privacy–potential threat to GPS aviation, Inside GNSS **7**(2), 34–43(2012)

31.48 E. Steindl, W. Dunkel: The impact of interference caused by GPS repeaters on GNSS receivers and services, Proc. ENC 2013, Vienna(Austrian Inst. Navigation, Vienna 2013)

31.49 J. Lee, S. Pullen, S. Datta-Barua, P. Enge: Assessment of ionosphere spatial decorrelation for global positioning system-based aircraft landing systems, AIAA J. Aircraft **44**(5), 1662–1669(2007)

31.50 S. Pullen: The use of threat models in aviation safety assurance: Advantages and pitfalls, Proc. CERGAL 2014, Dresden(German Inst. Navigation, Bonn 2014)

31.51 S. Pullen, Y. S. Park, P. Enge: Impact and mitigation of ionospheric anomalies on ground-based augmentation of GNSS, Radio Sci. **44**(1), RS0A21(2009)

31.52 S. Datta-Barua, J. Lee, S. Pullen, M. Luo, A. Ene, D. Qiu, G. Zhang, P. Enge: Ionospheric threat parameterization for local area global-positioningsystem-based aircraft landing systems, AIAA J. Aircraft **47**(4), 1141–1151(2010)

31.53 M. Kim, Y. Choi, H.-S. Jun, J. Lee: GBAS ionospheric threat model assessment for category I operation in the Korean region, GPS Solutions **19**(3), 443–456 (2015)

31.54 C. A. Shively, R. Niles: Safety concepts for mitigation of ionospheric anomaly errors in GBAS, Proc. ION NTM, San Diego(2008) pp. 367–381

31.55 S. Ramakrishnan, J. Lee, S. Pullen, P. Enge: Targeted ephemeris decorrelation parameter inflation for improved LAAS availability during severe ionosphere anomalies, Proc. ION NTM, San Diego (2008) pp. 354–366

31.56 J. Seo, J. Lee, S. Pullen, P. Enge, S. Close: Targeted parameter inflation within ground-based augmentation systems to minimize anomalous ionospheric impact, AIAA J. Aircraft **49**(2), 587–599(2012)

31.57 T. Murphy, M. Harris: More ionosphere anomaly mitigation considerations for category II/III GBAS, Proc. ION GNSS, Fort Worth(2007) pp. 438–452

31.58 S. Khanafseh, S. Pullen, J. Warburton: Carrier phase ionospheric gradient groundmonitor for GBAS with experimental validation, Navigation **59**(1), 51–60 (2012)

31.59 J. Jing, S. Khanafseh, S. Langel, F.-C. Chan, B. Pervan: Multi-dimensional ionospheric gradient detection for GBAS, Proc. ION ITM, San Diego(2013) pp. 121–128

31.60 D. Lamb: Development of local area augmentation system siting criteria, Proc. ION AM, Albuquerque (2001) pp. 669–680

31.61 D. B. Thornberg, D. S. Thornberg, M. F. DiBenedetto, M. S. Braasch, F. Graas, C. Bartone: LAAS integrated multipath-limiting antenna, Navigation **50**(2), 117–130(2003)

31.62 A. R. Lopez: Calibration of LAAS reference antennas, Proc. ION GPS, Salt Lake City (2001) pp. 1209–1218

31.63 M. Felux, T. Dautermann, H. Becker: GBAS landing system-precision approach guidance after ILS, Aircraft Eng. Aerosp. Technol. **85**(5), 382-388(2013)

31.64　Honeywell: SmartPath Ground-Based Augmentation System(GBAS), https://aerospace.honeywell.com/products/safety-systems/smart-path

31.65　N. P. P. F. Spektr: *GBAS activities in Russia*, ICAO EUR GBAS Implement. Workshop, Paris (ICAO, Montreal 2010) pp. 1-53

31.66　C. R. Spitzer, U. Ferrell, T. Ferrell: *Digital Avionics Handbook*, 3rd edn. (CRC, Boca Raton 2014)

31.67　Rockwell Collins: GNLU-9X5M Multi-Mode Receiver, http://www.rockwellcollins.com/Data/Products/Navigation_and_Guidance/Radio_Navigation_and_Landing/GNLU-9X5M_Multi-Mode_Receivers.aspx

31.68　L. Kruczynski: Joint program office test results. In: *Global Positioning System: Theory and Applications*, Vol. 1, ed. by B. W. Parkinson, J. J. Spilker (AIAA, Washington DC 1996), pp. 699-715, Chap. 19

31.69　B. Pervan: Navigation Integrity for Aircraft Precision Landing Using the Global Positioning System, Ph. D. Thesis (Stanford Univ., Dept. Aeronautics and Astronautics, Stanford 1996)

31.70　Locata Technology Brief v. 8.0 (Locata Corporation, Canberra 2014) http://www.locata.com/technology/

31.71　C. Rizos: Locata: A positioning system for indoor and outdoor applications where GNSS does not work, Proc. APAS 2013, Canberra (Assoc. Public Authority Surv., Canberra 2013) pp. 73-83

# 第 32 章 太空应用

**Oliver Montenbruck**

由 GNSS 播发的信号不仅仅可以应用于地面导航,还可以应用于太空导航,且尤其适用于低轨卫星,低轨卫星收到的信号强度与地面相近且具有全天空信号视野。另外严酷的空间环境、长期的可靠性要求和卫星平台的高动态特性都给星载 GNSS 接收机的设计和运行带来了特殊挑战。尽管存在这些限制,卫星制造厂家和科学家们还是很早就开始研究如何利用 GNSS 技术来实现空间应用。自 GPS 接收机首次搭载在陆地卫星 4 号(Landsat-4)上以来,GNSS 接收机已经逐步演变成太空导航和飞行器控制中不可或缺的导航定位手段。

本章首先具体描述了如何在太空中跟踪 GNSS 信号,并重点强调了星载接收机的设计难点;然后讨论了 GNSS 在航天器实时导航定位和精密定轨两方面的应用;而后还讨论了相关算法和软件工具的使用,并基于实际任务和飞行结果展示了当前能够实现的性能水平;最后专门介绍了使用星载 GNSS 接收机对编队飞行的卫星进行相对导航的详细情况。

本章最后归纳总结了 GNSS 在航天器姿态确定、弹道式航天器的跟踪和 GNSS 无线电科学等方面的应用前景和未来展望。

## 32.1 高空飞行

GPS、GLONASS、Galileo 和北斗等 GNSS 系统主要是为地面、海上和空中用户提供全球定位与授时服务。位于中高轨轨道的 GNSS 卫星播发的导航信号不仅能够覆盖地表及大气层,还能够覆盖更高的空间,很容易被卫星所接收到。

与传统的地面跟踪系统相比,使用 GNSS 接收机来定位航天器具有更大的优势[32.1,32.2]。星载 GNSS 接收机可以保证对信号的连续跟踪,而不像地面站一样只能进行短暂的通信连接,它的系统成本非常低,但精度远高于传统的定位手段。特别是星载 GNSS 接收机提供的实时定位导航信息,极大增强了卫星定位自主性,从而避免了单纯依靠后处理定轨流程来生成轨道的问题[32.3]。

这些潜在好处很快促进了星载 GPS 接收机的首次试验和飞行应用。1982 年,还只有 5 颗在轨 GPS 卫星时,Landsat-4 上搭载的 GPSPAC 系统就证明了在空间应用中跟踪信号并提供实时导航服务的可行性[32.4]。10 年后,GPS 全星座部署完成之前,托佩克斯/波塞冬(TOPEX/Poseidon)卫星上使用六通道双频接收机开启了基于 GPS 实现高精度定轨的时代[32.5,32.6]。除了单纯的导航定位应用外,1996 年在用于 GPS/MET 实验的微实验室 1 号(MicroLab-1)卫星上成功获取到星基无线电掩星观测数据[32.7]。

本节主要讨论从星载平台进行 GNSS 信号跟踪的一些具体限制。首先描述了在各种轨道上的可见性、链路预算以及信号动态特性,然后描述了这些特性对星载 GNSS 接收机设计的影响,最后对目前和未来接收机技术的发展作了概述和展望。

## 32.1.1　GNSS 信号跟踪

迄今为止发射的大多数卫星都是在低地球轨道(LEO)上绕地球运行的,其轨道高度约为 200~2000km,轨道周期为 1.5~2h,这种类型的轨道通常是作为用于遥感和监视任务的星座轨道,也作为各种通信星座的轨道,如全球星和铱星。地球静止轨道(GEO)则主要是用于通信卫星和气象卫星的轨道,在距地球中心大约 42000km 高度,其轨道周期正好与地球自转周期一致,当卫星处于赤道平面的 GEO 轨道时,它相对于地球表面来说呈现静止状态。大椭圆轨道(HEO)从靠近地球的一点延伸到几个地球半径的距离,它不仅可以作为从 LEO 到 GEO 的转移轨道,也能够用于探索磁层或携带天文望远镜的科学任务中。GNSS 卫星本身主要在中地球轨道(MEO)运行,周期接近半天,轨道半径约 25000~30000km。

如图 32.1 所示,当 LEO 卫星搭载 GNSS 接收机并采用指向天顶方向的天线时,其信号覆盖情况与地面用户是相似的。低轨卫星的轨道高度通常远小于它与 GNSS 卫星的距离,因此低轨卫星与地面用户接收信号的强度也相似。但低轨卫星的视线向量与发射天线的天底角夹角更大。地面 GPS 用户与 GPS 卫星天底角始终保持在 14°左右,1500km 高度卫星的最大天底角可能会接近 18°,在这种极端情况下,卫星发射天线增益最多降低 5dB,而低轨卫星仍始终保持在发射天线主瓣内。

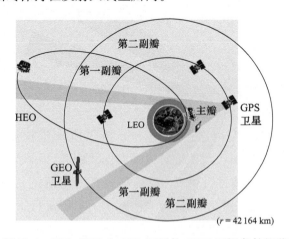

图 32.1　LEO、HEO 和 GEO 卫星的 GNSS 可视条件概览

但对于大椭圆轨道卫星和地球静止轨道卫星来说,情况则大不相同。它们的大部分或全部轨道甚至超过了 GNSS 卫星的轨道高度。当 GNSS 卫星和用户位于地球两侧时,也

可以接收到 GNSS 信号(图 32.1),此时地球静止卫星与 GNSS 卫星之间的距离约为 70000km,如此长的距离将导致较大的自由空间损耗,信号接收电平比地面接收机至少低 10dB 左右。考虑到 GNSS 发射天线的波束宽度的限制,这些卫星实现独立定位至少需要 4 颗 GNSS 卫星。

尽管未来多系统 GNSS 卫星联合处理能在一定程度上解决这个问题,但一般使用跟踪副瓣信号作为替代方案,副瓣是指在更大的视野范围内天线增益存在部分局部最大值。对于 GPS BLOCK ⅡA 和 ⅡR 卫星,第一副瓣和第二副瓣出现在与天线轴向约 30°和 55°角附近,但是不同的天线阵列类型以及不同方位角之间存在显著差异(图 32.2)。

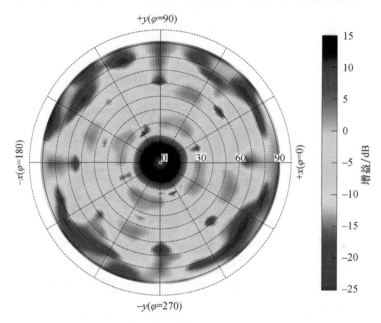

图 32.2　GPS Block ⅡR-M 卫星 L1 频段发射天线增益方向图。
极坐标图表示了主瓣和到 60°角度内的不同副瓣(见文献[32.8])

在 1997 年至 2002 年间,作为猎鹰黄金实验(Falcon Gold)、Equator-S[32.10]和 AO-40[32.11]任务及某未公开的 GEO 项目[32.12]的一部分[32.9],一系列高轨卫星验证了在轨跟踪 GPS 信号的主瓣和副瓣信号是可行的。近年来利用 GIOVE-A(伽利略在轨验证卫星)卫星上的 SGR-GEO 接收机[32.13]和多尺度磁圈层卫星(MMS)上的高灵敏接收机[32.14,32.15]实验也证明了副瓣信号跟踪的可行性。尽管目前 GPS 和其他任何 GNSS 明显都不是专门为太空应用而设计,但下一代 GPS Ⅲ 卫星的规范[32.16]中已经引入了新的空间服务空域(space service volume)概念,该规范考虑了针对距离地面 3000~36000km 高的星载用户的最小接收信号电平、空间信号测距误差和信号可用性等问题。

早期试验表明,在太空区域实现 GNSS 信号的跟踪确实可行,但鉴于信号可用性和性能有限,用于 HEO 卫星和 GEO 卫星导航任务的情况仍然很少。因此,本章剩余部分内容仅限于目前 GPS 已经广泛使用的 LEO 任务,以及下一代星载接收机支持的新 GNSS 星座。

尽管 LEO 的链路预算和可见性条件非常有利，但由于卫星平台的高速飞行，太空区域与地面区域或航空区域用户的信号跟踪条件仍有很大不同。低轨卫星通常以 7.5km/s 的速度绕地球飞行，其跟踪的 GNSS 信号视线方向距离变化率可达 8.5km/s（图 32.3）。对于 0.2m 波长而言，多普勒频移峰值可达±45kHz，几乎是地面静态接收机接收信号的 10 倍，同样近地圆轨道视线方向加速度也更大（接近 15m/s$^2$ 或 75Hz/s），因此 GNSS 可连续跟踪的时间通常最多只有 0.5h。

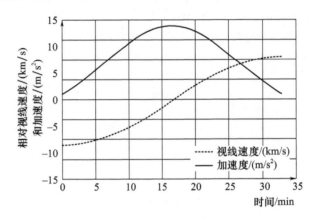

图 32.3 LEO 卫星跟踪 GNSS 信号的相对视线速度与加速度

星载 GNSS 接收机需要进行一些优化来适应高动态变化的信号和快速变化的可见卫星，例如必须特别注意准确标记每次观测数据的时间，即使是 1μs 偏差也会导致沿轨方向 1cm 的位置偏差。此外，跟踪环路（见第 14 章）必须使用足够高的阶数以避免由于视线角加速度而产生的稳态误差，一个重要原则是载波跟踪必须使用三阶锁相环（PLL），而伪码跟踪可以使用载波辅助的一阶延迟锁定环（DLL）。在信号捕获阶段，星载接收机多普勒的搜索范围比地面接收机大得多，从而导致信号的粗捕获时间显著延长。当使用传统的序贯搜索方法时，LEO 星载 GPS C/A 码接收机冷启动时间可达 15min。由于伽利略 E1 信号的码周期更长且比特翻转更加频繁，所以捕获时间更长。为了缩短信号捕获时间，一般需要知道飞行器位置和速度的先验信息，这些信息可以用数值法或解析法对一组要素可配置的轨道进行轨道递推获得。

## 32.1.2 星载 GPS 接收机

即使不考虑信号高动态和卫星可见性问题，星载 GNSS 接收机（图 32.4）的设计对制造商来说仍然是一项巨大的挑战。和其他航天电子设备一样，由于太空非常恶劣的环境条件，GNSS 接收机在太空中长期运行就必须要有极高的可靠性[32.17]。在航天硬件的设计和环境试验环节，需要考虑的关键点包括发射过程中的抗震能力（发射过程的震动可能对电子元器件和连接造成物理损坏）、温度和真空环境的综合影响（这可能限制散热并导致部件放气）以及最后的太空辐射影响。

太空辐射是影响太空中载荷寿命的关键因素，它以多种方式影响航天电子元器件。

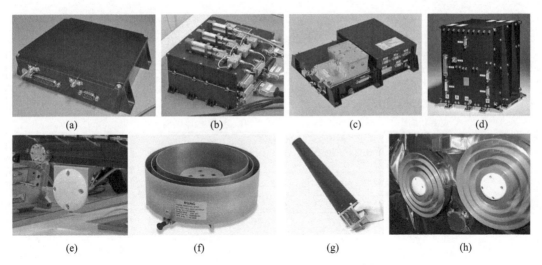

图 32.4 星载 GNSS 接收机和天线示例

(a)SSTL SGR-10 单频 GPS 接收机;(b)片上集成 GPS 掩星接收机(IGOR);
(c)用于哨兵的 RUAG 双频 GPS 精密定轨接收机;(d)Airbus LION GPS/伽利略接收机;
(e)贴片天线;(f)微带激励的杯状贴片天线;(g)螺旋;(h)环天线。图片未进行缩放。
(a)由 SSTL 提供,(b)由 DLR 提供,(c)(f)(g)由 RUAG 提供,(e)由 ESA 提供,(d)(h)由 Airbus DS 提供。

电离辐射会导致元器件逐渐老化,从而持续增加功率,最终缩短元器件的使用寿命。LEO 的总电离剂量(TID)限值通常在 10~20krad 之间,而大椭圆轨道和对地静止轨道卫星的辐射剂量甚至达到 100krad。另外单粒子翻转(SEU)和单粒子锁定(SEL)主要由高能粒子入射进入元器件导致其瞬时失效。虽然 SEU(例如比特翻转)的临时故障可以通过电源重启或程序重载来克服,但是单粒子锁定会永久性地破坏电路。在 CMOS 器件中,高能粒子入射时由瞬间电流冲击触发门电路产生单粒子翻转(SEU),一旦该事件发生,门电路就会形成持续的短路从而导致过热,这种情况只能立即关闭电源[32.18]。除了 TID 效应(部分可通过外部防护降低)外,单粒子翻转(SEU)和单粒子锁定(SEL)需要采用不同方式(冗余、错误检测和校正)或保护措施(快速熔断、抗 SEL 芯片技术)来补救。

与地面接收机相比,星载接收机采取了多种确保空间环境下可靠工作的措施,但这些措施导致了 GNSS 接收机更重、功耗更大,性能也达不到地面接收机性能。同时由于较小的制造量以及大量测试和验证工作,使得整个系统的制造成本大大增加。

例如,表 32.1 列举了目前正在使用或即将投入使用的各种星载 GNSS 接收机的关键技术指标。图 32.4 展示了不同接收机和天线的组合。在性能要求和系统成本的权衡下,单频接收机通常是所有平台导航和授时型接收机的首选。相比之下,双频 GPS 接收机则仅在需要高精度定轨的遥感和科学任务时才会使用。

表 32.1 太空应用的单频和双频 GNSS 接收机

| 接收机 | 制造商(国家) | 信号频道 | 天线 | 功率重量 | TID/krad | 任务 |
|---|---|---|---|---|---|---|
| SGR-10 | SSTL(英国) | 24 GPS L1 C/A | 2 | 5.5W<br>1kg | 10 | Tsinghua-1,<br>BILSA T,DART |

续表

| 接收机 | 制造商(国家) | 信号频道 | 天线 | 功率重量 | TID/krad | 任务 |
|---|---|---|---|---|---|---|
| Mosaic GNSS | 空客防务(丹麦) | 8 GPS L1 C/A | 1 | 10W 4kg | >30 | SARLupe,TerraSAR-X,Aeolus |
| TopStar 3000 | 泰雷兹-阿莱尼亚(法国) | 12-16 GPS L1C/A | 1-4 | 1.5W 1.5kg | >30 | Demeter,Kompsat-2 |
| Viceroy | General Dynamics(美国) | 12-18 GPS L1 C/A | 1-2 | 7W 1.1kg | 15 | MSTI-3,Seastar,MIR,Orbview |
| Navigator | NASA/GSFC(美国) | 12 GPS L1 C/A | 1 | <30W <11 kg | 100 | Shuttle HSM-4,MMS |
| Phoenix | DLR(德国) | 12 GPS L1 C/A | 1 | 0.9W 0.1kg | 15 | PROBA-2 &-V,PRISMA,TET |
| GNSS S/W Rcv. | Syrlinks(法国) | 9 GPS L1 C/A,GAL E1 | 1 | 5W 1kg | 10 | Taranis |
| IGOR | Broadreach Eng.(美国) | 16×3 GPS L1 C/A,L1/L2 P(Y) | 4 | 10W 4.6kg | 20 | COSMIC,TerraSAR-X,TanDEM-X |
| GPS POD | RUAG(瑞士) | 8×3 GPS L1 C/A,L1/L2P(Y) | 1 | 8.5W 2.8kg | >20 | SWARM,Sentinel,ICEsat-2 |
| Lagrange | 泰雷兹-阿莱尼亚(法国) | 12×3 GPS L1 C/A,L1/L2 P(Y) | 1 | 30W 5.2kg | 20 | Radarsat-2,COSMO-Skymed,GOCE |
| TriG | JPL,MOOG Broad-reach(美国) | 24×2 GPS L1/L2,(GAL E1/E5a) | 4 | 55W 6kg | | Formosat-7/COSMIC-2 |
| LION | 空客防务(法国) | 36 GPS L1/L2/L5,GAL E1/E5a | 1-4 | 15W 6kg | 50 | SARah,CSO,Metop-SG |
| PODRIX | RUAG(瑞士) | 18 GPS L1/L2/L5,GAL E1/E5a | 1-4 | 15W 3kg | 50 | SARah,Sentinel |

除了少数例外,迄今为止所有可用的和已经在轨使用的接收机都仅限于 GPS 信号跟踪。随着更多导航系统的建设部署,支持新信号和星座的芯片也随之逐渐兴起。例如,欧洲航天局(ESA)已启动了 AGGA-4 高级 GPS/GLONASS 应用专用集成电路芯片(ASIC)的研发,该芯片共提供 36 个跟踪通道,可跟踪基于 BPSK 和 BOC 调制[32.19]的 GPS、GLONASS、伽利略和北斗的公开信号。迄今为止,它已经取代了从前欧洲大多数高端星载接收机使用的 AGGA-2 相关器芯片,该芯片的广泛应用大大促进了多系统多频点星载接收机的研发进程。

大多数星载 GNSS 接收机的成本高且性能有限,这一情况直接导致了货架产品(COTS)成为宇航级硬件的替代方案,采用货架产品的方式一方面可以将接收机技术的最新成果用于硬件方案中,另一方面将有助于实现卫星的小型化制造。继萨里大学的前期工作[32.20]后,COTS 组件和 GNSS 板卡的使用逐渐风靡于低成本的科技卫星任务中,尽管如此,还是需要一个专门的鉴定程序或流程来确定设备是否能够正常工作。使用COTS技术可以很好地权衡性能、成本和风险,例如将大地测量级PolaRx2双频GPS接收机用于TET-1技术验证卫星[32.21]进行精确定轨;而Triumph三频多GNSS接收机已经应用于国际空间站(ISS)上的空间原子钟组(ACES)实验[32.22]。

许多大学发射的微纳卫星也偏向于使用小型航空GNSS接收机,并且在CanX-2 CubeSat项目中成功应用[32.23]。但是除了技术方面的因素,还必须注意军民两用商品出口条例[32.24,25]禁止GNSS的自由贸易,且条例规定只有适应高度低于18km(60000ft)且速度低于515m/s(1000n mile/h)的接收机才能出口销售。不论信号动态或环境条件如何,即插即用的标准GNSS接收机都不允许在卫星或弹道式飞行器上使用。

## 32.2 航天器导航

基于GNSS的航天器定轨广泛利用了地面和空中导航应用领域所建立的完整理论体系和相应算法。除了存在"选择可用性"的GPS初期,实时和后处理一般都采用非差处理模式。在第19章和第21章中讨论的所有GNSS观测定位模型对航天器导航同样适用。基于伪距的单点定位(SPP)和基于载波相位的精密单点定位(PPP,第25章)技术同样可应用于卫星的实时定位或定轨,其精度水平也能达到与地面同等精度。

航天器在地球重力作用下的运动不容易发生突变,运动轨迹平滑而且可预测,这也是它和地面待定位物体的根本区别。基于航天器的受力情况能够利用当前位置和速度预测其未来运动。纯运动学SPP/PPP模式下的定位不使用航天器动力学相关的任何先验信息,而动力学定轨则利用动力学信息来减少平差过程中估计参数的个数。动力学模型作为估计主飞行器位置的约束条件,降低了GNSS观测对误差或不利几何构型的敏感性,该模型可以在GNSS卫星不足或数据中断时继续预报航天器的轨道。

虽然纯运动学定轨(或单点定位)对某些特定应用(如地球重力场的研究)很有益[32.26,32.27],但动力学定轨的概念在稳定性和准确性方面具有明显优势,所以目前应用最为广泛。GNSS观测值(特别是载波相位测量)虽然精度极高,但是很难保证以相同的精度对航天器进行定轨,因此需要简化动力学定轨的概念[32.5,32.6]便应运而生。简化动力学定轨充分利用了纯运动学和纯动力学处理之间的天然互补特性(图32.5),即在确定性轨道模型的基础上引入附加力模型参数(称为经验或随机加速度),并与其他轨道和观测模型参数一起进行估计。这些经验参数可以约束为先验力模型预期的不确定性,并使调整后的轨迹更接近GNSS确定的真实运动轨迹。

根据具体应用的不同,在定轨过程中会采用不同复杂程度的轨道模型、不同的参数估计概念以及不同经验参数的引入策略。星上实时导航和地面精密定轨就是两个典型例子。尽管低延迟和高精度应用之间的界限正在逐渐消失,但这两种情况非常适合强调相关的算法和概念。在详细讨论这些方面之前,先回顾航天器轨道的建模过程,这在任何定轨过程中都是不可或缺的。

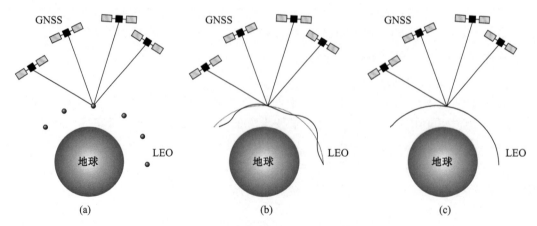

图 32.5 基于 GNNS 信号的 LEO 卫星精密定轨策略
(a)动态定轨;(b)简化动力学定轨;(c)动力学定轨。

## 32.2.1 轨迹模型

一般来说,卫星轨道运动可以表示为时间 $t$ 的函数,由二阶微分方程描述为

$$\frac{\mathrm{d}^2 r}{\mathrm{d}t^2} = a(t,r,v,p) \tag{32.1}$$

从式(32.1)可以看出,位置 $r$ 的变化与加速度 $a$ 之间的关系取决于时间、位置、速度 $v$ 和附加参数 $p$。运动方程可等价表示为一阶微分方程,即

$$\frac{\mathrm{d}y}{\mathrm{d}t} = f(t,y) = \begin{pmatrix} v \\ a \end{pmatrix} \tag{32.2}$$

对于位置速度(或状态)向量 $y = (r^\mathrm{T}, v^\mathrm{T})^\mathrm{T}$,在给定初始条件 $y(t_0) = y_0$ 和已知加速度 $a$ 的情况下,任何其他时间的状态向量可由该微分的解析解或更常见的数值解来确定。

运动方程的另一部分是变分方程,即

$$\frac{\mathrm{d}}{\mathrm{d}t}(\Phi, S) = \begin{pmatrix} I & I \\ \frac{\partial a}{\partial r} & \frac{\partial a}{\partial v} \end{pmatrix} (\Phi, S) + \begin{pmatrix} 0 & 0 \\ 0 & \frac{\partial a}{\partial p} \end{pmatrix} \tag{32.3}$$

对于状态转移矩阵,有

$$\Phi(t, t_0) = \frac{\partial y(t)}{\partial y(t_0)} \tag{32.4}$$

式(32.4)描述了瞬时状态向量对初始状态的依赖性。同样对于灵敏度矩阵,有

$$S(t) = \frac{\partial y(t)}{\partial p} \tag{32.5}$$

式(32.5)描述了状态向量与力模型参数的依赖关系[32.28]。

在定轨过程中,需要使用这些矩阵提供的偏导数来建立最能代表给定观测值的初始条件集和模型参数集。

公开文献[32.28-32.30]中介绍了许多种求解初值问题的数值积分方法,原则上任

何一种方法都可以用于求解卫星轨道的运动方程和变分方程,但很难找到一种最佳方法可以满足所有应用需求,选择合适积分方法的一个关键标准是它的阶数 $n$,$n$ 表征了在一个积分步骤中误差的增长。对于 $n$ 阶方法,局部截断误差在步长 $h$ 中为 $O(h^{n+1})$ 阶,并且计算的解与 $n$ 阶泰勒精度展开的精度近似。

单步方法如龙格-库塔法和外推法通过求解运动方程式(32.1)在区间 $[t_i, t_i + h]$ 内某点的导数 $f$,从而根据给定值 $y(t_i)$ 来构建 $y(t_i + h)$ 的近似值。根据积分阶数来增加函数求解的次数,这增加了高阶方法的计算量。通常较大步长能够抵消高阶方法带来的运算量提升,因此高阶方法更适合用于控制长时间积分的总积分误差。对于步长控制,可以使用不同阶数的近似来估计给定步长中的局部积分误差,并根据精度需求调整步长。常见的方法包括龙格-库塔-费尔贝格[32.31]法以及 Dormand 和 Prince[32.29,32.32]法都可以达到上述效果。

多步法根据过去历时 $t_i, t_{i+1}, \cdots$ 的函数 $f(t, y)$ 得到近似多项式 $p_f(t)$,从而计算 $t_{i+1} = t_i + h$ 时刻状态向量的预测值,有

$$y(t_{i+1}) = y(t_i) + \int_{t_i}^{t_i + h} p_f(t) \, \mathrm{d}t \tag{32.6}$$

该方法通过存储多个历元信息,确保了计算的高效性,并且效果相当于高阶方法。多步法的另一个优势是可以直接插值获得密集输出,而不必考虑实际积分步长。常见的多步法包括亚当斯-巴什福斯-莫尔顿法以及 Stoermer-Cowell 和 Gauss-Jackson 法,后者两种对于解积分运动方程的二阶公式(32.1)特别有效。

在固定步长条件下多步法的实现相对容易,但当需要调整步长时,多步法就不再适用。此外积分器初始化或重启时,需要专门的启动方法建立过去函数值表。高阶方法在实现中已经考虑了这两点,如 Shampine 和 Gordon 的变阶变步长 Adams-Bashforth-Moulton 方法 DDEABM[32.33]或 Berry 的变阶双积分多步积分器[32.34],该方法将传统多步方法的效率与单步法的灵活性结合了起来。

定轨积分器的选择在很大程度上取决于用于参数平差的估计方法类型以及观测间隔。在批量最小二乘估计中,整个数据弧段的轨迹由单历元状态向量描述。如果观测值足够稀疏或者观测历元间状态可以使用插值来获得,则可以使用较大步长覆盖整个数据弧段。多步法似乎最适用这种情况,并已在多种精确的定轨软件包中应用,如 GEO-DYN[32.35]、NAPEOS[32.36]、GIPSY-OASIS[32.37] 或 GHOST[32.38]。作为一种替代方案,Bernese 软件[32.39]采取配点法[32.30],该方法结合了单步法和多步法优点,通过在给定初始条件下在期望的时间步长上构造解的泰勒近似值。

相比之下,实时导航通常使用低阶积分方法,因为观测值处理间隔比较短,并且扩展卡尔曼滤波器每次测量更新均要求重启轨道积分[32.40]。此时采用大步长的高阶方法就会效率很低,所以不再适合。而著名的四阶龙格-库塔(RK4)法在精度和效率之间提供了一个很好的折中方案,并且在实时导航系统中轨道外推中应用广泛。如文献[32.29]所述,基本 RK4 方法也可以与 Richardson 外推法相结合,从而获得一种五阶方法,该方法需

要求解的函数值比原五阶 Runge-Kutta 法更少。更重要的是，在此过程中利用计算的中间值能够构造一个齐次的插值埃尔米特多项式[32.40]。如果姿态和轨道控制或卫星上传感器数据的地理编码需要高频轨道信息，这一点尤其有用[32.41]。

无论采用哪种运动方程求解方法，动力学模型的质量决定了给定时间段或数据弧段上轨道预测的精度。同样高保真模型通常适用于后处理定轨，而计算资源有限或缺少辅助参数(如地球方向角或太阳通量)的实时导航系统中，简化法可能更受青睐。

表 32.2[32.28,32.42,32.43]给出了在近地轨道上作用于卫星的不同加速度。与 GNSS 卫星轨道(第 3 章)类似，低轨卫星(LEO)的运动主要受到地球引力的影响，在低轨道条件下，地球的非球形引力影响要明显得多。一般来说，加速度被描述为重力势 $V$ 的梯度 $a_{grav} = \nabla V$，用球谐函数展开式可表示为

$$V = \frac{GM_\oplus}{r} \sum_{n=0}^{\infty} \sum_{m=0}^{n} \frac{R_\oplus^n}{r^n} \bar{P}_{nm}(\sin\phi) \times [\bar{C}_{nm}\cos(m\lambda) + \bar{S}_{nm}\sin(m\lambda)] \qquad (32.7)$$

其中涉及地心距离 $r$，纬度 $\phi$，经度 $\lambda$，地球的重力常数 $GM_\oplus$ 和归一化重力场系数 $\bar{C}_{nm}$，$\bar{S}_{nm}$。归一化勒让德多项式 $\bar{P}_{nm}$ 和估算重力势及其梯度所需的三角函数最好通过专用的递推关系获得[32.44]。这些公式的计算效率极高，并确保了高阶次模型一起使用所需的数值稳定性。

表 32.2 作用于 LEO 卫星不同加速度的典型值

| 摄动 | 加速度 |
| --- | --- |
| 中心重力项 | 8.5m/s² |
| 地球扁率($C_{2,0}$) | 15mm/s² |
| 非球面重力场<br>10×10 比上 $C_{2,0}$<br>40×40 比上 10×10<br>100×100 比上 40×40 | <br>0.2mm/s²<br>30μm/s²<br>3μm/s² |
| 大气阻力 | 0.1–10μm/s² |
| 月球 | 1μm/s² |
| 太阳 | 0.5μm/s² |
| 地球固体潮 | 0.5μm/s² |
| 太阳辐射压力 | 50nm/s² |
| 海洋潮汐 | 50nm/s² |
| 广义相对论 | 20nm/s² |

目前用于卫星轨道预测的重力模型本身来源于 CHAMP、GRACE、GOCE 和 LAGEOS 等大地测量卫星任务(见文献[32.45–32.47]及其参考文献)。虽然其中一些还通过地表重力测量得到了最大可能的分辨率，但通常情况下，仅使用卫星模型完全足以满足卫星轨道建模的要求。所需的阶次取决于所设想的建模精度，其范围可能从 10×10(对于简单的星上应用)到 150×150(对于具有最高精度要求的大地测量空间任务)。

除了地球本身,卫星还被太阳和月亮等占据主导地位的太阳系天体所吸引。在地心坐标系中,相关的三体摄动由施加在卫星和地球上的加速度之差决定,即

$$a_{\odot,C} = \sum_{i=\odot} GM_i \left( \frac{s_i - r}{\| s_i - r \|^3} - \frac{s_i}{\| s_i \|^3} \right) \tag{32.8}$$

式中:$G$ 和 $s$ 分别为引力常数与扰动体质量的乘积、地心坐标系下的位置,后者可从预先计算的太阳系星历或分析级数展开式中获得[32.28]。与太阳月亮间的距离相比,低轨卫星(LEO)接近地球中心,在式(32.8)括号内的两项几乎量级相同,并且除了一个小潮汐加速度外基本抵消。这个小潮汐加速度与卫星距地球的距离近似呈线性增长。

在非重力加速度中,大气阻力通常是低轨卫星最明显的扰动因素,特别是在 350~500km 的高空中,扰动加速度总是与卫星相对于大气的速度 $v_{rel}$ 相反。这导致轨道能量的持续损失和沿轨道位置的变化,这些变化在时间上基本上呈二次增长。因此,即使是很小的阻力加速度也会导致实质性的轨道扰动。除了表面质量比 $A/m$,加速度取决于大气密度 $\rho$,其在相关高度范围内可能变化几个数量级,可表示为

$$a_{Drag} = -\frac{1}{2} C_D \frac{A}{m} \rho \| v_{rel} \| v_{rel} \tag{32.9}$$

其中,阻力系数 $C_D$ 说明了阻力加速度对飞行器自身形状的依赖性。原则上它可以从已知卫星结构的计算流体动力学(CFD)计算中获得[32.48,32.49]。在没有这种模型的情况下,一般采用近似值 2.0~2.3 作为初值,并在定轨过程中进行阻力系数精化。

随着空间任务越来越多,自 20 世纪 60 年代末以来一直在不断努力为大气密度构建一个随时间、地点和其他输入参数变化的物理和数值模型。用于卫星轨道建模的常用模型包括 Jacchia 模型(Jacchia-70 和后来的改进版)、质谱仪和非相干散射模型(MSIS-86、NRLMSIS-00[32.50])和拖曳温度模型(DTM-2009[32.51],DTM-2012),各个模型的典型精度为 10%~30%[32.52],因此大气密度预测是低空卫星轨道模拟中的一个主要不确定因素。

无论轨道高度如何,卫星都会受到由吸收和反射光子的动量转移引起的第二类非重力加速度的影响。与大气阻力类似,产生的加速度取决于卫星表面质量比,因此对于拥有大型太阳能电池板的卫星来说影响最为明显。在一个天文单位(1 AU≈149.6km)的平均距离处,太阳通量约为 1367Wm$^{-2}$,太阳在吸收所有入射辐射的表面施加的压力为

$$P_\odot \approx 4.56 \times 10^{-6} \mathrm{Nm}^{-2} \tag{32.10}$$

以最简单的形式,太阳光压(SRP)可以用所谓的炮弹模型来描述,其中扰动加速度为

$$a_{SPR} = -\eta C_R \frac{A}{m} P_\odot \left( \frac{1AU}{\| r_\odot \|} \right)^2 \frac{r_\odot}{\| r_\odot \|} \tag{32.11}$$

该加速度总是指向太阳方向相反的方向,并以距太阳距离 $\| r_\odot \|$ 的平方成反比。由于卫星的部分轨道可能在地球(或月球)的阴影区,因此因子 $\eta$ 用于模拟整体照度,它在全日光下为 1,全食时为 0。

太阳辐射压力系数可表示为

$$C_R = 1 + \varepsilon \tag{32.12}$$

太阳辐射压力系数取决于反射率 $\varepsilon$,全反射表面的脉冲传输是全吸收表面的两倍高。典

型材料的反射率从 0.2(太阳能板)到 0.9(涂层聚酯薄膜)不等,炮弹模型通常采用 1.3~1.5 的 $C_R$ 平均值。为了更精确地建模,需要以箱翼模型甚至全功能光线跟踪计算的形式处理卫星每个面特性和太阳入射方向[32.53]。由于实际表面特性中仍存在不确定性,因此通常做法是在定轨过程中调整辐射压力模型的至少一个比例系数(如 $C_R$)作为自由参数。

除了上面介绍的主要力模型(地球引力、日月引力、大气阻力和太阳光压)外,低轨卫星(LEO)轨道的高精度建模还需要考虑许多小量级重力和非重力影响因素[32.28,32.42,32.43],其中包括固体潮、极潮和海洋潮汐[32.54]、运动方程的后牛顿修正[32.30]以及地球反照压和热辐射效应[32.53]。对这些扰动及其建模的详细讨论超出了本章范围,感兴趣的读者可参考上述教材和文章。

不管所采用的建模级别和复杂性如何,真实世界的动态特性往往不是完全符合运动方程的,这在处理高精度观测值(如 GNSS 和卫星激光测距(SLR))时尤为明显。因此通常做法是用经验加速度来补充确定的先验力模型,这些加速度可以在定轨道过程中进行调整,以便在适当经验参数期望值和大小约束下,使观测值和轨道模型达到最佳匹配。

为便于解释,通常在径向 $e_R$、沿轨向 $e_T$ 和轨道法向 $e_N$ 的轨道坐标系下进行经验加速度的参数化,有

$$a_{emp} = a_R e_R + a_T e_T + a_N e_N \tag{32.13}$$

在最简单形式中,每一个分量 $a_i(i = R, T, N)$ 在一定时段被视为常数,或者额外的每圈一次(once-per-rev)的参数可以考虑用来解释随轨道周期出现谐波变化的扰动。由此产生的加速度可以描述为

$$a_i = a_{i,0} + a_{i,c}\cos u + a_{i,s}\sin u \tag{32.14}$$

式中:$u$ 为升交角距。

## 32.2.2 实时导航

在低轨卫星(LEO)上使用 GPS(或者更普遍地说,GNSS)接收机已经变得越来越流行,因为星载 GNSS 提供了航天器上的位置、速度和时间信息,从而增加了自主性。基于 GNSS 轨道信息的常见应用包括姿态控制、有效载荷数据的地理编码、仪器和航天器自主操作以及轨道控制。

(1) 对地观测(EO)任务通常需要将其仪器(如照相机、高度计或光探测和测距(LIDAR)传感器)与天底方向和地面轨道对准。星载相机提供了航天器定向的高精度测量,由此产生的信息是相对于天体参考系的。因此需要了解瞬时位置和速度,才能将测量的姿态参考与轨道框架的天底和飞行方向一致[32.41]。在对地观测(EO)任务中,通常需要精度约为 10m 和 1~10cm/s 的星载位置和速度信息,以支持姿态控制。

(2) 地理编码是指航天器仪器数据(如相机图像中的像素)与相应地理位置的关联。依据传统做法,地理编码需要较精确的确定航天器位置(和姿态)之后在地面上再进行编码。有效载荷数据的在轨地理编码(或至少星上定轨)减少了任务控制中心内必要的数

据处理,并支持预处理图像产品直接下传给远程用户。由于严格地理编码所需的局部地形模型在星载应用中大部分情况使用似大地水准面模型代替,所以在 10m 精度上的轨道通常就能够满足总体精度要求。

(3) 星载轨道信息还可应用于仪器和航天器自主操作。合成孔径雷达(SAR)或其他传感器一旦达到所需的轨道位置就可以被激活[32.55],而不需要通过定时器来激活。这样可以克服地面任务规划的局限性和对预测轨道信息的依赖性。类似方案也适用于卫星本身的运行,例如航天器可以自主调整自己的姿态,并开启发射器,以便在进入地面站的可视范围时执行数据下传。根据应用需求,需要的星上轨道精度范围为 10~1000m。

(4) GNSS 传感器提供的轨道信息可用于自动控制遥感卫星轨道运动(如地面轨道或穿越赤道的时间)、补偿大气阻力或其他外部扰动引起的轨道变化[32.56]。通常对单个卫星或稀疏星座进行轨道控制,达到 10~100m 的位置信息就可以满足要求。然而,机动规划不能仅仅基于瞬时位置和速度测量,而需要对轨道根数在多个轨道或数天时间尺度上的变化进行适当地平均和监测。

上述讨论表明,通用 GNSS 的标准定位服务(SPS)或开放服务(OS)性能对于大多数与航天器和仪器操作有关的星载应用完全足够。尽管要求的精度范围原则上可以由一个独立的近地轨道 GNSS 接收机提供,但通常可以预置一个导航滤波器,以确保导航信息的适当稳健性和连续性。该滤波器采用动态模型来降低固有的测量噪声,提供连续测量时段之间的轨道信息,并预测 GNSS 跟踪卫星数不足时段内的轨道,例如航天器在极区附近或非天顶执行期间,可能会遇到数量减少的可见 GNSS 卫星。

根据总体系统和冗余概念,导航滤波器位于卫星的星载处理器或 GNSS 接收机内部。若将滤波器置于星载处理器上,接收机的选择余地很大且有助于主备份之间的切换,但是置于 GNSS 接收机内部的方案对接口和数据传输量通常十分有利。已经有多种 GNSS 接收机(如 MosaicGNSS,Topstar3000 和 Lagrange 接收机,见表 32.1)采用滤波导航解方案(精度随时间变化),并且专门设计用来支持航天器操作和平台支撑。

一般来说,实时导航系统会使用轨道外推器来预测卫星轨道以及连续 GNSS 观测值之间的相关协方差。然后在卡尔曼滤波器中处理这些观测值,将预测状态向量与新的测量信息相融合,通过每次滤波更新就可以得到最新估计的当前航天器位置。

尽管偶尔有人提出在基于 GNSS 的星载导航中使用备选的滤波器,但扩展卡尔曼(Kalman)滤波器(22.5 节)的使用最为常见,且完全可以满足要求。对于典型的时间步长(1~30s)、适当的初始条件和合理精确的力模型,实时导航滤波器的工作接近线性。因此,用于高度非线性问题的滤波器(例如,无迹卡尔曼滤波器(UKF),见文献[32.57])无法证明在这类应用中增加的计算工作量是合理的。

在卫星定轨的问题中,滤波器状态 $x=(y^T p^T q^T)^T$ 由位置、速度矢量 $y$ 和其他需要参与平差的参数组成。这些参数包括力模型参数 $p$(如大气阻力和太阳光压系数或经验加速度)以及观测模型参数 $q$(如钟差和观测值偏差)。

如 22.5 节所述,扩展卡尔曼滤波器是一种递推估计方案,在处理新的观测数据时会不断重复执行。给定滤波器状态估值 $\hat{x}_{i-1|i-1}$ 及其在 $t_{i-1}$ 时的协方差 $P_{i-1|i-1}$,通过时间更

新步骤和随后的测量更新步骤的组合来获得在下一时刻 $t_i$ 的对应值。

基于时间 $t_{i-1}$ 处的给定位置、速度和力模型参数,首先通过运动方程的数值积分来传导轨迹,以获得随后测量时间 $t_i$ 处的航天器状态向量 $y_i$。剩余的滤波器参数($p$,$q$)同样通过相应的随机过程模型传导到新历元,例如经验加速度可被视为指数相关的随机变量[32.58],在这种情况下,预测值可表示为

$$a_{i|i-1} = e^{\frac{t_i - t_{i-1}}{\tau}} a_{i-1|i-1} \tag{32.15}$$

式(32.15)是根据与相关时间标度相对应的指数阻尼 $\tau$ 产生的。对于观测值偏差参数,则可以视为常数,并且传递参数与时间 $t_{i-1}$ 处的值匹配。

作为状态向量递推的补充,组合滤波器还需要状态转移矩阵 $\boldsymbol{\Phi}_{i|i-1} = \partial x_i / x_{i-1}$,它包括位置—速度矢量的状态转移和灵敏度矩阵(其来自变分方程式(32.3)的数值积分)以及其他估计参数(计算强度较小)。总的来说,扩展卡尔曼滤波器的时间更新步骤得到预测状态向量 $\boldsymbol{x}_{i|i-1}$ 以及相应的协方差矩阵,即

$$\boldsymbol{P}_{i|i-1} = \boldsymbol{\Phi}_{i|i-1} \boldsymbol{P}_{i-1|i-1} \boldsymbol{\Phi}_{i|i-1}^{\mathrm{T}} + \boldsymbol{Q}_i \tag{32.16}$$

式中:$Q_i$ 为由动力学模型中的过程噪声引起的协方差增加。

根据实际测量值 $z_i$ 和建模观测值 $g(x_{i|i-1})$ 之间的差异,在测量更新步骤中获得了 $t_i$ 时刻状态改进后的估计值,有

$$\hat{x}_{i|i} = \hat{x}_{i|i-1} + K_i(z_i - g(\hat{x}_{i|i-1})) \tag{32.17}$$

卡尔曼增益矩阵可表示为

$$\boldsymbol{K}_i = \boldsymbol{P}_{i|i-1} \boldsymbol{G}_i^{\mathrm{T}} (\boldsymbol{W}_i^{-1} + \boldsymbol{G}_i \boldsymbol{P}_{i|i-1} \boldsymbol{G}_i^{\mathrm{T}})^{-1} \tag{32.18}$$

式(32.18)提供了新息向量 $z - g$ 到状态域的线性映射,其取值主要取决于观测值协方差矩阵 $\boldsymbol{W}_i^{-1}$、观测模型的雅可比矩阵 $\boldsymbol{G} = \partial g(x)/\partial x$ 以及状态向量预测值的协方差矩阵 $\boldsymbol{P}_{i|i-1}$。卡尔曼增益矩阵还用于获得估计状态的测量验后协方差,有

$$\boldsymbol{P}_{i|i} = (\boldsymbol{I} - \boldsymbol{K}_i \boldsymbol{G}_i) \boldsymbol{P}_{i|i-1} \tag{32.19}$$

式中:$\boldsymbol{I}$ 为单位矩阵。$x_{i|i}$ 和 $\boldsymbol{P}_{i|i}$ 共同为扩展卡尔曼滤波器的后续周期提供必要信息。

利用式(32.19)开展实际应用需要注意的是,数值计算的精度有限,可能无法保证所得矩阵的对称性和半正定性,导致难以识别滤波器的发散。因此,已经开发出了更强大的滤波器形式(如具有上三角阵 $U$ 和对角阵 $D$ 的 UD 因子分解[32.59]),这种公式在实际在轨软件中通常作为首选。

实时星载导航系统中使用的具体概念和算法很大程度上取决于精度需求,同时也要考虑处理器负载以及软件复杂程度、可靠性和可验证性。最简单情形下 GNSS 接收机的运动位置定位结果被用作卡尔曼滤波器的观测值,并且只估计瞬时位置和速度。该方法非常适合在星载处理器内使用,可与任意 GNSS 接收机结合使用,它需要一个最小的观测模型,并分离导航滤波器与基于 GNSS 定位的内部细节。特别需要注意的是,通过滤波器导航定位不需要估计钟差参数,也不需要了解 GNSS 卫星的位置。在文献[32.28]和文献[32.41]中描述了基于 GNSS 位置滤波器实现定位的示例,其中使用单频 GPS 接收机实现的典型定位精度为 5m。尽管利用滤波器可以得到平滑且可预测的轨迹,它仍只能补偿部

分位置测量中的误差,这些误差是因为未模型化的电离层延迟和广播星历精度有限而产生的。此外,当用于跟踪的 GNSS 卫星少于 4 颗时,简单的导航滤波器无法获取观测结果,也无法提供动态位置解算。

因此,先进的实时导航系统将在测量更新步骤中处理原始伪距和(可选)载波相位观测值。对于仅进行纯伪距处理,观测模型与独立 GNSS 接收机的观测模型基本相同。它基于广播星历以及接收机与 GNSS 卫星之间的钟差(包括相对论钟差校正)、相关群延迟、接收机和 GNSS 卫星之间光速修正后的几何距离进行建模。对流层改正在卫星轨道高度显然不必考虑,但是除非采用无电离层组合的双频观测,否则需要通过逐个卫星信号路径延迟建模来考虑电离层延迟。用于地面接收机的克罗布歇(Klobuchar)模型[32.60]在近地轨道上的使用价值有限,因为峰值电子密度通常与接收机的高度相当,有时甚至低于接收机的高度。李尔模型(Lear model)[32.61]可以作为替代方案,将高度 $E$ 处的倾斜延迟描述为天顶延迟 $I_0$ 和专用投影函数的乘积 $I = I_0 m(E)$,有

$$m(E) = \frac{2.037}{\sqrt{\sin^2 E + 0.076} + \sin E} \quad (32.20)$$

天顶延迟本身很难预测,并且可能沿轨道变化很快,因此应将其纳入滤波器状态向量,并与其他动态和测量模型参数一并估计。

基于伪距的卡尔曼滤波器在稳定性、准确性和软件复杂性三者之间合理折中,适用于星载 GNSS 接收机导航系统。但是为了最大程度地提高精度,必须使用载波相位观测值。使用载波相位观测值需要估计相位偏差参数,这些参数在给新卫星分配跟踪通道或者出现周跳时(重新)初始化。在星载载波相位导航滤波器中,粗差探测和剔除通常比地面应用中更为困难(由于位置变化快、电离层路径延迟变化快以及计算资源有限),并且通常被认为是影响总体可靠性以及稳定性的潜在风险,因此目前其实际飞行经验有限。

继文献[32.62]之后,当将载波相位测量与码观测相结合时,双频 GPS 导航滤波器的精度可以从大约 1m 提高到 0.5m(三维均方根位置误差)。所采用的滤波器设计使用了一个高保真动力学模型,包括地球重力场(高达 70 阶次)、日月摄动以及大气阻力和太阳光压。剩余的力模型缺陷通过在经验加速度进行补偿,并在滤波时不断进行调整。滤波状态向量可表示为

$$x = (\boldsymbol{r}^T \boldsymbol{v}^T C_D C_R \boldsymbol{a}_{\text{emp}}^T cdt \boldsymbol{b}^T)^T \quad (32.21)$$

式(32.21)包括平台卫星位置 $\boldsymbol{r}$、速度 $\boldsymbol{v}$、大气阻力和光压系数($C_D, C_R$)、经验加速度 $\boldsymbol{a}_{\text{emp}}$、接收机钟差 $cdt$ 和表示所有跟踪通道载波相位模糊度的偏差矢量 $\boldsymbol{b}$。对于典型的 12 通道 GNSS 接收机,待估状态向量为 24 维。

通过将载波相位观测与伪距相结合而获得的两个性能增益因子并不反映各自测量的固有精度。实际上,可实现的实时导航性能主要受广播星历质量的限制,广播星历典型空间信号测距误差(SISRE)为 0.3m(GPS ⅡF 卫星)到 1.2m(GPS ⅡA 卫星)[32.63]。虽然在导航滤波器中相位偏差状态向量参与平差可以部分补偿缓慢变化的广播轨道误差带来的影响[32.62],但广播钟差质量仍然限制了 GNSS 实时导航系统的性能。相比之下,JASON-2 卫星 DORIS 系统的直接星上定轨(DIODE)系统利用地面无线电信标的多普勒测量,成功

地实现了 0.1m 精度的星载定轨。不过,在使用实时时钟校正时,基于 GNSS 的导航系统很容易实现类似的精度[32.62,32.65]。这些可能通过专用通信链路实现——如美国宇航局的卫星跟踪和数据中继卫星系统(TDRSS)增强服务(TASS[32.66]),或通过专用 GNSS 服务——如准天顶卫星系统(QZSS)厘米级增强服务[32.67]和规划中的伽利略(Galileo)商业服务。

除了双频伪距和载波相位观测外,上述滤波器概念也可应用于单频观测的无电离层组合。GRAPHIC 组合(群延迟和相位延迟电离层改正)的概念最初是由 Yunck 提出的[32.68],此后被用于多个单频 GPS 接收机的空间任务,它利用电离层路径延迟对伪距 $p$ 相应的载波相位测量 $\varphi$ 的影响符号相反的特性,利用算术平均来抵消(一阶)的电离层对码相测量的影响,有

$$o_{\mathrm{GPH}(p,\varphi)} = \frac{1}{2}(p + \varphi) \tag{32.22}$$

由于载波相位模糊度未知,GRAPHIC 观测组合是一种包含偏差的观测值组合,但仅表现出伪距观测值一半的噪声水平。类似于无电离层载波相位组合,GRAPHIC 组合观测值可以在卡尔曼滤波器中处理,该滤波器需要估计相关的模糊度参数以及其他待估参数。

有个实际飞行应用的例子:欧洲航天局(ESA)PROBA-2 航天器上的菲尼克斯扩展导航系统(XNS)的性能如图 32.6 所示[32.69]。XNS 软件被集成到一个小型化的 12 通道 GPS 接收机中,并基于 L1 C/A 码和相位测量来处理 GRAPHIC 观测。如图 32.6 所示,在实际飞行试验中,已证实稳态精度约为 1.1m(相对于地面精密定轨结果的三维均方根位置误差),通过使用当前地球定向参数和优化的滤波器参数,可以再后处理分析中实现约 0.7m 的精度。

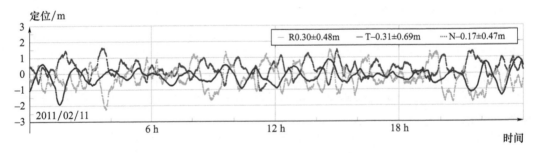

图 32.6　PROBA-2 卫星上 Phoenix-XNS 导航系统在径向(R),
　　　　沿轨道(T)和交叉轨道(N)方向上的实时导航性能(见彩图)

## 32.2.3　精密定轨

精密定轨(POD)通常是指以尽可能高的精度估计卫星的位置和速度。除了实时星载导航,POD 大都在地面上执行,因此可充分利用最优的处理方案、强大的计算机基础设施和最佳的可用辅助数据。传统上讲,时间延迟没有质量重要。为了得出最优的 POD 最终结果,通常需要耗费长达数周时间。

与跟踪技术类似,建模技术在过去几十年中一直不断地精化,其精度已经提高了几个量级。GNSS 观测技术(以及 SLR 或 DORIS 等技术)使定轨在常规技术上实现了亚分米级精度,而最先进的定轨技术能达到 1cm 三维均方根位置精度。此外处理时间大大缩短,如今仅几个小时甚至更短的时间就能得到高质量的定轨结果。

对不断提高 POD 精度的探索(表 32.3)主要是由科学航天任务的总体目标和具体仪器推动的。

(1) 合成孔径雷达(SAR)任务通常要求在生成 SAR 影像时,位置精度需要接近 1m 的仪器分辨率[32.72],这些结果满足了近实时定轨的需要。相比之下,对于在同一场景中重复过境期间收集的图像,例如时效要求较低的干涉处理(以及高精度雷达测距应用),则需要达到(亚)分米精度[32.73]。

(2) 卫星测高任务根据已知的卫星位置并测量其在海面之上的高度来确定平均海平面,如图 32.7(a)所示。就气候学而言,几十年来,海平面必须以厘米到毫米的精度进行监测,这就要求相应的定轨质量[32.70]。因此,卫星测高任务通常要求径向不确定度小于 1~2cm[32.74]。

(3) GNSS 无线电掩星(RO)任务(第 38 章)通过测量 GNSS 信号穿过地球大气层时的信号延迟和相关的信号路径弯曲来监测对流层,如图 32.7(b)所示。根据观测到的多普勒频移与虚拟直线信号的多普勒频移之差,可以推断出弯曲角。因此,需要获取不确定度小于 0.05~0.2mm/s 的沿轨速度[32.75],这大致相当于 5~20cm 的位置精度信息。

(4) 对于像 GOCE 和 GRACE 这样的重力测量任务,任务和仪器操作(例如编队内两个航天器的亚纳秒时间同步)会产生不同的精度要求。通常要求精确度为几个厘米的纯动力学定位解决方案,以支持从观测到的航天器运动中独立恢复重力场模型的低阶分量。

表 32.3 各试验任务的 POD 需求(R,T,N:径向分量,切向分类,法向分量;3-D:总误差)

| 任务 | 类型 | 近实时轨道 | 最终轨道 |
| --- | --- | --- | --- |
| GOCE | 重力 | 0.5m 3-D | — |
| TerraSAR-X | 搜救(SAR) | 1m 3-D | 10cm 3-D |
| Sentinel-1 | SAR | 10cm 3-D | 5cm 3-D |
| Sentinel-2 | 光学 | 1m 3-D | — |
| Sentinel-3 | 测高仪 | 8cm R | 2cm R |
| Jason-1/2 | 测高仪 | — | 1.5cm R |
| Metop-A | 无线电掩星(RO) | 0.1mm/s T | |

为了满足最严格的精度要求,基于 GNSS 的精密定轨将复杂的动力学模型和基于载波相位的精密单点定位理论(PPP;第 25 章)相结合。尽管早期的定轨技术(也就是废除 GPS 选择可用性政策之前)是基于地面参考站相关的双差技术,但目前几乎仅使用非差技术来定轨。

除了与轨道高度无关的对流层路径延迟外,用于低轨卫星定轨的 GNSS 观测模型考虑了与第 19 章中介绍的模型使用相同的项与误差改正内容,包括钟差建模、相对论时钟

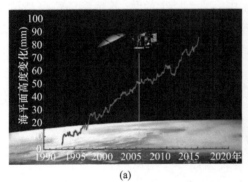 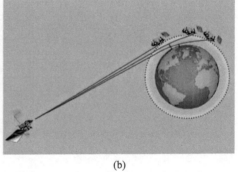

(a) (b)

图 32.7 各研究目标所需的高精度定轨能力要求

(a) ESA 的 Sentinel-3 卫星通过高精度高度仪测量的海平面高度（由 ESA 提供），该叠加图显示了根据 Topex 和 Jason 卫星的高度仪测量地球平均海平面变化（见文献[32.70,32.71]）；

(b) 通过 MEtop 卫星的 GPS 无线电掩星测量（由美国政府 EUMETSAT 提供）。

和测距改正、GNSS 卫星和接收天线的相位中心偏移和变化、群延迟和相位延迟以及相位缠绕效应。由于动力学模型描述了空间飞行器的重心（COG）的运动过程，因此正确了解其姿态和天线参考点相对于重心的位置是精确定轨的重要前提。考虑到低轨卫星 1ms 运动超过 7m，未来还需要对所有测量值进行适当的时间标记，并仔细区分接收机时间和 GNSS 系统时间（或在运动方程中各自使用的基本时间尺度）。

大多数用于 GNSS 数据处理和 LEO 定轨的软件包（如 GEODYN[32.35]、NAPEOS[32.36] 或 GHOST[32.38]），在定轨过程中都使用加权最小二乘估计来平差动力学轨道参数和 GNSS 观测模型参数。在不同软件实现过程中其具体配置有所差别，一个典型的参数估计向量可表示为

$$X = (T^T Y^T B^T)^T \quad (32.23)$$

该向量包括总共 $n_T$ 个测量时段的接收机钟差参数的向量，即

$$T = (cdt_1, \cdots, cdt_{n_T})^T \quad (32.24)$$

动力学模型参数可表示为

$$Y = (r^T, v^T, C_D, C_R, a_{emp,1}^T, \cdots, a_{emp,n_A}^T)^T \quad (32.25)$$

该参数包括初始位置和速度矢量（或相当于 6 个初始轨道元素）、阻力和辐射压力参数，以及总 $n_A$ 间隔的经验加速度矢量。最后连续跟踪 $n_B$ 个载波相位模糊度（浮点值）参数，有

$$B = (b_1, \cdots, b_{n_B})^T \quad (32.26)$$

当处理单个星座的观测值时，考虑到 30s 采样率，一天的观测弧段需要平差大约 3000 个接收机钟差参数。在多系统 GNSS 定轨应用中，需要在每个历元调整指定星座的钟差参数或系统间偏差，这导致多系统 GNSS 相关估计参数的总数在不断增加[32.76]。低轨卫星定轨中所采用的经验加速度参数数量取决于动力学模型的质量，其变化范围从高动态定轨配置中的每圈一个参数到简化动力学方法中的大量分段常数加速度。例如，考虑在 24h 定轨弧段中，每 10min 间隔（大约轨道周期的 1/10）需要平差一组径向、切向和法向方向的加速度（大约 500 个加速度参数）。最后，模糊参数的数量取决于星座中的卫星总数

和轨道圈数（假设每个 GNSS 卫星每轨道跟踪一次）。除非数据集受到频繁的周跳影响，否则每天仅 GPS 系统通常需要大约 500 个参数。对于未来的多系统 GNSS 定轨应用，估计参数的数量将根据跟踪卫星和星座的数量持续增加。

由于估计参数较多，采用高斯消去法、LU 分解法或乔里斯基分解法直接求解所有的方程组将会导致相当大的计算量。然而方程组（图 32.8）主要由与接收机钟差参数向量 $T$ 相关的稀疏对角矩阵控制，该矩阵容易求逆，因此可以预先消除各自参数，并为剩余的动力学参数 $Y$ 和模糊度参数 $B$ 生成一组简化的法方程，并且能够有效地求解整个法方程[32.77]。

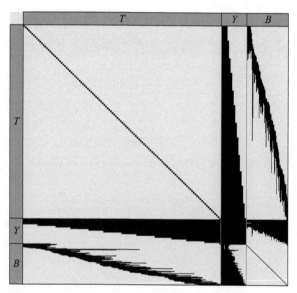

图 32.8　LEO 卫星基于 GNSS 精密定轨的一般方程代表性结构（浅棕色区域表示零值的单元格）

分段常数经验加速度的估算如图 32.9 所示，该图显示除了先验力学模型外，还需要切向加速度，以便能够最优拟合 TerraSAR-X 卫星 2007 年某天的 GPS 观测数据弧段。假设加速度在每 10min 间隔内为常数，对于无电离层的 L1/L2 载波相位组合，观测残差约为 7mm 的标准偏差，对于单个单频相位观测值，其噪声量级约为 2mm。为了达到这种拟合程度，所使用的扼流圈天线系统相位图（图 32.4）变化已经由相位中心变化图（图 32.10）改正，该 PCV 变化图可通过飞行校正实现。

基于 GNSS 的精确定轨是测量低轨卫星在空间中位置的最精确（当然也是最广泛使用的）技术之一，但是很难验证实际所能达到的性能。除了对地面 PPP 应用中静态监测站的时间序列分析能够直接评估定位性能外，航空飞行器的运动几乎没有任何真实标准。现在主要采用的方法就是利用各种内部和外部测量来表征精密定轨的精度，这样处理对达到甚至取代指定的性能指标来说是符合客观规律的（表 32.3）。

在没有外部对比的情况下，可以通过各种（自行）一致性检验来评估可达到的定轨质量。在不同机构定轨产品比较中，可以使用针对公共数据集的不同软件工具来评估所得解决方案对所使用的算法、处理标准和辅助数据产品的敏感性。尽管所有的解都基于相

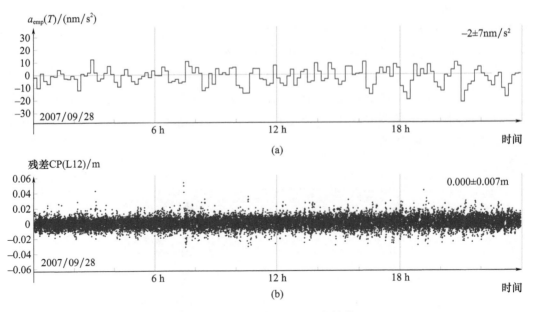

图 32.9 分段常数经验加速度估算

（a）TerraSAR-X 卫星经验加速度补偿下真实动力学与模型动力学差异的实例；（b）由此产生的载波相位残差。

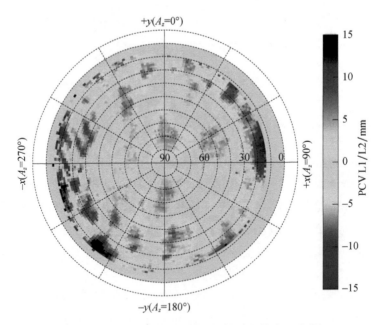

图 32.10 TerraSAR-X POD 天线的相位中心变化

同的 GNSS 观测数据，但处理方法不同，得到的轨道解很难一致，由此产生的差异可以公平地衡量定轨的总体精度。例如，5 个机构使用不同的软件包和不同级别的动态与简化动态处理策略，获得的 Metop-A 定轨结果证明了 5cm 三维均方根的一致性[32.78]。

作为一种替代方法，重叠弧段比较常用于质量控制和性能评估。使用不同数据弧段得到的定轨结果在比较共同的重叠弧段的精度时，往往会产生差异（图 32.11）。这种差异在每种定轨方法的起点和终点处最为明显,因此可作为整体质量的衡量指标。在高动态定轨中,重叠弧段的比较提供了一个很好的性能指标,但在简化动力学方法中往往较少代表定轨的真实精度。因此定轨解受到观测值的强力制约,并且在重叠弧段倾向于彼此对齐。因此,更有效的定轨精度评估需要采用其他可能的验证方式,这些验证方法基于可比较准确度和精度的独立测量系统。

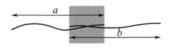

图 32.11 重叠弧段的比较为两个数据弧段的共同数据段提供了一个不同定轨解$(a,b)$的一致性测量方法

在外部验证技术中,卫星激光测距技术(SLR)可能是用来评估 GNSS 精密定轨结果最广泛最普遍的方法。SLR 测量短激光脉冲的往返时间,并提供卫星与 SLR 之间距离的高精度和准确的测量值。国际激光测距服务处(ILRS[32.79])负责协调调度科学空间飞行任务中 SLR 站的使用(图 32.12),该服务处负责管理世界各地 40~50 个 SLR 站的运行,并确保对个别卫星进行优先跟踪。

激光测距反射镜作为一种全被动系统,可以很容易安置在主卫星上,并广泛应用于太空—大地测量任务中。尽管 SLR 测量也可以作为一种独立的测量手段或与其他观测相结合用于定轨,但由于地面 SLR 网络稀疏和很多的操作工作,使得可利用的 SLR 测量次数通常远远低于 GNSS 测量。因此,对于配备了大地测量级 GNSS 接收机的卫星来说,SLR 作为一个独立的验证工具至关重要。图 32.13 显示了 GOCE 重力任务相对于 GNSS 定轨解的 SLR 残差示例。伯尔尼大学天文研究所(AIUB)利用拉格朗日接收机的双频 GPS 观测数据计算了这次任务的简化动态轨道[32.80]。SLR 残差显示出 1.5cm 的标准偏差和毫米级偏差,这表明跟踪技术和大约 2~3cm 的 GPS 定轨精度均具有极好的一致性。

图 32.12 齐默瓦尔德天文台卫星激光测距站(由伯尔尼大学天文研究所提供)

Jason-1 和 Jason-2 卫星具有类似的定轨性能。除了 GPS 和 SLR 外,这些卫星还配备了多普勒卫星测轨和无线电定位组合系统(doppler orbitography and radio positioning itegrated by satellite,DORIS)接收机,该接收机可提供对于全球地面站网络的多普勒测量。DORIS 观测可用于独立或组合的定轨方案,并且对所有三种技术都获得了很好的一致性,表明 DORIS 测量也拥有 2~3cm 的三维精度[32.81]。对于 Jason 轨道的径向部分,主要关注点在于测高,通过比较基于 GPS 的定轨解与 SLR 观测、SLR/DORIS 轨道和高度计交点,最

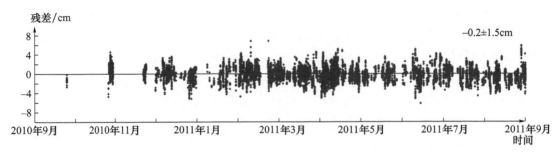

图32.13 伯尔尼大学天文研究所（AIUB）GOCE卫星
精密定轨的SLR残差（2010年9月—2011年8月）

后获取的测高精度为7~9mm[32.82]。

虽然上述讨论的精度很不错,并且在很大程度上满足了当前要求,但我们仍在不断努力进一步降低基于GNSS的LEO定轨方案的误差水平。通常认为,在固定所有模糊度的联合定轨过程中,GNSS卫星轨道和多个LEO卫星的联合平差是提高总体精度和参考框架的一种手段。但由于计算量过大,迄今为止还没有进行过这样的平差。单接收机模糊度固定概念——同样适用于现代的PPP概念（见25.3.4节）——提供了一个不错选择。很多方法利用专用的GNSS时钟产品（所谓的整数时钟[32.83]）或相位偏差产品[32.84]来传送底层网络信息,但避免在定轨过程中明确使用地面站观测信息。在GRACE和Jason卫星[32.83,32.84]的定轨应用中,固定单接收机模糊度可以改善低轨卫星轨道的绝对精度和相对精度。这对基线长度在数百乃至数千千米的多星稀疏星座的精密定轨似乎很有前景。

作为对准确性的补充,定轨方案的时效性在许多遥感任务中越来越多地引起人们的关注,以便能够快速发布科学产品和快速进行数据分析。在GNSS精密定轨中,满足精度要求的低延迟GNSS轨道和钟差数据一直是制约快速定轨的瓶颈。因此,各机构都建立了独立的地面网络和服务,例如JPL的全球差分GPS系统GDGPS[32.66]或欧空局的地面支持网络GSN[32.85],以满足特定空间飞行任务的可靠性和时延性需求。最近,类似产品也作为IGS实时服务RTS[32.86]的一部分产品并公开提供服务。尽管IGS没有提供正式的服务保证,但它的产品有利于形成一个大型、高度冗余的网络基础设施,并对用户免费开放。如文献[32.87,32.88]所述,近实时GNSS轨道和钟差产品如今可用于获取近实时低轨卫星定轨解,这些近实时低轨卫星定轨结果与其最终定轨结果相比,性能仅有轻微下降。

## 32.3 飞行编队和交会

如前所述,星载GNSS接收机和PPP处理技术已在单个航天器导航中有着广泛应用。根据工作量和算法的不同,可以实现从实时单点定位达到的米级精度到精密定轨达到的厘米级精度。但是人们早已认识到,差分GNSS（DGNSS）将成为多航天器相对导航的有力手段。与地面应用类似,在短基线上进行差分测量时,可以部分或完全消除各种形式的常见误差(如电离层路径延迟以及 GNSS 轨道误差和钟差)。在邻近航天器之间,载波相位模糊度比在空地基线中更容易解决,因为无须考虑大气路径延迟。与 GNSS 绝对定位技术相比,轨道航天器基于载波相位的差分导航使(相对)精度可提高一个量级(图 32.14)。此外,由于减少了对 GNSS 星历信息的依赖,在实时应用中也可以实现高精度的相对导航。

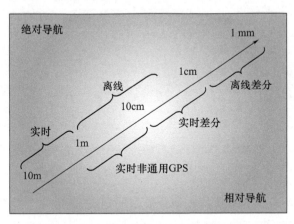

图 32.14　星载 GNSS 导航中绝对和相对定位精度的比较(见文献[32.89])

航天器编队飞行以及空间交会等都可以利用 GNSS 相对导航来实现。编队飞行的目的是保证长期运行的两个或多个航天器实现不同的高级任务目标,例如完成重力测量或干涉测量[32.90]。空间交会则是更大范围相对距离测量的短期行为。准确获取相对位置和速度是两类任务按照总体任务要求和安全要求合理控制所有与航天器相关运动的前提条件[32.91]。精确的相对轨道确定对于实现编队飞行任务的主要科学目标至关重要。综合考虑性能、成本和可用性,在任何情况下 GNSS 都是一个理想的导航传感器。相对导航定位确实帮助我们实现了各种太空任务,在 32.3.4 节将对任务的具体情况进行描述。

根据先前考虑,随后的讨论侧重于近地轨道的相对导航,并提供最佳的 GNSS 可见性和覆盖性。尽管编队飞行和交会也被讨论用于高纬度甚至深空任务,但此类任务通常使用其他类型的无线电或光学导航传感器来实现。

## 32.3.1　差分观测与模型

GNSS 的星载相对导航以成熟的差分 GNSS 处理理论为基础,并将这些理论与所涉及到的航天器(相对)轨道运动的理论相结合[32.89]。

单差或双差观测在航天器相对导航中应用最为广泛(图 32.15),也可以利用消去公共误差的方式来构建非差模型[32.92]。这两种情况下,编队中各星载接收机测量数据的同步采集均是高精度数据处理的先决条件。由于低轨卫星的高运动速度,即使是 $1\mu s$ 的时间偏差也会导致相对位置的沿轨分量上多达 7mm 的偏移量。因此,需要在所使用 GNSS 接收机(表 32.1)内进行连续时钟控制,并根据不同的编队飞行任务对硬件选择加入具体的限制条件。

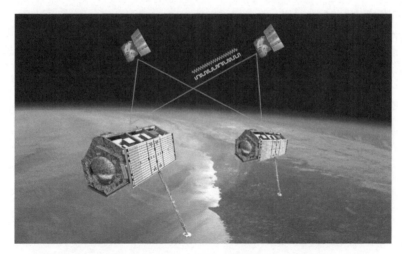

图 32.15　TanDEM-X 编队飞行任务中相对导航的差分 GPS 观测。
艺术家的绘画（P. Kuss 根据 DLR/NASA 的图片提供）

根据第 19 章中介绍的伪距和载波相位模型的相关理论，两个低轨航天器 $a$ 和 $b$ 跟踪同一颗 GNSS 卫星的单差 $\Delta(\cdot)_{ab} = (\cdot)_b - (\cdot)_a$ 观测可以描述为

$$\Delta p_{ab}^s = \|r^i - r_b\| - \|r^i - r_a\| + c\Delta dt_{ab} + \Delta I_{ab}^s$$

$$\Delta \varphi_{ab}^s = \|r^i - r_b\| - \|r^i - r_a\| + c\Delta dt_{ab} - \Delta I_{ab}^s + (\lambda \Delta N_{ab} + \Delta \delta_{ab}) + \lambda \Delta \omega_{ij}$$

(32.27)

式中：$r^s$ 和 $r_i(i=a,b)$ 分别为 GNSS 卫星和 LEO 卫星在信号发送和接收时刻的天线位置；$\Delta dt_{ab}$ 为接收机钟差的单差。差分电离层路径延迟 $\Delta I_{ab}^s$（如果未消除的话）对伪距观测和相位观测都有影响，但对二者的影响相反；而差分相位模糊度 $\Delta\lambda N_{ab}$、接收相位偏差 $\Delta\delta_{ab}$ 和相位缠绕效应 $\Delta\omega_{ij}$ 仅存在于载波相位观测模型中。

GNSS 卫星钟差的不确定性是单航天器实时导航的主要误差源，而两个接收机之间的单差可以严格消除这一误差影响。因此在编队飞行任务中，GNSS 轨道误差（同样地，用户位置误差）对计算出的相对位置尺度因子与基线长度和 GNSS 卫星距离之比的影响减小了 100~10000 倍。即使是对于包含广播星历误差和米级绝对位置的星载应用，这种误差对相对导航的影响仍然低于载波相位噪声（对于相距 20km 以上的编队）。

两个在轨接收机的差分电离层延迟的大小在很大程度上取决于航天器之间的距离，也取决于航天器上方的总电子含量。虽然已做出各种努力，在空间相对导航中采用基于模型的电离层校正，但从实际空间任务中获得的对轨道高度的差分电离层及其与航天器分离的变化的实用知识还非常有限。在缺乏更精确模型的情况下，32.2.2 节中给出了李尔模型（Lear model）的差分版本[32.61]，现已扩展到单频相对导航的范围[32.93]或辅助长基线应用中的模糊度解算[32.94]。

在最常见的 400~800km 高度范围内，低轨卫星上方的电子含量（VETC）可能达到对应地面上方垂直总电子含量（VTEC）的 10%~50%。2005 年底，GRACE 卫星在基线超过 10km 的基线上[32.95]，观测到超过几毫米的电离层差分影响，这表明忽略电离层误差的单

频相对导航对于基线距离小于几公里是足够的。另外就像 GRACE 任务在几百公里基线上进行精确相对导航,可以通过双频线性组合严格消除电离层延迟的一阶项影响。

与单卫星精密定轨相似,航天器在相对导航过程中的运动动力学模型必然涉及各自重心。因此需要了解 GNSS 天线相位中心相对于航天器重心的有关知识,且需要有关航天器在太空中方向的简明信息,以便在观测模型中利用航天器在空间中的姿态进行杠杆校正(leverarm correction)。航天器上的 GNSS 天线通常会受到近场环境引起的相位畸变影响,该畸变很难在地面飞行前的测试中对其进行评估。即使对于大地测量级扼流圈天线,这些畸变也可能达到几毫米(图 32.10)。因此,在编队飞行应用中,绝对或相对天线相位模式的在轨校准对于充分利用差分 GNSS 相位观测值至关重要[32.96]。

最后,用于航天器相对导航的差分载波相位观测测量模型需要考虑差分相位缠绕效应 $\Delta\omega_{ab}$。当接收天线的轴线不对准且与主航天器的瞬时旋转矢量不一致时,就会出现这种效应[32.97]。这种情况在交会过程中比较常见,对所涉及飞行器的相对姿态有具体限制,但在遥感编队飞行任务中,基本能避免这种情况。

虽然使用接收机—接收机差分可以简化一对编队飞行航天器的 GNSS 测量模型,并有助于减少甚至完全消除常见误差,但将相同的概念应用于相对动力学则不那么简单。考虑一个简单的开普勒运动(假设地球为一个质点),轨道为近圆轨道且相距很近,两个航天器的相对运动可以由 Hill-Clohessy-Wiltshire 方程[32.42]描述为径向、切向和法向方向的周期振荡以及与平均径向距离成正比的沿轨道轴线上线性漂移的叠加。由于地球的非球面性和日月引力的存在,两个航天器受到的扰动几乎相同,因此在描述相对运动时容易忽略由此产生的微分加速度。尽管这种简化能够满足编队飞行或轨道控制目的的概念性研究,但它们不太适合在与 GNSS 载波相位观测处理所达到的精度水平上描述相对动力学。即使设计相似,两个航天器的阻力和太阳辐射压力也不太可能完全匹配(例如,由于燃料装载或姿态不同)。因此,建议对轨道运动进行严格描述,以精确模拟作用在单个航天器上的所有扰动。

考虑到双航天器编队,由一个航天器的绝对位置和速度 $a$ 以及两个航天器的相对位置和速度构成组合状态向量 $y = (r_a^T v_a^T \Delta r_{ab}^T \Delta v_{ab}^T)^T$。给出相应的运动方程为

$$\frac{dy}{dt} = \begin{pmatrix} v_a \\ a_a \\ \Delta v_{ab} \\ \Delta a_{ab} \end{pmatrix} \quad (32.28)$$

这需要对参考卫星的绝对加速度以及作用在编队基线上的相对加速度进行建模。根据两个航天器的距离长短,相对加速度模型可以进行一些简化(例如忽略高阶重力场项),但名义上对应于两个航天器绝对加速度差分。它可以合并相对经验加速度,以补偿相对动力学先验模型中的缺陷。另一方面,式(32.28)在计算上等同于单个卫星状态的组合,前提是这些单个运动方程是由相同步长组合而成。在实践中通常首选第二种方法,因为它确保了对所有航天器的完全对称处理,并且很容易推广到多卫星编队。

## 32.3.2 估计概念

编队中两个或多个航天器的导航问题可以用多种公式表示,估计参数的具体选择在实际情况中可能差异很大,并且不一定与运动方程中使用的动态状态向量公式相匹配。根据任务和应用需求,导航过程可能仅限于估计一对卫星的相对状态向量[32.98,32.99],并维持参考航天器确定状态下的其他航天器的绝对状态[32.100],或编队中所有航天器成员的绝对状态[32.101,32.102]。相对运动信息主要来自于差分GNSS(载波相位)观测,而整个整体绝对运动的信息来自于非差的单星观测。

如上所述,由定轨解算或实时导航过程得出的参考航天器绝对位置的不确定性通常足够小,以至于对相对观测模型的影响可以忽略不计。因此在所有实际应用中,应将参考卫星的轨道固定在其先验值上,并对每对卫星的相对运动的估计进行约束,这样就可以使得估计参数的数量最少,并将多卫星平差分解为不同基线的估计问题。

根据对单卫星导航的讨论,扩展卡尔曼滤波器通常用于实时星载导航系统,而批处理最小二乘估计技术则用于事后处理,以实现最大的精度。值得注意的是,扩展卡尔曼滤波器(EKF)滤波器/平滑方法也被文献[32.99]优先用于精确重建双航天器编队(如GRACE或TanDEM-X)的基线。EKF在该应用中的好处包括显著降低估计状态的维数,并且可以逐历元地求解载波相位模糊度问题。

例如,这个特定的相对导航滤波器采用的估计状态向量包括相对位置 $\Delta r$、速度 $\Delta v$、相对阻力和辐射压力系数($\Delta C_D$, $\Delta C_R$)、相对经验加速度 $\Delta a_{emp}$ 和差分接收机钟差 $c\Delta dt$。为了便于注释,其中已经删除了与航天器相关的标识 $(\cdot)_{ab}$。针对每个跟踪卫星的双频处理,还调整了两个信号频率($j=1,2$)上的差分电离层路径延迟和浮点值单差分载波相位模糊度参数 $\Delta A_j^s = \Delta N_j^s + \Delta \delta_j$。总的来说,12信道、单星座GNSS接收机可获得48维估计向量。对于单频处理,用一个垂直路径延迟参数代替电离层延迟,该参数与李尔(Lear)映射函数一起用于补偿差分路径延迟。此外,只需调整一组模糊度参数,待估计状态参数就可减少到25个。

上述待估计参数的选择仅代表单基线过滤器,但并不是唯一的。上面讨论了相对导航问题中可选参数化的不同公式,尤其在文献[32.100]中,讨论了使用最小二乘估计对传统的定规理论进行扩展,以进行精密基线解算。

## 32.3.3 模糊度解算

与其他基于载波相位的定位应用类似,在星载相对导航中,整数模糊度解算是保证最大精度的关键。它有效地将模糊的载波相位观测转换成低噪声的虚拟伪距观测,从而实现毫米级的相对定位。使用浮点模糊度估计的相对导航解决方案虽然精度范围通常只达到 0.5~1cm,但其模糊度固定解决方案的性能确实提高了 10 倍[32.99,32.100]。

第23章详细介绍了载波相位模糊度解算和验证。因此,本章仅讨论编队飞行中航天器基于GNSS的相对导航的模糊度解算的具体和实际应用。该应用与地面和空中相对导航在模糊度解算方面存在如下差异：

（1）近地轨道上接收机的连续载波相位跟踪期通常持续不到30min，并且被跟踪的一组卫星每隔几分钟发生一次变化。一天的数据集中出现了大约500个单差模糊度，因此很难利用现有的最优整数估计方法来联合解算所有模糊度。

（2）由于通信带宽有限或抑制滤波器频繁更新的星上处理能力有限，有效测量率通常远低于使用通用实时动态（RTK）应用。例如，采样间隔为30s，近地轨道上的航天器在两次观测之间大约移动200km，这将导致长基线编队电离层差异的显著变化，并降低模糊度解算和周跳探测能力。

（3）从好的方面来看，轨道运动会引起接收机和被跟踪的GNSS卫星间的视线方向显著变化，可显著增强相对位置和浮点模糊度参数的可观测性。如果所采用的相对运动模型有足够精度，则轨道动力学将提供进一步约束。除非缺乏对差分电离层路径延迟的了解，否则这二者都有助于模糊度解算。

针对编队飞行任务的实际特点，主要研究了两个极端情况下的模糊度解算方法。首先，考虑到基线在亚千米范围内的近距离编队，基本上可以忽略电离层路径差分延迟，并且可以很容易地用单频GNSS接收机进行相对导航。如文献[32.98]所述，可以通过浮点值双差模糊度的简单整数舍入来进行模糊度解算。相比之下，几百千米的超长基线则需要使用双频观测，对模糊度解算的要求更高，难度更大。文献[32.100]中对GRACE卫星相对运动的批处理最小二乘估计采用了自举（bootstrapping）法，该方法首先利用双频观测值构造MW组合确定双差宽巷模糊度，而相应的窄巷模糊度则由相对轨道确定过程中估计的浮点模糊度参数确定。作为一种替代方法，文献[32.99]的相对导航滤波器中使用最小二乘模糊度降相关平差方法LAMBDA[32.103]，该方法是一种纯粹的序贯处理过程，每个历元由卡尔曼滤波器中估计的单差浮点模糊度形成双差，然后对可靠确定的整周模糊度进行部分固定。这两种方法虽然已成功地应用于实际飞行数据分析，但在缺少适用模型来约束相对电离层延迟的情况下，这两种方法也依赖低噪声伪距观测值来合理约束载波相位模糊度。

## 32.3.4 飞行试验

20世纪90年代中期，在美国航天飞机空间交会对接在轨卫星载荷以及俄罗斯和平号空间站任务中，首次演示了利用GPS进行太空中的相对导航（见文献[32.89, 32.104]及其参考文献）。这些测试活动大部分是为欧洲自动运载飞船（ATV）做准备，ATV利用GPS导航在中远程接近国际空间站（ISS），并在2008年进行了首次飞行，其相对位置精度约为10m，速度精度为几cm/s，它和简单的轨道动力学模型一起，同时对伪距和距离变化进行滤波来实现ATV及其早期任务。1998年，日本ETS-Ⅶ[32.105]任务也实现了类似性能，该任务作为空间机器人演示平台，并对追逐器和目标卫星进行了各种GPS控制的方法。

但是上述任务都无法利用潜在的差分载波相位观测，毫米级相对导航的可行性直到多年后GRACE编队飞行任务中对收集的飞行数据进行处理才得到验证。GRACE由相隔约200km的两个相同的航天器组成。距离变化由精度约为10μm的K-波段星间链路连续测量确定。GRACE编队就像一个大型重力测量仪,可以详细研究地球重力场及其时变性[32.106]。由于可以使用大地测量级双频GPS接收机和K-波段测距系统,GRACE编队代表了高性能相对导航的独特试验台,并在该领域引发了广泛研究[32.92,32.99,32.100]。GRACE编队利用高保真度先验力学模型、经验(相对)加速度、整数模糊度解算和飞行相位模式校准,与各研究小组的K-波段测距测量结果相比,其精度始终为0.5~1.0mm(一维RMS),如图32.16所示。

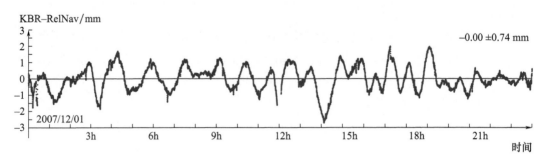

图32.16 GRACE卫星GPS推算距离与K-波段测距的比较(见文献[32.89])

基于这些开拓性成果,TanDEM-X SAR编队飞行任务后来采用相对GPS进行精确基线重建(文献[32.107],图32.15)。该任务旨在建立一个全球数字高程模型(DEM),其分辨率和精度都是干涉SAR图像所无法比拟的。为了避免合成前各个DEM块出现倾斜和偏移,两个航天器(或更具体地说,x-波段SAR天线)的相对位置在径向和法向上的精度必须都为1mm左右。因此,该编队的两颗卫星都配备了与GRACE任务类似的双频IGOR GPS接收机和扼流圈天线(图32.4)。

不同于GRACE,TanDEM-X没有配备可以直接验证相对导航精度的独立传感器系统。因此,对其导航性能评估时会使用各种一致性测试,如重叠弧段测试、单频和双频解决方案对比,以及最后由不同机构使用独立的处理工具得到的基线产品对比。如文献[32.108]所述,DLR、GFZ和AIUB生成的基线产品通常可以达到1mm的一致性(一维标准偏差),但要注意可能存在同等量级的系统性偏差。尽管这一性能略超出任务指标,但通过SAR校准站点的专用测试证明,它仍然适合于生成DEM[32.109]。

2010年,瑞典PRISMA技术演示任务(图32.17)首次演示了使用载波相位差分GPS进行精确实时导航。该任务涉及两颗总质量约200kg的小卫星,用于验证自主编队飞行和交会作业。两个航天器都装备了单频Phoenix GPS接收机(表32.1)。在实时导航系统中,较小卫星上收集到的GPS伪距和载波相位观测通过无线电链路传输到主航天器,并在实时导航系统中与本地GPS观测量进行联合处理[32.102]。PRISMA的GPS导航系统作为监测两个航天器相对运动的主要参考,实现了首次自主编队飞行的演示。

为了获得最大灵活性,PRISMA导航系统既可以处理单个卫星的观测量,同时也可以处理共视GPS卫星的差分载波相位测量,这样它可以在所有任务阶段进行工作,而不考虑两个航天器及其GPS天线的方向。根据频繁的轨道和姿态机动,在滤波器调整中优先

图 32.17 PRISMA 卫星 GPS 自主编队飞行（由瑞典 OHB 提供）

考虑稳定性,而非精度。同样,载波相位模糊度的处理仅限于浮点模糊度估计,而无须优化整数模糊度的实时星载处理。与地面参考相比,PRISMA 的相对运动可以在飞船上确定,其位置和速度的代表性精度分别优于 10cm 和 1mm/s[32.89,32.102]。虽然这个精度指标远远低于载波相位差分 GPS 的理论性能极限,但它完全符合 PRISMA 任务规范,并且相比上述交会任务中早期的相对导航试验,其性能提高了 100 倍。

## 32.4 其他应用

到目前为止,本章主要侧重于介绍了如何使用 GNSS 导航和确定卫星轨道(已涵盖星载 GNSS 接收机的大多数应用)。但是,如果不考虑将 GNSS 用于其他类型的空间飞行器以及与导航无关的应用,那么这样的应用范围是不完整的。本节将简要介绍 GNSS 在其他方面的具体应用。

### 32.4.1 航天器姿态确定

星载 GNSS 接收机在定位和导航方面表现出显著的优异性能,这也引发了早期人们利用它们来确定卫星在太空中姿态的兴趣。撇开从载噪比测量中获得方位信息的单天线系统(参见文献[32.110]及其参考文献),由三个天线形成两个正交基线的差分载波相位观测量,基于 GNSS 的姿态确定就是依赖于该观测量得到的(图 32.18)。第 27 章包含了对其原理和基本算法的详细介绍。本节仅对有关飞行试验和实际空间飞行任务中获得的经验作简要总结。

1993—1996 年,RADCAL 卫星[32.111,32.112]、美国航天飞机部署的 CRISTA-SPAS 卫星[32.113]和 REX-Ⅱ卫星[32.114]进行了如何利用 GPS 进行姿态确定的早期演示。实验利用了适合于空间应用的 Trimble-TANS 矢量或 TANS-Quadrex 接收机,基于 4 个天线的多载波相位测量提供了姿态信息。由于在上述任务中没有满足质量要求的独立姿态传感器,因此主要通过自洽测试或与低等级传感器(如磁力仪)进行比较来评估性能。已验证典

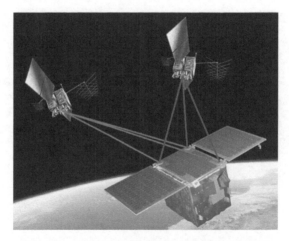

图 32.18 基于 GPS 的便携式飞行卫星姿态测量
（据德国斯图加特大学/美国国家航空航天局/美国政府提供照片绘制）

型精度为 0.5~-1.0°，这与 0.5m 基线和毫米级载波相位测量精度的预期性能相当。

在欧洲，已经对各种配备 SGR-20 四天线 GPS 接收机的 SSTL 微卫星进行了多次基于 GPS 的姿态确定演示。例如，相较于水平地平线传感器提供参考姿态的 0.2°水平，UoSat-12 和 TopSat[32.115,32.116] 的典型精度约为 1°~2°。

最后，宇航级 GPS/惯性组合导航系统（SIGI）的 GPS 测量通常用于国际空间站（ISS）上的姿态确定系统。SIGI 单元包括一个 Trimble Force 19 GPS 接收机，该接收机连接到国际空间站 S0 桁架上的 4 个天线阵列[32.117]。尽管使用了多径抑制扼流圈天线和几米基线，但是获得的独立 GPS 性能仍达不到 0.5°的标准要求，因此将基于 GPS 的姿态解与其他传感器数据在星载姿态确定滤波器中进行合并，以获得更稳定和精确的混合解。

总的来说，多路径和相位缠绕仍然是限制基于 GNSS 的空间飞行器姿态确定精度的一个因素。普通卫星的表面空间有限，这会限制了大天线的布局空间。尽管最初 GNSS 姿态传感器被寄予厚望，但目前 GNSS 姿态传感器还不具备与地平仪或星载摄像机竞争的能力，并且其使用主要局限于选定的实验和演示活动。

## 32.4.2 弹道式航天器

除了地球轨道卫星外，GNSS 也是一种很有吸引力的弹道式空间飞行器定位系统，这些弹道式飞行器在返回地面前只能在太空停留有限时间。其中，GNSS 接收机目前广泛应用于探空火箭，为大气和天文研究以及微重力下的生物和物理实验提供了低成本平台。探空火箭以亚轨道速度飞行（速度小于 7km/h），但在抛物线飞行阶段可达到 100~1000km 的高度。

例如，Maxus 火箭是欧洲微重力研究计划中使用的最顶级的探空火箭，其飞行参数如图 32.19 所示。在 60s 助推阶段，火箭达到总速度 3200m/s；在第二阶段燃料接近燃尽时加速度为约 100m/s（10G）。在 900s 时，飞行接近尾声，当载荷进入大气层时，会有一个更大的加速度(不小于50G)。

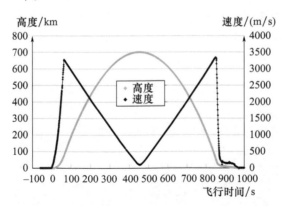

图32.19 2003年4月Maxus-5探空火箭飞行中猎户座GPS接收机测量的高度和总速度

探空火箭使用GNSS定位主要用于飞行安全目的,补充或替代陆基雷达用于推进飞行中的瞬时冲击点(IIP)预测。IIP描述了从当前位置和速度计算得到火箭着陆点[32.118],它用于验证助推阶段的标称飞行性能,并在出现异常情况时(如有必要)摧毁助推器。GNSS导航数据还可以用于定时、弹射载荷的相对定位[32.119]、载荷回收以及总体飞行性能评估。

探空火箭在动力学方面的极端特性对GNSS接收机的环境稳定性和信号处理提出了特殊要求,该接收机要求所使用的硬件必须足够坚固,能够承受高水平的振动并可以在真空中工作(由于任务持续时间很短,仍需要抗辐射)。为了应对高加速度和加速度变化(加加速度),测距码和载波跟踪环路(第14章)必须有足够的阶数和环路带宽。另外该接收机通常需要较高的导航位置更新率(5~20Hz),以便有足够分辨率来解析各个飞行阶段。天线调节是探空火箭上使用GNSS的进一步挑战,不管飞行器如何旋转、处于什么姿态,环绕天线通常都能实现连续跟踪,但环绕天线需要根据特定机身直径进行定制,不适合于大型飞行器。替代方案包括螺旋尖端天线以及本体安装的叶片和尖端天线,它们的复杂程度和可靠性也不相同。

就性能而言,GNSS公开信号可提供优于10m和0.1m/s的导航精度,此精度指标完全满足探测火箭和其他(非军用)弹道飞行器。单频率GNSS系统由于减少了天线和接收机的复杂性可专用于某一任务。虽然很少有外部参考标准,但对2001年在猎户座探空火箭上联合飞行的多个GPS L1 C/A码接收机和天线阵列的比较[32.120]确实证实了大多数所用系统所需的精度。

尽管GNSS具有足够的导航性能,但作为一个独立传感器,它通常不能确保完全连续可用。在极端加速变化、天线旋转、不利姿态、快速旋转或电离导致的断电等阶段,它可能会出现无法跟踪载波相位的情况。此外,热带地区发射场存在的强闪烁现象也被认为是一个潜在的风险。因此,GNSS传感器与惯性导航系统(INS)的耦合被认为是用于制导飞行器、大型发射装置、载人航天飞行和返回舱上的必要条件[32.121,32.122]。

高级GPS/INS导航系统用于探空火箭任务的示例如图32.20所示。组合导航系统[32.123]首次应用于Shefex-Ⅱ探空火箭飞行任务,并采用了一个紧耦合系统架构(第28章),它通过三个伺服加速度计和光纤陀螺组成的惯性测量单元(IMU)输出高速(400Hz)加速度和角速度观测量并计算出捷联式导航解,在公共导航滤波器中,使用GPS L1 C/A码接收机原始伪距观测值,每秒对它进行更新一次。

图32.20 安多亚火箭基地发射的Shefex-Ⅱ火箭及组合导航系统(由DLR提供)

### 32.4.3 全球卫星导航系统(GNSS)无线电科学

除了其主要用途外,GNSS导航信号也可以作为来自空间平台的不同类型遥感应用的机会信号。这包括它们在探测对流层和电离层状态的无线电掩星测量中的应用[32.75],以及用于测量海洋表面的散射测量和反射测量[32.124]。虽然首个应用已经得到许多空间任务(如CHAMP、Metop、TerraSAR-X和COSMIC)的支持,并且实际上也已经成为近实时天气预报不可或缺的数据源[32.125],但利用来自空间反射或散射GNSS信号仍处于试验状态[32.126],仍待专门的任务和有效载荷去探究。

各种制造商都在现有的用于精密定轨的星载双频接收机基础上,研发制造用于无线电掩星观测的GNSS接收机。典型差异包括需要多个天线(前向/后向天线用于掩星观测,天顶方向天线用于定轨)、基于对预期码延迟和高数据率相位观测值(或原始同相/正交(I/Q)样本)的模型预测来实现开环跟踪。此外采用具备波束合成的专用天线阵列来补偿通过地球低仰角区域的信号衰减。

关于GNSS无线电掩星、反射测量和散射测量的更详细论述,请读者分别参看第38章和第40章。

# 参考文献

32.1　J. Rush: Current issues in the use of the Global Positioning System aboard satellites, Acta Astronaut. 47 (2-9), 377-387 (2000)

32.2　O. Montenbruck, M. Markgraf, M. Garcia, A. Helm: GPS for microsatellites-status and perspectives. In:

*Small Satellites for Earth Observation*, ed. by R. Sandau, H. P. Roser, A. Valenzuela (Springer, Heidelberg 2008) pp. 165–174

32.3 J. R. Vetter: Fifty years of orbit determination: Development of modern astrodynamics methods, John Hopkins APL Tech. Dig. 27(3), 239–252 (2007)

32.4 W. P. Birmingham, B. L. Miller, W. L. Stein: Experimental results of using the GPS for Landsat-4 onboard navigation, Navigation 30(3), 244–251 (1983)

32.5 S. C. Wu, T. P. Yunck, C. L. Thornton: Reduced-dynamic technique for precise orbit determination of low Earth satellites, J. Guid. Control Dyn. 14(1), 24–30 (1991)

32.6 T. P. Yunck, W. I. Bertiger, S. C. Wu, Y. E. Bar-Sever, E. J. Christensen, B. J. Haines, S. M. Lichten, R. J. Muellerschoen, E. S. Davis, J. R. Guinn, Y. Vigue, P. Willis: First assessment of GPSbased reduced dynamic orbit determination on TOPEX/Poseidon, Geophys. Res. Letters 21(7), 541–544 (1994)

32.7 R. Ware, C. Rocken, F. Solheim, M. Exner, W. Schreiner, R. Anthes, D. Feng, B. Herman, M. Gorbunov, S. Sokolovskiy, K. Hardy, Y. Kuo, X. Zou, K. Trenberth, T. Meehan, W. Melbourne, S. Businger: GPS sounding of the atmosphere from low Earth orbit: Preliminary Results, Bull. Am. Meteorological Soc. 77, 19–40 (1996)

32.8 W. Marquis: The GPS Block IIR/IIR-M antenna panel pattern. Lockheed Martin Corp. (2014) http://www.lockheedmartin.com/us/products/gps/gps-publications.html

32.9 Th. D. Powell, Ph. D. Martzen, S. B. Sedlacek, C. -C. Chao, R. Silva, A. Brown, G. Belle: GPS signals in a geosynchronous transfer orbit: Falcon Gold data processing, Proc. ION ITM (1999) pp. 575–585

32.10 O. Balbach, B. Eissfeller: Analyses of the Equator-S GPS Mission Data at Altitudes above the GPS-Constellation, Proc. 4th ESA Intern. Conf. on Spacecr. Guidance, Navigation and Control Systems, Noordwijk, ed. by B. Schurmann (ESA, Netherlands 2000) pp. 131–137

32.11 M. C. Moreau, E. P. Davis, J. R. Carpenter, D. Kelbel, G. W. Davis, P. Axelrad: Results from the GPS flight experiment on the high Earth orbit AMSAT OSCAR-40 spacecraft, Proc. ION GPS (2002) pp. 122–133

32.12 J. D. Kronman: Experience using GPS for orbit determination of a geosynchronous satellite, Proc. ION GPS (2000) pp. 1622–1626

32.13 M. Unwin, R. De Vos Van Steenwijk, P. Blunt, Y. Hashida, S. Kowaltschek, L. Nowak: Navigating above the GPS constellation-Preliminary results from the SGR-GEO on GIOVE-A, Proc. ION GNSS (2013) pp. 3305–3315

32.14 L. M. B. Winternitz, W. A. Bamford, G. W. Heckler: A GPS receiver for high-altitude satellite navigation, IEEE J. Sel. Top. Signal Process. 3(4), 541–556 (2009)

32.15 M. Farahmand, A. Long, R. Carpenter: Magnetospheric multiscale mission navigation performance using the goddard enhanced onboard navigation system, Proc. Int. Symp. Space Flight Dynammics ISSFD, Munchen ed. by R. Kahle (DLR, Oberpfaffenhofen 2015) pp. 1–17

32.16 F. H. Bauer, M. C. Moreau, M. E. Dahle-Melsaether, W. P. Petrofski, B. J. Stanton, S. Thomason, G. A. Harris, R. P. Sena, L. P. Temple III: The GPS space service volume, Proc. ION GNSS (2006) pp. 2503–2514

32.17 J. P. W. Stark: The spacecraft environment and its effect on design. In: *Spacecraft Systems Engineering*, ed. by P. Fortescue, G. Swinerd, J. Stark (Wiley, New York 2011) pp. 11–48

32.18 J. M. Rabaey, A. Chandrakasan, B. Nikolic: *Digital Integrated Circuits*, 2nd edn. (Prentice Hall, New Jersey 2002)

32.19 J. Rosello, P. Silvestrin, R. Weigand, S. d'Addio, A. Garcia-Rodriguez, G. Lopez Risueno: Next Generation of ESA's GNSS Receivers for Earth Observation Satellites, NAVITEC' 2012, Noordwijk, Netherlands (IEEE, 2012) pp. 1–8

32.20 M. J. Unwin, M. K. Oldfield: The Design and Operation of a COTS Space GPS Receiver, Proc. 23rd Annual AAS Guidance & Control Conference, Breckenridge (2000) pp. 00-046

32.21 A. Hauschild, M. Markgraf, O. Montenbruck: Flight results of the NOX dual-frequency GPS receiver payload on-board the TET satellite, Proc. ION GNSS (2013) pp. 316-3324

32.22 A. Helm, M.-P. Hess, M. Minori, A. Gribkov, S. Yudanov, O. Montenbruck, G. Beyerle, L. Cacciapuoti, R. Nasca: The ACES GNSS subsystem and its potential for radio-occultation and reflectometry from the international space station, Proc. 2nd Int. Colloquium on Scientific and Fundam. Aspects of the Galileo Program, Padua (2009)

32.23 E. Kahr, O. Montenbruck, K. O'Keefe, S. Skone, J. Urbanek, L. Bradbury, P. Fenton: GPS tracking of a nanosatellite-The CanX-2 flight experience, Proc. 8th Int. ESA Conf. Guidance, Navigation & Control Systems, Carlsbad (ESA, Noordwijk 2010) pp. 1–13

32.24 European Commission: Council Regulation (EC) No 428/2009 of 5 May 2009 setting up a Community regime for the control of exports, transfer, brokering and transit of dual-use items (European Commission, Brussels 2009) http://trade.ec.europa.eu/doclib/docs/2009/june/tradoc_143390.pdf

32.25 US Department of State: *International Traffic in Arms Regulations* 2011 (US Department of State, Directorate of Defense Trade Controls 2011) http://www.pmddtc.state.gov/regulations_laws/itar.html

32.26 H. Bock, U. Hugentobler, G. Beutler: Kinematic and dynamic determination of trajectories for low Earth satellites using GPS. In: *First CHAMP Mission Results for Gravity, Magnetic and Atmospheric Studies*, ed. by Ch. Reigber, H. Luhr, P. Schwintzer (Springer, Berlin 2003) pp. 65–69

32.27 D. Švehla, M. Rothacher: Kinematic precise orbit determination for gravity field determination. In: *A Window on the Future of Geodesy*, ed. by F. Sanso (Springer, Berlin 2005) pp. 181–188

32.28 O. Montenbruck, E. Gill: *Satellite Orbits-Models, Methods and Applications* (Springer, Berlin 2005)

32.29 E. Hairer, S. P. Norsett, G. Wanner: *Solving Ordinary Differential Equations I. Nonstiff Problems* (Springer, Berlin 1987)

32.30 G. Beutler: *Methods of Celestial Mechanics* (Springer, Berlin 2005)

32.31 E. Fehlberg: Classical Fifth-, Sixth-, Seventh-, and Eight-Order Runge-Kutta Formulas with Stepsize Control (NASA, Washington DC 1968)

32.32 P. J. Prince, J. R. Dormand: High order embedded Runge-Kutta formulae, J. Comp. Appl. Math. **7**, 67–75 (1981)

32.33 L. F. Shampine, M. K. Gordon: *Computer Solution of Ordinary Differential Equations* (Freeman and Comp., San Francisco 1975)

32.34 M. M. Berry: A Variable-Step Double-Integration Multi-Step Integrator, Ph. D. Thesis (Virginia Polytechnic Institute and State University, Blacksburg 2004)

32.35 D. E. Pavlis, S. G. Poulose, C. Deng, J. J. Mc-Carthy: GEODYN II System Documentation, SGT Inc., Greenbelt, MD, contractor report (2007)

32.36　T. Springer: *NAPEOS Mathematical Models and Algorithms* (ESA, Darmstadt 2009)

32.37　S. M. Lichten, Y. E. Bar-Sever, W. I. Bertiger, M. Heflin, K. Hurst, R. J. Muellerschoen, S. C. Wu, T. P. Yunck, J. Zumberge: Gipsy-Oasis II: A high precision GPS data processing system and general satellite orbit analysis tool, Technology, 24-26 (2005)

32.38　M. Wermuth, O. Montenbruck, T. van Helleputte: GPS high precision orbit determination software tools (GHOST), Proc. 4th Int. Conf. Astrodyn. Tools Tech., Madrid (ESA, Noordwijk 2010)

32.39　R. Dach, U. Hugentobler, P. Fridez, M. Meindl: *Bernese GPS Software*, *Software Version* 5.0 (Astronomical Institute University of Bern, Switzerland 2007)

32.40　O. Montenbruck, E. Gill: State interpolation for on-board navigation systems, Aerosp. Sci. Technol. **5**(3), 209-220 (2001)

32.41　E. Gill, O. Montenbruck, H. Kayal: The BIRD satellite mission as a milestone toward GPS-based autonomous navigation, Navigation **48**(2), 69-76 (2001)

32.42　D. A. Vallado: *Fundamentals of Astrodynamics and Applications*, 2nd edn. (Kluwer Academic, Dordrecht 2001)

32.43　A. Milani, A. M. Nobili, P. Farinella: *Non-Gravitational Perturbations and Satellite Geodesy* (Adam Hilger, Bristol 1987)

32.44　L. E. Cunningham: On the computation of the spherical harmonic terms needed during the numerical integration of the orbital motion of an artificial satellite, Celest. Mech. **2**(2), 207-216 (1970)

32.45　D. Tsoulis, K. Patlakis: A spectral assessment review of current satellite-only and combined earth gravity models, Rev. Geophys. **51**(2), 186-243 (2013)

32.46　J. Bouman, R. Floberghagen, R. Rummel: More than 50 years of progress in satellite gravimetry, EOS Trans. Am. Geophys. Union **94**(31), 269-270 (2013)

32.47　Ch. M. Botai, L. Combrinck: Global geopotential models from satellite laser ranging data with geophysical applications: A review, South African J. Sci. **108**(3/4), 1-10 (2012)

32.48　H. Klinkrad, B. Fritsche: Orbit and attitude perturbations due to aerodynamics and radiation ressure, Proc. ESA Workshop on Space Weather, Noordwijk (ESA, Noordwijk 1998), NL 1998

32.49　E. Doornbos: Thermospheric Density and Wind Determination from Satellite Dynamics, Ph. D. Thesis (Tu Delft, Delft 2012)

32.50　J. M. Picone, A. E. Hedin, D. P. Drob, A. C. Aikin: NRLMSISE-00 empirical model of the atmosphere: Statistical comparisons and scientific issues, J. Geophys. Res. **107**(A12), SIA 15/1-SIA 15/16 (2002)

32.51　S. L. Bruinsma, N. Sanchez-Ortiz, E. Olmedo, N. Guijarro: Evaluation of the DTM-2009 thermosphere model for benchmarking purposes, J. Space Weather Space Clim. **2**, A04 (2012)

32.52　D. A. Vallado, D. Finkleman: A critical assessment of satellite drag and atmospheric density modeling, Proc. AIAA 2008-6442, AIAA/AAS Astrodynamics Specialist Conference, Honolulu (AIAA, Reston 2008) pp. 1-28

32.53　A. J. Sibthorpe: Precision Non-conservative Force Modelling for Low Earth Orbiting Spacecraft, Ph. D. Thesis (University of London, London 2006)

32.54　G. Petit, B. Luzum: *IERS Conventions* 2010, IERS Technical Note No. 36 (Bundesamt fur Kartographie und Geodasie, Frankfurt am Main 2010)

32.55　M. Eineder, N. Adam, R. Bamler, N. Yague-Martinez, H. Breit: Spaceborne spotlight SAR interferometry with TerraSAR-X, geoscience and remote sensing, IEEE Trans. **47**(5), 1524–1535(2009)

32.56　M. Grondin, J. L. Issler, M. C. Charmeau, D. Lamy, A. Laurichesse, P. Raizonville, M.-A. Clair, C. Mehlen, C. Boyer, N. Wilhelm, H. Favaro: Autonomous orbit control with GPS on board the DEMETER spacecraft, Proc. NAVITEC, Noordwijk (ESA, Noordwijk 2006)

32.57　P. C. P. M. Pardal, H. K. Kuga, R. V. de-Morales: Comparing the extended and the sigma point Kalman filters for orbit determination modeling using GPS measurements, Proc. ION GNSS(2010) pp. 2732–2742

32.58　B. Tapley, B. Schutz, G. H. Born: *Statistical Orbit Determination* (Elsevier, Amsterdam 2004)

32.59　G. J. Bierman: *Factorization Methods for Discrete Sequential Estimation* (Courier Dover, Mineola 2006)

32.60　J. A. Klobuchar: Ionospheric time-delay algorithm for single-frequency GPS users, IEEE Trans. Aerosp. Electron. Syst. AES **23**(3), 325–331(1987)

32.61　W. M. Lear: *GPS Navigation for Low-Earth Orbiting Vehicles*, NASA 87-FM-2, Rev. 1, JSC-32031 (Lyndon B. Johnson Space Center, Houston 1987)

32.62　O. Montenbruck, P. Ramos-Bosch: Precision realtime navigation of LEO satellites using global positioning system measurements, GPS Solut. **12**(3), 187–198(2008)

32.63　B. Gruber: GPS program update, Proc. ION GNSS (2012) pp. 521–537

32.64　C. Jayles, J. P. Chauveau, F. Rozo: DORIS/Jason-2: Better than 10cm on-board orbits available for near-real-time altimetry, Adv. Space Res. **46**(12), 1497–1512(2010)

32.65　A. Reichert, T. Meehan, T. Munson: Toward decimeter-level real-time orbit determination: A demonstration using the SAC-C and CHAMP spacecraft, Proc. ION GPS(2002) pp. 1996–2003

32.66　Y. Bar-Sever, L. Young, F. Stocklin, P. Heffernan, J. Rush: The NASA global differential GPS system (GDGPS) and the TDRSS augmentation service for satellites (TASS), Proc. NAVITEC, Noordwijk (ESA, Noordwijk 2004) pp. 1–8

32.67　M. Saito, Y. Sato, M. Miya, M. Shima, Y. Omura, J. Takiguchi, K. Asari: Centimeter-class augmentation system utilizing quasi-zenith satellite, Proc. ION GNSS(2011) pp. 1243–1253

32.68　T. P. Yunck: Orbit determination. In: *Global Positioning System-Theory and Applications*, ed. by B. W. Parkinson, J. J. Spilker(AIAA, Washington DC 1996)

32.69　O. Montenbruck, P. Swatschina, M. Markgraf, S. Santandrea, J. Naudet, E. Tilmans: Precision spacecraft navigation using a low-cost GPS receiver, GPS Solut. **16**(4), 519–529(2012)

32.70　B. D. Beckley, N. P. Zelensky, S. A. Holmes, F. G. Lemoine, R. D. Ray, G. T. Mitchum, S. D. Desai, S. T. Brown: Assessment of the Jason-2 extension to the TOPEX/Poseidon, Jason-1 sea-surface height time series for global mean sea level monitoring, Mar. Geod. **33**(S1), 447–471(2010)

32.71　PODAAC: Global Mean Sea Level Trend from Integrated Multi-Mission Ocean Altimeters TOPEX/Poseidon Jason-1 and OSTM/Jason-2 Version 2. PO. DAAC, CA, USA. Dataset accessed 26 Oct. 2015 athttp://dx.doi.org/10.5067/GMSLM-TJ122

32.72　H. Breit, Th. Fritz, U. Balss, M. Lachaise, A. Niedermeier, M. Vonavka: TerraSAR-X SAR processing and products, IEEE Trans. Geosci. Remote Sens. **48**(2), 727–740(2010)

32.73　M. Eineder, Ch. Minet, P. Steigenberger, X. Cong, Th. Fritz: Imaging geodesy-Toward centimeter-level ranging accuracy with TerraSAR-X, geoscience and remote sensing, IEEE Trans. **49**(2), 661–671 (2011)

32.74　L. Cerri, J. P. Berthias, W. I. Bertiger, B. J. Haines, F. G. Lemoine, F. Mercier, J. C. Ries, P. Willis, N.

P. Zelensky, M. Ziebart: Precision orbit determination standards for the Jason series of altimeter missions, Mar. Geod. **33**(S1), 379–418(2010)

32.75 E. R. Kursinski, G. A. Hajj, J. T. Schofield, R. P. Linfield, K. R. Hardy: Observing Earth's atmosphere with radio occultation measurements using the Global Positioning System, J. Geophys. Res. **102**(D19), 23429–23465(1997)

32.76 O. Montenbruck, M. Wermuth, A. Hauschild, G. Beyerle, A. Helm, S. Yudanov, A. Garcia, L. Cacciapuoti: Multi-GNSS precise orbit determination of the International Space Station, Proc. ION ITM (2013) pp. 808–820

32.77 O. Montenbruck, T. Van-Helleputte, R. Kroes, E. Gill: Reduced ddynamic orbit determination using GPS code and carrier measurements, Aerosp. Sci. Technol. **9**(3), 261–271(2005)

32.78 O. Montenbruck, Y. Andres, H. Bock, T. van-Helleputte, J. van-den-Ijssel, M. Loiselet, C. Marquardt, P. Silvestrin, P. Visser, Y. Yoon: Tracking and orbit determination performance of the GRAS instrument on Metop-A, GPS Solut. **12**(4), 289–299 (2008)

32.79 M. R. Pearlman, J. J. Degnan, J. M. Bosworth: The International Laser Ranging Service, Adv. Space Res. **30**(2), 135–143(2002)

32.80 H. Bock, A. Jaggi, U. Meyer, P. Visser, J. van-den-IJssel, T. van Helleputte, M. Heinze, U. Hugentobler: GPS-derived orbits for the GOCE satellite, J. Geodesy **85**(11), 807–818(2011)

32.81 C. Flohrer, M. Otten, T. Springer, J. Dow: Generating precise and homogeneous orbits for Jason-1 and Jason-2, Adv. Space Res. **48**(1), 152–172(2011)

32.82 W. Bertiger, S. D. Desai, A. Dorsey, B. J. Haines, N. Harvey, D. Kuang, A. Sibthorpe, J. P. Weiss: Sub-centimeter precision orbit determination with GPS for ocean altimetry, Mar. Geod. **33**(S1), 363–378 (2010)

32.83 D. Laurichesse, F. Mercier, J. P. Berthias, P. Broca, L. Cerri: Integer ambiguity resolution on undifferenced GPS phase measurements and its application to PPP and satellite precise orbit determination, Navigation **56**(2), 135(2009)

32.84 W. Bertiger, S. D. Desai, B. Haines, N. Harvey, A. W. Moore, S. Owen, J. P. Weiss: Single receiver phase ambiguity resolution with GPS data, J. Geodesy **84**(5), 327–337(2010)

32.85 R. Zandbergen, A. Ballereau, E. Rojo, Y. Andres, I. Romero, C. Garcia, J. M. Dow: GRAS GSN near-real time data processing, Proc. IGS Workshop, Darmstadt (IGS, Pasadena 2006) pp. 1–20, 8–12 May 2006

32.86 M. Caissy, L. Agrotis, G. Weber, M. Hernandez-Pajares, U. Hugentobler: Coming soon-The international GNSS real-time service, GPS World **23**(6), 52(2012)

32.87 O. Montenbruck, A. Hauschild, Y. Andres, A. von Engeln, Ch. Marquardt: (Near-) real-time orbit determination for GNSS radio occultation processing, GPS Solut. **17**(2), 199–209(2013)

32.88 B. J. Haines, M. J. Armatys, Y. E. Bar-Sever, W. I. Bertiger, S. D. Desai, A. R. Dorsey, Ch. M. Lane, J. P. Weiss: One-centimeter orbits in near-real time: The GPS eexperience on OSTM/JASON-2, J. Astronaut. Sci. **58**(3), 445–459(2011)

32.89 O. Montenbruck, S. D'Amico: GPS based relative navigation. In: *Distributed Space Missions for Earth System Monitoring*, ed. by M. D'Errico (Springer, New York 2013) pp. 185–223

32.90 M. D'Errico: *Distributed Space Missions for Earth System Monitoring* (Springer, Berlin 2013)

32.91 K. Alfriend, S. R. Vadali, P. Gurfil, J. How, L. Breger: *Spacecraft Formation Flying: Dynamics, Control,* and Navigation (Butterworth-Heinemann, Oxford 2010)

32.92 S. C. Wu, Y. E. Bar-Sever: Real-time sub-cm differential orbit determination of two low-Earth orbiters with GPS bias Fixing, Proc. ION GNSS (2006) pp. 2515-2522

32.93 O. Montenbruck, M. Wermuth, R. Kahle: GPS based relative navigation for the TanDEM-X Mission-First flight results, Navigation **58**(4), 293-304 (2011)

32.94 U. Tancredi, A. Renga, M. Grassi: Ionospheric path delay models for spaceborne GPS receivers flying in formation with large baselines, Adv. Space Res. **48**(3), 507-520 (2011)

32.95 P. W. L. van Barneveld, O. Montenbruck, P. N. A. M. Visser: Epochwise prediction of GPS single differenced ionospheric delays of formation flying spacecraft, Adv. Space Res. **44**(9), 987-1001 (2009)

32.96 A. Jaggi, R. Dach, O. Montenbruck, U. Hugentobler, H. Bock, G. Beutler: Phase center modeling for LEO GPS receiver antennas and its impact on precise orbit determination, J. Geodesy **83**(12), 1145-1162 (2009)

32.97 M. L. Psiaki, S. Mohiuddin: Modeling, analysis, and simulation of GPS carrier phase for spacecraft relative navigation, J, Guid. Control Dyn. **30**(6), 1628-1639 (2007)

32.98 S. Leung, O. Montenbruck: Real-time navigation of fformation-flying spacecraft using global-positioning-system measurements, J. Guid. Control Dyn. **28**(2), 226-235 (2005)

32.99 R. Kroes: Precise Relative Positioning of Formation Flying Spacecraft using GPS, Ph. D. Thesis (TU Delft, Delft 2006)

32.100 A. Jaggi, U. Hugentobler, H. Bock, G. Beutler: Precise orbit determination for GRACE using undifferenced or doubly differenced GPS data, Adv. Space Res. **39**(10), 1612-1619 (2007)

32.101 T. Ebinuma, R. H. Bishop, E. G. Lightsey: Spacecraft rendezvous using GPS relative navigation, Proc. AAS 01-152, AAS/AIAA Space FlightMechanics Meeting, Santa Barbara (2001) pp. 701-718

32.102 S. D'Amico, J. S. Ardaens, R. Larsson: Spaceborne autonomous formation-flying experiment on the PRISMA mission, J. Guid. Control Dyn. **35**(3), 834-850 (2012)

32.103 P. J. G. Teunissen: The least-squares ambiguity decorrelation adjustment: A method for fast GPS integer ambiguity estimation, J. Geodesy **70**(1), 65-82 (1995)

32.104 G. Moreau, H. Marcille: RGPS post-flight analysis of ARP-K flight ddemonstration, Proc. Int. Symp. Space Flight Dynamics, Darmstadt (ESA SP403, Noordwijk 1997) pp. 97-102

32.105 I. Kawano, M. Mokuno, T. Kasai, T. Suzuki: First autonomous rendezvous using relative GPS navigation by ETS-VII, Navigation **48**(1), 49-56 (2001)

32.106 B. D. Tapley, S. Bettadpur, M. Watkins, Ch. Reigber: The gravity recovery and climate experiment: Mission overview and early results, Geophys. Res. Letters **31**(L0960), 1-4 (2004)

32.107 G. Krieger, A. Moreira, H. Fiedler, I. Hajnsek, M. Werner, M. Younis, M. Zink: TanDEM-X: A satellite formation for high-resolution SAR interferometry, IEEE Trans. Geosci. Remote Sens. **45**(11), 3317-3341 (2007)

32.108 A. Jaggi, O. Montenbruck, Y. Moon, M. Wermuth, R. Konig, G. Michalak, H. Bock, D. Bodenmann: Inter-agency comparison of TanDEM-X baseline solutions, Adv. Space Res. **50**(2), 260-271 (2012)

32.109 M. Wermuth, O. Montenbruck, A. Wendleder: Relative navigation for the TanDEM-X mission and evaluation with DEM calibration results, J. Aerosp. Eng. **3**(2), 28-38 (2011)

32.110 C. Wang, R. Walker, M. Moody: An improved single antenna attitude system based on GPS signal strength, Proc. AIAA 2005-5993, AIAA Guidance, Navigation, and Control Conference and Exhibit, San Francisco(AIAA, Reston 2005) pp. 1–15

32.111 E. G. Lightsey, C. E. Cohen, B. W. Parkinson: Attitude determination and control for spacecraft using differential GPS, Proc. Int. Conf. on GNC, Noordwijk (ESA WPP-071, Noordwijk 1994) pp. 453–461

32.112 P. Axelrad, L. M. Ward: Spacecraft attitude estimation using the global positioning system-Methodology and results for RADCAL, J. Guid. Control Dyn. **19**(6), 1201–1209(1996)

32.113 J. K. Brock, R. Fuller, B. Kemper, D. Mleczko, J. Rodden, A. Tadros: GPS attitude determination and navigation flight eexperiment, Proc. ION GPS (1995) pp. 545–554

32.114 E. G. Lightsey, E. Ketchum, Th. W. Flatley, J. L. Crassidis, D. Freesland, K. Reiss, D. Young: Flight results of GPS based attitude control on the REX II spacecraft, Proc. ION GPS(1996) pp. 1037–1046

32.115 M. Unwin, P. Purivigraipong, A. da-Silva Curiel, M. Sweeting: Stand-alone spacecraft attitude determination using real flight GPS data fromUOSAT-12, Acta Astronaut. **51**(1), 261–268(2002)

32.116 S. M. Duncan, M. S. Hodgart, M. J. Unwin, R. Hebden: In-orbit rresults from a space-borne GPS attitude eexperiment, Proc. ION GNSS(2007) pp. 2412–2423

32.117 S. F. Gomez: Attitude determination and attitude dilution of precision(ADOP) results for international space station global positioning system (GPS) receiver, Proc. ION GPS(2000) pp. 1995–2002

32.118 O. Montenbruck, M. Markgraf: Global positioning system sensor with instantaneous-impact-point rediction for sounding rockets, J. Spacecr. Rockets **41**(4), 644–650(2004)

32.119 S. P. Powell, E. M. Klatt, P. M. Kintner: Plasma wave interferometry using GPS positioning and timing on a formation of three sub-orbital payloads, Proc. ION GPS(2002) pp. 145–154

32.120 B. Bull, J. Diehl, O. Montenbruck, M. Markgraf: Flight performance vvaluation of three GPS receivers for sounding rocket tracking, Proc. ION NTM (2002) pp. 614–621

32.121 R. Broquet, N. Perrimon, B. Polle, P. Hyounet, P. A. Krauss, R. Drai, T. Voirin, V. Fernandez: Hi-NAV inertial / GNSS hybrid navigation system for launchers and re-entry vehicles, Proc. NAVITEC, Nordwijk(2010) pp. 1–6

32.122 P. Delaux, L. Bouaziz: Navigation algorithm of the atmospheric re-entry demonstrator, Proc. AIAA 96-3754, AIAA Guidance, Navigation and Control Conf., San Diego(AIAA, Reston 1996), 1996

32.123 S. R. Steffes, S. Theil, M. A. Samaan, M. Conradt: Flight results from the SHEFEX2 hybrid navigation system experiment, Proc. AIAA 2012-4991, AIAA Guidance, Navigation, and Control Conference, Minneapolis(AIAA, Reston 2012) pp. 1–14

32.124 M. Martin-Neira: A passive reflectometry and interferometry system(PARIS): Application to ocean altimetry, ESA J. **17**, 331–355(1993)

32.125 R. A. Anthes: Exploring earth's atmosphere with radio occultation: Contributions to weather, climate and space weather, Atmos. Meas. Tech. **4**, 1077–1103(2011)

32.126 S. Gleason, M. Adjrad, M. Unwin: Sensing ocean, ice and land reflected signals from space: Results from the UK-DMC GPS reflectometry experiment, Proc. ION GNSS(2005) pp. 1679–1685

# F 部分

# 测量、大地测量学和地球动力学

# 第 33 章　国际 GNSS 服务（IGS）

Gary Johnston，Anna Riddell，Grant Hausler

　　国际 GNSS 服务（IGS）是由来自 100 多个国家的 200 多家独立机构、大学以及研究机构自发组成的，专门致力于生产高精度 GNSS 数据和产品的机构。IGS 成立于 1992 年，1994 年 1 月 1 日开始正式运行并对外提供不间断的数据和产品，支持用户广泛的 GNSS 应用。随着 IGS 的不断发展，其产品不仅能够为包括 GPS 在内的 GNSS 系统提供数据，还增加了实时 GNSS 数据和产品。

　　本章简要介绍了 IGS，包括其发展历史、现状以及关键组成部分，并介绍了 IGS 提供的各类产品，对其未来进行了探讨。

## 33.1　目标和组织

### 33.1.1　服务目标

　　IGS 的服务目标[33.1]是"国际 GNSS 服务，在公开可用的前提下，提供最高质量的 GNSS 数据、产品和服务，以支持大地参考框架、地球观测与研究、定位、导航及授时（PNT）以及其他对科学和社会有益的应用。"

　　IGS 倡导专业知识共享，以鼓励在全球范围内开展 GNSS 数据与产品的研发和服务，并以这种方式鼓励来自不同行业的用户加入到提升技术应用以及促进创新中去。IGS 与 GNSS 设备、服务提供商以及 GNSS 用户有着密切的联系。在全球研发背景下，IGS 确保可以将新技术和导航系统集成到其常规产品中。为了支持全球范围的用户，IGS 还制定并公开发布了与 GNSS 数据和产品的收集和使用有关的标准、准则、协议。

　　IGS 是全球大地测量观测系统（GGOS）[33.2]的关键组成部分，扮演着三个重要角色。首先，在全球大地观测网其他组成部分之间提供全球性关联服务，大地观测网由星激光测距（SLR）系统、甚长基线干涉测量（VLBI）望远镜以及多普勒卫星轨道成像和无线电定位（DORIS）地面信标等组成，IGS 提供的关联服务是实现并维持国际地球参考框架（ITRF）[33.3]的基础。考虑到建立和维护 SLR 和 VLBI 设施的高昂成本，以及 SLR、VLBI 和 DORIS 同时运行的局限性，IGS 产品提供了一种经济高效的方法，从几何的角度将这些观测技术进行关联。其次，加密和改善全球大地观测网的几何分布，从而实现对卫星轨道和钟差、大气状态以及地球演变（如新构造）等过程的精确建模。再次，为用户提供访问

ITRF 的权限,这在明确 ITRF 与各国大地基准之间关系时极为重要。

各机构或监测站运营商支持 IGS 所带来的益处颇多,包括:提高区域参考框架的精度;提供与参考框架更简单且精确的联系;提高全球定位产品(如卫星轨道和钟差产品)的精度;准确确定区域参考框架与相应国家基准之间的转换。联合国大会在 2015 年通过了一项支持全球大地观测参考框架的决议,该决议在许多方面承认 IGS 在服务社会尤其是联合国可持续发展目标[33.4]方面所起的作用。

IGS 致力于通过有效的领导和管理,来维持国际联合会的成员所做出的不懈努力。虽然 IGS 参与者的贡献有所差异,但其数据和产品在很大程度是由用户需求驱动的。IGS 的管理理念是鼓励发展兼容并包,并且重视参与水平低于预期的地区和国家。IGS 还为许多其他科学项目提供有效的支持和指导。IGS 先后加入了地球观测组织(GEO)、全球大地观测系统(GEOSS)、地球观测卫星委员会(CEOS)以及其他各种联合国委员会,并受到上述这些组织的重点关注。

有关 IGS 的详细历史记录,参见文献[33.5]。表 33.1 列出了自首次提出 IGS 以来的重要事件和里程碑。

表 33.1 IGS 重要事件节点和里程碑

| 日期 | 事件 |
| --- | --- |
| 1989 年 8 月 | 在爱丁堡 IAG 大会上第一次提出国际 GPS 服务的设想 |
| 1992 年 6 月 | 1992 年 IGS 测试项目开始(1992 年 9 月 23 日结束) |
| 1993 年 8 月 | 在北京 IAG 科学会议上,IAG 批准 IGS |
| 1994 年 1 月 | IGS 正式开始运行 |
| 2000 年 5 月 | GPS 取消选择可用性 |
| 2001 年 3 月 | GLONASS 服务试点项目开始 |
| 2001 年 3 月 | TIGA(GPS 潮汐仪基准监测)项目成立 |
| 2003 年 4 月 | 电离层地图(IONEX)等成为 IGS 官方产品 |
| 2003 年 5 月 | 发布第一个可操作的 GPS/GLONASS 组合分析产品 |
| 2005 年 3 月 | IGS 改名为国际 GNSS 服务 |
| 2005 年 12 月 | 联合国外层空间事务办公室成立了 GNSS 国际委员会 |
| 2011 年 8 月 | 多 GNSS 实验(MGEX)征集参与者 |
| 2013 年 7 月 | 启动实时试点项目 |

## 33.1.2 结构

图 33.1 提供了截至 2015 年的 IGS 组织概述。关键职责包括:

(1) 监督 IGS 活动的理事会(GB),制定政策,并决定新活动和新产品的开发事项。
(2) 中央局(CB)负责 IGS 活动的全面协调和日常管理。
(3) IGS 网由全球分布的监测站组成,负责对所有 GNSS 星座的连续观测。
(4) 分析中心(AC)负责利用 GNSS 观测信息解算质量受控的产品,如卫星精密轨道和钟差产品、对流层和电离层地图,以及测站位置估计。

(5)数据中心(DC)将所有数据和产品提供给相关组织。

(6)各工作组(WG)在特定领域提供技术指导和专业知识,以推进产品开发,并创建新的数据和处理标准。

33.2节将对每个组成部分的任务做进一步介绍。

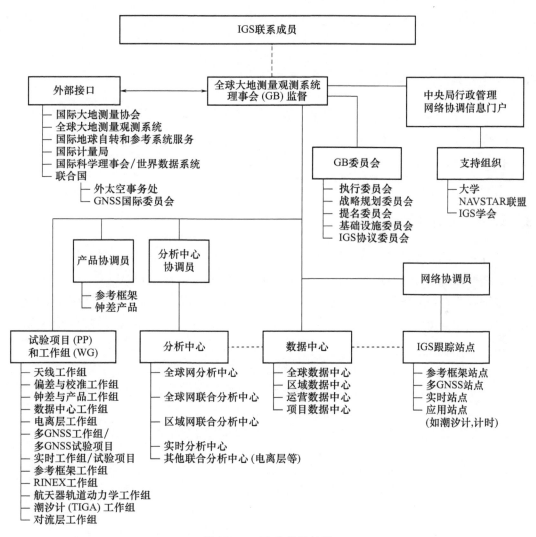

图 33.1　IGS 的组织结构

## 33.2　组　　成

IGS 组成结构如图 33.1 所示。本节简述各组成部分的角色和职责。文献[33.1]提供了有关 IGS 职责范围的更多详细信息。

## 33.2.1 IGS 理事会和执行委员会

理事会(GB)是为 IGS 制定政策并对 IGS 所有职能和组成部门的活动进行广泛监督的国际机构。它负责 IGS 的一般活动，并在必要时实施重组，以提高组织整合和充分利用所有 GNSS 技术的效率和可靠性。

理事会下设执行委员会(EC)，其具体职责是在理事会正式会议之外，代表理事会执行活动。

## 33.2.2 IGS 中央局

中央局(CB)协调 IGS 的日常运营。它是 IGS 理事会的执行机构，负责协调 IGS 网运行的常规工作；促进遵守 IGS 标准；监控网运行并提供数据质量保证；维护文件；举办会议和工作组会；协调 IGS 报告的制作和发布。理事会至少每 5 年对中央局的表现进行一次正式审核，以确保能够履行其长期协调作用。

## 33.2.3 IGS 网

全球观测网是 IGS 的基础，是由超过 450 个永久连续运行的大地测量观测站组成，这些测站能够跟踪 GPS 信号，同时也能对新增系统（如 GLONASS、GALILEO、北斗、QZSS 以及天基增强系统(SBAS)）的信号进行跟踪。为保证连续跟踪高精度 GNSS 数据，IGS 网中的站点必须按照 IGS 站点指南[33.6]规定的最低物理和操作规范来运行。例如，IGS 基础结构必须保持稳定，以支持 IGS 网的长期运行。为了最大程度地减少时间序列中站点位置的不连续情况，应仔细规划和记录对站点配置进行的任何更改。此外，还应执行最小化调度程序要求，以确保将每个站的数据尽快传输到全球和区域数据中心，进行存档和分析。

全球 IGS 跟踪网的站点位置如图 33.2 所示。

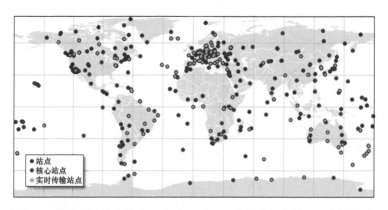

图 33.2 全球 IGS 跟踪网的站点分布。在 2015 年 10 月可用的大约 470 个站点中，90 个标记为红色的核心站点用于建立 IGb08 参考框架，绿点表示具有实时数据传输功能的站点（见彩图）

## 33.2.4 分析中心

为提供 IGS 产品,分析中心(AC)从一个或多个数据中心接收并处理跟踪站数据。理事会(GB)指定分析中心(AC)按照 IGS 标准和约定在指定的时间内交付部分或全部核心 IGS 产品(33.3 节)。核心产品通常包括卫星星历、地球自转参数、站点坐标和钟差产品。每个分析中心发布的产品包括超快速、快速、最终和事后 4 种版本。

联合分析中心(AAC)是产生专用产品的第二类分析中心(AC),包括电离层信息、对流层参数、全球或区域子网的测站位置和速度。目前,GB 已认可区域网联合分析中心(RNAAC)和全球网联合分析中心(GNAAC)。随着 IGS 新功能和产品的出现,AAC 的功能也在不断发展。

分析中心协调员(ACC)负责将来自每个分析中心(AC)的产品综合到一组轨道和钟差产品中,作为通过全球数据中心向用户提供的官方 IGS 产品。分析中心协调员(ACC)监视并协助分析中心(AC),以确保 IGS 的质量控制、性能评估和分析工作的顺利运行。分析中心协调员(ACC)是 IGS 理事会的投票成员,定期与 CB 和国际地球自转与参考系统服务(IERS)进行互动。分析中心协调员(ACC)的职责通常围绕分析中心(AC)进行,由理事会(GB)指定任命。

## 33.2.5 数据中心

IGS 数据中心的章程[33.7]定义了三个类别——运营数据中心、区域数据中心和全球数据中心,每类数据中心都在 IGS 网中建立了数据备份。经过 GB 批准,数据中心根据数据中心工作组(DCWG)的建议并参考 IGS 标准建立。

运营数据中心与 IGS 跟踪站点有直接联系。其任务包括站点监测、数据验证、数据格式化和数据转换(例如 RINEX)、数据压缩、GNSS 数据的本地存储以及将数据传输到区域和全球数据中心[33.8]。数据下载的时间表和数据连续性要求在 IGS 运营数据中心站点指南中明确给出。

区域数据中心从多个运营中心或站点按照所需格式收集跟踪站数据,负责维护此数据的本地存储,提供在线访问数据的权限,并将数据从其站点的子集(至少是 IGS 参考框架站)传输到全球数据中心。由区域数据中心管理的站点,可以是单个机构的站点,也可以是位于特定区域(欧洲,澳大利亚等)的站点。

全球数据中心是分析中心(AC)和一般用户组织的主要接口。它们从运营和区域数据中心接收、检索、存档跟踪数据,并提供在线访问权限;负责存档和备份 IGS 数据和产品,并在其他数据中心之间交换数据以平衡 IGS 网中的数据存储量。全球数据中心至少对 IGS 参考框架站点 30s 采样间隔的 GNSS 数据进行了存档。截至 2015 年,IGS 包含美国、法国和韩国的机构托管的 4 个全球数据中心,具体如下:

(1) 地壳动力学数据信息系统(CDDIS[33.9])。
(2) 国立信息学与林业研究所(IGN)。

(3) 斯克里普斯海洋学研究所（SIO）。

(4) 韩国天文与空间科学研究所（KASI）。

所有数据中心都鼓励在传输之前验证数据，以此来控制常规数据质量。

## 33.2.6 工作组

IGS 包含许多工作组，专注于生成不同的产品。这些工作组还支持 IGS 试点项目（33.4 节），以研究 GNSS 的未来发展，从而引导新的 IGS 产品。

当前的工作组及其目标和宗旨简要概述如下：

(1) 天线工作组（AWG）——为提高 IGS 产品的准确性和一致性，AWG 进行 GNSS 接收机和卫星天线相位中心确定的研究，并管理官方 IGS 天线文件及其格式。

(2) 偏差和校准工作组（BCWG）——不同的 GNSS 观测值受到不同的卫星偏差的影响，会导致 IGS 产品精度降低。BCWG 协调检索和监测 GNSS 偏差的研究，并制定处理这些偏差的准则。

(3) 钟差产品工作组（CPWG）——CPWG 负责将综合的 IGS 产品调整为可追溯到世界标准的高精度时标，即协调世界时（UTC）。

(4) 数据中心工作组（DCWG）——DCWG 致力于改善运营数据中心、区域数据中心和全球数据中心的数据和产品，并向理事会（GB）建议成立新的数据中心。

(5) 电离层工作组（IWG）——IWG 制作包含电离层垂直方向总电子含量（TEC）的全球电离层地图。IWG 的一项主要任务是从 IGS 电离层联合分析中心（IAAC）独立制作的 TEC 地图中获取全球电离层地图。

(6) 多 GNSS 工作组（MGWG）——MGWG 通过对系统间偏差的估计以及比较多 GNSS 设备和处理软件的性能来支持 MGEX 项目。建立 MGEX 项目的目的是跟踪、整理和分析除 GPS 和 GLONASS 卫星之外的所有可用 GNSS 信号，例如北斗、Galileo 和 QZSS。

(7) 参考框架工作组（RFWG）——RFWG 结合了 IGS AC 的解算方法，提供 IGS 站的位置、速度和地球自转参数，并将 IGS 纳入到 ITRF 中。

(8) 实时工作组（RTWG）——RTWG 支持实时技术、标准和基础架构的开发和集成，实时生产高精度 IGS 产品。RTWG 运营 IGS 实时服务（RTS），以在全球范围内支持实时精密单点定位（PPP）。

(9) RINEX 工作组（RINEX-WG）——RINEX-WG 与海事无线电技术委员会-特别委员会 104（RTCM-SC104）共同管理 RINEX 格式。RINEX 已被广泛用作存档和交换 GNSS 观测值的行业标准，并且其新版本支持多个 GNSS 星座。

(10) 航天器轨道动力学工作组（SVODWG）——SVODWG 聚集 IGS 小组共同研究航天器的轨道动力学和姿态模型。工作内容包括为新的 GNSS 星座开发动力学和姿态模型，以尽可能精确地充分利用所有新信号。

(11) 潮汐计（TIGA）工作组——TIGA 是一项试点研究，致力于分析 IGS 网中潮汐计所在地或附近站点的 GPS 数据，准确测量全球海平面变化。

（12）对流层工作组（TWG）——TWG 通过综合各个分析中心的对流层产品开发 IGS 对流层产品，以提高 PPP 的准确性。

有关工作组章程和成员资格的信息，请参见文献[33.10]。工作组主席定期向 IGS 理事会（GB）汇报。

## 33.3 IGS 产品

IGS 的主要目标是为涉及 GNSS 的科学和工程用户提供 GNSS 参考产品和观测资料。为了发挥这一作用，IGS 发布了许多基础产品，例如：GNSS 轨道和钟差；地球定向参数和站点坐标；电离层和对流层参数；系统偏差。

这些高质量的产品用于支持科学应用，例如 ITRF 的实现，监测由于海潮和水文引起的固体地球形变以及监测海平面变化和相关的气候变化事件。此外，IGS 产品也越来越多地用于探测大气以及生成电离层和对流层地图，最终被广泛用于支持工业和社会的精密定位应用。

### 33.3.1 轨道与钟差

GNSS 卫星的轨道和钟差对用户获得高精度的位置解至关重要（第 25 章），其精度水平直接影响定位精度。广播星历播发的轨道和钟差精度较低，而 IGS 及其各个分析中心（AC）能够提供精度较高的轨道和钟差信息。表 33.2 和表 33.3 提供了 IGS 轨道和钟差产品的指标清单以及其延迟和可用性。

表 33.2 截至 2013 年（参见文献[33.11, 33.12]），与 GPS 卫星轨道以及卫星（sat）和测站（stn）钟有关的 IGS 轨道和钟差产品的精度、延迟性、连续性、可用性和采样间隔。有关延迟性、连续性和可用性的定义，请参见文献[33.11]

| GPS 卫星星历、卫星和站钟 | | 采样间隔 | 精度 | 延迟 | 连续性 | 可用性/（%） |
|---|---|---|---|---|---|---|
| 广播星历 | 轨道 | - | ≈100cm | 实时 | 连续 | 99.99 |
| | 卫星钟 | | ≈5ns RMS, 2.5 ns$\sigma$ | | | |
| 超快速（预报部分） | 轨道 | 15min | ≈5cm | 预报 | 每天 4 次，即 UTC3 时、9 时、15 时、21 时 | 95 |
| | 卫星钟 | | ≈3ns RMS, ≈1.5 ns$\sigma$ | | | |
| 超快速（观测部分） | 轨道 | 15min | ≈3cm | 3~9h | 每天 4 次，即 UTC3 时、9 时、15 时、21 时 | |
| | 卫星钟 | | ≈150ps RMS, ≈50ps $\sigma$ | | | |
| 快速 | 轨道 | 15min | ≈2.5cm | 17~41h | 每天，即 UTC17 时 | 95 |
| | 卫星和站钟 | 5min | ≈75ps RMS, ≈25ps $\sigma$ | | | |
| 最终 | 轨道 | 15min | ≈2cm | 12~18d | 每周四 | 99 |
| | 卫星和站钟 | 30s（卫星）5min（站） | 75ps RMS, 20ps $\sigma$ | | | |

续表

| GPS卫星星历、卫星和站钟 | | 采样间隔 | 精度 | 延迟 | 连续性 | 可用性/(%) |
|---|---|---|---|---|---|---|
| 实时 | 轨道 | 5~60s | ≈5cm | 25s | 连续 | 95 |
| | 卫星钟 | | 300ps RMS,120ps $\sigma$ | 5s | | |

表33.3 截至2013年与GLONASS卫星星历有关的IGS轨道和时钟产品的准确性、延迟、连续性、可用性和采样间隔(参见文献[33.11,33.12])

| GLONASS卫星轨道 | 采样间隔 | 精度 | 延迟 | 连续性 | 可用性/(%) |
|---|---|---|---|---|---|
| 最终 | 15min | ≈3cm | 12~18d | 每周四 | 99 |

IGS通过其分析中心协调员(ACC)持续监测产品的性能。分析中心协调员(ACC)负责将最终产品与每个单独的分析中心(AC)的产品进行比较来监测轨道和时钟的性能。图33.3展示了每个分析中心(AC)的轨道与IGS最终轨道进行比较的三维(3-D)差异。

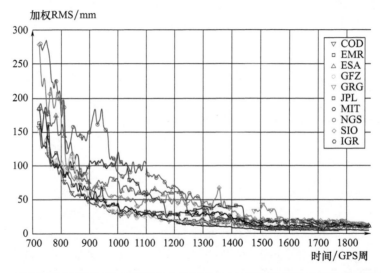

图33.3 1994年至2015年12月期间各个分析中心(AC)轨道相对于IGS最终轨道的加权RMS(mm)(平滑)。各个分析中心以三个字母的缩写来标识(COD—瑞士欧洲定轨中心;EMR—加拿大自然资源局;ESA—欧洲航天局;GFZ—德国波兹坦地学中心(德国地学中心);GRG—法国国家空间研究中心(CNES)和卫星位置收集集团(CLS)的空间大地测量研究组;JPL—美国喷气推进实验室;MIT—美国麻省理工学院;NGS—美国国家大地测量局,国家海洋与大气管理局(NOAA);SIO—美国斯克里普斯海洋学研究所[33.13]。图片由澳大利亚地球科学局和麻省理工学院提供(见彩图)

## 33.3.2 地球定向和站点坐标

地球定向参数(EOP)是由IGS通过复杂计算得出的另一种产品(表33.4)。EOP显示了地球自转轴的运动及其随时间不规则变化的特性。这些参数提供了国际天体参考框架(ICRF)与ITRF和IGS地面参考框架(称为IGb)之间的联系。它们包括:

(1) 世界时(UT),即地球时钟的时间。
(2) 日长(LOD),即地球自转周期。
(3) 极移,即通过天球历书极(CEP)相对于 IERS 参考极的偏移来描述地球自转极的位置变化,以坐标 $x$ 和 $y$ 来表示。
(4) 极移速度,即极坐标的运动速度及其随时间的变化。

表 33.4 IGS 地球定向产品(参见文献[33.11,33.12])

| 地球自转参数 | | 采样间隔 | 精度 | 延迟 | 连续性 | 可用性/(%) |
|---|---|---|---|---|---|---|
| 超快速<br>(预报部分) | 极移<br>极移速度<br>日长 | 每天 在 UTC0 时, 6 时,12 时,18 时采样 | ≈200μas<br>≈300μas/d<br>≈50μs | 实时 | 每天 4 次,即 UTC3 时、9 时、15 时、21 时 | 99 |
| 超快速<br>(观测部分) | 极移<br>极移速度<br>日长 | 每天 在 UTC0 时, 6 时,12 时,18 时采样 | ≈50μas<br>≈250μas/d<br>≈10μs | 3~9 h | 每天 4 次,即 UTC3 时、9 时、15 时、21 时 | 99 |
| 快速 | 极移<br>极移速度<br>日长 | 每天在 UTC12 时采样 | ≈40μas<br>≈200μas/d<br>≈10μs | 17~41 h | 每天 1 次,即 UTC17 时 | 99 |
| 最终 | 极移<br>极移速度<br>日长 | 每天在 UTC12 时采样 | ≈30μas<br>≈150μas/d<br>≈10μs | 11~17 d | 每周三 | 99 |

注:①在地球赤道,100 μas = 3.1 mm,10 μs = 4.6 mm。②IGS 使用 IERS 公报 A 中的 VLBI,对 21 天的滑动窗口进行 LOD 偏差部分校正,但和时间相关的 LOD 误差仍然存在

本书在第 2 章和 IERS 公约[33.14]中进一步讨论了各个参数的物理意义。

1. 站点坐标

分析中心每周都会生成 IGS 站点的位置和速度结果(表 33.5)。各站点坐标解以 SINEX 格式(附录 A.2.3)提供,该格式有助于综合不同分析中心(AC)的结果,也可以将 GNSS 衍生的结果与其他空间大地测量技术结合起来。

表 33.5 IGS 站点坐标产品(参见文献[33.11,33.12])

| IGS 跟踪站的地心坐标(>250 站点) | 采样间隔 | 精度 | 延迟 | 连续性 | 可用性(%) |
|---|---|---|---|---|---|
| 最终位置 | 水平<br>垂直 | 每周 | 3mm<br>6mm | 11~17d | 每周三 | 99 |
| 最终速度 | 水平<br>垂直 | 每周 | 2mm/y<br>3mm/y | 11~17d | 每周三 | 99 |

IGS 通过 GNSS 观测网及其数据处理,有助于扩展和深化 ITRF。ITRF 提供准确且一致的框架,作为世界各地不同时间和位置的参考基准。IGS 为实现 ITRF,增加了大量站点,这也使得 ITRF 的实现变得更加容易。

图 33.2 所示的 IGS 网中包含一个分布良好的子网(红色表示的参考框架站),该子网被称为 IGb08 核心网。建议使用该子网解与 IGb08 参考网全局解进行对比或校正,以减

少由于站点的非线性运动导致的转换参数失真(网络效应)。该子网用于将 IGS 每周的综合解与 IGb08 对齐。

IGS 参考框架站是世界上质量最高的 GNSS 站,其质量直接影响 ITRF 的精度。站点的要求包括:在稳定的地壳基岩上建造一座高质量的水泥墩,具有开阔的天空可见度;长期的观测历史;高质量、一致、连续和完整的原始数据;设备及其周围环境的变化尽可能小;站点可长期运行。完整的要求在 IGS 站点指南[33.6]中有详细说明。为了支持毫米级精度的应用,例如海平面监测等,这些站点要求非常严格,确保能够在全球网上统一进行可靠的测量。参考系的限制会对许多科学和定位应用的准确性产生负面影响,尤其是在站点周围的区域。

### 33.3.3 大气参数

联合分析中心(AAC)针对工作组和试点项目开发了其他 IGS 产品。这些产品包括对流层天顶延迟(ZTD;也称为天顶路径延迟,ZPD)参数和电离层垂直方向总电子含量(VTEC)地图,这些产品已在气候和大气研究中得到了广泛的应用(第 38 章和第 39 章)。表 33.6 给出了 IGS 大气产品的概览。

表 33.6 IGS 大气产品(参见文献[33.11,33.12])

| 大气参数 | 采样间隔 | 精度 | 延迟 | 连续性 | 可用性/(%) |
|---|---|---|---|---|---|
| IGS 最终对流层延迟(ZTD 和梯度) | 5min | ≈4mm(ZTD) | ≈3 周 | 每天 | 99 |
| 电离层 TEC 格网 | 2h,5°×2.5°(经度/纬度) | 2~8TECU | ≈11d | 每周 | 99 |
| 快速电离层 TEC 格网 | 2h,5°×2.5°(经度/纬度) | 2~9TECU | <24h | 每天 | 95 |

1. 对流层

对流层天顶延迟(ZTD)产品是 IGS 分析中心处理地面 GNSS 数据生成的[33.15,33.16]。为提取对流层天顶延迟及其水平梯度,需要测量 GNSS 站点的地表气压和温度。为解算对流层天顶延迟产品,IGS 分析中心需要使用所有上述提到的产品作为已知参数,即轨道、钟差和 EOP。

2. 电离层

由一组垂直总电子含量(VTEC)地图[33.17]组成的电离层产品,也是 GNSS 处理策略的产物,该策略使用了双频观测值解算得到的轨道、钟差和 EOP 产品,该策略的另一个副产品是差分码偏差(DCB)(在下一节中讨论)。这些电离层参数可从快速产品中获得,其延迟少于 24h;也可从最终产品中获得,其延迟时间约为 11d;还可从提前 1~2 天的预测产品中获得。电离层产品以 IONEX(电离层交换)格式提供(附录 A.2.4)。

### 33.3.4 偏差

所有 GNSS 观测值都含有偏差,并且包含以系统误差为特征的未知量。IGS 通过偏差和校准工作组(BCWG)协调这些偏差产品的生产、研究和监控。BCWG 负责定义规则和程序,这些规则和程序要求在不均匀的 GNSS 环境中对这些偏差进行一致的处理和控制。

当前的 IGS 偏差估值中包括 GPS 和 GLONASS 信号在 L1 和 L2 频率上的 DCB。

(1) L1 P(Y)或 P 码减去 L1 C/A 码偏差(根据传统双字母 RINEX 2 观测名称命名为 P1-C1),生成跨度 30d,包含 GPS 和 GLONASS 星座的组合解(考虑最近 30d 解的偏差估值)。

(2) L2 P(Y)或 P 码减去 L2C 或 L2 C/A 码偏差(称为 P2-C2),生成跨度 30d,包含 GPS 和 GLONASS 星座的组合解。

(3) GPS 和 GLONASS 的 P1-P2 偏差值是电离层分析的副产品,通常为月度值。

这些偏差是由两种方法生成的:间接法和直接法。在利用间接法估计过程中,偏差在钟差估计过程中作为待估参数。在利用直接法生成过程中,偏差由不同信号观测值求差直接产生。

面对 GPS 和 GLONASS 现代化以及未来的 GNSS,例如欧洲的 GALILEO 和中国的北斗,预计会有越来越多类型的偏差[33.18]。在多频多模 GNSS 信号的背景下,IGS 在将来必须处理的一些偏差包括:

(1) 转换到 RINEX 3.xx 版本的兼容偏差类型和名称(例如 C1W-C1C,C2W-C2S,C1W-C2W 等)。

(2) 特定线性组合的偏差,例如宽巷偏差(WLB)、无电离层偏差(LCB)、窄巷偏差(NLB)。

(3) GLONASS 频率间的码偏差。

(4) GLONASS 模糊度解算中的差分码相位偏差。

(5) 用于精密单点定位的与非差整周模糊度固定相关的未校准相位延迟(UPD)。

(6) GPS 四分之一周相位偏差问题(特别是在 L2W 和 L2C 之间)。

(7) 新信号和星座的差分码偏差。

(8) 绝对或可观测的差分码偏差,与 DCB 集合和用于钟差估计的信号保持一致。

多 GNSS DCB 产品的生成已在 IGS 多 GNSS 实验(MGEX;33.4.2 节)的框架内开展。自 2014 年以来,选定的分析中心可提供涵盖新信号和星座的 DCB 原型产品[33.19]。

## 33.4 试点项目和实验

IGS 在其发展过程中,组织实施了各种活动、实验和试点项目,以积极支持新兴 GNSS 的发展,并为新一代 IGS 产品的生产做准备。之前的项目包括国际 GLONASS 实验[33.20]和随后即将开展的国际 GLONASS 服务(IGLOS)试点项目[33.21]。这些项目为当前 IGS GLONASS 产品奠定了基础。另一个项目是 GPS 潮汐仪基准监测(TIGA)项目,该项目使用精确的 GPS 结果监测潮汐计的垂直运动。TIGA 试点项目组在 2010 年成为 TIGA 工作组。最近的活动包括 IGS RTS 和多 GNSS 实验(MGEX),本节将对此进行讨论。

### 33.4.1 实时

IGS RTS 于 2013 年 4 月推出，它利用全球 IGS 网高质量 GNSS 接收机连续传输的原始数据，实时生成 GNSS 产品，以支持全球范围内的精密单点定位（PPP；第 25 章）。RTS 产品包括 GNSS 卫星轨道和钟差改正。RTS 的数据和产品开放了全球参考框架的实时访问权限，向免费注册的用户提供实时服务。

在启动 RTS 之前，使用 IGS 产品只能通过事后方式访问全球参考框架。RTS 产品能够在很短或没有延迟的情况下实时支持 PPP。这使得全球范围内的科学、教育和商业应用成为可能，包括自然灾害监测和预警、传统天气预报和空间天气预报、时间同步和全球导航卫星系统星座的性能监测[33.22]。

RTS 建立在跟踪站网、数据中心和实时分析中心（RTAC）的基础上，这也支撑着全球 IGS 网。自 2002 年以来，RTS 的规划一直在进行中，并特别注重网型的设计与管理、算法开发、产品生成以及定义访问数据与产品的实时协议和标准，并由全球超过 120 个测站、多个数据中心和 10 个 RTAC 提供服务。

下面简要概述了 RTS 网、数据和产品。通过 IGS RTS 网站[33.23]提供有关网的状态、产品类型、性能以及用户访问的最新信息。

1. RTS 网

IGS 是高精度 GNSS 数据和产品的世界标准，RTS 则建立在全球 IGS 的基础上。IGS 是全球各机构尽力合作的产物，意味着 RTS 提供的所有数据和产品没有服务保证。但是，正是这种全球服务，为 RTS 及其产品构建了冗余。全球 RTS 体系结构可确保提供持续可靠的数据和产品流。

RTS 包含 120 多个全球分布的 GNSS 站，这些站由本地和区域 IGS 运营商维护。这些站向 IGS 网内的实时数据中心传递采样率为 1Hz 的数据，通常延迟为 3s 或更短。整个 IGS 网中实时跟踪站的分布如图 33.2 所示。

为了提供全面的覆盖范围和可靠的实时数据流，需要实现网络冗余和选站点的全球分布。在某些地区，尤其是在广阔的公海地区，建站比较困难。条件允许的情况下，鼓励建立更多的站点，但是 RTS 网中的新站点必须遵守一定的标准，并且满足实时运行的最优方案。这些最优方案的示例在文献[33.24]中提供，并在图 33.4 中进行了说明。

（1）实时数据应至少传输到两个独立的实时数据中心。

（2）用于 IGS 参考框架实现的站点应实时运行，以确保实时产品在稳定的参考框架下生成。

（3）鼓励 RTAC 从两个或多个全球数据中心提取数据。

RTAC 一旦从各个数据中心接收到实时数据流，便会生成单独的改正产品。RTS 交付的最终轨道和钟差产品实际上是各个 RTAC 产品的综合，与单个 RTAC 产品相比，综合产品更加可靠和稳定。

这种高度冗余的设计是基于 10 个 RTAC 在 RTS 中的贡献实现的。IGS RTAC 协调员

（RTACC）负责生产官方的综合产品，目前由位于德国达姆施塔特的欧空局（ESA/ESOC）担任。图 33.5 描述了通过全球多个分布式控制系统综合和分发 RTAC 产品的 RTS 体系结构。

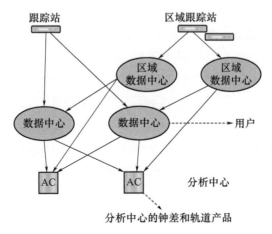

图 33.4　传输到多个数据中心（DC）和分析中心（AC）的实时数据，在 RTS 中建立冗余（见文献[33.24]）

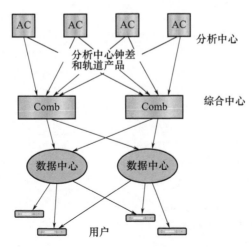

图 33.5　RTS 中每个 AC 产生的轨道和钟差改正相结合，可以为用户提供更可靠和稳定的改正产品（见文献[33.24]）

为了支持 RTS 的持续发展和管理，IGS RTWG 解决了与基础架构管理和数据分析有关的问题。RTWG 的任务包括规划、设计和实施 RTS 的下一阶段任务，包括开发多 GNSS 改正产品和相关标准，以及向 IGS 的新参与者和 RTS 用户推广。这项工作以更长远的 IGS 策略为指导，旨在最大限度地提高 GNSS 基础设施管理和数据可用性的标准，从而造福全球用户。

2. RTS 数据和产品

为了推动 GNSS 系统的全球互操作和一体化，IGS 开发并维护了用于分发 GNSS 数据和产品的标准格式。IGS 于 2008 年加入海事无线电技术委员会特别委员会 104（RTCM-

SC104),并在不久后将 RTCM-3 格式用于 GPS 和 GLONASS 观测信息。例如,在图 33.4 中,IGS 跟踪站的实时数据流通过每个数据中心流向 RTAC,被转换为最新版本的 RTCM-3 格式(最近的版本是 v3.2[33.25])。本书附录 A.1.3 描述了新的 RTCM3 多信号消息(MSM)格式,该格式处于开发中,用于处理所有 GNSS 星座、信号和观测类型,这是 IGS 多 GNSS 实验(MGEX)的一部分。MSM 的原型数据流已经通过 MGEX 项目进行了测试,且接收机制造商已经开始发布支持 MSM 的固件[33.26]。

IGS 还采用了 RTCM-SSR[33.27]格式来分发实时轨道和钟差产品。当前,RTCM-SSR 支持 GPS 和 GLONASS 星座。这些轨道和钟差产品在国际地球参考框架 2008(ITRF08)中表达,旨在实现实时 PPP。综合后的 RTCM-SSR 改正信息能够达到毫米级的改正,这些改正信息通过 RTCM 的网络传输协议(network transport of rtcm by internet protocol, NT-RIP[33.28])在网络上进行广播。NTRIP 是用于播发和接收 RTCM-SSR 消息的 RTCM 标准。

表 33.7 RTS 产品流的内容描述(IGS,2015b)。APC 为天线相位中心;CoM 为质量中心(不属于当前 RTCM-SSR 标准的一部分)。每个 RTCM 消息 ID 旁边括号中的数字表示数据采样间隔(单位为 s)

| 数据流名称 | 描述 | 参考点 | RTCM 消息 | 供应商/Sol. ID | 带宽/kbit/s | 综合中心 |
|---|---|---|---|---|---|---|
| IGS01 | 轨道/钟差,单历元组合 | APC | 1059(5),1060(5) | 258/1 | 1.8 | ESA/ESOC |
| IGC01 | 轨道/钟差,单历元组合 | CoM | 1059(5),1060(5) | 258/9 | 1.8 | ESA/ESOC |
| IGS02 | 轨道/钟差,卡尔曼滤波组合 | APC | 1057(60),1058(10),1059(10) | 258/2 | 0.6 | BKG |
| IGS03 | 轨道/钟差,卡尔曼滤波组合 | APC | 1057(60),1058(10),1059(10),1063(60),1064(10),1065(10) | 258/3 | 0.8 | BKG |
| 注:RTCM 消息类型包括 1057 GPS 广播星历轨道改正、1063 GLONASS 广播星历轨道改正、1058 GPS 广播星历钟差改正、1064 GLONASS 广播星历钟差改正、1059 GPS 码偏差、1065 GLONASS 码偏差、1060 GPS 广播星历轨道和钟差改正 | | | | | | |

RTS 提供的官方 IGS 产品在 IGS 战略计划 2013-2016 中进行了描述,并在表 33.7 中进行了简要概述。除了轨道和钟差之外,RTS 还通过以下两个数据流提供对广播星历的实时访问。

(1)RTCM3EPH:GPS、GLONASS 和 GALILEO 卫星的广播星历数据。该数据流来自实时 IGS 全球网中的接收机,并以 5s 重复率在 RTCM-3 消息中编码。

(2)RTCM3EPH01:GPS 广播星历,实时从 IGS 全球网中获取,并以 5s 重复率在 RTCM-3 消息中编码。

这些广播星历与空间状态改正信息提供了精确的轨道和钟差信息,以用于实时或近实时 PPP 应用。

通常，只要有足够的 GNSS 观测量和处理时间，便可在事后向用户提供标准的 IGS 数据和产品，进行精确的卫星轨道和钟差建模。根据不同的精度需求，这些改正信息的延迟时间从数小时到数天到数周不等。例如，最终轨道和钟差产品延迟 12～18d 发布，拥有最高的精度。相比之下，目前的 RTS 体系可以为 GPS 提供平均延迟为 25s 的实时轨道和钟差产品。RTS 产品的最终精度低于最终 IGS 产品，但足以支持实时 PPP。表 33.2 比较了 2013 年所有 IGS 轨道和时钟产品的精度、延迟、连续性和可用性。IGS RTS 网站[33.23]定期提供实时产品的最新性能监测结果。

## 33.4.2 多 GNSS 系统

如今，除了美国的 GPS 之外，还可以从多个卫星导航系统获得 GNSS 信号（表 33.8）。其他全球系统包括俄罗斯全球导航卫星系统（GLONASS），中国北斗导航卫星系统（BDS）和欧洲的伽利略系统（GALILEO）。除全球系统外，还有区域系统，例如日本准天顶卫星系统（QZSS）和印度区域导航卫星系统（IRNSS/NavIC）以及各种基于卫星的增强系统。多 GNSS 系统为用户提供了诸多优势：

（1）即使在不利的环境（如城市峡谷）中，信号可用性也能得到提高。
（2）频段数量的增加提高了抗干扰能力。
（3）服务连续性高，并且降低了对单个系统的依赖。
（4）更快的模糊度固定提升了解算效率。
（5）更高的可靠性和冗余性，增强了异常值探测能力。
（6）改善定位精度。

表 33.8 截至 2016 年 10 月的全球和区域卫星系统部署状况和发射信号，括号内的数字表示尚未宣布运行的卫星

| 系统 | 类型 | 信号 | 卫星 |
| --- | --- | --- | --- |
| GPS | IIR | L1 C/A,L1/L2 P(Y) | 12 |
| | IIR-M | +L2C | 7 |
| | IIF | +L5 | 12 |
| GLONASS | M | L1/L2 C/A + P | 23 |
| | M+ | +L3 | 1 |
| | K1 | +L3 | 1+(1) |
| 北斗-2 | GEO | B1,B2,B3 | 5+(1) |
| | IGSO | B1,B2,B3 | 6 |
| | MEO | B1,B2,B3 | 3 |
| 北斗-3 | IGSO | B1,L1,B2,E5a/b/ab | (2) |
| | MEO | B1,L1,B2,E5a/b/ab | (3) |
| GALILEO | IOV | E1,E6,E5a/b/ab | 3+(1) |
| | FOC | E1,E6,E5a/b/ab | 6+(4) |

续表

| 系统 | 类型 | 信号 | 卫星 |
|---|---|---|---|
| QZSS | IGSO | L1 C/A,L1C,L1 SAIF,<br>L2C,E6 LEX,L5 | 1 |
| IRNSS/NavIC | IGSO | L5,S | 4 |
|  | GEO | L5,S | 3 |

IGS 成立了"IGS 多 GNSS 工作组"（MGWG），应对迅速发展的 GNSS 格局，探索和促进新星座和导航信号的使用。MGWG 的核心任务是多 GNSS 实验（MGEX），目的是建立跟踪站网，表征空间段以及用户设备特性、发展理论和开发数据处理工具，并为新兴的卫星系统生成数据产品。MGWG 与其他 IGS 分支组织（例如数据中心工作组、天线工作组和基础结构委员会）紧密合作，以实现这些目标。

多 GNSS 实验于 2012 年 2 月启动，最初目的是在全球范围内跟踪新的、现代的 GNSS 信号，建立分析中心来处理这些数据并生成相关的多 GNSS 产品，其中大多数目标已经在几年内实现了。此外，IGS 可以为用户提供一个具有多 GNSS 跟踪功能的全球网，该网是由相应的数据中心、分析中心和原型产品支撑[33.26]。

1. MGEX 网

MGEX 网从 2012 年初屈指可数的几个可用站点开始，截至 2015 年年底，已经发展到了将近 130 个站点。这些站点能够提供覆盖全球/区域的 GPS、GLONASS、北斗、GALILEO 和 QZSS 数据。图 33.6 展示了能够跟踪北斗、GALILEO 和 QZSS 系统的站点位置。

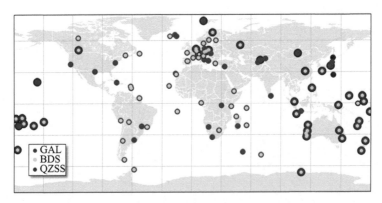

图 33.6　MGEX 网中的站点分布（2015 年 10 月）

MGEX 网包含多种接收机和天线设备，其中包括 5 种基本的接收机和 8 种主要的天线。MGEX 网中所有用户设备均根据 IGS 设备描述文件进行识别和表征。许多站点设置了连接到同一天线的多个接收机，称为零基线设置，为交叉验证设备性能提供了基础。有些地点设置了多个站点，用于短基线比较实验。跟踪站网中使用的各种设备不仅仅是资产，更是一种挑战。接收机和天线的多样性对数据的统一处理提出了挑战，但也有助于理解接收到的数据类型以及如何评估导航信号。不同接收机的交叉比较可以直接帮助接收机制造商改进设计。

在 MGEX 网部署初期,新站点的场地要求较为宽松。该网实质上是独立运行的,并且与以往 GPS 和 GLONASS 的 IGS 跟踪站网并行运行,以避免影响标准 IGS 产品。随着旧站点的不断升级以及新 MGEX 站点质量的提高,绝大多数 MGEX 站点最终都可在 2015 年整合到标准 IGS 网中。用户现在可以使用符合 IGS 站点指南所规定的高质量标准的单一网。虽然目前所有 IGS 站中只有一部分能提供多 GNSS 服务,但预计在未来几年中,其比例将越来越高。

所有 IGS 的多 GNSS 站都能提供 RINEX3 格式的地面观测文件[33.29],该文件支持所有必需的观测类型和系统。数据档案由 IGS 数据中心托管,包括美国国家航空航天局的地壳动力学数据信息系统(CDDIS)、法国国家地理研究所(IGN),德国联邦制图和大地测量局(BKG)。所有多 GNSS 站都可提供 30s 采样间隔的 RINEX3 文件,并且一部分站点还提供 1Hz 观测数据的高速数据文件。

除了离线数据外,约有 60% 的多 GNSS 站还能提供实时数据流。各个站点接收到的数据可以按照 RTCM3 MSM 格式编码,并传输到由法兰克福 BKG 托管的专用 MGEX NT-RIP 广播服务上。该广播服务提供了一个实验平台,可以在此平台上测试新的 MSM 格式,方便用户调试软件。

2. MGEX 产品

MGEX 站网数据为新 GNSS 系统生成精密轨道和钟差产品提供了基础。截至 2015 年年底,6 个分析中心定期向 MGEX 项目提供此类产品(表 33.9)。尽管早期的产品常局限于单个 GNSS 系统,但越来越多的分析中心最近已开始使用共同的时间和坐标基准来生产多系统产品。因此,除 IRNSS 外,MGEX 产品涵盖了所有旧的和新兴的导航系统。一旦 IGS 网内具有足够数量的双频 IRNSS 监测站,MGEX 产品中将增加 IRNSS 产品。

表 33.9　MGEX 分析中心定期生成的多 GNSS 精密轨道和钟差产品(2016 年 10 月)

| 机构 | 星座 |
| --- | --- |
| CNES/CLS,法国[33.30] | GPS + GLO + GAL |
| CODE,瑞士[33.31] | GPS + GLO + BDS + GAL +QZS |
| GFZ,德国[33.32,33.33] | GPS + GLO + BDS + GAL +QZS |
| JAXA,日本 | GPS + QZS |
| TUM,德国[33.34] | GAL + QZS |
| 武汉大学,中国[33.35] | GPS + GLO + BDS + GAL +QZS |

钟差产品的采样间隔最初限于 5min 或 15min,之后缩短至 30s。此外,各分析中心还提供地球定向参数、系统间偏差或估计的测站坐标以及轨道和钟差等产品。

除 GPS 和 GLONASS 外,IGS 尚未对新系统的精密轨道和钟差产品进行综合,但是不同分析中心之间的比较以及利用卫星激光测距可以用来评估各种产品的精度或准确度。对于 GALILEO 系统来说,在 2013—2014 年期间,文献[33.36]中显示其具有 10~20cm 水平(与 SLR 结果相比的轨道一致性,3-D rms)。通过对卫星运动、太阳光压和天线相位中心变化的模型进行改进,产品精度会进一步提高。北斗 MEO 卫星和 IGSO 卫星定轨精度能够达到分米级，而 GEO 卫星的轨道精度大约在几米之内[33.37]。GEO 卫星轨道精度较低的主要原因在于近静态观测的几何结构，导致单向伪距和载波相位观测值不能准确确定轨道切向位置。

即使多 GNSS 产品的精度低于标准 IGS 产品（仅包含 GPS 和 GLONASS 系统）的性能，也为新系统在导航、测绘、大地测量和遥感等领域的应用打下了坚实的基础。

MGEX 框架中提供的特色产品包括综合的多 GNSS 广播星历以及多 GNSS 的 DCB 产品。组合的广播星历最初服务于无精密轨道和钟差产品的星座，但由于其延时低，且包含各 GNSS 的系统时间信息，因此一直受到关注。

多 GNSS 数据处理离不开 DCB 参数，其在众多导航应用中必不可少。对于一些非导航应用，例如时间传递和修正伪距偏差的电离层分析，DCB 也是必不可少的。随着新型、现代的卫星系统提供的信号数在快速增多，对综合 DCB 分析的需求也在增加。由德国航空航天中心（DLR）和中国科学院（CAS）生成的 DCB 产品可通过 MGEX 在 CDDIS 和 IGN 产品中获得。GPS、GLONASS、GALILEO 和北斗的 DCB 源自针对电离层路径延迟改正的伪距偏差[33.19]，并按照 Bias SINEX 的初版格式提供。该版本目前正在 IGS 中开发，并将作为相位和码偏差信息交换的新标准。

对于实时用户，早期的服务包括由 BKG 提供的多 GNSS 系统融合的广播星历流（包括 GPS、GLONASS、GALILEO、北斗、QZSS 和 SBAS），以及由 CNES/ILS 分析中心生成的 GALILEO 轨道和钟差产品。

有关 MGEX 的更多信息，包括新闻、星座状态、测站网和站点信息、数据持有量、实时数据和产品，可访问 IGS MGEX 网站[33.38]。从长远来看，所有 MGEX 产品计划在将来集成到 IGS 的常规处理中，以便为 GNSS 提供可靠、高性能的多 GNSS 服务。

## 33.5 展　　望

IGS 正在持续发展成为真正的多 GNSS 服务，预计新的卫星星座将在 2020 年之前全面投入使用，这促使 IGS 开始对其活动、产品和服务进行战略审查。虽然 IGS 能够为所有星座生产产品（轨道和钟差），但哪种信号组合用于解算与星座无关的产品尚不明确，如参考框架和大气层产品。当前，大量研究正在开展以解决此问题。

随着 GNSS 逐渐成为一种公益事业，掌握所有卫星的定位精度和完好性，以及系统间的差异越发重要。如今，GNSS 的应用范围已经远远超出了军事和科学应用，包括许多工业和基于位置服务（LBS）的应用。IGS 已与全球导航卫星系统国际委员会（ICG）的 A 工作组合作，旨在通过国际 GNSS 监测与评估（IGMA）子组对系统监测的需求达成共识。

最后，可以明确的是，与 GGOS 合作实现对 GNSS 卫星的 SLR 观测和对 GRACE 等卫星的 GNSS 观测，可提高我们对观测误差的认识，更能提高 IGS 产品的精度。IGS 将继续与 GGOS 的其他部门合作，将这些观测结果集成到产品开发中。

## 致谢

作者非常感谢 Stavros Melachronis 对本章提供的帮助。感谢 IGS 中央局、IGS 工作组主席和其他机构提供的支持。

## 参考文献

33.1　International GNSS Service: *Terms of Reference* (IGS, Pasadena, 2014) http://kb.igs.org/hc/en-us

33.2　H.-P. Plag, M. Pearlman: *Global Geodetic Observing System: Meeting the Requirements of a Global Society on a Changing Planet in* 2020 (Springer, Berlin 2009)

33.3　Z. Altamimi, X. Collilieux: IGS contribution to the ITRF, J. Geod. **83**(3/4), 375–383 (2009)

33.4　United Nations: A global geodetic reference frame for sustainable development, Resolution A/RES/69/266 adopted by the General Assembly on 26 Feb. 2015 (United Nations, New York 2015)

33.5　G. Beutler, A. W. Moore, I. I. Mueller: The International Global Navigation Satellite Systems Service (IGS): Development and achievements, J. Geod. **83**(3/4), 297–307 (2009)

33.6　IGS Central Bureau: *IGS Site Guidelines* (Infrastructure Committee, IGS Central Bureau, Pasadena 2015) http://kb.igs.org/hc/en-us

33.7　IGS: *Charter for IGS Data Centers–Definition of IGS Data Center Activities* (IGS, Pasadena 2010) http://kb.igs.org/hc/en-us

33.8　C. Noll, Y. Bock, H. Habrich, A. Moore: Development of data infrastructure to support scientific analysis for the International GNSS Service, J. Geod. **83**(3/4), 309–325 (2009)

33.9　C. E. Noll: The Crustal Dynamics Data Information System: A resource to support scientific analysis using space geodesy, Adv. Space Res. **45**(12), 1421–1440 (2010)

33.10　IGS: IGS Working Groups website, http://igs.org/wg

33.11　IGS: Strategic Plan 2013–2016 (IGS Central Bureau, Pasadena 2013) http://kb.igs.org/hc/en-us

33.12　IGS: IGS Products website, http://www.igs.org/products/

33.13　IGS: IGS Analysis Center Coordinator website http://acc.igs.org/

33.14　G. Petit, B. Luzum: *IERS Conventions* (2010), IERS Technical Note No. 36 (Verlag des Bundesamts fur Kartographie und Geodasie, Frankfurt 2010)

33.15　S. H. Byun, Y. E. Bar-Sever: A new type of troposphere zenith path delay product of the international GNSS service, J. Geod. **83**(3/4), 1–7 (2009)

33.16　C. Hackman, G. Guerova, S. Byram, J. Dousa, U. Hugentobler: International GNSS Service (IGS) troposphere products and working group activities, FIG Work. Week 2015, Sofia (FIG, Copenhagen 2015) pp. 1–14

33.17　M. Hernandez-Pajares, J. M. Juan, J. Sanz, R. Orus, A. Garcia-Rigo, J. Feltens, A. Komjathy, S. C. Schaer, A. Krankowski: The IGS VTEC maps: A reliable source of ionospheric information since 1998, J. Geod. **83**(3/4), 263–275 (2009)

33.18　S. Schaer: Biases and calibration working group technical report 2014. In: *IGS Technical Report*, ed. by

Y. Jean, R. Dach (IGS Central Bureau, Pasadena 2014)

33.19  O. Montenbruck, A. Hauschild, P. Steigenberger: Differential code bias estimation using Multi-GNSS observations and global ionospheremaps, Navigation **61**(3), 191–201 (2014)

33.20  P. Willis, J. Slater, G. Beutler, W. Gurtner, C. Noll, R. Weber, R. E. Neilan, G. Hein: The IGEX-98-campaign: Highlights and perspective, Geod. Beyond 2000, Int. Assoc. Geod. Symp., Vol. 121, ed. by K.-P. Schwarz (Springer, Berlin 2000) pp. 22–25

33.21  R. Weber, J. A. Slater, E. Fragner, V. Glotov, H. Habrich, I. Romero, S. Schaer: Precise GLONASS orbit determination within the IGS/IGLOS pilot project, Adv. Space Res. **36**(3), 369–375 (2005)

33.22  IGS: *IGS Real-Time Service Fact Sheet* (IGS, Pasadena 2014) http://kb.igs.org/hc/en-us

33.23  IGS: IGS Real-Time Service website http://igs.org/rts

33.24  M. Caissy, L. Agrotis, G. Weber, M. Hernandez-Pajares, U. Hugentobler: Coming soon—The international GNSS real-time service, GPS World **23**(6), 52 (2012)

33.25  RTCM: RTCM Standard 10403.2 Differential GNSS Services, Version 3 with Ammendment 2, 7 Nov. 2013 (RTCM, Arlington 2013)

33.26  O. Montenbruck, P. Steigenberger, R. Khachikyan, G. Weber, R. B. Langley, L. Mervart, U. Hugentobler: IGS-MGEX: Preparing the ground formulti-constellation GNSS science, Inside GNSS **9**(1), 42–49 (2014)

33.27  M. Schmitz: RTCM state space representation messages, status and plans, PPP-RTK Open Stand. Symp., Frankfurt (BKG, Frankfurt am Main 2012) pp. 1–31

33.28  G. Weber, D. Dettmering, H. Gebhard, R. Kalafus: Networked transport of RTCM via internet protocol (Ntrip)-IP-streaming for real-time GNSS applications, Proc. ION GPS 2005, Long Beach (ION, Virginia 2005) pp. 2243–2247

33.29  IGS: RINEX–The Receiver Independent Exchange Format–Version 3.03 14 Jul. 2015 (IGS RINEX WG and RTCM-SC104, 2015)

33.30  S. Loyer, F. Perosanz, F. Mercier, H. Capdeville: MGEX activities at CNES-CLS Analysis Centre, IGS Workshop 2012, Olsztyn (IGS, Pasadena 2012)

33.31  L. Prange, R. Dach, S. Lutz, S. Schaer, A. Jaggi: The CODE MGEX orbit and clock solution. In: *IAG 150 Years*, IAG Symposia, International Association of Geodesy Symposia, Vol. 143, ed. by C. Rizos, P. Willis (Springer, Berlin, Heidelberg 2015) pp. 767–773

33.32  M. Uhlemann, G. Gendt, M. Ramatschi, Z. Deng: GFZ global multi-GNSS network and data processing results. In: *IAG 150 Years*, IAG Symposia, International Association of Geodesy Symposia, Vol. 143, ed. by C. Rizos, P. Willis (Springer, Berlin, Heidelberg 2015) pp. 673–679

33.33  Z. Deng, M. Ge, M. Uhlemann, Q. Zhao: Precise orbit determination of BeiDou Satellites at GFZ, IGS Workshop 2014, Pasadena (IGS, Pasadena 2014)

33.34  P. Steigenberger, A. Hauschild, O. Montenbruck, C. Rodriguez-Solano, U. Hugentobler: Orbit and clock determination of QZS-1 based on the CONGO network, Navigation **60**(1), 31–40 (2013)

33.35  J. Guo, X. Xu, Q. Zhao, J. Liu: Precise orbit determination for quad-constellation satellites at Wuhan University: Strategy, result validation, and comparison, J. Geod. **90**(2), 143–159 (2016)

33.36  P. Steigenberger, U. Hugentobler, S. Loyer, F. Perosanz, L. Prange, R. Dach, M. Uhlemann, G. Gendt, O. Montenbruck: Galileo orbit and clock quality of the IGS multi-GNSS experiment, Adv. Space Res. **55**

(1),269-281(2015)

33.37　F. Guo, X. Li, X. Zhang, J. Wang: Assessment of precise orbit and clock products for Galileo, BeiDou, and QZSS from IGS Multi-GNSS Experiment(MGEX), GPS Solutions(2016), doi:10.1007/s10291-016-0523-3

33.38　IGS: IGS Multi-GNSS Experiment(MGEX) website http://igs.org/mgex

# 第 34 章 轨道和钟差产品生成

Jan P. Weiss, Peter Steigenberger, Tim Springer

许多特定的 GNSS 应用需要高精度的卫星轨道和钟差产品。GNSS 轨道和钟差产品通常利用全球分布的 GNSS 跟踪站所收集的观测数据进行分析计算获得。在该计算过程中，待估参数包括卫星轨道、卫星和接收机钟差、测站位置、对流层延迟、地球定向参数、系统间和频率间偏差以及载波相位模糊度等。同时，还需要对地球物理、大气和相对论效应、接收机跟踪模式、天线相位中心、航天器特性和卫星姿态等进行详细建模。本章对 IGS 提供 GNSS 星座精密轨道和钟差产品的原理进行介绍，包括模型、估计策略、产品、轨道和钟差综合解算。

大多数 GNSS 应用都依赖卫星轨道和钟差参数。通过将地面站的跟踪数据、测量模型和卫星动力学模型联合，来解算包括测站位置、大气延迟、卫星轨道、钟差和地球定向参数等系列参数。

开展 GNSS 星座常规轨道和钟差确定的组织机构主要有三类：控制段、国际 GNSS 服务（第 33 章）的分析中心（AC）和商业服务机构。GNSS 的运行控制段利用来自一组有限数量但高度安全稳定的地面站跟踪数据，确定实时或近实时轨道和钟差；对轨道和钟差参数进行预报，并通过导航电文发送给用户以供用户实时使用。近年来，尽管 GPS 和 GLONASS 广播的轨道和钟差一直很稳定，但其精度远低于 IGS 或类似精密服务机构所提供的解算结果[34.1]。造成这种状况的主要原因是，广播轨道和钟差是基于一个小型跟踪网导出的零龄期数据解进行预报的。预报时间长度对精度影响非常大。目前 GPS 和 GLONASS 卫星的更新间隔长达 24h，而 Galileo 卫星的更新频率缩减到大约 100min，这使得 Galileo 广播星历的精度更高。但是，广播星历的精度不太可能满足分米级或更高精度的定位和时间传递应用，这反过来推动了对更精确的轨道确定（POD）和钟差产品的需求。

IGS 的主要目标是收集和保存 GNSS 全球网的数据并生成 GNSS 星座的精密产品。IGS 产品可使用户直接获得更高精度国际地球参考框架（ITRF），其精确度是以前所没有的，尤其是轨道、钟差和测站信息。通过获取 IGS 跟踪网中至少一个测站的位置、IGS 轨道以及 IGS 站的位置解，用户可以在全球参考框架中获得毫米级精度的测站网。基于 IGS 产品的高质量和公众可用性，使 GNSS 被广泛应用于许多新应用领域，如气象学和时间传递等。同时，这也为高精度 GNSS 服务在当今市场上的商业运营铺平了道路。有关 IGS 应用及其产品的详细信息，请参见第 33 章。

商业服务通常旨在弥补控制段解算结果与 IGS 提供产品之间的空隙。控制段解算结果鲁棒性高但精度低，而 IGS 产品标准高但仅提供了最优结果基础。这些服务通常可满足海事和农业等行业的高精度实时导航需求。

本章介绍了生成高精度 GNSS 轨道和钟差产品所需前提要求，讨论了跟踪网，描述了相关模型、主要的 GNSS 系统参数、估计策略和软件实现，总结了从分析中心和综合中心获得的后处理 GNSS 产品及多系统 GNSS 星座的 POD。

## 34.1　全球跟踪网

GNSS POD 要求大地测量型的 GNSS 跟踪站至少提供双频测量数据，以适应电离层延迟处理需求。同时，需要一个全球分布的跟踪站网，以确保在处理弧段的每个时期可提供足够的观测数据。以上条件对钟差确定特别有利，因为这类参数在估计中通常不加约束。由于卫星和接收机钟差以及载波相位模糊度未知，而 GNSS 相位观测量仅包含站星几何距离的有限信息（有关观测历元之间站星几何形状变化的信息），因而通过确保卫星始终能够被多个地面站观测到，可以在一定程度上克服观测信息不足的问题。另外，一旦某颗卫星信号失锁，即使仅有几个历元，也意味着需要重置所有载波相位观测值，因此必须估算新的模糊度参数。这不仅会降低对轨道参数解的质量，而且使失锁卫星的钟差参数无法解算。

一个有趣的问题是，要获得公认的的高精度解需要多少个测站。我们考虑以下驱动因素。

（1）精度：原则上讲，虽然增加测站可提高解算精度和鲁棒性，但是在给出跟踪几何构型测量精度和冗余度的前提下，存在一个边际收益点（我们期望精度随着观测值个数 $n$ 的增加而提高 $\sqrt{n}$ 倍）。

（2）运算量：站点越多，运算时间越长。通常，以 $p^2$ 的倍数增长，其中 $p$ 是估计参数的数量。因为站点越少处理速度越快，所以这对于具有严格延迟要求的服务而言是一个重要考量因素。

（3）站点成本：测站越多，设备安装和数据传输成本越高。这是依赖于专有网络（GNSS 运营商和商业提供商）服务的重要因素。

为了研究站点网络规模的影响，采用全球跟踪网中 20～100 个测站的实测数据（以 5 个测站为步长）进行了连续 8 天的 GPS 精密定轨，并通过将其与 IGS 的最终轨道进行比较来确定所获得的轨道质量。图 34.1 给出了轨道差异（绝对值）随站数变化的中位数序列。其中，新增加的测站是在原有测站网基础上增加的。

图 34.1 结果表明，确保 IGS 的轨道精度质量至少需要 60 个测站。可以看到，随着测站个数的进一步增加，轨道精度并未得到显著改善，至少在残差平方

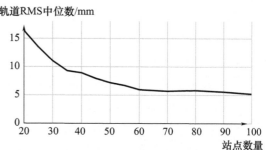

图 34.1　与 IGS 的最终轨道相比，站数与卫星轨道质量之间的关系

的中位数上并未反映出来。总之,只要跟踪网分布良好,且在任何时间段内可以确保一些测站能够追踪到所有卫星,那么 60 个站点就足以满足 IGS 快速或最终产品的精度要求。

## 34.2 模　　型

GNSS 软件开发人员必须对距离观测量进行米级改正,以消除狭义相对论和广义相对论、钟差和大气延迟之类的影响。由于以上影响量级均超过几米,因而即便在伪距定位时也必须考虑。另外,若将精确到几厘米的卫星位置和钟差与无电离层载波相位观测结果(几毫米分辨率)相结合时,原先很多在伪距和差分定位中不需要考虑的其他改正将变得十分重要。

本节介绍了 IERS 协议[34.2]中给出的相关模型,讨论了天线相位中心改正和与 GNSS 卫星有关的重要参数。表 34.1 给出了主要模型的概述,并在其右栏中列出了对应到各节的详细信息。

### 34.2.1　参考框架转换

GNSS 卫星的轨道动力学通常在地心惯性(ECI)框架中建模(3.2 节)。但是,测站和卫星的位置通常在心地固(ECEF)参考框架中表达,因此 ECI 和 ECEF 之间必须进行转换。传统意义上,此转换由三个部分组成(2.5 节)。

(1) 岁差和章动;
(2) 极移;
(3) UT1 与日长(LOD)。

在全球 GNSS 定位中,岁差和章动采用 IAU2000A R06 模型建模,而极移和 LOD 通常采用估计而获得(34.4.6 节)。由于 UT1 与待估轨道法向分量相关[34.3],因而 GNSS 无法确定 UT1,从而一般直接采用公告 A[34.4]或 IERS C04 系列[34.5]发布的甚长基线干涉测量确定的 UT1 值。通常,极移和 LOD 参数以 1 天的时间分辨率来进行估计,因此必须使用特定模型考虑由潮汐引起的半周日项变化(表 34.1)。

表 34.1　GNSS 数据处理的常用改正模型。IERS2010 指国际地球自转和参考系统服务(IERS)协议(2010)(GPT=全球气压温度(模型);GMF=全球投影函数;VMF=维也纳映射函数;PCV=相位中心变化;PCO=相位中心偏差;DCB=差分码偏差)

| 模型组成 | 最大影响 | 模型 | 参考 |
| --- | --- | --- | --- |
| 章动 | ±19 as | IAU2000A R06 | 2.5 节 |
| 天内运动 | ±1 mas | IERS2010 | 文献[34.2] |
| 次日日长 | ±0.7 ms | IERS2010 | 文献[34.2] |
| 板块运动 | 最大 1 dm/y | IGb08 | 文献[34.6] |
| 固体地球潮汐 | 最大 40cm | IERS2010 | 文献[34.7],2.3.5 节,25.2.3 节 |

续表

| 模型组成 | 最大影响 | 模型 | 参考 |
|---|---|---|---|
| 海洋潮汐位移 | 1~10cm | | 文献[34.8],25.2.3节 |
| | | FES2004 | 文献[34.9] |
| | | FES2012 | 文献[34.10] |
| 固体地球极潮 | 最大 25 mm | IERS2010 | 2.3.5节,25.2.3节 |
| 海洋极潮位移 | 最大 2 mm | IERS2010 | 文献[34.11] |
| 大气潮汐位移 | 最大 1.5 mm | IERS2010 | 文献[34.12] |
| 对流层(静力) | ≈2.3m[a] | | 6.2.3节,19.3.2节,25.2.1节 |
| | | GPT/GMF | 文献[34.13,34.14] |
| | | GPT2 | 文献[34.15] |
| | | VMF1 | 文献[34.16] |
| 电离层(1阶) | 最大 30m[b] | LC[c] | 6.3.5节,19.3.1节,25.2.1节 |
| 电离层(更高阶) | 0~2cm | IERS2010,IGRF11[d] | 文献[34.17],25.2.1节 |
| 相对论修正 | 最大±7m[e] | IERS2010 | 文献[34.18],5.4节,19.2节 |
| 卫星天线 z 偏差 | 0.7~2.7m | igs08.atx | 文献[34.19],25.2.2节 |
| 卫星天线 PCV | 最大 12mm | igs08.atx | 文献[34.19],19.5节 |
| 接收天线 PCO | 最大 16cm | igs08.atx | 文献[34.19],19.5节 |
| 接收天线 PCV | 最大 3cm | igs08.atx | 文献[34.19],19.5节 |
| 相位缠绕 | 几厘米 | [34.20] | 19.4.1,25.2.2节 |
| GPS 卫星 L1 C/A P(Y)DCBS | 最大 1 m | cc2noncc[f] | 19.6.1节 |
| 姿态 | ±180°[g] | | 文献[34.21],3.4节 |
| | | GPS:[34.22,23] | |
| | | GLO:[34.24] | |
| | | BDS:[34.25] | |
| | | QZS:[34.26] | |
| 反射率 | 1~2cm[h] | [34.27] | 3.2.2节 |
| 天线推力 | 5mm[i] | [34.28,29] | 文献[34.27] |
| 重力场 | 3km[j] | EGM2008 | 文献[34.30] |

注:a 在天顶方向;

b 在 GPS L1 频率的天顶方向;

c LC 是双频观测的无电离层线性组合(20.2.3节);

d 国际地磁参考场[34.31];

e 卫星钟差的偏心改正(最大影响);

f 可在 http://acc.igs.org/获得;

g 影响相位中心(瞬时姿态误差)和相位缠绕(累积姿态误差);

h 对于 GPS;

i 对于 GPS Block ⅡA;

j 忽略潜在项>0时,GPS 运行两圈后的轨道误差(3.2节)

## 34.2.2 测站位移效应

地面测站经历的周期性运动(实际或可见的)可达几分米,而在线性地球参考框架(TRF)模型中并不包含此类运动信息。第2章中已经给出更多细节。在很大范围内,大多数测站的周期性运动几乎相同,因而它们在短(<100 km)基线定位上的相对位置变化几乎可以被抵消。但若要获得与ITRF协议一致的精确测站坐标(具有更长的基线或非差处理),则必须考虑此类测站运动,通过将站址改正项添加到线性标称坐标来实现。下面给出最重要的一些改正项。

1. 地球固体潮

固体地球因受太阳和月亮的引力而变形。太阳潮汐和月球潮汐会引起位置在垂直和水平方向的周期性位移。其中,该位移在垂直和水平方向上分别可达到约30cm和5cm(2.3.5节)。图34.2中显示,存在一个与纬度有关的永久位移和一个以半日和周日变化为主的周期性位移。对于24h以上的静态定位而言,尽管大部分周期部分可以被平均,但是仍然存在永久的位移部分。即使进行了长时间平均,忽略这种影响的定位也会导致其在垂直和水平方向分别产生高达12cm和5cm的系统性误差。

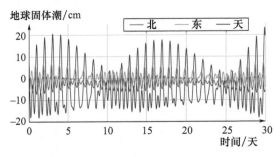

图34.2 德国Wettzell的固体潮汐引起的变形(见彩图)

固体潮可以用$(n,m)$阶次的球谐函数表示,其特征是勒夫数$h_m$和志田数$l_n$。以上参数略微依赖于测站的纬度和潮汐频率,当需要毫米级的位置解时,必须将其考虑在内。需要指出,估计的ITRF测站位置会对固体潮的(常规)永久性部分进行改正,从而形成所谓的协议坐标系统。

2. 海潮负荷

海潮负荷主要是由潮汐在地壳上的负荷所引起,通常受周日和半周日的影响(图34.3)。海潮比固体潮引起的位移小一个数量级,且其影响具有局部性,并没永久性的组成部分。目前,可以采用IERS协议[34.2]提供的软件包对任何站点的海潮效应进行建模。同时,利用HARDISP可计算特定测站的负荷效果在径向、南(正)和西向(正)上的振幅和相位,且其振幅和相位都可以从查尔默斯大学的在线海潮服务中获得[34.32]。

通常,对于沿海站点,M2的振幅最大,其影响在径向上不超过5cm,在水平方向上不超过2cm。因此,对于厘米精度的定位而言,推荐采用最新的全球海潮模型,如FES2004、

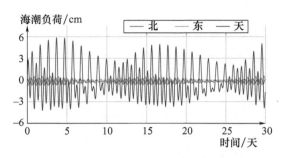

图 34.3 南极奥伊金斯(O'Higgins)的海潮引起的变形(见彩图)

EOT11a、FES2012 或更高版本。甚至可能有必要采用数字化的当地海潮数据,如使用当地的潮汐图来提高全球潮汐模型的精度。另外,测站特定的振幅和相位还可能包括半周日质心(CoM)潮汐变化。在该情况下,无论距离海洋多远,所有站都必须考虑海潮改正。此外,为了与半周日地球定向参数(EOP)保持一致,IGS 在生成 IGS POD 解时以将半周日潮汐 CoM 包括在海潮改正中。

3. 极潮

极移是指地球自转轴相对于地壳的位移。由于地球离心力的微小变化引起极移的周期性变形,称为极潮。由极潮引起的测站坐标变化大约为 2cm,因此需要加以考虑。与固体潮和海潮效应不同,极潮在 24h 内的均值不为零。它们随着极移而缓慢变化,主要表现为季节性和钱德勒周期(430 天)的变化。由于极移可以达到 0.8 as,因而极潮在垂直和水平方向上的最大位移可分别达到 25mm 和 7mm[34.2]。

4. 海洋极潮

海洋极潮是由极移对海洋的离心作用产生的。极移由 14 个月的钱德勒摆动和年度变化主导。在这些长周期中,海洋极潮具有平衡响应,其中海洋表面与等势面处于平衡状态。文献[34.11]提出了一个自洽的海洋极潮平衡模型。该模型考虑了大陆边界、海洋质量守恒、重力场和海床负荷。载荷变形矢量以径向、北向和东向分量表示,并且是关于钱德勒摆动的函数。假设摆动参数的幅度通常为 0.3as,则径向、北向和东向分量上的变形通常不大于 1.8 mm、0.5 mm 和 0.5mm。

5. 潮汐大气负荷

大气的昼夜温度变化会在周日 $S_1$、半周日 $S_2$ 和更高频率的谐波处引起表面压力振荡。此类潮汐会引起地球表面的周期性运动[34.33]。对于 $S_1$ 和 $S_2$ 分量而言,垂直变形的最大幅度均为 1.5mm。在接近 GPS 卫星轨道周期的情况下,为最大程度地减少对动态参数的混叠[34.34],对 $S_2$ 效应的建模尤为重要。IERS2010 决议建议使用文献[34.12](见图 34.4)给出的 $S_1$ 和 $S_2$ 潮汐模型来计算台站位移。截至 2015 年,并非所有 IGS 分析中心都采用潮汐大气负荷模型,但这可能会在下一次 IGS 重处理项目时得到及时协调。

## 34.2.3 对流层延迟

大气对频率高达 30GHz 的无线电信号的非分散延迟在海平面的天顶方向可达到约

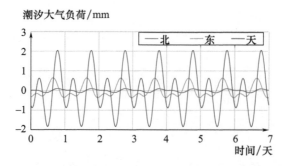

图 34.4　巴西福塔莱萨的潮汐大气载荷引起的变形（见彩图）

2.3m[34.35]，该延迟可以分为干延迟和湿延迟。干延迟是由对流层中干燥气体（主要是 $N_2$ 和 $O_2$）的折射以及水蒸气中大部分非偶极子折射引起的，而剩余的水蒸气折射是造成湿延迟的主要原因。全球任何站点的干延迟都约占总延迟的 90%，但也视站点位置和一年中的时间而定，可在 80% 和 100% 之间变化。天顶方向的延迟与实际观测方向之间的关系由映射函数给出（第 6 章）。常见的映射函数是全球经验映射函数（GMF[34.14]）和 Vienna 映射函数 1（VMF1[34.36]）。

根据可靠的地表气压数据，使用文献[34.38]和文献[34.37]中的公式精确地计算干延迟。气压数据的一种来源是全球压力和温度（GPT）模型及其后续版本 GPT2[34.13,34.15]，另一种来源是从欧洲气象中心（ECMWF）计算的空间分辨率为 2.0°×2.5° 的数值天气模型中得出的对流层天顶延迟，将时间分辨率为 6h 的全球网格数据与 VMF1 系数一起提供。

目前，尚没有简单的方法可以得出湿延迟的准确先验值，尽管有使用外部监测设备（例如水气辐射计）进行的相关研究。因此，在高精度应用中，通常对残余天顶湿延迟进行估计。同样，北半球对流层的水平对流层梯度参数最好通过估算而不是对其进行建模得出（详见 34.4.3 节）。

## 34.2.4　电离层延迟

在电离层中，自由电子和离子会折射 GNSS 信号，导致信号在穿过该区域时弯曲并引起速度改变。电离是由太阳射线引起的，因而在很大程度上取决于当地时间和太阳活动状态。电离层引起的信号延迟可能在几米到几十米之间变化，这具体取决于信号路径和电离层活动状态[34.35]。实际中，可以通过两个或多个频率观测值的线性组合消除电离层延迟一阶项的影响（具有增加测量噪声的副作用，20.2.3 节）。

二阶电离层影响可以通过估计总电子含量（TEC）、全球电离层模型（GIM）或气候模型（例如国际参考电离层[34.39]）来消除。二阶电离层影响可能达到几厘米，因此需要在 GNSS 精密定位中予以考虑。二阶电离层延迟建模的一个重要影响是在地球参考框架解算方面，地球参考系的测站坐标会因此影响而明显向南偏差几毫米[34.40,34.41]。对于跨越数年的 TRF 比较，这相当于拟合历元 Helmert 变换的 $z$-平移分量超过 1cm[34.42]，而其他

TRF 转换参数的影响可以忽略不计。另外,该影响对卫星轨道位置的影响也很小(偏差大小取决于纬度,约几毫米),并且卫星钟差因此而造成的差异最大可达 1cm[34.43]。三阶电离层延迟的影响会由不同频率信号之间的微小路径差异而累积,其大小仅有 1mm,因而在目前 GNSS 处理中通常忽略[34.17,34.44]。大多数 IGS AC 忽略的另一个电离层影响与射线弯曲(过长的路径长度)有关,尽管在低海拔时它可能达到几毫米[34.2]。

## 34.2.5 相对论效应

与 GNSS 相关的相对论效应可以分为三类:
(1)轨道效应(3.2.2 节);
(2)钟差效应(5.4 节);
(3)传播效应(19.2 节)。
最大的效应是由 GNSS 卫星的非圆形轨道引起的周期性卫星钟差变化。结果表明,卫星的速度和重力随轨道位置的变化而变化,这对偏心率为 0.01 的 GPS 卫星来说,卫星时钟每转一圈引起约为 23ns 的振幅[34.45]。在 GNSS POD 处理(包括 IGS 产品)中,此效应按惯例建模,因此发布的卫星钟差产品不包括该项。通常不考虑由于地球的扁率[34.46]和地球重力场的高阶项引起的较小的效应。

## 34.2.6 天线相位中心改正

天线标定对于高精度 GNSS 处理至关重要。它定义了电磁测距信号从卫星天线发出并在接收机天线中感应出电压的空间点。换句话说,测量几何是指电相位中心,它是关于局部方位角和仰角,频率以及伪距或载波相位(群或相位延迟)的函数。相位中心校准通常分为相位中心偏差(PCO,总校准的平均值)和相位中心变化(PCV),它们随方位角和仰角变化。自 2006 年以来,在 IGS 中采用了绝对校准标准[34.47]。读者可参考第 17 章和 19.5 节了解更多详情。

只有进行了卫星天线标定,才能将距离测量的结果转换到卫星 CoM。这是一个重要的环节,因为在 POD 中航天器动力学建模和轨道计算都是以 CoM 为准。但是,时钟估计是指卫星天线相位中心。因此,精密产品的用户必须与 POD 中使用的天线标定设置一致,以实现最佳的精度。

天线标定模型与 POD 中的 TRF 紧密相关。这是因为卫星和接收机的径向天线 PCO 不能与 TRF 分离。标准 IGS 卫星天线标定参数的估算需要同时保持尺度固定到特定的 ITRF。校准参数是在全局 POD 估算中得到,其中接收器天线的位置固定在 ITRF 中,而地面校准则固定在绝对距离测量测试中[34.47]。以此方式,TRF 尺度转换为卫星天线的校准。因此,有必要在 POD 中使用与 ITRF 实现相一致的天线标定。此外,必须为 ITRF 的每个版本导出一组一致的校准参数。

## 34.2.7 相位缠绕

GNSS 卫星发射圆极化无线电波,因此观测到的载波相位取决于卫星天线和接收机天线的相互定向结果。接收机或者卫星天线的旋转会导致载波相位发生改变,这个值可能达到一个载波周期,这种效应称为相位缠绕[34.20]。静态接收机天线保持朝向固定参考方向(通常为北),但是卫星相对其视轴的运动会引起缠绕。此外,当卫星绕其地球指向轴偏航时,卫星天线也会旋转(与天线视轴重合,请参见34.2.8节)。

在被遮挡期间,卫星可以在0.5h内旋转一圈。因此,观测数据应针对相位缠绕效应进行改正。如果在POD处理中忽略了相位缠绕的影响,则载波相位中未建模的部分会被不相关的参数吸收(34.2.8节)。

## 34.2.8 GNSS信号发射器模型和信息

高精度POD需要了解许多卫星系统参数的理论和模型,包括卫星姿态,航天器的几何形状和材料特性,与每个卫星发射的伪随机码(PRN)有关的操作信息,轨道机动和卫星健康状况等。

**1. 航天器姿态**

POD需要了解卫星的姿态,才能使用已知的天线标定模型从卫星本体坐标系中将天线相位中心与卫星CoM和距离测量值关联起来。标称上GNSS姿态控制受到两个约束限制:信号发射器天线指向地球中心,以及将围绕其纵轴旋转的太阳能电池板指向太阳,从而获得最大的能量传输(3.4节)。如文献[34.21]所述,IGS通常采用右手系来表示卫星坐标系。其中,$z$轴为天线视轴方向,$y$轴指向太阳能电池板的纵轴,$x$轴与之形成右手坐标系。通常,$z$轴指向地球中心,$y$轴保持与太阳方向垂直。在这种所谓的偏航状态[34.48]中,偏航角为导航卫星$x$轴与轨道的沿迹方向(或近似于速度矢量$v$)之间的夹角。卫星本体坐标系和偏航姿态示意图如图34.5所示。

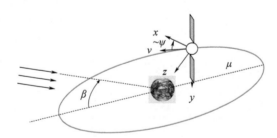

图34.5 卫星本体坐标系和偏航姿态示意图

为了保持姿态稳定,卫星绕其$z$轴偏航,并在其绕轨飞行时使太阳能电池板绕$y$轴旋转。由于太阳能电池板只能旋转180°,因此卫星会在中午和午夜执行偏航操作(当航天器离太阳最近和最远时,$\mu$分别等于180°和0°),从而使太阳能电池板可以继续指向太阳。正午和午夜偏航操作的速率取决于GNSS卫星轨道平面上方太阳的高度角,通常称为$\beta$(图34.5)。$\beta$越小,卫星为保持标准姿态必须进行更快的机动。

由于硬件的限制,GNSS卫星无法在$\beta$角较小时保持标准姿态。对于每颗GNSS卫星,甚至对于同一GNSS系统中相同的卫星类型来说,在此期间卫星的姿态控制方法都不尽相同。原则上讲,由于错误偏航姿态的建模会把误差引入到所有估计参数中,因而对卫星进行准确的姿态建模非常重要。错误的姿态建模尤其会影响卫星的钟差估计，因为偏航机动会引起相位缠绕。这种影响会在所有测站接收信号的过程中引入，因此会产生类钟差效应。有关 GPS、GLONASS、Galielo、BDS 和 QZSS 卫星系统姿态模型的详细说明，请参见 19.4.2 节。

2. 航天器结构

航天器的几何形状和材料特性与动力学模型息息相关。除了地球、月亮和太阳的引力作用，太阳辐射压力（SRP）是作用在 GNSS 卫星上的第三大摄动力（第 3 章）。SRP 的大小和方向取决于卫星的姿态以及航天器的几何形状和材料特性。目前已经研究出几种处理 SRP 的方法。

第一种方法是计算每个轨道解中 SRP 和其他未建模力的经验加速度。该策略来自 IGS AC 之一的欧洲轨道确定中心（CODE），在 34.4.4 节中将进一步讨论。

第二种方法是从精密轨道的动力学拟合中生成经验 SRP 模型。其结果将成为 POD 解中的背景模型，仅估算严格约束的改正因子。喷气推进实验室（JPL）的 GNSS 太阳光压模型使用这种方法，该方法以傅里叶展开项来表示 SRP 引起的加速度，它是关于航天器类型、轨道平面 $\beta$ 角和卫星轨道角 $\mu$ 的函数[34.49,34.50]。

第三种方法是将光线追踪技术应用于航天器结构和光学材料特性中。已发表的模型包括早期文献[34.51]中提出一组用于 GPS Block Ⅰ/Ⅱ 的 ROCK 模型，以及文献[34.52]用于 GPS IIR 卫星建模所做的工作。光线追踪方法之所以具有吸引力，是因为它们有望将 SRP 的影响与其他非保守力分隔开来，但这种方法计算具有高复杂度，且 GNSS 卫星精确的物理特性信息通常很难获得。

除了 SRP 之外，如今 POD 还需要通对地球光学和红外辐射，以及地球反照率进行建模[34.53]。计算轨道和卫星激光测距（SLR）测量之间具有几厘米高度偏差的部分原因就是反照辐射[34.54]。当前，所有 IGS 分析中心（AC）都使用反照可见光和红外模型。大多数使用由文献[34.55]中开发的模型，该模型根据云层和地球辐射能系统（CERES[34.56]）对地球辐射的测量结果，将反照摄动力以关于卫星类型、位置、时间和太阳位置的函数进行计算。其中，由反照辐射引起的摄动力对轨道径向分量的影响最大。

3. 天线推力

GNSS 卫星发射电磁信号，总发射功率超过 70W[34.29]。这导致了沿轨道径向产生反向加速度。现在大多数 IGS 分析中心（AC）都对它进行了建模，至少包括了 GPS 和 GLONASS 卫星[34.52]。虽然这种影响可以通过经验加速度吸收，但是由于这些参数与天线推力相关，因此对其进行建模原则上可有助于卫星相位中心和钟差的恢复。

4. 操作信息

GNSS 卫星的 POD 也需要 GNSS 的运行信息。接收机通常通过 PRN 码或轨位号（对于 GLONASS）来识别跟踪卫星的观测结果，但是无法识别 PRN/轨位号与卫星物理状态之间随时间的变化。POD 需要具有唯一航天器编号（SVN）的补充知识，因为它定义了包括姿态控制机制、太阳光压和地球辐射响应、钟差特性、天线标定、信号类型和发射功率在内的特征。IGS 分析中心（AC）根据 GNSS 系统运营商提供的信息来跟踪 PRN/SVN 的分配

（例如，参见表 34.2 中汇总的星座状态网站）。

表 34.2　GPS、GLONASS、Galileo 和 QZSS 的星座状态和通告建议。截至 2016 年年初，BDS 尚无此类官方信息

| GNSS | 项目 | 参考文献 |
| --- | --- | --- |
| GPS | 状态<br>NANU[a] | 文献[34.57]，文献[34.58] |
| GLONASS | 状态<br>NANU[b] | 文献[34.59]，文献[34.60] |
| Galileo | 状态<br>NANU[c] | 文献[34.61]，文献[34.62] |
| QZSS | 状态<br>NANU[d] | 文献[34.63]，文献[34.64] |

注：a NAVSTAR 用户通知公告；
　　b GLONASS 用户通知公告；
　　c Galileo 用户通知公告；
　　d QZSS 用户通知公告

从导航电文中提取卫星长期运行健康状况的信息是必要的，因为不健康的时段可能存在载荷维护、轨道机动或非标准信号传输。一种典型排除不健康的卫星的模式是基于低延迟和自动处理（如超快速和快速），以确保可靠的产品交付。但是一些 IGS AC 最终产品中也会包含不健康的卫星，只要它们的产品满足所有质量指标就可以。这种方法之所以可行的原因是有时会存在由于与导航信号性能无关的因素而将卫星标记为不健康的情况发生。GNSS 系统运营商通常会通过所谓的"通知公告"提前宣布这种不健康时期（表 34.2）。

## 34.2.9　下游应用模型

在下游产品应用（如 PPP，第 25 章）中使用与 POD 处理一致的模型非常重要。不一致的天线标定和卫星姿态模型可能导致测量模型误差，如果这些误差被待估参数吸收，将会在验后残差中显现出来。因此，污染待估参数的风险非常大。基于此，GNSS 软件提供商建议使用由同一软件生成的 POD 产品，以降低模型不一致的可能性。

## 34.3　POD 流程

图 34.6 为 POD 流程图，该流程包括以下步骤：原始观测值数据预处理、观测量模型建立、参数估计和产品生成。第一行为所需的输入，包括原始观测量数据（通常采用接收机独立交换（RINEX）格式、GNSS 轨道/钟差和 EOP。在各个步骤都需要卫星和测站的原

始数据（PRN/SVN 转换、卫星模型、测站坐标、天线信息等），不过图中并未进行明确表示。

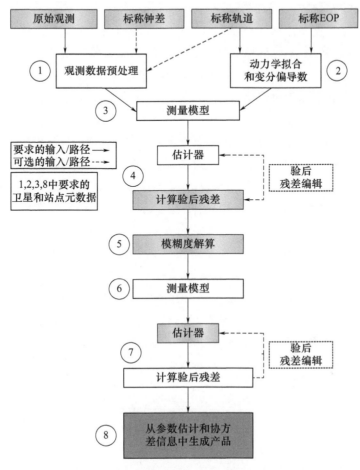

图 34.6　POD 流程的高层级概述（代表示例）

步骤 1 代表数据预处理，该程序通过评估原始观测量和线性组合观测量（例如载波相位减伪距、宽巷相位，请参见第 20 章）识别质量较差的观测量（例如非常短的弧段、不一致的伪距/相位）和载波相位周跳。如果标称轨道和钟差的质量很好，则可以使用 PPP 程序来编辑每个测站的数据，该程序包括基于原始观测量的编辑以及基于验后残差的迭代编辑。如果输入超快速或高精度标称轨道和钟差产品，那么后一种方法通常可行，且可独立地为每个测站识别要删除的数据。在执行全球解算验后残差编辑时，该过程会调整参数以达到所有测站验后残差最小（从最小二乘意义而言），但可能会存在一个质量差或不可用的测站影响许多测站验后残差的风险。

步骤 2 使用轨道积分动力学拟合一组标称轨道。标称轨道可能来自广播星历、先验精确解或精密预报轨道。动力学拟合使用一小组参数（至少是历元状态向量或轨道参数以及有限数量的 SRP 参数），通过迭代方式进行，最大程度地减小估计轨道和标称轨道之间的差异。标称轨道与生成的动力学轨道之间的差异反映了标称轨道和拟合参数的精度,两者之间的明显差异可用来筛选模型错误和未遵循动力学轨迹卫星,如由轨道机动或异常姿态控制等原因会导致的此类情况的发生。另外,该步骤还解算了关于轨道参数的位置和速度矢量的偏导数(变分偏导数)。

步骤 3 中的测量模型计算了与输入观测量对应的期望测量值。这些测量值基于瞬时接收机和卫星天线相位中心标称值获取,模型描述见 34.2 节。由于 GNSS 测量(观测量)与待估参数(状态变量)呈非线性关系,因而观测状态方程在参数估计之前一般需要进行线性化。从这一步的观测中提取出计算的观测量,并确定线性化测量模型相对于待估参数的偏导数。

随后,将变分偏导数和测量模型的输出信息输入到估计器中,该估计器通过调整参数达到最小化成本函数的目的,如验后残差的平方和(步骤 4)。同时,估计器会对待估状态向量进行迭代求解,直到小于某个阈值(收敛)。一旦标称状态向量和估计后状态向量落在观测-状态关系的线性范围内,这种方法便有效,最终估值是参数初值和求解的参数增量之和。

参数估计集通常包括测站坐标、测站对流层延迟、卫星轨道(历元状态,经验加速度和/或太阳光压比例因子)、EOP、接收机和卫星钟差、载波相位模糊度浮点和整数解。当使用一个以上的 GNSS 系统时,需要额外估计接收机系统间偏差和/或频率间偏差(IFB)。估计器的输出包括参数改正值、协方差和验后残差。同时,可以通过检查残差剔除异常值,并采用连续变小的残差作为阈值来剔除异常值进行迭代求解。

另外,此步骤的结果还可为后续的载波相位整周模糊度解算(步骤 5,请参见 34.4.7 节和第 23 章)提供输入参数。模糊度固定后,再次采用测量模型计算测量值(步骤 6),然后生成模糊度固定解(步骤 7)。尽管几乎所有异常值都已在先前的迭代中删除,但此时还可以基于验后残差迭代编辑观测量。最后,使用获得的待估参数及其协方差信息创建产品文件,以分发给用户(步骤 8)。

## 34.4　估计策略

IGS 不同分析中心的 POD 采用了不同的估计策略。有的分析中心使用非差伪距和载波相位观测值估计所有参数,而有的分析中心使用消除钟差后的双差载波相位观测值计算轨道、EOP、测站坐标、对流层延迟和载波相位整周模糊度。估计值作为后续解算的已知值(或固定值),进而采用非差观测值求解钟差参数,且与双差观测值求解的钟差参数保持一致。IGS 处理弧段的长度从 24h 到 3 天不等。弧段越长,轨道参数计算越精确,因为随着轨道弧段长度的增加可以改善动力学模型。不过,如果关注地球参考框架日变化,则对于 EOP 和测站坐标参数而言,最好使用 1 天长度的弧段。另外,载波相位观测量的权重通常比伪距观测量至少高 100 倍,因为载波相位观测量精度更高(例如,两者分别为 1cm 和 1m)。此外,在初始计算中,有时也会根据各个测站数据的验后残差的总均方根(RMS)进行加权,因为相对较高的验后残差可能存在模型保真或在特定位置存在数据编辑问题。下面将进一步详细介绍POD其他方面的常用估计器、参数化和估计策略。

## 34.4.1 估计器

IGS GNSS轨道和钟差确定主要采用两种类型的估计器。第一类是最小二乘批处理，它将弧段内所有观测值、偏导数和先验协方差形成法方程，对其求逆计算参数改正值和协方差矩阵（状态变量不确定性和相关性）。第二类包含序贯估计器（如卡尔曼或平方根信息滤波器[34.65]），此类估计器通过每次使用一个历元数据，将目前为止处理的测量结果调整到最佳状态。第22章将详细讨论这两种估计器。读者也可参考文献[34.66,34.67]，以了解测距处理中的滤波技术。

最小二乘批处理和卡尔曼滤波之间的显著差异是，两者对随机和随时间变化参数的处理不同[34.67]。在最小二乘批处理模式下，需要为每个新的历元或时间间隔设置不同的参数估计（例如每个历元的钟差、每小时的天顶对流层延迟以及测站每天的坐标）。这会引入大型法方程矩阵（34.4.10节），因此需要采用消参与恢复法以减少计算负担[34.68]。对于卡尔曼滤波器而言，待解算参数的数量一直保持不变，但是在各个历元之间会增加过程噪声。在处理过程中，可以将过程噪声设置为白噪声（各待估参数间没有相关性）、有色噪声（一段时间内具有相关性）或随机游走噪声（无穷相关性）。

## 34.4.2 参数化

所有最新的精密GNSS软件包均可提供各种参数化。最常见的情况如下。

（1）偏差：在弧段内解算单个恒定值。通常将其用于测站坐标，因为大地测量监测站在长达几天的弧段中被认为是静态的。同时，还用于差分码偏差（DCB）（最大一个月间隔）和天线PCO。

（2）分段常数：具有离散步长的偏差参数，通常用于载波相位模糊度固定。

（3）分段线性：由偏差和斜率表达，通常用于EOP。

（4）连续分段线性：分段线性参数化，且在区间边界处具有连续性。通常基于估计位于边界处离散点的参数值来实现。与分段线性表达相比，待估参数个数减少了$n-1$，其中$n$是时间间隔个数，这等效于具有严格连续性约束的分段线性表达。在处理间隔内不会出现不连续情况，从而可以将物理参数表达更充分。分段线性表达可以转换为连续的分段线性表达，但反之则不行。另外，该参数化可用于测站对流层延迟、高速率或多天解EOP以及依赖于最低点的卫星天线的PCV中。

（5）单历元：对每个历元估计独立的参数值。例如用于接收机和卫星钟差。这等效于对每个历元都应用基于随机白噪声重置的常参。

图34.7展示了这5种类型的参数化。

## 34.4.3 地面站

对于地面站而言，必须估计坐标、对流层延迟和接收机钟差参数。通常可以对大地测

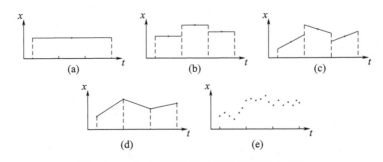

图34.7 在GNSS数据处理中使用的参数化
(a)偏差;(b)分段常数;(c)分段线性;(d)连续分段线性;(e)单历元。

量监测站施加米至千米范围内的先验约束,以估计其处理弧段内的恒定坐标。

对流层建模采用天顶路径延迟随时间和测站位置变化的映射函数(如全球投影函数[34.14])以及水平梯度参数实现。在高度角较低时,观测噪声会增加,多路径和模型缺陷会降低观测质量,但这些观测量对于天顶对流层延迟、接收机钟差和测站高度的去相关是很重要的(文献[34.69]和图6.3)。因此,可以通过给予低高度角观测量数据较低权重来进行优化。常见的加权函数为$1/\sin e$和$1/\sin^2 e$,其中$e$表示卫星高度角,其他加权函数在文献[34.70]和文献[34.71]中进行了讨论。但是,通常还是会剔除高度角非常低时的观测数据,典型的高度截止角范围为$3°\sim10°$。

由于南北半球中纬度的大气隆起[34.72]的幅度约为$\pm0.5\mathrm{mm}$,因而需要水平对流层梯度参数来表达朝着赤道南北方向的系统分量。通常,每个测站的梯度被参数化为方位角变化的正弦曲线。同时,梯度参数还可以吸收由于天气系统在上述两个方向上产生的随机分量的影响。如果不能建立正确的梯度模型,则可能会导致所估计的地球参考框架出现系统性误差,大小约为1ppb,并导致站星位置间的纬度和赤纬产生偏差[34.73]。

天顶路径延迟参数可以被估计为分段常数(随机游走)过程,其先验$\sigma$为数十厘米,且其在$5\min(1\sigma)$内的过程噪声小于1mm。同样地,梯度参数通常是经验正弦拟合的同向和正交分量,可以根据具有类似先验$\sigma$的随机游走过程进行建模,且其过程噪声比天顶延迟小一个数量级。关于接收机钟差参数的估计在34.4.5节中进行讨论。

## 34.4.4 GNSS轨道

GNSS卫星轨道确定采用简化动力学法[34.74]。其基本原理是解算某一历元的状态向量(参考历元的位置和速度或其他相关参数),经验加速度和/或模型比例因子(主要包括太阳光压、地球辐射压、卫星热辐射、卫星天线推力),以及可选的偏航姿态参数等,以吸收动力学模型误差。目前,在IGS中的SRP建模方法代表性方法可以大致分为两类。

第一类方法是文献[34.75,34.76]中描述的CODE方法。通过估计某一时刻历元状态,以及DYB坐标系中的恒定和周期加速度(其中D表示卫星-太阳方向,Y表示卫星本体坐标系中太阳帆板坐标轴向,B轴按右手坐标系原则构建)。经典的ECOM(经验CODE轨道模型)方法对6个历元状态参数和5个经验加速度进行求解,包括D、Y和B中的常数项和 B 中的 1/rev 项（3.2.4 节）。2015 年，CODE AC 更新了此方法，增加了在卫星-太阳方向（ECOM-2）上每半周期和 1/4 周期的加速度，因为此方法在实际中可削弱地面参考框架转换参数中与 GNSS 交点年周期有关的信号[34.77]。

第二类方法是由 JPL 开发的高保真先验 SRP 模型，该模型是对每个弧段的 SRP 模型因子和经验加速度进行严格约束的估计[34.49,34.50]。典型的待估参数集包括历元状态、总光压比例因子、经过严格约束的卫星本体坐标系 $x$ 和 $z$ 轴随机太阳光压比例因子、$y$ 轴恒定和受约束的随机加速度（考虑未建模的热辐射和 SRP 摄动力）。

目前，IGS 采用的轨道解决方案来源于以上两类方法以及其变体，且它们具有同等精度。换句话说，这两类方法可独立地验证彼此，并都可生成高质量的结果。当然，每种方法都有其优点和缺点。第一类方法的优势在于，它不需要 SRP 摄动力的先验模型，它们被经验加速度吸收。因此，它非常适合新类型卫星观测数据的处理。但其缺点是，必须估计经验加速度，因而存在将动力学参数与其他物理参数（如 EOP 和地心参数）混合的风险[34.77,34.78]。

第二类方法的优点是，作用在卫星上的力是由高保真先验模型定义的，因此可以严格限制经验加速度，从而避免背景模型的误差。原则上，这将减少卫星动力学模型参数与其他大地测量参数的相互影响。但这种方法的缺点在于，它依赖于先前的一组精确轨道（从中生成 SRP 模型），因此无法轻易应用于新的卫星。此外，先验轨道中的任何系统误差都会影响最终的 SRP 模型。

当 GPS Block Ⅱ/ⅡA/ⅡF 卫星处于轨道阴影区时，偏航率和正午机动的估计也有益于提高轨道精度。这对于 Block Ⅱ/ⅡA 卫星来说是必需的，因为该类型卫星的轨道机动是由模拟传感器控制的，从而可导致实际偏航率与其标称值之间的偏差高达 25%[34.48]。虽然 Block ⅡF 卫星的姿态是确定的，但是研究发现，在某些 $\beta$ 角度范围内，标称姿态与实际姿态之间存在差异[34.24]。由于每个偏航机动都是独立事件，因此应为每个偏航机动设置一个新的偏航参数（或执行随机更新）。有分析表明，无须经验参数即可精确地对 GPS Block ⅡR 和 GLONASS-M 姿态进行建模[34.22,34.24]。

### 34.4.5 钟差

下一类参数是接收机和卫星的钟差。通常将钟差作为不受时间约束的独立参数进行建模（当前时间与下一个时间没有相关性）。这种参数化方式，使解不受各个测站时钟质量的影响，而且大多数测站时钟都不与参考原子钟相连。

卫星时钟由原子频标驱动，但可能会出现不连续性的情况，从而使它们无法建模（例如，二次函数的不可靠）。如果所有时钟都不受约束，那么将得到奇异解，因此必须选择一个参考基准。实际上，一般固定某一特定钟或一组时钟，这意味着所有其他钟差都相对于此基准进行估算。通常可以使用与参考时标稳定联结的测站，例如国家授时实验室的协调世界时（UTC）。

对于不连续数据不敏感的情况，可以采用另一种方法，即将总体零均值约束应用于钟差集合中。例如,某些 AC 将零均值约束应用于卫星钟差,由此产生在内部具有轨道和钟差一致的解,并为所有参数产生有效的形式误差估计。通过基于与 GPS 时间对齐的接收机时钟优先列表,从所有时钟估计中删除每个历元处单个参考钟差之后,就可以调整解决方案的时间尺度。

IGS 提供的 GPS 钟差参数(按惯例)指的是 L1P(Y)和 L2P(Y)信号的无电离层线性组合。但是,一些大地测量 GPS 接收机仅能接收 L1 上的 C/A 代码。因此,必须考虑不同信号类型之间的 DCB(19.6.1 节)。我们可以使用 CODE AC 来估计 DCB 参数,或者可以针对 DCB 进行改正,例如通过使用 cc2noncc 工具利用 CODE DCB 估计来改正 DCB[34.79]。IGS 钟差产品用户必须通过应用相应的 DCB 来确保钟差参数与观测值类型之间的一致性。DCB 的其他来源包括 GPS 导航电文的时间群延迟(TGD)参数(7.4.3 节)、GPS 民用导航电文 CNAV[34.80]的信号间改正(ISC)和 IGS MGEX DCB 产品[34.81]。

### 34.4.6 地球定向

地球定向参数将地球参考系与天体参考系相关联。UT1-UTC 测量地球相对于原子时标的自转速率。地球旋转一圈的时间间隔不是恒定的,自转超过 24h 的时间称为日长(LOD)。全球 GNSS 解对处理弧段内地球自转速率的变化是敏感的,但对弧段开始时的绝对旋转参数并不敏感。根据文献[34.2]中的描述,LOD 可以根据旋转的变化来进行计算。按照惯例,GNSS 也可以计算地球自转轴 $x$ 和 $y$ 坐标及其速率,极坐标解是相对于 IERS 参考极的[34.2]。

### 34.4.7 相位模糊度解算

为了获得最佳的精度和准确度,我们应该解算载波相位整周模糊度。第 23 章提供了模糊度解算算法的详细信息,此处我们重点介绍全球 POD 解决方案中采取的步骤。

该步骤通常使用无电离层组合模型估算观测站双频载波相位观测值的浮点模糊度、对流层延迟、卫星轨道、钟差、地球定向和 DCB 参数。对于 60 个或更多分布良好的地面测站的天解,我们可以获得的轨道精度约为 10cm(3D RMS),钟差精度约为 10cm。

通常,此精度足以在第二步中进一步进行模糊度固定。将上述参数作为已知参数(具有给定精度)引入到方程组中,以解决各个站点对的双差模糊度。尽管分析中心和软件包中的许多技术都是基于 Melbourne-Wübbena 线性组合的宽/窄巷方法,但它们各自在此步骤中使用的特定技术之间存在巨大差异[34.82-34.84]。

鉴于可获得大量观测数据,通常我们最好采用保守的阈值来接受模糊度。正确计算更少的模糊度比错误地计算更多的模糊度和错误的整数解要好得多。这对我们来说至关重要,因为整数解在后续计算中作为固定值,可以有效地将载波相位测量视为高精度的无偏估计。通常,我们可以预期在 60 个以上观测站点的全球解中计算的模糊度可达 90%以上。

## 34.4.8 多系统 GNSS 处理

尽管 GLONASS、Galileo 和北斗中地球轨道(MEO)卫星的轨道配置与 GPS 相似,但现有估计策略无法应用于所有卫星。

国际上 4 家不同分析中心(AC)的 Galileo 轨道和钟差产品中存在 20cm 级的系统误差[34.85]。Galileo 卫星的伸展形状已经被确定为是产生这些误差的根本原因,据此有研究人员开发了先验模型,从而大大减少了该系统误差[34.86]。新开发的 ECOM-2 模型也可以达到类似的轨道质量[34.77]。尽管这些卫星的姿态和天线相位中心不同,但它们本质上都是基于研究 GPS 而产生的。由于观测几何形状的微小不同以及频繁的机动,BDS 的地球静止卫星(GEO)的 POD 仍然具有挑战性[34.87],尽管对其而言在可替代轨道参数化方面已经取得了一些进展[34.88]。

这些系统的钟差估计也与 GPS 相似,因为可以将偏差量视为不受历元限制的参数。但是,在涉及 GLONASS 卫星时,需要计算几个附加参数。首先必须估计每个接收机的 GLONASS 系统间偏差。因为 GNSS 接收机数据通常将测量值转换到相应的系统时间,而按照惯例 POD 解决方案将所有估计值引用到 GPS 时间(按照惯例)。因此,总体钟差偏差会捕获每个接收机的 GPS 和 GLONASS 时标之间的差异,这会同等影响 GLONASS 伪距和相位观测值。估计值通常应在 GPS-GLONASS 系统时间偏差附近,考虑恒定的 3h UTC (USNO)-UTC(SU)偏差,当日偏差值应优于 $1\mu s$[34.89]。

GLONASS 需要估计的第二组附加参数是每个接收机—卫星伪距链路的 IFB。由于接收机接收 GLONASS 信号所经历的硬件延迟是分散的,因而这些链路偏差是 GLONASS 频分多址(FDMA)体系结构所必需的(8.2.2 节)。这种延迟会因物理设备以及环境因素(例如温度)而有所不同。一种合理的策略是每天将每个 IFB 估计为一个恒定参数来估计。由于进行了 IFB 参数估计,因而 GLONASS 钟差估计的参考信号(例如 P 或 C/A 码)可任意选择。

IFB 参数的大小在分米至 3m 的范围内,这取决于接收机类型[34.90]。我们必须为系统时间偏差量和 IFB 选择一个参考,否则将会得到奇异解。对于特定的接收机,我们可以固定到改正值,或人为地将这些偏差设置为零。无论采用哪种方式,都能产生适用于 GPS/GLONASS 组合定位的一组一致的 GPS 和 GLONASS 钟差偏差量。但必须注意的是,在该解决方案中也需要估计 GLONASS 时间偏差量和 IFB。

显然,GLONASS 钟差估计在很大程度上取决于系统时间偏差量和 IFB 参考的选择以及接收机网的选择,因为 IFB 实质上会引起每个链路上的伪距产生偏差(与 GPS 情况不同,GPS 不需要 IFB,因为所有信号都在相同的频率上)。由于这些原因,如果使用了不同的参考和接收机网,则对来自不同解决方案的 GLONASS 钟差估计进行比较将会非常复杂。这也是 IGS 当前不产生 GLONASS 钟差综合的主要原因[34.91]。

Galileo 和 BDS 使用与 GPS 一致的码分多址(CDMA)系统。因此,在组合解中,仅需估计每个站的 GPS 到 Galileo 和/或 BDS 的时间偏差,这些参数可设为处理弧段上总体星座偏差(系统间偏差),其大小与无电离层观测类型相关。对于Galileo系统来说,正在发展E1/E5a信号[34.85],而BDS则使用B1/B2信号[34.92]。

在多系统GNSS解中,需要考虑的重要因素之一是对每个GNSS观测值加权。其中,第一种加权方式是对所有GNSS系统赋以相同的权值。另两种常用的方法是通过降低非GPS系统观测值的权重,或仅靠GPS导出台站钟差和对流层参数,将结果固定在后续用于估计一个或多个额外GNSS星座的系统间偏差、卫星钟差、IFB和卫星轨道的解决方案中。这么做的原因在于其他GNSS卫星星座和地面网络(当前)不如GPS数量多或分布好。此外,其他GNSS系统的详细模型仍在开发和完善中。在接下来的几年,这种情况将迅速改变,并且可能会出现新的加权策略。

## 34.4.9 地球参考框架

稳定、准确和维护良好的全球TRF是精确确定轨道和钟差及其应用的先决条件。TRF通过定义接收机和卫星坐标系的原点来巩固POD。它进一步建立了地球物理过程的框架,在该框架上可以对地球潮汐或由于海洋载荷引起的垂直运动等进行建模和分析。有关地球参考系统的定义和实现的详细信息,请参见2.3节。

国际地球参考框架的最新版本是ITRF 2008。但是,ITRF 2008通常不直接用于GNSS应用中,因为IGS使用先前的天线模型对ITRF 2008产生贡献。因此计算了一个称为IGS 08的GNSS专用TRF[34.6]。它与ITRF 2008一致,但包括特定站点的改正,以解决天线标定差异的问题。2012年,由于地震或设备变化引起了30个参考站坐标精度的退化,因而IGS发布了IGS 08更新版本,名称为IGb 08[34.93]。TRF通过以下三种方式在全球POD解决方案中实现。

(1)将一组站位置固定或严格限制为TRF定义的值。原则上,固定三个测站就已足够,尽管实际上IGS AC至少拥有二十几个固定的全球分布式测站。因此,解决方案中剩余台站坐标以及全球卫星导航系统的轨道将根据固定台站子集确定的TRF进行估计。但是,固定或约束测站过多可能会导致网络几何形状失真。这种方法通常只用于低延迟解(即超快速解),在该情况下实现后验TRF是耗时的,或者对用户应用而言无意义。

(2)对选定的一组(核心)站点施加与先验TRF相关的最小约束。对于全球GNSS解来说,测站网无旋转是必要条件。如果区域跟踪网原点(地心)是被估算,则必须施加一个附加的无网络平移条件。该方法的优点是网络内部几何形状不会失真。

(3)在没有先验约束的情况下,估计全球解中所有测站坐标。除天线标定(下面讨论)与TRF有关外,这种无基准POD解决方案不提供特定TRF中的轨道和钟差,而是为该解决方案实现一个特定的框架。该解决方案的框架可能相对ITRF会有明显旋转,因为GNSS技术对旋转后的观测几何条件并不敏感。我们可以使用重叠测站坐标($XYZ$平移,$XYZ$旋转和缩放)对估计的框架相对于ITRF计算最佳拟合Helmert变换(第2章),并将此变换应用于轨道解决方案中,同时转换到ITRF框架下。

从以上这些方法中获得的产品参考框架为 TRF，因此可以直接将 TRF 传送给用户。

由于轨道动力学的影响，GNSS 卫星轨道的原点与整个地球系统（包括海洋和大气层）的 CoM 相关。潮汐导致海洋和大气的 CoM 发生周期性变化。对于周日、半日海潮来说，这种所谓的地球中心运动可以达到 1cm[34.94]。如果应用了相应的 CoM 改正（CMC），则轨道将参考基于地壳的网络中心（CoN）框架，否则将参考基于 CoM 框架。在 IGS 轨道和钟差中应用的是 CoN 框架[34.95]。

## 34.4.10 采样参数化

表 34.3 给出了一个全球 GPS 解决方案的估计参数及其采样的概述，该解决方案为由 32 颗卫星和 160 个地面站组成的 5min 采样率网络。其中，绝大多数参数为钟差，但如果执行双差处理，则会消除钟差。第二个最大的参数组是模糊度参数，其数量在很大程度上取决于数据质量。在 34.4.11 节中讨论了处理高达 70000 个待计参数的有效方法。

表 34.3 具有 32 个卫星和 160 个站的全球 GPS 解决方案中的观测值数量和估计参数。假设每个站点和观测时期可见 10 颗卫星

|  | 采样 | 观测值/参数数量 |
|---|---|---|
| 观测 | 5 min | 460800 |
| 站点坐标 | 24 h | 480 |
| 对流层天顶延迟 | 2 h | 2080 |
| 对流层梯度 | 24 h | 640 |
| 轨道参数 | 24 h | 576 |
| 地球定向参数 | 24 h | 5 |
| 模糊度 | 取决于数据 | ≈10000 |
| 卫星钟差 | 5 min | 9216 |
| 接收器钟差 | 5 min | 46080 |
| 总参数数量 |  | ≈69000 |

下面讨论更多具体的估计参数集。我们列出了样本先验标准偏差 $\sigma$ 和随机属性，它们基于文献[34.50, 34.75, 34.76]中所述的 POD 策略所提供的合理解决方案。可以看到，有些软件包直接在卡尔曼滤波器中应用随机更新[34.67]，而那些使用批处理滤波器的软件包则通常为每个更新配置一个新的（可选地受约束的）参数，并对法方程应用消除法以减少计算负担。为了便于讨论，我们考虑这两种参数化方法等价。表 34.4 给出了一个示例性的接收站参数配置，表 34.5 和 34.6 给出了可能的卫星参数设置，表 34.7 给出了 EOP 参数配置。由于载波相位测量精度高，因而伪距和载波相位数据通常分别给定的先验 $\sigma$ 分别为 1m 和 1cm，或给定两者一个 1:100 的比例系数关系。这实际上产生了基于相位的解决方案，且使钟差估计与伪距对齐。

表 34.4  接收机站点参数化采样(JPL 方法)(见文献[34.50])

| 参数 | 策略 | $\sigma_{apr}$ | $\sigma$ 过程噪声 |
|---|---|---|---|
| 站点坐标(所有或一个子集的站点) | 补偿 | 1km | — |
| 站点天顶对流层湿延迟 | 随机游走,每10min更新 | 0.5m | 0.03mm s$^{-1/2}$ |
| 站点对流层湿延迟梯度 | 随机游走,每10min更新 | 0.5m | 0.003mm s$^{-1/2}$ |
| 站点钟差补偿 | 白噪声,每个历元更新 | 1s | 1s |

表 34.5  卫星参数化采样(CODE 方法)(见文献[34.76,34.96])

| 参数 | 策略 | $\sigma_{apr}$ |
|---|---|---|
| 历元中的开普勒根数 | 偏差 | 无约束 |
| 太阳方向 $D$ 加速度 | 偏差 | 无约束 |
| $Y$ 方向加速度 | 偏差 | 无约束 |
| $B$ 方向加速度 | 偏差 | 无约束 |
| $B$ 方向加速度(每转一圈) | 偏差 | 无约束 |
| 恒定径向速度变化 | 每 12h | $1\times10^{-6}$ m s$^{-1}$ |
| 恒定沿轨速度变化 | 每 12h | $1\times10^{-5}$ m s$^{-1}$ |
| 恒定跨轨速度变化 | 每 12h | $1\times10^{-8}$ m s$^{-1}$ |

表 34.6  卫星参数化采样(JPL 方法)(见文献[34.50])

| 参数 | 配置 | $\sigma_{apr}$ | $\sigma$ 过程噪声 |
|---|---|---|---|
| 历元中位置 | 偏差 | 1km | — |
| 历元中速度 | 偏差 | 1cm s$^{-1}$ | — |
| $Y$ 加速度 | 偏差 | 1nm s$^{-2}$ | — |
| $Y$ 加速度 | 有色噪声,4h 相关,每 1h 更新 | 0.01nm s$^{-2}$ | 0.0002nm s$^{-2}$s$^{-1/2}$ |
| SRP 模型因子 | 偏差 | 1.0 | — |
| $X$ 和 $Z$ 上的 SRP 模型因子 | 有色噪声,4h 相关,每 1h 更新 | 0.01 | 0.0002 s$^{-1/2}$ |
| GPS Block Ⅱ/ⅡA 偏航率 | 每次午夜点/正午点偏差 | 0.01°s$^{-1}$ | — |
| 卫星钟差 | 白噪声,每个历元更新 | 1s | 1s |

表 34.7  EOP 采样(JPL 处理)

| 参数 | 配置 | $\sigma_{apr}$ |
|---|---|---|
| $X$ 和 $Y$ 极 | 补偿 | 5m(相对于先验) |
| 每弧段 UT1-UTC 速率 | 补偿 | $3.5\times10^{-8}$ s/s |

## 34.4.11 降低计算成本

对于一个给定的弧段数据而言,可以从头到尾采用一种解决方案进行处理。通常,该方法产生几个小时的延迟(超快速)或第二天(快速)的产品。但是,正如 34.1 节所述,在精度、处理时间以及所处理测站和卫星数量之间需要权衡取舍。通常采用一些策略来最大化接收机和卫星的数量,同时最小化处理时间。

(1)基于超快速轨道的实时钟差估计(几秒延迟):通过精密产品,GNSS轨道可以以足够高的精度(超过数小时甚至数天)进行预报,从而作为输入并在实时GNSS钟差滤波中固定。由于仅需要估计钟差和对流层参数,因而这样便减少了实时计算的负担和复杂性。该方法被广泛用于产生实时GNSS产品[34.97]。

(2)利用先验POD解的法方程:许多软件包都包含用于处理和叠加法方程组的工具,可以利用这些功能来最大限度地减少低延迟处理的新计算。例如,利用先前的快速或超快速法方程组,并附加几个小时的新数据以生成快速解决方案。这样可以避免重新计算测量模型和数据集主要部分的偏导数。此外,法方程叠加也是生成多天轨道弧段解的有效工具。

(3)为一组子网法方程叠加组:在需要处理尽可能多的站(例如为TRF精度做出贡献)的地方使用此方法。这是一种并行化技术,因为子网法方程在叠加和求逆之前是从单独的系统上生成的。

(4)双差处理:某些软件包处理双差观测值,以消除观测值中的卫星和接收机钟差。这样可以显著减少每个历元的待估参数个数,但仍可以估计轨道、EOP、大气延迟和测站坐标参数。GNSS的许多科学应用均与钟差无关,因而双差处理观测量时可以有效减轻计算负担。

(5)钟差加密:高动态应用(例如,动态测站或LEO卫星运动学轨道确定,第32章)所需的高速率卫星钟差参数会大大增加未知参数的数量。以表34.3的观测网为例,对于30s采样而言,必须估计超过500000个钟差参数。为了节省计算时间[34.98],研究人员开发了一种利用历元间相位观测量差分法。这种高效的高速率钟差插值(EHRI)算法将从全球钟差估计获得的5min卫星钟差参数密度压缩到30s甚至5s采样,并将计算时间减少了大约10倍。

## 34.5 软　　件

一些学术机构、研究机构和商业机构开发了多种用于GNSS POD的软件包。下面对其中的一些进行简要说明,并对其产品进行总结。

(1)Bernese GNSS软件,由伯尔尼大学天文研究所(AIUB)开发。Bernese是一个功能强大的软件包,可用于GNSS和低地球轨道(LEO)的POD、精密单点定位、DCB估计、天线标定、电离层和对流层参数估计等。AIUB与其他机构共同组成了欧洲轨道确定中心(CODE),为IGS贡献了GPS和GLONASS产品(轨道、钟差、DCB、天线标定、对流层和电离层参数)以及为IGS MGEX贡献了包括Galileo、BDS和QZSS在内的多系统GNSS产品[34.68]。

(2)NAPEOS(地球轨道卫星导航软件包),由欧空局(ESA)开发。NAPEOS可用于

GNSS 和 LEO 的 POD、精密单点定位、DCB 估计、天线标定、电离层和对流层参数估计等。NAPEOS 可用于生成 ESA IGS AC 的产品，该产品为 IGS 贡献了 GPS 和 GLONASS 的 POD 以及对流层和电离层产品[34.99]。

(3) GIPSY(GNSS 定位系统和轨道分析仿真软件)，由美国国家航空航天局(NASA)喷气推进实验室(JPL)开发。GIPSY 可用于生成 GPS、GLONASS 和 LEO 轨道和钟差产品、精密单点定位、电离层和对流层参数，并为 IGS 贡献 JPL AC 产品。GIPSY 可支持 NASA 的飞行任务(LEO 和飞行器定位)以及深空跟踪网的大气校准[34.100]等。

(4) EPOS-8(地球参数和轨道系统)，由德国地球科学研究中心(GFZ)开发。它也是一款具备 GNSS POD、对流层/电离层估计、卫星天线标定等广泛功能的软件包。GFZ 是一个 IGS AC，它提供 GPS 和 GLONASS 产品，以及针对 IGS MGEX 的 Galileo、BDS 和 QZSS 的多系统 GNSS 解决方案[34.101,34.102]。

(5) 法国国家空间研究中心(CNES)为 GNSS POD 开发了 GINS/DYNAMO 软件。CNES IGS AC 使用它来生产 GPS、GLONASS 和 Galileo 的 POD 产品。该软件还可用于处理 LEO POD[34.103]。

(6) 由中国武汉大学开发的位置和导航数据分析软件(PANDA)是 GNSS 和 LEO POD 的另一个软件包。武汉大学为 IGS MGEX 项目提供了多系统 GNSS 产品，为 IGS 快速组合(目前处于评估模式)提供了 GPS 产品[34.104]。

(7) GAMIT-GLOBK 是由麻省理工学院(MIT)的地球大气与行星科学系开发的 GPS 处理软件[34.105]。MIT IGS AC 使用它为 IGS 贡献每周最终产品和再加工产品。

(8) PAGES(GPS 星历计算程序)，由美国国家大地测量局(NGS)开发[34.106]。该软件采用双差法生成 GPS 轨道、测站参数和 EOP。NGS 是一个提供超快速、快速、最终和再加工的产品的 IGS AC。

(9) 许多商业服务使用内部和外部开发的软件包生成精确的 GNSS POD 解决方案。这些提供商主要关注在精确的海洋和陆地导航、蜂窝设备定位、GNSS 完好性监测和气象分析等领域客户感兴趣的实时或低延迟后处理产品。在这个领域活跃的提供商包括 John Deere(Navcom)[34.107]、JPL 全球差分 GNSS 系统[34.108]、Fugro[34.109]、RX Networks[34.110]、Trimble[34.111]和 Veripos[34.112]。在某些情况下，这些提供商可以管理自己的地面站网络、运营处理中心，通过地球静止卫星链路提供实时 GNSS 轨道、钟差(通常作为对广播星历的更正发送)和完好性数据，以及出售专有的接收机硬件等。GPS 和 GLONASS 产品是标准配置，BDS 和 Galileo 产品也将很快推出。

## 34.6 产　　品

精确的 GNSS 轨道和钟差产品一定包含多个项目。卫星轨道是必须的：这些轨道通常以质心(CoM)、ECEF 坐标和速度(可选)的时间序列给出。给定卫星的高度，轨道的动态性可以使用 8~11 阶插值(文献[34.113])、以 15min(或更短)间隔对坐标进行精确插值。如果需要,可采用与轨道和钟差产品一起提供的 EOP 在 ECI 中表示卫星位置。

卫星钟差可以以各种采样率提供。在提交给 IGS 的解决方案中。通常采用 5min 或 30s 间隔采样率,而在实时系统中的采样间隔通常只有 1s。一般而言,采样间隔越小越好,因为用户必须将钟差插值到估计值之间的历元。内插会引入一些误差,具体大小取决于内插(通常是分段线性)对真实钟差的拟合程度。

需要注意,IGS 产品中提供的钟差以卫星天线相位中心为基准,而轨道基准是 CoM。由于 GNSS 数据表示卫星天线和接收机天线的相位中心之间的几何距离,因而用户必须将轨道产品中的 CoM 位置调整到天线相位中心。因此,产品应提供有关所用相位中心模型(PCO 和 PCV)的信息,以便用户可以使用一致的模型。此外,也需要提供元数据(如 IERS 协议版本以及产品中实现的地球参考框架),这样用户可以在处理过程中应用一致的模型。这些信息在分析策略概要文件中提供[34.114]。

IGS 产品通常根据延迟程度来命名,包括实时(s)、超快速(h),快速(第二天),最终(1~2 周)和重新处理(每隔几年)。随着延迟的增加,精度会随之提高,其原因包括以下几点。更长的时间往往会增加可用跟踪数据量,尤其对于偏远测站,这将改善跟踪网分布。更长的时间将会采用更准确的标准轨道和钟差,或者采用迭代计算来改善精度,这特别有利于在预处理中编辑跟踪数据。尽管可以使用原始测量值或其线性组合来检测不合理的数据和载波相位周跳,但是使用精确的轨道和钟差进行数据编辑,可大大增强筛选异常跟踪数据的能力。另外,其他标称模型,如 EOP、天顶对流层和相关的映射函数,以及二阶电离层模型,也会随着观测量的增加以及从预报模型到估计模型而得到改进。此外,重新处理的主要优势是,可以处理长时间范围内的所有跟踪数据,并应用一致的模型和估计策略。

## 34.6.1 IGS 轨道和钟差综合产品

IGS 官方轨道和钟差产品是各个 AC 相结合的结果。此处提供了 3 个具有不同延迟和精度的产品线(33.3 节):

(1)超快速(3~9h,3cm,50ps);

(2)快速(17~41h,2.5cm,25ps);

(3)最终(12~18d,2cm,20ps)。

IGS 分析中心协调员(ACC)负责综合产品的生成。与单独 AC 生成的轨道相比,综合轨道产品可提供更高的可靠性和精度。下文仅讨论最终轨道和钟差产品。通用综合方法在文献[34.115]中进行了介绍。

1. 轨道综合

轨道综合的输入是 IGS AC 以 SP3 格式和 15min 采样率提供的在 ECEF 框架下的卫星位置,基于迭代加权平均方法进行处理(图 34.8)。为确保测站坐标、EOP 和轨道的一致性,在实际综合之前,会将各 AC 特定的旋转参数应用于轨道[34.116]。这些旋转参数先前是由 IGS 参考框架协调员根据对各 AC 以所谓的 SINEX 格式提供的测站坐标和 EOP 进行分

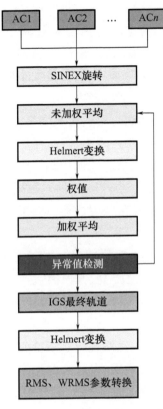

图 34.8 IGS 轨道综合流程图

析和综合得出。每周 IGS 综合概要文件 igswwww7.sum（wwww 代表 GPS 周）中提供了有关组合的详细统计信息，该文件可从 ftp://ftp.cddis.eosdis.nasa.gov/pub/相应的 www 子目录中获得。

图 34.9 展示了单 AC GPS 轨道相对于组合 IGS 最终轨道的历史加权均方根（WRMS）。由于应用了更复杂一致的模型和处理技术，因而轨道差异会随时间降低。例如，2007 年 8 月，JPL 采用了当时其他 AC 已经使用的 igs05.atx 天线模型[34.117]，导致其 WRMS 降低了约 3 倍。从 2008 年开始，AC 被分为两组：一组为 2cm 水平（EMR，GRG，JPL，SIO），另一组为 1cm 水平（COD，ESA，GFZ，MIT，NGS）。2014 年 4 月，欧空局开始使用先验盒—翼模型[34.118]。尽管该模型改善了轨道质量，但与其他 AC 的解决方案相比，产生了更大的差异[34.119]，导致综合中 WRMS 升高及其权重降低。各个 IGS AC 的 WRMS 一般接近 1.5cm。IGS 最终轨道精度的更多细节可参见文献[34.120]。在单独的处理中，IGS GLONASS 最终轨道综合通过相同的流程生成。

然而，综合轨道的 WRMS 只是轨道的内符合精度，可能会受到常见系统误差的影响。几乎所有 IGS 产品都显示出严重的 GPS 年谐波（卫星轨道面与太阳轨道面相同的时间间隔，对于 GPS 约为 351 天）误差[34.121]。结果表明，使用可估计的盒—翼 SRP 模型进行更复杂的轨道建模可以减少这些误差[34.122]。然而，在文献[34.121]中也发现半周日 EOP 模型中存在的 7、9、14 和 29 天的周期混叠误差缺陷是由人为造成。

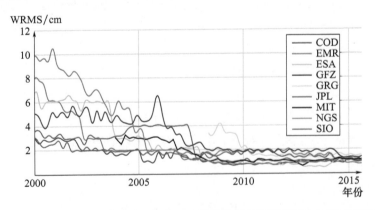

图 34.9 单个 AC 的 GPS 轨道相对于组合 IGS 最终轨道的平滑历史加权均方根（见彩图）

采用光学观测的 SLR 技术可对采用微波观测的 GNSS 卫星轨道精度进行独立检核。文献[34.123]利用 SLR 对 CODE AC 解算的 20 年 GPS 轨道和 12 年 GLONASS 轨道进行了分析。研究发现,两个装有激光反射镜的 GPS 卫星偏差为 1cm,RMS 为 2cm,而 GLONASS 卫星的 SLR 偏差通常在几毫米的水平,RMS 在 3~4cm 左右。这说明综合轨道 WRMS 表达的内符合精度与 SLR 评估精度之间存在差异,而这些差异是由上述系统性误差引起的。

2. 钟差综合

钟差综合的输入是以 RINEX 钟差格式表示的卫星和接收机钟差估计结果。一般的综合流程如图 34.10 所示,在文献[34.124,34.125]中有详细的讨论。首先,计算综合和单个分析中心(AC)轨道之间的径向轨道差,并将其应用于钟差,以消除与轨道有关的系统误差(径向轨道差和卫星钟差是一对一相关的)。其次,将各个 AC 计算的钟差与一个共同的参照为基准对齐。因此,对于所有 AC 而言,这将消除以所选参照为基准的钟差。这个参考基准可从广播星历钟差改正获得,或者在上一步中与广播星历钟差改正对齐的所选 AC 的钟差估计中获取。

在综合迭代过程中,将会探测异常值并修正钟跳。加权平均值根据 AC 钟差偏差(相对于未加权平均值)确定的权重形成。组合后的钟差用于实现 IGS 时标(IGST)[34.126],IGST 通过时间实验室(通过图 34.10 中标记为 UTC(k))中校准的 GPS 接收机和导航电文中的 GPS 时与 UTC 对齐。最后,生成钟差汇总文件,提供线性钟差模型的偏差/漂移和相对于组合钟差的 RMS/STD 以及有关时标生成的信息。

图 34.11 显示了特定 AC 的 GPS 钟差相对于组合 IGS 最终钟差的历史 RMS 值序列。其中,SIO 不提供钟差改正,NGS 由于仅提供广播星历钟差改正(由于进行了双差处理),因而它们被排除在组合之外。图中可以看出,最一致的 AC 钟差产品的 RMS 值在 100ps 量级。正如 34.4.8 节所述,不存在 GLONASS 钟差综合产品。

钟差综合的一个关键问题是,应用一致的卫星天线和姿态模型。例如,除 JPL 外,所有 IGS AC 均在 2011 年 4 月把天线模型 igs05.atx 替换为 igs08.atx[34.127],JPL 在 2011 年 7 月也对其进行了更新[34.117]。图 34.11 中可以清楚地看到由于天线模型不一致导致 JPL 的钟差 RMS 值在 3 个月增加了 3 倍以上。当 GPS Block Ⅱ/ⅡA 卫星运行到阴影区内时,不同 AC 之间卫星姿态模型的差异

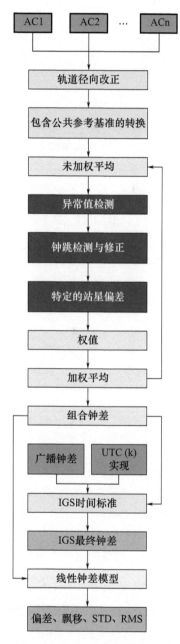

图 34.10 IGS 钟差综合流程图。UTC(k)指专用时间实验室中获取的 UTC,其组合钟差中包含校准的 GPS 接收机

明显。在组合过程中，这些问题会导致过大的时钟差，从而导致个别 AC 的产品被排除在外[34.128]。图 34.12 以 GPS Block ⅡA SVN-33 为例展示了这种情况。图中，MIT 的钟差估计显示，在卫星离开阴影区后，会出现明显的误差，导致这颗特定卫星的 AC 产品被排除在外。

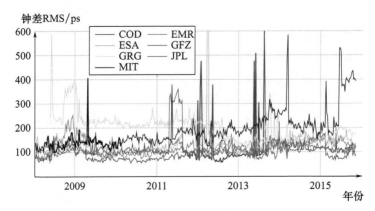

图 34.11  单个 AC 的 GPS 钟差相对于组合 IGS 最终钟差的 RMS（见彩图）

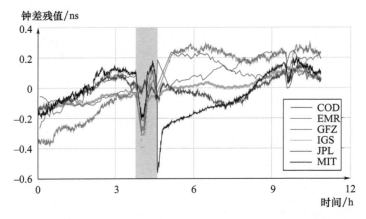

图 34.12  2011 年 2 月 6 日 GPS Block ⅡA 卫星 SVN-33 单个 AC 和组合 IGS 间的时钟残差。浅棕色阴影区域表示卫星进入星蚀期。其中，ESA 时钟估算值作为参考时钟，每个 AC 的偏差/漂移均被消除。另外，该卫星的 EMR 和 MIT 时钟估算值不包括在当天的时钟组合中（见彩图）

## 34.6.2 格式和传输

如今，使用了各种 GNSS 产品格式和传输机制。后处理产品通常以压缩文件形式提供。数据交换的开放标准包括用于 GNSS 轨道和钟差[34.129]的 SP3（标准产品 3）、用于接收机和卫星时钟的钟差 RINEX[34.130]、地球自转参数（ERP）[34.131]和天线交换（ANTEX）校准[34.132]格式。IGS 的 SP3 轨道文件中第 4 行注释用于记录重要的建模选项，包括相位中心模型、海潮载荷和大气潮汐载荷模型名称以及是否进行 CoM 改正。文献[34.133]中给出了 SP3 注释行完整的格式描述。每个 POD 软件通常还使用专有格式表示相同的信息，例如 GIPSY pos 或 Bernese 标准轨道[34.68]格式。

实时系统通过低延迟文件(例如,每分钟)以及几秒钟的延迟流来播发产品。实时流通常将精密轨道和时钟产品表示为当前广播星历的改正(在改正信息中进行特定数据编码)。这意味着生成改正参数必须考虑用于计算广播星历和精确解的卫星天线相位中心偏差间的任何差异。用户可以将改正参数直接应用于广播星历和钟差。这种改正方法的好处在于某些延迟(长达几十秒)不会显著降低用户解决方案的质量,因为导航电文中包括卫星位置、钟差和钟漂大部分误差,而改正参数在短时间内相对稳定(至少对于卫星时钟而言)。这些改正通常以 1s 采样率进行播发,不过有时可能会出现改正参数丢失,或以更长的间隔进行更新的情况。商业提供的实时改正流则使用专有的二进制格式编码,通过 Internet 以 TCP 或 UDP 数据包的形式播发,或通过地球静止卫星链路传输到用户设备[34.134]。IGS 实时服务以开放的状态空间表示(SSR)格式通过 Internet 传输进行参数改正[34.135]。

### 34.6.3 产品使用

无论是以后处理文件还是以实时流形式获取产品,用户都会在处理过程中应用一组精确的轨道、钟差和其他辅助信息。正如所讨论的那样,实现最佳的精度需要 GNSS 产品保持高度一致性,这需要我们把轨道从 CoM 改正到天线相位中心,并了解天线标定和生成 GNSS 产品的卫星姿态模型。由于 POD 软件包中的姿态模型具有不同的复杂度,尤其是对于非标称姿态领域(例如,星蚀),因此使用与生成产品相同的软件可实现最佳的一致性。

此外,钟差产品参照的数据类型也应保持一致。按照惯例,GPS(广播星历和精密)产品提供的是使用 L1P(Y)/L2P(Y)无电离层线性组合估算的钟差参数,而 GLONASS 的处理可以使用粗略或精确的测距码来形成无电离层线性组合(这并不重要,因为用户需要重新估计每个接收机—卫星链路上的距离偏差)。对于 Galileo 和 BDS 的 CDMA 系统,目前相关惯例正在制定中(34.4.8 节)。无论如何,用户应该处理相同的数据类型来生成 GNSS 产品。如果数据类型不可用,则用户必须在预处理中应用适当的 DCB(例如 GPS L1C/A 与 L1 P(Y))。

## 34.7 展　　望

多年来,POD 社区主要关注点在 GPS,因为这是唯一稳定运行的星座。在将近三十年的时间里,我们对测量系统的物理特性认识不断完善。当今取得的高精度产品是由以下几个关键因素实现的:全球大量大地测量站跟踪数据的利用;对测量偏差的谨慎处理;稳健的数据编辑方案;测站运动的复杂建模、大气效应、钟差、相位中心、卫星动力学和姿态等复杂模型的建模。

近年来,随着 GLONASS 星座的更新以及 Galileo 和 BDS 的建设,产生了 4 个可用的GNSS 系统。对新 GNSS 系统的认识水平以及 POD 产品的准确性,在许多方面都可以与精密 GPS 的第一个十年相提并论。我们面临的挑战是多方面的,包括处理 GNSS 系统之间的测量偏差、讨论更复杂的信号结构、多系统 GNSS 模糊度固定以及一致的时间基准等,这些都为研究和发展新 GNSS 系统提供了丰富的基础。目前,我们对卫星姿态控制、物理属性和动力学模型、天线相位中心以及星座运行等方面的研究仍然比较有限。因此,对于精确 GNSS 应用来说,与系统运营商合作提供详细的系统信息从而实现精确的 POD 至关重要。在不久的将来,GPS 将仍然是多系统 GNSS 处理的基石,但与其他系统联合所实现的精度应迅速提高。

对于所有系统的 GNSS 来说,模型改进和钟差确定仍然是重要的研究主题。轨道参数受动力学约束,但钟差被视为不受约束的历元参数,以减轻控制、重置事件和其他难以建模行为的影响。最小二乘估计中历元无关的参数化方法使得模型误差吸收到钟差估值中,从而实现验后残差最小。

由于钟差估计与天线相位中心有关,因此相位延迟和群延迟(接收机和发射机)以及卫星姿态的准确建模显得尤为重要。在某些科学应用中,接收机钟差、大地测量站高度和天顶对流层延迟之间的相关性应予以关注。另外,高度稳定的卫星钟可以缓解其中一些问题,例如,Galileo 被动型氢原子钟允许对时钟进行建模,而非按历元进行估算。事实证明,这种方法有望提高轨道质量[34.136]。

IGS 面临的挑战是开发和应用新软件,以实现多系统 GNSS 轨道和钟差的完全一致组合,也称为 ACC 2.0。目前,GPS 和 GLONASS 的组合产品是由完全独立的处理链生成的。此外,尽管有几家分析中心(AC)为 Galileo 和 BDS 提供解决方案,但仍未生成它们的组合产品。尽管我们早已认识到需要进行软件升级,但是到目前为止进展甚微。与此同时,在多系统 GNSS 中,GNSS 时标的确定和通信需要一组扩展的信号约定。

科学用户需求的不断增长带来了许多新挑战。GNSS 为确定全球地球参考框架提供了重要的基准和定向信息,但由于缺乏独立的绝对天线标定,因而无法贡献地心和坐标尺度。许多精确的大地测量和大气科学应用都利用了多个 GNSS 星座提供的广泛时空观测信息,也将继续观测与 GNSS 卫星动力学有关的物理参数信号。在海啸和地震预警等领域,新兴的低延迟和高精度 GNSS 应用所带来的社会效益对 GNSS 测量和处理基础设施提出了更高的要求。以上所述仅仅是精确的 GNSS POD 及其应用的广阔前景的一些范例,随着技术和科学的进步,其回报将远远超过这一代 GNSS。

## 致谢

感谢在本章的撰写过程中提供有益评论的编辑,以及 Deutsches GeoForschungsZentrum Potsdam(GFZ) 的 Mathias Fritsche 提供有关轨道和钟差综合的信息。

# 参考文献

34.1　O. Montenbruck, P. Steigenberger, A. Hauschild: Broadcast versus precise ephemerides: A multi GNSS perspective, GPS Solut. **19**(2), 321-333(2015)

34.2　G. Petit, B. Luzum: *IERS Conventions* (2010), IERS Technical Note No. 36 (Verlag des Bundesamts fur Kartographie und Geodasie, Frankfurt a. M. 2010)

34.3　M. Rothacher, G. Beutler, T. A. Herring, R. Weber: Estimation of nutation using the Global Positioning System, J. Geophys. Res. **104**(B3), 4835-4859 (1999)

34.4　B. J. Luzum, J. R. Ray, M. S. Carter, F. J. Josties: Recent improvements to IERS Bulletin A combination and prediction, GPS Solut. **4**(3), 34-40(2001)

34.5　C. Bizouard, D. Gambis: The combined solution C04 for Earth Orientation Parameters consistent with International Terrestrial Reference Frame 2008, Observatoire de Paris, https://hpiers.obspm.fr/iers/eop/eopc04/C04.guide.pdf

34.6　P. Rebischung, J. Griffiths, J. Ray, R. Schmid, X. Collilieux, B. Garayt: IGS08: the IGS realization of ITRF2008, GPS Solut. **16**(4), 483-494(2012)

34.7　P. M. Mathews, V. Dehant, J. M. Gipson: Tidal station displacements, J. Geophys. Res. **102**(B9), 20469-20477(1997)

34.8　H. -G. Scherneck: A parametrized solid Earth tide model and ocean loading effects for global geodetic base-line measurements, Geophys. J. Int. **106**(3), 677-694(1991)

34.9　F. Lyard, F. Lefevre, T. Letellier, O. Francis: Modelling the global ocean tides: Modern insights from FES2004, Ocean Dyn. **56**(5/6), 394-415(2006)

34.10　L. Carrere, F. Lyard, A. Guillot, M. Cancet: FES 2012: A new tidal model taking advantage of nearly 20 years of altimetry measurements, Proc. 20 Years Prog. Radar Altimetry Symp., Venice-Lido (CNES/ESA, Toulouse 2012) p. 5

34.11　S. D. Desai: Observing the pole tide with satellite altimetry, J. Geophys. Res. **107**(C11, 3180), 1-13 (2003) doi: 10.1029/2001JC001224

34.12　R. D. Ray, R. M. Ponte: Barometric tides from ECMWF operational analyses, Ann. Geophys. **21**(8), 1897-1910(2003)

34.13　J. Boehm, R. Heinkelmann, H. Schuh: Short Note: A global model of pressure and temperature for geodetic applications, J. Geod. **81**(10), 679-683 (2007)

34.14　J. Boehm, A. Niell, P. Tregoning, H. Schuh: Global Mapping Function(GMF): A new empirical mapping function based on numerical weather model data, Geophys. Res. Lett. **33**(L07304), 1-4(2006) doi: 10.1029/2005GL025546

34.15　J. Böhm, G. Möller, M. Schindelegger, G. Pain, R. Weber: Development of an improved empirical model for slant delays in the troposphere (GPT2w), GPS Solut. **19**(3), 433-441(2014)

34.16　J. Boehm, B. Werl, H. Schuh: Troposphere mapping functions for GPS and very long baseline interferometry from European Centre for Medium-Range Weather Forecasts operational analysis data, J. Geophys. Res. **111**(B02406), 1-9(2006) doi: 10.1029/2005JB003629

34.17　M. Fritsche, R. Dietrich, C. Knöfel, A. Rülke, S. Vey, M. Rothacher, P. Steigenberger: Impact of higher order ionospheric terms on GPS estimates, Geophys. Res. Lett. **32**(L23311), 1-5(2005) doi: 10.1029/2005GL024342

34.18　N. Ashby: Relativity in the global positioning system, Living Rev. **6**(1), 1-42(2003) doi: 10.12942/lrr-2003-1

34.19　R. Schmid, R. Dach, X. Collilieux, A. Jäggi, M. Schmitz, F. Dilssner: Absolute IGS antenna phase center model igs08.atx: Status and potential improvements, J. Geod. **90**(4), 343–364 (2015)

34.20　J. T. Wu, S. C. Wu, G. G. Hajj, W. I. Bertiger, S. M. Lichten: Effects of antenna orientation on GPS carrier-phase, Manuscr. Geod. **18**, 91–98 (1993)

34.21　O. Montenbruck, R. Schmid, F. Mercier, P. Steigenberger, C. Noll, R. Fatkulin, S. Kogure, A. S. Ganeshan: GNSS satellite geometry and attitude models, Adv. Space Res. **56**(6), 1015–1029 (2015)

34.22　J. Kouba: A simplified yaw-attitude model for eclipsing GPS satellites, GPS Solut. **13**(1), 1–12 (2009)

34.23　F. Dilssner: GPS IIF-1 satellite, antenna phase center and attitude modeling, Inside GNSS **5**(6), 59–64 (2010)

34.24　F. Dilssner, T. Springer, G. Gienger, J. Dow: The GLONASS-M satellite yaw-attitude model, Adv. Space Res. **47**(1), 160–171 (2011)

34.25　X. Dai, M. Ge, Y. Lou, C. Shi, J. Wickert, H. Schuh: Estimating the yaw-attitude of BDS IGSO and MEO satellites, J. Geod. **89**(10), 1005–1018 (2015)

34.26　Y. Ishijima, N. Inaba, A. Matsumoto, K. Terada, H. Yonechi, H. Ebisutani, S. Ukawa, T. Okamoto: Design and development of the first Quasi-Zenith Satellite attitude and orbit control system, IEEE Aerosp. Conf. (2009) doi: 10.1109/AERO.2009.4839537

34.27　C. J. Rodriguez-Solano: Impact of Albedo Modelling on GPS Orbits, Master Thesis (TU München, Munich 2009)

34.28　M. Ziebart, S. Edwards, S. Adhya, A. Sibthrope, P. Arrowsmith, P. Cross: High precision GPS IIR orbit prediction using analytical non-conservative force models, Proc. ION GNSS 2004, Long Beach (ION, Virginia 2004) pp. 1764–1770

34.29　IGS: GPS transmit power levels, http://acc.igs.org/orbits/thrust-power.txt

34.30　N. K. Pavlis, S. A. Holmes, S. C. Kenyon, J. K. Factor: The development and evaluation of the Earth Gravitational Model 2008 (EGM2008), J. Geophys. Res. **117**(B04406), 1–38 (2012) doi: 10.1029/2011JB008916

34.31　C. C. Finlay, S. Maus, C. D. Beggan, T. N. Bondar, A. Chambodut, T. A. Chernova, A. Chulliat, V. P. Golovkov, B. Hamilton, M. Hamoudi, R. Holme, G. Hulot, W. Kuang, B. Langlais, V. Lesur, F. J. Lowes, H. Luhr, S. Macmillan, M. Mandea, S. McLean, C. Manoj, M. Menvielle, I. Michaelis, N. Olsen, J. Rauberg, M. Rother, T. J. Sabaka, A. Tangborn, L. Toffner-Clausen, E. Thebault, A. W. P. Thomson, I. Wardinski, Z. Wei, T. I. Zvereva: International Geomagnetic Reference Field: The eleventh generation, Geophys. J. Int. **183**(3), 1216–1230 (2010)

34.32　Chalmers University: *Online Ocean Tide Loading Computation Service* http://holt.oso.chalmers.se/loading

34.33　L. Petrov, J.-P. Boy: Study of the atmospheric pressure loading signal in very long baseline interferometry observations, J. Geophys. Res. **109**(B03405), 1–14 (2004) doi: 10.1029/2003JB002500

34.34　P. Tregoning, C. Watson, G. Ramillien, H. Mc-Queen, J. Zhang: Detecting hydrologic deformation using GRACE and GPS, Geophys. Res. Lett. **36**(L1540), 1–6 (2009) doi: 10.1029/2009GL038718

34.35　P. Misra, P. Enge: *Global Positioning System Signals, Measurements, and Performance*, 2nd edn. (Ganga-Jamuna, Lincoln 2006)

34.36 J. Boehm, H. Schuh: Vienna mapping functions in VLBI analyses, Geophys. Res. Lett. **31**(L01603), 1–4 (2004) doi: 10.1029/2003GL018984

34.37 J. Saastamoinen: Atmospheric correction for the troposphere and stratosphere in radio ranging of satellites. In: *The Use of Artificial Satellites for Geodesy*, Geophysical Monograph Series, Vol. 15, ed. by S. W. Henriksen, A. Mancini, B. H. Chovitz (AGU, Washington 1972) pp. 247–251

34.38 J. L. Davis, T. A. Herring, I. I. Shapiro, A. E. E. Rogers, G. Elgered: Geodesy by radio interferometry: Effects of atmospheric modeling errors on estimates of baseline length, Radio Sci. **20**(6), 1593–1607 (1985)

34.39 D. Bilitza, D. Altadill, Y. Zhang, C. Mertens, V. Truhlik, P. Richards, L. McKinnell, B. Reinisch: The International Reference Ionosphere 2012-A model of international collaboration, J. Space Weather Space Clim. **4**, A07 (2014)

34.40 S. Kedar, G. A. Hajj, B. D. Wilson, M. B. Heflin: The effect of the second order GPS ionospheric correction on receiver positions, Geophys. Res. Lett. **30**(16), 1–4 (2003) doi: 10.1029/2003GL017639

34.41 E. J. Petrie, M. Hernández-Pajares, P. Spalla, P. Moore, M. A. King: A review of higher order ionospheric refraction effects on dual frequency GPS, Surv. Geophys. **32**(3), 197–253 (2011)

34.42 M. Garcia-Fernandez, S. D. Desai, M. D. Butala, A. Komjathy: Evaluation of different approaches to modeling the second-order ionospheric delay on GPS measurements, J. Geophys. Res. Space Phys. **118**(12), 7864–7873 (2013)

34.43 M. Hernández-Pajares, J. M. Juan, J. Sanz, R. Orús: Second-order ionospheric term in GPS: Implementation and impact on geodetic estimates, J. Geophys. Res. **112**(B08417), 1–16 (2007) doi: 10.1029/2006JB004707

34.44 S. Bassiri, G. A. Hajj: Higher-order ionospheric effects on the global positioning system observables and means of modeling them, Manuscr. Geod. **18**, 280–289 (1993)

34.45 N. Ashby, J. J. Spilker Jr.: Introduction to relativistic effects on the Global Positioning System. In: *Global Positioning System: Theory and Applications*, Vol. 1, ed. by B. W. Parkinson, J. J. Spilker Jr. (AIAA, Washington 1996) pp. 623–697

34.46 J. Kouba: Relativistic time transformations in GPS, GPS Solut. **5**(4), 1–9 (2002)

34.47 R. Schmid, P. Steigenberger, G. Gendt, M. Ge, M. Rothacher: Generation of a consistent absolute phase center correction model for GPS receiver and satellite antennas, J. Geod. **81**(12), 781–798 (2007)

34.48 Y. E. Bar-Sever: A new model for GPS yaw attitude, J. Geod. **70**(11), 714–723 (1996)

34.49 Y. Bar-Sever, D. Kuang: New empirically derived solar radiation pressure model for Global Positioning System satellites, IPN Prog. Rep. **42**, 159 (2004)

34.50 J. P. Weiss, Y. Bar-Sever, W. Bertiger, S. Desai, M. Garcia-Fernandez, B. Haines, D. Kuang, C. Selle, A. Sibois, A. Sibthorpe: Orbit and attitude modeling at the JPL Analysis Center, Int. GNSS Serv. Workshop, Pasadena (IGS, Pasadena 2014)

34.51 H. F. Fliegel, T. E. Gallini: Solar force modeling of Block IIR Global Positioning System satellites, J. Spacecr. Rockets **33**(6), 863–866 (1996)

34.52 M. Ziebart, S. Adhya, A. Sibthorpe, S. Edwards, P. Cross: Combined radiation pressure and thermal modelling of complex satellites: Algorithms and on-orbit tests, Adv. Space Res. **36**(3), 424–430 (2005)

34.53 P. C. Knocke, J. C. Ries, B. D. Tapley: Earth radiation pressure effects on satellites, Proc. AIAA/AAS

Astrodyn. Conf., Minneapolis (AIAA, Reston 1988) pp. 577–587

34.54　M. Ziebart, A. Sibthorpe, P. Cross, Y. Bar-Sever, B. Haines: Cracking the GPS–SLR orbit anomaly, Proc. ION GNSS 2007, Fort Worth (ION, Virginia 2007) pp. 2033–2038

34.55　C. J. Rodriguez-Solano, U. Hugentobler, P. Steigenberger, S. Lutz: Impact of Earth radiation pressure on GPS position estimates, J. Geod. **86**(5), 309–317 (2012)

34.56　B. A. Wielicki, B. R. Barkstrom, E. F. Harrison, R. B. Lee, G. L. Smith, J. E. Cooper: Clouds and the Earth's radiant energy system (CERES): An Earth observing system experiment, Bull. Am. Meteorol. Soc. **77**(5), 853–868 (1996)

34.57　United States Coast Guard: https://www.navcen.uscg.gov/?Do=constellationstatus

34.58　United States Coast Guard: https://www.navcen.uscg.gov/?pageName=currentNanus

34.59　Information and Analysis Center for Positioning, Navigation and Timing: https://www.glonass-iac.ru/en/GLONASS

34.60　Information and Analysis Center for Positioning, Navigation and Timing: https://www.glonass-iac.ru/en/CUSGLONASS/

34.61　European GNSS Service Centre: http://www.gsc-europa.eu/system-status/Constellation-Information

34.62　European GNSS Service Centre: http://www.gsceuropa.eu/system-status/user-notifications

34.63　Cabinet Office: http://qzss.go.jp/en/technical/satellites/index.html#QZSS

34.64　JAXA: http://qz-vision.jaxa.jp/USE/en/naqu

34.65　G. J. Bierman: *Factorization Methods for Discrete Sequential Estimation* (Academic Press, New York 1977)

34.66　P. Axelrad, R. G. Brown: GPS navigation algorithms. In: *Global Positioning System: Theory and Applications*, Vol. 1, ed. by B. W. Parkinson, J. J. Spilker Jr. (AIAA, Washington 1996) pp. 409–433

34.67　B. Tapley, B. Schutz, G. H. Born: *Statistical Orbit Determination* (Academic Press, Burlington 2004)

34.68　R. Dach, F. Andritsch, D. Arnold, S. Bertone, P. Fridez, A. Jäggi, Y. Jean, A. Maier, L. Mervart, U. Meyer, E. Orliac, E. Ortiz-Geist, L. Prange, S. Scaramuzza, S. Schaer, D. Sidorov, A. Sušnik, A. Villiger, P. Walser, C. Baumann, G. Beutler, H. Bock, A. Gade, S. Lutz, M. Meindl, L. Ostini, K. Sośnica, A. Steinbach, D. Thaller: *Bernese GNSS Software Version* 5.2, ed. by R. Dach, S. Lutz, P. Walser, P. Fridez (Astronomical Institute, University of Bern, Bern 2015)

34.69　M. Rothacher: Estimation of station heights with GPS. In: *Vertical Reference Systems*, International Association of Geodesy Symposia, Vol. 124, ed. by H. Drewes, A. H. Dodson, P. S. Fortes, L. Sanchez, P. Sandoval (Springer, Berlin, Heidelberg 2002) pp. 81–90

34.70　S. Jin, J. Wang, P.-H. Park: An improvement of GPS height estimations: Stochastic modeling, Earth Planets Space **57**(4), 253–259 (2014)

34.71　X. Luo, M. Mayer, B. Heck, J. L. Awange: A realistic and easy-to-implement weighting model for GPS phase observations, IEEE Trans. Geosci. Remote Sens. **52**(10), 6110–6118 (2014)

34.72　D. S. MacMillan, C. Ma: Atmospheric gradients and the VLBI terrestrial and celestial reference frames, Geophys. Res. Lett. **24**(4), 453–456 (1997)

34.73　O. Titov, V. Tesmer, J. Boehm: OCCAM v. 6.0 software for VLBI data analysis, Proc. IVS 2004 Gen. Meet. (2004) pp. 267–271

34.74　S. Wu, T. P. Yunck, C. L. Thornton: Reduced-dynamic technique for precise orbit determination of low

Earth satellites, J. Guid. Control Dyn. **14**(1), 24-30(1991)

34.75　G. Beutler, E. Brockmann, W. Gurtner, U. Hugentobler, L. Mervart, M. Rothacher, A. Verdun: Extended orbit modeling techniques at the CODE processing center of the international GPS service for geodynamics(IGS): Theory and initial results, Manuscr. Geod. **19**, 367-386(1994)

34.76　T. A. Springer, G. Beutler, M. Rothacher: A new solar radiation pressuremodel for GPS satellites, GPS Solut. **2**(3), 50-62(1999)

34.77　D. Arnold, M. Meindl, G. Beutler, R. Dach, S. Schaer, S. Lutz, L. Prange, K. Sośnica, L. Mervart, A. Jäggi: CODE's new solar radiation pressure model for GNSS orbit determination, J. Geod. **89**(8), 775-791(2015)

34.78　A. Sibthorpe, W. Bertiger, S. D. Desai, B. Haines, N. Harvey, J. P. Weiss: An evaluation of solar radiation pressure strategies for the GPS constellation, J. Geod. **85**(8), 505-517(2011)

34.79　N. Romero: CC2NONCC update to handle more than 24 satellites per epoch, IGSMAIL-6542(2012) https://igscb.jpl.nasa.gov/pipermail/igsmail/ 2012/007732.html

34.80　P. Steigenberger, O. Montenbruck, U. Hessels: Performance evaluation of the early CNAV navigation message, Navigation **62**(3), 219-228(2015)

34.81　O. Montenbruck, A. Hauschild, P. Steigenberger: Differential code bias estimation using multi-GNSS observations and global ionosphere maps, Navigation **61**(3), 191-201(2014)

34.82　L. Mervart: Ambiguity Resolution Techniques in Geodetic and Geodynamic Applications of the Global Positioning System, Ph. D. Thesis, Geodatisch-geophysikalische Arbeiten in der Schweiz, Vol. 53 (Schweizerische Geodätische Kommission, Zurich 1995)

34.83　M. Ge, G. Gendt, G. Dick, F. P. Zhang: Improving carrier-phase ambiguity resolution in global GPS network solutions, J. Geod. **79**(1), 103-110(2005)

34.84　S. Loyer, F. Perosanz, F. Mercier, H. Capdeville, J.-C. Marty: Zero-difference GPS ambiguity resolution at CNES-CLS IGS Analysis Center, J. Geod. **86**(11), 991-1003(2012)

34.85　P. Steigenberger, U. Hugentobler, S. Loyer, F. Perosanz, L. Prange, R. Dach, M. Uhlemann, G. Gendt, O. Montenbruck: Galileo orbit and clock quality of the IGS multi-GNSS experiment, Adv. Space Res. **55**(1), 269-281(2015)

34.86　O. Montenbruck, P. Steigenberger, U. Hugentobler: Enhanced solar radiation pressure modeling for Galileo satellites, J. Geod. **89**(3), 283-297(2015)

34.87　P. Steigenberger, U. Hugentobler, A. Hauschild, O. Montenbruck: Orbit and clock analysis of Compass GEO and IGSO satellites, J. Geod. **87**(6), 515-525(2013)

34.88　J. Liu, D. Gua, B. Ju, Z. Shen, Y. Lai, D. Yi: A new empirical solar radiation pressure model for Bei-Dou GEO satellites, Adv. Space Res. **57**(1), 234-244 (2016)

34.89　Russian Institute of Space Device Engineering: Global Navigation Satellite System GLONASS-Interface Control Document, v5.1, (Russian Institute of Space Device Engineering, Moscow 2008)

34.90　L. Wanninger: Carrier-phase inter-frequency biases of GLONASS receivers, J. Geod. **86**(2), 139-148 (2012)

34.91　International GNSS Service Analysis Center Coordinator, http://acc.igs.org/

34.92　Z. Deng, Q. Zhao, T. Springer, L. Prange, M. Uhlemann: Orbit and clock determination-BeiDou, Proc. IGS Workshop, Pasadena(IGS, Pasadena 2014)

34.93　P. Rebischung: IGb08, IGSMAIL-6663 (2012) https://igscb.jpl.nasa.gov/pipermail/igsmail/2012/006655.html

34.94　X. Wu, J. Ray, T. van Dam: Geocenter motion and its geodetic and geophysical implications, J. Geodyn. **58**, 44-66 (2012)

34.95　R. Ferland, G. Gendt, T. Schöne: IGS reference frame maintenance, Celebrating a decade of the International GPS Service, Workshop and Symposium 2004, Bern, ed. by M. Meindl (Astronomical Institute, University of Bern, Bern 2005) pp. 13-34

34.96　CODE Analysis Strategy Summary (2016) https://igscb.jpl.nasa.gov/igscb/center/analysis/code.acn

34.97　A. Hauschild, O. Montenbruck: Real-time clock estimation for precise orbit determination of LEO satellites, Proc. ION GNSS 2008, Savannah (ION, Virginia 2008) pp. 581-589

34.98　H. Bock, R. Dach, A. Jäggi, G. Beutler: High-rate GPS clock corrections from CODE: Support of 1 Hz applications, J. Geod. **83**(11), 1083-1094 (2009)

34.99　T. A. Springer: *NAPEOS Mathematical Models and Algorithms*, DOPS-SYS-TN-0100-OPS-GN (ESA/ESOC, Darmstadt 2009)

34.100　JPL: GIPSY-OASIS, https://gipsy-oasis.jpl.nasa.gov

34.101　G. Gendt, G. Dick, W. Soehne: GFZ analysis center of IGS-Annual report 1998. In: *IGS 1998 Technical Reports*, ed. by K. Goway, R. Neilan, A. Moore (JPL, Pasadena 1998) pp. 79-87

34.102　M. Ge, G. Gendt, G. Dick, F. P. Zhang, M. Rothacher: A new data processing strategy for huge GNSS global networks, J. Geod. **80**(4), 199-203 (2006)

34.103　J. C. Marty, S. Loyer, F. Perosanz, F. Mercier, G. Bracher, B. Legresy, L. Portier, H. Capdeville, F. Fund, J. M. Lemoine: GINS: The CNES/GRGS GNSS scientific software, Proc. 3rd Int. Coll. Sci. Fundam. Asp. Galileo Program., ESA WPP326, Copenhagen (ESA, Noordwijk 2011)

34.104　Q. Zhao, J. Guo, M. Li, L. Qu, Z. Hu, C. Shi, J. Liu: Initial results of precise orbit and clock determination for COMPASS navigation satellite system, J. Geod. **87**(5), 475-486 (2013)

34.105　MIT: GAMIT-GLOBK, http://www-gpsg.mit.edu/~simon/gtgk/

34.106　W. G. Kass, R. L. Dulaney, J. Griffiths, S. Hilla, J. Ray, J. Rohde: Global GPS data analysis at the National Geodetic Survey, J. Geod. **83**(3/4), 289-295 (2009)

34.107　K. Dixon: StarFire: A global SBAS for sub-decimeter precise point positioning, Proc. ION GNSS 2006, Fort Worth (ION, Virginia 2006) pp. 2286-2296

34.108　Global Differential GNSS System, http://www.gdgps.net

34.109　J. Tegedor, D. Lapucha, O. Ørpen, E. Vigen, T. Melgard, R. Strandli: The new G4 service: Multiconstellation precise point positioning including GPS, GLONASS, Galileo and BeiDou, Proc. ION GNSS+ 2015, Tampa (ION, Virginia 2015) pp. 1089-1095

34.110　E. Derbez, R. Lee: GPStream: A low bandwidth architecture to deliver or autonomously generate predicted ephemeris, Proc. ION GNSS 2008, Savannah (ION, Virginia 2008) pp. 1258-1264

34.111　M. Glocker, H. Landau, R. Leandro, M. Nitschke: Global precise multi-GNSS positioning with Trimble Centerpoint RTX, Proc. 6th ESA Workshop Satell. Navig. Technol. Eur. Workshop GNSS Signals Signal Proces. (NAVITEC), Noordwijk (IEEE, New York 2012), doi:10.1109/NAVITEC.2012.6423060

34.112　C. Rocken, L. Mervart, J. Johnson, Z. Lukes, T. Springer, T. Iwabuchi, S. Cummins: A new realtime global GPS and GLONASS precise positioning correction service: Apex, Proc. ION GNSS 2011, Portland (ION, Virginia 2011) pp. 1825-1838

34.113 Y. Feng, Y. Zheng: Efficient interpolations to GPS orbits for precise wide area applications, GPS Solut. **9**(4), 273-282(2005)

34.114 IGS Analysis Strategy Summaries(2016) ftp://igs. org/pub/center/analysis

34.115 G. Beutler, J. Kouba, T. Springer: Combining the orbits of the IGS analysis centers, Bull. Geod. **69**, 200-222(1995)

34.116 J. Griffiths: Misalignment of the AC final orbits (2012) http://acc. igs. org/orbits/acc_report_final_rotations. pdf

34.117 S. Desai, W. Bertiger, B. Haines, D. Kuang, C. Selle, A. Sibois, A. Sibthorpe, J. Weiss: JPL IGS analysis center report, 2005-2012, Int. GNSS Serv. Techn. Rep. 2011, Pasadena, ed. by M. Meindl, R. Dach, Y. Jean(IGS Central Bureau, Pasadena 2012) pp. 85-90

34.118 C. Garcia Serrano, L. Agrotis, F. Dilssner, J. Feltens, M. van Kints, I. Romero, T. Springer, W. Enderle: The ESA/ESOC analysis center progress and improvements, IGS Workshop 2014, Pasadena(IGS Central Bureau, Pasadena 2014)

34.119 T. Springer, M. Otten, C. Flohrer, F. Pereira, F. Gini, W. Enderle: GNSS satellite orbit modeling at ESOC, IGS Workshop 2014, Pasadena(IGS Central Bureau, Pasadena 2014)

34.120 J. Griffiths, J. Ray: On the precision and accuracy of IGS orbits, J. Geod. **83**(3/4), 277-287(2009)

34.121 J. Griffiths, J. R. Ray: Sub-daily alias and draconitic errors in the IGS orbits, GPS Solut. **17**(3), 413-422(2012)

34.122 C. J. Rodriguez-Solano, U. Hugentobler, P. Steigenberger, M. Blosfeld, M. Fritsche: Reducing the draconitic errors in GNSS geodetic products, J. Geod. **88**(6), 559-574(2014)

34.123 K. Sośnica, D. Thaller, R. Dach, P. Steigenberger, G. Beutler, D. Arnold, A. Jaggi: Satellite laser ranging to GPS and GLONASS, J. Geod. **89**(7), 725-743 (2015)

34.124 J. Kouba, T. Springer: New IGS station and satellite clock combination, GPS Solut. **4**(4), 31-36 (2001)

34.125 F. J. Gonzalez Martinez: Performance of New GNSS Satellite Clocks, Ph. D. Thesis(Karlsruher Institut fur Technologie, Karlsruhe 2014)

34.126 K. Senior: Report of the IGS working group on clock products, 19th Meet. Consult. Comm. Time Freq., Sèvres(BIPM, Sevres 2012) pp. 219-236

34.127 J. Ray: REMINDER: Switch to IGS08/igs08. atx on 17 April 2011 IGSMAIL-6384(2011) https://igscb. jpl. nasa. gov/pipermail/igsmail/2011/007574. html

34.128 J. R. Ray, J. Griffiths: Status of IGS orbit modeling and areas for improvement, Geophys. Res. Abstr. **13** (EGU, Vienna 2011) EGU2011-3774

34.129 S. Hilla: The Extended Standard Product 3 Orbit Format(SP3-c) (2010) https://igscb. jpl. nasa. gov/igscb/data/format/sp3c. txt

34.130 J. Ray, W. Gurtner: RINEX Extensions to Handle Clock Information (2006) https://igscb. jpl. nasa. gov/igscb/data/format/rinex_clock300. txt

34.131 J. Kouba, Y. Mireault: New IGS ERP Format(version 2), IGSMAIL-1943(1998) https://igscb. jpl. nasa. gov/ mail/igsmail/1998/msg00170. html

34.132 M. Rothacher and R. Schmid: ANTEX: The Antenna Exchange Format, Version 1. 4(2010) https://ig-

34.133　G. Gendt: IGS switch to absolute antenna model and ITRF2005, IGSMAIL-5438(2006) https://igscb.jpl.nasa.gov/pipermail/igsmail/2006/005509.html

34.134　G. Maral, M. Bousquet: *Satellite Communications Systems: Systems, Techniques, and Technology*, 5th edn. (Wiley, Chichester 2009)

34.135　Radio Technical Commission for Maritime Services (RTCM): Differential GNSS(Global Navigation Satellite Systems) Services-Version 3(2013)

34.136　S. Hackel, P. Steigenberger, U. Hugentobler, M. Uhlemann, O. Montenbruck: Galileo orbit determination using combined GNSS and SLR observations, GPS Solut. **19**(1), 15-25(2015)

# 第 35 章 测　　量

**Chris Rizos**

20 世纪 80 年代初,GPS 被应用于民用大地测量领域,它不仅对大地测量学进行了变革,同时也改变了测量作业的方式。目前,GNSS 已是土地、工程和海道测量工作者使用的基本工具。多数 GNSS 测量任务都需要在精确定义的参考框架内进行高精度坐标确定,而高精度坐标的确定通常使用基于载波相位观测量的差分 GNSS 定位技术来实现。基于载波相位观测量的定位方式可实现亚米级、分米级、厘米级甚至毫米级的精度水平,其依赖于专业的设备、精密的处理软件和外业工作。即使用户接收机处于运动状态,GNSS 也能够在短时间内实现实时精确定位。如今,GNSS 已从一项大地测量技术演变为一种用途广泛的测量工具。此外,随着区域参考网的广泛建立,基于精密单点定位的新技术也得到越来越广泛的关注。

20 世纪 80 年代初,作为第一批民用 GPS 用户,大地测量工作者利用 GPS 来确定控制网中地面标志的坐标。如今,GNSS 已在全世界范围内成为大地测量最主要的技术手段。

大地测量需要确定高精度的大地坐标信息,其精度要求远高于 GNSS 公开标准服务(如第 7 章或第 9 章等)给出的 1～10m 级的单点定位(第 21 章)精度。本章假定测绘应用对精度的要求在毫米级到亚米级之间,如此高的定位精度要求也有力推动了 GNSS 测量学发展出自己专门的观测规程、测量技术和数据分析方法。

高精度 GNSS 定位可等同于差分定位[35.1],差分 GNSS(21.5 节和 26.1 节)定位技术可使用伪距观测量和载波相位观测量,根据所使用的定位算法和工作模式,其精度一般在分米级至毫米级。精密单点定位(PPP;第 25 章)提供了另一种新型的接收机测量作业方法,该技术无须在其作业范围附近有同时工作的 GNSS 参考站。

差分 GNSS 技术的一个关键特点是,它不需要像地面大地测量技术一样要求各 GNSS 观测接收机之间通视。实际上,各种测量应用对 GNSS 接收机之间的距离要求并不相等,土地测量或工程测量应用一般在几千米,而全球大地测量应用一般在数百千米甚至数千千米。此外,待确定坐标的地面标志是固定不动的。GNSS 大地测量十分关注标石是否稳定,因为要在标石上用混凝土柱子、钢销、金属三脚架或在附着在基岩上、构筑物上的柱子等上面安装天线。一旦确定了地面标志的三维坐标,就可以利用其作为基准控制点来进行其他(低精度)测量作业。通过这种方式,可将基准或参考坐标系传递到传统地面测量技术或 GNSS 测绘技术采集的地理空间数据中。

大地测量、土地测量、工程测量或海道测量等诸多任务,并不需要实时(RT)坐标信息。通常在制作数字地图、计算 GNSS 接收机天线的精确坐标或建立地面控制网时,才需要进行 GNSS 测量。然而,也有需要实时获取坐标的 GNSS 测量应用,例如机械自动化应用、施工放样任务、轨迹确定以及点到点间的导航(第21章、第30章)。

这里需要强调的是,GNSS测量实际上是GPS测量的延伸。GPS测量是一套基于卫星精密定位的技术,已经过大约30年的发展[35.1-35.4]。事实上,所有的数学理论、测量原理、作业手段和应用都是以GPS技术为基础率先开发的。在GPS测量发展的前十年里,GPS技术主要应用于传统的大地测量,因此以静态定位作业为主。在静态定位中,两个GPS接收机记录观测过程中采集的测量数据,随后,将已知大地坐标的地面点与待测坐标点连接构成基线向量进而完成数据处理[35.2]。在进行内业处理时,每次只对两台接收机同一时间的一组测量数据进行单时段基线向量解算,以这种方式获取的坐标点能够参与大地基准网的建立和实现,并可用于后续的测绘任务。

20世纪90年代,一系列新进展对GPS生产力有显著提升:

(1)提升GPS测量灵活性的短基线测量模式。

(2)包括实时作业在内的快速GPS定位技术。

(3)连续运行的GPS接收机的使用(无须测量员操作而能自主运行的参考站接收机)。

(4)高精度(地心)大地测量国家基准和地区基准的建立。

(5)可用的GPS数据产品(如IGS;第33章)。

直至今天人们仍在努力提升GNSS测量技术的性能,主要成果包括:解算载波相位模糊度(AR,减少观测时间)、提升定位稳健性(减少基线解算错误)以及降低作业限制(降低现场测量成本)。这些改进措施的实现得益于更多GNSS星座(卫星数量更多)、频点增多(AR更可靠、基线更长)、信号设计更好(多径更低)、卫星时钟和轨道数据产品的质量提升、数据文件和传输格式的标准化、连续运行参考接收机网络、实时载波相位定位技术、大地水准面模型(用于高程测定)和GNSS接收机技术的改进。

这些改进不仅有利于大地测量学界,而且有助于将基于载波相位的GNSS技术应用于机器制导和自动化(包括机器人技术)、快速制图(使用陆地、海洋和机载传感器)、建筑与采矿工程作业以及精准导航等领域。

总之,不同的GNSS定位模式和数据处理策略在设计时都考虑了GNSS测量时的系统误差或给观测模型提供辅助信息,进而用最低的成本和复杂性保证一定的坐标精度。以下因素对GNSS定位方法有根本性影响(第21章、第26章以及文献[35.1,35.3,35.4]):

(1)GNSS观测量类型——使用载波相位观测值,其噪声较低。

(2)利用单台接收机的测量数据定位,或者利用一台接收机相对于另一台或多台参考接收机的相对定位——前者的坐标基准由卫星轨道信息进行计算(如单点定位和PPP);后者由一个或多个固定/已知坐标的参考站进行确定。

(3)已测坐标点是静态的还是动态的——前者可以对测量值进行累加处理,从而增加了数据解算的冗余度(第22章),并且可提高待估参数的精度(一般来说,精度也会提升);动态定位的质量受瞬时卫星几何结构、残余测量偏差及干扰大小的影响较大。

(4)坐标是实时解算或者事后解算——前者需要更复杂的仪器设备和配套辅助设施、条件(各种通信链路、生成实时增强信息的数据格式和协议);后者需要处理模式解算的坐标通常比实时解算的更精确。

本章主要介绍精密定位在大地测量、土地测量、工程测量和海道测量中的应用。35.1节介绍各种精密定位技术在不同测量应用中的基本类别,并讨论静态和动态定位的特点,以及基于相对定位或单点定位模式的实时及事后处理方法。35.2节讨论率先使用载波相位相对定位技术的GPS应用——大地测量,所有其他形式的GNSS测量都是从大地测量的基本原理衍生出来的。此外,35.2节还介绍了土地测量。35.3节和35.4节分别介绍了工程测量和海道测量。

## 35.1 精密定位技术

GPS进入民用行业后,民用用户就在不断研究如何提高其性能水平,特别是希望其精度更高、可靠性更高、成本更低以及解算速度更快。大地测量学家、测量员和工程师们尤其希望如此,因为他们所需的精度比其他GNSS用户要求的精度高出几个数量级。尽管可以根据一系列标准对定位应用进行分类,但还是有必要考虑以下几个因素:精度、定位时间、坐标解算时间、接收机运动状态、基础设施要求和附加模型信息的属性。下面进行讨论。

精度通常以相对值表示,其中一种表示方法是将精度表示为坐标误差(通常用95%的不确定度描述)与距离(地面控制点之间的距离或差分模式下运行的GNSS接收机之间的距离)的比值。这种方法实际上是将坐标误差按照接收机或地面控制点之间的间距进行比率缩放,相当于用公制或以距离为单位来表示坐标误差。例如百万分之一(或1ppm)是一个相对的精度度量单位,对于两个间隔10km的点来说,1cm就是相对精度。同理,对间隔5km的点来说0.5cm就是相对精度;对于间隔超过100km的点来说,10cm就是相对精度。此外,它也可以用单个坐标分量(例如,直角坐标系的$x$、$y$、$z$坐标,或者高程分量)或转换的坐标量(如水平分量)进行表示。

测量(以及由此得到的坐标)(至今很大程度上)仍按精度等级进行划分,从最高精度等级的大地测量到较低精度的控制测量、工程测量再到制图测量。如今,高精度GNSS测量的精度范围可以从分米级到毫米级,所达到的精度与其使用的GNSS硬件、野外作业方式和数据处理策略之间有着复杂的关系。在影响测量精度的这些因素里,有些已形成了推荐标准和指导路线,但大部分没有。总体来说,对于不同的测量方式,GNSS硬件的变化最小,因为无论进行哪种类型的测量,都可以使用多频GNSS设备(尽管接收机/天线形状不同)。相比之下,数据处理软件差异较大,从土地测量员和工程测量员在有限制条件下(主要是观测时间长度和接收机间距离)能够快速使用的商业软件,再到用于地壳运动和地球科学应用的超高精度大地测量软件(第36章和第37章),其使用的测量模型不尽相同。

实时性是部分工程和机器制导应用的一个关键问题,在这些应用中,需要立即获得坐标信息。这就涉及高精度GNSS最重要的一个区分特征:实时处理或事后处理。前者受作业方式和支撑设施的影响较大,而后者能充分满足大地测量应用、土地测量以及大多数制图的需求。实时性与解算时长密切相关。静态大地测量作业通常需要较长的观测时段,而高效的实时测量要求初始化时间必须非常短,以便随后可以实现精确的单历元定位。在大地测量应用中,若接收机间的距离在数百到数千千米,高精度测量时则需要进行长时间观测。因此,对于几十千米距离以内的测量项目,解算时长直接关系到GNSS与常规地面测量技术的竞争力。

动态是指GNSS接收机在执行定位任务时所处的运动状态。GNSS接收机可以搭载在各种连续运动或者处在动静混合模式的陆地、海洋、航空和航天平台上,或是附着在一个有标石的地面标志上。动态测量模式是要测得单历元、单接收机在每个空间点的位置轨迹,而对于静态定位(特别是在后处理模式下)而言,由于定位模型冗余度的大幅增加[35.2],可以用大量测量数据来确定单个静态地面点的坐标。然而,拥有高精度动态定位能力对于多数工程测量应用来说至关重要(35.3节)。

快速测量和实时作业等高生产力技术(例如,支持机械自动化、工程和施工项目)对参考接收机的配套设施条件(包括信息技术和无线通信)要求非常高。相对定位要求一个或多个邻近的参考接收机同时工作,而PPP之类的技术一般不需要这些条件。此外,不同的技术对参考接收机网络密度的需求也存在较大差异,复杂的大地测量静态定位或PPP仅需要较低密度的参考站网络,而高效的测量和实时作业则需要极高密度(通常间距小于几十千米)的参考站网络。

所有精密定位技术均需要增强信息,相对定位技术需要周围参考站生成的GNSS改正信息或观测数据,PPP技术需要精密轨道、精密钟差以及大气延迟改正/偏差信息。关于附加的模型信息,关键区别在于是实时将增强信息传输给用户(所有需求由配套设施运营和服务供应商实现)还是在事后将这类会影响精确定位实时性的信息提供给用户。

后面的章节将进一步详细讨论主要的精密定位技术及其各自的特点。需要强调的是,多星座GNSS接收机及相关数据处理软件的发展,以及借此带来的GNSS可用信号数量在未来几年内大幅度的增加(第7章至第11章),将会显著改善定位性能,包括快速静态测量观测时长的缩短、单历元模糊度固定、用户接收机至参考接收机间距离要求的(从而降低配套设施要求)放宽(更长)以及定位可靠性和质量的提高。此外,更多种类的高可用、高精度、高适用性的GNSS服务也将降低GNSS精密定位的门槛。然而,最高精度的大地测量级别的GNSS接收机的成本是否会大幅下降,则尚未确定。

## 35.1.1 静态定位

GPS在大地测量应用的前十年,一般采用静态定位。目前,已在静态GNSS定位中所采用的技术,总结见表35.1。至少两个GNSS接收机进行测量时,其配置情况见文献[35.1]。

表 35.1　精密 GNSS 定位技术概述——静态定位

- 典型场景:同时使用两台或多台接收机工作,多时段模式,多点记录观测文件。
- 根据具体的使用场景,参考接收机间距从几十千米到几百千米,甚至上千千米不等。
- 观测时段长度从大约一小时到几天不等;在永久控制点或变形监测点上进行连续观测。
- 标志:从高度稳定标志到临时地面标志。
- 高性能 GNSS 接收机(至少能生成两个频点的载波相位观测数据,以形成无电离层观测值)、扼流圈(或等效)天线。
- 主要应用于大地控制点的建立或现有控制标志的加密。
- 商业软件的基本模式:首先形成包含基线向量和双差模糊度等待估参数的简化函数模型;然后进行单基线解算;最后再对多基线矢量进行网平差处理。
- 科研(大地测量)软件具有严密的多接收机、多任务分析处理能力;具备各种轨道、钟差、大气改正和参考框架参数的配置能力。
- 通常不是必须解算模糊度。
- 事后处理基线或多接收机场景:基准受参考接收机坐标约束;定位精度由观测环境、观测数据质量、参考框架模型等多种因素共同决定

　　(1) 在一个已知基准坐标(所谓的基准站或基站)并设有标石的控制点上安装一个(或多个)接收机天线,另一个(或多个)接收机天线安装在待测坐标的地面标志上。

　　(2) 在一个观测时段内,所有接收机将同时记录所有当前可见 GNSS 卫星的载波相位观测值,记录时间从 1h(左右)到几天不等。

　　(3) 将一台(或多台)接收机移动到另一个点,并将天线安装在新的地面标志上。另一台(或多台)参考接收机采用相同(或新)的基准控制标志,确保在观测时段内接收机能够同时工作并记录测量数据。

　　(4) 将接收机移动到预先确定的点,并记录所有 GNSS 接收机的观测数据,重复这一步骤,直到测区内的所有地面标志都至少放置了一次接收机——始终确保待测点与一个或多个基准控制点相连接或可组成基线。

　　静态 GNSS 相对定位技术有两类,二者的比较见表 35.2。

表 35.2　静态 GNSS 定位技术比较

| | 单基线静态 GNSS 测量 | 多基站 GNSS 大地测量 |
| --- | --- | --- |
| 基准 | • 单基站<br>• 基线网平差定义的基站 | • 少量参考站<br>• 通常使用 IGS 站点;国际地球参考框架(ITRF) |
| 接收机间的距离 | 数十千米 | 100~1000km 以上 |
| 观测时长 | 1h 到几小时 | 几小时到几天 |
| 精度 | 水平方向相对精度 0.5~1ppm;垂直方向为 1~2ppm;一般基线长度时厘米级坐标精度 | 1~10ppb;在距离超过 100~1000km 以上的 GNSS 网络中,可以实现厘米级的坐标精度 |
| GNSS 硬件 | • 单频 GPS 或多系统 GNSS、多频点接收机<br>• 轻型天线,安置在三角架上 | • 多系统、多频点接收机<br>• 扼流圈(或等效)天线,安置在稳定的标石上 |

续表

| | 单基线静态 GNSS 测量 | 多基站 GNSS 大地测量 |
|---|---|---|
| 处理 | • 成熟商业基线处理软件;自动处理<br>• 接收机独立交换(格式)RINEX 数据文件或专有数据文件<br>• 简化的算法模型 | • 多接收机、多基站科研处理软件;需要分析处理能力<br>• 网络处理(自动)<br>• RINEX 数据和辅助模型信息文件<br>• 复杂的算法模型 |
| 估计参数 | • 基线向量<br>• 双差、不解模糊度<br>• 简化的算法模型<br>• 随后进行网平差;独立接收机坐标 | • 接收机坐标<br>• 模糊度、对流层参数<br>• 可选卫星轨道、偏差、地球定向参数等 |
| 应用 | • 项目控制测量;其他的后处理测量<br>• 地面控制测量技术的替代方案 | • 参考框架观测<br>• 地球动力学和其他大地测量应用 |

一方面,我们有超精确、长基线的 GNSS 相对定位技术,能够在数百至数千千米的基线长度上达到百万分之十几乃至十亿分之几(ppb)的精度。该技术使用最高精度的多频多星座 GNSS 接收机进行数据采集,观测过程持续数小时甚至数天,同时使用精密的科研软件在后处理模式下完成测量数据处理,可支持一系列全球性或国家性的大地测量应用(第 36 章至第 39 章)。测量员除了自己处理这些测量数据之外(这项任务需要相当高的分析处理技能),还可以采用接收机独立交换(RINEX)格式[35.5],将观测数据提交给一个或多个 NGS 的 OPUS[35.6]、NRCAN 的 CRCSPPP[35.7]、GA 的 AUSPOS[35.8]或其他互联网服务处理平台进行处理。

另一方面,我们也有高精度的中短基线 GNSS 测量技术,对于长达几十千米的基线能够达到几个 ppm 的处理精度。该技术通常用于建立控制网。虽然原则上可以使用低成本的单频接收机,但现阶段使用的仍是与大地测量级接收机基本一致的 GNSS 测量设备,它可被应用于任何的多频精密定位技术[35.2]。测量数据处理一般使用 GNSS 接收机制造商提供的商业软件包进行,商业软件不同于先前提到的科研软件,它们使用的是经过大幅度简化的 GNSS 观测模型。因此,每次进行处理时,选择一个观测时段,利用该时段期间同时作业的两台接收机的测量数据求解基线向量。在完成各观测时段的独立基线处理后,再对多次计算的基线进行二次网平差[35.3,35.4]。实际上,三维(3-D)基线向量被视为待平差的观测值,其输出的是整个地面控制网的最佳坐标,该坐标受基准控制点约束,这种经网解之后的坐标点也可用于其他测绘任务(图 35.1)。

传统静态 GNSS 定位技术的特点是观测时段长。虽然这种方法可以有效削弱残余的系统偏差、多路径和模型误差,但应用于常规测量时限制较大。在过去的二十年中,一些 GNSS 精密测量技术和方法已经发展起来。它们具有以下特点:①天线不需要处于静止状态;②不需要长时间观测;③在外业期间可以确定坐标。但每种技术解决方案均面临如何在不牺牲坐标精度和解算可靠性的情况下,也能确保高效率(在尽可能短的野外测量时间内得出尽可能多的点坐标)或多功能性(例如,在接收机运动或实时的情况下也能获得结果)的挑战。

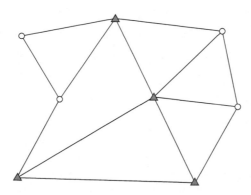

图 35.1 从独立的 GNSS 基线到测量网络:将已知坐标的地面控制点(三角形)与待测的其他点(圆形)进行连接形成单独的基线,构建一个由坐标点组成的网络(成对的 GNSS 接收机同时段观测)。每个基线由部署于已知坐标点(可用先验或根据 GNSS 基线解)的 GNSS 接收机和部署于待测坐标的接收机连接组成。额外的基线是为生成坐标信息提供冗余路径,以便进行质量控制

## 35.1.2 快速静态定位

快速静态定位(表 35.3)的观测时段长度明显短于上述常规静态 GNSS 测量。所需观测时段长度与用户参考接收机基线长度、多频观测数据数量、跟踪卫星数、卫星几何结构和多径干扰等密切相关。因此,对于观测时长没有硬性规定。然而,在卫星覆盖良好的情况下,若基线长度小于 10km,接收机通常可只需观测几分钟。卫星覆盖良好指的是被跟踪卫星在空间分布均匀,且在东北-东南-西南-西北 4 个象限内的 3 个象限中至少观测到 6 颗卫星。对于基线较长、跟踪卫星较少或卫星空间分布较差的情况,观测时间可能需要延长至 15min 甚至更长。有关 GNSS 测量的观测时长的部分参考建议见 35.2.2 节。若能接收到两个或多个频点的 GNSS 全星座观测数据,观测时长可能将显著缩短,甚至缩短到单历元。

表 35.3 GNSS 精密定位技术概述——快速静态定位

- 典型场景:单基线时的单用户接收机配置。
- 单个工程项目时,可由用户或第三方的接收机作为连续运行的参考接收机,基准由参考接收机坐标确定。
- 用户-参考接收机间的距离通常为几十千米,对于非常快速的测量,距离通常小于 10km。
- 观测时长从几分钟到 30min,必须保证足以解算整周模糊度。
- 标石是项目专用的。
- 多频 GNSS 接收机(载波相位和伪距测量数据)、轻型(便携式)天线。
- 通常应用于有大量地面标志、低等控制点坐标待测的情况及碎部测量、竣工测量等。
- 通过商业软件进行数据处理;也可以在实时模式下进行。
- 相对快速的高精度 GNSS 测量工具。
- 假设使用多频接收机,定位精度与基线长度(空间相关偏差的消除程度)、观测时长、测量质量、跟踪卫星数、数据处理算法密切相关

快速静态定位技术的基础是测量数据处理软件能够在非常短的观测时间内完成模糊度解算(第23章)。快速静态测量作业流程与常规静态GNSS测量类似,区别在于:①观测时长更短;②基线相对较短;③需要良好的卫星几何结构;④要求多路径等信号干扰较小。一般情况下,独立基线的观测与使用商业软件进行常规静态GNSS定位时的测量方案相同,但更多时候是要确定来自单个(或两个或三个)参考站的辐射矢量,如图35.2所示。

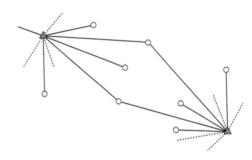

图35.2 快速静态定位时的基线几何形状:测量与已知坐标(三角形)的基站相连的三维基线后进行差分GNSS定位,可确定静态地面点坐标(圆形)。当GNSS接收机架设在地面标记上仅进行短时段测量时,就可以看出这种观测辐射基线的方法是多么有效。请注意,使用两个基站,可更加有效地进行质量控制。多个基站可以同时工作,也可以不同时工作

快速静态定位技术非常适合于项目控制网建立、特定类型的土地测量(35.2.3节)等一般的短期测量应用。表35.4总结了快速静态GNSS定位的基本特征。

表35.4 快速静态和常规静态GNSS定位的特征

|  | 快速静态GNSS测量 | 常规静态GNSS测量 |
|---|---|---|
| 基准 | • 单基站<br>• 从单个参考接收机引出的基线向量 | • 单基站<br>• 基线网平差定义的基站 |
| 接收机间的距离 | 通常少于常规的静态测量 | 数十千米 |
| 观测时长 | 几分钟到1h内,由影响精度的因素而定 | 1h到几小时 |
| 精度 | 水平方向精度1~2cm,垂直方向为2~3cm;超过常规的基线长度 | 水平方向相对精度0.5~1ppm,垂直方向为1~2ppm;超过常规的基线长度时,厘米级坐标精度 |
| GNSS硬件 | • 多系统GNSS、多频点接收机(更好)<br>• 轻型天线,安置在三角架上 | • 单频GPS或多系统、多频点接收机(更好)<br>• 轻型天线,安置在三角架上 |
| GNSS软件 | • 成熟的商业基线处理软件;自动处理<br>• RINEX数据文件或专有数据文件<br>• 简化的函数模型;可快速完成模糊度解算 | • 成熟的商业基线处理软件;自动处理<br>• RINEX数据文件或专有数据文件<br>• 简化的函数模型 |
| 估计参数 | • 基线向量<br>• 模糊度解算,例如,基线解的模糊度固定解<br>• 通过复测地面标记实施质量控制 | • 基线向量<br>• 双差、实时模糊度<br>• 随后进行网平差;独立接收机坐标 |

续表

|  | 快速静态 GNSS 测量 | 常规静态 GNSS 测量 |
|---|---|---|
| 精度的影响因素 | • 基线长度<br>• 观测时长<br>• 载波相位和伪距的观测质量<br>• 多频点观测<br>• 跟踪卫星的数量和几何形状 | • 基线长度<br>• 观测时长<br>• 载波相位观测质量 |
| 应用 | • 项目控制测量；<br>• 碎部、竣工测量；其他的后处理测量<br>• 地面控制测量技术的替代方案 | • 项目控制测量；其他的后处理测量<br>• 地面控制测量技术的替代方案 |

## 35.1.3 动态定位

表 35.5 列出了 GNSS 动态定位的一些特点。我们可以将动态定位分为两种形式：第一种是获取 GNSS 接收天线运动轨迹的坐标（图 35.3）。第二种是静态定位一种比较特殊的情况，将接收机从一个静止点移动到另一个静止点，在此过程中需要持续跟踪卫星。

表 35.5 GNSS 精密定位技术概述——动态定位

- 典型场景：单基线单移动站，接收机可位于各种陆地、海上、空中或星载平台上。
- 单个工程项目时，可由用户或第三方的接收机可作为连续运行的参考接收机；基准由参考接收机坐标确定。
- 与快速静态测量一样，用户参考接收机一般间隔数十千米，通常小于 10km，以便大地测量级 GNSS 接收机能在短时间解算出整周模糊度。
- 使用双差载波相位观测值进行单历元定位（根据双差载波相位求解整周模糊度），也称为模糊度固定解。
- 如果 5 颗或 5 颗以上的卫星信号失锁，必须重新初始化，甚至可能需要回到先前测量的静态点位作业，直到模糊度重新固定。
- 多频 GNSS 接收机、轻型（便携式）天线。
- 接收机天线轨迹坐标的典型应用，例如地图制图项目（道路中心线勘测、航空成像/扫描）、卫星定轨、海图制图等。
- 通过商业软件进行模型建立和数据处理；也可以在实时模式下进行。
- 假设是多频用户接收机，解的质量与基线长度（残差大小）、模糊度的正确处理、测量质量（如消除多径）、跟踪卫星的数量、卫星—接收机的几何构型（测量精度的衰减）等相关。

需要特别考虑的是，在使用走走停停法这种 GNSS 测量技术时，接收机坐标仅在静止（停止部分）时才有意义；然而，如图 35.4 所示，接收机从一个固定点移动到下一个固定点时，仍然在继续工作。

在进行动态测量时，需要先完成模糊度解算的初始化，以便后续所有单历元解算都基于载波相位定位（23.2 节和 26.3 节）。这项技术非常适合于这样的项目——需要测量许多相邻点且地形不会显著阻碍信号接收。

动态测量的目的不是忽略处于移动状态的天线运动轨迹，然后去获取静止点的坐标，

图 35.3　精密动态 GNSS 测量：将接收机安装在四轮车上，天线安装在杆子上，当四轮车在海滩行驶时，确定天线的连续采样坐标（例如每秒一次），形成一个高程密集的网络（精度为厘米级）以进行海滩侵蚀的研究；注意天线高程必须校正杆顶离地面的固定高度（由 Brad Morris 提供）

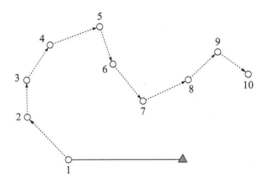

图 35.4　走走停停法 GNSS 测量过程：一旦观测的第一条基线（已知控制点 1）的模糊度解算完成（例如，使用快速静态定位技术），即可将用户接收机的天线从第 1 点移动到第 2 点，然后到第 3 点，以此类推，每次只需要在地面点（圆形）固定进行几秒钟的测量。注意，基站（三角形）在作业期间需要连续工作，并且点坐标由辐射基线方法确定（图 35.2）；无需关注天线轨迹，只需关注固定点 1-2-3-4…的坐标即可

而是需要确定天线运动时的位置。该技术与走走停停法有诸多的类似之处。例如，在开始测量之前必须解算模糊度，并且在测量过程中，当出现信号失锁时，模糊度值会变得与初始值不同，此时模糊度就必须重新初始化。动态定位总是涉及相对于单个（或少量）基站或参考站的矢量确定问题（图 35.2）。动态 GNSS 测量技术适用于道路中线测量、地形和海道测量及机载应用等。

## 35.1.4　实时差分 GNSS 定位

实时动态（RTK）技术在很多测量应用领域非常流行，因为它无须对 GNSS 测量数据进行后处理（26.3 节）。常规差分定位要求使用一对通过无线通信链路连接的 GNSS 接收机（表 35.6），但由于受无线电信号传输距离的限制，使用无线电台作为数据传输链路的 RTK-GNSS 系统，一般只能用于长度为 5~10km 的基线上。通过移动互联网进行无线连接则没有这样的距离限制。然而，即使使用双频 GNSS 接收机（GNSS 星座能见度良好的情况下），并且快速 AR 算法能可靠运行，基线长度也只能限制在 20~30km 内，在电离层活跃的情况下基线长度通常还要更短（第 39 章）。一般来说，当信号受到阻挡时，载波相位动态定位必须重新启动 AR 算法以算出（新的）模糊度参数，该操作可能需要几十秒才能完成。因此，如果频繁发生信号中断，那么最终可能会使 RTK-GNSS 成为一种相对低效的定位技术。与采用后处理的精密动态定位相比，这项技术的优势在于，实时操作时作业人员能够在模糊度需要重新初始化或在参考接收机与 RTK 服务中心的无线通信连接中断时向用户发出警报。

表 35.6  GNSS 精密定位技术概述——实时差分定位

- 可实时进行快速静态和动态模糊度固定的短基线方法统称为实时动态（RTK）技术。
- 快速静态以及 GNSS 动态测量的作业限制、参考接收机基础设施要求和 GNSS 接收机特性（见上文）。
- 从作业的限制条件上讲，实时差分定位可以根据用户接收机周围是否有稀疏的参考接收机网络（间距 50~100km）区分为单基线 RTK（基线长度为几十公里）和多参考接收机网络 RTK。
- 附加基础设施：参考站接收机、分析中心、网络设施和通信链路（参考站接收机之间，以及参考站接收机或 RTK 服务设施与用户接收机之间）。
- 各种无线通信链路，尽管越来越多地使用移动互联网（地面或卫星）链路；采用可互操作使用的行业标准数据传输信息和接口协议（如海事服务无线电技术委员会 RTCM）。
- 可应用于所有需要实时精确坐标的场景，如机器或车辆导航、工程或建筑等。
- 在必要的增强设施支持下，可实现多种高精度 GNSS 定位技术。
- 影响质量的因素包括动态测量，以及 RTK 通信链路的可靠性

相比使用自己的参考接收机，大多数用户选择订购 RTK-GNSS 服务。自 20 世纪 90 年代中期起，人们已经开始建立连续运行参考站（CORS）实时网络，而且这一趋势并没有放缓。行业标准 RTCM 数据报文格式和协议的使用[35.10]是驱动投资 CORS 和推广使用 RTK-GNSS 的因素之一，该协议可确保不同品牌的参考接收机和用户 GNSS 接收机之间具有互操作性。CORS 的设施里通常包括带扼流圈天线的高精度接收机，能够进行多频、多系统的 GNSS 测量。CORS 站网密度要足够大（最小参考接收机间隔），才能使单基站 RTK 实现快速 AR（见示意图 35.5）。值得注意的是，站网密度在 CORS、事后处理的快速静态定位及动态 GNSS 相对定位中的意义相同。

许多国家开始使用基于参考站网络（而非单个参考站）的 RTK-GNSS。建立参考站的主要目的之一是削弱与空间相关的系统测量偏差和模型误差对坐标解算的影响[35.11,35.12]，另一个目的是为差分定位提供数据。考虑最简配置，假设有两台相邻的 GNSS 接收机同时进行观测，并用一个综合的观测模型进行处理，例如由一对接收机和一对 GNSS 卫星组成的双差观测模型。在该模型中，大气折射偏差和卫星轨道/时钟误差对基线解算结果没有影响或者可以认为其影响可以忽略（21.3 节和 26.1 节）。当然，随着两台 GNSS 接收机之间距离的增加，这一假设将会失效。因此，单站 RTK 的本质是确定从最近可用的 RTK 基准站辐射出的基线矢量。

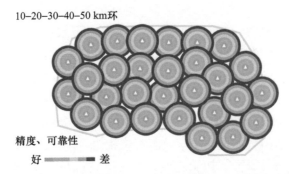

图 35.5 基于单基站 RTK 的 CORS 设施布局——支持单基线、快速静态和动态定位的连续运行参考站网络,该布局可完整覆盖整个区域。请注意,用户接收机离 CORS 站越近,GNSS 位置解就越可靠。比较理想的情况是,接收机与 CORS 站的距离不超过几十千米(每个 CORS 站周围的环的不同颜色表示不同的位置解质量,绿色表示最高,红色表示最低)

与单基站 RTK 相反,CORS 网可用于计算在其覆盖区域内与空间相关的偏差和误差,并用这些结果校正用户接收机的观测数据。这种多 CORS RTK-GNSS 技术通常被称为网络 RTK(N-RTK)。从 RT-GNSS 服务供应商的角度来看,其主要优点是用户接收机与其周围 CORS 之间的距离可以达到 50~70km 甚至更大[35.11-35.14]。先前我们假定用户接收机处的系统偏差和模型误差与距其最近的 CORS 处相同,但现在我们考虑可以利用 CORS 处的偏差和误差构建一个模型来预测用户接收机处的偏差和误差[35.15,35.16]。

与单基站 RTK 服务相比,支持 N-RTK 服务所需的 CORS 网络密度相对较小。此外,精确坐标并非严格由单个(或最近的)参考接收机确定,而是用与基于网络(即多站)的静态定位类似的方法确定。N-RTK 有许多实现方式[35.14,35.16,35.24-35.26],其中虚拟参考站(VRS)方案是最早、最著名的实现方式[35.15]。表 35.7 总结了 RT-GNSS 定位的一些特点。

表 35.7 单站 RTK 和网络 RTK GNSS 定位的比较

| | 单基站 RTK | 网络 RTK |
|---|---|---|
| 连续运行参考站基础设施 | • 用户自有连续运行参考站,或服务商提供的连续运行参考站<br>• 很多 CORS 站,能够覆盖全区域 | • 服务商提供的连续运行参考站;原始数据带有 CORS 网运行管理方的许可<br>• CORS 站在服务区内均匀分布 |
| 提供的服务 | • 用户自己提供或由服务商提供<br>• RTCM v2 或 v3 版本的信息 | • 由服务商提供或 CORS 运行方<br>• RTCM V3 版本的 N-RTK 信息,或基于虚拟参考站的 RTCM V2 版信息 |
| 接收机间距 | • 几十千米,最好<10km<br>• 快速模糊度在航解算 | • 在服务区内,CORS 站间距 50~100km<br>• 用户接收机到最近的 CORS 站<30~50km |
| 配置 | • 最近的 CORS<br>• 自主运营,或运营商加盟<br>• 与用户 CORS 直接连接 | • 用户位于 3~4 个 CORS 站集群内<br>• 运营商加盟<br>• 中央网络或操作服务器/设备 |

续表

|  | 单基站 RTK | 网络 RTK |
|---|---|---|
| 空间相关误差建模 | • 消除卫星和大气误差的双差测量模型，假设误差与最近的 CORS 站相同<br>• RTCM 信息是相对 CORS 位置的偏差修正值 | • 围绕用户接收机的 CORS 集群用于计算偏差校正面<br>• RTCM 信息携带计算具体位置所必需的偏差信息，偏差信息用于改正用户接收机观测数据 |
| 通信选项 | • 地面：特高频（UHF）、甚高频（VHF）、中频信标、数字广播、移动互联网等。 | • 地面：移动互联网<br>• 卫星通信 |
| 精度 | • 厘米级水平精度；垂直方向为水平方向的 2 倍甚至更差 | • 与 RTK 的精度相近；具有更高的可靠性 |
| GNSS 硬件 | • 单频 GPS（但距离较短和/或更长的 AR 过程）；或多频点接收机（首选）<br>• 轻型天线，安装在双脚架、杆子或移动平台上 | • 多 GNSS、多频接收机（首选）<br>• 与 RTK 相同的天线和安装策略 |
| 应用 | • 工程测量、机器制导（用于农业，采矿，建筑，港口作业等领域） | • 与 RTK 相同，离 CORS 站越近，操作限制越少；由于多 CORS 站的配置而提高了可靠性 |

由于观测数据显著增多且频点数显著增加，当距离超过 100km 时，多系统 GNSS 也可以在与 CORS 距离远大于当前 N-RTK 的条件下进行精密定位。

## 35.1.5 精密单点定位

PPP（第 25 章和文献[35.19,35.27-35.29]）是一种基于 GNSS 载波相位的定位技术，仅需一台用户接收机就可以在全球任何地方使用，至少无须直接协同处理 CORS 观测数据，也无须应用差分校正信息或由此类测量数据产生的模型信息（表 35.8），所以 PPP 相当灵活，非常适合在没有 GNSS CORS 基础设施的偏远地区（陆地和海上）使用。

表 35.8 GNSS 精密定位技术概述——精密单点定位

- 典型场景：一个处于静止或运动状态的用户接收机；后者可位于各种陆地、海洋、空中或空间平台上。
- 用户 GNSS 接收机可以是单频或多频的，首选多频，因为选用多频接收机与差分载波相位定位选用大地测量级接收机一样重要。
- 需要外部来源的精确卫星轨道和卫星时钟信息；后处理轨道和时钟信息可用几种公开的标准格式，如标准产品 SP3[35.17]；实时数据流可使用公开的 RTCM-SSR 报文[35.10]或专有报文。
- 用户定位不需要参考接收机（卫星轨道和钟差的计算需要全球稀疏分布的参考接收机网络）。
- 以参考框架为基准，计算轨道、钟差、偏差和其他参数；通常使用国际地面参考框架（ITRF）（第 2 章和第 36 章；文献[35.18]）。
- 实时或后处理软件不需要参考接收机的测量数据；观测模型更为复杂，因为它必须解算所有的系统偏差和模型效应（那些误差通过接收机间数据差分可能被削弱或消除）。

续表

- 双频 PPP 能够提供动态定位情况下亚分米级精度及静态定位下亚厘米级精度[35.19,35.20]的位置解。对于单频 PPP,在动态定位时,高端接收机定位精度在分米级水平[35.21];低端接收机精度在亚米级水平[35.22]。单频 PPP 在数分钟内可实现分米级精度[35.23],若经过 20~40min 的较长收敛时间后,可达到双频 PPP 的精度。类似于执行 N-RTK 作业所用的网络参考接收机等附属设施,对于定位精度快速收敛或可靠的模糊度解算也是必要的。
- RT-PPP 的通信链路包括地球静止卫星通信、移动互联网和导航卫星信号。
- 可应用于那些使用相对 GNSS 定位技术无法轻松解决的问题,以及偏远和近海地区的作业等。
- 影响定位质量的因素与动态测量类似,如卫星—接收机几何结构、跟踪和观测卫星数量、模型信息、算法和 AR 是否成功(甚至是必需的)。

PPP 依赖于精密卫星轨道和时钟误差信息,这些信息可以从国际 GNSS 服务(第 33 章)或一些商业服务供应商那里获得。在相对定位模式下使用 GNSS 时,一般认为一些测量偏差和系统误差的影响会被模型消除。PPP 可以在事后处理模式或实时处理模式下实现,前者使用的是精密轨道和时钟产品,可在测量任务完成后即刻或最多数周内(取决于使用的产品)获得,若测量员不想自己处理数据,可以将 RINEX 数据文件提交给网络处理引擎进行处理[35.6-35.8];后者使用的是经互联网或卫星通信链路广播的 RT 轨道和时钟数据流(如 IGS-RTS[35.30,35.31]),这些数据流可采用专有消息格式或 RTCM 状态空间表示(SSR)格式[35.10]。

单频和多频接收机都可以实现 PPP。若要快速地进行单频 PPP 处理,除了需要轨道、时钟和差分码偏差信息外,还需要电离层格网信息[35.23,35.32-35.34]。虽然用双频接收机进行载波相位差分定位时,位置精度可优于几厘米。然而,单频接收机可以以较低的成本为接收机提供分米级精度,并且通常速度比双频接收机快得多(快几分钟)[35.23]。此外,双频 PPP 的收敛时间比单频 PPP 长(长 20~40min),因为它使用的是噪声较大的无电离层线性组合的码观测数据。随着技术的发展,双频 PPP 开始使用无电离层线性组合的载波相位数据,该组合已成为其实现高精度定位的决定性因素。

PPP 的弱点之一是它需要相对较长的收敛时间才能达到亚分米的定位精度。PPP-RTK 扩展了 PPP 的概念,旨在改进 PPP 的这些弱点[35.35,35.36],减少其收敛时间并提高定位精度。PPP-RTK 除了向单接收机用户提供轨道和时钟信息之外,还提供有关卫星相位偏差信息,该信息可恢复用户的整周模糊度,从而实现单接收机模糊度固定,减少 PPP 所需收敛时间。目前,各种不同的 PPP-RTK 模型正在开发中[35.37-35.39],只要与大气延迟校正相结合,PPP-RTK 的速度就可与标准的 N-RTK 媲美(表 35.7),这是目前 GNSS 研究的一个热点,将来会极大程度改善 PPP 的性能。

## 35.2 大地测量与土地测量

随着 GPS 大地测量技术的不断进步,GPS 变得更易使用,应用也更多。GPS 技术已开始在土地测量工程测量(35.3 节)和海道测量(35.4 节)等工程之中进行应用。

## 35.2.1 大地测量应用

大地测量是 GPS 精密定位在民用领域的第一个应用[35.3,35.4]，它涉及大地测量基准的建立、维持和加密——范围从全球、区域到国家，从国家领土范围到单个项目应用（有时称其为控制测量，35.2.3 节）。大地测量基准可认为是一些已知椭球坐标的地面标志点，任何测量员或工程师都可以将其用作后续精确测量的起始坐标来支持他们的测绘、测量、施工或工程活动。精密 GPS 静态定位（35.1.1 节）技术使大地测量发生了变革，因为它能够取代传统的、缓慢的、劳动密集型的地面测量技术。

值得一提的是，现代 GNSS 大地测量方法中有几个创新点。第一个创新是几乎普遍安装了 GNSS 连续运行参考站（CORS），CORS 网从单个接收机到遍布整个国家（如日本的 GEONET[35.40]、瑞典的 SWEPOS[35.41]）、地区（如 EUREF 的 CORS 网[35.42]）和全球（如 IGS 跟踪站网[35.43]）。

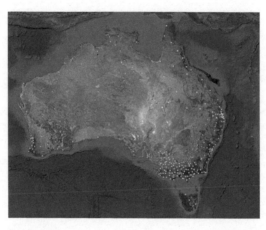

图 35.6 澳大利亚各地的 GNSS CORS 站：一个国家 CORS 设施的示例，这些 CORS 设施用来支持各种 GNSS 定位应用（和技术），它属于不同的所有者和运营商（不同的彩色圆点），且在整个大陆分布不均匀。需要说明的是，由个体农民、矿业公司、大学、地方议会当局和其他私人经营的 CORS 站没有显示（由 Grant Hausler 和 ThinkSpatial 提供）

图 35.6 显示了澳大利亚大陆上的一些 CORS 站点。需要注意的是，这是一个具有不同隶属的 CORS 网络，由不同的机构和个人负责其运作，并且许多国家都是如此。实际上，这些网络由许多 CORS 子网组成，其中一些子网由负责大地测量的联邦政府机构建立，一些子网由州政府部门建立，还有一些由私营公司、地方政府机构、大学甚至是个人用户建立。此外，子网可能有不同的设备配置、不同类型的天线支架和底座，并且有不同的用户群和不同的服务类别。

图 35.7 展示了两个典型的扼流圈天线（第 17 章），一个带天线罩，另一个不带天线罩，它们分别安装在两种典型大地测量级标石——混凝土柱和刚性三脚架上面。CORS 坐标参考点可能不是天线的电气中心，而是位于固定标石顶部的一个物理参考标志。图中未展示放置接收机的仪表柜（连同通信、电池和其他辅助设备）及 CORS 站所需的供电

图 35.7 安装好的大地测量级 CORS 站

(a)位于南澳大利亚穆加兴的混凝土支柱上,是澳大利亚国家 GNSS 网络的一部分(由澳大利亚地球科学公司提供);(b)位于冷水峰的钻孔观测站,是圣海伦斯山地球观测平台边界观测站子网络的一部分(由美国天文观测组织的迈克尔·戈特利布提供)。

设施,如太阳能电池板、防雷装置、配套的支柱、连接点等。安装此类 CORS 对一个机构或组织来说,是对 GNSS 地面基础设施的一笔大投资。

第二个创新是提供了各种大地测量产品和服务,包括由 IGS(第 33 章)通过网络快速提供的 GNSS 测量产品(35.1.1 节)和由服务供应商提供的 RT-GNSS 定位服务(35.1.4 节)。同时,还建立了支持 GNSS 互操作的标准化数据与传输格式。这些对 GNSS 测量数据处理也产生了影响——除最精确、基线最长的那类大地测量外,其余都可以使用商业软件完成处理(而不是科研软件)。

第三个创新涉及大地测量基准本身的性质。国家基准已逐渐向最稳定、精度最高的全球大地基准国际地球参考框架(ITRF[35.18])看齐,或直接按其定义。这种趋势有如下原因:①ITRF 全球适用;②许多 GNSS CORS 网(如 IGS 网络)都能非常快速地给出非常精确的坐标集;③通过 CORS 获取跟踪数据及 IGS 大地测量产品较为容易;④有明确的基准历元和确切记录的维护程序;⑤国际地球自转和参考系统服务组织(IERS[35.44])按照最高标准对 ITRF 进行维护。

表 35.9 总结了几种 GNSS 大地测量方法,这些方法可用于将这些类型的应用与依赖静态和动态 GNSS 定位技术实现的常规工程应用和制图应用区分开来。需注意,这里的大地测量应用默认使用的是大地测量级多频、多系统 GNSS 接收机,其带有扼流圈或多径抑制天线,并安装在稳定的标石上(图 35.7)。

表 35.9 对 GNSS 大地测量方法的评价

| | |
|---|---|
| 外业测量<br>(基线模式) | • 应用:局部区域大地控制点加密。<br>• 至少有一对固定 GNSS 接收机,在单基线模式下作业,最小基线长度一般几十千米。<br>• 常规静态定位(35.1.1 节),观测时段从 1h 到几小时。<br>• 通过位于标石上的多个地面控制点进行冗余观测。<br>• 后处理模式下,用商业软件进行单基线测量数据处理。<br>• 二次基线平差的网络解,在已知控制点的约束下,可确保网络解与周围大地控制点精度一致并相关,见图 35.1 |

续表

| | |
|---|---|
| 外业测量<br>（多站模式） | • 应用：<br>-在一个大（国家或大陆）区域建立一个首级大地基准网；<br>-覆盖数百千米范围的基准网加密测量；<br>-大地震后，快速维护测量基准；<br>-探测多年来小型陆地或冰川运动情况的多活动 GNSS 测量。<br>• 多区段测量模式下，在地面控制网里部署多个接收机，以确保所有控制点至少被 GNSS 接收机观测一次（理想情况下为两次甚至更多）。<br>• 静态观测时长通常从几个小时到 24h（甚至更长）。<br>• 数据后处理策略：<br>-有基准约束的情况下（即某些控制点的 ITRF 坐标），直接在科研软件中同时处理所有观测数据文件或者间接进行处理（使用精确的 IGS 卫星轨道产品），这是最严格的方法；<br>-使用基于网络的处理服务，如 AUSPOS[35.8]、OPUS[35.6]、CRCS-PPP[35.7]等，将外业测量数据与周围的 IGS 和/或国家 CORS 站的数据联合起来处理，不如上述情况下同时处理所有作业数据那样严格 |
| 连续运行参考站<br>（CORS 网） | • 应用：<br>-构建国家基准的大地测量控制点，可能还支持商业 RTK/N-RTK 服务；<br>-是（国家或国际）观测网络的一部分，其数据用于生成坐标时间序列、卫星轨道或钟差、电离层和对流层参数等大地测量产品；<br>-主要用于监测地壳运动、局部地面或仪器变形等。<br>• 观测数据通常汇总到数据中心或分析中心，在那里应用程序可以实时、接近实时或事后处理的模式进行数据处理。<br>• CORS 密度可从几十千米到几百千米（甚至几千千米）不等。<br>• 数据分析可以通过：<br>-科研软件，类似用于区域数据的后处理软件；<br>-专业软件，可实时进行大地测量标准模型的处理；<br>-支持 RTK/N-RTK 处理的商业基线解算或多基站软件 |

上述应用只是大地测量静态定位的示例，而现代大地测量学认为在地球表面没有相对于 ITRF 速度为零的物体。现代大地测量的任务是确定和监测采样点的坐标，以提高我们对有地面运动/变形特征的地球物理过程的认识[35.45,35.46]。

地面变形测量是为了测量稳定点或固定于地表上的标石的坐标变化。这些点可能会在水平或垂直方向上移动，也可能在三维空间内移动，它们具有广泛的跨越时间和空间尺度的显著特征——从在大陆运动时，每年几毫米或厘米的移动，到地震期间由于快速地面震动引起的几分米量级的移动。变形测量包括建筑物/构筑物监测、地面沉降（由于抽取地下液体或开采煤矿）或隆起（由于火山下方岩浆积聚）监测、潮汐稳定性监测和局部构造断层运动监测。

对 GNSS 进行精密科学的分析（第 34 章、第 36 章和第 37 章）可知，利用其计算的位置要达到亚厘米级精度，不仅涉及 GNSS 接收机大地坐标的确定，还涉及接收机的改进、卫星时钟误差、信号偏差、GNSS 卫星轨道、大气延迟偏差和地球自转/定向参数的估算等。

这些分析研究需要大地测量界共同完成,因为它很难被划分成不同的应用方向,因此在国际大地测量机构的积极协调下,多家机构对全球分布的数百个 CORS 站的测量数据开始进行持续的分析处理。

## 35.2.2 土地测量作业

GNSS 土地测量、工程测量和海道测量作业的目标是：根据用户要求的精度,利用与项目、地图或大地基准有关的坐标信息,尽快给出地面、空中或海上多点的坐标。

我们可以把点坐标测量分为三种不同类型。第一种是确定某些已存在点或地貌点的坐标,例如控制测量、碎部或地形测量、建筑物和陆地边界测量、已建结构物测量等。第二种是确定一个运动物体或平台的位置(运行轨迹),如车辆、飞机或船舶。第三种是确定已预先指定的点的三维坐标位置,如工程施工现场的放样测量,或至道路点的导航。后两种定位类型将在 35.3 节中进行讨论。

在很大程度上,测量员和工程师需要自动化、可靠且易用的 GNSS 技术。高效作业首选商用软件包——包括接收机硬件、处理和控制软件以及辅助仪器设备。尽管通常用轻型测量天线代替扼流圈天线(第 17 章),但由于普通测量级接收机采用的信号跟踪与处理电子器件与大地测量级 GNSS 接收机基本相同,因此它也可以达到同等的测量质量。此外,普通测量级 GNSS 接收机也有了相当大的改进,现在不仅体积小且坚固,同时还有多种形态。最常见的形态是将接收机电子器件、天线、电池、无线通信模块和数据存储器等聚合在一体的单机样式(没有难以携带的天线或电源电缆),这样我们就可以将其放置在测杆、其他测量仪器(图 35.8)或移动平台上(图 35.3)。

(a) (b)

图 35.8 用于土地测量的 GNSS 接收机形态示例

(a)装在测杆上的 GNSS 接收机,测量人员和工程师用来确定静态坐标(由 Position Partners 提供);
(b)安装在支持综合测量作业的全站仪顶部的 GNSS 接收机(由 Leica Geosystems 提供)。

进行外业测量时,测量员通常将 GNSS 接收机从一个待测坐标的点移动到另一个待测坐标的点,不断重复此程序,直到测完所有点。测量期间,参考接收机始终位于已知坐标的点上,从该参考站辐射三维基线向量到被测点,如图35.2所示。土地测量员对这种模式很熟悉,因为射线法是确定点坐标的最常用方法,例如将全站仪安置在位于固定地面标志上的便携式三脚架上(图35.8),进行方位、距离和垂直角测量。使用时测量员可能无须操作参考接收机,只使用实时校正值或记录的数据文件(在后处理计算的情况下)即可。虽然网络RTK算法使用CORS网数据,但用户比较关心的是N-RTK信息的封装,就像从附近CORS站向用户接收机辐射的基线可被实时处理(表35.7)。

表35.10  GNSS土地测量应用和操作问题

| | |
|---|---|
| 控制和形变测量 | 从大地测量到局域或项目控制测量等一系列的静态定位应用(表35.9),都具有以下特征:<br>• 通常采用静态或快速静态技术(表35.4),使用商业数据处理软件,有时也使用RTK/N-RTK模式(虽然有更多冗余数据,但比一般的动态测量要投入更多精力关注)。<br>• 非永久性地面标志(如钻孔、路缘石头上的钉子),基准通常随建设项目而定,但如果使用RTK/N-RTK,基准需要与国家基准进行联测。<br>• 使用目的与附近的工程或测量活动密切相关。<br>• 项目范围通常为几千米到几十千米。<br>• 形变测量与施工活动相关,或侧重于已建结构物,或是对某些关键点分别进行连续测量(或定期重新测量) |
| 地形测绘 | 在一个范围相对较小的区域,快速确定许多地物地貌点的坐标或其构造特征,主要有以下特征:<br>• 通过GNSS直接标定点位坐标,可使用快速静态、走走停停或动态测量技术(35.1节)。<br>• 非接触式测绘,GNSS用于确定如数码相机或激光扫描仪等量测传感器的精确坐标。<br>• 面积从几百平方米到几十平方千米(也可能几百平方千米)。<br>• 尽管使用RTK/N-RTK测量以降低作业成本,但不需要实时结果。<br>• 可以各种形式呈现测绘成果,更适合导入计算机辅助设计(CAD)软件或地理信息系统(GIS)软件进行呈现 |
| 地籍测量 | 地籍测量可解决一些合法问题,如地块边界、地块所属权利和责任、附属地块如何再分配和再开发,因此其具有以下特点:<br>• 由于国家和州的土地所有权和地籍边界系统非常多样,测量员必须要确认哪些内容必须要测、需要什么精度、要测什么,这些往往也会因所在国家或州管辖权的不同而有所不同。<br>• 在农村地籍测量中,使用GNSS测量技术有相当大的空间;而在城市地区使用会有很多问题。<br>• 在地籍测量中很少直接使用坐标,必须将GNSS导出的坐标转换为地籍测绘应用所需的距离和方位。<br>• 项目范围通常为几百米到几千米 |

在国家或州级的标准、建议或合同指南中通常规定了GNSS土地测量和工程测量的作业要求,尤其是地籍测量和基准控制测量(表35.10)。这些标准或准则可能会给出所需硬件、野外作业流程、地面标志设计、质量保障程序以及一些几何限制条件的最小和最大阈值的建议、推荐或者定义,例如基线长度、网络质量检核、跟踪卫星数量等。现如今GNSS全天候24h可用,测量接收机和参考接收机之间不需要通视,因此无须为了获得较好的卫星几何构型而规划一天中测量的最佳时间,也不用对测区进行详细勘察。对有关

GNSS土地测量、工程测量和海道测量应用的国家标准或建议的深入研究超出了本章范围,但读者可以参考其他文献,如文献[35.47-35.53]。

## 35.2.3 土地测绘应用

土地测绘的应用范围非常广泛(表35.10)。然而,GNSS只是作为土地测量员工具箱中的一项技术而已,它比较适用于空间可视性较好的情况,这样可确保能够获取到更多的GNSS卫星(几何形状良好)测量数据,也适用于需要确定位置(坐标)的情况。前者是对作业环境的限制,后者意味着除了可得出点坐标之外,它还能提供包括方位角确定、定线、水平或垂直偏移的测量以及精确物理高度(差)的测量等一系列更广泛的测量服务。

土地测量和工程测量任务较为复杂,需要专业的知识:①选择适用的技术和作业技能;②认真落实外业测量的指导监督工作;③处理测量数据需考虑所有误差和制约因素;④生成客户所需的成果资料。有关测量原理、技术和应用的详细信息,请参阅文献[35.54,35.55]。

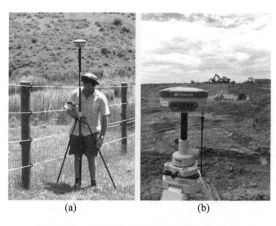

图35.9 利用GNSS建立控制点的坐标
(a)在乡村地区的控制标志上,使用三脚架架设GNSS接收机/天线;(b)安装在三脚架上的GNSS接收机/
天线,用于收集测量数据,以便在矿区建立大地测量控制网(由Position Partners提供)。

控制测量与大地测量(35.2.1节)类似,但控制测量会与当地环境、建设项目的规模相关[35.54,35.55]。其目的是在外业测量时确定与项目、地图或大地基准相关的地面控制点坐标。这些控制点可能是临时性的,仅在项目期间使用,也可能作为永久性标志(图35.9),它们通常用于之后的工程测量之中,施工、绘制地形和结构图、低等级测量或监测地面及构筑物形变等作业都受它影响。

作为大地测量的一种类型,变形测量使用GNSS接收机监测某些静止位置或某些观测历元的位置随时间的变化情况(35.2.1节)。接收机可以安装在变形的工程建筑物上[35.56],也可以安装在有地表运动的标志上。虽然大地变形测量和土地变形测量主要是在语义上有区别,但仍有许多场景能够区分是大地、土地还是工程的变形测量。通常,将对地球物理或自然运动敏感的变形测量(如构造运动、火山活动、地面隆起或沉降)和那些测量工程建筑物结构位移或因为人为原因引起（如抽取地下流体和开采煤矿）变形的测量分开。前者可能更多需要长久性监测，而后者只需进行周期性测量或在有限的时间内监测即可。

图 35.10　使用安装在建筑物上的 GNSS 进行变形监测
（a）安装在澳大利亚悉尼的一座高楼上（由 Ultimate Positioning 提供）；（b）安装在支撑塞文吊桥的缆索上，
该桥从布里斯托尔到英国南威尔士（由格钦·温·罗伯茨和克里斯·布朗提供）。

图 35.10 中安装的两台 GNSS 接收机可用于变形监测，一台安装在高层建筑上，另一台安装在悬索桥上。GNSS 定位模式既可以是连续的也可以是间断的，通常为了检测坐标的变化趋势或确定接收机振荡的光谱特征，需要对计算出的坐标进行某种形式的时间序列分析。此外，GNSS 可能只是此类应用中使用的若干项技术之一，其他仪器还有测斜仪和加速度计等。

地形测量有时被称为碎部测量，可用于小面积的制图应用[35.54,35.55]，其测量方法与全站仪等地面测量技术使用的测量方法类似，只是参考点和测量点之间不需要通视。在此类测量期间，需要确定包括预埋公共设施处以及大量地表采样点等碎部点（经自然产生和工程建设产生）的坐标，以便将地形的起伏以网格化的高程值、三角化不规则网络点或等高线的形式建模，最后输出一组可导出到 CAD 或 GIS 软件包中的坐标和特征属性数据。

制图测量主要用来确定一个区域内多个点的坐标，以便从空间意义上描述区域内的地形、构造或建筑环境[35.54,35.57]。制图测量通常得到一个由坐标（位置信息）、属性（是什么事物）和有足够数量或密度的自然或构造特征的拓扑结构（如何连接信息）构成的数据库，这样就能最大程度地确保再现测区内的实际情况。GNSS 可直接给出待测物体的坐标或用于确定制图、成像的坐标，或在二次处理中导出激光扫描传感器随时间变化的像素或点云坐标。

地籍测量是一种用于确定或标出土地所属边界[35.58]的特殊测量形式。在有些国家，地界根据坐标确定，因此测量任务就是计算土地与实体结构（如围栏、道路或建筑物）的实际边界。然而，在许多国家，地界是由注册产权证书（使用托伦斯产权制度的国家）或契约文件（不使用托伦斯产权制度的国家）中所述的边界线的距离和方位确定的。当地界在地籍图中以图形的方式进行描绘时，GNSS 坐标用来推导距离和方位角，同时也是一种可以用来复核原始地块边界的证据。GNSS 地籍测量技术可用于因土地再开发或基础设施建设项目而确立了新的土地边界的情况，尤其适用于农村地籍测量，文献[35.48]给出了一个地籍测量中 GNSS 应用的示例。

## 35.3 工程测量

35.2节中所陈述的大量关于GNSS如何用于土地测绘的内容也与工程测量和海道测量(35.4节)有关。它们对精度和接收机硬件的要求基本相同。此外,要达到厘米级测量精度,它们需要依赖服务供应商提供的各种增强服务,在某些情况下还需要额外辅助数据。GNSS用户设备制造商正在不断进行技术创新,以促进GNSS技术在工程中得到更广泛的应用。因此,在解决这些应用问题时,GNSS技术中已出现了一些重要创新。

对道路、桥梁、建筑物、隧道、矿山和其他构筑物的测量,使用的是与土地测量应用相同的几何原理以及类似的外业作业程序[35.53,35.54],并要求:①确定已有地面标志或地物的坐标;②确定预定坐标的点或标志,指导施工或机械运转,包括土地、建筑或海洋边界的初始测定,在工程的各个阶段测量员都要参与。本节主要介绍地面工程应用。35.4节将讨论海洋工程和制图应用。

### 35.3.1 工程测量实时作业

几乎所有GNSS工程测量的应用都需要实时精密定位。事实上,如果不能实时精密定位,GNSS就是一种高成本低效益的技术,甚至在某种程度上可认为其不可用。实时精密定位应用包括:①在事先标定的道路点间的精确导航,例如车辆的制导与控制;②建筑物主体框架、表面和结构的施工放样;③露天采矿作业;④精准农业,特别是所谓的控制轨迹耕作;⑤快速移动测量。在某些情况下,GNSS会与其他定位/导航技术相结合以确保GNSS在短期中断期间也能持续进行定位或向其他平台提供定向信息,例如激光系统、基于视觉的系统或惯性测量传感器。

实时GNSS意味着在GNSS接收机采集观测数据时,需要无延迟地处理生成坐标信息。当然零延迟是不可能的,但一秒或几秒的延迟我们可以认为影响不大,可通过某些计算方法来预测指定时间间隔处的位置。实时GNSS定位通常有持续运行的能力,因此参考接收机及其配套设备(如通信、计算设施、电源等)也必须持续运行,因为除了高精度外,对于完好性的要求也越来越高,例如机器导航或车辆导航就需要可靠的解算坐标。

当采用行业标准传输数据报文时,如RTCM定义的那些报文,实时GNSS定位会具有很高的灵活性,因为这时采用相同的无线数传技术可使来自不同制造商的GNSS接收机协同工作。行业标准的价值在RTK或N-RTK作业中体现得最为明显(35.1.4节)。

目前,已有许多用户开始使用实时GNSS服务,主要有以下原因:①需要连续、可靠的实时作业;②RTCM数据传输格式的广泛使用;③运行参考接收机的成本/难度较高。在提供实时GNSS服务方面,私营公司、学术界、研究机构和政府机构等发挥着重要的作用。

由实时 GNSS 服务供应商建设的 CORS 通常由多个带有扼流圈天线的大地测量级接收机组成,它们能够进行多频多系统 GNSS 测量。实时 GNSS 对通信链路有相当高的要求;例如单个 CORS 接收机和中央服务器(通常来说)之间需进行通信,这样才能用它们来进行 CORS 测量数据的传输,并实时向 GNSS 用户传输校正信息。此外,参考接收机的跟踪能力至少要与最精密的用户接收机相当,以便将所有可见 GNSS 卫星的 RTCM 数据与可用信号广播给用户。若 GNSS 天线在标石上安装的比较稳固,CORS 的定位设备也可用于支持 GNSS 大地测量应用(35.2.1 节)。

除了上述多用途或商用的 CORS 网络,还有许多 RTK 系统是由私人用户/运营商部署的,特别是在精准农业和露天采矿等领域。这些 GNSS 用户一般会有数台测量级 GNSS 接收机,其中一台作为基准站,另一台(或几台)安装在一辆(或多辆)农用车辆或矿车上,然后接收机之间通过特高频无线链路实现非开放式的 RTK 服务。当然,这种模式并不是最好的模式,因为在 CORS 网络覆盖区域内重复设置基站会造成严重的浪费。随着时间的推移,这些 GNSS 用户可能将停用自己的基站,转而订购实时 GNSS 服务。

## 35.3.2 工程测量应用

如下所述的测量均可视为 GNSS 工程测量的应用(35.2.3 节):①在陆地上进行的测量;②与建筑或采矿活动有关的测量;③限于项目区域内的测量;④有项目时间限制的测量;⑤涉及机械装置的测量;⑥广泛使用实时 GNSS 技术的测量。表 35.11 列出了工程测量应用的一些例子,下面我们将对其进行讨论。

表 35.11 GNSS 工程测量应用和作业注意事项

| | |
|---|---|
| 施工测量 | 施工测量可用于支持工程和基础建设项目,并具有以下特点:<br>• 建筑/施工现场的工程师和测量员使用 GNSS 技术,当然也必须使用其他技术,以便在不同的测量仪器之间实现坐标的无缝转换。<br>• 建筑/施工现场任务的紧迫性要求使用 RTK/N-RTK 等实时 GNSS 定位技术;随着施工过程自动化程度的提高,在施工现场需要确保整合所有类型的 GNSS 定位信息。<br>• 面临各种定位类型的挑战,包括固定点定位(类似于地形测量)、移动 GNSS 接收机轨迹坐标的确定以及如何用 GNSS 接收机导航至预定空间坐标处。<br>• 使用建设项目的基准,通常需要将 RTK/N-RTK 生成的坐标转换到项目基准中。<br>• 测量范围通常为几百米到几千米 |
| 建筑和采矿业机械自动化 | 建筑和采矿机械自动化的程度不断提高是大势所趋,从一直由人类操作到完全自主操作,这意味着:<br>• 高精度、高完好性且可用的实时 GNSS 定位。<br>• 厘米级精度,在 GNSS 不可用时,需有备份技术。<br>• 定位通常用于将车辆导航至某坐标点,因此需要在从当前坐标到目标坐标间调整车辆状态。<br>• 与制导或控制系统紧密集成,因此通常由制造商自己在工厂安装。<br>• 覆盖区域通常达几千米 |

续表

| | |
|---|---|
| 农业 | 类似于工程机械自动化应用,具有以下独一无二的特点:<br>• 覆盖范围可能有数千米。<br>• 与需要空间可视条件相比,实时 GNSS 的条件通常更有利。<br>• 精度要求可能会放宽,从标准精准农业的米级到控制轨道耕作的亚分米级精度。<br>• 水平定位 |
| 制图 | 移动制图应用的特点是:<br>• 各种平台:陆地、空中、海上。<br>• 各种测绘传感器技术、地面采样(或分辨率)、视野、成本、操作限制(如高度、范围、速度等)。<br>• 根据使用的制图技术,精度要求可能会大大放宽。<br>• 通常不是必须要进行实时定位。<br>• 测量范围从几千米到几十千米不等 |

施工测量解决了土木工程师和建筑专业人员在施工阶段对各种工程结构不同的定位要求[35.54]。高精度 GNSS 技术取代了用于开沟和浇筑混凝土模板、检查施工的垂直度(或水平度)以及测量结构件(如墙、梁、管道、电缆等(图 35.11))尺寸等用途的传统地面测量仪器。GNSS 技术能够实时作业至关重要,这样可以让我们无论是日常执行工程任务,还是进行现场修改或调整施工计划都能够立刻采取行动。从各方面来看,由于建筑工地环境多变,施工测量都是高精度 GNSS 技术最为严苛的应用场景。例如,天空可能有明显的阴霾、有大量的车辆和人流量、危险/嘈杂/肮脏的环境、复杂的无线电覆盖情况以及有许多不同的坐标基准等。工程测量人员必须能够承受经常在紧张和难以预测的环境中进行作业,同时 GNSS 也只是他们能使用的其中一种工具。然而,目前有一种趋势是不断提高挖掘、钻孔、混凝土浇筑、铺路、预制板铺设、墙壁或模板安装、废料清除等操作的自动化程度,这意味着人们更倾向于使用高精度、高完好性的 GNSS 技术对重型机械进行即时引导或控制,也可能还包括增加激光、视觉和惯性系统等来提高其可用性和可靠性。

自动化平地机、推土机、拖拉机、卡车和专用车辆以及其他工程机械提高了生产率[35.59]。当然,这种生产率可以通过多种方式来衡量,包括更快更准确的施工、更长的工作日、更少的错误、更少的施工劳动力、对工人的伤害更小以及消耗的燃料更少。早期用于施工环境的机械自动化技术与精准农业中使用的相关技术密切相关,尤其是与控制轨迹耕作[35.60,35.61]。在控制轨迹耕作中,由于 GNSS 需要实时精确引导农业机械,并确保车轮的车辙始终在同一轨道上,因此需要实时连续定位,且定位精度要达到厘米级并可重复。类似的情况,若能保证道路中心线是根据设计坐标来画的,也就可以引导施工设备沿轨道行进。另外,在机场跑道和滑行道垂直方向上,也是以此方式非常精确地进行混凝土浇筑工作,这与图 35.3 所示的利用 GNSS 仪器及动态 GNSS 定位方式实现地形图绘制是一样的。图 35.12 中显示了 GNSS 接收机安装在工程机械上的情况。

图 35.11 施工现场测量员使用的 GNSS；这里显示了一个安装在测杆上的 GNSS 接收机，用于确定兴趣点的坐标或者标记某个点位，供后续的混凝土浇筑、电缆铺设、管道或服务设施等施工使用；通常采用实时模式（由 Leica Geosystems 提供）

图 35.12 安装在工程机械上的 GNSS 接收机，用于指导开挖工作(a)和平整工作(b)。注意(a)中安装了两个天线/接收机，这样不仅可以使 GNSS 能够确定位置，也能够确定在三维空间中的方位，以便操纵推土机按倾斜设计面进行挖掘
（图(a)由 Leica Geosystems 提供，图(b)由 Ultimate Positioning 提供）

未来十年，随着交通车辆和工程机械的自动化程度显著提高，建筑、采矿业和农业将可能成为高精度 GNSS 定位系统应用的几个最大市场。从在车内计算机显示屏上显示实际车辆轨迹、设计线路或曲面（图 35.13）来辅助作业人员，到不在现场的作业人员使用无线电控制机械装置，再到完全没有人工干预的全自动机器人自主作业等机械自动化场景来看，它们都要求 GNSS 能实时提供厘米级的定位精度。然而，这些场景的 GNSS 完好性水平不尽相同。对于在无法定位时通知作业人员，然后由其手动控制机器的情况，完好性水平较低；若是可以实现整机自动化，表示完好性水平极高。因此，在机械自动化场景中，可以加入视觉或扫描传感器为自动化车辆提供充足的态势感知，以应对 GNSS 定位能力丧失的情况。

图35.13 安装有GNSS辅助设备的机械的舱内情况——由安装在工程机械上的一个或多个GNSS接收机/天线(多个天线提供机械设备的定向信息)实时提供位于机械设备上的参考点的位置(可能还有方位角),并在机械控制设备上向作业人员展示设备运作情况及规划轨迹,以便根据设计方案进行挖掘工作(由 Ultimate Positioning 提供)

矿山测量也属于GNSS土地测量和工程测量应用[35.54,35.55]。首先,GNSS仅可用于露天矿山作业,类似于施工项目现场。在这些地方,我们需要进行全方位测量和定位作业,包括制图、放样、施工、体积测量、机器引导/控制和车队管理/跟踪等。与建筑工地的GNSS测量一样,这里的作业区域相当有限,可能只有几千米宽,同时区域内的环境常常也很肮脏、危险,这些极端条件对技术提出了很高要求。在较深的露天矿使用实时GNSS面临的挑战是:随着深度的增加,GNSS接收机对天可视性迅速下降,尤其是当测量员或GNSS引导的机器在陡峭倾斜的井壁附近工作的时候。此时,除了GPS星座之外,还需要增加可见卫星的数量,这使得在此类重要应用中开始使用多系统GNSS接收机。最初,多系统GNSS接收机只能跟踪GPS+GLONASS信号,但现在也能跟踪其他GNSS星座信号并进行测量处理。

## 35.3.3 项目执行及相关问题

上面列出的应用都是在相对较小的区域进行作业。GNSS若要与地面测量技术相竞争,就必须是一种成本低效益高且易于使用的技术。GNSS目前仅在星座可视性好或能够完成模糊度快速可靠固定的项目环境中使用。与GNSS大地测量或土地测量项目不同,使用GNSS进行工程测量之前不需要进行踏勘。

此外,鉴于大多数工程测量项目的建设规模,其使用的坐标基准与大地测量甚至土地测量都不相同,而是通常与当地情况相关。工程测量的坐标通常需要进行平面地图投影,以便进行图形展示和空间分析,高程是测量的物理高度而不是椭球高(或高差)。因此,水平测量按照常规方法进行测量,而高程测量通常选用水准测量技术进行,包括GNSS椭球面高程+大地水准面差距的方法[35.62]。

然而,如果使用RTK/N-RTK技术就意味着采用了CORS坐标基准,而CORS坐标通常是在国家参考框架下进行表示。在某些情况下,如矿山、大坝和其他大型施工现场,测量员可以在参考接收机里调整 RTK/N-RTK 的设置,使其按本地项目基准或坐标系统输出 GNSS 坐标。实时 PPP 的情况则更为复杂,因为单点定位技术的基准来源于精密的 GNSS 卫星轨道,而这些轨道总是处于一个全球相关的稳定参考框架中,如 ITRF[35.18]。总之,对于实时应用,GNSS 输出的坐标可能需要由现场的 GNSS 设备转换为本地项目基准,然后才能供工程测量员或由 GNSS 系统实时引导的机器使用。

在 GNSS 制图时(35.2.3 节),虽然绘制的点可能是静止的,但当前都是在移动平台(配备有照相机或激光扫描仪的平台)上进行地理空间数据采集,例如车辆(图 35.14)、飞机(或无人驾驶飞行器)或船舶,事后可非常方便地对 GNSS 记录的测量数据进行处理。另外,对于分米级或更低精度要求的制图作业,使用普通的仪器和外业流程即可满足要求,对于制图传感器的三维方向和姿态,通常使用惯导技术(第 28 章)来确定。不同移动制图平台的操作指南、质量控制程序和精度要求会有很大的不同。关于移动制图的应用范围、应用的成像和扫描技术、适用的地图分析方法以及需要遵循的操作指南的详细讨论不在本章的范畴之内。读者可以参考文献[35.63]以及地理空间杂志和国际会议记录中的类似文章,来了解这一高速发展技术领域的最新发展。

图 35.14 安装在公路车辆上的移动制图系统(MMS)。该系统包括多重成像传感器(摄像机指向前方、侧面和后方)、激光扫描仪(在车辆顶部)、GNSS 天线(在货车顶部)和用于平台定向的惯性导航系统(机架上靠近激光扫描仪的盒子)。另外要注意的是,这种特殊的 MMS 也带有其他的传感器(安装在离地较低的位置),用于对路面进行雷达成像和对人行道上的裂缝进行检测(由 Charles Toth 提供)

## 35.4 海道测量

35.3 节中陈述的大部分是关于 GNSS 在工程测绘中如何应用的内容,这些内容也与用于海洋工程和海图绘制的海道测量有关。与管道、海底电缆、防波堤、港口工程和独立构筑物相关的海洋工程在施工前测量、施工阶段的后续支持和作业控制以及施工后的竣工验收阶段也有类似的测量要求。此外,尽管与海底成像技术有很大差异,但制图测量仍需要像地面制图和空中制图一样对移动平台进行定位。

### 35.4.1 海道测量应用

尽管陆地、工程和海上测量在几何原理方面[35.53]有许多共同之处,但海上作业环境更具挑战性[35.64]。海洋环境的腐蚀性更强,海洋平台(如船舶、钻机、疏浚船、小船或自主水下航行器)多处于连续运动状态,海洋接收机到岸基参考站的距离可能比大多数陆基应用间的距离都要长。不过,从另一方面来说,海上的 GNSS 星座可视情况一般都非常好。

在引入 GNSS 之前,用于海上定位的技术与用于陆地的技术相比,精确度更低、更复杂也更昂贵。随着离岸距离的增加,定位精度会不断降低,能够采用的电子定位技术也需随之改变。定位技术根据距离远近可分为短距离技术、中距离技术、长距离技术,这里的距离指的是能够检测到地面测距信号的距离[35.65,35.66]。1964 年,子午仪卫星导航系统(也称为子午仪多普勒)开始民用[35.67,35.68],使得在世界任何地方都可以无须依赖岸基信号发射器进行海道测量作业。子午仪卫星导航系统于 1996 年退役,但 GPS 为海道测量和海上导航带来了更进一步的革新。现在,所有海洋定位需求都可使用 GNSS[35.66]。

海道测量作业可分为两大类[35.64,35.65]:制图和海洋工程活动(表 35.12)。与陆基测绘应用一样,有些应用需要实时定位,另一些则可以事后处理。

表 35.12 GNSS 海道测量和海洋应用

| 港口和河流作业 | • 典型应用:河流或港口河床的浮标、电缆或管道、船舶停靠定位等小规模测量。<br>• 不同的场景:船舶或设施定位;测量船舶轨迹;导航至预定位置。<br>• 如果有精度要求,则使用 RTK/N-RTK 技术 |
|---|---|
| 疏浚 | • 类似于陆基工程测量,需要对安装挖掘设备的船舶进行精确的实时空间定位。<br>• 虽然一般使用惯性系统,但可以使用多天线的 GNSS 系统确定船舶的姿态。<br>• 通常在靠近海岸的地方进行,可以使用标准 RTK 技术 |
| 近海工程 | • 典型应用:防波堤、桥墩、岸防、风能或潮汐能平台、油气钻井平台、管道、电缆铺设。<br>• 在非常靠近陆地与大洋中部的作业会有所不同。<br>• 精度要求会有很大的变化,因此有很多 GNSS 定位技术可供选择。<br>• 通常需要实时定位 |

续表

| 制图 | • 在海上作业,使用差分动态定位技术可能不切实际。<br>• 水平定位精度由国际标准确定,很少需要使用基于载波相位的技术。<br>• 尽管测量船舶升沉运动是为了校正原始测深数据,但制图基准通常是最低天文潮,因此不需要用声呐进行垂直(椭球)定位。<br>• 很少需要进行实时定位 |
|---|---|

图 35.15 附在测量船上用于推导海床数字高程模型的多波束声呐需要采集声呐传感器的位置和方位,以便将距离测量值换算为反射面的坐标,这些坐标可以转换成用于航行或支持海上工程的电子海图(由西班牙水文局提供)

在制图作业中,船上或拖鱼钩上的制图传感器按某种模式移动,以确保整个海底区域都能被传输的声波以及记录的反射信号成像或呈现。声学传感器可以是侧边声呐或回声测深仪[35.64,35.69],与机载或车载摄像机或激光扫描仪类似,可对返回信号进行处理,生成反射面的三维地图(图 35.15)。与其他类型的制图一样,海图制图必须测量传感器的位置和方向,以便使用直接地理配准技术。对于声呐或激光扫描仪等主动绘图系统,需要记录信号发射器和信号接收器的位置和方向,当然这需要成像传感器能够满足此需求。地面 GNSS 测量方面没有国际公认的标准和建议,但制图作业需遵循国际水文组织(IHO[35.70,35.71])等机构制定的准则。

图 35.16 海上电缆铺设船和钻井平台的定位采用 GNSS 技术
(由 Alf van Beem 提供,见文献[35.72])

海洋工程测量与施工测量类似（35.3 节）。海上施工使用的 GNSS 测量仪器和技术与陆地工程测量相同，GNSS 用于引导海底管道或电缆的铺设（图 35.16）、海上设备（如钻井平台、风力或潮汐发电涡轮机、防波堤和其他河流、港口或开阔海洋工程）的安装。例如，疏浚与工程机械作业时使用的 GNSS 技术和流程类似（图 35.13），因为其目的是将航道、河流或部分海床挖掘到指定深度。

### 35.4.2 作业问题

海道测量有几个独特的特点，虽然高精度海洋定位仍然基于差分定位原理，但在距离 GNSS 参考站很远的海上进行良好的作业仍很具有挑战性。因此，代替差分定位的其他高精度定位技术在海上比陆地上有更多的研究应用，如海上定位很早就采用了 PPP 技术，已有一些服务供应商可以传输卫星轨道和钟差信息来支持实时 PPP[35.73-35.76]。

虽然许多海道测量和制图测量都是在近岸，甚至是港口内进行的，但其坐标基准通常与陆地大地基准不同。许多海洋工程测量使用的是项目基准（就像许多陆上工程项目一样）。国际水文组织要求所有制图的平面基准必须采用 WGS84[35.69,35.77]的平面基准，如此可与 ITRF 保持一致。实际情况中，一般是全球化运营的实时 GNSS 服务供应商向海洋测量市场提供服务，因此海道测量也倾向于采用国际通用的准则[35.70,35.71]。

由于海底地图通常用于船舶导航，因此所有对海上运输构成危险的水下障碍物或暴露的障碍物都应准确进行测量。航行船舶要求龙骨下方必须留有间隙，因此需要的高程精度或测深精度比任何地图给出的水平精度都要高。除最大比例尺海图，其他海图的水平精度不超过 5~10m（通常更差），而河流、港口和航道的测深精度要求一般在亚米级别（通常更高）。海图的基准通常为最低天文潮位[35.78]。

# 参考文献

35.1　C. Rizos: Making sense of the GNSS techniques. In: *Manual of Geospatial Science and Technology*, 2nd edn., ed. by J. Bossler, J. B. Campbell, R. McMaster, C. Rizos (Taylor Francis, London 2010) pp. 173-190

35.2　C. Rizos, D. Grejner-Brzezinska: GPS positioning models for single point and baseline solutions. In: *Manual of Geospatial Science and Technology*, 2nd edn., ed. by J. Bossler, J. B. Campbell, R. McMaster, C. Rizos (Taylor Francis, London 2010) pp. 135-149

35.3　A. Leick, L. Rapoport, D. Tatarnikov: *GPS Satellite Surveying*, 4th edn. (Wiley, Hoboken 2015)

35.4　B. Hoffmann-Wellenhof, H. Lichtenegger, E. Wasle: *GNSS-Global Navigation Satellite Systems* (Springer, Wien, New York 2008)

35.5　RINEX-The Receiver Independent Exchange Format-Version 3.02 3 Apr. 2013 (IGS RINEX WG and RTCM-SC104, 2013)

35.6　NGS: National Geodetic Survey's (NGS) OPUS web processing site. http://www.ngs.noaa.gov/OPUS/

35.7　Natural Resources Canada (NRCAN): Canadian Spatial Reference System Precise Point Positioning

(CSRS-PPP) web processing sitehttp://webapp. geod. nrcan. gc. ca/geod/tools-outils/ppp. php? locale=en

35.8 Geoscience Australia: AUSPOS online GPS processing service. http://www. ga. gov. au/scientifictopics/positioning-navigation/geodesy/auspos/

35.9 U. Vollath, H. Landau, X. Chen, K. Doucet, C. Pagels: Network RTK versus single base RTK-Understanding the error characteristics, Proc. ION GPS 2002, Portland(ION, Virginia 2002) pp. 2774-2781

35.10 RTCM Standard 10403. 2 Differential GNSS Services, Version 3 with Ammendment 2, 7 Nov. 2013 (RTCM, Arlington 2013)

35.11 G. Wubbena, A. Bagge, G. Seeber, V. Boder, P. Hankemeier: Dependent errors for real-time precise DGPS applications by establishing stations networks, Proc. ION GPS 1996, Kansas City(ION, Virginia 1996) pp. 1845-1852

35.12 L. Wanninger: Real-time differential GPS error modelling in regional reference station networks. In: *Advances in Positioning and Reference Frames*, International Association of Geodesy Symposia, Vol. 118, ed. by F. K. Brunner(Springer, Berlin 1998) pp. 86-92

35.13 L. Dai, S. Han, J. Wang, C. Rizos: A study on GPS/GLONASS multiple reference station techniques for precise real-time carrier phase-based positioning, Proc. ION GPS 2001, Salt Lake City(ION, Virginia 2001) pp. 392-403

35.14 G. Fotopoulos, M. E. Cannon: An overview of multireference station methods for cm-level positioning, GPS Solutions **4**(3), 1-10(2001)

35.15 H. Landau, U. Vollath, X. Chen: Virtual reference station systems, J. Glob. Position. Syst. **1**(2), 137-143 (2002)

35.16 C. Rizos: Network RTK research and implementation: A geodetic perspective, J. Glob. Position. Syst. **1**(2), 144-150(2002)

35.17 S. Hilla: Extending the standard product 3(SP3) orbit format, Proc. Int. GPS Serv. Netw. Data Anal. Center Workshop, Ottawa(IGS, Pasadena 2002)

35.18 Z. Altamimi, X. Collilieux, L. Metivier: ITRF2008: An improved solution of the international terrestrial reference frame, J. Geod. **85**(8), 457-473(2011)

35.19 J. F. Zumberge, M. B. Heflin, D. C. Jefferson, M. M. Watkins, F. H. Webb: Precise point positioning for the efficient and robust analysis of GPS data from large networks, J. Geophys. Res. **102**(B3), 5005-5017(1997)

35.20 P. Heroux, Y. Gao, J. Kouba, F. Lahaye, Y. Mireault, P. Collins, K. Macleod, P. Tetreault, K. Chen: Products and applications for precise point positioning-Moving towards real-time, Proc. ION GPS 2004, Long Beach(ION, Virginia 2004) pp. 1832-1843

35.21 R. J. P. van Bree, C. Tiberius: Real-time single-frequency precise point positioning: Accuracy assessment, GPS Solutions **16**(2), 259-266(2012)

35.22 C. Tiberius, R. van Bree, P. Buist: Staying in lane-Real-time single-frequency PPP on the road, Inside GNSS **6**(6), 48-53(2011)

35.23 H. van der Marel, P. de Bakker: Single versus dualfrequency precise point positioning, Inside GNSS **7**(4), 30-35(2012)

35.24 H. J. Euler, C. R. Keenan, B. E. Zebhauser, G. Wubbena: Study of a simplified approach in utilizing information from permanent reference station arrays, Proc. ION GPS 2001, Salt Lake City(ION, Virginia 2001) pp. 379-391

35.25 B. E. Zebhauser, H. J. Euler, C. R. Keenan, G. Wubbena: A novel approach for the use of information fromreference station networks conforming to RTCM V2.3 and future V3.0, Proc. ION NTM 2002, San Diego(ION, Virginia 2002) pp. 863-876

35.26 F. Takac, O. Zelzer: The relationship between network RTK solutions MAC, VRS, PRS, FKP and i-MAX, Proc ION GPS 2008, Savannah(ION, Virginia 2008) pp. 348-355

35.27 J. Kouba, P. Heroux: Precise point positioning using IGS orbit and clock products, GPS Solutions **5**(2), 12-28(2001)

35.28 S. Bisnath, Y. Gao: Current state of precise point positioning and future prospects and limitations. In: *Observing Our Changing Earth*, International Association of Geodesy Symposia, Vol. 133, ed. by M. Sideris (Springer, Berlin, Heidelberg 2009) pp. 615-623

35.29 S. Bisnath, P. Collins: Recent developments in precise point positioning, Geomatica **66**(2), 103-111 (2012)

35.30 M. Caissy, L. Agrotis, G. Weber, M. Hernandez-Pajares, U. Hugentobler: Coming soon-The international GNSS real-time service, GPS World **23**(6), 52(2012)

35.31 International GNSS Service(IGS) Real-Time Service (RTS) web site. http://igs.org/rts

35.32 O. Ovstedal: Absolute positioning with single-frequency GPS receivers, GPS Solutions **5**(4), 33-44 (2002)

35.33 Y. Gao, Y. Zhang, K. Chen: Development of a realtime single-frequency precise point positioning system and test results, Proc. ION GNSS 2006, Fort Worth(ION, Virginia 2006) pp. 2297-2303

35.34 A. Q. Le, C. Tiberius: Single-frequency precise point positioning with optimal filtering, GPS Solutions **11** (1), 61-69(2007)

35.35 G. Wubbena, M. Schmitz, A. Bagg: PPP-RTK: Precise point positioning using state-space representation in RTK networks, Proc. ION GNSS 2005, Long Beach (ION, Virginia 2005) pp. 2584-2594

35.36 L. Mervart, Z. Lukes, C. Rocken, T. Iwabuchi: Precise point positioning with ambiguity resolution in real-time, Proc. ION GNSS 2008, Savannah(ION, Virginia 2008) pp. 397-405

35.37 M. Ge, G. Gendt, M. Rothacher, C. Shi, J. Liu: Resolution of GPS carrier-phase ambiguities in precise point positioning(PPP) with daily observations, J. Geod. **82**(7), 389-399(2008)

35.38 S. Loyer, F. Perosanz, F. Mercier, H. Capdeville, J. -C. Marty: Zero-difference GPS ambiguity resolution at CNES-CLS IGS Analysis Center, J. Geod. **86**(11), 991-1003(2012)

35.39 P. J. G. Teunissen, A. Khodabandeh: Review and principles of PPP-RTK methods, J. Geod. **89**(3), 217-240(2015)

35.40 T. Sagiya: A decade of GEONET: 1994-2003-The continuous GPS observation in Japan and its impact on earthquake studies, Earth Planets Space **56**(8), xxix-xlii(2004)

35.41 D. Norin, J. Sunna, R. Lundell, G. Hedling, U. Olsson: Test of RTCM version 3.1 network RTK correction messages(MAC) in the field and on board a ship for uninterrupted navigation, Proc. ION GNSS 2012, Nashville(ION, Virginia 2012) pp. 1147-1157

35.42 C. Bruyninx: The EUREF permanent network: A multi-disciplinary network serving surveyors as well as scientists, GeoInformatics **7**(5), 32-35(2004)

35.43   J.M. Dow, R.E. Neilan, C. Rizos: The international GNSS service in a changing landscape of global navigation satellite systems, J. Geod. **83**(3/4), 191–198(2009)

35.44   W.R. Dick, B. Richter: The International Earth Rotation and Reference Systems Service (IERS). In: *Organizations and Strategies in Astronomy*, Vol. 5, ed. by A. Heck (Kluwer Academic, Dordrecht 2004) pp. 159–168

35.45   H.-P. Plag, M. Pearlman (Eds.): *Global Geodetic Observing System: Meeting the Requirements of a Global Society on a Changing Planet in 2020* (Springer, Berlin, Heidelberg 2009)

35.46   T. Herring: *Geodesy: Treatise on Teophysics*, Vol. 3 (Elsevier, New York 2009)

35.47   Guideline for Control Surveys by GNSS, Special Publication 1, v. 2.1 (Australia's Intergovernmental Committee for Surveying and Mapping, Canberra 2014)

35.48   Guidelines for cadastral surveying using GNSS. In: *Survey Practice Handbook–Part 2: Survey Procedures* (Surveyors Registration Board of Victoria, Melbourne 2006) pp. 1–30

35.49   J. Wentzel, B. Donahue, R. Berg: *Guidelines for RTK/RTN GNSS Surveying in Canada*, v. 1.1 (Natural Resources Canada, Ottawa 2013)

35.50   W. Henning: *User Guidelines for Single Base Real Time GNSS Positioning*, v3.1.1 (National Oceanic and Atmospheric Administration, National Geodetic Survey, Silver Spring 2011)

35.51   F.G.C. Committee: *Geometric Geodetic Accuracy Standards and Specifications for Using GPS Relative Positioning Techniques*, 5th edn. (National Geodetic Survey, NOAA, Rockville 1989)

35.52   Guidance Notes for GNSS RTK Surveying in Great Britain, 4th edn. (The Survey Association, Newarkon-Trent 2015)

35.53   GPS survey Specifications. In: *Surveys Manual* (California's Department of Transport, Office of Land Surveys, Sacramento 2012)

35.54   B.F. Kavanagh, S.J.G. Bird: *Surveying: Principles and Applications*, 9th edn. (Prentice Hall, Upper Saddle River 2013)

35.55   J. Uren, W.F. Price: *Surveying for Engineers*, 5th edn. (Palgrave Macmillan, London 2010)

35.56   C. Ogaja, X. Li, C. Rizos: Advances in structural monitoring with global positioning system technology: 1997–2006, J. Appl. Geod. **1**(3), 171–179(2007)

35.57   K. Kraus: *Photogrammetry: Geometry from Images and Laser Scans* (Walter de Gruyter, Berlin 2007)

35.58   P. Dale, J. McLaughlin: *Land Administration* (Oxford Univ. Press, Oxford 2000)

35.59   C. Rizos: GPS, GNSS and the future. In: *Manual of Geospatial Science and Technology*, 2nd edn., ed. by J. Bossler, J.B. Campbell, R. McMaster, C. Rizos (Taylor Francis, London 2010) pp. 259–281

35.60   G.D. Vermeulen, J.N. Tullberg, W.C.T. Chamen: Controlled traffic farming. In: *Soil Engineering*, ed. by A.P. Dedousis, T. Bartzanas (Springer, Berlin 2010) pp. 101–120

35.61   B. Whelan, J. Taylor: *Precision Agriculture for Grain Production Systems* (CSIRO Publishing, Collingwood 2013)

35.62   C. Rizos: Carrying out a GPS surveying/mapping task. In: *Manual of Geospatial Science and Technology*, 2nd edn., ed. by J. Bossler, J.B. Campbell, R. McMaster, C. Rizos (Taylor Francis, London 2010) pp. 217–234

35.63   G. Petrie: Mobile mapping systems–An introduction to the technology, GEOinformatics January/February, 32–43(2010)

35.64 A. E. Ingham, V. J. Abbott: *Hydrography for the Surveyor and Engineer*, 3rd edn. (Wiley-Blackwell, Hoboken 1993)

35.65 R. P. Loweth: *Manual of Offshore Surveying for Geoscientists and Engineers* (Chapman Hall, London 1997)

35.66 A. Peacock: *The Principles of Navigation*: *The Admiralty Manual of Navigation*, Vol. 1, 10th edn. (The Nautical Institute, London 2008)

35.67 T. A. Stansell: The Navy navigation satellite system: Description and status, Navigation **15**(3), 229–243 (1968)

35.68 R. J. Danchik: An overview of transit development, John Hopkins APL Tech. Digest **19**(1), 18–26 (1998)

35.69 Manual on Hydrography, 1st edn. (International Hydrographic Bureau, Monaco 2011)

35.70 IHO Standards for Hydrographic Surveying, 5th edn., Special Publication No. 44, (International Hydrographic Bureau, Monaco 2008)

35.71 Regulations of the IHO for International Charts and Chart Specifications of the IHO, edn. 4.4.0, Special Publication No. 4, (International Hydrographic Bureau, Monaco 2013)

35.72 Photo source: https://commons.wikimedia.org/wiki/Category:Ndurance_(ship,_2012)#/media/File:Ndurance_-_IMO_9632466_leaving_Port_of_Rotterdam,_pic1.JPG

35.73 L. Rodrigo, H. Landau, M. Nitschke, M. Glocker, S. Seeger, X. Chen, A. Deking, M. BenTahar, F. Zhang, K. Ferguson, R. Stolz, N. Talbot, G. Lu, T. Allison, M. Brandl, V. Gomez, W. Cao, A. Kipka: RTX Positioning: The next generation of cm-accurate realtime GNSS positioning, Proc. ION GNSS 2011, Portland (ION, Virginia 2011) pp. 1460–1475

35.74 T. Melgard, E. Vigen, O. Orpen: Advantages of combined GPS and GLONASS PPP-Experiences based on G2, a new service from Fugro, Proc. 13th IAIN World Congress, Stockholm (IAIN, London 2009) pp. 1–7

35.75 L. Dai, R. R. Hatch: Integrated StarFire GPS with GLONASS for real-time precise navigation and positioning, Proc. ION GNSS 2011, Portland (ION, Virginia 2011) pp. 1476–1485

35.76 C. Rocken, L. Mervart, J. Johnson, Z. Lukes, T. Springer, T. Iwabuchi, S. Cummins: A new realtime global GPS and GLONASS precise positioning correction service: Apex, Proc. ION GNSS 2011, Portland (ION, Virginia 2011) pp. 1825–1838

35.77 Department of Defense World Geodetic System 1984 (WGS84): Its Definition and Relationships with Local Geodetic Systems, Publication NIMA TR8350.2, 3rd ed., amendm. 1 (National Imagery and Mapping Agency, Reston 2000)

35.78 Tidal Datums and their Applications, NOAA Special Publication NOS CO-OPS 1 (National Oceanic and Atmospheric Administration, Silver Spring 2000)

# 第 36 章　大地测量学

Zuheir Altamimi，Richard Gross

连续的大地测量观测值是描述全球时空变化的基础。从 20 世纪 80 年代初的 GPS 开始，GNSS 的出现提高了定位精度，大大拓宽了大地测量应用范围。研究机构开发的 GNSS 软件包逐步升级并持续改进，从而能够精确确定大地测量参数及其时间变化。由连续运行基准站组成的密集 GNSS 网(省市级网、国家级网、洲级网和全球网)，使得各种大地测量和地球科学应用成为可能。现阶段的大多数科学领域、地球观测、地图配准和整个社会都依赖于毫米级的位置精度。为了能更有效、充分地利用这些基准点位，必须在一个明确的参考框架内将其进行确定和表达。目前所有的全球和区域参考框架都依赖于国际地球参考框架(ITRF)，ITRF 是国际地球参考系统(ITRS)最精确的实现。当今大地测量的主要成就之一就是能够根据 GNSS 的观测数据，解算出观测站在 ITRF 中的坐标，从而确定高精度的全球和区域地球参考框架。本章介绍了 GNSS 在大地测量中的应用,重点介绍了它在国际大地测量协会(IAG)的全球大地测量观测系统(GGOS)中的作用，该系统用于全球时空监测、基于 GNSS 的参考框架实施、地球自转和海平面监测。

## 36.1　GNSS 与 IAG 的全球大地观测系统

大地测量学是研究地球自转、重力场、形状以及它们随时间演变的学科[36.1,36.2]。地球的这些特征之所以随时间发生变化，是因为地球是一个动态系统，有流动的大气和海洋、全球范围内不断变化的冰雪和水、正在经历某种水磁运动的流体核、因上一个冰期的冰川负荷导致的热对流和回弹所产生的地幔以及活动的构造板块(第 37 章)。此外，太阳、月亮和行星的引力所产生的外力也作用于地球。这些内部动态过程和外部重力对固体地球施加扭矩，或使其内部质量的分布发生改变，从而导致地球的自转、重力场和形状发生变化。大地测量观测系统的空间大地测量技术包括甚长基线干涉测量(VLBI)、卫星激光测距(SLR)、GNSS 及多普勒无线电定轨定位系统(DORIS)，这些技术提供了地球自转、重力场和形状的测量数据，可用于研究地球对这些效应的响应。

对地球的可变自转、重力场和形状的观测，也为参考系统的实现提供了基础，参考系统用于确定点和物体的坐标，并确定这些点和物体在空间和时间上如何移动(图 36.1)。对于所有地面、机载和星载的可持续观测来说，大地测量确定的地球参考框架(TRF)是不可缺少的基础，同时 TRF 也是社会中所使用的所有地理参考数据的基础。因此，TRF 不仅对大地测量学很重要，对科学和整个社会都至关重要。

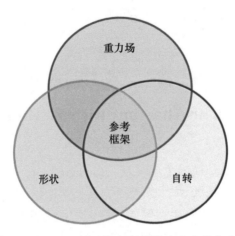

图 36.1 基于地球自转、重力场和形状的观测结果确定地球参考框架,地球参考框架包含大地测量的三大基本量(自转、重力场和形状),这三个基本量不是彼此独立的,而是通过共同的地球物理过程相互联系。要使各个基本量之间的变化相互关联,必须在相同的参照系中给出这些变化[36.3,36.4]

GNSS 全球观测站网对确定地球参考框架(TRF)至关重要。在各种空间大地测量技术中,GNSS 观测站网是最为密集的。通过将 GNSS 观测站与其他技术基站并址,有助于将独立的技术专用网络集成进一个统一的全球观测系统中。通过精确获取装有 GNSS 接收机的载体的绝对位置,GNSS 还可以对 TRF 进行评价。提供这种精确定位和目标导航的能力,是 GNSS 对科学与社会最重要的贡献之一。

## 36.1.1 国际大地测量协会

国际大地测量协会(IAG)是国际大地测量与地球物理学联合会(IUGG)创办的协会,是致力于推动大地测量学发展的国际学术组织[36.5]。它的起源可以追溯到 1862 年,当时普鲁士将军约翰·雅各布·拜尔(Johann Jacob Baeyer)启动了欧洲中部的弧长测量项目,其最终目标是精确确定地球的大小和形状。为了实现这一目标,150 多年来,IAG 通过大地测量观测数据的采集、分析和建模,推动技术发展,研究和提供地球、行星及其卫星的形状、自转、重力场及其瞬时变化。

IAG 通过运营部门的运作完成其任务,包括委员会、委员会间委员会、服务部门和全球大地测量观测系统(GGOS)。这些委员会代表大地测量学的主要活动领域,并代表 IAG 处理所有相关的科学事务,促进这些领域的科学、技术和国际合作的发展。

IAG 的 4 个委员会是:参考框架委员会、重力场委员会、地球自转与地球动力学委员会、定位与应用委员会。

跨专业委员会的委员会负责处理涉及所有委员会的科学事务。目前仅有一个委间委员会,即理论委间委员会。

IAG 的各项服务部门组织大地测量数据的收集和合并,并生成科学研究与社会应用领域所需的大地测量产品。IAG 的 14 项服务涵盖了几何、重力、海洋学和地球相关属性。

IAG 的几何服务包括：国际 GNSS 服务（IGS）（第 33 章）、国际 VLBI 服务（IVS）、国际激光测距服务（ILRS）、国际 DORIS 服务（IDS）、国际地球自转服务（IERS）。

IAG 的重力服务包括：国际重力场服务（IGFS）、国际大地水准面服务（IGES）、国际重力测量局（BGI）、国际地球固体潮中心（ICET）、国际全球地球模型中心（ICGEM）、国际数字高程模型服务（IDEMS）。

IAG 的海洋学服务包括：平均海平面永久服务（PSMSL）、国际测高服务（IAS）。

IAG 提供参考时间尺度的服务为国际计量局（BIPM）。

## 36.1.2 全球大地测量观测系统

由于认识到大地测量在科学研究和社会应用中发挥着日益重要的作用，IAG 于 2003 年建立了全球大地测量观测系统（GGOS）。GGOS 最初是一个项目，在 2007 年成为了 IAG 的一个组成部分。GGOS 旨在成为 IAG 的观测系统，在统一组织下开展专门的技术服务，从而形成一个综合的大地测量观测手段，将迄今为止独立的大地测量分支（形状、自转和重力场）整合为一个统一的观测系统[36.6]。GGOS 与其他 IAG 部门协作，为科学界和社会提供独一无二、相互一致且易于获取的大地常数、数据和产品。此外，GGOS 代表着 IAG 的地球观测组（GEO）[36.7]，是 IAG 对 GEO 正在构建的全球对地观测系统（GEOSS）做出的贡献。

GGOS 为未来地球科学发展奠定了基础。通过将地球系统视为一个整体（包括地圈、水圈、冰层、大气圈和生物圈），利用大地测量技术监测地球的组成及其相互作用，并从大地测量的角度进行研究。大地测量界为全球地球科学界提供了一个强大的工具，主要包括高质量的服务、标准、参考框架、理论创新和观测创新。

GGOS 的使命是[36.5]：提供监测、绘制和了解地球形状、自转和质量分布变化所需的观测数据；提供全球参考框架，该框架是测量和解释关键的全球变化过程以及许多其他科学和社会应用的基础；通过为地球和行星系统科学、应用的发展提供基础，从而造福科学和社会。

GGOS 的目标为[36.5]：成为为社会和地球系统科学提供全球大地测量信息和专业知识的主要来源；积极推动、维持、改善和发展全球大地测量基础设施，以满足地球科学和社会需求；协调国际大地测量服务，这些服务是实现稳定全球参考框架所需关键参数的主要来源，并对地球系统的变化进行观测和研究；向用户社区、政策制定者、资助机构和社会宣传 GGOS 的益处。

为了完成其使命和目标，GGOS 依赖于 IAG 的服务部门、委员会与委员会间委员会。所有 GGOS 的贡献都基于 IAG 服务提供的基础设施、数据和产品。委员会和委员会间委员会为 GGOS 内部的科学发展提供专业知识和支持。综上所述，GGOS 是 IAG 与科学界和整个社会的中心接口。

1. 组织结构

GGOS 的组成如图 36.2 所示。GGOS 的管理部门是联盟、协调委员会和执行委员会。

这些部门作为指导委员会,为 GGOS 制定战略方向。协调委员会相当于 IAG 的中央部门,负责监督和协调 GGOS 的日常活动。它是 GGOS 的秘书处,管理 GGOS 的网络服务和外联活动。科学小组是一个独立的、多学科的咨询委员会,它向 GGOS 提供科学建议和支持,以确保 GGOS 始终专注于相关的科学和社会需求。GGOS 机构间委员会(GIAC)是一个论坛,用于协调和支持政府机构大地测量基础设施的开发、实施与运行。任何为空间大地测量观测系统的运行和发展提供资源的政府组织都可以成为空间大地测量委员会的成员。

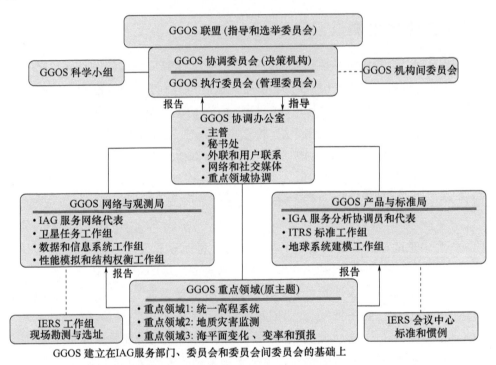

图 36.2　GGOS 的组织结构图,蓝色代表组织部门,黄色代表协调部门,绿色代表实施部门,灰色表示附属部门(由 IAG-GGOS 提供,经 CC BY-ND 4.0 许可后引用)

2. GGOS 各局

与科学小组和 GIAC 一样,GGOS 的业务部门是它的局级机构和重点领域。GGOS 目前有两个局:①网络与观测局;②产品与标准局。

(1) 网络与观测局。网络与观测局(BNO)的目标是实现一个具有全球分布并且满足 GGOS 确立的科学和社会需求的空间大地测量观测系统网络[36.6]。为了实现这一目标,该局与 IAG 服务部门开展了紧密合作。事实上,该局是一个由服务代表组成的联盟,每个服务代表由各自的工作组提供技术支持,包括三个部分:

① 卫星任务工作组随时向 GGOS 通报有关的卫星任务,支持 GGOS 倡导实现其目标所需要的新任务。

② 数据和信息系统工作组推动大地测量数据使用元数据的标准和惯例,并提倡大地测量数据中心的互操作性。

③ 性能模拟和结构权衡工作组使用模拟技术来评估不同地面站结构及其演变对大地测量数据和产品的影响、不同天基结构及其演变、地基和天基结构之间的取舍(包括对地面和空间关系的要求)。

为实现以上目标,BNO 还与 IERS 工作组联合进行实地勘察与选址。该工作组正在努力提高空间大地测量参考站点相对位置的测量精度。

(2) 产品与标准局。产品与标准局(BPS)的目标是确保所有 IAG 的组成部门都使用同样的标准与惯例。来自不同分析中心或不同观测系统的数据与产品相融合时,利用相同标准与惯例对其进行处理是至关重要的,否则会产生不一致的情况,从而降低融合数据与产品的精度。为达到这个目标,BPS 正在为提供 IAG 数据和产品的组织编制统一的标准和惯例清单。为此,BPS 有两个工作组:

① ITRS 标准工作组。为 ITRS 等全球大地测量参考系统建立新的 ISO(国际标准化组织)标准。

② 地球系统建模工作组。正在开发一个统一的地球系统模型,适用所有观测技术和大地测量基础(自转、重力场与形状)。

为实现该目标,BPS 与 IERS 会议中心紧密合作。IERS 会议中心负责维持 IERS 使用的常量、标准和常规模型。

3. GGOS 的重点领域

GGOS 的重点领域具有跨学科性质,涉及诸多科学和社会方面的问题,随着大地测量学界进一步发展,我们有望解决这些具有广泛性和关键性的问题。GGOS 目前有三个重点领域:①统一高程系统;②地质灾害监测;③海平面变化量、变化率及其预报。

(1) 统一高程系统。过去几十年间,一系列 IAG 工作组的目标始终是将 100 多个现有的高程参考系统统一起来。这涉及如何定义并实现一个全球参考基准,以及确定局部高程基准和全球统一高程基准之间的转换关系。当实现这一目标时,所有的物理高度都将统一参考相同的全球基准面。为了帮助实现这一目标,GGOS 在统一高程系统上创建了一个重点领域,即重点领域 1。迄今为止,重点领域 1 的活动集中于确定参考位势(重力势)$W_0$ 的可靠值,该值可用于确定全球高程系统的协议基准面。

(2) 地质灾害监测。大地测量学能够为科学和社会提供的最重要服务之一,是帮助减轻地震、火山爆发、泥石流、滑坡、地面沉降、海啸、洪水、风暴潮、飓风和极端天气等自然灾害对人类生命和财产的影响。由于自然灾害常常导致物体移位和地球表面形变,因此 GNSS 可以在这方面发挥至关重要的作用。例如,GNSS 可用于监测火山喷发前的形变和地震断裂带的震前形变,协助发布火山喷发和地震警报。GNSS 还可用于快速估计地震断层运动,协助建立海啸成因模型和发布海啸预警。GNSS 观测数据对于了解危害形成过程、评估危害的风险、监测危害的发展、决定是否发布预警以及支持救援和损害评估活动至关重要。

由于认识到大地测量在防灾减灾中的重要作用,GGOS 设立了一个关于地质灾害监测的重点领域,即重点领域 2。重点领域 2 的目标是提高大地测量界在自然灾害识别、评估、优先次序确定、预测和预警方面的有效性。作为一个国际组织,GGOS 能有效地宣传大地测量学在探索和减轻自然灾害方面的作用。GGOS 还可以有效改善自然灾害研究所需的大地测量数据,包括更好的空间覆盖率、更高的采样率、更低的延迟和更广泛的数据可用性,特别是合成孔径雷达(SAR)和 GNSS 数据。

(3)海平面变化量、变化率及其预报。1990 年,世界上 23% 的人口居住在离海岸不到 100km 和海拔不到 100m 的地方。因此,近四分之一的世界人口容易受到海平面上升的影响。由于海平面上升的长期平均速率为几毫米/年,因此可以提前规划减缓措施。但海平面上升幅度很小,这也对大地测量观测系统提出了很高的要求。例如,地球参考框架的精度应至少比海平面上升幅度高一个数量级。为了支持海平面变化的研究,它的精度和稳定性应在 0.1mm/y 的范围内,这也使得海平面变化研究成为大地测量观测系统最必要的应用之一。

由于认识到大地测量在海平面变化研究中的重要作用,GGOS 建立了一个关于海平面变化量、变化率及其预报的重点领域,即重点领域 3。该领域的目标是通过大地测量提高我们对海平面变化原因和后果的认识。

4. GGOS 与参考框架

如上所述,GGOS 建立在 IAG 服务部门、委员会和委间委员会的基础上。IAG 服务部门协调地球时变重力场、自转和形状等大地测量观测数据的采集和分析(图 36.1)。GGOS 的一个重要目标是倡导改善全球大地测量基础设施,包括提供大地测量观测数据的 GNSS 基础设施。大地测量学在科学和社会上最重要的应用之一是确定参考框架。《全球卫星导航系统手册》讨论了利用大地测量,特别是用 GNSS 观测数据来确定参考框架以及研究地球自转的变化。本书中的精密单点定位(第 25 章)、轨道产品的生成(第 34 章)和地球动力学(第 37 章)中的相关章节讨论了利用大地测量来研究地球形状变化的问题。

## 36.2　全球与区域参考框架

本节共分为四部分。第一部分介绍了地球形变的参考框架表述形式,囊括了各种线性和非线性运动。第二部分介绍全球参考框架,重点介绍国际地球参考框架(ITRF)、国际 GNSS 服务(IGS)形成的 ITRF 衍生体系和 IGS 对 ITRF 建设的贡献,描述 IGS 网在连接其他三种技术中的基本作用:甚长基线干涉测量(VLBI)、卫星激光测距(SLR)和多普勒无线电定轨定位系统(DORIS)。第三部分详细介绍了基于 GNSS 的全球和区域参考框架,以及如何通过使用 GNSS 产品将这些框架与全球 ITRF 联系起来。第四部分给出了如何实现基于 GNSS 的本地、区域和全球参考框架与 ITRF 以最佳的方式保持一致的普遍准则。

### 36.2.1　地球形变的参考框架表述

地球是一个复杂的动力系统,在构造参考框架时,要考虑各种地球物理过程引起的形变。框架是通过锚定在地壳上的大地测量网络实现的,因此可以称为基于地壳的框架。在历元 $t$ 处,瞬时测站位置 $X(t)$ 的表达式可以写成正则项 $X_R(t)$ 和地球物理高频变化 $\Delta X_i(t)$ 之和(见 IERS 决议[36.8],第 4 章),即

$$X(t)=X_R(t)+\sum_i \Delta X_i(t) \tag{36.1}$$

$$X_R(t)=X_R(t_0)+\dot{X}_R(t-t_0) \tag{36.2}$$

式中: $t_0$ 为基站位置的参考历元; $\dot{X}_R$ 为线性速度。这里引入 $X_R(t)$ 是为了使用常规校正 $\Delta X_i(t)$ 去除地球物理过程引起的高频时间变化后,获得一个更有规律的时变位置。

第 7 章 IERS 决议[36.8]全面介绍了当前公认的常规模型,这些模型涉及 $\Delta X_i(t)$,如地球潮汐、海洋负荷、大气压力等,并帮助分析中心(AC)处理空间大地测量数据。除了这些传统的推荐模型外,其他地球物理现象对空间大地测量观测也有很大的影响,因此需要在参考框架实施中加以考虑。我们可以将此类现象产生的变形分为下列两类:

(1)可以用数学大地测量公式将形变表示为随时间恒定的近似线性运动。其成因主要有两类:板块构造和冰川均衡调整(GIA)。板块构造主要引起水平方向上的运动,传统做法是针对每个具有水平速度分量的板块建立围绕旋转极点的运动模型[36.9],而 GIA 则在水平和垂直方向均产生形变。

(2)非线性运动,包括由大气、海洋环流、陆地水文和冰川融化导致的非潮汐荷载效应所引起的周期性变化(例如年、半年或年际变化)[36.9]、地震和火山爆发引起的破裂以及慢变或震后形变。

考虑到以上两种运动类型,可以用两种参考框架表示:准瞬时参考框架和长期参考框架。

1. 准瞬时参考框架

准瞬时参考框架可以使用空间大地测量观测的短时间跨度(通常为一天,最多为一周)获得平均基站位置。在这种情况下,基站位置仅在所使用观测的中心历元有效。从数学上讲,可以用一周以上的观测数据进行计算,但由此产生的平均基站位置会因构造运动效应而产生偏差。准瞬时参考框架的长时间观测序列本身包含了各种形式的线性和非线性基站运动。通过对准瞬时参考框架的长期观测序列的分析和积累(严格叠加),不仅能研究它们本身包含的所有类型的线性和非线性基站运动,而且能构建长期框架,如 ITRF。

准瞬时参考框架由 IAG 的分析和综合服务中心提供的日解文件和周解文件得到。GNSS 则较为特殊——除了提供 IGS 的全球解算结果外,科学小组和负责维持国家参考框架的各机构还会提供本地、国家和区域性的解算结果。一般来说,IGS 分析中心的日解或周解不仅通过估计基站位置和 EOP 生成,还可以通过估计轨道、时钟和其他参数(如对流层梯度)生成。本地、国家和区域解算通常通过固定 IGS 产品(轨道、时钟和 EOP)来解算,其主要目标是通过整体解方法(一并调整所有基站)或精确的点定位方法逐站对基站位置进行估计。可参考 36.2.4 节的一般准则,了解如何将 GNSS 解算与 ITRF 保持一致。

2. 长期参考框架

长期参考框架允许在给定的时间 $t_0$ 和基站线速度下获取基站位置。长期参考框架是

ITRF(36.2.2 节)和准瞬时参考框架时间序列叠加获得的综合解。$t_0$ 的选择在数学上并不重要,但应选择接近叠加时间序列的中心历元。用户实际上可以将基站位置及其相关的方差从参考历元 $t_0$ 传播到任何其他历元 $t$。对于在历元 $t_0$ 时刻的速度向量为 $\dot X$、位置向量为 $X(t_0)$ 的某个站点,其在历元 $t$ 处的位置 $X(t)$ 为

$$X(t) = X(t_0) + \dot X(t-t_0) \tag{36.3}$$

方差传播定律给出了它在历元 $t$ 的方差,即

$$\mathrm{var}(X(t)) = \mathrm{var}(X(t_0)) + 2(t-t_0)\mathrm{cov}(X,\dot X) + (t-t_0)^2\mathrm{var}(\dot X) \tag{36.4}$$

准瞬时参考框架解算的时间序列叠加时,通常使用方程式(36.3),其中未知量是基站位置 $X(t_0)$、基站速度 $\dot X$。也可以对方程式(36.3)进行归纳,将转换参数纳入其中,从而考虑单个准瞬时参考框架之间可能存在的参考框架差异(其可能不具有相同的原点、比例或方向)以及与长期叠加/组合解算有关的差异。如 36.2.4 节所述的最小约束方程,也可以添加到叠加模型中,以便在 ITRF 中表示 GNSS 的长期累积解。

3. 地心运动与周期性信号

与任何卫星一样,GNSS 卫星理论上是围绕地球系统的重心或质心(CM)运行的。因此,在理论上,质心的瞬时位置反映了卫星轨道所表示的惯性坐标系的自然原点。对卫星大地测量数据的分析已经清楚地表明,在大约 20 年的时间里,连接到地壳的其他台站网络和实际的参考框架都有相对于质心且可检测到的平移运动,称为地心运动[36.10]。这种运动通常定义为质心相对于固体地球表面形心(CF)的运动[36.11],并认为是地壳对地球系统内各种地球物理流体位移的响应,如大气、海洋、陆地水文和冰盖(冰原)。据推测,它包括潮汐分量、非潮汐分量和长期分量。由大气和海洋引起的地心运动的潮汐部分,其振幅可能达到 1cm,被包括在 IERS 决议[36.8]推荐的模型中,以作为分析空间大地测量技术中基站位移的先验信息。地心运动的非潮汐部分,振幅只有几毫米,表现为年、半年和年际的周期性信号,并通过空间大地测量技术确定的基站时间序列数据分析,或通过外部地球物理模型予以量化。长期部分通常称为地心速度,被认为小于 1mm/y[36.12]。文献[36.12]是描述地心运动理论、地球物理含义及其在不同时间尺度上的量化的最有影响力的文章。

估计非线性地心运动分量的方法主要有如下三种:平移法;一阶荷载形变法;反演法。

平移法包括估计形心的三个赤道分量,形心实际上是由隐含的大地网(通常称为网中心(CN))的重心相对于地球质心来近似。当重力场的一阶系数与地心运动分量成正比时,平移法被称为运动学方法[36.13]。当使用七参数或六参数相似性(Helmert)转换公式式(36.7)来推断准瞬时框架的时间序列和长期框架(如 ITRF)之间的三个平移分量时,也被称为网络转移法。事实上,ITRF 原点是由 SLR-CM 实现的长期平均值定义的。拟合正弦或余弦函数实际上能得到地心运动的年或半年信号的振幅和相位。

尽管 SLR 技术的时空网络较差,在使用平移法时会产生所谓的网络效应[36.14],但它是用于地心非线性运动估计的最精确的空间大地测量技术。

由于 GNSS 轨道动力学参数的内在耦合,GNSS 通过动力学或网络转移法对地心运动的可估计性面临着内在的复杂性。文献[36.15,36.16]表明:GNSS 地心 Z 分量与太阳辐

射压的特定参数密切相关。文献［36.17］表明：与 SLR 不同，GNSS 无法正确地感知地心质心的位置，主要是由于 GNSS 对测站坐标、卫星钟差与对流层参数同时进行了估计，参数间具有共线性。

利用球谐函数形式，文献［36.18］首次引入一阶方法，利用全球分布台站网的准瞬时框架 GNSS（GPS）时间序列，不仅可以推导出平移地心运动，还可以推导出伴随平移地心运动出现的地壳形变（由荷载引起）。事实上，它们证明了地心运动的平移分量是相关荷载形变一阶系数的函数。随后，文献［36.19］表明，负载形变用球谐函数展开时，如果忽略高阶项，则会导致误差混入一阶项，因此，估计中必须包括高达 50 次的高阶项，从而导出所谓的反演法。诸多研究学者[36.11]使用了在海洋区域网络稀疏的 GNSS（GPS）数据、数据同化的海底压力（OBP）模型和 GRACE 重力数据扩展和改进了反演法及其应用。

地球物理（负载感应）周期信号可以解释观测数据中大约一半的 GNSS 季节性偏差，除此之外其他信号也在基站 GNSS 观测数据残差中被频繁检测到，例如 GPS 的交点误差[36.20]。GPS 交点年（351.2 天）是 GPS 轨道星座重复其朝向太阳的周期。几乎所有 IGS 产品的功率谱中都已经观测到了这一时期的谐波信号[36.21]。

## 36.2.2 全球地球参考框架

根据空间大地测量学出现以来大地测量界采用的术语，本章首先对地球参考系统（TRS）和地球参考框架（TRF）进行区分。前者的定义和性质具有数学和物理基础，后者代表其在空间大地测量观测（因此具有不确定性）上的数值实现，并且用户可以通过数值访问（例如网格的位置作为时间的函数）。TRS（理论层面）和 TRF（实现层面）的主要物理和数学特性是原点、尺度、方向和时间演化。后者通常通过平移（原点分量）、缩放和旋转（方向参数）的速率（时间变化）来表示。

虽然原点和尺度（具有物理性质）是地球科学应用最重要的参数，但由于它们具有任意性和常规定义，因此其方位和时间变化的影响最小。事实上，采用给定参考系三轴方向的形式构建参考系是约定俗成的惯例，不会改变用于创建参考系的隐含大地测量网的相对形状。连续和长期的空间大地测量观测对于实现 TRS 至关重要，它能够精确地描述和模拟地球表面的运动，如构造板块运动。在没有特定技术的系统误差的情况下，如果所有的地球物理过程都在大地测量分析中得到了准确的考虑，则 TRF 的原点和尺度应在一段时间内保持稳定，即在隐含的大地测量观测的整个时间段内不应出现任何漂移或间断。

任何空间大地测量技术都无法提供 TRF 定义所需的所有参数（原点、尺度和方向）。虽然卫星技术对地球质心（卫星绕其轨道运行的焦点是一个天然的 TRF 原点）敏感，但 VLBI（其 TRF 原点是通过一些数学约束任意定义的）却不敏感。TRF 尺度依赖于一些物理参数的建模，而 TRF 的绝对方向（任何技术都无法观测到）是可以任意定义或依照惯例通过特定协议定义的。因此，可以将多种技术的组合用于参考框架确定，尤其是用于准确参考框架的定义。原则上，只要组合构造得当，找到合适的权重，并与适宜的局部关联点联测，一种观测方法的特殊优点就可以弥补其他方法的缺点。

用于 ITRF 的多技术组合的关键要素是提供足够数量且全球分布的并址站。并址站的定义是由在相同位置或在彼此非常接近的位置工作的两个或两个以上的空间大地测量仪器组成的观测站。使用传统大地测量技术或 GPS 技术可以非常精确地测量以上并址站的三维坐标。传统测量通常是仪器参考点或大地测量标记之间的方向角、距离和水准测量。局部测量通常由使用空间大地测量仪器的国家大地测量机构进行,利用最小二乘平差估计解算基准点间的差分坐标。

图 36.3 显示了 Yarragadee(西澳大利亚)的具备 4 种技术的并址站,2011 年开始运行的现代 12m 的 VLBI 射电望远镜、美国国家航空航天局(NASA)SLR MOBLAS-5 系统、DORIS 信标、GNSS 观测墩(YARR、YAR2、YAR3)以及活动重力测量观测室。

标志点之间的距离和局部连接精度是确定并址站必须考虑的两个主要标准[36.22]。考虑到需要在 1mm 水平上精确地确定局部基线向量,并且大气折射随基站间距的增加而增加,因此在同一地点的大地测量标记之间的距离不应超过 1km。此外,为了维持长期的局部网稳定性,标记点的重复测量是很必要的。ITRF 局部网的不确定度通常为 2~5mm(若联测不太精确,则有时大于 5mm)。从 ITRF 的经验来看,局部联系和空间大地测量估计之间也会经常出现差异,这将会在下一节讨论。差异意味着局部网或空间大地测量估计(或两者)不精确或有误差。局部网的主要限制之一实际上是精确地确定测量人员使用的外部物理参考点和空间大地测量数据分析人员使用的参考点之间的偏心距,例如 VLBI 或 SLR 望远镜的轴线交点、DORIS 信标或 GNSS 天线相位中心[36.23]。每个内部仪器偏差的估计不确定度可能不超过 2mm,因此局域网中每个坐标分量的总体误差最多为 3mm。

图 36.3　Yarragadee(西澳大利亚)具备四种技术的并址观测站(由 Geoscience Australia 提供)

1. 国际地球参考系统(ITRS)与国际地球参考框架(ITRF)

ITRS 是大地测量界在国际大地测量协会的支持下为最严密的科学应用而开发的。根据 IERS 决议及其更新[36.8],ITRS 定义满足以下条件:①原点是整个地球(包括海洋和大气)的质量中心。②长度单位为米(SI)。尺度与地心局部坐标系的地心坐标时间(TCG)一致,符合国际天文学联合会(IAU)和 IUGG(1991)的决议,同时也是通过合理的相对论模型得到的。③其方向最初是由国际时间局(BIH)在 1984 年首次提出的。④对于整个地球的水平构造运动,通常采用非纯旋转条件来确保定向的时间演化。

ITRS 最准确的实现称为国际地球参考框架(ITRF),ITRF 的实现基本上依赖于多种空间大地测量技术(GNSS、VLBI、SLR 和 DORIS)的密切组合,并在一定数量的核心站点上部署测量仪器。ITRF 组合模型是通过一般相似变换公式得到的线性化形式,下文将对其进行详细阐述。

ITRF 并非固定不变,而是有一系列更新和改进的 ITRF 版本。版本是根据在分析中使用的最后数据的年份来确定的,不能与应用日期混淆。最新版本是 ITRF97、ITRF2000、ITRF2005 和 ITRF2008[36.24-36.26]。一般来说,随着时间的推移,模型不需要频繁更新,因为模型的重大改进需要添加新的数据并采用改进的模型,这通常需要花费更长的时间。然而,为了满足日益增长的精度要求,ITRF 将继续进行更新,纳入更先进的随时间变化的参考坐标模型。由于配备了这些技术设备的跟踪网正在不断发展,可用数据的时间也随着时间的推移而增加,因此 ITRF 也在不断得到更新。

十多年来,由 IGS 创建的其他三种空间大地测量技术(VLBI、SLR、DORIS)分析中心以 SINEX(软件独立交换)格式提供了基站位置和地球定向参数的时间序列[36.27]。基站位置时间序列的权限,不仅允许它能够控制基站的行为(尤其是监测非线性运动),还允许它能够控制框架物理参数(原点和尺度),使得 ITRF 中心从 ITRF2005 开始[36.25]将它们作为 ITRF 的输入信息。除了基站位置和速度,通过 ITRF2005 和 ITRF2008[36.26]的整合,使得每日 EOP 也是保持一致的。后者已经被 IERS EOP 中心使用,以保持 EOP 的 IERS 运营服务与 ITRF 的一致性[36.28]。在 ITRF2008 之前,IAG 国际卫星技术服务公司每周都会提供 ITRF 输入的时间序列数据:IGS[36.29]、ILRS[36.30]和 IDS[36.31],VLBI 日解则由 IVS 提供[36.32]。每种技术提供的时间序列已经是该技术分析中心采用各种处理方式获得的组合结果。例如,GNSS(主要是 GPS)向 ITRF2008 提交的数据是 IGS 分析中心第一批再处理数据的组合,涵盖时间段 1997.0-2009.5[36.33]。请注意,一些 IGS AC 使用了 GLONASS 观测数据的一小部分,这有助于进行后处理工作。从 2012 年 8 月 19 日开始,IGS 转向每日集成,因此每日 IGS SINEX 文件将用于未来的 ITRF 数据的解算。

ITRF 的形成过程包括两个步骤[36.25,26,34]:①叠加单独时间序列,估计每项技术的长期解,包括参考历元的基站位置、基站速度和每日 EOP 参数;②将 4 种技术的长期解与并址站的局域解结合起来。

组合模型涉及 14 个参数的相似变换、基站位置、速度以及 EOP 参数,两个主要方程为

$$\begin{cases} X_s^i = X_c^i + (t_s^i - t_0)\dot{X}_c^i + T_k + D_k X_c^i + R_k X_c^i + (t_s^i - t_k)[\dot{T}_k + \dot{D}_k X_c^i + \dot{R}_k X_c^i] \\ \dot{X}_s^i = \dot{X}_c^i + \dot{T}_k + \dot{D}_k X_c^i + \dot{R}_k X_c^i \end{cases} \quad (36.5)$$

$$\begin{cases} x_s^p = x_c^p + R_{yk} \\ y_s^p = y_c^p + R_{xk} \\ \mathrm{UT}_s = \mathrm{UT}_c - \dfrac{1}{f} R_{zk} \\ \dot{x}_s^p = \dot{x}_c^p \\ \dot{y}_s^p = \dot{y}_c^p \\ \mathrm{LOD}_s = \mathrm{LOD}_c \end{cases} \quad (36.6)$$

对于每个点 $i$ 而言，$X_s^i$ 和 $\dot{X}_s^i$ 都代表历元 $t_s^i$ 时刻站点 $s$ 的位置与速度，$X_c^i$ 和 $\dot{X}_c^i$ 则是历元 $t_0$ 时刻站点 $s$ 组合解的位置与速度。对每个单独的坐标系 $k$，正如解 $s$ 隐含定义一样，$D_k$ 是比例因子，$T_k$ 是平移向量，$R_k$ 是旋转矩阵。带点的参数代表它们对时间的导数。平移向量 $T_k$ 由 $T_x$、$T_y$、$T_z$ 三个原点分量组成，旋转矩阵由 $R_x$、$R_y$、$R_z$ 三个小量旋转参数组成，旋转顺序为依次沿 $x$、$y$、$z$ 三个轴旋转，$t_k$ 是这 7 个转换参数的历元。除了包含基站位置（与速度）的式(36.5)、式(36.6)还利用极坐标 $x_s^p$、$y_s^p$、世界时 UT，以及它们的日速率 $\dot{x}_s^p$、$\dot{y}_s^p$ 和日长度 $LOD_s$，还加入了 EOP 信息。此处，$f = 1.002737909350795$ 是世界时（UT）到恒星时的换算系数。式(36.6)前三行出现的三个旋转参数确保了组合框架与 EOP 的联系。

请注意，式(36.5)使用了一般相似变换公式的线性化形式，忽略了二阶项和更高阶项[36.8,36.35]。

建立 ITRF 有两个步骤。第一步骤是通过积累（严格叠加）基站位置与 EOP 的单项技术时间序列，式(36.5)和式(36.6)都用来估计每项技术的长期解。第二步骤是使用两个方程式，将第一步骤中获得的长期解与并址站中的局部解相结合。

自 1984 年 ITRF 合并活动开始以来，某些历史站点出于各种原因退役，一些新的并址站出现，并址站的数量与日俱增。图 36.4 给出了 2015 年 VLBI、SLR 和 DORIS 运行站点以及 IGS/GNSS 并址站总体分布：IVS 管理着 46 个站点上的 49 台无线电望远镜组成的网络；ILRS 管理着 37 个站点上的 38 台激光望远镜；IDS 管理着 53 个站点上的 53 个信标；IGS 管理着超过 400 个 GNSS 永久、连续运行的接收机/天线。总体而言，并址站共有 90 个：其中有 30 个采用 GNSS-SLR 组合、38 个采用 GNSS-VLBI 组合、43 个采用 GNSS-DORIS 组合。VLBI 和 SLR 的并址站只有 11 个，9 个位于北半球，2 个位于南半球。遗憾的是，超过一半的 VLBI 和 SLR 设备是旧一代系统。因此，改进 ITRF 的大地测量基础设施是 GGOS 的一个重要目标[36.6]，这在上一节中也已进行了讨论。11 个 VLBI-SLR 并址站中，一些站点数量少、覆盖率低、性能差，限制了在 ITRF 中实现这两种技术的精确联测。事实上，GNSS 在连接其他三种技术方面发挥着重要作用，因为几乎所有的 SLR 和 VLBI 站点以及 43 个 DORIS 站点都与永久性 IGS 站点并址。这种情况的缺点是，如果存在任何与 GNSS 有关的偏差，主要是由 SLR 和 VLBI 确定的原点和尺度引起的偏差，都将影响定义 ITRF 的参数。其他与设备测量参考点建模不准确相关的技术误差同样可能存在，这不仅适用于 GPS[36.23]，也适用于其他技术。事实上，根据 ITRF2008 的结果[36.26]，有 47%、43% 和 34% 的 GPS-VLBI、GPS-SLR 和 GPS-DORIS 之间的向量误差超过 6mm，这与 ITRF2008 中包含的 VLBI 和 SLR 之间的调整量尺度水平相对应。

2. IGS 参考框架及其与 ITRF 的关系

1992 年，IGS 产品被集成到 IERS 组合产品中，并从 ITRF 91 开始对 ITRF 框架的制定做出贡献[36.36]。所有的 IGS 产品都由 ITRF 框架表示并与之保持一致。在 IGS 活动的初始阶段，直接使用 ITRF 框架作为其产品的构成框架[36.37-36.39]。按照[36.38,36.40]的方法，IGS 于 2000 年开始形成专属的、内部更一致的 GPS 专用框架，但仍然继承了 ITRF 在原点、尺度和方向方面的定义[36.41]。实现 IGS 参考框架更详细的历史记录可在[36.42,36.43]中找到。从 GPS 第 1400 周（2006 年 11 月 5 日）开始，为考虑天线相位中心变化（PCV）[36.44]，IGS

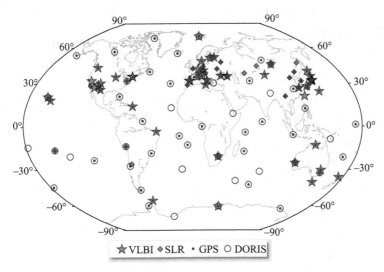

图 36.4　VLBI、SLR 和 DORIS 站点以及它们与 GPS 的并址站

从相对模型校正改为绝对模型校正。同时,IGS 直接采用 ITRF2005[36.25],形成了 IGS05 的特定框架,该框架由约 100 个站点组成,通过校正这些站点的坐标,可以修正相对 PCV 与绝对 PCV 间的差值。为了保持 ITRF2005 的原点、尺度和方向,IGS05 通过 14 个参数相似变换与 ITRF2005 保持一致[36.33]。实际上,在这 14 个参数中,只有尺度因子较为重要,代表了相对于 IGS05 基站绝对差值的平均值。2011 年 4 月 17 日,IGS 生成并采用了源自 ITRF2008 的 IGS08 框架[36.45]。IGS08 由从 ITRF2008 中提取的 232 个稳定 GNSS 基站的位置和速度组成,其中对 65 个基站的 ITRF2008 位置进行了校正,以符合当前 GNSS 数据分析中使用的天线校准模型[36.23](igs08.atx,自 GPS 第 1632 周使用)。2012 年 10 月 17 日,IGS 更新了 IGS08,称为 IGb08[36.45],大约增加了 36 个基站,以替换一些已失效或长期未使用的 IGS08 基站。值得注意的是,虽然站与站之间存在差异,但 ITFR2008、IGS08 和 IGb08 在全球层面上是等价的(使用相同的原点、尺度和方向)。

## 36.2.3　基于 GNSS 的参考框架及其与 ITRF 的关系

本节讨论仅使用 GNSS 数据构建的参考框架,但名义上在原点、尺度和方向上与 ITRF 对齐。第一部分介绍了由不同的 GNSS 提供者实现的 GNSS 特定框架,广播轨道也包含在内。第二部分讨论了区域参考框架,这些参考框架仅基于 GNSS 数据,同时通过共同处理的站点与 ITRF 对齐。第三部分制定了一般指南与数学指南,指导如何使用 IGS 产品以最佳方式使全球或区域框架与 ITRF 框架保持一致。

**1. GNSS 特定参考坐标系**

为了确保所有 GNSS 的完整性,从而精确确定其星座的卫星轨道,必须定义和维持一个特定的参考坐标系。计算出的轨道数据通过 GNSS 导航信息发送给用户,以确定在参考坐标系中的用户位置。目前已发布的 GPS 的坐标系为 WGS84,其最新的实现方案被命名为 G1674[36.46],GLONASS 的 PZ-90 坐标系最新的实现方案是在 2014 年初引入的

PS-90.11[36.47]，COMPASS 的 CGCS2000 坐标系[36.48]、伽利略的伽利略地球参考系（GTRF）[36.49]（描述了其第一个版本的实现方案）最新版本被命名为 GTRF14v01。同时日本的准天顶卫星系统（QZSS）的大地测量系统（JGS）与 2011 年最新的日本大地测量基准（JGD2011）一致或接近，该基准是在 2011 年日本东北地震后修订的[36.50]。

为了确保不同 GNSS 之间的时间标准和大地测量参考基准的互操作性，GNSS 国际委员会（ICG）D 工作组正在与 GNSS 供应商积极互动，以使 GNSS 更严格、更准确地与通用时间基准和 ITRF 保持一致。众所周知，所有 GNSS 专用大地测量参考系统的最新实现都与 ITRF2008 保持一致。然而，除 GTRF 系列外，几乎所有这些实现方案都是基于短时间跨度的 GNSS 数据，通常是几天或一周的观测数据。虽然 GTRF 系列在位置和速度上都以几毫米的水平与当前的 ITRF 版本保持一致，但其他 GNSS 专用坐标系是通过将基站位置调整到所用观测数据的中心历元处而获得的，在考虑时间变化上并没有估计速度。例如，构造运动等会造成几厘米/年的影响，这取决于调整后的参考站位置所选择的参考历元。如果我们考虑一个场景，在没有应用板块运动模型的情况下，参考站位置更新之前的 10 年，将累积 20~70cm 的位置误差，这个误差会根据基站位置映射到计算的轨道中。因此，我们认为目前 GNSS 特定框架的实现与 ITRF2008 在几分米水平上是一致的。然而，这种一致的程度显然远低于广播轨道固有的典型不确定性。在 10 个月的时间内，文献[36.51]分析了当前所有 GNSS 系统的空间测距误差（SISRE），结果表明，全球平均 SISRE 值分别为 0.7m（GPS）、1.5m（北斗）、1.6m（伽利略）、1.9m（GLONASS）和 0.6m（QZSS）。因此，具有单系统或多 GNSS 功能的实时用户，其位置精度为 1~2m。

对于如何在几毫米的量级上改进 GNSS 特定坐标系一致性，一个可行方法是遵循 GTRF 采用的方法，或者像美国国家地理空间情报局（NGA）一样，将其包含在 ITRF2008[36.26,36.46]中 11 个基站作为 IGS 跟踪站的子集对外公开数据。然而，仍然存在如何提高所有 GNSS 星座广播轨道固有精度的挑战。

2. 区域与国家地球参考框架

自 ITRF 建立以来，随着 GNSS 技术不断发展，各国测绘机构一直在努力重新定义区域和国家大地测量系统，并保持现代化，以便与全球 ITRF 兼容。

IAG 第 1 委员会（参考框架）的组织架构包括一个 1.3 小组委员会，它负责区域参考框架的定义和实现及其与全球 ITRF 的联系。委员会为解决区域组织感兴趣的理论和关键技术问题提供活动场所。6 个区域组织是 IAG 1.3 小组委员会的一部分，分布在所有大陆（非洲的 AFREF、南北美洲的 NAREF 和 SIRGAS、欧洲的 EUREF、亚洲的 APREF 和南极洲的 SCAR）。

区域参考系统和框架是根据 ITRS/ITRF 定义的，由 IAG 区域组织实现和维护；其中，欧洲的 ETRS89、北美的 NAD83 和南美的 SIRGAS 最为知名和先进。这些区域组织通常在重新确定区域和国家大地测量系统及其与 ITRF 的关系方面发挥重要作用。此外，许多国家已经或正在重新定义它们的大地测量系统，利用其永久性 GNSS 网络与 ITRF 建立联系。区域和国家参考框架的主要目的是使地理参考应用达到厘米级精度。这些参考框架的实施主要分为三类：

（1）某一历元处的基站位置，最终或多或少地频繁更新。例如，北美和南美的 NAD83[36.52,36.53] 和 SIRGAS[36.54] 以及澳大利亚的 GDA94[36.55] 就是这种情况。

（2）基站位置和最小速度。欧洲 ETRS89 就是这种情况，当从 ITRF 转换到 ETRS89 坐标系时，通过去除欧亚板块的角速度，实现速度的最小化[36.56]。

（3）基站位置和变形模型校正。新西兰大地基准 2000（NZGD2000）[36.57] 就是一个例子，其中一个变形模型被精心设计来校正区域尺度构造运动对所有大地参考点坐标造成的影响。通过变形模型估计的累积位移可以计算基站在历元 2000.0 处观测到的坐标。

## 36.2.4 基于 GNSS 的参考框架实现的一般准则

按照设计，ITRF 为参考框架提供最精确的通用全球标准：为保障地球科学和社会应用的一致性和互操作性所必不可少的原点、尺度和方向的长期平均值。与此同时，随着密集的 GNSS 网在区域、国家、大陆和全球各层面上的扩展，虽然不可能将全球所有永久性 GNSS 基站都纳入 IGS 网或 ITRF 网，但是应当在 ITRF 框架中去描述所有区域、国家、大陆和全球 GNSS 网络。

为了使用 ITRF，可以通过其产品（基站位置和速度）直接使用 ITRF，也可以使用 IGS 产品间接使用 ITRF。下面我们将描述一般准则，该准则允许在 ITRF 中使用 IGS 产品（轨道、时钟和 EOP）高效地表达基于 GNSS 站的位置解。该方法基于最小约束方程（MC）（见例子[36.34,36.58]），可描述为一天或一周 GNSS 观测历元解（作为准瞬时参考框架的具体化）。当然，无论对于位置还是速度而言，它都可以应用于任何类型的网络（全球性或区域性）。它包括以下步骤：

（1）选择一组已知的 ITRF/IGS 参考站，并从 IGS 数据中心收集以接收机独立交换（RINEX）格式提供的 GNSS 观测数据，涵盖所含观测数据的时间跨度（一天或一周）。为了在 ITRF 中实现最佳、准确的表达，强烈建议选择一组尽可能均匀、全球分布的 ITRF/IGS 站点。

（2）使用惯用的 GNSS 软件将用户站数据与选定的 ITRF/IGS 数据同步处理。在此步骤中，将 IGS 轨道、时钟和地球自转参数与 ITRF/IGS 相关框架（ITRFyy，IGSyy）保持一致。同时一定要避免将 ITRF/IGS 参考站坐标固定或进行严格约束。当地震、设备变化等事件发生后，如果 ITRF/IGS 站点坐标不及时更新，固定或受到严格约束的参考站坐标可能会导致解算异常。此外，由于 ITRF 是一个长期的线性框架，固定或严格约束的 ITRF/IGS 参考站坐标还会抑制解算数据中包含的与地球物理相关的信息，而这种信息可能是希望保留的。

（3）在所用 GNSS 观测数据的中心历元 $t_c$ 处，ITRF/IGS 选定站点位置 $X_I$ 的传播可表示为

$$X_I(t_c) = X_I(t_0) + \dot{X}_I \cdot (t_c - t_0)$$

式中：$X_I(t_0)$ 为在历元 $t_0$ 处的 ITRF/IGS 站点位置；$\dot{X}_I$ 为它们的线性速度。

（4）下面详述最小约束法的应用[36.34,36.35]，该方法在所有主流科学软件包里都已实

现。推导出的解将在与所用轨道一致的 ITRF/IGS 框架中表示。

(5) 通过拟合在 MC 应用中选择 3 个、4 个或 7 个参数的相似转换并检查一致性,将估计的 ITRF/IGS 参考站位置与步骤 3 中官方的发布值(历元 $t_c$ 处)进行比较。估计的转换参数都应为零。此外,如果发现某些站点存在较大差异(相似性变换的拟合后残差)(超过某个阈值,例如 1~2cm,但取决于目标精度),则应当将这些站点从 ITRF/IGS 参考集中剔除,并对处理链进行迭代。还应注意所用 IGS/ITRF 坐标有效性的时间间隔,同时还应考虑到站点位置的不连续性。

MC 概念的出发点是基于任意两个参考系或框架之间的七参数相似转换。因此,任意空间大地测量 TRF 解,例如基于 GNSS 的解 $X_G$ 和 ITRF($X_I$)在选定的公共参考站之间的线性关系,可以写成

$$X_I = X_G + A\theta \tag{36.7}$$

式中:设计矩阵 $A$ 为由三行初等矩阵 $A^i$ 构成的叠加矩阵。

$$A^i = \begin{pmatrix} 1 & 0 & 0 & x_a^i & 0 & z_a^i & -y_a^i \\ 0 & 1 & 0 & y_a^i & -z_a^i & 0 & x_a^i \\ 0 & 0 & 1 & z_a^i & y_a^i & -x_a^i & 0 \end{pmatrix} \tag{36.8}$$

对总数为 $n$ 的站点来说,$i = 1 \cdots n$,$\theta = (T_x, T_y, T_z, D, R_X, R_Y, R_Z)^T$ 是包含 7 个转换参数的矢量。$T_x, T_y, T_z$ 是 3 个平移分量,$D$ 代表尺度因子,$R_x, R_y, R_z$ 则是 3 个旋转参数。设计矩阵 $A$ 中的 $i$ 点的近似坐标,可从 ITRF/IGS 参考解中得到。请注意,式(36.7)只有在两个基站位置集($X_I$ 和 $X_G$)的相同历元处才有效。当涉及站点速度时,也可将其推广为 14 个参数,更多细节参见文献[36.24]。还需注意的是,设计矩阵 $A$ 可以简化为与感兴趣的框架参数相对应的列,例如:第 1、2 和 3 列为原点分量;第 5、6 和 7 列为定向参数。在区域网络中,将 MC 方法应用于 3 个平移分量($A$ 简化为 3 个第一列)就足够了。不过,建议至少评估以下 3 个选项:平移、平移和缩放、所有 7 个参数。

通过式(36.7)的未加权最小二乘表达式,可得

$$\theta = \overbrace{(A^TA)^{-1}A^T}^{B}(X_I - X_G) \tag{36.9}$$

MC 的方法是使用矩阵 $B = (A^TA)^{-1}A^T$,将 $X_G$ 表示在与 ITRF 解 $X_I$ 相同的坐标系下。因此,要使 $X_G$ 在 ITRF 中表示为一定 $\Sigma_\theta$ 水平,则 MC 方程可以写为

$$B(X_I - X_G) = 0(\Sigma_\theta) \tag{36.10}$$

式中:$\Sigma_\theta$ 为满足式(36.10)的方差矩阵。它是一个对角矩阵,对角线元素为 7 个转换参数的方差(在用户层面选择)。建议平移参数使用 0.1mm,缩放和方向参数使用等效量(0.1mm 除以地球半径)。

根据正则方程(法方程组),我们可以写出

$$B^T \Sigma_\theta^{-1} B(X_I - X_G) = 0 \tag{36.11}$$

在增加任何类型的约束前,基于 GNSS 解的初始正则方程组可以写为

$$N(\Delta X) = K \tag{36.12}$$

$$\Delta X = X - X_{apr}$$

式中：$X$ 为未知矢量；$X_{apr}$ 为先验矢量；$N$ 为无约束正则矩阵；$K$ 为右侧矢量。

通过固定 IGS 产品（轨道、时钟和 EOP 参数），正则方程式（36.12）具有了可逆性，但方程隐含的 TRF 可能会与 ITRF 相差甚远，后者的轨道精度能达到几厘米。对给定的 GNSS 解去除经典约束后，也能够得到相同的法向方程组。

选取 ITRF 基站 $X_I$ 的一个子集，则 MC 方程为

$$B^T \sum\nolimits_\theta^{-1} B (\Delta X) = B^T \sum\nolimits_\theta^{-1} B (X_I - X_{apr}) \qquad (36.13)$$

如果先验值是从 ITRF/IGS 中取得的，则式（36.13）的右半部分不成立。

将式（36.12）与式（36.13）合并，可得

$$(N + B^T \sum\nolimits_\theta^{-1} B)(\Delta X) = K + B^T \sum\nolimits_\theta^{-1} B (X_I - X_{apr}) \qquad (36.14)$$

在选定的站点上，用 ITRF 表示的最小约束解为

$$X = X_{apr} + (N + B^T \sum\nolimits_\theta^{-1} B)^{-1} \times (K + B^T \sum\nolimits_\theta^{-1} B (X_I - X_{apr})) \qquad (36.15)$$

## 36.2.5　GNSS、参考框架和海平面监测

由于气候变化和全球变暖的影响，海平面监测需要最严格的连续大地测量观测，而这些观测只能在稳定的全球参考框架内进行。用来推断海平面上升及其瞬时变化的数据流主要有两种：测潮仪记录数据和卫星测高数据。测潮仪记录数据要求精确量化测潮仪所在地的陆地垂直运动，卫星测高数据则将卫星轨道的精确信息置于一个定义明确的全球参考框架中。这两种方法都得益于 GNSS 观测的可用性。GNSS 使用方便且可通过 IGS 产品与 ITRF 相连接，因此是推断地壳垂直运动的首选技术。测高卫星上的 GPS 接收机和地面接收机收集的数据以及 DORIS 和 SLR 数据，可以用来精确确定卫星轨道[36.59,36.60]。

为了充分利用测潮仪记录，准确地确定陆地垂直运动，GNSS 处理策略和精确参考框架是提高我们对区域海平面瞬时变化认识的两个主要限制因素。处理策略包括精确确定 GNSS 卫星轨道、优化处理 GNSS 地面观测和确定先进的参考框架。使用改进的处理策略和测潮仪上 10 年来的 GPS 数据，文献[36.61]确定了基于 ITRF2005 的垂直速度，其不确定性比大约 1~3mm/y 全球海平面变化小几倍。同一作者还表明，在全球和区域尺度上，测潮仪基于 GPS 的地面运动校正（用 ITRF2005 表示）比冰川均衡调整（GIA）模型预测的效果要显著得多。这些结果表明，与 GIA 模型相比，GNSS 测量更适用于捕捉与板块构造、火山活动、沉积物压实或地下流体提取等相关的局部垂直运动。

关键问题之一是利用 TOPEX-Poseidon、Jason-1 和 Jason-2 等海洋表面卫星地形测量任务（OSTM）的测高数据，精确确定全球海平面变化。这些任务携带 3 套跟踪系统（DORIS、GPS 和 SLR），以满足地球物理数据记录产品中运行轨道 1.5cm 以上的径向精度要求[36.60]。POD 的主要长期误差源之一是参考框架原点的稳定性，特别是 $z$ 分量的稳定性。文献[36.62]中指出，使用德克萨斯大学奥斯汀分校空间研究中心的旧参考框架 CSR95（与 ITRF2000 兼容）和 ITRF2005 在轨计算之间的差异，造成 1993—2002 年期间估

计的平均海平面趋势变化-0.26mm/y。主要原因是原点的 z 分量以 1.8mm/y 的速率在两个框架之间的漂移,对高纬度地区的海平面速率的影响为±1.5mm/y。综述文献[36.60]利用 3 个卫星技术的数据,总结了各组所确定的不同水平的 POD 估计性能。报告中特别指出了基于 Jason-1 和 2 个 GPS 的简化动力学轨道都达到了 1cm 的目标精度。

## 36.3 地球自转、极移和章动

对地球自转的观测表明,虽然地球每天绕地轴自转一次,但自转速度并不均匀。相反,自转速度波动幅度可达 1ms/d。地球在自转时会摆动,因为地球质量在自转轴上并不均衡,而且地球在空间中会岁差和章动。地球自转发生变化的原因分为三种:①作用于地球内部的过程,如冰川均衡调整和地核—地幔相互作用力矩;②作用于地球表面的过程,如大气和海洋中质量传输的波动;③作用于地球外部的过程,例如太阳、月亮和行星引力引起的力矩[36.63-36.67]。

原则上,只需要 3 个与时间相关的欧拉角参数,就能充分描述地球在空间中的方向变化。然而,按照惯例,实际使用的参数有 5 个:两个岁差和章动参数给出了参考极在天球坐标系中的位置;两个极移参数给出了参考极在地固坐标系中的位置;一个旋转参数给出了地球绕参考轴的角旋转。使用 5 个参数而不是 3 个参数的优点是,使用 5 个参数时,地球的外部强迫岁差/章动运动与其内部激发的摆动运动(也称为极移)在很大程度上是分开的。

目前由空间大地测量技术进行地球时变自转的常规测量,这些技术包括卫星和月球激光测距(SLR 和 LLR)、甚长基线干涉测量(VLBI)、GNSS 以及卫星多普勒定轨定位系统(DORIS)。在确定 5 个地球定向参数(EOP)的能力上,每种技术都有其独特的优缺点。各项技术不仅对地球定向参数的不同分量或其线性组合敏感度不一样,而且确定这些参数所需要的时间不一样,因为他们的观测间隔和观测精度也不相同。

由于发射 GNSS 信号的地球轨道卫星和接收 GNSS 信号的地面基站数量众多,GNSS 提供了连续、不间断的地球自转测量。此外,由于可以迅速分析原始观测数据,GNSS 可以提供近实时的地球自转测量数据。在本节中,我们将讨论 GNSS 在监测地球自转和探究观测变化原因方面的作用。

### 36.3.1 地球自转理论

对固体地球自转变化的研究,通常使用角动量守恒原理,这就要求固体地球自转矢量的变化是作用在固体地球上的力矩导致的,或因固体地球内部质量分布变化引起的惯性张量变化所导致的。角动量在固体地球和与之接触的流体区域(地下的液态金属核和上覆的水圈和大气)之间传递;伴随力矩是由作用在流体/固体地球上的流体动力或磁流体动力应力引起的。利用角动量守恒原理,可以推导出控制自转速率和自转矢量相对于地壳位置的微小变化的方程[36.67-36.70]。

在自转、固体物体的参考系中,自转物体的角动量 $L(t)$ 的变化与作用在物体上的外扭矩 $\tau(t)$ 的关系式为[36.71]

$$\frac{\partial}{\partial t}[h(t)+I(t)\cdot\omega(t)]+\omega(t)\times[h(t)+I(t)\cdot\omega(t)]=\tau(t) \quad (36.16)$$

$$L(t)=h(t)+I(t)$$

式中:$\omega(t)$ 为物体相对于惯性空间的角速度;$h(t)$ 为相对于自转参考系运动产生的;$I(t)$ 为质量分布变化引起的物体惯性张量变化。

地球自转只是稍微偏离均匀旋转的状态。该偏差在速度上只有 $10^8$ 量级,对应于一天中几毫秒(ms)的变化;在自转轴相对于地球地壳的方向上大约是 $10^6$ 量级,对应于极移中几百毫弧秒(mas)的变化。通过线性化式(36.16),对这种自转中的小偏差进行了研究。

假设地球最初均匀地绕着它的自转轴旋转,并将物体固定在参考系上,使 $z$ 轴与自转轴对齐。在这个初始状态的小扰动下,初始相对角动量 $\boldsymbol{h}_0$(它为零,因为最初没有相对角动量)将变为 $\boldsymbol{h}_0+\Delta\boldsymbol{h}$,初始惯性张量 $I_0$ 将被扰动为 $I_0+\Delta I$,初始角速度矢量 $\omega_0$ 会被扰动到 $\omega_0+\Delta\omega$。在小量级上保留一次项,并假设地球是轴对称的,海洋在固体地球自转变化时保持平衡,即地核不与地幔耦合,并且从时间尺度来看,自转变化要比一天长得多,那么式(36.16)的线性化版本的笛卡儿分量可以写为[36.67]

$$\frac{1}{\sigma_0}\frac{\partial m_x(t)}{\partial t}+m_y(t)=\chi_y(t)-\frac{1}{\Omega}\frac{\partial \chi_x(t)}{\partial t} \quad (36.17)$$

$$\frac{1}{\sigma_0}\frac{\partial m_y(t)}{\partial t}-m_x(t)=-\chi_x(t)-\frac{1}{\Omega}\frac{\partial \chi_y(t)}{\partial t} \quad (36.18)$$

$$m_z(t)=-\chi_z(t) \quad (36.19)$$

式中:$\Omega$ 为地球的平均角速度(rad/s);$\sigma_0$ 为钱德勒摆动的复值观测频率(rad/s)。$m_i$(无量纲)与扰动自转矢量的元素有关,有

$$\omega(t)=\omega_0(t)+\Delta\omega(t)=\Omega\hat{z}+\Omega[m_x(t)\hat{x}+m_y(t)\hat{y}+m_z(t)\hat{z}] \quad (36.20)$$

上标符号代表单位长度矢量。

式(36.17)-式(36.19)中的 $\chi_i(t)$(无量纲)被称为激发函数,是激发地球自转变化的扰动惯性张量($kg\cdot m^2$)和相对角动量($kg\cdot m^2/s$)函数[36.67],即

$$\chi_x(t)=\frac{1.608[\Delta h_x(t)+0.684\Omega\Delta I_{xz}(t)]}{(C-A')\Omega} \quad (36.21)$$

$$\chi_y(t)=\frac{1.608[\Delta h_y(t)+0.684\Omega\Delta I_{yz}(t)]}{(C-A')\Omega} \quad (36.22)$$

$$\chi_z(t)=\frac{0.997}{C_m\Omega}[\Delta h_z(t)+0.750\Omega\Delta I_{zz}(t)] \quad (36.23)$$

式中:$C$ 为整个地球的轴向主惯性距;$C_m$ 为地壳与地幔的轴向主惯性距;$A'$ 为整个地球赤道主惯性距 $(A+B)/2$ 的平均值。

式(36.21)-式(36.23)中惯性张量项的数值系数是负荷勒夫数的函数[36.67],因此式

(36.21)-式(36.23)对于大气表面压力变化等过程是有效的,这些变化使固体地球变形。对于不使固体地球改变的过程,如地震,式(36.21)-式(36.22)中的系数 0.684 和式(36.23)中的系数 0.750 应设置为 1.0。

## 36.3.2 日长

式(36.19)和式(36.23)涉及地球角速度的轴向分量随相对角动量的轴向分量和惯性张量的 $zz$ 元素的变化而变化。但是 GNSS 观测没有给出地球角速度的轴向分量的变化。相反,它们给出的是日长变化。日长是地球的自转周期。日长的变化 $\Delta\Lambda(t)$ 与世界时 UT1 和原子时 TAI 的时间变化率差值(UT1-TAI)有关,也与地球角速度的轴向分量变化 $\Delta\omega_z(t)=\Omega m_z(t)$ 有关[36.67],有

$$\frac{\Delta\Lambda(t)}{\Lambda_o}=-\frac{\mathrm{d(UT1-TAI)}}{\mathrm{d}t}=-\frac{\Delta\omega_z(t)}{\Omega}=-m_z(t) \tag{36.24}$$

式中:$\Lambda_o$ 为 86400s 的额定日长(LOD)。因此,GNSS 观测到的日长变化与导致日长变化的过程相关,其关系式为

$$\frac{\Delta\Lambda(t)}{\Lambda_o}=\frac{0.997}{C_m\Omega}[\Delta h_z(t)+0.750\Omega\Delta I_{zz}(t)] \tag{36.25}$$

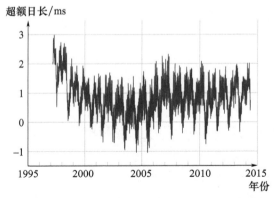

图 36.5 从 IGS 最终组合序列观测到的超额日长值,以毫秒(ms)为单位。跨度为 1997 年 3 月至 2014 年 6 月。超额日长是指日长比 86400s 更长(正值)或更短(负值)的数量

图 36.5 显示了 1997 年 3 月到 2014 年 6 月 GNSS 测量到的日长变化 $\Delta\Lambda(t)$。就像一位旋转地花样滑冰运动员,当他的手臂离身体越近时,他的旋转速度就会更快。同理,当地球的质量越接近自转轴时,地球自转速度就会加快,而日长则会缩短。相反,当地球的质量离自转轴距离越远时,地球自转速度就会下降,日长则会增长。对日长的观测如图 36.5 所示,它主要包括:

(1) 速率+1.8 ms/cy 的线性趋势(由于记录时间短,图 36.5 中不明显)。

(2) 振幅为几毫秒的 10 年(年代际)变化。

(3) 振幅约为 1ms 的潮汐变化。

(4) 振幅约为 0.5ms 的季节变化。

(5)在所有可测量的时间尺度上发生的较小的振幅变化。

许多不同的地球动力学过程导致了图36.5所示的日长变化。太阳、月亮和行星引力变化引起的潮汐力使地球的固体和流体区域变形,造成地球的惯性张量改变,从而导致地球自转的变化。事实上,由作用在固体地球上的潮汐力引起的固体潮,是季节内和年际时间尺度上日长变化的主要原因。由作用于海洋的潮汐力引起的海洋潮汐,是日长和亚日(次日长度)变化的主要原因,也是日长长期变化的主要原因。

图36.6显示了GNSS观测到的日长变化(图36.5)的频谱。潮汐频率的峰值很明显。在几天到几年的时间尺度上,每日非潮汐变化主要是由纬向大气风的变化引起的,大气表面压力、洋流和底部压力的变化以及储存在陆地上的水并不起太大作用。在更长的时间尺度上,一天中高达几毫秒的十年期变化(年代际变化)是由地球的流体外核和固体地幔之间的相互作用引起的,一天中+1.8 ms/cy 的长期趋势是由地月系统的潮汐耗散(+2.3ms/cy)和冰川均衡调整(-0.5 ms/cy)共同造成的。请参阅文献[36.67]以了解上述原因和其他导致日长变化的原因。

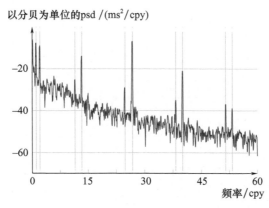

图36.6　1997年3月至2014年6月的IGS最终日长变化测量值,基于多正交窗方法获得的功率谱密度。以分贝(db)为单位,垂直虚线表示年周期和半年周期日变化的频率,以及每月(13cpy)、每双周(27cpy)、月(40cpy)、7d(51cpy)潮汐波段中最大潮汐变化的频率

## 36.3.3　极移

式(36.17)-式(36.18)和式(36.21)-式(36.22)将地球角速度赤道分量的变化与相对角动量赤道分量和惯性张量 $xz$、$yz$ 元素的变化联系起来。但是GNSS观测没有给出地球角速度赤道分量的变化。相反,它们给出了天球(天体)中间极(CIP)在地球上的位置变化。CIP是中间参考极点,使用CIP可以将章动和摆动分离。地球角速度的赤道分量与GNSS在地球参考系 $p(t)=p_x(t)-j\,p_y(t)$ 中观测到的CIP位置有关,其中负号通常表示 $p_y(t)$,偏向西经90°处,其关系为[36.67]

$$m(t)=p(t)-\frac{j}{\Omega}\frac{dp(t)}{dt} \quad (36.26)$$

式中: $m(t)=m_x(t)+j\,m_y(t)$; j 为虚数单位 $\sqrt{1}$。结合式(36.26)与式(36.17)-式(36.18)

可知，GNSS 观测到的极移参数 $p_x(t)$ 和 $p_y(t)$ 都和激发函数 $\chi(t)=\chi_x(t)+j\chi_y(t)$ 有关，关系可表示为

$$p(t)+\frac{j}{\sigma_0}\frac{dp(t)}{dt}=\chi(t)=\frac{1.608[\Delta h(t)+0.684\Omega\Delta I(t)]}{(C-A')\Omega} \quad (36.27)$$

$$\Delta h(t)=\Delta h_x(t)+j\Delta h_y(t), \Delta I(t)=\Delta I_{xz}(t)+j\Delta I_{yz}(t)$$

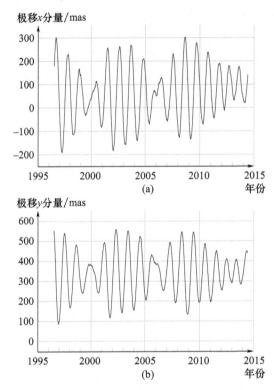

图 36.7　从 1996 年 7 月到 2014 年 6 月的 IGS 组合产品所观测极移的 $x$ 分量(a)和 $y$ 分量(b)，以毫弧秒(mas)表示。主要波动主要由于每年 12 个月和 14 个月的钱德勒摆动造成的，由于两者具有相似的振幅，存在相互的影响和干扰

图 36.7(a) 和 36.7(b) 给出了 1996 年 7 月到 2014 年 6 月 GNSS 测量到的极移的 $x$ 分量 $p_x(t)$、$y$ 分量 $p_y(t)$。就像不平衡的汽车轮胎摆动一样，地球由于自转轴附近的质量不平衡而发生摆动。在没有激发的情况下，地球将由于耗散过程而停止摆动。但导致停摆的耗散发生在海洋与固体里，而不是在刚性地球、地壳和地幔里。但是，只要质量继续沿水平方向向地球两极移动或远离两极，地球就会继续摆动。图 36.7(a) 和图 36.7(b) 所示的观测结果表明，极移主要包括：

（1）每年一次的被迫摆动，振幅几乎恒定在 100mas 左右；

（2）自由钱德勒摆动的周期约为 433 天，振幅变化范围约为 100~200mas；

（3）10 年时间尺度上的准周期变化，其振幅约为 30mas，称为马科维茨摆动；

（4）速率约为 3.5mas/y 的线性趋势，方向为西经 79°；

（5）在所有可测量时间尺度上发生的较小幅度变化。

GNSS 在测量地球自转变化方面的一大优势是,它不仅可以测量极移参数本身,而且还可以测量极移参数的时间变化率。根据式(36.27)的左侧,通过结合极移和极移速率测量,可以直接测量极移激发函数。然后,将这些直接测量的激发函数与大气和海洋的激发模型进行比较,以研究观测到的极移产生的原因。图 36.8 显示了由 GNSS 观测到的极移和极移速率测量确定的极移激发函数频谱。就像日长变化一样,许多不同的地球动力学过程是激发极移的原因。由于潮汐势能是围绕极轴对称的,固体地球的潮汐形变不会引起它的摆动。但是由于海洋盆地在地球上的分布是不对称的,海洋潮汐确实会导致地球摆动,图 36.8 明显可见两周一次的潮汐频率小峰值。

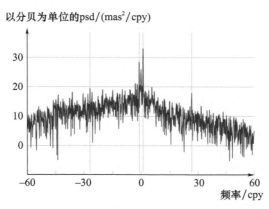

图 36.8 通过联合 1996 年 7 月至 2014 年 6 月的 IGS 最终的极移和极移变化测量值,基于式(36.27)所示的方法,采用极移激发函数 $X(t)$ 的多正交窗方法获得的功率谱密度。垂直虚线表示正向和反向回溯的年激发频率(1cpy)和双周潮汐项(27cpy),极移回溯分量激发由负向频率表示,正向激发分量由正向频率表示

年摆动是地球的被迫运动,研究表明,它很大程度上是由每年冬天西伯利亚上空高压系统的出现造成的[36.63]。这个西伯利亚高压系统每年向西伯利亚地壳施加负荷,导致地球以每年一次的周期摆动。另一方面,钱德勒摆动不是地球的被迫运动,而是地球的自由共振运动,因为地球不围绕其平衡地球质量的形状轴自转。如果没有一个或多个机制激发钱德勒摆动,它将以约 68 年的指数时间常数自由衰减。利用大气和海洋环流模型进行研究,结果表明,大气表层压力和海底压力变化之和是钱德勒摆动的主要激发源,海底压力的变化大约是陆地上气压变化的两倍。在最长的时间尺度上,极移路径趋势被证明是由地球对过去冰盖质量变化的黏弹性响应和地球对如今变化的弹性响应相结合引起的[36.72];关于上述及其他极移原因的概述,请参见文献[36.67]。

## 36.3.4 章动

由于距离遥远,VLBI 观测到的射电参考源在天空中的运动可以忽略不计,因此可以用来实现惯性天体参考系的构建。这使得 VLBI 能够确定全部 5 个地球定向参数,这些参数通常被用来全面描述地球在空间的方向,包括 2 个章动参数。但是,由于人造地球轨道卫星上受到的巨大非引力作用无法被精确建模[36.54],因此,卫星的轨道无法用于实现惯性参考系。因此，像 GNSS 这样的卫星技术只能确定 5 个 EOP 参数中的一个子集。特别是，由于卫星轨道元素与 UT1 以及 2 个章动参数之间的相关性，这些地球定向参数无法通过像 GNSS 这样的卫星技术来确定。然而，它们的变化率是可以确定的。

1992 年 6 月，欧洲定轨中心（CODE）的分析中心首次根据 GPS 数据进行常规估计了 UT1 或日长的变化率式（36.24）。文献[36.73]显示，有人提出，估计 UT1 的速率和章动速率之间没有根本区别，因此，GNSS 也应该能够测量章动的变化速率。他们表示，GNSS 测量的章动率的不确定性应随着章动项的周期线性增长，因此 GNSS 应能够测量短周期章动项的章动率。利用 3.5 年的 GNSS 数据，能够估计出 34 个章动项的速率，这些章动项的周期在 4~16d 之间。

## 致谢

本章所述祖赫·阿尔塔米（Zuheir Altamimi）的工作是在 ITRF 中心的主办单位 IGN France 进行的。本章所述理查德·格罗斯（Richard Gross）的工作是在加州理工学院喷气推进实验室完成的，该实验室与美国国家航空航天局签订了合同。

## 参考文献

36.1　B. Hofmann-Wellenhof, H. Moritz: *Physical Geodesy*, 2nd edn. (Springer, Vienna 2006)

36.2　W. Torge, J. Muller: *Geodesy*, 4th edn. (De Gruyter, Berlin 2012)

36.3　R. Rummel: Global integrated geodetic and geodynamic observing system (GIGGOS). In: *Towards an Integrated Global Geodetic Observing System (IGGOS)*, IAG Symposia, Vol. 120, ed. by R. Rummel, H. Drewes, W. Bosch, H. Hornik (Springer, Berlin 2000) pp. 253-260

36.4　H.-P. Plag, G. Beutler, R. Gross, T. A. Herring, C. Rizos, R. Rummel, D. Sahagian, J. Zumberge: Introduction. In: *Global Geodetic Observing System: Meeting the Requirements of a Global Society on a Changing Planet in* 2020, ed. by H.-P. Plag, M. Pearlman (Springer, Berlin 2009) pp. 1-13

36.5　H. Drewes, H. Hornik, J. Adam, S. Rozsa: The geodesist's hand book 2012, J. Geod. **86**(10), 787-974 (2012)

36.6　H.-P. Plag, M. Pearlman (Eds.): *Global Geodetic Observing System: Meeting the Requirements of a Global Society on a Changing Planet in* 2020 (Springer, Berlin 2009)

36.7　G. W. Withee, D. B. Smith, M. B. Hales: Progress in multilateral earth observation cooperation: CEOS, IGOS, and the ad hoc group on earth observations, Space Policy **20**, 37-43 (2004)

36.8　G. Petit, B. Luzum: (*Verlag des Bundesamts für Kartographie und Geodäsie, Frankfurt* 2010), *IERS Technical Note*, IERS Conventions, Vol. 36, 2010)

36.9　Z. Altamimi, L. Metivier, X. Collilieux: ITRF2008 plate motion model, J. Geophys. Res. **117**(B07402), 1-14 (2012)

36.10　J. Ray (Ed.): *IERS Technical*, IERS Analysis Campaign to Investigate Motions of the Geocenter, Vol. 25 (Central Bureau of IERS, Observatoire de Paris, Paris 1999) p. 121

36.11  X. Wu, J. Ray, T. van Dam: Geocenter motion and its geodetic and geophysical implications, J. Geodyn. **58**, 44–61 (2012)

36.12  L. Metivier, M. Greff-Lefftz, Z. Altamimi: On secular geocenter motion: The impact of climate changes, Earth Planet. Sci. Lett. **296**(3/4), 360–366 (2010)

36.13  E. Pavlis: Fortnightly resolution geocenter series: A combined analysis of Lageos 1, 2 SLR data (1993–1996). In: *IERS Analysis Campaign to Investigate Motions of the Geocenter*, ed. by J. Ray (Observatoire de Paris, Paris 1999) pp. 75–84

36.14  X. Collilieux, Z. Altamimi, J. Ray, T. van Dam, X. Wu: Effect of the satellite laser ranging network distribution on geocenter motion estimation, J. Geophys. Res. **114**(B04402), 1–17 (2009)

36.15  U. Hugentobler, H. van der Marel, T. Springer: Identification, mitigation of GNSS errors, Proc. IGS Workshop 2006 Darmstadt, ed. by T. Springer, G. Gendt, J. M. Dow (IGS, Pasadena 2006)

36.16  M. Meindl, G. Beutler, D. Thaller, R. R. Dach, A. Jaggi: Geocenter coordinates estimated from GNSS data as viewed by perturbation theory, Adv. Space Res. **51**(7), 1047–1064 (2013)

36.17  P. Rebischung, Z. Altamimi, T. Springer: A collinearity diagnosis of the GNSS geocenter determination, J. Geod. **88**, 65–85 (2014)

36.18  G. Blewitt, D. Lavallee, P. Clarke, K. Nurutdinov: A new global mode of Earth deformation: Seasonal cycle detected, Science **294**(5550), 2342–2345 (2001)

36.19  X. Wu, D. F. Argus, M. B. Heflin, E. R. Ivins, F. H. Webb: Site distribution and aliasing effects in the inversion for load coefficients and geocenter motion from GPS data, Geophys. Res. Lett. **29**(24), 63-1–63-4 (2002)

36.20  J. Ray, Z. Altamimi, X. Collilieux, T. van Dam: Anomalous harmonics in the spectra of GPS position estimates, GPS Solutions **12**, 55–64 (2008)

36.21  J. Griffiths, J. Ray: Sub-daily alias and draconitic errors in the IGS orbits, GPS Solutions **17**, 413–422 (2012)

36.22  Z. Altamimi: ITRF and co-location sites, Proc. IERS Workshop Site Co-Location, ed. by B. Richter, W. R. Dick, W. Schwegmann (2005), IERS Technical Note No. 33

36.23  R. Schmid, P. Steigenberger, G. Gendt, M. Ge, M. Rothacher: Generation of a consistent absolute phase-center correction model for GPS receiver and satellite antennas, J. Geod. **81**, 781–798 (2007)

36.24  Z. Altamimi, P. Sillard, C. Boucher: ITRF2000: A new release of the international terrestrial reference frame for Earth science applications, J. Geophys. Res. **107**(B10), 2214 (2002)

36.25  Z. Altamimi, X. Collilieux, J. Legrand, B. Garayt, C. Boucher: ITRF2005: A new release of the international terrestrial reference frame based on time series of station positions and Earth orientation parameters, J. Geophys. Res. **112**(B09401), 1–19 (2007)

36.26  Z. Altamimi, X. Collilieux, L. Metivier: ITRF2008: An improved solution of the international terrestrial reference frame, J. Geod. **85**(8), 457–473 (2011)

36.27  G. Blewitt, Y. Bock, J. Kouba: Constraining the IGS polyhedron by distributed processing, Proc. IGS Workshop Densif. ITRF Reg. GPS Netw., Pasadena, ed. by J. F. Zumberge, R. Liu (1994) pp. 21–37

36.28  Z. Altamimi, D. Gambis, C. Bizouard: Rigorous combination to ensure ITRF and EOP consistency, Proc. Journees 2007 Celest. Ref. Frame Futur., Meudon (Observatoire de Paris, Paris 2008) pp. 151–154

36.29  R. Neilan, J. M. Dow, G. Gendt: The international GPS service (IGS): Celebrating the 10th anniversary and looking to the next decade, Adv. Space Res. **36**(3), 320–326(2005)

36.30  M. R. Pearlman, J. J. Degnan, J. M. Bosworth: The international laser ranging service, Adv. Space Res. **30**(2), 135–143(2002)

36.31  P. Willis, H. Fagard, P. Ferrage, F. G. Lemoine, C. E. Noll, R. Noomen, M. Otten, J. C. Ries, M. Rothacher, L. Soudarin, G. Tavernier, J. J. Valette: The international DORIS service, toward maturity, Adv. Space Res. **45**(12), 1408–1420(2010)

36.32  W. Schluter, E. Himwich, A. Nothnagel, N. Vandenberg, A. Whitney: IVS and its important role in the maintenance of the global reference systems, Adv. Space Res. **30**(2), 145–150(2002)

36.33  R. Ferland, M. Piraszewski: The IGS-combined station coordinates, Earth rotation parameters and apparent geocenter, J. Geod. **83**(3/4), 385–392 (2009)

36.34  Z. Altamimi, C. Boucher, P. Sillard: New trends for the realization of the international terrestrial reference system, Adv. Space Res. **30**(2), 175–184(2002)

36.35  Z. Altamimi, A. Dermanis: The choice of reference system in ITRF formulation, Proc. 7th Hotine–Marussi Symp. Mathem. Geod., Int. Assoc. Geod., Vol. 137, ed. by N. Sneeuw, P. Novak, M. Crespi, F. Sanso (Springer, Berlin, Heidelberg 2012) pp. 329–334

36.36  Z. Altamimi, C. Boucher, L. Duhem: The worldwide centimetric terrestrial reference frame and its associated velocity field, Adv. Space Res. **13**(11), 151–160 (1993)

36.37  J. Kouba, Y. Mireault, G. Beutler, T. Springer: A discussion of IGS solutions and their impact on geodetic and geophysical applications, GPS Solutions **2**(2), 3–15(1998)

36.38  J. Kouba, Y. Mireault: 1998 Analysis Coordinator Report. In: 1998 *Technical Reports*, ed. by K. Gowey, R. E. Neilan, A. Moore (IGS Central Bureau, Jet Propulsion Laboratory, Pasadena 1999) pp. 15–58

36.39  J. Kouba, P. Heroux: Precise point positioning using IGS orbit and clock products, GPS Solutions **5**(2), 12–28(2001)

36.40  J. Kouba: The GPS toolbox ITRF transformations, GPS Solutions **5**(3), 88–90(2002)

36.41  R. Ferland: Reference frame working group technical report. In: *IGS* 2001–2002 *Technical Reports*, ed. by K. Gowey, R. Neilan, A. Moore (JPL, Pasadena 2004) pp. 25–33

36.42  J. Ray: Reinforcing and securing the IGS reference tracking network, Proc. Workshop State GPS Vert. Position. Precis.: Sep. Earth Process. Space Geod., Cahiers du Centre Europeeen de Geodynamique et de Seismologie, Vol. 23, ed. by T. van Dam, O. Francis (Centre Europeeen de Geodynamique et de Seismologie, Luxembourg 2004) pp. 1–15

36.43  J. Ray, D. Dong, Z. Altamimi: IGS reference frames: Status and future improvements, GPS Solutions **8**(4), 251–266(2004)

36.44  R. Schmid, M. Rothacher, D. Thaler, P. Steigenberger: Absolute phase center corrections of satellite and receiver antennas, J. Geod. **81**, 781–798 (2007)

36.45  P. Rebischung, J. Griffiths, J. Ray, R. Schmid, X. Collilieux, B. Garayt: IGS08: The IGS realization of ITRF2008, GPS Solutions **16**(4), 483–494(2012)

36.46  R. F. Wong, C. M. Rollins, C. F. Minter: Recent updates to the WGS 84 reference frame, Proc. ION GNSS, Nashville (ION, Virginia 2012) pp. 1164–1172

36.47  V. Vdovin, A. Dorofeeva: Global geocentric coordinate system of the Russian federation, Proc. 7th Meet. Int. Comm. GNSS(ICG), Work. Group D, Bejing (UNOOSA, Vienna 2012) pp. 1–15

36.48　Y. Yang: Chinese geodetic coordinate system 2000, Chin. Sci. Bull. **54**(15), 2714–2721(2009)

36.49　G. Gendt, Z. Altamimi, R. Dach, W. Sohne, T. Springer: GGSP: Realisation, maintenance of the Galileo terrestrial reference frame, Adv. Space Res. **47**(2), 174–185(2010)

36.50　Y. Hiyama, A. Yamagiwa, T. Kawahara, M. Iwata, Y. Fukuzaki, Y. Shouji, Y. Sato, T. Yutsudo, T. Sasaki, H. Shigematsu, H. Yamao, T. Inukai, M. Ohtaki, K. Kokado, S. Kurihara, I. Kimura, T. Tsutsumi, T. Yahagi, Y. Furuya, I. Kageyama, S. Kawamoto, K. Yamaguchi, H. Tsuji, S. Matsumura: Revision of survey results of control points after the 2011 off the Pacific coast of Tohoku earthquake, Bull. Geospatial Inf. Auth. Jpn. **59**, 31–42(2011)

36.51　O. Montenbruck, P. Steigenberger, A. Hauschild: Broadcast versus precise ephemerides: A multi-GNSS perspective, GPS Solutions **19**(2), 321–333(2015)

36.52　M. R. Craymer: The evolution of NAD83 in Canada, Geomatica **60**(2), 151–164(2006)

36.53　T. Soler, R. Snay: Transforming positions and velocities between the international terrestrial reference frame of 2000 and North American datum of 1983, J. Surv. Eng. **130**(2), 130–249(2004)

36.54　A. Milani, A. M. Nobili, P. Farinella: *Non-Gravitational Perturbations and Satellite Geodesy* (Adam Hilger, Bristol 1987)

36.55　J. Dawson, A. Woods: ITRF to GDA94 coordinate transformations, J. Appl. Geod. **4**, 189–199(2010)

36.56　Z. Altamimi: ETRS89 realization: Current status, ETRF2005 and future development, Bull. Geod. Geom. LXVIII(3), 255–267(2009)

36.57　G. Blick, C. Crook, D. Grant, J. Beavan: Implementation of a semi-dynamic datum for New Zealand. In: *A Window to the Future of Geodesy*, ed. by F. Sanso, Int. Assoc. Geod. Symp. Ser., Vol. 128(2005) pp. 38–43

36.58　Z. Altamimi, P. Sillard, C. Boucher: ITRF2000: From theory to implementation, 5th Hotine–Marussi Symp. Mathem. Geod., Int. Assoc. Geod., Vol. 127, ed. by F. Sanso(2004) pp. 157–163

36.59　F. G. Lemoine, N. P. Zelensky, D. S. Chinn, D. E. Pavlis, D. D. Rowlands, B. D. Beckley, S. B. Luthcke, P. Willis, M. Ziebart, A. Sibthorpe, J. P. Boy, V. Luceri: Towards development of a consistent orbit series for TOPEX, Jason-1, and Jason-2, Adv. Space Res. **46**(12), 1513–1540(2010)

36.60　L. Cerri, J. P. Berthias, W. I. Bertiger, B. J. Haines, F. G. Lemoine, F. Mercier, J. C. Ries, P. Willis, N. P. Zelensky, M. Ziebart: Precision orbit determination standards for the Jason series of altimeter missions, Mar. Geod. **33**(S1), 379–418(2010)

36.61　G. Woppelmann, C. Letetrel, A. Santamaria, M.-N. Bouin, X. Collilieux, Z. Altamimi, S. D. P. Williams, B. Martin Miguez: Rates of sea-level change over the past century in a geocentric reference frame, Geophys. Res. Lett. **36**(L12607), 1–6(2009)

36.62　B. D. Beckley, F. G. Lemoine, S. B. Luthcke, R. D. Ray, N. P. Zelensky: A reassessment of TOPEX and Jason-1 altimetry based on revised reference frame and orbits, Geophys. Res. Lett. **34**(L14608), 1–5 (2007)

36.63　W. H. Munk, G. J. F. MacDonald: *The Rotation of the Earth: A Geophysical Discussion* (Cambridge Univ. Press, New York 1960)

36.64　K. Lambeck: *The Earth's Variable Rotation: Geophysical Causes and Consequences* (Cambridge Univ. Press, New York 1980)

36.65　K. Lambeck: *Geophysical Geodesy: The Slow Deformations of the Earth* (Oxford Univ. Press, New York

1988)

36.66 T. M. Eubanks: Contributions of space geodesy to geodynamics: Earth dynamics. In: *Variations in the Orientation of the Earth*, ed. by D. E. Smith, D. L. Turcotte (American Geophysical Union, Washington DC 1993) pp. 1–54

36.67 R. S. Gross: Earth rotation variations—Long period. In: *Physical Geodesy*, ed. by T. A. Herring (Elsevier, Oxford 2007) pp. 239–294

36.68 M. L. Smith, F. A. Dahlen: The period and Q of the Chandler wobble, Geophys. J. Roy. Astron. Soc. **64**, 223–281 (1981)

36.69 J. M. Wahr: The effects of the atmosphere, oceans on the Earth's wobble-I. Theory, Geophys. J. Roy. Astron. Soc. **70**, 349–372 (1982)

36.70 J. M. Wahr: The effects of the atmosphere and oceans on the Earth's wobble and on the seasonal variations in the length of day-II. Results, Geophys. J. Roy. Astron. Soc. **74**, 451–487 (1983)

36.71 H. Goldstein: *Classical Mechanics* (Addison-Wesley, Reading 1950)

36.72 J. L. Chen, C. R. Wilson, J. C. Ries, B. D. Tapley: Rapid icemelting drives Earth's pole to the east, Geophys. Res. Lett. **40**, 2625–2630 (2013)

36.73 M. Rothacher, G. Beutler, T. A. Herring, R. Weber: Estimation of nutation using the global positioning system, J. Geophys. Res. **104** (B3), 4835–4859 (1999)

# 第 37 章　地球动力学

**Jeff Freymueller**

地球动力学研究依靠随时间推移而产生的运动测量,如位移、位移时间序列或随时间而稳定移动的站点的速度。GNSS 广泛应用于地球动力学研究,包括构造板块运动和板块边界形变、地震和地震学、火山形变、地表荷载形变和冰川均衡调整等。GNSS 是进行这些研究的理想工具,因为它可以采用廉价、便携以及方便布设的设备来提供毫米级的位置时间序列。本章阐述并总结了主要概念和基本计算模型,这些模型将地球内部的活动过程与 GNSS 观测到的地表形变联系起来,包括地震周期、弹性位错理论、莫吉火山源模型和地表荷载计算模型等。同时,本章还概述了这些主题中重要研究成果。例如,基于快速和实时 GNSS 进行地震和海啸预警有关的地表形变研究越来越多。随着更高精度的多系统 GNSS 观测技术的发展,这些 GNSS 应用将在不久的将来变得更加重要。

## 37.1 地球动力学中的 GNSS

早在 GNSS 时代来临的近一个世纪前,人们就已经运用大地测量定位来研究构造运动[37.1],并且大多数的构造大地测量学核心模型都是在 GNSS 时代之前发展或提出的。早期的一些研究是关于大地震引起的位移,这是当时唯一可以观测到的构造运动。在 1906 年旧金山地震前后,人们通过重复三角测量得到的位移,为弹性回弹假说提供了基础[37.2,37.3],并支撑了吉尔伯特的假设,即地震是在很长一段时间内累积起来的张力突然释放的结果[37.4]。这些已有百年历史的发现,现在仍然是我们理解板块构造和地震之间关系的核心。

在 20 世纪 80 年代,人们最早进行 GNSS 研究的时候,现代空间大地测量才崭露头角,尽管当时 GNSS 观测还达不到现在的精度。当时,已经有了将地表形变应用于地壳构造、火山和其他研究所需的计算工具。除此之外,所需要的就是一个能够在空间和时间上持续测量地表形变的工具。而世界上第一个 GNSS 系统 GPS 满足了这一需求。本章将描述如何使用 GNSS 测出的位移和速度来研究各种地球动力学问题,并介绍用于阐释原理的关键概念和模型。

如今,世界各地的研究人员能够使用来自全球数千个 GNSS 站的数据(图 37.1)。国际 GNSS 服务能够提供高精度卫星轨道(IGS,第 33 章),而构成国际 GNSS 系统(IGS)跟踪网络的各个台站形成了一个基准网络,任何研究人员都可以使用该网络来确定各台站在国际地球参考框架(ITRF)中的位置(第 36 章)[37.5]。现代构造大地测量学研究的基础是区域或全球范围内点位（以 ITRF 表示）的时间序列算出的位移或速度。

GNSS 并非是唯一特有的能够将地表点的运动和变形与板块运动、断层滑动、火山喷发和地表荷载形变联系起来的数值计算工具。从这个意义上说，特定的测量工具并非唯一，只要知晓测量的不确定度，就能够使用甚长基线干涉法（VLBI）、卫星激光测距（SLR）、GNSS 或地面测量技术来测量位移或速度。然而，GNSS 对于地球动力学研究来说，是一项重要的空间大地测量技术。因为 GNSS 接收机携带方便、价格低廉、操作方便，所以 GNSS 网络的部署范围和规模是其他大地测量技术不具备的。测量的空间密度和测量精度对 GNSS 在地球动力学中的应用至关重要。

运用 GNSS 的地球动力学研究可分为若干大类，每一类都将在本章中用一节内容进行详述：

（1）刚性板块运动（37.3 节）；
（2）板块边界形变（37.4 节）；
（3）地震和地震学（37.5 节）；
（4）火山形变（37.6 节）；
（5）地表荷载形变，包括冰川均衡调整模型（GIA）（37.7 节）。

经过近三十年的发展，GNSS 彻底改变了我们对以上每一类研究领域的认识。同时，能让我们将大地测量数值与形变原因联系起来的模型与测量数值本身一样重要。虽然形变模型的数学推导超出了本手册的范围，但本章将为深入了解每个问题提供一些参考和建议。文献[37.6]中提供了本章中使用的多种物理模型的详细推导过程。

## 37.1.1 精度要求

在地球动力学研究中，GNSS 观测的精度要求取决于预期的位移量或运动速度，因此，随着 GNSS 测量精度的提高，其所能处理的地球动力学问题的种类也越来越多。早在 GNSS 出现以前，人们就已经开始了对大地震引起的位移（分米到米的位移）研究，而对主要板块相对运动（速度为厘米/年）的测量也早在 20 世纪 80 年代通过 VLBI、SLR 以及早期的 GNSS 有所实现。目前，许多研究集中在涉及毫米量级的位移或毫米/年量级的速度的问题上。由于这些变化很小，以至于早期的 GNSS 技术无法精确测量。随着 GNSS 精度的提高，GNSS 未来将为更多的地球动力学研究打开新的大门。

对于许多地球动力学问题来说，最重要的是相对位置的精度。假设存在一个单独且非常长的断层（断层是在地球内部经历相对运动的断裂面；断层通常在局部尺度上近似为平面），与其最相关的问题就是断层一侧相对于另一侧的错位。正是这种相对运动产生了地质构造及其偏移量，断层错位或滑动速率可以通过一系列相对位置测量数值算出。该问题并不需要根据其在地心坐标系中的绝对位置或运动才能解决，这也解释了为什么在 GNSS 出现前，人们对该问题的研究就已取得重大进展。同时，所需的测量精度取决于跨断层的运动速率。在理想情况下，GNSS 测站之间（本地基准站网）相对速度的精度应相当于断层滑动率的百分比，但从较低的信噪比（SNR）测量数据中仍能收集到有用的信息。

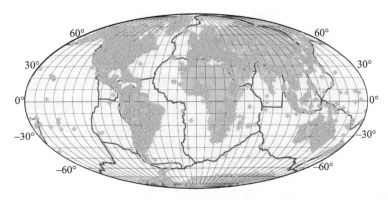

图 37.1 截至 2014 年完成的全球连续运行 GNSS 站点。绿色方块表示通常可以获取连续 GNSS 站点数据的点位(一些国家出于法律原因,限制从它们的 GPS 站点获取数据)

当面临较大区域时,稳定的地心坐标框架将显得更加重要。所有的构造运动(在任何尺度上)都可以通过绕地心轴的旋转来描述,它们在局部范围内的速度可近似为线性的。对此,稳定的外部参照框架(如 ITRF)可以将局部尺度的旋转和运动与大范围的旋转分离开来。在构造研究中,位移、速度及其不确定度经常显示在一个板块的固定框架中,而该框架是通过从 ITRF 中减去刚体旋转而算出的,如此它们就能代表相对于某一稳定构造板块的相对运动了。

## 37.1.2 当前 GNSS 精度

由于 GNSS 精度在相对位置/速度和绝对地心位置/速度两种模式下的表达十分不同,因而对两者的精度区分显得格外重要。通常,相对运动可以被精确测量,但并不能很精确地将其与地心参考框架关联起来。有研究采用基线解算法,对彼此相距数十米或数百米范围内的连续 GNSS 站点进行分析,结果表明两个 GNSS 天线之间的相对速度的测量精度可以精确到 1mm/y 的几分之一,甚至 ≈ 0.1mm/y[37.7]。Bennett 等[37.8]认为,相对速度在几百千米的区域内的精度可以达到亚毫米/年。大尺度下的速度精度和绝对速度精度取决于两个因素:ITRF 的固有精度和长期稳定性以及获得 ITRF 时的误差(用户在 ITRF 中解的误差)。目前,第一个误差大小是约为 0.5mm/y 的速度误差,详细讨论见第 36 章。国际大地测量协会全球大地测量观测系统(GGOS)项目的主要目标之一就是将 ITRF 位置的精度和长期稳定性提高到 1mm,速度精度提高到 0.1mm/y。不过,ITRF 的误差一般不容易量化,这取决于用户使用的 ITRF 参考站的数量和选择的参考站。总之,全球站速度的实际精度可能保持在 1mm/y 的水平。

利用 GNSS 时间序列估计测站速度的精度和准确度取决于 GNSS 位置的噪声特性。许多研究表明,GNSS 定位误差与时间相关。因此,需要通过相关噪声模型或经验方差缩放等方式,估计测站速度或位移(尤其是其不确定度)与时间的相关性。假设每天的位置误差不相关,那么白噪声会造成我们对位移(特别是速度)的不确定度过于乐观。这对速度的影响尤其重要,因为误差谱包括长期相关的部分。

使用最大似然估计(MLE)法研究时间序列构建误差模型，是对连续 GNSS 位置噪声谱最可靠的估计。这种方法的一个缺点是处理长时间序列非常耗时。不过，Bos 等[37.9]已经提出了一种很好地接近全 MLE 估计而又快速的方法，并且对数据处理的差距不敏感。Hackl 等人[37.10]和 Santamaría-Gómez 等[37.11]也对噪声模型进行过实验估算。研究发现，GNSS 时间序列中的噪声可以描述为白噪声和闪烁噪声的组合，这是一种幂律噪声，其功率与频率 $f$ 成反比。假设定时进行测量采样(例如每天或每周)，如果时间序列中的噪声是纯白噪声，则速度标准偏差将会减小大约 $1/T^{3/2}$，其中 $T$ 是时间序列的持续时间。而时间相关性带来的影响，即速度中的实际不确定度(标准偏差)下降了大约 $1/T$。另外，Santamaría-Gómez 等人[37.11]根据其噪声模型给出了速度不确定度的经验关系式。基于上述研究，站点速度在水平方向上可精确到 0.1mm/y，在垂直方向上可以精确到 $0.3\sim0.5$mm/y；然而，速度精度取决于 ITRF 参考框架的方向和框架原点的精度、用户获得 ITRF 的方式以及 GNSS 位置中任何缓慢变化的系统误差的大小。

尽管目前的信噪比对于小信号或慢信号(如慢移动断层或小火山侵入体)来说可能太低，不过当今 GNSS 的测量精度对于研究本章重点问题来说已经足够。不过，同许多加载信号的大小相比，GNSS 随机误差和周期性系统误差仍旧显著。在过去近十年通过 GNSS 测量已经有识别出各种大小的瞬态形变信号，而其他装备的探测也表明有些瞬间产生的形变太小，以当前的 GNSS 精度无法探明。随着 GNSS 精度的不断提高，人们将有可能研究更微弱的地球动力学信号。

实时(秒内)或近实时(分钟内)的 GNSS 定位精度远远低于后处理的位置精度。这主要是由两个因素造成的：

(1) GNSS 定位所需的实时轨道和钟差产品质量较差；

(2) 历元动态位置与每日静态位置间定位精度差异。

目前，实时轨道和钟差产品质量上的差距正在不断缩小，且这种趋势将会持续延续，而历元动态位置与每日静态位置之间的差异仍然较大。由于受多路径和其他不能在时间上平均的误差的影响，动态位置的误差谱表现很复杂，且不同动态和实时地球动力学应用对不同频段的地面运动精度的要求不同。有些应用对一个或几个历元的误差很敏感(如与时间相关的同震滑动反演)，而另一些应用则对特定频率的误差很敏感(如地震表面波研究)。因此，所需采样率取决于预期数据将如何应用在科学研究上。例如，由于对地震速度结构和计算地震波波形的能力了解有限，目前对地震破裂模型的估计仅限于 1Hz 以下的频率。然而，在 1~10Hz 范围内的地震波形中包含了大量的信息，因此 10Hz 的 GNSS 记录可能就具有相当大的科学价值。本书将在 37.5.2 节中对地震地表运动问题进行更详细的讨论。

## 37.1.3 精度局限性及误差源

利用 GNSS 进行地球动力学研究的精度局限性包括 ITRF 的精度和自洽性以及 ITRF 所代表的一个真实地心框架的程度。在第 36 章中已经详细讨论了 ITRF，故这里只作一个简要概述。ITRF 是一个以地球系统质心（CM）为原点的地心框架（CM 框架），它是一个长期框架，并以站点位置作为时间函数的分段线性函数模型。目前速度的精度约为 0.5mm/y。对 ITRF 的精度及其表示的 GNSS 位置的主要限制包括各种空间大地测量技术中残留的系统误差、多个空间大地测量技术之间的并址站数量、并址站不同技术之间的测量连接条件数量少且精度有限、某些其他技术（特别是 SLR）观测站的几何形状、由于地震或设备变化导致时间序列中未建模的位置偏差等。另外，在给定 ITRF 定义后发生的地震可能会在某些站点引起位移或非线性运动，从而使得这些站点的 ITRF 位置在地震后变得不准确。

地球动力学研究中关于 ITRF 最大的问题是，框架原点是否精确地反映了地心。在线性时间尺度上，ITRF 的框架原点是整个地球系统（包括液体）的质量中心，因此也称为质心（CM）框架。一些地球物理模型是在以固体地球质心（CE）为原点的框架下计算的，地球的几何中心也可以根据地球形状中心（CF）来定义，有关不同框架的完整描述参见文献[37.12]。一个密度足够大的大地测量网应该是 CF 的一个合理近似，这使得在任何时间尺度上定义一个 CF 框架都相对简单。在非长期时间尺度上严格定义 CM 框架需要详细了解地球内部及其表面质量的再分布。Dong 等[37.12]认为，当前的 ITRF 框架原点反映的是线性时间尺度上的 CM，而 CF 反映的是季节性或在较短时间尺度上的。ITRF 是通过使用大地测量和基准约束实现的，而由于测量误差、对基准约束的错误假设或 SLR 观测几何中的劣势（SLR 定义了框架原点）等因素，可能会造成理想的长期 CM 框架的偏离。

目前，人们对框架原点误差的大小或其原因还未达成普遍共识，但有一些研究已对潜在偏差或其大小范围进行了估计。这些研究认为，任何偏差的最大分量都可能是 $T_z$ 平移速率（沿自转轴）引起的。通过采用 GNSS 数据，并依照板块内部刚性运动假设进行的研究估计发现，ITRF2008 的 $T_z$ 框架原点偏差（速率）的大小在 0.5~1.1mm/y[37.13,37.14]。Wu 等[37.15]运用了地面速度、GRACE 和海底压力数据的组合估计了 $T_z$ 框架原点偏差的较小范围，得出的结果是 0.5mm/y。在所有最近的研究中，估计的 $T_z$ 偏差的情况是一致的，这表明 ITRF2008 框架原点可能有一个很小的负 $T_z$ 速率偏差（ITRF 中的 z 速度过大）。然而，在不同的研究中，估计的 $T_z$ 偏差不确定度在 0.1~1mm/y 之间，这些发现仍有进一步研究空间。

框架原点偏差会直接和间接地影响地球动力学研究。一个非零框架原点偏差将导致板块运动估计的偏差和明显的板块内部形变，这会影响垂直速度和其他由此推导出的数值。并且，当采用 GNSS 数据研究海平面变化等小信号时，框架精度的不确定性是一个主要影响因素。

此外，GNSS 位置时间序列中仍然残留系统误差。一些残留的系统误差是由于对流层、多路径延迟建模不足或从数据中删除的其他模型（电离层、潮汐负荷等）造成的。这些残差很可能每天或每周都在变化，并且会给 GNSS 位置时间序列增加短期噪声。周期性系统误差的强烈信号出现在 $1.04y^{-1}$（及其泛音）的节点频率上，这恰好对应太阳相对 GPS 轨道交点位置绕一圈所需约 351d 的周期[37.16]，而当前的 IGS-GPS 产品和时间序列中确实存在交点谐波误差[37.11,37.17]。这种周期性促使人们推测，太阳辐射压力模型可能是造成这些误差的原因,并且文献[37.18]显示了当采用改进的太阳辐射压力模型时,交点周期性误差大幅减少。另外,Griffith 和 Ray[37.19]表示该时段的误差也可能是由次日地球定向参数(EOP)模型中的误差引起,King 和 Watson[37.20]证明多路径也会导致伪周期信号叠加至同一频率中。此外,AmiriSimkooei[37.21]估计了北-东-天方向的节点变化的平均幅度(分别为 1.4mm、1.3mm、2.8mm),尽管这一估计可能受到附近年周期渗漏的影响。Zou 等[37.22]认为,根据 GPS 和 GRACE 季节变化的一致性,振幅可能更小,接近 1mm/y。虽然交点误差对估计点位位移或速度的影响很小,但在研究季节性周期性形变(例如季节性地表荷载)时,则必须将其纳入考虑范围。

## 37.2 地球动力学 GNSS 监测网发展历程

### 37.2.1 GPS 联测网

20 世纪 80 年代初,当人们能够同时跟踪 4 颗及以上的卫星时,采用 GPS 定位首次成为可能。在 GPS 卫星星座的初始测试阶段,人们通过采用 7 颗运行卫星来优化该星座,以确保在美国西南部可见 4 颗卫星的时间达到最大化。随后,GPS 联测很快就开始应用到地球动力学研究中,例如 1985 年便开始在加利福尼亚和冰岛利用 GPS 进行测量。到 20 世纪 80 年代末,尽管卫星星座还不完整,但 GPS 联测已经在世界范围内开展。自此,GPS 联测被纳入欧洲地球科学研究网络工作组(European WEGENER)项目,最初集中在地中海东部,后来扩展到整个欧洲[37.23]。1989 年,欧洲环境基金会项目组织了覆盖欧洲大部分地区的 GPS 联测,目的是将大地测量和地球动力学结合在一起[37.24]。

图 37.2 这两个 GNSS 联测站点都来自阿拉斯加(美国)

(a)一个站点安装在三角架上,包括一台 Trimble 4000 SSE 接收机、TRM22020.00+GP 型天线和一个保持接收机干燥的塑料袋子;(b)另一站点使用相同类型的天线安装在钉子架上,其中定心装置大约 13cm 高(由 Jeff Freymueller 提供)。

联测网络是指使用 GNSS 仪器间歇性测量的测量点网络(图 37.2)。尽管一些联测网络覆盖面积大,但大都属于空间密集型,总体范围有限,一般在间隔数千米至数十千米不等范围内覆盖 10~100 个测量点。在 1880 年和 1990 年,常会出现连续观测每个站点 5 天或更久的情况。但随着 GNSS 精度的提高,每次观测一个站点逐渐普遍缩短至 2~3 天甚至有时测量一天即可。通常每年或每隔几年,会对这些网络测量点进行一次重复测量。

20 世纪 90 年代初标志着现代 GPS 时代的开始。GPS/GNSS 数据处理时间序列可追溯至 1991 年或 1992 年,虽然当时的大多数数据已经不再使用。时间分界线是由全球跟踪网络的发展决定的,该网络足以确定全球卫星轨道(和时钟延迟参数)。1991 年 1 月 2 日,GIG 1991 计划部署全球第一个密集的真正全球网络[37.25],1992 年夏天的 IGS epoch 1992 联测计划紧随其后(图 37.3)。这些临时性的全球联测需要世界各地众多研究团体和机构共同合作,这也表明了人们对一个永久性的全球网络的迫切需求。这很快就引导了利用类似的合作模型[37.26]以发展 IGS 网络(图 37.3(c))的趋势[37.26]。

现今,GNSS 联测仍应用于大尺度空间密度中,以补充或加密连续网络。这种方法的优点是可以在短时间内测量大量的地点,且与连续的全球卫星导航系统安装相比费用非常低。不过,其主要的缺点是这些测量点在时间序列上较为稀疏,这意味着很难或无法解析时变信号。同时,联测网络也容易出现设置错误,而且由于每个站点使用的设备经常发生变化,导致每次测量都可能存在额外的系统性偏差。然而,许多重要的科学结果均基于这些数据。例如,联测通常能在大地震后提供重要信息,因为除了科学家进行的测量之外,土地测量师也测量了大量的测量标志,而重新测量这些点就能得到非常密集的地震位移场[37.27,37.28]。

## 37.2.2 地球动力学连续 GNSS 网

1990 年,第一个用于地球动力学的区域连续运行的 GNSS 网开始建立。此时,永久性 GPS 地球动力学阵列(PGGA)开始在南加州部署了 4 个基站,并在之后几年内扩展到 9 个基站(图 37.4)。同期,日本在全境建立了一个间距为 1000km 的连续运行的小型 GPS 网[37.29]。建立这些网络的主要目的是测量与构造过程有关的形变,而不是纯粹服务于大地测量,如制图、基准或定义参考框架。1993 年,BIFROST(根据芬诺斯堪迪亚反弹观测、海平面和构造学的基线推断)项目在斯堪的纳维亚建立了一个用于研究 GIA 的连续观测网[37.30,37.31]。这些早期的观测网成功证明了测量每日形变的可能性和实用性。尽管这在今天看来可能很了不起,但当时面临的最大问题在于是否可以在每天处理如此大量的数据。

1992 年 6 月 30 日,发生在加利福尼亚的兰德斯地震反映了连续观测的价值。地震位移是根据地震后几天内的连续数据确定的,这在当时是一项很迅速的工作,连续的站点能率先提供大地震后瞬态形变的精确记录数据[37.32,37.33]。此外,连续网络也为同震和震后形变的联测研究提供了重要数据支撑[37.34,37.35],从而使得南加州和北加州的连续 GNSS 网络得到进一步加密。

同样,1994 年和 1995 年的两次破坏性地震推动了用于地球动力学研究的连续 GNSS 网的急剧扩展(图 37.4 和 37.5)。其中,1994 年 1 月 17 日的北岭地震是一场 6.7 级的地

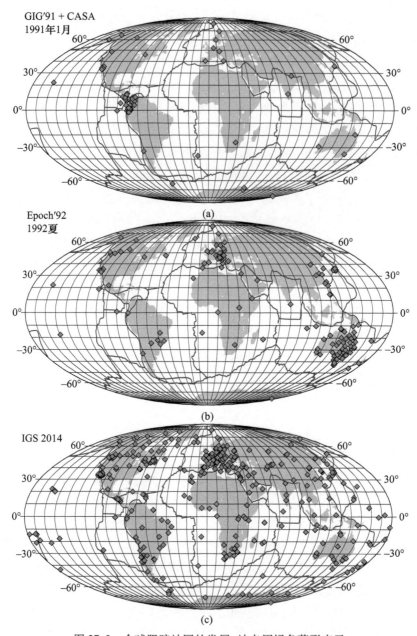

图 37.3 全球跟踪站网的发展,站点用绿色菱形表示
(a)GIG+CASA91 项目 1991 年 1 月至 2 月建立的临时网;
(b)1992 年夏天 IGS 项目建立的临时网;(c)2014 年的 IGS 网。

震,它袭击了美国加州洛杉矶郊区。这次地震造成 57 人死亡,5000 多人受伤,经济损失超过 200 亿美元。地震促使 PGGA 在震后 2 年内扩展到 57 个观测站,后来扩展到 250 个观测站(南加州综合 GPS 网或称 SCIGN)[37.36]。之后,SCIGN 建立了板块边界观测站网(PBO),该网由 1100 个 GNSS 基准站组成,横跨美国西部整个形变带[37.37],其中大约有一半是以前的 SCIGN 网络,并在加利福尼亚进一步加密,成为加利福尼亚实时网络的一部分(图 37.4)。

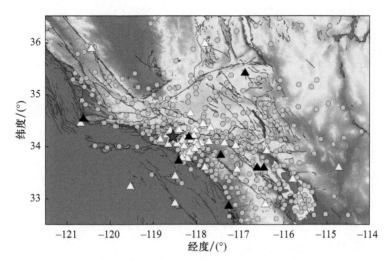

图 37.4　美国南加州 SCIGN 网的发展。黑色三角形表示 1994 年 1 月发生北岭地震时 PGGA 的所在地。白色三角形表示在该事件后新增的站点,黄色圆圈表示 SCIGN 网(建立于 1997—2002 年)新增站点,蓝色圆圈表示 SCIGN 网络完成后建立的其他站点,细红线代表活动断层,粗红线表示 1992 年兰德斯地震的断裂带,红星表示北岭地震发生的位置

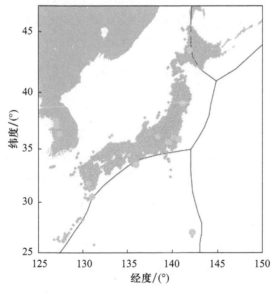

图 37.5　日本 GEONET 项目 GNSS 网。GEONET 站点用绿色菱形表示。日本、韩国加入 IGS 网的站点用黄色大圆圈表示。红线显示了主要板块边界的简化视图(日本是一个复杂形变地区)

就在北岭地震一年后,日本发生了毁灭性的神户大地震。这场 7.3 级的地震造成 6000 多人死亡,大约造成 1000 亿美元(10 万亿日元)的损失。为此,日本政府在大约一年内在全国部署了 1000 个站点的 GEONET-GNSS 网[37.37](图 37.5)。现今,日本约有 1200 个由日本地理空间信息局(GSI)运营的 GEONET 站,以及数百个由大学或其他机构运营的 GNSS 测站。GEONET 是革命性的,它首次提供了跨越整个复杂板块边界的密集连续

的 GNSS 数据。GEONET 的数据不仅揭示了板块边界带内的稳定应变，而且揭示了各种各样的瞬时形变信号、地表荷载引起的季节性形变以及由大量地震引起的形变，包括 2011 年 3 月发生的日本 9.0 级东部大地震。

现在，世界各地已遍布数千个类似的 GNSS 基准站网。例如，截至 2014 年 1 月，内华达大学雷诺分校内华达大地测量实验室已处理了 12000 多个站点的时间序列（图 37.1）。

### 37.2.3 全球监测网的重要性

IGS 主持建立了与这些区域网平行的全球合作网（第 33 章）。IGS 最初为国际地球动力学 GPS 服务，现在被称为国际 GNSS 服务（IGS）。名称的变化既反映了其他 GNSS 的发展，也反映了 IGS 在地球动力学研究之外的应用范围的扩大。IGS 网是实现全球 GNSS 大地测量的重要工具，也是 ITRF 的基础。

如图 37.3(c)所示，全球 IGS 网是将区域网结合在一起的黏合剂，并且能提供分析全球 GNSS 数据所需的轨道和钟差产品。在 1992 到 1994 年间，IGS 网迅速扩张，此后稳步发展。如今，IGS 分析中心在解算中，会使用多达数百个 GNSS 站点，以尽可能产生最佳的轨道和钟差产品以及每日的 IGS 综合网位置解，而 GNSS 以该解为基础，为 ITRF 提供支撑。同时，世界各地的研究人员使用 IGS 网的部分基准站点将他们自己的数据连接到全球参考系统上；IGS 网是全球大地测量的主干网，所有其他数据都与之相连。

## 37.3 刚性板块运动

板块构造学说产生于 20 世纪 60 年代，它的出现革新了我们对地球的认识。经典理论认为，地壳被划分为一组相对运动的板块，其中每一个板块都是刚性的，所有的变形都发生在板块边界的狭长区域内。以上假设中最后一个理论已经得到了实质性的修正，因为人们认识到板块边界带可能会非常宽，宽到能在大陆上跨越约 1000km。

在球体表面上，刚性板块的运动是围绕地球中心轴旋转，可以用角速度矢量来描述。相对板块运动，或一对板块之间的运动，也能通过围绕地球中心轴的旋转来描述，也就是通过角速度矢量来描述。板块运动可以通过确定 ITRF 中的板块角速度集合[37.5,37.38]或相对板块角速度集合[37.13]来估计。为了准确描述，大地参考坐标系的原点必须与地心重合，文献[37.13]估计了随着板块运动 ITRF 中的坐标系原点会发生的偏差。

根据过去几百万年的地质数据估计，最早的板块模型只有少数几个主要板块。今天，人们认知到的大板块和小板块数量是过去的数倍。例如，北美西部广阔变形区的详细模型表明，类似的板块构造模型甚至可以适用于几十千米大小的块体[37.39]。下一节将进一步讨论板块边界带。

从化学上讲，地球被分为三个主要的化学层，即地壳、地幔和地核。然而，地球按力学性质划分的边界与按化学组成划分的边界并不一致。活动板块定义了岩石圈，包括地壳和一部分地幔(图 37.6)。这些板块在软流圈上方移动,软流圈比地幔岩石圈温度更高,含水更多。简而言之,岩石圈像弹性物质,而软流圈像黏弹性物质,这就意味着软流圈大部分时间为流体。地幔整体是黏弹性的,但软流圈的黏度低于地幔深层的黏度,这使得板块相对容易移动。软流圈与地幔的其他部分相比可能含有更多水分,这就解释了为什么软流圈相对较为脆弱。较宽的板块边界带的存在说明岩石圈不是完全弹性的,不过它确实累积了一些永久变形。然而,岩石圈和软流圈在性质上仍然存在很大的差异。在大地测量的时间尺度上,通常可以将简单的弹性岩石圈力学模型应用于黏弹性软流圈之上。不过,岩石圈的厚度变化很大,它从活动或近期构造变形区域内的 50km 到稳定大陆内部 100km 以外不等。

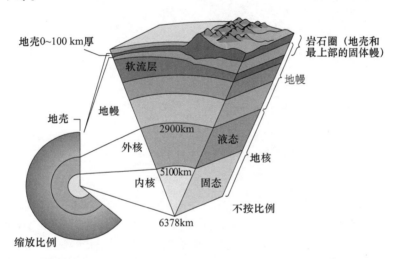

图 37.6 地球的纵深剖面,分为化学分层(地壳、地幔和地核)和机械分层(地幔岩石圈、软流圈、地幔)。构造板块是岩石圈的碎片,它由地壳和上地幔的最冷部分组成
(由美国地质调查局/维基共享提供)

设已知板块的角速度,固定在地壳上的大地测量点的水平速度 $v$(图 37.7)为板块角速度 $\omega$ 和地心位置矢量 $r$ 的矢量叉乘,即

$$v = \omega \times \gamma \tag{37.1}$$

虽然向量 $v$ 有三个分量,但当将它表示在位置点当地确定的东北天坐标系中时,向上分量 $v_{up}$ 始终为零。简单的板块构造模型预测的所有运动都是水平的,这种近似对于板块内部而言是有利的(均衡效应除外)。角速度通常用自转极点和旋转角速度来描述。其中,角速度就是角速度矢量 $|\omega|$ 的大小,自转极点是角速度矢量在地球表面上的投影。根据式(37.1),水平速度矢量 $V_{horiz}$ 将绕极点旋转(图 37.7)。刚性板块在地质时间尺度(数百万年)和大地测量时间尺度(年)上的运动可以用式(37.1)和相同的角速度来描述。不过,在大地测量时间尺度上,还需要考虑地震周期中由于断层活动而引起的各种变形,这将在 37.4 中进行讨论。

用线速度矢量要比用角速度来表达运动容易得多。在一个小区域内,板块运动有时可以用线速度来近似,式(37.1)可以评估这种近似的有效性。通过计算线速度 $v$ 相对于

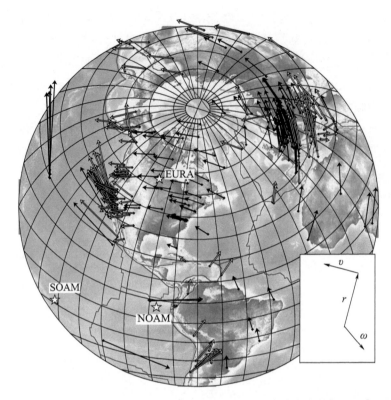

图 37.7 刚体板块运动和板块边界区。ITRF 中的 GNSS 速度来自文献[37.13]。黑色向量表示位于稳定区域的位置点,白色向量表示板块边界地带的位置点。星星表示位于北美(NOAM)、南美(SOAM)和欧洲(EURA)板块的自转极点。插图展示了用于从板块的角速度计算板块运动的叉乘的几何形状。站点速度矢量标定在站点位置(见文献[37.40])

角速度 $\omega$ 和位置向量 $r$ 的导数。当旋转极点远离给定点时,速度矢量仅随着位置 $r$ 的变化而缓慢变化,且线速度可以精确地描述板块在数百千米范围内的运动。然而,在靠近旋转极点的地方,即使是在很小的距离内,速度在大小和方向上都会有显著的变化。

虽然板块角速度与测地速度之间的数学关系非常简单,但定义大地板块运动模型的复杂性主要来源于两个方面。一方面,必须识别哪些位置代表稳定板块内部。这项任务具有挑战性,因为板块边界区域可能非常宽,以至于稳定板块的边界可能绘制不正确,而且一些板块由于在短时间内发生内部变形,如 GIA。非洲大陆在过去经常被描述为一个单一的板块,尽管其横跨东非大裂谷,但在后来被细分为了至少两个板块。尽管由末次盛冰期(LGM)之后的消冰过程所导致的 GIA(37.7.5 节)水平运动的规模较小,但在长期地质稳定的区域内足以影响对北美板块[37.41]和欧亚部分板块运动的偏差估计。另一方面,板块运动模型假设速度参考框架的原点与板块运动地心轴的原点是相同的。如果板块运动是真正水平的,那么板块运动的旋转轴应该代表形心(CF)坐标系统。由于 ITRF 是表示地球坐标系统的质心(CM),因而两个系统之间的任何速度偏差都将映射到估计的板块运动误差和明显的板块内部变形中。

GNSS 的密集速度场可以用来测试板块内部是否为刚性。大多数此类研究发现,一旦已知的构造活动区域或重要的 GIA 信号被屏蔽,板块内部的内部变形与 GNSS 速度中的噪声水平相当或更小[37.13,37.38,37.42]。随着 GNSS 速度精度的提高,板块内部变形的上限已经降低,最近的研究结果表明,板块刚度为 0.3~0.4mm/y 或更小。

即便在对当今板块运动的大地测量估计中[37.38,37.43],人们仍旧不能区分出现今的板块运动(用大地测量学测量)和最近地质时间尺度(几百万年)的平均板块运动之间的任何显著差异。然而,Argus 等人[37.13]研究表明,鉴于当今测量的高精度,板块运动的大地测量和地质估计之间在统计学上的差异是显著的。这意味着,在过去的 300 万年中,板块运动发生了很少到几个百分点的变化,最显著的是纳斯卡板块相对于南美洲的角速度下降[37.44]。然而,过去几十年里的板块运动与板块运动的地质估计都较为相似。

## 37.4 板块边界形变与地震周期

尽管最初的板块构造假说认为所有板块都是刚性的、不变形的,但人们从早期就认识到,在某些地区,地震活动和活动构造分布广泛,而不是局限于狭窄的板块边界。这些广阔的变形区域称为板块边界带,尤其是当涉及大陆地壳的板块边界时[37.45]。北美西部和亚洲东部是宽板块边界带的两个实例(图 37.8),有许多活动断层在这些板块边界带内活动。

地震周期是将大地测量学与构造和地震联系起来的关键概念[37.47]。这个概念来源于里德和吉尔伯特的假设,并结合了现代对板块构造和断层摩擦行为的理解。地震周期模型描述了断层上的稳定驱动应力如何导致应力和应变的累积,最终导致地震中断层的突然滑动(图 37.9)。大多数地震周期模型的一个基本前提是假设地震期间滑动的断层部分在地震之间的大部分时间内摩擦锁定。断层的浅部可能几十年或几百年都不会滑动,然后在地震中突然大幅滑动。板块运动不会因为浅层锁定的断层保持锁定而停止,因此在地震周期中断层滑动的变化将会导致周围物质的变形。

地震周期模型表明,地震之间(地震间期)和地震期间(同震期)之间存在着特征性和互补性的形变模式。Savage 和 Burford[37.48]提出了一个简单地走滑断层震间变形模型,Savage[37.49]提出了俯冲带震间变形的相似模型。大地震后的重复大地测量表明,存在一个瞬时的地震后变形阶段,在这期间变形与地震前观测到的变形明显不同[37.50,37.51]。随着 GNSS 的发展,形变数据的数量和质量都表现出爆炸式的增长,且这些基本模型在过去几十年中表现良好。总之,GNSS 时代已经对这些基本模型进行了一些阐述,并揭示了一些新的慢速和瞬时滑移现象,但在很大程度上仅仅只是保持在证实阶段而非改变了这些模型的基本原理。

### 37.4.1 板块边界带

在两个板块之间的板块边界区域中,整个区域的累积变形相当于总板块的相对运动。

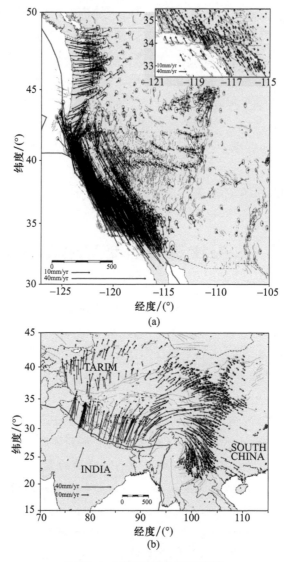

图 37.8 两例板块边界变形区

(a)从大学 NAVSTAR 联盟的板块边界观测(PBO)速度解中获取的北美板块的速度,插图显示了在加州南部速度场的细节信息;(b)印-欧亚板块相对于欧亚板块的相对速度[37.46],细红线表示活动断层,粗红线表示主要板块边界[37.40]

这种变形通常是由活动断层网上的滑动调整,且经常有大的不变形块体被形变更强烈的区域所包围(块体这个术语在地质学文献中有几种用法,但它在此处代指坚硬而不变形的岩石圈)。这些特征很可能是由于岩石圈以前就存在的强度变化而形成的,如岩石类型的变化、早期变形阶段存在的断层等(大陆岩石圈是极其不均匀的)。例如,在北美洲西部,内华达山脉大峡谷(SNGV)块体或微板块将其西部边界上的圣安德烈亚斯断层的走滑断裂与其东部的大面积伸展盆地和山脉区域分离开来,如图 37.8(a)所示。东亚的宽板块边界带包括未变形的华南板块和塔里木板块如图 37.8(b)所示。图 37.8 中所示的两个例子涉及至少 3 个主要板块和多个较小的板块,它们的长期运动可以用类似于刚性板块

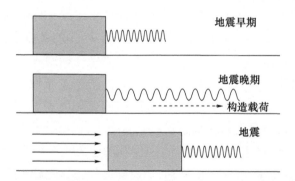

图 37.9 基于一维弹簧滑块的地震周期概念草图。断层是由一个与表面摩擦耦合的块体来表示的，摩擦力阻碍了运动。弹簧代表断层周围的弹性介质。构造载荷稳定而缓慢地伸展弹簧，但只要弹簧所施加的弹性力小于摩擦力，块体就不会移动。当弹力大于摩擦力，块体因滑动摩擦力小于静摩擦力而加速，这也会使得弹簧受压缩，从而减少了弹力，使滑块减速，进而再次停止运动的方式来描述。

在此，忽略由于地震周期引起的变形，板块边界区内任何一点的运动可以用式 (37.1) 来描述，其中角速度是关于空间 $w(r)$ 的函数。地球表面的大部分区域均适用于式 (37.1) 表示的对刚性板块—微板块的描述，直到板块的大小接近岩石圈的厚度（几十千米），甚至更小的长度尺度。该观点的完整讨论请参阅文献 [37.45, 37.52]。

如果整个表面可以用一组刚性块或板来表示，那么在每个块或板内的角速度 $w(r)$ 将是恒定的常数，并且在每个块的边界上具有不连续性。实际上，可以使用连续变形模型来描述板块边界区域的变形。Haines 和 Holt[37.53] 研究表明，位移、应变和旋转都可以用空间可变角速度 $w(r)$ 来描述，并且可以由该函数和适当的边界条件来唯一确定。通过采用一组网格点的样条函数来表示连续函数 $w(r)$，使得连续函数可以用从 GNSS 站点速度估计的离散值集合来近似。该方法可以对非大地测量数据进行简单的整合，如基于平均时间的地震矩张量或地质断层滑动率来估计地震的应变率。

## 37.4.2　地震周期形变

地壳浅层的大多数永久变形由断层滑动造成。断层是地球内部的断裂面，断裂面的两侧都会产生位移。真实的断层在所有长度尺度上都具有粗糙的表面[37.54]，但断层通常被近似成平面，至少在局部上被认为是平面。除了近乎垂直的断层外，断层的方向通常随深度缓慢变化。本节将介绍一个简易的对断层进行地球物理近似的方法，若断层在几何上的小偏差对 GNSS 测量地表变形不产生可观测到的影响，则忽略这些偏差。假设断层贯穿整个岩石圈，则断层两侧的相对运动都是在断层上的滑动。在很长的一段时间内（许多地震周期内），断层在所有深度上的总滑动量必须相等，并且这个长期平均滑动速率应该与通过测量地质特征长期偏移量估计出的速率一致。

在较短的时间范围内，断层滑动在时间上或深度上都不均匀。如果所有的断层都稳定地以其长期滑动速率滑动，那么浅层地震基本不会发生。地震（37.5 节）是由于断层突然滑动造成的。大陆地壳内的大地震仅在有限的深度范围内断裂,从地表或地表附近到通常不超过 10~20km 的深度。在该深度范围内,断层两侧的摩擦接触足以在很长一段时间内防止断层滑动。然而,断层的深层部分会继续稳定地蠕动或剪切,导致其周围弹性应变与弹性应力不断累积。当作用在断层表面的剪应力超过摩擦力并导致断层开始滑动时,地震就发生了(图 37.9)。对大多数处于浅层地壳压力和温度条件下的地球物质而言,当断层开始滑动时,断层表面的摩擦系数就会降低,从而导致滑动加速(地震)和摩擦系数进一步降低。然而,随着滑动的增加,弹性驱动应力将会减小,当驱动应力再次小于摩擦力时,断层则将会减速,然后停止移动,地震随之停止。随着时间的推移,应力和应变的积累和由此产生的地震联系在一起,形成了地震周期。有关断层摩擦、其随时间的演变以及地震周期更完整的讨论,请参阅文献[37.47]。

GNSS 观测到的地表形变来自地震周期的所有阶段。其中,地震及其影响,即地震周期的同震阶段,将在 37.5 节中介绍。两次地震之间的时期称为地震周期的震间期,将在本节予以阐述。而地震周期的震后阶段描述了大地震后立即发生的各种瞬态过程,将在 37.5.5 节中讨论。

在震间期,地表变形是浅层滑移欠缺和深处滑移稳定对比之下产生的结果。滑移亏损是指发生在部分断层上的滑动与基于长期滑动速率的预期滑动之间的差值。如果断层的一部分一直以长期滑动速率稳定蠕动,那么其滑移亏损为零。滑移亏损随时间变化,在两次地震之间逐渐积累,并随着地震发生而降低。对于一个完全闭锁的断层,滑移亏损以长期滑动速率累积。该模型(图 37.10)由 Savage 和 Burford[37.48]首次提出,其中断裂带深部以长期断层滑移速率(无滑动亏损)持续蠕动,而断裂带的浅部除了地震时会滑动,其他时间内仍完全被摩擦力卡住。他们用嵌在弹性半空间中的平面弹性位错来对其进行数字化,该弹性半空间会从锁定深度 $d$ 稳定地滑动到无限深度。

地震周期的震间期变形可以用长期断层滑移速率下的整个断层的稳定滑动与代表滑动亏损率的断层某些部分的向后滑动的叠加来计算[37.48,37.49]。通过将这两个分量的表面形变相加,可以计算出观测到的表面形变。以长期断层滑动速率下的稳定滑动会导致式 (37.1) 中所描述的板块或块体运动,或该方程的局部线性速度近似。弹性位错理论[37.55]可以用来计算向后滑动的分量。文献[37.6]中详细探讨了用于计算这种变形的弹性和黏弹性模型,例如在文献[37.52]和文献[37.40]中,就更详细地讨论了它们在 GNSS 速度数据建模中的应用。下面简要介绍最简情况。

对于一个非常长的走滑断层来说,当从某点到断层的距离比从该点到断层末端的距离小时,采用二维近似就已足够。在该情况下,速度只取决于距断层的距离。Savage 和 Burford[37.48]指出,距断层的距离为 $x$,则距离 GNSS 站点的速度 $v$ 为

$$v = \frac{s}{\pi}\left(\text{artan}\frac{x-x_1}{d_1} - \text{artan}\frac{x-x_1}{d_2}\right) \tag{37.2}$$

式中:$s$ 为长期平均滑动速率,位于 $x_1$ 的断层从 $d_1$ 深度滑动到 $d_2$ 深度。如果 $d_2 \to \infty$,并用锁定深度 $D$ 表示断层滑动的上限 $d_1$,则式 (37.2) 可以简化为

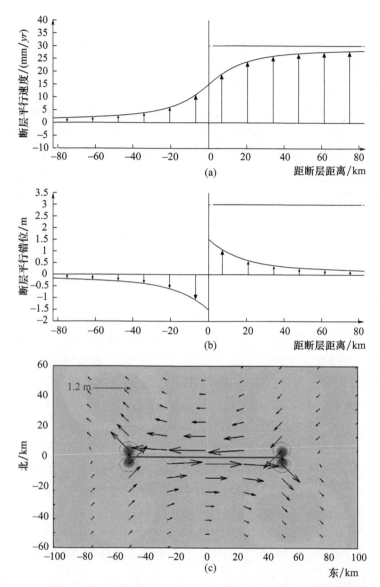

图 37.10 弹性地震周期在震间和同震阶段闭锁断层周围的形变。在该模型中,断层是一个很长的走滑断层(左侧),滑动率为 30mm/y,地震发生后,经过 100 年才会有 3m 的滑移。(a)和(b)代表通过原点获取的断层正态分布

(a)在地震间期,断层从地表锁定至 15km 深度,并在此深度之下稳步滑动。相对于断层左侧远场,震间变形模式以箭头和实线表示。与断层在所有深度均匀滑动(虚线)所产生的均匀块体运动相比,地球的弹性响应将断层扩散到一个广泛的区域。(b)同震位移在断层上是反对称的,最大位移则在断层处(每边的移动是同震滑动的一半,方向相反)。100 年的震间变形和同震位移之和为均匀块体运动,用虚线表示。(c)断层段上 3m 位移的同震位移图。红色线条表示断裂带。图案颜色表示垂直位移模式,红色表示隆起,蓝色表示下沉,等高线以每 5cm 为间隔绘制一次(最大垂直位移是 21cm。

$$v = \frac{s}{\pi}\arctan\frac{x-x_1}{D} \qquad (37.3)$$

在该简单的模型中,断层从地表到锁定深度完全被锁定(没有滑动),并以低于锁定深度的长期滑动速率滑动。因此,锁定深度 $D$ 与地震滑移的最大深度相关,大陆地壳内断层通常为 10~20km。该简单的函数表示上述两部分在一个参考框架中的叠加之和。在该参考系中,断层处的速度为零($x=x_1$)。这个方程可以通过加上或减去 $s/2$(当 $x$ 趋于正无穷或负无穷时,式(37.3)中预测的速度)转化成相对于断层一侧或另一侧远场的形式。

图 37.10 展示了叠加的两个分量。上面两个图显示的剖面是通过断层中点的断层正态分布,这样一来,二维近似才能成立。在长期滑动速率下的稳定运动将产生一个速度分布,该分布看起来像跨越断层的阶跃函数。较浅的闭锁断层引起的弹性变形表示实线和虚线之间的差值,其在断层处等于 $\pm s/2$,在远场处的衰减则为零。锁定深度决定着将有多少弹性应变会集中在断层附近。约 50% 的弹性变形发生在距断层 1 个锁定深度内,90% 的弹性变形发生在距断层大约 6.3 个的锁定深度内。

### 37.4.3 弹性块建模

弹性块建模提供了一种将板状描述式(37.1)和任何断层网络的弹性应变式(37.3)结合起来的方法,并已被广泛应用于各种建模中[37.56-37.60]。模型域被分割成一组以活动断层为边界的刚性块或微板块。GPS 站点的速度是它所在的块体的旋转和模型中所有断层的滑动亏损所引起的弹性变形之和。弹性变形根据三维(3-D)位错理论(Okada[37.55],对于弹性半空间)计算,该理论假定断层锁定部分以长期断层滑动速率向后滑动。这与上述二维(2-D)走滑断层的叠加情况相同。在该方法中,断层滑动速率由断层两侧块体的相对运动和断层的方向决定。在给定断层几何形状的情况下,以块体角速度矢量分量为参数,代入线性方程,计算出模型域内所有 GNSS 站点的运动。

块体模型的早期应用中假设所有断层从地表到一个固定的锁定深度都是完全锁定的。McCaffrey[37.56] 利用 DEFNODE 软件,将断层细分为一组子断层,并引入了一个可以在断层范围内变化的耦合系数,使得每个断层段的滑动亏差率可以在零和长期断层滑动率之间变化。这对俯冲带而言非常适用,且也适用于任何断层。Loveless 和 Meade[37.61] 用类似的方法对发生在日本的变形进行了建模,用一组三角形位错来对俯冲带的几何形状进行建模。当耦合系数或块体角速度固定时,反演问题是线性的;当两者都估计时,反演必须用非线性方法求解。此外,一些研究者还纳入了块体发生内部变形而不是刚性变形的情况[37.60,37.62]。与变量耦合一样,这种拓展使问题成为非线性问题,除非块体角速度是固定的。

## 37.5 地震学

地震由断层突然而迅速的滑动引起。地震会导致周围介质(地球)的永久变形,位移

大小随滑移量 $s$ 和滑移区域 $A$ 的变化而变化。这两个量的乘积(或者更确切地说是断层表面上的曲面积分$\int sdA$),称为地震势能,当乘以周围的弹性剪切模量时,便得到地震矩 $M_0$。对于一个点源(或足够小的区域 $A$)来说,地表位移处处与地震矩成正比。大多数大地震都是在一个大的断层上发生滑动,而对于有限的断层源,位移取决于断层滑动的空间分布。

普通公众都很熟悉地震的里氏震级。里氏震级,专业上称为局部震级或 $M_L$,其根据南加州地震的地震波振幅来定义震级,并在一个特定的仪器上记录下来(并根据地震和地震仪之间的距离进行校正)。之后,所有的地震震级均已经过校正,以符合到里氏震级最初的定义。因为震级是一个对数尺度,震级每增加 1 表示地震矩大约增加 30 倍。基于地震矩的地震震级称为矩震级,简称 $M_W$,矩震级通常用于最大的地震。矩震级大小与 $M_0$ 的对数有关。对于 $M_0$(以 N·m 为单位),有

$$M_W = \frac{2}{3}\lg(M_0) - 6.0 \tag{37.4}$$

地震遵循几个经验尺度的规律。其中一项研究表明,地震中的平均滑动量随断层大小的增加而增加,地震矩和位移量大致与断裂长度—宽度的立方成正比。这意味着大地震产生的位移比小地震大得多。对于非常大的地震,这些比例关系可能略有变化,因为滑动区域的形状受到断层物理性质的限制。需要指出,快速震破裂只发生在相对较浅的深度(大部分情况下),这意味着大地震的破裂区域通常比宽度长得多。

断层滑动的过程,包括加速和减速两个过程。除了导致永久位移外,还会引起远离断层表面的地震波辐射。地震学研究主要关注地震波的观测、解释或建模,大地震的地震波会在全球范围内传播。断层滑动会产生种类繁多的地震波,它们的传播路径和速度各异。在本书的范围内,将地震波的主要类型分为穿越地球的体波和沿地球表面传播的面波。体波可进一步细分为纵波(P 波)和横波(S 波)。纵波传播速度更快,因而其首先到达,之后横波才能到达。表面波传播得更慢,有时要经过更长的路径,所以会更晚。在地震波传播的时间尺度上,地球基本上是弹性的,但由于波前的几何传播和滞弹性衰减,地震波的振幅随距离的增加而减小。然而,地震波可以在远离破裂的地方仍维持较大的位移。特别是表面波,由于其波长较长且呈二维几何传播,所以可以以较大的振幅进行远距离传播。与地震波不同,永久位移更多集中在滑移区周围。

大地测量学研究人员应该主要从几何学的角度来看待地震。在几何学中,地球表面的运动会产生应力,导致周围介质形状发生变化。一般来说,通过想象断层表面的运动,以及考虑周围介质是否会被滑动剪切、压缩或扩展,就能直观地表现静态地震位移的模式。图 37.10(c)展示了线性断层上均匀走滑运动在简单情况下的位移空间模式。在远离断层末端的地方,位移平行于断层(这也是滑移的方向),并从断层附近的最大位移减小到远场的零位移。在断层端部附近,位移会朝向断层方向或远离断层方向,并表现出一种反对称的模式。通过将该样式旋转到其他断层方向的方法,可以直观地观察到其他断层方向位移的粗略近似,不过这仅仅只是近似,因为自由面(地面)会因位移处的无应力边界条件而对位移产生影响。

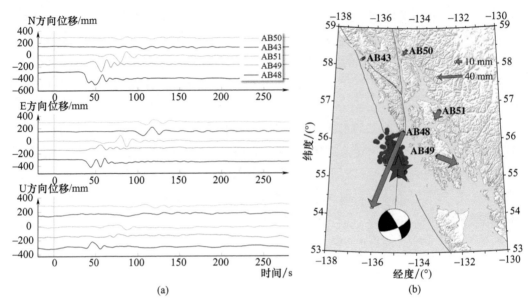

图 37.11 克雷格近海地震示例

(a)2013 年 1 月 5 日,阿拉斯加州的克雷格近海发生 $M_w$7.5 级地震,从 5 个板块边界观测站获得的运动位移记录(从 2013 年 1 月 5 日 08:58:00 到 09:03:00)。位移显示为东、北、天三个方向的位移,每个站点有不同的线条样式。垂直的棕色线表示地震发生的时间。当地震 S 波到达时,可以看到高于噪声水平的第一个位移。(b)显示站点位置及静态偏移量的地图中红色的细线表示主要的活动断层,余震群勾勒出地震破裂的轮廓。主震的机制也被显示出来。

## 37.5.1 静态位移

静态位移是指地震中由于断层滑动而引起的最终永久位移。这些位移在地震发生时不是立即发生的,而是随着地震 S 波的到达而发生的。因此,在快速时间尺度(秒)上,即使是静态位移在地球弹性介质中也表现为一种向外传播的扰动。一旦地震波向前传播经过一个特定的节点时所保持的位移发生急速变化,它们便可被识别出来(图 37.11)。

静态位移是根据 GNSS 位置的日或次日时间序列估计出来的。将地震前后几天的值进行平均可以降低测量噪声,但地震后的位置可能因震后变形而改变(37.5.5 节)。当位移很小或数据有限时(例如只有几天的数据可用),典型的做法是忽略震后变形,使用平均位置和每日位置的散点来确定偏移量和不确定度。而更好的方法是确定地震的偏移量并为地震后变形的位置时间序列建立时变模型(图 37.12)。正如 37.1.3 节所述,为了更加精确地估计同震位移的不确定度,应使用与时间相关的噪声模型。

静态位移的模式最容易在一个长而直的走滑断层的情况下表现出来,这是一个两侧水平并平行于断层的垂直断层(图 37.10)。通过 GNSS 对断层位移的直接观测证实,如果断层的总滑移量为 $s$,则断层的每个表面会移动 $s/2$(朝相反方向)。断裂表面的断层通常会在断层附近被观察到最大位移,越远位移越小,直至减小到零为止。这种模式根据不同断层的几何形状和滑动模式可能会有所不同。例如,如果深处的滑移远大于表面的滑移,那么最大位移可能位于远离破裂的地表断层的地方。

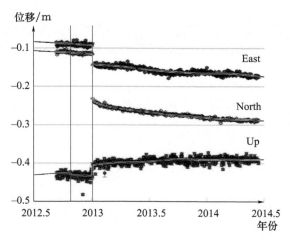

图 37.12 2013 年 1 月 5 日阿拉斯加克雷格近海 $M_W$7.5 级地震同震偏移和 1.5 年的震后变形的时间序列。该模型曲线包括季节项(从完整的震前时间序列估计)和时间常数为 24 天的对数松弛(37.5.5 节)

GNSS 在几次地震中都观测到了几米长的位移。因为大多数特大地震(以及由此产生特大滑移和特大位移)都发生在俯冲带,所以此类地震引起的最大地表位移通常发生在海上。然而,复原 1964 年美国阿拉斯加州 $M_W$9.3 级大地震的三角测量数据,会发现它仍然是有史以来第二大地震,测得的地表位移高达 20~25m[37.63,37.64]。2011 年日本 $M_W$9.0 级 Tohoku-oki 地震,GNSS/海底声学站点在海上测量了约 25~30m 的地表位移,这是由高达 50m 的滑动引起的[37.65,37.66]。通过 GNSS/声学测量结合船舶或海面浮标的动态 GNSS 定位与对海底转发器的声学测距,来估计海底各点的位置。

由于地球在短时间尺度上类似一个弹性体,在已知断层几何和滑动分布的前提下,可以用弹性回跳说模拟地震引起的地表位移。大多数研究都采用了 Okada[37.55] 给出的均匀弹性半空间中的平面矩形回跳的解析解。然而,地球不是一个均匀的半空间,所以该计算只是一个近似值。想得到更好的近似,需要依照不同问题的空间尺度,纳入具有多个弹性层的弹性空间[37.67]或分层球状模型[37.68]。实际上,人们从来就不是很清楚断层滑动的精确分布和断层的几何结构,只是近似知道地球是弹性结构。因此,我们应当明白,GNSS 的位移测量精度优于将断层滑动与位移联系起来模型的计算精度。

在反演问题中,通常使用 GNSS 测量的位移来估计断层的位置、几何形状和滑动量。反演问题一般有两种形式:如果需要估计断层的几何形态(位置和方位),则模型参数与位移之间存在非线性关系,那就需要一种线性优化方法;如果几何结构保持不变,断层面上的滑动分布需要估计,则模型参数(滑动值)与位移之间就存在线性关系。一般而言,这个问题是一个混合解算问题,可以用阻尼最小二乘法或另一种广义反演方法来求解[37.69,37.70]。通常采用滑动分布的拉普拉斯算子(二阶导数),在反演中加入一些平滑约束,并赋予一定的权重。正约束或其他不等式约束也起到稳定反演和淘汰滑动分布振动解的作用。另外,一些研究者还以特定的方式改变了模型几何结构,并估计了每个模型断层几何结构的滑动分布,然后选择最佳的整体模型[37.28]。

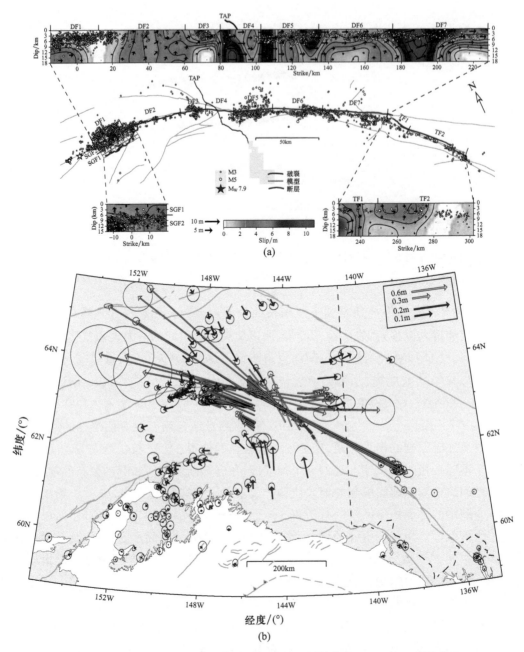

图 37.13 2002 年德纳里断层地震的滑动模型和同震位移。红星表示震源位置，即破裂起始点，而表面破裂带则用一条粗红线表示

(a)断层滑动模型图,用不同颜色标度表示断层每一块的总位移估计值,余震显示在地图视图和横截面上;
(b)观测到的水平位移矢量图,由于2阶的位移幅度,使用了两种不同的尺度(见文献[37.27],由 JOHN WILEY 和 SONS 提供)。

图 37.13 是 2002 年阿拉斯加 $M_W$7.9 级德纳利断层地震的同震位移和滑动模型示例[37.27]。该图反演使用了 224 个 GPS 位移矢量以及地质学家沿断层测量的地表偏移。断层几何形状以绘制的地表破裂带为基础,并在密集的 GPS 剖面穿过断层的地方优化断层倾角。该位置获得的各种位移表明断层是垂直的。滑动分布使用有界变量最小二乘法

估计[37.71],包括通过拉普拉斯算子对滑移分布进行平滑。相较于数据误差,模型平滑度的权重是一个必须由分析员选择的超参数。Hreinsdóttir 等[37.27]使用模型误差/粗糙度 L-曲线[37.70]和加权交叉验证平方和,测试了模型预测在反演中遗漏数据点的能力,以确定模型优劣[37.72]。尽管交叉验证方法在理论上很有吸引力,但在靠近断层位置的位移非常大,所以这些位移会完全主导交叉验证评估。因此,要平衡这两种方法,就需要选取一个合理的平滑权重范围。选取区间中点作为最优模型,但对滑移分布的解释则需要在合理的平滑值范围内对整个模型集进行检验。

尽管静态位移一般集中在滑移区附近,但考虑到特大地震的规模巨大,因而其影响范围仍然很广。在已有记载的 13 次特大地震中,有 6 次发生在 2004 年至 2012 年这 8 年期间。它们给我们提供了特大地震远场影响的丰富实例。Banerjee 等[37.73]证明 2004 年 $M_W$9.2 级的苏门答腊-安达曼地震在韩国造成了至少 4000km 的可测量静态位移(几毫米)。2010 年,智利近海 $M_W$8.8 级的莫勒地震导致阿根廷大西洋沿岸约 1000km 处产生了 10mm 的位移。2011 年,日本东北部近海发生的 $M_W$9.0 级东北大地震的位移在整个中国北部地区乃至蒙古都能监测到[37.74]。以上研究表明,位移与 GNSS 时间序列中噪声明显分离需要距离阈值。依照这些地震滑动模型的预测,毫米级的位移应该延伸得更远。Tregoning 等[37.75]表示,这些地震导致在全球范围内大地坐标系的累积形变接近毫米级或更大。

## 37.5.2 利用动态 GNSS 测量动力学位移

动态位移是由从破裂处向外传播的地震波引起的,地震仪可以记录全球的地震波。Nikolaidis 等的研究[37.76]是最早证明 GNSS 具备测量地震波能力的研究之一。他们逐历元处理了一组相连的基线,结果显示其与长周期地震波具有很好的一致性。虽然短周期波传播和衰减更快,但长周期波(如表面波)在离震源很远的地方也能有较大振幅。因此,在离地震很远的地方所看到的最大动态位移很可能是表面波。Larson 等人[37.77]测量了从 2002 年阿拉斯加 $M_W$7.9 级德纳利断层地震一路传播到北美的表面波,并证明了即使当现代数字宽频地震仪因较大的地面运动而超过刻度范围时,GNSS 仍然可以准确记录且在刻度范围内。

大多数对地震波的 GNSS 研究都使用了 1Hz 采样率数据。一般来说,这种采样率对于估算地震源模型(如有限断层破裂模型)是足够的。这些模型需要对地震波进行精确模拟,而使用 1Hz 或更低采样率数据计算地震波速结构的空间分辨率通常受到限制。对于 2011 年意大利拉奎拉地震,Avallone 等[37.78]证明了需要在 5Hz 或 10Hz 下进行采样,这样才能对靠近震源的观测点的位移进行准确测量。地震震源和传播介质的重要特征可以直接从波形中确定,为此,需要时间分辨率更高的 GNSS 数据。目前尚不清楚高时间分辨率记录的 GNSS 数据是否会提供重要的新信息。本书分析了 2010 年墨西哥 $M_W$7.2 级 El Mayor-Cucapah 地震 5Hz 采样的 GNSS 位置,发现高于 1Hz 的数据对整体分析仅有微小帮助[37.79]。高频 GNSS 定位精度、极高速率(如 50~100Hz)数据记录以及对所得位置滤波或平均将在本节后面讨论。

图37.11展示了在PBO站AB48观测到的2013年1月6日阿拉斯加州克雷格近海的$M_W$7.5级地震的动态和静态位移[37.80]。从地震开始到第一个可观测地震波到达观测站大概经过了40s,而该观测站距离破裂面最短距离为75km。在第一次大位移之后,站点所处位置又振荡了约20~25s,最终稳定形成静态位移。在这种情况下,最大的静态位移发生在向南10cm的北向分量上。

这种地震位移记录是通过标准的动态定位技术计算出来的(第25章)。动态精密单点定位(PPP)解算对地震位移较为适用,虽然这些解算假定用于轨道/钟差解算的参考站离地震足够远,地震不会使这些站发生位移,否则钟差和轨道估计也许会有偏差。动态基线解算(第26章)也能给出很好的结果,不过我们必须谨慎使用基线解算,因为当地震波到达基站时会产生位移,而移动站也会有一定的位移。

动态定位的噪声谱比较复杂,目前尚不能完全描述。在很短的时间内,例如几秒到几十秒内,卫星星座的几何形状变化不大,同时像大气延迟这样的传播延迟也近似恒定。在如此短的时间尺度上,GNSS天线位置变化引起的误差相当小,误差主要包括相位测量的噪声和较小程度的多路径变化。实际上,路径延迟或轨道建模错误引起的误差会导致位置上的系统误差,但对估计位置的变化影响很小。其他误差的影响取决于解算的类型,例如钟差估计的插值可能会导致动态PPP解算中的误差。因此,如图37.11所示的动态时间序列显示了比上述地震波更长周期内的各种误差,可以通过滤波来消除这些误差。Genrich和Bock[37.81]发现,频率高于0.5Hz时,极高速率的GNSS位置的噪声谱几乎是白色的,这意味着高速率采样确定的平均位置可以显著降低噪声。

由于位置变化是研究地震波动态位移的观测量,因此,只要地震仪仍在刻度内,GNSS位置记录的有效噪声就比较低,并且其记录与同一位置地震仪的记录非常吻合[37.77,37.82,37.83]。Elósegui等[37.84]在已知运动的振动台上测试GPS天线,发现在15~25min内,动态GPS解算的均方根(RMS)误差非常小。Genrich和Bock[37.81]使用一段时间内不会发生位移的数据,将20Hz数据重采样至2Hz,计算获得的水平位置精度可以达到0.5mm。通过比较2010年$M_W$7.2级El Mayor-Cucapah地震的5Hz GPS记录和双积分加速度计记录,Zheng等[37.79]估计GPS位移的误差为4~5mm。超高速率GNSS位置的精度取决于接收机内使用的锁相环(PLL)的带宽[37.85]。研究测试了用25~100Hz带宽的PLL在100Hz上采样时记录的位移。当PLL带宽为100Hz时,位置的标准差约是带宽为25Hz时的两倍,且位置时间序列的自相关随PLL带宽的减小而增大。这表明当采样频率高于PLL带宽时,无法进一步提高观测精度。

Crowell等[37.83]提出了一种将GNSS位移记录与同一位置的强震(加速度)地震仪相结合的方法。加速度计的记录必须积分两次才能得到位移,并且必须校正由地震位移(静态或动态)引起的仪器倾斜,此外还要确保选择的积分常数与静态位移相匹配。他们设计了一种使用卡尔曼滤波器将两个数据流结合起来的方法,并证明此种方法能够高逼真地恢复地面运动。在加利福尼亚,许多连续的GNSS台站都配备了协同定位的加速计,这样就能为快速确定地震震级和预警潜在地震提供增强数据。Tu等[37.86]采用了类似的方法,使用低成本的单频 GNSS 接收机,获得了约 20mm 的位移估计精度。

现在,GNSS 位移记录与地震资料一起被广泛应用于震源反演中。这些反演类似于上述静态位移的反演,只不过是试图重建断层上每个点的滑动时间历史,而不仅是整个断层的滑动时间历史。Miyazaki 等[37.82]证明,这些模型完全可以从 2003 年日本北海道近海 $M_W$8.3 级 Tokachi-oki 地震的 GNSS 位移记录中得到。最近的一些研究包括 2011 年 $M_W$9.0 级 Tohoku-oki 地震[37.80]、2012 年 $M_W$8.6 级沃顿盆地地震[37.87]和 2013 年的克雷格-阿拉斯加 $M_W$7.5 级地震[37.80]。

### 37.5.3 地震预警和海啸预警的实时应用

对于能造成破坏或致命的大地震来说,其在震源附近的位移非常大。尤其是俯冲带的大地震,可以引发毁灭性的海啸,在近场的位移可达几米。与实时动态 GNSS 解算的精度相比,这种地震的远场位移可能也非常大。这促使结合实时 GNSS 数据进行地震早期预警或海啸预警的应用[37.88],而实现这一目标的系统目前正在开发中。

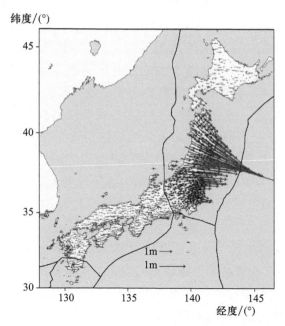

图 37.14 基于 GEONET 数据,2011 年 3 月 11 日日本东北地区的 $M_W$9.0 级地震和它的 $M_W$7.9 级余震的位移对比。这些位移数据由加州理工学院/喷气推进实验室(JPL)的 ARIA 项目计算得到(见文献[37.89])。这些数据说明了震级相差一级,会引起巨大的差异,也说明位移数据能非常容易地推断断裂长度。黑线显示了主要板块边界的简化视图(日本是一个复杂变形地区)

GNSS 实时位移可以提供对地震震级和破裂尺寸的数据估计,与地震学实时提供的信息高度互补。由于地震观测的频带有限,一些常用的震级测量方法已经趋于饱和。因此,远大于 $M_W$8 级的地震可以初步报告为 $M_W$8 级。然而,GNSS 观测到的位移则不受此限制,因为它立刻就能识别出 $M_W9$ 级地震的位移比 $M_W8$ 级地震的位移大得多(图 37.14)。图 37.14 还说明了易受 GNSS 位移约束震源的一些其他特性。$M_W9$ 级地震破裂的长度很容易从位移中推导出来,只需指出向海方向运动趋于零的位置。经验丰富的分析人员仅根据这些位移就能获得断裂面的合理近似估计值,一旦得到相关位移信息,就能立即进行有限断层破裂的反演,而有限断层模型提供的信息直到地震发生几个小时后才能从地震学上获得。

将实时 GNSS 用于地震预警或海啸预警有几个潜在的局限。变形信号的时间和震级是该方法固有的局限,而 GNSS 轨道和钟差产品的精度和质量可以通过改进技术解决。如图 37.11 所示,当地震体波到达 GNSS 观测点时,GNSS 观测点将观测到其自身的位移,而非地震开始时。这意味着,只有距离断层破裂非常近的 GNSS 观测点才对地震预警有帮助,在地震到来之前发出地震预警。这对于海啸预警来说不算问题,因为海啸波的传播比地震波慢得多。此外,观测点必须离震源足够近,以便在一定的噪声水平下记录显著位移。

技术进步会给我们带来更好的实时轨道和钟差产品。其中,IGS 超快速轨道产品质量较高,因为它可以通过积分运动方程提前预测轨道。钟差估计无法提前很长时间预测,因此实时 PPP 处理依赖于卫星钟差实时估计的质量。在最佳的情况下,当前实时钟差估计的精度为 0.1ns[37.90],这可以使水平位置定位精度达到 20mm,垂直位置定位精度达到 40mm[37.91]。相比之下,IGS 最终钟差解算的标准偏差只有它的一半,而钟差误差的前向预测精度则要差 10~20 倍。我们期望达到的目标是实时钟差估计值与 IGS 最终时钟估计值一样精确。可能这一应用面临的最大的挑战就是质量控制,主要是检测实时流中的周跳或其他数据异常。在某些方法中,例如在 Nikolaidis 等最初使用的方法中[37.76],每个历元的模糊度都是独立解算的,因为相位在时间上不是连续的(这意味着不需要检测周跳)。若需了解有关模糊度解算、精密单点定位和差分定位的技术细节,参见第 23 章、第 25 章和第 26 章。

要想使用 GNSS 实时位置时间序列进行预警,就需要有自动检测和测量地震位移的方法,并需要有能反演这些地震源参数数据的方法。这些方法的细节取决于它是否假定我们能够通过地震学获取信息。使用地震网络快速检测地震比使用大地测量学更为简单,而且已经有可以做到这一点的工具了。不过,已经采取了几种方法来解决仅使用 GNSS 数据的检测问题。Ohta 等[37.92]通过比较短期平均值和长期平均均方根(RMS)来检测位移事件的发生,并检测地面运动何时稳定在事后的位置上。虽然地震事件的检测主要基于地震学,但仍有必要检测动态地面运动何时结束,以便能够尽快估计静态位移。

一些研究者已经简要阐述了实时反演的程序[37.83,37.92-37.94]。Melgar 等[37.93]提出利用位移时间序列估计地震的点源近似,也称为 CMT 或质心矩张量解。Crowell 等[37.83]、Ohta 等[37.92]和 Minson 等[37.94]概述了反演实时有限断层的方法。这些学者使用了三种基本方法。第一种方法是使用一系列事先确定的断层或断层段,对断层滑动进行线性反演。如果地震不是发生在事先预期的断层上,或是涉及复杂的多断层破裂,这种方法可能就会失效。第二种方法是利用点源 CMT 解或一组及时点源来界定断层平面的大致位置和方位,然后对滑移分布进行非线性反演或反演。第三种方法是利用贝叶斯反演框架来估计破裂面和滑动分布的性质。总体来说,该问题的最佳解算方法仍在研究当中,但这些研究者的报告里都提到,只要给定一组精确的静态位移,几分钟内就能得到可靠的解算结果。

最近有两篇论文提出,地震震级可以直接由位移波形来确定,而不需要反演。Fang 等[37.95]表示,古登堡的峰值位移与震级之间的关系[37.96]对 $M_W 9.0$ 级及以下的地震都适用。这意味着,我们可以直接从位移波形中读取峰值振幅,并将其用于震级计算,就像地震学对较小事件的常规做法一样。Crowell 等[37.97]识别了地震-大地测量联合台站的 P 波振幅,并建立了 P 波振幅和地面位移峰值的标度关系。这些振幅与地震震级有明显的比例关系。新结果表明,即使地震仍在继续,也可以对震级进行初步估计。

## 37.5.4 瞬时滑移

除了地震之外,一些断层也会缓慢或短暂地滑动。这些滑动事件被称为缓慢滑动事件,在大多数有足够仪器的俯冲带上都有记录。缓慢滑动通常伴随着地震发生,在卡斯卡迪亚俯冲带上会经常反复发生,所以这些事件被称为幕式震颤与滑移(ETS)事件[37.98]。缓慢滑动事件发生的范围很广,Schwartz、Rokosky[37.99]和 Ide 等[37.100]总结了这些事件的地震和大地测量证据;在大多数情况下,GNSS 数据是大地测量的关键数据。地震也会引发附近断层的缓慢滑动或蠕变[37.101,37.102]。

这些缓慢而短暂的事件向过去大地测量学中常用的一些假设提出了挑战,例如使用线性模型来描述随时间变化的运动。虽然线性趋势的偏差可能是由噪声造成的,但有些变化反映了真实的非线性运动。线性运动偏差的空间相关性是实现非线性信号与噪声分离的关键。鉴于目前 GNSS 轨道和其他产品的质量,轨道建模错误导致的位置误差很小,而且通常在很长的距离内都有很强的相关性。另一方面,与时间相关的变形会在较短的距离内相互关联,如果能确定源断层上可能的滑动区域,那么我们就能预测它在空间上的变化特征。除了时间尺度不同之外,慢速滑动事件建模与地震静态位移建模非常相似。

## 37.5.5 震后变形

震后变形是指地震后发生的瞬时变形。大地震引起的极大应力变化使断层周围的应变模式和应变率发生变化。应变的时间演化取决于地壳和上地幔的流变性[37.103]以及地震的断层几何学和同震滑移分布。流变性是指物质的力学性质,它研究的是物质如何变形和流动。在不同的温度、压力和应力条件下(以及不同的时间尺度),地球物质可以是弹性、塑性/韧性、黏弹性或黏性物质。震后变形为估测这些性质与研究构造变形的驱动力提供了一个重要的机会。人们认为震后变形是三种主要物理机制叠加的结果,这三种物理机制在不同的时空尺度上会造成变形:

(1)地幔和下地壳的黏弹性松弛;
(2)断层带极浅或极深部位的震后余滑;
(3)孔隙弹性松弛。

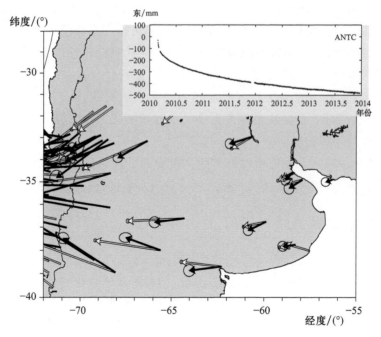

图 37.15 2010 年智利莫勒地震($M_W$8.8 级)的远场同震位移与震后位移对比。白色向量为同震位移(见文献[37.104,37.105])。黑色向量为地震后前 15 个月的位移(见文献[37.105])。插图显示的是震后 ANTC 站点东分量的时间序列,该站点位于智利的西部边缘

本节着重阐述了可观测的震后变形大地测量效应,而不是机制本身的细节。虽然各个地震之间有很大的变化,但震后变形较大而持久。震后位移在时间上总是非线性的。大地震发生后,GNSS 观测点周围很大一片区域可能会因为断层带的震后余滑与下地壳和/或上地幔的黏弹性松弛而短暂移动。这意味着地震后 GNSS 时间序列可能表现出复杂的时间依赖性。孔隙弹性松弛是由多孔介质中的液体流驱动的变形,用以缓解地震引起的压力差。通常,只有当它非常接近断层和接近几何复杂性时(如断层错位和弯曲),才会被认为是非常重要的。

1. 震后余滑

断层摩擦定律和经验模型表明,震后余滑给断层上某一点带来的滑动位移 $s$ 随时间大致呈对数衰减[37.47,37.106],即

$$s = S\lg\left(1+\frac{t}{\tau}\right) \tag{37.5}$$

式中:$t$ 为地震后的时间;$S$ 为倍增常数;$\tau$ 为松弛时间,与摩擦特性相关。经验估算的松弛时间一般为 0.05~0.1y。因为断层滑动引起的地表位移与断层滑动成线性关系,所以如果震后余滑的空间模式不随时间改变,那么震后余滑对 GNSS 时间序列的影响也会按对数衰减。与地震中的滑动相比,震后余滑可以发生在断层带的较浅的部位以及较深的部位。因此,位移的空间分布规律通常与地震中的规律不同。经过多次地震后的数据已经可以确定或给出震后余滑[37.32,37.101,37.107-37.111]。理论上,如果断层摩擦特性已知,震后余滑

可以用同震滑动来预测,不过这些特性似乎在空间上会有所变化。因此,震后余滑模型通常是通过对观测到的位移进行类似于同震滑动的反演来估计的。

2. 黏弹性松弛

最简单的情况下,对于具有恒定线性(麦克斯韦)黏度的一维物质,黏弹性松弛产生的位移 $d$ 随时间呈指数衰减,即

$$d = A\left[1 - \exp\left(-\frac{t}{\tau}\right)\right] \tag{37.6}$$

式中:$t$ 为地震后的时间;$\tau$ 为松弛时间,与黏弹性物质的剪切模量和黏度的比值相关。在地球上,黏度随空间(当然也随深度)而变化,应该遵循幂律模型而不是线性模型;这两个因素都会导致位移的指数衰减,只不过时间是取近似值。黏弹性层在地球内部的位置比大多数地震都要深,因此震后位移的空间模式比同震位移具有更长的空间波长。关于地球内部物质的黏度存在着相当大的争论,但许多震后变形模型都发现上地幔(软流圈)黏度在 $10^{18} \sim 10^{19}$ pas,分别对应 $2 \sim 20$y 的松弛时间[37.112]。这里需要注意的是,构造活跃区下的地幔黏度比古老、稳定的大陆区下的地幔黏度低几个数量级。

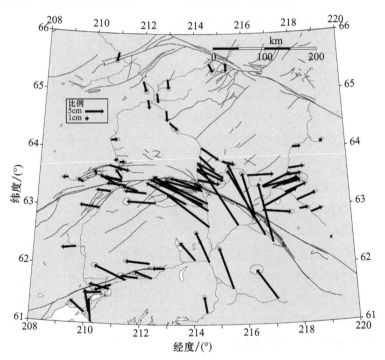

图 37.16 2002 年德纳里峰断层地震后 6 年的总地震位移,这种位移开始于震后的第 8 个月。在震后位移是将震前趋势从时间序列中剔除后计算出来的,代表了位移的瞬时分量,有些地方超过 20cm。靠近断层的地方,震后位移是较小,在距离断层大约 50km 处达到最大值,表明这些位移来自于一个深源。黑线表示活动断层,粗红线表示 2002 年地面断裂的范围

3. 案例与启示

在断层附近,震后位移通常明显小于同震位移,反映的是滑动量较小,以及通常较深的变形源。对于垂直断层,震后最大变形一般在距断层 $30 \sim 50$km 处。然而,由于其震源

较深或空间分布较散,震后信号的空间波长较长,这就意味着远场震后位移可能占同震位移的很大一部分,其量级与之相当,有时甚至大于同震位移。最近几次大地震就是这种情况,包括苏门答腊岛的几次大地震和2010年智利近海的莫勒地震(图37.15)。

因为对地球的黏滞结构和断层的摩擦性质都没有详细的了解,震后变形研究则试图通过反演 GNSS 观测到的地表位移时间序列来进行估算。当反演模型中存在足够多的可调参数时,震后余滑和黏弹性松弛会产生相似的地表变形模式,尤其是在水平分量上。当考虑到数据的时间跨度有限时,这种方法就很奏效。因此,即使是对已经研究得很充分的地震,关于恰当的震后变形模型的争论也会持续数年。垂直位移和瞬态变形的长期演化可以区分这两种物理机制。

经验时间序列模型常用于描述 GNSS 坐标的震后时间演化。在 ITRF 参考框架解算中(直到 ITRF2008),只使用分段线性模型来提供坐标模型,即观测站轨迹模型(按文献[37.113]中提及的术语)。然而,这些模型对数据的拟合性很差,并且/或者在震后位移较大的情况下,需要非常多的参数,如图 37.15 所示。包含一至两个松弛函数的简单模型通常能表示震后几年内的位移,通常一个是较短松弛时间(约1个月),另一个是较长松弛时间(几年)。一个位置分量时间序列的完整模型,包括如式(37.5)和式(37.6)所示的松弛项,有

$$x(t) = x_0 + v(t-t_0) + H(t-t_{eq}) \times \left[ C + L \lg\left[\frac{1+(t-t_{eq})}{\tau_1}\right] + E \times \left(1 - \exp\left[-\frac{(t-t_{eq})}{\tau_c}\right]\right)\right] \quad (37.7)$$

式中:$x(t)$ 为某个分量(东北天)的时间序列;$t$ 为时间;$t_0$ 为位置的参考时间;$t_{eq}$ 为地震时间;$\tau_1$ 和 $\tau_c$ 分别为对数和指数的松弛时间;$H(t)$ 为 Heaviside(阶跃)函数。其他大写字母则是根据时间序列估计的常数,分别是:

(1) $C$ 表示同震位移;
(2) $L$ 表示对数松弛;
(3) $E$ 表示指数松弛。

Bevis 和 Brown[37.113]表明,如果忽略地震后最初几个月的数据,震后时间序列通常也可以用一个松弛时间约为 1y 的对数松弛来进行很好的拟合。由于 GNSS 时间序列曲线拟合过程中各参数之间的权衡,多个模型都能很好地拟合时间序列。这意味着,从 GNSS 时间序列中经验估计的时间常数,可能无法准确反映潜在的物理参数。

2002年德纳利断层 $M_W$7.9级地震提供了一个很好的例子——地震发生后的几周内建立了10个连续的 GPS 观测点,并在之后的几年内对近100个站点进行了多次测量,从而提供了丰富的空间和时间数据集(图37.16)。所有站点都显示出随着时间的推移而衰减的初始变形速率。一般来说,前两年的站点平均速度比震前速度快约20倍。即使在地震发生几年后,许多站点的平均速度仍比震前高出几倍。时间序列反映了多重松弛过程的叠加,所有时间的单一松弛函数,如指数或对数松弛,都不能解释时间序列在测量散点范围内的时间变化[37.114]。然而,如式(37.7)这样的松弛函数组合则可以很好地解释位移的时间衰减。

## 37.6 火山形变

火山的活动也会引起地表形变,因此地表位移可以提供火山源的重要信息。地下岩浆的注入或流出会引起压力和体积的变化,从而导致地表变形。目前已经使用 GNSS、合成孔径雷达干涉测量(InSAR)或两者组合对许多变形的火山进行了研究。InSAR 的优势在于,它可以随时使用重复的卫星通道,且不需要在地面上进入火山。因此,人们更常使用 InSAR 来研究偏远的火山。然而,InSAR 只提供水平方向和垂直方向相结合的一个位移分量。因此用 GNSS 测量的一些站点位移为 InSAR 提供了很好的补充,更便于解译和建模。

火山变形的物理来源包括岩脉或岩床的膨胀/收缩(大致为平面裂缝,分别大致垂直方向或水平方向)或体积来源的膨胀/收缩,通常将其假定为球形或椭球形。体积源压力的变化导致径向远离或朝向震源(图 37.17)的水平位移和大量的垂直位移。

图 37.17 径向远离或朝向震源的水平位移
((a)中的底图图像来自于宇航员的照片 ISS013-E-24184
(由美国国家航空航天局约翰逊航天中心地球科学与遥感部提供))
(a)是由国际空间站拍摄的 2006 年克利夫兰火山喷发的照片,火山源的水平位移在火山口附近呈径向对称;(b)火山剖面图,显示岩浆库(最常见的变形源)通过导管连接到地表。

最简单的火山源模型是 Mogi 模型(图 37.18),它是一种球形点压力源[37.115]模型。这个简单模型在很多情况下,都能很好地解释观测到的位移。这种表面变形由弹性体半空间深处的小球体内的压力变化引起的,该点源近似实际适用于相对较大的物体。虽然还存在其他更复杂的火山源模型,但 Mogi 模型仍然是至今使用最广泛的火山源模型。Mogi 模型成功表明,利用地面观测难以估测深处体积源的形状或大小。

Mogi 源预测了关于震源的径向对称位移(图 37.18)。对于半径为 $a$ 的小球形腔内的压力变化 $\Delta P$,有

$$\Delta r = \frac{3a^3 \Delta P r}{4\mu (r^2+d^2)^{\frac{3}{2}}} \tag{37.8a}$$

$$\Delta h = \frac{3a^3 \Delta P d}{4\mu (r^2+d^2)^{\frac{3}{2}}} \tag{37.8b}$$

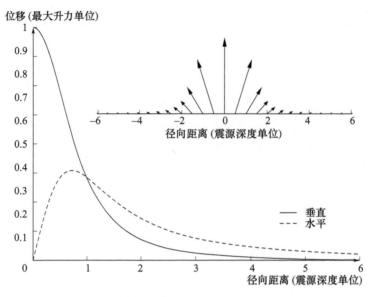

图 37.18　Mogi 位移模型。蓝色曲线和红色曲线分别表示垂直位移和水平位移。x 轴以震源深度为单位进行缩放；而 y 轴以最大垂直位移为单位进行缩放，该位移等于震源强度和震源深度的乘积。插图表示沿径向截面的位移向量

式中：$\Delta r$ 和 $\Delta h$ 分别为径向位移和垂直位移；$d$ 为震源深度；$r$ 为震源到观测点水平面上的径向距离。常数 $C = 3a^3 \Delta P/4\mu$ 称为震源强度，它与腔体体积 $\Delta V$ 的变化有关，即

$$\Delta V = \frac{4\pi C}{3} = \frac{\pi a^3 \Delta P}{\mu} \tag{37.9}$$

Mogi 模型中的地表位移与地下储层的体积变化呈线性关系，见式(37.8a)-式(37.9)。如果岩浆是不可压缩的(若它不含出溶气泡，确实是不可压缩的)，那么地下储层的体积变化等于侵入其中的岩浆体积。然而，一些岩浆包含出溶气泡，这使得岩浆具有很大的压缩性。在有气泡的情况下，如果不假定岩浆的可压缩性，就无法通过地表变形来确定侵入岩浆的质量。可压缩的岩浆可以在地下积聚而不引起显著的地表变形，尽管这仍然会引起重力的变化。

许多过去的研究都记录了火山爆发前的膨胀和火山爆发期间的收缩。在少数情况下，会同时发生深处的收缩和地表近处的膨胀。例如，2000 年日本乌苏火山喷发，在这次喷发中，与变形和重力变化数据匹配最佳的，是一个约 4km 深的收缩源，它通过侵入裂隙与地表相连[37.116, 37.117]。

简单的喷发周期模型似乎不适用于每个火山。与构造负荷不同的是，岩浆供应各个时期并不均匀[37.118-37.120]，同一火山在连续喷发时，每次喷发的体积和形式可能有很大不同。很可能会出现多个晶状岩浆体或部分凝固的岩浆体位于极度活跃的火山下方[37.121]，当相对少量的新岩浆上升并重新激活其中一个岩浆体时，就会触发喷发[37.122]。

连续运行的 GNSS(图 37.19)是测量和监测火山变形的有力工具。火山变形有时相当大，在一些火山爆发的情况下，位移可达数米。火山是高度动态的，变形可能发生在各

种时间尺度上,从几秒到几年不等。因此,连续运行 GNSS 测量是研究它们的理想方法。Fournier 等[37.120]提供了一个这样的例子,他们使用 GNSS 时间序列来研究一座缓慢发展至喷发的火山几年内的长期膨胀。例子中使用一种无迹卡尔曼滤波(一种非线性卡尔曼滤波)来估计 Okmok 火山体积随时间的变化,揭示了新岩浆侵入火山下方时的脉冲式膨胀。但在很短的时间内,特别是在喷发期间,可能会出现重要的信号。Larson 等[37.123]讨论了如何优化 GNSS 处理和滤波,以便及时恢复高分辨率的火山监测变形信号。他们建议使用一种动态解算策略,也在 GNSS 解算中包含一定程度的时间平滑,例如使用带有卡尔曼滤波的随机游走噪声模型来估计位置。这样做可以抑制噪声,但仍能精确监测时间序列中的突变(图 37.20)。

图 37.19 位于阿拉斯加阿留申群岛的 Okmok 火山的 GNSS 连续监测站照片。GPS 天线安装在岩石上的支撑结构上,有一个单独的小屋用于存放接收机和电池(后面)。太阳能电池板能为仪器供电,且可以与地震仪共存。这里的火山灰沉积物来自 2008 年的一次火山喷发,从后面的火山锥中喷发出地面(由杰夫·弗雷穆勒提供)

GNSS 信号也被用来探测大气中的火山灰云。密集的火山灰云可能对 GNSS 的信号和位置产生两种影响。首先,信号通过火山灰云会存在路径延迟,该延迟大到足以使运动位置产生偏差,并能通过其对对流层路径延迟估计的影响来检测[37.125]。路径延迟最可能发生的原因是火山灰云可能含有大量的水蒸气。因此,穿过烟云的信号路径相对于不穿过烟云的路径会表现出极大的传播延迟。其次,羽流中的火山灰会对 GNSS 信号进行散射和衰减,可以通过信噪比的影响进行分析,从而探测火山灰[37.124]。Larson[37.124]研究了阿拉斯加 Okmok 火山和 Redoubt 火山的爆发,接收机报告显示其信噪比暂时下降,即可以看出羽流的影响(图 37.21)。该方法的一个优点是不需要定位解算;可以根据接收机报告信噪比的变化进行羽流检测,这意味着如果数据可用,就可以实时进行羽流检测。

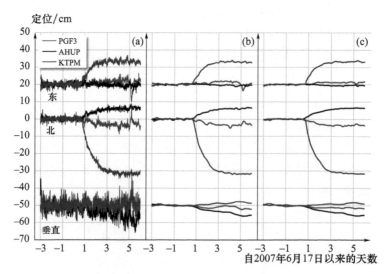

图 37.20　使用不同的动态估计策略获取的(用于基于卡尔曼滤波的分析)、夏威夷基拉韦厄火山喷发之前、由岩浆侵入造成的三个站点(PGF3、AHUP、KTPM)的动态 GPS 位置记录。AHUP 和 PGF3 是距离火山喷发点相对较远的两个站点,一个在北边,一个在南边;而 KTPM 离喷发点很近　(a)使用白噪声模型(单历元)估计的位置;(b)使用相同的数据,但是采用随机游走噪声模型获取的位置;(c)与(b)设置一致,但是增加了对流层梯度估计策略(见文献[37.123],由 John Wiley 和 Sons 提供)

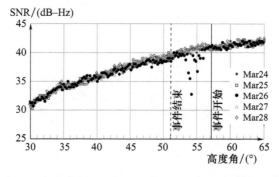

图 37.21　通过信噪比(SNR)变化检测火山灰。彩色圆点显示了几天内天空同一部分的信噪比值,每天用不同的颜色显示。火山爆发发生在 3 月 26 日(黑点),当喷发火山烟雾时,有一段时间由于信号穿过火山烟雾而衰减,SNR 持续低于正常水平(见文献[37.124],由 John Wiley 和 Sons 提供)

## 37.7　地表负荷形变

本节讨论的是周期大于一天的负荷变形,计算海潮引起的负荷变形的方法与计算其他弹性负荷所致变形的方法相同。虽然本节侧重于时间尺度长于一天的负荷变形,但在 GNSS 处理中对亚日负荷变化正确建模也至关重要(2.3.5 节和 25.2.3 节)。在亚日负荷建模过程中的误差会被混叠入更长的时间周期中,并可能导致每两周、每半年和每一年就会产生系统性的周期性位移偏差,这些偏差可能会被错误地解释为是由于这些周期的负荷变化[37.126,37.127]。

地表水、冰或雪等地表负荷会对地球表面施加使地球变形的力。地球的响应取决于负荷变化的时间尺度,在短时间内具有弹性,而在长时间内则具有黏弹性。其中最重要的响应主要取决于负荷的空间尺度及其时间行为。体积大的负荷比体积小的负荷更容易引起地球内部深层的应力变化,从而引起黏性流动。然而,无论体积大小,若负荷变化的特征时间尺度比黏弹性材料的黏弹性松弛时间短,则预期有弹性响应。在实践中,这意味着在季节性或较短的时间尺度上的负荷变化可以放心地作为弹性问题处理,而几年到几十年的负荷变化可能会导致弹性或黏弹性响应,是否发生取决于局部黏性结构。几百年或几千年的负荷变化,如冰川消融引起的负荷变化,始终需要使用黏弹性模型。

## 37.7.1 计算负荷位移

负荷位移一般可以用两种方法计算。对于一个点负荷或一个给定形状和大小的负荷,例如一个给定半径的圆盘,可以使用格林函数计算由于单位大小负荷引起的表面位移。格林函数与地球的弹性或黏弹性结构以及负荷的空间维度有关。通过叠加多重格林函数可以计算出更复杂的负荷。当负荷可以由少量的简单形状描述时,或当负荷是以网格数据集的形式给出时,这种方法最易使用。

如果负荷是以球谐基函数之和的形式给出,例如,由 GRACE 球谐解导出的表面负荷模型,则可以使用勒夫的负荷理论轻松计算出负荷响应[37.128]。重力变化、地表负荷变化和地表位移都是通过位势理论和弹性负荷理论联系起来的。重力与地表负荷之间的关系是由格林等效层定理推导出来的[37.129]。重力场(外部测量)可以用数学方法表示为由地球表面一层表面密度不同的薄层引起的。对于表面负荷来说,表层是指重力场的时间变化,因此可以自然地看作是由代表水圈和大气的质量变化的薄表层负荷产生的。相同的球谐系数(斯托克斯系数)描述了负荷的质量、对重力场的影响以及负荷引起的表面位移。因此,由 GRACE 观测、水文模型以及大气模型[37.130]得出的地表负荷的球谐系数与负荷位移直接相关。

垂直方向上的位移可以用表面负荷变化和负荷勒夫数变化量的球谐系数表示[37.128],即

$$\Delta h = \frac{3R\rho_w}{\rho_e} \sum_{l,m} \frac{1}{2l+1} h'_l P_{lm}(\cos\theta) \times \\ (\Delta C_{lm}\cos m\varphi + \Delta S_{lm}\sin m\varphi) \tag{37.10}$$

式中:$R$ 为地球的平均半径;$\rho_w$ 为海水密度(1025kg/m³);$\rho_e$ 为地球平均密度(5517kg/m³);$P_{lm}$ 为 $l$ 阶和 $m$ 次的完全归一化连带勒让德函数;$C_{lm}$ 和 $S_{lm}$ 为地表负荷变化的球谐系数;$h'_l$ 为 $l$ 阶的负荷勒夫数;$(\theta,\varphi)$ 为经度和纬度。在这种情况下,完全归一化意味着球谐函数(包括余弦和正弦项)被完全归一化,以便在球面上进行积分。该方程的关键在于,对于空间形式为球谐基函数的负荷,其位移与负荷成正比,负荷勒夫数是其比例常数。根据

Farrell[37.131]和其他研究者提供的各种地球模型，负荷勒夫数仅与地球的弹性结构相关。水平位移采用类似的方程[37.132]。

关于弹性和黏弹性荷载计算的数学理论，更完整的描述可参见文献[37.133]等。黏弹性问题的解可以运用弹性问题的解推导出。当负荷用球谐基函数表示时，黏弹性问题的形式与式(37.10)相似，只是勒夫数为时间的函数。具体来说，存在多种计算方法可以解决 GIA 的黏弹性负荷问题，采用不同的方法，可以快速准确地计算变形。文献[37.134]中给出了最近的基准研究，该研究介绍了为研究该问题而开发的各种软件，并评估了它们的计算精度。

## 37.7.2 GNSS 研究中的负荷位移实例

地球的弹性结构与大地测量无关，因此负荷模型和 GNSS 位移应相互一致。然而，GNSS 位置时间序列的系统误差或负荷模型中的系统误差都可能导致两者产生不一致的情况，并且负荷效果可能会使参考框架的实现产生偏差，因为负荷变形可能会被混叠到框架转换参数中[37.28,37.135,37.136]。Heki[37.137,37.138]的研究表明日本的季节性变形主要可以用冰雪负荷载来解释。Dong 等[37.139]在全球范围内评估了季节性变形，发现大约 40%的变化都可以用负荷变化来解释。Blewitt 等[37.140]使用 IGS 网络检测了与季节性南北半球间质量传输相关的全球一阶变形。

大约在 2009 年之前，经过更详细的比较负荷模型预测和 GNSS 坐标变化，发现它们之间的差距并不十分一致。Van Dam 等[37.130]在欧洲范围内进行了两者的比较，发现在几个负荷信号非常大的区域之外，观测到的位移和预测的位移之间具有较强的不一致性。他们认为，这种差异主要由 GNSS 时间序列中的系统误差造成的。经过系统化再处理的 GNSS 时间序列减小了系统误差，与负荷模型的预测结果较为一致。最近在几个表面负荷大地区的研究表明，季节性负荷模型或 GRACE 观测与 GNSS 坐标变化[37.132,37.141-37.144]之间一致性较强(图 37.22)。

负荷位移可能非常大。亚马孙河流域的季节性垂直位移振幅高达 40mm，峰值可达 80mm。基于 GRACE 的负荷模型对其进行了很好的描述[37.145]。即使是 GNSS 水平位移也与负荷模型的预测一致[37.132]。西非[37.142]、喜马拉雅[37.143]和阿拉斯加[37.144]的季节性位移振幅为 10~20mm，而孟加拉国河流荷载引起的位移振幅可能接近 30mm[37.146]。

在比较 GNSS 位移和负荷模型时必须注意数据处理过程中消除了哪些负荷效应。例如，许多 GRACE 负荷模型仅仅表示大陆水文的情况，因为在 GRACE 处理过程中已经消除了大气和海洋的负荷效应。为了将这些模型与 GNSS 时间序列进行比较，必须从 GNSS 位置中消除大气和海洋荷载效应，或者通过添加 AOD1B 抗混叠模型将其添加回 GRACE 模型中。相关完整讨论和示例，请参阅文献[37.147]或文献[37.144]。当使用位移来研究大陆水文时，从 GNSS 位置中移除大气和海洋负荷变形是一种合理的方法。当比较两个大地测量系统之间的总负荷位移时，则需要在 GRACE 重力场中添加 AOD1B 抗混叠模型。

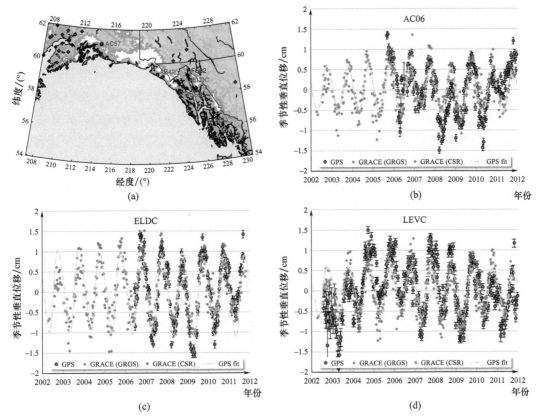

图 37.22 对比 GPS 观测值和 GRACE 预报的阿拉斯加三个站点的季节性位移。站点为图（a）上标记的。图（b~d）黑色点是 10 天平均 GPS 高度估计，红色点是基于 GRGS 分析中心的 GRACE 模型预测，蓝色点是基于 CSR/德克萨斯大学分析中心的预测。所有的时间序列已被去趋势化。在预报的位移中，不同的 GRACE 解仅显示出较小的差异，季节性信号的幅值和相位以及年际变化都与 GPS 一致。AOD1B 抗混叠模型已添加至 GRACE 模型中，因此，所有时间序列显示由于大陆水文、大气压力和非潮汐海洋变化的总和而产生的荷载（见文献[37.144]，由 John Wiley 和 Sons 提供）

## 37.7.3 负荷与负荷模型

以下各个小节介绍了适用于不同负荷的模型。在全球地球物理流体中心（GGFC）[37.148]可以发现针对许多负荷源的预测位移和负荷模型的时间序列。

### 1. 非潮汐海洋负荷

非潮汐海洋负荷是指由非潮汐性海洋质量的再分配而引起的负荷，如淡水径流量、海面高度、盐度的季节性变化，或由洋流、风等的变化引起的海洋动力地形的变化。对于海岸附近的站点来说，这是导致变形的重要原因之一。非潮汐海洋负荷模型基于全球海底压力模型，如 ECCO 模型[37.149]。

### 2. 大气负荷

大气压力负荷由作用在地球表面大气压力的空间变化而引起。压力变化可能发生得很快,在几个小时内就有很大变化,但在某些地方,压力也可能在较长时间(几天)内保持相对稳定。Bevis 等[37.147]以格陵兰岛为例证明,大气压力的平均季节性变化十分大,大到其对季节位置变化的影响几乎与格陵兰冰盖的季节质量变化导致的影响一样大。然而,在极地纬度以外,大气压力负荷主要是短期负荷变化。大气压力变化的数据通常来自运营产品或再分析产品,如 NCEP 再分析产品,或来自欧洲中期天气预报中心(ECMWF)的类似产品。Van Dam 和 Wahr[37.150]提出了一种计算大气压力负荷引起的变形的方法。他们计算了观测站 1000km 范围内的气压变化,并假定海洋对大气压力是反变气压计响应。

一些研究人员提出,由于能从全球大气模型中很好地了解到全球大气压力变化,因此应从 GNSS 和其他大地测量时间序列中移除大气压力负荷。如此一来,就能消除时间序列中的一些短期噪声,并且能消除世界上平均大气压力具有强烈季节性周期的部分地区的季节性变化。然而,仅仅移除大气压力荷载可能仍会使位置时间序列中的负荷变化较大,因为通常来说,大气负荷不是负荷模型的主要组成部分。

3. 大陆水文负荷

目前存在各种各样的大陆水文模型。研究和验证这类模型是一个热点,尤其是 GRACE 任务为大陆地表水长波运动的研究提供了新的约束。陆地水储量的一些可用模型包括 GLDAS 模型[37.151]、卡塞尔大学和法兰克福大学开发的 GAP 全球水文模型(WGHM)和 NASA Goddard 开发的 MERRA-Land[37.152]模型。大地测量学家正在积极使用与评估这些模型。Li 等[37.153]发现 MERRA 比 GLDAS 更符合 GPS 的季节性变化(他们没有评估 WGHM)。

## 37.7.4 负荷变化对参考框架的影响

尽管季节性变化出现在 GNSS 时间序列中,但并未包括在 ITRF 中。观测点未建模的季节性变化若被混叠到参考框架参数中用于校准参考框架,则有可能导致转换解算的所有坐标都产生偏差。因此,观测点的实际季节性变化会季节性地影响坐标时间序列。忽略真实的季节变化会使参考框架参数和所有观测点的坐标都产生偏差。Collieux 等[37.135]使用一套正演模型和合成数据集的研究,主要面向减轻季节性变化对全球地球参考框架(TRF)参数的混淆问题进行了研究。他们得出结论,荷载变化会带来显著影响,参考框架混叠效应对坐标的影响可以超过毫米级,且该效应在框架参数上的影响更大。

未来的参考框架模型可能包括标准的常规模型,它们能针对由于季节性荷载或其他荷载引起的位移进行近似。现在尚未明确使用什么模型来表示这些位移。Zou 等[37.22]表明,为了准确比较 GPS 时间序列和负荷模型,需要对 ITRF 进行季节性改正,并且使用不带周期项的 ITRF2008 会导致坐标时间序列中的季节性变化幅度小于真实负荷变形。此外,Zou 等[37.22]基于 GRACE 的负荷模型与 Collieux 等[37.136]使用的正演模型进行了比较。结果发现,虽然两种模型在北美大部分地区不相上下,但是总体上基于 GRACE 的模型效果更好。造成这种差异的原因很可能是在陆地数据有限的地区,大陆水文模型存在部分缺陷。

## 37.7.5 冰川均衡调整(GIA)

末次冰盛期以来(LGM),也就是大约 23000 年前,大片冰盖一直覆盖着北美和斯堪的纳维亚半岛的大部分地区。由于气候变暖,冰盖开始解体,并在 8000~10000 年前基本消失[37.154,37.155];格陵兰和南极的冰盖仍然存在,但自末次冰盛期以来质量有所下降。冰盖的质量压低了地表,产生应力,导致地幔(甚至地球深处的地幔)流出。冰盖消融后,这一过程就发生了逆转,但地幔仍在对由冰川消退引起的负荷变化作出响应,从而产生了显著的 GIA 变形信号。这里说的负荷变化包括冰川、冰原中流失的冰和海洋中增加的水。在斯堪的纳维亚半岛和哈德逊湾地区,目前 GIA 抬升速率约为 10~12mm/y[37.30,37.41,37.156]。GNSS 已成为研究冰川消融响应以及量化当前全球冰层质量变化的重要工具。

目前,GIA 抬升速度最快的地区不是以前被冰盖覆盖的地区,而是近期区域性冰体(冰川和冰原)质量不断下降的地区。自从 200 年前小冰期(LIA)结束以来,北美阿拉斯加和加拿大周边地区以及南美洲巴塔哥尼亚的冰体流失严重,占 20 世纪全球海平面上升的 10%~20%[37.159-37.162]。在这两个地区,测量到的抬升速率峰值都超过 30mm/y,并且在区域性冰体周围的大片区域内观察到了显著的抬升。在阿拉斯加,观测到的抬升量很大程度上是由于区域性冰体持续的质量损失和 19 世纪冰川湾的冰川消融[37.163]。前者有重要的弹性和黏弹性成分,而后者则是纯粹的黏弹性响应,因为冰川湾主要的冰块质量流失发生在一个多世纪以前。

1. 末次盛冰期的冰川均衡调整

BIFROST 项目[37.31,37.156,37.157]于 1993 年起在瑞典和挪威进行连续 GPS 测量,目的是研究前末次冰盛期芬诺斯堪迪亚冰盖范围内的 GIA、构造和海平面变化,后来扩展到芬兰和波罗的海周边的其他国家,这些观测站最终成为各国定位网络和制图网络的一部分。

Lidberg 等[37.31]总结了基于 13 年(从 1996 年年中算起)连续 GPS 数据得出的结果如图 37.23(a)所示。水平速度解算的内部一致性高达 0.2mm/y。他们首选的实际不确定度估值(基于 GAMIT 软件的特性)通常比基于白噪声假设的估值大 2~3 倍,水平不确定度通常<0.1mm/y,垂直不确定度通常<0.3mm/y。这与使用 GAMIT 软件和 GIPSY 软件独立分析数据得出的 0.1~0.2mm/y 的水平一致。他们发现,图 37.23(a)中的这些数据可以用 GIA 模型来解释,如图 37.23(b)所示。只要消除了观测值和模型之间 0.9mm/y 的垂直误差(GPS 垂直速度大于模型垂直速度),则东北天分量的误差就分别为 0.2、0.3、0.3mm/y。该估算框架偏差值在 ITRF 框架原点估算偏差值的范围内,关于 ITRF 框架原点偏移已经在 37.1.3 节有所讨论。他们最优的 GIA 负荷模型是一个具有 120km 厚的弹性岩石圈和一个两层黏弹性地幔的模型。地幔层上地幔的黏度为 $5×10^{20}$ Pas,下地幔的黏度为 $5×10^{21}$ Pas,这与图 37.24 所示的 VM2 和 VM5a 模型[37.164,37.165]非常相似。

与斯堪的纳维亚半岛相比,较小的 GNSS 数据集可用于研究北美的劳伦蒂德冰盖(至少对位于加拿大北部主要荷载中心的站点而言)。然而,有许多站点位于美国末次冰盛期冰盖南部边缘。Sella 等[37.41]创建了一个包含 362 个 GPS 站点的速度场,其中 123 个站点是加拿大基地网络的联测站点,这些站点在 11 年的时间里执行了多项任务,其余的是连续站点。在北美东部,GIA 引起的垂直速度大致上是加拿大在前末次冰盛期冰盖的抬升速率,或美国在抬升隆起前的沉降速率。

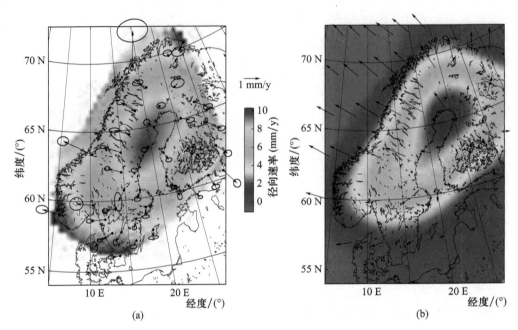

图 37.23　斯堪的纳维亚半岛的 GIA 观测量和模型预报,使用了 BIFROST 方案(见文献[37.157])
(a)相对于欧亚板块的水平速度(箭头,95%置信度)和垂直速度(背景色);(b)基于 ICE-3G 冰模型的模型预测(见文献[37.158]),岩石圈厚度为 120km,上地幔黏度 $5×10^{20}$Pa,下地幔黏度 $8×10^{21}$Pa(见文献[37.40])。

尽管 GIA 信号的垂直分量远大于水平分量(图 37.23),但在北美,GIA 导致的水平变形区域相当大。Sella 等[37.41]利用垂直速度场掩盖可能会被 GIA 影响而产生显著水平运动导致偏差的站点,使其能够估计北美板块的角速度。不同地幔黏滞结构的水平位移差异很大,但水平位移对地球结构的横向变化也非常敏感[37.166]。此外,变形的长度尺度很长,将会导致难以从板块运动中分离出相对较低水平的 GIA 信号。这些因素使得横向比较 GIA 观测与模型变得有挑战性,并引发科学界的激烈争论。

2. 阿拉斯加和巴塔哥尼亚后小冰期(LIA)的冰川均衡调整

大约 200 年前,在小冰河时代(LIA)结束后,阿拉斯加州(美国)和不列颠哥伦比亚(加拿大)海岸山脉冰川的冰体开始大量流失。这些地方的抬升和冰川流失受到冰川冰碛与外沿线、隆起地貌海岸线、潮汐仪和 GPS 观测的限制[37.163]。特别值得注意的是阿拉斯加东南部冰河湾的消融,这个冰川系统损失了 3030km³ 的冰,其中大部分发生在 19 世纪[37.163]。在 20 世纪,该地区整个地区的冰层损失仍然很快,Berthier 等[37.162]利用差分数字高程模型,得出阿拉斯加冰川在 1962—2006 年间减少了 1800±360km³ 的冰。整个 20 世纪上半叶冰川消融可能都保持在这个速度上,并且在过去 20 年里速度仍在增加[37.163]。

20 世纪 90 年代末以来,多次 GPS 观测表明,这些数量巨大的冰体损失导致了极高的抬升速率。由于冰川负荷模型与地球响应均已得到有效研究,所以这些数据都可以用来

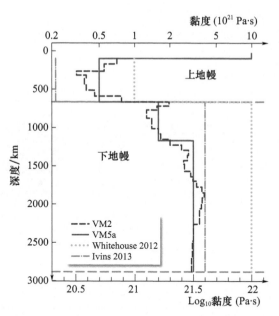

图 37.24 几种地幔黏度模型的黏度结构。低黏度地区（如阿拉斯加、巴塔哥尼亚和南极半岛）的模型，在深度大于 300km 时是相似的，但需要薄的（50～60km）弹性岩石圈和软流圈的黏度比图中显示的模型低 1～2 个数量级（见文献[37.165]，由牛津大学出版社提供）

估计地球的黏性结构。虽然劳伦蒂德和芬诺坎迪安冰盖都位于非常古老、寒冷和坚硬的大陆架上，但是阿拉斯加海岸地下的地球结构却大不相同。直到约 3000～5000 万年前，该区域在很长一段时间内一直是俯冲带，其物理特性为一个薄弹性岩石圈（≈50km）和一个厚 110km、黏度 $3.7 \times 10^{18}$Pas[37.58]的低黏度上地幔，大约比由大型大陆冰盖估算的该深度的黏度低两个数量级（图 37.24）。黏度低可能主要是由于长期俯冲造成的地幔水化作用，而且黏度低意味着地幔流动得比地幔黏度高的地方要快得多，因而会在更短的时间内产生更快的抬升速率。由于阿拉斯加区域负荷的尺度限制，如今冰川消融响应对这一浅层低黏度地幔层的松弛非常敏感，导致缺乏深层地幔的信息。Larsen 等[37.163]将 GPS 速率转换成这种地球模型，并证明该模型同时符合过去两个世纪的总抬升率和当前的抬升率。

Elliott 等[37.58]更新了该模型（计算至 2048 阶次球谐函数），其预测的模型抬升速率和大地水准面变化速率如图 37.25 所示。一些地方的抬升速率超过 30mm/y，且大地水准面变化率超过 5mm/y。这些计算结果没有考虑由于重力场变化而引起的海水再分配的影响，因为负荷的比例对垂直速度的影响很小。然而，它可能对大地水准面变化率有较大的影响，图 37.25（b）中给出了大地水准面变化率的下限。

南美洲的巴塔哥尼亚冰原也经历了快速的冰川流失，尽管其总体质量变化小于阿拉斯加海岸[37.167]，但是巴塔哥尼亚的抬升速率也非常快，观测到抬升速率峰值甚至超过了阿拉斯加报告的最高速率[37.169]。巴塔哥尼亚的构造环境和地球结构与阿拉斯加相似，预估的黏性结构也具有可比性[37.170, 37.171]。

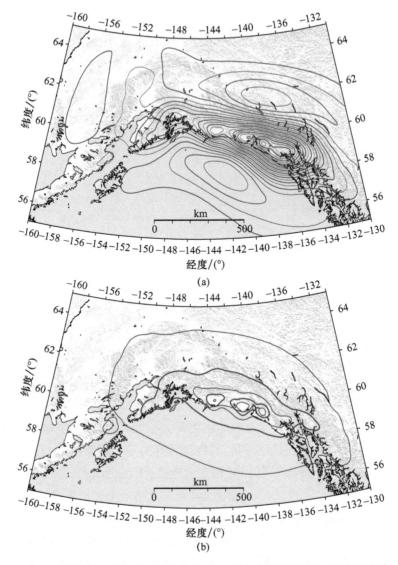

图 37.25 阿拉斯加 GIA 模型提升速率和大地水准面速率(见文献[37.58])

(a)隆起和下沉速率,等高线间距为 2mm/y,红色等高线表示上升区域,蓝色等高线表示下沉区域;
(b)大地水准面变化率,忽略海水的再分配,等高线间距是 2mm/y,与垂直运动速率使用相同的配色方案。

### 3. 研究当前冰盖的 GNSS 网络

过去几年里,在 POLENET(极地地球观测网)项目的主持下,已经建立了广泛的连续 GNSS 站点网络,用于测量南极和格陵兰极地冰盖的变化(图 37.26)。在 20 世纪 90 年代中期,格陵兰岛和南极洲安装了一些观测站,但大规模的扩张是从 2007 年国际极地年前后才开始的,所有这些网络都进行了广泛的国际合作。

图 37.26(a)所示的格陵兰岛的格陵兰 GPS 网(GNET)大多安装于 2007—2008 年间,记录了与格陵兰冰盖大规模融化事件相关的快速抬升和抬升速率变化[37.147,37.172]。格陵兰岛上运行时间最长的站点也清晰地记录了证据,表明在 21 世纪初,上升速率发生了重大变化,这与格陵兰冰盖的总体质量损耗显著增加有关[37.147,37.173]。

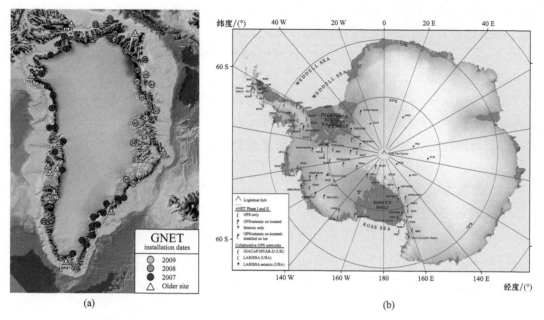

图 37.26 最近安装的用于研究极地冰川变化的连续 GNSS 网络图
（a）格陵兰岛 GNET，站点的颜色根据其安装日期进行了编码；（b）南极洲的 A-NET，用符号表示来自不同组织的子网，A-NET 也包括地震装置（见文献[37.168]，由 POLENET 项目提供）。

Dietrich 等[37.174]的研究表明南极半岛的快速抬升速率，尽管他们当时并不确定这一结果的重要性，主要由于垂直速度的不确定性较大。Thomas 等[37.175]分析了南极洲 50 多个观测站的 GPS 数据，估计出了一个更加完整、精确的垂直速度场。在南极半岛，他们发现了 2002～2003 年后抬升速率显著上升的证据，这与 Larsen B 冰架破裂的时间相对应。冰架的破裂引发了支流冰川的加速汇入和变薄[37.176,37.177]，进而冰架使抬升变得更快[37.178]。Nield 等[37.178]在文献[37.175]的数据集中增加了来自 6 个连续的 GNSS 台站的数据，并提出了一个 GIA 模型来解释观测到的上升速率。他们发现上地幔的黏度在 $6\times 10^{17}\sim 2\times 10^{18}\,\mathrm{Pa\,s}$ 之间，使南极半岛成为又一个低黏度地区。

南极洲主体存在多个 GIA 模型和黏度模型，图 37.24[37.165,37.179-37.181]中展示了一些黏度模型。这些模型之间差别很大（图 37.24），主要是由于缺乏负荷的历史，这意味着黏度结构和负荷历史主要都由当前的上升速率确定。这使得问题的约束变得很差，因为从末次冰盛期以来，负荷变化的差异高达 70%。黏度更高的模型冰负荷变化也更大，从而才能产生现今可比的变形。南极洲主体具有类似于劳伦蒂德和芬诺坎迪安冰盖大陆中部结构的黏性结构。末次冰盛期冰川消融后，GIA 信号大小的不确定性对校正 GRACE 重力变化数据测量冰物质平衡具有重要意义。

## 37.8 GNSS 的未来趋势

本章的示例都来自 GNSS 系统之一的 GPS。到目前为止，由于地球动力学应用所需的精度和准确度要求都很高,GPS+GLONASS 的解决方案尚未被证明优于纯 GPS 解决方案。然而,随着 GLONASS 模型的改进以及即将到来的 GLONASS-K2 星座(广播码分多址(CDMA)信号),这种情况可能会改变。伽利略和北斗等其他 GNSS 系统也将同样成熟。各 GNSS 星座的详细情况可参考第 7 章-第 11 章。

在不久的将来,将会存在多个全卫星星座、全球 GNSS 跟踪网络以及多系统 GNSS 轨道和时钟产品。这对地球动力学研究将会有什么影响?可能会产生以下三方面的影响:

(1)增加独立的多余观测数据以提高精度和准确度。

(2)通过比较单个 GNSS 系统解算结果,识别和减少 GPS 的系统误差。

(3)由于卫星几何结构的改进,动态定位和短周期定位能力显著提升。

更加成熟的多系统 GNSS 星座的第一个好处就是通过增加独立数据提高精度和准确度。与单星座的解算相比,使用具有相同精度和准确度的多系统 GNSS 星座的解,其不确定度将会降低 $N^{\frac{1}{2}}$。多系统 GNSS 联合解算带来的提升可能比预期更大,因为对流层延迟等所有星座共有参数的估计精度将得到提升,同时观测到更多的卫星也将有助于分离对流层延迟和垂直坐标参数。

对于不同的 GNSS 星座,由于各种效应的错误建模而产生的系统误差可能会对解算产生不同的影响。因此,比较单系统 GNSS 解和多系统 GNSS 组合解将有助于识别和削弱这些误差。例如,目前已经在识别 GPS 解算中周期性误差的原因方面取得了进展,这一点已在 37.1.3 节中讨论过。然而,即使是如文献[37.18]这样的最新研究也没能消除这些误差,这意味着需要进一步改进模型。多系统 GNSS 解算可能会揭示模型的不兼容性和误差,因而可以加以消除或削弱。对于不同的星座,与站点相关的误差(如多路径)在不同站点可能不同,这可能就需要我们提高校正精度并消除此类误差。

使用多系统 GNSS 星座的动态和短周期解的改进程度可能大于日解的改进。其主要原因是由于同时能观测到更多的卫星提升了观测的几何构型。一般来说,多系统 GNSS 观测能提供来自空中不同区域的卫星的数据,因此,多系统 GNSS 观测相比于单星座观测能够提供更均匀的天空覆盖。除了提高精度外,更高的几何强度和更均匀的天空覆盖范围将提升对流层延迟参数的估算精度,在动态解算中,对流层延迟通常必须以相当简单的方式建模。虽然无法预测未来多系统 GNSS 动态定位的最终精度,但很可能比单系统 GNSS 星座的动态定位精度要好得多。

综合上述所有因素,多系统 GNSS 解算最终应使 GNSS 日位置估计的不确定性在水平方向上远低于 1mm,在垂直方向上接近 1mm。这将有助于监测微弱运动并对其建模,还有助于区分做出类似预测的不同模型,精度的提升将有助于研究与海平面上升有关的负荷变形和微小的垂直运动。未来,多系统 GNSS 精度和准确度的提升可能会提高我们测量变形过程和区分地球动力学模型的能力,并且有可能识别出以前未被识别的地球运动和形变。

## 致谢

作者感谢 Kimberly deGrandpre 和 Shanshan Li 从学生的角度对初稿给出修改意见。

本章中的许多图片是使用由 Paul Wessel、Walter H. F. Smith、Remko Scharroo、Joaquim Luis 和 Florian Wobbe 开发和维护的通用制图工具(GMT)绘制的。

# 参考文献

37.1　M. Bonafede, J. Strehlau, A. R. Ritsema: Geophysical and structural aspects of fault mechanics-A brief historical review, Terra Nova **4**(4), 458–463 (1992)

37.2　H. F. Reid: Permanent displacements of the ground. In: *The California Earthquake of April* 18, 1906, Vol. II, ed. by S. E. I. Commission (Carnegie Inst. Wash., Washington DC 1910) pp. 16–28

37.3　H. F. Reid: The elastic-rebound theory of earthquakes, Bull. Dept. Geol. **6**(9), 413–444 (1911)

37.4　G. K. Gilbert: A theory of the earthquakes of the Great basin, with a practical application, Am. J. Sci. **27**(157), 49–53 (1884)

37.5　Z. Altamimi, X. Collilieux, J. Legrand, B. Garayt, C. Boucher: ITRF2005: A new release of the international terrestrial reference frame based on time series of station positions and earth orientation parameters, J. Geophys. Res. **112**(B004949), 1–19 (2007)

37.6　P. Segall: *Earthquake and Volcano Deformation* (Princeton Univ. Press, Princeton 2010)

37.7　E. M. Hill, J. L. Davis, P. Elosegui, B. P. Wernicke, E. Malikowski, N. A. Niemi: Characterization of site-specific GPS errors using a short-baseline network of braced monuments at Yucca mountain, southern Nevada, J. Geophys. Res. Solid Earth **114**(B11402), 1–13 (2009)

37.8　R. A. Bennett, S. Hreinsdóttir, M. S. Velasco, N. P. Fay: GPS constraints on vertical crustal motion in the northern basin and range, Geophys. Res. Lett. **34**(L22319), 1–5 (2007)

37.9　M. S. Bos, R. M. S. Fernandes, S. D. P. Williams, L. Bastos: Fast error analysis of continuous GNSS observations with missing data, J. Geod. **87**(4), 351–360 (2013)

37.10　M. Hackl, R. Malservisi, U. Hugentobler, R. Wonnacott: Estimation of velocity uncertainties from GPS time series: Examples from the analysis of the South African TrigNet network, J. Geophys. Res. Solid Earth **116**(B11404), 1–12 (2011)

37.11　A. Santamaria-Gomez, M.-N. Bouin, X. Collilieux, G. Woppelmann: Correlated errors in GPS position time series: Implications for velocity estimates, J. Geophys. Res. Solid Earth **116**(B01405), 1–14 (2011)

37.12　D. Dong, T. Yunck, M. Heflin: Origin of the international terrestrial reference frame, J. Geophys. Res. Solid Earth **108**(B4), ETG 8.1–8.10 (2003), doi:10.1029/2002JB002035

37.13　D. F. Argus, R. G. Gordon, M. B. Heflin, C. Ma, R. J. Eanes, P. Willis, W. R. Peltier, S. E. Owen: The angular velocities of the plates and the velocity of Earth's centre from space geodesy, Geophys. J. Int. **180**(3), 913–960 (2010)

37.14　D. F. Argus: Uncertainty in the velocity between the mass center and surface of Earth, J. Geophys. Res. Solid Earth **117**(B10), 1–15 (2012)

37.15　X. Wu, X. Collilieux, Z. Altamimi, B. L. A. Vermeersen, R. S. Gross, I. Fukumori: Accuracy of the international terrestrial reference frame origin and earth expansion, Geophys. Res. Lett. **38**(L13304), 1–5 (2011)

37.16　J. Ray, Z. Altamimi, X. Collilieux, T. van Dam: Anomalous harmonics in the spectra of GPS position estimates, GPS Solutions **12**(1), 55–64(2008)

37.17　X. Collilieux, L. Metivier, Z. Altamimi, T. van Dam, J. Ray: Quality assessment of GPS reprocessed terrestrial reference frame, GPS Solutions **15**(3), 219–231(2011)

37.18　C. J. Rodriguez-Solano, U. Hugentobler, P. Steigenberger, M. Blosfeld, M. Fritsche: Reducing the draconitic errors in GNSS geodetic products, J. Geod. **88**(6), 559–574(2014)

37.19　J. Griffiths, J. R. Ray: Sub-daily alias and draconitic errors in the IGS orbits, GPS Solutions **17**(3), 413–422(2013)

37.20　M. A. King, C. S. Watson: Long GPS coordinate time series: Multipath and geometry effects, J. Geophys. Res. Solid Earth **115**(B04403), 1–23(2010)

37.21　A. R. Amiri-Simkooei: On the nature of GPS draconitic year periodic pattern in multivariate position time series, J. Geophys. Res. Solid Earth **118**(15), 2500–2511(2013)

37.22　R. Zou, J. T. Freymueller, K. Ding, S. Yang, Q. Wang: Evaluating seasonal loading models and their impact on global and regional reference frame alignment, J. Geophys. Res. Solid Earth **119**(2), 1337–1358(2014)

37.23　B. A. C. Ambrosius, G. Beutler, G. Blewitt, R. E. Neilan: The role of GPS in the WEGENER project, J. Geodyn. **25**(3), 213–240(1998)

37.24　C. Bruyninx: The EUREF permanent network: A multi-disciplinary network serving surveyors as well as scientists, GeoInformatics **7**(5), 32–35 (2004)

37.25　M. Heflin, W. Bertiger, G. Blewitt, A. Freedman, K. Hurst, S. Lichten, U. Lindqwister, Y. Vigue, F. Webb, T. Yunck, J. Zumberge: Global geodesy using GPS without fiducial sites, Geophys. Res. Lett. **19**(2), 131–134(1992)

37.26　G. Beutler, I. I. Mueller, R. E. Neilan: The international GPS service for geodynamics (IGS): The story. In: *GPS Trends in Precise Terrestrial, Airborne, and Spaceborne Applications*, ed. by G. Beutler, G. Hein, W. G. Melbourne, G. Seeber (Springer, Berlin 1996) pp. 3–13

37.27　S. Hreinsdóttir, J. T. Freymueller, R. Burgmann, J. Mitchell: Coseismic deformation of the 2002 Denali fault earthquake: Insights from GPS measurements, J. Geophys. Res. Solid Earth **111**(B03308), 1–18 (2006)

37.28　Q. Wang, X. Qiao, Q. Lan, J. Freymueller, S. Yang, C. Xu, Y. Yang, X. You, K. Tan, G. Chen: Rupture of deep faults in the 2008 Wenchuan earthquake and uplift of the Longmen Shan, Nat. Geosci. **4**(9), 634–640(2011)

37.29　H. Tsuji, M. O. Murakami: Japanese regional GPS tracking network for geodesy and geodynamics. In: *Permanent Satellite Tracking Networks for Geodesy and Geodynamics*, ed. by G. L. Mader (Springer, Vienna 1993) pp. 161–166

37.30　J. M. Johansson, J. L. Davis, H.-G. Scherneck, G. A. Milne, M. Vermeer, J. X. Mitrovica, B. Bennett, R. A. Jonsson, G. Elgered, P. Elósegui, H. Koivula, M. Poutanen, B. O. Rönnäng, I. I. Shapiro: Continuous GPS measurements of postglacial adjustment in Fennoscandia: 1. Geodetic results, J. Geophys. Res. Solid Earth **107**(B8), 3.1–3.28(2002)

37.31　M. Lidberg, J. M. Johansson, H.-G. Scherneck, G. A. Milne: Recent results based on continuous GPS observations of the GIA process in Fennoscandia from BIFROST, J. Geodyn. **50**(1), 8–18(2010)

37.32　Z. Shen, D. D. Jackson, Y. Feng, M. Cline, M. Kim, P. Fang, Y. Bock: Postseismic deformation following the Landers earthquake, California, 28 June 1992, Bull. Seismol. Soc. Am. **84**(3), 780–791(1994)

37.33　A. M. Freed, R. Burgmann: Evidence of powerlaw flow in the Mojave desert mantle, Nature **430**(6999), 548–551(2004)

37.34　K. W. Hudnut, Y. Bock, M. Cline, P. Fang, Y. Feng, J. Freymueller, X. Ge, W. K. Gross, D. Jackson, M. Kim, N. E. King, J. Langbein, S. C. Larsen, M. Lisowski, Z.-K. Shen, J. Svarc, J. Zhang: Coseismic displacements of the 1992 Landers earthquake sequence, Bull. Seismol. Soc. Am. **84**(3), 625–645(1994)

37.35　J. Freymueller, N. E. King, P. Segall: The co-seismic slip distribution of the Landers earthquake, Bull. Seismol. Soc. Am. **84**(3), 646–659(1994)

37.36　K. W. Hudnut, Y. Bock, J. E. Galetzka, F. H. Webb, W. H. Young: The southern California integrated GPS network(SCIGN), Proc. 10th FIG Int. Symp. Deform. Meas., Orange(FIG, Copenhagen 2001) pp. 19–22

37.37　T. Sagiya: A decade of GEONET: 1994–2003–The continuous GPS observation in Japan and its impact on earthquake studies, Earth Planets Space **56**(8), xxix–xlii(2004)

37.38　G. F. Sella, T. H. Dixon, A. Mao: REVEL: A model for recent plate velocities from space geodesy, J. Geophys. Res. Solid Earth **107**(B4), ETG 11.1–11.31 (2002)

37.39　R. McCaffrey, A. I. Qamar, R. W. King, R. Wells, G. Khazaradze, C. A. Williams, C. W. Stevens, J. J. Vollick, P. C. Zwick: Fault locking, block rotation and crustal deformation in the Pacific northwest, Geophys. J. Int. **169**(3), 1315–1340(2007)

37.40　J. T. Freymueller: GPS, tectonic geodesy. In: *Encyclopedia of Solid Earth Geophysics*, ed. By H. K. Gupta (Springer, Berlin 2011) pp. 431–449

37.41　G. F. Sella, S. Stein, T. H. Dixon, M. Craymer, T. S. James, S. Mazzotti, R. K. Dokka: Observation of glacial isostatic adjustment in stable North America with GPS, Geophys. Res. Lett. **34**(L02306), 1–6 (2007)

37.42　E. Calais, J. Y. Han, C. DeMets, J. M. Nocquet: Deformation of the North American plate interior from a decade of continuous GPS measurements, J. Geophys. Res. Solid Earth **111**(B06402), 1–13 (2006)

37.43　K. M. Larson, J. T. Freymueller, S. Philipsen: Global plate velocities from the global positioning system, J. Geophys. Res. Solid Earth **102**(B5), 9961–9981(1997)

37.44　E. O. Norabuena, T. H. Dixon, S. Stein, C. G. A. Harrison: Decelerating Nazca–South America and Nazca–Pacific plate motions, Geophys. Res. Lett. **26**(22), 3405–3408(1999)

37.45　W. Thatcher: How the continents deform: The evidence from tectonic geodesy, Annu. Rev. Earth Planet. Sci. **37**, 237–262(2009)

37.46　W. Gan, P. Zhang, Z.-K. Shen, Z. Niu, M. Wang, Y. Wan, D. Zhou, J. Cheng: Present-day crustal motion within the Tibetan plateau inferred from GPS measurements, J. Geophys. Res. Solid Earth **112**(B08416), 1–14(2007)

37.47　C. H. Scholz: *The Mechanics of Earthquakes and Faulting* (Cambridge Univ. Press, Cambridge 2002)

37.48　J. C. Savage, R. O. Burford: Accumulation of tectonic strain in California, Bull. Seismol. Soc. Am. **60**(6), 1877–1896(1970)

37.49　J. C. Savage: A dislocation model of strain accumulation and release at a subduction zone, J. Geophys. Res. Solid Earth **88**(B6), 4984–4996 (1983)

37.50　W. Thatcher: Strain accumulation on the northern San Andreas fault zone since 1906, J. Geophys. Res. **80**(35), 4873-4880(1975)

37.51　W. Thatcher, J. B. Rundle: A viscoelastic coupling model for the cyclic deformation due to periodically repeated Earthquakes at subduction zones, J. Geophys. Res. Solid Earth **89**(B9), 7631-7640 (1984)

37.52　J. T. Freymueller: Active tectonics of plate boundary zones and the continuity of plate boundary deformation from Asia to North America, Curr. Sci. **99**(12), 1719-1732(2010)

37.53　A. J. Haines, W. E. Holt: A procedure to obtain the complete horizontal motions within zones of distributed deformation from the inversion of strain rate data, J. Geophys. Res. **98**(B7), 12057-12082 (1993)

37.54　T. Candela, F. Renard, Y. Klinger, K. Mair, J. Schmittbuhl, E. E. Brodsky: Roughness of fault surfaces over nine decades of length scales, J. Geophys. Res. Solid Earth **117**(B08409), 1-30(2012)

37.55　Y. Okada: Surface deformation due to shear and tensile faults in a half-space, Bull. Seismol. Soc. Am. **75**(4), 1135-1154(1985)

37.56　R. McCaffrey: Crustal block rotations and plate coupling. In: *Plate Boundary Zones*, AGU Geodynamics Series 30, ed. by S. Stein, J. Freymueller (AGU, Washington DC 2002) pp. 101-122

37.57　B. J. Meade, B. H. Hager: Block models of crustal motion in southern California constrained by GPS measurements, J. Geophys. Res. Solid Earth **110**(B03403), 1-19(2005)

37.58　J. L. Elliott, C. F. Larsen, J. T. Freymueller, R. J. Motyka: Tectonic block motion and glacial isostatic adjustment in southeast Alaska and adjacent Canada constrained by GPS measurements, J. Geophys. Res. Solid Earth **115**(B09407), 1-21 (2010)

37.59　J. Elliott, J. T. Freymueller, C. F. Larsen: Active tectonics of the St. Elias orogen, Alaska, observed with GPS measurements, J. Geophys. Res. Solid Earth **118**(10), 5625-5642(2013)

37.60　M. A. Langstaff, B. J. Meade: Edge-driven mechanical microplate models of strike-slip faulting in the Tibetan plateau, J. Geophys. Res. Solid Earth **118**(7), 3809-3819(2013)

37.61　J. P. Loveless, B. J. Meade: Geodetic imaging of plate motions, slip rates, and partitioning of deformation in Japan, J. Geophys. Res. Solid Earth **115**(B02410), 1-35(2010)

37.62　Q. Chen, J. T. Freymueller, Q. Wang, Z. Yang, C. Xu, J. Liu: A deforming block model for the presentday tectonics of Tibet, J. Geophys. Res. Solid Earth **109**(B01403), 1-16(2004)

37.63　E. Parkin: Horizontal crustal movements. In: *The Great Alaska Earthquake of 1964-Seismology and Geodesy*, ed. by Cot. A. Earthquake(Natl. Acad. Sci., Washington DC 1972) pp. 419-434

37.64　S. C. Cohen, J. T. Freymueller: Crustal deformation in the southcentral Alaska subduction zone, Adv. Geophys. **47**, 1-63(2004)

37.65　M. Sato, T. Ishikawa, N. Ujihara, S. Yoshida, M. Fujita, M. Mochizuki, A. Asada: Displacement above the hypocenter of the 2011 Tohoku-Oki earthquake, Science **332**(6036), 1395(2011)

37.66　T. Lay, C. J. Ammon, H. O. Kanamori, L. Xue, M. Kim: Possible large near-trench slip during the 2011 M(w) 9.0 off the Pacific coast of Tohoku Earthquake, Earth, Planets Space **63**(7), 687-692(2011)

37.67　R. Wang, F. Lorenzo-Martin, F. Roth: PSGRN-PSCMP-A new code for calculating co-and postseismic deformation, geoid and gravity changes based on the viscoelastic-gravitational dislocation theory, Comput. Geosci. **32**(4), 527-541(2006)

37.68　F. F. Pollitz: Coseismic deformation from earthquake faulting on a layered spherical Earth, Geophys. J. Int. **125**(1), 1-14(1996)

37.69　W. Menke: *Geophysical Data Analysis: Discrete Inverse Theory* (Elsevier Academic, Amsterdam 2012)

37.70　R. C. Aster, B. Borchers, C. H. Thurber: *Parameter Estimation and Inverse Problems* (Elsevier Academic, Amsterdam 2012)

37.71　P. B. Stark, R. L. Parker: Bounded-variable leastsquares: An algorithm and applications, Comput. Stat. **10**, 129 (1995)

37.72　M. V. Matthews, P. Segall: Estimation of depth-dependent fault slip from measured surface deformation with application to the 1906 San Francisco earthquake, J. Geophys. Res. Solid Earth **98**(B7), 12153-12163 (1993)

37.73　P. Banerjee, F. F. Pollitz, R. Burgmann: The size and duration of the Sumatra-Andaman earthquake from far-field static offsets, Science **308**(5729), 1769-1772 (2005)

37.74　W. Wang, W. Sun, Y. Wu, G. Gu: Modification of fault slip models of the Mw 9.0 Tohoku Earthquake by far field GPS observations, J. Geodyn. **75**, 22-33 (2014)

37.75　P. Tregoning, R. Burgette, S. C. McClusky, S. Lejeune, C. S. Watson, H. McQueen: A decade of horizontal deformation from great earthquakes, J. Geophys. Res. Solid Earth **118**(5), 2371-2381 (2013)

37.76　R. M. Nikolaidis, Y. Bock, P. J. Jonge, P. Shearer, D. C. Agnew, M. van Domselaar: Seismic wave observations with the global positioning system, J. Geophys. Res. Solid Earth **106**(B10), 21897-21916 (2001)

37.77　K. M. Larson, P. Bodin, J. Gomberg: Using 1 Hz GPS data to measure deformations caused by the Denali fault earthquake, Science **300**(5624), 1421-1424 (2003)

37.78　A. Avallone, M. Marzario, A. Cirella, A. Piatanesi, A. Rovelli, C. di Alessandro, E. D'Anastasio, N. D'Agostino, R. Giuliani, M. Mattone: Very high rate (10 Hz) GPS seismology for moderate-magnitude earthquakes: The case of the Mw 6.3 L'Aquila (central Italy) event, J. Geophys. Res. Solid Earth **116**(B02305), 1-14 (2011)

37.79　Y. Zheng, J. Li, Z. Xie, M. H. Ritzwoller: 5 Hz GPS seismology of the El Mayor-Cucapah earthquake: Estimating the earthquake focal mechanism, Geophys. J. Int. **190**(3), 1723-1732 (2012)

37.80　H. Yue, T. Lay, J. T. Freymueller, K. Ding, L. Rivera, N. A. Ruppert, K. D. Koper: Supershear rupture of the 5 January 2013 Craig, Alaska (Mw 7.5) earthquake, J. Geophys. Res. Solid Earth **118**(11), 5903-5919 (2013)

37.81　J. F. Genrich, Y. Bock: Instantaneous geodetic positioning with 10-50 Hz GPS measurements: Noise characteristics and implications for monitoring networks, J. Geophys. Res. Solid Earth **111**(B03403), 1-16 (2006)

37.82　S. Miyazaki, P. Segall, J. Fukuda, T. Kato: Space time distribution of afterslip following the 2003 Tokachi-oki earthquake: Implications for variations in fault zone frictional properties, Geophys. Res. Lett. **31**(L06623), 1-4 (2004)

37.83　B. W. Crowell, Y. Bock, D. Melgar: Real-time inversion of GPS data for finite fault modeling and rapid hazard assessment, Geophys. Res. Lett. **39**(L09305), 1-6 (2012)

37.84　P. Elosegui, J. L. Davis, D. Oberlander, R. Baena, G. Ekström: Accuracy of high-rate GPS for seismology, Geophys. Res. Lett. **33**(L11308), 1-4 (2006)

37.85　F. Moschas, S. Stiros: PLL bandwidth and noise in 100 Hz GPS measurements, GPS Solutions **19**(2), 173-185 (2014)

37.86　R. Tu, R. Wang, M. Ge, T. R. Walter, M. Ramatschi, C. Milkereit, D. Bindi, T. Dahm: Cost-effective monitoring of ground motion related to earthquakes, landslides, or volcanic activity by joint use of a single-frequency GPS and a MEMS accelerometer, Geophys. Res. Lett. **40**(15), 3825-3829(2013)

37.87　H. Yue, T. Lay, K. D. Koper: En echelon and orthogonal fault ruptures of the 11 April 2012 great intraplate earthquakes, Nature **490**(7419), 245-249(2012)

37.88　B. W. Crowell, Y. Bock, M. B. Squibb: Demonstration of earthquake early warning using total displacement waveforms from real-time GPS networks, Seismol. Res. Lett. **80**(5), 772-782(2009)

37.89　S. E. Owen, F. Webb, M. Simons, P. A. Rosen, J. Cruz, S. Yun, E. J. Fielding, A. W. Moore, H. Hua, P. S. Agram: The ARIA-EQ project: Advanced rapid imaging and analysis for earthquakes, Proc. AGU Fall Meet., San Francisco(AGU, Washington DC 2011) p. 1298

37.90　X. Li, G. Dick, M. Ge, S. Heise, J. Wickert, M. Bender: Real-time GPS sensing of atmospheric water vapor: Precise point positioning with orbit, clock, and phase delay corrections, Geophys. Res. Lett. **41**(10), 3615-3621(2014)

37.91　X. Li, M. Ge, X. Zhang, Y. Zhang, B. Guo, R. Wang, J. Klotz, J. Wickert: Real-time high-rate coseismic displacement from ambiguity-fixed precise point positioning: Application to earthquake early warning, Geophys. Res. Lett. **40**(2), 295-300 (2013)

37.92　Y. Ohta, T. Kobayashi, H. Tsushima, S. Miura, R. Hino, T. Takasu, H. Fujimoto, T. Iinuma, K. Tachibana, T. Demachi, T. Sato, M. Ohzono, N. Um: Quasi real-time fault model estimation for near-field tsunami forecasting based on RTK-GPS analysis: Application to the 2011 Tohoku-Oki earthquake(Mw 9.0), J. Geophys. Res. Solid Earth **117**(B02311), 1-16(2012)

37.93　D. Melgar, Y. Bock, B. W. Crowell: Real-time centroid moment tensor determination for large earthquakes from local and regional displacement records, Geophys. J. Int. **188**(2), 703-718 (2012)

37.94　S. E. Minson, J. R. Murray, J. O. Langbein, J. S. Gomberg: Real-time inversions for finite fault slip models and rupture geometry based on high-rate GPS data, J. Geophys. Res. Solid Earth **119**(4), 3201-3231(2014)

37.95　R. Fang, C. Shi, W. Song, G. Wang, J. Liu: Determination of earthquake magnitude using GPS displacement waveforms from real-time precise point positioning, Geophys. J. Int. **196**(1), 461-472 (2014)

37.96　B. Gutenberg: Amplitudes of surface waves and magnitudes of shallow earthquakes, Bull. Seismol. Soc. Am. **35**(1), 3-12(1945)

37.97　B. W. Crowell, D. Melgar, Y. Bock, J. S. Haase, J. Geng: Earthquake magnitude scaling using seismogeodetic data, Geophys. Res. Lett. **40**(23), 6089-6094(2013)

37.98　G. Rogers, H. Dragert: Episodic tremor and slip on the Cascadia subduction zone: The chatter of silent slip, Science **300**(5627), 1942-1943(2003)

37.99　S. Y. Schwartz, J. M. Rokosky: Slow slip events and seismic tremor at circum-Pacific subduction zones, Rev. Geophys. **45**(RG3004), 1-32(2007)

37.100　S. Ide, G. C. Beroza, D. R. Shelly, T. Uchide: A scaling law for slow earthquakes, Nature **447**(7140), 76-79 (2007)

37.101　R. Burgmann, P. Segall, M. Lisowski, J. Svarc: Postseismic strain following the 1989 Loma Prieta earthquake from GPS and leveling measurements, J. Geophys. Res. Solid Earth **102**(B3), 4933-4955 (1997)

37.102 J. J. Lienkaemper, J. S. Galehouse, R. W. Simpson: Creep response of the Hayward fault to stress changes caused by the Loma Prieta earthquake, Science **276**(5321), 2014−2016(1997)

37.103 R. Bürgmann, G. Dresen: Rheology of the lower crust and upper mantle: Evidence from rock mechanics, geodesy, and field observations, Annu. Rev. Earth Planet. Sci. **36**(1), 531−567(2008)

37.104 M. Moreno, D. Melnick, M. Rosenau, J. Baez, J. Klotz, O. Oncken, A. Tassara, J. Chen, K. Bataille, M. Bevis, A. Socquet, J. Bolte, C. Vigny, B. Brooks, I. Ryder, V. Grund, B. Smalley, D. Carrizo, M. Bartsch, H. Hase: Toward understanding tectonic control on the MW 8:8 2010 Maule Chile earthquake, Earth Planet. Sci. Lett. **321**, 152−165 (2012)

37.105 Y. N. Lin, A. Sladen, F. Ortega-Culaciati, M. Simons, J. -P. Avouac, E. J. Fielding, B. A. Brooks, M. Bevis, J. Genrich, A. Rietbrock, C. Vigny, R. Smalley, A. Scocquet: Coseismic and postseismic slip associated with the 2010 Maule earthquake, Chile: Characterizing the Arauco peninsula barrier effect, J. Geophys. Res. Solid Earth **118**(6), 3142−3159 (2013)

37.106 C. Marone, C. B. Raleigh, C. H. Scholz: Frictional behavior and constitutive modeling of simulated fault gouge, J. Geophys. Res. Solid Earth **95**(B5), 7007−7025(1990)

37.107 Y. -J. Hsu, M. Simons, J. -P. Avouac, J. Galet-zka, K. Sieh, M. Chlieh, D. Natawidjaja, L. Prawirodirdjo, Y. Bock: Frictional afterslip following the 2005 Nias–Simeulue earthquake, Sumatra, Science **312**(5782), 1921−1926(2006)

37.108 I. A. Johanson, E. J. Fielding, F. Rolandone, R. Burgmann: Coseismic and postseismic slip of the 2004 Parkfield earthquake from space-geodetic data, Bull. Seismol. Soc. Am. **96**(4B), S269−S282(2006)

37.109 C. Kreemer, G. Blewitt, F. Maerten: Co-and postseismic deformation of the 28 March 2005 Nias Mw 8.7 earthquake from continuous GPS data, Geophys. Res. Lett. **33**(L07307), 1−4(2006)

37.110 S. Ozawa, T. Nishimura, H. Munekane, H. Suito, T. Kobayashi, M. Tobita, T. Imakiire: Preceding, coseismic and postseismic slips of the 2011 Tohoku earthquake, Japan, J. Geophys. Res. Solid Earth **117**(B07404), 1−20(2012)

37.111 K. M. Johnson, J. Fukuda, P. Segall: Challenging the rate-state asperity model: Afterslip following the 2011 M9 Tohoku-oki, Japan, earthquake, Geophys. Res. Lett. **39**(L20302), 1−5(2012)

37.112 K. Wang, Y. Hu, J. He: Deformation cycles of subduction earthquakes in a viscoelastic Earth, Nature **484**(7394), 327−332(2012)

37.113 M. Bevis, A. Brown: Trajectory models and reference frames for crustal motion geodesy, J. Geod. **88**(3), 283−311(2014)

37.114 A. M. Freed, R. Burgmann, E. Calais, J. Freymueller, S. Hreinsdottir: Implications of deformation following the 2002 Denali, Alaska, earthquake for postseismic relaxation processes and lithospheric rheology, J. Geophys. Res. Solid Earth **111**(B01401), 1−23(2006)

37.115 K. Mogi: Relations between the eruptions of various volcanoes and the deformations of the ground surfaces around them, Bull. Earthq. Res. Inst. Univ. Tokyo **36**, 99−134(1958)

37.116 R. Murakami, S. Ozawa, T. Nishimura, T. Tada: A model of magma movements associated with the 2000 eruption of Usu volcano inferred by crustal deformation detected by continuous GPS and other geodetic measurements, J. Geospatial Inf. Auth. **95**, 99−105(2001)

37.117 P. Jousset, H. Mori, H. Okada: Elastic models for the magma intrusion associated with the 2000 eruption of Usu Volcano, Hokkaido, Japan, J. Volcanol. Geotherm. Res. **125**(1), 81−106(2003)

37.118　J. J. Dvorak, D. Dzurisin: Variations in magma supply rate at Kilauea volcano, Hawaii, J. Geophys. Res. Solid Earth **98**(B12), 22255–22268(1993)

37.119　J. J. Dvorak, D. Dzurisin: Volcano geodesy: The search for magma reservoirs and the formation of eruptive vents, Rev. Geophys. **35**(3), 343–384 (1997)

37.120　T. Fournier, J. Freymueller, P. Cervelli: Tracking magma volume recovery at Okmok volcano using GPS and an unscented Kalman filter, J. Geophys. Res. Solid Earth **114**(B02405), 1–18(2009)

37.121　J. F. Larsen, C. J. Nye, M. L. Coombs, M. Tilman, P. Izbekov, C. Cameron: Petrology and geochemistry of the 2006 eruption of Augustine Volcano. In: *The 2006 Eruption of Augustine Volcano, Alaska. US Geological Survey, Professional Paper* 1769, ed. by J. A. Power, M. L. Coombs, J. T. Freymueller (US Geological Survey, Washington DC 2006) pp. 335–382

37.122　A. Burgisser, G. W. Bergantz: A rapid mechanism to remobilize and homogenize highly crystalline magma bodies, Nature **471**(7337), 212–215(2011)

37.123　K. M. Larson, M. Poland, A. Miklius: Volcano monitoring using GPS: Developing data analysis strategies based on the June 2007 K-ilauea Volcano intrusion and eruption, J. Geophys. Res. Solid Earth **115**(B07406), 1–10(2010)

37.124　K. M. Larson: A new way to detect volcanic plumes, Geophys. Res. Lett. **40**(11), 2657–2660(2013)

37.125　R. Grapenthin, J. T. Freymueller, A. M. Kaufman: Geodetic observations during the 2009 eruption of Redoubt Volcano, Alaska, J. Volcanol. Geotherm. Res. **259**, 115–132(2013)

37.126　N. T. Penna, M. P. Stewart: Aliased tidal signatures in continuous GPS height time series, Geophys. Res. Lett. **30**(23), SDE 1.1–1.4(2003)

37.127　N. T. Penna, M. A. King, M. P. Stewart: GPS height time series: Short-period origins of spurious long-period signals, J. Geophys. Res. Solid Earth **112**(B02402), 1–19(2007)

37.128　J. Kusche, E. J. O. Schrama: Surface mass redistribution inversion from global GPS deformation and gravity recovery and climate experiment (GRACE) gravity data, J. Geophys. Res. Solid Earth **110**(B09409), 1–14(2005)

37.129　R. J. Blakely: *Potential Theory in Gravity and Magnetic Applications* (Cambridge Univ. Press, Cambridge 1996)

37.130　T. van Dam, J. Wahr, D. Lavallee: A comparison of annual vertical crustal displacements from GPS and gravity recovery and climate experiment (GRACE) over Europe, J. Geophys. Res. Solid Earth **112**(B03404), 1–11(2007)

37.131　W. E. Farrell: Deformation of the Earth by surface loads, Rev. Geophys. **10**(3), 761–797(1972)

37.132　Y. Fu, D. F. Argus, J. T. Freymueller, M. B. Heflin: Horizontal motion in elastic response to seasonal loading of rain water in the Amazon basin and monsoon water in southeast Asia observed by GPS and inferred from GRACE, Geophys. Res. Lett. **40**(23), 6048–6053(2013)

37.133　G. Spada: *The Theory Behind TABOO* (Samizdat, White River Junction 2003)

37.134　G. Spada, V. R. Barletta, V. Klemann, R. E. M. Riva, Z. Martinec, P. Gasperini, B. Lund, D. Wolf, L. L. A. Vermeersen, M. A. King: A benchmark study for glacial isostatic adjustment codes, Geophys. J. Int. **185**(1), 106–132(2011)

37.135　X. Collilieux, Z. Altamimi, D. Coulot, T. van Dam, J. Ray: Impact of loading effects on determination of the international terrestrial reference frame, Adv. Space Res. **45**(1), 144–154(2010)

37.136　X. Collilieux, T. van Dam, J. Ray, D. Coulot, L. Métivier, Z. Altamimi: Strategies to mitigate aliasing of loading signals while estimating GPS frame parameters, J. Geod. **86**(1), 1–14(2012)

37.137　K. Heki: Seasonal modulation of interseismic strain buildup in northeastern Japan driven by snow loads, Science **293**(5527), 89–92(2001)

37.138　K. Heki: Snow load and seasonal variation of earthquake occurrence in Japan, Earth Planet. Sci. Lett. **207**(1), 159–164(2003)

37.139　D. Dong, P. Fang, Y. Bock, M. K. Cheng, S. Miyazaki: Anatomy of apparent seasonal variations from GPS-derived site position time series, J. Geophys. Res. Solid Earth **107**(B4), ETG 9-1–ETG 9-16(2002), doi: 10.1029/2001JB000573

37.140　G. Blewitt, D. Lavallée, P. Clarke, K. Nurutdinov: A new global mode of Earth deformation: Seasonal cycle detected, Science **294**(5550), 2342–2345(2001)

37.141　P. Tregoning, C. Watson, G. Ramillien, H. Mc-Queen, J. Zhang: Detecting hydrologic deformation using GRACE and GPS, Geophys. Res. Lett. **36**(L15401), 1–6(2009)

37.142　S. Nahmani, O. Bock, M. Bouin, A. Santamaría-Gómez, J.-P. Boy, X. Collilieux, L. Metivier, I. Panet, P. Genthon, C. Linage, G. Woeppel-mann: Hydrological deformation induced by the west African monsoon: Comparison of GPS, GRACE and loading models, J. Geophys. Res. Solid Earth **117**(B05409), 1–16(2012)

37.143　Y. Fu, J. T. Freymueller: Seasonal and long-term vertical deformation in the Nepal Himalaya constrained by GPS and GRACE measurements, J. Geophys. Res. Solid Earth **117**(B03407), 1–14(2012)

37.144　Y. Fu, J. T. Freymueller, T. Jensen: Seasonal hydrological loading in southern Alaska observed by GPS and GRACE, Geophys. Res. Lett. **39**(L15310), 1–5(2012)

37.145　J. L. Davis, P. Elósegui, J. X. Mitrovica, M. E. Tamisiea: Climate-driven deformation of the solid Earth from GRACE and GPS, Geophys. Res. Lett. **31**(L24605), 1–4(2004)

37.146　M. S. Steckler, S. L. Nooner, S. H. Akhter, S. K. Chowdhury, S. Bettadpur, L. Seeber, M. G. Kogan: Modeling Earth deformation from monsoonal flooding in Bangladesh using hydrographic, GPS, and gravity recovery and climate experiment(GRACE) data, J. Geophys. Res. Solid Earth **115**(B08407), 1–18(2010)

37.147　M. Bevis, J. Wahr, S. A. Khan, F. B. Madsen, A. Brown, M. Willis, E. Kendrick, P. Knudsen, J. E. Box, T. van Dam, D. J. Caccamise II, B. Johns, T. Nylen, R. Abbott, S. White, J. Miner, R. Forsberg, H. Zhou, J. Wang, T. Wilson, D. Bromwich, O. Francis: Bedrock displacements in Greenland manifest ice mass variations, climate cycles and climate change, Proc. Natl. Acad. Sci. **109**(30), 11944–11948(2012)

37.148　T. van Dam: 3-dimensional surface displacements derived from the GRACE dealising products(2012) http://geophy.uni.lu/ggfc-combination.html

37.149　D. Stammer, C. Wunsch, R. Giering, C. Eckert, P. Heimbach, J. Marotzke, A. Adcroft, C. N. Hill, J. Marshall: Global ocean circulation during 1992–1997, estimated from ocean observations and a general circulation model, J. Geophys. Res. Oceans **107**(C9), 1.1–1.27(2002)

37.150　T. M. van Dam, J. M. Wahr: Displacements of the Earth's surface due to atmospheric loading: Effects on gravity and baseline measurements, J. Geophys. Res. Solid Earth **92**(B2), 1281–1286(1987)

37.151　M. Rodell, P. R. Houser, U. Jambor, J. Gottschalck, K. Mitchell, C. J. Meng, K. Arsenault, B. Cosgrove,

37.152　J. Radakovich, M. Bosilovich, J. K. Entin, J. P. Walker, D. Lohmann, D. Toll: The global land data assimilation system, Bull. Am. Meteorol. Soc. **85**(3), 381–394(2004)

37.152　M. M. Rienecker, M. J. Suarez, R. Gelaro, R. Todling, J. Bacmeister, E. Liu, M. G. Bosilovich, S. D. Schubert, L. Takacs, G. K. Kim, S. Bloom, J. Chen, D. Collins, A. Conaty, A. da Silva, W. Gu, J. Joiner, R. D. Koster, R. Lucchesi, A. Molod, T. Owens, S. Pawson, P. Pegion, C. R. Redder, R. Reichle, F. R. Robertson, A. G. Ruddick, M. Sienkiewicz, J. Wollen: MERRA: NASA's modern-era retrospective analysis for research and applications, J. Clim. **24**(14), 3624–3648(2011)

37.153　Z. Li, T. van Dam, X. Collilieux, Z. Altamimi, J. Ray, P. Rebischung, S. Nahmani: Quality evaluation of the weekly vertical loading effects induced from continental water storage models. In: *IAG 150 Years. Vol. 143 of International Association of Geodesy Symposia*, ed. by C. Rizos, P. Willis (Springer, Heidelberg 2016) pp. 673–679

37.154　W. R. Peltier: Global glacial isostasy and the surface of the ice-age Earth: The ICE-5G(VM2) model and GRACE, Annu. Rev. Earth Planet. Sci. **32**, 111–149(2004)

37.155　M. A. Toscano, W. R. Peltier, R. Drummond: ICE-5G and ICE-6G models of postglacial relative sea-level history applied to the Holocene coral reef record of northeastern St. Croix, US V. I.: Investigating the influence of rotational feedback on GIA processes at tropical latitudes, Quaternary Sci. Rev. **30**(21), 3032–3042(2011)

37.156　G. A. Milne, J. X. Mitrovica, H.-G. Scherneck, J. L. Davis, J. M. Johansson, H. Koivula, M. Vermeer: Continuous GPS measurements of postglacial adjustment in Fennoscandia: 2. Modeling results, J. Geophys. Res. Solid Earth **109**(B2), ETG 3. 1–3. 28 (2004)

37.157　M. Lidberg, J. M. Johansson, H.-G. Scherneck, J. L. Davis: An improved and extended GPS-derived 3-D velocity field of the glacial isostatic adjustment(GIA) in Fennoscandia, J. Geod. **81**(3), 213–230 (2007)

37.158　A. M. Tushingham, W. R. Peltier: Ice-3G: A new global model of Late Pleistocene deglaciation based upon geophysical predictions of postglacial relative sea level change, J. Geophys. Res. Solid Earth **96**(B3), 4497–4523(1991)

37.159　M. B. Dyurgerov, M. F. Meier: *Glaciers and the Changing Earth System: A 2004 Snapshot* (Institute of Arctic and Alpine Research, Univ. Colorado, Boulder 2005)

37.160　C. F. Larsen, R. J. Motyka, A. A. Arendt, K. A. Echelmeyer, P. E. Geissler: Glacier changes in southeast Alaska and northwest British Columbia and contribution to sea level rise, J. Geophys. Res. Earth Surface **112**(F01007), 1–11(2007)

37.161　P. Lemke, J. Ren, R. B. Alley, I. Allison, J. Carrasco, G. Flato, Y. Fujii, G. Kaser, P. W. Mote, R. H. Thomas, T. Zhang: Observations: Changes in snow, ice and frozen ground. In: *Climate Change* 2007: *The Physical Science Basis*, ed. by S. Solomon, D. Qin, M. Manning, Z. Chen, M. Marquis, K. B. Averyt, M. Tignor, H. L. Miller(Cambridge Univ. Press, Cambridge 2007) pp. 337–383

37.162　E. Berthier, E. Schiefer, G. K. C. Clarke, B. Menounos, F. Remy: Contribution of Alaskan glaciers to sea-level rise derived from satellite imagery, Nat. Geosci. **3**(2), 92–95(2010)

37.163　C. F. Larsen, R. J. Motyka, J. T. Freymueller, K. A. Echelmeyer, E. R. Ivins: Rapid viscoelastic uplift in southeast Alaska caused by post-Little Ice Age glacial retreat, Earth Planet. Sci. Lett. **237**(3), 548–560(2005)

37.164　W. R. Peltier, R. Drummond: Rheological stratification of the lithosphere: A direct inference based upon the geodetically observed pattern of the glacial isostatic adjustment of the North American continent, Geophys. Res. Lett. **35**(L16314), 1-5 (2008)

37.165　D. F. Argus, W. R. Peltier, R. Drummond, A. W. Moore: The Antarctica component of postglacial rebound model ICE-6G_C(VM5a) based on GPS positioning, exposure age dating of ice thicknesses, and relative sea level histories, Geophys. J. Int. **198**(1), 537-563(2014)

37.166　K. Latychev, J. X. Mitrovica, M. E. Tamisiea, J. Tromp, R. Moucha: Influence of lithospheric thickness variations on 3-D crustal velocities due to glacial isostatic adjustment, Geophys. Res. Lett. **32**(L01304), 1-4(2005)

37.167　M. J. Willis, A. K. Melkonian, M. E. Pritchard, A. Rivera: Ice loss from the southern Patagonian ice field, South America, between 2000 and 2012, Geophys. Res. Lett. **39**(L17501), 1-6(2012)

37.168　POLENET-The Polar Earth Observation Network, http://polenet.org/

37.169　R. Dietrich, E. R. Ivins, G. Casassa, H. Lange, J. Wendt, M. Fritsche: Rapid crustal uplift in Patagonia due to enhanced ice loss, Earth Planet. Sci. Lett. **289**(1), 22-29(2010)

37.170　E. R. Ivins, T. S. James: Simple models for late Holocene and present-day Patagonian glacier fluctuations and predictions of a geodetically detectable isostatic response, Geophys. J. Int. **138**(3), 601-624 (1999)

37.171　E. R. Ivins, T. S. James: Bedrock response to Llanquihue Holocene and present-day glaciation in southernmost South America, Geophys. Res. Lett. **131**(L24613), 1-4(2004)

37.172　S. A. Khan, K. H. Kjar, M. Bevis, J. L. Bamber, J. Wahr, K. K. Kjeldsen, A. A. Bjork, N. J. Korsgaard, L. A. Stearns, M. R. van den Broeke, L. Liu, N. K. Larsen, I. S. Muresan: Sustained mass loss of the northeast Greenland ice sheet triggered by regional warming, Nat. Clim. Change **4**(4), 292-299 (2014)

37.173　Y. Jiang, T. H. Dixon, S. Wdowinski: Accelerating uplift in the North Atlantic region as an indicator of ice loss, Nat. Geosci. **3**(6), 404-407(2010)

37.174　R. Dietrich, A. Rulke, J. Ihde, K. Lindner, H. Miller, W. Niemeier, H.-W. Schenke, G. Seeber: Plate kinematics and deformation status of the Antarctic peninsula based on GPS, Glob. Planet. Change **42**(1), 313-321(2004)

37.175　I. D. Thomas, M. A. King, M. J. Bentley, P. L. White-house, N. T. Penna, S. D. P. Williams, R. E. M. Riva, D. A. Lavallee, P. J. Clarke, E. C. King, R. C. A. Hindmarsh, H. Koivula: Widespread low rates of Antarctic glacial isostatic adjustment revealed by GPS observations, Geophys. Res. Lett. **38**(L22302), 1-6(2011)

37.176　E. Rignot, G. Casassa, P. Gogineni, W. Krabill, A. Rivera, R. Thomas: Accelerated ice discharge from the Antarctic peninsula following the collapse of Larsen B ice shelf, Geophys. Res. Lett. **31**(L18401), 1-4(2004)

37.177　T. A. Scambos, J. A. Bohlander, C. A. Shuman, P. Skvarca: Glacier acceleration and thinning after ice shelf collapse in the Larsen B embayment, Antarctica, Geophys. Res. Lett. **31**(L18402), 1-4 (2004)

37.178　G. A. Nield, V. R. Barletta, A. Bordoni, M. A. King, P. L. Whitehouse, P. J. Clarke, E. Domack, T. A. Scambos, E. Berthier: Rapid bedrock uplift in the Antarctic peninsula explained by viscoelastic response to recent ice unloading, Earth Planet. Sci. Lett. **397**, 32-41(2014)

37.179   P. L. Whitehouse, M. J. Bentley, A. M. Le Brocq: A deglacial model for Antarctica: Geological constraints and glaciological modelling as a basis for a new model of Antarctic glacial isostatic adjustment, Quaternary Sci. Rev. **32**, 1–24 (2012)

37.180   P. L. Whitehouse, M. J. Bentley, G. A. Milne, M. A. King, I. D. Thomas: A new glacial isostatic adjustment model for Antarctica: Calibrated and tested using observations of relative sea-level change and present-day uplift rates, Geophys. J. Int. **190**(3), 1464–1482 (2012)

37.181   E. R. Ivins, T. S. James, J. Wahr, O. Schrama, J. Ernst, F. W. Landerer, K. M. Simon: Antarctic contribution to sea level rise observed by GRACE with improved GIA correction, J. Geophys. Res. Solid Earth **118**(6), 3126–3141 (2013)

# G 部分

# GNSS 遥感与授时

# 第 38 章 中性大气监测

**Gunnar Elgered, Jens Wickert**

基于 GNSS 的大气探测技术已成为一种被广泛认可和常规使用的遥感工具。从 2006 年开始,使用连续的 GNSS 数据提升区域和全球的大气预报质量成为该方向发展的重要里程碑。大气监测的原理是:GNSS 信号从导航卫星到地面或星载接收机的传播过程中穿过大气层,这会使信号的到达时间发生延迟并造成路径弯曲,其造成的时延可以被准确估计出来,并用于监测大气变化。目前,监测大气变化包括两种不同的观测几何。本章的第一部分将重点放在地基观测网络上,使用地面接收机观测数据估计测站上方水汽含量。第二部分讨论利用低轨卫星上的 GNSS 接收机进行无线电掩星测量以探测全球大气。本章介绍并描述了两种观测技术,它们能提供适用于短期天气预报以及长期气候研究和监测的时间序列。

本章讨论两种截然不同的中性大气监测方法:使用地基 GNSS 网络观测和低轨卫星(LEO)掩星观测,如图 38.1 所示。这两种监测方法沿传播路径的折射率主要由包括压力、温度和湿度在内的大气特性决定。

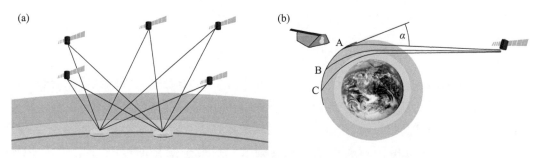

图 38.1 基于 GNSS 中轨卫星的中性大气监测方法示意图
(中性大气和电离层分别由蓝色和红色层表示)
(a)地基 GNSS 大气监测方法;(b)星基 GNSS 无线电掩星大气监测方法。

地基监测法主要用来推断地面上每个接收机站点上方的水汽含量。原则上,所有的水汽都包含在从地面到距离地面 8~15km 高度的对流层中。如果地面接收机站点观测视野较好,包含足够多的可见导航卫星,则易于获得水汽含量的连续时间序列。

由于发射信号的 GNSS 卫星和接收信号的 LEO 卫星都相对于大气层连续运动,因此无线电掩星(RO)的几何形状变化更为剧烈。当掩星事件发生时,可以获得对流层和平流层的折射指数高程剖面。

由于几何形状不同,这两种方法在数据分析中使用不同的处理技术和算法,并且生成完全不同的数据产品，因此对其进行分开论述。38.1 节介绍了基于地基网络观测的中性大气监测及应用，38.2 节介绍星基 GNSS 无线电掩星大气监测。这两种方法具有互补性，38.3 节总结两者在预报和研究不同时间尺度的大气过程的优势，例如从湍流现象到气候问题。

## 38.1 地基中性大气监测

如第 6 章所述，与在真空中传播相比，GNSS 卫星发射的信号在大气传播中会产生延迟。信号延迟能够在 GNSS 数据处理中被估计出来，意味着可以利用单个地面接收机推断出大气中的水汽总量。

图 38.2 总结了 GNSS 数据三种不同类型的应用。第一，GNSS 数据可以作为一个独立的产品使用，如在一个特定的站点长期监视水汽总量。第二，GNSS 数据能够评估或验证用于预报或气候研究的数值天气模型结果。第三，将 GNSS 数据与其他数据相结合来提高大气反演的质量，例如近实时天气预报中把 GNSS 数据同化为数字气象模型。

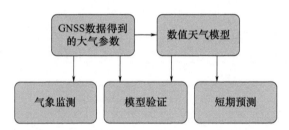

图 38.2　GNSS 数据大气估计在气象学和大气研究中的三种应用示意图

某些应用使用水汽总量更有优势。然而，对于许多其他应用，详细的剖面信息也是非常有必要的。使用地基 GNSS 数据进行大气监测的优点是能够准确估计水汽总量。本节将重点介绍此应用，同时也将讨论如何使用层析成像方法获取剖面信息。

甚长基线干涉（VLBI）和 GNSS 信号均受到大气折射率变化的影响，而大气折射率的变化使得信号到达时间产生延迟，并对这两种大地测量技术的基本观测量造成影响。文献[38.1]和文献[38.2]表明，结合 GPS 观测数据和地面气压观测值可以得到大气水汽引起的信号传播延迟的时间序列，其结果与独立的地基微波辐射计观测结果一致。

卫星导航信号在到达地面接收机的途中需要穿过大气层，第 6 章介绍了估计信号传播延迟所需的背景知识。这里重复一下基本定义，在 GNSS 大地测量数据处理中，与仰角相关的传播延迟由投影函数模型化，分为干延迟和湿延迟。最终结果是等效的天顶对流层延迟（ZTD）。因此，天顶对流层延迟是天顶干延迟（ZHD）和天顶湿延迟（ZWD）的总和，即

$$Z_t = Z_h + Z_w \tag{38.1}$$

$$Z_h = 10^{-6} \int_{h_0}^{h_\infty} N_h(z)\, dz \tag{38.2}$$

$$Z_w = 10^{-6} \int_{h_0}^{h_\infty} N_w(z)\, dz \tag{38.3}$$

天顶干延迟和天顶湿延迟是由从接收机高度 $h_0$ 到大气层外 $h_\infty$,沿垂直传播路径的流体静力分量 $N_h$ 和湿分量 $N_w$ 折射率积分得到的。

一段时间内,地基 GNSS 在不同方向上有足够多的观测值。因此,改进估计等效天顶对流层延迟的方法是可行的。通过定义干延迟和湿延迟线性水平梯度,可以估算出一个综合的水平梯度参数。文献[38.3]表明,在处理 GNSS 数据的过程中,通过估计水平梯度,大地测量参数估计结果将得到明显改善。这种常见的估算水平梯度参数的方法还没有在气象应用中得到广泛的推广,后面将进行进一步的讨论。

中性大气模型中涌现的另一个概念是斜路径延迟。一种简单的方法是将等效天顶延迟和估计的线性水平梯度相加,从而在任意给定的方向上对斜路径延迟建模。此外,相关学者还提出了在 GNSS 数据处理中向每颗卫星观测量增加剩余延迟误差的想法,但从引入系统误差的意义上来讲,这种想法并不正确[38.4]。相反,必须使用所有 GNSS 观测量同时估计额外的大气参数,如引入层析成像方法。

## 38.1.1 传播延迟的准确性

在描述不同种类的地基 GNSS 气象学应用之前,首先回顾影响观测数据质量的误差源,即第 6 章所述的估计 ZTD。传播延迟不确定度由若干个因素决定,本节将论述所使用的投影函数类型、电离层误差(第 6 章和第 39 章),以及天线和信号多径造成的影响。

1. 投影函数

投影函数定义了干延迟和湿延迟的仰角依赖性,是数据处理中估计大气效应的重要参数。6.2.4 节描述了多种精确的投影函数及其发展过程,相关研究已对投影函数进行了大量的定性比较。大多数投影函数在高仰角下均表现较好,因此在分析投影函数的精度时,应当关注在低仰角下获得的结果。低仰角下,投影函数的精度逐渐下降,意味着在地基 GNSS 大气反演中,都应有一个最佳的仰角截止角。低仰角观测量改善了 ZTD 的几何特性,减小了 ZTD 的估计误差,但同时也引入了较大的投影函数误差。

Niell 投影函数(NMF)[38.5]形式简单,使用较为广泛。使用该投影函数时不需要任何额外的气象数据,只需要站点的位置和年积日。通过比较使用不同投影函数估计的 ZTD,可以评估投影函数的不确定性。例如,当仰角为 7°时,将 NMF 转换为维也纳投影函数(VMF1),南极洲 12 个站点估算的 ZTD 平均减少了 −2.6mm[38.6]。

根据地基 GNSS 反演中性大气的不同应用场景,在低仰角下进行观测的必要性也有所不同,具体原因和内容将在后面讨论。需要注意的是,如果使用 15°~20°以上的仰角观测数据进行气象学研究,计算结果将会与投影函数的选择无关。

2. 电离层误差

在 GNSS 数据处理中,电离层模型的精度会影响 ZTD 的精度,这是因为在解算 ZTD 时,电离层延迟的影响或多或少会被吸收进 ZTD 参数中。据作者所知,目前尚未有关于不同电离层改正方法对 ZTD 估计准确性影响的研究。但已经有研究表明,不同的电离层处理方法会影响定位精度,垂直坐标分量与估计的 ZTD 具有强相关性,ZTD 估值的相对误差大约是垂直位置估计误差的 1/3。该系数取决于观测构型,即观测的仰角截止角[38.7]。因此,研究电离层模型对估计接收机位置的影响,间接提供了其对 ZTD 估计精度影响的信息。

由于电离层模型中包含高阶项,这会对观测站水平方向位置造成几个毫米的系统误差[38.8]。电离层高阶项与地磁场相关,可以使用更精确的国际地磁参考场(IGRF)模型[38.9]。文献[38.10]研究了地磁场的不同模型,建议在电离层模型中考虑高阶项的影响,特别是在电离层更活跃时的赤道区域和太阳活动高峰期。考虑到长达 11 年的太阳活动周期,我们有理由认定此类研究给出的建议取决于具体应用的时间尺度。

3. 天线相位中心变化

天线相位中心的变化既存在于卫星天线上,也存在于地面接收天线上。已经证明,相位中心变化(PCV)(第 17 章)对中性大气延迟的估计有重大影响[38.11],因此也对 IWV 有重大影响,这种变化取决于从卫星信号到地面的角度。该影响主要是一种系统性误差,但也会随着几何形状的改变而改变,因此建议对天线 PCV 进行建模(第 19 章和第 25 章),并在 GNSS 数据处理中进行修正。PCV 的正确建模对于研究 IWV 的长期趋势尤其重要,对新型 GPS 卫星采用不同的 PCV 模型进行对比后发现,所估计的 IWV 在 5 年内差异为 $0.15 \text{kg}/(\text{m}^2 \cdot \text{y})$ [38.12]。

4. 多径信号

多径信号(第 15 章)降低了卫星信号到达时间的精度,与天线周围的局部电磁环境和直射信号的仰角均有关系。由于观测环境在不断变化,多径信号很难建模。例如,当地面被(雨)水、雪和土壤水分覆盖时,其反射特性会发生变化。研究表明,在 GNSS 天线正下方安装一块带有微波吸收材料的平板可以减小信号多径效应[38.13]。

## 38.1.2 从延迟到水汽含量

ZTD 是 GNSS 数据处理应用于气象学研究的重要参数。对于某些气象应用,可以直接使用 ZTD。而对于基于 IWV 时间序列的气象学研究,例如验证其他以 IWV 为主要输出的设备的结果,则需要其他仪器来输出 IWV。

获取 IWV 的流程如图 38.3 所示,可以分为两步:首先从 ZTD 中减去 ZHD 以获得 ZWD,然后根据 ZWD 和湿分量折射率的有效温度计算 IWV。在计算 IWV 的过程中没有必要使用数值天气模型,这些模型通常被用来推导和优化投影函数,还可以为 GNSS 数据分析提供有关大气的先验信息。由于干延迟和湿延迟的投影函数是不同的,不同的先验信息可以提高 ZTD 的估计精度[38.6]。如下文所述,也存在可用于估算地面压力和湿分量折射率的有效温度的其他方法。

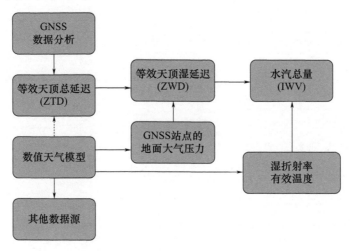

图 38.3　地基 GNSS 反演 IWV 流程图

在进一步讨论这些问题之前,注意到以上两个步骤均需要获取大气状态,主要是压强和温度剖面信息。对于天气预报之类的应用,最新的气象数据已经存在于数值天气模型中,在这种情况下,没有必要使用不太精确的模型数据。此外,通常的方法是将 ZTD 直接同化入数值天气模型中。

1. 从 ZTD 到 ZWD

首先从 ZTD 中去除 ZHD,ZHD 中的不确定度通过式(38.1)和式(6.50)直接传递到 ZWD。假定该站的纬度和高度大致已知,计算 ZHD 所需的唯一观测量是地面气压。获得地面气压基本上有两种方法:一种是现场使用气压计测量;另一种是使用数值天气模型来计算。后者需要周围地区有足够精确的地面气压观测值。

商用气压传感器的精度远高于 0.5hPa。图 38.4 描述了在昂萨拉 VLBI 现场观察到的三个气压计之间的差异。与瑞典气象和水文研究所(SMHI)的气压计相比,该传感器的绝对精度优于 0.2hPa。在某个时间段内,SMHI 气压表大约每隔两年校准一次。

相关学者已经进行了多项研究,以评估从数值天气模型中计算现场地面气压的精度,包括欧洲中期天气预报中心(ECMWF)[38.16]。该文献利用一年的数据,将来自 ECMWF 模型的地面气压与 60 多个全球分布的 GPS 地面站点的测量数据进行了比较。结果表明,总体平均偏差和标准偏差分别为 0.0hpa 和 0.9hPa。文献[38.17]使用昂萨拉空间天文台 GPS 站点 10 多年的数据与数值天气模型进行对比,结果平均偏差和标准偏差分别为 0.1hPa 和 0.6hPa。文献[38.18]将世界气象组织(WMO)的气压传感器与安装在附近 50km 以内的传感器进行比较,发现 90% 以上的站点存在小于 1hPa 的偏差。文献[38.19]中使用了独立的观测数据集和气象模型,得到了类似结果。

表 38.1 总结了这些参数对 ZHD 估值不确定度的影响。假设误差之间不相关,4 个参数总的相对不确定度等于 $2.2 \times 10^{-4}$。此外,还应增加地面气压的不确定度。如图 38.5 所示,假设 0.2hPa 和 1.0hPa 的地面气压不确定度分别与观测值和模型相关,则对 ZHD 不

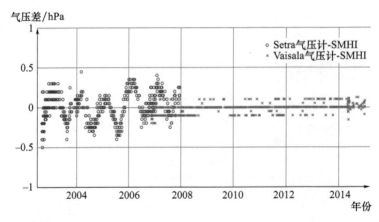

图 38.4 三个不同气压计观测值之差示意图。Setra 气压计是 VLBI 测站运行 Mark II 系统时的标准装置,对温度的敏感造成了小幅度的年纪变化。当 VLBI 测站使用 Vaisala 气压计时,这一变化被去除

确定度的主要贡献来自于 1.0hPa 的模型不确定度,相当于 $1×10^{-3}$ 的相对误差,对 ZHD 的影响约为 2mm。如果使用实测的高精度气压观测值,则 $k_1$ 值的不确定度变得同样重要,这时相对不确定度为 $0.3×10^{-3}$,意味着 ZHD 的不确定度小于 1mm。

表 38.1 用于计算 ZHD 的参数的不确定度及其对 ZHD 估值的影响

| 参数 | 值 | 不确定度 | 单位 | 相关不确定度 | 备注 |
| --- | --- | --- | --- | --- | --- |
| $k_1$ | 77.6890 | 0.015 | K/hPa | $1.9×10^{-4}$ | 表 6.2 |
| $R$ | 8.3144621 | 0.0000075 | J mol$^{-1}$K$^{-1}$ | $9.0×10^{-7}$ | 文献[38.14] |
| $M_d$ | 28.9644 | 0.0014 | kg kmol$^{-1}$ | $4.8×10^{-5}$ | 文献[38.15] |
| $g_{eff}$ | ≈9.784 | 0.001 | ms$^{-2}$ | $1.0×10^{-4}$ | 式(6.51),文献[38.15] |
| $P_0$,case1 | ≈1000 | 0.2 | hPa | $0.2×10^{-3}$ | 典型观测量 |
| $P_0$,case2 | ≈1000 | 1.0 | hPa | $1.0×10^{-3}$ | 典型模型 |
| $Z_h$,case1 | ≈2.28 | $0.7×10^{-13}$ | m | $0.3×10^{-3}$ | 典型观测量 |
| $Z_h$,case2 | ≈2.28 | $2.3×10^{-13}$ | m | $1.0×10^{-3}$ | 典型模型 |

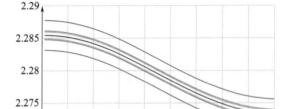

图 38.5 当海平面气压为 1000 hPa 时所预期的 ZHD(黑色实线),在转换过程中由常数所引起的 ZHD 不确定度(绿色虚线),气压观测值误差为 0.2 hPa 和 0.1 hPa 时所引起的 ZHD 误差(蓝色虚线和红色点状线),所有误差均被认为不相关且为均方根误差形式(见彩图)

最后，仍需要注意一个额外的不确定性——静力学平衡的近似。该近似的精度目前为万分之一[38.20]。文献[38.21]在山区两个特定的激光测距点研究了该影响，其结论是静力学平衡的偏差可能导致大气延迟误差超过 1cm，对应于天顶方向的 ZHD 误差为 3mm，尽管这不太可能发生。

**2. 从 ZWD 到 IWV**

水汽含量 $V$ 定义为

$$V = \int_0^\infty \rho_V \mathrm{d}h \tag{38.4}$$

式中：$\rho_V$ 为绝对湿度，单位为 $g/m^3$；$h$ 为高度，单位为 m。描述大气中水汽含量的另一个参数是可降水量（PW），用地面收集的所有水汽形成的等效水柱高度表示，也就是说 1mm 的 PW 值等于 $1kg/m^2$ 的 IWV 值。

根据理想气体状态方程，可以用水汽分压 $e$ 和温度 $T$ 来表示，有

$$V = \frac{1}{\rho_w R_w} \int_0^\infty \frac{e(h)}{T(h)} \mathrm{d}h \tag{38.5}$$

式中：$\rho_w$ 为液态水的密度；$R_w$ 为水汽的比气体常数。注意，ZWD 的表达式类似于

$$Z_w = 10^{-6} \left( k_2' \int_0^\infty \frac{e(h)}{T(h)} \mathrm{d}h + k_3 \int_0^\infty \frac{e(h)}{T(h)^2} \mathrm{d}h \right) \tag{38.6}$$

式中：$k_2'$ 和 $k_3$ 为由折射率实验确定的常数。数值见第 6 章表 6.2 和式(6.34)。

将式(38.5)和式(38.6)相结合，并将 IWV 在 ZWD 中表示为

$$V = \frac{Z_w}{Q} \tag{38.7}$$

$$Q = 10^{-6} \rho_w R_w \left( \frac{k_3}{T_m} + k_2' \right) \tag{38.8}$$

根据大气温度和水汽分压的垂直分布可以估算出参数 $T_m$，即

$$T_m = \frac{\displaystyle\int_0^\infty \frac{e(h)}{T(h)^2} \mathrm{d}h}{\displaystyle\int_0^\infty \frac{e(h)}{T(h)} \mathrm{d}h} \tag{38.9}$$

式中：$T_m$ 为加权平均大气温度，加权系数为 $e/T^2$。当把 ZWD 作为输入参数，计算 IWV 的不确定度时，这两个参数之间的关系由式(38.7)定义，包括湿分量的密度、湿分量的比气体常数，以及 $k_2'$、$k_3$ 和 $T_m$。注意，$T_m$ 是其中唯一在空间和时间上变化的参数。

为了获得指定 GNSS 站点的参数 $T_m$，一种简单又准确的方法是利用大气温度和湿度的垂直剖面信息，这可以通过基于数值天气模型的重分析得到。如果无法获得这样的模型，可以使用更简单的关系式。文献[38.22]中导出了一个线性关系式，即

$$T_m = 70.2 + 0.72 T_s \tag{38.10}$$

式中：$T_s$ 为表面温度，单位为 K。

在一项利用长达6年数据的数值天气模型和探空仪观测研究中表明,地表温度 $T_m$ 具有一定不确定性,其均方根误差主要由平均偏差造成。例如,使用式(38.10)时,偏差的变化区间是±3.5%。当偏差消除后,全球大部分地区的误差小于0.5%。

也可以使用一个特定地区的优化模型,根据季节性温度变化引起的年变化来计算 $Q$ 值。对于欧洲来说,这样的模型是根据探空仪数据推导出来的[38.24],即

$$Q = a_0 + a_1\theta + a_2\sin\left(2\pi\frac{t_D}{365}\right) + a_3\cos\left(2\pi\frac{t_D}{365}\right) \tag{38.11}$$

式中: $\theta$ 为站点纬度; $t_D$ 为年积日。文献[38.25]中给出了系数 $a_0, a_1, a_2$ 和 $a_3$ 的值,这些数值是1989年至1997年期间,基于欧洲38个地点的探空数据得出的,使用这些数据计算得到的IWV的均方根误差约为1.5%。

计算 $T_m$ 的方式分为三种:站间平均值、区域平均值和全球平均值。对于一个给定区域或给定测站,建立一个基于观测数据(如无线电探空仪)的年变化率模型较为可行。更准确的方法是基于数值天气模型进行分析,该方法与如何优化给定站点/区域的投影函数有一些相似之处,这个问题将在气候应用一节中进一步讨论。

现在可以评估不同误差源对IWV不确定度的影响。对上述讨论进行一个总结,可以得出以下结论。

- GNSS数据估算的ZTD参数不确定度为2~5mm。
- ZHD不确定度取决于表38.1所列的参数,如图38.5所示。
- 从ZWD到IWV的转换过程中引入的不确定度,包括 $k_2'$ 、$k_3$ ,以及水汽 $R_W$ 的比气体常数和平均温度 $T_m$ 。在大气温度范围内,液态水密度对温度的依赖性足够小,因此可以忽略不计[38.26]。

为了比较所有这些误差源的相对重要性,图38.6中对这些不确定度做出了一些不同的假设。图38.6分别显示了干冷、温度和湿热对流层的不确定度。注意,在干冷对流层中,IWV的不确定度主要是由ZTD中假定的3mm误差加上地面气压观测误差引起的。随着对流层变得越来越温暖和潮湿,转换因子 $Q$ 的不确定度影响逐步增加。

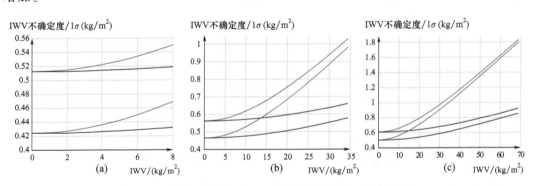

图38.6 三种气象条件下IWV预期不确定度(一倍标准差)

(a)低气温状态, $T_m$ = 250K, $Q$ = 7.26;(b)中气温状态, $T_m$ = 275K, $Q$ = 6.63;(c)高气温状态, $T_m$ = 300K, $Q$ = 6.10。

## 38.1.3 天气预报应用

水汽是决定大气状态的重要参数,通过研究大气中的水循环能够增进对大气层的具体认识。简而言之,可以这样描述:地面上海洋、湖泊、溪流和植被中的水被蒸发并进入大气,它们携带能量,当水汽凝结成云时释放出来。这些云可能会立即形成降水,或者在后期大气达到一定条件落回地球表面从而形成降水。

大气中水汽含量对于短期的天气预报或即时预报来说是非常重要的。IWV 在空间和时间上都有很大的变化,由于包含了温度和湿度在内的移动中尺度气体团,它可能在几个小时内改变2倍。因此 IWV 值必须在几个小时内提供,并且越快越好,这样才能对天气预报有用。

由于冷暖空气团往往与 IWV 有很强的相关性,因此地面网络很容易跟踪天气系统的大尺度运动。明显的冷锋或暖锋可能是 GNSS 站点上方的 IWV 出现显著空间和时间梯度的原因。将多个站点的时间序列结合起来,就有可能追踪到这样的天气系统[38.27]。这种时空结构是通过经验正交函数(EOF)分析来评估的,其中90%以上的水汽变化率只用第一时间特征向量来解释[38.28]。当地面观测网络上空经历冰冻气流的天气时,能够估计出风速和风向[38.29]。注意,这是一种间接方法,当冰冻流假设不成立时,这种方法就会失效。

相关学者在使用连续参考站网络进行实时动态定位(RTK)方面,开展了大量的研究工作。其观测网络通常由政府机构在全国范围内建立,也有一部分是商业性质。这意味着并非所有数据都是实时公开的,而且对如何分发数据进行近实时处理有一些限制。例如欧洲气象网 GNSS 水汽计划(E-GVAP),特定时间的状态快照如图 38.7 所示(欧洲气象网是一个欧洲国家气象服务组织,为各个基础气象活动领域的合作方案提供支撑)。

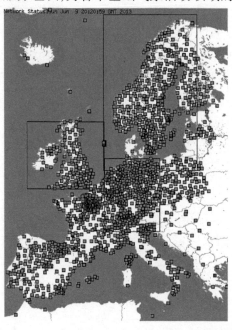

图 38.7 E-GVAP 项目是一个由多个接收机子网组成的 GNSS 观测网络,数据处理分布在多个分析中心。图示为 2013 年的站点分布,观测站数量在持续增加

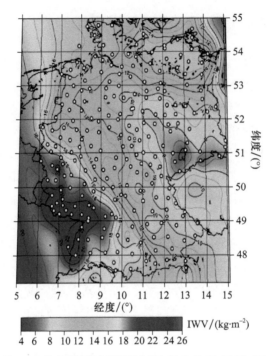

图 38.8 德国上空的 IWV,协调世界时(UTC)2010 年 2 月 28 日 00:07,由 GNSS 站点获得,其中白色圆圈表示 GNSS 接收机站点的位置

德国许多 GNSS 观测站都参与了 E-GVAP 网络,接收机的分布具有相当高的空间分辨率,基线长度约为 40km 左右。基于 GNSS 反演的 IWV 结果示例如图 38.8 所示。

在使用 GNSS 数据进行天气预报时,应该重点考虑 IWV 数据同化。在数值天气模型中,压力和温度场等必要信息是可获取的,用它们来同化 ZTD 具有一定优势。

三维变分数据同化(3D-Var)方法的典型更新周期为 3h,而四维变分数据同化(4D-Var)方法受益于 GNSS 结果的高时间分辨率。不同天气系统和干湿气团通过的时间对短期天气预报至关重要[38.31]。

在使用 GNSS 预报天气时,相关学者对数据质量进行了评估。例如,ZTD 的同化表明降水和云量预报精度有所改善(分别见文献[38.32]和文献[38.33])。

进一步的精化手段还包括同化倾斜延迟信息[38.34],可以通过 ZTD 与线性梯度相结合来估计。另一种研究大气水汽小尺度变化的方法是将层析成像方法应用于密集地基网络,由于所有 GNSS 接收天线都在地面上,意味着层析成像中使用的反演算法几何结构很弱。此问题在一定程度上可以通过在估计方法中定义不同体积像素,引入对水汽密度的可变性约束来补偿[38.35,38.36]。当然,若接收机位于高度差较大的地形中,那么不同高度的大气层将直接产生不同的 IWV 值,因此几何结构也会得到改善。文献[38.37]表明已在夏威夷进行过此类研究。

未来如果可以直接同化原始 GNSS 观测值,则整个 GNSS 数据处理都可将围绕数值天气模型开展。

## 38.1.4 在气候研究中的应用

大气中的水汽不仅是有效的温室气体,也是水循环中一个非常重要的参数,对气候研究也具有重要的意义。在热带地区,IWV 增加 20% 比二氧化碳浓度翻倍具有更大的影响[38.38]。

量化由 IWV 增加而产生的正反馈是一个重要问题。短期和长期的研究得出结论:为了准确量化这种影响,水汽观测时间序列需要超过 25 年[38.39]。因此,20 世纪 90 年代中期建立的 GNSS 地面网络有可能被应用到 21 世纪 20 年代的相关研究中。

在全球气候观测系统(GCOS)内,有一个称为 GCOS 参考高空网络(GRUAN)的国际参考观测网。在多种独立观测技术中,地基 GNSS 观测网络是 GRUAN 的一个组成部分,根据所选站点提供 IWV 时间序列[38.40]。

本章首先介绍一些不同时间尺度的 GNSS 反演结果示例,包括几十年来的趋势、周年分量和周日分量,这些数据可用于气候监测和气候模型评估。

1. 长期趋势

对于气象监测来说,需要长期并且持续的观测时间序列。因此,评估几十年来观测值的绝对不确定度或稳定度是必要的。由于经验常数 $k_1$、$k_2$ 和 $k_3$ 的误差不会影响观测趋势的不确定性,在这种应用中,评价长期稳定性比绝对精度更合适。

图 38.9 展示了如何利用几十年数据估计微弱的气象趋势。可以看出,无论是在周日、季节、周年范围内,IWV 变化都是巨大的。因此,必须指出的是,在几年内估计出气象线性趋势是不可行的。

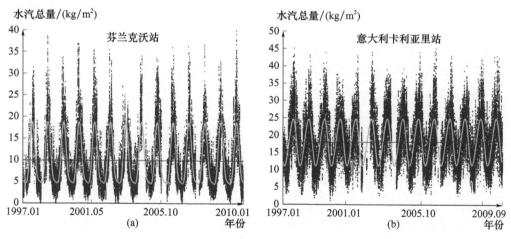

图 38.9 芬兰克沃站(a)和意大利卡利亚里站(b)的水汽含量时间序列
红色线表示均值加上线性趋势,黄色线表示季节性信号,蓝色点为每小时值(见彩图)

影响气象监测数据的原因除了气象的剧烈变化外,另外一个因素是可控或者不可控的接收机天线周围电磁环境变化,这种变化与天线类型、天线罩类型以及观测方位角均有关。在估计垂直坐标趋势项时,假如有理由相信这一趋势在时间序列的长度上是恒定的,则可以选择估计附加的偏差(参见图 38.10 和文献[38.41])。如前所述,将多年来 IWV 的真实趋势假设为常值是不合理的,而根据长年气象数据估计的线性趋势可以作为气候变化指标中的一个重要参数。

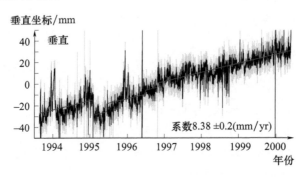

图 38.10 使用瑞典的斯韦格站 GPS 数据估计垂直坐标时间序列

文献[38.42]评估了一种类似的方法,模拟了瑞典的昂萨拉站在 1999 年 2 月 1 日更换天线罩的影响。在这种情况下,研究使用 GNSS 数据和 VLBI 数据估计的湿延迟差异,并将其应用到常数偏差估计是可行的,这等价于间接地使用独立的 VLBI 数据校正 GNSS 数据所估计的 IWV。当没有独立可用的数据时,利用站点坐标估计值与传播延迟之间的相关性来处理 IWV 时间序列中的假跳变是可行的,此方法需要进一步进行研究。

2. IWV 中的周年分量

IWV 的周年分量在全球范围内表现出很大的差异,这是由与季节相关的不同天气模式造成的。通过连续地面观测网络以及一致性数据处理,GNSS 已成为一种系统性的研究工具。例如,文献[38.43]对 155 个全球分布的 GNSS 站点 13 年的数据进行了研究,发现在中纬度地区发生了较大的季节振幅。

同时,相关学者已经在局部地区开展了更高空间分辨率的研究。例如,文献[38.44]和文献[38.45]使用来自伊比利亚半岛的 GNSS 数据进行了长达 10 年的研究,结果显示西班牙西南部在夏季出现了系统性偏差。

3. IWV 中的周日分量

IWV 中的周日分量主要受太阳辐射影响。因此,周日分量在赤道地区占更主导的地位,当离开赤道时,周日分量振幅在靠近两极的区域逐渐减小直至消失。出于同样的原因,由于绝对湿度通常会随着温度的升高而增加,夏季的绝对湿度预计也会比冬季大。掌握周日分量振幅和相位可以作为研究数值天气模式的有效工具。

在一项使用了全球 151 个国际 GNSS 服务站点 1 年数据的研究中,观测到 ZTD 的周日振幅介于 0.2mm 和 10.9mm 之间[38.46],对应的 IWV 变化范围为 $0.1 \sim 1.7 kg/m^2$。一项使用美国观测网络进行的相关研究[38.47]获得了类似的结果,并评估了三种不同产品的精度。

在一项使用了赤道地区 14 个 IGS 位点的研究中,观测到 IWV 的日振幅为 $3kg/m^2$[38.48]。对于不靠近海洋的测站振幅更大,因为与内陆地区相比,靠近海洋的温度日变化率相对低一些。值得注意的是,中高纬度地区的周日分量被更大的中尺度气象趋势所掩盖,再加上太阳辐射的周日总量幅度小得多,这意味着必须对多年观测的 GNSS 数据平均才能获取周日分量[38.49]。

4. 气象模型评估

本章已经讨论了利用 GNSS 数据获取 IWV 时间序列中长期趋势、周年分量和周日分量的数值天气模型。文献[38.50]中提出了另外一种研究,其重点是确认 IWV 的季节和年际变化。作者发现,基于 GNSS 反演的可降雨量和美国国家环境预报中心(NCEP)的数值天气预报模型相比,在欧洲和北美地区差异为毫米级。另外,他们发现该模型对赤道地区和南极洲的季节信号分别低估了 40% 和 25%。

文献[38.51]根据 GNSS 观测值和气候模型之间的 IWV 差异,建立了一个区域气象模型。结果发现,有几个 GNSS 站点的差异较大,这是由于在该区域内,模型的冷温度偏差以及对日温度范围低估造成的。另外,该模型在靠近海洋的测站所计算的 IWV 发生正偏差,模型网格点表明的海面覆盖率大于 60%,这可能是因为蒸发作用对网格点的 IWV 平均值造成较大的影响。

正如前文所述,GNSS 气象研究需要长期观测。迄今为止,地基 GNSS 反演天气的能力已经得到充分证明,但由于可用时间序列的长度有限,仍然存在较大的局限性,这种情况在今后几年会有所改善。下一节将讨论 GNSS 气象学中的掩星测量。随后,本章将概括 GNSS 在中性大气遥感中的应用。

## 38.2 GNSS 无线电掩星测量

### 38.2.1 简介和历史

1995 年 7 月 17 日,美国空军宣布 GPS 星座已满足全面作战能力的所有要求。早在 1995 年 4 月 5 日,就已经发射微实验室 1 号(MicroLab-1)低轨卫星,并首次记录到了穿过大气层的 GPS 卫星信号。其主要目的是在 GPS/MET 气象学实验中,使用较为新颖的 GPS 无线电掩星技术进行大气探测[38.52,38.53]。

GPS/MET 实验是一个成功的案例,首次从星载 GPS 数据中获得了全球大气温度、水汽和电子密度的垂直分布。GPS 或者 GNSS 无线电掩星技术作为一种创新性的遥感方法,具有全天候、高精度、高垂直分辨率、低成本等特性,有望在中性大气和电离层研究、数值天气预报、空间天气监测和气候变化探测方面发挥巨大作用[38.54]。

经历了 20 年左右的发展,GNSS 无线电掩星测量逐渐成为一种被广泛认可的大气遥感技术,其中一个比较重要的例子是使用 GNSS 无线电掩星数据来改进全球数值天气预报[38.55,38.56]。图 38.11 显示了星载 GNSS 观测的几何示意图,在 GNSS 卫星落下或卫星上升之前,低轨卫星上的接收机跟踪 GNSS 卫星信号,包括载波的相位和振幅。掩星事件通常持续 1~2min,能够探测地球表面上方大约 100km 的大气。在掩星事件中,信号通过不同高度的大气层并被不同的介质所影响。通过反演掩星过程中的信号时间序列,可以得到大气折射率、温度或水汽等参数的垂直分布。GNSS 无线电掩星测量还可用于反演垂直电子密度分布,第 40 章中对此有更详细的论述。无线电掩星测量的一个关键点是从 GNSS 卫星到 LEO 卫星的信号路径弯曲角 $\alpha$,该弯曲角由碰撞参数 $a$ 和离地表最近的信号路径点 $r_0$ 确定。利用 GNSS 参考卫星的 LEO 观测量、GNSS 掩星以及 GNSS 地面站数据,对掩星测量中的附加相位延迟进行标定,能够为弯曲角的推导奠定基础,更多细节见 38.2.2 节。

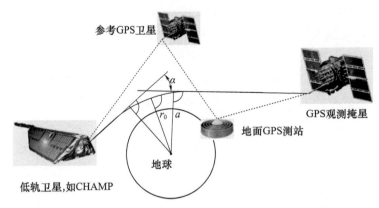

图 38.11　GNSS 无线电掩星测量示意图,以 CHAMP 卫星为例

## 38.2.2　基本原理和数据分析

**1. 中性大气中的附加相位延迟**

GNSS 无线电掩星技术的原理是基于低轨卫星上的双频 GNSS 接收机观测下降或上升的 GNSS 卫星。将载波相位观测量与卫星的位置和速度信息相结合,可以得到掩星期间的大气相位路径延迟。这种相位路径的延迟称为附加相位延迟,本节简要回顾了 dA 和 GNSS 无线电掩星的大地测量关键观测方程及其推导过程。

以图 38.11 为例,每个频率上 GNSS 卫星和 LEO 卫星之间以米为单位的掩星链路相位观测 $L$ 可以写为

$$L = \rho + c(\mathrm{d}t - \mathrm{d}T) - \mathrm{d}I + \mathrm{d}A + \epsilon \tag{38.12}$$

式中:$\rho$ 为考虑到信号传播时间的发射卫星和接收机之间的真实距离;$c$ 为光速;$\mathrm{d}t$ 和 $\mathrm{d}T$ 分别为发射卫星和接收机的钟差;$\mathrm{d}I$ 和 $\mathrm{d}A$ 分别为电离层和中性大气沿射线路径引起的相位延迟;$\epsilon$ 为由测量噪声和未修正的多径等组成的残余误差。

为了分析 GPS/MET 和 CHAMP(Challenging Minisatellite Payload)观测量,文献[38.52,38.57]采用了双差技术消除 GNSS 发射卫星和 LEO 接收机卫星钟差。首先,来自 GNSS 掩星的信号与来自 GNSS 参考卫星的信号进行差分,地面观测站同时记录这些卫星的观测值。相应的观测几何结构如图 38.11 所示,双差观测方程为

$$\Delta\Delta L = (L_{\mathrm{CO}} - L_{\mathrm{CR}}) - (L_{\mathrm{GO}} - L_{\mathrm{GR}}) \tag{38.13}$$

上述双差观测方程是在掩星期间,CHAMP 卫星和地面站同时观测对来自 GNSS 掩星和

GNSS 参考卫星的信号,下标 C、O、R 和 G 分别表示 CHAMP、掩星和参考 GNSS 卫星以及地面站[38.58]。式(38.13)中必须考虑相对论效应和光行效应的修正[38.59]。式(38.13)表明,双差方程中的发射卫星钟差 $dT_O$ 和接收机钟差 $dt_R$ 均被抵消。虽然双差消除了卫星钟差,但是这三个观测量引入了其他误差,包括未经校准的中性大气和电离层延迟以及附加噪声。此外,在掩星和参考卫星的非同步接收时间进行差分时,必须考虑地面接收机钟漂和地面站的多路径效应[38.60]。

由于 GPS 选择可用性(SA)在 2000 年 5 月 2 日终止,GNSS 卫星钟差精度得到了有效改善。另外,目前低轨卫星时钟具有较高的稳定性,使得单差甚至非差方式成为当前 GNSS 无线电掩星数据分析的最新技术[38.61,38.62]。例如,天基单差观测方程为

$$\Delta L = (L_{CO} - L_{CR}) \tag{38.14}$$

式中:$L_{CO}$ 为 CHAMP 卫星的 GNSS 掩星相位观测量;$L_{CR}$ 为 GNSS 参考星的相位观测量。在该方案中,尽管使用 IGS 的标准精密星历,GNSS 卫星钟差仍然存在并需要修正。对于具有超稳定振荡器的 GNSS 无线电掩星观测卫星,例如 GRACE-A 或者 Metop,甚至不需要形成单差观测方程,掩星链路的相位数据 $L_{CO}$ 可以直接推导 $dA$。采用单差法和非差法,能够有效降低 $dA$ 的随机噪声水平,避免系统误差。

有关附加相位延迟校准的更多细节,请参考文献[38.59,38.61]。图 38.12 显示了 TerraSAR-X 掩星测量的大气相位延迟和相应的振幅,即信噪比(SNR)。通常情况下,0~120km 高度的中性大气掩星测量持续约 1~2min,而地球表面附近的中性大气附加相位延迟约为 1km。

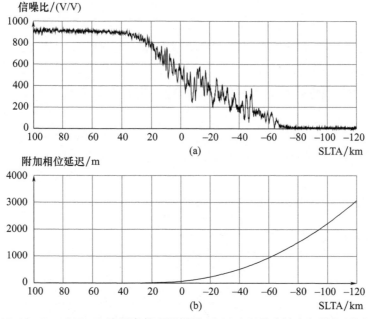

图 38.12 TerraSAR-X 掩星事件观测到的 SNR(a)以及中性大气附加延迟(b)

## 2. 中性大气参数的垂直分布廓线

中性大气附加相位延迟的标定是一项大地测量任务,也是反演大气参数垂直剖面的

数学物理基础。第一步是得到大气弯曲角,可以利用多普勒频移方程得到大气附加相位延迟对时间的导数[38.63],即

$$f_d = f_c \left( \frac{c-(\boldsymbol{v}_2 \cdot \boldsymbol{m}_2)n_2}{c-(\boldsymbol{v}_1 \cdot \boldsymbol{m}_1)n_1} - 1 \right) \tag{38.15}$$

式中:$\boldsymbol{v}_1$ 和 $\boldsymbol{v}_2$ 分别为 GNSS 和 LEO 卫星的速度矢量;$\boldsymbol{m}_1$ 和 $\boldsymbol{m}_2$ 为单位矢量;$n_1$ 和 $n_2$ 为卫星位置处的折射率,如图 38.13 所示。多普勒频移 $f_d$ 与相位 $L$ 有关,可用载波频率 $f_c$ 和真空光速 $c$ 表示,有

$$f_d = -\frac{f_c}{c} \frac{dL}{dt} \tag{38.16}$$

$$L = L_0 + dA_{L_0} \tag{38.17}$$

因此,多普勒频移 $f_d$ 可表示为

$$f_d = f_{d0} + f_{dA} \tag{38.18}$$

式中:$f_{d0}$ 为真空状态下的频移,其值取决于 $L_0$,可以利用卫星的精确位置和速度信息来计算;$f_{dA}$ 取决于 GNSS 卫星和 LEO 卫星之间掩星链路实测大气附加相位 $A_{L_0}$ 对时间的导数。如图 38.13 所示,弯曲角度为

$$\alpha = \phi_1 + \phi_2 + \theta - \pi \tag{38.19}$$

式中:$\phi_1$ 和 $\phi_2$ 为未知量。因此,还需要一个方程来计算 $\phi_1$ 和 $\phi_2$。假设局部球面对称性的折射率 $n=n(r)$,根据斯涅耳定律可得

$$r_1 n(r_1) \sin\phi_1 = r_2 n(r_2) \sin\phi_2 \tag{38.20}$$

式(38.16)和式(38.20)是非线性的,因此无法获得解析解,可用文献[38.63]中描述的迭代法求解。迭代开始前,假设大气层不存在,那么根据卫星轨道信息即可求出 $\phi_2$ 的初始值 $\phi_{20}$,此时增量 $\Delta\phi_2 = \phi_2 - \phi_{20}$ 为 0,进一步使用式(38.20)可计算出相应的 $\Delta\phi_1$,然后可以构造向量 $\boldsymbol{m}_1$ 和 $\boldsymbol{m}_2$。利用式(38.15)可以计算出 $f_d$,进而得到增量 $\Delta f = f_d - f_{d0}$,并将其与观测值 $f_{dA}$ 进行比较。至此,可以得到新的增量 $\Delta\phi_2$,并重复上述步骤,直到可以根据 $\phi_1$ 和 $\phi_2$ 确定 $\alpha$。

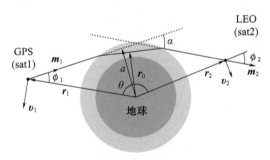

图 38.13 从多普勒频移推导弯曲角 $\alpha$ 的示意图

电离层延迟通过对每个频率弯曲剖面的线性组合来校正,对于 GPS 的两个频点 L1 和 L2 有[38.64]

$$L_C(t) = \frac{f_1^2}{f_1^2 - f_2^2} L_1(t) - \frac{f_2^2}{f_1^2 - f_2^2} L_2(t) \tag{38.21}$$

$$\alpha_C(a) = \frac{f_1^2}{f_1^2 - f_2^2} \alpha_1(a) - \frac{f_2^2}{f_1^2 - f_2^2} \alpha_2(a) \tag{38.22}$$

式(38.22)中的电离层校正避免了色散的影响(L1 和 L2 具有单独的信号路径),也是式(38.22)的主要误差来源。因为对于两个频率而言,弯曲角式(38.22)的线性组合是在相同的碰撞参数下形成的。

对于给定的信号路径离地心的最近距离点 $r_0$、弯曲角 $\alpha$ 和碰撞参数 $a$,结合电离层校正后的弯曲角廓线,通过 Abel 积分反演公式,可得大气折射率 $n$ 的垂直结构为

$$n(r_0) = \exp\left(\frac{1}{\pi}\int_a^\infty \frac{\alpha(x)}{\sqrt{x^2 - a^2}} dx\right) \tag{38.23}$$

如上所述,在考虑电离层造成的路径弯曲后,大气折射率 $N = (n-1) \times 10^6$ 可通过 Smith-Weintraub 方程表示,其大小与大气压强(用 $p$ 表示,单位为 mbar)、温度(用 $T$ 表示,单位为 K)和水汽压力(用 $p_w$ 表示,单位为 mbar)有关[38.65],即

$$N = 77.6 \frac{p}{T} + 3.73 \times 10^5 \frac{p_w}{T^2} \tag{38.24}$$

在干大气条件下,密度可以通过已知的密度与折射率、气压和干温度之间的关系式求得。根据理想气体流体静力学方程和状态方程可以得到压力和温度,许多文献非常详细地给出了其计算步骤[38.54, 38.60, 38.66],有

$$T_d = 77.6 \frac{p}{N} \tag{38.25}$$

当水汽存在时,由于折射率同时受到干分量和湿分量的影响,需采用额外信息来确定湿度和密度。基于气象分析中心(如欧洲中期天气预报中心(ECMWF))给出的温度剖面,可以通过迭代程序计算出的折射率来获取湿度剖面[38.67]。该算法对温度误差具有很高的灵敏度,从而导致反演的水汽分布具有较大的不确定度[38.68]。更严谨的方法是结合测量误差特性和背景信息,同时估计温度和湿度[38.69, 38.70]。这些方法进一步增加了获得高精度水汽分布的可能性。

举例来说,图 38.14 给出了从 TerraSAR-X 掩星测量中获得的干温度和水汽的垂直剖面。低于 10km 以下高度,由于水汽的存在,干温度与真实温度已经存在一定的偏差(冷偏差)。而在 3km 以下,由于大量水汽的存在,这个偏差尤为明显。该偏差可以作为大气水汽的一种测量值。值得注意的是,将无线电掩星数据同化为气象预报模型的关键是弯曲角或折射率,而不是温度和水汽。在模型分析过程中,利用其他观测系统的数据,可将这些观测分离为干湿分量,并最终提供温度和水汽。此外,对于一些与气候变化相关的研究则需要使用弯曲角和折射率数据[38.71]。

GNSS 无线电掩星数据处理的主要难点在于下部对流层参数反演。由于水汽分布不规则,折射率梯度过大,因此信号跟踪较为复杂,几何光学的分析假设不能应用于高海拔

地区。但是在过去10年中,开环GNSS信号跟踪技术以及掩星数据分析技术均有了重大进展[38.72-38.76]。目前另一个难点是平流层上部的掩星信号非常微弱,测量误差是影响中性大气监测的主要因素。

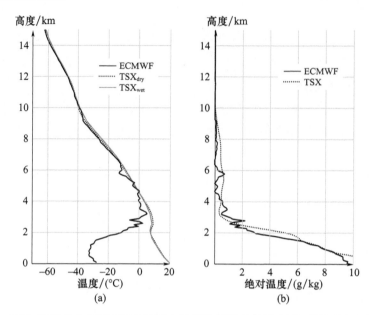

图38.14 TerraSAR-X任务中根据GNSS无线电掩星数据得出的垂直干、湿温度(a)和水汽廓线(b)

## 38.2.3 掩星任务

文献[38.78]介绍了截止到2016年几乎全部的GNSS无线电掩星测量卫星。本节选取几个较为重要的掩星任务进行详细论述。

早在1995年至1997年,GPS/MET实验中的MicroLab-1卫星首次记录了的GNSS无线电掩星观测数据[38.52,38.53]。对这些数据的分析主要集中在4个为期2~3周的时间段内,在此期间,美国关闭了GPS信号的A/S政策,并且MicroLab-1卫星朝向GPS卫星,这就使得GPS掩星观测发生在卫星尾部或反速度方向,并且朝向地球边缘(译者注:MicroLab-1卫星在尾部安装了一个GPS天线,以便能观测到后向掩星事件)。

2000年7月15日,德国发射的CHAMP卫星首次提供了连续和近实时的GPS无线电掩星数据[38.57,38.79]。这些资料可用于各种同化研究,探讨无线电掩星对数值天气预报的改善效果[38.80,38.81]。此外,CHAMP卫星还提供了涵盖2001年到2009年的一段长时间GPS无线电掩星数据。由于具有较高的数据质量,CHAMP卫星经常应用于与气候相关的研究[38.82-38.84]。此外,国际上不同的数据处理中心对CHAMP卫星的结果进行了比较,有利于评定无线电掩星反演气象参数的不确定度[38.85-38.87]。因此,CHAMP无线电掩星实验非常成功,并且引领了几个后续的无线电掩星任务。然而,该卫星每天可用的掩星观测量只有150个左右。

美国和德国于2002年3月17日联合发射了用于重力恢复与气候实验(GRACE)的双子星,其任务是探测与气候有关的地球重力场长期变化。与CHAMP卫星相同,这两颗卫星配备了喷气推进实验室(JPL)制造的BlackJack GPS无线电掩星接收机。2006年5月22日,GRACE-A卫星启动了连续的GPS无线电掩星测量[38.79]。截至2015年底,该卫星提供了大约130个近实时的掩星剖面。GRACE后续任务(GRACEFO)已经获得批准,计划于2017年发射,并搭载一个GNSS无线电掩星接收机。

美国和中国台湾地区于2006年4月15日联合发射了由6颗卫星组成的FormoSAT-3/COSMIC星座[38.55],欧洲于2006年10月19日发射了两颗Metop卫星[38.88],两者均有效提升了对流层下部掩星观测数据量以及数据质量。FormoSAT-3/COSMIC星载接收机采用开环追踪模式,每天能够观测超过2000次掩星事件,可以有效改善对流层下部的数据质量。2013年,FormoSAT-3/COSMIC达到了任务的标称寿命,而且几颗卫星出现了技术问题,每天的无线电掩星测量数据下降一半左右。两颗Metop卫星每日可观测到超过1200个连续和高可靠性的掩星事件。德国分别于2007年6月15日和2010年6月21日发射了双星座TerraSAR-X和TanDEM-X,该星座能够提供一组独特的平行掩星测量,可以提升GNSS无线电掩星技术的精度[38.89]。另外,近实时的TerraSAR-X无线电掩星数据可用于数值天气预报。

后续的FormoSAT-3/COSMIC和FormoSAT-7/COSMIC-2卫星计划在2016年发射,该星座由12颗卫星组成,位于两个不同的轨道面,能够接收包括GPS、GLONASS和Galileo在内的多星座GNSS掩星数据。该任务计划于2016年初发射6颗卫星进入低倾角轨道,2018年再发射6颗卫星进入高倾角轨道。这种轨道设计将提高GNSS无线电掩星数据的覆盖范围,特别是在热带地区。GNSS无线电掩星的有效载荷为TGRS,由美国宇航局喷气推进实验室(JPL)研发。一旦两个星座完全部署完毕,每天将能够跟踪到多达12000个高质量的大气剖面。第三颗Metop系列的卫星将于2018年发射,欧洲气象卫星组织的EPS计划将在后续卫星上安装GNSS无线电掩星测量接收机,预计在2020年实现。

除了这些大型任务外,国际无线电掩星工作组编制的文件中也详细地描述了几个较小的任务[38.90]。国际无线电掩星工作组成立于2009年,是一个常设的气象卫星协调小组,以论坛的方式负责无线电掩星数据运维和研究。

另外一个与无线电掩星有关的活动是地球连续远程观测计划,以商业的形式提供无线电掩星数据。地球连续远程观测计划在2016年发射一颗示范卫星,随后在同年发射6颗卫星组成地球连续远程观测计划-1星座。该星座中的每颗卫星预计每天将观测900多个GPS掩星事件。地球连续远程观测计划-2预计到2019年扩展到24颗卫星,将搭载增强性能的GPS/GLONASS/Galileo掩星接收机,可使每颗卫星每天观测到1600次掩星事件。

## 38.2.4 掩星数量及其全球分布

图38.15显示了自2009年初以来6颗FormoSAT-3/COSMIC卫星和2颗Metop-A/B卫星的每日掩星次数。FormoSAT-3/COSMIC卫星的每日观测掩星次数在第三年(2009年初)最多,达到2500个左右。即使在发射7年后,每天也能观测多达2000个掩星事件。

每日剖面数量的减少与不断增加的卫星技术问题有关,这些卫星正常在轨运行的时间已经超过正常寿命的两倍以上。两颗 Metop 卫星提供的无线电掩星测量非常稳定,在近实时的情况下,每天大约有 1400 个剖面可用。

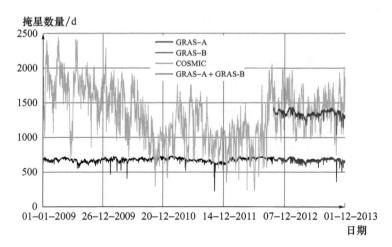

图 38.15　2009 年 1 月 1 日至 2013 年 12 月 1 日期间,GRAS-A(黑色)、GRAS-B(红色)和 FormoSAT-3/COSMIC(绿色)的 GNSS 掩星每日测量次数。GRAS-A 和-B 数据的总和由深蓝色线表示(见彩图)

　　GRAS 是安装在 MetOp 卫星上的接收机,其提供的每日垂直剖面图数量是未经过数据质量控制处理的,而 FormoSAT-3/COSMIC 提供的则是数据质量控制处理之后的垂直剖面数量。在气象研究的数据同化过程中,约 5%~10% 的 GRAS 数据在质量控制中被剔除。每个 GRAS 星载接收机观测到的掩星事件是恒定的,每天约为 650~700 次。观测数量的长期变化与用于掩星观测的 GPS 卫星可用性有关,短期变化则由卫星数据下载丢失或设备更新等因素引起。

　　截至 2016 年底,GRACE-A 和 TerraSAR-X 也能够提供近实时无线电掩星数据,但与 Metop 和 FormoSAT-3/COSMIC 相比,每颗卫星每天观测到的掩星事件要少 150 次。

　　GNSS 无线电掩星技术的关键在于测量数据的全球分布,但通常呈现出非均匀的分布,主要取决于 GNSS 和 LEO 卫星轨道的几何关系。例如,图 38.16 显示了 FormoSAT-3/COSMIC 卫星的无线电掩星测量的全球分布,其轨道倾角约为 70°。该分布根据 2007 年至 2012 年间获得的约 420 万份无线电掩星剖面数据计算得出。可以看出,掩星事件遍布全球,几乎相对于赤道对称。纬度差异引起的变化较为显著,在极地或者赤道地区,每像素约 800 个掩星事件,而在北纬 25°和南纬 50°的中纬度地区,掩星事件能够达到 2500 个。

　　低轨卫星的轨道倾角是影响无线电掩星测量全球分布的关键参数。低倾角 LEO 轨道可使赤道地区的掩星密度增加,这对于台风等恶劣天气事件的预报具有重要意义。因此,由 12 颗卫星组成的 FormoSAT-7/COSMIC-2 星座中,有 6 颗卫星部署在 20°倾角的轨道上,以便能够在赤道地区获得更高的掩星密度。近极地轨道低轨卫星,如 CHAMP、GRACE 和 Metop 存在类似的掩星分布,如图 38.16 所示。

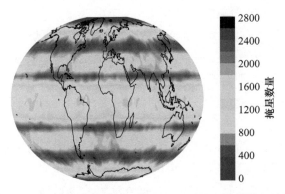

图 38.16　FormoSAT-3/COSMIC 任务 GNSS 无线电掩星数据全球分布，分辨率为 5°×5° 纬度/经度网格

## 38.2.5　测量精度

在过去几年中，相关学者进行了大量的试验研究来评估各种掩星任务的数据质量[38.52,38.55,38.79,38.88,38.89,38.91]。利用不同气象分析和探空资料，验证了折射率、温度和水汽的垂直剖面精度。此外，还比较了从两个不同卫星平台上观测到的同一个无线电掩星剖面[38.89,38.92]。结果表明，对流层上部以及平流层下部的温度与探空资料较吻合。

在大约 8~25km 高度之间，也就是对流层上部以及平流层下部的区域中，平均温度偏差≤1K，RMS 的误差范围在 1~2K 内。TerraSAR-X 卫星反演的折射率偏差约为 ±0.1%，均方根误差≤ 0.5%，如图 38.17 所示。折射率偏差随高度变化而变化，这可能由处理探空数据或无线电掩星数据造成的。

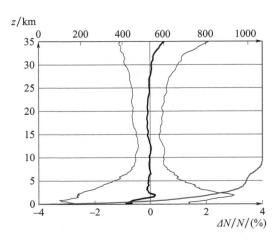

图 38.17　TerraSAR-X 折射率剖面与 2011 年 11 月 26 日至 12 月 2 日 ECMWF 资料的统计对比。粗黑线和细黑线表示偏差和均方根值，红线表示分析数据的海拔高度（见彩图）

在对流层下部，尤其是低纬度地区，如何处理负折射率和观测值缺失是相关领域的研究热点[38.72-38.76]。早期无线电掩星任务接收机（如 GPS/MET 或 CHAMP）采用锁相环（PLL）跟踪模式，通过外推先前提取的相位对无线电掩星信号的相位进行建模。这项技

术在有足够信噪比的 GNSS 观测中效果良好,在掩星观测中受对流层底部潮湿大气的影响,无法捕捉掩星信号。除此之外,多径传播会使相位和幅度剧烈波动,从而导致基于外推的相位模型误差显著、信噪比损失以及掩星信号锁定损失。因此,在 PLL 模式中,若掩星信号长时间穿过对流层,则会产生系统跟踪误差。一种新的开环(OL)跟踪技术,即对复杂信号的原始采样,已经应用于掩星的数据采集,并且能够获取上升掩星事件[38.93]。然而,对于常规的 GNSS 无线电掩星探测,信号的原始采样是不可行的。因此,相关研究学者提出了一种基于模型的开环追踪技术,用于观测穿过潮湿对流层的上升和下降掩星。该技术已经被应用于多个掩星任务,如 FormoSAT-3/COSMIC[38.73]。除了掩星信号跟踪技术的改进外,基于波动光学的对流层下部数据反演算法也得到了完善[38.74-38.76,38.94]。

无线电掩星测量中,信号穿过地面 25km 左右的大气层会使观测误差增大,这一问题是相关学者的研究重点(如文献[38.77])。由于这个高度的大气层产生的相位延迟较小,GNSS 无线电掩星反演困难。另外,无线电探空仪观测和数据分析也容易在这个高度出现问题。

TerraSAR-X 和 TanDEM-X 两颗卫星相距 20km,提供了连续一年多的近距离的大气垂直剖面观测数据。这种独特的数据能够用于研究无线电掩星技术,并确定其精度。图 38.18 显示了所反演的折射率剖面,在对流层下部和大约 30km 以上的大气层偏差较小。平流层下部的标准差约为 0.1%,对流层下部和大约 30km 以上的地方约为 0.5%。其结论与文献[38.92]中所述的 FormoSAT-3/COSMIC 任务在部署阶段所获得的结果保持一致。

需要指出的是,微波传感器也广泛应用于全球天气预报,高精度的 GNSS 无线电掩星数据对于校准其他卫星所提供的微波传感器数据非常有价值[38.95]。

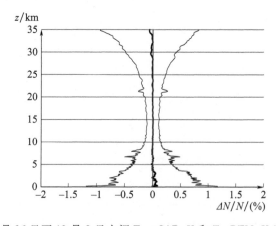

图 38.18 2011 年 11 月 26 日至 12 月 2 日之间 TerraSAR-X 和 TanDEM-X 反演的大气折射率比较

## 38.2.6 新一代卫星导航系统前景

新一代卫星导航系统(如 Galileo、北斗、QZSS)以及 GLONASS 和 GPS 的现代化都将有利于 GNSS 无线电掩星技术的发展。由于导航卫星数量显著增加,与单 GPS 相比,即使是单个LEO掩星接收机,每日的观测数量也能增加3~4倍。此外,GNSS的新信号结构能够有效改善无线电掩星任务的数据质量。例如,使用第三个频段的载波来修正电离层误差,可以获得更好的平流层掩星观测。文献[38.96]对新一代无线电掩星GNSS的前景作了初步展望。

### 38.2.7 天气预报

利用GNSS无线电掩星观测能够提高全球天气预报质量,这是GNSS无线电掩星应用的亮点和大气遥感技术突破。这一技术的先行者是德国CHAMP卫星,该卫星自2003年以来一直提供连续的近实时GNSS无线电掩星数据。全球大气垂直分布的测量和发布时间的平均延迟从2003年的5h减少到2006年的2h左右,处理时间的缩短主要得益于优化的CHAMP卫星精密定轨程序。来自GFZ的近实时数据被主要的预报中心用来发展适用的同化技术,并测量和量化无线电掩星数据对预报的影响[38.81]。目前,世界领先的气象中心经常使用无线电掩星数据改进全球数值预报。

一些NWP(数值天气预报)中心报告了GNSS无线电掩星数据(例如,文献[38.80,38.97—38.99])对天气预报的积极影响,尽管无线电掩星数据与被同化的卫星辐射(所使用的卫星数据的主要部分)相比数据量较少——例如,ECMWF每12h同化约1000万次常规和卫星观测,其中90%是卫星辐射测量,只有约2%是GNSS-RO弯曲角测量。GNSS无线电掩星的主要影响是对流层上部和平流层温度。GNSS无线电掩星测量可以为卫星辐射测量提供补充信息。与卫星底点探测仪相比,GNSS掩星测量具有良好的垂直分辨率,不需要校正系统偏差,因此它们可以锚定应用于卫星辐射的偏差,并帮助识别NWP模型偏差[38.100]。

图38.19显示了2006年12月12日发布的FormoSAT3/COSMIC、CHAMP和GRACE-A同化GNSS无线电掩星数据,其主要信息减少或消除了背景和分析温度(约为0.2K和0.4K)中的ECMWF偏差,以及与探空仪数据相比100hPa压力水平的位势高度(5~10m),这可以被视为在这些海拔高度的真实情况。

### 38.2.8 气候监测

无线电掩星观测适用于提供气候监测所需的稳定、长期数据[38.82,38.101,38.102],具有全球覆盖、高精度、高垂直分辨率和不受天气影响等优势。更重要的是,无线电掩星的基本观测量是信号传播的时间,高精度、高稳定度的星载原子钟会使数据质量得到明显改善。GNSS卫星上的原子钟与地面上最稳定的原子钟保持同步,低轨卫星上的接收机可以观测10个左右的直射GNSS卫星信号,从而可以与地面原子钟保持同步。因此,星载GNSS接收机可以实现长期稳定又极其精确的信号反射时间测量。综上所述,无线电掩星观测是一种很有效的气候监测技术。

对气候趋势的探测具有巨大的社会和经济效益,但是目前的大气监测仪器还无法达到每十年0.5K和0.04K的精度要求。

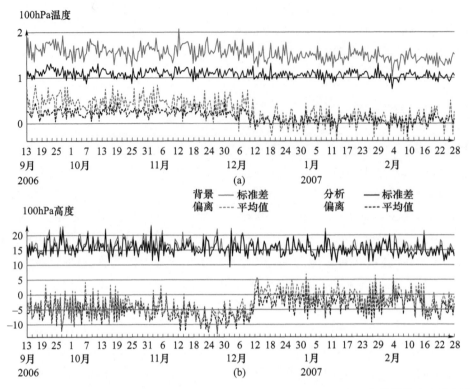

图 38.19 南半球(a)温度和(b)位势高度探空仪 100hPa 观测的 ECMWF 业务背景偏离和分析偏离的平均值和标准差时间序列。GNSS-RO 于 2006 年 12 月 12 日推出(由 ECMWF 的 S. Healy 提供)

1. 全球温度趋势

对流层上部和平流层下部(UTLS)是大气层的关键区域,与平流层-对流层交换和气候研究有着重要的联系。确定 UTLS 温度和对流层顶(TP)高度趋势对于监测气候变化过程至关重要,UTLS 区域的全球高分辨率温度观测只能通过 GNSS 无线电掩星数据获得。CHAMP 与 GRACE、FormoSAT-3/COSMIC、MetOp、TerraSARX 等卫星任务联合记录了从 2001 年到 2008 年第一组长期的无线电掩星数据集。UTLS 区域也是垂直大气区域,GNSS 无线电掩星测量具有最高的精度。

图 38.20 显示了 5~25km 高度的全球气温趋势,数据来源于 2001—2013 年间的 CHAMP、GRACE-A 和 TerraSARX GPS 无线电掩星观测。TP 的高度用白线表示,距 TP 5km 以上对流层顶部温度有轻微提高,南半球副热带地区的温度值最大。在从 TP 到 25km 的平流层底部,温度主要呈下降趋势,赤道地区上方的 TP 和南半球平流层底部表现为温度降低[38.82,38.83,38.103]。

研究结果表明,精确的 GNSS 数据能够监测到非常微小的大气温度趋势。这也是目前德国研发 GNSS 无线电掩星系统、建立新的中期气候预测模型的原因。

为保障无线电掩星气候研究的数据质量,国际无线电掩星科学组织于 2009 年开始定期比较不同处理中心的无线电掩星产品,评估数据记录中的结构不确定度和趋势的稳定性。如图 38.21 所示,基于多个分析中心的结果确保了无线电掩星数据的质量可靠性,比单个分析中心提供的气象数据更为完整和可靠[38.85,38.86]。

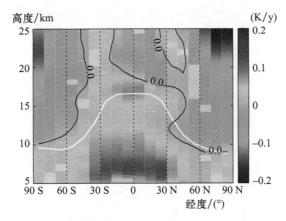

图 38.20 基于 CHAMP、GRACE 和 TerraSAR-X GPS 无线电掩星数据的对流层上部和平流层下部全球温度趋势(2001-2013)

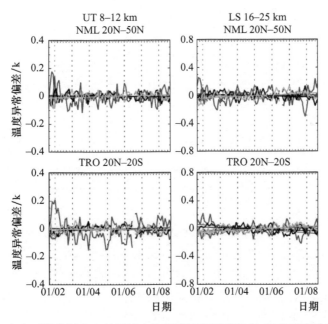

图 38.21 来自不同分析中心的无线电掩星温度的不确定度：DMI 哥本哈根(黄色)、GFZ 波茨坦(蓝色)、JPL 帕萨迪纳(红色)、UCAR 博尔德(黑色)和 WEGC 格拉茨(绿色)(见彩图)

2. 对流层顶部：气候变化的风向标

TP 区将对流层和平流层分开，它们在化学组成和静态稳定性方面具有不同的特征。因此，在全球范围内确定 TP 区域的高度和温度等参数是大气研究的重要目标[38.104]。由于 TP 参数可用来描述气候的变化，近年来受到了越来越多的关注。在过去几十年里，全球平均 TP 高度呈升高趋势，这似乎是一种比地球表面温度更敏感的气候变化指标[38.105]。相关研究的另外一个应用是 TP 区在平流层-对流层交换中的作用，这是因为大多数的气体交换过程都发生在这个区域[38.106]。

探空仪是确定TP参数的一个重要数据源。虽然探空数据具有较高的垂直分辨率,但无法实现全球覆盖。而无线电掩星技术既提供了全球覆盖,又具有良好的垂直分辨率,因此对TP的深入研究特别重要。文献[38.107,38.108]基于GPS/MET卫星数据,发布了热带TP区域首个GNSS无线电掩星观测结果。图38.22描述了一项与TP相关的研究实例[38.109],2001年至2011年间,全球平均TP高度以大约为6m/y的速度显著增加,该现象与对流层上部的温度升高有关。这也可能是整个TP层变暖的迹象,因此需要更长的数据支撑才能更加确定这些早期GNSS无线电掩星结果。

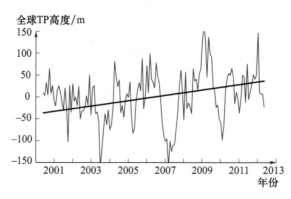

图38.22 基于CHAMP、GRACE和TerraSAR-X GPS无线电掩星数据(2001—2011)的全球TP高度趋势(黑色线),从这些无线电掩星任务中得出的月平均全球TP高度(棕色线)

3. 重力波

利用GNSS无线电掩星数据探测气候变化的另一个重要应用是推导全球尺度大气参数,主要是重力波参数。由于不同区域大气之间的能量和动量相互传输,重力波对大气环流起着重要作用。因此,利用GNSS无线电掩星数据反演重力波对当地天气预报和全球气候模拟具有重要意义。

文献[38.110]最早从GPS/MET数据开始研究垂直传播的重力波。近期文献[38.111]使用了更多的卫星和更大的数据集探索了反演水平方向重力波的可行性。图38.23为在距地面20~25km高度范围内,使用2007年到2010年连续4年的数据计算得到的7月份平均动量通量(MF)。沿安第斯山脉南部和东部的MF值很高,因为该地区有强烈且稳定的西风穿过山脉。在热带地区,由于强对流活动,重力波引起了较高的MF值。北半球的夏季相对安静,因此显示出较低的MF值。包括潮汐在内的大气波,可以通过不规则的电离层时空特性来探测,而GNSS无线电掩星技术则是反演电离层的有效工具[38.112]。

4. 大气边界层

近年来,科学家们逐渐认识到大气边界层(PBL)动力学反演对整个气候系统的重要性。PBL是受地表直接影响的最底层大气,这个湍流混合层与上层大气之间的边界具有温度转变以及湿度降低的特征,特别是在潮湿的热带和亚热带地区。与陆地相比,亚热带地区的边界层顶部比热带地区和海洋上的边界层顶部更尖锐,在水平方向上更均匀。PBL的厚度是数值天气预报和气候模型的一个重要参数,用于监测PBL的GNSS无线电

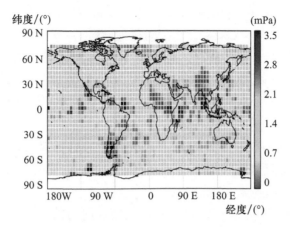

图 38.23 由三个并址的 FormoSAT-3/COSMIC 卫星生成的水平方向动量流通分布示意图，高度范围为 20~25km，2007 到 2010 年为期 4 年的均值

掩星测量具有全球覆盖和高垂直分辨率的特点，PBL 的顶部与垂直折射率梯度有关，使用无线电掩星测量技术可以清楚地识别这种现象，如图 38.24 所示。

近年来，若干研究组进行了多项相关研究[38.94,38.113,38.114]。文献[38.113]利用 GNSS 无线电掩星和 ECMWF 中期再分析数据集(ERA-Int)分别得到了平均的 PBL 高度，两者在三年内呈现相似的空间和季节性变化。但是，GNSS 无线电掩星测量的 PBL 高度要高出 500m，标准差也更大。在太平洋和撒哈拉沙漠等热带地区，这种现象更为明显，需要进行更为深入的研究。相关研究结果表明，这种偏差与地区的不同有关。另外，GNSS 无线电掩星数据包含 PBL 上方和内部的垂直分辨信息，这些信息很难通过其他任何卫星测量获得。

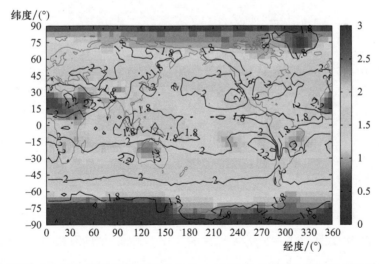

图 38.24 全球平均大气层边界层高度，结果来自 FormoSAT-3/COSMIC 任务的 GPS 无线电掩星数据

## 38.2.9 GNSS 无线电掩星与反射测量的协同作用

近年来，地球表面的反射 GNSS 信号成为国际上 GNSS 领域的研究热点，称为 GNSS

反射测量（GNSS-R）。这些遥感信号被广泛应用于地球物理研究[38.115,38.116]，并且在本书第40章中有更详细的介绍。GNSS大气探测技术已经是一种公认的、成熟的大气遥感技术，而GNSS-R则需要投入更多的研究，以探索其在水、冰和陆地表面以及大气/电离层探测方面的遥感能力。美国国家航空航天局（NASA）发射的CYcloneGNSS卫星和欧洲航天局（ESA）发射的GEROS-ISS卫星专注于全球范围内的GNSS反射测量，成为该领域的里程碑。

相关学者使用GPS/MET和CHAMP的测量数据验证反射和直射掩星信号之间载波相位干涉测量（相干反射测量）的能力[38.118-38.120]。如图38.25所示，这种方法能够应用于海洋和冰面测高，可以达到亚米级的精度。可以预见的是，在GNSS掩星和反射测量联合实验中，改进和设计GNSS信号跟踪软件能够提高目前的精度水平。与传统的反射测量相比，相干反射测量仅需一个安装在卫星两翼上的低增益天线，这使得GNSS反射测量能够在小卫星载体上得到应用。对于这种方法，需要对其数据精度进行深入的研究。

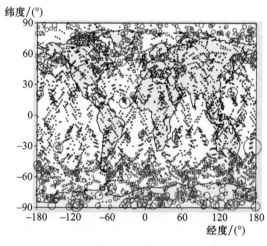

图38.25 2001年5月14日至6月10日期间观测到的3783起掩星事件的地理分布。蓝点表示2571次无反射信号的观测，红点表示1212次有反射信号的观测，圆的直径与反射强度成正比（见彩图）

## 38.3 展　　望

本章介绍了基于地面和卫星的大气探测技术及其应用，重点包括天气预报和气候变化相关研究。表38.2列出了主要的大气探测应用。目前，全球有数千个连续运行的地面观测站。IGS在全球范围内组织协调了大约数百个观测站，同时，一些国家和区域在运营更多的地面观测站。对于天气预报等实时应用，最重要的是数据的时间变化以及气团移动的时间。这并不需要绝对校准和一致性的数据处理。对于气候变化研究来说，为了研究非常微小的趋势项，需要处理长达几十年的观测网络数据，并且对数据处理的精度要求更高。

迄今为止,地基 GNSS 观测站主要分布在陆地。受洋流影响,海面上的船载平台或者浮标在反演中性大气时需要同时估计垂直坐标。文献[38.121,38.122]证明了利用海面 GNSS 观测反演中性大气的可行性,假设未来的数据通信更加高效,将会大大提高 GNSS 大气监测的全球覆盖率。

在过去 20 年中,从 GPS/MET 到后续的 CHAMP、GRACE、FormoSAT-3/COSMIC 和 Metop,创新性的无线电掩星测量逐渐成为一种成熟的大气遥感技术,并且计划在未来几年发射一系列的掩星探测任务卫星。至此,本书得出的结论——GNSS 大气监测在地基探测和星基探测领域都取得了革命性的突破,特别是在最近,GNSS 大气监测已成为一种被认可的大气遥感技术。相关文献和研究工作详细记录了这项技术的发展历程,最显著的突破为自 2006 年以来地基和星基 GNSS 数据支持了数值天气预报模型的逐渐完善。

GNSS 技术不断发展将会进一步推动这项研究。不久的未来将会发射现代化的 GNSS 卫星,地面观测网络也在不断扩展,除了地基 GNSS 观测站,还包括船载/机载 GNSS 接收机,以及每人都随身携带的智能手机。

GNSS 技术的不断发展不仅能够增加大气观测的数量,还可以使数据质量得到改善。这将推动现有的应用场景,甚至有可能开拓新的创新性应用。综上,GNSS 已成功应用于中性大气监测,并将不断发展和更新。

表 38.2　与 GNSS 中性大气监测相关的气象学应用

| (天气预报应用) | (地面接收器) | (星载接收机) |
|---|---|---|
| IWV 时间序列 | 可行 | — |
| 弯曲角度/折射率曲线 | — | 可行 |
| 天气 | | |
| IWV 曲线 | 可行 | — |
| 年度和每日 IWV 信号 | 可行 | — |
| 全球温度曲线 | — | 可行 |
| 对流顶层特征 | — | 可行 |
| (大气研究) | | |
| 大气对流区域尺度 | 可行 | — |
| 大气波 | — | 可行 |
| 补偿其他传感器(例如红外线) | — | 可行 |
| 大规模大气环流 | — | 可行 |
| 大气边界层 | — | 可行 |
| 热带气旋 | — | 可行 |
| 对流层上层和平流层下层 | — | 可行 |
| 水汽的 3D 分布 | 可行 | — |
| IWV 中的时空变化 | 可行 | — |

## 致谢

作者十分感谢几位同行提供的信息和图表：Chi On Ao(美国喷气推进实验室)、Christina Arras(德国地理研究中心)、Georg Beyerle(德国地理研究中心)、Galina Dick(德国地理研究中心)、Axel von Engeln(欧洲气象卫星应用组织)、Antonia Faber(德国地理研究中心)、Rüdiger Haas(查尔默斯大学)、Sean Healy(欧洲中期天气预报中心)、Stefan Heise(德国地理研究中心)、Tong Ning(瑞典测绘、地籍和土地登记局)、Torsten Schmidt(德国地理研究中心)、Hans Georg Scherneck(瑞典查尔姆斯理工大学)、Bill Schreiner(美国大学大气研究联合会)、Andrea Steiner(德国韦格纳中心)、Tomyuck(美国地球光学公司)和Florian Zus(德国地理研究中心)。

## 参考文献

38.1　D. M. Tralli, T. H. Dixon, S. A. Stephens: Effect of wet tropospheric path delays on estimation of geodetic baselines in the Gulf of California using the Global Positioning System, J. Geophys. Res. **93**(B6), 6545-6557(1988)

38.2　D. M. Tralli, S. M. Lichten: Stochastic estimation of tropospheric path delays in Global Positioning System geodetic measurements, Bull. Geod. **64**, 127-159(1990)

38.3　Y. E. Bar-Sever, P. M. Kroger, A. J. Börjesson: Estimating horizontal gradients of tropospheric path delay with a single GPS receiver, J. Geophys. Res. **103**, 5019-5035(1998)

38.4　P. Elosegui, J. L. Davis: Accuracy assessment of GPS slant-path determinations, Int. Workshop GPS Meteorol., Tsukuba, ed. by T. Iwabuchi, Y. Shoji (Meteorological Society of Japan, Tsukuba 2004) pp. 1-6

38.5　A. E. Niell: Global mapping functions for the atmosphere delay at radio wavelengths, J. Geophys. Res. **101**(B2), 3227-3246(1996)

38.6　I. D. Thomas, M. A. King, P. J. Clarke, N. T. Penna: Precipitablewater vapor estimates from homogeneously reprocessed GPS data: An intertechnique comparison in Antarctica, J. Geophys. Res. **116**, D19101(2011)

38.7　T. A. Herring: Precision of vertical position estimates from very long baseline interferometry, J. Geophys. Res. **91**, 9177-9182(1986)

38.8　S. Kedar, G. A. Hajj, B. D. Wilson, M. B. Heflin: The effect of the second order GPS ionospheric correction on receiver positions, Geophys. Res. Lett. **30**(16), 1829(2003)

38.9　M. Hernandez-Pajares, J. M. Juan, J. Sanz, R. Ors: Second-order ionospheric term in GPS: Implementation and impact on geodetic estimates, J. Geophys. Res. **112**, B08417(2007)

38.10　E. J. Petrie, M. A. King, P. Moore, D. A. Lavalle: Higher-order ionospheric effects on the GPS reference frame and velocities, J. Geophys. Res. **115**(10), B03417(2013)

38.11　R. Schmid, P. Steigenberger, G. Gendt, M. Ge, M. Rothacher: Generation of a consistent absolute phase center correction model for GPS receiver and satellite antennas, J. Geod. **81**(5), 781-798 (2007)

38.12　P. O. Jarlemark, T. R. Emardson, J. M. Johansson, G. Elgered: Ground-based GPS for validation of climate models: The impact of satellite antenna phase center variations, IEEE Trans. Geosci. Remote Sens. GE-**48**(10),3847-3854(2010)

38.13 T. Ning, G. Elgered, J. M. Johansson: The impact of microwave absorber and radome geometries on GNSS measurements of station coordinates and atmospheric water vapour, Adv. Space Res. **47**, 186-196 (2011)

38.14 National Institute of Standards and Technology, US, http://physics.nist.gov/cgi-bin/cuu/Value? r

38.15 J. L. Davis, T. A. Herring, I. I. Shapiro, A. E. E. Rogers, G. Elgered: Geodesy by radio interferometry: Effects of atmospheric modeling errors on estimates of baseline length, Radio Sci. **20**(6),1593-1607 (1985)

38.16 S. Heise, G. Dick, G. Gendt, T. Schmidt, J. Wickert: Integrated water vapor from IGS ground-based GPS observations: Initial results from a 5-min data set, Ann. Geophysicae **27**, 2851-2859(2009)

38.17 T. Nilsson, G. Elgered: Long-term trends in the atmospheric water vapor content estimated from ground-based GPS data, J. Geophys. Res. **113**(D19101),1-12(2008)

38.18 S. Vey, R. Dietrich, M. Fritsche, A. Rulke, P. Steigenberger, M. Rothacher: On the homogeneity and interpretation of precipitable water time series derived from global GPS observations, J. Geophys. Res. **114** (D10101),1-15(2009)

38.19 K. Lagler, M. Schindelegger, J. Bohm, H. Krasna, T. Nilsson: GPT2: Empirical slant delay model for radio space geodetic techniques, Geophys. Res. Lett. **40**,1069-1073(2013)

38.20 R. B. Stull: *An introduction +to boundary layer meteorology*, 3rd edn. (Academic Press, San Diego 1992)

38.21 J. P. Hauser: Effects of deviations from hydrostatic equilibrium on atmospheric corrections to satellite and lunar laser range measurements, J. Geophys. Res. **94**,10182-10186(1991)

38.22 M. Bevis, S. Chiswell, T. A. Herring, R. A. Anthes, C. Rocken, R. H. Ware: GPS meteorology: Mapping zenith wet delays onto precipitable water, J. Appl. Meteorol. **33**,379-386(1994)

38.23 J. Wang, L. Zhang, A. Dai: Global estimates of water-vapor-weighted mean temperature of the atmosphere for GPS applications, J. Geophys. Res. **110**(D21101),1-17(2005)

38.24 T. R. Emardson, G. Elgered, J. M. Johansson: Three Months of continuous monitoring of atmospheric water vapor with a network of Global Positioning System receivers, J. Geophys. Res. **103**, 1807-1820 (1998)

38.25 T. R. Emardson, H. J. P. Derks: On the Relation Between the Wet Delay and the Integrated Precipitable Water Vapour in the European Atmosphere, Meteorol. Appl. **7**,61-68(2000)

38.26 G. S. Kell: Density, thermal expansivity, and compressibility of liquid water from 0 to 150₁C: Correlations and tables for atmospheric pressure and saturation reviewed and expressed on 1968 temperature scale, J. Chem. Engineering Data **20**(1),97-105(1975)

38.27 G. Elgered, J. M. Johansson, B. O. Ronnang, J. L. Davis: Measuring regional atmospheric water vapor using the Swedish permanent GPS network, Geophys. Res. Lett. **24**,2663-2666(1997)

38.28 J. L. Davis, G. Elgered: The spatio-temporal structure of GPS water-vapor determinations, Phys. Chem. Earth **23**(1),91-96(1998)

38.29 T. R. Emardson, F. H. Webb: Estimating the motion of atmospheric water vapor using the Global Positioning System, GPS Solutions **6**,58-64(2002)

38.30 EUMETNET, The Network of European Meteorological Services, http://egvap.dmi.dk/

38.31 H.-S. Bauer, V. Wulfmeyer, T. Schwitalla, F. Zus, M. Grzeschik: Operational assimilation of GPS slant path delay measurements into the MM5 4DVAR system, Tellus **63**A, 263–282(2011)

38.32 P. Poli, P. Moll, F. Rabier, G. Desroziers, B. Chapnik, L. Berre, S. B. Healy, E. Andersson, F.-Z. El Guelai: Forecast impact studies of zenith total delay data from European near real-time GPS stations in Météo France 4DVAR, J. Geophys. Res. **112**(D06114), 1–16(2007)

38.33 M. Bender, G. Dick, M. Ge, Z. Deng, J. Wickert, H.-G. Kahle, A. Raabe, G. Tetzlaff: Operational assimilation of GPS zenith total delay observations into the Met Office numerical weather prediction models, Mon. Weather Rev. **140**, 2706–2719(2012)

38.34 R. Eresmaa, H. Jarvinen: An observation operator for ground-based GPS slant delays, Tellus **58**A, 131–140(2006)

38.35 T. Nilsson, L. Gradinarsky: Water vapor tomography using GPS phase observations: Simulation results, IEEE Trans. Geosci. Remote Sens. GE-**44**(10), 2927–2941(2006)

38.36 M. Bender, G. Dick, M. Ge, Z. Deng, J. Wickert, H.-G. Kahle, A. Raabe, G. Tetzlaff: Development of a GNSS water vapour tomography system using algebraic reconstruction techniques, Adv. Space Res. **47**/10, 1704–1720(2011)

38.37 A. Flores, G. Ruffini, A. Rius: 4D tropospheric tomography using GPS slant wet delays, Annal. Geophysicae **18**, 223–234(2001)

38.38 S. A. Buehler, A. von Engeln, E. Brocard, V. O. John, T. Kuhn, P. Eriksson: Recent developments in the line-by-line modeling of outgoing longwave radiation, J. Quant. Spectrosc. Radiat. Transfer **98**(3), 446–457(2006)

38.39 N. D. Gordon, A. K. Jonko, P. M. Forster, K. M. Shell: An observationally based constraint on the water-vapor feedback, J. Geophys. Res. **118**, 12435–12443(2014)

38.40 D. J. Seidel, F. H. Berger, H. J. Diamond, J. Dykema, D. Goodrich, F. Immler, W. Murray, T. Peterson, D. Sisterson, M. Sommer, P. Thorne, H. Vomel, J. Wang: Reference upper-air observations for climate: Rationale, progress, and plans, Bull. Am. Meteorol. Soc. **90**, 361–369(2009)

38.41 H.-G. Scherneck, J. M. Johansson, H. Koivula, T. van Dam, J. L. Davis: Vertical crustal motion observed in the BIFROST project, J. Geodyn. **35**, 425–441(2003)

38.42 T. Ning, G. Elgered: Trends in the atmospheric water vapor content from ground-based GPS: The impact of the elevation cutoff angle, IEEE J-STARS **5**(3), 744–751(2012)

38.43 S. Jin, O. F. Luo: Variability and Climatology of PWV From Global 13-Year GPS Observations, IEEE Trans. Geosci. Remote Sens. GE-**47**, 1918–1924 (2009)

38.44 J. P. Ortiz de Galisteo, Y. Bennouna, C. Toledano, V. Cachorro, P. Romero, M. I. Andres, B. Torres: Analysis of the annual cycle of the precipitable water vapour over Spain from 10-year homogenized series of GPS data, Quart. J. Roy. Meteorol. Soc. **139**, 948–958(2013)

38.45 Y. S. Bennouna, B. Torres, V. E. Cachorro, J. P. Ortiz de Galisteo, C. Toledano: The evaluation of the integrated water vapour annual cycle over the Iberian Peninsula from EOS-MODIS against different ground-based techniques, Quart. J. Roy. Meteorol. Soc. **139**, 1935–1956(2013)

38.46 S. Jin, O. F. Luo, S. Gleason: Characterization of diurnal cycles in ZTD from a decade of global GPS observations, J. Geod. **83**, 537–545(2009)

38.47　J. Wang, L. Zhang: Climate applications of a global, 2-hourly atmospheric precipitable water dataset derived from IGS tropospheric products, J. Geod. **83**, 209-217(2009)

38.48　S. Pramualsakdikul, R. Haas, G. Elgered, H. G. Scherneck: Sensing of diurnal and semi-diurnal variability in the water vapour content in the tropics using GPS measurements, Meteorol. Appl. **14**, 403-412 (2007)

38.49　E. Jakobson, H. Ovril, G. Elgered: Diurnal variability of precipitable water in the Baltic region, impact on transmittance of the direct solar radiation, Boreal Environment Res. **14**, 45-55(2009)

38.50　S. Vey, R. Dietrich, A. Rulke, M. Fritsche, P. Steigenberger, M. Rothacher: Validation of precipitable water vapor within the NCEP/DOE reanalysis using global GPS observations from one decade, J. Climate **23**, 1675-1695(2010)

38.51　T. Ning, G. Elgered, U. Willen, J. M. Johansson: Evaluation of the atmospheric water vapor content in a regional climate model using groundbased GPS measurements, J. Geophys. Res. **118**, 329-339(2013)

38.52　C. Rocken, R. Anthes, M. Exner, D. Hunt, S. Sokolovskiy, R. Ware, M. Gorbunov, W. Schreiner, D. Feng, B. Herman, Y.-H. Kuo, X. Zou: Analysis and validation of GPS/MET data in the neutral atmosphere, J. Geophys. Res. **102**, 29849-29866(1997)

38.53　R. Ware, D. Exner, M. Feng, M. Gorbunov, K. Hardy, B. Herman, Y. Kuo, T. K. Meehan, W. G. Melbourne, C. Rocken, W. Schreiner, S. Sokolovskiy, F. Solheim, X. Zou, R. Anthes, S. Businger, K. Trenberth: GPS sounding of the atmosphere from low Earth orbit-Preliminary results, Bull. Am. Met. Soc. **77**, 19-40(1996)

38.54　E. R. Kursinski, G. A. Hajj, K. R. Hardy, J. T. Schofield, R. Linfield: Observing the Earth's atmosphere with radio occultation measurements using the Global Positioning System, J. Geophys. Res. **102**, 23429-23465(1997)

38.55　R. A. Anthes, P. A. Bernhardt, Y. Chen, K. Cucurull, K. F. Dymond, S. Ector, S. B. Healy, S. P. Ho, D. C. Hunt, Y.-H. Kuo, H. Liu, K. Manning, C. McCormick, T. K. Meehan, W. J. Randel, C. Rocken, W. S. Schreiner, S. V. Sokolovskiy, S. Syndergaard, D. C. Thompson, K. E. Trenberth, T. K. Wee, N. L. Yen, Z. Zhang: The COSMIC/Formosat-3 Mission: Early results, Bull. Am. Met. Soc. **89**(3), 313-333 (2008)

38.56　S. Healy: Operational assimilation of GPS radio occultation measurements at ECMWF, ECMWF Newsletter 111(2007)

38.57　J. Wickert, C. Reigber, G. Beyerle, R. König, C. Marquardt, T. Schmidt, L. Grunwaldt, R. Galas, T. K. Meehan, W. G. Melbourne, K. Hocke: Atmosphere sounding by GPS radio occultation: First results from CHAMP, Geophys. Res. Lett. **28**(17), 3263-3266(2001)

38.58　J. Wickert, R. Galas, G. Beyerle, R. König, C. Reigber: GPS ground station data for CHAMP radio occultation measurements, PCE **26**(6-8), 503-511 (2001)

38.59　G. A. Hajj, E. R. Kursinski, L. J. Romans, W. I. Bertiger, S. S. Leroy: A technical description of atmospheric sounding by GPS occultation, J. Atmos. Sol.-Terr. Phys. **64**, 451-469(2002)

38.60　W. G. Melbourne, E. Davis, C. Duncan, G. A. Hajj, K. Hardy, E. Kursinski, T. Meehan, L. Young: The application of spaceborne GPS to atmospheric limb sounding and global change monitoring Publication 94-18(Jet Propulsion Laboratory, Pasadena 1994)

38.61　J. Wickert, G. Beyerle, G. A. Hajj, V. Schwieger, C. Reigber: GPS radio occultation with CHAMP: Atmospheric profiling utilizing the space-based single difference technique, Geophys. Res. Lett. **29** (81187),1-4(2002)

38.62　G. Beyerle, T. Schmidt, G. Michalak, S. Heise, J. Wickert, C. Reigber: GPS radio occultation with GRACE: Atmospheric profiling utilizing the zero difference technique, Geophys. Res. Lett. **32** (L13806),1-5(2005)

38.63　M. E. Gorbunov, S. V. Sokolovskiy, L. Bengtsson: Space refractive tomography of the atmosphere: Modeling of direct and inverse problems, Report 210(Max Planck Institute for Meteorology, Hamburg 1996)

38.64　V. V. Vorob'ev, T. G. Krasil'nikova: Estimation of the accuracy of the atmospheric refractive index recovery from doppler shift measurements at frequencies used in the NAVSTAR system, Phys. Atmos. Ocean **29**,602-609(1994)

38.65　E. K. Smith, S. Weintraub: The constants in the equation for atmospheric refractive index at radio frequencies, Proc. IRE **41**,1035-1037(1953)

38.66　K. Hocke: Inversion of GPS meteorology data, Annales Geophysicae **15**,443-450(1997)

38.67　M. E. Gorbunov, S. V. Sokolovskiy: Remote sensing of refractivity from space for global observations of atmospheric parameters, Report 119(Max Planck Institute for Meteorology, Hamburg 1993)

38.68　C. Marquardt, K. Labitzke, Ch. Reigber, T. Schmidt, J. Wickert: An assessment of the quality of GPS/MET radio limb soundings during February 1997, Phys. Chem. Earth **26**,125-130(2001)

38.69　S. Heise, J. Wickert, G. Beyerle, T. Schmidt, C. Reigber: Global monitoring of tropospheric water vapor with GPS radio occultation aboard CHAMP, Adv. Space Res. **27**,2222-2227(2006)

38.70　S. Healy, J. Eyre: Retrieving temperature, water vapor and surface pressure information from refractive-index profiles derived by radio occultation: A simulation study, Quart. J. Roy. Meteorol. Soc. **126**,1661-1683(2000)

38.71　M. A. Ringer, S. B. Healy: Monitoring twenty first century climate using GPS radio occultation bending angles, Geophys. Res. Lett. **35**(L05708),1-6(2007)

38.72　G. Beyerle, T. Schmidt, J. Wickert, S. Heise, M. Rothacher, G. König-Langlo, K. B. Lauritsen: Observations and simulations of receiver-induced refractivity biases in GPS radio occultation, J. Geophys. Res. **111**(D12101),1-13(2006)

38.73　S. V. Sokolovskiy, C. Rocken, D. Hunt, W. Schreiner, J. Johnson, D. Masters, S. Esterhuizen: GPS profiling of the lower troposphere from space: Inversion and demodulation of the open-loop radio occultation signals, Geophys. Res. Lett. **33**(L14816),1-5(2006)

38.74　C. O. Ao, T. K. Meehan, G. A. Hajj, A. J. Mannucci, G. Beyerle: Lower-troposphere refractivity bias in GPS occultation retrievals, J. Geophys. Res. **108**(D18),4577(2003)

38.75　A. S. Jensen, M. Lohmann, H. H. Benzon, A. Nielsen: Full spectrum in version of radio occultation signal, Radio Sci. **38**(3),1-15(2003)

38.76　M. E. Gorbunov: Canonical transform method for processing radio occultation data in the lower troposphere, Radio Sci. **37**(5),1076(2002)

38.77　C. O. Ao, A. J. Mannucci, E. R. Kursinski: Improving GPS radio occultation stratospheric refractivity for climate benchmarking, Geophys. Res. Lett. **39**(L12701),1-6(2012)

38.78　A. J. Mannucci, C. O. Ao, L. E. Young, T. K. Meehan: Studying the atmosphere using global navigation satellites, EOS Trans. **95**(43),389-390(2014)

38.79 J. Wickert, G. Michalak, T. Schmidt, G. Beyerle, C. Z. Cheng, S. B. Healy, S. Heise, C. Y. Huang, N. Jakowski, W. Kohler, C. Mayer, D. Offiler, E. Ozawa, A. G. Pavelyev, M. Rothacher, B. Tapley, C. Arras: GPS radio occulation: Results from CHAMP, GRACE and FORMOSAT-3/COSMIC, Terr. Atmos. Ocean. Sci. **1**, 35-50(2009)

38.80 S. B. Healy, J. Wickert, G. Michalak, T. Schmidt, G. Beyerle: Combined forecast impact of GRACEA and CHAMP GPS radio occultation bending angle profiles, Atmos. Sci. Lett. **8**, 43-50(2007)

38.81 S. Healy, A. Jupp, C. Marquardt: Forecast impact experiment with GPS radio occultation measurements, Geophys. Res. Lett. **32**(L03804), 1-4(2005)

38.82 A. K. Steiner, B. C. Lackner, F. Ladstadter, B. Scherllin-Pirscher, U. Foelsche, G. Kirchengast: GPS radio occultation for climate applications, Radio Sci. **46**(RS0D24), 1-17(2011)

38.83 T. Schmidt, J. Wickert, A. Haser: Variability of the upper troposphere and lower stratosphere observed with GPS radio occultation temperaturesariability of the upper troposphere and lower stratosphere observed with GPS radio occultation bending angles and temperatures, Adv. Space Res. **46**(2), 150-161 (2010)

38.84 T. Schmidt, J. Wickert, G. Beyerle, S. Heise: Global tropopause height trends estimated from GPS radio occultation data, Geophys. Res. Lett. **35**(L11806), 1-5(2008)

38.85 A. K. Steiner, D. Hunt, S. P. Ho, G. Kirchengast, A. J. Mannucci, B. Scherllin-Pirscher, H. Gleisner, A. von Engeln, T. Schmidt, C. Ao, S. S. Leroy, E. R. Kursinski, U. Foelsche, M. Gorbunov, S. Heise, Y. H. Kuo, K. B. Lauritsen, C. Marquardt, C. Rocken, W. Schreiner, S. Sokolovskiy, S. Syndergaard, J. Wickert: Quantification of structural uncertainty in climate data records from GPS radio occultation, Atmos. Chem. Phys. **13**, 1469-1484(2013)

38.86 S. P. Ho, D. Hunt, A. K. Steiner, A. J. Mannucci, G. Kirchengast, H. Gleisner, S. Heise, A. von Engeln, C. Marquardt, S. Sokolovskiy, W. Schreiner, B. Scherllin-Pirscher, C. O. Ao, J. Wickert, S. Syndergaard, K. B. Lauritsen, S. Leroy, E. R. Kursinski, Y. H. Kuo, U. Foelsche, T. Schmidt, M. Gorbunov: Reproducibility of GPS radio occultation data for climate monitoring: Profile-to-profile inter-comparison of CHAMP climate records 2002 to 2008 from six data centers, J. Geophys. Res. **117**, D18111(2012)

38.87 S. P. Ho, G. Kirchengast, S. Leroy, J. Wickert, A. Mannucci, A. Steiner, C. O. Ao, M. Borsche, A. von Engeln, U. Foelsche, S. Heise, D. Hunt, B. Iijima, Y. H. Kuo, R. Kursinski, B. Lackner, B. Pirscher, M. Ringer, C. Rocken, T. Schmidt, W. Schreiner, S. Sokolovskiy: Estimating the uncertainty of using GPS radio occultation data for climate monitoring: Intercomparison of CHAMP refractivity climate records from 2002 to 2006 from different data centers, J. Geophys. Res. **114**, D23107 (2009)

38.88 A. von Engeln, S. Healy, C. Marquardt, Y. Andres, F. Sancho: Validation of operational GRAS radio occultation data, Geophys. Res. Lett. **36**(L1780), 1-4(2009)

38.89 F. Zus, G. Beyerle, L. Grunwaldt, S. Heise, G. Michalak, T. Schmidt, J. Wickert: Atmosphere sounding by GPS radio occultation: First results from TanDEM-X and comparison with TerraSAR-X, Adv. Space Res. **53**(2), 272-279(2014)

38.90 Status of the Global Observing System for Radio Occultation(Update 2013), IROWG/DOC/2013/02 (IROWG, 2013). http://www.irowg.org

38.91 Y.-H. Kuo, W. S. Schreiner, J. Wang, D. L. Rossiter, Y. Zhang: Comparison of GPS radio occultation soundings with radiosondes, Geophys. Res. Lett. **32**, 1-4(2005)

38.92　W. Schreiner, C. Rocken, S. Sokolovskiy, S. Syndergaard, D. Hunt: Estimates of the precision of GPS radio occultations from the COSMIC/Formosat 3 mission, Geophys. Res. Lett. **34**(L04808), 1–5 (2007)

38.93　G. F. Lindal, G. E. Wood, H. B. Hotz, D. N. Sweetnam, V. R. Eshleman, G. L. Tyler: The atmosphere of Titan: An analysis of the Voyager 1 radio occultation measurements, Icarus **53**, 348–363 (1983)

38.94　Y. -H. Sokolovskiy, S. V. Kuo, C. Rocken, W. S. Schreiner, D. Hunt, R. A. Anthes: Monitoring the atmospheric boundary layer by GPS radio occultation signals recorded in the openloop mode, Geophys. Res. Lett. **33**, L12813 (2006)

38.95　S. P. Ho, M. Goldberg, Y. -H. Kuo, Z. Z. Zou, W. Schreiner: Calibration of temperature in the lower stratosphere from microwave measurements using COSMIC radio occultation data: Preliminary results, Terr. Atmos. Ocean. Sci. **20**(1), 87–100 (2009)

38.96　J. Wickert, C. Arras, G. Beyerle, M. Ge, F. Flechtner, S. B. Healy, S. Heise, C. Y. Huang, B. Kuo, C. Marquardt, G. Michalak, N. Jakowski, T. Schmidt, M. Semmling: Radio occultation with navigation satellites: Recent results and prospects with Galileo, Proc. 3rd Int. Coll. Sci. Aspects of Galileo, Copenhagen (ESA, Noordwijk 2011)

38.97　L. Cucurull: Improvement in the use of an operational constellation of GPS radio occultation receivers in weather forecasting, Wea. Forecast. **25**, 749–767 (2010)

38.98　J. Aparicio, G. Deblonde: Impact of the assimilation of CHAMP refractivity profiles in Environment Canada global forecasts, Mon. Weather Rev. **136**, 257–275 (2008)

38.99　P. Poli, S. Healy, F. Rabier, J. Pailleux: Preliminary assessment of the scalability of GPS radio occultations impact in numerical weather prediction, Geophys. Res. Lett. **35**(L23811), 1–5 (2008)

38.100　F. Harnisch, S. B. Healy, P. Bauer, J. Engish: Scaling of GNSS radio occultation impact with observation number using an ensemble of data assimilations, Mon. Weather Rev. **149**, 4395–4413 (2013)

38.101　B. Scherllin-Pirscher, C. Deser, S. P. Ho, C. Chou, W. Randel, Y. -H. Kuo: The vertical and spatial structure of ENSO in the upper troposphere and lower stratosphere from GPS radio occultation measurements, Geophys. Res. Lett. **39**(L20801), 1–6 (2012)

38.102　A. J. Mannucci, C. O. Ao, T. P. Yunck, L. E. Young, G. A. Hajj, B. A. Iijima, D. Kuang, T. K. Meehan, S. S. Leroy: Generating climate benchmark atmospheric soundings using GPS occultation data. In: *Atmospheric and Environmental Remote Sensing Data Processing and Utilization II: Perspective on Calibration/Validation Initiatives and Strategies*, ed. by H. L. Huang, H. J. Bloom (International Society for Optical Engineering, Bellingham, WA, 630108 2006) p. 630108

38.103　B. C. Lackner, A. K. Steiner, G. C. Hegerl, G. Kirchengast: Atmospheric climate change detection by radio occultation data using a fingerprinting method, J. Climate **24**, 5275–5291 (2011)

38.104　B. C. Santer, T. M. L. Wigley, A. J. Simmons, P. W. Kallberg, G. A. Kelly, S. M. Uppala, C. Ammann, J. S. Boyle, W. Bruggemann, C. Doutriaux, M. Fiorino, C. Mears, G. A. Meehl, R. Sausen, K. E. Taylor, W. M. Washington, M. F. Wehner, F. J. Wentz: Identification of anthropogenic climate change using a second-generation reanalysis, J. Geophys. Res. **109**, D21104 (2004)

38.105　R. Sausen, B. D. Santer: Use of changes in tropopause height to detect human influences on climate, Meteorologische Zeitschrift **12**, 131–136 (2003)

38.106　T. Schmidt, G. Beyerle, S. Heise, J. Wickert, M. Rothacher: A climatology of multiple tropopauses derived from GPS radio occultations with CHAMP and SAC-C, Geophys. Res. Lett. **33**(L04808), 1–4

(2006)

38.107 W. J. Randel, F. Wu, W. R. Rios: Thermal variability of the tropical tropopause region derived from GPS/MET observations, J. Geophys. Res. **108**(D1, 4024), 1–12(2003)

38.108 M. Nishida, A. Shimizu, T. Tsuda, C. Rocken, R. H. Ware: Seasonal and longitudinal variations in the tropical tropopause observed with the GPS occultation technique (GPS/MET), J. Meteorol. Soc. Jpn. **78**, 691–700(2000)

38.109 T. Schmidt, J. Wickert, G. Beyerle, S. Heise: Global tropopause height trends estimated from GPS radio occultation data, Geophys. Res. Lett. **35**, L11806(2008)

38.110 T. Tsuda, M. Nishida, C. Rocken, R. H. Ware: A global morphology of gravity wave activity in the stratosphere revealed by the GPS occultation data (GPS/MET), J. Geophys. Res. **105**, 7257–7273(2000)

38.111 A. Faber, P. Llamedo, T. Schmidt, A. de la Torre, J. Wickert: On the determination of gravity wave momentum flux from GPS radio occultation data, Atmos. Meas. Tech. **6**, 3169–3180(2013)

38.112 C. Arras, J. Wickert, C. Jacobi, G. Beyerle, S. Heise, T. Schmidt: Global sporadic E characteristics obtained from GPS radio occultation measurements. In: *Climate And Weather of the Sun-Earth System (CAWSES): Highlights from a priority program*, ed. by F.-J. Luebken(Springer, Berlin 2013) pp. 207–221

38.113 C. O. Ao, D. E. Waliser, S. K. Chan, J. L. Li, B. Tian, F. Xie, A. J. Mannucci: Planetary boundary layer heights from GPS radio occultation refractivity and humidity profiles, J. Geophys. Res. **117**(D16117), 1–18(2012)

38.114 A. von Engeln, J. Teixeira, J. Wickert, S. A. Buehler: Using CHAMP radio occultation data to determine the top altitude of the Planetary Boundary Layer, Geophys. Res. Lett. **32**(L06815), 1–4(2005)

38.115 J. Wickert, E. Cardellach, M. Martin-Neira, J. Bandeiras, L. Bertino, O. B. Andersen, A. Camps, N. Catarino, B. Chapron, F. Fabra, N. Floury, G. Foti, C. Gommenginger, J. Hatton, P. Høeg, A. Jäggi, M. Kern, T. Lee, Z. Li, H. Park, N. Pierdicca, G. Ressler, A. Rius, J. Rosello, J. Saynisch, N. Soulat, C. K. Shum, M. Semmling, A. Sousa, J. Xie, C. Zuffada: GEROS-ISS: GNSS REflectometry, Radio Occultation, and Scatterometry Onboard the International Space Station, IEEE J. Sel. Top. Appl. Earth Obs. Remote Sens. **9**(10), 1–30(2016), doi: 10.1109/JSTARS.2016.2614428

38.116 E. Cardellach, F. Fabra, O. Nogués-Correig, S. Oliveras, S. Ribo, A. Rius: GNSS-R ground-based and airborne campaigns for ocean, land, ice and snow techniques: Application to the GOLD-RTR datasets, Radio Sci. **46**(RS0C04), 1–16(2011)

38.117 C. Ruf, S. Gleason, Z. Jelenak, S. Katzberg, A. Ridley, R. Rose, J. Scherrer, V. Zavorotny: The CYGNSS nanosatellite constellation hurricane mission, Proc. 2012 Int. Geosci. Remote Sens. Symp., Munich (IEEE, 2012) pp. 214–216 doi: 10.1109/IGARSS.2012.6351600

38.118 E. Cardellach, C. O. Ao, M. de la Torre Juarez, G. A. Hajj: Carrier phase delay altimetry with GPS-Reflection/occultation interferometry from low Earth orbiters, Geophys. Res. Lett. **31**(L10402), 1–4 (2004)

38.119 G. Beyerle, K. Hocke, J. Wickert, T. Schmidt, C. Marquardt, C. Reigber: GPS radio occultations with CHAMP: A radio holographic analysis of GPS signal propagation in the troposphere and surface reflections, J. Geophys. Res. **107**(D24, 4802), 1–14(2002)

38.120 A. G. Pavelyev, A. V. Volkov, A. I. Zakharov, S. A. Krutikh, A. I. Kucherjavenkov: Bistatic radar as a tool for Earth investigation using small satellites, Acta Astronaut. **39**(9–12), 721–730(1996)

38.121 C. D. Chadwell, Y. Bock: Direct estimation of absolute precipitable water in oceanic regions by GPS tracking of a coastal buoy, Geophys. Res. Lett. **28**(19), 3701–3704(2001)

38.122 C. Rocken, J. Johnson, T. V. Hove, T. Iwabuchi: Atmospheric water vapor and geoid measurements in the open ocean with GPS, Geophys. Res. Lett. **32**, L12813(2005)

# 第39章　电离层监测

**Norbert Jakowski**

基于 GNSS 的电离层监测具有重要作用,主要体现在两个方面:一方面,GNSS 测量提供的电离层信息可用于改正电离层延迟误差,特别是在生命安全服务(SoL)中可以向用户发出告警;另一方面,地基和天基 GNSS 测量具有较高的时空分辨率,可用于探索电离层的动力学过程,如电离层暴的起源和传播等。

利用地基和天基 GNSS 测量建立全球电离层总电子含量(TEC)格网,以及在扰动条件下对全球高动态三维(3-D)电子密度分布的建模方法已经十分成熟。因此,监测结果可用于校正单频应用中的电离层延迟误差,同时可在大范围时空尺度上研究引起空间天气扰动的驱动力。大尺度和中尺度的扰动会影响 GNSS 测量的准确性和可靠性,而小尺度的等离子体不规则性和等离子体气泡则会引起信号强度幅度大且较为快速的波动,从而直接影响 GNSS 信号的连续性,称之为无线电闪烁。

本章还讨论了更好地了解与空间天气有关的现象如何有助于扰动条件下的电离层建模及预测。因此,电离层监测有助于减弱各种 GNSS 应用中电离层延迟的影响。

电离层是一种高动态传播介质,主要由太阳电磁和微粒辐射及其变化的高能部分形成。电离层与高度变化的太阳辐射和其他圈层的联系十分紧密,是空间天气不可或缺的一部分。其复杂的耦合过程尚未得到很好的解释,因此需要进一步探索。此外,电离层对依靠通信、导航和遥感技术的现代技术基础设施具有很大的影响,因此需要对其进行长期可靠的监测和预报,以根据用户的需求提供电离层暴过程中的风险信息。

## 39.1　地基 GNSS 电离层监测

6.3.5 节中指出,利用双频 GNSS 测量可以得出沿信号传播路径上的总电子含量(TEC)。由于该方法具有准确性和近实时性,随着其准确性和实时性不断提高,因此约 20 年来地基 GNSS 测量一直是监测电离层和相关空间天气研究的强大工具。

如何从地基 GNSS 观测中获取 TEC,众多研究学者已经提出了许多方法[39.1-39.6]。

一般而言,由 GNSS 测量计算 TEC 的过程包含以下几个步骤。

在一阶近似下,相位微分与倾斜信号路径上的电子密度积分(STEC)成正比。因此差分码 $p$ 和差分载波相位 $\varphi$ 可以写成 STEC 的函数,即

$$\Delta p = p_2 - p_1 = \frac{K(f_1^2 - f_2^2)}{f_1^2 f_2^2} \text{STEC} + \Delta b_c + \Delta \varepsilon_C \tag{39.1}$$

$$\Delta\varphi = \varphi_1 - \varphi_2 = \frac{K(f_1^2 - f_2^2)}{f_1^2 f_2^2} \text{STEC} + \Delta b_L + \Delta \varepsilon_L \tag{39.2}$$

$$K = \frac{e^2}{8\pi^2 \varepsilon_0 m_e} \approx 40.309 \text{m}^3 \text{s}^{-2} \tag{39.3}$$

式中：$\Delta b_c$ 和 $\Delta b_L$ 分别为卫星和接收机的差分硬件延迟以及载波相位测量的差分模糊度；$\Delta \varepsilon_c$ 和 $\Delta \varepsilon_L$ 表示残留的噪声项。

伪距测量受多路径效应影响很大，尤其是在卫星高度角较低时会产生很多的测距误差，因此通常利用噪声较小的载波相位测量来平滑伪距观测（图39.1）。由于卫星和接收机存在硬件延迟，且大小未知，因此必须对差分载波相位进行校准。例如，由于电子电路中的振荡器漂移，卫星和接收机所处的环境条件（如温度）改变等，硬件延迟会发生永久性变化。各卫星和 GNSS 站的接收机存在一个硬件延迟偏差，通常认为该偏差在几天内恒定。校准过程需要对电离层进行一些假设，不同的研究团队提出了不同的方法。

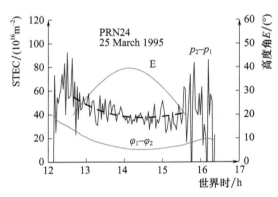

图 39.1　1995 年 3 月 25 日在施特雷利茨测量的 GPS 信号（PRN24）的差分码（$p_2 - p_1$）和差分载波相位（$\varphi_1 - \varphi_2$）。虚线表示用于进一步计算的最小二乘差分载波相位

### 39.1.1　TEC 测量的校准

如上所述，对 TEC 进行校准需要电离层模型，如较为简化的多项式模型。当然，不同的研究团队选择的方法不同。本节重点介绍一种使用高质量 TEC 模型进行校准的方法，该方法可以较好地描述电离层的变化状态[39.5-39.7]。

为了计算历元 $i$ 的 TEC，可使用全球 Neustrelitz TeC 模型（NTCM）（6.3.4 节）进行校准，有

$$\text{STEC}_{\text{Meas}}^i = \text{STEC}_{\text{NTCM}}^i + b_{\text{RX}} - b^{\text{SAT}} + \varepsilon \tag{39.4}$$

式中：$\text{STEC}_{\text{Meas}}^i$ 根据式（39.2）利用载波相位测量计算得到；$b_{\text{RX}}$ 和 $b^{\text{SAT}}$ 分别为 GNSS 接收机和相应 GNSS 卫星的频率间偏差（IFB）或差分码偏差（DCB）；$\varepsilon$ 为残留误差。$\text{STEC}_{\text{NTCM}}^i$ 表示使用 NTCM 模型获取的倾斜 TEC，该模型的输入参数包括典型的地球物理参数和表征太阳活动水平的太阳辐射指数 F10.7[39.7]。由于模型提供的是无几何结构的垂直 TEC，必须使用观测高度角 $E$ 的倾斜因子或映射函数 $M(E)$（如第 6.3.4 节中给出的）将其转换

为所需的倾斜 TEC, 即 $\mathrm{STEC}_{\mathrm{Meas}}^{i}$。

因此式(39.4)可以改写为

$$\mathrm{STEC}_{\mathrm{Meas}}^{i} = M(E)\,\mathrm{VTEC}_{\mathrm{NTCM}}^{i} + b_{\mathrm{RX}} - b^{\mathrm{SAT}} + \varepsilon \quad (39.5)$$

其中,电离层穿刺点处的垂直 TEC 模型值可直接用于后续的校准过程。该方法可以选择具有固定系数的约束模型 NTCM,也可以使用具有可变系数的开放模型 $\mathrm{NTCM}_{\mathrm{op}}$,通过调整系数可使其更吻合实际的电离层状态。如果观测数据足够密集,建议使用后一种模型,而在数据覆盖较为稀疏的情况下,约束模型的结果更好。

然后,通过最小二乘法利用过去 24h 期间所有的观测数据进行解算,可得到电离层模型系数 $b_{\mathrm{RX}}$ 和卫星和接收机差分码偏差 $b^{\mathrm{SAT}\,[39.5]}$。

式(39.5)中卫星与接收机差分码偏差参数是线性相关的,因此必须引入一个参考基准,以实现卫星和接收机 DCB 参数的分离。通常以所有卫星构造"零均值"基准,有

$$\sum_{i} b^{\mathrm{SAT}_{i}} = 0 \quad (39.6)$$

由于可以利用模型进行辅助,校准的 IFB 以及随后生成的 TEC 格网几乎可以实时获取。图 39.2 显示了 2010 年 10 月在几天内监测到的 GPS 卫星 G07 的卫星硬件偏差。

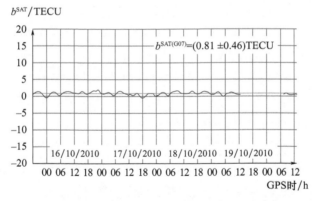

图 39.2 在 2010 年 10 月数天内 GPS 卫星 G07 的卫星硬件偏差,均方根误差(RMS) $b^{\mathrm{Sat}}(\mathrm{G07}) = 0.81$ TECU,不确定度为 0.46 TECU(1 TECU $= 10^{16}\,\mathrm{electron/m^{2}}$)

## 39.1.2 全球电离层格网

电离层会使 GNSS 观测信号产生延迟,与观测链路相关的测距误差可以达到 100 m。虽然这种误差在双频测量中大多可以通过双频观测的线性组合加以纠正,但单频测量需要额外的信息来削弱电离层误差。由于一阶测距误差与 TEC 成正比,因此可以通过 TEC 模型或 TEC 格网来进行电离层校正。当前的 TEC 模型仅提供气象数据,而实际的 TEC 格网则可以提供更真实的校正数据。后者通常用于星基增强系统(SBAS),如 WAAS、EGNOS、GAGAN 和 MSAS 等。许多参考站为计算区域 TEC 格网提供了信息,通常 TEC 格网在纬度和经度上以 5°×5° 的间隔提供格网点处的 TEC 值。显然,生成的 TEC 格网的准确性和空间分辨率取决于相应的地基 GNSS 观测。

如前所述,不同的研究团队提出了不同的方法。如 Jakowski 等使用模型辅助技术对欧洲(1995 年以来)、极区(2001 年以来)以及全球范围(2010 年以来)的 GNSS 观测 TEC 进行了校准和建模[39.5,39.6]。

TEC 格网是通过将可用观测值同化到 6.3.4 节中提到的特定背景模型中生成的[39.7]。其优势在于即使在数据覆盖较为稀疏或不均匀的地区,如海洋区域,TEC 估值也可用于测距误差的电离层校正。

TEC 数据同化过程中首先对所有观测值进行最小二乘平差,建立背景模型。假设观测历元 $i$ 的平差值为 $\text{VTEC}_{\text{adj}}^i$,计算 $N$ 个电离层穿刺点 $j$ 的偏差,有

$$\Delta \text{VTEC}_j^i = \text{VTEC}_j^i - (\text{VTEC}_{\text{NTCM}j}^i + \text{VTEC}_{\text{adj}}^i) \quad (39.7)$$

令 $N$ 个观测值 $j$ 与模型值的正负偏差之和等于零,有

$$\sum_{j=1}^N \Delta \text{VTEC}_j^i = 0 \quad (39.8)$$

格网点(GP)$(k,l)$ 处的 $\Delta \text{VTEC}$ 值由其周围穿刺点的加权偏差相加得到。使用高斯型加权函数,其权重随距离减小。加权函数的单位长度是一个可以调整的参数,它从相关距离的角度定义了各个穿刺点值的影响。因此,在数据密度较高时,可以将单位长度设置得较小,反之可以将单位长度设置得较大。为了减小观测仰角较小时的映射误差,可以引入观测仰角的加权函数。格网点 $\text{GP}(k,l)$ 的 VTEC(垂直总电子含量)值的计算公式为

$$\text{VTEC}^i(k,l) = \Delta \text{VTEC}^i(k,l) + \text{VTEC}_{\text{NTCM}}^i(k,l) + \text{VTEC}_{\text{adj}}^i \quad (39.9)$$

最终结果为在穿刺点附近测得的 TEC 值,同时可为较远处的模型格网点提供一些修正信息。按照此步骤,德国航空航天中心(DLR)施特雷利茨的空间气象应用中心(SWACI)已经提供了多年的 VTEC 格网模型和相关产品[39.8]。

图 39.3 给出了全球垂直 TEC 的示意图。大多数观测数据来自国际 GNSS 服务(IGS)提供的大地测量观测网[39.9]。相应的穿刺点在地图上用小圆圈表示。格网值在纬度和经度上的分辨率为 2.5°×5°。建模时用到的背景模型 $\text{NTCM}_{\text{op}}$ 如图 39.4 所示。

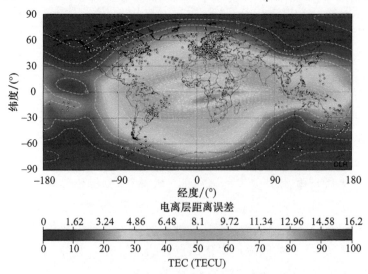

图 39.3 2011 年 10 月 17 日世界时 14:00 时的 VTEC 样本图。
地面 GPS 站的电离层穿刺点坐标用小圆圈标记

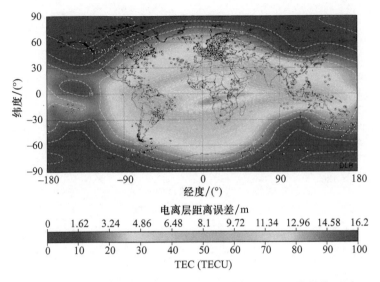

图39.4　图39.3中所示的VTEC格网对应的VTEC背景模型图

由于背景模型与导出的TEC格网之间的差异不是很大,因此在地磁活动平静时期适用于使用背景模型进行电离层建模。同时可以通过检查相应的误差图对TEC格网进行检核,如图39.5所示。对于数据覆盖较好的区域,TEC值的误差通常小于1 TECU(GPS L1信号频率,16.2cm)。对于没有数据覆盖的区域,比如海洋上空,TEC在很大程度上与所用的背景模型有关。

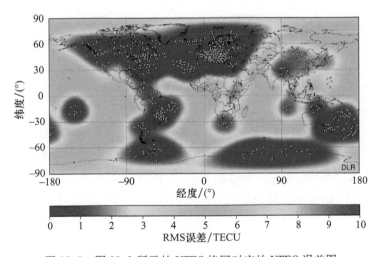

图39.5　图39.3所示的VTEC格网对应的VTEC误差图

由观测数据生成TEC格网后,可以得到许多次要信息,如TEC梯度图或TEC速率(RoT)图。考虑到数据处理中使用的是1s的高时间分辨率观测量,可以按照39.5节中所述那样详细地监测扰动过程。由于TEC梯度信息对精密定位和导航以及生命安全等应用非常重要[39.10,39.11],图39.6所示的TEC梯度可用于对运行中的GNSS系统中处理电离层梯度时可能引起的潜在问题进行一阶估算。

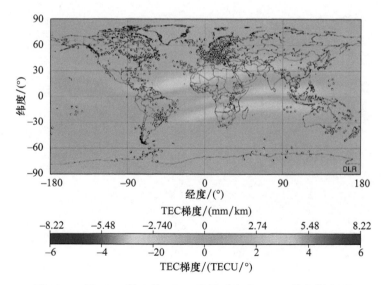

图 39.6 图 39.3 所示的 VTEC 格网对应的 VTEC 纬向梯度图

与 100mm/km 及以上的 TEC 梯度相比,计算得到的 TEC 梯度相当小,这可能会给 SoL 应用带来一些问题。只有大尺度的现象能够在超过 100km 的网格间距下成像,因此 TEC 格网导出的梯度较为平滑。为了推导 TEC 梯度引起的电离层问题,必须对原始的倾斜 TEC 测量值进行分析[39.11]。

## 39.2 天基 GNSS 电离层监测

天基双频 GNSS 测量解算电离层 TEC 的方法与地基观测相同,计算公式同样为式(39.1)和式(39.2)。

低轨卫星(LEO)的 GNSS 观测可以监测等离子体的分布,因此,GNSS 无线电掩星测量能够在全球范围内监测电离层的垂直结构[39.12-39.14]。另外,用于 LEO 卫星自身定位的 GNSS 信号可以用于监测 LEO 卫星轨道平面上方的顶部电离层/等离子体层的电子含量[39.15]。GNSS 无线电掩星测量技术的有效性已通过许多任务进行了验证,如 Microlab-1 卫星的 GPS/MET 试验[39.12]、CHAMP 卫星任务[39.14],以及最为著名的 COSMIC/Formosat-3 掩星任务[39.16]。

### 39.2.1 GNSS 无线电掩星

GNSS 无线电掩星是一种临边探测技术,可以获取行星大气折射率的垂直分布。其观测值为 GNSS 信号对行星大气临边观测时的无线电信号相位。

无线电掩星技术早期用于行星大气探测,Mariner IV 和 Venera 4 行星探测器分别利用该技术成功对火星和金星的大气层进行了探测。20 世纪 80 年代末,Yunck 等建议使用刚刚建立完善的 GPS 系统的 L 波段信号,将无线电掩星技术应用于地球大气探测[39.17]。1994 年 4 月发射的 Microlab-1 卫星任务进行的 GPS/MET 试验明确表明了 GPS 无线电掩星技术是进行地球中性大气和电离层遥感探测的强大手段[39.12]。几年后,其他 LEO 卫星计划,如 SACC,Oerstedt,CHAMP 和 GRACE,也采用了这项新技术成功对地球中低层大气和电离层进行了探测。2006 年发射的 6 颗 LEO 卫星(COSMIC/Formosat-3 计划)在掩星探测方面取得了突破性进展[39.16]。像 CHAMP 这样的单卫星任务每天可以提供约 200~400 次掩星观测,而多卫星组成的 COSMIC/Formosat-3 系统每天可以提供约 2500 次掩星事件的观测。

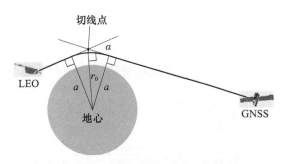

图 39.7　GNSS 无线电掩星观测的几何示意图

图 39.7 给出了 GNSS 无线电掩星观测的几何示意图。LEO 和 GNSS 卫星的射线路径的折射角 α 由 LEO 卫星上的接收机接收到的高精度 GNSS 载波相位计算得到。由于弯曲角通常不超过 1°,因此必须获取 GNSS 卫星和 LEO 卫星的精密轨道数据(精确到厘米),并且必须校正钟漂移误差。折射角 α 关于折射率 n 的积分方程为

$$\alpha(a) = -2a\int_{r_0}^{\infty} \frac{1}{\sqrt{r^2n^2 - a^2}} \frac{\mathrm{d}\ln(n)}{\mathrm{d}r} \mathrm{d}r \tag{39.10}$$

式中:碰撞参数 a 为地球中心到信号路径的距离。通过对式(39.10)进行 Abel 积分变换,可以得到折射率关于 α 和 a 的函数[39.18]。

根据第 6 章中的电离层测距误差公式(6.85),仅考虑电离层所在高度的区域,可以看出,利用式(39.10)的 Abel 积分反演可以提供从卫星轨道高度到电离层底部的垂直电子密度分布。在较低的中性大气层中,垂直折射率分布可以反演得到中性大气的温度以及湿度分布[39.19]。由于电离层具有色散特性,电离层无线电掩星(IRO)测量可以直接利用 LEO 卫星上双频 GNSS 测量的差分载波相位来获取电子密度的垂直分布。

电离层掩星观测的采样率通常为 1Hz,对应的高度分辨率约为数千米。通过考虑信号路径的弯曲效应可以提高反演的精度[39.20,39.21]。CHAMP,COSMIC 和 GRACE 等卫星提供的大量连续 IRO 测量,非常适合电离层研究(图 39.8),以及开发和改进电离层关键参数模型,如 F2 层峰值密度 NmF2[39.22]和峰值高度 hmF2[39.23]。

图 39.9 显示了 2003 年 10 月 1 日至 13 日由 IRO 测量获取的日间(a)与夜间(b)平均电子密度垂直分布图。电子密度的全球分布表明电离层 F2 层峰值的分布与地磁纬度密切相关[39.24]。最显著的特征是峰值电子密度的极大值出现在地磁赤道的两侧,对应的地

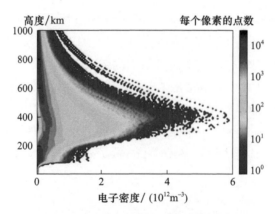

图 39.8 太阳活动高年 2002 年由 CHAMP 卫星的 IRO 测量获得的 30000 个电子密度垂直剖面图

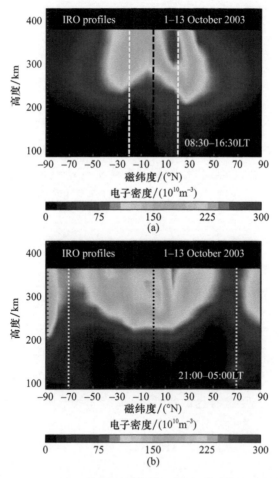

图 39.9 2003 年 10 月 1 日至 13 日由 IRO 测量获取的日间(a)与夜间(b)平均电子密度垂直分布图。地磁赤道以黑色虚线标示,白色虚线为峰值电子密度的极大值和极小值对应的纬度

磁纬度约为 15°,这一现象被称为赤道异常。正午左右的赤道异常现象通常比午夜十分更加明显。约 50°~70° 的地磁中纬度区域或主槽是一个电子密度较低的区域[39.25]。主槽的持续时间约为磁地方时 18:00 至 06:00 之间,其宽度约为 500~1000km[39.26]。槽内的电

子密度在1000km高度处急剧降低了两倍,相比于F2层的峰值密度降低了一个数量级。

## 39.2.2 电离层/等离子体层建模

在LEO卫星上用于定位的双频GNSS观测可以有效地用于顶部电离层监测,其方法与地基测量相同。LEO卫星上的接收机可以在卫星运行一圈的过程中获得大量的观测量。通常来说,其观测不是均匀分布的,如图39.10所示。

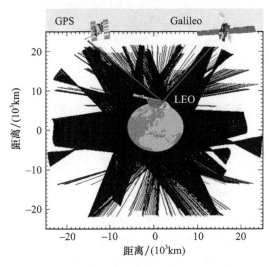

图39.10 在LEO卫星运行一圈的过程中GNSS和LEO卫星之间的无线电观测链路在LEO卫星轨道平面上的投影分布图

在LEO卫星运行一圈的过程中可进行约4000次GPS观测,如果可以接收来自其他GNSS卫星系统的信号,观测的数量会进一步增加。考虑到观测数据的覆盖率,假设电离层在一个卫星轨道周期(93min)内是静态的,可合理解释监测卫星轨道平面附近电子密度分布的大尺度现象。为了克服如图39.10中所示的观测分布和间隙不均匀的问题,可以通过将与观测链路相关且已校准的TEC数据同化到可靠的背景模型中,实现电子分布的建模。根据参考文献[39.15],采用特定的像素结构定义空间电子密度的分布,像素结构可采用参数化电离层模型(PIM)进行初始化得到[39.27]。为了满足所有与观测链路有关的TEC测量值,需要采用迭代方法来修正CHAMP-GPS无线电链路所穿过的体素内部的电子密度,直到残差小于某个截止水平。其迭代过程类似于乘法代数重建技术(MART)。

为了对结果进行说明,图39.11显示了CHAMP轨道顶部的电子密度分布的典型建模结果。

尽管无法通过建模得到LEO卫星顶部电离层和等离子体层的真实状态,但其结果相比于背景模型有所改进。无论观测数据的覆盖情况如何,结果始终稳定且在物理上是合理的。图39.11展示了通过同化获得的CHAMP卫星轨道平面上的三维电子密度分布。显然,对地球等离子环境的三维建模使得磁层-电离层耦合过程的研究成为可能。

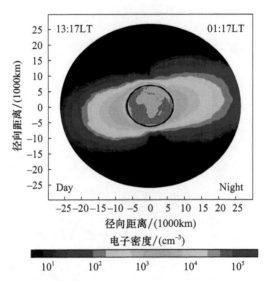

图 39.11 基于 CHAMP 卫星上接收到的 GPS 观测的顶部电离层电子密度分布模型。利用 2005 年 8 月内连续 10 天的世界时 21:00 左右的观测进行建模。左右侧分别为日夜间的电离层/等离子体层

如图 39.11 所示，在日测可以明显地看到太阳风对等离子体层的压缩现象，而在夜测则可以观测到等离子体层的扩散。由于这种等离子体的场向结构对空间天气的变化十分敏感，因此，天基 GNSS 测量在很大程度上有助于检测空间天气和研究电离层-磁层耦合过程。为了提高空间分辨率，应致力于发展能够接收来自不同 GNSS 系统信号的多 LEO 卫星星座。

## 39.3　基于 GNSS 的三维层析成像

对全球电离层和等离子体层电子密度分布的三维建模是未来几年的一项艰巨任务，只有对电子密度的三维分布有所了解才能理解电离层动力学背后的物理过程。此外，GNSS 导航系统的用户需要非常精确的电离层延迟误差。在 GNSS 观测中，由于将电离层从三维降为二维，在电子密度水平梯度较大的区域，TEC 信息可能不够准确。GNSS 观测资料日益增长的可靠性将大大改善电子密度的三维或四维建模条件。随着地面 GNSS 网络越来越密集，卫星任务能够提供越来越多的天基 GNSS 观测，GPS、GLONASS、Galileo 和 BDS 等几种 GNSS 系统的可靠性不断提高，观测数据不断增加。与 TEC 格网建模一样，这将有利于电离层和等离子体层电子密度三维分布模型的近实时建模或后处理。

### 39.3.1　电离层建模技术

自 Austen 等于 1986 年首先提出将层析技术应用到电离层电子分布的建模中以来，学者们已经提出了多种利用 TEC 测量进行电子密度建模的方法[39.28]。电离层层析建模的早期，使用了双频信标测量的 TEC[39.29]，可以沿着地面接收机链接收信标信号。例如 GPS

的前身——海军卫星导航系统(NNSS)可进行多次交叉测量对垂直电子密度建模。当 GPS 信号可用时,由于定位需要的 GPS 卫星具有永久可用性,建模在空间上不会受限在由信标接收器链和卫星轨道共同定义的平面内,在时间上也不被限制[39.30]。然而,信标和地基 GNSS 测量都存在一个常见的几何约束,这是因为缺少水平测量,导致所得图像的垂直结构不确定。为了获得稳定的解,必须在解算过程中加入一些约束,加约束的方法各不相同,这里不详细展开说明。

电离层层析建模是一个反演问题,其描述为:对于给定信号路径上的积分电子含量(TEC),找到满足所有测量结果的最佳电子密度分布。

Austen 等[39.28]首先使用代数重建技术(ART)的迭代算法对与 TEC 测量相交的图像进行建模。在此,通过添加测量和初始 TEC 之间的差值来校正初始状态。该解算方法需要迭代,直到结果收敛。乘法代数重建技术(MART)与 ART 相似。不同的是,电离层状态使用校正因子进行修改。这种方法确保了沿射线路径的相对电子密度保持不变,即电子密度不能为负。此类重构技术原则上已应用于前一节中提到的 CHAMP 轨道平面附近的三维顶侧电离层/等离子体层电子密度分布建模[39.15]。此处的初始信息由基于数据同化的参数化电离层模型(PIM)[39.27]提供。

近年来开发的大多数建模方法都是基于同化的,它们将实际测量值与由经验或物理模型或从查普曼剖面导出的经验正交函数提供的背景信息结合在一起[39.31–39.36]。同化技术通常使用卡尔曼滤波和三维变分技术实现[39.37]。

Bust 等[39.31,39.32]提出了电离层三维数据同化方法(IDA3-D),Mitchell 和 Spencer[39.34]开发了多仪器数据分析软件(MIDAS),犹他州立大学的 Schunk 等[39.33]建立了基于物理方法的全球同化电离层模型(GAIM),喷气推进实验室(JPL)和南加州大学建立了 JPL-GAIM 模型[39.36]。

电子密度同化模型(EDAM)由 QinetiQ(英国)的 Angling 和 Cannon 建立[39.35],用于将电离层测量(尤其是基于地面和空间的 GNSS 测量)同化为 IRI 2007 模型[39.38]。建模过程中,通过观测向量和观测算子之间的差异修正背景模型,可将观测几何构型与背景模型联系起来。在更新开始之前,使用权重矩阵缩放此差异,该权重矩阵由背景模型的协方差矩阵和观测值组成。同化基于最小方差最佳估计的形式,也称为最佳线性无偏估计(BLUE),它提供了电离层状态更新估计的表达式。使用背景模型,可以在磁固坐标系下的体素三维格网上建立电子密度模型。

MIDAS(多仪器数据分析软件)是一种用于电离层三维建模的时间相关算法。MIDAS 利用来自双频 GNSS 数据的相位数据来测量卫星和地面接收机之间的相对 TEC。作为先验信息,从查普曼函数导出的一组正交分布可以作为先验信息来约束垂直分布,因此仅需要少量系数即可估计所选地理位置上方的电子密度。水平分布由球谐函数级数展开。由于 MIDAS 使用差分载波相位数据估计有偏差的 TEC,因此该程序需要一个与时间有关的算法,以从 GNSS 卫星在天空中移动时的电离层变化中获得电离层信息。因此,可以将 MIDAS 视为四维建模技术。

JPL 的第一个基于电离层物理学的背景模型全局同化电离层模型(GAIM)是一个完

全依赖于时间的三维电离层全球模型。它通过磁流体力学方程对离子和电子密度进行数值求解,并结合了最新的卡尔曼滤波器和四维变分(4DVAR)方法,从而能够同化各种类型的电离层测量值。空间天气模型对电离层测量值进行了整体同化。犹他州立大学团队在空间天气中心开发的全球同化电离层模型(GAIM)与NOAA采用的对流层天气模型相似,该模型为高层大气/电离层密度、温度和风的全球分布提供实时规范和预测。GAIM空间天气模型最初于2006年12月成为空军的可运行模型,其当前使用的数据类型包括从地基GPS接收机网络和星载GPS接收机推导出的视距TEC测量、卫星紫外线(UV)扫描和离子探空仪数据。该模型还使用各种独立的数据源进行了严格验证,包括卫星海洋高度计雷达(例如TOPEX和Jason-1任务)、测高仪和非相干散射雷达测量的垂直TEC。

### 39.3.2 近实时建模

尽管电离层研究不需要电离层电子密度的近实时成像,但在精密GNSS应用中,利用电离层电子密度精确的三维图像,可以近实时解决相位模糊度问题。三维图像可以避免基于TEC的电离层延迟估计中对垂直电离层结构的映射误差。然而,仅当建模足够准确时,三维建模才有意义。由于时间和空间分辨率以及三维图像的精度在很大程度上取决于建模技术和可靠数据的密度,因此需要进一步研究以满足具有挑战性的客户需求。尽管如此,相关研究人员正在尝试近实时三维电子密度建模,但仍需要通过国际合作进行全面验证(39.7节)。

## 39.4 电离层闪烁监测

6.3.3节讨论了无线电闪烁,特别是其对GNSS信号可靠性的影响,例如对定位、导航和授时(PNT)服务的可靠性。任何信号故障都可能在复杂的基础架构中引起严重问题。强闪烁可能会导致GNSS信号失锁[39.39],从而降低GNSS服务的可靠性。为了更好地理解电离层等离子体及其不规则现象,应该开发预报工具,使其能够在3~6h内对其进行预测。为了提高GNSS系统的可靠性,必须在数小时内对其进行预测。

### 39.4.1 基于GNSS观测的无线电闪烁气候学

6.3.3节中引入的$S_4$指数作为公认的无线电闪烁活动的衡量标准,它在很大程度上取决于地球物理条件,例如地方时、季节、纬度和太阳活动水平[39.40,39.41]。典型的GNSS闪烁的波动频率通常在10Hz以上,因此利用基于GNSS的闪烁监测进行科学分析,需要质量合格的GNSS接收机,其采样率约为50 Hz或更高(图39.12)。原则上,所有可以访问信号强度的高速率GNSS接收机都可用于实际测量。值得注意的是,科学界广泛使用特殊的闪烁接收机(Novatel GSV 4000)进行闪烁监测。

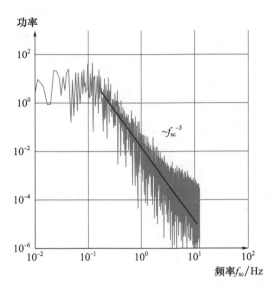

图 39.12　2006 年 4 月 5 日在印度尼西亚万隆测得的 GNSS 振幅波动的频谱功率密度

长期研究表明，电离层闪烁强烈依赖于太阳活动和地球物理条件，例如位置、季节和地方时。正如已经在 6.3.3 节中指出的那样，闪烁主要发生在高纬度和低纬度区域，这是由于各种物理作用造成的。在高纬度站观测到的闪烁效应如图 39.13 所示。

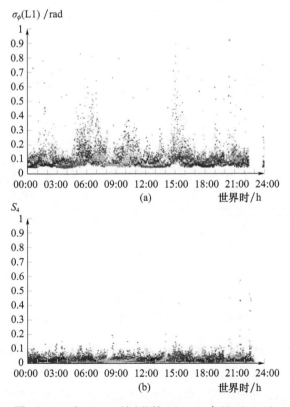

图 39.13　在 Kiruan 站（北纬 67.84°；东经 20.41°）观测到的 2012 年 3 月 7 日（a）和 3 月 8 日（b）的 $S_4$ 和 $\sigma_\phi$

在极光和极盖地区，显著磁暴活动会引起闪烁现象。观察到剧烈的幅度和相位闪烁，同时伴随着陡峭的 TEC 梯度，这是极盖斑块边缘的特征。这种梯度特性会导致由于梯度漂移不稳定性而产生的小规模不规则体[39.42,39.43]。由于这种地磁暴驱动的行为，因此没有明确的地方时间的报道。此外，高纬度闪烁的强度不如近赤道带严重。但是，高纬度闪烁可能会持续数小时，甚至数天。图 39.13 所示的观测结果也证实了这样的说法，即在高纬度地区，相位闪烁比信号强度波动要明显得多。这表明在该区域中，折射率波动 $\Delta n$ 相对于衍射或散射效应占优势。

在来自北极区域的 GPS 信号上观测到的最大衰落深度约为 10dB，而在赤道异常区域达到了 25dB[39.44]。通常，峰-峰值衰减深度可以估算为[39.45]

$$P_{\text{Fluc}} = 27.5 S_4^{1.26} \tag{39.11}$$

在低纬度地区，太阳光照驱动的热层/电离层耦合过程，闪烁的发生概率更加规律。因此，在低纬度地区，除了低太阳活动条件，日落后可以观察到 $S_4$ 指数的明显增强（图 39.14）。

埃塞俄比亚巴希尔达尔大学低纬度站的 GNSS 测量表明，日落后出现信号强度的波动增强现象，这与瑞利-泰勒等离子体不稳定性有关。$S_4$ 活跃性增加通常持续几个小时直到午夜（图 39.14）。闪烁活动在南北方向最为明显，因为 Bahir Dar 位于（北纬 11.5°；东经 37:4°）非洲北部和南部电离层波峰之间。

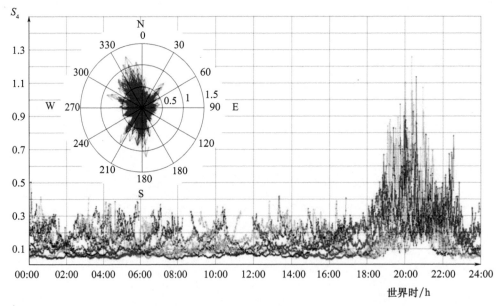

图 39.14 2012 年 4 月 14 日在埃塞俄比亚巴希尔达尔（北纬 11:6°；东经 37:4°）进行的 $S_4$ 闪烁测量（彩色标记），该测量是在所有可用卫星上进行的。其中增强活动的开始是在日落之后

长期观测闪烁活动，除了可以估算闪烁强度或衰落深度之外，还可以估算闪烁发生的概率。

尽管 2006 年太阳活动非常不活跃，$S_4 \geq 0.8$ 的严重闪烁发生概率仅仅约为 $6.0 \times 10^{-3}$，然而就在这一年，万隆发生了电离层闪烁。长期研究应进一步提高发生统计的可靠性。

虽然季节性依赖在亚洲地区的春分点附近显示最大值,就像在万隆一样,但在美国的低纬度地区并非如此——在美国的低纬度地区,至高点期间的闪烁概率要比春分点高。

值得一提的是,在低纬度地区,信号强度的波动与 TEC 的快速相位变化密切相关。如图 39.15 所示,通过在万隆[39.46]中同时进行 $S_4$ 和 TEC 速率(RoT)测量的直接比较已经验证了这种关系。

TEC 速率测量可有效探测等离子体泡,它与文献[39.47]中所述的闪烁活动增强有关。当一个或多个等离子体泡在 GPS 接收机和卫星之间的路径上漂移时,就会发生 TEC 耗空。因此在与链路相关的双频 GNSS 测量中,TEC 的突然耗尽可以看作是赤道等离子体气泡的一种表现。Nishioka 等[39.48]研究了全球地面 GPS 接收机网络观测的等离子体泡的发生特征。RoT 的标准偏差,通常称为 TEC 变化率(ROTI),用于识别小范围的波动。ROTI 通常用于研究电离层波动[39.49,39.50]。与低纬度 $S_4$ 的变化类似,ROTI 的昼夜变化在日落和午夜之间的傍晚时分显著增强。

与电离层暴相关的大型结构也可能造成 TEC 大量耗竭,从而导致闪烁活动增强。2011 年 10 月 24 日至 25 日发生的中度地磁暴期间在非洲发现了该现象[39.47]。高闪烁活动可能导致 GNSS 信号失锁。为了避免在精确且对安全至关重要的应用中出现问题,仍需更全面地了解无线电闪烁背后的物理过程,以开发抑制技术和预测工具。因此,有必要倡议提出对电离层不规则现象进行系统和全球性监测。

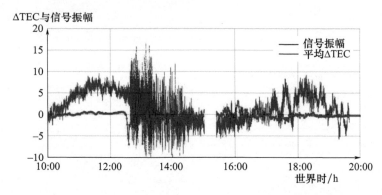

图 39.15 2006 年 4 月 5 日在印度尼西亚万隆同时测量的信号幅度(蓝色)和 TEC 率(红色)的对比(见文献[39.46])(见彩图)

## 39.4.2 闪烁测量网络

由于空间天气对 GNSS L 波段信号的影响不可忽视,国际上正在进行巨大的努力来测量和模拟电离层不规则性以及无线电信号的闪烁效应。如前一节所述,GNSS 测量在很大程度上帮助了收集具有代表性的数据集,以便对综合的理论和实证数据进行分析。

美国空军研究实验室(AFRL)正在建立低纬度 SCINDA(scintillation and decision aid)地面站网络[39.51],而欧洲航天局(ESA)正在支持在 PRIS 和 MONITOR 项目中进行全球范围内闪烁接收机的部署[39.52,39.53]。

除 SCINDA 之外,美国空军研究实验室还于 2008 年启动了通信/导航故障预报系统(C/NOFS)卫星的发射[39.54],主要目标是开发预测闪烁发生概率的工具。提前几个小时估计闪烁概率是提高 GNSS 可靠性的重要问题。

除了欧空局在区域和全球网络中支持协调闪烁监测的活动外,几个欧洲国家也积极建立国际 GNSS 网络,为增进我们对闪烁的了解做出了贡献。其中有一个由高等地理研究所(INGV)运营的高纬度网络,罗马称其为电离层闪烁北极运动协调观测(ISAC-CO)[39.55],以及 DLR 的南北向闪烁监视链[39.43]。这样的网络可以监视区域闪烁活动或跟踪从高纬度向低纬度传播的与闪烁相关的扰动,反之亦然。

在南美,LISN 多传感器监测网络[39.56]为理解电离层闪烁的产生和传播机制的复杂物理背景做出了实质性的贡献。在实际应用中,单站信息虽然有用,但通常是不够的。区域、本地 GNSS 闪烁监测网络可以计算覆盖视域的闪烁图。尽管造成无线电闪烁的电离层不规则性的特征是小尺度,但是与气候模式相比,平滑的闪烁图能够提供更可靠的当前状态信息。这可以在几乎没有闪烁活动测量值的站点上为用户提供帮助。因此,实际的闪烁测量被同化到闪烁气候模型中,如 WBMOD[39.57] 和 GISM[39.58],通过引入当前的地球物理和空间天气条件来改进该模型。这些条件的时间和空间尺度远大于不规则体,在某种意义上证明了该程序的合理性。

利用 GISM 作为计算 2002 年 1 月 10 日至 18 日在巴西上空的闪烁活动的背景模型,将从巴西国家空间研究所(INPE)获得的闪烁数据合并到模型中[39.52]。将这些实际的闪烁数据同化到 GISM 模型中,所获得的闪烁图非常适合实际情况,如图 39.16 所示。可用的测量值

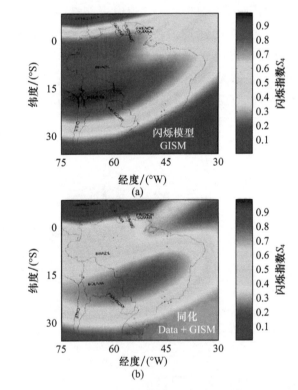

图 39.16 闪烁数据同化到 GISM 模型

(a)在世界时 00:30,太阳辐射通量 $F10.7=150$,背景电子密度模型是 NeQuick,由 GISM 模型生成的 2002 年 1 月 11 日 $S_4$ 闪烁图;
(b)将来自 6 个巴西 GPS 站的测量闪烁数据同化为 GISM 背景模型后形成的 $S_4$ 闪烁图。更多细节请参见文献[39.52]。

越多,格网模型的空间分辨率就越高。自 1995 年以来,同化过程与 DLR 中常规生成 TEC 图的过程相似[39.5,39.6]。

## 39.5 空间天气

根据美国 1996 年国家空间天气计划的定义,空间天气是指太阳、太阳风、磁层、电离层和热层中的条件,这些条件可能影响星载和地基性能和可靠性,并可能危害人类生命或健康。电离层是空间天气不可或缺的组成部分,与太阳发出的电磁辐射和微粒辐射的强度以及高能谱密切相关。利用地面和基于空间的 GNSS 信号对于以双重方式监视电离层中由空间天气驱动的影响非常有吸引力。首先,通过以高时空分辨率探测电离层可以有效地研究空间天气引发的过程。其次,监测结果有助于开发校正模型、抑制技术和电离层威胁模型,以进一步削弱电离层在众多 GNSS 应用中的影响。对于后者,关于 GNSS 的准确性、空间分辨率、完好性和连续性的要求不断增长。再次,由于地面和天基无线电链路的数量迅速增加,电离层测量的稳健性、时间和空间分辨率以及准确性将得到永久性改善。

正如 6.3 节中所述,电离层电离主要受波长小于 130nm 的太阳辐射和源自太阳风的高能粒子控制。原则上,TEC 与太阳辐射之间存在密切的相关性。虽然光离子化会立即发生作用,但总的电离却会随着太阳周期和太阳辐射而改变[39.59],延迟 1~2 天[39.60]。

为了区别于气候效应,本章将重点讨论时间尺度小于 10 天的空间天气效应。电离层风暴持续时间通常为几天。时间较短的辐射事件可在数分钟之内发生,与被称为太阳耀斑的太阳辐射爆发有关。

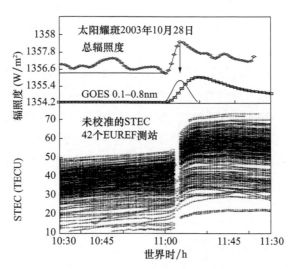

图 39.17　2003 年 10 月 28 日世界标准时间太阳耀斑未校准 TEC 响应
太阳总辐照度增强 267ppm,引起欧洲上空所有 GPS 测量的结果跃升(测距误差高达约 3.5m)
TEC:总电子含量　STEC:电子密度积分

### 39.5.1 太阳辐射和高能粒子的直接影响

如果太阳发射光谱中含有强烈的极紫外辐射(EUV),则 GNSS 的电离层距离误差可能在 1min 内增加几米。相关的快速相位变化可能会导致接收机故障,严重降低定位和监视能力。在太阳耀斑期间,太阳发射的电磁波频率很广,从伽马射线到 X 射线再到无线电波。这可能导致 TEC(SITEC)突然增加[39.61,39.62]。

如图 39.17(底图)所示,在 SITEC 事件期间,STEC 迅速跳升 20 TECU 甚至更多,因此可能会严重降低 GNSS 应用的精度和可靠性。

可用的 GPS 测量数据的数量从 30 个减少到仅剩 7 个。Afraimovich 等[39.62]已经讨论了全球 GNSS 测量对微弱和明亮的太阳耀斑的响应。这些数据可以有效地用于检测光谱中具有强烈 EUV 分量的太阳耀斑[39.63]。

除高能电离辐射外,还可能辐射宽带无线电波,称为无线电脉冲串。2006 年 12 月 6 日,GPS 频率在 $L_1$ = 1575.42MHz 和 $L_2$ = 1227.60MHz 时的无线电暴强度极高,从而在地球阳光照射的一侧对 GPS 测量造成严重的干扰[39.64]。

SITEC 的测量在许多年前已经开始进行,主要是根据地球同步卫星 ATS6 等卫星的线性极化信标信号进行法拉第旋转测量。目前 GNSS 是一种非常适合于测量与耀斑相关电离事件的技术。随着第 24 个太阳活动周期预期最大值的临近,人们对提高太阳耀斑事件观测能力的兴趣大大增加。太阳耀斑事件是空间天气的前兆,为了更好地了解太阳与地球的关系,提高光子通量变化的准确性和时间分辨率尤为重要[39.65]。GNSS 测量有助于估计在太阳耀斑期间快速增加的 EUV 光子通量[39.63]。

除电磁辐射外,源于太阳的微粒辐射也能显著提高电离层电离水平。相关的 TEC 增加可以通过地面和天基双频 GNSS 来测量。由于磁层起源的电子沉降电离,特别是底部电离层,IRO 反演很适合于检测相关的电子密度增强。因此,系统的筛选 CHAMP 和 COSMIC/Formosat-3 的 IRO 数据集,来选择那些 E 层比 F2 层电离度更高的剖面[39.66]。这种以 E 层为主的电离层(ELDI)是高纬度地区与空间天气有关的粒子沉降的明确标志(图 39.18)。

如图 39.18(b)所示,所选的 ELDI 剖面较好地分布在极光椭圆周围,可以观察到迷人的极光。这个北极椭圆的形状由图 39.18(b)中黄线所示的椭圆描述[39.66]。

在电离层暴期间,粒子沉降会大大增强,这通常与高纬度地区 GNSS 测量和服务(如 EGNOS)的中断有关[39.43]。

### 39.5.2 电离层扰动及其影响

电离层暴是一种空间天气引起的对电离层结构和动力学的大规模扰动。由于与磁层的强烈电动力耦合,它们与地磁暴密切相关,因此,电离层暴的主要特征是地磁指数。然而,由于电离层暴较为复杂,地磁指标无法描述电离层暴期间等离子体的变化。为了克服这个问题,人们试图通过更具体的电离层指数来表征电离层暴[39.67]。

由于电离层暴与磁层和太阳风强耦合,尤其当地磁场线下降到地球的高纬度电离层

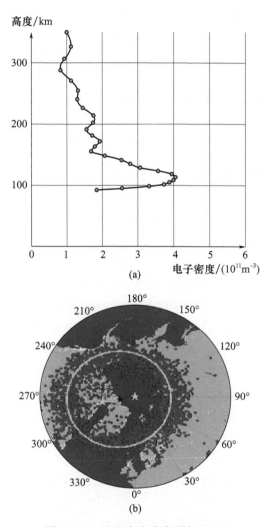

图 39.18 电子密度分布图与 ELDI

（a）2003 年 10 月 29 日在南极的 CHAMP IRO 测量中获得的电子密度分布图,显示了典型的 ELDI 分布图；

（b）2007 年 1 月和 2007 年 2 月在北半球获得的满足 ELDI 条件的 COSMIC/Formosat-3 剖面的分布,黄色星号为椭圆的焦点,黑色星号标记了不太精确的圆形拟合的中心（更多信息请参见文献 [39.66]）。

时,预计空间天气的影响会增强。在严重的空间天气事件中,大量的太阳风能与热层/电离层/磁层系统相耦合,造成高纬度的电离层和热层的剧烈扰动。这些扰动特征使等离子体密度、组成和温度发生显著变化,并伴随着大规模的等离子体传输过程[39.66,39.68-39.71]。

2003 年 10 月底,全球范围内观测到了强烈的电离层暴,称之为万圣节风暴。该地磁暴由 10 月 28 日发生的 X17 级巨大太阳耀斑引起（图 39.17）。随后几天又发生了两次严重的日冕物质抛射（CME）。虽然耀斑后立即出现了超过 10 TECU 的 TEC 响应,但后来在 2003 年 10 月 29 日和 30 日 CME 到达地球时观察到了持续的大规模扰动。CME 等离子体云与地球磁层的电磁耦合使磁层/电离层系统中形成复杂的电场和电流系统。因此,磁层的晨昏电场沿着地磁场线向下映射到电离层的高度,并通过极点将日侧的等离子体驱动到夜侧,从而形成所谓的舌状电离结构。从图 39.19 中 10 月 29 日世界时 06:00 和 08:00 的极地 TEC 分布中可以明确地看到这一点。

另外,在极光的 E 电离层中产生了大约 $1\times10^6$ A 的巨大电流。由此产生的热层焦耳加热会产生多种影响,例如热层的膨胀、中性风的产生和成分变化。因此,欧洲的电离层受到严重干扰,导致高纬度地区的 TEC 增强了 200%。热层的上升和相关的风驱动了向低纬度的运输过程,例如大尺度的旅行扰动(LSTID)[39.72],在图 39.20 中,根据地面 GNSS 数据得出的扰动模式显示了这些扰动。

通过小波分析得到的相关干扰模式,可以为进一步研究电离层暴的发生和传播特性提供参考[39.73]。

图 39.20 所示的风暴模式表明了完全不同的等离子体传输过程。图 39.20 显示的所有纬度的等离子体的瞬时上扬,大约在 UT 6:30 时,所有纬度的 TEC 同时增强。这是由于在产生环形电流之前,对流电场的直接作用造成的。如图 39.19 所示,从北纬 58°到北极,可以看到电离舌的痕迹,随后,一些扰动痕迹被指向南欧。对于大规模的扰动模式,速度通常为 600 m/s 左右[39.73]。在 UT 15:00 左右,中纬度低槽开始向赤道运动,这将北部的极地斑块与南部更常规的运输过程分开,槽向南运动的速度约为 50 m/s。

在 2003 年 10 月 29 日太阳风暴的进一步发展过程中,在南半球可以观察到强烈的等离子体上升,时间为 UT 20:00,即在图 39.21 所示的顶部电离层/等离子体的相应电子密度分布右侧的中午前后。

赤道地区也显示出强烈的电离增强,表明非常强大的东向电场的作用,这与之前提到的欧洲地区傍晚时分中纬度槽的南向运动一致。

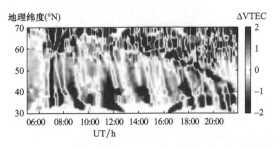

图 39.20  2003 年 10 月 29 日万圣节地磁暴沿欧洲沿东经 12°经线观测到的 TEC 中的 TID 暴时模式

CHAMP 上相应的 IRO 测量值也与此解释一致。文献[39.74]提供了关于万圣节地磁暴期间电离层动力学的更多见解。综上所述,地基和天基的双频 GNSS 测量为探测电离层提供了强有力的工具,尤其是在垂直探测等其他技术可能失效的扰动条件下。

对于 GNSS 用户而言,这次万圣节风暴已在全球范围内证明了电离层活动变化形成的威胁。例如,美国的 WAAS 系统在本次地磁暴中失效了数个小时[39.75]。

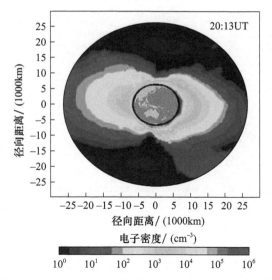

图 39.21 2003 年 10 月 29 日 20:13 在 CHAMP 轨道平面上的电子密度分布模型（见文献 [39.74]）

## 39.5.3 空间天气预测

进行空间天气研究应更好地理解空间天气现象背后的物理学机制，以便更好地预测与空间天气有关的影响及其对技术系统的影响。全球卫星导航系统用户群体主要对电离层活动的警告和预报感兴趣，尤其是在扰动期间。这是一项具有挑战性的任务，不能基于以气候模型为主的经验模型，如 IRI 或 NeQuick，而是基于物理模型，通过当前观测数据进行永久更新，充分预测电离层活动，例如，犹他州立大学开发的 GAIM[39.33] 或科罗拉多州博尔德的空间天气预测中心（SWPC）使用的 CTIPe 模型[39.76]。这些复杂的模型由于缺乏获得常用物理方程系统（如连续性方程、运动方程和能量方程）的明确解决方案所需的特定输入数据而受到影响。考虑到不断改善地面和天基 GNSS 以及其他电离层数据源，开发基于数据的物理模型是未来对扰动条件下电离层变化进行可靠预测的唯一途径。与此同时，基于对电离层现状及其驱动因素（如太阳辐射和太阳风）的近实时测量的实用解决方案仍然是合理的。因此，国际上仍然有一些机构综合使用实际数据和经验模型或神经网络来进行预测。为了更多地了解物理模型，可以将基于物理模型得到的结果与 GNSS 导出的 TEC 图或电子密度的三维重建结果进行比较[39.76]。

例如，通过 DLR[39.8] 的 SWACI 服务，可以定期进行未来 1h 的 TEC 格网预报，该服务基于当前的电离层行为和背景模型（图 39.22）。为了估算先前预测的质量，当达到预测时间后 1h，将使用真实数据进行检查。用户可以使用相应的差异图，立即估计预测的质量。SWACI 服务的平均预测误差通常小于原始值的 10%。

为了进一步提高当前的预报质量，可以设想建立一个太阳风参数控制的经验地磁暴模型，由 ACE 卫星接收。

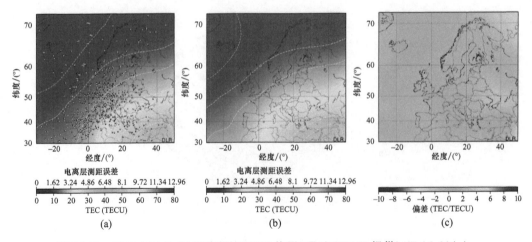

图 39.22　2012 年 6 月 17 日欧洲的 VTEC 格网（通过 SWACI 提供）UT 06:00(a)，
欧洲 1h 的 VTEC 预报(b)，UT 05:00 发布对 UT 06:00 的预报质量(c)

## 39.6　电离层与底层大气耦合

尽管空间天气对电离层等离子体的影响明显占主导地位，但电离层等离子体可能受到来自低层地球圈的传播过程的影响，如低层大气甚至岩石圈或水圈。这些过程将在随后的两节中简要讨论。

### 39.6.1　电离层的大气特征

太阳辐射会定期激发地球的大气层。考虑到地球的自转、倾斜度的永久变化以及月球的重力影响，大气中的各种波状过程在行星和区域尺度上都会受到激发。除了这些定义明确的常规过程之外，作为主要驱动力的太阳辐射还随平均太阳旋转周期(27 天)和太阳周期(11 年)变化表现出准周期性变化。

本节考虑对电离层等离子体平衡的二阶效应，即上述自然环境在较低的大气层中激发的波动现象。

科学界对于流体动力运动(如重力波、潮汐和行星波)的传播已经讨论了 50 多年。假设向上传播的波的能量通量守恒，由于中性气体密度的指数下降，其振幅随高度迅速增加。这是在低高度处小波可能会达到足以在电离层高度处测量到的振幅的主要原因。从更详细的角度来看，必须在实践中考虑像行星波(PW)等这样的大气波垂直传播的大气滤波函数的特性。

行星波主要取决于随地理纬度变化的垂直旋转分量。这些波表现为中性风、密度和压力的大规模变化，沿纬向和垂直方向从对流层-平流层向中层大气和低层热层传播。它们的振荡周期约为 2~20 天，主周期为 2、5、10 和 16 天[39.77]。在大气中发生的另一种类型的波称为重力波。在初始扰动的情况下,例如加热或在分层大气中的垂直位移,恢复力为重力。

这两种类型的波在向上传播的能力上有进一步的区别。由于物理原因,行星波无法穿透约 110km 的高度湍流层,而重力波却能够穿透它。尽管向上传播的行星波存在上限,但通过气辉和雷达测量以及电离层探测,已经可以观测到直至 F2 层的电离层等离子体行星型振荡[39.78]。

由于 PW 无法克服 110km 的障碍,因此必须存在某种支持机制才能将 PW 的波能转换为另一个在更高电离层中可见的大气过程。观测证据表明,大约 100km 高度的 E 层或动力区的电离层电流系统可能直接被行星波所调制[39.78]。对在赤道电集流中典型的 PW 振荡周期的观测表明,行星波对赤道电离层的等离子体参数有重大影响。相关的电场也可能是观察到的夜间 F 层高度在 PW 周期的振荡的原因。一般来说,电离层中的行星波信号有多种可能的解释[39.77]。考虑到 PW 的偶发特征,以及很难将其电离层特征与太阳或更复杂的空间天气强行区分[39.79],TEC 测量将有助于探索相关的大气-电离层耦合背后的物理学,尤其是在 GNSS 网络可用的情况下。图 39.23 显示了 TEC[39.80] 中存在 PW 型振荡,如前所述,这可能会导致 GNSS 测距误差。尽管有诸多观测结果表明在 F2 层中也存在 PW 型振荡,但需要更全面的研究才能更深入地了解中间层、热层和电离层中行星波的垂直耦合过程。

除了行星波或由空间天气驱动的大规模暴风模式外,中尺度行扰(MSTID)也可以通过地基[39.81]和天基[39.82] TEC 测量来监测。

可能影响精确定位的 MSTID 可被视为电离层的大气重力波(AGW)特征,其振幅可达几个 TECU。波的周期为几分钟到大约 1h,水平波长为几百千米,速度为 50 ~ 300m/s[39.81]。观测到的 AGW 可能与雷暴、日食或太阳晨昏线等气象现象有关。GNSS 网络非常适合分析这类波的振幅、水平方向、速度、频率和波长。

因此,太阳晨昏线(solar terminator,ST)可以激发两种类型的 AGW。一个长周期 AGW(60min),幅度为 0.5~1 TECU;一个短周期 AGW(15min),幅度为 0.05~0.1 TECU[39.83]。

由于电离层中存在波状扰动,对于 25km 的基线,RTK 定位误差(第 26 章)可能达到约 25cm[39.85]。如图 39.20 所示,由于 MSTID 是类似于 LSTID 的移动结构,因此它们对定位的影响随基线方向而变化。因此,如果给定的基线垂直于 MSTID 传播方向,则相关的定位误差将小于平行于传播方向的基线所观测到的定位误差。基于 GNSS 的电离层监测通过观测应用区域中 MSTID 时空特征的物理过程减小误差。文献[39.84]分析了许多与地球物理条件有关的数据集的幅度、典型速度和传播方向。图 39.24 中显示了 2004 ~ 2011 年美国加利福尼亚州 GPS 测量得到的 MSTID 速度和传播方向。

考虑到这些关系,文献[39.84]建立了一个经验模型,该模型描述了 MSTID 的气候特征与地球物理和太阳活动条件的关系。除了描述电离层中波状过程的特征(其起源尚待研究)外,该模型还有助于估算 RTK 定位中的电离层威胁。

## 39.6.2 地震响应特征

除了大气扰动外,地球岩石圈和水圈中的强烈扰动也可能通过大气-电离层耦合过程

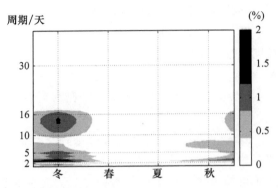

图 39.23 在冬季、春季、夏季和秋季 4 个季节中,电离层总电子含量的典型行星波周期(1 号波的西向波)出现 3 个月(更多详情见文献[39.80])

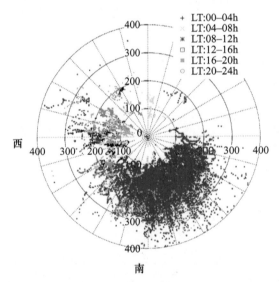

图 39.24 2004~2011 年加州冬季平均 MSTID 速度(m/s)与方位角的函数关系极坐标图。当地时间依赖性用颜色表示:LT 00-04h 为黑色,LT 04-08h 为浅蓝色,LT 08-2h 为深蓝色,LT 12-16h 为红色,LT 16-20h 为绿色,LT 20-24h 为灰色(见文献[39.84],由 John Wiley 提供)(见彩图)

体现在电离层等离子体密度的变化中。由于差分载波相位对电离层电离变化较为敏感,地基和天基的双频 GPS 测量为检测电离层的地震和海啸信号提供了独特的机会。地球表面的垂直位移可能会激发压力或向上传播的声波。尽管海啸波的振幅很小,但也可能通过产生斜向上传播的重力波而激发上面的大气。

由于大气密度几乎随高度呈指数下降,根据能量守恒意味着波幅呈指数增长(如前一节所述)。因此,在有限的频率范围内,放大倍数可能达到 104~106 倍,周期约为 2~6min。Calais 和 Minster[39.86] 首先给出了基于 GPS 的电离层地震特征检测。在分析 2002 年 11 月 3 日的德纳利地震时,有进一步证据表明,差分 GPS 相位可以测量由向上传播的大气声波引起的电离层等离子体变化[39.87,39.88]。与地震相关的声波大约需要 10min 才能到达电离层的 F 层,中性大气与电离等离子体之间的紧密耦合导致电子密度呈波状变化。

2006年12月26日印度尼西亚大地震期间,在印度尼西亚的桑帕利(北纬3.62°;东经98.71°)进行的GPS差分测量表明,地震后约10min,出现了明显的信号(图39.25)。事件发生后约2h,电离层已完全恢复[39.88]。

除了地震特征外,在电离层等离子体中也可以看到相关的海洋海啸特征[39.89,39.90]。它们可能激发对流层中的重力波,并传播至F层高度。与声波相比,这些波的周期较长,一般在10~30min之间,到达电离层高度所需的时间约为2h。

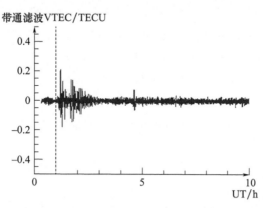

图39.25 2004年12月26日在印度尼西亚苏门答腊岛大地震期间,位于北纬3.62°,东经98,71°的GNSS站Sampali的带通滤波VTEC(2.5~10 min)数据。虚线表示地震发生的时间为UT 00:58:53[39.88]

尽管各种地震参数(如深度)影响电离层中相关特征的可探测性,但是一般来说,通过GNSS测量可以探测到6级以上的地震。相关的GNSS研究有助于探索岩石圈、水圈和电离层包括不同大气层之间的耦合机制。用于海啸检测的GNSS技术的一大优势是观测范围大,距海洋地面站的距离超过1000km。为了使得测量结果的统计具有显著特性,需要大范围密集部署GNSS接收机。

与测量事后效应相比,提前几个小时或几天检测地震的前兆效应具有重要的社会意义。针对此问题,部分文献提出了前兆效应的各种作用机制,并试图通过各种类型的观测(包括GNSS观测)为前兆效应的存在提供证据[39.91]。

尽管在一些研究中发现了震前TEC异常[39.92],但在2003~2004年期间,南部加利福尼亚南部的TEC异常与地震发生之间在统计学上没有显著相关性[39.93]。由于电离层中是否存在前兆效应这一关键问题仍未解决,对电离层前兆效应的搜索仍在继续。全球卫星导航系统为监测相关的电离层效应提供了一个强有力的工具,并可能作为地震预警系统的一部分。

## 39.7 信息和数据服务

电离层干扰会对地基和天基系统及其应用产生不利影响,包括超视距雷达、HF通信、PNT服务和遥感雷达等。因此,这些系统的运营商对当前空间天气状况的最新信息很感兴趣。

国际空间环境服务（ISES）是由全球空间气象服务提供组织组成的协作网络。ISES的任务是改善、协调和提供空间气象服务。ISES 的组织和运营是为了维护国际空间天气用户群体的利益。该服务目前包括 14 个区域预警中心、4 个联合预警中心和 1 个协作专家中心。ISES 是国际科学世界数据系统理事会（ICSU-WDS）的网络成员，并且与世界气象组织（WMO）和其他国际组织合作。

部分 ISES 中心提供了 GNSS 衍生的近实时区域 TEC 格网：INPE（巴西）、NICT（日本）、NOAA（美国）以及气象局（澳大利亚）的无线电和空间天气服务。

DLR（德国）、UPC（西班牙）、国际 GNSS 服务（IGS）、JPL（美国）和犹他州立大学空间气象中心（美国）生成并提供近实时（延迟不多于 30min）的全球 TEC 格网。

DLR（德国）、台湾 COSMIC 分析中心（中国）和 UCAR（美国）提供了来自 LEO 卫星（如 COSMIC/Formosat-3 和 GRACE）的天基 GNSS 数据和相关的检索结果，如 GPS 无线电掩星数据。

为了长期监测电离层状态，尤其是监测和跟踪空间天气的影响，欧洲国家已经建立了基于 GNSS 的强大监测服务。

欧洲航天局（ESA）在其空间态势感知（SSA）计划中，正在建立 5 个与太阳天气、空间辐射、电离层、地磁场和日光层有关的专家服务中心。SSA 的筹备计划于 2009 年开始。在 ESA 的协调下，通过利用欧洲在空间天气领域的专业知识，计划在未来几年进一步发展 SSA 空间天气部分。

WMO 支持空间天气活动的国际协调服务。2010 年 5 月，WMO 成立了空间天气计划间协调小组（ICTSW），其任务是支持空间天气观测、数据交换、产品和服务交付以及业务应用，其信息与通信技术部的专家来自许多国家和国际组织。

## 致谢

作者感谢 DLR 通信与导航研究所和地球观测中心的同事在许多项目上的密切合作，例如与卫星飞行任务 CHAMP 和 GRACE 和空间天气项目 SWACI 有关的项目。感谢国际大地测量界，尤其是国际 GNSS 服务，在过去的二十多年中一直免费提供高质量的 GNSS 数据。

# 参考文献

39.1　B. D. Wilson, A. J. Mannucci: Instrumental biases in ionospheric measurements derived from GPS data, Proc. Inst. Nav. **93**(2), 1343-1351 (1993)

39.2　E. Sardón, A. Rius, N. Zarraoa: Estimation of the receiver differential biases and the ionospheric total electron content from global positioning system observations, Radio Sci. **29**, 577-586 (1994)

39.3　L. Ciraolo, P. Spalla, P. Beni: An analysis of consistency of TEC evaluated using pseudo-range GPS observations, Proc. Int. Beacon Satell. Symp., Aberystwyth, ed. by L. Kersley (Univ. Wales, Aberystwyth 1994) pp. 21–24

39.4 M. Hernandez-Pajares, J. M. Juan, J. Sanz: New approaches in global ionospheric determination using ground GPS data, J. Atmos. Sol. -Terr. Phys. **61**(16), 1237–1247(1999)

39.5 N. Jakowski: *TEC Monitoring by Using Satellite Positioning Systems*, ed. by H. Kohl, R. Ruster, K. Schlegel (European Geophysical Society, Katlenburg-Lindau 1996) pp. 371–390

39.6 N. Jakowski, C. Mayer, M. M. Hoque, V. Wilken: Total electron content models and their use in ionosphere monitoring, Radio Sci. **46**(RS0D18), 1–11 (2011)

39.7 N. Jakowski, M. M. Hoque, C. Mayer: A new global TEC model for estimating transionospheric radio wave propagation errors, J. Geod. **85**(12), 965–974 (2011)

39.8 N. Jakowski, C. Mayer, K. -D. Missling, H. Barkmann, C. Borries, H. Maas, T. Noack, M. Tegler, V. Wilken: Products and services provided by the Space Weather Application Center-Ionosphere (SWACI), Proc. Space Weather Work., Boulder(NOAA, Washington DC 2010) pp. 1–23

39.9 J. M. Dow, R. E. Neilan, C. Rizos: The international GNSS service in a changing landscape of global navigation satellite systems, J. Geod. **83**(3-4), 191–198(2009)

39.10 M. Luo, S. Pullen, H. Dennis, J. Konno, G. Xie, T. Walter, P. Enge, S. Datta-Barua, T. Dehel: LAAS ionosphere spatial gradient threat model and impact of LGF and airborne monitoring, Proc. ION GPS (2003) pp. 2255–2274

39.11 C. Mayer, B. Belabbas, N. Jakowski, M. Meurer, W. Dunkel: Ionosphere Threat Space Model Assessment for GBAS, Proc. ION GNSS, Savannah(2009) pp. 1091–1099

39.12 G. A. Hajj, L. J. Romans: Ionospheric electron density profiles obtained with the Global Positioning System: Results from the GPS/MET experiment, Radio Sci. **33**(1), 175–190(1998)

39.13 N. Jakowski, A. Wehrenpfennig, S. Heise, C. Reigber, H. Luhr, L. Grunwaldt, T. K. Meehan: GPS radio occultation measurements of the ionosphere from CHAMP: Early results, Geophys. Res. Lett. **29**(10), 95-1–95-4(2002)

39.14 N. Jakowski: Ionospheric GPS radio occultation measurements on board CHAMP, GPS Solutions **9**(2), 88–95(2005)

39.15 S. Heise, N. Jakowski, A. Wehrenpfennig, C. Reigber, H. Luhr: Sounding of the topside ionosphere/plasmasphere based on GPS measurements from CHAMP: Initial results, Geophys. Res. Lett. **29**(14), 44.1–44.4(2002)

39.16 C. Rocken, Y. -H. Kuo, W. Schreiner, D. Hunt, S. Sokolovskiy, C. M. Cormick: COSMIC system description, Terr. Atmos. Ocean. Sci. (Special issue) **11**(1), 21–52(2000)

39.17 T. P. Yunck, F. Lindal, C. H. Liu: The role of GPS in precise Earth observation, Proc. IEEE PLANS, Orlando (1988) pp. 251–258, doi: 10.110g/PLANS.1988.195491

39.18 G. A. Fjeldbo, J. Kliore, V. R. Eshleman: The neutral atmosphere of Venus as studied with the Mariner V radio occultation experiments, Astron. J. **76**(2), 123–140(1971)

39.19 J. Wickert, C. Reigber, G. Beyerle, R. Konig, C. Marquardt, T. Schmidt, L. Grunwaldt, R. Galas, T. K. Meehan, W. G. Melbourne, K. Hocke: Atmosphere sounding by GPS radio occultation: First results from CHAMP, Geophys. Res. Lett. **28**(17), 3263–3266(2001)

39.20 M. M. Hoque, N. Jakowski: Higher order ionospheric propagation effects on GPS radio occultation signals, Adv. Space Res. **46**(2), 162–173(2010)

39.21 M. M. Hoque, N. Jakowski: Ionospheric bending correction for GNSS radio occultation signals, Radio Sci. **46**(RS0D06), 1–9(2011)

39.22 M. M. Hoque, N. Jakowski: A new global empirical NmF2 model for operational use in radio systems, Radio Sci. **46**(RS6015), 1–13(2011)

39.23 M. M. Hoque, N. Jakowski: A new global model for the ionospheric F2 peak height for radio wave propagation, Ann. Geophys. **30**(5), 797–809(2012)

39.24 K. Davies: *Ionospheric Radio* (Peter Peregrinus, London 1990)

39.25 D. B. Mularew: Alouette-ISIS radio wave studies of the cleft, the auroral zone, and the main trough and of their associated irregularities, Radio Sci. **18**(6), 1140–1150(1983)

39.26 P. L. Timleck, G. L. Nelms: Electron densities less than 100 electron cm−3 in the topside ionosphere, Proc. IEEE **57**, 1164–1171(1969)

39.27 R. E. Daniell, L. D. Brown, D. N. Anderson, M. W. Fox, P. H. Doherty, D. T. Decker, J. J. Sojka, R. W. Schunk: Parameterized ionospheric model: A global ionospheric parameterization based on first principles models, Radio Sci. **30**(5), 1499–1510(1995)

39.28 J. R. Austen, S. J. Franke, C. H. Liu: Ionospheric imaging using computerized tomography, Radio Sci. **23**(3), 299–307(1988)

39.29 L. Kersley, S. E. Pryse: Development of experimental ionospheric tomography, Int. J. Imaging Syst. Technol. **5**(2), 141–147(1994)

39.30 L. Kersley, S. E. Pryse, M. H. Denton, G. Bust, E. Fremouw, J. Secan, N. Jakowski, G. J. Bailey: Radio tomographic imaging of the northern high-latitude ionosphere on a wide geographic scale, Radio Sci. **40**(RS5003), 1–9(2005)

39.31 G. S. Bust, D. Coco, J. J. Makela: Combined ionospheric campaign 1: Ionospheric tomography and GPS total electron count(TEC) depletions, Geophys. Res. Lett. **27**(18), 2849–2852(2000)

39.32 G. S. Bust, T. W. Garner, T. L. Gaussiran: Ionospheric data assimilation three-dimensional(IDA3D): A global, multisensor, electron density specification algorithm, J. Geophys. Res. Space Phys. **109**(A11), 1–14(2004)

39.33 R. W. Schunk, L. Scherliess, J. J. Sojka, D. C. Thompson, D. N. Anderson, M. Codrescu, C. Minter, T. J. Fuller-Rowell, R. A. Heelis, M. Hairston, B. M. Howe: Global assimilation of ionospheric measurements(GAIM), Radio Sci. **39**(RS1S02), 1–11 (2004)

39.34 C. N. Mitchell, P. S. J. Spencer: A three-dimensional time-dependent algorithm for ionospheric imaging using GPS, Ann. Geophys. **46**(4), 687–696(2003)

39.35 M. J. Angling, P. S. Cannon: Assimilation of radio occultation measurements into background ionospheric models, Radio Sci. **39**(RS1S0), 1–11(2004)

39.36 L. Mandrake, B. Wilson, C. Wang, G. Hajj, A. Mannucci, X. Pi: A performance evaluation of the operational jet propulsion laboratory/University of southern California global assimilation ionospheric model(JPL/USC GAIM), J. Geophys. Res. Space Phys. **110**(A12306), 1–10(2005)

39.37 G. S. Bust, C. N. Mitchell: History, current state, and future directions of ionospheric imaging, Rev. Geophys. **46**(1), 1–23(2008)

39.38 D. Bilitza, B. W. Reinisch: International reference ionosphere 2007: Improvements and new parameters,

Adv. Space Res. **42**(4),599-609(2008)

39.39　P. M. Kintner,B. M. Ledvina:The ionosphere,radio navigation,and global navigation satellite systems, Adv. Space Res. **35**(5),788-811(2005)

39.40　J. Aarons,C. Gurgiolo,A. S. Rodger:The effects of magnetic storm phases on F layer irregularities below the auroral oval,Radio Sci. **23**(3),309-319 (1988)

39.41　S. Basu,E. Kudeki,S. Basu,C. E. Valladares,E. J. Weber,H. P. Zengingonul,S. Bhattacharyya,R. Sheehan,J. W. Meriwether,M. A. Biondi,H. Kuenzler,J. Espinoza:Scintillations,plasma drifts,and neutral winds in the equatorial ionosphere after sunset,J. Geophys. Res. Space Phys. **101**(A12),26795-26809 (1996)

39.42　L. Alfonsi,L. Spogli,J. R. Tong,G. De-Franceschi,V. Romano,A. Bourdillon,M. Le Huy,C. N. Mitchell:GPS scintillation and TEC gradients at equatorial latitudes in April 2006,Adv. Space Res. **47**(10), 1750-1757(2011)

39.43　N. Jakowski,Y. Beniguel,G. De-Franceschi,M. Hernandez-Pajares,K. S. Jacobsen,I. Stanislawska,L. Tomasik,R. Warnant,G. Wautelet:Monitoring,tracking and forecasting ionospheric perturbations using GNSS techniques,J. Space Weather Space Clim. **2**(A22),1-14(2012)

39.44　S. Basu,E. MacKenzie,S. Basu:Ionospheric constraints on VHF/UHF communications links during solar maximum and minimum periods,Radio Sci. **23**(3),363-378(1988)

39.45　B. Arbesser-Rastburg,N. Jakowski:Effects on satellite navigation. In:*Space Weather:Physics and Effects*,ed. by V. Bothmer,I. A. Daglis(Springer,Heidelberg 2007) pp. 383-402

39.46　J. J. Valette,P. Lassudrie-Duchesne,N. Jakowski,Y. Beniguel,V. Wilken,M. Cueto,A. Bourdillon,C. Pollara-Brevart,P. Yaya,J. P. Adam,R. Fleury:Observations of ionospheric perturbations on GPS signals at 50Hz,1Hz and 0.03 Hz in South America and Indonesia,Proc. 4th Eur. Space Weather Week, Brussels(Royal Observatory of Belgium,Brussels 2007)

39.47　F. M. Dújanga,P. Baki,J. O. Olwendo,B. F. Twinamasiko:Total electron content of the ionosphere at two stations in East Africa during the 24-25 October 2011 geomagnetic storm,Adv. Space Res. **51**(5), 712-721(2013)

39.48　M. Nishioka,A. Saito,T. Tsugawa:Occurrence characteristics of plasma bubble derived from global ground-based GPS receiver networks,J. Geophys. Res. Space Phys. **113**(A05301),1-12(2008)

39.49　T. L. Beach,P. M. Kintner:Simultaneous global positioning system observations of equatorial scintillations and total electron content fluctuations,J. Geophys. Res. Space Phys. **104**(A10),22553-22565 (1999)

39.50　A. Bhattacharyya,T. L. Beach,S. Basu,P. M. Kintner:Nighttime equatorial ionosphere:GPS scintillations and differential carrier phase fluctuations,Radio Sci. **35**(1),209-224(2000)

39.51　C. S. Carrano,K. Groves:The GPS segment of the AFRL-SCINDA global network and the challenges of real-time TEC estimation in the equatorial ionosphere,Proc. ION ITM,Monterey(2006) pp. 1036-1047

39.52　Y. Beniguel,J.-P. Adam,N. Jakowski,T. Noack,V. Wilken,J.-J. Valette,M. Cueto,A. Bourdillon,P. Lassudrie-Duchesne,B. Arbesser-Rastburg:Analysis of scintillation recorded during the PRIS measurement campaign,Radio Sci. **44**(RS0A3),1-11 (2009)

39.53　R. Prieto-Cerdeira,Y. Beniguel:The MONITOR project:Architecture,data and products,Proc. Ionos. Eff. Symp. ,Alexandria(2011) pp. 1-6

39.54 O. de La Beaujardiere: C/NOFS: A mission to forecast scintillations, J. Atmos. Solar-Terr. Phys. **66**(17), 1573–1591 (2004)

39.55 G. Franceschi, L. Alfonsi, V. Romano: ISACCO: An Italian project to monitor the high latitudes ionosphere by means of GPS receivers, GPS Solutions **10**(4), 263–267 (2006)

39.56 C. E. Valladares, P. H. Doherty: The low-latitude ionosphere sensor network (LISN), Proc. ION ITM (2009) pp. 16–24

39.57 J. A. Secan, R. M. Bussey, E. J. Fremouw, S. Basu: High-latitude upgrade to the wideband ionospheric scintillation model, Radio Sci. **32**(4), 1567–1574 (1997)

39.58 Y. Beniguel, P. Hamel: A global ionosphere scintillation propagation model for equatorial regions, J. Space Weather Space Clim. **1**(1), A04 (2011)

39.59 J. L. Lean, T. N. Woods: Solar spectral irradiance: Measurements and models. In: *Heliophysics: Evolving Solar Activity and the Climates of Space and Earth*, ed. by C. J. Schrijver, G. L. Siscoe (Cambridge Univ. Press, Cambridge 2010) pp. 269–298

39.60 N. Jakowski, B. Fichtelmann, A. Jungstand: Solar activity control of ionospheric and thermospheric processes, J. Atmos. Terr. Phys. **53**(11/12), 1125–1130 (1991)

39.61 K. Davies: Recent progress in satellite radio beacon studies with particular emphasis on the ATS-6 radio beacon experiment, Space Sci. Rev. **25**(4), 357–430 (1980)

39.62 E. L. Afraimovich, A. T. Altynsev, V. V. Grechnev, L. A. Leonovich: The response of the ionosphere to faint and bright solar flares as deduced from global GPS network data, Ann. Geophys. **45**(1), 31–40 (2002)

39.63 A. Garcia-Rigo, M. Hernandez-Pajares, J. M. Juan, J. Sanz: Solar flare detection system based on global positioning system data: First results, Adv. Space Res. **39**(5), 889–895 (2007)

39.64 A. P. Cerruti, P. M. Kintner, D. E. Gary, L. J. Lanzerotti, E. R. de Paula, H. B. Vo: Observed solar radio burst effects on GPS/wide area augmentation system carrier-to-noise ratio, Space Weather **4**(10), 1–9 (2006)

39.65 T. N. Woods, R. Hock, F. Eparvier, A. R. Jones, P. C. Chamberlin, J. A. Klimchuk, L. Didkovsky, D. Judge, J. Mariska, H. Warren, C. J. Schrijver, D. F. Webb, S. Bailey, W. K. Tobiska: New solar extreme-ultraviolet irradiance observations during flares, Astrophys. J. **739**(2), 1–13 (2011)

39.66 C. Mayer, N. Jakowski: Enhanced E-layer ionization in the auroral zones observed by radio occultation measurements onboard CHAMP and Formosat-3/COSMIC, Ann. Geophys. **27**(3), 1207–1212 (2009)

39.67 N. Jakowski, C. Borries, V. Wilken: Introducing a disturbance ionosphere index, Radio Sci. **47**(RS0L14), 1–9 (2012)

39.68 G. W. Prölss: Ionospheric F-region storms. In: *Handbook of Atmospheric Electrodynamics*, ed. by H. Volland (CRC, Boca Raton 1995) pp. 195–248

39.69 C. M. Ho, A. J. Mannucci, U. J. Lindqwister, X. Pi, B. T. Tsurutani: Global ionosphere perturbations monitored by the worldwide GPS network, Geophys. Res. Lett. **23**(22), 3219–3222 (1996)

39.70 N. Jakowski, S. Schluter, E. Sardon: Total electron content of the ionosphere during the geomagnetic storm on 10 January 1997, J. Atmos. Solar-Terr. Phys. **61**(3/4), 299–307 (1999)

39.71 M. Förster, N. Jakowski: Geomagnetic storm effects on the topside ionosphere and plasmasphere: A compact tutorial and new results, Surv. Geophys. **21**(1), 47–87 (2000)

39.72　T. Tsugawa, A. Saito, Y. Otsuka: A statistical study of large-scale traveling ionospheric disturbances using the GPS network in Japan, J. Geophys. Res. Space Phys. **109**, A06302(2004)

39.73　C. Borries, N. Jakowski, V. Wilken: Storm induced large scale TIDs observed in GPS derived TEC, Ann. Geophys. **27**(4), 1605–1612(2009)

39.74　N. Jakowski, V. Wilken, C. Mayer: Space weather monitoring by GPS measurements on board CHAMP, Space Weather **5**, 1–23(2007)

39.75　A. Komjathy, L. Sparks, A. J. Mannucci, A. Coster: The ionospheric impact of the October 2003 storm event on WAAS, Proc. ION GNSS(2004) pp. 1298–1307

39.76　M. V. Codrescu, C. Negrea, M. Fedrizzi, T. J. Fuller-Rowell, A. Dobin, N. Jakowski, H. Khalsa, T. Matsuo, N. Maruyama: A real-time run of the coupled thermosphere ionosphere plasmasphere electrodynamics (CTIPe) model, Space Weather **10**(2), 1–10 (2012)

39.77　J. M. Forbes: Planetary waves in the thermosphere-ionosphere system, J. Geomagn. Geoelectr. **48**, 91–98 (1996)

39.78　M. A. Abdu, T. K. Ramkumar, I. S. Batista, C. G. M. Brum, H. Takahashi, B. W. Reinisch, J. H. A. Sobral: Planetary wave signatures in the equatorial atmosphere-ionosphere system, and mesosphere-E- and F-region coupling, J. Atmos. Solar-Terr. Phys. **68**(3–5), 509–522(2006)

39.79　P. Mukhtarov, B. Andonov, C. Borries, D. Pancheva, N. Jakowski: Forcing of the ionosphere from above and below during the Arctic winter of 2005/2006, J. Atmos. Solar-Terr. Phys. **72**(2/3), 193–205 (2010)

39.80　C. Borries, P. Hoffmann: Characteristics of F2-layer planetary wave-type oscillations in northern middle and high latitudes during 2002 to 2008, J. Geophys. Res. Space Phys. **115**(A11), 1–9(2010)

39.81　M. Hernandez-Pajares, J. M. Juan, J. Sanz: Mediumscale traveling ionospheric disturbances affecting GPS measurements: Spatial and temporal analysis, J. Geophys. Res. Space Phys. **111**(A7), 1–13 (2006)

39.82　K. Tsybulya, N. Jakowski: Medium- and small-scale ionospheric irregularities detected by GPS radio occultation method, Geophys. Res. Lett. **32**(A06302), 1–11(2005)

39.83　E. L. Afraimovich: First GPS-TEC evidence for the wave structure excited by the solar terminator, Earth Planets Space **60**, 895–900(2008)

39.84　M. Hernandez-Pajares, J. M. Juan, J. Sanz, A. Aragon-Angel: Propagation of medium scale traveling ionospheric disturbances at different latitudes and solar cycle conditions, Radio Sci. **47**(RS0K05), 1–22(2012)

39.85　S. Lejeune, G. Wautelet, R. Warnant: Ionospheric effects on relative positioning within a dense GPS network, GPS Solutions **16**(1), 105–116(2012)

39.86　E. Calais, J. B. Minster: GPS detection of ionospheric perturbations following the January 17, 1994, Northridge Earthquake, Geophys. Res. Lett. **22**(9), 1045–1048(1995)

39.87　V. Ducic, J. Artru, Ph. Lognonne: Ionospheric remote sensing of the Denali Earthquake Rayleigh surface waves, Geophys. Res. Lett. **30**(18), 1–4 (2003)

39.88　N. Jakowski, V. Wilken, K. Tsybulya, S. Heise: Search of earthquake signatures from ground and space based GPS measurements. In: *Observation of the Earth SystemfromSpace*, ed. by J. Flury, R. Rummel, C. Reigber, M. Rothacher, G. Boedecker, U. Schreiber (Springer, Berlin 2006) pp. 43–53

39.89 J. Artru, V. Ducic, H. Kanamori, P. Lognonne, M. Murakami: Ionospheric detection of gravity waves induced by tsunamis, Geophys. J. Int. **160**(3), 840–848(2005)

39.90 J.-Y. Liu, Y.-B. Tsai, K.-F. Ma, Y.-I. Chen, H.-F. Tsai, C.-H. Lin, M. Kamogawa, C.-P. Lee: Ionospheric GPS total electron content(TEC) disturbances triggered by the 26 December 2004 Indian Ocean tsunami, J. Geophys. Res. Space Phys. **111**(A05303), 1–4(2006)

39.91 S. Pulinets, K. Boyarchuk: *Ionospheric Precursors of Earthquakes* (Springer, Berlin 2005)

39.92 J. Y. Liu, Y. J. Chuo, S. J. Shan, Y. B. Tsai, Y. I. Chen, S. A. Pulinets, S. B. Yu: Pre-earthquake ionospheric anomalies registered by continuous GPS TEC measurements, Ann. Geophys. **22**(5), 1585–1593 (2004)

39.93 T. Dautermann, E. Calais, J. Haase, J. Garrison: Investigation of ionospheric electron content variations before earthquakes in southern California, 2003–2004, J. Geophys. Res. Solid Earth **112**(B2), 1–20 (2007)

# 第 40 章 反射测量

**Antonio Rius, Estel Cardellach**

本章讨论了 GNSS 信号被地球表面发射后的特性。全球卫星导航系统反射测量(Global navigations satellite system reflectometry, GNSS-R)可以看作是一种使用 GNSS 信号来提取反射面特性信息的多基雷达。实验表明,我们可以从地表反射的 GNSS 信号中提取有用的信息。目前,GNSS-R 测量设备已应用于地面、海岸线、飞机、平流层探空气球和航天器等多种平台,航天机构也已提议部署专门的空间探测任务。本章的第一部分讨论了地球表面不同成分的 GNSS 反射信号特性,并介绍了不同类型 GNSS-R 设备的技术原理。本章的第二部分介绍了利用 GNSS-R 信号反演地球物理信息的方法、从不同实验中获得的结果以及未来空间探测任务的计划。

GNSS 反射测量(GNSS-R)是一种新兴技术,旨在通过分析地球表面反射的 GNSS 反射信号来推断地表的物理特性。该技术利用了 GNSS 的遥感能力(也称多基能力),采用多基雷达(收发分离且相距很远)的工作模式来观测地球。这种方法之所以具有多基特性,是因为每个可见 GNSS 卫星发射的信号会在不同的区域反射。如果搭载 GNSS-R 接收机的平台处于足够高的高度,就可以对广阔的地理区域同步进行遥感测量,使得该技术具备获取同步观测的能力。GNSS-R 作为一种中尺度测高系统,最早在文献[40.1]中被提出。后来在文献[40.2]中也被用于海洋表面风场的散射测量。有关 GNSS-R 的综述,请参见文献[40.3]第 8 章-第 11 章。

自 GNSS-R 概念提出以来,相关研究学者已经开展了大量实验。这些实验中使用了专用的 GNSS-R 硬件或软件接收机。由于大部分的地球表面,特别是海洋表面,其反射过程基本上是漫散射,从而导致电磁场的总相位产生随机且频繁的变化,使得常规的 GNSS 跟踪算法不能正常工作。GNSS 接收机的正常工作流程如第 14 章所述,是通过使接收到的 GNSS 信号与其本地复制信号之间的互相关函数达到最大值,以获得相位和伪距的主要观测量。与之相反,GNSS-R 技术则是从扩展的互相关函数测量中提取地球物理信息。这些(扩展的互相关函数)观测量是 GNSS-R 的主要观测量。

反射测量是多径现象的一种特殊形式,但在大多数情况下,反射信号更加分散,以至于无法像在第 15 章中介绍的近场多径那样对其进行建模和分析。观测量与相关函数的具体策略有关,并取决于 GNSS-R 的应用场景。例如,GNSS-R 测高需要测量时延,而 GNSS-R 用作散射计时观测量取自于变形的波形。

本章在 40.1 节中给出了 GNSS-R 观测量的表述,40.2 节对反射信号的模型及其噪声分量进行了阐述,40.3 节介绍了一系列 GNSS-R 应用,最后在 40.4 节中介绍了各种 GNSS-R 星载任务。

## 40.1 接收机

在本节中，我们介绍与接收机端采集 GNSS-R 观测量有关的基本概念。虽然本手册的第 13 章和第 14 章介绍了适用于 GNSS 导航接收机体系架构和信号处理技术，但总的来说，这些架构和技术并不适用于以低信噪比（SNR）、信号严重衰减和随机相位为特征的漫散射信号。本节阐述了适用于 GNSS-R 的接收机架构和信号处理的基本内容。

假设 GNSS-R 接收机接收到来自同一 GNSS 卫星发射的信号，但是经过不同传播路径，如图 40.1 所示。

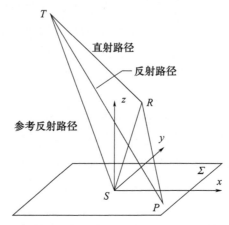

图 40.1 GNSS 反射几何模型，以及本章标示的约定。在 $T$ 处发射的信号通过直射路径和反射路径在 $R$ 处被接收。点 $P$ 是反射面 $\Sigma$ 的任意一点。$S$ 是参考点，用于计算 $R$ 中记录的反射信号和直视信号之间的相对延迟

（1）与常规 GNSS 应用一样，直射路径直接连接发射机 $T$ 和接收机 $R$。

（2）反射路径经表面 $\Sigma$ 反射后，连接发射机 $T$ 与接收机 $R$。

（3）这个场景类似于劳埃德（Lloyd）镜面双光束干涉实验。在该实验中，利用镜子构建了发射源的虚拟相干图像[40.4]。不同之处在于，本章中我们假设表面 $\Sigma$ 具有空间不相干性：①发射源的任意一对点在统计上独立；②经不相干表面 $\Sigma$ 反射后产生的相干辐射，在较远距离处，将对直射信号产生干涉。

通过对直射信号和反射信号这两个独立的信号进行互相关或者交叉相关，GNSS-R 可以获得其基本观测量。这两个信号是由同一个 GNSS 卫星发射，由同一个 GNSS-R 接收机接收。文献[40.4]详细研究了可见光部分相干光束的相关函数，文献[40.5]将这些概念应用到了无线电领域。

基于反射波束和直射波束相干测量的 GNSS-R 接收机称为干涉式接收机或无码式接收机。如果已知发射信号的码型，则可以用已知的函数代替直射信号。我们将使用术语"本地副本"或"本地码"来指代这种情况。值得注意的是，本地副本的 GNSS-R 接收机在

概念上接近于常规 GNSS 导航接收机[40.6]，而干涉式接收机则接近第一代大地测量无码 GPS 接收机[40.7]和甚长基线干涉仪（VLBI）[40.8]。

可以将接收机理解为这样一种系统，它按照指定的程序收集信号并将其转换为其他信号。可以通过数学函数来表达实验数据之间的统计关系，并对这些信号进行建模。

在本章中，将使用以下约定来表示过程和模型：

（1）当信号 $B$ 是过程 $A$ 的结果时，表示为 $B := A$。

（2）当认为函数 $A$ 是数据集 $B$ 的近似时，表示为 $B \approx A$。

## 40.1.1　GNSS-R 接收机

考虑干涉式 GNSS-R 接收机的情况，如图 40.1 所示。只有一颗 GNSS 卫星 $T$ 发射带限射频（RF）信号，位于接收机位置 $R$ 处的两个天线对该信号进行采样。一个是朝上天线，对通过直视路径传播的信号采样。另一个是朝下天线，对同一个信号经表面 $\Sigma$ 上点 $P$ 反射后，沿反射路径传播的信号采样。

收集的信号是实数值函数。在本章中，我们将使用通信理论中的关联分析函数。这样处理将使数学推导的公式更加简洁明了（例如，可参见文献[40.9]或文献[40.5]）。

直射信号的采样结果是 $V_D(t)$，其函数模型表示为

$$V_D(t) \approx A_D(t) e^{+2\pi j v_0 t} \tag{40.1}$$

式中：$t$ 为仪器时钟测量的时间；$A_D(t)$ 为一个复协方差平稳随机过程，以 $v_0$ 频率调制单音信号。

我们假定，发射信号经过表面 $\Sigma$ 反射后也到达接收机，作为时间 $t$ 的函数，复信号 $V_R(t)$ 为

$$V_R(t) \approx A_R(t-\tilde{\tau}(t)) e^{+2\pi j v_0 (t-\tilde{\tau}(t))} \tag{40.2}$$

式中：$A_R(t)$ 为一个复协方差平稳随机过程；$\tilde{\tau}(t)$ 为用于预测参考点 $S$ 反射信号与直射信号之间相对延迟的函数模型。在下面的讨论中，选择的参考点为镜面反射点。请注意，GNSS-R 接收机输入处的过程 $A_R(t)$ 和 $A_D(t)$ 是标称值滤波后的结果。

为了对准直射信号，我们使用模型 $\tilde{\tau}(t)$ 来延迟直射信号，以获得经过延迟补偿的信号，定义为

$$\begin{cases} V_D^c(t) := V(t-\tilde{\tau}(t)) \\ V_D^c(t) \approx A_D(t-\tilde{\tau}(t)) e^{+2\pi j v_0 (t-\tilde{\tau}(t))} \end{cases} \tag{40.3}$$

由于采样过程的分辨率过于粗糙，因此信号对齐的过程需要进行某种形式的插值，插值可以通过几种方式实现。时间延迟插值过程可以在文献[40.10]和文献[40.11]中找到，相对应的频域插值方法可以在文献[40.8]中找到。

一旦两个信号对齐，我们将计算两个信号的相干或互相关函数，有

$$\Gamma_{RD}(t_c, \tau) := \langle V_R(t+\tau) V_D^{c*}(t) \rangle_{T_c} = \frac{1}{T_c} \int_{T_c} V_R(t+\tau) V_D^{c*}(t) dt := V_R(t) \star V_D^c(t) \tag{40.4}$$

式中：星号 * 为复共轭值符号；$t_c$ 为与相干平均间隔 $T_c$ 对应的历元；$\tau$ 为滞后延迟变量；$\langle \cdots \rangle_T$ 为间隔 $T$ 期间的统计平均值；★ 为相关符号。

使用式（40.1）和式（40.3），并假设互相关 $\Gamma_{RD}(t_C,\tau)$ 几乎不随时间变化，我们得到相应的数学模型为

$$\Gamma_{RD}(t_C,\tau) \approx \langle A_R(t+\tau) A_D^*(t) \rangle_{T_c} \tag{40.5}$$

根据范特西-泽尼克定理（例如文献[40.4]和文献[40.5]），表面 $\Sigma$ 的固有变化以及发射机和接收机的运动将限制间隔 $T_c$ 的大小。$T_c$ 量级的计算表达式将在 40.2.5 节中给出。

为了减少热噪声和散斑噪声（请参见 40.2.6 节），接收机在非相干平均间隔 $T_a$ 内计算的平均值 $|\Gamma_{RD}(t_C,\tau)|^2$ 作为输出波形 $W_{RD}$，有

$$\begin{cases} W_{RD}(t_a,\tau) := \langle |\Gamma_{RD}(t_c,\tau)|^2 \rangle_{T_a} \\ W_{RD}(t_a,\tau) \approx |\langle A_R(t+\tau) A_D^*(t) \rangle_{T_c}|^2 \end{cases} \tag{40.6}$$

式中：$t_a$ 为与平均间隔 $T_a$ 相对应的观测时间。请注意这些乘积将取决于 $\tau$ 的选择以及间隔 $T_c$ 和 $T_a$ 的持续时间。

假定通过直射路径到达的信号没有噪声并且具有单位功率，则该公式可直接应用于本地副本接收机。在此还应注意，在相关器输入端输入的直射信号 $A_D(t)$ 和反射信号 $A_R(t)$ 的振幅与 $\sqrt{P_T}$ 线性相关，其中 $P_T$ 是发射功率。因此，GNSS-R 波形 $W_{RD}(\tau)$ 将与 $P_T$ 成二次方关系。在本地副本方法中，$V_D$ 是在相关器输入端具有单位功率的副本或模板。在这种情况下，直射链路中的热输入噪声被消除，因此，接收机的输出仅取决于发射功率 $P_T$（线性相关）。归一化后的 GNSS-R 干涉测量波形定义为

$$W_{RD}^n(t_a,\tau) := \frac{W_{RD}(t_a,\tau)}{P_T} \tag{40.7}$$

这与本地副本波形的情况等效。

1. GNSS-R 接收机下变频

根据式（40.6）计算的信号波形需要在射频（RF）频段上对信号进行直接采样。与标准 GNSS 导航接收机一样，最好能将信号下变频为基带信号。这里介绍一个可行的方法。

图 40.2(a)简要地描述了干涉式 GNSS-R 接收机以较低采样率进行信号相关的处理流程。图 40.2(b)表示了一个本地副本 GNSS-R 接收机的相关处理流程。干涉式 GNSS-R 接收机输入直射信号 $V_D(t)$ 和反射信号 $V_R(t)$，并通过以下步骤对其进行转换。

（1）下变频。

两个信号的频谱都从 RF 频段下移至较低频段。假设下变频频率为 $v_0$，则有

$$\begin{cases} V_D'(t) := V_D(t) e^{-2\pi j v_0 t} \\ V_D'(t) \approx A_D(t) \end{cases} \tag{40.8}$$

$$\begin{cases} V_R^c(t) := V_R(t) e^{-2\pi j v_0 t} \\ V_R^c(t) \approx A_R(t-\tilde{\tau}(t)) e^{-2\pi j v_0 \tilde{\tau}(t)} \end{cases} \quad (40.9)$$

（2）延迟和相位补偿。

接下来的转换仅在直射信号上进行。首先，根据模型 $\tilde{\tau}(t)$ 对直射的下变频信号进行延迟以获得频移后的直射下变频信号 $V_D''$，有

$$\begin{cases} V_D''(t) := V_D'(t-\tilde{\tau}(r)) \\ V_D''(t) \approx A_D(t-\tilde{\tau}(t)) \end{cases} \quad (40.10)$$

随后，将经过频移的下变频信号 $V_D''$ 旋转相位角 $-2\pi v_0 \tilde{\tau}(t)$，以获得对齐后的下变频信号 $V_D^c(t)$，有

$$\begin{cases} V_D^c(t) := V_D''(t) e^{-2\pi j v_0 \tilde{\tau}(t)} \\ V_D^c(t) \approx A_D(t-\tilde{\tau}(t)) e^{-2\pi j v_0 \tilde{\tau}(t)} \end{cases} \quad (40.11)$$

对比式（40.9）和式（40.11）中给出的信号模型可知，信号 $V_D^c(t)$ 已与补偿后的反射信号 $V_R^c(t)$ 对齐。因此，接收机采用基带相关器与直接采样相关器获得的波形一致。

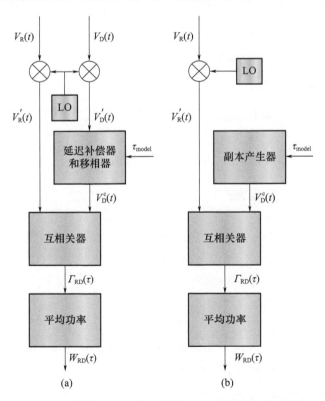

图 40.2 基于干涉测量（a）基于本地副本（b）GNSS-R 接收机的示意图

图 40.3 展示了在飞行高度为 3000m 的飞机上，同时使用干涉式和本地副本式接收机获得的两个波形。累积周期为 $T_c=1\mathrm{ms}$ 和 $T_a=20\mathrm{s}$。在此示例中，这些波形的动态范围分别为 7dB 和 19dB。值得注意的是，干涉波形的前沿比基于本地副本波形的前沿斜率要更

加陡峭。文献[40.12]提供了对该实验的详细说明。

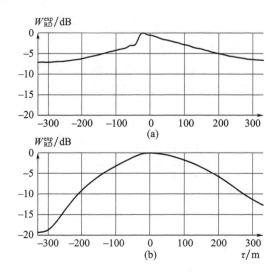

图 40.3　飞行实验中同时获得的波形 $W_{RD}$ 的示例(两种波形均已通过其最大值 $r$ 进行了归一化)
(a)对应于包含 C/A 码、P(Y)码和 M 码的复合信号的干涉波形；(b)图中显示 C/A 码本地副本波形。

## 40.2　模　　型

本节主要概述了根据反射表面的位置、速度和粗糙度等实验参数对观测波形进行建模的过程。由于表面 $\Sigma$ 上的每个点 $P$ 反射的信号有不同延迟和多普勒频移，因此，我们首先计算每个点的延迟和多普勒值，然后对其进行建模。

### 40.2.1　延迟多普勒坐标

为了建立时延模型 $\tilde{\tau}$，假设发射机 $T$、接收机 $R$ 和反射面 $\Sigma$ 的位置是已知的关于时间的函数。在接收历元 $t$ 时刻，定义反射信号相对于直射信号的时延 $\tilde{\tau}(P)$（以距离单位表示）为

$$\tilde{\tau}(P) := \rho(T,P) + \rho(P,R) - \rho(T,R) \tag{40.12}$$

式中：$\rho(A,B)$ 为当前历元 $A$ 和 $B$ 之间的几何距离。

考虑更加准确的模型，即历元 $t$，当发射机处于 $T(t-\delta\tau_D)$ 和 $T(t-\delta\tau_R)$ 时，记录发射信号 $V_D(t)$ 和 $V_R(t)$，其中 $\delta\tau_D$ 和 $\delta\tau_R$ 分别是直射和反射信号传播时间。模型式(40.12)能够在相关窗口内将直射信号和反射信号对齐。

以镜面反射点 $S$ 为参考，其中 $\tilde{\tau}(P)$ 为最小值，则散射点 $P$ 相对于镜面发射点的相对时延为

$$\Delta\tau(P) := \tilde{\tau}(P) - \tilde{\tau}(S) \tag{40.13}$$

表面 $\Sigma$ 上所有满足 $\Delta\tau(P) = \Delta\tau_0(\Delta\tau_0 > 0)$ 的点 $P$ 定义为等延迟曲线 $\Delta\tau_0$。

通过分析点 $T$、$P$ 和 $R$ 的速度的几何变化的影响。对式(40.12)中所示的相对延迟求

导,有

$$\frac{\mathrm{d}\tilde{\tau}(P)}{\mathrm{d}t} = \frac{\mathrm{d}\rho(T,P)}{\mathrm{d}t} + \frac{\mathrm{d}\rho(P,R)}{\mathrm{d}t} - \frac{\mathrm{d}\rho(T,R)}{\mathrm{d}t} \tag{40.14}$$

上式表示了在 $P$ 处的反射信号与直射信号的距离变化率,即多普勒频移,有

$$v(P) = -\frac{v_0}{c}\frac{\mathrm{d}\tilde{\tau}(P)}{\mathrm{d}t} \tag{40.15}$$

$$\Delta v(P) = v(P) - v(S) \tag{40.16}$$

式中:$c$ 为真空中的光速;$v(P)$ 和 $v(S)$ 分别为 $P$ 和 $S$ 处反射的两个信号之间的多普勒频移差。

表面 $\Sigma$ 上满足 $\Delta v(P) = \Delta v_0$ 的所有点 $P$ 构成了等多普勒线 $\Delta v_0$。图 40.4(a)和图 40.4(b)给出了在高度为 3km、水平速度为 55m/s 的 GNSS-R 接收机的等延迟线和等多普勒线。

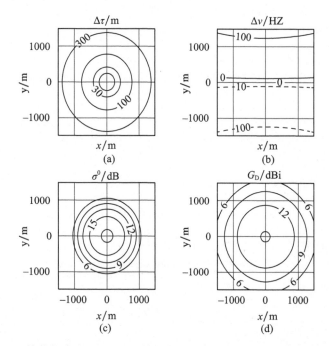

图 40.4 接收机高度为 3km,飞行速度 55m/s 的实验对应的反射面等值线
(a)相对延迟 $\Delta\tau(P)$;(b)相对频率 $\Delta v(P)$;(c)双基散射系数 $\sigma_{pq}^0(P)$;(d)天线增益 $G_D(P)$。

## 40.2.2 模糊函数

为了对式(40.4)和式(40.6)中定义的互相关进行建模,首先延迟和多普勒为 $\Delta\tau(P)$ 和 $\Delta v(P)$ 的点 $P$ 处反射信号为

$$A_R(P, t+\tau) \approx \sqrt{P_R(P)}\hat{A}_D(t+\delta\tau) \times \mathrm{e}^{-2\pi\mathrm{j}\delta vt} \tag{40.17}$$

$$\hat{A}(t) = A_D(t)/P_D$$

$$\delta\tau = \tau - \Delta\tau(P)$$

$$\delta v = \Delta v(P)$$

式中：$\tau$ 为相关器延迟；$P_R(P)$ 为点 $P$ 的反射信号平均功率；$P_D$ 为直射信号的平均功率。

反射面上每一点 $P$ 对相关器输出的贡献为

$$\Gamma_{RD}(P,\tau) \approx \sqrt{P_R(P)}\sqrt{P_D} \times \langle \hat{A}_D(t+\delta\tau)\hat{A}_D^*\,e^{-2\pi j\delta vt}\rangle_{T_c} \approx \sqrt{P_R(P)}\sqrt{P_D}\chi_{\hat{A}}(\delta\tau,\delta v) \tag{40.18}$$

$$X_{\hat{A}}(\tau,v) := \frac{1}{T_c}\int_{T_c}\hat{A}_D(t+\delta\tau)\hat{A}_D^*(t)\,e^{-2\pi j\delta vt}\,dt \tag{40.19}$$

式中：$\chi_{\hat{A}}$ 为模糊函数。

点 $P$ 的反射信号对波形的贡献为

$$W_{P,RD}(\tau) := P_D P_R(P)\,|\chi_{\hat{A}}(\delta\tau,\delta v)|^2 \tag{40.20}$$

函数 $|\chi_{\hat{A}}(\delta\tau,\delta v)|^2$ 通常称为窄带雷达模糊函数，与 $\hat{A}_D(t)$ 有关[40.13]，表示运动目标的回波雷达功率，其中 $\delta\tau$ 和 $\delta v$ 表示目标相对于参考信号的时延和多普勒频移。这里的"模糊"一词是指雷达测量的时延和多普勒的不确定性。函数 $|\chi_{\hat{A}}(\delta\tau,\delta v)|^2$ 可以根据发射信号的相关特性进行估计，也可以通过实验确定。

模糊函数的两个属性决定了其整体结构。沿 $\delta v=0$ 轴，模糊函数是 $\hat{A}_D(t)$ 自相关函数的平方，即

$$|\chi_{\hat{A}}(\delta\tau,0)|^2 := \left|\frac{1}{T_c}\int_{T_c}\hat{A}_D((t+\delta\tau)\hat{A}_D^*(t)\,dt\right|^2 \tag{40.21}$$

在 GNSS-R 相关文献中，通常表示为

$$|\Lambda(\delta)|^2 \equiv |\chi_{\hat{A}}(\delta\tau,0)|^2 \tag{40.22}$$

在 $\hat{A}(t)\hat{A}^*(t)=1$ 的情况下，沿 $\delta\tau=0$ 轴的模糊函数为

$$|\chi_{\hat{A}}(0,\delta v)|^2 := |\mathrm{sinc}(\pi\delta vT_c)|^2 \tag{40.23}$$

其中 sinc 函数定义为

$$\mathrm{sinc}(x) = \frac{\sin(x)}{x} \tag{40.24}$$

图 40.5 给出了 GPS C/A 码信号以及复合 C/A 码、P(Y) 码和 M 码调制信号的 $|\chi(\delta\tau,0)|^2$ 示例。每个信号分量的有效全向辐射功率（EIRP）定义为发射功率 $P_T$ 与发射机天线在接收信号方向上的增益 $G_T^D$ 的乘积。C/A 码、P(Y) 码和 M 码的有效全向辐射功率和调制方式见表 40.1。此处假设预相关（接收）带宽为 24MHz。

表 40.1 仿真信号，各调制类型的描述参见第 4 章

| 信号 | EIRP | 调试方式 | 参考 |
| --- | --- | --- | --- |
| C/A | 24.0dBW | BPSK(1) | 文献[40.6] |
| P(Y) | 21.3dBW | BPSK(10) | 文献[40.6] |
| M | 25.3dBW | BOC(10,5) | 文献[40.14] |

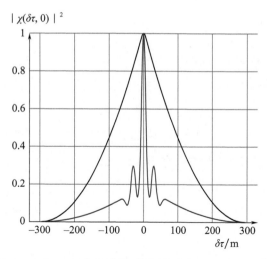

图 40.5 $|\chi(\delta\tau,0)|^2$ 的示例:黑色线对应于 GPS C/A 信号,棕色线对应于包含 C/A 码、P(Y)码和 M 码的 GPS 信号

## 40.2.3 无噪波形模型

将式(40.20)中定义的表面 $\Sigma$ 中所有点 $P$ 的波形 $W_{\mathrm{RD}}(P,\tau)$ 相加,得到总的反射信号波形模型,即

$$W_{\mathrm{RD}}(\tau):=P_{\mathrm{D}}\int_{\Sigma}P_{\mathrm{R}}(P)\mid\chi(\delta_{\tau},\delta_{v})\mid^2\mathrm{d}\sigma \tag{40.25}$$

式(40.7)定义的归一化波形表示为

$$W_{\mathrm{RD}}^{n}(\tau):=\int_{\Sigma}P_{\mathrm{R}}(P)\mid\chi(\delta_{\tau},\delta_{v})\mid^2\mathrm{d}\sigma \tag{40.26}$$

在式(40.25)中相关器输入端的接收功率 $P_{\mathrm{D}}$ 与发射机功率相关,二者关系为

$$P_{\mathrm{D}}:=P_{T}G_{\mathrm{T}}^{\mathrm{D}}G_{\mathrm{R}}^{\mathrm{D}}\left(\frac{\lambda}{4\pi R_{\mathrm{TR}}}\right)^2 \tag{40.27}$$

式中:$G_{\mathrm{T}}^{\mathrm{D}}$ 和 $G_{\mathrm{R}}^{\mathrm{D}}$ 为发射机和接收机天线增益;$R_{\mathrm{TR}}$ 为发射机 T 和接收机 R 之间的距离;$\lambda$ 为信号波长。同样,反射信号的接收功率为

$$P_{\mathrm{R}}(P):=\frac{P_{\mathrm{T}}G_{\mathrm{T}}(P)G_{\mathrm{R}}(P)\sigma_{pq}^{0}(P)\lambda^2}{(4\pi)^3 R_{\mathrm{T}}(P)^2 R_{\mathrm{R}}(P)^2} \tag{40.28}$$

式中:$\sigma_{pq}^{0}(P)$ 为双基散射系数。对于表面 $\Sigma$ 上的点 $P$,该系数定义为接收机 R 接收的极化为 $q$ 的单位面积散射信号与极化为 $p$ 的入射信号功率的比值(详见文献[40.15])。该比率取决于表面粗糙度斜率的概率密度函数(PDF)。文献[40.16]提出了一个被广泛认可的 $\sigma_{pq}^{0}(P)$ 模型,其中海面斜率的 PDF 是二元正态分布,具体将在 40.3.2 节中介绍。

图 40.4(c)和图 40.4(d)给出了实验中对应的一系列等增益线和等散射系数线。

### 40.2.4 底噪模型

本节将提出一个简单的噪声模型,并将其叠加至式(40.25)定义的无噪波形中。

假设补偿后的直射和反射信号 $V_D^c(t)$ 和 $V_R^c(t)$ 为

$$\begin{cases} V_D^c(t) \approx v_D^c(t) + n_D(t) \\ V_R^c(t) \approx v_R^c(t) + n_R(t) \end{cases} \quad (40.29)$$

式中:$v_D^c(t)$ 和 $v_R^c(t)$ 为补偿后的无噪信号;$n_D(t)$ 和 $n_R(t)$ 为噪声。

式(40.4)中定义的互相关函数 $\Gamma_{RD}(t_C, \tau)$ 表示为

$$\Gamma_{RD}(\tau) := (v_R^c + n_R) \star (v_D^c + n_D) = v_R^c \star v_D^c + v_R^c \star n_D + n_R \star v_D^c + n_R \star n_D \quad (40.30)$$

相应的波形由式(40.6)给出,有

$$W_{RD}(\tau) := W_{RD}^{signal}(\tau) + N \quad (40.31)$$

式中:$W_{RD}^{signal}(\tau)$ 为式(40.25)、式(40.27)和式(40.28)所示的无噪波形;$N$ 为噪声贡献。

根据文献[40.17],噪声可表示为

$$N = P_D \frac{k_B T_R}{T_c} + P_R \frac{k_B T_D}{T_c} + k_B T_R B \frac{k_B T_D}{T_c} \quad (40.32)$$

式中:$k_B$ 为玻尔兹曼常数;$B$ 为预检波带宽;$T_c$ 为相干积分时间;$T_D$ 和 $T_R$ 是直射和反射信号的等效噪声温度。等效噪声温度定义为

$$T = T^{ant} + (F-1) 290K \quad (40.33)$$

式中:$T^{ant}$ 为相应的天线温度;$F$ 为线性单位的噪声因子。

在自相关处理模式中 $T_D = 0$,相应的噪声项为

$$N^{cr} := P_D \frac{k_B T_R}{T_c} \quad (40.34)$$

式中:$N$ 和 $N^{cr}$ 分别为干涉处理和自相关函数处理模式下的等效波形底噪。低于噪声功率的波形将无法被检测到。

为了表示干涉模式和自相关模式波形之间的关系,引入干涉噪声因子 $\eta$,即

$$\eta := \frac{N}{N^{cr}} := 1 + \frac{1 + (S/N)_R}{(S/N)_D} \quad (40.35)$$

其中相关器输入的信噪比定义为

$$\begin{cases} (S/N)_D := \dfrac{P_D}{k_B T_D^n B} \\ (S/N)_R := \dfrac{P_R}{k_B T_R^n B} \end{cases} \quad (40.36)$$

如文献[40.17]中所指出的,当 $(S/N)_D \gg 1 + (S/N)_R$ 时,$\eta$ 趋近 $1$($\eta \to 1$)。相对于自相关模式,此时干涉波形中的噪声无明显增加。但是在低 SNR 情况下则不同。当 $(S/N)_D \ll 1$ 时,近似为

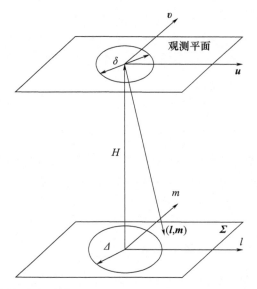

图 40.6 范·奇特-泽尼克定理(van Cittert-Zernike theorem)公式中使用的$(u,v)$和$(l,m)$坐标。辐射强度在$\Sigma$空间中的分布和观测平面中的相干性构成一个傅里叶变换对

$$\eta \approx \frac{1}{(S/N)_D} \tag{40.37}$$

干涉噪声因子与直射信号的信噪比成反比。

## 40.2.5 最大相干积分时间

本节将尝试给出最大相干积分时间$T_c$。

假设在表面$\Sigma$中有一个非相干扩展源(图40.6)。范西泰特-策尼克(Van Cittert-Zernike)定理(背景材料可参考文献[40.4,40.5],其在GNSS-R中的应用可参考文献[40.18])指出,信号源强度$I$的傅里叶变换是观测平面中的相干函数$\Gamma$,并假定与$\Sigma$平行,有

$$\Gamma(u,v) = \int_\Sigma I(l,m) e^{-j2\pi(ul+vm)} dl dm \tag{40.38}$$

式中:$u$和$v$为观测平面中的空间坐标,以波长$\lambda$为单位;$(l,m)$是相对于$(u,v)$轴定义的方向余弦。

假设两个平面之间的距离为$H$。以方向余弦表示时,线性尺寸为$\Delta$的表面$\Sigma$的截面大小为$\Delta/H$。由傅里叶变换关系可知,其在观察平面上的线性尺寸为

$$\delta = \lambda H/\Delta$$

由等延迟线$\tau$限定的$\Sigma$截面半径以线性单位表示为$\sqrt{2\tau H}$,则该截面在观测平面中生成的尺寸为

$$\delta = \frac{\lambda\sqrt{H}}{2\sqrt{2\tau}} \tag{40.39}$$

如果接收机以速度$v_R$移动,则在间隔$T_c$内获得的信号相干为

$$T_c < \frac{\delta}{v_R} = \frac{\lambda\sqrt{H}}{2\sqrt{2\tau}v_R} \tag{40.40}$$

在岸基场景中，$v_R = 0$，将式（40.40）替换为表示海面固有变化的常数。文献[40.19]指出，该固有变化约为 100ms 量级。

## 40.2.6 斑点噪声

式（40.20）给出了反射面 $\Sigma$ 中不同面元 $\mathrm{d}\sigma$ 对波形 $W_{RD}(\tau)$ 的贡献。对于某个具体的 $\tau$ 值而言，其 $W_{RD}(\tau)$ 值等于等延迟线 $\tau$ 附近大量的 $N$ 个散射面得贡献之和。对每个散射面 $n$ 贡献的信号 $V_n \mathrm{e}^{\mathrm{j}\varnothing_n}$ 求和

$$V(\tau) = V_e \mathrm{e}^{\mathrm{i}\varnothing} = \sum_{n=1}^{N_s} V_n \mathrm{e}^{\mathrm{j}\phi_n} \tag{40.41}$$

假设幅度 $V_e$ 服从瑞利分布，其相位 $\rho$ 服从 $[0, 2n]$ 的均匀分布。功率 $P(\tau) = V^2(\tau)$ 的概率分布为指数分布，即

$$p(\tau) = \begin{cases} \overline{P}\mathrm{e}^{-P/\overline{P}} & P \geqslant 0 \\ 0 & P < 0 \end{cases} \tag{40.42}$$

式中：$\overline{P}$ 为指数分布的均值和标准差。通过在非相干累加间隔 $T_a$ 内对多个相干波形取平均，可以有效减小斑点噪声的影响。

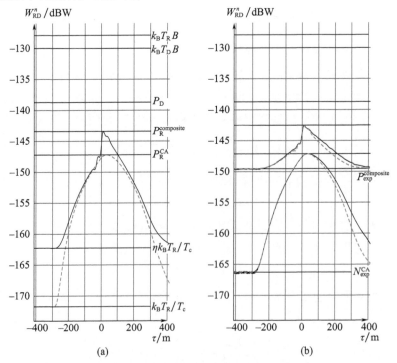

图 40.7　信号与噪声模型分析波形

(a) 自相关模式（虚线）和干涉模式（棕线）的模拟曲线；(b) 观测到的相应波形（棕线），其总功率已经根据模拟值做了调整，并且具有与实验结果相同的动态范围。

表 40.2 仪器和实验参数。下标 D 和 R 分别表示直射和反射信号（RHCP：右旋圆极化，LHCP：左旋圆极化）

| 变量 | 值 | 符号 |
| --- | --- | --- |
| 天线增益（D）（R） | 15dBi | $G_R, G_D$ |
| 极化（D） | RHCP | $p$ |
| 极化（R） | LHCP | $q$ |
| 天线温度（D） | 10K | $T_D^{ant}$ |
| 天线温度（R） | 200K | $T_R^{ant}$ |
| 噪声因子（D）（R） | 3dB | $F$ |
| 射频带宽（D）（R） | 24MHz | $B$ |
| 相干时间积分 | 1msec | $T_c$ |
| 非相干累加时间 | 20 sec | $T_a$ |
| 均方斜率 | ≈0.010 | MSS |
| 入射角 | ≈0° | $\theta$ |
| 接收机高度 | ≈3km | $h_{RS}$ |
| 接收机速度 | ≈55m/s | $v_R$ |

表 40.3 飞行实验对应的模拟功率电平和干涉噪声因子

| 信号/变量 | dBW | 符号 |
| --- | --- | --- |
| 预相关噪声（D） | −130.2 | $k_B T_D B$ |
| 预相关噪声（R） | −127.9 | $k_B T_R B$ |
| 复合波形峰值（D） | −138.7 | $P_D^{composite}$ |
| 复合波形峰值（R） | −143.4 | $P_R^{composite}$ |
| CA 波形峰值（R） | −147.2 | $P_R^{CA}$ |
| 复合信号底噪 | −160.9 | $N$ |
| CA 底噪 | −171.7 | $N^{cr}$ |
| 干涉噪声因子 | 10.8 | $\eta$ |

## 40.2.7 测量波形与模型仿真

本节将根据前两节介绍的信号和噪声模型分析图 40.3 所示波形。数据是在文献[40.12]介绍的飞行实验中同时获得。表 40.2 列出了实验的相关参数：均方斜率（MSS）、信号入射角 $\theta$ 等实验参数以及为相应波形模拟所需的接收机高度 $h_{RS}$ 和水平速度 $v_R$ 的仿真场景参数。

$\hat{\tau}(t)$ 用于将直射信号和反射信号对齐，其具体数据由实验中采集 GPS 和惯性测量单元的观测量以及国际 GNSS 服务（IGS）提供的 GPS 精密轨道获得。

图 40.7(a)为式(40.31)模拟的干涉波形和自相关波形。在表 40.3 中，给出了各类噪声和信息的功率值。

图 40.7(b)为模拟和实验波形,图中已将观测波形的位置调整到了模拟波形对应的位置。此类观测波形的底噪被用于定义仿真的信号波形和 C/A 码信号波形的底噪。实验中的底噪值 $N_{exp}^{composite}$ 和 $N_{exp}^{CA}$ 在表 40.4 中给出。

实验与模拟的干涉噪声因子之间有 6dB 差异,这归因于已知模型中所用参数的限制,其中包括:

(1)低噪声放大器之前的损耗。
(2)量化噪声。
(3)大气衰减。
(4)每个导航码的发射功率。

表 40.4 实验中底噪功率电平和干涉噪声因子

| 信号/变量 | dBW | 符号 |
| --- | --- | --- |
| 复合信号的底噪 | −149.5 | $N_{exp}$ |
| CA 信号的底噪 | −166.2 | $N_{exp}^{cr}$ |
| 干涉噪声因子 | 16.7 | $\eta_{exp}$ |

## 40.3 应 用

正如前几节所介绍 GNSS 反射测量可以被视为一种具有多基地覆盖能力的特殊双基地雷达。

该技术的优点是,拥有丰富的 GNSS 信号(图 40.8),并且在 L 波段至少有两个发射频率(全天候传播)。与某些专用技术相比,基于此概念实现的天基观测平台可以提供高时空分辨率的观测量。另外,由于这些信号不是专门为遥感目的设计的,与专门的遥感手段相比,它们在某些应用方面并不是最佳选择。主要的限制因素包括发射功率、带宽和脉冲分辨率。

尽管存在这些局限,但由于 GNSS-R 对地观测覆盖范围广、速度快,所以该技术仍有潜力填补当前对地观测系统中的某些空白。例如中尺度高度计和散射计均只有几天的时间分辨率,且 GNSS-R 不受天气条件(尤其是雨水)的影响。

反射测量技术的日益发展推动了专用仪器的开发和实验的开展。从 20 世纪 90 年代末到 2013 年 10 月,在机载平台进行的 GNSS-R 实验次数超过 270 次,其中使用了 20 多种不同的 GNSS-R 接收机。这些实验在不同的地域开展,它们接收了在海面、裸露的土壤、正在生长的农作物、湖泊、河流、海冰、冰川、中纬度和南极雪上的反射信号,其中一些数据集可在 Web 服务器上获得[40.20],并记录在文献[40.21]中。此外,从星载平台接收自地表反射的 GNSS 信号的可行性也已得到了证实。从外太空捕获的第一个 GNSS 反射信号是由航天飞机上的 SIR-C 仪器收集的[40.22]。搭载在英国灾害监测星座(UK-DMC)卫星上的 GNSS-R 设备专用的中等增益天线(11.8dBi),该星座卫星轨道高度 700km,该设备可以接收来自海洋、冰层和陆地表面的反射信号[40.23-40.25]。文献[40.26]中提供了低轨卫星 UK-DMC 获得的 GNSS-R 数据集,以下各节总结了这些研究产生的一些应用。

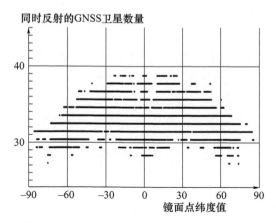

图 40.8　一天内同时反射的 GNSS 卫星数量,该值是与地球表面镜面点纬度坐标相关的函数
图为仅考虑 2012 年 3 月 18 日两个 GNSS 星座(GPS 和 GLONASS)的情况。随着伽利略和北斗 3 号全面运行,这些数值可能会翻倍

## 40.3.1　海面高度计

海洋学应用是最早被确定为 GNSS-R 技术的潜在应用。GNSS-R 在 1993 年被提出,最初用于海面测高[40.1],后来逐渐成为测量海面粗糙度(散射计)的手段[40.2]。

海洋高度计是 GNSS-R 最具挑战性的应用之一。为了获取具有科学价值的高精度数据,该系统对信噪比(SNR)的要求比较苛刻,需要最大程度地利用带宽,并保留该概念的多基特性。总的来说,GNSS-R 在硬件层面(天线、波束形成器、信号处理器)比较复杂。尽管如此,足够精确的 GNSS-R 测高仍有潜力填补当前观测系统中的空白,尤其是该系统可以进行快速、密集的全球观测,从而能够有效捕获许多重要的海洋信号,如海啸(例如[40.27])、涡流和其他中尺度海洋特征。绝大部分的海洋动能与空间尺度有关,而单一雷达测高任务无法处理不同的空间尺度。海洋中尺度变化是了解大规模环流和气候变化的关键。文献[40.28]首次将 GNSS-R 数据同化进海洋环流模型,其结果对研究海洋环流具有积极的影响。GNSS-R 高度计具有多基特性的另一个优势在于,它有潜力在一维解算海面坡度(地形梯度)。而在标准雷达测高任务中,只有在地面轨迹的交点处才能实现海面坡度解算。

GNSS 信号在海面上的散射往往是漫散射,几乎没有相干成分。发生漫散射时几乎无法跟踪到反射信号的相位,因此也就无法获得相位延迟观测量。所以,距离测量依赖于精度较低的群延迟测量。因此,本节重点介绍群延迟海洋测高法,而相位延迟海洋测高法主要用于海冰应用(40.3.4 节)。

第 14 章表明,尽管群延迟伪距具有较高的精度,但其精度还是远不如相位延迟观测获得的伪距精度。同时,该章也介绍了如何从三角形的 GNSS 相关波形中提取出群延迟观测量,该过程可概括为对接收到的信号与接收机本地产生的信号副本进行互相关,从而对三角形状的相关函数的峰值进行延迟估计。但是该过程通常不适用于反射信号,因为反射波形会产生严重的变形,这是因为海洋表面大面积区域内的反射会产生严重且随机的多径效应,该区域称为闪烁区。表面越粗糙,闪烁区越大,因此来自非镜面反射区域的反射信号会由于多径效应增加信号延迟,图40.9对该效果进行了说明。但在平静水域和低海拔地区的实验中仍使用峰值延迟估计器来测量反射信号的范围,例如文献[40.29]或文献[40.30]。如40.2.6节所述,斑点噪声是噪声的主要成分,会引起概率指数分布的乘性色散。在这种情况下,需要新的方法来识别波形变形后的镜面反射延迟。

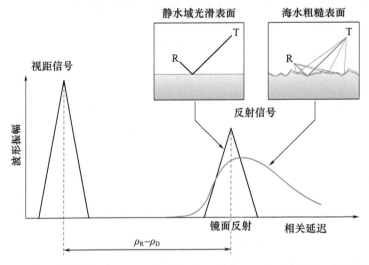

图40.9 如图40.10所示,漫散射的影响之一是镜面反射的时间延迟与自相关函数波形(信号与接收机本地信号之间的互相关函数)峰值之间会产生偏移。光滑表面上的反射信号会保持自相关函数的三角形形状,并且其峰值对应于镜面反射信号所传播路径。粗糙表面上的反射包含多个信号传播路径,相对于最短的射线传播路径(镜面反射)(漫散射时信号的传播路径要大于镜面反射时的传播路径),这会延迟总波形的峰值。镜面反射点的延迟可以通过数学模型对波形进行拟合,或通过波形前沿的最大斜率来计算。一旦计算出镜面反射的延迟,就可以通过绝对伪距值$\rho_R$或相对直射信号伪距值$\rho_D = \rho_R - \rho_D$计算出其高度

获取漫散射下的镜面延迟的过程至少包括两个步骤:①足够长的非相干累加时间,以减少斑点噪声;②估计镜面延迟。如果波形是实时获得的(例如使用硬件接收机),则在累加之前可能需要在延迟轴上重新调整波形,同时基于实时信息来校正接收机所用延迟模型的偏差,否则会导致累加波形模糊。估计镜面反射信号延迟的方法主要有两种:第一种方法采用数学模型拟合波形,例如式(40.25)所示。该模型需要假设一定的表面粗糙度状态(更多细节将在40.3.2节和式(40.45)中给出),或者同时估计镜面反射延迟和粗糙度参数(例如文献[40.31])。文献[40.33]中提出了另一种方法,随后在文献[40.32]中进行了进一步研究,该方法中镜面反射路径延迟被标识为是波形的最大前沿斜率点(或波形导数的峰值点,见图40.10)。

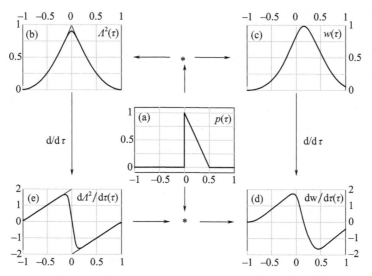

图 40.10 当部分功率分散在非镜面区域（(a)$p$ 为 0，其中零定义为镜面反射路径延迟）时海面的能量响应与 C/A 码自相关函数的能量之间的卷积（(b)$\Lambda^2$）产生波形(c)，其峰值相对于镜面反射延迟有所延迟。该波形的导数(d)在实际镜面反射延迟中出现一个峰值，而(e)显示自相关能量的导数。请注意，上述结果对于具有无限带宽（细黑线）的接收机严格适用，而实际的接收机在滤波过程中会对这些波形进行平滑并导致少许延迟（粗黑线）（参见文献[40.32]，引自电气和电子工程师协会（IEEE））

一旦通过模型拟合或计算导数峰值得到了镜面反射路径延迟的估计结果，便可以进一步得到其伪距 $\rho_R$，这里以长度单位给出。如图 40.9 所示，伪距以绝对值或者相对于视距无线点链路（line of sight radio link）的距离 $\rho_D$ 给出。反射信号的伪距可表示为

$$\rho_R(t) = \rho_{geo}\left(R(t), T\left(t - \frac{\rho_{geo}}{c}\right), S(R, T, h)\right) + \rho_{iono} + \rho_{tropo} + \rho_{clk} + \rho_{ins} + \epsilon \quad (40.42)$$

与直射信号一样，反射信号伪距中含有一个几何项 $\rho_{geo}$，由发射机位置 $T$ 到镜面反射点位置 $S$ 以及镜面点与接收机位置 $R$ 之间的实际距离确定。镜面反射点 $S$ 的位置取决于信号发射源和接收机的位置，以及反射面相对于参考面（地球大地水准面或椭球面）的高度 $h$。伪距中包含的其他项还有：在第 6 章中讨论的对流层和电离层延迟（$\rho_{tropo}$, $\rho_{iono}$），时钟漂移（$\rho_{clk}$），仪器误差 $\rho_{ins}$（天线相位和线缆带来的误差），以及其他噪声 $\epsilon$ 的影响（散射表面随机性引起的热噪声和斑点噪声）。需要注意的是，镜面反射点位置的垂向分量 $h$ 在测高应用中是未知参数。先验值根据地球表面 $S$ 在该点的地形，同时遵循发射机和接收机之间产生的反射路径在该点处最短为原则进行确定。这一点还验证了菲涅耳反射定律（入射角和散射角相等）。由于地球地形的先验信息不够精炼，因此需要对垂向分量 $h$ 进行修正。解算 $h$ 的一般形式是求最小值，即

$$\min\{|\rho_R(t)^{obs} - \rho_R(t)^{mod}(h)|\} \quad (40.43)$$

伪距 $\rho_R^{mod}$ 中必须包括其非几何分量的改正项，并且将其与 $h$ 一起估计。

当接收机位于低海拔地区且该区域局部平坦时，该项能够得到大大简化。此时反射

信号相对于直射信号的距离简化为

$$\Delta\rho = \rho_{R,geo} - \rho_{D,geo} = 2H\sin(E) \quad (40.44)$$

式中：$H$ 为地表与接收机间的垂直距离；$E$ 为相对于地平线的高度角（与入射角互补）。

这些技术已在一系列实验中进行了测试，并且其结果已经发表在一些专业期刊上，其中 4 项研究使用 C/A 码本地副本方法展示了在 1~3km 飞行高度下的测高性能。所有实验使用的设备都不相同，并且天线增益相对较低，结果均表明在接近天底方向进行观测时，来自单颗 GNSS 卫星信号的 1s 累加的测高结果（one-second integrated）不确定性约为 1.5m[40.32,40.34-40.36]。另一个采用 GPS P(Y) 码的飞行实验表明，使用精码时测高精度略有改善（1s 累加的测高精度约为 1.4m[40.31]）。从图 40.5 可以得出，干涉群延迟距离测量法的精度优于 C/A 本地副本方法。

目前只进行了两次干涉测量实验，一次是在位于河口水面上 18m 处的桥梁上进行的[40.30]，另一次空基实验在开阔海域上进行，飞行高度为 3km[40.12,40.16]。在开阔水域，1s 累加的干涉测量精度可以达到 0.6m 水平，河口水面的结果则好得多（约 7cm）。文献[40.12]中实测的随机模型也预测了使用 C/A 码纯净副本（clean-replica）法与干涉测量方法之间的测高精度，该研究表明，这个精度上限也适用于星载接收机。两种技术之间的测量精度系数是从解析模型中获得的，如文献[40.37]所示。

## 40.3.2 海面散射测量

如图 40.9 所示，反射表面的粗糙度会使接收到的波形发生变形，通过分析该变形可以推断散射表面的粗糙度特性。当散射表面是海洋时，其粗糙度的估计值与海面风速和涌浪相关，这些地球物理参数在地球物理和民生领域很受关注，同时也是海面散射法应用的目标。

反射波形模型已在式（40.25）~式（40.28）中给出，后者包括双基散射系数 $\sigma^0$，它是唯一受粗糙度影响的变量。在海面位置 $P$ 处，$\sigma^0$ 通常可以表达为[40.16]

$$\sigma^0(P) = \frac{\pi|R|^2 q^4}{q_z^4} \text{PDF}\left(-\frac{q_\perp}{q_z}\right) \quad (40.45)$$

$$\boldsymbol{q} = k(\hat{u}_{\text{scatt}} - \hat{u}_{\text{inc}})$$

式中：$|R|$ 为菲涅耳系数，其取决于水的介电常数；向量 $\boldsymbol{q}$ 为散射向量；$k$ 为电磁波波数；$\hat{u}$ 为沿散射和入射方向的单位矢量；$q_z$ 和 $q_\perp = (q_x q_y)^T$ 为散射矢量的垂直和水平分量，需要注意的是，这些分量均与表面位置 $P$ 相关；PDF 是表面 $\Sigma$ 上 $s=(s_x s_y)^T$ 的二维（2-D）概率密度函数。由 $s=-q_\perp/q_z$ 给出的特定斜率对应于在 $P$ 点的散射矢量 $\boldsymbol{q}$ 将信号转发到接收机位置所需的斜率（图 40.11），因此（表面）坡度的 PDF 是表面粗糙度的统计描述。

通常将海面坡度的概率密度函数假定为高斯分布，可由坡度的方差或均方差（MSS）来进行参数化描述。第一种方法可能过于局限，因为它假设的曲面各向同性的。如果将曲面的各向异性考虑进粗糙度模型，那么海面坡度 PDF 表达形式的复杂度将上升一个层次，此时的海面坡度 PDF 服从二元正态分布，可由海面坡度在正交方向上的方差表示，即

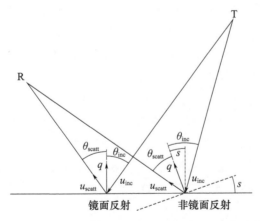

图 40.11 在几何光学中,菲涅尔反射定律一定适用,即 $\theta_{inc}=\theta_{scatt}$。当反射发生在镜面点之外时,表面必须呈倾斜状态以完成反射。坡度 $s$ 的倾斜度由散射矢量 $q=k(\hat{u}_{scatt}-\hat{u}_{inc})$ 的水平分量和垂直分量之比得出。当表面以这种方式倾斜时,从该点反射的信号就能够到达接收机。表面呈现这种倾斜的可能性取决于其粗糙度,由 PDF($s$) 表示:表面越粗糙,倾斜的概率越大,因此闪烁区越宽

$$\text{PDF}(s)=\frac{1}{2\pi\sqrt{\text{Det}(M)}}e^{-\frac{1}{2}s^{\text{T}}M^{-1}s} \quad (40.46)$$

$$M=\begin{pmatrix}\kappa_{20} & \kappa_{11}\\ \kappa_{11} & \kappa_{02}\end{pmatrix}=R(\phi_w)\begin{pmatrix}\kappa_w & 0\\ 0 & \kappa_c\end{pmatrix}R(\phi_w)^{-1} \quad (40.47)$$

式中:$M$ 为海面坡度的协方差矩阵;$\kappa_w$ 和 $\kappa_c$ 分别为沿风向和侧风方向的方差;$\phi_w$ 为逆风方向与 $x$ 轴的夹角;$R(\phi_w)$ 为其旋转矩阵。各向同性的 MSS 可根据公式 MSS $=\kappa_w+\kappa_c$ 计算。通过将 PDF 设置为 Gram-Charlier 分布[40.38],可以实现更真实的海面坡度分布,但代价是需要更多的参数,会导致反演策略变得更加复杂。

海面坡度的方差变化可以从海浪谱 $\Psi(k)$ 中获得,$\Psi(k)$ 在波数域 $k$ 中的表达式为

$$\text{MSS}=\int_{-\infty}^{\infty}\int_{-\infty}^{\infty}(k_x^2+k_y^2)\Psi(k)\mathrm{d}k_x\mathrm{d}k_y=\text{MSS}_x+\text{MSS}_y \quad (40.48)$$

公认的一些海浪谱包括:Pierson-Moskowitz[40.39],JONSWAP[40.40],GNSS-R 中使用最广泛的海浪谱[40.41]。这些都是风浪谱,可以在其中添加低频分量以解决涌浪问题。这些海浪谱也可用于建立风速信息与海面坡度方差的联系,从而能直接对海风参数进行反演。

1. 粗糙度参数的提取

闪烁区通常比发生相干散射的菲涅尔区大得多,理论研究(例如文献[40.42])表明低轨(LEO)星载接收机所对应闪烁区能够延伸数百千米,并且 UK-DMC 任务的数据证实了这一点[40.23]。如 40.2 节所述,波形收集的能量主要来自闪烁区内的某个区域,其受到模糊函数 $|\chi|^2$ 的限制,而模糊函数又取决于时间延迟 $\tau$ 和相干积分时间 $T_c$。后者在频域上添加了一个滤波器,$1/T_c$ 半宽,它将闪烁区分成不同的频率带,只有将信号中心频率移动至每个频率带时,相关运算进而才能捕获到反射信号的能量,在图 40.4 中对此进行了说明。因此,在标称镜面反射点相应的频率获得的波形也称为时延图(DM),不能捕获全

部散射能量，而只能捕获从镜面反射频率带反射出的信号能量。通过改变相关计算出的频率，就可以获得其他频率带上的延迟图，这对应于式(40.25)中 $\delta v$ 的变化。所有这些在不同频率下获得的时延图的组合称为延迟多普勒图(DDM)，如图40.12所示。

第一组算法对数据进行模型拟合，可以从 DM、DDM 的观测量中提取粗糙度信息。给定观测几何构型和仪器信息(如天线增益)，未知的参数仅是与表面坡度 PDF 相关的参数(方差或 MSS，或风速函数的表达式)。在开展的一些 GNSS-R 海面散射测量试验中，利用模型来拟合数据，可以获得粗糙度信息。在大多数情况下，坡度 PDF 都假定为高斯或二元正态分布。使用二元正态分布进行反演，旨在获得各向异性的粗糙度信息，如风速 $\kappa_w$ 和风向 $\kappa_c$。为了避免各向异性反演中的奇异性，有必要使用完整的 DDM 信息、融合多个卫星的 DM 信息。

在表40.5中汇总了从反射波形中提取粗糙度信息的其他算法，以及它们的研究成果和参考文献。

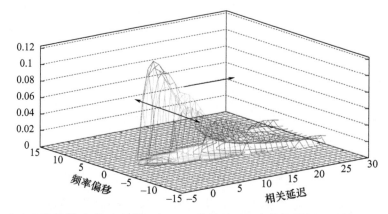

图40.12 在发生漫散射(如海水反射)后 GNSS 信号的延迟多普勒图；在不同的延迟 $\tau$ 和频率 $\delta v$ 值下估算得到的评估互相关函数，其功率在式(40.25)中给出。在此图中，所有单位都是无量纲的。随着粗糙度的增加，峰值功率减小，能量会沿延迟和频率轴扩散。该失真现象可用于推算粗糙度信息，如通过后沿的斜率、理论模型拟合、量化其体积和面积(其他观测量和反演算法，见表40.5)

## 40.3.3 海面介电常数

GNSS 卫星发射 $L$ 波段信号，这个微波频段对地表水的温度和盐度变化敏感(通过其介电常数的变化)。实际上有两个星载辐射测量任务已经选择了 L 波段来感知海面盐度(SMOS[40.54]和 Aquarius[40.55])。然而，在利用 GNSS 反射方法探测海洋介电常数参数方面所做的工作比较少。已有文献中的研究均基于极化观测，通过比较反射后共极化分量和交叉极化分量的功率(极化比[40.21])，或者两个分量的相位(极化相位干涉测量 PO-PI[40.56])。这两种方法的观测量对介电常数的敏感度均比较低，例如当将表面盐度从25pps 变化到40pps 时，极化比的变化量只有4%(由菲涅尔系数导出)。对于 POPI 技术，需要重点关注的是粗糙度的影响以及如何选择合适的模型来解决反射信号中的相位缠绕问题[40.57]。

## 40.3.4 冰冻圈：冰与雪

**1. 地基 GNSS 站周围积雪深度**

大地测量机构对 GNSS 地面永久跟踪站网进行运维，用以精密监测陆表参数。其中一些站点位于被季节性降雪覆盖的地区。GNSS 信号在雪地上的反射会干扰视线传播的直射信号，从而在接收的数据中产生干涉图样。利用这些特性可以计算地面站周围的积雪深度[40.58]。如图 40.13 所示，反演雪深所使用的观测量是 SNR 中多路径引起的振荡的频率。该技术已应用于美国 UNAVCO（卫星导航系统与地壳形变观测研究大学联盟）的板块边界观测（PBO）网络中，其最终产品已在文献[40.59]中发布，相关文档见文献[40.60]。文献[40.61,40.62]对该技术进行了改进。总体而言，该方法受到 GPS 和同位数据测量（situ measurement）误差的限制，对于最大雪深为 2.5m 的积雪，反演相关系数为 0.98，RMS 误差在 6~8cm 之间，同时 GPS 反射测量的积雪深度会偏低 10%~15%。法国大地测量网络也正在实施类似的项目[40.63]。

在文献[40.64]中提出了类似的方法，但使用线性垂直极化天线进行测量。在这种情况下，雪深信息是从干涉数据（位置和幅度）的"凹陷"中获得的。上面介绍的两种技术也被用于土壤湿度和植被覆盖等其他地球物理信息的提取（见 40.3.5 节）。

表 40.5 部分 GNSS-R 实验及其海面散射测量应用技术的总结

| 模型拟合 | 效果 | 参考文献 |
|---|---|---|
| 将单个 GNSS 卫星的数据拟合到某一模型，该模型是直接根据风速参数或坡度方差生成的坡度概率密度函数产生 | 最高风速达 9 m/s 时的反演误差为 2m/s | 文献[40.43,40.44] |
| 相同的步骤，但是同时触合多个 GNSS 信号来反演风向（±180°模糊度） | 最大风速达 10m/s 时，与散射计比较，反演风速和风向误差分别为 2m/s 和 30° | 文献[40.45,40.46] |
| 根据 MSS 与风速 $u$ 之间关系建立校正项（单位：m/s），以将其有效性扩展到高风速（飓风），即 $\mathrm{MSS}_w(u) = 0.45(0.00316 f(u))$ $\mathrm{MSS}_c(u) = 0.45(0.003 + 0.00192 f(u))$ $f(u) = \begin{cases} u, & 0 < u \leq 3.49 \\ 6\ln(u) - 4, & 3.49 < u < 46 \\ 0.411u, & 46 < u \end{cases}$ | 在飓风条件下测得的最大风速达 40 m/s，且观测量没有饱和。与高风速下的无线电探空仪测量结果相比，均方根误差约为 5 m/s | 文献[40.47,40.48] |
| 对整个 DDM 进行模拟整合 | 从单个 GNSS 卫星中提取各向异性 MSS | 文献[40.49] |
| 仅对 DM 后沿进行模型拟合 | 最大风速达 10m/s 时，风速反演精度优于 2m/s | 文献[40.16,40.50] |

续表

| 模型拟合 | 效果 | 参考文献 |
|---|---|---|
| 积分谱 | | |
| 沿任一频率轴对 DDM 进行积分以获得积分后的延迟函数,即 $$IDM(\tau) = \int_{Dopplers} DDM(\tau,f) df$$ 或沿延迟轴获取积分后的多普勒频谱为 $$IDS(t) = \int_{Delays} DDM(\tau,f) d\tau$$ 这些函数的宽度或范围与粗糙度参数有关。频率宽度为 $$B_{3dB} = 4\sqrt{2\ln 2}\sin E/\lambda \sqrt{v_s^T M v_s + \epsilon}$$ $$Var(\tau) \propto (k_{20}^2 + 2k_{11}^2 \sin^{-2}E + k_{02}^2 \sin^{-4}E)$$ 式中:$M$ 为表面坡度的协方差矩阵;$v_s$ 为镜面点相对于接收机的速度;$k$ 为 $M$ 的元素 | 理论研究得到了机载实验数据的支持,后来又应用于 UK-DMC LEO 数据 | 文献[40.23,40.51] |
| 散射延迟 | | |
| DM 的峰值相对于镜面反射路径有所延迟,且其值取决于 MSS | 机载实验的近实时,精度级别为 0.001 MSS | 文献[40.52] |
| DDM 波形面积和体积 | | |
| DDM 波形的面积或体积(超过特定阈值)与表面的粗糙度状态之间直接对应 | 在 SMOS L 波段粗糙度校正框架内完成的实验工作 | 文献[40.19] |
| 离散 PDF | | |
| 修改 DDM 的雷达方程式,将其表示为在对应一系列坡度项的叠加 $s_{ij}$(将信号前向传输至接收机方向上的坡度)。该序列是坡度 PDF 的线性函数,因此可针对离散值 $s_{ij}$ 进行线性反演 | 机载实验的数据已转换为离散坡度的 PDF。结果表明选择离散采样方式具有一定的鲁棒性。与基于高斯和二元正态分布的反演获得的 MSS 表现出了一致性;同独立的风速测量比较可以达到 2m/s 的精度水平;表明非高斯特征获得的风向也与独立风速测量表现出一致性 | 文献[40.53] |

## 2. 海冰

早期的机载 GNSS 反射测量技术监测海冰的实验在北极海冰上进行[40.65],结果表明,沿航迹方向的反射信号峰值功率产生了显著变化,并且与一同安装在飞机上的后向散射计 RADARSAT 测量结果呈现正相关。前向和后向散射之间的这种正相关性表明了这种变化是冰的介电特性引起的,而非粗糙度所致(粗糙度影响在前向和后向散射功率之间产生负相关)。

文献[40.66]已解决了海冰粗糙度问题,该方法通过一种融合技术将粗糙度参数与海冰的介电常数估计进行分离:在对反射波形进行重新归一化后,其峰值功率通过交叉极

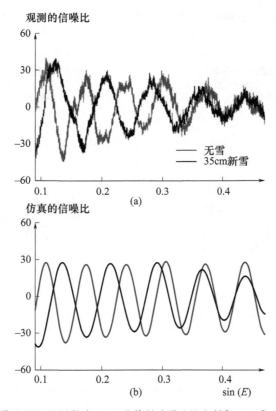

图 40.13 信噪比(SNR)随仰角 $E$ 正弦值的变化(见文献[40.58],由 Wiley 提供)
(a)大地测量站中采集的 GNSS SNR 数据,直射信号和站点周围积雪反射信号的干涉曲线;(b)仿真的干涉曲线。

化菲涅尔相关系数映射为绝对的冰面介电常数,即表面介电常数,它是冰在其上层的有效介电常数,该层的厚度为 L 波段信号的穿透深度。另一方面,以 MSS 的形式反演粗糙度参数,是建立在对重新归一化波形形状进行模拟拟合的基础之上的。

极化观测也证明与海冰介电常数有关。图 40.14 给出了极化的定义,即同极化功率与交叉极化功率之比,数据来自于格陵兰迪斯科湾高度为 700m 悬崖处的实验。实验中的几何配置使得仰角在布鲁斯特角附近,这可以将圆极化中较高的交叉极化分量(大于布鲁斯特高度角)与较高的共极化分量(小于布鲁斯特高度角)的反射率分开。

最后,海冰的另外一个特点是相较于开放水体更加平滑,当反射来自海面时,会出现很强的相干分量,从而可以使相位连续。此时就可以采用文献[40.68,40.69]中的相位延迟观测量,甚至在天基平台上以掠射条件观测时也可应用此法。在天基平台上接近天底几何观测条件下进行相位延迟测量已经被证明非常困难,至少用仅有的 UK-DMC 卫星采集的两个海冰观测量证明了这一点[40.25]。

以类似的方式,文献[40.71]使用 GNSS-R 技术对冰川湖暴发洪水进行了监测。

3. 干雪

在文献[40.72]中首次从理论上提出使用 GNSS 研究冰盖表面和内部的特征的可能。这项工作提出了一个复数模型来解释内部反射和体散射,仿真结果表明反射信号对积雪

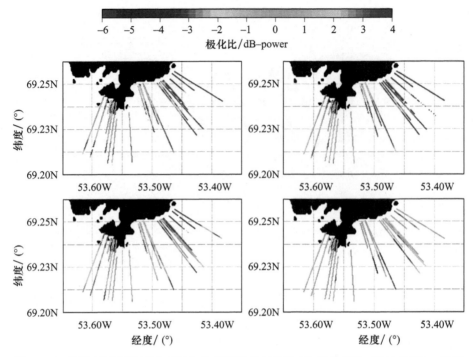

图 40.14 格陵兰迪斯科湾上 GNSS-R 观测值的极化比(位于约 700m 高的悬崖)。对应 2009 年年积日 44 到 47 的 4 个连续观测日期。温度在第 46 天和 47 天下降(底部)(见文献[40.67])

率等陈雪参数敏感。

GNSS 信号可以渗透南极干雪中,该研究已在文献[40.67,40.73]中得到了实验验证,数据来自安装在美国肯高迪亚站 45m 高度处的 GNSS-R 接收机。该研究通过一个模型解释了 GNSS-R 数据的异常行为,该模型考虑了由于积雪内部结构的不同层所发生的多次相干反射,这些反射信号来自约 300m 的深度。此应用中的观测量是层析谱,其灵感来自于其他领域(如第 38 章所述的 GNSS 无线电掩星测量)开发的无线电波谱。

对于波形的每一时延值,层析谱表示相对于参考信号(此处为直射信号)的接收信号的频谱范围。如果仅从波峰处获得频谱信息(如无线电掩星中的波谱图所做的那样),则信号将受到 C/A 码一个码片(约 300m)的限制。由于内部反射深度最大可达 300m,因此相对于峰值的延迟可能是该距离的 2 倍,由此该深度信息从码调制中获得。检查整个波形的频谱将可以提取更深层的信息(如参见图 40.15 中的南极层析谱示例)。

## 40.3.5 陆地:土壤水分和植被

基于多种原因,频率为 1~2GHz 的 L 波段是最适合土壤湿度监测的波段之一。在 L 波段,大气实际上是透明的,植被可以视作半透明的,微波测量情况与土壤湿度强相关,并且测量结果独立于太阳辐射。GNSS 信号对表层土壤水分含量很敏感(1~6cm 深度;请参见文献[40.74])。

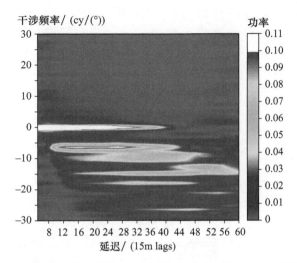

图 40.15 在肯高迪亚站(南极洲)进行的 GNSS-R 干雪实验中,从 128 个一秒复数波形的时间序列中提取的层析谱示例。它对应于 2009 年 12 月 16 日的 GPS PRN 13 卫星,仰角介于 44.5°~45.5°。$x$ 轴为延迟 $\tau$,单位为层(层间距离为 15m),其零值点为层 4(即直射信号的延迟层 20 和雪表在反射的延迟层 24 之差)。频率以每 1°仰角的干涉周期给出,这与反射层的深度有关。零频率对应于参考场:直射信号。相较于雪-空气界面下方反射的-5.8cy/deg,图中的观测结果远小于该值。注意不同频谱范围对应不同延迟的反射层(见文献[40.73],由 Elsevier Ltd. 提供)

通过 GNSS 反射测量提取土壤湿度信息的第一类算法是基于反射信号的峰值功率或幅值,通常将其重新归一化以校准系统和仪器噪声。这些早期的研究方法示例在文献[40.76,40.77],图 40.16 中显示了相关数据。

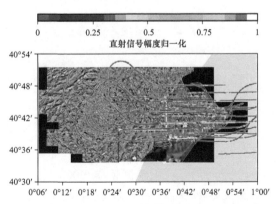

图 40.16 使用 GNSS-R 专用接收机 GOLD-RTR[40.52]在埃布罗河三角洲上空进行飞行实验[40.52]:通过直射信号的幅度归一化,反射信号的幅度绘制在近似马赛克的航空照片上。河流三角洲被湿地和水稻作物覆盖,与周围干燥的山脉形成鲜明对比,如 GNSS-R 信号显示的那样

尽管植被对于 L 波段信号是半透明的,但它和表面粗糙度一起的确会影响反射过程。估计不同分量需要复杂的模型,其中涉及相干和非相干表面散射,以及植被结构的体散射。为了帮助估计这些分量,极化方法(例如文献[40.78])或干涉方法(例如文献[40.75,40.79,40.80])随之被提出。图 40.17 显示了理论上干涉波形对土壤和植被参数

的敏感性,该图中使用垂直极化天线。该技术使用了干涉陷波的位置和幅度,它也用于反演雪的深度(40.3.4节)。

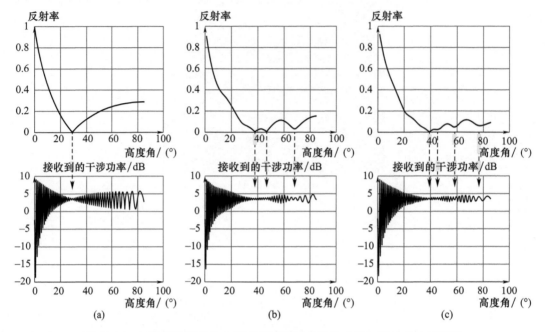

图40.17 三种植被覆盖的土壤表面接收到的干涉功率与反射率的对照图
(a)裸土产生一个陷波;(b)60cm植被层+土壤层产生三个陷波;
(c)90cm植被层+土壤层产生4个陷波。(见文献[40.75],由IEEE提供)

## 40.4 星载任务

以下是几个星载平台的GNSS-R实验。

（1）航天飞机/SIR-C 从外层空间采集到的第一个GNSS反射信号来自于航天飞机上的SIR-C仪器。文献[40.22]中的研究由后处理获得,即在航天飞机成像雷达系统观测的数据中搜索GPS信号,该项成果证明了在太空接收海面反射GNSS信号的可能性。

（2）CHAMP 是德国地球科学卫星,服役时间为2000～2010年,其中包括一个用于GNSS无线电掩星(RO)观测的有效载荷(与此技术相关的详细信息,请参阅第38章)。Beyerle等[40.81]首先发现了CHAMP RO数据中包含了从地球表面反射的GNSS信号。Cardellach等[40.70]使用CHAMP的RO载荷观测到的GNSS反射信号进行极地区相位延迟测高研究。

（3）英国灾难监测星座(UK-DMC)是由英国萨里卫星技术有限公司(SSTL)制造的卫星,该卫星包括了一个专门进行GNSS-R实验的专用载荷,该任务从2003年持续至2011年,它从大约700km的轨道高度通过中等增益天线(11.8dBi)收集了有限的GNSS-R数据集,并在地面上进行了后处理。相关结果发表在文献[40.23]-文献[40.25]中,证明了天基GNSS-R对海面粗糙度和海冰的敏感性以及在太空中接收地面反射信号的可行性。文献[40.26]中介绍了使用UK-DMC低地球轨道卫星获得的GNSS-R数据集。

（4）英国技术验证星1号（UK-TDS1）是由萨里卫星技术有限公司（SSTL）制造的小卫星（有效载荷约50kg）。除其他有效载荷外，它还携带了一个新的SSTL GNSS-R接收机（自相关（函数）模式），可用于海面粗糙度探测。UK-TDS1于2014年7月成功发射，并在此后每8天的任务周期中，用2天时间进行GNSS-R观测。UK-TDS1观测数据的初步结果可在文献[40.82]中找到。

经过多年的研究，伴随可行性研究和技术的发展，GNSS-R技术正逐步进入成熟阶段。除了当前在轨的UK-TDS1外，2016年还发射了另外两个天基GNSS-R任务。任务中分别使用微小卫星和小卫星平台，并且采用的GNSS-R接收机技术均为自相关（函数）模式型，均专注于散射测量应用。

（1）CAT-2是加泰罗尼亚理工大学（UPC）建造的六单元立方体卫星（<10kg），将搭载UPC的PICARO接收机。接收机使用自相关（函数）模式，但也会尝试应用P码[40.83]，它已于2016年8月发射。

（2）CYGNSS是由8颗3单元的立方体卫星组成的一个卫星星座，由美国国家航空航天局（NASA）风险项目资助，密歇根大学主导[40.84]。这些卫星携带经UK-TDS项目测试过的新型SSTL GNSS-R接收机。该星座设计为低倾角轨道用以监测热带风暴，该任务于2016年12月发射。

除了上述已经发射的任务，欧洲航天局（ESA）的另一个任务正经历初始开发阶段（可行性阶段-A研究，技术试验和原型设计等），目前还无法确定最终的发射和运行时间，它与其他GNSS-R任务的主要区别在于科学目标，主要面向海面测高应用。

GEROS-ISS（国际空间站GNSS反射测量和无线电掩星）是ESA在国际空间站（ISS）开展的低倾角轨道实验，其主要目的是使用GNSS-R进行中尺度测高，以突破小型卫星平台的物理限制[40.85]。目前任务需求和系统需求文件已经发布，并且正在进行两项A阶段可行性研究。

所有这些任务将进一步促进星载反射测量和散射测量技术的进步，这种新兴的GNSS应用有望带来巨大的科学和社会效益。

## 致谢

感谢西班牙AGORA项目的资助：用于精确的气候监测的先进GNSS和其他泛在信号反射测量（ESP2015-70014-C2-R）。作者参与了EUMETSAT ROM SAF项目。

# 参考文献

40.1　M. Martin-Neira: A passive reflectometry and interferometry system（PARIS）: Application to ocean altimetry, ESA Journal **17**, 331–355（1993）

40.2　J. L. Garrison, S. J. Katzberg, M. I. Hill: Effect of sea roughness on bistatically scattered range coded signals from the Global Positioning System, Geophys. Res. Lett. **25**(13), 2257–2260 (1998)

40.3　S. Jin, E. Cardellach, F. Xie: *GNSS Remote Sensing* (Springer, Dordrecht 2014)

40.4　M. Born, E. Wolf: *Principles of Optics*, 7th edn. (Cambridge Univ. Press, Cambridge 1999)

40.5　A. R. Thompson, J. M. Moran, G. W. Swenson: *Interferometry and Synthesis in Radio Astronomy*, 2nd edn. (Wiley-VCH, New York 2001)

40.6　B. W. Parkinson, J. J. Spilker: *Global Positioning System: Theory and Applications* (AIAA, Washington 1996)

40.7　P. F. MacDoran: Satellite emission radio interferometric Earth surveying series – GPS geodetic system, Bull. Geod. **53**(2), 117–137 (1979)

40.8　J. D. Romney: Theory of correlation in VLBI. In: *Very Long Baseline Interferometry and the VLBA*, ed. by J. A. Zensus, P. J. Diamond, P. J. Napier (Astronomical Society of the Pacific, San Francisco 1995) pp. 17–35

40.9　R. Bracewell: *The Fourier Transform and Its Applications* (McGraw-Hill, New York 1965)

40.10　A. R. Whitney, R. Cappallo, W. Aldrich, B. Anderson, A. Bos, J. Casse, J. Goodman, S. Parsley, S. Pogrebenko, R. Schilizzi, D. Smythe: Mark 4 VLBI correlator: Architecture and algorithms, Radio Sci. **39**(RS1007), 1–24 (2004)

40.11　K. S. Andrews, A. Argueta, N. E. Lay, M. Lyubarev, E. H. Sigman, M. Srinivasan, A. Tkacenko: *Reconfigurable Wideband Ground Receiver Hardware Description and Laboratory Performance*, IPN Progress Report 42-180 (Jet Propulsion Laboratory, Pasadena 2010)

40.12　E. Cardellach, A. Rius, M. Martin-Neira, F. Fabra, O. Nogues-Correig, S. Ribo, J. Kainulainen, A. Camps, S. D. Addio: Consolidating the precision of interferometric GNSS-R ocean altimetry using airborne experimental data, IEEE Trans. Geosci. Remote Sens. **52**(8), 4992–5004 (2014)

40.13　P. Z. Peebles: *Radar Principles* (Wiley, Hoboken 2004)

40.14　B. C. Barker, J. W. Betz, J. E. Clark, J. T. Correia, J. T. Gillis, S. Lazar, K. A. Rehborn, J. R. Straton: Overview of the GPS M code signal, Proc. ION NTM 2000, Anaheim (ION, Virginia 2000) pp. 542–549

40.15　F. T. Ulaby, R. K. Moore, A. K. Fung: *Microwave Remote Sensing: Active and Passive*, Vol. II: *Radar Remote Sensing and Surface Scattering and Emission Theory* (Addison-Wesley, Norwood 1982)

40.16　V. U. Zavorotny, A. G. Voronovich: Scattering of GPS signals from the ocean with wind remote sensing application, IEEE Geosci. Remote. Sens. **38**(2), 951–964 (2000)

40.17　M. Martin-Neira, S. D'Addio, C. Buck, N. Floury, R. Prieto-Cerdeira: The PARIS ocean altimeter inorbit demonstrator, IEEE Geosci. Remote. Sens. **49**(6), 2209–2237 (2011)

40.18　C. Zuffada, T. Elfouhaily, S. Lowe: Sensitivity analysis of wind vector measurements from ocean reflected GPS signals, Remote Sens. Environ. **88**(3), 341–350 (2003)

40.19　E. Valencia, A. Camps, J. F. Marchan-Hernandez, N. Rodriguez-Alvarez, I. Ramos-Perez, X. Bosch-Lluis: Experimental determination of the sea correlation time using GNSS-R coherent data, IEEE Geosci. Remote Sens. Lett. **7**(4), 675–679 (2010)

40.20　GOLD_RTR MINING web server for GNSS-R experimental data and related information (Institut de Ciencies de l'Espai) http://www.ice.csic.es/research/gold_rtr_mining

40.21　E. Cardellach, F. Fabra, O. Nogues-Correig, S. Oliveras, S. Ribo, A. Rius: GNSS-R ground based and airborne campaigns for ocean, land, ice, and snow techniques: Application to the GOLD-RTR data sets, Radio Sci. **46**(RS0C04), 1-16(2011)

40.22 S. T. Lowe, J. L. LaBrecque, C. Zuffada, L. J. Romans, L. E. Young, G. A. Hajj: First spaceborne observation of an Earth-reflected GPS signal, Radio Sci. **37**(1), 7.1-7.28(2002)

40.23 S. Gleason, S. Hodgart, Y. Sun, C. Gommenginger, S. Mackin, M. Adjrad, M. Unwin: Detection and processing of bistatically reflected GPS signals from low Earth orbit for the purpose of ocean remote sensing, IEEE Trans. Geosci. Remote Sens. **43**(6), 1229-1241(2005)

40.24 S. Gleason: Remote Sensing of Ocean, Ice and Land Surfaces Using Bistatically Scattered GNSS Signals from Low Earth Orbit, Ph. D. Thesis(University of Surrey, Surrey 2006)

40.25 S. Gleason: Towards sea ice remote sensing with space detected GPS signals: Demonstration of technical feasibility and initial consistency check using low resolution sea ice information, Remote Sens. **2**(8), 2017-2039(2010)

40.26 S. Gleason, S. Lowe, V. Zavorotny: Remote sensing using bistatic GNSS reflections. In: *GNSS Applications and Methods*, ed. by S. Gleason, D. Gebre-Egziabher(Artech House, Boston 2009) pp. 399-436

40.27 R. Stosius, G. Beyerle, A. Helm, A. Hoechner, J. Wickert: Simulation of space-borne tsunami detection using GNSS-reflectometry applied to tsunamis in the Indian Ocean, Nat. Hazards Earth Syst. Sci. **10**, 1359-1372(2010)

40.28 P. Y. Le Traon, G. Dibarboure, G. Ruffini, E. Cardellach: Mesoscale ocean altimetry requirements and impact of GPS-R measurements for ocean mesoscale circulation mapping, Technical Note Extract from the PARIS-BETA ESTEC/ESA Study, eprint https://arxiv.org/abs/physics/0212068(Starlab 2002)

40.29 M. Martin-Neira, M. Caparrini, J. Font-Rossello, S. Lannelongue, C. S. Vallmitjana: The PARIS concept: An experimental demonstration of sea surface altimetry using GPS reflected signals, IEEE Trans. Geosci. Remote Sens. **39**(1), 142-149(2001)

40.30 A. Rius, O. Nogues-Correig, S. Ribo, E. Cardellach, S. Oliveras, E. Valencia, H. Park, J. M. Tarongi, A. Camps, H. van der Marel, R. van Bree, B. Altena, M. Martin-Neira: Altimetry with GNSS-R interferometry: First proof of concept experiment, GPS Solutions **16**(2), 231-241(2012)

40.31 S. T. Lowe, C. Zuffada, Y. Chao, P. Kroger, L. E. Young, J. L. LaBrecque: 5-cm precision aircraft ocean altimetry using GPS reflections, Geophys. Res. Lett. **29**(10), 13.1-13.4(2002)

40.32 A. Rius, E. Cardellach, M. Martin-Neira: Altimetric analysis of the sea surface GPS reflected signals, IEEE Trans. Geosci. Remote Sens. **48**(4), 2119-2127(2010)

40.33 G. Hajj, C. Zuffada: Theoretical description of a bistatic system for ocean altimetry using the GPS signal, Radio Sci. **38**(5), 10.1-10.19(2003)

40.34 S. T. Lowe, C. Zuffada, J. LaBrecque, M. Lough, J. Lerma: An aircraft ocean altimetry measurement using reflected GPS signals, Proc. IEEE IGARSS, Honolulu, ed. by T. I. Stein(2000) pp. 1-3

40.35 G. Ruffini, F. Soulat, M. Caparrini, O. Germain, M. Martin-Neira: The eddy experiment: Accurate GNSS-R Ocean altimetriy from low altitude aircraft, Geophys. Res. Lett. **31**(L12306), 1-4(2004)

40.36 A. Rius, F. Fabra, S. Ribo, J. C. Arco Fernandez, S. Oliveras, E. Cardellach, A. Camps, O. Nogues-Correig, J. Kainulainen, E. Rohue, M. Martin-Neira: PARIS interferometric technique proof of concept: Sea surface altimetry measurements, Proc. IEEE IGARSS, Munich(2012) pp. 7067-7070

40.37 S. D'Addio, M. Martin-Neira: Comparison of processing techniques for remote sensing of earth-exploiding reflected radio-navigation signals, Electron. Lett. **49**(4), 292-293(2013)

40.38　C. Cox, W. Munk: Measurements of the roughness of the sea surface from photographs of the Sun's glitter, J. Opt. Soc. Am. **44**(11), 838-850(1954)

40.39　W. J. Pierson, L. Moskowitz: A proposed spectral form for fully developed wind seas based on the similarity theory of A. A. Kitaigorodskii, J. Geophys. Res. **69**(24), 5181-5190(1964)

40.40　K. Hasselmann, T. P. Barnett, E. Bouws, H. Carlson, D. E. Cartwright, K. Enke, J. A. Ewing, H. Gienapp, D. E. Hasselmann, P. Kruseman, A. Meerburg, P. Miller, D. J. Olbers, K. Richter, W. Sell, H. Walden: Measurements of wind-wave growth and swell decay during the Joint North Sea Wave Project (JONSWAP), Dtsch. Hydrogr. Z. A**8**(12), 95(1973)

40.41　T. Elfouhaily, B. Chapron, K. Katsaros, D. Vandermark: A unified directional spectrum for long and short wind-driven waves, J. Geophys. Res. **102**(C7), 15781-15796(1997)

40.42　E. Cardellach: Sea Surface Determination Using GNSS Reflected Signals, Ph. D. Thesis(Universitat Politecnica de Catalunya, Barcelona 2002)

40.43　A. Komjathy, V. Zavorotny, P. Axelrad, G. Born, J. Garrison: GPS signal scattering from sea surface: Wind speed retrieval using experimental data and theoretical model, Remote Sens. Environ. **73**(2), 162-174(2000)

40.44　E. Cardellach, G. Ruffini, D. Pino, A. Rius, A. Komjathy, J. L. Garrison: Mediterranean balloon experiment: Ocean wind speed sensing from the stratosphere using GPS reflections, Remote Sens. Environ. **88**(3), 351-362(2003)

40.45　A. Komjathy, M. Armatys, D. Masters, P. Axelrad: Retrieval of ocean surface wind speed and wind direction using reflected GPS signals, J. Atmos. Ocean. Technol. **21**(3), 515-526(2004)

40.46　M. Armatys: Estimation of Sea Surface Winds Using Reflected GPS Signals, Ph. D. Thesis(University of Colorado, Boulder 2001)

40.47　S. J. Katzberg, O. Torres, G. Ganoe: Calibration of reflected GPS for tropical stormwind speed retrievals, Geophys. Res. Lett. **33**(L18602), 1-5(2006)

40.48　S. J. Katzberg, J. Dunion, G. G. Ganoe: The use of reflected GPS signals to retrieve ocean surface wind speeds in tropical cyclones, Radio Sci. **48**(4), 371-387(2013)

40.49　O. Germain, G. Ruffini, F. Soulat, M. Caparrini, B. Chapron, P. Silvestrin: The eddy experiment: GNSS-R speculometry for directional sea-roughness retrieval from low-altitude aircraft, Geophys. Res. Lett. **31**(L21307), 1-4(2004)

40.50　J. L. Garrison, A. Komjathy, V. U. Zavorotny, S. J. Katzberg: Wind speed measurement using forward scattered GPS signals, IEEE Geosci. Remote. Sens. **40**(1), 50-65(2002)

40.51　T. Elfouhaily, D. R. Thompson, L. Linstrom: Delay-Doppler analysis of bistatically reflected signals from the ocean surface: Theory and application, IEEE Trans. Geosci. Remote Sens. **40**(3), 560-573 (2002)

40.52　O. Nogues-Correig, E. Cardellach Gali, J. Sanz Campderros, A. Rius: A GPS-reflections receiver that computes Doppler/delay maps in real time, IEEE Geosci. Remote. Sens. **45**(1), 156-174(2007)

40.53　E. Cardellach, A. Rius: A new technique to sense non-Gaussian features of the sea surface from Lbandbistatic GNSS reflections, Remote Sens. Environ. **112**(6), 2927-2937(2008)

40.54　Y. Kerr, J. Font, P. Waldteufel, M. Berger: The second of ESA's opportunity missions: The soil moisture and ocean salinity mission-SMOS, ESA Earth Obs. Q. **66**, 18-25(2000)

40.55　D. M. Le Vine, F. Pellerano, G. S. E. Lagerloef, S. Yueh, R. Colomb: Aquarius: A mission to monitor sea surface salinity from space, Proc. IEEE MicroRad, SanJuan(2006) pp. 87-90

40.56　E. Cardellach, S. Ribo, A. Rius: Technical Note on Polarimetric Phase Interferometry(POPI), eprint https://arxiv.org/abs/physics/0606099(IEEC-CSIC 2006)

40.57　G. Beyerle: Carrier phase wind-up in GPS reflectometry, GPS Solutions **13**(3), 191-198(2009)

40.58　K. M. Larson, E. Gutmann, V. Zavorotny, J. Braun, M. Williams, F. Nievinski: Can we measure snow depth with GPS receivers?, Geophys. Res. Lett. **36**(L17502), 1-5(2009)

40.59　GPS Reflections Research Group: PBO H2O Data Portal-Using GPS reflection data from NSF's Plate Boundary Observatory(PBO) to study the water cycle (Univ. of Colorado). http://xenon.colorado.edu/portal

40.60　K. M. Larson, F. G. Nievinski: GPS snow sensing: Results from the EarthScope Plate Boundary Observatory, GPS Solutions **17**(1), 41-52(2013)

40.61　F. G. Nievinski, K. M. Larson: Inverse modeling of GPS multipath for snow depth estimation-Part I: Formulation and simulations, IEEE Trans. Geosci. Remote Sens. **52**(10), 6555-6563(2014)

40.62　F. G. Nievinski, K. M. Larson: Inversemodeling of GPS multipath for snow depth estimation-Part II: Application and validation, IEEE Trans. Geosci. Remote Sens. **52**(10), 6564-6573(2014)

40.63　K. Boniface, J. Braun, J. McCreight, S. Morin, F. G. Nievinski, A. Walpersdorf: GNSS interferometric reflectometry for snow depth measurements: Comparison to SNODASmodel in the western US and first results in the French Alps, Proc. Space Reflecto 2013, Brest(Univ. du Littoral, Cote d'Opale 2013) pp. 1-2

40.64　N. Rodriguez-Alvarez, A. Aguasca, E. Valencia, X. Bosch-Lluis, A. Camps, I. Ramos-Perez, H. Park, M. Vall-llosera: Snow thickness monitoring using GNSS measurements, IEEE Geosci. Remote Sens. Lett. **9**(6), 1109-1113(2012)

40.65　A. Komjathy, J. Maslanik, V. U. Zavorotny, P. Axelrad, S. J. Katzberg: Sea ice remote sensing using surface reflected GPS signals, Proc. IEEE IGARSS, Honolulu, ed. by T. I. Stein(2000) pp. 2855-2857

40.66　M. Belmonte Rivas, J. A. Maslanik, P. Axelrad: Bistatic scattering of GPS signals off arctic sea ice, IEEE Trans. Geosci. Remote Sens. **48**(3), 1548-1553 (2010)

40.67　F. Fabra: GNSS-R as a Source of Opportunity for Remote Sensing of the Cryosphere, Ph. D. Thesis (Universitat Politecnica de Catalunya, Barcelona 2013)

40.68　M. Semmling, G. Beyerle, R. Stosius, G. Dick, J. Wickert, F. Fabra, E. Cardellach, S. Ribo, A. Rius, A. Helm: Detection of arctic ocean tides using interferometric GNSS-R signals, Geophys. Res. Lett. **38**(L04103), 4(2011)

40.69　F. Fabra, E. Cardellach, A. Rius, S. Oliveras, O. Nogues-Correig, M. Belmonte-Rivas, M. Semmling, S. D'Addio: Phase altimetry with dual polarization GNSS-R over sea-ice, IEEE Trans. Geosci. Remote Sens. **50**(6), 2112-2121(2011)

40.70　E. Cardellach, C. O. Ao, M. G. A. de la Torre-Juarez: Hajj: Carrier phase delay altimetry with GPS-reflection/occultation interferometry from low Earth orbiters, Geophys. Res. Lett. **31**(L10402), 1-4 (2004)

40.71　A. Helm, H.-U. Wetzel, W. Michajljow, C. Mayer, A. Lambrecht, W. Hagg, A. Dudashvili, G. Beyerle, M. Rothacher: Using reflected GPS signals for the observation of the second 2005 Lake Merzbacher GLOF event, Proc. Int. Workshop Glacial Lake Outburst Floods Central Asia, Bishkek(Central-Asian

Institute of Applied Geosciences, Bishkek 2008)

40.72　M. Wiehl, B. Legresy, R. Dietrich: Potential of reflected GNSS signals for ice sheet remote sensing, Prog. Electromagn. Res. **40**, 177–205(2003)

40.73　E. Cardellach, F. Fabra, A. Rius, S. Pettinato, S. D'Addio: Characterization of dry-snow substructure using GNSS reflected signals, Remote Sens. Environ. **124**, 122–134(2012)

40.74　K. M. Larson, J. J. Braun, E. E. Small, V. U. Zavorotny, E. D. Gutmann, A. L. Bilich: GPS multipath and its relation to near-surface soil moisture content, IEEE J. Sel. Top. Appl. Earth Obs. Remote Sens. **3**(1), 91–99(2010)

40.75　N. Rodriguez-Alvarez, A. Camps, M. Vall-llossera, X. Bosch-Lluis, A. Monerris, I. Ramos-Perez, E. Valencia, J. F. Marchan-Hernandez, J. Martinez-Fernandez, G. Baroncini-Turricchia, C. Perez-Gutierrez, N. Sanchez: Land geophysical parameters retrieval using the interference pattern GNSS-R technique, IEEE Trans. Geosci. Remote Sens. **49**(1), 71–84 (2011)

40.76　D. Masters, P. Axelrad, S. Katzberg: Initial results of land-reflected GPS bistatic radar measurements in SMEX02, Remote Sens. Environ. **92**, 507–520(2004)

40.77　S. J. Katzberg, O. Torres, M. S. Grant, D. Masters: Utilizing calibrated GPS reflected signals to estimate soil reflectivity and dielectric constant: Results from SMEX02, Remote Sens. Environ. **100**, 17–28 (2005)

40.78　N. Pierdicca, L. Guerriero, R. Giusto, M. Brogioni, A. Egido, N. Floury: GNSS reflections from bare and vegetated soils: Experimental validation of and end-to-end simulator, Proc. IEEE IGARSS, Vancouver (2011) pp. 4371–4374

40.79　K. M. Larson, E. E. Small, E. Gutmann, A. Bilich, P. Axelrad, J. Braun: Using GPS multipath to measure soil moisture fluctuations: Initial results, GPS Solutions **12**, 173–177(2008)

40.80　E. E. Small, K. M. Larson, J. J. Braun: Sensing vegetation growth with reflected GPS signals, Geophys. Res. Lett. **37**(L12401), 1–5(2010)

40.81　G. Beyerle, K. Hocke, J. Wickert, T. Schmidt, C. Reigber: GPS radio occultations with CHAMP: A radioholographic analysis of GPS signal propagation in the troposphere and surface reflections, J. Geophys. Res. **107**(D24), 27.1–27.14(2002)

40.82　G. Foti, C. Gommenginger, P. Jales, M. Unwin, A. Shaw, C. Robertson, J. Rosello: Spaceborne GNSS reflectometry for ocean winds: First results from the UK TechDemoSat-1 mission, Geophys. Res. Lett. **42**(13), 5435–5441(2015)

40.83　H. Carreno-Luengo, A. Camps, I. Perez-Ramos, G. Forte, R. Diez R. Onrubia: 3CAT-2: A P(Y) and C/A GNSS-R experimental nano-satellite mission, Proc. IEEE IGARSS, Melbourne(2013) pp. 843–846

40.84　C. S. Ruf, S. Gleason, Z. Jelenak, S. Katzberg, A. Ridley, R. Rose, J. Scherrer, V. Zavorotny: The CYGNSS nanosatellite constellation hurricane mission, Proc. IEEE IGARSS, Munich(2012) pp. 214–216

40.85　J. Wickert, G. Beyerle, E. Cardellach, C. Forste, T. Gruber, A. Helm, M. P. Hess, P. Hoeg, N. Jakowski, O. Montenbruck, A. Rius, M. Rothacher, C. K. Shum, C. Zuffada: GNSS REflectometry, Radio Occultation and Scatterometry onboard ISS for long-term monitoring of climate observations using innovative space geodetic techniques on-board the International Space Station. Proposal in response to Call: ESA Research Announcement for ISS Experiments relevant to study of Global Climate Change(GFZ, Potsdam 2011)

# 第 41 章 GNSS 时频传递

**Pascale Defraigne**

时间和导航紧密相连,彼此依赖。信号从卫星经过一段时间传播到地球上的接收站, GNSS 正是基于对这些时间间隔的精确测量实现定位导航。借助星载原子钟的频率基准和亚纳秒级的时差测量,可以实现精确的 GNSS 定位。因此,时间是 GNSS 的核心。另一方面, GNSS 也被广泛用于精确的时间和频率播发,以及时间和频率计量所需的远程时钟比对。本章将介绍 GNSS 时间频率应用的相关内容。

## 41.1 GNSS 时频播发

如第 19 章所述,GNSS 测量的是基于伪随机噪声(PRN)码的卫星发射端和接收机之间的时间间隔。我们假设在卫星时钟中读取的发射时间为 $t_e(\text{sat})$,在接收机时钟中读取的接收时间为 $t_r(\text{rec})$。伪距测量可以表示为

$$P = c(t_r(\text{rec}) - t_e(\text{sat})) \tag{41.1}$$

式中:$c$ 为光速。如果卫星时钟和接收机时钟未同步,那么在获取发射和接收之间真实的时间间隔$(t_r - t_e)$时必须考虑时钟间的同步误差$(t_{\text{rec}} - t_{\text{sat}})$,以保证测量的时钟相同。因此,有

$$(t_r(\text{rec}) - t_e(\text{sat})) = (t_r - t_e) + (t_{\text{rec}} - t_{\text{sat}}) + \text{errors} \tag{41.2}$$

真实的传播时间$(t_r - t_e)$乘以光速对应于卫星与接收机之间的真实距离。因此,可以将伪距式(41.1)表示为距离、时钟同步误差,以及由于大气延迟、多径、噪声和硬件等延迟引起的额外误差的总和,即

$$P = \|\boldsymbol{x}_s - \boldsymbol{x}_r\| + c(t_{\text{rec}} - t_{\text{sat}}) + \text{errors} \tag{41.3}$$

该方程包含 4 个未知数,其中 3 个未知数与接收机位置相关,1 个未知数为卫星时钟和接收机时钟之间的同步误差$(t_{\text{rec}} - t_{\text{sat}})$。GNSS 的基本原理是通过多颗卫星的观测值解出这 4 个未知数。但是由于不同卫星携带的时钟未完全同步,所有卫星的$(t_{\text{rec}} - t_{\text{sat}})$均不相同,总的未知数为 $3+k$,其中 $k$ 是在给定历元观测到的卫星数量,因此无法对该方程进行求解。考虑到这个原因,GNSS 需要维持基准时间尺度,并在导航电文中提供$(t_{\text{sat}} - t_{\text{ref}})$,即卫星时钟相对于该基准的同步误差。因此,式(41.3)可以分解为

$$P = \|\boldsymbol{x}_s - \boldsymbol{x}_r\| + c(\Delta t_{\text{rec}} - \Delta t_{\text{sat}}) + \text{errors} \tag{41.4}$$

式中:$\Delta t_{\text{sat}} = (t_{\text{sat}} - t_{\text{ref}})$可以从导航电文中获得;$\Delta t_{\text{rec}} = (t_{\text{rec}} - t_{\text{ref}})$是接收机时钟与 GNSS 参考时标之间的同步误差。根据式(41.4),对于给定的所有观测卫星,$\Delta t_{\text{rec}}$ 都是相同的未知

数。因此,在任何时候,未知数都有 4 个,在能同时观测到至少 4 颗卫星的前提下,用户就可以确定未知数。

参考时标 ref 取决于所使用的卫星时钟产品。它是使用广播导航电文时星座的参考时标,但是在后处理产品(如 IGS 组织提供的产品)中,各种各样的时标都可用做参考(第 33 章和第 34 章)。

所有授时应用中最重要的信息是 $\Delta t_{rec} = (t_{rec} - t_{ref})$,即接收机和基准之间的同步误差。对于两个接收机,在同一历元时,无论它们之间的距离如何,只要获得接收机与基准之间的误差就可以得到此刻两个接收机的时钟差($t_{rec,1} - t_{rec,2}$)(41.2 节)。本节专门讨论由 GNSS 传递的时间信息,使任何用户都能获得准确的时间和频率。

## 41.1.1 从 GNSS 获取 UTC

在现有的各种时间播发手段中,当需要亚毫秒级精度时,GNSS 是最流行的方法。例如,它广泛应用于精确的时间标记[41.1]、银行业务、通信和电信网络的同步[41.2]、能源传输与分配网络的相位同步[41.3]。网络的每个基站都在 GNSS 卫星分发的准确时间上保持同步,这确保了所有基站之间的同步。

国际协调时间是世界上任何官方时间的基础(第 2 章),当地时间和法定时间可以通过协调世界时(UTC)加上时区差值来获得。每个 GNSS 在其导航电文中都提供了表示其参考时标与 UTC 预测值之差随时间变化的二次多项式。将该差值与从 GNSS 伪码测量中估计出的 $\Delta t_{rec}$ 相结合,就可得到每个观测历元接收机时钟与 UTC 预测值之间的同步误差,即

$$(t_{rec} - t_{ref}) + (t_{ref} - \text{UTC}) = (t_{rec} - \text{UTC}) \tag{41.5}$$

将此同步误差应用于接收机的内部时钟时间,就可产生与预测 UTC 连续同步的秒脉冲(pps)信号。

值得注意的是,真正的 UTC 并非实时存在。实际上,它是由国际计量局(international bureau of weight and measurements, BIPM)在后期处理中按月计算的。因此,任何需要实时精确定时信息的用户都只能依靠 UTC 的预报。最佳 UTC 预报是由时间实验室提供的,这些实验室的时钟为提供 UTC 做出了贡献。这些实验室维护着 UTC 的本地实现,称为 UTC(k),其中 k 是实验室的首字母缩写。每个月计算 UTC 之后,BIPM 报告每个预测 UTC(k)和真实 UTC 之间的差异,以及它们的统计不确定度。该信息可在 BIPM 网站上免费获得。这确保了所有 UTC(k)的可追溯性。BIPM 建议所有 UTC(k)都保持在优于 100 ns 的水平,但是相当比例的实验室都达到了几纳秒的水平。如图 41.1 所示,它显示了 UTC 实现的两个实例,即 UTC(PTB)和 UTC(USNO),其中 PTB 是德国国家计量研究所,USNO 是美国海军天文台。

每个 GNSS 星座都依赖于自己的参考时标,并播发自己预测的 UTC。GPS 参考时间尺度为 UTC(USNO),俄罗斯全球卫星导航系统(GLONASS)参考时间尺度为 UTC(SU),伽利略(Galileo)的参考时间尺度为欧洲 5 个 UTC(k)的平均值,北斗(BeiDou)的参考时

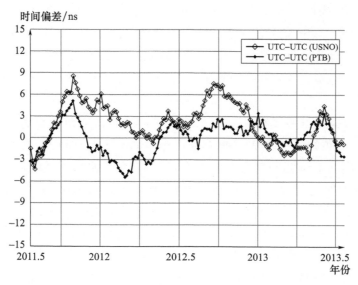

图 41.1 两年内 UTC(USNO)、UTC(PTB) 和 UTC 之间的偏差

间尺度为 UTC(NTSC),其中 NTSC 是中国的国家授时中心。准天顶卫星系统(QZSS)提供了日本国立信息与通信技术研究所维持的 UTC(NICT)。由于用户需要实时获得 UTC,因此在下一次更新之前,卫星通常将 UTC 作为预报进行广播。除 GLONASS 以外,这些 UTC 的预报已在全球范围内广播,其不确定度仅为几纳秒。当前,GLONASS 受限于数百纳秒的不确定度,但它在未来经过校准可能会得到改善。自 2011 年 1 月起,BIPM 在 T 公报中发布[UTC-UTC(USNO)_GPS]和[UTC-UTC(SU)_GLONASS],即真正的 UTC 与 GPS 和 GLONASS 广播的预测值之间的差值。在图 41.1 所示的 2 年时间内,[UTC-UTC(USNO)_GPS]的差值保持在[-12,12]ns 之内,而同一时期[UTC-UTC(SU)_GLONASS]的差值在[-440,-240]ns 之内。

在用户端,目前仅使用 GPS 便可获得纳秒级的 UTC 预报。伽利略和北斗将在不久的将来提供相同的能力。但是,只有知道天线、电缆和接收机中的信号延迟,才能达到纳秒级精度,这些延迟通常达到数百纳秒的水平。因此 GNSS 无须对接收链路进行任何校准就可以以获取亚微秒级的 UTC。校准方面的内容将在 41.3.2 节中详细介绍。

我们可以用时间播发和时间传递上的不确定度来理解上面描述的精度。如计量指南联合委员会第 1 工作组在指南中提出了测量不确定度的建议[41.4],对 A 型和 B 型不确定度进行了区分。A 型不确定度 $u_A$ 与统计不确定度对应,并考虑了原始数据中的相位噪声和一个月持续时间内典型幅度变化产生的影响[41.5];B 型不确定度 $u_B$ 是校准不确定度。不确定度 $u_A$ 和 $u_B$ 对应于均方误差经典分解中的方差和偏差。时间测量的精度由合并的不确定度给出,即

$$u = \sqrt{u_A^2 + u_B^2}$$

## 41.1.2 GNSS 驯服振荡器

在需要精确和稳定频率的应用中使用 GNSS 驯服的振荡器(GNSS-disciplined

oscillator,GNSSDO)来代替售价昂贵的原子钟,其成本要远低于铯原子频标。

如上一节所述,GNSS信号能够连续测定本地接收机时钟与UTC预测值的同步误差,准确度优于$1\mu s$,抖动为数十纳秒。GNSS接收机输出的1pps信号总是与可获得的最优的一个UTC进行同步。考虑到授时精度为10ns,理论上平均每天的频率稳定度可能达到$1\times10^{-13}$。

GNSSDO的原理(图41.2)是使用压控振荡器(VCO)生成时间和频率信号,该振荡器可以是高质量的石英钟或者铷原子钟,其频率由GNSS卫星广播中的时间信息控制,并由GNSS接收机输出的1pps进行复现。以类似的方式,通过伺服环路控制本地振荡器作为锁相环(PLL,请参见第13章)。在基本形式中,PLL将GNSS接收机给出的参考信号的相位与振荡器的相位进行比较。鉴相器输出两个输入信号之间的相位差,微控制器发送校正值到振荡器,使其与GNSS接收机信号对齐。在某些情况下,微控制器使用的软件不仅可以补偿本地振荡器的相位和频率变化,还可以补偿老化、温度和其他环境参数的影响[41.6]。在GNSS信号暂时中断的情况下,仍可以对这些影响进行校正。

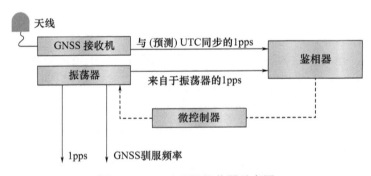

图41.2 GNSS驯服振荡器示意图

该软件还提供了更改时间常数的功能。例如,如果使用了更稳定的振荡器,则该软件可以使伺服环路适应更长的时间常数,并使频率校正的频率降低。事实上,由于GNSS接收机需与UTC保持长期同步,平均时间超过几个小时,因此这种方式具有卓越的长期稳定性。但是,由于多路径和大气扰动的影响以及导航电文中广播的轨道和时钟的不确定性,GNSS信号中的噪声会降低其短期稳定性,使得1pps的同步精度约为30ns。另一方面,铷原子或优质的石英振荡器(如温控振荡器)具有更好的短期稳定性,但易受老化等长期影响。GNSSDO旨在利用两种信号源中的最佳特性,将振荡器的短期稳定性与GNSS信号的长期稳定性相结合,以提供具有高稳定度的参考信号源。因此,相较于GNSS的频率长期稳定性,时间常数是振荡器频率稳定性的函数。

如图41.3所示,与基于GNSS的定时信号的阿伦偏差相比,该图展示了两个不同振荡器的阿伦偏差(给出了在不同的平均时间上的信号频率稳定性,见第5章)。对于恒温晶振(OCXO),时间常数选择选择为1h,因为平均时间大于1h时,GNSS的频率稳定性更好。对于铷原子振荡器,最好使用约一天的时间常数,因为在较短的平均时间内振荡器的频率稳定性优于GNSS的频率稳定性。对于较长的平均时间,无论使用哪种振荡器,GNSSDO始终以GNSS频率为基准。

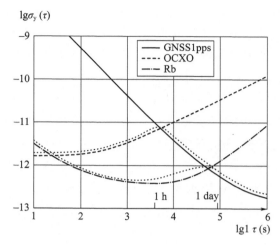

图 41.3 两种不同类型的振荡器的 GNSSDO 的频率稳定性。其中,实线是 GNSS 的阿伦偏差,
虚线是振荡器的阿伦偏差,点划线对应于 GNSSDO 所传递的频率的阿伦偏差。
GNSS 1pps 的频率稳定性取决于约 30ns 的 1pps 精度

受设计特性、实际中使用的振荡器、接收机(双频接收机允许电离层延迟校正)的测量频点数等影响,GNSSDO 的性能在可用的模型中具有很大的不确定性。但是,当平均时间在几天或更长时,锁定于卫星信号上的任何 GNSSDO 都应该能够提供达 $10^{-13}$ 的频率准确度。GNSSDO 实际上依赖于 GNSS 的 UTC 预报,因此可以提供准确的频率(与 UTC 实现的 SI 秒保持一致),并且长期稳定性优于任何开环的振荡器,包括原子标准。

如今,GNSSDO 是广泛用于实验室校准的主要标准。从理论上讲,它们能够保证将生成的时间和频率溯源到 UTC 实现的 SI 秒。将 SI 单位测量的可追溯性定义为可以保持溯源到 SI 单位的不间断的校准链路。GNSSDO 用于自校准标准时不需要进行调整或校准。GNSSDO 产生的时间和频率不确定度首先取决于 GNSS 测量的不确定度,其次取决于由 BIPM T 公报发布的预测 UTC 与真实 UTC 之间的差值。此外,如果将 GNSSDO 用作时间参考,则应确定内部电路和天线中所有信号的延迟。但是,由于可追溯性的规则因国家/地区而异,建议用户参考所在国家的计量机构。

## 41.2 远程时钟比对

我们都熟悉这样的说法:如果你有一个时钟,你总可以知道现在的时间,但是如果你有多个时钟,你永远不知道现在的时间!而实际上,如果只有一个时钟,除非我们将其与已知精度的第二个时钟(或频率稳定性)相似的进行比对才能得到时间。此外,如果时钟突然停止运行,我们也将失去任何时间信息。这就是为什么始终建议连续监测多个时钟读数与某处可用时间之间的差值。原子时钟的比对对于时间和频率计量也是必不可少的。首先,对于 UTC 的生成,唯一可以给时钟使用的数据是连续时间下两个时钟之差。

因此，用于产生 UTC 或任何其他时间尺度的算法是处理钟组之间的差值。其次，为了确定商业时钟或实验时钟的频率精度和频率稳定性，必须将其与频率精度和稳定性中的至少一项和已验时钟相同的其他时钟进行比对。最后，对于需要测量时间间隔的科学应用，在某个时间间隔中在起点和终点使用不同的时钟进行时间比对是必需的。例如，在测量中微子速度时[41.7]，测量离场时间的时钟和测量到达时间的时钟相隔数百千米。

在本地环境中，可以使用相位或频率比较器、时间间隔计数器来进行时钟比对，而对于相隔数千千米的远程时钟，则必须考虑使用其他技术。首要条件是远距离比对方法不会影响时钟的频率稳定性。对于只需要中等精度($10^{-2}$s)的应用，可以将时钟通过互联网网络时间协议（基于互联网的分层时间传输技术）与某个精确时间设备提供的精确时间进行比对[41.8]，或连接到 UTC(k) 的某个射频发射站传递的授时信号。但是，这些精度往往不够，此时必须使用卫星系统，如 GNSS 系统。

### 41.2.1 GNSS 时间传递技术

自 20 世纪 80 年代以来，一项被称为 GNSS 时间传递的技术就开始用于 UTC 实现所需的远程频率标准比对[41.9]。此外，由于成本低，该技术被提供时间戳或时间频率校准的私营公司广泛使用。然后，他们根据国家计量机构维护的 UTC，持续监测本地时钟。

GNSS 时间传递的原理如图 41.4 所示。第一步是确定本地时钟与 GNSS 参考时钟之间的同步误差。通过将时钟连接到 GNSS 接收机上来实现，这样可以连续测量内部接收机时钟和外部时钟之间的同步误差。根据 GNSS 信号，每个接收机钟差表示为

$$\Delta t_{rec,i} = (t_{rec,i} - t_{ref})$$

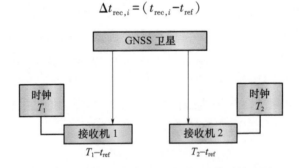

图 41.4　GNSS 时间传递原理图-远程时钟比对

如 41.1 节所述，在每个实验室中从外部测量值得到接收机和时钟 $T$ 之间的时差，有

$$(T_i - t_{ref}) = (t_{rec,i} - t_{ref}) - (t_{rec,i} - T_i) \tag{41.6}$$

第二步包括计算在两个站点($i=1,2$)中通过同时观测获得的大量($T_i - t_{ref}$)之间的差，以得出($T_1 - T_2$)，即两个远程时钟之间的同步误差。请注意，在当前情况下，同步意味着两个观测历元相差不应超过 $1\mu s$，可通过任何 GNSS 接收机轻松实现。

下一节将讨论实现稳定、精确的时间和频率传递所需的不同分析策略以及仪器设置和要求。

## 41.2.2 CGGTTS 时间传递标准

由于载波相位存在固有的模糊度,定时信息只能由 GNSS 码测量提供,因此最常用的时间传递工具仅基于码伪距来测量。然而,载波相位可以提供高精度的频率比对,而且精密单点定位(第 25 章)在时间传递上的应用非常普遍(41.2.4 节),自 2009 年以来已用于 UTC 的计算[41.10]。

通用 GNSS 时间传递标准(CGGTTS)由时间和频率咨询委员会(CCTF)制定,是一种便于时间传递的数据交换通用格式。最新版本 V2E[41.11]涵盖了 GPS、GLONASS、Galileo、北斗和 QZSS 的使用,是从早期的仅 GPS 标准发展而来的。CGGTTS 文件除其他相关参数外,还包含连接到 GNSS 接收机时钟与 GNSS 参考时钟($T-t_{ref}$)之间的差值。这些差值来源于一个定义明确的代码测量分析程序[41.12],在该分析过程中,站坐标是固定的,卫星位置和卫星钟差是从广播导航电文中提取的。计算程序适用于 13min 的卫星轨道。对于在这 13min 内可见的每颗卫星,CGGTTS 文件报告了($T-t_{ref}$)相应的解。BIPM 将轨道时间表作为轨道起始历元的列表进行分发。请注意,这 13min 的持续时间是在 20 世纪 80 年代确定的,因为这是接收机获取完整 GPS 导航电文所需的时间。

通用观测方法由 Allan 和 Weiss[41.9]在 20 世纪 80 年代提出,相关的 CCTF 格式基于单通道 C/A 码接收机。随着原子频率标准在精度和准确度方面的提高,GPS(或更一般的 GNSS)时间和频率传递在算法级别和硬件级别都经历了重大改进。第一个改进是使用多通道方法[41.13],增加了卫星数量,相应地减少了时钟解的噪声。对于精度要求更高的应用,例如国际原子时间的计算(TAI,第 2 章),可使用快速 IGS 产品增加对卫星轨道和时钟的校正,进而改善 CGGTTS 的结果。第二个改进是在 CGGTTS 结果中使用基于广播电离层模型的电离层校正方法,被一种新的基于 IGS 播发的基于电离层图交换格式(IONEX)图(Annnex)的估计方法所取代[41.14]。CGGTTS 的进一步升级是使用双频接收机测量 GPS P(Y)码,从而能够消除一阶电离层延迟,并使洲际时间链路的精度提升 2 倍[41.15]。需要注意的是对于短基线,无电离层组合相对于单频时间传递解的噪声增长可能高于与克罗布歇(Klobuchar)模型或 IONEX 映射相关的电离层残余误差。当 GNSS 信号到达彼此靠近的站点时,确实会遭受相同的电离层延迟。但是,授时领域更倾向于使用无电离层组合,无论与参与比对的第二个时钟的距离如何,都可以轻松使用 CGGTTS 文件。

典型的 CGGTTS 文件示例如图 41.5 所示。文件头概述了台站信息,即接收机名称、台站坐标和用于计算的硬件延迟(41.3.2 节)。文件体提供了相应结果,每行对应一个 13min 的卫星轨道,时间传递解的列为 REFSV 和 REFSYS,即实验室时钟与视野内卫星(SV)或系统时标(SYS)之间模 1s 之差。它们对应于 13min 结果的线性拟合的中点;除此之外,文件还提供了相对于该线性拟合项的标准偏差(SRSV 列和 SRSYS 列)。

## 41.2.3 共视或全视

最初的 CGGTTS 文件是由单通道接收机生成的,时间的传递由两个台站从同一颗卫

```
CGGTTS          GENERIC DATA FORMAT VERSION = 2E
REV DATE = 2015-02-20
RCVR = RRRRRRRRR
CH = 12
TMS = IIIIIIIII
LAB = ABC
X = +4027889.79 m
Y = +306995.67 m
Z = +4919491.36 m
FRAME = ITRF
COMMENTS = NO COMMENTS
INT DLY =  53.9 ns (GPS P1),  49.8 ns (GPS P2)     CAL_ID = 1nnn-yyyy
CAB DLY =  200.0 ns
REF DLY =  120.6 ns
REF = UTC(ABC)
CKSUM = 3B

SAT CL MJD  STTIME TRKL ELV AZTH REFSV    SRSV REFSYS SRSYS DSG IOE MDTR SMDT MDIO SMDI MSIO SMSI ISG FR HC FRC CK
        hhmmss   s  .1dg .1dg  .1ns      .1ps/s .1ns  .1ps/s .1ns      .1ns  .1ps/s .1ns .1ps/s .1ns .1ps/s .1ns
G24 FF 57000 000600 780 317  394 +1186342  +0   163   +0    40  12  141  +22   23   -1   23   -1  29 +2 0 L3P 5C
G05 FF 57000 000600 780  70 2325  +22617   +6   165   -3    53  26  646 +606  131   -9  131   -9  37 +1 0 L3P 8C
G17 FF 57000 000600 780 509 1217 -1407831 -36   154  -54    20  31  100   -8   24   +0   24    0  13 +4 0 L3P 7A
G16 FF 57000 000600 780 300 3022  +308130 -18   246  -28    29  41  134  -22   63   +4   63    4  21 -1 0 L3P 80
```

图 41.5  CGGTTS 文件示例

星同时收集到的 CGGTTS 结果的偏差来计算。该技术称为 GPS 共视(因为当时仅使用 GPS)。这种技术消除了所有卫星硬件延迟或卫星钟差,其余的误差主要是由于远程台站所接收到的信号的大气分布不同以及这些台站的多径效应引起的。时间实验室引入多通道接收机时,也使用了这种共视技术(common view, CV)。对于 BIPM 规划的每个 13min 轨道,两个卫星共视台站的测量值求加权平均值,最终得到时钟 $T_1$ 和 $T_2$ 的时间传递的解,即

$$(T_1 - T_2)(t) = \frac{1}{N(t)} \sum_{i=1}^{N(t)} w_i \left[ (T_1 - t_{\text{ref}})_i(t) - (T_2 - t_{\text{ref}})_i(t) \right] \tag{41.7}$$

式中: $(T_x - t_{\text{ref}})_i(t)$ 为从台站 $x$ 的 CGGTTS 文件中找到的卫星 $i$ 在历元 $t$ 的解; $w_i$ 为权重, 通常为 $\sin^2(E)$,其中 $E$ 是卫星高度角; $N(t)$ 为两个台站同时可见的卫星数。但是,CV 解的质量往往会随着站点之间距离的增加而降低,因为随着基线的增大,同时观测到的卫星数量会减少。

共视技术的一种替代方法称为全视(all in view, AV)技术。使用所有可见卫星为每个站独立计算时钟解 $(T_x - t_{\text{ref}})(t)$,然后计算差值,有

$$(T_1 - T_2)(t) = \frac{1}{L(t)} \sum_{i=1}^{L(t)} w_{i1}(t)(T_1 - t_{\text{ref}})_i(t) - \frac{1}{M(t)} \sum_{i=1}^{M(t)} w_{i2}(t)(T_2 - t_{\text{ref}})_i(t) \tag{41.8}$$

式中: $L(t)$ 和 $M(t)$ 分别为台站 1 和台站 2 的观测卫星总数,如式(41.7)所示。因此,AV 与站之间的距离无关。这与精密单点定位(41.2.4 节)相同,但仅使用码测量并将位置固定为已知值。当然,卫星时钟或星历估计产生的误差不会像共视技术那样被抵消。因此,必须使用精密的轨道和钟差,而不是广播星历[41.16]。使用 IGS 快速产品时,卫星轨道和钟差造成的剩余不确定度的平均值要远低于 100 ps(平均为 1 天和更长时间)[41.17]。这些作者还证明了在基线超过 2000km 时,AV 优于 CV。

因此,在 CV 和 AV 之间的选择将取决于时钟所在的台站之间的距离,以及精密轨道和钟差的可用性。当只有广播星历可用时,我们推荐使用 CV 技术,但是这种方法应当仅

限于短基线的时钟比对。

由于基于 CGGTTS 的时间传递只使用了扩频码,因此 AV 和 CV 均会受到信号多径和硬件时延不确定性的影响。根据台站的设置,一些重要的昼间变化会出现在时间传递解中,这不是钟差变化,而只是一个或两个站的多径特征。在图 41.6 中提供了一个示例,其中特定的模式以 23 h 56 min 的周期性出现在钟差解算中,这种周期性就是重新构成卫星、接收天线和附近反射体之间相同几何关系所需要的时间。

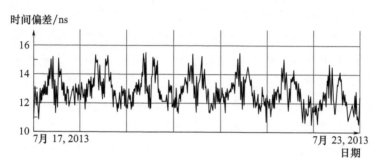

图 41.6 基于 CGGTTS 的 GNSS 时间传输中的多径影响示例:时间实验室 ROA(西班牙)和PTB(德国)之间的时钟比对,这项比较基于 GPS P(Y)码的无电离层组合,采用全视技术计算的 L1 和 L2 频率上的测量

迄今为止,使用 GPS L1/L2 P(Y)码观测的无电离层组合的全视时间传递是仅使用码测量的 GNSS 时间传递的最新技术。受噪声和码伪距测量多径的影响,统计不确定度 $u_A$ 处于几纳秒的水平。系统不确定度 $u_B$ 取决于 41.3.2 节中描述的校准能力。

## 41.2.4 精密单点定位

扩频码分析中的码测量值的噪声和多径掩盖了某些原子钟(例如氢原子钟)的短期稳定性。除了扩频码,使用载波相位测量也能获得更高的稳定性。这需要对扩频码和载波相位测量进行组合分析,并对这些测量进行一致的建模,类似于专门用于精密定位的GNSS 数据分析。

因为在双差计算中没有接收机钟差,所以延迟传递中只能使用非差(例如,精密单点定位)或单差。单差与扩频码 CV 方法原理相同,但是同时使用扩频码和载波相位测量,而精密单点定位(precise point positioning,PPP)则与 AV 相同。如同在 CV 和 AV 之间进行选择一样,PPP 通常优于单差解,因为它与基线长度无关。例如,在文献[41.18]中清楚地证明了卫星几何形状对单差解的影响,对于洲际级的基线,单差解和 PPP 解之间的差异在纳秒级。

如第 25 章所述,PPP 不仅提供台站位置(静态或运动),还提供对流层延迟和接收机钟差解。当用于时间和频率传递时,我们认定该台站是静态的,而接收机钟差则需要对每个历元进行求解。如前所述,接收机的钟差解是 $(t_{rec} - t_{ref})$,其中 $t_{ref}$ 是 PPP 处理中使用的卫星时钟产品的参考时标。如 41.2 节所述,时间传递的解算实际上是两个远程台站获得的时钟解之间的差值。

为了保证基准相同,我们必须使用相同的卫星轨道和钟差产品来计算两个 PPP 时钟的解。需要注意的是,IGS 还为网络中的部分台站提供了接收机钟差解($t_{rec}-t_{ref}$)。这些解是使用非差计算的,但卫星和台站时钟是同时计算的,将对流层延迟固定为由双差网络处理确定的值。由于 IGS 解是基于不同分析中心获得的解的组合,因此通常认为它是网络中包含的站点可用的最佳解。这些解的参考时标是最终(快速)产品的 IGS 时标 IGST(IGRT)。

在时间传递解中,曲线的形状对应于所比较的两个时钟(或时标)之间的频率变化,而曲线在 $y$ 轴上的位置对应于两个时钟(或时标)之间的时间同步偏差。当使用扩频码和载波相位测量的组合来计算结果时,曲线的形状将由载波相位数据决定,而曲线在 $y$ 轴上的位置将由扩频码测量决定。载波相位数据包含模糊度项,这将使解在 $y$ 轴上处于任意值。根据码和载波相位测量值差分,可为每颗卫星连续轨道确定模糊度项,然后通过模糊度校正后的载波相位数据给出最终解。相对于纯扩频码的解,载波相位数据由于具有更高的精度可以显著改善远程时钟频率比对的精度。

图 41.7 对此改进进行了说明,图中比较了位于布鲁塞尔(比利时皇家天文台)和布伦瑞克(德国联邦物理技术研究院)的两个原子钟,分别讨论了 AV 和 PPP 解,并通过阿伦偏差突出了它们的频率稳定性。目前,每个观测历元的 PPP 时间传递的统计不确定度 $u_A$ 均低于 100 ps,频率传递的天稳定度接近 $1×10^{-15}$ 或更佳[41.19-41.21]。但是,PPP 时间传递的系统不确定度 $u_B$ 与仅使用扩频码解相同,即几纳秒,并且依赖于 41.3.2 节中详细介绍的校准能力。

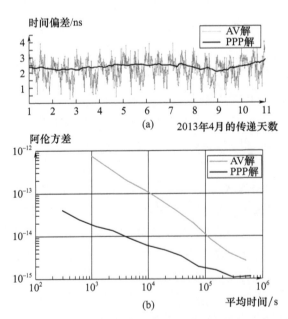

图 41.7 使用 AV 或 PPP 计算的位于比利时布鲁塞尔和德国布伦瑞克的
两个氢原子钟之间的时间传递解比较(a)和相关的阿伦偏差(b)

在 PPP 分析中,码相位测量的噪声引起了连续和独立时钟解之间的跳变。实际上,如上所述,将载波相位模糊度确定为载波相位和码伪距测量之间的差值在连续卫星轨道上的平均值(可以通过校正某些偏差确保模糊度的整数性质)。结果,最终 PPP 解的绝对值,即曲线在 $y$ 轴上的位置,大致对应于所分析数据的码相位测量值的平均值。由于码相位测量的噪声,平均值的标准误差(SEM)不为零,并且在两个连续的时钟解之间可能会有跳跃。例如,考虑在一天内每 5min 采样 4 颗可见卫星的数据。对于标准差为 30cm 的伪距白噪声,平均时钟解的标准误差通常约为 33ps。这意味着在连续的每日时钟解之间的跳动以白噪声分布,平均值为零,标准差为 47ps。但是,这些天边界跳跃的幅度可能会更大[41.22]。跳跃的标准差取决于台站,范围为 150~1000 ps[41.23],远大于预期的 47 ps。那些仅考虑配备氢原子钟的台站,因为频率标准较不稳定,时钟的不稳定性主导了伪距噪声引起的天边界跳变。

这些大的天边界跳变及其与台站相关的原因尚未被人们完全了解,但反映了不同台站的码测量性能,并揭示了码测量的有色特征。这些跳变是多种原因导致的,例如,与外部温度变化相关,对于不同台站,相关性的符号相反[41.22]。此外,很大一部分的天边界跳变(特别是大幅度的跳变)与所有卫星均相似的伪距变化有关[41.24],这可能是由仪器延迟的变化(可能由温度变化引起)、电缆连接器中的反射或某些非几何近场效应所引起的,其幅度达到几纳秒。

例如,图 41.8 给出了配备有氢原子钟的 IGS 站 OPMT(巴黎)的 PPP 时钟解。基于 IGS 最终产品,解对应于 OPMT-IGST。为便于观察,我们删除了所有曲线中相同的线性项。图 41.8 中描述的结果为:曲线(1)为 1 天数据处理的 PPP 解;曲线(2)为一个月数据批处理(由 BIPM 得出,用于 UTC 的计算)的 PPP 解,灰色点是为每颗卫星分别绘制的仅码伪距观测量的解。曲线(1)中观察到的天边界跳变是因为 PPP 解的绝对值对应于所处理数据批的码伪距测量值的平均值,而从码伪距解中可以看出,这些码伪距测量值存在某些长期变化(灰色点)。作为对比,以 5 天的数据按批处理的 PPP 解具有跨天边界连续性。注意,图 41.8 所示的两个 PPP 解是由两个不同的软件工具产生的,这解释了昼夜变化的微小差异。

为了减少或消除每天的不连续性,人们已经提出了几种解决方法。若解中仍存在模糊度,对时钟解中观察到的跳变进行修正会产生连续解的随机游动[41.20]。图 41.8 的曲线(2)所示,处理多日数据[41.25]会给批处理边界带来问题,但是在这种情况下,观测次数的增加减弱了扩频码噪声的影响,因此跳变会变小。此外,文献[41.26]还提出了一种专用的数据滤波方法,文献[41.27]提出了处理滑动窗口的方法,该方法可以削弱影响,却不能实际解决该问题。

产生独立解并确保其连续性的最佳方法是将模糊度固定为整数值[41.28]。这就需要引入一些台站和卫星偏差,以吸收模糊度的非整数部分。在此整数 PPP 处理产生的结果中,天边界不连续性仍然存在,但其始终是无电离层组合中使用的两个频率的窄巷组合的整数周期;这些整数跳转可以被容易地抵消掉[41.29]。在文献[41.30]中,一种新的参数化方法可将伪距观测有色噪声与载波相位参数(模糊度和钟差)分开,若任意固定一个初始接收机偏差,便可以在连续数据批处理的独立 PPP 解之间直接获得连续性。

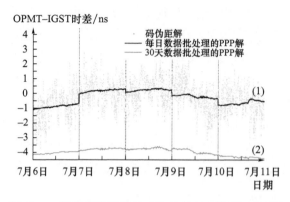

图 41.8 配备氢原子钟的 OPMT 站（巴黎）的 PPP 解

解（1）是基于日数据批处理流程的，而解（2）是通过对一个月数据批处理得出的。
灰点是为每颗卫星分别绘制的码伪距解。为了提高可视性，从所有曲线中移除了
相同的线性项，并从曲线（2）中去除了 3ns 的偏差

所有这些问题都与 PPP 解在批处理边界的连续性以及降低码测量噪声的影响有关，它们在提高 GNSS 频率传递性能上具有重要意义。时间传递的质量始终取决于码测量，而改善这些测量的最佳方法是设计一种减少近场多径的天线。使用天线周围的吸波材料或建造至少 2m 的支撑天线的柱子在降低日间跳变的幅度方面已显示出令人信服的结果[41.31,41.32]。此外，使用对温度变化不敏感的天线电缆，以及环境温度稳定的时钟和接收机，可有效减少伪距的有色噪声。

最后要强调的是，钟差和 PPP 处理中估计的对流层天顶路径延迟（ZTD）之间的相关性。这表明在估算 TZD 时必须采用较短的采样间隔（小于等于 15min），以尽可能地再现真实的对流层变化，从而避免未能对短期对流层变化建模对钟差解造成的影响[41.33]。然而实际上估算中所使用的映射函数并没有对解产生显著影响[41.34]。

若使用共钟的一对站点（即两个站点都连接到同一时钟）来估计 GNSS 频率传递的最终性能，则解不受时钟不稳定的影响。这种解的阿伦偏差如图 41.9 所示。使用两个单独的接收链路（天线之间的距离为 100m）获得共钟解。为了凸显出码测量对解稳定性的影响，图 41.9 给出了共钟设置下的一种经典 PPP 解和一种仅使用载波相位数据获得的解。后者使用了载波相位数据的单差，并且相对于零（预期时钟偏差）而不是相对于码单差（如 PPP 情况）确定了模糊度。因此，仅载波相位数据的噪声会影响最终的解。请注意，由于两个站点卫星的几何形状完全相同，因此对于附近的站点处理单差或 PPP 可提供与 PPP 相似的结果。任何误差对卫星产品的影响都对两个台站的 PPP 解具有完全相同的影响，并可抵消 PPP 解的差异，而就单差而言，它将在观测层面被抵消。第二条曲线是使用 NRCAN PPP 软件在多日基础上进行 PPP 处理得出的结果[41.25]，以避免因 PPP 日常数据处理固有的时间不连续对阿伦偏差的影响。这两条曲线之间的差异是通过在 PPP 情况下使用码测量得出的，这种码测量的稳定性将会以几个小时为周期（模糊度恒定时，卫星可见性通常的持续时间）持续降低。

图 41.9 中的另外两条曲线表示了布鲁塞尔-华盛顿（BRUS-USN3，约 6000km）和布鲁

塞尔-巴黎（BRUX-OPMT，约 300km）链路的 PPP 解的阿伦偏差。两者大体上水平相当，但在短期稳定性上要低于共钟结果所预期的水平。这种质量下降的根源尚未确定。图中氢原子钟稳定性曲线表明，在 3h 以上的时间段，氢原子钟的不稳定性占主导地位，因此与氢原子钟比较相关的曲线(3)和曲线(4)无法展示该技术的性能，因此只能使用共钟设置。光学时钟稳定性曲线表明，GNSS 与光学时钟的比对仅可用于平均时间长达几天的情况下。

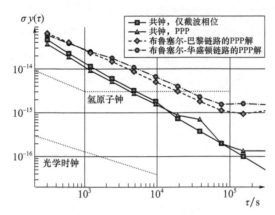

图 41.9　用最新的 GNSS 频率传递估算的时钟解的阿伦偏差与迄今最稳定的原子钟（氢原子钟和光学频率标准）的阿伦偏差进行比较。时钟解对应于配备氢原子钟的站台之间的两个链路：布鲁塞尔-巴黎（BRUS-OPMT，300km），布鲁塞尔-华盛顿（BRUS-USN3，6000km）；100m 基线在两个站点上使用相同的时钟，因此解不依赖于时钟的稳定性，并显示了该方法的最大能力。

## 41.3　硬件架构和校准

时间和频率传递所需的 GNSS 设备包括：通过电缆连接到专用 GNSS 接收机的接收天线、连接接收机和待检验外部时钟的某些电缆。对时间传递而言，还必须接入外部时钟给出的 1pps。上述的每个组件都应得到校准，即应准确确定这些仪器或电缆中每个信号的硬件时延。本节介绍了用于时间/频率传递的专用 GNSS 接收机的特性，以及现有的接收链路校准方法。

### 41.3.1　授时接收机

人们已经开发了特定的 GNSS 接收机并将其用于商业化时间传递。该接收机系统包含内部振荡器功能所使用的外部频率参考（通常为 5MHz 或 10MHz）输入接口、与外部时钟 1pps 相关的外部脉冲信号输入接口以及内部时间间隔计数器。这些组件可以集成到单独封装的模块中，也可以分开并通过适当电缆连接在一起。

图 41.10 展示了满足这些要求的三种类型接收机。接收机时钟的历元可以是：①基于 GNSS 信号本身，并使用时间间隔计数器对外部时钟的 1pps 信号进行连续监测（R1 和 R2）；②直接锁定到外部时钟的 1pps 信号（R3）。

当且仅当 1pps 输出与内部基准(或接收机时钟)有关,并且内部基准与 1pps 输出之间的关系已知时,传统大地测量接收机(R1)才能用于时间传递,并且其只能按照由制造商提供或用户给定的步骤(对每个接收机品牌而言是不同的)进行测量。R1 和 R2 的时间间隔计数器(TIC)用来测量接收机内部时钟与待检测的外部时钟之间的同步误差。该 TIC 测量时间间隔(需要时可达 1s)的不确定性 $u_B$ 应接近 100 ps 或更佳,并且噪声水平要低于 100 ps。此外,TIC 测量应与 GNSS 测量分开报告。R1 和 R2 型接收机之间的主要区别在于 TIC 和 CGGTTS 数据的计算在接收机 R2 的内部,而在大地测量接收机 R1 的外部。这些接收机使用外部软件工具生成 CGGTTS 文件,该工具会将原始可用测量值合并为接收机独立交换格式 RINEX(附件 A.1.2)文件和 TIC 测量值。

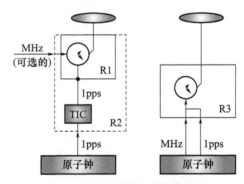

图 41.10 GNSS 时间频率传递的各种接收机设置。R1 和 R2 使用自己内部的时钟,并使用时间间隔计数器将其与外部时钟比较,而 R3 直接使用外部时钟的 1pps 作为内部参考

为了克服 TIC 可能引入的噪声,一些大地测量授时接收机 R3 的内部时钟(模 1 常数偏差)要与外部时钟进行同步。在这种情况下,用户必须确保 1pps 信号与频率参考保持一致,并足够接近 GNSS 时标,以确保正常工作。输入 1pps 时可明确选择输入频率的一个特定周期以形成其内部时标。接收机时钟在输入 1pps 信号的脉冲之后相位被锁定在输入频率的某个给定点上。这种接收机消除了对时间间隔计数器的需求,因此提供了一种最终的时钟解,该解的噪声小于使用 R1 或 R2 时的解。此外,CGGTTS 的结果可以直接使用 RINEX 文件中的原始观测量获得,如文献[41.35]中提出的专用软件工具。在 R3 型接收机中,确定内部参考频率要么通过将内部振荡器锁定在外部频率上,要么将外部频率直接用作内部参考频率。如果使用伺服系统将内部振荡器锁定在外部频率上,制造商必须对系统进行详细说明,以进行准确的校准(41.3.2 节)。此外,该系统设计在频率上必须不能引入噪声,因为噪声的增加将使 GNSS 频率传递对最佳频率标准的频率稳定性研究变得不可行。此外,制造商还必须说明如何从外部 1pps 获得内部参考时钟(必须准确掌握外部时钟和 GNSS 测量之间的延迟,才能正确传递时间)。

时间和频率咨询委员会(consultative committee for time and frequency,CCTF)在其建议 S5(2001)[41.36]中提倡,GNSS 授时接收机的制造商应执行 GNSS 时间传递标准(CGGTTS)中的 CCTF 组编制的接收机硬件技术指南。编制这些指南的目的是实现一种精度可达

1ns 或更高的时间传递系统。文献[41.37]中可以找到新系统的详细材料和扩展。

## 41.3.2 硬件校准

如上所述,只有准确地知道天线相位中心和接收机内部定时参考之间的信号所累积的电延迟,以及内部时钟参考与外部待检验时钟之间的同步误差,才可以将 GNSS 测量用于时间传递。需要注意的是,对于所有地面观测站,卫星硬件延迟都相同,它已包含在卫星时钟中,无须在专用于时间传递的 GNSS 分析中进行校正。但是,当接收机测量的码与用于确定卫星时钟的码不相同时,就会出现错误。例如,当接收机测量 GPS L1 C/A 码时,就会发生这种情况,因为实际上用于 GPS 卫星的所有时钟产品都是基于 L1/L2 P(Y)码的无电离层组合。因此,在使用 L1 C/A 和 L2 P(Y)码组合测量时需要使用 IGS 提供的卫星差分码偏置 L1 C/A–L2 P(Y)(19.6.1 节和 21.3.1 节)将卫星时钟产品转换为相同的组合。

同样,站点的硬件延迟也必须通过校准接收机内部时钟与外部时钟之间的确切时间偏移来确定。图 41.11 展示了上述三种类型接收机所有种类的延迟。

在码和载波相位测量中都存在硬件延迟。但是,由于只有码测量提供了时间,所以只有码的延迟才能通过校准来确定,并在时间传递计算中进行校正。当使用载波相位数据时,相位延迟会被模糊度吸收。

第一类延迟包括影响 GNSS 信号的电延迟,其中,$\delta_A$ 为天线延迟,$\delta_{AC}$ 为天线馈线延迟,$\delta_R$ 为接收机延迟,同时也包含天线馈线连接器及内部测量延迟。这些设备延迟存在于式(41.4)中的误差项中,当显式地提取它们时可得

$$P = \| \bm{x}_s - \bm{x}_r \| + c(\Delta t_{\text{rec}} - \Delta t_{\text{sat}}) + B(\text{rec}) + \epsilon \qquad (41.9)$$

式中:$B(\text{rec})$ 为由天线、天线馈线、接收机引入信号延迟时带来的偏差。

$$B(\text{rec}) = \delta_A + \delta_{AC} + \delta_R \qquad (41.10)$$

从码测量值中消除此偏差可以获取接收机时钟与参考时标之间的准确同步误差($t_{\text{rec}} - t_{\text{ref}}$)。$B(\text{rec})$ 应该是恒定的,但它对温度变化敏感,因此最好保持接收内部温度稳定,并选择对温度变化敏感度低的天线电缆。

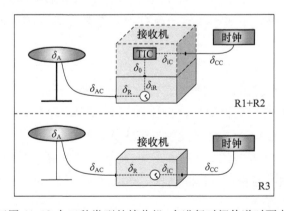

图 41.11 对于图 41.10 中三种类型的接收机,在进行时间传递时要考虑的硬件延迟

第二类延迟包括内部定时参考与待检测的外部时钟之间的同步误差。对于具有内部或外部时间间隔计数器的接收机(R1 和 R2),可由 TIC 测量同步误差。但是,必须针对以下情况校正此测量值:①将外部时钟的 1pps 信号传输到 TIC 所用的电缆和电子设备的延迟,对于接收机 R1 为$(\delta_{iC}+\delta_{CC})$,对于接收机 R2 为 $\delta_{CC}$。②将接收机时钟的 1pps 信号传输到 TIC 所用的电缆和电子设备的延迟,即 $\delta_0$。③内部参考时钟与接收机的 1pps 输出之间的同步误差,即 $\delta_{iR}$,由制造商提供。

当接收机时钟直接使用来自外部时钟 R3 的频率和时间信号时,可以只测量时钟电缆的延迟 $\delta_{CC}$,并将其加到制造商提供的偏置 $\delta_{iR}$ 中。第二类延迟必须添加到 GNSS 解中,以便从接收机时钟溯源到外部时钟。

最后,时钟和卫星时钟产品的参考之间的同步误差是针对 R1 和 R2 的,即

$$(T-t_{ref}) = (t_{rec}-t_{ref})_{PR} - (\delta_A + \delta_{AC} + \delta_R) + TIC + \delta_{CC} + \delta_{iC} - \delta_{iR} - \delta_0 \quad (41.11)$$

对于 R3,式(41.11)可写为

$$(T-t_{ref}) = (t_{rec}-t_{ref})_{PR} - (\delta_A + \delta_{AC} + \delta_R) + (\delta_{CC} + \delta_{iC}) \quad (41.12)$$

式中:$(\cdots)_{PR}$ 为从伪距测量得出的时间偏移。

电缆延迟与信号频率无关,而是电缆长度与电缆中信号的群速度的乘积,即

$$v_g = \frac{c}{\sqrt{\varepsilon_r}} \quad (41.13)$$

式中:$v_g$ 为群速度;$c$ 为光速;$\varepsilon_r$ 为相对介电常数(6.1 节)。电缆两端的连接器也会引起一定的延迟。使用时间间隔计数器或者矢量网络分析仪(VNA)可以以数十皮秒的精度测量电缆及其连接器的群延迟。要确定偏移量 $\delta_{iC}$,要么接收机能够提供内部时钟的访问接口(如内部时钟提供 1pps 输出),要么接收机厂家能够提供通过输入的 1pps 和外部时钟频率来构造内部时钟的详细方法。这样我们就可在接收机外部对其重构从而进行测量。

影响 GNSS 信号的天线和接收机延迟($\delta_A$ 和 $\delta_R$)均与频率有关。迄今存在两种校准技术:使用真实 GNSS 信号的相对校准技术和使用模拟 GNSS 信号的绝对校准技术。请注意,此处涉及的天线校准与本手册的 17.6.2 节中讨论的校准不同,后者旨在确定准确的相位中心,而本章旨在确定天线中信号的电延迟。目前尚未考虑这种延迟对仰角或方位角的依赖性。

(1) 绝对校准。

绝对校准的原理是使用模拟信号确定接收机或天线(或完整接收链路)的电延迟,并将接收机/天线的测量值与模拟信号进行比较。文献[41.38-41.40]中给出了该方法的完整说明。模拟信号是由 GNSS 信号发生器产生的,没有真实 GNSS 信号中存在的大气延迟和多径干扰。这种校准精度可达 0.4ns[41.41],但这种方法依赖 GNSS 仿真器、VNA 以及微波暗室,并且不允许中断正在运行的接收链路以确定硬件延迟,因此只能在非真实条件下对天线进行校准。

(2) 相对校准。

技术实现更简单的相对校准技术被广泛用于所有运行站点。相对校准技术包含本地

接收链路和实验室之间参考接收链路的伪距测量值的比较[41.42]。为此,两个站点应连接到同一时钟并安装在同一位置(图41.12),以使除多径以外的所有干扰都相同。由两个接收链路测得的伪距差仅包含天线位置差以及两个站点的硬件延迟差。通过使用图41.11中的命名方法,可得出给定卫星 $s$ 和给定伪码 $c$ 的计算结果,即

$$P_{\text{lab}}(c,s) - P_{\text{ref}}(c,s)$$
$$= \|x_s - x_{\text{lab}}\| - \|x_s - x_{\text{ref}}\| + (\delta R + \delta A)_{\text{lab}} - (\delta R + \delta A)_{\text{ref}} + (\delta_{\text{AC}} - \delta_{\text{CC}} - \delta_{\text{iC}})_{\text{lab}} - (\delta_{\text{AC}} - \delta_{\text{CC}} - \delta_{\text{iC}})_{\text{ref}} + \epsilon$$
(41.14)

式中:$\epsilon$ 为两个站点的组合噪声和多径。$(\delta_{\text{AC}} - \delta_{\text{CC}} - \delta_{\text{iC}})$ 项可以从两个接收机制造商提供的信息中测量和推导。伪距的差异提供了实验室接收机链路相对于参考链路的差异 $(\delta R + \delta A)$。如果此参考链路已被绝对校准过,则可以通过相对校准来获得实验室接收机和天线的真实硬件延迟。如果没有,则可以使用相对校准数据来校准时间传递链路。在该链路中,我们使用相同的参考链路对两个站点进行校准。在文献[41.43]的示例中,参考站必须与链路中的两个站点安装在同一位置,校准工作提供的数值 $(\delta R + \delta A)_1 - (\delta R + \delta A)_2$ 可直接应用于时间传递解 $T_1 - T_2$。这一策略也可用于站点网络,所有站点都相对于同一参考进行差分校准。将计算出的相对硬件延迟 $(\delta R + \delta A)$ 应用于每个站点,即可准确地校准网络的任何时间链路。

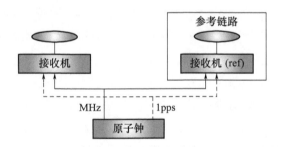

图41.12 相对校准工作的设置

刚刚描述的相对校准技术不能区分天线延迟和接收机硬件延迟,但可以将两个接收机连接到同一天线,并使用功分器来确定各自的影响。然而,功分器中的GNSS信号硬件延迟很难测量,并且功分器引入了信号反射源,也称为电缆多径,可能会产生干扰[41.44]。要解决文献[41.40]中存在的问题,必须使用放大器和衰减器,其信号电平须根据天线和接收机的类型选择。因此,相对校准更适合确定接收机和天线的组合硬件延迟。

考虑到参考链路的绝对校准、电缆延迟测量和码测量噪声的不确定性,差分校准技术为每个单独的码提供约2.3ns的不确定性[41.45]。同样,两个码之间差异的不确定性(如GPS的L1/L2 P(Y))估计为2.0ns。所以,无电离层组合的不确定性为3.8ns。考虑到独立校准的两个站点之间的时间传递,可将链路上的B型不确定性由5.4ns降低到BIPM T公报中的5ns。然而5ns的不确定性反映了长期以来的保守做法。在文献[41.43]中,使用移动接收机实现了不确定性的大幅降低。在文献[41.46]和文献[41.47]中,不确定性可低至1ns左右。然而只有进行定期重新校准,才能一直保持如此小的 $u_B$ 值。

相对校准的挑战还在于如何保持参考站的硬件延迟恒定。由于参考设备在站点之间移动，会不可避免地遭受一些损坏。此外，不同位置的本地温度和湿度条件可能与参考设备绝对(或相对)校准期间的条件有很大不同，这必将导致结果出现偏差[41.48]。尽管可以将接收机安装在温度受控的房间中，但是在世界上的某些地区，天线和天线电缆的昼夜温差可达40℃。一些测量天线温度敏感性的实验显示，载波相位的最大日变化(对于20℃的日变化)为40 ps[41.49]，而码测量的最大日变化为2ns[41.50,51]。所以，当选择参考GNSS站和专用于时间传递的任何其他GNSS站的天线和电缆时，应特别注意其对温度变化的敏感性。参考GNSS站的稳定性还应通过与固定站点的比较来定期验证。最稳定的GPS共视时间传递接收机的延迟通常会在数年内变化几纳秒，通常峰峰值不到5ns[41.52]。

## 41.4 多系统GNSS时间传递

### 41.4.1 一般要求

使用多系统GNSS星座的组合测量进行时间传递需要注意以下几点：第一，所有系统的接收机内部参考均要相同；第二，必须对接收机进行完全校准，也就是说，必须确定每个星座发送的每个信号的硬件延迟。在实际情况中，不同系统使用的频带不会完全重叠，或者频带内的功率谱不尽相同。例如，在GLONASS中，每个频带会使用几个载波频率(第8章)，由于需要校准每个载波频率的延迟，因此校准过程会很复杂。

最后一个需求涉及卫星时钟产品的参考。从星座$A$和星座$B$的卫星观测值中获得的接收机时钟解为$(t_{rec}-t_{ref,A})$和$(t_{rec}-t_{ref,B})$，其中$t_{ref,A}$和$t_{ref,B}$是两个星座的参考时标。为了获得一个组合的接收机时钟解，用户要么需要了解如何在每个观测历元准确地去同步化$(t_{ref,A}-t_{ref,B})$，要么使用具有相同参考的卫星时钟产品(无论它们属于什么星座)，要么将$(t_{ref,A}-t_{ref,B})$作为未知数，然后与其他参数一起估算。通常无法取得每个观测历元的$(t_{ref,A}-t_{ref,B})$，因此只能使用后两种方法。然而，第三种方法需要在每个观测历元引入附加参数的估计，这增加了求解的不确定性。因此，最佳选择是第二种方法。IGS的一些分析中心已提供GPS和GLONASS卫星的组合产品，将来还可能为Galileo和北斗提供此类产品。因此，使用第二种方法可将所有星座组合在一个全局时间传递解中。下面将描述由于存在频率间偏差而需要进行特殊处理的GLONASS的情况，并介绍使用Galileo和北斗进行时间频率传递的一些初步结果。注意QZSS也可用于区域时钟比较，但在洲际时间传递中不起作用。

### 41.4.2 GPS+GLONASS组合

GLONASS与其他GNSS之间的主要区别在于信道接入方法。几乎所有GNSS星座都使用码分多址(code division multiplex access, CDMA)技术，即所有卫星共享相同的载波频率。而 GLONASS 则基于频分多址(frequency division multiple access,FDMA)技术。因此，每个 GLONASS 卫星都会在 L1 频带和 L2 频带中以不同的频率进行发射。

由于接收机和天线中硬件延迟的频率相关性，对于每个发射给定频率 L1 和 L2 的 GLONASS 卫星组，这些延迟是不同的。在码测量中，这些延迟可引起高达数十纳秒的频率间偏差。因此，时钟解是由不同的卫星决定的。对于 GLONASS 卫星，观测方程式(41.9)应修改为

$$P = \| \boldsymbol{x}_s - \boldsymbol{x}_r \| + c(\Delta t_{\text{rec}} - \Delta t_{\text{sat}}) + B(\text{rec}, \text{sat}) + \epsilon \tag{41.15}$$

与接收机有关的偏差 $B(\text{rec}, \text{sat})$ 不能被接收机时钟 $\Delta t_{\text{rec}}$ 吸收。原则上，使用相同频率对的卫星，偏差应该是相同的，但很少被这样建模，相反通常首选与卫星有关的偏差。

式(41.15)中的卫星时钟 $\Delta t_{\text{sat}}$、接收机时钟 $\Delta t_{\text{rec}}$ 和偏置 $B(\text{rec}, \text{sat})$ 不能被明确地区分。因此，从某些网络分析出来的 GLONASS 卫星时钟会受到人为偏差的影响。在计算时有必要为给定的接收机-卫星对固定一个任意偏差，然后确定相对该固定参数的所有卫星时钟、接收机时钟和接收机-卫星偏差。如果在两个连续的数据批处理中固定偏差发生变化，那么所有台站-卫星对的偏差都会相应地变化。传统上，卫星时钟产品的偏差需每日计算，使用它们确定单个电台的时钟解(在 AV 或 PPP 中)时需要估计每日接收机-卫星偏差 $B'(\text{rec}, \text{sat}, \text{day})$ 来补充时钟解。这些偏差包含一个与卫星发射频率相关的站点硬件延迟(在长期内是恒定的或几乎恒定的)和一个卫星时钟产品中人为原因导致的偏差，即

$$B'(\text{rec}, \text{sat}, \text{day}) = B(\text{rec}, \text{sat}) + \gamma(\text{sat}, \text{day}) \tag{41.16}$$

$B(\text{rec}, \text{sat})$ 对应于式(41.11)中的 $(\delta_A + \delta_{AC} + \delta_R)$，即天线延迟、天线电缆延迟和接收机延迟之和。

由于所有 GNSS 站点的偏差 $\gamma(\text{sat}, \text{day})$ 都相同，所以它们在共视方法中会被抵消(41.2.3 节)。如果 $B(\text{rec}, \text{sat})$ 对于链路中的两个站点都已知，则 GLONASS 时钟解可以被校准。也就是说，站点已经针对所有 GLONASS 频率进行了校准。

但是，由于存在未知的偏差 $\gamma(\text{sat}, \text{day})$，仅使用 GLONASS 测量无法通过 PPP 和 AV 技术获得这种校准的时钟解。GPS 与 GLONASS 测量的组合可以解决这一问题。一般有两种方法。

第一种方法是仅使用 GPS 校准结果，并确定未校准的 GLONASS 时钟结果与校准的 GPS 时钟解之间的偏差 $B'(\text{rec}, \text{sat}, \text{day})$ 作为每颗卫星每一天的差异。文献[41.53]介绍了该技术在计算基于 CGGTTS 结果的全视域解中的应用，文献[41.54]中可以找到 GPS 和 GLONASS 在精密单点定位中的相应组合。但是以上两种应用都未校准 GLONASS 测量值，这从计量学的角度来看并不方便，却是卫星时钟产品中存在未知偏差的结果。

第二种方法是使用链路方法。基本思想是，链路中两个站点 $B'(\text{rec}, \text{sat}, \text{day})$ 估计值之间的差异为

$$B'(\text{rec}_1, \text{sat}, \text{day}) - B'(\text{rec}_2, \text{sat}, \text{day}) = B(\text{rec}_1, \text{sat}) + \gamma(\text{rec}_2, \text{sat}) \tag{41.17}$$

也就是说，它不再依赖于卫星时钟的偏差，并且可以通过校准工作来确定，即用 $B(\text{rec}_1,$

sat)$-B(\text{rec}_2,\text{sat})$的值来确定$B'(\text{rec}_1,\text{sat},\text{day})$和$B'(\text{rec}_2,\text{sat},\text{day})$。当然,这需要在相同的分析过程中确定两个站点的时钟解(AV 或 PPP 解)[41.55]。最后,如先前引用的文献所示,从 GLONASS 和 GPS 测量的组合获得的时钟解与仅使用 GPS 的解具有几乎相同的性能。

### 41.4.3 Galileo 和北斗的时间传递

如第 9 章所述,Galileo 在三个频段(E1、E5 和 E6)中进行传输,但在公开服务中只有两个频段可用。大多数双频接收机测量未加密的测距码 E1 和 E5a,而精度更高的接收机则额外测量信号 E5b 和宽带 E5 交替二进制偏移载波(AltBOC)信号。

基于 E1 与 E5a、E5b 或 E5 AltBOC 的无电离层组合,人们已经实现了一些使用 Galileo 信号进行时间传递的实验。结果表明,Galileo 的测量噪声明显低于 L1 和 L2 上所有高度的 GPS P(Y)码无电离层组合的测量噪声[41.56]。这种情况是由于 Galileo 测量噪声是运用较小的系数乘以无电离层组合中的码测量值(噪声)而得到的。对于间隔更远的频率,这些系数更小,例如(L1,L5)相较于(L1,L2)。但是,最终解的噪声取决于可见卫星数量,因此 Galileo 在其星座部署完备后才能与 GPS 竞争。

文献[41.57]描述了北斗时间传递的第一步。理论上,由于开放服务的频率(B1 和 B2)接近,无电离层组合的噪声不会比目前的 GPS 噪声低很多,但迄今尚无严格的方法来比较这两种噪声。

需要注意的是,由于 GPS、Galileo 和北斗都是基于 CDMA 技术,所以相对于 GPS 卫星所有 Galileo 卫星的码观测值都存在相同的硬件延迟,而且对于所有北斗卫星也有相应的硬件延迟。因此它们无法像 GLONASS 那样确定与卫星相关的硬件延迟。GPS 与 Galileo 或北斗的组合将增加观测值的数量,但不会增加未知数的数量(除非 PPP 中必须求解额外的相位模糊特性),并且 GPS 与完整的 Galileo 和北斗星座相结合的预期精度将提高$\sqrt{3}$倍。

## 41.5 结　　论

本章介绍了 GNSS 的时间和频率应用,表 41.1 中总结了当前的性能。由于采用了最先进的校准技术,因此可以实现精度接近 1ns 的时间传递。由于码伪距的噪声和多径,最好通过 PPP 利用载波相位进行准确的频率传递。在较短的平均时间(几分钟)内,能够达到媲美原子钟的$1\times10^{-13}$的水平;在一天的平均时间内,可接近$1\times10^{-16}$。

未来,GNSS 卫星将达到 100 颗以上,其中大部分在中地球轨道,少数在地球静止轨道和倾斜椭圆轨道上。使用来自不同星座的同类信号会增加平均过程中的测量次数,精度会略有提高[41.58]。此外,每个 GNSS 都将逐步升级,例如,使用新的 GPS 星载时钟或 GLONASS 开始采用 CDMA 技术,这些都将消除通道间偏差。

表 41.1　GNSS 授时应用的最佳性能总结

| 应用 | 参数 | 性能 |
| --- | --- | --- |
| 与 UTC[a] 同步 | $u_B$ | 20ns |
|  | $u_A$ | 10ns |
| 频率驾驭（GNSSDO）[b] | 稳定性 | $\leq 1\times 10^{-12}/d$ |
| CGGTTS[c] 的时间传递 | $u_B$ | <2ns |
|  | $u_A$ | 2ns |
| PPP[c] 的时间传递 | $u_B$ | <2ns |
|  | $u_A$ | 100ps |
| PPP[b] 的频率传递 | 稳定性 | $2\times 10^{-16}/d$ |

注：a　基于 GNSS 预测的 UTC 和接收机校准的功能；
　　b　由阿伦方差给出；
　　c　接收机校准功能

由于新型测距信号具有更复杂的结构和改进特性，这些星座的附加价值还在于它们提供的新的可能性。例如，在所有卫星仰角下，精密的 Galileo E5 AltBOC 信号的噪声和多径信号总和被限制在 25cm 以内，因此我们可以期待其带来新的授时性能[41.59]。如果将来 GNSS 在 C 波段（或 Ku 波段）能提供一些新信号，由于线性组合的系数，与 L 波段码测量的无电离层组合的噪声也将被减小。

同时，GNSS 将为基本时间计量提供一些新的时钟比较技术。例如，北斗除了提供本章所述的授时服务外，还将提供双向时间传递，即通过装配在北斗静止轨道卫星上的转发器对在两台地面时钟之间传输的信号进行比较[41.60]。这项技术已被时间实验室广泛用于参与 TAI[41.61]。北斗将是第一个提出替代传统单向方法的导航系统，但用于该技术的站点设备与传统的 GNSS 接收站完全不同，因为还必须考虑发射单元。由于卫星配备了激光反射器，北斗和 GLONASS 还将实现激光时间传递，从而可以在无线电系统无法达到的精度水平上对远程地面时钟进行比较。北斗的第一个实验表明，在比较地面氢原子钟和卫星铷原子钟时，钟差的精度约为 300ps，相对频率稳定性为 $1\times 10^{-14}$[41.62]。最后，下一代 GNSS 将在未来几十年中为时间和频率计量开辟新的视野。

# 参考文献

41.1　H.-G. Berns, T. H. Burnett, R. Gran, R. J. Wilkes: GPS time synchronization in school-network cosmic ray detectors, IEEE Trans. Nucl. Sci. **51**(3), 848-853 (2004)

41.2　E. Butterline, J. Abate, G. Zampetti: Use of GPS to synchronize the AT&T national telecommunicaitons network, Proc. 21th Annu. PTTI Appl. Plan. Meet. (1988) pp. 65-75

41.3　I. Hall, P. G. Beaumont, P. G. Baber, I. Shuto, M. Saga, K. Okuno, H. Uo: New line current differential relay using GPS synchronization, Proc. IEEE Power Tech Conf., Bologna (2003) pp. 1-8

41.4 Joint Committee for Guides in Metrology: Evaluation of measurement data: Guide to the expression of uncertainty in measurement, JCGM 100: 2008, http://www.bipm.org/utils/common/documents/jcgm/JCGM_100_2008_E.pdf(2008)

41.5 E. F. Arias: The metrology of time, Phil. Trans. R. Soc. A **363**, 2289–2305(2005)

41.6 M. Lombardi: The use of GPS disciplined oscillators as primary frequency standards for calibration and metrology laboratories, Measure **3**(3), 56–65(2008)

41.7 The OPERA Collaboration, T. Adam, N. Agafonova, A. Aleksandrov, O. Altinok, P. Alvarez Sanchez, A. Anokhina, S. Aoki, A. Ariga, T. Ariga, D. Autiero, A. Badertscher, A. Ben Dhahbi, A. Bertolin, C. Bozza, T. Brugière, R. Brugnera, F. Brunet, G. Brunetti, S. Buontempo, B. Carlus, F. Cavanna, A. Cazes, L. Chaussard, M. Chernyavsky, V. Chiarella, A. Chukanov, G. Colosimo, M. Crespi, N. D'Ambrosio, G. De Lellis, M. De Serio, Y. Déclais, P. del Amo Sanchez, F. Di Capua, A. Di Crescenzo, D. Di Ferdinando, N. Di Marco, S. Dmitrievsky, M. Dracos, D. Duchesneau, S. Dusini, T. Dzhatdoev, J. Ebert, I. Efthymiopoulos, O. Egorov, A. Ereditato, L. S. Esposito, J. Favier, T. Ferber, R. A. Fini, T. Fukuda, A. Garfagnini, G. Giacomelli, M. Giorgini, M. Giovannozzi, C. Girerd, J. Goldberg, C. Göllnitz, D. Golubkov, L. Goncharova, Y. Gornushkin, G. Grella, F. Grianti, E. Gschwendtner, C. Guerin, A. M. Guler, C. Gustavino, C. Hagner, K. Hamada, T. Hara, R. Enikeev, M. Hierholzer, A. Hollnagel, M. Ieva, H. Ishida, K. Ishiguro, K. Jakovcic, C. Jollet, M. Jones, F. Juget, M. Kamiscioglu, J. Kawada, S. H. Kim, M. Kimura, E. Kiritsis, N. Kitagawa, B. Klicek, J. Knuesel, K. Kodama, M. Komatsu, U. Kose, I. Kreslo, C. Lazzaro, J. Lenkeit, A. Ljubicic, A. Longhin, A. Malgin, G. Mandrioli, J. Marteau, T. Matsuo, V. Matveev, N. Mauri, A. Mazzoni, E. Medinaceli, F. Meisel, A. Meregaglia, P. Migliozzi, S. Mikado, D. Missiaen, P. Monacelli, K. Morishima, U. Moser, M. T. Muciaccia, N. Naganawa, T. Naka, M. Nakamura, T. Nakano, Y. Nakatsuka, D. Naumov, V. Nikitina, F. Nitti, S. Ogawa, N. Okateva, A. Olchevsky, O. Palamara, A. Paoloni, B. D. Park, I. G. Park, A. Pastore, L. Patrizii, E. Pennacchio, H. Pessard, C. Pistillo, N. Polukhina, M. Pozzato, K. Pretzl, F. Pupilli, R. Rescigno, F. Riguzzi, T. Roganova, H. Rokujo, G. Rosa, I. Rostovtseva, A. Rubbia, A. Russo, V. Ryasny, O. Ryazhskaya, O. Sato, Y. Sato, Z. Sahnoun, A. Schembri, J. Schuler, L. Scotto Lavina, J. Serrano, I. Shakiryanova, A. Sheshukov, H. Shibuya, G. Shoziyoev, S. Simone, M. Sioli, C. Sirignano, G. Sirri, J. S. Song, M. Spinetti, L. Stanco, N. Starkov, S. Stellacci, M. Stipcevic, T. Strauss, S. Takahashi, M. Tenti, F. Terranova, I. Tezuka, V. Tioukov, P. Tolun, N. T. Trani, S. Tufanli, P. Vilain, M. Vladimirov, L. Votano, J.-L. Vuilleumier, G. Wilquet, B. Wonsak, J. Wurtz, V. Yakushev, C. S. Yoon, J. Yoshida, Y. Zaitsev, S. Zemskova, A. Zghiche: Measurement of the neutrino velocity with the OPERA detector in the CNGS beam, J. High Energy Phys. **2012**(10), 1–37(2012)

41.8 D. Mills: *Computer Network Time Synchronization: The Network Time Protocol on Earth and in Space*, 2nd edn. (CRC, Boca Raton 2012)

41.9 D. W. Alllan, M. Weiss: Accurate time and frequency transfer during common-view of a GPS satellite, Proc. IEEE FCS 1980, Philadelphia(1980) pp. 334–356

41.10 G. Petit: The TAIPPP pilot experiment, Proc. Joint IEEE FCS and 23rd EFTF, Besancon(2009) pp. 116–119

41.11 P. Defraigne, G. Petit: CGGTTS-Version 2E: An extended standard for GNSS time transfer, Metrologia **52**(6), G1(2015)

41.12 D. W. Allan, C. Thomas: Technical directives for standardization of GPS time receiver software, Metrologia **31**,69-79(1994)

41.13 J. Levine: Time transfer using multi-channel GPS receivers, IEEE Trans. Ultrason. Ferroelectr. Freq. Contr. **46**(2),284-291(1999)

41.14 M. Hernandez-Pajares, J. M. Juan, J. Sanz, R. Orus, A. Garcia-Rigo, J. Feltens, A. Komjathy, S. C. Schaer, A. Krankowski: The IGS VTEC maps: A reliable source of ionospheric information since 1998, J. Geod. **83**,263-275(2009)

41.15 P. Defraigne, G. Petit: Time transfer to TAI using geodetic receivers, Metrologia **40**,184-188(2003)

41.16 G. Petit, Z. Jiang: GPS All in view time transfer for TAI computation, Metrologia **45**,35-45(2008)

41.17 M. A. Weiss, G. Petit, Z. Jiang: A comparison of GPS common-view time transfer to all-in-view, Proc. IEEE FCS, Vancouver(2005) pp. 1-5

41.18 M. C. Martinez-Belda, P. Defraigne: Combination of TWSTFT and GPS data for time transfer, Metrologia **47**,305-316(2010)

41.19 T. Schildknecht, G. Beutler, M. Rothacher: Towards sub-nanosecond GPS time transfer using geodetic processing technique, Proc. 4th EFTF, Neuchatel (1990) pp. 335-346

41.20 K. M. Larson, J. Levine, L. M. Nelson, T. Parker: Assessment of GPS carrier-phase stability for time-transfer applications, IEEE Trans. Ultrason. Ferroelectr. Freq. Contr. **47**(2),484-494(2000)

41.21 C. Bruyninx, P. Defraigne: Frequency transfer using GPS codes and phases: Short and long term stability, Proc. 31st PTTI Meet., Dana Point, ed. by L. A. Breakiron(USNO, Washington DC 2000) pp. 471-478

41.22 K. Senior, J. Ray: Accuracy and precision of carrier phase clock estimates, Proc. 33rd PTTI Meet., Long Beach, ed. by L. A. Breakiron(USNO, Washington DC 2001) pp. 199-217

41.23 J. Ray, K. Senior: Geodetic techniques for time and frequency comparisons using GPS phase and code measurements, Metrologia **42**(4),215-232(2005)

41.24 P. Defraigne, C. Bruyninx: Multipath mitigation in GPS-based time and frequency transfer, Proc. 20th EFTF, Braunschweig(2006) pp. 524-529

41.25 D. Orgiazzi, P. Tavella, F. Lahaye: Experimental assessment of the time transfer capability of precise point positioning(PPP), Proc. IEEE FCS, Vancouver (2005) pp. 337-345

41.26 K. Senior, E. Powers, D. Matsakis: Attenuating dayboundary discontinuities in GPS carrier-phase time transfer, Proc. 31st Precise Time Time Interval Syst. Appl. (PTTI) Meet., Dana Point(USNO, Washington DC 2000) pp. 481-490

41.27 N. Guyennon, G. Cerretto, P. Tavella, F. Lahaye: *Further characterization of the time transfer capabilities of precise point positioning* (PPP), PROCBEGINProc. Joint IEEE Freq. Contr. Symp. 21st Eur. Freq. Time Forum, Geneva PROCEND(2007) pp. 399-404

41.28 J. Delporte, F. Mercier, D. Laurichesse: Time transfer using GPS carrier phase with zero-difference integer ambiguity blocking, Proc. 22nd EFTF, Toulouse (2008) pp. 1-6

41.29 G. Petit, A. Harmegnies, F. Mercier, F. Perosanz, S. Loyer: The time stability of PPP links for TAI, Proc. Joint IEEE FCS and 25th EEFTF, San Francisco(2011) pp. 1-5

41.30 F. Lahaye, P. Collins, G. Cerretto, P. Tavella: Advances in time and frequency transfer from dualfrequency GPS pseudorange and carrier-phase observations, Proc. 40th PTTI Syst. Appl. Meet., Reston (2009) pp. 415-432

41.31 J. Ray: Systematic errors in GPS position estimates. Presentation at IGS 2006 Workshop, Darmstadt(available electronically at ftp://igscb.jpl.nasa.gov/pub/resource/pubs/06_darmstadt/IGS%20Presentations%20PDF/11_6_Ray.pdf)

41.32 W. Aerts, Q. Baire, C. Bruyninx, J. Legrand, E. Pottiaux: Towards better GNSS observations at the new IGS reference station BRUX: Multi path mitigation and individual antenna calibration, Proc. AGU Fall Meet., San Francisco (AGU, Washington 2012), abstract No. G51C-07

41.33 Q. Baire, P. Defraigne, E. Pottiaux: Influence of troposphere in PPP time transfer, Proc. Joint IEEE FCS and 23rd EFTF, Besancon (2009) pp. 1065–1068

41.34 U. Weinbach, S. Schön: On the correlation of tropospheric zenith path delay and station clock estimates in geodetic GNSS frequency transfer, Proc. 24th Eur. Freq. Time Forum, Noordwijk (2010) pp. 1–8

41.35 P. Defraigne, G. Petit, C. Bruyninx: Use of geodetic receivers for TAI, Proc. 31st PTTI Syst. Appl. Meet., Long Beach, ed. by L. A. Breakiron (USNO, Washington DC 2002) pp. 341–348

41.36 Bureau International des Poids et Mesures: Consultive Committee for Time and Frequency (CCTF) http://www.bipm.org/utils/en/pdf/CCTF15-EN.pdf

41.37 P. Defraigne, G. Petit, P. Uhrich, W. Aerts: Requirements on GNSS receivers from the perspective of timing applications, Proc. 24th Eur. Freq. Time Forum, Noordwijk (2010) pp. 1–6

41.38 J. White, R. Beard, G. Landis, G. Petit, E. Powers: Dual frequency absolute calibration of a geodetic GPS receiver for time transfer, Proc. 15th EFTF, Neuchatel (2001) pp. 167–172

41.39 G. Cibiel, A. Proia, L. Yaigre, J.-F. Dutrey, A. de Latour, J. Dantepal: Absolute calibration of geodetic receivers for time transfer: Electrical delay measurement, uncertainties and sensitivities, Proc. 22nd EFTF, Toulouse (CNES, Toulouse 2008) pp. 1–7

41.40 J. Plumb, K. Larson, J. White, E. Powers: Absolute calibration of a geodetic time transfer system, IEEE Trans. Ultrason. Ferroelectr. Freq. Contr. $52(11)$, 1904–1911 (2005)

41.41 A. Proia, G. Cibiel, L. Yaigre: Time stability and electrical delay comparison of dual frequency GPS receivers, Proc. 44th Annu. PTTI Meet. (2012) pp. 297–302

41.42 G. Petit, Z. Jiang, P. Uhrich, F. Taris: Differential calibration of Ashtech Z12-T receivers for accurate time comparisons, Proc. 14th EFTF, Torino (Swiss Foundation for Research in Microtechnology, Neuchâtel 2000) pp. 40–44

41.43 H. Esteban, J. Palacio, F. J. Galindo, T. Feldmann, A. Bauch, D. Piester: Improved GPS-based time link calibration involving ROA and PTB, IEEE Trans. Ultrason. Ferroelectr. Freq. Contr. $57(3)$, 714–720 (2010)

41.44 M. Weiss, F. Ascarrunz, T. Parker, V. Zhang, X. Gao: Effects of antenna cables on GPS timing receivers, Proc. Joint IEEE FCS and 13th EFTF, Besancon (1999) pp. 259–262

41.45 G. Petit, P. Defraigne, B. Warrington, P. Uhrich: Calibdation of sual frequency GPS receivers for TAI, Proc. 20th EFTF, Braunschweig (PTB, Braunschweig 2006) pp. 455–459

41.46 T. Feldmann, A. Bauch, D. Piester, M. Rost, E. Goldberg, S. Mitchell, B. Fonville: Advanced GPS-based time link calibration with PTB's new GPS calibration setup, Proc. 42nd PTTI Syst. Appl. Meet., Reston (2011) pp. 509–526

41.47 D. Rovera, J.-M. Torre, R. Sherwood, M. Abgrall, C. Courde, M. Laas-Bourez, P. Uhrich: Link calibration against receiver calibration: An assessment of GPS time transfer uncertainties, Metrologia $51(5)$, 476–490 (2014)

41.48　S. F. Adam: *Microwave Theory and Applications*, 2$^{nd}$ edn. (Prentice Hall, Upper Saddle River 1969)

41.49　J. Ray, K. Senior: Temperature sensitivity of timing measurements using Dorne Margolin antennas, GPS Solutions **2**(1), 24–30(2001)

41.50　A. Smolarsk, A. Lisowiec, J. Nawrocki: Improving the accuracy of GPS time transfer by thermal stabilization of GPS antenna and receiver, Proc. 16th EFTF, St. Petersburg (Swiss Foundation for Research in Microtechnology, Neuchatel 2002) pp. 503–505

41.51　P. Defraigne, C. Bruyninx: On the link between GPS pseudorange noise and day-boundary discontinuities in geodetic time transfer solutions, GPS Solutions **11**(4), 239–249(2007)

41.52　M. Weiss, W. Lewandowski, P. Uhrich, D. Valat: NIST and OP GPS receiver calibrations spanning twenty years: 1983–2003, Proc. 18th EFTF, Guilford (Univ. of Surrey, Surrey 2004) pp. 143–146

41.53　A. Harmegnies, P. Defraigne, G. Petit: Combining GPS and GLONASS in all-in-view for time transfer, Metrologia **50**(3), 277–287(2013)

41.54　P. Defraigne, Q. Baire: Combining GPS and GLONASS for time and frequency transfer, Adv. Space Res. **47**(2), 265–275(2011)

41.55　P. Defraigne, W. Aerts, A. Harmegnies, G. Petit, D. Rovera, P. Uhrich: Advances in multi-GNSS time transfer, Proc. Joint IEEE FCS and EFTF 2013, Prague (2013) pp. 508–512

41.56　P. Defraigne, W. Aerts, G. Cerretto, G. Signorile, E. Cantoni, I. Sesia, P. Tavella, A. Cernigliaro, A. Samperi, J. M. Sleewaegen: Advances on the use of Galileo signals in time metrology: Calibrated time transfer and estimation of UTC and GGTO using a combined commercial GPS-Galileo receiver, Proc. PTTI Syst. Appl. Meet. (2014) pp. 256–262

41.57　W. Guang, H. Yuan: The application of smoothed code in BeiDou common view, Proc. CSNC 2013, Wuhan, Vol. I, ed. by J. Sun, W. Jiao, H. Wu, C. Shi (Springer, Berlin 2013) pp. 269–278

41.58　J. Furthner, A. Moudrak, A. Konovaltsev, J. Hammesfahr, H. Denks: Time dissemination and common view time transfer with galileo: How accurate will it be?, Proc. 35th Annu. PTTI Meet., San Diego (2004) pp. 185–198

41.59　A. Simsky, D. Mertens, J. M. Sleewaegen, W. De Wilde, S. Navigation, M. Hollreiser: Multipath and tracking performance of Galileo ranging signals transmitted by GIOVE-B, Proc. ION GNSS 2008, Savannah (ION, Virginia 2008) pp. 1525–1536

41.60　W. K. Yang, H. Gong, Z. J. Liu, Y. L. Li, G. F. Sun: Improved two-way satellite time and frequency transfer with multi-GEO in BeiDou navigation system, Sci. China Inf. Sci. **57**(2), 1–15(2014)

41.61　A. Bauch, J. Achkar, S. Bize, D. Calonico, R. Dach, R. Hlavac, L. Lorini, T. Parker, G. Petit, D. Piester, K. Szymaniec, P. Uhrich: Comparison between frequency standards in Europe and the USA at the 1015 uncertainty level, Metrologia **43**, 109–120(2006)

41.62　W. Meng, H. Zhang, P. Huang, J. Wang, Z. Zhang, Y. Liao, Y. Ye, W. Hu, Y. Wang, W. Chen: Design and experiment of onboard laser time transfer in Chinese Beidou navigation satellites, Adv. Space Res. **51**(6), 951–958(2013)

# 附录 A 数据格式

奥利弗·门斯布鲁克,肯·麦克劳德

GNSS 数据格式已在政府、工业界和学术界得到应用发展,标准化的 GNSS 数据有效促进了 GNSS 行业的发展。当前的 GNSS 格式支持各种元数据,如 GNSS 监测站、接收机、天线和设备校准信息;支持 GNSS 观测和广播电文信息以及 GNSS 产品,如精密轨道、钟差、大气测量值和测站坐标等。RINEX、BINEX 和 IGS 标准已被广泛接受和实际应用。此外,RTCM 标准也已经由标准化组织制定,并被业内所采用。新 GNSS 导航星座的发展对数据格式提出了新的需求,也促使了 GNSS 标准化组织间开展更深层次的交流与合作。本章介绍了最为广泛应用的 GNSS 标准。

GNSS 业界依靠不同机构制定的各种标准,实现提供商和用户之间的数据与产品的互操作和高效交换。

即使大多数制造商采用公司特定的(有时甚至是未公开的)数据格式与 GNSS 接收机进行通信,但各种非营利组织已经开发出了多种非制造商专用的格式[A.1]:

(1) 海事服务无线电技术委员会(RTCM)提出的差分 GNSS 服务标准 RTCM SC-104(RTCM)。

(2) 美国国家海洋电子协会(NMEA)提出的与 GNSS 相关的 NMEA 0183 接口标准。

(3) 国际 GNSS 服务组织(IGS)提出的与接收机无关的数据交换(RINEX)格式。

(4) UNAVCO 提出的二进制数据交换(BINEX)格式。

除接收机的自定义数据格式外,所有接收机都部分支持这些数据协议和格式。不同的数据标准是相互共存的,接收机本身的特定标准在很大程度上取决于用户类型和应用需求。

作为上述用于 GNSS 接收机数据交换标准的补充,IGS 已提出了多种标准来解决产品和元数据的交换问题,其中包括:

(1) SP3 格式,用于描述轨道和时钟信息;

(2) Clock RINEX 格式,用于交换卫星和接收机后处理时钟偏差;

(3) IONEX 格式;

(4) "天线交换(ANTEX)"格式,用于提供天线相位中心偏移和相位中心变化;

(5) SiteLOG 数据格式,用于描述站点相关信息;

(6) 与解算无关的文件交换(SINEX)格式,用于实现估计参数集的文件交换。

鉴于上述标准主要应用是在 IGS 业界,后续标准通常比行业或政府标准化组织制定的正式标准更加开放和灵活。

在以下各节中,将简要描述并举例说明各种标准的主要特点。有关更详细的讨论和简明的定义,请参阅相关组织出版的官方文件。

# A.1 接收机格式

## A.1.1 NMEA 0183

美国国家海洋电子协会(NMEA)[A.2]是一个非营利组织,由一批电子经销商发起,成立于1957年,目的是加强与电子制造商的关系。NMEA标准包括NMEA 0183标准(使用ASCII文本格式)和现代化版本的NMEA 2000(使用二进制文本格式)。两种标准都可以实现船用电子设备之间的互操作性,并支持通信以及数据电文标准。

传统标准(NMEA 0183)[A.3]被广泛地应用于船舶、航空和个人导航的GNSS接收机中,它通过串行接口总线为各种设备提供电气要求、协议和消息格式的通用规范。这些设备包括电子海图显示和电子信息系统、计时设备、雷达、航向传感器和测深仪、罗兰-C(远程导航)接收机以及GNSS接收机。

所有NMEA 0183数据通过RS422(或RS232)串行接口以ASCII文本信息的形式传输,在4800Baud的速率下,每秒大约可以传输600个字符。总体而言,这个标准可以满足慢速船只传输位置、速度和辅助数据的需求。每个发送数据的设备都被分配一个由两个字母组成的Talker ID,用于标识设备类型(参见表A.1)。

表A.1 NMEA 0183中部分Talker ID列表

| ID标识 | 描述 |
| --- | --- |
| EC | 电子海图显示与电子信息系统 |
| GP | GPS接收机 |
| IN | 组合导航系统 |
| RA | 雷达 |
| WI | 气象仪器 |
| ZQ | 计时器(石英) |

所有的消息都以$符号开头,然后是一个5字符的字符串,包括Talker ID(tt)和3个字符的信息ID(mmm),可表示为

$$\$ttmmm,d1,d2,\cdots *hh<CR><LF>$$

在消息头之后,是单个数据字段d1,d2,…,这些数据字段由逗号隔开的数字或字符组成。每种消息类型的参数序列是定义好的。可选参数可以省略,但必须提供逗号分隔符,以便进行无模糊解码。每条消息由一个可选的双字符校验(由星号引入)以及一对回车加换行符的组合结束。

表A.2提供了GPS设备常用的NMEA 0183消息。除此之外,标准还支持厂商特定消息,方便各种接收机制造商使用。这些特定消息的消息头由$P和三个字母的供应商ID标识组成,而不是标准的消息头(例如,用于uBlox和Ashtech接收机的$PUBX和

$PASH），消息其他部分遵循上述描述。

例如，最被广泛应用的 GPS 位置消息（$GPGGA）内容如图 A.1 所示。它不仅提供了定位位置的经度和纬度以及海拔高度，还提供了用于计算经纬度高的椭球面和大地水准面高度差。由于 $GPGGA 消息中只给出了一天内的时间，因此需要输出一个补充 $GPZDA 的日期和时间消息，用于标识当前唯一的历元。

除了普通用户最感兴趣的位置、速度和时间相关信息外，NMEA 0183 标准还支持其他多种底层观测数据。这些数据包括可视卫星列表，其中包含其视线方向和接收信号强度等信息（$GPGSV）或用于位置解算中的所有卫星的距离残差（$GPGRS）。虽然 NMEA 0183 标准最初是为 GPS 接收机所设计的，但目前的 NMEA 0183 标准还考虑通过专用的消息类型和卫星/信号标识符等拓展到其他 GNSS 星座（如 GLONASS、Galileo）。

虽然应用最为广泛的 GPS NMEA 0183 消息格式可从互联网资源获得，但用户通常将官方标准[A.3]作为主要信息来源。希望各位从 NMEA 网站通过付费方式获取数据，由 NMEA 将这些费用用于该标准的制定。通过 NMEA 官方网站向指定该标准的组织付费，可以直接获取到该标准。

表 A.2　常见 NMEA 0183 GNSS 消息

| 语句 ID 标识 | 描述 |
| --- | --- |
| $GPALM | GPS 历书数据 |
| $GPBOD | 方位：原点到目的地（UTC 时间、当前位置、真 & 磁方位、目的地距离） |
| $GPDTM | 参考坐标系 |
| $GPGGA | GPS 定位数据（协调世界时、位置、质量指标、差分校正的使用） |
| $GPGLL | 地理位置的纬度/经度 |
| $GPGRS | GPS 距离残差 |
| $GPGSA | GPS DOP 值和可用的卫星（定位方式、定位解类型、用于定位解的卫星、PDOP、HDOP 和 VDOP 值） |
| $GPGST | GPS 伪距噪声统计量 |
| $GPGSV | 可视 GPS 卫星（可视卫星数量、卫星编号、方位角和高度角、信噪比） |
| $GPHDT | 真航向 |
| $GPRMC | 建议的最低限度导航信息（UTC 时间和日期、纬度和经度、对地速度、状态等） |
| $GPVTG | 地面航向和地面速度 |
| $GPZDA | 时间和日期（UTC 时间、日历日期、本地时区的协调世界时差） |

## A.1.2　RINEX

接收机数据自主交换格式（RINEX）[A.4-A.5]于 1989 年由伯尔尼大学天文研究所（AIUB）在维尔纳·古尔特纳的领导下开发。第一个版本为首次欧洲 GPS 联测（EU-REF 89）开发，这次联测有 4 种不同接收机类型，数据从接收机格式转换为 RINEX 1 格式。在 1990 年，同时支持 GPS 和 GLONASS 的 RINEX 2 被开发和发布。在随后的几年中，RINEX

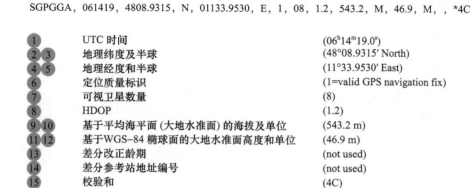

图 A.1  NMEA 0813 全球定位系统定位解数据语句示例（$GPGGA）

2 不断更新，以支持 GNSS 业界的需求。最新版本 RINEX 2.11[A.6]支持 GPS、GLONASS、Galileo、SBAS 的 GNSS 原始观测数据、导航电文数据和气象数据。

尽管 RINEX 2.11 目前仍在 GNSS 业界中广泛使用，但早已被认识到其固有的局限性，并开发了一种新的、完全通用的多 GNSS 原始观测和导航电文数据格式。RINEX 3.x 是随着伽利略系统的逐步建立和正在进行的 GPS 现代化产生的，它提供了比其前身更灵活、更详细的观测信号信息。同时 RINEX 3.x 对观测记录进行了修改，使其具有更易于阅读的数据结构。在 RINEX 3 中，为每个跟踪信号提供了完整的观测记录（伪距、相位、信噪比和失锁标识）。RINEX 3 标准最初由维尔纳·古尔特纳（AIUB）和卢·埃斯蒂（UNAVCO）制定，现在由 IGS RINEX 工作组和 RTCM 特别委员会 104（A.1.3 节）联合维护。RINEX 3.03[A.7]于 2015 年发布，支持 GPS、GLONASS、Galileo、北斗、QZSS、IRNSS/NavIC、SBAS 等星座的原始观测和导航电文数据。

为了同时支持人工读取和机器读取，所有 RINEX 数据文件都采用可打印的 ASCII 文本格式和预先定义的数据与标签的字段宽度。RINEX 2 的最大行宽为 80 个字符，但 RINEX 3.x 观测文件已经放弃了这一限制，以便更好地容纳新型的现代化导航系统的大量观测数据。

RINEX 标准的完整文档（包括过去和当前版本）可从 IGS 网站的数据服务器获得[A.8]。

1. 观测数据

RINEX 3 观测数据文件由可变长度的文件头和提供每个历元测量值的观测记录组成。文件头（header）本身由一系列单独的记录组成，1~60 列是数据部分，61~80 列是描述部分。它以一个无参数的"END OF HEADER"行结束，在这之后给出第一个观测记录。

如图 A.2 所示，标头以两行开始，分别标识文件类型（观测数据）和格式版本（3.03）及该文件的生成细节。中间的头记录（红色所示）提供测站点的相关元数据，如 4 个字母组成的测站名和测站编号、使用的设备（接收机类型、固件、天线类型、天线罩）、测站点的近似坐标、天线参考点与测站点的偏心值。

```
     ----+----1|0---+----2|0---+----3|0---+----4|0---+----5|0---+----6|0---+----7|0---+----8|
          3.03           OBSERVATION DATA    M                   RINEX VERSION / TYPE       } Start of header
     sbf2rin-8.5.1       ESA/ESOC            20131107 000707 LCL PGM / RUN BY / DATE
     kour                                                        MARKER NAME
     97301M210                                                   MARKER NUMBER
     Automatic           ESA/ESOC                                OBSERVER / AGENCY          } Site meta data
     3001301             SEPT POLARX4        2.5.2               REC # / TYPE / VERS
     5129                SEPCHOKE_MC         NONE                ANT # / TYPE
         3839591.4332 -5059567.5514     579956.9164              APPROX POSITION XYZ
              0.0950        0.0000           0.0000              ANTENNA: DELTA H/E/N
        G  18 C1C L1C D1C S1C C1W S1W C2W L2W D2W S2W C2L L2L D2L SYS / # / OBS TYPES
           S2L C5Q L5Q D5Q S5Q                                   SYS / # / OBS TYPES
        E  16 C1C L1C D1C S1C C5Q L5Q D5Q S5Q C7Q L7Q D7Q S7Q C8Q SYS / # / OBS TYPES        } Observation
           L8Q D8Q S8Q                                           SYS / # / OBS TYPES            types
        R  12 C1C L1C D1C S1C C2P L2P D2P S2P C2C L2C D2C S2C    SYS / # / OBS TYPES
        C   8 C2I L2I D2I S2I C7I L7I D7I S7I                    SYS / # / OBS TYPES
                                                                 ------------- Omitted lines
             30.000                                              INTERVAL
          2013    11     6     0     0    0.0000000   GPS        TIME OF FIRST OBS          } Epoch range
          2013    11     6    23    59   30.0000000   GPS        TIME OF LAST OBS
                                                                 ------------- Omitted lines
                                                                 END OF HEADER              } End of header
     ----+----1|0---+----2|0---+----3|0---+----4|0---+----5|0---+----6|0---+----7|0---+----8|
```

图 A.2　位于法属圭亚那库鲁 IGS KOUR 站点的头文件示例。第一行和最后一行中的规则符仅供说明使用,而不是真实文件的一部分。颜色表示不同类的文件记录头。为简便起见,省略了原始 RINEX 文件中一些记录

头文件继续使用一系列记录,作为后续为每个 GNSS 星座提供观测类型的索引。每个星座由这些记录的第 1 列中的单字符标识符标识。表 A.3 概述了目前支持的系统和名称。除了 GPS(G)和 SBAS(S)外,卫星系统标识符来自于运行该星座的国家名称(俄罗斯、欧洲、中国、日本、印度)。

表 A.3　RINEX 3 卫星系统标识符

| ID | 系统 |
| --- | --- |
| G | GPS |
| R | GLONASS |
| S | SBAS 载荷 |
| E | Galileo |
| C | 北斗 |
| J | QZSS |
| I | IRNSS/NavIC |

每个星座的单独观测类型由 3 个字符组成的观测码描述。它的第一个字符用于标识表 A.4 所列的 4 种观测类型之一。虽然正式的 RINEX 3 标准中有附加的伪观测量,如通道数(X)和电离层相位延迟(I),但使用较少。

表 A.4　RINEX 3 卫星系统标识符

| ID | 观测量 | 单位 |
| --- | --- | --- |
| C | 伪距 | m |
| L | 载波相位 | cy |
| D | 多普勒 | Hz |
| S | 信号强度 | dB-Hz |

观测码的第二和第三个字符用于标识频带和特定的调制或跟踪模式。因为许多新的现代信号包含多个分量(例如,一个带有导航电文的同步信道和无导航电文的导频码的正交信道)。单个信号分量跟踪(例如 I,Q)与两种信号分量的组合跟踪(例如 X)有不同的定义。表 A.5 给出了当前定义 RINEX 3 的观测码。

表 A.5  RINEX 3 观测码和载波相位观测量。带有 C、D 和 S 的相应观测码分别对应于伪距、多普勒和信号观测

| 系统 | 波段 | 观测码 | 描述 |
|---|---|---|---|
| GPS | L1 | L1C | C/A 码 |
| | | L1S,L1L,L1X | L1C(组合导频数据) |
| | | L1P | 未加密的 P 码 |
| | | L1W | 半无码 P(Y)跟踪 |
| | | L1Y | 加密 Y 码 |
| | | L1M | M 码 |
| | | L1N | 无码 |
| | L2 | L2C | C/A 码 |
| | | L2D | 半无码 P(Y)跟踪(L1 C/A+(P2-P1)) |
| | | L2S,L2L,L2X | L2C 码(中长组合) |
| | | L2P | 未加密的 P 码 |
| | | L2W | 半无码 P(Y)跟踪 |
| | | L2Y | 加密 Y 码 |
| | | L2M | M 码 |
| | | L2N | 无码 |
| | L5 | L5I,L5Q,L5X | L5(组合导频数据) |
| GLONASS | L1 | L1C | C/A 码 |
| | | L1P | P 码 |
| | L2 | L2C | C/A 码 |
| | | L2P | P 码 |
| | L3 | L3I,L3Q,L3X | L3(组合导频数据) |
| SBAS | L1 | L1C | C/A 码 |
| | L5 | L5I,L5Q,L5X | L5(组合导频数据) |
| Galileo | E1 | L1A | PRS 信号 |
| | | L1B,L1C,L1X | OS(组合导频数据) |
| | | L1Z | PRS+OS(数据+导频) |
| | E5a | L5I,L5Q,L5X | E5a(组合导频数据) |
| | E5b | L7I,L7Q,L7X | E5b(组合导频数据) |
| | E5 | L8I,L8Q,L8X | E5 AltBOC(组合导频数据) |

续表

| 系统 | 波段 | 观测码 | 描述 |
|---|---|---|---|
| BeiDou（BDS-2） | B1 | L2I,L2Q,L2X | B1I(OS),B1Q,组合 |
|  | B2 | L7I,L7Q,L7X | B2I(OS),B2Q,组合 |
|  | B3 | L6I,L6Q,L6X | B3I,B3Q,组合 |
| QZSS | L1 | L1C | C/A-码 |
|  |  | L1S,L1L,L1X | L1C(组合导频数据) |
|  |  | L1Z | L1-SAIF 信号 |
|  | L2 | L2S,L2L,L2X | L2C-码(medium,long,组合) |
|  | L5 | L5I,L5Q,L5X | L5(组合导频数据) |
|  | E6 | L6S,L6L,L6X | LEX 信号(short,long,组合) |
| IRNSS/NavIC | L5 | L5A | SPS 信号 |
|  |  | L5B,L5C,L5X | RS(组合导频数据) |
|  | S | L9A | SPS 信号 |
|  |  | L9B,L9C,L9X | RS(组合导频数据) |

在 SYS/#/OBS TYPES 头记录中的观测码定义了一组特定的卫星星座提供的观测数据。图 A.2 给出了一组完整的 E1 公开服务（*1C），E5a（*5Q），E5b（*7Q）和 E5 Alt-BOC（*8Q）导频信号分量跟踪观测量（伪距、载波相位、多普勒和信号强度）示例。头文件之后，将提供 Galileo 卫星的 16 种观测数据。

图 A.3 显示了与图 A.2 图题相对应的观测记录的（截短的）示例。记录以历元线（在第 1 列中以">"字符标记）开始，给出观测的日期和时间（此处：GPS 时 2013 年 11 月 6 日 00:00:00.0）以及跟踪卫星的数量（此处:20）。随后，在每一颗卫星的单行中提供该卫星的全部观测量。观测记录第 1~3 栏标识卫星编号。卫星编号标识由卫星系统的标识符和该卫星播发的伪随机码的 2 个数字编码号组成，GLONASS 的编码号由被跟踪的卫星号代替。每个观测值存储在一个固定长度为 14 个字符的字段中，小数点后保留三位。载波相位和伪距的观测值后紧跟 2 个字符，这 2 个字符可以是失锁标志（0、空白或 1）和/或一位数的信号强度标志。

虽然 RINEX 格式支持每种观测类型的失锁标志，但通常只在相位观测中显示。同样，如果信号强度（以 dB-Hz 表示）本身作为一种观测类型单列，也通常忽略个位数的信号强度标志。

2. Hatanaka 压缩

与 RINEX 观测数据的传输和存储相关的一个实际问题是使用 ASCII 文本格式而导致的文件很大。以 30s 采样为例，一个跟踪多星座的参考站通常可接收 40 颗或更多的卫星，每天提供大约 25MB 的 RINEX 3 观测数据，若使用 1Hz 的采样率，数据量会更大。这个问题可以通过标准的压缩工具（如 compress、zip 和 rar）得到部分缓解，对于典型的 RINEX 文件，这些工具的压缩比能达到 1:3 到 1:4。

历元时间　　卫星个数　　省略部分

```
----+---1|0---+---2|0---+---3|0---+---4|0---+---5|0---+---6|0---+---7|0---+---8|0---+---9|0---+--10|0---+--11|0---+--12|0---+--13|0---+
> 2013 11 06 00 00  0.0000000  0 20
G21  21789794.010 7 114506100.36007       1720.652 7        47.500   21789793.282 5        35.000   21789800.645 5  89225577.90205 ...
G15  23437270.527 7 123163643.91607       -899.995 7        44.500   23437270.523 5        30.500   23437282.587 5  95971703.90805 ...
G25  23279919.760 6 122336912.64006       2828.062 6        38.250   23279919.300 4        25.750   23279924.875 4  95327536.00104 ...
G05  23600086.200 7 124019495.78607      -1485.409 7        43.500   23600086.267 4        29.750   23600089.098 4  96638667.31304 ...
R20  23006036.629 6 123023649.96106      -1272.486 6        36.000   23006052.039 6  95685099.64406       -989.603 6         38.500  ...
G24  21004445.599 8 110379323.36308      -1995.581 8        50.000   21004445.701 7        43.000   21004451.511 7  86009975.30607 ...
G18  23632299.040 7 124188483.90207       2852.612 7        43.750   23632298.312 4        25.750   23632307.451 4  96770225.02804 ...
G14  25391662.793 5 133434050.21305        442.853 5        35.000   25391662.346 2        12.000   25391683.036 2 103974640.59202 ...
R16  19300482.290 8 103099905.21108        145.853 8        48.250   19300491.076 7  80188907.52507        113.435 7         47.750  ...
G12  21917255.393 8 115176179.65808       1821.021 8        50.000   21917255.309 6        38.250   21917253.796 6  89747789.38406 ...
G29  23768181.065 6 124902773.05306       -802.817 6        41.500   23768180.905 3        22.000   23768182.589 3  97326913.63203 ...
R09  21623927.772 7 115470629.18307       3608.897 7        46.750   21623935.553 6  89810480.72806       2806.903 6         41.000  ...
R06  24236049.702 7 129328208.84807       2479.388 7        44.250
C14  24458718.261 7 127362937.75107       2345.948 7        44.250   24458727.629 8  98485138.61708       1814.036 8         48.000
R15  21481799.314 7 114792351.97907      -3609.734 7        45.000   21481813.243 7  89282811.39807      -2807.690 7         43.250  ...
R04  22254258.875 7 119170642.67807        174.797 7        44.750   22254267.166 6  92688257.97106        135.988 6         38.750  ...
R19  23228568.363 7 124257247.38907      -2230.894 7        42.250   23228573.599 6  96644606.11206      -1735.120 6         36.250  ...
R05  21839218.040 7 116743131.47507       2026.164 7        46.750   21839233.552 7  90800281.60607       1575.910 7         44.000  ...
C12  25394611.396 6 132236540.71606       -985.074 6        40.500   25394615.635 7 102253547.41407       -761.759 7         43.750
C11  25458822.666 7 132570867.23307       -836.718 7        43.250   25458828.466 7 102512178.67707       -647.018 7         43.500
----+---1|0---+---2|0---+---3|0---+---4|0---+---5|0---+---6|0---+---7|0---+---8|0---+---9|0---+--10|0---+--11|0---+--12|0---+--13|0---+
```

卫星号　　失锁标识和信号强度

图 A.3　位于法属圭亚那库鲁 IGS KOUR 站点 RINEX 观测文件

日本地理空间信息管理局（GSI）的 Yuki Hatanaka 开发了一种互补压缩技术[A.9]，它保留了 ASCII 形式，但减少了观测数据本身的高冗余度。它的原理是：时间序列中相邻观测可以更好地用初值和历元之间的差值来表示，因为这些差值比观测值小，需要较少的位数。

Hatanaka 压缩保留了大部分的 RINEX 文件头，用差值替换了原始观测数据，并在数据字段之间使用"&"分隔符来最小化总空格量。由此产生的"紧凑 RINEX"格式能够实现文件的 3~4 倍压缩率。结合标准的文件压缩工具，总体压缩率大约为 8，并且 Hatanaka 压缩是无损的，可以在解压后完全恢复出原始观测数据。

**3. 导航电文数据**

作为对上述观测数据格式的补充，RINEX 标准还定义了用于交换广播星历信息的导航电文数据格式。这些广播星历包括轨道和时钟参数，以及每个 GNSS 卫星播发的用于实时导航的辅助数据。虽然广播星历的精度通常不如后处理星历产品，但导航电文数据文件经常用于 GNSS 数据的预处理（如低仰角筛选）、相对定位，以及作为精密 GNSS 轨道和时钟确定的先验信息。

尽管早期版本中已经预见到 GPS 和 GLONASS 具有不同的 RINEN 文件格式，但当前的 RINEX 3 标准支持所有 GNSS 系统导航数据构成的混合文件。与观测数据格式类似，导航文件是固定格式的文本文件，但每行限制为 80 个字符。文件头遵循与前面介绍相同的概念，并以标识文件类型和格式版本的两行代码开始。为了便于说明，图 A.4 给出了一个带注释格式的示例。

所有的文件头参数都是可选的，可以包括不同类型的电离层模型参数和时间转换参数，包括 GPS 和 QZSS 用户采用的 Klobuchar 模型八参数 $a_0, \cdots, a_3$ 和 $\beta_0, \cdots, \beta_3$ 或北斗的 Klobuchar 模型参数。伽利略系统参数中，$A_0, \cdots, A_3$ 四个参数描述了 NeQuick 模型对单频观测进行电离层校正的能力。这些电离层校正模型的描述参见第 6 章及其参考文献，有关广播电离层参数应用的详细资料参见各 GNSS 的接口规范[A.10-A.14]。

其余的文件头中的参数提供了不同 GNSS 之间以及与 UTC 之间的时间标度关系。这些包括自 1980 年以来的 UTC 闰秒数（或者等效于 GPS 时间与 UTC 之间的整数秒时差），以及小数时差的线性多项式（通常为几十纳秒或最多几百纳秒）。时间校正参数由"TIME SYSTEM CORR"标头第 1~4 列中的 2+2 字符码标识，包含多项式系数 $(A_{f0}, A_{f1})$ 和相应的参考历元（周和秒）。虽然不是强制性的标题行，但强烈建议提供闰秒信息，因为它有助于在每个星座的本地时间系统之间进行转换，并以一致的时间尺度处理后续星历数据。

文件头之后，给出了各个卫星和历元的一系列星历数据集。在卫星识别和参考历元之后，19 个字符的固定字段提供了各种星历参数。每个星座（GPS、GLONASS、北斗、Galileo、QZSS、IRNSS/NavIC 和 SBAS）的参数集及其总数都是预先定义好的，反映了不同类型的导航电文中的不同种类信息。

所有星座的共同点是：由时钟参考历元 $t_{oc}$ 和时钟偏移多项式 $(a_{f0}, a_{f1}$，对于大多数导航系统而言还有 $a_{f2}$）来确定卫星时钟偏移。对于许多 GNSS 系统，时钟偏移信息是由差分码偏差（称为群延迟时间 TGD、广播群延迟 BGD 或信号间校正参数 ISC）补充确定。当

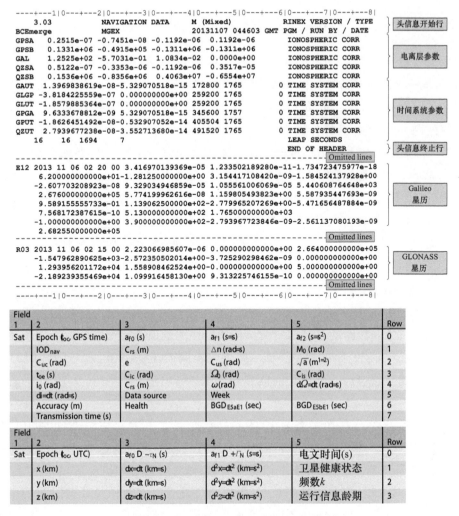

图 A.4 多 GNSS RINEX 文件格式示例

使用单频观测值或多个控制段不同信号确定广播时钟偏移量时,这些方法可以对发射时钟偏移量进行一致的处理。时钟相关的参数如图 A.4 种蓝色字符所示。

广播导航数据中提供的轨道参数信息因星座不同而异,但基本分为两个类别:轨道要素($\sqrt{a}, e, i_0, \Omega_0, \omega_0, M_0$)和扰动系数($di/dt, d\Omega/dt, C_{rc}, C_{rs}, C_{ic}, C_{ic}, C_{uc}, C_{us}$),这些值用于摄动开普勒轨道模型或笛卡儿状态向量($x, y, z, \dot{x}, \dot{y}, \dot{z}, \ddot{x}, \ddot{y}, \ddot{z}$)数值积分或在短时间间隔轨迹上多项式插值。轨道模型和使用参数的详细资料参见第 3 章以及单个星座的接口规范[A.10-A.15]。带有轨道元素的广播星历表目前用于 GPS、QZSS、Galileo、北斗和 IRNSS/NavIC,而状态矢量则由 GLONASS 和 SBAS 卫星提供。在图 A.4 的格式示例中,使用红色字符显示相应的参数。

直到 3.03 版本前,RINEX 导航格式只支持传统的导航电文数据(每个星座一个参数集),但将在后续版本中将扩展 CNAV、CNAV2 和其他现代化广播星历数据集。

## A.1.3 RTCMSC-104 DGNSS 数据格式

海事无线电技术委员会(RTCM)是美国政府的一个咨询委员会,成立于1947年。目前,RTCM 是一个国际非营利性的科学、专业和教育组织,其成员来自世界各地。会员包括公司和政府组织。RTCM 成员设立特别委员会(SC),致力于深入解决无线电通信和无线电导航问题,并以支持互操作性为目标。

RTCM 特别委员会104(RTCM-SC104)旨在处理差分全球卫星导航系统(DGNSS)。最初,RTCM SC-104 侧重于海上应用的差分 GPS 标准和协议。目前,SC-104 的职责已经得到大幅扩展,不仅支持海上差分 GNSS,同时也支持实时运动和精确的 GNSS 数据格式以及使用 Internet 协议的 RTCM 网络传输(NTRIP,[A.16])。

下面提供了基于最新版本 3.3[A.17]的 DGNSS 服务 RTCM SC-104 标准的概述。RTCM 可以提供完整的规范手册,但需要收取服务费[A.18]用于开展本组织的工作。

1. 消息类型和格式

RTCM SC-104 消息主要是为实时 GNSS 应用设计的,并使用二进制协议来最小化信息提供者和用户之间传输的总数据量。早期版本使用了由固定长度的数据字段组成的消息格式,并提供了与 GPS 导航消息类似的奇偶校验保护,但从3.0版本开始引入了一种可变长度消息格式。它包括一个8bit 前同步码的头、6bit 保留字段,以及10bit 消息长度字段(图 A.5)。

在报头之后,提供了一个最高为1023bit 的数据字段,信息结束时进行24bit 循环冗余校验(CRC),以确保传输数据的完整性。除了长度为零的填充消息外,所有消息都以一个12bit 的信息编号开始,该编号标识了信息的类型,作为解码后续信息字段的密钥。

RTCM SC-104 3.x 定义了观测数据、网络 RTK 校正、辅助和元数据以及状态空间校正数据的各种消息组(表 A.6)。各种多信号消息提供类似的参数,它们的组合和/或解析度不同。这样就可以实现不同精度的定位服务,从而最大限度地利用可用的通信带宽。

2. "多信号"消息

RTCM SC-104 标准的早期版本主要关注 GPS 和 GLONASS 系统及其传统的 L1/L2 信号。从3.2版开始,引入了多信号消息的概念(MSM,[A.19]),为所有 GNSS 星座和所有传输信号的观测建立了一个真正通用的框架。

多信号消息采用一种高效的打包方案,该方案将需要传输的数据总量最小化。对于每一颗观测卫星,伪距和载波相位的观测值被分解为概略距离和精确距离的和。每个历元的粗距对于同时从单一信号上收集的给定卫星的所有观测都是共同的。剩余的精细测距值则反映了电离层路径延迟与系统 GNSS 卫星和接收机偏差的差异。这种差异通常限制在小于300m 的范围内,这样所需储存的数据比特比原始值要少很多。

MSM 的其他功能还包括信号和卫星掩码,这些掩码用作整个跟踪信号集(一个星座的所有卫星)的索引,以及用于特定卫星的跟踪子集。通过这种方式,对于旧卫星系统的应用模式,可以仅支持可用的现代化信号对一部分星座(例如,GPS BLock Ⅱ R-M 上的

L2C 和 BLock IIF 上的 L5），而不需要使用空的或填充的数据字段。

每个星座定义了 7 种不同的多信号消息。单个消息类型由消息号的最后一位数字来区分，并在不同级别的观测数据方案需求（紧凑、全）上提供不同的基本观测集（伪距、载波相位、信号强度和多普勒）。

3. 网络 RTK 消息

网络 RTK 是指使用来自地面参考站网络（第 26 章和第 31 章）的校正数据进行实时动态定位（RTK）。与单参考站相比，基于网络的校正可以应用于更广的区域，载波相位模糊度解对基站距离的依赖性更小。RTCM SC-104 标准提供了一个协调的框架，用于将此类更正发送给用户，而不依赖于底层的网络体系结构。通过专用消息支持 GPS 和 GLONASS 网络 RTK 服务。除了辅助站数据电文中提供的与站有关的信息外，几何（非弥散性）和电离层（弥散性）改正数据可以以不同的或合并的信息传送。相关信息和适用的处理协议的详细信息参见 RTCM SC-104 标准[A.17]。另一类网络 RTK 消息包括网络 RTK 残差消息，这些残差消息用于实现虚拟参考站等概念，以改进针对特定用户的 RTK 服务。

4. 状态空间表示消息

状态空间表示（SSR）是为实时动态精密单点定位（PPP-RTK）应用提供校正数据的一个新概念。SSR 方法不是在观测空间中提供合成校正信息，而是使用分解的校正修正单一的 GNSS 误差源[A.20]，包括卫星位置校正（三维）和卫星时钟校正以及码偏差。不同的消息类型支持单独或组合轨道和时钟校正。此外，还有独特的高频度时钟校正信息，以确保具有快速变化的原子钟的卫星能够准确地表征。SSR 概念还充分考虑了为单频用户提供垂直总电子含量（VTEC）信息，尽管这还不是 RTCM SC-104 标准的一部分。SSR 校正的一般性质使它们在很大程度上独立于用户位置，并为全球 PPP 应用程序提供了基础。

## A.1.4 GNSS 二进制交换格式

二进制交换（BINEX）格式是一种支持研究和操作应用的 GNSS 格式标准。BINEX 是由 UNUNCO 在 Lou Estey 的领导下开发的，目的是对来自永久 GPS 监测站的实时数据流实现更好的数据压缩和增强可靠性[A.21,A.22]。除了常见的二进制格式之外，BINEX 的设计同时还支持高字节和低字节字序，这允许在广泛的硬件平台和处理器上使用。此外，通过校验和以及具有不同字节数的消息数字段，可以支持大范围的消息长度。BINEX 格式支持所有当前 GNSS 星座的观测和导航消息，以及涵盖站点特定参数的元数据消息。BINEX 由主要的 GNSS 接收机制造商（Trimble、Topcon、Javad、Leica、Septentrio）支持，并不断扩展和完善，以满足新的信号和系统的需求。BINEX 格式的官方文档在 UNAVICO 网站[A.23]上作为"活"文档进行维护。

1. 记录结构

BINEX 数据文件由一系列连续的 BINEX 数据记录组成，这些记录可以相互独立地处理。由于 BINEX 文件不包含文件头，因此可以很容易地将多个 BINEX 文件连接起来进行进一步处理，而不需要特殊的工具。BINEX 标准支持不同应用程序的各种通用电文帧形式。这些设计用于支持任何可预见类型的 GNSS 接收数据、辅助信息以及最终数据产品。

在它们最简单(和广泛使用)的形式中,每条记录在实际消息数据之前都包含一个带同步字节、记录标识符和消息长度字段的头,并以一个校验和字段结束(图 A.6)。消息本身可能包含其他字段(子记录 ID 等),以进一步区分实际内容。

记录标识符和消息长度都存储在无符号 BINEX 整数(ubnxi)数据字中,根据编码值的大小,该数据字占用 1~4B。同样,根据消息数据字段的长度使用不同类型的校验和(1B 的 XOR 校验和,2B 的 CRC-16,4B 的 CRC-32)。

2. 消息类型

虽然 BINEX 是一个高度通用的协议,旨在支持所有类型的 GNSS 相关信息的二进制传输,但目前广泛使用的消息类别数量有限。所有这些都使用 1B 的记录标识符,属于表 A.7 中所示的 5 个主要类别之一。

对于大多数记录类型,消息字段以 1B 的子记录 ID 开始,以便进一步区分其中包含的数据。尽管记录 0x7e 和 0x7f 被正式认为是原型消息,它们最终将被 0x03 和 0x02 消息所取代,但是其中一些(例如 0x7f 0x05)代表了事实上的标准,并且已经被各种接收机制造商采用。

除了表 A.7 中描述的公共消息外,还将各种记录标识符分配给不同的机构或公司,以支持私有 BINEX 消息的实现。这些方法使用了 0x7f(D127) 以外的记录 ID,这些 ID 需要一个以上的字节进行 ubnxi 编码。

## A.2 IGS 产品和元数据格式

作为对文本和二进制格式的补充,用于交换与接收机有关的信息(观测、导航数据、元数据等),在国际 GNSS 服务(IGS)的框架内已经发展了多种不同的格式。这使得用户和分析中心能够一致地交换 GNSS 数据产品和其他辅助信息。最常见的例子包括精确的卫星轨道和时钟信息、大气产品、天线信息和站点元数据,所有这些内容都将在本节中描述。各种格式规范的当前和历史版本均可通过 IGS 网站获得[A.8]。

### A.2.1 SP3 星历格式

SP3(标准产品 3)格式定义了一个广泛使用的标准,用于提供 GNSS 卫星的精确轨道和时钟数据。除了 RINEX 观测数据外,SP3 轨道和时钟信息构成了大部分精密单点定位(PPP)应用所需的基础。各分析中心始终以 SP3 格式提供 2GS 轨道和时钟产品,并可用于所有常用的 PPP 软件包。

SP3 源于美国国家大地测量局(NGS)开发的两种 GPS 轨道数据格式(SP1、SP2)。鉴于之前格式局限于轨道数据的缺陷,SP3 还整合了时钟数据和精度信息[A.24]。尽管最初定义了文本和二进制版本,但只有前者被广泛接受,并且还在不断发展。在其最新版本

SP3d中,该格式使用与RINEX标准一致的卫星标识符,支持所有GNSS星座(A.1.2节)。为了联合使用近地轨道卫星的精确轨道信息,除了表A.3中的名称外,还为非GNSS卫星增加了一个星座字母"L"。

尽管SP3格式用来以完全一致的方式组合轨道和时钟偏移信息,但时钟数据通常需要更高的速率。一方面,考虑到它们的平滑机制,周期为12~24h的GNSS轨道可以很容易地以15min或更大的间隔内插已知值。另一方面,时钟的变化是随机过程,精确插值需要更小的采样间隔(30s或更小)。因此,PPP用户可能更喜欢用单独的高频度时钟数据(A.2.2节)补充SP3轨道数据,前提是这两种产品是由一个共同的提供商提供利用完全一致的处理流程生成的。

1. 格式描述

基于文献[A.25]的综合规范,SP3d轨道和时钟数据文件的基本格式和内容如图A.7所示。它包括一个标题部分,其中包含用于正确处理后续数据记录的辅助信息。它们提供轨道和时钟数据以及可选的精度信息,这些信息在等效历元网格上,用于先前指定数量的卫星和历元。虽然该格式最初限制为80个字符的行宽和22行标题,但在SP3d中引入了更多的标题行,以容纳超过85颗卫星和扩展注释。

文件头由不同的行块(由#、+、%和/字符引入)组成,这些行块提供相关的索引和参数,用于正确解释后续的轨道、时钟和精度数据记录。

文件头的第一行表示格式版本(第2列中的"d"表示SP3d格式),并将位置文件与具有位置和速度信息的文件(第3列中的"P"或"V")区分开来,然后提供初始历元的日历日期和数据点的数量。除了第2行第25~38列提供的步长外,所有后续轨道和时钟数据记录的周期都完全由这个文件头信息定义。作为第1行中指定的起始历元的补充,第2行中给出了以周和秒为单位的(冗余的)时间表示,以及整数和分数形式修改的儒略日计数。第一个标题中的信息还包括使用数据的标示符(例如,无差载波相位和代码观测的 $u+U$)、坐标系统描述符、轨道产品的类型和实施机构的缩写词。

在上述初始标题行之后,由多个"+"字符引入的五行或更多行组成的块指定了卫星的总数、卫星标识(星座字母加数字),以及在SP3数据块给出的卫星轨道和钟差数据的对应卫星序列。下一个标头块(图A.7中以红色显示)提供了每个航天器的整数值形式的轨道精度指标 $a$,从中可以得到所有历元中各自轨道误差的标准偏差 $\sigma_{orb}=2^a$ (mm)。

文件头后续的内容是一组辅助参数,最明显的是第一行中以%c开头的时间系统指示符。它以一个由四行或更多的注释行组成的块结束,这些注释行用于说明在IGS中识别各种处理约定,如天线偏移或潮汐模型。

随后的每个数据块都以一个特定的历元日期和时间的历元标头行开始,这必须与文件标头中定义的记录和历元网格的顺序一致。此后,每颗卫星的位置(以km为单位)和时钟偏移(以s为单位)将在标有初始"P"字符的行中指定。对于包含位置和速度信息的文件,每个位置记录由后续的速度记录(由初始的"V"字符表示)补充,该记录提供了卫星速度(以0.1m/s为单位)和时钟速率(以 $10^{-4}\mu s$ 为单位)。两个记录中的未知或无效数据由零值(位置和速度)或999999.999999(时钟偏移和时钟速率)表示。

```
----+---1|0---+---2|0---+---3|0---+---4|0---+---5|0---+---6|0---+---7|0---+---8|
#dP2014  1 14  0  0  0.00000000       96   u+U IGb08 FIT  GFZ
## 1775 172800.00000000   900.00000000 56671 0.0000000000000
+   55   G01G02G03G04G05G06G07G08G09G10G11G12G13G14G15G16G17
+        G18G19G20G21G22G23G24G25G26G27G28G29G31G32R01R02R03
+        R04R05R06R07R08R09R10R11R12R13R14R15R16R17R18R19R20
+        R21R22R23R24 00 00 00 00 00 00 00 00 00 00 00 00 00
+         00 00 00 00 00 00 00 00 00 00 00 00 00 00 00 00 00
++         6  6  7  7  6  6  7  6  6  5  7  5  8  5  8  9  6
++         6  6  7  7  5  6  9  6  5  5  6  8  5  6  7  6  5
++         8  8  5  8  5  8  6  8  6  9 10  8  5  7  6  6 10
++         8  5  5  6  0  0  0  0  0  0  0  0  0  0  0  0  0
++         0  0  0  0  0  0  0  0  0  0  0  0  0  0  0  0  0
%c  M cc GPS ccc cccc cccc cccc cccc ccccc ccccc ccccc ccccc
%c cc cc ccc ccc cccc cccc cccc cccc ccccc ccccc ccccc ccccc
%f  1.2500000  1.025000000  0.00000000000  0.000000000000000
%f  0.0000000  0.000000000  0.00000000000  0.000000000000000
%i    0    0    0    0      0      0      0      0         0
%i    0    0    0    0      0      0      0      0         0
/* PCV:IGS08_1771 OL/AL:FES2004  NONE     YN CLK:CoN ORB:CoN
/*     Format example
/*
/*
*  2014  1 14  0  0  0.00000000
PG01 -22719.489032 -12954.464685   4947.520826    100.299587 18 18 16 217
PG02   9976.466832  20308.487654  14556.052309    472.605048 18 17 17 205
PG03  -6463.720164 -14712.776290 -21679.213455    312.055000 21 19 20 235
PG04  -5817.639961  14805.054074  20935.719513      4.845698 20 18 19 227     M
PG05   3611.450463  24622.788248  -9096.600235   -392.445998 17 19 18 210
---------------------------------------------------------------------- Omitted lines
...
PR20 -22545.743726  -3235.075024 -11530.456734    -87.973609 30 27 29 276
PR21 -24750.255662   4458.159423   3954.708793 999999.999999 25 23 26 999 EP   P
PR22 -14589.418582  10212.984872  18328.006528    110.608442 16 16 16 193
PR23   5123.982462  10175.849396  22816.989886   -588.600287 16 17 16 187
PR24  20756.252131   4380.870362  14144.802842   -105.908108 17 18 19 207
---------------------------------------------------------------------- Omitted lines
...
----+---1|0---+---2|0---+---3|0---+---4|0---+---5|0---+---6|0---+---7|0---+---8|
```

Start of header

Satellite list

Global accuracy codes

Parameters

Comments

Epoch Sat, orbit, clock, accuracy codes, flags

图 A.7　SP3d 格式示例

图 A.7 还说明了可选历元和精度指示符(列 62~73)以及附加标志(用于时钟事件的 75~80 列("E")、轨道机动("M")和预测轨道或时钟数据("P")的使用。与上面描述的全局精度指标类似,这些精度指标提供指数 $a$,用于使用关系式 $\sigma=b^a$ 计算各自值的标准精度偏差。除了使用 $b=2$ 的固定基值外,供应商还可以选择基值,并在%f 标头行中分别为卫星位置和时钟数据指定基值。通过这种方法,可以获得更好的精度信息的分辨率。使用该类型的精度指示器是可选的,但可以更好地区分出基于实际观测值的预测轨道和时钟信息。

为了完整起见,我们注意到 SP3 标准还考虑了可选位置和时钟相关性的记录(EP)以及速度和时钟速率相关信息的 EV 记录的使用。这些记录能够提供一个完整的四维协方差矩阵来描述各自数据的统计特性。然而,位置和时钟相关性记录都没有在 IGS 官方产品中得到了广泛的认可。

2. 插值

基于它的历史,SP3 被设计成一个表格式的星历格式,它以相等的时间间隔提供所有的数据。这是数值轨道预测软件生成轨道信息的自然选择,有利于中间值的插值。虽然如此,但仍需要进行同步设计,以确保时钟数据能够与轨道信息在同一历元出现。虽然 SP3 格式支持位置和速度数据的联合提供,但人们已经认识到,单纯位置信息通常已经是足够充分的,因为速度可以通过微分插值函数从位置数据中获得。因此,SP3 格式支持具有和不具有补充速度(和时钟速率)数据的版本。除了减小了数据规模外,仅提供位置的 SP3 文件保证了导出的位置-速度信息的完全一致性,避免了惯性坐标系到地球固定速度数据繁琐的转换。

尽管文献[A.26-A.28]提出并研究了各种形式的 GNSS 星历数据插值算法,但是多项式插值是最广泛应用的。为此,人们开发了各种各样的算法[A.29],其中拉格朗日方法最适用于多个值(如位置向量的 $x$、$y$ 和 $z$ 坐标)必须在同一历元网格内插的情况。因此,通常建议与 SP3 轨道数据一起使用[A.24, A.30, A.31]。

给出一组 $n+1$ 个历元 $t_i$,初等 $n$ 阶拉格朗日多项式为

$$l_i(t) = \prod_{j=0, j\neq i}^{n} \frac{(t-t_j)}{(t_i-t_j)} \quad (i = 0, \cdots, n) \tag{A.1}$$

式(A.1)是第一次计算。这些系数设计成在除一个网格点之外的所有网格点上的系数为零,即

$$l_i(t_j) = \begin{cases} 1, i=j \\ 0, i\neq j \end{cases} \tag{A.2}$$

利用这一结果,可以方便地将 $n$ 阶插值多项式表示为一个线性组合,即

$$r(t) = \sum_{i=0}^{n} r_i l_i(t) \tag{A.3}$$

式中:$r_i$ 为给定网格点的位置向量值。时刻 $t$ 的速度也是根据已知值 $v_i$ 在网格历元通过拉格朗日插值得到,即

$$v(t) = \sum_{i=0}^{n} v_i l_i(t) \tag{A.4}$$

另外,可以对插值多项式(A.3)进行差分,以获得这种关系,有

$$v(t) = \sum_{i=0}^{n} r_i l_i'(t) \tag{A.5}$$

$$l_i'(t) = \sum_{\substack{k=0 \\ k\neq i}}^{n} \frac{1}{(t-t_k)} \cdot \prod_{\substack{j=0 \\ j\neq i}}^{n} \frac{(t-t_j)}{(t_i-t_j)} \tag{A.6}$$

式中:$l_i'(t)$ 为 $n$ 阶拉格朗日多项式的时间导数。需要注意的是,上述表达式同样适用于非等距值的插值。然而,恒定的步长(如 SP3 格式所暗示的)简化了拉格朗日多项式的计算,并有助于插值误差的均匀分布。

在大多数情况下,采用 15min 间隔 GNSS 轨道产品,在内插历元两侧使用相同数量网格点的 9 阶多项式可提供了与 SP3 轨道数据的数值解相一致的内插精度[A.26]。但是,在星历周期的开始或结束时可能会存在较大的插值误差[A.27]。此外,高阶插值不能应用于时钟数据,因为时钟数据不如轨道信息平滑,建议采用线性插值或最多三次插值[A.32]。

3. 约定

为了能够一致地使用多 GNSS 轨道和时钟文件,SP3 标准要求所有卫星的信息应参考文件头中确定的公共时间和参考系统。尽管如此,为了正确地解析数据,通常还需要产品提供者提供进一步的规范。

在 IGS 中,SP3 精确星历产品中所提供的 GNSS 卫星位置指的是卫星质量中心和固定在地球表面的平均地壳坐标系统(由于地球的潮汐变形,该系统可能与重心系统相差几毫米)。

与此相反,时钟数据指的是采用的天线相位中心和传统的双频信号组合(GPS 的 L1/L2 P(Y)码观测值)。此外,从所提供的时钟数据中扣除由轨道偏心率引起的对时钟数据

的主要相对论影响,以更好地反映时钟的真实值。因此,必须对从 SP3 星历中获取到的时钟偏移量并进行相应的校正,以便对 GNSS 观测进行适当的建模(19.2 节)。

## A.2.2 时钟 RINEX 格式

1998 年引入处理时钟信息的 RINEX 扩展[A.33],作为通用时钟偏移信息交换的通用框架。今天,该格式主要用于提供精确的 GNSS 卫星和接收机时钟数据,这些数据基于对全球监测站网络的分析。时钟 RINEX 格式已经演变成一种 GNSS 产品格式,而不仅仅是一种接收机数据格式。时钟 RINEX 数据广泛用于精密单点定位(PPP),也用于监测 GNSS 卫星时钟以及国家时间标准实验室原子钟的性能。

时钟 RINEX 文件的结构和内容如图 A.8 所示。根据 RINEX 观测和导航数据格式(A.1.2 节),时钟数据文件头由 61~80 列中的标签标识的一系列文件头行组成。这些强制的或可选的文件头行提供了正确解释实际时钟数据的辅助信息,并以"END OF HEADER"行终止。文件头行提供的关键参数包含一个时间系统指示符,关于对每个 GNSS 星座确定时钟偏移所使用的信号或信号组合信息,关于相位中心偏移、相位模式变化和差分码偏离的信息,以及作为参考时钟偏移的站时钟。此外,还提供了钟差估计过程中使用的站列表和卫星的列表。

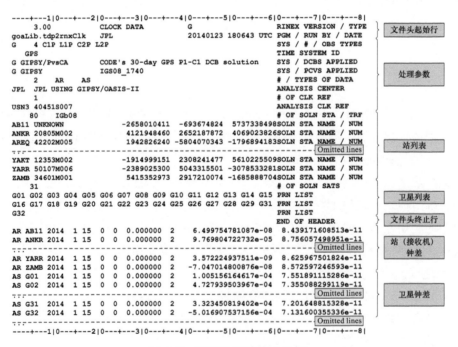

图 A.8 RINEX 时钟格式示例

文件头之后,RINEX 时钟文件以历元的形式提供了每个站和接收机时钟偏移值。每行以"AR"(用于分析接收机时钟数据)和"AS"(用于分析卫星时钟数据)开头,并包含该历元的详细信息。历元中其他字段包含了数据项的数量,以及跟随其后的时钟偏移及其标准差。两个值都以秒为单位提供。如果需要,也可以在下一行中给出时钟速率和加速度以及它们的标准差。

固定的步长并不是必须的,但仍是 IGS 分析中心的一种常见做法。根据产品和供应商的不同,5min 和 30s 的步长是最常用的,而 5s 步长的产品则可用于高精度应用。考虑到典型时钟变化的随机性,建议在连续时间间隔内对时钟数据进行线性插值。

## A.2.3 SINEX 格式

与解算无关的文件交换格式(SINEX)格式[A.34]最初的设计是为了方便 IGS 分析中心之间交换和共享站坐标、速度、地球定向参数(EOP)。这些参数通常是使用各种软件工具对全球 IGS GNSS 监测网络的处理估计出来的。因此,需要一种通用格式来比较和综合分析中心的解算值。自 1995 年开始,SINEX 一直用于这一目的,并在过去几十年中不断得到可以支持处理新参数。

该格式还不断被采用和扩展,以满足甚长基线干涉测量(VLBI)、卫星激光测距(SLR)和多普勒轨道学与无线电定位集成卫星(DORIS)系统的需要。这些综合技术用来产生国际地球参考框架(ITRF)。

基本的 SINEX 文件包含站点坐标和地球自转参数估计值以及有关站点的辅助信息,如接收机和天线类型、偏心率和相位中心信息。此外,可以存储协方差信息或法方程,以方便对不同分析中心和/或大地测量观测系统的解进行融合[A.35]。

SINEX 采用了一种固定格式的文本表示,最大行宽为 80 个字符。每个文件以强制的 "%=SNX" 标题行开始,以 "%ENDSNX" 脚注结束。在这之间,各种数据块以任意的顺序给出。每个块由一个预定义的标签来标识,并嵌入在一个 "+label…-label" 行的帧中。表 A.8 给出了 SINEX 数据块文件的描述,图 A.9 给出了一个格式示例。

1. SINEX 对流层格式

SINEX 对流层格式[A.36]扩展了 SINEX 格式来支持对流层的观测和估计数据。该格式包含天顶湿的延迟、可估计湿延迟、梯度以及相应的标准差。此外,该格式还可以提供标准的大气测量数据,如大气压、温度和相对湿度。GNSS 用户可以利用 SINEX 对流层数据来校正伪距观测,从而提高位置估计精度。气象报告和预报机构也使用 SINEX 对流层文件中的观测和估计气象数据进行数值模拟和气候建档。

SINEX 对流层文件遵循标准 SINEX 文件格式的总体约定,并继承其各种数据块格式,但由一个 "%=TRO" 标题行标识。表 A.9 提供了特定对流层格式的标签清单。

2. 偏差 SINEX 格式

以 SINEX 对流层格式为例,提出了一种专用的 SINEX 格式,用于交换卫星和 GNSS 监测站的码和相位偏差[A.37]。该格式是专门设计来处理差分码偏差(DCB)的,但也可以处理载波相位和系统间偏差。表 A.9 提供了特定于偏差的数据块的相关标签列表。通过 "%=BIA" 标题行,可以区分 SINEX 偏差文件与标准 SINEX 文件。

## A.2.4 IONEX 格式

电离层交换(IONEX)格式[A.38]是为了实现交换 GNSS 观测数据分析处理得到全球电

离层格网(GIM)数据而开发的。除了空间天气监测和电离层分析之外,在 GNSS 接收机单频位置估计中,与电离层实时校正的 Klobuchar 或 NeQuick 模型(第 6 章)相比,使用电离层格网信息具有更高的准确度和精度。

IONEX 格式的 GIM 产品由多个 IGS 分析中心综合生成[A.39],并在等距网格上提供离散时间间隔的地心经度和纬度的垂直总电子含量(VTEC)估计值(图 A.10)。这些与单层模型(第 6 章和第 19 章)结合使用来计算基于这些数据,利用单层模型(第 6 章和第 19 章)来计算在伪距和相位观测处理过程中的电离层路径延迟。

```
%=SNX2.01COD14:019:09616IGS14:013:0000014:016:00000P008481SEA
*-----------------------------------------------------------------
+FILE/REFERENCE
 DESCRIPTIO          CODE, Astronomical Institute, University of Bern
 OUTPU               CODE IGS 3-day solution
 INPU                CODE IGS 1-day solutions
-FILE/REFERENCE
*-----------------------------------------------------------------
+SITE/ID
*CODE PT __DOMES__ T _STATION DESCRIPTION__ APPROX_LON_ APPROX_LAT__ APP_H_
 ABMF  A 97103M001 P LesAbymes, FR          298 28 20.9  16 15 44.3   -25.6
 ZIMJ  A 14001M006 P Zimmerwald, CH           7 27 54.4  46 52 37.7   954.3
-SITE/ID
+SITE/RECEIVER
*SITE PT SOLN T DATA_START__ DATA_END____ DESCRIPTION_____ S/N__ FIRMWARE
 ABMF  A    1 P 14:013:00000 14:015:86370 TRIMBLE NETR9       ----- -----------
 ZIMJ  A    1 P 14:013:00000 14:015:86370 JAVAD TRE_G3TH DELTA ----- -----------
-SITE/RECEIVER
+SITE/ANTENNA
*SITE PT SOLN T DATA_START__ DATA_END____ DESCRIPTION_____ S/N__
 ABMF  A    1 P 14:013:00000 14:015:86370 TRM57971.00         NONE -----
 ZIMJ  A    1 P 14:013:00000 14:015:86370 JAVRINGANT_DM       NONE -----
-SITE/ANTENNA
+SITE/GPS_PHASE_CENTER
*DESCRIPTION          S/N__ L1->ARP(M)__(U,E,N)__ L2->ARP(M)__(U,E,N)__
 JAVRINGANT_DM  NONE ----- 0.0893 0.0011 0.0009 0.1196 0.0003 -.0001 IGS08_1771
 TRM57971.00    NONE ----- 0.0668 0.0011 -.0003 0.0578 0.0001 0.0007 IGS08_1771
-SITE/GPS_PHASE_CENTER
+SITE/ECCENTRICITY
*SITE PT SOLN T DATA_START__ DATA_END____ AXE ARP->BENCHMARK(M)_____
 ABMF  A    1 P 14:013:00000 14:015:86370 UNE  0.0000  0.0000  0.0000
 ZIMJ  A    1 P 14:013:00000 14:015:86370 UNE  0.0770  0.0000  0.0000
-SITE/ECCENTRICITY
*-----------------------------------------------------------------
+SATELLITE/ID
*SITE PR COSPAR___ T DATA_START__ DATA_END____ ANTENNA_____
 G063 01 2011-036A P 11:197:00000 00:000:00000 BLOCK IIF
 R735 24 2010-007B P 10:060:00000 00:000:00000 GLONASS-M
-SATELLITE/ID
+SATELLITE/PHASE_CENTER
*SITE L SATA_Z SATA_X SATA_Y L SATA_Z SATA_X SATA_Y MODEL_____ T M
 G063 1 1.5613 0.3940 0.0000 2 1.5613 0.3940 0.0000 IGS08_1771 A E
 R735 1 2.4830 -.5450 0.0000 2 2.4830 -.5450 0.0000 IGS08_1771 A E
-SATELLITE/PHASE_CENTER
*-----------------------------------------------------------------
+SOLUTION/EPOCHS
*CODE PT SOLN T _DATA_START__ _DATA_END___ _MEAN_EPOCH__
 ABMF  A    1 P 14:013:00000 14:015:86370 14:014:43185
 ZIMJ  A    1 P 14:013:00000 14:015:86370 14:014:43185
-SOLUTION/EPOCHS
+SOLUTION/ESTIMATE
*INDEX TYPE__ CODE PT SOLN _REF_EPOCH__ UNIT S __ESTIMATED VALUE_____ STD_DEV
     1 STAX  ABMF A    1 14:014:43200 m    2 0.291978574407741E+07 .346952E-03
     2 STAY  ABMF A    1 14:014:43200 m    2 -.538374500399109E+07 .547673E-03
     3 STAZ  ABMF A    1 14:014:43200 m    2 0.177460477599520E+07 .307686E-03
   769 STAX  ZIMJ A    1 14:014:43200 m    1 0.433129380015458E+07 .353701E-03
   770 STAY  ZIMJ A    1 14:014:43200 m    1 0.567542294104827E+06 .204759E-03
   771 STAZ  ZIMJ A    1 14:014:43200 m    1 0.463313582612440E+07 .365545E-03
   778 XPO   ---- --   1 14:013:00000 mas  2 0.301765028159985E+02 .775857E-02
   782 YPO   ---- --   1 14:013:00000 mas  2 0.329956712999544E+03 .781743E-02
   786 UT    ---- --   1 14:013:00000 ms   2 -.110025006935236E+03 .145173E-03
   793 SATA_Z G063 LC ---- 14:014:43185 m   2 0.156129999660433E+01 .145173E-05
   848 SATA_Z R735 LC ---- 14:014:43185 m   2 0.248300000792411E+01 .145173E-05
-SOLUTION/ESTIMATE
*-----------------------------------------------------------------
%ENDSNX
```

图 A.9 SINEX 格式示例。标签以及首行、末行和注释行都用颜色突出显示

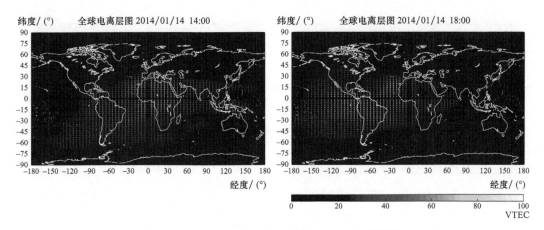

图 A.10 IGS CODE 分析中心的全球电离层网格图

表 A.6 常用的 SINEX 数据块,(m)、(r)和(o)表示强制、建议和可选块

| 标签 | | 内容 |
|---|---|---|
| FILE/REFERENCE | (m) | 生成文件使用的组织、软件和硬件的信息 |
| FILE/COMMENT | (o) | SINEX 文件通用注释 |
| INPUT/HISTORY | (r) | 有关机构、源数据周期、技术、参数和内容类型(站点、轨道、EOP、对流层等)的信息 |
| INPUT/FILES | (o) | 源数据文件 |
| INPUT/ACKNOWLEDGEMENTS | (o) | 文件生成机构名称 |
| NUTATION/DATA | (m,VLBI) | 采用章动模型(IAU1980,IERS1996,IAU2000a/b) |
| PRECESSION/DATA | (m,VLBI) | 采用进动模型(IAU1976,IER1996) |
| SOURCE/ID | (m,VLBI) | VLBI 无线电信号源的名称 |
| SITE/ID | (m) | 主要站点参数的描述(标识符、观测技术、描述、大致位置) |
| SITE/RECEIVER | (m) | 每个站点使用的接收机(类型,序列号,时间跨度) |
| SITE/ANTENNA | (m) | 每个站点使用的天线和天线罩(型号、序列号、时间跨度) |
| SITE/GPS_PHASE_CENTER | (m) | GPS L1/L2 各天线类型的相位中心偏移量 |
| SITE/GAL_PHASE_CENTER | (m) | 伽利略 E1/E5a/E6/E5b/E5ab 各天线的相位中心偏移 |
| SITE/ECCENTRICITY | (m) | 偏心量,即每个站点的天线参考点到测量标记点的距离 |
| SATELLITE/ID | (r) | 使用的 GNSS 卫星的列表,以及该卫星天线类型(或区块),空间飞行器和 COSPAR 编号以及相关的 RINEX/sp3 卫星标识符(=PRN/插槽号)和使用/分配周期 |
| SATELLITE/PHASE_CENTER | (m) | GNSS 卫星天线每个频带的质心相位中心偏移量 |

续表

| 标签 | | 内容 |
|---|---|---|
| SOLUTION/EPOCHS | (m) | 每个解的观测列表,已估计参数的站点和点,每个解的观测时间跨度列表,已估计参数的站点和位置 |
| BIAS/EPOCHS | (r/m) | 在单一解中偏差估计的类型(范围、时间、尺度等)和周期 |
| SOLUTION/STATISTICS | (o) | 统计特征(没有观测量和未知数,抽样,残差等) |
| SOLUTION/ESTIMATE | (m) | 所有解参数的估计值和标准差 |
| SOLUTION/APRIORI | (r/m) | 估计运算中应用的先验值和约束条件 |
| SOLUTION/MATRIX_ESTIMATE | (r/m) | 相关、协方差或信息矩阵的上或下三角阵 |
| SOLUTION/MATRIX_APRIORI | (m) | 先验相关、协方差或信息矩阵三角阵形式 |
| SOLUTION/NORMAL_EQUATION_VECTOR | (m) | 无约束(简化)标准方程的右边 |
| SOLUTION/NORMAL_EQUATION_MATRIX | (m) | 无约束标准方程矩阵三角阵形式 |

表 A.9 SINEX 对流层和 SINEX 偏差格式的数据块;(m)表示强制数据块

| 标签 | | 内容 |
|---|---|---|
| TROP/DESCRIPTION | (m) | 分析参数的值(采样间隔、高程截止、映射函数等)和求解中提供的参数列表(天顶延迟估计、气象数据等) |
| TROP/STA_COORDINATES | (m) | 所使用的站点及其坐标 |
| TROP/SOLUTION | (m) | 每个测站在离散时间步长的估计参数值 |
| BIAS/DESCRIPTION | (m) | 解的参数说明(采样间隔) |
| BIAS/SOLUTION | (m) | 残差类型(信号、卫星、站)、适用期、值和标准差 |

1. 格式描述

IONEX 文件格式遵循有 80 列记录的 RINEX2 模板。它包含一个文件头,后面是每个历元文件的 TEC 分布格网图模型。每个 TEC 分布格网模型本身由多个记录组成,这些记录在指定的经度网格上提供对应纬度的 TEC 值(图 A.11)。可选择地,TEC 网格模型可以由提供预期不确定度的 RMS TEC 网格模型来补充。

图 A.12 所示为 IONEX 文件头和数据记录基本格式的删节示例。文件头主要说明不同 TEC 网格模型中 TEC 信息时间、经度和纬度范围,以及相应的步长大小。尽管该格式的设计支持三维网格模型,但目前的产品仅限于相对于地球平均半径具有固定高度的二维单层表示。为了方便插值,00:00h 和 24:00h 历元通常都包含在日 IONEX 产品中。同样,全局地图的经度网格包括 $\lambda = +180°$ 和 $\lambda = -180°$ 的 TEC 值,

图 A.11 IONEX 文件结构

尽管会产生冗余。第二组标题行提供了在生成 TEC 格网模型图时纳入的所有卫星和站的差分码偏差(DCB)。由于电离层路径延迟是根据两种不同频率的观测结果差分而得到的(第 39 章),这种偏差对电离层活动估计有直接影响。尽管在单频定位应用中差分码偏差不是实际需要的,但在文件头中提供该偏差,保证了使用 TEC 分布图时的透明性和一致性。

每个 TEC 格网模型由一系列连续的记录组成,这些记录提供了在特定纬度的整个经度网格上的 TEC 值。使用预定义的比例(通常为 0.1 TECU),所有值都可以采用最多 5 位整数形式的数字表示。每个 TEC 格网模型被嵌入到 TEC 格网模型的"START OF TEC MAP"和"END OF TEC MAP"帧中,并由它们的序列号标记。此外,还提供了相应纪元的日历日期和时间,以方便识别。

2. 插值

全球电离层分布模型提供了在离散时间 $t_i$、地心纬度 $\varphi'_j$ 和经度 $\lambda_k$ 时的垂直总电子含量 $VTEC_{i,j,k}$(图 A.10)。单层模型的应用需要对给定时间 $t$ 和位置 $(\lambda, \varphi')$ 的电离层穿透点(信号路径与电离层表面的相交的点)的插值第 19 章图 19.1)。

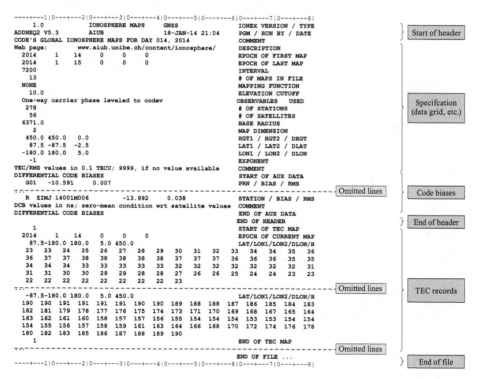

图 A.12　IONEX 文件格式示例。开始和结束处的标尺是加上的,仅供参考,不属于实际格式的一部分

对于给定位置的插值,采用双线性插值,有

$$\begin{aligned}
VTEC_i(\lambda, \varphi') = & (1-p)(1-q) VTEC_{i,j,k} + \\
& (p)(1-q) VTEC_{i,j+1,k} + \\
& (1-p)(q) VTEC_{i,j,k+1} + \\
& (p)(q) VTEC_{i,j+1,k+1}
\end{aligned} \quad (A.7)$$

$$\begin{cases} p = (\varphi' - \varphi'_j)/(\varphi'_{j+1} - \varphi'_j) \\ q = (\lambda - \lambda_k)/(\lambda_{k+1} - \lambda_k) \end{cases} \quad (A.8)$$

式(A.7)适用于区间 $\varphi'_j \leq \varphi' \leq \varphi'_{j+1}$ 与 $\lambda_k \leq \lambda \leq \lambda_{k+1}$，具体受周围网格点限制。

对于时间内插，线性内插可表示为

$$\text{VTEC}(t, \lambda, \varphi') = (1-\tau)\text{VTEC}_i(\lambda, \varphi') + \tau\text{VTEC}_{i+1}(\lambda - \omega(t_{i+1} - t_i), \varphi') \quad (A.9)$$

$$\tau = (t - t_i)/(t_{i+1} - t_i)$$

式(A.9)可以在 $t_i \leq t \leq t_{i+1}$ 区间内使用。然而，如果结果能考虑到电离层活动主要随当地时间而不是协调世界时变化，会得到更好的计算结果。这导致平均电子密度分布明显向西偏移，偏移速度为 $\omega = 15°/h$，如图 A.10 所示。修改后的关系式可表示为

$$\text{VTEC}(t, \lambda, \varphi') = (1-\tau)\text{VTEC}_i(\lambda, \varphi') + \tau\text{VTEC}_{i+1}(\lambda - \omega(t_{i+1} - t_i), \varphi') \quad (A.10)$$

这是文献[A.38]所推荐的，可用于 IONEX TEC 格网模型的及时插值。在这里，第二张图相对于第一张图在经度上进行了移动，以补偿地球在各个历元之间的自转。

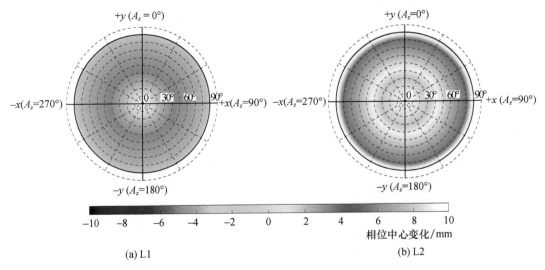

图 A.13　在 igs08.atx 校正文件中提供的 GPS L1(a) 和 L2(b) 信号莱卡 AR25.R4 天线方位角和视轴角相关的相位中心变化。图片由 A. Hauschild 提供

## A.2.5　ANTEX

天线数据交换(ANTEX)格式[A.40]是为了方便编制和共享用于 GNSS 接收机和卫星天线的相位中心偏移量(PCO)和相位中心变化(PCV)而开发的(图 A.13)。这些修正被用于 GNSS 精确点定位，以及 GNSS 卫星轨道和时钟的确定中载波相位观测的高精度建模(第 19 章)。

除了需要扩展行宽的 PCV 数据外，ANTEX 文件使用行格式，列 1~60 中提供参数，列 61~80 中提供描述性标签。在一个简短的文件头之后，提供了一系列带有各个天线信息的数据记录(图 A.14)。每条记录本身由一个天线特定的报头和几组针对不同星座和频

带的 PCO/PCV 数据组成。

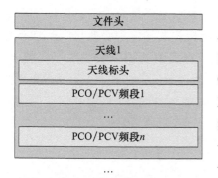

图 A.15 给出了一个删节示例,该示例展示了 ANTEX 文件的基本结构和数据块。首先,使用不同的颜色来突出单个天线记录的头标识(蓝色)以及 GPS L1(红色)和 L2(绿色)频率的 PCO/PCV 数据。对于 GNSS 卫星天线、天线类型(与 GPS 卫星的块类型相关联)、RINEX 卫星标识符(星座字母和 PRN 号)、卫星编号和国际(COSPAR)卫星编号在第一个记录标题行中指定。然后,该文件还指明了相位中心变化对应的方位角和视场角值的网格。此外,该文件还提供了一个有效期限,以反映分配给卫星的给定卫星标识符的时间范围。对于 GNSS 接收机天线,该文件还支持标识天线类型和天线罩的名称以及用于校准相位偏差的方法。自 2005 年以来,IGS 只使用绝对天线相位模式[A.41]。这些主要利用基于自动化校准或暗室测量模式。

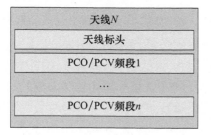

图 A.14 ANTEX 天线文件基本结构

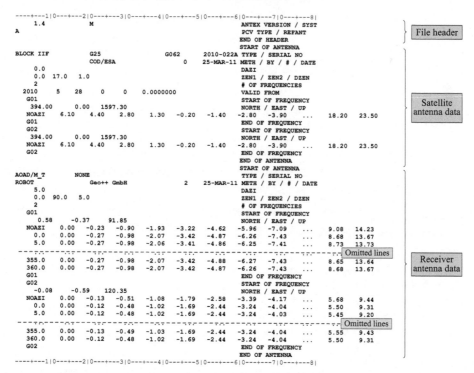

图 A.15 ANTEX 文件格式示例。开始和结束处的标尺符号是加入的,仅供参考,不属于实际格式的一部分。省略号表示为适应可用的打印空间而删除的字符或行

某一特定频段的天线信息被嵌入到一个"START OF FREQUENCY …END OF FREQUENCY"块中——由 RINEX 星座字母和频带号标识。首先给出天线相位中心的偏移

· 1547 ·

量,然后给出相位中心的变化量。接收机天线相位中心偏移是根据天线参考点(ARP)和北、东、天方向对齐的坐标系来定义的。GNSS 卫星相位中心偏移量是根据卫星的质心和物体固定坐标的 $x$、$y$ 和 $z$ 坐标定义的。与同一参考系统相关的相位中心变化以平均视场角度相关模式(由 NOAZI 关键字标记)和可选的方位和视场角度相关模式的形式提供。对于 GNSS 卫星来说,标准的 IGS AN-TEX 产品中只提供了第一种形式,尽管一直为所有 GPS 和 GLONASS 卫星推导二维 PCV 图。对于给定的视轴角方向,PCV 图可以使用线性(对于一维 PCV)或双线性(对于二维 PCV)插值。

## A.2.6 站点日志格式

建立和维护一个 GNSS 工作站或工作站网络,需要一个描述了工作站的位置、设备、负责机构和联系信息的标准化的工作站信息档案。为了满足这些需求,IGS 建立了专门的站点日志格式。站点日志以文本文件的形式存储,宽度为 80 个字符,由表 A.10 中描述的 14 个部分组成。每部分中的各个参数由第 31 列中的冒号(冒号分隔标签和参数)预定义的标签标识。当设备或现场条件发生变化时,相关区块将被更新。通过这种方式,站点日志为用户提供了发生的所有更改的完整记录。站点日志文件的删节示例如图 A.16 所示。

表 A.10 站点日志文件内容

| 序号 | 组成部分 | 内容描述 |
|---|---|---|
| 0 | Form | 作者、准备日期、类型(新的或更新的)、链接到以前的站点日志列表以及列表变化情况 |
| 1 | Site identification | 场地名称、四字符 ID、碑文、IERS Domes 编号、CDP 编号、碑名称、高度(m)和地基(类型和深度);标记描述和安装日期、地基地址特征(土壤、岩石) |
| 2 | Site location | 城市或城镇,州,国家,板块构造,近似的笛卡儿和地理坐标系 |
| 3 | GNSS receiver | 接收机类型,支持 GNSS 系统,序列号,固件版本,截止高度角,日期(安装和删除)。每次更改都重复 |
| 4 | GNSS antenna | 天线类型,序列号,天线参考点(ARP),天线 ARP 偏移标记,天线 w.r.t 真北校准,天线罩类型和序列号,天线电缆类型和长度,日期(安装和拆除)。每次变化都会重复 |
| 5 | Surveyed local ties | 标记:名称、用法(SLR、VLBI、控件)、CDP 编号、Domes 编号、差分组件(ITRS)(m):DX、dy 和 dz,精度,测量方法,日期和所需的附加信息。每次变化都会重复 |
| 6 | Frequency standard | 类型(内部,外部和类型),输入频率,生效开始和结束日期。每次变化都会重复 |
| 7 | Collocation information | 站点的仪器列表:类型(DORIS、SLR、VLBI 等)、状态,有效日期(开始和结束)和记录 |
| 8 | Meteorological instrumentation | 湿度传感器:制造商、序列号、采样间隔、精度、送气量、相对天线高差、校准日期以及开始和结束日期。压力传感器、温度传感器、水蒸汽辐射计等气象传感器的对应形式 |
| 9 | Local conditions | 无线电干扰、多径、信号阻塞 |
| 10 | Local episodic effects | 日期、事件(进行树木清理、施工等) |

续表

| 序号 | 组成部分 | 内容描述 |
|---|---|---|
| 11 | On site contact | 机构,简称,地址,主要联系人:姓名,电话,传真和电子邮件,用于二次联系和追加信息时都会重复 |
| 12 | Responsible agency | 内容与"site contact"相同 |
| 13 | More information | 主次数据中心、站点信息的URL、站点地图、图表、地平线标记、详细的标识碑描述和图片、天线图形和其他信息 |

```
KZN2 Site Information Form
International GNSS Service

0. Form
   Prepared by (full name)      : Renat Zagretdinov
   Date Prepared                : 2012-02-24
   Report Type                  : NEW

1. Site Identification of the GNSS Monument
   Site Name                    : KAZAN
   Four Character ID            : KZN2
   Monument Inscription         : KFU GNSS STATION
   IERS DOMES Number            : 12374M001
   CDP Number                   : NONE
   Monument Description         : PILLAR
     Height of the Monument     : 13(m)
     Monument Foundation        : CONCRETE BLOCK
     Foundation Depth           : 2(m)
   Marker Description           : (CHISELLED CROSS/DIVOT/BRASS NAIL/etc)
   Date Installed               : 2010-10-01
   Geologic Characteristic      : CLAY and SAND
   ...

2. Site Location Information
   City or Town                 : KAZAN
   State or Province            : TATARSTAN
   Country                      : Russian Federation
   Tectonic Plate               : Eurasian
   Approximate Position (ITRF)
     X coordinate (m)           : 2352345.7
     Y coordinate (m)           : 2717466.1
     Z coordinate (m)           : 5251458.5
     Latitude (N is +)          : +554726.82
     Longitude (E is +)         : +0490709.28
     Elevation (m,ellips.)      : 94.6
   Additional Information       :

3. GNSS Receiver Information
3.1 Receiver Type               : TRIMBLE NETR9
    Satellite System            : GPS+GLO+GAL+CMP
    Serial Number               : 5049K72275
    Firmware Version            : 4.43
    Elevation Cutoff Setting    : 5
    Date Installed              : 2012-02-24T00:00Z
    Date Removed                : 2012-08-14T13:00Z
    Temperature Stabiliz.       : 20-30
    ...

4. GNSS Antenna Information
4.1 Antenna Type                : TRM59800.00
    Serial Number               : 5106354023
    Antenna Reference Point     : BPA
    Marker->ARP Up Ecc. (m)     : 0.0750
    Marker->ARP North Ecc (m)   :
    Marker->ARP East Ecc (m)    :
    Alignment from True N       : 0
    Antenna Radome Type         : SCIS
    Radome Serial Number        : 0702
    Antenna Cable Type          : LMR400, Times Microwave Systems
    Antenna Cable Length        : 30(m)
    Date Installed              : 2012-02-24T00:00Z
    Date Removed                : (CCYY-MM-DDThh:mmZ)
    ...
```

图 A.16　站点日志格式示例(删节的部分用省略号表示)

# 参考文献

A.1 J. Januszewski: Satellite navigation systems, data messages, data transfer and formats, 11th Int. Conf. Transp. Syst. Telemat., TST 2011, Katowice-Ustron, 2011, Communications in Computer and Information Science, Vol. 239, ed. by J. Mikulski (Springer, Berlin, Heidelberg 2011) pp. 338-345

A.2 National Marine Electronics Association: http://www.nmea.org

A.3 NMEA 0183 Interface Standard, v4.10 (National Marine Electronics Association, Severna Park 2011)

A.4 W. Gurtner, G. Mader, D. MacArthur: A common exchange format for GPS data, CIGNET Bull. **2**(3), 1-11 (1989)

A.5 W. Gurtner: RINEX: The receiver-independent exchange format, GPS World **5**(7), 48-52 (1994)

A.6 W. Gurtner, L. Estey: RINEX: The Receiver Independent Exchange Format-Version 2.11, 26 Jun. 2012 (IGS/RTCM RINEX Working Group, 2012)

A.7 RINEX-The Receiver Independent Exchange Format-Version 3.03, 14 July 2015 (IGS RINEX WG, RTCM-SC104, Pasadena 2015)

A.8 International GNSS Service: IGS Formats http://kb.igs.org/hc/en-us/articles/201096516-IGS-Formats

A.9 Y. Hatanaka: A compression format and tools for GNSS observation data, Bull. Geogr. Surv. Inst. **55**, 21-29 (2008)

A.10 Navstar GPS Space Segment/Navigation User Interfaces, Interface Specification, IS-GPS-200H, 24 Sep. 2013 (Global Positioning Systems Directorate, Los Angeles 2013)

A.11 Quasi-Zenith Satellite System Interface Specification-Satellite Positioning, Navigation and Timing Service, IS-QZSS-PNT-001, Draft 12 July 2016 (Cabinet Office, Tokyo 2016)

A.12 BeiDou Navigation Satellite System Signal In Space Interface Control Document-Open Service Signal, v2.1, Nov. 2016 (China Satellite Navigation Office, Beijing 2013)

A.13 European GNSS Service Centre: European GNSS (Galileo) Open Service Signal In Space Interface Control Document, OS SIS ICD, Iss. 1.3, Dec. 2016 (EU 2016)

A.14 Indian Regional Navigation Satellite System-Signal In Space ICD for Standard Positioning Service, version 1.0, June 2014 (Indian Space Research Organization, Bangalore 2014)

A.15 Global Navigation Satellite System GLONASS-Interface Control Document, v5.1, (Russian Institute of Space Device Engineering, Moscow 2008)

A.16 G. Weber, D. Dettmering, H. Gebhard, R. Kalafus: Networked transport of RTCM via internet protocol (Ntrip)-IP-streaming for real-time GNSS applications, ION GPS 2005, Long Beach, 2005 (ION, 2005) pp. 2243-2247

A.17 RTCM 10403.3, Differential GNSS Services, Version 3, 7 Oct. 2016 (RTCM, Arlington)

A.18 Radio Technical Commision for Maritime Services: http://www.rtcm.org

A.19 A. Boriskin, D. Kozlov, G. Zyryanov: The RTCM multiple signal messages: A new step in GNSS data standardization, ION GNSS 2012, Nashville, 2012 (ION, 2012) pp. 2947-2955

A.20 M. Schmitz: RTCM state space representation messages, status and plans, PPP-RTK & Open Stand. Symp., Frankfurt, 2012 (BKG, Frankfurt a. M. 2012) pp. 1-31

A.21　L. Estey, C. Meertens, D. Mencin: Application of BINEX and TEQC for real-time data management, IGS Netw. Workshop, Oslo, 2000(IGS, Pasadena 2000)

A.22　L. Estey, D. Mencin: BINEX as a format for near-real time GNSS and other data streams, G43A-0663, AGU Fall Meet. 2008, San Francisco, 2008(AGU, Washington D. C. 2008)

A.23　UNAVCO: BINEX: Binary Exchange Format, http:// binex. unavco. org/binex. html

A.24　B. Remondi: Extending the National Geodetic Survey Standard for GPS Orbit Formats, NOAA Technical Report NOS 133 NGS 46(National Geodetic Information Branch, NOAA, Rockville, MD, Nov. 1989)

A.25　S. Hilla: Extending the standard product 3(SP3) orbit format, International GPS Serv. Netw. Data Anal. Cent. Workshop, Ottawa, 2002(IGS, Pasadena 2002)

A.26　M. Schenewerk: A brief review of basic GPS orbit interpolation strategies, GPS Solut. **6**(4), 265–267(2003)

A.27　H. Yousif, A. El-Rabbany: Assessment of several interpolation methods for precise GPS orbit, J. Navig. **60**(3), 443–455(2007)

A.28　M. Horemuz, J. V. Andersson: Polynomial interpolation of GPS satellite coordinates, GPS Solut. **10**(1), 67–72(2006)

A.29　W. H. Press, S. A. Teukolsky, W. T. Vetterling: *Numerical Recipes: The Art of Scientific Computing* (Cambridge Univ. Press, Cambridge 2007)

A.30　B. Hofmann-Wellenhof, H. Lichtenegger, E. Wasle: *GNSS: Global Navigation Satellite Systems: GPS, GLONASS, Galileo, and More* (Springer, Berlin, Heidelberg 2008)

A.31　G. Xu: *Orbits* (Springer, Berlin, Heidelberg 2008)

A.32　J. F. Zumberge, G. Gendt: The demise of selective availability and implications for the international GPS service, Phys. Chem. Earth(A) **26**(6–8), 637–644 (2001)

A.33　J. Ray, W. Gurtner: RINEX Extensions to Handle Clock Information-Version 3.02, 2 Sep. 2010

A.34　IGS: SINEX-Solution(Software/technique) INdependent EXchange Format, Version 2.02, 1 Dec. 2006, https://www. iers. org/IERS/EN/Organization/ AnalysisCoordinator/SinexFormat/sinex. html

A.35　M. Rothacher, H. Drewes, A. Nothnagel, B. Richter: Integration of space geodetic techniques as the basis for a global geodetic-geophysical observing system (GGOS-D): An overview. In: *System Earth via Geodetic-Geophysical Space Techniques* (Springer, Berlin 2010) pp. 529–537

A.36　IGS: SINEX_TRO-Solution (Software/technique) INdependent EXchange Format for combination of TROpospheric estimates, Version 0.01, 01 Mar. 1997, ftp://igs. org/pub/data/format/sinex_tropo. txt

A.37　SINEX_BIAS-Solution(Software/technique) INdependent EXchange Format for GNSS Biases, Version 1.00, 7 Dec 2016, http://www. biasws2015. unibe. ch/ documents. html

A.38　S. Schaer, W. Gurtner, J. Feltens: IONEX: The IONosphere map EXchange format Version 1, IGS AC Workshop, Darmstadt, 1998(IGS, Pasdena 1998)

A.39　M. Hernandez-Pajares, J. M. Juan, J. Sanz, R. Orus, A. Garcia-Rigo, J. Feltens, A. Komjathy, S. C. Schaer, A. Krankowski: The IGS VTEC maps: a reliable source of ionospheric information since 1998, J. Geodesy **83**(3–4), 263–275(2009)

A.40　M. Rothacher, R. Schmid: ANTEX: The Antenna Exchange Format, Version 1.4, 15 Sep. 2010, ftp:// igs. org/ pub/station/general/antex14. txt

A.41　R. Schmid, M. Rothacher, D. Thaller, P. Steigenberger: Absolute phase center corrections of satellite and receiver antennas, GPS Solut. **9**(4), 283–293(2005)

# 附录 B　GNSS 参数

奥利弗·门斯布鲁克,迈克尔·梅勒,彼得·斯泰根博阁

本章总结了重要的 GNSS 相关参数。除了一般物理常数外,还提供了 GNSS 星座的关键参数和各种 GNSS 信号。

## B.1　物理常数

表 B.1 提供了生成和处理 GNSS 观测量有关的物理常数和参数。

## B.2　轨道参数

表 B.2 总结了目前全球和区域卫星导航系统的轨道参数。

## B.3　信　号

图 B.1 显示了当前和计划的 GNSS 导航信号的频谱。各个信号的关键参数如表 B.3 所列。

表 B.3 中给出的信号带宽(BW)是指在主瓣外的第一个最小值的位置。实际的频谱使用取决于滤波,并可能覆盖更大的频率范围,尤其是与其他宽带信号共用一个频段时。GNSS 信号通常被描述为

$$S = s_I \cos(2\pi ft) \pm s_Q \sin(2\pi ft) \quad (B.1)$$

其中,信号的余弦分量称为同相分量(I),正弦信号称为正交分量(Q)[B.11]。Q 通道的瞬时相位在 I 通道的正后方还是正前方,取决于上述方程的符号。为了区分这两个选项,我们使用信道(Ch)规范的符号,即

$$S = s_{I^+} \cos(2\pi ft) + s_{Q^+} \sin(2\pi ft) \quad (B.2)$$
$$S = s_{I^-} \cos(2\pi ft) - s_{Q^-} \sin(2\pi ft) \quad (B.3)$$

其中,I 和 Q 符号的上标表示所使用的信号描述。在没有上标的情况下,I 和 Q 通道的信号联系和/或简明的相位关系无法从公共信息中追溯。然而,已知分别被指定为 I 和 Q 的信号是相互正交调制的。

## 附录B GNSS参数

表B.1 物理常数和参数

| 物理量 | 描述 | 值 | 单位 | 引用和备注 |
|---|---|---|---|---|
| 时间 | | | | |
| TT-TAI | TT和TAI的时间偏移 | 32.184 | s | IAU 1991 [B.1] |
| GPST-TAI | GPS时间和TAI的时间偏移 | ≈-19 | s | [B.2] |
| BDT-TAI Universal | BDS时间和TAI的时间偏移 | ≈-33 | s | [B.3] |
| 通用 | | | | |
| $c$ | 真空中的光速 | $2.99792458 \times 10^8$ | $ms^{-1}$ | 定义常数(B.4) |
| $G$ | 万有引力常数 | $6.67408 \times 10^{-11}$ | $m^3 kg^{-1} s^{-2}$ | [B.4] |
| $\mu_0$ | 真空磁导率 | $12.566370614 \cdots \times 10^{-7}$ | $NA^{-2}$ | $4\pi \times 10^{-7}$ [B.4] |
| $\epsilon_0$ | 真空介电常数 | $8.854187817 \cdots \times 10^{-12}$ | $Fm^{-1}$ | $1/(\mu_0 c^2)$ [B.4] |
| $e$ | 元电荷 | $1.6021766208 \times 10^{-19}$ | C | [B.4] |
| $m_e$ | 电子的质量 | $9.10938356 \times 10^{-31}$ | kg | [B.4] |
| 地球 | | | | |
| $GM_\oplus$ | 地心格拉夫常数 | $3.986004415 \times 10^{14}$ | $m^3 s^{-2}$ | EGM2008, TT-compatible [B.5] |
| $J_2$ | 动力学形状因子 | $1.08263 \times 10^{-3}$ | | GRS80 [B.6] |
| $R_\oplus$ | 赤道半径 | $6.378137 \times 10^6$ | m | GRS80 [B.6] |
| $1/f$ | 扁平因子 | 298.257222101 | | GRS80 [B.6] |
| $\omega_\oplus$ | 标称平均角速度 | $7.292115 \times 10^{-5}$ | $rad\ s^{-1}$ | GRS80 [B.6] |
| 太阳 | | | | |
| $GM_\odot$ | 日心格拉夫常数 | $1.32712440040944 \times 10^{20}$ | $m^3 s^{-2}$ | GRS80 [B.7] |
| AU | 恒定天文单位 | $1.49597870700 \times 10^{11}$ | m | [B.8] |
| $R_\odot$ | 平均太阳半径 | $6.96 \times 10^8$ | m | [B.9] |
| TSI | 总太阳辐照度 | 1360.8 | $Wm^{-2}$ | [B.10] |
| $P_\odot$ | 辐射压力 | $4.5391 \times 10^{-6}$ | $Wm^{-2}$ | TSI/$c$ |
| 月球 | | | | |
| GM | 月心格拉夫常数 | $4.902800076 \times 10^{12}$ | $m^3 s^{-2}$ | DE421 [B.7] |
| R | 月球平均半径 | $1.7374 \times 10^6$ | m | [B.9] |

表B.2 全球和区域导航卫星系统卫星的代表性轨道参数(周期、半长轴$a$、距地高度$h$、偏心距$e$、倾角$i$)。每恒星日$n/m$转的周期会导致$m$次地球惯性转动后出现地面轨道重复(大约$m \times 23^h 56^m$)

| 系统 | 周期/($rev/d_{sid}$) | 周期/h | $a$/km | $h$/km | $e$ | $i$/(°) |
|---|---|---|---|---|---|---|
| GLONASS | 17/8 | 11h16m | 25510 | 19130 | 0.0 | 64.8 |
| GPS | 2/1 | 11h58m | 26 560 | 180 | 0.0 | 55 |
| 北斗(MEO) | 13/7 | 12h53m | 27910 | 21530 | 0.0 | 55 |
| Galileo | 17/10 | 14h05m | 29600 | 22023 | 0.0 | 56 |

续表

| 系统 | 周期/(rev/$d_{sid}$) | 周期/h | $a$/km | $h$/km | $e$ | $i$/(°) |
|---|---|---|---|---|---|---|
| QZSS(IGSO) | 1/1 | 23h56m | 42160 | 35790 | 0.1 | 43 |
| 北斗(IGSO) | 1/1 | 23h56m | 42160 | 35790 | 0.0 | 55 |
| IRNSS(IGSO) | 1/1 | 23h56m | 42160 | 35790 | 0.0 | 29 |
| 北斗/IRNSS/QZSS(GEO),SBAS | 1/1 | 23h56m | 42160 | 35790 | 0.0 | ≤2 |

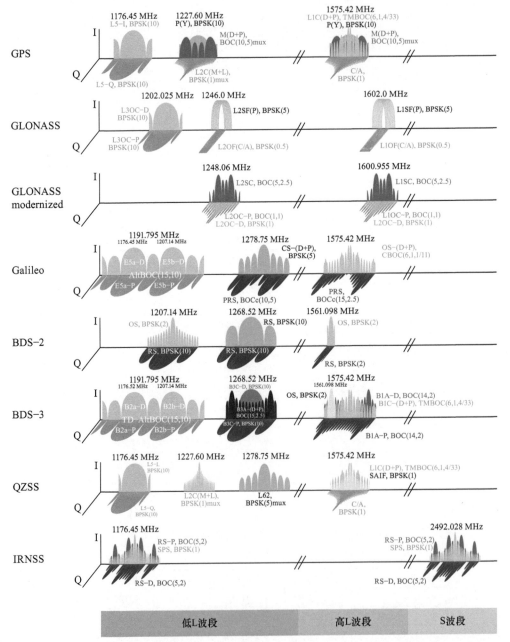

图B.1 GNSS信号概述。公开信号(绿色)、授权信号(红色)和可以通过限制跟踪的信号(黄色)

附录 B GNSS 参数

表 B.3 GNSS 信号概述。指定带宽（BW）是指信号最小值在信号主瓣之外的位置，通常小于实际带宽和板载带通滤波。问号表示缺少或不确定的信息

| 系统 | 波段 | 信号 | 频率/MHz | BW/MHz | 信道 | 调制 | 速率/MHz | 主码数目/s | 类型 | 数据/(bps/sps) | 功率(min. rcvd.)/dBW | 备注 |
|---|---|---|---|---|---|---|---|---|---|---|---|---|
| GPS | L1 | P(Y) | 1575.42 | ±10 | I⁺ | BPSK(10) | 10.23 | $6.9 \times 10^{12}$ | M-seq. | 50/50 | −161.5 | [B.2, B.12] |
| | | C/A | | ±1 | Q⁺ | BPSK(1) | 1.023 | 1023 | Gold | 50/50 | −158.5 | [B.2, B.12] |
| | | L1C-D | | ±2 | I⁺ | TMBOC(6,1,4/33) | 1.023 | 10230 | Weil | 50/100 | −163.0 | [B.13] |
| | | L1C-P | | ±2 | I⁺ | TMBOC(6,1,4/33) | 1.023 | 10230/1800 | Weil | − | −158.25 | [B.13] |
| | | M-D | | ±15 | I⁺ | BOC(10,5) mux | 5.115 | n/a | n/a | ≤100/200 | −158.0 | [B.11, B.14, B.15] |
| | | M-P | | ±15 | I⁺ | BOC(10,5) mux | 5.115 | n/a | n/a | n/a | −158.0 | [B.11, B.14, B.15] |
| | L2 | P(Y) | 1227.60 | ±10 | I⁺ | BPSK(10) | 10.23 | $6.9 \times 10^{12}$ | M-seq. | 50/50 | −164.5[a], −161.5[b,c,d] | [B.2, B.12] |
| | | L2CM | | ±1 | Q⁺[e] | BPSK(1) mux | 0.5115 | 10230 | M-seq. | 25/50 | −163.0[b,c], −161.5[d] | [B.2, B.12] |
| | | L2CL | | ±1 | Q⁺[e] | BPSK(1) mux | 0.5115 | 767250 | M-seq. | − | −163.0[b,c], −161.5[d] | [B.2, B.12] |
| | | M-D | | ±15 | I⁺ | BOC(10,5) mux | 5.115 | n/a | n/a | ≤100/200 | −164.0 | [B.11, B.14, B.15] |
| | | M-P | | ±15 | I⁺ | BOC(10,5) mux | 5.115 | n/a | n/a | n/a | −164.0 | [B.11, B.14, B.15] |
| | L5 | L5I | 1176.45 | ±10 | I⁺ | BPSK(10) | 10.23 | 10230/10 | M-seq. | 50/100 | −157.9[a], −157.0[d] | [B.16] |
| | | L5Q | | ±10 | Q⁺ | BPSK(10) | 10.23 | 10230720 | M-seq. | − | −157.9[a], −157.0[d] | [B.16] |
| GLO | L1 | L1SF(P) | 1602.0+k·0.5625[f] | ±5 | I | BPSK(5) | 5.11 | 5110000 | M-seq. | 50 | n/a | [B.17, B.18] |
| | | L1OF(C/A) | 1602.0+k·0.5625[f] | ±0.5 | I | BPSK(0.5) | 0.511 | 511 | M-seq. | 50 | −161.0 | [B.17, B.18] |
| | L2 | L2SF(P) | 1246.0+k·0.4375[f] | ±5 | Q | BPSK(5) | 5.11 | 5110000 | M-seq. | 50 | n/a | [B.17, B.18] |
| | | L2OF(C/A) | 1246.0+k·0.4375[f] | ±0.5 | Q | BPSK(0.5) | 0.511 | 511 | M-seq. | 50 | −161.0 | [B.17, B.18] |
| | L3 | L3OC-D | 1202.025 | ±10 | I⁻ | BPSK(10) | 10.23 | 10230 | Kasami | 100/200 | ? | [B.20, B.21] |
| | | L3OC-P | 1202.025 | ±10 | Q⁻ | BPSK(10) | 10.23 | 10230 | Kasami | − | ? | [B.20, B.21] |
| | L1 | L1SC[g] | 1600.955 | ±5 | I⁻ | BOC(5,2.5) | 5.115 | ? | ? | ? | ? | [B.21, B.22] |
| | | L1OC-D[g] | 1600.955 | ±1 | Q⁻ | BPSK(1) mux | 0.5115 | 102372 | Gold | 125/250 | ? | [B.21, B.22] |
| | | L1OC-P[g] | 1600.955 | ±2 | Q⁻ | BOC(1,1) mux | 0.5115 | 1023 | Gold | − | ? | [B.21, B.22] |
| | | L1OCM[h] | 1575.42 | ? | ? | ? | ? | ? | ? | ? | ? | [B.24] |
| | L2 | L2SC[g] | 1248.06 | ±7 | I⁻ | BOC(5,2.5) | 5.115 | ? | ? | ? | ? | [B.21, B.23] |
| | | L2OC-D[g] | 1248.06 | ±1 | Q⁻ | BPSK(1) mux | 0.5115 | ? | ? | − | ? | [B.21, B.23] |
| | | L2OC-P[g] | 1248.06 | ±2 | Q⁻ | BOC(1,1) mux | 0.5115 | 10230/50 | Kasami | − | ? | [B.21, B.23] |
| | L5 | L5OCM[h] | 1176.45 | ? | ? | ? | ? | ? | ? | ? | ? | [B.24] |

缩写：Sys-系统；BW-带宽；Ch-信道；mux-多路复用；n/a-无法获得管制/军事服务的公共信息

注：[a] Block IIA/IIR；[b] Block IIR-M；[c] Block IIF；[d] Block III；[e] Nominal phase relationship, see bit 273 of CNAV msg 10；[f] 频道数 $k = -7, \cdots, +6$；[g] 已计划；[h] 研究

· 1555 ·

续表

| 系统 | 波段 | 信号 | 频率/MHz | BW/MHz | 信道 | 调制 | 速率/MHz | 主码数目/s | 类型 | 数据(bps/sps) | 功率(min. rcvd.)/dBW | 备注 |
|---|---|---|---|---|---|---|---|---|---|---|---|---|
| GAL | E1 | OS-D(B) | 1575.42 | ±2 | I⁻ | CBOC(6,1,1/11) | 1.023 | 4092 | rand. | 125/250 | -160.0 | [B.25,B.26] |
| | | OS-P(C) | | ±2 | I⁻ | CBOC(6,1.1/11) | 1.023 | 4092/25 | rand. | — | -160.0 | [B.25,B.26] |
| | | PRS(A) | | ±17 | Q⁻ | $BOC_{cos}$(15,2.5) | 2.5575 | n/a | n/a | n/a | n/a | [B.26] |
| | E6 | CS-D(B) | 1278.75 | ±5 | I⁻ | BPSK(5) | 5.115 | 5115 | rand. | 500/1000 | -158.0 | [B.25] |
| | | CS-P(C) | | ±5 | Q⁻ | BPSK(5) | 5.115 | 5115/100 | rand. | — | -158.0 | [B.25] |
| | | PRS(A) | | ±15 | Q⁻ | $BOC_{cos}$(10,5) | | n/a | n/a | n/a | n/a | [B.26] |
| | E5ab | | 1191.795 | ±25 | | AltBOC(15,10)ⁱ | | | | | | [B.25] |
| | E5b | E5b-D | 1207.14 | ±10 | I⁻ | | 10.23 | 10 230/20 | M-seq. | 25/50 | -158.0 | [B.25] |
| | | E5b-P | | ±10 | Q⁻ | | 10.23 | 10 230/100 | M-seq. | 25/50 | -158.0 | [B.25] |
| | E5a | E5a-D | 1176.45 | ±10 | I⁻ | | 10.23 | 10 230/20 | M-seq. | 25/50 | -158.0 | [B.25] |
| | | E5a-P | | ±10 | Q⁻ | | 10.23 | 10 230/100 | M-seq. | 25/50 | -158.0 | [B.25] |
| BDS-2 | B1-2 | OS | 1561.098 | ±2 | I⁺ | BPSK(2) | 2.046 | 2046ʲ, 2046/20ᵏ | LFSR | 250/500ʲ 25/50ᵏ | -163.0 | [B.3] |
| | | RS | | ±2 | Q⁺ | BPSK(2) | 2.046 | n/a | n/a | n/a | n/a | |
| | B3 | RS | 1268.52 | ±10 | I⁺ | BPSK(10) | 10.23 | 10 230/20 | LFSR | 25/50 | n/a | [B.27,B.28] |
| | | RS | | ±10 | Q⁺ | BPSK(10) | 10.23 | n/a | n/a | n/a | n/a | |
| | B2b | OS | 1207.14 | ±10 | I⁺ | BPSK(2) | 2.046 | 2046ʲ, 2046/20ᵏ | LFSR | 250/500ʲ 25/50ᵏ | -163.0 | [B.3] |
| | | RS | | ±10 | Q⁺ | BPSK(2) | 2.046 | n/a | n/a | n/a | n/a | |
| BDS-3 | B1-2 | OS | 1561.098 | ±2 | I | BPSK(2) | 2.046 | 2046/20ᵏ | LFSR | 20/50ᵏ | -163.0 | [B.3] |
| | B1 | B1C-Dˡ | 1575.42 | ±2 | ? | TMBOC(6,1,4/33) | 1.023 | 10 230 | ? | 50/100 | ? | [B.29,B.30] |
| | | B1C-Pˡ | | ±2 | ? | TMBOC(6,1,4/33) | 1.023 | 10 230/20 | ? | — | ? | [B.29,B.30] |
| | | B1A-Dᵐ | | ±16 | ? | BOC(14,2) | n/a | n/a | n/a | 50/100 | ? | [B.29,B.30] |
| | | B1A-Pᵐ | | ±16 | ? | BOC(14,2) | n/a | n/a | n/a | — | ? | [B.29,B.30] |
| | B3 | B3C-Dᵐ | 1268.52 | ±10 | ? | BPSK(10) | 10.23 | n/a | n/a | 500/500 | ? | [B.29,B.30] |
| | | B3C-Pᵐ | | ±10 | ? | BPSK(10) | 10.23 | n/a | n/a | 500/500 | ? | [B.29,B.30] |
| | | B3A-Dᵐ | | ±17 | ? | BOC(15,2.5) | 2.5575 | n/a | n/a | | ? | [B.29,B.30] |
| | | B3A-Pᵐ | | ±17 | ? | BOC(15,2.5) | 2.5575 | n/a | n/a | | ? | [B.29,B.30] |
| | B2 | | 1191.795 | ±25 | | TD-AltBOC(15,10)ⁱ | | | | | | |
| | | B2b-Dˡ | 1207.14 | ±10 | I | | 10.23 | ? | ? | 50/100 | ? | [B.29,B.31] |
| | | B2b-Pˡ | | ±10 | Q | | 10.23 | ? | ? | — | ? | [B.29,B.31] |
| | | B2a-Dˡ | 1176.45 | ±10 | I | | 10.23 | ? | ? | 25/50 | ? | [B.29,B.31] |

续表

| 系统 | 波段 | 信号 | 频率/MHz | BW/MHz | 信道 | 调制 | 速率/MHz | 主码数目/s | 类型 | 数据/(bps/sps) | 功率(min. rcvd.)/dBW | 备注 |
|---|---|---|---|---|---|---|---|---|---|---|---|---|
| QZS-1 | | B2a-P$^l$ | | ±10 | Q | | 10.23 | ? | | - | ? | [B.29, B.31] |
| | L1 | C/A | 1575.42 | ±1 | I$^{+n}$ | BPSK(1) | 1.023 | 1023 | Gold | 50/50 | -158.5 | [B.32, B.33] |
| | | | | | Q$^{+0}$ | | | | | | | [B.34] |
| | | L1C-D | | ±2 | I$^+$ | BOC(1,1)$^n$ | 1.023 | 10 230 | Weil | 50/100 | -163.0 | [B.32, B.33] |
| | | | | | | TMBOC(6,1,4/33)$^0$ | | | | | | [B.34] |
| | | L1C-P | | ±2 | Q$^{+n}$ | BPSK(1.1)$^n$ | 1.023 | 10 230/1800 | Weil | - | -158.2 | [B.32, B.33] |
| | | | | | I$^{+0}$ | TMBOC(6,1,4/33)$^0$ | | | | | | [B.34] |
| | | SAIF | | ±1 | - | BPSK(1) | 1.023 | 1023 | Gold | 500/250 | -161.0 | [B.32] |
| | L2 | L2CM | 1227.60 | ±1 | - | BPSK(1)mux | 0.5115 | 10 230 | M-seq. | 25/50 | -163.0 | [B.32, B.34] |
| | | L2CL | | ±1 | - | BPSK(1)mux | 0.5115 | 767 250 | M-seq. | - | -163.0 | [B.32, B.34] |
| | L6 | L61(LEX)$^n$ | 1278.75 | ±5 | I | BPSK(5)mux | 5.115 | 10 230 | Kasami | 2000/250 | -158.7 | [B.32, B.35] |
| | | | | ±5 | I | BPSK(5)mux | 5.115 | 1 048 575 | Kasami | - | -158.7 | [B.32, B.35] |
| | | L62$^0$ | | ±5 | I | BPSK(5)mux | 5.115 | 10 230 | Kasami | 2000/250 | -159.8 | [B.35] |
| | | | | | | | | | | 2000/250 | -159.8 | [B.35] |
| | L5 | L5I | | ±10 | I$^+$ | BPSK(10) | 10.23 | 10 230/10 | M-seq. | 50/100 | -157.9$^n$, -157.0$^0$ | [B.32, B.34] |
| | | L5Q | | ±10 | Q$^+$ | BPSK(10) | 10.23 | 10 230/20 | M-seq. | 25/50 | -157.9$^n$, -157.0$^0$ | [B.32, B.34] |
| IRNSS | L5 | SPS | 1176.45 | ±24 | I$^-$ | BPSK(1) | 1.023 | 1023 | M-seq. | 25/50 | -159.0 | [B.36, B.37] |
| | | RS-D | | ±16 | Q$^-$ | BOC(5,2) | 2.046 | 8192 | n/a | 25/50 | -156.0 | [B.36, B.37] |
| | | RS-P | | ±16 | I$^-$ | BOC(5,2) | 2.046 | 8192/40 | n/a | - | -159.0 | [B.36, B.37] |
| | S | SPS | 2492.028 | ±16 | I$^-$ | BPSK(1) | 1.023 | 1023 | M-seq. | 25/50 | -162.3 | [B.36, B.37] |
| | | RS-D | | ±16 | Q$^-$ | BOC(5,2) | 2.046 | 8192 | n/a | 25/50 | -159.3 | [B.36, B.37] |
| | | RS-P | | ±16 | I | BOC(5,2) | 2.046 | 8192/40 | n/a | - | -162.3 | [B.36, B.37] |
| SBAS | L1 | C/A | 1575.42 | ±1 | I | BPSK(1) | 1.023 | 1023 | Gold | 250/500 | -161.0$^p$ | [B.11, B.38] |
| | | C/A$^q$ | | ±1 | I | BPSK(1) | 1.023 | 1023 | Gold | ≤250/500 | -161.0$^p$ | [B.11, B.39] |
| | L5 | L5I | 1176.45 | ±10 | I | BPSK(10) | 10.23 | 10 230/2 | M-seq. | 250/500 | -161.0$^p$ | [B.11, B.39] |
| | | L5Q$^q$ | | ±10 | Q | BPSK(10) | 10.23 | 10 230/? | M-seq. | ≤250/500$^r$ | -161.0$^p$ | [B.11, B.39] |

注:$^i$组合信号;$^j$GEO;$^k$MEO/IGSO;$^l$公开服务(已计划);$^m$授权服务(已计划)

缩写:Sys—系统;BW—带宽;Ch—信道;LFSR—线性反馈移位寄存器;n/a—无法获得管制/军事服务的公共信息;OS—公开服务;CS—商业服务;PRS—公共管理服务;RS—有限服务

注:$^n$ Block I;$^o$ Block II;$^p$所有信号的规定最小接收功率;$^q$可选信号组件;$^r$辅助码长度随所送数据速率变化,产品固定为500b/s

缩写:Sys—系统;BW—带宽;Ch—信道;mux—多路复用;n/a—无法获得管制/军事服务的公共信息;RS—有限服务;SPS—标准定位服务(公开)

# 参考文献

B.1　IAU(1991) Recommendation IV, The Terrestrial Time (TT) (XXIst General Assembly of the International Astronomical Union, Buenos Aires, 1991) http:// www. iers. org/IERS/EN/Science/Recommendations/ recommendation4. html

B.2　Navstar GPS Space Segment/Navigation User Interfaces, Interface Specification IS-GPS-200, 24 Sep. 2013(Global Positioning Systems Directorate, Los Angeles Air Force Base, El Segundo, California, 2013)

B.3　BeiDou Navigation Satellite System Signal In Space Interface Control Document-Open Service Signal, v2. 1, Nov. 2016(China Satellite Navigation Office, Beijing 2016)

B.4　P. J. Mohr, D. B. Newell, B. N. Taylor: CODATA Recommended Values of the Fundamental Physical Constants: 2014(National Institute of Standards and Technology, Gaithersburg 2015) http://arxiv. org/abs/ 1507. 07956

B.5　N. K. Pavlis, S. A. Holmes, S. C. Kenyon, J. K. Factor: The development and evaluation of the Earth Gravitational Model 2008(EGM2008), J. Geophys. Res. (2012), doi: 10. 1029/2011JB008916

B.6　H. Moritz: Geodetic Reference System 1980, J. Geod. **74**(1), 128-133(2000)

B.7　W. M. Folkner, J. G. Williams, D. H. Boggs: The Planetary and Lunar Ephemeris DE 421, IPN Progress Report 42-178(Jet Propulsion Laboratory, Pasadena 2009)

B.8　E. V. Pitjeva, E. M. Standish: Proposals for the masses of the three largest asteroids, the Moon-Earth mass ratio and the Astronomical Unit, Celest. Mech. Dyn. Astron. **103**(4), 365-372(2009)

B.9　B. A. Archinal, M. F. A'Hearn, E. Bowell, A. Conrad, G. J. Consolmagno, R. Courtin, T. Fukushima, D. Hestroffer, J. L. Hilton, G. A. Krasinsky, G. Neumann, J. Oberst, P. K. Seidelmann, P. Stooke, D. J. Tholen, P. C. Thomas, I. P. Williams: Report of the IAU Working Group on cartographic coordinates and rotational elements: 2009, Celest. Mech. Dyn. Astron. **109**(2), 101-135(2010)

B.10　G. Kopp, J. L. Lean: A new, lower value of total solar irradiance: Evidence and climate significance, Geophys. Res. Lett. (2011), doi: 10. 1029/2010GL045777

B.11　J. Betz: *Engineering Satellite-Based Navigation and Timing-Global Navigation Satellite Systems, Signals, and Receivers* (Wiley-IEEE, Hoboken 2016)

B.12　P. Ward: GPS satellite signal characteristics. In: *Understanding GPS-Principles and Applications*, 2nd edn., ed. by E. D. Kaplan, C. J. Hegarty(Artech House, Norwood 2006) pp. 83-117, Chap. 4

B.13　Navstar GPS Space Segment/User Segment L1C Interfaces, Interface Specification IS-GPS-800D, 24 Sep. 2013(Global Positioning Systems Directorate, Los Angeles Air Force Base, El Segundo, California, 2013)

B.14　B. C. Barker, J. W. Betz, J. E. Clark, J. T. Correia, J. T. Gillis, S. Lazar, K. A. Rehborn, J. R. Straton III: Overview of the GPS M code signal, Proc. ION NTM 2000, Anaheim (ION, Virginia 2000) pp. 542-549

B.15　W. A. Marquis, D. L. Reigh: The GPS Block IIR and IIR-M broadcast L-band antenna panel: Its pattern and performance, Navigation **62**(4), 329-347(2015)

B.16　Navstar GPS Space Segment/User Segment L5 Interfaces, Interface Specification IS-GPS-705D, 24 Sep. 2013(Global Positioning Systems Directorate, Los Angeles Air Force Base, El Segundo, California,

2013)

B.17 B. A. Stein, W. L. Tsang: PRN codes for GPS/GLONASS: A Comparison, ION NTM 1990, San Diego (ION, Virginia 1990) pp. 31-35

B.18 J. Beser, J. Danaher: The 3S Navigation R-100 Family of Integrated GPS/GLONASS Receivers: Description and Performance Results, ION NTM 1993, San Francisco (ION, Virginia 1993) pp. 25-45

B.19 Global Navigation Satellite System GLONASS-Interface Control Document, v5.1 (Russian Institute of Space Device Engineering, Moscow 2008)

B.20 Y. Urlichich, V. Subbotin, G. Stupak, V. Dvorkin, A. Povaliaev, S. Karutin: GLONASS developing strategy, ION GNSS 2010, Portland (ION, Virginia 2010) pp. 1566-1571

B.21 Y. Urlichich, V. Subbotin, G. Stupak, V. Dvorkin, A. Povaliaev, S. Karutin: GLONASSmodernization, ION GNSS 2011, Portland (ION, Virginia 2011) pp. 3125-3128

B.22 Global Navigation Satellite System GLONASS Interface Control Document, L1 Open Access Code Division Radio Navigation Signal, v1.0 (JSC Russian Space Systems, Moscow 2016) in Russian

B.23 Global Navigation Satellite System GLONASS Interface Control Document, L2 Open Access Code Division Radio Navigation Signal, v1.0 (JSC Russian Space Systems, Moscow 2016) in Russian

B.24 S. Revnivykh: GLONASS status and evolution, IAIN World Congress, Prague (IAIN, Netherlands 2015) http://www.iainav.org/iain-iwc2015/iain-2015-keynote-lecture-revnivykh.pdf

B.25 European GNSS (Galileo) Open Service Signal In Space Interface Control Document, OS SIS ICD, Iss. 1.3, Dec. 2016 (EU, Brussels 2016)

B.26 J.-A. Avila-Rodriguez, G. W. Hein, S. Wallner, J.-L. Issler, L. Ries, L. Lestarquit, A. de Latour, J. Godet, F. Bastide, T. Pratt, J. Owen: The MBOC modulation: The final touch to the Galileo frequency and signal plan, Navigation **55**(1), 15-28 (2008)

B.27 T. Grelier, J. Dantepal, A. Delatour, A. Ghion, L. Ries: Initial observations and analysis of Compass MEO satellite signals, Inside GNSS **2**(4), 39-43 (2007)

B.28 G. X. Gao, A. Chen, S. Lo, D. De Lorenzo, T. Walter, P. Enge: Compass-M1 broadcast codes in E2, E5b, and E6 frequency bands, IEEE J. Sel. Top. Signal Process. **3**(4), 599-612 (2009)

B.29 Description of systems and networks in the radionavigation-satellite service (space-to-Earth and space-to-space) and technical characteristics of transmitting space stations operating in the bands 1164-1215 MHz, 1215-1300 MHz and 1559-1610 MHz, Recommendation M 1787, rev. 2, Sep. 2014 (ITU, Geneva 2014) https://www.itu.int/rec/R-REC-M.1787/en

B.30 W. Xiao, W. Liu, G. Sun: Modernization milestone: BeiDou M2-S initial signal analysis, GPS Solutions **20**(1), 125-133 (2016)

B.31 Z. P. Tang, H. W. Zhou, J. L. Wei, T. Yan, Y. Q. Liu, Y. H. Ran, Y. L. Zhou: TD-AltBOC: A new COMPASS B2 modulation, Sci. China Phys. Mech. Astron. **54**(6), 1014-1021 (2011)

B.32 Quasi-Zenith Satellite System Navigation Service Interface Specification for QZSS, IS-QZSS, v1.6, 28 Nov. 2014 (JAXA, 2014)

B.33 H. Maeda: System Research on The Quasi-Zenith Satellites System, Ph.D. Thesis (Tokyo University of Marine Science and Technology, Tokyo 2007), in Japanese

B.34 Quasi-Zenith Satellite System Interface Specification-Satellite Positioning, Navigation and Timing Service, IS-QZSS-PNT-001, Draft 12 July 2016 (Cabinet Office, Tokyo 2016)

B. 35　Quasi-Zenith Satellite System Interface Specification-Centimeter Level Augmentation Service, IS-QZSSL6-001, Draft 12 July 2016(Cabinet Office, Tokyo 2016)

B. 36　Indian Regional Navigation Satellite System-Signal In Space ICD for Standard Positioning Service, version 1. 0, June 2014(Indian Space Research Organization, Bangalore 2014)

B. 37　S. Thoelert, O. Montenbruck, M. Meurer: IRNSS-1A-Signal and clock characterization of the Indian Regional Navigation System, GPS Solutions **18**(1), 147-152 (2014)

B. 38　Minimum Operational Performance Standards for GPS/WAAS Airborne Equipment, RTCA DO-229D, 13 Dec. 2006(RTCA, Washington, DC 2006)

B. 39　Signal Specification for SBAS L1/L5, ED-134, Draft v. 3, May 2008(The European Organisation for Civil Aviation Equipment, Paris 2008)

# 作者简介

祖海尔·阿特米米

法国国家地理和森林信息研究所（IGN）
法国·巴黎狄德罗大学（LAREG）
zuheir.altamimi@ign.fr

**第 36 章**

祖海尔·阿特米米是法国国家地理和森林信息研究所（IGN）的研究总监。他的研究重点是空间大地测量学和地球参考系统的理论与实现。他是 IGN 地球参考系研究小组和国际地球系统（ITRS）中心的负责人。他在巴黎天文台获得了大地测量学博士学位，并获得巴黎第六大学的教授职位。

费利克斯·安特里奇

塞阿拉联邦大学（UFC）
远程信息工程系
巴西·福塔莱萨
antreich@ieee.org

**第 4 章**

费利克斯·安特里奇于 2011 年获得德国慕尼黑工业大学（TUM）的电气工程博士学位。自 2003 年 7 月起，他一直是德国航空航天中心（DLR）通信与导航研究所导航系的副研究员。他的研究方向包括 GNSS 的传感器阵列信号处理、无线通信、估计理论、时间同步和 GNSS 信号设计。

| | |
|---|---|
| <br>罗恩·比尔德<br>美国海军研究实验室<br>高级太空 PNT 分部<br>美国·华盛顿<br>ronald. beard@ verizon. net | 第 5 章<br><br>罗恩·比尔德（Ronald Beard）是美国海军研究实验室（NRL）高级太空 PNT 分部的前任负责人。在 20 世纪 70 年代，他作为 NRL GPS 项目办公室的项目科学家研发了第一个基于宇航级原子钟的导航技术卫星 1（NTS-1）和导航技术卫星 2（NTS-2）。1984 年，他成为 NRL GPS 时钟开发项目、军事导航和通信系统的精确时间和时间间隔（PTTI）技术的项目经理。 |
| <br>阿列克西·博尔库诺夫<br>俄罗斯联邦航天局 PNT 信息和分析中心<br>俄罗斯·科罗廖夫<br>Federationalexei. bolkunov@ glonass-iac. ru | 第 8 章<br><br>阿列克西·博尔库诺夫是俄罗斯联邦航天局中央机械科学研究所 PNT 信息和分析中心的高级研究员，他于 2007 年以莫斯科航空学院（国立研究大学）研究生的身份加入。并在 2011 年在同一所机构获得博士学位。阿列克西·博尔库诺夫的研究方向包括 GNSS 性能以及 PNT 法律和法规框架研究。 |
| <br>迈克尔·布拉施<br>俄亥俄大学电气工程与计算机科学学院<br>美国·雅典<br>braaschm@ ohio. edu | 第 15 章<br><br>迈克尔·布拉施在俄亥俄大学电气工程与计算机科学学院担任杰弗逊教席教授，并且是俄亥俄大学航空电子工程中心（AEC）的首席研究员。他研究的重点之一是对 GNSS 中多径效应的表征和抑制。其他研究方向包括 GNSS 软件接收机的开发、新型通用航空座舱显示器和无人驾驶飞行器感知与避障系统。 |

## 作者简介

托马斯·伯格

欧空局伽利略项目办公室
荷兰·诺德维克
thomas. burger@ esa. int

第9章

托马斯·伯格是欧空局(荷兰诺德维克)伽利略项目办公室首席信号工程师。他在德国达尔姆施塔特工业大学获得工学博士学位。他一直专注于太空系统的研究,尤其是天基导航应用系统、合成孔径雷达与微波仪器以及精密应用的信号处理。

埃斯特尔·卡德拉

西班牙空间科学研究所(IEEC-CSIC)
西班牙·塞尔达尼奥拉·德尔·瓦利斯
estel@ ice. csic. es

第40章

埃斯特尔·卡德拉于2002年在西班牙巴塞罗那的加泰罗尼亚理工大学(UPC)获得博士学位。她致力于GNSS在地球遥感方面的科学应用,包括反射测量和无线电掩星。她曾在喷气推进实验室(JPL)和哈佛史密森尼大学天体物理学中心担任博士后。目前,她在西班牙空间科学研究所(ICE-CSIC/IEEC)工作。

詹姆斯·柯兰

欧空局
荷兰·诺德韦克
jamestcurran@ ieee. org

第18章

詹姆斯·柯兰在爱尔兰科克大学获得电气工程学士学位和电信学博士学位。他曾在卡尔加里大学的PLAN团队和意大利欧盟委员会联合研究中心在内的各种机构担任研究员。他专注于无线电导航研究,研究方向还包括信号处理、信息论、密码学和软件无线电等。

· 1563 ·

| | |
|---|---|
| <br>帕斯格尔·德弗雷涅<br>比利时皇家天文台<br>比利时·布鲁塞尔<br>p. defraigne@ oma. be | **第 41 章**<br>帕斯格尔·德弗雷涅于 1995 年从比利时天主教鲁汶大学（UCL）获得物理学博士学位。她曾是比利时皇家天文台 GNSS 时间和频率传输领域的助理，现在是时间实验室的负责人。她参与了欧洲伽利略导航系统的开发，并担任时间和频率咨询委员会 GNSS 时间传输工作组主席。 |
| <br>贝恩德·艾斯费勒<br>德国联邦国防大学空间技术与空间应用研究所<br>德国·慕尼黑<br>bernd. eissfeller@ unibw. de | **第 13 章**<br>贝恩德·艾斯费勒于 1989 年获得惯性大地测量学博士学位，并于 1996 年获得导航与物理大地测量学的教职。他是慕尼黑联邦国防大学（UFAF）空间技术和空间应用研究所导航系的教授。他目前的研究方向是伽利略系统优化、GNSS 接收机设计、GNSS/INS 多传感器融合和深空大地测量。 |
| <br>冈纳·埃尔德雷德<br>查尔姆斯理工大学地球与空间科学系<br>瑞典·昂萨拉<br>gunnar. elgered@ chalmers. se | **第 38 章**<br>冈纳·埃尔德雷德在瑞典哥德堡的查尔姆斯理工大学获得了电机工程硕士学位（1977 年）和博士学位（1983 年）。他是电气测量领域的教授和系主任。研究方向是使用无线电望远镜和 GNSS 进行空间大地测量学研究。最近，他的研究重点是将 GNSS 数据用于气候研究和气候模型评估。 |

| | |
|---|---|
| <br>马可·法尔科内<br><br>欧空局伽利略项目办公室<br>荷兰·诺德韦克<br>marco. falcone@ esa. int | 第 9 章<br><br>马可·法尔科内是位于诺德韦克(荷兰)的欧洲航天局伽利略项目办公室的系统经理。他在意大利比萨大学获得计算机科学硕士学位(1987 年),他在荷兰代尔夫特大学获得空间系统工程硕士学位(1999 年)。他在大型空间系统工程领域拥有 28 年的工作经验。 |
| <br>理查德·法恩沃斯<br><br>欧洲空管局实验中心 BP15 边界中心<br>法国·奥尔日河畔布雷蒂尼<br>richard. farnworth@ eurocontrol. int | 第 30 章<br><br>理查德·法恩沃思(Richard Farnworth)是欧洲空管局(Eurocontrol)空中交通管理部导航和 CNS 研究单位的副主管。他支持了基于性能导航的理念推广,并为多个致力于解决垂直导航方法的项目提供了指导。他于 1996 年在欧洲空管局的实验中心开始其职业生涯,被聘为卫星导航专家,研究如何在航空中使用 GNSS。 |
| <br>杰伊·法雷尔<br><br>加州大学河滨分校电气和计算机工程系<br>美国·河滨<br>farrell@ ece. ucr. edu | 第 28 章<br><br>杰伊·法雷尔在爱荷华州立大学获得学士学位,在圣母大学获得电气工程硕士和博士学位。他曾在德雷珀实验室(Draper Lab)工作,是加州大学河滨分校电气和计算机工程系的教授并担任两届系主任。他的研究方向涉及控制、状态估计、传感器融合和自动驾驶汽车应用的规划。 |

| | |
|---|---|
| <br>杰夫·弗莱穆勒<br>阿拉斯加大学地球物理学院<br>美国·弗尔班克斯<br>jfreymueller@ alaska. edu | 第 37 章<br><br>杰夫·弗莱穆勒于 1991 年在南卡罗来纳大学获得地质学博士学位。在斯坦福大学获得博士后奖学金后,他从 1995 年开始在阿拉斯加费尔班克斯大学任教。在他的整个职业生涯中,他一直致力于空间大地测量学在地球变形研究中的应用,包括对板块构造、地震和地震周期、火山作用以及冰冻圈负荷变化的研究。 |
| <br>A. S. 加尼森<br>印度空间研究组织(ISRO)<br>ISRO 卫星中心(ISAC)<br>印度·班加罗尔<br>asganeshan53@ gmail. com | 第 11 章<br><br>A. S. 加尼森曾任班加罗尔 ISRO 卫星中心卫星导航项目主任和空间导航组组长。他还曾担任印度 GAGAN 认证系统实现的执行主管。他提出了区域卫星导航系统(IRNSS)的概念,并在这一概念的实现中发挥了关键作用。他目前在印度机场管理局担任 GAGAN 相关事务顾问。 |
| <br>史蒂文·高<br>肯特大学工程与数字艺术学院<br>英国·肯特郡坎特伯雷市 | 第 17 章<br><br>史蒂文·高是英国肯特大学射频和微波工程的教授和主席。他的研究方向包括卫星天线、智能天线、相控阵、GNSS 天线、射频/微波/毫米波/THz 电路、卫星通信、雷达(合成孔径雷达、UWB 雷达)和小卫星。他发表了 200 多篇论文,出版了 2 本著作。 |

加布里埃尔·乔治

慕尼黑技术大学通信与导航研究所

德国·慕尼黑

gabriele. giorgi@ tum. de

第 27 章

加布里埃尔·乔治是德国慕尼黑技术大学通信与导航研究所的讲师和研究员。他在代尔夫特理工大学(荷兰)代尔夫特地球观测和空间系统研究所(DEOS)从事 GNSS 的航空航天应用研究后获得博士学位。他目前的研究重点是为航空应用提供可靠的 GNSS 定位。

理查德·格罗斯

加利福尼亚理工学院喷气推进实验室

美国·帕萨迪娜

richard. s. gross@ jpl. nasa. gov

第 36 章

理查德·格罗斯在空间大地测量方面有超过 30 年的经验。他的研究兴趣包括地球自转、时变重力和最近的地球参考系测定。他就这些问题发表了 60 多篇经过同行评审的文章,自 1988 年以来一直在加利福尼亚理工学院喷气推进实验室工作,是该实验室的高级研究科学家,2006 年起担任地球动力学和空间大地测量小组的主管。

乔格·哈恩

欧空局伽利略项目办公室

荷兰·诺德韦克

joerg. hahn@ esa. int

第 9 章

乔格·哈恩是诺德韦克欧洲航天局伽利略项目办公室伽利略系统采购服务负责人。他于 1999 年从慕尼黑诺伊比贝格的德国联邦国防军大学获得工程科学博士学位。在系统工程领域拥有 22 年的工作经验,主要从事授时、卫星导航和大型空间系统研究。

安德烈·霍斯柴尔德

DLR 德国大空运营中心
德国·韦斯灵
andre.hauschild@dlr.de

**第19章、第20章**

安德烈·霍斯柴尔德是 DLR 德国太空运营中心（GSOC）GNSS 技术和导航组的研究员。2010年，他在德国慕尼黑工业大学获得博士学位。他的研究领域专注于服务精确定位的 GNSS 卫星实时钟差估计，使用现代化和新型卫星导航系统以及星载 GNSS 应用进行多 GNSS 数据处理。

格兰特·豪斯勒

澳大利亚地球科学局
澳大利亚·西蒙斯顿
grant.hausler@ga.gov.au

**第33章**

格兰特·豪斯勒是澳大利亚地球科学局国家定位基础设施的协调员。他拥有墨尔本大学地理工程学士学位和博士学位。他在澳大利亚政府定位、导航和授时工作组以及国家定位基础设施咨询委员会秘书处就职，并在澳大利亚律政部太空利益共同体中担任地球科学代表。

克里斯托弗·赫格蒂

MITER 公司
美国·贝德福德
chegarty@mitre.org

**第7章**

克里斯托弗·赫格蒂是 MITER 公司的 CNS 工程和频谱主管。自1992年以来，他主要从事 GNSS 的航空应用工作。获得了 WPI 的电气工程学士和硕士学位，以及 GWU 的电子工程学博士学位。他目前是 RTCA 公司计划管理委员会主席，也是 RTCA 特别委员会159（GNSS）的联合主席。

托马斯·霍比格

查尔姆斯理工大学昂萨拉空间观测站
瑞典·昂萨拉
thomas. hobiger@ chalmers. se

第 6 章

托马斯·霍比格是空间大地测量学副教授。他获得了奥地利维也纳科技大学的大地测量学和地球物理学硕士学位和博士学位(2002 年、2005 年)。他在日本一家研究所工作了 8 年,之后于 2014 年移居查尔默斯。他在开发下一代空间-大地测量系统(尤其是 VLBI 和 GNSS)以及此类技术的处理工具方面发挥了积极作用。

乌尔·胡根托布勒

慕尼黑工业大学卫星大地测量系
德国·慕尼黑
urs. hugentobler@ bv. tum. de

第 3 章

乌尔·胡根托布勒自 2006 年以来一直担任德国慕尼黑工业大学的卫星大地测量学教授,并且是卫星大地测量研究设备的负责人。他于 1998 年在瑞士伯尔尼大学获得了天文学博士学位。他的研究方向包括 GNSS 的精确定位应用、精确的轨道确定和建模以及基于新的 GNSS 卫星系统的时钟建模。

托德·汉弗莱斯

德克萨斯大学奥斯汀分校航空工程与工程力学系
W. R. 伍尔里奇实验室,C0600
美国·奥斯汀
todd. humphreys@ mail. utexas. edu

第 16 章

托德·汉弗莱斯(犹他州立大学电气工程学士,硕士;康奈尔大学航空工程学博士)是德克萨斯大学奥斯汀分校航空工程与工程力学系的副教授,负责 UT 无线电导航实验室。他主要研究将最优检测和估计技术应用于卫星导航、自主系统和信号处理方面的问题。

· 1569 ·

| | |
|---|---|
| <br>诺伯特·贾考斯基<br><br>德国航空航天中心(DLR)通信与导航研究所<br>德国·纽斯特里茨<br>norbert. jakowski@ dlr. de | 第6章,第39章<br><br>诺伯特·贾考斯基于1974年在罗斯托克大学获得固态物理学博士学位。自1974年以来,他一直在空间研究所工作,并从1991年起在德国航空航天中心(DLR)的纽斯特里茨(Neustrelitz)分部工作。他的研究方向包括监测、建模和预测与空间天气事件有关的电离层过程,并研究其对无线电波传播,特别是对GNSS应用的影响。 |
| <br>克里斯托弗·哲基尔<br><br>俄亥俄州立大学地球科学学院<br>美国·哥伦布<br>jekeli. 1@ osu. edu | 第2章<br><br>克里斯托弗·哲基尔于1981年获得俄亥俄州立大学大地测量学博士学位。他被美国空军地球物理实验室聘为大地测量学专家(1981—1993年),并加入俄亥俄州立大学测地科学系和地球科学学院(2005年)。他的主要研究兴趣是大地测量学和地球重力场,以及大地测量学和地球物理应用的建模和测量。 |
| <br>加里·约翰斯顿<br><br>澳大利亚地球科学局<br>澳大利亚·西蒙斯顿<br>gary. johnston@ ga. gov. au | 第33章<br><br>加里·约翰斯顿作为澳大利亚地球科学局的大地测量和地震监测小组主管,是国际GNSS服务(IGS)理事会主席和联合国关于全球大地参考框架(GGRF)的全球地理空间信息管理(UN GGIM)工作组主席。 |

| | |
|---|---|
| <br>艾利森·基利<br><br>墨尔本大学基础设施工程系<br>澳大利亚·帕克维尔<br>akealy@unimelb.edu.au | 第29章<br><br>艾利森·基利博士是澳大利亚墨尔本大学基础设施工程系的副教授。她拥有英国泰恩纽卡斯尔大学 GPS 和大地测量学博士学位。<br>他的研究方向包括传感器融合、卡尔曼滤波、高精度卫星定位、GNSS 质量控制、无线传感器网络和基于位置的服务。 |
| <br>桥本·木暮<br><br>日本内阁国家空间政策秘书处，QZSS 战略办公室<br>日本·东京<br>satoshi.kogure.e7f@cao.go.jp | 第11章<br><br>桥本·木暮是 JAXA 卫星导航部门 QZSS 的前任务主管。1993 年，他从名古屋大学获得硕士学位，并加入日本国家航天局。他于 2001 年开始为日本卫星导航系统 QZSS 进行系统设计工作，并在 2010 年第一颗卫星发射后领导其技术验证和演示。自 2016 年起，他在日本内阁内协调 QZS 项目。 |
| <br>简·库巴<br><br>加拿大自然资源部大地测量局<br>加拿大·渥太华<br>kouba@rogers.com | 第25章<br><br>简·库巴于 1994 年获得捷克科学院的理学博士学位。自 1970 年以来，他一直从事卫星大地测量工作。他在加拿大地质调查局和加拿大自然资源部大地测量局（GSD）担任过多个研究职位。在 1994 年至 1998 年期间，他领导了 GSD 的加拿大主动控制技术/IGS（国际 GPS 服务）分析小组，并担任 IGS 的第一个分析中心协调员。 |

弗朗索瓦·拉哈耶

加拿大自然资源部大地测量局

加拿大·渥太华

francois. lahaye@ canada. ca

**第 25 章**

弗朗索瓦·拉哈耶领导加拿大自然资源部大地测量局的大地测量空间技术团队。他拥有加拿大拉瓦尔大学的大地测量学硕士学位。

理查德·兰利

新布伦瑞克大学大地测量与地球动力工程系

加拿大·弗雷德里克顿

lang@ unb. ca

**第 1 章**

理查德·兰利是加拿大弗雷德里克顿的新布伦瑞克大学大地测量与地球动力工程系的教授,自 1981 年以来一直在这里从事教学和研究工作。他拥有多伦多约克大学实验空间科学博士学位。他的专业领域是 GNSS 的精确应用,自 1980 年代初以来,他一直致力于 GNSS 误差模型的建立。

肯·麦克劳德

加拿大自然资源部大地测量局

加拿大·渥太华

ken. macleod@ canada. ca

**附录 A**

肯·麦克劳德于 1985 年获得多伦多大学的理学学士学位。他于 1987 年加入加拿大大地测量局,自 1995 年以来,一直致力于 GNSS 增强系统的开发。他目前是 IGS/RTCM SC104 RINEX 工作组主席。

| | |
|---|---|
| <br>摩阿萨姆·马克苏德<br><br>空间技术学院电工程系<br>巴基斯坦·伊斯兰堡<br>moazam. maqsood@ ist. edu. pk | 第 17 章<br><br>摩阿萨姆·马克苏德于 2006 年获得巴基斯坦伊斯兰堡空间技术学院(IST)的通信系统工程学士学位,并于 2009 年和 2013 年获得英国萨里大学的硕士学位和博士学位。他目前是 IST 电气工程系的助理教授。他的研究方向包括合成孔径雷达(SAR)在公共安全领域的应用。 |
| <br>迈克尔·梅勒<br><br>德国航空航天中心(DLR)通信与导航研究所<br>德国·韦斯灵<br>michael. meurer@ dlr. de | 第 4 章、附录 B<br><br>迈克尔·梅勒博士是德国航空航天中心(DLR)的通信与导航研究所导航系主任,也是 DLR 卫星导航卓越中心的协调主任,他还是亚琛工业大学(RWTH Aachen)电气工程学教授和导航主席。他目前的研究方向包括 GNSS 信号、GNSS 接收机、干扰和欺骗消除以及关键安全应用的导航。 |
| 奥利弗·门斯布鲁克 | 第 1 章、第 2 章、第 3 章、第 8 章、第 10 章、第 11 章、第 17 章、第 32 章;附录 A、附录 B。个人简介请参见"编者简介"部分。 |

特里·摩尔

诺丁汉大学诺丁汉地理空间研究所
英国·诺丁汉
terry. moore@ nottingham. ac. uk

**第29章**

特里·摩尔教授是诺丁汉大学诺丁汉地理空间研究所（NGI）的主任。他拥有诺丁汉大学的土木工程学士学位和空间大地测量学博士学位。他是导航学会（ION）和皇家导航学会的会员和理事会成员。

丹尼斯·奥代克

Fugro Intersite 公司
荷兰·莱岑丹
d. odijk@ fugro. com

**第21章，第26章**

丹尼斯·奥代克于2002年从荷兰代尔夫特理工大学获得大地工程学博士学位。2009年至2016年，他是澳大利亚珀斯科廷大学 GNSS 研究中心的研究员，在那里他专注于 RTK 和基于整数模糊度解算的 PPP 的研究。目前，丹尼斯在荷兰 Fugro Intersite 公司担任高级大地测量专家，为 Fugro 的 GNSS 定位算法做出贡献。

托马斯·潘尼

慕尼黑联邦国防军大学空间技术与空间应用学院
德国·慕尼黑
thomas. pany@ unibw. de

**第14章**

托马斯·潘尼教授在慕尼黑联邦国防军大学教授导航课程。他获得了格拉茨工业大学的博士学位。他的研究专注于 GNSS 信号、GNSS 接收机设计以及与其他传感器的集成工作。之前，他曾在 IFEN 公司工作，是全球功能最强大的 GNSS 软件接收机的架构师。

马克·佩多维罗

卡尔加里大学测绘工程系
加拿大·卡尔加里
mark. petovello@ ucalgary. ca

**第 18 章**

马克·佩多维罗分别于 1998 年和 2003 年在加拿大卡尔加里大学获得了地理信息工程学士学位和博士学位。他目前是该大学的教授,研究兴趣是卫星导航、惯性导航和多传感器集成。他编写并授权了一些与导航相关的软件包,并积极参与导航社区。

山姆·普伦

斯坦福大学航空航天系
美国·斯坦福
spullen@ stanford. edu

**第 31 章**

山姆·普伦是斯坦福大学 GNSS 实验室地面增强系统(GBAS)研究工作的技术经理,他于 1996 年在此获得了航空航天博士学位。他为 FAA 和其他服务提供商在 GBAS、SBAS 和其他 GNSS 应用程序开发系统概念、技术要求、完好性算法和性能模型等方面提供支持。他参与了全球卫星导航系统的设计、应用和风险评估。

谢尔盖·雷夫尼克赫

俄罗斯 Reshetnev 信息卫星系统公司 GLONASS 发展部
俄罗斯·莫斯科
revnivykh@ iss-reshetnev. ru

**第 8 章**

谢尔盖·雷夫尼克赫是 Reshetnev 信息卫星系统公司的 GLONASS 理事会副主任兼 GLONASS 发展部主任。自 2001 年以来,他一直积极参与 GLONASS 联邦计划的开发、管理和实施。自 2005 年以来,他一直是国际 GNSS 委员会 GNSS 兼容性和互操作性工作组的联合主席。他于 2006 年获得了莫斯科航空学院的博士学位。

| | |
|---|---|
| <br>安娜·里德尔<br><br>澳大利亚地球科学局<br>澳大利亚·西蒙斯顿<br>anna. riddell@ ga. gov. au | 第33章<br><br>安娜·里德尔毕业于塔斯马尼亚大学,在澳大利亚地球科学局(Geoscience Australia)开始了她的大地测量职业生涯,她目前是机器人 GNSS 天线校准设备的主要操作员。其他研究方向包括 GNSS 分析以构建亚太参考框架(APREF),并为在澳大利亚境内的位置验证提供法律依据。 |
| <br>安东尼奥·里乌斯<br><br>空间科学研究所 ICE(IEEC-CSIC)<br>西班牙·塞丹约拉德尔瓦勒<br>rius@ ice. csic. es | 第40章<br><br>安东尼奥·里乌斯于1974年在西班牙巴塞罗那大学获得博士学位。从1975年到1985年,他是西班牙马德里 NASA 太空探测技术中心的技术人员,负责射电天文工作。自1986年以来,他一直在西班牙研究委员会和加泰罗尼亚研究院工作。 |
| <br>克里斯·里佐斯<br><br>新南威尔士大学土木与环境工程学院<br>澳大利亚·肯辛顿<br>c. rizos@ unsw. edu. au | 第35章<br><br>克里斯·里佐斯是澳大利亚新南威尔士大学土木与环境工程学院大地测量与导航教授。克里斯是国际大地测量学协会(IAG)的前任主席,国际 GNSS 服务(IGS)理事会的成员,以及 Multi-GNSS 亚洲指导委员会的联合主席。自1985年以来,克里斯一直在研究 GPS 和其他导航/定位系统的技术和应用。 |

| | |
|---|---|
| <br>肯·西尼尔<br>美国海军研究实验室高级太空 PNT 部<br>美国·华盛顿<br>ken. senior@ nrl. navy. mil | 第 5 章<br><br>肯·西尼尔于 1997 年在博林格林州立大学获得应用数学博士学位。他于 2001 年以科学家身份加入海军研究实验室,目前是美国海军研究实验室(NRL)高级太空定位导航和授时部门的负责人。他的研究方向包括精密时间频率传输、时标和精密时钟的分析。 |
| 亚历山大·谢尔久科夫(已故) | 第 8 章 |
| <br>蒂姆·施普林格<br>PosiTim UG 公司<br>德国·塞海姆-尤根海姆<br>tim. springer@ positim. com | 第 34 章<br><br>蒂姆·施普林格在代尔夫特工业大学学习航空航天工程,并在伯尔尼大学天文研究所工作,他于 1999 年在该研究所获得物理学博士学位。他创办了 PosiTim 公司,该公司提供基于 ESA/ESOC 软件 NA-PEOS 的高精度 GNSS 服务和解决方案。自 2004 年以来,他一直在达姆施塔特的 ESA/ESOC 导航支持办公室工作。 |

**彼得·施泰根博阁**

德国航空航天中心(DLR)德国空间业务中心
德国·韦斯灵
peter. steigenberger@ dlr. de

第34章,附录 B

彼得·施泰根博阁分别于2002年和2009年从慕尼黑工业大学(TUM)获得了大地测量学的硕士学位和博士学位。目前,他是 DLR 德国空间业务中心(GSOC)的科研人员。他的研究方向集中于 GNSS 数据分析,尤其是 GNSS 卫星以及发展中的伽利略、北斗和 QZSS 导航系统的精确轨道和时钟确定。

**汤静**

中国卫星导航定位应用管理中心
中国·北京
blazingtangjing@ 163. com

第10章

汤静是中国卫星导航定位应用管理中心(CNAGA)的工程师。她于1996年从河南科技大学获得英语学士学位。自2007年以来,她一直密切参与北斗与其他 GNSS 之间的双边频率协调。自2008年以来,她一直是 GNSS 内部委员会(ICG)会议的积极参与者。她作为合作者发表了几篇有关北斗卫星导航系统的论文。

**皮埃尔·特特雷奥**

加拿大自然资源部大地测量局
加拿大·渥太华
pierre. tetreault@ canada. ca

第25章

皮埃尔·特特雷奥是加拿大自然资源部大地测量局天基技术小组的成员。他的工作重点是研发参考框架接入的 GNSS 终端用户应用程序。他于1987年获得多伦多大学的大地测量学硕士学位。

| | |
|---|---|
| 彼得·特尼森 | 第1章,第22章,第23章,第24章 |
| | 有关个人简介,请参见"编者简介"部分。 |
| <br>桑德拉·维哈根<br>代尔夫特理工大学土木工程与地球科学学院<br>荷兰·代尔夫特<br>a. a. verhagen@ tudelt. nl | 第22章<br>桑德拉·维哈根是代尔夫特理工大学的助理教授。她在该大学获得了大地测量学博士学位。她是代尔夫特空间研究所空间传感主题负责人,并且是国际大地测量学协会第四委员会定位与应用委员会主席(2007-2011年)。她的研究方向是数学大地测量学和定位,专注于使用GNSS进行非常精确和可靠的定位算法开发。 |
| <br>托德·沃尔特<br>斯坦福大学 GPS 实验室<br>美国·斯坦福<br>twalter@ stanford. edu | 第12章<br>托德·沃尔特是斯坦福大学航空与航天系的高级研究工程师。他于1993年获得斯坦福大学应用物理学博士学位。他的研究重点是实施高完好性的空中导航系统。他积极参与国际标准机构,负责GNSS的协调工作。作为ION的会员,他还曾担任ION的主席。 |

兰伯特·万宁格

德累斯顿工业大学大地测量系
德国·德累斯顿
lambert. wanninger@ tu-dresden. de

**第 26 章**

兰伯特·万宁格是德累斯顿工业大学（TU Dresden）的大地测量学教授。他拥有德国汉诺威大学的大地测量学工学博士学位和德累斯顿工业大学的大地测量特许任教资格。自 1990 年以来，他一直从事 GNSS 精确定位研究。

简·韦斯

博尔德大学大气研究公司 COSMIC 项目办公室
美国·博尔德
weissj@ ucar. edu

**第 34 章**

简·韦斯是位于科罗拉多州的博尔德大学大气研究公司 COSMIC 数据分析和存档中心的经理。他的研究集中在精密轨道时钟确定以及 GNSS 大地测量应用上。在喷气推进实验室（JPL），他曾担任 JPL IGS 分析中心、GIPSY-OASIS 软件、NASA 全球差分 GNSS 系统和下一代 GPS 控制段导航软件的分析师和开发人员。

简·温德尔

空中客车 DS 公司导航与应用项目办公室
德国·陶夫基兴
jan. wendel@ airbus. com

**第 28 章**

简·温德尔分别于 1998 年和 2003 年在卡尔斯鲁厄大学获得电气工程硕士和博士学位。从 2003 年到 2006 年，他担任卡尔斯鲁厄大学的助理教授，目前是该校的私人讲师。2006 年，他加入慕尼黑的 MBDA。2009 年，他加入位于德国慕尼黑的 EADS Astrium 公司（现为空中客车 DS 公司），参与与卫星导航相关的各种项目。

| | |
|---|---|
| <br>闫森·维克特<br><br>德国地球科学研究中心（GFZ）大地测量部<br>德国·波茨坦<br>wickert@gfz-potsdam.de | 第 38 章<br><br>闫森·维克特毕业于杜德累斯顿大学物理系，并于 2002 年从卡尔-弗朗茨-格拉茨大学获得博士学位。自 1999 年以来，他一直在德国地球科学研究中心（GFZ）工作，负责 GNSS 遥感研究。他是德国 CHAMP 卫星上开创性的 GPS 无线电掩星实验首席研究员，并自 2016 年以来担任 GFZ 和柏林工业大学 GNSS 遥感、导航和定位的联合教授。 |
| <br>万钟勋<br><br>仁荷大学电气工程系<br>韩国·仁川<br>jh.won@inha.ac.kr | 第 13 章，第 14 章<br><br>万钟勋在韩国水原的亚洲大学学习控制工程（PhD）。他于 2005 年加入德国慕尼黑联邦国防军大学（UFAF）的空间技术与空间应用研究所（前身是大地测量与导航研究所）。目前，他是韩国仁荷大学电气工程的助理教授。他目前的研究兴趣是 GNSS 信号、接收机、导航和目标跟踪系统。 |
| <br>杨元喜<br><br>中国卫星导航定位应用管理中心<br>中国·北京<br>yuanxi_yang@163.com | 第 10 章<br><br>杨元喜是西安测绘研究所及中国卫星导航定位应用管理中心（CNAGA）的大地测量与导航研究员。他从中国科学院大地测量与地球物理研究所获得大地测量学博士学位。他的主要研究领域包括大地测量数据处理、导航、大地坐标系等。 |

# 名词术语表

## A

**Accuracy 准确度**
一种衡量所测得或估计的数量与数量真实值的接近程度的量度。

**Acquisition 获取**
GNSS 接收机执行的过程,用于识别接收信号中存在哪些 GNSS 信号,并确定这些信号的近似码延迟和多普勒频移。

**Aircraft Based Augmentation System(ABAS) 机载增强系统**
一种用于将从其他 GNSS 元素获得的信息与飞机上可用的信息进行增强和/或集成的 GNSS 增强系统。

**Airport Pseudolite(APL) 机场伪卫星**
一种位于机场边界内的伪卫星,旨在增强对接近或在该机场附近飞行的飞机的几何定位。

**Albedo 反照率**
一种物体反射率的量度。地球反照率是作用在卫星上的间接辐射压力的来源(地球辐射压力)。

**Alert 告警**
一个及时的警告,表明系统可能不再像以前描述的那样运行,并可能正在提供误导性的信息。

**Alert Limit 告警门限**
安全进行操作所允许的最大定位误差。告警门限具有相关的完好性风险概率,以及当告警门限值不能确保达到完好性风险等级时必须通知用户的最长时间。

**Allan Deviation(ADEV) 阿伦偏差**
阿伦方差的平方根。

**Allan Variance(AVAR) 阿伦方差**
以物理学家戴维·W·阿伦(David W. Allan)命名的一种时钟稳定性度量。它描述了在不考虑恒定频率误差的情况下,平均时钟频率在不同时间尺度上的变化。

**Almanac 历书**
整个 GNSS 星座的一组粗略轨道参数,作为导航电文的一部分由星座的每颗卫星发送。该历书有助于快速获取所有可见卫星。

**Alternative BOC(AltBOC) 交替 BOC**
一种调制方案,将相邻频带中的两个正交相移键控信号合并为具有出色的噪声和多径特性的组合宽带信号。AltBOC 调制最先用于 Galileo E5a/E5b 信号。

**Ambiguity Dilution of Precision(ADOP) 模糊度精度因子**
一种以周期为单位的标量度量,可捕获估计的浮点模糊度矢量的固有精度。ADOP 对于模糊度重新参数化 Z 变换是不变的,并且便于容易地计算模糊度成功率的近似值。

**Ambiguity 模糊度**
当 GNSS 接收机首次锁定 GNSS 信号时,载波相位观测中的初始未知偏移。它是初始相位和整数模糊度的总和。只要接收机保持锁定在信号上,模糊度值就保持不变。

**Ambiguity Fixed Solution 模糊度固定解**
一个整数模糊度解析的 GNSS 参数解。模糊度固定解的精度永远不会比模糊度浮点解的精度差。

**Ambiguity Float Solution 模糊度浮点解**
一种 GNSS 参数解,其模糊度不解析为整数。模糊度浮点解的精度永远不会比模糊度固定解的精度好。

**Ambiguity Resolution 模糊度解**
整周模糊度解

**Ambiguity Success Rate 模糊度成功率**
正确估计整周模糊度的概率。

**Anechoic Chamber 微波暗室**
一个房间或机柜,其内部是非反射性的,吸收来自室内的射频信号。在许多情况下,通常希望它也包含这些信号并使内部与外部信号隔离。通常用于对无限大的无反射空间建模、进行广播测试、测试必须与外部干扰隔离或测试涉及在受保护或受限制的频带中广播信号的情况。

**Antenna 天线**
一种将电能转换为电磁波或反之的硬件单元。

**Antenna Gain Pattern 天线增益方向图**
一种方向相关的天线效率度量,衡量天线将电能转换成无线电波(发射天线)或反之(接收天线)的效率。

**Antenna Phase Center 天线相位中心**
天线辐射方向图上所有场发射或会聚到的点。

**Antenna Reference Point 天线参考点**
一个具有明确定义且易于接入的机械点,电子天线相位中心可关联到大地测量地标点上,或其本身也可以认为是大地测量地标点。

**Antenna Thrust 天线推力**
由于 GNSS 微波信号的传输而产生的后坐力,这会导致卫星产生非重力加速度。

**ANTEX ANTEX**
IGS 使用的天线数据交换格式,为 GNSS 接收机和卫星分配一组一致的绝对 I 天线相位中心校正。包括 I 相中心偏移和 I 相中心变化。

**Anti-spoofing(A/S) 反欺骗**
对全球定位系统的军用 P 码使用信号加密,以避免敌人产生和传输欺骗信号(欺骗)。

**Apogee 远地点**
卫星轨道上离地球最远的点。

**Apogee Kick Motor 远地点发动机**
一种星载火箭,用于将卫星从高椭圆转移轨道放置到其最终轨道上。

**Approach Procedure with Vertical guidance(APV) 垂直引导进近程序**
一种仪器进近程序,具有横向和垂直引导支持操作,性能介于非精密进近和精密进近之间。

**Area Correction Parameters 区域校正参数**
区域校正参数

**Area Navigation(RNAV) 区域导航**
RNAV 是一种导航方法,可以使飞机在任何所需的飞行路径上运行。它允许在任何位置连续确定其位置,而不仅是沿着各个地面导航辅助设备之间的轨道进行确定。

**Ascending Node 升交点**
卫星从南到北穿过赤道的轨道上的点。

**Astronomical Unit 天文单位**
用于指定太阳系内距离的长度单位。一个天文单位(AU)约等于地球和太阳之间的平均距离,约为 $1.496×10^8$ km。

**Atmosphere 大气**
环绕地球的气体壳。大气影响卫星在近地轨道上的运动(拖曳)和例如无线电导航信号(对流层,电离层)等的电磁波的无线电传播。

**Atomic Clock 原子钟**
利用原子电子跃迁的频率产生时标的装置。原子钟是已知最稳定的时间和频率标准。

**Atomic Fountain 原子喷泉**
一种信号发生器/频率标准,基于磁光阱中原子的激光冷却,一旦冷却到接近绝对零度的条件,它们在重力场中以喷泉的方式向上发射。以这种方式,原子穿过了一个激发原子基态超精细跃迁的询问区。

**Atomic Frequency Standard 原子频率标准**
一种基于在受控环境中特定原子在特定能态探询变化的信号发生器。

**Atomic Time Scale 原子时标**
基于原子或分子共振现象的时间标度。通过计算锁定到原子或分子跃迁的频率的周期来测量经过时间。原子时标不同于早期的天文时标,后者根据地球自转来定义秒。协调世界时(UTC)是一种原子时标,因为它根据铯原子的跃迁定义秒。

**Attitude 姿态**
空间中刚体相对于给定参考系的方向。姿态可以用各种形式的姿态参数来表示。

**Attitude Parameters 姿态参数**
用于参数化空间中刚体方向的一组变量。它们的数量范围从 3 个(例如,欧拉角)到 9 个(例如,方向余弦)。

**Automatic Dependent Surveillance(ADS) 自动相关监视**
一种监视技术,其中,每架飞机都通过数据链路定期自动广播其自身位置。

**Automatic Direction Finding(ADF) 自动测向**
一种导航电子辅助设备,用于识别飞机与在中频或长频带宽中传输的无线电信标(例如非定向信标或商用无线电广播电台)的相对方位。

**Availability 可用性**
用户能够以指定的精度确定其位置并能够在预期操作开始时监测其所确定位置的完好性的概率。

**Azimuth 方位角**
水平坐标系中的一个坐标。方位角是指北方与观察物体方向的地平线上的投影之间的、朝东方正方向测量的角度。

# B

**Bandwidth 带宽**
通过一个系统而没有(显著)衰减的频率范围。

**Barycentric System 重心系统**
一种坐标系,其中心(原点)在太阳系的平均质心上。

**Baseband 基带**
常规发射机或接收机用于对所需信息进行前/后处理的频率范围。

**Baseband Signal 基带信号**
一种频率接近零、带宽较低的信号,例如 GNSS 扩频码和调制到载波信号上的数据。也称为包络信号。

**Baseline 基线**
二维或三维空间中两点之间的间隔。对于差分定位,基线是指两个 GNSS 接收机之间的三维矢量,一个设置在一个基站上,另一个设置在相对于基站确定坐标的点上(或空间内)。基线长度是一个标量,是以长度单位表示的接收机间距离。

**Base Station 基站**
参考站

**BeiDou 北斗**
中国实施的区域和全球导航卫星系统。该名称源于在恒星导航中用来确定北方方向的星座(北斗七星)。

**BeiDou Satellite-based Augmentation System (BDSBAS) 北斗星基增强系统**
作为北斗导航卫星系统的一部分正在开发的一个星基增强系统(SBAS),目标是在整个中国提供水平和垂直导航。

**Best Linear Unbiased Estimator(BLUE) 最佳线性无偏估计量**
所有线性无偏估计中精度最高的估计量,即最小方差。线性无偏估计是观测值的线性函数,其期望值等于待估计的未知参数向量。

**Best Linear Unbiased Predictor(BLUP) 最佳线性无偏预测量**
在所有线性无偏预测量中具有最小均方预测误差(最佳)的预测量。线性无偏预测量是可观测变量的线性函数,其期望值等于待预测随机参数向量的期望值。

**Between-receiver Difference 接收机间差异**
对于跟踪同一颗卫星的两个接收机,在相同频率下(码或载波相位) GNSS 观测值或参数之间的差异。

**Between-satellite Difference 卫星间差异**
同一接收机跟踪的两颗卫星同一频率的(码或载波相位) GNSS 观测值或参数之间的差异。

**Bias 偏差**
在估计中,偏差表示估计器的期望值与估计的真实值之间的差。偏差通常是测量过程建模不正确的结果,例如忽略了不可忽略的系统误差。宽泛地说,该术语通常用于描述测量中的系统误差或偏移量。

**Bias-to-noise Ratio(BNR) 偏差噪声比**
一个度量偏差显著性的无量纲的量。有影响的 BNR 驱动危险发生概率上升,而可测试的 BNR 驱动漏测概率上升。

**Binary Offset Carrier(BOC) Modulation 二进制偏移载波调制**
二进制相移键控(BPSK)调制的一种扩展。其中,调制信号与一个附加的正弦或余弦方波子载波相乘。BOC 调制信号的频谱呈现出两个相对于主载波频率对称偏移的主波瓣,而不是一个单瓣。因此,BOC 调制也称为分裂谱调制。两个波瓣的间隔由子载波频率确定。在GNSS中,应用BOC信号是为了满足不同系统的不可互操作信号之间的频谱分离要求。

**Binary Phase Shift Keying(BPSK) Modulation 二进制相移键控调制**

一种无线电导航信号调制方案。其中,载波相位根据调制信号的二进制值(即测距码和导航数据)偏移0°或180°。

**Bit Error Correction 位误差校正**

在GNSS接收机内进行的识别和纠正错误接收的导航电文位的过程。此过程要求导航电文包含冗余位。

**Bit Synchronization 位同步**

如果位/符号持续时间超过主码持续时间,则在GNSS接收机内执行的识别导航数据位/符号转换的历元的过程。

**Blunder 大错**

测量中既不是系统性的也不是随机性的严重误差。

**Block 代**

由不同制造商制造的不同代的全球定位系统(GPS)卫星通常称为Block。第二代卫星进一步划分为ⅡA、ⅡR、ⅡR-M和ⅡF卫星。

**Boresight Angle 视轴角**

天线的视线方向与对称轴之间的夹角。

**Boundary Layer 边界层**

受地球表面直接影响的最低大气层。

**Box-wing Model 箱翼模型**

GNSS卫星的几何和光学(反射/发射)特性的简化描述,用于辐射压力效应的建模。

**Broadcast Ephemeris 广播星历**

由GNSS卫星发送的作为其导航消息的一部分的星历,以便接收机能够计算卫星的位置。

**Broadcast Group Delay(BGD) 广播群时延**

群时延(TGD)的替代名称。

# C

**C-band C波段**

载波频率在4~8GHz范围内的电磁波频谱的一部分。

**C/A-code C/A码**

全球定位系统GPS中用作粗码和捕获测距码的伪随机噪声(PRN)序列。每个C/A码的长度为1023chip,在1ms内发送。已经为GPS以及SBAS和QZSS等其他无线电导航系统定义了整个C/A码系列。分配给每个代码的序列号称为PRN号,通常用于识别发送的GPS卫星。

**Cadastral Surveying 地籍测量**

一种用于确定或划定土地财产边界的土地测量形式。

**Carrier 载波**

调制无线电导航卫星系统的测距码和导航数据的周期性电磁波。GNSS信号通常位于L波段,使用的频率范围约为1100~1600MHz。

**Carrier Phase 载波相位**

周期性电磁波的瞬时相位(以弧度或周期表示)。在GNSS中,该术语通常和接收到的载波与标称信号频率混合后的拍频相位有关,它表示发射卫星和接收机之间距离变化的量度。

**Carrier Phase Ambiguity 载波相位模糊度**

GNSS接收机内部测量的载波相位中,包括一个任意的周期计数,它会引入整周模糊度。根据特定的跟踪技术,也可能会出现半周期偏差。此外,所测量的载波相位范围还受到卫星或接收机特定偏差的影响,从而导致在所测量的载波相位范围内出现浮点值模糊度。

**Carrier-to-noise Density Ratio($C/N_0$) 载噪密度比**

载波信号的功率电平与1Hz带宽内的噪声功率之比。

**Celestial Coordinates 天球坐标**

天体相对于天球参考系的球面坐标,称为赤经和赤纬,分别类似于经度和纬度。

**Celestial Ephemeris Pole 天球历书极**

1980年IAU章动理论采用的章动和极移的参考极。根据定义,它是一个极点,在天球或地球参考系中都没有近周日运动。

**Celestial Intermediate Pole 天球中间极**

2000 IAU章动理论采用的章动和极移的参考极。通过阐明章动和极移之间的区别,它扩展了天球历书极的定义。天球参考框架内的天体中间极的运动定义为章动,其频率在每恒星日 -0.5 ~ +0.5cyc 之间。天球中间极在该频带外的运动被定义为极移。地球自转测量服务报告的极移参数给出了天球中间极在旋转的、地固地球参考坐标系中的位置。

### Celestial Sphere 天球
半径无限的假想球体,在其上进行径向投影。天球中心可以视作地心或重心,这取决于相关坐标系的定义。

### Central Synchronizer 中央同步器
GLONASS 系统的主时钟。它包含 4 个氢钟频率标准,并有助于将精确的 GLONASS 系统时间调整到 UTC(SU)。

### Certification 认证
由管理机构采用的一种过程,用以确定一个物体是否已按照批准的设计制造,并且该设计确保符合先前规定的要求。这些要求通常在最低运行性能标准(MOPS)和相关文件中进行了规定。

### Cesium Beam Frequency Standard 铯束频率标准
一种基于铯原子基态超精细频率 9192631770Hz 的信号发生器。通常,铯原子被热形成铯束,并被磁分离成基态供询问。

### Chandler Period 钱德勒周期
由钱德勒(S. C. Chandler)发现的,地球自转轴相对于其形状轴的振荡的特征周期。由于地球的非刚性结构,钱德勒周期的变化范围约为 412 ~ 442d。

### Chapman Profile 查普曼模型
一种分析模型,基于简化的大气结构假设以及电离和复合过程,描述电离层或电离层各层电子密度随高度的变化。

### Chinese Area Positioning System(CAPS)中国区域定位系统
中国研制的一种定位系统,通过通信卫星将地面产生的导航信号传送给用户。

### Choke-ring Antenna 扼流圈天线
由敏感天线元件和一个环绕的波纹状接地面组成的天线,通常由多个同心导电环组成。扼流圈天线具有出色的多径抑制性能,通常用于精度最高的用户应用中,例如大地测量或连续运行参考站。

### Circular Error Probable(CEP)圆概率误差
以真值为中心包含 50% 实际测量值的圆的半径。

### Clock Ensemble 时钟组合
一组时钟,不一定位于同一物理位置,以协调的方式一起运行,以使性能(时间精度和频率稳定性)和/或时间尺度的可用性最大化。通常,对每个时钟的相对值进行加权,以便最佳时钟对平均值贡献最大。

### Clock Offset 时钟偏移
GNSS 授时测量中,有关的卫星或接收机时钟的读数与给定的参考时间标度(如由 GNSS 控制段维持的系统时间)之间的偏移量。

### Coarse/Acquisition(C/A)Code 粗/捕获码
C/A 码

### Code Bias 码偏差
一种接收机和发射机特定硬件群延迟,影响伪距(码观测量)的产生。

### Code Division Multiple Access(CDMA)码分多址
一种多址方案,允许不同的发射机使用整个可用带宽同时访问传输信道。在该带宽中,发射机通过分配给它的唯一代码来标识。CDMA 信号构成了当今使用的大多数导航卫星系统的基础。

### Code Phase 码相位
由接收机感测的在 GNSS 信号上调制的测距码的瞬时相位。它可以表示为整码片和分数码片的数目,或者可以表示为时间或距离值。码相位测量传输时间(以码持续时间为模),并与当前接收机时间一起使用,形成伪距测量值。

### Code Shift Keying(CSK)码移键控
一种用于提高 GNSS 信号中导航数据速率的特定方案。测距码相对于标称起点移动了由编码数据字确定的量。例如,日本准天顶卫星系统(QZSS)的 E6 信号采用了码移键控,以向其用户传输用于精密单点定位的高速率校正数据。

### Coherent Integration Time 相干积分时间
GNSS 接收机选择的时间段,以计算接收到的信号与内部副本信号的相关值。

### Cold Start 冷启动
在没有时间、用户位置和卫星轨道/时钟数据的先验信息的情况下激活 GNSS 接收机。

**Compatibility 兼容性**

两个导航信号可以同时传输和使用而不会对其用户造成有害干扰的能力。

**Conductive Test 传导测试**

通过直接将信号源连接到接收机来测试接收机。

**Constrained Maximum Success-rate(CMS) Test 约束最大成功率检验**

对于给定的用户定义的失败率,具有最大成功率的模糊度接受检验。此测试需要输入整数最小二乘(ILS)解。

**Construction Surveying 施工测量**

在任何工程结构施工阶段,满足土木工程师和建筑专业人员不同定位要求的土地测量。

**Conterminous(or Contiguous) United States(CONUS) 美国大陆本土**

美国 48 个毗邻的州和华盛顿特区。CONUS 是美国的一部分,不包括阿拉斯加、夏威夷和所有近海领土。

**Continental Drift 大陆漂移**

板块运动。

**Continuity 连续性**

用户能够以指定的精度确定其位置,并能够在相应的飞行阶段的时间间隔内监视其确定的位置的完好性的概率。假设该服务在操作开始时可用,则该概率指的是与操作持续时间相关的指定时间间隔内该服务变得不可用的概率。

**Continuously Operating Reference Stations(CORS) 连续运行参考站**

一种建立在永久稳定站点上的 GNSS 接收机和天线,该站点用作差分 GNSS 系统的大地测量网络或参考站的控制点。

**Controlled Flight into Terrain(CFIT) 可控飞行撞地**

正常工作的飞机在飞行员完全控制下无意中撞上障碍物的情况。

**Control Point 控制点**

用于测量的标记或标石,通常具有当地或国家大地测量基准中的已知坐标。当该点运行一个 GNSS 接收机时,也可以作为一个基站。

**Control Segment 控制段**

用于操作全球或区域导航卫星系统的地面基础设施。

**Coordinated Universal Time 协调世界时**

协调世界时(UTC)。

**Coordinate Time(TCB,TCG) 坐标时**

一组基本的相对论时间标度,其速率基于相应参考框架中的 SI 秒。例如,在太阳系的重心为重心坐标时(TCB),在地球的重心为地球坐标时(TCG)。

**Correlation 相关性**

两个统计值或时间序列之间一致性的度量。在估计中,相关性定义为协方差的归一化形式。在 GNSS 信号处理中,相关性描述两个信号或伪随机噪声码相互匹配的程度。

**Correlator 相关器**

在 GNSS 接收机内部使用的一种装置,用于测量输入信号与接收机生成的副本之间的相关性。相关器值用作跟踪环的输入,该跟踪循环旨在使复制码和相位与输入信号连续对齐。为了最好地测量瞬时码偏移,使用了超前和滞后相关器的组合,它们采用时移码副本。相关器输出的超前-滞后差异可以作为一个鉴别器,检测跟踪误差。

**Correlator Spacing 相关器间距**

在传统的延迟锁相环中,超前和滞后相关器之间的间隔(以 PRN 码片为单位)。

**Coseismic 同震**

指地震期间。这个术语最常用来描述地震引起的位移。

**COSPAS-SARSAT 搜救卫星**

国际卫星搜索救援系统。

**Costas Loop 科斯塔斯环**

由 J.P.Costas 开发的一种特殊形式的锁相环,它使用一个二象限鉴相器跟踪二进制相移键控(BPSK)调制信号,而不受数据位转换的影响。

**Covariance 协方差**

衡量两个随机变量一起变化的程度。相关性是协方差的归一化版本。它是通过将协方差除以两个随机变量的标准偏差而获得的。

**Cramer Rao Lower Bound(CRLB) 克拉美－罗下限**

确定性参数无偏估计方差的下界。以 H. Cramer 和 C. R. Rao 的名字命名。

**Cross-correlation 互相关**

对两个(实数的或复数的)多普勒和延迟对准信号进行操作，以估计它们的时间相干性，表现为相对延迟的函数。这种功能称为波形。

**Cycle Slip 周跳**

在测量的载波相位中出现的未知不连续性，通常是由 GNSS 接收机的载波跟踪环路中的临时失锁(例如，由于阴影引起的)所致。

# D

**Data Bit 数据位**

在 GNSS 信号上调制的导航电文的基本信息单元。如果导航电文采用了前向纠错，则该单元称为符号。否则称为位。

**Data Channel 数据通道**

一种用于广播导航数据的 GNSS 信号分量。为了提高测量性能，在现代 GNSS 信号中，数据信道由一个导频信号补充。

**Data Demodulation 数据解调**

在 GNSS 接收机中执行的从接收到的 GNSS 信号中提取数据位或数据符号的过程。

**Data Snooping 数据窥探**

一种识别被严重误差污染的观测值的程序。

**Data Symbol 数据符号**

数据位

**Datum 基准**

一组参数和约定，用于定义和实现国家或全球范围内的大地测量控制坐标系。如今，是通过由控制点组成的网络的三维笛卡儿坐标或二维大地坐标来实现。

**Decision Altitude or Height(DA/H) 决断高度或高**

仪表进近程序中飞行员必须决定继续进近着陆或复飞程序的海拔或高度。该决定基于所需视觉参考的可用性。决断高度是高于平均海平面以上的高度，决断高是高于地面的高度。DA/H 是启动复飞的点，不排除飞机在开始爬升前下降到该高度以下。

**Declination 赤纬**

与赤道成直角的角度，在赤道和天体之间测量。赤纬与赤经一起构成赤道坐标系。

**Deflection of the Vertical 垂直面偏差**

铅垂线的切线(重力方向)与椭圆点的法线之间的角度。

**Deformation 形变**

与刚体运动相反的改变物体形状的任何位移。活跃的地壳构造和火山作用会引起地球的可恢复形变和永久形变。

**Delay Lock Loop(DLL) 延迟锁相环**

在 GNSS 接收机内使用的一种控制器，用于在去除载波后将测距码的副本与输入信号对齐。DLL 由一个可操控的码生成器、一个用以跟踪误差的码鉴别器和一个用来减少跟踪噪声的环路滤波器组合而成。

**Differential Code Bias(DCB) 差分码偏差**

接收机或卫星硬件对两个频率的码(或伪距)观测值的差异。

**Differential GNSS(DGNSS) 差分 GNSS**

GNSS 定位技术基于这样的原理，即通过同时处理来自同一卫星的多个接收机码(伪距)和/或载波相位数据，可以消除或显著减少接收机之间的共同偏差。至少需要两个接收机，一个是参考站，另一个是流动站。可以通过对参考站和流动站的观测值进行差分，或通过将参考站确定的校正传输到流动站来实现此技术。

**Dilution of Precision(DOP) 精度因子**

一种标量度量，用于捕获瞬时接收卫星几何结构对单点定位精度的影响。它被计算为方差矩阵的对角线元素之和的平方根，不包括需要评估 DOP 的方差因子(例如，位置 DOP 基于对角元素用于东、北和上，水平 DOP 对角元素只用于东和北，等等)。

**Direct Conversion 直接转换**

一种无需事先下变频就能将射频信号数字化的方法。

**Direction Cosine 方向余弦**
空间矢量和参考方向形成的角的余弦。

**Discriminator 鉴别器**
相关器值的一种功能,用于测量输入的 GNSS 信号和接收机中生成的副本之间的码、相位或频率偏移量。

**Dispersive Medium 色射介质**
一种电磁波传播的介质,其磁常数(磁导率)和/或介电常数(介电常数)取决于频率。因此,色散介质中电磁波的相速度和群速度也与频率有关。

**Displacement 位移**
一个点的位置的变化。板块运动使地球表面上的所有点都缓慢而稳定地移动,但由于地震等事件,也会发生突然的位移。由于荷载的作用,质量的季节性运动引起准周期位移。

**Disposal Orbit 弃置轨道**
一种放置超过其使用寿命的卫星的轨道,其设计目的是尽量减少与任何其他卫星或空间碎片碰撞的可能性。

**Distance Measuring Equipment(DME) 测距设备**
地面和机载设备的组合,通过测量信号从飞机发射到地面站和飞机收到地面站应答期间的传播延迟,提供与地面站的连续斜距。地面设备是一个甚高频发射机和接收机(称为应答器),机载设备称为询问器。

**Doppler/Delay Alignment 多普勒/延迟对准**
补偿由于发射机和接收机的相对运动而引起的信号延迟的操作。在较短的时间间隔内,相对运动可以用初始相对延迟和初始相对多普勒两个量来模拟。

**Doppler Delay Map(DDM) 多普勒延迟图**
对接收信号与复制信号的互相关函数的评估,表示为码延迟和多普勒频移的函数。

**Doppler Effect 多普勒效应**
多普勒频移。

**Doppler Range 多普勒距离**
GNSS 接收机在信号搜索中考虑的标称信号频率偏移范围,用以反映由于发射机和接收机的相对运动引起的多普勒频移以及本地振荡器的频率误差。

**Doppler Shift 多普勒频移**
由于发射机和接收机的相对运动,电磁波(或声波)经历的频移。以奥地利十九世纪物理学家克里斯蒂安·多普勒(Christian Doppler)的名字命名。

**Double-difference 双差**
对应于不同卫星的两个接收机间差分观测值/参数求差分,或对应于不同接收机的两个卫星间差分观测值/参数求差分。

**Down-conversion 下变频**
一种通过将射频信号的频率与谐波信号混频而将其转换为降低的中频的方法。下变频有助于模/数转换和后续信号处理。

**Draconitic Period 交点周期**
轨道物体两次通过其升交点之间经过的时间。

**Draconitic Year 交点年**
GNSS 星座相对于太阳的方位重复周期,例如 GPS 为 351.5d。

**Dual-frequency 双频**
使用两个不同信号频率的 GNSS 测量值,例如,用以消除电离层路径延迟的影响。

**Dynamical Time(TDB, TDT) 力学时**
一种相对论时标,其速率与地球表面的 SI 秒相匹配,定义为坐标时 TCG 和 TCB。1991 年,国际天文学联合会商定将地球力学时(TDT)称为地球时(TT)。

# E

**Early-minus-late Correlator 超前-滞后相关器**
相关器

**Earth-centered Earth-fixed(ECEF) 地心地固坐标系**
指以常规取向固定在地壳上的坐标系或框架,其原点位于地球的质心。国际地球参考坐标系的轴为 ECEF 坐标系提供了可能的选择。

**Earth-centered Inertial(ECI) 地心惯性系**
与地心地固坐标系(ECEF)框架在特定时刻对齐的非加速、非旋转框架。各种近似的 ECI 框架可以方便地进行分析。例如,可以假定非旋转 ECI

框架原点与 ECEF 原点一致,两者是近似的,是因为 ECEF 原点是加速的。

### Earth Model PZ-90 地球模型 PZ-90
参数 Zemli 1990(PZ-90)

### Earth Oblateness 地球扁率
扁率或扁平度是衡量地球椭圆形与球形的差异的量度。

### Earth Orientation Parameters 地球定向参数
一组参数,将地心惯性系与地心地固坐标系联系起来,反之亦然。它由一些小的角度组成,这些角度定义了天体中间极(近似于地球的瞬时自旋轴)相对于地球参考系统(极移)的运动以及其相对于天球参考系统的运动(进动和章动)。

### Earthquake Cycle 地震周期
地震中应力和应变的大致循环累积及其释放称为地震周期。大多数断层的浅层大部分时间通过摩擦固定在一起(锁定),而较深层的断层则继续以近乎稳定的速度缓慢移动。这导致锁定断裂带周围的应力增加,导致弹性应变能储存在地壳中。当驱动应力超过摩擦阻力时,断层滑动并发生地震。地震的发生从来不是绝对周期性的,所以这应将其理解为一个周期性的过程。

### Earth Radiation Pressure 地球辐射压力
由于地球表面反射/发射的辐射而作用在卫星上的非引力(反照率)。

### Earth Rotation Angle 地球自转角
地球中间赤道原点和天球赤道原点之间的夹角;它与地球自转速率有关的时间成正比。

### Ecliptic 黄道
一个假想的大圆,代表地球轨道平面与天球的交点。

### Effective Isotropic Radiated Power(EIRP) 有效各向同性辐射功率
天线在某一特定方向上辐射的功率,参考馈送给理想的、能产生相同功率密度的无损各向同性天线的功率密度。

### Elevation 仰角
从观察者的水平面测量的相对于站点-卫星视线的角度。这也可以指相对于零基准水准的以公制单位表示的站点高度,或者与椭球高度同义。

### Elevation Mask 截止高度角
一个用于控制接收机进行跟踪或定位处理时所使用的 GNSS 的阈值。仅考虑超过规定最小角度(地平线或天线接地面以上)的卫星。

### Ellipsoid 椭球体
在大地测量学中,一般指一种几何形体,定义为通过绕其短轴旋转而成的椭圆且为其选择的参数(大小和扁平率)可获得大地水准面的良好近似。它是水平大地测量控制的映射面,也被称为球体,以区别于更普遍的三轴椭球体。

### Ellipsoidal Height 椭球高度
从椭球体开始沿垂直方向(法向)到椭球体的距离。椭球体外点的高度为正,椭球体内点的高度为负,椭球体上为零。

### Elongation 角距
观察者看到的两个物体之间的角度。

### Empirical CODE Orbit Model(ECOM) 经验 CODE 轨道模型
伯尔尼大学天文研究所开发的太阳辐射压力模型,该大学是欧洲定轨中心(CODE)的成员。在太阳定向系统中,使用常数项和正弦/余弦项对辐射压力进行建模。

### Ephemeris 星历
该术语基于希腊语(一天),术语广泛用于给出行星或其他太阳系天体的每日坐标的天文表。在 GNSS 中,星历同样是以表格形式列出的 GNSS 卫星位置和时钟偏移(例如,来自精确定轨)。此外,星历一词指 GNSS 卫星在其导航电文中发送的一组轨道参数,从而使接收机能够计算卫星位置。

### Ephemeris Time(ET) 星历时间
天文时间由地球,月球和行星的轨道运动定义。星历时间于 1952 年引入,是为了提供一个独立于地球自转中不规则、不可预测的变化的时间尺度,这些变化是先前使用的世界时所固有的。在相对论运动理论的框架内,星历时间已被地球时(TT)所取代。

### Equator 赤道
天球上的一个假想的大圆,它垂直于地球的自转轴。赤道将天球南北半球分开,同时也是赤道坐标系的基准面,赤道坐标系使用赤经和赤纬。它定义了一个与全局坐标的极轴正交的平面。对地球来说,它是椭球零纬度上的圆。

**Equatorial Coordinates 赤道坐标**

参考赤道(赤经,赤纬)的坐标。

**Equinox 春分点**

春分

**Euler Angles 欧拉角**

一组三个角度定义了刚体的方向。欧拉角定义了一个由三个连续旋转组成的序列,该序列使得任何两个任意旋转的正交框架能够对齐。

**Euler Axis and Angle 欧拉轴和角度**

物体在空间中相对于初始方向或参考方向的旋转轴和旋转角度。可以根据轴-角参数化来描述刚体在空间中的任何旋转。

**European Geostationary Navigation Overlay Service(EGNOS)欧洲地球静止导航重叠服务**

由欧洲航天局、欧盟委员会和欧洲航空安全组织(EUROCONTROL)开发的一个星基增强系统(SBAS),可在整个欧洲提供水平和垂直导航,自2011年起提供生命安全服务。

**Expandable Slot 可扩展轨位**

在 GPS 星座中,当星座中的卫星数量超过标称数量(24)时,三个轨道位置中的一个可以各自划分为一对位置。

**Extended Kalman Filter(EKF)扩展卡尔曼滤波器**

适用于非线性状态空间测量和动态模型的卡尔曼滤波器线性化版本。

# F

**Fading Frequency 衰落频率**

相对于直接路径信号的多路径信号的相位变化率(简称为相位率)。

**Fixed Solution 固定解**

模糊度固定解。

**Fixed Failure Rate Ratio Test 固定失败率比值测试**

一种按比值测试计算的模糊度验收测试,但可保证失败率。所需的失败率可以由用户设置。

**Flächenkorrekturparameter(FKP)面积修正参数**

距离相关偏差区域模型的区域校正参数(水平梯度)的原始德文名称,这些参数作为网络 RTK 校正的一部分传输给用户。

**Flattening 扁平率**

扁圆形椭球的几何参数,指椭球的半长轴和半短轴之差与其半长轴之比。

**Flicker Noise 闪烁噪声**

电子系统(例如振荡器)中的一种噪声,其功率谱密度与频率成反比。

**Flight Management System(FMS)飞行管理系统**

一种具有多种功能来管理飞行的飞机计算机系统。FMS 包括导航和制导功能,并包含一个可以对飞行计划和路线进行预先编程的数据库。

**Flight Technical Error(FTE)飞行技术错误**

估计位置与定义路径之间的差异。它可以衡量飞行员或航空电子设备对导航系统提供的指导信息的遵循程度。

**Float Solution 浮点解**

模糊度浮点解。

**Footprint 足迹**

卫星下可以接收和利用其信号的区域。导航卫星的足迹通常被描述为卫星正下方的圆形区域,代表一组卫星视线至少高于其本地地平线 5° 的用户。

**Forecast 预测**

预测基于当前状态和附加信息,描述特征系统参数如对流层温度或电离层电子密度等的未来状态和/或发展。

**Forward Error Correction(FEC)前向纠错**

在一种将冗余信息引入数据流中的数据传输中最小化位误差的技术。除了简单的奇偶校验和,FEC 不仅能够检测错误,而且能够纠正错误。

**Frame Bias 框架偏差**

当前的运动 ICRF 极点和原点(赤经)与 J2000 的动态极点和春分点之间的一个很小的恒定偏移角度。

**Frame synchronization 帧同步**

该过程在 GNSS 接收机中进行,用来识别导航数

1591

据消息的开头。

**Free-space Loss 自由空间损耗**
当在自由空间中传播时,从各向同性发射机发出的电磁波的信号功率变化。自由空间损耗与距离的平方成正比,并且与波长的平方成反比。

**Frequency 频率**
一个事件重复的速率,即重复周期的倒数。在国际单位制中,周期用秒(s)表示,频率用赫兹(Hz)表示。

**Frequency Lock Loop(FLL)锁频环**
一种控制器,用于将 GNSS 接收机内部的载波副本的频率与传入信号的频率对齐。它包括一个数控振荡器(NCO)、一个用于检测瞬时跟踪误差的频率鉴别器和一个环路滤波器,该环路滤波器提供对频率误差的平滑估计以反馈给 NCO。

**Frequency Division Multiple Access(FDMA)频分多址**
一种多址方案,允许不同的发射机同时访问信道,但在指定的总带宽内使用略有不同的频率。对于全球卫星导航系统,目前仅有 GLONASS 使用 FDMA 信号。

**Friis Formula Friis 公式**
以电气工程师 H. T. Friis 命名的公式,在通信中被广泛用于计算级联级射频前端的总噪声因子,其中每一级由噪声因子和增益表示。

**Frontend 前端**
通过不同模块的组合,在发射端将接收到的基带信号转换为指定的射频信号后再传给天线。接收机前端则相反。

# G

**Galileo 伽利略**
欧洲全球导航卫星系统。

**Galileo-GPS Time Offset(GGTO) Galileo-GPS 时间偏移量**
由于 GPS 和 Galileo 使用不同的参考时间系统,两个系统之间存在一个系统时间偏移,即 Galileo-GPS 时间偏移。这个偏移量可以是几十纳秒或几十米。由于 GGTO 作为导航电文的一部分广播,因此用户可以更正其偏移量数据。

**Geocentric Coordinates 地心坐标**
以地球中心为参照的坐标。

**Geodetic Coordinates 大地坐标**
与一个特定的椭球有关的纬度、经度和高度坐标。大地纬度是一个点相对于赤道的椭球法线的角度。大地经度与球面经度相同。另请参阅椭球高度。

**Geodetic-grade Receiver 大地测量型接收机**
顶级的 GNSS 接收机能够在由多个 GNSS 星座广播的多个 L 波段频率上进行载波相位和伪距测量。

**Geodetic Reference System 1980(GRS80)大地参考系 1980**
当前国际上为大地测量应用定义的参考椭球和相关的重力场。

**Geographic Coordinates 地理坐标**
指与地球球形相关的坐标的通用名称。

**Geographic Information System(GIS)地理信息系统**
一种用于管理、分析和显示已分层组织的空间数据的软件系统,用于创建特殊特征图进行空间分析、协助决策等。有时,该术语也可以指空间数据集本身。

**Geoid 大地水准面**
一个地球重力势恒定的表面(等势或水平表面),它非常接近全球平均海平面。

**Geoid Height 大地水准面高度**
大地水准面的椭球高度;也称为大地水准面起伏。

**Geoid Model 大地水准面模型**
大地水准面在局部区域、区域或地球上的高度表示。表示形式可以是参考椭球上的大地水准面高度等高线,如点值、网格数据,也可以是各种数学函数,最常见的形式是球谐函数。

**Geoid Undulation 大地水准面起伏**
与大地水准面高度同义。

**Geostationary Earth Orbit(GEO)对地静止地球轨道**
在地球赤道上方约 36000 km 高度的圆形轨道,其轨道周期等于地球自转周期。对于地球观测者来说,地球静止轨道上的卫星看起来处于天空中的固定位置。

**Geostationary Satellite 对地静止卫星**

地球静止轨道上的卫星,通常用于通信和基于卫星的增强系统。

**Global Navigation Satellite System(GNSS) 全球导航卫星系统**

可以在世界任何地方提供定位解的导航系统。目前,该术语通常用于指全球定位系统、伽利略导航系统、格洛纳斯卫星导航系统和北斗导航系统。

**Global'naya Navigatsionnaya Sputnikova Sistema(GLONASS) 格洛纳斯**

俄罗斯联邦的全球导航卫星系统,为全世界的陆地、空中和太空用户提供全球永久的定位、导航和授时服务。GLONASS 是一个提供授权和开放访问服务的两用系统。

**Global Positioning System(GPS) 全球定位系统**

美国空军拥有和运营的一种全球导航卫星系统。

**Gold Code Gold 码**

罗伯特·戈德(Robert Gold)提出的具有良好自相关和互相关特性的一族伪随机噪声(PRN)序列。例如,Gold 码被用作 GPS 粗捕获(C/A)码。

**GPS Aided GEO Augmented Navigation(GAGAN) GPS 辅助 GEO 增强导航**

由印度空间研究组织、印度机场管理局和民航总局开发的星基增强系统(SBAS),可在整个印度提供水平和垂直导航。自 2014 年以来即提供生命安全服务。

**GPS Time GPS 时**

GPS 使用的时间标度,从协调世界时(UTC)的 1980 年 1 月 5 日和 6 日之间的午夜开始,并且没有用闰秒进行调整。

**GPS Week GPS 周**

GPS 时开始以来经过的整数周数。GPS 周从周六(第 6 天)到周日(第 0 天)的午夜开始。根据旧版 GPS 导航电文中 GPS 周的 10bit 表示形式,其值通常以 1024 为模,从而导致在 1999 年 8 月 22 日和 2019 年 4 月 7 日发生翻转。

**Greenwich Mean Time(GMT) 格林威治标准时间**

一个 24h 制的计时系统,其时、分和秒分别代表位于英格兰格林威治附近的地球本初子午线(经度 0°)的时间。GMT 在 1884 年被采用为世界上第一个全球时间标准。GMT 多年前已被其他天文时标所取代已经不再存在,随后又被原子时标 UTC 所取代。

**Greenwich Hour Angle 格林威治时角**

地心惯性系和坐标系的 $x$ 轴之间在指定历元处的角度。

**Grid Ionospheric Vertical Error(GIVE) 网格电离层垂直误差**

一个由 SBAS 广播的参数,用于指示特定电离层网格点延迟估值的垂直延迟误差的可能大小。GIVE 由广播的 4bit 数字决定,称为 GIVE 指示符或 GIVEI。查找表用于将指示符转换为称为 GIVE 的 1-sigma 超限值(超限)。按传统,GIVE 本身就是一个 99.9%的数字或 $3.29 \times \sigma_{GIVE}$。相关的一组 GIVE 用于对相应的用户电离层垂直误差(UIVE)上限值进行插值。最终将此垂直边界乘以倾角因子,以获得完整的用户电离层范围误差边界(UIRE)。

**Ground-based Augmentation System(GBAS) 地基增强系统**

一种使用多个基于机场的参考接收机的局域差分 GNSS 增强系统,该系统通过称为 VHF 数据广播(VDB)的甚高频(VHF)数据链路向用户提供校正和完好性信息。GBAS 支持飞机执行精密进近和着陆操作以及配备 GBAS 的机场附近的其他操作。

**Ground Plane 接地平面**

天线底部反射电磁波的导电反射面。如果接地平面的尺寸比波长大,则可获得最佳天线特性(例如抗多径)。

**Ground Segment 地面段**

全球导航卫星系统的主要组成部分,为任务操作提供卫星控制和星座保持功能,以及轨道和时钟数据计算。

**Ground Station 地面站**

能够与卫星通信的地面无线电站。根据特定的应用可以在各种功能之间进行区分:用于在地面上接收卫星数据的遥测站;用于向航天器发送控制命令的遥控(或上行链路)站;为卫星定轨提供距离、距离变化率或角度测量的跟踪站。

**Group Delay 群延迟**
是测量电磁信号的振幅包络通过某一设备或介质的传播时间的一个量度。在 GNSS 领域,它描述了信号在通过诸如电离层之类的色散介质或信号生成、发送或接收设备的一部分时,码调制所经历的延迟。

**Group Velocity 群速度**
调制电磁波的包络,即导航信号的编码信号的传播速度。它是一种测量波能运动速度的方法。

## H

**Hand-Over Word(HOW) 交接字**
在每个 GPS 传统导航数据的 300bit 子帧中的第二个 30bit 字。HOW 包括一个时间戳。

**Harmonic 谐波**
一种信号,其频率是某一其他信号频率的整数倍。射频传输涉及的几个阶段中的任何一个阶段的非线性都会在传输频率谐波上产生(通常是不希望的)能量。

**Hatanaka Compression Hatanaka 压缩**
用于压缩接收机独立交换(RINEX)格式的 GNSS 数据文件的无损技术。

**Helmert Transformation 赫尔默特变换**
以大地测量学家和数学家 F. R. Helmert 命名的 7 参数相似度转换。它通过移位向量、旋转和尺度因子将两个框架关联起来。

**Higher-order Ionospheric(HOI) Terms 高阶电离层项**
对 GNSS 信号的电离层延迟有贡献,它依赖于高于频率的二阶项,并且不能通过两次观测的无电离层组合来消除。

**Horizon 地平线**
与观察者所在地球表面相切的平面与天球之间的假想相交线。地平线是水平系统的参考平面,具有坐标方位角和高度。

**Horizontal System 水平系统**
与观察者的本地地平线有关的坐标系,其中使用的坐标是方位角和仰角。

**Hot Start 热启动**
利用近似时间和用户位置的先验信息以及 GNSS 卫星的广播星历来激活 GNSS 接收机,以加快信号搜索和捕获,并在收集有效的伪距测量后立即进行导航解算。

**Hour Angle 时角**
当地的恒星时与一个恒星的赤经之间的差。时角表示自上次达到顶点以来经过的恒星时间。

**Hydrogen Maser 氢原子钟**
基于中性氢原子在 1420.405752 MHz 的超精细跃迁的信号发生器。

**Hydrographic Surveying 水文测量**
一种支持海洋工程(如管道、海底电缆、防波堤、港口工程、疏浚等)和海底绘制的测量形式。

**Hydrostatic Delay 静力延迟**
倾斜总延迟的干分量。

**Hypothesis Testing 假设检验**
拒绝或不拒绝原假设的一种形式化决策规则。原假设代表一个被认为是真实的模型,与一个或多个备择假设进行比较。

## I

**IF-level Simulator 中频模拟器**
一种模拟器,产生与接收机前端输出信号相似的 GNSS 信号的中频(IF)样本。这些样本可以由接收机的数字处理器直接处理,或者通过数模转换器和上变频器转换为射频信号进行传导或重播测试。

**Inclined Geosynchronous Orbit(IGSO) 倾斜地球同步轨道**
与地球大约 24h 的自转周期同步但相对于地球赤道倾斜的轨道。IGSO 卫星通常用于区域导航卫星系统,作为严格意义上的对地静止卫星的补充。

**Inertial Measurement Unit 惯性测量单元**
一种结合了加速度计和陀螺仪的电子测量设备,可测量传感器所连接的物体的特定的力和角速度。

**Inertial System/Frame 惯性系统/框架**
相对于周围重力场自由下落的非旋转系统或框

架。有时附加"伪"或"准",以区别于静止或只有恒定直线运动的框架的原始牛顿概念。

**Influential Bias 影响性偏差**
一种传播到参数估计器中的偏差,这种偏差存在于设计矩阵的范围内。不可检验的偏差总是有影响的。

**In-phase(I) Component 同相(I)分量**
GNSS 信号经常使用正交相移键控来传输两个正交信号分量。例如一个频率上的民用和军用信号。对于 GPS L5,同相(I)分量传输导航数据(数据通道),而正交(Q)分量(异相90°)则传输无数据的导频信号。

**Integer Ambiguity 整周模糊度**
从接收机到卫星天线的测量载波相位范围中包含的未知波长(周期)数。

**Integer Ambiguity Resolution 整周模糊度解算**
估计未知双差载波相位模糊度并验证为整数的过程。一旦这些模糊度被认为是已知的,相应的载波相位测量将作为非常精确的伪距测量。

**Integer Bootstrapping(IB) 序贯归整法**
基于整数舍入和顺序条件最小二乘估计的组合的整数估计。序贯归整法的成功率永远不会小于整数舍入的成功率,也不会大于整数最小二乘的成功率。

**Integer Least-squares(ILS) 整数最小二乘**
基于最小二乘原理的整数估计。在所有整数估计器中,ILS 估计器的成功率最高。对于 Z 变换,其成功率是不变的。与整数舍入和整数自举相反,ILS 估计需要整数搜索。

**Integer Rounding(IR) 整数舍入**
基于标量舍入到最接近的整数的整数估计。整数舍入的成功率永远不会大于整数自举或整数最小二乘的成功率。

**Integrity 完好性**
对位置解正确性的信任度的一种度量。完好性包括系统向用户提供及时有效的警告(警报)的能力。

**Inter-channel Bias(ICB) 通道间偏差**
在不同频率通道上传输的 GLONASS FDMA 信号在码或相位偏差上的差异。

**Interface Control Document(ICD) 接口控制文档**
描述 GNSS 空间段和用户段之间的接口的文档,它描述了信号结构和调制、导航数据的格式和内容以及在定位中使用这些数据的相关算法。

**Interference 干扰**
一个或多个 GNSS 频带中会降低 GNSS 接收机获取和跟踪 GNSS 信号能力的射频功率。干扰可以像 GNSS 欺骗一样是结构化的,也可以像宽带高斯噪声干扰是非结构化的。它可能是有意的,如故意干扰;也可能是无意的,如 GNSS 接收机周围的电子设备产生的噪声。

**Inter-frequency Bias(IFB) 频率间偏差**
不同频率信号的码或相位硬件偏差的差异。

**Intermediate Frequency(IF) 中频**
一个低于载波频率的频率,将调制后的 GNSS 信号移到其中,以便于在信号产生或处理链中进行处理。

**International Atomic Time(TAI) 国际原子时**
通过全球范围内超过 400 个原子钟的时间的加权平均值实现的时标。它是协调世界时(UTC)的基础,该时间用于整个地球表面的民用计时。TAI 由国际度量衡局(BIPM)每月计算。

**International Celestial Reference System(ICRS) 国际天球参考系统**
定义惯性空间中物体坐标的一种坐标系和约定。它由国际地球自转和参考系统服务组织(IERS)定义和维护。

**International Celestial Reference Frame(ICRF) 国际天球参考系框架**
一种参考框架,它通过射电天文观测直接获取的天体的坐标来实现国际天球参考系统。

**International Terrestrial Reference System(ITRS) 国际地球参考系统**
定义地球上的点的坐标的一种坐标系和约定。由国际地球自转和参考系统服务组织(IERS)定义和维护。

**International Terrestrial Reference Frame(ITRF) 国际地球参考框架**
实现国际地球参考系的参考框架,在特定历元通过直接占用或观测特定点的坐标而实现。IERS

负责计算此全球网络的坐标来实现 ITRF。

**Interoperability 互操作性**
联合使用两个独立的导航系统的能力，从而可以使每个单独的系统受益。两个系统的信号兼容性是实现其互操作性的前提。

**Interplex 复用**
相移键控/相位调制（PSK/PM）多通道系统的一种特殊情况，其特点是对许多分量具有高功率效率。

**Inter-seismic 震间期**
两次地震之间。震间期是指在给定断层上发生大地震之间的时间段。在地震周期的大多数模型中，预计变形率在大多数震间期内是恒定的或变化缓慢的。

**Inter-system Bias (ISB) 系统间偏差**
两个 GNSS 星座信号之间的接收机硬件偏差差异加上两个系统的时间尺度之间的偏移。

**Inter-satellite Type Bias (ISTB) 卫星间类型偏差**
星座内不同卫星类型发送的信号之间的接收机硬件偏差差异。对于 BDS 来说，已经证明对地静止卫星的信号与其他（IGSO，MEO）卫星的信号存在卫星间类型偏差。

**Inter-Signal Correction (ISC) 信号间校正**
GPS 现代化导航电文中的校正值，可以使用一组时钟偏移值对不同的导航信号进行一致的处理。ISC 代表一种特殊形式的差分码偏差。

**Ionosphere 电离层**
从 50 km 到大约 1000 km 高度的高层大气的电离部分。电离层等离子体主要由太阳发出的电磁辐射和粒子辐射产生。因此，电离水平在很大程度上取决于地理位置、季节和当地时间。电离层等离子体的空间结构和动态变化与热层和磁层之类的其他地球圈层紧密相关，从而导致等离子体密度具有高可变性。

**Ionosphere-free Combination 无电离层组合**
两个 GNSS 观测值的线性组合，消除了电离层路径延迟随信号频率的平方成反比变化的主要影响。

**Ionospheric Correction Models 电离层校正模型**
在一阶近似中，电离层延迟或距离误差与沿射线路径的总电子含量（TEC）成正比。因此，为减少单频 GNSS 应用中的电离层距离误差，可以使用电离层电子密度模型（Galileo 使用的 NeQuick）或简单的 TEC 模型（例如 GPS 或 NTCM 使用的 Klobuchar 模型）。

**Ionospheric Gradient 电离层梯度**
电离层电子含量在时间和空间上的急剧变化，即使在小基线上也会导致 GNSS 差分观测的大延迟。

**Ionospheric Grid Point (IGP) 电离层网格点**
在地球表面上方的一个假想薄壳上的特定参考位置。在星基增强系统（SBAS）中，通过发送感兴趣的区域上一组固定位置的电离层延迟值，用一组 IGP 来描述电离层。

**Ionospheric Perturbations 电离层扰动**
在电离层和等离子层中存在多种类型的由于空间天气影响而产生的时空电子密度扰动，它们可能以不同方式影响 GNSS。除了由小规模电子密度不规则引起的无线电闪烁外，中型和大型移动电离层扰动（MSTID，LSTID）或太阳耀斑诱发的电离层突然扰动（SID）也会降低 GNSS 在实时应用中的精度和安全性能。

**Ionospheric Pierce Point (IPP) 电离层穿透点**
用户和卫星之间的一个位置，通常由经纬度指定。假想地球表面上方有一个薄壳，所有电子都集中在薄壳中，用户和卫星之间的视线与该薄壳的交点即为电离层穿透点。最常见的情况是薄壳被指定在 1984 年发布的世界大地测量系统（WGS-84）的参考椭球面上方 350km 的恒定高度。

**Ionospheric Refraction 电离层折射**
大气上部的自由电子引起的信号传播延迟和信号路径弯曲。除了沿射线路径的等离子体密度之外，电离层折射还取决于无线电波的频率（色散）和沿射线路径的地磁场矢量（各向异性）。

# J

**J2000**
指 2000 年 1 月 1 日 12 时的一个标准纪元（2000 年 1 月 1.5 = JD2451545.0）。

**Julian Day(JD) 儒略日**
动态时的时间单位。它正好是儒略世纪的 1/36525。

**Julian Day(JD) Number 儒略日数**
从公元前 4713 年 1 月 1 日午时(儒略日零时)开始计数所获得的整数天数。

## K

**Kalman Filter 卡尔曼滤波器**
一种基于过去和当前观测值的时间序列的递归算法,用于获得线性动态系统状态向量的最小均方误差(MMSE)估值。递归的每个循环都包含一个时间更新和一个测量更新。在时间更新中,动态模型用于从前一时期预测状态向量,而在测量更新中,当前时期的测量用于改进对预测状态向量的估计。

**Keplerian Elements 开普勒根数**
一组 6 个轨道根数,用于描述轨道的形状和空间方向,通常包括半长轴、偏心率、倾角、升交点经度、近地点幅角和平近点角。

**Keplerian Orbit 开普勒轨道**
在引力与距离的平方成反比的特殊情况下,卫星围绕中心点质量的轨迹。束缚开普勒轨道是局限于固定轨道平面的椭圆。

**Klobuchar Model Klobuchar 模型**
用于描述单频 GNSS 测量中电离层时间延迟的经验模型。Klobuchar 电离层模型是全球定位系统首先采用的模型,但其他各种 GNSS 也以相同或略有修改的形式使用了该模型。它包括由 GNSS 卫星广播的 8 个参数,至少每天更新一次。

**Kinematic Positioning 动态定位**
根据覆盖给定数据弧段的观测值,估计移动或非移动的 GNSS 接收机每个历元的坐标。

**Korean Augmentation Satellite System(KASS) 韩国增强卫星系统**
韩国土地、基础设施和交通部正在开发的一种星基增强系统(SBAS),旨在为整个朝鲜半岛提供水平和垂直导航。

## L

**Laser Time Transfer(LTT) 激光时间传输**
通过交换激光脉冲来同步空间和地面时钟的技术。它结合了卫星激光测距和星上光电探测器对到达时间的星上测量。

**Latency 延迟**
由参考接收机或网络生成的差分 GNSS 校正之后的时间延迟,以及它们到达并被用户应用的时间。另外,相对于其生成过程中使用的 GNSS 观测的历元而言,在提供精确的轨道和时钟产品时出现的延迟。

**L-band L 波段**
覆盖 1~2GHz 频率的无线电频谱频段。

**Leap Second 闰秒**
用一个有意的 1s 时间步长来调整世界协调时(UTC),以确保与 UT1 近似一致。插入的 1s 称为一正闰秒,减少的 1s 称为一负闰秒。最小二乘模糊度解相关调整(LAMBDA)方法用于高效计算整数最小二乘模糊度度估计量。它利用去相关 Z 变换加快了整数搜索的速度,并计算了一个改进的序贯归整法作为第一近似值。

**Least-squares Estimation 最小二乘估计**
通过最小化方程组的(加权)残差平方(输入数据与其估计值之间的差)和来求解超定方程组的一种估计原理。

**Length-of-day 日长**
固体地球的自转周期。固体地球的角速度,以及其旋转周期随作用在其上扭矩的变化而变化。

**Light-time 光行时**
电磁信号通过发射机和接收机之间的距离所需的时间。

**Linear Feedback Shift Registers(LFSR) 线性反馈移位寄存器**
一种移位寄存器,其输入的二进制状态(0 或 1)是其先前状态的线性函数。一个 $n$ 级移位寄存器由一个时钟驱动的 $n$ 个连续的两个状态级(flip-flops)组成。在每一个时钟脉冲处,每一级的状态都移到寄存器右边的下一级。为了将 $n$ 级移位寄存器转换为序列生成器,引入了一个反馈回路,该回路根据 $n$ 个先前状态的状态,为最左边的级计算一个新项。在寄存器最右侧输出生成的序列。

**Line-of-sight(LOS) 视线**
通常是指 GNSS 卫星和 GNSS 接收机的天线之间

的直线。LOS 信号也称为直接路径信号。

**Line-of-sight Vector 视线矢量**

从接收机位置指向卫星位置的单位长度向量。

**Line Quality Factor 线品质因数**

原子跃迁频率与共振线宽度之比。原子钟的阿伦偏差与线品质因子成反比。例如,时钟稳定性随品质因子的提高而提高。

**Link budget 链路预算**

电信系统中的损益预算。GNSS 链路预算通常包括发射功率、发射和接收天线增益、自由空间损耗以及大气和电缆损耗。

**Loading 负荷**

作用在地球上的由质量运动产生的表面力和固体地球因负荷变化而产生的变形。负荷通常是指水和大气负荷,但是在足够集中并且涉及足够大的质量运动的地方,侵蚀和沉积也可以产生可测量的变形。

**Local Coordinates 当地坐标**

笛卡儿坐标通常在左手系中,第三轴沿局部垂直方向。

**Low Earth Orbit(LEO) 近地轨道**

代表性高度约 300～1400km 的卫星轨道常用于遥感任务。

**Low-noise amplifier(LNA) 低噪声放大器**

一种用于放大电磁信号的电子设备,该电子设备经专门设计,仅添加很少的噪声,因此可用于非常弱的信号。

# M

**Mapping Function 映射函数**

在指定仰角处通过大气的传播延迟与在天顶方向的传播延迟之间的比率。

**Maser 微波激射器**

一种通过模拟辐射发射的微波放大(MASER)产生相干电磁波的装置。氢微波激射器用作原子钟,具有很好的短期稳定性。

**Master-auxiliary Concept(MAC) 主-辅概念**

向流动站提供网络 RTK 校正的方法,其中将来自网络的参考站之一(主站)的绝对校正和来自其他(辅助)参考站的差分校正发送到流动站。

**Master Clock 主时钟**

一种精密时钟,作为时钟网络的一部分提供定时信号以同步子时钟。

**Master Station 主站**

一种处理设施,可从多个参考站收集测量值,并确定 GNSS 卫星(甚至可能是电离层)的性能。主站可以计算轨道、卫星时钟状态、差分校正、置信范围和/或完好性评估。

**Matched Filter 匹配过滤器**

一种通过与副本相关来显示一个结构已知的微弱信号的技术。

**Maximum Likelihood Estimator(MLE) 最大似然估计**

一个参数估计器,其结果将各个似然函数最大化。似然函数是一个参数函数,它给出了相应观察值或样本出现的概率或概率密度。

**M-code M 码**

GPS Block IIR-M 和后续 GPS 卫星在 1575.42MHz 和 1227.6MHz 中心频率上广播的现代化 GPS 军事信号。

**Meaconing 虚造干扰**

一种专门的欺骗攻击,捕获并重放整个无线电频谱段。Meacon 这个词是掩蔽(masking)和信标(beacon)的合成词。

**Mean Solar Time 平均太阳时**

以平均太阳日的平均长度为基础的一个天文时间尺度。由于地球上的观察者观察到太阳在天空中的视在角速度在一年中每日变化,平均日长度不同于真或视太阳时。因此,采用平均太阳日的长度实现更统一的计时系统。

**Mean Tide System 平均潮汐系统**

一种系统(例如用于坐标)中除平均潮汐效应外的所有时间潮汐效应均已消除。

**Measurement-level Simulator 测量型模拟器**

一种生成伪距、载波相位和/或多普勒测量值的仿真器,用于在软件中计算位置和其他相关参数。通常用于测试接收机或第三方软件正确解算的能力。

**Medium Altitude Earth Orbit(MEO) 中高度地球轨道**

一种高度高于近地球轨道且低于地球静止轨道的

轨道。GNSS 的中高度地球轨道通常位于约 20000km 的高度。

**Meridian 子午线**
天球上的一个假想的大圆,它定义了与极轴平行并且包含一个局部垂直矢量的平面。天文子午线平面包含局部垂线的切线,大地子午线平面包含与椭球正交的局部。

**Minimal Detectable Bias(MDB)最小可检测偏差**
对于给定的显著性和功率水平下,测试可以检测到的最小偏差。

**Minimum Descent Altitude or Height(MDA/H)最低下降高度**
飞机执行非精确进近程序时允许下降的最低高度。与决断高度不同,飞机不得下降到低于 MDA/H 的高度。飞行员可下降到该高度并保持这个高度,直到到达复飞点。如果所需的目视参考不可用,则必须在复飞点开始复飞。

**MinimumMean Penalty(MMP)Test 最低平均惩罚测试**
这种模糊度接受测试惩罚某些模糊度结果。惩罚(例如,成本)由用户选择,并且可以取决于当前的应用。从某种意义上说它是最佳的,因为它最小化了被分配惩罚的平均值。

**MinimumMean Square Error(MMSE)Estimator 最小均方误差估计**
在某一特定类别的所有估计中,具有最小均方误差的估计。通常该类别仅限于线性函数类。平方误差的平均值是平方误差的数学期望。

**Minimum Operating Performance Standards(MOPS)最低运行性能标准**
描述对获得适航证书的对象必要要求的文件。由 RTCA 公司运营的联邦咨询委员会制定并记录这些要求,MOPS 构成联邦航空管理局(FAA)监管要求的基础。

**Modified Julian Day Number 简化儒略日数**
儒略日天数减 2400000.5。简化儒略日日期(MJD)的起点是 1858 年 11 月 17 日午夜 12 时。

**Modulation 调制**
将基带信息映射到高频载波以进行传输的过程,通过改变要发送的载波信号的幅度、相位或频率

来进行。

**Monitoring Station 监测站**
参考站

**Moore's Law 摩尔定律**
一种以英特尔公司的一位创始人的名字命名的经验关系,他观察到集成电路中的晶体管数量每 2 年几乎翻一番。

**Multi-function Satellite Augmentation System(MSAS)多功能卫星增强系统**
由日本民航局开发的一种星基强系统(SBAS),可在整个日本领空提供水平导航。自 2007 年开始提供生命安全服务。

**Multipath 多径**
除直接路径信号外,由于反射和绕射,在接收机处通过多个路径接收到发送的 GNSS 信号的现象。接收到的直接和非直接路径信号(也称为非视线信号)的叠加会导致信号跟踪误差。

**Multipath-to-direct(M/D)Ratio 多径直达信号幅度比**
多径信号相对于直接路径信号的幅度比。

**Multiplexed Binary Offset Carrier(MBOC)Modulation 多路二进制偏移载波调制**
BOC 调制的一种改型,其中同时使用两个频率和幅度不同的子载波(复合 BOC,即 CBOC),或者两个子载波具有相同的幅度但交替的时隙(时分多路 BOC,即 TMBOC)。加入高频子载波分量旨在在不显著增加频谱宽度的情况下提高多径电阻。

**Multivariate Constrained-least-squares Ambiguity Decorrelation Adjustment(MC-LAMBDA)多元约束最小二乘模糊度降相关平差法**
一种非线性约束整数最小二乘模糊度估计的计算方法,基于最小二乘模糊度降相关平差法(LAMBDA)方法。

## N

**Nadir 天底**
朝向地球中心的方向,即和天顶相对的方向。

**Notice Advisory to Navstar Users(NANU)GPS 导航用户通告**
由全球定位系统(GPS)发出的通知提醒用户非正

常情况,例如信号中断或可能导致服务中断的特殊操作。伽利略和准天顶卫星系统也提供了类似的通知(NAGU,NAQU)。

**Narrow-lane Observable 窄巷观测值**

两个频率上载波相位观测值的线性组合,形成以周期表示的各个相位值的总和。它的有效波长很小,例如 GPS L1 和 L2 的有效波长为 10.7cm。

**Navigation 导航**

确定系统机动过程中其姿态的估计过程。同样,也是为一个自主系统确定和实现轨迹的过程。

**Navigation Message 导航电文**

一组辅助参数,如卫星轨道和时钟信息、电离层校正数据和时间偏移参数,这些参数由 GNSS 卫星发送,以便能够根据伪距测量结果计算位置解。

**Navigation Message Authentication 导航电文认证**

一种 GNSS 信号认证技术,将(对公众)不可预测但可验证的数据插入 GNSS 信号的导航数据流。不可预测性和可验证性的属性可以通过数字签名来实现,该数字签名由密(私)钥生成,但可以由公共密钥验证。除了在导航数据流中注入可验证的随机性之外,数字签名还用于验证流中的所有数据是否源于私钥持有者(例如,特定 GNSS 星座的控制段)。

**Navigation System Error(NSE) 导航系统误差**

真实位置和估计位置之间的差异。该误差与提供位置估计的导航系统有关。

**NeQuick NeQuick 模型**

用于描述电离层电子密度的经验模型。伽利略系统采用了称为 NeQuick-G 的特定版本。在这里,模拟的电子密度沿信号路径积分,并用于校正单频码测量。NeQuick-G 模型参数由伽利略卫星以至少每天一次的更新间隔广播。

**Networked Transport of RTCM via Internet Protocol(NTRIP) 通过互联网进行 RTCM 网络传输的协议**

通过互联网以 RTCM 格式传输差分 GNSS 校正的协议。

**Network RTK(NRTK) 网络 RTK**

一种将实时动态(RTK)定位技术的工作距离从参考接收机的 10km 扩展到约 100km 的差分 GNSS 定位技术。这是通过使用参考接收机网络来实现的,该网络产生与距离相关的偏差(大气、轨道)的精确校正模型。

**Neuman-Hofman(NH) Code 纽曼霍夫曼码**

现代 GNSS 导航信号的导频信号中使用的一种特殊类型的辅助码。

**Noise 噪声**

测量信号中的随机波动。

**Non-directional Beacon(NDB) 非定向信标**

用于飞机导航的在中频或低频带宽工作的一种无线电信标。NDB 在所有方向上发送强度相等的信号。飞机上的自动测向(ADF)设备使用来自 NDB 的方位进行导航。

**No-net-rotation 无净旋转**

参考系的后续实现是并行的传统要求。

**Non-precision Approach(NPA) 非精密进近**

一种飞机进近程序,利用水平引导使飞机到达一个可以看到跑道和进行目视着陆的位置。NPA 程序不包括垂直引导,但包括一个最低下降高度。

**Notice to Airmen(NOTAM) 飞行员通知**

包含有关任何航空设施、服务、程序或危害的确立、条件或变化的信息的通知,及时了解这些信息对从事飞行操作的人员至关重要。

**Null Hypothesis 零假设**

假设检验。

**Numerically Controlled Oscillator(NCO) 数控振荡器**

一种数字信号发生器,用于产生所需频率和(可选)相位的谐波。它用于相位锁定环路或频率锁定环路中,以跟踪输入的载波信号并测量其相位和多普勒频移。

**Nutation 章动**

地球自转轴绕其平均位置的振荡,该振荡叠加在进动上并由日-月引力距驱动。章动运动是不同周期振荡的结果。这其中比较重要的是 18.6 年,它对应于月球升交点旋转一圈。

# O

**Obliquity 倾角**

某一天体的赤道平面和轨道平面之间的角度。对于地球而言,是指地球赤道平面与绕太阳公转的轨道平面之间的夹角。黄道的平均倾角约为23.4°。

**Obliquity Factor 倾斜因子**

穿过地球上方薄板的倾斜路径与穿过板中相同位置的垂直路径之间的比率。倾斜因子(或映射函数)用于将垂直电离层延迟估计转换为与路径仰角相对应的倾斜延迟估计。对于假设电离层位于地球上方350km的薄壳模型,倾斜因子的范围从1(对于直接位于头顶上方的卫星)到略高于3(对于在地平线附近的卫星)。

**Observation Session 观测时段**

静止的接收机进行充分观察的时间(卫星-接收机几何结构有足够的变化),以便进行可靠的静态定位。对于长基线和/或模糊度浮点解可能要花费很多小时。而如果模糊度已经解决,则可能短至几秒钟。

**Occultation 掩星**

无线电掩星

**Orbit 轨道**

天然或人造卫星围绕中心天体运行的轨迹——对于太阳系中的行星,中心天体为太阳;对于人造地球轨道的人造卫星,中心天体为地球。

**Orbital Plane 轨道平面**

卫星的运动被限制在一个中心重力场中的平面。在存在扰动的情况下,一个密切轨道平面由瞬时位置和速度矢量确定。

**Orbit Determination 定轨**

通过相应的动态轨迹模型来估计一组描述卫星未来运动的参数(包括初始位置和速度以及各种力模型参数)的过程。

**Orbit Perturbations 轨道摄动**

卫星围绕中心天体的轨道运动与理想开普勒轨道之间的偏差。这些摄动,例如,由地球的非球面重力场、日月引力、大气阻力和太阳辐射压力引起。

**Oscillator 振荡器**

一种提供具有给定频率的周期性信号的装置。

**Outlier 离群值/逸出值**

一个相对于假定的测量噪声概率分布而言非常罕见的测量值,以至于其有效性值得怀疑。

**Overbound 超限**

一种概率分布,其误差幅度大于某一值的可能性至少与实际误差幅度大于该值的可能性相同。对于零均值高斯分布,超限通常被指定为1西格玛值。超限用于保守地描述真实的误差分布。

**Overall Model Test 整体模型测试**

一种针对最宽松的替代方案测试零假设(假设检验)的检验。该检验用于检测零假设中未指定的建模错误。

**Overlay Code 覆盖码**

辅助码

# P

**Parametry Zemli 1990(PZ-90) Zemli 参数1990**

由俄罗斯联邦武装部队总参谋部军事地形局维护的一个地球模型。PZ-90 的定义包括基本大地测量常数、地球椭球体参数和地球重力场参数,以及地心参考系,该系统的定义符合国际地球自转和参考系统服务(IERS)和国际时间局(BIH)的要求。PZ-90 作为 GLONASS 单点定位的基准。

**Partial Ambiguity Resolution(PAR) 部分模糊度固定**

仅将一部分模糊度固定为整数时的模糊度固定。如果 GNSS 模型的强度不足以成功固定所有模糊度,则可以应用 PAR。通常在使用适当的 Z 变换对模糊度进行重新参数化后再应用 PAR。

**Parts-per-million(ppm) 百万分之一**

一种相对精度测量,定义为精度与基线长度之比,标度为100万。例如,1ppm 是两个相隔10km 的 GNSS 接收机间的精度为1cm,或相隔100km 时精度为10cm 等。十亿分之一(ppb)通过 ppm×1000 获得。例如,10ppb 代表两个相隔1000km 的 GNSS 接收机之间精度为1cm。

**P-code P 码**

调制到 GPS 和 GLONASS L1 和 L2 载波上的精密(P)测距码。如果 GPS P 码已加密,则称为 Y 码。对于 GPS,只有授权的接收机才能直接跟踪 Y 码。民用接收机使用半无码跟踪技术来获取 P(Y)码伪距测量值。

**Performance-based Navigation (PBN) 基于性能的导航**

基于沿空中交通服务航线、仪表进近程序或指定空域运行的飞机的性能要求的区域导航。机载性能要求在导航规范中以特定空域概念下运行所需的精度、完好性、连续性和功能性表示。在空域概念内，必须考虑 GNSS 的空间信号（SIS）或其他一些适用导航基础设施的可用性，以便使导航应用成为可能。

**Perifocal Coordinates 近焦点坐标**

天体相对于其轨道平面和拱点线的位置。

**Perigee 近地点**

人造卫星绕地球轨道的最接近点。

**Phase Bias 相位偏差**

与载波相位信号产生有关的接收机和发射机侧的信号硬件延迟。

**Phase Center Offset (PCO) 相位中心偏移**

天线参考点和天线相位中心之间的间隔矢量。

**Phase Center Variation 相位中心变化**

天线辐射方向图与围绕天线相位中心的理想球面的偏差。

**Phased-array Antenna 相控阵天线**

一种天线阵列中到达其信号的相对相位组合到一起，使得该阵列的有效辐射方向图在期望的方向上增强，在不期望的方向上受到抑制。

**Phase-range Corrections 相位范围校正**

在（网络）参考接收机处确定的校正结果会发送到移动站接收机，以便实现基于载波相位的差分 GNSS 或实时动态定位。

**Phase Lock Loop (PLL) 锁相环**

一种控制器，用于将 GNSS 接收机内部的载波副本的相位与输入信号的相位对齐。它包括一个数控振荡器、一个用于感知瞬时跟踪误差的相位鉴别器和一个环路滤波器，该滤波器提供平滑的相位误差估计反馈给 NCO。

**Phase Unlock 相位失锁**

在载波相位跟踪环路中未能保持相位跟踪锁定，导致单个周跳或连续的周跳。

**Phase Velocity 相速度**

电磁波载波信号在单个频率上的传播速度。它描述了相锋的运动速度。

**PhaseWind-up 相位缠绕**

由于接收机和发射机天线之间沿信号传播方向的相对方向发生旋转变化，导致接收信号的相位发生变化。

**Pilot Signal 导频信号**

一种不包含数据且仅用测距码调制的 GNSS 信号分量。频信号允许延长积分时间，以提高跟踪灵敏度和鲁棒性。通常，导频信号使用分层码，其中，中等长度的主测距码与短的辅助码组合在一起。

**Pivot Receiver/Satellite 基准接收机/卫星**

选择作为参考的接收机或卫星，分别用于形成"接收机之间"或"卫星之间"的差异。

**Plate Boundary Zone 板块边界区**

观察到构造板块之间的边界是分散的，通常涉及形变，分布在数百甚至 1000km 宽的区域。在板块边界区域内，几个活动断层可能占据了主板块之间的相对板块运动，有时在板块边界区域内具有较大的未变形区域。

**Plate Motion 板块运动**

地球表面被分解为一组构造板块，这些构造板块除了靠近边缘外都是刚性的，并且都相对移动。板块运动随时间变化呈现稳定性，仅在很长的时间范围内才会变化，例如数十万年。板块运动是根据球体表面上绕地心轴的旋转来描述的。

**Polarization 极化**

电磁场振荡的方向随时间的变化。GNSS 信号是圆极化，即场矢量沿传播方向旋转。

**Polar Motion 极移**

天体中间极相对于地壳和地幔的运动。也可以指一些其他极的运动，如旋转极相对于地壳和地幔的运动。

**Pose 姿势**

实体的位置和角度。

**Positioning 定位**

通过测量技术确定一个地点（在参考框架中）的位置坐标，在该测量技术中，仪器或者放置在要确定的位置上，或者由仪器测量必须要确定的位置。

**Position Dilution of Precision(PDOP) 位置精度因子**
精度因子

**Postseismic 震后**
地震之后。观测到大地震后立即发生瞬态变形过程。这些过程可能在震后短时间内引起非常迅速的变形,并且变形速率随着时间的推移而衰减,最终下降至不明显的震间速率。

**Power(statistical) 功效(统计)**
1减去漏检概率。

**Preamble 前导码**
一种定义良好的位序列,用于识别GNSS导航电文中数据帧的开始。

**Precession 进动**
由于太阳、月亮和行星对地球轨道上的引力作用及其非球形和非均质性的结构,地球瞬时自旋轴的方向和春分点相对于天球方向的缓慢变化。

**Precise Orbit Determination(POD) 精密定轨**
一种结合方法和策略的技术,使用动态方法(依赖于对作用在卫星上的力的精确建模)或运动学方法(通过历元表示的轨迹)来获得精确的(通常是亚分米精度)卫星位置。

**Precise Point Positioning(PPP) 精密点单定位**
一种仅利用单个接收机的伪距和载波相位观测量以及GNSS卫星的精确轨道和时钟信息来确定接收机天线位置的技术。

**Precise Point Positioning Real-time Kinematic (PPP-RTK) 实时动态精密单点定位**
精密单点定位(PPP)技术的扩展,加入了卫星相位偏差校正,将单站载波相位模糊度解析为整数,从而将PPP精度提高到厘米级。

**Precise Positioning Service(PPS) 精确定位服务**
GPS提供的两种服务之一是只为授权用户(如军事用户)提供,并基于两个频率的P(Y)码信号,即GPS L1和L2。

**Precision 精度**
在类似情况下重复进行测量或估算时,对测量值或估算量可再现性的一种度量。

**Precision Approach 精密进近**
仪表进近程序,使用精确的横向和垂直制导飞行至决断高度。

**Prediction(statistical) 预测(统计)**
对结果的估计或者对随机变量或向量的实现。一个可观测随机向量用于猜测另一个未观测随机向量的结果。该不可观测随机向量可以包括要在时间或空间上预测的模型参数,也可以包括信号和/或噪声参数。

**Probability of False Alarm 误警概率**
当零假设为真时拒绝该假设(假设检验)的可能性。它也被称为显著水平,通常用 $\alpha$ 表示。

**Probability of Hazardous Missed Detection 危险漏检概率**
危险发生概率与漏检概率的乘积。

**Probability of Hazardous Occurrence 危险发生概率**
GNSS参数估计器的结果处于预先定义的非危险参数区域之外的可能性。随着影响比较大的偏差噪声比的增大而增大。

**Probability of Missed Detection 漏检概率**
当零假设为假时,未拒绝该假设的可能性(假设检验)。通常用 $\beta$ 表示。随着可测试的偏差噪声比的增大,这种可能性变小。

**Proper Time 原时**
与本地框架中处于静止状态的观察者相关联的时间标度。

**Protection Level 防护等级**
对于指定的概率水平,当前时间导航系统可能出现的最大可能定位误差。通常,将保护级别与相应的警报门限值进行比较,以确定当时的导航系统是否满足操作要求。

**PRN Number PRN号**
用于根据发送的信号识别GPS卫星的一个数字。更具体地说,PRN号表示分配给C/A码伪随机噪声序列的序列号。

**Pseudolite 伪卫星**
一种从已知位置发送类似于GNSS的测距信号以增强或替代GNSS卫星广播信号的设备。该词是复合词"伪-卫星"的缩写形式。

**Pseudo-random(PR) Binary Sequence 伪随机二进制序列**
伪随机噪声

**Pseudo-random Noise(PRN) 伪随机噪声**
有限长度的准随机位序列，具有良好的互相关和自相关特性。PRN 序列通常在 GNSS 系统中用作测距码。

**Pseudorange 伪距**
根据无线电信号的发送和接收时差与已知光速获得的类似距离的测量值。由于两次测量的本地时钟之间存在时间偏移，因此测量结果与真实距离不同，并且与这些时钟偏移有关。因此称为伪距。

**Pseudorange Corrections 伪距校正**
在参考接收机（网络）确定的校正值，将其发送到流动站接收机，以实现基于码的差分 GNSS（DGNSS）定位。

**Pull-in Region 归整域**
每个浮点模糊向量被拉到同一整数向量的区域。归整域是覆盖模糊空间的平移不变区域，没有间隙和重叠。归整域的形状由所选择的整数估计器类型确定。

**P-value P 值**
一种衡量证据强度的方法，在此基础上作出拒绝或不拒绝假设检验的决定。对于给定数据，这是检验拒绝零假设的最小显著性水平。

**P(Y)-code P(Y) 码**
GPS 卫星在 1575.42MHz 和 1227.6MHz 两个频率上广播的一个扩频信号，码片速率为 10.23MHz。精度（P）码未加密。多年来，P 代码已被加密称为 Y 码。通常，无论是加密广播还是未加密广播，P(Y)码是指 10.23MHz 码片速率的 GPS 信号。

# Q

**Quadrature(Q) Component 正交(Q)分量**
相对于复合导航信号的同相分量，以 90°相移传输的信号分量。

**Quadrature Phase Shift Keying(QPSK) 正交相移键控**
一种无线电导航信号调制方案，其中两个具有 90°偏移的叠加载波（称为同相和正交信道）分别用二进制信号使用二进制相移键控（BPSK）进行调制。

**Quadrifilar Helix 四臂螺旋天线**
一种由四根线组成的 GNSS 天线，四根线排列成分数匝螺旋结构，并以渐进正交相移馈入。

**Quantization 量化**
将定义在连续值范围内的一个信号转换为定义在离散值有限范围内的一个信号的过程。GNSS 信号接收的模拟射频信号可以量化为两个、三个、四个或更多个离散的量化级别。更多的量化级别产生更高的量化分辨率可减少由于量化导致的信号失真。

**Quartz Crystal Oscillator 石英晶体振荡器**
一种谐波信号发生器，由调谐电路中经过特殊切割的石英晶体器件组成，用于产生特定频率的信号。采用设计变化来补偿晶体器件受到的可能引起频率变化的环境影响。

**Quasi-Zenith Satellite System(QZSS) 准天顶卫星系统**
一个日本区域导航系统，使用稍微偏心的倾斜地球同步轨道，以确保服务区域内的用户在高海拔地区始终可以看到至少一颗卫星。

**Quaternion 四元数**
一个实值的四分量实体，它通过定义一个超复杂的数学对象来扩展复数的空间。四元数空间的子集（具有单位范数的四元数）可用于参数化旋转。

# R

**Radiation Pressure 辐射压力**
由撞击在卫星表面的光子的吸收或反射引起的压力。对于具有大型太阳能电池板的 GNSS 卫星，辐射压力是轨道摄动的主要来源。除了直接的太阳辐射压力外，地球的反射太阳辐射（反照率）或地球的红外辐射也造成了总加速度的增加。

**Radio-determination Satellite Service(RDSS) 无线电测定卫星服务**
由国际电信联盟（ITU）定义的一项服务，用于使用 L 波段（上行链路）和 S 波段（下行链路）中的无线电信号确定并报告移动用户的位置。

**Radio Occultation 无线电掩星**
一种无线电技术，当无线电波不断接近行星表面直到无线电波最终消失时，测量无线电波参数的变化，如掠入射时的信号强度和相位。该技术已广泛用于探索金星和火星等行星大气。GNSS 无线电掩星技术利用接近地球大气层时 GNSS 信号折射的变化,分别反演电离层和对流层的电子和中性气体密度的垂直分布。

**Radome 天线罩**
覆盖例如扼流圈天线的圆顶,通常用于大地测量应用或参考站。

**Ranging Code 测距码**
一种在载波上调制的二进制序列,以实现(伪)距测量。GNSS 使用伪随机噪声(PRN)序列作为测距码。

**Ratio Test 比率检定**
确定是否接受估计的整数模糊向量的模糊度测试。测试基于两个平方形式的比率,测量浮点模糊度向量与估计的整数向量和下一个最近整数向量的接近程度。

**Ray Tracing 光线追踪**
通过不同介质重建信号路径。

**Real-time Kinematic (RTK) Positioning 实时动态(RTK)定位**
差分 GNSS 定位技术,通过基于参考和流动站接收机之间建立的基线而获得的载波相位数据而实现。高精度 RTK 定位的关键是载波相位整周模糊度的解算。除相位数据外,还使用码(伪距)数据来增强 RTK 定位模型。对于足够短的基线(例如,小于 10km),可以忽略大气偏差的差异,并且可进行快速的整数模糊度解算。

**Rebroadcast Test 转播试验**
通过从一个或多个发射机位置向被测设备广播 GNSS 信号(通常是模拟的)来测试接收机。通常在天线被集成到被测设备中时,或需要将天线包括在测试链中时进行。

**Receiver Autonomous Integrity Monitoring (RAIM) 接收机自主完好性监测**
一种测试程序,通过对 GNSS 接收机上可用的冗余观测数据进行自主处理,以监测 GNSS 信号的完好性,从而提供相关警告。

**Receiver Independent Exchange Format (RINEX) 接收机独立交换格式**
接收机独立交换格式是基于 ASCII 的 GNSS 观测和导航数据以及气象数据格式。

**Record-and-playback System 记录回放系统**
一种能够将接收到的 GNSS 信号记录为中频样本,并在以后对重放的信号进行上变频,以输入 GNSS 接收机的系统。

**Redundancy 冗余**
可用观测值的总数减去求解方程组所严格需要的观测值的数目。对于线性观测方程组,它等于观测数与系统矩阵秩之间的差。

**Reference Ellipsoid 参考椭球**
为特定的国家或全球基准或参考框架(如 ITRF)采用的椭球。大地参考系 1980(GRS80)椭球体是国际公认的参考椭球。

**Reference Frame 参考框架**
一个通过控制点或地标的坐标实现的参考系统,这些控制点或地标可通过直接占用或观测获得,例如,国际地面参考框架(ITRF)。

**Reference Station 参考站**
一个天线位置经过精确测量的(即,以参考框架表示的已知坐标)GNSS 接收机,其测量值用于监视并可能纠正任何可观察到的卫星信号误差。参考站可以作为坐标固定点用于基线解算或使用 GNSS 技术(例如差分定位(DGNSS)或实时动态(RTK)定位)的相对定位。

**Reference System 参考系**
一组规定和约定,以及在任何时候定义笛卡儿坐标轴的三坐标轴所需的建模。

**Reflectometry 反射**
通过比较入射(或副本)和反射电磁信号的属性来确立一个反射表面的属性的方法。

**Refraction 折射**
GNSS 信号在地球大气中的偏转。

**Regional Argumentation 区域增强**
提供来自区域 GNSS 观测值的更多参数支持精密单点定位(PPP)。

**Relative Positioning 相对定位**
差分 GNSS

**Required Navigation Performance (RNP) 所需导航性能**
区域导航(RNAV)的一种形式,增加了机载性能监视和警报能力。

**RF-level Simulation 射频级仿真**

一个模拟器可以产生类似于天线输入端的射频（RF）信号。通常用于传导测试，但也可以进行转播测试。

**Right Ascension 赤经**

天文坐标系中的经度。赤经是指参考方向（位于或接近春分点）与向东测量的赤道平面上物体位置投影之间的角度。

**RINEX RINEX 格式**

接收机独立交换格式

**Rodrigues Vector 罗德里格斯（Rodrigues）向量**

从一个四元数的元素推导出的一个姿态参数的向量。

**Rotation Poles 旋转极**

北旋转极和南旋转极是地球自转轴与地球表面的交点。

**RTCM Message Format RTCM 电文格式**

由无线电技术委员会海事服务 104 特别委员会（RTCM SC-104）制定和发布的标准化格式，用于交换 GNSS 观测、星历和校正数据。

**Rubidium Atomic Frequency Standard 铷原子频标**

一种产生稳定信号的信号发生器，其基于在 6.834682611GHz 下光学泵送铷 87 的超精细频率，其中铷悬浮在气室中。

# S

**S-band S 波段**

载波频率在 2~4GHz 范围内的电磁波频谱的一部分。

**Sagnac Correction Sagnac 校正**

在 GNSS 的背景下，Sagnac 或地球自转校正是对卫星位置的（非相对论）校正。当在旋转的、地球固定的参考系中工作时，必须在导航解的计算中应用该校正以正确地解释在信号传播时间内地球的自转。

**Sample Rate 采样率**

对信号进行测量的频率。

**Satellite-based Augmentation System (SBAS) 星基增强系统**

一种广域差分 GNSS 增强系统，使用区域监视网络从核心星座收集数据，并通过地球静止轨道卫星向用户提供导航电文。例如，美国的广域增强系统（WAAS），欧洲对地静止导航重叠服务（EGNOS），日本的多功能卫星增强系统（MSAS）和印度的 GPS 辅助 GEO 增强导航（GAGAN）系统。

**Satellite Laser Ranging (SLR) 卫星激光测距**

一种大地测量技术，根据激光脉冲信号的往返时间提供卫星与地面站之间的距离测量。

**Scintillation 闪烁**

由信号在电离层中传播路径上电子密度不规则引起的相位和强度的时间波动。闪烁效应可能会导致深度信号衰落（例如，深功率衰减>15dB），伴随着失锁和极强的相位噪声。

**Search and Rescue (SAR) 搜救**

某些 GNSS 星座的次要任务，包括检测来自应急信标的国际标准化遇险信号，并将此信息转发给政府机构。

**Second 秒**

9192631770 个周期的辐射持续时间，对应于铯 133 原子基态的两个超精细能级之间的跃迁。该定义于 1967 年加入国际单位制（SI）中。

**Secondary Code 辅助码**

一种短的二进制模式，应用于后续的快速、中等长度的主扩频码的重复，以形成一个较长的分层码，从而使积分时间更长。也称为覆盖或同步码。

**Selective Availability (SA) 选择可用性**

故意降低时钟相位性能，将全球定位系统（GPS）民用用户的标准定位服务精度限制到大约 150m。选择可用性由 2000 年 5 月的总统令废除。

**Semi-codeless Tracking 半无码跟踪**

一种在不完全了解 GPS 卫星的加密 Y 码信号的情况下跟踪该信号的特殊技术。它基于这样的假设：Y 码是由已知的 P 码与未知的低速率（约 500kHz）W 码相乘而得到的。

**Semi-kinematic Positioning 半动态定位**

差分 GNSS 定位技术，其中相对于静止参考接收机移动的流动站接收机收集载波相位（和伪距）数据。流动站接收机在短时间（几分钟）内收集数据，然后移动到下一个点，持续跟踪信号。为了避免在一个长观测时间跨度内流动站无法移动（就像传统的静态定位），开发了特殊的测量程序（从已知基线开始，通过天线交换来重新访问站点）。

**Semi-major Axis 半长轴**
椭圆大直径的一半，例如圆形情况下即为半径。对于椭圆形卫星轨道，半长轴表示距中心体的最小和最大轨道距离的平均值。

**Shapiro Effect 夏皮罗效应/引力时间延迟效应**
由于靠近信号传输路径的大质量物体的存在，电磁信号所经历的引力时间延迟。

**Shielding Chamber 屏蔽暗室**
一个用来容纳射频信号的房间或机柜，通常用于射频设备的广播测试。其中，被测设备必须屏蔽外部信号和/或广播信号处于受保护或受限频带内。

**Sidereal Day 恒星日**
春分两次连续向上穿越某一子午线的时间间隔。平均恒星日长 86164.09054s，是地球相对于恒星自转的量度。

**Sidereal Time 恒星时间**
与地球相对于天球的自转相关的时间，其中自转 15°等于恒星时间 1h。

**Signal-in-space Range Error(SISRE) 空间信号距离误差**
由空间段和地面段贡献的用户距离误差，不包括电离层、对流层、多径误差和接收机噪声的贡献。通常用于定义系统本身的导航服务质量。

**Signal-to-noise Ratio(SNR) 信噪比**
信号功率与噪声功率之比。它将所需信号的电平与背景噪声的电平进行比较。

**Signal-to-interference-plus-noise ratio(SINR) 信号与干扰加噪声比**
信号功率与噪声加干扰功率之比。

**Significance Level 显著性水平**
虚警概率。

**SINEX SINEX 格式**
与解算无关的交换格式。

**Single-difference 单差**
GNSS 观测值和参数的接收机间差异或卫星间差异。

**Single Point Positioning(SPP) 单点定位**
一种绝对的 GNSS 定位技术，该技术基于对至少四个具有已知位置和时钟偏移的卫星的伪距测量。

**Slant Total Delay 倾斜路径总延迟**
与在真空中的传播时间相比，信号在给定（倾斜）方向上通过中性大气传播所需的额外时间。它通常以长度单位表示，使用真空中的光速进行转换。出于实际原因，将倾斜路径总延迟（STD）分为倾斜路径静力延迟（SHD）和倾斜路径湿延迟（SWD）。一种特殊情况是天顶方向的延迟。该天顶总延迟（ZTD）也分为天顶静力延迟（ZHD）和天顶湿延迟（ZWD）。ZHD 在海平面约为 2.3m，与地面压力成正比。ZWD 可以是 0 到 40 cm 之间的任何值，具体取决于气候带和特定的天气条件。

**Software Defined Radio(SDR) 软件定义无线电**
通过在处理系统上运行软件取代典型的硬件实现方式来实现的无线电通信系统。

**Solar Day 太阳日**
太阳连续两次穿过某一子午线的时间间隔。太阳日标称长度为 86400s，是地球相对于太阳自转的量度。由于地球绕太阳的轨道运动，太阳日的长度与恒星日的长度相差约 4min。

**Solar Radiation Pressure 太阳辐射压力**
由于太阳的直接辐射（辐射压力）而作用在卫星上的非保守力。

**Solar Radio Burst 太阳射电爆发**
太阳发出的强烈无线电辐射，频谱功率从 3MHz 到 L 波段以上。爆发通常与太阳耀斑有关，这是由太阳大气中电子的加速引起的，其发生率遵循 11 年的黑子周期。

**Solution Independent Exchange Format(SINEX) 与解算无关的交换格式**
关于标准方程或方差/协方差矩阵及相关信息的一种基于 ASCII 的格式。由不同分析/组合中心计算出的 SINEX 文件用于计算国际地球参考系。

**Space Segment 空间段**
GPS 的一个由具有适当轨道几何布局的卫星星座组成的关键部分用于传输导航信号。

**Space Vehicle Number(SVN) 空间飞行器编号**
分配给全球定位系统(GPS)不同卫星的连续数字。除了伪随机噪声(PRN)码之外,SVN 对于给定的航天器是唯一的,并且在其整个生命周期内都不会改变。

**SpaceWeather 空间天气**
描述电磁和微粒太阳辐射、银河宇宙线的能量、强度和组成,以及磁层、电离层/等离子体层和热层的相关状态和耦合过程。

**Specific Force 比力**
单位质量上作用的非引力。

**Spoofing 欺骗**
生成一个信号的行为,该信号的结构与 GNSS 信号规范极为相近,以致 GNSS 接收机会误认为它是由 GNSS 卫星真实广播的。欺骗可以是有意的,如故意试图操纵目标 GNSS 接收机的位置、速度或时间读数,也可以是无意的,如一个错误的 GNSS 模拟器或中继器信号,可能被误解为源自 GNSS 卫星。

**Standard Positioning Service(SPS) 标准定位服务**
GPS 提供的两种服务之一,用于民用,它基于 GPS L1(1575.42 MHz)频率上的 C/A 码信号。

**Static Positioning 静态定位**
利用较长时段(通常为 1h 或更长时间)内收集的观测数据,估计非移动接收机的一组坐标。当观测时段约为几十分钟时,称为快速静态定位。

**Stochastic Orbit Parameter 随机轨道参数**
将加速度或脉冲速度增量等经验参数引入卫星运动方程,并在定轨过程中进行调整,以补偿所用力模型的缺陷。

**Stratosphere 平流层**
是地球大气中对流层上方的一层,起始高度大约 8~13km,但实际值取决于天气状况,并随纬度和季节而系统地变化。顶部的高度约为 50km。

**Surface AcousticWave(SAW) Filter 表面声波(SAW)滤波器**
一种基于机电装置的射频信号带通滤波器,将电信号转换为机械波,然后再转换回电信号。

**Surplus Satellite 过剩卫星**
GNSS 星座中多余的不再使用的卫星(例如,因为其寿命超过了设计寿命,并且性能有所下降),但可以根据需要重新激活。

**System of Differential Correction and Monitoring(SDCM) 差分校正与监测系统**
俄罗斯联邦正在开发的一种星基增强系统(SBAS),以在整个俄罗斯提供水平和垂直导航。

# T

**Terrestrial Time(TT) 地球时**
地球时是相对论的时标,它代替了历书时(ET)作为视地心星历的时间参考(动力时)。出于实际目的,两个时标可以视为等效。它的起源由与 1977 年 1 月 1 日 0 点 TAI 的关系定义:TT = TAI+32.184s。TT 是一种理论上的理想时标,实际时钟只能近似,它的最佳实现是 TT(BIPM),由 BEPMA 每年提供,同样的一组原子钟也用于 TAI。

**Testable Bias 可测偏差**
传播到检验统计中的偏差;这种偏差存在于设计矩阵范围的正交补中。非流动性偏差总是可以测试的。

**Test statistic 检验统计**
用来检验假设的观测量的一个函数。

**Thermal Noise 热噪声**
由于电子的随机热运动而在电导体中产生的宽带噪声。在诸如 GNSS 接收机的无线电系统中,热噪声主要来起源于接收信号通过的第一个放大器。可以将其精确地建模为频谱平坦,强度与温度成比例,并且具有高斯振幅分布。

**Tides 潮汐**
由月球太阳引力引起的地球形变,并导致几十厘米的周期性地面运动(体潮),包括引起地表液体的周期性位移(海潮)。除了改变地球表面上的点的位置外,潮汐还会引起地球重力场的微小变化。

**Tide-free System 无潮汐系统**
消除所有潮汐影响的系统(如坐标系)。

**Tiered Code 分层码**
现代 GNSS 信号导频信道中常用的主测距码和短辅助码的组合。

**Time Division Multiple Access(TDMA) 时分多址**
一种多址方案,其中信道用户(卫星)在不同时间占用全部可用带宽,即在指定的时隙中依次发射。

**Time Multiplexed Binary Offset Carrier(TM-BOC) Modulation 时分复用二进制偏移载波(TMBOC)调制**

在伪随机二进制序列的不同码片中使用不同的二进制偏移载波调制脉冲形状的调制。例如,BOC(1,1)和BOC(6,1)混合的调制用于GPS L1民用(L1C)信号的导频分量。

**Time Scale 时间尺度**

(常规)参考频率的一种连续实现。

**Time-to-first-fix(TTFF) 首次定位时间**

从激活GNSS接收机到第一次计算出导航解之间的时间。它取决于搜索足够数量的卫星所需时间,以可靠地跟踪它们并解码导航电文的相关部分。TTFF的范围可能从热启动的几秒钟到暖启动的几十秒,甚至到接收机冷启动的几分钟。

**Time-to-alert(TTA) 报警时间**

当先前声明为可安全使用的系统不能保证它满足给定操作的所有完好性要求时所允许的最大时间。

**Time Transfer 时间传递**

传输远程同步所需的精确参考时间。在科学计量学中,时间传递也用于原子钟的远程比较。

**Timing Group Delay(TGD) 时间群延迟**

在卫星导航电文中发送的卫星差分码偏差的标称值。

**Tomography 层析成像**

层析成像是指通过穿透波对物体进行成像,在穿透波离开目标后测量其变化。例如,通过测量码和/或载波相位变化,地面和天基GNSS信号可用于对电离层中的电子密度分布和对流层中的水汽分布进行成像。

**Total Electron Content(TEC) 总电子含量**

通过电离大气层给定射线路径上的电子密度的积分。由于在具体应用中每条射线路径都具有特定的几何形状,因此必须通过射线路径的两端和仰角来定义TEC。在基于地面的GNSS应用中,可以方便地区分沿整个射线路径的倾斜TEC(STEC)和描述从电离层底部到GNSS轨道高度的垂直电子含量的无几何垂直TEC(VTEC),后者通常被用作参考。电子含量通常以每平方米1016个电子的单位进行测量,相当于1 TEC单位(TECU)。

**Total Station 全站仪**

一种安装在地面标记上方三脚架上的测量仪器,用电子方法测量望远镜指向目标时的水平和垂直角度,以及用红外激光测量到反射棱镜(或反射面)的距离。用于将大地坐标从地面标记传输到目标。

**Tracking 跟踪**

GNSS接收机内部生成的副本信号与接收信号的连续对齐。根据获取初始信号之后启动的跟踪过程来看,接收机可以获取码延迟、载波相位和载波的测量值。

**Tracking Loop 跟踪环**

一种用于将GNSS接收机中载波或测距码的副本与输入信号对齐的控制器。用于载波跟踪的锁相环(PLL)或锁频环(FLL)与延迟锁相环(DLL)组合以跟踪测距信号。

**Traveling Ionospheric Disturbance(TID) 电离层行扰**

电离层电子密度的扰动,其特征是水平尺度长度为几百千米,行进速度为每秒几百米。TID通常是由太空天气事件产生的,特别是在高纬度地区,由于太阳风与地球磁层的相互作用,导致电离和加热增强。在这里,增强的太阳能输入产生了与扰动相关的热层风和来自磁层的电磁力,这可能会使等离子体扰动,例如向低纬度移动。

**Traveling Wave Tube Amplifier(TWTA) 行波管放大器**

一种行波管,集成有稳压电源和保护电路,用于产生大功率射频信号。

**Triple-difference 三差**

双差GNSS观测的时差。

**Troposphere 对流层**

地球大气层的最低层,平均温度随高度而降低。它止于对流层顶,根据天气情况,对流层顶位于8~13km高度的范围内,并随纬度和季节而系统地变化。对流层内有天气现象,例如云和降水。

**Tropospheric Refraction 对流层折射**

描述大气电磁中性部分引起的信号传播延迟和弯

曲(倾斜总延迟)。湿延迟和静力(干)延迟分量通常在 GNSS 测量处理中分别建模或考虑。

**Two-body Problem 二体问题**

计算两个物体在相互引力的影响下运动的任务。二体问题是卫星绕地球运动的简化表示,其中忽略所有扰动。二体问题的解决方案也称为开普勒轨道。

**Two-way Satellite Time and Frequency Transfer (TWSTFT) 双向卫星时间和频率传递**

一种高精度长距离时间和频率传递机制,用于确定两个站之间的时钟偏移或时间同步。

## U

**Uniformly Most Powerful Invariant (UMPI) Test Statistic 一致最大功效(UMPI)检验统计**

一种所有不变统计量具有一致的最大功效的检验统计。

**Universal Time (UT) 世界时**

基于地球自转的不规则时间尺度。UT0 是根据单个观测站的观测值确定的本地时间尺度。UT1 针对极移引起的观测站经度变化对 UT0 进行了修正。UT2 针对季节变化对 UT1 进行了校正。UT1 与地球在太空中旋转的角度成正比。地球的角速度与 UT1 的时间变化率成正比。

**Universal Time Coordinated (UTC) 协调世界时**

协调世界时是与世界时长期一致的原子时间,例如地球的自转。它是通过在需要时在 TAI 上添加一个闰秒来使 UTC 和 UT 之间的差异小于 0.9s 来构造的。因此,UTC 和 TAI 之间的差异始终是整数秒。

**User Differential Range Error (UDRE) 用户差分距离误差**

由星基增强系统(SBAS)广播的参数,用于指示在应用 SBAS 校正后特定卫星的空间信号误差的可能大小。UDRE 由广播的 4 位数字确定,称为 UDRE 指示符或 UDREI。查找表用于将指标转换为 $1\sigma$ 超限值,称为 $\sigma_{UDRE}$。按照传统,UDRE 本身是一个 99.9% 数字或 $3.29 \times \sigma_{UDRE}$。

**User Equipment Error (UEE) 用户设备误差**

与用户设备有关的伪距测量和建模误差(例如多径和接收机噪声)。大气误差,例如模型未考虑或在双频组合中未消除的对流层和电离层延迟等残余误差,也通常归因于 UEE。

**User Equivalent Range Error (UERE) 用户等效距离误差**

观测伪距与模拟伪距之差的统计误差,用于计算 GNSS 位置解。UEE 通常分为空间和控制段的贡献(SISRE)以及与用户设备和大气相关的贡献(UEE)。UERE 与精度因子相乘得到了统计定位误差。

**User Segment 用户段**

用于跟踪 GNSS 信号并确定位置、速度和时间的用户设备。

## V

**Vector Tracking Architecture 矢量跟踪架构**

一种 GNSS 信号跟踪体系结构,其中本地码和载波副本生成器不像传统的标量跟踪体系结构那样由单通道本地反馈驱动,而是由接收所有活动信道数据的合并位置、速度和时序估计器的状态估计驱动。矢量体系结构得益于信道之间在码相位、载波相位和多普勒测量中的相互信息,因此可以提供比标量体系结构更精确和稳健的跟踪。

**Vernal Equinox 春分**

黄道与赤道的交点,即太阳在每年沿黄道运行时从南到北穿过赤道上的点。目前这种情况发生在每年 3 月 21 日左右。历史上,春分点是测量黄道经度和赤经的天球坐标系的原点。

**Very Long Baseline Interferometry (VLBI) 甚长基线干涉测量**

一种利用来自银河外无线电源(类星体)的微波信号的空间大地测量技术。基本上是测量两个射电望远镜之间的信号传播时间差。VLBI 是唯一一种确定世界时 UT1 和章动参数的技术,用于实现国际天球参考系。

**VHF Data Broadcast (VDB) 甚高频数据广播**

使用 ILS 定位系统的 VHF 频带(108~118MHz)和 GBAS ICD 中规定的时分多址(TDMA)数据格式,传输地基增强系统(GBAS)差分校正和完好性信息。

**VHF Omnidirectional Range(VOR) VHF 全向信标**
在甚高频(VHF)频段工作的飞机导航系统。VOR 广播 VHF 无线电复合信号,该信号使机载接收设备能够得出从电台到飞机的无线电方位。这条位置线叫做径向线。

**Virtual Clock 虚拟时钟**
一种中国区域定位系统用于实现卫星导航的技术。使用卫星虚拟原子钟,可以将信号从地面发射的时间延迟到信号从卫星发射的时间,并且可以像 GPS 中一样完成伪距测量。

**Virtual Reference Station(VRS) Approach 虚拟参考站(VRS)方法**
一种将多个参考站网络的数据呈现给用户或移动站的方法,就好像这些数据来自单个参考站,称为虚拟参考站。

**Viterbi Decoder 维特比解码器**
一种用于解码用卷积码编码的导航电文以进行前向纠错的装置或软件。它建立在 A. J. Viterbi 于 1967 年首次发布的最佳解码算法的基础上。

# W

**Wavelength 波长**
在给定的瞬间电磁波的连续最大值或最小值之间的空间间隔。

**Walker Constellation Walker 星座**
多颗卫星在环绕地球的圆形轨道上的一种特殊排列,使其具有良好的覆盖范围和可视条件。根据 J. G. Walker 的注解,星座几何布局由卫星总数、轨道平面数和相邻平面上相应卫星沿轨道的移动来描述。一个平面内的所有卫星显示出相同的间距,并且对于各个轨道平面的升交点同样适用。

**Warm Start 暖启动**
使用粗略时间、用户位置的先验信息以及 GNSS 卫星粗略轨道数据激活 GNSS 接收机,以加快信号搜索和捕获速度。

**W-Code W 码**
一种用于加密 GPS L1 和 L2 信号的 P 码的低速码。W 码和 P 码的乘积产生所谓的 Y 码。

**Wet Delay 湿延迟**
倾斜总延迟的湿分量。

**Wide Area Augmentation System(WAAS) 广域增强系统**
由美国联邦航空管理局(FAA)开发的星基增强系统(SBAS),用于在整个北美提供水平和垂直导航。自 2003 年以来,它一直提供生命安全服务。

**Wide-lane Observable 宽巷可观测量**
两个频率上的载波相位观测值的线性组合,显示出一个大的有效波长。它是以周期表示的两个载波相位观测值的差形成的。对于 GPS L1 和 L2,宽巷组合产生约 86 cm 的波长。

**Wind-up 缠绕**
相位缠绕

**World Geodetic System 1984(WGS84) 世界大地测量系统 1984**
由美国国防部定义和维护的传统地球参考框架。名义上的 GPS 单点定位基准。

**w-test Statistic w 检验统计**
一种一致最强不变(UMPI)检验统计,用于测试一维偏差的存在。数据侦听中使用了一种特殊形式的 w 检验统计,以识别受严重误差污染的观测值。

# Y

**Yaw-steering 偏航控制**
连续控制 GNSS 卫星围绕地球指向(偏航)轴的姿态,使太阳能电池板的轴垂直于卫星-太阳方向。

**Y-code Y 码**
GPS 卫星在 L1 和 L2 频率上传输的高精度测距码(P 码)的加密版本。

# Z

**Zenith 天顶**
天球上的假想点,是局部垂直方向的投影。天文天顶是局部铅垂线切线的投影;大地天顶是局部椭球法线的投影。

**Zenith Total Delay 天顶总延迟**
倾斜总延迟

**Zero-baseline 零基线**
两个或多个 GNSS 接收机通过信号分配器共享一个天线的一种设置。

**Zero-tide System 零潮汐系统**

一种专门用于重力势的系统，其中除永久（平均）潮汐变形的潮汐效应外，所有潮汐效应都已消除。

**Z-tracking Z-跟踪**

一种用于在 L1 和 L2 频率上对 GPS P(Y) 码进行半无码跟踪的先进技术。在每个频率中分别估计加密信号位，并馈送到另一个频率以从信号中移除加密码。这样，就得到了码距和全波长 L1 和 L2 载波相位。然而与直接码相关方法相比，该方法会导致信噪比降低。

**Z-transformation Z 变换**

一种保留整数的模糊度变换。当且仅当一个矩阵所有项及其逆矩阵所有项都是整数时，矩阵才是整数保留。例如，在最小二乘模糊度解相关调整（LAMBDA）方法中使用了此类变换，通过重新参数化模糊度，从而以更高的精度和更少的相关性对其进行估计。

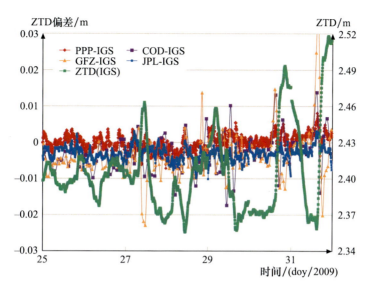

图 25.4 分别使用 IGS、CODE、GFZ 和 JPL 分析中心精密轨道/钟差产品进行 PPP 解算得到的总 ZTD 与 IGS ZTD 产品的差值,采用 IGS 产品进行 PPP ZTD 解算,测站 CHAT 的 ZTD RMS 为 2.3mm,33 个全球分布的 IGS 参考站 ZTD RMS 是 2.8mm(IGS、PPP 和 JPL 的 ZTD 采样间隔为 5min,而 GFZ 和 CODE 的 ZTD 解采样间隔则分别为 0.5h 和 2h)

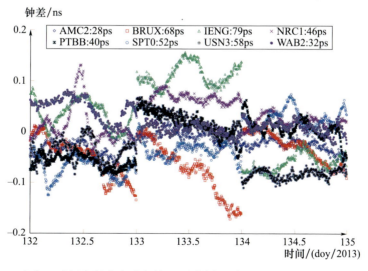

图 25.5 8 个位于时间和频率实验室的 IGS 测站的天解 PPP 测站钟差与 IGS 最终产品之间的差值,处理时段为连续 3 天,每个测站钟差的 RMS 优于 200ps

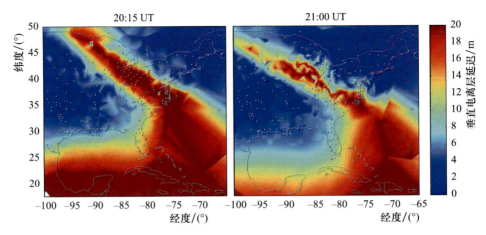

图 31.8　2003 年 11 月 20 日 CONUS 上发生的大规模电离层扰动（见文献[31.51]）

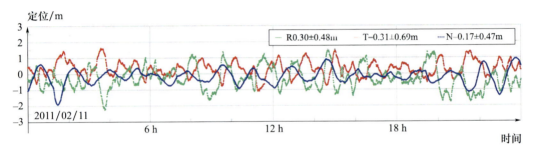

图 32.6　PROBA-2 卫星上 Phoenix-XNS 导航系统在径向（R），
沿轨道（T）和交叉轨道（N）方向上的实时导航性能

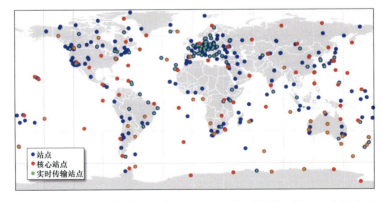

图 33.2　全球 IGS 跟踪网的站点分布。在 2015 年 10 月可用的大约 470 个站点中，90 个标记
为红色的核心站点用于建立 IGb08 参考框架，绿点表示具有实时数据传输功能的站点

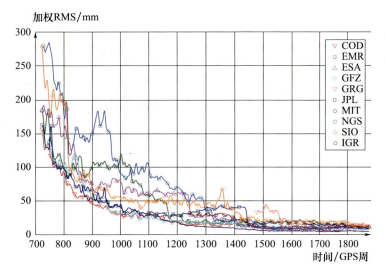

图 33.3　1994 年至 2015 年 12 月期间各个分析中心(AC)轨道相对于 IGS 最终轨道的加权 RMS(mm)(平滑)。各个分析中心以三个字母的缩写来标识(COD—瑞士欧洲定轨中心；EMR—加拿大自然资源局；ESA—欧洲航天局；GFZ—德国波兹坦地学中心(德国地学中心)；GRG—法国国家空间研究中心(CNES)和卫星位置收集集团(CLS)的空间大地测量研究组；JPL—美国喷气推进实验室；MIT—美国麻省理工学院；NGS—美国国家大地测量局,国家海洋与大气管理局(NOAA)；SIO—美国斯克里普斯海洋学研究所[33.13]。

图片由澳大利亚地球科学局和麻省理工学院提供

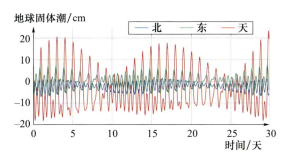

图 34.2　德国 Wettzell 的固体潮汐引起的变形

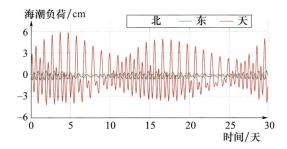

图 34.3　南极奥伊金斯(O'Higgins)的海潮引起的变形

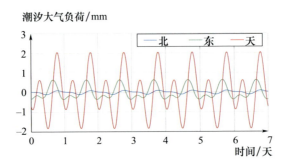

图 34.4　巴西福塔莱萨的潮汐大气载荷引起的变形

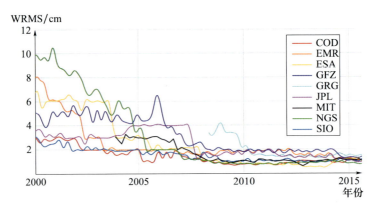

图 34.9　单个 AC 的 GPS 轨道相对于组合 IGS 最终轨道的平滑历史加权均方根

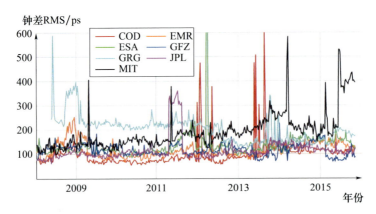

图 34.11　单个 AC 的 GPS 钟差相对于组合 IGS 最终钟差的 RMS

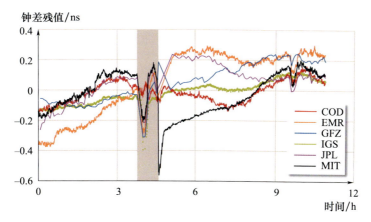

图 34.12　2011 年 2 月 6 日 GPS Block ⅡA 卫星 SVN-33 单个 AC 和组合 IGS 间的时钟残差。浅棕色阴影区域表示卫星进入星蚀期。其中，ESA 时钟估算值作为参考时钟，每个 AC 的偏差/漂移均被消除。另外，该卫星的 EMR 和 MIT 时钟估算值不包括在当天的时钟组合中

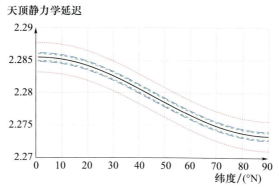

图 38.5　当海平面气压为 1000 hPa 时所预期的 ZHD（黑色实线），在转换过程中由常数所引起的 ZHD 不确定度（绿色虚线），气压观测值误差为 0.2 hPa 和 0.1 hPa 时所引起的 ZHD 误差（蓝色虚线和红色点状线），所有误差均被认为不相关且为均方根误差形式

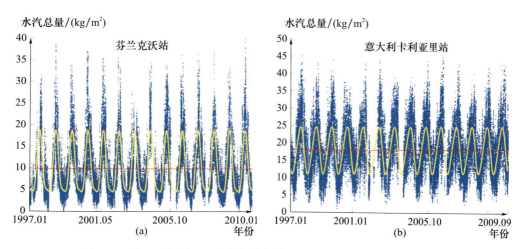

图 38.9　芬兰克沃站(a)和意大利卡利亚里站(b)的水汽含量时间序列
红色线表示均值加上线性趋势，黄色线表示季节性信号，蓝色点为每小时值

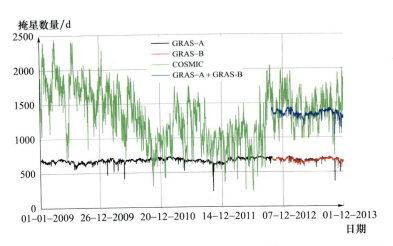

图 38.15 2009 年 1 月 1 日至 2013 年 12 月 1 日期间，GRAS-A（黑色）、GRAS-B（红色）和 FormoSAT-3/COSMIC（绿色）的 GNSS 掩星每日测量次数。GRAS-A 和 -B 数据的总和由深蓝色线表示

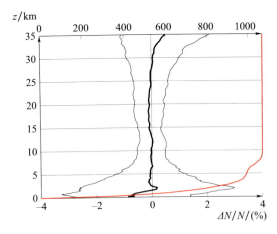

图 38.17 TerraSAR-X 折射率剖面与 2011 年 11 月 26 日至 12 月 2 日 ECMWF 资料的统计对比。粗黑线和细黑线表示偏差和均方根值，红线表示分析数据的海拔高度

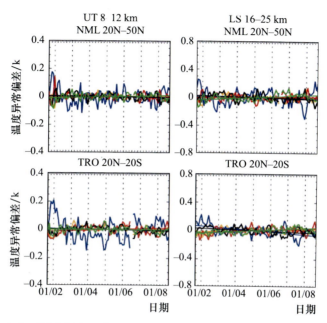

图 38.21 来自不同分析中心的无线电掩星温度的不确定度：DMI 哥本哈根（黄色）、GFZ 波茨坦（蓝色）、JPL 帕萨迪纳（红色）、UCAR 博尔德（黑色）和 WEGC 格拉茨（绿色）

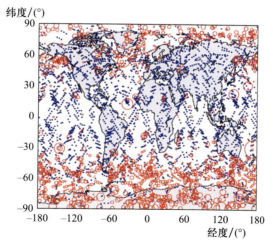

图 38.25 2001 年 5 月 14 日至 6 月 10 日期间观测到的 3783 起掩星事件的地理分布。蓝点表示 2571 次无反射信号的观测，红点表示 1212 次有反射信号的观测，圆的直径与反射强度成正比

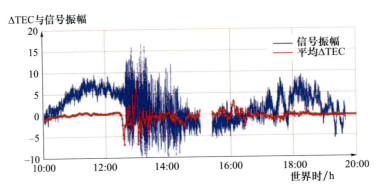

图 39.15 2006 年 4 月 5 日在印度尼西亚万隆同时测量的信号幅度(蓝色)和 TEC 率(红色)的对比(见文献[39.46])

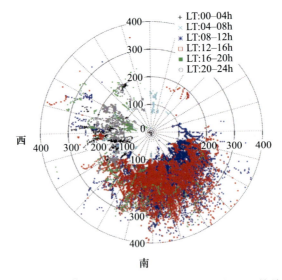

图 39.24 2004~2011 年加州冬季平均 MSTID 速度(m/s)与方位角的函数关系极坐标图。当地时间依赖性用颜色表示：LT 00-04h 为黑色，LT 04-08h 为浅蓝色，LT 08-2h 为深蓝色，LT 12-16h 为红色，LT 16-20h 为绿色，LT 20-24h 为灰色(见文献[39.84]，由 John Wiley 提供)